KODEX
DES ÖSTERREICHISCHEN RECHTS

Herausgeber: em. o. Univ. Prof. Dr. Werner Doralt
Redaktion: Dr. Veronika Doralt

VERSICHERUNGS-RECHT

bearbeitet von

MMag. Martin Ramharter
Bundesministerium für Finanzen
Abt. III/6: Versicherungsrecht und Bundeshaftungen

Rubbeln Sie Ihren persönlichen Code frei und laden Sie diesen Kodexband kostenlos in die Kodex App!

423169

HIER

AYYT-IBRA-SOVQ

RUBBELN!

Der Code kann bis zum Erscheinen der Neuauflage eingelöst werden. Beachten Sie bitte, dass das Aufrubbeln des Feldes zum Kauf des Buches verpflichtet!

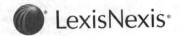

Benützungsanleitung: Die Novellen sind nach dem Muster der Wiederverlautbarung in Kursivdruck jeweils am Ende eines Paragraphen, eines Absatzes oder einer Ziffer durch Angabe des Bundesgesetzblattes in Klammer ausgewiesen. Soweit nach Meinung des Bearbeiters ein Bedarf nach einem genauen Novellenausweis besteht, ist der geänderte Text zusätzlich durch Anführungszeichen hervorgehoben.

KODEX
DES ÖSTERREICHISCHEN RECHTS

VERFASSUNGSRECHT
EUROPARECHT (EU-VERFASSUNGSRECHT)
EINFÜHRUNGSGESETZE ABGB und B-VG
BÜRGERLICHES RECHT
UNTERNEHMENSRECHT
ZIVILGERICHTLICHES VERFAHREN
INTERNATIONALES PRIVATRECHT
FAMILIENRECHT
STRAFRECHT
GERICHTSORGANISATION
ANWALTS- UND GERICHTSTARIFE
JUSTIZGESETZE
WOHNUNGSGESETZE
FINANZMARKTRECHT I
FINANZMARKTRECHT II
FINANZMARKTRECHT III
VERSICHERUNGSRECHT
WIRTSCHAFTSGESETZE I + II
WETTBEWERBS- und KARTELLRECHT
UNLAUTERER WETTBEWERB
TELEKOMMUNIKATION
VERGABEGESETZE
ARBEITSRECHT
EU-ARBEITSRECHT
AUSHANGPFLICHTIGE GESETZE
SOZIALVERSICHERUNG I + II
SV DURCHFÜHRUNGSVORSCHRIFTEN
STEUERGESETZE
STEUER-ERLÄSSE I -V
EU-STEUERRECHT
ESTG – RICHTLINIENKOMMENTAR
LST – RICHTLINIENKOMMENTAR
KSTG – RICHTLINIENKOMMENTAR
UMGRSTG – RICHTLINIENKOMMENTAR
USTG – RICHTLINIENKOMMENTAR
DOPPELBESTEUERUNGSABKOMMEN
ZOLLRECHT UND VERBRAUCHSTEUERN
RECHNUNGSLEGUNG UND PRÜFUNG
INTERNATIONALE RECHNUNGSLEGUNG
VERKEHRSRECHT
WEHRRECHT
ÄRZTERECHT
GESUNDHEITSBERUFE I + II
KRANKENANSTALTENGESETZE
LEBENSMITTELRECHT
VETERINÄRRECHT
UMWELTRECHT
EU-UMWELTRECHT
EU-CHEMIKALIENRECHT
CHEMIKALIENGESETZE
WASSERRECHT
ABFALLRECHT
SCHULGESETZE
UNIVERSITÄTSRECHT
INNERE VERWALTNG
BESONDERES VERWALTUNGSRECHT
POLIZEIRECHT
VERWALTUNGSVERFAHRENSGESETZE
BAURECHT KÄRNTEN
BAURECHT NIEDERÖSTERREICH
BAURECHT OBERÖSTERREICH
BAURECHT STEIERMARK
BAURECHT TIROL
BAURECHT WIEN
LANDESRECHT TIROL I + II
LANDESRECHT VORARLBERG

ISBN: 978-3-7007-5999-7

LexisNexis Verlag ARD Orac, 1030 Wien, Marxergasse 25
Druck: CZECH PRINT CENTER a.s.

Alle Rechte, insbesondere das Recht der Vervielfältigung und Verbreitung sowie der Übersetzung, vorbehalten. Kein Teil des Werkes darf in irgendeiner Form ohne schriftliche Genehmigung des Verlags reproduziert oder unter Verwendung elektronischer Systeme gespeichert, verarbeitet, vervielfältigt oder verbreitet werden. Alle Angaben in diesem Fachbuch sowie digitale Ausgabemedien (wie Apps, E-Books udgl.), die diesen Inhalt enthalten, erfolgen trotz sorgfältiger Bearbeitung ohne Gewähr; eine Haftung des Verlags, des Herausgebers, der Bearbeiter sowie der Software-Entwickler ist ausgeschlossen.

Vorwort zur 19. Auflage

Die Umsetzung der Richtlinie 2009/138/EG betreffend die Aufnahme und Ausübung der Versicherungs- und Rückversicherungstätigkeit (Solvabilität II) in der Fassung der Richtlinie 2014/51/EU (Omnibus II) durch das neue **Versicherungsaufsichtsgesetz 2016 (VAG 2016)** vom 20. Februar 2015 (BGBl I 34/2015) stellt einen Meilenstein für das Versicherungsaufsichtsrecht dar. Das VAG 2016 ist Teil der neuen, auf dem Lamfalussy-Verfahren beruhenden, Aufsichtsarchitektur („**Solvency II**"), die grundsätzlich ab dem 1.1.2016 zur Anwendung kommt. Um das auf mehrere Ebenen verteilte – derzeit teilweise noch im Entstehen begriffene – Normenmaterial unterschiedlicher Rechtsqualität für die Bedürfnisse der Praxis optimal darstellen zu können, ist für die nächste Auflage eine Neustrukturierung und Erweiterung des Kodex geplant. Das VAG 2016 als Kernstück des neuen Aufsichtsregimes ist jedoch bereits in der vorliegenden Auflage im Anhang abgedruckt. Es sieht gegenüber dem VAG 1978 insbesondere folgende Neuerungen vor (EBRV 354 BlgNR XXV. GP 11):

- Einrichtung eines den aktuellen internationalen Entwicklungen entsprechenden Governance-Systems,
- Kapitalanlage gemäß dem Grundsatz der unternehmerischen Vorsicht,
- Aufstellung einer zusätzlichen Bilanz für Solvenzzwecke,
- Risikoorientierte Ermittlung der Eigenmittelausstattung,
- Harmonisierte regelmäßige aufsichtliche Berichterstattung gemäß der Durchführungsverordnung (EU),
- Anpassung der Aufsichtsinstrumente und Maßnahmen der FMA,
- Bericht über die Solvenz und Finanzlage gemäß der Durchführungsverordnung (EU),
- Einführung eines Aufsichtsregimes für Unternehmen außerhalb des Anwendungsbereichs von Solvabilität II,
- Anpassung der Prüfpflichten des Abschlussprüfers und
- Verbesserung der Beaufsichtigung von Versicherungsgruppen.

Jene Bereiche des VAG 1978, die sich in der Vergangenheit bewährt haben und die nicht durch die Änderungen aufgrund von Solvabilität II betroffen sind, werden hingehen weitestgehend unverändert übernommen. Dies betrifft im Besonderen die Vorschriften für:

- Aktionärskontrolle,
- Versicherungsvereine auf Gegenseitigkeit,
- Besondere Bestimmungen für die verschiedenen Versicherungsarten,
- Verhinderung der Geldwäscherei und der Terrorismusfinanzierung,
- Rechnungslegung und Konzernrechnungslegung,
- Deckungsstock und
- Exekutions- und Insolvenzrechtliche Bestimmungen.

Die mit 1.1.2016 in Kraft tretenden **Begleitmaßnahmen zum VAG 2016** (BGBl I 2014/34) werden in den jeweils einschlägigen Gesetzen ausgewiesen.

Obwohl das VAG 2016 noch gar nicht anwendbar ist, steht bereits eine größere Novelle bevor. Nach einer, auf einen Initiativantrag des Bundesrats zurückgehenden, in der Darstellung im Anhang bereits berücksichtigten, Beseitigung eines Redaktionsversehens (BGBl I 2015/44), sollen mit dem geplanten **Rechnungslegungsänderungs-Begleitgesetz 2015 (RÄ-BG 2015)** im Wesentlichen Begleitmaßnahmen zum – in Umsetzung der **Bilanzrichtlinie 2013/34/EU** erlassenen – **Rechnungslegungs-Änderungsgesetz 2014 (RÄG 2014)**, BGBl I 2015/22, erfolgen. Dabei handelt es sich primär um Anpassungen von Verweisen auf das UGB. Dazu kommen Anpassungen technischer Natur zur Herstellung von Kohärenz mit den neuen Rechnungslegungsvorschriften nach UGB, insbesondere:

- der Entfall des Ausweises unversteuerter Rücklagen,

- Änderungen beim Ausweis latenter Steuern und
- die offene Absetzung eigener Anteile vom Nennkapital.

Die Novelle soll aber auch zur Schaffung eines vollständigen Bilanzgliederungsschemas sowie zu kleineren Anpassungen in der Systematik der Rechnungslegungsbestimmungen genutzt werden und damit die Anwenderfreundlichkeit des Gesetzes verbessern. Die Regierungsvorlage zum RÄ-BG 2015 (RV 560 BlgNR XXI. GP) wurde – soweit sie das VAG 1978, das VAG 2016 und das Pensionskassengesetz (PKG) betrifft – ebenfalls in den Anhang aufgenommen.

Kurz vor der Anwendbarkeit des neuen Aufsichtsregimes gibt es zum **alten Versicherungsaufsichtsrecht** nur kleinere Novellen zu vermelden. Neben den erwähnten Anpassungen im VAG 1978 durch das geplante RÄ-BG 2015 betreffen diese die:

- **Höchstzinssatzverordnung** (BGBl II 179/2014) und die
- **Zusatzrückstellungs-Verordnung** (BGBl II 180/2014).

Mit Inkrafttreten des VAG 2016 treten das VAG, BGBl. 569/1978, und alle auf Grundlage dieses Bundesgesetzes erlassenen Verordnungen mit Ablauf des 31. Dezember 2015, außer Kraft (vgl § 345 Abs 1 VAG 2016). Für die Jahresabschlüsse und Konzernabschlüsse für Geschäftsjahre, die vor dem 1. Jänner 2016 begonnen haben, sollen jedoch die Bestimmungen des alten Versicherungsaufsichtsgesetzes anwendbar bleiben (vgl § 333 Abs 9 VAG 2016 in der Fassung des Entwurfs zum RÄ-BG 2015).

Nicht nur im Versicherungsaufsichtsrecht, sondern auch im **Versicherungsvermittlungsrecht** stehen wichtige Reformen an.

Die im Anhang abgedruckte **Verordnung (EU) Nr. 1286/2014 über Basisinformationsblätter für verpackte Anlageprodukte für Kleinanleger und Versicherungsanlageprodukte (PRIIPs)** wurde am 9.12.2014 im Amtsblatt der Europäischen Union veröffentlicht. Die in der Verordnung vorgesehenen delegierten Rechtsakte und technischen Regulierungsstandards der Kommission liegen derzeit noch nicht vor. Das neue Regime ist ab dem 3.1.2017 grundsätzlich unmittelbar anwendbar. Lediglich im Hinblick auf die Verhängung von Sanktionen werden gesetzgeberische Begleitmaßnahmen erfolgen müssen.

Die Verhandlungen über eine neue **Richtlinie über den Versicherungsvertrieb (IDD)** befinden sich gegenwärtig im Trilog. Da sich seit längerem abgezeichnet hat, dass sich die Anwendbarkeit des neuen Regimes verzögern wird, erfolgte mit der Richtlinie 2014/65/EU (MiFID II) – gleichsam zur Überbrückung – eine **Novelle der Richtlinie 2002/92/EG über die Versicherungsvermittlung (IMD 1.5)**. Die konsolidierte Fassung der Richtlinie findet sich wie bereits in der Vorauflage im Anhang. Konkret betreffen die Neuerungen Vorgaben für den Vertrieb von Versicherungsanlageprodukten (IBIP), die nicht nur für Versicherungsvermittler, sondern – ebenso wie die geplante IDD – auch für den Direktvertrieb durch Versicherungsunternehmen einschlägig sind. Als IBIP gelten insbesondere fonds- und indexgebundene Lebensversicherungen, nach zutreffender Ansicht aber auch klassische kapitalbildende Lebensversicherungen. Die neuen Bestimmungen sind – zusammen mit den in einer **Durchführungsrichtlinie der Kommission** im Laufe des Jahres zu erwartenden Konkretisierungen zum Thema Interessenkonflikte – gemäß Art 93 der Richtlinie 2014/65/EU bis zum 3.7.2016 ins nationale Recht umzusetzen und ab dem 3.1.2017 anzuwenden.

Neue Musterbedingungen des Verbands der Versicherungsunternehmen Österreichs (VVO) liegen mit den **Allgemeinen Bedingungen für die Rechtsschutz-Versicherung (ARB 2015)** und den **Allgemeinen Österreichischen Transportversicherungs-Bedingungen (AÖTB 2014)** vor. Der Europäischen Reiseversicherung sei für die freundliche Genehmigung zum Abdruck der neuen **Europäischen Reiseversicherungsbedingungen (ERV-RVB 2013)** gedankt.

Auf den **neuesten Stand** gebracht wurden ferner:
- die **EuGVVO** (Abl L 54 vom 25.2.2015 S 1),
- das **Finanzmarktaufsichtsbehördengesetz** (BGBl I 2014/98),
- die **Gewerbeordnung 1994** (BGBl I 2015/48),
- das **Ärztegesetz 1998** (BGBl I 2014/82),
- das **Versicherungssteuergesetz 1953** (BGBl I 2014/13),
- das **Pensionskassengesetz** (BGBl 2014/70) und

– die **EIOPA-Verordnung** (RL 2014/51/EU).

Für die bewährte Unterstützung bei der Neuauflage möchte ich Frau Mag. *Barbara Kortus* vom Verlag LexisNexis sehr herzlich danken.

Danken möchte ich im Namen des Herausgebers, Herrn em. o. Univ.-Prof. Dr. *Werner Doralt*, und des Verlags LexisNexis auch Herrn Mag. *Christian Eltner* und dem Verband der Versicherungsunternehmen Österreichs (VVO) für die Bereitschaft zum Eingehen einer Kooperation beim Vertrieb des Kodex, deren sichtbares Zeichen das Logo des VVO auf dem Cover darstellt.

Anregungen zur Verbesserung der Benutzerfreundlichkeit des Kodex werden weiterhin gerne entgegengenommen.

Wien, im Mai 2015 *MMag. Martin Ramharter*

Inhaltsverzeichnis

A. Allgemeines Versicherungsvertragsrecht

1. **Versicherungsvertragsgesetz (VersVG)** (BGBl 1959/2 idF BGBl 1993/90, 1993/917, 1994/509, 1994/652, 1996/447, I 1997/6, I 1997/140, I 1999/150, I 2001/48, I 2001/98 (1. Euro-Umstellungsgesetz-Bund), I 2003/33, I 2004/62, I 2004/131, I 2005/120, I 2006/95, I 2010/29, I 2010/58, I 2012/34 und I 2015/34)
2. **Allgemeines bürgerliches Gesetzbuch (ABGB)** (JSG 1811 Nr 946, zuletzt geändert durch BGBl I 2015/35), Auszug: §§ **1288 – 1292**

2/1a. **Produkthaftungsgesetz (PHG)** (BGBl 1988/99, zuletzt geändert durch BGBl I 2001/98 (1. Euro-Umstellungsgesetz-Bund)), *Auszug*

2/1b. **Konsumentenschutzgesetz (KSchG)** (BGBl 1979/140, zuletzt geändert durch BGBl I 2014/33), *Auszug*

B. Internationales Versicherungsrecht

3/1. **Verordnung (EU) Nr 1215/2012 des Europäischen Parlaments und des Rates vom 12. Dezember 2012 über die gerichtliche Zuständigkeit und die Anerkennung und Vollstreckung von Entscheidungen in Zivil- und Handelssachen (Neufassung)** (ABl Nr L 351 vom 12.12. 2012, S 1, geändert durch ABl L 54 vom 25. 2. 2015, S 1)

3/2. **Verordnung (EG) Nr 593/2008 des Europäischen Parlaments und des Rates vom 17. Juni 2008 über das auf vertragliche Schuldverhältnisse anzuwendende Recht (Rom I)** (ABl Nr L 177 vom 4. 7. 2008, S 6, ber. durch ABl L 309 vom 24. 11. 2009, S 87)

3/3. **Bundesgesetz vom 15. Juni 1978 über das internationale Privatrecht (IPR-Gesetz) 1978** (BGBl 1978/304, zuletzt geändert durch BGBl I 2013/158), *Auszug*

C. Pflichtversicherungsrecht

I. Kraftfahrzeug-Haftpflichtversicherung und AVB der Kraftfahrzeughaftpflicht- und Kraftfahrzeugkaskoversicherung

4. *Grundlagen:*

4/I. **Kraftfahrgesetz (KFG) 1967** (BGBl 1967/267, zuletzt geändert durch BGBl II 2015/73), *Auszug*

4/I/1. **Zulassungsstellenverordnung (ZustV)** (BGBl II 1998/464 idF BGBl II 2002/200, II 2005/33, II 2007/131, II 2010/92, II 2010/350 und II 2013/291)

4/II. **Eisenbahn- und Kraftfahrzeug-Haftpflichtgesetz (EKHG)** (BGBl 1959/48, zuletzt geändert durch BGBl I 2011/138), *Auszug*

5. **Kraftfahrzeug-Haftpflichtversicherungsgesetz 1994 (KHVG 1994)** (BGBl 1994/651 idF BGBl 1995/258, I 1997/71, I 2001/97 (FMAG), I 2001/98 (1. Euro-Umstellungsgesetz-Bund), I 2002/11, I 2002/46, I 2002/76, I 2004/31, I 2004/115, I 2007/37, I 2010/107, I 2011/138 und I 2015/34)

5/1. **Allgemeine Bedingungen für die Kraftfahrzeughaftpflicht-Versicherung (AKHB 2015)**

5/2. **Allgemeine Bedingungen für die Kraftfahrzeug-Kaskoversicherung (AKKB 2015)**

6. **Europäisches Übereinkommen über die obligatorische Haftpflichtversicherung für Kraftfahrzeuge** (BGBl 1972/236)

6/1. **Abkommen zwischen der Republik Österreich und der Schweizerischen Eidgenossenschaft über den grenzüberschreitenden Verkehr mit Motorfahrzeugen auf öffentlichen Straßen 1959** (BGBl 1959/123), *Auszug*

7. **Verkehrsopfer-Entschädigungsgesetz** (BGBl I 2007/37 idF BGBl I 2009/109, I 2013/12 und I 2015/34)

7/1. **Vertrag zwischen der Republik Österreich und der Schweizerischen Eidgenossenschaft über die Schadendeckung bei Verkehrsunfällen 1981** (BGBl 1981/186)

II. Weitere Pflichthaftpflichtversicherungen

8. *Luftfahrzeug-Haftpflichtversicherung:*

8/1. **Luftfahrtgesetz (LFG)** (BGBl 1957/253, zuletzt geändert durch BGBl I 2013/108), *Auszug*

8/2. **Bundesgesetz über den zwischenstaatlichen Luftverkehr 2008** (BGBl I 2008/96, zuletzt geändert durch BGBl I 2013/96), *Auszug*

9. **Gewerbeordnung (GewO) 1994** (BGBl 1994/194 (WV), zuletzt geändert durch BGBl I 2015/48), *Auszug*

9/1. **Reisebürosicherungsverordnung (RSV)** (BGBl II 1999/316 idF II 2001/490, II 2003/563, II 2012/275 und II 2013/96)

9/2. **Europäische Reiseversicherungsbedingungen (ERV-RVB 2013)**

10. *Haftpflichtversicherung freier Berufe:*

10/1. **Rechtsanwaltsordnung (RAO)** (BGBl 1868/96, zuletzt geändert durch BGBl I 2014/40), *Auszug*

10/1a. **Bundesgesetz über den freien Dienstleistungsverkehr und die Niederlassung von europäischen Rechtsanwältinnen und Rechtsanwälten sowie die Erbringung von Rechtsdienstleistungen durch international tätige Rechtsanwältinnen und Rechtsanwälte in Österreich (EIRAG)** (BGBl I 2000/27, zuletzt geändert durch BGBl I 2013/190), *Auszug*

10/2. **Notariatsordnung (NO)** (RGBl 1871/75, zuletzt geändert durch BGBl I 2013/190), *Auszug*

10/3. **Wirtschaftstreuhandberufsgesetz (WTBG)** (BGBl I 1999/58, zuletzt geändert durch BGBl I 2014/46), *Auszug*

10/4. **Bilanzbuchhaltungsgesetz (BiBuG) 2014** (BGBl I 2013/191), *Auszug*

10/5. **Ärztegesetz (ÄrzteG) 1998** (BGBl I 1998/169, zuletzt geändert durch BGBl I 2014/82), *Auszug*

11. *Sonstige Haftpflichtversicherungsbestimmungen:*

11/I. *Sonstige Haftpflichtversicherungsbestimmungen in Bundesgesetzen und Übereinkommen – Übersicht*

11/II. *Haftpflichtversicherungsbestimmungen im Landesrecht – Übersicht*

D. Allgemeine Versicherungsbedingungen (AVB)

12. *Versicherungsbedingungen:*

12/I. *Personenversicherung:*

12/I/1. **Versicherungsbedingungen der Er- und Ablebensversicherung (2008)** Version 01/2013

12/I/2. **Versicherungsbedingungen der fondsgebundenen Lebensversicherung (2010)** Version 01/2013

12/I/3. **Allgemeine Versicherungsbedingungen für die Krankheitskosten- und Krankenhaus-Tagegeldversicherung (2013)**

12/I/4. **Allgemeine Bedingungen für die Unfallversicherung (AUVB 2008)** Version 01/2013

12/II. *Schadenversicherung:*

12/II/1. **Allgemeine Bedingungen für die Sachversicherung (ABS 2012)**

12/II/2. **Allgemeine Bedingungen für die Versicherung zusätzlicher Gefahren zur Sachversicherung (AECB 2001)**

12/II/3. **Allgemeine Bedingungen für die Einbruchdiebstahlversicherung (AEB 2001)**

12/II/4. **Besondere Bedingungen für die Einbruchdiebstahlversicherung (2001)**

12/II/5. **Allgemeine Bedingungen für die Feuerversicherung (AFB 2001)**

12/II/6. **Besondere Bedingungen für die Feuerversicherung (2001)**

12/II/7. **Zusatzbedingungen für die Feuerversicherung von industriellen, gewerblichen und sonstigen Betrieben (ZB F IG 2001)**

12/II/8. **Zusatzbedingungen für die Feuerversicherung von Wohngebäuden (ZB F WG 2001)**

12/II/9. **Allgemeine Bedingungen für die Glasversicherung (ABG 2001)**

12/II/10. **Besondere Bedingungen für die Gebäude-Glaspauschalversicherung (2001)**

12/II/11. **Allgemeine und Ergänzende Allgemeine Bedingungen für die Haftpflichtversicherung (AHVB 2005 und EHVB 2005), Version 2012**

12/II/11a.	Besondere Bedingungen Nr. 566 bis 570 betreffend die Umweltsanierungskostenversicherung (USKV), Version 2012, und Umweltstörung/USKV-Auslandsklauseln (2009)
12/II/11b.	Rahmenvereinbarung der Österreichischen Ärztekammer (ÖÄK) mit dem Verband der Versicherungsunternehmen (VVO) über die Vertragsbedingungen der Berufshaftpflichtversicherung gemäß § 117b Abs 1 Z 22a ÄrzteG (2011)
12/II/11c.	Unverbindliche Musterbedingungen zur Haftpflichtversicherung gemäß § 99 Abs. 7 GewO von Baumeistern (§ 94 Z 5 GewO) und dem Baumeistergewerbe entstammenden Teilgewerben (2013)
12/II/12.	Allgemeine Bedingungen für die Haushaltsversicherung (ABH 2001)
12/II/13.	Allgemeine Bedingungen für die Rechtsschutz-Versicherung (ARB 2015)
12/II/14a.	Allgemeine Österreichische Transportversicherungs-Bedingungen (AÖTB 2014)
12/II/14b.	Allgemeine Österreichische Spediteur-Bedingungen (AÖSp), *Auszug* Anlagen 1 und 2: Speditionsversicherungsschein (SVS) und Rollfuhrversicherungsschein (RVS), Stand 6. November 2012
12/II/14c.	Vereinbarung betreffend eine Erweiterung des Deckungsschutzes des deutschen SVS/RVS bzw des österreichischen SVS/RVS, Stand April 1994

E. Versicherungsaufsichtsrecht

13. **Versicherungsaufsichtsgesetz (VAG) 1978** (BGBl 1978/569 idF BGBl 1982/370, 1982/567, 1986/558, 1989/561 (VfGH), 1990/181, 1990/281, 1990/475, 1990/648 (VfGH), 1991/10, 1991/411, 1991/625, 1992/13, 1992/769, 1993/458, 1993/532, 1993/917, 1994/505, 1994/652, 1995/23, 1995/50, 1996/304, 1996/447, 1996/680 (DFB), 1996/753, 1996/757, I 1998/126, I 1998/153, I 1999/49, I 1999/106, I 1999/124, I 2000/117, I 2001/97 (FMAG), I 2002/11, I 2002/24, I 2002/46, I 2003/33, I 2003/35, I 2003/36, I 2004/13, I 2004/67, I 2004/70, I 2004/131, I 2004/161, I 2005/8, I 2005/33, I 2005/59, I 2005/93, I 2005/120, I 2006/48, I 2006/95, I 2006/104, II 2006/499, I 2007/37, I 2007/56, I 2007/107, I 2008/63, I 2008/138 und I 2009/22, I 2009/66, II 2009/312, I 2009/109, I 2009/152, I 2010/28, I 2010/29, I 2010/37, I 2010/58, I 2010/107, I 2011/77, I 2011/145, I 2012/35, I 2012/54, II 2012/342, I 2013/12, I 2013/70, I 2013/83, I 2013/184, I 2014/13, I 2014/42, II 2014/226 und I 2015/34)

Verordnungen zum Versicherungsaufsichtsgesetz

13/1.	**Verordnung über die Untersagung außervertraglicher Leistungen von Versicherungsunternehmen** (BGBl 1981/414)
13/2.	**Verordnung über die Funktionsgebühr für Treuhänder für die Überwachung des Deckungsstocks (Treuhänder-Verordnung 1987)** (BGBl 1986/682 idF BGBl 1990/614)
13/3.	**Verordnung über die Rechnungslegung kleiner Versicherungsvereine auf Gegenseitigkeit (RLVkV)** (BGBl 1990/749 idF BGBl 1995/96 und II 2002/32)
13/4.	**Verordnung über die Bildung einer Schwankungsrückstellung in der Schaden- und Unfallversicherung (Schwankungsrückstellungs-Verordnung)** (BGBl 1991/545 idF BGBl 1993/158 und II 1997/66)
13/5.	**Verordnung über die Rechnungslegung von Unternehmen der Vertragsversicherung (RLVVU)** (BGBl 1992/757 idF BGBl 1995/97, II 2002/91, II 2004/231, II 2006/466 und II 2009/41)
13/6.	**Verordnung, mit der ein Höchstzinssatz für die Berechnung der versicherungstechnischen Rückstellungen in der Lebensversicherung festgesetzt wird (Höchstzinssatzverordnung)** (BGBl 1995/70 idF BGBl II 1998/431, II 2000/56, II 2001/329, II 2003/312, II 2005/227, II 2010/357, II 2012/354, II 2013/396 und II 2014/179)
13/7.	**Verordnung über die der Finanzmarktaufsichtsbehörde vorzulegenden Meldungen (MVVU)** (BGBl 2002/89 idF BGBl II 2003/595, II 2005/381, II 2007/321, II 2009/441 und II 2010/444)
13/8.	**Kapitalanlageverordnung (KAVO)** (BGBl II 2002/383 idF BGBl II 2003/468, II 2004/364, II 2006/289, II 2007/272, II 2009/149, II 2011/272, II 2012/273 und II 2013/409)
13/9.	**Verordnung über die Führung von Verzeichnissen für die zur Bedeckung der versicherungstechnischen Rückstellungen herangezogenen Vermögenswerte durch Unternehmen der Vertragsversicherung (Verzeichnisverordnung - Verz VVU)** (BGBl

	II 2002/505 idF BGBl II 2003/566, II 2004/432, II 2005/383, II 2006/435, II 2007/342, II 2009/150, II 2009/354 und II 2011/272)
13/10.	**Zusatzrückstellungs-Verordnung** (BGBl II 2003/450 idF BGBl II 2010/358 und II 2014/180)
13/11.	**Beerdigungskostenverordnung** (BGBl II 2003/600 idF BGBl II 2011/122)
13/12.	**Verordnung über Inhalt und Gliederung der versicherungsmathematischen Grundlagen (VVMGL)** (BGBl II 2005/110 idF BGBl II 2006/396 und II 2009/91)
13/13.	**Aktuarsberichtsverordnung** (BGBl II 2005/228 idF BGBl II 2013/398)
13/14.	**Gewinnplan-Verordnung (GPVVU)** (BGBl II 2006/397 idF BGBl II 2009/90)
13/15.	**Gewinnbeteiligungs-Verordnung (GBVVU)** (BGBl II 2006/398 idF BGBl II 2013/397)
13/16.	**Gewinnbeteiligungs-Verordnung-Krankenversicherung (GBVKVU)** (BGBl II 2007/120)
13/17.	**Eigentümerkontrollverordnung (EKV)** (BGBl II 2009/83 idF BGBl II 2009/351, II 2012/126 und II 2013/318)
13/18.	**Informationspflichtenverordnung Versicherungsunternehmen (InfoV-VU)** (BGBl II 2013/15)
13/19.	**Finanzmarktaufsichtsbehördengesetz (FMABG)** (BGBl I Nr 2001/97 idF BGBl I 2002/45, I 2002/100, I 2003/33, I 2003/35, I 2003/80, I 2004/70, I 2005/32, I 2005/33, I 2005/78, I 2006/48, I 2006/141, I 2007/56, I 2007/60, I 2007/108, I 2008/2, I 2008/136, I 2009/22, I 2009/66, I 2010/37, I 2010/68, I 2010/107, I 2011/50, I 2011/77, I 2011/145, I 2012/97, I 2013/21, I 2013/70, I 2013/135, I 2013/160, I 2013/184, I 2014/51, I 2014/59, I 2014/98 und I 2015/34)

F. Ausbildung, Befähigung und Berufsausübungsvorschriften (Versicherungsvermittlung)

14. **Berufsausbildungsgesetz (BAG) 1969** (BGBl 1969/142, zuletzt geändert durch BGBl II 2014/59 - V über IDAT), *Auszug*

14/1.	**Verordnung, mit der Ausbildungsvorschriften für den Lehrberuf Versicherungskaufmann/Versicherungskauffrau erlassen werden** (BGBl II 2004/15)
14/2.	**Verordnung über die Lehrabschlussprüfungen in den kaufmännischadministrativen Lehrberufen** (BGBl II 2004/245 idF BGBl II 2004/457, II 2005/282, II 2006/269, II 2007/187, II 2011/144, II 2012/179 und II 2013/139)

15. **Gewerbeordnung (GewO) 1994** (BGBl 1994/194 (WV), zuletzt geändert durch BGBl I 2015/48), *Auszug*

15/1.	**Versicherungsvermittler-Verordnung** (BGBl II 2010/156)
15/2.	**Allgemeine Prüfungsordnung** (BGBl II 2004/110)
15/3a.	**Versicherungsmakler und Berater in Versicherungsangelegenheiten – PrüfungsstoffVO** (1. 2. 2004)
15/3b.	**Versicherungsagenten-Prüfungsordnung** (1. 6. 2011)

16. **Maklergesetz 1996** (BGBl 1996/262 idF BGBl I 2001/98 (1. Euro-Umstellungsgesetz-Bund) und I 2004/131, I 2010/28, I 2010/29, I 2010/58 und I 2012/34)

16/1.	**Allgemeine Geschäftsbedingungen für Versicherungsmakler und Berater in Versicherungsangelegenheiten (2008)**

G. Versicherungsförderungsrecht

17. **Hagelversicherungs-Förderungsgesetz** (BGBl 1955/64 idF BGBl 1961/186, 1963/289, 1994/653 und I 1997/130)

18. **Tierversicherungsförderungsgesetz** (BGBl 1969/442)

19. *Waldbrandversicherungsförderung:*

19/1.	**Forstgesetz 1975** (BGBl 1975/440, zuletzt geändert durch BGBl I 2013/189), *Auszug*
19/2.	**Verordnung über den Bundeszuschuß zur Waldbrandversicherung 1976** (BGBl 1976/590 idF BGBl II 2003/495)
20/1.	**Kapitalversicherungs-Förderungsgesetz** (BGBl 1982/163 idF BGBl 1984/255, 1987/312, 1987/607 und I 2015/34)

20/2. Einkommensteuergesetz 1988 (BGBl 1988/400, zuletzt geändert durch BGBl I 2015/34),
Auszug

H. Versicherungssteuerrecht

21. Versicherungssteuergesetz 1953 (BGBl 1953/133 idF BGBl 1954/180, 1954/181, 1966/159, 1968/44, 1983/587, 1988/408, 1990/281, 1992/449, 1993/13, 1993/254, 1993/818, 1993/917, 1995/21, 1996/201, 1996/797, I 1997/130, I 1999/106, I 2000/26, I 2001/59, I 2002/100, I 2002/158, I 2003/33, I 2005/8, I 2009/52, I 2010/9, I 2010/111, I 2011/76, I 2012/112, I 2014/13, I 2014/105 und I 2015/34)

21/1. **Verordnung über die Anwendung von in Schilling festgesetzten Beträgen bei Abgaben, die in Euro selbst berechnet werden 2000** (BGBl II 2000/279)

22. Feuerschutzsteuergesetz 1952 (BGBl 1952/198 (WV) idF BGBl 1993/13, 1993/254, 1993/917, 1996/797, I 1997/130, I 1999/106, I 1999/191, I 2001/59, I 2010/9 und I 2010/111)

22/1. **Verordnung zur Durchführung des Feuerschutzsteuergesetzes 1948** (BGBl 1948/78 idF BGBl 1973/191 (VfGH) und 1973/494)

I. Pensionskassenrecht

23. Pensionskassengesetz (PKG) 1990 (BGBl 1990/281 idF BGBl 1991/10, 1992/20, 1992/209, 1993/532, 1996/755, I 1997/64, I 1998/126, I 1999/127, I 2000/73, I 2000/142, I 2001/97 (FMAG), I 2002/9, I 2003/71, I 2003/80, I 2003/135, I 2004/13, I 2004/70, I 2004/161, I 2005/8, I 2005/37, I 2005/59, I 2005/120, I 2006/48, I 2006/104, I 2006/134, I 2006/141, I 2007/107, I 2009/73, I 2010/29, I 2010/58, I 2011/77, I 2012/22, I 2012/35, I 2012/54, I 2013/70, I 2013/184, I 2014/70 und I 2015/34)

23/1. **Verwaltungskostenrückstellungsverordnung (VKRStV) 2013** (BGBl II 2013/381)

23/2. **Rechnungsparameterverordnung (RPV) 2012** (BGBl II 2012/454)

23/3. **Mindestertragsverordnung** (BGBl II 2003/615)

23/4. **Quartalsmeldeverordnung 2012** (BGBl II 2011/417 idF BGBl II 2012/383)

23/5. **Prüfaktuar-Prüfberichtverordnung 2013** (BGBl II 2013/436)

23/6. **Formblatt- und Jahresmeldeverordnung (FJMV) 2012** (BGBl II 2012/385)

23/7. **Risikomanagementverordnung Pensionskassen (RIMAV-PK)** (BGBl II 2006/360)

23/8. **Informationspflichtenverordnung Pensionskassen (InfoV-PK)** (BGBl II 2012/424 idF II 2013/347)

23/9. **Verordnung über die zusätzliche Zuweisung zur Schwankungsrückstellung (ZZV)** (BGBl II 2012/453)

24. Betriebspensionsgesetz (BPG) (BGBl 1990/282 idF BGBl 1993/335, 1993/532, 1996/754, I 1997/139, I 2002/51, I 2005/8, I 2008/82, I 2009/22, I 2010/29, I 2010/58, I 2012/54, BGBl I 2013/67, I 2013/138 und I 2015/34)

J. Verordnungen der Europäischen Union

25/1a. **Verordnung (EWG) Nr 1534/91 des Rates vom 31. März 1991 über die Anwendung von Artikel 81 Absatz 3 des Vertrages auf bestimmte Gruppen von Vereinbarungen, Beschlüssen und aufeinander abgestimmten Verhaltensweisen im Bereich der Versicherungswirtschaft 1991** (ABl Nr L 143 vom 7. Juni 1991, idF VO (EG) Nr 1/2003)

25/1b. **Verordnung (EU) Nr 267/2010 der Kommission vom 24. März 2010 über die Anwendung von Artikel 101 Absatz 3 des Vertrags über die Arbeitsweise der Europäischen Union auf Gruppen von Vereinbarungen, Beschlüssen und abgestimmten Verhaltensweisen im Versicherungssektor** (ABl Nr L 83 vom 30.3.2010, S 1) („VerGVO 2010")

25/2. **Verordnung (EWG) Nr 2155/91 des Rates vom 20. Juni 1991 über Sonderbestimmungen für die Anwendung der Artikel 37, 39 und 40 des Abkommens zwischen der Europäischen Wirtschaftsgemeinschaft und der Schweizerischen Eidgenossenschaft betreffend die Direktversicherung mit Ausnahme der Lebensversicherung** (ABl Nr L 205 vom 27.7.1991)

25/3. **Verordnung (EU) Nr 1094/2010 des Europäischen Parlaments und des Rates vom 24. November 2010 zur Errichtung einer Europäischen Aufsichtsbehörde (Europäische**

Aufsichtsbehörde für das Versicherungswesen und die betriebliche Altersversorgung), zur Änderung des Beschlusses Nr 716/2009/EG und zur Aufhebung des Beschlusses 2009/79/EG der Kommission (ABl Nr L 331 vom 15.12.2010, S 48, idF RL 2014/51/EU) („EIOPA-VO")

K. Anhang:

26/1. **Versicherungsaufsichtsgesetz 2016 (VAG 2016)** (BGBl I 2015/34 idF BGBl I 2015/44)
26/1a. **Regierungsvorlage: Rechnungslegungsänderungs-Begleitgesetz 2015 (RÄ-BG 2015)**
26/2. **Verordnung (EU) Nr. 1286/2014 des Europäischen Parlaments und des Rates vom 26. November 2014 über Basisinformationsblätter für verpackte Anlageprodukte für Kleinanleger und Versicherungsanlageprodukte (PRIIP)**
26/3. **Richtlinie 2002/92/EG des Europäischen Parlaments und des Rates vom 9. Dezember 2002 über Versicherungsvermittlung** (ABl Nr L 009 vom 15.01.2003 S 3 idF ABl Nr L 173 vom 12.6.2014, S 349) („Insurance Mediation Directive 1.5"/„IMD 1.5")

1. VersVG

Gliederung, Stichwortverzeichnis

Versicherungsvertragsgesetz

BGBl 1959/2 idF

1 BGBl 1993/90
2 BGBl 1993/917
3 BGBl 1994/509
4 BGBl 1994/652
5 BGBl 1996/447
6 BGBl I 1997/6
7 BGBl I 1997/140
8 BGBl I 1999/150
9 BGBl I 2001/48
10 BGBl I 2001/98
11 BGBl I 2003/33
12 BGBl I 2004/62
13 BGBl I 2004/131
14 BGBl I 2005/120 (HGB durch UGB ersetzt)
15 BGBl I 2006/95*⁾
16 BGBl I 2010/29 (IRÄG 2010)
17 BGBl I 2010/58 (IRÄ-BG)
18 BGBl I 2012/34 (VersRÄG 2012)
19 BGBl I 2013/12 (VersRÄG 2013)
20 BGBl I 2015/34 (VAG 2016)

*⁾ Umsetzung der Richtlinie 2004/113/EG vom 13. 12. 2004.

GLIEDERUNG

Erster Abschnitt
Vorschriften für sämtliche Versicherungszweige

Erstes Kapitel
Allgemeine Vorschriften §§ 1 - 15b

Zweites Kapitel
Anzeigepflicht, Erhöhung der Gefahr §§ 16 - 34a

Drittes Kapitel
Prämie §§ 35 - 42

Viertes Kapitel
Versicherungsagenten §§ 43 - 48

Zweiter Abschnitt
Schadensversicherung

Erstes Kapitel
Vorschriften für die gesamte Schadensversicherung
I. Inhalt des Vertrages §§ 49 - 68a
II. Veräußerung der versicherten Sache §§ 69 - 73
III. Versicherung für fremde Rechnung §§ 74 - 80

Zweites Kapitel
Feuerversicherung §§ 81 - 108

Drittes Kapitel
Hagelversicherung §§ 109 - 115a

Viertes Kapitel
Tierversicherung §§ 116 - 128

Fünftes Kapitel
Transportversicherung §§ 129 - 148

Sechstes Kapitel
Haftpflichtversicherung
I. Allgemeine Vorschriften §§ 149 - 158a
II. Besondere Vorschriften für die Pflichtversicherung §§ 158b - 158i

Dritter Abschnitt
Lebensversicherung §§ 159 - 178

Vierter Abschnitt
Krankenversicherung §§ 178a - 178n

Fünfter Abschnitt
Unfallversicherung §§ 179 - 185

Sechster Abschnitt
Schlußvorschriften §§ 186 - 192

STICHWORTVERZEICHNIS

ABGB 69 (3)
Ablehnung, Rechtsschutzversicherung 158n (1)
Abschrift 3 (3)
Abweichung zum Nachteil des Versicherungsnehmers 15a, 34a, 42, 68a, 72, 115a, 158a, 158p, 178, 178n
Altersangabe, unrichtige 162
Anerkenntnis 156 (2)
Anfechtung, Lebensversicherung 176 (1)
Anmeldebestätigung für Hypothekargläubiger 107
Annahme, Feuerversicherung 81
Anspruch, Verjährung 12
Anwalt, Rechtsschutzversicherung 158k
Anwaltskosten 150 (1)
Anzeige 16 – 34a
– Feuerversicherung 92, 100 (1)
– Haftpflichtversicherung 153
– Hagelversicherung 110

1. VersVG

Stichwortverzeichnis

- Krankenversicherung 178k
- Lebensversicherung 163, 171
- obligatorische Haftpflichtversicherung 158d, 158e
- Tierversicherung 121
- Transportversicherung 143 (2), 146
- Unfallversicherung 182
- unrichtige 16 (2)
- Unterbleiben 16
- unvermutete Erhöhung der Gefahr 27 (2), 28
- Veräußerung 71 (1)
- Versicherungsfall 33 (1)
Anzeigepflichtverletzung 41 (1)
Arglist
- Täuschung 22
- Verschweigen 18
- Vertreter 19
Aufwendungen
- Kostentragung 63
- Tierversicherung 123
- Transportversicherung 144
Auskunft, obligatorische Haftpflichtversicherung 158d (3)
Auskunftspflicht 34 (1)

Beerdigungskosten, gewöhnliche 159 (2)
Befreiung von Verbindlichkeiten bei Transportversicherung 145
Behinderung, Versicherung für Menschen mit 1d
- Prämienzuschlag, zulässiger 1d (2) (3)
Belege 34 (2)
Berichtigung, Haftpflichtversicherung 156 (3)
Beschädigung, Transportversicherung 140 (3)
Bescheinigung, obligatorische Haftpflichtversicherung 158i
Bestätigung, Rechtsschutzversicherung 158n (1)
Bevollmächtigter, Schadensfeststellung 65
Beweislast 5b (3)
Bezugsberechtigung, Lebensversicherung 166 – 168, 177 (2)
Bürgerliches Recht, Abweichung 35a

Deckungspflicht
- Beginn, Ende 1a (2)
Dispache 133 (2), 147
Doppelversicherung 59 – 60

Einsicht 11a
Eintritt in Rechte und Pflichten 69
Einwilligung
- Lebensversicherung 159 (2)
- Unfallversicherung 179 (3)
Einwirkungsbeschränkung, Hagelversicherung 111
Eisenbahn 135 , 147
Elektronische Kommunikation 3 (1), 5a, 15a (2), 72, 178 (1)
- Erfordernisse 5a (8) (9)
Entschädigungsbetrag aus Feuerversicherung 100 (1)
Erfolgsaussichten, Rechtsschutzversicherung 158l
Erfüllungsort, Prämie 36
Erhebungen 11

Erhöhung der Gefahr 16 – 34a
- bei Lebensversicherung 164
- bei Transportversicherung 142, 143
- Erlaubtheit 26
- Krankenversicherung 178a (3)
- nach Vertragsabschluß 23
- unerhebliche 29
Ermittlung personenbezogener Gesundheitsdaten 11a (2)
Ersatzurkunde 3 (2)
- Kostentragung 3 (4)
Exekution 15
Exekutionsordnung 107b

Fälligkeit 11 (1)
Faktor Geschlecht 1c
Familienangehörige, Übergang des Schadenersatzanspruches 67 (2)
Feuerversicherung 81 – 108
- Umfang des Schadenersatzes 83
- Vertragsannahme 81
Forderungsübertragung, Feuerversicherung 98
Forderungsveräußerung 69 (3)
Fristhemmung 3 (3)
- Erhebungen 11 (3)
- Feuerversicherung 94
- Vergleichsverhandlungen 12 (3)
Fruchtgenußrecht
- Haftpflichtversicherung 151 (2)
- Hagelversicherung 115
- Rechtsschutzversicherung 158o

Gebäudeversicherung, Feuerversicherung 88, 91, 93, 100
Gefahrerhöhung siehe Erhöhung der Gefahr
Gefahrtragung, Binnengewässertransport 136
Gefahr- und Kostentragung, Prämie 36 (1)
Gefahrverminderungsobliegenheit 32
Geheimnisschutz 11d
Genanalytische Daten 11a (1)
Genehmigungsfiktion 5
Gerichtsbarkeit, inländische 15 b
Geschäftsbetrieb, Umfang der Haftpflichtversicherung 151
Geschäftsgebühr 40, 68 (1)
Geschlecht, Faktor 1c
Gesundheitsdaten, personenbezogene
- Ermittlung 11a (2)
- Geheimnisschutz 11d
- Übermittlung 11b, 11c, 11d
- Verwendung 11a (1)
Gewährleistungsanspruch, Tierversicherung 118, 128
Gewinn, entgehender 53
Gewinn, entgehender bei Feuerversicherung 89
Gruppenversicherung, Krankenversicherung 178m
Gutachteneinsicht 11c (2)

Haftpflichtversicherung 149 – 158i
Haftung
- Ausschluß 152
- Beginn, Ende 7

1. VersVG

Stichwortverzeichnis

- Feuerversicherung 83
- nach Feuerversicherungsfall 95
- nach Hagelversicherungsfall 112
- nach Versicherungsfall, Tierversicherung 119
- Versicherungsagent 43a
- zur ungeteilten Hand 59 (1)
— Prämie 69 (2)
Haftungsausschluß, Transportversicherung 130 – 132, 137 (1)
Haftungserstreckung, Tierversicherung 127
Haftungshöhe 50
Hagelversicherung 109 – 115a
Haverei 133
Hinterlegung, Haftpflichtversicherung 150 (3)
Hinweispflicht, Rechtsschutzversicherung 158k (3), 158l (2), 158m (1)
Hypothekargläubiger, Feuerversicherung 99 – 108
Hypothekenübergang, Feuerversicherung 104

Inkrafttreten 191 ff
Insolvenzverfahren 14 (1), 77, 157, 177
Interesse
– künftiges 68 (1)
– Wegfall 68 (2) (3)
Irrtumsanfechtung 51 (5)
– Ausschluß 5 (4)

Kalkulationsgrundlagen, Einsicht bei Krankenversicherung 178h
Kammern, Krankenversicherung 178g
Kapital 1 (1)
Kapitalversicherung, Lebensversicherung 166 – 168, 176
Klage, Krankenversicherung 178g (2)
Konsumentenschutzgesetz (KSchG)
Konventionalstrafe 40
Kosten
– Rechtsschutzversicherung 158j, 158n (3)
– Tierversicherung 123
– Transportversicherung 145
– Unfallversicherung 185
– Verteidigung 150 (1)
Kostendeckungszusage, Krankenversicherung 178c
Kostenersatz 66
Kostenteilung 123 (2)
Krankengeldversicherung 178a (1), 178b (3)
Krankenhaustagegeldversicherung 178a (1), 178b (2)
Krankenversicherung 178a – 178n
– Dauer 178i
Krankheitskostenversicherung 178b (1)
Kreditversicherung; Vertragsfreiheit 187 (1)
Krieg 51 (2), 68 (3)
KSchG 8 (3)
– beschränkte Vertretungsmacht 47
– Krankenversicherung 178f
Kündigung 41 (2)
– dauernde Versicherung 8 (2)
– Erhöhung der Gefahr 24, 28 (2)
– Erwerber 70

– Feuerversicherung 96, 106 (1), 108
– Haftpflichtversicherung 158
– Hagelversicherung 113, 114 (1)
– Krankenversicherung 178i (2) (3), 178 j
– Lebensversicherung 165, 175, 176 (1)
– Obliegenheitsverletzung 6 (1)
– Teilkündigung 31
– Transportversicherung 142
– unvermutete Gefahrerhöhung 27 (1) (3)
– Verbraucher 8 (3)
– Versicherungsagent 45
– Verzug 39 (3)
Kundenkonten 43 (5)
Kursverlustversicherung, Vertragsfreiheit 187 (1)
Kürzung, verhältnismäßige 156 (3)

Lebensversicherung 1 (1), 159 – 178
– Bezugsberechtigung 166 – 168
Legalzession 67
– Krankenversicherung 178l
– obligatorische Haftpflichtversicherung 158f
– Tierversicherung 118
Leistung 1 (1)
Leistung, Fälligkeit 11 (1)
– Feuerversicherung 100 (1)
– gegen Rückgabe des Versicherungsscheines 4 (2)
– Leistungspflicht 2 (2)
– Minderung bei Lebensversicherung 162
Leistungsbefreiung 4 (1)
– bei Feuerversicherung 102
– bei Hagelversicherung 114 (2)
– bei Krankenversicherung 178l
– bei Lebensversicherung 169 – 170
– bei Obliegenheitsverletzung 6
– bei Tierversicherung 125
– bei Unfallversicherung 181
– Verjährung 12 (3)
Leistungspflicht
– Befreiung 25 (1) (2), 28 (1), 38 (2), 39 (2), 61, 62 (2), 71
– Beibehaltung 71 (2)
– Bestehenbleiben 6 (1) (2) (3), 21, 25 (2) (3), 28 (2)
– Haftpflichtversicherung 154
– keine Befreiung 33 (2)
– Krankenversicherung 178d (3)
Leistungsrückgewähr, Rücktritt 20 (2)

Mehrfachversicherung 58 – 60
Meinungsverschiedenheiten, Rechtsschutzversicherung 158l
Mitteilung, Hypothekargläubiger bei Feuerversicherung 101
Mitteilungspflicht
– Feuerversicherung 90
– Krankenversicherung 178g
– Mehrfachversicherung 58

Nebengebühren 41b
Nottötung 116 (1), 126

Obliegenheitsverletzung 6

1. VersVG
Stichwortverzeichnis

– Rechtsschutzversicherung 158m
Pachtvertrag
– Haftpflichtversicherung 151 (2)
– Hagelversicherung 115
– Rechtsschutzversicherung 158o
Personenversicherung 1 (1)
Pfandrecht, Feuerversicherung 100
Pfändung, Lebensversicherung 177a
Pflegekrankenversicherung 178b (4)
Pflichtversicherung 158b – 158i
Prämie 35 – 42
– Abzug von Leistung 35b
– Änderung Krankenversicherung 178f – 178g
– Annahme der Zahlung von Dritten 35a
– Befreiung bei Lebensversicherung 173
– Befreiung von Zahlungsverpflichtung 68
– Erfüllungsort 36
– Erhöhung bei Krankenversicherung 178f – 178g
– Erhöhung bei Lebensversicherung 172
– Erwerber 70 (3)
– Gefahr- und Kostentragung 36 (1)
– Haftung zur ungeteilten Hand 69 (2)
– höhere 41 – 41a
– Nichtzahlung 38 – 39a
– Pfandrecht 35a (2)
– Pflicht zur Entrichtung 1 (2)
– Übermittlung 37
– verhältnismäßige Minderung bei Doppelversicherung 60 (1)
– Zahlungspflicht 2 (2), 35
Prämiennachlässe 8 (3)
Prämienzuschlag - für Menschen mit Behinderung 1d - Krankenversicherung 178e
Provision 176 (2a) (3a)
Reallast 107b
Recht, zwingendes 15 a, 34a, 42, 68a, 72, 115a, 158a, 158p, 178, 178n
Rechtsanwalt, Rechtsschutzversicherung 158 k
Rechtsschutzversicherung 158j – 158p
Rechtsstreit 150
Rente 1 (1)
– Haftpflichtversicherung 155
Rückkaufswert 174, 176
Rücktritt 5b (2), 16 (2), 17 – 21, 38 (1)
– Ausschluß 16 (3), 17 (2), 41 (1)
– Frist 20
– Lebensversicherung 163, 165a, 176 (1)
– Nichtzahlung 38 (1)
– Teil– 31
– unwirksamer 6b (4)
– Verbraucher 5c, 165a (2a)
– Versicherungsagent 45
Rückversicherung 186

Sachinbegriff 54
– Feuerversicherung 85
Sachversicherung, Versicherungswert 52
Sachverständigengutachten, Unfallversicherung 184
Sachverständigenverfahren 64
Schadenersatz

– in Geld 49
Schadenersatzanspruch gegen Dritte 67
Schadensermittlung, Kosten 66
Schadensminderungspflicht 62
– Unfallversicherung 183
Schadensversicherung 1 (1), 49 – 80
Schadensversicherung nach Gattung 187 (2)
Schiedsgutachterverfahren 64
Schiff 129 ff
Schlußbestimmungen 186 – 192
Schriftform bzw. geschriebene Form 1b, 34a, 15a (2)
– elektronische Kommunikation 15a (2), 72, 178 (1)
– Lebensversicherung 159 (2), 164
– Rücktritt 5b (5), 5c
– Unfallversicherung 179 (3)
– Versicherungsvertrag 3
Schwangerschaft 178b (1), 178e
Seeversicherung 147, 186
Selbstmord 169
Sicherheitsleistung Haftpflichtversicherung 150 (3), 155 (2)
Sitzverlegung 10 (2)
Sozialversicherung, gesetzliche 178e
Strafverfahren 150 (1)

Täuschung, arglistige 22
Täuschung, Lebensversicherung 162
Taxe 57
– Feuerversicherung 87
Tierarztpflicht 121
Tierversicherung 116 – 128
Tötung 169 – 170
Transportversicherung 129 – 148
– von Gütern, Vertragsfreiheit 187 (1)

Übergang der Forderung, obligatorische Haftpflichtversicherung 158f
Übergang der Gewährleistungsansprüche, Tierversicherung 118
Übergang des Schadenersatzanspruches 67
Übermittlung personenbezogener Gesundheitsdaten 11b, 11c, 11d
Überversicherung 51 (1) (2), 55
Umwandlung, Lebensversicherung 173, 175
Unfall, Transportversicherung 131 (2), 137 (2), 146
Unfallversicherung 1 (1), 179 – 185
Unternehmensgesetzbuch 133 (2), 141 (2), 147
Unterschrift 3 (1), 39 (1) *(siehe auch Schriftform)*
Untersuchung, ärztliche bei Lebensversicherung 160
Untersuchung, Tierversicherung 120
Unterversicherung 56
– Aufwendungen 63 (2)
– Kosten 66 (3)
Urteil 156 (2)

Veräußerung
– der versicherten Sache 69 – 73
– Haftpflichtversicherung 151 (2)
– Hagelversicherung 114

1. VersVG
Stichwortverzeichnis

- Rechtsschutzversicherung 158o
- Tierversicherung 128 (1)
- Transportversicherung 142
- Verbraucher, Rücktrittsrecht 5c, 165a (2a)
- Verfügung über Entschädigungforderung 156 (1)
- Verfügungsrecht über Versicherung 75 (2), 76
- Vergleich 156 (2)
- Verjährung 12
- Verlängerung, stillschweigende 8
- Vermögensschaden 1 (1)
- Vernachlässigung 125
- Verpfändung 15
- Verschweigen, arglistiges 18
- Versicherung
- – auf Gegenseitigkeit 1 (1)
- – Beginn 2 (1)
- – für fremde Rechnung 74 – 80
- –– Insolvenzverfahren 77
- – laufende 187 (2)
- – mehrfache 58 – 60
- – prämienfreie 173
- Versicherungsagent 5b (2) Z 3, 43 – 48
- – Aufgabenbereich 43 (2)
- – Bevollmächtigung 44 – 45
- – Haftung 43a
- – Pflicht 43 (4)
- – Rücktritt, Kündigung 45
- Versicherungsaufsichtsgesetz (VAG) 5b (2) Z 3, 11d
- Versicherungsdauer
- – bei Gütertransport 134, 135, 147
- – Krankenversicherung 178i
- – Schiff 138 -139, 147
- – Transportversicherung 143
- Versicherungsleistung, Beschränkung 55
- – prämienfreie, Berechnung 176 (2b)
- Versicherungsperiode 9
- Versicherungspflicht des Versicherers bei Feuerversicherung 105
- Versicherungspflicht gegen Dritten 158c
- Versicherungsschein 1a (2), 3
- – Abweichung 5
- – an Order 4 (2)
- – auf Inhaber 4 (1) (2)
- – Leistung gegen Rückgabe 4 (2)
- – Prämie 35
- – Rechtsschutzversicherung 158j (2)
- – Übermittlung, elektronisch bzw. Papier 3 (1)
- – Versicherung für fremde Rechnung 75 (1), 76 (2)
- Versicherungssumme höher als Schaden 55
- Versicherungssumme niedriger als Schaden 56
- Versicherungsverhältnis
- – Beendigung bei Feuerversicherung 103
- – Beendigung bei Tierversicherung 128 (1)
- – Ende 13

- Fortsetzung bei Krankenversicherung 178m
- Konkurs 13
- Versicherungsvertrag
- – Antrag 1a (1)
- – Bindung 1a (1)
- – Kopie 5b (1)
- – Nichtigkeit 51 (4), 59 (3)
- – Rückkaufswert 176 (2a), 176 (5), 176 (6)
- – Rücktritt 5b (2), 16 (2) (3), 17 – 21, 38 (1)
- – vorzeitige Auflösung 40
- – Zustandekommen 1a (2)
- Versicherungswert 51 (1)
- – festgesetzter 57
- – Feuerversicherung 88
- – Sache 52
- – Transportversicherung 140 -141
- Verteidigungskosten 150 (1)
- Vertragsaufhebung, Doppelversicherung 60 (1)
- Vertragsfreiheit 187
- Vertragsstrafe 68 (1)
- Vertreter 2 (3)
- – beschränkter 47
- – Rücktritt 19
- Verwendung, bestimmungsgemäße bei Feuerversicherung 97, 99
- Verwendung personenbezogener Gesundheitsdaten 11a (1)
- Verzug 38 – 39a
- Verzugszinsen 11 (4)
- Vollziehung 192

- Wartezeit, Krankenversicherung 178d, 178e
- Weisung 62
- – Haftpflichtversicherung 150 (1)
- – Unfallversicherung 183
- Widerruf, Krankenversicherung 178c
- Widerspruch gegen Abweichung 5
- Wiederanschaffungsbetrag, Feuerversicherung 86
- Willenserklärung, Wirksamkeit 10 (1)
- Wohnsitzänderung 10 (1)
- – Hypothekargläubiger 107a

- Zahlungsfrist 39 (1)
- Zinsen
- – Feuerversicherung 94
- – Haftpflichtversicherung 150 (2)
- – Nichtzahlung 38 (4), 39 (4)
- – Rücktritt 20 (2)
- – Tierversicherung 94, 124
- Zwangsverwaltung 14 (2)
- Zwangsvollstreckung 73
- – Feuerversicherung 98
- – Haftpflichtversicherung 156 (1)
- – Hagelversicherung 114, 115
- – Lebensversicherung 177
- – Transportversicherung 143 (3)

1. VersVG
§§ 1 – 1d

Bundesgesetz vom 2. Dezember 1958 über den Versicherungsvertrag („Versicherungsvertragsgesetz - VersVG")

(BGBl I 2012/34)

Erster Abschnitt
Vorschriften für sämtliche Versicherungszweige.

Erstes Kapitel
Allgemeine Vorschriften

§ 1. (1) Bei der Schadensversicherung ist der Versicherer verpflichtet, dem Versicherungsnehmer den durch den Eintritt des Versicherungsfalles verursachten Vermögensschaden nach Maßgabe des Vertrages zu ersetzen. Bei der Lebensversicherung und der Unfallversicherung sowie bei anderen Arten der Personenversicherung ist der Versicherer verpflichtet, nach dem Eintritt des Versicherungsfalles den vereinbarten Betrag an Kapital oder Rente zu zahlen oder die sonst vereinbarte Leistung zu bewirken.

(2) Der Versicherungsnehmer hat die vereinbarte Prämie zu entrichten. Als Prämien im Sinne dieses Bundesgesetzes gelten auch die bei Versicherungsunternehmungen auf Gegenseitigkeit zu entrichtenden Beiträge.

§ 1a. (1) Stellt der Versicherungsnehmer seinen Antrag auf Schließung eines Versicherungsvertrags auf einem vom Versicherer verwendeten Formblatt, so ist eine Erklärung, während einer bestimmten Frist an den Antrag gebunden zu bleiben, insoweit unwirksam, als diese Frist sechs Wochen übersteigt. Die Vereinbarung einer längeren Bindungsfrist ist nur rechtswirksam, wenn sie im einzelnen ausgehandelt worden ist.

(2) Stellt der Versicherungsnehmer seinen Antrag auf Schließung eines Versicherungsvertrags auf einem vom Versicherer verwendeten Formblatt, so ist er – soweit nicht vorläufige Deckung gewährt worden ist – darauf hinzuweisen, daß der Versicherungsvertrag erst mit Zugang des Versicherungsscheins oder einer gesonderten Annahmeerklärung zustandekommt und vor diesem Zeitpunkt kein Versicherungsschutz besteht. Kann der Versicherer einen solchen Hinweis nicht beweisen, so hat er den beantragten Versicherungsschutz ab Zugang des Antrags an ihn selbst oder an seinen Versicherungsagenten bis zum Zustandekommen des Vertrags zu gewähren, es sei denn, daß er dieses Risiko nach den für seinen Geschäftsbetrieb maßgebenden Grundsätzen überhaupt nicht versichert; ist ein späterer Beginn der Versicherung beantragt, so besteht diese Deckungspflicht frühestens ab diesem Zeitpunkt. Kommt der Vertrag nicht zustande, so endet die Deckungspflicht, sobald der Versicherungsnehmer nicht mehr an seinen Antrag gebunden ist. Dem Versicherer gebührt für diese Deckungspflicht die ihrer Dauer entsprechende Prämie.

(BGBl 1994/509)

§ 1b. (1) Soweit dieses Bundesgesetz für Erklärungen die Schriftform (Schriftlichkeit) verlangt, sind § 886 ABGB und § 4 SigG anzuwenden. Soweit dieses Bundesgesetz die geschriebene Form verlangt, ist keine Unterschrift oder qualifizierte elektronische Signatur erforderlich, wenn aus der Erklärung die Person des Erklärenden hervorgeht.

(2) Wenn sich der Versicherer auf die Unwirksamkeit einer nicht in Schriftform abgegebenen Erklärung berufen will, so hat er dies dem Erklärenden unverzüglich nach dem Zugang der Erklärung mitzuteilen. Dem Empfänger steht es frei, das Formgebrechen sodann binnen 14 Tagen durch Absendung einer schriftlichen Erklärung fristwahrend zu beseitigen.

(BGBl I 2012/34)

§ 1c. Der Faktor Geschlecht darf – vorbehaltlich des § 18f Abs. 7 VAG – nicht zu unterschiedlichen Prämien oder Leistungen für Frauen und Männer führen.

(BGBl I 2013/12, vgl die Übergangsbestimmung in § 191c Abs 13)

> **Fassung ab 1. 1. 2016 (BGBl I 2015/34):**
> **§ 1c.** Der Faktor Geschlecht darf – vorbehaltlich des „§ 93 Abs. 7 des Versicherungsaufsichtsgesetzes 2016 (VAG 2016), BGBl. I Nr. 34/2015" – nicht zu unterschiedlichen Prämien oder Leistungen für Frauen und Männer führen. *(BGBl I 2015/34, ab 1. 1. 2016)*
>
> *(BGBl I 2013/12, vgl die Übergangsbestimmung in § 191c Abs 13)*

Versicherung für Menschen mit Behinderung

§ 1d. (1) Ein Versicherungsverhältnis darf in Ansehung eines versicherbaren Risikos nicht deswegen abgelehnt oder gekündigt werden oder deshalb von einer höheren Prämie abhängig gemacht werden, weil der Versicherungsnehmer oder der Versicherte behindert (§ 3 Bundes-Behindertengleichstellungsgesetz, BGBl. I Nr 82/2005) ist.

(2) Ein Prämienzuschlag darf nur dann vorgesehen werden, wenn der Gesundheitszustand einen bestimmten Faktor für die Risikokalkulation in dem betreffenden Versicherungszweig darstellt und der individuelle Gesundheitszustand

der versicherten Person eine wesentliche Erhöhung der Gefahr bewirkt. Ein Prämienzuschlag darf nur in dem Ausmaß erfolgen, das sich anhand der Risikokalkulation in dem konkreten Versicherungszweig aufgrund der Gefahrenerhöhung errechnet.

(3) Der Versicherer hat dem Versicherungsnehmer gegenüber offenzulegen, aufgrund welcher (insbesondere statistischer) Daten er zu einer wesentlichen Erhöhung der Gefahr kommt und aufgrund welcher Änderung in der versicherungsmathematischen Berechnung sich der Prämienzuschlag oder die mangelnde Versicherbarkeit des Risikos nach Abs. 1 ergibt. Fehlen statistische Daten oder sind die Daten unzureichend, so ist die Gefahrenerhöhung auf der Grundlage von für den individuellen Gesundheitszustand der versicherten Person relevantem und verlässlichem medizinischen Wissen darzulegen, wenn der Versicherungsnehmer dies verlangt. Die Gründe für die konkrete Gefahrenerhöhung und den Prämienzuschlag sind in einer gesonderten Urkunde auszuweisen; diese ist dem Versicherungsnehmer spätestens mit dem Versicherungsschein zu übermitteln.

(4) Die vorstehenden Absätze lassen die Bestimmungen des Bundes- Behindertengleichstellungsgesetzes unberührt und gelten sinngemäß auch für den Fall, dass der mit oder für eine behinderte Person abgeschlossene Versicherungsvertrag Wartefristen, einen Risikoausschluss oder Verminderungen des Leistungsumfangs aufweist.

(BGBl I 2013/12, vgl die Übergangsbestimmung in § 191c Abs 13)

§ 2. (1) Die Versicherung kann in der Weise genommen werden, daß sie in einem vor dem Abschluß des Vertrages liegenden Zeitpunkt beginnt.

(2) Weiß in diesem Fall der Versicherer beim Abschluß des Vertrages, daß die Möglichkeit des Eintrittes des Versicherungsfalles schon ausgeschlossen ist, so hat er keinen Anspruch auf die Prämie. Weiß der Versicherungsnehmer beim Abschluß des Vertrages, daß der Versicherungsfall schon eingetreten ist, so ist der Versicherer von der Verpflichtung zur Leistung frei „ ". *(BGBl 1994/509)*

(3) Wird der Vertrag durch einen Bevollmächtigten oder einen Vertreter ohne Vertretungsmacht geschlossen, so kommt in den Fällen des Abs. 2 nicht nur die Kenntnis des Vertreters, sondern auch die des Vertretenen in Betracht.

§ 3. (1) Der Versicherer hat eine von ihm unterzeichnete Urkunde über den Versicherungsvertrag (Versicherungsschein) dem Versicherungsnehmer auf Papier oder in Folge einer Vereinbarung der elektronischen Kommunikation (§ 5a) elektronisch zu übermitteln. Eine Nachbildung der eigenhändigen Unterschrift genügt. Bezieht sich der Versicherungsvertrag auf eine Lebens-, Berufsunfähigkeits- oder Pensionsversicherung, so ist der Versicherungsschein trotz der Vereinbarung der elektronischen Kommunikation zusätzlich auch auf Papier zu übermitteln. Ist der Versicherungsschein auf den Inhaber ausgestellt (§ 4 Abs. 1), so darf er nur auf Papier übermittelt werden. *(BGBl I 2012/34)*

(2) Ist ein Versicherungsschein abhanden gekommen oder vernichtet, so kann der Versicherungsnehmer vom Versicherer die Ausstellung einer Ersatzurkunde verlangen. Unterliegt der Versicherungsschein der Kraftloserklärung, so ist der Versicherer erst nach der Kraftloserklärung zur Ausstellung verpflichtet.

(3) Der Versicherungsnehmer kann jederzeit Abschriften der Erklärungen fordern, die er mit Bezug auf den Vertrag abgegeben hat. „Der Versicherer hat ihn bei der Übermittlung des Versicherungsscheins auf dieses Recht aufmerksam zu machen." Braucht der Versicherungsnehmer die Abschriften für die Vornahme von Handlungen gegenüber dem Versicherer, die an eine bestimmte Frist gebunden sind, und sind sie ihm nicht schon früher vom Versicherer ausgehändigt worden, so ist der Lauf der Frist von der Stellung des Begehrens bis zum Einlangen der Abschriften gehemmt. *(BGBl I 2012/34)*

(4) Die Kosten der Ersatzurkunde und der Abschriften hat der Versicherungsnehmer zu tragen und auf Verlangen vorzuschießen.

§ 4. (1) Wird ein Versicherungsschein auf den Inhaber ausgestellt, so kann der Versicherer gleichwohl die Leistung an den Inhaber verweigern, wenn dessen Berechtigung nicht nachgewiesen ist. Der gutgläubige Versicherer wird durch die Leistung an den Inhaber oder Überbringer befreit. Der Versicherer ist nur gegen Aushändigung der Urkunde „auf Papier" zur Leistung verpflichtet. *(BGBl I 2012/34)*

(2) Ist im Vertrag bestimmt, daß der Versicherer nur gegen Rückgabe des Versicherungsscheines zu leisten hat, so genügt es, wenn der Versicherungsnehmer behauptet, zur Rückgabe außerstande zu sein, die gerichtlich oder notariell beglaubigte Anerkenntnis, daß die Schuld erloschen sei. Diese Vorschrift ist nicht anzuwenden, wenn der Versicherungsschein auf den Inhaber oder an Order lautet.

§ 5. (1) Weicht der Inhalt des Versicherungsscheines vom Antrag oder den getroffenen Vereinbarungen ab, so gilt die Abweichung als genehmigt, wenn der Versicherungsnehmer nicht innerhalb eines Monates nach Empfang des Versicherungsscheines „in geschriebener Form" widerspricht. *(BGBl I 2012/34)*

(2) Diese Genehmigung ist jedoch nur dann anzunehmen, wenn der Versicherer den Versicherungsnehmer bei Übermittlung des Versicherungsscheins darauf hingewiesen hat, dass Abweichungen als genehmigt gelten, wenn der Versicherungsnehmer nicht innerhalb eines Monats nach Empfang des Versicherungsscheins in geschriebener Form widerspricht. Der Hinweis hat durch besondere Mitteilung in geschriebener Form oder durch einen auffälligen Vermerk im Versicherungsschein, der aus dem übrigen Inhalt des Versicherungsscheins hervorzuheben ist, zu geschehen; auf die einzelnen Abweichungen ist besonders aufmerksam zu machen. *(BGBl I 2012/34)*

(3) Hat der Versicherer den Vorschriften des Abs. 2 nicht entsprochen, so ist die Abweichung für den Versicherungsnehmer unverbindlich und der Inhalt des Versicherungsantrages insoweit als vereinbart anzusehen.

(4) Eine Vereinbarung, durch welche der Versicherungsnehmer darauf verzichtet, den Vertrag wegen Irrtums anzufechten, ist unwirksam.

§ 5a. (1) Die Vereinbarung der elektronischen Kommunikation bedarf der ausdrücklichen Zustimmung des Versicherungsnehmers, die gesondert erklärt werden muss. Sie kann von jeder der Vertragsparteien jederzeit widerrufen werden. Auf dieses Recht ist der Versicherungsnehmer vor Einholung seiner Zustimmung hinzuweisen.

(2) Bei Vereinbarung der elektronischen Kommunikation können sich die Vertragsparteien die Schriftform nur für Erklärungen, die Bestand oder Inhalt des Versicherungsverhältnisses betreffen, ausbedingen, sofern dies aus Gründen der Rechtssicherheit sachlich gerechtfertigt und für den Versicherungsnehmer nicht gröblich benachteiligend ist. Eine solche Vereinbarung der Schriftform bedarf der ausdrücklichen Zustimmung des Versicherungsnehmers, die gesondert erklärt werden muss.

(3) Bei Vereinbarung der elektronischen Kommunikation kann der Versicherer Versicherungsbedingungen, Versicherungsscheine nach Maßgabe des § 3 Abs. 1, Erklärungen und andere Informationen, der Versicherungsnehmer Erklärungen und andere Informationen elektronisch übermitteln.

(4) Auch bei Vereinbarung der elektronischen Kommunikation haben die Vertragsparteien das Recht, ihre Erklärungen und Informationen auf Papier zu übermitteln. Macht der Versicherer davon oder vom Recht des Widerrufs dieser Vereinbarung Gebrauch, so muss er den Versicherungsnehmer rechtzeitig elektronisch davon verständigen und ihn dabei auf die Rechtsfolgen des § 10 hinweisen.

(5) Hat der Versicherungsnehmer Versicherungsbedingungen, Versicherungsscheine, Erklärungen oder andere Informationen nur elektronisch erhalten, so kann er jederzeit – jeweils einmalig kostenfrei – auch deren Ausfolgung auf Papier oder in einer anderen von ihm gewünschten und vom Versicherer allgemein zur Auswahl gestellten Art verlangen. Auf dieses Recht ist der Versicherungsnehmer vor Einholung seiner Zustimmung zur elektronischen Kommunikation hinzuweisen.

(6) Von der Vereinbarung der elektronischen Kommunikation bleibt die Erfüllung der Informationspflichten nach den §§ 9a, 18b und 75 VAG unberührt.

Fassung ab 1. 1. 2016 (BGBl I 2015/34):
(6) Von der Vereinbarung der elektronischen Kommunikation bleibt die Erfüllung der Informationspflichten „gemäß § 252, § 253, § 254 und § 255 VAG 2016" unberührt. *(BGBl I 2015/34, ab 1. 1. 2016)*

(7) Bei elektronischer Übermittlung von vertragsrelevanten Inhalten ist der Versicherungsnehmer klar und deutlich darauf hinzuweisen, dass die Sendung einen Versicherungsschein oder eine bestimmte andere vertragsrelevante Information betrifft.

(8) Die elektronische Übermittlung erfordert, dass

1. die Vereinbarung über die elektronische Kommunikation die Übermittlungsart sowie die Verpflichtung beider Vertragspartner enthält, Angaben über ihren Zugang zum Internet zu machen und eine Änderung dieser Daten bekanntzugeben;

2. der Versicherungsnehmer nachweislich über einen regelmäßigen Zugang zum Internet verfügt; dies gilt als nachgewiesen, wenn er bei seiner Zustimmung entsprechende Angaben gemacht hat und der Versicherer keinen Anhaltspunkt darauf hat, dass dem Zugang ein Hindernis entgegenstehen könnte;

3. die vertragsrelevanten Inhalte direkt an den nach Z 1 angegebenen Zugang zum Internet übermittelt werden oder an diesen Zugang eine Mitteilung ergeht, die dem Versicherungsnehmer gemäß Abs. 9 Zugang zu den vertragsrelevanten Inhalten ermöglicht;

4. es dem Versicherungsnehmer möglich ist, die jeweils von der Übermittlung betroffenen Inhalte (Versicherungsbedingungen, Versicherungsscheine, Erklärungen und andere Informationen) dauerhaft zu speichern und laufend wiederzugeben.

(9) Bezieht der Versicherer Inhalte einer Website, die der Öffentlichkeit frei zur Verfügung gestellt werden oder die sich in einem nur dem Versicherungsnehmer zugänglichen Bereich der Website befinden, in die elektronische Übermitt-

lung nach Abs. 8 mit ein, so muss er bei vertragsrelevanten Inhalten

1. dem Versicherungsnehmer die Adresse der Website und die Stelle, an der diese Inhalte (Versicherungsbedingungen, Erklärungen und andere Informationen) auf dieser Website zu finden sind, klar und deutlich mitteilen und ihm einen leichten und einfachen Zugang darauf ermöglichen sowie

2. Versicherungsbedingungen während der gesamten Vertragslaufzeit, Erklärungen und andere Informationen während der Zeit, in der sie bedeutend sind, unverändert auf der bekanntgegebenen Stelle dieser Website dauerhaft zur Abfrage bereitstellen und es dem Versicherungsnehmer auch ermöglichen, die Versicherungsbedingungen dauerhaft zu speichern und laufend wiederzugeben.

(10) Sind die Erfordernisse der Abs. 8 und 9 erfüllt und bei der Übermittlung auch beachtet worden, so wird vermutet, dass die Sendung dem Empfänger elektronisch zugegangen ist.

(11) Die Abs. 1 bis 9 gelten auch für die elektronische Kommunikation zwischen dem Versicherer und einem Versicherten oder einem sonstigen Dritten.

(BGBl I 2012/34)

§ 5b. (1) Gibt der Versicherungsnehmer seine „ " Vertragserklärung dem Versicherer oder seinem Beauftragten persönlich ab, so hat dieser ihm unverzüglich eine Kopie dieser Vertragserklärung auszuhändigen. *(BGBl I 2012/34)*

(2) Der Versicherungsnehmer kann binnen zweier Wochen vom Vertrag zurücktreten, sofern er

1. entgegen Abs. 1 keine Kopie seiner Vertragserklärung erhalten hat,

2. die Versicherungsbedingungen einschließlich der Bestimmungen über die Festsetzung der Prämie, soweit diese nicht im Antrag bestimmt ist, und über vorgesehene Änderungen der Prämie nicht vor Abgabe seiner Vertragserklärung erhalten hat oder

3. die in den §§ 9a und 18b VAG und, sofern die Vermittlung durch einen Versicherungsvermittler in der Form „Versicherungsagent" erfolgte, die in den §§ 137f Abs. 7 bis 8 und 137g GewO 1994 unter Beachtung des § 137h GewO 1994 vorgesehenen Mitteilungen nicht erhalten hat. *(BGBl I 2004/131)*

Fassung ab 1. 1. 2016 (BGBl I 2015/34):
3. die in den „§ 252, § 253 und § 255 VAG 2016" und, sofern die Vermittlung durch einen Versicherungsvermittler in der Form „Versicherungsagent" erfolgte, die in den §§ 137f Abs. 7 bis 8 und 137g GewO 1994 unter Beachtung des § 137h GewO 1994 vorgesehenen Mitteilungen

nicht erhalten hat. *(BGBl I 2004/131; BGBl I 2015/34, ab 1. 1. 2016)*

(3) Dem Versicherer obliegt der Beweis, daß die in Abs. 2 Z 1 und 2 angeführten Urkunden rechtzeitig ausgefolgt und die in Abs. 2 Z 3 angeführten Mitteilungspflichten rechtzeitig erfüllt worden sind.

(4) Die Frist zum Rücktritt nach Abs. 2 beginnt erst zu laufen, wenn die in Abs. 2 Z 3 angeführten Mitteilungspflichten erfüllt worden sind, dem Versicherungsnehmer der Versicherungsschein und die Versicherungsbedingungen ausgefolgt worden sind und er über sein Rücktrittsrecht belehrt worden ist.

(5) Der Rücktritt bedarf zu seiner Rechtswirksamkeit der „geschriebenen Form"; es genügt, wenn die Erklärung innerhalb der Frist abgesendet wird. Das Rücktrittsrecht erlischt spätestens einen Monat nach Zugang des Versicherungsscheins einschließlich einer Belehrung über das Rücktrittsrecht. Hat der Versicherer vorläufige Deckung gewährt, so gebührt ihm hiefür die ihrer Dauer entsprechende Prämie. *(BGBl I 2012/34)*

(6) Das Rücktrittsrecht gilt nicht, wenn die Vertragslaufzeit weniger als sechs Monate beträgt.

(BGBl I 1997/6)

§ 5c. (1) Ist der Versicherungsnehmer Verbraucher (§ 1 Abs. 1 Z 2 KSchG), so kann er vom Versicherungsvertrag oder seiner Vertragserklärung ohne Angabe von Gründen binnen 14 Tagen in geschriebener Form zurücktreten. Hat der Versicherer dem Versicherungsnehmer vorläufige Deckung gewährt, so gebührt ihm dafür die ihrer Dauer entsprechende Prämie.

(2) Die Frist zur Ausübung des Rücktrittsrechts beginnt mit dem Tag zu laufen, an dem dem Versicherungsnehmer

1. der Versicherungsschein und die Versicherungsbedingungen einschließlich der Bestimmungen über die Prämienfestsetzung oder -änderung,

2. die in §§ 9a und 18b VAG sowie in den §§ 137f Abs. 7 und 8 und 137g in Verbindung mit § 137h GewO 1994 vorgesehenen Informationen und

Fassung ab 1. 1. 2016 (BGBl I 2015/34):
2. die in „§ 252, § 253 und § 255 VAG 2016" sowie in den §§ 137f Abs. 7 und 8 und 137g in Verbindung mit § 137h GewO 1994 vorgesehenen Informationen und *(BGBl I 2015/34, ab 1. 1. 2016)*

3. eine Belehrung über das Rücktrittsrecht zugegangen sind.

(3) Das Rücktrittsrecht nach Abs. 1 steht dem Versicherungsnehmer nicht zu, wenn die Vertragslaufzeit weniger als sechs Monate beträgt. Es erlischt spätestens einen Monat nach dem Zugang

des Versicherungsscheins und einer Belehrung über das Rücktrittsrecht.
(BGBl I 2012/34)

§ 6. (1) Ist im Vertrag bestimmt, daß bei Verletzung einer Obliegenheit, die vor dem Eintritt des Versicherungsfalles dem Versicherer gegenüber zu erfüllen ist, der Versicherer von der Verpflichtung zur Leistung frei sein soll, so tritt die vereinbarte Rechtsfolge nicht ein, wenn die Verletzung als eine unverschuldete anzusehen ist. Der Versicherer kann den Vertrag innerhalb eines Monates, nachdem er von der Verletzung Kenntnis erlangt hat, ohne Einhaltung einer Kündigungsfrist kündigen, es sei denn, daß die Verletzung als eine unverschuldete anzusehen ist. Kündigt der Versicherer innerhalb eines Monates nicht, so kann er sich auf die vereinbarte Leistungsfreiheit nicht berufen.

(1a) Bei der Verletzung einer Obliegenheit, die die dem Versicherungsvertrag zugrundeliegende Äquivalenz zwischen Risiko und Prämie aufrechterhalten soll, tritt die vereinbarte Leistungsfreiheit außerdem nur in dem Verhältnis ein, in dem die vereinbarte hinter der für das höhere Risiko tarifmäßig vorgesehenen Prämie zurückbleibt. Bei der Verletzung von Obliegenheiten zu sonstigen bloßen Meldungen und Anzeigen, die keinen Einfluß auf die Beurteilung des Risikos durch den Versicherer haben, tritt Leistungsfreiheit nur ein, wenn die Obliegenheit vorsätzlich verletzt worden ist. *(BGBl 1994/509)*

(2) Ist eine Obliegenheit verletzt, die vom Versicherungsnehmer zum Zweck der Verminderung der Gefahr oder der Verhütung einer Erhöhung der Gefahr dem Versicherer gegenüber – unabhängig von der Anwendbarkeit des Abs. 1 a – zu erfüllen ist, so kann sich der Versicherer auf die vereinbarte Leistungsfreiheit nicht berufen, wenn die Verletzung keinen Einfluß auf den Eintritt des Versicherungsfalls oder soweit sie keinen Einfluß auf den Umfang der dem Versicherer obliegenden Leistung gehabt hat. *(BGBl 1994/509)*

(3) Ist die Leistungsfreiheit für den Fall vereinbart, daß eine Obliegenheit verletzt wird, die nach dem Eintritt des Versicherungsfalles dem Versicherer gegenüber zu erfüllen ist, so tritt die vereinbarte Rechtsfolge nicht ein, wenn die Verletzung weder auf Vorsatz noch auf grober Fahrlässigkeit beruht. „Wird die Obliegenheit nicht mit dem Vorsatz verletzt, die Leistungspflicht des Versicherers zu beeinflussen oder die Feststellung solcher Umstände zu beeinträchtigen, die erkennbar für die Leistungspflicht des Versicherers bedeutsam sind, so bleibt der Versicherer zur Leistung verpflichtet, soweit die Verletzung weder auf die Feststellung des Versicherungsfalls noch auf die Feststellung oder den Umfang der dem Versicherer obliegenden Leistung Einfluß gehabt hat." *(BGBl 1994/509)*

(4) Eine Vereinbarung, nach welcher der Versicherer bei Verletzung einer Obliegenheit zum Rücktritt berechtigt sein soll, ist unwirksam.

(5) Der Versicherer kann aus der fahrlässigen Verletzung einer vereinbarten Obliegenheit Rechte nur ableiten, wenn dem Versicherungsnehmer vorher die Versicherungsbedingungen oder eine andere Urkunde zugegangen sind, in der die Obliegenheit mitgeteilt wird. *(BGBl I 2012/34)*

§ 7. Ist die Dauer der Versicherung nach Tagen, Wochen, Monaten oder nach einem mehrere Monate umfassenden Zeitraum bestimmt, so beginnt die Haftung des Versicherers am Mittag des Tages, an welchem der Vertrag abgeschlossen wird. Sie endet am Mittag des letzten Tages der Frist.

§ 8. (1) Eine Vereinbarung, nach welcher ein Versicherungsverhältnis als stillschweigend verlängert gilt, wenn es nicht vor dem Ablauf der Vertragszeit gekündigt wird, ist insoweit nichtig, als sich die jedesmalige Verlängerung auf mehr als ein Jahr erstreckt.

(2) Ist ein Versicherungsverhältnis auf unbestimmte Zeit eingegangen (dauernde Versicherung), so kann es von beiden Teilen nur für den Schluß der laufenden Versicherungsperiode gekündigt werden. Die Kündigungsfrist muß für beide Teile gleich sein und darf nicht weniger als einen Monat, nicht mehr als drei Monate betragen. Auf das Kündigungsrecht können die Parteien einverständlich bis zur Dauer von zwei Jahren verzichten.

(3) Ist der Versicherungsnehmer Verbraucher (§ 1 Abs. 1 Z 2 KSchG), so kann er ein Versicherungsverhältnis, das er für eine Dauer von mehr als drei Jahren eingegangen ist, zum Ende des dritten Jahres oder jedes darauffolgenden Jahres unter Einhaltung einer Frist von einem Monat „ " kündigen. Eine allfällige Verpflichtung des Versicherungsnehmers zum Ersatz von Vorteilen, besonders Prämiennachlässen, die ihm wegen einer vorgesehenen längeren Laufzeit des Vertrags gewährt worden sind, bleibt unberührt. *(BGBl 1994/509; BGBl I 2012/34)*

§ 9. Als Versicherungsperiode im Sinne dieses Bundesgesetzes gilt, falls nicht die Prämie nach kürzeren Zeitabschnitten bemessen ist, der Zeitraum eines Jahres.

§ 10. (1) Hat der Versicherungsnehmer seine Wohnung geändert, die Änderung aber dem Versicherer nicht mitgeteilt, so genügt für eine Willenserklärung, die dem Versicherungsnehmer gegenüber abzugeben ist, die Absendung eines eingeschriebenen Briefes nach der letzten dem Versicherer bekannten Wohnung. Die Erklärung wird in dem Zeitpunkt wirksam, in welchem sie ohne die Wohnungsänderung bei regelmäßiger Beförderung dem Versicherungsnehmer zugegangen wäre.

(2) Hat der Versicherungsnehmer die Versicherung in seinem Gewerbebetrieb genommen, so sind bei einer Verlegung der gewerblichen Niederlassung die Vorschriften des Abs. 1 entsprechend anzuwenden.

§ 11. (1) Geldleistungen des Versicherers sind mit Beendigung der zur Feststellung des Versicherungsfalles und des Umfanges der Leistung des Versicherers nötigen Erhebungen fällig. „Die Fälligkeit tritt jedoch unabhängig davon ein, wenn der Versicherungsnehmer nach Ablauf zweier Monate seit dem Begehren nach einer Geldleistung eine Erklärung des Versicherers verlangt, aus welchen Gründen die Erhebungen noch nicht beendet werden konnten, und des Versicherer diesem Verlangen nicht binnen eines Monats entspricht." *(BGBl 1994/509)*

(2) Sind diese Erhebungen bis zum Ablauf eines Monates seit der Anzeige des Versicherungsfalles nicht beendet, so kann der Versicherungsnehmer in Anrechnung auf die Gesamtforderung Abschlagszahlungen in der Höhe des Betrages verlangen, den der Versicherer nach Lage der Sache mindestens zu zahlen hat.

(3) Der Lauf der Frist „des Abs. 2" ist gehemmt, solange die Beendigung der Erhebungen infolge eines Verschuldens des Versicherungsnehmers gehindert ist. *(BGBl 1994/509)*

(4) Eine Vereinbarung, durch welche der Versicherer von der Verpflichtung, Verzugszinsen zu zahlen, befreit wird, ist unwirksam.

§ 11a. (1) Der Versicherer darf im Zusammenhang mit Versicherungsverhältnissen, bei welchen der Gesundheitszustand des Versicherten oder eines Geschädigten erheblich ist, personenbezogene Gesundheitsdaten verwenden, soweit dies

1. zur Beurteilung, ob und zu welchen Bedingungen ein Versicherungsvertrag abgeschlossen oder geändert wird, oder
2. zur Verwaltung bestehender Versicherungsverträge oder
3. zur Beurteilung und Erfüllung von Ansprüchen aus einem Versicherungsvertrag

unerläßlich ist. Das Verbot der Ermittlung genanalytischer Daten gemäß § 67 Gentechnikgesetz bleibt unberührt.

(2) Versicherer dürfen personenbezogene Gesundheitsdaten für die in Abs. 1 genannten Zwecke nur auf folgende Art ermitteln:

1. durch Befragung der Person, die versichert werden soll oder bereits versichert ist, beziehungsweise durch Befragung des Geschädigten oder

2. anhand der vom Versicherungsnehmer oder vom Geschädigten beigebrachten Unterlagen oder

3. durch Auskünfte von Dritten bei Vorliegen einer für den Einzelfall erteilten ausdrücklichen Zustimmung des Betroffenen oder

4. zur Beurteilung und Erfüllung von Ansprüchen aus einem konkreten Versicherungsfall durch Auskünfte von untersuchenden oder behandelnden Ärzten, Krankenanstalten oder sonstigen Einrichtungen der Krankenversorgung oder Gesundheitsvorsorge (Gesundheitsdienstleister) über Diagnose sowie Art und Dauer der Behandlung, sofern der Betroffene der Ermittlung ausdrücklich und in einer gesonderten Erklärung, die er jederzeit widerrufen kann, in geschriebener Form zugestimmt hat, nachdem ihn der Versicherer auf die Möglichkeit einer Einzelzustimmung (Z 3) aufmerksam machte und ihn klar und verständlich über die Folgen der Zustimmung sowie die Verweigerung der Zustimmung und über sein Widerrufsrecht im Falle der Zustimmung belehrte; solche Auskünfte dürfen erst eingeholt werden, nachdem der Betroffene von der beabsichtigten Auskunftserhebung unter Bekanntgabe der konkret nachgefragten Daten sowie des Zweckes der Datenermittlung verständigt und dabei über sein Widerspruchsrecht sowie die Folgen des Widerspruchs klar und verständlich belehrt wurde, und der Datenermittlung nicht binnen 14 Tagen (Einlangen des Widerspruchs) widersprochen hat; oder *(BGBl I 2012/34)*

5. durch Heranziehung sonstiger, dem Versicherer rechtmäßigerweise bekanntgewordener Daten; diese sind dem Betroffenen mitzuteilen; es steht ihm das Widerspruchsrecht gemäß § 28 Datenschutzgesetz 2000 zu.

(3) bis (5) *(aufgehoben, BGBl I 2012/34)*

(BGBl I 1999/150)

§ 11b. (1) Soweit in der Krankheitskostenversicherung Leistungen direkt zwischen dem Versicherer und dem Gesundheitsdienstleister (§ 11a Abs. 2 Z 4) verrechnet werden sollen, bedarf dies eines Auftrags des betroffenen Versicherungsnehmers oder Versicherten. Der Arzt oder der Träger der Einrichtung, dessen oder deren Leistung abgerechnet werden soll, hat den Betroffenen vor Erteilung des Auftrags zur Direktverrechnung darüber zu informieren, dass die in Abs. 2 genannten Daten für Zwecke der Direktverrechnung an den Versicherer zu übermitteln sind. Dabei ist er auch darüber zu belehren, dass er diese Datenübermittlung jederzeit untersagen kann, was zur Folge haben könnte, dass der Versicherer zumindest vorerst die Deckung verweigert und er für diejenigen Leistungen zahlungspflichtig bleibt, die sonst gedeckt wären.

(2) Erteilt der betroffene Versicherungsnehmer oder Versicherte nach Belehrung (Abs. 1) einen Auftrag zur Direktverrechnung, so darf der Versicherer für Zwecke der Direktverrechnung folgende personenbezogene Gesundheitsdaten des Betroffenen ohne dessen ausdrückliche Zustimmung durch Auskünfte des Gesundheitsdienstleisters ermitteln:

1. zwecks Einholung der Deckungszusage des Versicherers Daten über die Identität des Betroffenen, das Versicherungsverhältnis und die Aufnahmediagnose (Daten zum Grund der stationären Aufnahme oder der ambulanten Behandlung sowie zu der Frage, ob der Behandlung ein Unfall zugrunde liegt);

2. zwecks Abrechnung und Überprüfung der Leistungen

a) Daten über die erbrachten Behandlungsleistungen (Daten zum Grund einer Behandlung und zu deren Ausmaß) einschließlich des Operationsberichts;

b) Daten über die Dauer des stationären Aufenthalts oder der Behandlung;

c) Daten über die Entlassung oder die Beendigung der Behandlung.

(3) Über das Recht, die Datenermittlung nach Abs. 2 jederzeit zu untersagen, ist der Versicherungsnehmer bereits bei Abschluss des Versicherungsvertrags zu belehren. Die Belehrung ist besonders hervorzuheben.

(BGBl I 2012/34)

§ 11c. (1) Soweit eine ausdrückliche, den einzelnen Übermittlungsfall betreffende Zustimmung des Betroffenen nach § 11a Abs. 2 Z 3 nicht vorliegt, dürfen Versicherer Gesundheitsdaten für die in § 11a Abs. 1 genannten Zwecke nur an folgende Empfänger übermitteln:

1. Gesundheitsdienstleister (§ 11a Abs. 2 Z 4),

2. Sozialversicherungsträger, Rückversicherer oder Mitversicherer,

3. andere Versicherer, die bei Abwicklung von Ansprüchen aus einem Versicherungsfall mitwirken,

4. vom Versicherer herangezogene befugte Sachverständige,

5. gewillkürte oder gesetzliche Vertreter des Betroffenen,

6. Gerichte, Staatsanwaltschaften, Verwaltungsbehörden, Schlichtungsstellen und sonstige Einrichtungen der Streitbeilegung und ihre Organe, einschließlich der von ihnen bestellten Sachverständigen.

(2) Der Versicherer hat auf Verlangen des Versicherungsnehmers oder jedes Versicherten Auskunft über und Einsicht in Gutachten zu geben, die auf Grund einer ärztlichen Untersuchung eines Versicherten erstattet worden sind, wenn die untersuchte Person der Auskunftserteilung oder Einsichtgewährung zustimmt. Auf Verlangen sind den auskunftsberechtigten Personen gegen Aufwandersatz auch Abschriften dieser Gutachten zur Verfügung zu stellen.

(BGBl I 2012/34)

§ 11d. Nach den §§ 11a und 11b erhobene Gesundheitsdaten unterliegen dem besonderen Geheimnisschutz des § 108a VAG mit der Maßgabe, dass das Vorliegen eines berechtigten privaten Interesses an der Weitergabe außerhalb der Fälle der §§ 11a und 11c ausgeschlossen ist. Derartige Daten sind umgehend zu löschen, sobald sie nicht mehr für einen rechtlich zulässigen Zweck aufbewahrt werden; dies gilt insbesondere im Zusammenhang mit Gesundheitsdaten, die in Vorbereitung eines nicht zustande gekommenen Versicherungsvertrags erhoben wurden.

(BGBl I 2012/34)

Fassung ab 1. 1. 2016 (BGBl I 2015/34):
§ 11d. Nach den §§ 11a und 11b erhobene Gesundheitsdaten unterliegen dem besonderen Geheimnisschutz des „§ 321 VAG 2016" mit der Maßgabe, dass das Vorliegen eines berechtigten privaten Interesses an der Weitergabe außerhalb der Fälle der §§ 11a und 11c ausgeschlossen ist. Derartige Daten sind umgehend zu löschen, sobald sie nicht mehr für einen rechtlich zulässigen Zweck aufbewahrt werden; dies gilt insbesondere im Zusammenhang mit Gesundheitsdaten, die in Vorbereitung eines nicht zustande gekommenen Versicherungsvertrags erhoben wurden. *(BGBl I 2015/34, ab 1. 1. 2016)*

(BGBl I 2012/34)

§ 12. (1) Die Ansprüche aus dem Versicherungsvertrag verjähren in drei Jahren. Steht der Anspruch einem Dritten zu, so beginnt die Verjährung zu laufen, sobald diesem sein Recht auf die Leistung des Versicherers bekanntgeworden ist; ist dem Dritten dieses Recht nicht bekanntgeworden, so verjähren seine Ansprüche erst nach zehn Jahren.

(2) „Ist ein Anspruch des Versicherungsnehmers beim Versicherer angemeldet worden, so ist die Verjährung bis zum Einlangen einer in geschriebener Form übermittelten Entscheidung des Versicherers gehemmt, die zumindest mit der Anführung einer der Ablehnung derzeit zugrunde gelegten Tatsache und gesetzlichen oder vertraglichen Bestimmung begründet ist." Nach zehn Jahren tritt jedoch die Verjährung jedenfalls ein.

(BGBl I 2012/34)

(3) Der Versicherer ist von der Verpflichtung zur Leistung frei, wenn der Anspruch auf die Leistung nicht innerhalb eines Jahres gerichtlich geltend gemacht wird. Die Frist beginnt erst, nachdem der Versicherer dem Versicherungsnehmer gegenüber den erhobenen Anspruch in einer dem Abs. 2 entsprechenden Weise sowie unter Angabe der mit dem Ablauf der Frist verbundenen Rechtsfolge abgelehnt hat; sie ist für die Dauer von Vergleichsverhandlungen über den erhobenen Anspruch und für die Zeit, in der der Versicherungsnehmer ohne sein Verschulden an der rechtzeitigen gerichtlichen Geltendmachung des Anspruchs gehindert ist, gehemmt.

(BGBl 1994/509)

§ 13. Wird über das Vermögen des Versicherers der Konkurs eröffnet, so endet das Versicherungsverhältnis mit dem Ablauf eines Monates seit der Konkurseröffnung; bis zu diesem Zeitpunkt bleibt es der Konkursmasse gegenüber wirksam. Soweit die gesetzlichen Bestimmungen über die Beaufsichtigung der privaten Versicherungsunternehmungen besondere Vorschriften über die Wirkungen der Konkurseröffnung enthalten, hat es bei diesen Vorschriften sein Bewenden.

§ 14. (1) Der Versicherer kann sich für den Fall der Eröffnung des „Insolvenzverfahrens" über das Vermögen des Versicherungsnehmers die Befugnis ausbedingen, das Versicherungsverhältnis mit einer Frist von einem Monat zu kündigen. *(BGBl I 2010/58, vgl die Übergangsbestimmungen in § 191c Abs 10)*

(2) Das gleiche gilt für den Fall, daß die Zwangsverwaltung der versicherten Liegenschaft bewilligt wird.

§ 15. Soweit sich die Versicherung auf unpfändbare Sachen bezieht, kann die Forderung aus der Versicherung nur an solche Gläubiger des Versicherungsnehmers übertragen werden, die diesem zum Ersatz der zerstörten oder beschädigten Sachen andere Sachen geliefert haben. Die Zwangsvollstreckung in die Forderung aus der Versicherung unterliegt denselben Beschränkungen.

§ 15a. (1) Auf eine Vereinbarung, die von den Vorschriften der § 1a, § 1b, § 1c, § 1d, § 3, § 5 Abs. 1 bis 3, § 5a, § 5b, § 5c, § 6 Abs. 1 bis 3 und Abs. 5, § 8 Abs. 2 und 3, § 11, § 11a, § 11b, § 11c, § 11d, § 12 und § 14 zum Nachteil des Versicherungsnehmers abweicht, kann sich der Versicherer nicht berufen. *(BGBl I 2013/12, vgl die Übergangsbestimmungen in § 191c Abs 13)*

(2) Wenn die Vertragsparteien nicht die elektronische Kommunikation (§ 5a) vereinbart haben, können sie die Schriftform ausbedingen, sofern dies aus Gründen der Rechtssicherheit sachlich gerechtfertigt und für den Versicherungsnehmer nicht gröblich benachteiligend ist. Eine solche Vereinbarung der Schriftform bedarf der ausdrücklichen Zustimmung des Versicherungsnehmers, die gesondert erklärt werden muss.

(BGBl I 2012/34)

Inländische Gerichtsbarkeit

§ 15b. (1) Eine Vereinbarung der inländischen Gerichtsbarkeit nach § 104 Abs. 1 JN ist nur für bereits entstandene Streitigkeiten wirksam; das Fehlen der inländischen Gerichtsbarkeit heilt jedoch nach § 104 Abs. 3 JN.

(2) Der Abs. 1 ist insoweit zur Gänze oder zum Teil nicht anzuwenden, als nach Völkerrecht oder besonderen gesetzlichen Anordnungen ausdrücklich anderes bestimmt ist.

(BGBl I 1997/140)

Zweites Kapitel

Anzeigepflicht. Erhöhung der Gefahr

§ 16. (1) Der Versicherungsnehmer hat beim Abschluß des Vertrages alle ihm bekannten Umstände, die für die Übernahme der Gefahr erheblich sind, dem Versicherer anzuzeigen. Erheblich sind jene Gefahrumstände, die geeignet sind, auf den Entschluß des Versicherers, den Vertrag überhaupt oder zu den vereinbarten Bestimmungen abzuschließen, einen Einfluß auszuüben. Ein Umstand, nach welchem der Versicherer ausdrücklich und „in geschriebener Form" gefragt hat, gilt im Zweifel als erheblich. *(BGBl I 2012/34)*

(2) Ist dieser Vorschrift zuwider die Anzeige eines erheblichen Umstandes unterblieben, so kann der Versicherer vom Vertrag zurücktreten. Das gleiche gilt, wenn die Anzeige eines erheblichen Umstandes deshalb unterblieben ist, weil sich der Versicherungsnehmer der Kenntnis des Umstandes arglistig entzogen hat.

(3) Der Rücktritt ist ausgeschlossen, wenn der Versicherer den nicht angezeigten Umstand kannte. Er ist auch ausgeschlossen, wenn die Anzeige ohne Verschulden des Versicherungsnehmers unterblieben ist; hat jedoch der Versicherungsnehmer einen Umstand nicht angezeigt, nach dem der Versicherer nicht ausdrücklich und genau umschrieben gefragt hat, so kann dieser vom Vertrag nur dann zurücktreten, wenn die Anzeige vorsätzlich oder grob fahrlässig unterblieben ist.

(BGBl 1994/509)

§ 17. (1) Der Versicherer kann vom Vertrag auch dann zurücktreten, wenn über einen erheblichen Umstand eine unrichtige Anzeige gemacht worden ist.

(2) Der Rücktritt ist ausgeschlossen, wenn die Unrichtigkeit dem Versicherer bekannt war oder die Anzeige ohne Verschulden des Versicherungsnehmers unrichtig gemacht worden ist.

§ 18. Hatte der Versicherungsnehmer die Gefahrenumstände an Hand von vom Versicherer in geschriebener Form gestellter Fragen anzuzeigen, so kann der Versicherer wegen unterbliebener Anzeige eines Umstandes, nach dem nicht ausdrücklich und genau umschrieben gefragt worden ist, nur im Falle arglistiger Verschweigung zurücktreten.

(BGBl I 2012/34)

§ 19. Wird der Vertrag von einem Bevollmächtigten oder von einem Vertreter ohne Vertretungsmacht abgeschlossen, so kommt für das Rücktrittsrecht des Versicherers nicht nur die Kenntnis und die Arglist des Vertreters, sondern auch die Kenntnis und die Arglist des Versicherungsnehmers in Betracht. Der Versicherungsnehmer kann sich darauf, daß die Anzeige eines erheblichen Umstandes ohne Verschulden unterblieben oder unrichtig gemacht ist, nur berufen, wenn weder dem Vertreter noch ihm selbst ein Verschulden zur Last fällt.

§ 20. (1) Der Rücktritt ist nur innerhalb eines Monates zulässig. Die Frist beginnt mit dem Zeitpunkt, in welchem der Versicherer von der Verletzung der Anzeigepflicht Kenntnis erlangt.

(2) Der Rücktritt ist gegenüber dem Versicherungsnehmer zu erklären. Im Falle des Rücktrittes sind, soweit dieses Bundesgesetz nicht in Ansehung der Prämie etwas anderes bestimmt, beide Teile verpflichtet, einander die empfangenen Leistungen zurückzugewähren; eine Geldsumme ist von dem Zeitpunkt des Empfanges an zu verzinsen.

§ 21. Tritt der Versicherer zurück, nachdem der Versicherungsfall eingetreten ist, so bleibt seine Verpflichtung zur Leistung gleichwohl bestehen, wenn der Umstand, in Ansehung dessen die Anzeigepflicht verletzt ist, keinen Einfluß auf den Eintritt des Versicherungsfalls oder soweit er keinen Einfluß auf den Umfang der Leistung des Versicherers gehabt hat.

(BGBl 1994/509)

§ 22. Das Recht des Versicherers, den Vertrag wegen arglistiger Täuschung über Gefahrumstände anzufechten, bleibt unberührt.

§ 23. (1) Nach Abschluß des Vertrages darf der Versicherungsnehmer ohne Einwilligung des Versicherers weder eine Erhöhung der Gefahr vornehmen noch ihre Vornahme durch einen Dritten gestatten.

(2) Erlangt der Versicherungsnehmer davon Kenntnis, daß durch eine von ihm ohne Einwilligung des Versicherers vorgenommene oder gestattete Änderung die Gefahr erhöht ist, so hat er dem Versicherer unverzüglich Anzeige zu machen.

§ 24. (1) Verletzt der Versicherungsnehmer die Vorschrift des § 23 Abs. 1, so kann der Versicherer das Versicherungsverhältnis ohne Einhaltung einer Kündigungsfrist kündigen. Beruht die Verletzung nicht auf einem Verschulden des Versicherungsnehmers, so muß dieser die Kündigung erst mit dem Ablauf eines Monates gegen sich gelten lassen.

(2) Das Kündigungsrecht erlischt, wenn es nicht innerhalb eines Monates von dem Zeitpunkt an ausgeübt wird, in welchem der Versicherer von der Erhöhung der Gefahr Kenntnis erlangt, oder wenn der Zustand wiederhergestellt ist, der vor der Erhöhung bestanden hat.

§ 25. (1) Der Versicherer ist im Fall einer Verletzung der Vorschrift des § 23 Abs. 1 von der Verpflichtung zur Leistung frei, wenn der Versicherungsfall nach der Erhöhung der Gefahr eintritt.

(2) Die Verpflichtung des Versicherers bleibt bestehen, wenn die Verletzung nicht auf einem Verschulden des Versicherungsnehmers beruht. Der Versicherer ist jedoch auch in diesem Fall von der Verpflichtung zur Leistung frei, wenn die im § 23 Abs. 2 vorgesehene Anzeige nicht unverzüglich gemacht wird und der Versicherungsfall später als einen Monat nach dem Zeitpunkt eintritt, in welchem die Anzeige dem Versicherer hätte zugehen müssen, es sei denn, daß ihm in diesem Zeitpunkt die Erhöhung der Gefahr bekannt war.

(3) Die Verpflichtung des Versicherers zur Leistung bleibt auch dann bestehen, wenn zur Zeit des Eintritts des Versicherungsfalls die Frist für die Kündigung des Versicherers abgelaufen und eine Kündigung nicht erfolgt ist oder wenn die Erhöhung der Gefahr keinen Einfluß auf den Eintritt des Versicherungsfalls oder soweit sie keinen Einfluß auf den Umfang der Leistung des Versicherers gehabt hat. *(BGBl 1994/509)*

§ 26. Die Vorschriften der §§ 23 bis 25 sind nicht anzuwenden, wenn der Versicherungsnehmer zu der Erhöhung der Gefahr durch das Interesse des Versicherers oder durch ein Ereignis, für das der Versicherer haftet, oder durch ein Gebot der Menschlichkeit veranlaßt wird.

§ 27. (1) Tritt nach dem Abschluß des Vertrages unabhängig vom Willen des Versicherungsnehmers eine Erhöhung der Gefahr ein, so ist der Versicherer berechtigt, das Versicherungsverhältnis unter Einhaltung einer Kündigungsfrist von einem Monat zu kündigen. „Das Kündigungsrecht erlischt, wenn es nicht innerhalb eines Monats von dem Zeitpunkt an ausgeübt wird, in dem der Versicherer von der Erhöhung der Gefahr Kenntnis erlangt hat, oder wenn der Zustand wiederhergestellt ist, der vor der Erhöhung bestanden hat." *(BGBl 1994/509)*

(2) Der Versicherungsnehmer hat, sobald er von der Erhöhung der Gefahr Kenntnis erlangt, dem Versicherer unverzüglich Anzeige zu machen.

(3) Ist die Erhöhung der Gefahr durch allgemein bekannte Umstände verursacht, die nicht nur auf die Risken bestimmter Versicherungsnehmer einwirken, etwa durch eine Änderung von Rechtsvorschriften, so erlischt das Kündigungsrecht des Versicherers nach Abs. 1 erst nach einem Jahr und ist Abs. 2 nicht anzuwenden. *(BGBl 1994/509)*

§ 28. (1) Wird die im § 27 Abs. 2 vorgesehene Anzeige nicht unverzüglich gemacht, so ist der Versicherer von der Verpflichtung zur Leistung frei, wenn der Versicherungsfall später als einen Monat nach dem Zeitpunkt eintritt, in welchem die Anzeige dem Versicherer hätte zugehen müssen.

(2) Die Verpflichtung des Versicherers bleibt bestehen, wenn ihm die Erhöhung der Gefahr in dem Zeitpunkt bekannt war, in welchem ihm die Anzeige hätte zugehen müssen. „Das gleiche gilt, wenn zur Zeit des Eintritts des Versicherungsfalls die Frist für die Kündigung des Versicherers abgelaufen und eine Kündigung nicht erfolgt ist oder wenn die Erhöhung der Gefahr keinen Einfluß auf den Eintritt des Versicherungsfalls oder soweit sie keinen Einfluß auf den Umfang der Leistung des Versicherers gehabt hat." *(BGBl 1994/509)*

§ 29. Eine unerhebliche Erhöhung der Gefahr kommt nicht in Betracht. Eine Erhöhung der Gefahr kommt auch dann nicht in Betracht, wenn nach den Umständen als vereinbart anzusehen ist, daß das Versicherungsverhältnis durch die Erhöhung der Gefahr nicht berührt werden soll.

§ 30. Die Vorschriften der §§ 23 bis 29 sind auch auf eine in der Zeit zwischen Stellung und Annahme des Versicherungsantrages eingetretene Erhöhung der Gefahr anzuwenden, die dem Versicherer bei der Annahme des Antrages nicht bekannt war.

§ 31. (1) Liegen die Voraussetzungen, unter denen der Versicherer nach den Vorschriften dieses Kapitels zum Rücktritt oder zur Kündigung berechtigt ist, nur für einen Teil der Gegenstände oder Personen vor, auf die sich die Versicherung bezieht, so steht dem Versicherer das Recht des Rücktrittes oder der Kündigung für den übrigen Teil nur zu, wenn anzunehmen ist, daß für diesen allein der Versicherer unter den gleichen Bestimmungen nicht geschlossen hätte.

(2) Macht der Versicherer von dem Recht des Rücktrittes oder der Kündigung für einen Teil der Gegenstände oder Personen Gebrauch, so ist der Versicherungsnehmer berechtigt, das Versicherungsverhältnis für den übrigen Teil zu kündigen; die Kündigung kann jedoch nicht für einen späteren Zeitpunkt als den Schluß der Versicherungsperiode erklärt werden, in welcher der Rücktritt des Versicherers oder seine Kündigung wirksam wird.

(3) Liegen die Voraussetzungen, unter denen der Versicherer wegen einer Verletzung der Vorschriften über die Erhöhung der Gefahr von der Verpflichtung zur Leistung frei ist, für einen Teil der Gegenstände oder Personen vor, auf die sich die Versicherung bezieht, so ist die Vorschrift des Abs. 1 auf die Befreiung entsprechend anzuwenden.

§ 32. Eine Vereinbarung, durch welche der Versicherungsnehmer bestimmte Obliegenheiten zum Zweck der Verminderung der Gefahr oder zum Zweck der Verhütung einer Erhöhung der Gefahr übernimmt, wird durch die Vorschriften dieses Kapitels nicht berührt.

§ 33. (1) Der Versicherungsnehmer hat den Eintritt des Versicherungsfalles, nachdem er von ihm Kenntnis erlangt hat, unverzüglich dem Versicherer anzuzeigen.

(2) Auf eine Vereinbarung, nach welcher der Versicherer von der Verpflichtung zur Leistung frei sein soll, wenn der Pflicht zur Anzeige des Versicherungsfalles nicht genügt wird, kann sich der Versicherer nicht berufen, sofern er in anderer Weise von dem Eintritt des Versicherungsfalles rechtzeitig Kenntnis erlangt hat.

§ 34. (1) Der Versicherer kann nach dem Eintritt des Versicherungsfalles verlangen, daß der Versicherungsnehmer jede Auskunft erteilt, die zur Feststellung des Versicherungsfalles oder des Umfanges der Leistungspflicht des Versicherers erforderlich ist.

(2) Belege kann der Versicherer insoweit fordern, als die Beschaffung dem Versicherungsnehmer billigerweise zugemutet werden kann.

1. VersVG
§§ 34a – 39

§ 34a. Auf eine Vereinbarung, die von den Vorschriften der §§ 16 bis 30 und des § 34 Abs. 2 zum Nachteil des Versicherungsnehmers abweicht, kann sich der Versicherer nicht berufen. „Jedoch kann für die dem Versicherungsnehmer obliegenden Anzeigen die geschriebene Form ausbedungen werden, die Schriftform aber nur unter den Voraussetzungen des § 5a Abs. 2 bei elektronischer Kommunikation bzw. des § 15a Abs. 2 außerhalb der elektronischen Kommunikation." *(BGBl I 2012/34)*

Drittes Kapitel

Prämie

§ 35. Der Versicherungsnehmer hat die Prämie und, wenn laufende Prämien bedungen sind, die erste Prämie sofort nach dem Abschluß des Vertrages zu zahlen. „Er ist zur Zahlung nur gegen Übermittlung des Versicherungsscheins verpflichtet, es sei denn, dass die Ausstellung eines Versicherungsscheins ausgeschlossen ist." *(BGBl I 2012/34)*

§ 35a. (1) Der Versicherer muß fällige Prämien oder sonstige ihm auf Grund des Vertrages gebührende Zahlungen bei der Versicherung für fremde Rechnung auch vom Versicherten annehmen, ferner vom Bezugsberechtigten, der ein Recht auf die Leistung des Versicherers erworben hat, sowie vom Pfandgläubiger, und zwar selbst dann, wenn er ansonsten die Zahlung nach den Vorschriften des bürgerlichen Rechtes zurückweisen könnte.

(2) Ein Pfandrecht an der Versicherungsforderung kann auch wegen der Beträge und ihrer Zinsen geltend gemacht werden, die der Pfandgläubiger zur Entrichtung von Prämien oder sonstigen dem Versicherer auf Grund des Vertrages gebührenden Zahlungen verwendet hat.

§ 35b. Der Versicherer kann den Betrag einer fälligen Prämienforderung oder einer anderen ihm aus dem Vertrag zustehenden Forderung von der ihm nach diesem Vertrag obliegenden Leistung abziehen, auch wenn er die Leistung nicht dem Versicherungsnehmer, sondern einem Dritten schuldet.

§ 36. (1) Erfüllungsort für die Entrichtung der Prämie ist der jeweilige Wohnsitz des Versicherungsnehmers; der Versicherungsnehmer hat jedoch die Prämie auf seine Gefahr und seine Kosten dem Versicherer zu übermitteln. Eine Übermittlung gilt als rechtzeitig, wenn der Versicherungsnehmer die Zahlung bis zum Eintritt der Fälligkeit veranlasst hat und diese in der Folge beim Versicherer einlangt.

(2) Hat der Versicherungsnehmer die Versicherung im Rahmen seines Unternehmens abgeschlossen, so tritt, wenn er seine Niederlassung an einem anderen Ort hat, der Ort der Niederlassung an die Stelle des Wohnsitzes; die Übermittlung der Prämie ist nur dann rechtzeitig, wenn die Zahlung bei Fälligkeit beim Versicherer eingelangt ist. In Ansehung der Rechtsfolgen nach §§ 38 Abs. 2 und 39 Abs. 2 gilt die Frist als gewahrt, wenn die bis zum Eintritt der Fälligkeit veranlasste Zahlung in der Folge beim Versicherer einlangt.

(BGBl I 2013/12, vgl die Übergangsbestimmung in § 191c Abs 14)

§ 37. Ist die Prämie regelmäßig beim Versicherungsnehmer eingehoben worden, so ist dieser zur Übermittlung der Prämie erst verpflichtet, wenn ihm „in geschriebener Form" angezeigt wird, daß die Übermittlung verlangt wird. *(BGBl I 2012/34)*

§ 38. (1) Ist die erste oder einmalige Prämie innerhalb von 14 Tagen nach dem Abschluß des Versicherungsvertrags und nach der Aufforderung zur Prämienzahlung nicht gezahlt, so ist der Versicherer, solange die Zahlung nicht bewirkt ist, berechtigt, vom Vertrag zurückzutreten. Es gilt als Rücktritt, wenn der Anspruch auf die Prämie nicht innerhalb dreier Monate vom Fälligkeitstag an gerichtlich geltend gemacht wird.

(2) Ist die erste oder einmalige Prämie zur Zeit des Eintritts des Versicherungsfalls und nach Ablauf der Frist des Abs. 1 noch nicht gezahlt, so ist der Versicherer von der Verpflichtung zur Leistung frei, es sei denn, daß der Versicherungsnehmer an der rechtzeitigen Zahlung der Prämie ohne sein Verschulden verhindert war.

(3) Die Aufforderung zur Prämienzahlung hat die im Abs. 1 und 2 vorgesehenen Rechtsfolgen nur, wenn der Versicherer den Versicherungsnehmer dabei auf diese hingewiesen hat.

(4) Die Nichtzahlung von Zinsen oder Kosten löst die Rechtsfolgen der Abs. 1 und 2 nicht aus.

(BGBl 1994/509)

§ 39. (1) Wird eine Folgeprämie nicht rechtzeitig gezahlt, so kann der Versicherer dem Versicherungsnehmer auf dessen Kosten schriftlich eine Zahlungsfrist von mindestens zwei Wochen bestimmen; zur Unterzeichnung genügt eine Nachbildung der eigenhändigen Unterschrift. Dabei sind die Rechtsfolgen anzugeben, die nach Abs. 2 und 3 mit dem Ablauf der Frist verbunden sind. Eine Fristbestimmung, ohne Beachtung dieser Vorschriften, ist unwirksam.

(2) Tritt der Versicherungsfall nach dem Ablauf der Frist ein und ist der Versicherungsnehmer zur Zeit des Eintrittes mit der Zahlung der Folge-

prämie „ " im Verzug, so ist der Versicherer von der Verpflichtung zur Leistung frei, „es sei denn, daß der Versicherungsnehmer an der rechtzeitigen Zahlung ohne sein Verschulden verhindert war."
(BGBl 1994/509)

(3) Der Versicherer kann nach dem Ablauf der Frist das Versicherungsverhältnis ohne Einhaltung einer Kündigungsfrist kündigen, wenn der Versicherungsnehmer mit der Zahlung im Verzug ist. Die Kündigung kann bereits mit der Bestimmung der Zahlungsfrist so verbunden werden, daß sie mit Fristablauf wirksam wird, wenn der Versicherungsnehmer in diesem Zeitpunkt mit der Zahlung im Verzug ist; darauf ist der Versicherungsnehmer bei der Kündigung ausdrücklich aufmerksam zu machen. Die Wirkungen der Kündigung fallen fort, wenn der Versicherungsnehmer innerhalb eines Monates nach der Kündigung oder, falls die Kündigung mit der Fristbestimmung verbunden worden ist, innerhalb eines Monates nach dem Ablauf der Zahlungsfrist die Zahlung nachholt, sofern nicht der Versicherungsfall bereits eingetreten ist.

(4) Die Nichtzahlung von Zinsen oder Kosten löst die Rechtsfolgen der Abs. 1 bis 3 nicht aus.
(BGBl 1994/509)

§ 39a. Ist der Versicherungsnehmer bloß mit nicht mehr als 10 vH der Jahresprämie, höchstens aber mit „60 Euro" im Verzug, so tritt eine in § 38 oder § 39 vorgesehene Leistungsfreiheit des Versicherers nicht ein. *(BGBl I 2001/98)*

(BGBl 1994/509)

§ 40. Wird der Versicherungsvertrag während der Versicherungsperiode oder sonst vorzeitig aufgelöst, so gebührt dem Versicherer die Prämie nur für die bis dahin verstrichene Vertragslaufzeit, soweit nicht Sonderbestimmungen anderes vorsehen. Die Möglichkeit für den Versicherer, sich für diesen Fall der Zahlung eine angemessene Konventionalstrafe (Geschäftsgebühr) auszubedingen (§ 1336 ABGB), bleibt unberührt.

(BGBl 1994/509)

§ 41. (1) Ist die dem Versicherungsnehmer beim Abschluß des Vertrages obliegende Anzeigepflicht verletzt worden, das Rücktrittsrecht des Versicherers aber ausgeschlossen, weil dem anderen Teil kein Verschulden zur Last fällt, so kann der Versicherer vom Beginn der laufenden Versicherungsperiode an eine höhere Prämie verlangen, falls sie mit Rücksicht auf die höhere Gefahr angemessen ist. Das gleiche gilt, wenn beim Abschluß des Vertrages ein für die Übernahme der Gefahr erheblicher Umstand dem Versicherer nicht angezeigt worden ist, weil er dem anderen Teil nicht bekannt war.

(2) Wird die höhere Gefahr nach den für den Geschäftsbetrieb des Versicherers maßgebenden Grundsätzen auch gegen eine höhere Prämie nicht übernommen, so kann der Versicherer das Versicherungsverhältnis unter Einhaltung einer Kündigungsfrist von einem Monat kündigen. „ " *(BGBl 1994/509)*

(3) Der Anspruch auf die höhere Prämie erlischt, wenn er nicht innerhalb eines Monates von dem Zeitpunkt an geltend gemacht wird, in welchem der Versicherer von der Verletzung der Anzeigepflicht oder von dem nicht angezeigten Umstand Kenntnis erlangt. Das gleiche gilt von dem Kündigungsrecht, wenn es nicht innerhalb des bezeichneten Zeitraumes ausgeübt wird.

§ 41a. (1) Ist wegen bestimmter, die Gefahr erhöhender Umstände eine höhere Prämie vereinbart, so kann der Versicherungsnehmer, wenn diese Umstände in der Zeit zwischen Stellung und Annahme des Antrages oder nach Abschluß des Vertrages wegfallen oder ihre Bedeutung verlieren, verlangen, daß die Prämie für die künftigen Versicherungsperioden angemessen herabgesetzt wird.

(2) Das gleiche gilt, wenn die Bemessung der höheren Prämie durch irrtümliche Angaben des Versicherungsnehmers über einen solchen Umstand veranlaßt worden ist.

§ 41b. Der Versicherer darf – vorbehaltlich des § 27 Abs. 6 ZaDiG – neben der Prämie nur solche Gebühren verlangen, die der Abgeltung von Mehraufwendungen dienen, die durch das Verhalten des Versicherungsnehmers veranlasst worden sind; die Vereinbarung davon abweichender Nebengebühren ist unwirksam.

(BGBl I 2013/12)

§ 42. Auf eine Vereinbarung, die von den Vorschriften der §§ 37 bis 41a zum Nachteil des Versicherungsnehmers abweicht, kann sich der Versicherer nicht berufen.

Viertes Kapitel
Versicherungsagenten

§ 43. (1) Versicherungsagent ist, wer von einem Versicherer ständig damit betraut ist, für diesen Versicherungsverträge zu vermitteln oder zu schließen. Die Bestimmungen dieses Bundesgesetzes gelten überdies für den, der auch nur im Einzelfall vom Versicherer betraut ist, sowie für den, der mit nach den Umständen anzunehmender Billigung des Versicherers als Versicherungsagent auftritt. *(BGBl 1994/509)*

„(2)" Ein Versicherungsagent gilt, auch wenn er nur mit der Vermittlung von Versicherungsge-

1. VersVG
§§ 43 – 48

schäften betraut ist, als bevollmächtigt in dem Versicherungszweig, für den er bestellt ist:

1. Anträge auf Abschluß, Verlängerung oder Änderung eines Versicherungsvertrages sowie den Widerruf solcher Anträge entgegenzunehmen;
2. die Anzeigen, welche während der Dauer des Versicherungsverhältnisses zu machen sind, sowie Kündigungs- und Rücktrittserklärungen oder sonstige das Versicherungsverhältnis betreffende Erklärungen vom Versicherungsnehmer entgegenzunehmen;
3. die vom Versicherer ausgefertigten Versicherungsscheine oder Verlängerungsscheine „zu übermitteln"; *(BGBl I 2012/34)*
4. Prämien nebst Zinsen und Kosten anzunehmen, sofern er sich im Besitz einer vom Versicherer unterzeichneten Prämienrechnung befindet; zur Unterzeichnung genügt eine Nachbildung der eigenhändigen Unterschrift. *(BGBl 1994/509)*

(3) Hat ein Versicherungskunde dem Versicherungsagenten einen für den Versicherer bestimmten Geldbetrag gezahlt, so gilt die Zahlung als direkt an den Versicherer erfolgt. Geldbeträge, die der Versicherer dem Versicherungsagenten zur Weiterleitung an den Versicherungsnehmer zahlt, gelten erst dann als an den Versicherungsnehmer gezahlt, wenn dieser sie tatsächlich erhält. *(BGBl I 2004/131)*

(4) Der Versicherungsagent hat gegenüber dem Versicherungskunden die Pflicht, die Informationen gemäß § 137f Abs. 7 bis 8 und § 137g der GewO 1994 unter Beachtung des § 137h der GewO 1994 zu erteilen. *(BGBl I 2004/131)*

(5) Vom Versicherungskunden für den Versicherer oder vom Versicherer für den Versicherungskunden bestimmte Geldbeträge sind stets über streng getrennte Kundenkonten (offene Treuhandkonten, Anderkonten) weiterzuleiten. Für diese Konten gelten zugunsten der berechtigten Versicherungskunden das Widerspruchsrecht gemäß § 37 EO sowie das Aussonderungsrecht gemäß „§ 44 IO". *(BGBl I 2004/131; BGBl I 2010/58, vgl die Übergangsbestimmungen in § 191c Abs 10)*

§ 43a. Fällt ein Vermittler zwar nicht unter § 43 Abs. 1, steht er aber zum Versicherer in einem solchen wirtschaftlichen Naheverhältnis, das es zweifelhaft erscheinen läßt, ob er in der Lage ist, überwiegend die Interessen des Versicherungsnehmers zu wahren, so haftet der Versicherungsnehmer für das Verschulden eines solchen Vermittlers wie für sein eigenes.
(BGBl 1994/509)

§ 44. Soweit nach den Vorschriften dieses Bundesgesetzes die Kenntnis des Versicherers erheblich ist, steht die Kenntnis eines nur mit der Vermittlung von Versicherungsgeschäften betrauten Agenten der Kenntnis des Versicherers nicht gleich. „Dies gilt nicht für Erklärungen des Versicherungsnehmers, zu deren Entgegennahme für den Versicherer er gemäß § 43 bevollmächtigt ist." *(BGBl 1994/509)*

§ 45. Ist ein Versicherungsagent zum Abschluß von Versicherungsverträgen bevollmächtigt, so ist er auch befugt, die Änderung oder Verlängerung solcher Verträge zu vereinbaren sowie Kündigungs- und Rücktrittserklärungen abzugeben.

§ 46. Ist der Versicherungsagent ausdrücklich für einen bestimmten Bezirk bestellt, so beschränkt sich seine Vertretungsmacht auf Geschäfte und Rechtshandlungen, welche sich auf Versicherungsverträge über die in dem Bezirk befindlichen Sachen oder mit den im Bezirk sich gewöhnlich aufhaltenden Personen beziehen. In Ansehung der von ihm vermittelten oder abgeschlossenen Verträge bleibt der Agent ohne Rücksicht auf diese Beschränkung zur Vornahme von Geschäften und Rechtshandlungen ermächtigt.

§ 47. Eine Beschränkung der dem Versicherungsagenten nach den Vorschriften der §§ 43 bis 46 zustehenden Vertretungsmacht braucht ein Dritter nur dann gegen sich gelten zu lassen, wenn er die Beschränkung bei der Vornahme des Geschäftes oder der Rechtshandlung kannte oder infolge grober Fahrlässigkeit nicht kannte. Auf eine abweichende Vereinbarung kann sich der Versicherer nicht berufen. „§ 10 KSchG bleibt unberührt." *(BGBl 1994/509)*

§ 48. (1) Hat ein Versicherungsagent den Vertrag vermittelt oder abgeschlossen, so ist für Klagen aus dem Versicherungsverhältnis gegen den Versicherer das Gericht zuständig, in dessen Sprengel der Agent zur Zeit der Vermittlung oder des Abschlusses des Vertrages seine gewerbliche Niederlassung oder in deren Ermanglung seinen Wohnsitz hatte.

(2) Die nach Abs. 1 begründete Zuständigkeit kann durch Vereinbarung nicht ausgeschlossen werden.

Zweiter Abschnitt
Schadensversicherung

Erstes Kapitel
Vorschriften für die gesamte Schadensversicherung

I. Inhalt des Vertrages

§ 49. Der Versicherer hat den Schadenersatz in Geld zu leisten.

§ 50. Der Versicherer haftet nur bis zur Höhe der Versicherungssumme.

§ 51. (1) Wenn die Versicherungssumme den Wert des versicherten Interesses (Versicherungswert) erheblich übersteigt, kann sowohl der Versicherer als auch der Versicherungsnehmer verlangen, daß zur Beseitigung der Überversicherung die Versicherungssumme unter verhältnismäßiger Minderung der Prämie mit sofortiger Wirkung herabgesetzt wird.

(2) Ist die Überversicherung durch ein Kriegsereignis oder durch eine behördliche Maßnahme aus Anlaß eines Krieges verursacht oder ist sie die unvermeidliche Folge eines Krieges, so kann der Versicherungsnehmer das Verlangen nach Abs. 1 mit Wirkung vom Eintritt der Überversicherung ab stellen.

(3) In den Fällen der Abs. 1 und 2 sind die dem Versicherungsnehmer zurückzuerstattenden Prämienteile erst am Schluß der Versicherungsperiode zu zahlen.

(4) Schließt der Versicherungsnehmer den Vertrag in der Absicht ab, sich aus der Überversicherung einen rechtswidrigen Vermögensvorteil zu verschaffen, so ist der Vertrag nichtig. „ " *(BGBl 1994/509)*

(5) Das Recht des Versicherungsnehmers, den Vertrag wegen Irrtums anzufechten, bleibt unberührt. *(BGBl 1994/509)*

§ 52. Bezieht sich die Versicherung auf eine Sache, so gilt, soweit sich nicht aus den Umständen etwas anderes ergibt, der Wert der Sache als Versicherungswert.

§ 53. Die Versicherung umfaßt den durch den Eintritt des Versicherungsfalles entgehenden Gewinn nur, soweit dies besonders vereinbart ist.

§ 54. Ist die Versicherung für einen Inbegriff von Sachen genommen, so umfaßt sie die jeweils zu dem Inbegriff gehörigen Sachen.

§ 55. Der Versicherer ist, auch wenn die Versicherungssumme höher ist als der Versicherungswert zur Zeit des Eintrittes des Versicherungsfalles, nicht verpflichtet, dem Versicherungsnehmer mehr als den Betrag des Schadens zu ersetzen.

§ 56. Ist die Versicherungssumme niedriger als der Versicherungswert zur Zeit des Eintrittes des Versicherungsfalles (Unterversicherung), so haftet der Versicherer für den Schaden nur nach dem Verhältnis der Versicherungssumme zu diesem Wert.

§ 57. Der Versicherungswert kann durch Vereinbarung auf einen bestimmten Betrag (Taxe) festgesetzt werden. Die Taxe gilt auch als der Wert, den das versicherte Interesse zur Zeit des Eintrittes des Versicherungsfalles hat, es sei denn, daß sie den wirklichen Versicherungswert in diesem Zeitpunkt erheblich übersteigt. Ist die Versicherungssumme niedriger als die Taxe, so haftet der Versicherer, auch wenn die Taxe den Versicherungswert erheblich übersteigt, für den Schaden nur nach dem Verhältnis der Versicherungssumme zur Taxe.

§ 58. (1) Wer für ein Interesse gegen dieselbe Gefahr bei mehreren Versicherern Versicherung nimmt, hat jedem Versicherer von der anderen Versicherung unverzüglich Mitteilung zu machen.

(2) In der Mitteilung ist der Versicherer, bei welchem die andere Versicherung genommen worden ist, zu bezeichnen und die Versicherungssumme anzugeben.

§ 59. (1) Ist ein Interesse gegen dieselbe Gefahr bei mehreren Versicherern versichert und übersteigen die Versicherungssummen zusammen den Versicherungswert oder übersteigt aus anderen Gründen die Summe der Entschädigungen, die von jedem einzelnen Versicherer ohne Bestehen der anderen Versicherung zu zahlen wären, den Gesamtschaden (Doppelversicherung), so sind die Versicherer in der Weise zur ungeteilten Hand verpflichtet, daß dem Versicherungsnehmer jeder Versicherer für den Betrag haftet, dessen Zahlung ihm nach seinem Vertrag obliegt, der Versicherungsnehmer im ganzen nicht mehr als den Betrag des Schadens verlangen kann.

(2) Die Versicherer sind nach Maßgabe der Beträge, deren Zahlung ihnen dem Versicherungsnehmer gegenüber vertragsmäßig obliegt, untereinander zum Ersatz verpflichtet. Ist auf eine der Versicherungen ausländisches Recht anzuwenden, so kann der Versicherer, für den das ausländische Recht gilt, vom anderen Versicherer nur dann Ersatz verlangen, wenn er selbst nach dem für

ihn maßgebenden Recht zum Ersatz verpflichtet ist.

(3) Hat der Versicherungsnehmer eine Doppelversicherung in der Absicht genommen, sich dadurch einen rechtswidrigen Vermögensvorteil zu verschaffen, so ist jeder in dieser Absicht geschlossene Vertrag nichtig. „ " *(BGBl 1994/509)*

§ 60. (1) Hat der Versicherungsnehmer den Vertrag, durch welchen die Doppelversicherung entstanden ist, ohne Kenntnis von dem Entstehen der Doppelversicherung abgeschlossen, so kann er verlangen, daß der später abgeschlossene Vertrag aufgehoben oder die Versicherungssumme, unter verhältnismäßiger Minderung der Prämie, auf den Teilbetrag herabgesetzt wird, der durch die frühere Versicherung nicht gedeckt ist.

(2) Das gleiche gilt, wenn die Doppelversicherung dadurch entstanden ist, daß nach Abschluß der mehreren Versicherungsverträge der Versicherungswert gesunken ist. Sind jedoch in diesem Fall die mehreren Versicherungsverträge gleichzeitig oder im Einvernehmen der Versicherer abgeschlossen worden, so kann der Versicherungsnehmer nur die verhältnismäßige Herabsetzung der Versicherungssummen und der Prämien verlangen.

(3) Die Aufhebung oder Herabsetzung wird erst mit dem Ablauf der Versicherungsperiode wirksam, in der sie verlangt wird. Das Recht, die Aufhebung oder die Herabsetzung zu verlangen, erlischt, wenn der Versicherungsnehmer es nicht unverzüglich geltend macht, nachdem er von der Doppelversicherung Kenntnis erlangt hat.

§ 61. Der Versicherer ist von der Verpflichtung zur Leistung frei, wenn der Versicherungsnehmer den Versicherungsfall vorsätzlich oder durch grobe Fahrlässigkeit herbeiführt.

§ 62. (1) Der Versicherungsnehmer ist verpflichtet, beim Eintritt des Versicherungsfalles nach Möglichkeit für die Abwendung und Minderung des Schadens zu sorgen und dabei die Weisungen des Versicherers zu befolgen; er hat, wenn die Umstände es gestatten, solche Weisungen einzuholen. Sind mehrere Versicherer beteiligt und haben diese entgegenstehende Weisungen gegeben, so hat der Versicherungsnehmer nach eigenem pflichtgemäßen Ermessen zu handeln.

(2) Hat der Versicherungsnehmer diese Verpflichtungen verletzt, so ist der Versicherer von der Verpflichtung zur Leistung frei, es sei denn, daß die Verletzung weder auf Vorsatz noch auf grober Fahrlässigkeit beruht. Bei grobfahrlässiger Verletzung bleibt der Versicherer zur Leistung insoweit verpflichtet, als der Umfang des Schadens auch bei gehöriger Erfüllung der Verpflichtungen nicht geringer gewesen wäre.

§ 63. (1) Aufwendungen, die der Versicherungsnehmer gemäß § 62 macht, fallen, auch wenn sie erfolglos bleiben, dem Versicherer zur Last, soweit der Versicherungsnehmer sie den Umständen nach für geboten halten durfte. Der Versicherer hat Aufwendungen, die den von ihm gegebenen Weisungen gemäß gemacht worden sind, auch insoweit zu ersetzen, als sie zusammen mit der übrigen Entschädigung die Versicherungssumme übersteigen. Er hat den für die Aufwendungen erforderlichen Betrag auf Verlangen des Versicherungsnehmers vorzuschießen.

(2) Bei einer Unterversicherung sind die Aufwendungen nur nach dem in den §§ 56 und 57 bezeichneten Verhältnis zu ersetzen.

§ 64. (1) Eine Vereinbarung, daß einzelne Voraussetzungen des Anspruchs aus der Versicherung oder die Höhe des Schadens in einem Schiedsgutachterverfahren durch Sachverständige festgestellt werden sollen, ist nur wirksam, wenn vorgesehen ist, daß der Sachverständige oder die Sachverständigen von einem unbeteiligten Dritten oder jeweils in gleicher Anzahl vom Versicherer und vom Versicherungsnehmer namhaft gemacht werden, wobei vorgesehen werden kann, daß diese Sachverständigen oder ein unbeteiligter Dritter einen Vorsitzenden zu bestimmen haben. *(BGBl 1994/509)*

„(2)" „Die von dem oder den Sachverständigen getroffene Feststellung ist nicht verbindlich, wenn sie offenbar von der wirklichen Sachlage erheblich abweicht." Die Feststellung erfolgt in diesem Fall durch Urteil. Das gleiche gilt, wenn die Sachverständigen die Feststellung nicht treffen können oder wollen oder sie verzögern. *(BGBl 1994/509)*

„(3)" Sind nach dem Vertrag die Sachverständigen vom Gericht zu bestellen, so ist für die Bestellung das Bezirksgericht zuständig, in dessen Sprengel der Schaden entstanden ist. Durch eine ausdrückliche Vereinbarung der Beteiligten kann die Zuständigkeit eines anderen Bezirksgerichtes begründet werden. Der Beschluß, durch den dem Antrag auf Bestellung der Sachverständigen stattgegeben wird, ist nicht anfechtbar. *(BGBl 1994/509)*

„(4)" Eine Vereinbarung, die von der Vorschrift des Abs. 1 Satz 1 abweicht, ist nichtig. *(BGBl 1994/509)*

§ 65. Der Versicherer kann sich auf eine Vereinbarung nicht berufen, nach der sich der Versicherungsnehmer bei den Verhandlungen zur Ermittlung und Feststellung des Schadens nicht durch einen Bevollmächtigten vertreten lassen darf.

§ 66. (1) Der Versicherer hat die Kosten, welche durch die Ermittlung und Feststellung des ihm zur Last fallenden Schadens entstehen, dem Versicherungsnehmer insoweit zu ersetzen, als ihre Aufwendung den Umständen nach geboten war.

(2) Die Kosten, welche dem Versicherungsnehmer durch die Zuziehung eines Sachverständigen oder eines Beistandes entstehen, hat der Versicherer nicht zu ersetzen, es sei denn, daß der Versicherungsnehmer nach dem Vertrag zur Zuziehung verpflichtet war.

(3) Bei einer Unterversicherung sind die dem Versicherer zur Last fallenden Kosten nur nach dem in den §§ 56 und 57 bezeichneten Verhältnis zu ersetzen.

§ 67. (1) Steht dem Versicherungsnehmer ein Schadenersatzanspruch gegen einen Dritten zu, so geht der Anspruch auf den Versicherer über, soweit dieser dem Versicherungsnehmer den Schaden ersetzt. Der Übergang kann nicht zum Nachteil des Versicherungsnehmers geltend gemacht werden. Gibt der Versicherungsnehmer seinen Anspruch gegen den Dritten oder ein zur Sicherung des Anspruches dienendes Recht auf, so wird der Versicherer von seiner Ersatzpflicht insoweit frei, als er aus dem Anspruch oder dem Recht hätte Ersatz erlangen können.

(2) Richtet sich der Ersatzanspruch des Versicherungsnehmers gegen einen mit ihm in häuslicher Gemeinschaft lebenden Familienangehörigen, so ist der Übergang ausgeschlossen; der Anspruch geht jedoch über, wenn der Angehörige den Schaden vorsätzlich verursacht hat.

§ 68. (1) Besteht das versicherte Interesse beim Beginn der Versicherung nicht oder gelangt, falls die Versicherung für ein künftiges Unternehmen oder sonst für ein künftiges Interesse genommen ist, das Interesse nicht zur Entstehung, so ist der Versicherungsnehmer von der Verpflichtung zur Zahlung der Prämie frei; der Versicherer kann eine angemessene Geschäftsgebühr verlangen.

(2) Fällt das versicherte Interesse nach dem Beginn der Versicherung weg, so gebührt dem Versicherer die Prämie, die er hätte erheben können, wenn die Versicherung nur bis zu dem Zeitpunkt beantragt worden wäre, in welchem der Versicherer vom Wegfall des Interesses Kenntnis erlangt.

(3) Fällt das versicherte Interesse nach dem Beginn der Versicherung durch ein Kriegsereignis oder durch eine behördliche Maßnahme aus Anlaß eines Krieges weg oder ist der Wegfall des Interesses die unvermeidliche Folge eines Krieges, so gebührt dem Versicherer nur der Teil der Prämie, welcher der Dauer der Gefahrtragung entspricht.

(4) In den Fällen der Abs. 2 und 3 sind die dem Versicherungsnehmer zurückzuerstattenden Prämienteile erst nach Kriegsende zu zahlen.

(5) *(aufgehoben, BGBl 1994/509)*

§ 68a. Auf eine Vereinbarung, die von den Vorschriften des § 51 Abs. 1 und 2 „ , des § 58" und der §§ 62, 67 und 68 zum Nachteil des Versicherungsnehmers abweicht, kann sich der Versicherer nicht berufen. *(BGBl 1994/509)*

II. Veräußerung der versicherten Sache

§ 69. (1) Wird die versicherte Sache vom Versicherungsnehmer veräußert, so tritt an Stelle des Veräußerers der Erwerber in die während der Dauer seines Eigentums aus dem Versicherungsverhältnis sich ergebenden Rechte und Pflichten des Versicherungsnehmers ein.

(2) Für die Prämie, welche auf die zur Zeit des Eintrittes laufende Versicherungsperiode entfällt, haften der Veräußerer und der Erwerber zur ungeteilten Hand.

(3) Der Versicherer hat die Veräußerung in Ansehung der durch das Versicherungsverhältnis gegen ihn begründeten Forderungen erst dann gegen sich gelten zu lassen, wenn er von ihr Kenntnis erlangt; die Vorschriften der §§ 1394 bis 1396 des Allgemeinen bürgerlichen Gesetzbuches sind entsprechend anzuwenden.

§ 70. (1) Der Versicherer ist berechtigt, dem Erwerber das Versicherungsverhältnis unter Einhaltung einer Frist von einem Monat zu kündigen. Das Kündigungsrecht erlischt, wenn der Versicherer es nicht innerhalb eines Monates von dem Zeitpunkt an ausübt, in welchem er von der Veräußerung Kenntnis erlangt hat.

(2) Der Erwerber ist berechtigt, das Versicherungsverhältnis zu kündigen; die Kündigung kann nur mit sofortiger Wirkung oder auf den Schluß der laufenden Versicherungsperiode erfolgen. Das Kündigungsrecht erlischt, wenn es nicht innerhalb eines Monates nach dem Erwerb ausgeübt wird; hatte der Erwerber von der Versicherung keine Kenntnis, so bleibt das Kündigungsrecht bis zum Ablauf eines Monates von dem Zeitpunkt an bestehen, in welchem der Erwerber von der Versicherung Kenntnis erlangt hat.

(3) Wird das Versicherungsverhältnis auf Grund dieser Vorschriften gekündigt, so hat der Veräußerer dem Versicherer die Prämie zu zahlen „ "; der Erwerber haftet in diesen Fällen für die Prämie nicht. *(BGBl 1994/509)*

§ 71. (1) Die Veräußerung ist dem Versicherer unverzüglich anzuzeigen. Wird die Anzeige weder vom Erwerber noch vom Veräußerer unverzüglich

1. VersVG
§§ 71 – 79

erstattet, so ist der Versicherer von der Verpflichtung zur Leistung frei, wenn der Versicherungsfall später als einen Monat nach dem Zeitpunkt eintritt, in welchem die Anzeige dem Versicherer hätte zugehen müssen.

(2) Die Verpflichtung des Versicherers zur Leistung bleibt bestehen, wenn ihm die Veräußerung in dem Zeitpunkt bekannt war, in welchem ihm die Anzeige hätte zugehen müssen „, oder wenn die Anzeige nicht vorsätzlich unterlassen worden ist und die Veräußerung keinen Einfluß auf den Eintritt des Versicherungsfalls oder soweit sie keinen Einfluß auf den Umfang der dem Versicherer obliegenden Leistung gehabt hat". Das gleiche gilt, wenn zur Zeit des Eintrittes des Versicherungsfalles die Frist für die Kündigung des Versicherers abgelaufen und eine Kündigung nicht erfolgt ist. *(BGBl 1994/509)*

§ 72. Auf eine Bestimmung des Versicherungsvertrages, die von den Vorschriften der §§ 69 bis 71 zum Nachteil des Erwerbers abweicht, kann sich der Versicherer nicht berufen. Jedoch kann für die Kündigung, zu der nach § 70 Abs. 2 der Erwerber berechtigt ist, und für die Anzeige der Veräußerung „geschriebene Form" ausbedungen werden „; die Schriftform nur unter den Voraussetzungen des § 5a Abs. 2 bei elektronischer Kommunikation bzw. des § 15a Abs. 2 außerhalb der elektronischen Kommunikation". *(BGBl I 2012/34)*

§ 73. Bei einer Veräußerung im Weg der Zwangsvollstreckung der versicherten Sache sind die Vorschriften der §§ 69 bis 72 entsprechend anzuwenden.

III. Versicherung für fremde Rechnung

§ 74. (1) Die Versicherung kann von demjenigen, welcher den Vertrag mit dem Versicherer abschließt, im eigenen Namen für einen anderen, mit oder ohne Benennung der Person des Versicherten, genommen werden (Versicherung für fremde Rechnung).

(2) Wird die Versicherung für einen anderen genommen, so ist, auch wenn der andere benannt wird, im Zweifel anzunehmen, daß der Vertragschließende nicht als Vertreter, sondern im eigenen Namen für fremde Rechnung handelt.

§ 75. (1) Bei der Versicherung für fremde Rechnung stehen die Rechte aus dem Versicherungsvertrag dem Versicherten zu. Die „Übermittlung" eines Versicherungsscheines kann jedoch nur der Versicherungsnehmer verlangen. *(BGBl I 2012/34)*

(2) Der Versicherte kann ohne Zustimmung des Versicherungsnehmers über seine Rechte nur dann verfügen und diese Rechte nur dann gerichtlich geltend machen, wenn er im Besitz eines Versicherungsscheines ist.

§ 76. (1) Der Versicherungsnehmer kann über die dem Versicherten aus dem Versicherungsvertrag zustehenden Rechte im eigenen Namen verfügen.

(2) Ist ein Versicherungsschein ausgestellt, so ist der Versicherungsnehmer ohne Zustimmung des Versicherten nur dann zur Annahme der Zahlung und zur Übertragung der Rechte des Versicherten befugt, wenn er im Besitz des Scheines ist.

(3) Der Versicherer ist zur Zahlung an den Versicherungsnehmer nur verpflichtet, wenn dieser ihm gegenüber nachweist, daß der Versicherte seine Zustimmung zur Versicherung erteilt hat.

§ 77. Der Versicherungsnehmer ist nicht verpflichtet, dem Versicherten oder, falls über das Vermögen des Versicherten ein Insolvenzverfahren eröffnet ist, dem Insolvenzverwalter beziehungsweise dem Treuhänder der Gläubiger den Versicherungsschein auszuliefern, bevor er wegen der ihm gegen den Versicherten in Bezug auf die versicherte Sache zustehenden Ansprüche befriedigt ist. Er kann sich für diese Ansprüche aus der Entschädigungsforderung gegen den Versicherer und nach der Einziehung der Forderung aus der Entschädigungssumme vor dem Versicherten und dessen Gläubigern befriedigen.

(BGBl I 2010/58, vgl die Übergangsbestimmungen in § 191c Abs 10)

§ 78. Soweit nach den Vorschriften dieses Bundesgesetzes die Kenntnis und das Verhalten des Versicherungsnehmers von rechtlicher Bedeutung ist, kommt bei der Versicherung für fremde Rechnung auch die Kenntnis und das Verhalten des Versicherten in Betracht.

§ 79. (1) Auf die Kenntnis des Versicherten kommt es nicht an, wenn der Vertrag ohne sein Wissen abgeschlossen worden ist oder eine rechtzeitige Benachrichtigung des Versicherungsnehmers nicht tunlich war.

(2) Hat der Versicherungsnehmer den Vertrag ohne Auftrag des Versicherten abgeschlossen und beim Abschluß das Fehlen des Auftrages dem Versicherer nicht angezeigt, so braucht dieser die Einwendung, daß der Vertrag ohne Wissen des Versicherten abgeschlossen worden ist, nicht gegen sich gelten zu lassen.

§ 80. (1) Ergibt sich aus den Umständen nicht, daß die Versicherung für einen anderen genommen werden soll, so gilt sie als für eigene Rechnung genommen.

(2) Ist die Versicherung für Rechnung „wen es angeht" genommen oder ist sonst aus dem Vertrag zu entnehmen, daß unbestimmt gelassen werden soll, ob eigenes oder fremdes Interesse versichert ist, so sind die Vorschriften der §§ 75 bis 79 anzuwenden, wenn sich ergibt, daß fremdes Interesse versichert ist.

Zweites Kapitel
Feuerversicherung

§ 81. (1) Bei der Feuerversicherung erlischt ein dem Versicherer gemachter Antrag auf Abschließung, Verlängerung oder Änderung des Vertrages, wenn er nicht binnen zwei Wochen angenommen wird. Die Vorschriften des § 862a des Allgemeinen bürgerlichen Gesetzbuches bleiben unberührt.

(2) Wird der Antrag einem Abwesenden gemacht, so beginnt die Frist mit der Absendung des Antrages.

(3) Abweichende Bestimmungen sind nichtig. An die Stelle der Frist von zwei Wochen kann jedoch eine andere festbestimmte Frist gesetzt werden.

§ 82. Der Versicherer haftet für den durch Brand, Explosion oder Blitzschlag entstehenden Schaden.

§ 83. (1) Im Falle eines Brandes hat der Versicherer den durch die Zerstörung oder die Beschädigung der versicherten Sachen entstehenden Schaden zu ersetzen, soweit die Zerstörung oder die Beschädigung auf der Einwirkung des Feuers beruht oder die unvermeidliche Folge des Brandereignisses ist. Der Versicherer hat auch den Schaden zu ersetzen, der bei dem Brand durch Löschen, Niederreißen oder Ausräumen verursacht wird; das gleiche gilt von einem Schaden, der dadurch entsteht, daß versicherte Sachen beim Brand abhanden kommen.

(2) Diese Vorschriften sind auf die Haftung des Versicherers für den durch Explosion oder Blitzschlag entstehenden Schaden entsprechend anzuwenden.

§ 84. Der Versicherer haftet nicht, wenn der Brand oder die Explosion durch ein Erdbeben oder durch Maßregeln verursacht wurde, die im Krieg oder nach Erklärung des Kriegszustandes von einem militärischen Befehlshaber angeordnet worden sind.

§ 85. Ist die Versicherung für einen Inbegriff von Sachen genommen worden, so erstreckt sie sich auf die Sachen der zur Familie des Versicherungsnehmers gehörenden sowie der in einem Dienstverhältnis zu ihm stehenden Personen, sofern diese Personen mit dem Versicherungsnehmer in häuslicher Gemeinschaft leben oder an dem Ort, für den die Versicherung gilt, ihren Beruf ausüben. Die Versicherung gilt insoweit als für fremde Rechnung genommen.

§ 86. Als Versicherungswert gilt bei Haushalts- und sonstigen Gebrauchsgegenständen, bei Arbeitsgeräten und Maschinen derjenige Betrag, welcher erforderlich ist, um Sachen gleicher Art anzuschaffen, unter Berücksichtigung des aus dem Unterschied zwischen alt und neu sich ergebenden Minderwertes.

§ 87. Ist bei der Versicherung beweglicher Sachen eine Taxe vereinbart, so gilt die Taxe als der Wert, den das versicherte Interesse zur Zeit des Abschlusses des Vertrages hat, es sei denn, daß sie den wirklichen Versicherungswert in diesem Zeitpunkt erheblich übersteigt. Eine Vereinbarung, nach welcher die Taxe als der Wert gelten soll, den das versicherte Interesse zur Zeit des Eintrittes des Versicherungsfalles hat, ist nichtig.

§ 88. Als Versicherungswert gilt bei Gebäuden der ortsübliche Bauwert unter Abzug eines dem Zustand des Gebäudes, insbesondere dem Alter und der Abnützung entsprechenden Betrages.

§ 89. (1) Bei der Versicherung des durch den Eintritt des Versicherungsfalles entgehenden Gewinnes kann eine Taxe nicht vereinbart werden.

(2) Mit Genehmigung der Aufsichtsbehörde können in den Versicherungsbedingungen Bestimmungen über die Berechnung des entgehenden Gewinnes getroffen werden. Übersteigt das Ergebnis der Berechnung den der wirklichen Sachlage entsprechenden Betrag, so hat der Versicherer nur diesen Betrag zu ersetzen.

§ 90. (1) Wer in Ansehung derselben Sache bei einem Versicherer für entgehenden Gewinn, bei einem anderen Versicherer für sonstigen Schaden Versicherung nimmt, hat jedem Versicherer von der anderen Versicherung unverzüglich Mitteilung zu machen.

(2) In der Mitteilung ist der Versicherer, bei welchem die andere Versicherung genommen worden ist, zu bezeichnen und die Versicherungssumme anzugeben.

§ 91. Bei der Gebäudeversicherung muß die im Falle einer nicht rechtzeitigen Zahlung der Prämie nach § 39 zu bestimmende Zahlungsfrist mindestens einen Monat betragen.

§ 92. (1) Der Pflicht zur Anzeige des Versicherungsfalles wird genügt, wenn die Anzeige binnen drei Tagen nach dem Eintritt des Versicherungsfalles erfolgt. Durch die Absendung der Anzeige wird die Frist gewahrt.

(2) Der Versicherer kann sich auf eine Vereinbarung, welche die Dauer oder die Berechnung der Frist zum Nachteil des Versicherungsnehmers anders bestimmt, nicht berufen.

§ 93. Der Versicherungsnehmer darf bis zur Feststellung des an einem Gebäude entstehenden Schadens ohne Einwilligung des Versicherers nur solche Änderungen vornehmen, welche zur Erfüllung der ihm nach § 62 obliegenden Pflicht oder im öffentlichen Interesse geboten sind.

§ 94. (1) Die Entschädigung ist nach Ablauf eines Monates seit der Anzeige des Versicherungsfalles mit vier vom Hundert für das Jahr zu verzinsen, soweit nicht aus besonderen Gründen eine weitergehende Zinspflicht besteht.

(2) Der Lauf der im Abs. 1 bezeichneten Frist ist gehemmt, solange infolge eines Verschuldens des Versicherungsnehmers der Schaden nicht festgesetzt werden kann.

§ 95. Der Versicherer haftet nach dem Eintritt eines Versicherungsfalles für den durch einen späteren Versicherungsfall verursachten Schaden nur bis zur Höhe des Restbetrages der Versicherungssumme. Für die künftigen Versicherungsperioden gebührt ihm nur ein verhältnismäßiger Teil der Prämie.

§ 96. (1) Nach dem Eintritt eines Versicherungsfalles ist jeder Teil berechtigt, das Versicherungsverhältnis zu kündigen.

(2) Die Kündigung ist nur bis zum Ablauf eines Monates seit dem Abschluß der Verhandlungen über die Entschädigung zulässig. Der Versicherer hat eine Kündigungsfrist von einem Monat einzuhalten. Der Versicherungsnehmer kann nicht für einen späteren Zeitpunkt als den Schluß der laufenden Versicherungsperiode kündigen.

(3) *(aufgehoben, BGBl 1994/509)*

§ 97. Ist der Versicherer nach den Versicherungsbestimmungen nur verpflichtet, die Entschädigungssumme zur Wiederherstellung des versicherten Gebäudes zu zahlen, so kann der Versicherungsnehmer die Zahlung erst verlangen, wenn die bestimmungsgemäße Verwendung des Geldes gesichert ist.

§ 98. Im Falle des § 97 kann die Forderung des Versicherungsnehmers auf die Entschädigungssumme vor der Wiederherstellung des Gebäudes nur an den Erwerber der Liegenschaft oder an solche Gläubiger des Versicherungsnehmers übertragen werden, die Arbeiten oder Lieferungen zur Wiederherstellung des Gebäudes übernommen oder bewirkt haben. Eine Übertragung an Gläubiger des Versicherungsnehmers, die bare Vorschüsse zur Wiederherstellung gegeben haben, ist wirksam, wenn die Vorschüsse zur Wiederherstellung verwendet werden. Die Zwangsvollstreckung in die Entschädigungsforderung unterliegt denselben Beschränkungen.

§ 99. (1) Im Falle des § 97 ist eine Zahlung, welche ohne die Sicherung der bestimmungsgemäßen Verwendung des Geldes geleistet wird, dem Hypothekargläubiger gegenüber nur wirksam, wenn ihm der Versicherer oder der Versicherungsnehmer angezeigt hat, daß ohne Sicherung geleistet werden soll und seit dem Empfang der Anzeige ein Monat verstrichen ist.

(2) Soweit die Entschädigungssumme nicht zu einer den Versicherungsbestimmungen entsprechenden Wiederherstellung verwendet werden soll, kann der Versicherer mit Wirkung gegen den Hypothekargläubiger erst zahlen, wenn er oder der Versicherungsnehmer die Absicht, von der bestimmungsgemäßen Verwendung abzuweichen, dem Hypothekargläubiger angezeigt hat und seit dem Empfang der Anzeige ein Monat verstrichen ist.

(3) Der Hypothekargläubiger kann bis zum Ablauf der Frist dem Versicherer gegenüber der Zahlung widersprechen. Die Anzeige darf unterbleiben, wenn sie untunlich ist; in diesem Fall wird der Monat von dem Zeitpunkt an berechnet, in welchem die Entschädigungssumme fällig wird.

§ 100. (1) Das Pfandrecht an einem versicherten Gebäude erstreckt sich auch auf die Entschädigungsforderung gegen den Versicherer. Das Pfandrecht an der Entschädigungsforderung erlischt, wenn das versicherte Gebäude wiederhergestellt oder dafür Ersatz beschafft ist. Der Versicherer kann die Entschädigungssumme mit Wirkung gegen den Pfandgläubiger an den Versicherungsnehmer erst dann zahlen, wenn er oder der Versicherungsnehmer den Eintritt des Schadens dem Pfandgläubiger angezeigt hat und seit dem Empfang der Anzeige ein Monat verstrichen ist. Der Pfandgläubiger kann bis zum Ablauf der Frist dem Versicherer gegenüber der Zahlung widersprechen. Die Anzeige darf unterbleiben, wenn sie untunlich ist; in diesem Fall wird der Monat von dem Zeitpunkt an gerechnet, in welchem die Entschädigungssumme fällig wird. Erhebt der Pfandgläubiger rechtzeitig Widerspruch, so ist der Versicherer befugt, den Entschädigungsbetrag bei dem Bezirksgericht, in dessen Sprengel das versicherte Gebäude gelegen ist, zu hinterlegen. Das Gericht hat mit der Verteilung des hinterlegten Entschädigungsbetrages auf Antrag und unter entsprechender Anwendung der Vorschriften der Exekutionsordnung über die Verteilung des bei der Zwangsversteigerung von Liegenschaften erzielten Meistbotes vorzugehen, wobei dem Versicherungsnehmer die Stellung des Verpflichteten zukommt.

(2) Hat der Hypothekargläubiger seine Hypothek dem Versicherer angemeldet, so kann der Versicherer mit Wirkung gegen den Hypothekargläubiger an den Versicherungsnehmer nur dann zahlen, wenn der Hypothekargläubiger der Zahlung schriftlich zugestimmt hat. Hat im Falle des § 97 der Hypothekargläubiger seine Hypothek dem Versicherer angemeldet, so ist eine Zahlung, die ohne die Sicherung der bestimmungsgemäßen Verwendung des Geldes geleistet wird, dem Hypothekargläubiger gegenüber nur dann wirksam, wenn dieser schriftlich der Zahlung zugestimmt hat.

(3) Abs. 1 und 2 gelten sinngemäß für ein nach den Vorschriften der Exekutionsordnung erworbenes Befriedigungsrecht und für das Fruchtnießungsrecht an einem versicherten Gebäude.

§ 101. (1) Bei der Gebäudeversicherung hat der Versicherer einem Hypothekargläubiger, der seine Hypothek angemeldet hat, unverzüglich schriftlich Mitteilung zu machen, wenn dem Versicherungsnehmer für die Zahlung einer Folgeprämie eine Frist bestimmt wird. Das gleiche gilt, wenn das Versicherungsverhältnis nach dem Ablauf der Frist wegen unterbliebener Prämienzahlung gekündigt wird.

(2) Der Versicherer hat binnen einer Woche nach Kenntnis vom Eintritt eines Versicherungsfalles dem Hypothekargläubiger, der seine Hypothek angemeldet hat, schriftlich Mitteilung zu machen, es sei denn, daß der Schaden unbedeutend ist.

§ 102. (1) Ist bei der Gebäudeversicherung der Versicherer wegen des Verhaltens des Versicherungsnehmers von der Verpflichtung zur Leistung frei, so bleibt gleichwohl seine Verpflichtung gegenüber einem Hypothekargläubiger bestehen. Das gleiche gilt, wenn der Versicherer nach dem Eintritt des Versicherungsfalles von dem Vertrag zurücktritt oder den Vertrag anficht.

(2) Abs. 1 Satz 1 ist nicht anzuwenden, wenn der Versicherer leistungsfrei ist, weil die Prämie nicht gezahlt worden ist. Hat jedoch der Hypothekargläubiger seine Hypothek dem Versicherer angemeldet, so bleibt im Fall der nicht rechtzeitigen Zahlung einer Folgeprämie die Verpflichtung des Versicherers gegenüber dem Hypothekargläubiger bis zum Ablauf eines Monates von dem Zeitpunkt bestehen, in welchem dem Hypothekargläubiger die Bestimmung der Zahlungsfrist oder, wenn diese Mitteilung unterblieben ist, die Kündigung mitgeteilt worden ist.

§ 103. (1) Hat im Fall der Gebäudeversicherung ein Hypothekargläubiger seine Hypothek dem Versicherer angemeldet, so wirkt eine Kündigung, ein Rücktritt, ein Fristablauf oder eine sonstige Tatsache, welche die Beendigung des Versicherungsverhältnisses zur Folge hat, gegenüber dem Hypothekargläubiger erst mit dem Ablauf von drei Monaten, nachdem ihm die Beendigung und, sofern diese noch nicht eingetreten war, der Zeitpunkt der Beendigung durch den Versicherer mitgeteilt worden oder in anderer Weise zu seiner Kenntnis gelangt ist. Dies gilt jedoch nicht, wenn das Versicherungsverhältnis wegen unterbliebener Prämienzahlung durch Rücktritt oder Kündigung des Versicherers endet oder wenn es mit Zustimmung des Hypothekargläubigers vom Versicherungsnehmer gekündigt wird.

(2) Abs. 1 Satz 1 gilt sinngemäß für die Wirksamkeit einer Vereinbarung zwischen dem Versicherer und dem Versicherungsnehmer, durch welche die Versicherungssumme oder der Umfang der versicherten Gefahr gemindert wird, sowie für die Wirksamkeit einer Vereinbarung, nach welcher der Versicherer nicht verpflichtet ist, die Entschädigungssumme zur Wiederherstellung des versicherten Gebäudes zu zahlen.

(3) Die Nichtigkeit des Versicherungsvertrages kann gegenüber einem Hypothekargläubiger, der seine Hypothek angemeldet hat, nicht geltend gemacht werden. Das Versicherungsverhältnis endet jedoch ihm gegenüber mit dem Ablauf von drei Monaten, nachdem ihm die Nichtigkeit durch den Versicherer mitgeteilt worden oder in anderer Weise zu seiner Kenntnis gelangt ist.

§ 104. Soweit der Versicherer auf Grund der Vorschriften der §§ 102 und 103 den Hypothekargläubiger befriedigt, geht die Hypothek auf ihn über. Der Übergang kann nicht zum Nachteil eines gleich- oder nachstehenden Hypothekargläubigers geltend gemacht werden, dem gegenüber die Verpflichtung des Versicherers zur Leistung bestehen geblieben ist.

§ 105. Im Fall des § 102 Abs. 1 Satz 2, Abs. 2 Satz 2 und des § 103 ist der Versicherer verpflichtet, bis zur anderweitigen Versicherung der Gebäude mit dem Hypothekargläubiger, für dessen Interesse eine Gebäudeversicherung abzuschließen oder die Versicherung fortzusetzen, wenn der Hypothekargläubiger dies bis zum Ablauf der in diesen Vorschriften bezeichneten Fristen schriftlich beim Versicherer beantragt und sich zur Zahlung der Prämie verpflichtet. Die Versicherung muß das berechtigte Interesse des Hypothekargläubigers gewährleisten.

§ 106. (1) Hat im Fall der Gebäudeversicherung ein Hypothekargläubiger seine Hypothek dem Versicherer angemeldet, so ist die Kündigung der Versicherung durch den Versicherungsnehmer, unbeschadet der Vorschriften des § 70 Abs. 2 und des § 96 nur wirksam, wenn dieser mindestens einen Monat vor Ablauf des Versicherungsvertrages nachgewiesen hat, daß in dem Zeitpunkt, in welchem die Kündigung spätestens zulässig war, das Grundstück nicht mit der Hypothek belastet war oder daß der Hypothekargläubiger der Kündigung der Versicherung zugestimmt hat.

(2) Die Zustimmung darf nicht ohne ausreichenden Grund verweigert werden.

§ 107. Der Versicherer ist verpflichtet, einem Hypothekargläubiger, der seine Hypothek angemeldet hat, die Anmeldung zu bestätigen und auf Verlangen Auskunft über das Bestehen von Versicherungsschutz sowie über die Höhe der Versicherungssumme zu erteilen.

§ 107a. Hat der Hypothekargläubiger seine Wohnung geändert, die Änderung dem Versicherer aber nicht mitgeteilt, so genügt für eine Mitteilung der in den §§ 101 bis 103 bezeichneten Art die Absendung eines eingeschriebenen Briefes nach der letzten dem Versicherer bekannten Wohnung. Die Mitteilung wird in dem Zeitpunkt wirksam, in welchem sie ohne die Wohnungsänderung bei regelmäßiger Beförderung dem Hypothekargläubiger zugegangen sein würde.

§ 107b. Ist das Grundstück mit einer Reallast oder einem nach den Vorschriften der Exekutionsordnung erworbenen Befriedigungsrecht belastet, so sind die Vorschriften der §§ 99 bis 107a, ist es mit einem Fruchtnießungsrecht belastet, so sind die Vorschriften der §§ 99 bis 103 und der §§ 105 bis 107a entsprechend anzuwenden.

§ 108. (1) Von § 96 darf durch Vereinbarung nur in der Weise abgewichen werden, daß das Kündigungsrecht für beide Teile gleich ist. *(BGBl 1994/509)*

„(2)" Die durch die Vorschriften der §§ 101 bis 107b begründeten Rechte können nicht zugunsten solcher Hypotheken geltend gemacht werden, die dem Versicherungsnehmer zustehen. *(BGBl 1994/509)*

Drittes Kapitel
Hagelversicherung

§ 109. Bei der Hagelversicherung haftet der Versicherer für den Schaden, der an den versicherten Bodenerzeugnissen durch die Einwirkung des Hagelschlages entsteht.

§ 110. Der Pflicht zur Anzeige des Versicherungsfalles wird genügt, wenn die Anzeige binnen vier Tagen nach dem Eintritt des Versicherungsfalles erfolgt. Durch die Absendung der Anzeige wird die Frist gewahrt.

§ 111. Bis zur Feststellung des Schadens darf der Versicherungsnehmer an den vom Hagelschlag betroffenen Bodenerzeugnissen ohne Einwilligung des Versicherers nur solche Änderungen vornehmen, welche nach den Regeln einer ordnungsgemäßen Wirtschaft nicht aufgeschoben werden können.

§ 112. Tritt nach dem Eintritt eines Versicherungsfalles in derselben Versicherungsperiode ein neuer Versicherungsfall ein, so haftet der Versicherer für den dadurch verursachten Schaden nur bis zur Höhe des Restbetrages der Versicherungssumme.

§ 113. Nach dem Eintritt eines Versicherungsfalles ist jeder Teil berechtigt, das Versicherungsverhältnis zu kündigen, der Versicherer nur für den Schluß der Versicherungsperiode, in welcher der Versicherungsfall eingetreten ist, der Versicherungsnehmer spätestens für diesen Zeitpunkt. „ " *(BGBl 1994/509)*

§ 114. (1) Im Fall der freiwilligen Veräußerung oder der Veräußerung im Weg der Zwangsvollstreckung der versicherten Bodenerzeugnisse kann der Versicherer dem Erwerber das Versicherungsverhältnis nur für den Schluß der Versicherungsperiode kündigen, in welcher er von dem Eigentumsübergang Kenntnis erlangt; die im § 70 Abs. 1 vorgesehenen Beschränkungen des Kündigungsrechtes sind nicht anzuwenden.

(2) Wird der Eigentumsübergang dem Versicherer nicht rechtzeitig angezeigt, so ist der Versicherer, wenn der Versicherungsfall nach dem Schluß der Versicherungsperiode eintritt, in welcher ihm die Anzeige hätte zugehen müssen, von der Verpflichtung zur Leistung frei. Die Verpflichtung bleibt jedoch bestehen, wenn der Versicherer von dem Eigentumswechsel so früh Kenntnis er-

langt hat, daß er zum Schluß der Versicherungsperiode kündigen konnte.

§ 115. Erwirbt jemand auf Grund eines Fruchtnießungsrechtes, eines Pachtvertrages oder eines ähnlichen Verhältnisses die Berechtigung, die versicherten Bodenerzeugnisse zu beziehen, so sind die im Fall einer freiwilligen Veräußerung oder einer Veräußerung im Wege der Zwangsvollstreckung der Bodenerzeugnisse geltenden Vorschriften entsprechend anzuwenden.

§ 115a. (1) Auf eine Vereinbarung, die von den Vorschriften des § 110 zum Nachteil des Versicherungsnehmers, der §§ 114 und 115 zum Nachteil des Erwerbers oder der im § 115 genannten Personen abweicht, kann sich der Versicherer nicht berufen.

(2) Die Frist zur Erhebung des Widerspruches nach § 5 Abs. 1 kann herabgesetzt werden; sie darf jedoch nicht weniger als eine Woche betragen.

(3) Von § 113 darf durch Vereinbarung nur in der Weise abgewichen werden, daß das Kündigungsrecht für beide Teile gleich ist. *(BGBl 1994/509)*

Viertes Kapitel

Tierversicherung

§ 116. (1) Bei der Tierversicherung haftet der Versicherer für den Schaden, der durch den Tod (Verenden, Nottötung) des versicherten Tieres entsteht. Wird der Tod durch eine Krankheit oder einen Unfall herbeigeführt, so gilt als Betrag des Schadens der Wert, den das Tier unmittelbar vor Eintritt der Erkrankung oder des Unfalles gehabt hat.

(2) Die Versicherung kann auch für den Schaden genommen werden, der durch eine Krankheit oder einen Unfall entsteht, ohne daß der Tod des Tieres eintritt.

§ 117. Die Versicherung umfaßt nicht:

1. den infolge einer Seuche oder Krankheit entstehenden Schaden, soweit dem Versicherungsnehmer nach gesetzlicher Vorschrift ein Anspruch auf eine Entschädigung aus öffentlichen Mitteln zusteht oder zustehen würde, wenn der Anspruch nicht durch eine Zuwiderhandlung gegen seuchenpolizeiliche Vorschriften verwirkt worden wäre;

2. den Schaden, welcher durch Maßregeln verursacht wird, die im Kriege oder nach der Erklärung des Kriegszustandes von einem militärischen Befehlshaber angeordnet worden sind.

§ 118. Steht dem Versicherungsnehmer ein Anspruch auf Gewährleistung wegen eines Mangels des versicherten Tieres gegen einen Dritten zu, so geht der Anspruch auf den Versicherer über, soweit dieser dem Versicherungsnehmer den Schaden ersetzt. Der Übergang kann nicht zum Nachteil des Versicherungsnehmers geltend gemacht werden. Geht ein Anspruch auf Gewährleistung durch Verschulden des Versicherungsnehmers verloren oder gibt dieser den Anspruch auf, so wird der Versicherer von seiner Ersatzpflicht insoweit frei, als er aus dem Anspruch Ersatz hätte erlangen können.

§ 119. Der Versicherer haftet nach dem Eintritt eines Versicherungsfalles für den durch einen späteren Versicherungsfall verursachten Schaden nur bis zur Höhe des Restbetrages der Versicherungssumme. Für die künftigen Versicherungsperioden gebührt ihm nur ein verhältnismäßiger Teil der Prämie.

§ 120. Der Versicherer ist befugt, jederzeit auf seine Kosten eine Besichtigung und Untersuchung der versicherten Tiere vorzunehmen.

§ 121. Dem Versicherer ist außer dem Tod auch jede erhebliche Erkrankung sowie jeder erhebliche Unfall eines versicherten Tieres unverzüglich anzuzeigen. Auf die Anzeige der Erkrankung oder des Unfalles sind, auch wenn die Versicherung nur gegen den Schaden genommen ist, der durch den Tod des Tieres entsteht, die für die Anzeige des Versicherungsfalles geltenden Vorschriften entsprechend anzuwenden.

§ 122. Erkrankt das versicherte Tier oder erleidet es einen Unfall, so hat der Versicherungsnehmer, sofern nicht die Erkrankung oder der Unfall unerheblich ist, unverzüglich einen Tierarzt oder, wenn dies untunlich ist, einen Sachkundigen zuzuziehen.

§ 123. (1) Die Kosten der Fütterung und der Pflege sowie die Kosten der tierärztlichen Untersuchung und Behandlung gehören nicht zu den nach § 63 vom Versicherer zu ersetzenden Aufwendungen.

(2) Die Kosten der ersten tierärztlichen Untersuchung bei Erkrankung eines versicherten Tieres haben der Versicherungsnehmer und der Versicherer zu gleichen Teilen zu tragen.

§ 124. Die Verzinsung der Entschädigungsforderung des Versicherungsnehmers bestimmt sich nach § 94.

1. VersVG
§§ 125 – 133

§ 125. Hat der Versicherungsnehmer das Tier vorsätzlich oder aus grober Fahrlässigkeit schwer mißhandelt oder schwer vernachlässigt, so ist der Versicherer von der Verpflichtung zur Leistung frei, es sei denn, daß der Schaden nicht durch die Mißhandlung oder die Vernachlässigung entstanden ist. Als schwere Vernachlässigung gilt es insbesondere, wenn bei einer Erkrankung oder einem Unfall die Zuziehung eines Tierarztes oder eines Sachkundigen der Vorschrift des § 122 zuwider unterlassen worden ist.

§ 126. (1) Der Versicherungsnehmer darf eine Nottötung nur mit Einwilligung des Versicherers vornehmen, es sei denn, daß die Erklärung des Versicherers nicht abgewartet werden kann. Ist durch das Gutachten des Tierarztes oder, falls die Zuziehung eines Tierarztes untunlich ist, durch zwei Sachkundige vor der Tötung festgestellt, daß die Tötung notwendig ist und die Erklärung des Versicherers nicht abgewartet werden kann, so muß der Versicherer die Feststellung gegen sich gelten lassen.

(2) Bei einer Nottötung der Vorschrift des Abs. 1 Satz 1 zuwider ist der Versicherer von der Verpflichtung zur Leistung frei.

§ 127. Endet das Versicherungsverhältnis, nachdem das versicherte Tier erkrankt ist oder einen Unfall erlitten hat, so hat die Beendigung auf die Haftung des Versicherers keinen Einfluß, wenn die Erkrankung oder der Unfall den Tod binnen zwei Wochen nach der Beendigung herbeiführt.

§ 128. (1) Wird ein versichertes Tier veräußert, so endet in Ansehung dieses Tieres das Versicherungsverhältnis; dem Versicherer gebührt gleichwohl die Prämie, jedoch nicht über die laufende Versicherungsperiode hinaus. Tritt vor dem Schluß der laufenden Versicherungsperiode oder binnen zwei Wochen nach der Veräußerung infolge eines Mangels, für den der Veräußerer dem Erwerber kraft Gesetzes Gewähr zu leisten hat, der Tod des Tieres ein, so bleibt der Versicherer dem Versicherungsnehmer insoweit haftbar, als dieser dem Erwerber kraft Gesetzes zur Gewährleistung verpflichtet ist.

(2) Geht das Eigentum an dem Inventar eines Grundstückes mit dem Eigentum oder dem Besitz des Grundstückes auf einen anderen über, so hat es in Ansehung der zum Inventar gehörenden Tiere bei den Vorschriften der §§ 69 bis 73 sein Bewenden.

Fünftes Kapitel
Transportversicherung

§ 129. (1) Bei der Versicherung von Gütern gegen die Gefahren der Beförderung zu Lande oder auf Binnengewässern trägt der Versicherer alle Gefahren, denen die Güter während der Dauer der Versicherung ausgesetzt sind.

(2) Bei der Versicherung eines Schiffes gegen die Gefahren der Binnenschiffahrt trägt der Versicherer alle Gefahren, denen das Schiff während der Dauer der Versicherung ausgesetzt ist. Der Versicherer haftet auch für den Schaden, den der Versicherungsnehmer infolge eines Zusammenstoßes von Schiffen dadurch erleidet, daß er den einem Dritten zugefügten Schaden zu ersetzen hat.

§ 130. Der Versicherer haftet nicht für einen Schaden, der vom Versicherungsnehmer vorsätzlich oder fahrlässig verursacht wird. Er hat jedoch den vom Versicherungsnehmer durch fehlerhafte Führung des Schiffes verursachten Schaden zu ersetzen, es sei denn, daß dem Versicherungsnehmer eine vorsätzliche oder grob fahrlässige Handlungsweise zur Last fällt.

§ 131. (1) Bei der Versicherung von Gütern haftet der Versicherer nicht für einen Schaden, der vom Absender oder vom Empfänger in dieser Eigenschaft vorsätzlich oder fahrlässig verursacht wird.

(2) Das gleiche gilt von einem Schaden, der durch die natürliche Beschaffenheit der Güter, namentlich durch inneren Verderb, Schwinden, gewöhnlichen Rinnverlust, durch mangelhafte Verpackung der Güter oder durch Ratten oder Mäuse verursacht wird; ist jedoch die Reise durch einen Unfall, für den der Versicherer haftet, ungewöhnlich verzögert worden, so fällt der Schaden dem Versicherer insoweit zur Last, als er infolge der Verzögerung eingetreten ist.

§ 132. (1) Bei der Versicherung eines Schiffes haftet der Versicherer nicht für einen Schaden, der daraus entsteht, daß das Schiff in einem nicht fahrtüchtigen Zustand oder nicht gehörig ausgerüstet oder bemannt die Reise angetreten hat.

(2) Das gleiche gilt von einem Schaden, der nur die Folge der Abnützung des Schiffes durch gewöhnlichen Gebrauch ist oder nur durch Alter, Fäulnis oder Wurmfraß verursacht wird.

§ 133. (1) Die Versicherung gegen die Gefahren der Binnenschiffahrt umfaßt die Beiträge zur großen Haverei. Sind ausschließlich Güter des Schiffseigners verladen, so umfaßt die Versicherung auch die Aufopferungen, welche zur großen

Haverei gehören würden, wenn das Eigentum an den Gütern einem anderen zustände.

(2) Die Vorschriften der §§ 835 bis 839 des Unternehmensgesetzbuches sind entsprechend anzuwenden. Eine vom Schiffer aufgestellte Dispache ist für den Versicherer nur verbindlich, wenn er der Aufstellung durch den Schiffer zugestimmt hat. *(BGBl I 2005/120)*

§ 134. (1) Die Versicherung von Gütern erstreckt sich auf die ganze Dauer der versicherten Reise.

(2) Die Versicherung beginnt mit dem Zeitpunkt, in welchem die Güter vom Frachtführer zur Beförderung oder, wenn die Beförderung nicht sofort erfolgen kann, zur einstweiligen Verwahrung angenommen werden. Sie endet mit dem Zeitpunkt, in welchem die Güter dem Empfänger am Ablieferungsort abgeliefert oder, wenn sich ein Ablieferungshindernis ergibt, rechtmäßig hinterlegt oder verkauft werden.

§ 135. Unter die Versicherung gegen die Gefahren der Beförderung von Gütern auf Eisenbahnen fällt auch die Beförderung zur Eisenbahn sowie die Beförderung von der Eisenbahn an den Empfänger, wenn sie durch die Eisenbahn oder unter ihrer Verantwortung erfolgt.

§ 136. Sind Güter gegen die Gefahren der Beförderung auf Binnengewässern versichert, so trägt der Versicherer die Gefahr der Benützung von Leichterfahrzeugen bei der Verladung oder der Ausladung, wenn die Benützung ortsüblich ist.

§ 137. (1) Werden die versicherten Güter in anderer Art als mit dem Schiff befördert, mit welchem sie nach dem Versicherungsvertrag befördert werden sollen, so haftet der Versicherer nicht.

(2) Werden jedoch die Güter nach dem Beginn der Versicherung infolge eines Unfalles, für den der Versicherer haftet, mit einem anderen als dem im Versicherungsvertrag bestimmten Schiff oder zu Lande befördert, so fällt die Beförderung unter die Versicherung. Das gleiche gilt, wenn nach dem Beginn der Versicherung ohne Zustimmung des Versicherungsnehmers die Beförderung geändert oder die Reise des Schiffes aufgegeben wird.

(3) Die Versicherung umfaßt in den Fällen des Abs. 2 die Kosten der Umladung und der einstweiligen Lagerung sowie die Mehrkosten der Weiterbeförderung.

§ 138. (1) Die Versicherung eines Schiffes beginnt, wenn sie für eine Reise genommen ist, mit dem Zeitpunkt, in welchem mit der Einnahme der Ladung begonnen wird, oder, wenn keine Ladung einzunehmen ist, mit der Abfahrt. Sie endet mit dem Zeitpunkt, in welchem die Löschung der Ladung am Bestimmungsort beendet ist, oder, wenn keine Ladung zu löschen ist, mit der Ankunft am Bestimmungsort. Wird die Löschung vom Versicherungsnehmer ungebührlich verzögert, so endet die Versicherung mit dem Zeitpunkt, in welchem ohne diese Verzögerung die Löschung beendet wäre.

(2) Wird vor Beendigung der Löschung für eine neue Reise Ladung eingenommen, so endet die Versicherung mit dem Zeitpunkt, in welchem mit der Einnahme begonnen wird.

(3) Wird nach dem Beginn der Versicherung die versicherte Reise aufgegeben, so tritt für die Beendigung der Versicherung der Ort, wo die Reise aufhört, an die Stelle des Bestimmungsortes.

§ 139. Ist ein auf Zeit versichertes Schiff beim Ablauf der vereinbarten Versicherungszeit unterwegs, so gilt das Versicherungsverhältnis bis zur Ankunft des Schiffes am nächsten Bestimmungsort als verlängert und, falls an diesem gelöscht wird, bis zu dem nach § 138 für die Beendigung der Versicherung maßgebenden Zeitpunkt. Der Versicherungsnehmer kann die Verlängerung, solange das Schiff noch nicht unterwegs ist, durch eine gegenüber dem Versicherer abzugebende Erklärung ausschließen.

§ 140. (1) Als Versicherungswert der Güter gilt der gemeine Handelswert und in dessen Ermanglung der gemeine Wert, den die Güter am Ort der Absendung in dem §§ 134 bis 136 für den Beginn der Versicherung maßgebenden Zeitpunkt haben, unter Hinzurechnung der Versicherungskosten sowie derjenigen Kosten, welche bis zur Annahme der Güter durch den Frachtführer entstehen.

(2) Der sich nach Abs. 1 ergebende Wert der Güter gilt auch beim Eintritt des Versicherungsfalles als Versicherungswert.

(3) Haben die Güter eine Beschädigung erlitten, so ist der Wert, den sie in beschädigtem Zustand am Ablieferungsorte haben, von dem Wert abzuziehen, den sie an diesem Ort in unbeschädigtem Zustand haben würden. Der im Verhältnis der Wertminderung zu ihrem Wert in unbeschädigtem Zustand entsprechende Bruchteil des Versicherungswertes (Abs. 1) gilt als Betrag des Schadens.

§ 141. (1) Als Versicherungswert des Schiffes gilt der Wert, den das Schiff beim Beginn der Versicherung hat. Dieser Wert gilt auch beim Eintritt des Versicherungsfalles als Versicherungswert.

1. VersVG
§§ 141 – 150

(2) Bei einer Beschädigung des Schiffes gelten, falls das Schiff ausbesserungsfähig ist, die nach den §§ 709 und 710 des Unternehmensgesetzbuches zu berechnenden Ausbesserungskosten als Betrag des Schadens. *(BGBl I 2005/120)*

§ 142. Bei der Versicherung von Gütern ist der Versicherer nicht berechtigt, das Versicherungsverhältnis wegen einer unabhängig vom Willen des Versicherungsnehmers eingetretenen Erhöhung der Gefahr oder wegen einer Veräußerung der versicherten Güter zu kündigen. Der Versicherungsnehmer ist nicht verpflichtet, dem Versicherer eine solche Erhöhung der Gefahr oder Veräußerung anzuzeigen.

§ 143. (1) Wird bei der Versicherung eines Schiffes das Versicherungsverhältnis, während das Schiff unterwegs ist, vom Versicherer wegen einer unabhängig vom Willen des Versicherungsnehmers eingetretenen Erhöhung der Gefahr oder wegen Veräußerung des Schiffes gekündigt, so wirkt die Kündigung nicht vor der Beendigung der Reise. Tritt während des bezeichneten Zeitraumes ein Versicherungsfall ein, so wird die Verpflichtung des Versicherers zur Leistung nicht dadurch berührt, daß die Anzeige der Erhöhung der Gefahr oder der Veräußerung unterblieben ist.

(2) War die Verpflichtung zur Anzeige schon vor dem Beginn der Reise verletzt worden, so sind die Vorschriften des Abs. 1 nicht anzuwenden, wenn die Erhöhung der Gefahr oder die Veräußerung dem Versicherer vor dem Beginn der Reise bekanntgeworden ist.

(3) Bei einer Veräußerung im Wege der Zwangsvollstreckung des versicherten Schiffes sind die Vorschriften über die Veräußerung entsprechend anzuwenden.

§ 144. (1) Aufwendungen, die der Versicherungsnehmer gemäß § 62 zur Abwendung oder Minderung des Schadens macht, fallen, soweit sie der Versicherungsnehmer für geboten halten durfte, dem Versicherer ohne Rücksicht darauf zur Last, ob sie zusammen mit der übrigen Entschädigung die Versicherungssumme übersteigen.

(2) Sind Aufwendungen zur Abwendung oder Minderung oder zur Ermittlung und Feststellung eines Schadens oder zur Wiederherstellung oder Ausbesserung der durch einen Versicherungsfall beschädigten Sache gemacht oder Beiträge zur großen Haverei geleistet worden oder ist eine persönliche Verpflichtung des Versicherungsnehmers zur Entrichtung solcher Beiträge entstanden, so haftet der Versicherer für den Schaden, der durch einen späteren Versicherungsfall verursacht wird, ohne Rücksicht auf die ihm zur Last fallenden früheren Aufwendungen und Beiträge.

§ 145. Der Versicherer ist nach dem Eintritt eines Versicherungsfalles berechtigt, sich durch Zahlung der Versicherungssumme von allen weiteren Verbindlichkeiten zu befreien. Der Versicherer bleibt jedoch zum Ersatz der Kosten verpflichtet, welche zur Abwendung oder Minderung des Schadens oder zur Wiederherstellung oder Ausbesserung der versicherten Sache verwendet worden sind, bevor seine Erklärung, daß er sich durch Zahlung der Versicherungssumme befreien wolle, dem Versicherungsnehmer zugegangen ist.

§ 146. Bei der Versicherung gegen die Gefahren der Binnenschiffahrt hat der Versicherungsnehmer jeden Unfall, der das Schiff oder die Ladung trifft, auch wenn dadurch ein Entschädigungsanspruch für ihn nicht begründet wird, dem Versicherer unverzüglich anzuzeigen, sofern der Unfall für die vom Versicherer zu tragende Gefahr erheblich ist.

§ 147. Ist die Versicherung für eine Reise genommen, die teils zur See, teils auf Binnengewässern oder zu Lande ausgeführt wird, so sind auf die Versicherung, auch soweit sie die Reise auf Binnengewässern oder zu Lande betrifft, die Vorschriften des Unternehmensgesetzbuches über die Seeversicherung entsprechend anzuwenden. Unberührt bleiben die Vorschriften des § 133 Abs. 2 Satz 2, des § 134 Abs. 2 und des § 135 über die Dispache des Schiffers, über den Beginn und das Ende der Versicherung sowie über die Haftung des Versicherers für die Beförderung zu und von der Eisenbahn. *(BGBl I 2005/120)*

§ 148. Die Vorschrift des § 67 Abs. 1 Satz 2 ist auf die Transportversicherung nicht anzuwenden.

Sechstes Kapitel

Haftpflichtversicherung

I. Allgemeine Vorschriften

§ 149. Bei der Haftpflichtversicherung ist der Versicherer verpflichtet, dem Versicherungsnehmer die Leistung zu ersetzen, die dieser auf Grund seiner Verantwortlichkeit für eine während der Versicherungszeit eintretende Tatsache an einen Dritten zu bewirken hat.

§ 150. (1) Die Versicherung umfaßt die gerichtlichen und außergerichtlichen Kosten, die durch die Verteidigung gegen den von einem Dritten geltend gemachten Anspruch entstehen, soweit die Aufwendung der Kosten den Umständen nach geboten ist. Dies gilt auch dann, wenn sich der Anspruch als unbegründet erweist. Die Versicherung umfaßt auch die Kosten der Verteidigung in einem Strafverfahren, das wegen einer Tat eingeleitet wurde, welche die Verantwortlichkeit des Versicherungsnehmers einem Dritten gegenüber zur Folge haben könnte, sofern diese Kosten auf Weisung des Versicherers aufgewendet wurden. Der Versicherer hat die Kosten auf Verlangen des Versicherungsnehmers vorzuschießen.

(2) Ist eine Versicherungssumme bestimmt, so hat der Versicherer Kosten, die in einem auf seine Veranlassung geführten Rechtsstreit entstehen, und Kosten der Verteidigung nach Abs. 1 Satz 3 auch insoweit zu ersetzen, als sie zusammen mit der übrigen Entschädigung die Versicherungssumme übersteigen. Das gleiche gilt von Zinsen, die der Versicherungsnehmer infolge einer vom Versicherer veranlaßten Verzögerung der Befriedigung des Dritten diesem zu entrichten hat.

(3) Ist dem Versicherungsnehmer vorbehalten, die Vollstreckung einer gerichtlichen Entscheidung durch Sicherheitsleistung oder Hinterlegung abzuwenden, so hat auf sein Verlangen der Versicherer die Sicherheitsleistung oder Hinterlegung zu bewirken. Diese Verpflichtung besteht nicht über den Betrag der Versicherungssumme hinaus; haftet der Versicherer nach Abs. 2 für einen höheren Betrag, so tritt zur Versicherungssumme der Mehrbetrag hinzu. Der Versicherer ist von der Verpflichtung frei, wenn er den Anspruch des Dritten dem Versicherungsnehmer gegenüber als begründet anerkennt.

§ 151. (1) Ist die Versicherung für die Haftpflicht aus einem geschäftlichen Betrieb des Versicherungsnehmers genommen, so erstreckt sie sich auf die Haftpflicht der Vertreter des Versicherungsnehmers sowie auf die Haftpflicht solcher Personen, welche er zur Leitung oder Beaufsichtigung des Betriebes oder eines Teiles des Betriebes angestellt hat. Die Versicherung gilt insoweit als für fremde Rechnung genommen.

(2) Wird im Falle des Abs. 1 das Unternehmen an einen Dritten veräußert oder auf Grund eines Fruchtnießungsrechtes, eines Pachtvertrages oder eines ähnlichen Verhältnisses von einem Dritten übernommen, so tritt an Stelle des Versicherungsnehmers der Dritte in die während der Dauer seiner Berechtigung sich aus dem Versicherungsverhältnis ergebenden Rechte und Pflichten ein. Die Vorschriften des § 69 Abs. 2 und 3 und der §§ 70 und 71 sind entsprechend anzuwenden.

§ 152. Der Versicherer haftet nicht, wenn der Versicherungsnehmer vorsätzlich den Eintritt der Tatsache, für die er dem Dritten verantwortlich ist, widerrechtlich herbeigeführt hat.

§ 153. (1) Der Versicherungsnehmer hat innerhalb einer Woche die Tatsachen anzuzeigen, die seine Verantwortlichkeit gegenüber einem Dritten zur Folge haben könnten. § 6 Abs. 3 und § 33 Abs. 2 gelten sinngemäß.

(2) Macht der Dritte seinen Anspruch dem Versicherungsnehmer gegenüber außergerichtlich geltend, so ist dieser zur Anzeige innerhalb einer Woche nach der Erhebung des Anspruches verpflichtet.

(3) Durch die Absendung der Anzeige werden die Fristen gewahrt.

(4) Wird gegen den Versicherungsnehmer ein Anspruch gerichtlich geltend gemacht oder wird ihm gerichtlich der Streit verkündigt, so hat er, wenngleich die Fristen noch laufen, die Anzeige unverzüglich zu erstatten. Das gleiche gilt, wenn gegen ihn wegen des den Anspruch begründenden Ereignisses ein Verfahren zur Feststellung oder Aufklärung dieses Ereignisses eingeleitet wird.

§ 154. (1) Der Versicherer hat die Entschädigung binnen zwei Wochen von dem Zeitpunkte an zu leisten, in welchem der Dritte vom Versicherungsnehmer befriedigt oder der Anspruch des Dritten durch rechtskräftiges Urteil, durch Anerkenntnis oder Vergleich festgestellt worden ist. Soweit gemäß § 150 Kosten zu ersetzen sind, ist die Entschädigung binnen zwei Wochen von der Mitteilung der Berechnung an zu leisten.

(2) Eine Vereinbarung, nach der der Versicherer von der Verpflichtung zur Leistung frei sein soll, wenn ohne seine Einwilligung der Versicherungsnehmer den Dritten befriedigt, ist unwirksam. Eine Vereinbarung, nach der eine derartige Leistungsfreiheit für den Fall vorgesehen ist, daß der Versicherungsnehmer den Anspruch des Dritten anerkennt, ist unwirksam, falls nach den Umständen der Versicherungsnehmer die Anerkennung nicht ohne offenbare Unbilligkeit verweigern konnte. *(BGBl 1994/509)*

§ 155. (1) Ist der Versicherungsnehmer dem Dritten zur Gewährung einer Rente verpflichtet, so kann er, wenn die Versicherungssumme den Kapitalwert der Rente nicht erreicht, nur einen verhältnismäßigen Teil der Rente verlangen.

(2) Hat der Versicherungsnehmer für die von ihm geschuldete Rente dem Dritten kraft Gesetzes Sicherheit zu leisten, so erstreckt sich die Verpflichtung des Versicherers auf die Leistung der Sicherheit.

§ 156. (1) Verfügungen über die Entschädigungsforderung aus dem Versicherungsverhältnis sind dem Dritten gegenüber unwirksam. Der rechtsgeschäftlichen Verfügung steht eine Verfü-

1. VersVG
§§ 156 – 158e

gung gleich, die im Wege der Zwangsvollstreckung oder der einstweiligen Verfügung erfolgt.

(2) Ist die vom Versicherungsnehmer an den Dritten zu bewirkende Leistung durch Vergleich, Anerkenntnis oder Urteil festgestellt, so ist der Versicherer nach vorheriger Benachrichtigung des Versicherungsnehmers berechtigt und auf Verlangen des Versicherungsnehmers verpflichtet, die Zahlung an den Dritten zu bewirken.

(3) Sind mehrere Dritte vorhanden und übersteigen ihre Forderungen aus der die Verantwortlichkeit des Versicherungsnehmers begründenden Tatsache die Versicherungssumme, so hat der Versicherer nach Maßgabe des Abs. 2 die Forderungen nach dem Verhältnis ihrer Beträge zu berichtigen. Ist hiebei die Versicherungssumme erschöpft, so kann sich ein Dritter, der bei der Verteilung nicht berücksichtigt worden ist, nachträglich auf die Vorschrift des Abs. 1 nicht berufen, wenn der Versicherer mit der Geltendmachung dieser Ansprüche entschuldbarer Weise nicht gerechnet hat.

§ 157. Ist über das Vermögen des Versicherungsnehmers „ein Insolvenzverfahren" eröffnet, so kann der Dritte wegen des ihm gegen den Versicherungsnehmer zustehenden Anspruches abgesonderte Befriedigung aus der Entschädigungsforderung des Versicherungsnehmers verlangen. *(BGBl I 2010/58, vgl die Übergangsbestimmungen in § 191c Abs 10)*

§ 158. (1) Hat nach dem Eintritt eines Versicherungsfalles der Versicherer seine Verpflichtung zur Leistung der Entschädigung dem Versicherungsnehmer gegenüber anerkannt oder die Leistung der fälligen Entschädigung verweigert, so ist jeder Teil berechtigt, das Versicherungsverhältnis zu kündigen. Das gleiche gilt, wenn der Versicherer dem Versicherungsnehmer die Weisung erteilt, es über den Anspruch des Dritten zum Rechtsstreit kommen zu lassen.

(2) Die Kündigung ist nur innerhalb eines Monates seit der Anerkennung der Entschädigungspflicht oder der Verweigerung der Entschädigung oder seit Eintritt der Rechtskraft des im Rechtsstreit mit dem Dritten ergangenen Urteiles zulässig. Der Versicherer hat eine Kündigungsfrist von einem Monat einzuhalten. Der Versicherungsnehmer kann nicht für einen späteren Zeitpunkt als den Schluß der laufenden Versicherungsperiode kündigen.

(3) *(aufgehoben, BGBl 1994/509)*

§ 158a. „(1)" Auf Vereinbarungen, die von den Vorschriften des § 153, des § 154 „ " und des § 156 Abs. 2 zum Nachteil des Versicherungsnehmers abweichen, kann sich der Versicherer nicht berufen. *(BGBl 1994/509)*

(2) Von § 158 darf durch Vereinbarung nur in der Weise abgewichen werden, daß das Kündigungsrecht für beide Teile gleich ist. *(BGBl 1994/509)*

II. Besondere Vorschriften für die Pflichtversicherung

§ 158b. Für eine Haftpflichtversicherung, zu deren Abschluß eine gesetzliche Verpflichtung besteht (Pflichtversicherung), gelten die besonderen Vorschriften der §§ 158c bis „§ 158i." *(BGBl 1993/90)*

§ 158c. (1) Ist der Versicherer von der Verpflichtung zur Leistung dem Versicherungsnehmer gegenüber ganz oder teilweise frei, so bleibt gleichwohl seine Verpflichtung in Ansehung des Dritten bestehen.

(2) Ein Umstand, der das Nichtbestehen oder die Beendigung des Versicherungsverhältnisses zur Folge hat, wirkt in Ansehung des Dritten erst mit dem Ablauf eines Monates, nachdem der Versicherer diesen Umstand der hiefür zuständigen Stelle angezeigt hat. Das gleiche gilt, wenn das Versicherungsverhältnis durch Zeitablauf endet. Der Lauf der Frist beginnt nicht vor der Beendigung des Versicherungsverhältnisses.

(3) Der Versicherer haftet nur im Rahmen der amtlich festgesetzten Mindestversicherungssummen und der von ihm übernommenen Gefahr.

(4) Der Versicherer haftet nicht, insoweit ein anderer Haftpflichtversicherer dem Versicherungsnehmer haftet.

(5) Ein Recht des Dritten, den Versicherer unmittelbar in Anspruch zu nehmen, wird durch diese Vorschriften nicht begründet.

§ 158d. (1) Macht der Dritte seinen Anspruch gegen den Versicherungsnehmer außergerichtlich geltend, so hat er dies dem Versicherer innerhalb von zwei Wochen „in geschriebener Form" anzuzeigen. *(BGBl I 2012/34)*

(2) Macht der Dritte den Anspruch gegen den Versicherungsnehmer gerichtlich geltend, so hat er dies dem Versicherer unverzüglich „in geschriebener Form" anzuzeigen. *(BGBl I 2012/34)*

(3) Der Versicherer kann vom Dritten Auskunft verlangen, soweit sie zur Feststellung des Schadensereignisses und der Höhe des Schadens erforderlich ist. Zur Vorlegung von Belegen ist der Dritte nur insoweit verpflichtet, als ihm die Beschaffung billigerweise zugemutet werden kann.

§ 158e. (1) Verletzt der Dritte die Verpflichtungen nach § 158d Abs. 2 und 3, so beschränkt sich die Haftung des Versicherers nach § 158c auf den Betrag, den er auch bei gehöriger Erfüllung der

Verpflichtungen zu leisten gehabt hätte. Liegt eine Verletzung der Verpflichtung nach § 158d Abs. 3 vor, so tritt diese Rechtsfolge nur ein, wenn der Dritte vorher ausdrücklich und „in geschriebener Form" auf die Folgen der Verletzung hingewiesen worden ist. *(BGBl I 2012/34)*

(2) Die Vorschrift des Abs. 1 Satz 1 gilt sinngemäß, wenn der Versicherungsnehmer mit dem Dritten ohne Einwilligung des Versicherers einen Vergleich abschließt oder dessen Anspruch anerkennt; § 154 Abs. 2 ist entsprechend anzuwenden.

§ 158f. Soweit der Versicherer den Dritten nach § 158c befriedigt, geht die Forderung des Dritten gegen den Versicherungsnehmer auf ihn über. Der Übergang kann nicht zum Nachteil des Dritten geltend gemacht werden.

§ 158g. § 35b ist in Ansehung des Dritten nicht anzuwenden.

§ 158h. Die Vorschriften über die Veräußerung der versicherten Sache gelten sinngemäß.
(BGBl 1993/90)

§ 158i. Der Versicherer hat dem Versicherungsnehmer auf Verlangen unter Angabe der Versicherungssumme zu bescheinigen, daß eine der zu bezeichnenden Rechtsvorschrift entsprechende Haftpflichtversicherung besteht.
(BGBl 1993/90)

Siebentes Kapitel
Rechtsschutzversicherung

§ 158j. (1) Bei der Rechtsschutzversicherung sorgt der Versicherer für die Wahrnehmung der rechtlichen Interessen des Versicherungsnehmers in den im Vertrag umschriebenen Bereichen und trägt die dem Versicherungsnehmer dabei entstehenden Kosten. Wenn sich aus dem Vertrag nichts anderes ergibt, umfaßt die Versicherung sowohl die Wahrnehmung der Interessen in einem gerichtlichen oder sonstigen behördlichen Verfahren als auch außerhalb eines solchen. *(BGBl 1994/509)*

„(2)" Werden Gefahren aus dem Bereich der Rechtsschutzversicherung neben anderen Gefahren versichert, so müssen im Versicherungsschein der Umfang der Deckung in der Rechtsschutzversicherung und die hiefür zu entrichtende Prämie gesondert ausgewiesen werden. Beauftragt der Versicherer mit der Schadenregulierung ein anderes Unternehmen (§ 12 Abs. 1 Z 2 des Versicherungsaufsichtsgesetzes), so ist dieses im Versicherungsschein zu bezeichnen. *(BGBl 1994/509)*

Fassung ab 1. 1. 2016 (BGBl I 2015/34):
„(2)"* Werden Gefahren aus dem Bereich der Rechtsschutzversicherung neben anderen Gefahren versichert, so müssen im Versicherungsschein der Umfang der Deckung in der Rechtsschutzversicherung und die hiefür zu entrichtende Prämie gesondert ausgewiesen werden. Beauftragt der Versicherer mit der Schadenregulierung ein anderes Unternehmen („§ 99 Abs. 1 Z 2 VAG 2016"**), so ist dieses im Versicherungsschein zu bezeichnen. (**BGBl 1994/509;* ***BGBl I 2015/34, ab 1. 1. 2016)*

(BGBl 1993/90)

§ 158k. (1) Der Versicherungsnehmer ist berechtigt, zu seiner Vertretung in einem Gerichts- oder Verwaltungsverfahren eine zur berufsmäßigen Parteienvertretung befugte Person frei zu wählen. Darüber hinaus kann der Versicherungsnehmer zur sonstigen Wahrnehmung seiner rechtlichen Interessen einen Rechtsanwalt frei wählen, wenn beim Versicherer eine Interessenkollision entstanden ist.

(2) Im Versicherungsvertrag kann vereinbart werden, daß der Versicherungsnehmer zu seiner Vertretung in einem Gerichts- oder Verwaltungsverfahren nur solche zur berufsmäßigen Parteienvertretung befugte Personen wählen darf, die ihren Kanzleisitz am Ort der Gerichts- oder Verwaltungsbehörde haben, die für das durchzuführende Verfahren in erster Instanz zuständig ist. Für den Fall, daß an diesem Ort nicht mindestens vier solcher Personen ihren Kanzleisitz haben, muß sich das Wahlrecht auf Personen im Sprengel desjenigen Gerichtshofs erster Instanz erstrecken, in dem sich die genannte Behörde befindet.

(3) Auf das dem Versicherungsnehmer nach Abs. 1 erster Satz zustehende Recht ist hinzuweisen, wenn der Versicherungsnehmer die Beistellung eines Rechtsvertreters für ein Gerichts- oder Verwaltungsverfahren verlangt; auf das nach Abs. 1 zweiter Satz zustehende Recht ist bei Eintritt einer Interessenkollision hinzuweisen. Hat der Versicherer mit der Schadenregulierung ein anderes Unternehmen betraut (§ 158j zweiter Satz), so treffen die Hinweispflichten dieses Unternehmen.
(BGBl 1993/90)

§ 158l. (1) Für den Fall von Meinungsverschiedenheiten zwischen dem Versicherer und dem Versicherungsnehmer über das Vorgehen zur Beilegung des Streitfalls, für die Deckung begehrt wird, besonders über die Erfolgsaussichten der Rechtsverfolgung oder Rechtsverteidigung, hat der Versicherungsvertrag vorzusehen, daß der Versicherungsnehmer ein Schiedsgutachterverfahren (§ 64) in Anspruch nehmen kann „ ". *(BGBl 1994/509)*

(2) Der Versicherer beziehungsweise das andere Unternehmen (§ 158j zweiter Satz) hat den Versicherungsnehmer bei „gänzlicher oder teilweiser"* Ablehnung der Leistungspflicht „in geschriebener Form"** auf die Möglichkeit hinzuweisen, ein Verfahren nach Abs. 1 in Anspruch zu nehmen. Sieht der Versicherungsvertrag kein solches Verfahren vor oder wird der Hinweis unterlassen, so gilt das Rechtsschutzbedürfnis des Versicherungsnehmers im Einzelfall als anerkannt. (*BGBl 1994/509; **BGBl I 2012/34)

(3) Nimmt der Versicherungsnehmer das Verfahren nach Abs. 1 binnen der im Versicherungsvertrag vorgesehenen Frist in Anspruch, so wird die Frist des § 12 Abs. 3 bis zum Abschluß dieses Verfahrens, längstens jedoch für einen Zeitraum von zwei Monaten, gehemmt.

(BGBl 1993/90)

§ 158m. (1) Der Versicherer ist verpflichtet, den Versicherungsnehmer binnen zweier Wochen ab Geltendmachung des Deckungsanspruchs über seine Pflichten und Obliegenheiten aus der Rechtsschutzversicherung zu informieren. Wird der Deckungsanspruch namens des Versicherungsnehmers durch einen Vertreter geltend gemacht, der nicht Rechtsanwalt ist, und ist der Versicherungsnehmer nach dem Vertrag nicht berechtigt, den Vertreter selbst zu beauftragen, so ist diese Information auch diesem zu übermitteln.

(2) Kann der Versicherer die Erfüllung der im Abs. 1 genannten Verpflichtungen nicht beweisen, so kann er dem Versicherungsnehmer gegenüber aus der späteren fahrlässigen Verletzung einer vereinbarten Obliegenheit keine Rechte ableiten.

(BGBl 1994/509)

§ 158n. (1) Der Versicherer hat binnen zweier Wochen ab Geltendmachung des Deckungsanspruchs dem Versicherungsnehmer „in geschriebener Form" den Versicherungsschutz grundsätzlich zu bestätigen oder abzulehnen; die Ablehnung ist zumindest mit der Anführung einer ihr derzeit zugrunde gelegten Tatsache und gesetzlichen oder vertraglichen Bestimmung zu begründen. Der Versicherer ist berechtigt, binnen dieser Frist deren Verlängerung um höchstens zwei weitere Wochen zu verlangen. *(BGBl I 2012/34)*

(2) Hat der Versicherungsnehmer dem Versicherer nicht sämtliche zur Prüfung des Deckungsanspruchs erforderlichen Unterlagen übermittelt, so kann der Versicherer ihn binnen der im Abs. 1 genannten Frist auffordern, die Unterlagen nachzureichen. In diesem Fall beginnt die Frist des Abs. 1 erster Satz neu zu laufen; die Möglichkeit einer Fristverlängerung gemäß Abs. 1 zweiter Satz entfällt.

(3) Kann der Versicherer die rechtzeitige Erfüllung der in Abs. 1 genannten Verpflichtungen nicht beweisen, so ist er jedenfalls zur Deckung all jener Kosten verpflichtet, die zwischen dem Zeitpunkt, in dem er zum Deckungsanspruch hätte Stellung nehmen müssen, und der verspäteten, im übrigen jedoch dem Abs. 1 entsprechenden Ablehnung des Deckungsanspruchs aufgelaufen sind. Dies gilt jedoch nicht für die Deckung solcher Kosten, die nach der vertraglichen Risikoumschreibung nicht vom Versicherungsschutz umfaßt sind.

(BGBl 1994/509)

§ 158o. Ist die Versicherung für die Wahrnehmung der rechtlichen Interessen aus einem geschäftlichen Betrieb des Versicherungsnehmers genommen und wird das Unternehmen an einen Dritten veräußert oder auf Grund eines Fruchtnießungsrechts, eines Pachtvertrags oder eines ähnlichen Verhältnisses von einem Dritten übernommen, so tritt an Stelle des Versicherungsnehmers der Dritte in die während der Dauer seiner Berechtigung sich aus dem Versicherungsverhältnis ergebenden Rechte und Pflichten ein. § 69 Abs. 2 und 3 und die §§ 70 und 71 sind entsprechend anzuwenden.

(BGBl 1994/509)

§ 158p. Auf eine Vereinbarung, durch die von den §§ 158j „Abs. 2" bis „158o" zum Nachteil des Versicherungsnehmers abgewichen wird, kann sich der Versicherer nicht berufen. *(BGBl 1994/509)*

(BGBl 1993/90)

Dritter Abschnitt
Lebensversicherung

§ 159. (1) Die Lebensversicherung kann auf die Person des Versicherungsnehmers oder eines anderen genommen werden.

(2) Wird die Versicherung für den Fall des Todes eines anderen genommen und übersteigt die vereinbarte Leistung den Betrag der gewöhnlichen Beerdigungskosten, so ist zur Gültigkeit des Vertrages die schriftliche Einwilligung des anderen erforderlich. Ist der andere geschäftsunfähig oder in der Geschäftsfähigkeit beschränkt und steht die Vertretung in den seine Person betreffenden Angelegenheiten dem Versicherungsnehmer zu, so kann dieser den anderen bei der Erteilung der Einwilligung nicht vertreten.

(3) Nimmt der Vater oder die Mutter die Versicherung auf die Person eines minderjährigen Kindes, so bedarf es der Einwilligung des Kindes nur, wenn nach dem Vertrag der Versicherer auch bei Eintritt des Todes vor der Vollendung des siebenten Lebensjahres zur Leistung verpflichtet sein soll und die für diesen Fall vereinbarte Leis-

tung den Betrag der gewöhnlichen Beerdigungskosten übersteigt.

(4) Soweit die Aufsichtsbehörde einen bestimmten Höchstbetrag für die gewöhnlichen Beerdigungskosten festgesetzt hat, ist dieser maßgebend.

§ 160. Die Vereinbarung, daß derjenige, auf dessen Person eine Versicherung genommen werden soll, sich zuvor einer ärztlichen Untersuchung zu unterwerfen hat, begründet kein Recht des Versicherers, die Vornahme der Untersuchung zu verlangen.

§ 161. Soweit nach den Vorschriften dieses Bundesgesetzes die Kenntnis und das Verhalten des Versicherungsnehmers von rechtlicher Bedeutung sind, kommen bei der Versicherung auf die Person eines anderen als des Versicherungsnehmers auch die Kenntnis und das Verhalten des anderen in Betracht.

§ 162. Ist das Alter desjenigen, auf dessen Person die Versicherung genommen wurde, unrichtig angegeben worden und infolge der unrichtigen Angabe die Prämie zu niedrig bestimmt, so mindert sich die Leistung des Versicherers nach dem Verhältnis, in welchem die dem wirklichen Alter entsprechende Prämie zu der vereinbarten Prämie steht. Das Recht, wegen Verletzung der Anzeigepflicht vom Vertrag zurückzutreten, steht dem Versicherer nur zu, wenn das wirkliche Alter außerhalb der im Geschäftsplan für den Abschluß von Verträgen festgesetzten Grenzen liegt.

§ 163. Wegen einer Verletzung der dem Versicherungsnehmer beim Abschluß des Vertrages obliegenden Anzeigepflicht kann der Versicherer vom Vertrag nicht mehr zurücktreten, wenn seit dem Abschluß „drei Jahre" verstrichen sind. Das Rücktrittsrecht bleibt bestehen, wenn die Anzeigepflicht arglistig verletzt worden ist. *(BGBl 1994/509)*

§ 164. (1) Als Erhöhung der Gefahr gilt nur eine solche Änderung der Gefahrumstände, welche nach ausdrücklicher Vereinbarung als Erhöhung der Gefahr angesehen werden soll; die Erklärung des Versicherungsnehmers bedarf der „geschriebenen Form". *(BGBl I 2012/34)*

(2) Eine Erhöhung der Gefahr kann der Versicherer nicht mehr geltend machen, wenn seit der Erhöhung „drei Jahre" verstrichen sind. Der Versicherer bleibt jedoch zur Geltendmachung befugt, wenn die Pflicht, seine Einwilligung einzuholen oder ihm Anzeige zu machen, arglistig verletzt worden ist. *(BGBl 1994/509)*

§ 164a. § 41a gilt nicht für die Lebensversicherung.

§ 165. (1) Sind laufende Prämien zu entrichten, so kann der Versicherungsnehmer das Versicherungsverhältnis jederzeit für den Schluß der laufenden Versicherungsperiode kündigen.

(2) Ist eine Kapitalversicherung für den Todesfall in der Art genommen, daß mit dem Eintritt der Verpflichtung des Versicherers zur Zahlung des vereinbarten Kapitals gewiß ist, so steht das Kündigungsrecht dem Versicherungsnehmer auch dann zu, wenn die Prämie in einer einmaligen Zahlung besteht.

§ 165a. (1) Der Versicherungsnehmer ist berechtigt, „binnen 30 Tagen"* „nach seiner Verständigung vom Zustandekommen des Vertrags"** von diesem zurückzutreten. Hat der Versicherer vorläufige Deckung gewährt, so gebührt ihm hiefür die ihrer Dauer entsprechende Prämie. *(* BGBl I 2004/62; ** BGBl I 2006/95)*

(2) Hat der Versicherer der Verpflichtung zur Bekanntgabe seiner Anschrift (§ 9a Abs. 1 Z 1 VAG) nicht entsprochen, so beginnt die Frist zum Rücktritt nach Abs. 1 nicht zu laufen, bevor dem Versicherungsnehmer diese Anschrift bekannt wird.

Fassung ab 1. 1. 2016 (BGBl I 2015/34):
(2) Hat der Versicherer der Verpflichtung zur Bekanntgabe seiner Anschrift („§ 252 Abs. 1 Z 1 VAG 2016") nicht entsprochen, so beginnt die Frist zum Rücktritt nach Abs. 1 nicht zu laufen, bevor dem Versicherungsnehmer diese Anschrift bekannt wird. (BGBl I 2015/34, ab 1. 1. 2016)

(2a) Ist der Versicherungsnehmer Verbraucher (§ 1 Abs. 1 Z 2 KSchG), so beginnt die Frist zum Rücktritt nach Abs. 1 und 2 erst dann zu laufen, wenn er auch über dieses Rücktrittsrecht belehrt worden ist. *(BGBl I 2012/34)*

(3) Die vorstehenden Absätze gelten nicht für Gruppenversicherungsverträge und für Verträge mit einer Laufzeit von höchstens sechs Monaten.

(BGBl I 1997/6)

§ 166. (1) Bei einer Kapitalversicherung ist im Zweifel anzunehmen, daß dem Versicherungsnehmer die Befugnis vorbehalten ist, ohne Zustimmung des Versicherers einen Dritten als Bezugsberechtigten zu bezeichnen oder an Stelle des so bezeichneten Dritten einen anderen zu setzen. Die Befugnis des Versicherungsnehmers, an die Stelle des bezugsberechtigten Dritten einen anderen zu setzen, gilt im Zweifel auch dann als vorbehalten, wenn die Bezeichnung des Dritten im Vertrag erfolgt ist.

1. VersVG
§§ 166 – 175

(2) Ein als bezugsberechtigt bezeichneter Dritter erwirbt, wenn der Versicherungsnehmer nichts Abweichendes bestimmt, das Recht auf die Leistung des Versicherers erst mit dem Eintritt des Versicherungsfalles.

§ 167. (1) Sind bei einer Kapitalversicherung mehrere Personen ohne Bestimmung ihrer Anteile als Bezugsberechtigte bezeichnet, so sind sie zu gleichen Teilen bezugsberechtigt; der von einem Bezugsberechtigten nicht erworbene Anteil wächst den übrigen Bezugsberechtigten zu.

(2) Soll bei einer Kapitalversicherung die Leistung des Versicherers nach dem Tod des Versicherungsnehmers erfolgen und ist die Zahlung an die Erben ohne nähere Bestimmung ausbedungen, so sind im Zweifel diejenigen, welche zur Zeit des Todes als Erben berufen sind, nach dem Verhältnis ihrer Erbteile bezugsberechtigt. Eine Ausschlagung der Erbschaft hat auf die Berechtigung keinen Einfluß.

(3) Ist der Staat als Erbe berufen oder fällt die Verlassenschaft als ein erbloses Gut dem Staate anheim (§ 760 ABGB.), so steht ihm ein Bezugsrecht im Sinne des Abs. 2 Satz 1 nicht zu.

§ 168. Wird bei einer Kapitalversicherung das Recht auf die Leistung des Versicherers von dem bezugsberechtigten Dritten nicht erworben, so steht es dem Versicherungsnehmer zu.

§ 169. Bei einer Versicherung für den Todesfall ist der Versicherer von der Verpflichtung zur Leistung frei, wenn derjenige, auf dessen Person die Versicherung genommen ist, Selbstmord begangen hat. Die Verpflichtung des Versicherers bleibt bestehen, wenn die Tat in einem die freie Willensbestimmung ausschließenden Zustand krankhafter Störung der Geistestätigkeit begangen worden ist.

§ 170. (1) Ist die Versicherung für den Fall des Todes eines anderen als des Versicherungsnehmers genommen, so ist der Versicherer von der Verpflichtung zur Leistung frei, wenn der Versicherungsnehmer vorsätzlich durch eine widerrechtliche Handlung den Tod des anderen herbeiführt.

(2) Ist bei einer Versicherung für den Todesfall ein Dritter als Bezugsberechtigter bezeichnet, so gilt die Bezeichnung als nicht erfolgt, wenn der Dritte vorsätzlich durch eine widerrechtliche Handlung den Tod desjenigen, auf dessen Person die Versicherung genommen ist, herbeiführt.

§ 171. (1) Eine Anzeige vom Eintritt des Versicherungsfalles ist dem Versicherer nicht zu machen, wenn der Tod als Versicherungsfall bestimmt ist. Der Anzeigepflicht wird genügt, wenn die Anzeige binnen drei Tagen nach dem Eintritt des Versicherungsfalles erfolgt; durch die Absendung der Anzeige wird die Frist gewahrt.

(2) Steht das Recht auf die Leistung einem anderen als dem Versicherungsnehmer zu, so obliegt die Anzeigepflicht dem anderen; das gleiche gilt von der Pflicht zur Auskunft und zur Beschaffung von Belegen.

§ 172. Bietet eine Lebensversicherung Versicherungsschutz für ein Risiko, bei dem ungewiß ist, ob und wann der Versicherungsfall eintreten wird, so darf sich der Versicherer für den Fall einer nicht nur vorübergehenden nicht vorhersehbaren Veränderung des Leistungsbedarfs gegenüber den technischen Berechnungsgrundlagen und der daraus errechneten Prämie eine Erhöhung der Prämie in sinngemäßer Anwendung des § 178f ausbedingen.

(BGBl 1994/509)

§ 173. (1) Der Versicherungsnehmer kann jederzeit für den Schluß der laufenden Versicherungsperiode die Umwandlung der Versicherung in eine prämienfreie Versicherung verlangen.

(2) Wird die Umwandlung verlangt, so tritt mit dem bezeichneten Zeitpunkt an die Stelle des vereinbarten Kapital- oder Rentenbetrags derjenige Betrag, der sich nach den anerkannten Regeln der Versicherungsmathematik auf Grund der Rechnungsgrundlagen der Prämienkalkulation ergibt. Die prämienfreie Versicherungsleistung ist für den Schluß der laufenden Versicherungsperiode unter Berücksichtigung von Prämienrückständen zu berechnen.

(3) Der Versicherer ist zu einem Abzug nur berechtigt, wenn dieser vereinbart und angemessen ist.

(BGBl 1994/509)

§ 174. Im Vertrag kann vorgesehen werden, daß statt der begehrten Umwandlung der Rückkaufswert „(§ 176 Abs. 2a bis 6)" zu erstatten ist, wenn die sich nach der Umwandlung ergebende Versicherungssumme oder Rente einen vereinbarten Betrag unterschreiten würde. Der Betrag ist unter Bedachtnahme auf das Verhältnis zwischen dem Betrag der Versicherungsleistung und den Kosten festzusetzen, die dem Versicherer mit der Weiterführung der Versicherung entstehen würden. *(BGBl I 2006/95)*

(BGBl 1994/509)

§ 175. (1) Kündigt der Versicherer das Versicherungsverhältnis nach § 39, so wandelt sich mit der Kündigung die Versicherung in eine prämienfreie Versicherung um. „§ 173 und gegebenenfalls § 174 sind anzuwenden." *(BGBl 1994/509)*

(2) Im Falle des § 39 Abs. 2 ist der Versicherer zu der Leistung verpflichtet, die ihm obliegen würde, wenn sich mit dem Eintritt des Versicherungsfalles die Versicherung in eine prämienfreie Versicherung umgewandelt hätte.

(3) Die im § 39 vorgesehene Bestimmung einer Zahlungsfrist muß einen Hinweis auf die eintretende Umwandlung der Versicherung enthalten.

§ 176. (1) Wird eine Kapitalversicherung für den Todesfall, die in der Art genommen ist, daß der Eintritt der Verpflichtung des Versicherers zur Zahlung des vereinbarten Kapitals gewiß ist, durch Rücktritt, Kündigung oder Anfechtung aufgehoben, so hat der Versicherer den auf die Versicherung entfallenden Rückkaufswert zu erstatten.

(2) Das gleiche gilt bei einer Versicherung der in Abs. 1 bezeichneten Art auch dann, wenn nach dem Eintritt des Versicherungsfalls der Versicherer von der Verpflichtung zur Zahlung des vereinbarten Kapitals frei ist. Im Fall des § 170 Abs. 1 ist jedoch der Versicherer zur Erstattung des Rückkaufswerts nicht verpflichtet.

(2a) Bei der Berechnung des Rückkaufswertes eines Vertrages, der von einem Versicherungsvermittler (§ 137 Abs. 1 GewO 1994) vermittelt wurde, der zum Zeitpunkt des Versicherungsvertrages nicht in das Register eingetragen war, darf die Provision nicht berücksichtigt werden. *(BGBl I 2004/131)*

„(2b)" Bei der Berechnung der prämienfreien Versicherungsleistung für einen Vertrag, der von einem Versicherungsvermittler (§ 137 Abs. GewO 1994) vermittelt wurde, der zum Zeitpunkt des Versicherungsvertrages nicht in das Register eingetragen war, darf die Provision nicht berücksichtigt werden. *(BGBl I 2004/131; BGBl I 2006/95)*

(3) Der Rückkaufswert ist nach den anerkannten Regeln der Versicherungsmathematik auf Grund der Rechnungsgrundlagen der Prämienkalkulation für den Schluß der laufenden Versicherungsperiode als Zeitwert der Versicherung zu berechnen. Prämienrückstände werden vom Rückkaufswert abgesetzt.

(4) Der Versicherer ist zu einem Abzug nur berechtigt, wenn dieser vereinbart und angemessen ist.

(5) Wird eine kapitalbildende Lebensversicherung vor dem Ablauf von fünf Jahren oder einer vereinbarten kürzeren Laufzeit beendet, so dürfen bei der Berechnung des Rückkaufswerts die rechnungsmäßig einmaligen Abschlusskosten höchstens mit jenem Anteil berücksichtigt werden, der dem Verhältnis zwischen der tatsächlichen Laufzeit und dem Zeitraum von fünf Jahren oder der vereinbarten kürzeren Laufzeit entspricht. Ebenso sind diese Kosten bei der Umwandlung in eine prämienfreie Versicherung für die Berechnung der Grundlage der prämienfreien Versicherungsleistung höchstens nach dem Verhältnis zwischen der tatsächlichen Prämienzahlungsdauer und dem Zeitraum von fünf Jahren oder einer vereinbarten kürzeren Prämienzahlungsdauer zu berücksichtigen. *(BGBl I 2006/95)*

(6) Der Vermittler hat in den Fällen des Abs. 5 Anspruch auf jenen Teil der Provision samt Nebengebühren, der dem Verhältnis zwischen der tatsächlichen Laufzeit (Prämienzahlungsdauer) und dem Zeitraum von fünf Jahren oder der vereinbarten kürzeren Laufzeit (Prämienzahlungsdauer) entspricht. Eine Vereinbarung, wonach dem Vermittler ein höherer Provisionsanspruch zusteht, ist unwirksam. Der Vermittler hat dem Versicherer eine Provision insoweit zurückzuzahlen, als sie das Ausmaß des anteiligen Provisionsanspruchs übersteigt. „Die voranstehenden Bestimmungen sind auf Vereinbarungen, nach denen der Versicherungsnehmer die Provision unmittelbar dem Vermittler zu leisten hat, sinngemäß anzuwenden." *(BGBl I 2006/95; BGBl I 2012/34)*

(BGBl 1994/509)

§ 177. (1) Wird auf den Versicherungsanspruch Zwangsvollstreckung geführt oder wird über das Vermögen des Versicherungsnehmers ein Insolvenzverfahren eröffnet, so kann der namentlich bezeichnete Bezugsberechtigte mit Zustimmung des Versicherungsnehmers an dessen Stelle in den Versicherungsvertrag eintreten. Tritt der Bezugsberechtigte ein, so hat er die Forderungen der betreibenden Gläubiger oder der Insolvenzmasse bis zur Höhe des Betrages zu befriedigen, dessen Zahlung der Versicherungsnehmer im Falle der Kündigung des Versicherungsvertrages vom Versicherer verlangen kann. *(BGBl I 2010/58, vgl. die Übergangsbestimmungen in § 191c Abs 10)*

(2) Ist ein Bezugsberechtigter nicht oder nicht namentlich bezeichnet, so steht das gleiche Recht dem Ehegatten[1] und den Kindern des Versicherungsnehmers zu.

(3) Der Eintritt erfolgt durch Anzeige an den Versicherer. Die Anzeige kann nur innerhalb eines Monates erfolgen, nachdem der Eintrittsberechtigte von der Pfändung Kenntnis erlangt hat oder „das Insolvenzverfahren" eröffnet worden ist. *(BGBl I 2010/58, vgl. die Übergangsbestimmungen in § 191c Abs 10)*

---
[1] *Nach § 43 Abs 1 Z 23 EPG auf eingetragene Partner sinngemäß anzuwenden.*

§ 177a. Gepfändete Ansprüche aus einem Lebensversicherungsvertrag werden durch Überweisung zur Einziehung verwertet. Diese ermächtigt den betreibenden Gläubiger insbesondere, namens des Verpflichteten das Versicherungsverhältnis zu kündigen.

§ 178. (1) Auf eine Vereinbarung, die von den Vorschriften der §§ 162 bis 164, der §§ 165 „, 165a"* und 169 oder des § 171 Abs. 1 Satz 2 zum Nachteil des Versicherungsnehmers abweicht, kann sich der Versicherer nicht berufen. Jedoch kann für die Kündigung, zu der nach § 165 der Versicherungsnehmer berechtigt ist, „geschriebene Form"** ausbedungen werden „ ; die Schriftform nur unter den Voraussetzungen des § 5a Abs. 2 bei elektronischer Kommunikation bzw. des § 15a Abs. 2 außerhalb der elektronischen Kommunikation"**. *(*BGBl 1993/90; **BGBl I 2012/34)*

(2) Auf eine Vereinbarung, die von den Vorschriften der §§ 172 bis 177 zum Nachteil des Versicherungsnehmers oder des Eintrittsberechtigten abweicht, kann sich der Versicherer nicht berufen. „ " *(BGBl 1994/509)*

Vierter Abschnitt
Krankenversicherung

§ 178a. (1) Die Krankenversicherung kann auf die Person des Versicherungsnehmers oder eines anderen genommen werden.

(2) Ist die Versicherung auf die Person eines anderen genommen, so hat dieser als Versicherter an den Versicherer einen unmittelbaren Anspruch auf diejenigen Leistungen, die bei einem Versicherungsfall in seiner Person zu erbringen sind. Dieser unmittelbare Anspruch kann nur bei einer Krankenhaustagegeldversicherung und einer Krankengeldversicherung sowie nur dann ausgeschlossen werden, wenn durch die Versicherungsleistung Nachteile gedeckt werden sollen, die dem Versicherungsnehmer selbst durch den Versicherungsfall entstehen. Im übrigen sind die §§ 74, 75 Abs. 1, 78 und 79 entsprechend anzuwenden.

(3) Soweit der Versicherungsschutz nach den Grundsätzen der Schadensversicherung gewährt wird, sind – neben dem Ersten Abschnitt – die §§ 49 bis 60 und §§ 62 bis 68a entsprechend anzuwenden. Die Bestimmungen über die Gefahrerhöhung (§§ 23 bis 30) sind auf die Krankenversicherung nicht anzuwenden.

(BGBl 1994/509)

§ 178b. (1) Bei Krankheitskostenversicherung ist der Versicherer verpflichtet, die Aufwendungen für medizinisch notwendige Heilbehandlung wegen Krankheit oder Unfallfolgen und für sonstige vereinbarte Leistungen einschließlich medizinischer Betreuung und Behandlung bei Schwangerschaft und Entbindung im vereinbarten Umfang zu ersetzen.

(2) Bei der Krankenhaustagegeldversicherung ist der Versicherer verpflichtet, bei medizinisch notwendiger stationärer Heilbehandlung das vereinbarte Krankenhaustagegeld zu leisten.

(3) Bei der Krankengeldversicherung ist der Versicherer verpflichtet, den als Folge von Krankheit oder Unfall durch Arbeitsunfähigkeit verursachten Verdienstausfall durch das vereinbarte Krankengeld zu ersetzen.

(4) In der Pflegekrankenversicherung ist der Versicherer verpflichtet, im Fall der Pflegebedürftigkeit die Aufwendungen, die für die Pflege der versicherten Person entstehen, im vereinbarten Umfang zu ersetzen (Pflegekostenversicherung) oder das vereinbarte Tagegeld zu leisten (Pflegetagegeldversicherung).

(5) Die Kosten und Risiken der medizinischen Betreuung und Behandlung im Zusammenhang mit der Schwangerschaft, der Entbindung und der Mutterschaft dürfen in der Krankenversicherung nicht zu unterschiedlichen Prämien oder Leistungen zwischen Frauen und Männern führen. *(BGBl I 2006/95)*

(BGBl 1994/509)

§ 178c. (1) „Sagt der Versicherer allgemein zu, bestimmte medizinische Leistungen zur Gänze zu vergüten (Kostendeckungszusage), so endet die Wirksamkeit dieser Zusage nicht vor ihrem Widerruf in geschriebener Form." Die Zusage hat die Angabe zu umfassen, zu welchem Termin sie frühestens widerrufen werden kann; unterläßt der Versicherer diese Angabe, so kann er die Kostendeckungszusage vor Ablauf zweier Jahre nicht widerrufen. *(BGBl I 2012/34)*

(2) Der Widerruf der Kostendeckungszusage wird mit Ablauf von „drei Wochen" wirksam. Ein Widerruf ist für solche stationären Heilbehandlungen ohne Wirkung, die vor dem Wirksamwerden der entsprechenden Mitteilung des Versicherers begonnen haben. *(BGBl 1996/447)*

(BGBl 1994/509)

§ 178d. (1) Soweit Wartezeiten vereinbart werden, dürfen diese in der Krankheitskosten-, Krankenhaustagegeld- und Krankengeldversicherung als allgemeine Wartezeit drei Monate, als besondere Wartezeit für Psychotherapie, Zahnbehandlung, Zahnersatz und Kieferorthopädie acht Monate und für Entbindung sowie damit im Zusammenhang stehende Heilbehandlungen neun Monate nicht überschreiten. In der Pflegeversicherung darf die Wartezeit drei Jahre nicht überschreiten.

(2) Soweit Versicherungsschutz ausdrücklich für solche Krankheiten oder Unfallfolgen verein-

bart wird, die beiden Vertragsteilen bei Vertragsabschluß bereits bekannt sind, dürfen auch längere als die im Abs. 1 genannten Wartezeiten vereinbart werden.

(3) Tritt ein Versicherungsfall vor Ablauf der Wartezeit ein, so ist der Versicherer zur Leistung nur dann verpflichtet, wenn der Versicherungsnehmer beweist, daß die Krankheit erst nach Vertragsabschluß erkennbar wurde beziehungsweise daß die Schwangerschaft erst nach diesem Zeitpunkt begonnen hat.

(BGBl 1994/509)

§ 178e. Ist ein Versicherungsnehmer im vollen Umfang des § 178b Abs. 1 und nicht bloß für zusätzliche Aufwendungen zu den Leistungen der gesetzlichen Sozialversicherung versichert, so ist der Versicherer auf Verlangen des Versicherungsnehmers verpflichtet, dessen neugeborenes Kind mit Wirkung ab der Geburt ohne Wartezeiten zu versichern; dieses Verlangen ist spätestens zwei Monate nach der Geburt zu stellen. Der Versicherungsschutz hat den gleichen Umfang wie der des Versicherungsnehmers. Bedeutet das Kind ein erhöhtes Risiko, so kann der Versicherer einen angemessenen Prämienzuschlag verlangen.

(BGBl 1994/509)

§ 178f. (1) Eine Vereinbarung, nach der der Versicherer berechtigt ist, die Prämie nach Vertragsabschluß einseitig zu erhöhen oder den Versicherungsschutz einseitig zu ändern, etwa einen Selbstbehalt einzuführen, ist – unbeschadet des § 6. Abs. 1 Z 5 KSchG beziehungsweise des § 6 Abs. 2 Z 3 KSchG – nur mit den sich aus den Abs. 2 und 3 ergebenden Einschränkungen wirksam.

(2) Als für Änderungen der Prämie oder des Versicherungsschutzes maßgebende Umstände dürfen nur die Veränderungen folgender Faktoren vereinbart werden:

1. eines in der Vereinbarung genannten Index,
2. der durchschnittlichen Lebenserwartung,
3. der Häufigkeit der Inanspruchnahme von Leistungen nach Art der vertraglich vorgesehenen und deren Aufwendigkeit, bezogen auf die auf die zu diesem Tarif Versicherten,
4. des Verhältnisses zwischen den vertraglich vereinbarten Leistungen und den entsprechenden Kostensätzen der gesetzlichen Sozialversicherungen,
5. der durch Gesetz, Verordnung, sonstigen behördlichen Akt oder durch Vertrag zwischen dem Versicherer und im Versicherungsvertrag bezeichneten Einrichtungen des Gesundheitswesens festgesetzten Entgelte für die Inanspruchnahme dieser Einrichtungen und
6. des Gesundheitswesens oder der dafür geltenden gesetzlichen Bestimmungen.

Bloß vom Älterwerden des Versicherten oder von der Verschlechterung seines Gesundheitszustandes abhängige Anpassungen dürfen jedenfalls nicht vereinbart werden, insbesondere ist eine Prämienanpassung unzulässig, um eine schon bei Eingehung der Versicherung unzureichend kalkulierte Alterungsrückstellung zu ersetzen. Es kann jedoch vereinbart werden, daß eine zunächst geringere Prämie ab einem bestimmten Lebensalter des Versicherten auf denjenigen Betrag angehoben wird, den der betreffende Tarif für Versicherte vorsieht, die mit diesem Alter in die Versicherung eintreten; dieses Lebensalter darf nicht über 20 Jahren liegen.

(3) Erhöht der Versicherer die Prämie, so hat er dem Versicherungsnehmer auf dessen Verlangen die Fortsetzung des Vertrages mit höchstens gleichbleibender Prämie und angemessen geänderten Leistungen anzubieten.

(4) Die Erklärung einer rückwirkenden Änderung der Prämie oder des Versicherungsschutzes ist unwirksam; die Erklärung wirkt erst ab dem der Absendung folgenden Monatsersten.

(BGBl 1994/509)

§ 178g. (1) „Der Versicherer hat eine Änderung der Prämie oder des Versicherungsschutzes unverzüglich der Wirtschaftskammer Österreich, der Bundesarbeitskammer, dem Österreichischen Landarbeiterkammertag, der Präsidentenkonferenz der Landwirtschaftskammern Österreichs, dem Österreichischen Gewerkschaftsbund, dem Österreichischen Seniorenrat, der Finanzprokuratur,„ dem Verein für Konsumenteninformation und der Österreichischen Arbeitsgemeinschaft für Rehabilitation"** mitzuteilen."* Insoweit eine vom Versicherer erklärte Änderung der Prämie oder des Versicherungsschutzes unwirksam ist, besonders weil sie dem § 178f und den allgemeinen Versicherungsbedingungen, nach denen die Versicherungsverträge geschlossen sind, widerspricht, sind diese Stellen berechtigt, vom Versicherer die Unterlassung dieser Änderung zu verlangen. Dieser Anspruch erlischt, wenn er nicht binnen dreier Monate nach Erhalt der Verständigung gerichtlich geltend gemacht wird: der Versicherer und die betreffende Stelle können die Klagefrist einvernehmlich verlängern.

(*BGBl I 2001/48; **BGBl I 2013/12)

(2) Für die Klage ist nur das Handelsgericht Wien zuständig. Hat jedoch der Versicherer seinen Sitz im Ausland und keiner der von der umstrittenen Änderung betroffenen Versicherungsnehmer seinen Wohnsitz im Sprengel dieses Gerichts, so ist nach Wahl des Klägers jedes die Gerichtsbarkeit in Handelssachen ausübende Landesgericht zuständig, in dessen Sprengel der Wohnsitz wenigstens eines betroffenen Versiche-

1. VersVG
§§ 178g – 178m

rungsnehmers liegt; klagt außerdem eine andere der im Abs. 1 genannten Stellen denselben Versicherer bei einem anderen Gericht, so ist § 31a Abs. 2 JN sinngemäß anzuwenden.

(3) Der Wert des Streitgegenstands beträgt höchstens „75 000 Euro". *(BGBl I 2001/98)*
(BGBl 1994/509)

§ 178h. (1) Der Versicherer ist verpflichtet, den im § 178g Abs. 1 genannten Stellen auf Verlangen unverzüglich Einsicht in sämtliche Kalkulationsgrundlagen zu gewähren, die eine erklärte Änderung der Prämie oder des Versicherungsschutzes begründen können. Die genannten Stellen sind berechtigt, auf ihre Kosten erforderlichenfalls Ablichtungen herzustellen.

(2) Verlangt eine im § 178g Abs. 1 genannte Stelle binnen der dort vorgesehenen dreimonatigen Klagefrist die Einsichtnahme gemäß Abs. 1, so ist diese Frist bis zur Gewährung der Einsicht gehemmt.
(BGBl 1994/509)

§ 178i. (1) Krankenversicherungsverträge dürfen nur auf Lebenszeit des Versicherungsnehmers geschlossen werden, ausgenommen kurzfristige Versicherungen, die auf weniger als ein Jahr befristet sind; andere Befristungen sind unwirksam.

(2) Eine Kündigung durch den Versicherer gemäß § 8 Abs. 2 oder auf Grund einer Vertragsbestimmung, etwa für den Versicherungsfall, ist nur bei Gruppenversicherungsverträgen und Krankengeldversicherungsverträgen zulässig.

(3) Das Recht der Kündigung aus wichtigem Grund, insbesondere bei Verletzung von Obliegenheiten (§ 6), bei Prämienverzug (§ 39) und bei unverschuldeter Verletzung der Anzeigepflicht (§ 41), bleibt unberührt.
(BGBl 1994/509)

§ 178j. Endet das Versicherungsverhältnis anders als durch Rücktritt des Versicherers gemäß § 16 oder § 38 oder durch dessen Kündigung (§ 178i Abs. 3), so sind die Versicherten berechtigt, binnen zweier Monate die Fortsetzung des Versicherungsverhältnisses nach dem Versicherungsnehmer zu erklären.
(BGBl 1994/509)

§ 178k. Wegen einer Verletzung der dem Versicherungsnehmer beim Abschluß des Vertrags obliegenden Anzeigepflicht kann der Versicherer vom Vertrag nicht mehr zurücktreten oder den Vertrag kündigen, wenn seit dem Abschluß drei Jahre verstrichen sind. Das Rücktrittsrecht bleibt jedoch bestehen, wenn die Anzeigepflicht arglistig verletzt worden ist.
(BGBl 1994/509)

§ 178l. Der Versicherer ist von der Verpflichtung zur Leistung frei, wenn der Versicherungsnehmer oder der Versicherte seine Krankheit oder seinen Unfall vorsätzlich herbeigeführt hat. Hat der Versicherungsnehmer die Krankheit oder den Unfall eines Versicherten vorsätzlich herbeigeführt, so bleibt der Versicherer diesem gegenüber zur Leistung verpflichtet, der Schadenersatzanspruch des Versicherten an den Versicherungsnehmer geht jedoch in sinngemäßer Anwendung des § 67 auf den Versicherer über.
(BGBl 1994/509)

§ 178m. (1) Scheidet ein Gruppenversicherter aus dem versicherten Personenkreis, etwa durch Kündigung des Versicherers oder infolge Eintritts in den Ruhestand, aus oder wird der gesamte Gruppenversicherungsvertrag aufgelöst, so ist der Gruppenversicherte berechtigt, die Fortsetzung als gleichartige Einzelversicherung nach Maßgabe der für die Einzelversicherung geltenden Tarife und Versicherungsbedingungen ohne Wartezeiten und Risikoprüfung zu erklären, sofern er bei Eintritt in die Gruppenversicherung gemäß den Bestimmungen für die Einzelversicherung versicherungsfähig war. Der Versicherer hat den Gruppenversicherten auf dieses Fortsetzungsrecht hinzuweisen.

(2) Das Recht auf Fortsetzung als Einzelversicherung erlischt, wenn der Versicherte die im Abs. 1 vorgesehene Erklärung nicht binnen eines Monats ab dem Ausscheiden aus dem versicherten Personenkreis beziehungsweise der Auflösung des Gruppenversicherungsvertrags abgibt. Die Frist ist gehemmt, solange der Versicherer der im Abs. 1 angeordneten Hinweispflicht nicht entsprochen hat; der Beweis der Erfüllung dieser Pflicht obliegt dem Versicherer.

(3) Gibt der Versicherungsnehmer die im Abs. 1 vorgesehene Erklärung ab, so ist die Einzelversicherungsprämie nach demjenigen Eintrittsalter zu bemessen, mit dem der Versicherte in den Gruppenversicherungsvertrag eingetreten ist.

(4) Das Recht auf Fortsetzung des Versicherungsverhältnisses als Einzelversicherung besteht jedoch nicht, wenn der Versicherte aus dem versicherten Personenkreis infolge außerordentlicher Kündigung des Versicherers wegen einer Vertragsverletzung ausscheidet.

(5) Die §§ 178g und 178h gelten für Gruppenversicherungsverträge nicht. Als Grund für eine Prämienerhöhung darf auch eine Änderung der im § 178f Abs. 2 Z 2 und 3 genannten Umstände bloß bei den zu dieser Gruppe gehörenden Versi-

cherten vereinbart werden, auch infolge einer Änderung des Durchschnittsalters der Gruppe.

(6) Der Versicherer hat jeden Gruppenversicherten bei Eintritt in den Gruppenversicherungsvertrag nachweislich darauf hinzuweisen, unter welchen Voraussetzungen seine Versicherung endet und welche Folgen sich für die Höhe der Prämie bei der Fortsetzung als Einzelversicherung ergeben würden.

(BGBl 1994/509)

§ 178n. Auf eine Vereinbarung, die von „§ 178a Abs. 2 und 3, § 178b Abs. 5" und von den §§ 178c bis 178 m zum Nachteil des Versicherungsnehmers oder des Versicherten abweicht, kann sich der Versicherer nicht berufen. *(BGBl I 2006/95)*

(BGBl 1994/509)

Fünfter Abschnitt

Unfallversicherung

§ 179. (1) Die Unfallversicherung kann gegen Unfälle, die dem Versicherungsnehmer, oder gegen Unfälle, die einem anderen zustoßen, genommen werden.

(2) Eine Versicherung gegen Unfälle, die einem anderen zustoßen, gilt im Zweifel als für Rechnung des anderen genommen. Die Vorschriften der §§ 75 bis 79 sind entsprechend anzuwenden.

(3) Wird eine Versicherung gegen Unfälle, die einem anderen zustoßen, vom Versicherungsnehmer für eigene Rechnung genommen, so ist zur Gültigkeit des Vertrages die schriftliche Zustimmung des anderen erforderlich. Ist der andere geschäftsunfähig oder in der Geschäftsfähigkeit beschränkt und steht die Vertretung in den seine Person betreffenden Angelegenheiten dem Versicherungsnehmer zu, so kann dieser den anderen bei der Erteilung der Zustimmung nicht vertreten.

(4) Soweit im Falle des Abs. 3 die Kenntnis und das Verhalten des Versicherungsnehmers nach den Vorschriften dieses Gesetzes von rechtlicher Bedeutung sind, kommen auch die Kenntnis und das Verhalten des anderen in Betracht.

§ 180. Ist als Leistung des Versicherers die Zahlung eines Kapitals vereinbart, so gelten die Vorschriften der §§ 166 bis 168.

§ 181. (1) Der Versicherer ist von der Verpflichtung zur Leistung frei, wenn der von dem Unfall Betroffene den Unfall vorsätzlich herbeigeführt hat. Das gleiche gilt, wenn im Falle des § 179 Abs. 3 der Versicherungsnehmer den Unfall vorsätzlich durch eine widerrechtliche Handlung herbeigeführt hat.

(2) Ist ein Dritter als Bezugsberechtigter bezeichnet, so gilt die Bezeichnung als nicht erfolgt, wenn der Dritte den Unfall vorsätzlich durch eine widerrechtliche Handlung herbeigeführt hat.

§ 182. Die Pflicht zur Anzeige des Versicherungsfalles obliegt dem bezugsberechtigten Dritten, wenn ihm das Recht auf die Leistung zusteht; das gleiche gilt von der Pflicht zur Auskunft und zur Beschaffung von Belegen.

§ 183. Der Versicherungsnehmer hat für die Abwendung und Minderung der Folgen des Unfalles nach Möglichkeit zu sorgen und dabei die Weisungen des Versicherers zu befolgen, soweit ihm nicht etwas Unbilliges zugemutet wird. Auf eine Vereinbarung, die von dieser Vorschrift zum Nachteil des Versicherungsnehmers abweicht, kann sich der Versicherer nicht berufen.

§ 184. (1) Sollen nach dem Vertrag einzelne Voraussetzungen des Anspruches aus der Versicherung oder das Maß der durch den Unfall herbeigeführten Einbuße an Erwerbsfähigkeit durch Sachverständige festgestellt werden, so ist die getroffene Feststellung nicht verbindlich, wenn sie offenbar von der wirklichen Sachlage erheblich abweicht. Die Feststellung erfolgt in diesem Falle durch Urteil. Das gleiche gilt, wenn die Sachverständigen die Feststellung nicht treffen können oder wollen oder sie verzögern.

(2) Sind nach dem Vertrag die Sachverständigen vom Gericht zu bestellen, so sind auf die Bestellung die Vorschriften des § 64 Abs. 2 entsprechend anzuwenden.

(3) Eine Vereinbarung, die von der Vorschrift des Abs. 1 Satz 1 abweicht, ist nichtig.

§ 185. Der Versicherer hat dem Versicherungsnehmer die Kosten, welche durch die Ermittlung und Feststellung des Unfalles sowie des Umfanges der Leistungspflicht des Versicherers entstehen, insoweit zu ersetzen, als ihre Aufwendung den Umständen nach geboten war.

(BGBl 1994/509)

Sechster Abschnitt

Schlußvorschriften

§ 186. Die Vorschriften dieses Bundesgesetzes sind auf die Seeversicherung und auf die Rückversicherung nicht anzuwenden.

1. VersVG
§§ 187 – 191b

§ 187. (1) Die in diesem Bundesgesetz vorgesehenen Beschränkungen der Vertragsfreiheit sind bei der Transportversicherung von Gütern, bei der Kreditversicherung und bei der Versicherung gegen Kursverluste nicht anzuwenden.

(2) Das gleiche gilt von einer Schadensversicherung, die in der Weise genommen wird, daß die versicherten Interessen beim Abschluß des Vertrages nur der Gattung nach bezeichnet und erst nach ihrer Entstehung dem Versicherer einzeln aufgegeben werden (laufende Versicherung).

§ 188. *(aufgehoben, BGBl I 2003/33)*

§ 189. Soweit in Gesetzen und Verordnungen auf das Gesetz über den Versicherungsvertrag verwiesen ist, treten an dessen Stelle die entsprechenden Vorschriften des Versicherungsvertragsgesetzes 1958.

§ 190. Folgende Vorschriften werden aufgehoben:

1. das Gesetz über den Versicherungsvertrag vom 30. Mai 1908, Deutsches RGBl.S. 263, in der Fassung der Verordnungen vom 19. Dezember 1939, Deutsches RGBl. I S. 2443, vom 3. November 1942, Deutsches RGBl. I S. 636, vom 28. Dezember 1942, Deutsches RGBl. I S. 740, vom 6. April 1943, Deutsches RGBl. I S. 178 und vom 25. Oktober 1944, Deutsches RGBl. I S. 278;

2. das Gesetz über den Versicherungsvertrag vom 23. Dezember 1917, RGBl. Nr. 501, soweit es nicht schon durch die Verordnung zur Vereinheitlichung des Rechts der Vertragsversicherung vom 19. Dezember 1939, Deutsches RGBl. I S. 2443, aufgehoben ist.

§ 191. Dieses Bundesgesetz tritt drei Monate nach seiner Kundmachung in Kraft.

§ 191a. (1) § 5a, §§ 158i bis 158 m und § 165a sowie § 178 Abs. 1 in der Fassung des Bundesgesetzes BGBl. Nr. 90/1993 treten mit demselben Zeitpunkt in Kraft wie das Abkommen über den Europäischen Wirtschaftsraum *).

(2) Diese Bestimmungen sind auf Versicherungsverträge, die vor dem Inkrafttreten geschlossen worden sind, nicht anzuwenden.

(BGBl 1993/90)

---

*) *Die Kundmachung des Abkommens und seines Inkrafttretens wird zu einem späteren Zeitpunkt erfolgen.* **)
**) *Das EWR-Abkommen trat mit 1. Jänner 1994 in Kraft (BGBl 1993/909; vgl auch Z 25 der Kundmachung BGBl 1993/917).*

§ 191b. (1) § 1a, § 2 Abs. 2 zweiter Satz, § 5b, § 6, § 8 Abs. 3, § 11 Abs. 1 und 3, § 11a, § 12, § 15a, § 16 Abs. 3, § 18, § 21, § 25 Abs. 3, § 27, § 28 Abs. 2 zweiter Satz, § 38, § 39 Abs. 2, § 39a, § 40, § 41 Abs. 2, § 41b, § 43, § 43a, § 44, § 47, § 51 Abs. 4 und 5, § 59 Abs. 3, § 64, § 68, § 68a, § 70 Abs. 3, § 71, § 96, § 108, § 113, § 115a, § 154 Abs. 2, § 158, § 158a, § 158j, § 158l, §§ 158 m bis 158p, § 163, § 164 Abs. 2, §§ 172 bis 176 und § 178 Abs. 2 in der Fassung des Bundesgesetzes BGBl. Nr. 652/1994 treten mit 1. Jänner 1995 in Kraft. Die §§ 178a bis 178n in der Fassung dieses Bundesgesetzes treten mit 1. September 1994 in Kraft. *(BGBl 1994/652)*

(2) Nicht in der neuen Fassung anzuwenden sind

1. § 1a Abs. 2, § 2 Abs. 2, § 16 Abs. 3, § 18, § 21, § 40, § 41 Abs. 2, § 41b, § 59 Abs. 3, § 64, § 68, § 70 Abs. 3, § 96 Abs. 3, § 108, § 113, § 115a, § 158 Abs. 3, § 158a, § 172, § 173, § 174, § 175, § 176 und § 178 Abs. 2 auf Versicherungsverträge, die vor dem 1. Jänner 1995 geschlossen worden sind, sowie § 178d, § 178e, § 178i Abs. 1 und § 178k auf Versicherungsverträge, die vor dem 1. September 1994 geschlossen worden sind, *(BGBl 1994/652)*

2. § 12, wenn die dort genannten Fristen vor dem 1. Jänner 1995 zu laufen begonnen haben,

3. § 43, § 44 und § 47 auf Rechtshandlungen, die von dem Versicherungsagenten oder ihm gegenüber vor dem 1. Jänner 1995 vorgenommen worden sind,

4. § 158o, wenn das Unternehmen vor dem 1. Jänner 1995 veräußert beziehungsweise übernommen worden ist,

5. § 178c auf Kostendeckungszusagen, die vor dem 1. September 1994 abgegeben worden sind, *(BGBl 1994/652)*

6. § 178i Abs. 2 auf Zahnversicherungsverträge, die vor dem 1. Jänner 1995 geschlossen worden sind,

7. § 1a Abs. 1 und § 5b, wenn der Antrag des Versicherungsnehmers vor dem 1. Jänner 1995 erklärt worden ist, und

8. §§ 38, 39 und 39a, wenn der Verzug vor dem 1. Jänner 1995 eingetreten ist.

(3) § 8 Abs. 3 ist in der im Abs. 1 bezeichneten Fassung auf Versicherungsverträge anzuwenden, die nach dem 31. März 1994 geschlossen worden sind. „Verträge, die vor dem 1. April 1994 geschlossen worden sind, kann der Versicherungsnehmer nach § 8 Abs. 3 jedenfalls zum Ende jener Versicherungsperiode, die zum 31. Dezember 1999 oder im Jahr 2000 endet, und zum Ende jeder folgenden Versicherungsperiode mit einer Frist von sechs Monaten kündigen." § 8 Abs. 3 zweiter Satz ist auf Verträge, die vor dem 1. Jänner 1995 geschlossen worden sind, mit der Maßgabe anzuwenden, daß der Versicherer auch die

Differenz zwischen der vereinbarten Prämie und der Prämie für Verträge mit einer Laufzeit, die der tatsächlich verstrichenen Laufzeit entspricht, verlangen kann, falls er zur Zeit der Eingehung des Versicherungsvertrags in seinem Tarif eine Prämie für derartige Verträge mit kürzerer Laufzeit vorgesehen hatte. *(BGBl I 1997/6)*

(4) Ist in einem Krankenversicherungsvertrag die Zulässigkeit einer Prämienerhöhung oder einer Änderung des Versicherungsschutzes an die Zustimmung der Versicherungsaufsichtsbehörde gebunden, so sind an Stelle dieser Anpassungsbestimmung die §§ 178f bis 178h anzuwenden, wobei eine Anpassung nach den in § 178f Abs. 2 Z 2 bis 6 genannten Anpassungsfaktoren als vereinbart gilt.

(5) Für § 178 m gilt folgendes:

1. Er gilt unbeschränkt für Gruppenversicherte, die nach dem 31. Dezember 1994 in einen zu diesem Zeitpunkt bereits bestehenden Gruppenversicherungsvertrag aufgenommen werden. Für solche Gruppenversicherte kann der Versicherer einen anderen als den im Gruppenversicherungsvertrag vereinbarten Tarif vorsehen.

2. Auf Gruppenversicherte, die vor dem 1. Jänner 1995 in eine Gruppenversicherung eingetreten sind, ist er mit der Maßgabe anzuwenden, daß bei der Berechnung der Einzelversicherungsprämie die Versicherungsdauer im Gruppenversicherungsvertrag nur im Ausmaß der in der Prämienkalkulation der Gruppenversicherung enthaltenen Alterungsrückstellung zu berücksichtigen ist. Diese Versicherten haben überdies nach dem 31. Dezember 1994 das Recht, die volle Anwendung des § 178 m gegen Zahlung einer höheren Prämie zu verlangen, die für diese Fälle vom Versicherer in seinem Tarif angemessen festzusetzen ist.

(BGBl 1994/509)

§ 191c. (1) § 178c Abs. 2 in der Fassung des Bundesgesetzes BGBl. Nr. 447/1996 tritt mit 1. September 1996 in Kraft. *(BGBl 1996/447)*

(2) Die Aufhebung des § 5a und die §§ 5b, 165a sowie § 178 Abs. 3 zweiter Satz in der Fassung des Bundesgesetzes BGBl I Nr. 6/1997 treten mit 1. Jänner 1997 in Kraft. *(BGBl I 1997/6)*

(3) Die §§ 5b und 165a in der Fassung des Bundesgesetzes BGBl. I Nr. 6/1997 sind auf Verträge, die vor dem 1. Jänner 1997 geschlossen worden sind, nicht anzuwenden. *(BGBl I 1997/6)*

(4) § 178g Abs. 1 in der Fassung des Bundesgesetzes BGBl. I Nr. 48/2001 tritt mit 1. September 2001 in Kraft. *(BGBl I 2001/48)*

(5) Die §§ 39a, 178g und 191c in der Fassung des Bundesgesetzes BGBl. I Nr. 98/2001 treten mit 1. Jänner 2002 in Kraft. *(BGBl I 2001/98)*

(6) § 165a in der Fassung des Bundesgesetzes BGBl. I Nr. 62/2004 tritt mit 1. Oktober 2004 in Kraft. Die Bestimmung ist in dieser Fassung auf Verträge, die vor diesem Zeitpunkt abgeschlossen wurden, nicht anzuwenden. *(BGBl I 2004/62)*

„(7)" § 5b Abs. 2 Z 3, § 43 Abs. 3 bis 5 und § 176 Abs. 2a und 3a in der Fassung des Bundesgesetzes BGBl. I Nr. 131/2004 treten mit 15. Jänner 2005 in Kraft. *(BGBl I 2004/131; BGBl I 2006/95)*

(8) Die §§ 165a, 174 sowie 176 Abs. 5 und 6 in der Fassung des Bundesgesetzes BGBl. I Nr. 95/2006 treten mit 1. Jänner 2007 in Kraft. Sie sind auf Versicherungsverträge anzuwenden, die nach dem 31. Dezember 2006 geschlossen werden. *(BGBl I 2006/95)*

(9) Die §§ 178b Abs. 5 und 178n in der Fassung des Bundesgesetzes BGBl. I Nr. 95/2006 treten mit 1. Dezember 2007 in Kraft. Sie sind auf Versicherungsverträge anzuwenden, die nach dem 30. November 2007 geschlossen werden. *(BGBl I 2006/95)*

(10) §§ 14 Abs. 1, 43 Abs. 5, 77, 157 und 177 in der Fassung des Bundesgesetzes BGBl. I Nr. 58/2010 treten mit 1. August 2010 in Kraft. Sie sind in Ansehung von Insolvenzverfahren anzuwenden, die nach dem 31. Juli 2010 bei Gericht anhängig werden; in Ansehung von bereits zuvor begonnenen Konkurs- und Ausgleichsverfahren sind die bis zum Ablauf des 31. Juli 2010 bestehenden Vorschriften weiter anzuwenden. *(BGBl I 2010/58)*

(11) Der Kurztitel samt Abkürzung sowie die §§ 1b, 3 bis 6, 8, 12, 15a, 16, 18, 34a, 35, 37, 43, 72, 75, 158d, 158e, 158l, 158n, 164, 165a, 176, 178 und 178c in der Fassung des Bundesgesetzes BGBl. I Nr. 34/2012 treten mit 1. Juli 2012 in Kraft. Diese Bestimmungen sind auf Vereinbarungen anzuwenden, die nach diesem Zeitpunkt abgeschlossen werden. § 1b Abs. 2 ist auf Erklärungen anzuwenden, die nach dem 30. Juni 2012 abgegeben werden. *(BGBl I 2012/34)*

(12) Die §§ 11a bis 11d in der Fassung des Bundesgesetzes BGBl. I Nr. 34/2012 treten mit 1. Oktober 2012 in Kraft. Diese Bestimmungen sind auf Vereinbarungen anzuwenden, die nach diesem Zeitpunkt abgeschlossen werden. *(BGBl I 2012/34)*

(13) § 1c und die Aufnahme des § 1c in den § 15a Abs. 1 in der Fassung des Bundesgesetzes BGBl. I Nr. 12/2013, treten mit 21. Dezember 2012 in Kraft und sind auf Versicherungsverträge anzuwenden, bei denen der Abschluss eines neuen Vertrags nach dem 20. Dezember 2012 erfolgt. § 1d und die Aufnahme des § 1d in den § 15a Abs. 1 in der Fassung des Bundesgesetzes BGBl. I Nr. 12/2013, treten mit 1. Jänner 2013 in Kraft und sind auf Versicherungsverträge, Änderungen oder Kündigungen derselben anzuwenden, soweit sie nach dem 31. Dezember 2012 abgeschlossen

1. VersVG
§§ 191c – 192

werden oder erfolgen. Die §§ 41b und 178g Abs. 1 in der Fassung des Bundesgesetzes BGBl. I Nr. 12/2013 treten mit 1. Jänner 2013 in Kraft. *(BGBl I 2013/12)*

(14) § 36 in der Fassung des Bundesgesetzes BGBl. I Nr. 12/2013, tritt mit 1. Februar 2013 in Kraft und ist auf Verträge anzuwenden, die ab diesem Zeitpunkt geschlossen werden. *(BGBl I 2013/12)*

(15) § 1c, § 5a Abs. 6, § 5b Abs. 2 Z 3, § 5c Abs. 2 Z 2, § 11d, § 158j Abs. 2 und § 165a Abs. 2 in der Fassung des Bundesgesetzes BGBl. I Nr. 34/2015 treten mit 1. Jänner 2016 in Kraft. *(BGBl I 2015/34)*

§ 191d. § 11a in der Fassung des Bundesgesetzes BGBl. I Nr. 150/1999 tritt mit 1. Jänner 2000 in Kraft.

(BGBl I 1999/150)

§ 192. Mit der Vollziehung dieses Bundesgesetzes ist das Bundesministerium für Justiz im Einvernehmen mit dem Bundesministerium für Finanzen betraut.

§§ 1288 – 1292

Allgemeines bürgerliches Gesetzbuch

JGS 1811/946

zuletzt geändert durch BGBl I 2015/35 (FMedRÄG 2015)
(Auszug aus dem 2. Teil, 29. Hauptstück)

Den Bestimmungen wurde im Wesentlichen durch das VersVG derogiert.

7. Versicherungsvertrag;

§ 1288. Wenn jemand die Gefahr des Schadens, welcher einen andern ohne dessen Verschulden treffen könnte, auf sich nimmt, und ihm gegen einen gewissen Preis den bedungenen Ersatz zu leisten verspricht; so entsteht der Versicherungsvertrag. Der Versicherer haftet dabei für den zufälligen Schaden, und der Versicherte für den versprochenen Preis.

§ 1289. Der gewöhnliche Gegenstand dieses Vertrages sind Waren, die zu Wasser oder zu Lande verführt werden. Es können aber auch andere Sachen, z.B. Häuser und Grundstücke gegen Feuer-, Wasser- und andere Gefahren versichert werden.

§ 1290. Ereignet sich der zufällige Schade, wofür die Entschädigung versichert worden ist; so muß der Versicherte, wenn kein unüberwindliches Hindernis dazwischen kommt, oder nichts anderes verabredet worden ist, dem Versicherer, wenn sie sich im nämlichen Orte befinden, binnen drei Tagen, sonst aber in derjenigen Zeitfrist davon Nachricht geben, welche zur Bekanntmachung der Annahme eines von einem Abwesenden gemachten Versprechens bestimmt worden ist (§ 862). Unterläßt er die Anzeige; kann er den Unfall nicht erweisen; oder kann der Versicherer beweisen, daß der Schade aus Verschulden des Versicherten entstanden ist; so hat dieser auch keinen Anspruch auf die versicherte Summe.

§ 1291. Wenn der Untergang der Sache dem Versicherten; oder der gefahrlose Zustand derselben dem Versicherer zur Zeit des geschlossenen Vertrages schon bekannt war; so ist der Vertrag ungültig.

8. Bodmerei- und Seeassekuranzen

§ 1292. Die Bestimmungen in Rücksicht der Versicherungen zur See; sowie die Vorschriften über den Bodmereivertrag sind ein Gegenstand der Seegesetze.

Produkthaftungsgesetz

BGBl 1988/99

zuletzt geändert durch BGBl I 2001/98

(Auszug)

Haftung

§ 1. (1) Wird durch den Fehler eines Produkts ein Mensch getötet, am Körper verletzt oder an der Gesundheit geschädigt oder eine von dem Produkt verschiedene körperliche Sache beschädigt, so haftet für den Ersatz des Schadens

1. der Unternehmer, der es hergestellt und in den Verkehr gebracht hat,

2. der Unternehmer, der es zum Vertrieb in den Europäischen Wirtschaftsraum eingeführt und hier in den Verkehr gebracht hat (Importeur). *(BGBl 1993/95)*

(2) Kann der Hersteller oder – bei eingeführten Produkten – der Importeur (Abs. 1 Z 2) nicht festgestellt werden, so haftet jeder Unternehmer, der das Produkt in den Verkehr gebracht hat, nach Abs. 1, wenn er nicht dem Geschädigten in angemessener Frist den Hersteller beziehungsweise – bei eingeführten Produkten – den Importeur oder denjenigen nennt, der ihm das Produkt geliefert hat.

§ 2. Der Schaden durch die Beschädigung einer Sache ist nur zu ersetzen,

1. wenn ihn nicht ein Unternehmer erlitten hat, der die Sache überwiegend in seinem Unternehmen verwendet hat, und

2. überdies nur mit dem „500 Euro" übersteigenden Teil. *(BGBl I 2001/98)*

...

(BGBl 1993/95)

Deckungsvorsorge

§ 16. Hersteller und Importeure von Produkten sind verpflichtet, in einer Art und in einem Ausmaß, wie sie im redlichen Geschäftsverkehr üblich sind, durch das Eingehen einer Versicherung oder in anderer geeigneter Weise dafür Vorsorge zu treffen, daß Schadenersatzpflichten nach diesem Bundesgesetz befriedigt werden können.

...

Konsumentenschutzgesetz

BGBl 1979/140

zuletzt geändert durch BGBl I 2014/33 (VRUG)

(Auszug)

I. Hauptstück
Besondere Bestimmungen für Verträge zwischen Unternehmern und Verbrauchern

Abschnitt I
Geltungsbereich

§ 1. (1) Dieses Hauptstück gilt für Rechtsgeschäfte, an denen
1. einerseits jemand, für den das Geschäft zum Betrieb seines Unternehmens gehört, (im folgenden kurz Unternehmer genannt) und
2. andererseits jemand, für den dies nicht zutrifft, (im folgenden kurz Verbraucher genannt) beteiligt sind.

(2) Unternehmen im Sinn des Abs. 1 Z. 1 ist jede auf Dauer angelegte Organisation selbständiger wirtschaftlicher Tätigkeit, mag sie auch nicht auf Gewinn gerichtet sein. Juristische Personen des öffentlichen Rechts gelten immer als Unternehmer.

(3) Geschäfte, die eine natürliche Person vor Aufnahme des Betriebes ihres Unternehmens zur Schaffung der Voraussetzungen dafür tätigt, gehören noch nicht im Sinn des Abs. 1 Z. 1 zu diesem Betrieb.

(4) Dieses Hauptstück gilt nicht für Verträge, die jemand als Arbeitnehmer oder arbeitnehmerähnliche Person „(§ 51 Abs 3 ASGG)" mit dem Arbeitgeber schließt. *(BGBl I 1997/6)*

(5) Die Bestimmungen des I. und des II. Hauptstücks sind auch auf den Beitritt zu und die Mitgliedschaft bei Vereinen anzuwenden, wenn diese zwar von ihren Mitgliedern Beiträge oder sonstige Geldleistungen verlangen, ihnen aber nur eingeschränkte Mitgliedschaftsrechte einräumen und die Mitgliedschaft nicht geschäftlichen Zwecken dient. *(BGBl I 1999/185)*

...

Abschnitt II
Allgemeine Regeln

Unzulässige Vertragsbestandteile

§ 6. (1) Für den Verbraucher sind besonders solche Vertragsbestimmungen im Sinn des § 879 ABGB jedenfalls nicht verbindlich, nach denen

1. sich der Unternehmer eine unangemessen lange oder nicht hinreichend bestimmte Frist ausbedingt, während deren er einen Vertragsantrag des Verbrauchers annehmen oder ablehnen kann oder während deren der Verbraucher an den Vertrag gebunden ist;

2. ein bestimmtes Verhalten des Verbrauchers als Abgabe oder Nichtabgabe einer Erklärung gilt, es sei denn, der Verbraucher wird bei Beginn der hiefür vorgesehenen Frist auf die Bedeutung seines Verhaltens besonders hingewiesen und hat zur Abgabe einer ausdrücklichen Erklärung eine angemessene Frist;

3. eine für den Verbraucher rechtlich bedeutsame Erklärung des Unternehmers, die jenem nicht zugegangen ist, als ihm zugegangen gilt, sofern es sich nicht um die Wirksamkeit einer an die zuletzt bekanntgegebene Anschrift des Verbrauchers gesendeten Erklärung für den Fall handelt, daß der Verbraucher dem Unternehmer eine Änderung seiner Anschrift nicht bekanntgegeben hat;

4. eine vom Verbraucher dem Unternehmer oder einem Dritten abzugebende Anzeige oder Erklärung einer strengeren Form als der Schriftform oder besonderen Zugangserfordernissen zu genügen hat;

5. dem Unternehmer auf sein Verlangen für seine Leistung ein höheres als das bei der Vertragsschließung bestimmte Entgelt zusteht, es sei denn, daß der Vertrag bei Vorliegen der vereinbarten Voraussetzungen für eine Entgeltänderung auch eine Entgeltsenkung vorsieht, daß die für die Entgeltänderung maßgebenden Umstände im Vertrag umschrieben und sachlich gerechtfertigt sind sowie daß ihr Eintritt nicht vom Willen des Unternehmers abhängt; *(BGBl I 1997/6)*

...

Umfang der Vertretungsmacht und mündliche Zusagen

§ 10. (1) Eine Vollmacht, die ein Unternehmer erteilt hat, erstreckt sich im Verkehr mit Verbrauchern auf alle Rechtshandlungen, die derartige Geschäfte gewöhnlich mit sich bringen; besondere gesetzliche Regeln über den Umfang der Vollmacht bleiben davon unberührt. Eine Beschränkung dieser Vollmacht ist dem Verbraucher gegenüber nur wirksam, wenn sie ihm bewußt war.

(2) War dem Verbraucher die Beschränkung der Vollmacht nur infolge grober Fahrlässigkeit nicht bewußt, so hat der Unternehmer – unbeschadet der Geltendmachung dieses Umstandes nach anderen Bestimmungen – das Recht, vom Vertrag zurückzutreten; der Rücktritt muß unverzüglich nach Kenntnis des Unternehmers von der Überschreitung durch den Vertreter und den Umständen, aus denen sich die grobe Fahrlässigkeit des Verbrauchers ergibt, erklärt werden.

(3) Die Rechtswirksamkeit formloser Erklärungen des Unternehmers oder seiner Vertreter kann zum Nachteil des Verbrauchers vertraglich nicht ausgeschlossen werden.

...

Gerichtsstand

§ 14. (1) Hat der Verbraucher im Inland seinen Wohnsitz oder seinen gewöhnlichen Aufenthalt oder ist er im Inland beschäftigt, so kann für eine Klage gegen ihn nach den §§ 88, 89, 93 Abs. 2 und 104 Abs. 1 JN nur die Zuständigkeit des Gerichtes begründet werden, in dessen Sprengel der Wohnsitz, der gewöhnliche Aufenthalt oder der Ort der Beschäftigung liegt; dies gilt nicht für Rechtsstreitigkeiten, die bereits entstanden sind.
(BGBl I 1997/140)

(2) Das Fehlen der inländischen Gerichtsbarkeit sowie der örtlichen Zuständigkeit des Gerichts ist in jeder Lage des Verfahrens von Amts wegen wahrzunehmen; die Bestimmungen über die Heilung des Fehlens der inländischen Gerichtsbarkeit oder der sachlichen oder örtlichen Zuständigkeit (§ 104 Abs. 3 JN) sind jedoch anzuwenden.
(BGBl I 1997/140)

(3) Eine Vereinbarung, mit der für eine Klage des Verbrauchers gegen den Unternehmer ein nach dem Gesetz gegebener Gerichtsstand ausgeschlossen wird, ist dem Verbraucher gegenüber rechtsunwirksam.

Verordnung (EU) Nr. 1215/2012 des europäischen Parlaments und des Rates vom 12. Dezember 2012 über die gerichtliche Zuständigkeit und die Anerkennung und Vollstreckung von Entscheidungen in Zivil- und Handelssachen[1)]

ABl L 351 vom 20. 12. 2012, S 1 idF

1 ABl L 163 vom 29. 5. 2014, S 3   **2** ABl L 54 vom 25. 2. 2015, S 1

1) Ab 10. 1. 2015.

Verordnung (EU) Nr. 1215/2012 des europäischen Parlaments und des Rates vom 12. Dezember 2012 über die gerichtliche Zuständigkeit und die Anerkennung und Vollstreckung von Entscheidungen in Zivil- und Handelssachen

DAS EUROPÄISCHE PARLAMENT UND DER RAT DER EUROPÄISCHEN UNION –

gestützt auf den Vertrag über die Arbeitsweise der Europäischen Union, insbesondere auf Artikel 67 Absatz 4 und Artikel 81 Absatz 2 Buchstaben a, c und e,

auf Vorschlag der Europäischen Kommission,

nach Zuleitung des Entwurfs des Gesetzgebungsakts an die nationalen Parlamente,

nach Stellungnahme des Europäischen Wirtschafts- und Sozialausschusses[1)],

gemäß dem ordentlichen Gesetzgebungsverfahren[2)],

in Erwägung nachstehender Gründe:

(1) Am 21. April 2009 hat die Kommission einen Bericht über die Anwendung der Verordnung (EG) Nr. 44/2001 des Rates vom 22. Dezember 2000 über die gerichtliche Zuständigkeit und die Anerkennung und Vollstreckung von Entscheidungen in Zivil- und Handelssachen[3)] angenommen. Dem Bericht zufolge herrscht allgemein Zufriedenheit mit der Funktionsweise der genannten Verordnung, doch könnten die Anwendung bestimmter Vorschriften, der freie Verkehr gerichtlicher Entscheidungen sowie der Zugang zum Recht noch weiter verbessert werden. Da einige weitere Änderungen erfolgen sollen, sollte die genannte Verordnung aus Gründen der Klarheit neu gefasst werden.

(2) Der Europäische Rat hat auf seiner Tagung vom 10./11. Dezember 2009 in Brüssel ein neues mehrjähriges Programm mit dem Titel „Das Stockholmer Programm – Ein offenes und sicheres Europa im Dienste und zum Schutz der Bürger"[4)] angenommen. Im Stockholmer Programm vertritt der Europäische Rat die Auffassung, dass der Prozess der Abschaffung aller zwischengeschalteten Maßnahmen (Exequaturverfahren) während des von dem Programm abgedeckten Zeitraums fortgeführt werden sollte. Gleichzeitig sollte die Abschaffung der Exequaturverfahren von einer Reihe von Schutzvorkehrungen begleitet werden.

(3) Die Union hat sich zum Ziel gesetzt, einen Raum der Freiheit, der Sicherheit und des Rechts zu erhalten und weiterzuentwickeln, indem unter anderem der Zugang zum Recht, insbesondere durch den Grundsatz der gegenseitigen Anerkennung gerichtlicher und außergerichtlicher Entscheidungen in Zivilsachen, erleichtert wird. Zum schrittweisen Aufbau eines solchen Raums hat die Union im Bereich der justiziellen Zusammenarbeit in Zivilsachen, die einen grenzüberschreitenden Bezug aufweisen, Maßnahmen zu erlassen, insbesondere wenn dies für das reibungslose Funktionieren des Binnenmarkts erforderlich ist.

(4) Die Unterschiede zwischen bestimmten einzelstaatlichen Vorschriften über die gerichtliche Zuständigkeit und die Anerkennung von Entscheidungen erschweren das reibungslose Funktionieren des Binnenmarkts. Es ist daher unerlässlich, Bestimmungen zu erlassen, um die Vorschriften über die internationale Zuständigkeit in Zivil- und Handelssachen zu vereinheitlichen und eine rasche und unkomplizierte Anerkennung und Vollstreckung von Entscheidungen zu gewährleisten, die in einem Mitgliedstaat ergangen sind.

Zur Präambel:
1) ABl. C 218 vom 23.7.2011, S. 78.
2) Standpunkt des Europäischen Parlaments vom 20. November 2012 (noch nicht im Amtsblatt veröffentlicht) und Beschluss des Rates vom 6. Dezember 2012.
Zu Abs. 1:
3) ABl. L 12 vom 16.1.2001, S. 1.

Zu Abs. 2:
4) ABl. C 115 vom 4.5.2010, S. 1.

3/1. EuGVVO 2015
Präambel

(5) Diese Bestimmungen fallen in den Bereich der justiziellen Zusammenarbeit in Zivilsachen im Sinne von Artikel 81 des Vertrags über die Arbeitsweise der Europäischen Union (AEUV).

(6) Um den angestrebten freien Verkehr der Entscheidungen in Zivil- und Handelssachen zu verwirklichen, ist es erforderlich und angemessen, dass die Vorschriften über die gerichtliche Zuständigkeit und die Anerkennung und Vollstreckung von Entscheidungen im Wege eines Unionsrechtsakts festgelegt werden, der verbindlich und unmittelbar anwendbar ist.

(7) Am 27. September 1968 schlossen die seinerzeitigen Mitgliedstaaten der Europäischen Gemeinschaften auf der Grundlage von Artikel 220 vierter Gedankenstrich des Vertrags zur Gründung der Europäischen Wirtschaftsgemeinschaft das Übereinkommen von Brüssel über die gerichtliche Zuständigkeit und die Vollstreckung gerichtlicher Entscheidungen in Zivil- und Handelssachen, dessen Fassung danach durch die Übereinkommen über den Beitritt neuer Mitgliedstaaten zu diesem Übereinkommen[5] geändert wurde („Brüsseler Übereinkommen von 1968"). Am 16. September 1988 schlossen die seinerzeitigen Mitgliedstaaten der Europäischen Gemeinschaften und bestimmte EFTA-Staaten das Übereinkommen von Lugano über die gerichtliche Zuständigkeit und die Vollstreckung gerichtlicher Entscheidungen in Zivil- und Handelssachen[6] („Übereinkommen von Lugano von 1988"), das ein Parallelübereinkommen zu dem Brüsseler Übereinkommen von 1968 darstellt. Am 1. Februar 2000 wurde das Übereinkommen von Lugano von 1988 auf Polen anwendbar.

(8) Am 22. Dezember 2000 nahm der Rat die Verordnung (EG) Nr. 44/2001 an, die das Brüsseler Übereinkommen von 1968 im Verhältnis der Mitgliedstaaten zueinander mit Ausnahme Dänemarks hinsichtlich der Hoheitsgebiete der Mitgliedstaaten ersetzt, die in den Anwendungsbereich des AEUV fallen. Mit dem Beschluss 2006/325/EG des Rates[7] schloss die Gemeinschaft mit Dänemark ein Abkommen über die Anwendung der Bestimmungen der Verordnung (EG) Nr. 44/2001 in Dänemark. Das Übereinkommen von Lugano von 1988 wurde durch das am 30. Oktober 2007 von der Gemeinschaft, Dänemark, Island, Norwegen und der Schweiz in Lugano unterzeichnete Übereinkommen über die gerichtliche Zuständigkeit und die Anerkennung und Vollstreckung von Entscheidungen in Zivil- und Handelssachen[8] („Übereinkommen von Lugano von 2007") geändert.

(9) Das Brüsseler Übereinkommen von 1968 gilt weiter hinsichtlich der Hoheitsgebiete der Mitgliedstaaten, die in seinen territorialen Anwendungsbereich fallen und die aufgrund der Anwendung von Artikel 355 AEUV von der vorliegenden Verordnung ausgeschlossen sind.

(10) Der sachliche Anwendungsbereich dieser Verordnung sollte sich, von einigen genau festgelegten Rechtsgebieten abgesehen, auf den wesentlichen Teil des Zivil- und Handelsrechts erstrecken; aufgrund der Annahme der Verordnung (EG) Nr. 4/2009 des Rates vom 18. Dezember 2008 über die Zuständigkeit, das anwendbare Recht, die Anerkennung und Vollstreckung von Entscheidungen und die Zusammenarbeit in Unterhaltssachen[9] sollten insbesondere die Unterhaltspflichten vom Anwendungsbereich dieser Verordnung ausgenommen werden.

(11) Für die Zwecke dieser Verordnung sollten zu den Gerichten der Mitgliedstaaten auch gemeinsame Gerichte mehrerer Mitgliedstaaten gehören, wie der Benelux-Gerichtshof, wenn er seine Zuständigkeit in Angelegenheiten ausübt, die in den Anwendungsbereich dieser Verordnung fallen. Daher sollten Entscheidungen dieser Gerichte gemäß dieser Verordnung anerkannt und vollstreckt werden.

(12) Diese Verordnung sollte nicht für die Schiedsgerichtsbarkeit gelten. Sie sollte die Gerichte eines Mitgliedstaats nicht daran hindern, die Parteien gemäß dem einzelstaatlichen Recht an die Schiedsgerichtsbarkeit zu verweisen, das Verfahren auszusetzen oder einzustellen oder zu prüfen, ob die Schiedsvereinbarung hinfällig, unwirksam oder nicht erfüllbar ist, wenn sie wegen eines Streitgegenstands angerufen werden, hinsichtlich dessen die Parteien eine Schiedsvereinbarung getroffen haben. Entscheidet ein Gericht eines Mitgliedstaats, ob eine Schiedsvereinbarung hinfällig, unwirksam oder nicht erfüllbar ist, so sollte diese Entscheidung ungeachtet dessen, ob das Gericht darüber in der Hauptsache oder als Vorfrage entschieden hat, nicht den Vorschriften dieser Verordnung über die Anerkennung und Vollstreckung unterliegen.

Zu Abs. 7:
[5] ABl. L 299 vom 31.12.1972, S. 32; ABl. L 304 vom 30.10.1978, S. 1; ABl. L 388 vom 31.12.1982, S. 1; ABl. L 285 vom 3.10.1989, S. 1; ABl. C 15 vom 15.1.1997, S. 1. Siehe konsolidierte Fassung in ABl. C 27 vom 26.1.1998, S. 1.
[6] ABl. L 319 vom 25.11.1988, S. 9.
Zu Abs. 8:
[7] ABl. L 120 vom 5.5.2006, S. 22.

[8] ABl. L 147 vom 10.6.2009, S. 5.
Zu Abs. 10:
[9] ABl. L 7 vom 10.1.2009, S. 1.

Hat hingegen ein nach dieser Verordnung oder nach einzelstaatlichem Recht zuständiges Gericht eines Mitgliedstaats festgestellt, dass eine Schiedsvereinbarung hinfällig, unwirksam oder nicht erfüllbar ist, so sollte die Entscheidung des Gerichts in der Hauptsache dennoch gemäß dieser Verordnung anerkannt oder vollstreckt werden können. Hiervon unberührt bleiben sollte die Zuständigkeit der Gerichte der Mitgliedstaaten, über die Anerkennung und Vollstreckung von Schiedssprüchen im Einklang mit dem am 10. Juni 1958 in New York unterzeichneten Übereinkommen über die Anerkennung und Vollstreckung ausländischer Schiedssprüche („Übereinkommen von New York von 1958") zu entscheiden, das Vorrang vor dieser Verordnung hat.

Diese Verordnung sollte nicht für Klagen oder Nebenverfahren insbesondere im Zusammenhang mit der Bildung eines Schiedsgerichts, den Befugnissen von Schiedsrichtern, der Durchführung eines Schiedsverfahrens oder sonstigen Aspekten eines solchen Verfahrens oder für eine Klage oder eine Entscheidung in Bezug auf die Aufhebung, die Überprüfung, die Anfechtung, die Anerkennung oder die Vollstreckung eines Schiedsspruchs gelten.

(13) Zwischen den Verfahren, die unter diese Verordnung fallen, und dem Hoheitsgebiet der Mitgliedstaaten muss ein Anknüpfungspunkt bestehen. Gemeinsame Zuständigkeitsvorschriften sollten demnach grundsätzlich dann Anwendung finden, wenn der Beklagte seinen Wohnsitz in einem Mitgliedstaat hat.

(14) Beklagte ohne Wohnsitz in einem Mitgliedstaat sollten im Allgemeinen den einzelstaatlichen Zuständigkeitsvorschriften unterliegen, die im Hoheitsgebiet des Mitgliedstaats gelten, in dem sich das angerufene Gericht befindet. Allerdings sollten einige Zuständigkeitsvorschriften in dieser Verordnung unabhängig vom Wohnsitz des Beklagten gelten, um den Schutz der Verbraucher und der Arbeitnehmer zu gewährleisten, um die Zuständigkeit der Gerichte der Mitgliedstaaten in Fällen zu schützen, in denen sie ausschließlich zuständig sind, und um die Parteiautonomie zu achten.

(15) Die Zuständigkeitsvorschriften sollten in hohem Maße vorhersehbar sein und sich grundsätzlich nach dem Wohnsitz des Beklagten richten. Diese Zuständigkeit sollte stets gegeben sein außer in einigen genau festgelegten Fällen, in denen aufgrund des Streitgegenstands oder der Vertragsfreiheit der Parteien ein anderes Anknüpfungskriterium gerechtfertigt ist. Der Sitz juristischer Personen muss in der Verordnung selbst definiert sein, um die Transparenz der gemeinsamen Vorschriften zu stärken und Kompetenzkonflikte zu vermeiden.

(16) Der Gerichtsstand des Wohnsitzes des Beklagten sollte durch alternative Gerichtsstände ergänzt werden, die entweder aufgrund der engen Verbindung zwischen Gericht und Rechtsstreit oder im Interesse einer geordneten Rechtspflege zuzulassen sind. Das Erfordernis der engen Verbindung soll Rechtssicherheit schaffen und verhindern, dass die Gegenpartei vor einem Gericht eines Mitgliedstaats verklagt werden kann, mit dem sie vernünftigerweise nicht rechnen konnte. Dies ist besonders wichtig bei Rechtsstreitigkeiten, die außervertragliche Schuldverhältnisse infolge der Verletzung der Privatsphäre oder der Persönlichkeitsrechte einschließlich Verleumdung betreffen.

(17) Der Eigentümer eines Kulturguts im Sinne des Artikels 1 Nummer 1 der Richtlinie 93/7/EWG des Rates vom 15. März 1993 über die Rückgabe von unrechtmäßig aus dem Hoheitsgebiet eines Mitgliedstaats verbrachten Kulturgütern[10] sollte eine auf Eigentum gestützte Zivilklage gemäß dieser Verordnung zur Wiedererlangung dieses Gutes vor dem Gericht des Ortes, an dem sich das Kulturgut zum Zeitpunkt der Anrufung des Gerichts befindet, erheben können. Solche Klagen sollten nach der Richtlinie 93/7/EWG eingeleitete Verfahren unberührt lassen.

(18) Bei Versicherungs-, Verbraucher- und Arbeitsverträgen sollte die schwächere Partei durch Zuständigkeitsvorschriften geschützt werden, die für sie günstiger sind als die allgemeine Regelung.

(19) Vorbehaltlich der in dieser Verordnung festgelegten ausschließlichen Zuständigkeiten sollte die Vertragsfreiheit der Parteien hinsichtlich der Wahl des Gerichtsstands, außer bei Versicherungs-, Verbraucher- und Arbeitsverträgen, wo nur eine begrenztere Vertragsfreiheit zulässig ist, gewahrt werden.

(20) Stellt sich die Frage, ob eine Gerichtsstandsvereinbarung zugunsten eines Gerichts oder der Gerichte eines Mitgliedstaats materiell nichtig ist, so sollte sie nach dem Recht einschließlich des Kollisionsrechts des Mitgliedstaats des Gerichts oder der Gerichte entschieden werden, die in der Vereinbarung bezeichnet sind.

(21) Im Interesse einer abgestimmten Rechtspflege müssen Parallelverfahren so weit wie möglich vermieden werden, damit nicht in verschiedenen Mitgliedstaaten miteinander unverein-

---

Zu Abs. 17:
[10] ABl. L 74 vom 27.3.1993, S. 74.

bare Entscheidungen ergehen. Es sollte eine klare und wirksame Regelung zur Klärung von Fragen der Rechtshängigkeit und der im Zusammenhang stehenden Verfahren sowie zur Verhinderung von Problemen vorgesehen werden, die sich aus der einzelstaatlich unterschiedlichen Festlegung des Zeitpunkts ergeben, von dem an ein Verfahren als rechtshängig gilt. Für die Zwecke dieser Verordnung sollte dieser Zeitpunkt autonom festgelegt werden.

(22) Um allerdings die Wirksamkeit von ausschließlichen Gerichtsstandsvereinbarungen zu verbessern und missbräuchliche Prozesstaktiken zu vermeiden, ist es erforderlich, eine Ausnahme von der allgemeinen Rechtshängigkeitsregel vorzusehen, um eine befriedigende Regelung in einem Sonderfall zu erreichen, in dem es zu Parallelverfahren kommen kann. Dabei handelt es sich um den Fall, dass ein Verfahren bei einem Gericht, das nicht in einer ausschließlichen Gerichtsstandsvereinbarung vereinbart wurde, anhängig gemacht wird und später das vereinbarte Gericht wegen desselben Anspruchs zwischen denselben Parteien angerufen wird. In einem solchen Fall muss das zuerst angerufene Gericht das Verfahren aussetzen, sobald das vereinbarte Gericht angerufen wurde, und zwar so lange, bis das letztere Gericht erklärt, dass es gemäß der ausschließlichen Gerichtsstandsvereinbarung nicht zuständig ist. Hierdurch soll in einem solchen Fall sichergestellt werden, dass das vereinbarte Gericht vorrangig über die Gültigkeit der Vereinbarung und darüber entscheidet, inwieweit die Vereinbarung auf den bei ihm anhängigen Rechtsstreit Anwendung findet. Das vereinbarte Gericht sollte das Verfahren unabhängig davon fortsetzen können, ob das nicht vereinbarte Gericht bereits entschieden hat, das Verfahren auszusetzen.
Diese Ausnahmeregelung sollte nicht für Fälle gelten, in denen die Parteien widersprüchliche ausschließliche Gerichtsstandsvereinbarungen geschlossen haben oder in denen ein in einer ausschließlichen Gerichtsstandsvereinbarung vereinbartes Gericht zuerst angerufen wurde. In solchen Fällen sollte die allgemeine Rechtshängigkeitsregel dieser Verordnung Anwendung finden.

(23) Diese Verordnung sollte eine flexible Regelung enthalten, die es den Gerichten der Mitgliedstaaten ermöglicht, vor den Gerichten von Drittstaaten anhängige Verfahren zu berücksichtigen, wobei insbesondere die Frage, ob eine in einem Drittstaat ergangene Entscheidung in dem betreffenden Mitgliedstaat nach dem Recht dieses Mitgliedstaats anerkannt und vollstreckt werden kann, sowie die geordnete Rechtspflege zu berücksichtigen sind.

(24) Bei der Berücksichtigung der geordneten Rechtspflege sollte das Gericht des betreffenden Mitgliedstaats alle Umstände des bei ihm anhängigen Falles prüfen. Hierzu können Verbindungen des Streitgegenstands und der Parteien zu dem betreffenden Drittstaat zählen wie auch die Frage, wie weit das Verfahren im Drittstaat zu dem Zeitpunkt, an dem ein Verfahren vor dem Gericht des Mitgliedstaats eingeleitet wird, bereits fortgeschritten ist, sowie die Frage, ob zu erwarten ist, dass das Gericht des Drittstaats innerhalb einer angemessenen Frist eine Entscheidung erlassen wird.
Dabei kann auch die Frage geprüft werden, ob das Gericht des Drittstaats unter Umständen, unter denen ein Gericht eines Mitgliedstaats ausschließlich zuständig wäre, im betreffenden Fall ausschließlich zuständig ist.

(25) Unter den Begriff einstweilige Maßnahmen einschließlich Sicherungsmaßnahmen sollten zum Beispiel Anordnungen zur Beweiserhebung oder Beweissicherung im Sinne der Artikel 6 und 7 der Richtlinie 2004/48/EG des Europäischen Parlaments und des Rates vom 29. April 2004 zur Durchsetzung der Rechte des geistigen Eigentums[11] fallen. Nicht mit eingeschlossen sein sollten Maßnahmen, die nicht auf Sicherung gerichtet sind, wie Anordnungen zur Zeugenvernehmung. Die Anwendung der Verordnung (EG) Nr. 1206/2001 des Rates vom 28. Mai 2001 über die Zusammenarbeit zwischen den Gerichten der Mitgliedstaaten auf dem Gebiet der Beweisaufnahme in Zivil- oder Handelssachen[12] sollte hiervon unberührt bleiben.

(26) Das gegenseitige Vertrauen in die Rechtspflege innerhalb der Union rechtfertigt den Grundsatz, dass eine in einem Mitgliedstaat ergangene Entscheidung in allen Mitgliedstaaten anerkannt wird, ohne dass es hierfür eines besonderen Verfahrens bedarf. Außerdem rechtfertigt die angestrebte Reduzierung des Zeit- und Kostenaufwands bei grenzüberschreitenden Rechtsstreitigkeiten die Abschaffung der Vollstreckbarerklärung, die der Vollstreckung im ersuchten Mitgliedstaat bisher vorausgehen musste. Eine von den Gerichten eines Mitgliedstaats erlassene Entscheidung sollte daher so behandelt werden, als sei sie im ersuchten Mitgliedstaat ergangen.

(27) Für die Zwecke des freien Verkehrs von gerichtlichen Entscheidungen sollte eine in einem Mitgliedstaat ergangene Entscheidung in einem anderen Mitgliedstaat selbst dann anerkannt und vollstreckt werden, wenn sie gegen eine Person

---

Zu Abs. 25:
[11] ABl. L 157 vom 30.4.2004, S. 45.
[12] ABl. L 174 vom 27.6.2001, S. 1.

ohne Wohnsitz in einem Mitgliedstaat ergangen ist.

(28) Enthält eine Entscheidung eine Maßnahme oder Anordnung, die im Recht des ersuchten Mitgliedstaats nicht bekannt ist, so wird diese Maßnahme oder Anordnung, einschließlich des in ihr bezeichneten Rechts, soweit möglich an eine Maßnahme oder Anordnung angepasst, mit der nach dem Recht dieses Mitgliedstaats vergleichbare Wirkungen verbunden sind und die ähnliche Ziele verfolgt. Wie und durch wen diese Anpassung zu erfolgen hat, sollte durch die einzelnen Mitgliedstaaten bestimmt werden.

(29) Die unmittelbare Vollstreckung ohne Vollstreckbarerklärung einer in einem anderen Mitgliedstaat ergangenen Entscheidung im ersuchten Mitgliedstaat sollte nicht die Achtung der Verteidigungsrechte beeinträchtigen. Deshalb sollte der Schuldner die Versagung der Anerkennung oder der Vollstreckung einer Entscheidung beantragen können, wenn er der Auffassung ist, dass einer der Gründe für die Versagung der Anerkennung vorliegt. Hierzu sollte der Grund gehören, dass ihm nicht die Gelegenheit gegeben wurde, seine Verteidigung vorzubereiten, wenn die Entscheidung in einer Zivilklage innerhalb eines Strafverfahrens in Abwesenheit ergangen ist. Auch sollten hierzu die Gründe gehören, die auf der Grundlage eines Abkommens zwischen dem ersuchten Mitgliedstaat und einem Drittstaat geltend gemacht werden könnten, das nach Artikel 59 des Brüsseler Übereinkommens von 1968 geschlossen wurde.

(30) Eine Partei, die die Vollstreckung einer in einem anderen Mitgliedstaat ergangenen Entscheidung anficht, sollte so weit wie möglich im Einklang mit dem Rechtssystem des ersuchten Mitgliedstaats in der Lage sein, im selben Verfahren außer den in dieser Verordnung genannten Versagungsgründen auch die im einzelstaatlichen Recht vorgesehenen Versagungsgründe innerhalb der nach diesem Recht vorgeschriebenen Fristen geltend zu machen. Allerdings sollte die Anerkennung einer Entscheidung nur versagt werden, wenn mindestens einer der in dieser Verordnung genannten Versagungsgründe gegeben ist.

(31) Solange ein Verfahren zur Anfechtung der Vollstreckung einer Entscheidung anhängig ist, sollten die Gerichte des ersuchten Mitgliedstaats während des gesamten Verfahrens aufgrund einer solchen Anfechtung, einschließlich dagegen gerichteter Rechtsbehelfe, den Fortgang der Vollstreckung unter der Voraussetzung zulassen können, dass die Vollstreckung einer Beschränkung unterliegt oder eine Sicherheit geleistet wird.

(32) Um den Schuldner über die Vollstreckung einer in einem anderen Mitgliedstaat ergangenen Entscheidung zu unterrichten, sollte die gemäß dieser Verordnung ausgestellte Bescheinigung – erforderlichenfalls zusammen mit der Entscheidung – dem Schuldner innerhalb einer angemessenen Frist vor der ersten Vollstreckungsmaßnahme zugestellt werden. In diesem Zusammenhang sollte als erste Vollstreckungsmaßnahme die erste Vollstreckungsmaßnahme nach einer solchen Zustellung gelten.

(33) Werden einstweilige Maßnahmen, einschließlich Sicherungsmaßnahmen, von einem Gericht angeordnet, das in der Hauptsache zuständig ist, so sollte ihr freier Verkehr nach dieser Verordnung gewährleistet sein. Allerdings sollten einstweilige Maßnahmen, einschließlich Sicherungsmaßnahmen, die angeordnet wurden, ohne dass der Beklagte vorgeladen wurde, nicht gemäß dieser Verordnung anerkannt und vollstreckt werden, es sei denn, die die Maßnahme enthaltende Entscheidung ist dem Beklagten vor der Vollstreckung zugestellt worden. Dies sollte die Anerkennung und Vollstreckung solcher Maßnahmen gemäß einzelstaatlichem Recht nicht ausschließen. Werden einstweilige Maßnahmen, einschließlich Sicherungsmaßnahmen, von einem Gericht eines Mitgliedstaats angeordnet, das für die Entscheidung in der Hauptsache nicht zuständig ist, sollte die Wirkung dieser Maßnahmen auf das Hoheitsgebiet des betreffenden Mitgliedstaats gemäß dieser Verordnung beschränkt werden.

(34) Um die Kontinuität zwischen dem Brüsseler Übereinkommen von 1968, der Verordnung (EG) Nr. 44/2001 und dieser Verordnung zu wahren, sollten Übergangsvorschriften vorgesehen werden. Dies gilt auch für die Auslegung des Brüsseler Übereinkommens von 1968 und der es ersetzenden Verordnungen durch den Gerichtshof der Europäischen Union.

(35) Um die internationalen Verpflichtungen, die die Mitgliedstaaten eingegangen sind, zu wahren, darf sich diese Verordnung nicht auf von den Mitgliedstaaten geschlossene Übereinkommen in besonderen Rechtsgebieten auswirken.

(36) Unbeschadet der Pflichten der Mitgliedstaaten nach den Verträgen sollte diese Verordnung nicht die Anwendung der bilateralen Übereinkünfte und Vereinbarungen berühren, die vor dem Inkrafttreten der Verordnung (EG) Nr. 44/2001 zwischen einem Drittstaat und einem Mitgliedstaat geschlossen wurden und in dieser Verordnung geregelte Angelegenheiten betreffen.

(37) Um sicherzustellen, dass die im Zusammenhang mit der Anerkennung oder Vollstreckung von Entscheidungen, öffentlichen Urkunden und gerichtlichen Vergleichen nach dieser Verordnung zu verwendenden Bescheinigungen stets auf dem neuesten Stand sind, sollte der

3/1. EuGVVO 2015

Präambel, Artikel 1 – 2

Kommission die Befugnis übertragen werden, gemäß Artikel 290 AEUV Rechtsakte hinsichtlich Änderungen der Anhänge I und II dieser Verordnung zu erlassen. Es ist besonders wichtig, dass die Kommission bei ihren vorbereitenden Arbeiten angemessene Konsultationen auch auf Expertenebene durchführt. Bei der Vorbereitung und Ausarbeitung delegierter Rechtsakte sollte die Kommission dafür sorgen, dass die einschlägigen Dokumente dem Europäischen Parlament und dem Rat gleichzeitig, rechtzeitig und auf angemessene Weise übermittelt werden.

(38) Diese Verordnung steht im Einklang mit den Grundrechten und Grundsätzen, die mit der Charta der Grundrechte der Europäischen Union anerkannt wurden, insbesondere mit dem in Artikel 47 der Charta verbürgten Recht auf einen wirksamen Rechtsbehelf und ein unparteiisches Gericht.

(39) Da das Ziel dieser Verordnung auf der Ebene der Mitgliedstaaten nicht hinreichend verwirklicht werden kann und besser auf Unionsebene zu erreichen ist, kann die Union im Einklang mit dem Subsidiaritätsprinzip nach Artikel 5 des Vertrags über die Europäische Union (EUV) tätig werden. In Übereinstimmung mit dem in demselben Artikel genannten Grundsatz der Verhältnismäßigkeit geht diese Verordnung nicht über das zur Erreichung dieses Ziels erforderliche Maß hinaus.

(40) Das Vereinigte Königreich und Irland haben sich gemäß Artikel 3 des dem EUV und dem seinerzeitigen Vertrag zur Gründung der Europäischen Gemeinschaft beigefügten Protokolls über die Position des Vereinigten Königreichs und Irlands an der Annahme und Anwendung der Verordnung (EG) Nr. 44/2001 beteiligt. Gemäß Artikel 3 des dem EUV und dem AEUV beigefügten Protokolls Nr. 21 über die Position des Vereinigten Königreichs und Irlands hinsichtlich des Raums der Freiheit, der Sicherheit und des Rechts haben das Vereinigte Königreich und Irland mitgeteilt, dass sie sich an der Annahme und Anwendung dieser Verordnung beteiligen möchten.

(41) Gemäß den Artikeln 1 und 2 des dem EUV und dem AEUV beigefügten Protokolls Nr. 22 über die Position Dänemarks beteiligt sich Dänemark nicht an der Annahme dieser Verordnung und ist weder durch diese Verordnung gebunden noch zu ihrer Anwendung verpflichtet; dabei steht es Dänemark jedoch gemäß Artikel 3 des Abkommens vom 19. Oktober 2005 zwischen der Europäischen Gemeinschaft und dem Königreich Dänemark über die gerichtliche Zuständigkeit und die Anerkennung und Vollstreckung von Entscheidungen in Zivil- und Handelssachen[13] frei, die Änderungen der Verordnung (EG) Nr. 44/2001 anzuwenden –

HABEN FOLGENDE VERORDNUNG ERLASSEN:

KAPITEL I

ANWENDUNGSBEREICH UND BEGRIFFSBESTIMMUNGEN

Artikel 1

(1) Diese Verordnung ist in Zivil- und Handelssachen anzuwenden, ohne dass es auf die Art der Gerichtsbarkeit ankommt. Sie gilt insbesondere nicht für Steuer- und Zollsachen sowie verwaltungsrechtliche Angelegenheiten oder die Haftung des Staates für Handlungen oder Unterlassungen im Rahmen der Ausübung hoheitlicher Rechte *(acta iure imperii).*

(2) Sie ist nicht anzuwenden auf:

a) den Personenstand, die Rechts- und Handlungsfähigkeit sowie die gesetzliche Vertretung von natürlichen Personen, die ehelichen Güterstände oder Güterstände aufgrund von Verhältnissen, die nach dem auf diese Verhältnisse anzuwendenden Recht mit der Ehe vergleichbare Wirkungen entfalten,

b) Konkurse, Vergleiche und ähnliche Verfahren,

c) die soziale Sicherheit,

d) die Schiedsgerichtsbarkeit,

e) Unterhaltspflichten, die auf einem Familien-, Verwandtschafts- oder eherechtlichen Verhältnis oder auf Schwägerschaft beruhen,

f) das Gebiet des Testaments- und Erbrechts, einschließlich Unterhaltspflichten, die mit dem Tod entstehen.

Artikel 2

Für die Zwecke dieser Verordnung bezeichnet der Ausdruck

a) „Entscheidung" jede von einem Gericht eines Mitgliedstaats erlassene Entscheidung ohne Rücksicht auf ihre Bezeichnung wie Urteil, Beschluss, Zahlungsbefehl oder Vollstreckungsbescheid, einschließlich des Kostenfestsetzungsbeschlusses eines Gerichtsbediensteten.

Für die Zwecke von Kapitel III umfasst der Ausdruck „Entscheidung" auch einstweilige Maßnahmen einschließlich Sicherungsmaßnahmen, die von einem nach dieser Verordnung in der Hauptsache zuständigen Gericht angeordnet wurden. Hierzu gehören keine einstweiligen Maßnahmen

---

Zu Abs. 41:
[13] *ABl. L 299 vom 16.11.2005, S. 62.*

einschließlich Sicherungsmaßnahmen, die von einem solchen Gericht angeordnet wurden, ohne dass der Beklagte vorgeladen wurde, es sei denn, die Entscheidung, welche die Maßnahme enthält, wird ihm vor der Vollstreckung zugestellt;

b) „gerichtlicher Vergleich" einen Vergleich, der von einem Gericht eines Mitgliedstaats gebilligt oder vor einem Gericht eines Mitgliedstaats im Laufe eines Verfahrens geschlossen worden ist;

c) „öffentliche Urkunde" ein Schriftstück, das als öffentliche Urkunde im Ursprungsmitgliedstaat förmlich errichtet oder eingetragen worden ist und dessen Beweiskraft

i) sich auf die Unterschrift und den Inhalt der öffentlichen Urkunde bezieht und

ii) durch eine Behörde oder eine andere hierzu ermächtigte Stelle festgestellt worden ist;

d) „Ursprungsmitgliedstaat" den Mitgliedstaat, in dem die Entscheidung ergangen, der gerichtliche Vergleich gebilligt oder geschlossen oder die öffentliche Urkunde förmlich errichtet oder eingetragen worden ist;

e) „ersuchter Mitgliedstaat" den Mitgliedstaat, in dem die Anerkennung der Entscheidung geltend gemacht oder die Vollstreckung der Entscheidung, des gerichtlichen Vergleichs oder der öffentlichen Urkunde beantragt wird;

f) „Ursprungsgericht" das Gericht, das die Entscheidung erlassen hat, deren Anerkennung geltend gemacht oder deren Vollstreckung beantragt wird.

Artikel 3

Für die Zwecke dieser Verordnung umfasst der Begriff „Gericht" die folgenden Behörden, soweit und sofern sie für eine in den Anwendungsbereich dieser Verordnung fallende Angelegenheit zuständig sind:

a) in Ungarn, bei summarischen Mahnverfahren (fizetési meghagyásos eljárás), den Notar (közjegyző);

b) in Schweden, bei summarischen Mahnverfahren (betalningsföreläggande) und Beistandsverfahren (handräckning), das Amt für Beitreibung (Kronofogdemyndigheten).

KAPITEL II
ZUSTÄNDIGKEIT

ABSCHNITT 1
Allgemeine Bestimmungen

Artikel 4

(1) Vorbehaltlich der Vorschriften dieser Verordnung sind Personen, die ihren Wohnsitz im Hoheitsgebiet eines Mitgliedstaats haben, ohne Rücksicht auf ihre Staatsangehörigkeit vor den Gerichten dieses Mitgliedstaats zu verklagen.

(2) Auf Personen, die nicht dem Mitgliedstaat, in dem sie ihren Wohnsitz haben, angehören, sind die für Staatsangehörige dieses Mitgliedstaats maßgebenden Zuständigkeitsvorschriften anzuwenden.

Artikel 5

(1) Personen, die ihren Wohnsitz im Hoheitsgebiet eines Mitgliedstaats haben, können vor den Gerichten eines anderen Mitgliedstaats nur gemäß den Vorschriften der Abschnitte 2 bis 7 dieses Kapitels verklagt werden.

(2) Gegen die in Absatz 1 genannten Personen können insbesondere nicht die innerstaatlichen Zuständigkeitsvorschriften, welche die Mitgliedstaaten der Kommission gemäß Artikel 76 Absatz 1 Buchstabe a notifizieren, geltend gemacht werden.

Artikel 6

(1) Hat der Beklagte keinen Wohnsitz im Hoheitsgebiet eines Mitgliedstaats, so bestimmt sich vorbehaltlich des Artikels 18 Absatz 1, des Artikels 21 Absatz 2 und der Artikel 24 und 25 die Zuständigkeit der Gerichte eines jeden Mitgliedstaats nach dessen eigenem Recht.

(2) Gegenüber einem Beklagten, der keinen Wohnsitz im Hoheitsgebiet eines Mitgliedstaats hat, kann sich unabhängig von ihrer Staatsangehörigkeit jede Person, die ihren Wohnsitz im Hoheitsgebiet eines Mitgliedstaats hat, in diesem Mitgliedstaat auf die dort geltenden Zuständigkeitsvorschriften, insbesondere auf diejenigen, welche die Mitgliedstaaten der Kommission gemäß Artikel 76 Absatz 1 Buchstabe a notifizieren, wie ein Staatsangehöriger dieses Mitgliedstaats berufen.

ABSCHNITT 2
Besondere Zuständigkeiten

Artikel 7

Eine Person, die ihren Wohnsitz im Hoheitsgebiet eines Mitgliedstaats hat, kann in einem anderen Mitgliedstaat verklagt werden:

1. a) wenn ein Vertrag oder Ansprüche aus einem Vertrag den Gegenstand des Verfahrens bilden, vor dem Gericht des Ortes, an dem die Verpflichtung erfüllt worden ist oder zu erfüllen wäre;

b) im Sinne dieser Vorschrift – und sofern nichts anderes vereinbart worden ist – ist der Erfüllungsort der Verpflichtung

– für den Verkauf beweglicher Sachen der Ort in einem Mitgliedstaat, an dem sie nach dem

Vertrag geliefert worden sind oder hätten geliefert werden müssen;

– für die Erbringung von Dienstleistungen der Ort in einem Mitgliedstaat, an dem sie nach dem Vertrag erbracht worden sind oder hätten erbracht werden müssen;

c) ist Buchstabe b nicht anwendbar, so gilt Buchstabe a;

2. wenn eine unerlaubte Handlung oder eine Handlung, die einer unerlaubten Handlung gleichgestellt ist, oder wenn Ansprüche aus einer solchen Handlung den Gegenstand des Verfahrens bilden, vor dem Gericht des Ortes, an dem das schädigende Ereignis eingetreten ist oder einzutreten droht;

3. wenn es sich um eine Klage auf Schadenersatz oder auf Wiederherstellung des früheren Zustands handelt, die auf eine mit Strafe bedrohte Handlung gestützt wird, vor dem Strafgericht, bei dem die öffentliche Klage erhoben ist, soweit dieses Gericht nach seinem Recht über zivilrechtliche Ansprüche erkennen kann;

4. wenn es sich um einen auf Eigentum gestützten zivilrechtlichen Anspruch zur Wiedererlangung eines Kulturguts im Sinne des Artikels 1 Nummer 1 der Richtlinie 93/7/EWG handelt, der von der Person geltend gemacht wurde, die das Recht auf Wiedererlangung eines solchen Gutes für sich in Anspruch nimmt, vor dem Gericht des Ortes, an dem sich das Kulturgut zum Zeitpunkt der Anrufung des Gerichts befindet;

5. wenn es sich um Streitigkeiten aus dem Betrieb einer Zweigniederlassung, einer Agentur oder einer sonstigen Niederlassung handelt, vor dem Gericht des Ortes, an dem sich diese befindet;

6. wenn es sich um eine Klage gegen einen Begründer, Trustee oder Begünstigten eines Trust handelt, der aufgrund eines Gesetzes oder durch schriftlich vorgenommenes oder schriftlich bestätigtes Rechtsgeschäft errichtet worden ist, vor den Gerichten des Mitgliedstaats, in dessen Hoheitsgebiet der Trust seinen Sitz hat;

7. wenn es sich um eine Streitigkeit wegen der Zahlung von Berge- und Hilfslohn handelt, der für Bergungs- oder Hilfeleistungsarbeiten gefordert wird, die zugunsten einer Ladung oder einer Frachtforderung erbracht worden sind, vor dem Gericht, in dessen Zuständigkeitsbereich diese Ladung oder die entsprechende Frachtforderung

a) mit Arrest belegt worden ist, um die Zahlung zu gewährleisten, oder

b) mit Arrest hätte belegt werden können, jedoch dafür eine Bürgschaft oder eine andere Sicherheit geleistet worden ist;

diese Vorschrift ist nur anzuwenden, wenn behauptet wird, dass der Beklagte Rechte an der Ladung oder an der Frachtforderung hat oder zur Zeit der Bergungs- oder Hilfeleistungsarbeiten hatte.

Artikel 8

Eine Person, die ihren Wohnsitz im Hoheitsgebiet eines Mitgliedstaats hat, kann auch verklagt werden:

1. wenn mehrere Personen zusammen verklagt werden, vor dem Gericht des Ortes, an dem einer der Beklagten seinen Wohnsitz hat, sofern zwischen den Klagen eine so enge Beziehung gegeben ist, dass eine gemeinsame Verhandlung und Entscheidung geboten erscheint, um zu vermeiden, dass in getrennten Verfahren widersprechende Entscheidungen ergehen könnten;

2. wenn es sich um eine Klage auf Gewährleistung oder um eine Interventionsklage handelt, vor dem Gericht des Hauptprozesses, es sei denn, dass die Klage nur erhoben worden ist, um diese Person dem für sie zuständigen Gericht zu entziehen;

3. wenn es sich um eine Widerklage handelt, die auf denselben Vertrag oder Sachverhalt wie die Klage selbst gestützt wird, vor dem Gericht, bei dem die Klage selbst anhängig ist;

4. wenn ein Vertrag oder Ansprüche aus einem Vertrag den Gegenstand des Verfahrens bilden und die Klage mit einer Klage wegen dinglicher Rechte an unbeweglichen Sachen gegen denselben Beklagten verbunden werden kann, vor dem Gericht des Mitgliedstaats, in dessen Hoheitsgebiet die unbewegliche Sache belegen ist.

Artikel 9

Ist ein Gericht eines Mitgliedstaats nach dieser Verordnung zur Entscheidung in Verfahren wegen einer Haftpflicht aufgrund der Verwendung oder des Betriebs eines Schiffes zuständig, so entscheidet dieses oder ein anderes an seiner Stelle durch das Recht dieses Mitgliedstaats bestimmtes Gericht auch über Klagen auf Beschränkung dieser Haftung.

ABSCHNITT 3

Zuständigkeit für Versicherungssachen

Artikel 10

Für Klagen in Versicherungssachen bestimmt sich die Zuständigkeit unbeschadet des Artikels 6 und des Artikels 7 Nummer 5 nach diesem Abschnitt.

Artikel 11

(1) Ein Versicherer, der seinen Wohnsitz im Hoheitsgebiet eines Mitgliedstaats hat, kann verklagt werden:

a) vor den Gerichten des Mitgliedstaats, in dem er seinen Wohnsitz hat,

b) in einem anderen Mitgliedstaat bei Klagen des Versicherungsnehmers, des Versicherten oder des Begünstigten vor dem Gericht des Ortes, an dem der Kläger seinen Wohnsitz hat, oder

c) falls es sich um einen Mitversicherer handelt, vor dem Gericht eines Mitgliedstaats, bei dem der federführende Versicherer verklagt wird.

(2) Hat der Versicherer im Hoheitsgebiet eines Mitgliedstaats keinen Wohnsitz, besitzt er aber in einem Mitgliedstaat eine Zweigniederlassung, Agentur oder sonstige Niederlassung, so wird er für Streitigkeiten aus ihrem Betrieb so behandelt, wie wenn er seinen Wohnsitz im Hoheitsgebiet dieses Mitgliedstaats hätte.

Artikel 12

Bei der Haftpflichtversicherung oder bei der Versicherung von unbeweglichen Sachen kann der Versicherer außerdem vor dem Gericht des Ortes, an dem das schädigende Ereignis eingetreten ist, verklagt werden. Das Gleiche gilt, wenn sowohl bewegliche als auch unbewegliche Sachen in ein und demselben Versicherungsvertrag versichert und von demselben Schadensfall betroffen sind.

Artikel 13

(1) Bei der Haftpflichtversicherung kann der Versicherer auch vor das Gericht, bei dem die Klage des Geschädigten gegen den Versicherten anhängig ist, geladen werden, sofern dies nach dem Recht des angerufenen Gerichts zulässig ist.

(2) Auf eine Klage, die der Geschädigte unmittelbar gegen den Versicherer erhebt, sind die Artikel 10, 11 und 12 anzuwenden, sofern eine solche unmittelbare Klage zulässig ist.

(3) Sieht das für die unmittelbare Klage maßgebliche Recht die Streitverkündung gegen den Versicherungsnehmer oder den Versicherten vor, so ist dasselbe Gericht auch für diese Personen zuständig.

Artikel 14

(1) Vorbehaltlich der Bestimmungen des Artikels 13 Absatz 3 kann der Versicherer nur vor den Gerichten des Mitgliedstaats klagen, in dessen Hoheitsgebiet der Beklagte seinen Wohnsitz hat, ohne Rücksicht darauf, ob dieser Versicherungsnehmer, Versicherter oder Begünstigter ist.

(2) Die Vorschriften dieses Abschnitts lassen das Recht unberührt, eine Widerklage vor dem Gericht zu erheben, bei dem die Klage selbst gemäß den Bestimmungen dieses Abschnitts anhängig ist.

Artikel 15

Von den Vorschriften dieses Abschnitts kann im Wege der Vereinbarung nur abgewichen werden,

1. wenn die Vereinbarung nach der Entstehung der Streitigkeit getroffen wird,

2. wenn sie dem Versicherungsnehmer, Versicherten oder Begünstigten die Befugnis einräumt, andere als die in diesem Abschnitt angeführten Gerichte anzurufen,

3. wenn sie zwischen einem Versicherungsnehmer und einem Versicherer, die zum Zeitpunkt des Vertragsabschlusses ihren Wohnsitz oder gewöhnlichen Aufenthalt in demselben Mitgliedstaat haben, getroffen ist, um die Zuständigkeit der Gerichte dieses Mitgliedstaats auch für den Fall zu begründen, dass das schädigende Ereignis im Ausland eintritt, es sei denn, dass eine solche Vereinbarung nach dem Recht dieses Mitgliedstaats nicht zulässig ist,

4. wenn sie von einem Versicherungsnehmer geschlossen ist, der seinen Wohnsitz nicht in einem Mitgliedstaat hat, ausgenommen soweit sie eine Versicherung, zu deren Abschluss eine gesetzliche Verpflichtung besteht, oder die Versicherung von unbeweglichen Sachen in einem Mitgliedstaat betrifft, oder

5. wenn sie einen Versicherungsvertrag betrifft, soweit dieser eines oder mehrere der in Artikel 16 aufgeführten Risiken deckt.

Artikel 16

Die in Artikel 15 Nummer 5 erwähnten Risiken sind die folgenden:

1. sämtliche Schäden

a) an Seeschiffen, Anlagen vor der Küste und auf hoher See oder Luftfahrzeugen aus Gefahren, die mit ihrer Verwendung zu gewerblichen Zwecken verbunden sind,

b) an Transportgütern, ausgenommen Reisegepäck der Passagiere, wenn diese Güter ausschließlich oder zum Teil mit diesen Schiffen oder Luftfahrzeugen befördert werden;

2. Haftpflicht aller Art mit Ausnahme der Haftung für Personenschäden an Passagieren oder Schäden an deren Reisegepäck,

a) aus der Verwendung oder dem Betrieb von Seeschiffen, Anlagen oder Luftfahrzeugen gemäß Nummer 1 Buchstabe a, es sei denn, dass – was die letztgenannten betrifft – nach den Rechtsvorschriften des Mitgliedstaats, in dem das Luftfahrzeug eingetragen ist, Gerichtsstandsvereinbarungen für die Versicherung solcher Risiken untersagt sind,

b) für Schäden, die durch Transportgüter während einer Beförderung im Sinne von Nummer 1 Buchstabe b verursacht werden;

3. finanzielle Verluste im Zusammenhang mit der Verwendung oder dem Betrieb von Seeschiffen, Anlagen oder Luftfahrzeugen gemäß Nummer 1 Buchstabe a, insbesondere Fracht- oder Charterverlust;

4. irgendein zusätzliches Risiko, das mit einem der unter den Nummern 1 bis 3 genannten Risiken in Zusammenhang steht;

5. unbeschadet der Nummern 1 bis 4 alle „Großrisiken" entsprechend der Begriffsbestimmung in der Richtlinie 2009/138/EG des Europäischen Parlaments und des Rates vom 25. November 2009 betreffend die Aufnahme und Ausübung der Versicherungs- und der Rückversicherungstätigkeit (Solvabilität II)[1].

ABSCHNITT 4
Zuständigkeit bei Verbrauchersachen

Artikel 17

(1) Bilden ein Vertrag oder Ansprüche aus einem Vertrag, den eine Person, der Verbraucher, zu einem Zweck geschlossen hat, der nicht der beruflichen oder gewerblichen Tätigkeit dieser Person zugerechnet werden kann, den Gegenstand des Verfahrens, so bestimmt sich die Zuständigkeit unbeschadet des Artikels 6 und des Artikels 7 Nummer 5 nach diesem Abschnitt,

a) wenn es sich um den Kauf beweglicher Sachen auf Teilzahlung handelt,

b) wenn es sich um ein in Raten zurückzuzahlendes Darlehen oder ein anderes Kreditgeschäft handelt, das zur Finanzierung eines Kaufs derartiger Sachen bestimmt ist, oder

c) in allen anderen Fällen, wenn der andere Vertragspartner in dem Mitgliedstaat, in dessen Hoheitsgebiet der Verbraucher seinen Wohnsitz hat, eine berufliche oder gewerbliche Tätigkeit ausübt oder eine solche auf irgendeinem Wege auf diesen Mitgliedstaat oder auf mehrere Staaten, einschließlich dieses Mitgliedstaats, ausrichtet und der Vertrag in den Bereich dieser Tätigkeit fällt.

(2) Hat der Vertragspartner des Verbrauchers im Hoheitsgebiet eines Mitgliedstaats keinen Wohnsitz, besitzt er aber in einem Mitgliedstaat eine Zweigniederlassung, Agentur oder sonstige Niederlassung, so wird er für Streitigkeiten aus ihrem Betrieb so behandelt, wie wenn er seinen Wohnsitz im Hoheitsgebiet dieses Mitgliedstaats hätte.

(3) Dieser Abschnitt ist nicht auf Beförderungsverträge mit Ausnahme von Reiseverträgen, die für einen Pauschalpreis kombinierte Beförderungs- und Unterbringungsleistungen vorsehen, anzuwenden.

Artikel 18

(1) Die Klage eines Verbrauchers gegen den anderen Vertragspartner kann entweder vor den Gerichten des Mitgliedstaats erhoben werden, in dessen Hoheitsgebiet dieser Vertragspartner seinen Wohnsitz hat, oder ohne Rücksicht auf den Wohnsitz des anderen Vertragspartners vor dem Gericht des Ortes, an dem der Verbraucher seinen Wohnsitz hat.

(2) Die Klage des anderen Vertragspartners gegen den Verbraucher kann nur vor den Gerichten des Mitgliedstaats erhoben werden, in dessen Hoheitsgebiet der Verbraucher seinen Wohnsitz hat.

(3) Die Vorschriften dieses Artikels lassen das Recht unberührt, eine Widerklage vor dem Gericht zu erheben, bei dem die Klage selbst gemäß den Bestimmungen dieses Abschnitts anhängig ist.

Artikel 19

Von den Vorschriften dieses Abschnitts kann im Wege der Vereinbarung nur abgewichen werden,

1. wenn die Vereinbarung nach der Entstehung der Streitigkeit getroffen wird,

2. wenn sie dem Verbraucher die Befugnis einräumt, andere als die in diesem Abschnitt angeführten Gerichte anzurufen, oder

3. wenn sie zwischen einem Verbraucher und seinem Vertragspartner, die zum Zeitpunkt des Vertragsabschlusses ihren Wohnsitz oder gewöhnlichen Aufenthalt in demselben Mitgliedstaat haben, getroffen ist und die Zuständigkeit der Gerichte dieses Mitgliedstaats begründet, es sei denn, dass eine solche Vereinbarung nach dem Recht dieses Mitgliedstaats nicht zulässig ist.

ABSCHNITT 5
Zuständigkeit für individuelle Arbeitsverträge

Artikel 20

(1) Bilden ein individueller Arbeitsvertrag oder Ansprüche aus einem individuellen Arbeitsvertrag den Gegenstand des Verfahrens, so bestimmt sich die Zuständigkeit unbeschadet des Artikels 6, des Artikels 7 Nummer 5 und, wenn die Klage gegen den Arbeitgeber erhoben wurde, des Artikels 8 Nummer 1 nach diesem Abschnitt.

(2) Hat der Arbeitgeber, mit dem der Arbeitnehmer einen individuellen Arbeitsvertrag geschlossen hat, im Hoheitsgebiet eines Mitgliedstaats keinen Wohnsitz, besitzt er aber in einem Mitgliedstaat eine Zweigniederlassung, Agentur oder sonstige Niederlassung, so wird er für Streitigkeiten aus ihrem Betrieb so behandelt, wie wenn er

---

Zu Artikel 16:
[1] ABl. L 335 vom 17.12.2009, S. 1.

seinen Wohnsitz im Hoheitsgebiet dieses Mitgliedstaats hätte.

Artikel 21

(1) Ein Arbeitgeber, der seinen Wohnsitz im Hoheitsgebiet eines Mitgliedstaats hat, kann verklagt werden:
   a) vor den Gerichten des Mitgliedstaats, in dem er seinen Wohnsitz hat, oder
   b) in einem anderen Mitgliedstaat
     i) vor dem Gericht des Ortes, an dem oder von dem aus der Arbeitnehmer gewöhnlich seine Arbeit verrichtet oder zuletzt gewöhnlich verrichtet hat, oder
     ii) wenn der Arbeitnehmer seine Arbeit gewöhnlich nicht in ein und demselben Staat verrichtet oder verrichtet hat, vor dem Gericht des Ortes, an dem sich die Niederlassung, die den Arbeitnehmer eingestellt hat, befindet oder befand.

(2) Ein Arbeitgeber, der seinen Wohnsitz nicht im Hoheitsgebiet eines Mitgliedstaats hat, kann vor dem Gericht eines Mitgliedstaats gemäß Absatz 1 Buchstabe b verklagt werden.

Artikel 22

(1) Die Klage des Arbeitgebers kann nur vor den Gerichten des Mitgliedstaats erhoben werden, in dessen Hoheitsgebiet der Arbeitnehmer seinen Wohnsitz hat.

(2) Die Vorschriften dieses Abschnitts lassen das Recht unberührt, eine Widerklage vor dem Gericht zu erheben, bei dem die Klage selbst gemäß den Bestimmungen dieses Abschnitts anhängig ist.

Artikel 23

Von den Vorschriften dieses Abschnitts kann im Wege der Vereinbarung nur abgewichen werden,
   1. wenn die Vereinbarung nach der Entstehung der Streitigkeit getroffen wird oder
   2. wenn sie dem Arbeitnehmer die Befugnis einräumt, andere als die in diesem Abschnitt angeführten Gerichte anzurufen.

ABSCHNITT 6
Ausschließliche Zuständigkeiten

Artikel 24

Ohne Rücksicht auf den Wohnsitz der Parteien sind folgende Gerichte eines Mitgliedstaats ausschließlich zuständig:
   1. für Verfahren, welche dingliche Rechte an unbeweglichen Sachen sowie die Miete oder Pacht von unbeweglichen Sachen zum Gegenstand haben, die Gerichte des Mitgliedstaats, in dem die unbewegliche Sache belegen ist.

Jedoch sind für Verfahren betreffend die Miete oder Pacht unbeweglicher Sachen zum vorübergehenden privaten Gebrauch für höchstens sechs aufeinander folgende Monate auch die Gerichte des Mitgliedstaats zuständig, in dem der Beklagte seinen Wohnsitz hat, sofern es sich bei dem Mieter oder Pächter um eine natürliche Person handelt und der Eigentümer sowie der Mieter oder Pächter ihren Wohnsitz in demselben Mitgliedstaat haben;
   2. für Verfahren, welche die Gültigkeit, die Nichtigkeit oder die Auflösung einer Gesellschaft oder juristischen Person oder die Gültigkeit der Beschlüsse ihrer Organe zum Gegenstand haben, die Gerichte des Mitgliedstaats, in dessen Hoheitsgebiet die Gesellschaft oder juristische Person ihren Sitz hat. Bei der Entscheidung darüber, wo der Sitz sich befindet, wendet das Gericht die Vorschriften seines Internationalen Privatrechts an;
   3. für Verfahren, welche die Gültigkeit von Eintragungen in öffentliche Register zum Gegenstand haben, die Gerichte des Mitgliedstaats, in dessen Hoheitsgebiet die Register geführt werden;
   4. für Verfahren, welche die Eintragung oder die Gültigkeit von Patenten, Marken, Mustern und Modellen sowie ähnlicher Rechte, die einer Hinterlegung oder Registrierung bedürfen, zum Gegenstand haben, unabhängig davon, ob die Frage im Wege der Klage oder der Einrede aufgeworfen wird, die Gerichte des Mitgliedstaats, in dessen Hoheitsgebiet die Hinterlegung oder Registrierung beantragt oder vorgenommen worden ist oder aufgrund eines Unionsrechtsakts oder eines zwischenstaatlichen Übereinkommens als vorgenommen gilt.
Unbeschadet der Zuständigkeit des Europäischen Patentamts nach dem am 5. Oktober 1973 in München unterzeichneten Übereinkommen über die Erteilung europäischer Patente sind die Gerichte eines jeden Mitgliedstaats für alle Verfahren ausschließlich zuständig, welche die Erteilung oder die Gültigkeit eines europäischen Patents zum Gegenstand haben, das für diesen Mitgliedstaat erteilt wurde;
   5. für Verfahren, welche die Zwangsvollstreckung aus Entscheidungen zum Gegenstand haben, die Gerichte des Mitgliedstaats, in dessen Hoheitsgebiet die Zwangsvollstreckung durchgeführt werden soll oder durchgeführt worden ist.

ABSCHNITT 7
Vereinbarung über die Zuständigkeit

Artikel 25

(1) Haben die Parteien unabhängig von ihrem Wohnsitz vereinbart, dass ein Gericht oder die Gerichte eines Mitgliedstaats über eine bereits entstandene Rechtsstreitigkeit oder über eine künftige aus einem bestimmten Rechtsverhältnis

entspringende Rechtsstreitigkeit entscheiden sollen, so sind dieses Gericht oder die Gerichte dieses Mitgliedstaats zuständig, es sei denn, die Vereinbarung ist nach dem Recht dieses Mitgliedstaats materiell nichtig. Dieses Gericht oder die Gerichte dieses Mitgliedstaats sind ausschließlich zuständig, sofern die Parteien nichts anderes vereinbart haben. Die Gerichtsstandsvereinbarung muss geschlossen werden:

a) schriftlich oder mündlich mit schriftlicher Bestätigung,

b) in einer Form, welche den Gepflogenheiten entspricht, die zwischen den Parteien entstanden sind, oder

c) im internationalen Handel in einer Form, die einem Handelsbrauch entspricht, den die Parteien kannten oder kennen mussten und den Parteien von Verträgen dieser Art in dem betreffenden Geschäftszweig allgemein kennen und regelmäßig beachten.

(2) Elektronische Übermittlungen, die eine dauerhafte Aufzeichnung der Vereinbarung ermöglichen, sind der Schriftform gleichgestellt.

(3) Ist in schriftlich niedergelegten Trust-Bedingungen bestimmt, dass über Klagen gegen einen Begründer, Trustee oder Begünstigten eines Trust ein Gericht oder die Gerichte eines Mitgliedstaats entscheiden sollen, so ist dieses Gericht oder sind diese Gerichte ausschließlich zuständig, wenn es sich um Beziehungen zwischen diesen Personen oder ihre Rechte oder Pflichten im Rahmen des Trust handelt.

(4) Gerichtsstandsvereinbarungen und entsprechende Bestimmungen in Trust-Bedingungen haben keine rechtliche Wirkung, wenn sie den Vorschriften der Artikel 15, 19 oder 23 zuwiderlaufen oder wenn die Gerichte, deren Zuständigkeit abbedungen wird, aufgrund des Artikels 24 ausschließlich zuständig sind.

(5) Eine Gerichtsstandsvereinbarung, die Teil eines Vertrags ist, ist als eine von den übrigen Vertragsbestimmungen unabhängige Vereinbarung zu behandeln.

Die Gültigkeit der Gerichtsstandsvereinbarung kann nicht allein mit der Begründung in Frage gestellt werden, dass der Vertrag nicht gültig ist.

Artikel 26

(1) Sofern das Gericht eines Mitgliedstaats nicht bereits nach anderen Vorschriften dieser Verordnung zuständig ist, wird es zuständig, wenn sich der Beklagte vor ihm auf das Verfahren einlässt. Dies gilt nicht, wenn der Beklagte sich einlässt, um den Mangel der Zuständigkeit geltend zu machen oder wenn ein anderes Gericht aufgrund des Artikels 24 ausschließlich zuständig ist.

(2) In Streitigkeiten nach den Abschnitten 3, 4 oder 5, in denen der Beklagte Versicherungsnehmer, Versicherter, Begünstigter eines Versicherungsvertrags, Geschädigter, Verbraucher oder Arbeitnehmer ist, stellt das Gericht, bevor es sich nach Absatz 1 für zuständig erklärt, sicher, dass der Beklagte über sein Recht, die Unzuständigkeit des Gerichts geltend zu machen, und über die Folgen der Einlassung oder Nichteinlassung auf das Verfahren belehrt wird.

ABSCHNITT 8
Prüfung der Zuständigkeit und der Zulässigkeit des Verfahrens

Artikel 27

Das Gericht eines Mitgliedstaats hat sich von Amts wegen für unzuständig zu erklären, wenn es wegen einer Streitigkeit angerufen wird, für die das Gericht eines anderen Mitgliedstaats aufgrund des Artikels 24 ausschließlich zuständig ist.

Artikel 28

(1) Lässt sich der Beklagte, der seinen Wohnsitz im Hoheitsgebiet eines Mitgliedstaats hat und der vor dem Gericht eines anderen Mitgliedstaats verklagt wird, auf das Verfahren nicht ein, so hat sich das Gericht von Amts wegen für unzuständig zu erklären, wenn seine Zuständigkeit nicht nach dieser Verordnung begründet ist.

(2) Das Gericht hat das Verfahren so lange auszusetzen, bis festgestellt ist, dass es dem Beklagten möglich war, das verfahrenseinleitende Schriftstück oder ein gleichwertiges Schriftstück so rechtzeitig zu empfangen, dass er sich verteidigen konnte oder dass alle hierzu erforderlichen Maßnahmen getroffen worden sind.

(3) An die Stelle von Absatz 2 tritt Artikel 19 der Verordnung (EG) Nr. 1393/2007 des Europäischen Parlaments und des Rates vom 13. November 2007 über die Zustellung gerichtlicher und außergerichtlicher Schriftstücke in Zivil- oder Handelssachen in den Mitgliedstaaten (Zustellung von Schriftstücken)[1], wenn das verfahrenseinleitende Schriftstück oder ein gleichwertiges Schriftstück nach der genannten Verordnung von einem Mitgliedstaat in einen anderen zu übermitteln war.

(4) Ist die Verordnung (EG) Nr. 1393/2007 nicht anwendbar, so gilt Artikel 15 des Haager Übereinkommens vom 15. November 1965 über die Zustellung gerichtlicher und außergerichtlicher Schriftstücke im Ausland in Zivil- und Handelssachen, wenn das verfahrenseinleitende Schriftstück oder ein gleichwertiges Schriftstück

---

Zu Artikel 28:
[1] ABl. L 324 vom 10.12.2007, S. 79.

nach dem genannten Übereinkommen im Ausland zu übermitteln war.

ABSCHNITT 9
Anhängigkeit und im Zusammenhang stehende Verfahren

Artikel 29

(1) Werden bei Gerichten verschiedener Mitgliedstaaten Klagen wegen desselben Anspruchs zwischen denselben Parteien anhängig gemacht, so setzt das später angerufene Gericht unbeschadet des Artikels 31 Absatz 2 das Verfahren von Amts wegen aus, bis die Zuständigkeit des zuerst angerufenen Gerichts feststeht.

(2) In den in Absatz 1 genannten Fällen teilt das angerufene Gericht auf Antrag eines anderen angerufenen Gerichts diesem unverzüglich mit, wann es gemäß Artikel 32 angerufen wurde.

(3) Sobald die Zuständigkeit des zuerst angerufenen Gerichts feststeht, erklärt sich das später angerufene Gericht zugunsten dieses Gerichts für unzuständig.

Artikel 30

(1) Sind bei Gerichten verschiedener Mitgliedstaaten Verfahren, die im Zusammenhang stehen, anhängig, so kann jedes später angerufene Gericht das Verfahren aussetzen.

(2) Ist das beim zuerst angerufenen Gericht anhängige Verfahren in erster Instanz anhängig, so kann sich jedes später angerufene Gericht auf Antrag einer Partei auch für unzuständig erklären, wenn das zuerst angerufene Gericht für die betreffenden Verfahren zuständig ist und die Verbindung der Verfahren nach seinem Recht zulässig ist.

(3) Verfahren stehen im Sinne dieses Artikels im Zusammenhang, wenn zwischen ihnen eine so enge Beziehung gegeben ist, dass eine gemeinsame Verhandlung und Entscheidung geboten erscheint, um zu vermeiden, dass in getrennten Verfahren widersprechende Entscheidungen ergehen könnten.

Artikel 31

(1) Ist für die Verfahren die ausschließliche Zuständigkeit mehrerer Gerichte gegeben, so hat sich das zuletzt angerufene Gericht zugunsten des zuerst angerufenen Gerichts für unzuständig zu erklären.

(2) Wird ein Gericht eines Mitgliedstaats angerufen, das gemäß einer Vereinbarung nach Artikel 25 ausschließlich zuständig ist, so setzt das Gericht des anderen Mitgliedstaats unbeschadet des Artikels 26 das Verfahren so lange aus, bis das auf der Grundlage der Vereinbarung angerufene Gericht erklärt hat, dass es gemäß der Vereinbarung nicht zuständig ist.

(3) Sobald das in der Vereinbarung bezeichnete Gericht die Zuständigkeit gemäß der Vereinbarung festgestellt hat, erklären sich die Gerichte des anderen Mitgliedstaats zugunsten dieses Gerichts für unzuständig.

(4) Die Absätze 2 und 3 gelten nicht für Streitigkeiten, die in den Abschnitten 3, 4 oder 5 genannt werden, wenn der Kläger Versicherungsnehmer, Versicherter, Begünstigter des Versicherungsvertrags, Geschädigter, Verbraucher oder Arbeitnehmer ist und die Vereinbarung nach einer in den genannten Abschnitten enthaltenen Bestimmung nicht gültig ist.

Artikel 32

(1) Für die Zwecke dieses Abschnitts gilt ein Gericht als angerufen:

a) zu dem Zeitpunkt, zu dem das verfahrenseinleitende Schriftstück oder ein gleichwertiges Schriftstück bei Gericht eingereicht worden ist, vorausgesetzt, dass der Kläger es in der Folge nicht versäumt hat, die ihm obliegenden Maßnahmen zu treffen, um die Zustellung des Schriftstücks an den Beklagten zu bewirken, oder

b) falls die Zustellung an den Beklagten vor Einreichung des Schriftstücks bei Gericht zu bewirken ist, zu dem Zeitpunkt, zu dem die für die Zustellung verantwortliche Stelle das Schriftstück erhalten hat, vorausgesetzt, dass der Kläger es in der Folge nicht versäumt hat, die ihm obliegenden Maßnahmen zu treffen, um das Schriftstück bei Gericht einzureichen.

Die für die Zustellung verantwortliche Stelle im Sinne von Buchstabe b ist die Stelle, die die zuzustellenden Schriftstücke zuerst erhält.

(2) Das Gericht oder die für die Zustellung verantwortliche Stelle gemäß Absatz 1 vermerkt das Datum der Einreichung des verfahrenseinleitenden Schriftstücks oder gleichwertigen Schriftstücks beziehungsweise das Datum des Eingangs der zuzustellenden Schriftstücke.

Artikel 33

(1) Beruht die Zuständigkeit auf Artikel 4 oder auf den Artikeln 7, 8 oder 9 und ist bei Anrufung eines Gerichts eines Mitgliedstaats wegen desselben Anspruchs zwischen denselben Parteien ein Verfahren vor dem Gericht eines Drittstaats anhängig, so kann das Gericht des Mitgliedstaats das Verfahren aussetzen, wenn

a) zu erwarten ist, dass das Gericht des Drittstaats eine Entscheidung erlassen wird, die in dem betreffenden Mitgliedstaat anerkannt und gegebenenfalls vollstreckt werden kann, und

b) das Gericht des Mitgliedstaats davon überzeugt ist, dass eine Aussetzung des Verfahrens im Interesse einer geordneten Rechtspflege erforderlich ist.

(2) Das Gericht des Mitgliedstaats kann das Verfahren jederzeit fortsetzen, wenn

a) das Verfahren vor dem Gericht des Drittstaats ebenfalls ausgesetzt oder eingestellt wurde,

b) das Gericht des Mitgliedstaats es für unwahrscheinlich hält, dass das vor dem Gericht des Drittstaats anhängige Verfahren innerhalb einer angemessenen Frist abgeschlossen wird, oder

c) die Fortsetzung des Verfahrens im Interesse einer geordneten Rechtspflege erforderlich ist.

(3) Das Gericht des Mitgliedstaats stellt das Verfahren ein, wenn das vor dem Gericht des Drittstaats anhängige Verfahren abgeschlossen ist und eine Entscheidung ergangen ist, die in diesem Mitgliedstaat anerkannt und gegebenenfalls vollstreckt werden kann.

(4) Das Gericht des Mitgliedstaats wendet diesen Artikel auf Antrag einer der Parteien oder, wenn dies nach einzelstaatlichem Recht möglich ist, von Amts wegen an.

Artikel 34

(1) Beruht die Zuständigkeit auf Artikel 4 oder auf den Artikeln 7, 8 oder 9 und ist bei Anrufung eines Gerichts eines Mitgliedstaats vor einem Gericht eines Drittstaats ein Verfahren anhängig, das mit dem Verfahren vor dem Gericht des Mitgliedstaats in Zusammenhang steht, so kann das Gericht des Mitgliedstaats das Verfahren aussetzen, wenn

a) eine gemeinsame Verhandlung und Entscheidung der in Zusammenhang stehenden Verfahren geboten erscheint, um zu vermeiden, dass in getrennten Verfahren widersprechende Entscheidungen ergehen könnten,

b) zu erwarten ist, dass das Gericht des Drittstaats eine Entscheidung erlassen wird, die in dem betreffenden Mitgliedstaat anerkannt und gegebenenfalls vollstreckt werden kann, und

c) das Gericht des Mitgliedstaats davon überzeugt ist, dass die Aussetzung im Interesse einer geordneten Rechtspflege erforderlich ist.

(2) Das Gericht des Mitgliedstaats kann das Verfahren jederzeit fortsetzen, wenn

a) das Gericht des Mitgliedstaats es für wahrscheinlich hält, dass die Gefahr widersprechender Entscheidungen nicht mehr besteht,

b) das Verfahren vor dem Gericht des Drittstaats ebenfalls ausgesetzt oder eingestellt wurde,

c) das Gericht des Mitgliedstaats es für unwahrscheinlich hält, dass das vor dem Gericht des Drittstaats anhängige Verfahren innerhalb einer angemessenen Frist abgeschlossen wird, oder

d) die Fortsetzung des Verfahrens im Interesse einer geordneten Rechtspflege erforderlich ist.

(3) Das Gericht des Mitgliedstaats kann das Verfahren einstellen, wenn das vor dem Gericht des Drittstaats anhängige Verfahren abgeschlossen ist und eine Entscheidung ergangen ist, die in diesem Mitgliedstaat anerkannt und gegebenenfalls vollstreckt werden kann.

(4) Das Gericht des Mitgliedstaats wendet diesen Artikel auf Antrag einer der Parteien oder, wenn dies nach einzelstaatlichem Recht möglich ist, von Amts wegen an.

ABSCHNITT 10

Einstweilige Maßnahmen einschließlich Sicherungsmaßnahmen

Artikel 35

Die im Recht eines Mitgliedstaats vorgesehenen einstweiligen Maßnahmen einschließlich Sicherungsmaßnahmen können bei den Gerichten dieses Mitgliedstaats auch dann beantragt werden, wenn für die Entscheidung in der Hauptsache das Gericht eines anderen Mitgliedstaats zuständig ist.

KAPITEL III

ANERKENNUNG UND VOLLSTRECKUNG

ABSCHNITT 1

Anerkennung

Artikel 36

(1) Die in einem Mitgliedstaat ergangenen Entscheidungen werden in den anderen Mitgliedstaaten anerkannt, ohne dass es hierfür eines besonderen Verfahrens bedarf.

(2) Jeder Berechtigte kann gemäß dem Verfahren nach Abschnitt 3 Unterabschnitt 2 die Feststellung beantragen, dass keiner der in Artikel 45 genannten Gründe für eine Versagung der Anerkennung gegeben ist.

(3) Wird die Anerkennung in einem Rechtsstreit vor dem Gericht eines Mitgliedstaats, dessen Entscheidung von der Versagung der Anerkennung abhängt, verlangt, so kann dieses Gericht über die Anerkennung entscheiden.

Artikel 37

(1) Eine Partei, die in einem Mitgliedstaat eine in einem anderen Mitgliedstaat ergangene Entscheidung geltend machen will, hat Folgendes vorzulegen:

a) eine Ausfertigung der Entscheidung, die die für ihre Beweiskraft erforderlichen Voraussetzungen erfüllt, und

b) die nach Artikel 53 ausgestellte Bescheinigung.

(2) Das Gericht oder die Behörde, bei dem oder der eine in einem anderen Mitgliedstaat ergangene Entscheidung geltend gemacht wird, kann die Partei, die sie geltend macht, gegebenenfalls auffordern, eine Übersetzung oder eine Transliteration des Inhalts der in Absatz 1 Buchstabe b genannten Bescheinigung nach Artikel 57 zur Verfügung zu stellen. Kann das Gericht oder die Behörde das Verfahren ohne eine Übersetzung der eigentlichen Entscheidung nicht fortsetzen, so kann es oder sie die Partei auffordern, eine Übersetzung der Entscheidung statt der Übersetzung des Inhalts der Bescheinigung zur Verfügung zu stellen.

Artikel 38

Das Gericht oder die Behörde, bei dem bzw. der eine in einem anderen Mitgliedstaat ergangene Entscheidung geltend gemacht wird, kann das Verfahren ganz oder teilweise aussetzen, wenn

a) die Entscheidung im Ursprungsmitgliedstaat angefochten wird oder

b) die Feststellung, dass keiner der in Artikel 45 genannten Gründe für die Versagung der Anerkennung gegeben ist, oder die Feststellung, dass die Anerkennung aus einem dieser Gründe zu versagen ist, beantragt worden ist.

ABSCHNITT 2
Vollstreckung

Artikel 39

Eine in einem Mitgliedstaat ergangene Entscheidung, die in diesem Mitgliedstaat vollstreckbar ist, ist in den anderen Mitgliedstaaten vollstreckbar, ohne dass es einer Vollstreckbarerklärung bedarf.

Artikel 40

Eine vollstreckbare Entscheidung umfasst von Rechts wegen die Befugnis, jede Sicherungsmaßnahme zu veranlassen, die im Recht des ersuchten Mitgliedstaats vorgesehen ist.

Artikel 41

(1) Vorbehaltlich der Bestimmungen dieses Abschnitts gilt für das Verfahren zur Vollstreckung der in einem anderen Mitgliedstaat ergangenen Entscheidungen das Recht des ersuchten Mitgliedstaats. Eine in einem Mitgliedstaat ergangene Entscheidung, die im ersuchten Mitgliedstaat vollstreckbar ist, wird dort unter den gleichen Bedingungen vollstreckt wie eine im ersuchten Mitgliedstaat ergangene Entscheidung.

(2) Ungeachtet des Absatzes 1 gelten die im Recht des ersuchten Mitgliedstaats für die Verweigerung oder Aussetzung der Vollstreckung vorgesehenen Gründe, soweit sie nicht mit den in Artikel 45 aufgeführten Gründen unvereinbar sind.

(3) Von der Partei, die die Vollstreckung einer in einem anderen Mitgliedstaat ergangenen Entscheidung beantragt, kann nicht verlangt werden, dass sie im ersuchten Mitgliedstaat über eine Postanschrift verfügt. Es kann von ihr auch nicht verlangt werden, dass sie im ersuchten Mitgliedstaat über einen bevollmächtigten Vertreter verfügt, es sei denn, ein solcher Vertreter ist ungeachtet der Staatsangehörigkeit oder des Wohnsitzes der Parteien vorgeschrieben.

Artikel 42

(1) Soll in einem Mitgliedstaat eine in einem anderen Mitgliedstaat ergangene Entscheidung vollstreckt werden, hat der Antragsteller der zuständigen Vollstreckungsbehörde Folgendes vorzulegen:

a) eine Ausfertigung der Entscheidung, die die für ihre Beweiskraft erforderlichen Voraussetzungen erfüllt, und

b) die nach Artikel 53 ausgestellte Bescheinigung, mit der bestätigt wird, dass die Entscheidung vollstreckbar ist, und die einen Auszug aus der Entscheidung sowie gegebenenfalls relevante Angaben zu den erstattungsfähigen Kosten des Verfahrens und der Berechnung der Zinsen enthält.

(2) Soll in einem Mitgliedstaat eine in einem anderen Mitgliedstaat ergangene Entscheidung vollstreckt werden, mit der eine einstweilige Maßnahme einschließlich einer Sicherungsmaßnahme angeordnet wird, hat der Antragsteller der zuständigen Vollstreckungsbehörde Folgendes vorzulegen:

a) eine Ausfertigung der Entscheidung, die die für ihre Beweiskraft erforderlichen Voraussetzungen erfüllt, und

b) die nach Artikel 53 ausgestellte Bescheinigung, die eine Beschreibung der Maßnahme enthält und mit der bestätigt wird, dass

i) das Gericht in der Hauptsache zuständig ist,

ii) die Entscheidung im Ursprungsmitgliedstaat vollstreckbar ist, und

c) wenn die Maßnahme ohne Vorladung des Beklagten angeordnet wurde, den Nachweis der Zustellung der Entscheidung.

(3) Die zuständige Vollstreckungsbehörde kann gegebenenfalls vom Antragsteller gemäß Artikel 57 eine Übersetzung oder Transliteration des Inhalts der Bescheinigung verlangen.

(4) Die zuständige Vollstreckungsbehörde darf vom Antragsteller eine Übersetzung der Entscheidung nur verlangen, wenn sie das Verfahren ohne eine solche Übersetzung nicht fortsetzen kann.

Artikel 43

(1) Soll eine in einem anderen Mitgliedstaat ergangene Entscheidung vollstreckt werden, so

3/1. EuGVVO 2015
Artikel 43 – 45

wird die gemäß Artikel 53 ausgestellte Bescheinigung dem Schuldner vor der ersten Vollstreckungsmaßnahme zugestellt. Der Bescheinigung wird die Entscheidung beigefügt, sofern sie dem Schuldner noch nicht zugestellt wurde.

(2) Hat der Schuldner seinen Wohnsitz in einem anderen Mitgliedstaat als dem Ursprungsmitgliedstaat, so kann er eine Übersetzung der Entscheidung verlangen, um ihre Vollstreckung anfechten zu können, wenn die Entscheidung nicht in einer der folgenden Sprachen abgefasst ist oder ihr keine Übersetzung in einer der folgenden Sprachen beigefügt ist:

a) einer Sprache, die er versteht, oder

b) der Amtssprache des Mitgliedstaats, in dem er seinen Wohnsitz hat, oder, wenn es in diesem Mitgliedstaat mehrere Amtssprachen gibt, in der Amtssprache oder einer der Amtssprachen des Ortes, an dem er seinen Wohnsitz hat.

Wird die Übersetzung der Entscheidung gemäß Unterabsatz 1 verlangt, so darf die Zwangsvollstreckung nicht über Sicherungsmaßnahmen hinausgehen, solange der Schuldner die Übersetzung nicht erhalten hat.

Dieser Absatz gilt nicht, wenn die Entscheidung dem Schuldner bereits in einer der in Unterabsatz 1 genannten Sprachen oder zusammen mit einer Übersetzung in eine dieser Sprachen zugestellt worden ist.

(3) Dieser Artikel gilt nicht für die Vollstreckung einer in einer Entscheidung enthaltenen Sicherungsmaßnahme oder wenn der Antragsteller Sicherungsmaßnahmen gemäß Artikel 40 erwirkt.

Artikel 44

(1) Wurde eine Versagung der Vollstreckung einer Entscheidung gemäß Abschnitt 3 Unterabschnitt 2 beantragt, so kann das Gericht im ersuchten Mitgliedstaat auf Antrag des Schuldners

a) das Vollstreckungsverfahren auf Sicherungsmaßnahmen beschränken,

b) die Vollstreckung von der Leistung einer vom Gericht zu bestimmenden Sicherheit abhängig machen oder

c) das Vollstreckungsverfahren insgesamt oder teilweise aussetzen.

(2) Die zuständige Behörde des ersuchten Mitgliedstaats setzt das Vollstreckungsverfahren auf Antrag des Schuldners aus, wenn die Vollstreckbarkeit der Entscheidung im Ursprungsmitgliedstaat ausgesetzt ist.

ABSCHNITT 3
Versagung der Anerkennung und Vollstreckung

Unterabschnitt 1
Versagung der Anerkennung

Artikel 45

(1) Die Anerkennung einer Entscheidung wird auf Antrag eines Berechtigten versagt, wenn

a) die Anerkennung der öffentlichen Ordnung (ordre public) des ersuchten Mitgliedstaats offensichtlich widersprechen würde;

b) dem Beklagten, der sich auf das Verfahren nicht eingelassen hat, das verfahrenseinleitende Schriftstück oder ein gleichwertiges Schriftstück nicht so rechtzeitig und in einer Weise zugestellt worden ist, dass er sich verteidigen konnte, es sei denn, der Beklagte hat gegen die Entscheidung keinen Rechtsbehelf eingelegt, obwohl er die Möglichkeit dazu hatte;

c) die Entscheidung mit einer Entscheidung unvereinbar ist, die zwischen denselben Parteien im ersuchten Mitgliedstaat ergangen ist;

d) die Entscheidung mit einer früheren Entscheidung unvereinbar ist, die in einem anderen Mitgliedstaat oder in einem Drittstaat in einem Rechtsstreit wegen desselben Anspruchs zwischen denselben Parteien ergangen ist, sofern die frühere Entscheidung die notwendigen Voraussetzungen für ihre Anerkennung im ersuchten Mitgliedstaat erfüllt, oder

e) die Entscheidung unvereinbar ist

i) mit Kapitel II Abschnitte 3, 4 oder 5, sofern der Beklagte Versicherungsnehmer, Versicherter, Begünstigter des Versicherungsvertrags, Geschädigter, Verbraucher oder Arbeitnehmer ist, oder

ii) mit Kapitel II Abschnitt 6.

(2) Das mit dem Antrag befasste Gericht ist bei der Prüfung, ob eine der in Absatz 1 Buchstabe e angeführten Zuständigkeiten gegeben ist, an die tatsächlichen Feststellungen gebunden, aufgrund deren das Ursprungsgericht seine Zuständigkeit angenommen hat.

(3) Die Zuständigkeit des Ursprungsgerichts darf, unbeschadet des Absatzes 1 Buchstabe e, nicht nachgeprüft werden. Die Vorschriften über die Zuständigkeit gehören nicht zur öffentlichen Ordnung (ordre public) im Sinne des Absatzes 1 Buchstabe a.

(4) Der Antrag auf Versagung der Anerkennung ist gemäß den Verfahren des Unterabschnitts 2 und gegebenenfalls des Abschnitts 4 zu stellen.

Unterabschnitt 2
Versagung der Vollstreckung

Artikel 46

Die Vollstreckung einer Entscheidung wird auf Antrag des Schuldners versagt, wenn festgestellt wird, dass einer der in Artikel 45 genannten Gründe gegeben ist.

Artikel 47

(1) Der Antrag auf Versagung der Vollstreckung ist an das Gericht zu richten, das der Kommission von dem betreffenden Mitgliedstaat gemäß Artikel 75 Buchstabe a mitgeteilt wurde.

(2) Für das Verfahren zur Versagung der Vollstreckung ist, soweit es nicht durch diese Verordnung geregelt ist, das Recht des ersuchten Mitgliedstaats maßgebend.

(3) Der Antragsteller legt dem Gericht eine Ausfertigung der Entscheidung und gegebenenfalls eine Übersetzung oder Transliteration der Entscheidung vor.
Das Gericht kann auf die Vorlage der in Unterabsatz 1 genannten Schriftstücke verzichten, wenn ihm die Schriftstücke bereits vorliegen oder wenn es das Gericht für unzumutbar hält, vom Antragsteller die Vorlage der Schriftstücke zu verlangen. Im letztgenannten Fall kann das Gericht von der anderen Partei verlangen, diese Schriftstücke vorzulegen.

(4) Von der Partei, die die Versagung der Vollstreckung einer in einem anderen Mitgliedstaat ergangenen Entscheidung beantragt, kann nicht verlangt werden, dass sie im ersuchten Mitgliedstaat über eine Postanschrift verfügt. Es kann von ihr auch nicht verlangt werden, dass sie im ersuchten Mitgliedstaat über einen bevollmächtigten Vertreter verfügt, es sei denn, ein solcher Vertreter ist ungeachtet der Staatsangehörigkeit oder des Wohnsitzes der Parteien vorgeschrieben.

Artikel 48

Das Gericht entscheidet unverzüglich über den Antrag auf Versagung der Vollstreckung.

Artikel 49

(1) Gegen die Entscheidung über den Antrag auf Versagung der Vollstreckung kann jede Partei einen Rechtsbehelf einlegen.

(2) Der Rechtsbehelf ist bei dem Gericht einzulegen, das der Kommission von dem betreffenden Mitgliedstaat gemäß Artikel 75 Buchstabe b mitgeteilt wurde.

Artikel 50

Gegen die Entscheidung, die über den Rechtsbehelf ergangen ist, kann nur ein Rechtsbehelf eingelegt werden, wenn der betreffende Mitgliedstaat der Kommission gemäß Artikel 75 Buchstabe c mitgeteilt hat, bei welchen Gerichten ein weiterer Rechtsbehelf einzulegen ist.

Artikel 51

(1) Das mit einem Antrag auf Verweigerung der Vollstreckung befasste Gericht oder das nach Artikel 49 oder Artikel 50 mit einem Rechtsbehelf befasste Gericht kann das Verfahren aussetzen, wenn gegen die Entscheidung im Ursprungsmitgliedstaat ein ordentlicher Rechtsbehelf eingelegt wurde oder die Frist für einen solchen Rechtsbehelf noch nicht verstrichen ist. Im letztgenannten Fall kann das Gericht eine Frist bestimmen, innerhalb derer der Rechtsbehelf einzulegen ist.

(2) Ist die Entscheidung in Irland, Zypern oder im Vereinigten Königreich ergangen, so gilt jeder im Ursprungsmitgliedstaat statthafte Rechtsbehelf als ordentlicher Rechtsbehelf im Sinne des Absatzes 1.

ABSCHNITT 4
Gemeinsame Vorschriften

Artikel 52

Eine in einem Mitgliedstaat ergangene Entscheidung darf im ersuchten Mitgliedstaat keinesfalls in der Sache selbst nachgeprüft werden.

Artikel 53

Das Ursprungsgericht stellt auf Antrag eines Berechtigten die Bescheinigung unter Verwendung des Formblatts in Anhang I aus.

Artikel 54

(1) Enthält eine Entscheidung eine Maßnahme oder Anordnung, die im Recht des ersuchten Mitgliedstaats nicht bekannt ist, so ist diese Maßnahme oder Anordnung soweit möglich an eine im Recht dieses Mitgliedstaats bekannte Maßnahme oder Anordnung anzupassen, mit der vergleichbare Wirkungen verbunden sind und die ähnliche Ziele und Interessen verfolgt.
Eine solche Anpassung darf nicht dazu führen, dass Wirkungen entstehen, die über die im Recht des Ursprungsmitgliedstaats vorgesehenen Wirkungen hinausgehen.

(2) Jede Partei kann die Anpassung der Maßnahme oder Anordnung vor einem Gericht anfechten.

(3) Die Partei, die die Entscheidung geltend macht oder deren Vollstreckung beantragt, kann erforderlichenfalls aufgefordert werden, eine Übersetzung oder Transliteration der Entscheidung zur Verfügung zu stellen.

Artikel 55

In einem Mitgliedstaat ergangene Entscheidungen, die auf Zahlung eines Zwangsgelds lauten, sind im ersuchten Mitgliedstaat nur vollstreckbar, wenn die Höhe des Zwangsgelds durch das Ursprungsgericht endgültig festgesetzt ist.

Artikel 56

Der Partei, die in einem Mitgliedstaat eine in einem anderen Mitgliedstaat ergangene Entscheidung vollstrecken will, darf wegen ihrer Eigenschaft als Ausländer oder wegen Fehlens eines Wohnsitzes oder Aufenthalts im ersuchten Mitgliedstaat eine Sicherheitsleistung oder Hinterlegung, unter welcher Bezeichnung es auch sei, nicht auferlegt werden.

Artikel 57

(1) Ist nach dieser Verordnung eine Übersetzung oder Transliteration erforderlich, so erfolgt die Übersetzung oder Transliteration in die Amtssprache des betreffenden Mitgliedstaats oder, wenn es in diesem Mitgliedstaat mehrere Amtssprachen gibt, nach Maßgabe des Rechts dieses Mitgliedstaats in die oder in eine der Verfahrenssprachen des Ortes, an dem eine in einem anderen Mitgliedstaat ergangene Entscheidung geltend gemacht oder ein Antrag gestellt wird.

(2) Bei den in den Artikeln 53 und 60 genannten Formblättern kann eine Übersetzung oder Transliteration auch in eine oder mehrere andere Amtssprachen der Organe der Union erfolgen, die der betreffende Mitgliedstaat für diese Formblätter zugelassen hat.

(3) Eine Übersetzung aufgrund dieser Verordnung ist von einer Person zu erstellen, die zur Anfertigung von Übersetzungen in einem der Mitgliedstaaten befugt ist.

KAPITEL IV
ÖFFENTLICHE URKUNDEN UND GERICHTLICHE VERGLEICHE

Artikel 58

(1) Öffentliche Urkunden, die im Ursprungsmitgliedstaat vollstreckbar sind, sind in den anderen Mitgliedstaaten vollstreckbar, ohne dass es einer Vollstreckbarerklärung bedarf. Die Zwangsvollstreckung aus der öffentlichen Urkunde kann nur versagt werden, wenn sie der öffentlichen Ordnung (ordre public) des ersuchten Mitgliedstaats offensichtlich widersprechen würde.
Die Vorschriften des Kapitels III Abschnitt 2, des Abschnitts 3 Unterabschnitt 2 und des Abschnitts 4 sind auf öffentlichen Urkunden sinngemäß anzuwenden.

(2) Die vorgelegte öffentliche Urkunde muss die Voraussetzungen für ihre Beweiskraft erfüllen, die im Ursprungsmitgliedstaat erforderlich sind.

Artikel 59

Gerichtliche Vergleiche, die im Ursprungsmitgliedstaat vollstreckbar sind, werden in den anderen Mitgliedstaaten unter denselben Bedingungen wie öffentliche Urkunden vollstreckt.

Artikel 60

Die zuständige Behörde oder das Gericht des Ursprungsmitgliedstaats stellt auf Antrag eines Berechtigten die Bescheinigung mit einer Zusammenfassung der in der öffentlichen Urkunde beurkundeten vollstreckbaren Verpflichtung oder der in dem gerichtlichen Vergleich beurkundeten Parteivereinbarung unter Verwendung des Formblatts in Anhang II aus.

KAPITEL V
ALLGEMEINE VORSCHRIFTEN

Artikel 61

Im Rahmen dieser Verordnung bedarf es hinsichtlich Urkunden, die in einem Mitgliedstaat ausgestellt werden, weder der Legalisation noch einer ähnlichen Förmlichkeit.

Artikel 62

(1) Ist zu entscheiden, ob eine Partei im Hoheitsgebiet des Mitgliedstaats, dessen Gerichte angerufen sind, einen Wohnsitz hat, so wendet das Gericht sein Recht an.

(2) Hat eine Partei keinen Wohnsitz in dem Mitgliedstaat, dessen Gerichte angerufen sind, so wendet das Gericht, wenn es zu entscheiden hat, ob die Partei einen Wohnsitz in einem anderen Mitgliedstaat hat, das Recht dieses Mitgliedstaats an.

Artikel 63

(1) Gesellschaften und juristische Personen haben für die Anwendung dieser Verordnung ihren Wohnsitz an dem Ort, an dem sich

a) ihr satzungsmäßiger Sitz,

b) ihre Hauptverwaltung oder

c) ihre Hauptniederlassung befindet.

(2) Im Falle Irlands, Zyperns und des Vereinigten Königreichs ist unter dem Ausdruck „satzungsmäßiger Sitz" das *registered office* oder, wenn ein solches nirgendwo besteht, der *place of incorporation* (Ort der Erlangung der Rechtsfähigkeit) oder, wenn ein solcher nirgendwo besteht, der Ort, nach dessen Recht die *formation* (Gründung) erfolgt ist, zu verstehen.

(3) Um zu bestimmen, ob ein Trust seinen Sitz in dem Mitgliedstaat hat, bei dessen Gerichten die Klage anhängig ist, wendet das Gericht sein Internationales Privatrecht an.

Artikel 64

Unbeschadet günstigerer innerstaatlicher Vorschriften können Personen, die ihren Wohnsitz im Hoheitsgebiet eines Mitgliedstaats haben und die vor den Strafgerichten eines anderen Mitgliedstaats, dessen Staatsangehörigkeit sie nicht besitzen, wegen einer fahrlässig begangenen Straftat verfolgt werden, sich von hierzu befugten Personen vertreten lassen, selbst wenn sie persönlich nicht erscheinen. Das Gericht kann jedoch das persönliche Erscheinen anordnen; wird diese Anordnung nicht befolgt, so braucht die Entscheidung, die über den Anspruch aus einem Rechtsverhältnis des Zivilrechts ergangen ist, ohne dass sich der Angeklagte verteidigen konnte, in den anderen Mitgliedstaaten weder anerkannt noch vollstreckt zu werden.

Artikel 65

(1) Die in Artikel 8 Nummer 2 und Artikel 13 für eine Gewährleistungs- oder Interventionsklage vorgesehene Zuständigkeit kann in den Mitgliedstaaten, die in der von der Kommission nach Artikel 76 Absatz 1 Buchstabe b und Artikel 76 Absatz 2 festgelegten Liste aufgeführt sind, nur geltend gemacht werden, soweit das einzelstaatliche Recht dies zulässt. Eine Person, die ihren Wohnsitz in einem anderen Mitgliedstaat hat, kann aufgefordert werden, nach den Vorschriften über die Streitverkündung gemäß der genannten Liste einem Verfahren vor einem Gericht dieser Mitgliedstaaten beizutreten.

(2) Entscheidungen, die in einem Mitgliedstaat aufgrund des Artikels 8 Nummer 2 oder des Artikels 13 ergangen sind, werden nach Kapitel III in allen anderen Mitgliedstaaten anerkannt und vollstreckt. Die Wirkungen, welche die Entscheidungen, die in den in der Liste nach Absatz 1 aufgeführten Mitgliedstaaten ergangen sind, gemäß dem Recht dieser Mitgliedstaaten infolge der Anwendung von Absatz 1 gegenüber Dritten haben, werden in den allen Mitgliedstaaten anerkannt.

(3) Die in der Liste nach Absatz 1 aufgeführten Mitgliedstaaten übermitteln im Rahmen des durch die Entscheidung 2001/470/EG des Rates[1] errichteten Europäischen Justiziellen Netzes für Zivil- und Handelssachen („Europäisches Justizielles Netz") Informationen darüber, wie nach Maßgabe ihres innerstaatlichen Rechts die in Absatz 2 Satz 2 genannten Wirkungen der Entscheidungen bestimmt werden können.

KAPITEL VI
ÜBERGANGSVORSCHRIFTEN

Artikel 66

(1) Diese Verordnung ist nur auf Verfahren, öffentliche Urkunden oder gerichtliche Vergleiche anzuwenden, die am 10. Januar 2015 oder danach eingeleitet, förmlich errichtet oder eingetragen bzw. gebilligt oder geschlossen worden sind.

(2) Ungeachtet des Artikels 80 gilt die Verordnung (EG) Nr. 44/2001 weiterhin für Entscheidungen, die vor dem 10. Januar 2015 eingeleiteten gerichtlichen Verfahren ergangen sind, für vor diesem Zeitpunkt förmlich errichtete oder eingetragene öffentliche Urkunden sowie für vor diesem Zeitpunkt gebilligte oder geschlossene gerichtliche Vergleiche, sofern sie in den Anwendungsbereich der genannten Verordnung fallen.

KAPITEL VII
VERHÄLTNIS ZU ANDEREN RECHTSINSTRUMENTEN

Artikel 67

Diese Verordnung berührt nicht die Anwendung der Bestimmungen, die für besondere Rechtsgebiete die gerichtliche Zuständigkeit oder die Anerkennung und Vollstreckung von Entscheidungen regeln und in Unionsrechtsakten oder in dem in Ausführung dieser Rechtsakte harmonisierten einzelstaatlichen Recht enthalten sind.

Artikel 68

(1) Diese Verordnung tritt im Verhältnis zwischen den Mitgliedstaaten an die Stelle des Brüsseler Übereinkommens von 1968, außer hinsichtlich der Hoheitsgebiete der Mitgliedstaaten, die in den territorialen Anwendungsbereich des genannten Übereinkommens fallen und aufgrund der Anwendung von Artikel 355 AEUV von dieser Verordnung ausgeschlossen sind.

(2) Soweit diese Verordnung die Bestimmungen des Brüsseler Übereinkommens von 1968 zwischen den Mitgliedstaaten ersetzt, gelten Verweise auf dieses Übereinkommen als Verweise auf die vorliegende Verordnung.

Artikel 69

Diese Verordnung ersetzt unbeschadet der Artikel 70 und 71 im Verhältnis zwischen den Mitgliedstaaten die Übereinkünfte, die sich auf dieselben Rechtsgebiete erstrecken wie diese Verordnung. Ersetzt werden insbesondere die Übereinkünfte, die in der von der Kommission nach Artikel 76

Zu Artikel 65:
[1] *ABl. L 174 vom 27.6.2001, S. 25.*

3/1. EuGVVO 2015
Artikel 69 – 71c

Absatz 1 Buchstabe c und Artikel 76 Absatz 2 festgelegten Liste aufgeführt sind.

Artikel 70

(1) Die in Artikel 69 genannten Übereinkünfte behalten ihre Wirksamkeit für die Rechtsgebiete, auf die diese Verordnung nicht anzuwenden ist.

(2) Sie bleiben auch weiterhin für die Entscheidungen, öffentlichen Urkunden und gerichtlichen Vergleiche wirksam, die vor dem Inkrafttreten der Verordnung (EG) Nr. 44/2001 ergangen, förmlich errichtet oder eingetragen bzw. gebilligt oder geschlossen worden sind.

Artikel 71

(1) Diese Verordnung lässt Übereinkünfte unberührt, denen die Mitgliedstaaten angehören und die für besondere Rechtsgebiete die gerichtliche Zuständigkeit, die Anerkennung oder die Vollstreckung von Entscheidungen regeln.

(2) Um eine einheitliche Auslegung des Absatzes 1 zu sichern, wird er in folgender Weise angewandt:

a) Diese Verordnung schließt nicht aus, dass ein Gericht eines Mitgliedstaats, der Vertragspartei einer Übereinkunft über ein besonderes Rechtsgebiet ist, seine Zuständigkeit auf eine solche Übereinkunft stützt, und zwar auch dann, wenn der Beklagte seinen Wohnsitz im Hoheitsgebiet eines Mitgliedstaats hat, der nicht Vertragspartei einer solchen Übereinkunft ist. In jedem Fall wendet dieses Gericht Artikel 28 dieser Verordnung an.

b) Entscheidungen, die in einem Mitgliedstaat von einem Gericht erlassen worden sind, das seine Zuständigkeit auf eine Übereinkunft über ein besonderes Rechtsgebiet gestützt hat, werden in den anderen Mitgliedstaaten nach dieser Verordnung anerkannt und vollstreckt.

Sind der Ursprungsmitgliedstaat und der ersuchte Mitgliedstaat Vertragsparteien einer Übereinkunft über ein besonderes Rechtsgebiet, welche die Voraussetzungen für die Anerkennung und Vollstreckung von Entscheidungen regelt, so gelten diese Voraussetzungen. In jedem Fall können die Bestimmungen dieser Verordnung über die Anerkennung und Vollstreckung von Entscheidungen angewandt werden.

Artikel 71a

(1) Für die Zwecke dieser Verordnung gilt ein gemeinsames Gericht mehrerer Mitgliedstaaten gemäß Absatz 2 („gemeinsames Gericht") als ein Gericht eines Mitgliedstaats, wenn das gemeinsame Gericht gemäß der zu seiner Errichtung geschlossenen Übereinkunft eine gerichtliche Zuständigkeit in Angelegenheiten ausübt, die in den Anwendungsbereich dieser Verordnung fallen.

(2) Jedes der folgenden Gerichte ist für die Zwecke dieser Verordnung ein gemeinsames Gericht:

a) das mit dem am 19. Februar 2013 unterzeichneten Übereinkommen zur Schaffung eines Einheitlichen Patentgerichts („EPG-Übereinkommen") errichtete Einheitliche Patentgericht und

b) der mit dem Vertrag vom 31. März 1965 über die Gründung und die Satzung des Benelux-Gerichtshofs (im Folgenden „Benelux-Gerichtshof-Vertrag") errichtete Benelux-Gerichtshof.

(ABl L 163 vom 29. 5. 2014, S 3)

Artikel 71b

Die Zuständigkeit eines gemeinsamen Gerichts wird wie folgt bestimmt:

1. Ein gemeinsames Gericht ist zuständig, wenn die Gerichte eines Mitgliedstaats, der Partei der Übereinkunft zur Errichtung des gemeinsamen Gerichts ist, nach Maßgabe dieser Verordnung in einem unter die betreffende Übereinkunft fallenden Rechtsgebiet zuständig wären.

2. In Fällen, in denen der Beklagte seinen Wohnsitz nicht in einem Mitgliedstaat hat und diese Verordnung die ihn betreffende gerichtliche Zuständigkeit nicht anderweitig begründet, findet Kapitel II, soweit einschlägig, ungeachtet des Wohnsitzes des Beklagten Anwendung. Einstweilige Maßnahmen einschließlich Sicherungsmaßnahmen können bei einem gemeinsamen Gericht auch dann beantragt werden, wenn für die Entscheidung in der Hauptsache die Gerichte eines Drittstaats zuständig sind.

3. Ist ein gemeinsames Gericht hinsichtlich eines Beklagten nach Nummer 2 in einem Rechtsstreit über eine Verletzung eines Europäischen Patents, die zu einem Schaden innerhalb der Union geführt hat, zuständig, kann dieses Gericht seine Zuständigkeit auch hinsichtlich eines aufgrund einer solchen Verletzung außerhalb der Union entstandenen Schadens ausüben.

Diese Zuständigkeit kann nur begründet werden, wenn dem Beklagten gehörendes Vermögen in einem Mitgliedstaat belegen ist, der Vertragspartei der Übereinkunft zur Errichtung des gemeinsamen Gerichts ist und der Rechtsstreit einen hinreichenden Bezug zu einem solchen Mitgliedstaat aufweist.

(ABl L 163 vom 29. 5. 2014, S 3)

Artikel 71c

(1) Die Artikel 29 bis 32 finden Anwendung, wenn ein gemeinsames Gericht und ein Gericht eines Mitgliedstaats, der nicht Vertragspartei der Übereinkunft zur Errichtung des gemeinsamen Gerichts ist, angerufen werden.

(2) Die Artikel 29 bis 32 finden Anwendung, wenn während des Übergangszeitraums gemäß

Artikel 83 des EPG- Übereinkommens das Einheitliche Patentgericht und ein Gericht eines Mitgliedstaats angerufen werden, der Vertragspartei des EPG-Übereinkommens ist.
(ABl L 163 vom 29. 5. 2014, S 3)

Artikel 71d

Diese Verordnung findet Anwendung auf die Anerkennung und Vollstreckung von

a) Entscheidungen eines gemeinsamen Gerichts, die in einem Mitgliedstaat, der nicht Vertragspartei der Übereinkunft zur Errichtung des gemeinsamen Gerichts ist, anerkannt und vollstreckt werden müssen, und

b) Entscheidungen der Gerichte eines Mitgliedstaats, der nicht Vertragspartei der Übereinkunft zur Errichtung des gemeinsamen Gerichts ist, die in einem Mitgliedstaat, der Vertragspartei dieser Übereinkunft ist, anerkannt und vollstreckt werden müssen.

Wird die Anerkennung und Vollstreckung einer Entscheidung eines gemeinsamen Gerichts jedoch in einem Mitgliedstaat beantragt, der Vertragspartei der Übereinkunft zur Errichtung des gemeinsamen Gerichts ist, gelten anstelle dieser Verordnung alle die Anerkennung und Vollstreckung betreffenden Bestimmungen der Übereinkunft.
(ABl L 163 vom 29. 5. 2014, S 3)

Artikel 72

Diese Verordnung lässt Vereinbarungen unberührt, durch die sich die Mitgliedstaaten vor Inkrafttreten der Verordnung (EG) Nr. 44/2001 nach Artikel 59 des Brüsseler Übereinkommens von 1968 verpflichtet haben, Entscheidungen der Gerichte eines anderen Vertragsstaats des genannten Übereinkommens gegen Beklagte, die ihren Wohnsitz oder gewöhnlichen Aufenthalt im Hoheitsgebiet eines Drittstaats haben, nicht anzuerkennen, wenn die Entscheidungen in den Fällen des Artikels 4 des genannten Übereinkommens nur in einem der in Artikel 3 Absatz 2 des genannten Übereinkommens angeführten Gerichtsstände ergehen können.

Artikel 73

(1) Diese Verordnung lässt die Anwendung des Übereinkommens von Lugano von 2007 unberührt.

(2) Diese Verordnung lässt die Anwendung des Übereinkommens von New York von 1958 unberührt.

(3) Diese Verordnung lässt die Anwendung der bilateralen Übereinkünfte und Vereinbarungen zwischen einem Drittstaat und einem Mitgliedstaat unberührt, die vor dem Inkrafttreten der Verordnung (EG) Nr. 44/2001 geschlossen wurden und in dieser Verordnung geregelte Angelegenheiten betreffen.

KAPITEL VIII
SCHLUSSVORSCHRIFTEN

Artikel 74

Die Mitgliedstaaten übermitteln im Rahmen des Europäischen Justiziellen Netzes für Zivil- und Handelssachen eine Beschreibung der einzelstaatlichen Vollstreckungsvorschriften und -verfahren, einschließlich Angaben über die Vollstreckungsbehörden, sowie Informationen über alle Vollstreckungsbeschränkungen, insbesondere über Schuldnerschutzvorschriften und Verjährungsfristen, im Hinblick auf die Bereitstellung dieser Informationen für die Öffentlichkeit.
Die Mitgliedstaaten halten diese Informationen stets auf dem neuesten Stand.

Artikel 75

Die Mitgliedstaaten teilen der Kommission bis zum 10. Januar 2014 mit,

a) an welches Gericht der Antrag auf Versagung der Vollstreckung gemäß Artikel 47 Absatz 1 zu richten ist;

b) bei welchen Gerichten der Rechtsbehelf gegen die Entscheidung über den Antrag auf Versagung der Vollstreckung gemäß Artikel 49 Absatz 2 einzulegen ist;

c) bei welchen Gerichten ein weiterer Rechtsbehelf gemäß Artikel 50 einzulegen ist und

d) welche Sprachen für die Übersetzung der Formblätter nach Artikel 57 Absatz 2 zugelassen sind.

Die Angaben werden von der Kommission in geeigneter Weise, insbesondere über das Europäische Justizielle Netz für Zivil- und Handelssachen, der Öffentlichkeit zur Verfügung gestellt.

Artikel 76

(1) Die Mitgliedstaaten notifizieren der Kommission

a) die Zuständigkeitsvorschriften nach Artikel 5 Absatz 2 und Artikel 6 Absatz 2,

b) die Regeln für die Streitverkündung nach Artikel 65 und

c) die Übereinkünfte nach Artikel 69.

(2) Die Kommission legt anhand der in Absatz 1 genannten Notifizierungen der Mitgliedstaaten die jeweiligen Listen fest.

(3) Die Mitgliedstaaten notifizieren der Kommission alle späteren Änderungen, die an diesen Listen vorgenommen werden müssen. Die Kommission passt diese Listen entsprechend an.

Artikel 76 – 81

(4) Die Kommission veröffentlicht die Listen und alle späteren Änderungen dieser Listen im *Amtsblatt der Europäischen Union*.

(5) Die Kommission stellt der Öffentlichkeit alle nach den Absätzen 1 und 3 notifizierten Informationen auf andere geeignete Weise, insbesondere über das Europäische Justizielle Netz, zur Verfügung.

Artikel 77

Der Kommission wird die Befugnis übertragen, gemäß Artikel 78 in Bezug auf die Änderung der Anhänge I und II delegierte Rechtsakte zu erlassen.

Artikel 78

(1) Die der Kommission übertragene Befugnis zum Erlass delegierter Rechtsakte unterliegt den Bedingungen dieses Artikels.

(2) Die Befugnis zum Erlass delegierter Rechtsakte gemäß Artikel 77 wird der Kommission auf unbestimmte Zeit ab dem 9. Januar 2013 übertragen.

(3) Die Befugnisübertragung gemäß Artikel 77 kann vom Europäischen Parlament oder vom Rat jederzeit widerrufen werden. Der Beschluss über den Widerruf beendet die Übertragung der darin genannten Befugnisse. Der Beschluss tritt am Tag nach Veröffentlichung des Beschlusses im *Amtsblatt der Europäischen Union* oder zu einem späteren, in dem Beschluss festgelegten Zeitpunkt in Kraft. Er berührt nicht die Gültigkeit bereits in Kraft getretener delegierter Rechtsakte.

(4) Sobald die Kommission einen delegierten Rechtsakt erlässt, übermittelt sie ihn gleichzeitig dem Europäischen Parlament und dem Rat.

(5) Ein gemäß Artikel 77 erlassener delegierter Rechtsakt tritt nur in Kraft, wenn weder das Europäische Parlament noch der Rat innerhalb einer Frist von zwei Monaten nach Übermittlung dieses Rechtsakts an das Europäische Parlament und den Rat Einwände erhoben hat oder wenn vor Ablauf dieser Frist sowohl das Europäische Parlament als auch der Rat der Kommission mitgeteilt haben, dass sie keine Einwände zu erheben beabsichtigen. Diese Frist wird auf Initiative des Europäischen Parlaments oder des Rates um zwei Monate verlängert.

Artikel 79

Die Kommission legt dem Europäischen Parlament, dem Rat und dem Europäischen Wirtschafts- und Sozialausschuss bis zum 11. Januar 2022 einen Bericht über die Anwendung dieser Verordnung vor. Dieser Bericht enthält auch eine Bewertung der Frage, ob die Zuständigkeitsvorschriften weiter ausgedehnt werden sollten auf Beklagte, die ihren Wohnsitz nicht in einem Mitgliedstaat haben, wobei der Funktionsweise dieser Verordnung und möglichen Entwicklungen auf internationaler Ebene Rechnung zu tragen ist. Dem Bericht wird gegebenenfalls ein Vorschlag zur Änderung dieser Verordnung beigefügt.

Artikel 80

Die Verordnung (EG) Nr. 44/2001 wird durch diese Verordnung aufgehoben. Bezugnahmen auf die aufgehobene Verordnung gelten als Bezugnahmen auf die vorliegende Verordnung und sind nach Maßgabe der Entsprechungstabelle in Anhang III zu lesen.

Artikel 81

Diese Verordnung tritt am zwanzigsten Tag nach ihrer Veröffentlichung im Amtsblatt der Europäischen Union in Kraft.
Sie gilt ab dem 10. Januar 2015, mit Ausnahme der Artikel 75 und 76, die ab dem 10. Januar 2014 gelten.

Diese Verordnung ist in allen ihren Teilen verbindlich und gilt gemäß den Verträgen unmittelbar in den Mitgliedstaaten.

Geschehen zu Straßburg am 12. Dezember 2012.

Im Namen des Europäischen Parlaments	*Im Namen des Rates*
Der Präsident	*Der Präsident*
M. SCHULZ	A. D. MAVROYIANNIS

3/1. EuGVVO 2015
Anhang I

ANHANG

„ANHANG I

BESCHEINIGUNG ÜBER EINE ENTSCHEIDUNG IN ZIVIL- UND HANDELSSACHEN

Artikel 53 der Verordnung (EU) Nr. 1215/2012 des Europäischen Parlaments und des Rates über die gerichtliche Zuständigkeit und die Anerkennung und Vollstreckung von Entscheidungen in Zivil- und Handelssachen

1. URSPRUNGSGERICHT
1.1. Bezeichnung:
1.2. Anschrift:
1.2.1. Straße und Hausnummer/Postfach:
1.2.2. PLZ und Ort:
1.2.3. Mitgliedstaat:
AT ☐ BE ☐ BG ☐ CY ☐ CZ ☐ DK ☐ DE ☐ EE ☐ EL ☐ ES ☐ FI ☐ FR ☐ HR ☐ HU ☐ IE ☐ IT ☐ LT ☐ LU ☐ LV ☐ MT ☐ NL ☐ PL ☐ PT ☐ RO ☐ SE ☐ SI ☐ SK ☐ UK ☐
1.3. Telefon:
1.4. Fax:
1.5. E-Mail (falls verfügbar):
2. KLÄGER ([1])
2.1. Name, Vorname/Name der Firma oder Organisation:
2.2. Identifizierungsnummer (falls vorhanden und falls verfügbar):
2.3. Geburtsdatum (TT/MM/JJJJ) und Geburtsort oder, bei juristischen Personen, Datum der Gründung/Erlangung der Rechtsfähigkeit/Registrierung (falls relevant und falls verfügbar):
2.4. Anschrift:
2.4.1. Straße und Hausnummer/Postfach:
2.4.2. PLZ und Ort:
2.4.3. Land:
AT ☐ BE ☐ BG ☐ CY ☐ CZ ☐ DK ☐ DE ☐ EE ☐ EL ☐ ES ☐ FI ☐ FR ☐ HR ☐ HU ☐ IE ☐ IT ☐ LT ☐ LU ☐ LV ☐ MT ☐ NL ☐ PL ☐ PT ☐ RO ☐ SE ☐ SI ☐ SK ☐ UK ☐ Sonstige (bitte angeben (ISO-Code)) ☐
2.5. E-Mail (falls verfügbar):
3. BEKLAGTE(R) ([2])
3.1. Name, Vorname/Name der Firma oder Organisation:
3.2. Identifizierungsnummer (falls vorhanden und falls verfügbar):
3.3. Geburtsdatum (TT/MM/JJJJ) und Geburtsort oder, bei juristischen Personen, Datum der Gründung/Erlangung der Rechtsfähigkeit/Registrierung (falls relevant und falls verfügbar):
3.4. Anschrift:
3.4.1. Straße und Hausnummer/Postfach:
3.4.2. PLZ und Ort:
3.4.3. Land:
AT ☐ BE ☐ BG ☐ CY ☐ CZ ☐ DK ☐ DE ☐ EE ☐ EL ☐ ES ☐ FI ☐ FR ☐ HR ☐ HU ☐ IE ☐ IT ☐ LT ☐ LU ☐ LV ☐ MT ☐ NL ☐ PL ☐ PT ☐ RO ☐ SE ☐ SI ☐ SK ☐ UK ☐ Sonstige (bitte angeben (ISO-Code)) ☐
3.5. E-Mail (falls verfügbar):

Anhang I

4.		ENTSCHEIDUNG
4.1.		Datum (TT/MM/JJJJ) der Entscheidung:
4.2.		Aktenzeichen der Entscheidung:
4.3.		Ist die Entscheidung ergangen, ohne dass sich der Beklagte auf das Verfahren eingelassen hat?
4.3.1.		☐ Nein
4.3.2.		☐ Ja (bitte das Datum (TT/MM/JJJJ) angeben, zu dem das verfahrenseinleitende Schriftstück oder ein gleichwertiges Schriftstück dem Beklagten zugestellt wurde):
4.4.		Die Entscheidung ist im Ursprungsmitgliedstaat vollstreckbar, ohne dass weitere Bedingungen erfüllt sein müssen:
4.4.1.		☐ Ja (bitte gegebenenfalls das Datum (TT/MM/JJJJ) angeben, zu dem die Entscheidung für vollstreckbar erklärt wurde):
4.4.2.		☐ Ja, aber nur gegenüber folgender/folgenden Person(en) (bitte angeben):
4.4.3.		☐ Ja, aber nur für einen Teil/Teile der Entscheidung (bitte angeben):
4.4.4.		☐ Die Entscheidung enthält keine vollstreckbare Verpflichtung.
4.5.		War die Entscheidung dem/den Beklagten zum Zeitpunkt der Ausstellung der Bescheinigung bereits zugestellt worden?
4.5.1.		☐ Ja (bitte das Datum der Zustellung (TT/MM/JJJJ) angeben, falls bekannt):
4.5.1.1.		Die Entscheidung wurde in der/den folgenden Sprache(n) zugestellt:
		BG ☐ ES ☐ CS ☐ DK ☐ DE ☐ ET ☐ EL ☐ EN ☐ FR ☐ HR ☐ GA ☐ IT ☐ LV ☐ LT ☐ HU ☐ MT ☐ NL ☐ PL ☐ PT ☐ RO ☐ SK ☐ SL ☐ FI ☐ SV ☐ Sonstige (bitte angeben (ISO-Code)) ☐
4.5.2.		☐ Dem Gericht nicht bekannt
4.6.		Tenor der Entscheidung und zugesprochene Zinszahlung:
4.6.1.		Entscheidung über eine Geldforderung (³)
4.6.1.1.		Kurzdarstellung des Streitgegenstands:
4.6.1.2.		Das Gericht hat:
		.... (Name, Vorname(n)/Name der Firma oder Organisation) (⁴)
		angewiesen, eine Zahlung zu leisten an:
		.... (Name, Vorname(n)/Name der Firma oder Organisation)
4.6.1.2.1.		Wurde mehr als eine Person bezeichnet, die für den Anspruch haftet, kann jede der bezeichneten Personen für den gesamten Betrag in Anspruch genommen werden:
4.6.1.2.1.1.		☐ Ja
4.6.1.2.1.2.		☐ Nein
4.6.1.3.		Währung:
		☐ Euro (EUR) ☐ bulgarischer Lew (BGN) ☐ tschechische Krone (CZK) ☐ dänische Krone (DKK) ☐ kroatische Kuna (HRK) ☐ ungarischer Forint (HUF) ☐ polnischer Zloty (PLN) ☐ Pfund Sterling (GBP) ☐ rumänischer Leu (RON) ☐ schwedische Krone (SEK) ☐ Sonstige (bitte angeben (ISO-Code)).
4.6.1.4.		Hauptforderung:
4.6.1.4.1.		☐ Einmalzahlung

4.6.1.4.2. ☐ Ratenzahlung ([5])

Fälligkeit (TT/MM/JJJJ)	Betrag

4.6.1.4.3. ☐ Regelmäßige Zahlung
4.6.1.4.3.1. ☐ Täglich
4.6.1.4.3.2. ☐ Wöchentlich
4.6.1.4.3.3. ☐ Sonstige (bitte Häufigkeit angeben):
4.6.1.4.3.4. Ab Datum (TT/MM/JJJJ) oder Ereignis:
4.6.1.4.3.5. Falls zutreffend, bis (Datum (TT/MM/JJJJ) oder Ereignis):
4.6.1.5. Zinsen (falls zutreffend):
4.6.1.5.1. Zinsen:
4.6.1.5.1.1. ☐ Nicht in der Entscheidung angegeben
4.6.1.5.1.2. ☐ Ja, in der Entscheidung folgendermaßen angegeben:
4.6.1.5.1.2.1. Betrag:
oder:
4.6.1.5.1.2.2. Zinssatz ... %
4.6.1.5.1.2.3. Zinsen sind fällig ab .... (Datum (TT/MM/JJJJ) oder Ereignis) bis .... (Datum (TT/MM/JJJJ) oder Ereignis) ([6])
4.6.1.5.2. ☐ Gesetzliche Zinsen (falls zutreffend), zu berechnen gemäß (bitte entsprechendes Gesetz angeben):
4.6.1.5.2.1. Zinsen sind fällig ab .... (Datum (TT/MM/JJJJ) oder Ereignis) bis .... (Datum (TT/MM/JJJJ) oder Ereignis) ([6])
4.6.1.5.3. ☐ Kapitalisierung der Zinsen (falls zutreffend, bitte angeben):
4.6.2. Entscheidung über die Anordnung einer einstweiligen Maßnahme, einschließlich Sicherungsmaßnahme:
4.6.2.1. Kurzdarstellung des Streitgegenstands und der angeordneten Maßnahme:
4.6.2.2. Die Maßnahme wurde von einem Gericht angeordnet, das in der Hauptsache zuständig ist
4.6.2.2.1. ☐ Ja
4.6.3. Sonstige Entscheidungsarten:
4.6.3.1. Kurzdarstellung des Streitgegenstands und der Entscheidung des Gerichts:
4.7. Kosten ([7]):
4.7.1. Währung:

☐ Euro (EUR) ☐ bulgarischer Lew (BGN) ☐ tschechische Krone (CZK) ☐ dänische Krone (DKK) ☐ kroatischer Kuna (HRK) ☐ ungarischer Forint (HUF) ☐ polnischer Zloty (PLN) ☐ Pfund Sterling (GBP) ☐ rumänischer Leu (RON) ☐ schwedische Krone (SEK) ☐ Sonstige (bitte angeben (ISO-Code))

4.7.2. Dem/den folgenden Schuldner(n) wurden die Kosten aufgegeben:
4.7.2.1. Name, Vorname/Name der Firma oder Organisation: ([8])
4.7.2.2. Wurden mehr als einer Person die Kosten aufgegeben, kann jede der bezeichneten Personen für den gesamten Betrag in Anspruch genommen werden:

3/1. EuGVVO 2015

Anhang I

4.7.2.2.1.	☐ Ja
4.7.2.2.2.	☐ Nein
4.7.3.	Folgende Kosten werden geltend gemacht: ([9])
4.7.3.1.	☐ Die Kosten wurden in der Entscheidung in Form eines Gesamtbetrags festgesetzt (bitte Betrag angeben):
4.7.3.2.	☐ Die Kosten wurden in der Entscheidung in Form eines Prozentsatzes der Gesamtkosten festgesetzt (bitte Prozentsatz der Gesamtkosten angeben):
4.7.3.3.	☐ Die Haftung für die Kosten wurde in der Entscheidung festgelegt, und es handelt sich um folgende Beträge:
4.7.3.3.1.	☐ Gerichtsgebühren:
4.7.3.3.2.	☐ Rechtsanwaltsgebühren:
4.7.3.3.3.	☐ Zustellungskosten:
4.7.3.3.4.	☐ Sonstige Kosten:
4.7.3.4.	☐ Sonstige (bitte angeben):
4.7.4.	Zinsen auf Kosten:
4.7.4.1.	☐ Nicht zutreffend
4.7.4.2.	☐ In der Entscheidung angegebene Zinsen
4.7.4.2.1.	☐ Betrag:
	oder
4.7.4.2.2.	☐ Zinssatz ... %
4.7.4.2.2.1.	Zinsen sind fällig ab .... (Datum (TT/MM/JJJJ) oder Ereignis) bis .... (Datum (TT/MM/JJJJ) oder Ereignis) ([5])
4.7.4.3.	☐ Gesetzliche Zinsen (falls zutreffend, zu berechnen gemäß (bitte entsprechendes Gesetz angeben):
4.7.4.3.1.	Zinsen sind fällig ab .... (Datum (TT/MM/JJJJ) oder Ereignis) bis .... (Datum (TT/MM/JJJJ) oder Ereignis) ([5])
4.7.4.4.	☐ Kapitalisierung der Zinsen (falls zutreffend, bitte angeben):

Geschehen zu: ...

Unterschrift und/oder Dienstsiegel des Ursprungsgerichts:

---

[1] Betrifft die Entscheidung mehr als einen Kläger, sind die betreffenden Angaben für sämtliche Kläger einzutragen.
[2] Betrifft die Entscheidung mehr als einen Beklagten, sind die betreffenden Angaben für sämtliche Beklagten einzutragen.
[3] Betrifft die Entscheidung allein eine Kostenfeststellung im Zusammenhang mit einem Anspruch, der Gegenstand einer vorherigen Entscheidung war, ist Ziffer 4.6.1 nicht auszufüllen und zu Ziffer 4.7 überzugehen.
[4] Wurde mehr als eine Person angewiesen, eine Zahlung zu leisten, sind die betreffenden Angaben für sämtliche Personen einzutragen.
[5] Es sind die betreffenden Angaben für die einzelnen Ratenzahlungen einzutragen.
[6] Bei mehr als einem Zinszeitraum sind die betreffenden Angaben für sämtliche Zinszeiträume einzutragen.
[7] Dieser Punkt betrifft auch Fälle, in denen die Kosten in einer gesonderten Entscheidung zugesprochen werden.
[8] Bei mehr als einer Person sind die betreffenden Angaben für sämtliche Personen einzutragen.
[9] Falls mehrere Personen für die Kosten in Anspruch genommen werden können, ist die Aufschlüsselung für jede Person gesondert einzutragen.

(ABl L 54 vom 25. 2. 2015, S 1)

3/1. EuGVVO 2015

Anhang II

Anhang II

ANHANG II

BESCHEINIGUNG ÜBER EINE ÖFFENTLICHE URKUNDE/EINEN GERICHTLICHEN VERGLEICH ([1]) IN EINER ZIVIL- ODER HANDELSSACHE

Artikel 60 der Verordnung (EU) Nr. 1215/2012 des Europäischen Parlaments und des Rates über die gerichtliche Zuständigkeit und die Anerkennung und Vollstreckung von Entscheidungen in Zivil- und Handelssachen

1.	GERICHT ODER SONST BEFUGTE STELLE, DAS/DIE DIE BESCHEINIGUNG AUSSTELLT
1.1.	Bezeichnung:
1.2.	Anschrift:
1.2.1.	Straße und Hausnummer/Postfach:
1.2.2.	PLZ und Ort:
1.2.3.	Mitgliedstaat: AT ☐ BE ☐ BG ☐ CY ☐ CZ ☐ DK ☐ DE ☐ EE ☐ EL ☐ ES ☐ FI ☐ FR ☐ HR ☐ HU ☐ IE ☐ IT ☐ LT ☐ LU ☐ LV ☐ MT ☐ NL ☐ PL ☐ PT ☐ RO ☐ SE ☐ SI ☐ SK ☐ UK ☐
1.3.	Telefon:
1.4.	Fax:
1.5.	E-Mail (falls verfügbar):
2.	ÖFFENTLICHE URKUNDE
2.1.	Stelle, die die öffentliche Urkunde errichtet hat (wenn dies eine andere Stelle als diejenige ist, die die Bescheinigung ausstellt)
2.1.1.	Name und Bezeichnung dieser Stelle:
2.1.2.	Anschrift:
2.2.	Datum (TT/MM/JJJJ), zu dem die öffentliche Urkunde durch die unter Ziffer 2.1 genannte Stelle errichtet wurde:
2.3.	Nummer der öffentlichen Urkunde (falls zutreffend):
2.4.	Datum (TT/MM/JJJJ), zu dem die öffentliche Urkunde in dem Ursprungsmitgliedstaat eingetragen wurde (nur auszufüllen, wenn das Datum der Eintragung für die Rechtswirkung der Urkunde maßgeblich ist und dieses Datum ein anderes als das unter Ziffer 2.2 angegebene Datum ist):
2.4.1.	Nummer der Eintragung (falls zutreffend):
3.	GERICHTLICHER VERGLEICH
3.1.	Gericht, das den gerichtlichen Vergleich gebilligt hat oder vor dem der gerichtliche Vergleich geschlossen wurde (wenn dies ein anderes Gericht als dasjenige ist, das die Bescheinigung ausstellt)
3.1.1.	Bezeichnung des Gerichts:
3.1.2.	Anschrift:
3.2.	Datum (TT/MM/JJJJ) des gerichtlichen Vergleichs:
3.3.	Aktenzeichen des gerichtlichen Vergleichs:
4.	PARTEIEN DER ÖFFENTLICHEN URKUNDE/DES GERICHTLICHEN VERGLEICHS:
4.1.	Name(n) des/der Gläubiger(s) (Name, Vorname(n)/Name der Firma oder Organisation) ([2]):
4.1.1.	Identifizierungsnummer (falls vorhanden und falls verfügbar):
4.1.2.	Geburtsdatum (TT/MM/JJJJ) und Geburtsort oder, bei juristischen Personen, Datum der Gründung/Erlangung der Rechtsfähigkeit/Registrierung (falls relevant und falls verfügbar):
4.2.	Name(n) des/der Schuldner(s) (Name, Vorname(n)/Name der Firma oder Organisation) ([3]):
4.2.1.	Identifizierungsnummer (falls vorhanden und falls verfügbar):
4.2.2.	Geburtsdatum (TT/MM/JJJJ) und Geburtsort oder, bei juristischen Personen, Datum der Gründung/Erlangung der Rechtsfähigkeit/Registrierung (falls relevant und falls verfügbar):
4.3.	Ggf. Name der anderen Parteien (Name, Vorname(n)/Name der Firma oder Organisation) ([4]):

3/1. EuGVVO 2015

Anhang II

4.3.1.	Identifizierungsnummer (falls vorhanden und falls verfügbar):
4.3.2.	Geburtsdatum (TT/MM/JJJJ) und Geburtsort oder, bei juristischen Personen, Datum der Gründung/Erlangung der Rechtsfähigkeit/Registrierung (falls relevant und falls verfügbar):
5.	VOLLSTRECKBARKEIT DER ÖFFENTLICHEN URKUNDE/DES GERICHTLICHEN VERGLEICHS IM URSPRUNGSMITGLIEDSTAAT
5.1.	Die öffentliche Urkunde/der gerichtliche Vergleich ist im Ursprungsmitgliedstaat vollstreckbar:
5.1.1.	☐ Ja
5.2.	Inhalt der öffentlichen Urkunde/des gerichtlichen Vergleichs und Zinsen
5.2.1.	Öffentliche Urkunde/gerichtlicher Vergleich über eine Geldforderung
5.2.1.1.	Kurzdarstellung des Gegenstands:
5.2.1.2.	Gemäß der öffentlichen Urkunde/dem gerichtlichen Vergleich muss:
	.... (Name, Vorname(n)/Name der Firma oder Organisation) (^{5})
	eine Zahlung leisten an:
	.... (Name, Vorname(n)/Name der Firma oder Organisation)
5.2.1.2.1.	Wurde mehr als eine Person bezeichnet, die für den Anspruch haftet, kann jede der bezeichneten Personen für den gesamten Betrag in Anspruch genommen werden:
5.2.1.2.1.1.	☐ Ja
5.2.1.2.1.2.	☐ Nein
5.2.1.3.	Währung:
	☐ Euro (EUR) ☐ bulgarischer Lew (BGN) ☐ tschechische Krone (CZK) ☐ dänische Krone (DKK) ☐ kroatischer Kuna(HRK) ☐ ungarischer Forint (HUF) ☐ polnischer Zloty (PLN) ☐ Pfund Sterling (GBP) ☐ rumänischer Leu (RON) ☐ schwedische Krone (SEK) ☐ Sonstige (bitte angeben (ISO-Code)):
5.2.1.4.	Hauptforderung:
5.2.1.4.1.	☐ Einmalzahlung
5.2.1.4.2.	☐ Ratenzahlung (^{6})

Fälligkeit (TT/MM/JJJJ)	Betrag

5.2.1.4.3.	☐ Regelmäßige Zahlung
5.2.1.4.3.1.	☐ Täglich
5.2.1.4.3.2.	☐ Wöchentlich
5.2.1.4.3.3.	☐ Sonstige (bitte Häufigkeit angeben):
5.2.1.4.3.4.	Ab (Datum (TT/MM/JJJJ) oder Ereignis:
5.2.1.4.3.5.	Gegebenenfalls bis .... (Datum (TT/MM/JJJJ) oder Ereignis)
5.2.1.5.	Zinsen (falls zutreffend)
5.2.1.5.1.	Zinsen:
5.2.1.5.1.1.	☐ Nicht in der öffentlichen Urkunde/dem gerichtlichen Vergleich angegeben
5.2.1.5.1.2.	☐ Ja, in der öffentlichen Urkunde/dem gerichtlichen Vergleich folgendermaßen angegeben:

3/1. EuGVVO 2015
Anhang II

5.2.1.5.1.2.1. Betrag:

oder

5.2.1.5.1.2.2. Zinssatz ... %

5.2.1.5.1.2.3. Zinsen sind fällig ab .... (Datum (TT/MM/JJJJ) oder Ereignis) bis .... (Datum (TT/MM/JJJJ) oder Ereignis) ([7])

5.2.1.5.2. ☐ Gesetzliche Zinsen (falls zutreffend), zu berechnen gemäß (bitte entsprechendes Gesetz angeben):

5.2.1.5.2.1. Zinsen sind fällig ab .... (Datum (TT/MM/JJJJ) oder Ereignis) bis .... (Datum (TT/MM/JJJJ) oder Ereignis) ([7])

5.2.1.5.3. ☐ Kapitalisierung der Zinsen (falls zutreffend, bitte angeben):

5.2.2. Öffentliche Urkunde/gerichtlicher Vergleich über eine nichtmonetäre vollstreckbare Verpflichtung:

5.2.2.1. Kurzdarstellung der vollstreckbaren Verpflichtung

5.2.2.2. Die unter Ziffer 5.2.2.1 genannte Verpflichtung ist vollstreckbar gegen die folgende(n) Person(en) ([8]) (Name, Vorname(n)/Name der Firma oder Organisation):

Geschehen zu: ...

Stempel und/oder Unterschrift des Gerichts oder zuständigen Behörde, welche die Bescheinigung ausstellt:

([1]) Unzutreffendes in der gesamten Bescheinigung jeweils streichen.
([2]) Bei mehreren Gläubigern sind die betreffenden Angaben für sämtliche Gläubiger einzutragen.
([3]) Bei mehreren Schuldnern sind die betreffenden Angaben für sämtliche Schuldner einzutragen.
([4]) Ggf. sind die betreffenden Angaben für sämtliche anderen Parteien einzutragen.
([5]) Wurde mehr als eine Person angewiesen, eine Zahlung zu leisten, sind die betreffenden Angaben für sämtliche Personen einzutragen.
([6]) Es sind die betreffenden Angaben für die einzelnen Ratenzahlungen einzutragen.
([7]) Bei mehr als einem Zinszeitraum sind die betreffenden Angaben für sämtliche Zinszeiträume einzutragen.
([8]) Bei mehr als einer Person sind die betreffenden Angaben für sämtliche Personen einzutragen."

(ABl L 54 vom 25. 2. 2015, S 1)

3/1. EuGVVO 2015

Anhang III

ENTSPRECHUNGSTABELLE

Verordnung (EG) Nr. 44/2001	Diese Verordnung
Artikel 1 Absatz 1	Artikel 1 Absatz 1
Artikel 1 Absatz 2 Einleitung	Artikel 1 Absatz 2 Einleitung
Artikel 1 Absatz 2 Buchstabe a	Artikel 1 Absatz 2 Buchstaben a und f
Artikel 1 Absatz 2 Buchstaben b bis d	Artikel 1 Absatz 2 Buchstaben b bis d
–	Artikel 1 Absatz 2 Buchstabe e
Artikel 1 Absatz 3	–
–	Artikel 2
Artikel 2	Artikel 4
Artikel 3	Artikel 5
Artikel 4	Artikel 6
Artikel 5, einleitende Worte	Artikel 7, einleitende Worte
Artikel 5 Nummer 1	Artikel 7 Nummer 1
Artikel 5 Nummer 2	–
Artikel 5 Nummern 3 und 4	Artikel 7 Nummern 2 und 3
–	Artikel 7 Nummer 4
Artikel 5 Nummern 5 bis 7	Artikel 7 Nummern 5 bis 7
Artikel 6	Artikel 8
Artikel 7	Artikel 9
Artikel 8	Artikel 10
Artikel 9	Artikel 11
Artikel 10	Artikel 12
Artikel 11	Artikel 13
Artikel 12	Artikel 14
Artikel 13	Artikel 15
Artikel 14	Artikel 16
Artikel 15	Artikel 17
Artikel 16	Artikel 18
Artikel 17	Artikel 19
Artikel 18	Artikel 20
Artikel 19 Nummern 1 und 2	Artikel 21 Absatz 1
–	Artikel 21 Absatz 2
Artikel 20	Artikel 22
Artikel 21	Artikel 23
Artikel 22	Artikel 24
Artikel 23 Absätze 1 und 2	Artikel 25 Absätze 1 und 2
Artikel 23 Absatz 3	–
Artikel 23 Absätze 4 und 5	Artikel 25 Absätze 3 und 4
–	Artikel 25 Absatz 5
Artikel 24	Artikel 26 Absatz 1
–	Artikel 26 Absatz 2
Artikel 25	Artikel 27
Artikel 26	Artikel 28
Artikel 27 Absatz 1	Artikel 29 Absatz 1
–	Artikel 29 Absatz 2
Artikel 27 Absatz 2	Artikel 29 Absatz 3

3/1. EuGVVO 2015
Anhang III

Verordnung (EG) Nr. 44/2001	Diese Verordnung
Artikel 28	Artikel 30
Artikel 29	Artikel 31 Absatz 1
–	Artikel 31 Absatz 2
–	Artikel 31 Absatz 3
–	Artikel 31 Absatz 4
Artikel 30	Artikel 32 Absatz 1 Buchstaben a und b
–	Artikel 32 Absatz 1 Unterabsatz 2
–	Artikel 32 Absatz 2
–	Artikel 33
–	Artikel 34
Artikel 31	Artikel 35
Artikel 32	Artikel 2 Buchstabe a
Artikel 33	Artikel 36
–	Artikel 37
–	Artikel 39
–	Artikel 40
–	Artikel 41
–	Artikel 42
–	Artikel 43
–	Artikel 44
Artikel 34	Artikel 45 Absatz 1 Buchstaben a bis d
Artikel 35 Absatz 1	Artikel 45 Absatz 1 Buchstabe e
Artikel 35 Absatz 2	Artikel 45 Absatz 2
Artikel 35 Absatz 3	Artikel 45 Absatz 3
	Artikel 45 Absatz 4
Artikel 36	Artikel 52
Artikel 37 Absatz 1	Artikel 38 Buchstabe a
Artikel 38	–
Artikel 39	–
Artikel 40	–
Artikel 41	–
Artikel 42	–
Artikel 43	–
Artikel 44	–
Artikel 45	–
Artikel 46	–
Artikel 47	–
Artikel 48	–
–	Artikel 46
–	Artikel 47
–	Artikel 48
–	Artikel 49
–	Artikel 50
–	Artikel 51
–	Artikel 54
Artikel 49	Artikel 55
Artikel 50	–
Artikel 51	Artikel 56
Artikel 52	–

3/1. EuGVVO 2015

Anhang III

Verordnung (EG) Nr. 44/2001	Diese Verordnung
Artikel 53	–
Artikel 54	Artikel 53
Artikel 55 Absatz 1	–
Artikel 55 Absatz 2	Artikel 37 Absatz 2, Artikel 47 Absatz 3 und Artikel 57
Artikel 56	Artikel 61
Artikel 57 Absatz 1	Artikel 58 Absatz 1
Artikel 57 Absatz 2	–
Artikel 57 Absatz 3	Artikel 58 Absatz 2
Artikel 57 Absatz 4	Artikel 60
Artikel 58	Artikel 59 und Artikel 60
Artikel 59	Artikel 62
Artikel 60	Artikel 63
Artikel 61	Artikel 64
Artikel 62	Artikel 3
Artikel 63	–
Artikel 64	–
Artikel 65	Artikel 65 Absätze 1 und 2
–	Artikel 65 Absatz 3
Artikel 66	Artikel 66
Artikel 67	Artikel 67
Artikel 68	Artikel 68
Artikel 69	Artikel 69
Artikel 70	Artikel 70
Artikel 71	Artikel 71
Artikel 72	Artikel 72
–	Artikel 73
Artikel 73	Artikel 79
Artikel 74 Absatz 1	Artikel 75 Absatz 1 Buchstaben a, b und c und Artikel 76 Absatz 1 Buchstabe a
Artikel 74 Absatz 2	Artikel 77
–	Artikel 78
–	Artikel 80
Artikel 75	–
Artikel 76	Artikel 81
Anhang I	Artikel 76 Absatz 1 Buchstabe a
Anhang II	Artikel 75 Buchstabe a
Anhang III	Artikel 75 Buchstabe b
Anhang IV	Artikel 75 Buchstabe c
Anhang V	Anhang I und Anhang II
Anhang VI	Anhang II
–	Anhang III

3/2. VO (EG) Rom I

Erwägungsgründe

Verordnung über das auf vertragliche Schuldverhältnisse anzuwendende Recht (Rom I)

ABl L 177 vom 4. 7. 2008, S 6

berichtigt durch
1 ABl L 309 vom 24. 11. 2009, S 87

Verordnung (EG) Nr. 593/2008 des Europäischen Parlaments und des Rates vom 17. Juni 2008 über das auf vertragliche Schuldverhältnisse anzuwendende Recht (Rom I)

DAS EUROPÄISCHE PARLAMENT UND DER RAT DER EUROPÄISCHEN UNION –

gestützt auf den Vertrag zur Gründung der Europäischen Gemeinschaft, insbesondere auf Artikel 61 Buchstabe c und Artikel 67 Absatz 5, zweiter Gedankenstrich,

auf Vorschlag der Kommission,

nach Stellungnahme des Europäischen Wirtschafts- und Sozialausschusses[1],

gemäß dem Verfahren des Artikels 251 des Vertrags,

in Erwägung nachstehender Gründe:

(1) Die Gemeinschaft hat sich zum Ziel gesetzt, einen Raum der Freiheit, der Sicherheit und des Rechts zu erhalten und weiterzuentwickeln. Zur schrittweisen Schaffung dieses Raums muss die Gemeinschaft im Bereich der justiziellen Zusammenarbeit in Zivilsachen, die einen grenzüberschreitenden Bezug aufweisen, Maßnahmen erlassen, soweit sie für das reibungslose Funktionieren des Binnenmarkts erforderlich sind.

(2) Nach Artikel 65 Buchstabe b des Vertrags schließen diese Maßnahmen solche ein, die die Vereinbarkeit der in den Mitgliedstaaten geltenden Kollisionsnormen und Vorschriften zur Vermeidung von Kompetenzkonflikten fördern.

(3) Auf seiner Tagung vom 15. und 16. Oktober 1999 in Tampere hat der Europäische Rat den Grundsatz der gegenseitigen Anerkennung von Urteilen und anderen Entscheidungen von Justizbehörden als Eckstein der justiziellen Zusammenarbeit in Zivilsachen unterstützt und den Rat und die Kommission ersucht, ein Maßnahmenprogramm zur Umsetzung dieses Grundsatzes anzunehmen.

(4) Der Rat hat am 30. November 2000 ein gemeinsames Maßnahmenprogramm der Kommission und des Rates zur Umsetzung des Grundsatzes der gegenseitigen Anerkennung gerichtlicher Entscheidungen in Zivil- und Handelssachen verabschiedet[3]. Nach dem Programm können Maßnahmen zur Harmonisierung der Kollisionsnormen dazu beitragen, die gegenseitige Anerkennung gerichtlicher Entscheidungen zu vereinfachen.

(5) In dem vom Europäischen Rat am 5. November 2004 angenommenen Haager Programm[4] wurde dazu aufgerufen, die Beratungen über die Regelung der Kollisionsnormen für vertragliche Schuldverhältnisse („Rom I") energisch voranzutreiben.

(6) Um den Ausgang von Rechtsstreitigkeiten vorhersehbarer zu machen und die Sicherheit in Bezug auf das anzuwendende Recht sowie den freien Verkehr gerichtlicher Entscheidungen zu fördern, müssen die in den Mitgliedstaaten geltenden Kollisionsnormen im Interesse eines reibungslos funktionierenden Binnenmarkts unabhängig von dem Staat, in dem sich das Gericht befindet, bei dem der Anspruch geltend gemacht wird, dasselbe Recht bestimmen.

(7) Der materielle Anwendungsbereich und die Bestimmungen dieser Verordnung sollten mit der Verordnung (EG) Nr. 44/2001 des Rates vom 22. Dezember 2000 über die gerichtliche Zuständigkeit und die Anerkennung und Vollstreckung von Entscheidungen in Zivil- und Handelssachen („Brüssel I")[5] und der Verordnung (EG) Nr. 864/2007 des Europäischen Parlaments und des Rates vom 11. Juli 2007 über das auf außerver-

---
[1] *ABl. C 318 vom 23.12.2006, S. 56.*

Zu Abs. 4:
[3] *ABl. C 12 vom 15.1.2001, S. 1.*
Zu Abs. 5:
[4] *ABl. C 53 vom 3.3.2005, S. 1.*
Zu Abs. 7:
[5] *ABl. L 12 vom 16.1.2001, S. 1. Zuletzt geändert durch die Verordnung (EG) Nr. 1791/2006 (ABl. L 363 vom 20.12.2006, S. 1).*

3/2. VO (EG) Rom I

Erwägungsgründe

tragliche Schuldverhältnisse anzuwendende Recht („Rom II")[6] im Einklang stehen.

(8) Familienverhältnisse sollten die Verwandtschaft in gerader Linie, die Ehe, die Schwägerschaft und die Verwandtschaft in der Seitenlinie umfassen. Die Bezugnahme in Artikel 1 Absatz 2 auf Verhältnisse, die mit der Ehe oder anderen Familienverhältnissen vergleichbare Wirkungen entfalten, sollte nach dem Recht des Mitgliedstaats, in dem sich das angerufene Gericht befindet, ausgelegt werden.

(9) Unter Schuldverhältnisse aus Wechseln, Schecks, Eigenwechseln und anderen handelbaren Wertpapieren sollten auch Konnossemente fallen, soweit die Schuldverhältnisse aus dem Konnossement aus dessen Handelbarkeit entstehen.

(10) Schuldverhältnisse, die aus Verhandlungen vor Abschluss eines Vertrags entstehen, fallen unter Artikel 12 der Verordnung (EG) Nr. 864/2007. Sie sollten daher vom Anwendungsbereich dieser Verordnung ausgenommen werden.

(11) Die freie Rechtswahl der Parteien sollte einer der Ecksteine des Systems der Kollisionsnormen im Bereich der vertraglichen Schuldverhältnisse sein.

(12) Eine Vereinbarung zwischen den Parteien, dass ausschließlich ein Gericht oder mehrere Gerichte eines Mitgliedstaats für Streitigkeiten aus einem Vertrag zuständig sein sollen, sollte bei der Feststellung, ob eine Rechtswahl eindeutig getroffen wurde, einer der zu berücksichtigenden Faktoren sein.

(13) Diese Verordnung hindert die Parteien nicht daran, in ihrem Vertrag auf ein nichtstaatliches Regelwerk oder ein internationales Übereinkommen Bezug zu nehmen.

(14) Sollte die Gemeinschaft in einem geeigneten Rechtsakt Regeln des materiellen Vertragsrechts, einschließlich vertragsrechtlicher Standardbestimmungen, festlegen, so kann in einem solchen Rechtsakt vorgesehen werden, dass die Parteien entscheiden können, diese Regeln anzuwenden.

(15) Wurde eine Rechtswahl getroffen und sind alle anderen Elemente des Sachverhalts in einem anderen als demjenigen Staat belegen, dessen Recht gewählt wurde, so sollte die Rechtswahl nicht die Anwendung derjenigen Bestimmungen des Rechts dieses anderen Staates berühren, von denen nicht durch Vereinbarung abgewichen werden kann. Diese Regel sollte unabhängig davon angewandt werden, ob die Rechtswahl zusammen mit einer Gerichtsstandsvereinbarung getroffen wurde oder nicht. Obwohl keine inhaltliche Änderung gegenüber Artikel 3 Absatz 3 des Übereinkommens von 1980 über das auf vertragliche Schuldverhältnisse anzuwendende Recht[7] („Übereinkommen von Rom") beabsichtigt ist, ist der Wortlaut der vorliegenden Verordnung so weit wie möglich an Artikel 14 der Verordnung (EG) Nr. 864/2007 angeglichen.

(16) Die Kollisionsnormen sollten ein hohes Maß an Berechenbarkeit aufweisen, um zum allgemeinen Ziel dieser Verordnung, nämlich zur Rechtssicherheit im europäischen Rechtsraum, beizutragen. Dennoch sollten die Gerichte über ein gewisses Ermessen verfügen, um das Recht bestimmen zu können, das zu dem Sachverhalt die engste Verbindung aufweist.

(17) Soweit es das mangels einer Rechtswahl anzuwendende Recht betrifft, sollten die Begriffe „Erbringung von Dienstleistungen" und „Verkauf beweglicher Sachen" so ausgelegt werden wie bei der Anwendung von Artikel 5 der Verordnung (EG) Nr. 44/2001, soweit der Verkauf beweglicher Sachen und die Erbringung von Dienstleistungen unter jene Verordnung fallen. Franchiseverträge und Vertriebsverträge sind zwar Dienstleistungsverträge, unterliegen jedoch besonderen Regeln.

(18) Hinsichtlich des mangels einer Rechtswahl anzuwendenden Rechts sollten unter multilateralen Systemen solche Systeme verstanden werden, in denen Handel betrieben wird, wie die geregelten Märkte und multilateralen Handelssysteme im Sinne des Artikels 4 der Richtlinie 2004/39/EG des Europäischen Parlaments und des Rates vom 21. April 2004 über Märkte für Finanzinstrumente[8], und zwar ungeachtet dessen, ob sie sich auf eine zentrale Gegenpartei stützen oder nicht.

(19) Wurde keine Rechtswahl getroffen, so sollte das anzuwendende Recht nach der für die Vertragsart spezifizierten Regel bestimmt werden. Kann der Vertrag nicht einer der spezifizierten Vertragsarten zugeordnet werden oder sind die Bestandteile des Vertrags durch mehr als eine der spezifizierten Vertragsarten abgedeckt, so sollte

---

Zu Abs. 15:
[7] ABl. C 334 vom 30.12.2005, S. 1.
Zu Abs. 18:
[8] ABl. L 145 vom 30.4.2004, S. 1. Zuletzt geändert durch die Richtlinie 2008/10/EG (ABl. L 76 vom 19.3.2008, S. 33).

---

[6] ABl. L 199 vom 31.7.2007, S. 40.

der Vertrag dem Recht des Staates unterliegen, in dem die Partei, welche die für den Vertrag charakteristische Leistung zu erbringen hat, ihren gewöhnlichen Aufenthalt hat. Besteht ein Vertrag aus einem Bündel von Rechten und Verpflichtungen, die mehr als einer der spezifizierten Vertragsarten zugeordnet werden können, so sollte die charakteristische Leistung des Vertrags nach ihrem Schwerpunkt bestimmt werden.

(20) Weist ein Vertrag eine offensichtlich engere Verbindung zu einem anderen als dem in Artikel 4 Absätze 1 und 2 genannten Staat auf, so sollte eine Ausweichklausel vorsehen, dass das Recht dieses anderen Staats anzuwenden ist. Zur Bestimmung dieses Staates sollte unter anderem berücksichtigt werden, ob der betreffende Vertrag in einer sehr engen Verbindung zu einem oder mehreren anderen Verträgen steht.

(21) Kann das bei Fehlen einer Rechtswahl anzuwendende Recht weder aufgrund der Zuordnung des Vertrags zu einer der spezifizierten Vertragsarten noch als das Recht des Staates bestimmt werden, in dem die Partei, die die für den Vertrag charakteristische Leistung zu erbringen hat, ihren gewöhnlichen Aufenthalt hat, so sollte der Vertrag dem Recht des Staates unterliegen, zu dem er die engste Verbindung aufweist. Bei der Bestimmung dieses Staates sollte unter anderem berücksichtigt werden, ob der betreffende Vertrag in einer sehr engen Verbindung zu einem oder mehreren anderen Verträgen steht.

(22) In Bezug auf die Auslegung von „Güterbeförderungsverträgen" ist keine inhaltliche Abweichung von Artikel 4 Absatz 4 Satz 3 des Übereinkommens von Rom beabsichtigt. Folglich sollten als Güterbeförderungsverträge auch Charterverträge für eine einzige Reise und andere Verträge gelten, die in der Hauptsache der Güterbeförderung dienen. Für die Zwecke dieser Verordnung sollten der Begriff „Absender" eine Person bezeichnen, die mit dem Beförderer einen Beförderungsvertrag abschließt, und der Begriff „Beförderer" die Vertragspartei, die sich zur Beförderung der Güter verpflichtet, unabhängig davon, ob sie die Beförderung selbst durchführt.

(23) Bei Verträgen, bei denen die eine Partei als schwächer angesehen wird, sollte die schwächere Partei durch Kollisionsnormen geschützt werden, die für sie günstiger sind als die allgemeinen Regeln.

(24) Insbesondere bei Verbraucherverträgen sollte die Kollisionsnorm es ermöglichen, die Kosten für die Beilegung von Rechtsstreitigkeiten zu senken, die häufig einen geringen Streitwert haben, und der Entwicklung des Fernabsatzes

Rechnung zu tragen. Um die Übereinstimmung mit der Verordnung (EG) Nr. 44/2001 zu wahren, ist zum einen als Voraussetzung für die Anwendung der Verbraucherschutznorm auf das Kriterium der ausgerichteten Tätigkeit zu verweisen und zum anderen auf die Notwendigkeit, dass dieses Kriterium in der Verordnung (EG) Nr. 44/2001 und der vorliegenden Verordnung einheitlich ausgelegt wird, wobei zu beachten ist, dass eine gemeinsame Erklärung des Rates und der Kommission zu Artikel 15 der Verordnung (EG) Nr. 44/2001 ausführt, „dass es für die Anwendung von Artikel 15 Absatz 1 Buchstabe c nicht ausreicht, dass ein Unternehmen seine Tätigkeiten auf den Mitgliedstaat, in dem der Verbraucher seinen Wohnsitz hat, oder auf mehrere Staaten – einschließlich des betreffenden Mitgliedstaats –, ausrichtet, sondern dass im Rahmen dieser Tätigkeiten auch ein Vertrag geschlossen worden sein muss." Des Weiteren heißt es in dieser Erklärung, „dass die Zugänglichkeit einer Website allein nicht ausreicht, um die Anwendbarkeit von Artikel 15 zu begründen; vielmehr ist erforderlich, dass diese Website auch den Vertragsabschluss im Fernabsatz anbietet und dass tatsächlich ein Vertragsabschluss im Fernabsatz erfolgt ist, mit welchem Mittel auch immer. Dabei sind auf einer Website die benutzte Sprache oder die Währung nicht von Bedeutung."

(25) Die Verbraucher sollten dann durch Regelungen des Staates ihres gewöhnlichen Aufenthalts geschützt werden, von denen nicht durch Vereinbarung abgewichen werden kann, wenn der Vertragsschluss darauf zurückzuführen ist, dass der Unternehmer in diesem bestimmten Staat eine berufliche oder gewerbliche Tätigkeit ausübt. Der gleiche Schutz sollte gewährleistet sein, wenn ein Unternehmer zwar keine beruflichen oder gewerblichen Tätigkeiten in dem Staat, in dem der Verbraucher seinen gewöhnlichen Aufenthalt hat, ausübt, seine Tätigkeiten aber – unabhängig von der Art und Weise, in der dies geschieht – auf diesen Staat oder auf mehrere Staaten, einschließlich dieses Staates, ausrichtet und der Vertragsschluss auf solche Tätigkeiten zurückzuführen ist.

(26) Für die Zwecke dieser Verordnung sollten Finanzdienstleistungen wie Wertpapierdienstleistungen und Anlagetätigkeiten und Nebendienstleistungen nach Anhang I Abschnitt A und Abschnitt B der Richtlinie 2004/39/EG, die ein Unternehmer für einen Verbraucher erbringt, sowie Verträge über den Verkauf von Anteilen an Organismen für gemeinsame Anlagen in Wertpapieren, selbst wenn sie nicht unter die Richtlinie 85/611/EWG des Rates vom 20. Dezember 1985 zur Koordinierung der Rechts- und Verwaltungsvorschriften betreffend bestimmte Organismen für gemeinsame Anlagen in Wertpapieren

3/2. VO (EG) Rom I
Erwägungsgründe

(OGAW)[9] fallen, Artikel 6 der vorliegenden Verordnung unterliegen. Daher sollten, wenn die Bedingungen für die Ausgabe oder das öffentliche Angebot bezüglich übertragbarer Wertpapiere oder die Zeichnung oder der Rückkauf von Anteilen an Organismen für gemeinsame Anlagen in Wertpapieren erwähnt werden, darunter alle Aspekte fallen, durch die sich der Emittent bzw. Anbieter gegenüber dem Verbraucher verpflichtet, nicht aber diejenigen Aspekte, die mit der Erbringung von Finanzdienstleistungen im Zusammenhang stehen.

(27) Es sollten verschiedene Ausnahmen von der allgemeinen Kollisionsnorm für Verbraucherverträge vorgesehen werden. Eine solche Ausnahme, bei der die allgemeinen Regeln nicht gelten, sollten Verträge sein, die ein dingliches Recht an unbeweglichen Sachen oder die Miete oder Pacht unbeweglicher Sachen zum Gegenstand haben, mit Ausnahme von Verträgen über Teilzeitnutzungsrechte an Immobilien im Sinn der Richtlinie 94/47/EG des Europäischen Parlaments und des Rates vom 26. Oktober 1994 zum Schutz der Erwerber im Hinblick auf bestimmte Aspekte von Verträgen über den Erwerb von Teilzeitnutzungsrechten an Immobilien[10].

(28) Es muss sichergestellt werden, dass Rechte und Verpflichtungen, die ein Finanzinstrument begründen, nicht der allgemeinen Regel für Verbraucherverträge unterliegen, da dies dazu führen könnte, dass für jedes der ausgegebenen Instrumente ein anderes Recht anzuwenden wäre, wodurch ihr Wesen verändert würde und ihr fungibler Handel und ihr fungibles Angebot verhindert würden. Entsprechend sollte auf das Vertragsverhältnis zwischen dem Emittenten bzw. dem Anbieter und dem Verbraucher bei Ausgabe oder Angebot solcher Instrumente nicht notwendigerweise die Anwendung des Rechts des Staates des gewöhnlichen Aufenthalts des Verbrauchers zwingend vorgeschrieben sein, da die Einheitlichkeit der Bedingungen einer Ausgabe oder eines Angebots sichergestellt werden muss. Gleiches sollte bei den multilateralen Systemen, die von Artikel 4 Absatz 1 Buchstabe h erfasst werden, gelten, in Bezug auf die gewährleistet sein sollte, dass das Recht des Staates des gewöhnlichen Aufenthalts des Verbrauchers nicht die Regeln berührt, die auf innerhalb solcher Systeme oder mit dem Betreiber solcher Systeme geschlossene Verträge anzuwenden sind.

(29) Werden für die Zwecke dieser Verordnung Rechte und Verpflichtungen, durch die die Bedingungen für die Ausgabe, das öffentliche Angebot oder das Übernahmeangebot bezüglich übertragbarer Wertpapiere festgelegt werden, oder die Zeichnung oder der Rückkauf von Anteilen an Organismen für gemeinsame Anlagen in Wertpapieren genannt, so sollten darunter auch die Bedingungen für die Zuteilung von Wertpapieren oder Anteilen, für die Rechte im Falle einer Überzeichnung, für Ziehungsrechte und ähnliche Fälle im Zusammenhang mit dem Angebot sowie die in den Artikeln 10, 11, 12 und 13 geregelten Fälle fallen, so dass sichergestellt ist, dass alle relevanten Vertragsaspekte eines Angebots, durch das sich der Emittent bzw. Anbieter gegenüber dem Verbraucher verpflichtet, einem einzigen Recht unterliegen.

(30) Für die Zwecke dieser Verordnung bezeichnen die Begriffe „Finanzinstrumente" und „übertragbare Wertpapiere" diejenigen Instrumente, die in Artikel 4 der Richtlinie 2004/39/EG genannt sind.

(31) Die Abwicklung einer förmlichen Vereinbarung, die als System im Sinne von Artikel 2 Buchstabe a der Richtlinie 98/26/EG des Europäischen Parlaments und des Rates vom 19. Mai 1998 über die Wirksamkeit von Abrechnungen in Zahlungs- sowie Wertpapierliefer- und -abrechnungssystemen[11] ausgestaltet ist, sollte von dieser Verordnung unberührt bleiben.

(32) Wegen der Besonderheit von Beförderungsverträgen und Versicherungsverträgen sollten besondere Vorschriften ein angemessenes Schutzniveau für zu befördernde Personen und Versicherungsnehmer gewährleisten. Deshalb sollte Artikel 6 nicht im Zusammenhang mit diesen besonderen Verträgen gelten.

(33) Deckt ein Versicherungsvertrag, der kein Großrisiko deckt, mehr als ein Risiko, von denen mindestens eines in einem Mitgliedstaat und mindestens eines in einem dritten Staat belegen ist, so sollten die besonderen Regelungen für Versicherungsverträge in dieser Verordnung nur für die Risiken gelten, die in dem betreffenden Mitgliedstaat bzw. den betreffenden Mitgliedstaaten belegen sind.

(34) Die Kollisionsnorm für Individualarbeitsverträge sollte die Anwendung von Eingriffsnormen des Staates, in der den der Arbeitnehmer im Einklang mit der Richtlinie 96/71/EG des Europä-

---

Zu Abs. 26:

[9] ABl. L 375 vom 31.12.1985, S. 3. Zuletzt geändert durch die Richtlinie 2008/18/EG des Europäischen Parlaments und des Rates (ABl. L 76 vom 19.3.2008, S. 42).

Zu Abs. 27:

[10] ABl. L 280 vom 29.10.1994, S. 83.

Zu Abs. 31:

[11] ABl. L 166 vom 11.6.1998, S. 45.

ischen Parlaments und des Rates vom 16. Dezember 1996 über die Entsendung von Arbeitnehmern im Rahmen der Erbringung von Dienstleistungen[12] entsandt wird, unberührt lassen.

(35) Den Arbeitnehmern sollte nicht der Schutz entzogen werden, der ihnen durch Bestimmungen gewährt wird, von denen nicht oder nur zu ihrem Vorteil durch Vereinbarung abgewichen werden darf.

(36) Bezogen auf Individualarbeitsverträge sollte die Erbringung der Arbeitsleistung in einem anderen Staat als vorübergehend gelten, wenn von dem Arbeitnehmer erwartet wird, dass er nach seinem Arbeitseinsatz im Ausland seine Arbeit im Herkunftsstaat wieder aufnimmt. Der Abschluss eines neuen Arbeitsvertrags mit dem ursprünglichen Arbeitgeber oder einem Arbeitgeber, der zur selben Unternehmensgruppe gehört wie der ursprüngliche Arbeitgeber, sollte nicht ausschließen, dass der Arbeitnehmer als seine Arbeit vorübergehend in einem anderen Staat verrichtend gilt.

(37) Gründe des öffentlichen Interesses rechtfertigen es, dass die Gerichte der Mitgliedstaaten unter außergewöhnlichen Umständen die Vorbehaltsklausel („ordre public") und Eingriffsnormen anwenden können. Der Begriff „Eingriffsnormen" sollte von dem Begriff „Bestimmungen, von denen nicht durch Vereinbarung abgewichen werden kann", unterschieden und enger ausgelegt werden.

(38) Im Zusammenhang mit der Übertragung der Forderung sollte mit dem Begriff „Verhältnis" klargestellt werden, dass Artikel 14 Absatz 1 auch auf die dinglichen Aspekte des Vertrags zwischen Zedent und Zessionar anwendbar ist, wenn eine Rechtsordnung dingliche und schuldrechtliche Aspekte trennt. Allerdings sollte mit dem Begriff „Verhältnis" nicht jedes beliebige möglicherweise zwischen dem Zedenten und dem Zessionar bestehende Verhältnis gemeint sein. Insbesondere sollte sich der Begriff nicht auf die der Übertragung einer Forderung vorgelagerten Fragen erstrecken. Vielmehr sollte er sich ausschließlich auf die Aspekte beschränken, die für die betreffende Übertragung einer Forderung unmittelbar von Bedeutung sind.

(39) Aus Gründen der Rechtssicherheit sollte der Begriff „gewöhnlicher Aufenthalt", insbesondere im Hinblick auf Gesellschaften, Vereine und juristische Personen, eindeutig definiert werden. Im Unterschied zu Artikel 60 Absatz 1 der Verordnung (EG) Nr. 44/2001, der drei Kriterien zur Wahl stellt, sollte sich die Kollisionsnorm auf ein einziges Kriterium beschränken, da es für die Parteien andernfalls nicht möglich wäre, vorherzusehen, welches Recht auf ihren Fall anwendbar ist.

(40) Die Aufteilung der Kollisionsnormen auf zahlreiche Rechtsakte sowie Unterschiede zwischen diesen Normen sollten vermieden werden. Diese Verordnung sollte jedoch die Möglichkeit der Aufnahme von Kollisionsnormen für vertragliche Schuldverhältnisse in Vorschriften des Gemeinschaftsrechts über besondere Gegenstände nicht ausschließen.
Diese Verordnung sollte die Anwendung anderer Rechtsakte nicht ausschließen, die Bestimmungen enthalten, die zum reibungslosen Funktionieren des Binnenmarkts beitragen sollen, soweit sie nicht in Verbindung mit dem Recht angewendet werden können, auf das die Regeln dieser Verordnung verweisen. Die Anwendung der Vorschriften im anzuwendenden Recht, die durch die Bestimmungen dieser Verordnung berufen wurden, sollte nicht die Freiheit des Waren- und Dienstleistungsverkehrs, wie sie in den Rechtsinstrumenten der Gemeinschaft wie der Richtlinie 2000/31/EG des Europäischen Parlaments und des Rates vom 8. Juni 2000 über bestimmte rechtliche Aspekte der Dienste der Informationsgesellschaft, insbesondere des elektronischen Geschäftsverkehrs, im Binnenmarkt („Richtlinie über den elektronischen Geschäftsverkehr")[13] ausgestaltet ist, beschränken.

(41) Um die internationalen Verpflichtungen, die die Mitgliedstaaten eingegangen sind, zu wahren, darf sich die Verordnung nicht auf internationale Übereinkommen auswirken, denen ein oder mehrere Mitgliedstaaten zum Zeitpunkt der Annahme dieser Verordnung angehören. Um den Zugang zu den Rechtsakten zu erleichtern, sollte die Kommission anhand der Angaben der Mitgliedstaaten ein Verzeichnis der betreffenden Übereinkommen im *Amtsblatt der Europäischen Union* veröffentlichen.

(42) Die Kommission wird dem Europäischen Parlament und dem Rat einen Vorschlag unterbreiten, nach welchen Verfahren und unter welchen Bedingungen die Mitgliedstaaten in Einzel- und Ausnahmefällen in eigenem Namen Übereinkünfte mit Drittländern über sektorspezifische Fragen aushandeln und abschließen dürfen, die Bestimmungen über das auf vertragliche Schuldverhältnisse anzuwendende Recht enthalten.

Zu Abs. 34:
[12] ABl. L 18 vom 21.1.1997, S. 1.

Zu Abs. 40:
[13] ABl. L 178 vom 17.7.2000, S. 1.

(43) Da das Ziel dieser Verordnung auf Ebene der Mitgliedstaaten nicht ausreichend verwirklicht werden kann und daher wegen des Umfangs und der Wirkungen der Verordnung besser auf Gemeinschaftsebene zu verwirklichen ist, kann die Gemeinschaft im Einklang mit dem in Artikel 5 des Vertrags niedergelegten Subsidiaritätsprinzip tätig werden. Entsprechend dem ebenfalls in diesem Artikel festgelegten Grundsatz der Verhältnismäßigkeit geht diese Verordnung nicht über das zur Erreichung ihres Ziels erforderliche Maß hinaus.

(44) Gemäß Artikel 3 des Protokolls über die Position des Vereinigten Königreichs und Irlands im Anhang zum Vertrag über die Europäische Union und im Anhang zum Vertrag zur Gründung der Europäischen Gemeinschaft beteiligt sich Irland an der Annahme und Anwendung dieser Verordnung.

(45) Gemäß den Artikeln 1 und 2 und unbeschadet des Artikels 4 des Protokolls über die Position des Vereinigten Königreichs und Irlands im Anhang zum Vertrag über die Europäische Union und zum Vertrag zur Gründung der Europäischen Gemeinschaft beteiligt sich das Vereinigte Königreich nicht an der Annahme dieser Verordnung, die für das Vereinigte Königreich nicht bindend oder anwendbar ist.

(46) Gemäß den Artikeln 1 und 2 des Protokolls über die Position Dänemarks im Anhang zum Vertrag über die Europäische Union und dem Vertrag zur Gründung der Europäischen Gemeinschaft beteiligt sich Dänemark nicht an der Annahme dieser Verordnung, die für Dänemark nicht bindend oder anwendbar ist –

HABEN FOLGENDE VERORDNUNG ERLASSEN:

KAPITEL I
ANWENDUNGSBEREICH

Artikel 1
Anwendungsbereich

(1) Diese Verordnung gilt für vertragliche Schuldverhältnisse in Zivil- und Handelssachen, die eine Verbindung zum Recht verschiedener Staaten aufweisen.
Sie gilt insbesondere nicht für Steuer- und Zollsachen sowie verwaltungsrechtliche Angelegenheiten.

(2) Vom Anwendungsbereich dieser Verordnung ausgenommen sind:

a) der Personenstand sowie die Rechts-, Geschäfts- und Handlungsfähigkeit von natürlichen Personen, unbeschadet des Artikels 13;

b) Schuldverhältnisse aus einem Familienverhältnis oder aus Verhältnissen, die nach dem auf diese Verhältnisse anzuwendenden Recht vergleichbare Wirkungen entfalten, einschließlich der Unterhaltspflichten;

c) Schuldverhältnisse aus ehelichen Güterständen, aus Güterständen aufgrund von Verhältnissen, die nach dem auf diese Verhältnisse anzuwendenden Recht mit der Ehe vergleichbare Wirkungen entfalten, und aus Testamenten und Erbrecht;

d) Verpflichtungen aus Wechseln, Schecks, Eigenwechseln und anderen handelbaren Wertpapieren, soweit die Verpflichtungen aus diesen anderen Wertpapieren aus deren Handelbarkeit entstehen;

e) Schieds- und Gerichtsstandsvereinbarungen;

f) Fragen betreffend das Gesellschaftsrecht, das Vereinsrecht und das Recht der juristischen Personen, wie die Errichtung durch Eintragung oder auf andere Weise, die Rechts- und Handlungsfähigkeit, die innere Verfassung und die Auflösung von Gesellschaften, Vereinen und juristischen Personen sowie die persönliche Haftung der Gesellschafter und der Organe für die Verbindlichkeiten einer Gesellschaft, eines Vereins oder einer juristischen Person;

g) die Frage, ob ein Vertreter die Person, für deren Rechnung er zu handeln vorgibt, Dritten gegenüber verpflichten kann, oder ob ein Organ einer Gesellschaft, eines Vereins oder einer anderen juristischen Person diese Gesellschaft, diesen Verein oder diese juristische Person gegenüber Dritten verpflichten kann;

h) die Gründung von „Trusts" sowie die dadurch geschaffenen Rechtsbeziehungen zwischen den Verfügenden, den Treuhändern und den Begünstigten;

i) Schuldverhältnisse aus Verhandlungen vor Abschluss eines Vertrags;

j) Versicherungsverträge aus von anderen Einrichtungen als den in Artikel 2 der Richtlinie 2002/83/EG des Europäischen Parlaments und des Rates vom 5. November 2002 über Lebensversicherungen[1]) genannten Unternehmen durchgeführten Geschäften, deren Zweck darin besteht, den unselbstständig oder selbstständig tätigen Arbeitskräften eines Unternehmens oder einer Unternehmensgruppe oder den Angehörigen eines Berufes oder Berufsgruppe im Todes- oder Erlebensfall oder bei Arbeitseinstellung oder bei Minderung der Erwerbstätigkeit oder bei arbeitsbedingter Krankheit oder Arbeitsunfällen Leistungen zu gewähren.

Zu Artikel 1:
[1]) ABl. L 345 vom 19.12.2002, S. 1. Zuletzt geändert durch die Richtlinie 2008/19/EG (ABl. L 76 vom 19.3.2008, S. 44).

(3) Diese Verordnung gilt unbeschadet des Artikels 18 nicht für den Beweis und das Verfahren.

(4) Im Sinne dieser Verordnung bezeichnet der Begriff „Mitgliedstaat" die Mitgliedstaaten, auf die diese Verordnung anwendbar ist. In Artikel 3 Absatz 4 und Artikel 7 bezeichnet der Begriff jedoch alle Mitgliedstaaten.

Artikel 2
Universelle Anwendung

Das nach dieser Verordnung bezeichnete Recht ist auch dann anzuwenden, wenn es nicht das Recht eines Mitgliedstaats ist.

KAPITEL II
EINHEITLICHE KOLLISIONSNORMEN

Artikel 3
Freie Rechtswahl

(1) Der Vertrag unterliegt dem von den Parteien gewählten Recht. Die Rechtswahl muss ausdrücklich erfolgen oder sich eindeutig aus den Bestimmungen des Vertrags oder aus den Umständen des Falles ergeben. Die Parteien können die Rechtswahl für ihren ganzen Vertrag oder nur für einen Teil desselben treffen.

(2) Die Parteien können jederzeit vereinbaren, dass der Vertrag nach einem anderen Recht zu beurteilen ist als dem, das zuvor entweder aufgrund einer früheren Rechtswahl nach diesem Artikel oder aufgrund anderer Vorschriften dieser Verordnung für ihn maßgebend war. Die Formgültigkeit des Vertrags im Sinne des Artikels 11 und Rechte Dritter werden durch eine nach Vertragsschluss erfolgende Änderung der Bestimmung des anzuwendenden Rechts nicht berührt.

(3) Sind alle anderen Elemente des Sachverhalts zum Zeitpunkt der Rechtswahl in einem anderen als demjenigen Staat belegen, dessen Recht gewählt wurde, so berührt die Rechtswahl der Parteien nicht die Anwendung derjenigen Bestimmungen des Rechts dieses anderen Staates, von denen nicht durch Vereinbarung abgewichen werden kann.

(4) Sind alle anderen Elemente des Sachverhalts zum Zeitpunkt der Rechtswahl in einem oder mehreren Mitgliedstaaten belegen, so berührt die Wahl des Rechts eines Drittstaats durch die Parteien nicht die Anwendung der Bestimmungen des Gemeinschaftsrechts – gegebenenfalls in der von dem Mitgliedstaat des angerufenen Gerichts umgesetzten Form –, von denen nicht durch Vereinbarung abgewichen werden kann.

(5) Auf das Zustandekommen und die Wirksamkeit der Einigung der Parteien über das anzuwendende Recht finden die Artikel 10, 11 und 13 Anwendung.

Artikel 4
Mangels Rechtswahl anzuwendendes Recht

(1) Soweit die Parteien keine Rechtswahl gemäß Artikel 3 getroffen haben, bestimmt sich das auf den Vertrag anzuwendende Recht unbeschadet der Artikel 5 bis 8 wie folgt:

a) Kaufverträge über bewegliche Sachen unterliegen dem Recht des Staates, in dem der Verkäufer seinen gewöhnlichen Aufenthalt hat.

b) Dienstleistungsverträge unterliegen dem Recht des Staates, in dem der Dienstleister seinen gewöhnlichen Aufenthalt hat.

c) Verträge, die ein dingliches Recht an unbeweglichen Sachen sowie die Miete oder Pacht unbeweglicher Sachen zum Gegenstand haben, unterliegen dem Recht des Staates, in dem die unbewegliche Sache belegen ist.

d) Ungeachtet des Buchstabens c unterliegt die Miete oder Pacht unbeweglicher Sachen für höchstens sechs aufeinander folgende Monate zum vorübergehenden privaten Gebrauch dem Recht des Staates, in dem der Vermieter oder Verpächter seinen gewöhnlichen Aufenthalt hat, sofern der Mieter oder Pächter eine natürliche Person ist und seinen gewöhnlichen Aufenthalt in demselben Staat hat.

e) Franchiseverträge unterliegen dem Recht des Staates, in dem der Franchisenehmer seinen gewöhnlichen Aufenthalt hat.

f) Vertriebsverträge unterliegen dem Recht des Staates, in dem der Vertriebshändler seinen gewöhnlichen Aufenthalt hat.

g) Verträge über den Kauf beweglicher Sachen durch Versteigerung unterliegen dem Recht des Staates, in dem die Versteigerung abgehalten wird, sofern der Ort der Versteigerung bestimmt werden kann.

h) Verträge, die innerhalb eines multilateralen Systems geschlossen werden, das die Interessen einer Vielzahl Dritter am Kauf und Verkauf von Finanzinstrumenten im Sinne von Artikel 4 Absatz 1 Nummer 17 der Richtlinie 2004/39/EG nach nicht diskretionären Regeln und nach Maßgabe eines einzigen Rechts zusammenführt oder das Zusammenführen fördert, unterliegen diesem Recht.

(2) Fällt der Vertrag nicht unter Absatz 1 oder sind die Bestandteile des Vertrags durch mehr als einen der Buchstaben a bis h des Absatzes 1 abgedeckt, so unterliegt der Vertrag dem Recht des Staates, in dem die Partei, welche die für den Vertrag charakteristische Leistung zu erbringen hat, ihren gewöhnlichen Aufenthalt hat.

(3) Ergibt sich aus der Gesamtheit der Umstände, dass der Vertrag eine offensichtlich engere Verbindung zu einem anderen als dem nach Absatz 1 oder 2 bestimmten Staat aufweist, so ist das Recht dieses anderen Staates anzuwenden.

(4) Kann das anzuwendende Recht nicht nach Absatz 1 oder 2 bestimmt werden, so unterliegt der Vertrag dem Recht des Staates, zu dem er die engste Verbindung aufweist.

Artikel 5
Beförderungsverträge

(1) Soweit die Parteien in Bezug auf einen Vertrag über die Beförderung von Gütern keine Rechtswahl nach Artikel 3 getroffen haben, ist das Recht des Staates anzuwenden, in dem der Beförderer seinen gewöhnlichen Aufenthalt hat, sofern sich in diesem Staat auch der Übernahmeort oder der Ablieferungsort oder der gewöhnliche Aufenthalt des Absenders befindet. Sind diese Voraussetzungen nicht erfüllt, so ist das Recht des Staates des von den Parteien vereinbarten Ablieferungsorts anzuwenden.

(2) Soweit die Parteien in Bezug auf einen Vertrag über die Beförderung von Personen keine Rechtswahl nach Unterabsatz 2 getroffen haben, ist das anzuwendende Recht das Recht des Staates, in dem die zu befördernde Person ihren gewöhnlichen Aufenthalt hat, sofern sich in diesem Staat auch der Abgangsort oder der Bestimmungsort befindet. Sind diese Voraussetzungen nicht erfüllt, so ist das Recht des Staates anzuwenden, in dem der Beförderer seinen gewöhnlichen Aufenthalt hat.

Als auf einen Vertrag über die Beförderung von Personen anzuwendendes Recht können die Parteien im Einklang mit Artikel 3 nur das Recht des Staates wählen,

a) in dem die zu befördernde Person ihren gewöhnlichen Aufenthalt hat oder

b) in dem der Beförderer seinen gewöhnlichen Aufenthalt hat oder

c) in dem der Beförderer seine Hauptverwaltung hat oder

d) in dem sich der Abgangsort befindet oder

e) in dem sich der Bestimmungsort befindet.

(3) Ergibt sich aus der Gesamtheit der Umstände, dass der Vertrag im Falle fehlender Rechtswahl eine offensichtlich engere Verbindung zu einem anderen als dem nach Absatz 1 oder 2 bestimmten Staat aufweist, so ist das Recht dieses anderen Staates anzuwenden.

Artikel 6
Verbraucherverträge

(1) Unbeschadet der Artikel 5 und 7 unterliegt ein Vertrag, den eine natürliche Person zu einem Zweck, der nicht ihrer beruflichen oder gewerblichen Tätigkeit zugerechnet werden kann („Verbraucher"), mit einer anderen Person geschlossen hat, die in Ausübung ihrer beruflichen oder gewerblichen Tätigkeit handelt („Unternehmer"), dem Recht des Staates, in dem der Verbraucher seinen gewöhnlichen Aufenthalt hat, sofern der Unternehmer

a) seine berufliche oder gewerbliche Tätigkeit in dem Staat ausübt, in dem der Verbraucher seinen gewöhnlichen Aufenthalt hat, oder

b) eine solche Tätigkeit auf irgend einer Weise auf diesen Staat oder auf mehrere Staaten, einschließlich dieses Staates, ausrichtet

und der Vertrag in den Bereich dieser Tätigkeit fällt.

(2) Ungeachtet des Absatzes 1 können die Parteien das auf einen Vertrag, der die Anforderungen des Absatzes 1 erfüllt, anzuwendende Recht nach Artikel 3 wählen. Die Rechtswahl darf jedoch nicht dazu führen, dass dem Verbraucher der Schutz entzogen wird, der ihm durch diejenigen Bestimmungen gewährt wird, von denen nach dem Recht, das nach Absatz 1 mangels einer Rechtswahl anzuwenden wäre, nicht durch Vereinbarung abgewichen werden darf.

(3) Sind die Anforderungen des Absatzes 1 Buchstabe a oder b nicht erfüllt, so gelten für die Bestimmung des auf einen Vertrag zwischen einem Verbraucher und einem Unternehmer anzuwendenden Rechts die Artikel 3 und 4.

(4) Die Absätze 1 und 2 gelten nicht für:

a) Verträge über die Erbringung von Dienstleistungen, wenn die dem Verbraucher geschuldeten Dienstleistungen ausschließlich in einem anderen als dem Staat erbracht werden müssen, in dem der Verbraucher seinen gewöhnlichen Aufenthalt hat;

b) Beförderungsverträge mit Ausnahme von Pauschalreiseverträgen im Sinne der Richtlinie 90/314/EWG des Rates vom 13. Juni 1990 über Pauschalreisen[1)];

c) Verträge, die ein dingliches Recht an unbeweglichen Sachen oder die Miete oder Pacht unbeweglicher Sachen zum Gegenstand haben, mit Ausnahme der Verträge über Teilzeitnutzungsrechte an Immobilien im Sinne der Richtlinie 94/47/EG;

d) Rechte und Pflichten im Zusammenhang mit einem Finanzinstrument sowie Rechte und Pflichten, durch die die Bedingungen für die Ausgabe oder das öffentliche Angebot und öffentliche Übernahmeangebote bezüglich übertragbarer Wertpapiere und die Zeichnung oder den Rückkauf von Anteilen an Organismen für gemeinsame Anlagen in Wertpapieren festgelegt werden, sofern es sich dabei nicht um die Erbringung von Finanzdienstleistungen handelt;

e) Verträge, die innerhalb der Art von Systemen geschlossen werden, auf die Artikel 4 Absatz 1 Buchstabe h Anwendung findet.

Zu Artikel 6:
[1)] ABl. L 158 vom 23.6.1990, S. 59.

Artikel 7
Versicherungsverträge

(1) Dieser Artikel gilt für Verträge nach Absatz 2, unabhängig davon, ob das gedeckte Risiko in einem Mitgliedstaat belegen ist, und für alle anderen Versicherungsverträge, durch die Risiken gedeckt werden, die im Gebiet der Mitgliedstaaten belegen sind. Er gilt nicht für Rückversicherungsverträge.

(2) Versicherungsverträge, die Großrisiken im Sinne von Artikel 5 Buchstabe d der Ersten Richtlinie 73/239/EWG des Rates vom 24. Juli 1973 zur Koordinierung der Rechts- und Verwaltungsvorschriften betreffend die Aufnahme und Ausübung der Tätigkeit der Direktversicherung (mit Ausnahme der Lebensversicherung)[1] decken, unterliegen dem von den Parteien nach Artikel 3 der vorliegenden Verordnung gewählten Recht.

Soweit die Parteien keine Rechtswahl getroffen haben, unterliegt der Versicherungsvertrag dem Recht des Staats, in dem der Versicherer seinen gewöhnlichen Aufenthalt hat. Ergibt sich aus der Gesamtheit der Umstände, dass der Vertrag eine offensichtlich engere Verbindung zu einem anderen Staat aufweist, ist das Recht dieses anderen Staates anzuwenden.

(3) Für Versicherungsverträge, die nicht unter Absatz 2 fallen, dürfen die Parteien nur die folgenden Rechte im Einklang mit Artikel 3 wählen:

a) das Recht eines jeden Mitgliedstaats, in dem zum Zeitpunkt des Vertragsschlusses das Risiko belegen ist;

b) das Recht des Staates, in dem der Versicherungsnehmer seinen gewöhnlichen Aufenthalt hat;

c) bei Lebensversicherungen das Recht des Mitgliedstaats, dessen Staatsangehörigkeit der Versicherungsnehmer besitzt;

d) für Versicherungsverträge, bei denen sich die gedeckten Risiken auf Schadensfälle beschränken, die in einem anderen Mitgliedstaat als dem Mitgliedstaat, in dem das Risiko belegen ist, eintreten können, das Recht jenes Mitgliedstaats;

e) wenn der Versicherungsnehmer eines Vertrags im Sinne dieses Absatzes eine gewerbliche oder industrielle Tätigkeit ausübt oder freiberuflich tätig ist und der Versicherungsvertrag zwei oder mehr Risiken abdeckt, die mit dieser Tätigkeit in Zusammenhang stehen und in unterschiedlichen Mitgliedstaaten belegen sind, das Recht eines betroffenen Mitgliedstaats oder das Recht des Staates des gewöhnlichen Aufenthalts des Versicherungsnehmers.

Räumen in den Fällen nach den Buchstaben a, b oder e die betreffenden Mitgliedstaaten eine größere Wahlfreiheit bezüglich des auf den Versicherungsvertrag anwendbaren Rechts ein, so können die Parteien hiervon Gebrauch machen.

Soweit die Parteien keine Rechtswahl gemäß diesem Absatz getroffen haben unterliegt der Vertrag dem Recht des Mitgliedstaats, in dem zum Zeitpunkt des Vertragsschlusses das Risiko belegen ist.

(4) Die folgenden zusätzlichen Regelungen gelten für Versicherungsverträge über Risiken, für die ein Mitgliedstaat eine Versicherungspflicht vorschreibt:

a) Der Versicherungsvertrag genügt der Versicherungspflicht nur, wenn er den von dem die Versicherungspflicht auferlegenden Mitgliedstaat vorgeschriebenen besonderen Bestimmungen für diese Versicherung entspricht. Widerspricht sich das Recht des Mitgliedstaats, in dem das Risiko belegen ist, und dasjenige des Mitgliedstaats, der die Versicherungspflicht vorschreibt, so hat das letztere Vorrang.

b) Ein Mitgliedstaat kann abweichend von den Absätzen 2 und 3 vorschreiben, dass auf den Versicherungsvertrag das Recht des Mitgliedstaats anzuwenden ist, der die Versicherungspflicht vorschreibt.

(5) Deckt der Vertrag in mehr als einem Mitgliedstaat belegene Risiken, so ist für die Zwecke von Absatz 3 Unterabsatz 3 und Absatz 4 der Vertrag als aus mehreren Verträgen bestehend anzusehen, von denen sich jeder auf jeweils nur einen Mitgliedstaat bezieht.

(6) Für die Zwecke dieses Artikels bestimmt sich der Staat, in dem das Risiko belegen ist, nach Artikel 2 Buchstabe d der Zweiten Richtlinie 88/357/EWG des Rates vom 22. Juni 1988 zur Koordinierung der Rechts- und Verwaltungsvorschriften für die Direktversicherung (mit Ausnahme der Lebensversicherung) und zur Erleichterung der tatsächlichen Ausübung des freien Dienstleistungsverkehrs[1], und bei Lebensversicherungen ist der Staat, in dem das Risiko belegen ist, der Staat der Verpflichtung im Sinne von Artikel 1 Absatz 1 Buchstabe g der Richtlinie 2002/83/EG.

Artikel 8
Individualarbeitsverträge

(1) Individualarbeitsverträge unterliegen dem von den Parteien nach Artikel 3 gewählten Recht. Die Rechtswahl der Parteien darf jedoch nicht dazu führen, dass dem Arbeitnehmer der Schutz entzogen wird, der ihm durch Bestimmungen ge-

---

Zu Artikel 7:
[1] ABl. L 228 vom 16.8.1973, S. 3. Zuletzt geändert durch die Richtlinie 2005/68/EG des Europäischen Parlaments und des Rates (ABl. L 323 vom 9.12.2006, S. 1).

[1] ABl. L 172 vom 4.7.1988, S. 1. Zuletzt geändert durch die Richtlinie 2005/14/EG des Europäischen Parlaments und des Rates (ABl. L 149 vom 11.6.2005, S. 14).

währt wird, von denen nach dem Recht, das nach den Absätzen 2, 3 und 4 des vorliegenden Artikels mangels einer Rechtswahl anzuwenden wäre, nicht durch Vereinbarung abgewichen werden darf.

(2) Soweit das auf den Arbeitsvertrag anzuwendende Recht nicht durch Rechtswahl bestimmt ist, unterliegt der Arbeitsvertrag dem Recht des Staates, in dem oder andernfalls von dem aus der Arbeitnehmer in Erfüllung des Vertrags gewöhnlich seine Arbeit verrichtet. Der Staat, in dem die Arbeit gewöhnlich verrichtet wird, wechselt nicht, wenn der Arbeitnehmer seine Arbeit vorübergehend in einem anderen Staat verrichtet.

(3) Kann das anzuwendende Recht nicht nach Absatz 2 bestimmt werden, so unterliegt der Vertrag dem Recht des Staates, in dem sich die Niederlassung befindet, die den Arbeitnehmer eingestellt hat.

(4) Ergibt sich aus der Gesamtheit der Umstände, dass der Vertrag eine engere Verbindung zu einem anderen als dem in Absatz 2 oder 3 bezeichneten Staat aufweist, ist das Recht dieses anderen Staates anzuwenden.

Artikel 9
Eingriffsnormen

(1) Eine Eingriffsnorm ist eine zwingende Vorschrift, deren Einhaltung von einem Staat als so entscheidend für die Wahrung seines öffentlichen Interesses, insbesondere seiner politischen, sozialen oder wirtschaftlichen Organisation, angesehen wird, dass sie ungeachtet des nach Maßgabe dieser Verordnung auf den Vertrag anzuwendenden Rechts auf alle Sachverhalte anzuwenden ist, die in ihren Anwendungsbereich fallen.

(2) Diese Verordnung berührt nicht die Anwendung der Eingriffsnormen des Rechts des angerufenen Gerichts.

(3) Den Eingriffsnormen des Staates, in dem die durch den Vertrag begründeten Verpflichtungen erfüllt werden sollen oder erfüllt worden sind, kann Wirkung verliehen werden, soweit diese Eingriffsnormen die Erfüllung des Vertrags unrechtmäßig werden lassen. Bei der Entscheidung, ob diesen Eingriffsnormen Wirkung zu verleihen ist, werden Art und Zweck dieser Normen sowie die Folgen berücksichtigt, die sich aus ihrer Anwendung oder Nichtanwendung ergeben würden.

Artikel 10
Einigung und materielle Wirksamkeit

(1) Das Zustandekommen und die Wirksamkeit des Vertrags oder einer seiner Bestimmungen beurteilen sich nach dem Recht, das nach dieser Verordnung anzuwenden wäre, wenn der Vertrag oder die Bestimmung wirksam wäre.

(2) Ergibt sich jedoch aus den Umständen, dass es nicht gerechtfertigt wäre, die Wirkung des Verhaltens einer Partei nach dem in Absatz 1 bezeichneten Recht zu bestimmen, so kann sich diese Partei für die Behauptung, sie habe dem Vertrag nicht zugestimmt, auf das Recht des Staates ihres gewöhnlichen Aufenthalts berufen.

Artikel 11
Form

(1) Ein Vertrag, der zwischen Personen geschlossen wird, die oder deren Vertreter sich zum Zeitpunkt des Vertragsschlusses in demselben Staat befinden, ist formgültig, wenn er die Formerfordernisse des auf ihn nach dieser Verordnung anzuwendenden materiellen Rechts oder die Formerfordernisse des Rechts des Staates, in dem er geschlossen wird, erfüllt.

(2) Ein Vertrag, der zwischen Personen geschlossen wird, die oder deren Vertreter sich zum Zeitpunkt des Vertragsschlusses in verschiedenen Staaten befinden, ist formgültig, wenn er die Formerfordernisse des auf ihn nach dieser Verordnung anzuwendenden materiellen Rechts oder die Formerfordernisse des Rechts eines der Staaten, in denen sich eine der Vertragsparteien oder ihr Vertreter zum Zeitpunkt des Vertragsschlusses befindet, oder die Formerfordernisse des Rechts des Staates, in dem eine der Vertragsparteien zu diesem Zeitpunkt ihren gewöhnlichen Aufenthalt hatte, erfüllt.

(3) Ein einseitiges Rechtsgeschäft, das sich auf einen geschlossenen oder zu schließenden Vertrag bezieht, ist formgültig, wenn es die Formerfordernisse des materiellen Rechts, das nach dieser Verordnung auf den Vertrag anzuwenden ist oder anzuwenden wäre, oder die Formerfordernisse des Rechts des Staates erfüllt, in dem dieses Rechtsgeschäft vorgenommen worden ist oder in dem die Person, die das Rechtsgeschäft vorgenommen hat, zu diesem Zeitpunkt ihren gewöhnlichen Aufenthalt hatte.

(4) Die Absätze 1, 2 und 3 des vorliegenden Artikels gelten nicht für Verträge, die in den Anwendungsbereich von Artikel 6 fallen. Für die Form dieser Verträge ist das Recht des Staates maßgebend, in dem der Verbraucher seinen gewöhnlichen Aufenthalt hat.

(5) Abweichend von den Absätzen 1 bis 4 unterliegen Verträge, die ein dingliches Recht an einer unbeweglichen Sache oder die Miete oder Pacht einer unbeweglichen Sache zum Gegenstand haben, den Formvorschriften des Staates, in dem die unbewegliche Sache belegen ist, sofern diese Vorschriften nach dem Recht dieses Staates

a) unabhängig davon gelten, in welchem Staat der Vertrag geschlossen wird oder welchem Recht dieser Vertrag unterliegt, und

b) von ihnen nicht durch Vereinbarung abgewichen werden darf.

Artikel 12
Geltungsbereich des anzuwendenden Rechts

(1) Das nach dieser Verordnung auf einen Vertrag anzuwendende Recht ist insbesondere maßgebend für

a) seine Auslegung,

b) die Erfüllung der durch ihn begründeten Verpflichtungen,

c) die Folgen der vollständigen oder teilweisen Nichterfüllung dieser Verpflichtungen, in den Grenzen der dem angerufenen Gericht durch sein Prozessrecht eingeräumten Befugnisse, einschließlich der Schadensbemessung, soweit diese nach Rechtsnormen erfolgt,

d) die verschiedenen Arten des Erlöschens der Verpflichtungen sowie die Verjährung und die Rechtsverluste, die sich aus dem Ablauf einer Frist ergeben,

e) die Folgen der Nichtigkeit des Vertrags.

(2) In Bezug auf die Art und Weise der Erfüllung und die vom Gläubiger im Falle mangelhafter Erfüllung zu treffenden Maßnahmen ist das Recht des Staates, in dem die Erfüllung erfolgt, zu berücksichtigen.

Artikel 13
Rechts-, Geschäfts- und Handlungsunfähigkeit

Bei einem zwischen Personen, die sich in demselben Staat befinden, geschlossenen Vertrag kann sich eine natürliche Person, die nach dem Recht dieses Staates rechts-, geschäfts- und handlungsfähig wäre, nur dann auf ihre sich nach dem Recht eines anderen Staates ergebende Rechts-, Geschäfts- und Handlungsunfähigkeit berufen, wenn die andere Vertragspartei bei Vertragsschluss diese Rechts-, Geschäfts- und Handlungsunfähigkeit kannte oder infolge von Fahrlässigkeit nicht kannte.

Artikel 14
Übertragung der Forderung

(1) Das Verhältnis zwischen Zedent und Zessionar aus der Übertragung einer Forderung gegen eine andere Person („Schuldner") unterliegt dem Recht, das nach dieser Verordnung auf den Vertrag zwischen Zedent und Zessionar anzuwenden ist.

(2) Das Recht, dem die übertragene Forderung unterliegt, bestimmt ihre Übertragbarkeit, das Verhältnis zwischen Zessionar und Schuldner, die Voraussetzungen, unter denen die Übertragung dem Schuldner entgegengehalten werden kann, und die befreiende Wirkung einer Leistung durch den Schuldner.

(3) Der Begriff „Übertragung" in diesem Artikel umfasst die vollkommene Übertragung von Forderungen, die Übertragung von Forderungen zu Sicherungszwecken sowie von Pfandrechten oder anderen Sicherungsrechten an Forderungen.

Artikel 15
Gesetzlicher Forderungsübergang

Hat eine Person („Gläubiger") eine vertragliche Forderung gegen eine andere Person („Schuldner") und ist ein Dritter verpflichtet, den Gläubiger zu befriedigen, oder hat er den Gläubiger aufgrund dieser Verpflichtung befriedigt, so bestimmt das für die Verpflichtung des Dritten gegenüber dem Gläubiger maßgebende Recht, ob und in welchem Umfang der Dritte die Forderung des Gläubigers gegen den Schuldner nach dem für deren Beziehung maßgebenden Recht geltend zu machen berechtigt ist.

Artikel 16
Mehrfache Haftung

Hat ein Gläubiger eine Forderung gegen mehrere für dieselbe Forderung haftende Schuldner und ist er von einem der Schuldner ganz oder teilweise befriedigt worden, so ist für das Recht dieses Schuldners, von den übrigen Schuldnern Ausgleich zu verlangen, das Recht maßgebend, das auf die Verpflichtung dieses Schuldners gegenüber dem Gläubiger anzuwenden ist. Die übrigen Schuldner sind berechtigt, diesem Schuldner diejenigen Verteidigungsmittel entgegenzuhalten, die ihnen gegenüber dem Gläubiger zugestanden haben, soweit dies gemäß dem auf ihre Verpflichtung gegenüber dem Gläubiger anzuwendenden Recht zulässig wäre.

Artikel 17
Aufrechnung

Ist das Recht zur Aufrechnung nicht vertraglich vereinbart, so gilt für die Aufrechnung das Recht, dem die Forderung unterliegt, gegen die aufgerechnet wird.

Artikel 18
Beweis

(1) Das nach dieser Verordnung für das vertragliche Schuldverhältnis maßgebende Recht ist insoweit anzuwenden, als es für vertragliche Schuldverhältnisse gesetzliche Vermutungen aufstellt oder die Beweislast verteilt.

(2) Zum Beweis eines Rechtsgeschäfts sind alle Beweisarten des Rechts des angerufenen Gerichts oder eines der in Artikel 11 bezeichneten

3/2. VO (EG) Rom I
Artikel 18 – 26

Rechte, nach denen das Rechtsgeschäft formgültig ist, zulässig, sofern der Beweis in dieser Art vor dem angerufenen Gericht erbracht werden kann.

KAPITEL III
SONSTIGE VORSCHRIFTEN

Artikel 19
Gewöhnlicher Aufenthalt

(1) Für die Zwecke dieser Verordnung ist der Ort des gewöhnlichen Aufenthalts von Gesellschaften, Vereinen und juristischen Personen der Ort ihrer Hauptverwaltung.
Der gewöhnliche Aufenthalt einer natürlichen Person, die im Rahmen der Ausübung ihrer beruflichen Tätigkeit handelt, ist der Ort ihrer Hauptniederlassung.

(2) Wird der Vertrag im Rahmen des Betriebs einer Zweigniederlassung, Agentur oder sonstigen Niederlassung geschlossen oder ist für die Erfüllung gemäß dem Vertrag eine solche Zweigniederlassung, Agentur oder sonstigen Niederlassung verantwortlich, so steht der Ort des gewöhnlichen Aufenthalts dem Ort gleich, an dem sich die Zweigniederlassung, Agentur oder sonstige Niederlassung befindet.

(3) Für die Bestimmung des gewöhnlichen Aufenthalts ist der Zeitpunkt des Vertragsschlusses maßgebend.

Artikel 20
Ausschluss der Rück- und Weiterverweisung

Unter dem nach dieser Verordnung anzuwendenden Recht eines Staates sind die in diesem Staat geltenden Rechtsnormen unter Ausschluss derjenigen des Internationalen Privatrechts zu verstehen, soweit in dieser Verordnung nichts anderes bestimmt ist.

Artikel 21
Öffentliche Ordnung im Staat des angerufenen Gerichts

Die Anwendung einer Vorschrift des nach dieser Verordnung bezeichneten Rechts kann nur versagt werden, wenn ihre Anwendung mit der öffentlichen Ordnung („ordre public") des Staates des angerufenen Gerichts offensichtlich unvereinbar ist.

Artikel 22
Staaten ohne einheitliche Rechtsordnung

(1) Umfasst ein Staat mehrere Gebietseinheiten, von denen jede eigene Rechtsnormen für vertragliche Schuldverhältnisse hat, so gilt für die Bestimmung des nach dieser Verordnung anzuwendenden Rechts jede Gebietseinheit als Staat.

(2) Ein Mitgliedstaat, in dem verschiedene Gebietseinheiten ihre eigenen Rechtsnormen für vertragliche Schuldverhältnisse haben, ist nicht verpflichtet, diese Verordnung auf Kollisionen zwischen den Rechtsordnungen dieser Gebietseinheiten anzuwenden.

Artikel 23
Verhältnis zu anderen Gemeinschaftsrechtsakten

Mit Ausnahme von Artikel 7 berührt diese Verordnung nicht die Anwendung von Vorschriften des Gemeinschaftsrechts, die in besonderen Bereichen Kollisionsnormen für vertragliche Schuldverhältnisse enthalten.

Artikel 24
Beziehung zum Übereinkommen von Rom

(1) Diese Verordnung tritt in den Mitgliedstaaten an die Stelle des Übereinkommens von Rom, außer hinsichtlich der Hoheitsgebiete der Mitgliedstaaten, die in den territorialen Anwendungsbereich dieses Übereinkommens fallen und für die aufgrund der Anwendung von Artikel 299 des Vertrags diese Verordnung nicht gilt.

(2) Soweit diese Verordnung die Bestimmungen des Übereinkommens von Rom ersetzt, gelten Bezugnahmen auf dieses Übereinkommen als Bezugnahmen auf diese Verordnung.

Artikel 25
Verhältnis zu bestehenden internationalen Übereinkommen

(1) Diese Verordnung berührt nicht die Anwendung der internationalen Übereinkommen, denen ein oder mehrere Mitgliedstaaten zum Zeitpunkt der Annahme dieser Verordnung angehören und die Kollisionsnormen für vertragliche Schuldverhältnisse enthalten.

(2) Diese Verordnung hat jedoch in den Beziehungen zwischen den Mitgliedstaaten Vorrang vor den ausschließlich zwischen zwei oder mehreren Mitgliedstaaten geschlossenen Übereinkommen, soweit diese Bereiche betreffen, die in dieser Verordnung geregelt sind.

Artikel 26
Verzeichnis der Übereinkommen

(1) Die Mitgliedstaaten übermitteln der Kommission bis spätestens 17. Juni 2009 die Übereinkommen nach Artikel 25 Absatz 1. Kündigen die Mitgliedstaaten nach diesem Stichtag eines dieser Übereinkommen, so setzen sie die Kommission davon in Kenntnis.

(2) Die Kommission veröffentlicht im *Amtsblatt der Europäischen Union* innerhalb von sechs

Monaten nach Erhalt der in Absatz 1 genannten Übermittlung

a) ein Verzeichnis der in Absatz 1 genannten Übereinkommen;

b) die in Absatz 1 genannten Kündigungen.

Artikel 27
Überprüfungsklausel

(1) Die Kommission legt dem Europäischen Parlament, dem Rat und dem Europäischen Wirtschafts- und Sozialausschuss bis spätestens 17. Juni 2013 einen Bericht über die Anwendung dieser Verordnung vor. Diesem Bericht werden gegebenenfalls Vorschläge zur Änderung der Verordnung beigefügt. Der Bericht umfasst:

a) eine Untersuchung über das auf Versicherungsverträge anzuwendende Recht und eine Abschätzung der Folgen etwaiger einzuführender Bestimmungen und

b) eine Bewertung der Anwendung von Artikel 6, insbesondere hinsichtlich der Kohärenz des Gemeinschaftsrechts im Bereich des Verbraucherschutzes.

(2) Die Kommission legt dem Europäischen Parlament, dem Rat und dem Europäischen Wirtschafts- und Sozialausschuss bis 17. Juni 2010 einen Bericht über die Frage vor, ob die Übertragung einer Forderung Dritten entgegengehalten werden kann, und über den Rang dieser Forderung gegenüber einem Recht einer anderen Person. Dem Bericht wird gegebenenfalls ein Vorschlag zur Änderung dieser Verordnung sowie eine Folgenabschätzung der einzuführenden Bestimmungen beigefügt.

Artikel 28
Zeitliche Anwendbarkeit

Diese Verordnung wird auf Verträge angewandt, die ab dem 17. Dezember 2009 geschlossen werden.

(ABl L 309 vom 24. 11. 2009, S 87)

KAPITEL IV
SCHLUSSBESTIMMUNGEN

Artikel 29
Inkrafttreten und Anwendbarkeit

Diese Verordnung tritt am zwanzigsten Tag nach ihrer Veröffentlichung im *Amtsblatt der Europäischen Union* in Kraft. Sie gilt ab 17. Dezember 2009, mit Ausnahme des Artikels 26, der ab dem 17. Juni 2009 gilt.

Bundesgesetz über das internationale Privatrecht (IPR-Gesetz)

BGBl 1978/304

zuletzt geändert durch BGBl I 2013/158
(Auszug)

Abschnitt 1
Allgemeine Bestimmungen

Grundsatz der stärksten Beziehung

§ 1. (1) Sachverhalte mit Auslandsberührung sind in privatrechtlicher Hinsicht nach der Rechtsordnung zu beurteilen, zu der die stärkste Beziehung besteht.

(2) Die in diesem Bundesgesetz enthaltenen besonderen Regelungen über die anzuwendende Rechtsordnung (Verweisungsnormen) sind als Ausdruck dieses Grundsatzes anzusehen.

Ermittlung der für die Anknüpfung maßgebenden Voraussetzungen

§ 2. Die für die Anknüpfung an eine bestimmte Rechtsordnung maßgebenden tatsächlichen und rechtlichen Voraussetzungen sind von Amts wegen festzustellen, soweit nicht nach verfahrensrechtlichen Vorschriften in einem der Rechtswahl zugänglichen Sachgebiet (§§ 19, 35 Abs. 1) tatsächliches Parteivorbringen für wahr zu halten ist.

Anwendung fremden Rechtes

§ 3. Ist fremdes Recht maßgebend, so ist es von Amts wegen und wie in seinem ursprünglichen Geltungsbereich anzuwenden.

Ermittlung fremden Rechtes

§ 4. (1) Das fremde Recht ist von Amts wegen zu ermitteln. Zulässige Hilfsmittel hiefür sind auch die Mitwirkung der Beteiligten, Auskünfte des Bundesministeriums für Justiz und Sachverständigengutachten.

(2) Kann das fremde Recht trotz eingehendem Bemühen innerhalb angemessener Frist nicht ermittelt werden, so ist das österreichische Recht anzuwenden.

Rück- und Weiterverweisung

§ 5. (1) Die Verweisung auf eine fremde Rechtsordnung umfaßt auch deren Verweisungsnormen.

(2) Verweist die fremde Rechtsordnung zurück, so sind die österreichischen Sachnormen (Rechtsnormen mit Ausnahme der Verweisungsnormen) anzuwenden; im Fall der Weiterverweisung sind unter Beachtung weiterer Verweisungen die Sachnormen der Rechtsordnung maßgebend, die ihrerseits nicht mehr verweist bzw. auf die erstmals zurückverwiesen wird.

(3) Besteht eine fremde Rechtsordnung aus mehreren Teilrechtsordnungen, so ist die Teilrechtsordnung anzuwenden, auf die die in der fremden Rechtsordnung bestehenden Regeln verweisen. Mangels solcher Regeln ist die Teilrechtsordnung maßgebend, zu der die stärkste Beziehung besteht.

Vorbehaltsklausel (ordre public)

§ 6. Eine Bestimmung des fremden Rechtes ist nicht anzuwenden, wenn ihre Anwendung zu einem Ergebnis führen würde, das mit den Grundwertungen der österreichischen Rechtsordnung unvereinbar ist. An ihrer Stelle ist erforderlichenfalls die entsprechende Bestimmung des österreichischen Rechtes anzuwenden.

Statutenwechsel

§ 7. Die nachträgliche Änderung der für die Anknüpfung an eine bestimmte Rechtsordnung maßgebenden Voraussetzungen hat auf bereits vollendete Tatbestände keinen Einfluß.

Form

§ 8. Die Form einer Rechtshandlung ist nach demselben Recht zu beurteilen wie die Rechtshandlung selbst; es genügt jedoch die Einhaltung der Formvorschriften des Staates, in dem die Rechtshandlung vorgenommen wird.

Personalstatut einer natürlichen Person

§ 9. (1) Das Personalstatut einer natürlichen Person ist das Recht des Staates, dem die Person angehört. Hat eine Person neben einer fremden Staatsangehörigkeit auch die österreichische Staatsbürgerschaft, so ist diese maßgebend. Für andere Mehrstaater ist die Staatsangehörigkeit des Staates maßgebend, zu dem die stärkste Beziehung besteht.

(2) Ist eine Person staatenlos oder kann ihre Staatsangehörigkeit nicht geklärt werden, so ist

ihr Personalstatut das Recht des Staates, in dem sie den gewöhnlichen Aufenthalt hat.

(3) Das Personalstatut einer Person, die Flüchtling im Sinn der für Österreich geltenden internationalen Übereinkommen ist oder deren Beziehungen zu ihrem Heimatstaat aus vergleichbar schwerwiegenden Gründen abgebrochen sind, ist das Recht des Staates, in dem sie ihren Wohnsitz, mangels eines solchen ihren gewöhnlichen Aufenthalt hat; eine Verweisung dieses Rechtes auf das Recht des Heimatstaates (§ 5) ist unbeachtlich.

Personalstatut einer juristischen Person

§ 10. Das Personalstatut einer juristischen Person oder einer sonstigen Personen- oder Vermögensverbindung, die Träger von Rechten und Pflichten sein kann, ist das Recht des Staates, in dem der Rechtsträger den tatsächlichen Sitz seiner Hauptverwaltung hat.

Rechtswahl

§ 11. (1) Eine Rechtswahl der Parteien (§§ 19, 35 Abs. 1) bezieht sich im Zweifel nicht auf die Verweisungsnormen der gewählten Rechtsordnung.

(2) Eine in einem anhängigen Verfahren bloß schlüssig getroffene Rechtswahl ist unbeachtlich.

(3) Die Rechtsstellung Dritter wird durch eine nachträgliche Rechtswahl nicht beeinträchtigt.
...

Abschnitt 7

Schuldrecht

Vertragliche Schuldverhältnisse

§ 35. (1) Vertragliche Schuldverhältnisse, die nicht in den Anwendungsbereich der Verordnung (EG) Nr. 593/2008 über das auf vertragliche Schuldverhältnisse anzuwendende Recht (Rom I), ABl. Nr. L 177 vom 4. Juli 2008, S. 6, fallen, sind nach dem Recht zu beurteilen, das die Parteien ausdrücklich oder schlüssig bestimmen (§ 11).

(2) Ist für ein solches Schuldverhältnis eine Rechtswahl nicht wirksam getroffen, so ist es nach dem Recht des Staates zu beurteilen, in dem diejenige Partei ihren gewöhnlichen Aufenthalt hat, die die für den Vertrag charakteristische Leistung zu erbringen hat. Schließt diese Partei den Vertrag als Unternehmer, so ist statt des gewöhnlichen Aufenthalts die Niederlassung maßgebend, in deren Rahmen der Vertrag geschlossen wird.

(3) Ergibt sich aus der Gesamtheit der Umstände, dass das vertragliche Schuldverhältnis eine offensichtlich engere Verbindung zu einem anderen als dem nach Abs. 2 bestimmten Staat aufweist, so ist das Recht dieses anderen Staates anzuwenden.

(BGBl I 2009/109)

Erweiterte Rechtswahl für bestimmte Versicherungsverträge

§ 35a. (1) Die Parteien eines Versicherungsvertrages, für den Art. 7 Abs. 3 der Verordnung (EG) Nr. 593/2008 Rechtswahlmöglichkeiten eröffnet, können in den Fällen des Art. 7 Abs. 3 lit. a, b und e der Verordnung jedes andere Recht ausdrücklich oder schlüssig bestimmen.

(2) Übt der Versicherer seine Tätigkeit in dem Staat aus, in dem der Versicherungsnehmer seinen gewöhnlichen Aufenthalt hat, oder richtet er seine Tätigkeit auf irgend eine Weise auf diesen Staat oder auf mehrere Staaten einschließlich dieses Staates aus, so darf die Rechtswahl nach Abs. 1 nicht dazu führen, dass dem Versicherungsnehmer der Schutz entzogen wird, der ihm durch diejenigen Bestimmungen gewährt wird, von denen nach dem Recht, das mangels Rechtswahl anzuwenden wäre, nicht durch Vereinbarung abgewichen werden darf.

(BGBl I 2009/109)

§§ 36 bis 45. *(aufgehoben, BGBl I 1998/119)*

§§ 46 und 47. *(aufgehoben, BGBl I 2009/109)*

Außervertragliche Schadenersatzansprüche

§ 48. (1) Außervertragliche Schadenersatzansprüche, die nicht in den Anwendungsbereich der Verordnung (EG) Nr. 864/2007 über das auf außervertragliche Schuldverhältnisse anzuwendende Recht (Rom II), ABl. Nr. L 199 vom 31. Juli 2007, S. 40, fallen, sind nach dem Recht zu beurteilen, das die Parteien ausdrücklich oder schlüssig bestimmen (§ 11).

(2) Ist für ein solches Schuldverhältnis eine Rechtswahl nicht wirksam getroffen, so ist es nach dem Recht des Staates zu beurteilen, in dem das den Schaden verursachende Verhalten gesetzt worden ist. Besteht für die Beteiligten jedoch eine stärkere Beziehung zum Recht ein und desselben Staates, so ist dieses Recht maßgebend.

(BGBl I 2009/109)

Gewillkürte Stellvertretung

§ 49. (1) Die Voraussetzungen und die Wirkungen der gewillkürten Stellvertretung im Verhältnis des Geschäftsherrn und des Stellvertreters zum Dritten sind nach dem Recht zu beurteilen, das der Geschäftsherr in einer für den Dritten erkennbaren Weise bestimmt hat.

(2) Ist das anzuwendende Recht nicht bestimmt worden, so ist das Recht des Staates maßgebend,

in dem der Stellvertreter nach dem dem Dritten erkennbaren Willen des Geschäftsherrn tätig werden soll; ist der Stellvertreter für mehrere Geschäfte bestellt worden, so nach dem Recht des Staates, in dem er nach dem dem Dritten erkennbaren Willen des Geschäftsherrn regelmäßig tätig werden soll.

(3) Versagt auch die im Abs. 2 vorgesehene Anknüpfung, so ist das Recht des Staates maßgebend, in dem der Stellvertreter tätig wird.

Abschnitt 8
Schlußbestimmungen

§ 50. (1) Dieses Bundesgesetz tritt mit 1. Jänner 1979 in Kraft.

(2) § 35 und § 53 Abs. 2 in der Fassung des Bundesgesetzes BGBl. I Nr. 119/1998 sowie die Aufhebung der §§ 36 bis 45 durch dieses Bundesgesetz treten mit 1. Dezember 1998 in Kraft und sind auf Schuldverhältnisse anzuwenden, die nach dem 30. November 1998 entstanden sind. *(BGBl I 2009/109)*

(3) § 33a in der Fassung des Bundesgesetzes BGBl. I Nr. 117/2003 tritt mit 1. Dezember 2003 in Kraft. *(BGBl I 2003/117)*

(4) Auf außervertragliche Schadenersatzansprüche aus einem Ereignis, das nach dem 11. Jänner 2009 eingetreten ist, ist § 48 in der Fassung des Bundesgesetzes BGBl. I Nr. 109/2009 anzuwenden; § 48 Abs. 2 in der Fassung des Bundesgesetzes BGBl. Nr. 109/1978 ist auf solche Schadenersatzansprüche nicht mehr anzuwenden. Die §§ 46 und 47 sind nicht anzuwenden, wenn das Ereignis, welches das außervertragliche Schuldverhältnis begründet, nach dem 11. Jänner 2009 eingetreten ist. Auf Verträge, die nach dem 17. Dezember 2009 geschlossen werden, ist § 35 in der Fassung des Bundesgesetzes BGBl. I Nr. 109/2009 anzuwenden; § 53 Abs. 2 ist auf solche Verträge nicht mehr anzuwenden. *(BGBl I 2009/109)*

(5) Die §§ 27a bis 27d in der Fassung des Bundesgesetzes BGBl. I Nr. 135/2009 treten mit 1. Jänner 2010 in Kraft. *(BGBl I 2009/135)*

(6) § 15 in der Fassung des Bundesgesetzes BGBl. I Nr. 158/2013 tritt mit 1. November 2013 in Kraft. *(BGBl I 2013/158)*

§ 51. (1) Mit dem Inkrafttreten dieses Bundesgesetzes verlieren alle Bestimmungen, die in diesem Bundesgesetz geregelte Gegenstände betreffen, vorbehaltlich der §§ 52 und 53, ihre Wirksamkeit. Dazu gehören besonders

1. der Buchstabe a des Patentes vom 16. September 1785, JGS 468,

2. die §§ 4, 34 bis 37 und 300 ABGB,

3. der § 22 zweiter Satz des Gesetzes über das gerichtliche Verfahren in Rechtsangelegenheiten außer Streitsachen (Außerstreitgesetz),

4. der § 271 Abs. 2 ZPO, soweit er die Ermittlung fremden Rechtes betrifft,

5. der § 14 der Entmündigungsordnung,

6. der § 49 des Schauspielergesetzes,

7. der § 1 Abs. 2 des Gesetzes vom 15. November 1940 über Rechte an eingetragenen Schiffen und Schiffsbauwerken,

8. die §§ 6 bis 13 und 15 bis 18 der 4. Durchführungsverordnung zum Ehegesetz,

9. der § 12 des Todeserklärungsgesetzes 1950.

(2) Gleichzeitig entfallen

1. im § 23 Abs. 3 erster Satz Außerstreitgesetz die Worte „nach inländischen Gesetzen",

2. im § 24 Abs. 1 Außerstreitgesetz die Worte „nach den österreichischen Gesetzen",

3. im § 25 Außerstreitgesetz die Worte „und nach österreichischen Gesetzen",

4. im § 140 Abs. 1 zweiter Satz Außerstreitgesetz die Worte „nach den hierländigen Gesetzen".

§ 52. Durch dieses Bundesgesetz bleiben folgende Rechtsvorschriften unberührt:

1. die §§ 94 bis 100 des Urheberrechtsgesetzes,

2. die Art. 91 bis 98 des Wechselgesetzes 1955,

3. die Art. 60 bis 66 des Scheckgesetzes 1955,

4. das Bundesgesetz vom 30. Oktober 1958 über die Anwendung des österreichischen Rechtes im Sinn des Art. 2 des Übereinkommens vom 24. Oktober 1956 über das auf Unterhaltsverpflichtungen gegenüber Kindern anwendbare Recht,

5. der § 4 und der § 5 Abs. 1 Z. 2 und Abs. 2 des Kartellgesetzes,

6. der § 34 des Schiffahrtsanlagengesetzes.

§ 53. „(1)" Bestimmungen zwischenstaatlicher Vereinbarungen werden durch dieses Bundesgesetz nicht berührt. *(BGBl I 2011/21)*

(2) Nach dem Inkrafttreten des Übereinkommens vom 19. Oktober 1996 über die Zuständigkeit, das anzuwendende Recht, die Anerkennung, Vollstreckung und Zusammenarbeit auf dem Gebiet der elterlichen Verantwortung und der Maßnahmen zum Schutz von Kindern besteht die elterliche Verantwortung, die das bis zu diesem Zeitpunkt maßgebende Recht kraft Gesetzes einer Person zugewiesen hat, fort; die Zuweisung der elterlichen Verantwortung kraft Gesetzes an eine Person, die diese Verantwortung zum Zeitpunkt des Inkrafttretens dieses Übereinkommens nicht bereits hat, bestimmt sich nach dem nach Art. 16 Abs. 1 dieses Übereinkommens maßgebenden Recht. *(BGBl I 2011/21)*

§ 54. Mit der Vollziehung dieses Bundesgesetzes ist der Bundesminister für Justiz betraut.

4/I. KFG

§§ 1, 36, 37, 40a

KFG + ZustV
EKHG

Kraftfahrgesetz 1967

BGBl 1967/267

zuletzt geändert durch BGBl II 2015/73
(Auszug)

I. Abschnitt
Anwendungsbereich und Begriffsbestimmungen

Anwendungsbereich

§ 1. (1) Die Bestimmungen dieses Bundesgesetzes sind, sofern im Abs. 2 nichts anderes festgesetzt ist, auf Kraftfahrzeuge und Anhänger, die auf Straßen mit öffentlichem Verkehr (§ 1 Abs. 1 der Straßenverkehrsordnung 1960 – StVO. 1960, BGBl. Nr. 159) verwendet werden, und auf den Verkehr mit diesen Fahrzeugen auf solchen Straßen anzuwenden.

...

IV. Abschnitt
Zulassung zum Verkehr, Probe- und Überstellungsfahrten und Kennzeichen der Kraftfahrzeuge und Anhänger

Allgemeines

§ 36. Kraftfahrzeuge und Anhänger außer Anhängern, die mit Motorfahrrädern gezogen werden, dürfen unbeschadet der Bestimmungen der §§ 82, 83 und 104 Abs. 7 über die Verwendung von Kraftfahrzeugen und Anhängern mit ausländischem Kennzeichen und von nicht zugelassenen Anhängern auf Straßen mit öffentlichem Verkehr nur verwendet werden, wenn

d) für sie die vorgeschriebene Kraftfahrzeug-Haftpflichtversicherung (§ 59) oder Haftung (§ 62) besteht und *(BGBl 1988/375)*

...

Zulassung

§ 37.

(2) Kraftfahrzeuge und Anhänger dürfen nur zugelassen werden, wenn der Antragsteller glaubhaft macht, dass er der rechtmäßige Besitzer des Fahrzeuges ist oder das Fahrzeug auf Grund eines Abzahlungsgeschäftes im Namen des rechtmäßigen Besitzers innehat, wenn er seinen Hauptwohnsitz oder Sitz, bei Antragstellern ohne Sitz im Bundesgebiet eine Hauptniederlassung im Bundesgebiet hat oder bei Miete des Fahrzeuges aus einem anderen EU-Mitgliedstaat, jedenfalls der Mieter seinen Hauptwohnsitz oder Sitz im Bundesgebiet hat, wenn er eine Erklärung über die beabsichtigte Verwendungsbestimmung des Fahrzeuges abgibt und wenn er folgende Nachweise erbringt:

b) eine Versicherungsbestätigung für das Fahrzeug gemäß § 61 Abs. 1; dies gilt jedoch nicht für Fahrzeuge, die gemäß § 59 Abs. 2 von der Versicherungspflicht ausgenommen sind;

(BGBl I 2002/132)

...

Beleihung von Versicherern zum Zwecke der Zulassung

§ 40a. (1) Der Landeshauptmann hat durch Verordnung Behörden zu bestimmen, in deren örtlichem Wirkungsbereich Versicherer, die eine Kraftfahrzeug-Haftpflichtversicherung anbieten (§ 59 Abs. 1), auf Antrag ermächtigt werden, Zulassungsstellen einzurichten und zu betreiben. In dieser Verordnung ist darüber hinaus festzulegen, zu welchen Zeiten die Zulassungsstelle jedenfalls für die Abwicklung der übertragenen Aufgaben geöffnet sein muß. Vor Erlassung einer solchen Verordnung hat der Landeshauptmann das Einvernehmen mit dem Bundesminister für Verkehr, Innovation und Technologie und, falls eine „Landespolizeidirektion, soweit diese zugleich Sicherheitsbehörde erster Instanz ist," erfaßt ist, auch mit dem Bundesminister für Inneres herzustellen. *(BGBl I 2012/50)*

(2) Durch Verordnung des Bundesministers für Verkehr, Innovation und Technologie sind die näheren Bestimmungen festzulegen hinsichtlich

1. der Leistungsfähigkeit der Zulassungsstellen,

2. der Anforderungen in räumlicher und personeller Hinsicht, die an Zulassungsstellen zu stellen sind,

3. der persönlichen Voraussetzungen, die die verantwortliche Person der Zulassungsstelle erfüllen muß,

4. der bestimmten Zeichen, durch die die Zulassungsstellen von außen als solche erkennbar gemacht sein müssen,

5. der Systematik, der Formatierung und der Qualität der zu erfassenden und zu übermittelnden Daten (§ 47 Abs. 1),

4/I. KFG
§ 40a

6. des Umfanges des Datenaustausches der Zulassungsstellen mit den Behörden und der zentralen Zulassungsevidenz des Bundesministers für Inneres sowie auf welche Weise und in welchem zeitlichen Rahmen der Datenaustausch zwischen den Zulassungsstellen und den Behörden zu erfolgen hat,

7. der bei der Antragstellung vorzulegenden Unterlagen sowie der Form und des Umfanges der Aktenführung durch die Zulassungsstellen und *(BGBl I 2002/80)*

8. der Grundsätze der Kennzeichenverwaltung durch die Zulassungsstellen.

(3) Als Zulassungsstelle kommt nur eine Einrichtung von in Österreich zum Betrieb der Kraftfahrzeug-Haftpflichtversicherung berechtigten Versicherern, die hierzu durch Bescheid des Landeshauptmannes ermächtigt worden sind, in Betracht, die im Sprengel der Behörde, im Sprengel der unmittelbar angrenzenden Behörde desselben Bundeslandes oder am Sitz der Behörde einen Standort aufweist. Grenzt an den Sprengel einer Behörde im selben Bundesland nur ein weiterer Sprengel unmittelbar an, so kann die Ermächtigung über Antrag auf den an diesen Sprengel in der weiteren Folge jeweils unmittelbar angrenzenden örtlichen Wirkungsbereich der benachbarten Behörden des selben Bundeslandes ausgedehnt werden. *(BGBl I 2008/6)*

(4) Auf Antrag hat der Landeshauptmann in Österreich zum Betrieb der Kraftfahrzeug-Haftpflichtversicherung berechtigte Versicherer mit Bescheid zu ermächtigen, Zulassungsstellen einzurichten, wenn

1. auf Grund der namhaft zu machenden verantwortlichen natürlichen Person zu erwarten ist, daß diese die für die Ausübung der Berechtigung erforderliche Zuverlässigkeit besitzen, und

2. die durch Verordnung des Bundesministers für Verkehr, Innovation und Technologie und des Landeshauptmannes festgelegten besonderen Voraussetzungen erfüllt werden.

Die verantwortliche natürliche Person kann innerhalb eines Bundeslandes auch für mehrere Behörden namhaft gemacht werden. Die Ermächtigung ist allenfalls unter den erforderlichen Bedingungen, Auflagen oder Einschränkungen zu erteilen. Im Ermächtigungsbescheid ist auch festzusetzen, ab welchem Datum die Zulassungsstellen einzurichten sind. Für die Ermächtigung ist eine Bundes-Verwaltungsabgabe in der Höhe von 726 Euro zu entrichten. Bei der erstmaligen Erteilung der Ermächtigung nach Ablauf des Probezeitraumes (Abs. 9) hat der Landeshauptmann diese auf Antrag vorübergehend bis längstens ein Jahr auf Krafträder, Personenkraftwagen, Kombinationskraftwagen und Anhänger, die mit solchen Fahrzeugen gezogen werden sollen, beschränkt zu erteilen. Nach Ablauf dieses Zeitraumes gilt die Ermächtigung unbeschränkt für alle Fahrzeugkategorien. Bei der Ermächtigung für den Probezeitraum hat der Landeshauptmann diese auf Antrag für die Dauer des Probezeitraumes auf Krafträder, Personenkraftwagen, Kombinationskraftwagen und Anhänger, die mit solchen Fahrzeugen gezogen werden sollen, beschränkt zu erteilen. *(BGBl I 2002/32)*

(5) Mit der Ermächtigung werden folgende Aufgaben übertragen:

1. die Zulassung (§ 37) und damit verbunden die Zuweisung von Kennzeichen, ausgenommen die im § 48 Abs. 1 Z 1 bis 3 und § 54 Abs. 3 und Abs. 3a lit. a und b angeführten Fahrzeuge (Sachbereichskennzeichen),

2. die Vornahme von Eintragungen gemäß Z 8, 9, 10 und 12 in das Fahrzeug-Genehmigungsdokument, *(BGBl I 2005/117)*

3. Streichung der Befristung der Zulassung (§ 37 Abs. 4),

4. Vornahme der vorübergehenden Zulassung (§ 38), *(BGBl I 2002/80)*

5. die Verständigung der gesetzlichen Interessenvertretung (§ 40 Abs. 6),

6. die Ausstellung des Zulassungsscheines (§ 41 Abs. 1, § 41a Abs. 1) und die Festsetzung des höchsten zulässigen Gesamtgewichtes bei Anhängern der Klasse O1 und O2 innerhalb der vorgegebenen Bandbreite (§ 28 Abs. 3a), *(BGBl I 2005/117; BGBl I 2009/94)*

7. die Vornahme von Ergänzungen im Zulassungsschein oder Ausstellung eines neuen Zulassungsscheines (§ 41 Abs. 4, § 49 Abs. 3),

8. Bestätigung der Zulassung im Fahrzeug-Genehmigungsdokument (§ 41 Abs. 5), *(BGBl I 2005/117)*

9. Vornahme von Änderungen für die Zulassung maßgebender Umstände (§ 42 Abs. 1, § 43 Abs. 8), *(BGBl I 2005/117)*

10. Befreiung von der Eintragung der Motornummer und Vermerk auf dem Zulassungsschein (§ 42 Abs. 3),

11. Abmeldung (§ 43 Abs. 1), ausgenommen die im § 48 Abs. 1 und § 54 Abs. 3 und Abs. 3a lit. a und b angeführten Fahrzeuge (Sachbereichskennzeichen),

12. Bestätigung der Abmeldung im Fahrzeug-Genehmigungsdokument (§ 43 Abs. 2), *(BGBl I 2005/117)*

13. Freihaltung von Kennzeichen (§ 43 Abs. 3),

14. Zuweisung von Probefahrtkennzeichen und Ausgabe von Kennzeichentafeln mit Probefahrtkennzeichen, nachdem die Behörde die Durchführung von Probefahrten bewilligt hat,

15. Bewilligung zur Durchführung von Überstellungsfahrten (§ 46 Abs. 1),

16. Ausstellung des Überstellungsfahrtscheines (§ 46 Abs. 4),

17. Ausgabe von Kennzeichentafeln für Überstellungsfahrten (§ 49 Abs. 1),
18. Zuweisung von Wechselkennzeichen (§ 48 Abs. 2),
19. Ausgabe von Kennzeichentafeln (§ 49 Abs. 1 und Abs. 3), ausgenommen die im § 48 Abs. 1 und § 54 Abs. 3 und Abs. 3a lit. a und b angeführten Fahrzeuge (Sachbereichskennzeichen),
20. Ausgabe von Kennzeichentafeln für Wunschkennzeichen, nachdem die Behörde das Wunschkennzeichen zugewiesen oder reserviert hat und Verlängerung des Rechts zur Führung eines Wunschkennzeichens (§ 48a Abs. 8a) und Rücknahme der Kennzeichentafeln, sofern das Recht zur Führung des Wunschkennzeichens erloschen ist (§ 48a Abs. 8b), *(BGBl I 2005/117)*
21. Erneuerung einer Kennzeichentafel (§ 50 Abs. 2),
22. Zuweisung von Kennzeichen nach Verlust (§ 51 Abs. 2) samt Ausfolgung der Kennzeichentafel,
23. Vornahme der Hinterlegung von Kennzeichentafeln (§ 52 Abs. 1),
24. Ausfolgung einer Begutachtungsplakette (§ 57a Abs. 6 und Abs. 9),
25. Entgegennahme einer neuen Versicherungsbestätigung und Ersichtlichmachung dieses Umstandes in der Zulassungsevidenz.

(6) Die Bezirksverwaltungsbehörde, im „Gebiet einer Gemeinde, für das die Landespolizeidirektion zugleich Sicherheitsbehörde erster Instanz ist, die Landespolizeidirektion", für deren Sprengel eine Zulassungsstelle eingerichtet ist, kann jederzeit überprüfen, ob die Voraussetzungen für die Erteilung der Ermächtigung noch gegeben sind und die übertragenen Aufgaben ordnungsgemäß besorgt werden. Weiters kann die Vorlage von Unterlagen betreffend die übertragenen Aufgaben verlangt werden. Einem solchen Verlangen hat die Zulassungsstelle unverzüglich nachzukommen. Weiters kann die Behörde Anordnungen zur Behebung von Mängeln treffen. Den Anordnungen der Behörde ist unverzüglich zu entsprechen. *(BGBl I 2012/50)*

(6a) Werden die Aufgaben nicht ordnungsgemäß besorgt oder wird gegen die Verpflichtungen gemäß § 40b Abs. 6 verstoßen, kann die Behörde auch den Ausschluss bestimmter Personen von dieser Tätigkeit anordnen oder, wenn in einer Zulassungsstelle nach erfolgloser schriftlicher Anordnung zur Behebung von Mängeln wiederholt schwere Mängel festgestellt werden, die weitere Durchführung dieser Tätigkeiten in dieser Zulassungsstelle untersagen. *(BGBl I 2005/117)*

(7) Die Ermächtigung ist vom Landeshauptmann zu widerrufen, wenn

1. die Voraussetzungen für die Erteilung nicht mehr gegeben sind, oder

2. eine ordnungsgemäße Abwicklung der Zulassung nicht gewährleistet wird, insbesondere

a) die Zulassung unbegründet nicht unverzüglich vorgenommen worden ist,

b) schriftliche Anordnungen der Behörde zur Vollziehung der kraftfahrrechtlichen Bestimmungen nicht befolgt werden oder

c) die sonstigen übertragenen Aufgaben wiederholt nicht ordnungsgemäß erfüllt werden, und die Maßnahmen nach Abs. 6a erfolglos geblieben sind.

Wird durch ein rechtswidriges Verhalten einer ermächtigten Zulassungsstelle jemandem schuldhaft ein Schaden zugefügt, so finden die Bestimmungen des Amtshaftungs-Gesetzes, BGBl. Nr. 20/1949 idF BGBl. Nr. 91/1993 mit der Maßgabe Anwendung, dass der Rückersatzanspruch des Rechtsträgers gegenüber der ermächtigten Zulassungsstelle auch dann gilt, wenn es sich dabei nicht um eine natürliche Person handelt. *(BGBl I 2005/117)*

(8) Die Ermächtigung kann vom ermächtigten Versicherer zurückgelegt werden. Die Zurücklegung wird nach Ablauf von drei Monaten ab dem Tag wirksam, an dem die Anzeige über die Zurücklegung beim Landeshauptmann einlangt, sofern nicht der Versicherer die Zurücklegung für einen späteren Tag anzeigt oder an den späteren Eintritt einer Bedingung bindet. Der die Ermächtigung zurücklegende Versicherer kann der Ermächtigungsbehörde einen anderen im örtlichen Wirkungsbereich ermächtigten Versicherer als Nachfolger benennen. Sofern sich dieser zur Übernahme der übertragenen Aufgaben für den die Ermächtigung zurücklegenden Versicherer verpflichtet, dieser für den Wirkungsbereich der betroffenen Behörde ermächtigt ist und über die erforderliche Leistungsfähigkeit verfügt, hat der Landeshauptmann die Übertragung der beliehenen Aufgaben zu einem im Antrag bestimmten Datum auszusprechen. In diesem Fall ist das weitere Aufrechterhalten des Betriebs für eine Mindestdauer nicht erforderlich. Der ermächtigte Versicherer kann die Ermächtigung, Zulassungsstellen einzurichten oder zu betreiben, hinsichtlich aller oder einzelner Behörden ruhen lassen. Er hat dies dem Landeshauptmann schriftlich anzuzeigen. Der Betrieb bereits eingerichteter Zulassungsstellen ist mindestens noch drei Monate nach erfolgter Anzeige weiter aufrecht zu erhalten. Die Verlegung einer bereits eingerichteten Zulassungsstelle an eine neue Adresse im örtlichen Wirkungsbereich der Beleihung gilt nach erfolgter Anzeige und nach Überprüfung des neuen Standortes durch die Ermächtigungsbehörde sowie Ergänzung des Ermächtigungsbescheides zu dem angezeigten Datum. Das weitere Aufrechterhalten des Betriebs am alten Standort für eine Mindestdauer ist nicht erforderlich. *(BGBl I 2002/80)*

(9) und (10) *(aufgehoben, BGBl I 2005/117)*
(BGBl I 1997/103)

Zulassung durch beliehene Versicherer

§ 40b. (1) Nach der Einrichtung von Zulassungsstellen dürfen Anträge gemäß § 40a Abs. 5 nur bei den zuständigen Zulassungsstellen eingebracht werden. Im Rahmen der übertragenen Aufgaben (§ 40a Abs. 5) treten die Zulassungsstellen an die Stelle der Behörde und haben die ihnen übertragenen Aufgaben wahrzunehmen, wobei die Bestimmungen des IV. Abschnittes anzuwenden sind.

(2) Auf Antrag sind die Zulassung sowie die anderen übertragenen Aufgaben unverzüglich, längstens jedoch innerhalb einer Woche ab dessen Einlangen vorzunehmen. Mit Ausfolgung des Zulassungsscheines und der Kennzeichentafeln gelten die Fahrzeuge als zugelassen. Bei Zuwiderhandlung kann die Behörde angerufen werden.

(3) Wenn dem Antrag nicht vollinhaltlich stattgegeben werden kann, hat sich die Zulassungsstelle jeder weiteren Tätigkeit zu enthalten und den Antrag samt Beilagen mit ausreichender Begründung unverzüglich der Behörde vorzulegen.

(4) Wird die Behörde in den Fällen des Abs. 2 oder Abs. 3 befaßt, so hat die Behörde den Antrag zu prüfen. Ergibt die Prüfung, daß dem Antrag stattzugeben ist, so hat die Behörde festzustellen, daß die Zulassungsstelle zuständig ist. Ergibt die Prüfung, daß dem Antrag nicht stattgegeben werden kann, so hat die Behörde über den Antrag abzusprechen.

(5) Die Behörde hat den zur Herstellung der Kennzeichentafeln Ermächtigten (§ 49 Abs. 5) zeitgerecht Kennzeichen zur Fertigung und Lagerung zuzuteilen. Die Zulassungsstelle hat die benötigten Kennzeichentafeln rechtzeitig bei den ermächtigten Herstellern zu bestellen. Die abgerufenen Kennzeichentafeln sind von den ermächtigten Herstellern direkt an die Zulassungsstellen zu den gesetzlichen Bedingungen zu liefern und zu verrechnen; die Behörde ist von den Kennzeichentafelherstellern unverzüglich darüber zu informieren, welche Kennzeichentafeln an welche Zulassungsstellen geliefert worden sind. Die Zulassungsstellen haben die Begutachtungsplaketten (§ 57a) direkt bei der Behörde zu beziehen.

(6) Die Zulassungsstelle hat die Verpflichtung

1. die übertragenen Aufgaben im Rahmen ihrer Ermächtigung auf Antrag für ihre Versicherungsnehmer sowie für Versicherungsnehmer anderer Versicherer, die keine privaten Zulassungsstellen eingerichtet haben, ordnungsgemäß zu besorgen,

2. die gemäß § 47 Abs. 1 erforderlichen Daten zu erfassen und täglich im Wege der automationsunterstützten Datenverarbeitung der von der Gemeinschaftseinrichtung der zum Betrieb der Kraftfahrzeug-Haftpflichtversicherung berechtigten Versicherer geführten Zulassungsevidenz sowie über diese Gemeinschaftseinrichtung auch der zentralen Zulassungsevidenz des Bundesministers für Inneres zu übermitteln und für die Nachvollziehbarkeit sämtlicher Schritte der Datenverarbeitung zu sorgen, *(BGBl I 2002/80)*

3. eine der Amtsverschwiegenheit vergleichbare Geheimhaltung über alle ihnen ausschließlich aus der Besorgung der übertragenen Aufgaben bekannt gewordenen Tatsachen zu wahren,

4. die im Zuge der Durchführung von übertragenen Aufgaben (§ 40a Abs. 5) zur zur Kenntnis gelangten Daten (§ 47 Abs. 1) von Versicherungsnehmern anderer Versicherer nur für die Zwecke des Zulassungsverfahrens zu verwenden,

5. für die Bestätigung der von der Ermächtigung umfaßten Tätigkeiten stets die von der Gemeinschaftseinrichtung der zum Betrieb der Kraftfahrzeug-Haftpflichtversicherung berechtigten Versicherer zugewiesene Zulassungsstellennummer zu verwenden und diese Identitätsnummer insbesondere auch auf den ausgefertigten Zulassungsscheinen anzuführen,

6. die Vormerkzeichen aus dem vorhandenen Kennzeichenstock nach einem bestimmten Vergabesystem in der Reihenfolge des Einlangens der Anträge zu vergeben,

7. alle Anträge in der Reihenfolge ihres Einlangens zu behandeln,

8. Kennzeichentafeln und Begutachtungsplaketten sicher zu verwahren und vor jedem Zugriff durch Unbefugte zu schützen,

9. abgelieferte Zulassungsscheine zu vernichten und abgelieferte Kennzeichentafeln, sofern keine Freihaltung gemäß § 43 Abs. 3 verfügt wurde, zu verschrotten, sodaß jeglicher Mißbrauch ausgeschlossen ist und einer umweltgerechten Entsorgung zuzuführen und der Behörde in regelmäßigen Abständen darüber zu berichten,

10. verfallene Sicherstellungen für Kennzeichentafeln mit Überstellungskennzeichen (§ 49 Abs. 1) vierteljährlich der Behörde abzuführen.

(7) Vorgänge im Rahmen der übertragenen Aufgaben (§ 40a Abs. 5) sind von Verwaltungsabgaben befreit. Die Zulassungsstellen sind aber berechtigt, für die Vornahme der Zulassung, für die Ausstellung des Zulassungsscheines bei einer eingeschränkten Zulassung, für die Bewilligung zur Durchführung von Überstellungsfahrten oder für die Ausgabe von Probefahrtkennzeichen einen Kostenersatz bis zu einer Höhe von 41,70 Euro einzuheben. Dieser Betrag ist entsprechend der Regelung des Abs. 8 valorisiert. Mit diesem einmaligen Kostenersatz sind alle mit der Zulassung in Zusammenhang stehenden Tätigkeiten gemäß § 40a Abs. 5, wie insbesondere Vornahme der Abmeldung oder Vornahme von Eintragungen abgegolten. Die Gestehungskosten der Kennzei-

chentafeln und der Begutachtungsplaketten, sowie der Chipkartenzulassungsbescheinigung Teil I sind gesondert in Rechnung zu stellen. *(BGBl I 2002/32; BGBl I 2002/80; BGBl I 2009/94)*

(8) Der in Abs. 7 genannte Betrag erhöht sich jährlich in dem Maß, das sich aus der Veränderung des vom Österreichischen Statistischen Zentralamt verlautbarten Verbraucherpreisindex im Jänner eines Jahres gegenüber der für Jänner des Vorjahres verlautbarten Indexzahl ergibt, wobei Änderungen solange nicht zu berücksichtigen sind, als sie 5% der maßgeblichen Indexzahl nicht übersteigen. Bei der Berechnung der jeweiligen neuen Beträge ist auf jeweils volle Zehn-Cent-Beträge auf- oder abzurunden. Der Bundesminister für Verkehr, Innovation und Technologie hat die Änderung der Beträge und den Zeitpunkt, ab dem die Änderung wirksam wird, im Bundesgesetzblatt kundzumachen. *(BGBl I 2002/32)*

(9) Die Gemeinschaftseinrichtung der zum Betrieb der Kraftfahrzeug-Haftpflichtversicherung berechtigten Versicherer hat auf begründeten Antrag eines Fahrzeugerzeugers oder seines gemäß § 29 Abs. 2 Bevollmächtigten für die Abwicklung von Fahrzeugrückrufaktionen unter Angabe der Fahrgestellnummer den davon betroffenen Zulassungsbesitzern ein Informationsschreiben des Fahrzeugerzeugers über die Durchführung der Rückrufaktion zuzustellen. Der Antragsteller hat die dadurch entstehenden Kosten zu ersetzen. *(BGBl I 2002/80)*

(10) Die Gemeinschaftseinrichtung der zum Betrieb der Kraftfahrzeug-Haftpflichtversicherung berechtigten Versicherer hat weiters dem Österreichischen Statistischen Zentralamt auf Anfrage Auskünfte über Zulassungsbesitzer bestimmter Lastkraftwagen oder Omnibusse zur Durchführung statistischer Erhebungen im Bereich des Straßen- und Schienengüterverkehrs zu erteilen.

(BGBl I 1997/103)

...

Abmeldung

§ 43.

(1b) Die Gemeinschaftseinrichtung der zum Betrieb der Kraftfahrzeug-Haftpflichtversicherung berechtigten Versicherer hat dem Bundesminister für Land- und Forstwirtschaft, Umwelt und Wasserwirtschaft in elektronischer Form halbjährlich Daten der Abmeldung derjenigen Kraftfahrzeuge der Klasse M1 oder N1 und der dreirädrigen Kraftfahrzeuge unter Ausschluss von dreirädrigen Krafträdern zu übermitteln, die innerhalb von sechs Monaten nicht wieder zugelassen wurden. *(BGBl I 2002/102)*

...

(4) Der Zulassungsbesitzer hat sein Fahrzeug abzumelden, wenn

d) die vorgeschriebene Kraftfahrzeug-Haftpflichtversicherung für das Fahrzeug nicht besteht, beendet ist oder ihre Versicherungssummen die vorgeschriebenen Mindestsummen nicht erreichen.

...

(BGBl 1982/362; BGBl 1987/296, § 30 Z 2 KHVG 1987)

...

Aufhebung der Zulassung

§ 44. (1) Die Zulassung ist von der Behörde, die das Fahrzeug zugelassen hat, aufzuheben, wenn

b) der Versicherer des Fahrzeuges die im § 61 Abs. 3 angeführte Anzeige erstattet hat; das Verfahren zur Aufhebung der Zulassung ist spätestens einen Monat gerechnet vom Einlangen der Anzeige einzuleiten, sofern der Versicherer nicht die Behörde verständigt hat, daß seine Verpflichtung zur Leistung wieder besteht,

c) der Versicherer des Fahrzeuges eine im § 61 Abs. 4 angeführte Anzeige erstattet hat und weder der Zulassungsbesitzer eine neue Versicherungsbestätigung vorgelegt noch ein Versicherer die Behörde verständigt hat, daß seine Verpflichtung zur Leistung hinsichtlich des Fahrzeuges besteht, oder *(BGBl 1971/285)*

...

...

Probefahrten

§ 45. (1) Probefahrten mit nicht zum Verkehr zugelassenen Kraftfahrzeugen oder Anhängern oder Fahrgestellen solcher Fahrzeuge dürfen auf Straßen mit öffentlichem Verkehr nur mit Bewilligung der Behörde durchgeführt werden, in deren örtlichem Wirkungsbereich der Ort liegt, von dem aus der Antragsteller hauptsächlich über die Verwendung der Probefahrtkennzeichen verfügt. Probefahrten sind Fahrten zur Feststellung der Gebrauchsfähigkeit oder der Leistungsfähigkeit von Fahrzeugen oder ihrer Teile oder Ausrüstungsgegenstände oder Fahrten, um Fahrzeuge vorzuführen. Als Probefahrten gelten auch

1. Fahrten zur Überführung eines Fahrzeuges an einen anderen Ort im Rahmen des Geschäftsbetriebes,

2. Fahrten zur Überführung des Fahrzeuges durch den Käufer bei der Abholung des Fahrzeuges vom Verkäufer und

§§ 45 – 47

3. Fahrten zum Ort der Begutachtung oder Überprüfung des Fahrzeuges nach dem III. und V. Abschnitt.

4. das Überlassen des Fahrzeuges mit einem höchsten zulässigen Gesamtgewicht von nicht mehr als 3 500 kg an einen Kaufinteressenten für die Dauer von bis zu maximal 72 Stunden, wobei auch Fahrtunterbrechungen zulässig sind.

(BGBl I 1997/103; BGBl I 2002/80)
...

(3) Die im Abs. 1 angeführte Bewilligung ist auf Antrag zu erteilen, wenn

3. für jedes beantragte Probefahrtkennzeichen eine Versicherungsbestätigung gemäß § 61 Abs. 1 beigebracht wurde, und
...

(BGBl 1987/296; BGBl I 2002/80)

Überstellungsfahrten

§ 46. (1) Die Behörde hat Personen, die in ihrem örtlichen Wirkungsbereich ihren Aufenthalt haben, die Bewilligung zu erteilen, nicht zugelassene Kraftfahrzeuge und Anhänger oder zugelassene, deren Kennzeichentafeln in Verlust geraten sind oder für die ein Wechselkennzeichen (§ 48 Abs. 2) zugewiesen wurde, vorübergehend auf Straßen mit öffentlichem Verkehr zu verwenden, wenn glaubhaft gemacht wird, daß dies für Fahrten zur Überstellung des Fahrzeuges an einen anderen Ort, zu Überstellungsfahrten, erforderlich ist, oder wenn der Verlust glaubhaft gemacht wird.

(2) Die Bewilligung (Abs. 1) darf bei nicht zugelassenen Fahrzeugen oder bei Fahrzeugen, für die ein Wechselkennzeichen (§ 48 Abs. 2) zugewiesen wurde, nur erteilt werden, wenn eine Versicherungsbestätigung gemäß § 61 Abs. 1 beigebracht wurde; bei nicht zugelassenen Fahrzeugen gilt § 56 Abs. 1 sinngemäß. Bei der Erteilung der Bewilligung ist auch auszusprechen, welches Kennzeichen das Fahrzeug bei diesen Fahrten zu führen hat. Diese Kennzeichen sind Überstellungskennzeichen (§ 48 Abs. 1) und dürfen nur bei Überstellungsfahrten (Abs. 1) geführt werden. Die Bewilligung ist für die beantragte Dauer, höchstens jedoch für drei Wochen zu erteilen. Die §§ 43 und 44 gelten sinngemäß.
(BGBl 1982/362; BGBl 1987/296; BGBl 1988/375)
...

Zulassungsevidenz

§ 47. (1) Die Behörde hat, sofern die Zulassung nicht durch Zulassungsstellen vorgenommen wird, eine Evidenz über die in ihrem örtlichen Wirkungsbereich zum Verkehr zugelassenen Kraftfahrzeuge und Anhänger zu führen. In diese Evidenz hat sie das zugewiesene Kennzeichen, das Datum der Anmeldung, der Abmeldung, der Hinterlegung des Zulassungsscheines und der Kennzeichentafeln, der Aufhebung oder des Erlöschens der Zulassung, bei natürlichen Personen den Namen des Zulassungsbesitzers, den akademischen Grad, das Geburtsdatum, das Geschlecht, den Beruf und die Anschrift, bei juristischen Personen und Personengesellschaften des Handelsrechtes den Namen oder die Firma, die Art des Betriebes und die Anschrift, im Falle einer Miete des Fahrzeuges aus einem anderen EU-Mitgliedstaat auch die Daten des Mieters, außerdem andere mit der Zulassung und der Beschaffenheit des Fahrzeuges zusammenhängende Daten, soweit dies für die Erfüllung ihrer Aufgaben als Zulassungsbehörde erforderlich ist, aufzunehmen. Die Daten sind nach sieben Jahren ab Abmeldung, Aufhebung oder Erlöschen der Zulassung des Fahrzeuges zu löschen. Die Behörde muss die Zulassungsdaten der in ihrem örtlichem Wirkungsbereich zugelassenen und zuzulassenden Fahrzeuge in der von der Gemeinschaftseinrichtung der zum Betrieb der Kraftfahrzeug-Haftpflichtversicherung berechtigten Versicherer geführten Zulassungsevidenz für die Erfüllung ihrer Aufgaben als Zulassungsbehörde verwenden können. *(BGBl I 1997/103; BGBl I 2002/132)*

(1a) Die Behörde hat, sofern die Zulassung nicht durch Zulassungsstellen vorgenommen wird, von Amts wegen periodisch Daten gemäß Abs. 1 den Finanzbehörden und der Bundesanstalt Statistik Österreich in automationsunterstützten Datenverkehr zu übermitteln, sofern diese Daten für Zwecke der Einhebung der Kraftfahrzeugsteuer oder einer Bundesstatistik über den Kfz-Bestand und über die Zulassungen notwendig sind. Wird die Zulassung durch Zulassungsstellen vorgenommen, so erfolgt diese Datenübermittlung durch die Gemeinschaftseinrichtung der zum Betrieb der Kraftfahrzeug-Haftpflichtversicherung berechtigten Versicherer. *(BGBl I 2002/80)*

(2) Die Behörde hat unter Berücksichtigung ihrer technischen und organisatorischen Möglichkeiten aus der im Abs. 1 angeführten Evidenz auf Anfrage bei Angabe eines diesen Möglichkeiten entsprechenden Suchkriteriums den Organen des Bundes, der Länder, der Gemeinden und der gesetzlichen Interessenvertretungen Auskünfte zu erteilen, soweit diese zur Wahrnehmung der ihnen übertragenen Aufgaben eine wesentliche Voraussetzung bilden.

(2a) Die Behörde hat, sofern nicht eine Auskunftserteilung gemäß § 31a KHVG 1994 in Betracht kommt, Privatpersonen auf Anfrage, in der das Kennzeichen, die Motornummer oder die Fahrgestellnummer angegeben und ein rechtliches Interesse glaubhaft gemacht wird, nach Maßgabe der technischen und organisatorischen Auswertungsmöglichkeiten Namen und Anschrift des Zulassungsbesitzers bekanntzugeben. *(BGBl I 2002/11; BGBl I 2003/60)*

(3) Der Bundesminister für Landesverteidigung hat eine Evidenz über alle von ihm gemäß § 40 Abs. 5 zugelassenen Fahrzeuge zu führen. Er hat aus dieser Evidenz auf Anfrage und Angabe des von einem Fahrzeug geführten Kennzeichens den Organen des Bundes, der Länder und der Gemeinden, den gesetzlichen Interessenvertretungen, wenn ein rechtliches Interesse glaubhaft gemacht wird, auch Privatpersonen Auskunft über die Person des Lenkers eines solchen Fahrzeuges zu erteilen und bei Fahrzeugen, für die eine Haftpflichtversicherung besteht, den Versicherer bekanntzugeben. Abs. 2 und 2a gelten sinngemäß.

...

(4a) Die Gemeinschaftseinrichtung der zum Betrieb der Kraftfahrzeug-Haftpflichtversicherung berechtigten Versicherer hat die gemäß § 40b Abs. 6 Z 2 und Abs. 4b erfassten Daten und übermittelten Daten in einer zentralen Evidenz zu erfassen und zu speichern. Für die Durchführung von weiteren Tätigkeiten im Zusammenhang mit Zulassungsvorgängen können die jeweils zuständigen Behörden oder Zulassungsstellen auf die jeweils in Betracht kommenden Daten zugreifen und diese verwenden. Weiters können auch die Landeshauptmänner nach Maßgabe der technischen Möglichkeiten auf die fahrzeugspezifischen Daten dieser Evidenz zugreifen und in Verfahren zur Fahrzeuggenehmigung verwenden. *(BGBl I 2002/80)*

...

(BGBl 1988/375)

Hinterlegung des Zulassungsscheines und der Kennzeichentafeln

§ 52. (1) Der Zulassungsbesitzer kann den Zulassungsschein und die Kennzeichentafeln für sein Fahrzeug für eine bestimmte, ein Jahr nicht überschreitende Zeit bei der Behörde, in deren örtlichem Wirkungsbereich das Fahrzeug zugelassen ist, hinterlegen. Sollte bei einer Hinterlegung mit Chipkartenzulassungsbescheinigung diese noch nicht zugestellt worden sein, kann vorerst durch Abgabe der befristeten Papierausfertigung sowie der Kennzeichentafeln hinterlegt werden. Nach Erhalt der Chipkartenzulassungsbescheinigung hat der Zulassungsbesitzer diese jedoch unverzüglich ebenfalls zu hinterlegen. Durch die Hinterlegung wird die Zulassung des Fahrzeuges zum Verkehr (§ 36) nicht berührt; sie erlischt jedoch, wenn der Zulassungsbesitzer nicht vor Ablauf eines Jahres nach der Hinterlegung den Antrag auf Ausfolgung des Zulassungsscheines und der Kennzeichentafeln gestellt oder neuerlich ihre Hinterlegung verfügt hat. *(BGBl I 1997/103; BGBl I 2009/94)*

(2) Der Zulassungsschein und die Kennzeichentafeln dürfen nach ihrer Hinterlegung (Abs. 1) erst wieder ausgefolgt werden, wenn eine Versicherungsbestätigung gemäß § 61 Abs. 1 vorgelegt wurde. *(BGBl 1992/449, KfzStG 1992)*

...

VI. Abschnitt

Haftpflichtversicherung für Kraftfahrzeuge und Anhänger

Versicherungspflicht für Kraftfahrzeuge und Anhänger mit inländischem Kennzeichen

§ 59. (1) Eine den Vorschriften des Kraftfahrzeug-Haftpflichtversicherungsgesetzes 1994, BGBl. Nr. 651/1994 (KHVG 1994), in der jeweils geltenden Fassung entsprechende Kraftfahrzeug-Haftpflichtversicherung, auf die österreichisches Recht anzuwenden ist, muß bei einem zum Betrieb dieses Versicherungszweiges in Österreich berechtigten Versicherer bestehen

a) für Kraftfahrzeuge und Anhänger, die zum Verkehr zugelassen sind (§§ 37 bis 39),

b) für Probefahrten (§ 45),

c) für Überstellungsfahrten (§ 46).
(BGBl 1994/651)

(2) Fahrzeuge im Besitz des Bundes, der Länder, der Gemeindeverbände, der Ortsgemeinden mit mehr als 50 000 Einwohnern, der von diesen Gebietskörperschaften unter ihrer Haftung betriebenen Unternehmungen sowie Fahrzeuge von Verkehrsunternehmungen im ausschließlichen Eigentum des Bundes sind von der im Abs. 1 angeführten Versicherungspflicht ausgenommen. Diese Fahrzeugbesitzer haben bei Schäden, für die ohne die eingeräumte Ausnahme eine Kraftfahrzeug-Haftpflichtversicherung zu bestehen hätte, für Personen, die mit ihrem Willen beim Betriebe des Fahrzeuges tätig sind, in gleicher Weise und in gleichem Umfang einzutreten wie ein Haftpflichtversicherer bei Bestehen einer den Vorschriften des KHVG 1994 in der jeweils geltenden Fassung entsprechenden Kraftfahrzeug-Haftpflichtversicherung. Diese Verpflichtung entfällt, wenn die befreiten Fahrzeugbesitzer eine Kraftfahrzeug-Haftpflichtversicherung abgeschlossen haben. *(BGBl 1982/362; BGBl 1987/296; BGBl 1993/456; BGBl 1994/651; BGBl I 2007/37)*

(3) Der Bundesminister für Verkehr, Innovation und Technologie hat der Europäischen Kommission und den für das Kraftfahrwesen zuständigen obersten Behörden der anderen EWR-Vertragsstaaten mitzuteilen,

1. welche Arten von Fahrzeugen nicht der Versicherungspflicht gemäß Abs. 1 unterliegen,
2. welche Kategorien von Rechtsträgern gemäß Abs. 2 erster Satz von der Versicherungspflicht für die in ihrem Besitz befindlichen Fahrzeuge ausgenommen sind und welche Folgen sich daraus gemäß Abs. 2 zweiter und dritter Satz für den Ersatz von mit solchen Fahrzeugen verursachten Schäden ergeben.
(BGBl 1987/296; BGBl I 2007/37)

(4) *(aufgehoben, BGBl 1971/285)*

(5) *(aufgehoben, BGBl 1987/296, § 30 Z 4 KHVG 1987)*

Gegenstand und Umfang der Versicherung

§ 59a. *(aufgehoben, BGBl 1987/296, § 30 Z 5 KHVG 1987)*

Versicherungsbedingungen und Tarif

§ 60. *(aufgehoben, BGBl 1987/296)*

Überwachung der Versicherung

§ 61. (1) Der Versicherer hat dem Versicherungsnehmer auf Verlangen binnen fünf Tagen nach der Übernahme der Verpflichtungen aus einer vorgeschriebenen Kraftfahrzeug-Haftpflichtversicherung (§ 59) eine Bestätigung über die Übernahme dieser Verpflichtungen, die Versicherungsbestätigung, kostenlos auszustellen. Auf der Versicherungsbestätigung ist anzugeben, daß auf den Versicherungsvertrag österreichisches Recht anzuwenden ist. *(BGBl 1987/296; BGBl 1994/651)*

(2) Die Behörde hat den Versicherer, dessen Versicherungsbestätigung (Abs. 1) ihr vorgelegt worden ist, unter Angabe des zugewiesenen Kennzeichens, zu verständigen von

a) der Zulassung des Fahrzeuges,

b) der Zuweisung eines anderen Kennzeichens,

c) der Abmeldung des Fahrzeuges oder der Aufhebung der Zulassung, sofern der Versicherer nicht eine Anzeige gemäß Abs. 4 erstattet hat. In der Verständigung sind die Merkmale der Versicherungsbestätigung sowie im Falle der lit. a die in ihr enthaltenen Daten mit dem in den Zulassungsschein eingetragenen Wortlaut anzuführen. Im Falle der Zulassung durch Zulassungsstellen (§§ 40a und 40b) trifft diese Verpflichtung die Zulassungsstellen, entfällt jedoch bei Tätigwerden für ihre eigenen Versicherungsnehmer. *(BGBl 1977/615; BGBl I 1997/103)*

(3) Ist der Versicherer von der Verpflichtung zur Leistung frei, weil der Versicherungsnehmer die erste oder einmalige Prämie (§ 38 Abs. 1 des Versicherungsvertragsgesetzes 1958) nicht rechtzeitig gezahlt hat oder weil der Versicherungsnehmer nach Ablauf einer ihm gemäß § 39 Abs. 1 des Versicherungsvertragsgesetzes 1958 bestimmten Zahlungsfrist mit der Zahlung einer Folgeprämie für die für das Fahrzeug vorgeschriebene Kraftfahrzeug-Haftpflichtversicherung oder geschuldeter Zinsen oder Kosten im Verzug ist, so hat er dies der Behörde, in deren örtlichem Wirkungsbereich das Fahrzeug zugelassen ist, unter Angabe des Kennzeichens anzuzeigen. Der Versicherer hat gleichzeitig auch den Versicherungsnehmer von dieser Anzeige zu verständigen. Hat der Versicherungsnehmer die Zahlung nachgeholt, so hat der Versicherer die Behörde unverzüglich davon zu verständigen, daß die Verpflichtung zur Leistung wieder besteht. *(BGBl I 1997/103)*

(4) Der Versicherer hat jeden Umstand, der das Nichtbestehen oder die Beendigung der für ein Fahrzeug vorgeschriebenen Kraftfahrzeug-Haftpflichtversicherung zur Folge hat, der Behörde, in deren örtlichem Wirkungsbereich das Fahrzeug zugelassen ist, unter Angabe des Kennzeichens in zweifacher Ausfertigung anzuzeigen; das gleiche gilt, wenn die Versicherungssummen die vorgeschriebenen Mindestsummen nicht erreichen. Die Anzeige ist jedoch nicht erforderlich, wenn die Behörde den Versicherer von der Abmeldung des Fahrzeuges oder von der Aufhebung der Zulassung verständigt hat (Abs. 2). „Die Verständigung des Versicherers durch die Behörde ersetzt die Anzeige des Versicherers hinsichtlich ihrer Wirkung auf den Beginn der im § 24 Abs. 2 des Kraftfahrzeug-Haftpflichtversicherungsgesetzes 1994 angeführten Frist von drei Monaten." *(BGBl 1995/258; BGBl I 1997/103)*

(5) Ist zu erwarten, daß der Versicherer in Ansehung des Dritten von der Verpflichtung zur Leistung frei wird „(§ 24 Abs. 2 des Kraftfahrzeug-Haftpflichtversicherungsgesetzes 1994)", so sind bei Gefahr im Verzug, unbeschadet der Bestimmungen des § 44 Abs. 1 lit. c über die Aufhebung der Zulassung, der Zulassungsschein und die Kennzeichentafeln unverzüglich abzunehmen. *(BGBl 1995/258)*

(6) Die Bestimmungen der Abs. 2 bis 5 gelten für die Bewilligung zur Durchführung von Probe- oder Überstellungsfahrten (§§ 45 und 46) sinngemäß.

Haftung für Kraftfahrzeuge und Anhänger mit ausländischem Kennzeichen

§ 62. (1) Für Kraftfahrzeuge und Anhänger mit ausländischem Kennzeichen, die nicht auf Grund des Art. 4 lit. b der Richtlinie 72/166/EWG (ABl. Nr. L 103 vom 2.5.1972, S. 1, zuletzt geändert durch die Richtlinie 2005/14/EG, ABl. Nr. L 149 vom 11.6.2005, S. 14) von der Versicherungspflicht ausgenommen sind, muss, wenn sie im Inland auf Straßen mit öffentlichem Verkehr verwendet werden, die Haftung des Verbandes der Versicherungsunternehmen Österreichs auf der Grundlage einer Grünen Karte oder auf der Grundlage einer unterstellten Versicherungsdeckung im Sinn des Übereinkommens zwischen den nationalen Versicherungsbüros der Mitgliedstaaten des Europäischen Wirtschaftsraums und anderen assoziierten Staaten vom 30. Mai 2002 (ABl. Nr. L 192 vom 31.7.2003, S. 23) oder auf Grund eines beim Eintritt in das Bundesgebiet abgeschlossenen Versicherungsvertrages (Grenzversicherung) bestehen. Dies gilt auch für Motorfahrräder, die in ihrem Herkunftsstaat nicht als Kraftfahrzeuge gelten oder keine Kennzeichen führen müssen.

(2) Besteht die Haftung gemäß Abs. 1 auf der Grundlage einer Grünen Karte, so ist diese beim Eintritt in das Bundesgebiet oder sonst im Bundesgebiet auf Verlangen den Organen des öffentlichen Sicherheitsdienstes oder der Straßenaufsicht vorzuweisen; § 61 Abs. 5 gilt sinngemäß. Wird beim Eintritt in das Bundesgebiet für ein Fahrzeug, für das keine Haftung gemäß Abs. 1 auf der Grundlage einer unterstellten Versicherungsdeckung besteht, weder eine Grüne Karte vorgewiesen noch eine Grenzversicherung abgeschlossen, so ist die Einbringung des Fahrzeuges in das Bundesgebiet zu verhindern.

(3) Fahrzeuge, die aus einem anderen EWR-Vertragsstaat in das Bundesgebiet eingebracht werden, sind von der Verpflichtung zur Vorweisung einer Grünen Karte gemäß Abs. 2 ausgenommen. Abs. 2 zweiter Satz ist nicht anzuwenden. Diese Fahrzeuge können jedoch, wenn für sie keine Haftung gemäß Abs. 1 auf der Grundlage einer unterstellten Versicherungsdeckung besteht, einer nicht systematischen Überprüfung der Versicherung unter der Voraussetzung unterzogen werden, dass sie nicht diskriminierend ist und im Rahmen einer Kontrolle stattfindet, die sich nicht auf die Überprüfung der Versicherung beschränkt.

(4) Fahrzeuge mit ausländischem Kennzeichen sind von der im Abs. 1 angeführten Verpflichtung befreit, wenn sie einer natürlichen oder juristischen Person des öffentlichen oder privaten Rechts eines anderen EWR-Vertragsstaates gehören und von diesem Vertragsstaat gemäß Art. 4 lit. a der Richtlinie 72/166/EWG gemeldet wurden. Diese Fahrzeuge haben hierüber eine Bescheinigung der Regierung ihres Staates, bei Ländern von Bundesstaaten der Bundesregierung, mitzuführen, in der auch die Stelle angegeben ist, der es obliegt, in dem durchfahrenen Staat, nach dem Recht des durchfahrenen Staates Schadenersatz zu leisten, und gegen welche vor den nach diesem Recht zuständigen Gerichten Klage erhoben werden kann. Diese Bescheinigung ist den Organen des öffentlichen Sicherheitsdienstes oder der Straßenaufsicht auf Verlangen zur Überprüfung auszuhändigen. *(BGBl I 2009/94)*

(5) Im Hinblick auf die Haftung des Verbandes der Versicherungsunternehmen Österreichs haben die Polizeidienststellen nach Verkehrsunfällen, an denen im Ausland zugelassene Fahrzeuge beteiligt sind, Kopien der Anzeigen an die Gerichte oder die Bezirksverwaltungsbehörden oder die Meldungen gemäß § 4 Abs. 5 oder 5a StVO dem Verband der Versicherungsunternehmen Österreichs zu übermitteln. Diese Übermittlungen haben auch personenbezogene Daten der beteiligten Personen, wie Namen, Geburtsdatum und Adresse zu enthalten. *(BGBl I 2009/94)*

(BGBl I 2007/37)

Ansprüche geschädigter Dritter gegen den Versicherer

§ 63. *(aufgehoben, BGBl 1987/296, § 30 Z 10 KHVG 1987)*

...

VIII. Abschnitt

Internationaler Kraftfahrverkehr

Allgemeines

§ 79. Das Verwenden von Kraftfahrzeugen und Anhängern mit ausländischem Kennzeichen, die keinen dauernden Standort im Bundesgebiet haben, ist auf Straßen mit öffentlichem Verkehr unbeschadet zollrechtlicher und gewerberechtlicher Vorschriften nur zulässig, wenn die Fahrzeuge vor nicht länger als einem Jahr in das Bundesgebiet eingebracht wurden und wenn die Vorschriften der §§ 62, 82 und 86 eingehalten werden.

(BGBl 1982/631; BGBl I 1997/121)

...

XIII. Abschnitt

Übergangs-, Straf- und Vollzugsbestimmungen

Vollzugsbestimmungen

§ 136. (1) Mit der Vollziehung dieses Bundesgesetzes ist, unbeschadet der Abs. 2 und 3, der Bundesminister für Verkehr, Innovation und Technologie betraut; er hat das Einvernehmen zu pflegen bei der Vollziehung

a) des § 1 Abs. 2 lit. d, des § 24 Abs. 2, des § 29 Abs. 6, des § 30 Abs. 7, des § 31 Abs. 6, des § 40 Abs. 1 und 5, des § 41 Abs. 6, des § 45 Abs. 8, des § 46 Abs. 6, des § 47 Abs. 3, des § 87 Abs. 1, des § 97, des § 99 Abs. 1, des § 101 Abs. 8, des § 102 Abs. 2 und 5, des § 104 Abs. 8, des § 106 Abs. 15, des § 107 Abs. 4, des § 121 und des § 124 Abs. 1 bezüglich der Angelegenhei-

4/I. KFG
§ 136

ten des Bundesheeres und der Heeresverwaltung mit dem Bundesminister für Landesverteidigung[1]; *(BGBl I 1997/121; BGBl I 2007/57)*

b) *(aufgehoben, BGBl 1992/452, Kompetenz-änderungsG 1992)*

c) des § 59 und des § 62 Abs. 1 mit den Bundesministern für Justiz und für Finanzen; *(BGBl 1987/296; BGBl I 2007/37)*

d) des § 56 Abs. 4, des § 61, des § 129 und des § 131 Abs. 5 und 6 mit dem Bundesminister für Finanzen; *(BGBl I 2002/80)*

...

(BGBl 1986/106)

---

[1] *Nunmehr BM für Landesverteidigung und Sport - vgl die Bundesminsteriengesetz-Novelle 2014, BGBl I 20014/11.*

4/I/1. ZustV

§§ 1 – 4

KFG + ZustV
EKHG

Zulassungsstellenverordnung

BGBl II 1998/464 idF

1 BGBl II 2002/200
2 BGBl II 2005/33
3 BGBl II 2007/131
4 BGBl II 2010/92
5 BGBl II 2010/350 (5. Novelle zur ZustV)
6 BGBl II 2013/291 (6. Novelle zur ZustV)

Verordnung des Bundesministers für Wissenschaft und Verkehr, mit der Bestimmungen über die Einrichtung von Zulassungsstellen festgelegt werden (Zulassungsstellenverordnung – ZustV)

Auf Grund des § 40a Abs. 2 und des § 41 Abs. 2 KFG 1967, BGBl. Nr. 267, zuletzt geändert durch das Bundesgesetz BGBl. I Nr. 146/1998, wird verordnet:

Leistungsfähigkeit

§ 1. (1) Die Zulassungsstelle muß alle gemäß § 40a Abs. 5 KFG 1967 übertragenen Aufgaben in gleicher Art und Weise wie eine Behörde auf Dauer erfüllen können.

(2) Die Zulassungsstelle muß jedenfalls in der Lage sein, alle anfallenden Geschäftsfälle ohne unnötigen Aufschub bewältigen zu können.

(3) Im Ermächtigungsbescheid ist jeweils auch der Zeitpunkt festzulegen, ab dem die einzelnen Zulassungsstellen ihre Tätigkeit aufzunehmen haben.

Räumlichkeiten

§ 2. (1) Die Zulassungsstelle muß über Räumlichkeiten in Gebäuden verfügen, die eine Abwicklung der übertragenen Aufgaben ermöglichen. Eine räumliche Trennung zum sonstigen Geschäftsbetrieb der Versicherung (Kundenbüro) ist nicht erforderlich. Eine räumliche Trennung zum Geschäftsbetrieb anderer gewerblicher oder nicht gewerblicher Tätigkeiten muß aber sichergestellt sein.

(2) Die Zulassungsstelle muß über die entsprechenden Anlagen zur elektronischen Datenverarbeitung verfügen, die zur Abwicklung der übertragenen Aufgaben und zur Datenübermittlung erforderlich sind. Für die Ausstellung der amtlichen Dokumente muß weiters ein geeigneter Drucker vorhanden sein.

(3) Amtliche Dokumente, wie insbesondere Kennzeichentafeln, Begutachtungsplaketten und Zulassungsbescheinigungen, müssen stets vor dem Zugriff Unbefugter geschützt aufbewahrt werden. „Insbesondere außerhalb der Öffnungszeiten müssen Kennzeichentafeln, Begutachtungsplaketten, Zulassungsbescheinigungen sowie der oder die Zulassungsstellenstempel sicher aufbewahrt werden." *(BGBl II 2002/200)*

(4) Im Ermächtigungsbescheid gemäß § 40a Abs. 4 KFG 1967 ist der Standort der Zulassungsstelle anzuführen. Weitere Zulassungsstellen bzw. eine Standortverlegung einer bereits bestehenden Zulassungsstelle an eine neue Adresse dürfen erst nach Anzeige an den Landeshauptmann, in dessen örtlichem Wirkungsbereich die Zulassungsstelle eingerichtet werden soll, und deren Überprüfung eröffnet werden. Der Landeshauptmann hat den Ermächtigungsbescheid entsprechend zu ergänzen. *(BGBl II 2002/200)*

Personal

§ 3. (1) Die Zulassungsstelle muß über geeignetes, für die Abwicklung der übertragenen Aufgaben entsprechend geschultes Personal in ausreichender Anzahl verfügen, damit eine reibungslose Abwicklung der übertragenen Aufgaben gewährleistet ist. Die Schulungen müssen insbesondere den 4. Abschnitt des Kraftfahrgesetzes sowie mit diesen Bestimmungen in Zusammenhang stehende Rechtsbereiche betreffen. Der Nachweis über die absolvierten Schulungen ist durch eine Bestätigung des Versicherers zu erbringen.

(2) Das Personal muss hauptberuflich bei dem ermächtigten Versicherer oder einem anderen ermächtigten Versicherer angestellt sein oder aus einem Personalpool der Versicherungsholding stammen. Es muss eine strikte Trennung zum Geschäftsbetrieb anderer gewerblicher oder nicht gewerblicher Tätigkeiten sichergestellt sein. *(BGBl II 2002/200)*

Verantwortliche Person

§ 4. (1) Die gemäß § 40a Abs. 4 KFG 1967 namhaft zu machende verantwortliche natürliche Person muß unbescholten und vertrauenswürdig (verläßlich) sein und die nötigen Fachkenntnisse zur Wahrnehmung der übertragenen Aufgaben haben, wie insbesondere spezielle Kenntnisse des 4. Abschnittes des Kraftfahrgesetzes sowie weiterer Rechtsbereiche, die damit in Zusammenhang stehen. Diese Fachkenntnisse müssen durch eine ausreichende Tätigkeit im Bereich der Kraftfahrzeug-Haftpflichtversicherung oder durch entsprechende Schulungen erworben worden sein. Jeder

Wechsel der verantwortlichen Person ist dem Landeshauptmann unverzüglich anzuzeigen.

(2) Die verantwortliche Person muß in der Lage sein, die Anordnungen der Behörde erfüllen zu können.

(3) Die verantwortliche Person muss hauptberuflich bei dem ermächtigten Versicherer oder einem anderen ermächtigten Versicherer angestellt sein oder aus einem Personalpool der Versicherungsholding stammen. Es muss eine strikte Trennung zum Geschäftsbetrieb anderer gewerblicher oder nicht gewerblicher Tätigkeiten sichergestellt sein. *(BGBl II 2002/200)*

(4) Die verantwortliche Person kann innerhalb eines Bundeslandes auch für mehrere Behörden namhaft gemacht werden. Eine Namhaftmachung ist auch gegenüber dem jeweils zuständigen Landeshauptmann in mehreren Bundesländern möglich. Innerhalb eines Bundeslandes können auch mehrere Personen als verantwortliche natürliche Person namhaft gemacht werden. Es muss jedoch sichergestellt sein, dass nicht mehrere Personen für dieselbe Zulassungsstelle namhaft gemacht werden. *(BGBl II 2002/200)*

Kennzeichnung

§ 5. Die Zulassungsstellen sind in einer von außen gut erkennbaren Weise mit einer gelben, RAL Farbton 1023 (Verkehrsgelb) oder Pantone Farbton 109 C, jeweils dem Muster der Anlage 1[1)] entsprechenden Tafel oder innerhalb der Zulassungsstelle an einem Schau- oder Außenfenster angebrachten Folie zu kennzeichnen. Auf dieser Tafel/Folie ist auf einem weißen, rechteckigen Feld der Name der Versicherung anzugeben. In diesem Feld kann auch ein bildliches Firmenzeichen der Versicherung wiedergegeben werden. Auf dieser Tafel/Folie oder auf einer gelben Zusatztafel/Zusatzfolie ist anzugeben, für welche Behörde oder Behörden die Zulassungsstelle tätig wird.

(BGBl II 2010/350)

[1)] *Anlage nicht abgedruckt.*

Datenerfassung

§ 6. (1) Die Datenerfassung und Formatierung hat nach einem einheitlichen, auf Basis des Datenträgeraustauschmodelles der zentralen Zulassungsevidenz des Bundesministers für Inneres entwickelten und vom Bundesminister für Inneres und vom Bundesminister für Verkehr, Innovation und Technologie genehmigten EDV-Systems hinsichtlich der Datenerfassung, Formatierung und eventueller Korrektur zu erfolgen.

(2) Sofern bei einer Anmeldung bereits in der Zulassungsevidenz hinsichtlich eines bestimmten Fahrzeuges elektronisch gespeicherte Fahrzeugdaten übernommen werden, sind diese vollständig zu übernehmen und gegebenenfalls zu korrigieren. Eine Ergänzung fehlender Daten hat ausschließlich anhand des Datenblattes sowie etwaiger behördlicher Eintragungen im Genehmigungsdokument zu erfolgen. Sofern kein Datenblatt zur Verfügung steht und in sonstigen Zulassungsfällen – außer im Fall einer neuerlichen Anmeldung – sind die gespeicherten Daten ungeprüft und im gespeicherten Umfang zu übernehmen. Können im Feld A 17 Auflagen/A 18 Behördliche Eintragungen der Zulassungsbescheinigung nicht alle Daten eingetragen werden, kann ein Beiblatt verwendet werden. Das Mitführen dieses Beiblatts ist im Feld A 17 Auflagen/A 18 Behördliche Eintragungen der Zulassungsbescheinigung als Auflage anzuführen.

(BGBl II 2002/200)

Datenaustausch

§ 7. (1) „Die im Zuge der Durchführung der übertragenen Aufgaben aufgenommenen Daten gemäß § 47 Abs. 4 KFG 1967 sind von der Zulassungsstelle online im Wege der Datenfernverarbeitung der Gemeinschaftseinrichtung der zum Betrieb der Kraftfahrzeug-Haftpflichtversicherung berechtigten Versicherer zu übermitteln." Diese Gemeinschaftseinrichtung speichert die Daten in einer Zulassungsevidenz. Zulassungsstellen anderer Versicherer haben zum Zwecke der Abmeldung eines Fahrzeuges oder der Vornahme von Änderungen Zugriff auf diese Daten. *(BGBl II 2002/200)*

(2) „Von der Gemeinschaftseinrichtung der zum Betrieb der Kraftfahrzeug-Haftpflichtversicherung berechtigten Versicherer sind diese Daten über die Statistik Österreich als Dienstleister oder online an die zentrale Zulassungsevidenz des Bundesministers für Inneres und die jeweils in Frage kommenden Daten an die Behörden (Bezirksverwaltungsbehörden und Bundespolizeibehörden), für die die Zulassungsstellen jeweils tätig geworden sind, weiterzuleiten." Eine Weiterleitung der Daten an die Behörden ist aber nicht erforderlich, wenn die Behörden mit der Zulassungsevidenz der Gemeinschaftseinrichtung der zum Betrieb der Kraftfahrzeug-Haftpflichtversicherung berechtigten Versicherer verbunden sind und auf die sie betreffenden Daten zugreifen können. *(BGBl II 2002/200)*

(3) Von der Gemeinschaftseinrichtung der zum Betrieb der Kraftfahrzeug-Haftpflichtversicherung berechtigten Versicherer sind diese Daten gemäß § 47 Abs. 1a KFG 1967 von Amts wegen periodisch den Finanzbehörden und der Statistik Österreich zu übermitteln, sofern diese Daten für Zwecke der Einhebung der Kraftfahrzeugsteuer oder der Bundesstatistik notwendig sind. *(BGBl II 2002/200)*

(4) Von der Gemeinschaftseinrichtung der zum Betrieb der Kraftfahrzeug-Haftpflichtversicherung berechtigten Versicherer sind diese Daten über die Statistik Österreich als Dienstleister den zuständigen Anforderungsbehörden im Sinne des § 31 des Militärbefugnisgesetzes, BGBl. I Nr. 86/2000, auf deren Verlangen zu übermitteln, sofern diese Daten eine wesentliche Voraussetzung für eine Anforderung von Leistungen bilden. *(BGBl II 2002/200)*

Antragstellung

§ 7a. (1) Vorzulegende Dokumente sind grundsätzlich im Original beizubringen, wobei die Vorlage einer Kopie des Gewerbescheines, des Auszuges aus dem Gewerberegister oder des Datenauszuges aus der Genehmigungsdatenbank als ausreichend anerkannt wird. Leasing-, Kammer- oder Versicherungsbestätigungen und Prüfgutachten gemäß § 57a KFG 1967, die vom Aussteller per Fax oder Mailübermittlung direkt an die Zulassungsstelle übermittelt werden, gelten ebenfalls als Originaldokumente. *(BGBl II 2010/92)*

(2) Folgendes ist bei der Antragstellung zu beachten:

1. Nachweis der Identität: Sofern der Antragsteller bzw. eine bevollmächtigte Person der den Zulassungsfall bearbeitenden Person nicht persönlich namentlich bekannt ist, haben der Antragsteller bzw. eine bevollmächtigte Person ihre Identität mittels eines amtlichen Lichtbildausweises nachzuweisen.

2. Vollmacht: Sollte der Antragsteller nicht persönlich erscheinen, hat der Bevollmächtigte eine auf seinen Namen lautende schriftliche Vollmacht vorzulegen. „Eine Vollmacht ist nicht erforderlich bei der Abmeldung des Fahrzeuges bei Besitzwechsel, sowie bei der Bestellung von Kennzeichentafeln." Berufsmäßige Parteienvertreter können jedoch unter Berufung auf die ihnen erteilte Vollmacht tätig werden. Bedient sich der Antragsteller eines Vertreters, so ist eine Ablichtung der Vollmacht zum Akt zu nehmen. Eine Vollmacht muss zumindest den Namen und die Unterschrift des Vollmachtgebers enthalten. *(BGBl II 2005/33)*

3. Besitznachweis: Als Antragslegitimation gemäß § 37 Abs. 2 KFG 1967 und § 46 KFG 1967 gilt alternativ:

a) Eintragung des Eigentümers im Typenschein oder im Datenauszug aus der Genehmigungsdatenbank bei einem Neufahrzeug, *(BGBl II 2010/92)*

b) persönliche Erklärung des Vorbesitzers bei der Zulassungsstelle, worüber ein schriftlicher Vermerk aufzunehmen ist,

c) Rechnung, sofern der Name des Käufers daraus hervorgeht,

d) Kaufvertrag, sofern der Name des Käufers daraus hervorgeht,

e) Verkaufsbestätigung, sofern der Name des Käufers daraus hervorgeht,

f) Schenkungsvertrag,

g) gerichtliches Urteil,

h) gerichtlicher Beschluss,

i) Einantwortungsurkunde,

j) Zustimmungserklärung des zur Vertretung des Nachlass Berufenen,

k) Zuschlag bei Versteigerung,

l) Einbringungsvertrag,

m) Leasingbestätigung,

n) Benützungsüberlassungserklärung.

4. Beglaubigung: Wenn keine begründeten Bedenken hinsichtlich der Echtheit der Urkunden bestehen, ist eine Beglaubigung nicht erforderlich. Falls bei der Antragstellung auf Zulassung Bedenken bestehen, gelten alternativ jedenfalls zur Glaubhaftmachung der Echtheit der Unterschriften:

a) Beglaubigung durch Gericht oder Notar,

b) Bestätigung durch Behörde,

c) Bestätigung durch ÖAMTC oder ARBÖ,

d) Vermittlungsstampiglie eines KFZ Händlers.

5. Nachweis der örtlichen Zuständigkeit bei:

5.1. Natürlichen Personen

Als Nachweis für die örtliche Zuständigkeit bei der Zulassung eines Fahrzeuges gilt die Abfrage beim Zentralen Melderegister, wobei die Kosten dieser Anfrage an den Antragsteller weiterverrechnet werden. Im Falle eines technischen Ausfalles des Zentralen Melderegisters, gilt die vom Antragsteller bekanntgegebene Adresse. *(BGBl II 2010/92)*

5.2. Personen mit Legitimationskarten des Bundesministeriums für auswärtige Angelegenheiten, die nicht österreichische Staatsbürger sind

Als Nachweis für die örtliche Zuständigkeit bei der Zulassung eines Fahrzeuges gilt: Adresse laut Angabe des Antragstellers.

5.3. Freiberuflich Tätigen für den Standort

Die Zulassung eines Fahrzeuges auf eine Büro-, Ordinations- oder Geschäftsadresse einer natürlichen Person ist möglich, wenn der Standort durch eine Bestätigung der jeweiligen Kammer bzw. durch ein Konzessionsdekret nachgewiesen wird.

5.4. Juristischen Personen (zB AG, GmbH) für den Sitz

Als Nachweis für die örtliche Zuständigkeit bei der Zulassung eines Fahrzeuges gelten alternativ:

a) Gewerbeschein oder Auszug aus dem Gewerberegister *(BGBl II 2005/33)*

b) Auszug aus dem Firmenbuch.

5.5. Sonstigen als juristische Person anzumeldenden Antragstellern
a) Personengesellschaften (zB OG, KG), eingetragene Unternehmer
Als Nachweis für die örtliche Zuständigkeit bei der Zulassung eines Fahrzeuges gelten alternativ:
aa) Gewerbeschein oder Auszug aus dem Gewerberegister
bb) Auszug aus dem Firmenbuch.
(BGBl II 2010/92)
b) Gebietskörperschaften, öffentlichrechtliche Körperschaften
Als Nachweis für die örtliche Zuständigkeit bei der Zulassung eines Fahrzeuges gilt:
Bestätigung des vertretungsbefugten Organs.
c) Vereine
Als Nachweis für die örtliche Zuständigkeit bei der Zulassung eines Fahrzeuges gelten alternativ:
aa) ein inhaltlich aktueller Vereinsregisterauszug oder
bb) Abfrage beim Zentralen Vereinsregister.
(BGBl II 2007/131)
6. Bei der beabsichtigten Verwendungsbestimmung im Rahmen des Schaustellergewerbes, ist ein Nachweis über die entsprechende Gewerbeberechtigung vorzulegen. *(BGBl II 2005/33)*
7. Bei der Zulassung vorzulegende Unterlagen gemäß § 37 Abs. 2 KFG 1967:
a) Zu § 37 Abs. 2 lit. a KFG 1967:
Bei der erstmaligen Zulassung ist ein entsprechender Genehmigungsnachweis für das Fahrzeug vorzulegen (Typenschein bei Fahrzeugen mit nationaler Typengenehmigung, „ " gültige Übereinstimmungsbescheinigung oder Datenauszug aus der Genehmigungsdatenbank bei Fahrzeugen mit EG-Betriebserlaubnis, Bescheid über die Einzelgenehmigung bei einzeln genehmigten Fahrzeugen), bei Fahrzeugen, die bereits in einem anderen Mitgliedstaat zugelassen waren, zusätzlich – sofern vorhanden – die Zulassungsbescheinigung im Sinne der Richtlinie 1999/37/EG, zuletzt geändert durch die Richtlinie 2006/103/EG;
bei neuerlicher Zulassung ist das bei der letzten Zulassung hergestellte Fahrzeug- Genehmigungsdokument vorzulegen;
(BGBl II 2007/131; BGBl II 2010/92)
b) „Zu § 37 Abs. 2 lit. b KFG 1967
Eine Versicherungsbestätigung kann im Original, per Fax oder mittels Mailübermittlung einzeln vorgelegt werden oder im Zulassungsantrag integriert sein." Bei der Anmeldung eines Fahrzeuges zu einem Wechselkennzeichen ist für alle aufrechten Fahrzeuge eine gültige Versicherungsbestätigung desselben Versicherers (in einem gemeinsamen Dokument oder in Einzeldokumenten) vorzulegen. *(BGBl II 2010/92)*
c) Zu § 37 Abs. 2 lit. c KFG 1967:
Wenn ein Antrag auf Zulassung eines Fahrzeuges unter der Verwendungsbestimmung 20, 22, 25 oder 29 gestellt wird, so ist eine Bestätigung der zuständigen gesetzlichen Interessensvertretung vorzulegen. Vorfragen dazu sind nicht von den Zulassungsstellen zu beurteilen.
(BGBl II 2005/33)
d) Zu § 37 Abs. 2 lit. d und e KFG 1967:
Bei der Zulassung eines Fahrzeuges für Diplomaten ist eine Bestätigung des Bundesministeriums für europäische und internationale Angelegenheiten über die völkerrechtliche Steuerbefreiung vorzulegen.
(BGBl II 2007/131)
e) Zu § 37 Abs. 2 lit. h KFG 1967
Bei Fahrzeugen die der wiederkehrenden Begutachtung unterliegen, ist ein gültiges, positives Prüfgutachten (Prüfergebnis: „Das Fahrzeug entspricht den Erfordernissen der Verkehrs- und Betriebssicherheit.") vorzulegen, sofern bereits eine wiederkehrende Begutachtung fällig geworden ist, wobei die viermonatige Toleranzfrist gemäß § 57a Abs. 3 KFG 1967 jedenfalls zu berücksichtigen ist.
8. *(aufgehoben, BGBl II 2007/131)*
9. Als Nachweis des Verlustes oder Diebstahls von Kennzeichentafeln gilt eine Bestätigung einer inländischen Dienststelle des öffentlichen Sicherheitsdienstes und zwar auch dann, wenn der Verlust oder Diebstahl im Ausland erfolgt ist. Bei Verlust des Zulassungsscheines oder von Teil 1 oder Teil 2 der Zulassungsbescheinigung ist eine Erklärung gegenüber der Zulassungsstelle über den Verlust ausreichend. *(BGBl II 2007/131)*
(BGBl II 2002/200)

Aktenführung

§ 8. (1) Über die übertragenen Tätigkeiten haben die Zulassungsstellen Akten anzulegen und den Vorgang zu dokumentieren. „Die Aktenführung kann sowohl elektronisch als auch in Papierform erfolgen." Dabei ist es nicht erforderlich, dass die Archivierung in der Zulassungsstelle selbst erfolgt. Es ist jedoch sicherzustellen, dass ein Akt bei Bedarf binnen drei Arbeitstagen in Papierform vor Ort rekonstruiert werden kann. Bei elektronisch gespeicherten Akten dürfen die Papierunterlagen sofort vernichtet werden.
In die Zulassungsakten sind jedenfalls folgende Unterlagen aufzunehmen:
1. Antragsformular,
2. Versicherungsbestätigung,
3. die je nach Fallkonstellation erforderlichen Bestätigungen gemäß § 37 Abs. 2 lit. c bis h KFG 1967 (grundsätzlich in Kopie),
4. Vollmacht (grundsätzlich in Kopie),
5. *(entfällt, BGBl II 2010/350)*
„5." Kopie des Nachweises gemäß § 7a Abs. 2 Z 6. *(BGBl II 2005/33; BGBl II 2010/350)*
(BGBl II 2002/200; BGBl II 2010/92)

(2) Fahrzeuge, die bereits in einem anderen Mitgliedstaat zugelassen waren und erstmals in Österreich zugelassen werden, sind in einer Liste zu vermerken. Die Zulassungsbescheinigung im Sinne der Richtlinie 1999/37/EG ist – sofern vorhanden – einzuziehen und zum Akt zu nehmen. *(BGBl II 2007/131)*

(3) Bei der Zuweisung eines Kennzeichens nach Diebstahl oder Verlust der Kennzeichentafel ist die diesbezügliche Bestätigung einer inländischen Dienststelle des öffentlichen Sicherheitsdienstes einzuziehen und zum Akt zu nehmen. „Bei der Vorlage einer Verlustbestätigung oder einer Diebstahlsanzeigenbestätigung im Original oder in Kopie, welche sich auf mehrere Dokumente (wie zB Führerschein, Pass, Zulassungsschein,...) bezieht, ist auf der Bestätigung der Vermerk „Duplikat-Zulassungsbescheinigung ausgestellt am xx. xx. xxxx"[1)] mit dem Zulassungsstellenstempel zu bestätigen und dem Antragsteller wieder auszufolgen." Eine Kopie dieser Verlustbestätigung bzw. Diebstahlsanzeigenbestätigung ist zum Akt zu nehmen. Wird der Zulassungsstelle lediglich eine Erklärung über den Verlust des Zulassungsscheines oder von Teil 1 oder Teil 2 der Zulassungsbescheinigung abgegeben, so ist diese Erklärung zum Akt zu nehmen. Ebenso sind Anträge samt den erforderlichen Erklärungen im Sinne des § 13a Abs. 2 zum Akt zu nehmen. *(BGBl II 2002/200; BGBl II 2010/92)*

(4) Andere als in den Absätzen 1 bis 3 genannten Unterlagen sind nicht zum Akt zu nehmen. Die Rekonstruktion eines Aktes in Papierform muss jedenfalls bis zu sieben Jahre nach dem Anlassfall möglich sein. *(BGBl II 2010/92)*

(5) Die Ausgabe der Kennzeichentafeln mit Probefahrtkennzeichen ist unter Angabe der Anzahl der ausgefolgten Kennzeichentafeln ebenso auf der Probefahrtbewilligung zu vermerken wie alle weiteren Vorgänge im Rahmen einer Probefahrtbewilligung und mit Zulassungsstellenstempel und Unterschrift zu bestätigen. *(BGBl II 2002/200)*

[1)] *Hervorhebung des Verordnungsgebers.*

Zulassungsstellennummer

§ 9. Die Gemeinschaftseinrichtung der zum Betrieb der Kraftfahrzeug-Haftpflichtversicherung berechtigten Versicherer hat den Zulassungsstellen eine Identitätsnummer (Zulassungsstellennummer), aus der das Bundesland, die Behörde, für die die Zulassungsstelle tätig wird, der ermächtigte Versicherer, der die Zulassungsstelle eingerichtet hat, und die jeweilige Zulassungsstelle erkennbar sind, zuzuweisen.

Zulassungsstellenstempel

§ 10. (1) Für die Vornahme von Bestätigungen der von der Ermächtigung umfaßten Tätigkeiten (wie insbesondere Bestätigung der Zulassung oder Abmeldung im Genehmigungsdokument) ist ein Zulassungsstellenstempel gemäß der **Anlage 2**[1)] mit der zugewiesenen Zulassungsstellennummer zu verwenden. „Die Angabe des Namens der Versicherung auf dem Stempel ist nicht zwingend erforderlich." Weiters muß jede Tätigkeit der Zulassungsstelle durch Unterschrift des Personals bestätigt werden. *(BGBl II 2002/200)*

(2) Jede Zulassungsstelle muß über eine für die anfallenden Geschäftsfälle ausreichende Anzahl von Zulassungsstellenstempeln verfügen. Der Landeshauptmann ist über die Anzahl der in der Zulassungsstelle vorhandenen Zulassungsstellenstempel zu informieren.

(3) Im Falle der Zurücklegung oder des Widerrufes der Ermächtigung sind der oder die Zulassungsstellenstempel unverzüglich dem Landeshauptmann abzuliefern. Die Ablieferung begründet keinen Anspruch auf Entschädigung.

[1)] *Anlage nicht abgedruckt.*

Kennzeichenverwaltung

§ 11. Die Zulassungsstelle hat die benötigten Kennzeichentafeln direkt bei den ermächtigten Kennzeichentafelherstellern abzurufen. Über die ausgegebenen Kennzeichentafeln hat die Zulassungsstelle genaue Aufzeichnungen zu führen. Diese Aufzeichnungen sind der Behörde auf Verlangen vorzulegen.

Formblätter

§ 12. (1) Anträge auf Zulassung, auf vorübergehende Zulassung oder auf Erteilung von Bewilligungen zur Durchführung von Überstellungsfahrten von Kraftfahrzeugen oder Anhängern oder Anträge auf Ausgabe von Kennzeichentafeln für eingeschränkte Zulassung oder für Probefahrten sind bei den Zulassungsstellen mit einem Formblatt nach dem Muster der Anlage 3[1)] einzubringen. Der Antragsteller hat durch Unterschrift die Richtigkeit der Angaben des Formblattes zu bestätigen.

(2) Auf dem Antragsformular gemäß Abs. 1 ist auch die Erklärung über die beabsichtigte Verwendungsbestimmung des Fahrzeuges unter Angabe der Kennziffer im Sinne der Anlage 4[1)] abzugeben. Es sind auch Kombinationen von Verwendungsbestimmungen zulässig, sofern diese einander nicht ausschließen. Nicht zulässig sind jedenfalls die Angabe der Kennziffer 01 (zu keiner besonderen Verwendung bestimmt) mit einer anderen Kennziffer und die Kombination der Kennziffern 25 (zur Verwendung im Rahmen

des Taxigewerbes bestimmt) und 29 (zur Verwendung für die entgeltliche Personenbeförderung im Rahmen des Ausflugswagen-, Stadtrundfahrten-, Mietwagen- oder Gästewagengewerbes bestimmt).

(3) Die Abmeldung eines Kraftfahrzeuges oder Anhängers ist bei den Zulassungsstellen mit einem Formblatt nach dem Muster der Anlage 5[1]) einzubringen. Der Antragsteller hat durch Unterschrift die Richtigkeit der Angaben des Formblattes zu bestätigen.

(4) Die Formblätter gemäß Abs. 1 und 3 sind auch bei den den Behörden vorbehaltenen Verfahren zu verwenden.

(BGBl II 2007/131)

---

[1]) *Anlagen nicht abgedruckt; Anlagen 3 und 4 geändert durch BGBl II 2007/131 und BGBl II 2010/350; Anlage 4 auch geändert durch BGBl II 2010/92.*

Zulassungsbescheinigung

§ 13. (1) Die von den Zulassungsstellen ausgestellte Zulassungsbescheinigung entspricht funktionell dem bisherigen Zulassungsschein. Die Zulassungsbescheinigung hat nach Form und Inhalt dem Muster der **Anlage 6**[1]) zu entsprechen; ihre Farbe ist gelb, wobei auf der Außenseite jeweils der untere Bereich bei Teil I rot und bei Teil II blau gefärbt ist; ihre Gesamtabmessungen haben zu betragen:

1. Zulassungsbescheinigung Teil I

   Höhe 105 mm

   Breite 297 mm

2. Zulassungsbescheinigung Teil II

   Höhe 105 mm

   Breite 223 mm.

In die Zulassungsbescheinigung sind fluoreszierende Fasern einzudrucken, die nach dem letzten Stand der Technik schwer nachgeahmt oder vervielfältigt werden können. Das Material muß ein Wasserzeichen beinhalten. Auf der Innenseite ist ein ca. 4 cm breiter Streifen in der Tagesleuchtfarbe orange angebracht.

(1a) Die Zulassungsbescheinigung Teil I im Chipkartenformat, welche funktionell der Zulassungsbescheinigung Teil I im Papierformat entspricht (§ 41a Abs. 1 KFG 1967), hat nach Form und Inhalt dem Muster der Anlagen 7 und 7a zu entsprechen. Die äußeren Merkmale richten sich nach den ISO-Normen 7810 und 7816-1, sowie nach den Vorgaben der Richtlinie 2003/127/EG, ABl. Nr. L 10 vom 16. Jänner 2004. Das Trägermaterial hat folgende Fälschungssicherheitsmerkmale zu beinhalten:

1. Kartenmaterial Polycarbonat

2. Sicherheitsuntergrundmuster unter Verwendung von Guillochendruck und Mikroschriften

3. Innen liegender Hologrammstreifen auf der Vorderseite

4. Optisch variable Komponente (OVI) auf der Rückseite

5. Verwendung von Lasergravur zur Personalisierung

6. Hochprägung der Kartenoberfläche auf der Vorderseite

7. Taktile Laserung auf der Vorderseite

8. Irisdruck von UV-Fluoreszenzfarben.

Im Falle der Beantragung einer Zulassungsbescheinigung Teil I im Chipkartenformat erhält der Antragsteller ein Merkblatt ausgehändigt, in welchem unter anderem über Datenkorrekturmöglichkeit, Fristen und Gültigkeit in Bezug auf die Zulassungsbescheinigung im Chipkartenformat informiert wird. „Die Höhe des Kostenersatzes für die Zulassungsbescheinigung Teil I im Chipkartenformat beträgt 19,80 Euro, wobei davon 16,80 Euro dem Produzenten gebühren." *(BGBl II 2010/350; BGBl II 2013/291)*

(2) Die Zulassungsbescheinigung besteht aus einem Teil I und einem Teil II. Die Auflagen und behördlichen Eintragungen sind nur im Teil I enthalten. Lediglich Teil I der Zulassungsbescheinigung ist auf Fahrten mitzuführen und den Organen des öffentlichen Sicherheitsdienstes oder der Straßenaufsicht auf Verlangen zur Überprüfung auszuhändigen.

(3) „Die Zulassungsbescheinigungen dürfen nur von einem von der Bundesministerin für Verkehr, Innovation und Technologie bestimmten Dienstleister hergestellt werden."** „Zulassungsbescheinigungen können von Behörden, von ermächtigten Versicherern, direkt von Zulassungsstellen oder im Fall einer technischen Änderung am Fahrzeug (§ 33 Abs. 3 und 3a KFG 1967), vom Landeshauptmann bezogen, beziehungsweise im Fall einer Zulassungsbescheinigung Teil I im Chipkartenformat, dort beantragt werden."*
(* BGBl II 2010/350; ** BGBl II 2013/291)

(4) Zulassungsbescheinigungen weisen eine fortlaufende Nummer auf. Der Name der Behörde ist durch die Zulassungsstelle auf der Vorderseite der Zulassungsbescheinigung im Papierformat mittels Stampiglie aufzubringen, im Falle einer Zulassungsbescheinigung Teil I im Chipkartenformat unter anderem im Bereich des Feldes C 4 zusammen mit der Zulassungsstellennummer auf der Karte aufzudrucken. Im Feld A 1 der Zulassungsbescheinigung im Papierformat muss mindestens die Zulassungsstellennummer angegeben sein. Wird gemäß § 33 Abs. 3 oder 3a KFG 1967 eine neue Zulassungsbescheinigung durch den Landeshauptmann ausgestellt, so ist auf der Vorderseite der Zulassungsbescheinigung im Papierformat anstelle des Namens der zuständigen Behörde der jeweilige Amtsstempel des Landeshauptmannes anzubringen. Im Feld A 1 ist in diesem

Fall anstelle der Zulassungsstelle einzutragen, dass die Ausstellung vom Landeshauptmann für die jeweils zuständige Zulassungsbehörde erfolgt ist. Die Zulassungsstelle hat über verdruckte, beschädigte oder sonst unbrauchbar gewordene Zulassungsbescheinigungsformulare genaue Aufzeichnungen (Eintragung in eine Liste) zu führen. *(BGBl II 2010/350)*

(4a) Auf Antrag des Zulassungsbesitzers bei zugelassenen Fahrzeugen oder auf Antrag des früheren Zulassungsbesitzers bei nicht zugelassenen Fahrzeugen kann ein Duplikat des jeweils verlorenen Teiles I oder II der Zulassungsbescheinigung ausgestellt werden. Einen derartigen Antrag auf Ausstellung eines Duplikates kann bei nicht zugelassenen Fahrzeugen auch der rechtmäßige, mit dem früheren Zulassungsbesitzer nicht idente Besitzer stellen, sofern er bei der Antragstellung seinen rechtmäßigen Besitz glaubhaft macht (§ 7a Abs. 2 Z 3). „Bei bereits abgemeldeten Fahrzeugen kann ein Duplikat der Zulassungsbescheinigung nur im Papierformat ausgestellt werden." *(BGBl II 2010/92; BGBl II 2010/350)*

(5) Zulassungsbescheinigungen nach dem Muster der Anlage 6, beziehungsweise nach dem Muster der Anlagen 7 und 7a im Falle einer Zulassungsbescheinigung Teil I im Chipkartenformat, sind auch bei den den Behörden vorbehaltenen Verfahren zu verwenden. *(BGBl II 2010/350)*

(6) Bei Abmeldung, bei Änderungen, Berichtigungen und Ergänzungen der Daten in der Zulassungsbescheinigung, bei Ein- bzw. Ausschluss eines Fahrzeuges zu einem Wechselkennzeichen, bei Zuweisung eines Ersatzkennzeichens nach Diebstahl oder Verlust, bei Zuweisung eines Wunschkennzeichens bei bereits aufrechter Zulassung und bei Neuausgabe von beschädigten Zulassungsbescheinigungen sind grundsätzlich beide Teile der Zulassungsbescheinigung abzuliefern. Können diese nicht vorgelegt werden, so ist eine Erklärung des Zulassungsbesitzers über den Grund darüber abzugeben. Die Abmeldung ist auf der Zulassungsbescheinigung Teil 1 zu bestätigen und diese ist dem Antragsteller wieder auszufolgen, sofern nicht im Zuge der gleichen Amtshandlung eine neuerliche Zulassung des Fahrzeuges erfolgt oder einer der in § 43 Abs. 2 KFG genannten Fälle für die Nicht-Wiederausfolgung vorliegt. „Bei einer Zulassungsbescheinigung Teil I im Chipkartenformat erfordert jede Veränderung der Eintragungen die Beantragung einer neuen Zulassungsbescheinigung Teil I im Chipkartenformat, sofern nicht der Umstieg auf eine Zulassungsbescheinigung Teil I im Papierformat beantragt wird. Nach einer Abmeldung oder sonst ungültig gewordenen Zulassungsbescheinigungen Teil I im Chipkartenformat werden diese mittels Lochung entwertet und sodann dem Antragsteller wieder ausgefolgt. Die Lochung muss derart erfolgen, dass der Mikrochip dabei unversehrt bleibt." *(BGBl II 2007/131; BGBl II 2010/350)*

---

[1]) Anlagen nicht abgedruckt, Anlage 6 geändert durch BGBl II 2007/131 und BGBl II 2010/350, Anlagen 7 und 7a neu geschaffen durch BGBl II 2010/350.

Fahrzeug-Genehmigungsdokument

§ 13a. (1) Im Zuge einer Zulassung oder bei Änderungen, die Eintragungen in die Zulassungsbescheinigung betreffen, wird die als Bestätigung über die Zulassung ausgedruckte Zulassungsbescheinigung Teil 2 von der Zulassungsstelle mit dem vorgelegten Genehmigungsnachweis zum Fahrzeug-Genehmigungsdokument verbunden. Die Abmeldung des Fahrzeuges wird auch auf der Zulassungsbescheinigung Teil 2 vermerkt. Im Falle einer neuerlichen Zulassung wird der bisherige Teil 2 durch einen neuen ersetzt. Auf diesem ist auch die Anzahl der bisherigen Zulassungen ab dem 1. Juli 2007 anzugeben. Bei Fahrzeugen, die vor dem 1. Juli 2007 zugelassen worden sind und die nach dem 1. Juli 2007 abgemeldet werden bzw. deren Zulassung nach diesem Termin aufgehoben wird, ist dieser Umstand in den bisherigen Genehmigungsnachweis einzutragen.

(2) Wird der Verlust des Fahrzeug-Genehmigungsdokumentes glaubhaft gemacht, so hat die Zulassungsstelle bei Fahrzeugen, deren Daten vollständig in der Genehmigungsdatenbank enthalten sind, auf Antrag des Zulassungsbesitzers oder bei nicht zugelassenen Fahrzeugen auf Antrag des letzten Zulassungsbesitzers des Fahrzeuges einen aktuellen Datenausdruck aus der Genehmigungsdatenbank herzustellen und mit einer neuerlich ausgedruckten Zulassungsbescheinigung Teil 2 zu einem Duplikat-Genehmigungsdokument zu verbinden. Handelt es sich bei dem Antragsteller um einen Leasingnehmer, so ist dem Antrag eine Zustimmungserklärung des Leasinggebers anzuschließen. In allen anderen Fällen hat der Antragsteller schriftlich zu erklären, ob er Eigentümer des Fahrzeuges ist oder bei nicht zugelassenen Fahrzeugen der Eigentümer während der Zulassung des Fahrzeuges gewesen ist und, falls er nicht der Eigentümer des Fahrzeuges ist oder war, eine Zustimmungserklärung des Eigentümers anzuschließen. Bei Fahrzeugen, deren Daten nicht vollständig in der Genehmigungsdatenbank enthalten sind, ist vom jeweiligen Aussteller des bisherigen Genehmigungsnachweises ein Duplikat dieses Nachweises herzustellen und von der Zulassungsstelle mit einer neuerlich ausgedruckten Zulassungsbescheinigung Teil 2 zu einem Duplikat-Genehmigungsdokument zu verbinden. Das Duplikat-Genehmigungsdokument ist als solches zu bezeichnen und es ist jeweils

anzugeben, um das wievielte Duplikat es sich handelt.

(BGBl II 2007/131)

In-Kraft-Treten

§ 14. (1) § 7a Abs. 2 Z 6, § 7a Abs. 2 Z 7 lit. c, § 8 Abs. 1 Z 6 und die Anlage 4, jeweils in der Fassung der Verordnung BGBl. II Nr. 33/2005, treten mit 1. März 2005 in Kraft. *(BGBl II 2007/131)*

(2) § 7a Abs. 2 Z 5.1 lit. c, Z 5.5 lit. c, Z 7 lit. a und d und Z 9, § 8 Abs. 2 und 3, § 12, § 13 Abs. 4 bis 6, § 13a, Anlage 3, Anlage 4 und Anlage 6 jeweils in der Fassung der Verordnung BGBl. II Nr. 131/2007 treten mit 1. Juli 2007 in Kraft. § 7a Abs. 2 Z 8 tritt mit Ablauf des 30. Juni 2007 außer Kraft. *(BGBl II 2007/131)*

(3) § 7a Abs. 2 Z 5.1, in der Fassung der Verordnung BGBl. II Nr. 92/2010, tritt mit 1. April 2010 in Kraft. *(BGBl II 2010/92)*

(4) § 13 Abs. 1a, § 13 Abs. 5, Anlage 3, Anlage 4 Kennziffer 22, 26, 27, 33 und 70, Anlage 7 und Anlage 7a jeweils in der Fassung der Verordnung BGBl. II Nr. 350/2010, treten mit 1. Dezember 2010 in Kraft. Zulassungsbescheinigungen im Chipkartenformat können ab Inkrafttreten dieser Bestimmungen beantragt werden. Die Erstausgabe der Zulassungsbescheinigungen im Chipkartenformat erfolgt ab dem 1. Jänner 2011. *(BGBl II 2010/350)*

(BGBl II 2005/33)

Eisenbahn- und Kraftfahrzeug-Haftpflichtgesetz

BGBl 1959/48

zuletzt geändert durch BGBl I 2011/138[1]
(Auszug)

[1] *Gem Art 2 Z 8 in BGBl I 2011/138 traten die Änderungen im EKHG mit 1. 1. 2012 in Kraft. Die geänderten Bestimmungen sind auf Unfälle anzuwenden, die sich nach dem 31. 12. 2011 ereignet haben.*

Haftungshöchstbeträge

§ 15. (1) Die in diesem Bundesgesetz festgesetzte Haftung für Tötung und Verletzung von Menschen ist der Höhe nach mit

1. einem Kapitalsbetrag von „1 920 000 Euro" oder *(BGBl I 2011/138)*

2. einem jährlichen Rentenbetrag von „120 000 Euro" *(BGBl I 2011/138)*

für den einzelnen Verletzten begrenzt.

(2) Treffen Schäden, die mit einem Kapitalsbetrag abzufinden sind, mit Schäden zusammen, für die eine Rente zu gewähren ist, so kürzt sich der im Abs. 1 für die Rente festgesetzte Höchstbetrag um den Hundertsatz, den der zu leistende Kapitalsbetrag vom Kapitalshöchstbetrag ausmacht.

(3) Im Falle der Tötung oder der Verletzung mehrerer Menschen durch dasselbe Ereignis haftet der Halter eines Kraftfahrzeugs insgesamt nur bis zu den im folgenden genannten Höchstbeträgen. Hierbei bleiben hinsichtlich der einzelnen Verletzten die in Abs. 1 genannten Höchstbeträge unberührt. Übersteigen die mehreren Menschen zu leistenden Ersätze die nachstehenden Höchstbeträge, so verringern sich die einzelnen Ersätze in dem Verhältnis, in dem ihr Gesamtbetrag zum Höchstbetrag steht. Die Gesamthöchstbeträge sind:

1. für den Halter eines jeden Kraftfahrzeugs „5 800 000 Euro"; *(BGBl I 2011/138)*

2. für den Halter eines Omnibusses mit nicht mehr als 19 Plätzen (Sitz- und Stehplätzen) außer dem Lenkerplatz sowie für den Halter eines Lastkraftwagens mit mehr als acht, jedoch nicht mehr als 19 Plätzen außer dem Lenkerplatz überdies „7 000 000 Euro" bezüglich der beförderten Menschen, für den Halter eines Omnibusses und den Halter eines Lastkraftwagens mit mehr als 19 Plätzen außer dem Lenkerplatz für je weitere angefangene fünf Plätze überdies je „3 500 000 Euro" bezüglich der beförderten Menschen; *(BGBl I 2004/115; BGBl I 2011/138)*

3. für den Halter eines Kraftfahrzeugs, mit dem gefährliche Güter gemäß den in § 2 Z 1 des Gefahrgutbeförderungsgesetzes, BGBl. I Nr. 145/1998, in der jeweils geltenden Fassung angeführten Vorschriften befördert werden und das gemäß diesen Vorschriften zu kennzeichnen ist, überdies „8 200 000 Euro" für Schäden infolge der gefährlichen Beschaffenheit des Gutes. *(BGBl I 2004/115; BGBl I 2011/138)*

(BGBl I 1997/140)

§ 16. (1) Die in diesem Bundesgesetz festgesetzte Haftung für Schäden an Sachen ist, selbst wenn durch dasselbe Ereignis mehrere Sachen beschädigt werden, der Höhe nach mit folgenden Beträgen begrenzt:

1. für den Halter eines jeden Kraftfahrzeugs oder den Betriebsunternehmer einer Eisenbahn (§ 2) bei einem Unfall aus dem Betrieb des Kraftfahrzeugs oder der Eisenbahn mit „1 200 000 Euro"; *(BGBl I 2011/138)*

2. für den Halter eines Kraftfahrzeugs, mit dem gefährliche Güter gemäß den in § 2 Z 1 des Gefahrgutbeförderungsgesetzes, BGBl. I Nr. 145/1998, in der jeweils geltenden Fassung angeführten Vorschriften befördert werden und das gemäß diesen Vorschriften zu kennzeichnen ist, überdies mit „12 800 000 Euro" für Schäden infolge der gefährlichen Beschaffenheit des Gutes. *(BGBl I 2004/115; BGBl I 2011/138)*

(2) Sind auf Grund desselben Ereignisses an mehrere Geschädigte Ersätze zu leisten, die insgesamt die im Abs. 1 genannten Höchstbeträge übersteigen, so verringern sich die einzelnen Ersätze in dem Verhältnis, in dem ihr Gesamtbetrag zum Höchstbetrag steht.

(3) Für Schäden an Liegenschaften durch einen Unfall aus dem Betrieb einer Eisenbahn gelten die Haftungsbegrenzungen des Abs. 1 nicht.

(BGBl I 1997/140)

Kraftfahrzeug-Haftpflichtversicherungsgesetz 1994[*]

[*] Art I BGBl 1994/651.

BGBl 1994/651 idF

1 BGBl 1995/258
2 BGBl I 1997/71
3 BGBl I 2001/97
4 BGBl I 2001/98
5 BGBl I 2002/11
6 BGBl I 2002/46
7 BGBl I 2002/76
8 BGBl I 2004/31
9 BGBl I 2004/115[**]
10 BGBl I 2007/37 (KrÄG 2007)
11 BGBl I 2010/107
12 BGBl I 2011/138
13 BGBl I 2015/34

[**] Die VFB BGBl I 2005/19 berichtigt BGBl I 2004/115.

GLIEDERUNG

1. Abschnitt
Anwendungsbereich § 1

2. Abschnitt
Inhalt des Versicherungsvertrages
Umfang des Versicherungsschutzes § 2
Örtlicher Geltungsberich § 3
Ausschlüsse § 4
Obliegenheiten und Gefahrerhöhung § 7
Anhänger § 8
Versicherungssumme § 9
Rentenzahlungen § 10

3. Abschnitt
Sonstige Vorschriften für den Versicherungsvertrag
Rechtsstellung der mitversicherten Personen § 11
Schadenersatzbeitrag § 12
Interessenkollision § 13
Laufzeit § 14
Kündigungsrecht bei Prämienerhöhung § 14a
Prämienanpassungsklauseln § 14b
Änderungen des Versicherungsvertrages § 15
Bescheinigung des Schadenverlaufs § 16
Bestandübertragung § 17

4. Abschnitt
Besondere Vorschriften für die Pflichtversicherung
Versicherungsbedingungen § 18
Auflegungspflicht § 19
Vorläufige Deckung § 20
Anspruchsverzicht § 21

Grenzversicherung § 22
Gerichtsstand § 23
Recht des geschädigten Dritten § 24
Außergewöhliche Risken § 25

5. Abschnitt
Direktes Klagerecht
Anspruchsberechtigung § 26
Verjährung § 27
Urteilswirkung § 28
Pflichten des geschädigten Dritten § 29
Pflichten des Versicherers § 29a
Schadenregulierungsbeauftragter § 29b

6. Abschnitt
Vorschriften für den EWR
Pflichten der Versicherungsunternehmer § 30
Schadenregulierungsvertreter § 31

6a. Abschnitt
Versicherungsregister
Inländische Fahrzeuge § 31a
Ausländische Fahrzeuge § 31b

7. Abschnitt
Ausschuß für die Kraftfahrzeug- Haftpflichtversicherung
Zusammensetzung § 32
Verfahren § 33

8. Abschnitt
Schluß- und Übergangsbestimmungen §§ 34 - 38

Art II - IV *(nicht abgedruckt)*

STICHWORTVERZEICHNIS

Abdingbarkeit 2 (3)
Anerkennung, unbewilligte 29 (4)
Anhänger 8
Anspruchsberechtigung gegen Versicherer 26
Anspruchsverzicht 21
Anzeigepflicht 6, 29 (1)

– Ausnahme 6 (2)
ARBÖ 32 (1)
Auflegungspflicht 19
Aufsichtsbehörde 17 (1)
Aufwendungsersatz 21 (4)
Auskunft 29 (2)

5. KHVG

Stichwortverzeichnis

Ausschlüsse 4
Ausschuß für die Kraftfahrzeug-Haftpflichtversicherung
– Verfahren 33
– Zusammensetzung 32

Bescheinigung des Schadensverlaufes 16
Bestandübertragung 17
Bevollmächtigung 31
Bundesminister für Finanzen 22 (3)

Deckung, vorläufige 20
Dienstleistungsverkehr 30 – 31
– Auflegungspflicht 19 (2)
Dritter, geschädigter 24
– Pflichten 29

Einschränkungen 2 (3)
Ersatzfahrzeug 21 (1)
EWR, Dienstleistungsverkehr 30

FMA (Finanzmarktaufsichtsbehörde) 18, 19 (1)

Gefahrerhöhung 7
Geltungsbereich, örtlicher 3
Gerichtsstand 23
Grenzversicherung 1 (2), 22

Haftpflichtversicherung 1 (1)
Haftungsbeschränkung 29 (3) (4)
Hemmung der Verjährung 27 (2)

Inkrafttreten 34 – 34a, 34b, 37a (8) (9) (10)
Interessenkollision 13

Kammern 32 (1)
Klagerecht, direktes 26 – 29b
Kündigung
– Bestandübernahme 17 (2)
– Prämienerhöhung 14a
– vorläufige Deckung 20 (2)

Laufzeit 14
Leistungsfreiheit 5 (2), 7
Leistungspflicht 5 (3)
– gegen Dritten 24 (1) (3)

Mietwagenkosten 21 (1)
Mitversicherung 2 (2), 8 (2)
– Rechtsstellung 11
– Verzicht 21 (3) Z 1
Musterbedingungen, Abweichung 18 (4)

ÖAMTC 32 (1)
Obliegenheiten 5
– Gefahrerhöhung 7
Obliegenheitsverletzung 5 (2) (4)
ÖGB 32 (1)

Pauschalversicherungssumme 9
Personenschaden 2 (1), 9 (2)

Prämie, Neufestsetzung 15
Prämienanpassungsklauseln 14b
Prämienerhöhung 14a
Prämiennachlaß 21 (1)
Prämienzuschlag 25 (4) Z 1
Probekennzeichen 1 (1)

Rechtsanwalt, Wahl bei Interessenkollision 13
Rentenzahlungen 10
Risken, außergewöhnliche 25

Sachschaden 2 (1), 9 (2)
Schadenersatzbeitrag 12, 25 (4) Z 2
Schadenregulierungsbeauftragter 19 (2), 29a, 29b
Schadensverlauf, Bescheinigung 16
Schadenregulierungsvertreter 31
Schlußbestimmungen 34 – 38
Sterbetafel, Allgemeine 10

Teilungsabkommen 16

Übergangsbestimmungen 34 – 38
Überstellungskennzeichen 1 (1)
Unterbrechung der Verjährung 27 (2)
Urteilswirkung 28

Verbraucherpreisindex 14a (2), 14b (1)
Vergleich, unbewilligter 29 (4)
Verjährung 27
Vermögensschaden 2 (1)
Versicherer
– Pflichten 29a
Versicherungsbedingungen 18
– Bestandübernahme 17 (2)
Versicherungsbestätigung 20
Versicherungsentgelt 12
Versicherungskarte, grüne 3 (2)
Versicherungskarte, internationale 3 (2)
Versicherungsregister 31a, 31b
– ausländische Fahrzeuge 31b
– inländische Fahrzeuge 31a
Versicherungsschutz
– Einschränkungen 2 (3)
– Umfang 2
Versicherungssumme 9, 10
– gesetzliche 9 (1) (5) (6)
Versicherungssteuergesetz 12
Versicherungsunternehmen, Verband der 22 (4), 25 (1), 31a, 31b, 32 (1)
Versicherungsunternehmer, Pflichten 30
Versicherungsverhältnis, Ablauf 24 (2)
Versicherungsvertrag
– Änderungen 15
– Laufzeit 14
Verzicht, Rechtswirksamkeit 21 (2) (3)
Vollziehung 38

Zuschlag 25 (4) Z 1
Zuweisung einer Versicherung 25 (1)

5. KHVG
§§ 1 – 4

Bundesgesetz über die Kraftfahrzeug-Haftpflichtversicherung (Kraftfahrzeug-Haftpflichtversicherungsgesetz 1994 – KHVG 1994)

1. Abschnitt
Anwendungsbereich

§ 1. (1) Dieses Bundesgesetz gilt für die Haftpflichtversicherung von Fahrzeugen, die nach den Vorschriften des Kraftfahrgesetzes 1967, BGBl. Nr. 267 (KFG 1967), zum Verkehr zugelassen oder an denen Probefahrt- oder Überstellungskennzeichen angebracht sind.

(2) Für die Haftpflichtversicherung von Fahrzeugen, die nicht unter Abs. 1 fallen, gilt dieses Bundesgesetz mit Ausnahme der §§ 14 bis 17, 19 bis 21 und 25 insoweit, als der Versicherungsvertrag zum Nachweis einer Haftung gemäß „§ 62 Abs. 1 KFG 1967"** „* abgeschlossen wurde.
(* BGBl I 2004/31; ** BGBl I 2007/37)

(3) *(aufgehoben, BGBl I 2007/37)*

2. Abschnitt
Inhalt des Versicherungsvertrages

Umfang des Versicherungsschutzes

§ 2. (1) Die Versicherung umfaßt die Befriedigung begründeter und die Abwehr unbegründeter Ersatzansprüche, die auf Grund gesetzlicher Haftpflichtbestimmungen gegen den Versicherungsnehmer oder mitversicherte Personen erhoben werden, wenn durch die Verwendung des versicherten Fahrzeugs Personen verletzt oder getötet worden, Sachen beschädigt oder zerstört worden oder abhanden gekommen sind oder ein Vermögenschaden verursacht worden ist, der weder Personen- noch Sachschaden ist (bloßer Vermögenschaden).

(2) Mitversichert sind jedenfalls der Eigentümer, der Halter und Personen, die mit Willen des Halters bei der Verwendung des Fahrzeugs tätig sind oder mit dem Fahrzeug befördert werden oder die den Lenker einweisen.

(3) Soweit der Versicherungsschutz über den in diesem Bundesgesetz vorgeschriebenen Umfang hinausgeht, können auch solche Einschränkungen des Versicherungsschutzes rechtswirksam vereinbart werden, zu denen dieses Bundesgesetz sonst nicht berechtigt. Dies gilt nicht für die Vereinbarung höherer als der gesetzlich vorgeschriebenen Versicherungssummen. Auf die Einschränkungen muß der Versicherungsnehmer vor Vertragsabschluß ausdrücklich hingewiesen werden.

Örtlicher Geltungsbereich

§ 3. (1) Der örtliche Geltungsbereich der Versicherung erstreckt sich, unbeschadet einer darüber hinausgehenden Vereinbarung, auf Europa im geographischen Sinn, jedenfalls aber auf das Gebiet jener Staaten, die das „Übereinkommen zwischen den nationalen Versicherungsbüros der Mitgliedstaaten des Europäischen Wirtschaftsraums und anderen assoziierten Staaten vom 30. Mai 2002, ABl. Nr. L 192 vom 31. Juli 2003, S. 23," unterzeichnet haben. *(BGBl I 2004/31)*

(2) Im Gebiet jener Staaten, für die eine Internationale Versicherungskarte (Grüne Karte) ausgestellt wurde oder von denen auf deren Vorlage auf Grund des „in Abs. 1 genannten Übereinkommens" verzichtet worden ist, erstreckt sich die Versicherung auf den in dem betreffenden Staat vorgeschriebenen, mindestens jedoch den im Versicherungsvertrag vereinbarten Umfang. *(BGBl I 2004/31)*

Ausschlüsse

§ 4. (1) Von der Versicherung dürfen nur ausgeschlossen werden

1. Ersatzansprüche des Eigentümers, des Halters und – bei Vermietung des Fahrzeuges ohne Beistellung eines Lenkers – des Mieters und der Personen, denen der Mieter das Fahrzeug überläßt, gegen mitversicherte Personen wegen Sach- oder bloßer Vermögenschäden,

2. Ersatzansprüche wegen Beschädigung, Zerstörung oder Abhandenkommens des versicherten Fahrzeuges,

3. Ersatzansprüche wegen Beschädigung, Zerstörung oder Abhandenkommens von mit dem versicherten Fahrzeug beförderten Sachen mit Ausnahme jener, die mit Willen des Halters beförderte Personen üblicherweise an sich tragen oder, sofern die Fahrt überwiegend der Personenbeförderung dient, als Gegenstände des persönlichen Bedarfs mit sich führen; dies gilt nicht für die nicht gewerbsmäßige Abschleppen betriebsunfähiger Fahrzeuge im Rahmen üblicher Hilfeleistung;

4. Ersatzansprüche aus der Verwendung des versicherten Fahrzeuges als ortsgebundene Kraftquelle oder zu ähnlichen Zwecken,

5. Ersatzansprüche aus der Verwendung des Fahrzeuges bei einer kraftfahrsportlichen Veranstaltung, bei der es auf die Erzielung einer Höchstgeschwindigkeit ankommt, oder ihren Trainingsfahrten,

6. Ersatzansprüche, die besonderen Bestimmungen über die Haftung für Nuklearschäden unterliegen.

(2) Auf nicht in Abs. 1 angeführte Ausschlußtatbestände kann sich der Versicherer nicht berufen. § 2 Abs. 3 ist jedoch anzuwenden.

Obliegenheiten vor Eintritt des Versicherungsfalls

§ 5. (1) Als Obliegenheit vor Eintritt des Versicherungsfalls darf nur vorgesehen werden,

1. mit dem Fahrzeug nicht eine größere Anzahl als die vereinbarte Höchstanzahl von Personen zu befördern,
2. Vereinbarungen über die Verwendung des Fahrzeuges einzuhalten,
3. im Fall der Zuweisung eines Wechselkennzeichens nur das Fahrzeug zu verwenden, an dem die Kennzeichentafeln angebracht sind,
4. daß der Lenker zum Lenken des Fahrzeugs kraftfahrrechtlich berechtigt ist,
5. daß der Lenker sich nicht in einem durch Alkohol oder Suchtgift beeinträchtigten Zustand im Sinn der Straßenverkehrsvorschriften befindet,
6. mit dem Kraftfahrzeug nicht eine größere Anzahl von Personen zu befördern, als nach den kraftfahrrechtlichen Vorschriften zulässig ist.

(2) Bei Verletzung der Obliegenheit gemäß Abs. 1 Z 1 oder 6 umfaßt die Leistungsfreiheit höchstens den Teil der Entschädigung, der dem Verhältnis der Anzahl der zu Unrecht beförderten Personen zur Anzahl der insgesamt beförderten Personen entspricht.

(3) Die Leistungspflicht bleibt jedenfalls in den Fällen des Abs. 1 Z 4 und 5 gegenüber anderen versicherten haftpflichtigen Personen als dem Lenker bestehen, sofern für diese die Obliegenheitsverletzung ohne Verschulden nicht erkennbar war.

(4) Eine Verletzung der Obliegenheit gemäß Abs. 1 Z 5 liegt nur vor, wenn im Spruch oder in der Begründung einer rechtskräftigen verwaltungsbehördlichen oder gerichtlichen Entscheidung festgestellt wird, daß das Fahrzeug in einem durch Alkohol oder Suchtgift beeinträchtigten Zustand gelenkt wurde.

(5) Auf nicht in Abs. 1 angeführte Obliegenheiten vor Eintritt des Versicherungsfalls kann sich der Versicherer nicht berufen. § 2 Abs. 3 ist jedoch anzuwenden.

Anzeigepflicht

§ 6. (1) Nach Eintritt eines Versicherungsfalls besteht für den Versicherungsnehmer die Obliegenheit, dem Versicherer längstens innerhalb einer Woche ab Kenntnis anzuzeigen

1. den Versicherungsfall unter möglichst genauer Angabe des Sachverhalts,
2. die Anspruchserhebung durch den geschädigten Dritten,
3. die Einleitung eines gerichtlichen oder behördlichen Verfahrens.

(2) Abs. 1 Z 1 und 2 gilt nicht, soweit der Versicherungsnehmer dem Geschädigten den Schaden selbst ersetzt.

Obliegenheiten und Gefahrerhöhung

§ 7. (1) Die Leistungsfreiheit wegen Verletzung einer Obliegenheit oder einer Erhöhung der Gefahr beträgt höchstens je „11 000 Euro", für jeden Versicherungsfall insgesamt höchstens „22 000 Euro". *(BGBl I 2001/98)*

(2) Die Beschränkung der Leistungsfreiheit gemäß Abs. 1 kann, wenn die Obliegenheit in der Absicht verletzt wurde, sich oder einem Dritten rechtswidrig einen Vermögensvorteil zu verschaffen, im Umfang dieses Vermögensvorteils entfallen. Wenn der Versicherungsnehmer einen Entschädigungsanspruch ganz oder teilweise anerkannt „ " oder die Führung eines Rechtsstreits nicht dem Versicherer überlassen hat, kann die Leistungsfreiheit jedenfalls bis zur Höhe des dem Versicherer dadurch entstandenen Vermögensnachteils ausgedehnt werden. *(BGBl I 2002/76, vgl die Übergangsbestimmung in § 37a Abs 6)*

Anhänger

§ 8. (1) Die Versicherung von Anhängern umfaßt auch mit dem Ziehen des Anhängers durch das Zugfahrzeug zusammenhängende Versicherungsfälle

1. hinsichtlich der Ersatzansprüche von Insassen eines Omnibusanhängers oder
2. hinsichtlich der Schäden durch das mit einem Anhänger zur Beförderung gefährlicher Güter beförderte gefährliche Gut, insoweit die Versicherungssumme für den Anhänger die Versicherungssumme für das Zugfahrzeug übersteigt.

(2) Im Fall des Abs. 1 sind die durch den Versicherungsvertrag über das Zugfahrzeug versicherten Personen mitversichert.

Versicherungssumme

§ 9. (1) Der Versicherer hat unbeschadet einer darüber hinausgehenden Vereinbarung, in jedem Versicherungsfall Versicherungsleistungen bis zu dem sich aus den folgenden Bestimmungen ergebenden Betrag zu erbringen (gesetzliche Versicherungssumme).

(2) Vorbehaltlich der Abs. 5 und 6 ist die gesetzliche Versicherungssumme eine Pauschalversicherungssumme, die Personenschäden und Sachschäden umfasst. *(BGBl I 1997/71; BGBl I 2007/37, vgl die Übergangsbestimmung in § 37a Abs 8)*

(3) Die Pauschalversicherungssumme beträgt

1. für Omnibusse mit nicht mehr als 19 Plätzen (Sitz- und Stehplätzen) außer dem Lenkerplatz sowie Lastkraftwagen mit mehr als acht, jedoch

nicht mehr als 19 Plätzen außer dem Lenkerplatz 14 000 000 Euro,
2. für Omnibusse und Lastkraftwagen mit mehr als 19 Plätzen für je weitere angefangene fünf Plätze zusätzlich 3 500 000 Euro,
3. für Omnibusanhänger mit nicht mehr als zehn Plätzen 7 000 000 Euro und für je weitere angefangene fünf Plätze zusätzlich 3 500 000 Euro,
4. für alle anderen Fahrzeuge 7 000 000 Euro.
(BGBl I 2004/115; BGBl I 2007/37; BGBl I 2011/138, vgl die Übergangsbestimmung in § 37a Abs 10)

(4) Innerhalb der Pauschalversicherungssumme sind jedenfalls
1. alle Personenschäden
  a) bei Omnibussen mit nicht mehr als 19 Plätzen (Sitz- und Stehplätzen) außer dem Lenkerplatz sowie Lastkraftwagen mit mehr als acht, jedoch nicht mehr als 19 Plätzen außer dem Lenkerplatz bis zu 12 800 000 Euro,
  b) bei Omnibussen und Lastkraftwagen mit mehr als 19 Plätzen für je weitere angefangene fünf Plätze bis zu 3 500 000 Euro,
  c) bei Omnibusanhängern mit nicht mehr als zehn Plätzen bis zu 5 800 000 Euro und für je weitere angefangene fünf Plätze zusätzlich bis zu 3 500 000 Euro,
  d) bei allen anderen Fahrzeugen bis zu 5 800 000 Euro,
2. alle Sachschäden bis zu 1 200 000 Euro
voll zu decken. *(BGBl I 2004/115; BGBl I 2007/37; BGBl I 2011/138, vgl die Übergangsbestimmung in § 37a Abs 10)*

(5) Zusätzlich zur Pauschalversicherungssumme beträgt die gesetzliche Versicherungssumme für bloße Vermögenschäden 70 000 Euro. *(BGBl I 2004/115; BGBl I 2007/37; BGBl I 2011/138, vgl die Übergangsbestimmung in § 37a Abs 10)*

(6) Für Fahrzeuge, mit denen gefährliche Güter gemäß den in § 2 Z 1 des Gefahrgutbeförderungsgesetzes, BGBl. I Nr. 145/1998, angeführten Vorschriften befördert werden und die gemäß diesen Vorschriften zu kennzeichnen sind, beträgt die gesetzliche Versicherungssumme
1. für die Tötung oder Verletzung einer Person 7 000 000 Euro,
2. für die Tötung oder Verletzung mehrerer Personen 14 000 000 Euro,
3. für Sachschäden insgesamt 14 000 000 Euro,
4. für bloße Vermögenschäden 70 000 Euro.
(BGBl I 2007/37; BGBl I 2011/138, vgl die Übergangsbestimmung in § 37a Abs 10)

Rentenzahlungen

§ 10. Hat der Versicherer Rentenzahlungen zu leisten und übersteigt der Kapitalwert der Rente die Versicherungssumme oder den nach Abzug sonstiger Leistungen aus demselben Versicherungsfall noch verbleibenden Restbetrag der Versicherungssumme, so gebührt die Rente nur im Verhältnis der Versicherungssumme oder ihres Restbetrages zum Kapitalwert der Rente. Der Ermittlung des Kapitalwerts ist die Allgemeine Sterbetafel für Österreich und ein Zinsfuß von 3 vH zugrunde zu legen.

3. Abschnitt
Sonstige Vorschriften für den Versicherungsvertrag

Rechtsstellung der mitversicherten Personen

§ 11. (1) Hinsichtlich der mitversicherten Personen ist die Versicherung für fremde Rechnung geschlossen.

(2) Die mitversicherten Personen können ihre Ansprüche selbständig geltend machen. § 75 Abs. 2 des Versicherungsvertragsgesetzes 1958, BGBl. Nr. 2/1959, ist nicht anzuwenden.

(3) Der Versicherer kann eine gemäß § 24 Abs. 4 auf ihn übergegangene Forderung des geschädigten Dritten nur gegen einen Versicherten geltend machen, der durch sein Verhalten die Freiheit des Versicherers von der Verpflichtung zur Leistung herbeigeführt hat.

Schadenersatzbeitrag

§ 12. Ist vereinbart, daß der Versicherungsnehmer dem Versicherer die Ersatzleistung, die dieser zu seinen Lasten erbracht hat, bis zu einem bestimmten Umfang zu erstatten hat (Schadenersatzbeitrag), so gelten hiefür dieselben Verzugsfolgen wie für Folgeprämien. Der Schadenersatzbeitrag ist Versicherungsentgelt im Sinn des Versicherungssteuergesetzes 1953, BGBl. Nr. 133.

Interessenkollision

§ 13. Hat der Versicherer in einem Versicherungsfall dem geschädigten Dritten ebenfalls Versicherungsschutz aus einer Haftpflichtversicherung zu gewähren, so kann sich der Versicherungsnehmer oder die mitversicherte Person in einem vom geschädigten Dritten angestrengten Rechtsstreit auf Kosten des Versicherers von einem Rechtsanwalt seiner Wahl vertreten lassen, der im Sprengel des für das Verfahren zuständigen Gerichts seinen Sitz hat. Entgegenstehende Vereinbarungen sind auf diesen Fall nicht anzuwenden.

Laufzeit

§ 14. (1) Der Versicherungsvertrag endet, wenn er
1. mit einem Monatsersten, 0 Uhr, begonnen hat, ein Jahr nach diesem Zeitpunkt,

5. KHVG
§§ 14 – 18

2. zu einem anderen Zeitpunkt begonnen hat, mit dem nächstfolgenden Monatsersten, 0 Uhr, nach Ablauf eines Jahres,

es sei denn, es wurde eine kürzere Laufzeit als ein Jahr vereinbart.

(2) Der Versicherungsvertrag verlängert sich um jeweils ein Jahr, wenn er nicht spätestens einen Monat vor Ablauf schriftlich gekündigt worden ist. Beträgt die Laufzeit weniger als ein Jahr, so endet der Vertrag, ohne daß es einer Kündigung bedarf.

Kündigungsrecht bei Prämienerhöhung

§ 14a. (1) Übt der Versicherer ein Recht zur einseitigen Erhöhung der vereinbarten Prämie aus, so kann der Versicherungsnehmer den Versicherungsvertrag binnen eines Monats kündigen. Die Frist zur Ausübung des Kündigungsrechts beginnt zu laufen, sobald der Versicherer dem Versicherungsnehmer die erhöhte Prämie und den Grund der Erhöhung mitgeteilt hat. Die Kündigung wird mit Ablauf eines Monats wirksam, frühestens jedoch mit dem Wirksamwerden der Prämienerhöhung.

(2) Der Versicherer hat in der Mitteilung dem Versicherungsnehmer den Grund der Erhöhung klar und verständlich zu erläutern. Zudem hat er den Versicherungsnehmer auf dessen Kündigungsrecht hinzuweisen, sofern er die Prämienerhöhung nicht bloß auf die Entwicklung eines von der Bundesanstalt Statistik Austria verlautbarten Verbraucherpreisindex (§ 14b Abs. 1) stützt. *(BGBl I 2004/115, vgl die Übergangsbestimmung in § 37a Abs 7)*

(BGBl 1995/258)

Prämienanpassungsklauseln

§ 14b. (1) In vertraglichen Prämienanpassungsklauseln kann als Maßstab für Prämienänderungen ein von der Bundesanstalt Statistik Austria verlautbarter Verbraucherpreisindex herangezogen werden. Allgemeine Vorschriften über Vertragsbestimmungen, die eine Änderung des Entgelts vorsehen, bleiben unberührt. *(BGBl I 2004/115, vgl die Übergangsbestimmung in § 37a Abs 7)*

(2) Prämienerhöhungen aufgrund von vertraglichen Prämienanpassungsklauseln können rechtswirksam frühestens nach einem Jahr ab Versicherungsbeginn und in der Folge nicht in kürzeren als einjährigen Abständen vorgenommen werden. *(BGBl I 2007/37)*

(3) Die Erklärung einer rückwirkenden Erhöhung der Prämie ist unwirksam; die Erklärung wirkt erst ab ihrem Zugang an den Versicherungsnehmer.

(BGBl 1995/258)

Änderungen des Versicherungsvertrages

§ 15. (1) Ändert sich der Versicherungsvertrag auf Grund einer Änderung des 2. Abschnitts, so kann der Versicherer unter Bedachtnahme auf eine dadurch eingetretene Änderung der von ihm getragenen Gefahr die Prämie innerhalb dreier Monate mit Wirkung ab Änderung des Versicherungsvertrages neu festsetzen.

(2) Dem Versicherer oder dem Versicherungsnehmer gebührt der anteilige Unterschiedsbetrag zwischen vereinbarter und neuer Prämie für den Rest der laufenden Versicherungsperiode.

(3) *(aufgehoben, BGBl 1995/258)*

Bescheinigung des Schadenverlaufs

§ 16. Der Versicherer hat dem Versicherungsnehmer auf dessen Antrag jederzeit innerhalb von zwei Wochen eine Bescheinigung über die innerhalb der letzten fünf Jahre der Vertragslaufzeit gedeckten Ansprüche von Geschädigten oder die Schadenfreiheit in diesem Zeitraum auszustellen.

(BGBl I 2002/11; BGBl I 2007/37)

Bestandübertragung

§ 17. (1) Wird ein Bestand an Kraftfahrzeug-Haftpflichtversicherungsverträgen mit Genehmigung der zuständigen „Aufsichtsbehörde" zu Zwecken der Sanierung auf ein anderes Versicherungsunternehmen übertragen, so ist das übernehmende Versicherungsunternehmen berechtigt, auf die übernommenen Versicherungsverträge vom Beginn der nächsten Versicherungsperiode an die von ihm allgemein verwendeten Tarife und Versicherungsbedingungen anzuwenden. *(BGBl I 2001/97)*

(2) Wird die Prämie auf Grund des Abs. 1 erhöht oder ändern sich auf Grund dieser Bestimmung die für den Vertrag geltenden Versicherungsbedingungen, so hat der Versicherer dies dem Versicherungsnehmer unter Angabe des Unterschiedsbetrages der Prämie oder der Änderungen der Versicherungsbedingungen spätestens einen Monat vor dem Ende der Versicherungsperiode mitzuteilen. Neue Versicherungsbedingungen sind dem Versicherungsnehmer gleichzeitig auszufolgen. Der Versicherungsnehmer kann den Versicherungsvertrag, sobald er diese Mitteilung erhalten hat, zum Ende der Versicherungsperiode kündigen. „§ 14a ist nicht anzuwenden." *(BGBl 1995/258)*

4. Abschnitt
Besondere Vorschriften für die Pflichtversicherung

Versicherungsbedingungen

§ 18. (1) Die Versicherungsbedingungen sind der „FMA"* „"* mitzuteilen. Hiezu gehören alle Regelungen, die sich nicht auf die bloße Festsetzung von Prämienbeträgen, Prämiensätzen oder Schadenersatzbeiträgen beschränken. Die Versicherungsbedingungen dürfen erst nach Ablauf von drei Monaten, nachdem sie der „FMA"* mitgeteilt worden sind, verwendet werden. *(BGBl I 1997/71; *BGBl I 2001/97; **BGBl I 2007/37)*

(2) Versicherungsverträge dürfen nur unter Zugrundelegung von Versicherungsbedingungen abgeschlossen werden, die der „FMA" mitgeteilt worden sind. Die Rechtswirksamkeit der Versicherungsverträge wird dadurch nicht berührt. *(BGBl I 2001/97)*

(3) Auf den dem Versicherungsnehmer ausgefolgten Versicherungsbedingungen ist anzugeben, wann die Versicherungsbedingungen der „FMA" mitgeteilt worden sind. *(BGBl I 2001/97)*

(4) Weichen die vom Versicherungsunternehmen verwendeten Versicherungsbedingungen von Musterbedingungen „des Fachverbandes der Versicherungsunternehmen" ab, so ist in den dem Versicherungsnehmer ausgefolgten Versicherungsbedingungen auf diese Abweichungen von den Musterbedingungen ausdrücklich hinzuweisen. *(BGBl I 2010/107)*

Auflegungspflicht

§ 19. (1) Versicherungsunternehmen, die im Inland ihren Sitz oder eine Zweigniederlassung haben, haben die der „FMA" gemäß § 18 Abs. 1 mitgeteilten Versicherungsbedingungen, die sie verwenden, und die vollständigen von ihnen allgemein verwendeten Tarife am Sitz des Unternehmens oder der Zweigniederlassung sowie in allen Betriebsstätten zur Einsichtnahme aufzulegen. *(BGBl I 2001/97)*

(2) Betreibt ein Versicherungsunternehmen die Kraftfahrzeug-Haftpflichtversicherung im Dienstleistungsverkehr und verfügt es über Betriebsstätten im Inland, so hat es die in Abs. 1 angeführten Unterlagen in allen Betriebsstätten zur Einsichtnahme aufzulegen. Verfügt es über keine Betriebsstätten im Inland, so hat es dafür zu sorgen, daß die in Abs. 1 angeführten Unterlagen am Sitz oder Hauptwohnsitz des Schadenregulierungsbeauftragten (§ 31 Abs. 1) zur Einsichtnahme aufliegen.

(BGBl I 1997/71)

Vorläufige Deckung

§ 20. (1) Die Ausstellung der Versicherungsbestätigung gemäß § 61 Abs. 1 KFG 1967 bewirkt die Übernahme einer vorläufigen Deckung.

(2) Der Versicherer ist berechtigt, die vorläufige Deckung mit einer Frist von mindestens zwei Wochen zu kündigen. Dem Versicherer gebührt die auf die Dauer der vorläufigen Deckung entfallende anteilige Prämie.

(3) § 1a Abs. 2 des Versicherungsvertragsgesetzes 1958 ist nicht anzuwenden.

Anspruchsverzicht

§ 21. (1) Verzichtet der Versicherungsnehmer rechtswirksam auf Ansprüche auf Ersatz von Mietkosten eines Ersatzfahrzeuges einschließlich eines Taxis und des Verdienstentganges wegen der Nichtbenützbarkeit des Fahrzeuges, die ihm gegen Personen zustehen, die durch einen Haftpflichtversicherungsvertrag für ein unter § 59 Abs. 1 KFG 1967 fallendes Fahrzeug versichert sind, so gebührt ihm ein Nachlaß von 20 vH von der vereinbarten Prämie.

(2) Die Rechtswirksamkeit des Verzichts gemäß Abs. 1 wird nicht dadurch gehindert, dass der Verzicht sich nicht auf Ansprüche körperbehinderter Lenker von Ausgleichskraftfahrzeugen oder von Personen- oder Kombinationskraftwagen erstreckt, die entsprechend einer Auflage oder Beschränkung in einer gemäß § 5 Abs. 5 Führerscheingesetz (FSG) wegen einer Behinderung im Sinn des § 6 Abs. 1 Z 3 oder 5 Führerscheingesetz-Gesundheitsverordnung (FSG-GV), eingeschränkt erteilten Lenkberechtigung umgebaut worden sind. *(BGBl I 2007/37)*

(3) Der Verzicht gemäß Abs. 1 ist nur rechtswirksam, wenn

1. sich der Versicherungsnehmer verpflichtet, auch die mitversicherten Personen zum Verzicht auf die gleichen Ersatzansprüche zu veranlassen,

2. sich der Verzicht auch auf die Ansprüche gegen den entschädigungspflichtigen Versicherer erstreckt, soweit diesem ein Deckungsanspruch aus dem Versicherungsvertrag zusteht.

(4) Hat der geschädigte Versicherungsnehmer einen Verzicht gemäß Abs. 1 nicht geleistet, so steht dem Versicherer des Schädigers im Schadenfall der Ersatz seiner durch die Abgeltung der in Abs. 1 angeführten Ansprüche entstandenen Aufwendungen durch den Versicherer des Geschädigten zu.

Grenzversicherung

§ 22. (1) Die Leistungspflicht des Versicherers aus Versicherungsverträgen gemäß § 1 Abs. 2 (Grenzversicherung) beschränkt sich auf den dem Vorschriften dieses Bundesgesetzes entsprechenden Umfang. Der örtliche Geltungsbereich kann abweichend von § 3 Abs. 1 auf das Gebiet der Vertragstaaten des Abkommens über den Europäischen Wirtschaftsraum, BGBl. Nr. 909/1993, eingeschränkt werden.

(2) und (3) *(aufgehoben, BGBl I 2004/31)*

(4) Grenzversicherungsverträge werden vom Verband der Versicherungsunternehmen Österreichs für Rechnung derjenigen Versicherungsunternehmen abgeschlossen, die die Kraftfahrzeug-Haftpflichtversicherung im Inland betreiben dür-

5. KHVG
§§ 22 – 27

fen. Diese Versicherungsunternehmen sind im Verhältnis ihres Prämienaufkommens aus der Kraftfahrzeug-Haftpflichtversicherung in jedem Kalenderjahr zum gesamten Prämienaufkommen aller beteiligten Versicherungsunternehmen aus dieser Versicherung als Mitversicherer an den Versicherungsverträgen beteiligt.

Gerichtsstand

§ 23. Der Versicherungsnehmer und die mitversicherten Personen können Ansprüche aus dem Versicherungsvertrag auch bei den Gerichten geltend machen, in deren Sprengel der Versicherungsnehmer seinen Wohnsitz oder seinen Sitz im Inland hat.

Rechte des geschädigten Dritten

§ 24. (1) Ist der Versicherer von der Verpflichtung zur Leistung dem Versicherungsnehmer gegenüber ganz oder teilweise frei, so bleibt gleichwohl seine Verpflichtung in Ansehung des Dritten bestehen.

(2) Ein Umstand, der das Nichtbestehen oder die Beendigung des Versicherungsverhältnisses zur Folge hat, wirkt in Ansehung des Dritten erst nach Ablauf von drei Monaten, nachdem der Versicherer diesen Umstand gemäß § 61 Abs. 4 KFG 1967 angezeigt hat. Das gleiche gilt, wenn das Versicherungsverhältnis durch Zeitablauf endet. Der Lauf der Frist beginnt nicht vor der Beendigung des Versicherungsverhältnisses.

(3) Die Leistungspflicht des Versicherers beschränkt sich auf die Vorschriften dieses Bundesgesetzes entsprechenden Umfang. Sie besteht nicht, insoweit ein anderer Haftpflichtversicherer zur Leistung verpflichtet ist.

(4) Soweit der Versicherer den Dritten auf Grund „des Abs. 1 oder 2" befriedigt, geht die Forderung des Dritten gegen den Versicherungsnehmer auf ihn über. Der Übergang kann nicht zum Nachteil des Dritten geltend gemacht werden. *(BGBl 1995/258)*

(5) Die §§ 158c und 158f des Versicherungsvertragsgesetzes 1958 sind nicht anzuwenden.

Außergewöhnliche Risken

§ 25. (1) Fahrzeugbesitzer, die nachweisen können, daß drei Versicherungsunternehmen, die die Kraftfahrzeug-Haftpflichtversicherung im Inland betreiben dürfen, den Abschluß eines Versicherungsvertrages für ein der Versicherungspflicht unterliegendes Fahrzeug abgelehnt haben, haben gegenüber dem Fachverband der „Versicherungsunternehmen" den Anspruch, daß ihnen ein Versicherer zugewiesen wird. Die Versicherungsunternehmen, die den Abschluß des Versicherungsvertrages ablehnen, haben darüber eine schriftliche Bestätigung auszustellen. *(BGBl I 2010/107)*

(2) Als Versicherer darf nur ein Versicherungsunternehmen zugewiesen werden, das gemäß § 4 Abs. 1 VAG zum Betrieb der Kraftfahrzeug-Haftpflichtversicherung zugelassen ist oder diese im Dienstleistungsverkehr im Inland betreibt.

Fassung ab 1. 1. 2016 (BGBl I 2015/34):
(2) Als Versicherer darf nur ein Versicherungsunternehmen zugewiesen werden, das „gemäß § 6 Abs. 1 des Versicherungsaufsichtsgesetzes 2016 (VAG 2016), BGBl. I Nr. 34/2015," zum Betrieb der Kraftfahrzeug-Haftpflichtversicherung zugelassen ist oder diese im Dienstleistungsverkehr im Inland betreibt. *(BGBl I 2015/34, ab 1. 1. 2016)*

(3) Das Versicherungsunternehmen, das dem Fahrzeugbesitzer zugewiesen wurde, ist verpflichtet, für das betreffende Fahrzeug einen Versicherungsvertrag in dem in diesem Bundesgesetz vorgeschriebenen Umfang abzuschließen.

(4) Für einen Versicherungsvertrag gemäß Abs. 3 kann entsprechend einer vom Versicherer getragenen Gefahr entweder

1. ein Zuschlag zu der sich aus seinem allgemein verwendeten Tarif ergebenden Prämie von höchstens 50 vH oder

2. ein Schadenersatzbeitrag vorgesehen werden, der für ein Versicherungsjahr das Ausmaß der Jahresprämie nicht übersteigen darf.

5. Abschnitt
Direktes Klagerecht

Anspruchsberechtigung

§ 26. Der geschädigte Dritte kann den ihm zustehenden Schadenersatzanspruch im Rahmen des betreffenden Versicherungsvertrages auch gegen den Versicherer geltend machen. Der Versicherer und der ersatzpflichtige Versicherte haften als Gesamtschuldner.

Verjährung

§ 27. (1) Der Schadenersatzanspruch des geschädigten Dritten gegen den Versicherer unterliegt der gleichen Verjährung wie der Schadenersatzanspruch gegen den ersatzpflichtigen Versicherten. Die Verjährung beginnt mit dem Zeitpunkt, mit dem die Verjährung des Schadenersatzanspruches gegen den ersatzpflichtigen Versicherten beginnt, endet jedoch spätestens zehn Jahre nach dem Schadenereignis.

(2) Ist der Schadenersatzanspruch des geschädigten Dritten dem Versicherer gemeldet worden, so ist die Verjährung bis zur Zustellung einer schriftlichen Erklärung des Versicherers, daß den Schadenersatzanspruch ablehnt, gehemmt. Weitere Anmeldungen desselben Schadenersatzanspruches hemmen die Verjährung jedoch nicht. Die Hemmung oder die Unterbrechung der Ver-

jährung des Schadenersatzanspruches gegen den ersatzpflichtigen Versicherten bewirkt auch die Hemmung oder die Unterbrechung der noch laufenden Verjährung des Schadenersatzanspruches gegen den Versicherer und umgekehrt.

Urteilswirkung

§ 28. Soweit durch rechtskräftiges Urteil ein Schadenersatzanspruch des geschädigten Dritten aberkannt wird, wirkt das Urteil, wenn es zwischen dem geschädigten Dritten und dem Versicherer ergeht, auch zugunsten des Versicherten; wenn es zwischen dem geschädigten Dritten und dem Versicherten ergeht, wirkt es auch zugunsten des Versicherers.

Pflichten des geschädigten Dritten

§ 29. (1) Der geschädigte Dritte, der seinen Schadenersatzanspruch gegen den ersatzpflichtigen Versicherten oder gegen den Versicherer geltend machen will, hat diesem das Schadenereignis binnen vier Wochen von dem Zeitpunkt an schriftlich anzuzeigen, zu dem er von der Person des Versicherers Kenntnis erhalten hat oder erhalten hätte müssen. Wenn er den Schadensatzanspruch gegen den ersatzpflichtigen Versicherten gerichtlich geltend macht, hat er dies dem Versicherer unverzüglich schriftlich anzuzeigen.

(2) Der Versicherer kann vom geschädigten Dritten Auskunft verlangen, soweit sie zur Feststellung des Schadenereignisses und der Höhe des Schadens erforderlich und dem geschädigten Dritten zumutbar ist. Zur Vorlage von Belegen ist der geschädigte Dritte nur insoweit verpflichtet, als ihm die Beschaffung zugemutet werden kann.

(3) Verletzt der geschädigte Dritte die Pflichten gemäß Abs. 1 und 2, so beschränkt sich die Haftung des Versicherers auf den Betrag, den er auch bei gehöriger Erfüllung der Pflichten zu leisten gehabt hätte. Diese Rechtsfolge tritt bezüglich der Pflichten gemäß Abs. 2 nur ein, wenn der Versicherer den geschädigten Dritten vorher ausdrücklich schriftlich auf die Folgen der Verletzung hingewiesen hat.

(4) Abs. 3 erster Satz gilt auch, wenn der Versicherungsnehmer mit dem Dritten ohne Einwilligung des Versicherers einen Vergleich abschließt oder dessen Anspruch anerkennt; § 154 Abs. 2 des Versicherungsvertragsgesetzes 1958 ist anzuwenden.

(5) Die §§ 158d und 158e des Versicherungsvertragsgesetzes 1958 sind nicht anzuwenden.

Pflichten des Versicherers

§ 29a. (1) Der Versicherer oder sein gemäß § 12a VAG bestellter Schadenregulierungsbeauftragter sind verpflichtet, dem geschädigten Dritten innerhalb von drei Monaten ab dem Zeitpunkt, in dem dieser ihm das Schadenereignis angezeigt hat, die Ersatzleistung anzubieten, wenn diese dem Grunde und der Höhe nach nicht bestritten wird.

Fassung ab 1. 1. 2016 (BGBl I 2015/34):
(1) Der Versicherer oder sein „gemäß § 100 VAG 2016" bestellter Schadenregulierungsbeauftragter sind verpflichtet, dem geschädigten Dritten innerhalb von drei Monaten ab dem Zeitpunkt, in dem dieser ihm das Schadenereignis angezeigt hat, die Ersatzleistung anzubieten, wenn diese dem Grunde und der Höhe nach nicht bestritten wird. *(BGBl I 2015/34, ab 1. 1. 2016)*

(2) Bestreiten der Versicherer oder sein Schadenregulierungsbeauftragter die Pflicht zur Erbringung einer Ersatzleistung oder sind die Erhebungen zur Feststellung der Ersatzpflicht innerhalb der in Abs. 1 angeführten Frist noch nicht abgeschlossen, so haben sie dies gegenüber dem geschädigten Dritten innerhalb der in Abs. 1 angeführten Frist schriftlich zu begründen.

(3) Sind die Erhebungen zur Feststellung der Ersatzpflicht innerhalb der in Abs. 1 angeführten Frist noch nicht abgeschlossen, so kann der geschädigte Dritte in Anrechnung auf seine Gesamtforderung Abschlagszahlungen in der Höhe des Betrages verlangen, den der Versicherer nach Lage des Falles mindestens zu zahlen hat.

(4) Kommen der Versicherer oder sein Schadenregulierungsbeauftragter ihrer Pflicht gemäß Abs. 1 und 2 nicht nach, so gebühren dem geschädigten Dritten die gesetzlichen Verzugszinsen spätestens ab dem Zeitpunkt des Ablaufes der Frist gemäß Abs. 1.

(5) Die Abs. 1 bis 4 gelten auch für die Leistungsverpflichtungen des Verbandes der Versicherungsunternehmen Österreichs gegenüber geschädigten Dritten auf Grund des Übereinkommens zwischen den nationalen Versicherungsbüros der Mitgliedstaaten des Europäischen Wirtschaftsraums und anderen assoziierten Staaten vom 30. Mai 2002 (ABl. Nr. L 192 vom 31.7.2003, S. 23). *(BGBl I 2007/37, vgl die Übergangsbestimmung in § 37a Abs 8)*

(BGBl I 2002/11)

Schadenregulierungsbeauftragter

§ 29b. (1) Das Recht von Geschädigten mit Wohnsitz oder Sitz in anderen Vertragsstaaten, Ansprüche auf Ersatzleistung unmittelbar gegen den Schädiger oder den Versicherer geltend zu machen, wird durch die Befugnisse des gemäß § 12a VAG bestellten Schadenregulierungsbeauftragten nicht berührt.

Fassung ab 1. 1. 2016 (BGBl I 2015/34):
(1) Das Recht von Geschädigten mit Wohnsitz oder Sitz in anderen Vertragsstaaten, Ansprüche auf Ersatzleistung unmittelbar gegen den Schädi-

ger oder den Versicherer geltend zu machen, wird durch die Befugnisse des „gemäß § 100 VAG 2016" bestellten Schadenregulierungsbeauftragten nicht berührt. *(BGBl I 2015/34, ab 1. 1. 2016)*

(2) Die Pflichten des geschädigten Dritten gegenüber dem Versicherer (§ 29) können auch gegenüber dem Schadenregulierungsbeauftragten gemäß § 12a VAG erfüllt werden.

Fassung ab 1. 1. 2016 (BGBl I 2015/34):
(2) Die Pflichten des geschädigten Dritten gegenüber dem Versicherer (§ 29) können auch gegenüber dem Schadenregulierungsbeauftragten „gemäß § 100 VAG 2016" erfüllt werden. *(BGBl I 2015/34, ab 1. 1. 2016)*

(BGBl I 2002/11)

6. Abschnitt
Vorschriften für den EWR
Pflichten der Versicherungsunternehmen

§ 30. (1) Folgende Versicherungsverträge dürfen von Versicherungsunternehmen, die ihren Sitz in einem Vertragsstaat des Abkommens über den Europäischen Wirtschaftsraum haben, „über eine Zweigniederlassung oder" im Dienstleistungsverkehr nur abgeschlossen werden, wenn das Versicherungsunternehmen sich an Einrichtungen, die den Nachweis einer Haftung gemäß § 62 Abs. 1 KFG 1967 dienen, in gleicher Weise beteiligt wie Versicherungsunternehmen, die im Inland ihren Sitz oder eine Zweigniederlassung haben:

1. Versicherungsverträge, die der Erfüllung der Versicherungspflicht dienen (§ 59 Abs. 1 KFG 1967),

2. Versicherungsverträge für Fahrzeuge, die gemäß § 59 Abs. 2 KFG 1967 von der Versicherungspflicht ausgenommen sind, wenn sie bei nicht unter diese Bestimmung fallenden Fahrzeugen der Erfüllung der Versicherungspflicht dienen würden.

(BGBl I 1997/71; BGBl I 2002/46)

(2) Unbeschadet sonstiger Erfordernisse darf der Betrieb „über eine Zweigniederlassung oder" im Dienstleistungsverkehr erst aufgenommen werden, wenn das Versicherungsunternehmen seine Beteiligung an der Einrichtung gemäß Abs. 1 vollzogen hat. *(BGBl I 2002/46)*

Schadenregulierungsvertreter

§ 31. (1) Die Kraftfahrzeug-Haftpflichtversicherung darf im Dienstleistungsverkehr im Inland nur betrieben werden, solange für diesen Betrieb ein Schadenregulierungsvertreter gemäß Art. 12a Abs. 4 der Richtlinie 88/357/EWG in der Fassung von Art. 6 der Richtlinie 90/618/EWG (ABl. Nr. L 360 vom 8. November 1990, S 44) bestellt ist.

Fassung ab 1. 1. 2016 (BGBl I 2015/34):
(1) Die Kraftfahrzeug-Haftpflichtversicherung darf im Dienstleistungsverkehr im Inland nur betrieben werden, solange für diesen Betrieb ein Schadenregulierungsvertreter „gemäß Art. 152 der Richtlinie 2009/138/EG betreffend die Aufnahme und Ausübung der Versicherungs- und Rückversicherungstätigkeit (Solvabilität II) (Neufassung), ABl. Nr. L 335 vom 17.12.2009 S. 1, zuletzt geändert durch die Richtlinie 2014/51/EU, ABl. Nr. L 153 vom 22.05.2014 S. 1," bestellt ist. *(BGBl I 2015/34, ab 1. 1. 2016)*

(2) Unbeschadet sonstiger Erfordernisse darf der Betrieb der Kraftfahrzeug-Haftpflichtversicherung im Dienstleistungsverkehr erst aufgenommen werden, wenn das Versicherungsunternehmen einen Schadenregulierungsvertreter im Inland bestellt hat.

(3) Dem Versicherungsnehmer sind vor Abschluss des Versicherungsvertrages Name und Anschrift des Schadenregulierungsvertreters mitzuteilen. Wenn dem Versicherungsnehmer Unterlagen zur Verfügung gestellt werden, so muss diese Mitteilung darin enthalten sein. Während der Laufzeit des Versicherungsvertrages ist dem Versicherungsnehmer jede Änderung der Person oder der Anschrift des Schadenregulierungsvertreters unverzüglich mitzuteilen.

(4) Ansprüche auf die Ersatzleistung können außer gegen den Schädiger und den Versicherer bei im Dienstleistungsverkehr abgeschlossenen Verträgen auch gegen den Schadenregulierungsvertreter geltend gemacht werden.

(5) Die Pflichten des geschädigten Dritten gegenüber dem Versicherer (§ 29) können auch gegenüber dem Schadenregulierungsvertreter erfüllt werden.

(BGBl I 2002/46)

6a. Versicherungsregister
Inländische Fahrzeuge

§ 31a. (1) Der Fachverband der Versicherungsunternehmen hat nach Maßgabe der nachstehenden Vorschriften ein Register über die Haftpflichtversicherung für die im Inland zugelassenen Fahrzeuge zu führen und den hiezu berechtigten Personen Auskünfte aus diesem Register zu erteilen. In das Register ist auch die Bewilligung von Probefahrten und, sofern gemäß § 46 Abs. 2 erster Satz KFG 1967 eine Versicherungsbestätigung beizubringen ist, von Überstellungsfahrten einzutragen.

(2) Das Register hat folgende Angaben zu enthalten:

1. das Kennzeichen,

2. die Nummer der Versicherungsbestätigung (§ 61 Abs. 1 KFG 1967) über den zur Erfüllung der Versicherungspflicht (§ 59 Abs. 1 KFG 1967)

5. KHVG
§ 31a

KHVG AKHB + AKKB

abgeschlossenen Versicherungsvertrag und, wenn der Versicherungsvertrag nicht mehr besteht, den Zeitpunkt, zu dem der Versicherungsschutz in Ansehung des Dritten endet (§ 24 Abs. 2 dieses Bundesgesetzes),

3. das Versicherungsunternehmen, mit dem der Versicherungsvertrag zur Erfüllung der Versicherungspflicht abgeschlossen worden ist, und die für die anderen Vertragsstaaten gemäß § 12a VAG bestellten Schadenregulierungsbeauftragten,

Fassung ab 1. 1. 2016 (BGBl I 2015/34):
3. das Versicherungsunternehmen, mit dem der Versicherungsvertrag zur Erfüllung der Versicherungspflicht abgeschlossen worden ist, und die für die anderen Vertragsstaaten „gemäß § 100 VAG 2016" bestellten Schadenregulierungsbeauftragten, (BGBl I 2015/34, ab 1. 1. 2016)

4. bei Fahrzeugen, die gemäß § 59 Abs. 2 KFG 1967 von der Versicherungspflicht ausgenommen sind, die Gebietskörperschaft oder das Unternehmen, die das Fahrzeug besitzen, und, wenn eine Kraftfahrzeug-Haftpflichtversicherung abgeschlossen wurde, das Versicherungsunternehmen.

(3) Die Angaben gemäß Abs. 2 sind bis zum Ablauf von sieben Jahren nach Ablauf, Erlöschen oder Aufhebung der Zulassung oder nach Beendigung des Versicherungsvertrages aufzubewahren.

(4) Der Fachverband der Versicherungsunternehmen hat Personen, die mit einem im Inland zugelassenen Fahrzeug geschädigt wurden, auf Grund einer innerhalb von sieben Jahren nach dem Schadenereignis eingelangten Anfrage Auskunft zu geben über

1. Namen und Anschrift des Versicherungsunternehmens, mit dem der Versicherungsvertrag zur Erfüllung der Versicherungspflicht abgeschlossen worden ist,

2. die Nummer der Versicherungsbestätigung über den zur Erfüllung der Versicherungspflicht abgeschlossenen Versicherungsvertrag,

3. Namen und Anschrift des gemäß § 12a VAG für den Staat, in dem der Geschädigte seinen Wohnsitz oder Sitz hat, bestellten Schadenregulierungsbeauftragten,

Fassung ab 1. 1. 2016 (BGBl I 2015/34):
3. Namen und Anschrift des „gemäß § 100 VAG 2016" für den Staat, in dem der Geschädigte seinen Wohnsitz oder Sitz hat, bestellten Schadenregulierungsbeauftragten, (BGBl I 2015/34, ab 1. 1. 2016)

4. bei Fahrzeugen, die gemäß § 59 Abs. 2 KFG 1967 von der Versicherungspflicht ausgenommen sind,

a) Namen und Anschrift der Gebietskörperschaft oder des Unternehmens, die das Fahrzeug besitzen, und deren Eintrittspflicht für mit diesen Fahrzeugen verursachte Schäden oder

b) wenn eine Kraftfahrzeug-Haftpflichtversicherung abgeschlossen wurde, Namen und Anschrift des Versicherungsunternehmens sowie des gemäß § 12a VAG für den Staat, in dem der Geschädigte seinen Wohnsitz oder Sitz hat, bestellten Schadenregulierungsbeauftragten.

Fassung ab 1. 1. 2016 (BGBl I 2015/34):
b) wenn eine Kraftfahrzeug-Haftpflichtversicherung abgeschlossen wurde, Namen und Anschrift des Versicherungsunternehmens sowie des „gemäß § 100 VAG 2016" für den Staat, in dem der Geschädigte seinen Wohnsitz oder Sitz hat, bestellten Schadenregulierungsbeauftragten. (BGBl I 2015/34, ab 1. 1. 2016)

(BGBl I 2007/37)

(5) Die Zulassungsbehörde (§ 40 KFG 1967) oder Zulassungsstelle (§ 40b KFG 1967) hat dem Fachverband der Versicherungsunternehmen unverzüglich mitzuteilen

1. die Zulassung und das Kennzeichen eines Fahrzeugs sowie den Ablauf, das Erlöschen oder die Aufhebung der Zulassung,

2. Namen und Anschrift des Versicherungsunternehmens, mit dem der Versicherungsvertrag zur Erfüllung der Versicherungspflicht abgeschlossen worden ist,

3. bei Fahrzeugen, die gemäß § 59 Abs. 2 KFG 1967 von der Versicherungspflicht ausgenommen sind, Namen und Anschrift der Gebietskörperschaft oder des Unternehmens, die das Fahrzeug besitzen,

4. die Bewilligung von Probefahrten und, sofern gemäß § 46 Abs. 2 erster Satz KFG 1967 eine Versicherungsbestätigung beizubringen ist, von Überstellungsfahrten sowie das dafür ausgestellte Kennzeichen.

(6) Die Versicherungsunternehmen haben dem Fachverband der Versicherungsunternehmen unverzüglich mitzuteilen

1. die Nummer der Versicherungsbestätigung über die zur Erfüllung der Versicherungspflicht abgeschlossenen Versicherungsverträge,

2. jeden Umstand, der das Nichtbestehen oder die Beendigung von zur Erfüllung der Versicherungspflicht abgeschlossenen Versicherungsverträgen zur Folge hat, und den Zeitpunkt, zu dem der Versicherungsschutz in Ansehung des Dritten endet,

3. den Abschluss einer Kraftfahrzeug-Haftpflichtversicherung für Fahrzeuge, die gemäß § 59 Abs. 2 KFG 1967 von der Versicherungspflicht ausgenommen sind, und die Beendigung dieser Versicherung,

4. Namen und Anschrift der Schadenregulierungsbeauftragten, die sie gemäß § 12a VAG für die einzelnen Vertragsstaaten des Abkommens über den Europäischen Wirtschaftsraum bestellt haben.

Fassung ab 1. 1. 2016 (BGBl I 2015/34):
4. Namen und Anschrift der Schadenregulierungsbeauftragten, die sie „gemäß § 100 VAG 2016" für die einzelnen Vertragsstaaten des Abkommens über den Europäischen Wirtschaftsraum bestellt haben. *(BGBl I 2015/34, ab 1. 1. 2016)*

(7) Der Fachverband der Versicherungsunternehmen hat Personen, die mit einem im Inland zugelassenen Fahrzeug geschädigt wurden, auf Grund einer innerhalb von sieben Jahren nach dem Schadenereignis eingelangten Anfrage auch über Namen und Anschrift des Halters Auskunft zu geben, wenn diese Personen ein berechtigtes Interesse an einer solchen Auskunft glaubhaft machen. Der Fachverband der Versicherungsunternehmen hat unverzüglich die Behörde oder Zulassungsstelle oder das Versicherungsunternehmen um die für diese Auskunft erforderlichen Mitteilungen zu ersuchen. Diese haben dem Ersuchen unverzüglich zu entsprechen.

(BGBl I 2002/11)

Ausländische Fahrzeuge

§ 31b. (1) Der Fachverband der Versicherungsunternehmen hat Personen, die mit einem Fahrzeug mit gewöhnlichem Standort in einem anderen Vertragsstaat des Abkommens über den Europäischen Wirtschaftsraum geschädigt wurden, innerhalb von sieben Jahren nach dem Schadenereignis Auskunft zu geben über

1. Namen und Anschrift des Versicherungsunternehmens, mit dem der Versicherungsvertrag zur Erfüllung der Versicherungspflicht abgeschlossen worden ist,

2. die Nummer der Urkunde über den zur Erfüllung der Versicherungspflicht abgeschlossenen Versicherungsvertrag,

„3." Namen und Anschrift des für den Staat, in dem der Geschädigte seinen Wohnsitz oder Sitz hat, nach Art. 4 Abs. 1 der Richtlinie 2000/26/EG (ABl. Nr. L 181 vom 20. Juli 2000, S 65) bestellten Schadenregulierungsbeauftragten, *(BGBl I 2007/37)*

„4." Namen und Anschrift der Einrichtung oder Stelle, die dem Geschädigten den Schaden zu ersetzen hat, wenn das Fahrzeug von der Versicherungspflicht ausgenommen ist und nicht das nationale Versicherungsbüro im Staat des Wohnsitzes oder Sitzes des Geschädigten den Schaden ersetzt, *(BGBl I 2007/37)*

„5." Namen und Anschrift des Fahrzeugeigentümers, des gewöhnlichen Fahrers oder des Halters, wenn der Geschädigte ein berechtigtes Interesse an dieser Auskunft glaubhaft macht. *(BGBl I 2007/37)*

(2) Der Fachverband der Versicherungsunternehmen hat die nach Art. 5 der Richtlinie 2000/26/EG eingerichtete Auskunftsstelle in dem Vertragsstaat, in dem das Fahrzeug seinen gewöhnlichen Standort hat, unverzüglich um die für die Auskunft gemäß Abs. 1 erforderlichen Mitteilungen zu ersuchen.

(3) Der Fachverband der Versicherungsunternehmen hat den nach Art. 5 der Richtlinie 2000/26/EG eingerichteten Auskunftsstellen in anderen Vertragsstaaten unverzüglich die Angaben mitzuteilen, die diese zur Erteilung einer Auskunft nach Art. 5 Abs. 3 oder 4 der Richtlinie 2000/26/EG benötigen.

(4) *(aufgehoben, BGBl I 2007/37)*

(BGBl I 2002/11)

7. Abschnitt

Ausschuß für die Kraftfahrzeug-Haftpflichtversicherung

Zusammensetzung

§ 32. (1) Zur Beratung der zuständigen Bundesminister in Angelegenheiten der Kraftfahrzeug-Haftpflichtversicherung ist ein Ausschuß für die Kraftfahrzeug-Haftpflichtversicherung zu bilden. In diesen sind je ein Vertreter der Wirtschaftskammer Österreich, der Bundeskammer für Arbeiter und Angestellte, der Präsidentenkonferenz der Landwirtschaftskammern Österreichs, des Österreichischen Gewerkschaftsbundes, des Fachverbandes der „Versicherungsunternehmen"**, des Auto-, Motor- und Radfahrerbundes Österreichs, des Österreichischen Automobil-, Motorrad- und Touring-Clubs „und der FMA"* zu entsenden.
(**BGBl I 2001/97;* ***BGBl I 2010/107)*

(2) Die Tätigkeit im Ausschuß für die Kraftfahrzeug-Haftpflichtversicherung ist ein unbesoldetes Ehrenamt.

(3) Der Ausschuß für die Kraftfahrzeug-Haftpflichtversicherung hat aus seiner Mitte einen Vorsitzenden und einen Stellvertreter des Vorsitzenden für die Dauer von zwei Jahren zu wählen. Wiederwahl ist zulässig.

Verfahren

§ 33. (1) Der Ausschuß für die Kraftfahrzeug-Haftpflichtversicherung hat sich eine Geschäftsordnung zu geben.

(2) Der Ausschuß faßt seine Beschlüsse mit einfacher Stimmenmehrheit. Bei Stimmengleichheit gibt die Stimme des Vorsitzenden den Ausschlag. Der Ausschuß ist bei Anwesenheit von mindestens zwei Dritteln der Mitglieder beschlußfähig.

(3) Die in der Minderheit gebliebenen Mitglieder können begründete Minderheitsvoten abgeben, die dem zuständigen Bundesminister zur Kenntnis zu bringen sind.

(4) Der Ausschuß hat zu seinen Beratungen Vertreter der zuständigen Bundesminister einzuladen. Diese sind anzuhören. Der Ausschuß darf

5. KHVG
§§ 33 – 37a

ferner zu seinen Beratungen Sachverständige beiziehen.

8. Abschnitt
Schluß- und Übergangsbestimmungen

§ 34. (1) Dieses Bundesgesetz tritt mit 1. September 1994 in Kraft.

(2) Das Kraftfahrzeug-Haftpflichtversicherungsgesetz 1987, BGBl. Nr. 296, in der Fassung der KHVG-Novelle 1992, BGBl. Nr. 770, und der Kundmachung BGBl. Nr. 917/1993 tritt mit Ablauf des 31. August 1994 außer Kraft.

§ 34a. „(1)" § 9 Abs. 2 bis 4 und § 19 in der Fassung des Bundesgesetzes BGBl. I Nr. 71/1997 treten mit 1. Juli 1997 in Kraft. *(BGBl I 2001/97)*

(2) Die §§ 17, 18, 19, 31 und 32 in der Fassung des Bundesgesetzes BGBl. I Nr. 97/2001 treten mit 1. April 2002 in Kraft. *(BGBl I 2001/97)*

(3) § 30 und § 31 in der Fassung von Art. II des Bundesgesetzes BGBl. I Nr. 46/2002 treten mit 2. April 2002 in Kraft. Verordnungen auf Grund dieser Bestimmungen dürfen bereits von dem der Kundmachung des Bundesgesetzes BGBl. I Nr. 46/2002 folgenden Tag an erlassen werden, jedoch frühestens mit 2. April 2002 in Kraft treten. Vor dem 1. April 2002 steht dieses Recht, soweit der Bundesminister für Finanzen mit der Vollziehung betraut ist, der Versicherungsaufsichtsbehörde zu. *(BGBl I 2002/46)*

(BGBl I 1997/71)

§ 34b. (1) § 14b Abs. 1 und § 16 in der Fassung von Art. III des Bundesgesetzes BGBl. I Nr. 11/2002 treten mit 1. Juli 2002 in Kraft. Verordnungen auf Grund dieser Bestimmungen dürfen bereits von dem der Kundmachung des Bundesgesetzes BGBl. I Nr. 11/2002 folgenden Tag an erlassen werden, jedoch frühestens mit 1. Juli 2002 in Kraft treten.

(2) § 29a, § 29b, § 31a und § 31b in der Fassung von Art. III des Bundesgesetzes BGBl. I Nr. 11/2002 treten mit 19. Jänner 2003 in Kraft. Verordnungen auf Grund dieser Bestimmungen dürfen bereits vom Tag der Kundmachung des Bundesgesetzes BGBl. I Nr. 11/2002 an erlassen werden, jedoch frühestens mit 19. Jänner 2003 in Kraft treten. Vor dem 1. April 2002 steht dieses Recht, soweit der Bundesminister für Finanzen mit der Vollziehung betraut ist, der Versicherungsaufsichtsbehörde zu.

(3) Die §§ 7, 34b und 37a in der Fassung des Bundesgesetzes BGBl. I Nr. 76/2002 treten mit 1. Jänner 2003 in Kraft. *(BGBl I 2002/76)*

(4) § 1 Abs. 2, § 22, § 31b Abs. 4 und § 38 in der Fassung des Bundesgesetzes BGBl. I Nr. 31/2004 treten mit 1. Mai 2004 in Kraft und sind auf Versicherungsverträge anzuwenden, die nach dem 30. April 2004 abgeschlossen werden. *(BGBl I 2004/31)*

(BGBl I 2002/11)

§ 35. (1) Soweit in anderen Bundesgesetzen auf Bestimmungen des KHVG 1987 verwiesen wird, treten an deren Stelle die entsprechenden Bestimmungen dieses Bundesgesetzes.

(2) Soweit in diesem Bundesgesetz auf Bestimmungen anderer Bundesgesetze verwiesen wird, bezieht sich dieser Verweis auf die jeweils geltende Fassung.

§ 36. (1) Zum Zeitpunkt des Inkrafttretens dieses Bundesgesetzes bestehende Versicherungsverträge ändern sich zu diesem Zeitpunkt, insoweit sie den Bestimmungen des 2. Abschnitts nicht entsprechen. § 15 ist anzuwenden.

(2) Auf zum Zeitpunkt des Inkrafttretens dieses Bundesgesetzes bestehende und auf „innerhalb von zehn Monaten" nach diesem Zeitpunkt abgeschlossene Versicherungsverträge können Änderungen der vom Versicherungsunternehmen allgemein verwendeten Tarife angewendet werden. Dies gilt nicht, soweit Versicherungsbedingungen verwendet werden, die eine Prämienanpassungsklausel enthalten. *(BGBl 1995/258)*

(3) Ändert sich die Prämie auf Grund des Abs. 2, so gebührt dem Versicherer oder dem Versicherungsnehmer der anteilige Unterschiedsbetrag zwischen der bisherigen und der geänderten Prämie für den Rest der laufenden Versicherungsperiode. „ " *(BGBl 1995/258)*

(4) § 37 Abs. 3 wird durch den vorstehenden Abs. 2 nicht berührt.

§ 37. (1) Die §§ 11 bis 17, 23 und 24 gelten auch für im Zeitpunkt des Inkrafttretens dieses Bundesgesetzes bestehende Versicherungsverträge.

(2) § 18 Abs. 1 gilt nicht für Versicherungsbedingungen, die von der Versicherungsaufsichtsbehörde genehmigt sind oder gemäß § 34 KHVG 1987 als genehmigt gelten.

(3) Die Bestimmungen der Verordnung über die Prämienbemessung nach dem Schadenverlauf in der Kraftfahrzeug-Haftpflichtversicherung, BGBl. Nr. 369/1987, in der Fassung der Verordnungen BGBl. Nr. 108/1988 und BGBl. Nr. 156/1993 gelten als Bestandteil der zum Zeitpunkt des Inkrafttretens dieses Bundesgesetzes bestehenden Versicherungsverträge, auf die diese Verordnung anwendbar war.

§ 37a. (1) § 14a in der Fassung des Bundesgesetzes BGBl. Nr. 258/1995 ist auf zum Zeitpunkt des Inkrafttretens dieser Bestimmung bestehende Versicherungsverträge anzuwenden. § 36 Abs. 3 zweiter Satz in der bis zu diesem Zeitpunkt gel-

5. KHVG
§§ 37a – 38

tenden Fassung ist auf diese Versicherungsverträge nicht anzuwenden. *(BGBl 1995/258)*

(2) Die §§ 7, 9 und 37a in der Fassung des Bundesgesetzes BGBl. I Nr. 98/2001 treten mit 1. Jänner 2002 in Kraft. Bestehende Versicherungsverträge sind bis zu diesem Zeitpunkt an die geänderten Bestimmungen anzupassen. *(BGBl I 2001/98)*

(3) § 14b Abs. 1 und § 16 in der Fassung von Art. III des Bundesgesetzes BGBl. I Nr. 11/2002 sind auf zum Zeitpunkt des In-Kraft-Tretens dieser Bestimmungen bestehende Versicherungsverträge anzuwenden. *(BGBl I 2002/11)*

(4) § 29a und § 29b in der Fassung von Art. III des Bundesgesetzes BGBl. I Nr. 11/2002 sind auf Schadenfälle anzuwenden, die nach dem 18. Jänner 2003 eintreten. *(BGBl I 2002/11)*

(5) § 31a und § 31b in der Fassung von Art. III des Bundesgesetzes BGBl. I Nr. 11/2002 sind auch auf Fahrzeuge anzuwenden, die zum Zeitpunkt des In-Kraft-Tretens dieser Bestimmungen zugelassen sind. *(BGBl I 2002/11)*

(6) Bestehende Versicherungsverträge sind bis zum 1. Jänner 2003 an die mit dem Bundesgesetz BGBl. I Nr. 76/2002 geänderte Bestimmung des § 7 Abs. 2 anzupassen. *(BGBl I 2002/76)*

(7) Die §§ 9, 14a und 14b in der Fassung des Bundesgesetzes BGBl. I Nr. 115/2004 treten mit 1. Oktober 2004 in Kraft. Bestehende Versicherungsverträge sind mit diesem Zeitpunkt an die geänderten Bestimmungen anzupassen. Der Versicherer kann in bestehenden Verträgen als Maßstab für Prämienänderungen den von der Bundesanstalt Statistik Austria verlautbarten Verbraucherpreisindex 2000 heranziehen. *(BGBl I 2004/115)*

(8) § 1 Abs. 2, § 9 Abs. 2 bis 6, § 14b Abs. 2, § 16, § 18 Abs. 1, § 21 Abs. 2, § 29a Abs. 5, § 31a Abs. 4 und § 31b Abs. 1 in der Fassung des Bundesgesetzes BGBl. I Nr. 37/2007 treten mit 1. Juli 2007 in Kraft. § 1 Abs. 3 tritt gleichzeitig außer Kraft. Bestehende Versicherungsverträge sind mit diesem Zeitpunkt an § 9 Abs. 2 bis 6 in der Fassung des Bundesgesetzes BGBl. I Nr. 37/2007 anzupassen. § 29a Abs. 5 in der Fassung des Bundesgesetzes BGBl. I Nr. 37/2007 ist auf Schadenfälle anzuwenden, die nach dem 30. Juni 2007 eintreten. *(BGBl I 2007/37)*

(9) § 18 Abs. 4, § 25 Abs. 1 und § 32 Abs. 1 in der Fassung des Bundesgesetzes BGBl. I Nr. 107/2010 treten mit 1. Jänner 2011 in Kraft. *(BGBl I 2010/107)*

(10) § 9 Abs. 3 bis 6 in der Fassung des Bundesgesetzes BGBl. I Nr. 138/2011 tritt mit 1. Jänner 2012 in Kraft. Bestehende Versicherungsverträge sind mit diesem Zeitpunkt an § 9 Abs. 3 bis 6 in der Fassung des Bundesgesetzes BGBl. I Nr. 138/2011 anzupassen. *(BGBl I 2011/138)*

(11) § 25 Abs. 2, § 29a Abs. 1, § 29b Abs. 1 und 2, § 31 Abs. 1, § 31a Abs. 2 Z 3, Abs. 4 Z 3 und Z 4 lit. b und Abs. 6 Z 4 in der Fassung des Bundesgesetzes BGBl. I Nr. 34/2015 treten mit 1. Jänner 2016 in Kraft. *(BGBl I 2015/34)*

§ 38. Mit der Vollziehung dieses Bundesgesetzes ist betraut

1. hinsichtlich der §§ 12 zweiter Satz, 18, 19, „*** 30, „31 Abs. 1 bis 3"***, „31a, 31b, 32 und 33"* der Bundesminister für Finanzen, *(*BGBl I 2002/11; **BGBl I 2002/46; ***BGBl I 2004/31)*

2. hinsichtlich der übrigen Bestimmungen der Bundesminister für Justiz.

5/1. AKHB 2015
Inhaltsverzeichnis, Artikel 1

Allgemeine Bedingungen für die Kraftfahrzeughaftpflicht-Versicherung (AKHB 2015)

(unverbindliche Musterbedingungen des Verbandes der Versicherungsunternehmen Österreichs – die Möglichkeit zur Vereinbarung abweichender Klauseln bleibt unberührt)

Inhaltsverzeichnis

Artikel 1	Was ist Gegenstand der Versicherung?
Artikel 2	Wer sind mitversicherte Personen, wie können diese ihre Ansprüche geltend machen und unter welchen Voraussetzungen ist der Versicherer ihnen gegenüber bei einem Fehlverhalten des Versicherungsnehmers leistungsfrei?
Artikel 3	Was gilt als Versicherungsfall?
Artikel 4	Wo gilt die Versicherung? (Örtlicher Geltungsbereich)
Artikel 5	Wie ist der Versicherungsschutz für das Ausland geregelt?
Artikel 6	Bis zu welcher Höhe leistet der Versicherer? (Versicherungssummen)
Artikel 7	Was gilt als Versicherungsperiode, wann ist die Prämie zu bezahlen, wann beginnt der Versicherungsschutz im allgemeinen und was versteht man unter einer vorläufigen Deckung?
Artikel 8	Was ist nicht versichert? (Risikoausschlüsse)
Artikel 9	Was ist vor bzw. nach Eintritt des Versicherungsfalles zu beachten? (Obliegenheiten)
Artikel 10	Welche Umstände sind als Erhöhung der Gefahr anzusehen?
Artikel 11	Inwieweit ist die Leistungsfreiheit des Versicherers bei Verletzung einer Obliegenheit oder einer Erhöhung der Gefahr beschränkt?
Artikel 12	Wann und unter welchen Voraussetzungen ändert sich die Prämie? (Prämienanpassung)
Artikel 13	Wann und unter welchen Voraussetzungen können Änderungen allgemein vom Versicherer verwendeter Tarife mit Wirksamkeit auf bereits bestehende Verträge angewendet werden?
Artikel 14	Unter welchen Voraussetzungen können die Bedingungen mit Wirksamkeit auf bereits bestehende Verträge geändert werden?
Artikel 15	Welche Rechte hat der Versicherungsnehmer bei der Vereinbarung eines Bonus-Malus-Systems?
Artikel 16	Wozu ist der Versicherer bevollmächtigt? Wann können Versicherungsansprüche abgetreten oder verpfändet werden?
Artikel 17	Unter welchen Voraussetzungen kann der Versicherungsvertrag gekündigt werden? Wer kann nach Eintritt des Versicherungsfalles kündigen? Was gilt bei Wegfall des versicherten Risikos? Was gilt bei Veräußerung des versicherten Fahrzeuges?
Artikel 18	Wann ruht der Vertrag?
Artikel 19	Wo können Ansprüche aus dem Versicherungsvertrag gerichtlich geltend gemacht werden? (Gerichtsstand)
Artikel 20	Was hat bei Vorliegen einer Interessenkollision zu geschehen?
Artikel 21	Welche Sonderbestimmungen für einzelne Arten von Fahrzeugen und Kennzeichen gibt es?
Artikel 22	In welcher Form sind Erklärungen abzugeben?
Artikel 23	Welches Recht ist anzuwenden?

Artikel 1
Was ist Gegenstand der Versicherung?

Die Versicherung umfasst die Befriedigung begründeter und die Abwehr unbegründeter Ersatzansprüche, die aufgrund gesetzlicher Haftpflichtbestimmungen gegen den Versicherungsnehmer oder mitversicherte Personen erhoben werden, wenn durch die Verwendung des versicherten Fahrzeuges Personen verletzt oder getötet werden, Sachen beschädigt oder zerstört werden oder abhanden kommen oder ein Vermögensschaden verursacht wird, der weder Personen- noch Sachschaden ist (bloßer Vermögensschaden).

Artikel 2
Wer sind mitversicherte Personen, wie können diese ihre Ansprüche geltend machen und unter welchen Voraussetzungen ist der Versicherer ihnen gegenüber bei einem Fehlverhalten des Versicherungsnehmers leistungsfrei?

1. Mitversicherte Personen sind der Eigentümer, der Halter und Personen, die mit Willen des Halters bei der Verwendung des Fahrzeuges tätig sind oder mit dem Fahrzeug befördert werden oder die den Lenker einweisen.

2. Hinsichtlich dieser Personen ist die Versicherung für fremde Rechnung geschlossen. Die mitversicherten Personen können ihre Ansprüche selbständig geltend machen.

3. Ist der Versicherer gegenüber dem Versicherungsnehmer von der Verpflichtung zur Leistung frei, so gilt dies gegenüber einer mitversicherten Person nur, wenn die Umstände, die die Leistungsfreiheit des Versicherers begründen, in der Person dieses Versicherten eingetreten sind.

Artikel 3
Was gilt als Versicherungsfall?

Versicherungsfall ist bei Personen- und Sachschäden ein Schadenereignis, bei Vermögensschäden eine Handlung oder Unterlassung, aus denen Ersatzansprüche gegen den Versicherungsnehmer oder eine mitversicherte Person entstehen könnten. Mehrere zeitlich und örtlich zusammenhängende Schäden aus derselben Ursache gelten als ein Versicherungsfall.

Artikel 4
Wo gilt die Versicherung? (Örtlicher Geltungsbereich)

1. Der Versicherungsschutz erstreckt sich – soweit nichts anderes vereinbart ist – auf Europa im geographischen Sinn, jedenfalls aber auf das Gebiet jener Staaten, die das Übereinkommen zwischen den nationalen Versicherungsbüros der Mitgliedsstaaten des Europäischen Wirtschaftsraums und anderen assoziierten Staaten vom 30. Mai 2002, Abl. Nr. L 192 vom 31. Juli 2003, S. 23 unterzeichnet haben (siehe Anlage).

2. Bei Transport des Fahrzeuges zu Wasser wird der Versicherungsschutz nicht unterbrochen, wenn die Verladeorte innerhalb des örtlichen Geltungsbereiches liegen. Sofern der Bestimmungsort außerhalb des örtlichen Geltungsbereiches liegt, endet der Versicherungsschutz mit Beendigung des Beladevorganges.

Artikel 5
Wie ist der Versicherungsschutz für das Ausland geregelt?

1. Im Gebiet jener Staaten, für die eine Internationale Versicherungskarte (Grüne Karte) ausgestellt oder auf deren Vorlage durch das Übereinkommen zwischen den nationalen Versicherungsbüros der Mitgliedsstaaten des Europäischen Wirtschaftsraums und anderen assoziierten Staaten vom 30. Mai 2002, verzichtet worden ist, erstreckt sich die Versicherung jedenfalls auf den in dem betreffenden Staat für Fahrzeuge mit ausländischem Kennzeichen vorgeschriebenen, mindestens jedoch den im Versicherungsvertrag vereinbarten Umfang.

2. Der Versicherungsschutz erlischt mit dem Ende des Versicherungsvertrages auch dann, wenn in der Internationalen Versicherungskarte eine darüber hinausgehende Dauer ausgewiesen ist.

3. Wenn der Versicherer nach dem Recht des besuchten Staates unter Berücksichtigung der zwischen Versicherern und Verbänden von Versicherern bestehenden Verträgen zur Leistung verpflichtet ist, nach dem Versicherungsvertrag aber gegenüber dem Versicherungsnehmer oder mitversicherten Personen nicht haftet, von der Verpflichtung zur Leistung frei ist oder der Versicherungsschutz wegen Beendigung des Versicherungsvertrages erloschen ist, so ist der Versicherer berechtigt, Ersatz für seine sich aus dieser Verpflichtung ergebenden Aufwendung zu fordern.

Artikel 6
Bis zu welcher Höhe leistet der Versicherer? (Versicherungssummen)

1. Der Versicherer haftet im Rahmen dieser Versicherungsbedingungen in jedem Versicherungsfall für Personen-, Sach- und Vermögensschäden bis zu den vorgeschriebenen bzw. (bei freiwilliger Höherversicherung) bis zu den vereinbarten Versicherungssummen. Kosten, Zinsen und sonstige wie immer Namen habende Nebenleistungen werden auf diese angerechnet.

2. Übersteigen die Ersatzansprüche die Versicherungssummen, hat der Versicherer die Kosten eines nicht auf seine Veranlassung geführten Rechtsstreites nur im Verhältnis der Versicherungssummen zur Gesamthöhe der Ansprüche zu tragen.

3. Sind Rentenzahlungen zu leisten und übersteigt der Kapitalwert der Rente die Versicherungssumme oder den nach Abzug allfälliger sonstiger Leistungen aus dem selben Versicherungsfall noch verbleibenden Restbetrag der Versicherungssumme, so wird die Rente nur im Verhältnis der Versicherungssumme oder ihres Restbetrages

zum Kapitalwert der Rente geleistet. Der Ermittlung des Kapitalwertes der Rente ist die Allgemeine Sterbetafel für Österreich und ein Zinsfuß von 3%, zugrunde zu legen.

Artikel 7
Was gilt als Versicherungsperiode, wann ist die Prämie zu bezahlen, wann beginnt der Versicherungsschutz im allgemeinen und was versteht man unter einer vorläufigen Deckung?

1. Als Versicherungsperiode gilt, wenn der Versicherungsvertrag nicht für kürzere Zeit abgeschlossen ist, der Zeitraum eines Jahres, und zwar auch dann, wenn die Jahresprämie vertragsgemäß in Teilbeträgen zu entrichten ist.

2. Die erste oder die einmalige Prämie einschließlich Gebühren und Versicherungssteuer ist vom Versicherungsnehmer gegen Aushändigung der Polizze und Aufforderung zur Prämienzahlung zu zahlen (Einlösung der Polizze). Die Folgeprämien einschließlich Gebühren und Versicherungssteuer sind zum vereinbarten, in der Polizze angeführten Hauptfälligkeitstermin, bei vereinbarter Teilzahlung zu den jeweils vereinbarten Fälligkeitsterminen zu entrichten.

3. Zahlungsverzug kann zur Leistungsfreiheit des Versicherers führen. Die Voraussetzungen und Begrenzungen der Leistungsfreiheit sind gesetzlich geregelt (siehe §§ 38, 39 und 39a VersVG).

4. Solange der Versicherer in Ansehung des geschädigten Dritten gemäß § 24 Abs. 2 KHVG zur Leistung verpflichtet bleibt, hat er Anspruch auf die anteilige Prämie bis zum Ablauf der dort angeführten Frist.

5. Der Versicherungsschutz tritt grundsätzlich mit dem vereinbarten Versicherungsbeginn in Kraft. Wird die Polizze erst danach ausgehändigt, dann aber die Prämie binnen 14 Tagen oder danach ohne schuldhaften Verzug gezahlt, ist der Versicherungsschutz ab dem vereinbarten Versicherungsbeginn gegeben.

6. Soll der Versicherungsschutz schon vor Einlösung der Polizze beginnen (vorläufige Deckung), ist die ausdrückliche Zusage der vorläufigen Deckung durch den Versicherer erforderlich. Die Ausstellung der Versicherungsbestätigung gemäß § 61 Abs. 1 KFG bewirkt die Übernahme einer vorläufigen Deckung.

Die vorläufige Deckung endet bei Annahme des Antrages mit der Einlösung der Polizze. Sie tritt außer Kraft, wenn der Antrag unverändert angenommen wird und der Versicherungsnehmer mit der Zahlung der ersten oder der einmaligen Prämie schuldhaft in Verzug gerät (Pkt. 3).

Der Versicherer ist berechtigt, die vorläufige Deckung mit der Frist von zwei Wochen zu kündigen. Dem Versicherer gebührt in diesem Fall die auf die Zeit des Versicherungsschutzes entfallende anteilige Prämie.

Artikel 8
Was ist nicht versichert? (Risikoausschlüsse)

Soweit nichts anderes vereinbart ist, umfasst der Versicherungsschutz nicht

1. Ersatzansprüche des Eigentümers, des Halters und – bei Vermietung des Fahrzeuges ohne Beistellung eines Lenkers – des Mieters und der Personen, denen der Mieter das Fahrzeug überlässt, gegen mitversicherte Personen wegen Sach- oder bloßer Vermögensschäden;

2. Ersatzansprüche wegen Beschädigung, Zerstörung oder Abhandenkommens des versicherten Fahrzeuges und von mit dem versicherten Fahrzeug beförderten Sachen, mit Ausnahme jener, die mit Willen des Halters beförderte Personen üblicherweise an sich tragen oder, sofern die Fahrt überwiegend der Personenbeförderung dient, als Gegenstände des persönlichen Bedarfes mit sich führen; dies gilt nicht für das nichtgewerbsmäßige Abschleppen betriebsunfähiger Fahrzeuge im Rahmen üblicher Hilfeleistung;

3. Ersatzansprüche aus der Verwendung des versicherten Fahrzeuges als ortsgebundene Kraftquelle oder zu ähnlichen Zwecken;

4. Ersatzansprüche aus der Verwendung des Kraftfahrzeuges bei einer kraftfahrsportlichen Veranstaltung, bei der es auf die Erzielung einer Höchstgeschwindigkeit ankommt, oder ihren Trainingsfahrten;

5. Ersatzansprüche, die besonderen Bestimmungen über die Haftung für Nuklearschäden unterliegen.

Artikel 9
Was ist vor bzw. nach Eintritt des Versicherungsfalles zu beachten? (Obliegenheiten)

1. Als Obliegenheiten, deren Verletzung im Zeitpunkt des Versicherungsfalles die Freiheit des Versicherers von der Verpflichtung zur Leistung gemäß den Voraussetzungen und Begrenzungen des § 6 Abs.1 und Abs.1a VersVG (siehe Anlage) bewirkt, werden bestimmt,

1.1. Vereinbarungen über die Verwendung des Fahrzeuges einzuhalten;

1.2. mit dem Fahrzeug nicht eine größere als die vereinbarte Höchstanzahl von Personen zu befördern;

1.3. im Falle der Zuweisung eines Wechselkennzeichens nur das Fahrzeug zu verwenden, an dem die Kennzeichentafeln jeweils angebracht sind.

Bei Verletzung der Obliegenheit gemäß Pkt. 1.2. umfasst die Leistungsfreiheit höchstens den Teil

Artikel 9 – 11

der Entschädigung, der dem Verhältnis der Anzahl der zu Unrecht beförderten Personen zur Anzahl der insgesamt beförderten Personen entspricht.

2. Als Obliegenheiten, die zum Zweck der Verminderung der Gefahr oder der Verhütung einer Erhöhung der Gefahr dem Versicherer gegenüber zu erfüllen sind und deren Verletzung im Zeitpunkt des Versicherungsfalles die Freiheit des Versicherers von der Verpflichtung zur Leistung gemäß den Voraussetzungen und Begrenzungen des § 6 Abs. 2 VersVG (siehe Anlage) bewirkt, werden bestimmt,

2.1. dass der Lenker zum Lenken des Fahrzeuges kraftfahrrechtlich berechtigt ist;

2.2. dass sich der Lenker nicht in einem durch Alkohol oder Suchtgift beeinträchtigten Zustand im Sinn der Straßenverkehrsvorschriften befindet;

2.3. mit dem Fahrzeug nicht eine größere Anzahl von Personen zu befördern, als nach den kraftfahrrechtlichen Vorschriften zulässig ist.

Die Leistungspflicht bleibt jedenfalls in den Fällen der Pkte. 2.1. und 2.2. gegenüber dem Versicherungsnehmer und anderen mitversicherten Personen als dem Lenker bestehen, sofern für diese die Obliegenheitsverletzung ohne Verschulden nicht erkennbar war.

Eine Verletzung der Obliegenheit gemäß Pkt. 2.2. liegt nur vor, wenn im Spruch oder in der Begründung einer rechtskräftigen verwaltungsbehördlichen oder gerichtlichen Entscheidung festgestellt wird, dass das Fahrzeug in einem durch Alkohol oder Suchtgift beeinträchtigten Zustand gelenkt wurde.

Bei Verletzung der Obliegenheit gemäß Pkt. 2.3. umfasst die Leistungsfreiheit höchstens den Teil der Entschädigung, der dem Verhältnis der Anzahl der zu Unrecht beförderten Personen zur Anzahl der insgesamt beförderten Personen entspricht.

3. Als Obliegenheiten, deren Verletzung nach Eintritt des Versicherungsfalles die Freiheit des Versicherers von der Verpflichtung zur Leistung gemäß den Voraussetzungen und Begrenzungen des § 6 Abs. 3 VersVG (siehe Anlage) bewirkt, werden bestimmt,

3.1. im Fall der Verletzung von Personen diesen Hilfe zu leisten oder, falls die hiezu Verpflichteten dazu nicht fähig sind, unverzüglich für fremde Hilfe zu sorgen;

3.2. bei Personenschäden die nächste Polizeidienststelle sofort zu verständigen;

3.3. dem Versicherer längstens innerhalb einer Woche ab Kenntnis

3.3.1. den Versicherungsfall unter möglichst genauer Angabe des Sachverhaltes,

3.3.2. die Anspruchserhebung durch den geschädigten Dritten,

3.3.3. die Einleitung eines damit im Zusammenhang stehenden verwaltungsbehördlichen oder gerichtlichen Verfahrens anzuzeigen.

Die Pkte. 3.3.1. und 3.3.2. gelten nicht, soweit der Versicherungsnehmer dem Geschädigten den Schaden selbst ersetzt;

3.4. nach Möglichkeit zur Feststellung des Sachverhaltes beizutragen;

3.5. außer im Falle des Pktes. 3.8. ohne Einwilligung des Versicherers die Entschädigungsansprüche des geschädigten Dritten nicht anzuerkennen;

3.6. außer im Falle des Pktes. 3.8. ohne Einwilligung des Versicherers einen bedingten Zahlungsbefehl nicht in Rechtskraft erwachsen zu lassen;

3.7. dem Versicherer, außer im Fall der Freiheit von der Verpflichtung zur Leistung, die Führung des Rechtsstreits über den Ersatzanspruch zu überlassen, dem vom Versicherer bestellten Rechtsanwalt Prozessvollmacht zu erteilen und jede von diesem verlangte sachdienliche Aufklärung zu geben.

3.8. Hat der Versicherungsnehmer innerhalb von vier Wochen nach Eintritt des Versicherungsfalles eine Leistung zur Abdeckung des Schadens erbracht, so tritt die Leistungsfreiheit des Versicherers wegen Verletzung einer Obliegenheit gemäß Pkt. 3.3. nicht ein, wenn die Erfüllung der Obliegenheit innerhalb von sechs Monaten nach Eintritt des Versicherungsfalles nachgeholt wird. Die Obliegenheit der Anzeige eines gerichtlichen Verfahrens gemäß Pkt. 3.3.3. wird hiedurch nicht berührt.

Artikel 10
Welche Umstände sind als Erhöhung der Gefahr anzusehen?

Als Erhöhung der Gefahr im Sinn der §§ 23 Abs. 1 und 27 Abs. 1 VersVG sind alle Umstände anzusehen, derentwegen das Fahrzeug dem KFG oder den aufgrund dieses Bundesgesetzes erlassenen Verordnungen nicht entspricht und derentwegen eine weitere Verwendung des Fahrzeuges die Verkehrssicherheit gefährdet, sofern das Fortbestehen dieser Umstände auf grobe Fahrlässigkeit zurückzuführen ist.

Artikel 11
Inwieweit ist die Leistungsfreiheit des Versicherers bei Verletzung einer Obliegenheit oder einer Erhöhung der Gefahr beschränkt?

Soweit nichts anderes vereinbart ist,

1. beträgt die Leistungsfreiheit des Versicherers wegen Verletzung einer Obliegenheit oder einer Erhöhung der Gefahr je 11.000 Euro, für jeden Versicherungsfall insgesamt maximal 22.000 Euro,

2. entfällt die Beschränkung der Leistungsfreiheit gemäß Pkt. 1.,

2.1. wenn die Obliegenheit, in der Absicht verletzt wurde, sich oder einem Dritten rechtswidrig einen Vermögensvorteil zu verschaffen;

2.2. bei Verletzung einer der in Artikel 9.3.5. oder 9.3.7. genannten Obliegenheiten.

Im Falle des Pktes. 2.1. ist der Versicherer über die in Pkt. 1. festgelegte Beschränkung hinaus bis zum Umfang des verschafften Vermögensvorteils, im Falle des Pktes. 2.2. bis zum Ausmaß des dem Versicherer dadurch entstandenen Vermögensnachteiles leistungsfrei.

Artikel 12
Wann und unter welchen Voraussetzungen ändert sich die Prämie? (Prämienanpassung)

1. In vertraglichen Prämienanpassungsklauseln kann als Maßstab für Prämienänderungen ein von der Bundesanstalt Statistik Austria verlautbarter Verbraucherpreisindex herangezogen werden. Allgemeine Vorschriften über Vertragsbestimmungen, die eine Änderung des Entgelts vorsehen, bleiben unberührt.

2. Prämienerhöhungen aufgrund des Punktes 1. können frühestens nach einem Jahr ab Versicherungsbeginn und in der Folge nicht in kürzeren als einjährigen Abständen vorgenommen werden; sie werden frühestens ab dem Zeitpunkt der Verständigung des Versicherungsnehmers durch den Versicherer wirksam.

3. Wird die Prämie aufgrund der Bestimmungen des Punktes 1. erhöht, kann der Versicherungsnehmer den Versicherungsvertrag binnen eines Monates, nachdem der Versicherer ihm die erhöhte Prämie und den Grund der Erhöhung mitgeteilt hat, kündigen. Die Kündigung wird mit Ablauf eines Monates wirksam, frühestens jedoch mit dem Wirksamwerden der Prämienerhöhung.

4. Der Versicherer hat in der Mitteilung dem Versicherungsnehmer den Grund der Erhöhung klar und verständlich zu erläutern. Zudem hat er den Versicherungsnehmer auf dessen Kündigungsrecht hinzuweisen, sofern er die Prämienerhöhung nicht bloß auf die Entwicklung eines von der Bundesanstalt Statistik Austria verlautbarten Verbraucherpreisindex stützt.

Artikel 13
Wann und unter welchen Voraussetzungen können Änderungen allgemein vom Versicherer verwendeter Tarife mit Wirksamkeit auf bereits bestehende Verträge angewendet werden?

1. *Soweit nichts anderes vereinbart ist,* ist der Versicherer berechtigt bzw. verpflichtet, bei einer wesentlichen Veränderung des Risikos durch

– Änderung bestehender oder Inkrafttreten neuer Rechtsnormen sowie nachhaltiger Änderung der Rechtsprechung, sofern sie auf die vom Versicherer getragene Gefahr Einfluss haben;

– Änderungen der durch Gesetz, Verordnung, sonstigen behördlichen Akt festgesetzten Ersatzleistungen,

seinen allgemein verwendeten Tarif mit Wirksamkeit auf bestehende Verträge anzupassen.

2. Prämienerhöhungen aufgrund des Punktes 1. können frühestens nach einem Jahr ab Versicherungsbeginn und in der Folge nicht in kürzeren als einjährigen Abständen vorgenommen werden; sie werden frühestens ab dem Zeitpunkt der Verständigung des Versicherungsnehmers durch den Versicherer wirksam.

3. Wird der Tarif auf Grund der Bestimmung des Pkt. 1. erhöht, kann der Versicherungsnehmer den Versicherungsvertrag binnen eines Monates, nachdem der Versicherer ihm die erhöhte Prämie und den Grund der Erhöhung mitgeteilt hat, kündigen.

Die Kündigung wird mit Ablauf eines Monates wirksam, frühestens jedoch mit dem Wirksamwerden der Prämienerhöhung.

Auf sein Kündigungsrecht ist der Versicherungsnehmer bei der Verständigung über die Prämienerhöhung ausdrücklich hinzuweisen.

Artikel 14
Unter welchen Voraussetzungen können die Bedingungen mit Wirksamkeit auf bereits bestehende Verträge geändert werden?

1. *Soweit nichts anderes vereinbart ist,* ist der Versicherer berechtigt, dem Versicherungsnehmer eine Änderung der Bedingungen vorzuschlagen.

2. Die Änderung ist dem Versicherungsnehmer mitzuteilen und gilt als genehmigt, soferne der Versicherungsnehmer nicht binnen eines Monats ab Zugang der Mitteilung widerspricht.

3. In der Mitteilung hat der Versicherer den Versicherungsnehmer auf das Widerspruchsrecht, die Widerspruchsfrist und die Rechtsfolgen eines unterlassenen Widerspruchs besonders hinzuweisen.

Die Änderung der Bedingungen wird mit dem in der Mitteilung genannten Zeitpunkt wirksam, frühestens jedoch mit Ablauf der Widerspruchsfrist.

Artikel 15
Welche Rechte hat der Versicherungsnehmer bei der Vereinbarung eines Bonus-Malus-Systems?

1. Sofern für den Versicherungsvertrag die Bemessung der Prämie nach dem Schadenverlauf

vereinbart wird, ist der Versicherungsnehmer vor Abgabe seiner Vertragserklärung über die Funktion des angewendeten Bonus-Malus-Systems zu informieren.

2. Der Versicherer hat dem Versicherungsnehmer auf dessen Antrag eine Bescheinigung des Schadenverlaufs (§ 16 KHVG) auszustellen.

Artikel 16
Wozu ist der Versicherer bevollmächtigt? Wann können Versicherungsansprüche abgetreten oder verpfändet werden?

1. Der Versicherer ist, außer im Fall der Freiheit von der Verpflichtung zur Leistung, bevollmächtigt, die ihm zur Befriedigung oder zur Abwehr der Entschädigungsansprüche des geschädigten Dritten zweckmäßig erscheinenden Erklärungen im Namen des Versicherungsnehmers und der mitversicherten Personen im Rahmen der Versicherungssumme und der übernommenen Gefahr abzugeben.

2. Versicherungsansprüche dürfen vor ihrer endgültigen Feststellung ohne ausdrückliche Zustimmung des Versicherers weder abgetreten noch verpfändet werden.

Artikel 17
Unter welchen Voraussetzungen kann der Versicherungsvertrag gekündigt werden? Wer kann nach Eintritt des Versicherungsfalles kündigen? Was gilt bei Wegfall des versicherten Risikos? Was gilt bei Veräußerung des versicherten Fahrzeuges?

1. Für die Kündigung zum Ablauf des Vertrages gilt § 14 KHVG, für die Kündigung nach Eintritt des Versicherungsfalles § 158 VersVG.

2. Bei Wegfall des versicherten Interesses gilt § 68 VersVG, bei Veräußerung des versicherten Fahrzeuges § 158 h VersVG.

Dem Versicherer gebührt jeweils die Prämie für die bis zur Auflösung des Vertrages verstrichene Vertragslaufzeit.

Artikel 18
Wann ruht der Vertrag?

Soweit nichts anderes vereinbart ist, kann der Versicherungsnehmer für die Zeit von mindestens sechs Monaten Ruhen des Versicherungsvertrages verlangen, wenn er das Fahrzeug gemäß § 43 KFG abgemeldet oder den Zulassungsschein und die Kennzeichentafeln gemäß § 52 KFG hinterlegt hat.

Artikel 19
Wo können Ansprüche aus dem Versicherungsvertrag gerichtlich geltend gemacht werden? (Gerichtsstand)

Der Versicherungsnehmer und die mitversicherten Personen können Ansprüche aus dem Versicherungsvertrag auch bei den Gerichten geltend machen, in deren Sprengel sie ihren Wohnsitz oder gewöhnlichen Aufenthalt oder ihren Sitz im Inland haben.

Artikel 20
Was hat bei Vorliegen einer Interessenkollision zu geschehen?

Sofern der geschädigte Dritte und der Versicherungsnehmer beim selben Versicherer haftpflichtversichert sind, finden die Bestimmungen der Artikel 9.3.7. und Artikel 16.1. keine Anwendung. Der Versicherungsnehmer oder die mitversicherte Person kann sich in diesem Fall in einem vom geschädigten Dritten angestrengten Rechtsstreit auf Kosten des Versicherers (§ 150 Abs. 1 VersVG) von einem Rechtsanwalt seiner Wahl vertreten lassen, der im Sprengel des für das Verfahren zuständigen Gerichtes seinen Sitz hat.

Artikel 21
Welche Sonderbestimmungen für einzelne Arten von Fahrzeugen und Kennzeichen gibt es?

1. Motorfahrräder

Erfüllt ein als Motorfahrrad versichertes Kraftfahrzeug im Zeitpunkt des Schadenereignisses die gesetzlichen Voraussetzungen als Motorfahrrad nicht oder nicht mehr, so gilt dies als Verwendung zu einem anderen als dem im Versicherungsvertrag vereinbarten Zweck im Sinn des Artikel 9.1.1.

2. Anhänger

2.1. Die Versicherung von Anhängern umfasst unbeschadet der Bestimmungen des Pktes. 2.2. nur die Versicherungsfälle, die nicht mit dem Ziehen des Anhängers durch ein Kraftfahrzeug zusammenhängen. Mitversicherte Personen sind der Eigentümer und derjenige, der mit Willen des Eigentümers den Anhänger verwendet.

2.2. Die Versicherung von Anhängern umfasst auch Versicherungsfälle, die mit dem Ziehen des Anhängers durch das Zugfahrzeug zusammenhängen und zwar

2.2.1. hinsichtlich der Ersatzansprüche von Insassen eines Omnibusanhängers;

2.2.2. hinsichtlich der Schäden durch das mit dem Anhänger zur Beförderung gefährlicher Güter beförderte gefährliche Gut, insoweit die Versicherungssumme für den Anhänger die Versicherungssumme für das Zugfahrzeug übersteigt;

In diesen Fällen sind die durch den Versicherungsvertrag über das Zugfahrzeug versicherten Personen mitversichert.

2.2.3. bei Anhängern mit ausländischen Kennzeichen, die das Kennzeichen des inländischen Zugfahrzeuges führen (§ 83 KFG), sind alle Versicherungsfälle in die Versicherung des Zugfahrzeuges eingeschlossen.

3. Probefahrtkennzeichen

Bezieht sich der Versicherungsvertrag auf Probefahrtkennzeichen, so besteht Versicherungsschutz für das Fahrzeug, an dem jeweils die Kennzeichentafeln mit dem Probefahrtkennzeichen angebracht sind. Auf Probefahrten ist Artikel 9.1.1. sinngemäß, hingegen nicht Artikel 10 anzuwenden.

Artikel 22
In welcher Form sind Erklärungen abzugeben?

Für sämtliche Anzeigen und Erklärungen des Versicherungsnehmers an den Versicherer ist die geschriebene Form erforderlich, sofern nicht die Schriftform ausdrücklich und mit gesonderter Erklärung vereinbart wurde. Der geschriebenen Form wird durch Zugang eines Textes in Schriftzeichen entsprochen, aus dem die Person des Erklärenden hervorgeht (z.B. Telefax oder E-Mail). Schriftform bedeutet, dass dem Erklärungsempfänger das Original der Erklärung mit eigenhändiger Unterschrift des Erklärenden zugehen muss. Rücktrittserklärungen nach §§ 3 und 3a KschG sind an keine bestimmte Form gebunden.

Artikel 23
Welches Recht ist anzuwenden?

Es gilt österreichisches Recht.

Staaten, die das Übereinkommen zwischen den nationalen Versicherungsbüros der Mitgliedsstaaten des Abkommens des europäischen Wirtschaftsraums und anderen assoziierten Staaten vom 30. Mai 2002 unterzeichnet haben:
(Stand Jänner 2012)

Andorra
Belgien
Bulgarien
Dänemark
Deutschland
Estland
Finnland
Frankreich
Griechenland
Großbritannien
Irland
Island
Italien
Kroatien
Lettland
Litauen
Luxemburg
Malta
Niederlande
Norwegen
Österreich
Polen
Portugal
Rumänien
Schweden
Schweiz
Serbien
Slowakei
Slowenien
Spanien
Tschechien
Ungarn
Zypern

5/1. AKHB 2015
Anlage

Anlage

Anlage

§ 6 VersVG

§ 6. (1) Ist im Vertrag bestimmt, dass bei Verletzung einer Obliegenheit, die vor dem Eintritt des Versicherungsfalles dem Versicherer gegenüber zu erfüllen ist, der Versicherer von der Verpflichtung zur Leistung frei sein soll, so tritt die vereinbarte Rechtsfolge nicht ein, wenn die Verletzung als eine unverschuldete anzusehen ist. Der Versicherer kann den Vertrag innerhalb eines Monates, nachdem er von der Verletzung Kenntnis erlangt hat, ohne Einhaltung einer Kündigungsfrist kündigen, es sei denn, dass die Verletzung als eine unverschuldete anzusehen ist. Kündigt der Versicherer innerhalb eines Monates nicht, so kann er sich auf die vereinbarte Leistungsfreiheit nicht berufen.

(1a) Bei der Verletzung einer Obliegenheit, die die dem Versicherungsvertrag zugrundeliegende Äquivalenz zwischen Risiko und Prämie aufrechterhalten soll, tritt die vereinbarte Leistungsfreiheit außerdem nur in dem Verhältnis ein, in dem die vereinbarte hinter der für das höhere Risiko tarifmäßig vorgesehenen Prämie zurückbleibt. Bei der Verletzung von Obliegenheiten zu sonstigen bloßen Meldungen und Anzeigen, die keinen Einfluss auf die Beurteilung des Risikos durch den Versicherer haben, tritt Leistungsfreiheit nur ein, wenn die Obliegenheit vorsätzlich verletzt worden ist.

(2) Ist eine Obliegenheit verletzt, die vom Versicherungsnehmer zum Zweck der Verminderung der Gefahr oder der Verhütung einer Erhöhung der Gefahr dem Versicherer gegenüber – unabhängig von der Anwendbarkeit des Abs. 1a – zu erfüllen ist, so kann sich der Versicherer auf die vereinbarte Leistungsfreiheit nicht berufen, wenn die Verletzung keinen Einfluss auf den Eintritt des Versicherungsfalls oder soweit sie keinen Einfluss auf den Umfang der dem Versicherer obliegenden Leistung gehabt hat.

(3) Ist die Leistungsfreiheit für den Fall vereinbart, dass eine Obliegenheit verletzt wird, die nach dem Eintritt des Versicherungsfalles dem Versicherer gegenüber zu erfüllen ist, so tritt die vereinbarte Rechtsfolge nicht ein, wenn die Verletzung weder auf Vorsatz noch auf grober Fahrlässigkeit beruht. Wird die Obliegenheit nicht mit dem Vorsatz verletzt, die Leistungspflicht des Versicherers zu beeinflussen oder die Feststellung solcher Umstände zu beeinträchtigen, die erkennbar für die Leistungspflicht des Versicherers bedeutsam sind, so bleibt der Versicherer zur Leistung verpflichtet, soweit die Verletzung weder auf die Feststellung des Versicherungsfalls noch auf die Feststellung oder den Umfang der dem Versicherer obliegenden Leistung Einfluss gehabt hat.

(4) Eine Vereinbarung, nach welcher der Versicherer bei Verletzung einer Obliegenheit zum Rücktritt berechtigt sein soll, ist unwirksam.

(5) Der Versicherer kann aus einer fahrlässigen Verletzung einer vereinbarten Obliegenheit Rechte nur ableiten, wenn dem Versicherungsnehmer vorher die Versicherungsbedingungen oder eine andere Urkunde zugegangen sind, in der die Obliegenheit mitgeteilt wird.

Allgemeine Bedingungen für die Kraftfahrzeug-Kaskoversicherung (AKKB 2015)

(unverbindliche Musterbedingungen des Verbandes der Versicherungsunternehmen Österreichs – die Möglichkeit zur Vereinbarung abweichender Klauseln bleibt unberührt)

Inhaltsverzeichnis

Artikel 1	Was ist versichert?
Artikel 2	Was gilt als Versicherungsfall?
Artikel 3	Wo gilt die Versicherung? (Örtlicher Geltungsbereich)
Artikel 4	Was gilt als Versicherungsperiode, wann ist die Prämie zu bezahlen, wann beginnt der Versicherungsschutz im Allgemeinen und was versteht man unter einer vorläufigen Deckung?
Artikel 5	Welche Leistung erbringt der Versicherer?
Artikel 6	Was ist nicht versichert? (Risikoausschlüsse)
Artikel 7	Was ist vor bzw. nach Eintritt des Versicherungsfalles zu beachten? (Obliegenheiten)
Artikel 8	Was gilt im Fall einer Selbstbeteiligung?
Artikel 9	Wann und unter welchen Voraussetzungen wird die Versicherungsleistung ausbezahlt und wann verjährt sie? (Fälligkeit der Versicherungsleistung und Verjährung)
Artikel 10	Unter welchen Voraussetzungen kann eine Versicherungsleistung zurückgefordert werden? (Einschränkung des Regressrechtes des Versicherers)
Artikel 11	Wann ändert sich die Prämie? (Wertanpassung)
Artikel 12	Wie lange läuft der Versicherungsvertrag? Wer kann nach Eintritt des Schadenfalles kündigen? Was gilt bei Wegfall des versicherten Risikos? Was gilt bei Veräußerung des Fahrzeuges?
Artikel 13	Wann können Versicherungsansprüche abgetreten oder verpfändet werden?
Artikel 14	Wo können Ansprüche aus dem Versicherungsvertrag gerichtlich geltend gemacht werden? (Gerichtsstand)
Artikel 15	Welche Rechte und Pflichten haben sonstige anspruchsberechtigte Personen?
Artikel 16	In welcher Form sind Erklärungen abzugeben?
Artikel 17	Welches Recht ist anzuwenden?

Artikel 1
Was ist versichert?

Soweit nichts anderes vereinbart ist, gilt:

1. Versichert sind das Fahrzeug und seine Teile, die im versperrten Fahrzeug verwahrt oder an ihm befestigt sind, gegen Beschädigung, Zerstörung und Verlust

1.1. In der Elementarkaskoversicherung
a) durch folgende Naturgewalten:
unmittelbare Einwirkung von Blitzschlag, Felssturz, Steinschlag, Erdrutsch, Lawinen, Schneedruck, Hagel, Hochwasser, Überschwemmungen und Sturm (wetterbedingte Luftbewegung von mehr als 60 km/h).
Eingeschlossen sind Schäden, die dadurch verursacht werden, dass durch diese Naturgewalten Gegenstände auf oder gegen das Fahrzeug geworfen werden.
Ausgeschlossen sind Schäden, die auf ein durch diese Naturgewalten veranlasstes Verhalten des Fahrers zurückzuführen sind;

b) durch Brand oder Explosion;

c) durch Diebstahl, Raub oder unbefugten Gebrauch durch betriebsfremde Personen;

d) durch Berührung des in Bewegung befindlichen Fahrzeuges mit Haarwild auf Straßen mit öffentlichem Verkehr;

1.2. in der Kollisionskasko-Versicherung darüber hinaus

e) durch Unfall, das ist ein unmittelbar von außen plötzlich mit mechanischer Gewalt einwirkendes Ereignis; Brems-, Betriebs- und reine Bruchschäden sind daher nicht versichert;

f) durch mut- oder böswillige Handlungen betriebsfremder Personen.

2. Das Fahrzeug ist in der im Antrag bezeichneten Ausführung versichert; dies gilt auch für Sonderausstattung und Zubehör.

3. In der Kollisionskasko-Versicherung sind bei PKW, Kombi und LKW bis 1 Tonne Nutzlast Bruchschäden ohne Rücksicht auf die Schadensursache an Windschutz-(Front-), Seiten und Heckscheiben versichert; in der Elementarkaskoversicherung nur bei besonderer Vereinbarung.

Artikel 2
Was gilt als Versicherungsfall?

Versicherungsfall ist das von der Versicherung umfasste Schadenereignis.

Artikel 3
Wo gilt die Versicherung? (Örtlicher Geltungsbereich)

1. Der Versicherungsschutz erstreckt sich – *soweit nichts anderes vereinbart ist* – auf Europa im geographischen Sinn, jedenfalls aber auf das Gebiet jener Staaten, die das Übereinkommen zwischen den nationalen Versicherungsbüros der Mitgliedsstaaten des Europäischen Wirtschaftsraums und anderen assoziierten Staaten vom 30. Mai 2002, Abl. Nr. L 192 vom 31. Juli 2003, S. 23 unterzeichnet haben (siehe Anlage).

2. Bei Transport des Fahrzeuges zu Wasser wird der Versicherungsschutz nicht unterbrochen, wenn die Verladeorte innerhalb des örtlichen Geltungsbereiches liegen. Sofern der Bestimmungsort außerhalb des örtlichen Geltungsbereiches liegt, endet der Versicherungsschutz mit Beendigung des Beladevorganges.

Artikel 4
Was gilt als Versicherungsperiode, wann ist die Prämie zu bezahlen, wann beginnt der Versicherungsschutz im Allgemeinen und was versteht man unter einer vorläufigen Deckung?

1. Als Versicherungsperiode gilt, wenn der Versicherungsvertrag nicht für kürzere Zeit abgeschlossen ist, der Zeitraum eines Jahres, und zwar auch dann, wenn die Jahresprämie vertragsgemäß in Teilbeträgen zu entrichten ist.

2. Die erste oder die einmalige Prämie einschließlich Gebühren und Versicherungssteuer ist vom Versicherungsnehmer gegen Aushändigung der Polizze zu zahlen (Einlösung der Polizze). Die Folgeprämien einschließlich Gebühren und Versicherungssteuer sind zum vereinbarten, in der Polizze angeführten Hauptfälligkeitstermin, bei vereinbarter Teilzahlung zu den jeweils vereinbarten Fälligkeitsterminen zu entrichten.

3. Zahlungsverzug kann zur Leistungsfreiheit des Versicherers führen. Die Voraussetzungen und Begrenzungen der Leistungsfreiheit sind gesetzlich geregelt (siehe §§ 38, 39 und 39a VersVG).

4. Der Versicherungsschutz tritt grundsätzlich mit der Einlösung der Polizze (Pkt. 2.) in Kraft, jedoch nicht vor dem vereinbarten Versicherungsbeginn. Wird die Polizze erst danach ausgehändigt, dann aber die Prämie binnen 14 Tagen oder danach ohne schuldhaften Verzug gezahlt, ist der Versicherungsschutz ab dem vereinbarten Versicherungsbeginn gegeben.

5. Soll der Versicherungsschutz schon vor Einlösung der Polizze beginnen (vorläufige Deckung), ist die ausdrückliche Zusage der vorläufigen Deckung durch den Versicherer erforderlich.

Die vorläufige Deckung endet bei Annahme des Antrages mit der Einlösung der Polizze. Sie tritt außer Kraft, wenn der Antrag unverändert angenommen wird und der Versicherungsnehmer mit der Zahlung der ersten oder der einmaligen Prämie schuldhaft in Verzug gerät (Pkt. 3).

Der Versicherer ist berechtigt, die vorläufige Deckung mit der Frist von zwei Wochen zu kündigen. Dem Versicherer gebührt in diesem Fall die auf die Zeit des Versicherungsschutzes entfallende anteilige Prämie.

Artikel 5
Welche Leistung erbringt der Versicherer?

Soweit nichts anderes vereinbart ist, gilt:
Der Versicherer leistet – unter Abzug einer allenfalls vereinbarten Selbstbeteiligung (Artikel 8) – jenen Betrag, der nach folgenden Punkten berechnet wird:

1. Versicherungsleistung bei Totalschaden

1.1. Ein Totalschaden liegt vor, wenn infolge eines unter die Versicherung fallenden Ereignisses
- das Fahrzeug zerstört worden ist oder
- in Verlust geraten ist und nicht innerhalb eines Monats nach Eingang der Schadenmeldung wieder zur Stelle gebracht wird oder
- die voraussichtlichen Kosten der Wiederherstellung zuzüglich der Restwerte den sich gemäß Punkt 1.2. ergebenden Betrag übersteigen.

1.2. Der Versicherer leistet jenen Betrag, den der Versicherungsnehmer für ein Fahrzeug gleicher Art und Güte im gleichen Abnützungszustand zur Zeit des Versicherungsfalles hätte aufwenden müssen (Wiederbeschaffungswert).

2. Versicherungsleistung bei Teilschaden

2.1. Liegt kein Totalschaden (Punkt 1.1.) vor, leistet der Versicherer
- die Kosten der vorgenommenen Reparatur und die notwendigen einfachen Fracht- und sonstigen Transportkosten der Ersatzteile;
- im Fall der Veräußerung des Fahrzeuges im beschädigten Zustand die voraussichtlichen Kosten der Wiederherstellung;
- die notwendigen Kosten der Bergung und Verbringung des Fahrzeuges bis zur nächsten Werkstätte, die zur ordnungsgemäßen Durchführung der Reparatur des Fahrzeuges in der Lage ist.

2.2. Von den Kosten der Ersatzteile und der Lackierung wird ein dem Alter und der Abnützung entsprechender Abzug (neu für alt) gemacht, bis zum Ablauf des dritten Jahres ab erstmaliger Zulassung jedoch nur bei Bereifung, Batterie und Lackierung. Bei PKW, Kombi und LKW bis 1 Tonne Nutzlast unterbleibt ein solcher Abzug.

2.3. Veränderungen, Verbesserungen, Verschleißreparaturen, Minderung an Wert, äußerem Ansehen oder Leistungsfähigkeit, Nutzungsausfall oder Kosten eines Ersatzwagens ersetzt der Versicherer nicht.

3. Die Altteile (auch das Wrack) verbleiben dem Versicherungsnehmer. Ihr gemeiner Wert wird bei der Ermittlung der Versicherungsleistung abgezogen.

4. Werden gestohlene oder geraubte Gegenstände erst nach Ablauf eines Monates nach Eingang der Schadensanzeige wieder zur Stelle gebracht, werden sie Eigentum des Versicherers.

5. Wird das Fahrzeug aufgefunden, werden die tatsächlich aufgewendeten Rückholkosten im Höchstausmaß von ...% des Wiederbeschaffungswertes ohne Abzug einer vereinbarten Selbstbeteiligung vergütet.

6. Die Punkte 1. bis 4. gelten sinngemäß für Sonderausstattung und Zubehör des versicherten Fahrzeuges.

7. Über den Rahmen der Punkte 1., 2. und 5. hinausgehende Kosten werden dann ersetzt, wenn sie über ausdrückliche Weisung des Versicherers aufgewendet worden sind.

Artikel 6
Was ist nicht versichert? (Risikoausschlüsse)

Soweit nichts anderes vereinbart ist, besteht kein Versicherungsschutz für Schadenereignisse,

1. die bei der Vorbereitung oder Begehung gerichtlich strafbarer Handlungen durch den Versicherungsnehmer eintreten, für die Vorsatz Tatbestandsmerkmal ist;

2. die bei der Verwendung des Kraftfahrzeuges bei einer kraftfahrsportlichen Veranstaltung, bei der es auf die Erzielung einer Höchstgeschwindigkeit ankommt, oder ihren Trainingsfahrten, entstehen;

3. die mit Aufruhr, inneren Unruhen, Kriegsereignissen, Verfügungen von hoher Hand und Erdbeben ursächlich zusammenhängen;

4. die durch den Einfluss ionisierender Strahlen im Sinne des Strahlenschutzgesetzes vom 8. Juli 1969, BGBl.Nr. 227/69, in der jeweils geltenden Fassung entstehen.

Artikel 7
Was ist vor bzw. nach Eintritt des Versicherungsfalles zu beachten?
(Obliegenheiten)

Soweit nichts anderes vereinbart ist, gilt:

1. Als Obliegenheit, deren Verletzung im Zeitpunkt des Versicherungsfalles die Freiheit des Versicherers von der Verpflichtung zur Leistung gemäß den Voraussetzungen und Begrenzungen des § 6 Abs. 1 a VersVG (siehe Anlage) bewirkt, wird die Verpflichtung bestimmt, Vereinbarungen über die Verwendung des Fahrzeuges einzuhalten;

2. Als Obliegenheiten, die zum Zweck der Verminderung der Gefahr oder der Verhütung einer Erhöhung der Gefahr dem Versicherer gegenüber zu erfüllen sind und deren Verletzung im Zeitpunkt des Versicherungsfalles die Freiheit des Versicherers von der Verpflichtung zur Leistung gemäß den Voraussetzungen und Begrenzungen des § 6 Abs. 2 VersVG (siehe Anlage) bewirkt, werden bestimmt,

2.1. dass der Lenker in jedem Fall die kraftfahrrechtliche Berechtigung besitzt, die für das Lenken des Fahrzeuges auf Straßen mit öffentlichem Verkehr vorgeschrieben ist; dies gilt auch dann, wenn das Fahrzeug nicht auf Straßen mit öffentlichem Verkehr gelenkt wird;

2.2. dass sich der Lenker nicht in einem durch Alkohol oder Suchtgift beeinträchtigten Zustand befindet.

Die Verpflichtung zur Leistung bleibt gegenüber dem Versicherungsnehmer und sonstigen anspruchsberechtigten Personen bestehen, sofern für diese die Obliegenheitsverletzung ohne Verschulden nicht erkennbar war.

3. Als Obliegenheiten, deren Verletzung nach Eintritt des Versicherungsfalles die Freiheit des Versicherers von der Verpflichtung zur Leistung gemäß den Voraussetzungen und Begrenzungen des § 6 Abs. 3 VersVG (siehe Anlage) bewirkt, werden bestimmt,

3.1. dem Versicherer längstens innerhalb einer Woche ab Kenntnis

– den Versicherungsfall unter möglichst genauer Angabe des Sachverhaltes sowie

– die Einleitung eines damit im Zusammenhang stehenden verwaltungsbehördlichen oder gerichtlichen Verfahrens mitzuteilen;

3.2. nach Möglichkeit zur Feststellung des Sachverhaltes beizutragen;

3.3. dass der Versicherungsnehmer vor Beginn der Wiederinstandsetzung bzw. vor Verfügung über das beschädigte Fahrzeug die Zustimmung des Versicherers einzuholen hat, soweit ihm dies billigerweise zugemutet werden kann;

3.4. dass ein Schaden, der durch Diebstahl, Raub, unbefugten Gebrauch durch betriebsfremde Personen, Brand, Explosion oder Wild entsteht, vom Versicherungsnehmer oder Lenker bei der nächsten Polizeidienststelle unverzüglich anzuzeigen ist.

Artikel 8 – 12

Artikel 8
Was gilt im Fall einer Selbstbeteiligung?

Soweit nichts anderes vereinbart ist, gilt eine Selbstbeteiligung für jedes Fahrzeug und für jeden Versicherungsfall mit dem jeweils vereinbarten Betrag.

Artikel 9
Wann und unter welchen Voraussetzungen wird die Versicherungsleistung ausbezahlt und wann verjährt sie? (Fälligkeit der Versicherungsleistung und Verjährung)

1. Die Versicherungsleistung wird nach Abschluss der für ihre Feststellung notwendigen Erhebungen fällig.
2. Die Fälligkeit der Leistung tritt jedoch unabhängig davon ein, wenn der Versicherungsnehmer nach Ablauf zweier Monate seit dem Begehren nach einer Geldleistung eine Erklärung des Versicherers verlangt, aus welchen Gründen die Erhebungen noch nicht beendet werden konnten und der Versicherer diesem Verlangen nicht binnen eines Monates entspricht.
3. Steht die Eintrittspflicht des Versicherers fest, lässt sich aber aus Gründen, die der Versicherungsnehmer nicht zu vertreten hat, die Höhe der Versicherungsleistung innerhalb eines Monates nach Eingang der Schadensanzeige nicht feststellen, hat der Versicherer auf Verlangen des Versicherungsnehmers angemessene Vorschüsse zu leisten.
Der Lauf der Frist ist gehemmt, solange die Beendigung der Erhebungen infolge eines Verschuldens des Versicherungsnehmers gehindert ist.
4. Für die Verjährung gilt § 12 VersVG.

Artikel 10
Unter welchen Voraussetzungen kann eine Versicherungsleistung zurückgefordert werden? (Einschränkung des Regressrechtes des Versicherers)

§ 67 VersVG findet gegenüber dem berechtigten Lenker nur dann Anwendung, wenn auch einem Versicherungsnehmer (als Fahrzeuglenker) bei gleichem Sachverhalt Leistungsfreiheit einzuwenden gewesen wäre.

Als berechtigter Lenker gelten Personen, die mit Willen des Versicherungsnehmers oder des über das Fahrzeug Verfügungsberechtigten das Fahrzeug lenken.

Artikel 11
Wann ändert sich die Prämie? (Wertanpassung)

1. Im Versicherungsvertrag kann die Wertanpassung der Prämie aufgrund eines Index vorgesehen werden.
2. Ist dies der Fall, wird die Prämie gemessen an dem jeweils vereinbarten Index wertbezogen und basiert auf der Indexzahl, die der bei Vertragsabschluß gültigen Prämie zugrunde liegt.
Die Prämie unterliegt den Veränderungen der Indexzahl. Eine Prämienänderung wirkt frühestens ab dem Zeitpunkt der Verständigung des Versicherungsnehmers durch den Versicherer.

Artikel 12
Wie lange läuft der Versicherungsvertrag? Wer kann nach Eintritt des Schadenfalles kündigen? Was gilt bei Wegfall des versicherten Risikos? Was gilt bei Veräußerung des Fahrzeuges?

1. Beträgt die vereinbarte Vertragslaufzeit mindestens ein Jahr, verlängert sich der Vertrag jeweils um ein Jahr, wenn er nicht einen Monat vor Ablauf gekündigt wird. Bei Versicherungsverträgen, deren Abschluss nicht zum Betrieb eines Unternehmens des Versicherungsnehmers gehört (Verbraucherverträge), wird der Versicherer den Versicherungsnehmer vor Beginn der Kündigungsfrist auf die Rechtsfolge der Vertragsverlängerung bei unterlassener Kündigung so rechtzeitig hinweisen, dass dieser zur Abgabe einer ausdrücklichen Erklärung eine angemessene Frist hat.
Beträgt die Vertragsdauer weniger als ein Jahr, endet der Vertrag ohne Kündigung.

2. Nach Eintritt des Versicherungsfalles können sowohl der Versicherer als auch der Versicherungsnehmer den Versicherungsvertrag kündigen.
Die Kündigung ist innerhalb eines Monats nach Abschluss der Verhandlungen über die Entschädigung vorzunehmen.
Der Versicherungsnehmer kann mit sofortiger Wirkung oder zum Ende der laufenden Versicherungsperiode kündigen.
Der Versicherer hat eine Kündigungsfrist von einem Monat einzuhalten. Falls der Versicherungsnehmer einen Anspruch arglistig erhoben hat, kann der Versicherer mit sofortiger Wirkung kündigen.

3. Bei Wegfall des versicherten Risikos gilt § 68 VersVG, bei Veräußerung des versicherten Fahrzeuges gelten die §§ 69 ff VersVG.
Dem Versicherer gebührt jeweils die Prämie für die bis zur Vertragsauflösung verstrichene Vertragslaufzeit.

Artikel 13
Wann können Versicherungsansprüche abgetreten oder verpfändet werden?

Versicherungsansprüche dürfen vor ihrer endgültigen Feststellung ohne ausdrückliche Zustimmung des Versicherers weder abgetreten noch verpfändet werden; dies gilt nicht, wenn der Versicherungsnehmer Unternehmer ist.

Artikel 14
Wo können Ansprüche aus dem Versicherungsvertrag gerichtlich geltend gemacht werden? (Gerichtsstand)

Der Versicherungsnehmer und sonstige anspruchsberechtigte Personen können Ansprüche aus dem Versicherungsvertrag auch bei den Gerichten geltend machen, in deren Sprengel sie ihren Wohnsitz oder gewöhnlichen Aufenthalt oder ihren Sitz im Inland haben.

Artikel 15
Welche Rechte und Pflichten haben sonstige anspruchsberechtigte Personen?

Alle für den Versicherungsnehmer getroffenen Bestimmungen gelten sinngemäß auch für jene Personen, die Ansprüche aus dem Versicherungsvertrag geltend machen. Diese Personen sind neben dem Versicherungsnehmer für die Erfüllung der Obliegenheiten, Schadenminderungs- und Rettungspflicht verantwortlich.

Artikel 16
In welcher Form sind Erklärungen abzugeben?

Für sämtliche Anzeigen und Erklärungen des Versicherungsnehmers an den Versicherer ist die geschriebene Form erforderlich, sofern nicht die Schriftform ausdrücklich und mit gesonderter Erklärung vereinbart wurde. Der geschriebenen Form wird durch Zugang eines Textes in Schriftzeichen entsprochen, aus dem die Person des Erklärenden hervorgeht (z.B. Telefax oder E-Mail). Schriftform bedeutet, dass dem Erklärungsempfänger das Original der Erklärung mit eigenhändiger Unterschrift des Erklärenden zugehen muss. Rücktrittserklärungen nach §§ 3 und 3a KSchG sind an keine bestimmte Form gebunden.

Artikel 17
Welches Recht ist anzuwenden?

Es gilt österreichisches Recht.

Staaten, die das Übereinkommen zwischen den nationalen Versicherungsbüros der Mitgliedsstaaten des Abkommens des europäischen Wirtschaftsraums und anderen assoziierten Staaten vom 30. Mai 2002 unterzeichnet haben:
(Stand Jänner 2012)

- Andorra
- Belgien
- Bulgarien
- Dänemark
- Deutschland
- Estland
- Finnland
- Frankreich
- Griechenland
- Großbritannien
- Irland
- Island
- Italien
- Kroatien
- Lettland
- Litauen
- Luxemburg
- Malta
- Niederlande
- Norwegen
- Österreich
- Polen
- Portugal
- Rumänien
- Schweden
- Schweiz
- Serbien
- Slowakei
- Slowenien
- Spanien
- Tschechien
- Ungarn
- Zypern

5/2. AKKB 2015
Anlage

Anlage

Anlage

§ 6 VersVG

§ 6. (1) Ist im Vertrag bestimmt, dass bei Verletzung einer Obliegenheit, die vor dem Eintritt des Versicherungsfalles dem Versicherer gegenüber zu erfüllen ist, der Versicherer von der Verpflichtung zur Leistung frei sein soll, so tritt die vereinbarte Rechtsfolge nicht ein, wenn die Verletzung als eine unverschuldete anzusehen ist. Der Versicherer kann den Vertrag innerhalb eines Monates, nachdem er von der Verletzung Kenntnis erlangt hat, ohne Einhaltung einer Kündigungsfrist kündigen, es sei denn, dass die Verletzung als eine unverschuldete anzusehen ist. Kündigt der Versicherer innerhalb eines Monates nicht, so kann er sich auf die vereinbarte Leistungsfreiheit nicht berufen.

(1a) Bei der Verletzung einer Obliegenheit, die die dem Versicherungsvertrag zugrundeliegende Äquivalenz zwischen Risiko und Prämie aufrechterhalten soll, tritt die vereinbarte Leistungsfreiheit außerdem nur in dem Verhältnis ein, in dem die vereinbarte hinter der für das höhere Risiko tarifmäßig vorgesehenen Prämie zurückbleibt. Bei der Verletzung von Obliegenheiten zu sonstigen bloßen Meldungen und Anzeigen, die keinen Einfluss auf die Beurteilung des Risikos durch den Versicherer haben, tritt Leistungsfreiheit nur ein, wenn die Obliegenheit vorsätzlich verletzt worden ist.

(2) Ist eine Obliegenheit verletzt, die vom Versicherungsnehmer zum Zweck der Verminderung der Gefahr oder der Verhütung einer Erhöhung der Gefahr dem Versicherer gegenüber – unabhängig von der Anwendbarkeit des Abs. 1a – zu erfüllen ist, so kann sich der Versicherer auf die vereinbarte Leistungsfreiheit nicht berufen, wenn die Verletzung keinen Einfluss auf den Eintritt des Versicherungsfalls oder soweit sie keinen Einfluss auf den Umfang der dem Versicherer obliegenden Leistung gehabt hat.

(3) Ist die Leistungsfreiheit für den Fall vereinbart, dass eine Obliegenheit verletzt wird, die nach dem Eintritt des Versicherungsfalles dem Versicherer gegenüber zu erfüllen ist, so tritt die vereinbarte Rechtsfolge nicht ein, wenn die Verletzung weder auf Vorsatz noch auf grober Fahrlässigkeit beruht. Wird die Obliegenheit nicht mit dem Vorsatz verletzt, die Leistungspflicht des Versicherers zu beeinflussen oder die Feststellung solcher Umstände zu beeinträchtigen, die erkennbar für die Leistungspflicht des Versicherers bedeutsam sind, so bleibt der Versicherer zur Leistung verpflichtet, soweit die Verletzung weder auf die Feststellung des Versicherungsfalls noch auf die Feststellung oder den Umfang der dem Versicherer obliegenden Leistung Einfluss gehabt hat.

(4) Eine Vereinbarung, nach welcher der Versicherer bei Verletzung einer Obliegenheit zum Rücktritt berechtigt sein soll, ist unwirksam.

(5) Der Versicherer kann aus einer fahrlässigen Verletzung einer vereinbarten Obliegenheit Rechte nur ableiten, wenn dem Versicherungsnehmer vorher die Versicherungsbedingungen oder eine andere Urkunde zugegangen sind, in der die Obliegenheit mitgeteilt wird.

6. Euro-Üb
Haftpflichtversicherung

Europäisches Übereinkommen über die obligatorische Haftpflichtversicherung für Kraftfahrzeuge

BGBl 1972/236

KHV Euro-Üb
Abk Ö - Schweiz

STICHWORTVERZEICHNIS

Abdingbarkeit Anhang I (Art 10)
Anwendungsbereich 14
Auskunftspflicht Anhang I (Art 7)

Bestimmungen, beigefügte Anhang I

Definitionen Anhang I (Art 1)

Eigenbehalt Anhang I (Art 5)
Entschädigungsfonds 9

Geschädigter, Anspruch Anhang I (Art 5, 6, 9)
Geschicklichkeitsbewerbe 6
Geschwindigkeitszuverlässigkeit 6

Haftpflichtversicherung
– obligatorische 1

Inkrafttreten 15 (2)

Kraftfahrzeug
– Definition Anhang I (Art 1)
– Verkehrserlaubnis Anhang I (Art 2)
Kündigung des Abkommens 12

Meldepflicht Anhang I (Art 7)
Mindestdeckungsbeträge 2 Z 3

Personen, geschädigte, Definition Anhang I (Art 1)

Recht
– innerstaatliches 5
– zwingendes Anhang I (Art 10)
Rennen 6

Schadenersatz 7 (2), 9
– Ausschluß 6 (2)
– zahlende Einrichtungen 8
Streitverkündung Anhang I (Art 7 (2))

Verjährung Anhang I (Art 8)
Versicherer, Definition Anhang I (Art 1)
Versicherte, Definition Anhang I (Art 1)
Versicherung
– Umfang Anhang I (Art 3)
– Eigenbehalt Anhang I (Art 5)
Versicherungsausschluß 9, Anhang I (Art 4)
Versicherungsbescheinigung 8
Versicherungspflicht 10
– Ausnahme 2
– mangelnde 9
Vorbehalte 2 - 4, 13, Anhang II

Zulassung 10

EUROPÄISCHES ÜBEREINKOMMEN ÜBER DIE OBLIGATORISCHE HAFTPFLICHTVERSICHERUNG FÜR KRAFTFAHRZEUGE

Die unterzeichneten Regierungen, Mitglieder des Europarats, haben

in der Erwägung, daß es das Ziel des Europarats ist, eine engere Verbindung zwischen seinen Mitgliedern herbeizuführen, insbesondere um ihren wirtschaftlichen und sozialen Fortschritt durch den Abschluß von Übereinkommen und durch gemeinschaftliches Vorgehen auf wirtschaftlichem, sozialem, kulturellem, wissenschaftlichem, rechtlichem und verwaltungsmäßigem Gebiet zu fördern;

in der Erwägung, daß es notwendig ist, durch die Einführung einer Pflichtversicherung die Rechte der Opfer von Kraftfahrzeugunfällen in ihren Hoheitsgebieten zu wahren;

in der Erwägung, daß die vollständige Vereinheitlichung dieses Rechtsgebietes schwierig sein dürfte und daß es genügt, wenn die für unerläßlich erachteten wesentlichen Regelungen in den Mitgliedstaaten des Europarats übereinstimmen, während es jedem von ihnen unbenommen bleibt, für sein Hoheitsgebiet Vorschriften zu erlassen, die einen noch stärkeren Schutz der geschädigten Personen vorsehen; sowie schließlich

in der Erwägung, daß es notwendig ist, die Gründung und die Tätigkeit von internationalen Versicherungseinrichtungen und von Entschädigungsfonds zu fördern oder gleichwertige Maßnahmen zu treffen,

folgendes vereinbart:

ARTIKEL 1

(1) Jede Vertragspartei verpflichtet sich, vor Ablauf von sechs Monaten, nachdem dieses Übereinkommen für sie in Kraft getreten ist, die Rechte von Personen, die in ihrem Hoheitsgebiet

6. Euro-Üb

Haftpflichtversicherung

einen durch ein Kraftfahrzeug verursachten Schaden erleiden, durch die Einführung einer Pflichtversicherung zu schützen, die den Bestimmungen entspricht, welche diesem Übereinkommen beigefügt sind (Anhang I).

(2) Jede Vertragspartei behält das Recht, Bestimmungen zu erlassen, die einen noch stärkeren Schutz der geschädigten Personen vorsehen.

(3) Jede Vertragspartei teilt dem Generalsekretär des Europarats den amtlichen Wortlaut ihrer Gesetze und ihrer wesentlichen Verwaltungsvorschriften über die Einführung einer Pflichtversicherung für Kraftfahrzeuge mit. Der Generalsekretär übermittelt diesen Wortlaut den anderen Parteien sowie den übrigen Mitgliedern des Europarats.

ARTIKEL 2

Jede Vertragspartei behält das Recht,

1. bestimmte Kraftfahrzeuge, die nach ihrer Auffassung kaum eine Gefahr darstellen, von der Versicherungspflicht auszunehmen;

2. Kraftfahrzeuge, die inländischen oder ausländischen Behörden oder zwischenstaatlichen Organisationen gehören, von der Versicherungspflicht auszunehmen;

3. die Mindestbeträge festzusetzen, die durch die Versicherung gedeckt sein müssen; in diesem Falle kann die Anwendung der beigefügten Bestimmungen auf die festgesetzten Beträge beschränkt werden.

ARTIKEL 3

(1) Jede Vertragspartei kann bei der Unterzeichnung dieses Übereinkommens oder bei der Hinterlegung ihrer Ratifikations- oder Beitrittsurkunde erklären, daß sie von einem oder mehreren der Vorbehalte in Anhang II zu diesem Übereinkommen Gebrauch macht.

(2) Jede Vertragspartei kann einen Vorbehalt, den sie nach Absatz 1 gemacht hat, durch eine an den Generalsekretär des Europarats gerichtete Notifizierung ganz oder teilweise zurückziehen; die Notifizierung wird am Tage ihres Eingangs wirksam. Der Generalsekretär übermittelt ihren Wortlaut den anderen Parteien sowie den übrigen Mitgliedern des Europarats.

ARTIKEL 4

(1) Die Rechte und Vorbehalte, von denen eine Vertragspartei nach den Artikeln 2 und 3 Gebrauch macht, gelten nur für das Hoheitsgebiet dieser Partei und beeinträchtigen nicht die volle Anwendung des Pflichtversicherungsrechts der anderen Parteien, deren Hoheitsgebiet durchfahren wird.

(2) Jede Vertragspartei gibt dem Generalsekretär des Europarats den Inhalt ihrer innerstaatlichen Bestimmungen bekannt, welche die Rechte und Vorbehalte nach den Artikeln 2 und 3 betreffen. Sie unterrichtet den Generalsekretär laufend über jede spätere Änderung dieser Bestimmungen. Der Generalsekretär gibt alle diese Mitteilungen an die anderen Parteien sowie an die übrigen Mitglieder des Europarats weiter.

ARTIKEL 5

Berührt der Ersatz eines durch ein Kraftfahrzeug verursachten Schadens sowohl die Pflichtversicherung für Kraftfahrzeuge als auch die Regelung der sozialen Sicherheit, so bestimmen sich die Rechte der geschädigten Person und die Rechtsbeziehungen zwischen Pflichtversicherung und sozialer Sicherheit nach dem innerstaatlichen Recht.

ARTIKEL 6

(1) Ist die in Artikel 4 Absatz 2 der beigefügten Bestimmungen angeführte Möglichkeit eines Ausschlusses von der gewöhnlichen Versicherung im innerstaatlichen Recht einer Vertragspartei vorgesehen, so wird diese die Veranstaltung von Rennen und Geschwindigkeits-Zuverlässigkeits- oder Geschicklichkeitswettbewerben mit Kraftfahrzeugen in ihrem Hoheitsgebiet von der Genehmigung durch eine Verwaltungsbehörde abhängig machen. Die Genehmigung darf nur erteilt werden, wenn eine besondere, den beigefügten Bestimmungen entsprechende Versicherung die zivilrechtliche Haftpflicht der Veranstalter und der in Artikel 3 jener Bestimmungen bezeichneten Personen deckt.

(2) Von dieser Versicherung kann jedoch der Ersatz von Schäden ausgeschlossen werden, welche die Insassen der Fahrzeuge erleiden, die an den in Absatz 1 bezeichneten Rennen oder Wettbewerben teilnehmen.

ARTIKEL 7

(1) Im Hoheitsgebiet eines Vertragsstaates sind Kraftfahrzeuge, die ihren gewöhnlichen Standort außerhalb dieses Hoheitsgebiets haben, von der Anwendung des Artikels 2 der beigefügten Bestimmungen befreit, wenn sie mit einer Bescheinigung der Regierung eines anderen Vertragsstaats versehen sind, in der festgestellt wird, daß das Fahrzeug diesem Staat, oder, falls es sich um

6. Euro-Üb
Haftpflichtversicherung

KHV Euro-Üb
Abk Ö - Schweiz

einen Bundesstaat handelt, diesem oder einem seiner Länder gehört; im letzteren Falle wird die Bescheinigung von der Bundesregierung ausgestellt.

(2) In dieser Bescheinigung ist die Behörde oder Stelle anzugeben, der es obliegt, nach dem Recht des durchfahrenen Landes Schadenersatz zu leisten, und gegen welche vor den nach diesem Recht zuständigen Gerichten Klage erhoben werden kann. Der Staat oder das Land, dem das Fahrzeug gehört, bürgt für diese Leistung.

ARTIKEL 8

Die Vertragsparteien werden die Gründung und die Tätigkeit von Einrichtungen fördern, deren Zweck es ist, internationale Versicherungsbescheinigungen auszustellen und in den Fällen des Artikels 2 Absatz 2 der beigefügten Bestimmungen Schadenersatz zu leisten.

ARTIKEL 9

(1) Jede Vertragspartei wird entweder die Gründung eines Entschädigungsfonds veranlassen oder sonstige gleichwertige Maßnahmen treffen, damit in Schadensfällen, in denen der Haftung eines anderen gegeben ist, die geschädigten Personen auch dann Schadenersatz erhalten, wenn die Versicherungspflicht nicht erfüllt oder die zivilrechtlich haftpflichtige Person nicht ermittelt wurde oder wenn ein nach Artikel 3 Absatz 1 Satz 1 der beigefügten Bestimmungen zugelassener Versicherungsausschluß vorliegt. Jede Vertragspartei regelt die Voraussetzungen für die Gewährung des Entschädigungsanspruchs sowie dessen Umfang.

(2) Die Staatsangehörigen jeder Vertragspartei können den in Absatz 1 vorgesehen Anspruch in einem anderen Vertragsstaat in demselben Umfang geltend machen wie die Angehörigen dieses anderen Staates.

ARTIKEL 10

(1) Die Vertragsparteien werden in ihrem innerstaatlichen Recht die Personen bestimmen, denen es obliegt, das Kraftfahrzeug zu versichern, und werden geeignete, nötigenfalls mit strafrechtlichen oder verwaltungsrechtlichen Folgen verbundene Maßnahmen treffen, damit die Verpflichtungen eingehalten werden, die sich aus den beigefügten Bestimmungen ergeben.

(2) Die Vertragsparteien werden zum Zwecke der Anwendung der beigefügten Bestimmungen geeignete innerstaatliche Rechtsvorschriften über die Erteilung, das Erlöschen und die Entziehung der Zulassung der Versicherer und, gegebenenfalls, des Entschädigungsfonds und der Versicherungseinrichtung sowie über die Beaufsichtigung ihrer Tätigkeit erlassen.

ARTIKEL 11

(1) Jede Vertragspartei bestimmt gegebenenfalls die Behörde oder die Person, an welche die Benachrichtigung nach Artikel 9 der beigefügten Bestimmungen zu erfolgen hat.

(2) Jede Vertragspartei bestimmt, welche Wirkungen der Versicherungsvertrag hat, wenn das Eigentum an dem versicherten Kraftfahrzeug übertragen wird.

ARTIKEL 12

Außer bei Notstand kann eine Vertragspartei dieses Übereinkommen nicht vor Ablauf von zwei Jahren nach dem Zeitpunkt kündigen, an dem es für sie in Kraft getreten ist. Die Kündigung erfolgt durch eine schriftliche, an den Generalsekretär des Europarats zu richtende Notifizierung, die dieser den anderen Vertragsparteien bekanntgibt; die Kündigung wird wirksam mit Ablauf von drei Monaten nach dem Eingang der Notifizierung bei dem Generalsekretär.

ARTIKEL 13

(1) Erachtet es eine Vertragspartei, nachdem dieses Übereinkommen für sie in Kraft getreten ist, für erforderlich, von einem in Anhang II dieses Übereinkommens nicht vorgesehenen Vorbehalt oder von einem in diesem Anhang vorgesehenen Vorbehalt Gebrauch zu machen, von dem sie vorher nicht Gebrauch gemacht oder den sie zurückgezogen hatte, so übermittelt sie einen bestimmten Antrag dem Generalsekretär des Europarats, der ihn den anderen Vertragsparteien bekanntgibt.

(2) Stimmen die Vertragsparteien vor Ablauf von sechs Monaten nach der Mitteilung des Generalsekretärs dem Antrag schriftlich zu, so kann die Vertragspartei, die den Antrag gestellt hat, ihre Rechtsvorschriften in dem in Aussicht genommenen Sinn ändern. Der Generalsekretär gibt die Mitteilungen, die ihm nach diesem Absatz zugehen, den Vertragsparteien bekannt.

ARTIKEL 14

Dieses Übereinkommen ist auf die überseeischen Hoheitsgebiete der Vertragsparteien nicht anzuwenden.

6. Euro-Üb Haftpflichtversicherung

ARTIKEL 15

(1) Dieses Übereinkommen steht den Mitgliedern des Europarats zur Unterzeichnung offen. Es bedarf der Ratifikation. Die Ratifikationsurkunden werden bei dem Generalsekretär des Europarats hinterlegt.

(2) Dieses Übereinkommen tritt 90 Tage nach Hinterlegung der vierten Ratifikationsurkunde in Kraft.

(3) Für jeden Unterzeichner, der das Übereinkommen später ratifiziert, tritt es 90 Tage nach Hinterlegung seiner Ratifikationsurkunde in Kraft.

(4) Der Generalsekretär notifiziert allen Mitgliedern des Europarats sowie den beitretenden Staaten die Namen der Unterzeichner, das Inkrafttreten des Übereinkommens, die Namen der Vertragsparteien, die es ratifiziert haben, sowie jede spätere Hinterlegung einer Ratifikations- oder Beitrittsurkunde.

ARTIKEL 16

Nach dem Inkrafttreten dieses Übereinkommens kann das Ministerkomitee des Europarats jeden Staat, der nicht Mitglied des Rates ist, zum Beitritt einladen. Jeder Staat, der diese Einladung erhalten hat, kann diesem Übereinkommen durch Hinterlegung seiner Beitrittsurkunde bei dem Generalsekretär des Europarats beitreten; dieser notifiziert die Hinterlegung allen Vertragsparteien sowie den übrigen Mitgliedern des Europarats. Für jeden beitretenden Staat tritt das Übereinkommen 90 Tage nach Hinterlegung seiner Beitrittsurkunde in Kraft.

Zu Urkund dessen haben die dazu gehörig Bevollmächtigten dieses Übereinkommen unterzeichnet.

Geschehen zu Straßburg, am 20. April 1959 in englischer und französischer Sprache, wobei jeder Wortlaut gleichermaßen verbindlich ist, in einer Urschrift, die im Archiv des Europarats hinterlegt wird. Der Generalsekretär übermittelt allen unterzeichneten Regierungen beglaubigte Abschriften.

ANHANG I
DEM ÜBEREINKOMMEN BEIGEFÜGTE BESTIMMUNGEN

ARTIKEL 1

In diesem Gesetz bedeutet:

„Kraftfahrzeuge": Fahrzeuge, die mechanisch angetrieben werden können und die, ohne an Schienen gebunden zu sein, für den Verkehr zu Lande bestimmt sind, sowie angekuppelte und, soweit die Regierung dies bestimmt, nicht angekuppelte Anhänger, wenn diese zu dem Zwecke gebaut sind, an ein Kraftfahrzeug angekuppelt zu werden, und wenn sie zur Beförderung von Personen oder Sachen bestimmt sind;

„Versicherte": Personen, deren Haftpflicht nach diesem Gesetz gedeckt ist;

„geschädigte Personen": Personen, die Anspruch auf Ersatz eines durch ein Kraftfahrzeug verursachten Schadens haben;

„Versicherer": ein von der Regierung zugelassenes Versicherungsunternehmen (Artikel 2 Absatz 1) und, im Falle des Artikels 2 Absatz 2, die Einrichtung, die mit der Regelung der Schäden beauftragt ist, welche im Inland von Fahrzeugen mit gewöhnlichem Standort außerhalb des Staatsgebiets verursacht werden.

ARTIKEL 2

(1) Kraftfahrzeuge dürfen auf öffentlichen Straßen, auf öffentlich zugänglichem Gelände und auf nichtöffentlichem, aber einer gewissen Zahl befugter Personen zugänglichem Gelände nur verkehren, wenn die zivilrechtliche Haftpflicht, zu der sie Anlaß geben können, durch eine diesem Gesetz entsprechende Versicherung gedeckt ist.
Die Versicherung muß mit einem zu diesem Zwecke von der Regierung zugelassenen Versicherer abgeschlossen werden.

(2) Kraftfahrzeuge mit gewöhnlichem Standort außerhalb des Staatsgebiets dürfen jedoch in diesem Gebiet verkehren, sofern eine zu diesem Zwecke von der Regierung anerkannte Versicherungseinrichtung selbst die Verpflichtung übernimmt, den geschädigten Personen die von diesen Fahrzeugen verursachten Schäden nach innerstaatlichem Recht zu ersetzen.

ARTIKEL 3

(1) Die Versicherung muß die zivilrechtliche Haftpflicht des Eigentümers, jedes Halters und jedes Lenkers des versicherten Fahrzeugs decken, mit Ausnahme der zivilrechtlichen Haftpflicht derjenigen, die sich des Fahrzeugs, sei es durch Diebstahl oder mit Gewalt, sei es auch nur ohne Genehmigung des Eigentümers oder des Halters, bemächtigt haben. Jedoch muß im letzteren Falle die Versicherung die zivilrechtliche Haftpflicht des Lenkers decken, der sich des Fahrzeugs infolge eines Verschuldens des Eigentümers oder des Halters bemächtigen konnte, oder der eine zur Führung des Fahrzeugs angestellte Person ist.

(2) Die Versicherung muß die Schäden umfassen, die im Inland an Personen und Sachen verur-

sacht worden sind, mit Ausnahme der Schäden, die dem versicherten Fahrzeug und den mit diesem beförderten Sachen zugefügt worden sind.

ARTIKEL 4

(1) Von dem Genuß der Versicherungsleistungen können ausgeschlossen werden:

a) der Lenker des Fahrzeugs, das den Schaden verursacht hat, sowie der Versicherungsnehmer und alle diejenigen, deren zivilrechtliche Haftpflicht durch die Versicherung gedeckt ist;

b) die Ehegatten der oben bezeichneten Personen;

c) die Familienangehörigen derselben Personen, wenn sie bei diesen wohnen oder wenn ihr Unterhalt aus deren Mitteln bestritten wird oder wenn sie in dem Fahrzeug, das den Schaden verursacht hat, befördert worden sind.

(2) Von der gewöhnlichen Versicherung können die Schäden ausgeschlossen werden, die sich aus der Teilnahme des Fahrzeugs an genehmigten Rennen und Geschwindigkeits-, Zuverlässigkeits- oder Geschicklichkeitswettbewerben ergeben.

ARTIKEL 5

Sieht der Vertrag vor, daß der Versicherte in einem bestimmten Ausmaß selbst zum Ersatz des Schadens beizutragen hat, so bleibt der Versicherer trotzdem gegenüber der geschädigten Person zur Zahlung des Teilbetrags verpflichtet, der nach dem Vertrag dem Versicherten zur Last fällt.

ARTIKEL 6

(1) Die geschädigte Person hat einen eigenen Anspruch gegen den Versicherer.

(2) Sind mehrere Personen geschädigt und übersteigt der Gesamtbetrag des zu leistenden Schadenersatzes die Versicherungssumme, so werden die Ansprüche der geschädigten Personen gegen den Versicherer anteilsmäßig auf die Höhe dieser Summe herabgesetzt. Hat jedoch ein Versicherer einer geschädigten Person in gutem Glauben eine den ihr zukommenden Anteil übersteigende Summe gezahlt, weil ihm das Bestehen weiterer Ansprüche unbekannt war, so ist er gegenüber den anderen geschädigten Personen nur bis zur Höhe des Restes der Versicherungssumme verpflichtet.

ARTIKEL 7

(1) Die Versicherten haben dem Versicherer alle Schadensfälle zu melden, von denen sie Kenntnis haben. Der Versicherungsnehmer hat dem Versicherer alle in dem Versicherungsvertrag vorgeschriebenen Auskünfte und Belege zu verschaffen. Die Versicherten, die nicht Versicherungsnehmer sind, haben dem Versicherer auf Verlangen alle erforderlichen Auskünfte und Belege zu verschaffen.

(2) Der Versicherer kann in dem Gerichtsverfahren, das die geschädigte Person gegen ihn eingeleitet hat, dem Versicherten den Streit verkünden.

ARTIKEL 8

(1) Alle Ansprüche, die auf das eigene Recht der geschädigten Person gegen den Versicherer gegründet sind, verjähren zwei Jahre nach dem Ereignis, das den Schaden verursacht hat.

(2) Die außergerichtliche schriftliche Geltendmachung eines Anspruchs hemmt die Verjährung gegenüber dem Versicherer bis zu dem Tage, an dem dieser schriftlich erklärt, die Verhandlungen abzubrechen. Wird ein Anspruch, der sich auf denselben Gegenstand bezieht, später erneut geltend gemacht, so hemmt dies die Verjährung nicht.

ARTIKEL 9

(1) Steht dem Versicherer nach dem Versicherungsvertrag oder nach den Rechtsvorschriften, denen dieser unterliegt, gegenüber dem Versicherten ein Recht zur Verweigerung oder zur Herabsetzung seiner Leistungen zu, so kann er der geschädigten Person dieses Recht nicht entgegenhalten.

(2) Der Versicherer kann der geschädigten Person die Nichtigkeit oder die Beendigung des Versicherungsvertrags, dessen Ruhen oder das Ruhen des Versicherungsschutzes nur hinsichtlich der Schadensfälle entgegenhalten, die nach Ablauf von 16 Tagen seit dem Zeitpunkt eingetreten sind, an dem der Versicherer die Nichtigkeit, die Beendigung oder das Ruhen bekanntgegeben hat. Bei aufeinanderfolgenden Versicherungen ist diese Bestimmung nur auf den letzten Versicherer anzuwenden.

(3) Die vorhergehenden Absätze sind jedoch insoweit nicht anzuwenden, als der Schaden durch eine andere Versicherung tatsächlich gedeckt ist.

(4) Die Absätze 1 und 2 lassen das Rückgriffsrecht des Versicherers gegen den Versicherungsnehmer und den Versicherten, der nicht Versicherungsnehmer ist, unberührt.

6. Euro-Üb
Haftpflichtversicherung

ARTIKEL 10

Von den Bestimmungen dieses Gesetzes, die zugunsten der geschädigten Personen erlassen worden sind, kann durch Vereinbarung nicht abgewichen werden, es sei denn, daß sich eine solche Möglichkeit aus diesen Bestimmungen ergibt.

ANHANG II
VORBEHALTE ZU DEM ÜBEREINKOMMEN

Jede Vertragspartei kann erklären, daß sie beabsichtigt,

1. Kraftfahrzeuge von der Versicherungspflicht auszunehmen, welche juristischen Personen des öffentlichen oder des privaten Rechts gehören, wenn diese Personen die finanziellen Garantien nachweisen, die für eine Eigenversicherung ausreichen;

2. für von ihr zu bestimmende Personen die Versicherung durch Hinterlegung einer Sicherheit zu ersetzen, sofern diese Sicherheitsleistung geschädigten Personen einen Schutz bietet, der dem von der Versicherung gebotenen gleichwertig ist;

3. die von einem Versicherten vorsätzlich verursachten Schäden von der Versicherung auszuschließen;

4. die in Artikel 3 Absatz 1 Satz 2 der beigefügten Bestimmungen bezeichneten Fälle von der Versicherung auszuschließen;

5. den Fall, daß ein Fahrzeug ohne Genehmigung des Eigentümers oder des Halters oder entgegen ihrem Verbot benutzt wird, von der Versicherung auszuschließen, sofern der geschädigten Person zumindest der Ersatz des Personenschadens gewährleistet ist;

6. ideelle Schäden von der Versicherung auszuschließen;

7. wenn der Versicherte eine juristische Person oder eine Handelsgesellschaft ohne eigene Rechtspersönlichkeit ist, die gesetzlichen Vertreter des Versicherten und ihre Ehegatten sowie, unter den in Artikel 4 Absatz 1 Buchstabe c der beigefügten Bestimmungen vorgesehenen Voraussetzungen, die Familienangehörigen dieser Vertreter von dem Genuß der Versicherungsleistungen auszuschließen;

8. von dem Genuß der Versicherungsleistungen jede Person auszuschließen, die mit ihrem Einverständnis in dem versicherten Kraftfahrzeug befördert wird, obwohl sie weiß oder wissen muß, daß dieses seinem rechtmäßigen Besitzer mit unerlaubten Mitteln entzogen wurde oder zur Begehung eines Verbrechens benutzt wird;

9. von der Versicherung die Schäden auszuschließen, welche den Personen entstehen, die in dem Kraftfahrzeug, das den Schaden verursacht hat, unentgeltlich oder aus Gefälligkeit befördert werden;

10. von der Versicherungspflicht die Fahrzeuge auszunehmen, die auf nichtöffentlichem, aber einer gewissen Zahl befugter Personen zugänglichem Gelände verkehren, oder die an anderen Orten als auf öffentlichen Straßen an Rennen und Geschwindigkeits-, Zuverlässigkeits- oder Geschicklichkeitswettbewerben teilnehmen;

11. soweit es sich ausschließlich um Rechtsbeziehungen zwischen ihren eigenen Staatsangehörigen handelt, bei Sachschäden von geringer Höhe von Artikel 5 der beigefügten Bestimmungen abzuweichen;

12. es dem Ermessen ihrer Gerichte zu überlassen, ob im Fall eines Schadens, der in ihrem Hoheitsgebiet verursacht wird, Artikel 6 der beigefügten Bestimmungen anzuwenden ist, wobei den Gerichten nötigenfalls die zu beachtenden Grundsätze mitgeteilt werden;

13. von Artikel 6 Absatz 2 der beigefügten Bestimmungen abzuweichen, um eine andere Regelung für die Verteilung der Versicherungssumme vorzusehen;

14. von Artikel 8 Absatz 2 der beigefügten Bestimmungen abzuweichen;

15. von Artikel 9 der beigefügten Bestimmungen abzuweichen, wenn in den dort genannten Fällen die geschädigte Person die Gewähr hat, für Personen- und Sachschäden Ersatz zu erhalten; der Schadenersatz, auf den die geschädigte Person Anspruch hat, ist bei Personenschäden in dem gleichen Ausmaß wie bei Bestehen einer Versicherung zu gewähren und kann für Sachschäden in anderem Ausmaß festgesetzt werden;

16. von Artikel 9 Absatz 2 der beigefügten Bestimmungen hinsichtlich der Kraftfahrzeuge abzuweichen, die ihren gewöhnlichen Standort außerhalb ihres Hoheitsgebietes haben.

UNTERZEICHNUNGSPROTOKOLL

Mit der Unterzeichnung des Europäischen Übereinkommens über die obligatorische Haftpflicht-

6. Euro-Üb
Haftpflichtversicherung

versicherung für Kraftfahrzeuge erkennen die unterzeichneten Regierungen an, daß der Begriff „Kraftfahrzeuge" in Artikel 1 der diesem Übereinkommen beigefügten Bestimmungen alle Fahrzeuge umfaßt, die mechanisch angetrieben werden können und die, ohne an Schienen gebunden zu sein, für den Verkehr zu Lande bestimmt sind, auch wenn sie mit einer elektrischen Leitung in Verbindung stehen, sowie Fahrräder mit Hilfsmotor.

KHV Euro-Üb
Abk Ö - Schweiz

unter den Vorbehalten 1, 3, 4, 7 und 10 nach Anhang II für ratifiziert und verspricht im Namen der Republik Österreich die gewissenhafte Erfüllung der in diesem Vertragswerk enthaltenen Bestimmungen.

Zu Urkund dessen ist die vorliegende Ratifikationsurkunde vom Bundespräsidenten unterzeichnet, vom Bundeskanzler, vom Bundesminister für Justiz, vom Bundesminister für Finanzen, vom Bundesminister für Handel, Gewerbe und Industrie und vom Bundesminister für Auswärtige Angelegenheiten gegengezeichnet und mit dem Staatssiegel der Republik Österreich versehen worden.

Geschehen zu Wien, am 29. Feber 1972

Da die Ratifikationsurkunde zum vorliegenden Vertragswerk am 10. April 1972 beim Generalsekretär des Europarates hinterlegt wurde, tritt das Vertragswerk für Österreich gemäß Art. 15 Abs. 3 des Übereinkommens am 9. Juli 1972 in Kraft.

Es ist bisher für folgende weitere Staaten in Kraft getreten: Dänemark, Bundesrepublik Deutschland, Griechenland, Norwegen und Schweden.[1)]
[1)] *Nunmehr auch die Türkei (vgl BGBl III 2000/150).*

Diese Staaten haben anläßlich der Ratifikation folgende Vorbehalte erklärt: Dänemark die Vorbehalte 10, erster Teil, 14 und 16 nach Anhang II. Außerdem hat es erklärt, daß das Übereinkommen bis auf weiteres weder für Grönland noch für die Färöer-Inseln gilt. Die Bundesrepublik Deutschland die Vorbehalte 1, 3, 4, 5, 7, 8, 10, 15 und 16 nach Anhang II. Griechenland die Vorbehalte 1, 3, 5, 7, 8, 9, 10, 11, 13 und 16 nach Anhang II. Norwegen die Vorbehalte 1, 6, 9, 10, 13 und 14 nach Anhang II. Schweden die Vorbehalte 8, 10, 14 und 16 nach Anhang II.

6/1. Abk Ö – Schweiz

Grenzüberschreitender Verkehr

Abkommen zwischen der Republik Österreich und der Schweizerischen Eidgenossenschaft über den grenzüberschreitenden Verkehr mit Motorfahrzeugen auf öffentlichen Straßen

BGBl 1959/123

(Auszug)

...

VI. Versicherung

Artikel 12.

(1) Bei der Einreise von Motorfahrzeugen aus dem Gebiet des einen Vertragsstaates in das Gebiet des anderen kann jeder Staat vom Halter des Motorfahrzeuges verlangen, daß in angemessener Weise Sicherheit geleistet wird für die Deckung des Schadens, den das Fahrzeug verursachen könnte. Die verlangte Sicherheit darf nicht höher sein als die von den Haltern oder Führern der einheimischen Fahrzeuge der gleichen Kategorie geforderte. Die Sicherheit kann geleistet werden durch die Internationale Versicherungskarte oder auf eine andere Weise, die vom Staat, der die Sicherheit verlangt, anerkannt ist. Wird keine solche Sicherheit geleistet, so kann der Motorfahrzeugführer zur Entrichtung eines angemessenen, zur Deckung allfälliger Schäden dienenden Beitrages verhalten werden.

(2) Jeder Vertragsstaat kann die Erteilung der Konzession für regelmäßige Fahrten an Unternehmungen des anderen Vertragsstaates davon abhängig machen, daß ihm die Erklärung einer in seinem Gebiet zum Geschäftsbetrieb zugelassenen Haftpflichtversicherungsgesellschaft vorgelegt wird, wonach diese Unternehmung bei Unfällen auf Linienfahrten im Gebiet des betreffenden Vertragsstaates die Schäden nach den für die im Unfall-Land eingetragenen Fahrzeuge geltenden Haftungs- und Versicherungsbestimmungen deckt, sei es auch auf Rechnung eines im Gebiet des anderen Vertragsstaates tätigen Haftpflichtversicherers.

...

7. VOEG
Stichwortverzeichnis, §§ 1 – 4

Verkehrsopfer-Entschädigungsgesetz

BGBl I 2007/37 idF

1 BGBl I 2009/109
2 BGBl I 2013/12 (VersRÄG 2013)
3 BGBl I 2015/34

STICHWORTVERZEICHNIS

Anwendungsbereich 1
Auslandsunfälle 8, 9, 16

Entschädigung
– bei Ausfall eines Haftpflichtversicherers 4, 5
– bei nicht versicherungspflichtigen Fahrzeugen 6
– für Auslandsunfälle 8, 9

– wegen Einhaltung der Gurten- und Helmpflicht 7
Entschädigungsfälle 4 – 9
Entschädigungspflichtiger und –berechtigte 2, 3
Entschädigungsstelle für Auslandsunfälle 8, 9
Ersatzansprüche, Übergang von 13
Ersatz- und Erstattungsansprüche 14 – 16

Bundesgesetz über die Entschädigung von Verkehrsopfern (Verkehrsopfer-Entschädigungsgesetz – VOEG)

1. Abschnitt
Allgemeine Bestimmungen

Anwendungsbereich

§ 1. Dieses Bundesgesetz regelt die Entschädigung von Verkehrsopfern, die Schadenersatzansprüche nicht oder nur unter erschwerten Umständen gegen einen Kraftfahrzeug-Haftpflichtversicherer geltend machen können.

Entschädigungspflichtiger und -berechtigte

§ 2. Leistungen nach diesem Bundesgesetz hat der Fachverband der Versicherungsunternehmungen (im Folgenden Fachverband) zu erbringen.

§ 3. Anspruch auf Leistungen nach diesem Bundesgesetz haben ausschließlich Personen, die in einem Entschädigungsfall nach diesem Bundesgesetz einen Personen- oder Sachschaden erlitten haben, sowie die Hinterbliebenen der in einem solchen Entschädigungsfall getöteten Personen.

2. Abschnitt
Entschädigungsfälle

Entschädigung bei Ausfall eines Haftpflichtversicherers

§ 4. (1) Der Fachverband hat Entschädigung für Personen- und Sachschäden zu leisten, die im Inland durch ein nach den kraftfahrrechtlichen Bestimmungen versicherungspflichtiges Fahrzeug verursacht wurden, wenn

1. trotz bestehender Versicherungspflicht kein Versicherungsvertrag bestand,

2. eine zivilrechtlich haftpflichtige Person nicht ermittelt werden konnte,

3. das Fahrzeug ohne Willen des Halters benützt wurde und dieser nach § 6 EKHG von der Haftung befreit ist,

4. der Haftpflichtversicherer nicht zur Deckung verpflichtet ist, weil der Schädiger den Eintritt der Tatsache, für die er schadenersatzpflichtig ist, vorsätzlich und rechtswidrig herbeiführte, oder

5. über das Vermögen des Haftpflichtversicherers ein Insolvenzverfahren eröffnet wurde oder die Eröffnung eines solchen Verfahrens mangels hinreichenden Vermögens abgelehnt wurde.

(2) Der Fachverband hat Leistungen nach Abs. 1 so zu erbringen, als ob ihnen ein Schadenersatzanspruch des Verkehrsopfers und das Bestehen einer Kraftfahrzeug-Haftpflichtversicherung im Rahmen der in den kraftfahrrechtlichen Bestimmungen festgesetzten Versicherungspflicht zugrunde lägen. Der Fachverband kann gegen einen Entschädigungsanspruch nicht einwenden, dass ein Haftpflichtiger Ersatz zu leisten habe, oder dass ein Haftpflichtversicherer einzutreten habe, wenn dieser seine Deckungspflicht bestreitet.

(3) Der Fachverband hat im Fall des Abs. 1 Z 1 auch dann Entschädigung zu leisten, wenn mit einem Fahrzeug Schäden nicht im Inland verursacht wurden, das Risiko aber als im Inland belegen gilt (§ 14 Abs. 2 Z 1 lit. b Versicherungsaufsichtsgesetz, BGBl. Nr. 569/1978). *(BGBl I 2009/109)*

Fassung ab 1. 1. 2016 (BGBl I 2015/34):
(3) Der Fachverband hat im Fall des Abs. 1 Z 1 auch dann Entschädigung zu leisten, wenn mit einem Fahrzeug Schäden nicht im Inland verursacht wurden, das Risiko aber als im Inland belegen gilt „(§ 5 Z 20 lit. a sublit. bb des Versicherungsaufsichtsgesetzes 2016, BGBl. I Nr. 34/2015)". (BGBl I 2015/34, ab 1. 1. 2016)

7. VOEG
§§ 4 – 8

(4) Der Fachverband hat im Fall des Abs. 1 Z 2 auch dann Entschädigung zu leisten, wenn nicht ermittelt werden kann, ob das Fahrzeug, das den Schaden verursachte, nach den kraftfahrrechtlichen Bestimmungen versicherungspflichtig war.

(5) Personen, die im Zeitpunkt des Schadensereignisses mit ihrem Willen in einem Fahrzeug befördert wurden, sind nicht zu entschädigen, wenn sie wussten, dass auf das Fahrzeug die Voraussetzungen des Abs. 1 Z 1 oder 3 zutrafen.

§ 5. (1) Sachschäden sind in den Fällen des § 4 Abs. 1 Z 3, 4 und 5 nur mit dem 220 Euro übersteigenden Betrag zu ersetzen. Im Fall des § 4 Abs. 1 Z 2 sind Sachschäden nur mit dem 220 Euro übersteigenden Betrag und nur dann zu ersetzen, wenn durch dasselbe Schadensereignis eine Person getötet wurde oder eine schwere Körperverletzung im Sinn des § 84 Abs. 1 StGB erlitt.

(2) Im Fall des § 4 Abs. 1 Z 5 sind die Entschädigungsleistungen mit 0,5 vom Hundert des gesamten Prämienaufkommens aller Kraftfahrzeug-Haftpflichtversicherer in jedem Kalenderjahr begrenzt.

Entschädigung bei nicht versicherungspflichtigen Fahrzeugen

§ 6. (1) Der Fachverband hat Entschädigung für Personen- und Sachschäden zu leisten, die im Inland durch

1. ein Fahrzeug im Sinn des § 1 Abs. 2 lit. a, b und d sowie des Abs. 2a KFG 1967 oder

2. ein Fahrzeug, das seinen gewöhnlichen Standort nach Art. 1 Z 4 der Richtlinie 72/166/EWG, ABl. Nr. L 103 vom 2. 5. 1972, S. 1, zuletzt geändert durch die Richtlinie 2005/14/EG, ABl. Nr. L 149 vom 11. 6. 2005, S. 14, in einem anderen EWR-Vertragsstaat hat und nach Art. 4 lit. b dieser Richtlinie nicht der Versicherungspflicht unterliegt,

verursacht wurden.

(2) Der Fachverband hat Leistungen nach Abs. 1 so zu erbringen, als ob ihnen ein Schadenersatzanspruch des Verkehrsopfers und das Bestehen einer Kraftfahrzeug-Haftpflichtversicherung im Rahmen der in den kraftfahrrechtlichen Bestimmungen festgesetzten Versicherungspflicht zugrunde lägen. Der Fachverband kann gegen einen Entschädigungsanspruch nicht einwenden, dass ein Haftpflichtiger Ersatz zu leisten habe, oder dass ein Haftpflichtversicherer einzutreten habe, wenn dieser seine Deckungspflicht bestreitet.

(3) Der Geschädigte ist nach Abs. 1 nicht zu entschädigen, wenn

1. das Fahrzeug als ortsgebundene Kraftquelle oder für ähnliche Zwecke verwendet wird oder

2. der Schaden durch einen Unfall von in § 1 Abs. 2 lit. a und b KFG 1967 angeführten Fahrzeugen im geschlossenen Bereich zwischen in den Arbeitsbetrieb eingebundenen Personen herbeigeführt wird.
(BGBl I 2013/12)

Entschädigung wegen Einhaltung der Gurten- und Helmpflicht

§ 7. (1) Der Fachverband hat Entschädigung für Personenschäden zu leisten, die durch die bestimmungsgemäße Verwendung eines Sicherheitsgurts oder Sturzhelms verursacht wurden, soweit der Schaden ohne Verwendung des Sicherheitsgurts oder Sturzhelms wahrscheinlich nicht oder wahrscheinlich nicht in dieser Schwere eingetreten wäre.

(2) Der Geschädigte ist jedoch nicht nach Abs. 1 zu entschädigen, wenn ihm

1. Schadenersatzansprüche nach den §§ 1293 ff. ABGB, nach dem EKHG oder nach vergleichbaren Haftpflichtbestimmungen zustehen, die durch eine Haftpflichtversicherung gedeckt sind oder die unverzüglich, spätestens nach Mahnung erfüllt werden, oder

2. Ansprüche gegen einen Sozialversicherungsträger auf Leistungen, die denselben Schaden ausgleichen sollen, oder ähnliche Versorgungsansprüche zustehen.

(3) Überdies ist der Geschädigte nicht nach Abs. 1 zu entschädigen, wenn er

1. den Schaden vorsätzlich oder grob fahrlässig herbeiführte, etwa indem er das Fahrzeug in einem durch Alkohol beeinträchtigten Zustand lenkte, oder

2. das Fahrzeug benützte oder mit ihm befördert wurde, obwohl er wusste, dass dies gegen den Willen des Halters geschah.

Entschädigung für Auslandsunfälle (Entschädigungsstelle)

§ 8. (1) Der Fachverband hat im Umfang der Leistungspflicht des Haftpflichtversicherers an dessen Stelle als Entschädigungsstelle Entschädigung für Personen- oder Sachschäden zu leisten, die einer Person mit inländischem Wohnsitz (Sitz) in einem anderen Staat, dessen nationales Versicherungsbüro (Art. 1 Z 3 der Richtlinie 72/166/EWG) dem System der Grünen Karte beigetreten ist, mit einem Fahrzeug zugefügt wurden, das seinen gewöhnlichen Standort in einem anderen EWR-Vertragsstaat hat und bei einem Haftpflichtversicherer versichert ist, der in einem anderen EWR-Vertragsstaat mit Sitz oder Zweigniederlassung niedergelassen ist.

(2) Entschädigung nach Abs. 1 ist dann zu leisten, wenn

1. der Haftpflichtversicherer oder sein Schadenregulierungsbeauftragter nicht seiner Verpflichtung nachkommt, innerhalb von drei Monaten

nach der Geltendmachung des Entschädigungsanspruchs begründet auf die im Begehren enthaltenen Darlegungen zu antworten (Art. 6 Abs. 1 zweiter Unterabsatz lit. a der Richtlinie 2000/26/EG, ABl. Nr. L 181 vom 20. 7. 2000, S. 65),

2. der Haftpflichtversicherer für das Inland keinen solchen Schadenregulierungsbeauftragten bestellt hat und der Geschädigte seinen Anspruch nicht unmittelbar gegen den Versicherer geltend gemacht hat.

(3) Der Geschädigte hat seinen Anspruch im Fall des Abs. 2 Z 1 innerhalb von vier Wochen nach Ablauf der dreimonatigen Frist, im Fall des Abs. 2 Z 2 aber innerhalb von vier Wochen ab dem Zeitpunkt geltend zu machen, in dem er davon Kenntnis erlangte oder hätte erlangen müssen, dass kein Schadenregulierungsbeauftragter bestellt ist.

(4) Der Geschädigte ist nicht nach Abs. 1 zu entschädigen, wenn er gegen den Schädiger oder dessen Haftpflichtversicherer gerichtliche Schritte eingeleitet hat. Die Pflicht zur Entschädigung erlischt, wenn der Haftpflichtversicherer oder der Schadenregulierungsbeauftragte der in Abs. 2 Z 1 genannten Verpflichtung nachkommt.

(5) Der Geschädigte kann gegenüber dem Fachverband gerichtlich nur geltend machen, dass die Voraussetzungen für die Entschädigung nach den Abs. 1 bis 4 vorliegen und die Entschädigungspflicht noch nicht erloschen ist.

§ 9. Der Fachverband als Entschädigungsstelle hat Personen mit inländischem Wohnsitz (Sitz) in den in § 4 Abs. 1 Z 1 und 2 angeführten Fällen nach Maßgabe und im Umfang dieser Entschädigungspflicht Leistungen zu erbringen, wenn der Schaden in einem anderen EWR-Vertragsstaat verursacht wurde.

3. Abschnitt

Pflichten der Beteiligten

Pflichten des Geschädigten

§ 10. (1) Anspruchsberechtigte Personen sind verpflichtet,

1. Personenschäden ohne unnötigen Aufschub der nächsten Polizeidienststelle zu melden,

2. nach Möglichkeit zur Feststellung des Sachverhalts beizutragen und

3. die zur Vermeidung oder Minderung des Schadens notwendigen Maßnahmen zu treffen.

(2) Verletzt der Geschädigte die ihm nach Abs. 1 auferlegten Pflichten vorsätzlich, so verliert er den Anspruch auf Entschädigung. Bei grob fahrlässiger Verletzung bleibt der Anspruch nur insoweit bestehen, als der Umfang des Schadens auch bei gehöriger Erfüllung dieser Pflichten nicht geringer gewesen wäre.

Pflichten des Fachverbandes

§ 11. (1) Der Fachverband als Entschädigungsstelle hat innerhalb von zwei Monaten nach Geltendmachung eines Anspruchs nach § 8 Maßnahmen zur Feststellung seiner Entschädigungsverpflichtung zu treffen.

(2) Der Fachverband hat die Geltendmachung eines solchen Anspruchs unverzüglich dem Haftpflichtversicherer oder dem Schadenregulierungsbeauftragten, der der in § 8 Abs. 2 Z 1 genannten Verpflichtung nicht rechtzeitig nachgekommen ist, der Entschädigungsstelle im Staat der Niederlassung (Sitz oder Zweigniederlassung) des Haftpflichtversicherers, bei dem der Versicherungsvertrag abgeschlossen wurde, sowie dem Schädiger mitzuteilen.

(3) Der Fachverband hat der Finanzmarktaufsichtsbehörde jährlich über die Anzahl der gegen ihn geltend gemachten Ansprüche, aufgeschlüsselt nach den in den §§ 4 bis 9 angeführten Entschädigungsfällen, und über die von ihm geleisteten Entschädigungen zu berichten.

Hinweispflichten

§ 12. Die Organe des öffentlichen Sicherheitsdiensts haben den Geschädigten bei ihren Ermittlungen auf die Möglichkeit zur Geltendmachung von Ansprüchen nach diesem Bundesgesetz hinzuweisen.

4. Abschnitt

Forderungsübergang

Übergang von Ersatzansprüchen

§ 13. Steht einem Geschädigten, der Leistungen nach diesem Bundesgesetz erhalten hat, ein Schadenersatzanspruch gegen einen Dritten zu, so geht dieser Anspruch auf den Fachverband insoweit über, als er dem Geschädigten eine Leistung erbracht hat. Soweit der Fachverband Entschädigungsleistungen nach § 4 Abs. 1 Z 5 erbracht hat, sind Rückersatzansprüche gegen den Versicherungsnehmer und mitversicherte Personen, die Verbraucher im Sinn des § 1 Abs. 1 Z 2 KSchG sind, auf je 2 200 Euro beschränkt.

5. Abschnitt

Ersatz- und Erstattungsansprüche

Finanzierung der Entschädigungsleistungen

§ 14. Der Fachverband hat gegen die Unternehmen, die das Haftpflichtrisiko für im Inland zugelassene Fahrzeuge versichern, Anspruch auf Ersatz der von ihm nach diesem Bundesgesetz erbrachten oder erstatteten Leistungen einschließlich eines angemessenen Verwaltungsaufwands. Die dem Fachverband aufgrund dieses Bundesgesetzes erstatteten Leistungen sind bei der Berechnung des Ersatzanspruchs abzuziehen. Die Haftpflichtversicherer haben zu diesem Ersatz in demjenigen Verhältnis beizutragen, in dem ihr Prämienaufkommen aus der Kraftfahrzeug-Haftpflichtversicherung für im Inland zum Verkehr zugelassene Fahrzeuge zum gesamten Prämienaufkommen aller Versicherer aus dieser Versicherung steht.

Erstattung bei nicht-versicherungspflichtigen Fahrzeugen

§ 15. (1) Soweit der Fachverband eine Entschädigung nach § 6 Abs. 1 Z 2 geleistet hat, hat er Anspruch auf Erstattung dieser Leistung durch die entschädigungspflichtige Einrichtung in dem EWR-Vertragsstaat, in dem das Fahrzeug seinen gewöhnlichen Standort hat.

(2) Wurde durch ein Fahrzeug im Sinn des § 6 Abs. 1 Z 1 in einem anderen EWR-Vertragsstaat ein Schaden verursacht, den die dort entschädigungspflichtige Einrichtung ersetzt hat, so hat der Fachverband nach Maßgabe der Rechtsvorschriften dieses Vertragsstaats der Einrichtung diese Ersatzleistung zu erstatten. Mit der Leistung der Erstattung geht der Anspruch des Geschädigten gegen den Schädiger auf den Fachverband über.

Erstattung bei Auslandsunfällen

§ 16. (1) Soweit der Fachverband eine Entschädigung nach § 8 geleistet hat, hat er Anspruch auf Erstattung dieser Leistung durch die Entschädigungsstelle im Staat der Niederlassung (Sitz oder Zweigniederlassung) des Haftpflichtversicherers, bei dem der Versicherungsvertrag abgeschlossen wurde.

(2) Der Fachverband hat der Entschädigungsstelle eines anderen EWR-Vertragsstaats, die eine Leistung nach Art. 6 Abs. 1 der Richtlinie 2000/26/EG erbracht hat, nach Maßgabe der Rechtsvorschriften dieses EWR-Vertragsstaats diese Leistung zu erstatten, wenn der Versicherungsvertrag bei einem inländischen Haftpflichtversicherer oder einer im Inland gelegenen Zweigniederlassung eines ausländischen Haftpflichtversicherers abgeschlossen wurde. Mit der Leistung der Erstattung geht der Anspruch des Geschädigten gegen den Schädiger und dessen Haftpflichtversicherer auf den Fachverband über.

(3) Soweit der Fachverband eine Entschädigung nach § 9 geleistet hat, hat er Anspruch auf Erstattung dieser Leistung durch

1. die Entschädigungsstelle in dem EWR-Vertragsstaat, in dem das Fahrzeug, mit der Schaden verursacht wurde, seinen gewöhnlichen Standort hat, im Fall des § 4 Abs. 1 Z 1,

2. die Entschädigungsstelle in dem EWR-Vertragsstaat, in dem das Schadensereignis eintrat, wenn der Schaden im Fall des § 4 Abs. 1 Z 2 durch ein Fahrzeug mit gewöhnlichem Standort in einem EWR-Vertragsstaat oder im Fall des § 4 Abs. 1 Z 1 oder 2 durch ein Fahrzeug mit gewöhnlichem Standort außerhalb der EWR-Vertragsstaaten verursacht wurde.

(4) Der Fachverband hat der Entschädigungsstelle in einem anderen EWR-Vertragsstaat, die eine Leistung nach Art. 7 der Richtlinie 2000/26/EG erbracht hat, nach Maßgabe der Rechtsvorschriften dieses EWR-Vertragsstaats diese Leistung zu erstatten, wenn das Fahrzeug, mit dem der Schaden verursacht wurde, im Inland zugelassen ist oder das Schadensereignis im Inland eintrat. Mit der Leistung der Erstattung geht der Anspruch des Geschädigten gegen den Schädiger und dessen Haftpflichtversicherer auf den Fachverband über.

(5) Auf Erstattungsleistungen nach den Abs. 2 und 4 ist § 14 anzuwenden.

6. Abschnitt

Schluss- und Übergangsbestimmungen

Verweise

§ 17. (1) Soweit in diesem Bundesgesetz auf andere Bundesgesetze verwiesen wird, sind diese in ihrer jeweils geltenden Fassung anzuwenden.

(2) Soweit in anderen Bundesgesetzen und Verordnungen auf Bestimmungen verwiesen wird, die durch dieses Bundesgesetz geändert oder aufgehoben werden, erhält die Verweisung ihren Inhalt aus den entsprechenden Bestimmungen dieses Bundesgesetzes.

Vollziehung

§ 18. Mit der Vollziehung dieses Bundesgesetzes sind hinsichtlich des § 11 Abs. 3 der Bundesminister für Finanzen, hinsichtlich des § 12 der Bundesminister für Inneres und im Übrigen der Bundesminister für Justiz im Einvernehmen mit dem Bundesminister für Finanzen betraut.

In-Kraft-Treten

§ 19. (1) Dieses Bundesgesetz tritt mit 1. Juli 2007 in Kraft. Es ist auf Schadensfälle anzuwenden, die sich nach dem 30. Juni 2007 ereignet haben.

(2) Mit dem In-Kraft-Treten dieses Bundesgesetzes tritt das Bundesgesetz über den erweiterten Schutz der Verkehrsopfer, BGBl. Nr. 322/1977, zuletzt geändert durch das Bundesgesetz BGBl. I Nr. 33/2003, außer Kraft. Es ist auf Schadensfälle, die sich vor dem 1. Juli 2007 ereignet haben, weiterhin anzuwenden.

7. VOEG
§ 19

(3) § 4 Abs. 3 in der Fassung des Bundesgesetzes BGBl. I Nr. 109/2009 tritt mit 17. Dezember 2009 in Kraft. *(BGBl I 2009/109)*

(4) § 6 Abs. 3 in der Fassung des Bundesgesetzes BGBl. I Nr. 12/2013 tritt mit 1. Jänner 2013 in Kraft. *(BGBl I 2013/12)*

(5) § 4 Abs. 3 in der Fassung des Bundesgesetzes BGBl. I Nr. 34/2015 tritt mit 1. Jänner 2016 in Kraft. *(BGBl I 2015/34)*

VOEG
Vertrag Ö-Schweiz

7/1. Vertrag Ö – Schweiz
Verkehrsunfälle; Schadendeckung

Vertrag zwischen der Republik Österreich und der Schweizerischen Eidgenossenschaft über die Schadendeckung bei Verkehrsunfällen

BGBl 1981/186

STICHWORTVERZEICHNIS

Angehörige 1 (1), 2
Außerkrafttreten 7 (2)

Geltungsbereich 6

Inkrafttreten 7

Kraftfahrzeug, Begriff 2 (2)
Kraftfahrzeuganhänger
– Gleichstellung mit KFZ 2 (3)
Kündigung des Vertrages 7 (2)

Motorfahrräder
– Gleichstellung mit KFZ 2 (2)
Motorfahrzeug, Begriff 2 (2)

Schadendeckungsanspruch
– Angehörige 1 (1)
– nicht versicherte Sachschäden 1 (2)
Schadenersatzanspruch
– gegen Halter 3
– gegen Schädiger 3

Vertrag zwischen der Republik Österreich und der Schweizerischen Eidgenossenschaft über die Schadendeckung bei Verkehrsunfällen

Die Republik Österreich

und die Schweizerische Eidgenossenschaft von dem Wunsche geleitet, die Rechtsstellung der Angehörigen beider Staaten bei einem Verkehrsunfall im anderen Land zu verbessern,

in Anbetracht, daß in beiden Staaten die Haftpflichtversicherung für Kraftfahrzeuge (Motorfahrzeuge) obligatorisch ist und Einrichtungen für den Ersatz der von nicht versicherten oder nicht ermittelten Kraftfahrzeugen (Motorfahrzeugen) verursachten Schäden bestehen, in der Erkenntnis, daß es angezeigt ist, im gegenseitigen Verhältnis die in ihren Gesetzgebungen gegenüber ausländischen Geschädigten vorgesehenen Einschränkungen auszuschließen,

haben folgendes vereinbart:

Artikel 1

(1) Die Angehörigen jedes der beiden Vertragsstaaten, die im anderen durch ein Kraftfahrzeug (Motorfahrzeug) geschädigt werden, haben die gleichen Schadendeckungsansprüche wie die Angehörigen des Unfallandes, gleichgültig ob der Schaden durch ein versichertes, ein nicht versichertes, ein ausländisches oder ein nicht ermitteltes Kraftfahrzeug (Motorfahrzeug) verursacht worden ist.

(2) Für Ansprüche wegen Sachschäden, die durch ein nicht versichertes oder nicht ermitteltes Kraftfahrzeug (Motorfahrzeug) verursacht wurden, ist jedoch das Unfalland nicht verpflichtet, eine Schadendeckung zu gewährleisten, die über diejenige hinausgeht, die nach dem Recht des anderen Vertragsstaates gegeben ist.

Artikel 2

(1) Den Angehörigen eines der beiden Vertragsstaaten sind alle Personen und sonstigen Rechtsträger gleichgestellt, die in seinem Staatsgebiet ihren gewöhnlichen Aufenthalt oder ihren Sitz haben.

(2) Der Begriff des Kraftfahrzeuges (Motorfahrzeuges) bestimmt sich nach dem Recht des Unfallandes; Motorfahrräder sind den Kraftfahrzeugen (Motorfahrzeugen) gleichgestellt.

(3) Fallen die von einem Kraftfahrzeuganhänger (Motorfahrzeuganhänger) verursachten Schäden nicht unter die Versicherung des Zugfahrzeuges, sondern unter eine selbständige Anhängerversicherung, so ist der Anhänger für die Anwendung dieses Vertrages einem Kraftfahrzeug (Motorfahrzeug) gleichgestellt.

Artikel 3

Dieser Vertrag läßt Schadenersatzansprüche gegen den Schädiger und den Halter von Kraftfahrzeugen (Motorfahrzeugen) unberührt.

Artikel 4

Bei Mitteilungen und Vollstreckungen bezüglich nicht versicherter und im Gebiet des anderen

7/1. Vertrag Ö – Schweiz
Verkehrsunfälle; Schadendeckung

Vertragsstaates verwendeter Fahrzeuge ist gemäß dem Vertrag zwischen der Republik Österreich und der Schweizerischen Eidgenossenschaft über die wechselseitige Amtshilfe in Kraftfahr-(Straßenverkehrs-) angelegenheiten vom 23. Mai 1979[1)] vorzugehen.

[1)] *Kundgemacht in BGBl 1980/380.*

Artikel 5

Die Vertragsstaaten teilen einander auf diplomatischem Weg den für die Anwendung des Artikels 1 Absatz 2 maßgeblichen Rechtszustand und dessen Änderungen mit.

Artikel 6

Dieser Vertrag gilt zufolge Bevollmächtigung durch die fürstlich-liechtensteinische Regierung auch für das Fürstentum Liechtenstein; ausgenommen ist jedoch Artikel 4.

Artikel 7

(1) Dieser Vertrag tritt mit dem ersten Tag des dritten Monats in Kraft, der auf den Monat folgt, in dem die Vertragsstaaten einander durch Notenwechsel mitteilen, daß die verfassungsrechtlichen Voraussetzungen für das Inkrafttreten des Vertrages erfüllt sind.

(2) Dieser Vertrag bleibt in Kraft, solange ihn nicht einer der beiden Vertragsstaaten schriftlich auf diplomatischem Weg unter Einhaltung einer sechsmonatigen Kündigungsfrist zum Ende eines Kalenderjahres kündigt.

Geschehen zu Wien, am 23. Mai 1979, in zwei Urschriften.

Luftfahrtgesetz

BGBl 1957/253

zuletzt geändert durch BGBl I 2013/108
(Auszug)

...

Voraussetzungen für die Verwendung im Fluge

§ 12. (1) Soweit in den §§ 7, 18, 20 und 132 nichts anderes bestimmt ist, darf ein Zivilluftfahrzeug im Fluge nur verwendet werden, wenn von der Austro Control GmbH oder von einer auf Grund einer Übertragung gemäß § 140b zuständigen Behörde durch eine öffentliche Urkunde bestätigt worden ist, daß es
1. die österreichische Staatszugehörigkeit (§ 15) besitzt,
2. für die jeweilige Verwendung lufttüchtig (§ 17) und technisch so ausgerüstet ist, daß das durch seinen Betrieb entstehende Geräusch das nach dem jeweiligen Stand der Technik unvermeidbare Maß nicht übersteigt, und
3. entsprechend der Verordnung (EG) Nr. 785/2004 über Versicherungsanforderungen an Luftfahrtunternehmen und Luftfahrzeugbetreiber, ABl. Nr. L 138 vom 30. April 2004, S. 1, oder entsprechend dem § 164 versichert ist.

(2) Für Fallschirme, Hänge- und Paragleiter entfällt die Voraussetzung gemäß Abs. 1 Z 1.

(3) Die näheren Voraussetzungen für die Verwendung im Fluge sind vom Bundesminister für Verkehr, Innovation und Technologie durch Verordnung zu regeln. Dabei können Sonderbestimmungen für Ultraleichtflugzeuge, motorisierte Hänge- und Paragleiter, Fallschirme, Hänge- und Paragleiter festgesetzt werden, soweit dadurch nicht die Sicherheit der Luftfahrt beeinträchtigt wird.

(4) Die im Anwendungsbereich der Verordnung (EG) Nr. 216/2008 zur Festlegung gemeinsamer Vorschriften für die Zivilluftfahrt und zur Errichtung einer Europäischen Agentur für Flugsicherheit, zur Aufhebung der Richtlinie 91/670/EWG des Rates, der Verordnung (EG) Nr. 1592/2002 und der Richtlinie 2004/36/EG, ABl. Nr. L 79 vom 19.3.2008 S.1, in der jeweils geltenden Fassung, für die zulässige Verwendung eines Zivilluftfahrzeuges ausgestellten Urkunden und Genehmigungen sind auch gültig, wenn das Zivilluftfahrzeug außerhalb des Anwendungsbereiches der Verordnung (EG) Nr. 216/2008 verwendet wird, sofern die unionsrechtlichen Bestimmungen zumindest die gleichen Anforderungen stellen wie die in Österreich anwendbaren Vorschriften. *(BGBl I 2013/108, ab 1. 10. 2013)*

„(5)" Militärluftfahrzeuge dürfen im Fluge nur verwendet werden, wenn und solange ihre Lufttüchtigkeit (§ 17) gegeben ist. *(BGBl I 2013/108, ab 1. 10. 2013)*

(BGBl I 2006/88)

...

Voraussetzung für die Verwendung von ausländischen Luftfahrzeugen im Fluge

§ 18. (1) Ausländisch registrierte Zivilluftfahrzeuge dürfen im Fluge nur verwendet werden, wenn
1. die von einem anderen Staat erfolgten Bestätigungen der zulässigen Verwendung im Fluge von der Austro Control GmbH oder von einer auf Grund einer Übertragung gemäß § 140b zuständigen Behörde durch Bescheid gemäß Abs. 2 anerkannt worden sind, oder
2. die Zulässigkeit der Verwendung im Fluge auf Grund einer zwischenstaatlichen Vereinbarung oder auf Grund von „unionsrechtlichen" Bestimmungen als anerkannt gilt und die dem § 164 oder der Verordnung (EG) Nr. 785/2004 entsprechenden Versicherungen aufrecht vorhanden sind. *(BGBl I 2013/108, ab 1. 10. 2013)*
3. diese von einer Einzelvereinbarung oder ausführenden Festlegung gemäß § 24b umfasst sind. *(BGBl I 2013/108, ab 1. 10. 2013)*

(2) Ausländische Bestätigungen der zulässigen Verwendung von Zivilluftfahrzeugen im Fluge sind auf Antrag des Halters von der Austro Control GmbH oder von einer auf Grund einer Übertragung gemäß § 140b zuständigen Behörde durch schriftlichen Bescheid anzuerkennen, wenn
1. in dem betreffenden Staat die Vorschriften über die Lufttüchtigkeit, den Flugbetrieb einschließlich der für die jeweilige Verwendung erforderlichen Ausrüstung, die Betriebstüchtigkeit sowie die Aufrechterhaltung der Lufttüchtigkeit mindestens die gleichen Anforderungen stellen wie die entsprechenden „in Österreich anwendbaren" Vorschriften (Gleichwertigkeit), *(BGBl I 2008/83)*
2. der Antragsteller dem § 164 oder der Verordnung (EG) Nr. 785/2004 entsprechende Versicherungen nachweist und
3. die Verwendung österreichischer Zivilluftfahrzeuge (§ 15) im Fluge in dem betreffenden anderen Staat unter vergleichbaren Voraussetzun-

gen als zulässig anerkannt wird (Gegenseitigkeit). Das Erfordernis der Gegenseitigkeit gilt nicht, wenn der betreffende Staat Vertragspartei des Abkommens über den Europäischen Wirtschaftsraum (EWR) ist.

Die gemäß der Z 1 erforderliche Gleichwertigkeit der ausländischen Beurkundungen kann von der Austro Control GmbH oder von einer auf Grund einer Übertragung gemäß § 140b zuständigen Behörde als erwiesen angenommen werden, wenn von der ausländischen Behörde oder einer von dieser anerkannten Stelle schriftlich bestätigt worden ist, dass die den österreichischen Vorschriften entsprechenden Anforderungen erfüllt werden.

(3) Die Anerkennung gemäß Abs. 2 ist insoweit bedingt, befristet oder mit Auflagen zu erteilen, als dies im Interesse der Sicherheit der Luftfahrt erforderlich ist.

(BGBl I 2006/88)

Feststellung der mangelnden Voraussetzungen für die Verwendung im Fluge und Widerruf der Anerkennungen

§ 19. (1) Werden die Voraussetzungen, die zur Ausstellung der Beurkundungen nach § 12 geführt haben, nicht mehr erfüllt, ist eine Verwendung des Luftfahrzeuges im Fluge nicht mehr zulässig. Wird der Mangel nicht innerhalb der von der Beurkundungsbehörde festgesetzten, einen Monat nicht unterschreitenden Frist behoben, hat die Austro Control GmbH oder die auf Grund einer Übertragung gemäß § 140b zuständige Behörde mit Bescheid von Amts wegen festzustellen, daß das Luftfahrzeug nicht mehr verwendet werden darf. Gleichzeitig ist die Rückgabe der ausgestellten Urkunden (§ 12) vorzuschreiben.

(2) Anerkennung ausländischer Bestätigungen der zulässigen Verwendung im Fluge sind von der Austro Control GmbH oder von einer auf Grund einer Übertragung gemäß § 140b zuständigen Behörde zu widerrufen, wenn eine der Voraussetzungen gemäß § 18 Abs. 2 nicht mehr vorliegt oder im Zeitpunkt der Anerkennung nicht erfüllt war und dieser Mangel noch fortdauert oder gegen Auflagen verstoßen worden ist.

(BGBl I 2006/88)

...

Zwischenbewilligung für Zivilluftfahrzeuge

§ 20. (1) Zivilluftfahrzeuge, die noch nicht allen Voraussetzungen nach § 12 entsprechen, und ausländische Zivilluftfahrzeuge, bei denen nicht alle Voraussetzungen für eine zulässige Verwendung im Fluge vorliegen (§ 18), dürfen nur mit schriftlicher Bewilligung der Austro Control GmbH von einem Flugplatz auf einen anderen im Fluge überstellt und außerhalb von Erprobungsbereichen (§ 7) im Fluge technisch erprobt werden (Zwischenbewilligung).

(2) Die Austro Control GmbH hat auf Antrag des Luftfahrzeughalters die Zwischenbewilligung zu erteilen, wenn das Zivilluftfahrzeug verkehrssicher ist und der Luftfahrzeughalter eine dem § 164 oder der Verordnung (EG) Nr. 785/2004 entsprechende Versicherungsdeckung nachgewiesen hat. Insoweit die Verkehrssicherheit es erfordert, ist die Zwischenbewilligung befristet, bedingt oder mit Auflagen zu erteilen. Sie ist zu widerrufen, wenn eine der Voraussetzungen, die zu ihrer Erteilung geführt haben, nicht oder nicht mehr vorliegt oder gegen Auflagen verstoßen wurde.

(3) Eine Zwischenbewilligung gemäß Abs. 1 ist nicht erforderlich, wenn für das Zivilluftfahrzeug eine Fluggenehmigung gemäß Anhang I (Teil 21) Abschnitt P der Verordnung (EU) Nr. 748/2012 zur Festlegung der Durchführungsbestimmungen für die Erteilung von Lufttüchtigkeits- und Umweltzeugnissen für Luftfahrzeuge und zugehörige Produkte, Bau- und Ausrüstungsteile sowie für die Zulassung von Entwicklungs- und Herstellungsbetrieben, ABl. Nr. L 224 vom 21.08.2012 S. 1, in der jeweils geltenden Fassung, erteilt worden ist. *(BGBl I 2013/108, ab 1. 10. 2013)*

(4) Ein Zivilluftfahrzeug mit einer Fluggenehmigung gemäß Anhang I (Teil 21) Abschnitt P der Verordnung (EU) Nr. 748/2012 darf nur verwendet werden, wenn eine gemäß § 164 oder der Verordnung (EG) Nr. 785/2004 entsprechende Versicherungsdeckung aufrecht vorhanden ist und die genehmigten Flugbedingungen eingehalten werden. Bei Flügen zur Erprobung oder Prüfung des Zivilluftfahrzeuges ist darauf zu achten, dass die anderen Teilnehmer am Luftverkehr sowie Personen und Sachen auf der Erde nicht gefährdet werden. *(BGBl I 2013/108, ab 1. 10. 2013)*

(BGBl I 2006/88)

...

Bescheid über die Zivilflugplatz-Bewilligung

§ 72. (1) Der Bescheid über die Zivilflugplatz-Bewilligung hat zu bestimmen:

a) die Arten der Luftfahrzeuge, die diesen Zivilflugplatz unter Bedachtnahme auf die Verkehrssicherheit und die zweckmäßige Gestaltung des Luftverkehrs benützen dürfen,

b) den Inhalt der allenfalls in Aussicht genommenen Sicherheitszonen-Verordnung,

c) den Auftrag zum Abschluß einer Haftpflichtversicherung bis zu einem Höchstbetrag von 145 Millionen Euro nach Maßgabe des Betriebsumfanges,

d) einen angemessenen Zeitraum, innerhalb dessen die Erteilung der Betriebsaufnahmebewilligung beantragt werden muß, und

e) Bedingungen und Auflagen, soweit sie mit Rücksicht auf die Bestimmungen des § 71 Abs. 1 und insbesondere unter Bedachtnahme auf die Verkehrsaufgaben des Zivilflugplatzes erforderlich sind.

(2) Eine Zivilflugplatz-Bewilligung darf unbeschadet der Bestimmungen gemäß § 71 außerdem nur erteilt werden, wenn der Bewilligungswerber

1. die Staatsangehörigkeit eines Mitgliedstaates der Europäischen Union oder eines durch zwischenstaatliche Vereinbarung gleichgestellten Staates besitzt und, falls sein Wohnsitz nicht im Inland gelegen ist „und Zustellungen nicht durch Staatsverträge mit dem Vertragsstaat des Wohnsitzes oder auf andere Weise sichergestellt sind", einen Zustellungsbevollmächtigten im Inland bestellt hat, oder *(BGBl I 2013/108, ab 1. 10. 2013)*

2. eine juristische Person „oder eingetragene Personengesellschaft" ist, die nach den Rechtsvorschriften eines Mitgliedstaates der Europäischen Union oder durch zwischenstaatliche Vereinbarung gleichgestellten Staates gegründet worden ist und ihren satzungsmäßigen Sitz, ihre Hauptverwaltung oder ihre Hauptniederlassung innerhalb der Europäischen Union oder in einem durch zwischenstaatliche Vereinbarung gleichgestellten Staat hat sowie, falls diese keinen zur Empfangnahme von Urkunden befugten Vertreter mit Wohnsitz im Inland hat „und Zustellungen nicht durch Staatsverträge mit dem Vertragsstaat des Wohnsitzes oder auf andere Weise sichergestellt sind", einen Zustellungsbevollmächtigten im Inland bestellt hat. *(BGBl I 2013/108, ab 1. 10. 2013)*
(BGBl I 2008/83)

(3) Der Bescheid über die Zivilflugplatz-Bewilligung ist schriftlich zu erteilen, andernfalls leidet er an einem mit Nichtigkeit bedrohten Fehler.

(BGBl I 2003/73)

...

Wahrnehmung der Flugsicherheit

§ 120. (1) Soweit in oder auf Grund von völkerrechtlichen Vereinbarungen, in „unionsrechtlichen" Regelungen oder in diesem Bundesgesetz nichts anderes bestimmt ist, obliegt die Wahrnehmung der Flugsicherung als hoheitliche Aufgabe des Bundes der Austro Control GmbH. Die Austro Control GmbH ist zur Durchführung der Flugverkehrsdienste gemäß § 119 Abs. 2 Z 1 lit. a und der Flugwetterdienste gemäß § 119 Abs. 2 Z 1 lit. c auf ausschließlicher Grundlage im Sinne des Art. 8 und des Art. 9 der Verordnung (EG) Nr. 550/2004 über die Erbringung von Flugsicherungsdiensten im einheitlichen europäischen Luftraum („Flugsicherungsdienste-Verordnung"), ABl. Nr. L 96 vom 31.3.2004 S. 10, benannt. *(BGBl I 2013/108, ab 1. 10. 2013)*

(2) Der Bundesminister für Verkehr, Innovation und Technologie kann unbeschadet Abs. 1 aus Gründen der Sparsamkeit, Wirtschaftlichkeit und Zweckmäßigkeit mit Verordnung auch andere Dienstleister zur Durchführung von Flugverkehrsdiensten (§ 119 Abs. 2 Z 1 lit. a) auf Flugfeldern benennen. Diese Dienstleister dürfen nur benannt werden, wenn sie die Anforderungen gemäß Art. 6 und 7 der Flugsicherungsdienste-Verordnung erfüllen.

(3) Die Flugsicherungsorganisationen gemäß Abs. 1 und 2 sind zur Wahrnehmung der ihnen übertragenen Flugsicherungsaufgaben (§ 119 Abs. 2) entweder alleine oder durch Inanspruchnahme der Dienste von gemäß Art. 7 der Flugsicherungsdienste-Verordnung zertifizierten Dienstleistern verpflichtet und unterliegen den Weisungen der Aufsichtsbehörde gemäß § 120c. Im Falle der Erbringung der Flugverkehrsdienste und der Flugwetterdienste ist von den Flugsicherungsorganisationen vor Inanspruchnahme eines gemäß Art. 7 der Flugsicherungsdienste-Verordnung zertifizierten Dienstleisters die Zustimmung des Bundesministers für Verkehr, Innovation und Technologie einzuholen. Diese Zustimmung ist zu erteilen, wenn nicht auf Grund besonderer Umstände anzunehmen ist, dass die Inanspruchnahme eine Gefährdung der sicheren, geordneten und flüssigen Abwicklung des Luftverkehrs bewirken oder sonst den Grundsätzen der Sparsamkeit, Wirtschaftlichkeit und Zweckmäßigkeit widersprechen würde, und gegebenenfalls eine gemäß Art. 2 Abs. 4 der Flugsicherungsdienste-Verordnung erforderliche Vereinbarung gemäß § 121a Z 2 abgeschlossen worden ist. Die Zustimmung ist zu widerrufen, wenn eine der Zustimmungsvoraussetzungen nicht oder nicht mehr gegeben ist.

(4) Die Flugsicherungsorganisationen haben für die Zwecke der Flugsicherung Außenstellen zu errichten, soweit dies zur sicheren, geordneten und flüssigen Abwicklung des Luftverkehrs erforderlich ist (Flugsicherungsstellen).

(5) Die Flugsicherungsorganisationen haben die zur ordnungsgemäßen und sicheren Erfüllung der ihnen übertragenen Flugsicherungsaufgaben erforderlichen und dem internationalen Standard entsprechenden Flugsicherungseinrichtungen vorzuhalten sowie im betriebssicheren Zustand zu erhalten und ordnungsgemäß zu betreiben.

(6) Soweit für die Durchführung von Flugsicherungsdiensten eine Fluglotsenlizenz gemäß der Verordnung (EU) Nr. 805/2011 erforderlich ist, haben die Flugsicherungsorganisationen sicherzustellen, dass das von ihnen eingesetzte Personal eine von einem Mitgliedstaat erteilte und gemäß Art. 9 Abs. 4 der Verordnung (EU) Nr. 805/2011

8/1. LFG
§§ 120, 120b, 140b

rechtsgültige Fluglotsenlizenz innehat. *(BGBl I 2013/108, ab 1. 10. 2013)*

(BGBl I 2008/83)

...

Haftung und Versicherung

§ 120b. (1) Hat der Bund dem Geschädigten gemäß den Bestimmungen des Amtshaftungsgesetzes, BGBl. Nr. 20/1949, den Schaden ersetzt, hat jene Flugsicherungsorganisation, deren Organ den Schaden rechtswidrig und schuldhaft verursacht hat, dem Bund diese Leistung im vollen Umfang zu ersetzen. Nimmt eine Flugsicherungsorganisation die Dienste einer anderen Flugsicherungsorganisation in Anspruch (§ 120 Abs. 3), so gelten deren Organe für Zwecke dieses Rückersatzes auch als Organe der erstgenannten Flugsicherungsorganisation.

(2) Der Rückersatzanspruch gegen das Organ gemäß § 3 des Amtshaftungsgesetzes, BGBl. Nr. 20/1949, bleibt unberührt. Soweit die Flugsicherungsorganisation gemäß Abs. 1 Leistungen an den Bund erbracht hat, geht der Anspruch des Bundes gegen das Organ auf Rückersatz auf die Flugsicherungsorganisation über.

(3) § 10 des Bundesgesetzes über die Austro Control Gesellschaft mit beschränkter Haftung, BGBl. Nr. 898/1993 bleibt von Abs. 1 erster Satz und Abs. 2 unberührt.

(4) Die gemäß Anhang I der „Durchführungsverordnung (EU) Nr. 1035/2011 zur Festlegung gemeinsamer Anforderungen bezüglich der Erbringung von Flugsicherungsdiensten und zur Änderung der Verordnung (EG) Nr. 482/2008 und (EU) Nr. 691/2010, ABl. Nr. L 271 vom 18.10.2011 S. 23, in der jeweils geltenden Fassung," erforderliche Haftungs- und Versicherungsdeckung hat auch die Absicherung des Rückersatzanspruches des Bundes gegen die Flugsicherungsorganisation sowie gegen deren Organe zu umfassen. *(BGBl I 2013/108, ab 1. 10. 2013)*

(BGBl I 2008/83)

...

Übertragung von Zuständigkeiten

§ 140b. (1) Der Bundesminister für Verkehr, Innovation und Technologie kann im Interesse der Sparsamkeit, Wirtschaftlichkeit und Zweckmäßigkeit und, sofern die Sicherheit der Luftfahrt nicht beeinträchtigt wird, durch Verordnung die Wahrnehmung von Aufgaben einschließlich der Entscheidungsbefugnis von im Luftfahrtgesetz oder in den auf Grund dieses Gesetzes erlassenen Verordnungen geregelten Angelegenheiten, insbesondere die

1. Ausstellung bestimmter Kategorien von Zivilluftfahrerscheinen,

2. Stückprüfung, periodische Nachprüfung von Luftfahrzeugen; Feststellung der Lufttüchtigkeit und der unzulässigen Verwendung im Fluge für motorisierte Hänge- und Paragleiter, Hänge-, Paragleiter, Fallschirme und „Ultraleichtluftfahrzeuge; Bewilligung des Betriebes von Flugmodellen," *(BGBl I 2013/108, ab 1. 10. 2013)*

3. Führung des Luftfahrzeugregisters für bestimmte Arten von Zivilluftfahrzeugen,

4. Ausübung der Aufsicht (§ 141 Luftfahrtgesetz) für bestimmte Unternehmen,

5. Erteilung von Bewilligungen für bestimmte Kategorien von Zivilluftfahrschulen oder Luftbeförderungsunternehmen

an Personen mit entsprechender Ausbildung, nach Art und Umfang ihrer Tätigkeit geeignete Gesellschaften, Unternehmen oder Organisationen, welche über entsprechend qualifiziertes Personal sowie die notwendigen technischen Einrichtungen verfügen, übertragen.

(2) In Verwaltungsverfahren sind das Allgemeine Verwaltungsverfahrensgesetz 1991 (AVG) mit Ausnahme dessen §§ 77 und 78 sowie das Gebührengesetz 1957 anzuwenden. „Der Bundesminister für Verkehr, Innovation und Technologie ist sachlich in Betracht kommende Oberbehörde, er hat die Aufsicht und das Weisungsrecht auszuüben." Er kann durch Verordnung festlegen, daß die Aufsicht von der Austro Control GmbH auszuüben ist. *(BGBl I 2013/96, ab 1. 1. 2014)*

(3) Die gemäß Abs. 1 Beauftragten werden ermächtigt, für die Erbringung ihrer Leistungen kostendeckende Gebühren vorzuschreiben. Diese Gebühren unterliegen der Bewilligung durch den Bundesminister für Verkehr, Innovation und Technologie.

(3a) Die gemäß Abs. 1 Beauftragten sind im Rahmen der Amtshilfe berechtigt, die zur Durchführung ihrer gesetzlichen Aufgaben erforderlichen Auskünfte einzuholen und haben auf Verlangen den Organen des Bundes, der Länder und der Gemeinden sowie der Austro Control GmbH Auskünfte zu erteilen. *(BGBl I 2013/108, ab 1. 10. 2013)*

(4) Der Bundesminister für Verkehr, Innovation und Technologie hat die Beauftragung gemäß Abs. 1 zu widerrufen,

1. bei grober Pflichtverletzung oder

2. bei Wegfall der für die Ausübung der übertragenen Tätigkeiten erforderlichen Qualifikation des Beauftragten oder dessen Personals oder

3. bei wiederholter Nichtbeachtung von Weisungen des Bundesministers für Verkehr, Innovation und Technologie.

(5) Der Bundesminister für Verkehr, Innovation und Technologie hat auf Antrag Zuständigkei-

ten gemäß Abs. 1 Z 2, die in einer Verordnung gemäß Abs. 1 bezeichnet wurden, an natürliche oder juristische Personen für die von ihnen „erzeugten oder instandgehaltenen Luftfahrzeuge, Luftfahrtgerät, Flugmodelle oder unbemannte Luftfahrzeuge" mit Bescheid zu übertragen, wenn die Voraussetzungen des Abs. 1 und darüber hinaus folgende Voraussetzungen erfüllt sind:
1. geeignete Betriebsorganisation und Verfahrensabläufe und
2. ausreichende Qualifikation und Schulung des Personals und
3. Nachweis einer Haftpflichtversicherung mit entsprechenden Deckungssummen.
Die Bestimmungen der Abs. 2 bis 4 sind sinngemäß anzuwenden. *(BGBl I 2013/108, ab 1. 10. 2013)*

(6) Ein Bescheid gemäß Abs. 5 kann im Interesse der Sicherheit der Luftfahrt bedingt, befristet, mit Auflagen oder gegen Widerruf erteilt werden.
...
(BGBl I 2004/173)

X. Teil
Haftungs- und Versicherungsrecht

1. Abschnitt
Anwendungsbereich

Verhältnis zu internationalem Recht und zum Recht der Europäischen Gemeinschaft

§ 146. (1) Die Bestimmungen dieses Teils regeln bestimmte Aspekte der zivilrechtlichen Haftung und der Haftpflichtversicherung für Schäden, die durch Luftfahrzeuge oder selbständig im Fluge verwendbares Luftfahrtgerät verursacht werden. Sie sind insoweit nicht anzuwenden, als
1. die Haftung in einem internationalen Übereinkommen oder in der Verordnung (EG) Nr. 2027/97 über die Haftung von Luftfahrtunternehmen bei der Beförderung von Fluggästen und deren Gepäck im Luftverkehr, ABl. Nr. L 285 vom 17. Oktober 1997, S. 1, in der Fassung der Verordnung (EG) Nr. 889/2002, ABl. Nr. L 140 vom 30. Mai 2002, S. 2,
2. die Versicherungspflicht in der Verordnung (EG) Nr. 785/2004 über Versicherungsanforderungen an Luftfahrtunternehmen und Luftfahrzeugbetreiber, oder
3. die gerichtliche Zuständigkeit in einem internationalen Übereinkommen oder in der Verordnung (EG) Nr. 44/2001 über die gerichtliche Zuständigkeit und die Anerkennung und Vollstreckung von Entscheidungen in Zivil- und Handelssachen, ABl. Nr. L 12 vom 16. Jänner 2001, S. 1, in der Fassung der Verordnung (EG) Nr 2245/2004, ABl. Nr. L 381 vom 28. Dezember 2004, S. 10,
geregelt wird.

(2) Soweit die Bestimmungen dieses Teils auf die Sonderziehungsrechte des Internationalen Währungsfonds (SZR) Bezug nehmen, ist für die Umrechnung der jeweilige Betrag nach dem Wert des Euro gegenüber dem Sonderziehungsrecht im Zeitpunkt der Zahlung maßgeblich. Im Fall der gerichtlichen Geltendmachung des Anspruchs ist für die Umrechnung der Zeitpunkt der Urteilsfällung maßgeblich.
(BGBl I 2006/88)

Haftung für Postsendungen

§ 147. Auf die Beförderung von Briefen und briefähnlichen Sendungen sind nicht die Bestimmungen dieses Bundesgesetzes, sondern jene des allgemeinen Zivil- und Unternehmensrechts anzuwenden.
(BGBl I 2008/70)

2. Abschnitt
Haftung für nicht beförderte Personen und Sachen

Drittschadenshaftung

§ 148. (1) Wird durch einen Unfall beim Betrieb eines Luftfahrzeugs oder eines selbständig im Fluge verwendbaren Luftfahrtgeräts ein Mensch getötet oder am Körper verletzt oder eine körperliche Sache beschädigt, so haftet der Halter des Luftfahrzeugs oder des selbständig im Fluge verwendbaren Luftfahrtgeräts für den Ersatz des Schadens.

(2) Der Halter eines Luftfahrzeugs oder eines selbständig im Fluge verwendbaren Luftfahrtgeräts haftet nicht nach den Bestimmungen dieses Abschnittes, wenn
1. eine Person an Bord oder beim Ein- oder Aussteigen getötet oder am Körper verletzt wird oder
2. Sachen beschädigt werden, die eine an Bord befindliche oder ein- oder aussteigende Person an sich trägt oder die sich als Frachtgut oder aufgegebenes Reisegepäck während der Luftbeförderung in der Obhut des Halters befinden.
(BGBl I 2006/88)

§ 149. (1) Wer zur Zeit des Unfalls das Luftfahrzeug oder das selbständig im Fluge verwendbare Luftfahrtgerät ohne den Willen des Halters benutzt, haftet an dessen Stelle. Daneben bleibt der Halter für den Ersatz des Schadens haftbar, wenn die Benutzung des Luftfahrzeugs oder des selbständig im Fluge verwendbaren Luftfahrtgeräts durch sein Verschulden oder das Verschulden derjenigen Personen ermöglicht worden ist, die mit seinem Willen beim Betrieb des Luftfahrzeugs oder des selbständig im Fluge verwendbaren Luftfahrtgeräts tätig gewesen sind.

(2) Abs. 1 gilt nicht, wenn der Benutzer vom Halter für den Betrieb des Luftfahrzeugs oder des selbständig im Fluge verwendbaren Luftfahrtgeräts angestellt oder wenn ihm das Luftfahrzeug oder das selbständig im Fluge verwendbare Luftfahrtgerät vom Halter überlassen war. Eine aus dem allgemeinen bürgerlichen Recht abzuleitende Ersatzpflicht eines solchen Benutzers ist ausgeschlossen, wenn er beweist, dass der Schaden nicht durch sein Verschulden verursacht worden ist.

(3) Benutzer im Sinn der Abs. 1 und 2 ist jeder, der sich den Gebrauch des Luftfahrzeugs oder des selbständig im Fluge verwendbaren Luftfahrtgeräts als solchen mit Herrschaftswillen anmaßt.

(BGBl I 2006/88)

§ 150. Hat ein Luftfahrzeug oder ein selbständig im Fluge verwendbares Luftfahrtgerät mehrere Halter, so haften diese zur ungeteilten Hand. Das Gleiche gilt für mehrere an einem Unfall Beteiligte. Es haftet jedoch jeder Beteiligte nach den für seine Ersatzpflicht geltenden Vorschriften und, soweit seine Ersatzpflicht begrenzt ist, nur bis zu den für ihn maßgeblichen Haftungshöchstbeträgen.

(BGBl I 2006/88)

Haftungshöchstbeträge

§ 151. (1) Der Halter des Luftfahrzeugs oder des selbständig im Fluge verwendbaren Luftfahrtgeräts haftet für jeden Unfall entsprechend „der höchstzulässigen Abflugmasse" (Maximum Take-Off Mass – MTOM) bis zu folgenden Beträgen:
1. MTOM von weniger als 500 kg .... 750 000 SZR;
2. MTOM von weniger als 1 000 kg .... 1 500 000 SZR;
3. MTOM von weniger als 2 700 kg .... 3 000 000 SZR;
4. MTOM von weniger als 6 000 kg .... 7 000 000 SZR;
5. MTOM von weniger als 12 000 kg .... 18 000 000 SZR;
6. MTOM von weniger als 25 000 kg .... 80 000 000 SZR;
7. MTOM von weniger als 50 000 kg .... 150 000 000 SZR;
8. MTOM von weniger als 200 000 kg .... 300 000 000 SZR;
9. MTOM von weniger als 500 000 kg .... 500 000 000 SZR;
10. MTOM gleich oder über 500 000 kg .... 700 000 000 SZR;

(BGBl I 2013/108, ab 1. 10. 2013)

(2) Für Schäden, die durch einen Hängegleiter, Paragleiter, Fallschirm oder durch selbständig im Fluge verwendbares Luftfahrtgerät mit einem Gewicht von weniger als 20 kg verursacht werden, haftet der Halter für jeden Unfall bis zu einem Betrag von 500 000 SZR.

(3) Ein Drittel der in den Abs. 1 und 2 genannten Summe dient dem Ersatz von Sachschäden, zwei Drittel dem Ersatz von Personenschäden. Wird der für den Ersatz von Sachschäden oder den Ersatz von Personenschäden jeweils vorgesehene Höchstbetrag nicht oder nicht zur Gänze in Anspruch genommen, so kann er für den Ersatz der Schäden der anderen Art beansprucht werden.

(4) Die Haftung mehrerer Halter eines Luftfahrzeugs oder eines selbständig im Fluge verwendbaren Luftfahrtgeräts für einen Unfall ist durch die in den Abs. 1 bis 3 vorgesehenen Höchstbeträge begrenzt. Im Übrigen haftet jeder der an einem Unfall beteiligten Halter bis zu den für ihn vorgesehenen Höchstbeträgen.

(BGBl I 2006/88)

§ 152. (1) Ist eine Jahresrente anstelle eines Kapitalbetrags zu bezahlen, so darf der Kapitalwert der Rente die Höchstbeträge nach § 151 nicht übersteigen.

(2) Übersteigen die Entschädigungen, die mehreren Geschädigten auf Grund desselben Ereignisses zustehen, die Höchstbeträge nach § 151, so verringern sich die einzelnen Entschädigungen in dem Verhältnis, in dem ihr Gesamtbetrag zum Höchstbetrag steht.

(BGBl I 2006/88)

§ 153. Die Haftungsgrenzen der §§ 151 und 152 gelten nicht für Schäden, die durch Luftfahrzeuge oder selbständig im Fluge verwendbares Luftfahrtgerät des Bundesheers oder der Sicherheitsbehörden im Sinn des § 4 Sicherheitspolizeigesetz, BGBl. Nr. 566/1991, verursacht werden.

(BGBl I 2006/88)

Rückgriffs- und Ausgleichsanspruch

§ 154. (1) Wurde der Schaden durch mehrere Luftfahrzeuge oder mehr als ein selbständig im Fluge verwendbares Luftfahrtgerät verursacht und sind die Halter einem Dritten kraft Gesetzes zum Schadenersatz verpflichtet, so hängen im Verhältnis der Halter zueinander die Verpflichtung zum Ersatz und der Umfang des Ersatzes von den Umständen ab, insbesondere davon, inwieweit der Schaden überwiegend von dem einen oder anderen Halter verursacht wurde. Das Gleiche gilt für die gegenseitige Ersatzpflicht der Halter.

(2) Abs. 1 gilt entsprechend, wenn neben dem Halter ein anderer für den Schaden verantwortlich ist.

(BGBl I 2006/88)

Anzeigepflicht

§ 155. Der Geschädigte verliert die Ersatzansprüche nach diesem Abschnitt, wenn er nicht innerhalb von drei Monaten, nachdem er vom Schaden und von der Person des Halters Kenntnis erlangte, diesem den Unfall anzeigt. Der Rechtsverlust tritt nicht ein, wenn die Anzeige zufolge eines vom Geschädigten nicht zu vertretenden Umstands unterblieben ist oder der Halter innerhalb der Frist auf andere Weise vom Unfall Kenntnis erlangt hat.

(BGBl I 2006/88)

3. Abschnitt
Haftung aus dem Beförderungsvertrag

Haftung für Fluggäste

§ 156. (1) Wird ein Fluggast an Bord eines Luftfahrzeugs oder eines selbständig im Fluge verwendbaren Luftfahrtgeräts durch einen Unfall getötet oder am Körper verletzt, so haftet der Beförderer für den Ersatz des Schadens. Das Gleiche gilt, wenn sich der Unfall beim Ein- oder Aussteigen ereignet.

(2) Der Beförderer haftet bis zu einem Betrag von „113 100" SZR je Fluggast ohne Rücksicht darauf, ob ihn oder seine Leute ein Verschulden trifft. Für einen diesen Betrag übersteigenden Schaden haftet er nicht, wenn er beweist, dass dieser

1. nicht auf sein Verschulden oder das Verschulden seiner Leute zurückzuführen ist oder

2. ausschließlich auf ein schuldhaftes und rechtswidriges Verhalten oder Unterlassen eines Dritten zurückzuführen ist.
(BGBl I 2013/108, ab 1. 10. 2013)

(3) *(aufgehoben, BGBl I 2013/108, ab 1. 10. 2013)*

(BGBl I 2006/88)

Vertraglicher und ausführender Beförderer

§ 157. (1) Beförderer im Sinn dieses Abschnitts ist, wer mit dem Fluggast oder Absender oder mit einer für den Fluggast (Absender) handelnden Person den Beförderungsvertrag abgeschlossen hat (vertraglicher Beförderer) und wer aufgrund einer Vereinbarung mit dem vertraglichen Beförderer berechtigt ist, die Beförderung ganz oder zum Teil auszuführen (ausführender Beförderer). Die Berechtigung wird bis zum Beweis des Gegenteils vermutet.

(2) Der ausführende Beförderer und der vertragliche Beförderer haften für den Ersatz des Schadens zur ungeteilten Hand, der ausführende Beförderer aber nur für den Teil der Beförderung, die er ausführt.

(BGBl I 2006/88)

Haftung für beförderte Sachen

§ 158. (1) Der Beförderer haftet für den Schaden, der durch die Zerstörung, den Verlust oder die Beschädigung von Frachtgut oder Reisegepäck während der Beförderung entsteht, bei nicht aufgegebenem Reisegepäck und persönlichen Gegenständen des Fluggastes aber nur dann, wenn der Schaden auf sein Verschulden oder das Verschulden seiner Leute zurückzuführen ist. Die Beförderung umfasst den Zeitraum, während dessen sich das Frachtgut oder Reisegepäck auf einem Flugplatz, an Bord oder – bei der Landung außerhalb eines Flugplatzes – sonst in der Obhut des Beförderers befinden.

(2) Der Beförderer haftet nicht, wenn der Schaden nur auf die Eigenart des Frachtguts oder Reisegepäcks oder einen diesen innewohnenden Mangel zurückzuführen ist.

(BGBl I 2006/88)

§ 159. Für die Zerstörung, den Verlust oder die Beschädigung von Frachtgut haftet der Beförderer zudem dann nicht, wenn er beweist, dass der Schaden nur durch

1. die mangelhafte Verpackung des Frachtguts durch eine andere Person als den Beförderer oder seine Leute,

2. einen Krieg, ein kriegerisches Unternehmen, einen Bürgerkrieg, einen Aufruhr oder einen Aufstand oder

3. ein hoheitliches Handeln in Verbindung mit der Einfuhr, Ausfuhr oder Durchfuhr des Frachtguts

verursacht worden ist.

(BGBl I 2006/88)

Haftungsbeschränkungen

§ 160. (1) Bei der Beförderung von Reisegepäck oder Frachtgut ist die Haftung für leichte Fahrlässigkeit für den Fall der Zerstörung, des Verlustes oder der Beschädigung bei Frachtgut mit einem Betrag von „19" SZR pro Kilogramm, bei Reisegepäck mit einem Betrag von „1 131" SZR beschränkt. *(BGBl I 2013/108, ab 1. 10. 2013)*

(2) Im Übrigen sind Vereinbarungen, nach denen die Haftung des Beförderers aus dem Beförderungsvertrag ausgeschlossen oder beschränkt wird, unwirksam.

(BGBl I 2006/88)

4. Abschnitt
Gemeinsame Bestimmungen für die Haftung

Mitverschulden des Geschädigten

§ 161. Trifft den Geschädigten oder jemanden, dessen Verhalten er zu vertreten hat, ein Verschulden, so ist § 1304 des allgemeinen bürgerlichen Gesetzbuchs (ABGB) sinngemäß anzuwenden.

(BGBl I 2006/88)

Anwendung des ABGB

§ 162. (1) Soweit in diesem Bundesgesetz nichts anderes bestimmt ist, ist auf die darin vorgesehenen Ersatzansprüche das ABGB anzuwenden.

(2) Bestimmungen des ABGB und anderer Vorschriften, nach denen Schäden in weiterem Umfang und von anderen Personen als nach diesem Bundesgesetz zu ersetzen sind, bleiben unberührt.

(BGBl I 2006/88)

Gerichtsstand

§ 163. (1) Für Klagen, die auf Grund des 2. und 3. Abschnittes dieses Teils erhoben werden, ist auch das Gericht örtlich zuständig, in dessen Sprengel sich der Unfall ereignet hat. Bei diesem Gericht können auch andere aus dem Schadensfall abgeleitete Ansprüche gegen den Halter oder Beförderer oder einen sonst Ersatzpflichtigen geltend gemacht werden.

(2) Für Klagen, die auf Grund der §§ 156 bis 159 erhoben werden, ist auch das Gericht des Bestimmungsorts örtlich zuständig.

(BGBl I 2006/88)

5. Abschnitt
Versicherungen und Vorschusspflicht

Haftpflichtversicherung

§ 164. (1) Der Halter eines Luftfahrzeugs oder eines selbständig im Fluge verwendbaren Luftfahrtgeräts hat zur Deckung der Schadenersatzansprüche von Personen oder wegen Sachen, die nicht im Luftfahrzeug oder im selbständig im Fluge verwendbaren Luftfahrtgerät befördert werden, eine Haftpflichtversicherung zumindest über die in § 151 vorgesehenen Beträge abzuschließen.

(2) Der Halter eines Luftfahrzeugs oder eines selbständig im Fluge verwendbaren Luftfahrtgeräts hat zur Deckung der Schadenersatzansprüche der Fluggäste pro vorhandenen Passagierplatz eine Haftpflichtversicherung über eine Versicherungssumme von zumindest 250 000 SZR abzuschließen. Bei einem Luftfahrzeug oder einem selbständig im Fluge verwendbaren Luftfahrtgerät mit einem MTOM bis zu 2 700 kg muss die Versicherungssumme bei nichtgewerblichen Flügen zumindest „113 100" SZR betragen. *(BGBl I 2013/108, ab 1. 10. 2013)*

(3) Eine Versicherungspflicht nach den Abs. 1 und 2 besteht nicht, wenn der Bund, ein Land, ein Gemeindeverband oder eine Ortsgemeinde mit mehr als 50 000 Einwohnern der Halter des Luftfahrzeugs oder des selbständig im Fluge verwendbaren Luftfahrtgeräts ist.

(BGBl I 2006/88)

Vorschusspflicht

§ 165. (1) In den Fällen des § 156 Abs. 1 „‚ ausgenommen im Fall der Beförderung mit Hänge- oder Paragleitern oder Fallschirmen," hat der Beförderer unverzüglich, spätestens aber innerhalb fünfzehn Tagen nach der Feststellung der Identität der ersatzberechtigten natürlichen Person, dieser einen Vorschuss zur Deckung ihrer unmittelbaren wirtschaftlichen Bedürfnisse zu leisten. Unentgeltliche Flüge im Rahmen des Flugsports sind davon nicht betroffen. *(BGBl I 2013/108, ab 1. 10. 2013)*

(2) Die Höhe des Vorschusses richtet sich nach der Schwere des Falles; im Todesfall beträgt der Vorschuss mindestens 16 000 SZR je Fluggast.

(3) Die Leistung des Vorschusses stellt kein Haftungsanerkenntnis dar. Der Vorschuss kann nur in den Fällen des § 161 oder dann zurückgefordert werden, wenn die Person, die den Vorschuss erhalten hat, keinen Anspruch auf Ersatz des Schadens hat.

(4) Soweit ein Vorschuss geleistet wird, erlöschen Schadenersatzansprüche des Geschädigten. Der Empfänger des Vorschusses ist außer in den in Abs. 3 zweiter Satz genannten Fällen nicht verpflichtet, den Vorschuss herauszugeben.

(BGBl I 2006/88)

Direktes Klagerecht

§ 166. Der Geschädigte kann den ihm zustehenden Schadenersatzanspruch im Rahmen des betreffenden Versicherungsvertrags auch gegen den Versicherer geltend machen. Der Versicherer und der ersatzpflichtige Versicherte haften zur ungeteilten Hand. Wird das versicherte Risiko von mehreren Versicherern getragen, so haften diese dem Geschädigten zur ungeteilten Hand.

(BGBl I 2006/88)

Grundsätze für die Versicherung

§ 167. (1) Die Anzeige eines Umstands, der das Nichtbestehen oder die Beendigung des Versicherungsvertrags im Sinn des § 158c Abs. 2 des Versicherungsvertragsgesetzes 1958, BGBl. Nr. 2/1959, zur Folge hat, ist an die Austro Control GmbH zu richten. Zuständige Behörde im Sinn des Art. 5 Abs. 1 der Verordnung (EG) Nr. 785/2004 über Versicherungsanforderungen an Luftfahrtunternehmen und Luftfahrzeugbetreiber ist die Austro Control GmbH.

(2) Der Versicherer und der Versicherte haben der Austro Control GmbH jede vor Ablauf der Versicherungsdauer eingetretene Beendigung des Versicherungsverhältnisses und jede Unterbrechung des Versicherungsschutzes unverzüglich anzuzeigen.

(3) Soweit die Beurkundung der zulässigen Verwendung im Fluge von einer auf Grund einer Übertragung gemäß § 140b zuständigen Behörde durchzuführen ist, ist die Anzeige nach Abs. 1 und 2 an diese Behörde zu richten.

(BGBl I 2006/88)

Versicherungsnachweis

§ 168. (1) Der Versicherer hat dem Versicherungsnehmer nach der Übernahme der Verpflichtungen aus einer vorgeschriebenen Haftpflichtversicherung kostenlos eine Bestätigung über die Übernahme dieser Verpflichtungen (Versicherungsnachweis) auszustellen.

(2) Der Versicherungsnachweis über die aufrechte Versicherung nach § 164 Abs. 1 und 2 „oder der Verordnung (EG) Nr. 785/2004"** ist im Luftfahrzeug mitzuführen und jederzeit auf Verlangen den Organen der Aufsichtsbehörde, den Organen der Austro Control GmbH oder der gemäß § 167 Abs. 3 zuständigen Behörde und „den mit der Wahrnehmung des Flugverkehrsdienstes betrauten Organen"* vorzulegen. *(*BGBl I 2008/83; **BGBl I 2013/108, ab 1. 10. 2013)*

(BGBl I 2006/88)

...

§ 13

Bundesgesetz über den zwischenstaatlichen Luftverkehr 2008[*]

[*] Gem § 23 Abs 1 in BGBl I 2008/83 trat dieses Bundesgesetz mit 1. 11. 2008 in Kraft.

BGBl I 2008/96

zuletzt geändert durch BGBl I 2013/96
(Auszug)

2. Abschnitt
Ausübung von Luftverkehrsrechten

Gewerbliche Beförderung

§ 13. (1) Luftfahrtunternehmen dürfen die gewerbliche Beförderung von Personen oder Sachen von oder nach Drittstaaten im Rahmen einer Fluglinie (§ 2 Z 2) nur durchführen, wenn für die geplanten Flugpläne eine Bewilligung durch die Austro Control GmbH (Flugplanbewilligung) erteilt wurde. Die Flugplanbewilligung ist schriftlich spätestens 30 Tage, im Falle eines Antrages eines Luftfahrtunternehmens der Gemeinschaft auf Ausübung gegenwärtig nicht gemäß den §§ 15, 16 oder 23 zugewiesener eingeschränkter Luftverkehrsrechte jedoch spätestens 60 Tage vor dem beabsichtigten Zeitpunkt des Betriebes zu beantragen und muss neben den beantragten Flugplänen

1. Angaben über die zum Einsatz gelangenden Luftfahrzeugtypen mit den Sitzplatz- bzw. Frachtkapazitäten,

2. im Falle von Luftfahrtunternehmen aus einem Drittstaat den Nachweis von der Verordnung (EG) Nr. 785/2004 über Versicherungsanforderungen an Luftfahrtunternehmen und Luftfahrzeugbetreiber, ABl Nr. L 138 vom 30.04.2004 S. 1, entsprechenden Versicherungen,

3. im Falle von Luftfahrtunternehmen der Gemeinschaft Angaben, welche die Erfüllung der Namhaftmachungserfordernisse (§ 11 Abs. 2) dartun, und

4. für Flugpläne ab der Winterflugplanperiode 2009/2010 für vom Emissionszertifikategesetz – EZG, BGBl. I Nr. 46/2004, in der jeweils geltenden geltenden Fassung, erfasste Luftfahrzeugbetreiber das beim Bundesminister für Land- und Forstwirtschaft, Umwelt und Wasserwirtschaft eingereichte Überwachungskonzept gemäß § 7a Abs. 3 EZG

enthalten.
(BGBl I 2009/89)

(2) Werden vom Unternehmen während des Bewilligungszeitraumes Änderungen der im Abs. 1 genannten Angaben beabsichtigt, so sind diese der Austro Control GmbH schriftlich spätestens fünf Werktage vor dem geplanten Zeitpunkt des geänderten Betriebes zur Bewilligung vorzulegen.

(3) Flugplanbewilligungen dürfen nur erteilt werden, sofern gemäß den Bestimmungen des anzuwendenden Luftverkehrsabkommens und den Bestimmungen dieses Bundesgesetzes die erforderlichen Luftverkehrsrechte vorliegen und keine öffentlichen Interessen, insbesondere das Interesse der Sicherheit der Luftfahrt oder das gesamtwirtschaftliche Interesse entgegenstehen. Flugplanbewilligungen sind insoweit bedingt, befristet oder mit Auflagen zu erteilen, als das im öffentlichen Interesse, insbesondere im Interesse der Sicherheit der Luftfahrt oder im gesamtwirtschaftlichen Interesse gelegen ist. Die Flugplanbewilligung ist jedoch jedenfalls mit dem Ende der jeweiligen Flugplanperiode zu befristen. Weiters ist die Flugplanbewilligung jedenfalls unter der Bedingung zu erteilen, dass die Aufnahme des Betriebes innerhalb von vier Wochen nach dem von der Behörde bewilligten Zeitpunkt erfolgen muss und der Betrieb innerhalb des bewilligten Zeitraumes nicht länger als zwei Wochen ruhen darf, andernfalls die Bewilligung erlischt, es sei denn, das Luftfahrtunternehmen kann glaubhaft machen, dass höhere Gewalt der Betriebsaufnahme oder der Fortführung entgegenstand oder entgegensteht.

(4) Unbeschadet des Abs. 3 sind Flugplanbewilligungen an Luftfahrtunternehmen der Gemeinschaft nur zu erteilen, wenn sie die Namhaftmachungserfordernisse gemäß § 11 Abs. 2 erfüllen und gegebenenfalls entsprechende eingeschränkte Luftverkehrsrechte gemäß den §§ 15, 16 oder 23 zugewiesen worden sind.

(5) Flugplanbewilligungen sind zu widerrufen, wenn:

1. eine der Voraussetzungen für die Erteilung der Bewilligung weggefallen ist oder im Zeitpunkt der Erteilung der Bewilligung nicht gegeben war und dieser Mangel noch fortdauert oder

2. das Luftfahrtunternehmen gegen in der Flugplanbewilligung erteilte Auflagen verstößt.

(6) Luftfahrtunternehmen aus Drittstaaten dürfen die gewerbliche Beförderung von Personen oder Sachen innerhalb des Bundesgebietes im

Rahmen einer Fluglinie (§ 2 Z 2) nur durchführen, wenn dafür eine Bewilligung durch die Austro Control GmbH erteilt wurde. Abs. 1 bis 5 sind anzuwenden.

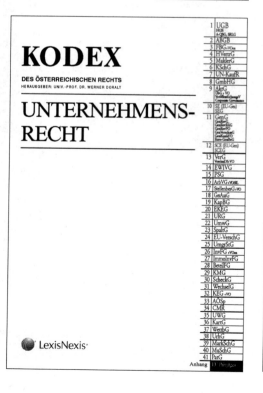
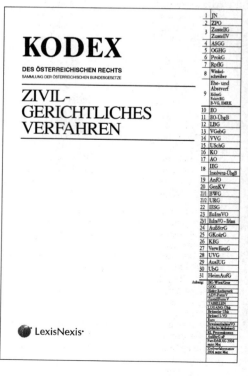

Gewerbeordnung 1994

BGBl 1994/194 (WV)

zuletzt geändert durch BGBl I 2015/48
(Auszug)

I. HAUPTSTÜCK
Allgemeine Bestimmungen
8. Betriebsanlagen

...

§ 78. (3) Die Behörde kann bei der Genehmigung von Rohrleitungsanlagen, mit denen brennbare Gase mit einem den atmosphärischen Druck um mehr als 1 bar übersteigenden Betriebsdruck oder Erdöl oder flüssige Erdölprodukte befördert werden, im Genehmigungsbescheid auch den Abschluß und den Fortbestand einer Haftpflichtversicherung vorschreiben, wenn der Ersatz für Schädigungen, die im Hinblick auf die besondere Gefährlichkeit des Betriebes solcher Anlagen möglich sind, in anderer Weise nicht gesichert ist. Diese Bestimmung gilt nicht für Rohrleitungsanlagen, die der Verteilung von brennbaren Gasen, Erdöl oder Erdölprodukten innerhalb von Gebäuden oder abgegrenzten Grundstücken dienen.

...

9. Endigung und Ruhen der Gewerbeberechtigungen

§ 92. (1) Besteht eine nach diesem Bundesgesetz vorgeschriebene Versicherung nicht oder nicht ausreichend aufrecht, so darf während des Nichtbestehens oder des nicht ausreichenden Bestehens der Versicherung das betreffende Gewerbe nicht ausgeübt oder die betreffende gewerbliche Betriebsanlage nicht betrieben werden.

(2) Das Versicherungsunternehmen hat der Behörde jeden Umstand, der das Nichtbestehen, das nicht ausreichende Bestehen oder die Beendigung einer nach diesem Bundesgesetz vorgeschriebenen Versicherung zur Folge hat, anzuzeigen. Im Fall von gemäß diesem Bundesgesetz nach Umsatz abgestuft vorgeschriebenen Versicherungssummen hat das Versicherungsunternehmen der Behörde außerdem jeden Umstand, der das Erreichen der Stufengrenze zur Folge hat, anzuzeigen; diese Anzeige gilt als Nachweis für das Erfüllen der Voraussetzungen für die nach der jeweiligen Stufe vorgeschriebene Versicherungssumme.

(BGBl I 2013/85)

...

II. Hauptstück
Bestimmungen für einzelne Gewerbe
1. Reglementierte Gewerbe

Baumeister

§ 99. (1) Der Baumeister (§ 94 Z 5) ist berechtigt,

1. Hochbauten, Tiefbauten und andere verwandte Bauten zu planen und zu berechnen,
2. Hochbauten, Tiefbauten und andere verwandte Bauten zu leiten,
3. Hochbauten, Tiefbauten und andere verwandte Bauten nach Maßgabe des Abs. 2 auch auszuführen und Hochbauten, Tiefbauten und andere verwandte Bauten abzubrechen,
4. Gerüste aufzustellen, für die statische Kenntnisse erforderlich sind,
5. zur Projektentwicklung, -leitung und -steuerung, zum Projektmanagement sowie zur Übernahme der Bauführung,
6. im Rahmen seiner Gewerbeberechtigung zur Vertretung seines Auftraggebers vor Behörden und Körperschaften öffentlichen Rechts.

(2) Der Baumeister ist weiters berechtigt, auch die Arbeiten anderer Gewerbe im Rahmen seiner Bauführung zu übernehmen, zu planen und zu berechnen und zu leiten. Er ist auch berechtigt, diese Arbeiten im Rahmen seiner Bauführung selbst auszuführen, soweit es sich um Tätigkeiten der Betonwarenerzeuger, Kunststeinerzeuger, Terrazzomacher, Schwarzdecker, Estrichhersteller, Steinholzleger, Gärtner, „Stuckateure" und Trockenausbauer, Wärme-, Kälte-, Schall- und Branddämmer und der Abdichter gegen Feuchtigkeit und Druckwasser handelt. Die Herstellung von Estrich und Trockenausbautätigkeiten darf der Baumeister unabhängig von einer Bauführung übernehmen und ausführen. Soweit es sich um Arbeiten von nicht in diesem Absatz genannten Gewerben handelt, hat er sich zur Ausführung dieser Arbeiten der hiezu befugten Gewerbetreibenden zu bedienen. Weiters ist er unbeschadet der Rechte der Brunnenmeister zur Durchführung von Tiefbohrungen aller Art berechtigt. *(BGBl I 2012/85)*

(3) Die Befähigung für Tätigkeiten gemäß Abs. 1 Z 1 und 2 kann nur im Wege eines Befähigungsnachweises gemäß § 18 Abs. 1 erbracht werden.

(4) Die Berechtigung anderer Gewerbetreibender, die im Zusammenhang mit der Planung technischer Anlagen und Einrichtungen erforderlichen Vorentwürfe auf dem Gebiet des Hoch- und Tiefbaues zu verfassen, bleibt unberührt.

(5) Wird das Gewerbe der Baumeister in einem Umfang angemeldet, der nicht das Recht zur umfassenden Planung gemäß Abs. 1 Z 1 beinhaltet, hat der Gewerbeanmelder die Bezeichnung "Baugewerbetreibender" unter Beifügung der entsprechenden Einschränkung zu verwenden. Nur Gewerbetreibende, deren Gewerbeberechtigung das Recht zur umfassenden Planung gemäß Abs. 1 Z 1 beinhaltet, dürfen die Bezeichnung "Baumeister" verwenden. Gewerbetreibende, die zur Ausübung des Baumeistergewerbes eingeschränkt auf die Ausführung von Bauten berechtigt sind, dürfen keine Bezeichnung verwenden, die den Eindruck erwecken könnte, dass sie zur Planung von Bauten berechtigt sind. *(BGBl I 2012/85)*

(6) Der Bundesminister für Wirtschaft und Arbeit[1)] hat auf Antrag des Gewerbetreibenden innerhalb von drei Monaten durch Bescheid festzustellen, dass der Gewerbetreibende, dessen Gewerbeberechtigung das Recht zur umfassenden Planung gemäß § 99 Abs. 1 Z 1 beinhaltet, neben der Bezeichnung „Baumeister" auch die Bezeichnung „Gewerblicher Architekt" verwenden darf, wenn er

1. „einen Ausbildungsnachweis entsprechend Art. 49 der Richtlinie 2005/36/EG"

a) entweder auf Grund der erfolgreichen Ablegung der Reifeprüfung an einer einschlägigen inländischen höheren technischen Lehranstalt (Hochbau) erworben hat und mindestens zehn Jahre als Baugewerbetreibender oder in einer dem gleichzuhaltenden Funktion tätig war

b) oder auf Grund eines inländischen einschlägigen Hochschul(Universitäts)studiums erworben hat und
(BGBl I 2012/85)

2. in einem anderen Mitgliedstaat des Europäischen Wirtschaftsraumes oder der Europäischen Union auf Grund der dort geltenden Vorschriften und Normen oder auch nur tatsächlich von der Übernahme von öffentlichen Aufträgen auf dem Fachgebiet seiner Gewerbeberechtigung oder von der Beteiligung an öffentlichen Ausschreibungen oder auf Grund der dort geltenden Vorschriften und Normen von der Übernahme von privaten Aufträgen oder von der Beteiligung an privaten Ausschreibungen nur deshalb ausgeschlossen wurde, weil er diese Bezeichnung nicht führen darf, sofern dieser Ausschluss nicht nur gegenüber einem inländischen Wettbewerbsteilnehmer wirksam wird.

(7) Die zur Ausübung des Baumeistergewerbes (§ 94 Z 5) oder der dem Baumeistergewerbe entstammenden Teilgewerbe berechtigten Gewerbetreibenden haben für ihre Berufstätigkeit eine Haftpflichtversicherung für Personen-, Sach- und Vermögensschäden abzuschließen. Die Haftpflichtversicherung muss bei einem Unternehmen erfolgen, das zum Geschäftsbetrieb in Österreich befugt ist. Die Versicherungssumme hat zu betragen:

1. Für einen zur Ausübung des Baumeistergewerbes (§ 94 Z 5) oder der dem Baumeistergewerbe entstammenden Teilgewerbe berechtigten Gewerbetreibenden mit höchstens einem jährlichen Umsatz gemäß § 221 Abs. 2 Z 2 in Verbindung mit § 221 Abs. 4 Unternehmensgesetzbuch: mindestens 1 000 000 Euro pro Schadensfall, wobei es zulässig ist, die Versicherungsleistung pro jährlicher Versicherungsperiode auf 3 000 000 Euro zu beschränken.

2. Für einen zur Ausübung des Baumeistergewerbes (§ 94 Z 5) oder der dem Baumeistergewerbe entstammenden Teilgewerbe berechtigten Gewerbetreibenden mit mehr als einem jährlichen Umsatz gemäß § 221 Abs. 2 Z 2 in Verbindung mit § 221 Abs. 4 Unternehmensgesetzbuch: mindestens 5 000 000 Euro pro Schadensfall, wobei es zulässig ist, die Versicherungsleistung pro jährlicher Versicherungsperiode auf 15 000 000 Euro zu beschränken.

Für diese Pflichtversicherungssummen darf ein Selbstbehalt von höchstens fünf vH dieser Summen pro Schadensfall vereinbart werden. *(BGBl I 2012/85; BGBl I 2013/85)*

(8) Bei der Anmeldung des Baumeistergewerbes (§ 94 Z 5) oder eines Baumeistergewerbe entstammenden Teilgewerbes ist zusätzlich zu den Erfordernissen gemäß § 339 Abs. 3 der Nachweis der „Haftpflichtversicherung für Personen-, Sach- und Vermögensschäden" gemäß Abs. 7 zu erbringen. *(BGBl I 2012/85; BGBl I 2013/85)*

(9) Bei Leistungsfreiheit des Versicherers gegenüber dem Versicherungsnehmer aus der „Haftpflichtversicherung für Personen-, Sach- und Vermögensschäden" gelten betreffend die Meldung des Versicherers an die für den das Baumeistergewerbe (§ 94 Z 5) oder ein Baumeistergewerbe entstammenden Teilgewerbe ausübenden Gewerbetreibenden örtlich zuständige Behörde und betreffend die Haftung des Versicherers in Ansehung eines Dritten die Bestimmungen des § 92 GewO 1994 und die Bestimmungen der §§ 158b bis 158i des VersVG, BGBl. Nr. 2/1959, in der geltenden Fassung. § 158c Abs. 2 VersVG gilt mit der Maßgabe, dass der Umstand, der das Nichtbestehen oder die Beendigung des Versicherungsverhältnisses zur Folge hat, gegenüber dem

Dritten erst nach Ablauf von zwei Monaten wirksam wird, nachdem der Versicherer diesen Umstand der „ " Behörde angezeigt hat. *(BGBl I 2012/85; BGBl I 2013/85; BGBl I 2015/18)*

(10) Bei Wegfall der „Haftpflichtversicherung für Personen-, Sach- und Vermögensschäden" im Sinne von Abs. 7 hat die Behörde unverzüglich ein Gewerbeentziehungsverfahren einzuleiten und, wenn eine neuerliche „Haftpflichtversicherung für Personen-, Sach- und Vermögensschäden" nicht unverzüglich nachgewiesen wird, die Gewerbeberechtigung längstens binnen zwei Monaten zu entziehen. § 361 Abs. 2 ist in diesem Fall nicht anzuwenden. „Beschwerden" gegen Entziehungsbescheide kommt keine aufschiebende Wirkung zu. Die Einleitung des Gewerbeentziehungsverfahrens ist im „GISA" zu vermerken. *(BGBl I 2012/85; BGBl I 2013/85; BGBl I 2015/18)*

(BGBl I 2002/111)
...

---

[1] *Nunmehr BMWFW (BM für Wissenschaft, Forschung und Wirtschaft) – vgl § 1 Abs 1 Z 13 BundesministerienG idF BGBl I 2014/11.*

Ausübungsvorschriften

§ 127. (1) Der Bundesminister für Wirtschaft und Arbeit[1] hat im Einvernehmen mit dem Bundesminister für Justiz durch Verordnung nähere Bestimmungen festzulegen über:

1. die umfassende Information der Reisenden, insbesondere durch detaillierte Werbeunterlagen und

2. die Erstattung bezahlter Beträge und die Rückreise des Reisenden im Fall einer Pauschalreise im Sinne des Art. 2 Z 1 der Richtlinie 90/314/EWG des Rates vom 13. Juni 1990 über Pauschalreisen, Amtsblatt Nr. L 158 vom 23. Juni 1990 (Seite 59), im Fall der Insolvenz des Veranstalters der Pauschalreise.

(2) Durch Verordnung im Sinne des Abs. 1 Z 2 sind Bestimmungen zu treffen über:

1. die Abdeckung des Risikos gemäß Abs. 1 Z 2 durch den Veranstalter der Pauschalreise,

2. die Einrichtung eines Veranstalterverzeichnisses beim Bundesministerium für Wirtschaft und Arbeit[1], in das sich Gewerbetreibende, die Pauschalreisen veranstalten, eintragen zu lassen haben und

3. die Einrichtung eines Beirates beim Bundesministerium für Wirtschaft und Arbeit[1], der die Abdeckung des Risikos gemäß Abs. 1 Z 2 durch den Veranstalter der Pauschalreise zu kontrollieren hat.

(3) Für die Veranstaltung von Pauschalreisen im Sinne des Art. 2 Z 1 der Richtlinie 90/314/EWG des Rates vom 13. Juni 1990 über Pauschalreisen, Amtsblatt Nr. L 158 vom 23. Juni 1990 (Seite 59), bedarf es der Eintragung in das Veranstalterverzeichnis beim Bundesministerium für Wirtschaft und Arbeit[1] gemäß Abs. 2 Z 2. Ohne Eintragung in das Veranstalterverzeichnis ist die Veranstaltung der genannten Pauschalreisen unzulässig. Die Eintragung in das Veranstalterverzeichnis ist in das „GISA" einzutragen. *(BGBl I 2015/18)*

(BGBl I 2002/111)
...

---

[1] *Nunmehr BMWFW (BM für Wissenschaft, Forschung und Wirtschaft) – vgl § 1 Abs 1 Z 13 BundesministerienG idF BGBl I 2014/11.*

Gewerbliche Vermögensberatung

§ 136a. (1) Der Gewerbliche Vermögensberater (§ 94 Z 75) ist berechtigt zur

1. Beratung bei Aufbau, Sicherung und Erhaltung von Vermögen und Finanzierung mit Ausnahme der Anlageberatung in Bezug auf Finanzinstrumente (§ 3 Abs. 2 Z 1 WAG 2007),

2. Vermittlung von

a) Veranlagungen und Investitionen, ausgenommen Finanzinstrumente (§ 3 Abs. 2 Z 3 WAG 2007),

b) Personalkrediten und Hypothekarkrediten und Finanzierungen (Vorstellen, Anbieten und andere Vorarbeiten zu Kreditverträgen sowie deren Abschließen für den Kreditgeber) und *(BGBl I 2010/28)*

c) Lebens- und Unfallversicherungen.

(1a) Ein Kreditvermittler im Sinn von Abs. 1 Z 2 lit. b hat

a) sowohl in seiner Werbung als auch in den für die Verbraucher im Sinn des § 1 Abs. 1 Z 2 und Abs. 3 KSchG bestimmten Unterlagen auf den Umfang seiner Befugnisse hinzuweisen und insbesondere deutlich zu machen, ob er ausschließlich mit einem oder mehreren Kreditgebern oder als unabhängiger Kreditmakler arbeitet;

b) das gegebenenfalls vom Verbraucher im Sinn des § 1 Abs. 1 Z 2 und Abs. 3 KSchG an den Kreditvermittler für dessen Dienste zu zahlende Entgelt dem Verbraucher bekannt zu geben und vor Abschluss des Kreditvertrages auf Papier oder einem anderen dauerhaften Datenträger zu vereinbaren;

c) das gegebenenfalls vom Verbraucher im Sinn des § 1 Abs. 1 Z 2 und Abs. 3 KSchG an den Kreditvermittler für dessen Dienste zu zahlende Entgelt dem Kreditgeber zur Berechnung des effektiven Jahreszinses mitzuteilen und

d) die in den §§ 5, 6 und 19 Verbraucherkreditgesetz vorgesehenen Pflichten gegenüber den Verbrauchern im Sinn des § 1 Abs. 1 Z 2 und Abs. 3 KSchG einzuhalten.

9. GewO
§ 136a

(BGBl I 2010/28)

(2) Bezüglich der Vermittlung von Lebens- und Unfallversicherungen unterliegt der Gewerbliche Vermögensberater den Bestimmungen der §§ 137 bis 138 und den sonstigen Bestimmungen betreffend Versicherungsvermittlung.

(3) Gewerbliche Vermögensberater sind zu den Tätigkeiten des § 2 Abs. 1 Z 15 WAG 2007 als Wertpapiervermittler (§ 94 Z 77) berechtigt. Tätigkeiten als gebundener Vermittler gemäß § 1 Z 20 WAG 2007 dürfen in diesem Fall nicht ausgeübt werden. *(BGBl I 2011/99)*

(4) Bei der Anmeldung des Gewerbes der Gewerblichen Vermögensberatung (§ 94 Z 75) ist, sofern die Tätigkeit des Wertpapiervermittlers ausgeübt wird, zusätzlich zu den Belegen gemäß § 339 Abs. 3 der Nachweis des Bestehens eines Vertretungsverhältnisses anzuschließen. Mit der Ausübung der Tätigkeit der Wertpapiervermittlung darf der Anmelder erst ab dem Zeitpunkt der Eintragung in das „GISA" beginnen. *(BGBl I 2008/42; BGBl I 2011/99; BGBl I 2015/18)*

(5) Der Gewerbetreibende hat der Gewerbebehörde unverzüglich die Endigung des letzten Vertretungsverhältnisses mitzuteilen. Nach Bekanntwerden des Wegfalls des letzten Vertretungsverhältnisses hat die Behörde unverzüglich ein Entziehungsverfahren betreffend die Tätigkeit als Wertpapiervermittler einzuleiten und, wenn ein Vertretungsverhältnis nicht unverzüglich nachgewiesen wird, die Berechtigung als Wertpapiervermittler längstens binnen zweier Monate zu entziehen. § 361 Abs. 2 erster Satz ist in diesem Fall nicht anzuwenden. „Beschwerden" gegen Entziehungsbescheide kommt keine aufschiebende Wirkung zu. Die Einleitung des Entziehungsverfahrens ist im „GISA" zu vermerken. *(BGBl I 2011/99; BGBl I 2013/85; BGBl I 2015/18)*

(6) Gewerbliche Vermögensberater haben sich für die Tätigkeit als Wertpapiervermittler ab der Eintragung dieser Tätigkeit in das „GISA" regelmäßig, spätestens jeweils innerhalb von drei Jahren, einer Schulung zu unterziehen. Der Nachweis über die Teilnahme an der Schulung ist am Standort des Gewerbes zumindest fünf Jahre zur jederzeitigen Einsichtnahme durch die Behörde bereitzuhalten. Auch ein bloß einmaliger Verstoß gegen die Verpflichtung, sich einer Schulung zu unterziehen, kann bewirken, dass der Gewerbetreibende die erforderliche Zuverlässigkeit gemäß § 87 Abs. 1 Z 3 GewO 1994 nicht mehr besitzt. Als Schulungen in genanntem Sinne gelten mindestens vierzig Stunden an einschlägigen Lehrgängen bei einer unabhängigen Ausbildungsinstitution. Die zuständige Fachorganisation der Wirtschaftskammer Österreich hat einen Lehrplan für den Schulungsinhalt zu erarbeiten, welcher einer Bestätigung des Bundesministers für Wirtschaft, Familie und Jugend[1] bedarf. Der Finanzmarktaufsicht (FMA) ist vom Bundesminister für Wirtschaft, Familie und Jugend[1] vor Erteilung der Bestätigung Gelegenheit zur Stellungnahme innerhalb angemessener Frist zu geben. *(BGBl I 2011/99; BGBl I 2015/18)*

(7) Als Wertpapiervermittler tätige Gewerbliche Vermögensberater dürfen für nicht mehr als drei Unternehmen die in § 2 Abs. 1 Z 15 WAG 2007 genannten Tätigkeiten erbringen. Der als Wertpapiervermittler tätige Gewerbliche Vermögensberater hat dem Vertragspartner (Wertpapierkunden) bei jeder Geschäftsaufnahme den jeweiligen Geschäftsherrn eindeutig offen zu legen und auf die Eintragung im Register bei der FMA hinzuweisen. Erfolgt durch den Wertpapiervermittler keine eindeutige Offenlegung des vertragsgegenständlichen Geschäftsherrn, so haften alle gemäß § 4 Abs. 8 WAG 2007 eingetragenen Geschäftsherren solidarisch. *(BGBl I 2011/99)*

(8) Gewerbliche Vermögensberater sind zu den Tätigkeiten des § 1 Z 20 WAG 2007 als gebundener Vermittler berechtigt. Tätigkeiten als Wertpapiervermittler gemäß § 2 Abs. 1 Z 15 WAG 2007 dürfen in diesem Fall nicht ausgeübt werden. *(BGBl I 2011/99)*

(9) Bei der Anmeldung des Gewerbes der Gewerblichen Vermögensberatung (§ 94 Z 75) ist, sofern die Tätigkeit des gebundenen Vermittlers ausgeübt wird, zusätzlich zu den Belegen gemäß § 339 Abs. 3 der Nachweis des Bestehens des Vertretungsverhältnisses anzuschließen. Mit der Ausübung der Tätigkeit des gebundenen Vermittlers darf der Anmelder erst ab dem Zeitpunkt der Eintragung in das „GISA" beginnen. *(BGBl I 2011/99; BGBl I 2015/18)*

(10) Der Gewerbetreibende hat der Gewerbebehörde unverzüglich die Endigung des letzten Vertretungsverhältnisses mitzuteilen. Nach Bekanntwerden des Wegfalls des Vertretungsverhältnisses hat die Behörde unverzüglich ein Entziehungsverfahren betreffend die Tätigkeit als gebundener Vermittler einzuleiten und, wenn ein Vertretungsverhältnis nicht unverzüglich nachgewiesen wird, die Berechtigung als gebundener Vermittler längstens binnen zweier Monate zu entziehen. § 361 Abs. 2 erster Satz ist in diesem Fall nicht anzuwenden. „Beschwerden" gegen Entziehungsbescheide kommt keine aufschiebende Wirkung zu. Die Einleitung des Entziehungsverfahrens ist im „GISA" zu vermerken. *(BGBl I 2011/99; BGBl I 2013/85; BGBl I 2015/18)*

(11) Gewerbliche Vermögensberater müssen bei der Annahme und Übermittlung von Aufträgen im Zusammenhang mit Veranlagungen gemäß § 1 Abs. 1 Z 3 Kapitalmarktgesetz, KMG, BGBl. Nr. 625/1991, dem § 44 WAG, BGBl. I Nr. 60/2007 in der jeweils geltenden Fassung, entsprechen. *(BGBl I 2011/99)*

(12) Die zur Ausübung des Gewerbes der Vermögensberater berechtigten Gewerbetreibenden haben für ihre Berufstätigkeit eine Vermö-

gensschadenhaftpflichtversicherung mit einer Versicherungssumme von mindestens 1.111.675 Euro für jeden einzelnen Schadensfall und von 1.667.513 Euro für alle Schadensfälle eines Jahres abzuschließen. Dies gilt nicht für Tätigkeiten, für die eine Haftungsabsicherung im Sinne von Abs. 4 oder Abs. 9 oder § 137c besteht. Die genannten Mindestversicherungssummen erhöhen oder vermindern sich ab 15.1.2013 und danach regelmäßig alle fünf Jahre prozentuell entsprechend den von Eurostat veröffentlichten Änderungen des Europäischen Verbraucherpreisindexes, wobei sie auf den nächst höheren vollen Eurobetrag aufzurunden sind. Die Bestimmungen des § 117 Abs. 8 bis 10 sind sinngemäß anzuwenden.

(BGBl I 2011/99)

(BGBl I 2002/111; BGBl I 2004/131; BGBl I 2007/60)

---

[1]) *Nunmehr BMWFW (BM für Wissenschaft, Forschung und Wirtschaft) – vgl § 1 Abs 1 Z 13 BundesministerienG idF BGBl I 2014/11.*

Versicherungsvermittlung

§ 137. (1) Bei der Tätigkeit der Versicherungsvermittlung handelt es sich um das Anbieten, Vorschlagen oder Durchführen anderer Vorbereitungsarbeiten zum Abschließen von Versicherungsverträgen oder das Abschließen von Versicherungsverträgen oder das Mitwirken bei deren Verwaltung und Erfüllung, insbesondere im Schadensfall. Es kann sich dabei insbesondere um Versicherungsagenten- oder um Versicherungsmaklertätigkeiten im Sinne des Versicherungsvertragsgesetzes (VersVG), BGBl. Nr. 2/1959, in der geltenden Fassung, und des Maklergesetzes, BGBl. Nr. 262/1996, in der geltenden Fassung, handeln.

(2) Nach diesem Bundesgesetz kann die Tätigkeit der Versicherungsvermittlung – entsprechend der tatsächlichen Beziehung zu Versicherungsunternehmen – in der Form „Versicherungsagent" oder in der Form „Versicherungsmakler und Berater in Versicherungsangelegenheiten" erfolgen und zwar in Umfang einer Gewerbeberechtigung nach § 94 Z 75 oder Z 76 oder als Nebengewerbe. Bei einem Nebengewerbe kann es sich entweder um ein sonstiges Recht im Rahmen einer Berechtigung nach diesem Bundesgesetz im Sinne des § 32 Abs. 6 oder um eine Nebentätigkeit zur Ergänzung von im Rahmen einer Hauptberufstätigkeit auf Grund eines anderen Gesetzes gelieferten Waren oder erbrachten Dienstleistungen handeln.

(2a) Nebengewerbliche Tätigkeiten im Sinne des Abs. 2 sind nur soweit zulässig, als

1. ein zwingender und wirtschaftlich sinnvoller enger Zweckzusammenhang mit dem Hauptinhalt des jeweiligen Geschäftsfalles besteht,

2. ein zwingender und wirtschaftlich sinnvoller enger Zweckzusammenhang zwischen den vermittelten Versicherungsverträgen und dem Haupttätigkeitsinhalt des Gewerbetreibenden besteht und

3. im Rahmen des jeweiligen Geschäftsfalles der Umsatzerlös aus der Versicherungsvermittlung einen Anteil von 20vH des Umsatzerlöses aus dem damit verbundenen Hauptgeschäftsfall nicht überschreitet.

Ein Nebengewerbe der Versicherungsvermittlung kann bis spätestens 31. Dezember 2008 neu begründet werden. *(BGBl I 2008/42)*

(3) Die Bestimmungen über Versicherungsvermittlung gelten in gleicher Weise für die Rückversicherungsvermittlung.

(4) Sonstige Ausübende selbstständiger, nicht gewerblicher Berufe dürfen ohne eine entsprechende Gewerbeberechtigung zu begründen, Tätigkeiten der Versicherungsvermittlung nicht vornehmen.

(5) Die Bestimmungen der Abs. 1 bis 4 und der §§ 137a bis 138 und die sonstigen Bestimmungen über Versicherungsvermittlung finden keine Anwendung auf Personen, die Vermittlungsdienste für Versicherungsverträge anbieten, wenn sämtliche nachstehenden Bedingungen erfüllt sind:

a) für den betreffenden Versicherungsvertrag sind nur Kenntnisse des angebotenen Versicherungsschutzes erforderlich,

b) bei dem Versicherungsvertrag handelt es sich nicht um einen Lebensversicherungsvertrag,

c) der Versicherungsvertrag deckt keine Haftpflichtrisiken ab,

d) die betreffende Person betreibt die Versicherungsvermittlung nicht hauptberuflich,

e) die Versicherung stellt eine Zusatzleistung zur Lieferung einer Ware bzw. der Erbringung einer Dienstleistung durch einen beliebigen Anbieter dar, wenn mit der Versicherung Folgendes abgedeckt wird:

aa) das Risiko eines Defekts, eines Verlusts oder einer Beschädigung von Gütern, die von dem betreffenden Anbieter geliefert werden oder

bb) Beschädigung oder Verlust von Gepäck und andere Risiken im Zusammenhang mit einer bei dem betreffenden Anbieter gebuchten Reise, selbst wenn die Versicherung Lebensversicherungs- oder Haftpflichtrisiken abdeckt, vorausgesetzt, dass die Deckung zusätzlich zur Hauptversicherungsdeckung für Risiken im Zusammenhang mit dieser Reise gewährt wird und

f) die Jahresprämie übersteigt nicht 500 Euro, und der Versicherungsvertrag hat eine Gesamtlaufzeit, eventuelle Verlängerungen inbegriffen, von höchstens fünf Jahren.

(6) Die Bestimmungen der Abs. 1 bis 4 und der §§ 137a bis 138 und die sonstigen Bestimmungen über Versicherungsvermittlung finden weiters keine Anwendung, wenn

§§ 137, 137c

1. beiläufig Auskünfte erteilt werden, die im Zusammenhang mit einer anderen beruflichen Tätigkeit stehen, die nicht zum Ziel hat, den Kunden beim Abschluss oder der Handhabung eines Versicherungsvertrages zu unterstützen,
2. die berufsmäßige Verwaltung der Schadensfälle eines Versicherungsunternehmens oder die Schadensregulierung und Sachverständigenarbeit im Zusammenhang mit Schadensfällen erfolgt.

(BGBl I 2002/111; BGBl I 2004/131)
...

Haftpflichtabsicherung, Verfahrensbestimmungen

§ 137c. (1) Zur Erlangung einer Berechtigung zur Tätigkeit der Versicherungsvermittlung ist eine für das gesamte Gebiet der Gemeinschaft geltende Berufshaftpflichtversicherung oder eine andere, die Haftpflicht bei Verletzung beruflicher Sorgfaltspflichten abdeckende wirtschaftlich und rechtlich dazu mindestens gleichwertige umfassende Deckungsgarantie in Höhe von mindestens 1 000 000 Euro für jeden einzelnen Schadensfall und von 1 500 000 Euro für alle Schadensfälle eines Jahres nachzuweisen. Die genannten Mindestversicherungssummen erhöhen oder vermindern sich ab 15.1.2008 und danach regelmäßig alle fünf Jahre prozentuell entsprechend den von Eurostat veröffentlichten Änderungen des Europäischen Verbraucherpreisindexes, wobei sie auf den nächst höheren vollen Eurobetrag aufzurunden sind. Die Berufshaftpflichtversicherung muss bei einem Unternehmen erfolgen, das zum Geschäftsbetrieb in Österreich befugt ist. Auf den Versicherungsvertrag muss österreichisches Recht anwendbar und der Gerichtsstand Österreich sein.

(2) Anstelle der Berufshaftpflichtversicherung oder Deckungsgarantie nach Abs. 1 gilt für Tätigkeiten der Versicherungsvermittlung, wenn die Versicherungsvermittlung nur für ein oder – wenn die Versicherungsprodukte nicht zueinander in Konkurrenz stehen – mehrere Versicherungsunternehmen ausgeübt wird, auch eine wirtschaftlich und rechtlich dazu mindestens gleichwertige von einem Versicherungsunternehmen oder Rückversicherungsunternehmen, in dessen Namen der Versicherungsvermittler handelt oder zu handeln befugt ist, abgegebene uneingeschränkte Haftungserklärung. Mehrere Unternehmen, die eine Haftungserklärung abgegeben haben, haften dort, wo es keine direkte Zurechenbarkeit gibt, solidarisch.

(3) Bei der Anmeldung des Gewerbes der Gewerblichen Vermögensberatung (§ 94 Z 75), soferne die Tätigkeit der Versicherungsvermittlung nicht durch den Gewerbeumfang ausgeschlossen ist, und des Gewerbes der Versicherungsvermittlung (§ 94 Z 76) sowie bei der Begründung des Nebengewerbes zur Versicherungsvermittlung ist zusätzlich zu den Erfordernissen gemäß § 339 Abs. 3 der Nachweis der Berufshaftpflichtversicherung oder einer sonstigen Haftungsabsicherung gemäß Abs. 1 oder 2 und soweit Kundengelder entgegengenommen werden sollen, der Nachweis getrennter Kundenkonten „im Sinne des § 138 Abs. 2" zu erbringen. Sind Versicherungsagententätigkeiten beabsichtigt, so ist auch jedes einzelne Agenturverhältnis einschließlich Versicherungszweig(en) anzugeben. Mit der Gewerbeausübung darf der Anmelder erst ab dem Zeitpunkt der Eintragung in das „GISA (Versicherungsvermittlerregister)" beginnen. *(BGBl I 2008/42; BGBl I 2015/18)*

(4) Bei Leistungsfreiheit des Versicherers gegenüber dem Versicherungsnehmer aus der Berufshaftpflichtversicherung gelten betreffend die Meldung des Versicherers an die für den Versicherungs- oder Rückversicherungsvermittler örtlich zuständige Behörde und betreffend die Haftung des Versicherers in Ansehung des Dritten die Bestimmungen des § 92 GewO 1994 und die Bestimmungen der §§ 158b bis 158i des VersVG, BGBl. Nr. 2/1959, in der geltenden Fassung. Der § 92 GewO 1994 und die §§ 158b bis 158i des VersVG sind auch für Fälle einer sonstigen Haftungsabsicherung gemäß Abs. 1 oder 2 anzuwenden. § 158c Abs. 2 VersVG gilt mit der Maßgabe, dass der Umstand, der das Nichtbestehen oder die Beendigung des Versicherungsverhältnisses zur Folge hat, gegenüber dem Dritten erst nach Ablauf von zwei Monaten wirksam wird, nachdem der Versicherer diesen Umstand der „ " Behörde angezeigt hat. *(BGBl I 2015/18)*

(5) Bei Wegfall einer Berufshaftpflichtversicherung oder einer sonstigen Haftungsabsicherung im Sinne von Abs. 1 oder 2 hat die Behörde unverzüglich eine vorläufige Streichung im GISA (Versicherungsvermittlerregister) anzumerken und ein Gewerbeentziehungsverfahren einzuleiten und, wenn eine neuerliche Berufshaftpflichtversicherung oder Haftungsabsicherung nicht unverzüglich nachgewiesen wird, die Gewerbeberechtigung längstens binnen zwei Monaten zu entziehen. § 361 Abs. 2 ist in diesem Fall nicht anzuwenden. Beschwerden gegen Entziehungsbescheide kommt keine aufschiebende Wirkung zu. Die Einleitung des Gewerbeentziehungsverfahrens ist im GISA (Versicherungsvermittlerregister) zu vermerken. Wenn eine Tätigkeit in einem anderen Vertragsstaat des EWR im GISA (Versicherungsvermittlerregister) vermerkt ist (§§ 365a Abs. 1 Z 13 und 365b Abs. 1 Z 10), unterrichtet die Behörde die zuständigen Behörden des anderen Vertragsstaates des EWR von der Streichung. *(BGBl I 2015/18)*

(BGBl I 2004/131)
...

2. Freie Gewerbe

Haftpflichtversicherung

§ 156. Die zur Ausübung des Gewerbes der Beförderung von Personen mit Anhängern, bei denen die Zugmaschinen nicht dem Kraftfahrgesetz 1967, BGBl. Nr. 267, unterliegen oder gemäß § 1 Abs. 2 lit. a und b sowie Abs. 3 leg.cit. von dessen Bestimmungen über die Haftpflichtversicherung ausgeschlossen sind (Ziehen von mit Personen besetzten Anhängern), berechtigten Gewerbetreibenden haben eine Haftpflichtversicherung abzuschließen, welche die nach dem Eisenbahn- und Kraftfahrzeughaftpflichtgesetz, BGBl. Nr. 48/1959, in der zum Zeitpunkt des Abschlusses des Versicherungsvertrages jeweils geltenden Fassung vorgesehenen Haftungshöchstbeträge deckt. Werden die nach dem Eisenbahn- und Kraftfahrzeughaftpflichtgesetz vorgesehenen Höchstbeträge erhöht, so haben die im ersten Satz genannten Personen die Haftpflichtversicherung den erhöhten Haftungshöchstbeträgen innerhalb eines Jahres nach dem Inkrafttreten der Erhöhung anzupassen. *(BGBl I 2008/42)*

...

V. HAUPTSTÜCK
Strafbestimmungen

§ 366. (1) Eine Verwaltungsübertretung, die mit Geldstrafe bis zu 3 600 zu bestrafen ist, begeht, wer

9. entgegen § 127 Abs. 3 eine Pauschalreise veranstaltet, ohne in das Veranstalterverzeichnis eingetragen zu sein oder sich einer fremden Eintragung bedient. *(BGBl I 2008/42; BGBl I 2012/85)*
(BGBl I 2001/136)

...

§ 367. Eine Verwaltungsübertretung, die mit Geldstrafe bis zu 2 180 zu bestrafen ist, begeht

28. das im § 92 Abs. 1 festgelegte Verbot der Ausübung eines Gewerbes oder des Betriebes einer gewerblichen Betriebsanlage nicht befolgt;

34. bei Pauschalreisen in die von ihm verwendeten detaillierten Werbeunterlagen nicht die in einer Verordnung gemäß § 127 Abs. 1 Z 1 und 2 für detaillierte Werbeunterlagen vorgesehenen Angaben aufnimmt oder unrichtige Angaben veröffentlicht; *(BGBl I 2012/85)*

(BGBl I 2001/136)

...

§ 368. Eine Verwaltungsübertretung, die mit einer Geldstrafe bis zu 1 090 Euro zu bestrafen ist, begeht, wer andere als in den „§§ 366, 367 und 367a" genannte Gebote oder Verbote dieses Bundesgesetzes oder der auf Grund dieses Bundesgesetzes erlassenen Verordnungen oder der Bescheide, die auf Grund der Bestimmungen dieses Bundesgesetzes oder auf Grund dieses Bundesgesetzes erlassener Verordnungen ergangen sind, nicht einhält. *(BGBl I 2008/42)*

(BGBl I 2002/111)

...

9/1. RSV
Stichwortverzeichnis

Reisebürosicherungsverordnung

BGBl II 1999/316 idF

1 BGBl II 2001/490
2 BGBl II 2003/563
3 BGBl II 2006/402

4 BGBl II 2012/275
5 BGBl II 2013/96

STICHWORTVERZEICHNIS

Abwickler 2 Z 6, 3 (1) Z 2, 3 (2), 7 (1) Z 5, 7 (1) Z 6, 7 (2), 9 (8) Z 2
Anspruch, unmittelbarer 5 Z 2
Anzahlungen 3 (1), 4 (5), 4 (6), 7 (3) Z 2, 7 (5) Z 2, 9 (4) Z 3
Aufwendungen 3 (1)
Außerkrafttreten 12

Bahn 4 (1) Z 1
Begriffsbestimmungen 2
Beirat 10
Betriebsstätte 9 (2) Z 1
Buchender 2 Z 4, 7 (3) (4) (5)
Bundesminister für Wirtschaft, Familie und Jugend 4 (1) Z 2, 4 (2), 5 Z 4, 5 Z 6, 5 Z 9, 9, 10
Bundesministerium für Wirtschaft, Familie und Jugend 4 (1) Z 2, 4 (2), 9, 10 (3)
Bus 4 (1) Z 1

Charterverkehr 4 (1) Z 2, 4 (2), 9 (4) Z 2 lit b, 9 (6) Z 2 lit c

Eintragungsnummer 9 (2) Z 3, 9 (5)

Firma 9 (2) Z 2
Flugzeug 4 (1) Z 1 u Z 2

Garant 7 (1) Z 2, 7 (2), 9 (2) Z 5
Garantie 3 (3) Z 2, 6, 7 (1) Z 3, 9 (9)
Garantieerklärung 3 (3) Z 2, 9 (4) Z 1
Garantiesumme 4, 6, 10 (2) Z 2
Geltungsbereich 1
– Insolvenz 1
– Pauschalreise 1
Gewerbeberechtigung 9 (2) Z 1, 9 (11) Z 1
Gewerbeordnung 11

Höhe der Versicherungssumme 4

Informationspflichten 7
– Nichtbefolgung 7 (4)
Inkrafttreten 12, 13
Insolvenz 1, 3 (1) Z 1 lit a, b, 7 (3) Z 2, 7 (5) Z 2, 9 (10) Z 3
Kontrolle 10

Kündigung 5 Z 4, 9 (9)

Linienverkehr 4 (1) Z 1

Mindestversicherungssumme 4

Pauschalreise 1, 2 Z 1, 4 (1) Z 1, 7 (5), 9 (3), 10 (3)
Polizze 5 Z 2, 7 (1) Z 3
Produktname 9 (2) Z 2

Recht, österreichisches 5 Z 1
Reisebestätigung 7 (3) (4) (5)
Reisender 2 Z 5
Restzahlungen 3 (1), 4 (5), 7 (3) Z 2, 7 (5) Z 2
Risikoabdeckung 3–9 (2) Z 4, 9 (9), 9 (10) Z 1
– Allgemeines 3
– Garantie 6
– Kontrolle 10
– Versicherungsvertrag 4, 5
Rückreise 1, 3 (1) Z 1 lit b
Rückzahlungen 3

Schiff 4 (1) Z 1 u Z 2
Schluß- und Übergangsbestimmungen 11–13
Sitzstaat 7 (4)

Umsatz 4 (1) Z 1, 4 (3), 4 (4), 4 (5), 9 (4) Z 2 lit a, 9 (6) Z 2 lit a–b, 9 (7), 9 (8) Z 1, 10 (2) Z 1

Veranstalter 1, 2 Z 2, 7 (1) (3) (4) (5), 9, 10 (2) Z 1
Veranstalterverzeichnis 7 (1) Z 1, 9
– Löschen 9 (10) (11)
Vermittler 2 Z 3, 7 (3) (4) (5)
Versicherer 3 (3) Z 1, 9 (2) Z 5, 9 (4) Z 1
Versicherungssumme 4 (1), 4 (4), 4 (5), 5 Z 6, 10 (2) Z 2
Versicherungsvertrag 5, 9 (9)
– Inhalt 5
Versicherungsvertragsgesetz 5 Z 7
Verstöße 11

Werbeunterlagen 7

Zwangsvollstreckung 1(3) Z 3

Verordnung des Bundesministers für wirtschaftliche Angelegenheiten über die Umsetzung des Art. 7 der Richtlinie des Rates vom 13. Juni 1990 über Pauschalreisen (90/314/EWG) im österreichischen Recht (Reisebürosicherungsverordnung – RSV)

Auf Grund des § 169 Abs. 1 Z 2 und Abs. 2 der Gewerbeordnung 1994 (GewO 1994), BGBl. Nr. 194, zuletzt geändert durch das Bundesgesetz BGBl. I Nr. 59/ 1999, wird im Einvernehmen mit der Bundesministerin für Frauenangelegenheiten und Verbraucherschutz verordnet:

1. Abschnitt

Allgemeines

Geltungsbereich

§ 1. (1) Diese Verordnung regelt die Erstattung bezahlter Beträge und die Rückreise des Reisenden im Fall einer Pauschalreise im Sinne des Art. 2 Z 1 der Richtlinie 90/314/EWG des Rates vom 13. Juni 1990 über Pauschalreisen, ABl. Nr. L 158 vom 23. Juni 1990, Seite 59, im Fall der Insolvenz des Veranstalters der Pauschalreise.

(2) Diese Verordnung ist auf Veranstalter von Pauschalreisen (Veranstalter) mit Standort in Österreich, soweit diese Pauschalreisen an Reisende anbieten, anzuwenden. *(BGBl II 2013/96)*

(3) Insolvenz des Veranstalters der Pauschalreise ist in folgenden Fällen anzunehmen:
1. bei Eröffnung des Insolvenzverfahrens oder Nichteröffnung des Insolvenzverfahrens mangels kostendeckenden Vermögens,
2. bei Zwangsvollstreckung, die nicht zur Befriedigung geführt hat,
3. bei Eintritt von Ereignissen, die eine Betreibung als aussichtslos erscheinen lassen oder
4. bei Zahlungsunfähigkeit, wobei dies insbesondere dann anzunehmen ist, wenn der Schuldner seine Zahlungen eingestellt hat.
(BGBl II 2012/275)

Begriffsbestimmungen

§ 2. Im Sinne dieser Verordnung sind:
1. **Pauschalreisen:** Die im voraus festgelegte Verbindung von mindestens zwei der folgenden Dienstleistungen, die zu einem Gesamtpreis verkauft oder zum Verkauf angeboten wird, wenn diese Leistung länger als 24 Stunden dauert oder eine Übernachtung einschließt:
   a) Beförderung,
   b) Unterbringung,
   c) andere touristische Dienstleistungen, die nicht Nebenleistung von Beförderung oder Unterbringung sind und einen beträchtlichen Teil der Gesamtleistung ausmachen.

2. **Veranstalter:** Gewerbetreibende, die Pauschalreisen organisieren und diese direkt oder über einen Vermittler anbieten. *(BGBl II 2013/96)*

3. **Vermittler:** Gewerbetreibende, die Buchungen für vom Veranstalter angebotene Pauschalreisen entgegennehmen.

4. **Buchender:** Eine Person, die den Vertrag oder einen Vorvertrag über Reiseleistungen schließt.

5. **Reisender:** Eine Person, die den Vertrag oder einen Vorvertrag über Reiseleistungen schließt (Buchender), jede weitere Person, in deren Namen der Buchende den Vertrag eingeht, und jede Person, der eine dieser Personen ihre Ansprüche abtritt (Erwerber).

6. **Abwickler:** Eine von 0 bis 24 Uhr erreichbare Stelle im Inland, die über die erforderliche personelle, technische und infrastrukturelle Ausstattung zur Schadensabwicklung verfügt, an die sich die Reisenden zu wenden haben und die im Auftrag des Versicherers oder Garanten die Abwicklung der Ansprüche übernimmt und die gegebenenfalls die für die Rückreise der Reisenden im Fall der Insolvenz erforderlichen Veranlassungen zu treffen hat.

2. Abschnitt

Abdeckung des Risikos

Allgemeines

§ 3. (1) Der Veranstalter hat sicherzustellen, daß dem Reisenden
1. erstattet werden:
   a) die bereits entrichteten Zahlungen („Anzahlungen und Restzahlungen"), soweit die Reiseleistungen gänzlich oder teilweise infolge Insolvenz des Veranstalters nicht erbracht wurden, und *(BGBl II 2006/402)*
   b) die notwendigen Aufwendungen für die Rückreise, die infolge Insolvenz des Veranstalters entstanden sind, und
2. ein Abwickler gemäß § 2 Z 6 zur Verfügung steht, der gegebenenfalls die für die Rückreise des Reisenden im Fall der Insolvenz des Veranstalters erforderlichen Veranlassungen im Auftrag des Versicherers oder Garanten zu treffen hat.

(2) Sämtliche Ansprüche gemäß Abs. 1 sind nur dann zu befriedigen, wenn der Reisende diese innerhalb von acht Wochen ab Eintritt der im § 1 Abs. 3 genannten Ereignisse beim Abwickler angemeldet hat, es sei denn, der Reisende hat diese Frist ohne sein Verschulden versäumt. Die Frist zur Anmeldung der Ansprüche beginnt zu laufen,

sobald einer der Tatbestände des § 1 Abs. 3 eingetreten ist.

(3) Die Abdeckung des Risikos gemäß Abs. 1 hat auf eine der folgenden Arten zu erfolgen:

1. durch Abschluß eines Versicherungsvertrages mit einem zum Geschäftsbetrieb in Österreich berechtigten Versicherer gemäß den §§ 4 und 5 oder

2. durch Beibringung einer unwiderruflichen und abstrakten Bankgarantie eines zum Geschäftsbetrieb in Österreich berechtigten Kreditinstitutes gemäß § 6 oder einer unwiderruflichen und abstrakten Garantieerklärung einer Körperschaft öffentlichen Rechts gemäß § 6.

(4) Von der Abdeckung des Risikos sind auch vom Veranstalter entgegen den Vorgaben der § 4 Abs. 5 und 6 übernommene Kundengelder umfasst, wobei jedoch sämtliche Ansprüche gemäß Abs. 1 Z 1 vorrangig zu befriedigen sind. Abs. 2 gilt sinngemäß. *(BGBl II 2012/275)*

Abdeckung des Risikos durch Versicherungsvertrag

Höhe der Versicherungssumme

§ 4. (1) Die Versicherungssumme hat unter Bedachtnahme auf § 3 Abs. 1 mindestens zu betragen:

1. Bei Veranstaltung von Pauschalreisen, die Beförderungen mit Flugzeugen im Linienverkehr oder mit Schiffen im Linienverkehr oder ausschließlich Beförderungen mit Bus oder Bahn oder keine Beförderungen beinhalten, bei einem Umsatz aus der Veranstaltertätigkeit im vorangegangenen Wirtschaftsjahr

a) bis 90 000 Euro, 10 000 Euro, bis 180 000 Euro, 20 000 Euro, bis 270 000 Euro, 30 000 Euro, sofern eine firmenmäßig gezeichnete Aufstellung sämtlicher Pauschalreiseumsätze des Vorjahres (Reisedatum, Reiseziel, Rechnungsnummer, PAX-Zahl und Rechnungssumme) unter Anschluss der Ausschreibungsunterlagen erfolgt,

b) bis 330 000 Euro, 37 000 Euro, sofern der Umsatz für die Zeiträume

aa) Anfang Dezember bis Ende Februar bis spätestens 5. März,

bb) Anfang März bis Ende Mai bis spätestens 5. Juni,

cc) Anfang Juni bis Ende August bis spätestens 5. September, und

dd) Anfang September bis Ende November bis spätestens 5. Dezember

des jeweiligen Kalenderjahres durch eine von einem Steuerberater unterfertigte Erklärung über die Richtigkeit der zuletzt gemeldeten Umsatzprognose bestätigt wird,

c) über 330 000 Euro oder wenn die Nachweise nach lit. a oder b nicht erbracht werden, 10 vH des Umsatzes, jedenfalls jedoch 72 600 Euro, wobei die jeweils höhere Versicherungssumme einzudecken ist.

2. Bei Veranstaltung von Pauschalreisen, die Beförderungen mit Flugzeugen im Charterverkehr oder mit Schiffen im Charterverkehr beinhalten, 12 vH des Umsatzes aus der Veranstaltertätigkeit im vorangegangenen Wirtschaftsjahr, jedenfalls jedoch 363 000 Euro, wobei die jeweils höhere Versicherungssumme einzudecken ist; für Chartereinzelflüge bestimmt sich die Absicherung nach Z 1, sofern dem Bundesminister für Wirtschaft, Familie und Jugend rechtzeitig ein Nachweis über die Zahlung des Charterfluges vor Durchführung des Fluges vorgelegt wird.

3. Bei Pauschalreisen, die Leistungen beinhalten, auf die unterschiedliche Prozentsätze gemäß Z 1 und 2 zur Anwendung kommen, bestimmt sich die Versicherungssumme nach den Anteilen der einzelnen Leistungen am Gesamtumsatz.

(2) Bei Zukauf von Charterplätzen von einem anderen Reiseveranstalter bestimmt sich die Absicherung des zukaufenden Reiseveranstalters nach Abs. 1 Z 1, sofern nicht mehr als 5 vH der im Wirtschaftsjahr abzuwickelnden Paxen durch einen derartigen Zukauf erfolgen, andernfalls nach Abs. 1 Z 2. Das Überschreiten dieses Prozentsatzes ist dem Bundesminister für Wirtschaft, Familie und Jugend unverzüglich zu melden.

(3) Im ersten Jahr einer Veranstaltertätigkeit ist, soweit der Reiseveranstalter nicht Anderes nachweist, von einem Jahresumsatz von 3 600 000 Euro aus der beabsichtigten Veranstaltertätigkeit auszugehen.

(4) Bei beabsichtigter Steigerung oder Verringerung des Umsatzes aus der Veranstaltertätigkeit gegenüber dem vorangegangenen Wirtschaftsjahr um mehr als 5 vH ist der Ermittlung der Versicherungssumme der beabsichtigte Umsatz aus der Veranstaltertätigkeit im entsprechenden Wirtschaftsjahr unter sinngemäßer Anwendung des Abs. 1 zugrunde zu legen.

(5) Übernimmt der Veranstalter Kundengelder als Anzahlung in Höhe von mehr als 10 vH des Reisepreises früher als zwanzig Tage vor Reiseantritt, hat die Versicherungssumme in den Fällen des Abs. 1 Z 1 mindestens 12 vH des Umsatzes aus der Veranstaltertätigkeit im vorausgegangenen Wirtschaftsjahr und in den Fällen des Abs. 1 Z 2 mindestens 14 vH des Umsatzes aus der Veranstaltertätigkeit im vorausgegangenen Wirtschaftsjahr zu betragen. Kundengelder als Anzahlung oder als Restzahlung in Höhe von mehr als 20 vH des Reisepreises dürfen nur Zug um Zug gegen Aushändigung der Reiseunterlagen an den Reisenden und nicht früher als zwanzig Tage vor Reiseantritt übernommen werden.

(6) Anzahlungen dürfen frühestens elf Monate vor dem vereinbarten Ende der Reise entgegengenommen werden.

(BGBl II 2012/275)

Inhalt des Versicherungsvertrages

§ 5. Im Versicherungsvertrag ist vorzusehen, daß

1. auf diesen Vertrag österreichisches Recht anzuwenden ist;

2. dem Reisenden ein von der Innehabung des Versicherungsscheines (Polizze) unabhängiger, unmittelbarer Anspruch gegen den Versicherer einzuräumen ist;

3. sich der Versicherungsschutz auf alle Buchungen erstreckt, die während der Vertragsdauer bzw. der Nachhaftungsfrist gemäß Z 4 getätigt werden und bei denen die gebuchte Reise spätestens zwölf Monate nach Ablauf der Nachhaftungsfrist endet;

4. die Vertragsdauer mindestens zwölf Monate zu betragen hat und

a) bei Beendigung eines befristeten Versicherungsvertrages durch Zeitablauf sich der Versicherungsschutz auch auf alle Buchungen zu erstrecken hat, die innerhalb eines Monats nach dem vertraglichen Endtermin des Versicherungsvertrages (Nachhaftungsfrist) getätigt wurden und bei denen die gebuchte Reise spätestens zwölf Monate nach Ablauf der einmonatigen Nachhaftungsfrist endet,

b) bei Versicherungsverträgen, die auf unbestimmte Zeit abgeschlossen werden, der Vertrag nur unter Einhaltung einer zweimonatigen Kündigungsfrist, frühestens jedoch zum Ablauf des ersten Versicherungsjahres gekündigt werden kann. Der Versicherer hat dem Bundesminister für wirtschaftliche Angelegenheiten[1]) die Kündigung unverzüglich zu melden. Die Haftung des Versicherers bleibt jedoch noch zwei Monate nach Einlangen der Meldung beim Bundesminister für wirtschaftliche Angelegenheiten[1]) (Nachhaftungsfrist) bestehen und erstreckt sich auch auf alle Buchungen, die während dieser Nachhaftungsfrist getätigt werden. Die Haftung besteht jedoch nur für Buchungen, bei denen die gebuchte Reise spätestens zwölf Monate nach Ablauf der Nachhaftungsfrist endet,

c) bei vorzeitiger Beendigung eines Versicherungsverhältnisses der Versicherer diesen Umstand unverzüglich dem Bundesminister für wirtschaftliche Angelegenheiten[1]) zu melden hat. Die Haftung des Versicherers bleibt in diesem Fall noch zwei Monate nach Einlangen der Meldung beim Bundesminister für wirtschaftliche Angelegenheiten[1]) (Nachhaftungsfrist) bestehen und erstreckt sich auch auf alle Buchungen, die während dieser Nachhaftungsfrist getätigt werden. Die Haftung besteht jedoch nur für Buchungen, bei denen die gebuchte Reise spätestens zwölf Monate nach Ablauf der Nachhaftungsfrist endet;

5. der Versicherungsschutz bei Wechsel des Versicherers auch alle am Beginn des Wirksamwerdens des Versicherungsvertrages noch offenen Ansprüche von Reisenden gemäß § 3 Abs. 1 einschließt; die Haftung des bisherigen Versicherers erlischt mit dem Wirksamwerden eines neuen Versicherungsvertrages. Der Veranstalter hat den bisherigen Versicherer vom Wirksamkeitsbeginn eines neuen Versicherungsvertrages in Kenntnis zu setzen;

6. der Versicherer dem Bundesminister für wirtschaftliche Angelegenheiten[1]) über jede Änderung der Höhe der Versicherungssumme unverzüglich, spätestens jedoch acht Tage ab dieser Vertragsänderung, Meldung zu erstatten hat;

7. § 156 Abs. 3 des Versicherungsvertragsgesetzes 1958, BGBl. Nr. 2/1959, „in der Fassung des Bundesgesetzes BGBl. I Nr. 58/2010", sinngemäß anzuwenden ist; *(BGBl II 2012/275)*

8. für den Fall, daß der Versicherer von der Verpflichtung zur Leistung dem Versicherungsnehmer gegenüber ganz oder teilweise frei ist, seine Verpflichtung gleichwohl in Ansehung des Dritten bestehen bleibt;

9. ein Umstand, der das Nichtbestehen des Versicherungsverhältnisses zur Folge hat, in Ansehung des Dritten erst mit Ablauf eines Monats, nachdem der Versicherer diesen Umstand dem Bundesminister für wirtschaftliche Angelegenheiten[1]) angezeigt hat, wirkt.

---

[1]) *Nunmehr BMWFW (BM für Wissenschaft, Forschung und Wirtschaft) – vgl § 1 Abs 1 Z 13 BundesministerienG idF BGBl I 2014/11.*

Abdeckung des Risikos durch Garantie (Bankgarantie oder Garantieerklärung einer Körperschaft öffentlichen Rechts)

§ 6. Im Garantievertrag hat sich der Garant zur Erbringung jener Leistungen zu verpflichten, die dem Reisenden aus einem dem § 5 entsprechenden Versicherungsvertrag zustehen. Die Garantiesumme bestimmt sich nach § 4.

Informationspflichten

§ 7. (1) Der Veranstalter hat in die von ihm verwendeten detaillierten Werbeunterlagen folgende Angaben deutlich sichtbar aufzunehmen:

1. die Nummer, unter der dieser in das Veranstalterverzeichnis gemäß § 9 Abs. 5 eingetragen wurde (Eintragungsnummer),

2. den Versicherer gemäß § 3 Abs. 3 Z 1 oder den Garanten gemäß § 3 Abs. 3 Z 2,

3. die Versicherungsscheinnummer (Polizzennummer) oder die Nummer der Garantie,

4. die Höhe der Übernahme von Kundengeldern als Anzahlung gemäß § 4 Abs. 5,

5. den Abwickler gemäß § 2 Z 6 einschließlich Namen, Adresse, Telefonnummer und Telefaxnummer, und

6. den Hinweis auf das Erfordernis, sämtliche Ansprüche bei sonstigem Anspruchsverlust innerhalb von acht Wochen ab Eintritt der in § 1 Abs. 3 genannten Ereignisse beim Abwickler anzumelden.

(2) Im Fall eines Wechsels des Versicherers (des Garanten) hat der bisherige Versicherer (Garant) dem Reisenden auf dessen Anfrage die Information gemäß Abs. 1 Z 2 zu erteilen. Im Fall eines Wechsels des Abwicklers hat der bisherige Abwickler die Information gemäß Abs. 1 Z 5 zu erteilen.

(3) Der Vermittler hat den Buchenden nachweislich über die Abdeckung des Risikos durch den Veranstalter gemäß § 3 Abs. 3 in Kenntnis zu setzen. Der Vermittler hat dazu

1. dem Buchenden die im Abs. 1 Z 1, 2, 3, 5 und 6 genannten Angaben zusammen mit der Reisebestätigung in schriftlicher Form auszuhändigen und

2. in die Reisebestätigung unmittelbar nach der Nennung des Reisepreises in den Fällen, in denen der Veranstalter zur Entgegennahme von Kundengeldern in der Höhe von nicht mehr als 10 vH des Reisepreises früher als zwanzig Tage vor Reiseantritt berechtigt ist, die Wortfolge: "Wichtige Information zur Insolvenzabsicherung: Zahlen Sie nicht mehr als 10 vH des Reisepreises als Anzahlung, die Restzahlung nicht früher als zwanzig Tage vor Reiseantritt" und in den Fällen, in denen der Veranstalter zur Entgegennahme von Kundengeldern von mehr als 10 vH, aber nicht mehr als 20 vH, des Reisepreises früher als zwanzig Tage vor Reisantritt berechtigt ist, die Wortfolge: "Wichtige Information zur Insolvenzabsicherung: Zahlen Sie nicht mehr als 20 vH des Reisepreises als Anzahlung, die Restzahlung nicht früher als zwanzig Tage vor Reiseantritt" aufzunehmen. Diese Wortfolgen müssen in einem für den Buchenden deutlich lesbaren Schriftbild ausgeführt sein.

(4) Der Vermittler hat den Buchenden bei ausländischen Veranstaltern nachweislich in Kenntnis zu setzen über

1. den Sitzstaat des Veranstalters,

2. die Art der Absicherung und die Kontaktstelle, an die sich der Reisende im Insolvenzfall zu wenden hat, sofern der Veranstalter seinen Sitz in einem Mitgliedstaat der Europäischen Union/ des EWR hat,

3. die Absicherung im Sinne des Art. 7 der Richtlinie 90/314/EWG, sofern der Veranstalter seinen Sitz nicht in einem Mitgliedstaat der Europäischen Union/ des EWR hat. Bei Nichtbestehen einer derartigen Absicherung ist darauf ausdrücklich hinzuweisen.

Der Vermittler hat dazu dem Buchenden die genannten Angaben zusammen mit der Reisebestätigung in schriftlicher Form auszuhändigen. Im Falle der Nichtbefolgung dieser Verpflichtungen treffen den Vermittler die Pflichten eines Veranstalters nach dieser Verordnung.

(5) Erfolgt die Buchung der Pauschalreise ohne Inanspruchnahme eines Vermittlers direkt beim Veranstalter, hat der Veranstalter

1. dem Buchenden die im Abs. 1 Z 1, 2, 3, 5 und 6 genannten Angaben zusammen mit der Reisebestätigung in schriftlicher Form auszuhändigen, und

2. in die Reisebestätigung unmittelbar nach der Nennung des Reisepreises in den Fällen, in denen der Veranstalter zur Entgegennahme von Kundengeldern in der Höhe von nicht mehr als 10 vH des Reisepreises früher als zwanzig Tage vor Reiseantritt berechtigt ist, die Wortfolge: "Wichtige Information zur Insolvenzabsicherung: Zahlen Sie nicht mehr als 10 vH des Reisepreises als Anzahlung, die Restzahlung nicht früher als zwanzig Tage vor Reiseantritt" und in den Fällen, in denen der Veranstalter zur Entgegennahme von Kundengeldern von mehr als 10 vH, aber nicht mehr als 20 vH, des Reisepreises früher als zwanzig Tage vor Reisantritt berechtigt ist, die Wortfolge: "Wichtige Information zur Insolvenzabsicherung: Zahlen Sie nicht mehr als 20 vH des Reisepreises als Anzahlung, die Restzahlung nicht früher als zwanzig Tage vor Reiseantritt" aufzunehmen. Diese Wortfolgen müssen in einem für den Buchenden deutlich lesbaren Schriftbild ausgeführt sein.

(BGBl II 2012/275)

§ 8. *(aufgehoben samt Überschrift, BGBl II 2012/275)*

3. Abschnitt

Veranstalterverzeichnis

§ 9. (1) Der Bundesminister für Wirtschaft, Familie und Jugend hat ein Verzeichnis der Veranstalter (Veranstalterverzeichnis) zu führen.

(2) Das Veranstalterverzeichnis hat zu enthalten:

1. den Namen des Veranstalters, den Standort der Gewerbeberechtigung und die Standorte weiterer Betriebsstätten;

2. die Firma, die Firmenbuchnummer und den Produktnamen, sofern dieser nicht bereits im Firmenwortlaut enthalten ist;

3. die Nummer, unter der der Veranstalter in das Veranstalterverzeichnis gemäß Abs. 5 eingetragen wurde (Eintragungsnummer);

4. die Art und Höhe der Abdeckung des Risikos gemäß § 3 Abs. 3;

5. den Versicherer gemäß § 3 Abs. 3 Z 1 oder den Garanten gemäß § 3 Abs. 3 Z 2;

6. den Abwickler gemäß § 2 Z 6;

7. gegebenenfalls die Übernahme von Anzahlungen in Höhe von mehr als 10 vH des Reisepreises früher als zwanzig Tage vor Reiseantritt gemäß § 4 Abs. 5;

(3) Gewerbetreibende, die beabsichtigen, Pauschalreisen zu veranstalten, haben sich vor Aufnahme der Veranstaltertätigkeit in das Veranstalterverzeichnis eintragen zu lassen.

(4) Zur Eintragung in das Veranstalterverzeichnis hat der Veranstalter folgende Meldungen an den Bundesminister für Wirtschaft, Familie und Jugend zu erstatten und durch entsprechende Nachweise zu belegen, wobei die in den Z 2 und 3 genannten Angaben zusätzlich durch eine von einem Steuerberater unterfertigte Erklärung über die Richtigkeit dieser Angaben zu bestätigen sind:

1. das Bestehen einer Versicherung bei einem zum Geschäftsbetrieb in Österreich berechtigten Versicherer gemäß den §§ 4 und 5 oder einer Bankgarantie eines zum Geschäftsbetrieb in Österreich berechtigten Kreditinstitutes oder einer Garantieerklärung einer Körperschaft öffentlichen Rechts gemäß § 6;

2. a) den Umsatz aus der beabsichtigten Veranstaltertätigkeit im laufenden Wirtschaftsjahr, und

b) das beabsichtigte Ausmaß des Zukaufs von Charterplätzen gemäß § 4 Abs. 2;

3. Informationen über die Übernahme von Anzahlungen in Höhe von mehr als 10 vH des Reisepreises früher als zwanzig Tage vor Reiseantritt gemäß § 4 Abs. 5 im laufenden Wirtschaftsjahr;

4. den Abwickler gemäß § 2 Z 6.

(5) Liegen die Voraussetzungen für die Eintragung in das Veranstalterverzeichnis gemäß Abs. 4 vor, hat der Bundesminister für Wirtschaft, Familie und Jugend den Veranstalter innerhalb von vier Wochen ab Einlangen der in Abs. 4 genannten Meldungen in das Veranstalterverzeichnis einzutragen und von der erfolgten Eintragung in Kenntnis zu setzen. Gleichzeitig ist dem Veranstalter eine Nummer zuzuweisen, unter der dieser in das Veranstalterverzeichnis eingetragen wurde (Eintragungsnummer). Liegen die Voraussetzungen für die Eintragung in das Veranstalterverzeichnis gemäß Abs. 4 nicht vor, hat der Bundesminister für Wirtschaft, Familie und Jugend dies innerhalb von vier Wochen ab Einlangen der in Abs. 4 genannten Meldungen mit Bescheid festzustellen.

(6) Nach der Eintragung in das Veranstalterverzeichnis hat der Veranstalter bis spätestens 30. November jedes Kalenderjahres folgende Meldungen an den Bundesminister für Wirtschaft, Familie und Jugend zu erstatten und durch entsprechende Nachweise zu belegen, wobei die in den Z 2 und 3 genannten Angaben zusätzlich durch eine von einem Steuerberater unterfertigte Erklärung über die Richtigkeit dieser Angaben zu bestätigen sind:

1. das Bestehen einer Versicherung bei einem zum Geschäftsbetrieb in Österreich berechtigten Versicherer gemäß den §§ 4 und 5 oder einer Bankgarantie eines zum Geschäftsbetrieb in Österreich berechtigten Kreditinstitutes oder einer Garantieerklärung einer Körperschaft öffentlichen Rechts gemäß § 6;

2. a) den Umsatz aus der Veranstaltertätigkeit der letzten zwölf Monate und

b) bei beabsichtigter Steigerung oder Verringerung des Umsatzes aus der Veranstaltertätigkeit gegenüber dem Umsatz der letzten zwölf Monate um mehr als 5 vH den Umsatz aus der Veranstaltertätigkeit im vorangegangenen Wirtschaftsjahr und den beabsichtigten Umsatz aus der Veranstaltertätigkeit im laufenden Wirtschaftsjahr,

c) das beabsichtigte Ausmaß des Zukaufs von Charterplätzen gemäß § 4 Abs. 2 unter Angabe der Beförderungsarten;

3. Informationen über die Zahlungsmodalitäten gemäß § 4 Abs. 5;

4. den Abwickler gemäß § 2 Z 6.

(7) Der Bundesminister für Wirtschaft, Familie und Jugend hat unverzüglich, längstens jedoch innerhalb von drei Monaten nach Ablauf der Frist gemäß Abs. 6 zu prüfen, ob der Veranstalter dem Abs. 6 entsprochen hat. Wurde dem Abs. 6 nicht entsprochen, so hat der Bundesminister für Wirtschaft, Familie und Jugend den Veranstalter aufzufordern, binnen einer Frist von zwei Wochen die fehlenden Unterlagen nachzureichen.

(8) Der Veranstalter hat weiters unverzüglich folgende Meldungen an den Bundesminister für Wirtschaft, Familie und Jugend zu erstatten:

1. jede sich abzeichnende Änderung des Umsatzes aus der Veranstaltertätigkeit, die den zuletzt gemeldeten prognostizierten Jahresumsatz um 5 vH übersteigt, und

2. jeden Wechsel des Abwicklers gemäß § 2 Z 6.

(9) Wird die Dauer des Versicherungsvertrages oder der Garantie gemäß § 5 Z 4 durch Zeitablauf oder Kündigung beendet, hat der Veranstalter dem Bundesminister für Wirtschaft, Familie und Jugend ein Monat vor Beendigung nachzuweisen, dass eine Neuabdeckung des Risikos gemäß § 3 Abs. 3 für die Zeit nach der Beendigung erfolgt ist.

(10) Der Bundesminister für Wirtschaft, Familie und Jugend hat die Eintragung in das Veranstalterverzeichnis unverzüglich mit Bescheid zu löschen, wenn

1. die Abdeckung des Risikos durch den Veranstalter gemäß § 3 Abs. 3 nicht mehr gegeben ist, oder

2. die Voraussetzungen für eine Eintragung in das Veranstalterverzeichnis aus anderen als den in Abs. 11 genannten Fällen nicht mehr vorliegt, oder

3. eine Insolvenz des Veranstalters gemäß § 1 Abs. 3 vorliegt, oder

4. der Veranstalter nicht unverzüglich die Meldung gemäß Abs. 7 Z 1 erstattet hat, oder

5. der Veranstalter, trotz Aufforderung durch den Bundesminister für Wirtschaft, Familie und Jugend, gemäß Abs. 7 zweiter Satz die fällige Folgemeldung gemäß Abs. 6 nicht erstattet hat.

(11) Die Eintragung in das Veranstalterverzeichnis erlischt, wenn

1. die für die Ausübung der Veranstaltertätigkeit erforderliche Gewerbeberechtigung des Veranstalters nicht mehr gegeben ist, oder

2. der Veranstalter dem Bundesminister für Wirtschaft, Familie und Jugend die Einstellung der Veranstaltertätigkeit angezeigt hat.

Der Bundesminister für Wirtschaft, Familie und Jugend hat in diesen Fällen die Eintragung im Veranstalterverzeichnis unverzüglich zu entfernen.

(12) Der Bundesminister für Wirtschaft, Familie und Jugend hat Auskünfte aus dem Veranstalterverzeichnis auf Verlangen jedermann zu erteilen.

(BGBl II 2012/275)

4. Abschnitt
Kontrolle der Risikoabdeckung

Beirat

§ 10. (1) Der Bundesminister für Wirtschaft, Familie und Jugend hat einen Beirat aus sieben Mitgliedern einzurichten, dem die Kontrolle der Versicherungen und der Garantien gemäß § 3 Abs. 3 obliegt.

(2) Der Beirat hat insbesondere zu überprüfen:

1. die Plausibilität der durch den Veranstalter gemäß § 9 Abs. 4 Z 2, gemäß § 9 Abs. 6 Z 2 und gemäß § 9 Abs. 8 Z 1 an den Bundesminister für Wirtschaft, Familie und Jugend gemeldeten Umsätze aus der Veranstaltertätigkeit und

2. die Höhe der Versicherungs- und Garantiesummen gemäß den §§ 4 und 6.

(3) Die Mitglieder des Beirates sind vom Bundesminister für Wirtschaft, Familie und Jugend auf die Dauer von zwei Jahren zu bestellen. Ein Mitglied des Beirates hat ein Vertreter des Bundesministeriums für Wirtschaft, Familie und Jugend zu sein. Dieses Mitglied ist zum Vorsitzenden des Beirates zu bestellen. Vier der weiteren Mitglieder des Beirates sind auf Vorschlag des Fachverbandes der Reisebüros der Bundessparte Tourismus und Freizeitwirtschaft der Wirtschaftskammer Österreich zu bestellen, wobei zwei Mitglieder Veranstalter von Flugpauschalreisen und zwei Mitglieder Vermittler von Pauschalreisen zu sein haben. Das sechste und siebente Mitglied des Beirates sind auf Vorschlag des Fachverbandes der Versicherungsunternehmungen der Bundessparte Bank und Versicherung der Wirtschaftskammer Österreich zu bestellen, wobei ein Mitglied einschlägige Kenntnisse auf dem Gebiet des Versicherungs- oder Bankwesens aufzuweisen hat.

(4) Für jedes Mitglied des Beirates ist gleichzeitig mit dessen Bestellung auf die gleiche Art ein Ersatzmitglied zu bestellen.

(5) Der Beirat hat in regelmäßigen Zeitabständen, mindestens jedoch alle drei Monate zusammenzutreten und dem Bundesminister für Wirtschaft, Familie und Jugend über das Ergebnis seiner Beratungen zu berichten.

(6) Der Beirat hat eine Geschäftsordnung zu beschließen, in welcher die Art der Beschlussfassung und der Geschäftsgang so zu ordnen sind, dass die Erfüllung der dem Beirat gemäß Abs. 1 und 2 übertragenen Aufgaben sichergestellt ist.

(7) Der Veranstalter hat dem Bundesminister für Wirtschaft, Familie und Jugend auf Verlangen die zur Erfüllung der dem Beirat gemäß Abs. 1 und 2 übertragenen Aufgaben erforderlichen Auskünfte zu erteilen und die hiezu erforderlichen Nachweise beizubringen.

(8) Die Mitglieder des Beirates üben die Tätigkeit im Beirat ehrenamtlich aus.

(9) Die Mitglieder des Beirates haben über den Verlauf der Beratungen Verschwiegenheit zu bewahren.

(BGBl II 2012/275)

5. Abschnitt
Schluss- und Übergangsbestimmungen

§ 11. (1) Eine Verwaltungsübertretung, die mit einer Geldstrafe bis zu 3 600 Euro zu bestrafen ist, begeht, wer

1. Pauschalreisen veranstaltet, ohne die hiefür erforderliche Gewerbeberechtigung erlangt zu haben;

2. Pauschalreisen veranstaltet, ohne in das Veranstalterverzeichnis gemäß § 9 eingetragen zu sein;

3. sich einer fremden Eintragungsnummer bedient.

(2) Eine Verwaltungsübertretung, die mit einer Geldstrafe bis zu 2 180 Euro zu bestrafen ist, be-

geht, wer in die von ihm verwendeten detaillierten Werbeunterlagen die Angaben gemäß § 7 Abs. 1 nicht aufnimmt oder unrichtige Angaben veröffentlicht.

(3) Eine Verwaltungsübertretung, die mit einer Geldstrafe bis zu 1 090 Euro zu bestrafen ist, begeht, wer gegen Gebote und Verbote dieser Verordnung zuwiderhandelt, die nicht bereits gemäß den Abs. 1 und 2 unter Strafe gestellt sind.

(4) Auch ein bloß einmaliger Verstoß des Veranstalters gegen die Bestimmungen der §§ 3 bis 6 kann bewirken, dass er die für die Ausübung des Gewerbes erforderliche Zuverlässigkeit gemäß § 87 Abs. 1 Z 3 GewO 1994 nicht mehr besitzt.

(BGBl II 2003/563)

§ 12. (1) Mit dem Inkrafttreten dieser Verordnung tritt die Verordnung des Bundesministers für wirtschaftliche Angelegenheiten über die Umsetzung des Art. 7 der Richtlinie des Rates vom 13. Juni 1990 über Pauschalreisen (90/314/EWG) im österreichischen Recht (Reisebürosicherungsverordnung – RSV), BGBl. II Nr. 10/1998, in der Fassung der Verordnung BGBl. II Nr. 118/1998 außer Kraft.

(2) § 4 Abs. 1 Z 1 lit. a bis c und Abs. 2 und 3 und § 8 in der Fassung der Verordnung BGBl. II Nr. 490/2001 treten mit 1. Jänner 2002 in Kraft. *(BGBl II 2001/490)*

(3) § 4, § 7 Abs. 1 Z 5, § 8, § 9 Abs. 4, 6 und 7, § 10 Abs. 5 und § 11 in der Fassung der Verordnung BGBl. II Nr. 563/2003 treten mit 1. Jänner 2004 in Kraft. *(BGBl II 2003/563)*

(4) Veranstalter, die im Zeitpunkt des Inkrafttretens der Verordnung BGBl. II Nr. 275/2012 im Veranstalterverzeichnis eingetragen sind, müssen der Verordnung idF BGBl. II Nr. 275/2012 mit der gemäß § 9 Abs. 6 zu erstattenden Meldung, spätestens jedoch mit 1. Dezember 2012 entsprechen. Bis zu diesem Zeitpunkt gilt die Verordnung BGBl. II Nr. 316/1999 in der Fassung der Verordnung BGBl. II Nr. 402/2006, weiter. Im Falle der Vermittlung eines Veranstalters, auf den die Bestimmungen der Verordnung BGBl. II Nr. 275/2012 keine Anwendung finden, gilt für den Vermittler § 7 Abs. 3 in der Fassung der Verordnung BGBl. II Nr. 316/1999 in der Fassung der Verordnung BGBl. II Nr. 402/2006. *(BGBl II 2012/275)*

(5) § 1 Abs. 3 und 4, § 4 samt Überschrift, § 5 Z 7, § 7 samt Überschrift, § 9 samt Überschrift, § 10 samt Überschrift und § 12 Abs. 4 in der Fassung der Verordnung BGBl. II Nr. 275/2012 treten mit dem Alauf des Tages ihrer Kundmachung, frühestens jedoch mit 1. September 2012 in Kraft; gleichzeitig tritt § 8 samt Überschrift der Verordnung BGBl. II 316/1999 in der Fassung der Verordnung BGBl. II Nr. 402/2006 außer Kraft. *(BGBl II 2012/275)*

(6) § 1 Abs. 2 und § 2 Z 2 in der Fassung der Verordnung BGBl. II Nr. 96/2013, treten mit Ablauf des Tages ihrer Kundmachung im Bundesgesetzblatt in Kraft. *(BGBl II 2013/96)*

§ 13. Reiseveranstalter, die im Zeitpunkt des In-Kraft-Tretens der Novelle BGBl. II Nr. 402/2006 die Entgegennahme von Vorauszahlungen gemäß § 4 Abs. 7 in der Fassung vor In-Kraft-Treten der Novelle BGBl. II Nr. 402/2006 dem Bundesministerium für Wirtschaft und Arbeit gemeldet haben, sind berechtigt, bis zum 31. Oktober 2008 Vorauszahlungen gemäß der zitierten Bestimmung entgegenzunehmen. Diesbezüglich gelten die Bestimmungen dieser Verordnung in der Fassung vor In- Kraft-Treten der Novelle BGBl. II Nr. 402/2006 weiter.

(BGBl II 2006/402)

9/2. ERV-RVB 2013

Europäische Reiseversicherungsbedingungen[1] (ERV-RVB 2013)

[1] *Mangels Musterbedingungen des Verbandes der Versicherungsunternehmen Österreichs zur Reiseversicherung werden hier beispielhaft die Standardbedingungen der Europäischen Reiseversicherung AG mit deren freundlicher Genehmigung wiedergegeben. Der guten Ordnung halber wird hingewiesen, dass auch andere Versicherungsunternehmen ähnliche Produkte anbieten.*

ACHTUNG: Beachten Sie, dass nur jene Teile gelten, die dem Leistungsumfang Ihres Versicherungspaketes entsprechen.

Die Vorteile der Plus-Versicherungspakete finden Sie im Besonderen Teil für die Plus-Versicherungspakete Komplett+Schutz, Reise+Schutz, Storno+Schutz, Gepäck+Schutz am Ende der Versicherungsbedingungen.

Besonderer Teil für die Plus-Versicherungspakete
Komplett+Schutz, Reise+Schutz, Storno+Schutz, Gepäck+Schutz

Allgemeiner Teil

Artikel 1
Wer ist versichert?

Versicherte Personen sind die im Versicherungsnachweis namentlich genannten Personen. Beim Familientarif können bis zu sieben gemeinsam reisende Personen, davon maximal zwei Erwachsene (18. Geburtstag vor dem Tag des Reiseantritts), namentlich als versicherte Personen genannt werden. Diese Personen müssen nicht miteinander verwandt sein. Ein gemeinsamer Wohnsitz ist nicht Voraussetzung.

Artikel 2
Wo gilt der Versicherungsschutz?

1. Der Versicherungsschutz gilt im vereinbarten örtlichen Geltungsbereich.
2. Ist als örtlicher Geltungsbereich „Europa" (laut Tarif) vereinbart, dann gilt der Versicherungsschutz in Europa im geografischen Sinn, allen Mittelmeeranrainerstaaten und -inseln, Jordanien, Madeira, Azoren, Kanarischen Inseln und Russland.
3. Ausnahmen: Art. 27 und 44 gelten nur im Ausland und Art. 28 nur im Inland. Das Land, in dem die versicherte Person ihren Wohnsitz oder eine Sozialversicherung hat, gilt als Inland. Als Ausland gilt der vereinbarte örtliche Geltungsbereich ohne Inland.

Artikel 3
Wann gilt der Versicherungsschutz?

1. Der Versicherungsschutz gilt für eine Reise bis zur gewählten Versicherungsdauer.
2. Der Versicherungsschutz beginnt mit Verlassen des Wohnortes, Zweitwohnortes oder Ortes der Arbeitsstätte und endet mit der Rückkehr dorthin oder mit vorherigem Ablauf der Versicherung. Fahrten zwischen den vorgenannten Orten fallen nicht unter den Versicherungsschutz. Für Reisestornoleistungen beginnt der Versicherungsschutz mit Versicherungsabschluss (bei Zahlscheinabschlüssen am Tag nach der Einzahlung um 0.00 Uhr) und endet mit Antritt der versicherten Reise.
3. Der Abschluss mehrerer, zeitlich unmittelbar aufeinander folgender Versicherungen gilt als einheitlicher zusammenhängender Versicherungszeitraum und ist nur nach besonderer Vereinbarung mit dem Versicherer zulässig.

Artikel 4
Wann muss die Versicherung abgeschlossen werden?

1. Die Versicherung muss vor Reiseantritt abgeschlossen werden.

2. Für bereits vor dem Tag des Versicherungsabschlusses gebuchte Reisen beginnt der Versicherungsschutz für Reisestornoleistungen erst am 10. Tag nach Versicherungsabschluss (ausgenommen Unfall, Todesfall oder Elementarereignis wie in Art. 14 beschrieben).

3. Eine Verlängerung des Versicherungsschutzes nach Reiseantritt ist nicht möglich.

Artikel 5
Wann muss die Prämie bezahlt werden?

Die Prämie ist bei Versicherungsabschluss zu bezahlen.

Artikel 6
Was ist nicht versichert (Ausschlüsse)?

1. Kein Versicherungsschutz besteht für Ereignisse, die

1.1. vorsätzlich oder grob fahrlässig durch die versicherte Person herbeigeführt werden; in der Reiseprivathaftpflichtversicherung besteht nur dann kein Versicherungsschutz, wenn die versicherte Person vorsätzlich den Eintritt des Ereignisses, für das sie dem Dritten verantwortlich ist, widerrechtlich herbeigeführt hat. Dem Vorsatz wird gleichgehalten eine Handlung oder Unterlassung, bei welcher der Schadenseintritt mit Wahrscheinlichkeit erwartet werden muss, jedoch in Kauf genommen wird;

1.2. bei Teilnahme an Marine-, Militär- oder Luftwaffen-Diensten oder -Operationen eintreten;

1.3. durch jegliche Einwirkung von atomaren, biologischen und chemischen Waffen (ABC-Waffen) verursacht werden;

1.4. mit Krieg, Bürgerkrieg, kriegsähnlichen Zuständen oder inneren Unruhen zusammenhängen oder die auf Reisen eintreten, die trotz Reisewarnung des österreichischen Außenministeriums angetreten werden. Wenn die versicherte Person während der versicherten Reise von einem dieser Ereignisse überrascht wird, besteht Versicherungsschutz bis zur unverzüglichen Ausreise, längstens aber bis zum 14. Tag nach Beginn des jeweiligen Ereignisses. Jedenfalls kein Versicherungsschutz besteht für die aktive Teilnahme an Krieg, Bürgerkrieg, kriegsähnlichen Zuständen und inneren Unruhen;

1.5. durch Gewalttätigkeiten anlässlich einer öffentlichen Ansammlung oder Kundgebung entstehen, sofern die versicherte Person aktiv daran teilnimmt;

1.6. beim Versuch oder der Begehung gerichtlich strafbarer Handlungen durch die versicherte Person eintreten, für die Vorsatz Tatbestandsmerkmal ist;

1.7. durch Streik hervorgerufen werden;

1.8. durch Selbstmord oder Selbstmordversuch der versicherten Person ausgelöst werden;

1.9. bei Teilnahme an Expeditionen sowie in einer Seehöhe über 5.000 m eintreten;

1.10. aufgrund behördlicher Verfügungen hervorgerufen werden;

1.11. entstehen, wenn die versicherte Person einem erhöhten Unfallrisiko durch körperliche Arbeit, Arbeit mit Maschinen, Umgang mit ätzenden, giftigen, leicht entzündlichen, explosiven oder gesundheitsgefährdenden Stoffen sowie elektrischer oder thermischer Energie ausgesetzt ist (gilt nicht für Reisestorno). Übliche Tätigkeiten im Rahmen eines Au-Pair-Aufenthaltes sowie im Gast- und Hotelgewerbe sind jedenfalls versichert;

1.12. durch Einfluss ionisierender Strahlen im Sinne des Strahlenschutzgesetzes in der jeweils geltenden Fassung oder durch Kernenergie verursacht werden;

1.13. die versicherte Person infolge einer erheblichen Beeinträchtigung ihres psychischen und physischen Zustandes durch Alkohol, Suchtgifte oder Medikamente erleidet;

1.14. bei Benützung von Paragleitern und Hängegleitern entstehen (gilt nicht für Reisestorno);

1.15. bei Beteiligung als Fahrer, Beifahrer oder Insasse eines Motorfahrzeuges bei Fahrveranstaltungen einschließlich den dazugehörigen Trainings- und Qualifikationsfahrten, bei denen es auf das schnellstmögliche Zurücklegen einer vorgegebenen Fahrstrecke oder die Bewältigung von Hindernissen bzw. schwierigem Gelände ankommt, oder bei Fahrten auf Rennstrecken entstehen (gilt nicht für Reisestorno);

1.16. bei Ausübung von Berufssport inklusive Training entstehen (gilt nicht für Reisestorno);

1.17. bei Teilnahme an Landes-, Bundes- oder internationalen Sportwettbewerben sowie am offiziellen Training für diese Veranstaltungen auftreten (gilt nicht für Reisestorno);

1.18. bei Tauchgängen entstehen, wenn die versicherte Person keine international gültige Berechtigung für die betreffende Tiefe besitzt außer bei Teilnahme an einem Tauchkurs mit einem befugten

Tauchlehrer. Jedenfalls besteht kein Versicherungsschutz bei Tauchgängen mit einer Tiefe von mehr als 40 m (gilt nicht für Reisestorno);

1.19. bei Ausübung einer Extremsportart auftreten (gilt nicht für Reisestorno).

2. Kein Versicherungsschutz besteht, soweit und solange diesem auf die Vertragsparteien direkt anwendbare Wirtschafts-, Handels- oder Finanzsanktionen bzw. Embargos der Europäischen Union oder der Republik Österreich entgegenstehen. Dies gilt auch für Wirtschafts-, Handels- oder Finanzsanktionen bzw. Embargos, die durch andere Länder erlassen werden, soweit dem nicht europäische oder österreichische Rechtsvorschriften entgegenstehen.

3. Neben diesen allgemeinen Ausschlüssen vom Versicherungsschutz sind besondere in den Artikeln 15, 24, 29, 34 und 41 geregelt.

Artikel 7
Was bedeuten die Versicherungssummen?

1. Die jeweilige Versicherungssumme stellt die Höchstleistung des Versicherers für alle Versicherungsfälle vor und während der versicherten Reise dar.

2. Beim Familientarif gilt die jeweilige Versicherungssumme für alle versicherten Personen gemeinsam.

3. Beim Abschluss mehrerer, sich hinsichtlich des Versicherungszeitraums überschneidender Versicherungen erfolgt keine Vervielfachung der Versicherungssummen.

Artikel 8
Was ist zur Wahrung des Versicherungsschutzes zu beachten (Obliegenheiten)?

1. Als Obliegenheiten, deren Verletzung die Leistungsfreiheit des Versicherers gemäß § 6 VersVG bewirkt, werden bestimmt:
Die versicherte Person hat

1.1. Versicherungsfälle nach Möglichkeit abzuwenden, den Schaden möglichst gering zu halten, unnötige Kosten zu vermeiden und dabei allfällige Weisungen des Versicherers zu befolgen;

1.2. den Versicherungsfall dem Versicherer unverzüglich zu melden;

1.3. den Versicherer umfassend über Schadensereignis und Schadenshöhe zu informieren;

1.4. nach Möglichkeit zur Feststellung des Sachverhaltes beizutragen, dem Versicherer jede sachdienliche Auskunft wahrheitsgemäß zu erteilen und jede zumutbare Untersuchung über Ursache und Höhe der Leistungspflicht zu gestatten, insbesondere den mit dem Versicherungsfall befassten Behörden, Ärzte, Krankenhäuser, Sozial- und Privatversicherer zu ermächtigen und zu veranlassen, die vom Versicherer verlangten Auskünfte zu erteilen;

1.5. Schadenersatzansprüche gegen Dritte form- und fristgerecht sicherzustellen und erforderlichenfalls bis zur Höhe der geleisteten Entschädigung an den Versicherer abzutreten;

1.6. Schäden, die in Gewahrsam eines Transportunternehmens oder Beherbergungsbetriebes eingetreten sind, diesem unverzüglich (Meldefristen beachten) nach Entdeckung anzuzeigen und eine Bescheinigung darüber zu verlangen;

1.7. Schäden, die durch strafbare Handlungen verursacht wurden, unverzüglich unter genauer Darstellung des Sachverhaltes und unter Angabe des Schadensausmaßes der zuständigen Sicherheitsdienststelle vor Ort anzuzeigen und sich die Anzeige bescheinigen zu lassen;

1.8. Beweismittel, die Ursache und Höhe der Leistungspflicht belegen, wie Polizeiprotokolle, Bestätigungen von Fluglinien, Arzt- und Krankenhausatteste und -rechnungen, Kaufnachweise usw., dem Versicherer im Original zu übergeben.

2. Neben diesen allgemeinen Obliegenheiten sind besondere in den Artikeln 16, 31, 35 und 42 geregelt.

Artikel 9
Wie müssen Erklärungen abgegeben werden?

Alle Erklärungen und Informationen des Versicherungsnehmers, der versicherten Person und sonstiger Dritter im Zusammenhang mit dem Versicherungsvertrag bedürfen zu ihrer Gültigkeit der geschriebenen Form (schriftlich jedoch ohne Unterschrift). Die Erklärungen und Informationen müssen dem Empfänger zugehen, von ihm dauerhaft aufbewahrt werden können (ausdrucken oder abspeichern, wie etwa bei Fax oder E-Mail, aber nicht SMS-Nachrichten) und aus dem Text muss die Person des Erklärenden zweifelsfrei hervorgehen. Schriftliche Erklärungen und Informationen (mit Unterschrift) sind selbstverständlich auch gültig, bloß mündliche aber unwirksam.

Artikel 10
Was gilt bei Ansprüchen aus anderen Versicherungen (Subsidiarität)?

Alle Versicherungsleistungen sind subsidiär. Soweit im Versicherungsfall eine Entschädigung aus anderen Privat- oder Sozialversicherungen beansprucht werden kann, gehen diese Leistungsverpflichtungen vor. Dies gilt auch dann, wenn in einem dieser Versicherungsverträge ebenfalls eine nachrangige Haftung vereinbart ist. Die Ansprüche der versicherten Person bleiben hiervon unberührt und unbeeinträchtigt. Meldet die versicherte Person den Versicherungsfall dem Versicherer, wird dieser in Vorleistung treten und den Schadensfall bedingungsgemäß regulieren.

Artikel 11
Wann ist die Entschädigung fällig?

Die Entschädigungszahlung ist mit Beendigung der zur Feststellung des Versicherungsfalles und des Umfanges der Leistung des Versicherers nötigen Erhebungen fällig. Die Fälligkeit tritt jedoch unabhängig davon ein, wenn der Versicherungsnehmer nach Ablauf zweier Monate seit Begehren einer Geldleistung eine Erklärung des Versicherers verlangt, aus welchen Gründen die Erhebungen noch nicht beendet werden konnten, und der Versicherer diesem Verlangen nicht binnen eines Monats entspricht.
Steht die Leistungspflicht nur dem Grunde nach fest, kann der Anspruchsberechtigte Vorschüsse bis zu dem Betrag verlangen, den der Versicherer nach Lage der Sache mindestens zu zahlen hat.

Artikel 12
Wann können Versicherungsansprüche abgetreten oder verpfändet werden?

Versicherungsansprüche können erst abgetreten oder verpfändet werden, wenn sie dem Grunde und der Höhe nach endgültig festgestellt sind.

Artikel 13
Welches Recht ist anwendbar?

Soweit rechtlich zulässig, gilt österreichisches Recht.

Besonderer Teil

A: Reisestorno und Reiseabbruch

Artikel 14
Was ist versichert?

1. Gegenstand der Versicherung ist die zum Zeitpunkt des Versicherungsabschlusses gebuchte Reise. Die folgenden auf die Reise bezogenen Bestimmungen sind sinngemäß auch auf Mietobjekte anzuwenden.
2. Ein Versicherungsfall liegt vor, wenn die versicherte Person aus einem der folgenden Gründe die Reise nicht antreten kann oder abbrechen muss:
2.1. unerwartete schwere Erkrankung, schwere unfallbedingte Körperverletzung, Impfunverträglichkeit oder Tod der versicherten Person, wenn sich daraus für die gebuchte Reise zwingend die Reiseunfähigkeit ergibt (bei psychischen Erkrankungen nur bei stationärem Krankenhausaufenthalt oder Behandlung durch einen Facharzt der Psychiatrie);
2.2. Lockerung von implantierten Gelenken der versicherten Person, wenn sich daraus für die gebuchte Reise zwingend die Reiseunfähigkeit ergibt;
2.3. Schwangerschaft der versicherten Person, wenn die Schwangerschaft erst nach Versicherungsabschluss festgestellt wurde. Wurde die Schwangerschaft bereits vor Versicherungsabschluss festgestellt, werden die Stornokosten nur übernommen, wenn bis einschließlich der 35. Schwangerschaftswoche eine Frühgeburt oder schwere Schwangerschaftskomplikationen (diese müssen ärztlich bestätigt sein) auftreten;

2.4. unerwartete schwere Erkrankung, schwere unfallbedingte Körperverletzung oder Tod (auch Selbstmord) von Familienangehörigen oder einer anderen persönlich nahestehenden Person (diese muss dem Versicherer bei Versicherungsabschluss in geschriebener Form namentlich genannt werden; pro versicherter Person kann eine nahestehende Person angegeben werden), wodurch die Anwesenheit der versicherten Person dringend erforderlich ist;

2.5. bedeutender Sachschaden am Eigentum der versicherten Person an ihrem Wohnsitz infolge Elementarereignis (Hochwasser, Sturm usw.), Feuer, Wasserrohrbruch oder Straftat eines Dritten, der ihre Anwesenheit dringend erforderlich macht;

2.6. unverschuldeter Verlust des Arbeitsplatzes infolge Kündigung der versicherten Person durch den Arbeitgeber;

2.7. Einberufung der versicherten Person zum Grundwehr- bzw. Zivildienst, vorausgesetzt die zuständige Behörde akzeptiert die Reisebuchung nicht als Grund zur Verschiebung der Einberufung;

2.8. Einreichung der Scheidungsklage (bei einvernehmlicher Trennung der dementsprechende Antrag) beim zuständigen Gericht vor der versicherten gemeinsamen Reise der betroffenen Ehepartner;

2.9. bei eingetragenen Lebenspartnerschaften die Einreichung der Auflösungsklage (bei einvernehmlicher Trennung der entsprechende Antrag) vor der versicherten gemeinsamen Reise der betroffenen Lebenspartner;

2.10. Auflösung der Lebensgemeinschaft (mit gleicher Meldeadresse seit mindestens sechs Monaten) durch Aufgabe des gemeinsamen Wohnsitzes vor der versicherten gemeinsamen Reise der betroffenen Lebensgefährten;

2.11. Nichtbestehen der Reifeprüfung oder einer gleichartigen Abschlussprüfung einer mindestens 3-jährigen Schulausbildung durch die versicherte Person unmittelbar vor dem Reisetermin der vor der Prüfung gebuchten, versicherten Reise;

2.12. Eintreffen einer unerwarteten gerichtlichen Vorladung der versicherten Person, vorausgesetzt das zuständige Gericht akzeptiert die Reisebuchung nicht als Grund zur Verschiebung der Vorladung.

3. Der Versicherungsfall gilt für die betroffene versicherte Person, deren gleichwertig versicherte mitreisende Familienangehörige und zusätzlich pro Ereignis für maximal sechs weitere gleichwertig versicherte mitreisende Personen.

Als gleichwertig versichert gilt jeder, der bei der Europäischen Reiseversicherung AG Wien für einen solchen Versicherungsfall ebenfalls versichert ist.

4. Als Familienangehörige gelten Ehepartner (bzw. eingetragener Lebenspartner oder im gemeinsamen Haushalt lebender Lebensgefährte), Kinder (Stief-, Schwieger-, Enkel-, Pflege-, Adoptiv-), Eltern (Stief-, Schwieger-, Groß-, Pflege-, Adoptiv-), Geschwister, Stiefgeschwister und Schwager/Schwägerin der versicherten Person bei eingetragenem Lebenspartner oder im gemeinsamen Haushalt lebendem Lebensgefährten zusätzlich dessen Kinder, Eltern und Geschwister.

Artikel 15
Was ist nicht versichert (Ausschlüsse)?

Kein Versicherungsschutz besteht, wenn

1. der Reisestornogrund bei Versicherungsabschluss bzw. der Reiseabbruchgrund bei Reiseantritt bereits vorgelegen hat oder voraussehbar gewesen ist;

2. der Reisestorno- oder Reiseabbruchgrund in Zusammenhang steht mit einer bestehenden Erkrankung oder Unfallfolge, wenn diese

2.1. ambulant in den letzten sechs Monaten oder

2.2. stationär in den letzten neun Monaten

vor Versicherungsabschluss (bei Reisestorno) bzw. vor Reiseantritt (bei Reiseabbruch) behandelt wurde (ausgenommen Kontrolluntersuchungen);

3. das Reiseunternehmen vom Reisevertrag zurücktritt;

4. der vom Versicherer beauftragte Facharzt/Vertrauensarzt (siehe Art. 16, Pkt. 5.) die Reiseunfähigkeit nicht bestätigt;

5. der Reisestornogrund in Zusammenhang steht mit einer Pandemie oder Epidemie.

Artikel 16
Was ist zur Wahrung des Versicherungsschutzes zu beachten (Obliegenheiten)?

Als Obliegenheiten, deren Verletzung die Leistungsfreiheit des Versicherers gemäß § 6 VersVG bewirkt, werden bestimmt:
Die versicherte Person hat
1. bei Eintritt eines versicherten Reisestornogrundes unverzüglich die Reise zu stornieren, um die Stornokosten möglichst niedrig zu halten;
2. den Versicherungsfall dem Versicherer unverzüglich unter Angabe des Reisestorno- bzw. Reiseabbruchgrundes zu melden;
3. bei Erkrankung oder Unfall unverzüglich eine entsprechende Bestätigung des behandelnden Arztes (bei Reiseabbruch vom Arzt vor Ort) ausstellen zu lassen;
4. unverzüglich folgende Unterlagen an den Versicherer zu senden:
   – Versicherungsnachweis;
   – bei Reisestorno: Stornokostenabrechnung und vollständig ausgefülltes Schadensformular;
   – Buchungsbestätigung;
   – nicht genutzte oder umgebuchte Reisedokumente (z.B. Flugtickets);
   – Belege über den Versicherungsfall (z.B. Mutter-Kind-Pass, Einberufungsbefehl, Scheidungsklage, Maturazeugnis, Sterbeurkunde);
   – bei Erkrankung oder Unfall: Detailliertes ärztliches Attest/Unfallbericht (bei psychischen Erkrankungen durch Facharzt der Psychiatrie), Krankmeldung bei der Sozialversicherung und Bestätigung über verordnete Medikamente;
5. sich auf Verlangen des Versicherers durch die vom Versicherer bezeichneten Ärzte untersuchen zu lassen.

Artikel 17
Wie hoch ist die Entschädigung?

Der Versicherer ersetzt bis zur vereinbarten Versicherungssumme
1. bei Stornierung der versicherten Reise jene Stornokosten, die zum Zeitpunkt des Eintritts des Versicherungsfalles vertraglich geschuldet sind, und jene amtlichen Gebühren, die die versicherte Person nachweislich für ihre Visumerteilung bezahlen musste.
Buchungsgebühren werden bis zu folgenden Beträgen ersetzt, wenn diese im Leistungsumfang des Produktes angeführt sind, bereits zum Zeitpunkt der Reisebuchung in Rechnung gestellt wurden, auf der Buchungsbestätigung gesondert angeführt sind und bei der Höhe der gewählten Versicherungssumme berücksichtigt wurden:
   – Flugtickets: maximal € 70,- bei Preis bis € 700,- (darüber maximal 10 % des Preises);
   – Pauschalreise, Bahn, Hotel, Fähren, Mietwagen usw.: maximal € 25,- pro Person oder maximal € 50,- pro Buchung/Familie.
Stornobearbeitungsgebühren werden innerhalb der vereinbarten Versicherungssumme bis zu folgenden Beträgen ersetzt, wenn diese bei Reisebuchung schriftlich vereinbart wurden: maximal € 25,- pro Person oder maximal € 50,- pro Buchung/Familie;
2. bei Stornierung eines Reisearrangements mit inkludierter Stornoversicherung den Selbstbehalt bis maximal 20 % der Stornokosten;
3. bei Reiseabbruch
3.1. die bezahlten, aber nicht genutzten Teile der versicherten Reise (exkl. Rückreisetickets);
3.2. die durch die vorzeitige Rückreise entstandenen zusätzlichen Fahrtkosten. Darunter sind jene Kosten zu verstehen, die durch Nichtverwendbarkeit oder nur teilweise Verwendbarkeit gebuchter Rückreisetickets oder sonstiger Fahrausweise entstehen. Bei Erstattung der Rückreisekosten wird bezüglich Art und Klasse des Transportmittels auf die gebuchte Qualität abgestellt.
Nicht ersetzt werden Abschussgebühren und Jagdlizenzen bei Jagdreisen.

B: Verspätungsschutz

Artikel 18
Welche Kosten werden bei Versäumnis des Transportmittels ersetzt?

1. Versicherungsfall
Ein Versicherungsfall liegt vor, wenn sich die Anreise zum Bahnhof/Flughafen/Hafen aus einem der nachstehenden Gründe nachweislich verzögert und dadurch die gebuchte reguläre Abfahrt/der gebuchte reguläre Abflug unverschuldet versäumt wird:

1.1. Unfall oder Verkehrsunfall der versicherten Person auf dem direkten Weg zum Bahnhof/Flughafen/Hafen;

1.2. technisches Gebrechen des benützten Privatfahrzeugs auf dem direkten Weg zum Bahnhof/Flughafen/Hafen;

1.3. Verspätung eines öffentlichen Verkehrsmittels (inklusive Flugverspätung) von mindestens zwei Stunden (hierbei wird auf die verspätete Ankunft am Zielort abgestellt);
Der Sachverhalt ist von der Fluglinie bzw. vom jeweiligen Verkehrsträger bestätigen zu lassen.

2. Kein Versicherungsschutz besteht bei Naturkatastrophen, Luftraumsperren, Flughafensperren, Straßensperren, Stau, Flugverspätungen bei durchgängig gebuchten Tickets und bei Nichteinhaltung der Mindestumsteigezeiten.

3. Entschädigung
Ersetzt werden die notwendigen und nachgewiesenen Mehrkosten für eine erforderliche Nächtigung und Verpflegung bis zur vereinbarten Versicherungssumme.

Artikel 19
Welche Kosten werden bei verspäteter Ankunft am Heimatbahnhof/-flughafen ersetzt?

1. Versicherungsfall
Ein Versicherungsfall liegt vor, wenn die gebuchte Ankunft am Heimatbahnhof/- flughafen nachweislich verspätet ist und dadurch die Rückfahrt vom Bahnhof/ Flughafen zum Wohnort entsprechend der ursprünglichen Planung ohne Nächtigung nicht möglich oder nicht zumutbar ist.

2. Entschädigung
Ersetzt werden die notwendigen Taxifahrtkosten oder stattdessen die notwendigen und nachgewiesenen Mehrkosten für eine erforderliche Nächtigung und Verpflegung bis zur vereinbarten Versicherungssumme.

C: Reisegepäck

Artikel 20
Was ist versichert?

Versicherungsfall ist die Beschädigung oder das Abhandenkommen der versicherten Gegenstände
- durch nachgewiesene Fremdeinwirkung (z.B. Diebstahl);
- durch Elementarereignis oder Feuer;
- durch Verkehrsunfall (ausgenommen Eigenverschulden);
- in Gewahrsam eines Beförderungsunternehmens, eines Beherbergungsbetriebes, einer bewachten Garderobe oder einer Gepäckaufbewahrung.

Artikel 21
Welche Gegenstände sind versichert und was sind die Voraussetzungen für den Versicherungsschutz?

1. Sämtliche Gegenstände (siehe jedoch Pkt. 2. und 3.), die auf Reisen für den persönlichen privaten Gebrauch üblicherweise mitgenommen oder erworben werden, sind versichert.

2. Nur unter den folgenden Voraussetzungen sind versichert

2.1. Schmuck, Uhren, Pelze, technische Geräte aller Art samt Zubehör (z.B. Foto-, Film-, Videogeräte, Laptops, optische Geräte, Unterhaltungselektronik, Mobiltelefone, Navigationsgeräte), Musikinstrumente und Sportgeräte (Fahrräder, Surfbretter, Ski usw.), wenn sie

- in persönlichem Gewahrsam sicher verwahrt mitgeführt und beaufsichtigt werden, sodass deren Wegnahme durch Dritte ohne Überwinden eines Hindernisses nicht möglich ist;
- einem Beherbergungsbetrieb, einer bewachten Garderobe oder einer Gepäckaufbewahrung übergeben sind;
- sich in einem verschlossenen und versperrten Raum befinden und alle vorhandenen Sicherheitseinrichtungen (Safe, Schränke usw.) genutzt werden;
- bestimmungsgemäß getragen bzw. benutzt werden (Sportgeräte, Musikinstrumente, usw.: siehe Art. 24, Pkt. 3.).

2.2. In Gewahrsam eines Transportunternehmens:
Technische Geräte aller Art samt Zubehör (z.B. Foto-, Film-, Videogeräte, Laptops, optische Geräte, Unterhaltungselektronik, Mobiltelefone, Navigationsgeräte), Musikinstrumente und Sportgeräte (Fahrräder, Surfbretter, Ski usw.), wenn sie in versperrten Behältnissen einem Transportunternehmen übergeben sind. Nicht versichert sind Schmuck, Uhren und Pelze.

3. Nicht versichert sind
3.1. Geld, Schecks, Bankomat- und Kreditkarten, Wertpapiere, Fahrkarten, Urkunden und Dokumente jeder Art, Tiere, Antiquitäten, Gegenstände mit überwiegendem Kunst- oder Liebhaberwert sowie Übersiedlungsgut;
3.2. motorisierte Land-, Luft- und Wasserfahrzeuge, Segelflugzeuge, Hängegleiter, Paragleiter, Flugdrachen, Eissegler, Segelboote sowie deren Zubehör, Ersatzteile und Sonderausstattungen;
3.3. Gegenstände, die der Berufsausübung dienen, wie Handelswaren, Musterkollektionen, Werkzeuge, Instrumente und PCs (z.B. Laptops);
3.4. Waffen samt Zubehör.

Artikel 22
Welcher Versicherungsschutz besteht in oder auf unbeaufsichtigt abgestellten Kraftfahrzeugen (-Anhängern)?

1. Ein Kraftfahrzeug (-Anhänger) gilt dann als unbeaufsichtigt abgestellt, wenn weder die versicherte Person noch eine von ihr beauftragte, namentlich bekannte Vertrauensperson beim zu sichernden Kraftfahrzeug (-Anhänger) ständig anwesend ist. Die Bewachung eines zur allgemeinen Benutzung offen stehenden Platzes gilt nicht als Beaufsichtigung.
2. Versicherungsschutz besteht für Gegenstände, wenn deren Verwahrung in Unterkunft oder Gepäckaufbewahrung nicht möglich bzw. nicht zumutbar ist, das Kraftfahrzeug (-Anhänger) nachweislich nicht länger als zwölf Stunden abgestellt ist und
   2.1. sie sich in einem durch Metall, Hartkunststoff oder Glas fest umschlossenen und durch Verschluss gesicherten, versperrten Innen- oder Kofferraum befinden und alle vorhandenen Sicherheitseinrichtungen genutzt werden. Sie müssen im Kofferraum verwahrt werden, wenn ein solcher vorhanden und die Aufbewahrung darin möglich ist, ansonsten müssen sie von außen nicht einsehbar verwahrt werden;
   2.2. sie in einem Behältnis aus Metall oder Hartkunststoff oder auf einem Dachträger aufbewahrt werden. Sie müssen versperrt, am Kraftfahrzeug montiert und unbefugt nicht ohne Gewaltanwendung abnehmbar sein (Stahlseilschloss allein genügt nicht).
3. Auf einem einspurigen Kraftfahrzeug muss das mitgeführte Reisegepäck in verschlossenen und versperrten Behältnissen aus Metall oder Hartkunststoff aufbewahrt werden, die unbefugt nicht ohne Gewaltanwendung zu öffnen oder abzunehmen sind. Die übrigen Bestimmungen der Punkte 1. und 2. gelten sinngemäß.
4. Kein Versicherungsschutz besteht im unbeaufsichtigt abgestellten Kraftfahrzeug (-Anhänger) für technische Geräte aller Art samt Zubehör (z.B. Foto-, Film-, Videogeräte, Laptops, optische Geräte, Unterhaltungselektronik, Mobiltelefone, Navigationsgeräte), Musikinstrumente, Sportgeräte (Fahrräder, Surfbretter usw.), Schmuck, Uhren und Pelze.

Artikel 23
Welcher Versicherungsschutz besteht beim Zelten oder Campieren?

1. Versicherungsschutz besteht während des Zeltens oder Campierens ausschließlich auf einem offiziellen, von Behörden, Vereinen oder privaten Unternehmen eingerichteten und anerkannten Campingplatz.

2. Für technische Geräte aller Art samt Zubehör (z.B. Foto-, Film-, Videogeräte, Laptops, optische Geräte, Unterhaltungselektronik, Mobiltelefone, Navigationsgeräte), Musikinstrumente, Sportgeräte (Fahrräder, Surfbretter usw.), Schmuck, Uhren und Pelze besteht Versicherungsschutz, wenn sie der Campingplatzleitung zur Aufbewahrung übergeben werden oder sich in einem Kraftfahrzeug (-Anhänger) oder Wohnwagen befinden und die Voraussetzung des Art. 22, Pkt. 2.1. erfüllt ist.

Artikel 24
Was ist nicht versichert (Ausschlüsse)?

Kein Versicherungsschutz besteht für Ereignisse, die

1. durch natürliche oder mangelhafte Beschaffenheit, Abnutzung, Verschleiß, mangelhafte Verpackung oder mangelhaften Verschluss der versicherten Gegenstände entstehen;

2. durch Selbstverschulden, Vergessen, Liegenlassen, Verlieren, Verlegen, Fallen-, Hängen- oder Stehenlassen, mangelhafte Verwahrung oder mangelhafte Beaufsichtigung verursacht werden;

3. bei Benutzung der versicherten Gegenstände (Sportgeräte, Musikinstrumente, usw.) an diesen eintreten;

4. eine Folge von Versicherungsfällen darstellen (z.B. Schlossänderungskosten bei Diebstahl eines Schlüssels, Sperrgebühren von Bankomat-, Kredit- und SIM-Karten).

Artikel 25
Wie hoch ist die Entschädigung?

1. Im Versicherungsfall ersetzt der Versicherer bis zur vereinbarten Versicherungssumme
- für zerstörte oder abhanden gekommene Gegenstände den Zeitwert;
- für beschädigte reparaturfähige Gegenstände die notwendigen Reparaturkosten, höchstens jedoch den Zeitwert;
- für beschädigte, zerstörte oder abhanden gekommene Filme, Ton-, Datenträger und dgl. den Materialwert.

2. Als Zeitwert gilt der Wiederbeschaffungspreis der versicherten Gegenstände am Tag des Schadens abzüglich einer Wertminderung für Alter und Abnützung. Ist eine Wiederbeschaffung nicht möglich, ist der Preis der Anschaffung von Gegenständen gleicher Art und Güte heranzuziehen.

3. Der Versicherer verzichtet auf den Einwand der Unterversicherung.

Artikel 26
Welcher zusätzliche Versicherungsschutz besteht?

1. Ersatzkäufe bei Gepäcksverspätung am Reiseziel

Die aufgrund verspäteter Gepäcksausfolgung am Reiseziel notwendige Auslagen für erforderliche Ersatzgegenstände des persönlichen Bedarfs werden bis zur vereinbarten Versicherungssumme ersetzt (gilt nicht am Wohnsitz).

2. Hilfe und Kostenersatz für Wiederbeschaffung von Dokumenten

Kommen aufgrund eines Versicherungsfalles (gemäß Art. 20) während der Reise für die Reise benötigte Dokumente (z.B. Reisepass, Personalausweis, Visum, Führerschein, Zulassungsschein) abhanden, ist der Versicherer bei der Ersatzbeschaffung behilflich und übernimmt die aufzuwendenden amtlichen Gebühren bis zur vereinbarten Versicherungssumme. Für auf den Namen der versicherten Person ausgestellte Reisetickets übernimmt der Versicherer die Kosten für die Ausstellung eines Ersatztickets.

3. Hilfe und Vorschuss bei Diebstahl von Zahlungsmitteln

3.1. Versicherungsfall

Ein Versicherungsfall liegt vor, wenn die versicherte Person während der Reise in eine finanzielle Notlage gerät, weil aufgrund eines Versicherungsfalles (gemäß Art. 20) ihre Reisezahlungsmittel abhanden gekommen sind.

3.2. Versicherungsleistung

Der Versicherer stellt den Kontakt zwischen der versicherten Person und deren Hausbank her, ist bei Übermittlung eines von der Hausbank zur Verfügung gestellten Betrages behilflich und trägt die Kosten des Geldtransfers. Ist eine Kontaktaufnahme zur Hausbank nicht innerhalb von 24 Stunden möglich, stellt der Versicherer einen Bargeldvorschuss bis zur vereinbarten Versicherungssumme zur Verfügung und trägt die Kosten des Geldtransfers. Der Vorschuss wird nur gegen Empfangsbestätigung und Rückzahlungsverpflichtung gewährt.

3.3. Verpflichtung der versicherten Person
Die versicherte Person verpflichtet sich, den Vorschuss innerhalb von zwei Wochen nach Rückkehr von der Reise, spätestens jedoch innerhalb von zwei Monaten nach Zahlungserhalt, an den Versicherer zurückzuzahlen.

D: Medizinische Leistungen im Ausland

Artikel 27
Was ist im Ausland versichert?

GewO
RSV+ERV-RVB

1. Versicherungsfall ist eine akut eintretende Erkrankung, der Eintritt einer unfallbedingten Körperverletzung oder der Eintritt des Todes der versicherten Person während einer Reise im Ausland.
2. Der Versicherer ersetzt bis zur vereinbarten Versicherungssumme die notwendigen, nachgewiesenen Kosten für
2.1. den Transport ins nächstgelegene Krankenhaus und einen medizinisch notwendigen Verlegungstransport, organisiert durch den Versicherer;
2.2. ambulante ärztliche Behandlung inklusive ärztlich verordneter Heilmittel und schmerzstillender Zahnbehandlungen (einschließlich Zahnfüllungen in einfacher Ausfertigung);
2.3. stationäre Behandlung in einem Krankenhaus inklusive ärztlich verordneter Heilmittel. Das Krankenhaus im Aufenthaltsland muss allgemein als Krankenhaus anerkannt sein und unter ständiger ärztlicher Leitung stehen. Es ist das am Aufenthaltsort befindliche bzw. das nächstgelegene Krankenhaus in Anspruch zu nehmen. Wenn der Krankenhausaufenthalt voraussichtlich länger als drei Tage dauert, ist ehestmöglich, bei sonstigem Verlust des Versicherungsschutzes oder Kürzung der Leistung, der Versicherer zu verständigen.
Sofern die Rückreise aufgrund mangelnder Transportfähigkeit nicht möglich ist, ersetzt der Versicherer die Kosten der Heilbehandlungen bis zum Tag der Transportfähigkeit, insgesamt jedoch nicht länger als 90 Tage ab Eintritt des Versicherungsfalles;
2.4. den Heimtransport bei medizinischer Notwendigkeit, organisiert durch den Versi- cherer, und zwar sobald dieser medizinisch sinnvoll und vertretbar ist, mit medizi- nisch adäquatem Transportmittel einschließlich Ambulanzjet ins Wohnsitzland;
2.5. den Heimtransport nach drei Tagen Krankenhausaufenthalt auf Wunsch der versi- cherten Person auch ohne medizinische Notwendigkeit, organisiert durch den Ver- sicherer, und zwar sobald dieser medizinisch vertretbar ist, je nach Zustand der versicherten Person per Eisenbahn, Autobus, Rettungsauto oder Flugzeug, erfor- derlichenfalls mit Arztbegleitung (nicht aber mit Ambulanzjet) ins Wohnsitzland;
2.6. die Nachreise zum Wiederanschluss an die Reisegruppe für die versicherte Person und einen versicherten Mitreisenden, wenn diese wegen Erkrankung oder Unfall der gebuchten Rundreise vorübergehend nicht folgen können. Es werden die Nachreisekosten mit dem preisgünstigsten in Betracht kommenden Verkehrsmittel, maximal bis zum Wert der noch nicht genutzten Reiseleistungen abzüglich der Rückreisekosten, ersetzt;
2.7. die verspätete Rückreise (Reise- und Nächtigungskosten) der versicherten Person und eines versicherten Mitreisenden ins Wohnsitzland, wenn diese wegen Erkran- kung oder Unfall der versi- cherten Person den gebuchten Aufenthalt verlängern müssen. Bei der Erstattung der zusätzlich entstehenden Nächtigungskosten wird auf die Qualität des gebuchten Aufenthaltes abgestellt. Es werden die zusätzlichen Rückreisekosten mit dem preisgünstigsten in Betracht kommenden Verkehrsmittel ersetzt, die durch Nichtverwendbarkeit oder nur teilweise Verwendbarkeit gebuch- ter Rückflugtickets oder sonstiger Fahrausweise entstehen.
2.8. einen Krankenbesuch, wenn der Krankenhausaufenthalt im Ausland länger als fünf Tage dauert. Der Versicherer organisiert für eine der versicherten Person naheste- hende, nicht mitreisende Person die Reise zum Ort des Krankenhausaufenthaltes und von dort zurück zum Wohnort und übernimmt die Kosten für das preisgüns- tigste in Betracht kommende Verkehrsmittel und eine an- gemessene Unterkunft;
2.9. einen medizinisch dringend notwendigen Medikamenten- und Serentransport vom nächstgelegenen Depot;
2.10. die Reise einer von der versicherten Person beauftragten Person zum Aufenthaltsort und zurück zum Wohnort der versicherten Person, wenn sie aufgrund eines Versicherungsfalles eine Betreuungsperson benötigt, die ihre mitreisenden, minderjährigen Kinder nach Hause bringt;

2.11. die Überführung Verstorbener in der Standardnorm ins Wohnsitzland oder stattdessen für das Begräbnis am Ereignisort (maximal bis zur Höhe der Kosten einer Überführung in der Standardnorm);

2.12. bei Transport ins Krankenhaus, Verlegungstransport, Heimtransport und Rückreise: notwendige, nachgewiesene Transportkosten des von der versicherten Person und dem versicherten Mitreisenden mitgeführten Reisegepäcks.

3. Unerwartete Schwangerschaftskomplikationen und unerwartete Frühgeburten sind bis einschließlich der 35. Schwangerschaftswoche versichert und die im Pkt. 2. angeführten Kosten werden für das neugeborene Kind innerhalb der für die versicherte Mutter vereinbarten Versicherungssumme ersetzt.

4. Der Versicherer gewährt dem Krankenhaus im Ausland, soweit erforderlich, eine Kostengarantie bis zu der im Versicherungsnachweis genannten Versicherungssumme. Ist in diesem Zusammenhang oder in Zusammenhang mit Leistungen nach Pkt. 2.1. oder 2.4. ein Vorschuss notwendig, und sind die vom Versicherer verauslagten Beträge nicht von einem Krankenversicherer oder Dritten zu übernehmen oder vom Versicherer aus diesem Vertrag zu leisten, hat sie die versicherte Person innerhalb eines Monates nach Rechnungslegung an den Versicherer zurückzuzahlen.

5. Die Arzt- und/oder Krankenhausrechnungen müssen Namen, Geburtsdaten der versicherten Person sowie die Art der Erkrankung und Behandlung enthalten. Die Rechnungen oder Belege müssen in deutscher, englischer, italienischer, spanischer oder französischer Sprache ausgestellt sein. Ist dies nicht der Fall, werden die Kosten der Übersetzung in Anrechnung gebracht.

6. Die Leistungen werden in Euro erbracht. Die Umrechnung von Devisen erfolgt, sofern der Ankauf diesbezüglicher Devisen nachgewiesen wird, unter Heranziehung des nachgewiesenen Umrechnungskurses. Erfolgt diesbezüglich kein Nachweis, gilt der Umrechnungskurs gemäß Amtsblatt der österreichischen Finanzverwaltung zum Zeitpunkt des Versicherungsereignisses.

7. Besteht hinsichtlich der Leistungen nach Pkt. 2.1. bis 2.3. für die versicherte Person eine Sozial- oder Privatkrankenversicherung, so hat sie zuerst dort ihre Ansprüche geltend zu machen. Unterlässt sie dies, besteht keine solche Versicherung oder wird aus einer solchen Versicherung keine Leistung erbracht, so reduziert sich die Ersatzleistung des Ver- sicherers um 20 %.

Artikel 28
Was ist im Inland versichert?

Für im Inland eingetretene Versicherungsfälle ersetzt der Versicherer bis zur (für das Ausland) vereinbarten Versicherungssumme die nachgewiesenen Kosten für

1. einen Verlegungstransport im Inland mit Rettungsauto in das dem Wohnsitz nächstgelegene Krankenhaus, vorausgesetzt, dass das Krankenhaus, in dem die versicherte Person behandelt wird, mindestens 50 km und maximal 1.000 km vom Wohnsitz der versicherten Person entfernt ist, ein Krankenhausaufenthalt von mehr als fünf Tagen zu erwarten ist und die behandelnden Ärzte mit einer Verlegung einverstanden sind;

2. einen Krankenbesuch, wenn der Krankenhausaufenthalt länger als fünf Tage dauert und kein Verlegungstransport (gemäß Pkt. 1.) stattfindet. Der Versicherer organisiert die Reise einer der versicherten Person nahestehenden, nicht mitreisenden Person zum Ort des Krankenhausaufenthaltes und von dort zurück zum Wohnort und übernimmt die Kosten für das preisgünstigste in Betracht kommende Verkehrsmittel. Die Kosten des Aufenthaltes vor Ort werden bis zur dafür vereinbarten Versicherungssumme ersetzt;

3. die Überführung Verstorbener in der Standardnorm im Inland.

Artikel 29
Was ist nicht versichert (Ausschlüsse)?

Kein Versicherungsschutz besteht für

1. Behandlungen, von denen bei Reiseantritt feststand oder erwartet werden musste, dass sie bei planmäßigem Reiseablauf auftreten können;

2. Kosten in Zusammenhang mit einer bestehenden Erkrankung oder Unfallfolge, wenn diese in den letzten sechs Monaten vor Reiseantritt ambulant oder in den letzten neun Monaten vor Reiseantritt stationär behandelt wurde (ausgenommen Kontrolluntersuchungen);

3. Behandlungen, die ausschließlicher oder teilweiser Grund für den Reiseantritt sind;

4. Inanspruchnahme ortsgebundener Heilvorkommen (Kuren);

5. konservierende oder prothetische Zahnbehandlungen;
6. Beistellung von Heilbehelfen (z.b. Seh- und Hörbehelfe, Zahnspangen, Einlagen und Prothesen aller Art);
7. Schwangerschaftsunterbrechungen und nach der 35. Schwangerschaftswoche auftretende Schwangerschaftskomplikationen und Entbindungen;
8. Impfungen, ärztliche Gutachten und Atteste;
9. Kontrolluntersuchungen und Nachbehandlungen (z.B. Therapien);
10. Sonderleistungen im Krankenhaus, wie Einzelzimmer, Telefon, TV, Rooming-In usw.;
11. kosmetische Behandlungen;
12. körperliche Schädigung bei Heilmaßnahmen und Eingriffen, die die versicherte Person an ihrem Körper vornimmt oder vornehmen lässt, soweit nicht ein Versicherungsfall hierzu der Anlass war. Soweit ein Versicherungsfall der Anlass war, findet Art. 6, Pkt. 1.12. im Rahmen der Heilbehandlung keine Anwendung;
13. Unfälle bei Benützung von Luftfahrzeugen, ausgenommen als Passagier in einem Motorluftfahrzeug, für das eine Passagiertransportbewilligung vorliegt. Als Passagier gilt, wer weder mit dem Betrieb des Luftfahrzeuges in ursächlichem Zusammenhang steht oder Besatzungsmitglied ist, noch mittels des Luftfahrzeuges eine berufliche Betätigung ausübt;
14. Unfälle beim Lenken von Land- oder Wasserfahrzeugen, wenn der Lenker die zu deren Benützung im Land des Unfalles erforderliche Lenkerberechtigung nicht besitzt. Dies gilt auch dann, wenn das Fahrzeug nicht auf Straßen mit öffentlichem Verkehr gelenkt wird.

Artikel 30
Welcher Versicherungsschutz besteht bei bestehenden Erkrankungen oder Unfallfolgen?

Eine bestehende Erkrankung oder Unfallfolge ist versichert, wenn diese medizinisch unerwartet akut wird und nicht gemäß Art. 29 vom Versicherungsschutz ausgeschlossen ist. In diesem Fall werden die in den Artikeln 27 und 28 angeführten Kosten insgesamt bis zur vereinbarten Versicherungssumme für bestehende Erkrankungen ersetzt.

Artikel 31
Was ist zur Wahrung des Versicherungsschutzes zu beachten (Obliegenheiten)?

Als Obliegenheiten, deren Verletzung die Leistungsfreiheit des Versicherers gemäß § 6 VersVG bewirkt, werden bestimmt:
Bei stationärer Behandlung, umfänglicher ambulanter Behandlung, Heimtransport, Überführung Verstorbener und Bestattungen am Ereignisort ist unverzüglich mit der 24-Stunden-Notrufnummer des Versicherers Kontakt aufzunehmen. Organisatorische Maßnahmen in Zusammenhang mit diesen Leistungen müssen vom Versicherer getroffen werden, andernfalls werden keine Kosten ersetzt.

E: Reiseunfall

Artikel 32
Was ist versichert?

1. Versicherungsfall ist der Eintritt eines Unfalles während der Reise. Die Versicherungsleistung wird nur für die durch den eingetretenen Unfall hervorgerufene körperliche Schädigung erbracht.
2. Ein Unfall liegt vor, wenn die versicherte Person durch ein plötzlich von außen auf ihren Körper wirkendes Ereignis (Unfallereignis) unfreiwillig eine Gesundheitsschädigung erleidet. Bei Vergiftungen durch plötzlich ausströmende Gase und Dämpfe wird der Begriff der Plötzlichkeit auch dann angenommen, wenn die versicherte Person durch besondere Umstände den Einwirkungen von Gasen oder Dämpfen mehrere Stunden lang unfreiwillig ausgesetzt war. Ausgeschlossen bleiben jedoch Berufskrankheiten.
2.1. Gesundheitsschädigungen, die aufgrund akuter Mangeldurchblutung des Herzmuskels entstanden sind (z.B. Herzinfarkt), sind versichert, wenn ein überwiegender Kausalzusammenhang mit einer unmittelbaren Verletzung der betreffenden Koronararterie besteht und diese Verletzung durch eine direkte mechanische Einwirkung von außen auf den Brustkorb verursacht worden ist.
2.2. Gesundheitsschädigungen, die aufgrund akuter Mangeldurchblutung des Gehirns entstanden sind (z.B. Schlaganfall, ischämischer Insult), sind versichert, wenn ein überwiegender Kausalzusam-

menhang mit einer unmittelbaren Verletzung oder einem Verschluss des betreffenden Blutgefäßes besteht und diese durch eine direkte mechanische Einwirkung von außen verursacht worden sind.

2.3. Bandscheibenhernien jeder Art sind versichert, wenn sie durch eine erhebliche direkte Gewalteinwirkung auf das jeweilige Segment der Wirbelsäule verursacht werden, und
- diese durch Kraft und Richtung in der Lage war, eine gesunde Bandscheibe zu zerreißen, die bildgebende Untersuchung nach dem Unfall (wie MRT, Röntgen) keine degenerativen Veränderungen zeigt und vor dem Unfall keine Wirbelsäulenbeschwerden bestanden, oder
- Frakturen ober- oder unterhalb der geschädigten Bandscheibe vorliegen, oder
- es zu Bänderrissen im Bereich der Wirbelsäule mit Wirbelverrenkungen gekommen ist.

2.4. Bauch- und Unterleibsbrüche jeder Art sind versichert, wenn sie durch eine von außen kommende mechanische Einwirkung direkt herbeigeführt worden sind und nicht anlagenbedingt waren.

3. Als Unfall gelten auch:

3.1. Verrenkungen von Gliedern sowie Zerrungen und Zerreißungen von an Gliedmaßen und an der Wirbelsäule befindlichen Muskeln, Sehnen, Bändern und Kapseln sowie Meniskusverletzungen infolge plötzlicher Abweichung vom geplanten Bewegungsablauf. Hinsichtlich krankhaft abnützungsbedingter Einflüsse findet Art. 33, Pkt. 7. Anwendung.

3.2. Folgen der versehentlichen Einnahme von giftigen oder ätzenden Stoffen, es sei denn, dass diese Einwirkungen allmählich erfolgen;

3.3. Unfälle, die durch einen Herzinfarkt oder Schlaganfall der versicherten Person herbeigeführt wurden.

4. Eine Gesundheitsschädigung als Folge eines Unfalles gemäß Pkt. 2. und 3. gilt als nachgewiesen, wenn diese unverzüglich nach dem Unfallereignis unmittelbar medizinisch festgestellt und ärztlich behandelt wurde.

5. Krankheiten gelten nicht als Unfälle, übertragbare Krankheiten auch nicht als Unfallfolgen. Der Versicherungsschutz erstreckt sich jedoch auf:

5.1. Folgen des Wundstarrkrampfes und der Tollwut, wenn diese durch einen Unfall verursacht wurden;

5.2. Wundinfektionen infolge einer Unfallverletzung;

5.3. Organisch bedingte Störungen des Nervensystems, wenn und soweit diese Störung auf eine durch den Unfall verursachte organische Schädigung zurückzuführen ist.

Artikel 33
Was versteht man unter „Dauernder Invalidität"?

1. Dauernde Invalidität liegt vor, wenn die versicherte Person durch den Unfall auf Lebenszeit in ihrer körperlichen oder geistigen Leistungsfähigkeit beeinträchtigt ist. Bei dauernder Invalidität von mindestens 50 % zahlt der Versicherer die gesamte vereinbarte Versicherungssumme.

2. Die dauernde Invalidität muss
- innerhalb eines Jahres nach dem Unfall eingetreten sein und
- innerhalb von 15 Monaten nach dem Unfall durch einen ärztlichen Befundbericht festgestellt und beim Versicherer geltend gemacht werden.

Aus dem ärztlichen Befundbericht müssen Art und Umfang der Gesundheitsschädigung und die Möglichkeit einer auf Lebenszeit dauernden Invalidität hervorgehen.

3. Maßgeblich für die Ermittlung der dauernden Invalidität ist der Zustand der Beeinträchtigung der körperlichen und geistigen Leistungsfähigkeit zum Zeitpunkt der ärztlichen Untersuchung bzw. zum Zeitpunkt der Erstellung des medizinischen Gutachtens. Bei völligem Verlust oder völliger Funktionsunfähigkeit der nachstehend genannten Körperteile und Sinnesorgane gelten zur Bemessung des Invaliditätsgrades die folgenden Bewertungsgrundlagen (Gliedertaxe):

- völliger Verlust eines Armes im oder oberhalb des Schultergelenks	70 %
- völliger Verlust eines Armes im oder oberhalb des Ellenbogengelenks	60 %
- völlige Funktionsunfähigkeit eines Armes inkl. Schultergelenk	60 %
- völliger Verlust eines Beines mit Verlust des Hüftgelenks	70 %
- völliger Verlust eines Beines im oder oberhalb des Kniegelenks	60 %
- völlige Funktionsunfähigkeit eines Beines inkl. Hüftgelenk	60 %

Bei völligem Verlust oder völliger Funktionsunfähigkeit:
- eines Daumens   20 %
- eines Zeigefingers oder Mittelfingers   10 %
- eines anderen Fingers   5 %
- einer großen Zehe   5 %
- einer anderen Zehe   2 %
- der Sehkraft beider Augen   100 %
- der Sehkraft eines Auges   40 %
- sofern jedoch die Sehkraft des anderen Auges vor Eintritt des Versicherungsfalles bereits verloren war   65 %
- des Gehörs beider Ohren   60 %
- des Gehörs eines Ohres   15 %
- sofern jedoch das Gehör des anderen Ohres vor Eintritt des Versicherungsfalles bereits verloren war   45 %
- des Geruchssinnes   10 %
- des Geschmackssinnes   5 %
- der Milz   10 %
- einer Niere   20 %
- beider Nieren oder wenn die Funktion der zweiten Niere vor dem Eintritt des Versicherungsfalles bereits verloren war   50 %
- der Stimme   30 %
- des Magens   20 %

Für andere Körperteile und Sinnesorgane bemisst sich der Invaliditätsgrad danach, inwieweit die normale körperliche oder geistige Funktionsfähigkeit insgesamt beeinträchtigt ist. Dabei sind ausschließlich medizinische Gesichtspunkte zu berücksichtigen.

4. Bei Teilverlust oder Funktionsbeeinträchtigung gilt der entsprechende Teil des jeweiligen Prozentsatzes.

5. Ist die Funktion mehrerer Körperteile oder Sinnesorgane durch den Unfall beeinträchtigt, werden die ermittelten Invaliditätsgrade zusammengerechnet.

6. Bei der Bemessung des Invaliditätsgrades wird ein Abzug in Höhe einer Vorinvalidität vorgenommen, wenn durch den Unfall eine körperliche oder geistige Funktion betroffen ist, die schon vorher beeinträchtigt war.

7. Haben Krankheiten oder Gebrechen bei der durch ein Unfallereignis hervorgerufenen Gesundheitsschädigung oder deren Folgen mitgewirkt, ist der Prozentsatz des Invaliditätsgrades entsprechend dem Anteil der Krankheit oder des Gebrechens zu vermindern. Dies gilt insbesondere auch, wenn die Gesundheitsschädigung durch einen abnützungsbedingten Einfluss mit Krankheitswert, wie beispielsweise Arthrose, mitverursacht worden ist.

8. Steht der Grad der dauernden Invalidität nicht eindeutig fest, sind sowohl die versicherte Person als auch der Versicherer berechtigt, den Invaliditätsgrad jährlich bis vier Jahre ab dem Unfalltag ärztlich neu bemessen zu lassen.

9. Stirbt die versicherte Person
- aus unfallfremder Ursache innerhalb eines Jahres nach dem Unfall oder
- gleichgültig, aus welcher Ursache, später als ein Jahr nach dem Unfall

und war ein Anspruch auf Invaliditätsleistung entstanden, leistet der Versicherer nach dem Invaliditätsgrad, mit dem aufgrund der ärztlichen Befunde zu rechnen gewesen wäre.

Artikel 34
Was ist nicht versichert (Ausschlüsse)?

Kein Versicherungsschutz besteht für
1. körperliche Schädigung bei Heilmaßnahmen und Eingriffen, die die versicherte Person an ihrem Körper vornimmt oder vornehmen lässt, soweit nicht ein Versicherungsfall hierzu der Anlass war.

Soweit ein Versicherungsfall der Anlass war, findet Art. 6, Pkt. 1.12. im Rahmen der Heilbehandlung der Unfallfolgen keine Anwendung;

2. krankhafte Störungen infolge psychischer Reaktionen (z.B. Psychosen, Neurosen), auch wenn diese durch einen Unfall verursacht wurden;

3. Unfälle, die infolge einer Geistes- oder Bewusstseinsstörung, sowie durch epileptische oder andere Krampfanfälle der versicherten Person eintreten;

4. Unfälle bei Benützung von Luftfahrzeugen, ausgenommen als Passagier in einem Motorluftfahrzeug, für das eine Passagiertransportbewilligung vorliegt. Als Passagier gilt, wer weder mit dem Betrieb des Luftfahrzeuges in ursächlichem Zusammenhang steht oder Besatzungsmitglied ist, noch mittels des Luftfahrzeuges eine berufliche Betätigung ausübt;

5. Unfälle beim Lenken von Land- oder Wasserfahrzeugen, wenn der Lenker die zu deren Benützung im Land des Unfalles erforderliche Lenkerberechtigung nicht besitzt. Dies gilt auch dann, wenn das Fahrzeug nicht auf Straßen mit öffentlichem Verkehr gelenkt wird.

Artikel 35
Was ist zur Wahrung des Versicherungsschutzes zu beachten (Obliegenheiten)?

Als Obliegenheiten, deren Verletzung die Leistungsfreiheit des Versicherers gemäß § 6 VersVG bewirkt, werden bestimmt:
Die versicherte Person hat nach dem Unfall

1. unverzüglich ärztliche Hilfe in Anspruch zu nehmen und die ärztliche Behandlung bis zum Abschluss des Heilverfahrens fortzusetzen;

2. für eine angemessene Krankenpflege und nach Möglichkeit für die Abwendung und Minderung der Unfallfolgen zu sorgen;

3. sich auf Verlangen des Versicherers durch die vom Versicherer bezeichneten Ärzte untersuchen zu lassen.

Artikel 36
Wann wird der Versicherungsanspruch anerkannt?

Der Versicherer ist verpflichtet, bei Ansprüchen auf Leistung für dauernde Invalidität innerhalb von drei Monaten zu erklären, ob und in welcher Höhe er eine Leistungspflicht anerkennt. Die Fristen beginnen mit dem Eingang der Unterlagen, die der Anspruchserhebende zur Feststellung des Unfallherganges, der Unfallfolgen und über den Abschluss des Heilverfahrens beizubringen hat.

Artikel 37
Was gilt bei Meinungsverschiedenheiten?

1. Im Fall von Meinungsverschiedenheiten über Art und Umfang der Unfallfolgen oder darüber, in welchem Umfang die eingetretene Beeinträchtigung auf den Versicherungsfall zurückzuführen ist, ferner über die Beeinflussung der Unfallfolgen durch Krankheit oder Gebrechen sowie im Falle des Art. 33, Pkt. 8. entscheidet die Ärztekommission.

2. In den nach Pkt. 1. der Ärztekommission zur Entscheidung vorbehaltenen Meinungsverschiedenheiten ist die versicherte Person berechtigt, innerhalb von 6 Monaten nach Zugang der Entscheidung des Versicherers,
   - Widerspruch zu erheben und
   - mit Vorlage eines ärztlichen Befundberichts über Art und Umfang der Unfallfolgen die Entscheidung der Ärztekommission zu beantragen.

Der ärztliche Befundbericht ist von einem Arzt zu erstellen, der zur selbständigen Ausübung des ärztlichen Berufes als Facharzt im jeweiligen medizinischen Sonderfach berechtigt ist und an der Heilbehandlung der versicherten Person nicht mitgewirkt hat. Das Recht, die Entscheidung der Ärztekommission zu beantragen, steht auch dem Versicherer zu und zwar von Seiten des Versicherers binnen 6 Monaten nach Entstehen der Meinungsverschiedenheit zu beantragen. Wenn der Versicherer die Entscheidung durch die Ärztekommission beantragt, ist das Verfahren vor der Ärztekommission auch dann vor der Anrufung der ordentlichen Gerichte durchzuführen, wenn die versicherte Person bei Erhebung des Widerspruchs die Entscheidung durch ordentliche Gerichte beantragt hat.

3. Für die Ärztekommission bestimmen der Versicherer und die versicherte Person je einen Facharzt, der zur selbstständigen Ausübung des ärztlichen Berufes im jeweiligen medizinischen

Sonderfach berechtigt ist und an der Heilbehandlung der versicherten Person nicht mitgewirkt hat. Wenn eine der beiden Parteien innerhalb zweier Wochen nach Aufforderung in geschriebener Form keinen Arzt benennt, wird dieser von der österreichischen Ärztekammer bestellt.

4. Die beiden Ärzte bestellen einvernehmlich einen weiteren Arzt als Obmann, der für den Fall, dass sie sich nicht oder nur zum Teil einigen sollten, im Rahmen der durch die Gutachten der beiden Ärzte gegebenen Grenzen entscheidet. Einigen sich die beiden Ärzte über die Person des Obmannes nicht, wird ein für den Versicherungsfall zuständiger medizinischer Sachverständiger durch die österreichische Ärztekammer als Obmann bestellt. Die versicherte Person hat sich bei sonstiger Leistungsfreiheit gemäß § 6 VersVG von den Ärzten der Kommission untersuchen zu lassen und sich jenen Maßnahmen zu unterziehen, die diese Kommission für notwendig hält.

5. Die Ärztekommission hat über ihre Tätigkeit Protokoll zu führen, in welchem sie ihre Entscheidung schriftlich zu begründen hat. Bei Nichteinigung hat jeder Arzt seine Auffassung im Protokoll gesondert darzustellen. Ist eine Entscheidung durch den Obmann erforderlich, begründet auch er sie in einem Protokoll. Die Akten des Verfahrens werden vom Versicherer verwahrt.

6. Die Kosten der Ärztekommission werden von ihr festgesetzt und sind im Verhältnis von Obsiegen/Unterliegen der beiden Parteien zu tragen. Der Anteil der Kosten, den der Anspruchsteller zu tragen hat, ist mit € 4.000,- begrenzt.

Artikel 38
Welche Such- und Bergungskosten werden ersetzt?

1. Versicherungsfall
Die versicherte Person muss geborgen werden, weil sie einen Unfall erlitten hat, in Berg- oder Seenot geraten ist oder die begründete Vermutung auf eine der genannten Situationen bestanden hat.

2. Entschädigung
Der Versicherer ersetzt bis zur Versicherungssumme die nachgewiesenen Kosten der Suche nach der versicherten Person und ihrer Bergung bis zur nächsten befahrbaren Straße oder bei medizinischer Notwendigkeit bis zum nächsten Krankenhaus.

F: Reiseprivathaftpflicht

Artikel 39
Was ist versichert?

1. Als Versicherungsfall gilt ein Schadensereignis, das von der versicherten Person als Privatperson während einer Reise verursacht wird und aus welchem der versicherten Person Schadenersatzverpflichtungen (siehe Pkt. 3. bis 5.) erwachsen oder erwachsen könnten.

2. Mehrere auf derselben oder gleichartigen Ursache beruhende Schadensereignisse gelten als ein Versicherungsfall.

3. Im Versicherungsfall übernimmt der Versicherer

3.1. die Erfüllung von Schadenersatzverpflichtungen, die der versicherten Person wegen eines Sach- und/oder Personenschadens sowie des daraus abgeleiteten Vermögensschadens aufgrund gesetzlicher Haftpflichtbestimmungen privatrechtlichen Inhalts erwachsen (in der Folge kurz Schadenersatzverpflichtung genannt). Reine Vermögensschäden sind nicht versichert;

3.2. die Kosten der Feststellung und der Abwehr einer von einem Dritten behaupteten Schadenersatzverpflichtung im Rahmen des Art. 40.

4. Sachschäden sind die Beschädigung oder die Vernichtung von körperlichen Sachen. Personenschäden sind die Gesundheitsschädigung, Körperverletzung oder Tötung von Menschen.

5. Die Versicherung erstreckt sich auf Schadenersatzverpflichtungen der versicherten Person aus den Gefahren des täglichen Lebens (mit Ausnahme einer betrieblichen, beruflichen oder gewerbsmäßigen Tätigkeit), insbesondere

5.1. aus Verwendung von Fahrrädern;
5.2. aus nicht berufsmäßiger Sportausübung, ausgenommen die Jagd;
5.3. aus erlaubtem Besitz von Hieb-, Stich- und Schusswaffen und aus deren Verwendung als Sportgerät und für Zwecke der Selbstverteidigung;
5.4. aus Haltung von Kleintieren, ausgenommen Hunde und exotische Tiere;
5.5. aus gelegentlicher Verwendung, nicht jedoch aus Haltung von Elektro- und Segelbooten, vorausgesetzt der Lenker besitzt die zur Benützung des Bootes erforderliche Lenkerberechtigung;

5.6. aus Verwendung von sonstigen nicht motorisch angetriebenen Wasserfahrzeugen sowie von nicht motorisch angetriebenen Schiffs- und Flugmodellen (letztere bis 5 kg);

5.7. bei Benützung (ausgenommen Verschleißschäden) von gemieteten Wohnräumen und sonstigen gemieteten Räumen sowie des darin befindlichen Inventars.

Artikel 40
Welche Kosten werden ersetzt?

1. Ist eine Pauschalversicherungssumme vereinbart, so gilt diese für Sach- und Personenschäden zusammen.

2. Die Versicherung umfasst die den Umständen nach gebotenen gerichtlichen und außergerichtlichen Kosten der Feststellung und Abwehr einer von einem Dritten behaupteten Schadenersatzpflicht, und zwar auch dann, wenn sich der Anspruch als unberechtigt erweist.

3. Die Versicherung umfasst weiters die Kosten der über Weisung des Versicherers geführten Verteidigung in einem Straf- oder Disziplinarverfahren.

Kosten gemäß Pkt. 2. und 3. sowie Rettungskosten werden auf die Versicherungssumme angerechnet.

4. Falls die vom Versicherer verlangte Erledigung eines Schadenersatzanspruches am Widerstand des Versicherungsnehmers scheitert und der Versicherer mittels eingeschriebenen Briefes die Erklärung abgibt, seinen vertragsmäßigen Anteil an Entschädigung für den Geschädigten zur Verfügung zu halten, hat der Versicherer für den von der erwähnten Erklärung an entstehenden Mehraufwand an Hauptsache, Zinsen und Kosten nicht aufzukommen.

Artikel 41
Was ist nicht versichert (Ausschlüsse)?

1. Die Versicherung erstreckt sich nicht auf Schadenersatzverpflichtungen aus Schäden, die die versicherte Person oder die für sie handelnden Personen verursachen durch Haltung oder Verwendung von

1.1. Luftfahrzeugen oder Luftfahrtgeräten;

1.2. Land- oder Wasserfahrzeugen oder deren Anhängern, die ein behördliches Kennzeichen tragen bzw. nach den in Österreich geltenden Bestimmungen tragen müssten;

1.3. motorisch angetriebenen Wasserfahrzeugen (ausgenommen Art. 39, Pkt. 5.5.).

2. Kein Versicherungsschutz besteht auch für

2.1. Schadenersatzverpflichtungen der versicherten Person aus den Gefahren einer betrieblichen, beruflichen oder gewerbsmäßigen Tätigkeit;

2.2. Ansprüche, soweit sie aufgrund eines Vertrages oder einer besonderen Zusage über den Umfang der gesetzlichen Ersatzpflicht hinausgehen;

2.3. Erfüllung von Verträgen und die an deren Stelle tretende Ersatzleistung;

2.4. Schäden, die der versicherten Person selbst und ihren Angehörigen (Ehepartner, Verwandte in gerader aufsteigender und absteigender Linie, Schwieger-, Adoptiv- und Stiefeltern, im gemeinsamen Haushalt lebende Geschwister; außereheliche Gemeinschaft ist in ihrer Auswirkung der ehelichen gleichgestellt) zugefügt werden;

2.5. Schäden durch Verunreinigung oder Störung der Umwelt;

2.6. Schäden, die im Zusammenhang mit einer psychischen Erkrankung der versicherten Person stehen.

3. Die Versicherung erstreckt sich nicht auf Schadenersatzverpflichtungen wegen Schäden an

3.1. Sachen, die die versicherte Person oder die für sie handelnden Personen entliehen, gemietet, geleast, gepachtet oder in Verwahrung genommen haben (ausgenommen Art. 39, Pkt. 5.7.);

3.2. Sachen, die bei oder infolge ihrer Benützung, Beförderung, Bearbeitung oder sonstigen Tätigkeit an oder mit ihnen entstehen;

3.3. Sachen durch allmähliche Emission oder allmähliche Einwirkung von Temperatur, Gasen, Dämpfen, Flüssigkeiten, Feuchtigkeit oder nicht atmosphärischen Niederschlägen, nukleare Ereignisse sowie Verseuchung durch radioaktive Stoffe.

4. Schadenersatzverpflichtungen aus Verlust oder Abhandenkommen körperlicher Sachen sind nicht gedeckt.

5. Schadensereignisse, deren Ursache in die Zeit vor Versicherungsbeginn fällt, sind nicht gedeckt.

Artikel 42
Was ist zur Wahrung des Versicherungsschutzes zu beachten (Obliegenheiten)?

Als Obliegenheiten, deren Verletzung die Leistungsfreiheit des Versicherers gemäß § 6 VersVG bewirkt, werden bestimmt:
Die versicherte Person hat dem Versicherer insbesondere anzuzeigen:
1. die Geltendmachung einer Schadenersatzforderung;
2. die Zustellung einer Strafverfügung sowie die Einleitung eines Straf-, Verwaltungsstraf- oder Disziplinarverfahrens gegen den Versicherungsnehmer oder die versicherte Person;
3. alle Maßnahmen Dritter zur gerichtlichen Durchsetzung von Schadenersatzforderungen.
Die versicherte Person ist nicht berechtigt, ohne vorherige Zustimmung des Versicherers einen Schadenersatzanspruch ganz oder zum Teil anzuerkennen oder zu vergleichen.

Artikel 43
Wozu ist der Versicherer bevollmächtigt?

Der Versicherer ist bevollmächtigt, im Rahmen seiner Leistungsverpflichtung alle ihm zweckmäßig erscheinenden Erklärungen im Namen der versicherten Person abzugeben.

G: Hilfe bei Haft oder Haftandrohung im Ausland

Artikel 44
Welche Hilfeleistungen werden bei Haft oder Haftandrohung im Ausland erbracht?

1. Versicherungsfall
Ein Versicherungsfall liegt vor, wenn die versicherte Person im Ausland mit Haft bedroht oder verhaftet wird.
2. Versicherungsleistung
Der Versicherer ist bei der Beistellung eines Rechtsanwaltes sowie eines Dolmetschers behilflich. Der Versicherer stellt weiters, bis zur vereinbarten Versicherungssumme, einen Vorschuss für einen Rechtsanwalt sowie gegebenenfalls für eine Strafkaution zur Verfügung.
3. Verpflichtung der versicherten Person
Die versicherte Person verpflichtet sich, den Vorschuss innerhalb von zwei Wochen nach Rückkehr von der Reise, spätestens jedoch innerhalb von zwei Monaten nach Zahlungserhalt, an den Versicherer zurückzuzahlen.

Besonderer Teil für die Plus-Versicherungspakete
Komplett+Schutz, Reise+Schutz, Storno+Schutz, Gepäck+Schutz

Für die Plus-Versicherungspakete „Komplett+Schutz", „Reise+Schutz", „Storno+Schutz" und „Gepäck+Schutz" gelten nachfolgende Ergänzungen:

Für die Plus-Versicherungspakete „Komplett+Schutz", „Reise+Schutz", „Storno+Schutz" und „Gepäck+Schutz" wird die Höhengrenze in Art. 6, Pkt. 1.9. auf 6.000 m angehoben und lautet daher „Kein Versicherungsschutz besteht für Ereignisse, die bei Teilnahme an Expeditionen sowie in einer Seehöhe über 6.000 m eintreten".

Für die Plus-Versicherungspakete „Komplett+Schutz" und „Storno+Schutz" (Reisestorno und Reiseabbruch) und „Reise+Schutz" (Reiseabbruch) gelten zusätzlich nachfolgende Ergänzungen:
Art. 14, Pkt. 2.:
Ein Versicherungsfall liegt vor, wenn die versicherte Person aus einem der folgenden Gründe die Reise nicht antreten kann oder abbrechen muss:
2.13. Bruch oder technischer Defekt von Prothesen der versicherten Person, wenn sich daraus für die gebuchte Reise zwingend die Reiseunfähigkeit ergibt;
2.14. Organtransplantation der versicherten Person als Spender oder Empfänger;
2.15. unerwartete schwere Erkrankung, schwere unfallbedingte Körperverletzung oder Tod
– einer weiteren persönlich nahestehenden Person (diese muss dem Versicherer bei Versicherungsabschluss in geschriebener Form namentlich genannt werden; pro versicherter Person können daher insgesamt zwei nahestehende Personen angegeben werden),

- der Person, die anstatt der versicherten Person für die Dauer der Reise mit der Betreuung von nicht mitreisenden minderjährigen oder pflegebedürftigen Familienangehörigen beauftragt wurde, wenn dadurch die Betreuung nicht möglich ist,
- des Mitarbeiters oder Kollegen des selben Unternehmens, der für die Dauer der Reise die versicherte Person vertritt,

wodurch die Anwesenheit der versicherten Person am Heimatort dringend erforderlich ist.

2.16. Selbstkündigung des Mitarbeiters oder Kollegen des selben Unternehmens, der für die Dauer der Reise die versicherte Person vertritt, wodurch die Anwesenheit der versicherten Person am Heimatort dringend erforderlich ist;

2.17. Auflösung der Lebensgemeinschaft (seit mindestens sechs Monaten bestehend, auch ohne gemeinsamen Wohnsitz) vor der versicherten gemeinsamen Reise der betroffenen Lebensgefährten (eidesstattliche Erklärung der betroffenen Lebensgefährten erforderlich);

2.18. Entführung oder Abgängigkeit eines Familienangehörigen der versicherten Person (polizeiliche Anzeige erforderlich);

2.19. Straftat unter Androhung oder Verwendung von Gewalt gegen die versicherte Person;

2.20. bedeutender finanzieller Schaden (über € 5.000,-) am Eigentum der versicherten Person aufgrund Vermögensdelikt (Diebstahl, Sachbeschädigung usw.) oder Unfall innerhalb eines Monates vor Reisebeginn;

2.21. Diebstahl von Reisetickets, Reisepass (mit ausreichender Gültigkeit für die gebuchte Reise) oder Führerschein (bei Selbstfahrer-Reisen) der versicherten Person, wenn diese für die Reise benötigt werden und die Ersatzbeschaffung nicht mehr rechtzeitig möglich ist;

2.22. fremdverschuldete oder unfallbedingte Beschädigung (nicht Panne) oder Diebstahl des Privatfahrzeuges, mit dem die Reise durchgeführt werden soll, wenn dadurch die Reise nicht wie geplant angetreten werden kann (Reparatur nicht rechtzeitig möglich);

2.23. Verkehrsunfall mit dem Privatfahrzeug auf dem direkten Weg zum Bahnhof/Flughafen/Hafen, wenn dadurch die gebuchte reguläre Abfahrt/Abflug der versicherten Reise versäumt wird;

2.24. unerwartete schwere Erkrankung oder schwere unfallbedingte Körperverletzung von Hund, Katze oder Pferd (Haustiere), dessen ständiger Halter die versicherte Person ist, wodurch die Anwesenheit der versicherten Person zur Betreuung des Haustieres dringend erforderlich ist;

2.25. notwendige Nachbarschaftshilfe durch die versicherte Person im Katastrophenfall (Hochwasser, Erdrutsch, Vermurung, Lawinen, Erdbeben, Schneedruck, Orkan, Bergsturz);

2.26. notwendige Katastrophenhilfe durch die versicherte Person als Mitglied von Feuerwehr oder Rettungsdienst;

2.27. Einberufung der versicherten Person zu einer Milizübung des Bundesheeres, vorausgesetzt die Reisebuchung wird nicht als Grund für die Nichtteilnahme akzeptiert;

2.28. unvorhergesehene Aufnahme eines neuen Arbeitsverhältnisses der versicherten Person, sofern die versicherte Reise in die ersten sechs Monate der neuen beruflichen Tätigkeit fällt; Arbeitsverhältnis bezeichnet das durch einen Arbeitsvertrag geregelte sozialversicherungspflichtige Arbeitsverhältnis zwischen Arbeitnehmer und Arbeitgeber. Vom Versicherungsschutz umfasst sind die sozialversicherungspflichtigen Arbeitsverhältnisse mit einer Wochenarbeitszeit von mindestens 15 Stunden, die zumindest auf eine Dauer von einem Jahr angelegt sind;

2.29. notwendige Wiederholung einer nicht bestandenen Prüfung an einer Schule/ Universität durch die versicherte Person, sofern die Wiederholungsprüfung unerwartet in der Reisezeit oder innerhalb von 14 Tagen nach planmäßigem Reiseende stattfindet und die Reise vor dem Termin der nicht bestandenen Prüfung gebucht wurde;

2.30. Nichtaufsteigen eines Schülers (= versicherte Person) in die nächste Schulstufe, wenn es sich um eine Klassenreise handelt;

2.31. Nichtbestehen einer Abschlussklasse einer mindestens 3-jährigen Schulausbildung durch die versicherte Person unmittelbar vor dem Reisetermin der versicherten Reise;

2.32. Absage der Hochzeit, die der Grund für die Reise der versicherten Person war. Sind von der Absage mehrere Versicherungsverträge betroffen, werden pro abgesagter Hochzeit maximal € 40.000,- ersetzt;

2.33. Kurzarbeit der versicherten Person aufgrund nicht saisonbedingter wirtschaftlicher Schwierigkeiten des Betriebes, in dem die versicherte Person beschäftigt ist, wenn sich deshalb der regelmäßige Bruttobezug für einen Zeitraum von mindestens drei aufeinanderfolgenden Monaten um mindestens 35% verringert;

2.34. unvorhersehbare und unverschuldete Ablehnung des für die Reise notwendigen Visums der versicherten Person;
2.35. Adoption eines minderjährigen Kindes durch die versicherte Person;
2.36. unerwartete Sportunfähigkeit der versicherten Person aufgrund Erkrankung oder Unfall, wenn dadurch die Teilnahme an gebuchten Sportleistungen, die vorwiegender Grund der Reise war, nicht möglich ist;
2.37. einem persönlichen Grund, der ein von der versicherten Person unabhängiges konkretes Ereignis sein muss. Dieser muss bei Versicherungsabschluss dem Versicherer in geschriebener Form bekannt gegeben werden. Pro versicherter Person kann ein persönlicher Grund angegeben werden.

Art. 15, Pkt. 2. kommt nicht zur Anwendung.
Zusätzlich gilt
Art. 15, Pkt. 6.:
Kein Versicherungsschutz besteht, wenn
6. der persönliche Grund gem. Art. 14, Pkt. 2.37. außerdem in Zusammenhang steht mit
6.1. Reiseunlust;
6.2. Schlechtwetter oder mangelnde Schneelage am Urlaubsort;
6.3. Mehrfachbuchungen und Buchungen mit überschneidenden Reisezeiten;
6.4. Nichterreichen der vertraglich vereinbarten Mindestteilnehmerzahl;
6.5. Insolvenz des Reiseveranstalters bzw. Vertragspartners;
6.6. Naturereignisse;
6.7. Flugverspätungen;
6.8. Nichtteilnahme einzelner Akteure/Athleten/Künstler an Großveranstaltungen.

Für die Plus-Versicherungspakete „Komplett+Schutz" und „Reise+Schutz" wird Art. 18, Pkt. 3. um die Nachreisekosten ergänzt und lautet daher:
3. Entschädigung:
Ersetzt werden die notwendigen und nachgewiesenen Mehrkosten für eine erforderliche Nächtigung, Verpflegung und Nachreise bis zur vereinbarten Versicherungssumme.

Für die Plus-Versicherungspakete „Komplett+Schutz", „Reise+Schutz" und „Gepäck+Schutz" gilt abweichend von Art. 25, Pkt. 1.:
Im Versicherungsfall ersetzt der Versicherer bis zur vereinbarten Versicherungssumme grundsätzlich
– für zerstörte oder abhanden gekommene Gegenstände den Neuwert;
– für beschädigte reparaturfähige Gegenstände die notwendigen Reparaturkosten, höchstens jedoch den Neuwert;
– für zerstörte oder abhanden gekommene Filme, Ton-, Datenträger und dgl. den Materialwert.

Als Neuwert gilt der Wiederbeschaffungspreis der versicherten Gegenstände am Tag des Schadens. Ist eine Wiederbeschaffung nicht möglich, ist der Preis der Anschaffung von Gegenständen gleicher Art und Güte heranzuziehen.
Liegt der Zeitwert eines versicherten Gegenstandes am Tag des Schadens unter 40 % des Wiederbeschaffungspreises, wird maximal der Zeitwert ersetzt.

Nur für das Plus-Versicherungspaket „Gepäck+Schutz" gilt abweichend von Art. 21, Pkt. 3.4.:
Jagd- und Sportwaffen sind als Sportgeräte versichert.

Für die Plus-Versicherungspakete „Komplett+Schutz" und „Reise+Schutz" kommt der Ausschlussgrund Art. 29, Pkt. 2. nicht zur Anwendung.
Artikel 30 wird insofern geändert: Eine bestehende Erkrankung oder Unfallfolge ist versichert, wenn diese medizinisch unerwartet akut wird und nicht gemäß Art. 29, Pkt. 1. oder 3.- 14. vom Versicherungsschutz ausgeschlossen ist. In diesem Fall werden die in den Artikeln 27 und 28 angeführten Kosten insgesamt bis zur vereinbarten Versicherungssumme für bestehende Erkrankungen ersetzt.

KODEX
DES ÖSTERREICHISCHEN RECHTS
SAMMLUNG DER ÖSTERREICHISCHEN BUNDESGESETZE

EINFÜHRUNGSGESETZE
ABGB UND B-VG

- **ABGB** Allgemeines bürgerliches Gesetzbuch
- **EheG** Gesetz zur Vereinheitlichung des Rechts der Eheschließung und der Ehescheidung mit 1. u 4. DV
- **KSchG** Konsumentenschutzgesetz
- **B-VG** Bundes-Verfassungsgesetz
- **StGG** Staatsgrundgesetz über die allgem Rechte der Staatsbürger
- **EMRK** Europäische Menschenrechtskonvention

LexisNexis

KODEX
DES ÖSTERREICHISCHEN RECHTS
HERAUSGEBER: UNIV.-PROF. DR. WERNER DORALT

INTERNATIONALES
PRIVATRECHT

1. **IPRG** — EGV, StbG, Genfer FlüchtK
2. **Pers.Stand** — CIEC, Bilaterale V
3. **Ehe-KindR** — AußStrG, EuFamVO, Anerk. Ehe, MSÜ, ESÜ, HKÜ, HAÜ, Bilaterale V
4. **Unterhalt** — UVG, AuslUG, EuUVO, HUÜ, NYUÜ, HUVÜ, Bilaterale V
5. **Erbrecht** — HTÜ, Bilaterale V
6. **SachenR** — KultGütRG
7. **SchuldR** — EVÜ, Rom I, IVVG, ECG, FinSG, KSchG, TNG, ZahlVersRL, UN-KaufR
8. **DeliktsR** — AtomHG, GTG, Rom II, HStVÜ
9. **TransportR** — LFG, EuLFVO, MÜ, WA, CMR, COTIF
10. **IZPR** — EGJN, JN, ZPO, LGVÜ, EuGVVO, Bilaterale V
11. **R-Hilfe** — RHE Ziv 2004, RAÜ, Bilaterale V
12. **Schiedsrecht** — NY SchiedÜ, HandelsSchiedsÜ

LexisNexis

KODEX
DES ÖSTERREICHISCHEN RECHTS
SAMMLUNG DER ÖSTERREICHISCHEN BUNDESGESETZE

VERFASSUNGS-
RECHT

1. B-VG
1a. ÜG, B-VGNov
2a. StGG
2b. EMRK
2c. ReligionsR, ZDG, VerG, VersammlungsG, ORF-G, RGG, PrR-G, PrTV-G, FERG, KOG, PresseFG, MinderheitenR
3a. BVG
3b. VfBest in BG
4. Unabhbfeld, V-ÜG B-ÜG, S/V Wien
BVG Neutralität, KMG
5. Int Sanktionen, KSE-BVG, TrAufG, Staatl Symbole
6. StbG
7. ParteiG, VerbotsG 1947, KlohFG, PubFG
8. Wahlen, Direkte Demokratie
9. GOG-NR
10. BezR, UmvG
11. BGBlG, Rechtsbereinigung
12. BMG, BVG ÄmterLReg, BGemAufsG
13. F-VG, FAG 2001, KonsMech, SubPakt 2001
14. RHG
15. UBASG
16. VwGG
17. VfGG
18. VolksanwG
19. AHG, OrgHG
20. AuskPfl

LexisNexis

KODEX
DES ÖSTERREICHISCHEN RECHTS
SAMMLUNG DER ÖSTERREICHISCHEN BUNDESGESETZE

BÜRGERLICHES
RECHT

1. ABGB zit 1. Euro-JuBeG
2. IPRG
3. TEG
4. EheG
5. PStG
6. NAG
7. RelKEG
8. UVG mit AuslUG
9. JWG
10. NorwegeG
11. GSGG
12. WWSGG
13. EisbEG
14. WEG
15. MRG mit HeizKG
16. BauRG
17. LPG
18. KlGG
19. GBG mit GUG
20. UHG mit UmwHG
21. AnerbG
22. KSchG
23. WucherG
24. UrhG mit VerwGesG
25. RHPflG
26. EKHG mit LFG
27. AtomHG
28. AHG mit PolBefG
29. OrgHG
30. DHG
31. ASVG/Haftung
32. PHG mit GTG
33. UN-KaufR
34. AngG
35. NotaktsG
36. ECG
37. SigG
38. RAPG

LexisNexis

Rechtsanwaltsordnung

RGBl 1868/96

zuletzt geändert durch BGBl I 2014/40
(Auszug)

§ 21a. (1) Jeder Rechtsanwalt ist verpflichtet, vor Eintragung in die Liste der Rechtsanwälte dem Ausschuß der Rechtsanwaltskammer nachzuweisen, daß zur Deckung der aus seiner Berufstätigkeit gegen ihn entstehenden Schadenersatzansprüche eine Haftpflichtversicherung bei einem zum Geschäftsbetrieb in Österreich berechtigten Versicherer besteht. Er hat die Versicherung während der Dauer seiner Berufstätigkeit aufrechtzuerhalten und dies der Rechtsanwaltskammer auf Verlangen nachzuweisen.

(2) Kommt der Rechtsanwalt seiner Verpflichtung zur Aufrechterhaltung der Haftpflichtversicherung trotz Aufforderung durch den Ausschuß der Rechtsanwaltskammer nicht nach, so hat ihm der Ausschuß bis zur Erbringung des Nachweises über die Erfüllung dieser Verpflichtung die Ausübung der Rechtsanwaltschaft zu untersagen.

(3) Die Mindestversicherungssumme hat insgesamt 400 000 Euro für jeden Versicherungsfall zu betragen. Bei einer Rechtsanwalts-Partnerschaft muß die Versicherung auch Schadenersatzansprüche decken, die gegen einen Rechtsanwalt auf Grund seiner Gesellschafterstellung bestehen.

(4) Bei einer Rechtsanwalts-Gesellschaft in Form einer Gesellschaft mit beschränkter Haftung „oder einer Rechtsanwalts-Partnerschaft, deren einziger Komplementär eine Gesellschaft mit beschränkter Haftung ist," muß die Mindestversicherungssumme insgesamt 2 400 000 Euro für jeden Versicherungsfall betragen. Wird die Berufshaftpflichtversicherung nicht oder nicht im vorgeschriebenen Umfang unterhalten, so haften neben der Gesellschaft auch die Rechtsanwalts-Gesellschafter unabhängig davon, ob ihnen ein Verschulden vorzuwerfen ist, persönlich in Höhe des fehlenden Versicherungsschutzes. *(BGBl I 2013/159)*

(5) Der Ausschluß oder eine zeitliche Begrenzung der Nachhaftung des Versicherers ist unzulässig.

(6) Die Versicherer sind verpflichtet, der zuständigen Rechtsanwaltskammer unaufgefordert und umgehend jeden Umstand zu melden, der eine Beendigung oder Einschränkung des Versicherungsschutzes oder eine Abweichung von der ursprünglichen Versicherungsbestätigung bedeutet oder bedeuten kann, und auf Verlangen der zuständigen Rechtsanwaltskammer über solche Umstände Auskunft zu erteilen, und zwar bei sonstigem Fortbestand der Deckungspflicht des Versicherers bis zwei Wochen nach der Verständigung.

(BGBl 1983/383; BGBl I 1999/71; BGBl I 2001/98)

...

IV. Abschnitt
Erlöschung der Rechtsanwaltschaft

§ 34. ...

(2) Die Berechtigung zur Ausübung der Rechtsanwaltschaft ruht: ...

2. bei Untersagung der Ausübung der Rechtsanwaltschaft im Rahmen eines Disziplinarverfahrens oder durch den Ausschuß mangels Aufrechterhaltung der Haftpflichtversicherung nach § 21a Abs. 2;

...

(BGBl I 1999/71; BGBl I 2001/98)

§ 15

Bundesgesetz über den freien Dienstleistungsverkehr und die Niederlassung von europäischen Rechtsanwältinnen und Rechtsanwälten sowie die Erbringung von Rechtsdienstleistungen durch international tätige Rechtsanwältinnen und Rechtsanwälte in Österreich (EIRAG)[1]

[1] *Europäisches Rechtsanwaltsgesetz.*

(Art I in)
BGBl I 2000/27

zuletzt geändert durch BGBl I 2013/190
(Auszug)

Berufshaftpflichtversicherung

§ 15. (1) Von der Verpflichtung, eine Berufshaftpflichtversicherung nach § 21a der Rechtsanwaltsordnung abzuschließen und aufrecht zu erhalten, sind niedergelassene europäische Rechtsanwälte befreit, wenn sie der Rechtsanwaltskammer eine nach den Vorschriften des Herkunftsstaats bestehende Versicherung oder Garantie nachweisen, die hinsichtlich der Bedingungen und des Deckungsumfangs einer Versicherung nach § 21a der Rechtsanwaltsordnung gleichwertig ist und auch seine berufliche Tätigkeit in Österreich deckt. Bei fehlender Gleichwertigkeit ist durch eine Zusatzversicherung oder ergänzende Garantie ein Schutz zu schaffen, der den Anforderungen des § 21a der Rechtsanwaltsordnung gleichkommt. § 21a Abs. 2 der Rechtsanwaltsordnung gilt sinngemäß.

(2) Niedergelassene europäische Rechtsanwälte haben im Fall des Abs. 1 eine vertragliche Vereinbarung mit dem ausländischen Versicherer oder der ausländischen Berufsgarantiekasse zu schließen, die diese zu den im § 21a Abs. 6 der Rechtsanwaltsordnung geregelten Meldungen an die zuständige Rechtsanwaltskammer bei sonstigem Fortbestand der Deckungspflicht verpflichtet, und dies der Rechtsanwaltskammer nachzuweisen.

Notariatsordnung

RGBl 1871/75

zuletzt geändert durch BGBl I 2013/190
(Auszug)

IV. Hauptstück

Allgemeine Vorschriften über die Amtsführung der Notare

§ 30. (1) Jeder Notar und jeder Notariatssubstitut ist verpflichtet, vor Aufnahme seiner Berufstätigkeit der Notariatskammer nachzuweisen, daß zur Deckung der aus dieser Tätigkeit gegen ihn entstehenden Schadenersatzansprüche eine Haftpflichtversicherung bei einem zum Geschäftsbetrieb in Österreich berechtigten Versicherer besteht. Er hat die Versicherung während der Dauer seiner Berufstätigkeit aufrechtzuerhalten und dies der Notariatskammer auf Verlangen nachzuweisen.

(2) Kommt der Notar (Notariatssubstitut) seiner Verpflichtung zur Aufrechterhaltung der Haftpflichtversicherung trotz Aufforderung durch die Notariatskammer nicht nach, so ist über ihn die Suspension vom Amt zu verhängen (§ 180).

(3) Die Mindestversicherungssumme hat 400 000 Euro für jeden Versicherungsfall zu betragen. Bei einer Notar-Partnerschaft muß die Versicherung auch Schadenersatzansprüche decken, die gegen einen Notar auf Grund seiner Gesellschafterstellung bestehen.

(4) Der Ausschluß oder eine zeitliche Begrenzung der Nachhaftung des Versicherers ist unzulässig.

(5) Die Versicherer sind verpflichtet, der Notariatskammer unaufgefordert und umgehend jeden Umstand, der eine Beendigung oder Einschränkung des Versicherungsschutzes oder eine Abweichung von der ursprünglichen Versicherungsbestätigung bedeutet oder bedeuten kann, sowie jeden Versicherungsfall, der eine Befriedigung von Schadenersatzforderungen durch den Versicherer ausgelöst hat, zu melden und auf Verlangen der Notariatskammer darüber Auskunft zu erteilen, und zwar bei sonstigem Fortbestand der Deckungspflicht des Versicherers bis zwei Wochen nach der Verständigung.

(BGBl I 1999/72; BGBl I 2001/98)

...

V. Hauptstück

Besondere Vorschriften über die Amtsführung der Notare

III. Abschnitt

Beurkundung von Thatsachen und Erklärungen

Freiwillige Feilbietung von Liegenschaften

§ 87c. (1) Begehrt der Eigentümer die Versteigerung durch einen Rechtsanwalt oder einen hiezu befugten Gewerbetreibenden, so ist die Versteigerung durch diesen durchzuführen. Dieser muss zur Deckung der aus der Durchführung der Versteigerung gegen ihn entstehenden Schadenersatzansprüche über eine dem § 21a RAO entsprechende Haftpflichtversicherung verfügen. In diesem Fall hat der Notar die Versteigerung zu beurkunden. Andernfalls hat der Notar die Versteigerung selbst durchzuführen und zu beurkunden. Die Beurkundung des tatsächlichen Vorgangs der Versteigerung erfolgt in jedem Fall in sinngemäßer Anwendung des § 88 durch Aufnahme eines Protokolls, dem die unterfertigten Feilbietungsbedingungen als Beilage beizuheften sind.

(BGBl I 2008/68)

...

V. Abschnitt

Uebernahme von Urkunden zur Verwahrung, und von Geldern und Werthpapieren zur Ausfolgung an Dritte oder zum Erlage bei Behörden

§ 109a. (1) Übernimmt der Notar eine Treuhandschaft, so muß er in der Lage sein, diese selbständig auszuüben. Die Übernahme von Bürgschaften und die Darlehens- oder Kreditgewährung sind ihm in diesem Zusammenhang untersagt. Der Treuhandauftrag ist schriftlich abzuschließen und hat die Aufgaben des Notars genau zu bestimmen. Der Notar hat sich von der Identität der an der Treuhandschaft Beteiligten zu überzeugen (§ 55) und die Treugeber bei Bedarf oder auf deren Verlangen über den Stand der Sache zu informieren.

(2) Ist mit der notariellen Treuhandschaft unmittelbar oder mittelbar eine Ermächtigung des Notars zur Verfügung über Fremdgeld oder anderes Fremdgut mit Geldeswert verbunden und handelt es sich nicht um eine bloß geringfügige Treuhandschaft, so hat er die Treuhandschaft spätestens vor der ersten Verfügung über das Fremdgut in das „Treuhandregister des österreichischen Notariats" (§ 140d) einzutragen und nachträgliche Veränderungen der gemeldeten Daten unverzüglich bekanntzugeben. Verwahrungen, die der Notar in seiner Eigenschaft als Gerichtskommissär vornimmt, fallen nicht unter die einzutragenden notariellen Treuhandschaften.

(3) Der Notar hat zu gewährleisten, daß der Treugeber Versicherungsschutz bis zur Höhe jener Leistungen in Geld oder Geldeswert, für die der Notar als Treuhänder einzustehen hat (Treuhandrahmen), genießt. Übersteigt der Treuhandrahmen im Einzelfall den Versicherungsschutz des Notars, so hat er eine entsprechende Erweiterung des Versicherungsschutzes zu veranlassen, es sei denn, der Treugeber befreit den Notar davon durch schriftliche Erklärung. Bei im Treuhandregister eingetragenen Treuhandschaften ist die Österreichische Notariatskammer andernfalls ermächtigt, eine entsprechende Erweiterung des Versicherungsschutzes auf Kosten des Notars zu veranlassen. Der Notar hat den Treugeber über den Versicherungsschutz zu informieren. Ist der Abschluß einer entsprechenden Versicherung nicht möglich, so ist dies dem Treugeber ebenfalls mitzuteilen.

(4) Bestehen Zweifel, ob ein Rechtsverhältnis eine notarielle Treuhandschaft ist oder ob Eintragungspflicht besteht, so kann der Notar ein Gutachten der Notariatskammer einholen. Sind Notare aus verschiedenen Kammersprengeln beteiligt, so ist hiefür die Österreichische Notariatskammer zuständig.

(5) Der Notar hat Geldbeträge, die er im Rahmen einer eintragungspflichtigen notariellen Treuhandschaft übernommen hat, bei einem Kreditinstitut zu erlegen, das von der Österreichischen Notariatskammer für diesen Zweck anerkannt ist. Eine solche Anerkennung hat insbesondere zur Voraussetzung, daß der jederzeitige Zugriff des Treuhänders auf das Treuhandkonto, die wenigstens tägliche Bestimmung des Empfängers von Zahlungen und die möglichst tägliche Unterrichtung der Treugeber und der Österreichischen Notariatskammer von allen wesentlichen Kontenbewegungen sichergestellt ist, daß das Treugut Gegenstand einer vom Bankvermögen unabhängigen Haftung in voller Höhe ist sowie daß das Kreditinstitut online mit dem Treuhandregister verbunden werden kann und die dafür erforderliche technische Sicherheit und Datensicherheit gewährleistet sind. Die Anerkennung ist „auf der Website der Österreichischen Notariatskammer allgemein zugänglich" kundzumachen. *(BGBl I 2009/141)*

(6) Die Österreichische Notariatskammer hat in Richtlinien näher zu regeln, welche Aufträge ihrer Art nach zu den notariellen Treuhandschaften zu zählen und welche eintragungspflichtig sind, wann eine geringfügige Treuhandschaft vorliegt, wie die Treuhandschaft zu sichern und der schriftliche Treuhandauftrag zu gestalten ist, wie eine Haftpflichtversicherung zur Sicherung der Rechte der Treugeber, insbesondere auch hinsichtlich des Deckungsumfangs, zu gestalten ist und wie die Treugeber über die Treuhandsache und über den Versicherungsschutz zu informieren sind. Weiters sind in den Richtlinien die Voraussetzungen für die Anerkennung von Kreditinstituten nach Abs. 5 näher zu regeln.
(BGBl I 1999/72)

...

VIII. Hauptstück
Notariatskollegien, Notariatskammern, Österreichische Notariatskammer

§ 140a. (1) Die Österreichische Notariatskammer ist, soweit es das österreichische Notariat in seiner Gesamtheit oder über den Bereich einer einzelnen Notariatskammer hinaus betrifft, zur Wahrung seiner Rechte und Angelegenheiten sowie zu seiner Vertretung auch auf europäischer und internationaler Ebene berufen. Die Österreichische Notariatskammer hat die ihr nach diesem Bundesgesetz zukommenden Aufgaben im eigenen Wirkungsbereich zu besorgen. Die oberste Aufsicht über das Notariatswesen kommt dem Bundesminister für Justiz zu (§ 153). Diesem sind von der Österreichischen Notariatskammer die zur Wahrnehmung der Aufsicht erforderlichen Auskünfte zu erteilen. Im Rahmen der Aufsicht hat der Bundesminister für Justiz in den Angelegenheiten des Abs. 2 Z 8 gemäß § 142 auch das Recht, die Beschlüsse des Delegiertentags aufzuheben, wenn sie Gesetzen oder Verordnungen widersprechen. *(BGBl I 2009/141)*

(2) Zu ihrem Wirkungsbereich gehören besonders

8. die Erlassung von Richtlinien über die Anrechenbarkeit von Zeiten der im § 6 Abs. 3 Z 1 genannten Art, über die Berücksichtigung eines weiteren Studiums und einer Dolmetscherbefähigung nach § 11 Abs. 3, über die Anwendung von Tarifbestimmungen, über die Buchführung und Kassagebarung, über die Vorgangsweise bei notariellen Treuhandschaften, über die Beurkundungen nach § 76 Abs. 1 lit. l, über Form und Inhalt des Beurkundungsregisters, des Unterschriftenregisters und des Geschäftsregisters, über die Tätigkeit der Notare bei Abfragen aus den mittels automationsunterstützter Datenverarbeitung geführ-

ten öffentlichen Registern sowie aus den in den §§ 140b ff geregelten Registern und Archiven und über deren Führung durch die Österreichische Notariatskammer, über das Verhalten und die Berufsausübung der Standesmitglieder, auch in ihrer Eigenschaft als vom Gericht bestellte Vertreter, über die Vertragsbedingungen der Haftpflichtversicherung nach § 30, insbesondere auch hinsichtlich des Deckungsumfangs und eines Selbstbehalts, über die Erstattung statistischer Ausweise durch die Notare über die von ihnen im Lauf eines jeden Jahres vorgenommenen notariellen Amtshandlungen und über ihre Amtshandlungen als Gerichtskommissäre, über die Ausstellung von Ausweisen für Notare und Notariatskandidaten durch die Notariatskammer, über die Ausbildung von Notariatskandidaten, im besonderen über Art, Umfang und Gegenstand der Ausbildungsveranstaltungen, an denen ein Notariatskandidat als Voraussetzung für die Zulassung zur Notariatsprüfung teilzunehmen hat, über sonstige verpflichtende Aus- und Fortbildungsveranstaltungen für Notariatskandidaten, über verpflichtende Fortbildungsveranstaltungen für Notare sowie über die Schaffung von Einrichtungen der Personenversicherung nach Z 5;

(BGBl 1977/162; BGBl 1982/651; BGBl 1987/522; BGBl 1993/692; BGBl I 1999/72; BGBl I 2003/93)

...

§ 140d. (1) Das „Treuhandregister des österreichischen Notariats (THR)" dient der Registrierung der nach § 109a Abs. 2 eintragungspflichtigen Treuhandschaften. Einzutragen sind insbesondere der Notar, die Versicherung des Notars, der Treuhandrahmen, die Treugeber und der Beginn und das Ende der Treuhandschaft.

(2) Jeder Treugeber ist berechtigt, von der Österreichischen Notariatskammer darüber Auskunft zu verlangen, ob die ihn betreffende Treuhandschaft im THR registriert ist und in welcher Höhe dafür Versicherungsschutz besteht.

(BGBl I 1999/72)

Wirtschaftstreuhandberufsgesetz

BGBl I 1999/58

zuletzt geändert durch BGBl I 2014/46
(Auszug)

1. Teil
Berufsrecht

2. Hauptstück
Natürliche Personen

1. Abschnitt
Allgemeines

Voraussetzungen

§ 8. (1) Allgemeine Voraussetzungen für die öffentliche Bestellung sind:
1. die volle Handlungsfähigkeit,
2. die besondere Vertrauenswürdigkeit,
3. geordnete wirtschaftliche Verhältnisse,
4. eine aufrechte Vermögensschaden-Haftpflichtversicherung und
5. ein Berufssitz.

(2) Weitere Voraussetzung für die öffentliche Bestellung als
1. Selbständiger Buchhalter ist die erfolgreich abgelegte Fachprüfung für Selbständige Buchhalter,
2. Steuerberater ist die erfolgreich abgelegte Fachprüfung für Steuerberater und
3. Wirtschaftsprüfer ist die erfolgreich abgelegte Fachprüfung für Wirtschaftsprüfer.

(3) Wenn der Berufsberechtigte der Kammer der Wirtschaftstreuhänder schriftlich erklärt, dass er den Wirtschaftstreuhandberuf ausschließlich unselbständig ausüben wird, so ist er während dieser Zeit von der Aufrechterhaltung der Vermögensschaden-Haftpflichtversicherung befreit. *(BGBl I 2005/84)*

...

Vermögensschaden-Haftpflichtversicherung

§ 11. (1) Berufsberechtigte sind verpflichtet, für Schäden aus ihrer Tätigkeit eine Vermögensschaden-Haftpflichtversicherung bei einem zum Betrieb in Österreich berechtigten Versicherer abzuschließen und für die gesamte Dauer des Bestehens ihrer Berufsberechtigung aufrechtzuerhalten.

(2) Die Versicherungspflicht gilt nicht für Tätigkeiten, wenn und insoweit für diese Tätigkeiten ein anderer Berufsberechtigter mit einer Vermögensschaden-Haftpflichtversicherung dem betreffenden Klienten gegenüber kraft gesetzlicher Schadenersatzbestimmung haftet und in dieser Versicherung die Haftung der betreffenden schadenstiftenden Person oder Gesellschaft für denselben Versicherungsfall mitgedeckt ist.

(3) Die Versicherungssumme dieser Versicherung darf nicht geringer sein als 72 673 Euro für jeden einzelnen Versicherungsfall. Bei Vereinbarung einer betragsmäßigen Obergrenze für alle Versicherungsfälle eines Jahres und für allenfalls vereinbarte Selbstbehalte gilt § 158c des Versicherungsvertragsgesetzes 1958, BGBl. Nr. 2/1959.

(4) Ist der Versicherungspflichtige Versicherer in einer Versicherung für fremde Rechnung, wird nur dann der Versicherungspflicht entsprochen, wenn nur er über die seinen Versicherungsschutz betreffenden Rechte aus dem Versicherungsvertrag verfügen kann und ihm für jeden Versicherungsfall zumindest die gesetzliche Mindestversicherungssumme zur Verfügung steht. Deckungsausschlußgründe, die nicht in seiner Person gelegen sind, können in diesem Fall nicht eingewendet werden.

(5) Die Versicherer sind verpflichtet, der Kammer der Wirtschaftstreuhänder unaufgefordert und umgehend jeden Umstand zu melden, der eine Beendigung oder Einschränkung des Versicherungsschutzes oder eine Abweichung von der ursprünglichen Versicherungsbestätigung bedeutet oder bedeuten kann, und auf Verlangen der Kammer der Wirtschaftstreuhänder über solche Umstände Auskunft zu erteilen.

...

3. Hauptstück
Gesellschaften

1. Abschnitt
Wirtschaftstreuhandgesellschaften

Voraussetzungen

§ 65. (1) Allgemeine Voraussetzungen für die Anerkennung einer Gesellschaft, die Wirtschaftstreuhandberufe und damit vereinbare Tätigkeiten auszuüben beabsichtigt, sind:

1. das Vorliegen einer zulässigen Gesellschaftsform gemäß § 66,
2. ein schriftlich abgeschlossener Gesellschaftsvertrag,
3. eine Firma und ein Sitz gemäß § 67,
4. Gesellschafter oder Aktionäre gemäß § 68,
5. ein allfälliger Aufsichtsrat gemäß § 69,
6. eine abgeschlossene Vermögensschaden-Haftpflichtversicherung gemäß § 11 und

(BGBl I 2005/84)

...

2. Abschnitt
Interdisziplinäre Zusammenarbeit

Voraussetzungen

§ 70. (1) Allgemeine Voraussetzungen für die Anerkennung einer Gesellschaft, die neben der Ausübung eines Wirtschaftstreuhandberufes andere Tätigkeiten auszuüben beabsichtigt, sind:
1. die befugte Ausübung anderer zulässiger beruflicher Tätigkeiten gemäß § 71,
2. das Vorliegen einer zulässigen Gesellschaftsform gemäß § 72,
3. ein schriftlich abgeschlossener Gesellschaftsvertrag,
4. eine Firma und ein Sitz gemäß § 73,
5. Gesellschafter gemäß § 74,
6. eine abgeschlossene Vermögensschaden-Haftpflichtversicherung gemäß § 11 und

(BGBl I 2005/84)

...

4. Hauptstück
Rechte und Pflichten

1. Abschnitt
Allgemeine Bestimmungen

Aufträge und Bevollmächtigung

§ 88. (1) Berufsberechtigte sind verpflichtet, die Übernahme eines Auftrages abzulehnen, der sie bei Ausübung ihrer Tätigkeit an Weisungen fachlicher Art des Auftraggebers binden würde. Die Annahme von Aufträgen durch Berufsberechtigte, die sowohl dem Grunde als auch der Höhe nach im Deckungsumfang ihrer Vermögensschaden-Haftpflichtversicherung nicht enthalten sind, ist unzulässig. Die Kammer der Wirtschaftstreuhänder ist berechtigt, alle oder bestimmte Deckungsumfänge der Vermögensschaden-Haftpflichtversicherungen des Berufsberechtigten zu prüfen und das Ergebnis der Qualitätskontrollbehörde mitzuteilen. Bei hinreichenden Bedenken oder im Fall eines Auskunftsersuchens der Qualitätskontrollbehörde hat die Kammer der Wirtschaftstreuhänder eine solche Prüfung ohne unnötigen Verzug durchzuführen. Der Berufsberechtigte hat der Kammer der Wirtschaftstreuhänder alle für die Prüfung erforderlichen Informationen und Unterlagen zur Verfügung zu stellen. *(BGBl I 2005/84)*

...

Ruhen der Befugnis

§ 97. (1) Berufsberechtigte sind berechtigt, auf ihre Befugnis zur selbständigen Ausübung ihres Wirtschaftstreuhandberufes vorübergehend mit der Rechtsfolge zu verzichten, das hierdurch Ruhen der Berufsbefugnis eintritt.

(2) Der Eintritt des Ruhens ist der Kammer der Wirtschaftstreuhänder unverzüglich schriftlich anzuzeigen. Die Kammer der Wirtschaftstreuhänder hat den Eintritt des Ruhens im Amtsblatt der Kammer der Wirtschaftstreuhänder zu veröffentlichen.

(3) Berufsberechtigte sind nicht verpflichtet, während des Ruhens ihrer Berufsberechtigung die Vermögensschaden-Haftpflichtversicherung aufrecht zu halten.

(BGBl I 2005/84)

...

5. Hauptstück
Suspendierung – Endigung – Verwertung

1. Abschnitt
Suspendierung

Voraussetzungen

§ 99. (1) Die Kammer der Wirtschaftstreuhänder hat die Ausübung eines Wirtschaftstreuhandberufes vorläufig zu untersagen bei

...

6. fehlender Vermögensschaden-Haftpflichtversicherung.

...

(BGBl I 2008/10)

...

3. Abschnitt
Verwertung

Antrag auf Genehmigung

§ 111. (1) Fortführungsberechtigte, welche die Fortführung der Kanzlei eines verstorbenen Berufsberechtigten beabsichtigen, haben einen diesbezüglichen Antrag zu stellen. Der Antrag auf Fortführung der Kanzlei ist spätestens zwei Monate nach Einantwortung schriftlich bei der Kammer der Wirtschaftstreuhänder zu stellen.

(2) Dem Antrag auf Fortführung sind anzuschließen:

1. Urkunden über den Vor- und Familiennamen der Fortführungsberechtigten,

2. sämtliche die Fortführungsrechte begründenden Urkunden,

3. sämtliche den nominierten Kanzleikurator betreffenden Urkunden,

4. die mit dem nominierten Kanzleikurator schriftlich getroffenen Vereinbarungen über die Fortführung der Kanzlei und

5. der Nachweis der Vermögensschaden-Haftpflichtversicherung.

...

3. Teil
Berufliche Vertretung – Kammer der Wirtschaftstreuhänder

1. Hauptstück
Allgemeines

4. Abschnitt
Gebarung – Haushalt – Umlagen

Vorsorgeeinrichtungen

§ 173. (1) „Die Kammer der Wirtschaftstreuhänder kann zur Vorsorge für den Fall der Krankheit ihrer ordentlichen Mitglieder, deren Angehörigen und eingetragenen Partnern sowie sonstiger Personen auch Einrichtungen schaffen, welche die Voraussetzungen des § 5 des Gewerblichen Sozialversicherungsgesetzes, BGBl. Nr. 560/1978, erfüllen." Diese Einrichtungen können auch in Form einer von der Kammer der Wirtschaftstreuhänder abgeschlossenen vertraglichen Gruppenversicherung bestehen. Die Kammer der Wirtschaftstreuhänder ist berechtigt, derartige Einrichtungen auch für außerordentliche Mitglieder zu schaffen und aufrechtzuerhalten. *(BGBl I 2009/135)*

(2) Die Kammer der Wirtschaftstreuhänder hat für ihre ordentlichen Mitglieder ergänzend zur gesetzlichen Altersvorsorge Einrichtungen zur Vorsorge für den Fall des Alters und der Berufsunfähigkeit sowie zur Versorgung der Hinterbliebenen zu schaffen und aufrechtzuerhalten. Alle natürlichen Personen, die ordentliche Mitglieder der Kammer der Wirtschaftstreuhänder sind, unterliegen verpflichtend solchen Vorsorgeeinrichtungen der Kammer der Wirtschaftstreuhänder. Kammermitglieder, deren Berufsbefugnis ruht, können sich auf Antrag von dieser Verpflichtung befreien lassen. Die Kammer der Wirtschaftstreuhänder ist berechtigt, derartige Einrichtungen auch für außerordentliche Mitglieder zu schaffen und aufrechtzuerhalten.

(3) Die Einrichtungen zur Vorsorge für den Fall des Alters und der Berufsunfähigkeit sowie zur Versorgung der Hinterbliebenen sind nach den Grundsätzen des Kapitaldeckungsverfahrens zu gestalten. Aus den Mitteln der Vorsorgeeinrichtung sind folgende Vorsorgeleistungen zu gewähren:

1. Alterspensionen,

2. Berufsunfähigkeitspensionen,

3. Witwen- und Witwerpensionen und Pensionen für hinterbliebene eingetragene Partner und *(BGBl I 2005/120; BGBl I 2009/135)*

4. Waisenpension.

(4) Die Voraussetzungen für den Anspruch auf Alters-, Berufsunfähigkeits- und Hinterbliebenenvorsorge sind in der vom Kammertag zu beschließenden Satzung festzusetzen. Hierbei sind folgende Grundsätze zu beachten:

1. Voraussetzung für den Anspruch auf Alterspension ist die Vollendung des 65. Lebensjahres. Der Verzicht auf die Berufsausübung ist nicht erforderlich. In der Satzung der Vorsorgeeinrichtung kann den Kammermitgliedern die Möglichkeit eingeräumt werden, durch Antrag ein früheres oder späteres Anfallsalter zu wählen. Die Satzung kann vor Antritt der Alterspension eine Teilabfindung der Pensionsansprüche auf Antrag vorsehen.

2. Die Berufsunfähigkeitspension ist an Kammermitglieder zu gewähren, welche infolge körperlicher oder geistiger Gebrechen zur Ausübung eines Wirtschaftstreuhandberufes dauernd oder vorübergehend unfähig sind, sofern und solange sie auf die Ausübung eines Wirtschaftstreuhandberufes verzichten. Die Satzung der Vorsorgeeinrichtung kann zur Überprüfung der Anspruchsvoraussetzungen die Durchführung von vertrauensärztlichen Untersuchungen verlangen.

3. Nach dem Tod eines Anwartschaftsberechtigten einer Alters- oder Berufsunfähigkeitspension hat die Witwe (der Witwer), die (der) mit ihm (ihr) im Zeitpunkt des Todes in aufrechter Ehe gelebt hat, Anspruch auf Witwen-(Witwer-)Pension. Ebenso hat die Witwe (der Witwer), die ein Leistungsberechtigter einer Alters- oder Berufsunfähigkeitspension hinterlässt, Anspruch auf

Witwen-(Witwer-)Pension, sofern die Ehe bereits vor dem Anfall der Vorsorgeleistung geschlossen wurde. Im Fall der Wiederverehelichung oder der Begründung einer eingetragenen Partnerschaft erlischt der Anspruch auf Witwen-(Witwer-)Pension. Die Witwen-(Witwer-) Pension beträgt 60% der Alters- oder Berufsunfähigkeitspension, die dem Verstorbenen im Zeitpunkt seines Ablebens gebührt hat oder gebührt hätte. Für den Fall, dass die Witwe (der Witwer) mehr als sieben Jahre jünger ist als der (die) Verstorbene, hat der Kammertag in der zu beschließenden Satzung Leistungsabschläge nach versicherungsmathematischen Grundsätzen vorzusehen. *(BGBl I 2009/135)*

3a. Nach dem Tod eines Anwartschaftsberechtigten einer Alters- oder Berufsunfähigkeitspension hat der hinterbliebene eingetragene Partner, der mit ihm (ihr) im Zeitpunkt des Todes in aufrechter eingetragener Partnerschaft gelebt, Anspruch auf eine Pension für hinterbliebene eingetragene Partner. Ebenso hat der eingetragene Partner, den ein Leistungsberechtigter einer Alters- oder Berufsunfähigkeitspension hinterlässt, Anspruch auf eine Pension für hinterbliebene eingetragene Partner, sofern die eingetragene Partnerschaft bereits vor dem Anfall der Vorsorgeleistung geschlossen wurde. Im Fall der Begründung einer neuerlichen eingetragenen Partnerschaft oder einer Verehelichung erlischt der Anspruch auf Pension. Die Pension für hinterbliebene eingetragene Partner beträgt 60% der Alters- oder Berufsunfähigkeitspension, die dem Verstorbenen im Zeitpunkt seines Ablebens gebührt hat oder gebührt hätte. Für den Fall, dass der hinterbliebene eingetragene Partner mehr als sieben Jahre jünger ist als der (die) Verstorbene, hat der Kammertag in der zu beschließenden Satzung Leistungsabschläge nach versicherungsmathematischen Grundsätzen vorzusehen. *(BGBl I 2009/135)*

4. Kinder, welche ein Anwartschaftsberechtigter oder Leistungsberechtigter einer Alters- oder Berufsunfähigkeitspension hinterlässt, haben Anspruch auf Waisenpension. Der Versorgungsanspruch der Kinder endet mit Vollendung des 18. Lebensjahres; bei Fortsetzung der wissenschaftlichen oder fachlichen Ausbildung und Nachweis eines befriedigenden Studienfortganges, mit Abschluss der Studien, spätestens jedoch mit Vollendung des 27. Lebensjahres. Die Waisenpension beträgt für Halbwaisen mindestens 10% und für Vollwaisen mindestens 20% der Alters- oder Berufsunfähigkeitspension, die dem Verstorbenen im Zeitpunkt seines Ablebens gebührt hat oder gebührt hätte.

5. Für den Fall, dass ein Kammermitglied vor Inanspruchnahme einer Leistung der Vorsorgeeinrichtung und ohne Hinterlassen von anspruchsberechtigten Hinterbliebenen stirbt, kann die Satzung die Auszahlung einer einmaligen Abfindung vorsehen. Das Kammermitglied kann eine oder mehrere Personen bestimmen, an welche die Abfindung auszuzahlen ist. Die Abfindung beträgt höchstens 40% der auf dem Konto des Anwartschaftsberechtigten verbuchten Beiträge und Veranlagungsüberschüsse.

6. Die Vorsorgeansprüche entstehen mit dem auf die Erfüllung der Anspruchsvoraussetzungen folgenden Monatsersten.

(5) Der Kammertag hat für die Vorsorgeeinrichtung gemäß § 173 Abs. 2 eine Leistungs- und Beitragsordnung zu beschließen.

(5a) Für den Fall der Beendigung der ordentlichen Mitgliedschaft zur Kammer der Wirtschaftstreuhänder kann das ehemalige Mitglied die Übertragung des auf dem Pensionskonto nach Abs. 6 angesammelten Guthabens in eine Pensionskasse oder eine Einrichtung im Sinne des § 5 Z 4 Pensionskassengesetz, BGBl. Nr. 281/1990, in eine betriebliche Kollektivversicherung oder Gruppenrentenversicherung eines neuen Arbeitgebers, in eine Einrichtung der zusätzlichen Pensionsversicherung nach § 479 des Allgemeinen Sozialversicherungsgesetzes (ASVG), BGBl. Nr. 189/1955, oder in eine nach dem Kapitaldeckungsverfahren gestaltete Versorgungseinrichtung nach § 50 Abs. 3 der Rechtsanwaltsordnung (RAO), RGBl. Nr. 96/1868, verlangen. Im Fall des Beginns der ordentlichen Mitgliedschaft zur Kammer der Wirtschaftstreuhänder kann das ordentliche Mitglied die Überweisung von Unverfallbarkeitsbeträgen nach den §§ 5 oder 6c des Betriebspensionsgesetzes, BGBl. Nr. 282/1990, oder eines Betrages aus einer Einrichtung der zusätzlichen Pensionsversicherung nach § 479 ASVG oder einer Versorgungseinrichtung nach § 50 Abs. 3 RAO in die Vorsorgeeinrichtung nach Abs. 2 verlangen. Die näheren Bestimmungen für die Übertragung oder Überweisung sind in der Satzung festzulegen. *(BGBl I 2012/54)*

(6) Die Höhe der Vorsorgeansprüche ist auf Grund der eingezahlten Beiträge und erzielten Veranlagungsüberschüsse nach versicherungsmathematischen Grundsätzen zu errechnen. Für jeden Anwartschafts- und Leistungsberechtigten ist ein Pensionskonto gemäß § 18 Pensionskassengesetz, BGBl. Nr. 281/1990, zu führen. Die mit der Verwaltung der Vorsorgeeinrichtung entstehenden Kosten sind von den Anwartschaftsberechtigten und Leistungsberechtigten zu tragen. Für die Berufsunfähigkeitspension und die Hinterbliebenenpension sind vom Eintrittsalter abhängige Mindestleistungen vorzusehen. Die Höhe der Mindestleistungen ist in der Leistungsordnung festzusetzen. Im Falle von Beitragsbefreiungen und Beitragsermäßigungen hat die Satzung die Gewährung der Mindestleistungen entsprechend dem Ausmaß der Befreiung oder Ermäßigung ganz oder teilweise auszuschließen. Die Satzung kann die Gewährung der Mindestleistungen auch ab-

hängig vom Zeitpunkt des Leistungsfalls ganz oder teilweise ausschließen. Die Witwen-(Witwer-) und Waisenpensionen[1)] dürfen zusammen jenen Betrag nicht übersteigen, auf den der Verstorbene selbst Anspruch gehabt hat oder gehabt hätte. Innerhalb dieses Höchstausmaßes sind die Leistungen an die einzelnen Waisen verhältnismäßig zu kürzen. *(BGBl I 2010/10)*

(7) In der Beitragsordnung ist die Höhe der jährlichen Beiträge festzusetzen. Dabei ist auf die wirtschaftliche Leistungsfähigkeit der Kammermitglieder Bedacht zu nehmen. Die Beiträge können auch angemessene, nach versicherungsmathematischen Grundsätzen zu ermittelnde Risikobeiträge zur Finanzierung der Berufsunfähigkeits- und Hinterbliebenenvorsorge enthalten. In der Beitragsordnung können Höchst- und Mindestbeiträge festgelegt werden. Die Beiträge können sowohl als Fixbeiträge als auch in Relation zu einer in der Satzung festzulegenden Bemessungsbasis geregelt werden. Die Höhe der Beiträge darf 10% der jährlichen Einkünfte aus selbständiger und unselbständiger Tätigkeit in einem Wirtschaftstreuhandberuf nicht übersteigen. Wenn der Beitrag als Fixbetrag festgelegt wird, hat die Satzung
– unbeschadet eines allfälligen Mindestbeitrags
– Ermäßigungs- oder Befreiungsmöglichkeiten für jene Kammermitglieder vorzusehen, deren Bemessungsgrundlage geringer ist als die Bemessungsgrundlage, die sich aus dem Höchstbeitrag ergibt. Eine derartige Beitragsermäßigung kann von Kammermitgliedern, deren Berufsbefugnis ruht, nicht beansprucht werden. Weiters kann die Satzung sowohl eine Beitragsermäßigung als auch eine Beitragsbefreiung für Berufsanfänger vorsehen, und zwar für das Jahr der Ersteintragung und für weitere vier Kalenderjahre.

(8) Alle für die Vorsorgeeinrichtungen gemäß § 173 Abs. 1 und 2 erforderlichen Entscheidungen, insbesondere über die Feststellung der verpflichtenden Teilnahme an einer Vorsorgeeinrichtung, über die Vorschreibung von Beiträgen, über Anträge auf Befreiungen, Beitragsermäßigungen und die Zuerkennung von Leistungen, haben die gemäß § 153 Abs. 3 zu bestellenden Ausschüsse zu treffen. Über einen Anspruch auf Leistungen aus der Vorsorgeeinrichtung gemäß § 173 Abs. 2 ist längstens innerhalb von drei Monaten zu entscheiden. Für die administrative Vorbereitung und Durchführung der Vorsorgeeinrichtung gemäß § 173 Abs. 2 betreffenden Angelegenheiten kann sich die Kammer der Wirtschaftstreuhänder Dritter bedienen. Die Betrauung Dritter ist in der Satzung der Vorsorgeeinrichtung zu regeln.

(9) Die Verwaltung des Vermögens der Vorsorgeeinrichtung gemäß § 173 Abs. 2 ist von der Verwaltung des übrigen Kammervermögens getrennt zu führen und obliegt dem für diese Vorsorgeeinrichtung zu bestellenden Ausschuss. Dieser hat jährlich einen Rechenschaftsbericht zu erstatten. Das Vermögen der Vorsorgeeinrichtung ist nach den Grundsätzen des § 25 Pensionskassengesetz, BGBl. Nr. 281/1990, zu veranlagen. Hierbei kann der Ausschuss Dritte zur Unterstützung heranziehen. Es ist ein Geschäftsplan gemäß § 20 Pensionskassengesetz, BGBl. Nr. 281/1990, zu erstellen. Die Geschäftsführung der Vorsorgeeinrichtung ist von einem Prüfaktuar mindestens einmal jährlich zu überprüfen. Der Prüfaktuar wird vom Vorstand jeweils für die Dauer von drei Jahren bestellt.

(10) In den Satzungen der Vorsorgeeinrichtungen sind auf Grund der §§ 153 und 173 nähere Bestimmungen über die Zusammensetzung der Ausschüsse, die Aufbringung der Beiträge zu den Vorsorgeeinrichtungen, die Verwaltung und Veranlagung der Beiträge, die Tätigkeit des Prüfaktuars und über die Höhe, die Festlegung der Voraussetzungen und das Verfahren für die Gewährung der vorgesehenen Vorsorgeleistungen zu treffen. *(BGBl I 2013/121)*

(11) Die Kammer der Wirtschaftstreuhänder hat für die Deckung von Ruhe- und Versorgungsansprüchen des Personals der Kammer der Wirtschaftstreuhänder einen Pensionsfonds zu bilden. Die Höhe des Pensionsfonds hat versicherungsmathematischen Grundsätzen zu entsprechen. Die entsprechenden Beträge sind in den jährlichen Voranschlägen der Kammer der Wirtschaftstreuhänder anzusetzen. Soweit die Ruhe- und Versorgungsansprüche durch den Pensionsfonds nicht gedeckt sind, sind die zur Ergänzung notwendigen Beträge in den Voranschlägen anzusetzen.

...

(BGBl I 2001/135)

[1)] *Gem Art 66 Z 11 in BGBl I 2009/135 wird mit 1. Jänner 2010 nach „Waisenpensionen" die Wortfolge „und die Pensionen für hinterbliebene eingetragene Partner" eingefügt. Die Änderung BGBl I 2010/10 mit welcher der gesamte Abs 6 einen neuen Wortlaut bekommt, enthält diese Ergänzung nicht.*

4. Teil

Schlußbestimmungen

Dienstleistungen

§ 231. (1) Staatsangehörige eines Mitgliedstaates der EU oder eines Vertragsstaates des Abkommens über den Europäischen Wirtschaftsraum (EWR) oder Staatsangehörige der Schweiz, die in einem Mitgliedstaat der EU oder in einem Vertragsstaat des EWR oder in der Schweiz niedergelassen sind und dort den Beruf eines selbständigen, freiberuflichen Wirtschaftstreuhänders auf einem bestimmten diesem Bundesgesetz entsprechenden Fachgebiet gemäß § 3 und § 5 befugt ausüben, sind berechtigt, nach Maßgabe des Abs. 2, vorübergehend und gelegentlich Dienstleistungen auf diesem Fachgebiet zu erbringen.

10/3. WTBG

§ 231

(2) Die Voraussetzungen für die Erbringung von vorübergehenden und gelegentlichen Dienstleistungen gemäß Abs. 1 sind:

...

4. eine Vermögensschaden-Haftpflichtversicherung im Sinne des § 11 in Verbindung mit § 88 Abs. 1.

...

(4) Der Dienstleister ist verpflichtet, den Dienstleistungsempfänger spätestens bei Vertragsabschluss nachweislich zu informieren über:

...

6. Einzelheiten zu seinem Versicherungsschutz in Bezug auf die Vermögensschaden-Haftpflichtversicherung.

...

(5) § 231 Abs. 1 bis 4 gilt nicht für die Erbringung von Dienstleistungen bezüglich Abschlussprüfungen gemäß Art. 2 Z 1 der Abschlussprüfungs-RL. *(BGBl I 2010/10)*

(BGBl I 2008/10)

Bilanzbuchhaltungsgesetz 2014

BGBl I 2013/191

Bundesgesetz über die Bilanzbuchhaltungsberufe (Bilanzbuchhaltungsgesetz 2014 – BiBuG 2014)

Der Nationalrat hat beschlossen:

1. Teil
Berufsrecht

1. Hauptstück
Bilanzbuchhaltungsberufe – Berechtigungsumfang

Bilanzbuchhaltungsberufe

§ 1. Bilanzbuchhaltungsberufe sind folgende Berufe:

2. Hauptstück
Natürliche Personen

1. Abschnitt
Allgemeines

Voraussetzungen

§ 7. (1) Allgemeine Voraussetzungen für die öffentliche Bestellung sind:

1. die volle Handlungsfähigkeit,
2. die besondere Vertrauenswürdigkeit,
3. geordnete wirtschaftliche Verhältnisse,
4. eine aufrechte Vermögensschaden-Haftpflichtversicherung und
5. ein Berufssitz.

(2) Weitere Voraussetzung für die öffentliche Bestellung als

1. Bilanzbuchhalter ist die erfolgreich abgelegte Fachprüfung für Bilanzbuchhalter und die Ausübung einer mindestens dreijährigen beruflichen fachlichen Tätigkeit im Rechnungswesen,
2. Buchhalter ist die erfolgreich abgelegte Fachprüfung für Buchhalter und die Ausübung einer mindestens eineinhalbjährigen beruflichen fachlichen Tätigkeit im Rechnungswesen und
3. Personalverrechner ist die erfolgreich abgelegte Fachprüfung für Personalverrechner und die Ausübung einer mindestens eineinhalbjährigen beruflichen fachlichen Tätigkeit im Rechnungswesen.

...

Vermögensschaden-Haftpflichtversicherung

§ 10. (1) Bilanzbuchhalter, Buchhalter und Personalverrechner sind verpflichtet, für Schäden aus ihrer Tätigkeit eine Vermögensschaden-Haftpflichtversicherung bei einem zum Betrieb in Österreich berechtigten Versicherer abzuschließen und für die gesamte Dauer des Bestehens ihrer Berufsberechtigung aufrechtzuerhalten.

(2) Die Versicherungspflicht gilt nicht für Tätigkeiten, wenn und insoweit für diese Tätigkeiten ein anderer Berufsberechtigter mit einer Vermögensschaden-Haftpflichtversicherung dem betreffenden gegenüber Klienten kraft gesetzlicher Schadenersatzbestimmung haftet und in dieser Versicherung die Haftung der betreffenden schadenstiftenden Person oder Gesellschaft für denselben Versicherungsfall mitgedeckt ist.

(3) Die Versicherungssumme dieser Versicherung darf nicht geringer sein als 72 673 Euro für jeden einzelnen Versicherungsfall. Bei Vereinbarung einer betragsmäßigen Obergrenze für alle Versicherungsfälle eines Jahres und für allenfalls vereinbarte Selbstbehalte gilt § 158c des Versicherungsvertragsgesetzes 1958, BGBl. Nr. 2/1959.

(4) Ist der Versicherungspflichtige Versicherter in einer Versicherung für fremde Rechnung, wird nur dann der Versicherungspflicht entsprochen, wenn nur er über die seinen Versicherungsschutz betreffenden Rechte aus dem Versicherungsvertrag verfügen kann und ihm für jeden Versicherungsfall zumindest die gesetzliche Mindestversicherungssumme zur Verfügung steht. Deckungsausschlussgründe, die nicht in seiner Person gelegen sind, können in diesem Fall nicht eingewendet werden.

(5) Die Versicherer sind verpflichtet, der Behörde unaufgefordert und umgehend jeden Umstand zu melden, der eine Beendigung oder Einschränkung des Versicherungsschutzes oder eine Abweichung von der ursprünglichen Versicherungsbestätigung bedeutet oder bedeuten kann, und auf Verlangen der Behörde über solche Umstände Auskunft zu erteilen.

4. Hauptstück
Rechte und Pflichten

2. Abschnitt
Maßnahmen zur Verhinderung der Geldwäsche und der Terrorismusfinanzierung

Meldepflichten

§ 49. (1) Berufsberechtigte sind verpflichtet, die Behörde von sich aus umgehend zu informieren, wenn

(2) Berufsberechtigte haben bis zur Klärung des Sachverhalts und Äußerung durch die Behörde jede weitere Abwicklung einer Transaktion oder die Durchführung von Aufträgen, von denen sie vermuten, wissen, den Verdacht haben oder den berechtigten Grund zur Annahme haben, dass sie mit einer Geldwäsche oder einer Terrorismusfinanzierung zusammenhängen oder einer solchen dienen, zu unterlassen und diesen Umstand der Behörde gemäß Abs.1 zu melden. Darüber sind in geeigneter Weise Aufzeichnungen zu erstellen und mindestens fünf Jahre nach der Prüfung aufzubewahren.

Verbot der Informationsweitergabe

§ 50. (1) Berufsberechtigte sowie deren leitendes Personal und deren Angestellte haben die Erstattung einer Meldung an die Behörde und alle damit im Zusammenhang stehenden Vorgänge gegenüber dem Auftraggeber und Dritten geheim zu halten.

(2) Das Verbot gemäß Abs. 1 steht einer Informationsweitergabe an ausländische Berufsberechtigte in Mitgliedstaaten oder in Drittländern, in denen der 3. Geldwäsche-RL gleichwertige Anforderungen gelten, nicht entgegen, wenn diese in derselben Gesellschaft oder im Rahmen eines Netzwerkes tätig sind. Unter Netzwerk ist dabei eine umfassendere Struktur zu verstehen, der diese Berufsberechtigten angehören, die über gemeinsame Eigentümer oder über eine gemeinsame Leitung oder über eine gemeinsame Kontrolle in Bezug auf die Einhaltung der Vorschriften zur Verhinderung der Geldwäsche und der Terrorismusfinanzierung verfügt.

(3) Informationen dürfen ausschließlich zum Zwecke der Verhinderung der Geldwäsche und der Terrorismusfinanzierung an andere, auch ausländische, Berufsberechtigte weitergegeben werden, sofern es sich um denselben Auftraggeber und dieselbe Transaktion handelt, an der diese Berufsberechtigten beteiligt sind. Im Falle der Informationsweitergabe an einen ausländischen Berufsberechtigten darf dies nur unter der Voraussetzung erfolgen, dass dieser der 3. Geldwäsche-RL gleichwertigen Anforderungen unterliegt und dieser auch gleichwertigen Verpflichtungen in Bezug auf die berufliche Verschwiegenheitspflicht und den Schutz personenbezogener Daten unterliegt.

...

5. Hauptstück
Suspendierung – Endigung – Verwertung

1. Abschnitt
Suspendierung

Aufhebung der Suspendierung

§ 54. Die Behörde hat die Suspendierung auf Antrag aufzuheben, wenn der Grund für eine Untersagung nicht mehr gegeben ist.

2. Abschnitt
Erlöschen der Berechtigung

Allgemeines

§ 55. Die Berechtigung zur selbständigen Ausübung eines Bilanzbuchhaltungsberufes erlischt durch

Verzicht

§ 56. (1) Berufsberechtigte sind berechtigt, auf ihre Berechtigung zur selbständigen Ausübung ihres Bilanzbuchhaltungsberufes zu verzichten.

...

4. Teil
Schlussbestimmungen

Europäische Verwaltungszusammenarbeit

§ 73. (1) Die Behörde hat mit den zuständigen Behörden der anderen Mitgliedstaaten der EU oder eines Vertragsstaates des EWR und der Schweizerischen Eidgenossenschaft zur Anwendung der Richtlinie 2005/36/EG eng zusammenzuarbeiten und diesen Behörden Amtshilfe zu leisten. Die Vertraulichkeit der ausgetauschten Informationen ist sicherzustellen.

...

Ärztegesetz

BGBl I 1998/169

zuletzt geändert durch BGBl I 2014/82
(Auszug)

Bundesgesetz über die Ausübung des ärztlichen Berufes und die Standesvertretung der Ärzte (Ärztegesetz 1998 – ÄrzteG 1998)

1. Hauptstück
Ärzteordnung

Berufshaftpflichtversicherung

§ 52d. (1) Eine freiberufliche ärztliche Tätigkeit darf erst nach Abschluss und Nachweis einer Berufshaftpflichtversicherung bei einem zum Geschäftsbetrieb in Österreich berechtigten Versicherer aufgenommen werden.

(2) Die Mindestversicherungssumme hat für jeden Versicherungsfall zur Deckung der aus der ärztlichen Berufsausübung entstehenden Schadenersatzansprüche 2 000 000 Euro zu betragen. Eine Haftungshöchstgrenze darf pro einjähriger Versicherungsperiode bei einer Gruppenpraxis in der Rechtsform einer Gesellschaft mit beschränkter Haftung das Fünffache der Mindestversicherungssumme, bei sonstiger freiberuflicher ärztlicher Tätigkeit das Dreifache der Mindestversicherungssumme nicht unterschreiten. Bei der Festlegung der Versicherungsbedingungen sind die fachspezifischen Prämien zu berücksichtigen.

(3) Bei einer Gruppenpraxis in Rechtsform einer Gesellschaft mit beschränkter Haftung hat die Versicherung auch Schadenersatzansprüche zu decken, die gegen einen Arzt auf Grund seiner Gesellschafterstellung bestehen. Besteht die Berufshaftpflichtversicherung nicht oder nicht im vorgeschriebenen Umfang, so haften neben der Gruppenpraxis in Rechtsform einer Gesellschaft mit beschränkter Haftung auch die Gesellschafter unabhängig davon, ob ihnen ein Verschulden vorzuwerfen ist, persönlich in Höhe des fehlenden Versicherungsschutzes.

(4) Die Versicherung ist während der gesamten Dauer der ärztlichen Berufsausübung aufrecht zu erhalten. Der Österreichischen Ärztekammer ist

1. im Zuge der Eintragung in die Ärzteliste der Abschluss sowie

2. jederzeit auf Verlangen das Bestehen eines entsprechenden Versicherungsvertrags nachzuweisen. Die Versicherer sind verpflichtet, der Österreichischen Ärztekammer unaufgefordert und umgehend den Abschluss des Versicherungsvertrags sowie jeden Umstand, der eine Beendigung oder Einschränkung des Versicherungsschutzes oder eine Abweichung von der ursprünglichen Versicherungsbestätigung bedeutet oder bedeuten kann, zu melden. Die Versicherer sind verpflichtet, auf Verlangen der Österreichischen Ärztekammer über solche Umstände Auskunft zu erteilen.

(5) „Der Ausschluss oder eine zeitliche Begrenzung der Nachhaftung des Versicherers sowie der Ausschluss von Personen, deren Handlungen oder Unterlassungen dem Versicherten zuzurechnen sind, sind unzulässig." Die Versicherer sind verpflichtet, der Österreichischen Ärztekammer unaufgefordert und umgehend jeden Umstand zu melden, der eine Beendigung oder Einschränkung des Versicherungsschutzes oder eine Abweichung von der ursprünglichen Versicherungsbestätigung bedeutet oder bedeuten kann, und auf Verlangen über solche Umstände Auskunft zu erteilen. *(BGBl I 2014/82)*

(6) Der geschädigte Dritte kann den ihm zustehenden Schadenersatzanspruch im Rahmen des betreffenden Versicherungsvertrages auch gegen den Versicherer geltend machen. Der Versicherer und der ersatzpflichtige Versicherte haften als Gesamtschuldner.

(7) Der Versicherte und erforderlichenfalls die Österreichische Ärztekammer hat dem Patienten, dessen gesetzlichen Vertreter oder dessen Vorsorgebevollmächtigten auf Nachfrage Auskunft über die abgeschlossene Berufshaftpflichtversicherung (Abs. 1 bis 3), insbesondere den Versicherer, zu erteilen. *(BGBl I 2014/32)*

(BGBl I 2010/61)

...

11/I. Haftpflichtversicherungen
Bund

Sonstige Haftpflichtversicherungsbestimmungen in Bundesgesetzen und Übereinkommen – Übersicht

(Auswahl)
Anm: Die bundesrechtlichen Vorschriften werden in alphabetischer Reihenfolge wiedergegeben.

Abfallwirtschaftsgesetz 2002 (BGBl I 2002/102)	§ 68, 79
Abkommen Österreich – Äthiopien über Entwicklungszusammenarbeit (BGBl 1996/595)	Art 8
Abkommen Österreich – BRD über den erleichterten Straßendurchgangsverkehr zwischen Salzburg und Lofer über deutsches Gebiet und zwischen Garmisch-Partenkirchen und Pfronten/Füssen über österreichisches Gebiet (BGBl 1957/241)	Art 14
Abkommen Österreich – internationale Atomenergie-Organisation betreffend die Laboratorien in Seibersdorf (BGBl 1985/326)	Art VI
Abkommen Österreich – Slowenien über den kleinen Grenzverkehr (BGBl 1968/379)	§ 14
Abkommen Österreich – Russische Föderation über den internationalen Straßenverkehr (BGBl 1973/453)	Art 15, Anl 1
Abkommen zur Gründung einer Assoziation EG – Chile (BGBl III 2005/132)	Anl 8
Allgemeines bürgerliches Gesetzbuch (JGS 1811/946)	§ 267
Allgemeines Sozialversicherungsgesetz – ASVG (BGBl 1955/189)	§§ 332, 333, 336
Arzneimittelgesetz (BGBl 1983/185)	§§ 32
Ärztegesetz 1998 – ÄrzteG 1998 (BGBl 1998/169)	§ 58a
Atomhaftungsgesetz 1999 (BGBl I 1998/170)	§§ 6, 7, 8, 10, 25
Bauträgervertragsgesetz – BTVG (BGBl I 1997/7)	§ 13
Beamten-Kranken- und Unfallversicherungsgesetz (BGBl 1967/2000)	§§ 125, 126
Bundesgesetz über die Auflassung und Übertragung von Bundesstraßen (BGBl I 2002/50)	§ 10
Bundesimmobiliengesetz BGBl I 2000/141	§ 38
Einheitliche Rechtsvorschriften über die Nutzung der Infrastruktur im internationalen Eisenbahnverkehr (CUI – Anhang E zum Übereinkommen) (BGBl 1985/225)	§ 3
Einheitliche Rechtsvorschriften für die technische Zulassung von Eisenbahnmaterial, das im internationalen Verkehr verwendet wird (ATMF – Anhang G zum Übereinkommen) (BGBl 1985/225)	§ 3
Eisenbahngesetz 1957 (BGBl 1957/60)	§§ 15a, 15b, 15j, 16b
Entgeltfortzahlungsgesetz (BGBl 1974/339)	§ 10
Entwicklungshelfergesetz (BGBl 1983/574)	§ 7
Entwicklungshilfe, Verträge:	
Vertrag – Bolivien (BGBl 1976/2)	Art VII
Vertrag – Burundi (BGBl 1984/325)	Art 2, 5
Vertrag – Kenia (BGBl 1978/158)	Art 7
Vertrag – Malaysia (BGBl 1976/481)	Art 8
Vertrag – Nicaragua (BGBl 1986/127)	Art 7
Erdölbevorratungs-Förderungsgesetz (BGBl 1977/161)	§ 1
EWR-Abkommen (BGBl 1993/909)	Anhang IX

11/I. Haftpflichtversicherungen
Bund

Flughafen-Bodenabfertigungsgesetz (BGBl I 1998/97)	§ 7
Gaswirtschaftsgesetz 2011 (BGBl I 2011/107)	§§ 44, 51, 53, 58, 62
Gelegenheitsverkehrsgesetz (BGBl 1996/112 (WV))	§ 13
Gentechnikgesetz (BGBl 1994/510, Art 1)	§§ 23, 40, 79j, 109
Gerichtsorganisationsgesetz (RGBl 1896/217)	§ 10
Gesetz über Recht an eingetragenen Schiffen und Schiffsbauwerken (dRGBl I S 1499/1940)	§§ 32, 33, 34, 35, 36, 37, 38, 80
Gewerbeordnung 1994 (BGBl 1994/194 (WV))	§§ 78, 137c, 156
Gewerbliches Sozialversicherungsgesetz – GSVG (BGBl 1978/560)	§§ 190, 191
Insolvenzordnung – IO (RGBl 1914/337)	§ 269
Int. Energie-Agentur; Durchführungsübereinkommen eines Forschungs- und Entwicklungsprogrammes für eine rationelle Energieverwendung durch eine stufenweise Energienutzung (BGBl 1980/213)	Art 8
Int. Energie-Agentur; Durchführungsübereinkommen eines Programms zur Entwicklung und Erprobung von Sonnenkühlsystemen samt Anhängen (BGBl 1980/212)	Art 8
Int. Energie-Agentur; Durchführungsübereinkommen zur Errichtung des Kohletechnischen Informationsdienstes samt Anhang (BGBl 1980/211)	Art 7
Kapitalmarktgesetz (BGBl 1991/625)	§§ 8, 14
Kartellgesetz 2005 (BGBl 2005/61)	§ 24
Konsularvertrag Österreich – Bulgarien (BGBl 1976/342)	Art 48
Konsularvertrag Österreich – Großbritannien (BGBl 1964/19)	Art 15
Konsularvertrag Österreich – Polen (BGBl 1975/383)	Art 29
Konsularvertrag Österreich – Rumänien (BGBl 1972/317)	Art 52
Konsularvertrag Österreich – Ungarn (BGBl 1977/146)	Art 28
Kraftfahrzeugsteuergesetz 1992 (BGBl 1992/449)	§ 1
Krankenanstalten- und Kuranstaltengesetz – KAKuG (BGBl 1957/1)	§§ 3, 3b, 5c, 65a
Luftfahrtgesetz (BGBl 1957/253)	§§ 72, 140b, 146, 164, 168
Luftfahrtsicherheitsgesetz 2011 (BGBl 2010/111)	§ 5
Medizinproduktegesetz (BGBl 1996/657)	§§ 37, 48
Mietrechtsgesetz (BGBl 1981/520)	§ 21
Musiktherapiegesetz – MuthG (BGBl 2008/93)	§ 34
Notarversicherungsgesetz 1972 – NVG 1972 (BGBl 1972/66)	§ 64a, 64b
Patentanwaltsgesetz (BGBl 1967/214)	§ 2, 7a, 21a
Postmarktgesetz – PMG (BGBl I 2009/123)	§ 28
Produkthaftungsgesetz (BGBl 1988/99)	§ 16
Protokoll über die Privilegien und Immunitäten der Internationalen Meeresbodenbehörde (BGBl III 2004/124)	Art 7, 8
Ratsbeschluß über die Gründung einer europäischen Kernenergieagentur (BGBl 141/1961)	Art 11
Reichshaftpflichtgesetz (dRGBl 1871 S 207)	§§ 7a, 7b

11/I. Haftpflichtversicherungen
Bund

Richter- und Staatsanwaltschaftsdienstgesetz – RStDG (BGBl 1961/305)	§ 9a, 9c
Rohrleitungsgesetz (BGBl 1975/411)	§§ 10, 11, 12, 13, 21, 33
Sachverständigen- und Dolmetschergesetz (BGBl 1975/137)	§§ 2, 2a, 15a
Seeschifffahrtsgesetz (BGBl 1981/174)	§ 18
Seilbahngesetz 2003 – SeilbG 2003 (BGBl I 2003/103)	§§ 29, 72, 103
Signaturgesetz (BGBl I 1999/190)	§§ 7, 25
Strahlenschutzgesetz – StrSchG (BGBl 1969/227)	§§ 6, 7, 10
Straßenverkehrsordnung (BGBl 1960/159)	§ 64
Truppenaufenthaltsgesetz – TrAufG (BGBl I 2001/57)	§ 4

Sonstige Haftpflichtvers

Übereinkommen Österreich – Schweiz betreffend den Verkehr mit Kraftfahrzeugen einschließlich der der allgemeinen Benützung zugänglichen Betriebe zur gemeinsamen Personenbeförderung (BGBl 1937/284)	Abschn 5, Schlußprotokoll
Übereinkommen über das auf Straßenverkehrsunfälle anzuwendende Recht (BGBl 1975/387)	Art 9
Übereinkommen über den Straßenverkehr (BGBl 1982/289)	Art 3
Übereinkommen über die gerichtliche Zuständigkeit und die Vollstreckung gerichtlicher Entscheidungen in Zivil- und Handelssachen (BGBl III 1998/167)	Anl. 2 Art 9, 10, 12, 12a
Übereinkommen über die gerichtliche Zuständigkeit und die Vollstreckung gerichtlicher Entscheidungen in Zivil- und Handelssachen samt Protokollen und Erklärungen siwie Erklärung der Republik Österreich (Lugano-Übereinkomen, BGBl 1996/448)	Art 9, 10, 12, 12a
Übereinkommen über die Schifffahrt auf dem Bodensee (BGBl 1975/632)	Art 6
Übernahmegesetz (BGBl I 1998/127, Art 1)	§ 9
Umweltmanagementgesetz – UMG (BGBl I 2001/96)	§ 21, 29
Vereinsgesetz 2002 – VerG (BGBl I 2002/66)	§ 24
Vertrag Österreich – Bundesrepublik Deutschland über den Durchgangsverkehr auf den Straßen an der Walchen Ache und am Pittenbach sowie zum Bächen- und Rißtal im österreichischen und deutschen Grenzgebiet (BGBl 1967/341)	§ 3, 8
Vertrag Österreich – Bundesrepublik Deutschland über den Durchgangsverkehr auf der Roßfeldstraße (BGBl 1967/340)	Art 7
Vertrag Österreich – Frankreich zu dem Europäischen Übereinkommen über die Rechtshilfe in Strafsachen vom 20. April 1959 samt Anhang (BGBl 1985/331)	Anlage 1
Vertrag Österreich – Fürstentum Liechtenstein über die wechselseitige Amtshilfe in Kraftfahr-(Straßenverkehrs-)-Angelegenheiten (BGBl 1983/64)	Art 8
Vertrag Österreich – Schweizerische Eidgenossenschaft über die wechselseitige Amtshilfe in Kraftfahr-(Straßenverkehrs-)angelegenheiten BGBl 1980/380	Art 8
Weltraumgesetz (BGBl I 2011/132)	§§ 4
Wertpapieraufsichtsgesetz 2007 (BGBl I 2007/60)	§§ 4, 9
Wiener Übereinkommen über konsularische Beziehungen (BGBl 1969/318)	Art 56
Wohnungseigentumsgesetz 2002 (BGBl I 2002/70)	§ 30
Zahnärztegesetz – ZÄG (BGBl I 2005/126)	§ 41
Zivilrechts-Mediations-Gesetz – ZivMediatG (BGBl I 2003/29)	§ 9, 19

11/II. Haftpflichtversicherungen
Länder

Haftpflichtversicherungsbestimmungen im Landesrecht – Übersicht

(Auswahl)

Burgenland
Bgld. Bauprodukte- und Akkreditierungsgesetz (LGBl 2007/32) .... § 16
Bgld. Bienenzuchtgesetz (LGBl 1965/14) .... §§ 11, 12
Bgld. Elektrizitätswesengesetz 2006 (LGBl 2006/59) .... § 43
Bgld. Gentechnik-Vorsorgegesetz (LGBl 2005/64) .... § 5
Bgld. Krankenanstaltengesetz 2000 (LGBl 2000/52) .... §§ 5, 7a, 23a, 86
Bgld. Veranstaltungsgesetz (LGBl 1994/2) .... § 6
Ermächtigung von Versicherungsunternehmen zur Einrichtung von Zulassungsstellen (LGBl 1999/56) .... § 1
Festsetzung der Vergütung für Dienst- und Naturalwohnung (LGBl 1997/32) .... § 5
Vereinbarung gem Art 15a B-VG über die Zusammenarbeit im Bauwesen (Umsetzung der EG-Bauproduktenrichtlinie) (LGBl 1993/52) .... Art 3

Kärnten
Kärntner Akkreditierungs- und Baustoffzulassungsgesetz (LGBl 1994/24) .... §§ 6, 12
Kärntner Berg- und Schiführergesetz (LGBl 1998/25) .... §§ 16, 38, 40
Kärntner Berufsqualifikationen-Anerkennungsgesetz (LGBl 2009/10) .... §§ 11, 17
Kärntner Bienenwirtschaftsgesetz (LGBl 2007/63) .... § 9
Kärntner Elektrizitätswirtschafts- und -organisationsgesetz 2011 (LGBl 2012/10) .... § 60
Kärntner Feuerwehrgesetz (LGBl 1990/48) .... § 41a
Kärntner KFZ-Zulassungsstellen-Verordnung (LGBl 1999/57) .... § 1
Kärntner Krankenanstaltenordnung 1999 (LGBl 1999/26) .... §§ 15, 15a, Anlage 1 Art. IX
Kärntner Schischulgesetz (LGBl 1997/53) .... § 4
Kärntner Veranstaltungsgesetz 2010 (LGBl 2011/27) .... § 3

Niederösterreich
NÖ Bienenzuchtgesetz (Gliederungszahl (GZ) 6320-4) .... § 6
NÖ Fischereigesetz 2001 (GZ 6550-4) .... § 31
NÖ Gentechnik-Vorsorgegesetz (GZ 6180-1) .... § 4
NÖ Hundehaltegesetz (GZ 4001-1) .... § 5
NÖ Krankenanstaltengesetz (GZ 9440-31) .... §§ 10, 10f, 16d, 103, 104
NÖ Sportgesetz (GZ 5710-7) .... § 15
NÖ Veranstaltungsgesetz (GZ 7070-0) .... § 5

Oberösterreich
Gesetze über die OÖ Lehrer-Kranken- und Unfallfürsorge (LGBl 1983/66) .... § 31
OÖ Bautechnikgesetz (LGBl 1994/67) .... § 50
OÖ Bienenzuchtgesetz (LGBl 1983/45) .... § 10
OÖ Dienst- und Naturalwohnungs-Verordnung (LGBl 1984/47) .... § 4
OÖ Elektrizitätswirtschafts- und -organisationsgesetz 2006 (LGBl 2006/1) .... § 53
OÖ Feuerpolizeigesetz (LGBl 1994/113) .... § 11
OÖ Feuerwehrgesetz (LGBl 1996/111) .... §§ 20, 33
OÖ Gemeinde-Unfallfürsorgegesetz (LGBl 1969/36) .... § 21
OÖ Hundehaltegesetz 2002 (LGBl 2002/147) .... §§ 2, 3, 9
OÖ Krankenanstaltengesetz 1997 (LGBl 1997/132) .... §§ 6, 6b, 27a, Art. 2 ÜR 2011
OÖ Kranken- und Unfallfürsorgegesetz für Landesbedienstete (LGBl 2000/57) .... § 56
OÖ Landesbeamten-Pensionsgesetz (LGBl 1966/22) .... § 39a
OÖ Pensionsgesetz 2006 (LGBl 2005/143) .... § 41a
OÖ Sportgesetz (LGBl 1997/93) .... §§ 14, 24
OÖ Veranstaltungssicherheitsgesetz (LGBl 2007/78) .... § 4
Vereinbarung gem Art 15a B-VG über die Zusammenarbeit im Bauwesen (Umsetzung der EG-Bauproduktenrichtlinie) (LGBl 1993/52) .... Art 3

Salzburg
Ermächtigung von Versicherern zur Einrichtung und zum Betrieb von Kraftfahrzeug-Zulassungsstellen (LGBl 1999/92) .... § 1

11/II. Haftpflichtversicherungen
Länder

Fiaker-Betriebsordnung (LGBl 1997/51) .... § 3
Landwirtschafts-Werksverkehrmaterialseilbahnverordnung (LGBl 1966/38) .... § 19
Salzburger Bergsportführergesetz (LGBl 2011/24) .... § 13
Salzburger Bienenwirtschaftsgesetz (LGBl 1968/11) .... § 8
Salzburger Gentechnik-Vorsorgegesetz (LGBl 2004/75) .... § 4
Salzburger Jagdgesetz 1993 (LGBl 1993/100) .... § 122
Salzburger Krankenanstaltengesetz 2000 (LGBl 2000/24) .... §§ 12, 12g, 20a, 98
Salzburger Landessicherheitsgesetz (LGBl 2009/57) .... §§ 19, 23, 25
Salzburger Patientinnen- und Patientenentschädigungs-Gesetz (LGBl 2002/59) .... § 5
Salzburger Schischul- und Snowboardschulgesetz (LGBl 1989/83) .... §§ 3, 8
Salzburger Veranstaltungsgesetz 1997 (LGBl 1997/100) .... § 7
Vereinbarung gem Art 15a B-VG über die Zusammenarbeit im Bauwesen (Umsetzung der EG-Bauproduktenrichtlinie) (LGBl 1993/112) .... Art 3

Steiermark
Gesetz über die Anerkennung von Berufsqualifikationen (LGBl 2008/77) .... § 4
Steiermärkisches Akkreditierungsgesetz (LGBl 1995/62) .... § 16
Steiermärkisches Bienenzuchtgesetz (LGBl 1998/18 (WV)) .... §§ 14, 15
Steiermärkisches Elektrizitätswirtschafts- und Organisationsgesetz 2005 (LGBl 2005/70) ..... § 39
Steiermärkisches Gentechnik-Vorsorgegesetz (LGBl 2006/97) .... § 8
Steiermärkisches Schischulgesetz 1997 (LGBl 1997/58) .... §§ 2a, 5
Steiermärkisches Tourismusgesetz 1992 (LGBl 1992/55) .... § 38
Vereinbarung gem Art 15a B-VG über die Zusammenarbeit im Bauwesen (Umsetzung der EG-Bauproduktenrichtlinie) (LGBl 1993/53) .... Art 3

Tirol
Einrichtung von Zulassungsstellen durch Versicherer (LGBl 1999/37) .... § 1
Gesetz über die Lawinenkommissionen in den Gemeinden (LGBl 1991/104) .... § 7
Landes-Polizeigesetz (LGBl 1976/60) .... § 6a
Sozialpädagogische Einrichtungen und Einrichtungen des betreuten Wohnens für Minderjährige, Richtlinien (LGBl 2010/63) .... § 9
Tiroler Bauprodukte- und Akkreditierungsgesetz 2001 (LGBl 2001/95) .... § 37
Tiroler Bergsportführergesetz (LGBl 1998/7) .... §§ 4, 36b
Tiroler Elektrizitätsgesetz 2012 (LGBl 2011/134) .... § 68
Tiroler Jagdgesetz 2004 (LGBl 2004/41) .... § 27a
Tiroler Krankenanstaltengesetz (LGBl 1958/8) .... §§ 4, 4c, 6a
Tiroler Pflegegeldgesetz (LGBl 1997/8) .... § 27
Tiroler Schilehrerverordnung (LGBl 1996/67) .... § 52
Tiroler Schischulgesetz 1995 (LGBl 1995/15) .... §§ 4a, 4b, 5, 8, 56a
Tiroler Veranstaltungsgesetz 2003 (LGBl 2003/86) .... § 6
Vereinbarung gem Art 15a B-VG über die Zusammenarbeit im Bauwesen (Umsetzung der EG-Bauproduktenrichtlinie) (LGBl 1993/37) .... Art 3

Vorarlberg
Bauproduktegesetz (LGBl 1994/33) .... § 12
Bergführergesetz (LGBl 2002/54) .... § 14
Patienten- und Klientenschutzgesetz (LGBl 1999/26) .... §§ 5a, 8
Schischulgesetz (LGBl 2002/55) .... § 8
Spitalsgesetz (LGBl 2005/54) .... §§ 23, 28a, 108a
Sportgesetz (LGBl 1972/15) .... §§ 6, 17
Veranstaltungsgesetz (LGBl 1989/1) .... § 5
Vereinbarung gem Art 15a B-VG über die Zusammenarbeit im Bauwesen (Umsetzung der EG-Bauproduktenrichtlinie) (LGBl 1993/28) .... Art 3

Wien
Dienstordnung 1994 – DO 1994 (LGBl 1994/56) .... § 67a
Gesetz über die Haltung und die Zucht von Bienen (LGBl 2000/56) .... § 10, Anlage 1
Unfallfürsorgegesetz 1967 – UFG 1967 (LGBl 1969/08) .... § 30
Vereinbarung gem Art 15a B-VG über die Zusammenarbeit im Bauwesen (Umsetzung der EG-Bauproduktenrichtlinie) (LGBl 1993/24) .... Art 3
Vergnügungssteuergesetz 2005 (LGBl 2005/56) .... § 13
Wiener Bauprodukten- und Akkreditierungsgesetz – WBAG (LGBl 1996/30) .... § 3
Wiener Fiaker- und Pferdemietwagengesetz (LGBl 2000/57) .... § 3

11/II. Haftpflichtversicherungen
Länder

Wiener Getränkesteuergesetz 1992 (LGBl 1992/3)	§ 4
Wiener Jagdgesetz (LGBl 1948/6)	§ 58
Wiener Krankenanstaltengesetz 1987 (LGBl 1987/23)	§§ 6, 6a, 6c, 76
Wiener Sportförderungsbeitragsgesetz (LGBl 2012/22)	§ 4
Wiener Tierhaltegesetz (LGBl 1987/39)	§§ 5, 5a, 13, 15

12/I. Personenvers

Übersicht

Musterbedingungen Personenversicherung

Übersicht

12/I/1.	**Versicherungsbedingungen der Er- und Ablebensversicherung (2008) (Version 01/2013)**
12/I/2.	**Versicherungsbedingungen der fondsgebundenen Lebensversicherung (2010) (Version 01/2013)**
12/I/3.	**Allgemeine Versicherungsbedingungen für die Krankheitskosten- und Krankenhaus-Tagegeldversicherung (2013)**
12/I/4.	**Allgemeine Bedingungen für die Unfallversicherung (AUVB 2008) (Version 01/2013)**

12/I/1. Leben
Er- und Ablebensversicherung

Versicherungsbedingungen der Er- und Ablebensversicherung (2008)

(Version 01/2013)

Bei den nachfolgend angeführten Versicherungsbedingungen handelt es sich unverbindliche Musterbedingungen, die der Verband der Versicherungsunternehmen Österreichs aufgestellt hat. Ihre Verwendung durch die Versicherungsunternehmen ist rein fakultativ. Die Versicherungsunternehmen haben die Möglichkeit, davon zur Gänze abzuweichen und/oder mit ihren Kunden einzelne Klauseln zu vereinbaren, die nicht mit den Musterbedingungen übereinstimmen.

Die in eckige Klammern [...] gesetzten Teile sind jedenfalls unternehmensindividuell zu ergänzen.

Inhaltsverzeichnis
Begriffsbestimmungen

§ 1	Leistungen des Versicherers im Versicherungsfall
§ 2	Pflichten des Versicherungsnehmers
§ 3	Umfang des Versicherungsschutzes
§ 4	Beginn des Versicherungsschutzes
§ 5	Kosten und Gebühren
§ 6	Gewinnbeteiligung
§ 7	Leistungserbringung durch den Versicherer
§ 8	Kündigung des Versicherungsvertrages und Rückkaufswert
§ 9	Prämienfreistellung
§ 10	Nachteile einer Kündigung oder Prämienfreistellung
§ 11	Vorauszahlung
§ 12	Vinkulierung, Verpfändung und Abtretung
§ 13	Erklärungen
§ 14	Bezugsberechtigung
§ 15	Verjährung
§ 16	Vertragsgrundlagen
§ 17	Anwendbares Recht
§ 18	Aufsichtsbehörde
§ 19	Erfüllungsort

Begriffsbestimmungen

Bitte lesen Sie die folgenden Begriffsbestimmungen sorgfältig durch – sie sind für das Verständnis dieser Versicherungsbedingungen notwendig

Bezugsberechtigter (Begünstigter) ist die Person, die für den Empfang der Leistung des Versicherers genannt ist.

Deckungsrückstellung Die Deckungsrückstellung ergibt sich aus der Summe der einbezahlten Prämien abzüglich der einmaligen Abschlusskosten und der Prämienanteile für Verwaltungskosten, Steuern und Übernahme des Ablebensrisikos zuzüglich der Verzinsung mit dem garantierten Rechnungszinssatz. „Der Versicherer bildet mit diesem Wert eine Rückstellung in seiner Bilanz zur Deckung des entsprechenden Anspruchs des Begünstigten (daher der Name "Deckungsrückstellung")."

Gewinnbeteiligung sind Ihrem Vertrag zugewiesene Überschüsse, die die garantierten Versicherungsleistungen (im Er-, Ablebens- und Rückkaufsfall) erhöhen.

12/I/1. Leben
Er- und Ablebensversicherung

Nettoprämiensumme	ist die Summe der Prämien ohne Versicherungssteuer und allfälliger Unterjährigkeitszuschläge über die gesamte vereinbarte Prämienzahlungsdauer.
Rückkaufswert	ist die Leistung des Versicherers, wenn der Vertrag vorzeitig gekündigt ("rückgekauft") wird.
Tarif/Geschäftsplan	ist eine detaillierte Aufstellung jener Bestimmungen und versicherungsmathematischen Formeln, anhand derer die Leistung des Versicherers und die Gegenleistung des Versicherungsnehmers (Versicherungsprämie) zu berechnen sind, die der FMA vorgelegt wurden.
Rechnungszins	Der garantierte Rechnungszins beträgt X,X%.
Versicherer	[Name, Anschrift, Sitz und Rechtsform des Versicherungsunternehmens]
Versicherter	ist die Person, deren Leben versichert ist.
Versicherungsnehmer	ist der Vertragspartner des Versicherers und Träger der Rechte und Pflichten aus dem Versicherungsvertrag.
Versicherungsprämie	ist das vom Versicherungsnehmer zu zahlende Entgelt.
Versicherungssumme	ist die im Rahmen der Versicherungsbedingungen garantierte Leistung des Versicherers im Er- bzw. Ablebensfall.

§ 1 Leistungen des Versicherers im Versicherungsfall

1.1. Bei **Ableben** des Versicherten leisten wir die für den Ablebensfall vereinbarte Versicherungssumme zuzüglich der bis dahin erworbenen Gewinnbeteiligung.

1.2. Im **Erlebensfall** leisten wir die für den Erlebensfall vereinbarte Versicherungssumme zuzüglich der bis dahin erworbenen Gewinnbeteiligung.

§ 2 Pflichten des Versicherungsnehmers

2.1. Sie sind verpflichtet den Antrag und die damit verbundenen Fragen wahrheitsgemäß und vollständig auszufüllen bzw. zu beantworten. Wenn das Leben einer anderen Person versichert werden soll, ist auch diese für die wahrheitsgemäße und vollständige Beantwortung aller Fragen verantwortlich.

2.2. Werden Fragen schuldhaft unrichtig oder unvollständig beantwortet, können wir innerhalb von drei Jahren seit Abschluss, Wiederherstellung oder Änderung des Vertrages zurücktreten. Tritt der Versicherungsfall innerhalb dieser drei Jahre ein, können wir auch noch nach Ablauf dieser Frist zurücktreten. Wir können den Rücktritt nur innerhalb eines Monats ab Kenntnis der Unrichtigkeit oder Unvollständigkeit der Angaben erklären. Wir können nicht zurücktreten, wenn wir von der Unrichtigkeit oder Unvollständigkeit der Angaben Kenntnis hatten oder der verschwiegene Umstand keinen Einfluss auf den Eintritt des Versicherungsfalles hatte. Bei arglistiger Täuschung können wir den Vertrag jederzeit anfechten. Wenn wir den Vertrag anfechten oder vom Vertrag zurücktreten leisten wir den Rückkaufswert. Schuldhaft unrichtige oder unvollständige Angaben können darüber hinaus nach Maßgabe der gesetzlichen Bestimmungen zum Verlust des Versicherungsschutzes führen, sodass wir im Versicherungsfall nur den Rückkaufswert leisten.

2.3. An Ihren Antrag sind Sie sechs Wochen ab Antragstellung gebunden.

2.4. Sie sind verpflichtet, die vereinbarten **Versicherungsprämien** (einmalige oder laufende Prämien) an uns kostenfrei und rechtzeitig zu bezahlen.

2.5. Laufende Prämien sind Jahresprämien. Sie können nach Vereinbarung auch in halbjährlichen, vierteljährlichen oder monatlichen Raten bezahlt werden, dann jedoch mit Zuschlägen [in Höhe von /höchstens jedoch XX% der Prämie]. Im Versicherungsfall (§ 1) werden die offenen Raten des laufenden Versicherungsjahres in Abzug gebracht.

2.6. Die erste oder einmalige Prämie wird mit Zustellung der "Versicherungsurkunde", nicht aber vor Versicherungsbeginn **fällig** und ist sodann innerhalb von zwei Wochen zu bezahlen. Folgeprämien sind innerhalb eines Monats, bei monatlicher Prämienzahlung innerhalb von

12/I/1. Leben

Er- und Ablebensversicherung

zwei Wochen, jeweils ab dem in der "Versicherungsurkunde" angegebenen Fälligkeitstag zu bezahlen.

2.7. Wenn Sie die **erste oder eine einmalige Prämie** nicht rechtzeitig bezahlen, sind wir leistungsfrei und können vom Vertrag zurücktreten, es sei denn Sie waren an der rechtzeitigen Zahlung ohne Verschulden verhindert. Es gilt als Rücktritt unsererseits, wenn wir die erste oder einmalige Prämie nicht innerhalb von drei Monaten vom Fälligkeitstag an gerichtlich geltend machen. Bei einem Rücktritt sind die Kosten der ärztlichen Untersuchung von Ihnen zu bezahlen.

2.8. Wenn Sie eine **Folgeprämie** nicht rechtzeitig bezahlen, erhalten Sie eine Mahnung in geschriebener Form, sofern nicht schriftlich vereinbart ist. Bezahlen Sie den Rückstand nicht innerhalb der in der Mahnung festgesetzten Frist von mindestens zwei Wochen, können wir den Vertrag zum Ablauf der festgesetzten Frist kündigen, es sei denn Sie waren an der rechtzeitigen Zahlung ohne Verschulden verhindert. Im Falle unserer Kündigung vermindert sich Ihr Versicherungsschutz auf die prämienfreie Versicherungssumme oder er entfällt bei Unterschreitung der Mindestversicherungssumme gemäß 9.2. zur Gänze.

§ 3 Umfang des Versicherungsschutzes

3.1. Der Versicherungsschutz besteht grundsätzlich unabhängig davon auf welcher Ursache der Versicherungsfall beruht.

3.2. Bei **Selbstmord** des Versicherten innerhalb von drei Jahren nach Abschluss, Wiederherstellung oder einer die Leistungspflicht des Versicherers erweiternden Änderung des Vertrages leisten wir [den Rückkaufswert / den Wert der Deckungsrückstellung].
Wird uns nachgewiesen, dass Selbstmord in einem die freie Willensbestimmung ausschließenden Zustand krankhafter Störung der Geistestätigkeit begangen wurde, besteht hingegen voller Versicherungsschutz.

3.3. Bei Ableben infolge Teilnahme an **kriegerischen Handlungen oder Unruhen** auf Seiten der Unruhestifter leisten wir ebenfalls [den Rückkaufswert / die Deckungsrückstellung].

3.4. Wird Österreich in kriegerische Ereignisse verwickelt, von einer nuklearen, biologischen, chemischen oder durch Terrorismus ausgelösten Katastrophe betroffen, bezahlen wir bei dadurch verursachten Versicherungsfällen [den Rückkaufswert / den Wert der Deckungsrückstellung].

§ 4 Beginn des Versicherungsschutzes

4.1. Der Versicherungsschutz beginnt, sobald wir die Annahme Ihres Antrages in geschriebener Form, sofern nicht schriftlich vereinbart ist oder durch Zustellung der "Versicherungsurkunde" erklärt und Sie die erste oder einmalige Prämie rechtzeitig (2.6) bezahlt haben. Vor dem in der „Versicherungsurkunde" angegebenen Versicherungsbeginn besteht kein Versicherungsschutz.

4.2. Ihr Versicherungsvertrag ist mit vorläufigem Sofortschutz ausgestattet.
Der vorläufige Sofortschutz erstreckt sich auf die für den Todesfall beantragten Summen, höchstens auf € [...], auch wenn insgesamt höhere Summen auf das Leben desselben Versicherten beantragt sind.
Der vorläufige Sofortschutz gilt,
– wenn der Versicherte zum Zeitpunkt der Antragstellung voll arbeitsfähig ist,
– nicht in ärztlicher Behandlung oder Kontrolle steht und
– soweit die Versicherungsbedingungen keine Einschränkungen oder Ausschlüsse (§ 3) vorsehen.

Der vorläufige Sofortschutz beginnt mit Eingang Ihres Antrages bei „uns", frühestens aber mit dem beantragten Versicherungsbeginn.
Der vorläufige Sofortschutz endet mit Zustellung der „Versicherungsurkunde" oder der Ablehnung Ihres Antrags oder auch mit unserer Erklärung, dass der vorläufige Sofortschutz beendet ist oder auch Ihrem Rücktritt vom Antrag, sofern dieser vor Zustellung der „Versicherungsurkunde" erfolgt, in jedem Fall jedoch sechs Wochen nach Antragstellung.
Wenn wir aufgrund des vorläufigen Sofortschutzes leisten, verrechnen wir die auf diese Leistung entfallende erste Jahresprämie bzw. einmalige Prämie.

12/I/1. Leben
Er- und Ablebensversicherung

§ 5 Kosten und Gebühren

5.1. Die Versicherungssteuer wird entsprechend den gesetzlichen Bestimmungen von Ihren Versicherungsprämien in Abzug gebracht. Weiters ziehen wir von Ihren Versicherungsprämien Abschlusskosten (vgl.(a)), Verwaltungskosten (vgl.(b)) und Kosten zur Deckung des Ablebensrisikos (Risikokosten) (vgl. (c)) entsprechend dem vereinbarten Tarif ab.

a) „Die Abschlusskosten werden zu Beginn Ihres Versicherungsvertrages fällig. Diese werden nach dem so genannten "Zillmerverfahren" verrechnet."

Das Zillmerverfahren hat wirtschaftlich zur Folge, dass in der Anfangszeit Ihres Vertrages, die Deckungsrückstellung und damit auch der „tarifliche" Rückkaufswert oder die prämienfreie Versicherungsleistung – mit Ausnahme von Versicherungsverträgen gegen Einmalprämie –gering ist. **Die für Ihren Vertrag geltenden Rückkaufswerte (siehe 8.2.) und prämienfreien Versicherungssummen (siehe 9.2.) entnehmen Sie der entsprechenden Tabelle in Ihrer „Versicherungsurkunde"(siehe Anhang).**

Bei Rückkauf bzw. Prämienfreistellung innerhalb der ersten 5 Jahre wird § 176 Abs. 5 VersVG berücksichtigt.

Der für die Abschlusskosten zu tilgende Betrag ist auf [xx]% der von Ihnen während der Laufzeit Ihres Versicherungsvertrages zu zahlenden Nettoprämiensumme beschränkt.

b) Die jährlichen Verwaltungskosten, die in Ihrer Versicherungsprämie enthalten sind, betragen [maximal] [xx]% der Nettoprämiensumme zuzüglich € […]. Bei Versicherungsverträgen gegen Einmalprämie oder prämienfrei gestellten Versicherungsverträgen betragen die jährlichen Verwaltungskosten [xx]% der Einmalprämie bzw. der eingezahlten Prämien zuzüglich € […].

c) Deckung des Ablebensrisikos

Die Kosten zur Deckung des Ablebensrisikos richten sich nach dem Alter und dem Geschlecht des Versicherten sowie der für den Todesfall vereinbarten Versicherungssumme und der Vertragslaufzeit. Das für die Berechnung relevante Alter „ist die Differenz zwischen dem Kalenderjahr/Versicherungsjahr und dem Geburtsjahr (Kalendermethode, Halbjahresmethode/Alternative)". Die Risikokosten errechnen sich jährlich aus der Differenz zwischen der für den Todesfall vereinbarten Versicherungssumme und dem Wert der Deckungsrückstellung, multipliziert mit der Ablebenswahrscheinlichkeit gemäß der „österreichischen Sterbetafel für Männer und Frauen 2000/2002 mit den von der ÖAV empfohlenen Modifikationen".

Für die Übernahme erhöhter Risiken insbesondere wegen Krankheit, Beruf, Sport, etc. werden wir [Zusatzprämien"/Risikozuschläge" zur Versicherungsprämie / besondere Bedingungen] mit Ihnen vereinbaren.

5.2. Die in 5.1 genannten Kostenbestandteile berücksichtigen wir bereits bei der Kalkulation Ihrer Prämien, sie sind daher in Ihren Prämien enthalten. Bei prämienfrei gestellten Verträgen entnehmen wir die Risiko- und Verwaltungskosten der Deckungsrückstellung.

5.3. Die Rechnungsgrundlagen für die Ermittlung der Kosten nach 5.1 sind Teil der versicherungsmathematischen Grundlagen des jeweiligen Tarifes. Diese können für bestehende Verträge von uns nicht verändert werden. Ihre korrekte Anwendung ist von der Finanzmarktaufsichtsbehörde (FMA) jederzeit überprüfbar.

5.4. Für durch Sie veranlasste Mehraufwendungen verrechnen wir angemessene Gebühren. Die Höhe der Gebühr für Mahnung, Ausstellen einer Ersatzpolizze, Änderung der Zahlungsweise sowie Bearbeitung einer Vinkulierung, Abtretung oder Verpfändung […] können Sie bei uns erfragen, unserer Homepage www.[…] entnehmen oder auf Wunsch zugesandt erhalten.

5.5. Diese Gebühren sind wertgesichert und verändern sich ab XX eines jeden Kalenderjahres in demselben Ausmaß, in dem sich der von der STATISTIK AUSTRIA monatlich verlautbarte Verbraucherpreisindex 2000 oder ein von Amts wegen an seine Stelle tretender Index gegenüber dem für den Monat XX des Jahres des Inkrafttretens des Tarifes verändert hat. Der Versicherer ist dessen unbeschadet berechtigt, geringere als die sich nach dieser Indexklausel ergebenden Gebühren zu verlangen, ohne dass dadurch das Recht verloren geht, für die Zukunft wieder die indexkonformen Gebühren zu verlangen.

AVB
Leben
Kranken
Unfall
Sachversicherung
Einbruchdiebstahl
Feuer
Glas
Haftpfl., USKV, ÖAK
Haushalt
Rechtsschutz
Transport
+ AÖSp (SVS/RVS)

12/I/1. Leben
Er- und Ablebensversicherung

§ 6 Gewinnbeteiligung

Im Wege der Gewinnbeteiligung nehmen Sie an den von uns erzielten Überschüssen teil. Ihr Gewinnanteil wird abhängig vom jeweiligen Tarif ermittelt und gutgeschrieben. Die Details können Sie den „Bestimmungen über die Gewinnbeteiligung " entnehmen.

§ 7 Leistungserbringung durch den Versicherer

7.1. Für die Erbringung von Leistungen aus dem Vertrag können wir die Übergabe der „Versicherungsurkunde" verlangen. Bei Verlust einer auf Überbringer lautenden „Versicherungsurkunde" können wir die Leistungserbringung von einer gerichtlichen Kraftloserklärung abhängig machen. Im Ablebensfall sind zusätzlich auf Kosten des Bezugsberechtigten eine amtliche Sterbeurkunde und ein Nachweis über die Todesursache des Versicherten vorzulegen.

7.2. Die Versicherungsleistung wird nach Eintritt des Versicherungsfalles und Abschluss der Erhebungen zu Versicherungsfall und Leistungsumfang fällig.

§ 7a Angaben zur Steuerpflicht

7a.1. Sie sind verpflichtet, uns über Ihren allfälligen Umzug ins Ausland zu informieren und uns alle Änderungen der Angaben, die für die Beurteilung der persönlichen Steuerpflicht des Leistungsempfängers relevant sein können (insbesondere österreichische und/oder ausländische Steuerpflicht und Steuernummer, Wohnsitz, Anzahl der Tage und gewöhnlicher Aufenthalt im Ausland, entsprechende Daten von Treugebern) unverzüglich bekannt zu geben. Ist der Versicherungsnehmer keine natürliche Person, so ist diese verpflichtet, uns über allfällige Änderungen von Sitz und Organisation, sowie für die Beurteilung der Steuerpflicht relevante Änderung der Eigentümerstruktur (mehr als 25% werden direkt oder indirekt von US-Person gehalten) zu informieren.

7a.2. Leistungen erbringen wir nur Zug um Zug gegen Identifikation und, falls von uns verlangt, Abgabe einer Erklärung des Leistungsberechtigten, die die Angaben laut Punkt 7.1 enthält, sowie entsprechender Nachweise (insbesondere Reisepass).

7a.3. Wenn und insoweit die Gefahr einer Haftung für Steuern durch uns besteht, sind wir berechtigt, den entsprechenden Teil der Versicherungsleistung bis zum Wegfall der Gefahr einzubehalten und an die jeweils zuständigen in- oder ausländischen Steuerbehörden abzuführen. Wir sind nicht verpflichtet, Kosten des Leistungsempfängers, die zur Erlangung einer allfälligen Rückerstattung der abgeführt.

§ 8 Kündigung des Versicherungsvertrages und Rückkaufwert

8.1. Sie können Ihren Versicherungsvertrag in geschriebener Form, sofern nicht schriftlich vereinbart ist, ganz „oder teilweise" kündigen:
– jederzeit mit Wirkung zum Schluss des laufenden Versicherungsjahres
– innerhalb eines Versicherungsjahres mit 3-monatiger Frist mit Wirkung zum Monatsende, frühestens jedoch mit Wirkung zum Ende des ersten Versicherungsjahres.

8.2. Im Falle der Kündigung Ihres Versicherungsvertrages erhalten Sie den Rückkaufswert zuzüglich der erworbenen Gewinnbeteiligung.
Der Rückkaufswert ist der jeweils aktuelle Wert der Deckungsrückstellung Ihres Versicherungsvertrages vermindert um einen Abzug. Dieser Abzug beträgt nach dem Tarif [x]% der geschäftsplanmäßigen Deckungsrückstellung.
oder: Der Abzug beträgt nach dem Tarif in den Jahren x bis y […]% der Deckungsrückstellung und in den Jahren w bis z [...]% der Deckungsrückstellung.
oder: Der Abzug beträgt nach dem Tarif [x]% der Deckungsrückstellung, mindestens jedoch […] € und maximal jedoch […]€.
Bei Rückkauf innerhalb der ersten 5 Jahre wird § 176 Abs.5 VersVG berücksichtigt(siehe Auszug nach § 19).
Die Rückkaufswerte zum Ende eines jeden Versicherungsjahres sind aus der in der „Versicherungsurkunde/Anbot/Vorschlag" enthaltenen Rückkaufswerttabelle ersichtlich (siehe Rückkaufswerttabelle gemäß Anhang).

12/I/1. Leben
Er- und Ablebensversicherung

§ 9 Prämienfreistellung

9.1. Sie können Ihren Versicherungsvertrag in geschriebener Form, sofern nicht schriftlich vereinbart ist, prämienfrei stellen
- jederzeit mit Wirkung zum Schluss des laufenden Versicherungsjahres
- innerhalb eines Versicherungsjahres mit 3-monatiger Frist mit Wirkung zum Monatsende, frühestens jedoch mit Wirkung zum Ende des ersten Versicherungsjahres.

9.2. Bei einer Prämienfreistellung setzen wir Ihre Versicherungssumme nach den geschäftsplanmäßigen Bestimmungen auf eine prämienfreie Versicherungsleistung herab. Dabei wird für die restliche Versicherungsdauer auf Grundlage des Rückkaufswertes (siehe 8.2) eine verminderte Versicherungssumme ermittelt. Bei Prämienfreistellung innerhalb der ersten 5 Jahre wird § 176 Abs.5 VersVG berücksichtigt. Die prämienfreien Werte zum Ende eines jeden Versicherungsjahres sind der Tabelle für prämienfreie Versicherungssummen zu entnehmen. Die Versicherungssumme darf € [...] nicht unterschreiten, andernfalls der Vertrag rückgekauft und der Rückkaufswert (siehe 8.2) ausbezahlt wird.

9.3. Im Falle einer Prämienfreistellung erhalten Sie eine neue „Versicherungsurkunde" mit den angepassten Versicherungssummen und eine aktualisierte Rückkaufswerttabelle.

§ 10 Nachteile einer Kündigung oder Prämienfreistellung

Die Kündigung oder Prämienfreistellung Ihres Versicherungsvertrages ist mit Nachteilen verbunden. Der Rückkaufswert liegt, besonders in den ersten Jahren, deutlich unter der Summe der einbezahlten Prämien. Der Rückkauf und die Prämienfreistellung Ihres Versicherungsvertrages sind für Sie in den ersten Jahren jedenfalls mit einem Verlust eines wesentlichen Teiles der einbezahlten Prämien verbunden. Über die Laufzeit entwickelt sich der Rückkaufswert progressiv bis er zu Vertragsende die für den Erlebensfall vereinbarte Versicherungssumme erreicht. Die Rückzahlung der einbezahlten Prämien ist ausgeschlossen.

§ 11 Vorauszahlungen

11.1. Sie können bis zur Höhe des Rückkaufswertes, in den ersten 5 Jahren jedoch maximal bis zur Höhe der Deckungsrückstellung eine Vorauszahlung auf die künftige Leistung beantragen. Für diese Vorauszahlung sind Zinszahlungen in Form von Zusatzprämien zu vereinbaren.

11.2. Wir werden die Vorauszahlung nicht vorzeitig zurückfordern. Sie können sie jedoch jederzeit zurückbezahlen, andernfalls wird diese im Versicherungsfall bei der Leistung, im Falle des Rückkaufs mit dem Rückkaufswert verrechnet bzw. im Falle der Prämienfreistellung bei Ermittlung der prämienfreien Versicherungssumme berücksichtigt.

§ 12 Vinkulierung, Verpfändung und Abtretung

Eine Verpfändung oder Abtretung ist uns gegenüber nur und erst dann wirksam, wenn sie uns in geschriebener Form, sofern nicht schriftlich vereinbart ist, angezeigt wird. Eine Vinkulierung bedarf neben der Anzeige zu ihrer Wirksamkeit auch unserer Zustimmung.

§ 13 Erklärungen

Für alle Ihre Mitteilungen und Erklärungen ist die geschriebene Form erforderlich, sofern und soweit nicht gesondert die Schriftform ausdrücklich und mit gesonderter Erklärung vereinbart wurde. Unter geschriebener Form versteht man die Übermittlung eines Textes in Schriftzeichen, aus dem die Person des Erklärenden hervorgeht (z.B. Telefax oder E-Mail). Schriftform bedeutet das Original der Erklärung mit eigenhändiger Unterschrift des Erklärenden (keine elektronische Signatur im Sinne des Signaturgesetzes).
Nach Eintritt des Versicherungsfalles können wir eine Ablehnung, einen Rücktritt oder eine Anfechtung auch einem berechtigten Dritten gegenüber erklären. Wenn Sie Ihren Wohnort wechseln, müssen Sie uns Ihre neue Adresse mitteilen, andernfalls richten wir unsere Erklärungen rechtswirksam an Ihre letzte uns bekannte Adresse. Wenn Sie Ihren Wohnort außerhalb Europas nehmen, müssen Sie uns eine Person innerhalb Österreichs benennen, die bevollmächtigt ist, unsere Erklärungen an Sie entgegenzunehmen.

12/I/1. Leben
Er- und Ablebensversicherung

§ 14 Bezugsberechtigung

14.1. Sie bestimmen, wer bezugsberechtigt ist. Der Bezugsberechtigte erwirbt das Recht auf die Leistung mit Eintritt des Versicherungsfalles. Bis dahin können Sie die Bezugsberechtigung jederzeit ändern. Änderung und Widerruf der Bezugsberechtigung müssen uns angezeigt werden.

14.2. Sie können auch bestimmen, dass der Bezugsberechtigte das Recht auf die künftige Leistung unwiderruflich und damit sofort erwerben soll. Dann kann das Bezugsrecht nur noch mit dessen Zustimmung geändert werden.

14.3. Ist die „Versicherungsurkunde" auf den Überbringer ausgestellt, können wir dennoch verlangen, dass der Überbringer der „Versicherungsurkunde" uns seine Berechtigung nachweist.

§ 15 Verjährung

Sie können Ihre Ansprüche aus Ihrem Versicherungsvertrag innerhalb von 3 Jahren ab Fälligkeit der Leistung geltend machen. Danach tritt Verjährung ein. Steht der Anspruch einem anderen zu, so beginnt die Verjährung zu laufen, sobald diesem sein Recht auf die Leistung bekannt geworden ist. Ist ihm sein Recht nicht bekannt geworden, so verjähren die Ansprüche erst nach 10 Jahren ab Fälligkeit der Leistung.

§ 16 Vertragsgrundlagen

Vertragsgrundlagen sind Ihr Antrag, die „Versicherungsurkunde" mit der darin enthaltenen Rückkaufswerttabelle und Prämienfreistellungstabelle samt sonstiger Anlagen, der dem Vertrag zugrunde liegende Tarif und die vorliegenden Versicherungsbedingungen.

§ 17 Anwendbares Recht

Dieser Vertrag unterliegt österreichischem Recht ohne die Verweisungsnormen des österreichischen internationalen Privatrechts.

§ 18 Aufsichtsbehörde

Der Versicherer und der diesem Versicherungsvertrag zugrunde liegende Tarif unterliegen der Kontrolle und Aufsicht durch die Finanzmarktaufsichtsbehörde (FMA), A-1020 Wien, Praterstraße 23.

§ 19 Erfüllungsort

Erfüllungsort für die Versicherungsleistung ist die „Generaldirektion/die Landesdirektion etc." in dem jeweiligen Bundesland.

Auszug aus dem VersVG idF der VersRÄG 2006

§ 176 Abs. 5 VersVG

(siehe Punkt 1. VersVG in diesem Band)

12/I/2. Leben
Fondsgebundene Lebensversicherung

Versicherungsbedingungen der fondsgebundenen Lebensversicherung (2008)

Version 01/2013

Bei den nachfolgend angeführten Versicherungsbedingungen handelt es sich unverbindliche Musterbedingungen, die der Verband der Versicherungsunternehmen Österreichs aufgestellt hat. Ihre Verwendung durch die Versicherungsunternehmen ist rein fakultativ. Die Versicherungsunternehmen haben die Möglichkeit, davon zur Gänze abzuweichen und/oder mit ihren Kunden einzelne Klauseln zu vereinbaren, die nicht mit den Musterbedingungen übereinstimmen.

Die in eckige Klammern [...] gesetzten Teile sind jedenfalls unternehmensindividuell zu ergänzen.

Inhaltsverzeichnis
Begriffsbestimmungen

§ 1	Leistungen des Versicherers im Versicherungsfall
§ 2	Pflichten des Versicherungsnehmers
§ 3	Umfang des Versicherungsschutzes
§ 4	Beginn des Versicherungsschutzes
§ 5	Veranlagung in Investmentfonds
§ 6	Kosten und Gebühren
§ 7	Leistungserbringung durch den Versicherer
§ 8	Stichtage
§ 9	Kündigung des Versicherungsvertrages und Rückkaufswert
§ 10	Prämienfreistellung [und Prämienreduktion]
§ 11	Nachteile einer Kündigung oder Prämienfreistellung
§ 12	Vinkulierung, Verpfändung und Abtretung
§ 13	Erklärungen
§ 14	Bezugsberechtigung
§ 15	Verjährung
§ 16	Vertragsgrundlagen
§ 17	Anwendbares Recht
§ 18	Aufsichtsbehörde
§ 19	Erfüllungsort

Begriffsbestimmungen

Bitte lesen Sie die folgenden Begriffsbestimmungen sorgfältig durch – sie sind für das Verständnis dieser Allgemeinen Versicherungsbedingungen unerlässlich

Bezugsberechtigter (Begünstigter)	ist die Person, die für den Empfang der Leistung des Versicherers genannt ist.
Deckungsrückstellung	sind die Ihrer fondsgebundenen Lebensversicherung zu Grunde liegenden Investmentfondsanteile. Wir ermitteln deren Geldwert, indem wir die Anzahl der Fondsanteile je Investmentfonds mit dem am Stichtag uns zur Verfügung gestellten Kurswert des jeweiligen Investmentfonds multiplizieren.
Nettoprämiensumme	ist die Summe der Prämien ohne Versicherungssteuer über die gesamte vereinbarte Prämienzahlungsdauer.
Modellrechnung	ist die individuell auf Ihren Vertrag abgestimmte Darstellung der möglichen Vertragsentwicklung, insbesondere der Erlebensleistung und der Rückkaufswerte,

12/I/2. Leben

Fondsgebundene Lebensversicherung

	unter der Annahme der dort ausgewiesenen Fondsperformance.
Rückkaufswert	ist die Leistung des Versicherers, wenn der Vertrag vorzeitig gekündigt ("rückgekauft") wird.
Tarif/Geschäftsplan	enthält die versicherungsmathematischen Berechnungsgrundlagen für Ihren Versicherungsvertrag, die der FMA vorgelegt wurden.
Versicherer	[Name, Anschrift, Sitz und Rechtsform des Versicherungsunternehmens]
Versicherter	ist die Person, deren Leben versichert ist.
Versicherungsnehmer	ist der Vertragspartner des Versicherers und Träger der Rechte und Pflichten aus dem Versicherungsvertrag.
Versicherungsprämie	ist das vom Versicherungsnehmer zu zahlende Entgelt.

§ 1 Leistungen des Versicherers im Versicherungsfall

1.1. Bei **Ableben** des Versicherten leisten wir mindestens die in der „Versicherungsurkunde" angegebene Todesfallsumme. In der „Versicherungsurkunde" ist angegeben wie sich die Leistung im Ablebensfall erhöht, wenn die Deckungsrückstellung größer als die Todesfallsumme ist.

1.2. Im **Erlebensfall** leisten wir den Geldwert der Deckungsrückstellung.

§ 2 Pflichten des Versicherungsnehmers

2.1. Sie sind verpflichtet den Antrag und die damit verbundenen Fragen wahrheitsgemäß und vollständig auszufüllen bzw. zu beantworten. Wenn das Leben einer anderen Person versichert werden soll, ist auch diese für die wahrheitsgemäße und vollständige Beantwortung aller Fragen verantwortlich.

2.2. Werden Fragen schuldhaft unrichtig oder unvollständig beantwortet, können wir innerhalb von drei Jahren seit Abschluss, Wiederherstellung oder Änderung des Vertrages zurücktreten. Tritt der Versicherungsfall innerhalb dieser drei Jahre ein, können wir auch noch nach Ablauf dieser Frist zurücktreten. Wir können den Rücktritt nur innerhalb eines Monats ab Kenntnis der Unrichtigkeit oder Unvollständigkeit der Angaben erklären. Wir können nicht vom Vertrag zurücktreten, wenn wir von der Unrichtigkeit oder Unvollständigkeit der Angaben Kenntnis hatten oder der verschwiegene Umstand keinen Einfluss auf den Eintritt des Versicherungsfalles hatte. Bei arglistiger Täuschung können wir den Vertrag jederzeit anfechten. Wenn wir den Vertrag anfechten oder vom Vertrag zurücktreten leisten wir den Rückkaufswert. Schuldhaft unrichtige oder unvollständige Angaben können darüber hinaus nach Maßgabe der gesetzlichen Bestimmungen zum Verlust des Versicherungsschutzes führen, sodass wir im Versicherungsfall nur den Rückkaufswert leisten.

2.3. An Ihren Antrag sind Sie sechs Wochen ab Antragstellung gebunden.

2.4. Sie sind verpflichtet, die vereinbarten **Versicherungsprämien** (einmalige oder laufende Prämien) an uns kostenfrei und rechtzeitig zu bezahlen.

2.5. Laufende Prämien sind Jahresprämien. Sie können nach Vereinbarung auch in halbjährlichen, vierteljährlichen oder monatlichen Raten bezahlt werden, dann jedoch mit Zuschlägen [in Höhe von /höchstens jedoch XX% der Prämie]. Im Versicherungsfall (§ 1) werden die offenen Raten des laufenden Versicherungsjahres in Abzug gebracht.

2.6. Die erste oder einmalige Prämie wird mit Zustellung der "Versicherungsurkunde", nicht aber vor Versicherungsbeginn **fällig** und ist sodann innerhalb von zwei Wochen zu bezahlen. Folgeprämien sind innerhalb eines Monats, bei monatlicher Prämienzahlung innerhalb von zwei Wochen, jeweils ab dem in der "Versicherungsurkunde" angegebenen Fälligkeitstag zu bezahlen.

2.7. Wenn Sie die **erste oder eine einmalige Prämie** nicht rechtzeitig bezahlen, sind wir leistungsfrei und können vom Vertrag zurücktreten, es sei denn Sie waren an der rechtzeitigen Zahlung ohne Verschulden verhindert. Es gilt als Rücktritt unsererseits, wenn wir die erste oder einmalige Prämie nicht innerhalb von drei Monaten vom Fälligkeitstag an gerichtlich geltend

12/I/2. Leben
Fondsgebundene Lebensversicherung

machen. Bei einem Rücktritt sind die Kosten der ärztlichen Untersuchung von Ihnen zu bezahlen.

2.8. Wenn Sie eine **Folgeprämie** nicht rechtzeitig bezahlen, erhalten Sie eine Mahnung in geschriebener Form, sofern nicht schriftlich vereinbart ist. Bezahlen Sie den Rückstand nicht innerhalb der in der Mahnung festgesetzten Frist von mindestens zwei Wochen, können wir den Vertrag zum Ablauf der festgesetzten Frist kündigen, es sei denn Sie waren an der rechtzeitigen Zahlung ohne Verschulden verhindert. Im Falle unserer Kündigung vermindert sich Ihr Versicherungsschutz auf die prämienfreie Versicherungssumme oder er entfällt bei Unterschreitung der Mindestsumme gemäß 10.2. zur Gänze.

§ 3 Umfang des Versicherungsschutzes

3.1. Der Versicherungsschutz besteht grundsätzlich unabhängig davon auf welcher Ursache der Versicherungsfall beruht.

3.2. Bei **Selbstmord** des Versicherten innerhalb von drei Jahren nach Abschluss, Wiederherstellung oder einer die Leistungspflicht des Versicherers erweiternden Änderung des Vertrages leisten wir den Geldwert der Deckungsrückstellung.
Wird uns nachgewiesen, dass Selbstmord in einem die freie Willensbestimmung ausschließenden Zustand krankhafter Störung der Geistestätigkeit begangen wurde, besteht hingegen voller Versicherungsschutz.

3.3. Bei Ableben infolge Teilnahme an **kriegerischen Handlungen oder Unruhen** auf Seiten der Unruhestifter leisten wir ebenfalls den Geldwert der Deckungsrückstellung.

3.4. Wird Österreich in kriegerische Ereignisse verwickelt, von einer nuklearen, biologischen, chemischen oder durch Terrorismus ausgelösten Katastrophe betroffen, bezahlen wir bei dadurch verursachten Versicherungsfällen den Geldwert der Deckungsrückstellung.

§ 4 Beginn des Versicherungsschutzes

4.1. Der Versicherungsschutz beginnt, sobald wir die Annahme Ihres Antrages in geschriebener Form, sofern nicht schriftlich vereinbart ist oder durch Zustellung der "Versicherungsurkunde" erklärt und Sie die erste oder einmalige Prämie rechtzeitig (2.6) bezahlt haben. Vor dem in der „Versicherungsurkunde" angegebenen Versicherungsbeginn besteht kein Versicherungsschutz.

4.2. Ihr Versicherungsvertrag ist mit vorläufigem Sofortschutz ausgestattet.
Der vorläufige Sofortschutz erstreckt sich auf die für den Todesfall beantragten Summen, höchstens aber € [...], auch wenn insgesamt höhere Summen auf das Leben desselben Versicherten beantragt sind.
Der vorläufige Sofortschutz gilt,
– wenn der Versicherte zum Zeitpunkt der Antragstellung voll arbeitsfähig ist,
– nicht in ärztlicher Behandlung oder Kontrolle steht und
– soweit die Versicherungsbedingungen keine Einschränkungen oder Ausschlüsse § 3) vorsehen.
Der vorläufige Sofortschutz beginnt mit Eingang Ihres Antrages bei „uns", frühestens aber mit dem beantragten Versicherungsbeginn.
Der vorläufige Sofortschutz endet mit Zustellung der „Versicherungsurkunde" oder der Ablehnung Ihres Antrags oder auch mit unserer Erklärung, dass der vorläufige Sofortschutz beendet ist oder auch Ihrem Rücktritt vom Antrag, sofern dieser vor Zustellung der „Versicherungsurkunde" erfolgt, in jedem Fall jedoch sechs Wochen nach Antragstellung.
Wenn wir aufgrund des vorläufigen Sofortschutzes leisten, verrechnen wir die auf diese Leistung entfallende erste Jahresprämie bzw. einmalige Prämie.

§ 5 Veranlagung in Investmentfonds

5.1. Bei der fondsgebundenen Lebensversicherung erfolgt die Veranlagung in Investmentfonds. Bei Kurssteigerungen erzielen Sie Wertzuwächse, Kursrückgänge führen zu Wertminderungen. Bei Veranlagung in Investmentfonds, die in einer Fremdwährung notieren, unterliegen diese Währungskursschwankungen, die den Wert der Fondsanteile zusätzlich beeinflussen können.

12/I/2. Leben

Fondsgebundene Lebensversicherung

Sie tragen bei der fondsgebundenen Lebensversicherung das volle Veranlagungsrisiko. Es gibt daher keine garantierte Erlebensleistung und auch keinen garantierten Rückkaufswert. Die Wertentwicklung der Vergangenheit lässt keine Rückschlüsse auf die zukünftige Entwicklung eines Fonds zu.

5.2. Ihre Versicherungsprämie führen wir nach Abzug der gesetzlichen Versicherungssteuer [der Risikoprämie, der Kosten und Gebühren] den ausgewählten Investmentfonds zu und bauen damit die Deckungsrückstellung auf. Fondsausschüttungen und KESt-Rückerstattungen führen wir ebenfalls [im gewählten Aufteilungsverhältnis den ausgewählten Investmentfonds zu dem jeweiligen Investmentfonds zu]. [Die Risikoprämie sowie die Kosten und Gebühren entnehmen wir der Deckungsrückstellung / laufenden Prämie].

5.3. [Sie können während der Vertragslaufzeit jeweils [zu Beginn eines Monats = Stichtag] beantragen, dass (i) künftig fällige Anlagebeträge in einem anderen Verhältnis auf die von uns zu diesem Zeitpunkt jeweils angebotenen Investmentfonds aufgeteilt werden und (ii) das vorhandene Fondsguthaben ganz oder teilweise in andere von uns zu diesem Zeitpunkt jeweils angebotene Investmentfonds umgeschichtet wird. Ein solcher Antrag gilt als Angebot auf eine Änderung Ihres Versicherungsvertrags. Wir werden Ihren Antrag annehmen, wenn dem kein wichtiger Grund entgegensteht. Für die Bewertung der vorhandenen Investmentfondsanteile wird der Rücknahmepreis am Stichtag gem. 8.2 vor der Umschichtung herangezogen.]

5.4. Eine Kapitalanlagegesellschaft kann sowohl den Ankauf von Investmentfondsanteilen verweigern als auch einen Investmentfonds schließen. Ebenso können wir aus wichtigem Grund einen Investmentfonds mit Wirkung sowohl für die Neuanlage als auch für bereits erworbene Investmentfondsanteile aus dem Angebot zu Ihrer fondsgebundenen Lebensversicherung entfernen. Ein solcher wichtiger Grund, welcher nicht in der Verantwortung des Versicherers liegt, ist insbesondere dann gegeben, wenn der Investmentfonds nicht mehr oder nur eingeschränkt oder nicht mehr täglich handelbar ist, die Fondsgesellschaft Mindestabnahmemengen vorgibt oder einem Investmentfonds die Vertriebszulassung für Österreich entzogen wird.

5.5. Wird ein von Ihnen gewählter Investmentfonds geschlossen, aus unserer Auswahl entfernt, mit einem anderen Fonds zusammengelegt, oder wird die Ausgabe von Anteilen eingestellt, werden wir Sie darüber informieren und außer bei Zusammenlegung von Fonds auffordern, binnen eines Monats einen anderen Investmentfonds mit Wirkung für die Neuveranlagung oder auch für bestehende Investmentfondanteile aus unserem Angebot auszuwählen. Falls Sie sich nicht innerhalb dieser Frist entscheiden, wird das ab diesem Zeitpunkt zu veranlagende und gegebenenfalls das schon veranlagte Kapital in [Geldmarktfonds] übertragen.

§ 6 Kosten und Gebühren

6.1. Die Versicherungssteuer wird entsprechend den gesetzlichen Bestimmungen von Ihren Versicherungsprämien in Abzug gebracht. Weiters verrechnen wir Ihnen für unsere Leistungen im Rahmen Ihrer fondsgebundenen Lebensversicherung Kosten zur Deckung des Ablebensrisikos (6.2.), die Abschlusskosten (6.4.) und Verwaltungskosten (6.5.) sowie Gebühren (6.9.). Die jährlichen Kosten sind von mehreren Faktoren, insbesondere des Geldwertes der Deckungsrückstellung abhängig und können daher nicht im vorhinein in absoluten Werten angegeben werden. **Durch Vergleich der jeweiligen Werte der Spalten der Prämiensummen mit der Deckungsrückstellung bei einer 0%-Performance in der Modellrechnung ersehen Sie die jeweilige Gesamtkostenbelastung bei einer Performance von 0% (siehe Anhang).**

6.2. Die Kosten zur Deckung des Ablebensrisikos (Risikokosten) richten sich nach dem Alter und dem Geschlecht des Versicherten sowie der vereinbarten Todesfallleistung und der Deckungsrückstellung. Das technische Alter „ist die Differenz zwischen dem jeweils aktuellem Kalenderjahr und dem Geburtsjahr (Kalendermethode, Halbjahresmethode/Alternative)". Die Risikokosten errechnen sich jährlich aus der Differenz des Wertes der Todesfallleistung und dem Geldwert der Deckungsrückstellung zum Stichtag, multipliziert mit der Ablebenswahrscheinlichkeit gemäß der „österreichischen Sterbetafel für Männer und Frauen 2000/2002 mit den von der ÖAV empfohlenen Modifikationen". Die so errechneten Risikokosten werden wir monatlich (je ein Zwölftel der jährlichen Kosten) auslasten. Für die Übernahme erhöhter Risiken insbesondere wegen Krankheit, Beruf, Sport, etc werden wir Zusatzprämien/"Risikozuschläge" zur Versicherungsprämie oder besondere Bedingungen mit Ihnen vereinbaren.

6.3. Die Fondsanteile kaufen wir zum jeweils aktuellen Kurswert. „Allfällige Ausgabeaufschläge sind in der Kostenkalkulation bereits berücksichtigt."

12/I/2. Leben
Fondsgebundene Lebensversicherung

6.4. Die Abschlusskosten werden zu Beginn Ihres Versicherungsvertrages fällig. Die **Abschlusskosten** betragen [maximal] XX% der [Deckungsrückstellung / Prämiensumme] und werden in den ersten XX Jahren von Ihrer [Versicherungsprämie / Deckungsrückstellung] in jeweils gleichen Anteilen abgezogen. Aufgrund der Verrechnung der Abschlusskosten in den ersten XX Jahren steht anfänglich – nur ein geringer Rückkaufswert zur Verfügung (siehe 9.2. und 9.3.).

6.5. Die jährlichen **Verwaltungskosten** betragen [maximal] XX% der [Deckungsrückstellung/ Prämiensumme/laufenden Prämie sowie € XX pro Monat / Jahr]. Die Verwaltungskosten werden wir monatlich (je ein Zwölftel der jährlichen Kosten) auslasten.

6.6. Die Rechnungsgrundlagen für die Ermittlung der Kosten nach 6.2, 6.4 und 6.5 sind Teil der versicherungsmathematischen Grundlagen des jeweiligen Tarifes. Diese können für bestehende Verträge von uns nicht verändert werden. Ihre korrekte Anwendung ist von der Finanzmarktaufsichtsbehörde (FMA) jederzeit überprüfbar.

6.7. Für durch Sie veranlasste Mehraufwendungen verrechnen wir angemessene Gebühren. Die Höhe der Gebühr für Mahnung, Ausstellen einer Ersatzpolizze, Änderung der Zahlungsweise sowie Bearbeitung einer Vinkulierung, Abtretung oder Verpfändung [...] können Sie bei uns erfragen, unserer Homepage www.[...] entnehmen oder auf Wunsch zugesandt erhalten.

6.8. Diese Gebühren sind wertgesichert und verändern sich ab XX eines jeden Kalenderjahres in demselben Ausmaß, in dem sich der von der STATISTIK AUSTRIA monatlich verlautbarte Verbraucherpreisindex 2000 oder ein von Amts wegen an seine Stelle tretender Index gegenüber dem für den Monat XX des Jahres des Inkrafttretens des Tarifes verändert hat. Der Versicherer ist dessen unbeschadet berechtigt, geringere als die sich nach dieser Indexklausel ergebenden Gebühren zu verlangen, ohne dass dadurch das Recht verloren geht, für die Zukunft wieder die indexkonformen Gebühren zu verlangen.

6.9. Die Kosten und Gebühren [ziehen wir von Ihrer Versicherungsprämie vor der Veranlagung in Investmentfonds ab / entnehmen wir der Deckungsrückstellung gleichmäßig verteilt auf alle gewählten Investmentfonds].

6.10. Bei Versicherungen gegen Einmalprämie und prämienfreien Versicherungen entnehmen wir monatlich von der Deckungsrückstellung gleichmäßig verteilt auf alle gewählten Investmentfonds die Risiko- und die Verwaltungskosten. Bei Kursrückgängen kann dies dazu führen, dass die Deckungsrückstellung vor Ablauf der vereinbarten Versicherungsdauer aufgebraucht ist. „In diesem Fall endet der Vertrag ohne weitere Leistungen".

oder

6.1. Die Versicherungssteuer wird entsprechend den gesetzlichen Bestimmungen von Ihren Versicherungsprämien in Abzug gebracht. Weiters verrechnen wir Ihnen für unsere Leistungen im Rahmen Ihrer fondsgebundenen Lebensversicherung Kosten zur Deckung des Ablebensrisikos, die Abschlusskosten und Verwaltungskosten. Die Gesamtkosten betragen [...]% der Deckungsrückstellung/Prämiensumme.

6.2. Die Fondsanteile kaufen wir zum jeweils aktuellen Kurswert. „Allfällige Ausgabeaufschläge sind in der Kostenkalkulation bereits berücksichtigt."

6.3. Die Rechnungsgrundlagen für die Ermittlung der Kosten nach 6.1 sind Teil der versicherungsmathematischen Grundlagen des jeweiligen Tarifes. Diese können für bestehende Verträge von uns nicht verändert werden. Ihre korrekte Anwendung ist von der Finanzmarktaufsichtsbehörde (FMA) jederzeit überprüfbar.

6.4. Für durch Sie veranlasste Mehraufwendungen verrechnen wir angemessene **Gebühren**. Die Höhe der Gebühr für Mahnung, Ausstellen einer Ersatzpolizze, Änderung der Zahlungsweise sowie Bearbeitung einer Vinkulierung, Abtretung oder Verpfändung [...] können Sie bei uns erfragen, unserer Homepage www.[...] entnehmen oder auf Wunsch zugesandt erhalten.

6.5. Diese Gebühren sind wertgesichert und verändern sich ab XX eines jeden Kalenderjahres in demselben Ausmaß, in dem sich der von der STATISTIK AUSTRIA monatlich verlautbarte Verbraucherpreisindex 2000 oder ein von Amts wegen an seine Stelle tretender Index gegenüber dem für den Monat XX des Jahres des Inkrafttretens des Tarifes verändert hat. Der Versicherer ist dessen unbeschadet berechtigt, geringere als die sich nach dieser Indexklausel ergebenden Gebühren zu verlangen, ohne dass dadurch das Recht verloren geht, für die Zukunft wieder die indexkonformen Gebühren zu verlangen.

6.6. Die Kosten und Gebühren [ziehen wir von Ihrer Versicherungsprämie vor der Veranlagung in Investmentfonds ab / entnehmen wir monatlich der Deckungsrückstellung gleichmäßig verteilt auf alle gewählten Investmentfonds]. Die Gesamtkosten werden [gleichmäßig verteilt

12/I/2. Leben
Fondsgebundene Lebensversicherung

über die gesamte Vertragslaufzeit/in den ersten [...] Versicherungsjahren wird [...], in den restlichen [...] Vertragsjahren [...] verrechnet].

6.7. Bei Versicherungen gegen Einmalprämie und prämienfreien Versicherungen entnehmen wir monatlich von der Deckungsrückstellung gleichmäßig verteilt auf alle gewählten Investmentfonds die Risiko- und die Verwaltungskosten. Bei Kursrückgängen kann dies dazu führen, dass die Deckungsrückstellung vor Ablauf der vereinbarten Versicherungsdauer aufgebraucht ist. „In diesem Fall endet der Vertrag ohne weitere Leistungen".

§ 7 Leistungserbringung durch den Versicherer

7.1. Für die Erbringung von Leistungen aus dem Vertrag können wir die Übergabe der „Versicherungsurkunde" und Identitätsnachweise verlangen. Bei Verlust einer auf Überbringer lautenden „Versicherungsurkunde" können wir die Leistungserbringung von einer gerichtlichen Kraftloserklärung abhängig machen. Im Ablebensfall sind zusätzlich auf Kosten des Bezugsberechtigten eine amtliche Sterbeurkunde und ein Nachweis über die Todesursache des Versicherten vorzulegen.

7.2. Die Versicherungsleistung wird nach Eintritt des Versicherungsfalles und Abschluss der Erhebungen zu Versicherungsfall und Leistungsumfang fällig. Setzt ein Investmentfonds die Rücknahme von Fondsanteilen vorübergehend aus, so wird unsere Versicherungsleistung hinsichtlich der davon betroffenen Fondsanteile erst dann fällig, wenn die Rückgabe wieder möglich ist. Ein Investmentfonds darf die Rücknahme von Fondsanteilen und die Auszahlung des Rückgabepreises nur vorübergehend und nur bei Vorliegen außergewöhnlicher Umstände aussetzen. Der Investmentfonds hat dabei die Interessen der Anteilinhaber zu berücksichtigen und die jeweils zuständige Aufsichtsbehörde zu verständigen.

§ 7a Angaben zur Steuerpflicht

7a.1. Sie sind verpflichtet, uns über Ihren allfälligen Umzug ins Ausland zu informieren und uns alle Änderungen der Angaben, die für die Beurteilung der persönlichen Steuerpflicht des Leistungsempfängers relevant sein können (insbesondere österreichische und/oder ausländische Steuerpflicht und Steuernummer, Wohnsitz, Anzahl der Tage und gewöhnlicher Aufenthalt im Ausland, entsprechende Daten von Treugebern) unverzüglich bekannt zu geben. Ist der Versicherungsnehmer keine natürliche Person, so ist diese verpflichtet, uns über allfällige Änderungen von Sitz und Organisation, sowie für die Beurteilung der Steuerpflicht relevante Änderung der Eigentümerstruktur (mehr als 25% werden direkt oder indirekt von US-Person gehalten) zu informieren.

7a.2. Leistungen erbringen wir nur Zug um Zug gegen Identifikation und, falls von uns verlangt, Abgabe einer Erklärung des Leistungsberechtigten, die die Angaben laut Punkt 7.1 enthält, sowie entsprechender Nachweise (insbesondere Reisepass).

7a.3. Wenn und insoweit die Gefahr einer Haftung für Steuern durch uns besteht, sind wir berechtigt, den entsprechenden Teil der Versicherungsleistung bis zum Wegfall der Gefahr einzubehalten und an die jeweils zuständigen in- oder ausländischen Steuerbehörden abzuführen. Wir sind nicht verpflichtet, Kosten des Leistungsempfängers, die zur Erlangung einer allfälligen Rückerstattung der abgeführt.

§ 8 Stichtage

8.1. „Der Stichtag für die Umrechnung der laufenden Versicherungsprämien, von Fondsausschüttungen und KESt-Rückerstattungen in Fondsanteile ist der [dem Zahlungseingang folgende Börsetag / letzte Börsetag vor Prämienfälligkeit.]"

8.2. „Endet Ihre Versicherung durch Ablauf oder Kündigung, legen wir bei der Ermittlung der Deckungsrückstellung dem letzten Tag des Versicherungsschutzes letztvorangegangenen Börsetag zu Grunde. Endet Ihre Versicherung durch Tod der versicherten Person, wird der Börsetag herangezogen, der [der Meldung des Todesfalles / dem Todestag] unmittelbar vorangegangen ist.

8.3. „Ist ein Erwerb oder eine Veräußerung der Fondsanteile an einem dieser Stichtage nicht möglich (z.B. Fonds wird an diesem Tag nicht gehandelt; Börsetag ist kein Bankarbeitstag,

12/I/2. Leben
Fondsgebundene Lebensversicherung

Rücknahme von Fondsanteilen wird vorübergehend ausgesetzt), so ist der Stichtag der nächstmögliche Erwerbs- oder Veräußerungstag."

§ 9 Kündigung des Versicherungsvertrages und Rückkaufswert

9.1. Sie können Ihren Versicherungsvertrag schriftlich ganz „oder teilweise" kündigen:
- jederzeit mit Wirkung zum Schluss des laufenden Versicherungsjahres
- innerhalb eines Versicherungsjahres mit 3-monatiger Frist mit Wirkung zum Monatsende, frühestens jedoch mit Wirkung zum Ende des ersten Versicherungsjahres.

9.2. Im Falle der Kündigung Ihrer Versicherung erhalten Sie den Rückkaufswert. Der Rückkaufswert entspricht dem Geldwert der Deckungsrückstellung/Fondsvermögen zum Stichtag gem. 8.2 vermindert um den Abzug (siehe.9.3).

9.3. Die Höhe des Abzuges ist abhängig von der vereinbarten Vertragslaufzeit und den tatsächlich abgelaufenen Versicherungsjahren und beträgt [bei einmaliger Prämie/bei laufender Prämienzahlung] [...]% der bis zu diesem Zeitpunkt geleisteten Prämien/der Deckungsrückstellung/der zu diesem Zeitpunkt noch ausstehenden Prämien oder € [...]."

9.4. Bei Rückkauf innerhalb der ersten 5 Jahre wird § 176 Abs.5 VersVG (siehe Auszug nach § 19) berücksichtigt (siehe Rückkaufswerttabelle gemäß Anhang).

§ 10 Prämienfreistellung [und Prämienreduktion]

10.1. Sie können Ihren Versicherungsvertrag in geschriebener Form, sofern nicht schriftlich vereinbart ist, prämienfrei stellen
- jederzeit mit Wirkung zum Schluss des laufenden Versicherungsjahres
- innerhalb eines Versicherungsjahres mit 3-monatiger Frist mit Wirkung zum Monatsende, frühestens jedoch mit Wirkung zum Ende des ersten Versicherungsjahres.

10.2. Voraussetzung für die Prämienfreistellung ist, dass die Deckungsrückstellung die Mindestsumme von € XXX nicht unterschreitet. Im Falle der Unterschreitung wird der Rückkaufswert ausbezahlt. „Bei Prämienfreistellung wird die Mindesttodesfallsumme XXXX (unternehmensspezifisch je nach Tarif) gekürzt."

10.3. Im Falle der Prämienfreistellung [oder Prämienreduktion] gelten die Kostenbestimmungen (Abschlusskosten und Abzug) analog dem Rückkauf (siehe 9.2 und 9.3).

10.4. Nach erfolgter Prämienfreistellung werden die Risiko- und Verwaltungskosten und allfällige Gebühren „monatlich" der Deckungsrückstellung entnommen. Dies kann je nach Entwicklung der Fondsanteile dazu führen, dass die Deckungsrückstellung/Fondsvermögen vor Ablauf der vereinbarten Versicherungsdauer aufgebraucht ist. In diesem Fall endet der Vertrag ohne Rückvergütungsansprüche.

§ 11 Nachteile einer Kündigung oder Prämienfreistellung

Die Kündigung oder Prämienfreistellung Ihres Versicherungsvertrages ist mit Nachteilen verbunden. Der Rückkaufswert liegt, besonders in den ersten Jahren, deutlich unter der Summe der einbezahlten Prämien. Aufgrund der bei Vertragsabschluss anfallenden Abschlusskosten steht in der ersten Zeit nach Versicherungsbeginn, ein geringer Rückkaufswert bzw prämienfreie Versicherungsleistung zur Verfügung. Verbindliche Rückkaufswerte können aufgrund der nicht absehbaren Entwicklung der Investmentfonds nicht angegeben werden. Sie finden jedoch in Ihrem Antrag/Vorschlag/Versicherungsurkunde eine Modellrechnung, welcher Sie die Wertentwicklung Ihres Versicherungsvertrages bei bestimmten Fondsperformances entnehmen können. Die Rückzahlung der einbezahlten Prämien ist ausgeschlossen.

§ 12 Vinkulierung, Verpfändung und Abtretung

Eine Verpfändung oder Abtretung ist uns gegenüber nur und erst dann wirksam, wenn sie uns angezeigt wird. Eine Vinkulierung bedarf neben der Anzeige zu ihrer Wirksamkeit auch unserer Zustimmung.

AVB
Leben
Kranken
Unfall
Sachversicherung
Einbruchdiebstahl
Feuer
Glas
Haftpfl., USKV, ÖAK
Haushalt
Rechtsschutz
Transport
+ AÖSp (SVS/RVS)

12/I/2. Leben
Fondsgebundene Lebensversicherung

§ 13 Erklärungen

Für alle Ihre Mitteilungen und Erklärungen ist die geschriebene Form erforderlich, sofern und soweit nicht gesondert die Schriftform ausdrücklich und mit gesonderter Erklärung vereinbart wurde. Unter geschriebener Form versteht man die Übermittlung eines Textes in Schriftzeichen, aus dem die Person des Erklärenden hervorgeht (z.B. Telefax oder E-Mail). Schriftform bedeutet das Original der Erklärung mit eigenhändiger Unterschrift des Erklärenden (keine elektronische Signatur im Sinne des Signaturgesetzes).

Nach Eintritt des Versicherungsfalles können wir eine Ablehnung, einen Rücktritt oder eine Anfechtung auch einem berechtigten Dritten gegenüber erklären. Wenn Sie Ihren Wohnort wechseln, müssen Sie uns Ihre neue Adresse mitteilen, andernfalls richten wir unsere Erklärungen rechtswirksam an Ihre letzte uns bekannte Adresse. Wenn Sie Ihren Wohnort außerhalb Europas nehmen, müssen Sie uns eine Person innerhalb Österreichs benennen, die bevollmächtigt ist, unsere Erklärungen an Sie entgegenzunehmen.

§ 14 Bezugsberechtigung

14.1. Sie bestimmen, wer bezugsberechtigt ist. Der Bezugsberechtigte erwirbt das Recht auf die Leistung mit Eintritt des Versicherungsfalles. Bis dahin können Sie die Bezugsberechtigung jederzeit ändern. Änderung und Widerruf der Bezugsberechtigung müssen uns angezeigt werden.

14.2. Sie können auch bestimmen, dass der Bezugsberechtigte das Recht auf die künftige Leistung unwiderruflich und damit sofort erwerben soll. Dann kann das Bezugsrecht nur noch mit dessen Zustimmung geändert werden.

14.3. Ist die „Versicherungsurkunde" auf den Überbringer ausgestellt, können wir dennoch verlangen, dass der Überbringer der „Versicherungsurkunde" uns seine Berechtigung seine Identität nachweist. Die Auszahlung des Geldbetrages erfolgt erst nach Vorliegen aller nötigen Unterlagen."

§ 15 Verjährung

Sie können Ihre Ansprüche aus Ihrem Versicherungsvertrag innerhalb von 3 Jahren ab Fälligkeit der Leistung geltend machen. Danach tritt Verjährung ein. Steht der Anspruch einem anderen zu, so beginnt die Verjährung zu laufen, sobald diesem sein Recht auf die Leistung bekannt geworden ist. Ist ihm sein Recht nicht bekannt geworden, so verjähren die Ansprüche erst nach 10 Jahren ab Fälligkeit der Leistung.

§ 16 Vertragsgrundlagen

Vertragsgrundlagen sind Ihr Antrag, die „Versicherungsurkunde", der dem Vertrag zugrunde liegende Tarif, die Modellrechnung, und die vorliegenden Versicherungsbedingungen.

§ 17 Anwendbares Recht

Dieser Vertrag unterliegt österreichischem Recht ohne die Verweisungsnormen des österreichischen internationalen Privatrechts.

§ 18 Aufsichtsbehörde

Der Versicherer und der diesem Versicherungsvertrag zugrunde liegende Tarif unterliegen der Kontrolle und Aufsicht durch die Finanzmarktaufsichtsbehörde (FMA), A-1090 Wien, Otto Wagner-Platz 5

§ 19 Erfüllungsort

Erfüllungsort für die Versicherungsleistung ist die Generaldirektion/die Landesdirektion etc. in dem jeweiligen Bundesland.

Auszug aus dem VersVG idF der VersRÄG 2006

§ 176 Abs.5 VersVG

nicht abgedruckt – vgl Pkt 1. in diesem Band

12/I/3. Kranken
Krankheitskosten- & Krankenhaus-Tagegeld

Allgemeine Versicherungsbedingungen für die Krankheitskosten- und Krankenhaus-Tagegeldversicherung (2013)

Bei den nachfolgend angeführten Versicherungsbedingungen handelt es sich um unverbindliche Musterbedingungen, die der Verband der Versicherungsunternehmen Österreichs aufgestellt hat. Ihre Verwendung durch die Versicherungsunternehmen ist rein fakultativ. Die Versicherungsunternehmen haben die Möglichkeit, davon zur Gänze abzuweichen und/oder mit ihren Kunden einzelne Klauseln zu vereinbaren, die nicht mit den Musterbedingungen übereinstimmen.

Die in eckige Klammern [...] gesetzten Teile sind jedenfalls unternehmensindividuell zu ergänzen. Die Textvorschläge sind lediglich als Beispielsformulierung zu betrachten.

Inhaltsverzeichnis

DER VERSICHERUNGSSCHUTZ
§ 1 Gegenstand und Geltungsbereich des Versicherungsschutzes
§ 2 Abschluss des Versicherungsvertrages
§ 3 Beginn des Versicherungsschutzes
§ 4 Wartezeiten
§ 5 Art und Umfang des Versicherungsschutzes
A. Leistungen für ambulante Heilbehandlung
B. Leistungen für stationäre Heilbehandlung
C. Gemeinsame Bestimmungen
§ 6 Einschränkung des Versicherungsschutzes
§ 7 Auszahlung der Versicherungsleistung
§ 8 Ruhen des Versicherungsschutzes
§ 9 Ende des Versicherungsschutzes

PFLICHTEN DES VERSICHERUNGSNEHMERS
§ 10
A. Beiträge, Gebühren und Abgaben
B. Zahlungsverzug und dessen Folgen
§ 11 Obliegenheiten
A. Anzeigepflicht vor Abschluss des Versicherungsvertrages
B. Folgen der Verletzung der Anzeigepflicht vor Abschluss des Versicherungsvertrages
C. Pflichten des Versicherungsnehmers und des Versicherten während des Bestehens des Versicherungsvertrages
D. Folgen der Verletzung von Pflichten während Bestehens des Versicherungsvertrages
§ 12 Ansprüche gegen Dritte

ENDE DES VERSICHERUNGSVERTRAGES
§ 13 Kündigung durch den Versicherungsnehmer
§ 14 Kündigung durch den Versicherer
§ 15 Sonstige Bedingungen

SONSTIGE BESTIMMUNGEN
§ 16 Form und Empfänger von Willenserklärungen und Anzeigen
§ 17 Erfüllungsort, Gerichtsstand
§ 18 Änderung der Allgemeinen Versicherungsbedingungen
§ 19 Gewinnbeteiligung

12/I/3. Kranken
Krankheitskosten- & Krankenhaus-Tagegeld

DER VERSICHERUNGSSCHUTZ

§ 1.
Gegenstand und Geltungsbereich des Versicherungsschutzes

(1) Der Versicherte hat im Versicherungsfall Anspruch auf Versicherungsschutz im Rahmen der gewählten Tarife.

(2) a) Der Versicherungsfall beginnt mit der medizinisch notwendigen Heilbehandlung des Versicherten und endet, wenn nach medizinischem Befund die Notwendigkeit der Heilbehandlung nicht mehr besteht. Muss die Heilbehandlung auf eine Krankheit oder Unfallfolgen ausgedehnt werden, die mit der (den) bisher behandelten nicht ursächlich zusammenhängen, so entsteht insoweit ein neuer Versicherungsfall.

b) Als Versicherungsfall gilt auch die Entbindung einschließlich der wegen Schwangerschaft erforderlichen Untersuchungen sowie die damit im Zusammenhang stehende medizinisch notwendige Heilbehandlung.

c) [Als Versicherungsfall gelten nicht:]
- kosmetische Behandlungen und Operationen und deren Folgen, soweit diese Maßnahmen nicht der Beseitigung von Unfallfolgen dienen; Kosmetische Behandlungen im Sinne der Versicherungsbedingungen dienen nicht der Behebung einer Fehlfunktion des Körpers und damit der Heilung einer therapiebedürftigen Erkrankung. Das Ergebnis der kosmetischen Behandlung dient vornehmlich der Ästhetik.

Daher gelten Korrekturoperationen nach Eingriffen wegen Übergewichts auch dann nicht als Versicherungsfall, wenn der ursprüngliche Eingriff zur Behandlung des Übergewichts medizinisch indiziert und damit vom Versicherungsschutz umfasst war.

- geschlechtsangleichende Operationen;
- Zahnimplantationen, sowie die damit im ursächlichen Zusammenhang stehenden Maßnahmen und Folgen, soweit diese nicht der Beseitigung von Unfallfolgen dienen;
- präventive Behandlungen und Eingriffe;
- nichtärztliche Hauspflege sowie Maßnahmen der Geriatrie, der Rehabilitation und der Heilpädagogik.

(3) Heilbehandlung ist eine medizinische Behandlung, die nach dem allgemein anerkannten Stand der medizinischen Wissenschaft geeignet erscheint, die Gesundheit wieder herzustellen, den Zustand zu bessern oder eine Verschlechterung zu verhindern.

(4) Krankheit ist ein nach dem allgemein anerkannten Stand der medizinischen Wissenschaft anormaler körperlicher oder geistiger Zustand.

(5) Unfall ist jedes vom Willen des Versicherten unabhängige Ereignis, das, plötzlich von außen, mechanisch oder chemisch einwirkend, eine körperliche Schädigung des Versicherten nach sich zieht.

(6) Versichert können nur gesunde Personen werden, die in Österreich ihren ordentlichen Wohnsitz haben. Andere Personen können zu besonderen Bedingungen versichert werden.

(7) Der Versicherungsschutz erstreckt sich auf Versicherungsfälle in Österreich. Erkrankt ein Versicherter während eines vorübergehenden Aufenthaltes im Ausland, so besteht für eine Heilbehandlung im Ausland innerhalb eines Versicherungsjahres Versicherungsschutz für einen Monat ab Beginn dieser Heilbehandlung.

§ 2.
Abschluss des Versicherungsvertrages

(1) Versicherungsnehmer oder Versicherten kann nur eine Person sein, die in Österreich ihren ordentlichen Wohnsitz hat, sofern nicht eine andere Vereinbarung getroffen wird.

(2) Der Antragsteller ist sechs Wochen an seinen Antrag gebunden. Die Frist beginnt mit dem Tag der Antragstellung, bzw. mit der Absendung des Antrages.

(3) Die Annahme des Antrages kann auch von einer ärztlichen Untersuchung oder von der Beibringung eines ärztlichen Zeugnisses abhängig gemacht werden. Die Kosten trägt der Antragsteller.

(4) Über die Antragsannahme entscheidet die Geschäftsleitung des Versicherers. Die Entscheidung ist dem Antragsteller „/in geschriebener Form/je nach Vereinbarung" mitzuteilen. Mit der Zustellung

12/I/3. Kranken
Krankheitskosten- & Krankenhaus-Tagegeld

(Aushändigung) des Versicherungsscheines oder einer „en" Annahmeerklärung „in geschriebener Form/je nach Vereinbarung" ist der Versicherungsvertrag abgeschlossen.

(5) Ein Versicherungsnehmer, der in vollem Umfang in der Krankheitskostenversicherung versichert ist, kann für sein neugeborenes Kind Versicherungsschutz im gleichen Umfang gem. § 178e VersVG verlangen. []
Die Mitversicherung des neugeborenen Kindes muss innerhalb von zwei Monaten nach der Geburt beantragt werden;

§ 3.
Beginn des Versicherungsschutzes

Der Versicherungsschutz beginnt mit Abschluss des Versicherungsvertrages, jedoch nicht vor Bezahlung der ersten Prämie, nicht vor Ablauf der Wartezeiten und nicht vor dem im Versicherungsschein bezeichneten Zeitpunkt (Versicherungsbeginn). Wird der Versicherungsschein nach diesem Zeitpunkt ausgehändigt, die Prämie sodann aber innerhalb von 14 Tagen bezahlt, so beginnt der Versicherungsschutz, abgesehen von den Bestimmungen über die Wartezeiten, mit dem im Versicherungsschein bezeichneten Zeitpunkt.

§ 4.
Wartezeiten

(1) Die Wartezeiten (Wartezeiterkrankungen siehe § 6 Abs.3 und Abs.4) werden ab Versicherungsbeginn gerechnet.
(2) Die allgemeine Wartezeit beträgt 3 Monate.
Sie entfällt:
a) bei Unfällen, ausgenommen Bauch- und Unterleibsbrüche, die durch einen Unfall herbeigeführt oder verschlechtert wurden.
b) bei folgenden akuten Infektionskrankheiten:
Röteln, Masern, Windpocken (Varicellen), Scharlach, Diphterie, Keuchhusten, Mumps, spinale Kinderlähmung, Meningitis, Ruhr, Paratyphus, Flecktyphus (Fleckfieber), Typhus, Cholera, Rückfallfieber, Malaria, Milzbrand, Rotlauf, Gelbfieber, Pest, Tularämie, Psittakose.
c) bei Mitversicherung von Ehegatten und neugeborenen Kindern für Leistungen im Ausmaß der bestehenden Versicherung
– wenn die Versicherung mindestens 3 Monate bestanden hat und
– wenn die Mitversicherung innerhalb eines Monats nach der Eheschließung oder nach der Geburt mit Wirkung vom 1. des betreffenden Monats beantragt wird.

(3) „Festlegung von besonderen Wartezeiten"
(4) Bei Übertritt in eine höhere Tarifklasse besteht der Anspruch auf höheren Versicherungsschutz nur für Versicherungsfälle, die nach neuerlichem Ablauf der Wartezeiten eintreten.
(5) Wird eine Krankheitskostenversicherung nachweislich innerhalb eines Monats nach Beendigung einer Pflichtversicherung in unmittelbarem Anschluss an diese abgeschlossen, so wird deren Versicherungszeit auf die Wartezeiten angerechnet; dies gilt sinngemäß auch für gegenüber einem Träger der sozialen Krankenversicherung bisher Anspruchsberechtigten. Für stationäre Heilbehandlung besteht aber innerhalb der Wartezeit Versicherungsschutz höchstens im Ausmaß der Leistung aus der Pflichtversicherung. Für Entbindungen und deren Folgen besteht Versicherungsschutz erst nach Ablauf der in Abs.3 genannten Wartezeiten. Die Voraussetzungen für die Anrechnung der Pflichtversicherung sind dem Versicherer durch geeignete Belege nachzuweisen.

§ 5.
Art und Umfang des Versicherungsschutzes

(1) Art und Umfang des Versicherungsschutzes ergeben sich aus dem Tarif und dem Versicherungsschein. Soweit dort Leistungen für ambulante und/oder stationäre Heilbehandlung vorgesehen sind, gelten folgende Bestimmungen, sofern nicht eine andere Vereinbarung getroffen worden ist:
A. Leistungen für ambulante Heilbehandlung
(2) Der Versicherte hat freie Wahl unter den niedergelassenen, zur selbständigen Ausübung des ärztlichen Berufes zugelassenen Ärzten und Dentisten. Bei medizinischer Notwendigkeit werden während eines Versicherungsfalles auch die Kosten der Beiziehung mehrerer Ärzte erstattet.

12/I/3. Kranken
Krankheitskosten- & Krankenhaus-Tagegeld

(3) Die Kosten der ärztlichen Hausbesuche werden nur dann vergütet, wenn der Zustand des Versicherten das Aufsuchen des Arztes nicht gestattet; ansonsten wird nur Entschädigung für Ordinationen geleistet.

(4) Weggebühren des Arztes werden erstattet, wenn am Wohnort des Versicherten kein Arzt ansässig ist; nicht erstattet werden die Kosten für Fahrten des Versicherten zu einem Arzt.

(5) Bei Behandlung durch Ehegatten, Lebensgefährten, Partner eingetragener Partnerschaften, Eltern oder Kinder des Versicherten werden nur die nachgewiesenen Sachkosten erstattet.

(6) Die Kosten diagnostischer Untersuchungen (z. B. Labordiagnostik, bildgebende Diagnostik, Ultraschalluntersuchungen) und die Kosten ärztlich verordneter physiotherapeutischer Heilbehandlungen werden erstattet, wenn sie durch einen Arzt oder einen zur Heilbehandlung am Kranken Berechtigten durchgeführt wurden.

Zusätzliche Kosten für Ordinationen oder Hausbesuche werden hiebei nicht vergütet.

(7) Als Heilbehelfe (Hilfsmittel) gelten Brillen, Kontaktlinsen, Bruchbänder, Gliederprothesen, Hörapparate, orthopädische Korsette, orthopädische Schuheinlagen und die orthopädische Ausstattung von Schuhen, Bandagen und Bauchmieder, nicht jedoch z. B. Irrigatoren, Inhalationsapparate, Milchpumpen, Mundduschen, Eisbeutel, Heizkissen, Fieberthermometer, Blutdruckmessgeräte, Behelfe zur Korrektur von Zahn- und Kieferfehlstellungen sowie alle sonst zur Körper- und Krankenpflege dienenden Apparate und Behelfe. Hat der Versicherer für Heilbehelfe Kostenersatz geleistet, so besteht ein neuerlicher Anspruch auf Leistungen erst nach Ablauf der üblichen Nutzungsdauer, sofern nicht zu einem früheren Zeitpunkt aus medizinischen Gründen eine Neuanschaffung notwendig ist.

(8) Die Kosten der im Rahmen einer Heilbehandlung verordneten und aus einer Apotheke bezogenen Arzneimittel werden ersetzt.

Nicht erstattet werden die Kosten für Heil- und Mineralwässer, Medizinalweine, Nähr- und Stärkungsmittel, Nahrungsergänzungsmittel, geriatrische Mittel, Tonika, kosmetische Mittel und alle nicht in Österreich registrierten Heilmittel.

B. Leistungen für stationäre Heilbehandlung

(9) Stationäre Heilbehandlung im Sinne dieser Versicherungsbedingungen ist eine Heilbehandlung im Rahmen eines medizinisch notwendigen stationären Aufenthaltes in sanitätsbehördlich genehmigten Krankenanstalten, sofern diese ständige ärztliche Anwesenheit vorsehen, über ausreichende diagnostische und therapeutische Möglichkeiten verfügen, nach dem allgemein anerkannten Stand der medizinischen Wissenschaft arbeiten, nicht auf die Anwendung bestimmter Behandlungsmethoden ausgerichtet sind, sowie Krankengeschichten führen. Als stationär gilt ein Aufenthalt nur, wenn die Art der Heilbehandlung einen Aufenthalt von mindestens 24 Stunden erfordert. Stationäre Aufenthalte für Zahnbehandlung und Zahnersatz sowie zahn- und kieferchirurgische Eingriffe gelten nur dann als medizinisch notwendig, wenn eine ambulante Heilbehandlung aus medizinischen Gründen nicht möglich ist.

(10) [In den nachstehend angeführten Krankenanstalten bzw. den entsprechenden Organisationseinheiten und Betriebsformen von Krankenanstalten aller Art werden Leistungen nur insoweit erbracht, als der Versicherer diese vor Beginn der Heilbehandlung „/in geschriebener Form/je nach Vereinbarung" zugesagt hat:]

– die nicht nach dem allgemein anerkannten Stand der medizinischen Wissenschaft arbeiten („Alternativmedizin");
– in denen neben stationärer Heilbehandlung auch Rehabilitationsmaßnahmen oder Kurbehandlungen durchgeführt werden;
– für psychische Erkrankungen bzw. für psychosomatische Behandlungen oder in Zentren für seelische Gesundheit;
– in denen Langzeitbehandlungen (durchschnittliche Behandlungsdauer mindestens 28 Tage) durchgeführt werden;
– in denen vornehmlich Maßnahmen der Palliativmedizin durchgeführt werden und
– in privaten Krankenanstalten außerhalb Österreichs;

(11) Für die in den nachstehend angeführten Krankenanstalten bzw. den entsprechenden Organisationseinheiten und Betriebsformen von Krankenanstalten typischerweise erbrachten Behandlungsleistungen aller Art besteht kein Versicherungsschutz:

– Rehabilitationszentren;
– Kliniken und stationäre Einrichtungen für Alkohol- und Drogenabhängige;

12/I/3. Kranken
Krankheitskosten- & Krankenhaus-Tagegeld

- selbständige Ambulatorien (auch wenn die durchzuführende Untersuchung oder Behandlung eine kurzfristige Unterbringung erforderlich macht);
- Kuranstalten, Erholungs- , Diät- und Genesungsheime;
- Einrichtungen, die auf Geriatrie ausgerichtet sind;
- Hospizeinrichtungen;
- Tages- und Nachtkliniken;

(12) Kein Versicherungsschutz besteht bei Aufenthalten in:
- Sanitätseinrichtungen des Bundesheeres,
- Krankenabteilungen in Justizanstalten (Inquisitenspitälern);
- für geistig abnorme Rechtsbrecher;

(13) Der Versicherer kann sich auf seine Leistungsfreiheit nach Abs. (10) und (11) nicht berufen, wenn die Dringlichkeit der stationären Heilbehandlung das Aufsuchen einer Krankenanstalt im Sinne des Abs. (9) bzw. die Einholung einer vor Beginn der Behandlung erfolgten „en" Zusage „in geschriebener Form/je nach Vereinbarung" nach Abs. (10) nicht zulässt.

(14) Bei einem medizinisch notwendigen Transport in ein und aus einem Krankenhaus werden Kosten für einen Transport mit einem Krankenwagen ersetzt.

C. Gemeinsame Bestimmungen

(14) Als Operationskosten gelten das Honorar des Operateurs, des Anästhesisten, der bei der Operation assistierenden Ärzte und die Kosten des Pflegepersonals für die Operation einschließlich Vor- und Nachbehandlung, sowie die dabei unmittelbar anfallenden medizinisch notwendigen Sachkosten. Dabei anfallende Sachkosten wie z. B. die Kosten von Körperersatzstücken, Implantaten und sonstigen therapeutischen Behelfen wie insbesondere Apparaturen, die Organe ersetzen oder in ihrer Funktion unterstützen werden somit nicht gesondert ersetzt.

Bei gleichzeitiger Ausführung mehrerer Operationen wird die am höchsten einzustufende tariflich voll, jede weitere in verschiedenen Operationsfeldern mit höchstens 50 % im gleichen Operationsfeld mit höchstens 25 % des tariflichen Ausmaßes vergütet.

(15) Als Kosten der sonstigen Heilbehandlungen gelten das Honorar des behandelnden Arztes, die Kosten für Benützung von medizinisch technischen Geräten und sonstigen Sachkosten sowie alle Nebenkosten.

§ 6.
Einschränkung des Versicherungsschutzes

(1) Vom Versicherungsschutz ausgenommen sind Heilbehandlungen, die vor Versicherungsbeginn begonnen haben.

(2) Krankheiten und Unfallfolgen, die vor Versicherungsbeginn entstanden sind, aber erst nach Versicherungsbeginn zu einer Heilbehandlung führen, sind nur nach Maßgabe des § 11 und § 6 Abs.6 in den Versicherungsschutz einbezogen.

Nach Ablauf von drei Jahren nach Vertragsabschluss kann der Versicherer von den Bestimmungen des § 11 keinen Gebrauch machen, es sei denn, dass die Anzeigepflicht arglistig verletzt wurde.

(3) Für Krankheiten und Unfallfolgen, die während der Wartezeit (§ 4) erstmalig behandelt worden sind, besteht bis zur Beendigung des Versicherungsfalles, längstens bis drei Jahre nach Abschluss, Abänderung oder Wiederinkraftsetzung des Versicherungsvertrages kein Versicherungsschutz; dasselbe gilt für Krankheiten, die mit diesen in einem unmittelbar ursächlichen Zusammenhang stehen. Der Versicherer ist nur dann zur Leistung verpflichtet, wenn der Versicherungsnehmer beweist, dass die Krankheit erst nach Vertragsabschluss erkennbar wurde.

(4) Krankheiten und Unfallfolgen gemäß Abs. (1) bis (3) können zu besonderen Bedingungen in den Versicherungsschutz eingeschlossen werden.

(5) Kein Versicherungsschutz besteht für die Heilbehandlung
- von Krankheiten und Unfällen, die als Folge eines missbräuchlichen Genusses von Alkohol oder Suchtgiften eintreten, sowie für Entziehungsmaßnahmen und Entziehungskuren;
- bei Unterbringung wegen Selbst- oder Fremdgefährdung
- von Krankheiten und Unfällen sowie deren Folgen, die durch aktive Beteiligung an Unruhen, durch schuldhafte Beteiligung an Schlägereien oder bei der Begehung einer gerichtlich strafbaren Handlung, die Vorsatz voraussetzt, entstehen;

12/I/3. Kranken
Krankheitskosten- & Krankenhaus-Tagegeld

- von Folgen von Selbstmordversuchen;
- von auf Vorsatz des Versicherten beruhende Krankheiten und Unfälle, einschließlich deren Folgen; hat der Versicherungsnehmer die Krankheit oder den Unfall eines Versicherten vorsätzlich herbeigeführt, so bleibt der Versicherer diesem gegenüber zur Leistung verpflichtet. Der Schadenersatzanspruch des Versicherten geht jedoch auf den Versicherer über (§ 67 VersVG).
- von Krankheiten und Unfälle sowie deren Folgen, die durch Kriegsereignisse jeder Art, einschließlich Neutralitätsverletzungen, entstehen.

(6) Für die Heilbehandlung von Krankheiten und Unfallfolgen, die vom Versicherungsnehmer bzw. vom Versicherten vor Abschluss des Versicherungsvertrages angegeben wurde, kann der Versicherungsschutz nur durch ausdrückliche „e/in geschriebener Form/je nach Vereinbarung" Erklärung des Versicherers ausgeschlossen werden.

(7) Geht die Heilbehandlung über das notwendige Maß hinaus, so ist der Versicherer berechtigt, die Erstattung auf das angemessene Ausmaß herabzusetzen.

(8) Soweit Kosten aufgrund gesetzlicher Bestimmungen oder vertraglicher Vereinbarungen mit dem Versicherer betraglich geregelt sind, ist der Versicherer zum Ersatz darüber hinausgehender Kosten (z. B. Sonderhonorare der Vorstände von Universitätskliniken gemäß § 46 KaKuG und ausführende Landesgesetze) nicht verpflichtet.

(9) Der Versicherer kann in begründeten Fällen Behandlungen durch bestimmte Ärzte oder Dentisten bzw. in bestimmen Krankenanstalten bzw. in den entsprechenden Organisationseinheiten und Betriebsformen von Krankenanstalten aller Art vom Versicherungsschutz ausnehmen. Dies gilt für Behandlungen, die nach Zustellung der Mitteilung durchgeführt werden. Für laufende Versicherungsfälle besteht Versicherungsschutz bis ....

§ 7.
Auszahlung der Versicherungsleistung

(1) Die Auszahlung der Versicherungsleistung erfolgt aufgrund von saldierten Originalrechnungen und Aufenthaltsbestätigungen. Diese Belege müssen den Vornamen und den Zunamen, die Adresse, die Versicherungsnummer, das Geburtsdatum, der behandelten Person sowie die Bezeichnung der Krankheit und der erbrachten Leistung und die Daten der Behandlung enthalten.

Ist der Versicherte noch anderweitig gesetzlich oder privat krankenversichert, können auch Zweitschriften samt der dazugehörigen Abrechnung oder detaillierte Abrechnungen der anderen Versicherer vorgelegt werden.

(2) Der Versicherer darf den Überbringer von Belegen als zum Empfang der darauf entfallenden Versicherungsleistungen berechtigt ansehen.

(3) Die Belege gehen in das Eigentum des Versicherers über.

(4) Kosten für die Überweisung der Versicherungsleistungen sowie der Kosten für Übersetzungen sind von Versicherungsnehmer zu tragen.

(5) Die in ausländischer Währung entstandenen Kosten werden zum Devisenmittelkurs der Wiener Börse des letzten Behandlungstages in Euro umgerechnet.

(6) Die Ansprüche auf Versicherungsleistungen können ohne Zustimmung des Versicherers weder verpfändet noch abgetreten werden. Der Versicherungsnehmer kann gegen Forderungen des Versicherers aufrechnen, wenn es sich um Gegenforderungen handelt, die im rechtlichen Zusammenhang mit seiner Forderung stehen und die gerichtlich festgestellt oder die vom Versicherer anerkannt worden sind.

(7) Der Versicherer ist von der Verpflichtung zur Leistung frei, wenn der Anspruch auf die Leistung nicht innerhalb von zwölf Monaten gerichtlich geltend gemacht wird. Die Frist beginnt erst, nachdem der Versicherer dem Versicherungsnehmer gegenüber den erhobenen Anspruch unter Angabe der mit dem Ablauf der Frist verbunden Rechtsfolgen „./in geschriebener Form/je nach Vereinbarung" abgelehnt hat.

(8) Die Ansprüche auf die Versicherungsleistungen verjähren drei Jahre nach Schluss des Kalenderjahres, in dem die Leistung verlangt werden könnte.

12/I/3. Kranken
Krankheitskosten- & Krankenhaus-Tagegeld

§ 8.
Ruhen des Versicherungsschutzes

(1) Auf Antrag des Versicherungsnehmers kann in begründeten Fällen auf einen im Voraus bestimmten Zeitraum von nicht mehr als 12 Monaten das Ruhen der Rechte und Pflichten aus dem Versicherungsvertrag vereinbart werden.

(2) Für Versicherungsfälle, die während des Ruhens des Versicherungsvertrages eingetreten sind, besteht kein Versicherungsschutz. Dies gilt auch für die Fortsetzung der Heilbehandlung nach Ende des Ruhens. Ein Einschluss in den Versicherungsschutz kann zu besonderen Bedingungen vereinbart werden.

§ 9.
Ende des Versicherungsschutzes

(1) Der Versicherungsschutz endet mit der Beendigung des Versicherungsvertrages. Dies gilt auch für bereits vorher eingetretene bzw. laufende Versicherungsfälle.

PFLICHTEN DES VERSICHERUNGSNEHMERS
§ 10.
A. Prämien, Gebühren und Abgaben

(1) Die Prämie ist eine Jahresprämie und wird vom Versicherungsbeginn an berechnet. Sie ist zu Beginn eines jeden Versicherungsjahres zu entrichten, kann aber auch in gleichen monatlichen Prämienraten bezahlt werden, die jeweils bis zur Fälligkeit der Prämienrate gestundet gelten. Die Prämienraten sind am 1. eines jeden Monats fällig. Die erste Prämie samt Nebengebühren ist spätestens bei Aushändigung bzw. Angebot des Versicherungsscheines fällig.

(2) Hat ein mitversichertes Kind das ..... Lebensjahr vollendet, so sind nach dem nächstfolgenden Monatsersten die Prämien zu bezahlen, die für erwachsene Personen zu entrichten sind.

(3) Die Prämien sind an die vom Versicherer zu bezeichnende Stelle zu entrichten.

(4) Für allfällige durch den Versicherungsnehmer veranlasste Mehraufwendungen können Gebühren verrechnet werden.

B. Zahlungsverzug und dessen Folgen

(5) Wird die erste Prämie oder die erste Prämienrate nicht innerhalb von 14 Tagen nach dem Abschluss des Versicherungsvertrages und nach der Aufforderung zur Prämienzahlung nicht gezahlt, so kann der Versicherer so lange die erste Zahlung nicht bewirkt ist, vom Vertrag zurücktreten. Es gilt der Rücktritt, wenn der Anspruch auf die Prämie nicht innerhalb dreier Monate vom Fälligkeitstag an gerichtlich geltend gemacht wird.
Ist die Prämie zur Zeit des Eintritts des Versicherungsfalles und nach Ablauf der Frist von 14 Tagen noch nicht gezahlt, so ist der Versicherer von der Verpflichtung der Leistung frei, es sei denn, dass der Versicherungsnehmer an der rechtzeitigen Zahlung der Prämie ohne sein Verschulden verhindert war.

(6) Wird in der Folge eine fällige Prämie oder eine fällige Prämienrate nicht rechtzeitig bezahlt, so kann der Versicherer den Versicherungsnehmer unter Angabe der Höhe der Prämien- und Kostenschuld und der Rechtsfolgen weiterer Säumnis "/in geschriebener Form/je nach Vereinbarung" auffordern, die Schuld innerhalb einer Zahlungsfrist von 2 Wochen, vom Empfang der Aufforderung an gerechnet, an die vom Versicherer bezeichnete Stelle ohne Abrechnung von Überweisungsspesen zu bezahlen.
Neben der Postgebühr und Mahnkosten können Verzugszinsen in Höhe der gesetzlichen Verzugszinsen eingehoben werden. Nach Ablauf der Zahlungsfrist werden, wenn bis dahin der eingemahnte Betrag nicht bezahlt ist, die gestundeten Prämienraten des laufenden Versicherungsjahres fällig.

(7) Tritt der Versicherungsfall nach Ablauf der Zahlungsfrist ein und ist der Versicherungsnehmer zu dieser Zeit mit der Zahlung der Prämien ganz oder teilweise im Verzug, so ist der Versicherer von der Verpflichtung zur Leistung frei, es sei denn, dass der Versicherungsnehmer an der rechtzeitigen Zahlung der Prämie ohne sein Verschulden verhindert war.
Die Leistungspflicht des Versicherers lebt nach Bezahlung aller rückständigen Prämien wieder auf, jedoch besteht für Versicherungsfälle, die nach Ablauf der Zahlungsfrist und vor Nachzahlung der rückständigen Beiträge samt Kosten eingetreten sind, und deren Folgen kein Anspruch auf Leistung.

AVB
Leben
Kranken
Unfall
Sachversicherung
Einbruchdiebstahl
Feuer
Glas
Haftpfl., USKV, ÖÄK
Haushalt
Rechtsschutz
Transport
+ AÖSp (SVS/RVS)

12/I/3. Kranken
Krankheitskosten- & Krankenhaus-Tagegeld

(8) Der Versicherer ist berechtigt, den Versicherungsvertrag ohne Einhaltung einer Kündigungsfrist zu kündigen, wenn der Versicherungsnehmer nach Ablauf der Frist mit der Zahlung in Verzug ist. Der Versicherer kann bereits bei der Bestimmung der Zahlungsfrist das Versicherungsverhältnis so kündigen, dass die Kündigung mit Fristablauf wirksam wird, wenn der Versicherungsnehmer in diesem Zeitpunkt mit der Zahlung im Verzug ist.

(9) Die Wirkungen der Kündigung fallen fort, wenn der Versicherungsnehmer innerhalb eines Monats nach Kündigung, oder falls die Kündigung mit der Fristbestimmung verbunden worden ist, innerhalb eines Monats nach dem Ablauf der Zahlungsfrist, die Zahlung nachholt.

§ 11.
Obliegenheiten

A. Anzeigepflicht vor Abschluss des Versicherungsvertrages

(1) Der Versicherungsnehmer und der Versicherte haben bei der Antragsstellung und zwischen Antragsstellung und der Zustellung (Aushändigung) des Versicherungsscheines alle erheblichen Gefahrenumstände anzuzeigen. Jeder Gefahrenumstand, nach dem der Versicherer ausdrücklich "in geschriebener/schriftlicher Form/je nach Vereinbarung" gefragt hat, gilt im Zweifel als erheblich.

B. Folgen der Verletzung der Anzeigepflicht vor Abschluss des Versicherungsvertrages.

(2) Hat der Versicherungsnehmer oder ein Versicherter die Anzeigepflicht über erhebliche Gefahrenumstände schuldhaft verletzt, so kann der Versicherer vom Vertrag zurücktreten. Die Anzeigepflicht ist auch dann verletzt, wenn Fragen um Gefahrenumstände unvollständig beantwortet werden.

(3) Der Rücktritt vom Versicherungsvertrag ist innerhalb eines Monats von dem Tag an zulässig, an dem der Versicherer von der Verletzung der Anzeigepflicht Kenntnis erlangt hat.

(4) Tritt der Versicherer zurück, nachdem ein Versicherungsfall eingetreten ist, so bleibt der Versicherungsschutz bestehen, wenn der Umstand in Ansehung dessen die Anzeigepflicht verletzt wurde, keinen Einfluss auf den Eintritt des Versicherungsfalles und auf den Umfang des Versicherungsschutzes gehabt hat. Der Versicherungsschutz erstreckt sich jedoch keinesfalls über den Zeitpunkt des Rücktritts. Der Versicherer kann jedoch die Rückzahlung der Leistung verlangen, die sich auf die Tatsachen beziehen, die zum Rücktritt geführt haben.

(5) Treffen die Voraussetzungen für den Rücktritt nur auf einzelne versicherte Personen zu, so kann er auf diese beschränkt werden. Der Versicherungsnehmer hat in diesem Fall das Recht, innerhalb eines Monats nach Erhalt der Rücktrittserklärung des Versicherungsvertrags mit sofortiger Wirkung zur Gänze zu kündigen.

(6) Das Recht des Versicherers, den Vertrag wegen Arglist anzufechten, wird durch die vorstehenden Bestimmungen nicht berührt.

(7) Bei schuldloser Verletzung der Anzeigepflicht, kann der Versicherer, wenn der Geschäftsplan bei Vorliegen der ihm unbekannt gebliebenen Gefahrenumstände einen höhere Prämie vorsieht, von Beginn des laufenden Versicherungsjahres an die entsprechend höhere Prämie verlangen.

C. Pflichten des Versicherungsnehmers und des Versicherten während des Bestehens des Versicherungsvertrages.

(8) Der Versicherungsnehmer und der Versicherte haben auf Verlangen des Versicherers jede Auskunft zu erteilen, die zur Feststellung des Versicherungsfalles oder der Art und des Umfanges des Versicherungsschutzes erforderlich ist.

Dies umfasst auch die Verpflichtung des Versicherten, sich auf Verlangen der Versicherers durch einen von diesem beauftragten Arzt untersuchen zu lassen und die Verpflichtung des Versicherungsnehmers bzw. des Versicherten vom Versicherer geforderte Unterlagen diesem zur Verfügung zu stellen.

(9) Wird für eine versicherte Person bei einem anderen Versicherer ein Krankenversicherungsvertrag abgeschlossen, so ist der Versicherer vom weiteren Versicherungsvertrag unverzüglich zu unterrichten.

D. Folgen der Verletzung von Pflichten während des Bestehens des Versicherungsvertrages

(10) Verletzt der Versicherungsnehmer oder der Versicherte die Auskunftspflicht des § 11 (9), so ist der Versicherer von der Verpflichtung zur Leistung frei, sofern die Verletzung vorsätzlich oder grob fahrlässig erfolgt ist.

(11) Wird die in § 11 (10) genannte Informationspflicht schuldhaft verletzt, so ist der Versicherer von der Verpflichtung zur Erbringung von Summenleistungen, wie z. B. Krankenhaus-Tagegeld, Krankenhaus-Ersatztagegeld, Krankengeld oder Kurzuschüssen frei. Der Versicherer kann überdies den Versicherungsvertrag innerhalb eines Monats, nachdem er von der Obliegenheitsverletzung

12/I/3. Kranken
Krankheitskosten- & Krankenhaus-Tagegeld

Kenntnis erlangt hat, ohne Einhaltung einer Kündigungsfrist kündigen. Kündigt der Versicherer innerhalb eines Monat nicht, so kann er sich auf die Leistungsfreiheit nicht berufen.

§ 12.
Ansprüche gegen Dritte

(1) Bestehen für einen Versicherungsfall neben dem Anspruch gegen den Versicherer gleichartige Ansprüche gegenüber dritten Personen oder öffentlich rechtlichen oder privaten Versicherungsträgern, so gehen diese Ansprüche insoweit auf den Versicherer über, als dieser die Kosten ersetzt. Der Anspruchsberechtigte ist verpflichtet, die Abtretung auf Verlangen dem Versicherer "/in geschriebener Form/je nach Vereinbarung" zu bestätigen.

(2) Soweit der Anspruchsberechtigte von schadenersatzpflichtigen dritten Personen oder aufgrund anderer Versicherungsverträge schon Ersatz der ihm entstandenen Kosten erhalten hat; ist der Versicherer berechtigt, den Ersatz auf seine Leistungen anzurechnen.

(3) Die Absätze 1 und 2 gelten nicht für Leistungen, die auch ohne Kostennachweis gebühren.

(4) Die Verpflichtung des Versicherers zur Leistung von Kosten, deren teilweisen Ersatz der Anspruchsberechtigte von einem öffentlich rechtlichen Versicherungsträger fordern kann, tritt erst ein, wenn letzterer die ihm obliegenden Leistungen erbracht hat.

(5) Gibt der Anspruchsberechtigte seinen Anspruch gegen Dritte oder ein zur Sicherung des Anspruches dienendes Recht ohne Zustimmung des Versicherers auf, so wird der Versicherer insoweit von der Ersatzpflicht frei, als er aus dem Anspruch oder dem Recht hätte Ersatz erlangen können.

ENDE DES VERSICHERUNGSVERTRAGES
§ 13.
Kündigung durch den Versicherungsnehmer

(1) Der Versicherungsvertrag wird auf unbestimmte Zeit abgeschlossen. Der Versicherungsnehmer hat das Recht, den Versicherungsvertrag zum Ende eines Versicherungsjahres, frühestens aber zum Ablauf einer vereinbarten Vertragsdauer, mit einer Frist von drei Monaten zu kündigen.

(2) Das Versicherungsjahr richtet sich nach dem ursprünglichen Versicherungsbeginn.

(3) Die Kündigung muss „/in geschriebener Form/je nach Vereinbarung" erfolgen und soll an die Geschäftsleitung des Versicherers gerichtet sein.

(4) Kündigt der Versicherungsnehmer den Versicherungsvertrag hinsichtlich einzelner Personen, hat der Versicherer das Recht, innerhalb einer Frist von einem Monat den Versicherungsvertrag hinsichtlich der übrigen Personen zum gleichen Termin zu kündigen.

(5) Wird ein Versicherungsnehmer oder ein Versicherter in eine Pflegeanstalt für chronisch Kranke aufgenommen, so hat der Versicherungsnehmer das Recht, den Versicherungsvertrag zum Ende des Monats zu kündigen, in welchem er die Aufnahme in eine solche Anstalt nachweist.

§ 14.
Einseitige Vertragsbeendigung durch den Versicherer

(1) Der Versicherer hat nur in folgenden Fällen das Recht den Vertrag einseitig zu beenden:
- Prämienzahlungsverzug gemäß § 10 Abs.5 und 6
- Verletzung der vorvertraglichen Anzeigepflicht gemäß § 11
- in Folge der Kündigung durch den Versicherungsnehmer gemäß § 13 (4)
- schuldhaftes Verhalten des Versicherungsnehmers oder des Versicherten gemäß dem nachfolgenden (2).

(2) Wenn der Versicherungsnehmer oder ein Versicherter durch wissentlich falsche Angaben, insbesondere durch Vortäuschung einer Krankheit, Versicherungsleistungen erschleicht, oder zu erschleichen versucht, oder bei einer solchen Handlung mitwirkt, so ist der Versicherer von der Verpflichtung zur Leistung frei und hat das Recht, den Versicherungsvertrag fristlos zu kündigen. Das gleiche gilt, wenn der Versicherer im Krankheitsfall den vom Arzt oder vom Versicherer gegebenen zumutbaren Verhaltensmaßregeln vorsätzlich oder grob fahrlässig nicht Folge leistet.

(3) Kündigt der Versicherer den Versicherungsvertrag hinsichtlich einzelner Personen, hat der Versicherungsnehmer das Recht, den Versicherungsvertrag hinsichtlich der übrigen Personen innerhalb einer Frist von einem Monat zum gleichen Termin zu kündigen.

12/I/3. Kranken
Krankheitskosten- & Krankenhaus-Tagegeld

§ 15.
Sonstige Beendigungsgründe

(1) Der Versicherungsvertrag endet mit dem Tod des Versicherungsnehmers. Die Versicherten haben jedoch das Recht, den Versicherungsvertrag unter Benennung des künftigen Versicherungsnehmers fortzusetzen. Die Erklärung ist innerhalb zweier Monate nach dem Tod des Versicherungsnehmers abzugeben.

(2) Beim Tod eines Versicherten endet der Versicherungsvertrag hinsichtlich dieser Person.

(3) Der Versicherungsvertrag endet ferner durch Verlegung des Wohnsitzes des Versicherungsnehmer oder des Versicherten ins Ausland, es sei denn, dass eine andere Vereinbarung getroffen wird. Die Bestimmungen des Abs. (1) gelten sinngemäß

SONSTIGE BESTIMMUNGEN
§ 16.
Form und Empfänger von Willenserklärungen und Anzeigen

(1) Für alle Mitteilungen und Erklärungen des Versicherungsnehmers an den Versicherer ist die geschriebene Form erforderlich, sofern und soweit nicht gesondert die Schriftform ausdrücklich und mit gesonderter Erklärung vereinbart wurde. Unter geschriebener Form versteht man die Übermittlung eines Textes in Schriftzeichen, aus dem die Person des Erklärenden hervorgeht (z. B. Telefax oder E-Mail). Schriftform bedeutet dass dem Erklärungsempfänger das Original der Erklärung mit eigenhändiger Unterschrift des Erklärenden zugehen muss (keine elektronische Signatur im Sinne des Signaturgesetzes).

(2) Hat der Versicherungsnehmer seinen Wohnsitz gewechselt, dies aber nicht dem Versicherer mitgeteilt, so genügt zur Rechtswirksamkeit von Willenserklärungen des Versicherers dem Versicherungsnehmer gegenüber die Absendung des Briefes an die letzte dem Versicherer bekanntgegebene Anschrift.

§ 17.
Erfüllungsort, Gerichtsstand

(1) Erfüllungsort für die beiderseitigen Verpflichtungen aus dem Versicherungsvertrag ist der Sitz des Versicherers.

(2) Klagen gegen den Versicherer können bei Gericht am Sitz des Versicherers oder bei Gericht des Ortes anhängig gemacht werden, wo der Vermittlungsagent zur Zeit der Vermittlung seine gewerbliche Niederlassung oder in Ermangelung einer solchen seinen Wohnsitz hatte.

(3) Für Klagen gegen den Versicherungsnehmer ist das Gericht örtlich zuständig, in dessen Sprengel der Versicherungsnehmer seinen Wohnsitz, seinen gewöhnlichen Aufenthalt hat oder der Ort seiner Beschäftigung liegt.

§ 18.
Änderung der Allgemeinen Versicherungsbedingungen

Als für Änderungen der Prämie oder des Versicherungsschutzes maßgebende Umstände dürfen nur die Veränderungen folgender Faktoren vereinbart werden:
1. eines in der Vereinbarung genannten Index,
2. der durchschnittlichen Lebenserwartung,
3. der Häufigkeit der Inanspruchnahme von Leistungen nach Art der vertraglich vorgesehenen und deren Aufwendigkeit, bezogen auf die auf die zu diesem Tarif Versicherten,
4. des Verhältnisses zwischen den vertraglich vereinbarten Leistungen und den entsprechenden Kostensätzen der gesetzlichen Sozialversicherungen,
5. der durch Gesetz, Verordnung, sonstigen behördlichen Akt oder durch Vertrag zwischen dem Versicherer und im Versicherungsvertrag bezeichneten Einrichtungen des Gesundheitswesens festgesetzten Entgelte für die Inanspruchnahme dieser Einrichtungen und
6. des Gesundheitswesens oder der dafür geltenden gesetzlichen Bestimmungen.

§ 19.
Gewinnbeteiligung

12/I/4. Unfall
Allg. Bedingungen

Allgemeine Bedingungen für die Unfallversicherung (AUVB 2008)

(Version 01/2013)

Bei den nachfolgend angeführten Versicherungsbedingungen handelt es sich unverbindliche Musterbedingungen, die der Verband der Versicherungsunternehmen Österreichs aufgestellt hat. Ihre Verwendung durch die Versicherungsunternehmen ist rein fakultativ. Die Versicherungsunternehmen haben die Möglichkeit, davon zur Gänze abzuweichen und/oder mit ihren Kunden einzelne Klauseln zu vereinbaren, die nicht mit den Musterbedingungen übereinstimmen.

Versicherungsnehmer ist die Person, die den Versicherungsvertrag mit der „Versicherungsgesellschaft" abschließt.

Versicherte Person ist die Person, deren Gesundheitsschädigung infolge eines Unfalles versichert ist.

Anspruchsberechtigter (Begünstigter, Bezugsberechtigter) ist die Person, die für den Empfang der Leistung benannt ist.

Versicherungsprämie ist das vom Versicherungsnehmer zu zahlende Entgelt.

Anzuwendendes Recht: Für diesen Vertrag gilt österreichisches Recht. Neben anderen Gesetzen enthält insbesondere das Versicherungsvertragsgesetz 1958 (VersVG) zahlreiche Regelungen, die für den Versicherungsvertrag maßgeblich sind. Diese Bestimmungen gelten unmittelbar kraft Gesetzes. Die vorliegenden Versicherungsbedingungen wurden durch Annahme des Antrags als Vertragsgrundlage vereinbart und entsprechen den gesetzlichen Vorschriften. Einige Bestimmungen des VersVG haben wir in den Text dieser Bedingungen aufgenommen und mit Hinweis auf den betreffenden Paragraphen gekennzeichnet. Der genaue Wortlaut der wichtigsten Vorschriften des VersVG findet sich im Anhang ab Seite 15.

AVB
Leben
Kranken
Unfall
Sachversicherung
Einbruchdiebstahl
Feuer
Glas
Haftpfl., USKV, ÖAK
Haushalt
Rechtsschutz
Transport
+ AÖSp (SVS/RVS)

INHALTSVERZEICHNIS
ABSCHNITT A: VERSICHERUNGSSCHUTZ

Was ist versichert?	Art. 1:	Gegenstand der Versicherung
Was gilt als Versicherungsfall?	Art. 2:	Versicherungsfall
Wo gilt die Versicherung?	Art. 3:	Örtlicher Geltungsbereich
Wann gilt die Versicherung?	Art. 4:	Zeitlicher Geltungsbereich
Wann beginnt die Versicherung?	Art. 5:	Beginn des Versicherungsschutzes, vorläufige Deckung
Was ist ein Unfall?	Art. 6:	Begriff des Unfalles

ABSCHNITT B: VERSICHERUNGSLEISTUNGEN

Was kann versichert werden?	Art. 7:	Dauernde Invalidität
	Art. 8:	Unfallrente
	Art. 9:	Todesfall
	Art. 10:	Taggeld
	Art. 11:	Spitalgeld
	Art. 12:	Unfallkosten
	Art. 13:	Kinderlähmung, Frühsommer-Meningoencephalitis
Was zahlen wir zusätzlich?	Art. 14:	Zusatzleistungen
Wann sind unsere Leistungen fällig?	Art. 15:	Fälligkeit unserer Leistung
In welchen Fällen und nach Ärztekommission?	Art. 16:	Verfahren bei welchen Regeln entscheidet die Meinungsverschiedenheiten (Ärztekommission)

ABSCHNITT C: BEGRENZUNGEN DES VERSICHERUNGSSCHUTZES

In welchen Fällen zahlt der Versicherer nicht?	Art. 17:	Ausschlüsse
	Art. 18:	Sachliche Begrenzung des Versicherungsschutzes

12/I/4. Unfall
Allg. Bedingungen

ABSCHNITT D: PFLICHTEN DES VERSICHERUNGSNEHMERS

Wann ist die Prämie zu bezahlen?	Art. 19:	Prämie
Was ist bei Änderung des Berufes Beschäftigung zu beachten?	Art. 20:	Anzeige der Änderung der Berufstätigkeit oder Beschäftigung des Versicherten
Was ist vor Eintritt eines Versicherungsfalles zu beachten?	Art. 21:	Obliegenheiten
Was ist nach Eintritt eines Versicherungsfalles zu tun?		

ABSCHNITT E: SONSTIGE VERTRAGSBESTIMMUNGEN

Was gilt als Versicherungsperiode?	Art. 22:	Versicherungsperiode, Vertragsdauer
Unter welchen Voraussetzungen und wann kann der Versicherungsvertrag gekündigt werden?	Art. 23:	Kündigung, Erlöschen des Vertrages
Wann erlischt der Versicherungsvertrag ohne Kündigung?		
Wem steht die Ausübung der Rechte aus dem Versicherungsvertrag zu, wer hat die Pflichten aus dem Versicherungsvertrag zu erfüllen?	Art. 24:	Rechtsstellung der am Vertrag beteiligten Personen
Wie sind die Erklärungen abzugeben?	Art. 25:	Form der Erklärungen

ABSCHNITT A: VERSICHERUNGSSCHUTZ

Artikel 1
Gegenstand der Versicherung

Wir bieten Versicherungsschutz, wenn der versicherten Person ein Unfall zustößt.
Die Leistungen, die versichert werden können, ergeben sich aus Abschnitt B. Aus der Polizze ist ersichtlich, welche Leistungen und Versicherungssummen vereinbart sind.

Artikel 2
Versicherungsfall

Versicherungsfall ist der Eintritt eines Unfalles (Art. 6, Begriff des Unfalles).

Artikel 3
Örtlicher Geltungsbereich

Die Versicherung gilt auf der ganzen Erde.

Artikel 4
Zeitlicher Geltungsbereich

Versichert sind Unfälle, die während der Wirksamkeit des Versicherungsschutzes eingetreten sind.

Artikel 5
Beginn des Versicherungsschutzes, vorläufige Deckung

1. Beginn des Versicherungsschutzes
Der Versicherungsschutz wird mit der Einlösung der Polizze (Art.20, Prämie), jedoch nicht vor dem vereinbarten Versicherungsbeginn wirksam. Wird die erste oder die einmalige Prämie erst danach eingefordert, dann aber binnen 14 Tagen oder ohne schuldhaften Verzug gezahlt, ist der Versicherungsschutz ab dem vereinbarten Versicherungsbeginn gegeben.

2. Vorläufige Deckung
Soll der Versicherungsschutz schon vor Einlösung der Polizze beginnen (vorläufige Deckung), ist die ausdrückliche Zusage der vorläufigen Deckung durch uns erforderlich.
Ist eine vorläufige Deckung vereinbart, endet diese mit Aushändigung der Polizze.
Uns steht in diesem Fall die auf die Zeit des Versicherungsschutzes entfallende anteilige Prämie zu.

12/I/4. Unfall
Allg. Bedingungen

Artikel 6
Begriff des Unfalles

1. Ein Unfall liegt vor, wenn die versicherte Person durch ein plötzlich von außen auf ihren Körper wirkendes Ereignis (Unfallereignis) unfreiwillig eine Gesundheitsschädigung erleidet.
2. Als Unfall gelten auch folgende Ereignisse:
Verrenkungen von Gliedern sowie Zerrungen und Zerreißungen von an Gliedmaßen und an der Wirbelsäule befindlichen Muskeln, Sehnen, Bändern und Kapseln sowie Meniskusverletzungen. Hinsichtlich abnützungsbedingter Einflüsse mit Krankheitswert findet Art. 18 Pkt. 2, Sachliche Begrenzung des Versicherungsschutzes, Anwendung.
3. Krankheiten gelten nicht als Unfälle, übertragbare Krankheiten auch nicht als Unfallfolgen. Dies gilt nicht für Kinderlähmung und die durch Zeckenbiss übertragene Frühsommer-Meningoencephalitis sowie für Wundstarrkrampf und Tollwut.
4. Der Versicherungsschutz gilt auch für Unfälle, die die versicherte Person als Fluggast in motorischen Luftfahrzeugen erleidet, soferne nicht ein Ausschlusstatbestand gem.Art.17 Abs.1 gegeben ist.

ABSCHNITT B: VERSICHERUNGSLEISTUNGEN
Artikel 7
Dauernde Invalidität

Soweit nichts anderes vereinbart ist, gilt:
1. Voraussetzungen für die Leistung:
Die versicherte Person ist durch den Unfall auf Lebenszeit in ihrer körperlichen oder geistigen Leistungsfähigkeit beeinträchtigt.
Die Invalidität ist innerhalb eines Jahres nach dem Unfall eingetreten Sie ist unter Vorlage eines ärztlichen Befundberichtes, aus dem Art und Umfang der Gesundheitsschädigung und die Möglichkeit einer auf Lebenszeit dauernden Invalidität hervorgeht,, bei uns geltend gemacht worden.
Kein Anspruch auf Invaliditätsleistung besteht, wenn die versicherte Person unfallbedingt innerhalb eines Jahres nach dem Unfall stirbt.
2. Art und Höhe der Leistung:
2.1. Die Invaliditätsleistung zahlen wir
– als Kapitalbetrag bei Unfällen der versicherten Person vor Vollendung des 75. Lebensjahres,
– als Rente – sofern nichts anderes vereinbart ist – nach der "jeweiligen" Rententafel bei Unfällen nach diesem Zeitpunkt.
2.2. Bei völligem Verlust oder völliger Funktionsunfähigkeit der nachstehend genannten Körperteile und Sinnesorgane gelten ausschließlich, soweit nicht etwas anderes vereinbart ist, die folgenden Invaliditätsgrade:

eines Armes	70 %
eines Daumens	20 %
eines Zeigefingers	10 %
eines anderen Fingers	5 %
eines Beines	70 %
einer großen Zehe	5 %
einer anderen Zehe	2 %
der Sehkraft beider Augen	100 %
der Sehkraft eines Auges	35 %
sofern die Sehkraft des anderen Auges vor Eintritt des Versicherungsfalles bereits verloren war	65 %
des Gehörs beider Ohren	60 %
des Gehörs eines Ohres	15 %
sofern jedoch das Gehör des anderen Ohres vor Eintritt des Versicherungsfalles bereits verloren war	45 %
des Geruchssinnes	10 %

AVB
Leben
Kranken
Unfall
Sachversicherung
Einbruchdiebstahl
Feuer
Glas
Haftpfl., USKV, ÖÄK
Haushalt
Rechtsschutz
Transport
+ AÖSp (SVS/RVS)

12/I/4. Unfall
Allg. Bedingungen

    des Geschmackssinnes .... 5 %
    der Milz .... 10 %
    der Niere .... 20 %
    Wenn bereits die zweite Niere vor dem Unfall oder als Unfallfolge beeinträchtigt ist, ist Art. 7 Abs. 3, Dauernde Invalidität, anzuwenden.

    2.3. Bei Teilverlust oder Funktionsbeeinträchtigung gilt der entsprechende Teil des jeweiligen Prozentsatzes.

    3. Für andere Körperteile und Sinnesorgane bemisst sich der Invaliditätsgrad danach, inwieweit die normale körperliche oder geistige Funktionsfähigkeit insgesamt beeinträchtigt ist. Dabei sind ausschließlich medizinische Gesichtspunkte zu berücksichtigen. War die Funktion der betroffenen Körperteile oder Sinnesorgane bereits vor dem Unfall dauernd beeinträchtigt, wird der Invaliditätsgrad um die Vorinvalidität gemindert.

    4. Ist die Funktion mehrerer Körperteile oder Sinnesorgane durch den Unfall beeinträchtigt, werden die nach den vorstehenden Bestimmungen ermittelten Invaliditätsgrade zusammengerechnet. Mehr als 100 % werden jedoch nicht berücksichtigt.

    5. Im ersten Jahr nach dem Unfall wird eine Invaliditätsleistung von uns nur erbracht, wenn Art und Umfang der Unfallfolgen aus ärztlicher Sicht eindeutig feststehen.

    6. Steht der Grad der dauernden Invalidität nicht eindeutig fest, sind sowohl die versicherte Person als auch wir berechtigt, den Invaliditätsgrad jährlich bis 4 Jahre ab dem Unfalltag ärztlich neu bemessen zu lassen.

Artikel 8
Unfallrente

    Führt der Unfall zu einer dauernden Invalidität gem. Art. 7 von mindestens .... %, wird unabhängig vom Lebensalter der versicherten Person die Unfallrente bezahlt.

    Die Zahlung der Unfallrente erfolgt monatlich im nachhinein. Die erste Unfallrente wird rückwirkend mit dem Monat, in welchem sich der Unfall ereignet hat, fällig. Die Rentenzahlung endet, wenn die versicherte Person stirbt.

    Stirbt die versicherte Person unfallbedingt innerhalb des ersten Jahres nach dem Unfall besteht kein Anspruch auf eine Unfallrente.

Artikel 9
Todesfall

Soweit nichts anderes vereinbart ist, gilt:

    1. Tritt innerhalb eines Jahres vom Unfalltag an gerechnet der Tod als Folge des Unfalles ein, wird die für den Todesfall versicherte Summe gezahlt.

    2. Auf die Todesfallleistung werden nur Zahlungen, die für dauernde Invalidität aus demselben Ereignis geleistet worden sind, angerechnet. Einen Mehrbetrag an Leistung für dauernde Invalidität können wir nicht zurückverlangen.

    3. Für Personen unter 15 Jahren werden im Rahmen der Versicherungssumme nur die aufgewendeten, angemessenen Begräbniskosten ersetzt.

Artikel 10
Taggeld

Soweit nichts anderes vereinbart ist, gilt:

    Taggeld wird bei dauernder oder vorübergehender Invalidität für die Dauer der vollständigen Arbeitsunfähigkeit im Beruf oder in der Beschäftigung der versicherten Person für längstens 365 Tage innerhalb von 4 Jahren ab dem Unfalltag gezahlt.

Artikel 11
Spitalgeld

Soweit nichts anderes vereinbart ist, gilt:

12/I/4. Unfall
Allg. Bedingungen

1. Spitalgeld wird für jeden Kalendertag, an dem sich die versicherte Person wegen eines Versicherungsfalles in medizinisch notwendiger stationärer Heilbehandlung befindet, längstens für 365 Tage innerhalb von 4 Jahren ab dem Unfalltag gezahlt.

2. Als Spitäler gelten Krankenanstalten und Sanatorien, die sanitätsbehördlich genehmigt sind, unter ständiger ärztlicher Leitung und Betreuung stehen und sich nicht auf die Anwendung bestimmter Behandlungsmethoden beschränken, sowie Rehabilitationszentren der Sozialversicherungsträger, Werksspitäler und Krankenreviere der Exekutive.

3. Nicht als Spitäler gelten z.B. Heil- und Pflegeanstalten für Lungenkranke sowie für unheilbar chronisch Erkrankte, Erholungs- und Genesungsheime, Altersheime und deren Kranken-abteilungen sowie Kuranstalten, ferner Heil- und Pflegeanstalten für Nerven- und Geisteskranke.

Artikel 12
Unfallkosten

Soweit nichts anderes vereinbart ist, gilt:
Bis zur Höhe der hiefür vereinbarten Versicherungssumme werden von uns Unfallkosten ersetzt, sofern sie innerhalb von 4 Jahren vom Unfalltag an gerechnet entstehen und soweit nicht von einem Sozialversicherungsträger Ersatz zu leisten ist oder von einem sonstigen Leistungsträger Ersatz zu leisten ist.

Unfallkosten sind:

1. Heilkosten;
die zur Behebung der Unfallfolgen aufgewendet wurden und nach ärztlicher Verordnung notwendig waren. Hiezu zählen auch die notwendigen Kosten des Verletztentransportes zur Erstbehandlung, der erstmaligen Anschaffung künstlicher Gliedmaßen und eines Zahnersatzes sowie anderer, nach ärztlichem Ermessen erforderlicher erstmaliger Anschaffungen.

Kosten für Bade-, Erholungsreisen und -aufenthalte, ferner Kosten der Reparatur oder der Wiederbeschaffung eines Zahnersatzes, künstlicher Gliedmaßen oder sonstiger künstlicher Behelfe werden nicht ersetzt.

2. Bergungskosten,
die notwendig werden, wenn die versicherte Person

2.1. einen Unfall erlitten hat oder in Berg- ,See- oder Wassernot geraten ist und verletzt oder unverletzt geborgen werden muss;

2.2. durch einen Unfall oder infolge Berg-, See- oder Wassernot den Tod erleidet und ihre Bergung erfolgen muss.

Bergungskosten sind die nachgewiesenen Kosten des Suchens nach der versicherten Person und ihres Transportes bis zur nächsten befahrbaren Straße oder bis zum dem Unfallort nächstgelegenen Spital.

3. Rückholkosten,
das sind die unfallbedingten Kosten des ärztlich empfohlenen Verletztentransportes, wenn die versicherte Person außerhalb ihres Wohnortes verunfallt ist, von der Unfallstelle bzw. dem Krankenhaus, in das sie nach dem Unfall gebracht wurde, an ihren Wohnort bzw. zum nächstgelegenen Krankenhaus. Bei einem tödlichen Unfall werden auch die Kosten der Überführung des Toten zu dessen letztem Wohnort in Österreich bezahlt.

Artikel 13
Kinderlähmung, Frühsommer-Meningoencephalitis

Soweit nichts anderes vereinbart ist, gilt:
Der Versicherungsschutz erstreckt sich auf die Folgen der Kinderlähmung und der durch Zeckenbiss übertragenen Frühsommer-Meningoencephalitis, wenn die Erkrankung serologisch festgestellt und frühestens 15 Tage nach Beginn, jedoch spätestens 15 Tage nach Erlöschen der Versicherung zum Ausbruch kommt.

Als Krankheitsbeginn (Zeitpunkt des Versicherungsfalles) gilt der Tag, an dem erstmals ein Arzt wegen der als Kinderlähmung oder Frühsommer-Meningoencephalitis diagnostizierten Krankheit konsultiert wurde.

Eine Leistung wird von uns nur für Tod oder dauernde Invalidität erbracht. Die Leistung bleibt im Rahmen der vereinbarten Versicherungssumme mit € .... begrenzt.

12/I/4. Unfall
Allg. Bedingungen

Artikel 14
Zusatzleistung

Soweit nichts anderes vereinbart ist, gilt:
Wir übernehmen die erforderlichen Kosten, die durch Erfüllung der in Art. 22 Pkt. 2, Obliegenheiten, bestimmten Obliegenheiten entstehen. Ausgenommen bleiben davon Kosten nach Pkt. 2.4. des Art. 22, Obliegenheiten.

Artikel 15
Fälligkeit unserer Leistung

1. Wir sind verpflichtet, innerhalb eines Monats, bei Ansprüchen auf Leistung für dauernde Invalidität innerhalb dreier Monate, zu erklären, ob und in welcher Höhe wir eine Leistungspflicht anerkennen. Die Fristen beginnen mit dem Eingang der Unterlagen, die der Anspruchsberechtigte zur Feststellung des Unfallherganges und der Unfallfolgen und über den Abschluss des Heilverfahrens uns vorzulegen hat. Unterbleibt die Vorlage der von uns zur Beurteilung der Leistungspflicht geforderten Unterlagen und Informationen wird der Entschädigungsanspruch nicht fällig, da die Leistungspflicht nicht beurteilt werden kann.

2. Steht die Leistungspflicht dem Grunde und der Höhe nach fest, ist die Leistung fällig. Die Fälligkeit der Leistung tritt jedoch unabhängig davon ein, wenn der Anspruchsberechtigte nach Ablauf zweier Monate seit dem Begehren nach einer Geldleistung eine Erklärung von uns verlangt, aus welchen Gründen die Erhebungen noch nicht beendet werden konnten, und wir diesem Verlangen nicht binnen eines Monats entsprechen.

3. Steht die Leistungspflicht nur dem Grunde nach fest, kann der Anspruchsberechtigte von uns Vorschüsse bis zu der Höhe des Betrages verlangen, den wir nach Lage der Sache mindestens zu zahlen haben werden.

Artikel 16
Verfahren bei Meinungsverschiedenheiten (Ärztekommission)

1. Im Fall von Meinungsverschiedenheiten über Art und Umfang der Unfallfolgen oder darüber, in welchem Umfang die eingetretene Beeinträchtigung auf den Versicherungsfall zurückzuführen ist, ferner über die Beeinflussung der Unfallfolgen durch Krankheiten oder Gebrechen sowie im Falle des Art. 7, Pkt. 6., Dauernde Invalidität, entscheidet die Ärztekommission. Die Entscheidung der Ärztekommission kann im Sinne des § 184 VersVG gerichtlich überprüft werden. Die Entscheidung der Ärztekommission ist dann nicht verbindlich, wenn sie offenbar von der wirklichen Sachlage erheblich abweicht. Das Gleiche gilt wenn die Sachverständigen die Feststellung nicht treffen können oder wollen oder sie verzögern.

2. In den nach Pkt. 1. der Ärztekommission zur Entscheidung vorbehaltenen Meinungsverschiedenheiten hat der Anspruchsberechtigte innerhalb von 6 Monaten nach Zugang unserer Mitteilung über die Entscheidung Widerspruch zu erheben und mit Vorlage eines medizinischen Gutachtens unter Bekanntgabe seiner Forderung gemäß Art. 15, Pkt. 1 (Fälligkeit unserer Leistung) die Entscheidung der Ärztekommission zu beantragen; wenn der Widerspruch nicht innerhalb der Frist erfolgt, sind diesbezüglich weitergehende Ansprüche ausgeschlossen. Auf diese Rechtsfolge haben wir in unserer Mitteilung über die Entscheidung hinzuweisen.

3. Das Recht, die Entscheidung der Ärztekommission zu beantragen, steht auch uns zu.

4. Für die Ärztekommission bestimmen wir und der Anspruchsberechtigte je einen in der österreichischen Ärzteliste eingetragenen Arzt mit ius practicandi (Recht zur Berufsausübung). Wenn eine der beiden Parteien innerhalb zweier Wochen nach Aufforderung in geschriebener Form keinen Arzt benennt, wird dieser von der österreichischen Ärztekammer bestellt.
Die beiden Ärzte bestellen einvernehmlich einen weiteren Arzt als Obmann, der für den Fall, dass sie sich nicht oder nur zum Teil einigen sollten, im Rahmen der durch die Gutachten der beiden Ärzte gegebenen Grenzen entscheidet. Einigen sich die beiden Ärzte über die Person des Obmannes nicht, wird ein für den Versicherungsfall zuständiger medizinischer Sachverständiger durch die österreichische Ärztekammer als Obmann bestellt.

5. Die versicherte Person ist verpflichtet, sich von den Ärzten der Kommission untersuchen zu lassen und sich jenen Maßnahmen zu unterziehen, die diese Kommission für notwendig hält.

6. Die Ärztekommission hat über ihre Tätigkeit ein Protokoll zu führen; in diesem ist die Entscheidung schriftlich zu begründen. Bei Nichteinigung hat jeder Arzt seine Auffassung im Protokoll ge-

12/I/4. Unfall
Allg. Bedingungen

sondert darzustellen. Ist eine Entscheidung durch den Obmann erforderlich, begründet auch er sie in einem Protokoll. Die Akten des Verfahrens werden von uns verwahrt.

7. Die Kosten der Ärztekommission werden von ihr festgesetzt und sind im Verhältnis des Obsiegens der beiden Parteien zu tragen. Im Falle des Art. 7, Pkt. 6. trägt die Kosten, wer die Neufeststellung verlangt hat.

Für den Fall der Anrufung der Ärztekommission wird der Versicherer dem Versicherungsnehmer, nach Bekanntwerden der Forderung durch die versicherte Person und vor Aufnahme der Tätigkeit der Ärztekommission, den maximalen, ihn treffenden Kostenbetrag in geschriebener Form mitteilen.

Der Anteil der Kosten, den der Anspruchsberechtigte zu tragen hat, ist mit ... % der für Tod und Invalidität zusammen versicherten Summe, höchstens jedoch mit ... % des strittigen Betrages, begrenzt.

ABSCHNITT C: BEGRENZUNGEN DES VERSICHERUNGSSCHUTZES

Artikel 17
Ausschlüsse

Soweit nichts anderes vereinbart ist, umfasst der Versicherungsschutz nicht Unfälle:
1. die die versicherte Person als Luftfahrzeugführer (auch Luftsportgeräteführer) soweit sie nach österreichischem Recht dafür eine Erlaubnis benötigt, sowie als sonstiges Besatzungsmitglied eines Luftfahrzeuges erleidet; bei einer ausschließlich mit Hilfe eines Luftfahrzeuges auszuübenden beruflichen Tätigkeit; bei der Benutzung von Raumfahrzeugen;
2. die bei Beteiligung an motorsportlichen Wettbewerben (auch Wertungsfahrten und Rallyes) und den dazugehörigen Trainingsfahrten entstehen;
3. bei der Teilnahme an Landes-, Bundes- oder internationalen Wettbewerben auf dem Gebiet des nordischen und alpinen Schisports, des Snowboardens sowie Freestyling, Bob-, Skibob-, Skeletonfahrens oder Rodeln sowie am offiziellen Training für diese Veranstaltungen;
4. die beim Versuch oder der Begehung gerichtlich strafbarer Handlungen durch die versicherte Person eintreten, für die Vorsatz Tatbestandsmerkmal ist;
5. die unmittelbar oder mittelbar mit Kriegsereignissen jeder Art zusammenhängen;
6. durch innere Unruhen, wenn die versicherte Person daran auf Seiten der Unruhestifter teilgenommen hat;
7. die mittelbar oder unmittelbar
   - durch jegliche Einwirkung von Nuklearwaffen, chemischen oder biologischen Waffen,
   - durch Kernenergie,
   - oder durch den Einfluss ionisierender Strahlen im Sinne der jeweils geltenden Fassung des Strahlenschutzgesetzes,
   - außer jene, die durch Heilbehandlungen aufgrund eines Versicherungsfalles veranlasst waren, verursacht werden;
8. die die versicherte Person infolge "einer Bewusstseinsstörung" oder einer wesentlichen Beeinträchtigung ihrer psychischen Leistungsfähigkeit durch Alkohol, Suchtgifte oder Medikamente erleidet;
9. durch Gesundheitsschäden bei Heilmaßnahmen oder Eingriffen am Körper der versicherten Person. Versicherungsschutz besteht jedoch, wenn die Heilmaßnahmen oder Eingriffe durch einen unter diesen Vertrag fallenden Unfall veranlasst waren.

Artikel 18
Sachliche Begrenzung des Versicherungsschutzes

Eine Versicherungsleistung wird nur für die durch den eingetretenen Unfall hervorgerufenen Folgen (körperliche Schädigung oder Tod) erbracht.

Darüber hinausgehend gilt, soweit nichts anderes vereinbart ist:
1. Bei der Bemessung des Invaliditätsgrades wird ein Abzug in Höhe einer Vorinvalidität nur vorgenommen, wenn durch den Unfall eine körperliche oder geistige Funktion betroffen ist, die schon vorher beeinträchtigt war.
Die Vorinvalidität wird nach Art. 7, Pkt. 2 und 3, Dauernde Invalidität, bemessen.
2. Haben Krankheiten oder Gebrechen bei der durch ein Unfallereignis hervorgerufenen Gesundheitsschädigung - insbesondere solche Verletzungen, die durch krankhaft anlagebedingte oder abnützungsbedingte Einflüsse verursacht oder mitverursacht worden sind - oder deren Folgen mitgewirkt,

12/I/4. Unfall
Allg. Bedingungen

ist im Falle einer Invalidität der Prozentsatz des Invaliditätsgrades, ansonsten die Leistung entsprechend dem Anteil der Krankheit oder des Gebrechens zu vermindern, sofern dieser Anteil mindestens ..... % beträgt. Dies gilt insbesondere auch, wenn die Gesundheitsschädigung durch einen abnützungsbedingten Einfluss mit Krankheitswert, wie beispielsweise Arthrose, mitverursacht worden ist.

3. Für Gesundheitsschädigungen, die aufgrund akuter Mangeldurchblutung des Herzmuskels entstanden sind (z.B. Herzinfarkt), wird nur dann eine Leistung erbracht, wenn ein überwiegender Kausalzusammenhang mit einer unmittelbaren Verletzung der betreffenden Koronararterie besteht und diese Verletzung durch eine direkte mechanische Einwirkung von außen auf den Brustkorb verursacht worden ist. Unfälle infolge von Herzinfarkt und Schlaganfall gelten auch als mitversichert.

4. Für organisch bedingte Störungen des Nervensystems wird eine Leistung nur erbracht, wenn und soweit diese Störung auf eine durch den Unfall verursachte organische Schädigung zurückzuführen ist.

Seelische Fehlhaltungen (Neurosen, Psychoneurosen) gelten nicht als Unfallfolgen.

5. Bei Bandscheibenhernien wird eine Leistung nur erbracht, wenn sie durch direkt mechanische Einwirkung auf die Wirbelsäule entstanden sind und es sich nicht um eine Verschlimmerung von vor dem Unfall bestandenen Krankheitserscheinungen handelt.

6. Für Bauch- und Unterleibsbrüche jeder Art wird eine Leistung nur erbracht, wenn sie durch eine von außen kommende mechanische Einwirkung direkt herbeigeführt worden sind und nicht anlagebedingt waren.

ABSCHNITT D: PFLICHTEN DES VERSICHERUNGSNEHMERS

Artikel 19
Prämie

Die erste oder die einmalige Prämie ist von Ihnen innerhalb von 14 Tagen nach dem Abschluss des Versicherungsvertrages (Zugang der Polizze oder einer gesonderten Antragsannahmeerklärung) und nach der Aufforderung zur Prämienzahlung zu bezahlen (Einlösung der Polizze). Die Folgeprämien sind zu den vereinbarten Fälligkeitsterminen zu entrichten. Für die Folgen nicht rechtzeitiger Prämienzahlung gelten die §§ 38 ff VersVG, Prämienzahlungsverzug.

Artikel 20
Anzeige der Änderung der Berufstätigkeit oder Beschäftigung sowie besonders gefährlicher Freizeitaktivitäten;

Veränderungen der im Antrag anzugebenden Berufstätigkeit, Beschäftigung oder im Antrag anzugebender besonders gefährlicher Freizeitaktivitäten der versicherten Person sind unverzüglich anzuzeigen. Einberufungen zum ordentlichen Präsenzdienst, zum Zivildienst sowie zu kurzfristigen militärischen Reserveübungen gelten nicht als Änderung der Berufstätigkeit oder Beschäftigung.

- Ergibt sich für die neue Berufstätigkeit, die Beschäftigung oder die besonders gefährlichen Freizeitaktivitäten der versicherten Person nach dem zur Zeit der Veränderung unseres Tarifes eine niedrigere Prämie, so ist vom Zugang der Anzeige an nur diese Prämie zu bezahlen.
- Ergibt sich eine höhere Prämie, so besteht für die Dauer von drei Monaten ab dem Zeitpunkt, ab dem uns die Anzeige hätte zugehen müssen, auch für die neue Berufstätigkeit, Beschäftigung oder besonders gefährlichen Freizeitaktivitäten der volle Versicherungsschutz.

Tritt ein auf die neue Berufstätigkeit, Beschäftigung oder besonders gefährliche Freizeitaktivitäten zurückzuführender Versicherungsfall nach Ablauf der drei Monate ein, ohne dass inzwischen eine Einigung über die Mehrprämie erreicht worden wäre, so werden unsere Leistungen in der Weise bemessen, dass dem Vertrag als Versicherungssummen jene Beträge zugrunde gelegt werden, welche sich nach den für die neue Berufstätigkeit bzw. Beschäftigung bzw. besonders gefährlichen Freizeitaktivitäten erforderlichen Prämiensätzen aufgrund der tatsächlichen in der Polizze berechneten Prämie ergeben.

- Besteht für die neue Berufstätigkeit, Beschäftigung oder die besonders gefährlichen Freizeitaktivitäten grundsätzlich kein Versicherungsschutz, finden die Bestimmungen der §§ 23 ff VersVG, Gefahrerhöhung, Anwendung.

12/I/4. Unfall
Allg. Bedingungen

Artikel 21
Obliegenheiten

1. Obliegenheiten vor Eintritt des Versicherungsfalles
Als Obliegenheit, deren Verletzung unsere Leistungsfreiheit gemäß den Voraussetzungen und Begrenzungen des § 6 Abs. 2 VersVG (siehe Anlage), bewirkt, wird bestimmt, dass die versicherte Person als Lenker eines Kraftfahrzeuges die jeweilige kraftfahrrechtliche Berechtigung, die zum Lenken dieses oder eines typengleichen Kraftfahrzeuges erforderlich wäre, besitzt; dies gilt auch dann, wenn dieses Fahrzeug nicht auf Straßen mit öffentlichem Verkehr gelenkt wird.

2. Obliegenheiten nach Eintritt des Versicherungsfalles
Soweit nichts anderes vereinbart ist, gilt:
Als Obliegenheiten, deren Verletzung unsere Leistungsfreiheit gemäß den Voraussetzungen und Begrenzungen des § 6 Abs. 3 VersVG (siehe Anlage), bewirkt, werden bestimmt:
2.1. Ein Unfall ist uns unverzüglich, spätestens innerhalb einer Woche, in geschriebener Form, sofern nicht die Schriftform vereinbart ist, anzuzeigen.
2.2. Ein Todesfall ist uns innerhalb von 3 Tagen anzuzeigen, und zwar auch dann, wenn der Unfall bereits gemeldet ist.
2.3. Uns ist das Recht einzuräumen, die Leiche durch Ärzte obduzieren und nötigenfalls exhumieren zu lassen.
2.4. Nach dem Unfall ist unverzüglich ärztliche Hilfe in Anspruch zu nehmen und die ärztliche Behandlung bis zum Abschluss des Heilverfahrens fortzusetzen; ebenso ist für eine angemessene Krankenpflege und nach Möglichkeit für die Abwendung und Minderung der Unfallfolgen zu sorgen.
2.5. Die Unfallanzeige ist uns unverzüglich zuzusenden; außerdem sind uns alle verlangten sachdienlichen Auskünfte zu erteilen.
2.6. Wir können verlangen, dass sich die versicherte Person durch die von uns bezeichneten Ärzte untersuchen lässt.
2.7. Ist auch Spitalgeld versichert, so ist uns, wenn die versicherte Person in ein Spital (Art.11, Pkt.2, Spitalgeld) eingewiesen ist, nach der Entlassung aus dem Spital eine Aufenthaltsbestätigung der Spitalsverwaltung zuzusenden.
2.8. Im Falle der Mitversicherung von Unfallkosten sind uns die Originalbelege zu überlassen.

ABSCHNITT E: SONSTIGE VERTRAGSBESTIMMUNGEN

Artikel 22
Versicherungsperiode, Vertragsdauer

1. Versicherungsperiode
Als Versicherungsperiode gilt, wenn der Versicherungsvertrag nicht für eine kürzere Zeit abgeschlossen ist, der Zeitraum eines Jahres.

2. Vertragsdauer
Für den Fall der Verwendung einer Verlängerungsklausel:
Beträgt die vereinbarte Vertragsdauer mindestens ein Jahr, verlängert sich der Vertrag jeweils um ein Jahr, wenn er nicht ein Monat vor Ablauf gekündigt wird. Bei Versicherungsverträgen, deren Abschluss nicht zum Betrieb eines Unternehmens des Versicherungsnehmers gehört (Verbraucherverträge), werden wir Sie vor Beginn der Kündigungsfrist auf die Rechtsfolge der Vertragsverlängerung bei unterlassener Kündigung besonders hinweisen. Beträgt die Vertragsdauer weniger als ein Jahr, endet der Vertrag ohne Kündigung.

Artikel 23
Kündigung, Erlöschen des Vertrages

1. Kündigung nach Eintritt des Versicherungsfalles
1.1. Nach Eintritt des Versicherungsfalles können wir kündigen, wenn wir den Anspruch auf die Versicherungsleistung dem Grunde nach anerkannt oder die Versicherungsleistung erbracht haben oder wenn Sie einen Anspruch auf Versicherungsleistung arglistig erhoben haben.
Die Kündigung ist innerhalb eines Monats
– nach Anerkennung dem Grunde nach;
– nach erbrachter Versicherungsleistung;
– nach Ablehnung des arglistig erhobenen Anspruches auf Versicherungsleistung von uns vorzunehmen.

AVB
Leben
Kranken
Unfall
Sachversicherung
Einbruchdiebstahl
Feuer
Glas
Haftpfl., USKV, ÖAK
Haushalt
Rechtsschutz
Transport
+ AÖSp (SVS/RVS)

12/I/4. Unfall
Allg. Bedingungen

Die Kündigung kann nur unter Einhaltung einer einmonatigen Kündigungsfrist erfolgen.

1.2. Nach Eintritt des Versicherungsfalles können Sie in den in 1.1. genannten Fällen kündigen, darüber hinaus auch noch wenn wir einen gerechtfertigten Anspruch auf die Versicherungsleistung ablehnen oder ihre Anerkennung verzögern. Weiters können Sie nach Entscheidung der Ärztekommission bzw. nach Rechtskraft des Urteiles im Falle eines Rechtsstreites vor Gericht kündigen.

In allen Fällen ist die Kündigung innerhalb eines Monates

- nach Anerkennung dem Grunde nach;
- nach erbrachter Versicherungsleistung;
- nach Ablehnung des arglistig erhobenen Anspruches auf Versicherungsleistung;
- nach Ablehnung des gerechtfertigten Anspruches auf die Versicherungsleistung;
- nach Fälligkeit der Versicherungsleistung bei Verzögerung der Anerkennung (Art. 13, Fälligkeit unserer Leistung und Verjährung);
- nach Zustellung der Entscheidung der Ärztekommission (Art. 16, Ärztekommission);
- nach Rechtskraft des Urteiles im Falle eines Rechtsstreites vor Gericht;

von Ihnen vorzunehmen.

Die Kündigung kann mit sofortiger Wirkung oder zum Ende der laufenden Versicherungsperiode erfolgen.

1.3. Uns steht die bis zur Vertragsauflösung anteilige Prämie zu.

2. Erlischt der Vertrag, weil die versicherte Person gestorben ist, so steht uns die bis zur Vertragsauflösung anteilige Prämie zu.

Artikel 24
Rechtsstellung der am Vertrag beteiligten Personen

1. Die Unfallversicherung kann gegen Unfälle, die Ihnen oder gegen Unfälle, die einem anderen zustoßen, genommen werden.

Eine Versicherung gegen Unfälle, die einem anderen zustoßen, gilt im Zweifel als für Rechnung des anderen genommen. Die Vorschriften der §§ 75 ff VersVG, Versicherung für fremde Rechnung, sind mit der Maßgabe anzuwenden, dass die Ausübung der Rechte aus dem Versicherungsvertrag ausschließlich Ihnen zusteht.

Wird eine Versicherung gegen Unfälle, die einem anderen zustoßen, von Ihnen für eigene Rechnung genommen, so ist zur Gültigkeit des Vertrages die schriftliche Zustimmung des anderen erforderlich. Ist der andere geschäftsunfähig oder in der Geschäftsfähigkeit beschränkt und steht die Vertretung in den seine Person betreffenden Angelegenheiten Ihnen zu, so können Sie den anderen bei der Erteilung der Zustimmung nicht vertreten.

2. Alle für Sie getroffenen Bestimmungen gelten sinngemäß auch für die versicherte Person und jene Personen, die Ansprüche aus dem Versicherungsvertrag geltend machen.

3. Diese Personen sind neben Ihnen für die Erfüllung der Obliegenheiten, der Schadenminderungs- und Rettungspflicht verantwortlich.

Artikel 25
Form der Erklärungen

Für Ihre sämtlichen Anzeigen und Erklärungen an uns ist die geschriebene Form erforderlich, sofern nicht die Schriftform ausdrücklich und mit gesonderter Erklärung vereinbart wurde. Der geschriebenen Form wird durch Zugang eines Textes in Schriftzeichen entsprochen, aus dem die Person des Erklärenden hervorgeht (z.B. Telefax oder E-Mail). Schriftform bedeutet, dass dem Erklärungsempfänger das Original der Erklärung mit eigenhändiger Unterschrift des Erklärenden zugehen muss.

Anhang – Auszug aus dem VersVG

(nicht abgedruckt – siehe Punkt 1. in diesem Band)

12/II. Schaden

Übersicht

Musterbedingungen Schadenversicherung

Übersicht

12/II/1.	Allgemeine Bedingungen für die Sachversicherung (ABS 2012)
12/II/2.	Allgemeine Bedingungen für die Versicherung zusätzlicher Gefahren zur Sachversicherung (AECB 2001)
12/II/3.	Allgemeine Bedingungen für die Einbruchsdiebstahlversicherung (AEB 2001)
12/II/4.	Besondere Bedingungen für die Einbruchdiebstahlversicherung (2001)
12/II/5.	Allgemeine Bedingungen für die Feuerversicherung (AFB 2001)
12/II/6.	Besondere Bedingungen für die Feuerversicherung (2001)
12/II/7.	Zusatzbedingungen für die Feuerversicherung von industriellen, gewerblichen und sonstigen Betrieben (2001)
12/II/8.	Zusatzbedingungen für die Feuerversicherung von Wohngebäuden (2001)
12/II/9.	Allgemeine Bedingungen für die Glasversicherung (ABG 2001)
12/II/10.	Besondere Bedingungen für die Gebäude-Glaspauschalversicherung (2001)
12/II/11.	Allgemeine und Ergänzende Allgemeine Bedingungen für die Haftpflichtversicherung (AHVB 2005 und EHVB 2005), Version 2012
12/II/11a.	Besondere Bedingungen Nr. 566 bis 570 betreffend die Umweltsanierungskostenversicherung (USKV), Version 2012, und Umweltstörung/USKV-Auslandsklauseln (2009)
12/II/11b.	Rahmenvereinbarung der Österreichischen Ärztekammer (ÖÄK) mit dem Verband der Versicherungsunternehmen (VVO) über die Vertragsbedingungen der Berufshaftpflichtversicherung gemäß § 117b Abs 1 Z 22a ÄrzteG (2011)
12/II/11c.	Unverbindliche Musterbedingungen zur Haftpflichtversicherung gemäß § 99 Abs. 7 GewO von Baumeistern (§ 94 Z 5 GewO) und dem Baumeistergewerbe entstammenden Teilgewerben (2013)
12/II/12.	Allgemeine Bedingungen für die Haushaltsversicherung (ABH 2001)
12/II/13.	Allgemeine Bedingungen für die Rechtsschutz-Versicherung (ARB 2015)
12/II/14a.	Allgemeine Österreichische Transportversicherungs-Bedingungen (AÖTB 2014)
12/II/14b.	Allgemeine Österreichische Spediteur-Bedingungen (AÖSp)
12/II/14c.	Vereinbarung betreffend eine Erweiterung des Deckungsschutzes des deutschen SVS/RVS bzw des österreichischen SVS/RVS

AVB
Leben
Kranken
Unfall
Sachversicherung
Einbruchdiebstahl
Feuer
Glas
Haftpfl., USKV, ÖÄK
Haushalt
Rechtsschutz
Transport
+ AÖSp (SVS/RVS)

Allgemeine Bedingungen für die Sachversicherung (ABS 2012)

Unverbindliche Musterbedingungen des Verbandes der Versicherungsunternehmen Österreichs – die Möglichkeit durch andere Vereinbarungen von Regelungen dieser Musterbedingungen abzuweichen, bleibt unberührt. Die Musterbedingungen sind für jede interessierte Person zugänglich und werden auf einfache Anfrage hin übermittelt.

Geltungsbereich:

Die ABS gelten als Allgemeiner Teil jener Bedingungen für Sparten der Sachversicherung, die auf die Geltung der ABS ausdrücklich hinweisen.

Verweise auf gesetzliche Bestimmungen:

Gesetzesstellen des Versicherungsvertragsgesetzes (VersVG), die in diesen Allgemeinen Bedingungen für die Sachversicherung (ABS) angeführt werden, sind im Anhang zu den ABS in vollem Wortlaut wiedergegeben.[1]

---

[1] *Auf einen Abdruck der Bestimmungen des VersVG wurde hier verzichtet – siehe dazu Pkt 1. in diesem Band.*

Inhaltsverzeichnis

Artikel	1	Anzeige von Gefahrumständen bei Vertragsabschluss
Artikel	2	Gefahrerhöhung
Artikel	3	Sicherheitsvorschriften
Artikel	4	Versicherungsperiode; Prämie Beginn und Voraussetzungen des Versicherungsschutzes
Artikel	5	Mehrfache Versicherung
Artikel	6	Überversicherung; Doppelversicherung
Artikel	7	Begrenzung der Entschädigung; Unterversicherung
Artikel	8	Sachverständigenverfahren
Artikel	9	Schuldhafte Herbeiführung des Versicherungsfalles; Obliegenheiten im Schadenfall; betrügerisches Verhalten
Artikel	10	Zahlung der Entschädigung
Artikel	11	Kündigung nach Eintritt des Versicherungsfalles
Artikel	12	Form der Erklärungen
Artikel	13	Wohnortwechsel - Adressänderung
Artikel	14	Automatische Vertragsverlängerung

Artikel 1
Anzeige von Gefahrumständen bei Vertragsabschluss

Der Versicherungsnehmer hat bei Abschluss des Vertrages alle ihm bekannten Umstände, die für die Übernahme der Gefahr erheblich sind, dem Versicherer wahrheitsgemäß und vollständig anzuzeigen. Ein Umstand, nach welchem der Versicherer ausdrücklich und in geschriebener Form gefragt hat, gilt im Zweifel als erheblich. Bei schuldhafter Verletzung dieser Pflichten kann der Versicherer gemäß den Voraussetzungen und Begrenzungen der §§ 16 bis 21 VersVG vom Vertrag zurücktreten und von der Verpflichtung zur Leistung frei werden.

Das Recht des Versicherers, den Vertrag wegen arglistiger Täuschung über Gefahrumstände anzufechten, bleibt unberührt (§ 22 VersVG).

Artikel 2
Gefahrerhöhung

(1) Nach Vertragsabschluss darf der Versicherungsnehmer ohne Einwilligung des Versicherers keine Gefahrerhöhung vornehmen oder deren Vornahme durch einen Dritten gestatten. Erlangt der Versicherungsnehmer davon Kenntnis, dass durch eine von ihm ohne Einwilligung des Versicherers vorgenommene oder gestattete Änderung die Gefahr erhöht ist oder tritt nach Abschluss des Versicherungsvertrages unabhängig vom Willen des Versicherungsnehmers eine Erhöhung der Gefahr ein, so hat er dem Versicherer unverzüglich in geschriebener Form Anzeige zu erstatten.

(2) Tritt nach dem Vertragsabschluss eine Gefahrerhöhung ein, kann der Versicherer kündigen. Verletzt der Versicherungsnehmer eine der in Abs. 1 genannten Pflichten, ist der Versicherer außerdem gemäß den Voraussetzungen und Begrenzungen der §§ 23 bis 31 VersVG von der Verpflichtung zur Leistung frei.

(3) Die Bestimmungen der vorstehenden Absätze finden auch Anwendung auf eine in der Zeit zwischen Stellung und Annahme des Versicherungsantrages eingetretene Gefahrerhöhung, die dem Versicherer bei der Annahme des Antrages nicht bekannt war.

12/II/1. Sachvers
Allg. Bedingungen

Artikel 3
Sicherheitsvorschriften

Soweit nichts anderes vereinbart ist, gilt:

(1) Verletzt der Versicherungsnehmer gesetzliche, behördliche oder vereinbarte Sicherheitsvorschriften oder duldet er ihre Verletzung, kann der Versicherer innerhalb eines Monats, nachdem er von der Verletzung Kenntnis erlangt hat, die Versicherung mit einmonatiger Frist kündigen. Das Kündigungsrecht erlischt, wenn der Zustand wiederhergestellt ist, der vor der Verletzung bestanden hat.

(2) Der Versicherer ist von der Verpflichtung zur Leistung frei, wenn der Schadenfall nach der Verletzung eintritt und die Verletzung auf Vorsatz oder grober Fahrlässigkeit des Versicherungsnehmers beruht. Die Verpflichtung zur Leistung bleibt bestehen, wenn die Verletzung keinen Einfluss auf den Eintritt des Schadenfalles oder soweit sie keinen Einfluss auf den Umfang der Entschädigung gehabt hat, oder wenn zur Zeit des Schadenfalles trotz Ablaufs der in Absatz 1 beschriebenen Frist die Kündigung nicht erfolgt war.

(3) Im Übrigen gelten § 6 Absatz 1, 1a und 2 VersVG. Ist mit der Verletzung einer Sicherheitsvorschrift eine Gefahrerhöhung verbunden, finden ausschließlich die Bestimmungen über die Gefahrerhöhung, nicht aber die Regelungen des Absatz (2) Anwendung.

Artikel 4
Versicherungsperiode; Prämie; Beginn und Voraussetzungen des Versicherungsschutzes

(1) Als Versicherungsperiode gilt, wenn der Versicherungsvertrag nicht für kürzere Zeit abgeschlossen ist, der Zeitraum eines Jahres, und zwar auch dann, wenn die Jahresprämie vertragsgemäß in Teilbeträgen zu entrichten ist.

(2) Die erste oder die einmalige Prämie einschließlich Steuern ist vom Versicherungsnehmer gegen Übermittlung der Polizze sofort nach Abschluss des Versicherungsvertrages (Zugang der Polizze oder einer gesonderten Antragsannahmeerklärung) und Aufforderung zur Prämienzahlung zu zahlen.

(3) Der Versicherungsschutz beginnt mit dem vereinbarten Versicherungsbeginn, jedoch nur unter der Voraussetzung, dass der Versicherungsnehmer die erste oder einmalige Prämie einschließlich Steuern rechtzeitig, das heißt innerhalb von 14 Tagen, oder ohne schuldhaften Verzug zahlt. Die nähere Bestimmung des Beginns dieser Frist von 14 Tagen, die weiteren Voraussetzungen für die Leistungsfreiheit bei Zahlungsverzug oder bei nur teilweiser Zahlung der ersten oder einmaligen Prämie, die Bestimmung des Beginns des Versicherungsschutzes bei nicht rechtzeitiger Prämienzahlung sowie weitere Rechtsfolgen des Zahlungsverzugs sind in den §§ 38 und 39a VersVG geregelt.

(4) Die nicht rechtzeitige Zahlung der ersten oder einmaligen Prämie einschließlich Steuern berechtigt den Versicherer gemäß den Voraussetzungen des § 38 VersVG zum Rücktritt vom Vertrag.

(5) Die Folgeprämien sind zu den jeweils vereinbarten Fälligkeitsterminen zu zahlen. Die Rechtsfolgen des Zahlungsverzugs mit Folgeprämien sind in den §§ 39, 39a und 91 VersVG geregelt.

(6) Wird der Versicherungsvertrag während der Versicherungsperiode oder sonst vorzeitig aufgelöst, so gebührt dem Versicherer die Prämie für die bis dahin verstrichene Vertragslaufzeit, soweit nicht Sonderbestimmungen anderes vorsehen (§ 40 Satz 1 VersVG).

Endet der Versicherungsvertrag vor Ablauf der Vertragszeit wegen Wegfalls des Interesses, gebührt dem Versicherer die Prämie, die er hätte erheben können, wenn die Versicherung nur bis zu dem Zeitpunkt beantragt worden wäre, in welchem der Versicherer von dem Wegfall des Interesses Kenntnis erlangt (§ 68 Abs. 2 VersVG).

Artikel 5
Mehrfache Versicherung

Nimmt der Versicherungsnehmer bei einem anderen Versicherer für das versicherte Interesse eine Versicherung gegen dieselben Gefahren, hat er dem Versicherer unverzüglich den anderen Versicherer und die Versicherungssumme anzuzeigen.

Artikel 6
Überversicherung; Doppelversicherung

(1) Die Versicherung darf nicht zu einer Bereicherung führen. Auch wenn die Versicherungssumme den Versicherungswert übersteigt (Überversicherung), hat der Versicherer nicht mehr als die bedingungsgemäße Entschädigung zu erbringen.

(2) Übersteigt die Versicherungssumme den Versicherungswert erheblich, können der Versicherungsnehmer und der Versicherer nach § 51 VersVG eine Herabsetzung der Versicherungssumme und der Prämie verlangen. Eine tariflich festgelegte Mindestprämie bleibt unberührt.

(3) Im Falle der Doppelversicherung gelten die §§ 59 und 60 VersVG.

AVB
Leben
Kranken
Unfall
Sachversicherung
Einbruchdiebstahl
Feuer
Glas
Haftpfl., USKV, ÖAK
Haushalt
Rechtsschutz
Transport
+ AÖSp (SVS/RVS)

Artikel 7
Begrenzung der Entschädigung; Unterversicherung

(1) Die Versicherungssumme bildet die Grenze für die Entschädigung des Versicherers, wobei die Entschädigung für die unter jeder einzelnen Position der Polizze versicherten Sachen durch die für die betreffende Position angegebene Versicherungssumme begrenzt ist.

(2) Ist die Versicherungssumme niedriger als der Versicherungswert (siehe die Bestimmungen über den Versicherungswert in den Allgemeinen Versicherungsbedingungen der betreffenden Sachversicherungssparte - Unterversicherung), wird der Schaden nur nach dem Verhältnis der Versicherungssumme zum Versicherungswert ersetzt. Ob Unterversicherung vorliegt, ist für jede Position der Polizze gesondert festzustellen.

Artikel 8
Sachverständigenverfahren

(1) Die Vertragspartner können in geschriebener Form vereinbaren, dass Ursache und Höhe des Schadens durch ein Sachverständigenverfahren festgestellt werden.

(2) Die Vereinbarung über das Sachverständigenverfahren hat mindestens zu enthalten:
- Art und Umfang der Fragestellungen an die Sachverständigen
- Namen der Sachverständigen; jeder Vertragspartner benennt seinen Sachverständigen und beauftragt ihn, seine Feststellungen zu treffen.

(3) Beide Sachverständige wählen vor Beginn des Feststellungsverfahrens einen dritten als Obmann. Einigen sie sich nicht, wird der Obmann auf Antrag eines Vertragspartners oder beider Vertragspartner durch das für den Schadenort zuständige Bezirksgericht ernannt.

(4) Die Sachverständigen übergeben ihre Feststellung gleichzeitig dem Versicherer und dem Versicherungsnehmer. Weichen die Feststellungen voneinander ab, übergibt der Versicherer sie unverzüglich dem Obmann. Dieser entscheidet über die strittig gebliebenen Punkte innerhalb der Grenzen beider Feststellungen und übergibt seine Feststellung gleichzeitig dem Versicherer und dem Versicherungsnehmer.

(5) Die Feststellungen, die die Sachverständigen im Rahmen ihrer Zuständigkeit treffen, sind verbindlich und der Berechnung der Entschädigung zugrunde zu legen, wenn nicht nachgewiesen wird, dass sie offenbar von der wirklichen Sachlage erheblich abweichen. Im Übrigen gilt § 64 Abs. 2 VersVG.

(6) Sofern nicht etwas anderes vereinbart ist, trägt jede Partei die Kosten ihres Sachverständigen; die Kosten des Obmannes tragen beide Parteien je zur Hälfte.

(7) Durch das Sachverständigenverfahren werden die Obliegenheiten des Versicherungsnehmers im Schadenfall nicht berührt.

Artikel 9
Schuldhafte Herbeiführung des Versicherungsfalles; Obliegenheiten im Schadenfall; betrügerisches Verhalten

Soweit nichts anderes vereinbart ist, gilt:

(1) Wenn der Versicherungsnehmer oder eine der in leitender Stellung für die Betriebsführung verantwortlichen Personen den Schaden vorsätzlich oder grobfahrlässig herbeiführt, ist der Versicherer dem Versicherungsnehmer gegenüber von jeder Verpflichtung zur Leistung aus diesem Schadenfall frei.

(2) Als Obliegenheit, deren Verletzung nach Eintritt des Versicherungsfalles die Freiheit des Versicherers von der Verpflichtung zur Leistung gemäß den Voraussetzungen und Begrenzungen des § 6 Abs. 3 VersVG bewirkt, wird bestimmt, dass dem Versicherer im Zuge der Schadensabwicklung alle Angaben (auch mündliche) vollständig und wahrheitsgetreu zu machen sind.

(3) Ist der Versicherungsnehmer oder eine der in leitender Stellung für die Betriebsführung verantwortlichen Personen wegen des herbeigeführten Schadens oder wegen eines bei der Feststellung der Leistungspflicht oder bei der Ermittlung der Entschädigung begangenen Betruges oder Betrugsversuches rechtskräftig zu einer Strafe verurteilt, so gilt die Leistungsfreiheit als festgestellt.

Artikel 10
Zahlung der Entschädigung

Die Entschädigung ist erst nach ihrer vollständigen Feststellung fällig. Es gilt § 11 VersVG.
Für die Zahlung der Entschädigung sind außerdem die in den Versicherungsbedingungen der betreffenden Sachversicherungssparte oder in sonstigen vertraglichen Vereinbarungen getroffenen speziellen Regelungen zu beachten (z.B. Wiederherstellungsklauseln in Neuwertversicherungen).

Artikel 11
Kündigung nach Eintritt des Versicherungsfalles

(1) Sofern in den Versicherungsbedingungen der betreffenden Sachversicherungssparte oder einer sonstigen vertraglichen Vereinbarung keine abweichende Regelung getroffen ist, können nach dem Eintritt des Schadenfalls sowohl der Versi-

cherer als auch der Versicherungsnehmer den Versicherungsvertrag kündigen.

(2) Die Kündigung ist jederzeit, jedoch nur bis zum Ablauf eines Monats, seit dem Abschluss der Verhandlungen über die Entschädigung zulässig.

Der Versicherer hat eine Kündigungsfrist von einem Monat einzuhalten.

Der Versicherungsnehmer kann nicht für einen späteren Zeitpunkt als den Schluss der laufenden Versicherungsperiode kündigen.

(3) Hat der Versicherungsnehmer einen Entschädigungsanspruch arglistig erhoben, ist der Versicherer berechtigt, den Versicherungsvertrag nach Ablehnung des Entschädigungsanspruches mit sofortiger Wirkung zu kündigen.

Artikel 12
Form der Erklärungen

Für sämtliche Anzeigen und Erklärungen des Versicherungsnehmers an den Versicherer ist die geschriebene Form erforderlich, sofern nicht die Schriftform ausdrücklich und mit gesonderter Erklärung vereinbart wurde.

Der geschriebenen Form wird durch Zugang eines Textes in Schriftzeichen entsprochen, aus dem die Person des Erklärenden hervorgeht (z.B. Telefax oder E-Mail).

Schriftform bedeutet, dass dem Erklärungsempfänger das Original der Erklärung mit eigenhändiger Unterschrift des Erklärenden zugehen muss.

Artikel 13
Wohnortwechsel – Adressänderung

Der Versicherungsnehmer hat einen Wechsel seiner Anschrift dem Versicherer bekanntzugeben. Eine rechtlich bedeutsame Erklärung gilt auch dann als zugegangen, wenn der Versicherungsnehmer seiner Verpflichtung zur Bekanntgabe des Anschriftwechsels nicht nachkommt und der Versicherer die Erklärung an die zuletzt bekanntgegebene Anschrift des Versicherungsnehmers sendet.

Artikel 14
Automatische Vertragsverlängerung

(1) Der Vertrag gilt zunächst für die in der Polizze festgesetzte Dauer. Beträgt die vereinbarte Vertragsdauer mindestens ein Jahr, verlängert sich der Vertrag um jeweils ein Jahr, wenn er nicht drei Monate vor Ablauf gekündigt wird. Für die Erklärung der Ablaufkündigung steht die gesamte Vertragslaufzeit, unter Beachtung der zuvor bestimmten Frist von drei Monaten, zur Verfügung.

(2) Für Versicherungsverträge, deren Abschluss nicht zum Betrieb eines Unternehmens des Versicherungsnehmers gehört (Verbraucherverträge) ist vereinbart, dass der Versicherer den Versicherungsnehmer auf die Rechtsfolge der Vertragsverlängerung bei unterlassener Kündigung frühestens sechs Monate, spätestens aber vier Monate vor Ablauf der vereinbarten Laufzeit, besonders hinweisen wird.

(3) Beträgt die vereinbarte Vertragsdauer weniger als ein Jahr, endet der Vertrag ohne Kündigung.

AVB
Leben
Kranken
Unfall
Sachversicherung
Einbruchdiebstahl
Feuer
Glas
Haftpfl., USKV, ÖAK
Haushalt
Rechtsschutz
Transport
+ AÖSp (SVS/RVS)

12/II/2. Sachvers

Zusätzl. Gefahren zur Sachversicherung

Allgemeine Bedingungen für die Versicherung zusätzlicher Gefahren zur Sachversicherung (AECB 2001)

Unverbindliche Musterbedingungen des Verbandes der Versicherungsunternehmen Österreichs. Die Möglichkeit, durch andere Vereinbarungen von Regelungen dieser Musterbedingungen abzuweichen, bleibt unberührt. Die Musterbedingungen sind für jede interessierte Person zugänglich und werden auf einfache Anfrage hin übermittelt.

Allgemeiner Teil

Auf die Versicherung finden die Bestimmungen der Allgemeinen Bedingungen für die Sachversicherung (Musterbedingungen ABS 2001) Anwendung.

Besonderer Teil
Inhaltsverzeichnis

Artikel 1	Versicherte Gefahren und Schäden
Artikel 2	Nicht versicherte Schäden
Artikel 3	Versicherte Sachen und Kosten
Artikel 4	Nicht versicherte Sachen
Artikel 5	Örtliche Geltung der Versicherung
Artikel 6	Obliegenheiten des Versicherungsnehmers vor dem Schadenfall
Artikel 7	Obliegenheiten des Versicherungsnehmers im Schadenfall
Artikel 8	Versicherungswert
Artikel 9	Entschädigung
Artikel 10	Unterversicherung
Artikel 11	Entschädigungsgrenzen; Selbstbeteiligungen
Artikel 12	Zahlung der Entschädigung; Wiederherstellung, Wiederbeschaffung
Artikel 13	Sachverständigenverfahren
Artikel 14	Regreß; Versicherungssumme nach dem Schadenfall

Artikel 1
Versicherte Gefahren und Schäden

1. Versicherte Gefahren
Jede der nachfolgenden Gefahren oder Gefahrengruppen (1.1.-1.9.) ist nur versichert, wenn dies vereinbart und in der Polizze dokumentiert ist:

1.1. **Innere Unruhen, böswillige Beschädigung, Streik, Aussperrung**
1.1.1. Innere Unruhen
Als Innere Unruhe gilt, wenn Teile des Volkes, die zahlenmäßig nicht als unerheblich zu gelten haben, in einer die öffentliche Ruhe und Ordnung störenden Weise in Bewegung geraten und Gewalttätigkeiten gegen Personen oder Sachen verüben.

1.1.2. Böswillige Beschädigung
Als böswillige Beschädigung gilt jede vorsätzliche Beschädigung oder Zerstörung von versicherten Sachen.
Mit Ausnahme von Schäden an versicherten Gebäuden erstreckt sich die Versicherung nicht auf Schäden durch Beraubung, Einbruchdiebstahl oder Vandalismus im Zuge eines Einbruchdiebstahls.
Die Versicherung erstreckt sich weiters nicht auf Schäden, die verursacht werden von

– dem Versicherungsnehmer selbst oder

– Betriebsangehörigen oder

– fremden im Betrieb tätigen Personen oder

– Bewohnern oder Mietern der versicherten Gebäude.

1.1.3. Streik, Aussperrung
Als Streik gilt die gemeinsam planmäßig durchgeführte, auf ein bestimmtes Ziel gerichtete Arbeitseinstellung einer verhältnismäßig großen Zahl von Arbeitnehmern. Als Aussperrung gilt die auf ein bestimmtes Ziel gerichtete planmäßige Ausschließung einer verhältnismäßig großen Zahl von Arbeitnehmern. Versichert sind Schäden durch Handlungen der streikenden oder ausgesperrten Arbeitnehmer im Zusammenhang mit einem Streik oder beim Widerstand gegen eine Aussperrung.
Nicht versichert sind:
Schäden an Sachen der Betriebsangehörigen.

1.2. **Fahrzeuganprall, Rauch, Überschalldruckwelle**
1.2.1. Fahrzeuganprall
Als Schaden durch Fahrzeuganprall gilt jede unmittelbare Zerstörung oder Beschädigung der versicherten Sachen durch Schienen- oder Straßenfahrzeuge.
Nicht versichert sind:

– Schäden, die von Fahrzeugen verursacht werden, die vom Versicherungsnehmer, dem Benutzer der versicherten Gebäude oder deren Arbeitnehmern betrieben werden;

– Schäden an Fahrzeugen,

12/II/2. Sachvers
Zusätzl. Gefahren zur Sachversicherung

- Schäden an Wegen, Straßen und Brücken,

1.2.2. Rauch
Als Rauchschaden gilt jede unmittelbare Zerstörung oder Beschädigung versicherter Sachen durch Rauch, der plötzlich bestimmungswidrig aus den auf dem Versicherungsgrundstück befindlichen Feuerungs-, Heizungs-, Koch-, Trockenanlagen oder sonstigen Erhitzungsanlagen austritt.
Nicht versichert sind:
- Schäden, die durch dauernde Einwirkung des Rauches entstehen.

1.2.3. Überschalldruckwelle
Ein Schaden durch eine Überschalldruckwelle liegt vor, wenn sie durch ein Luftfahrzeug ausgelöst wurde, das die Schallgrenze durchflogen hat, und diese Druckwelle unmittelbar auf versicherte Sachen einwirkt.

1.3. Sprinkler-Leckage
Versichert sind Schäden durch bestimmungswidriges Austreten von Wasser oder auf Wasser basierenden Flüssigkeiten aus am Versicherungsort installierten Löschanlagen (Sprinkler- oder Schaumlöschanlagen).
Zur Löschanlage gehören Wasserbezugsstellen, Wasserversorgung, Alarmventile, Sprinklerrohrnetz und Sprinklerdüsen samt zugehörigen Armaturen, die ausschließlich dem Betrieb der Löschanlage dienen.
Nicht versichert sind Schäden
- an der Löschanlage selbst;
- anläßlich von Druckproben und der Durchführung von Revisions-, Kontroll- und Wartungsarbeiten;
- infolge Umbauten oder Reparaturarbeiten an Gebäuden oder an der Löschanlage.
- Weiters nicht versichert sind Schäden durch Holzfäule, Vermorschung oder Schwammbildung.

1.4. Überschwemmung
Überschwemmung ist die Überflutung des Grund und Bodens des Versicherungsortes
- durch Witterungsniederschläge
- durch Kanalrückstau infolge von Witterungsniederschlägen
- durch Ausuferung von oberirdischen stehenden oder fließenden Gewässern.

Nicht versichert sind
- Schäden durch vorhersehbare Überschwemmungen. Überschwemmungen gelten als vorhersehbar, wenn sie im langjährigen Mittel häufiger als einmal in zehn Jahren auftreten.
- Schäden, die ausschließlich durch das Ansteigen des Grundwasserspiegels verursacht werden.

1.5. Vermurung
Vermurung entsteht durch eine Massenbewegung von Erdreich, Wasser, Schlamm und anderen Bestandteilen, die durch naturbedingte Wassereinwirkung ausgelöst wird.

1.6. Erdbeben
Erdbeben ist eine naturbedingte Erschütterung des Erdbodens, die durch geophysikalische Vorgänge im Erdinnern ausgelöst wird.
Erdbeben wird unterstellt, wenn die seismische Intensität am Schadenort mindestens der Stufe 6 der Europäischen Makroseismischen Skala 1992 (EMS-92) basierend auf Mercalli-Sieberg entspricht. Dies ist dann gegeben, wenn in der Umgebung des Versicherungsortes an Gebäuden in einwandfreiem Zustand Schäden durch Erdbeben entstanden sind.

1.7. Lawinen und Lawinenluftdruck
Lawinen sind an Berghängen abgehende Schnee- oder Eismassen.
Lawinenluftdruck ist die von einer abgehenden Lawine verursachte Druckwelle.

1.8. Erdsenkung
Erdsenkung ist eine naturbedingte Absenkung des Erdbodens über natürlichen Hohlräumen.
Schäden durch bergmännische Tätigkeiten sind nicht versichert.

1.9. Unbenannte Gefahren
1.9.1. Als unbenannte Gefahren gelten Gefahren, die plötzlich und unvorhergesehen auf versicherte Sachen einwirken.
Als unbenannte Gefahren gelten keinesfalls jene Gefahren oder Schäden, die
- nach den Bestimmungen der Punkte 1.1. – 1.8. dieses Artikels oder
- durch eine andere Versicherung nach den Allgemeinen Bedingungen für die einzelnen Sachversicherungs-Sparten, auf die die Allgemeinen Bedingungen für die Sachversicherung (ABS) Anwendung finden

versichert werden können. Maßgeblich sind dabei die Musterbedingungen des Verbandes der Versicherungsunternehmen Österreichs (VVO).
1.9.2. Nicht versichert sind Schäden
1.9.2.1. durch Veruntreuung, Unterschlagung, Betrug, Erpressung oder einfachen Diebstahl (auch Ladendiebstahl);
1.9.2.2. durch Verluste, die erst bei einer Bestandskontrolle festgestellt werden, Inventurdifferenzen oder sonstige ungeklärte Verluste;
1.9.2.3. an im Freien oder in offenen Gebäuden befindlichen beweglichen Sachen
1.9.2.3.1. durch Witterungs- oder sonstige Umwelteinflüsse oder Umweltstörungen;
1.9.2.3.2. durch Diebstahl;
1.9.2.4. durch Be- oder Verarbeitung jeder Art an Sachen, die unmittelbar Gegenstand der Be- oder Verarbeitung sind; dazu gehören z. B. auch Wartung, Reparatur, Umrüstung, Instandsetzung, Bau- und Montagetätigkeiten;

AVB
Leben
Kranken
Unfall
Sachversicherung
Einbruchdiebstahl
Feuer
Glas
Haftpfl., USKV, ÖAK
Haushalt
Rechtsschutz
Transport
+ AÖSp (SVS/RVS)

1.9.2.5. an Gebäuden, Gebäudeteilen einschließlich Hof-, Straßen- oder Gehsteigbefestigungen durch Senken, Reißen, Schrumpfen oder Dehnen;
1.9.2.6. durch Kontamination (z. B. Vergiftung, Verrußung, Ablagerung, Beaufschlagung und dergleichen);
1.9.2.7. durch Verseuchung, Verderb, Verfall, Tiere, Pflanzen, Pilze oder Mikroorganismen aller Art;
1.9.2.8. durch klimatische Temperaturschwankungen, Trockenheit oder Feuchtigkeit;
1.9.2.9. durch Gewichtsverlust, Substanzverlust, Verfärbung, Veränderung von Geschmack, Farbe, Struktur oder Aussehen;
1.9.2.10. durch dauernde Einflüsse oder Einwirkungen chemischer, thermischer, mechanischer, elektrischer oder elektromagnetischer Art, durch Alterung, Abnützung oder Verschleiß oder durch Korrosion, Oxydation, Rost, Erosion, Ablagerungen aller Art;
1.9.2.11. durch Ausfall der Wasser-, Gas-, Elektrizitäts-, sonstigen Energie- oder Treibstoffversorgung;
1.9.2.12. durch Ausfall oder unzureichende Funktion von Klima-, Kühl- oder Heizungssystemen sowie von Meß-, Regel-, Sicherheits und Steuerungsanlagen.
1.9.2.13. durch Ausfall von EDV-Anlagen sowie durch Ausfall, Verlust, Manipulation oder Änderung gespeicherter Daten und Informationen einschließlich Computerviren, ohne gleichzeitige Zerstörung oder Beschädigung des Datenträgermaterials;
Zu den Punkten 1.9.2.5. bis 1.9.2.13. gilt: Solche Schäden sind jedoch dann versichert, wenn sie als unvermeidliche Folge eines ansonsten gemäß Punkt 1.9.1. versicherten Schadenereignisses eintreten.
1.9.2.14. durch Beschlagnahme, Enteignung oder Verfügung von Hoher Hand;
1.9.2.15. durch Genmanipulationen, Genmutationen oder andere Genveränderungen.
1.9.3. Gegen unbenannte Gefahren nicht versicherte Sachen:
1.9.3.1. Land-, Wasser- und Luftfahrzeuge, selbstfahrende Arbeitsmaschinen;
1.9.3.2. Pflanzen und Tiere;
1.9.3.3. Straßen, Wege, Tunnel, Brücken, Dämme, Docks, Hafenbecken, Kaimauern, Pipelines, Brunnen, Becken, Kanäle, Deponien, Bohrungen;
1.9.3.4. Schwimmende Anlagen (Offshore-Anlagen) und darauf befindliche Sachen;
1.9.3.5. Geld und Geldeswerte, Sparbücher, Wertpapiere, Gegenstände von historischem oder künstlerischem Wert;
1.9.3.6. Datenträger aller Art mit den darauf befindlichen Programmen und Daten, Reproduktionshilfsmittel, Urkunden, Muster, Prototypen und dergleichen
1.9.3.7. Sachen auf dem Transport;
1.9.3.8. Sachen, die sich in Bau (Bauleistungen) oder in Montage (Montageobjekte) befinden;
1.9.3.9. Automaten mit Geldeinwurf, Geldwechsler und Geldausgabeautomaten samt Inhalt.

2. Versicherte Schäden
Versichert sind **Sachschäden**, die
2.1. durch die **unmittelbare Einwirkung** einer versicherten Gefahr an versicherten Sachen am Versicherungsort eintreten (Schadenereignis);
2.2. als **unvermeidliche Folge** eines Schadenereignisses an versicherten Sachen eintreten (ausgenommen Schadenereignisse gemäß Punkt 1.9., siehe jedoch Anmerkung nach Punkt 1.9.2.13.);
2.3. durch **Abhandenkommen** von versicherten Sachen bei einem Schadenereignis eintreten (ausgenommen Punkt 1.1.2. böswillige Beschädigung).

Artikel 2

Nicht versicherte Schäden

Soweit nichts anderes vereinbart ist, sind nicht versichert
1. Schäden durch die unmittelbare oder mittelbare Wirkung von
1.1. Kriegsereignissen jeder Art, mit oder ohne Kriegserklärung, einschließlich aller Gewalthandlungen von Staaten und aller Gewalthandlungen politischer oder terroristischer Organisationen;
1.2. Bürgerkrieg, Revolution, Rebellion, Aufruhr, Aufstand;
1.3. allen mit den genannten Ereignissen (Punkte 1.1 bis 1.2) verbundenen militärischen oder behördlichen Maßnahmen;
1.4 Kernenergie, radioaktiven Isotopen oder ionisierender Strahlung;
1.5. Brand, Explosion und Flugzeugabsturz, ausgenommen im Zusammenhang mit Inneren Unruhen (gemäß Artikel 1, Punkt 1.1.1.) sowie Erdbeben (gemäß Artikel 1, Punkt 1.6.), sofern die Versicherung dieser beiden Gefahren ausdrücklich vereinbart ist.
2. Ist der Versicherungsnehmer Unternehmer im Sinne des Konsumentenschutzgesetzes, so hat er nachzuweisen, daß der Schaden mit den in den Punkten 1.1. bis 1.5. genannten Ereignissen oder deren Folgezuständen unmittelbar noch mittelbar im Zusammenhang steht.
Anmerkung: bei Anwendung dieser Bedingungen außerhalb Österreichs (z. B. für internationale Programme) ist auf bestimmte, regional übliche oder erforderliche **absolute** Ausschlüsse Rücksicht zu nehmen, z. B. Erdbebenschäden in USA, Catnat in Frankreich, Terrorismus in Nordirland, Überschwemmung in Holland, etc.

Artikel 3

Versicherte Sachen und Kosten

1. Versicherte Sachen

12/II/2. Sachvers

Zusätzl. Gefahren zur Sachversicherung

1.1. Versichert sind die in der Polizze bezeichneten Sachen, die im Eigentum des Versicherungsnehmers stehen, ihm unter Eigentumsvorbehalt verkauft und übergeben oder ihm verpfändet wurden.

1.2. Fremde Sachen sind nur aufgrund besonderer Vereinbarung, und nur soweit nicht aus einem anderen Versicherungsvertrag Entschädigung erlangt werden kann, versichert. Bei der Versicherung fremder Sachen ist für den Versicherungswert das Interesse des Eigentümers maßgebend, soweit nichts anderes vereinbart ist.

2. Versicherte Kosten

2.1. Versichert sind Kosten für Maßnahmen, auch für erfolglose, die der Versicherungsnehmer bei einem Schadenereignis zur Abwendung oder Minderung des Schadens für notwendig halten durfte.

Der Ersatz dieser Kosten und die Entschädigung für die versicherten Sachen betragen zusammen höchstens die Versicherungssumme; dies gilt jedoch nicht, soweit Maßnahmen auf Weisung des Versicherers erfolgt sind.

2.2. Nur aufgrund besonderer Vereinbarung sind versichert:

2.2.1. **Feuerlöschkosten**, das sind Kosten für die Brandbekämpfung, ausgenommen Kosten gemäß Punkt 2.3.

2.2.2. **Bewegungs- und Schutzkosten**, das sind Kosten, die dadurch entstehen, daß zum Zweck der Wiederherstellung oder Wiederbeschaffung versicherter Sachen andere Sachen bewegt, verändert oder geschützt werden müssen; insbesondere sind das Kosten für De- und Remontage von Maschinen oder Einrichtungen sowie für Durchbruch, Abriß oder Wiederaufbau von Gebäudeteilen.

2.2.3. **Abbruch- und Aufräumkosten**, das sind Kosten für Tätigkeiten am Versicherungsort und soweit sie versicherte Sachen betreffen, und zwar für den nötigen Abbruch stehengebliebener, vom Schaden betroffener Teile sowie für das Aufräumen einschließlich Sortieren der Reste und Abfälle. Darunter fallen nicht Entsorgungskosten nach Punkt 2.2.4.

2.2.4. **Entsorgungskosten**, das sind Kosten für Untersuchung, Abfuhr, Behandlung und Deponierung von Schaden betroffener versicherter Sachen.

2.3. *Soweit nichts anderes vereinbart ist,* sind nicht versichert:

2.3.1. Kosten, die durch Gesundheitsschäden bei Erfüllung der Rettungspflicht verursacht werden.

2.3.2. Kosten für Leistungen der im öffentlichen Interesse oder auf behördliche Anordnung tätig gewordenen Feuerwehren und anderen Verpflichteten.

Artikel 4
Nicht versicherte Sachen

Soweit nichts anderes vereinbart ist, sind nicht versichert:

1. Gebäude, die nicht bezugsfertig sind und die in diesen Gebäuden befindlichen, beweglichen Sachen;
2. Bauleistungen und Hilfsbauten;
3. Sachen, die sich in Bau oder in Montage befinden;
4. Sachen auf dem Transport;
5. behördlich zugelassene Straßen-, Wasser- und Luftfahrzeuge;
6. bewegliche Sachen im Freien für die Gefahren Überschwemmung, Vermurung, Lawinen und Lawinenluftdruck.

Artikel 5
Örtliche Geltung der Versicherung

Bewegliche Sachen sind – *soweit nichts anderes vereinbart ist* – nur an dem in der Polizze bezeichneten Versicherungsort versichert. Werden sie von dort entfernt, ruht der Versicherungsschutz. Erfolgt die Entfernung auf Dauer, erlischt für diese Sachen der Versicherungsvertrag.

Artikel 6
Obliegenheiten des Versicherungsnehmers vor dem Schadenfall

1. Der Versicherungsnehmer ist verpflichtet, die versicherten Sachen ordnungsgemäß instand zu halten.

2. Für Sprinkler- und Schaumlöschanlagen sind geeignete Maßnahmen gegen Frostschäden zu treffen.

3. Abflußleitungen auf dem Versicherungsort sind frei zu halten und bei überflutungsgefährdeten Räumen sind Rückstauklappen anzubringen.

4. In Räumen unter Erdniveau aufbewahrte Sachen sind mindestens – *soweit nichts anderes vereinbart ist* – 12 cm über dem Fußboden zu lagern.

Die vorstehenden Obliegenheiten gelten als vereinbarte Sicherheitsvorschriften gemäß Artikel 3 ABS. Ihre Verletzung führt nach Maßgabe der gesetzlichen Bestimmungen zur Leistungsfreiheit des Versicherers.

5. Die Stillegung eines Betriebes, auch Teilbetriebes, und die dauernde Nichtbenutzung eines Gebäudes stellen eine anzeigepflichtige Gefahrerhöhung im Sinne des Artikel 2 ABS dar.

12/II/2. Sachvers
Zusätzl. Gefahren zur Sachversicherung

Artikel 7
Obliegenheiten des Versicherungsnehmers im Schadenfall

1. Schadenminderungspflicht
1.1. Nach Möglichkeit ist bei einem unmittelbar drohenden oder eingetretenen Schaden
- für die Erhaltung, Rettung und Wiedererlangung der versicherten Sachen zu sorgen;
- dazu Weisung des Versicherers einzuholen und einzuhalten.

1.2. Bei Verlust von Sparbüchern und Wertpapieren muß die Sperre von Auszahlungen unverzüglich beantragt und, soweit möglich, das gerichtliche Kraftloserklärungsverfahren eingeleitet werden.

2. Schadenmeldungspflicht
Jeder Schaden ist unverzüglich dem Versicherer zu melden. Für Schäden aufgrund von böswilliger Beschädigung und Fahrzeuganprall, sowie beim Abhandenkommen von Sachen ist auch eine Anzeige bei der Sicherheitsbehörde erforderlich. In dieser Anzeige sind insbesondere alle abhandengekommenen Sachen anzugeben.

3. Schadenaufklärungspflicht
3.1. Dem Versicherer ist nach Möglichkeit jede Untersuchung über die Ursache und Höhe des Schadens und über den Umfang seiner Entschädigungsleistung zu gestatten.

3.2. Bei der Schadenermittlung ist unterstützend mitzuwirken und auf Verlangen sind dem Versicherer entsprechende Unterlagen zur Verfügung zu stellen. Die Kosten dafür trägt der Versicherungsnehmer.

3.3. Bei Gebäudeschäden ist dem Versicherer auf Verlangen ein beglaubigter Grundbuchauszug nach dem Stand vom Tag des Schadenereignisses vorzulegen. Die Kosten dafür trägt der Versicherungsnehmer.

3.4. Der durch den Schaden herbeigeführte Zustand darf, solange der Schaden nicht ermittelt ist, ohne Zustimmung des Versicherers nicht verändert werden, es sei denn, daß eine solche Veränderung zum Zweck der Schadenminderung oder im öffentlichen Interesse notwendig ist.

4. Leistungsfreiheit
Verletzt der Versicherungsnehmer eine der vorstehenden Obliegenheiten, ist der Versicherer nach Maßgabe des § 6 Versicherungsvertragsgesetz (VersVG) – im Fall einer Verletzung der Schadenminderungspflicht nach Maßgabe des § 62 VersVG – von der Verpflichtung zur Leistung frei.

Artikel 8
Versicherungswert

1. Spezielle Bestimmungen zum Versicherungswert

1.1. Als Versicherungswert von **Gebäuden** kann vereinbart werden:
1.1.1. der **Neuwert**.
Als Neuwert eines Gebäudes gelten die ortsüblichen Kosten seiner Neuherstellung einschließlich der Planungs- und Konstruktionskosten;
1.1.2. der **Zeitwert**.
Der Zeitwert eines Gebäudes wird aus dem Neuwert durch Abzug eines dem Zustand des Gebäudes, insbesondere seines Alters und seiner Abnützung entsprechenden Betrages ermittelt;
1.1.3. der **Verkehrswert**.
Der Verkehrswert eines Gebäudes ist der erzielbare Verkaufspreis, wobei der Wert des Grundstückes außer Ansatz bleibt.

1.2. Als Versicherungswert von **Gebrauchsgegenständen und Betriebseinrichtungen** kann vereinbart werden:
1.2.1. der **Neuwert**. Als Neuwert gelten die Kosten für die Wiederbeschaffung von neuen Sachen gleicher Art und Güte;
1.2.2. der **Zeitwert**.
Der Zeitwert wird aus dem Neuwert durch Abzug eines dem Zustand der Sache, insbesondere ihres Alters und ihrer Abnützung entsprechenden Betrages ermittelt;
1.2.3. der **Verkehrswert**. Der Verkehrswert ist der erzielbare Verkaufspreis für die Sache.

1.3. Als Versicherungswert von **Waren und Vorräten** gelten die **Kosten für die Wiederherstellung oder Wiederbeschaffung** von Sachen gleicher Art und Güte.
Ist bei Waren und Vorräten der erzielbare Verkaufspreis niedriger als die Kosten für die Wiederherstellung oder Wiederbeschaffung, so gilt dieser als Versicherungswert.

1.4. Als Versicherungswert gelten bei
- **Geld und Geldeswerten** der Nennwert,
- **Sparbüchern ohne Losungswort** der Betrag des Guthabens,
- **Sparbüchern mit Losungswort** die Kosten des Kraftloserklärungsverfahrens,
- **Wertpapieren mit amtlichem Kurs** die jeweils letzte amtliche Notierung,
- **sonstigen Wertpapieren** der Marktpreis.

1.5. Als Versicherungswert von Datenträgern mit den darauf befindlichen Programmen und Daten, Reproduktionshilfsmitteln, Urkunden, Mustern, Prototypen und dergleichen gelten die Kosten für die Wiederherstellung oder Wiederbeschaffung.

1.6. Als Versicherungswert **behördlich zugelassener Straßen-, Wasser- und Luftfahrzeuge** gilt der **Verkehrswert**.

1.7. Als Versicherungswert **sonstiger, in den Punkten 1.2. bis 1.6. nicht genannter beweglicher Sachen** gilt der **Verkehrswert**.

2. Allgemeine Bestimmungen zum Versicherungswert

12/II/2. Sachvers

Zusätzl. Gefahren zur Sachversicherung

2.1. Unabhängig von den Bestimmungen der Punkte 1.1. bis 1.7. gilt als Versicherungswert jedenfalls der **Verkehrswert**:
2.1.1. bei **Sachen von historischem oder künstlerischem Wert**, bei denen die Alterung im allgemeinen zu keiner Entwertung führt;
2.1.2. bei **beweglichen Sachen, die gewerbsmäßig verliehen werden**, z. B. Leihbücher, Leihvideobänder, Leihmaschinen und Leihgeräte.
2.2. Bei der Ermittlung des Versicherungswertes wird ein **persönlicher Liebhaberwert** nicht berücksichtigt.

Artikel 9
Entschädigung

1. Für **Gebäude, Gebrauchsgegenstände und Betriebseinrichtungen** (Artikel 8, Punkte 1.1. und 1.2.):
1.1. Ist die Versicherung zum **Neuwert** gemäß Artikel 8 vereinbart,
1.1.1. wird bei **Zerstörung oder Abhandenkommen** der Versicherungswert unmittelbar vor Eintritt des Schadenereignisses ersetzt;
1.1.2. werden bei **Beschädigung** die notwendigen Reparaturkosten zur Zeit des Eintrittes des Schadenereignisses (Neuwertschaden), höchstens jedoch der Versicherungswert unmittelbar vor Eintritt des Schadenereignisses, ersetzt.
1.1.3. War der Zeitwert der vom Schaden betroffenen Sache unmittelbar vor Eintritt des Schadenereignisses kleiner als 40% des Neuwertes, wird höchstens der Zeitwert ersetzt.
1.1.4. War die vom Schaden betroffene Sache unmittelbar vor Eintritt des Schadenereignisses dauernd entwertet, wird höchstens der Verkehrswert ersetzt.
Ein Gebäude ist insbesondere dann dauernd entwertet, wenn es zum Abbruch bestimmt oder allgemein oder für seinen Betriebszweck nicht mehr verwendbar ist.
Gebrauchsgegenstände und Betriebseinrichtungen sind insbesondere dann dauernd entwertet, wenn sie dauernd aus dem Betrieb ausgeschieden oder allgemein oder für ihren Betriebszweck nicht mehr verwendbar sind.
1.2. Ist die Versicherung zum **Zeitwert** gemäß Artikel 8 vereinbart,
1.2.1. wird bei **Zerstörung oder Abhandenkommen** der Versicherungswert unmittelbar vor Eintritt des Schadenereignisses ersetzt;
1.2.2. werden bei **Beschädigung** die notwendigen Reparaturkosten zur Zeit des Eintrittes des Schadenereignisses, gekürzt im Verhältnis Zeitwert zu Neuwert, höchstens jedoch der Versicherungswert unmittelbar vor Eintritt des Schadenereignisses, ersetzt.
1.2.3. War die vom Schaden betroffene Sache unmittelbar vor Eintritt des Schadenereignisses dauernd entwertet (Punkt 1.1.4.), wird höchstens der Verkehrswert ersetzt.

1.3. Ist die Versicherung zum **Verkehrswert** gemäß Artikel 8 vereinbart,
1.3.1. wird bei **Zerstörung oder Abhandenkommen** der Versicherungswert unmittelbar vor Eintritt des Schadenereignisses ersetzt;
1.3.2. werden bei **Beschädigung** die notwendigen Reparaturkosten zur Zeit des Eintrittes des Schadenereignisses, gekürzt im Verhältnis Verkehrswert zu Neuwert, höchstens jedoch der Versicherungswert unmittelbar vor Eintritt des Schadenereignisses, ersetzt.

2. Für **Waren und Vorräte** (Artikel 8, Punkt 1.3.)
2.1. wird bei **Zerstörung oder Abhandenkommen** der Versicherungswert unmittelbar vor Eintritt des Schadenereignisses ersetzt;
2.2. werden bei **Beschädigung** die notwendigen Reparaturkosten zur Zeit des Eintrittes des Schadenereignisses, höchstens jedoch der Versicherungswert unmittelbar vor Eintritt des Schadenereignisses, ersetzt.
2.3. War der erzielbare Verkaufspreis abzüglich der ersparten Kosten unmittelbar vor Eintritt des Schadenereignisses niedriger als die Kosten der Wiederherstellung oder Wiederbeschaffung, wird höchstens dieser niedrigere Wert ersetzt.

3. Für **Geld und Geldeswerte, Sparbücher und Wertpapiere** (Artikel 8, Punkt 1.4.) werden die Kosten der Wiederbeschaffung, höchstens jedoch der Versicherungswert unmittelbar vor Eintritt des Schadenereignisses, ersetzt.

4. Für **Datenträger und dergleichen** (Artikel 8, Punkt 1.5.) werden die Kosten der Wiederherstellung oder Wiederbeschaffung ersetzt, soweit die Wiederherstellung oder Wiederbeschaffung notwendig ist und innerhalb von zwei Jahren ab dem Eintritt des Schadenereignisses tatsächlich erfolgt; andernfalls wird nur der Materialwert ersetzt.

5. Für **Fahrzeuge** und **sonstige bewegliche Sachen** (Artikel 8, Punkte 1.6., 1.7. und 2.1.)
5.1. wird bei **Zerstörung oder Abhandenkommen** der Versicherungswert unmittelbar vor Eintritt des Schadenereignisses ersetzt;
5.2. werden bei **Beschädigung** die notwendigen Reparaturkosten zur Zeit des Eintrittes des Schadenereignisses, höchstens jedoch der Versicherungswert unmittelbar vor Eintritt des Schadenereignisses, ersetzt.

6. Für **versicherte Kosten** (Artikel 3, Punkt 2.) werden die tatsächlich anfallenden Kosten ersetzt.

7. **Allgemeine Bestimmungen zur Entschädigung**
7.1. Wird durch die **Reparatur** einer Sache ihr Versicherungswert gegenüber ihrem Versicherungswert unmittelbar vor Eintritt des Schadenereignisses erhöht, werden die Reparaturkosten um den Betrag der Werterhöhung gekürzt.

12/II/2. Sachvers
Zusätzl. Gefahren zur Sachversicherung

7.2. Der **Wert verbliebener Reste** wird jedenfalls angerechnet; behördliche Beschränkungen der Wiederherstellung oder Wiederbeschaffung werden bei der Bewertung der Reste nicht berücksichtigt.

7.3. Für **abhandengekommene und später wiederherbeigeschaffte Sachen** gilt vereinbart:

7.3.1. Der Versicherungsnehmer ist zur Zurücknahme dieser Sachen verpflichtet, soweit dies zumutbar ist.

7.3.2. Werden Sachen nach Zahlung der Entschädigung wiederherbeigeschafft, hat der Versicherungsnehmer die erhaltene Entschädigung, abzüglich der Vergütung für einen allfälligen Minderwert, zurückzugeben. Sachen, deren Zurücknahme nicht zumutbar ist, sind dem Versicherer zu übereignen.

7.4. Bei **zusammengehörigen Einzelsachen** wird die allfällige Entwertung, welche die unbeschädigt gebliebenen Einzelsachen durch die Beschädigung, Zerstörung oder das Abhandenkommen der anderen erleiden, nicht berücksichtigt.

7.5. Für **unwesentliche Veränderungen** der versicherten Sachen, die deren Gebrauchswert nicht beeinträchtigen, wird keine Entschädigung geleistet.

Artikel 10
Unterversicherung

Gemäß Artikel 9 ermittelte Entschädigungen werden bei Vorliegen einer Unterversicherung nach den Bestimmungen der ABS gekürzt; dies gilt nicht, wenn Versicherung auf Erstes Risiko vereinbart ist.

Artikel 11
Entschädigungsgrenzen; Selbstbeteiligungen

1. Ist eine Höchstentschädigung vereinbart, so gilt diese Höchstentschädigung abweichend von Artikel 8, Abs.1 ABS als Grenze für die Ersatzleistung einschließlich Kostenzahlungen.

2. Die gemäß Artikel 9 ermittelten Entschädigungen werden je Schadenereignis um die vereinbarte Selbstbeteiligung gekürzt (nach Berücksichtigung der Unterversicherung).

3. Alle Schadenereignisse, die aus ein und derselben Ursache im zeitlichen Zusammenhang innerhalb von 72 Stunden eintreten, gelten im Sinne der Bestimmungen der Punkte 1. und 2. als ein Schadenereignis.

Artikel 12
Zahlung der Entschädigung; Wiederherstellung, Wiederbeschaffung;

1. Der Versicherungsnehmer hat vorerst nur Anspruch:

1.1. Bei **Gebäuden**

1.1.1. bei Zerstörung auf Ersatz des Zeitwertes, höchstens jedoch des Verkehrswertes;

1.1.2. bei Beschädigung auf Ersatz des Zeitwertschadens, höchstens jedoch des Verkehrswertschadens.

1.2. Bei **Gebrauchsgegenständen und Betriebseinrichtungen**

1.2.1. bei Zerstörung oder Abhandenkommen auf Ersatz des Zeitwertes;

1.2.2. bei Beschädigung auf Ersatz des Zeitwertschadens.

1.3. Der Zeitwertschaden verhält sich zum Neuwertschaden wie der Zeitwert zum Neuwert. Der Verkehrswertschaden verhält sich zum Neuwertschaden wie der Verkehrswert zum Neuwert.

2. Den Anspruch auf den die Zahlung gemäß Punkt 1. übersteigenden Teil der Entschädigung erwirbt der Versicherungsnehmer erst dann und nur insoweit, als folgende Voraussetzungen erfüllt sind:

2.1. es ist gesichert, daß die Entschädigung zur Gänze zur Wiederherstellung bzw. Wiederbeschaffung verwendet wird. Sachen, die vor dem Eintritt des Schadenereignisses bereits hergestellt, angeschafft oder bestellt waren, oder sich in Herstellung befanden, gelten nicht als wiederhergestellt bzw. wiederbeschafft;

2.2. die Wiederherstellung eines Gebäudes erfolgt an der bisherigen Stelle. Ist die Wiederherstellung an dieser Stelle behördlich verboten, so genügt die Wiederherstellung an anderer Stelle innerhalb Österreichs;

2.3. die wiederhergestellten bzw. wiederbeschafften Sachen dienen dem gleichen Betriebs- bzw. Verwendungszweck;

2.4. die Wiederherstellung bzw. Wiederbeschaffung erfolgt innerhalb von drei Jahren ab dem Eintritt des Schadenereignisses.

Artikel 13
Sachverständigenverfahren

Für das Sachverständigenverfahren wird ergänzend zu den Bestimmungen der ABS vereinbart:

1. Die Feststellung der beiden Sachverständigen muß auch den Versicherungswert der vom Schaden betroffenen Sachen unmittelbar vor Eintritt des Schadenereignisses sowie den Wert der Reste enthalten.

2. Auf Verlangen eines Vertragspartners muß auch eine Feststellung des Versicherungswertes der versicherten, vom Schaden nicht betroffenen Sachen, erfolgen.

12/II/2. Sachvers

Zusätzl. Gefahren zur Sachversicherung

Artikel 14
Regreß; Versicherungssumme nach dem Schadenfall

1. Soweit der Versicherer dem Versicherungsnehmer oder Versicherten den Schaden ersetzt, gehen allfällige Schadenersatzansprüche des Versicherungsnehmers oder Versicherten gegen Dritte auf den Versicherer über.

2. Soweit nichts anderes vereinbart ist, wird die Versicherungssumme nicht dadurch vermindert, daß eine Entschädigung gezahlt wurde.

12/II/3. Einbruchdiebstahl
Allg. Bedingungen

Allgemeine Bedingungen für die Einbruchdiebstahlversicherung (AEB 2001)

Unverbindliche Musterbedingungen des Verbandes der Versicherungsunternehmen Österreichs. Die Möglichkeit, durch andere Vereinbarungen von Regelungen dieser Musterbedingungen abzuweichen, bleibt unberührt. Die Musterbedingungen sind für jede interessierte Person zugänglich und werden auf einfache Anfrage hin übermittelt.

Allgemeiner Teil

Auf die Versicherung finden die Bestimmungen der Allgemeinen Bedingungen für die Sachversicherung *(Musterbedingungen ABS 2001)* Anwendung.

Besonderer Teil
Inhaltsverzeichnis

Artikel 1	Versicherte Gefahren und Schäden
Artikel 2	Nicht versicherte Schäden
Artikel 3	Versicherte Sachen und Kosten
Artikel 4	Örtliche Geltung der Versicherung
Artikel 5	Obliegenheiten des Versicherungsnehmers vor dem Schadenfall
Artikel 6	Obliegenheiten des Versicherungsnehmers im Schadenfall
Artikel 7	Versicherungswert
Artikel 8	Entschädigung
Artikel 9	Unterversicherung; Bruchteilversicherung
Artikel 10	Zahlung der Entschädigung; Wiederherstellung, Wiederbeschaffung
Artikel 11	Sachverständigenverfahren
Artikel 12	Regreß; Versicherungssumme nach dem Schadenfall

Artikel 1
Versicherte Gefahren und Schäden

1. Versichert sind **Sachschäden**, die durch einen **vollbrachten oder versuchten Einbruchdiebstahl** entstehen (Schadenereignis).
Versichert sind auch **Sachschäden**, die als **unvermeidliche Folge** eines Schadenereignisses eintreten.
2. **Einbruchdiebstahl** liegt vor, wenn ein Täter in die Versicherungsräumlichkeiten
2.1. durch **Eindrücken oder Aufbrechen** von Türen, Fenstern oder anderen Gebäudeteilen einbricht;
2.2. unter **Überwindung erschwerender Hindernisse** durch Öffnungen, die nicht zum Eintritt bestimmt sind, einsteigt;
2.3. **einschleicht** und aus den versperrten Versicherungsräumlichkeiten Sachen wegbringt;
2.4. durch Öffnen von Schlössern **mittels Werkzeugen oder falscher Schlüssel** eindringt. Falsche Schlüssel sind Schlüssel, die widerrechtlich angefertigt werden;
2.5. mit **richtigen Schlüsseln** eindringt, die er durch Einbruchdiebstahl in andere Räumlichkeiten als die Versicherungsräumlichkeiten oder durch Beraubung an sich gebracht hat. Beraubung ist die Wegnahme oder erzwungene Herausgabe von Sachen unter Anwendung oder Androhung tätlicher Gewalt gegen Personen;
2.6. gelangt und **während der Anwesenheit von Personen** in versperrte Räume gemäß Punkt 2.1. bis 2.5. einbricht.

3. **Einbruchdiebstahl in ein versperrtes Behältnis** liegt vor, wenn ein Täter
3.1. gemäß Punkt 2 einbricht und ein Behältnis aufbricht oder **mittels Werkzeugen oder falscher Schlüssel** öffnet;
3.2. ein Behältnis mit **richtigen Schlüsseln** öffnet, die er durch Einbruchdiebstahl in gleich sicheres Behältnis an sich gebracht hat.
Nur aufgrund besonderer Vereinbarung gilt das Öffnen von Behältnissen mit dem richtigen Schlüssel als Schadenereignis, wenn ein Täter diesen durch Einbruchdiebstahl gemäß Punkt 2 in andere Räumlichkeiten als die Versicherungsräumlichkeiten oder durch Beraubung an sich gebracht hat;
3.3. **während der Anwesenheit von Personen** in die Versicherungsräumlichkeiten gelangt und dort befindliche versperrte Behältnisse aufbricht oder mittels Werkzeugen oder falscher Schlüssel öffnet.

Artikel 2
Nicht versicherte Schäden

Soweit nichts anderes vereinbart ist, sind nicht versichert, auch nicht als unvermeidliche Folge eines Schadenereignisses:

1. Schäden durch Vandalismus (böswillige Sachbeschädigung);
2. Diebstahl oder Abhandenkommen von Sachen, ohne daß ein Einbruchdiebstahl gemäß Artikel 1 vorliegt;
3. Schäden durch Entnahme von Waren oder Bargeld aus Automaten unter Verwendung falscher oder nicht wertentsprechender Münzen, manipulierter Karten und dergleichen;

12/II/3. Einbruchdiebstahl
Allg. Bedingungen

4. Schäden, die durch vorsätzliche Handlungen von Personen herbeigeführt werden, die mit dem Versicherungsnehmer in häuslicher Gemeinschaft leben;
5. Schäden, die durch vorsätzliche Handlungen von Personen herbeigeführt werden, die für den Versicherungsnehmer tätig sind und Zugang zu den Versicherungsräumlichkeiten haben, es sei denn, daß der Einbruchdiebstahl zu einer Zeit begangen wird, während der die Versicherungsräumlichkeiten für sie verschlossen sind und von diesen Personen weder richtige noch falsche Schlüssel verwendet werden;
6. Schäden durch Beraubung am Versicherungsort;
7. Schäden durch Beraubung auf Transportwegen (Botenberaubung);
8. Schäden durch Brand, Explosion oder Austreten von Leitungswasser. Schäden, die durch die Anwendung von Sprengmitteln bei einem Einbruchdiebstahl verursacht werden, sind hingegen versichert, soweit nicht aus einem anderen Versicherungsvertrag Entschädigung erlangt werden kann;
9. Schäden durch entgangenen Gewinn und mittelbare Schäden;
10. Schäden durch die unmittelbare oder mittelbare Wirkung von
10.1. Kriegsereignissen jeder Art, mit oder ohne Kriegserklärung, einschließlich aller Gewalthandlungen von Staaten und aller Gewalthandlungen politischer oder terroristischer Organisationen;
10.2. inneren Unruhen, Bürgerkrieg, Revolution, Rebellion, Aufruhr, Aufstand;
10.3. allen mit den genannten Ereignissen (Punkte 10.1. und 10.2.) verbundenen militärischen oder behördlichen Maßnahmen;
10.4. Erdbeben oder anderen außergewöhnlichen Naturereignissen;
10.5. Kernenergie, radioaktiven Isotopen oder ionisierender Strahlung.
Zu Punkt 10. gilt: Ist der Versicherungsnehmer Unternehmer im Sinne des Konsumentenschutzgesetzes, so hat er nachzuweisen, daß der Schaden mit den in den Punkten 10.1. bis 10.5. genannten Ereignissen oder deren Folgezuständen weder unmittelbar noch mittelbar im Zusammenhang steht.

Artikel 3
Versicherte Sachen und Kosten

1. **Versicherte Sachen**
1.1. Versichert sind die in der Polizze bezeichneten Sachen, die im Eigentum des Versicherungsnehmers stehen, ihm unter Eigentumsvorbehalt verkauft und übergeben oder ihm verpfändet wurden.
1.2. Fremde Sachen sind nur aufgrund besonderer Vereinbarung, und nur soweit nicht aus einem anderen Versicherungsvertrag Entschädigung erlangt werden kann, versichert. Bei der Versicherung fremder Sachen ist für den Versicherungswert das Interesse des Eigentümers maßgebend, soweit nichts anderes vereinbart ist.
1.3. Geld und Geldeswerte, Sparbücher, Wertpapiere, Urkunden, Schmuck-, Gold- und Platinsachen, Edelsteine, Edelmetalle und echte Perlen sowie Münzen- und Briefmarkensammlungen sind nur in den in der Polizze bezeichneten versperrten Behältnissen versichert.

2. **Versicherte Kosten**
Versichert sind
2.1. Kosten für Maßnahmen, auch für erfolglose, die der Versicherungsnehmer bei einem Schadenereignis zur Abwendung oder Minderung des Schadens für notwendig halten durfte; das sind insbesondere Kosten für kurzfristig notwendige Sicherungsmaßnahmen (Bewachung, Notverschalung etc.).
2.2. Kosten der Wiederherstellung beschädigter oder Wiederbeschaffung entwendeter Baubestandteile oder Adaptierungen der Versicherungsräumlichkeiten.
2.3. Kosten für notwendige Schloßänderungen der Versicherungsräumlichkeiten – soweit nichts anderes vereinbart ist – bis ATS 20.000,–[1], wenn die Schlüssel bei einem Einbruchdiebstahl oder durch Beraubung abhanden kommen.
Der Ersatz der Kosten gemäß Punkt 2.1. bis 2.3. und die Entschädigung für die versicherten Sachen betragen zusammen höchstens die Versicherungssumme; dies gilt jedoch nicht, soweit Maßnahmen auf Weisung des Versicherers erfolgen sind.
2.4. nur aufgrund besonderer Vereinbarung:
2.4.1. **Bewegungs- und Schutzkosten**, das sind Kosten, die dadurch entstehen, daß zum Zweck der Wiederherstellung oder Wiederbeschaffung versicherter Sachen andere Sachen bewegt, verändert oder geschützt werden müssen; insbesondere sind das Kosten für De- und Remontage von Maschinen oder Einrichtungen sowie für Durchbruch, Abriß oder Wiederaufbau von Gebäudeteilen.
2.4.2. **Abbruch- und Aufräumkosten**, das sind Kosten für Tätigkeiten am Versicherungsort und soweit sie versicherte Sachen betreffen, und zwar für den nötigen Abbruch stehengebliebener, vom Schaden betroffener Teile sowie für das Aufräumen einschließlich Sortieren der Reste und Abfälle. Darunter fallen nicht Entsorgungskosten nach Punkt 2.4.3.
2.4.3. **Entsorgungskosten**, das sind Kosten für Untersuchung, Abfuhr, Behandlung und Deponierung vom Schaden betroffener versicherter Sachen.

3. Soweit nichts anderes vereinbart ist, sind nicht versichert:

12/II/3. Einbruchdiebstahl
Allg. Bedingungen

3.1. Kosten, die durch Gesundheitsschäden bei Erfüllung der Rettungspflicht verursacht werden;
3.2. Kosten für Leistungen der im öffentlichen Interesse oder auf behördliche Anordnung tätig gewordenen Feuerwehren und anderen Verpflichteten.

[1)] Dieser Betrag entspricht 1453,46 €.

Artikel 4
Örtliche Geltung der Versicherung

Bewegliche Sachen sind – soweit nichts anderes vereinbart ist – nur in den in der Polizze bezeichneten Versicherungsräumlichkeiten (= Versicherungsort) versichert. Werden sie von dort entfernt, ruht der Versicherungsschutz. Erfolgt die Entfernung auf Dauer, erlischt für diese Sachen der Versicherungsvertrag.

Artikel 5
Obliegenheiten des Versicherungsnehmers vor dem Schadenfall

1. Der Versicherungsnehmer ist verpflichtet, wenn die Versicherungsräumlichkeiten auch für noch so kurze Zeit von allen Personen verlassen werden,
1.1. die Türen, Fenster und alle sonstigen Öffnungen der Versicherungsräumlichkeiten stets ordnungsgemäß verschlossen zu halten, dazu sind vorhandene Schlösser zu versperren;
1.2. Behältnisse ordnungsgemäß zu versperren;
1.3. alle vereinbarten Sicherheitsmaßnahmen vollständig zur Anwendung zu bringen.
2. Mauersafes (Wandsafes) müssen vorschriftsmäßig eingemauert sein (100 mm Betonschicht mit der Betonfestigkeitsklasse B 400).
3. Registrierkassen sind nach Geschäftsschluß offen zu lassen.
4. Sind Sachen in ständig bewohnten Gebäuden versichert, so darf die Unterbrechung des Bewohntseins insgesamt nicht länger als 40 Tage im Jahr dauern.
5. Die vorstehenden Obliegenheiten gelten als vereinbarte Sicherheitsvorschriften gemäß Artikel 3 ABS. Ihre Verletzung führt nach Maßgabe der gesetzlichen Bestimmungen zur Leistungsfreiheit des Versicherers.

Artikel 6
Obliegenheiten des Versicherungsnehmers im Schadenfall

1. **Schadenminderungspflicht**
1.1. Nach Möglichkeit ist bei einem unmittelbar drohenden oder eingetretenen Schaden
– für die Erhaltung, Rettung und Wiedererlangung der versicherten Sachen zu sorgen;
– dazu Weisung des Versicherers einzuholen und einzuhalten.
1.2. Bei Verlust von Sparbüchern und Wertpapieren muß die Sperre von Auszahlungen unverzüglich beantragt und, soweit möglich, das gerichtliche Kraftloserklärungsverfahren eingeleitet werden.

2. **Schadenmeldungspflicht**
Jeder Schaden ist unverzüglich dem Versicherer zu melden und der Sicherheitsbehörde anzuzeigen. In der Anzeige bei der Sicherheitsbehörde sind insbesondere alle abhandengekommenen Sachen anzugeben.

3. **Schadenaufklärungspflicht**
3.1. Dem Versicherer ist nach Möglichkeit jede Untersuchung über die Ursache und Höhe des Schadens und über den Umfang seiner Entschädigungsleistung zu gestatten.
3.2. Bei der Schadenermittlung ist unterstützend mitzuwirken und auf Verlangen sind dem Versicherer entsprechende Unterlagen zur Verfügung zu stellen. Die Kosten dafür trägt der Versicherungsnehmer.
3.3. Der durch den Schaden herbeigeführte Zustand darf, solange der Schaden nicht ermittelt ist, ohne Zustimmung des Versicherers nicht verändert werden, es sei denn, daß eine solche Veränderung zum Zweck der Schadenminderung oder im öffentlichen Interesse notwendig ist.

4. **Leistungsfreiheit**
Verletzt der Versicherungsnehmer eine der vorstehenden Obliegenheiten, ist der Versicherer nach Maßgabe des § 6 Versicherungsvertragsgesetz (VersVG) – im Fall einer Verletzung der Schadenminderungspflicht nach Maßgabe des § 62 VersVG – von der Verpflichtung zur Leistung frei.

Artikel 7
Versicherungswert

1. **Spezielle Bestimmungen zum Versicherungswert**
1.1. Der Versicherungswert von **Gebrauchsgegenständen** und **Betriebseinrichtungen** ist der **Neuwert**.
Als Neuwert gelten die Kosten für die Wiederbeschaffung von neuen Sachen gleicher Art und Güte.
1.2. Als Versicherungswert von **Waren und Vorräten** gelten die **Kosten für die Wiederherstellung oder Wiederbeschaffung** von Sachen gleicher Art und Güte.
Ist bei Waren und Vorräten der erzielbare Verkaufspreis niedriger als die Kosten für die Wiederherstellung oder Wiederbeschaffung, so gilt dieser als Versicherungswert.
1.3. Als Versicherungswert gelten bei
– **Geld und Geldeswerten** der Nennwert,

12/II/3. Einbruchdiebstahl
Allg. Bedingungen

- **Sparbüchern ohne Losungswort** der Betrag des Guthabens,
- **Sparbüchern mit Losungswort** die Kosten des Kraftloserklärungsverfahrens,
- **Wertpapieren mit amtlichem Kurs** die jeweils letzte amtliche Notierung,
- **sonstigen Wertpapieren** der Marktpreis.

1.4. Als Versicherungswert von **Datenträgern** mit den darauf befindlichen Programmen und Daten, **Reproduktionshilfsmitteln, Urkunden, Mustern, Prototypen und dergleichen** gelten die **Kosten für die Wiederherstellung oder Wiederbeschaffung**.

1.5. Als Versicherungswert **behördlich zugelassener Straßen-, Wasser- und Luftfahrzeuge** gilt der **Verkehrswert**.
Der Verkehrswert ist der erzielbare Verkaufspreis für die Sache.

1.6. Als Versicherungswert **sonstiger, in den Punkten 1.1. bis 1.5. nicht genannter beweglicher Sachen** gilt der **Verkehrswert**.

2. **Allgemeine Bestimmungen zum Versicherungswert**

2.1. Unabhängig von den Bestimmungen der Punkte 1.1. bis 1.6. gilt als Versicherungswert jedenfalls der **Verkehrswert**:

2.1.1. bei **Sachen von historischem oder künstlerischem Wert**, bei denen die Alterung im allgemeinen zu keiner Entwertung führt;

2.1.2. bei **beweglichen Sachen, die gewerbsmäßig verliehen** werden, z. B. Leihbücher, Leihvideobänder, Leihmaschinen und Leihgeräte;

2.2. Bei der Ermittlung des Versicherungswertes wird ein **persönlicher Liebhaberwert** nicht berücksichtigt.

Artikel 8
Entschädigung

1. Für **Gebrauchsgegenstände** und **Betriebseinrichtungen** (Artikel 7, Punkt 1.1.)

1.1. wird bei **Zerstörung oder Abhandenkommen** der Versicherungswert unmittelbar vor Eintritt des Schadenereignisses ersetzt;

1.2. werden bei **Beschädigung** die notwendigen Reparaturkosten zur Zeit des Eintritts des Schadenereignisses (Neuwertschaden), höchstens jedoch der Versicherungswert unmittelbar vor Eintritt des Schadenereignisses, ersetzt.

1.3. War der Zeitwert der vom Schaden betroffenen Sache unmittelbar vor Eintritt des Schadenereignisses kleiner als 40 % des Neuwertes, wird höchstens der Zeitwert ersetzt. Der Zeitwert wird aus dem Neuwert durch Abzug eines dem Zustand der Sache, insbesondere ihres Alters und ihrer Abnützung entsprechenden Betrages ermittelt.

1.4. War die vom Schaden betroffene Sache unmittelbar vor Eintritt des Schadenereignisses dauernd entwertet, wird höchstens der Verkehrswert ersetzt. Gebrauchsgegenstände und Betriebseinrichtungen sind insbesondere dann dauernd entwertet, wenn sie dauernd aus dem Betrieb ausgeschieden oder allgemein oder für ihren Betriebszweck nicht mehr verwendbar sind.

2. Für **Waren und Vorräte** (Artikel 7, Punkt 1.2.)

2.1. wird bei **Zerstörung oder Abhandenkommen** der Versicherungswert unmittelbar vor Eintritt des Schadenereignisses ersetzt;

2.2. werden bei **Beschädigung** die notwendigen Reparaturkosten zur Zeit des Schadenereignisses, höchstens jedoch der Versicherungswert unmittelbar vor Eintritt des Schadenereignisses, ersetzt.

2.3. War der erzielbare Verkaufspreis abzüglich der ersparten Kosten unmittelbar vor Eintritt des Schadenereignisses niedriger als die Kosten der Wiederherstellung oder Wiederbeschaffung, wird höchstens dieser niedrigere Wert ersetzt.

3. Für **Geld und Geldeswerte, Sparbücher und Wertpapiere** (Artikel 7, Punkt 1.3.) werden die Kosten der Wiederbeschaffung, höchstens jedoch der Versicherungswert unmittelbar vor Eintritt des Schadenereignisses, ersetzt.

4. Für **Datenträger und dergleichen** (Artikel 7, Punkt 1.4.) werden die Kosten der Wiederherstellung oder Wiederbeschaffung ersetzt, soweit die Wiederherstellung oder Wiederbeschaffung notwendig ist und innerhalb von zwei Jahren ab dem Eintritt des Schadenereignisses tatsächlich erfolgt; andernfalls wird nur der Materialwert ersetzt.

5. Für **Fahrzeuge und sonstige bewegliche Sachen** (Artikel 7, Punkte 1.5., 1.6. und 2.)

5.1. wird bei Zerstörung oder Abhandenkommen der Versicherungswert unmittelbar vor Eintritt des Schadenereignisses ersetzt;

5.2. werden bei Beschädigung die notwendigen Reparaturkosten zur Zeit des Eintrittes des Schadenereignisses, höchstens jedoch der Versicherungswert unmittelbar vor Eintritt des Schadenereignisses, ersetzt.

6. Für **versicherte Kosten** (Artikel 3, Punkt 2.) werden die tatsächlich anfallenden Kosten ersetzt.

7. **Allgemeine Bestimmungen zur Entschädigung**

7.1. Wird durch die **Reparatur** einer Sache ihr Versicherungswert gegenüber ihrem Versicherungswert unmittelbar vor Eintritt des Schadenereignisses erhöht, werden die Reparaturkosten um den Betrag der Werterhöhung gekürzt.

7.2. Der **Wert verbliebener Reste** wird jedenfalls angerechnet; behördliche Beschränkungen der Wiederherstellung oder Wiederbeschaffung werden bei der Bewertung der Reste nicht berücksichtigt.

12/II/3. Einbruchdiebstahl
Allg. Bedingungen

7.3. Für **abhandengekommene und später wiederherbeigeschaffte Sachen** gilt vereinbart:
7.3.1. Der Versicherungsnehmer ist zur Zurücknahme dieser Sachen verpflichtet, soweit dies zumutbar ist.
7.3.2. Werden Sachen nach Zahlung der Entschädigung wiederherbeigeschafft, hat der Versicherungsnehmer die erhaltene Entschädigung, abzüglich der Vergütung für einen allfälligen Minderwert, zurückzugeben. Sachen, deren Zurücknahme nicht zumutbar ist, sind dem Versicherer zu übereignen.
7.4. Bei **zusammengehörigen Einzelsachen** wird die allfällige Entwertung, welche die unbeschädigt gebliebenen Einzelsachen durch die Beschädigung, Zerstörung oder das Abhandenkommen der anderen erleiden, nicht berücksichtigt.

Artikel 9
Unterversicherung; Bruchteilversicherung

1. Gemäß Artikel 8 ermittelte Entschädigungen werden bei Vorliegen einer Unterversicherung nach den Bestimmungen der ABS gekürzt; dies gilt nicht, wenn Versicherung auf Erstes Risiko vereinbart ist.
2. Wird als Versicherungssumme nur ein Bruchteil der in der Polizze angeführten Vollwertsumme vereinbart (Bruchteilversicherung), gilt:
2.1. die Bruchteilversicherungssumme ist die Grenze der Entschädigung;
2.2. als Versicherungssumme im Sinne des Art. 10 Abs. (2) ABS gilt die der Bruchteilversicherungssumme zugrundeliegende Vollwertsumme.

Artikel 10
Zahlung der Entschädigung; Wiederherstellung, Wiederbeschaffung

1. Bei **Gebrauchsgegenständen** und **Betriebseinrichtungen** hat der Versicherungsnehmer vorerst nur Anspruch:
1.1. bei Zerstörung oder Abhandenkommen auf Ersatz des Zeitwertes;
1.2. bei Beschädigung auf Ersatz des Zeitwertschadens. Der Zeitwertschaden verhält sich zum Neuwertschaden wie der Zeitwert zum Neuwert.

2. Den Anspruch auf den die Zahlung gemäß Punkt 1 übersteigenden Teil der Entschädigung erwirbt der Versicherungsnehmer erst dann und nur insoweit, als folgende Voraussetzungen erfüllt sind:
2.1. es ist gesichert, daß die Entschädigung zur Gänze zur Wiederherstellung bzw. Wiederbeschaffung verwendet wird. Sachen, die vor dem Eintritt des Schadenereignisses bereits hergestellt, angeschafft oder bestellt waren, oder sich in Herstellung befanden, gelten nicht als wiederhergestellt bzw. wiederbeschafft;
2.2. die wiederhergestellten bzw. wiederbeschafften Sachen dienen dem gleichen Betriebs- bzw. Verwendungszweck;
2.3. die Wiederherstellung bzw. Wiederbeschaffung erfolgt innerhalb von drei Jahren ab dem Eintritt des Schadenereignisses.

Artikel 11
Sachverständigenverfahren

Für das Sachverständigenverfahren wird ergänzend zu den Bestimmungen der ABS vereinbart:

1. Die Feststellung der beiden Sachverständigen muß auch den Versicherungswert der vom Schaden betroffenen Sachen unmittelbar vor Eintritt des Schadenereignisses sowie den Wert der Reste enthalten.

2. Auf Verlangen eines Vertragspartners muß auch eine Feststellung des Versicherungswertes der versicherten, vom Schaden nicht betroffenen Sachen erfolgen.

Artikel 12
Regreß; Versicherungssumme nach dem Schadenfall

1. Soweit der Versicherer dem Versicherungsnehmer oder Versicherten den Schaden ersetzt, gehen allfällige Schadenersatzansprüche des Versicherungsnehmers oder Versicherten gegen Dritte auf den Versicherer über.

2. Soweit nichts anderes vereinbart ist, wird die Versicherungssumme nicht dadurch vermindert, daß eine Entschädigung gezahlt wurde.

12/II/4. Einbruchdiebstahl

Bes. Bedingungen

Besondere Bedingungen für die Einbruchdiebstahlversicherung (2001)

Unverbindliche Musterbedingungen des Verbandes der Versicherungsunternehmen Österreichs. Die Möglichkeit, durch andere Vereinbarungen von Regelungen dieser Musterbedingungen abzuweichen, bleibt unberührt. Die Musterbedingungen sind für jede interessierte Person zugänglich und werden auf einfache Anfrage hin übermittelt.

Besondere Bedingung 1:
Vandalismus (böswillige Sachbeschädigung)

Besondere Bedingung 2:
Beraubung am Versicherungsort

Besondere Bedingung 3:
Beraubung auf Transportwegen (Botenberaubung)

Besondere Bedingung 1:
Vandalismus (böswillige Sachbeschädigung)

Abweichend von Artikel 2 Punkt 1. der Allgemeinen Bedingungen für die Einbruchdiebstahlversicherung (AEB) sind Schäden innerhalb der Versicherungsräumlichkeiten durch Vandalismus (böswillige Sachbeschädigung) versichert, nachdem ein Täter gemäß Artikel 1 Punkt 2. AEB in die Versicherungsräumlichkeiten eingedrungen ist.

Besondere Bedingung 2:
Beraubung am Versicherungsort

1. Abweichend von Artikel 2 Punkt 6. der Allgemeinen Bedingungen für die Einbruchdiebstahlversicherung (AEB) sind auch Schäden durch Beraubung (ausgenommen Beraubung auf Transportwegen) versichert, wenn die folgenden Voraussetzungen erfüllt sind:
1.1. Die Beraubung muß in den Versicherungsräumlichkeiten oder auf dem Grundstück, auf dem sich diese befinden (Tatort), erfolgen,
1.2. die Anwendung oder Androhung tätlicher Gewalt muß sich gegen den Versicherungsnehmer, seine Dienstnehmer oder gegen andere am Tatort anwesende Personen richten,
1.3. Sachen, die ein Täter wegnimmt oder deren Herausgabe er erzwingt, müssen sich zum Zeitpunkt der Tat am Tatort befinden.

2. Soweit nicht aus einem anderen Versicherungsvertrag Entschädigung erlangt werden kann, sind im Rahmen der Versicherungssumme Sachschäden (einschließlich Kosten gemäß Artikel 3 Punkt 2.4. AEB), welche am Tatort entstehen oder die beraubten Personen erleiden, mitversichert.

3. Die Versicherung gilt auf Erstes Risiko.

Besondere Bedingung 3: Beraubung auf Transportwegen (Botenberaubung)

1. Abweichend von Artikel 2 Punkt 7. der Allgemeinen Bedingungen für die Einbruchdiebstahlversicherung (AEB) sind auch Schäden durch Beraubung auf Transportwegen versichert, wenn die folgenden Voraussetzungen erfüllt sind:
1.1. Die Beraubung muß auf Transportwegen innerhalb der Republik Österreich erfolgen; im angrenzenden Ausland besteht zusätzlich Versicherungsschutz, wenn sich der Übernahme- und Übergabeort des jeweiligen Transportes innerhalb Österreichs befindet und ein Ausweichen auf grenzüberschreitende Verkehrswege eine raschere Durchführung des Transportes ermöglicht,
1.2. die Anwendung oder Androhung tätlicher Gewalt muß sich gegen den Versicherungsnehmer oder die von ihm beauftragten Boten oder Begleitpersonen während der ihnen obliegenden Transportwege richten.

2. Der Versicherungsschutz beginnt mit der ordnungsgemäßen Übernahme und endet mit der ordnungsgemäßen Übergabe der Werte.

3. Als Boten oder Begleitpersonen dürfen nur geeignete Personen über 18 Jahre beauftragt werden. Nicht geeignet sind geistig oder körperlich behinderte Personen.

4. Nicht versichert sind Schäden durch Veruntreuung durch die Boten sowie Schäden, die durch vorsätzliches oder grob fahrlässiges Verhalten der beauftragten Boten oder Begleitpersonen herbeigeführt werden.

5. Sachschäden, die die beraubten Personen erleiden, sind im Rahmen der Versicherungssumme mitversichert.

6. Die Versicherung gilt auf Erstes Risiko.

12/II/5. Feuer
Allg. Bedingungen

Allgemeine Bedingungen für die Feuerversicherung (AFB 2001)

Unverbindliche Musterbedingungen des Verbandes der Versicherungsunternehmen Österreichs. Die Möglichkeit, durch andere Vereinbarungen von Regelungen dieser Musterbedingungen abzuweichen, bleibt unberührt. Die Musterbedingungen sind für jede interessierte Person zugänglich und werden auf einfache Anfrage hin übermittelt.

Allgemeiner Teil

Auf die Versicherung finden die Bestimmungen der Allgemeinen Bedingungen für die Sachversicherung (Musterbedingungen ABS 2001) Anwendung.

Besonderer Teil
Inhaltsverzeichnis

Artikel 1	Versicherte Gefahren und Schäden
Artikel 2	Nicht versicherte Schäden
Artikel 3	Versicherte Sachen und Kosten
Artikel 4	Örtliche Geltung der Versicherung
Artikel 5	Obliegenheiten des Versicherungsnehmers im Schadenfall
Artikel 6	Versicherungswert
Artikel 7	Entschädigung
Artikel 8	Unterversicherung
Artikel 9	Zahlung der Entschädigung; Wiederherstellung, Wiederbeschaffung; Realgläubiger
Artikel 10	Sachverständigenverfahren
Artikel 11	Regreß; Versicherungssumme nach dem Schadenfall

Artikel 1
Versicherte Gefahren und Schäden

1. **Versicherte Gefahren**

1.1. **Brand**; Brand ist ein Feuer, das sich mit schädigender Wirkung und aus eigener Kraft ausbreitet (Schadenfeuer).

1.2. **Blitzschlag**; Blitzschlag ist die unmittelbare Kraft- oder Wärmeeinwirkung eines Blitzes auf Sachen (direkter Blitzschlag).

1.3. **Explosion**; Explosion ist eine plötzlich verlaufende Kraftäußerung, die auf dem Ausdehnungsbestreben von Gasen oder Dämpfen beruht. Eine Explosion eines Behälters (Kessel, Rohrleitungen und dergleichen) liegt nur vor, wenn seine Wandung in einem solchen Umfang zerrissen wird, daß ein plötzlicher Ausgleich des Druckunterschiedes innerhalb und außerhalb des Behälters stattfindet. Eine im Inneren eines Behälters durch chemische Umsetzung hervorgerufene Explosion gilt auch dann als Explosion, wenn die Wandung des Behälters nicht zerrissen ist.

1.4. **Flugzeugabsturz**; Flugzeugabsturz ist der Absturz oder Anprall von Luft- oder Raumfahrzeugen, deren Teile oder Ladung.

2. **Versicherte Schäden** Versichert sind **Sachschäden**, die

2.1. durch die **unmittelbare Einwirkung** einer versicherten Gefahr (Schadenereignis) eintreten;

2.2. als **unvermeidbare Folge** eines Schadenereignisses eintreten;

2.3. bei einem Schadenereignis durch **Löschen, Niederreißen** oder **Ausräumen** verursacht werden;

2.4. durch **Abhandenkommen** bei einem Schadenereignis eintreten.

Artikel 2
Nicht versicherte Schäden

Soweit nichts anderes vereinbart ist, sind nicht versichert:

1. Schäden an Sachen, die bestimmungsgemäß einem Nutzfeuer, der Wärme oder dem Rauch ausgesetzt werden;

2. Schäden an Sachen, die in ein Nutzfeuer fallen oder geworfen werden;

3. Sengschäden;

4. Schäden an elektrischen Einrichtungen durch die Energie des elektrischen Stromes (z. B. Steigerung der Stromstärke, Überspannung, Isolationsfehler, Kurzschluß, Erdschluß, Kontaktfehler, Versagen von Meß-, Regel- und Sicherheitseinrichtungen, Überschlag, Überlastung). Solche Schäden sind auch dann nicht versichert, wenn dabei Licht-, Wärme- oder explosionsartige Erscheinungen auftreten;

5. Schäden an elektrischen Einrichtungen durch Überspannung oder durch Induktion infolge Blitzschlages oder atmosphärischer Entladungen (indirekter Blitzschlag);

6. Schäden durch mechanische Betriebsauswirkungen und Schäden an Verbrennungskraftmaschinen durch die im Verbrennungsraum auftretenden Explosionen;

7. Schäden durch Projektile aus Schußwaffen;

8. Schäden durch Unterdruck (Implosion);

9. Schäden durch die unmittelbare oder mittelbare Wirkung von

9.1. Kriegsereignissen jeder Art, mit oder ohne Kriegserklärung, einschließlich aller Gewalthand-

12/II/5. Feuer
Allg. Bedingungen

lungen von Staaten und aller Gewalthandlungen politischer oder terroristischer Organisationen;
9.2. inneren Unruhen, Bürgerkrieg, Revolution, Rebellion, Aufruhr, Aufstand;
9.3. allen mit den genannten Ereignissen (Punkte 9.1. und 9.2.) verbundenen militärischen oder behördlichen Maßnahmen;
9.4. Erdbeben oder anderen außergewöhnlichen Naturereignissen;
9.5. Kernenergie, radioaktiven Isotopen oder ionisierender Strahlung.
Zu den Punkten 1. bis 8. gilt: Wenn solche Schäden zu einem Brand oder zu einer Explosion führen, ist der dadurch entstehende Schaden versichert.
Zu den Punkten 2., 3., 4., 6., 7. und 8. gilt: Solche Schäden sind versichert, wenn sie als unvermeidliche Folge eines Schadenereignisses eintreten.
Zu Punkt 9. gilt: Ist der Versicherungsnehmer Unternehmer im Sinne des Konsumentenschutzgesetzes, so hat er nachzuweisen, daß der Schaden mit den in den Punkten 9.1. bis 9.5. genannten Ereignissen oder deren Folgezuständen weder unmittelbar noch mittelbar im Zusammenhang steht.

Artikel 3
Versicherte Sachen und Kosten

1. Versicherte Sachen
1.1. Versichert sind die in der Polizze bezeichneten Sachen, die im Eigentum des Versicherungsnehmers stehen, ihm unter Eigentumsvorbehalt verkauft und übergeben oder ihm verpfändet wurden.
1.2. Fremde Sachen sind nur aufgrund besonderer Vereinbarung, und nur soweit nicht aus einem anderen Versicherungsvertrag Entschädigung erlangt werden kann, versichert. Bei der Versicherung fremder Sachen ist für den Versicherungswert das Interesse des Eigentümers maßgebend, soweit nichts anderes vereinbart ist.

2. Versicherte Kosten
2.1. Versichert sind Kosten für Maßnahmen, auch für erfolglose, die der Versicherungsnehmer bei einem Schadenereignis zur Abwendung oder Minderung des Schadens für notwendig halten durfte. Der Ersatz dieser Kosten und die Entschädigung für die versicherten Sachen betragen zusammen höchstens die Versicherungssumme; dies gilt jedoch nicht, soweit Maßnahmen auf Weisung des Versicherers erfolgt sind.
2.2. Nur aufgrund besonderer Vereinbarung sind versichert:
2.2.1. **Feuerlöschkosten**, das sind Kosten für die Brandbekämpfung, ausgenommen Kosten gemäß Punkt 2.3.
2.2.2. **Bewegungs- und Schutzkosten**, das sind Kosten, die dadurch entstehen, daß zum Zweck der Wiederherstellung oder Wiederbeschaffung versicherter Sachen andere Sachen bewegt, verändert oder geschützt werden müssen; insbesondere sind das Kosten für De- und Remontage von Maschinen oder Einrichtungen sowie für Durchbruch, Abriß oder Wiederaufbau von Gebäudeteilen.
2.2.3. **Abbruch- und Aufräumkosten**, das sind Kosten für Tätigkeiten am Versicherungsort und soweit sie versicherte Sachen betreffen, und zwar für den nötigen Abbruch stehengebliebener, vom Schaden betroffener Teile sowie für das Aufräumen einschließlich Sortieren der Reste und Abfälle. Darunter fallen nicht Entsorgungskosten nach Punkt 2.2.4.
2.2.4. **Entsorgungskosten**, das sind Kosten für Untersuchung, Abfuhr, Behandlung und Deponierung vom Schaden betroffener versicherter Sachen.
2.3. Soweit nichts anderes vereinbart ist, sind nicht versichert:
2.3.1. Kosten, die durch Gesundheitsschäden bei Erfüllung der Rettungspflicht verursacht werden;
2.3.2. Kosten für Leistungen der im öffentlichen Interesse oder auf behördliche Anordnung tätig gewordenen Feuerwehren und anderen Verpflichteten.

Artikel 4
Örtliche Geltung der Versicherung

Bewegliche Sachen sind – soweit nichts anderes vereinbart ist – nur an dem in der Polizze bezeichneten Versicherungsort versichert. Werden sie von dort entfernt, ruht der Versicherungsschutz. Erfolgt die Entfernung auf Dauer, erlischt für diese Sachen der Versicherungsvertrag.

Artikel 5
Obliegenheiten des Versicherungsnehmers im Schadenfall

1. Schadenminderungspflicht
1.1. Nach Möglichkeit ist bei einem unmittelbar drohenden oder eingetretenen Schaden

– für die Erhaltung, Rettung und Wiedererlangung der versicherten Sachen zu sorgen;
– dazu Weisung des Versicherers einzuholen und einzuhalten.

1.2. Bei Verlust von Sparbüchern und Wertpapieren muß die Sperre von Auszahlungen unverzüglich beantragt und, soweit möglich, das gerichtliche Kraftloserklärungsverfahren eingeleitet werden.

2. Schadenmeldungspflicht
Jeder Schaden ist unverzüglich dem Versicherer zu melden und der Sicherheitsbehörde anzuzeigen. In der Anzeige bei der Sicherheitsbehörde

12/II/5. Feuer
Allg. Bedingungen

sind insbesondere alle abhandengekommenen Sachen anzugeben.

3. Schadenaufklärungspflicht

3.1. Dem Versicherer ist nach Möglichkeit jede Untersuchung über die Ursache und Höhe des Schadens und über den Umfang seiner Entschädigungsleistung zu gestatten.

3.2. Bei der Schadenermittlung ist unterstützend mitzuwirken und auf Verlangen sind dem Versicherer entsprechende Unterlagen zur Verfügung zu stellen. Die Kosten dafür trägt der Versicherungsnehmer.

3.3. Bei Gebäudeschäden ist dem Versicherer auf Verlangen ein beglaubigter Grundbuchauszug nach dem Stand vom Tag des Schadenereignisses vorzulegen. Die Kosten dafür trägt der Versicherungsnehmer.

3.4. Der durch den Schaden herbeigeführte Zustand darf, solange der Schaden nicht ermittelt ist, ohne Zustimmung des Versicherers nicht verändert werden, es sei denn, daß eine solche Veränderung zum Zweck der Schadenminderung oder im öffentlichen Interesse notwendig ist.

4. Leistungsfreiheit

Verletzt der Versicherungsnehmer eine der vorstehenden Obliegenheiten, ist der Versicherer nach Maßgabe des § 6 Versicherungsvertragsgesetz (VersVG) – im Fall einer Verletzung der Schadenminderungspflicht nach Maßgabe des § 62 VersVG – von der Verpflichtung zur Leistung frei.

Artikel 6
Versicherungswert

1. Spezielle Bestimmungen zum Versicherungswert

1.1. Als Versicherungswert von **Gebäuden** kann vereinbart werden:

1.1.1. der **Neuwert**.

Als Neuwert eines Gebäudes gelten die ortsüblichen Kosten seiner Neuherstellung einschließlich der Planungs- und Konstruktionskosten;

1.1.2. der **Zeitwert**.

Der Zeitwert eines Gebäudes wird aus dem Neuwert durch Abzug eines dem Zustand des Gebäudes, insbesondere seines Alters und seiner Abnützung entsprechenden Betrages ermittelt;

1.1.3. der **Verkehrswert**.

Der Verkehrswert eines Gebäudes ist der erzielbare Verkaufspreis, wobei der Wert des Grundstückes außer Ansatz bleibt.

1.2. Als Versicherungswert von **Gebrauchsgegenständen und Betriebseinrichtungen** kann vereinbart werden:

1.2.1. der **Neuwert**.

Als Neuwert gelten die Kosten für die Wiederbeschaffung von neuen Sachen gleicher Art und Güte;

1.2.2. der **Zeitwert**.

Der Zeitwert wird aus dem Neuwert durch Abzug eines dem Zustand der Sache, insbesondere ihres Alters und ihrer Abnützung entsprechenden Betrages ermittelt;

1.2.3. der **Verkehrswert**.

Der Verkehrswert ist der erzielbare Verkaufspreis für die Sache.

1.3. Als Versicherungswert von **Waren und Vorräten** gelten die **Kosten für die Wiederherstellung oder Wiederbeschaffung** von Sachen gleicher Art und Güte.

Ist bei Waren und Vorräten der erzielbare Verkaufspreis niedriger als die Kosten für die Wiederherstellung oder Wiederbeschaffung, so gilt dieser als Versicherungswert.

1.4. Als Versicherungswert gelten bei

– **Geld und Geldeswerten** der Nennwert,

– **Sparbüchern ohne Losungswort** der Betrag des Guthabens,

– **Sparbüchern mit Losungswort** die Kosten des Kraftloserklärungsverfahrens,

– **Wertpapieren mit amtlichem Kurs** die jeweils letzte amtliche Notierung,

– **sonstigen Wertpapieren** der Marktpreis.

1.5. Als Versicherungswert von **Datenträgern** mit den darauf befindlichen Programmen und Daten, **Reproduktionshilfsmitteln, Urkunden, Mustern, Prototypen und dergleichen** gelten die Kosten für die Wiederherstellung oder Wiederbeschaffung.

1.6. Als Versicherungswert **behördlich zugelassener Straßen-, Wasser- und Luftfahrzeuge** gilt der **Verkehrswert**.

1.7. Als Versicherungswert sonstiger, in den Punkten 1.2. bis 1.6. nicht genannter beweglicher Sachen gilt der **Verkehrswert**.

2. Allgemeine Bestimmungen zum Versicherungswert

2.1. Unabhängig von den Bestimmungen der Punkte 1.1. bis 1.7. gilt als Versicherungswert jedenfalls der **Verkehrswert**:

2.1.1. bei **Sachen von historischem oder künstlerischem Wert**, bei denen die Alterung im allgemeinen zu keiner Entwertung führt;

2.1.2. bei **beweglichen Sachen, die gewerbsmäßig verliehen werden**, z. B. Leihbücher, Leihvideobänder, Leihmaschinen und Leihgeräte.

2.2. Bei der Ermittlung des Versicherungswertes wird ein **persönlicher Liebhaberwert** nicht berücksichtigt.

Artikel 7
Entschädigung

1. Für Gebäude, Gebrauchsgegenstände und Betriebseinrichtungen (Artikel 6, Punkte 1.1. und 1.2.):

1.1. Ist die Versicherung zum **Neuwert** gemäß Artikel 6 vereinbart,

12/II/5. Feuer
Allg. Bedingungen

1.1.1. wird bei **Zerstörung oder Abhandenkommen** der Versicherungswert unmittelbar vor Eintritt des Schadenereignisses ersetzt;

1.1.2. werden bei **Beschädigung** die notwendigen Reparaturkosten zur Zeit des Eintrittes des Schadenereignisses (Neuwertschaden), höchstens jedoch der Versicherungswert unmittelbar vor Eintritt des Schadenereignisses, ersetzt.

1.1.3. War der Zeitwert der vom Schaden betroffenen Sache unmittelbar vor Eintritt des Schadenereignisses kleiner als 40% des Neuwertes, wird höchstens der Zeitwert ersetzt.

1.1.4. War die vom Schaden betroffene Sache unmittelbar vor Eintritt des Schadenereignisses dauernd entwertet, wird höchstens der Verkehrswert ersetzt.

Ein Gebäude ist insbesondere dann dauernd entwertet, wenn es zum Abbruch bestimmt oder allgemein oder für seinen Betriebszweck nicht mehr verwendbar ist.

Gebrauchsgegenstände und Betriebseinrichtungen sind insbesondere dann dauernd entwertet, wenn sie dauernd aus dem Betrieb ausgeschieden oder allgemein oder für ihren Betriebszweck nicht mehr verwendbar sind.

1.2. Ist die Versicherung zum **Zeitwert** gemäß Artikel 6 vereinbart,

1.2.1. wird bei **Zerstörung oder Abhandenkommen** der Versicherungswert unmittelbar vor Eintritt des Schadenereignisses ersetzt;

1.2.2. werden bei **Beschädigung** die notwendigen Reparaturkosten zur Zeit des Eintrittes des Schadenereignisses, gekürzt im Verhältnis Zeitwert zu Neuwert, höchstens jedoch der Versicherungswert unmittelbar vor Eintritt des Schadenereignisses, ersetzt.

1.2.3. War die vom Schaden betroffene Sache unmittelbar vor Eintritt des Schadenereignisses dauernd entwertet (Punkt 1.1.4.), wird höchstens der Verkehrswert ersetzt.

1.3. Ist die Versicherung zum **Verkehrswert** gemäß Artikel 6 vereinbart,

1.3.1. wird bei **Zerstörung oder Abhandenkommen** der Versicherungswert unmittelbar vor Eintritt des Schadenereignisses ersetzt;

1.3.2. werden bei **Beschädigung** die notwendigen Reparaturkosten zur Zeit des Eintrittes des Schadenereignisses, gekürzt im Verhältnis Verkehrswert zu Neuwert, höchstens jedoch der Versicherungswert unmittelbar vor Eintritt des Schadenereignisses, ersetzt.

2. Für **Waren und Vorräte** (Artikel 6, Punkt 1.3.)

2.1. wird bei **Zerstörung oder Abhandenkommen** der Versicherungswert unmittelbar vor Eintritt des Schadenereignisses ersetzt;

2.2. werden bei **Beschädigung** die notwendigen Reparaturkosten zur Zeit des Eintrittes des Schadenereignisses, höchstens jedoch der Versicherungswert unmittelbar vor Eintritt des Schadenereignisses, ersetzt.

2.3. War der erzielbare Verkaufspreis abzüglich der ersparten Kosten unmittelbar vor Eintritt des Schadenereignisses niedriger als die Kosten der Wiederherstellung oder Wiederbeschaffung, wird höchstens dieser niedrigere Wert ersetzt.

3. Für **Geld und Geldeswerte, Sparbücher und Wertpapiere** (Artikel 6, Punkt 1.4.) werden die Kosten der Wiederbeschaffung, höchstens jedoch der Versicherungswert unmittelbar vor Eintritt des Schadenereignisses, ersetzt.

4. Für **Datenträger und dergleichen** (Artikel 6, Punkt 1.5.) werden die Kosten der Wiederherstellung oder Wiederbeschaffung ersetzt, soweit die Wiederherstellung oder Wiederbeschaffung notwendig ist und innerhalb von zwei Jahren ab dem Eintritt des Schadenereignisses tatsächlich erfolgt; andernfalls wird nur der Materialwert ersetzt.

5. Für **Fahrzeuge** und **sonstige bewegliche Sachen** (Artikel 6, Punkte 1.6., 1.7. und 2.1.)

5.1. wird bei **Zerstörung oder Abhandenkommen** der Versicherungswert unmittelbar vor Eintritt des Schadenereignisses ersetzt;

5.2. werden bei **Beschädigung** die notwendigen Reparaturkosten zur Zeit des Eintrittes des Schadenereignisses, höchstens jedoch der Versicherungswert unmittelbar vor Eintritt des Schadenereignisses, ersetzt.

6. Für **versicherte Kosten** (Artikel 3, Punkt 2.) werden die tatsächlich anfallenden Kosten ersetzt.

7. **Allgemeine Bestimmungen zur Entschädigung**

7.1. Wird durch die **Reparatur** einer Sache ihr Versicherungswert gegenüber ihrem Versicherungswert unmittelbar vor Eintritt des Schadenereignisses erhöht, werden die Reparaturkosten um den Betrag der Werterhöhung gekürzt.

7.2. Der **Wert verbliebener Reste** wird jedenfalls angerechnet; behördliche Beschränkungen der Wiederherstellung oder Wiederbeschaffung werden bei der Bewertung der Reste nicht berücksichtigt.

7.3. Für **abhandengekommene und später wiederherbeigeschaffte Sachen** gilt vereinbart:

7.3.1. Der Versicherungsnehmer ist zur Zurücknahme dieser Sachen verpflichtet, soweit dies zumutbar ist.

7.3.2. Werden Sachen nach Zahlung der Entschädigung wiederherbeigeschafft, hat der Versicherungsnehmer die erhaltene Entschädigung, abzüglich der Vergütung für einen allfälligen Minderwert, zurückzugeben. Sachen, deren Zurücknahme nicht zumutbar ist, sind dem Versicherer zu übereignen.

7.4. Bei **zusammengehörigen Einzelsachen** wird die allfällige Entwertung, welche die unbeschädigt gebliebenen Einzelsachen durch die Beschädigung, Zerstörung oder das Abhandenkommen der anderen erleiden, nicht berücksichtigt.

AVB
Leben
Kranken
Unfall
Sachversicherung
Einbruchdiebstahl
Feuer
Glas
Haftpfl., USKV, ÖAK
Haushalt
Rechtsschutz
Transport
+ AÖSp (SVS/RVS)

Artikel 8
Unterversicherung

Gemäß Artikel 7 ermittelte Entschädigungen werden bei Vorliegen einer Unterversicherung nach den Bestimmungen der ABS gekürzt; dies gilt nicht, wenn Versicherung auf Erstes Risiko vereinbart ist.

Artikel 9
Zahlung der Entschädigung; Wiederherstellung, Wiederbeschaffung; Realgläubiger

1. Der Versicherungsnehmer hat vorerst nur Anspruch:
1.1. Bei **Gebäuden**
1.1.1. bei Zerstörung auf Ersatz des Zeitwertes, höchstens jedoch des Verkehrswertes;
1.1.2. bei Beschädigung auf Ersatz des Zeitwertschadens, höchstens jedoch des Verkehrswertschadens.
1.2. Bei **Gebrauchsgegenständen und Betriebseinrichtungen**
1.2.1. bei Zerstörung oder Abhandenkommen auf Ersatz des Zeitwertes;
1.2.2. bei Beschädigung auf Ersatz des Zeitwertschadens.
1.3. Der Zeitwertschaden verhält sich zum Neuwertschaden wie der Zeitwert zum Neuwert. Der Verkehrswertschaden verhält sich zum Neuwertschaden wie der Verkehrswert zum Neuwert.

2. Den Anspruch auf den die Zahlung gemäß Punkt 1. übersteigenden Teil der Entschädigung erwirbt der Versicherungsnehmer erst dann und nur insoweit, als folgende Voraussetzungen erfüllt sind:
2.1. es ist gesichert, daß die Entschädigung zur Gänze zur Wiederherstellung bzw. Wiederbeschaffung verwendet wird.
Sachen, die vor dem Eintritt des Schadenereignisses bereits hergestellt, angeschafft oder bestellt waren, oder sich in Herstellung befanden, gelten nicht als wiederhergestellt bzw. wiederbeschafft;
2.2. die Wiederherstellung eines Gebäudes erfolgt an der bisherigen Stelle. Ist die Wiederherstellung an dieser Stelle behördlich verboten, so genügt die Wiederherstellung an anderer Stelle innerhalb Österreichs;
2.3. die wiederhergestellten bzw. wiederbeschafften Sachen dienen dem gleichen Betriebs- bzw. Verwendungszweck;
2.4. die Wiederherstellung bzw. Wiederbeschaffung erfolgt innerhalb von drei Jahren ab dem Eintritt des Schadenereignisses.

3. Für Gebäude, die zur Zeit des Eintrittes des Schadenereignisses mit Hypotheken, nach den Vorschriften der Exekutionsordnung erworbenen Befriedigungsrechten, Reallasten oder Fruchtnießungsrechten belastet sind, wird die Entschädigung nur gezahlt, soweit ihre Verwendung zur Wiederherstellung gesichert ist.
Die Zahlung wird vorbehaltlos geleistet, wenn die zur Zeit des Eintrittes des Schadenereignisses eingetragenen Realgläubiger innerhalb eines Monats, nachdem sie von der Absicht, ohne Sicherung der bestimmungsgemäßen Verwendung des Geldes auszuzahlen, verständigt wurden, nicht widersprochen haben.
Seitens der Realgläubiger, die ihr Pfandrecht beim Versicherer angemeldet haben, bedarf es zur vorbehaltlosen Auszahlung der schriftlichen Zustimmung.

Artikel 10
Sachverständigenverfahren

Für das Sachverständigenverfahren wird ergänzend zu den Bestimmungen der ABS vereinbart:

1. Die Feststellung der beiden Sachverständigen muß auch den Versicherungswert der vom Schaden betroffenen Sachen unmittelbar vor Eintritt des Schadenereignisses sowie den Wert der Reste enthalten.

2. Auf Verlangen eines Vertragspartners muß auch eine Feststellung des Versicherungswertes der versicherten, vom Schaden nicht betroffenen Sachen erfolgen.

Artikel 11
Regreß; Versicherungssumme nach dem Schadenfall

1. Soweit der Versicherer dem Versicherungsnehmer oder Versicherten den Schaden ersetzt, gehen allfällige Schadenersatzansprüche des Versicherungsnehmers oder Versicherten gegen Dritte auf den Versicherer über.

2. Soweit nichts anderes vereinbart ist, wird die Versicherungssumme nicht dadurch vermindert, daß eine Entschädigung gezahlt wurde.

12/II/6. Feuer
Bes. Bedingungen

Besondere Bedingungen für die Feuerversicherung (2001)

Unverbindliche Musterbedingungen des Verbandes der Versicherungsunternehmen Österreichs. Die Möglichkeit, durch andere Vereinbarungen von Regelungen dieser Musterbedingungen abzuweichen, bleibt unberührt. Die Musterbedingungen sind für jede interessierte Person zugänglich und werden auf einfache Anfrage hin übermittelt.

Inhaltsverzeichnis

Dieses Inhaltsverzeichnis gibt einen Gesamtüberblick über die Besonderen Bedingungen für die Feuer- und die Feuer-BU-Versicherung.

Auf den Folgeseiten dieser Zusammenfassung sind jedoch **nur die Langtexte** jener Besonderen Bedingungen enthalten, die für die **Feuerversicherung** Anwendung finden.

A.1. Bes.Bed. zu versicherten Gefahren, Schäden, Sachen und Kosten (FEUER)
A 001 Trocken- und Erhitzungsanlagen (F)
A 002 Räucheranlagen (F)
A 003 Glühendflüssige Schmelzmassen (F)
A 004 Indirekter Blitzschlag – Wohngebäude (F)
A 005 Indirekter Blitzschlag – Landwirtschaftliche Betriebe (F)
A 006 Indirekter Blitzschlag – Industrielle, gewerbliche und sonstige Betriebe (F)
A 007 Schäden an Seilen von Seilbahnen und Sesselliften (F)
A 008 Sprengstoffexplosion (F)
A 009 Radioaktive Isotope (F)
A 010 Entsorgungskosten ohne Erdreich (F)
A 011 Entsorgungskosten mit Erdreich (F)
A 012 Fahrzeuge ruhend (F)
A 013 Fahrzeuge ruhend und fahrend (F)
A.2. Bes.Bed. zu versicherten Gefahren, Schäden, Sachen und Kosten (FEUER-BU)
A 101 Trocken- und Erhitzungsanlagen (FBU)
A 102 Räucheranlagen (FBU)
A 103 Glühendflüssige Schmelzmassen (FBU)
A 107 Schäden an Seilen von Seilbahnen und Sesselliften (FBU)
A 108 Sprengstoffexplosion (FBU)
A 109 Radioaktive Isotope (FBU)
B.1. Bes.Bed. zu Versicherungswert, Versicherungssumme und Entschädigung (FEUER)
B 001 Wertanpassung – Gebäude und Betriebseinrichtungen (F)
B 002 Stichtagversicherung Waren und Vorräte (F)
B 003 Verkaufspreis als Versicherungswert (F)
B 004 Vorsorgeversicherung – Aufteilung der Versicherungssumme (F)
B 005 Behördliche Auflagen – Mehrkosten (F)
B.2. Bes.Bed. zu Versicherungswert, Versicherungssumme und Entschädigung (FEUER-BU)
B 101 Prämienrückgewähr- und Vorsorgeversicherung (FBU)
B 105 Behördliche Auflagen – Vergrößerung des Unterbrechungsschadens (FBU)
B 107 Mietzinsentgang (FBU)
B 108 Zusatzkosten-Versicherung (FBU)
C. Bes.Bed. Sicherheitsvorschriften allgemein (FEUER und FEUER-BU)
C 001 Betriebsstillegung (F+FBU)
C 002 Wächter mit Kontrollsystem (F+FBU)
C 003 Durchgehender Schichtbetrieb (F+FBU)
C 004 Löschwasserversorgung (F+FBU)
C 005 Brandschutzbeauftragter (F+FBU)
C 006 Betriebsfeuerwehr (F+FBU)
C 007 Brandmeldeanlagen (F+FBU)
C 008 Löschanlagen (F+FBU)

Besondere Bedingungen für die Feuerversicherung (Fassung 2001)

A.1. Besondere Bedingungen zu versicherten Gefahren, Schäden, Sachen und Kosten (Feuer)

A 001 Trocken- und Erhitzungsanlagen (F)

Schäden an Trocken- und sonstigen Erhitzungsanlagen und deren Inhalt sind auch dann versichert, wenn der Brand innerhalb der Anlage ausbricht.

A 002 Räucheranlagen (F)

Schäden an Räucheranlagen und deren Inhalt sind auch dann versichert, wenn der Brand innerhalb der Anlage ausbricht.

Die Räucheranlage muß den behördlichen Vorschriften entsprechend gebaut und so eingerichtet sein, daß etwa herabfallendes Räuchergut sich nicht am Räucherfeuer entzünden kann.

12/II/6. Feuer
Bes. Bedingungen

A 003 Glühendflüssige Schmelzmassen (F)

1. Abweichend von Artikel 1 der Allgemeinen Bedingungen für die Feuerversicherung (AFB) sind Schäden durch bestimmungswidriges Ausbrechen glühendflüssiger Schmelzmassen aus ihren Behältnissen oder Leitungen auch ohne Brand versichert. Schäden an diesen Behältnissen oder Leitungen selbst sind ebenfalls versichert.
Nicht versichert sind jedoch Schäden an feuerfesten Materialien im Inneren der Behältnisse oder Leitungen, Schäden an der Durchbruchstelle, sowie Schäden an den Schmelzmassen selbst.

2. Aufheizkosten, Anheizkosten, Antemperkosten und ähnliche Kosten sind nicht versichert.

3. Der Versicherungsnehmer hat von jedem ersatzpflichtigen Schaden einschließlich der dazugehörigen Abbruch- und Aufräumkosten, Bewegungs- und Schutzkosten sowie Entsorgungskosten den vereinbarten Selbstbehalt selbst zu tragen.

A 004 Indirekter Blitzschlag – Wohngebäude (F)

Abweichend von Artikel 2, Punkt 5. der Allgemeinen Bedingungen für die Feuerversicherung (AFB) sind auch Schäden durch Überspannung oder Induktion infolge Blitzschlags versichert.
Diese Erweiterung des Versicherungsschutzes gilt bis zur dafür besonders vereinbarten Versicherungssumme auf Erstes Risiko für Schäden an

- der gesamten Elektroinstallation samt Zubehör
- den elektrischen Teilen der unter Punkt 1. der Zusatzbedingungen für die Feuerversicherung von Wohngebäuden (ZBF-WG) genannten sonstigen Baubestandteile
- den elektrischen Teilen des unter Punkt 2. der ZBF-WG genannten Gebäudezubehörs.

Nicht versichert sind

- Schäden an allen sonstigen angeschlossenen Einrichtungen und Verbrauchsgeräten
- Schäden durch innere oder äußere Abnützung des Materials oder durch unsachgemäße Instandhaltung
- Folgeschäden aller Art
- Schäden durch Überspannung oder durch Induktion infolge Netzschwankungen oder anderer atmosphärischer Entladungen.

A 005 Indirekter Blitzschlag – Landwirtschaftliche Betriebe (F)

Abweichend von Artikel 2, Punkt 5. der Allgemeinen Bedingungen für die Feuerversicherung (AFB) sind auch Schäden durch Überspannung oder Induktion infolge Blitzschlags versichert.
Diese Erweiterung des Versicherungsschutzes gilt bis zur dafür besonders vereinbarten Versicherungssumme auf Erstes Risiko für Schäden an

- der gesamten Elektroinstallation samt Zubehör
- den elektrischen Teilen der unter Punkt 1.1., 1. Absatz der Zusatzbedingungen für die Feuerversicherung von landwirtschaftlichen Betrieben (ZBF-LDW) genannten sonstigen Baubestandteile
- den elektrischen Teilen des unter Punkt 1.1., 2. Absatz der ZBF-LDW genannten Gebäudezubehörs von **Wohngebäuden**
- landwirtschaftlich genutzten Elektromotoren und den elektrischen Teilen von landwirtschaftlich genutzten Maschinen.

Nicht versichert sind

- Schäden an allen nicht landwirtschaftlich genutzten angeschlossenen Einrichtungen und Verbrauchsgeräten
- Schäden durch innere oder äußere Abnützung des Materials oder durch unsachgemäße Instandhaltung
- Folgeschäden aller Art
- Schäden durch Überspannung oder durch Induktion infolge Netzschwankungen oder anderer atmosphärischer Entladungen.

A 006 Indirekter Blitzschlag – Industrielle, gewerbliche und sonstige Betriebe (F)

Abweichend von Artikel 2, Punkt 5. der Allgemeinen Bedingungen für die Feuerversicherung (AFB) sind auch Schäden durch Überspannung oder Induktion infolge Blitzschlags versichert.
Diese Erweiterung des Versicherungsschutzes gilt bis zur dafür besonders vereinbarten Versicherungssumme auf Erstes Risiko für Schäden an der gesamten Licht- und Kraftstrominstallation sowie an angeschlossenen Stromzählern und FI-Schaltern.

Nicht versichert sind

- Schäden an allen sonstigen versicherten Sachen
- Schäden durch innere oder äußere Abnützung des Materials oder durch unsachgemäße Instandhaltung
- Folgeschäden aller Art
- Schäden durch Überspannung oder durch Induktion infolge Netzschwankungen oder anderer atmosphärischer Entladungen.

A 007 Schäden an Seilen von Seilbahnen und Sesselliften (F)

Der Versicherungswert von Seilen ist jedenfalls der Zeitwert.
Schäden an Seilen durch Blitzschlag sind nur dann versichert, wenn das Seil durch einen Blitzschlag so beschädigt wird, daß es für seine

12/II/6. Feuer
Bes. Bedingungen

Funktion nach den gesetzlichen oder behördlichen Vorschriften unverwendbar wird.

Alle Schäden, die an Seilen durch andere atmosphärische Entladungen entstehen, gelten als Betriebsschäden und sind nicht versichert.

A 008 Sprengstoffexplosion (F)

Abweichend von Punkt 2.1. der Zusatzbedingungen für die Feuerversicherung von industriellen, gewerblichen und sonstigen Betrieben (ZBF-IG) sind Schäden durch Sprengstoffexplosion versichert.

A 009 Radioaktive Isotope (F)

1. Abweichend von Artikel 2, Punkt 9.5. der Allgemeinen Bedingungen für die Feuerversicherung (AFB) sind Schäden durch radioaktive Isotope, insbesondere solche durch radioaktive Verunreinigung (Kontamination), versichert, und zwar nur dann, wenn
– das Schadenereignis am Versicherungsort eintritt und
– die die Kontamination verursachenden radioaktiven Isotope versicherte Sachen oder deren Teile sind.

2. Soweit
– **Feuerlöschkosten** (Artikel 3, Punkt 2.2.1. der Allgemeinen Bedingungen für die Feuerversicherung / AFB),
– **Bewegungs- und Schutzkosten** (AFB, Artikel 3, Punkt 2.2.2.),
– **Abbruch- und Aufräumkosten** (AFB, Artikel 3, Punkt 2.2.3.),
– **Entsorgungskosten** (AFB, Artikel 3, Punkt 2.2.4.)

gemäß Besonderer Bedingung Nr. A 010 (ohne Erdreich) oder Besonderer Bedingung Nr. A 011 (mit Erdreich) versichert sind, werden auch Mehrkosten ersetzt, die wegen eines Schadens durch radioaktive Isotope gemäß Punkt 1. aufgrund behördlicher Anordnung anfallen.

A 010 Entsorgungskosten ohne Erdreich (F)

1. Bis zu der für Entsorgungskosten besonders vereinbarten Versicherungssumme auf erstes Risiko sind die Kosten für **Untersuchung, Abfuhr, Behandlung und Deponierung** versichert.

1.1. Diese Kosten müssen verursacht werden durch
– eine in diesem Vertrag versicherte Gefahr und
– am Versicherungsort befindliche versicherte Sachen.

1.2. Versichert ist jeweils nur die kostengünstigste Abwicklung, wenn gemäß den gesetzlichen oder behördlichen Bestimmungen verschiedene Möglichkeiten der Entsorgung zulässig sind.

1.3. Entsorgungskosten, die durch Kontamination von Erdreich, Gewässern oder Luft verursacht werden, sind nicht versichert.

1.4. Bei Vermischung von nicht versicherten Sachen mit versicherten Sachen werden nur die Entsorgungskosten für die versicherten Sachen ersetzt.

1.5. Entstehen Entsorgungskosten für versicherte Sachen, die bereits vor Eintritt des Schadenereignisses kontaminiert waren (Altlasten), so sind nur jene Kosten versichert, die den für die Beseitigung der Altlasten erforderlichen Betrag übersteigen, und zwar ohne Rücksicht darauf, ob und wann dieser Betrag ohne das Schadenereignis aufgewendet worden wäre.

2. **Untersuchungskosten** sind Kosten, die dadurch entstehen, daß durch behördliche oder sachverständige Untersuchung festgestellt werden muß, ob

– gefährlicher Abfall oder Problemstoffe,
– Sachen, die einer Ablieferungspflicht nach tierkörperverwertungsrechtlichen Bestimmungen unterliegen, angefallen, wie diese zu behandeln und/oder zu deponieren sind.

2.1. Gefährlicher Abfall und Problemstoffe sind im Sinne des Abfallwirtschaftsgesetzes (AWG), BGBl. 325/90 in der Fassung BGBl. 155/94, zu verstehen.

3. **Abfuhrkosten** sind Kosten des Transports zum Zweck der Behandlung oder zur Deponierung.

4. **Behandlungskosten** sind Kosten für Maßnahmen, welche dazu dienen, gefährlichen Abfall/Problemstoffe oder Sachen, die einer Ablieferungspflicht nach tierkörperverwertungsrechtlichen Bestimmungen unterliegen, im Sinn des Abfallwirtschaftsgesetzes (AWG), BGBl. 325/90 in der Fassung BGBl. 155/94 zu verwerten, zu beseitigen oder deponiefähig zu machen.

4.1. Die Kosten einer höchstens sechsmonatigen Zwischenlagerung sind im Rahmen der Versicherungssumme nach Punkt 1. unter der Voraussetzung versichert, daß die Zwischenlagerung dem Versicherer unverzüglich angezeigt wird.

5. **Deponierungskosten** sind Kosten der Deponierung einschließlich der für die Deponierung zu entrichtenden öffentlichen Abgaben.

A 011 Entsorgungskosten mit Erdreich (F)

1. Bis zu der für Entsorgungskosten besonders vereinbarten Versicherungssumme auf erstes Risiko sind die Kosten für **Untersuchung, Abfuhr, Behandlung und Deponierung** versichert.

1.1. Diese Kosten müssen verursacht werden durch

AVB
Leben
Kranken
Unfall
Sachversicherung
Einbruchdiebstahl
Feuer
Glas
Haftpfl., USKV, ÖÄK
Haushalt
Rechtsschutz
Transport
+ AÖSp (SVS/RVS)

12/II/6. Feuer
Bes. Bedingungen

- eine in diesem Vertrag versicherte Gefahr und
- am Versicherungsort befindliche versicherte Sachen und/oder am Versicherungsort befindliches Erdreich.

1.2. Versichert ist jeweils nur die kostengünstigste Abwicklung, wenn gemäß den gesetzlichen oder behördlichen Bestimmungen verschiedene Möglichkeiten der Entsorgung zulässig sind.

1.3. Entsorgungskosten, die durch Kontamination von Gewässern oder Luft verursacht werden, sind nicht versichert.

1.4. Bei Vermischung von nicht versicherten Sachen mit versicherten Sachen oder Erdreich werden nur die Entsorgungskosten für die versicherten Sachen und das Erdreich ersetzt.

1.5. Entstehen Entsorgungskosten für Erdreich oder für versicherte Sachen, die bereits vor Eintritt des Schadenereignisses kontaminiert waren (Altlasten), so sind nur jene Kosten versichert, die den für die Beseitigung der Altlasten erforderlichen Betrag übersteigen, und zwar ohne Rücksicht darauf, ob und wann dieser Betrag ohne das Schadenereignis aufgewendet worden wäre.

1.6. Für kontaminiertes Erdreich gilt:
Versichert sind auch die Kosten der notwendigen Wiederauffüllung der Aushubgrube mit Erdreich.

Für diese Wiederauffüllungskosten und die Entsorgungskosten von kontaminiertem Erdreich wird in jedem Schadenfall der als entschädigungspflichtig errechnete Betrag um den vereinbarten Selbstbehalt gekürzt.

2. **Untersuchungskosten** sind Kosten, die dadurch entstehen, daß durch behördliche oder sachverständige Untersuchung festgestellt werden muß, ob

- gefährlicher Abfall oder Problemstoffe,
- Sachen, die einer Ablieferungspflicht nach tierkörperverwertungsrechtlichen Bestimmungen unterliegen,
- kontaminiertes Erdreich angefallen, wie diese zu behandeln und/oder zu deponieren sind.

2.1. Gefährlicher Abfall und Problemstoffe sind im Sinn des Abfallwirtschaftsgesetzes (AWG), BGBl. 325/90 in der Fassung BGBl. 155/94, zu verstehen.

2.2. Unter kontaminiertem Erdreich ist solches zu verstehen, dessen geordnete Erfassung, Sicherung und/oder Behandlung wegen seiner Verbindung mit anderen Sachen (ausgenommen radioaktive Isotope) auf Grund des Abfallwirtschaftsgesetzes (AWG), BGBl. 325/90 in der Fassung BGBl. 155/94, oder des Wasserrechtsgesetzes 1959 in der Fassung BGBl. 252/90 geboten ist.

3. **Abfuhrkosten** sind Kosten des Transports zum Zweck der Behandlung oder zur Deponierung.

4. **Behandlungskosten** sind Kosten für Maßnahmen, welche dazu dienen, gefährlichen Abfall oder Problemstoffe, Sachen, die einer Ablieferungspflicht nach tierkörperverwertungsrechtlichen Bestimmungen unterliegen und/oder kontaminiertes Erdreich, i.S. des Abfallwirtschaftsgesetzes (AWG), BGBl. 325/90 in der Fassung BGBl. 155/94 zu verwerten, zu beseitigen oder deponiefähig zu machen.

4.1. Die Kosten einer höchstens sechsmonatigen Zwischenlagerung sind im Rahmen der Versicherungssumme nach Punkt 1. unter der Voraussetzung versichert, daß die Zwischenlagerung dem Versicherer unverzüglich angezeigt wird.

5. **Deponierungskosten** sind Kosten der Deponierung einschließlich der für die Deponierung zu entrichtenden öffentlichen Abgaben.

A 012 Fahrzeuge ruhend (F)

Die in der Polizze bezeichneten Fahrzeuge sind in ruhendem Zustand an dem in der Polizze genannten Versicherungsort versichert.

Schäden, die durch Inbetriebsetzen des Motors – auch im Einstellraum – entstehen, sind nicht versichert.

A 013 Fahrzeuge ruhend und fahrend (F)

Die in der Polizze bezeichneten Fahrzeuge sind in ruhendem oder fahrendem Zustand innerhalb Europas im geographischen Sinn versichert.

B.1. Besondere Bedingungen zu Versicherungswert, Versicherungssumme und Entschädigung (Feuer)

B 001 Wertanpassung – Gebäude und Betriebseinrichtungen (F)

1. Die Versicherungssummen für Gebäude bzw. Betriebseinrichtungen werden jährlich bei Hauptfälligkeit der Prämie um den Prozentsatz verändert, der den Veränderungen der Kosten der Neuherstellung bzw. Wiederbeschaffung seit der letzten Wertanpassung entspricht. Im gleichen Ausmaß wird die Prämie verändert.

2. Für die Berechnung des Prozentsatzes der Veränderung werden die in der Polizze ausgewiesenen Indizes herangezogen.

Wird einer der in der Polizze ausgewiesenen Indizes nicht mehr veröffentlicht, so wird der an seine Stelle getretene Index herangezogen.

Die Prozentsätze der Veränderungen werden nach folgender Formel ermittelt:

$$P = 100 \times \left(\frac{I_a}{I_o} - 1\right)$$

P = Prozentsatz der Veränderung

Io = Index, Stand der letzten Wertanpassung (Ausgangsindex)
Ia = Index zum Zeitpunkt der neuen Wertanpassung (aktueller Index)

Es werden die jeweils letztmals vor der Prämienhauptfälligkeit veröffentlichten Indizes herangezogen.

3. Die in den Allgemeinen Versicherungsbedingungen enthaltenen Vorschriften über Unterversicherung finden im Schadenfall nur insoweit Anwendung, als

3.1. zum Zeitpunkt der Vereinbarung dieser Wertanpassungsklausel die Versicherungssumme nicht dem tatsächlichen Wert der versicherten Sachen entsprochen hat oder

3.2. die nach dem Zeitpunkt der Vereinbarung dieser Wertanpassungsklausel auf Verlangen des Versicherungsnehmers geänderte Versicherungssumme nicht dem tatsächlichen Wert der versicherten Sachen entsprochen hat oder

3.3. die infolge von Veränderungen der versicherten Sachen (Zu- und Umbauten, Neuanschaffungen usw.) entstandene Wertsteigerung nicht durch entsprechende Erhöhung der Versicherungssumme Berücksichtigung fand.

4. Bei Bestehen mehrfacher Versicherungen für dasselbe Interesse (Nebenversicherung) bezieht sich der Verzicht auf den Einwand der Unterversicherung nur auf jenen Teil des Schadens, der dem Verhältnis der Versicherungssumme zum Zeitpunkt der Vereinbarung dieser Wertanpassungsklausel zum damaligen Versicherungswert entspricht.

5. Abweichend von den Bestimmungen der Allgemeinen Bedingungen für die Sachversicherung (ABS) über Unterversicherung bildet die in der Polizze ausgewiesene Versicherungssumme der vom Schaden betroffenen Post, unter Berücksichtigung des Prozentsatzes der Veränderung bis zum Zeitpunkt des Schadenereignisses, die Grenze der Entschädigung.

6. Diese Vereinbarung (Wertanpassungsklausel) kann unbeschadet des Fortbestandes der sonstigen Vertragsbestimmungen für sich allein von jedem Vertragspartner mit einer Kündigungsfrist von drei Monaten auf den Zeitpunkt der Hauptfälligkeit der Prämie schriftlich gekündigt werden.

B 002 Stichtagversicherung für Waren und Vorräte (F)

1. Waren und Vorräte sind in Höhe ihres jeweiligen Versicherungswerts versichert, soweit dieser die Höchstversicherungssumme nicht übersteigt.

2. Der Versicherungsnehmer hat dem Versicherer den Versicherungswert, den die Waren und Vorräte am Stichtag eines jeden Monats haben, jeweils binnen zwanzig Tagen nach diesem Stichtag bekanntzugeben.

3. Als Stichtagssumme gilt:

3.1. Der gemäß Punkt 2. bekanntgegebene Betrag.

3.2. Unterbleibt die Bekanntgabe für einen Stichtag, dann gilt für diesen Stichtag der zuletzt bekanntgegebene Betrag.

3.3. Unterbleibt die erste Bekanntgabe, so gilt bis zum Eingang dieser Bekanntgabe die Grundversicherungssumme als Stichtagssumme.

4. Bei einem Schadenereignis gilt:

4.1. Ist die nach Punkt 3. gültige Stichtagssumme niedriger als der tatsächliche Versicherungswert am letzten Stichtag vor dem Schadenereignis (Stichtagswert), so wird der Schaden nur nach dem Verhältnis der gültigen Stichtagssumme zum Stichtagswert ersetzt.

4.2. Ist der Stichtagswert größer als die Höchstversicherungssumme, so wird der Schaden nur nach dem Verhältnis der Höchstversicherungssumme zum Stichtagswert ersetzt.

4.3. Treffen die Punkte 4.1. und 4.2. gleichzeitig zu, so wird der Schaden nur nach dem kleineren der beiden Verhältnisse aus den Punkten 4.1. und 4.2. ersetzt.

5. Die Prämie für die Grundversicherungssumme ist für das ganze Versicherungsjahr im voraus zu zahlen. Übersteigt der Stichtagswert die Grundversicherungssumme, so wird die Prämie für den Mehrbetrag für den Monat des Stichtags mit einem Zwölftel der Jahresprämie verrechnet. Grundversicherungssumme und Mehrbetrag zusammen dürfen dabei die Höchstversicherungssumme nicht übersteigen.

6. Die Ergänzungsprämie wird vierteljährlich vorgeschrieben.

B 003 Verkaufspreis als Versicherungswert (F)

1. Abweichend von Artikel 6 Punkt 1.3. der AFB gilt für fertige Erzeugnisse und Handelswaren der Verkaufspreis als Versicherungswert.

2. Sofern der Versicherungsnehmer den Nachweis erbringt, daß er für zerstörte oder beschädigte fertige Erzeugnisse und Handelswaren Ersatz in gleicher Güte weder aus den unversehrt gebliebenen Beständen liefern, noch gleichwertigen Ersatz auf dem Markt erhalten kann, ersetzt der Versicherer höchstens den am Markt erzielbaren Verkaufspreis abzüglich der ersparten Kosten.

B 004 Vorsorgeversicherung – Aufteilung der Versicherungssumme (F)

Die Vorsorgeversicherungssumme dient zum Ausgleich einer Unterversicherung, wobei sie im Schadenfall auf die Versicherungssummen jener Positionen aufgeteilt wird, für die sie vereinbart

12/II/6. Feuer
Bes. Bedingungen

ist und bei denen eine Unterversicherung vorliegt. Die Verteilung richtet sich nach der bei den einzelnen Positionen bestehenden Unterversicherung.

B 005 Behördliche Auflagen – Mehrkosten (F)

1. Als Mehrkosten gelten jene Kosten, die aufgrund gesetzlicher Bestimmungen oder behördlicher Auflagen nach einem Schadenereignis über die Kosten der Wiederherstellung in den ursprünglichen Zustand bzw. die Kosten der Wiederbeschaffung von Sachen gleicher Art und Güte hinaus anfallen.

2. Mehrkosten, die sich nicht auf vom Schaden betroffene und beschädigte Teile der versicherten Sachen beziehen, werden nicht ersetzt.

3. Der Versicherer ersetzt diese Mehrkosten, soferne der Verwendungszweck der betroffenen Anlagen der gleiche bleibt, bis zur Höhe der vereinbarten Versicherungssumme, jedoch nicht mehr als jeweils 30 % der Entschädigung für die Wiederherstellung bzw. Wiederbeschaffung gemäß Punkt 1.

C. Besondere Bedingungen – Sicherheitsvorschriften allgemein (Feuer- und Feuer-BU)

C 001 Betriebsstillegung (F+FBU)

1. Alle stillgelegten Betriebsanlagen sind gründlich zu reinigen. Kehricht und Abfälle sind zu beseitigen. Der Kraftstrom ist abzuschalten.

2. Alle vertraglich vereinbarten Sicherheitseinrichtungen müssen stets voll funktionsfähig und aktiviert erhalten werden.

3. Jede Wiederaufnahme des Betriebes stellt eine Gefahrerhöhung dar, die nach Artikel 2 der Allgemeinen Bedingungen für die Sachversicherung (ABS) anzeigepflichtig ist. Der Betrieb gilt als aufgenommen, wenn auch nur ein Teil der Betriebsanlagen in Tätigkeit gesetzt wird.

4. Vor Wiederaufnahme des Betriebes sind die Betriebsanlagen nach den Regeln der Technik in einen betriebsfähigen Zustand zu bringen. Dauert der Betriebsstillstand länger als ein Jahr, so ist vor Wiederaufnahme des Betriebes eine Überprüfung der bestehenden elektrischen Einrichtungen durchzuführen und der Prüfungsbefund dem Versicherer vorzulegen.

5. Die Vorschriften gemäß Punkt 1., 2. und 4. gelten als vertraglich vereinbarte Sicherheitsvorschriften gemäß Artikel 3 der Allgemeinen Bedingungen für die Sachversicherung (ABS). Ihre Verletzung führt nach Maßgabe der gesetzlichen Bestimmungen zur Leistungsfreiheit des Versicherers.

C 002 Wächter mit Kontrollsystem (F+FBU)

Es ist vereinbart, daß die Betriebsanlage durch eine geeignete und zuverlässige Person während der Nacht, an Ruhetagen und während der Ruhepausen, die länger als 3 Stunden dauern, ständig bewacht wird. Dem Wächter sind bestimmte Rundgänge vorzuschreiben; die Einhaltung der vorgeschriebenen Rundgänge durch den Wächter ist durch ein einwandfreies Kontrollsystem zu gewährleisten.

Mit dieser Bewachung kann auch ein Organ einer behördlich zugelassenen Wachgesellschaft betraut werden, sofern die Bewachung gemäß den obengenannten Vorschriften ausgeübt wird.

Die Vereinbarungen dieser Besonderen Bedingung gelten als vertraglich vereinbarte Sicherheitsvorschriften gemäß Artikel 3 der Allgemeinen Bedingungen für die Sachversicherung (ABS). Ihre Verletzung führt nach Maßgabe der gesetzlichen Bestimmungen zur Leistungsfreiheit des Versicherers.

Die Auflassung oder Einschränkung der mit dieser Besonderen Bedingung vereinbarten Bewachung stellt auch eine anzeigepflichtige Gefahrerhöhung im Sinne des Art. 2 der Allgemeinen Bedingungen für die Sachversicherung (ABS) dar.

C 003 Durchgehender Schichtbetrieb (F+FBU)

Es ist vereinbart, daß ein durchgehender Schichtbetrieb stattfindet.

Für jene Zeiträume, in denen nicht gearbeitet wird und die länger als 3 Stunden dauern, ist die Bewachung durch einen Wächter wie folgt vereinbart:

Die Betriebsanlage wird durch eine geeignete und zuverlässige Person ständig bewacht, der bestimmte Rundgänge vorgeschrieben sind. Die Einhaltung der vorgeschriebenen Rundgänge durch den Wächter ist durch ein einwandfreies Kontrollsystem zu gewährleisten.

Mit dieser Bewachung kann auch ein Organ einer behördlich zugelassenen Wachgesellschaft betraut werden, sofern die Bewachung gemäß den obengenannten Vorschriften ausgeübt wird.

Die Vereinbarungen dieser Besonderen Bedingung gelten als vertraglich vereinbarte Sicherheitsvorschriften gemäß Artikel 3 der Allgemeinen Bedingungen für die Sachversicherung (ABS). Ihre Verletzung führt nach Maßgabe der gesetzlichen Bestimmungen zur Leistungsfreiheit des Versicherers.

Die Auflassung oder Einschränkung der mit dieser Besonderen Bedingung vereinbarten Maßnahmen stellt eine anzeigepflichtige Gefahrerhöhung im Sinne des Art. 2 der Allgemeinen Bedingungen für die Sachversicherung (ABS) dar.

C 004 Löschwasserversorgung (F+FBU)

Es ist vereinbart, daß sich am Versicherungsort oder in unmittelbarer Nähe **entweder** eine frostsichere Hydrantenanlage (dynamischer Überdruck

12/II/6. Feuer
Bes. Bedingungen

mindestens 5 bar) mit ausreichend vielen Anschlüssen und C-Druckschläuchen **oder** Löschwasserbezugsstellen mit mindestens 100 m 3 Wasser und am Versicherungsort mindestens eine Tragkraftspritze (Fördermenge mindestens 800 Liter pro Minute) und B-Saugschläuche sowie C-Druckschläuche in ausreichender Anzahl befinden.

Die Vereinbarungen dieser Besonderen Bedingung gelten als vertraglich vereinbarte Sicherheitsvorschriften gemäß Artikel 3 der Allgemeinen Bedingungen für die Sachversicherung (ABS). Ihre Verletzung führt nach Maßgabe der gesetzlichen Bestimmungen zur Leistungsfreiheit des Versicherers.

Die Auflassung oder Einschränkung dieser vereinbarten Löschwasserversorgung stellt auch eine anzeigepflichtige Gefahrerhöhung im Sinne des Art. 2 der Allgemeinen Bedingungen für die Sachversicherung (ABS) dar.

C 005 Brandschutzbeauftragter (F+FBU)

Es gilt vereinbart, daß für die versicherte Betriebsanlage für die gesamte Vertragsdauer eine geeignete Person als Brandschutzbeauftragter bestellt ist. Für den Brandschutzbeauftragten ist eine vom Verband der Versicherungsunternehmen Österreichs anerkannte Ausbildung und die periodisch erforderliche Weiterbildung nachzuweisen.

Dieser Brandschutzbeauftragte muß:
1. eine Brandschutzordnung ausarbeiten;
2. einen Brandschutzplan ausarbeiten;
3. das Verhalten der Betriebsangehörigen im Brandfall festlegen;
4. ein Brandschutzbuch führen;
5. die Einhaltung der Allgemeinen Sicherheitsvorschriften gemäß Punkt 4. der Zusatzbedingungen für die Feuerversicherung von industriellen, gewerblichen und sonstigen Betrieben (ZB F IG) überwachen;
6. regelmäßig Eigenkontrollen der Brandsicherheit des Betriebs durchführen und die Behebung der dabei festgestellten Mängel veranlassen und überprüfen;
7. alle brandgefährlichen Tätigkeiten ausnahmslos überwachen;
8. die Betriebsangehörigen in brandschutztechnischer Hinsicht unterweisen und ausbilden;
9. die Betriebsleitung in brandschutztechnischer Hinsicht laufend, insbesondere bei Änderungen und Erweiterungen des Betriebs beraten.

Der Name des Brandschutzbeauftragten ist dem Versicherer und der zuständigen Brandverhütungsstelle, in Wien dem Institut für Technische Sicherheit (ITS), schriftlich bekanntzugeben. Mit der Brandverhütungsstelle (dem ITS) sind notwendige Maßnahmen (z. B. Ausbildung nach der TRVB O 117 00, Brandschutz) zu vereinbaren. Die Anerkennung des Brandschutzbeauftragten wird von der Brandverhütungsstelle dem Versicherer schriftlich bestätigt.

Die Vereinbarungen dieser Besonderen Bedingung gelten als vertraglich vereinbarte Sicherheitsvorschriften gemäß Artikel 3 der Allgemeinen Bedingungen für die Sachversicherung (ABS). Ihre Verletzung führt nach Maßgabe der gesetzlichen Bestimmungen zur Leistungsfreiheit des Versicherers.

Die Auflassung der Einrichtung des Brandschutzbeauftragten, die Nichterfüllung seiner Aufgaben sowie die Verletzung der übrigen in dieser Besonderen Bedingung vereinbarten Maßnahmen stellen auch eine anzeigepflichtige Gefahrerhöhung im Sinn des Art. 2 der Allgemeinen Bedingungen für die Sachversicherung (ABS) dar.

C 006 Betriebsfeuerwehr (F+FBU)

Vereinbart ist das Vorhandensein einer Betriebsfeuerwehr, die vom zuständigen Landesfeuerwehrkommando hinsichtlich ihrer Stärke, Ausrüstung und Ausbildung anerkannt ist und ununterbrochen, d. h. Tag und Nacht sowie an Sonn- und Feiertagen Bereitschaftsdienst leistet.

Die angeführten Voraussetzungen (Stärke, Ausrüstung, Ausbildung und Bereitschaftsdienst) müssen vom zuständigen Landesfeuerwehrkommando schriftlich bestätigt sein.

Die Vereinbarungen dieser Besonderen Bedingung gelten als vertraglich vereinbarte Sicherheitsvorschriften gemäß Artikel 3 der Allgemeinen Bedingungen für die Sachversicherung (ABS). Ihre Verletzung führt nach Maßgabe der gesetzlichen Bestimmungen zur Leistungsfreiheit des Versicherers.

Die Auflassung oder Einschränkung der durch diese Besonderen Bedingung vereinbarten Betriebsfeuerwehr stellt auch eine anzeigepflichtige Gefahrerhöhung im Sinne des Art. 2 der Allgemeinen Bedingungen für die Sachversicherung (ABS) dar.

C 007 Brandmeldeanlagen (F+FBU)

1. Die vom Österreichischen Bundesfeuerwehrverband und den Österreichischen Brandverhütungsstellen gemeinsam herausgegebenen „Technischen Richtlinien vorbeugender Brandschutz (TRVB) S 123 – Brandmeldeanlagen" in der jeweils gültigen Fassung sind vom Verband der Versicherungsunternehmen Österreichs anerkannt. Sie können jederzeit beim Versicherer oder bei der zuständigen Brandverhütungsstelle, in Wien dem Institut für Technische Sicherheit (ITS), angefordert werden.

2. Es ist vereinbart, daß die in der Polizze bezeichneten Bereiche durch eine Brandmeldeanlage geschützt werden, die gemäß diesen Richtlinien

12/II/6. Feuer
Bes. Bedingungen

errichtet, von der zuständigen Brandverhütungsstelle abgenommen, gewartet, instandgehalten und betrieben wird.

3. Insbesondere ist vereinbart, daß

3.1. mit einem Fachunternehmen ein entsprechender Wartungsvertrag abgeschlossen und dieser dem Versicherer unaufgefordert vorgelegt wird;

3.2. die Anlage dauernd aktiviert ist.

3.3. dem Versicherer Störungen der Anlage, auch wenn dadurch die Anlage nur teilweise oder nur kurzzeitig unwirksam wird, sofort gemeldet und die Anlage unter Beachtung von angemessenen Vorsichtsmaßnahmen möglichst schnell wieder instandgesetzt wird;

3.4. während der Betriebszeiten die Kontrolle und Bedienung der Anlage durch einen geeigneten Betriebsangehörigen sichergestellt ist;

3.5. für die Anlage ein Kontrollbuch eingerichtet wird;

3.6. aufgetretene Alarm- und/oder Störanzeigen der Anlage in das Kontrollbuch eingetragen werden, wobei bei den Alarmanzeigen zu vermerken ist, ob es eine echte oder falsche Alarmanzeige war;

3.7. die anläßlich der Überprüfung der Anlage durch die zuständige Brandverhütungsstelle (das ITS) festgelegten Kontrollen täglich, ausgenommen an arbeitsfreien Tagen, durchgeführt und die Ergebnisse dieser Kontrollen in das Kontrollbuch eingetragen werden;

3.8. an der Anlage Änderungen jeglicher Art nur vom Errichter oder einem anderen Fachunternehmen vorgenommen und diese Änderungen dem Versicherer, der abnehmenden akkreditierten Prüf- oder Überwachungsstelle und der zuständigen Brandverhütungsstelle (dem ITS) mit den erforderlichen Unterlagen unverzüglich bekanntgegeben werden;

3.9. festgestellte Mängel unverzüglich behoben werden;

3.10. allseitig ein Raum von 50 cm von den Brandmeldern von Lagerungen und Gegenständen aller Art freigehalten wird;

3.11. die gesamte Anlage in Abständen von höchstens zwei Jahren, jedenfalls aber auf jederzeitige schriftliche Anforderung des Versicherers, durch die zuständige Brandverhütungsstelle (dem ITS), wenn notwendig von einer akkreditierten Prüf- oder Überwachungsstelle revidiert, die dabei allenfalls festgestellten Mängel unverzüglich beseitigt werden und dies durch einen Überwachungsbericht einer akkreditierten Prüf- oder Überwachungsstelle oder eine Bestätigung der zuständigen Brandverhütungsstelle (des ITS) nachgewiesen wird;

4. Die Vereinbarungen dieser Besonderen Bedingung gelten als vertraglich vereinbarte Sicherheitsvorschriften gemäß Artikel 3 der Allgemeinen Bedingungen für die Sachversicherung (ABS). Ihre Verletzung führt nach Maßgabe der gesetzlichen Bestimmungen zur Leistungsfreiheit des Versicherers.

5. Die Auflassung oder Einschränkung des vereinbarten Schutzes durch die Brandmeldeanlage stellt auch eine anzeigepflichtige Gefahrerhöhung im Sinne des Art. 2 der Allgemeinen Bedingungen für die Sachversicherung (ABS) dar.

C 008 Löschanlagen (F+FBU)

1. Die von den österreichischen Brandverhütungsstellen und vom österreichischen Bundesfeuerwehrverband (entsprechend den Richtlinien des Comité Européen des Assurances – CEA) gemeinsam herausgegebenen

– technischen Richtlinien für Sprinkler-, Gaslösch- oder Schaumlöschanlagen;

– Richtlinien für den Betrieb und die Instandhaltung von Sprinkleranlagen;

– Richtlinien für den Betrieb und die Instandhaltung von Trockenpulver- und CO2-Löschanlagen

in der jeweils gültigen Fassung sind vom Verband der Versicherungsunternehmen Österreichs anerkannt. Sie können jederzeit beim Versicherer oder beim Institut für Technische Sicherheit (ITS) angefordert werden.

2. Es ist vereinbart, daß die in der Polizze bezeichneten Bereiche durch eine Löschanlage geschützt werden, die gemäß diesen Richtlinien errichtet, vom ITS abgenommen, gewartet, instandgehalten und betrieben wird.

3. Der Schutzwert der Löschanlage wurde vom ITS gemäß den oben angeführten Richtlinien aufgrund der durchgeführten Risikobeurteilung festgelegt und ist im Löschanlagenpaß ausgewiesen.

Die Erstellung des Schutzwertes ist ein genereller Auftrag das ITS, sie erfolgt nach Abnahme der Anlage und wird nach jeder Revision aktualisiert.

Die Löschanlagenpaßnummer dieser Löschanlage ist in der Polizze ausgewiesen.

Der Schutzwert der Anlage wird in 6 Stufen eingeteilt:

– voller Schutzwert

– verminderter Schutzwert

– eingeschränkter Schutzwert

– Schutzwert äquivalent einer „Erweiterten automatischen Löschhilfe"

– Schutzwert äquivalent einer Brandmeldeanlage

– kein Schutzwert

4. Es ist vereinbart, daß die Löschanlage und die durch sie geschützten Bereiche auf Verlangen des Versicherers jederzeit, spätestens aber nach

12/II/6. Feuer
Bes. Bedingungen

den vom ITS festgelegten risikoabhängigen Zeiträumen revidiert werden.

5. Weiters ist vereinbart, daß
5.1. die Löschanlage und die durch sie geschützten Bereiche dauernd in dem mit dem Versicherer vereinbarten Zustand erhalten werden;
5.2. die Löschanlage dauernd aktiviert ist;
5.3. dem Versicherer Störungen der Anlage, auch wenn dadurch die Anlage nur teilweise oder nur kurzzeitig unwirksam wird, sofort gemeldet und die Anlage unter Beachtung von angemessenen Vorsichtsmaßnahmen möglichst schnell wieder instandgesetzt wird;
5.4. während der Betriebszeiten die Kontrolle und Bedienung der Anlage durch einen geeigneten Betriebsangehörigen sichergestellt ist. Dieser muß vom Anlagenerrichter oder einem anderen Fachunternehmen nachweislich eingeschult sein;
5.5. für die Anlage ein Kontrollbuch eingerichtet wird;
5.6. die Steuerzentrale der Löschanlage einmal täglich einer Sichtkontrolle unterzogen und das Ergebnis der Sichtkontrolle in das Kontrollbuch eingetragen wird;
5.7. die Löschanlage einmal wöchentlich nach Maßgabe der entsprechenden Richtlinien kontrolliert und das Ergebnis der Kontrolle im Kontrollbuch protokolliert wird;
5.8. an der Anlage Änderungen jeglicher Art nur vom Errichter oder einem anderen Fachunternehmen vorgenommen und diese Änderungen dem Versicherer und dem ITS mit den erforderlichen Unterlagen unverzüglich bekanntgegeben werden;
5.9. festgestellte Mängel unverzüglich behoben werden;
5.10. ein den Richtlinien entsprechender Bereich um die Löschdüsen von Lagerungen und Gegenständen aller Art freigehalten wird.

6. Die Vereinbarungen dieser Besonderen Bedingung gelten als vertraglich vereinbarte Sicherheitsvorschriften gemäß Artikel 3 der Allgemeinen Bedingungen für die Sachversicherung (ABS). Ihre Verletzung führt nach Maßgabe der gesetzlichen Bestimmungen zur Leistungsfreiheit des Versicherers.

7. Die Auflassung oder Einschränkung des vereinbarten Schutzes durch die Löschanlage stellt auch eine anzeigepflichtige Gefahrerhöhung im Sinne des Art. 2 der Allgemeinen Bedingungen für die Sachversicherung (ABS) dar.

12/II/7. Feuer
Zusatzbed. Betriebe

Zusatzbedingungen für die Feuerversicherung von industriellen, gewerblichen und sonstigen Betrieben (ZB F IG 2001)

Unverbindliche Musterbedingungen des Verbandes der Versicherungsunternehmen Österreichs. Die Möglichkeit, durch andere Vereinbarungen von Regelungen dieser Musterbedingungen abzuweichen, bleibt unberührt. Die Musterbedingungen sind für jede interessierte Person zugänglich und werden auf einfache Anfrage hin übermittelt.

Inhaltsverzeichnis

1. Versicherte Sachen
1.1. Gebäude
1.2. Betriebseinrichtungen
1.3. Waren und Vorräte
1.4. Sonstige Sachen
2. Versicherte und nicht versicherte Gefahren und Schäden
2.1. Schäden durch Sprengstoffexplosion
2.2. Maschinenfundamente
3. Sonstige Bestimmungen
3.1. Verzicht auf Ersatzansprüche gegenüber einer Eisenbahn- oder Hafenbetriebsgesellschaft
3.2. Führung
3.3. Prozeßführung
3.4. Schadenregelung bei Zusammentreffen von Feuer- und Maschinenbruchversicherung
4. Allgemeine Sicherheitsvorschriften
4.1. Durchführung von brandgefährlichen Tätigkeiten jeder Art
4.2. Baulicher Brandschutz, Brandschutzeinrichtungen
4.3. Elektrostatische Auflading
4.4. Feuerungs- und Heizungsanlagen
4.5. Erste und erweiterte Löschhilfe
4.6. Arbeiten durch Betriebsfremde
4.7. Ordnung und Sauberkeit, Kontrollgang
4.8. Lagerungen
4.9. Technische Richtlinien Vorbeugender Brandschutz
4.10. Anhang

1. Versicherte Sachen

Wenn in der Polizze die versicherten Sachen durch Inbegriffe bezeichnet werden, gelten, soweit vertraglich nichts anderes vereinbart ist, die folgenden Zuordnungen:

1.1. Gebäude sind mit allen Baubestandteilen über und unter Erdniveau versichert.

1.1.1. Als Gebäude gelten:
- alle Gebäude im engeren Sinn, das sind alle Bauwerke, die durch räumliche Umfriedung Menschen und Sachen Schutz gegen äußere Einflüsse gewähren, den Eintritt von Menschen gestatten, mit dem Boden fest verbunden und von einiger Beständigkeit sind;
- ferner Bauwerke, die eines der folgenden Merkmale aufweisen: Bauwerke, die einen konstruktiven Bestandteil von Gebäuden bilden Bauwerke, die überwiegend bautechnisch ausgeführt sind Bauwerke, die im Anlagevermögen den Gebäuden zugeordnet sind.

Das können z. B. sein: Flugdächer, Wohnwagen, Bauhütten, Traglufthallen, Überdachungen, Vordächer, Verbindungsbrücken, Rampen, Aufzugsschächte, Silos, Bunker, Wasser- und andere Behälter, Schornsteine, Kanäle und Schächte, Verbindungsgänge, Einfriedungen.

1.1.2. Zum Gebäude zählen alle Baubestandteile sowie Zubehör, das im Anlagevermögen dem Gebäude zugeordnet ist. Das sind z. B.:

- Blitzschutzanlagen

- Sanitäranlagen, das sind Klosetts, Bade- und Wascheinrichtungen

- Heizungs-, Warmwasserbereitungs-, Beleuchtungs-, Lüftungs-, Klima-, Brandmelde-, Rauchmelde- und Sprinkleranlagen, sowie Aufzüge, Rolltreppen und dergleichen samt den zugehörigen Installationen und Leitungen

- fest eingebaute Trennungswände, versetzbare Zwischenwände, fest montierte Zwischendecken, Deckenverkleidungen, abgehängte Deckenuntersichten, nicht jedoch raumteilende Einrichtungen und Einbaumöbel

- fest verlegte Fußboden- und Wandauflagen, Verfliesungen; fest montierte Lamperien und sonstige Wandverkleidungen

- mit dem Gebäude fest verbundene Treppen, Leitern und Fahnenstangen, auch außen angebrachte

- elektromechanisch betriebene und/oder elektrisch beheizte Tore (in den Einfriedun-

12/II/7. Feuer
Zusatzbed. Betriebe

gen auch Schranken) samt ihren Betätigungs- und/oder Heizelementen
- Markisen, Jalousien und Rolläden samt Betätigungselementen
- gemauerte Öfen zur Raumheizung
- Geschäftsportale, sofern sie sich im Eigentum des Gebäudeeigentümers befinden, oder soweit der Gebäudeeigentümer für die Wiederherstellung aufzukommen hat.

1.1.3. Vorsorgeversicherung für Gebäude
Die Vorsorgeversicherung deckt Wertsteigerungen, Neu-, Zu- und Umbauten, Instandsetzungen, nicht ausreichende Bewertung und versehentlich zur Versicherung nicht aufgenommene Gebäude und Gebäudeteile. Sie dient ferner zum Ausgleich einer Unterversicherung, wobei sie im Schadenfall auf die Versicherungssummen jener Positionen aufgeteilt wird, für die sie vereinbart ist und bei denen Unterversicherung vorliegt. Die Verteilung richtet sich nach der bei den einzelnen Positionen bestehenden Unterversicherung.

1.2. Betriebseinrichtungen
1.2.1. Hiezu gehören alle am Versicherungsort sowohl in Gebäuden als auch im Freien befindliche dem Betrieb dienende Einrichtungen, soferne sie nicht den haustechnischen Anlagen gemäß Punkt 1.1.2. zugehören.
Dazu gehören insbesondere:
- Maschinen, Einrichtungen, Anlagen und Installationen zur Erzeugung, Umwandlung, Fortleitung, Speicherung und Verbrauch von Energie in allen Formen Dazu gehören auch: Trocknungs- und Brennanlagen, technische Öfen zur Erzeugung von Ziegeln, Steingut, Porzellan und dergleichen, gemauerte Selchen, Transformatorhäuschen, Klima- und Luftreinhalteanlagen (Geräte).
- Maschinen, Einrichtungen, Anlagen und Installationen zur Erstellung, Verarbeitung, Übertragung, Weiterleitung und Speicherung von Daten, Informationen und Nachrichten aller Art (jedoch ohne Datenträger – Punkt 1.4.2.)
- Anlagen, Einrichtungen, Geräte und Installationen zum Messen, Prüfen, Anzeigen, Regeln und Steuern von Produkten, Betriebszuständen und Arbeitsvorgängen aller Art
- Maschinen, Einrichtungen, Anlagen und Installationen zur Beförderung von Personen, Materialien, Waren und Stoffen aller Art, auch Absauganlagen und Wasserleitungsinstallationen, das sind alle Wasserver- und -entsorgungsanlagen samt dazugehörigen Meßgeräten, Armaturen, Filteranlagen und Zubehör
- Fahrzeuge aller Art, selbstfahrende Arbeitsmaschinen und Anhänger, nicht jedoch soweit sie Fahrzeuge mit behördlicher Zulassung sind (Punkt 1.4.1.), Feuerwehreinsatzfahrzeuge auch mit behördlicher Zulassung
- Einrichtungen, Anlagen, Behältnisse und Gefäße zur Lagerung von Materialien, Waren und Stoffen aller Art; auch wiederverwendbare Verpackungsmittel, Paletten, Container sowie Einrichtungen von Hochregallagern
- Arbeitsmaschinen aller Art samt ihren Antriebselementen und allem Zubehör
- Silos, Bunker, Wasser- und andere Behälter, Schornsteine, Rauchfänge, Kanäle, Schächte, soweit diese der Produktion dienen und nicht unter Gebäude fallen; Maschinenfundamente
- Betriebsmedien in den Produktionsanlagen einschließlich Katalysatoren
- Handmaschinen und Geräte aller Art
- Werkzeuge und sonstige Erzeugungshilfsmittel aller Art für Hand- und Maschinengebrauch, soweit sie nicht als Reproduktionshilfsmittel anzusehen sind (Punkt 1.4.3.)
- Büroeinrichtungen aller Art, auch Zeitschriften und Bücher; Dienstausrüstungen und Dienstkleidungen aller Art; Einrichtungen von Gemeinschafts-, Unterkunfts- und Galläumen, sowie von Küchen, Kantinen, Büchereien und dergleichen
- Feuerlösch-, Brandschutz-, Betriebsschutz-, Sanitäts- und Sporteinrichtungen
- Firmenschilder und Werbeanlagen, Werbe- und Dekorationsmittel
- außer Betrieb und/oder in Reserve gestellte Betriebseinrichtungen; Ersatzteile und noch nicht eingebaute, für Neueinrichtungen bestimmte Gegenstände aller vorgenannten Arten, auch Ersatzteile für Fahrzeuge.

1.2.2. Vorsorgeversicherung für Betriebseinrichtungen
Die Vorsorgeversicherung deckt Wertsteigerungen, Instandsetzungen, Neuanschaffungen, Auswechslungen, nicht ausreichende Bewertung und versehentlich zur Versicherung nicht aufgenommene Betriebseinrichtungen. Sie dient ferner zum Ausgleich einer Unterversicherung, wobei sie im Schadenfall auf die Versicherungssummen jener Positionen aufgeteilt wird, für die sie vereinbart ist und bei denen eine Unterversicherung vorliegt. Die Verteilung richtet sich nach der bei den einzelnen Positionen bestehenden Unterversicherung.

1.3. Waren und Vorräte
Hiezu gehören sämtliche am Versicherungsort sowohl in Gebäuden als auch im Freien befindliche Waren und Vorräte. Dazu zählen Rohstoffe, in Arbeit befindliche, halbfertige und fertige Erzeugnisse, fertig bezogene Teile, Handelswaren aller Art, verwertbare Abfälle, Werbeschriften

---
AVB
Leben
Kranken
Unfall
Sachversicherung
Einbruchdiebstahl
Feuer
Glas
Haftpfl., USKV, ÖAK
Haushalt
Rechtsschutz
Transport
+ AÖSp (SVS/RVS)

12/II/7. Feuer
Zusatzbed. Betriebe

und Prospekte, Betriebs- und Hilfsstoffe aller Art, Lösungsmittel, Schmiermittel, Heiz- und Brennstoffe, technische Gase, Baustoffe, Lebens- und Genußmittel, nicht wiederverwendbare Verpackungsmittel aller Art sowie Edelmetalle und Edelsteine zu Produktionszwecken.

1.4. Sonstige Sachen
1.4.1. Fahrzeuge Straßen-, Wasser- und Luftfahrzeuge mit behördlicher Zulassung (ausgenommen Feuerwehreinsatzfahrzeuge – Punkt 1.2.1.);

1.4.2. Datenträger aller Art einschließlich der darauf befindlichen Programme und Daten. Das sind z. B. Geschäftsbücher, Akten, Pläne, Magnetspeicher, Mikrofilme und dergleichen;

1.4.3. Reproduktionshilfsmittel
Hiezu gehören alle dem Betrieb dienenden Sachen, die der folgenden Definition entsprechen:
Das Reproduktionshilfsmittel trägt eine Form, ein Muster, ein Design, eine Schrift oder eine sonstige Information für ein bestimmtes Produkt in sich, und diese Form (Muster, Design, Schrift, sonstige Information) wird auf das Produkt übertragen, wobei im Falle einer Abänderung oder des Auslaufens des Produktes das Reproduktionshilfsmittel nicht mehr verwendbar ist oder zumindest abgeändert werden muß.
Das sind z. B. Gußmodelle, Web- und Jacquardkarten, Schablonen aller Art, Guß-, Spritzguß-, Spritz- und Preßformen, Schnitte, Stanzen, Matrizen, Klischees, Druckplatten und -walzen und dergleichen;

1.4.4. Geld und Geldeswerte
Hiezu gehören: Geld und Geldeswerte aller Art, Sparbücher mit/ohne Losungswort, Wertpapiere mit amtlichem Kurs und sonstige Wertpapiere;

1.4.5. Gebrauchsgegenstände der im Betrieb Beschäftigten
Darunter fallen nicht Geld und Geldeswerte, Schmuck, Kraftfahrzeuge und der in Wohnungen befindliche Hausrat.

2. Versicherte und nicht versicherte Gefahren und Schäden

2.1. Schäden durch Sprengstoffexplosion
Soweit nichts anderes vereinbart ist, gilt:
Abweichend von Artikel 1, Punkt 1.3. der Allgemeinen Bedingungen für die Feuerversicherung (AFB) sind Schäden durch Sprengstoffexplosionen dann nicht versichert, wenn

– die Sprengstoffe auf erlaubte oder kontrollierbare Weise an den Versicherungsort gelangt sind, oder

– der Versicherungsnehmer wußte oder wissen mußte, daß auf einem benachbarten Grundstück, das nicht seiner Verfügung unterliegt, Sprengstoffe vorhanden sind.

Als Sprengstoffe gelten, gleichgültig ob sie tatsächlich zu Schieß- oder Sprengzwecken verwendet werden oder nicht, alle explosiblen festen oder flüssigen Stoffe oder Gemische von solchen und Zündmittel, wenn die Explosion nach Hergang und verhältnismäßiger Wirkung der Explosion den in der Spreng- und Schießtechnik angewandten Explosivstoffen entspricht.

2.2. Maschinenfundamente
Sofern die Maschinenfundamente von der Versicherung nicht ausgeschlossen sind, ist das zu einer von einem Schadenereignis betroffenen Maschine gehörige Fundament gegen den Schaden versichert, der dadurch entsteht, daß das Fundament – gleichgültig, ob es beschädigt oder zerstört ist oder nicht – sich aus technischen Gründen ganz oder teilweise unverwendbar für die Wiederherstellung oder Erneuerung der Maschine erweist.

3. Sonstige Bestimmungen

3.1. Verzicht auf Ersatzansprüche gegenüber einer Eisenbahn- oder Hafenbetriebsgesellschaft
Abweichend von § 67 (1) Satz 3 VersVG bleibt im Schadenfall der Versicherungsschutz insoweit unberührt, als der Versicherungsnehmer etwa gegenüber den Österreichischen Bundesbahnen oder einer anderen Eisenbahn- oder Hafenbetriebsgesellschaft auf Ersatzansprüche für Brand- und Explosionsschäden verzichtet hat.

3.2. Führung
Der führende Versicherer oder seine in der Polizze genannte Geschäftsstelle ist bevollmächtigt, Anzeigen und Willenserklärungen des Versicherungsnehmers für alle beteiligten Versicherer in Empfang zu nehmen.

3.3. Prozeßführung
Soweit die vertraglichen Grundlagen für die beteiligten Versicherer die gleichen sind, wird folgendes vereinbart:
3.3.1. Der Versicherungsnehmer wird bei Streitfällen aus diesem Vertrag seine Ansprüche nur gegen den führenden Versicherer und wegen dessen Anteils gerichtlich geltend machen.
3.3.2. Die an der Versicherung beteiligten Versicherer erkennen die gegen den führenden Versicherer rechtskräftig gewordene Entscheidung gegenüber dem Versicherungsnehmer sowie die vom führenden Versicherer mit dem Versicherungsnehmer nach Streitanhängigkeit geschlossenen Vergleiche als auch für sich verbindlich an. Andererseits erkennt der Versicherungsnehmer

den Ausgang eines Rechtsstreites mit dem führenden Versicherer auch gegenüber den beteiligten Versicherern als für ihn verbindlich an.

3.3.3. Falls der Anteil des führenden Versicherers die Revisionssumme nicht erreicht, ist der Versicherungsnehmer berechtigt und auf Verlangen des führenden oder eines beteiligten Versicherers verpflichtet, die Klage auf diesen zweiten, erforderlichenfalls auch auf weitere beteiligte Versicherer auszudehnen, bis diese Summe überschritten ist. Wird diesem Verlangen nicht entsprochen, so findet die Bestimmung des Punktes 3.3.2. keine Anwendung.

3.4. Schadenregelung bei Zusammentreffen von Feuer- und Maschinenbruchversicherung

Wenn gleichzeitig eine Feuer- und eine Maschinenbruchversicherung bestehen und strittig ist, ob oder in welchem Umfange ein Schaden als Feuerschaden oder als Maschinenbruchschaden anzusehen ist, kann der Feuerversicherer oder der Maschinenbruchversicherer verlangen, daß die Höhe des Feuerschadens und des Maschinenbruchschadens in einem Sachverständigenverfahren festgestellt wird. Die Feststellung ist verbindlich, wenn nicht nachgewiesen wird, daß sie offenbar von der wirklichen Sachlage erheblich abweicht. Die Kosten des Sachverständigenverfahrens werden im Verhältnis der zu leistenden Entschädigung von den Versicherern getragen.

Der Versicherungsnehmer kann einen Monat nach Anzeige des Schadens als Teilzahlung den Betrag verlangen, der nach Lage der Sache mindestens zu zahlen ist. Steht zu diesem Zeitpunkt noch nicht fest, inwieweit der Schaden als Feuerschaden oder als Maschinenbruchschaden anzusehen ist, dann beteiligt sich jeder Versicherer an der Teilzahlung vorläufig mit der Hälfte.

4. Allgemeine Sicherheitsvorschriften

Es sind die gesetzlichen, behördlichen und die folgenden Sicherheitsvorschriften einzuhalten.

Die folgenden Obliegenheiten gelten als vereinbarte Sicherheitsvorschriften gemäß Artikel 3 der Allgemeinen Bedingungen für die Sachversicherung (ABS). Ihre Verletzung führt nach Maßgabe der gesetzlichen Bestimmungen zur Leistungsfreiheit des Versicherers.

4.1. Durchführung von brandgefährlichen Tätigkeiten jeder Art

Brandgefährliche Tätigkeiten im Sinne dieser Sicherheitsvorschriften sind unter anderem:

– Schweißen und Schneiden (autogen, elektrisch, Thermit-)
– Schleifen und Trennschleifen (insbesondere mit Handschleifmaschinen-Flex)
– Löten
– Flämmen (Auftauen, Abbrennen, Folienschrumpfen, Bitumen, usw.).

Brandgefährlich sind solche Tätigkeiten insbesondere wegen

– der verwendeten offenen Flammen
– der angewendeten oder entstehenden hohen Temperaturen
– der Bildung und Ausbreitung von zündfähigen Funken
– des abtropfenden flüssigen oder glühendflüssigen Metalles
– der stark erhitzten Werkstücke, oft glühenden Metallteile.

Besondere Gefahren:

– Durch Funkenflug ist die Umgebung im Umkreis von mindestens 10 Metern brandgefährdet!
– Besondere Brandgefahr besteht bei Feuerarbeiten auf Baustellen und Montageplätzen!
– Bei brandgefährlichen Tätigkeiten an Behältern und Rohrleitungen für brennbare Flüssigkeiten besteht Explosionsgefahr auch und insbesondere dann, wenn sie entleert sind, sich in ihnen aber noch Dämpfe von brennbaren Flüssigkeiten befinden!
– Ebenfalls Explosionsgefahr besteht bei brandgefährlichen Tätigkeiten in der Nähe von Stäuben oder Pulvern von brennbaren festen Stoffen, auch von Metallen!

Daher sind bei Durchführung von brandgefährlichen Tätigkeiten, die außerhalb der sonst dafür speziell vorgesehenen und eingerichteten Arbeitsstätten vorgenommen werden, die folgenden Sicherheitsvorschriften unbedingt einzuhalten:

4.1.1. Brandgefährliche Tätigkeiten jeder Art dürfen nur mit ausdrücklicher Genehmigung der Betriebsleitung durchgeführt werden. Diese hat, unabhängig davon, ob die Arbeiten von eigenem oder fremdem Personal durchgeführt werden, dafür zu sorgen, daß ein zuverlässiger und hiefür geeigneter Betriebsangehöriger die Arbeiten überwacht und daß die gesetzlichen und behördlichen Sicherheitsvorschriften sowie die nachstehenden Bestimmungen ausnahmslos eingehalten werden.

4.1.2. Brandgefährliche Tätigkeiten jeder Art sind in der Nähe brennbarer fester Stoffe und brennbarer Flüssigkeiten grundsätzlich zu vermeiden. Die zu bearbeitenden Teile sind an eine dafür vorgesehene und speziell eingerichtete Arbeitsstätte zu bringen.

4.1.3. Vor der Durchführung von brandgefährlichen Tätigkeiten jeder Art ist die vollständige Ausfertigung des hiefür vorgesehenen Freigabescheines (Muster in Anhang 3) und dessen Unterfertigung durch die Betriebsleitung oder den Brandschutzbeauftragten und den die brandgefährlichen Tätigkeiten Ausführenden vorgeschrieben.

4.1.4. Brandgefährliche Tätigkeiten dürfen nur von zuverlässigen und für diese Arbeiten befähigten Personen ausgeführt werden, die sich der damit verbundenen Gefahren voll bewußt sind. Zur Befähigung z. B. von schweißtechnischem Personal siehe die ÖNORMEN EN 287 Teil 1 und Teil 2, EN 719, M 7805, M 7807, M 7813.

4.1.5. Das Aufsichtsorgan hat die Arbeitskräfte über die Bauart des Objektes und über die in benachbarten Räumen oder Bereichen befindlichen brennbaren Stoffe zu informieren und für geeignete und ausreichende Löschvorkehrungen zu sorgen.

4.1.6. Bewegliche brennbare Sachen und lagernde brennbare feste Stoffe und Flüssigkeiten sowie Staub und Abfälle sind vor Beginn der Arbeiten aus der Umgebung der Arbeitsstelle und gefährdeten angrenzenden Bereichen zu entfernen.

4.1.7. Ortsfeste brennbare Bauteile sind vor Beginn der Arbeiten durch nicht brennbare Schutzbeläge, Wasser, feuchte Tücher oder Sand zuverlässig gegen Flammen, Funken und heiße oder glühende Teilchen zu schützen.

4.1.8. Decken- und Mauerdurchbrüche, Schächte, Durchlässe für Rohrleitungen und Kabel, Fugen und Ritzen sind vor Beginn der Arbeiten gegen die Nachbarräume feuersicher abzudichten. Die angrenzenden gefährdeten Bereiche sind während der Arbeiten ständig auf etwa auftretendes Feuer oder Glimmstellen (z. B. durch Wärmeleitung, Funkenflug und dergleichen) zu untersuchen.

4.1.9. Brennbare Verkleidungen, Verschalungen, Isolierungen und dergleichen sind vor Beginn der Arbeiten aus der Gefahrenzone zu entfernen.

4.1.10. Behälter, Rohrleitungen und Kanäle für brennbare feste Stoffe, Flüssigkeiten oder Gase sind vor Arbeitsbeginn zu entleeren, gründlich zu reinigen und – soweit möglich – mit Wasser zu füllen.

4.1.11. Löschwasser und andere geeignete Löschgeräte sind an der Arbeitsstelle und im weiteren gefährdeten Bereich in ausreichender Menge bereitzuhalten.

4.1.12. Vor Arbeitsbeginn sind die in Verwendung kommenden Arbeitsgeräte auf einwandfreie Funktion zu kontrollieren. Beim zeitweiligen Ablegen von brennenden Schweiß-, Schneid-, Löt- und Flämmbrennern ist die offene Flamme besonders zu hüten und dauernd zu beobachten.

4.1.13. Nach Abschluß der brandgefährlichen Tätigkeiten sind die Arbeitsstelle und die angrenzenden gefährdeten Bereiche zu überwachen und auf Brand, Rauch oder Brandgeruch gründlich und wiederholt – auch noch mehrere Stunden nach Abschluß der Arbeiten – zu überprüfen. Dabei ist besonders auf schwer zugängliche oder schwer einsehbare Stellen zu achten. Beim Löschen auch kleinster Brand- oder Glimmstellen ist besondere Sorgfalt anzuwenden. Schon bei geringfügigen Wahrnehmungen von Brand, Rauch oder Brandgeruch ist vorsorglich die nächstgelegene Feuerwehr zu verständigen.

4.1.14. Wenn kein ausreichender Brandschutz sichergestellt ist, müssen brandgefährliche Tätigkeiten jeder Art unterbleiben.

4.2. Baulicher Brandschutz, Brandschutzeinrichtungen

Bauliche Maßnahmen zur Brandabschnittsbildung, wie brandbeständige Bauteile, Brandschutzabschlüsse und dergleichen dürfen weder beseitigt noch in ihrer Wirksamkeit beeinträchtigt werden. Die Funktionstüchtigkeit der baulichen Maßnahmen zur Brandabschnittsbildung sowie der sonstigen Brandschutzeinrichtungen ist in angemessenen Zeitabständen zu überprüfen.

4.3. Elektrostatische Auflading

Für Maschinen und Betriebseinrichtungen, bei deren Betrieb statische Elektrizität entstehen kann, sind entsprechende Erdungen oder andere wirksame Maßnahmen zur Ableitung der elektrostatischen Ladungen vorzusehen.

4.4. Feuerungs- und Heizungsanlagen

4.4.1. Die Bedienung dieser Anlagen darf nur bestimmten, zuverlässigen, mit den Anlagen sowie mit den einschlägigen gesetzlichen Bestimmungen und behördlichen Vorschriften vertrauten Personen übertragen werden.

4.4.2. Brennbare feste Stoffe, Flüssigkeiten und Gase dürfen nicht in der Nähe von Feuerungsstätten, Rauchrohren, Verbindungsstücken und Reinigungsöffnungen von Rauchfängen gelagert werden.

4.5. Erste und erweitere Löschhilfe

Die Bestimmungen der TRVB F 124 97 (Technische Richtlinie Vorbeugender Brandschutz) sind einzuhalten.

4.6. Arbeiten durch Betriebsfremde

Auch bei der Durchführung von Arbeiten durch Betriebsfremde ist sicherzustellen, daß diese die Sicherheitsvorschriften beachten. Die notwendige Kontrolle ist von hiefür geeigneten und zuverlässigen Betriebsangehörigen durchzuführen.

4.7. Ordnung und Sauberkeit, Kontrollgang

Durch Einhalten von Ordnung und Sauberkeit in der gesamten Betriebsanlage ist die Wahrscheinlichkeit von Eintritt und Ausbreitung eines Schadens weitestgehend zu vermindern.

Nach Betriebsschluß ist durch eine geeignete und zuverlässige Person ein Kontrollgang durch die gesamte Betriebsanlage zu machen. Diese Person hat auf die Einhaltung nicht nur von Ordnung und Sauberkeit, sondern auch der sonstigen Sicherheitsvorschriften zu achten.

4.8. Lagerungen

4.8.1. Soweit in vereinbarten Besonderen Bedingungen nicht strengere Sicherheitsvorschriften festgelegt sind, gelten die nachstehenden Bestimmungen für Lagerungen aller Art.

4.8.2. Wenn nicht strengere Bestimmungen gelten (z. B. Vorschriften für Löschanlagen), darf bei Blocklagerung die von einer geschlossenen Lagerung eingenommene Grundfläche höchstens 200 m2 betragen. Zwischen den so gebildeten einzelnen Lagerblöcken müssen Abstände eingehalten werden, die gewährleisten, daß jeder Lagerblock im Brandfalle für die Löschkräfte von allen Seiten zugänglich ist. Die Bereiche zwischen den Lagerblöcken müssen ständig freigehalten werden.

4.8.3. Stoffe der Gefahrenklassen 1, 2 und 3 müssen in Lagerräumen gelagert werden, die einen eigenen Brandabschnitt bilden (siehe Gefahrenklassen von Stoffen und Waren in Anhang 1).

4.8.4. In Lagerräumen und Lagerbereichen ist Einzelofenheizung unzulässig.

4.8.5. Technische Einrichtungen in Lagern, wie z. B. Ladestationen für Hubstapler, Anlagen für die Schrumpffolien-Verpackung usw., sind so anzuordnen, daß bei Fehlfunktion oder Fehlbedienung dieser Einrichtungen die Ausweitung eines Schadens (Brand, Explosion) auf angrenzende Sachen verhindert wird (Freihalten von Schutzabständen, Anbringen von Brandschutzplatten usw.).

4.9. Technische Richtlinien Vorbeugender Brandschutz

Auf die folgenden Technischen Richtlinien Vorbeugender Brandschutz (TRVB), welche gemeinsam von den Österreichischen Brandverhütungsstellen und vom Österreichischen Bundes-Feuerwehrverband ausgearbeitet worden sind, wird ausdrücklich verwiesen:

A 101 67	Grundlagen für die Beurteilung der Brand- und Explosionsgefährlichkeit
A 104 64	Brandgefahren beim Schweißen, Schneiden, Löten und anderen Feuerarbeiten
B 108 91	Baulicher Brandschutz – Brandabschnittsbildungen
F 124 97	Erste und Erweiterte Löschhilfe
F 128 00	Steigleitungen und Wandhydranten (Ortsfeste Löschwasserleitungen Nass und Trocken)
F 134 87	Flächen für die Feuerwehr auf Grundstücken
O 119 88	Betriebsbrandschutz – Organisation
O 120 88	Betriebsbrandschutz – Eigenkontrolle
O 121 96	Brandschutzpläne

4.10. Anhang

Anhang 1 Gefahrenklassen von Stoffen und Waren

Anhang 2 Brandverhütungsvorkehrungen bei brandgefährlichen Tätigkeiten

Anhang 3 Freigabeschein für brandgefährliche Tätigkeiten

12/II/7. Feuer
Zusatzbed. Betriebe

Anhang 1

Gefahrenklassen von Stoffen und Waren

Die Brand- und Explosionsgefährlichkeit von gasförmigen, flüssigen und festen Stoffen und Waren wird nach den Gefahrenklassen 1-6 beurteilt, die sich nach dem Katalog für die Risikobewertung von Stoffen und Waren des CEA, Comite Europeen des Assurances, richten.

Gefahrenklasse 1: Brennbare Gase. Feste Stoffe, die äußerst leichtentzündbar sind und äußerst rasch abbrennen. Beispiele: Asphaltlack, Schießbaumwolle, feines Aluminiumpulver. Flüssigkeiten mit einem Flammpunkt unter 21 ° C. Beispiele: Benzin, Spiritus, Benzol, Äther, Aceton.

Gefahrenklasse 2: Feste Stoffe, die leichtentzündbar sind und rasch abbrennen. Beispiele: Holzwolle, künstliche Faserstoffe, Teere, Nitroseide, Holzstaub. Flüssigkeiten mit einem Flammpunkt von 21 ° bis 55 ° C.
Beispiele: Erdöl, Steinkohlenteer, Petroleum, Spirituosen.
Die Stoffe der Gefahrenklassen 1 und 2 sind in der Tarifbezeichnung als leichtentflammbar oder leichtbrennbar angeführt.

Gefahrenklasse 3: Feste Stoffe, die einen höheren Zündpunkt haben als die Stoffe der Gefahrenklasse 2 aber nach der Zündung brennbar sind. Beispiele: Kunstharze, Rohgummi, grobe Hobelspäne, Bitumen. Flüssigkeiten mit einem Flammpunkt von 55 o bis 100 ° C. Beispiele: Heizöl, Anilin, rauchende Schwefelsäure.

Gefahrenklasse 4: Feste Stoffe, die schwerentzündbar, jedoch brennbar sind. Beispiele: Leder, Pappe, Schafwolle. Flüssigkeiten mit einem Flammpunkt über 100 ° C. Beispiele: Härteöle, Rapsöl, Glyzerin und schwere Heizöle.

Gefahrenklasse 5: Schwerbrennbare feste Stoffe und Waren sowie nichtbrennbare Stoffe und Waren, die durch Brandeinwirkung leicht beschädigt werden können. Beispiele: Bakelit, Glas, Geschirr, Harnstoffharz, Kochsalz, Seife.

Gefahrenklasse 6: Inerte Gase im Normalzustand. Nichtbrennbare feste Stoffe und Waren. Nichtbrennbare Flüssigkeiten.

Sind Gase, Stoffe und Waren abgefüllt oder verpackt in einem Verpackungsgut, das einer höheren Gefahrenklasse zuzuordnen ist, so sind diese selbst ebenfalls in die höhere Gefahrenklasse des Verpackungsgutes einzuordnen.

Als nichtbrennbar gelten Stoffe, die nicht zum Brennen gebracht werden können und nicht veraschen (z.B. Sand, Lehm, Schlacke, natürliche und künstliche Steine, Glas, Asbest, Eisen sowie andere Metalle in nicht fein verteilter Form).

Risikokategorie Explosion - Gefahrenklasse					
1	2	3	4	5	6
Stoffe und Produkte, die bei mech. Beanspruchung empfindlicher als Dinitrobenzole sind oder unter thermischer Einwirkung explodieren können. Mit explosiblen Stoffen der Kl. 1 geladene Gegenstände, exkl. pyrotechnische	Stoffe und Produkte, die dazu bestimmt sind, unter Ausnutzung der in ihnen enthaltenen Energie Licht-, Schall-, Rauch-, Nebel-, Gas- oder Bewegungswirkungen zu erzeugen (pyrotechnische Artikel), Zündwaren (exkl. Sicherheitszündhölzer) sowie explosionsfähige Staub- und Luftgemische			Nichtbrennbare Gase im Druckgaszylinder	

Risikokategorie Feuer - Gefahrenklasse					
1	2	3	4	5	6
Äußerst leichtentzündbare und äußerst rasch abbrennende feste Stoffe und Waren	Leichtentzündbare und rasch abbrennende feste Stoffe und Waren Explosionsfähige Staub-, Luftgemische	Leichtbrennbare feste Stoffe und Waren	Mittelbrennbare feste Stoffe und Waren	Schwerbrennbare feste Stoffe und Waren sowie nichtbrennbare Stoffe und Waren, die durch Brandeinwirkung leicht beschädigt werden können	Nichtbrennbare feste Stoffe und Waren
Flüssigkeiten Flammpunkt < 21 ° C	Flüssigkeiten mit Flammpunkt 21-55 ° C	Flüssigkeiten mit Flammpunkt > 55-100 ° C	Flüssigkeiten mit Flammpunkt > 100 ° C	Selbstlöschende Flüssigkeiten	Nichtbrennbare Flüssigkeiten
Brennbare Gase					Inerte Gase im Normalzustand
Schon in kleinen Mengen selbstentzündliche Stoffe, Stoffsysteme und Waren	Nur in großen Mengen oder unter besonderen Umständen selbstentzündliche Stoffe, Stoffsysteme und Waren				
Organische Peroxide, Oxidationsmittel, schlagempfindliche oder selbstzersetzliche	Sauerstoff und leicht zersetzbare Oxidationsmittel		Schwer zersetzbare Oxidationsmittel		
	Stoffe und Waren, die in Berührung mit Wasser brennbare Gase entwickeln		Stoffe und Waren, die in Berührung mit Wasser Wärme entwickeln		
	Brennbare Stoffe, bei deren Erhitzung große Mengen brennbarer und giftiger Gase frei werden		Mittelbrennbare Stoffe mit Verpuffungsmöglichkeit ihrer Zersetzungsprodukte	Nichtbrennbare Stoffe mit Verpuffungsmöglichkeit ihrer Zersetzungsprodukte	

12/II/7. Feuer
Zusatzbed. Betriebe

Anhang 2

Brandverhütungsvorkehrungen bei brandgefährlichen Tätigkeiten

Schweißen, Schneiden, Löten, Wärmen, Farbabbrennen, Auftauen, Flämmen, Trennschleifen usw. auf dem Bau und vor allem bei Reparaturen sind fast immer mit Brandgefahr verbunden. Denken Sie daran:
- Brennbares Material kann durch Wärmeleitung auch hinter einer nichtbrennbaren Verkleidung (Mörtel, Asbestzement, Blech usw.) in Brand geraten;
- Kanäle, Schächte, Rohrleitungen, Blindböden und ähnliche Hohlräume begünstigen die Brandausbreitung.

Besichtigen Sie deshalb, um sich richtig verhalten zu können, zunächst die Arbeitsstelle sowie ihre Umgebung und lassen Sie sich vom Auftraggeber über besondere Gefahren informieren. Nähere Informationen über die mit Feuerarbeiten verbundenen Brandgefahren finden Sie im Merkblatt der österreichischen Brandverhütungsstellen, BV 104,

"Brandgefahren beim Schweißen, Schneiden, Löten und andere Feuerarbeiten".

Fordern Sie dieses Merkblatt bei der für Ihr Bundesland zuständigen Brandverhütungsstelle an!

Vor Beginn der Arbeit:
- Kontrolle der Geräte auf einwandfreies Funktionieren sowie Bestimmung des zweckmäßigen Standortes der Schweiß- bzw. Schneideanlage, um bei Bedarf die Gas- bzw. Stromzufuhr abstellen zu können.
- In Nachbarräumen führende Wand-, Boden- und Deckendurchbrüche, Blindböden, Fugen und Ritzen sowie offene Enden mit der Arbeitsstelle verbundener Rohre mit nicht brennbarem Material, wie angefeuchtete Mineralwolle, Lehm, Mörtel und dergleichen, abdichten. Auf mögliche Wärmeleitung achten!
- Brennbares Material (auch Staub) in genügendem Umkreis entfernen, bei unverschließbaren Durchbrüchen auch aus den Räumen neben, über und unter der Arbeitsstelle.
- Brennbare Teile, die nicht entfernt werden können, mit nicht brennbaren, die Wärme schlecht leitenden Belägen (z.B. nicht brennbaren Matten oder Platten, nicht aber Blechen) zuverlässig gegen Entflammung schützen.
- Gefährdete Bauteile kurz vor Beginn der Arbeit mit Wasser besprengen oder mit nassem Sand abdecken.
- Bei vorhandener automatischer Brandmeldeanlage Abschaltung der Meldebereiche bzw. Meldergruppen nur im Bereich der Arbeitsstelle! Die übrigen Teile der Brandmeldeanlagen bleiben in Betrieb!
- Brennbare Isolationen an zu bearbeitenden Rohrleitungen beidseitig der Arbeitsstelle sind so weit zu entfernen, daß eine Entzündung ausgeschlossen ist.

- Handfeuerlöscher oder Schlauchleitungen mit Mehrzweckstrahlrohr zum Einsatz bereitstellen, mit den Alarmierungsmöglichkeiten (Feuerwehr) und sonstigen Lösch- und Rettungsgeräten vertraut machen.
- Anfordern eines Gehilfen zur Überwachung der Arbeitsstelle und der Umgebung bei besonderer Gefahr Aufsicht der Betriebsfeuerwehr oder der zuständigen öffentlichen Feuerwehr anfordern.

Während der Arbeit:
- Dauernde sorgfältige Überwachung der Flammen des Funkenwurfes, des Wärmeflusses durch erhitzte Materialien usw.
- Beseitigen anfallender Elektrodenstummel in Sandkiste oder Wassereimer.
- Von Zeit zu Zeit weiters Besprengen gefährdeter Bauteile mit Wasser.

Nach Beendigung der Arbeit:
- Nochmaliges Besprengen erhitzter Bauteile mit Wasser.
- Gesamte Gefahrenzone einschließlich daneben, darüber und darunter liegende Räume, Schächte usw. gründlich und wiederholt auf Glimmstellen, Schwelgeruch und Rauchbildung kontrollieren.
- Sich vergewissern, ob die Arbeitsstätte und ihre Umgebung während mehrerer Stunden und bei Unumgänglicher Feuerarbeit am späten Nachmittag auch während der Nacht zuverlässig bewacht wird.
- Wiedereinschaltung der Brandmeldeanlage (Meldebereiche bzw. –gruppen) veranlassen.
- Wiedereinräumen brennbaren Materials erst am folgenden Tag.

Kommen Sie einmal unvorhergesehen in die Lage, Montage- und Reparaturarbeiten an einem Ort auszuführen, wo die genannten Schutzmaßnahmen nicht genügen oder sich nicht durchführen lassen, so wenden Sie Kaltverfahren wie Schrauben, Sägen usw. an.
Können Sie nicht selbst entscheiden, erörtern Sie das Vorgehen mit Ihrem Vorgesetzten oder dem Vertreter des Auftraggebers. Allenfalls ist die Stellungnahme der Feuerwehr einzuholen. Lassen Sie sich nie durch Zeitnot und andere Umstände zur Umgehung dieser Weisungen verleiten.

IM BRANDFALL

1. ALARMIEREN	- sofort Brandmelder betätigen
	- über Telefon Nr......................
2. RETTEN	- gefährdete Personen warnen
3. LÖSCHEN	- wenn möglich Brandbekämpfung aufnehmen
	- Feuerwehr einweisen

AVB
Leben
Kranken
Unfall
Sachversicherung
Einbruchdiebstahl
Feuer
Glas
Haftpfl., USKV, ÖAK
Haushalt
Rechtsschutz
Transport
+ AÖSp (SVS/RVS)

12/II/7. Feuer
Zusatzbed. Betriebe

Anhang 3

FREIGABESCHEIN
für brandgefährliche Tätigkeiten Nr. _____

Feuer- und Heißarbeiten, insbesondere Schweißen, Schneiden, Löten, Wärmen, Farbabbrennen, Auftauen, Flämmen, Trennschleifen

Auftraggeber: ....

Arbeitsort: ....

Art der Arbeit: ....

Vorgesehener Zeitraum:

Datum: .... von .... Uhr bis .... Uhr

Ausführende Firma: ....

Eigener Dienstnehmer: ....

Freigabe

Freigabe gilt bis: Datum: .... Uhr ....

Besondere Vorkehrungen: ....
....

Meldebereich/Meldergruppe: .... der Brandmeldeanlage abschalten lassen.

Datum: .... Name: .... Unterschrift: ....

Übernahmebestätigung

Durchführender (Verantwortlicher): ....

Ich verpflichte mich zur Einhaltung der oben angeführten und umseitigen Brandverhütungsvorkehrungen und bestätige den Empfang dieses Freigabescheines.

Datum: .... Unterschrift: ....

Brandmeldergruppe/Brandmeldebereich wieder eingeschaltet:

Datum: .... Uhrzeit: ....

Name: .... Unterschrift: ....

Nachkontrollen

	Datum	Uhrzeit	Name	Unterschrift
1				
2				
3				
4				

Verteiler:

o.................... o.................... o.................... o....................

Österreichischer Bundesfeuerwehrverband - Die österreichischen Brandverhütungsstellen

Zusatzbedingungen für die Feuerversicherung von Wohngebäuden (ZB F WG 2001)

Unverbindliche Musterbedingungen des Verbandes der Versicherungsunternehmen Österreichs. Die Möglichkeit, durch andere Vereinbarungen von Regelungen dieser Musterbedingungen abzuweichen, bleibt unberührt. Die Musterbedingungen sind für jede interessierte Person zugänglich und werden auf einfache Anfrage hin übermittelt.

1. **Wohngebäude** sind – soweit nichts anderes vereinbart ist – mit allen **Baubestandteilen** über und unter Erdniveau versichert; dabei zählen zu den Baubestandteilen auch:
   - Blitzschutzanlagen
   - Elektro-, Gas- und Wasserinstallationen samt Zubehör, jedoch ohne angeschlossene Einrichtungen und Verbrauchsgeräte
   - Sanitäranlagen, das sind Klosetts, Bade- und Wascheinrichtungen
   - Heizungs-, Warmwasserbereitungs-, Lüftungs- und Klimaanlagen
   - Aufzüge.

2. Soweit im Eigentum des Gebäudeeigentümers befindlich, ist – soweit nichts anderes vereinbart ist – auch folgendes **Gebäudezubehör** mitversichert:
   - fest eingebaute Trennungswände, Zwischendecken, Wand- und Deckenverkleidungen, nicht jedoch Einbaumöbel
   - gemauerte Öfen
   - Markisen, Jalousien und Rolläden samt Betätigungselementen
   - Balkonverkleidungen
   - Außenantennen
   - Torsprech- und Gegensprechanlagen, Torbetätigungsanlagen
   - Brandmeldeanlagen, Alarmanlagen

   bei **Miet-, Wohnungseigentums- und Genossenschaftswohnhäusern** auch die
   - Einrichtung von allgemein genutzten Räumen,
   - Reinigungs- und Gartengeräte,
   - Außenbeleuchtungskörper.

   Geschäftsportale, sofern sie sich im Eigentum des Gebäudeeigentümers befinden oder soweit der Gebäudeeigentümer für die Wiederherstellung aufzukommen hat.

3. Soweit der Versicherer dem Versicherungsnehmer oder Versicherten den Schaden ersetzt, gehen allfällige Schadenersatzansprüche des Versicherungsnehmers oder Versicherten gegen Dritte auf den Versicherer über (Artikel 11 AFB).
   Der Versicherer verzichtet jedoch – soweit nichts anderes vereinbart ist – auf diesen Regreßanspruch, wenn sich der Ersatzanspruch gegen einen Wohnungsinhaber, dessen Hausangestellten oder gegen einen im gemeinsamen Haushalt lebenden Familienangehörigen (auch Lebensgefährten) richtet.
   Dieser Regreßverzicht gilt nur dann, wenn der Ersatzpflichtige den Schaden weder grobfahrlässig noch vorsätzlich herbeigeführt hat.

12/II/9. Glas
Allg. Bedingungen

Allgemeine Bedingungen für die Glasversicherung (ABG 2001)

Unverbindliche Musterbedingungen des Verbandes der Versicherungsunternehmen Österreichs. Die Möglichkeit, durch andere Vereinbarungen von Regelungen dieser Musterbedingungen abzuweichen, bleibt unberührt. Die Musterbedingungen sind für jede interessierte Person zugänglich und werden auf einfache Anfrage hin übermittelt.

Allgemeiner Teil

Auf die Versicherung finden die Bestimmungen der Allgemeinen Bedingungen für die Sachversicherung (Musterbedingungen ABS 2001) Anwendung.

Besonderer Teil
Inhaltsverzeichnis

Artikel 1	Versicherte Gefahren und Schäden
Artikel 2	Nicht versicherte Schäden
Artikel 3	Versicherte Sachen und Kosten
Artikel 4	Örtliche Geltung der Versicherung
Artikel 5	Obliegenheiten des Versicherungsnehmers vor dem Schadenfall
Artikel 6	Obliegenheiten des Versicherungsnehmers im Schadenfall
Artikel 7	Versicherungswert
Artikel 8	Entschädigung
Artikel 9	Unterversicherung
Artikel 10	Regreß; Versicherungssumme nach dem Schadenfall

Artikel 1
Versicherte Gefahren und Schäden

Versichert sind die am versicherten Glas (Artikel 3) durch Bruch entstandenen Schäden.

Artikel 2
Nicht versicherte Schäden

Soweit nichts anderes vereinbart ist, sind nicht versichert:

1. Schäden, die nur in einem Zerkratzen, Verschrammen oder Absplittern der Kanten, der Glasoberfläche oder der darauf angebrachten Folien, Malereien, Schriften oder Beläge, auch eines Spiegelbelages bestehen;
2. Schäden an Fassungen und Umrahmungen;
3. Folgeschäden;
4. Schäden durch Brand, Blitzschlag, Explosion oder Flugzeugabsturz;
5. Schäden, die beim Einsetzen, beim Herausnehmen oder beim Transport der Gläser entstehen;
6. Schäden, die durch Tätigkeiten an den Gläsern selbst, deren Fassungen oder Umrahmungen entstehen. Schäden durch Reinigungsarbeiten sind versichert;
7. Schäden durch die unmittelbare oder mittelbare Wirkung von
   7.1. Kriegsereignissen jeder Art, mit oder ohne Kriegserklärung, einschließlich aller Gewalthandlungen von Staaten und aller Gewalthandlungen politischer oder terroristischer Organisationen;
   7.2. inneren Unruhen, Bürgerkrieg, Revolution, Rebellion, Aufruhr, Aufstand;
   7.3. allen mit den genannten Ereignissen (Punkte 7.1. und 7.2.) verbundenen militärischen oder behördlichen Maßnahmen;
   7.4. Erdbeben oder anderen außergewöhnlichen Naturereignissen;
   7.5. Kernenergie, radioaktiven Isotopen oder ionisierender Strahlung.

Zu Punkt 7. gilt: Ist der Versicherungsnehmer Unternehmer im Sinne des Konsumentenschutzgesetzes, so hat er nachzuweisen, daß der Schaden mit den in den Punkten 7.1. bis 7.5. genannten Ereignissen oder deren Folgezuständen weder unmittelbar noch mittelbar im Zusammenhang steht.

Artikel 3
Versicherte Sachen und Kosten

1. Versicherte Sachen
Versichert sind die in der Polizze bezeichneten Glasscheiben, Kunststoff- und Sonderverglasungen.

2. Versicherte Kosten
Nur aufgrund besonderer Vereinbarung sind versichert:
2.1. **Bewegungs- und Schutzkosten**, das sind Kosten, die dadurch entstehen, daß zum Zweck der Wiederherstellung oder Wiederbeschaffung versicherter Sachen andere Sachen bewegt, verändert oder geschützt werden müssen; insbesondere sind das Kosten für die De- und Remontage von Schutzgittern, Schutzstangen, und dgl.
2.2. **Entsorgungskosten**, das sind Kosten für Untersuchung, Abfuhr, Behandlung und Deponierung vom Schaden betroffener versicherter Sachen.
2.3. Kosten für **Notverglasungen, Notverschalungen und Überstundenzuschläge**.

12/II/9. Glas
Allg. Bedingungen

Artikel 4
Örtliche Geltung der Versicherung

Die versicherten Gläser sind – soweit nichts anderes vereinbart ist – nur an dem in der Polizze bezeichneten Versicherungsort versichert.

Artikel 5
Obliegenheiten des Versicherungsnehmers vor dem Schadenfall

Der Versicherungsnehmer ist verpflichtet, die Umrahmungen und Fassungen der versicherten Gläser ordnungsgemäß instandzuhalten.

Diese Obliegenheit gilt als vereinbarte Sicherheitsvorschrift gemäß Artikel 3 ABS. Ihre Verletzung führt nach Maßgabe der gesetzlichen Bestimmungen zur Leistungsfreiheit des Versicherers.

Artikel 6
Obliegenheiten des Versicherungsnehmers im Schadenfall

1. Schadenminderungspflicht
Nach Möglichkeit ist bei einem unmittelbar drohenden oder eingetretenen Schaden
– für die Erhaltung und Rettung der versicherten Gläser zu sorgen;
– dazu Weisung des Versicherers einzuholen und einzuhalten.

2. Schadenmeldungspflicht
Jeder Schaden ist unverzüglich dem Versicherer zu melden.

3. Schadenaufklärungspflicht
3.1. Dem Versicherer ist nach Möglichkeit jede Untersuchung über die Ursache und Höhe des Schadens und über den Umfang seiner Entschädigungsleistung zu gestatten.
3.2. Bei der Schadenermittlung ist unterstützend mitzuwirken und auf Verlangen sind dem Versicherer entsprechende Unterlagen zur Verfügung zu stellen. Die Kosten dafür trägt der Versicherungsnehmer.
3.3. Wurde der Schaden durch einen Dritten verursacht, sind nach Möglichkeit der Verursacher sowie eventuelle Zeugen dem Versicherer bekanntzugeben.

4. Leistungsfreiheit
Verletzt der Versicherungsnehmer eine der vorstehenden Obliegenheiten, ist der Versicherer nach Maßgabe des § 6 Versicherungsvertragsgesetz (VersVG) – im Fall einer Verletzung der Schadenminderungspflicht nach Maßgabe des § 62 VersVG – von der Verpflichtung zur Leistung frei.

Artikel 7
Versicherungswert

Als Versicherungswert der versicherten Gläser gelten die ortsüblichen Kosten der Wiederherstellung bzw. Wiederbeschaffung einschließlich Herauslösen und Aufräumen der Bruchreste. Nicht zum Versicherungswert gehören die Kosten gemäß Artikel 3.2.

Artikel 8
Entschädigung

1. Ersetzt werden die ortsüblichen Kosten der Wiederherstellung bzw. Wiederbeschaffung für das vom Schaden betroffene versicherte Glas einschließlich der Kosten für das Herauslösen und Aufräumen der Bruchreste (Reparaturkosten). Mehrkosten, die aus der Inanspruchnahme eines Sofortdienstes entstehen, werden nicht ersetzt.

2. War ein versichertes Glas vor dem Bruch bereits dauernd entwertet wird kein Ersatz geleistet.

Ein versichertes Glas ist insbesondere dann dauernd entwertet, wenn es allgemein oder für seinen Verwendungszweck nicht mehr geeignet ist.

Artikel 9
Unterversicherung

Gemäß Artikel 8 ermittelte Entschädigungen werden bei Vorliegen einer Unterversicherung nach den Bestimmungen der ABS gekürzt; dies gilt nicht, wenn Versicherung auf Erstes Risiko vereinbart ist.

Artikel 10
Regreß; Versicherungssumme nach dem Schadenfall

1. Soweit der Versicherer dem Versicherungsnehmer oder Versicherten den Schaden ersetzt, gehen allfällige Schadenersatzansprüche des Versicherungsnehmers oder Versicherten gegen Dritte auf den Versicherer über.

2. Soweit nichts anderes vereinbart ist, wird die Versicherungssumme nicht dadurch vermindert, daß eine Entschädigung gezahlt wurde.

AVB
Leben
Kranken
Unfall
Sachversicherung
Einbruchdiebstahl
Feuer
Glas
Haftpfl., USKV, ÖAK
Haushalt
Rechtsschutz
Transport
+ AÖSp (SVS/RVS)

12/II/10. Glas

Gebäude-Glaspauschalversicherung

Besondere Bedingungen für die Gebäude-Glaspauschalversicherung (2001)

Unverbindliche Musterbedingungen des Verbandes der Versicherungsunternehmen Österreichs. Die Möglichkeit, durch andere Vereinbarungen von Regelungen dieser Musterbedingungen abzuweichen, bleibt unberührt. Die Musterbedingungen sind für jede interessierte Person zugänglich und werden auf einfache Anfrage hin übermittelt.

In Erweiterung zu Artikel 3 der Allgemeinen Bedingungen für die Glasversicherung (ABG) / Versicherte Sachen und Kosten gilt vereinbart:

Im Rahmen einer Gebäude-Glaspauschalversicherung ist die gesamte Verglasung – auch aus Kunststoff – des in der Polizze bezeichneten Gebäudes versichert.

Nicht versichert sind Verglasungen von Verkaufsgeschäften und Ausstellungsräumlichkeiten, Firmenschilder, Fassadenverkleidungen aus Glas, Scheiben und Isolierverglasungen mit einer Fläche von mehr als 6 m², Treib- und Gewächshäuser, Glasverkachelungen, Glasmalereien, Blei-, Messing- und sonstige Kunstverglasungen, Innenverglasungen wie Wandspiegel, Vitrinen, Pulte und dergleichen.

Mitversichert sind die Bewegungs- und Schutzkosten (Artikel 3, Punkt 2.1. ABG), die Entsorgungskosten (Artikel 3, Punkt 2.2. ABG) sowie die Kosten für Notverglasungen, Notverschalungen und Überstundenzuschläge (Artikel 3, Punkt 2.3. ABG).

Zu Artikel 9 ABG / Unterversicherung gilt vereinbart:

Abweichend von Artikel 8 Abs. 2 der ABS und Artikel 9 ABG liegt Unterversicherung dann vor, wenn die in der Polizze ausgewiesene Versicherungssumme (= Prämienbemessungsbasis) niedriger ist, als der Neuwert des Gebäudes. Als Neuwert des Gebäudes gelten die ortsüblichen Kosten seiner Neuherstellung einschließlich der Planungs- und Konstruktionskosten.

Wenn Unterversicherung vorliegt, wird die gemäß Artikel 8 ABG ermittelte Entschädigung im Verhältnis Versicherungssumme zum Neuwert des Gebäudes gekürzt.

Zu Artikel 10 ABG / Regreßverzicht gilt vereinbart:

Der Versicherer verzichtet jedoch – soweit nichts anderes vereinbart ist – auf diesen Regreßanspruch, wenn sich der Ersatzanspruch gegen einen Wohnungsinhaber, dessen Hausangestellten oder gegen einen im gemeinsamen Haushalt lebenden Familienangehörigen (auch Lebensgefährten) richtet.

Dieser Regreßverzicht gilt nur dann, wenn der Ersatzpflichtige den Schaden weder grobfahrlässig noch vorsätzlich herbeigeführt hat.

12/II/11. Haftpflicht
Allg. u. Erg. Allg. Bedingungen

Allgemeine und Ergänzende Allgemeine Bedingungen für die Haftpflichtversicherung (AHVB und EHVB 2005) Version 2012

(unverbindliche Musterbedingungen des Verbandes der Versicherungsunternehmen Österreichs - die Möglichkeit zur Vereinbarung abweichender Bedingungen bleibt unberührt.)

Die Allgemeinen Bedingungen für die Haftpflichtversicherung (AHVB) finden insoweit Anwendung, als in den Ergänzenden Allgemeinen Bedingungen für die Haftpflichtversicherung (EHVB) keine Sonderregelungen getroffen werden.

Inhaltsverzeichnis

Allgemeine Bedingungen für die Haiftpflichtversicherung (AHVB)

- Artikel 1 Was gilt als Versicherungsfall und was ist versichert?
- Artikel 2 Was gilt bei Vergrößerung des versicherten Risikos?
- Artikel 3 Wo gilt die Versicherung? (Örtlicher Geltungsbereich)
- Artikel 4 Wann gilt die Versicherung? (Zeitlicher Geltungsbereich)
- Artikel 5 Bis zu welcher Höhe und bis zu welchem Umfang leistet der Versicherer?
- Artikel 6 Wie ist der Versicherungsschutz bei Sachschäden durch Umweltstörung geregelt?
- Artikel 7 Was ist nicht versichert? (Risikoausschlüsse)
- Artikel 8 Was ist vor bzw. nach Eintritt des Versicherungsfalles zu beachten? (Obliegenheiten) Wozu ist der Versicherer bevollmächtigt?
- Artikel 9 Wann können Versicherungsansprüche abgetreten oder verpfändet werden?
- Artikel 10 Wem steht die Ausübung der Rechte aus dem Versicherungsvertrag zu, wer hat die Pflichten aus dem Versicherungsvertrag zu erfüllen? (Rechtsstellung der am Vertrag beteiligten Personen)
- Artikel 11 Was gilt als Versicherungsperiode, wann ist die Prämie zu bezahlen und wann beginnt der Versicherungsschutz? In welchen Fällen kommt es zur Prämienabrechnung?
- Artikel 12 Wie lange läuft der Versicherungsvertrag? Wer kann nach Eintritt des Versicherungsfalles kündigen? Was gilt bei Wegfall des versicherten Risikos?
- Artikel 13 Wo und wann können Ansprüche aus dem Versicherungsvertrag gerichtlich geltend gemacht werden? (Gerichtsstand und anzuwendendes Recht)
- Artikel 14 In welcher Form sind Erklärungen abzugeben?

Ergänzende Allgemeine Bedingungen für die Haftpflichtversicherung (EHVB)

Abschnitt A: Allgemeine Regelungen für alle Betriebsrisiken

1. Erweiterung des Versicherungsschutzes
2. Produktehaftpflichtrisiko
3. Bewusstes Zuwiderhandeln gegen Vorschriften
4. Betriebsübernahme

Abschnitt B: Ergänzende Regelungen für spezielle Betriebs- und Nichtbetriebsrisiken

1. Deckung reiner Vermögensschäden
2. Anschlussbahnen und gemietete bahneigene Lagerplätze
3. Baugewerbe und ähnliche Gewerbe
4. Kraftfahrzeug-Reparaturwerkstätten und ähnliche Betriebe
5. Rauchfangkehrer
6. Land- und forstwirtschaftliche Betriebe
7. Fremdenbeherbergung
8. Badeanstalten
9. Ärzte, Dentisten, Tierärzte (Tierkliniken)
10. Krankenanstalten, Heil- und Pflegeanstalten, Sanatorien, Genesungsheime, Altersheime u. dgl.
11. Haus- und Grundbesitz
12. Tierhaltung
13. Wasserfahrzeuge
14. Vereine
15. Feuer- und Wasserwehren

12/II/11. Haftpflicht
Allg. u. Erg. Allg. Bedingungen

16. Privathaftpflicht
17. Erweiterte Privathaftpflicht
18. Erziehungswesen
19. Spezialschulen
20. Speziallehrer
21 Politische Gemeinden
22. Kirchen, Kultusgemeinden

Allgemeine Bedingungen für die Haftpflichtversicherung (AHVB)

Artikel 1
Was gilt als Versicherungsfall und was ist versichert?

1 Versicherungsfall

1.1 Versicherungsfall ist ein Schadenereignis, das dem versicherten Risiko entspringt und aus welchem dem Versicherungsnehmer Schadenersatzverpflichtungen (Pkt.2) erwachsen oder erwachsen könnten.

1.2 Serienschaden

Mehrere auf derselben Ursache beruhende Schadenereignisse gelten als ein Versicherungsfall. Ferner gelten als ein Versicherungsfall Schadenereignisse, die auf gleichartigen, in zeitlichem Zusammenhang stehenden Ursachen beruhen, wenn zwischen diesen Ursachen ein rechtlicher, wirtschaftlicher oder technischer Zusammenhang besteht.

2 Versicherungsschutz

2.1 Im Versicherungsfall übernimmt der Versicherer

2.1.1 die Erfüllung von Schadenersatzverpflichtungen, die dem Versicherungsnehmer wegen eines Personenschadens, eines Sachschadens oder eines Vermögensschadens, der auf einen versicherten Personen- oder Sachschaden zurückzuführen ist, aufgrund gesetzlicher Haftpflichtbestimmungen privatrechtlichen Inhalts erwachsen (in der Folge kurz „Schadenersatzverpflichtungen" genannt).

2.1.2 die Kosten der Feststellung und der Abwehr einer von einem Dritten behaupteten Schadenersatzverpflichtung im Rahmen des Art. 5, Pkt. 5.

2.2 Schadenersatzverpflichtungen aus Verlust oder Abhandenkommen körperlicher Sachen sind - *soweit nichts anderes vereinbart ist* - nur dann versichert, wenn eine in den Ergänzenden Allgemeinen Versicherungsbedingungen für die Haftpflichtversicherung (EHVB) vorgesehene besondere Vereinbarung getroffen wurde. In derartigen Fällen finden die Bestimmungen über Sachschäden Anwendung.

2.3 Personenschäden sind die Tötung, Körperverletzung oder Gesundheitsschädigung von Menschen. Sachschäden sind die Beschädigung oder die Vernichtung von körperlichen Sachen.

Verlust, Veränderung oder Nichtverfügbarkeit von Daten auf elektronischen Speichermedien gelten nicht als Sachschäden.

Artikel 2
Was gilt bei Vergrößerung des versicherten Risikos?

1. Die Versicherung erstreckt sich auch auf Erhöhungen und betriebs- oder berufsbedingte Erweiterungen des versicherten Risikos.

2. Wird eine Erhöhung des versicherten Risikos durch Änderung oder Neuschaffung von Rechtsnormen bewirkt, so kann der Versicherer innerhalb eines Jahres ab Inkrafttreten der Rechtsnormen mittels eingeschriebenen Briefes den Versicherungsvertrag unter Einhaltung einer Frist von einem Monat kündigen.

Artikel 3
Wo gilt die Versicherung? (Örtlicher Geltungsbereich)

1. Der Versicherungsschutz bezieht sich - *soweit nichts anderes vereinbart ist* - auf in Österreich eingetretene Versicherungsfälle. Nicht versichert sind Schadenersatzansprüche aus Schäden, die nach US-amerikanischem, kanadischem oder australischem Recht - bei welchem Gerichtsstand auch immer - klagsweise geltend gemacht werden.

2. Schadenersatzverpflichtungen (Regressverpflichtungen) gegenüber den österreichischen Sozialversicherungsträgern fallen jedoch auch dann unter Versicherungsschutz, wenn der Versicherungsfall im Ausland eingetreten ist.

Artikel 4
Wann gilt die Versicherung? (Zeitlicher Geltungsbereich)

Soweit nichts anderes vereinbart ist, gilt:

1. Die Versicherung erstreckt sich auf Versicherungsfälle, die während der Wirksamkeit des Versicherungsschutzes (Laufzeit des Versicherungsvertrages unter Beachtung der §§ 38 ff. VersVG) eingetreten sind.

Versicherungsfälle, die zwar während der Wirksamkeit des Versicherungsschutzes eingetreten sind, deren Ursache jedoch in die Zeit vor Abschluss des Versicherungsvertrages fällt, sind

12/II/11. Haftpflicht
Allg. u. Erg. Allg. Bedingungen

nur gedeckt, wenn dem Versicherungsnehmer oder dem Versicherten bis zum Abschluss des Versicherungsvertrages von der Ursache, die zu dem Versicherungsfall geführt hat, nichts bekannt war.

2. Ein Serienschaden gilt als in dem Zeitpunkt eingetreten, in dem das erste Schadenereignis der Serie eingetreten ist, wobei der zum Zeitpunkt des ersten Schadenereignisses vereinbarte Umfang des Versicherungsschutzes maßgebend ist. Wenn der Versicherer das Versicherungsverhältnis gemäß Art.12 kündigt oder bei Risikowegfall (Art.12, Pkt.4), besteht nicht nur für die während der Wirksamkeit des Versicherungsschutzes, sondern auch für die nach Beendigung des Vertrages eintretenden Schadenereignisse einer Serie Versicherungsschutz.

Ist das erste Schadenereignis einer Serie vor Abschluss des Versicherungsvertrages eingetreten und war dem Versicherungsnehmer oder Versicherten vom Eintritt des Serienschadens nichts bekannt, dann gilt der Serienschaden mit dem ersten in die Wirksamkeit des Versicherungsschutzes fallenden Schadenereignis als eingetreten, sofern hierfür nicht anderweitig Versicherungsschutz besteht.

Ist das erste Schadenereignis einer Serie während einer Unterbrechung des Versicherungsschutzes eingetreten und war dem Versicherungsnehmer oder Versicherten vom Eintritt des Serienschadens nichts bekannt, dann gilt der Serienschaden mit dem ersten in den Wiederbeginn des Versicherungsschutzes fallenden Schadenereignis als eingetreten.

3. Bei einem Personenschaden gilt im Zweifel der Versicherungsfall mit der ersten nachprüfbaren Feststellung der Gesundheitsschädigung durch einen Arzt als eingetreten.

Artikel 5
Bis zu welcher Höhe und bis zu welchem Umfang leistet der Versicherer?

Soweit nichts anderes vereinbart ist, gilt:

1. Die Versicherungssumme stellt die Höchstleistung des Versicherers für einen Versicherungsfall im Sinne des Art.1, Pkt.1 dar, und zwar auch dann, wenn sich der Versicherungsschutz auf mehrere schadenersatzpflichtige Personen erstreckt.

Ist eine Pauschalversicherungssumme vereinbart, so gilt diese für Personenschäden, Sachschäden und Vermögensschäden, die auf einen versicherten Personen- oder Sachschaden zurückzuführen sind, zusammen.

2. Der Versicherer leistet für die innerhalb eines Versicherungsjahres eingetretenen Versicherungsfälle höchstens das ....fache der jeweils maßgebenden Versicherungssumme.

3. An einer Sicherheitsleistung oder Hinterlegung, die der Versicherungsnehmer kraft Gesetzes oder gerichtlicher Anordnung zur Deckung einer Schadenersatzverpflichtung vorzunehmen hat, beteiligt sich der Versicherer in demselben Umfang wie an der Ersatzleistung.

4. Hat der Versicherungsnehmer Rentenzahlungen zu leisten und übersteigt der Kapitalwert der Rente die Versicherungssumme oder den nach Abzug etwaiger sonstiger Leistungen aus demselben Versicherungsfall noch verbleibenden Restbetrag der Versicherungssumme, so wird die zu leistende Rente nur im Verhältnis der Versicherungssumme bzw. ihres Restbetrages zum Kapitalwert der Rente erstattet. Der Kapitalwert der Rente wird zu diesem Zweck aufgrund der vereinbarten Rententafel und eines Zinsfußes von jährlich .... % ermittelt.

5. Rettungskosten; Kosten

5.1 Die Versicherung umfasst den Ersatz von Rettungskosten.

5.2 Die Versicherung umfasst ferner die den Umständen nach gebotenen gerichtlichen und außergerichtlichen Kosten der Feststellung und Abwehr einer von einem Dritten behaupteten Schadenersatzpflicht, und zwar auch dann, wenn sich der Anspruch als unberechtigt erweist.

5.3 Die Versicherung umfasst weiters die Kosten der über Weisung des Versicherers (siehe Art.8, Pkt.1.5) geführten Verteidigung in einem Straf- oder Disziplinarverfahren.

Kosten gemäß den Punkten 5.1 bis 5.3 und Zinsen werden auf die Versicherungssumme angerechnet.

6. Falls die vom Versicherer verlangte Erledigung einer Schadenersatzverpflichtung durch Anerkenntnis, Befriedigung oder Vergleich am Widerstand des Versicherungsnehmers scheitert und der Versicherer mittels eingeschriebenen Briefes die Erklärung abgibt, seinen vertragsmäßigen Anteil an Entschädigung und Kosten zur Befriedigung des Geschädigten zur Verfügung zu halten, hat der Versicherer für den von der erwähnten Erklärung an entstehenden Mehraufwand an Hauptsache, Zinsen und Kosten nicht aufzukommen.

Artikel 6
Wie ist der Versicherungsschutz bei Sachschäden durch Umweltstörung geregelt?

Für Schadenersatzverpflichtungen aus Sachschäden durch Umweltstörung - einschließlich des Schadens an Erdreich oder Gewässern - besteht Versicherungsschutz nur aufgrund besonderer Vereinbarung nach Maßgabe der nachstehend angeführten Bedingungen:

12/II/11. Haftpflicht
Allg. u. Erg. Allg. Bedingungen

1. Umweltstörung ist die Beeinträchtigung der Beschaffenheit von Luft, Erdreich oder Gewässern durch Immissionen.

2. Versicherungsschutz für Sachschäden durch Umweltstörung - einschließlich des Schadens an Erdreich oder Gewässern - besteht, wenn die Umweltstörung durch einen einzelnen, plötzlich eingetretenen, unvorhergesehenen Vorfall ausgelöst wird, welcher vom ordnungsgemäßen, störungsfreien Betriebsgeschehen abweicht.

Somit besteht insbesondere kein Versicherungsschutz, wenn nur durch mehrere in der Wirkung gleichartige Vorfälle (wie Verkleckern, Verdunsten) eine Umweltstörung, die bei einzelnen Vorfällen dieser Art nicht eingetreten wäre, ausgelöst wird.

Art.7, Pkt.11 findet keine Anwendung.

3. Besondere Regelungen für den Versicherungsschutz gemäß Pkt.2.

3.1 Versicherungsfall

3.1.1 Versicherungsfall ist abweichend von Art.1, Pkt.1 die erste nachprüfbare Feststellung einer Umweltstörung, aus welcher dem Versicherungsnehmer Schadenersatzverpflichtungen erwachsen oder erwachsen könnten.

3.1.2 Serienschaden

Abweichend von Art.1, Pkt.1.2 gilt die Feststellung mehrerer durch denselben Vorfall ausgelöster Umweltstörungen als ein Versicherungsfall. Ferner gelten als ein Versicherungsfall Feststellungen von Umweltstörungen, die durch gleichartige in zeitlichem Zusammenhang stehende Vorfälle ausgelöst werden, wenn zwischen diesen Vorfällen ein rechtlicher, wirtschaftlicher oder technischer Zusammenhang besteht.

Art.4, Pkt.2 AHVB findet sinngemäß Anwendung.

Soweit nichts anderes vereinbart ist, gilt weiters:

3.2 Örtlicher Geltungsbereich

Versicherungsschutz besteht abweichend von Art.3, wenn die schädigenden Folgen der Umweltstörung in Österreich eingetreten sind; die Einschränkung nach Art.3, Pkt.1, 2. Satz AHVB findet Anwendung.

3.3 Zeitlicher Geltungsbereich

Abweichend von Art.4 erstreckt sich der Versicherungsschutz auf eine Umweltstörung, die während der Wirksamkeit des Versicherungsschutzes oder spätestens zwei Jahre danach festgestellt wird (Pkt.3.1.1). Der Vorfall muss sich während der Wirksamkeit des Versicherungsschutzes ereignen.

Eine Umweltstörung, die zwar während der Wirksamkeit des Versicherungsschutzes festgestellt wird, die aber auf einen Vorfall vor Abschluss des Versicherungsvertrages zurückzuführen ist, ist nur dann versichert, wenn sich dieser Vorfall frühestens zwei Jahre vor Abschluss des Versicherungsvertrages ereignet hat und dem Versicherungsnehmer oder dem Versicherten bis zum Abschluss des Versicherungsvertrages der Vorfall oder die Umweltstörung nicht bekannt war und auch nicht bekannt sein konnte.

Art.4, Pkt.2 findet sinngemäß Anwendung.

3.4 Obliegenheiten

Der Versicherungsnehmer ist - bei sonstiger Leistungsfreiheit des Versicherers gemäß den Voraussetzungen und Begrenzungen des § 6 VersVG (siehe Anlage) - verpflichtet,

3.4.1 die für ihn maßgeblichen einschlägigen Gesetze, Verordnungen, behördlichen Vorschriften und Auflagen, die einschlägigen Ö-Normen und die Richtlinien des Österreichischen Wasserwirtschaftsverbandes einzuhalten;

3.4.2 umweltgefährdende Anlagen und sonstige umweltgefährdende Einrichtungen fachmännisch zu warten oder warten zu lassen. Notwendige Reparaturen und Wartungsarbeiten sind unverzüglich auszuführen.

Mindestens alle fünf Jahre - sofern nicht gesetzlich oder behördlich eine kürzere Frist vorgeschrieben ist - müssen diese Anlagen und Einrichtungen durch Fachleute überprüft werden. Diese Frist beginnt ungeachtet des Beginnes des Versicherungsschutzes mit Inbetriebnahme der Anlage oder deren letzter Überprüfung.

3.5 Selbstbehalt

Der Selbstbehalt des Versicherungsnehmers beträgt in jedem Versicherungsfall ....% des Schadens und der Kosten gemäß Art.5, Pkt.5 AHVB.

3.6 Ausschlüsse vom Versicherungsschutz

Kein Versicherungsschutz besteht für Abwasserreinigungsanlagen, Kläranlagen und Abfallbehandlungsanlagen; weiters für Zwischenlagerung von gefährlichen Abfällen sowie für die Endlagerung (Deponierung) von Abfällen jeder Art.

12/II/11. Haftpflicht
Allg. u. Erg. Allg. Bedingungen

Artikel 7
Was ist nicht versichert? (Risikoausschlüsse)

Soweit nichts anderes vereinbart ist, gilt:

1. Unter die Versicherung gemäß Art.1 fallen insbesondere nicht
   1.1 Ansprüche aus Gewährleistung für Mängel;
   1.2 Ansprüche, soweit sie aufgrund eines Vertrages oder einer besonderen Zusage über den Umfang der gesetzlichen Schadenersatzpflicht hinausgehen;
   1.3 die Erfüllung von Verträgen und die an die Stelle der Erfüllung tretende Ersatzleistung.
2. Die Versicherung erstreckt sich nicht auf Schadenersatzverpflichtungen der Personen, die den Schaden, für den sie von einem Dritten verantwortlich gemacht werden, rechtswidrig und vorsätzlich herbeigeführt haben. Dem Vorsatz wird gleichgehalten
   2.1 eine Handlung oder Unterlassung, bei welcher der Schadeneintritt mit Wahrscheinlichkeit erwartet werden musste, jedoch in Kauf genommen wurde (z. B. im Hinblick auf die Wahl einer kosten- oder zeitsparenden Arbeitsweise);
   2.2 die Kenntnis der Mangelhaftigkeit oder Schädlichkeit von hergestellten oder gelieferten Waren oder geleisteten Arbeiten.
3. Die Versicherung erstreckt sich nicht auf Schadenersatzverpflichtungen aufgrund des Amtshaftungs- (BGBl. Nr. 20/1949) und des Organhaftpflichtgesetzes (BGBl. Nr. 181/1967), beide in der jeweils geltenden Fassung.
4. Die Versicherung erstreckt sich nicht auf Schadenersatzverpflichtungen aus Schäden, die in unmittelbarem oder mittelbarem Zusammenhang mit Auswirkungen der Atomenergie stehen, insbesondere mit
   4.1 Reaktionen spaltbarer oder verschmelzbarer Kernbrennstoffe;
   4.2 der Strahlung radioaktiver Stoffe sowie der Einwirkung von Strahlen, die durch Beschleunigung geladener Teilchen erzeugt werden;
   4.3 der Verseuchung durch radioaktive Stoffe.
5. Die Versicherung erstreckt sich nicht auf Schadenersatzverpflichtungen aus Schäden, die der Versicherungsnehmer oder die für ihn handelnden Personen verursachen durch Haltung oder Verwendung von
   5.1 Luftfahrzeugen,
   5.2 Luftfahrgeräten,
   5.3 Kraftfahrzeugen oder Anhängern, die nach ihrer Bauart und Ausrüstung oder ihrer Verwendung im Rahmen des versicherten Risikos ein behördliches Kennzeichen tragen müssen oder tatsächlich tragen. Dieser Ausschluss bezieht sich jedoch nicht auf die Verwendung von Kraftfahrzeugen als ortsgebundene Kraftquelle.

Die Begriffe Luftfahrzeug und Luftfahrtgerät sind im Sinne des Luftfahrtgesetzes (BGBl. Nr. 253/1957), die Begriffe Kraftfahrzeug, Anhänger und behördliche Kennzeichen im Sinne des Kraftfahrgesetzes (BGBl. Nr. 267/1967), beide in der jeweils geltenden Fassung, auszulegen.

6. Es besteht kein Versicherungsschutz aus Schäden, die zugefügt werden
   6.1 dem Versicherungsnehmer (den Versicherungsnehmern) selbst;
   6.2 Angehörigen des Versicherungsnehmers (als Angehörige gelten der Ehegatte, Verwandte in gerader aufsteigender und absteigender Linie, Schwieger-, Adoptiv- und Stiefeltern, im gemeinsamen Haushalt lebende Geschwister; außereheliche Gemeinschaft ist in ihrer Auswirkung der ehelichen gleichgestellt;
   6.3 Gesellschaftern des Versicherungsnehmers und deren Angehörigen (Pkt.6.2);
   6.4 Gesellschaften, an denen der Versicherungsnehmer oder seine Angehörigen (Pkt.6.2) beteiligt sind, und zwar im Ausmaß der prozentuellen Beteiligung des Versicherungsnehmers und seiner Angehörigen (Pkt.6.2) an diesen Gesellschaften; weiters

   Gesellschaften, die demselben Konzern (im Sinne des § 15 AktG) wie der Versicherungsnehmer oder seine Angehörigen (Pkt.6.2) zugehören und zwar im Ausmaß der unmittelbaren und/oder mittelbaren prozentuellen Beteiligung des herrschenden Unternehmens an diesen Gesellschaften.

   Bei juristischen Personen, geschäftsunfähigen oder beschränkt geschäftsfähigen Personen werden deren gesetzliche Vertreter und Angehörige dem Versicherungsnehmer und seinen Angehörigen gleichgehalten.

7. Die Versicherung erstreckt sich nicht auf Schadenersatzverpflichtungen aus Schäden, die durch Veränderung des Erbguts von menschlichen Keimzellen entstehen, gleichgültig ob die Veränderung auf die Übertragung oder indirekte Einwirkung transgenen Erbguts oder auf direkten gen- oder fortpflanzungstechnischen Eingriff zurückzuführen ist.

Nicht versichert sind Schäden im Zusammenhang mit gentechnisch veränderten Organismen.

12/II/11. Haftpflicht
Allg. u. Erg. Allg. Bedingungen

8. Der Versicherer leistet keinen Versicherungsschutz für Schäden, die entstehen durch Gewalthandlungen von Staaten oder gegen Staaten und ihre Organe, Gewalthandlungen von politischen und terroristischen Organisationen, Gewalthandlungen anlässlich öffentlicher Versammlungen, Kundgebungen und Aufmärschen sowie Gewalthandlungen anlässlich von Streiks und Aussperrungen.

9. Die Versicherung erstreckt sich nicht auf Schadenersatzverpflichtungen wegen Schäden, die an den vom Versicherungsnehmer (oder in seinem Auftrag oder für seine Rechnung von Dritten) hergestellten oder gelieferten Arbeiten oder Sachen infolge einer in der Herstellung oder Lieferung liegenden Ursache entstehen.

10. Die Versicherung erstreckt sich nicht auf Schadenersatzverpflichtungen wegen Schäden an

10.1 Sachen, die der Versicherungsnehmer oder die für ihn handelnden Personen entliehen, gemietet, geleast oder gepachtet haben;

10.2 Sachen, die der Versicherungsnehmer oder die für ihn handelnden Personen in Verwahrung genommen haben, wobei dies auch im Zuge der Verwahrung als Nebenverpflichtung gilt (z. B. Übergabe einer Sache zu Reparatur und/oder Servicearbeiten);

10.3 Sachen, deren Besitz dem Versicherungsnehmer oder den für ihn handelnden Personen im Rahmen von bloßen Gefälligkeitsverhältnissen überlassen wurde;

10.4 beweglichen Sachen, die bei oder infolge ihrer Benützung, Beförderung, Bearbeitung oder einer sonstigen Tätigkeit an oder mit ihnen entstehen;

10.5 jenen Teilen von unbeweglichen Sachen, die unmittelbar Gegenstand der Bearbeitung, Benützung oder einer sonstigen Tätigkeit sind.

11. Die Versicherung erstreckt sich nicht auf Schadenersatzverpflichtungen wegen Schäden an Sachen durch allmähliche Emission oder allmähliche Einwirkung von Temperatur, Gasen, Dämpfen, Flüssigkeiten, Feuchtigkeit oder nicht atmosphärischen Niederschlägen (wie Rauch, Ruß, Staub usw.).

12. Die Versicherung erstreckt sich nicht auf Schadenersatzverpflichtungen aus Schäden an Sachen durch Überflutungen aus stehenden und fließenden Gewässern, die durch solche Anlagen, Maßnahmen und Einbringungen des Versicherungsnehmers verursacht werden, für die eine Bewilligung nach dem Wasserrechtsgesetz (BGBl. Nr. 215/1959), in der jeweils geltenden Fassung, erforderlich ist. Ebenso wenig erstreckt sich die Versicherung auf derartige Schadenersatzverpflichtungen, die daraus entstehen, dass der Versicherungsnehmer an der Herstellung, Lieferung, Wartung oder Reparatur solcher Anlagen unmittelbar mitwirkt.

13. Die Versicherung erstreckt sich nicht auf Schadenersatzverpflichtungen aus Schäden, die in unmittelbarem oder mittelbarem Zusammenhang mit Auswirkungen elektromagnetischer Felder stehen.

14. Nicht versichert sind Schadenersatzverpflichtungen aus Schäden, die direkt oder indirekt auf Asbest oder asbesthaltige Materialien zurückzuführen sind oder mit diesen im Zusammenhang stehen.

15. Die Versicherung erstreckt sich nicht auf Schadenersatzverpflichtungen wegen Sach- und/oder Vermögensschäden, die unter die Tatbestände des Abschnitt A, Z.2, Pkt.4 EHVB (erweiterte Deckung der Produktehaftpflicht) fallen.

16. Die Versicherung erstreckt sich nicht auf Schadenersatzverpflichtungen wegen Schäden aus Persönlichkeits- oder Namensrechtsverletzungen.

17. Die Versicherung erstreckt sich nicht auf Schadenersatzverpflichtungen wegen Schäden aus Anfeindung, Schikane, Belästigung, Ungleichbehandlung oder sonstigen Diskriminierungen.

Artikel 8
Was ist vor bzw. nach Eintritt des Versicherungsfalles zu beachten? (Obliegenheiten) Wozu ist der Versicherer bevollmächtigt?

1. Obliegenheiten

Als Obliegenheiten, deren Verletzung die Leistungsfreiheit des Versicherers gemäß den Voraussetzungen und Begrenzungen des § 6 VersVG (siehe Anlage) bewirkt, werden - *soweit nichts anderes vereinbart ist* - bestimmt:

1.1 Zum Zweck der Aufrechterhaltung der Äquivalenz zwischen Risiko und Prämie ist der Versicherungsnehmer verpflichtet, dem Versicherer die Angaben gemäß Art.11, Pkt.3.1 auf Anfrage wahrheitsgemäß mitzuteilen.

1.2 Der Versicherungsnehmer ist verpflichtet, besonders gefahrdrohende Umstände, deren Beseitigung der Versicherer billigerweise verlangen konnte und verlangt hatte, innerhalb einer angemessenen Frist zu beseitigen. Ein Umstand, welcher schon zu einem Schaden geführt hat, gilt im Zweifel als besonders gefahrdrohend.

1.3 Der Versicherungsnehmer hat alles ihm Zumutbare zu tun, um Ursachen, Hergang und Folgen des Versicherungsfalles aufzuklären und den entstandenen Schaden gering zu halten.

12/II/11. Haftpflicht
Allg. u. Erg. Allg. Bedingungen

1.4 Er hat den Versicherer umfassend und unverzüglich, spätestens innerhalb einer Woche ab Kenntnis, falls erforderlich auch fernmündlich, zu informieren.

Insbesondere sind anzuzeigen:

1.4.1 der Versicherungsfall;

1.4.2 die Geltendmachung einer Schadenersatzforderung;

1.4.3 die Zustellung einer Strafverfügung sowie die Einleitung eines Straf-, Verwaltungsstraf- oder Disziplinarverfahrens gegen den Versicherungsnehmer oder den Versicherten;

1.4.4 alle Maßnahmen Dritter zur gerichtlichen Durchsetzung von Schadenersatzforderungen.

1.5 Der Versicherungsnehmer hat den Versicherer bei der Feststellung und Erledigung oder Abwehr des Schadens zu unterstützen.

1.5.1 Der Versicherungsnehmer hat den vom Versicherer bestellten Anwalt (Verteidiger, Rechtsbeistand) zu bevollmächtigen, ihm alle von ihm benötigten Informationen zu geben und ihm die Prozessführung zu überlassen.

1.5.2 Ist dem Versicherungsnehmer die rechtzeitige Einholung der Weisungen des Versicherers nicht möglich, so hat der Versicherungsnehmer aus eigenem innerhalb der vorgeschriebenen Frist alle gebotenen Prozesshandlungen (auch Einspruch gegen eine Strafverfügung) vorzunehmen.

1.5.3 Der Versicherungsnehmer ist nicht berechtigt, ohne vorherige Zustimmung des Versicherers eine Schadenersatzverpflichtung ganz oder zum Teil anzuerkennen - es sei denn, der Versicherungsnehmer konnte die Anerkennung nicht ohne offenbare Unbilligkeit verweigern - oder zu vergleichen.

2. Vollmacht des Versicherers
Der Versicherer ist bevollmächtigt, im Rahmen seiner Verpflichtung zur Leistung alle zweckmäßig erscheinenden Erklärungen im Namen des Versicherungsnehmers abzugeben.

Artikel 9
Wann können Versicherungsansprüche abgetreten oder verpfändet werden?

Der Versicherungsanspruch darf vor seiner endgültigen Feststellung ohne ausdrückliche Zustimmung des Versicherers weder abgetreten noch verpfändet werden.

Artikel 10
Wem steht die Ausübung der Rechte aus dem Versicherungsvertrag zu, wer hat die Pflichten aus dem Versicherungsvertrag zu erfüllen? (Rechtsstellung der am Vertrag beteiligten Personen)

Soweit die Versicherung neben Schadenersatzverpflichtungen des Versicherungsnehmers selbst auch Schadenersatzverpflichtungen anderer Personen umfasst, sind alle in dem Versicherungsvertrag bezüglich des Versicherungsnehmers getroffenen Bestimmungen auch auf diese Personen sinngemäß anzuwenden; sie sind neben dem Versicherungsnehmer im gleichen Umfang wie dieser für die Erfüllung der Obliegenheiten verantwortlich. Die Ausübung der Rechte aus dem Versicherungsvertrag steht ausschließlich dem Versicherungsnehmer zu.

Artikel 11
Was gilt als Versicherungsperiode, wann ist die Prämie zu bezahlen und wann beginnt der Versicherungsschutz? In welchen Fällen kommt es zur Prämienabrechnung?

1. Versicherungsperiode
Als Versicherungsperiode gilt, wenn der Versicherungsvertrag nicht für eine kürzere Zeit abgeschlossen ist, der Zeitraum eines Jahres.

2. Prämie, Beginn des Versicherungsschutzes

2.1 Die erste oder die einmalige Prämie einschließlich Gebühren und Versicherungssteuer ist vom Versicherungsnehmer innerhalb von 14 Tagen nach dem Abschluss des Versicherungsvertrages (Zugang der Polizze oder einer gesonderten Antragsannahmeerklärung) und nach der Aufforderung zur Prämienzahlung zu bezahlen (Einlösung der Polizze). Der Versicherungsschutz beginnt mit der Einlösung der Polizze, jedoch nicht vor dem vereinbarten Zeitpunkt. Wird die erste oder die einmalige Prämie erst danach eingefordert, dann aber binnen 14 Tagen oder ohne schuldhaften weiteren Verzug gezahlt, so ist der Versicherungsschutz ab dem vereinbarten Versicherungsbeginn gegeben.

2.2 Folgeprämien einschließlich Gebühren und Versicherungssteuer sind zu den vereinbarten Fälligkeitsterminen zu entrichten.

2.3 Für die Folgen nicht rechtzeitiger Prämienzahlung gelten die §§ 38 ff. VersVG.

3. Prämienabrechnung:
Soweit nichts anderes vereinbart ist, gilt:

3.1 Insoweit die Prämie vertragsgemäß aufgrund der Lohn- und Gehaltssumme, des Umsatzes oder anderer zahlenmäßiger Angaben zu berechnen ist, wird der Bemes-

12/II/11. Haftpflicht
Allg. u. Erg. Allg. Bedingungen

sung zunächst eine den zu erwartenden Verhältnissen entsprechende Größe zugrunde gelegt.

Nach Ablauf einer jeden Versicherungsperiode hat der Versicherungsnehmer die den tatsächlichen Verhältnissen entsprechenden Größen anzugeben und auf Verlangen nachzuweisen, ferner mitzuteilen, ob und welche Erhöhungen oder betriebs- oder berufsbedingte Erweiterungen des versicherten Risikos eingetreten sind; dieser Verpflichtung hat der Versicherungsnehmer innerhalb eines Monates nach Erhalt der Anfrage des Versicherers nachzukommen.

Der Versicherer hat nach Empfang der Angaben des Versicherungsnehmers die endgültige Abrechnung vorzunehmen; der Mehr- oder Minderbetrag an Prämie ist einen Monat nach Empfang der Abrechnung fällig.

3.2 Hat der Versicherungsnehmer die Angaben nicht rechtzeitig gemacht, so hat der Versicherer die Wahl, auf Nachholung der Angaben zu klagen oder eine Verzugsprämie einzuheben. Diese Verzugsprämie beträgt, wenn die ausständigen Angaben die erste Jahresprämie oder die Prämie für eine Versicherungsdauer von weniger als einem Jahr betreffen, so viel wie jene Prämie, die erstmals zur Vorschreibung gelangt ist, andernfalls so viel wie die Prämie für jenes Versicherungsjahr, das dem abzurechnenden Versicherungsjahr unmittelbar vorangeht. Werden die Angaben nachträglich, aber noch innerhalb zweier Monate nach Empfang der Aufforderung zur Bezahlung der Verzugsprämie gemacht, so hat der Versicherer den etwa zu viel gezahlten Betrag rückzuerstatten.

Für die Verzugsprämie findet Pkt.2.3 Anwendung.

3.3 Einblicksrecht des Versicherers; Folgen unrichtiger Angaben

Der Versicherer hat das Recht, die Angaben des Versicherungsnehmers nachzuprüfen. Der Versicherungsnehmer hat zu diesem Zweck Einblick in sämtliche maßgebenden Unterlagen zu gewähren.

Hat der Versicherungsnehmer unrichtige Angaben gemacht, stellt dies eine Obliegenheitsverletzung dar (siehe Art.8, Pkt.1.1).

4. Begriffsbestimmungen

4.1 Lohn- und Gehaltssumme

Anzurechnen sind alle Löhne, Gehälter, Provisionen, Werkvertrags- und sonstige Entgelte - welche Bezeichnung sie auch immer tragen (z. B. Gefahren-, Montage-, Schmutzzulagen, Weggelder usw.) - sämtlicher im Betrieb beschäftigter Personen (auch Heimarbeiter, Leiharbeiter usw.); als anzurechnende Entgelte gelten auch die Vergütungen an freie Dienstnehmer und/oder Zahlungen auf Honorarbasis und an Leiharbeitsfirmen. Auf das Vorliegen eines Arbeitsverhältnisses kommt es nicht an.

Nicht anzurechnen sind Anteile des Arbeitgebers an den Sozialversicherungsbeiträgen; laufende Haushalts- und Kinderzulagen; einmalige Zahlungen bei Heirat, Geburt eines Kindes, Krankheits-, Unglücks- oder Todesfällen sowie Betriebsveranstaltungen, Betriebs- oder Dienstjubiläen; Abfertigungen; ferner staatliche Familien- und Wohnungsbeihilfen.

4.2 Umsatz

Unter dem Jahres-Umsatz ist die Summe aller Entgelte für alle Lieferungen und sonstigen Leistungen zu verstehen, die ein Unternehmen in den Ländern, auf die sich der örtliche Geltungsbereich des Versicherungsschutzes erstreckt, ausführt, exklusive der Erlöse aus Lizenzen, aus Veräußerungen eines Betriebes oder Teilbetriebes sowie aus der Veräußerung von Wirtschaftsgütern des Anlagevermögens (§ 4 UStG 1994); Umsatz ohne Mehrwertsteuer.

Artikel 12
Wie lange läuft der Versicherungsvertrag? Wer kann nach Eintritt des Versicherungsfalles kündigen? Was gilt bei Wegfall des versicherten Risikos?

1. Vertragsdauer

Beträgt die vereinbarte Vertragslaufzeit mindestens ein Jahr, verlängert sich der Versicherungsvertrag jeweils um ein Jahr, wenn er nicht drei Monate vor Ablauf gekündigt wird. Für Versicherungsverträge, deren Abschluss nicht zum Betrieb eines Unternehmens des Versicherungsnehmers gehört (Verbraucherverträge) ist vereinbart, dass der Versicherer den Versicherungsnehmer auf die Rechtsfolge der Vertragsverlängerung bei unterlassener Kündigung frühestens sechs Monate, spätestens aber vier Monate vor Ablauf der vereinbarten Laufzeit besonders hinweisen wird.

2. Kündigung nach Eintritt des Versicherungsfalles

Für die Kündigung nach Eintritt des Versicherungsfalles gilt § 158 VersVG.

3. Konkurs, Ausgleich des Versicherungsnehmers

12/II/11. Haftpflicht
Allg. u. Erg. Allg. Bedingungen

Nach Eröffnung des Konkurses oder des Ausgleichsverfahrens über das Vermögen des Versicherungsnehmers kann der Versicherer den Vertrag mit einer Frist von einem Monat kündigen.

4. Risikowegfall
Fällt ein versichertes Risiko vollständig und dauernd weg, so erlischt die Versicherung bezüglich dieses Risikos.
Die Einschränkung der behördlichen Zulassung bewirkt die Einschränkung des Versicherungsvertrages auf den verbleibenden Umfang.

5. Dem Versicherer gebührt jeweils die Prämie für die bis zur Vertragsauflösung verstrichene Vertragslaufzeit.

6. Eine Kündigung nach Pkt.1, Pkt.2 oder ein Risikowegfall nach Pkt.4 schließt die Anwendung der Bestimmungen des Art.11, Pkt.3 nicht aus.

7. Hat der Versicherer mit Rücksicht auf die vereinbarte Vertragszeit eine Ermäßigung der Prämie gewährt, so kann er bei einer vorzeitigen Auflösung des Vertrages die Nachzahlung des Betrages fordern, um den die Prämie höher bemessen worden wäre, wenn der Vertrag nur für den Zeitraum geschlossen worden wäre, während dessen er tatsächlich bestanden hat. Macht der Versicherer vom Kündigungsrecht gemäß Pkt.2 Gebrauch oder wird der Versicherungsvertrag gemäß Pkt.3 gekündigt, so kann eine solche Nachzahlung nicht gefordert werden.

Artikel 13
Wo und wann können Ansprüche aus dem Versicherungsvertrag gerichtlich geltend gemacht werden? (Gerichtsstand und anzuwendendes Recht)

Für die aus diesem Versicherungsverhältnis entstehenden Rechtsstreitigkeiten ist ausschließlich das Gericht des inländischen Wohnsitzes (Sitzes) des Versicherungsnehmers zuständig.
Es ist österreichisches Recht anzuwenden.

Artikel 14
In welcher Form sind Erklärungen abzugeben?

Soweit in den Bedingungen nichts anderes vorgesehen ist, ist für sämtliche Anzeigen und Erklärungen des Versicherungsnehmers an den Versicherer die geschriebene Form erforderlich, sofern nicht die Schriftform ausdrücklich und mit gesonderter Erklärung vereinbart wurde. Der geschriebenen Form wird durch Zugang eines Textes in Schriftzeichen entsprochen, aus dem die Person des Erklärenden hervorgeht (z.B. Telefax oder E-Mail). Schriftform bedeutet, dass dem Erklärungsempfänger das Original der Erklärung mit eigenhändiger Unterschrift des Erklärenden zugehen muss.

Ergänzende Allgemeine Bedingungen für die Haftpflichtversicherung (EHVB)

Abschnitt A: Allgemeine Regelungen für alle Betriebsrisiken

1. Erweiterung des Versicherungsschutzes

Soweit nichts anderes vereinbart ist, gilt:

1 Versichert sind im Rahmen des im Versicherungsvertrag bezeichneten Risikos (Art.1 AHVB) nach Maßgabe des Deckungsumfanges der AHVB Schadenersatzverpflichtungen des Versicherungsnehmers aus Innehabung und Verwendung der gesamten betrieblichen Einrichtung.
Im gleichen Rahmen mitversichert sind Schadenersatzverpflichtungen aus der nicht gewerbsmäßigen Vermietung oder Verleihung von Arbeitsmaschinen und Geräten. Nur bei besonderer Vereinbarung erstreckt sich der Versicherungsschutz auch auf die gewerbsmäßige Ausübung dieser Tätigkeiten.

2 Versichert sind auch Schadenersatzverpflichtungen des Versicherungsnehmers aus

2.1 der Vorführung von Produkten auch außerhalb der Betriebsgrundstücke und aus Führungen im versicherten Betrieb;

2.2 der Beschickung von und Teilnahme an Ausstellungen und Messen;

2.3 der Innehabung von Grundstücken, Gebäuden oder Räumlichkeiten, die ausschließlich für den versicherten Betrieb oder Beruf und/oder ausschließlich für Wohnzwecke des Versicherungsnehmers benützt werden (Abschnitt B, Z.11 EHVB findet Anwendung);

2.4 der Innehabung von Dienstwohnungen und Wohnhäusern samt Nebengebäuden für Leiter und Arbeitnehmer des versicherten Betriebes (Abschnitt B, Z.11 EHVB findet Anwendung);

2.5 Reklameeinrichtungen, auch wenn sich diese außerhalb des Betriebsgrundstückes befinden;

2.6 einer Werksfeuerwehr (Einsatz und Übungen, auch Hilfeleistungen für Dritte, Abschnitt B, Z.15 EHVB findet Anwendung);

2.7 dem Besitz und dem dienstlichen Gebrauch von Hieb-, Stich- und Schusswaffen durch den Versicherungsnehmer oder von ihm beauftragter Personen unter der Voraussetzung der Einhaltung der einschlägigen gesetzlichen und behördlichen Vorschriften (ausgeschlossen bleibt der Waffengebrauch zu Jagdzwecken);

Haftpflicht
Allg. u. Erg. Allg. Bedingungen

2.8 der medizinischen Betreuung der Arbeitnehmer. Mitversichert ist die persönliche gesetzliche Haftpflicht der Ärzte aus ihrer Tätigkeit im Betrieb, sofern hierfür nicht anderweitig Versicherungsschutz besteht;

2.9 Sozialeinrichtungen für Arbeitnehmer, wie z. B. Werkskantinen, Badeanstalten, Erholungsheimen, Kindergärten und Betriebssportgemeinschaften, auch wenn diese Einrichtungen durch betriebsfremde Personen benützt werden (für die Badeanstalten findet Z.8, für Erholungsheime Z.7, für Betriebssportgemeinschaften Z.14 des Abschnitt B, EHVB sinngemäß Anwendung);

2.10 Betriebsveranstaltungen. Mitversichert ist die persönliche Schadenersatzpflicht der Arbeitnehmer des versicherten Betriebes im Rahmen der Veranstaltung (Pkt.3 findet sinngemäß Anwendung);

2.11 der Haltung von Tieren für betriebliche Zwecke (Abschnitt B, Z.12 EHVB findet Anwendung).

3 Mitversichert sind im Rahmen der Punkte 1 und 2 Schadenersatzverpflichtungen

3.1 der gesetzlichen Vertreter des Versicherungsnehmers und solcher Personen, die er zur Leitung oder Beaufsichtigung des versicherten Betriebes oder eines Teiles desselben angestellt hat;

3.2 sämtlicher übriger Arbeitnehmer für Schäden, die sie in Ausübung ihrer dienstlichen Verrichtung verursachen, jedoch unter Ausschluss von Personenschäden, soweit es sich um Arbeitsunfälle (Berufskrankheiten) unter Arbeitnehmern des versicherten Betriebes im Sinne der Sozialversicherungsgesetze handelt.

Die im Betrieb mittätigen Familienangehörigen des Versicherungsnehmers sind gemäß Pkt.3.1 oder Pkt.3.2 auch ohne Vorliegen eines Arbeitsverhältnisses mitversichert.

2. Produkthaftpflichtrisiko

Das Produktehaftpflichtrisiko ist nach Maßgabe der AHVB und EHVB sowie insbesondere der nachstehend angeführten Bedingungen wie folgt mitversichert:

1 Begriffsbestimmungen

Das **Produkthaftpflichtrisiko** ist die Gesamtheit der gesetzlichen Haftungstatbestände für Schäden, die durch Mängel eines Produktes nach Lieferung oder durch Mängel einer geleisteten Arbeit nach Übergabe verursacht werden.

Der **Mangel** kann insbesondere auf Konzeption, Planung, Herstellung, Bearbeitung, Reparatur, Lagerung, Lieferung (auch Fehllieferung), Gebrauchsanweisung, Werbung oder Beratung zurückzuführen sein.

Als **Produkte** gelten alle körperlichen Sachen oder Teile von solchen, die als Handelsware in Betracht kommen, samt Zubehör und Verpackung.

Die **Lieferung** ist die tatsächliche Übergabe des Produktes durch den Versicherten an einen Dritten, ohne Rücksicht auf den Rechtsgrund. Sie gilt als erfolgt, wenn der Versicherte die tatsächliche Verfügungsgewalt verliert, das heißt die Möglichkeit, einen Einfluss auf das Produkt oder seine Verwendung auszuüben.

Die **Übergabe** einer geleisteten Arbeit ist deren Fertigstellung und tatsächliche Übernahme durch den Auftraggeber oder einen Berechtigten.

2 Versicherungsschutz für Produktions- und Tätigkeitsprogramme

2.1 Der Versicherungsnehmer hat über Aufforderung bei Vertragsabschluss dem Versicherer eine vollständige Information über die zu diesem Zeitpunkt gegebenen Produktions- und Tätigkeitsprogramme zu geben. In diesem Rahmen besteht Versicherungsschutz.

2.2 Art.2 AHVB ist daher mit der Einschränkung anzuwenden, dass sich der Versicherungsschutz nur auf quantitative Erweiterungen des versicherten Risikos (Betriebserweiterungen) erstreckt.

3. Versicherungsschutz für unbewusste Exporte

Soweit nichts anderes vereinbart ist, gilt:

3.1 Der Versicherungsschutz bezieht sich abweichend von Art.3, Pkt.1 AHVB auf in allen Staaten der Erde, ausgenommen USA, Kanada und Australien, eingetretene Versicherungsfälle, sofern dem Versicherungsnehmer oder den für ihn handelnden Personen vom Export (auch nach Be- oder Verarbeitung) seiner Produkte bzw. Arbeiten im Zeitpunkt der Lieferung bzw. Übergabe nichts bekannt war und auch nichts bekannt sein konnte; die Einschränkung nach Art.3, Pkt.1, 2. Satz AHVB findet Anwendung.

3.2 Der Versicherungsschutz gemäß Pkt.3.1 ist nicht gegeben, wenn die Schadenermittlung und -regulierung oder die Erfüllung sonstiger Pflichten des Versicherers durch Staatsgewalt, Dritte oder den Versicherungsnehmer verhindert wird.

4. Versicherungsschutz aufgrund besonderer Vereinbarung (erweiterte Deckung der Produkthaftpflicht)

4.1 Nur aufgrund besonderer Vereinbarung und unabhängig davon, ob ein Sach- oder

12/II/11. Haftpflicht
Allg. u. Erg. Allg. Bedingungen

Vermögensschaden im Sinne dieser Bedingungen vorliegt, erstreckt sich der Versicherungsschutz abweichend von Art.1 und Art.7, Pkt.15 AHVB auch auf das Produktehaftpflichtrisiko, soweit es sich handelt um

4.1.1 Schäden Dritter infolge Mangelhaftigkeit von Sachen, die erst durch Verbindung, Vermischung oder Verarbeitung von durch den Versicherungsnehmer gelieferten Produkten mit anderen Produkten entstehen, und zwar

4.1.1.1 wegen des vergeblichen Einsatzes der anderen Produkte;

4.1.1.2 wegen der für die Herstellung des Endproduktes aufgewendeten Kosten, mit Ausnahme des Entgelts für das mangelhafte Produkt des Versicherungsnehmers;

4.1.1.3 wegen eines weiteren aus der Unveräußerlichkeit des Endproduktes entstehenden Vermögensnachteiles. Kann das Endprodukt nur mit einem Preisnachlass veräußert werden, so ersetzt der Versicherer anstelle der Versicherungsleistung nach den Punkten 4.1.1.1 und 4.1.1.2 den entstehenden Mindererlös.

Der Versicherer ersetzt den Schaden in dem Verhältnis nicht, in dem das Entgelt für das Produkt des Versicherungsnehmers zu dem Verkaufspreis steht, der bei mangelfreier Lieferung für das Endprodukt zu erwarten gewesen wäre;

4.1.1.4 wegen Aufwendungen, die zusätzlich wegen einer rechtlich notwendigen und wirtschaftlich angemessenen Nachbesserung des Endproduktes oder einer anderen Schadenbeseitigung entstanden sind. Der Versicherer ersetzt die entstandenen Aufwendungen in dem Verhältnis nicht, in dem das Entgelt für das Produkt des Versicherungsnehmers zum Verkaufspreis des Endproduktes steht;

4.1.1.5 wegen der dem direkten Abnehmer des Versicherungsnehmers entstehenden Kosten für die Reinigung und Zurüstung von Maschinen und Anlagen.

4.1.2 Schäden, welche Dritten aus der Weiterbearbeitung oder Weiterverarbeitung mangelhafter durch den Versicherungsnehmer gelieferter Produkte entstehen, ohne dass eine Verbindung, Vermischung oder Verarbeitung mit anderen Produkten stattfand, und zwar

4.1.2.1 wegen der für die Herstellung des Endproduktes aufgewendeten Kosten, mit Ausnahme des Entgelts für das mangelhafte Produkt des Versicherungsnehmers;

4.1.2.2 wegen eines weiteren aus der Unveräußerlichkeit des Endproduktes entstehenden Vermögensnachteiles. Kann das Endprodukt nur mit einem Preisnachlass veräußert werden, so ersetzt der Versicherer anstelle der Versicherungsleistung nach Pkt.4.1.2.1 den entstehenden Mindererlös.

Der Versicherer ersetzt den Schaden in dem Verhältnis nicht, in dem das Entgelt für das Produkt des Versicherungsnehmers zu dem Verkaufspreis steht, der bei mangelfreier Lieferung für das Endprodukt zu erwarten gewesen wäre;

4.1.2.3 wegen Aufwendungen, die zusätzlich wegen einer rechtlich notwendigen und wirtschaftlich angemessenen Nachbesserung des Endproduktes oder einer anderen Schadenbeseitigung entstanden sind. Der Versicherer ersetzt die entstandenen Aufwendungen in dem Verhältnis nicht, in dem das Entgelt für das Produkt des Versicherungsnehmers zum Verkaufspreis des Endproduktes steht;

4.1.2.4 wegen der dem direkten Abnehmer des Versicherungsnehmers entstehenden Kosten für die Reinigung und Zurüstung von Maschinen und Anlagen.

4.1.3 Aufwendungen Dritter für Ausbau, Entfernen und Freilegen mangelhafter Produkte und für Einbau, Anbringen oder Verlegen mangelfreier Ersatzprodukte. Ausgenommen hiervon bleiben die Kosten für die Nachlieferung der Ersatzprodukte einschließlich Transportkosten.

Kann der Mangel des Produktes durch verschiedene Maßnahmen beseitigt werden, besteht Versicherungsschutz nur in der Höhe der günstigsten versicherten Kosten.

Soweit nichts anderes vereinbart ist, besteht kein Versicherungsschutz,

4.1.3.1 wenn der Versicherungsnehmer oder die für ihn handelnden Personen die mangelhaften Produkte selbst angebracht, eingebaut oder verlegt haben oder in ihrem Auftrag oder für ihre Rechnung haben anbringen, einbauen oder verlegen lassen.

4.1.4 Schäden Dritter, die daraus entstehen, dass mittels der vom Versicherungsnehmer gelieferten (auch gewarteten oder reparierten) Maschinen Sachen mangelhaft hergestellt oder verarbeitet werden, ohne dass ein Sachschaden gemäß Art.1, Pkt.2.3 AHVB vorliegt, und zwar

4.1.4.1 wegen vergeblichen Einsatzes der in die Maschine eingebrachten Produkte;

4.1.4.2 wegen der für die Herstellung oder Verarbeitung aufgewendeten Kosten;

12/II/11. Haftpflicht
Allg. u. Erg. Allg. Bedingungen

4.1.4.3 wegen eines weiteren aus der Unveräußerlichkeit des Endproduktes entstehenden Vermögensnachteiles. Kann das Endprodukt nur mit einem Preisnachlass veräußert werden, so ersetzt der Versicherer anstelle der Versicherungsleistungen nach den Punkten 4.1.4.1 und 4.1.4.2 den entstehenden Mindererlös;

4.1.4.4 wegen Aufwendungen, die zusätzlich wegen einer rechtlich notwendigen und wirtschaftlich angemessenen Nachbesserung des Endproduktes oder einer anderen Schadenbeseitigung entstehen;

4.1.4.5 wegen der dem direkten Abnehmer des Versicherungsnehmers entstehenden Kosten für die Reinigung und Zurüstung von Maschinen und Anlagen.

4.2 Besondere Regelungen für Fälle des Pkt.4.1

4.2.1 Versicherungsfall ist abweichend von Art.1, Pkt.1 AHVB, die Lieferung eines mangelhaften Produktes bzw. die Übergabe mangelhaft geleisteter Arbeit (in der Folge kurz „Lieferung" genannt).

Soweit nichts anderes vereinbart ist, gilt weiters:

4.2.2 Örtlicher Geltungsbereich

Abweichend von Art.3 AHVB erstreckt sich der Versicherungsschutz auf Lieferungen, die in Österreich erfolgen, sofern sich die Tatbestände der Punkte 4.1.1 bis 4.1.4 in Österreich erfüllen. Pkt.3 findet jedoch sinngemäß Anwendung.

4.2.3 Zeitlicher Geltungsbereich

Abweichend von Art.4 AHVB besteht Versicherungsschutz, wenn die Lieferung während der Wirksamkeit des Versicherungsschutzes erfolgt und die Anzeige des Schadens beim Versicherer spätestens ...... Jahre nach Beendigung des Versicherungsvertrages einlangt.

4.2.4 Serienschaden

Abweichend von Art.1, Pkt.1.2 AHVB gelten mehrere Lieferungen als ein Versicherungsfall, wenn sie aus derselben Ursache Schäden auslösen. Ferner gilt als ein Versicherungsfall, wenn mehrere Lieferungen aus gleichartigen in zeitlichem Zusammenhang stehenden Ursachen Schäden auslösen, sofern zwischen diesen Ursachen ein rechtlicher, wirtschaftlicher oder technischer Zusammenhang besteht.

Art.4, Pkt.2 AHVB findet sinngemäß Anwendung.

4.2.5 Selbstbehalt

Der Selbstbehalt des Versicherungsnehmers beträgt in jedem Versicherungsfall ......% des Schadens und der Kosten gemäß Art.5, Pkt.5 AHVB.

Soweit nichts anderes vereinbart ist, gelten folgende Ausschlüsse vom Versicherungsschutz:

5 Ausschlüsse vom Versicherungsschutz

5.1 Ausgeschlossen vom Versicherungsschutz sind - auch im Fall einer besonderen Vereinbarung gemäß Pkt.4

5.1.1 Ansprüche aus Gewährleistung für Mängel, soweit es sich nicht um ausdrücklich gemäß Pkt.4.1 mitversicherte Tatbestände handelt. Auf die Bestimmung des Art.7, Punkte 1.1 und 1.3 sowie Pkt.9 der AHVB wird besonders hingewiesen.

5.1.2 Ansprüche aus Garantiezusagen oder echten Garantieverträgen und Verschleiß, der üblicherweise zu erwarten ist;

5.1.3 Ansprüche aus Schäden, die durch Produkte oder Arbeiten eingetreten sind, deren Verwendung oder Wirkung im Hinblick auf den konkreten Verwendungszweck den jeweiligen Erkenntnissen der Technik und der Wissenschaft gemäß nicht ausreichend erprobt war. Eine solche Erprobung ist jedenfalls nicht gegeben, wenn für die Verwendung eines Produktes die aufgrund gesetzlicher oder behördlicher Vorschriften notwendige Zulassung nicht vorliegt;

5.1.4 Ansprüche aus Schäden, die durch Produkte oder Arbeiten herbeigeführt wurden, deren Herstellung oder Leistung vom Versicherungsnehmer an Dritte in Lizenz vergeben wurde;

5.1.5 Ansprüche aus

5.1.5.1 Planung oder Herstellung von Kraft-, Luft-, Wasser-, Schienen-, Raumfahrzeugen sowie Seilbahnen oder Lieferung von Luft-, Schienen-, Raumfahrzeugen sowie Seilbahnen;

5.1.5.2 Planung oder Herstellung von Teilen für Kraftfahrzeuge, sowie Planung, Herstellung oder Lieferung von Teilen für Luft-, Wasser-, Schienen-, Raumfahrzeuge sowie Seilbahnen, soweit die Teile ersichtlich für den Bau von oder den Einbau in Kraft-, Luft-, Wasser-, Schienen-, Raumfahrzeuge sowie Seilbahnen bestimmt waren;

5.1.5.3 Tätigkeiten an Luft- oder Raumfahrzeugen oder Teilen von Luft- oder Raumfahrzeugen; und zwar sowohl wegen Schäden an Luft- oder Raumfahrzeugen, einschließlich der mit diesen beförderten Sachen und der Insassen, als auch wegen Schäden durch Luft- oder Raumfahrzeuge.

12/II/11. Haftpflicht
Allg. u. Erg. Allg. Bedingungen

5.2 Nur in den gemäß Pkt.4 durch besondere Vereinbarung versicherbaren Tatbeständen besteht kein Versicherungsschutz für Folgeschäden wie z. B. Betriebsunterbrechung oder Produktionsausfall.

3. Bewusstes Zuwiderhandeln gegen Vorschriften

Der Versicherer ist von der Verpflichtung zur Leistung frei, wenn der Versicherungsfall grob fahrlässig herbeigeführt wurde und bewusst - insbesondere im Hinblick auf die Wahl einer kosten- oder zeitsparenden Arbeitsweise - den für den versicherten Betrieb oder Beruf geltenden Gesetzen, Verordnungen oder behördlichen Vorschriften zuwidergehandelt wurde, und zwar durch einen Versicherungsnehmer oder dessen gesetzlichen Vertreter oder dessen leitenden Angestellten im Sinne des Arbeitsverfassungsgesetzes (BGBl. Nr. 22/1974), in der jeweils geltenden Fassung, bzw. über Veranlassung oder mit Einverständnis einer dieser Personen.

4. Betriebsübernahme

Wird der Betrieb an einen Dritten veräußert oder aufgrund eines Nießbrauches, eines Pachtvertrages oder eines ähnlichen Rechtsverhältnisses von einem Dritten übernommen, so tritt anstelle des Versicherungsnehmers der Dritte in die während der Dauer seiner Berechtigung sich aus dem Versicherungsverhältnis ergebenden Rechte und Pflichten ein. Die Vorschriften des § 69 Abs. 2 und 3 und der §§ 70, 71 VersVG (siehe Anhang) gelten sinngemäß.

Abschnitt B: Ergänzende Regelungen für spezielle Betriebs- und Nichtbetriebsrisiken

1. Deckung reiner Vermögensschäden

Falls in den nachstehenden Bestimmungen oder in einer Besonderen Bedingung die Deckung reiner Vermögensschäden vorgesehen ist, so gilt - *soweit nichts anderes vereinbart ist* -- Folgendes:

1 Reine Vermögensschäden sind solche Schäden, die weder Personenschäden noch Sachschäden sind (Art.1, Pkt.2 AHVB), noch sich aus solchen Schäden herleiten.

2 Abweichend von Art.1 AHVB ist ein Versicherungsfall ein Verstoß (Handlung oder Unterlassung), der den versicherten Tätigkeiten entspringt und aus welchem dem Versicherungsnehmer Schadenersatzverpflichtungen erwachsen oder erwachsen könnten.

2.1 Serienschaden: Als ein Versicherungsfall gelten auch alle Folgen

2.1.1 eines Verstoßes;

2.1.2 mehrerer auf derselben Ursache beruhender Verstöße;

2.1.3 mehrerer im zeitlichen Zusammenhang stehender und auf gleichartigen Ursachen beruhender Verstöße, wenn zwischen diesen Ursachen ein rechtlicher, technischer oder wirtschaftlicher Zusammenhang besteht.

Art.4, Pkt.2 AHVB findet sinngemäß Anwendung.

3 Abweichend von Art.3 AHVB besteht Versicherungsschutz, wenn der Verstoß in dem in der Polizze vereinbarten örtlichen Geltungsbereich begangen wurde, sich in diesem wirtschaftlich auswirkt und auch die Geltendmachung des Anspruches in diesem örtlichen Geltungsbereich erfolgt; die Einschränkung nach Art.3, Pkt.1, 2. Satz AHVB findet Anwendung.

4 Abweichend von Art.4 AHVB besteht Versicherungsschutz, wenn der Verstoß während der Wirksamkeit des Versicherungsschutzes begangen wurde und die Anzeige des Versicherungsfalles beim Versicherer spätestens ...... Jahre nach Beendigung des Versicherungsvertrages einlangt.

4.1 Wurde ein Schaden durch Unterlassung verursacht, so gilt im Zweifel der Verstoß mit dem Tag als begangen, an dem die versäumte Handlung spätestens hätte vorgenommen werden müssen, um den Eintritt des Schadens abzuwenden.

Soweit nichts anderes vereinbart ist, gilt:

5 Ausgeschlossen vom Versicherungsschutz sind Schäden durch Fehlbeträge bei der Kassenführung, durch Verstöße beim Zahlungsakt, durch Veruntreuung seitens des Personals des Versicherungsnehmers oder anderer für ihn handelnder Personen, durch Verlust oder Abhandenkommen von Geld, Wertpapieren und Wertsachen sowie durch Überschreitung von Kostenvoranschlägen und Krediten.

2. Anschlussbahnen und gemietete bahneigene Lagerplätze

Soweit nichts anderes vereinbart ist, gilt:

1 Anschlussbahnen

1.1 Die Versicherung erstreckt sich abweichend von Art.1, Pkt.2 und Art.7, Pkt.1.2 AHVB auch auf die vertragliche Haftpflicht des Versicherungsnehmers aufgrund des Abschnittes „Haftung" der „Allgemeinen Bestimmun-

12/II/11. Haftpflicht
Allg. u. Erg. Allg. Bedingungen

gen der Anschlussbahnverträge" der ÖBB (BH 510 in der Fassung der Ausgabe 1979).

1.2 Die Versicherung erstreckt sich ferner abweichend von Art.7, Punkte 10.1 bis 10.4 AHVB auch auf die gesetzliche und vertragliche Haftpflicht (im Sinne von Pkt.1.1) aus der Beschädigung von Fahrbetriebsmitteln, die sich auf dem Anschlussgleis befinden. Nur bei besonderer Vereinbarung erstreckt sich der Versicherungsschutz auch auf die Beschädigung des zu be- oder entladenden Fahrbetriebsmittels beim Be- oder Entladen.

2 Gemietete bahneigene Lagerplätze

Die Versicherung erstreckt sich abweichend von Art.1, Pkt.2 und Art.7, Pkt.1.2 AHVB auch auf die dem Versicherungsnehmer obliegende vertragliche Haftung aufgrund der Punkte 13.1 bis 13.4 der „Allgemeinen Bestimmungen der kommerziellen Bestandverträge" der ÖBB (BH 512 in der Fassung der Ausgabe 1992).

3 Vertragliche Haftung für reine Vermögensschäden

Der Versicherungsschutz nach den Punkten 1 und 2 erstreckt sich auch auf die dem Versicherungsnehmer nach den dort angeführten Bedingungen obliegende vertragliche Haftung für reine Vermögensschäden. Die Versicherungssumme hierfür beträgt im Rahmen der Pauschalversicherungssumme .... % davon.

4 Zu den Punkten 1 bis 3

4.1 Soweit bewiesen werden kann, dass das schädigende Ereignis ganz oder teilweise auf ein Verschulden der Bahn oder eines ihrer Organe zurückzuführen ist, tritt eine Aufhebung oder Minderung der Haftung des Versicherers nach Maßgabe des festgestellten Verschuldens ein.

4.2 Die Versicherung erstreckt sich nicht auf Vertragsstrafen jeglicher Art sowie auf die Verpflichtung des Versicherungsnehmers, der Bahn für solche Ausstattungs-, Herstellungs- und Instandhaltungsarbeiten, Anschaffungen und Ähnliches Ersatz zu leisten, die die Bahn übernommen hat, weil der Versicherungsnehmer seinen diesbezüglichen Verpflichtungen nicht nachgekommen ist.

4.3 Haftungen, die über die obgenannten „Allgemeinen Bestimmungen der Anschlussbahnverträge" und „Allgemeinen Bestimmungen der kommerziellen Bestandverträge" hinausgehen, fallen nur aufgrund besonderer Vereinbarung mit dem Versicherer unter Versicherungsschutz.

3. Baugewerbe und ähnliche Gewerbe

Soweit nichts anderes vereinbart ist, gilt:

1 Darunter fallen im Sinne dieser Bedingungen:

Hoch- und Tiefbauunternehmen (einschließlich Stahlbauunternehmen), Baumeister (Maurermeister), Zimmermeister, Brunnenmeister, Abdichter gegen Feuchtigkeit und Druckwasser, Asphaltierer und Schwarzdecker, Dachdecker, Fliesenleger, Spengler, Gas- und Wasserleitungsinstallateure, Elektroinstallateure (Elektriker), Heizungs- und Klimatechniker, Abbruchsunternehmer, Baggereien (Deichgräber), Sand- und Schottererzeuger, Sprengungsunternehmer und Sprengmeister, Steinbruchunternehmer und Tiefbohrunternehmer.

2 Die Versicherung erstreckt sich nach Maßgabe des Deckungsumfanges der AHVB und des Abschnitt A der EHVB insbesondere auch auf Schadenersatzverpflichtungen aus

2.1 Personen- und Sachschäden, die aus vom Versicherungsnehmer vorgenommenen Planungen entstehen;

2.2 Schäden an unterirdischen Anlagen (wie Elektrizitäts-, Gas-, Wasserleitungen, Fernmeldekabel, Kanäle und dgl.), wobei Art.7, Punkte 10.4 und 10.5 AHVB keine Anwendung finden;

2.3 Schäden infolge Unterfahrens oder Unterfangens von Bauwerken;

2.4 Schäden durch Senkung von Grundstücken, auch eines darauf errichteten Bauwerkes oder eines Teiles eines solchen sowie durch Erdrutschungen;

2.5 Schäden an benachbarten Bauwerken infolge Unterlassung sachgemäßer Pölzungen (auch Versteifungen und Verspreizungen);

2.6 Schäden durch Sprengungen nach Maßgabe folgender Bestimmungen:

2.6.1 Versicherungsschutz besteht nur dann, wenn die Sprengarbeiten von einem Sprengbefugten im Sinne der Sprengarbeiten-Verordnung (BGBl. Nr. 77/1954), in der jeweils geltenden Fassung, durchgeführt werden.

2.6.2 Sachschäden, die sich innerhalb eines Radius von .... m von der Sprengstelle ereignen, sind vom Versicherungsschutz ausgeschlossen.

2.6.3 Darüber hinaus leistet der Versicherer keinen Versicherungsschutz für solche Sachschäden, mit denen bei Sprengarbeiten trotz Anwendung der vorgeschriebenen Sicher-

12/II/11. Haftpflicht
Allg. u. Erg. Allg. Bedingungen

heitsmaßnahmen üblicherweise gerechnet werden muss.

3 Der Selbstbehalt des Versicherungsnehmers beträgt in jedem Versicherungsfall bei

3.1 Schäden an unterirdischen Anlagen: ....% des Schadens und der Kosten gemäß Art.5, Pkt.5 AHVB.

3.2 sonstigen Sachschäden: ....% des Schadens und der Kosten gemäß Art.5, Pkt.5 AHVB.

4 Die Versicherung erstreckt sich nicht auf Schadenersatzverpflichtungen aus der Beteiligung an Arbeitsgemeinschaften. Das Tätigwerden eines Partners der Arbeitsgemeinschaft als Subunternehmer dieser Arbeitsgemeinschaft aufgrund eines schriftlichen Auftrages gilt nicht als Beteiligung an der Arbeitsgemeinschaft.

4. Kraftfahrzeug-Reparaturwerkstätten und ähnliche Betriebe

Abweichend von Art.7, Pkt.3 AHVB erstreckt sich der Versicherungsschutz auch auf Schadenersatzverpflichtungen aufgrund des Amtshaftungsgesetzes (BGBl. Nr. 20/1949) wegen Personen- oder Sachschäden im Zusammenhang mit Begutachtung nach § 57a Kraftfahrgesetz (BGBl. Nr. 267/1967), beide in der jeweils geltenden Fassung.

5. Rauchfangkehrer

Abweichend von Art.7, Pkt.3 AHVB erstreckt sich der Versicherungsschutz auch auf Schadenersatzverpflichtungen aufgrund des Amtshaftungsgesetzes (BGBl. Nr. 20/1949) in der jeweils geltenden Fassung.

6. Land- und forstwirtschaftliche Betriebe

Soweit nichts anderes vereinbart ist, gilt:

1 Die Versicherung erstreckt sich nach Maßgabe des Deckungsumfanges der AHVB und des Ab-schnitt A der EHVB auch auf Schadenersatzverpflichtungen

1.1 aus der Tierhaltung ohne Rücksicht auf den Verwendungszweck (Abschnitt B, Z.12 EHVB findet Anwendung).

Nur bei besonderer Vereinbarung besteht Versicherungsschutz für Schadenersatzverpflichtungen aus Schäden an zum Belegen zugeführten Tieren und aus der Überlassung von Reittieren an betriebsfremde Personen.

Durch Weidevieh oder Wild verursachte Schäden an Fluren oder Kulturen sind vom Versicherungsschutz ausgeschlossen.

1.2 aus der Holzschlägerung im eigenen und im fremden Wald, letzterenfalls jedoch nur für den eigenen Bedarf;

1.3 aus der Bekämpfung von Pflanzenschädlingen und Anwendung von Unkrautvertilgungsmitteln in der versicherten Land- und Forstwirtschaft, jedoch mit einem Selbstbehalt in jedem Versicherungsfall von ....% des Schadens und der Kosten gemäß Art.5, Pkt.5 AHVB.

1.4 aus Sachschäden durch Umweltstörung durch Jauche, Düngemittel und Siloabwässer nach Maßgabe des Art.6 AHVB.

Die Versicherungssumme hierfür beträgt € .... im Rahmen der Pauschalversicherungssumme.

Der Selbstbehalt des Versicherungsnehmers beträgt in jedem Versicherungsfall ....% des Schadens und der Kosten gemäß Art.5, Pkt.5 AHVB.

1.5 aus der Vornahme von Sprengungen für Zwecke der versicherten Land- und Forstwirtschaft, jedoch nur unter der Bedingung, dass die Sprengarbeiten von einem Sprengbefugten im Sinne der Sprengarbeiten-Verordnung (BGBl. Nr. 77/1954), in der jeweils geltenden Fassung, durchgeführt werden. Sachschäden, die sich innerhalb eines Radius von .... m von der Sprengstelle ereignen, sind vom Versicherungsschutz ausgeschlossen. Der Versicherer haftet nicht für solche Sachschäden, mit denen bei Sprengarbeiten trotz Anwendung der vorgeschriebenen Sicherheitsmaßnahmen üblicherweise gerechnet werden muss;

1.6 aus dem Bau von Güterwegen, wenn die Gesamtkosten des Bauvorhabens unter Einrechnung etwaiger Eigenleistungen € .... nicht überschreiten. Abschnitt B, Z.3, Pkt.2 EHVB findet Anwendung. Für solche Bauvorhaben sind Schadenersatzverpflichtungen des Versicherungsnehmers als Bauherr mitversichert;

1.7 aus Nebengewerben im Sinne des § 2 Abs.1, Z.2 (iVm § 2 Abs.4) der GewO (BGBl. Nr. 194/1994), in der jeweils geltenden Fassung, wenn der jährliche Lohnaufwand unter Hinzurechnung etwa gewährter Naturalleistungen € ..... nicht überschreitet (Pkt.1.1, 2. Absatz findet jedoch Anwendung);

1.8 aus dem Buschenschank im Sinne des § 2 Abs.1, Z.5 (iVm § 2 Abs.9) der GewO (BGBl. Nr. 194/1994), in der jeweils geltenden Fassung, wenn der jährliche Lohnaufwand unter Hinzurechnung etwa gewährter Naturalleistungen € .... nicht überschreitet;

1.9 aus der Fremdenbeherbergung nach Maßgabe von Abschnitt B, Z.7 EHVB, wenn keine behördliche Gewerbeberechtigung erforderlich ist.

12/II/11. Haftpflicht
Allg. u. Erg. Allg. Bedingungen

2. Versichert ist ferner die Schadenersatzpflicht des Versicherungsnehmers als Privatperson nach Maßgabe von Abschnitt B, Z.16 EHVB sowie die gleichartige Schadenersatzpflicht der in Abschnitt B, Z.16, Punkte 3.1 und 3.2 EHVB mitversicherten Personen.
3. Nur bei besonderer Vereinbarung besteht Versicherungsschutz für Schadenersatzverpflichtungen
3.1 aus der Beförderung von Personen mit Kutschen und Schlitten aller Art;
3.2 aus der gewerblichen Beförderung von Personen mit Anhängern, soweit eine gesetzliche Verpflichtung zum Abschluss einer Haftpflichtversicherung besteht.

Fremdenbeherbergung

Soweit nichts anderes vereinbart ist, gilt:

1. Die Versicherung erstreckt sich abweichend von Art.7, Punkte 10.2 bis 10.4 AHVB auch auf die Haftung des Versicherungsnehmers als Verwahrer aus der Beschädigung von eingebrachten Sachen der zur Beherbergung aufgenommenen Gäste. Als eingebracht gelten Sachen, die dem Versicherungsnehmer oder einem seiner Leute übergeben oder an einen von diesen angewiesenen oder hierzu bestimmten Ort gebracht sind.
2. Nur bei besonderer Vereinbarung erstreckt sich der Versicherungsschutz auch auf die gleichartige Haftung des Versicherungsnehmers aus dem Verlust und Abhandenkommen der in Pkt.1 bezeichneten Sachen.

   Bei Vorliegen einer solchen Vereinbarung ist der Versicherungsnehmer - bei sonstiger Leistungsfreiheit des Versicherers gemäß den Voraussetzungen und Begrenzungen des § 6 VersVG (siehe Anhang) - verpflichtet,
2.1 im Fall des Verlustes oder Abhandenkommens einer Sache unverzüglich bei der zuständigen Sicherheitsbehörde Anzeige zu erstatten;
2.2 sofern der Betrieb einer behördlichen Gewerbeberechtigung bedarf, überdies durch augenfälligen Anschlag bekannt zu geben, dass Geld, Wertpapiere (Reisezahlungsmittel) und Kostbarkeiten gegen Bestätigung bei der hierfür bezeichneten Stelle des versicherten Betriebes zu hinterlegen sind.
3. Ausschlüsse vom Versicherungsschutz

   Die Ausdehnung des Versicherungsschutzes gemäß den Punkten 1 und 2 erstreckt sich nicht auf Ansprüche aus Schäden
3.1 an den eingebrachten Sachen bei oder infolge einer über den Rahmen der Beförderung hinausgehenden Tätigkeit an oder mit ihnen durch den Versicherungsnehmer oder seine Leute;
3.2 an den von den Gästen eingebrachten Kraft- und Wasserfahrzeugen, deren Zubehör und Bestandteilen und den auf oder in diesen Fahrzeugen befindlichen Sachen, soweit die Schadenersatzverpflichtung auf den §§ 970 oder 970a ABGB beruht.
4. Die Versicherung erstreckt sich abweichend von Art.1, Pkt.2 AHVB auch auf Schadenersatzverpflichtungen aus reinen Vermögensschäden bis zu einer Versicherungssumme von € ......

8. Badeanstalten

Soweit nichts anderes vereinbart ist, gilt:

1. Die Versicherung erstreckt sich abweichend von Art.7, Punkte 10.2 bis 10.4 AHVB auf die Haftung des Versicherungsnehmers als Verwahrer aus der Beschädigung der von den Badegästen eingebrachten Sachen.
2. Nur bei besonderer Vereinbarung erstreckt sich die Versicherung auch auf die gleichartige Haftung des Versicherungsnehmers aus dem Verlust und Abhandenkommen von Sachen, welche von Badegästen in den vom Bad zur Verfügung gestellten Kabinen und Kleiderkästen versperrt gehalten oder von der Badeanstalt in Verwahrung genommen werden.

   Bei Vorliegen einer solchen Vereinbarung ist der Versicherungsnehmer - bei sonstiger Leistungsfreiheit des Versicherers gemäß den Voraussetzungen und Begrenzungen des § 6 VersVG (siehe Anhang) - verpflichtet,
2.1 im Falle des Verlustes oder Abhandenkommens einer Sache unverzüglich bei der zuständigen Sicherheitsbehörde Anzeige zu erstatten;
2.2 durch augenfälligen Anschlag bekannt zu geben, dass Geld, Wertpapiere (Reisezahlungsmittel) und Kostbarkeiten gegen Bestätigung bei der Kasse zu hinterlegen sind.
3. Die Ausdehnung des Versicherungsschutzes gemäß den Punkten 1 und 2 erstreckt sich nicht auf Ansprüche aus Schäden an den von den Badegästen eingebrachten Kraft- und Wasserfahrzeugen, deren Zubehör und Bestandteilen und der auf oder in diesen Fahrzeugen befindlichen Sachen, soweit die Schadenersatzverpflichtung auf den §§ 970 oder 970a ABGB beruht.
4. Abschnitt A, Z.1 und Z.3 EHVB finden Anwendung.

12/II/11. Haftpflicht
Allg. u. Erg. Allg. Bedingungen

Ärzte, Dentisten, Tierärzte (Tierkliniken)

Soweit nichts anderes vereinbart ist, gilt:

1. Abschnitt A EHVB findet Anwendung.
2. Die persönliche Schadenersatzpflicht des Vertreters bei Urlaub und Krankheit ist mitversichert, soweit nicht anderweitig Versicherungsschutz besteht.
3. Die Versicherung erstreckt sich abweichend von Art.1, Pkt.2 AHVB auch auf Schadenersatzverpflichtungen aus reinen Vermögensschäden bis zu einer Versicherungssumme von € .....
4. Der Versicherungsschutz erstreckt sich abweichend von Art.3 AHVB auf Versicherungsfälle, die weltweit eintreten, sofern die schadenverursachende medizinische Behandlung in Österreich erfolgt ist; die Einschränkung nach Art.3, Pkt.1, 2. Satz AHVB findet Anwendung.
   Schadenersatzverpflichtungen von Ärzten aus Erste-Hilfe-Leistungen sind abweichend von Art.3 AHVB weltweit mitversichert; die Einschränkung nach Art.3, Pkt.1, 2. Satz AHVB findet keine Anwendung.
5. Schadenersatzverpflichtungen von Tierärzten und Tierkliniken aus Schäden an den behandelten Tieren sind abweichend von Art.7, Pkt.10 AHVB mitversichert.
6. Schadenersatzverpflichtungen aufgrund des Amtshaftungsgesetzes:
   Die Versicherung erstreckt sich abweichend von Art.7, Pkt.3 AHVB auch auf Schadenersatzverpflichtungen aufgrund des Amtshaftungsgesetzes (BGBl. Nr. 20/1949) in der jeweils geltenden Fassung.

10. Krankenanstalten, Heil- und Pflegeanstalten, Sanatorien, Genesungsheime, Altersheime u. dgl.

Soweit nichts anderes vereinbart ist, gilt:

1. Abschnitt A EHVB findet Anwendung.
2. Haftung für eingebrachte Sachen der Patienten und ihrer Begleitpersonen:
   Abschnitt B, Z.7 EHVB findet sinngemäß Anwendung.
3. Die Versicherung erstreckt sich abweichend von Art.1, Pkt.2 AHVB auch auf Schadenersatzverpflichtungen aus reinen Vermögensschäden bis zu einer Versicherungssumme von € .....
4. Der Versicherungsschutz erstreckt sich abweichend von Art.3 AHVB auf Versicherungsfälle, die weltweit eintreten, sofern die schadenverursachende medizinische Behandlung in Österreich erfolgt ist; die Einschränkung nach Art.3, Pkt.1, 2. Satz AHVB findet Anwendung.
   Schadenersatzverpflichtungen von Ärzten aus Erste-Hilfe-Leistungen sind abweichend von Art.3 AHVB weltweit mitversichert, jedoch nur insoweit, als hierfür nicht anderweitig Versicherungsschutz besteht; die Einschränkung nach Art.3, Pkt.1, 2. Satz AHVB findet keine Anwendung.
5. Schadenersatzverpflichtungen aufgrund des Amtshaftungsgesetzes:
   Die Versicherung erstreckt sich abweichend von Art.7, Pkt.3 AHVB auch auf Schadenersatzverpflichtungen aufgrund des Amtshaftungsgesetzes (BGBl. Nr. 20/1949) in der jeweils geltenden Fassung.

Haus- und Grundbesitz

Soweit nichts anderes vereinbart ist, gilt:

1. Die Versicherung erstreckt sich nach Maßgabe des Deckungsumfanges der AHVB auf Schadenersatzverpflichtungen

   1.1 aus der Innehabung, Verwaltung, Beaufsichtigung, Versorgung, Reinhaltung, Beleuchtung und Pflege der versicherten Liegenschaft einschließlich der in oder auf ihr befindlichen Bauwerke und Einrichtungen wie z. B. Aufzüge, Heizungs- und Klimaanlagen, Schwimmbecken, Kinderspielplätze und Gartenanlagen.
   Ein im unmittelbaren räumlichen Zusammenhang mit der versicherten Liegenschaft vorhandener Privatbadestrand ist mitversichert.

   1.2 aus der Durchführung von Abbruch-, Bau-, Reparatur- und Grabarbeiten an der versicherten Liegenschaft, wenn die Gesamtkosten des Bauvorhabens unter Einrechnung etwaiger Eigenleistungen € .... nicht überschreiten. Abschnitt B, Z.3, Pkt.2 EHVB findet Anwendung. Für solche Bauvorhaben sind Schadenersatzverpflichtungen des Versicherungsnehmers als Bauherr mitversichert;

   1.3 aus der Fremdenbeherbergung auf der versicherten Liegenschaft nach Maßgabe von Abschnitt B, Z.7 EHVB, wenn keine behördliche Gewerbeberechtigung erforderlich ist;

   1.4 aus Sachschäden durch Umweltstörung aus der Lagerung von Mineralölprodukten bis zu einem Lagervolumen von .... Liter nach Maßgabe des Art.6 AHVB.
   Die Versicherungssumme hierfür beträgt € .... im Rahmen der Pauschalversicherungssumme.
   Der Selbstbehalt des Versicherungsnehmers beträgt in jedem Versicherungsfall ....% des

12/II/11. Haftpflicht
Allg. u. Erg. Allg. Bedingungen

Schadens und der Kosten gemäß Art.5, Pkt.5 AHVB.

2 Mitversichert nach Maßgabe des Pkt.1 sind Schadenersatzverpflichtungen

2.1 des Hauseigentümers und -besitzers;

2.2 des Hausverwalters und des Hausbesorgers;

2.3 jener Personen, die im Auftrag des Versicherungsnehmers für ihn handeln, sofern diese Tätigkeit nicht in Ausübung ihres Berufes oder Gewerbes erfolgt;

2.4 jener Personen, die infolge Fruchtnießung, Konkurs- oder Zwangsverwaltung anstelle des Versicherungsnehmers treten.

Ausgeschlossen bleiben Personenschäden, bei welchen es sich um Arbeitsunfälle im Sinne der Sozialversicherungsgesetze unter gleichgestellten, beauftragten Personen gemäß den Punkten 2.1 bis 2.4 handelt.

3 Bei Schäden durch Witterungsniederschläge an Tapeten, Zimmermalereien, Zierstuckaturen, Wandverkleidungen, Fußböden, Strom-, Fernsprech- oder anderen Leitungen und an sonstigen Zubehör des Hauses in vermieteten Wohn- und Geschäftsräumlichkeiten - ausgenommen an Fenstern und Türen der Außenseite des Gebäudes - leistet der Versicherer abweichend von Art.1 AHVB Ersatz, auch wenn eine Haftpflicht des Vermieters gegenüber dem Mieter nicht gegeben ist. Der Ersatz umfasst die Kosten der Wiederherstellungsarbeiten, soweit es sich nicht um Erhaltungskosten handelt, die der Vermieter gesetzlich zu tragen hat.

Entstehen die genannten Schäden durch Überschwemmungen, Grundwasser oder im Zusammenhang mit Erdbeben, so leistet der Versicherer nur nach Maßgabe des Art.1 AHVB.

4 Schadenersatzansprüche von Miteigentümern, Wohnungseigentümern, Nutzungsberechtigten und deren Angehörigen (Art.7, Pkt.6.2 AHVB) sind mitversichert, sofern diese Personen oder ihre gesetzlichen Vertreter nicht zufolge persönlicher Handlungen oder Unterlassung für den eingetretenen Schaden selbst verantwortlich sind.

Der Versicherungsschutz gemäß Pkt.3 gilt sinngemäß auch für die von diesen Personen benützten Wohn- und Geschäftsräumlichkeiten.

12. Tierhaltung

Soweit nichts anderes vereinbart ist, gilt:

1 Die Versicherung erstreckt sich auch auf die Schadenersatzverpflichtung des jeweiligen Verwahrers, Betreuers oder Verfügungsberechtigten.

Nur bei besonderer Vereinbarung besteht Versicherungsschutz für Schadenersatzverpflichtungen aus Schäden an zum Belegen zugeführten Tieren.

2 Der Versicherungsschutz erstreckt sich abweichend von Art.3 AHVB auf Versicherungsfälle, die in Europa oder einem außereuropäischen Mittelmeer-Anliegerstaat eingetreten sind; die Einschränkung nach Art.3, Pkt1, 2. Satz AHVB findet Anwendung.

13. Wasserfahrzeuge

Soweit nichts anderes vereinbart ist, gilt:

1 Die Versicherung erstreckt sich auch auf Schadenersatzverpflichtungen des Eigentümers, des Halters und der Personen, die mit dem Willen des Halters bei der Verwendung tätig sind oder mit seinem Willen mit dem Wasserfahrzeug befördert werden.

2 Als Obliegenheit, deren Verletzung Leistungsfreiheit des Versicherers gemäß den Voraussetzungen und Begrenzungen des § 6 VersVG (siehe Anhang) zur Folge hat, wird bestimmt, dass der Schiffsführer die zur Führung des versicherten Wasserfahrzeuges behördlich vorgeschriebene Berechtigung besitzt.

3 Die Versicherung erstreckt sich abweichend von Art.7, Punkte 10.2 bis 10.4 AHVB auch auf Sachen, welche die beförderten Personen an sich tragen oder als Reisegepäck mit sich führen.

4 Der Versicherungsschutz bezieht sich nicht auf Schadenersatzverpflichtungen wegen Schäden aus der Teilnahme an Motorbootrennen und den dazugehörigen Trainingsläufen.

14. Vereine

(Im Sinne des Vereinsgesetzes BGBl. I Nr. 66/2002 in der jeweils geltenden Fassung)

Soweit nichts anderes vereinbart ist, gilt:

1 Die Versicherung erstreckt sich nach Maßgabe des Deckungsumfanges der AHVB auf Schadenersatzverpflichtungen aus der

1.1 Innehabung oder Verwendung von Grundstücken, Gebäuden, Räumlichkeiten, Anlagen, Einrichtungen und Geräten für die statutengemäßen Zwecke des Versicherungsnehmers (Abschnitt B, Z.11 EHVB findet sinngemäß Anwendung);

1.2 Durchführung von Vereinsveranstaltungen durch den Versicherungsnehmer, und zwar unabhängig vom Ort der Veranstaltung.

12/II/11. Haftpflicht
Allg. u. Erg. Allg. Bedingungen

2 Mitversichert nach Maßgabe des Pkt.1 sind Schadenersatzverpflichtungen

2.1 der gesetzlichen und bevollmächtigten Vertreter des Versicherungsnehmers und solcher Personen, die er zur Leitung oder Beaufsichtigung des Vereines angestellt hat;

2.2 sämtlicher übrigen Arbeitnehmer des Versicherungsnehmers für Schäden, die sie in Ausübung ihrer dienstlichen Verrichtungen verursachen, jedoch unter Ausschluss von Personenschäden, bei welchen es sich um Arbeitsunfälle (Berufskrankheiten) unter Arbeitnehmern des versicherten Vereines im Sinne der Sozialversicherungsgesetze handelt;

2.3 sämtlicher Vereinsmitglieder aus der Ausübung der statutengemäßen Vereinstätigkeiten im Verein, bei Veranstaltungen des Vereins sowie außerhalb des Vereins im Auftrag des Vereins, soweit nicht anderweitig Versicherungsschutz besteht.

3 Nur aufgrund besonderer Vereinbarung erstreckt sich die Versicherung auch auf Schadenersatzverpflichtungen aus der

3.1 Innehabung oder Verwendung von

3.1.1 Zuschauertribünen und -anlagen;

3.1.2 Bob- und Rodelbahnen, Sprungschanzen, Schipisten und Loipen.

3.2 Haltung oder Verwendung von

3.2.1 Tieren;

3.2.2 Wasserfahrzeugen.

3.3 Durchführung von Landes-, Bundes- oder internationalen Wettbewerben.

4 Abschnitt A, Z.3 EHVB findet Anwendung.

15. Feuer- und Wasserwehren

Soweit nichts anderes vereinbart ist, gilt:

1 Abschnitt B, Z.14, Punkte 1 und 2 EHVB finden sinngemäß Anwendung.

2 Schadenersatzverpflichtungen aufgrund des Amtshaftungsgesetzes:
Die Versicherung erstreckt sich abweichend von Art.7, Pkt.3 AHVB auch auf Schadenersatzverpflichtungen aufgrund des Amtshaftungsgesetzes (BGBl. Nr. 20/1949) in der jeweils geltenden Fassung.

3 Bei Einsätzen im Ausland sowie bei der Teilnahme an internationalen Wettbewerben erstreckt sich der Versicherungsschutz abweichend von Art.3 auf Versicherungsfälle, die in Europa eingetreten sind; die Einschränkung nach Art.3, Pkt.1, 2. Satz AHVB findet Anwendung.

4 Die Versicherung erstreckt sich nicht auf Schadenersatzverpflichtungen wegen Schäden an Sachen, zu deren Rettung oder Schutz die Wehr gerufen wurde.

5 Nur bei besonderer Vereinbarung erstreckt sich die Versicherung auch auf Schadenersatzverpflichtungen wegen Schäden an Sachen, die dem Versicherungsnehmer für Einsätze oder Übungen bei-gestellt werden.

6 Abschnitt A, Z.3 EHVB findet für Berufs- und Werksfeuerwehren Anwendung.

16. Privathaftpflicht

Soweit nichts anderes vereinbart ist, gilt:

1 Die Versicherung erstreckt sich nach Maßgabe des Deckungsumfanges der AHVB auf Schadenersatzverpflichtungen des Versicherungsnehmers als Privatperson aus den Gefahren des täglichen Lebens mit Ausnahme der Gefahr einer betrieblichen, beruflichen oder gewerbsmäßigen Tätigkeit, insbesondere

1.1 als Wohnungsinhaber (nicht aber als Haus- und/oder Grundbesitzer) und als Arbeitgeber von Hauspersonal einschließlich der Fremdenbeherbergung, sofern keine behördliche Gewerbeberechtigung erforderlich ist (Abschnitt B, Z.7 EHVB findet Anwendung);

1.2 aus der Innehabung und dem Betrieb einer Rundfunk- und Fernsehempfangsanlage;

1.3 aus der Haltung und Verwendung von Fahrrädern;

1.4 aus der nicht berufsmäßigen Sportausübung, ausgenommen die Jagd;

1.5 aus dem erlaubten Besitz von Hieb-, Stich- und Schusswaffen und aus deren Verwendung als Sportgerät und für Zwecke der Selbstverteidigung;

1.6 aus der Haltung von Kleintieren, ausgenommen Hunde (Abschnitt B, Z.12 EHVB findet Anwendung);

1.7 aus der gelegentlichen Verwendung, nicht jedoch der Haltung von Elektro- und Segelbooten (Abschnitt B, Z.13 EHVB findet Anwendung);

1.8 aus der Haltung und Verwendung von sonstigen nicht motorisch angetriebenen Wasserfahrzeugen sowie von Schiffsmodellen (Abschnitt B, Z.13 EHVB findet Anwendung);

1.9 abweichend von Art.7, Pkt.5.2 AHVB aus der Haltung und Verwendung von nicht motorisch an-getriebenen Flugmodellen bis zu einem Fluggewicht von 5 kg.

2 Versichert sind für das Risiko gemäß Pkt.1 Sachschäden aus Umweltstörung nach Maßgabe des Art.6 AHVB.

AVB
Leben
Kranken
Unfall
Sachversicherung
Einbruchdiebstahl
Feuer
Glas
Haftpfl., USKV, ÖAK
Haushalt
Rechtsschutz
Transport
+ AÖSp (SVS/RVS)

12/II/11. Haftpflicht
Allg. u. Erg. Allg. Bedingungen

Die Versicherungssumme hierfür beträgt € .... im Rahmen der Pauschalversicherungssumme.

Der Selbstbehalt des Versicherungsnehmers beträgt in jedem Versicherungsfall ....% des Schadens und der Kosten gemäß Art.5, Pkt.5 AHVB.

3 Die Versicherung erstreckt sich auch auf gleichartige Schadenersatzverpflichtungen

3.1 des mit dem Versicherungsnehmer in häuslicher Gemeinschaft lebenden Ehegatten oder Lebensgefährten;

3.2 der minderjährigen Kinder (auch Enkel-, Adoptiv-, Pflege- und Stiefkinder) des Versicherungsnehmers, seines mitversicherten Ehegatten oder Lebensgefährten; diese Kinder bleiben darüber hinaus bis zur Vollendung des 25. Lebensjahres mitversichert, sofern und solange sie über keinen eigenen Haushalt und kein eigenes regelmäßiges Einkommen verfügen;

3.3 von Personen, die für den Versicherungsnehmer aus einem Arbeitsvertrag oder gefälligkeitshalber häusliche Arbeiten verrichten, in dieser Eigenschaft. Ausgeschlossen sind Personenschäden, bei welchen es sich um Arbeitsunfälle (Berufskrankheiten) im Sinne der Sozialversicherungsgesetze unter Arbeitnehmern des Versicherungsnehmers handelt.

4 Der Versicherungsschutz erstreckt sich abweichend von Art.3 AHVB auf Versicherungsfälle, die in Europa oder einem außereuropäischen Mittelmeer-Anliegerstaat eingetreten sind; die Einschränkung nach Art.3, Pkt.1, 2. Satz AHVB findet Anwendung.

17. Erweiterte Privathaftpflicht

Soweit nichts anderes vereinbart ist, gilt:

1 Die Versicherung erstreckt sich nach Maßgabe des Deckungsumfanges der AHVB auf Schadenersatzverpflichtungen des Versicherungsnehmers als Privatperson aus den Gefahren des täglichen Lebens mit Ausnahme der Gefahr einer betrieblichen, beruflichen oder gewerbsmäßigen Tätigkeit, insbesondere

1.1 als Wohnungsinhaber (nicht aber als Haus- und/oder Grundbesitzer) und als Arbeitgeber von Hauspersonal einschließlich der Fremdenbeherbergung, sofern keine behördliche Gewerbeberechtigung erforderlich ist (Abschnitt B, Z.7 EHVB findet Anwendung);

1.2 aus der Innehabung und dem Betrieb einer Rundfunk- und Fernsehempfangsanlage;

1.3 aus der Haltung und Verwendung von Fahrrädern;

1.4 aus der nicht berufsmäßigen Sportausübung, ausgenommen die Jagd;

1.5 aus dem erlaubten Besitz von Hieb-, Stich- und Schusswaffen und aus deren Verwendung als Sportgerät und für Zwecke der Selbstverteidigung;

1.6 aus der Haltung von Kleintieren, ausgenommen Hunde (Abschnitt B, Z.12 EHVB findet Anwendung);

1.7 aus der gelegentlichen Verwendung, nicht jedoch der Haltung von Elektro- und Segelbooten (Abschnitt B, Z.13 EHVB findet Anwendung);

1.8 aus der Haltung und Verwendung von sonstigen nicht motorisch angetriebenen Wasserfahrzeugen sowie von Schiffsmodellen (Abschnitt B, Z.13 EHVB findet Anwendung);

1.9 abweichend von Art.7, Pkt.5.2 AHVB aus der Haltung und Verwendung von nicht motorisch angetriebenen Flugmodellen bis zu einem Fluggewicht von 5 kg.

2 Versichert sind für das Risiko gemäß Pkt.1 Sachschäden aus Umweltstörung nach Maßgabe des Art.6 AHVB.

Die Versicherungssumme hierfür beträgt € ..... im Rahmen der Pauschalversicherungssumme.

Der Selbstbehalt des Versicherungsnehmers beträgt in jedem Versicherungsfall .....% des Schadens und der Kosten gemäß Art.5, Pkt.5 AHVB.

3 Art.7, Pkt.10 AHVB findet nur insoweit Anwendung, als die Sachen vom Versicherungsnehmer oder den mitversicherten Personen entliehen, gemietet, geleast, gepachtet bzw. dem Versicherungsnehmer oder den mitversicherten Personen im Rahmen von bloßen Gefälligkeitsverhältnissen überlassen wurden; weiters, als die Sachen in Verwahrung genommen oder einer Bearbeitung (insbesondere Reparatur oder Wartung) unterzogen wurden.

4 Abweichend von Art.7, Pkt.10.1 AHVB erstreckt sich der Versicherungsschutz ferner auf Schadenersatzverpflichtungen aus der Beschädigung von gemieteten Räumen sowie des darin befindlichen Inventars. Dieser Versicherungsschutz gilt nur für Mietverhältnisse mit einer Höchstdauer von einem Monat.

5 Die Versicherung erstreckt sich auch auf gleichartige Schadenersatzverpflichtungen

5.1 des mit dem Versicherungsnehmer in häuslicher Gemeinschaft lebenden Ehegatten oder Lebensgefährten;

5.2 der minderjährigen Kinder (auch Enkel-, Adoptiv-, Pflege- und Stiefkinder) des Versicherungsnehmers, seines mitversicherten

12/II/11. Haftpflicht
Allg. u. Erg. Allg. Bedingungen

Ehegatten oder Lebensgefährten; diese Kinder bleiben darüber hinaus bis zur Vollendung des 25. Lebensjahres mitversichert, sofern und solange sie über keinen eigenen Haushalt und kein eigenes regelmäßiges Einkommen verfügen;

5.3 von Personen, die für den Versicherungsnehmer aus einem Arbeitsvertrag oder gefälligkeitshalber häusliche Arbeiten verrichten, in dieser Eigenschaft. Ausgeschlossen sind Personenschäden, bei welchen es sich um Arbeitsunfälle (Berufskrankheiten) im Sinne der Sozialversicherungsgesetze unter Arbeitnehmern des Versicherungsnehmers handelt.

6 Abweichend von Art.7, Pkt.6.2 AHVB sind nur Schadenersatzansprüche der gemäß den Punkten 5.1 und 5.2 versicherten Personen vom Versicherungsschutz ausgeschlossen.

7 Der Versicherungsschutz erstreckt sich abweichend von Art.3 AHVB auf die ganze Erde. Die Einschränkung nach Art.3, Pkt.1, 2. Satz AHVB findet Anwendung, sofern der Versicherungsfall nicht in den USA, Kanada oder Australien eingetreten ist.

18. Erziehungswesen

Soweit nichts anderes vereinbart ist, gilt:

1 Schulen und Erziehungsanstalten
1.1 Abschnitt A EHVB findet Anwendung.
1.2 Die Versicherung erstreckt sich abweichend von Art.7, Punkte 10.2 bis 10.4 AHVB auch auf die Haftung des Versicherungsnehmers aus der Beschädigung (nicht dem Verlust oder Abhandenkommen) von Sachen der Schüler oder Zöglinge.

2 Lehr- oder Aufsichtspersonen

Die Versicherung erstreckt sich nach Maßgabe des Deckungsumfanges der AHVB auf Schadenersatzverpflichtungen des Versicherten aus der Lehr- und Aufsichtstätigkeit.

3 Der Versicherungsschutz erstreckt sich auf die Durchführung schulischer Veranstaltungen (auch Maturareise), und zwar auch außerhalb des Lehrplanes, jedoch mit Genehmigung der Schulleitung.

Der Versicherungsschutz erstreckt sich abweichend von Art.3 AHVB auf Versicherungsfälle aus der Durchführung dieser Veranstaltungen in Europa oder einem außereuropäischen Mittelmeer-Anliegerstaat; die Einschränkung nach Art.3, Pkt.1, 2. Satz AHVB findet Anwendung.

4 Schadenersatzverpflichtungen aufgrund des Amtshaftungsgesetzes:

Die Versicherung erstreckt sich abweichend von Art.7, Pkt.3 AHVB auch auf Schadenersatzverpflichtungen aufgrund des Amtshaftungsgesetzes (BGBl. Nr. 20/1949), in der jeweils geltenden Fassung, wobei reine Vermögensschäden bis zu einer Versicherungssumme von € .... mitgedeckt sind.

19. Spezialschulen

Soweit nichts anderes vereinbart ist, **gilt für Spezialschulen wie z. B. Fahr-, Flug- (auch Fallschirmsprung-), Motorboot-, Wasserschi-, Segel-, Surf-, Reit- und Schischulen:**

1 Abschnitt A EHVB findet Anwendung.
2 Abschnitt B, Z.18 EHVB findet keine Anwendung.
3 Schadenersatzverpflichtungen aus Haltung oder Verwendung von Kraftfahrzeugen, Anhängern, Luftfahrzeugen und Luftfahrtgeräten sind gemäß Art.7, Pkt.5 AHVB vom Versicherungsschutz ausgeschlossen.

Der praktische Unterricht an sowie der Transport von diesen Sachen wird der Verwendung gleichgehalten.

Der Versicherungsschutz bezieht sich im Rahmen des versicherten Risikos auch auf die Lehr- und Aufsichtstätigkeit sowie den praktischen Unterricht unter Verwendung von Motorbooten, Segelbooten, Surfgeräten oder Reitpferden.

20. Speziallehrer

Soweit nichts anderes vereinbart ist, **gilt für Speziallehrer wie z. B. Fahr-, Flug- (auch Fallschirmsprung-), Motorboot-, Wasserschi-, Segel-, Surf-, Reit- und Schilehrer sowie Bergführer:**

1 Abschnitt A, Z.3 EHVB findet Anwendung.
2 Abschnitt B, Z.18 EHVB findet keine Anwendung.
3 Der Versicherungsschutz bezieht sich auf alle Tätigkeiten, zu denen der Versicherungsnehmer aufgrund der für seinen Beruf geltenden Gesetze, Verordnungen und behördlichen Vorschriften berechtigt ist.
4 Die Qualifikation eines Alpinvereines wird einer behördlichen Qualifikation gleichgehalten.
5 Schadenersatzverpflichtungen aus Haltung oder Verwendung von Kraftfahrzeugen, Anhängern, Luftfahrzeugen und Luftfahrtgeräten sind gemäß Art.7, Pkt.5 AHVB vom Versicherungsschutz ausgeschlossen.

Der praktische Unterricht an sowie der Transport von diesen Sachen wird der Verwendung gleichgehalten.

12/II/11. Haftpflicht
Allg. u. Erg. Allg. Bedingungen

Der Versicherungsschutz bezieht sich im Rahmen des versicherten Risikos auch auf die Lehr- und Aufsichtstätigkeit sowie den praktischen Unterricht unter Verwendung von Motorbooten, Segelbooten, Surfgeräten oder Reitpferden.

21. Politische Gemeinden

Soweit nichts anderes vereinbart ist, gilt:

1 Die Versicherung erstreckt sich nach Maßgabe des Deckungsumfanges der AHVB auf Schadenersatzverpflichtungen der Gemeinde

1.1 aus ihrem Gebäude- und Grundbesitz, der nicht land- und forstwirtschaftlichen, gewerblichen oder industriellen Zwecken dient und nicht vermietet oder verpachtet ist sowie aus dem Bestand und Betrieb von Friedhöfen und Krematorien (Abschnitt B, Z.11 EHVB findet Anwendung);

1.2 aus solchen Arbeiten, die ausschließlich zum Zweck des Baues oder der Erhaltung von Gemeindestraßen, -wegen, -plätzen und -brücken vorgenommen werden, sofern die Kosten für diese Arbeiten ausschließlich aus Gemeindemitteln bestritten werden (Abschnitt B, Z.3 EHVB findet Anwendung);

1.3 aus der Innehabung und dem Betrieb von Bauhöfen, Stein-, Schotter- und Sandbrüchen, jedoch nur unter der Voraussetzung, dass diese ausschließlich den unter den Punkten 1 und 2 versicherten Risken dienen (Abschnitt B, Z.3 EHVB findet Anwendung);

1.4 aus der gemeindeeigenen Müllabfuhr.

Nur bei besonderer Vereinbarung erstreckt sich die Versicherung auch auf Schadenersatzverpflichtungen aus der Innehabung und dem Betrieb von gemeindeeigenen Mülldeponien und Müllbeseitigungsanlagen, Wasserversorgungs-, Kanal- und Kläranlagen.

2 Die Versicherung erstreckt sich auch auf Schadenersatzverpflichtungen der zu Robotleistungen herangezogenen Personen.

3 Nur bei besonderer Vereinbarung erstreckt sich die Versicherung auch auf Sachschäden durch Umweltstörung nach Maßgabe des Art.6 AHVB.

4 Abschnitt A, Z.1 und Z.3 EHVB finden Anwendung.

22. Kirchen, Kultusgemeinden

Soweit nichts anderes vereinbart ist, gilt:

1 Die Versicherung erstreckt sich nach Maßgabe des Deckungsumfanges der AHVB auf Schadenersatzverpflichtungen aus

1.1 der Wahrnehmung von Aufgaben einer Kirchen- bzw. Kultusgemeinde;

1.2 der Durchführung von Veranstaltungen durch den Versicherungsnehmer, und zwar unabhängig vom Ort der Veranstaltung;

1.3 der Innehabung oder Verwendung von Grundstücken, Gebäuden, Räumlichkeiten, Anlagen, Einrichtungen und Geräten, die nicht land- und forstwirtschaftlichen, gewerblichen oder industriellen Zwecken dienen und nicht vermietet oder verpachtet sind sowie aus dem Bestand und Betrieb von Friedhöfen und Krematorien (Abschnitt B, Z.11 EHVB findet Anwendung).

2 Mitversichert nach Maßgabe des Pkt.1 sind Schadenersatzverpflichtungen der gesetzlichen Vertreter des Versicherungsnehmers und sämtlicher in seinem Auftrag für ihn handelnden Personen.

Zu den in den AHVB und EHVB erwähnten Bestimmungen des VersVG vgl Pkt 1. in diesem Band.

12/II/1a. USKV
Sanierungskosten

Umweltsanierungskostenversicherung (USKV) (Besondere Bedingungen Nr. 566)

Version 2012

Bestimmungen in den Allgemeinen Bedingungen für die Haftpflichtversicherung (AHVB), in den Ergänzenden Allgemeinen Bedingungen für die Haftpflichtversicherung (EHVB) sowie sonstige vereinbarte Bestimmungen sind, auch wenn sie sich auf gesetzliche Haftpflichtbestimmungen privatrechtlichen Inhalts beziehen, im Rahmen dieser Besonderen Bedingung auf gesetzliche Verpflichtungen öffentlich-rechtlichen Inhalts sinngemäß anzuwenden.

1. Gegenstand der Versicherung (Versicherungsschutz)
1.1 Im Versicherungsfall übernimmt der Versicherer, abweichend von Art.1, Pkt.2 AHVB,
1.1.1 die Kosten der Erfüllung von gesetzlichen Verpflichtungen öffentlich-rechtlichen Inhalts, die dem Versicherungsnehmer wegen einer Sanierung von Umweltschäden gemäß Bundes-Umwelthaftungsgesetz (B-UHG, BGBl. I Nr. 55/2009), landesgesetzlicher Regelungen oder anderer gesetzlicher Bestimmungen in Umsetzung der Umwelthaftungsrichtlinie (Richtlinie 2004/35/EG) in der jeweils geltenden Fassung erwachsen (in der Folge kurz „Sanierungsverpflichtungen" genannt).

Umweltschäden gemäß der genannten gesetzlichen Bestimmungen sind
– eine Schädigung geschützter Arten und natürlicher Lebensräume,
– eine Schädigung der Gewässer und
– eine Schädigung des Bodens.

Die Schädigung geschützter Arten und natürlicher Lebensräume gilt nicht als Sachschaden gemäß Art.1, Pkt.2.3 AHVB.

1.1.2 die Kosten der Feststellung und der Abwehr einer von einer Behörde oder einem Dritten behaupteten Sanierungsverpflichtung im Rahmen des Art. 5 Pkt. 5 AHVB.

1.2 Versicherungsschutz im Rahmen dieser Besonderen Bedingung besteht, wenn der Umweltschaden durch einen einzelnen, plötzlich eingetretenen, unvorhergesehenen Vorfall ausgelöst wird, welcher vom ordnungsgemäßen, störungsfreien Betriebsgeschehen abweicht (Störfall).

Somit besteht insbesondere kein Versicherungsschutz, wenn nur durch mehrere in der Wirkung gleichartige Vorfälle (wie Verklecken, Verdunsten) ein Umweltschaden, der bei einzelnen Vorfällen dieser Art nicht eingetreten wäre, ausgelöst wird.

Art.7, Pkt.11 AHVB findet keine Anwendung.

1.3 Für das Produktehaftpflichtrisiko (Abschnitt A, Z.2 EHVB) besteht auch ohne Vorliegen eines Störfalles Versicherungsschutz. Dies gilt jedoch nur soweit, als der Umweltschaden nicht auf die bestimmungsgemäße Wirkung des Produktes zurückzuführen ist oder bei bestimmungsgemäßer Wirkung ebenso entstanden wäre.

1.4 Abweichend von Art.7, Pkt.6 AHVB besteht Versicherungsschutz für Schäden an geschützten Arten, natürlichen Lebensräumen, an Gewässern und am Boden, soweit diese in Eigentum, Besitz (z.B. Miete, Leasing, Pacht) oder bloßer Innehabung des Versicherungsnehmers oder dessen Angehörigen, Gesellschaftern oder verbundenen Gesellschaften gemäß Art.7, Pkt.6.2, 6.3 und 6.4 AHVB stehen und der Versicherungsnehmer oder die für ihn handelnden Personen den Schaden nicht grob fahrlässig oder vorsätzlich herbeigeführt haben.

1.5 Abgrenzung zu anderen Versicherungen

1.5.1 Versicherungsschutz besteht nur insoweit, als die versicherten Kosten nicht Gegenstand der Deckungserweiterung für Sachschäden durch Umweltstörung (Art.6 AHVB) oder für das Produktehaftpflichtrisiko (Abschnitt A, Z.2 EHVB) sind.

1.5.2 Besteht für versicherte Kosten prinzipiell Versicherungsschutz aus einem anderen Versicherungsvertrag, dann wird aus gegenständlichem Vertrag keine Leistung erbracht; dies gilt unabhängig davon, ob aus dem anderen Versicherungsvertrag im konkreten Versicherungsfall tatsächlich eine Leistung zu erbringen ist (Subsidiarität).

2. Versicherungsfall

12/II/11a. USKV

Sanierungskosten

2.1 Versicherungsfall ist abweichend von Art.1, Pkt.1 AHVB die erste nachprüfbare Feststellung eines Umweltschadens gemäß Pkt.1, aus dem Sanierungsverpflichtungen erwachsen oder erwachsen könnten.

2.2 Serienschaden

Abweichend von Art.1, Pkt.1.2 AHVB gilt die Feststellung mehrerer durch denselben Vorfall ausgelöster Umweltschäden als ein Versicherungsfall. Ferner gelten als ein Versicherungsfall Feststellungen von Umweltschäden, die durch gleichartige, in zeitlichem Zusammenhang stehende Vorfälle ausgelöst werden, wenn zwischen diesen Vorfällen ein rechtlicher, wirtschaftlicher oder technischer Zusammenhang besteht.

Art.4, Pkt.2 AHVB findet sinngemäß Anwendung.

2.3 Produktehaftpflichtrisiko

Im Rahmen dieser Besonderen Bedingung gilt für das Produktehaftpflichtrisiko die Lieferung eines mangelhaften Produktes bzw. die Übergabe mangelhaft geleisteter Arbeit als Vorfall.

3. Vergrößerung des versicherten Risikos

Abweichend von Art.2, Pkt.1 AHVB sind neue Betriebsstätten (z.B. Produktions- oder Vertriebsniederlassungen, Lager und dgl.) nicht automatisch versichert.

4. Versicherte Sanierungsmaßnahmen

4.1 Sanierung im Sinne dieser Besonderen Bedingung ist bei einer Schädigung von geschützten Arten und natürlichen Lebensräumen sowie von Gewässern

– eine „primäre Sanierung", d.h. Sanierungsmaßnahmen, die die geschädigten natürlichen Ressourcen oder ihre beeinträchtigten Funktionen ganz oder annähernd in den Ausgangszustand zurückversetzen,

– eine „ergänzende Sanierung", d.h. Sanierungsmaßnahmen, mit denen der Umstand ausgeglichen werden soll, dass die primäre Sanierung nicht zu einer vollständigen Wiederherstellung der geschädigten natürlichen Ressourcen oder ihrer Funktionen führt, und

– eine „Ausgleichssanierung", d.h. Sanierungsmaßnahmen zum Ausgleich zwischenzeitlicher Einbußen an den geschädigten natürlichen Ressourcen oder ihrer Funktionen, die vom Zeitpunkt des Eintretens des Schadens bis zu dem Zeitpunkt entstehen, in dem die primäre Sanierung ihre Wirkung vollständig entfaltet hat.

4.2 Sanierung im Sinne dieser Besonderen Bedingung sind bei einer Schädigung des Bodens die erforderlichen Maßnahmen, die zumindest sicherstellen, dass die gesundheitsschädlichen Schadstoffe beseitigt, kontrolliert, eingedämmt oder vermindert werden, sodass der geschädigte Boden in seiner gegebenen gegenwärtigen oder zugelassenen künftigen Nutzung kein erhebliches Risiko einer Beeinträchtigung der menschlichen Gesundheit mehr darstellt.

5. Versicherte Kosten für Sanierungsverpflichtungen

5.1 Versicherte Kosten für Sanierungsverpflichtungen (Pkt.1.1.1) sind alle Kosten, die zur ordnungsgemäßen und wirksamen Erfüllung von Sanierungsverpflichtungen gesetzlich vorgeschrieben sind (z.B. § 4 Z 12 B-UHG), unabhängig davon,

– ob der Versicherungsnehmer selbst zu sanieren hat oder von einer Behörde oder einem Dritten auf Erstattung von Kosten in Anspruch genommen wird und

– ob der Anspruch auf öffentlich-rechtlicher oder zivilrechtlicher Grundlage geltend gemacht wird.

5.2 Nicht versichert sind Kosten für Sanierungsverpflichtungen, soweit ein Kostenersatzanspruch gegen die öffentliche Hand besteht. Versichert sind jedoch die Kosten der Durchsetzung von Rückersatzansprüchen gegen die öffentliche Hand (z.B. gemäß § 8 Abs 3 B-UHG).

5.3 Die Leistungspflicht des Versicherers für die primäre und ergänzende Sanierung ist im Rahmen der Versicherungssumme mit jenen Kosten begrenzt, die für die Wiederherstellung der geschädigten natürlichen Ressourcen oder ihrer beeinträchtigten Funktionen in den Ausgangszustand notwendig sind. Die Leistungspflicht des Versicherers für die Ausgleichssanierung ist im Rahmen der Versicherungssumme mit ... % der Kosten für die primäre und ergänzende Sanierung begrenzt.

5.4 Wird durch den Versicherungsfall eine bestehende Kontamination von Gewässern und des Bodens erhöht, so werden nur jene Kosten ersetzt, die den für eine Beseitigung der bestehenden Kontamination erforderlichen Betrag übersteigen, und zwar ohne Rücksicht darauf, ob und wann dieser Betrag ohne den Versicherungsfall aufgewendet worden wäre.

12/II/11a. USKV
Sanierungskosten

6. Versicherungssumme, Entschädigungshöchstbetrag pro Versicherungsjahr, Selbstbehalt
6.1 Die Versicherungssumme beträgt im Rahmen der Pauschalversicherungssumme € ...
6.2 Abweichend von Art.5, Pkt.2 AHVB leistet der Versicherer für die innerhalb eines Versicherungsjahres eingetretenen Versicherungsfälle höchstens das ...-fache der Versicherungssumme.
6.3 *Soweit nichts anderes vereinbart ist*, beträgt der Selbstbehalt des Versicherungsnehmers in jedem Versicherungsfall ... % der versicherten Kosten.
7. Örtlicher Geltungsbereich
Abweichend von Art.3 AHVB besteht Versicherungsschutz, wenn der Umweltschaden in Österreich eingetreten ist und soweit sich die Sanierungsverpflichtung auf natürliche Ressourcen in Österreich bezieht.
8. Zeitlicher Geltungsbereich
Abweichend von Art.4 AHVB erstreckt sich der Versicherungsschutz auf einen Umweltschaden, der während der Wirksamkeit des Versicherungsschutzes oder spätestens ... Jahre danach festgestellt wird (Pkt.2.1). Der Vorfall muss sich während der Wirksamkeit des Versicherungsschutzes ereignen.

Ein Umweltschaden, der zwar während der Wirksamkeit des Versicherungsschutzes festgestellt wird, der aber auf einen Vorfall vor Abschluss des Versicherungsvertrages zurückzuführen ist, ist nur dann versichert, wenn sich dieser Vorfall frühestens ... Jahre vor Abschluss des Versicherungsvertrages ereignet hat und dem Versicherungsnehmer oder dem Versicherten bis zum Abschluss des Versicherungsvertrages der Vorfall oder der Umweltschaden nicht bekannt war und auch nicht bekannt sein konnte.

Art 4, Pkt.2 AHVB findet sinngemäß Anwendung.
9. Obliegenheiten
Der Versicherungsnehmer ist - bei sonstiger Leistungsfreiheit des Versicherers gemäß den Voraussetzungen und Begrenzungen des § 6 VersVG (siehe Anlage) verpflichtet,
9.1 die für ihn maßgeblichen einschlägigen Gesetze, Verordnungen, behördlichen Vorschriften und Auflagen, die einschlägigen Normen (z.B. Ö-Normen, ISO und CEN) und die Richtlinien des Österreichischen Wasserwirtschaftsverbandes einzuhalten;
9.2 geeignete Sicherheitsvorkehrungen zu treffen, die verhindern, dass Dritte einen Schaden verursachen (z.B. § 8 Abs 3 Z 1 B-UHG);
9.3 umweltgefährdende Anlagen und sonstige umweltgefährdende Einrichtungen fachmännisch zu warten oder warten zu lassen; notwendige Reparaturen und Wartungsarbeiten sind unverzüglich auszuführen.

Mindestens alle fünf Jahre - sofern nicht gesetzlich oder behördlich eine kürzere Frist vorgeschrieben ist - müssen diese Anlagen und Einrichtungen durch Fachleute überprüft werden.

Diese Frist beginnt ungeachtet des Beginnes des Versicherungsschutzes mit Inbetriebnahme der Anlage oder deren letzter Überprüfung.
10. Ausschlüsse vom Versicherungsschutz
Soweit nichts anderes vereinbart ist, gilt Folgendes:
10.1 In Ergänzung zu den Ausschlüssen in den AHVB und EHVB besteht kein Versicherungsschutz, soweit der Umweltschaden zurückzuführen ist
10.1.1 auf einen per Gesetz, Verordnung oder Bescheid erlaubten Eingriff in die natürliche Ressource (etwa aufgrund wasser-, naturschutz-, jagd- oder fischereirechtlicher Bestimmungen) im Rahmen dieser Erlaubnis,
10.1.2 auf die Befolgung von behördlichen Aufträgen oder Anordnungen, sofern es sich nicht um Aufträge oder Anordnungen infolge von drohenden oder bereits eingetretenen Umweltschäden handelt,
10.1.3 auf eine Emission oder eine Tätigkeit oder jede Art der Verwendung eines Produkts im Verlauf einer Tätigkeit, die nach dem Stand der wissenschaftlichen und technischen Erkenntnisse zum Zeitpunkt, an dem die Emission freigesetzt oder die Tätigkeit ausgeübt wurde, nicht als wahrscheinliche Ursache von Umweltschäden angesehen wurde,
10.1.4 auf Schäden aus Planung, Errichtung, Betrieb, Wartung, Reparatur oder Abbruch von
- Anlagen zur Zwischenlagerung von gefährlichen Abfällen und aus der Endlagerung (Deponierung) von Abfällen jeder Art sowie

12/II/11a. USKV
Sanierungskosten

- unterirdischen Leitungen und Behältnissen ohne Leckkontrolle, Abwasserreinigungsanlagen, Kläranlagen und Abfallbehandlungsanlagen,

10.1.5 auf die Veränderung der Lagerstätte des Grundwassers oder seines Fließverhaltens

10.1.6 auf die Übertragung von Krankheiten auf geschützte Arten.

10.2 Kein Versicherungsschutz besteht für Aufwendungen zur Erhaltung, Reparatur, Nachrüstung, Sicherung oder Sanierung von Anlagen oder sonstigen Einrichtungen des Versicherungsnehmers, die über die notwendigen Rettungskosten gemäß Art.5, Pkt.5 AHVB hinausgehen. Dies gilt auch, wenn die Anlagen oder sonstigen Einrichtungen in Besitz (z.B. Miete, Leasing, Pacht) oder bloßer Innehabung des Versicherungsnehmers oder dessen Angehörigen, Gesellschaftern oder verbundenen Gesellschaften gemäß Art.7, Pkt.6.2, 6.3 und 6.4 AHVB sind.

12/II/11a. USKV
Umweltstörung/Auslandsklauseln

Umweltstörung - USKV Auslandsklauseln 2009

Besondere Bedingung Nr. 567 Umweltstörung – Auslandsdeckung für das Ausbreitungsrisiko in die angrenzenden Mitgliedsstaaten der Europäischen Union, Schweiz und Liechtenstein

1. Abweichend von Art. 3 AHVB besteht im Rahmen des Art. 6 AHVB (Sachschäden durch Umweltstörung) Versicherungsschutz, wenn sich der Vorfall in Österreich ereignet hat und die schädigenden Folgen der Umweltstörung in den unmittelbar angrenzenden Mitgliedsstaaten der Europäischen Union, der Schweiz oder in Liechtenstein eingetreten sind.
   Abweichend von Art. 3 AHVB besteht Versicherungsschutz auch für Personenschäden durch Umweltstörung im Sinne des Art. 6 AHVB, wenn die Ursache für den Versicherungsfall in Österreich gesetzt wurde und dieser in den unmittelbar angrenzenden Mitgliedsstaaten der Europäischen Union, der Schweiz oder in Liechtenstein eingetreten ist.
   Insofern gelten Art. 6, Pkt. 3.2 AHVB sowie Pkt. 3.4 der Besonderen Bedingungen Nr. 500- 502 als abgeändert. Die Einschränkung nach Art. 3, Pkt. 1, 2. Satz AHVB findet Anwendung. Es gilt Art.13 AHVB.
2. Der Versicherungsschutz gemäß Pkt. 1 ist nicht gegeben, wenn die Schadenermittlung und –regulierung oder die Erfüllung sonstiger Pflichten des Versicherers durch Staatsgewalt, Dritte oder den Versicherungsnehmer verhindert wird.
   Die Leistungspflicht des Versicherers bleibt jedoch auch in einem solchen Fall bestehen, wenn die Schadenregulierung aufgrund der vom Versicherungsnehmer beigebrachten Unterlagen dem Grunde und der Höhe nach möglich ist.

Besondere Bedingung Nr. 568
USKV – Auslandsdeckung für das Ausbreitungsrisiko in die angrenzenden Mitgliedsstaaten der Europäischen Union, Schweiz und Liechtenstein

1. Abweichend von Art. 3 AHVB besteht im Rahmen der Besonderen Bedingung Nr. 566 (Umweltsanierungskostenversicherung – USKV) Versicherungsschutz, wenn sich der Vorfall in Österreich ereignet hat und sich die Sanierungsverpflichtung auf natürliche Ressourcen in den unmittelbar angrenzenden Mitgliedsstaaten der Europäischen Union, der Schweiz oder in Liechtenstein bezieht. Insofern gilt Pkt. 7 der Besonderen Bedingung Nr. 566 als abgeändert. Es gilt Art.13 AHVB.
2. Vom Versicherungsschutz ausgeschlossen sind Verpflichtungen, die in der Umwelthaftungsrichtlinie (Richtlinie 2004/35/EG) nicht vorgesehen sind.
3. Der Versicherungsschutz gemäß Pkt. 1 ist nicht gegeben, wenn die Schadenermittlung und –regulierung oder die Erfüllung sonstiger Pflichten des Versicherers durch Staatsgewalt, Dritte oder den Versicherungsnehmer verhindert wird.
   Die Leistungspflicht des Versicherers bleibt jedoch auch in einem solchen Fall bestehen, wenn die Schadenregulierung aufgrund der vom Versicherungsnehmer beigebrachten Unterlagen dem Grunde und der Höhe nach möglich ist.

Besondere Bedingung Nr. 569
Umweltstörung – Auslandsdeckung für die Mitgliedsstaaten der Europäischen Union, Schweiz und Liechtenstein

1. Abweichend von Art. 3 AHVB besteht im Rahmen des Art. 6 AHVB (Sachschäden durch Umweltstörung) Versicherungsschutz, wenn die schädigenden Folgen der Umweltstörung in den Mitgliedsstaaten der Europäischen Union, der Schweiz und in Liechtenstein eingetreten sind.
   Abweichend von Art. 3 AHVB besteht Versicherungsschutz auch für Personenschäden durch Umweltstörung, wenn der Versicherungsfall in den Mitgliedsstaaten der Europäischen Union, der Schweiz oder in Liechtenstein eingetreten ist.
   Insofern gelten Art. 6, Pkt. 3.2 AHVB sowie Pkt. 3.4 der Besonderen Bedingungen Nr. 500- 502 als abgeändert. Die Einschränkung nach Art. 3, Pkt.1, 2. Satz AHVB findet Anwendung. Es gilt Art.13 AHVB.

12/II/11a. USKV
Umweltstörung/Auslandsklauseln

2. Der Versicherungsschutz gemäß Pkt.1 bezieht sich auf Versicherungsfälle
   - durch Produkte des Versicherungsnehmers, die dorthin gelangt sind, ohne dass der Versicherungsnehmer dorthin geliefert hat oder liefern hat lassen;
   - durch Produkte, die der Versicherungsnehmer dorthin geliefert hat oder liefern hat lassen;
   - aus Montage-, Wartungs- (auch Inspektion und Kundendienst), Reparatur- und Bauarbeiten sowie der Innehabung und Verwendung der beweglichen, betrieblichen Einrichtung zur Durchführung dieser Arbeiten.

   Schadenersatzverpflichtungen aus Sach- oder Personenschäden durch Umweltstörung durch im Ausland gelegenen Betriebsstätten sind daher nicht automatisch mitversichert, sondern bedarf es dazu einer gesonderten Vereinbarung.

3. Der Versicherungsschutz gemäß Pkt.1 ist nicht gegeben, wenn die Schadenermittlung und -regulierung oder die Erfüllung sonstiger Pflichten des Versicherers durch Staatsgewalt, Dritte oder den Versicherungsnehmer verhindert wird.

   Die Leistungspflicht des Versicherers bleibt jedoch auch in einem solchen Fall bestehen, wenn die Schadenregulierung aufgrund der vom Versicherungsnehmer beigebrachten Unterlagen dem Grunde und der Höhe nach möglich ist.

Besondere Bedingung Nr. 570
USKV – Auslandsdeckung für die Mitgliedsstaaten der Europäischen Union, Schweiz und Liechtenstein

1. Abweichend von Art. 3 AHVB besteht im Rahmen der Besonderen Bedingung Nr. 566 (Umweltsanierungskostenversicherung – USKV) Versicherungsschutz, soweit sich die Sanierungsverpflichtung auf natürliche Ressourcen in den Mitgliedsstaaten der Europäischen Union, der Schweiz oder in Liechtenstein beziehen. Insofern gilt Pkt. 7 der Besonderen Bedingung Nr. 566 als abgeändert. Es gilt Art. 13 AHVB.

2. Der Versicherungsschutz gemäß Pkt.1 bezieht sich auf Versicherungsfälle
   - durch Produkte des Versicherungsnehmers, die dorthin gelangt sind, ohne dass der Versicherungsnehmer dorthin geliefert hat oder liefern hat lassen;
   - durch Produkte, die der Versicherungsnehmer dorthin geliefert hat oder liefern hat lassen;
   - aus Montage-, Wartungs- (auch Inspektion und Kundendienst), Reparatur- und Bauarbeiten sowie der Innehabung und Verwendung der beweglichen, betrieblichen Einrichtung zur Durchführung dieser Arbeiten.

   Sanierungsverpflichtungen durch im Ausland gelegenen Betriebsstätten sind daher nicht automatisch mitversichert, sondern bedarf es dazu einer gesonderten Vereinbarung.

4. Vom Versicherungsschutz ausgeschlossen sind
4.1 abweichend von Pkt 1.4 der Besonderen Bedingung Nr. 566 (USKV) Schäden an geschützten Arten, natürlichen Lebensräumen, an Gewässern und am Boden, soweit diese in Eigentum, Besitz (z.B. Miete, Leasing, Pacht) oder bloßer Innehabung des Versicherungsnehmers oder dessen Angehörigen, Gesellschaftern oder verbundenen Gesellschaften gemäß Art.7, Pkt.6.2, 6.3 und 6.4 AHVB stehen;
4.2 Verpflichtungen, die in der Umwelthaftungsrichtlinie (Richtlinie 2004/35/EG) nicht vorgesehen sind.

5. Der Versicherungsschutz gemäß Pkt.1 ist nicht gegeben, wenn die Schadenermittlung und -regulierung oder die Erfüllung sonstiger Pflichten des Versicherers durch Staatsgewalt, Dritte oder den Versicherungsnehmer verhindert wird.

   Die Leistungspflicht des Versicherers bleibt jedoch auch in einem solchen Fall bestehen, wenn die Schadenregulierung aufgrund der vom Versicherungsnehmer beigebrachten Unterlagen dem Grunde und der Höhe nach möglich ist.

12/II/11b. AHVB-ÖÄK
Rahmenvereinbarung ÖÄK-VVO

Rahmenvereinbarung der Österreichischen Ärztekammer (ÖÄK) mit dem Verband der Versicherungsunternehmen (VVO) über die Vertragsbedingungen der Berufshaftpflichtversicherung gemäß § 117b Abs 1 Z 22a ÄrzteG

Die Allgemeinen Bedingungen für die Haftpflichtversicherung (AHVB) finden insoweit Anwendung, als in den Ergänzenden Allgemeinen Bedingungen für die Haftpflichtversicherung (EHVB) keine Sonderregelungen getroffen werden.

Im Sinne des § 52d ÄrzteG lautet Abschnitt B Z.9 EHVB der unverbindlichen Musterbedingungen:

9. Ärzte im Sinne des § 52d ÄrzteG

Soweit nichts anderes vereinbart ist, gilt:

1. Abschnitt A EHVB findet Anwendung (Allgemeine Bedingungen für Haftpflichtversicherungen).

2. Der Versicherungsschutz umfasst jede selbstständige Tätigkeit des gemäß § 3 ÄrzteG zur selbstständigen Berufsausübung befugten Arzt, unabhängig davon, ob er als niedergelassener Arzt für Allgemeinmedizin, Facharzt oder approbierter Arzt tätig ist sowie für selbstständige berufsbefugte Gruppenpraxen in der Rechtsform einer OG bzw GmbH. Die Haftpflichtversicherung umfasst die Tätigkeit der Gruppenpraxis sowie sämtlicher Gesellschafter. Der Versicherungsschutz umfasst die ärztliche Tätigkeit innerhalb wie außerhalb der Gesellschaft (Zweitordination).

   Ebenso ist für den gemäß § 37 ÄrzteG zur vorübergehenden grenzüberschreitenden Tätigkeit befugte Arzt, der in einem anderen EWR-Vertragsstaat oder der Schweizerischen Eidgenossenschaft einen Berufssitz oder Dienstort hat, der Abschluss einer Berufshaftpflichtversicherung Voraussetzung für die Aufnahme seiner Tätigkeit in Österreich. Der gemäß § 37 ÄrzteG tätige Arzt hat der Österreichischen Ärztekammer im Wege der Ärztekammer jenes Bundeslandes den Nachweis für seine Berufshaftpflichtversicherung gemäß den Anforderungen des § 52d ÄrzteG zu erbringen, in dem die Dienstleistung erbracht werden soll.

3. Die persönliche Schadenersatzpflicht des Vertreters (beispielsweise mit einer sozialen Krankenversicherung vereinbarte Dauervertretung, Vertretung bei Urlaub, Krankheit oder Fortbildung) ist mitversichert, soweit nicht anderweitig Versicherungsschutz besteht. Zwecks Transparenz für den Versicherer besteht eine Meldepflicht (Bekanntgabe des Namens und des Fachgebiets des oder der Vertreter) des Versicherungsnehmers bei länger als sechs Monate dauernder Vertretung. Das Versäumnis einer solchen Meldung stellt keine Obliegenheitsverletzung dar.

   Der Versicherungsschutz umfasst die unselbstständige Ausübung ärztlicher Tätigkeiten, die in einer als Ausbildungsstätte anerkannten Einrichtung, im Rahmen von Lehrpraxen bzw Lehrgruppenpraxen unter Anleitung und Aufsicht der ausbildenden Ärzte erbracht werden.

   Der Versicherungsschutz hat auch für sonstiges in der Ordination und in der Gruppenpraxis angestelltes ärztliches und nichtärztliches Personal (Angehöriger anderer Gesundheitsberufe) und Studenten im Zuge ihrer Ausbildung zum Humanmediziner (Famulanten) zu gelten.

4. Die Versicherung besteht auch für den Betrieb und Bestand einer Hausapotheke iSd Apothekengesetzes.

5. Die Versicherung erstreckt sich abweichend von Art. 1, Pkt.2 AHVB (Personen-, Sach- und abgeleitete Vermögensschäden) auch auf Schadenersatzverpflichtungen aus reinen Vermögensschäden bis zu einer Versicherungssumme in der jeweils gesetzlichen Höhe. Die gerichtliche

12/II/11b. AHVB-ÖÄK
Rahmenvereinbarung ÖÄK-VVO

Tätigkeit gemäß § 2a SDG als Gutachter ist von der Berufshaftpflichtversicherung gemäß § 52d ÄrzteG nicht mitumfasst.

6. Der Versicherungsschutz erstreckt sich abweichend von Art. 3 AHVB auf Versicherungsfälle, die weltweit eintreten, sofern die schadenverursachende medizinische Behandlung in Österreich erfolgt ist. Die Einschränkung nach Art. 3, Pkt.1, 2. Satz AHVB findet Anwendung, sodass Schadenersatzansprüche aus Schäden, die nach US-amerikanischem, kanadischem oder australischem Recht - bei welchem Gerichtsstand auch immer - klagsweise geltend gemacht werden, nicht versichert sind.

7. Schadenersatzverpflichtungen von Ärzten aus Erste-Hilfe-Leistungen sind abweichend von Art. 3 AHVB weltweit mitversichert, genauso wie Tätigkeiten im Rahmen organisierter Rettungseinsätze sowie als ärztlicher Betreuer eines Vereins. Die Einschränkung nach Art. 3, Pkt.1, 2. Satz AHVB findet keine Anwendung.

8. Nachdeckung nach Beendigung der ärztlichen Tätigkeit
   a) Schadenereignisprinzip

   Der Versicherungsschutz bezieht sich in teilweiser Abänderung von Art. A, Pkt.1, Abs. 1 AHVB auch auf Versicherungsfälle nach Beendigung des gegenständlichen Versicherungsvertrages, sofern die schadenverursachende ärztliche Behandlung oder unterlassene ärztliche Behandlung während aufrechter Versicherung erfolgte.

   Dieser Versicherungsschutz besteht jedoch nur dann, wenn kein anderweitiger Versicherungsschutz aus einem Nachfolgevertrag gegeben ist, weil die versicherte ärztliche Tätigkeit mit Vertragsbeendigung endgültig bzw vorübergehend eingestellt wurde.

   Versicherungsschutz besteht in diesem Fall für die gesamte Nachdeckung im Rahmen und nach Maßgabe der im Zeitpunkt der schadenverursachenden ärztlichen Behandlung oder unterlassenen ärztlichen Behandlung geltenden Vertragsbestimmungen.

   b) Manifestationsprinzip

   Fallen Versicherungsfälle durch die Zuordnung gemäß Art. 4, Pkt. 3 AHVB in einen Zeitraum, in dem wegen endgültiger bzw vorübergehender Einstellung der versicherten ärztlichen Tätigkeit kein Versicherungsschutz besteht, so sind diese Versicherungsfälle vom letzten, vor der Einstellung der beruflichen Tätigkeit bestehenden Versicherungsvertrag umfasst. In Abänderung von Art. 5. 2 AHVB leistet der Versicherer für alle nach diesen Bestimmungen eingetretenen Versicherungsfälle insgesamt die auf der Versicherungsbestätigung ersichtliche Versicherungssumme höchstens dreimal, bei ärztlichen Gruppenpraxen in der Rechtsform einer GmbH höchstens fünfmal.

   c) Verstoßprinzip - Deckung reiner Vermögensschäden

   Abweichend von Abschnitt B, Z. 1, Pkt. A EHVB besteht Versicherungsschutz, wenn der Verstoß während der Wirksamkeit des Versicherungsschutzes begangen wurde.

   Wurde ein Schaden durch Unterlassung verursacht, so gilt im Zweifel der Verstoß als an dem Tag begangen, an welchem die versäumte Handlung spätestens hätte vorgenommen werden müssen, um den Eintritt des Schadens abzuwenden.

   d) In Abänderung von Abschnitt B, Z. 9, Pkt. 3 EHVB erstreckt sich die Versicherung auch auf Schadenersatzverpflichtungen aus reinen Vermögensschäden bis zur gesetzlichen Höchsthaftungssumme.

9. Schadenersatzverpflichtungen aufgrund des Amtshaftungsgesetzes:

   Die Versicherung erstreckt sich abweichend von Art. 7, Pkt. 3 AHVB auch auf Schadenersatzverpflichtungen aufgrund des Amtshaftungsgesetzes (BGBl. Nr. 20/1949) in der jeweils geltenden Fassung, dh auch zB auf schulärztliche, amtsärztliche, gemeindeärztliche, distrikts-, kreis- und sprengelärztliche Tätigkeit.

10. Die Versicherer sind verpflichtet, der Österreichischen Ärztekammer (im Wege der Ärztekammer, in deren Zuständigkeitsbereich der freiberuflich tätige Arzt seinen Berufssitz hat bzw in deren Zuständigkeitsbereich die Gruppenpraxis ihren Berufssitz hat) unaufgefordert und binnen

12/II/11b. AHVB-ÖÄK
Rahmenvereinbarung ÖÄK-VVO

einer Frist von längstens 14 Tagen den Abschluss sowie die Beendigung des Versicherungsvertrages elektronisch zu melden (vgl dazu Anlage 1 und Anlage).

11. Ärzte und Gruppenpraxen, die zum Zeitpunkt des In-Kraft-Tretens des § 52d ÄrzteG (19.08.2010) in die Ärzteliste (unabhängig von der Art der Berufsausübung) eingetragen sind, haben im Wege der Versicherungen den Nachweis der Berufshaftpflichtversicherung für die freiberufliche ärztliche Tätigkeit längstens binnen einem Jahr ab dem Zeitpunkt des In-Kraft-Tretens des Bundesgesetzes BGBl. I Nr. 61/2010 (19.08.2011) zu erbringen.

    Dasselbe gilt für Ärzte, die zum 19.08.2010 im EWR-Ausland zur ärztlichen Berufsausübung (unabhängig von der Art der Berufsausübung) berechtigt waren.

12. Bereits bestehende Haftpflichtversicherungen können weitergeführt werden, sofern sie den gesetzlichen Anforderungen des § 52d ÄrzteG sowie dieser Vereinbarung - allenfalls durch Abschluss eines ergänzenden Vertrages - entsprechen.

12/II/11c. Haftpflicht
Baumeister

Unverbindliche Musterbedingung zur Haftpflichtversicherung gemäß § 99 Abs. 7 GewO von Baumeistern (§ 94 Z 5 GewO) und dem Baumeistergewerbe entstammenden Teilgewerben 2013

1. Die AHVB/EHVB 2005 (Version 2012) finden Anwendung
2. Reine Vermögensschäden sind abweichend von Art. 1 AHVB mitversichert
   2.1. Die Versicherung umfasst alle jene Tätigkeiten, zu denen der Versicherungsnehmer aufgrund der für seinen Beruf (versichertes Risiko) bestehenden Gesetze, Verordnungen und behördliche Vorschriften berechtigt ist.
   2.2. Die Versicherung erstreckt sich auch auf Schadenersatzverpflichtungen aus Schäden, die an dem Bauwerk selbst entstehen, das von einem Dritten aufgrund der das versicherte Risiko bildenden Tätigkeit des Versicherungsnehmers ausgeführt oder bearbeitet wird, sofern der Versicherungsnehmer an der Ausführung oder Bearbeitung des Bauwerks in keinster Weise beteiligt ist oder beteiligt werden soll (z.B. auch als Gehilfe oder Subunternehmer). Die Einschränkung nach Art. 7, Pkt. 6 AHVB findet Anwendung.
   2.3. Abschnitt A Zif. 2 Pkt. 4 EHVB findet keine Anwendung.

   Soweit nichts anderes vereinbart ist, gilt:
3. Ausgeschlossen vom Versicherungsschutz sind ferner Schadenersatzverpflichtungen aus
   3.1. Schäden durch ständige Immissionen (z.B. Geräusche, Gerüche, Erschütterungen);
   3.2. Verletzung von Immaterialgüterrecht;
   3.3. der gerichtlichen Tätigkeit gemäß § 2a SDG als Gutachter sowie aus Tätigkeiten im Zusammenhang mit Geld-, Kredit-, Versicherungs-, Grundstücks- Leasing- oder ähnlichen wirtschaftlichen Geschäften;
   3.4. der Beratung hinsichtlich der Auswahl der Bauausführenden und Lieferanten in Bezug auf deren Bonität, der Planung oder Empfehlung grundsätzlich neuer Maschinen, Anlagen, Produkte oder Verfahren sowie aus jedweder Forschungs- und/oder Entwicklungstätigkeit, sofern diese Schäden ursächlich auf die Neuentwicklung zurückzuführen sind;
   3.5. Erklärungen über oder der Nichteinhaltung von Fristen, Terminen oder der Dauer der Bauzeit;
   3.6. Ansprüchen aufgrund von Aufwendungen oder Kosten, die bei ordnungsgemäßer Vertragserfüllung ohnehin angefallen wären (Sowieso-Kosten);
4. Die Versicherungssumme beträgt ....
5. Der Selbstbehalt des Versicherungsnehmers beträgt in jedem Versicherungsfall .... höchstens € 50.000,--.

Allgemeine Bedingungen für die Haushaltsversicherung (ABH 2001)

Unverbindliche Musterbedingungen des Verbandes der Versicherungsunternehmen Österreichs. Die Möglichkeit, durch andere Vereinbarungen von Regelungen dieser Musterbedingungen abzuweichen, bleibt unberührt. Die Musterbedingungen sind für jede interessierte Person zugänglich und werden auf einfache Anfrage hin übermittelt.

Allgemeiner Teil

Auf die Sachversicherung finden die Bestimmungen der Allgemeinen Bedingungen für die Sachversicherung (Musterbedingungen ABS 2001) Anwendung, auf die Haftpflichtversicherung (Artikel 11 – 19) finden die ABS sinngemäß Anwendung.

Besonderer Teil
Inhaltsverzeichnis

I. Sachversicherung
Artikel 1 Versicherte Sachen und Kosten
Artikel 2 Versicherte Gefahren und Schäden
Artikel 3 Örtliche Geltung der Versicherung
Artikel 4 Obliegenheiten des Versicherungsnehmers vor dem Schadenfall
Artikel 5 Obliegenheiten des Versicherungsnehmers im Schadenfall
Artikel 6 Versicherungswert
Artikel 7 Entschädigung
Artikel 8 Unterversicherung
Artikel 9 Zahlung der Entschädigung; Wiederherstellung, Wiederbeschaffung
Artikel 10 Sachverständigenverfahren

II. Haftpflichtversicherung
Artikel 11 Versicherungsfall und Versicherungsschutz
Artikel 12 Sachlicher Umfang des Versicherungsschutzes
Artikel 13 Versicherte Personen
Artikel 14 Örtliche Geltung der Versicherung
Artikel 15 Zeitliche Geltung der Versicherung
Artikel 16 Summenmäßiger Umfang des Versicherungsschutzes
Artikel 17 Ausschlüsse vom Versicherungsschutz
Artikel 18 Obliegenheiten; Vollmacht des Versicherers
Artikel 19 Versicherungsschutz für Sachschäden durch Umweltstörung

I. Sachversicherung

Artikel 1
Versicherte Sachen und Kosten

1. Versicherte Sachen
1.1. Versichert ist der gesamte Wohnungsinhalt
1.1.1. im Eigentum des Versicherungsnehmers, des Ehegatten/Lebensgefährten, der Kinder und anderer Verwandter, die im gemeinsamen Haushalt leben, sowie
1.1.2. fremde Sachen – ausgenommen die der Mieter, Untermieter und der gegen Entgelt beherbergten Gäste – soweit nicht aus einer anderen Versicherung Entschädigung erlangt werden kann.
1.2. Zum Wohnungsinhalt gehören:
1.2.1. Alle beweglichen Sachen, die dem privaten Gebrauch oder Verbrauch dienen. Nicht zum Wohnungsinhalt gehören: Kraftfahrzeuge aller Art und deren Anhänger, Motorfahrräder, Motorboote und Segelboote samt Zubehör, Luftfahrzeuge, Handelswaren aller Art.
1.2.2. Geld und Geldeswerte, Sparbücher, Schmuck, Edelsteine und Edelmetalle, Briefmarken- und Münzensammlungen. Für die Gefahr Einbruchdiebstahl bestehen – entsprechend der Art der Aufbewahrung – Entschädigungsgrenzen (siehe Artikel 2 Punkt 4.2.3.).
Nicht zum Wohnungsinhalt gehören: Geschäfts- und Sammelgelder, Handelswaren.
1.2.3. Folgende Baubestandteile und folgendes Gebäudezubehör: Malereien, Tapeten, Verfliesungen, Fußböden, Wand- und Deckenverkleidungen, Heizungsanlagen, Bade- und Wascheinrichtungen, Klosetts und Armaturen. Diese gehören dann nicht zum Wohnungsinhalt, wenn sie sich in einem Ein- oder Zweifamilienhaus befinden und der Wohnungsinhaber Eigentümer dieses Gebäudes ist.
1.2.4. Gebäudeverglasungen (auch Kunststoffverglasungen) der Versicherungsräumlichkeiten, ausgenommen gemeinschaftlich genutzte Räume gemäß Artikel 3 Punkt 2.3., bis zu einem Ausmaß von – soweit nichts anderes vereinbart ist – 5m2 pro Einzelscheibe bzw. - element.
Nicht zum Wohnungsinhalt gehören: Glasdächer, Gewächshäuser, Abdeckungen oder Überdachungen aus Glas- oder Kunststoff.
1.2.5. Einrichtungen von Fremdenzimmern bei nicht gewerbsmäßiger Fremdenbeherbergung.
1.2.6. Antennenanlagen am Versicherungsort, auch im Freien.

2. Versicherte Kosten
2.1. Versichert sind Kosten für Maßnahmen, auch für erfolglose, die der Versicherungsnehmer bei einem Schadenereignis zur Abwendung oder

Haushalt
Allg. Bedingungen

Minderung des Schadens für notwendig halten durfte.

Der Ersatz dieser Kosten und die Entschädigung für die versicherten Sachen betragen zusammen höchstens die Versicherungssumme; dies gilt jedoch nicht, soweit Maßnahmen auf Weisung des Versicherers erfolgt sind.

2.2. Im Rahmen der Versicherungssumme sind folgende Kosten versichert:

2.2.1. **Feuerlöschkosten**, das sind Kosten für die Brandbekämpfung, ausgenommen Kosten gemäß Punkt 2.3.

2.2.2. **Bewegungs- und Schutzkosten**, das sind Kosten, die dadurch entstehen, daß zum Zweck der Wiederherstellung oder Wiederbeschaffung versicherter Sachen andere Sachen bewegt, verändert oder geschützt werden müssen.

2.2.3. **Abbruch- und Aufräumkosten**, das sind Kosten für Tätigkeiten am Versicherungsort, und soweit sie versicherte Sachen betreffen, und zwar für den nötigen Abbruch stehengebliebener, vom Schaden betroffener Teile sowie für das Aufräumen einschließlich Sortieren der Reste und Abfälle.

2.2.4. **Entsorgungskosten**, das sind Kosten für Untersuchung, Abfuhr, Behandlung und Deponierung vom Schaden betroffener versicherter Sachen.

2.2.5. **Reinigungskosten**, das sind Kosten für die Reinigung der Versicherungsräumlichkeiten nach einem Schadenereignis.

2.2.6. Die Entschädigung für Kosten gemäß Punkt 2.2.1. bis 2.2.5. ist – soweit nichts anderes vereinbart – mit 5% der Versicherungssumme begrenzt.

2.2.7. Bei Einbruchdiebstahl und Beraubung sind versichert:
Kosten der Wiederherstellung beschädigter oder Wiederbeschaffung entwendeter Baubestandteile oder Adaptierungen der Versicherungsräumlichkeiten, ausgenommen gemeinschaftlich genutzte Räume gemäß Artikel 3 Punkt 2. 3.
Kosten für notwendige Schloßänderungen der Versicherungsräumlichkeiten, ausgenommen gemeinschaftlich genutzte Räume gemäß Artikel 3, Punkt 2.3., – soweit nichts anderes vereinbart ist – bis ATS 10.000,– [1]).

2.3. Soweit nichts anderes vereinbart ist, sind nicht versichert:

2.3.1. Kosten, die durch Gesundheitsschäden bei der Erfüllung der Rettungspflicht verursacht werden;

2.3.2. Kosten für Leistungen der im öffentlichen Interesse oder auf behördliche Anordnung tätig gewordenen Feuerwehren und anderen Verpflichteten.

Zu Sonstiges:
[1]) *Dieser Betrag entspricht 726,73 €.*

Artikel 2
Versicherte Gefahren und Schäden

Versicherte Gefahren

1. **Feuergefahren**

1.1. **Brand**; Brand ist ein Feuer, das sich mit schädigender Wirkung und aus eigener Kraft ausbreitet (Schadenfeuer).
Nicht versichert sind – soweit nichts anderes vereinbart ist – :
Schäden durch ein Nutzfeuer, Sengschäden und Schäden an elektrischen Einrichtungen durch die Energie des elektrischen Stromes.

1.2. **Blitzschlag**; Blitzschlag ist die unmittelbare Kraft- oder Wärmeeinwirkung eines Blitzes auf Sachen (direkter Blitzschlag).
Nicht versichert sind – soweit nichts anderes vereinbart ist – :
Schäden an elektrischen Einrichtungen durch Überspannung oder durch Induktion infolge Blitzschlages oder atmosphärischer Entladungen (indirekter Blitzschlag).

1.3. **Explosion**; Explosion ist eine plötzlich verlaufende Kraftäußerung, die auf dem Ausdehnungsbestreben von Gasen oder Dämpfen beruht.

1.4. **Flugzeugabsturz**; Flugzeugabsturz ist der Absturz oder Anprall von Luft- oder Raumfahrzeugen, deren Teile oder Ladung.

2. **Elementargefahren**

2.1. **Sturm**; Sturm ist eine wetterbedingte Luftbewegung, deren Geschwindigkeit am Versicherungsort mehr als 60 Kilometer je Stunde beträgt. Für die Feststellung der Geschwindigkeit ist im Einzelfall die Auskunft der Zentralanstalt für Meteorologie und Geodynamik maßgebend.

2.2. **Hagel**; Hagel ist ein wetterbedingter Niederschlag in Form von Eiskörnern.

2.3. **Schneedruck**; Schneedruck ist die Kraftwirkung durch natürlich angesammelte ruhende Schnee- oder Eismassen.

2.4. **Felssturz/Steinschlag**; Felssturz/Steinschlag ist das naturbedingte Ablösen und Abstürzen von Gesteinsmassen im Gelände.

2.5. **Erdrutsch**; Erdrutsch ist eine naturbedingte Abwärtsbewegung von Boden- oder Gesteinsmassen auf einer unter der Oberfläche liegenden Gleitbahn.

2.6. **Nicht versichert** sind, – soweit nichts anderes vereinbart ist – auch nicht als unvermeidliche Folge eines Schadenereignisses, Schäden durch:

– Lawinen oder Lawinenluftdruck, Sturmflut, Hochwasser, Überschwemmung oder Vermurung;

– Sog- oder Druckwirkungen von Luft- oder Raumfahrzeugen;

– Wasser und dadurch verursachten Rückstau. Schäden durch Schmelz- oder Niederschlagswasser sind aber versichert, wenn das Was-

12/II/12. Haushalt
Allg. Bedingungen

ser dadurch in ein Gebäude eindringt, daß feste Baubestandteile oder ordnungsgemäß verschlossene Fenster oder Außentüren durch ein Schadenereignis beschädigt oder zerstört wurden;
- Bewegung von Boden- oder Gesteinsmassen, wenn diese Bewegung durch Bautätigkeiten oder bergmännische Tätigkeiten verursacht wurde;
- Bodensenkung;
- dauernde Witterungs- oder Umwelteinflüsse.

3. Leitungswasser
3.1. Versichert sind Sachschäden, die durch die unmittelbare Einwirkung von Leitungswasser eintreten, das aus wasserführenden Rohrleitungen, Armaturen oder angeschlossenen Einrichtungen austritt.
3.2. Versichert sind auch Frostschäden an Heizungsanlagen, Bade- und Wascheinrichtungen, Klosetts, Armaturen oder angeschlossenen Einrichtungen, soferne diese Sachen gemäß Artikel 1 Punkt 1.2.3. zum Wohnungsinhalt gehören.
3.3. **Nicht versichert sind** – soweit nichts anderes vereinbart ist:
Schäden durch Grundwasser, Hochwasser, Überschwemmung, Vermurung, Wasser aus Witterungsniederschlägen und dadurch verursachten Rückstau, Schäden durch Holzfäule, Vermorschung oder Schwammbildung.

4. Einbruchdiebstahl (vollbracht oder versucht), **einfacher Diebstahl und Beraubung**
4.1. **Einbruchdiebstahl** liegt vor, wenn ein Täter in die Versicherungsräumlichkeiten
4.1.1. durch **Eindrücken oder Aufbrechen** von Türen, Fenstern oder anderen Gebäudeteilen einbricht;
4.1.2. unter **Überwindung erschwerender Hindernisse** durch Öffnungen, die nicht zum Eintritt bestimmt sind, einsteigt;
4.1.3. **einschleicht** und aus den versperrten Versicherungsräumlichkeiten Sachen wegbringt;
4.1.4. durch Öffnen von Schlössern **mittels Werkzeugen oder falscher Schlüssel** eindringt. Falsche Schlüssel sind Schlüssel, die widerrechtlich angefertigt werden;
4.1.5. mit **richtigen Schlüsseln** eindringt, die er durch Einbruchdiebstahl in andere Räumlichkeiten als die Versicherungsräumlichkeiten oder unter Anwendung oder Androhung tätlicher Gewalt gegen Personen (Schlüsselraub) an sich gebracht hat.
4.2. **Einbruchdiebstahl in ein versperrtes Behältnis** liegt vor, wenn ein Täter
4.2.1. gemäß Punkt 4.1 einbricht und ein Behältnis **aufbricht oder mittels Werkzeugen oder falscher Schlüssel** öffnet;
4.2.2. ein **Behältnis mit richtigen Schlüsseln** öffnet, die er durch Einbruchdiebstahl in andere Räumlichkeiten als die Versicherungsräumlichkeiten oder durch Schlüsselraub an sich gebracht hat.
4.2.3. Soweit nichts anderes vereinbart ist, gelten für Geld und Geldeswerte, Sparbücher, Schmuck, Edelsteine und Edelmetalle, Briefmarken- und Münzensammlungen folgende Entschädigungsgrenzen:
4.2.3.1. in – auch unversperrten – Möbeln oder im Safe ohne Panzerung oder freiliegend
- für Geld und Geldeswerte und Sparbücher ATS 25.000,–[1], davon freiliegend ATS 5.000,–[2]
- für Schmuck, Edelsteine und Edelmetalle, Briefmarken- und Münzensammlungen ATS 110.000,–[3], davon freiliegend ATS 30.000,–[4]

4.2.3.2. im versperrten, eisernen feuerfesten Geldschrank (mindestens 100 kg Gewicht) ATS 250.000,–[5]
4.2.3.3. im versperrten Geldschrank (Gewicht über 250 kg) mit besserem Sicherheitsgrad als unter Punkt 4.2.3.2. beschrieben oder im versperrten Mauersafe (Wandsafe) mit mindestens Schloßschutzpanzer, ATS 800.000,–[6].
4.2.4. Diese Entschädigungsgrenzen gelten auch dann, wenn mehrere Haushaltsversicherungen für denselben Haushalt bestehen.
4.3. **Einfacher Diebstahl**
Einfacher Diebstahl liegt vor, wenn ein Täter Sachen entwendet, ohne daß ein Einbruchdiebstahl gemäß den Punkten 4.1 oder 4.2 vorliegt. Die Entschädigung für Geld- und Geldeswerte ist – soweit nichts anderes vereinbart ist – mit ATS 5.000,–[7] und für den sonstigen Wohnungsinhalt mit ATS 20.000,–[8] begrenzt.
4.4. **Beraubung**
Beraubung liegt vor, wenn Sachen unter Anwendung oder Androhung tätlicher Gewalt gegen den Versicherungsnehmer, die mit ihm in häuslicher Gemeinschaft lebenden Personen oder andere Personen, die berechtigt in den Versicherungsräumlichkeiten anwesend sind, weggenommen werden oder deren Herausgabe erzwungen wird.
4.5. **Nicht versichert sind** – soweit nichts anderes vereinbart ist:
Schäden durch Vandalismus (böswillige Sachbeschädigung) und Schäden, die durch vorsätzliche Handlungen von Personen herbeigeführt werden, die mit dem Versicherungsnehmer in häuslicher Gemeinschaft leben.

Zu Sonstiges:
[1] *Dieser Betrag entspricht 1816,82 €.*
[2] *Dieser Betrag entspricht 363,36 €.*
[3] *Dieser Betrag entspricht 7994,01 €.*
[4] *Dieser Betrag entspricht 2180,19 €.*
[5] *Dieser Betrag entspricht 18 168,21 €.*
[6] *Dieser Betrag entspricht 58 138,27 €.*
[7] *Dieser Betrag entspricht 363,36 €.*
[8] *Dieser Betrag entspricht 1453,46 €.*

12/II/12. Haushalt
Allg. Bedingungen

5. Glasbruch
5.1. Versichert sind die durch Bruch entstandenen Schäden an den Gebäudeverglasungen (Artikel 1 Punkt 1.2.4.), an Wandspiegeln sowie an Möbel- und Bilderverglasungen.
5.2. **Nicht versichert** sind – soweit nichts anderes vereinbart ist:
5.2.1. Schäden an Handspiegeln, optischen Gläsern, Glasgeschirr, Hohlgläsern, Beleuchtungskörpern, Glasbausteinen, Kunstverglasungen, Kochflächen sowie Verglasungen von Maschinen, Geräten und dergleichen.
5.2.2. Schäden, die nur in einem Zerkratzen, Verschrammen oder Absplittern der Kanten, der Glasoberfläche oder der darauf angebrachten Folien, Malereien, Schriften oder Beläge, auch eines Spiegelbelages, bestehen.
5.2.3. Schäden an Fassungen und Umrahmungen.
5.2.4. Schäden, die beim Einsetzen, beim Herausnehmen oder beim Transport der Gläser entstehen.
5.2.5. Schäden, die durch Tätigkeiten an den Gläsern selbst, deren Fassungen oder Umrahmungen entstehen. Schäden durch Reinigungsarbeiten sind jedoch versichert.

Versicherte Schäden

6. Versicherte Schäden
Versichert sind Sachschäden, die
6.1. durch die **unmittelbare Einwirkung** einer versicherten Gefahr (Schadenereignis) eintreten;
6.2. als **unvermeidliche Folge** eines Schadenereignisses eintreten;
6.3. durch **Abhandenkommen** bei einem Schadenereignis eintreten.
7. Nicht versicherte Schäden
Soweit nichts anderes vereinbart ist, sind nicht versichert:
Schäden durch die unmittelbare oder mittelbare Wirkung von
7.1. Kriegsereignissen jeder Art, mit oder ohne Kriegserklärung, einschließlich aller Gewalthandlungen von Staaten und aller Gewalthandlungen politischer oder terroristischer Organisationen;
7.2. inneren Unruhen, Bürgerkrieg, Revolution, Rebellion, Aufruhr, Aufstand;
7.3. allen mit den genannten Ereignissen (Punkte 7.1 und 7.2) verbundenen militärischen oder behördlichen Maßnahmen;
7.4. Erdbeben oder anderen außergewöhnlichen Naturereignissen;
7.5. Kernenergie, radioaktiven Isotopen oder ionisierender Strahlung.

Artikel 3
Örtliche Geltung der Versicherung

1. Der Wohnungsinhalt ist – soweit nichts anderes vereinbart ist – in den in der Polizze bezeichneten Versicherungsräumlichkeiten (Versicherungsort) versichert.
2. In **Mehrfamilienwohnhäusern** gelten als Versicherungsräumlichkeiten:
2.1. die Wohnung des Versicherungsnehmers.
2.2. Als Versicherungsräumlichkeiten gelten auch die vom Versicherungsnehmer ausschließlich genutzten Abteile in Kellern, Schuppen, Garagen und dergleichen. In diesen Räumen sind nur versichert:
Möbel, Stellagen, Werkzeuge, Fahrräder, Kraftfahrzeug-Zubehör, Reise- und Sportutensilien, Schlauchboote, Wäsche, Lebensmittel, Wirtschaftsvorräte, Kühl-, Waschgeräte und Heizmaterial sowie sonstiger Boden- und Kellerkram.
2.3. Weiters gelten als Versicherungsräumlichkeiten gemeinschaftlich genützte Räume wie Dachböden, Stiegenhäuser, Gänge, Abstellräume und dergleichen.
In diesen Räumen sind nur versichert:
Gartenmöbel, Gartengeräte, Krankenfahrstühle, Kinderwagen, Wäsche, gesicherte Fahrräder.
3. In **Ein- und Zweifamilienwohnhäusern** gelten als Versicherungsräumlichkeiten:
3.1. Sämtliche vom Versicherungsnehmer genutzten Räume des Wohngebäudes einschließlich Anbauten.
3.2. Als Versicherungsräumlichkeiten gelten auch die Nebengebäude am Versicherungsort wie Gartenhäuser, Schuppen, Garagen und dergleichen.
In diesen Räumen sind nur versichert:
Möbel, Stellagen, Werkzeuge, Fahrräder, Kraftfahrzeug-Zubehör, Reise- und Sportutensilien, Schlauchboote, Wäsche, Lebensmittel, Wirtschaftsvorräte, Kühl-, Waschgeräte und Heizmaterial sowie sonstiger Boden- und Kellerkram.
4. **Im Freien am Grundstück** des Versicherungsortes sind nur folgende Sachen versichert: Gartenmöbel, Gartengeräte, Krankenfahrstühle, Kinderwagen, Wäsche, gesicherte Fahrräder.
5. **Außenversicherung**
Soweit nichts anderes vereinbart ist, gilt:
Innerhalb Europas oder in einem außereuropäischen Mittelmeeranliegerstaat sind versichert:
Sachen des Wohnungsinhaltes, die vorübergehend, aber nicht länger als 6 Monate in Gebäude verbracht werden. Diese Außenversicherung ist mit 10% der Versicherungssumme bzw. mit 10% aller Entschädigungsgrenzen (insbesondere Artikel 1 Punkt 2.2.6. und Artikel 2 Punkt 4.2.3.) beschränkt, und gilt nur, soweit nicht aus einer anderen Versicherung eine Entschädigung erlangt werden kann.
Diese Außenversicherung gilt nicht für weitere Wohnsitze des Versicherungsnehmers und nicht für Schäden durch einfachen Diebstahl. Schäden durch Beraubung sind in dieser Außenversicherung auch außerhalb von Gebäuden und Schäden

durch Einbruchdiebstahl nur in ständig bewohnten Gebäuden versichert.

6. Bei **Wohnungswechsel** innerhalb von Österreich gilt die Versicherung – soweit nichts anderes vereinbart ist – während des Umzuges, dann in den neuen Wohnräumen, sofern der Vertrag nicht vor Beginn des Umzuges und mit Wirkung auf den Tag vor Beginn des Umzuges gekündigt wird. Der Wohnungswechsel ist dem Versicherer schriftlich zu melden.

Artikel 4
Obliegenheiten des Versicherungsnehmers vor dem Schadenfall

1. Wenn die Versicherungsräumlichkeiten auch für noch so kurze Zeit von allen Personen verlassen werden, sind
1.1. Eingangs- und Terrassentüren, Fenster und alle sonstigen Öffnungen der Versicherungsräumlichkeiten stets ordnungsgemäß verschlossen zu halten. Dazu sind vorhandene Schlösser zu versperren. Dies gilt nicht für Fenster, Balkontüren und sonstige Öffnungen, durch die ein Täter nur unter Überwindung erschwerender Hindernisse einsteigen kann;
1.2. Behältnisse für Geld, Schmuck und dergleichen ordnungsgemäß zu versperren;
1.3. sämtliche vereinbarten Sicherungsmaßnahmen vollständig zur Anwendung zu bringen.

2. Mauersafes (Wandsafes) müssen vorschriftsmäßig eingemauert sein (100 mm Betonschicht mit der Betonfestigkeitsklasse B 400);

3. Werden Gebäude länger als 72 Stunden von allen Personen verlassen, sind alle Wasserzuleitungen abzusperren und geeignete Maßnahmen gegen Frostschäden zu treffen.

4. Über Wertgegenstände wie Antiquitäten, Kunstgegenstände, Schmuck, Pelze, Teppiche, Sparbücher, Wertpapiere, Sammlungen und dergleichen sind zum Zwecke des Nachweises im Schadenfall geeignete Verzeichnisse mit Wertangaben zu führen und gesondert aufzubewahren.

5. Die vorstehenden Obliegenheiten gelten als vereinbarte Sicherheitsvorschriften gemäß Artikel 3 ABS. Ihre Verletzung führt nach Maßgabe der gesetzlichen Bestimmungen zur Leistungsfreiheit des Versicherers.

Artikel 5
Obliegenheiten des Versicherungsnehmers im Schadenfall

1. Schadenminderungspflicht
1.1. Nach Möglichkeit ist bei einem unmittelbar drohenden oder eingetretenen Schaden
– für die Erhaltung, Rettung und Wiedererlangung der versicherten Sachen zu sorgen;
– dazu Weisung des Versicherers einzuholen und einzuhalten.
1.2. Bei Verlust von Sparbüchern und Wertpapieren muß die Sperre von Auszahlungen unverzüglich beantragt und, soweit möglich, das gerichtliche Kraftloserklärungsverfahren eingeleitet werden.

2. Schadenmeldungspflicht
Jeder Schaden ist unverzüglich dem Versicherer zu melden. Schäden durch Brand, Explosion, Einbruchdiebstahl, einfachen Diebstahl und Beraubung sind der Sicherheitsbehörde unverzüglich anzuzeigen. In der Anzeige bei der Sicherheitsbehörde sind insbesondere alle abhandengekommenen Sachen anzugeben.

3. Schadenaufklärungspflicht
3.1. Dem Versicherer ist nach Möglichkeit jede Untersuchung über die Ursache und Höhe des Schadens und über den Umfang seiner Entschädigungsleistung zu gestatten.
3.2. Bei der Schadenermittlung ist unterstützend mitzuwirken und auf Verlangen sind dem Versicherer entsprechende Unterlagen zur Verfügung zu stellen. Die Kosten dafür trägt der Versicherungsnehmer.
3.3. Der durch den Schaden herbeigeführte Zustand darf, solange der Schaden nicht ermittelt ist, ohne Zustimmung des Versicherers nicht verändert werden, es sei denn, daß eine solche Veränderung zum Zweck der Schadenminderung oder im öffentlichen Interesse notwendig ist.

4. Leistungsfreiheit
Verletzt der Versicherungsnehmer eine der vorstehenden Obliegenheiten, ist der Versicherer nach Maßgabe des § 6 Versicherungsvertragsgesetzes (VersVG) – im Fall einer Verletzung der Schadenminderungspflicht nach Maßgabe des § 62 VersVG – von der Verpflichtung zur Leistung frei.

Artikel 6
Versicherungswert

1. Als Versicherungswert des Wohnungsinhaltes gilt **grundsätzlich** der **Neuwert**. Als Neuwert gelten die Kosten für die Wiederherstellung bzw. Wiederbeschaffung von neuen Sachen gleicher Art und Güte.

2. Als Versicherungswert gelten bei
– **Geld und Geldeswerten** der Nennwert,
– **Sparbüchern ohne Losungswort** der Betrag des Guthabens,
– **Sparbüchern mit Losungswort** die Kosten des Kraftloserklärungsverfahrens,
– **Wertpapieren mit amtlichem Kurs** die jeweils letzte amtliche Notierung,
– **sonstigen Wertpapieren** der Marktpreis.

3. Als Versicherungswert von **Datenträgern** mit den darauf befindlichen Programmen und

12/II/12. Haushalt
Allg. Bedingungen

Daten gelten die **Kosten für die Wiederherstellung oder Wiederbeschaffung**.

4. Bei **Sachen von historischem oder künstlerischem Wert**, bei denen die Alterung im allgemeinen zu keiner Entwertung führt, gilt als Versicherungswert der Verkehrswert. Der Verkehrswert ist der erzielbare Verkaufspreis einer Sache.

5. Bei der Ermittlung des Versicherungswertes wird ein **persönlicher Liebhaberwert** nicht berücksichtigt.

Artikel 7
Entschädigung

1. Besondere Bestimmungen zur Entschädigung

1.1. Bei **Zerstörung oder Abhandenkommen** wird der Versicherungswert unmittelbar vor Eintritt des Schadenereignisses ersetzt.

1.2. Bei **Beschädigung** werden die notwendigen Reparaturkosten zur Zeit des Eintrittes des Schadenereignisses (Neuwertschaden), höchstens jedoch der Versicherungswert unmittelbar vor Eintritt des Schadenereignisses, ersetzt.

1.3. War der Zeitwert der vom Schaden betroffenen Sache unmittelbar vor Eintritt des Schadenereignisses kleiner als **40% des Neuwertes**, wird höchstens der Zeitwert ersetzt. Der Zeitwert wird aus dem Neuwert durch Abzug eines dem Zustand der Sache, insbesondere ihres Alters und ihrer Abnützung entsprechenden Betrages ermittelt.

1.4. Für **Geld und Geldeswerte, Sparbücher und Wertpapiere** werden die Kosten der Wiederbeschaffung, höchstens jedoch der Versicherungswert unmittelbar vor Eintritt des Schadenereignisses, ersetzt.

1.5. Für **Datenträger** werden die Kosten der Wiederherstellung oder Wiederbeschaffung ersetzt, soweit die Wiederherstellung oder Wiederbeschaffung notwendig ist und innerhalb eines Jahres ab dem Eintritt des Schadenereignisses tatsächlich erfolgt; andernfalls wird nur der Materialwert ersetzt.

1.6. Bei **Tapeten, Malereien** sowie bei Wand- und Bodenbelägen aus textilen Materialien oder Kunststoff wird höchstens der Zeitwert ersetzt.

1.7. Für **versicherte Kosten** (Artikel 1 Punkt 2.) werden die tatsächlich anfallenden Kosten ersetzt.

1.8. Bei **Glasbruchschäden** werden neben den ortsüblichen Wiederherstellungskosten auch erforderliche **Notverglasungs- und Notverschalungskosten** ersetzt. Mehrkosten, die aus der Inanspruchnahme eines Sofortdienstes entstehen, werden nicht ersetzt.

2. Allgemeine Bestimmungen zur Entschädigung

2.1. Der **Wert verbliebener Reste** wird jedenfalls angerechnet.

2.2. Für **abhandengekommene und später wiederherbeigeschaffte Sachen** gilt vereinbart:

2.2.1. Der Versicherungsnehmer ist zur Zurücknahme dieser Sachen verpflichtet, soweit dies zumutbar ist.

2.2.2. Werden Sachen nach Zahlung der Entschädigung wiederherbeigeschafft, hat der Versicherungsnehmer die erhaltene Entschädigung, abzüglich der Vergütung für einen allfälligen Minderwert, zurückzugeben. Sachen, deren Zurücknahme nicht zumutbar ist, sind dem Versicherer zu übereignen.

2.3. Bei **zusammengehörigen Einzelsachen** wird die allfällige Entwertung, welche die unbeschädigt gebliebenen Einzelsachen durch die Beschädigung, Zerstörung oder das Abhandenkommen der anderen erleiden, nicht berücksichtigt.

2.4. Nicht ersetzt werden Schäden, soweit dafür aus einer anderen Versicherung Entschädigung erlangt werden kann.

Artikel 8
Unterversicherung

1. Unterversicherung liegt vor, wenn die Versicherungssumme niedriger ist als der Versicherungswert des gesamten Wohnungsinhaltes. In diesem Fall wird die gemäß Artikel 7 ermittelte Entschädigung im Verhältnis der Versicherungssumme zum Versicherungswert gekürzt.

2. Liegt Unterversicherung vor, wird sie auch für die Außenversicherung, die Entschädigungsgrenzen bei Einbruchdiebstahl und einfachem Diebstahl sowie die versicherten Kosten wirksam.

3. Bei Einbruchdiebstahlschäden werden für die Ermittlung des Versicherungswertes von Wertsachen gemäß Artikel 2 Punkt 4.2.3. höchstens die vereinbarten Entschädigungsgrenzen angewendet.

4. Eine Unterversicherung wird nicht geltend gemacht, wenn sie – soweit nichts anderes vereinbart ist – 10% des Versicherungswertes nicht übersteigt oder wenn Versicherung auf Erstes Risiko vereinbart ist.

Artikel 9
Zahlung der Entschädigung, Wiederbeschaffung

1. Der Versicherungsnehmer hat vorerst nur Anspruch:

1.1. Bei Zerstörung oder Abhandenkommen auf Ersatz des Zeitwertes;

1.2. bei Beschädigung auf Ersatz des Zeitwertschadens. Der Zeitwertschaden verhält sich zum Neuwertschaden wie der Zeitwert zum Neuwert.

2. Den Anspruch auf den die Zahlung gemäß Punkt 1. übersteigenden Teil der Entschädigung erwirbt der Versicherungsnehmer erst dann und

12/II/12. Haushalt
Allg. Bedingungen

nur insoweit, als folgende Voraussetzungen erfüllt sind:
2.1. Es ist gesichert, daß die Entschädigung zur Gänze zur Wiederherstellung bzw. Wiederbeschaffung von Sachen des Wohnungsinhaltes verwendet wird;
2.2. die Wiederherstellung bzw. Wiederbeschaffung erfolgt innerhalb eines Jahres ab dem Eintritt des Schadenereignisses.

Artikel 10
Sachverständigenverfahren

Für das Sachverständigenverfahren wird ergänzend zu den Bestimmungen der ABS vereinbart:
1. Die Feststellung der beiden Sachverständigen muß auch den Versicherungswert der vom Schaden betroffenen Sachen unmittelbar vor Eintritt des Schadenereignisses sowie den Wert der Reste enthalten.
2. Auf Verlangen eines Vertragspartners muß auch eine Feststellung des Versicherungswertes der versicherten, vom Schaden nicht betroffenen Sachen, erfolgen.

II. Haftpflichtversicherung

Artikel 11
Versicherungsfall und Versicherungsschutz

1. Versicherungsfall Versicherungsfall ist ein Schadenereignis, das dem privaten Risikobereich (siehe Artikel 12, Punkt 1.) entspringt und aus welchem dem Versicherungsnehmer Schadenersatzverpflichtungen (Punkt 2.) erwachsen oder erwachsen könnten.
2. Versicherungsschutz
2.1. Im Versicherungsfall übernimmt der Versicherer
2.1.1. die Erfüllung von Schadenersatzverpflichtungen, die dem Versicherungsnehmer wegen eines Personenschadens, eines Sachschadens oder eines Vermögensschadens, der auf einen versicherten Personen- oder Sachschaden zurückzuführen ist, aufgrund gesetzlicher Haftpflichtbestimmungen privatrechtlichen Inhalts (in der Folge kurz „Schadenersatzverpflichtungen" genannt) erwachsen;
2.1.2. die Kosten der Feststellung und der Abwehr einer von einem Dritten behaupteten Schadenersatzverpflichtung im Rahmen des Artikel 16, Punkt 3.
2.2. Schadenersatzverpflichtungen aus Verlust oder Abhandenkommen körperlicher Sachen sind – soweit nichts anderes vereinbart ist – nur dann versichert, wenn eine besondere Vereinbarung getroffen wurde. In derartigen Fällen finden die Bestimmungen über Sachschäden Anwendung.
2.3. Personenschäden sind die Tötung, Körperverletzung oder Gesundheitsschädigung von Menschen. Sachschäden sind die Beschädigung oder die Vernichtung von körperlichen Sachen.

Artikel 12
Sachlicher Umfang des Versicherungsschutzes

1. Die Versicherung erstreckt sich auf Schadenersatzverpflichtungen des Versicherungsnehmers als Privatperson aus den Gefahren des täglichen Lebens mit Ausnahme der Gefahr einer betrieblichen, beruflichen oder gewerbsmäßigen Tätigkeit, insbesondere
1.1. als Wohnungsinhaber (nicht aber als Haus- und/oder Grundbesitzer) und als Arbeitgeber von Hauspersonal;
1.2. aus der Fremdenbeherbergung, sofern keine behördliche Gewerbeberechtigung erforderlich ist.
Die Versicherung erstreckt sich auch auf die Haftung des Versicherungsnehmers als Verwahrer aus der Beschädigung von eingebrachten Gästen der zur Beherbergung aufgenommenen Gäste (ausgenommen Kraft- und Wasserfahrzeuge) sowie auf Schadenersatzverpflichtungen aus reinen Vermögensschäden bis zu einer Versicherungssumme von – soweit nichts anderes vereinbart ist – ATS 50.000,–[9].
Reine Vermögensschäden sind Schäden, die weder auf einen Personen- noch Sachschaden zurückzuführen sind.
1.3. aus der Innehabung und dem Betrieb einer Rundfunk- und Fernsehempfangsanlage;
1.4. aus der Haltung und Verwendung von Fahrrädern;
1.5. aus der nicht berufsmäßigen Sportausübung, ausgenommen die Jagd;
1.6. aus dem erlaubten Besitz von Hieb-, Stich- und Schußwaffen und aus deren Verwendung als Sportgerät und für Zwecke der Selbstverteidigung;
1.7. aus der Haltung von Kleintieren, ausgenommen Hunde; Die Versicherung erstreckt sich auch auf die Schadenersatzverpflichtungen des jeweiligen Verwahrers, Betreuers oder Verfügungsberechtigten.
1.8. aus der gelegentlichen Verwendung, nicht jedoch der Haltung von Elektro- und Segelbooten;
1.9. aus der Haltung und Verwendung von sonstigen nicht motorisch angetriebenen Wasserfahrzeugen sowie von Schiffsmodellen;
1.10. aus der Haltung und Verwendung von nicht motorisch angetriebenen Flugmodellen bis zu einem Fluggewicht von – soweit nichts anderes vereinbart ist – 5 kg.
2. Versichert sind im Rahmen des privaten Risikobereichs gemäß Punkt 1 auch Sachschäden durch Umweltstörung nach Maßgabe des Arti-

Zu Sonstiges:
[9] Dieser Betrag entspricht 3633,64 €.

12/II/12. Haushalt
Allg. Bedingungen

kel 19 bis zu einer Versicherungssumme von – soweit nichts anderes vereinbart ist – ATS 1,000.000,–[10] im Rahmen der Pauschalversicherungssumme gemäß Artikel 16, Punkt 1. Ausgenommen bleibt jedoch die Lagerung und Verwendung von Mineralölprodukten, insbesondere Heizöl.

Artikel 13
Versicherte Personen

1. Die Versicherung erstreckt sich auch auf gleichartige Schadenersatzverpflichtungen
1.1. des mit dem Versicherungsnehmer in häuslicher Gemeinschaft lebenden Ehegatten oder Lebensgefährten;
1.2. der minderjährigen Kinder (auch Enkel-, Adoptiv-, Pflege- und Stiefkinder) des Versicherungsnehmers, seines mitversicherten Ehegatten oder Lebensgefährten; diese Kinder bleiben darüber – soweit nichts anderes vereinbart ist – hinaus bis zur Vollendung des 25. Lebensjahres mitversichert, soferne und solange sie über keinen eigenen Haushalt und kein eigenes regelmäßiges Einkommen verfügen;
1.3. von Personen, die für den Versicherungsnehmer aus einem Arbeitsvertrag oder gefälligkeitshalber häusliche Arbeiten verrichten, in dieser Eigenschaft. Ausgeschlossen sind Personenschäden, bei welchen es sich um Arbeitsunfälle im Sinne der Sozialversicherungsgesetze unter Arbeitnehmern des Versicherungsnehmers handelt.

Artikel 14
Örtliche Geltung der Versicherung

Der Versicherungsschutz erstreckt sich – soweit nichts anderes vereinbart ist – auf Schadenereignisse, die in Europa oder einem außereuropäischen Mittelmeeranliegerstaat eingetreten sind.

Artikel 15
Zeitliche Geltung der Versicherung

1. Die Versicherung erstreckt sich auf Schadenereignisse, die während der Wirksamkeit des Versicherungsschutzes (Laufzeit des Versicherungsvertrages unter Beachtung der §§ 38, 39 und 39a VersVG) eingetreten sind.
Schadenereignisse, die zwar während der Wirksamkeit des Versicherungsschutzes eingetreten sind, deren Ursache jedoch in die Zeit vor Abschluß des Versicherungsvertrages fällt, sind nur gedeckt, wenn dem Versicherungsnehmer oder dem Versicherten bis zum Abschluß des Versicherungsvertrages von der Ursache, die zu dem Schadenereignis geführt hat, nichts bekannt war.
2. Bei einem Personenschaden gilt im Zweifel der Versicherungsfall mit der ersten Feststellung der Gesundheitsschädigung durch einen Arzt als eingetreten.

Artikel 16
Summenmäßiger Umfang des Versicherungsschutzes

1. Die Pauschalversicherungssumme beträgt – soweit nichts anderes vereinbart ist – ATS 2,000.000,–[11] und gilt für Personenschäden, Sachschäden und Vermögensschäden, die auf einen versicherten Personen- oder Sachschaden zurückzuführen sind, zusammen.
Die Versicherungssumme stellt die Höchstleistung des Versicherers für einen Versicherungsfall im Sinne des Artikel 11, 1. dar, und zwar auch dann, wenn sich der Versicherungsschutz auf mehrere schadenersatzpflichtige Personen erstreckt.
Der Versicherer leistet für die innerhalb eines Versicherungsjahres eingetretenen Versicherungsfälle – soweit nichts anderes vereinbart ist – höchstens das Dreifache der jeweils maßgebenden Versicherungssumme.
An einer Sicherheitsleistung oder Hinterlegung, die der Versicherungsnehmer kraft Gesetzes oder gerichtlicher Anordnung zur Deckung einer Schadenersatzverpflichtung vorzunehmen hat, beteiligt sich der Versicherer in demselben Umfang wie an der Ersatzleistung.
2. Hat der Versicherungsnehmer Rentenzahlungen zu leisten und übersteigt der Kapitalwert der Rente die Versicherungssumme oder den nach Abzug etwaiger sonstiger Leistungen aus demselben Versicherungsfall noch verbleibenden Restbetrag der Versicherungssumme, so wird die zu leistende Rente nur im Verhältnis der Versicherungssumme bzw. ihres Restbetrages zum Kapitalwert der Rente erstattet. Der Kapitalwert der Rente wird zu diesem Zweck aufgrund der zum Zeitpunkt des Versicherungsfalles aktuellen Rententafel und gleichzeitig gültigen Zinsfußes ermittelt.
3. Rettungskosten; Kosten
3.1. Die Versicherung umfaßt den Ersatz von Rettungskosten.
3.2. Die Versicherung umfaßt ferner die den Umständen nach gebotenen gerichtlichen und außergerichtlichen Kosten der Feststellung und Abwehr einer von einem Dritten behaupteten Schadenersatzpflicht, und zwar auch dann, wenn sich der Anspruch als unberechtigt erweist.

---

[10] Dieser Betrag entspricht 72 672,83 €.

Zu Sonstiges:
[11] Dieser Betrag entspricht 145 345,66 €.

3.3. Die Versicherung umfaßt weiters die Kosten der über Weisung des Versicherers geführten Verteidigung in einem Straf- oder Disziplinarverfahren.
Kosten gemäß den Punkten 3.1. bis 3.3. werden auf die Versicherungssumme angerechnet.

4. Falls die vom Versicherer verlangte Erledigung eines Schadenersatzanspruches durch Anerkenntnis, Befriedigung oder Vergleich am Widerstand des Versicherungsnehmers scheitert und der Versicherer mittels eingeschriebenen Briefes die Erklärung abgibt, seinen vertragsmäßigen Anteil an Entschädigung und Kosten zur Befriedigung des Geschädigten zur Verfügung zu halten, hat der Versicherer für den von der erwähnten Erklärung an entstehenden Mehraufwand an Hauptsache, Zinsen und Kosten nicht aufzukommen.

Artikel 17

Ausschlüsse vom Versicherungsschutz

Soweit nichts anderes vereinbart ist, sind nicht versichert:

1. Ansprüche, soweit sie aufgrund eines Vertrages oder einer besonderen Zusage über den Umfang der gesetzlichen Schadenersatzpflicht hinausgehen.

2. Die Erfüllung von Verträgen und die an die Stelle der Erfüllung tretende Ersatzleistung.

3. Schadenersatzverpflichtungen der Personen, die den Schaden, für den sie von einem Dritten verantwortlich gemacht werden, rechtswidrig und vorsätzlich herbeigeführt haben.
Dem Vorsatz wird gleichgehalten eine Handlung oder Unterlassung, bei welcher der Schadenseintritt mit Wahrscheinlichkeit erwartet werden mußte, jedoch in Kauf genommen wurde.

4. Schadenersatzverpflichtungen aus Schäden, die in unmittelbarem oder mittelbarem Zusammenhang mit Auswirkungen der Atomenergie stehen.

5. Schadenersatzverpflichtungen aus Schäden, die der Versicherungsnehmer oder die versicherten Personen gemäß Artikel 13 verursachen durch Haltung oder Verwendung von
5.1. Luftfahrzeugen,
5.2. Luftfahrtgeräten (ausgenommen Flugmodelle gemäß Artikel 12, Punkt 1.10.),
5.3. Kraftfahrzeugen, die nach ihrer Bauart und Ausrüstung oder ihrer Verwendung ein behördliches Kennzeichen tragen müssen oder tatsächlich tragen. Dieser Ausschluß bezieht sich jedoch nicht auf die Verwendung von Kraftfahrzeugen als ortsgebundene Kraftquelle.
Die Begriffe Luftfahrzeug und Luftfahrtgerät sind im Sinne des Luftfahrtgesetzes (BGBl.Nr.253/1957), die Begriffe Kraftfahrzeug, Anhänger und behördliche Kennzeichen im Sinne des Kraftfahrgesetzes (BGBl. Nr. 267/1967), beide in der jeweils geltenden Fassung, auszulegen.

6. Schäden, die zugefügt werden
6.1. dem Versicherungsnehmer (den Versicherungsnehmern) selbst;
6.2. Angehörigen des Versicherungsnehmers (als Angehörige gelten der Ehegatte, Verwandte in gerader aufsteigender und absteigender Linie, Schwieger-, Adoptiv- und Stiefeltern, im gemeinsamen Haushalt lebende Geschwister; außereheliche Gemeinschaft ist in ihrer Auswirkung der ehelichen gleichgestellt).

7. Schadenersatzverpflichtungen wegen Schäden an
7.1. Sachen, die der Versicherungsnehmer oder die versicherten Personen gemäß Artikel 13 entliehen, gemietet, geleast, gepachtet oder in Verwahrung genommen haben, sei es auch im Zuge der Verwahrung als Nebenverpflichtung (ausgenommen Sachen der Logiergäste gemäß Artikel 12, Punkt 1.2.);
7.2. beweglichen Sachen, die bei oder infolge ihrer Benützung, Beförderung, Bearbeitung oder einer sonstigen Tätigkeit an oder mit ihnen entstehen;
7.3. jenen Teilen von unbeweglichen Sachen, die unmittelbar Gegenstand der Bearbeitung, Benützung oder einer sonstigen Tätigkeit sind.

8. Schadenersatzverpflichtungen wegen Schäden an Sachen durch allmähliche Emission oder allmähliche Einwirkung von Temperatur, Gasen, Dämpfen, Flüssigkeiten, Feuchtigkeit oder nichtatmosphärischen Niederschlägen (wie Rauch, Ruß, Staub usw.).

Artikel 18

Obliegenheiten; Vollmacht des Versicherers

1. Obliegenheiten
Als Obliegenheiten, deren Verletzung die Leistungsfreiheit des Versicherers gemäß § 6 VersVG bewirkt, werden – soweit nichts anderes vereinbart ist – bestimmt:
1.1. Der Versicherungsnehmer hat alles ihm Zumutbare zu tun, um Ursachen, Hergang und Folgen des Versicherungsfalles aufzuklären und den entstandenen Schaden gering zu halten.
1.2. Er hat den Versicherer umfassend und unverzüglich, spätestens innerhalb einer Woche ab Kenntnis, zu informieren, und zwar schriftlich, falls erforderlich auch fernmündlich oder fernschriftlich.
Insbesondere sind anzuzeigen:
1.2.1. der Versicherungsfall;
1.2.2. die Geltendmachung einer Schadenersatzforderung;
1.2.3. die Zustellung einer Strafverfügung sowie die Einleitung eines Straf-, Verwaltungsstraf- oder Disziplinarverfahrens gegen den Versicherungsnehmer oder eine versicherte Person;

Allg. Bedingungen

1.2.4. alle Maßnahmen Dritter zur gerichtlichen Durchsetzung von Schadenersatzforderungen.
1.3. Der Versicherungsnehmer hat den Versicherer bei der Feststellung und Erledigung oder Abwehr des Schadens zu unterstützen.
1.3.1. Der Versicherungsnehmer hat den vom Versicherer bestellten Anwalt (Verteidiger, Rechtsbeistand) zu bevollmächtigen, ihm alle von ihm benötigten Informationen zu geben und ihm die Prozeßführung zu überlassen.
1.3.2. Ist dem Versicherungsnehmer die rechtzeitige Einholung der Weisungen des Versicherers nicht möglich, so hat der Versicherungsnehmer aus eigenem innerhalb der vorgeschriebenen Frist alle gebotenen Prozeßhandlungen (auch Einspruch gegen eine Strafverfügung) vorzunehmen.
1.3.3. Der Versicherungsnehmer ist nicht berechtigt, ohne vorherige Zustimmung des Versicherers einen Schadenersatzanspruch ganz oder zum Teil anzuerkennen – es sei denn, der Versicherungsnehmer konnte die Anerkennung nicht ohne offenbare Unbilligkeit verweigern – oder zu vergleichen.
1.4. Der Versicherungsanspruch darf vor seiner endgültigen Feststellung ohne ausdrückliche Zustimmung des Versicherers weder abgetreten noch verpfändet werden.
2. Die Bestimmungen gemäß Punkt 1. finden sinngemäß auf versicherte Personen gemäß Artikel 13 Anwendung.
3. Vollmacht des Versicherers
Der Versicherer ist bevollmächtigt, im Rahmen seiner Verpflichtung zur Leistung alle ihm zweckmäßig erscheinenden Erklärungen im Namen des Versicherungsnehmers abzugeben.

Artikel 19

Versicherungsschutz für Sachschäden durch Umweltstörung

Für Schadenersatzverpflichtungen aus Sachschäden durch Umweltstörung gemäß Artikel 12, Punkt 2. – einschließlich des Schadens an Erdreich oder Gewässern – besteht Versicherungsschutz nach Maßgabe der nachstehend angeführten Bedingungen:

1. Umweltstörung ist die Beeinträchtigung der Beschaffenheit von Luft, Erdreich oder Gewässern durch Immissionen.

2. Versicherungsschutz für Sachschäden durch Umweltstörung – einschließlich des Schadens an Erdreich oder Gewässern – besteht, wenn die Umweltstörung durch einen einzelnen, plötzlich eingetretenen, unvorhergesehenen Vorfall ausgelöst wird, welcher vom ordnungsgemäßen, störungsfreien Betriebsgeschehen abweicht.

Somit besteht insbesondere kein Versicherungsschutz, wenn nur durch mehrere in der Wirkung gleichartige Vorfälle (wie Verkleckern, Verdunsten) eine Umweltstörung, die bei einzelnen Vorfällen dieser Art nicht eingetreten wäre, ausgelöst wird. Artikel 17, Punkt. 8. findet keine Anwendung.

3. Besondere Regelungen für den Versicherungsschutz gemäß Punkt 2.
3.1 Versicherungsfall
Versicherungsfall ist abweichend von Artikel 11, Punkt 1. die erste nachprüfbare Feststellung einer Umweltstörung, aus welcher dem Versicherungsnehmer Schadenersatzverpflichtungen erwachsen oder erwachsen könnten.
Soweit nichts anderes vereinbart ist, gilt weiters:
3.2. Örtlicher Geltungsbereich
Versicherungsschutz besteht abweichend von Artikel 14, wenn die schädigenden Folgen der Umweltstörung in Europa oder einem außereuropäischen Mittelmeeranliegerstaat eingetreten sind.
3.3. Zeitlicher Geltungsbereich
Abweichend von Artikel 15 erstreckt sich der Versicherungsschutz auf eine Umweltstörung, die während der Wirksamkeit des Versicherungsschutzes oder spätestens zwei Jahre danach festgestellt wird (Artikel 19, Punkt 3.1.). Der Vorfall muß sich während der Wirksamkeit des Versicherungsschutzes ereignen.

Eine Umweltstörung, die zwar während der Wirksamkeit des Versicherungsschutzes festgestellt wird, die aber auf einen Vorfall vor Abschluß des Versicherungsvertrages zurückzuführen ist, ist nur dann versichert, wenn sich dieser Vorfall frühestens zwei Jahre vor Abschluß des Versicherungsvertrages ereignet hat und dem Versicherungsnehmer oder der versicherten Person gemäß Artikel 13 bis zum Abschluß des Versicherungsvertrages der Vorfall oder die Umweltstörung nicht bekannt war und auch nicht bekannt sein konnte.

Artikel 15, Punkt 2. findet sinngemäß Anwendung.

4. Der Selbstbehalt des Versicherungsnehmers beträgt in jedem Versicherungsfall – soweit nichts anderes vereinbart ist – 10% des Schadens, mindestens ATS 5.000,–[12].

Zu Sonstiges :
[12] *Dieser Betrag entspricht 363,36 € .*

12/II/13. Rechtsschutz

Allg. Bedingungen

Allgemeine Bedingungen für die Rechtsschutz-Versicherung (ARB 2015)

Diese Bedingungen stellen ein unverbindliches Muster für Allgemeine Bedingungen in der Rechtsschutz-Versicherung dar. Abweichende Vereinbarungen sind möglich.

Einführung und Inhaltsverzeichnis

Bitte beachten Sie, dass nur die Gemeinsamen und die Besonderen Bestimmungen zusammen den Umfang und die Voraussetzungen des Versicherungsschutzes beschreiben. Die Gemeinsamen Bestimmungen gelten in jedem Fall, die Besonderen Bestimmungen nur soweit, als sie im jeweiligen Versicherungsvertrag vereinbart sind.

Die in den Besonderen Bestimmungen beschriebenen Rechtsschutz-Bausteine (Risken) werden in Form von Rechtsschutz-Kombinationen für Fahrzeughalter, für Arbeitnehmer, für Firmen und freie Berufe, für Landwirte etc. angeboten. Umfang und Preis dieser Kombinationen sind im Tarif geregelt und werden im jeweiligen Versicherungsvertrag vereinbart. Jene Gesetzesstellen, auf die im Rahmen der Bedingungen Bezug genommen wird, finden Sie im Anhang.

Gender Hinweis:

Die personenbezogene Schreibweise nur in männlicher Form wurde dem Gesetzestext entsprechend übernommen, bezieht sich jedoch jedenfalls auf Frauen und Männer in gleicher Weise.

Gemeinsame Bestimmungen

Artikel 1	Was ist Gegenstand der Versicherung?
Artikel 2	Was gilt als Versicherungsfall und wann gilt er als eingetreten?
Artikel 3	Für welchen Zeitraum gilt die Versicherung? (Zeitlicher Geltungsbereich)
Artikel 4	Wo gilt die Versicherung? (Örtlicher Geltungsbereich)
Artikel 5	Wer ist versichert und unter welchen Voraussetzungen können mitversicherte Personen Deckungsansprüche geltend machen?
Artikel 6	Welche Leistungen erbringt der Versicherer?
Artikel 7	Was ist vom Versicherungsschutz ausgeschlossen?
Artikel 8	Welche Pflichten hat der Versicherungsnehmer zur Sicherung seines Deckungsanspruches zu beachten? (Obliegenheiten)
Artikel 9	Wann und wie hat der Versicherer zum Deckungsanspruch des Versicherungsnehmers Stellung zu nehmen? Was hat bei Meinungsverschiedenheiten zwischen dem Versicherer und dem Versicherungsnehmer über die Art der Vorgangsweise oder die Erfolgsaussichten zu geschehen? (Schiedsgutachterverfahren)
Artikel 10	Wer wählt den Rechtsvertreter aus, durch wen und wann wird dieser beauftragt und was hat bei Vorliegen einer Interessenkollision zu geschehen?
Artikel 11	Wann können Versicherungsansprüche abgetreten oder verpfändet werden und wann gehen Ansprüche auf den Versicherer über?
Artikel 12	Was gilt als Versicherungsperiode, wann ist die Prämie zu bezahlen und wann beginnt der Versicherungsschutz?
Artikel 13	Was gilt bei Vergrößerung oder Verminderung des versicherten Risikos?
Artikel 14	Wann verändern sich Prämie und Versicherungssumme? (Wertanpassung)
Artikel 15	Unter welchen Voraussetzungen verlängert sich der Versicherungsvertrag oder endet er vorzeitig?
Artikel 16	In welcher Form sind Erklärungen abzugeben?

Besondere Bestimmungen

Artikel 17	Schadenersatz-, Straf- und Führerschein-Rechtsschutz für Fahrzeuge (Fahrzeug-Rechtsschutz) je nach Vereinbarung mit oder ohne Fahrzeug-Vertrags-Rechtsschutz
Artikel 18	Schadenersatz- Straf- und Führerschein-Rechtsschutz für Fahrzeuglenker (Lenker-Rechtsschutz)

12/II/13. Rechtsschutz
Allg. Bedingungen

Artikel 19	Schadenersatz- und Straf-Rechtsschutz für den Privat-, Berufs- und Betriebsbereich
Artikel 20	Arbeitsgerichts-Rechtsschutz
Artikel 21	Sozialversicherungs-Rechtsschutz
Artikel 22	Beratungs-Rechtsschutz
Artikel 23	Allgemeiner Vertrags-Rechtsschutz
Artikel 24	Rechtsschutz für Grundstückseigentum und Miete
Artikel 25	Rechtsschutz für Familienrecht
Artikel 26	Rechtsschutz für Erbrecht

Anhang

Anhang 1	Unverbindliche Muster für abweichende Vereinbarungen
Anhang 2	Wiedergabe der in den ARB und in den unverbindlichen Mustern für abweichende Vereinbarungen erwähnten wesentlichen Gesetzesbestimmungen

Gemeinsame Bestimmungen
Artikel 1
Was ist Gegenstand der Versicherung?

Der Versicherer sorgt für die Wahrnehmung der rechtlichen Interessen des Versicherungsnehmers und trägt die dem Versicherungsnehmer dabei entstehenden Kosten.

Dieser Versicherungsschutz wird nach den Gemeinsamen und Besonderen Bestimmungen geboten und bezieht sich auf die jeweils vereinbarten Risken.

Artikel 2
Was gilt als Versicherungsfall und wann gilt er als eingetreten?

1. Für die Geltendmachung eines Personen-, Sach- oder Vermögensschadens, der auf einen versicherten Personen- oder Sachschaden zurückzuführen ist (Artikel 17.2.1., Artikel 18.2.1., Artikel 19.2.1. und Artikel 24.2. sofern ein Schadenersatzanspruch wegen Beschädigung des versicherten Objektes geltend gemacht wird), gilt als Versicherungsfall das dem Anspruch zugrunde liegende Schadenereignis. Als Zeitpunkt des Versicherungsfalles gilt der Eintritt dieses Schadenereignisses.

Bei Schäden infolge einer Umweltstörung, die auf einen vom ordnungsgemäßen, störungsfreien Betriebsgeschehen abweichenden, einzelnen, plötzlich eingetretenen Vorfall zurückzuführen sind, gilt dieser Vorfall (= Störfall) als Versicherungsfall. Als Zeitpunkt des Versicherungsfalles gilt der Eintritt dieses Störfalles.

Umweltstörung ist die Beeinträchtigung der Beschaffenheit von Luft, Erdreich oder Gewässern.

2. Im Beratungs-Rechtsschutz (Artikel 22.3.) und in bestimmten Fällen des Rechtsschutzes für Grundstückseigentum und Miete (Artikel 24.4.) sowie des Rechtsschutzes für Familienrecht (Artikel 25.4.) gelten die dort beschriebenen Sonderregelungen.

3. In den übrigen Fällen – insbesondere auch für die Geltendmachung eines reinen Vermögensschadens (Artikel 17.2.1., Artikel 18.2.1. und Artikel 19.2.1.) sowie für die Wahrnehmung rechtlicher Interessen wegen reiner Vermögensschäden (Artikel 23.2.1. und Artikel 24.2.1.1.) – gilt als Versicherungsfall der tatsächliche oder behauptete Verstoß des Versicherungsnehmers, Gegners oder eines Dritten gegen Rechtspflichten oder Rechtsvorschriften; der Versicherungsfall gilt in dem Zeitpunkt als eingetreten, in dem eine der genannten Personen begonnen hat oder begonnen haben soll, gegen Rechtspflichten oder Rechtsvorschriften zu verstoßen.

Bei mehreren Verstößen ist der erste, adäquat ursächliche Verstoß maßgeblich. Im Führerschein-Rechtsschutz (Artikel 17.2.3. und Artikel 18.2.3.) ist bei mehreren Verstößen derjenige maßgeblich, der die Abnahme oder Entziehung unmittelbar auslöst.

Artikel 3
Für welchen Zeitraum gilt die Versicherung? (Zeitlicher Geltungsbereich)

1. Die Versicherung erstreckt sich grundsätzlich auf Versicherungsfälle, die während der Laufzeit des Versicherungsvertrages eintreten.

2. Versicherungsfälle gem. Artikel 2.1., die zwar während der Wirksamkeit des Versicherungsschutzes eingetreten sind, deren behauptete Ursache jedoch in die Zeit vor Abschluss des Versicherungsvertrages fällt, sind nur gedeckt, wenn dem Versicherungsnehmer oder dem Versicherten bis zum Abschluss des Versicherungsvertrages von der behaupteten Ursache, die zu dem Versicherungsfall geführt hat, nichts bekannt war.

3. Löst eine Willenserklärung oder Rechtshandlung des Versicherungsnehmers, des Gegners oder eines Dritten, die vor Versicherungsbeginn vorgenommen wurde, den Versicherungsfall gem. Artikel 2.3. aus, besteht kein Versicherungsschutz.

4. Wird der Deckungsanspruch vom Versicherungsnehmer später als x Jahre nach Beendigung des Versicherungsvertrages für das betreffende Risiko geltend gemacht, besteht kein Versicherungsschutz. Dieser Ausschluss gilt nicht, wenn der Versicherungsnehmer den Deckungsanspruch

12/II/13. Rechtsschutz
Allg. Bedingungen

nach Kenntnis des Versicherungsfalles im Sinne des § 33 VersVG (siehe Anhang) unverzüglich geltend macht.

5. Darüber hinaus wird der Versicherungsschutz zeitlich begrenzt durch die Bestimmungen über Prämienzahlung und Beginn des Versicherungsschutzes (Artikel 12) und die in den Besonderen Bestimmungen geregelten Wartefristen (Artikel 20 bis 26).

Artikel 4
Wo gilt die Versicherung? (Örtlicher Geltungsbereich)

1. Im Fahrzeug- und Fahrzeug-Vertrags-Rechtsschutz (Artikel 17), Lenker-Rechtsschutz (Artikel 18) sowie im Schadenersatz- und Straf-Rechtsschutz (Artikel 19) besteht Versicherungsschutz für Versicherungsfälle, die in Europa (im geographischen Sinn), den außereuropäischen Mittelmeeranrainerstaaten, auf den Kanarischen Inseln, Madeira und den Azoren – auch auf Flug- und Schiffsreisen innerhalb der äußeren Grenzen dieses Geltungsbereiches – eintreten, wenn auch die Wahrnehmung rechtlicher Interessen in diesem Geltungsbereich erfolgt.

2. In den übrigen Fällen besteht Versicherungsschutz, wenn der Versicherungsfall im Geltungsbereich gem. Pkt. 1. eintritt, die Wahrnehmung rechtlicher Interessen jedoch in Österreich erfolgt und dafür die Zuständigkeit eines staatlichen österreichischen Gerichtes oder einer österreichischen Verwaltungsbehörde gegeben ist.

Artikel 5
Wer ist versichert und unter welchen Voraussetzungen können mitversicherte Personen Deckungsansprüche geltend machen?

1. Versichert sind der Versicherungsnehmer und die in den Besonderen Bestimmungen jeweils genannten mitversicherten Personen.
Ist in den Besonderen Bestimmungen die Mitversicherung von Familienangehörigen vorgesehen, so umfasst der Versicherungsschutz neben dem Versicherungsnehmer

   1.1 seinen in häuslicher Gemeinschaft mit ihm lebenden Ehegatten, eingetragenen Partner oder Lebensgefährten und

   1.2 deren minderjährige Kinder (auch Enkel-Adoptiv- Pflege- und Stiefkinder; Enkelkinder jedoch nur, wenn sie in häuslicher Gemeinschaft mit dem Versicherungsnehmer leben).

2. Der Anspruch des Versicherungsnehmers auf Versicherungsschutz geht auf den Nachlass oder die eingeantworteten Erben des Versicherungsnehmers über, wenn der Versicherungsfall vor dessen Ableben eingetreten ist.

3. Der Versicherungsschutz erstreckt sich auch auf Personen, für deren Unterhalt der Versicherungsnehmer nach dem Gesetz zu sorgen hatte, wenn sie aufgrund des Ablebens des Versicherungsnehmers eigene Schadenersatzansprüche geltend machen.

4. Die für den Versicherungsnehmer getroffenen Bestimmungen gelten sinngemäß auch für die mitversicherten Personen; das trifft insbesondere auch für die Erfüllung der Obliegenheiten zu (Artikel 8).

5. Mitversicherte Personen können Deckungsansprüche gegenüber dem Versicherer nur mit Zustimmung des Versicherungsnehmers geltend machen.

Der Versicherungsnehmer ist berechtigt, seine Zustimmung zu widerrufen, wenn mitversicherte Personen Versicherungsschutz für

– die Einleitung eines Zivilverfahrens nach außergerichtlicher Wahrnehmung rechtlicher Interessen oder

– das Strafverfahren nach einem allenfalls versicherten Ermittlungsverfahren oder

– die Anfechtung einer Entscheidung oder

– die Einleitung eines anderen Verfahrens

verlangen. Der Versicherungsschutz entfällt ab dem Zeitpunkt, zu dem die Maßnahmen, für die der Versicherer zum Zeitpunkt des Widerrufes Versicherungsschutz bestätigt hat, abgeschlossen sind.

Artikel 6
Welche Leistungen erbringt der Versicherer?

1. Verlangt der Versicherungsnehmer Versicherungsschutz, übernimmt der Versicherer im Falle seiner Leistungspflicht die Kosten gem. Pkt. 6., soweit sie für die Wahrnehmung der rechtlichen Interessen des Versicherungsnehmers notwendig sind.

2. Es werden die ab dem Zeitpunkt der Geltendmachung des Deckungsanspruchs entstehenden Kosten gem. Pkt. 1 übernommen. Vor diesem Zeitpunkt entstandene Kosten sind nur insoweit versichert, als sie der Versicherer auch bei vorheriger Abstimmung und Prüfung seiner Leistungspflicht zu tragen gehabt hätte (Artikel 8).

3. Notwendig sind die Kosten, wenn die Rechtsverfolgung oder Rechtsverteidigung zweckentsprechend und nicht mutwillig ist und hinreichende Aussicht auf deren Erfolg besteht.
Die Prüfung der Erfolgsaussicht gem. Artikel 9 unterbleibt im Straf- Führerschein- und Beratungs-Rechtsschutz.

4. Der Versicherungsschutz erstreckt sich, soweit die Besonderen Bestimmungen nichts anderes vorsehen (Artikel 20, 21, 24, 25 und 26), auf die Wahrnehmung rechtlicher Interessen,

Rechtsschutz
Allg. Bedingungen

4.1 außergerichtlich durch den Versicherer oder durch eine von ihm beauftragte zur berufsmäßigen Parteienvertretung befugte Person.

4.2 vor staatlichen Gerichten sowie vor Verwaltungsbehörden durch eine zur berufsmäßigen Parteienvertretung befugte Person in allen Instanzen, jedoch nicht auf die Vertretung vor dem Verfassungs- und Verwaltungsgerichtshof.

5. Für das Verfahren vor dem Verfassungs- und Verwaltungsgerichtshof besteht Versicherungsschutz nur dann, wenn und insoweit dies in den Besonderen Bestimmungen ausdrücklich vorgesehen ist (Artikel 17 und 18).

6. Der Versicherer zahlt

6.1 die angemessenen Kosten des für den Versicherungsnehmer tätigen Rechtsanwaltes bis zur Höhe des Rechtsanwaltstarifgesetzes oder, sofern dort die Entlohnung für anwaltliche Leistungen nicht geregelt ist, bis zur Höhe der Allgemeinen Honorarkriterien;

In gerichtlichen Verfahren werden Nebenleistungen des Rechtsanwaltes max. in Höhe des nach dem jeweiligen Tarif zulässigen Einheitssatzes eines am Ort des in 1. Instanz zuständigen Gerichtes ansässigen Rechtsanwaltes gezahlt. Haben am Ort dieses Gerichtes nicht mindestens ... Rechtsanwälte ihren Kanzleisitz, übernimmt der Versicherer die tariflich vorgesehenen Mehrkosten aus der Sprengelfremdheit. Diese Bestimmungen sind sinngemäß auch auf die Vertretung vor Verwaltungsbehörden und Verwaltungsgerichten anzuwenden.

Wird anstelle des Rechtsanwaltes eine andere zur berufsmäßigen Parteienvertretung befugte Person tätig, werden deren Kosten nach den für sie geltenden Richtlinien, max. jedoch bis zur Höhe des Rechtsanwaltstarifgesetzes übernommen. Im Ausland werden die angemessenen Kosten einer zur berufsmäßigen Parteienvertretung befugten Person nach den dort geltenden Richtlinien übernommen.

6.2 die dem Versicherungsnehmer zur Zahlung auferlegten Vorschüsse und Gebühren für die von einem Gericht oder einer Verwaltungsbehörde beigezogenen Sachverständigen, Dolmetscher und Zeugen sowie Vorschüsse und Gebühren für das gerichtliche oder verwaltungsbehördliche Verfahren;

Nicht ersetzt werden Kosten für Urteilsveröffentlichungen und strafrechtliche Vollzugsmaßnahmen.

6.3 im Zivilprozess auch die Kosten der Gegenseite, soweit der Versicherungsnehmer zu deren Zahlung verpflichtet ist;

Unter den gleichen Voraussetzungen trägt der Versicherer im Strafverfahren auch die Kosten des Schriftsatzes der Subsidiaranklage.

6.4 die Kosten der Hin- und Rückfahrt des Versicherungsnehmers zu und von einem ausländischen Gericht, wenn sein Erscheinen als Beschuldigter oder Partei von diesem angeordnet wurde oder zur Vermeidung von Rechtsnachteilen erforderlich ist;

Eine Kostenerstattung erfolgt bis zur Höhe der Kosten der Bahnfahrt zweiter Klasse einschließlich Zuschlägen. Steht dieses Transportmittel nicht zur Verfügung, ersetzt der Versicherer die Kosten eines vergleichbaren öffentlichen Verkehrsmittels (Autobus, Fähre) bis zum nächstgelegenen Bahnanschluss. Ist der Ort der Einvernahme mehr als 1.500 km vom Wohnsitz des Versicherungsnehmers entfernt, erfolgt eine Kostenerstattung für einen Linienflug der Economy-Klasse.

6.5 vorschussweise jene Beträge, die vom Versicherungsnehmer im Ausland aufgewendet werden müssten, um einstweilen von Strafverfolgungsmaßnahmen verschont zu bleiben (Strafkaution). Dieser Vorschuss ist vom Versicherungsnehmer innerhalb von sechs Monaten ab Zahlung durch den Versicherer zurückzuzahlen;

6.6 Kosten gem. Pkt. 6.1., Pkt. 6.2. und Pkt. 6.4. exklusive Umsatzsteuer, wenn der Versicherungsnehmer vorsteuerabzugsberechtigt ist;

6.7 Kosten gem. Pkt. 6.1., Pkt. 6.2. und Pkt. 6.4. unbeschadet anderer gesetzlicher Bestimmungen, wenn und solange Teilzahlungen durch die Gegenseite Kapital und Zinsen nicht übersteigen (ausgenommen Inkassofälle gem. Artikel 23.2.3.3.).

6.8 Der Versicherer hat die Leistungen nach Pkt. 6 zum Zeitpunkt ihrer Fälligkeit zu erbringen.

Die Leistung gem. Pkt. 6.1. ist fällig, sobald der Rechtsvertreter die Angelegenheit endgültig außergerichtlich erledigt hat oder das Verfahren rechtskräftig beendet ist und dem Versicherungsnehmer eine Honorarnote schriftlich gelegt wurde.

Der Versicherungsnehmer kann eine Zwischenabrechnung frühestens dann verlangen, wenn bei Verfahren über mehrere Instanzen eine Instanz beendet ist und dem

Versicherungsnehmer eine Honorarnote schriftlich gelegt wurde.

Die Leistung gem. Pkt. 6.2. bis 6.5. ist fällig, sobald der Versicherungsnehmer zu deren Zahlung verpflichtet ist oder diese Verpflichtung bereits erfüllt hat.

7. Die Leistungspflicht des Versicherers ist begrenzt wie folgt:

7.1 Die Höchstgrenze der vom Versicherer in einem Versicherungsfall für den Versicherungsnehmer und die mitversicherten Personen zu erbringenden Leistungen bildet die im Zeitpunkt des Versicherungsfalles laut Vertrag gültige Versicherungssumme.

7.2 Bei mehreren Versicherungsfällen, die einen ursächlich und zeitlich zusammenhängenden, einheitlichen Vorgang darstellen, steht die Versicherungssumme nur einmal zur Verfügung. Ihre Höhe bestimmt sich nach dem Zeitpunkt des ersten Versicherungsfalles.

7.3 Genießen mehrere Versicherungsnehmer zur Wahrnehmung ihrer rechtlichen Interessen Versicherungsschutz aus einem oder mehreren Versicherungsverträgen und sind ihre Interessen aufgrund der gleichen oder einer gleichartigen Ursache gegen den/dieselben Gegner gerichtet, ist der Versicherer berechtigt, seine Leistungspflicht vorerst

auf die außergerichtliche Wahrnehmung durch von ihm ausgewählte Rechtsvertreter;

auf gegebenenfalls notwendige Anschlusserklärungen als Privatbeteiligte und auf die Forderungsanmeldungen in Insolvenzverfahren sowie

auf notwendige Musterverfahren zu beschränken. Die dem Versicherer für die Vorbereitung und Durchführung von Musterverfahren entstehenden Kosten werden nach Kopfteilen auf die Versicherungssummen aller betroffener Versicherungsnehmer angerechnet.

Werden vom Versicherer Gemeinschaftsklagen oder sonstige gemeinschaftliche Formen der gerichtlichen Interessenwahrnehmung organisiert oder empfohlen und nimmt der Versicherungsnehmer freiwillig daran teil, oder werden mehrere Klagen vom Gericht verbunden, übernimmt der Versicherer die dem einzelnen Versicherungsnehmer entstehenden Kosten bis zu max. xxx % der mit dem jeweiligen Versicherungsnehmer vereinbarten Versicherungssumme.

Wenn und sobald die Versicherungsnehmer durch diese Maßnahmen nicht ausreichend gegen einen Verlust ihrer Ansprüche durch drohende Verjährung geschützt sind, übernimmt der Versicherer die Kosten für die individuelle, gerichtliche Geltendmachung von Ansprüchen zur Hemmung/Unterbrechung der Verjährung bis zu max. xxx % der mit dem jeweiligen Versicherungsnehmer vereinbarten Versicherungssumme.

Ist nach Klärung der für alle betroffenen Versicherungsnehmer maßgeblichen Vorfragen noch die gerichtliche Geltendmachung individueller Ansprüche notwendig, besteht dafür Versicherungsschutz in vollem Umfange.

Sofern der Versicherungsschutz die Vertretung in Verfahren vor Verwaltungsbehörden und Verwaltungsgerichten bzw. vor dem Verfassungs- oder Verwaltungsgerichtshof umfasst, können diese Bestimmungen sinngemäß angewandt werden.

7.4 Bei einem Vergleich trägt der Versicherer die Kosten nur in dem Umfang, der dem Verhältnis des Obsiegens zum Unterliegen entspricht.

7.5 Nach Vorliegen eines Exekutionstitels (z. B. Urteil) trägt der Versicherer Kosten der Rechtsverwirklichung für höchstens ... Exekutionsversuche einschließlich der Anmeldung der Forderung in einem Insolvenzverfahren, begrenzt mit ... % der Versicherungssumme.

Bei einem Insolvenzverfahren über das Vermögen des Gegners vor dem Vorliegen eines rechtskräftigen Titels übernimmt der Versicherer neben den Kosten der Anmeldung der Forderung ausschließlich die Kosten des durch eine Bestreitung notwendigen Zivilverfahrens.

7.6 Verlangt der Versicherungsnehmer Versicherungsschutz für die Geltendmachung oder die Abwehr von Ansprüchen, für die teils Versicherungsschutz besteht, teils nicht, trägt der Versicherer die Kosten anteilig im Verhältnis der Streitwerte (Bemessungsgrundlagen) zueinander.

Werden bei Wahrnehmung der rechtlichen Interessen vom Gegner Forderungen aufrechnungsweise geltend gemacht, für deren Abwehr kein Versicherungsschutz besteht, trägt der Versicherer nur die Kosten, die der Versicherungsnehmer zu tragen hätte, wenn nur seine Aktivforderung Gegenstand der Interessenwahrnehmung gewesen wäre.

Bei einem Vergleich gilt Pkt. 7.4. bezogen auf die unter Versicherungsschutz stehenden Ansprüche.

12/II/13. Rechtsschutz
Allg. Bedingungen

7.7 Sind mehrere Delikte Gegenstand eines Strafverfahrens, für die teils Versicherungsschutz besteht, teils nicht, trägt der Versicherer die Kosten anteilig im Verhältnis der Bemessungsgrundlagen für die Honorierung anwaltlicher Leistungen zueinander.

7.8 Erfolgt die Wahrnehmung rechtlicher Interessen durch versicherte und nicht versicherte Personen in einem Verfahren oder in verbundenen Verfahren, so trägt der Versicherer die Kosten anteilig.

8. Im Versicherungsvertrag kann vereinbart werden, dass der Versicherungsnehmer einen Teil der Kosten selbst trägt (Selbstbeteiligung).

Artikel 7
Was ist vom Versicherungsschutz ausgeschlossen?

Soweit nichts anderes vereinbart ist, besteht kein Versicherungsschutz für die Wahrnehmung rechtlicher Interessen

1. in ursächlichem Zusammenhang

1.1 mit Kriegen, inneren Unruhen, Terroranschlägen oder Gewalttätigkeiten anlässlich einer öffentlichen Ansammlung oder Kundgebung, von Streiks oder Aussperrungen;

1.2 mit hoheitsrechtlichen Anordnungen, die aufgrund einer Ausnahmesituation an eine Personenmehrheit gerichtet sind sowie mit Katastrophen. Eine Katastrophe liegt vor, wenn durch ein Naturereignis oder ein sonstiges Ereignis dem Umfang nach eine außergewöhnliche Schädigung von Menschen oder Sachen eingetreten ist oder unmittelbar bevorsteht;

1.3 *(...) – Hier können weitere konkret zu umschreibende allgemeine Risikoausschlüsse für die Wahrnehmung rechtlicher Interessen aus Kumulrisiken vereinbart werden.*

2. in ursächlichem Zusammenhang mit

2.1 Ereignissen, die auf allmähliche Einwirkungen zurückzuführen sind;

2.2. *(...) – Hier können weitere konkret zu umschreibende allgemeine Risikoausschlüsse für die Wahrnehmung rechtlicher Interessen aus Vereinbarungen mit aleatorischem Inhalt vereinbart werden.*

3. aus dem Bereich des
(...) – Hier können konkret zu umschreibende allgemeine Risikoausschlüsse für die Wahrnehmung rechtlicher Interessen aus bestimmten Rechtsgebieten vereinbart werden.

4. aus

(...) – Hier können konkret zu umschreibende allgemeine Risikoausschlüsse für die Wahrnehmung rechtlicher Interessen aus bestimmten Verträgen vereinbart werden.

5. Vom Versicherungsschutz sind – *soweit nichts anderes vereinbart ist* – ferner ausgeschlossen

5.1 die Wahrnehmung rechtlicher Interessen mehrerer Versicherungsnehmer desselben Rechtsschutzversicherungsvertrages untereinander, mitversicherter Personen untereinander und mitversicherter Personen gegen den Versicherungsnehmer;

5.2 die Geltendmachung von Forderungen, die an den Versicherungsnehmer abgetreten wurden, und die Abwehr von Haftungen aus Verbindlichkeiten anderer Personen, die der Versicherungsnehmer übernommen hat, wenn die Abtretung oder Haftungsübernahme erfolgte, nachdem der Versicherungsfall eingetreten ist, oder nachdem vom Versicherungsnehmer, Gegner oder einem Dritten eine den Versicherungsfall auslösende Rechtshandlung oder Willenserklärung vorgenommen wurde;

5.3 die Wahrnehmung rechtlicher Interessen im Zusammenhang mit einem über das Vermögen des Versicherungsnehmers beantragten Insolvenzverfahrens;

5.4 Versicherungsfälle, die der Versicherungsnehmer vorsätzlich und rechtswidrig herbeigeführt hat sowie solche, die im Zusammenhang mit der Begehung eines Verbrechens durch den Versicherungsnehmer eintreten.

5.5 *(...) – Hier können weitere konkret zu umschreibende allgemeine Risikoausschlüsse für die Wahrnehmung rechtlicher Interessen vereinbart werden, die die Sphäre des Versicherungsnehmers betreffen.*

6. Neben diesen allgemeinen Ausschlüssen können in den Besonderen Bestimmungen spezielle Risikoausschlüsse vereinbart werden, auf die hier zu verweisen ist.

Artikel 8
Welche Pflichten hat der Versicherungsnehmer zur Sicherung seines Deckungsanspruches zu beachten? (Obliegenheiten)

1. Verlangt der Versicherungsnehmer Versicherungsschutz, ist er verpflichtet,

1.1 den Versicherer

1.1.1 unverzüglich, vollständig und wahrheitsgemäß über die jeweilige Sachlage aufzuklären,

1.1.2 ihm alle erforderlichen Unterlagen auf Verlangen vorzulegen und

12/II/13. Rechtsschutz
Allg. Bedingungen

1.1.3 vor der Ergreifung von Maßnahmen zur Wahrnehmung rechtlicher Interessen die Bestätigung des Versicherungsschutzes (Artikel 9) durch den Versicherer einzuholen;

1.2 dem Versicherer die Beauftragung des Rechtsvertreters (Artikel 10) zu überlassen und dem Rechtsvertreter

Vollmacht zu erteilen,

ihn vollständig und wahrheitsgemäß über die jeweilige Sachlage zu unterrichten und

ihm auf Verlangen alle erforderlichen Unterlagen zur Verfügung zu stellen;

1.3 Kostenvorschreibungen, die ihm zugehen, vor ihrer Begleichung unverzüglich dem Versicherer zur Prüfung zu übermitteln;

1.4 alles zu vermeiden, was die Kosten unnötig erhöht oder die Kostenerstattung durch Dritte ganz oder teilweise verhindert;

1.5 bei der Geltendmachung oder Abwehr von zivilrechtlichen Ansprüchen außerdem

1.5.1 dem Versicherer vorerst die Möglichkeit einzuräumen, Ansprüche selbst innerhalb angemessener Frist außergerichtlich durchzusetzen oder abzuwehren;

1.5.2 vor der gerichtlichen Geltendmachung oder Abwehr von Ansprüchen und vor der Anfechtung einer gerichtlichen Entscheidung die Stellungnahme des Versicherers zur Notwendigkeit der Maßnahmen (Artikel 6.3), einzuholen; der Abschluss von Vergleichen ist mit dem Versicherer abzustimmen;

1.5.3 soweit seine Interessen nicht unbillig, insbesondere durch drohende Verjährung beeinträchtigt werden,

vor der gerichtlichen Geltendmachung von Ansprüchen die Rechtskraft eines Strafverfahrens oder eines anderen Verfahrens, insbesondere eines Musterverfahrens, abzuwarten, das tatsächliche oder rechtliche Bedeutung für den beabsichtigten Rechtsstreit haben kann, oder

vorerst nur einen Teil der Ansprüche geltend zu machen und die Geltendmachung der verbleibenden Ansprüche bis zur rechtskräftigen Entscheidung über den Teilanspruch zurückzustellen.

2. Für den Fall, dass der Versicherungsnehmer eine dieser Obliegenheiten verletzt, wird Leistungsfreiheit vereinbart. Die Voraussetzungen und Begrenzungen der Leistungsfreiheit sind gesetzlich geregelt (siehe § 6 Abs. 3 VersVG im Anhang).

3. Neben diesen allgemeinen Obliegenheiten sind in Artikel 13 weitere und in den Besonderen Bestimmungen spezielle Obliegenheiten geregelt (Artikel 17, 18 und 19).

Artikel 9
Wann und wie hat der Versicherer zum Deckungsanspruch des Versicherungsnehmers Stellung zu nehmen? Was hat bei Meinungsverschiedenheiten zwischen dem Versicherer und dem Versicherungsnehmer über die Art der Vorgangsweise oder die Erfolgsaussichten zu geschehen? (Schiedsgutachterverfahren)

1. Der Versicherer hat binnen zwei Wochen nach Geltendmachung des Deckungsanspruches durch den Versicherungsnehmer und Erhalt der zur Prüfung dieses Anspruches notwendigen Unterlagen und Informationen dem Versicherungsnehmer gegenüber in geschriebener Form den Versicherungsschutz grundsätzlich zu bestätigen oder begründet abzulehnen.

Der Versicherer ist innerhalb der in Absatz 1 genannten Frist berechtigt, diese durch einseitige Erklärung um weitere zwei Wochen zu verlängern.

2. Davon unabhängig hat der Versicherer das Recht, jederzeit Erhebungen über den mutmaßlichen Erfolg der Rechtsverfolgung oder Rechtsverteidigung anzustellen. Kommt er nach Prüfung des Sachverhaltes unter Berücksichtigung der Rechts- und Beweislage zum Ergebnis,

2.1 dass hinreichende Aussicht besteht, in einem Verfahren im angestrebten Umfang zu obsiegen, hat er sich zur Übernahme aller Kosten nach Maßgabe des Artikel 6 (Versicherungsleistungen) bereitzuerklären;

2.2 dass diese Aussicht auf Erfolg nicht hinreichend, d. h. ein Unterliegen in einem Verfahren wahrscheinlicher ist als ein Obsiegen, ist er berechtigt, die Übernahme der an die Gegenseite zu zahlenden Kosten abzulehnen;

2.3 dass erfahrungsgemäß keine Aussicht auf Erfolg besteht, hat er das Recht, die Kostenübernahme zur Gänze abzulehnen.

3. Für den Fall von Meinungsverschiedenheiten zwischen dem Versicherer und dem Versiche-

12/II/13. Rechtsschutz
Allg. Bedingungen

rungsnehmer über die Erfolgsaussichten der Rechtsverfolgung oder Rechtsverteidigung oder das Vorgehen zur Beilegung des Streitfalles, für den Deckung begehrt wird, kann der Versicherungsnehmer seinen Anspruch auf Versicherungsschutz durch Beantragung eines Schiedsgutachterverfahrens oder ohne Durchführung eines Schiedsgutachterverfahrens gerichtlich geltend machen.

4. Die gänzliche oder teilweise Ablehnung der Kostenübernahme wegen nicht hinreichender oder fehlender Aussicht auf Erfolg oder sonstiger Meinungsverschiedenheiten im Sinne des Pkt. 3. ist dem Versicherungsnehmer unter Bekanntgabe der Gründe und unter Hinweis auf die Möglichkeit eines Schiedsgutachterverfahrens gem. Pkt. 5. in geschriebener Form mitzuteilen. Die bis zu diesem Zeitpunkt aufgelaufenen Kosten sind vom Versicherer zu tragen, sofern die sonstigen Voraussetzungen des Versicherungsschutzes vorliegen.

Unterlässt der Versicherer den Hinweis gem. Abs. 1, gilt der Versicherungsschutz für die begehrte Maßnahme als anerkannt.

5. Verlangt der Versicherungsnehmer die Durchführung eines Schiedsgutachterverfahrens, so muss er innerhalb von vier Wochen nach Erhalt der (Teil-)Ablehnung des Versicherers unter gleichzeitiger Benennung eines Rechtsanwaltes die Einleitung des Schiedsgutachterverfahrens in geschriebener Form beantragen.

Der Versicherer hat nach Einlangen des Antrages innerhalb von 14 Tagen seinerseits einen Rechtsanwalt in geschriebener Form namhaft zu machen und diesen mit der Einleitung des Schiedsgutachterverfahrens zu beauftragen.

Versicherungsnehmer und Versicherer dürfen nur solche Rechtsanwälte als Schiedsgutachter benennen, die im konkreten Streitfall noch nicht als Rechtsvertreter tätig waren. Bei Anwaltsgesellschaften schließt die Vertretungstätigkeit eines Anwaltes alle anderen von der Nominierung als Schiedsgutachter aus.

6. Kommen die beiden Rechtsanwälte zu einer einheitlichen Meinung, so sind Versicherer und Versicherungsnehmer an diese Entscheidung gebunden.

Weicht diese Entscheidung jedoch von der wirklichen Sachlage erheblich ab, können Versicherungsnehmer oder Versicherer diese Entscheidung gerichtlich anfechten.

Treffen die beauftragten Rechtsanwälte innerhalb von vier Wochen keine oder keine übereinstimmende Entscheidung, kann der Versicherungsnehmer seinen Anspruch auf Versicherungsschutz gerichtlich geltend machen.

7. Die Kosten des Schiedsgutachterverfahrens sind im Verhältnis des Obsiegens zum Unterliegen in diesem Verfahren vom Versicherer bzw. Versicherungsnehmer zu tragen, wobei die Kostentragungspflicht des Versicherungsnehmers mit der Höhe seiner eigenen Anwaltskosten begrenzt ist.

Kommt es zu keiner Einigung, trägt jede Seite die Kosten ihres Rechtsanwaltes. Diese Kosten teilen das Schicksal der Kosten eines allfälligen Deckungsprozesses.

Artikel 10
Wer wählt den Rechtsvertreter aus, durch wen und wann wird dieser beauftragt und was hat bei Vorliegen einer Interessenkollision zu geschehen?

1. Der Versicherungsnehmer ist berechtigt, zu seiner Vertretung vor Gerichten oder Verwaltungsbehörden, eine zur berufsmäßigen Parteienvertretung befugte Person (Rechtsanwalt, Notar etc.) frei zu wählen. Der Versicherer ist verpflichtet, den Versicherungsnehmer auf sein Wahlrecht hinzuweisen, sobald dieser Versicherungsschutz für die Einleitung eines Gerichts- oder Verwaltungsverfahrens verlangt.

2. Darüber hinaus kann der Versicherungsnehmer zur Wahrnehmung seiner sonstigen rechtlichen Interessen einen Rechtsanwalt frei wählen, wenn beim Versicherer eine Interessenkollision entstanden ist.

Eine Interessenkollision liegt vor,

– wenn der Versicherungsnehmer aufgrund desselben Ereignisses Ansprüche aus verschiedenen Versicherungsverträgen bei demselben Versicherer geltend macht und das RechtsschutzInteresse des Versicherungsnehmers im Gegensatz zum wirtschaftlichen Interesse des Versicherers in einem anderen Versicherungszweig steht oder

– wenn in einer Zivilsache ein Gegner auftritt, dem der Versicherer aufgrund eines anderen Versicherungsvertrages für dasselbe Ereignis den Versicherungsschutz bestätigt hat.

Tritt eine Interessenkollision ein, hat der Versicherer dem Versicherungsnehmer von diesem Sachverhalt unverzüglich Mitteilung zu machen und ihn auf sein Wahlrecht hinzuweisen.

3. *entfällt*

4. Der Versicherer ist berechtigt, einen Rechtsvertreter auszuwählen,

4.1 wenn die versicherte außergerichtliche Wahrnehmung rechtlicher Interessen nicht durch den Versicherer selbst vorgenommen wird;

4.2 in Fällen des Beratungs-Rechtsschutzes;

4.3 wenn innerhalb von einem Monat vom Versicherungsnehmer kein Rechtsvertreter namhaft gemacht wird, nachdem ihn der Versicherer auf sein Wahlrecht und die Folgen des Fristablaufes hingewiesen hat.

5. Der Versicherer ist verpflichtet, einen Rechtsvertreter auszuwählen, wenn der Versicherungsnehmer bei der Geltendmachung seines Deckungsanspruches keinen Rechtsvertreter namhaft macht und die sofortige Beauftragung eines Rechtsvertreters zur Wahrung der rechtlichen Interessen erforderlich ist.

6. Die Beauftragung des Rechtsvertreters erfolgt durch den Versicherer im Namen und im Auftrag des Versicherungsnehmers

6.1 im Strafverfahren, Verfahren wegen Entziehung der Lenkerberechtigung, bei Inanspruchnahme des Beratungs-Rechtsschutzes und bei Vorliegen einer Interessenkollision sofort;

6.2 in allen anderen Fällen nach Scheitern seiner außergerichtlichen Bemühungen (Artikel 8.1.5.).

7. Der Rechtsvertreter trägt dem Versicherungsnehmer gegenüber unmittelbar die Verantwortung für die Durchführung seines Auftrages. Eine diesbezügliche Haftung des Versicherers besteht nicht. Der Versicherer haftet aber für ein allfälliges Verschulden bei der Auswahl eines Rechtsvertreters.

Artikel 11
Wann können Versicherungsansprüche abgetreten oder verpfändet werden und wann gehen Ansprüche auf den Versicherer über?

1. Versicherungsansprüche können erst abgetreten oder verpfändet werden, wenn sie dem Grunde und der Höhe nach endgültig festgestellt sind.

2. Ansprüche des Versicherungsnehmers auf Erstattung von Beträgen, die der Versicherer für ihn geleistet hat, gehen mit ihrer Entstehung auf den Versicherer über. Bereits an den Versicherungsnehmer zurückgezahlte Beträge sind dem Versicherer zu erstatten.

Der Versicherungsnehmer ist verpflichtet, den Versicherer bei der Geltendmachung dieser Ansprüche zu unterstützen und ihm auf Verlangen eine Abtretungsurkunde auszustellen.

Artikel 12
Was gilt als Versicherungsperiode, wann ist die Prämie zu bezahlen und wann beginnt der Versicherungsschutz?

1. Als Versicherungsperiode gilt, wenn der Versicherungsvertrag nicht für eine kürzere Zeit abgeschlossen ist, der Zeitraum eines Jahres, und zwar auch dann, wenn die Jahresprämie vertragsgemäß in Teilbeträgen zu entrichten ist.

2. Die erste oder einmalige Prämie, einschließlich Gebühren und Versicherungssteuer, ist vom Versicherungsnehmer gegen Übermittlung der Polizze sofort nach Abschluss des Versicherungsvertrages (Zugang der Polizze oder einer gesonderten Antragsannahmeerklärung) und Aufforderung zur Prämienzahlung zu bezahlen.

3. Der Versicherungsschutz beginnt mit dem vereinbarten Versicherungsbeginn, jedoch nur unter der Voraussetzung, dass der Versicherungsnehmer die erste oder einmalige Prämie einschließlich Gebühren und Versicherungssteuer rechtzeitig, das heißt innerhalb von 14 Tagen oder ohne schuldhaften Verzug zahlt. Zahlungsverzug kann zur Leistungsfreiheit des Versicherers führen und ihn zum Rücktritt vom Vertrag berechtigen. Die Voraussetzungen und Begrenzungen der Leistungsfreiheit und der Berechtigung zum Rücktritt vom Vertrag sind gesetzlich geregelt (siehe §§ 38 und 39a VersVG im Anhang). Sind in den Besonderen Bestimmungen Wartefristen vorgesehen (Artikel 20 bis 26), dann beginnt der Versicherungsschutz erst nach Ablauf dieser Wartefristen.

4. Die Folgeprämien einschließlich Gebühren und Versicherungssteuer sind zu den jeweils vereinbarten Fälligkeitsterminen zu zahlen. Zahlungsverzug kann zur Leistungsfreiheit des Versicherers führen. Die Voraussetzungen und Begrenzungen der Leistungspflicht sind gesetzlich geregelt (siehe §§ 39 und 39a VersVG im Anhang).

Artikel 13
Was gilt bei Vergrößerung oder Verminderung des versicherten Risikos?

1. Die Versicherung erstreckt sich auch auf Erhöhungen und Erweiterungen des versicherten Risikos. Der Versicherungsnehmer ist jedoch verpflichtet, einen nach Abschluss des Versicherungsvertrages eingetretenen, für die Übernahme der Gefahr erheblichen Umstand dem Versicherer längstens innerhalb eines Monates anzuzeigen.

2. Tritt nach Vertragsabschluss ein für die Übernahme der Gefahr erheblicher Umstand ein, der nach dem Tarif eine höhere als die vereinbarte Prämie rechtfertigt, kann der Versicherer die erhöhte Prämie vom Eintritt dieses Umstandes an verlangen.

Unrichtige oder unterbliebene Angaben zum Nachteil des Versicherers berechtigen diesen, die Leistungen nur insoweit zu erbringen, als es dem Verhältnis der vereinbarten Prämie zu der Prämie entspricht, die bei richtigen und vollständigen Angaben hätte gezahlt werden müssen. Diese Kürzung der Leistungen tritt nicht ein, wenn der Versicherungsnehmer beweist, dass die Unrichtigkeit oder das Unterbleiben der Angaben nicht auf seinem Verschulden beruht (siehe § 6 Abs. 1a VersVG im Anhang).

3. Wird die höhere Gefahr nach den für den Geschäftsbetrieb des Versicherers maßgebenden Grundsätzen auch gegen eine höhere Prämie nicht

AVB
Leben
Kranken
Unfall
Sachversicherung
Feuer
Einbruchdiebstahl
Glas
Haftpfl., USKV, ÖAK
Haushalt
Rechtsschutz
Transport
+ AÖSp (SVS/RVS)

12/II/13. Rechtsschutz
Allg. Bedingungen

übernommen, kann der Versicherer innerhalb eines Monates von dem Zeitpunkt an, in welchem er von dem für die höhere Gefahr erheblichen Umstand Kenntnis erlangt hat, den Versicherungsvertrag unter Einhaltung einer Kündigungsfrist von einem Monat kündigen.

Bei unrichtigen oder unterbliebenen Angaben zum Nachteil des Versicherers ist dieser von der Verpflichtung zur Leistung frei, außer der Versicherungsnehmer beweist, dass die Unrichtigkeit oder das Unterbleiben der Angaben nicht auf seinem Verschulden beruht (siehe § 6 Abs. 1a VersVG im Anhang).

4. Tritt nach Vertragsabschluss ein für die Übernahme der Gefahr erheblicher Umstand ein, der nach dem Tarif eine geringere als die vereinbarte Prämie rechtfertigt, kann der Versicherungsnehmer verlangen, dass die Prämie vom Eintritt dieses Umstandes an herabgesetzt wird. Zeigt der Versicherungsnehmer diesen Umstand dem Versicherer später als einen Monat nach dessen Eintritt an, wird die Prämie vom Eingang der Anzeige an herabgesetzt.

5. Wird eine erhebliche Erhöhung der versicherten Gefahr gem. den §§ 23 – 30 VersVG (siehe Anhang) durch Änderung oder Neuschaffung von Rechtsnormen oder durch eine Änderung der Judikatur der Höchstgerichte bewirkt (§ 27 Abs. 3 VersVG), so kann der Versicherer innerhalb eines Jahres ab Inkrafttreten der Rechtsnormen oder Veröffentlichung der geänderten Judikatur in geschriebener Form

5.1 dem Versicherungsnehmer eine Änderung des Versicherungsvertrages anbieten oder

5.2 den Versicherungsvertrag unter Einhaltung einer Frist von einem Monat kündigen.

Das Anbot zur Änderung des Versicherungsvertrages gilt als angenommen, wenn es nicht innerhalb eines Monates nach seinem Empfang in geschriebener Form abgelehnt wird.

Bei Ablehnung des Anbotes gilt der Versicherungsvertrag als vom Versicherer gekündigt. In diesem Fall endet der Versicherungsvertrag einen Monat nach Empfang der Ablehnung.

Im Anbot zur Vertragsänderung hat der Versicherer auf diese Rechtsfolgen ausdrücklich hinzuweisen.

Für die Prämienberechnung ist Artikel 15.3.2. sinngemäß anzuwenden.

Artikel 14
Wann verändern sich Prämie und Versicherungssumme (Wertanpassung) und wann kann die Wertanpassung mit welchen Rechtsfolgen gekündigt werden?

1. Im Versicherungsvertrag kann die Indizierung von Prämie und Versicherungssumme vorgesehen werden.

2. Im Versicherungsvertrag kann eine Kündigung der Wertanpassung vorgesehen werden.

Artikel 15
Unter welchen Voraussetzungen verlängert sich der Versicherungsvertrag oder endet er vorzeitig?

1. Beträgt die vereinbarte Vertragsdauer mindestens ein Jahr, verlängert sich der Vertrag jeweils um ein Jahr, wenn er nicht drei Monate vor Ablauf gekündigt wird. Bei Versicherungsverträgen, deren Abschluss nicht zum Betrieb eines Unternehmens des Versicherungsnehmers gehört (Verbraucherverträge), wird der Versicherer den Versicherungsnehmer vor Beginn der Kündigungsfrist auf die Rechtsfolge der Vertragsverlängerung bei unterlassener Kündigung so rechtzeitig hinweisen, dass dieser zur Abgabe einer ausdrücklichen Erklärung eine angemessene Frist hat.

Beträgt die Vertragsdauer weniger als ein Jahr, endet der Vertrag ohne Kündigung.

2. Weist der Versicherungsnehmer nach, dass ein versichertes Risiko vor Ende der Vertragslaufzeit weggefallen ist, endet der Vertrag hinsichtlich dieses Risikos vorzeitig mit Wegfall des Risikos.

Fällt eines von mehreren versicherten Risiken weg, so bleibt der Vertrag in entsprechend eingeschränktem Umfang bestehen.

Dem Versicherer gebührt die Prämie bis zu jenem Zeitpunkt, zu dem der Versicherer Kenntnis vom Risikowegfall erlangt.

3. Im Zusammenhang mit dem Eintritt eines Versicherungsfalles – ausgenommen Fälle des Beratungs-Rechtsschutzes (Artikel 22) – kann der Versicherungsvertrag unter folgenden Voraussetzungen gekündigt werden:

3.1 Der Versicherungsnehmer kann kündigen, wenn der Versicherer

die Bestätigung des Versicherungsschutzes (Artikel 9.1.) verzögert hat,

die Ablehnung des Versicherungsschutzes (Artikel 9.1.) verspätet, ohne Begründung oder zu Unrecht ausgesprochen hat,

die Ablehnung der Kostenübernahme gem. Artikel 9.4. ohne Angabe von Gründen und/oder ohne Hinweis auf die Möglichkeit eines Schiedsgutachterverfahrens ausgesprochen hat.

12/II/13. Rechtsschutz
Allg. Bedingungen

Die Kündigung ist innerhalb eines Monates vorzunehmen

nach Ablauf der Frist für die Bestätigung und/oder Ablehnung des Versicherungsschutzes (Artikel 9.1.),

nach Zugang der unbegründeten oder ungerechtfertigten Ablehnung des Versicherungsschutzes bzw. nach Zugang der Ablehnung der Kostenübernahme ohne Begründung und/oder Rechtsbelehrung,

nach Rechtskraft des stattgebenden Urteiles im Falle einer Deckungsklage.

Die Kündigung kann mit sofortiger Wirkung oder zum Ende der laufenden Versicherungsperiode erfolgen.

Dem Versicherer gebührt die auf die abgelaufene Versicherungszeit entfallende anteilige Prämie.

3.2 Der Versicherer kann zum Schutz der Versichertengemeinschaft vor überdurchschnittlicher oder ungerechtfertigter Inanspruchnahme die Versicherung kündigen, wenn

der Versicherungsschutz bestätigt wurde,

er eine Leistung erbracht hat,

der Versicherungsnehmer einen Anspruch arglistig oder mutwillig erhoben hat,

der Versicherungsnehmer den Versicherungsfall vorsätzlich oder grob fahrlässig herbeigeführt hat.

Die Kündigung ist innerhalb eines Monates vorzunehmen

nach Erbringung einer Versicherungsleistung,

nach Kenntnis der Arglistigkeit, der Mutwilligkeit, des Vorsatzes oder der groben Fahrlässigkeit.

Als überdurchschnittliche Inanspruchnahme gilt bei Versicherungsverträgen, deren Abschluss nicht zum Betrieb eines Unternehmens des Versicherungsnehmers gehört (Verbraucherverträge), wenn der Versicherer innerhalb der letzten x Versicherungsperioden den Versicherungsschutz mindestens x mal bestätigt oder x mal eine Leistung erbracht hat.

Die Kündigung kann grundsätzlich nur unter Einhaltung einer einmonatigen Kündigungsfrist erfolgen. Falls der Versicherungsnehmer einen Anspruch arglistig erhoben hat, kann der Versicherer mit sofortiger Wirkung kündigen.

Dem Versicherer gebührt die auf die abgelaufene Versicherungszeit entfallende anteilige Prämie.

Artikel 16
In welcher Form sind Erklärungen abzugeben?

Rücktrittserklärungen gem. §§ 3, 3a KSchG können in jeder beliebigen Form abgegeben werden. Für sonstige Anzeigen und Erklärungen des Versicherungsnehmers an den Versicherer ist die geschriebene Form erforderlich, sofern nicht die Schriftform ausdrücklich und mit gesonderter Erklärung vereinbart wurde. Der geschriebenen Form wird durch Zugang eines Textes in Schriftzeichen entsprochen, aus dem die Person des Erklärenden hervorgeht (z. B. E-Mail oder – sofern vereinbart – elektronische Kommunikation gem. § 5a VersVG). Schriftform bedeutet, dass dem Erklärungsempfänger das Original der Erklärung mit eigenhändiger Unterschrift des Erklärenden zugehen muss.

Besondere Bestimmungen

Artikel 17
Schadenersatz- Straf- und Führerschein-Rechtsschutz für Fahrzeuge (Fahrzeug-Rechtsschutz) je nach Vereinbarung mit oder ohne Fahrzeug-Vertrags-Rechtsschutz

1. Wer ist in welcher Eigenschaft versichert?
Versicherungsschutz haben je nach Vereinbarung

1.1 der Versicherungsnehmer und seine Familienangehörigen (Artikel 5.1.) für alle nicht betrieblich genutzten Motorfahrzeuge zu Lande sowie Anhänger oder

1.2 der Versicherungsnehmer für alle betrieblich und privat genutzten Motorfahrzeuge zu Lande sowie Anhänger oder

1.3 der Versicherungsnehmer für ein oder mehrere in der Polizze bezeichnete Motorfahrzeuge zu Lande, zu Wasser oder in der Luft sowie Anhänger,

die in ihrem Eigentum stehen, von ihnen gehalten werden, auf sie zugelassen oder von ihnen geleast sind.

Der Versicherungsschutz erstreckt sich in allen drei Varianten auch auf den berechtigten Lenker und die berechtigten Insassen dieser Fahrzeuge.

2. Was ist versichert?
Der Versicherungsschutz umfasst

2.1 Schadenersatz-Rechtsschutz

für die Geltendmachung von Schadenersatzansprüchen aufgrund gesetzlicher

---

AVB
Leben
Kranken
Unfall
Sachversicherung
Einbruchdiebstahl
Feuer
Glas
Haftpfl., USKV, ÖAK
Haushalt
Rechtsschutz
Transport
+ AÖSp (SVS/RVS)

12/II/13. Rechtsschutz

Allg. Bedingungen

Haftpflichtbestimmungen privatrechtlichen Inhalts wegen erlittener Personen- Sach- oder Vermögensschäden, soweit diese aus der bestimmungsgemäßen Verwendung des versicherten Fahrzeuges entstehen.

2.1.1 Kein Versicherungsschutz besteht für die Geltendmachung von Schadenersatzansprüchen wegen reiner Vermögensschäden, die aus der Verletzung gesetzlicher oder vertraglicher Pflichten zwischen Vertragspartnern oder aus der Verletzung vorvertraglicher Pflichten entstehen (versicherbar gem. Pkt. 2.4.).

2.1.2 Die Geltendmachung von Schadenersatzansprüchen für geschäftlich befördertes Gut ist nur versichert, wenn dies besonders vereinbart ist.

2.2 <u>Straf-Rechtsschutz</u>

für die Verteidigung in Strafverfahren vor Gerichten, Verwaltungsbehörden oder Verwaltungsgerichten wegen eines Verkehrsunfalls oder der Übertretung von Verkehrsvorschriften.

Versicherungsschutz besteht bei gerichtlichen Strafverfahren ab Anklage, bei verwaltungsbehördlichen Strafverfahren ab der ersten Verfolgungshandlung. Bei staatsanwaltlichen Diversionsmaßnahmen gem. Pkt. 2.2.3. besteht Versicherungsschutz ab dem Zeitpunkt der Mitteilung über die Diversionsmöglichkeit durch den Staatsanwalt oder der Kontaktaufnahme durch einen Konfliktregler in Fällen des außergerichtlichen Tatausgleichs.

2.2.1 Unter Verkehrsvorschriften sind die im Zusammenhang mit der Haltung und bestimmungsgemäßen Verwendung des Fahrzeuges geltenden Rechtsnormen zu verstehen. Die Verletzung derartiger Vorschriften fällt abweichend von Artikel 7.5.4. unabhängig von der Verschuldensform unter Versicherungsschutz, wenn sie nicht zum Zwecke der Erzielung eines kommerziellen Vorteils begangen wurde.

2.2.2 In Strafverfahren vor Verwaltungsbehörden und Verwaltungsgerichten besteht – *soweit nichts anderes vereinbart ist* – Versicherungsschutz nur dann, wenn mit Strafverfügung eine Freiheitsstrafe (nicht Ersatzfreiheitsstrafe) oder eine Geldstrafe von mehr als ... % der Versicherungssumme festgesetzt wird.

Werden in einer Strafverfügung mehrere Geldstrafen verhängt, besteht Versicherungsschutz für das gesamte Verfahren, wenn zumindest eine Geldstrafe von mehr als ... % Prozent der Versicherungssumme festgesetzt wird.

Kommt es ohne Erlassung einer Strafverfügung zur Einleitung eines ordentlichen Verfahrens, besteht Versicherungsschutz nur, wenn das Verfahren vor Erlassung eines Bescheides eingestellt oder wenn mit Bescheid eine Strafe gem. Abs. 1 oder Abs. 2 festgesetzt wird.

Unabhängig von der Höhe der Geldstrafe besteht Versicherungsschutz bei Delikten, die eine Vormerkung im Örtlichen Führerscheinregister oder den Entzug der Lenkerberechtigung bewirken.

2.2.3 Kommt es im Zusammenhang mit einem Verkehrsunfall zu staatsanwaltlichen Diversionsmaßnahmen, übernimmt der Versicherer die notwendigen Kosten anwaltlicher Beratungs- und Vertretungshandlungen sowie einen allfälligen Pauschalkostenbeitrag bis max. ... % der Versicherungssumme.

Werden dem Versicherungsnehmer Gebühren eines vom Staatsanwalt beigezogenen Sachverständigen oder Dolmetschers auferlegt, erhöht sich das Kostenlimit auf ... % der Versicherungssumme.

2.3 <u>Führerschein- Rechtsschutz</u>

für die Vertretung im Verfahren wegen Entziehung der behördlichen Berechtigung zum Lenken von Motorfahrzeugen zu Lande, zu Wasser oder in der Luft, wenn das Verfahren im Zusammenhang mit einem Verkehrsunfall oder einer Übertretung von Verkehrsvorschriften eingeleitet wurde.

In diesen Fällen umfasst der Versicherungsschutz auch die Vertretung im Verfahren zur Wiederausfolgung der Lenkerberechtigung.

2.4 <u>Fahrzeug-Vertrags-Rechtsschutz</u>

Wenn vereinbart, umfasst der Versicherungsschutz auch die Wahrnehmung rechtlicher Interessen aus schuldrechtli-

12/II/13. Rechtsschutz
Allg. Bedingungen

chen Verträgen, die versicherte Fahrzeuge und Anhänger einschließlich Ersatzteile und Zubehör betreffen.

Als Wahrnehmung rechtlicher Interessen aus schuldrechtlichen Verträgen gilt auch die Geltendmachung oder Abwehr von Schadenersatzansprüchen wegen reiner Vermögensschäden, die aus der Verletzung gesetzlicher oder vertraglicher Pflichten zwischen Vertragspartnern oder aus der Verletzung vorvertraglicher Pflichten entstehen.

In Verbindung mit Fahrzeug-Rechtsschutz gem. Pkt. 1.1. und 1.2. erstreckt sich dieser Versicherungsschutz auch auf die Wahrnehmung rechtlicher Interessen

    2.4.1 aus Mietverträgen über Fahrzeuge, die selbst gelenkt werden,

    2.4.2 aus Verträgen über die Anschaffung weiterer Motorfahrzeuge zu Lande sowie Anhänger und von Folgefahrzeugen,

    wenn diese Fahrzeuge für die gem. Pkt. 1. jeweils vereinbarte Nutzung vorgesehen sind.

2.5 Erweiterte Deckung zu 2.1. bis 2.3.

Im Zusammenhang mit der Geltendmachung von Schadenersatzansprüchen oder einem Strafverfahren nach einem Verkehrsunfall sowie im Verfahren wegen Entziehung der Lenkerberechtigung umfasst der Versicherungsschutz auch die Kosten für Rechtsmittel vor dem Verwaltungs- und Verfassungsgerichtshof.

3. Was ist nicht versichert?
(...) – Hier können konkret zu umschreibende spezielle Risikoausschlüsse vereinbart werden.

4. Wann entfällt der Versicherungsschutz?

4.1 Als Obliegenheiten, die zum Zweck der Verminderung der Gefahr oder der Verhütung einer Erhöhung der Gefahr dem Versicherer gegenüber zu erfüllen sind und deren Verletzung im Zeitpunkt des Versicherungsfalles die Freiheit des Versicherers von der Verpflichtung zur Leistung gemäß den Voraussetzungen und Begrenzungen des § 6 Abs. 2 VersVG (siehe Anhang) bewirkt, gelten im Fahrzeug-Rechtsschutz,

    4.1.1 dass der Lenker die behördliche Befugnis besitzt, das Fahrzeug zu lenken;

    4.1.2 dass der Lenker sich im Zeitpunkt des Versicherungsfalles nicht in einem durch Alkohol, Suchtgift oder Medikamentenmissbrauch beeinträchtigten Zustand befindet.

4.2 Als Obliegenheiten, deren Verletzung nach Eintritt des Versicherungsfalles die Freiheit des Versicherers von der Verpflichtung zur Leistung gemäß den Voraussetzungen und Begrenzungen des § 6 Abs. 3 VersVG (siehe Anhang) bewirkt, gelten im Fahrzeug-Rechtsschutz ferner,

    4.2.1 dass der Lenker einer gesetzlichen Verpflichtung entspricht, seine Atemluft auf Alkohol untersuchen, sich einem Arzt vorführen, sich untersuchen oder sich Blut abnehmen zu lassen;

    4.2.2 dass der Lenker nach einem Verkehrsunfall seinen gesetzlichen Verständigungs- oder Hilfeleistungspflichten entspricht.

    Die Verpflichtung zur Leistung bleibt gegenüber dem Versicherungsnehmer und den mitversicherten Personen bestehen, soweit diese die Verletzung dieser Obliegenheiten weder kannten noch kennen mussten.

4.3 Leistungsfreiheit wegen Verletzung der Obliegenheiten nach Pkt. 4.1.2. und Pkt. 4.2. besteht nur dann, wenn der angeführte Umstand im Spruch oder in der Begründung einer im Zusammenhang mit dem Versicherungsfall ergangenen rechtskräftigen Entscheidung eines Gerichtes, einer Verwaltungsbehörde oder eines Verwaltungsgerichtes festgestellt worden ist. Vom Versicherer erbrachte Leistungen sind zurückzuzahlen.

5. Welche Regelung gilt bei Stilllegung des Fahrzeuges und wann geht der Vertrag auf ein Folgefahrzeug über?

5.1 Wird ein nach Pkt. 1.3. versichertes Fahrzeug vorübergehend aus dem Verkehr genommen, so wird dadurch der Versicherungsvertrag nicht berührt.

5.2 Wird ein nach Pkt. 1.3. versichertes Fahrzeug veräußert oder fällt es auf sonstige Weise weg, geht der Versicherungsschutz frühestens ab dem Zeitpunkt der behördlichen Abmeldung des ursprünglich versicherten Fahrzeuges auf ein vorhandenes oder innerhalb von drei Monaten anzuschaffendes Fahrzeug der gleichen Kategorie (Kraftrad, Kraftwagen, Sonderfahrzeug, etc.) über, das an die Stelle des bisher versicherten Fahrzeuges tritt (Folgefahrzeug).

Die Veräußerung oder der sonstige Wegfall des Fahrzeuges und die Daten des Folgefahrzeuges sind dem Versicherer innerhalb eines Monates anzuzeigen. Unterlässt der Versicherungsnehmer diese An-

12/II/13. Rechtsschutz
Allg. Bedingungen

zeige, ist der Versicherer unter den in § 6 Abs. 1a 2. Satz VersVG (siehe Anhang) genannten Voraussetzungen und Begrenzungen von der Verpflichtung zur Leistung frei, es sei denn, für das Folgefahrzeug wurde das gleiche amtliche Kennzeichen ausgegeben oder es waren im Zeitpunkt des Versicherungsfalles beim Versicherungsnehmer nicht mehr Fahrzeuge vorhanden als bei ein und demselben Versicherer versichert waren.

6. **Wann endet der Vertrag vorzeitig?**
   6.1 Sind der Versicherungsnehmer und die mitversicherten Personen gem. Pkt. 1.1. oder der Versicherungsnehmer gem. Pkt. 1.2. seit mindestens x Monat(en) nicht mehr Eigentümer, Halter, Zulassungsbesitzer oder Leasingnehmer eines Fahrzeuges, kann der Versicherungsnehmer die Aufhebung des Versicherungsvertrages mit sofortiger Wirkung verlangen.
   6.2 Hat oder erwirbt der Versicherungsnehmer kein Folgefahrzeug oder wünscht er keinen Versicherungsschutz für das Folgefahrzeug, ist er berechtigt, den Vertrag hinsichtlich dieses Risikos mit sofortiger Wirkung zu kündigen. Die Kündigung ist innerhalb von x Monat(en) ab dem Zeitpunkt der behördlichen Abmeldung des versicherten Fahrzeuges vorzunehmen.

Artikel 18
Schadenersatz- Straf- und Führerschein-Rechtsschutz für Fahrzeuglenker (LenkerRechtsschutz)

1. **Wer ist in welcher Eigenschaft versichert?**
Versicherungsschutz haben je nach Vereinbarung
   1.1 der Versicherungsnehmer und seine Familienangehörigen (Artikel 5.1.);
   1.2 der Versicherungsnehmer

   als Lenker von Fahrzeugen, die nicht im Eigentum einer versicherten Person stehen, nicht auf sie zugelassen sind bzw. nicht von ihr gehalten oder geleast werden.

   Als Fahrzeug im Sinne dieser Bestimmungen gelten Motorfahrzeuge zu Lande, zu Wasser und in der Luft sowie Anhänger.

2. **Was ist versichert?**
Der Versicherungsschutz umfasst
   2.1 Schadenersatz-Rechtsschutz

   für die Geltendmachung von eigenen Schadenersatzansprüchen aufgrund gesetzlicher

   Haftpflichtbestimmungen privatrechtlichen Inhalts wegen erlittener Personen- Sach- oder Vermögensschäden, soweit sie nicht das vom Versicherungsnehmer gelenkte Fahrzeug betreffen.

   Kein Versicherungsschutz besteht für die Geltendmachung von Schadenersatzansprüchen wegen reiner Vermögensschäden, die aus der Verletzung gesetzlicher oder vertraglicher Pflichten zwischen Vertragspartnern oder aus der Verletzung vorvertraglicher Pflichten entstehen.

   2.2 Straf-Rechtsschutz

   für die Verteidigung in Strafverfahren vor Gerichten, Verwaltungsbehörden oder Verwaltungsgerichten wegen eines Verkehrsunfalls oder der Übertretung von Verkehrsvorschriften.

   Versicherungsschutz besteht bei gerichtlichen Strafverfahren ab Anklage, bei verwaltungsbehördlichen Strafverfahren ab der ersten Verfolgungshandlung. Bei staatsanwaltlichen Diversionsmaßnahmen gem. Pkt. 2.2.3. besteht Versicherungsschutz ab dem Zeitpunkt der Mitteilung über die Diversionsmöglichkeit durch den Staatsanwalt oder der Kontaktaufnahme durch einen Konfliktregler in Fällen des außergerichtlichen Tatausgleichs.

   2.2.1 Unter Verkehrsvorschriften sind die im Zusammenhang mit der bestimmungsgemäßen Verwendung des Fahrzeuges geltenden Rechtsnormen zu verstehen. Die Verletzung derartiger Vorschriften fällt abweichend von Artikel 7.5.4. unabhängig von der Verschuldensform unter Versicherungsschutz, wenn sie nicht zum Zwecke der Erzielung eines kommerziellen Vorteils begangen wurde.

   2.2.2 In Strafverfahren vor Verwaltungsbehörden und Verwaltungsgerichten besteht – *soweit nichts anderes vereinbart ist* – Versicherungsschutz nur dann, wenn mit Strafverfügung eine Freiheitsstrafe (nicht Ersatzfreiheitsstrafe) oder eine Geldstrafe von mehr als ... % der Versicherungssumme festgesetzt wird.

   Werden in einer Strafverfügung mehrere Geldstrafen verhängt, besteht Versicherungsschutz für das gesamte Verfahren, wenn zumindest eine Geldstrafe von mehr als ... % der Versicherungssumme festgesetzt wird.

   Kommt es ohne Erlassung einer Strafverfügung zur Einleitung ei-

12/II/13. Rechtsschutz
Allg. Bedingungen

nes ordentlichen Verfahrens, besteht Versicherungsschutz nur bei Einstellung des Verfahrens vor Erlassung eines Bescheides oder wenn mit Bescheid eine Strafe gem. Abs. 1 oder Abs. 2 festgesetzt wird.

Unabhängig von der Höhe der Geldstrafe besteht Versicherungsschutz bei Delikten, die eine Vormerkung im Örtlichen Führerscheinregister oder den Entzug der Lenkerberechtigung bewirken.

2.2.3 Kommt es im Zusammenhang mit einem Verkehrsunfall zu staatsanwaltlichen Diversionsmaßnahmen, übernimmt der Versicherer die notwendigen Kosten anwaltlicher Beratungs- und Vertretungshandlungen sowie einen allfälligen Pauschalkostenbeitrag bis max. ... % der Versicherungssumme. Werden dem Versicherungsnehmer Gebühren eines vom Staatsanwalt beigezogenen Sachverständigen oder Dolmetschers auferlegt, erhöht sich das Kostenlimit auf ... % der Versicherungssumme.

2.3 Führerschein-Rechtsschutz

für die Vertretung im Verfahren wegen Entziehung der behördlichen Berechtigung zum Lenken von Motorfahrzeugen zu Lande, zu Wasser oder in der Luft, wenn das Verfahren im Zusammenhang mit einem Verkehrsunfall oder einer Übertretung von Verkehrsvorschriften eingeleitet wurde.

In diesen Fällen umfasst der Versicherungsschutz auch die Vertretung im Verfahren zur Wiederausfolgung der Lenkerberechtigung.

2.4 Erweiterte Deckung

Im Zusammenhang mit der Geltendmachung von Schadenersatzansprüchen oder einem Strafverfahren nach einem Verkehrsunfall sowie im Verfahren wegen Entziehung der Lenkerberechtigung umfasst der Versicherungsschutz auch die Kosten für Rechtsmittel vor dem Verwaltungs- und Verfassungsgerichtshof.

3. Was ist nicht versichert?
(...) – Hier können konkret zu umschreibende spezielle Risikoausschlüsse vereinbart werden.

4. Wann entfällt der Versicherungsschutz?

4.1 Als Obliegenheiten, die zum Zweck der Verminderung der Gefahr oder der Verhütung einer Erhöhung der Gefahr dem Versicherer gegenüber zu erfüllen sind und deren Verletzung im Zeitpunkt des Versicherungsfalles die Leistungsfreiheit des Versicherers gemäß den Voraussetzungen und Begrenzungen des § 6 Abs. 2 VersVG (siehe Anhang) bewirkt, gelten im Lenker-Rechtsschutz

4.1.1 dass der Lenker die behördliche Befugnis besitzt, das Fahrzeug zu lenken;

4.1.2 dass der Lenker sich im Zeitpunkt des Versicherungsfalles nicht in einem durch Alkohol, Suchtgift oder Medikamentenmissbrauch beeinträchtigten Zustand befindet.

4.2 Als Obliegenheiten, deren Verletzung nach Eintritt des Versicherungsfalles die Freiheit des Versicherers von der Verpflichtung zur Leistung gemäß den Voraussetzungen und Begrenzungen des § 6 Abs. 3 VersVG (siehe Anhang) bewirkt, gelten im Lenker-Rechtsschutz ferner,

4.2.1 dass der Lenker einer gesetzlichen Verpflichtung entspricht, seine Atemluft auf Alkohol untersuchen, sich einem Arzt vorzuführen, sich untersuchen oder sich Blut abnehmen zu lassen;

4.2.2 dass der Lenker nach einem Verkehrsunfall seinen gesetzlichen Verständigungs- oder Hilfeleistungspflichten entspricht.

4.3 Leistungsfreiheit wegen Verletzung der Obliegenheiten nach Pkt. 4.1.2. und Pkt. 4.2. besteht nur dann, wenn der angeführte Umstand im Spruch oder in der Begründung einer im Zusammenhang mit dem Versicherungsfall ergangenen rechtskräftigen Entscheidung eines Gerichtes, einer Verwaltungsbehörde oder eines Verwaltungsgerichtes festgestellt worden ist. Vom Versicherer erbrachte Leistungen sind zurückzuzahlen.

Artikel 19
Schadenersatz- und Straf-Rechtsschutz für den Privat-, Berufs- und Betriebsbereich

Der Versicherungsschutz erstreckt sich je nach Vereinbarung auf den Privat-, Berufs- und/oder Betriebsbereich.

1. Wer ist in welcher Eigenschaft versichert?
Versicherungsschutz haben

1.1 im Privatbereich

der Versicherungsnehmer und seine Familienangehörigen (Artikel 5.1.) für Versicherungsfälle, die den privaten Lebensbereich, also nicht den Berufs- oder Betriebsbereich

12/II/13. Rechtsschutz
Allg. Bedingungen

betreffen. Versicherungsfälle, die aus einer sonstigen Erwerbstätigkeit resultieren, sind im Privatbereich nur dann versichert, wenn der aus dem Versicherungsfall resultierende Streitwert den Betrag von € xxx und der aus der sonstigen Erwerbstätigkeit erzielte Gesamtumsatz – bezogen auf das Kalenderjahr vor Eintritt des Versicherungsfalles – den Betrag von € xxx nicht übersteigen.

Die Wahrnehmung rechtlicher Interessen aus einer darüber hinausgehenden sonstigen Erwerbstätigkeit ist nur versichert, wenn dies besonders vereinbart ist.

Als sonstige Erwerbstätigkeit gilt jede nicht beruflich oder betrieblich ausgeübte Betätigung mit dem Ziel, daraus Einkünfte zu erzielen.

1.2 im Berufsbereich

der Versicherungsnehmer und seine Familienangehörigen (Artikel 5.1.) in ihrer Eigenschaft als unselbständig Erwerbstätige für Versicherungsfälle, die mit der Berufsausübung zusammenhängen oder auf dem direkten Weg von und zur Arbeitsstätte eintreten;

1.3 im Betriebsbereich

der Versicherungsnehmer für den versicherten Betrieb und alle Arbeitnehmer im Sinne des § 51 ASGG für Versicherungsfälle, die mit dem Betrieb oder der Tätigkeit für den Betrieb zusammenhängen oder auf dem direkten Weg von und zur Arbeitsstätte eintreten.

2. Was ist versichert?
Der Versicherungsschutz umfasst

2.1 Schadenersatz-Rechtsschutz

für die Geltendmachung von Schadenersatzansprüchen aufgrund gesetzlicher Haftpflichtbestimmungen privatrechtlichen Inhalts wegen eines erlittenen Personen-, Sach- oder Vermögensschadens;

2.2 Straf-Rechtsschutz

für die Verteidigung in Strafverfahren vor Gerichten, Verwaltungsbehörden, oder Verwaltungsgerichten wegen fahrlässiger strafbarer Handlungen und Unterlassungen. Versicherungsschutz besteht bei gerichtlichen Strafverfahren ab Anklage, bei verwaltungsbehördlichen Strafverfahren und Verfahren vor Verwaltungsgerichten ab der ersten Verfolgungshandlung. Bei staatsanwaltlichen Diversionsmaßnahmen gem. Pkt. 2.2.3. besteht Versicherungsschutz ab dem Zeitpunkt der Mitteilung über die Diversionsmöglichkeit durch den Staatsanwalt oder der Kontaktaufnahme durch einen Konfliktregler in Fällen des außergerichtlichen Tatausgleichs.

2.2.1 Bei Handlungen und Unterlassungen, die sowohl bei fahrlässiger als auch vorsätzlicher Begehung strafbar sind, wird beim Vorwurf vorsätzlicher Begehung rückwirkend Versicherungsschutz gegeben, wenn eine Einstellung des Verfahrens, ein rechtskräftiger Freispruch oder eine rechtskräftige Verurteilung wegen Fahrlässigkeit erfolgt. Die Erledigung derartiger Strafverfahren durch Diversion führt nicht zu einem rückwirkenden Versicherungsschutz.

2.2.2 Für Verbrechen gegen das Leben und für Handlungen und Unterlassungen, die nur bei vorsätzlicher Begehung strafbar sind, besteht unabhängig vom Ausgang des Verfahrens kein Versicherungsschutz.

2.2.3 Werden dem Versicherungsnehmer fahrlässige strafbare Handlungen oder Unterlassungen vorgeworfen, übernimmt der Versicherer bei staatsanwaltlichen Diversionsmaßnahmen die notwendigen Kosten anwaltlicher Beratungs- und Vertretungshandlungen sowie einen allfälligen Pauschalkostenbeitrag bis max. ... % der Versicherungssumme. Werden dem Versicherungsnehmer Gebühren eines vom Staatsanwalt beigezogenen Sachverständigen oder Dolmetschers auferlegt, erhöht sich das Kostenlimit auf ... % der Versicherungssumme.

2.2.4 Im Betriebsbereich besteht – *soweit nichts anderes vereinbart ist* –

Versicherungsschutz in Verwaltungsstrafverfahren nur dann, wenn mit Strafverfügung eine Freiheitsstrafe (nicht Ersatzfreiheitsstrafe) oder eine Geldstrafe von mehr als ... % der Versicherungssumme festgesetzt wird.

Werden in einer Strafverfügung mehrere Geldstrafen verhängt, besteht Versicherungsschutz für das gesamte Verfahren, wenn zumindest eine Geldstrafe von mehr als ... % der Versicherungssumme festgesetzt wird.

Kommt es ohne Erlassung einer Strafverfügung zur Einleitung eines ordentlichen Verfahrens, besteht Versicherungsschutz nur, wenn das Verfahren vor Erlassung eines Bescheides eingestellt oder wenn mit Bescheid eine Strafe gem. Abs. 1 oder Abs. 2 festgesetzt wird.

3. Was ist nicht versichert?

3.1 Zur Abgrenzung von anderen Rechtsschutz-Bausteinen umfasst der Versicherungsschutz hier nicht

    3.1.1 Fälle, welche beim Versicherungsnehmer und den mitversicherten Personen in ihrer Eigenschaft als Eigentümer, Halter, Zulassungsbesitzer, Leasingnehmer oder Lenker von Motorfahrzeugen zu Lande, zu Wasser und in der Luft sowie Anhängern eintreten (nur nach Maßgabe der Artikel 17 und 18 versicherbar);

    3.1.2 die Geltendmachung von Schadenersatzansprüchen zwischen Arbeitgeber und Arbeitnehmer im Zusammenhang mit Arbeits- und Lehrverhältnissen (nur nach Maßgabe des Artikel 20 versicherbar);

    3.1.3 die Geltendmachung von Schadenersatzansprüchen wegen reiner Vermögensschäden, die aus der Verletzung gesetzlicher oder vertraglicher Pflichten zwischen Vertragspartnern oder aus der Verletzung vorvertraglicher Pflichten entstehen (nur nach Maßgabe des Artikel 23 versicherbar);

    3.1.4 im Schadenersatz-Rechtsschutz Fälle, welche beim Versicherungsnehmer in seiner Eigenschaft als Eigentümer oder Besitzer von Grundstücken, Gebäuden oder Gebäudeteilen entstehen (nur nach Maßgabe des Artikel 24 versicherbar).

3.2 *(...) – Hier können konkret zu umschreibende spezielle Risikoausschlüsse vereinbart werden.*

4. Wann entfällt der Versicherungsschutz?

4.1 Als Obliegenheit, die zum Zweck der Verminderung der Gefahr oder einer Erhöhung der Gefahr dem Versicherer gegenüber zu erfüllen ist und deren Verletzung im Zeitpunkt des Versicherungsfalles die Leistungsfreiheit des Versicherers unter den Voraussetzungen und Begrenzungen des § 6 Abs. 2 VersVG (siehe Anhang) bewirkt, gilt, dass der Versicherungsnehmer sich im Zeitpunkt des Versicherungsfalles nicht in einem durch Alkohol, Suchtgift oder Medikamentenmissbrauch beeinträchtigten Zustand befindet.

4.2 Als Obliegenheit, deren Verletzung nach Eintritt des Versicherungsfalles die Freiheit des Versicherers von der Verpflichtung zur Leistung gemäß den Voraussetzungen und Begrenzungen des § 6 Abs. 3 VersVG (siehe Anhang) bewirkt, gilt, dass der Versicherungsnehmer einer gesetzlichen Verpflichtung entspricht, seine Atemluft auf Alkohol untersuchen, sich einem Arzt vorführen, sich untersuchen oder sich Blut abnehmen zu lassen.

4.3 Leistungsfreiheit wegen Verletzung der Obliegenheit nach Punkt 4.1. und 4.2. besteht nur dann, wenn der angeführte Umstand im Spruch oder in der Begründung einer im Zusammenhang mit dem Versicherungsfall ergangenen rechtskräftigen Entscheidung eines Gerichtes, einer Verwaltungsbehörde oder eines Verwaltungsgerichtes festgestellt worden ist. Vom Versicherer erbrachte Leistungen sind zurückzuzahlen.

Artikel 20
Arbeitsgerichts-Rechtsschutz

Der Versicherungsschutz erstreckt sich je nach Vereinbarung auf den Berufs- und/oder Betriebsbereich.

1. Wer ist in welcher Eigenschaft versichert?
Versicherungsschutz haben

1.1 im Berufsbereich

    der Versicherungsnehmer und seine Familienangehörigen (Artikel 5.1.) in ihrer Eigenschaft als Arbeitnehmer gem. § 51 Abs. 1 ASGG gegenüber ihrem Arbeitgeber gem. § 51 Abs. 1 ASGG.

1.2 Der Versicherungsschutz erstreckt sich je nach Vereinbarung auch auf arbeitnehmerähnliche Personen gem. § 51 Abs. 3 ASGG.

1.3 im Betriebsbereich

    der Versicherungsnehmer für den versicherten Betrieb als Arbeitgeber gem. § 51 Abs. 1 ASGG gegenüber seinen Arbeitnehmern gem. § 51 Abs. 1 und Abs. 3 ASGG.

2. Was ist versichert?

2.1 Der Versicherungsschutz umfasst die Wahrnehmung rechtlicher Interessen im Zusammenhang mit Arbeits- oder Lehrverhältnissen in Verfahren vor österreichischen Gerichten als Arbeitsgerichte.

12/II/13. Rechtsschutz
Allg. Bedingungen

Bei Insolvenz des Arbeitgebers erstreckt sich der Versicherungsschutz des versicherten Arbeitnehmers auch auf die Geltendmachung seiner Forderung vor einem österreichischen Insolvenz- oder Arbeitsgericht sowie auf die Einbringung des Antrages auf Insolvenzentgelt und dessen gerichtliche Geltendmachung.

2.2 Bei öffentlich-rechtlichen Arbeitsverhältnissen besteht Versicherungsschutz für die Wahrnehmung rechtlicher Interessen bezüglich dienst-, besoldungs- und pensionsrechtlicher Ansprüche in Verfahren vor österreichischen Verwaltungsbehörden und Verwaltungsgerichten und für die Wahrnehmung sonstiger rechtlicher Interessen im Zusammenhang mit dem Arbeitsverhältnis in Verfahren vor österreichischen Zivilgerichten.

In beiden Fällen übernimmt der Versicherer Kosten, die für die Wahrnehmung rechtlicher Interessen vor Einleitung eines Verfahrens vor einem Gericht oder einer Verwaltungsbehörde entstehen bis max. ....% der Versicherungssumme, sofern die Angelegenheit dadurch endgültig beendet ist oder diese Kosten vom Einheitssatz des nachfolgenden Verfahrens nicht umfasst sind.

3. Was ist nicht versichert?
(...) – *Hier können konkret zu umschreibende spezielle Risikoausschlüsse vereinbart werden.*

4. Wartefrist
Für Versicherungsfälle, die vor Ablauf von x Monaten ab dem vereinbarten Versicherungsbeginn eintreten, besteht kein Versicherungsschutz.

Artikel 21
Sozialversicherungs-Rechtsschutz

Der Versicherungsschutz erstreckt sich je nach Vereinbarung auf den Privat-, Berufs- und/oder Betriebsbereich.

1. Wer ist in welcher Eigenschaft versichert?
Versicherungsschutz haben

1.1 im Privat- und Berufsbereich

der Versicherungsnehmer und seine Familienangehörigen (Artikel 5.1.).

1.2 im Betriebsbereich

der Versicherungsnehmer für den versicherten Betrieb und alle Arbeitnehmer im Sinne des § 51 ASGG für Versicherungsfälle, die mit der Berufsausübung unmittelbar zusammenhängen oder auf dem direkten Weg von und zur Arbeitsstätte eintreten.

2. Was ist versichert?
Der Versicherungsschutz umfasst die Wahrnehmung rechtlicher Interessen des Versicherungsnehmers

2.1 in Verfahren vor österreichischen Gerichten als Sozialgerichte gegen österreichische Sozialversicherungsträger wegen sozialversicherungsrechtlicher Leistungssachen. Sozialversicherungsrechtliche Leistungssachen resultieren aus Ansprüchen aus der gesetzlichen Kranken-, Unfall- oder Pensionsversicherung.

2.2 in Verfahren vor österreichischen Verwaltungsbehörden und Verwaltungsgerichten wegen Feststellung der Sozialversicherungspflicht, der Sozialversicherungsberechtigung, des Beginns oder Endes der Sozialversicherung sowie wegen Streitigkeiten über Beitragszahlungen und Zuschläge.

3. Was ist nicht versichert?
(...) – *Hier können konkret zu umschreibende spezielle Risikoausschlüsse vereinbart werden.*

4. Wartefrist
Für Versicherungsfälle, die vor Ablauf von x Monaten ab dem vereinbarten Versicherungsbeginn eintreten, besteht kein Versicherungsschutz.

Artikel 22
Beratungs-Rechtsschutz

Der Versicherungsschutz erstreckt sich je nach Vereinbarung auf den Privat-, Berufs- und/oder Betriebsbereich.

1. Wer ist in welcher Eigenschaft versichert?
Versicherungsschutz haben

1.1 im Privat- und Berufsbereich

der Versicherungsnehmer und seine Familienangehörigen (Artikel 5.1.).

1.2 im Betriebsbereich

der Versicherungsnehmer für Rechtsangelegenheiten des versicherten Betriebes.

2. Was ist versichert?
Der Versicherungsschutz umfasst die Kosten für eine mündliche Rechtsauskunft durch den Versicherer oder durch einen vom Versicherer ausgewählten Rechtsvertreter.

Diese Rechtsauskunft kann sich auf Fragen aus allen Gebieten des österreichischen Rechtes, ausgenommen Steuer-, Zoll- und sonstiges Abgabenrecht beziehen.

Bezieht sich die gewünschte Beratung auf beim selben Versicherer bestehende Versicherungsverträge, übernimmt der Versicherer die Kosten eines vom Versicherungsnehmer frei gewählten Rechtsanwaltes, der seinen Sitz am allgemeinen Gerichtsstand des Versicherungsnehmers hat.

Eine Beratung kann vom Versicherungsnehmer höchstens xxx-mal pro Kalendermonat in Anspruch genommen werden.

3. Was gilt als Versicherungsfall?

Als Versicherungsfall gilt eine bereits eingetretene oder bevorstehende Änderung in den rechtlichen Verhältnissen des Versicherungsnehmers, die eine Beratung notwendig macht.

4. **Wartefrist**
Für Versicherungsfälle, die vor Ablauf von x Monaten ab dem vereinbarten Versicherungsbeginn eintreten, besteht kein Versicherungsschutz.

Artikel 23
Allgemeiner Vertrags-Rechtsschutz

Der Versicherungsschutz erstreckt sich je nach Vereinbarung auf den Privat- und/oder Betriebsbereich.

1. Wer ist in welcher Eigenschaft versichert?
Versicherungsschutz haben
1.1 im Privatbereich
der Versicherungsnehmer und seine Familienangehörigen (Artikel 5.1.) für Versicherungsfälle, die den privaten Lebensbereich, also nicht den Berufs- oder Betriebsbereich betreffen. Versicherungsfälle, die aus einer sonstigen Erwerbstätigkeit resultieren, sind im Privatbereich nur dann versichert, wenn der aus dem Versicherungsfall resultierende Streitwert den Betrag von € xxx und der aus der sonstigen Erwerbstätigkeit erzielte Gesamtumsatz – bezogen auf das Kalenderjahr vor Eintritt des Versicherungsfalles – den Betrag von € xxx nicht übersteigen.

Die Wahrnehmung rechtlicher Interessen aus einer darüber hinausgehenden sonstigen Erwerbstätigkeit ist nur versichert, wenn dies besonders vereinbart ist.

Als sonstige Erwerbstätigkeit gilt jede nicht beruflich oder betrieblich ausgeübte Betätigung mit dem Ziel, daraus Einkünfte zu erzielen.

1.2 im Betriebsbereich
der Versicherungsnehmer für den versicherten Betrieb.

2. Was ist versichert?
2.1 Der Versicherungsschutz umfasst die Wahrnehmung rechtlicher Interessen aus schuldrechtlichen Verträgen des Versicherungsnehmers über bewegliche Sachen sowie aus Reparatur- und sonstigen Werkverträgen des Versicherungsnehmers über unbewegliche Sachen.

Als Wahrnehmung rechtlicher Interessen aus schuldrechtlichen Verträgen gilt auch die Geltendmachung oder Abwehr von Schadenersatzansprüchen wegen reiner Vermögensschäden, die aus der Verletzung gesetzlicher oder vertraglicher Pflichten zwischen Vertragspartnern oder aus der Verletzung vorvertraglicher Pflichten entstehen.

2.2 Im Privatbereich erstreckt sich der Versicherungsschutz aus Reparatur- bzw. sonstigen Werkverträgen über unbewegliche Sachen nur auf Gebäude oder Wohnungen einschließlich zugehöriger Grundstücke, die vom Versicherungsnehmer zu eigenen Wohnzwecken benützt werden.

Bei Gebäuden, die sowohl eigenen Wohn- als auch sonstigen Zwecken dienen, besteht Versicherungsschutz nur für Fälle, die ausschließlich die eigene Wohnung betreffen.

Bei Gebäuden, die neben eigenen Wohnzwecken nur der nichtgewerbsmäßigen Fremdenbeherbergung dienen, besteht Versicherungsschutz in vollem Umfang.

2.3 Im Betriebsbereich besteht – *soweit nichts anderes vereinbart ist* – Versicherungsschutz nur unter folgenden Voraussetzungen

2.3.1 sofern und solange die tatsächlichen oder behaupteten Forderungen und Gegenforderungen der Vertragsparteien (Gesamtansprüche) aufgrund desselben Versicherungsfalles im Sinne des Artikel 2.3. die vertraglich vereinbarte Obergrenze unabhängig von Umfang, Form und Zeitpunkt der Geltendmachung nicht übersteigen;

Aufrechnungsweise geltend gemachte Forderungen des Gegners werden für die Berechnung der Gesamtansprüche nur berücksichtigt, sofern und sobald sie der Höhe nach konkret beziffert sind.

Sinken die Gesamtansprüche vor der gerichtlichen Geltendmachung durch Zahlung, Vergleich oder Anerkenntnis unter die vereinbarte Obergrenze, besteht ab diesem Zeitpunkt Versicherungsschutz.

Steigen die Gesamtansprüche nach Bestätigung des Versicherungsschutzes über die vereinbarte Obergrenze, entfällt ab diesem Zeitpunkt der Versicherungsschutz.

2.3.2 für die Geltendmachung von Ansprüchen erst nach schriftlicher Aufforderung des Gegners durch den Versicherungsnehmer, den rechtmäßigen Zustand wieder herzustellen;

12/II/13. Rechtsschutz
Allg. Bedingungen

2.3.3 bei der Betreibung unbestrittener Forderungen (Inkassofälle) sind Teilzahlungen des Gegners abweichend von Artikel 6.6.7. zuerst auf Kosten anzurechnen.

3. Was ist nicht versichert?

3.1 Zur Abgrenzung von anderen Rechtsschutz-Bausteinen umfasst der Versicherungsschutz hier nicht die Wahrnehmung rechtlicher Interessen

    3.1.1 aus Verträgen betreffend Motorfahrzeuge zu Lande, zu Wasser und in der Luft sowie Anhänger (nur nach Maßgabe des Artikel 17.2.4. versicherbar);

    3.1.2 aus Arbeits- oder Lehrverhältnissen (nur nach Maßgabe des Artikel 20 versicherbar).

3.2 Zur Vermeidung von Überschneidungen mit anderen Versicherungszweigen umfasst der Versicherungsschutz nicht die Abwehr von Ansprüchen aus der Verletzung vertraglicher oder vorvertraglicher Pflichten, wenn dieses Risiko im Rahmen eines Haftpflichtversicherungsvertrages versichert ist.

3.3 (...) – Hier können konkret zu umschreibende spezielle Risikoausschlüsse vereinbart werden.

4. Wartefrist
Für Versicherungsfälle, die vor Ablauf von x Monaten ab dem vereinbarten Versicherungsbeginn eintreten, besteht kein Versicherungsschutz.

Artikel 24
Rechtsschutz für Grundstückseigentum und Miete

Der Versicherungsschutz erstreckt sich je nach Vereinbarung auf die Selbstnutzung des versicherten Objektes und/oder die Gebrauchsüberlassung am versicherten Objekt.

1. Wer ist in welcher Eigenschaft versichert?
Versicherungsschutz haben

– für privat genutzte Objekte der Versicherungsnehmer und seine Familienangehörigen (Artikel 5.1.)

– für betrieblich genutzte Objekte ausschließlich der Versicherungsnehmer

    1.1 für Versicherungsfälle, die in ihrer Eigenschaft als Eigentümer, Mieter, Pächter oder dinglich Nutzungsberechtigter des in der Polizze bezeichneten Grundstückes, Gebäudes oder Gebäudeteiles (Wohnung oder sonstige selbständige Räumlichkeit) eintreten (Selbstnutzung);

    1.2 für Versicherungsfälle, die in ihrer Eigenschaft als Vermieter oder Verpächter des in der Polizze bezeichneten Grundstückes, Gebäudes oder Gebäudeteiles (Wohnung oder sonstige selbständige Räumlichkeit) eintreten (Gebrauchsüberlassung).

Der Versicherungsschutz aus der Gebrauchsüberlassung umfasst auch Fälle, die beim Versicherungsnehmer in seiner Eigenschaft als Eigentümer oder dinglich Nutzungsberechtigter des versicherten Objektes eintreten.

2. Was ist versichert?
Der Versicherungsschutz umfasst die Wahrnehmung rechtlicher Interessen in Verfahren vor österreichischen Gerichten je nach Vereinbarung

2.1 aus Miet- und Pachtverträgen;

Die Wahrnehmung der rechtlichen Interessen umfasst auch

    2.1.1 die Geltendmachung oder Abwehr von Schadenersatzansprüchen wegen reiner Vermögensschäden, die aus der Verletzung gesetzlicher oder vertraglicher Pflichten zwischen Vertragspartnern oder aus der Verletzung vorvertraglicher Pflichten entstehen;

    2.1.2 das Vorgehen gegen Dritte bei Besitzstörung und Besitzentziehung;

    2.1.3 die Geltendmachung von Schadenersatzansprüchen gegen Dritte wegen Beschädigung des versicherten Objektes.

Im außerstreitigen Verfahren nach dem Mietrechtsgesetz besteht Versicherungsschutz auch für Verfahren vor den Schlichtungsstellen der Gemeinden.

2.2 aus dinglichen Rechten ausgenommen Wohnungseigentum. Der Versicherungsschutz umfasst auch die Geltendmachung und Abwehr nachbarrechtlicher Ansprüche.

Abweichend von Artikel 7.2.1. besteht Versicherungsschutz auch für die Geltendmachung und Abwehr nachbarrechtlicher Ansprüche aufgrund allmählicher Einwirkungen, wenn die Einwirkungen von unmittelbar benachbarten Grundstücken ausgehen oder durch die Einwirkungen unmittelbar benachbarte Grundstücke betroffen sind.

2.3 aus Wohnungseigentum

    2.3.1 für Versicherungsfälle, die das ausschließliche Nutzungsrecht am

12/II/13. Rechtsschutz
Allg. Bedingungen

versicherten Wohnungseigentumsobjekt betreffen;

2.3.2 für Versicherungsfälle, in denen die Eigentümergemeinschaft gegen Dritte vorgeht oder von Dritten in Anspruch genommen wird, anteilig entsprechend dem Miteigentumsanteil des Versicherungsnehmers an der Gesamtliegenschaft, zu der das versicherte Wohnungseigentumsobjekt gehört.

Abweichend von Artikel 7.2.1. besteht für Versicherungsfälle gem. Artikel 24.2.3.1. und Artikel 24.2.3.2. Versicherungsschutz auch für die Geltendmachung und Abwehr nachbarrechtlicher Ansprüche aufgrund allmählicher Einwirkungen, wenn die Einwirkungen von unmittelbar benachbarten Grundstücken ausgehen oder durch die Einwirkungen unmittelbar benachbarte Grundstücke betroffen sind.

2.3.3 In allen anderen Fällen übernimmt der Versicherer für die Wahrnehmung rechtlicher Interessen des Wohnungseigentümers max. ... % der Versicherungssumme.

2.4 nur für die Geltendmachung von Schadenersatzansprüchen, die aus der Beschädigung des versicherten Objektes entstehen.

Kosten für die außergerichtliche Wahrnehmung rechtlicher Interessen übernimmt der Versicherer bis max. ... % der Versicherungssumme, sofern die Angelegenheit dadurch endgültig beendet ist oder diese Kosten vom Einheitssatz des nachfolgenden Verfahrens nicht umfasst sind.

3. Was ist nicht versichert?

3.1 Zur Abgrenzung von anderen Rechtsschutz-Bausteinen umfasst der Versicherungsschutz hier nicht die Wahrnehmung rechtlicher Interessen im Zusammenhang mit

3.1.1 familienrechtlichen Auseinandersetzungen (nur nach Maßgabe des Artikel 25 versicherbar);

3.1.2 erbrechtlichen Auseinandersetzungen (nur nach Maßgabe des Artikel 26 versicherbar).

3.2 Zur Vermeidung von Überschneidungen mit anderen Versicherungszweigen umfasst der Versicherungsschutz nicht die Wahrnehmung rechtlicher Interessen im Zusammenhang mit der Abwehr nachbarrechtlicher Ansprüche, wenn dieses Risiko im Rahmen eines Haftpflichtversicherungsvertrages versichert ist.

3.3. (...) – *Hier können konkret zu umschreibende spezielle Risikoausschlüsse vereinbart werden.*

4. Was gilt als Versicherungsfall?

Bei der Geltendmachung und Abwehr von nachbarrechtlichen Ansprüchen aufgrund allmählicher Einwirkungen gilt der Versicherungsfall in dem Zeitpunkt als eingetreten, in dem die allmählichen Einwirkungen begonnen haben oder begonnen haben sollen, das ortsübliche Maß zu überschreiten. In allen übrigen Fällen gelten die Regelungen des Artikels 2.

5. Wartefrist

Für Versicherungsfälle, die vor Ablauf von x Monaten ab dem vereinbarten Versicherungsbeginn eintreten, besteht kein Versicherungsschutz.

6. Wann verlängert sich der Versicherungsvertrag oder wann endet er vorzeitig?

6.1 Endet der Versicherungsvertrag durch Risikowegfall gem. § 68 Versicherungsvertragsgesetz, umfasst die vereinbarte Deckung nach Pkt. 2.1. auch Versicherungsfälle, die innerhalb von sechs Monaten ab Risikowegfall eintreten.

6.2 Bezieht der Versicherungsnehmer innerhalb von zwölf Monaten ab Risikowegfall an Stelle der bisherigen Mietwohnung eine andere Mietwohnung und wünscht er für diese Ersatzwohnung die Fortsetzung des Vertrages, so besteht für die Ersatzwohnung ohne neuerliche Wartefrist Versicherungsschutz gem. Pkt. 2.1. ab Beginn des Mietvertrages für die Ersatzwohnung, frühestens aber ab Beendigung des Mietvertrages für die ursprünglich versicherte Wohnung.

Für Streitigkeiten aus dem Abschluss des neuen Mietvertrages besteht Versicherungsschutz, wenn der Abschluss frühestens sechs Monate vor Beendigung des alten Mietvertrages erfolgte.

6.3 Erwirbt der Versicherungsnehmer als Eigentümer einer selbst genutzten Wohnung oder eines selbst genutzten Eigenheimes innerhalb von zwölf Monaten ab Wegfall des ursprünglich versicherten Risikos ein Ersatzobjekt und wünscht er für dieses Ersatzobjekt die Fortsetzung des Vertrages, so besteht für das Ersatzobjekt ohne neuerliche Wartefrist Versicherungsschutz gem. Pkt. 2.2. (neu bezogenes Eigenheim) oder 2.3. (neu bezogene Eigentumswohnung) ab dem Zeitpunkt, in dem der Versicherungsnehmer zur Nutzung des Ersatzobjektes berechtigt ist, frühestens aber ab Risikowegfall für das ursprünglich versicherte Objekt.

12/II/13. Rechtsschutz
Allg. Bedingungen

Artikel 25
Rechtsschutz für Familienrecht

1. Wer ist versichert?
Versicherungsschutz haben der Versicherungsnehmer und seine Familienangehörigen (Artikel 5.1.).

2. Was ist versichert?
Der Versicherungsschutz umfasst die Wahrnehmung rechtlicher Interessen vor österreichischen Gerichten aus dem Bereich der Rechte zwischen Eltern und Kindern, des Obsorgerechtes, sowie des Eherechtes und der Rechte über die eingetragene Partnerschaft.
In Außerstreitsachen besteht Versicherungsschutz nur für das Rechtsmittelverfahren gegen gerichtliche Entscheidungen.

3. Was ist nicht versichert?
(...) – Hier können konkret zu umschreibende spezielle Risikoausschlüsse vereinbart werden.

4. Was gilt als Versicherungsfall?
Als Versicherungsfall gilt ein Verstoß gem. Artikel 2.3.
Wird die Wahrnehmung rechtlicher Interessen notwendig, ohne dass ein tatsächlicher oder behaupteter Verstoß gegen Rechtspflichten oder Rechtsvorschriften vorliegt, so gilt als Versicherungsfall das Ereignis, das den Versicherungsnehmer nötigt, ein rechtliches Interesse wahrzunehmen.

5. Wartefrist
Für Versicherungsfälle, die vor Ablauf von x Monaten ab dem vereinbarten Versicherungsbeginn eintreten, besteht kein Versicherungsschutz.

Artikel 26
Rechtsschutz für Erbrecht

1. Wer ist versichert?
Versicherungsschutz haben der Versicherungsnehmer und seine Familienangehörigen (Artikel 5.1.).

2. Was ist versichert?
Der Versicherungsschutz umfasst die Wahrnehmung rechtlicher Interessen vor österreichischen Gerichten aus dem Bereich des Erbrechtes.
In Außerstreitsachen besteht Versicherungsschutz nur für das Rechtsmittelverfahren gegen gerichtliche Entscheidungen. In Verfahren zur Entscheidung über widersprechende Erbantrittserklärungen (§ § 161 ff AußStrG) besteht Versicherungsschutz auch in erster Instanz.

3. Was ist nicht versichert?
(...) – Hier können konkret zu umschreibende spezielle Risikoausschlüsse vereinbart werden.

4. Wartefrist
Für Versicherungsfälle, die vor Ablauf von x Monaten nach dem vereinbarten Versicherungsbeginn eintreten, besteht kein Versicherungsschutz.

12/II/13. Rechtsschutz
Allg. Bedingungen

Anhang

ANHANG 1
Unverbindliche Muster für abweichende Vereinbarungen:

1. Allgemein

Nachdeckung

Klausel

1. In Erweiterung von Artikel 3.3. ARB besteht Versicherungsschutz auch dann, wenn der Deckungsanspruch vom Versicherungsnehmer später als x Jahr(e), max. aber x Jahr(e) nach Beendigung des Versicherungsvertrages für das betreffende Risiko geltend gemacht wird, soweit der Versicherungsfall in die ursprüngliche Vertragsdauer bei ... (Name VU) fällt.
2. Versicherungsschutz besteht für die gesamte Nachdeckung im Rahmen und nach Maßgabe der zum Zeitpunkt des Eintrittes des jeweiligen Versicherungsfalles geltenden Vertragsbestimmungen und Versicherungssumme.
3. Der Versicherer leistet für alle innerhalb der verlängerten Nachdeckungsperiode eingetretenen Versicherungsfälle insgesamt nur ...-mal die im Zeitpunkt der Vertragsauflösung vereinbarte Versicherungssumme.

Selbstbehalt

Klausel

1. Der Versicherungsnehmer trägt – außer in den Fällen des Beratungs-Rechtsschutzes – von den pro Versicherungsfall entstehenden Kosten einen Selbstbehalt von ... % der Schadenleistung, mindestens aber ... % der Versicherungssumme.
2. Wählt der Versicherungsnehmer einen vom Versicherer vorgeschlagenen Rechtsanwalt oder erfolgt die Vertretung in einem Gerichts- oder Verwaltungsverfahren durch einen gem. Artikel 10.4. bzw. 10.5. ARB vom Versicherer ausgewählten Rechtsanwalt sowie in allen Fällen, in denen beim Versicherer eine Interessenskollision entstanden ist (Artikel 10.2. ARB), trägt der Versicherer die Kosten gem. Artikel 6 ARB voll.

Deckung im Ermittlungsverfahren

Klausel

Im Straf-Rechtsschutz übernimmt der Versicherer über den gem. Artikel 17.2.2., 18.2.2. oder 19.2.2. ARB vereinbarten Versicherungsschutz hinaus Kosten im Ermittlungsverfahren für die Anrufung des Gerichtes oder die Vertretung vor Gericht vor Anklage bis max. ... % der Versicherungssumme. In Fällen, in denen über den Versicherungsnehmer Untersuchungshaft verhängt wurde, erhöht sich das Kostenlimit auf ... % der Versicherungssumme, inklusive der Kosten der ersten Rechtsauskunft durch den Verteidiger.

Deckung für LMSVG – Gegenproben

Klausel

Im Straf-Rechtsschutz gem. Art. 19.2. 2.ARB umfasst der Versicherungsschutz auch die Kosten der Gegenprobenuntersuchung, wenn bezüglich der gezogenen Probe ein unter Deckung fallendes Strafverfahren nach dem LMSVG eingeleitet wird.

Allg. Bedingungen

2. Unverbindliche Muster für Allgemeine Risikoausschlüsse (Art. 7 ARB)

Schäden durch Atomenergie, genetische Veränderungen sowie elektromagnetische Felder und Infraschall

Klausel zu Art. 7.1.3. ARB

Es besteht kein Versicherungsschutz für die Wahrnehmung rechtlicher Interessen in ursächlichem Zusammenhang mit
- Auswirkungen der Atomenergie;
- genetischen Veränderungen oder gentechnisch veränderten Organismen;
- Auswirkungen elektromagnetischer Felder oder Infraschall.

Dieser Ausschluss gilt nicht, soweit eine human-medizinische Behandlung zugrunde liegt.

Schäden durch Asbest oder asbesthaltige Materialien

Klausel zu Art. 7.1.3. ARB

Es besteht kein Versicherungsschutz für die Wahrnehmung rechtlicher Interessen in ursächlichem Zusammenhang mit Schäden, die auf Asbest oder asbesthaltige Materialien zurückzuführen sind.

Bauherrnklausel

Klausel zu Art. 7.1.3. ARB

Es besteht kein Versicherungsschutz für die Wahrnehmung rechtlicher Interessen in ursächlichem Zusammenhang mit
- der Errichtung bzw. baubehördlich genehmigungspflichtigen Veränderung von Gebäuden, Gebäudeteilen oder Grundstücken, die sich im Eigentum oder Besitz des Versicherungsnehmers befinden oder von ihm erworben werden;
- der Planung derartiger Maßnahmen und
- der Finanzierung des Bauvorhabens einschließlich des Grundstückerwerbes.

Dieser Ausschluss gilt nicht für die Geltendmachung von Personenschäden sowie im StrafRechtsschutz.

Vermögensveranlagungsausschluss

Klausel zu Art. 7.1.3. ARB

Es besteht kein Versicherungsschutz für die Wahrnehmung rechtlicher Interessen in ursächlichem Zusammenhang mit der Anlage von Vermögen in Finanzinstrumenten gem. § 48a Z3 Börsegesetz (BörseG, siehe Anhang) und der damit zusammenhängenden Beratung, Vermittlung und Verwaltung.

Vermögensveranlagung – Rückeinschluss

Klausel zu Art. 7.1.3. ARB

Der Risikoausschluss der Vermögensveranlagung gemäß Klausel zu Art. 7.1.3. ARB gilt *in Abweichung vom Risikoausschluss der Besondere Vertragsverhältnisse gemäß Klausel zu Art. 7.4. ARB, vierter Fall (Ausschluss für Versicherungsvertragsstreitigkeiten, falls vereinbart)* nicht für die Geltendmachung von Schadenersatzansprüchen, die in ursächlichem Zusammenhang mit der Anlage von Vermögen
- in Produkte österreichischer Lebensversicherer,
- in Produkte österreichischer Mitarbeitervorsorgekassen und Pensionskassen sowie
- in solche Anleihen stehen, die von österreichischen Banken und Sparkassen oder der Republik Österreich emittiert werden.

12/II/13. Rechtsschutz
Allg. Bedingungen

Der Republik Österreich und österreichischen Unternehmen gleichgestellt sind die EU-Mitgliedsstaaten sowie vergleichbare Anbieter und Emittenten derartiger Produkte, die ihren Sitz innerhalb der EU haben.

Spiel- und Wettklausel
Klausel zu Art. 7.2.2. ARB

Es besteht kein Versicherungsschutz für die Wahrnehmung rechtlicher Interessen in ursächlichem Zusammenhang mit Spiel- und Wettverträgen, Gewinnzusagen oder diesen vergleichbaren Mitteilungen.

Besondere Rechtsgebiete
Klausel zu Art. 7.3. ARB

Es besteht kein Versicherungsschutz für die Wahrnehmung rechtlicher Interessen aus dem Bereich des

– Immaterialgüterrechtes und im Zusammenhang mit Verträgen, die Immaterialgüterrechte zum Gegenstand haben;
– Kartell- oder sonstigen Wettbewerbsrechtes;
– Gesellschafts-, Genossenschafts- und Vereinsrechtes, Rechtes der Stillen Gesellschaften sowie des Rechtes der Kirchen und Religionsgemeinschaften;
– Vergaberechtes;
– Steuer-, Zoll- und sonstigen Abgabenrechtes;
– Disziplinarrechtes;
– Handelsvertreterrechtes.

Disziplinarverfahren bei öffentlich-rechtlichen Arbeitsverhältnissen – Rückeinschluss
Klausel zu Art. 20.2.2. ARB

Im Arbeitsgerichts-Rechtsschutz gemäß Art. 20.2.2. ARB besteht bei öffentlich-rechtlichen Arbeitsverhältnissen Versicherungsschutz für die Wahrnehmung rechtlicher Interessen für Disziplinarverfahren.

Besondere Vertragsverhältnisse
Klausel zu Art. 7.4. ARB

Es besteht kein Versicherungsschutz für die Wahrnehmung rechtlicher Interessen aus

– Anstellungsverträgen gesetzlicher Vertreter juristischer Personen;
– Verträgen, mit denen eine neue Rechtsgrundlage geschaffen wurde (z. B. Wechselbegebung, Vergleich, Anerkenntnis), es sei denn, ohne die neue Rechtsgrundlage wäre Versicherungsschutz gegeben;
– Verträgen über Bauten auf fremdem Grund (Superädifikate) und Timesharing, aus Teilnutzungsverträgen sowie aus Verträgen über Wiederkaufs-, Rückverkaufs- oder Vorkaufsrechte an unbeweglichen Sachen oder aus Vorverträgen über unbewegliche Sachen;
– Versicherungsverträgen.

Lebensgemeinschaftsklausel
Klausel zu Art. 7.5.5. ARB

Es besteht kein Versicherungsschutz für die Wahrnehmung rechtlicher Interessen zwischen Lebensgefährten auch dann, wenn die häusliche Gemeinschaft aufgehoben ist, sofern die Interessenwahrnehmung im Zusammenhang mit der Lebensgemeinschaft steht.

AVB
Leben
Kranken
Unfall
Sachversicherung
Einbruchdiebstahl
Feuer
Glas
Haftpfl., USKV, ÖAK
Haushalt
Rechtsschutz
Transport
+ AÖSp (SVS/RVS)

12/II/13. Rechtsschutz
Allg. Bedingungen

3. Unverbindliche Muster für Spezielle Risikoausschlüsse

Mangelnde geistige oder körperliche Eignung
Klausel zu Art. 17.3. und 18.3. ARB

Im Führerschein-Rechtsschutz (Artikel 17.2.3., 18.2.3. ARB) besteht kein Versicherungsschutz, wenn das Verfahren wegen fehlender geistiger oder körperlicher Eignung eingeleitet worden ist.

Ankauf eines Folgefahrzeuges
Klausel zu Art. 17.3. ARB

Im Fahrzeug-Vertrags-Rechtsschutz (Artikel 17.2.4. ARB) besteht in Verbindung mit Fahrzeug-Rechtsschutz gem. Artikel 17.1.3. ARB kein Versicherungsschutz aus Verträgen über die Anschaffung eines Folgefahrzeuges gem. Artikel 17.5.2. ARB.

Motorsportliche Wettbewerbe
Klausel zu Art. 17.3. und 18.3. ARB

Im Fahrzeug-Rechtsschutz (Art. 17 ARB) um im Lenker-Rechtsschutz (Art. 18 ARB) besteht kein Versicherungsschutz für die Wahrnehmung rechtlicher Interessen in ursächlichem Zusammenhang mit der Beteiligung an motorsportlichen Wettbewerben (auch Wertungsfahrten und Rallyes) und den dazugehörenden Trainingsfahrten.

Klausel für unbefugte Gewerbeausübung bei sonstiger Erwerbstätigkeit im Straf-Rechtsschutz
Klausel zu Art. 19.3.2. ARB

Der Versicherungsschutz erstreckt sich nicht auf die Verteidigung in Strafverfahren wegen unbefugter Gewerbeausübung.

Klausel für Jagd und Fischerei
Klausel zu Art. 19.3.2. ARB

Im Schadenersatz- und Straf-Rechtsschutz (Art. 19 ARB) besteht im Privatbereich kein Versicherungsschutz für Fälle, welche beim Versicherungsnehmer in seiner Eigenschaft als Eigentümer oder Pächter von Jagdgebieten, Fischereigewässern, Jagd- und Fischereirechten eintreten.

Immaterielle Schäden
Klausel zu Art. 19.3.2. ARB

Im Schadenersatz- und Straf-Rechtsschutz (Art. 19 ARB) besteht kein Versicherungsschutz für die Geltendmachung von immateriellen Schadenersatzansprüchen aus der Verletzung von Persönlichkeitsrechten, ausgenommen Personenschäden und Schäden aus der Verletzung der persönlichen Freiheit.

Kollektives Arbeitsrecht
Klausel zu Art. 20.3. ARB

Im Arbeitsgerichts-Rechtsschutz (Art. 20 ARB) besteht kein Versicherungsschutz für die Wahrnehmung rechtlicher Interessen aus dem kollektiven Arbeitsrecht.

Klausel für unbefugte Gewerbeausübung bei sonstiger Erwerbstätigkeit im Allgemeinen Vertrags-Rechtsschutz
Klausel zu Art. 23.3.3. ARB

Der Versicherungsschutz erstreckt sich nicht auf Verträge über Tätigkeiten, für die der Versicherungsnehmer nicht die erforderliche Gewerbeberechtigung oder sonstige Ausübungsbefugnis besitzt.

12/II/13. Rechtsschutz

Allg. Bedingungen

Erwerb und Veräußerung

Klausel zu Art. 24.3.3. ARB

Im Rechtsschutz für Grundstückseigentum und Miete (Art. 24 ARB) besteht kein Versicherungsschutz für die Wahrnehmung rechtlicher Interessen im Zusammenhang mit dem derivativen Erwerb oder der Veräußerung des Eigentumsrechtes oder sonstiger dinglicher Rechte am versicherten Objekt durch den Versicherungsnehmer.

Akte der Hoheitsverwaltung und Grundbuchsangelegenheiten

Klausel Nr. Art. 24.3.3. ARB

Im Rechtsschutz für Grundstückseigentum und Miete (Art. 24 ARB) besteht kein Versicherungsschutz für die Wahrnehmung rechtlicher Interessen im Zusammenhang mit Akten der Hoheitsverwaltung wie insbesondere in Enteignungs-, Flurverfassungs-, Raumordnungs- und Grundverkehrsangelegenheiten sowie in Zusammenhang mit Grundbuchsangelegenheiten.

Miteigentümer und dinglich Nutzungsberechtigte

Klausel Nr. Art. 24.3.3. ARB

Im Rechtsschutz für Grundstückseigentum und Miete (Art. 24 ARB) besteht kein Versicherungsschutz für die Wahrnehmung rechtlicher Interessen
1. zwischen Miteigentümern des in der Polizze bezeichneten Objektes;
2. zwischen sonstigen dinglich Nutzungsberechtigten des in der Polizze bezeichneten Objektes.

Ehescheidung, Rechte zwischen den Ehegatten und Rechte zwischen Eltern und ehelichen Kindern

Klausel zu Art. 25.3. ARB

Im Rechtsschutz für Familienrecht (Art. 25 ARB) besteht kein Versicherungsschutz für die Wahrnehmung rechtlicher Interessen
1. in Ehescheidungssachen;
2. den damit in ursächlichem Zusammenhang stehenden Streitigkeiten über
   2.1. die Rechte zwischen den Ehegatten, wie insbesondere die Abgeltung der Mitwirkung eines Ehegatten im Erwerb des anderen, die Aufteilung des ehelichen Gebrauchsvermögens und der ehelichen Ersparnisse sowie den Unterhalt,
   2.2. die Rechte zwischen Eltern und ehelichen Kindern, wie insbesondere den hauptsächlichen Aufenthalt minderjähriger Kinder, die Obsorge, das Recht auf persönlichen Verkehr zwischen den Eltern und den minderjährigen Kindern und den Unterhalt,

wenn der Versicherungsfall während der Anhängigkeit des Ehescheidungsverfahrens oder innerhalb eines Jahres nach dessen rechtskräftigem Abschluss eingetreten ist.
In familienrechtlichen Streitigkeiten, die bei Einleitung des Ehescheidungsverfahrens bereits anhängig waren und mit diesem in ursächlichem Zusammenhang stehen, entfällt der Versicherungsschutz ab dem Zeitpunkt der Einleitung des Ehescheidungsverfahrens.

Die Bestimmungen dieser Klausel sind sinngemäß auch auf eingetragene Partnerschaften anzuwenden.

Rechte zwischen Eltern und unehelichen Kindern

Klausel zu Art. 25.3. ARB

Im Rechtsschutz für Familienrecht (Art. 25 ARB) besteht kein Versicherungsschutz für die Wahrnehmung rechtlicher Interessen in Streitigkeiten über die Rechte zwischen Eltern und unehelichen Kindern, wenn der Versicherungsfall innerhalb von x Jahr(en) nach Aufhebung der häuslichen Gemeinschaft der Eltern der unehelichen Kinder eingetreten ist

Rechtsschutz
Allg. Bedingungen

In Streitigkeiten, die im Zeitpunkt der Aufhebung der häuslichen Gemeinschaft bereits anhängig waren und damit in ursächlichem Zusammenhang stehen, entfällt der Versicherungsschutz ab diesem Zeitpunkt.

Vaterschaft und Unterhalt
Klausel zu Art. 25.3. ARB

Im Rechtsschutz für Familienrecht (Art. 25 ARB) besteht kein Versicherungsschutz für die Wahrnehmung rechtlicher Interessen zur Feststellung oder Bestreitung der Vaterschaft und zur Feststellung der Nichtabstammung vom Ehemann der Mutter und für die im Zusammenhang mit einem solchen Verfahren stehenden Unterhaltssachen, wenn der Versicherungsbeginn weniger als 9 Monate vor der Geburt des betroffenen Kindes liegt.

Streitigkeiten im Erbfall
Klausel zu Art. 26.3. ARB

Im Rechtsschutz für Erbrecht (Art. 26 ARB) besteht kein Versicherungsschutz für die Wahrnehmung rechtlicher Interessen, wenn der zugrunde liegende Erbfall vor Versicherungsbeginn oder innerhalb von x Jahr(en) danach eingetreten ist.

ANHANG 2
Wiedergabe der in den ARB und in den unverbindlichen Mustern für abweichende Vereinbarungen erwähnten wesentlichen Gesetzesbestimmungen:

Versicherungsvertragsgesetz (VersVG) in der Fassung des BGBl.Nr. 509/94

§ 6 (1) Ist im Vertrag bestimmt, dass bei Verletzung einer Obliegenheit, die vor dem Eintritt des Versicherungsfalles dem Versicherer gegenüber zu erfüllen ist, der Versicherer von der Verpflichtung zur Leistung frei sein soll, so tritt die vereinbarte Rechtsfolge nicht ein, wenn die Verletzung als eine unverschuldete anzusehen ist. Der Versicherer kann den Vertrag innerhalb eines Monates, nachdem er von der Verletzung Kenntnis erlangt hat, ohne Einhaltung einer Kündigungsfrist kündigen, es sei denn, dass die Verletzung als eine unverschuldete anzusehen ist. Kündigt der Versicherer innerhalb eines Monates nicht, so kann er sich auf die vereinbarte Leistungsfreiheit nicht berufen.

(1a) Bei der Verletzung einer Obliegenheit, die die dem Versicherungsvertrag zugrundeliegende Äquivalenz zwischen Risiko und Prämie aufrechterhalten soll, tritt die vereinbarte Leistungsfreiheit außerdem nur in dem Verhältnis ein, in dem die vereinbarte hinter der für das höhere Risiko tarifmäßig vorgesehenen Prämie zurückbleibt. Bei der Verletzung von Obliegenheiten zu sonstigen bloßen Meldungen und Anzeigen, die keinen Einfluss auf die Beurteilung des Risikos durch den Versicherer haben, tritt Leistungsfreiheit nur ein, wenn die Obliegenheit vorsätzlich verletzt worden ist.

(2) Ist eine Obliegenheit verletzt, die vom Versicherungsnehmer zum Zweck der Verminderung der Gefahr oder der Verhütung einer Erhöhung der Gefahr dem Versicherer gegenüber – unabhängig von der Anwendbarkeit des Abs. 1a – zu erfüllen ist, so kann sich der Versicherer auf die vereinbarte Leistungsfreiheit nicht berufen, wenn die Verletzung keinen Einfluss auf den Eintritt des Versicherungsfalls oder soweit sie keinen Einfluss auf den Umfang der dem Versicherer obliegenden Leistung gehabt hat.

(3) Ist die Leistungsfreiheit für den Fall vereinbart, dass eine Obliegenheit verletzt wird, die nach dem Eintritt des Versicherungsfalles dem Versicherer gegenüber zu erfüllen ist, so tritt die vereinbarte Rechtsfolge nicht ein, wenn die Verletzung weder auf Vorsatz noch auf grober Fahrlässigkeit beruht. Wird die Obliegenheit nicht mit dem Vorsatz verletzt, die Leistungspflicht des Versicherers zu beeinflussen oder die Feststellung solcher Umstände zu beeinträchtigen, die erkennbar für die Leistungspflicht des Versicherers bedeutsam sind, so bleibt der Versicherer zur Leistung verpflichtet, soweit die Verletzung weder auf die Feststellung des Versicherungsfalls noch auf die Feststellung oder den Umfang der dem Versicherer obliegenden Leistung Einfluss gehabt hat.

12/II/13. Rechtsschutz
Allg. Bedingungen

(4) Eine Vereinbarung, nach welcher der Versicherer bei Verletzung einer Obliegenheit zum Rücktritt berechtigt sein soll, ist unwirksam.

(5) Der Versicherer kann aus der fahrlässigen Verletzung einer vereinbarten Obliegenheit Rechte nur ableiten, wenn dem Versicherungsnehmer vorher die Versicherungsbedingungen oder eine andere Urkunde zugegangen sind, in der die Obliegenheit mitgeteilt wird.

§ 12 (1) Die Ansprüche aus dem Versicherungsvertrag verjähren in drei Jahren. Steht der Anspruch einem Dritten zu, so beginnt die Verjährung zu laufen, sobald diesem sein Recht auf die Leistung des Versicherers bekannt geworden ist; ist dem Dritten dieses Recht nicht bekannt geworden, so verjähren seine Ansprüche erst nach zehn Jahren.

(2) Ist ein Anspruch des Versicherungsnehmers beim Versicherer angemeldet worden, so ist die Verjährung bis zum Einlangen einer in geschriebener Form übermittelten Entscheidung des Versicherers gehemmt, die zumindest mit der Anführung einer der Ablehnung derzeit zugrunde gelegten Tatsache und gesetzlichen oder vertraglichen Bestimmung begründet ist. Nach zehn Jahren tritt jedoch die Verjährung jedenfalls ein.

(3) Der Versicherer ist von der Verpflichtung zur Leistung frei, wenn der Anspruch auf Leistung nicht innerhalb eines Jahres gerichtlich geltend gemacht wird. Die Frist beginnt erst, nachdem der Versicherer dem Versicherungsnehmer gegenüber den erhobenen Anspruch in einer dem Abs. 2 entsprechenden Weise sowie unter Angabe der mit dem Ablauf der Frist verbundenen Rechtsfolge abgelehnt hat; sie ist für die Dauer von Vergleichsverhandlungen über den erhobenen Anspruch und für die Zeit, in der der Versicherungsnehmer ohne sein Verschulden an der rechtzeitigen gerichtlichen Geltendmachung des Anspruches gehindert ist, gehemmt.

§ 23. (1) Nach Abschluß des Vertrages darf der Versicherungsnehmer ohne Einwilligung des Versicherers weder eine Erhöhung der Gefahr vornehmen noch ihre Vornahme durch einen Dritten gestatten.

(2) Erlangt der Versicherungsnehmer davon Kenntnis, daß durch eine von ihm ohne Einwilligung des Versicherers vorgenommene oder gestattete Änderung die Gefahr erhöht ist, so hat er dem Versicherer unverzüglich Anzeige zu machen.

§ 24. (1) Verletzt der Versicherungsnehmer die Vorschrift des § 23 Abs. 1, so kann der Versicherer das Versicherungsverhältnis ohne Einhaltung einer Kündigungsfrist kündigen. Beruht die Verletzung nicht auf einem Verschulden des Versicherungsnehmers, so muß dieser die Kündigung erst mit dem Ablauf eines Monates gegen sich gelten lassen.

(2) Das Kündigungsrecht erlischt, wenn es nicht innerhalb eines Monates von dem Zeitpunkt an ausgeübt wird, in welchem der Versicherer von der Erhöhung der Gefahr Kenntnis erlangt, oder wenn der Zustand wiederhergestellt ist, der vor der Erhöhung bestanden hat.

§ 25. (1) Der Versicherer ist im Fall einer Verletzung der Vorschrift des § 23 Abs. 1 von der Verpflichtung zur Leistung frei, wenn der Versicherungsfall nach der Erhöhung der Gefahr eintritt.

(2) Die Verpflichtung des Versicherers bleibt bestehen, wenn die Verletzung nicht auf einem Verschulden des Versicherungsnehmers beruht. Der Versicherer ist jedoch auch in diesem Fall von der Verpflichtung zur Leistung frei, wenn die im § 23 Abs. 2 vorgesehene Anzeige nicht unverzüglich gemacht wird und der Versicherungsfall später als einen Monat nach dem Zeitpunkt eintritt, in welchem die Anzeige dem Versicherer hätte zugehen müssen, es sei denn, daß ihm in diesem Zeitpunkt die Erhöhung der Gefahr bekannt war.

(3) Die Verpflichtung des Versicherers zur Leistung bleibt auch dann bestehen, wenn zur Zeit des Eintritts des Versicherungsfalls die Frist für die Kündigung des Versicherers abgelaufen und eine Kündigung nicht erfolgt ist oder wenn die Erhöhung der Gefahr keinen Einfluß auf den Eintritt des Versicherungsfalls oder soweit sie keinen Einfluß auf den Umfang der Leistung des Versicherers gehabt hat.

§ 26. Die Vorschriften der §§ 23 bis 25 sind nicht anzuwenden, wenn der Versicherungsnehmer zu der Erhöhung der Gefahr durch das Interesse des Versicherers oder durch ein Ereignis, für das der Versicherer haftet, oder durch ein Gebot der Menschlichkeit veranlaßt wird.

§ 27. (1) Tritt nach dem Abschluß des Vertrages unabhängig vom Willen des Versicherungsnehmers eine Erhöhung der Gefahr ein, so ist der Versicherer berechtigt, das Versicherungsverhältnis unter Einhaltung einer Kündigungsfrist von einem Monat zu kündigen. Das Kündigungsrecht erlischt,

12/II/13. Rechtsschutz
Allg. Bedingungen

wenn es nicht innerhalb eines Monats von dem Zeitpunkt an ausgeübt wird, in dem der Versicherer von der Erhöhung der Gefahr Kenntnis erlangt hat, oder wenn der Zustand wiederhergestellt ist, der vor der Erhöhung bestanden hat.

(2) Der Versicherungsnehmer hat, sobald er von der Erhöhung der Gefahr Kenntnis erlangt, dem Versicherer unverzüglich Anzeige zu machen.

(3) Ist die Erhöhung der Gefahr durch allgemein bekannte Umstände verursacht, die nicht nur auf die Risken bestimmter Versicherungsnehmer einwirken, etwa durch eine Änderung von Rechtsvorschriften, so erlischt das Kündigungsrecht des Versicherers nach Abs. 1 erst nach einem Jahr und ist Abs. 2 nicht anzuwenden.

§ 28. (1) Wird die im § 27 Abs. 2 vorgesehene Anzeige nicht unverzüglich gemacht, so ist der Versicherer von der Verpflichtung zur Leistung frei, wenn der Versicherungsfall später als einen Monat nach dem Zeitpunkt eintritt, in welchem die Anzeige dem Versicherer hätte zugehen müssen.

(2) Die Verpflichtung des Versicherers bleibt bestehen, wenn ihm die Erhöhung der Gefahr in dem Zeitpunkt bekannt war, in welchem ihm die Anzeige hätte zugehen müssen. Das gleiche gilt, wenn zur Zeit des Eintritts des Versicherungsfalls die Frist für die Kündigung des Versicherers abgelaufen und eine Kündigung nicht erfolgt ist oder wenn die Erhöhung der Gefahr keinen Einfluß auf den Eintritt des Versicherungsfalls oder soweit sie keinen Einfluß auf den Umfang der Leistung des Versicherers gehabt hat.

§ 29. Eine unerhebliche Erhöhung der Gefahr kommt nicht in Betracht. Eine Erhöhung der Gefahr kommt auch dann nicht in Betracht, wenn nach den Umständen als vereinbart anzusehen ist, daß das Versicherungsverhältnis durch die Erhöhung der Gefahr nicht berührt werden soll.

§ 30. Die Vorschriften der §§ 23 bis 29 sind auch auf eine in der Zeit zwischen Stellung und Annahme des Versicherungsantrages eingetretene Erhöhung der Gefahr anzuwenden, die dem Versicherer bei der Annahme des Antrages nicht bekannt war.

§ 33. (1) Der Versicherungsnehmer hat den Eintritt des Versicherungsfalles, nachdem er von ihm Kenntnis erlangt hat, unverzüglich dem Versicherer anzuzeigen.

(2) Auf eine Vereinbarung, nach welcher der Versicherer von der Verpflichtung zur Leistung frei sein soll, wenn der Pflicht zur Anzeige des Versicherungsfalles nicht genügt wird, kann sich der Versicherer nicht berufen, sofern er in anderer Weise von dem Eintritt des Versicherungsfalles rechtzeitig Kenntnis erlangt hat.

§ 38 (1) Ist die erste oder einmalige Prämie innerhalb von 14 Tagen nach dem Abschluss des Versicherungsvertrags und nach der Aufforderung zur Prämienzahlung nicht gezahlt, so ist der Versicherer, solange die Zahlung nicht bewirkt ist, berechtigt, vom Vertrag zurückzutreten. Es gilt als Rücktritt, wenn der Anspruch auf die Prämie nicht innerhalb dreier Monate vom Fälligkeitstag an gerichtlich geltend gemacht wird.

(2) Ist die erste oder einmalige Prämie zur Zeit des Eintritts des Versicherungsfalls und nach Ablauf der Frist des Abs. 1 noch nicht gezahlt, so ist der Versicherer von der Verpflichtung zur Leistung frei, es sei denn, dass der Versicherungsnehmer an der rechtzeitigen Zahlung der Prämie ohne sein Verschulden verhindert war.

(3) Die Aufforderung zur Prämienzahlung hat die im Abs. 1 und 2 vorgesehenen Rechtsfolgen nur, wenn der Versicherer den Versicherungsnehmer dabei auf diese hingewiesen hat.

(4) Die Nichtzahlung von Zinsen oder Kosten löst die Rechtsfolgen der Abs. 1 und 2 nicht aus.

§ 39 (1) Wird eine Folgeprämie nicht rechtzeitig gezahlt, so kann der Versicherer dem Versicherungsnehmer auf dessen Kosten schriftlich eine Zahlungsfrist von mindestens zwei Wochen bestimmen; zur Unterzeichnung genügt eine Nachbildung der eigenhändigen Unterschrift. Dabei sind die Rechtsfolgen anzugeben, die nach Abs. 2 und 3 mit dem Ablauf der Frist verbunden sind. Eine Fristbestimmung, ohne Beachtung dieser Vorschriften, ist unwirksam.

(2) Tritt der Versicherungsfall nach dem Ablauf der Frist ein und ist der Versicherungsnehmer zur Zeit des Eintrittes mit der Zahlung der Folgeprämie in Verzug, so ist der Versicherer von der Verpflichtung zur Leistung frei, es sei denn, dass der Versicherungsnehmer an der rechtzeitigen Zahlung ohne sein Verschulden verhindert war.

12/II/13. Rechtsschutz
Allg. Bedingungen

(3) Der Versicherer kann nach dem Ablauf der Frist das Versicherungsverhältnis ohne Einhaltung einer Kündigungsfrist kündigen, wenn der Versicherungsnehmer mit der Zahlung im Verzug ist. Die Kündigung kann bereits mit der Bestimmung der Zahlungsfrist so verbunden werden, dass sie mit Fristablauf wirksam wird, wenn der Versicherungsnehmer in diesem Zeitpunkt mit der Zahlung im Verzug ist; darauf ist der Versicherungsnehmer bei der Kündigung ausdrücklich aufmerksam zu machen. Die Wirkungen der Kündigung fallen fort, wenn der Versicherungsnehmer innerhalb eines Monates nach der Kündigung oder, falls die Kündigung mit der Fristbestimmung verbunden worden ist, innerhalb eines Monates nach dem Ablauf der Zahlungsfrist die Zahlung nachholt, sofern nicht der Versicherungsfall bereits eingetreten ist.

(4) Die Nichtzahlung von Zinsen oder Kosten löst die Rechtsfolgen der Abs. 1 bis 3 nicht aus.

§ 39a (1) Ist der Versicherungsnehmer bloß mit nicht mehr als 10 vH der Jahresprämie, höchstens aber mit 60 Euro im Verzug, so tritt eine im § 38 oder § 39 vorgesehene Leistungsfreiheit des Versicherers nicht ein.

§ 64 (2) Die von dem oder den Sachverständigen getroffene Feststellung ist nicht verbindlich, wenn sie offenbar von der wirklichen Sachlage erheblich abweicht. Die Feststellung erfolgt in diesem Fall durch Urteil. Das gleiche gilt, wenn die Sachverständigen die Feststellung nicht treffen können oder wollen oder sie verzögern.

Kraftfahrgesetz (KFG)

§ 74 (3) Die Behörde kann von der Entziehung der Lenkerberechtigung absehen und die Entziehung androhen, wenn dadurch der Verwaltungszweck als gesichert angesehen werden kann.

Arbeits- und Sozialgerichtsgesetz (ASGG)

§ 51 (1) Arbeitgeber und Arbeitnehmer im Sinn dieses Bundesgesetzes sind alle Personen, die zu einander in einem privat- oder öffentlich-rechtlichen Arbeitsverhältnis, in einem Lehr- oder sonstigen Ausbildungsverhältnis stehen oder gestanden sind.

(2) Den Arbeitgebern stehen Personen gleich, für die von einem Arbeitnehmer aufgrund eines Arbeitsverhältnisses mit einem anderen wie von einem eigenen Arbeitnehmer Arbeit geleistet wird.

(3) Den Arbeitnehmern stehen gleich
1. Personen, die den Entgeltschutz für Heimarbeit genießen sowie
2. sonstige nicht mit gewerblicher Heimarbeit beschäftigte Personen, die, ohne in einem Arbeitsverhältnis zu stehen, im Auftrag und für Rechnung bestimmter Personen Arbeit leisten und wegen wirtschaftlicher Unselbständigkeit als arbeitnehmerähnlich anzusehen sind.

§ 48a Z3 Börsegesetz idF BGBl. I Nr 22/2009

(3) „Finanzinstrumente" sind
a) Wertpapiere im Sinne von § 1 Z 4 WAG 2007,
b) Anteile an Organismen für gemeinsame Anlagen in Wertpapieren,
c) Geldmarktinstrumente,
d) Finanzterminkontrakte (Futures) einschließlich gleichwertiger bar abgerechneter Instrumente,
e) Zinsausgleichsvereinbarungen (Forward Rate Agreement),
f) Zins- und Devisenswaps sowie Swaps auf Aktien oder Aktienindexbasis (Equity-Swaps),
g) Kauf- und Verkaufsoptionen auf alle unter lit. a bis f fallenden Instrumente einschließlich gleichwertiger bar abgerechneter Instrumente; dazu gehören insbesondere Devisen- und Zinsoptionen,
h) Warenderivate,
i) alle sonstigen Instrumente, die zum Handel auf einem geregelten Markt in einem Mitgliedstaat zugelassen sind oder für die ein Antrag auf Zulassung zum Handel auf einem solchen Markt gestellt wurde.

Rechtsschutz
Allg. Bedingungen

§ 1 Z 4 Wertpapieraufsichtsgesetz (WAG) idF BGBl. I Nr. 22/2009

(4) Übertragbare Wertpapiere: die Gattungen von Wertpapieren, die auf dem Kapitalmarkt gehandelt werden können, mit Ausnahme von Zahlungsmitteln, wie insbesondere

a) Aktien und andere Anteile an in- oder ausländischen juristischen Personen, Personengesellschaften und sonstigen Unternehmen, soweit sie Aktien vergleichbar sind, sowie Aktienzertifikate;

b) Schuldverschreibungen oder andere verbriefte Schuldtitel, einschließlich Zertifikaten (Hinterlegungsscheinen) für solche Wertpapiere;

c) alle sonstigen Wertpapiere, die zum Kauf oder Verkauf solcher Wertpapiere berechtigen oder zu einer Barzahlung führen, die anhand von übertragbaren Wertpapieren, Währungen, Zinssätzen oder -erträgen, Waren oder anderen Indizes oder Messgrößen bestimmt wird.

Allgemeine Österreichische Transportversicherungs-Bedingungen (AÖTB 2014)

Unverbindliche Musterbedingungen des Verbandes der Versicherungsunternehmen Österreichs. Die Möglichkeit, durch andere Vereinbarungen von Regelungen dieser Musterbedingungen abzuweichen, bleibt unberührt. Die Musterbedingungen sind für jede interessierte Person zugänglich und werden auf einfache Anfrage hin übermittelt.

Allgemeiner Teil

Präambel

Dem Versicherungsnehmer sind mit Ausnahme der Pflicht zur Zahlung der Prämie in diesen Bedingungen gleichgestellt: Der Versicherte, der Anspruchsberechtigte sowie die Personen, für deren Handlungen der Versicherungsnehmer, der Versicherte oder der Anspruchsberechtigte einzustehen hat.

Besonderer Teil

Inhaltsverzeichnis

Artikel 1	Anwendungsbereich
Artikel 2	Gesetzliche Grundlagen
Artikel 3	Versicherbares Interesse
Artikel 4	Umfang der Versicherung
Artikel 5	Gemeinsame Einschlüsse für beide Deckungsformen
Artikel 6	Gemeinsame Ausschlüsse für beide Deckungsformen
Artikel 7	Besondere Fälle
Artikel 8	Verschulden
Artikel 9	Eignung des Transportmittels
Artikel 10	Dauer der Versicherung
Artikel 11	Versicherungswert, Versicherungssumme
Artikel 12	Grenzen der Entschädigung
Artikel 13	Versicherungsurkunde
Artikel 14	Prämie
Artikel 15	Anzeigepflicht bei Vertragsabschluss
Artikel 16	Gefahränderung
Artikel 17	Änderung der Beförderung
Artikel 18	Obliegenheiten
Artikel 19	Ersatzleistung
Artikel 20	Klagefrist
Artikel 21	Sachverständigenverfahren
Artikel 22	Kündigung
Artikel 23	Gerichtsstand

Artikel 1 Anwendungsbereich

Die Allgemeinen Österreichischen Transportversicherungs-Bedingungen (AÖTB 2011) gelten für die Versicherung von Gütern während der Dauer von Beförderungen zur See, zu Lande, auf Binnengewässern oder in der Luft sowie während der transportbedingten Lagerung unter Berücksichtigung des Artikels 10 (2).

Artikel 2 Gesetzliche Grundlagen

Soweit in den vertraglichen Vereinbarungen keine besondere Regelung getroffen ist, gilt österreichisches Recht unter Ausschluss der Verweisnormen des internationalen Privatrechts. Geltendes österreichisches Recht umfasst dabei auch UN-Resolutionen, Wirtschafts-, Handels- und Finanzsanktionen bzw. Embargos der Europäischen Union und/oder der Republik Österreich, sofern diese unmittelbar in Österreich gelten oder durch ein Gesetz oder eine Verordnung umgesetzt wurden.

Artikel 3 Versicherbares Interesse

(1) Versichert kann jedes in Geld schätzbare Interesse werden, das jemand daran hat, dass die Güter die Gefahren der Beförderung bestehen, soweit es nicht gegen geltendes Recht verstößt.

(2) Fällt das Interesse, für das die Versicherung genommen ist, vor dem Beginn der Versicherung weg, oder gelangt, falls die Versicherung für ein künftiges Interesse genommen ist, das Interesse nicht zur Entstehung, ist der Versicherungsnehmer von der Verpflichtung zur Zahlung der Prämie frei; der Versicherer kann eine angemessene Geschäftsgebühr verlangen.

(3) Die Verpflichtung des Versicherungsnehmers zur Zahlung der Prämie wird dadurch, dass das Interesse, für das die Versicherung genommen ist, nach dem Beginn der Versicherung wegfällt, nicht berührt.

Artikel 4 Umfang der Versicherung

Der Versicherer trägt, soweit nichts anderes vereinbart ist, nach Maßgabe der gewählten Deckungsform die Gefahren, denen die Güter während der Dauer der Versicherung ausgesetzt sind.

Deckungsformen

(1) Volle Deckung (gegen alle Risken):
Unter Berücksichtigung der Ausschlüsse ge-

mäß Artikel 6 leistet der Versicherer Ersatz für Verlust und Beschädigung als unmittelbare Folge einer versicherten Gefahr.

(2) Eingeschränkte Deckung

Der Versicherer leistet Ersatz für Verlust und Beschädigung als unmittelbare Folge eines der nachstehenden Ereignisse:

a) Strandung
Eine Strandung liegt vor, wenn das die Güter befördernde Schiff auf Grund stößt, auf Grund festgerät, kentert, sinkt, scheitert, mit anderen Fahrzeugen oder Sachen zusammenstößt oder durch Eis beschädigt wird.

b) Schiffbruch

c) Aufopferung der Güter

d) Entladen, Zwischenlagern, Verladen von Gütern in einem Nothafen, der infolge des Eintritts einer versicherten Gefahr angelaufen wurde

e) Transportmittelunfall eines die Güter befördernden Land- oder Lufttransportmittels
Ein Transportmittelunfall liegt vor, wenn das Transportmittel durch ein unmittelbar von außen plötzlich mit mechanischer Gewalt einwirkendes Ereignis eine Sachbeschädigung erleidet.

f) Notlandung von Luftfahrzeugen

g) Entgleisung

h) Anprall oder Absturz von Luftfahrzeugen/Flugkörpern bzw. ihrer Teile oder Ladung

i) Einsturz von Lagergebäuden und Brücken

j) Brand, Blitzschlag, Explosion

k) Naturkatastrophen wie z. B. Erdbeben, Seebeben, Überschwemmungen und Vulkanausbrüche. Eine Katastrophe in diesem Zusammenhang liegt nur bei einer länger andauernden und großräumigen Schadenlage vor, die mit der normalerweise vorgehaltenen Gefahrenabwehr nicht angemessen bewältigt, sondern nur mit überregionaler Hilfe unter Kontrolle gebracht werden kann.

Fehlt eine besondere Vereinbarung, gilt die Deckungsform des Artikels 4 (2) „Eingeschränkte Deckung".

Artikel 5 Gemeinsame Einschlüsse für beide Deckungsformen

Der Versicherer ersetzt:

(1) den etwaigen Beitrag, den der Versicherungsnehmer zur großen Haverei nach gesetzmäßig oder international anerkannten Havereiregeln aufgemachter und von der zuständigen Dispacheprüfungsstelle anerkannten Dispache zu leisten hat, sofern durch Haverei-Maßregeln ein dem Versicherer zur Last fallender Schaden abgewendet werden sollte;

(2) Aufwendungen zur Abwendung oder Minderung des Schadens bei Eintritt des Versicherungsfalles und Kosten der Schadenfeststellung durch Dritte, soweit es sich um ersatzpflichtige Schäden handelt, nicht jedoch sonstige Aufwendungen und Kosten.

Artikel 6 Gemeinsame Ausschlüsse für beide Deckungsformen

Sofern nichts anderes vereinbart wird, gilt Folgendes:

(1) Ausgeschlossen sind die Gefahren:

a) des Krieges, Bürgerkrieges, kriegsähnlicher Ereignisse und die sich unabhängig vom Kriegszustand aus der Verwendung von dem Vorhandensein von Kriegswerkzeugen ergeben

b) des Streiks, der Aussperrung, des Aufruhrs, der Plünderung, von terroristischen oder politischen Gewalthandlungen, sonstigen bürgerlichen Unruhen und der Sabotage

c) der Beschlagnahme, Entziehung oder sonstiger durch von Behörden oder Gerichten veranlasste Maßnahmen

d) des Gebrauchs oder Einsatzes chemischer, biologischer, biochemischer Substanzen oder elektromagnetischer Wellen als Waffen

e) des Gebrauchs oder Einsatzes von Computern, Computersystemen, ComputerSoftwareprogrammen oder Prozessabläufen oder sonstigen Systemen der elektronischen Datenverarbeitung sowie Gefahren aus deren Missbrauch oder aus deren Manipulation (Computerviren) oder Beschädigung durch Dritte

f) der Kernenergie und der Radioaktivität

g) diejenigen Gefahren, gegen welche die Güter anderweitig versichert wurden (z. B. Feuer); der Versicherungsnehmer ist verpflichtet, dem Versicherer auf Verlangen alle ihm über die anderweitige Versicherung zur Verfügung stehenden Nachweise zu liefern.

(2) Ausgeschlossen sind folgende Schäden sowie Schäden verursacht durch:

a) Innerer Verderb, es sei denn, dass dieser im Zusammenhang mit einem ersatzpflichtigen Schaden eintritt sowie Schäden verursacht durch die natürliche und/oder mangelhafte Beschaffenheit des Gutes sowie durch Selbstentzündung

b) Konstruktions-, Fabrikations- oder Materialfehler

c) Verkratzungen und Abschürfungen, es sei denn, dass sie im Zusammenhang mit einem ersatzpflichtigen Schaden eintreten

d) Nichtfunktionieren, wie z. B. Kurzschluss, Überspannung, Induktion, Implosion, Röhren- und Fadenbruch, Festplattenfehler, Haarrisse, es

12/II/14a. Transport
Allg. Bedingungen

sei denn, dass es durch eine versicherte Gefahr verursacht wurde

e) Verluste durch handelsübliche Mengen-, Maß- und Gewichtsdifferenzen

f) Luftfeuchtigkeit und/oder Temperaturschwankungen

g) Fehlen oder Mängel transportgerechter Verpackung – auch bei Stauung im Container – sowie bei Selbstverladung durch den Versicherungsnehmer durch mangelhafte oder unsachgemäße Verladeweise

h) Verstöße gegen Zoll- oder sonstige behördliche Vorschriften, ferner gegen Versand- oder Deklarationsvorschriften oder Vorschriften des Beförderungsunternehmens

i) Gerichtliche Verfügung oder deren Vollstreckung

j) Beförderung in offenen Landtransportmitteln bzw. Binnen- und Seeschiffen oder auf Deck bzw. als Oberlast von Binnen- und Seeschiffen

k) an der Verpackung, sofern nicht besonders vereinbart

l) Verzögerung

m) Wertminderung

n) mittelbare Schäden aller Art

(3) Konnte nach den Umständen des Falles ein Schaden aus einer oder mehreren der in den Absätzen (1) und (2) bezeichneten Gefahren oder Ursachen entstehen, wird bis zum Nachweis des Gegenteils durch den Versicherungsnehmer vermutet, dass der Schaden daraus entstanden ist.

Artikel 7 Besondere Fälle

(1) *Soweit nichts anderes vereinbart ist*, sind nur zur Deckungsform des Artikels 4 (2) „Eingeschränkte Deckung" versichert:

a) unverpackte Güter

b) Rücksendungen

c) Güter, die einen Vortransport oder eine Lagerung hinter sich haben

d) gebrauchte Güter oder Güter, die in beschädigtem Zustand verschickt werden.

(2) Deckladungen sind nur versichert, wenn dies besonders vereinbart ist. Für solche zur Versicherung übernommenen Deckladungen gilt Artikel 4 (2) „Eingeschränkte Deckung", zuzüglich der Gefahren des Überbordgehens und Überbordspülens.

Werden als Raumladung versicherte Güter mit Wissen und Willen des Versicherungsnehmers auf Deck verladen und transportiert, gilt die Versicherung nur nach Maßgabe des Artikels 4 (2) „Eingeschränkte Deckung".

(3) Güter in allseitig geschlossenen Containern oder Seeschiffsleichtern sind auf Deck zu den gleichen Bedingungen wie im Raum, zuzüglich der Gefahren des Überbordgehens und Überbordspülens, versichert.

Artikel 8 Verschulden

(1) Der Versicherer ist von der Verpflichtung zur Leistung frei, wenn der Schaden vom Versicherungsnehmer bzw. vom Versicherten vorsätzlich oder grobfahrlässig verursacht wurde.

(2) Leistungsfreiheit tritt auch dann ein, wenn der Versicherungsnehmer bzw. der Versicherte bei den Verhandlungen über die Ermittlung der Entschädigung arglistig handelt.

(3) Der Versicherer ist leistungsfrei, wenn der Versicherungsnehmer bzw. der Versicherte vorsätzlich oder fahrlässig eine Überschreitung der zugelassenen Ladefähigkeit des Transportmittels gestattet.

Artikel 9 Eignung des Transportmittels

(1) Die Versicherung gilt nur bei Benützung eines Transportmittels, das die für die Aufnahme und Beförderung der betreffenden Güter erforderliche Eignung und behördliche Genehmigung besitzt.

Bei Transporten mit Seeschiffen müssen diese den Bestimmungen der Klassifikationsklausel / Institute Classification Clause in der jeweils letztgültigen Fassung entsprechen sowie – falls erforderlich – gemäß dem International Safety Management Code (ISM-Code) zertifiziert sein oder es muss ein gültiges Document of Compliance (DOC) beim Eigner oder Betreiber des Schiffes vorliegen, wie es die Solas Konvention 1974 nebst Ergänzungen vorsieht.

(2) Die Eignung des Transportmittels ist auf Verlangen des Versicherers vom Versicherungsnehmer nachzuweisen.

(3) Liegen die Voraussetzungen des Abs. 1 nicht vor, sind die Transporte gleich wohl versichert, wenn der Versicherungsnehmer keinen Einfluss auf die Auswahl des Transportmittels hatte bzw. den Spediteur oder den Frachtführer / Verfrachter mit der Sorgfalt eines ordentlichen Kaufmannes ausgewählt hat. Erlangt der Versicherungsnehmer Kenntnis von der mangelnden Eignung des Transportmittels, hat er unverzüglich beim Versicherer Anzeige zu erstatten.

12/II/14a. Transport
Allg. Bedingungen

Artikel 10 Dauer der Versicherung

Sofern keine andere Vereinbarung getroffen wurde, gilt Folgendes:

(1) Die Versicherung beginnt in dem Zeitpunkt, in welchem die Güter ihren bisherigen Aufbewahrungsort im Haus oder Lager des Absenders in dem in der Versicherungsurkunde genannten Abgangsort zum Zweck der unverzüglichen Beförderung verlassen; sie dauert während des normalen Transportverlaufes und endet, je nachdem, welcher der nachstehenden Fälle zuerst eintritt;

a) sobald die Güter in dem in der Versicherungsurkunde genannten Bestimmungsort abgeliefert sind;

b) bei Ablieferung in einem anderen vom Versicherungsnehmer vor oder in dem in der Versicherungsurkunde genannten Bestimmungsort gewählten Lager.

Unter Ablieferung ist die Ankunft des Gutes nach erfolgter Abladung aus dem anbringenden Transportmittel zu verstehen;

c) mit dem Gefahrenübergang, wenn die Güter wegen des Eintrittes eines versicherten Ereignisses verkauft werden;

d) sobald die Güter nach dem Ausladen im Bestimmungshafen bzw. Zielflughafen an einen nicht im Versicherungsvertrag vereinbarten Ablieferungsort befördert werden.

Die Versicherung endet in allen Fällen spätestens nach Ablauf von 15 Tagen nach Ankunft der Güter in dem in der Versicherungsurkunde genannten Bestimmungsort, bei Seetransporten jedoch spätestens nach Ablauf von 60 Tagen nach vollzogener Löschung der versicherten Güter im endgültigen Löschungshafen.

(2) Die Versicherung ruht während eines vom Versicherungsnehmer veranlassten Aufenthaltes der Güter.

Dauert ein anderer Aufenthalt vor Erreichung des Bestimmungsortes bzw. bei Seetransporten des Löschungshafens länger als 30 Tage, ruht die Versicherung nach Ablauf dieser Frist.

Artikel 11 Versicherungswert, Versicherungssumme

(1) Als Versicherungswert der Güter gilt der Handelswert und in dessen Ermangelung der gemeine Wert, den die Güter am Ort der Absendung bei Beginn der Versicherung haben, unter Hinzurechnung der Versicherungskosten sowie derjenigen Kosten, die bis zur Annahme der Güter durch den Frachtführer entstehen. Dieser Wert gilt auch bei Eintritt des Versicherungsfalles als Versicherungswert.

(2) Darüber hinaus können versichert werden:

a) die Kosten der Beförderung, insbesondere die Fracht und die Kosten am Ablieferungsort einschließlich Zölle

b) der imaginäre Gewinn – das ist der vom Käufer, sofern er die Gefahr des Transportes trägt, von der Ankunft der Güter am Bestimmungsort erwartete Gewinn – bis zur Höhe von 10% des Versicherungswertes der Güter und der nach a) versicherten Kosten, *soweit nichts anderes vereinbart ist.*

(3) Ein Liebhaberwert darf bei der Ermittlung des Versicherungswertes nicht berücksichtigt werden.

(4) Die Versicherung darf nicht zu einer Bereicherung führen. Der Versicherer ist, auch wenn die Versicherungssumme höher als der Versicherungswert zur Zeit des Eintrittes des Versicherungsfalles ist (Überversicherung), nicht verpflichtet, dem Versicherungsnehmer mehr als den tatsächlichen Schaden zu ersetzen.

(5) Schließt der Versicherungsnehmer den Vertrag in der Absicht ab, sich aus der Überversicherung einen rechtswidrigen Vermögensvorteil zu verschaffen, ist der Vertrag nichtig. Dem Versicherer gebührt gleichwohl die Prämie, es sei denn, dass er bei Schließung des Vertrages vom Nichtigkeitsgrund Kenntnis hatte.

(6) Wird die Versicherung nur für einen Teil des Versicherungswertes genommen (Teil- oder Unterversicherung), ersetzt der Versicherer nur im Verhältnis der Versicherungssumme zum Versicherungswert.

Artikel 12 Grenzen der Entschädigung

(1) Der Versicherer ersetzt den entstandenen Schaden nur bis zur Höhe der Versicherungssumme. Für den Ersatz von Aufwendungen gelten die §§ 63 und 144 VersVG, bei Seetransporten die §§ 834 und 840 UGB.

(2) Ist im Falle großer Haverei der Beitragswert höher als die Versicherungssumme, ersetzt der Versicherer den Beitrag zur großen Haverei nur im Verhältnis der Versicherungssumme zum Beitragswert.

Artikel 13 Versicherungsurkunde

Der Versicherer hat dem Versicherungsnehmer auf Verlangen eine von ihm unterzeichnete Urkunde über den Versicherungsvertrag (Polizze) auszuhändigen. Eine Nachbildung der eigenhändigen Unterschrift genügt.

Dies gilt auch für den Fall, dass die Versicherung in der Weise genommen wird, dass die Güter beim Abschluss des Vertrages nur der Gattung nach bezeichnet und erst nach Entstehung des Interesses dem Versicherer einzeln aufgegeben werden (laufende Versicherung).

Wurde eine Urkunde ausgestellt, ist der Versicherer im Schadenfall nur gegen Vorlage der Urkunde zur Zahlung verpflichtet. Durch Zahlung an den Inhaber der Urkunde wird er von jeder weiteren Leistungsverpflichtung frei.

Ist die Urkunde abhanden gekommen oder vernichtet, ist der Versicherer zur Zahlung verpflichtet, wenn die Urkunde für kraftlos erklärt oder Sicherheit geleistet ist; wobei die Sicherheitsleistung durch Bürgen ausgeschlossen ist.

Der Inhalt der Urkunde gilt vom Versicherungsnehmer genehmigt, wenn dieser nicht unverzüglich nach der Aushändigung widerspricht. Das Recht des Versicherungsnehmers, die Genehmigung wegen Irrtums anzufechten, bleibt unberührt.

Der Versicherer ist auf Verlangen des Versicherungsnehmers zur Ausstellung einer Ersatzurkunde verpflichtet; die Kosten hat der Versicherungsnehmer zu tragen.

Artikel 14 Prämie

Hinsichtlich der Prämie gelten – *soweit nichts anderes vereinbart ist* – generell die einschlägigen Bestimmungen des Versicherungsvertragsgesetzes (VersVG) in der jeweils letztgültigen Fassung.

Artikel 15 Anzeigepflicht bei Vertragsabschluss

(1) Der Versicherungsnehmer hat bei Abschluss des Vertrages alle ihm bekannten Umstände, die für die Übernahme der Gefahr erheblich sind, dem Versicherer anzuzeigen, und zwar auch dann, wenn er eine ihm zugegangene Nachricht für unerheblich oder unzuverlässig hält.

(2) Als erheblich gilt insbesondere auch der Umstand, dass die Beschaffenheit der Güter bereits bei einem geringfügigen, durch ein versichertes Ereignis verursachten Schaden den Totalverlust oder einen unverhältnismäßig ausgeweiteten Schadenumfang zur Folge haben kann.

(3) Jede bewusst unrichtige Anzeige, jedes Verschweigen, jede Täuschung, jede bewusst falsch oder entstellt gemachte Angabe berechtigt den Versicherer zum Rücktritt vom Vertrag und hat Leistungsfreiheit zur Folge.
Die Verpflichtung zur Zahlung der Prämie bleibt dadurch unberührt.

(4) Die Verpflichtung des Versicherers zur Leistung bleibt bestehen, wenn der Versicherer den nicht angezeigten Umstand oder die Unrichtigkeit kannte. Das gleiche gilt, wenn die Anzeige ohne Verschulden des Versicherungsnehmers unterblieben ist.
Bleibt die Verpflichtung des Versicherers zur Leistung bestehen, gebührt ihm, wenn mit dem besonderen Umstand eine höhere Gefahr verbunden ist, eine dieser höheren Gefahr entsprechende höhere Prämie (Zuschlagsprämie).

Artikel 16 Gefahränderung

(1) Der Versicherungsnehmer darf nach dem Abschluss des Vertrages ohne in geschriebener Form erfolgten Einwilligung des Versicherers die Gefahr weder ändern, erhöhen noch die Änderung durch einen Dritten gestatten.

(2) Als Gefahränderung gilt insbesondere:

a) die erhebliche Verzögerung des Antrittes oder der Vollendung des versicherten Transportes,

b) die erhebliche Abweichung von dem angegebenen oder üblichen Transportweg,

c) die Änderung des Bestimmungsortes bzw. -hafens,

d) die Beförderung der Güter in Leichterfahrzeugen, ohne dass dies ortsüblich ist.

(3) Verletzt der Versicherungsnehmer die Bestimmungen der Absätze (1) und/oder (2), kann der Versicherer das Versicherungsverhältnis für den betreffenden Transport ohne Einhaltung einer Kündigungsfrist kündigen. Damit tritt Leistungsfreiheit ein.
Die Leistungspflicht des Versicherers bleibt bestehen, wenn die Gefahränderung ohne Wissen des Versicherungsnehmers eingetreten ist. Der Versicherungsnehmer ist jedoch verpflichtet, dem Versicherer die Gefahränderung, sobald er hievon Kenntnis erhalten hat, unverzüglich anzuzeigen.

(4) Hat der Versicherungsnehmer eine Gefahränderung, mit der eine Gefahrerhöhung verbunden ist, nicht angezeigt, ist der Versicherer von der Verpflichtung zur Leistung frei, es sei denn,

a) die Verletzung der Anzeigepflicht beruht weder auf Vorsatz noch auf grober Fahrlässigkeit,

b) oder die Gefahrerhöhung hatte weder Einfluss auf den Eintritt des Versicherungsfalles noch auf den Umfang der Leistungspflicht des Versicherers.

(5) Dem Versicherer steht es frei, eine Zuschlagsprämie für die Gefahrerhöhung zu vereinbaren, es sei denn, die Gefahrerhöhung war

a) durch das Interesse des Versicherers oder

12/II/14a. Transport
Allg. Bedingungen

b) durch ein Gebot der Menschlichkeit veranlasst oder

c) durch ein versichertes die Güter bedrohendes Ereignis geboten.

Artikel 17 Änderung der Beförderung

(1) Werden die Güter ohne Zustimmung des Versicherers mit einem Transportmittel anderer Art befördert als im Versicherungsvertrag vereinbart oder werden sie umgeladen, obwohl im Versicherungsvertrag direkter Transport vereinbart ist, ist der Versicherer von der Verpflichtung zur Leistung frei. Das gleiche gilt, wenn ausschließlich ein bestimmtes Transportmittel oder ein bestimmter Transportweg vereinbart werden.

(2) Die Leistungspflicht bleibt bestehen, wenn nach Beginn der Versicherung infolge eines versicherten Ereignisses oder ohne Zustimmung des Versicherungsnehmers die Beförderung geändert oder aufgegeben wird.

(3) Im übrigen gelten die Bestimmungen über die Gefahränderung sinngemäß.

Artikel 18 Obliegenheiten

(1) Der Versicherungsnehmer hat dem Versicherer den Schadensfall sowie jeden Unfall, welcher das Transportmittel oder die Ladung trifft, unverzüglich anzuzeigen.

(2) Bei Seetransporten hat der Versicherungsnehmer einen Schaden, für den der Versicherer einzutreten hat, binnen 15 Monaten nach der Beendigung der Versicherung oder, falls das Schiff verschollen ist, nach dem Ablauf der Verschollenheitsfrist dem Versicherer in geschriebener Form geltend zu machen. Durch die Absendung der Erklärung wird die Frist gewahrt.
Diese Bestimmungen finden auf die vom Versicherungsnehmer zu entrichtenden Beiträge zur großen Haverei keine Anwendung.

(3) Der Versicherungsnehmer ist verpflichtet, für die Abwendung und Minderung eines Schadens zu sorgen und wenn die Umstände es gestatten, die Weisungen des Versicherers einzuholen und zu befolgen.
Insbesondere sind die folgenden Sofortmaßnahmen zu setzen:

a) Wenn im Zuge der Beförderung oder bei Ablieferung der Güter ein Verlust und/oder eine Beschädigung zu vermuten oder erkennbar ist, sind unverzüglich das Beförderungsunternehmen, der Lagerhalter, die Hafenbehörde etc. in geschriebener Form haftbar zu halten und zur gemeinsamen Besichtigung aufzufordern. Ein Protest in geschriebener Form bzw. ein qualifizierter Vorbehalt ist anzubringen.

b) Wenn bei Ablieferung ein Verlust und/oder eine Beschädigung nicht erkennbar ist, sind Beförderungsunternehmen, Lagerhalter, Hafenbehörde etc. sofort nach Feststellung, spätestens aber innerhalb der in den jeweiligen Beförderungsbedingungen vorgesehenen Fristen in geschriebener Form haftbar zu halten und zur gemeinsamen Besichtigung aufzufordern.

c) Wenn im Zuge der Beförderung oder bei Ablieferung der Güter ein Verlust und/oder eine Beschädigung durch eine Straftat zu vermuten oder erkennbar ist, ist unverzüglich Anzeige bei der zuständigen Sicherheitsbehörde zu erstatten. Darüber hinaus sind Schäden durch Feuer jedenfalls unverzüglich der Sicherheitsbehörde anzuzeigen.
Der in der Polizze oder im Versicherungszertifikat genannte Havariekommissar ist unverzüglich zur Schadenfeststellung beizuziehen. Hat der Versicherer keinen bestimmten Havariekommissar genannt oder ist dessen Beauftragung nicht möglich, ist der nächste „Lloyd's Agent" mit der Schadenfeststellung zu betrauen.

(4) Der Versicherungsnehmer hat über Verlangen dem Versicherer jede Auskunft zu erteilen und alle Belege zur Verfügung zu stellen, die für die Feststellung des Versicherungsfalles und des Umfangs der Leistungspflicht des Versicherers erforderlich sind.
Zum Schadennachweis und zur Geltendmachung von Ersatzansprüchen sind dem Versicherer auf Verlangen insbesondere die folgenden Dokumente im Original vorzulegen:

– Polizze oder Versicherungszertifikat,
– alle Beförderungsdokumente,
– Lieferfaktura samt Pack- und Gewichtsliste,
– Havariezertifikat samt Gebührennote des Havariekommissars,
– alle Dokumente, die den Verlust und/oder die Beschädigung nachweisen,
– sämtlicher Schriftwechsel betreffend Verlust und/oder Beschädigung und/oder Rechtswahrung,
– Bestätigung über erfolgte unverzügliche Anzeige,
– Schadenrechnung,
– Abtretungserklärung.

(5) Der Versicherungsnehmer darf seine Ansprüche gegen Dritte oder zur Sicherung der Ansprüche dienende Rechte weder aufgeben noch einschränken.

(6) Im Fall einer großen Haverei darf die Dispache vom Versicherungsnehmer nicht ohne Zustimmung des Versicherers anerkannt werden; ebenso wenig dürfen Einschluss oder endgültige Beiträge ohne Zustimmung des Versicherers sichergestellt oder geleistet werden.

Verletzt der Versicherungsnehmer eine der vorstehenden oder gesetzlichen Obliegenheiten, so ist der Versicherer gemäß den Voraussetzungen und Begrenzungen des § 6 VersVG von der Verpflichtung zur Leistung frei.

Artikel 19 Ersatzleistung

(1) Verlust der Güter
Gehen die Güter total verloren, werden sie dem Versicherungsnehmer ohne Aussicht auf Wiedererlangung entzogen oder sind sie nach der Feststellung von Sachverständigen in ihrer ursprünglichen Beschaffenheit zerstört, leistet der Versicherer Ersatz unter Berücksichtigung des Artikels 11 abzüglich des Wertes geretteter, verwertbarer Sachen (Restwert).

(2) Verschollenheit
Sind die Güter mit dem Transportmittel verschollen, leistet der Versicherer Ersatz wie bei Totalverlust, es sei denn, dass mit überwiegender Wahrscheinlichkeit ein Verlust als Folge einer nicht versicherten Gefahr anzunehmen ist.

Ein Transportmittel ist verschollen, wenn vom Zeitpunkt seiner geplanten Ankunft am Endbestimmungsort 60 Tage, innerhalb Europas im geographischen Sinn 30 Tage, verstrichen sind und bis zur Reklamation keine Nachricht von ihm eingegangen ist. Ist die Nachrichtenverbindung durch Krieg, kriegsähnliche Ereignisse, Bürgerkrieg oder innere Unruhen gestört, verlängert sich die Frist je nach Lage des Falles, sie darf aber 6 Monate nicht überschreiten.

(3) Beschädigung
a) Werden die Güter oder Teile der Güter beschädigt und ist eine Wiederherstellung nicht möglich oder wirtschaftlich nicht sinnvoll, ersetzt der Versicherer unter Berücksichtigung des Artikels 11 den Handelswert, in dessen Ermangelung den gemeinen Wert, den die Güter in unbeschädigtem Zustand am Ablieferungsort haben würden, abzüglich des Wertes, den sie dort im beschädigten Zustand haben (Restwert).

Der Wert der Güter in beschädigtem Zustand kann auch durch freihändigen Verkauf oder durch öffentliche Versteigerung festgestellt werden, wenn der Versicherer dies unverzüglich nach Kenntnis der für die Schadenhöhe erheblichen Umstände verlangt; in diesem Fall tritt der Erlös an die Stelle des Wertes der beschädigten Güter.

Beschädigte Gegenstände können niemals an den Versicherer ohne dessen Einwilligung abandonniert werden. Die Nichtabnahme des versicherten Gutes seitens des Empfängers begründet keinen Ersatzanspruch. Die aus einer Nichtabnahme des versicherten Gutes entstehenden Kosten gehen nicht zu Lasten des Versicherers.

b) Ist eine Wiederherstellung möglich und wirtschaftlich sinnvoll, ersetzt der Versicherer unter Berücksichtigung des Artikels 11 die zum Zeitpunkt der Schadenfeststellung notwendigen Kosten der Wiederherstellung oder Wiederbeschaffung der beschädigten oder verlorenen Teile.
Der Wert des Altmaterials wird angerechnet.
Bei Erneuerung einzelner Teile ist der Versicherer berechtigt, für diese einen der Art, dem Alter und dem Zustand entsprechenden, angemessenen Abzug „neu für alt" vorzunehmen.

Mehrkosten, insbesondere solche, die dadurch entstehen, dass bei Ausbesserung einer beschädigten Sache oder deren Wiederherstellung in den früheren Zustand Änderungen oder Verbesserungen vorgenommen werden, desgleichen Überholungen, gehen zu Lasten des Versicherungsnehmers. Vorläufige Reparaturen werden nur nach Maßgabe des Artikels 5 (2) ersetzt.

(4) Verkauf der Güter vor Beendigung der versicherten Reise
Wird nach Beginn der Versicherung der Transport aufgegeben oder aus einem anderen Grund nicht vollendet, ohne dass der Versicherer von der Verpflichtung zur Leistung frei wird, kann der Versicherer verlangen, dass unter seiner Mitwirkung der Versicherungsnehmer die Güter aus freier Hand oder im Wege öffentlicher Versteigerung verkauft, wenn die Güter ohne unverhältnismäßige Kosten und innerhalb angemessener Frist nicht weiterbefördert werden können. Verlangt der Versicherer den Verkauf, muss dieser unverzüglich erfolgen.

Der Versicherungsnehmer kann im Fall des Verkaufes den Unterschied zwischen der Versicherungssumme und dem Erlös verlangen. Das gleiche gilt, wenn die Güter unterwegs infolge eines die Leistungspflicht des Versicherers auslösenden Ereignisses verkauft werden müssen.

(5) Nicht entstandenes Interesse, ersparte Kosten
Ist ein versichertes Interesse für imaginären Gewinn, Mehrwert, Zoll, Fracht oder sonstige Kosten bei Eintritt des Versicherungsfalles noch nicht entstanden, wird der darauf entfallende Teil der Versicherungssumme bei der Ermittlung des Schadens nicht berücksichtigt. Das gleiche gilt für Kosten, die infolge eines Versicherungsfalles erspart werden.

(6) Anderweitiger Ersatz
Der Versicherungsnehmer muss sich anrechnen lassen, was er anderweitig zum Ausgleich des Schadens erlangt hat.

Kann von einem mit der Abwicklung des Transportes beauftragten Dritten Ersatz des Schadens nicht verlangt werden, weil dessen Haftung über das verkehrsübliche Maß hinaus beschränkt oder ausgeschlossen ist, ist der Versicherer von der Verpflichtung zur Leistung insoweit frei, als er ohne Einschränkung oder Ausschluss der Haftung hätte Ersatz erlangen können.

Dies gilt nicht, wenn der Versicherungsnehmer auf die Beschränkung oder den Ausschluss der Haftung keinen Einfluss nehmen konnte.

(7) Rechtsübergang des Eigentums

a) Erlangt der Versicherungsnehmer die Versicherungssumme, kann der Versicherer wählen, ob mit Zahlung der Versicherungssumme die Rechte an den versicherten Gütern oder auf die versicherten Güter auf ihn übergehen sollen oder nicht. Der Rechtsübergang entfällt, wenn der Versicherer ihn nicht unverzüglich nach Kenntnis der Umstände des Versicherungsfalles wählt. Wählt der Versicherer den Rechtsübergang, bleibt der Versicherungsnehmer verpflichtet, für die Minderung des Schadens zu sorgen, soweit der Versicherer dazu nicht imstande ist. Er hat dem Versicherer die zur Geltendmachung der Rechte erforderlichen Auskünfte zu erteilen und die zum Beweis dienenden Urkunden auszuliefern oder auszustellen sowie ihm bei der Erlangung und der Verwertung der Güter behilflich zu sein. Die Kosten hat der Versicherer zu tragen und auf Verlangen vorzuschießen. Der über die Versicherungssumme hinausgehende Teil des Netto Verkaufserlöses ist dem Versicherungsnehmer zu erstatten.

Gehen die Rechte nicht über, hat der Versicherungsnehmer dem Versicherer den gemeinen Wert oder den Netto-Verkaufserlös wiedererlangter Güter zu erstatten.

b) Der Versicherer ist nach Eintritt des Versicherungsfalles berechtigt, sich durch Zahlung der Versicherungssumme von allen weiteren Verbindlichkeiten zu befreien. Der Versicherer bleibt trotz der Befreiung zum Ersatz der Kosten verpflichtet, die zur Abwendung oder Minderung des Schadens oder zur Wiederherstellung oder Ausbesserung der versicherten Sache verwendet worden sind, bevor seine Erklärung, dass er sich durch Zahlung der Versicherungssumme befreien wolle, dem Versicherungsnehmer zugegangen ist. Der Versicherer erwirbt durch diese Zahlung keine Rechte an den versicherten Gegenständen.

(8) Fälligkeit der Leistung des Versicherers Geldleistungen des Versicherers sind einen Monat nach Beendigung der zur Feststellung des Versicherungsfalles und des Umfanges der Leistung des Versicherers nötigen Erhebungen fällig. Sind die zur Feststellung des Versicherungsfalles und des Umfanges der Leistung des Versicherers nötigen Erhebungen bis zum Ablauf eines Monats seit der Anzeige des Versicherungsfalles nicht beendet, kann der Versicherungsnehmer in Anrechnung auf die Gesamtforderung Abschlagszahlungen in der Höhe des Betrages verlangen, den der Versicherer nach Lage der Sache mindestens zu zahlen hat. Der Lauf der Frist ist gehemmt, solange die Beendigung der Erhebungen infolge Verschulden des Versicherungsnehmers gehindert ist.

Ist aus Anlass des Schadens eine polizeiliche oder strafrechtliche Untersuchung gegen den Versicherungsnehmer oder Versicherten eingeleitet, kann der Versicherer die Zahlung bis zum Abschluss der Untersuchung verweigern.

(9) Währung

Entschädigungsansprüche sind grundsätzlich in der Währung zu befriedigen, in der die Versicherung genommen wurde. Bei Aufwendungen und Beiträgen zur großen Haverei in fremder Währung erfolgt die Umrechnung in die Polizzenwährung zum Kurs des Zahlungstages.

Artikel 20 Klagefrist

Der Versicherer ist von der Verpflichtung zur Leistung frei, wenn der Anspruch auf die Leistung nicht innerhalb von 6 Monaten gerichtlich geltend gemacht wird.

Die Frist beginnt erst, nachdem der Versicherer dem Versicherungsnehmer gegenüber den erhobenen Anspruch unter Angabe der mit dem Ablauf der Frist verbundenen Rechtsfolgen in geschriebener Form abgelehnt hat.

Artikel 21 Sachverständigenverfahren

(1) Im Streitfall ist die Höhe des Schadens durch Sachverständige festzustellen.

(2) Der Versicherer und der Versicherungsnehmer oder Versicherte haben unverzüglich je einen Sachverständigen zu ernennen und die Ernennung der gegnerischen Partei mitzuteilen. Die Partei, die ihren Sachverständigen bekannt gegeben hat, kann die säumige Partei in geschriebener Form unter Mitteilung der Folge der Unterlassung auffordern, ihren Sachverständigen innerhalb zweier Wochen nach Zugang der Aufforderung zu bestimmen. Unterbleibt die Ernennung, kann die auffordernde Partei den gegnerischen Sachverständigen durch den Hauptverband der allgemein beeideten und gerichtlich zertifizierten Sachverständigen oder durch die Bundeskammer der gewerblichen Wirtschaft – hilfsweise durch die diplomatische oder konsularische Vertretung der Republik Österreich, in deren Bereich sich die Güter befinden – benennen lassen. Können sich die Sachverständigen über die Feststellung der Schadenhöhe

12/II/14a. Transport
Allg. Bedingungen

nicht einigen oder wünschen sie von vornherein die Mitwirkung eines dritten Sachverständigen, ernennen sie gemeinschaftlich diesen Sachverständigen als Obmann, mit dem zusammen sie nach Stimmenmehrheit zu entscheiden haben.

(3) Die Ablehnung eines Sachverständigen unterliegt den Normen der Zivilprozessordnung.

(4) Die Sachverständigen haben den Schaden zu besichtigen, ihn festzustellen und hierüber ein schriftliches Gutachten zu erstatten. Zu der Besichtigung sind, soweit möglich und wirtschaftlich vertretbar, die Beteiligten beizuziehen.

(5) Die von den Sachverständigen getroffene Feststellung ist nicht verbindlich, wenn sie offenbar von der wirklichen Sachlage erheblich abweicht. Die Entscheidung erfolgt in diesem Fall durch gerichtliches Urteil.

(6) Jede Partei trägt die Kosten ihres Sachverständigen; die Kosten des Obmannes tragen beide Parteien je zur Hälfte.

Artikel 22 Kündigung

Ist der Versicherungsvertrag für mehrere Transporte oder auf Zeit abgeschlossen, ist der Versicherer berechtigt, den Versicherungsvertrag nach dem Eintritt eines Versicherungsfalles zu kündigen. Die Kündigung wird 14 Tage nach Zugang wirksam. Für Güter, die bei Wirksamwerden der Kündigung unterwegs sind, bleibt die Versicherung bis zu dem Zeitpunkt in Kraft, der für das Ende des Versicherungsschutzes nach Artikel 10 maßgeblich ist.

Artikel 23 Gerichtsstand

(1) Für Streitigkeiten aus dem Versicherungsvertrag sind die Gerichte des Ortes, an dem der Versicherer – bei mehreren Versicherern der in der Polizze als führend bezeichnete Versicherer – im Inland seinen Sitz (Hauptniederlassung) hat, zuständig.

(2) Die Nominierung von Havariekommissaren und Settling Agents bzw. die Zahlbarstellung von Schäden außerhalb Österreichs begründen keinen Gerichtsstand am Zahlungsort.

Allgemeine Österreichische Spediteur-Bedingungen

Fassung vom 6. November 2012
(Auszug)

X. Speditionsversicherungsschein und Rollfuhrversicherungsschein (SVS und RVS)

§ 39.

a) Der Spediteur ist, wenn der Auftraggeber es nicht ausdrücklich schriftlich untersagt, verpflichtet, die Schäden, die dem Auftraggeber durch den Spediteur bei der Ausführung des Auftrages erwachsen können, bei Versicherern seiner Wahl auf Kosten des Auftraggebers zu versichern. Die Polizze für die Versicherung muß, insbesondere in ihrem Deckungsumfang, mindestens dem Speditions- und Rollfuhrversicherungsschein (SVS/RVS) entsprechen. Die Prämie hat der Spediteur für jeden einzelnen Verkehrsvertrag auftragsbezogen zu erheben und sie als Aufwendungen des Auftraggebers ausschließlich für die Speditionsversicherung in voller Höhe an die jeweiligen Versicherer abzuführen. Der Spediteur hat dem Auftraggeber auf Verlangen anzuzeigen, bei wem er die Speditionsversicherung gezeichnet hat.

b) Nach Maßgabe des SVS werden auch Schäden versichert, die denjenigen Personen erwachsen können, denen das versicherte Interesse zur Zeit des den Schaden verursachenden Ereignisses zugestanden ist.

c) Es wird nachdrücklichst darauf hingewiesen, daß laut § 5 Abs. 1 SVS alle Schäden, die durch Transport- oder Lagerversicherung gedeckt sind oder üblicherweise gedeckt werden, von der Speditionsversicherung ausgeschlossen sind. Dagegen wird der Auftraggeber gegen die sogenannten Rollfuhrschäden gemäß dem Rollfuhrversicherungsschein (RVS) versichert, sofern er diese Zusatzversicherung nicht ausdrücklich schriftlich untersagt hat.

d) Versichert der Auftraggeber die Speditionsversicherung selbst, so ist jeder Schadenersatzanspruch aus den durch diese Versicherung gedeckten Gefahren gegen den Spediteur ausgeschlossen, geht also nicht auf den Speditionsversicherer über.

§ 40.

Der Auftraggeber unterwirft sich sowie alle Personen, in deren Interesse oder für deren Rechnung er handelt, allen Bedingungen des SVS und des RVS. Insbesondere hat er für rechtzeitige Schadensanmeldung zu sorgen (§ 10 SVS).

§ 41.

a) Hat der Spediteur infolge ausdrücklichen oder vermuteten Auftrages (§ 39) die Speditionsversicherung gedeckt, so ist er von der Haftung für jeden durch diese Versicherung gedeckten Schaden frei. Dies gilt insbesondere auch für den Fall, daß infolge fehlender oder ungenügender Wertangabe des Auftraggebers die Versicherungssumme hinter dem wirklichen Wert oder Schadensbetrag zurückbleibt.

b) Darüber, ob ein Schaden durch die Speditionsversicherung gedeckt ist, hat im Streitfalle ausschließlich das zuständige Gericht zu entscheiden.

c) Hat der Spediteur keine Speditionsversicherung nach § 39 abgeschlossen, so darf er sich dem Auftraggeber gegenüber auf die AÖSp nicht berufen.

d) Die lit a) bis c) gelten entsprechend für die durch den RVS gedeckte Versicherung.

§ 42.

Für die Speditionsversicherung und die Rollfuhrversicherung gilt § 35 lit a) 2. und 3. Satz entsprechend.

Anlage 1 zu §§ 39 – 42 der AÖSp

Speditionsversicherungsschein SVS

§ 1.
Versicherter

Die Versicherung erfolgt für fremde Rechnung. Versichert ist der Wareninteressent als Auftraggeber oder derjenige, dem das versicherte Interesse zur Zeit des den Schaden verursachenden Ereignisses zugestanden ist.

§ 2.
Haftpflicht im allgemeinen

1. Die Gesellschaften haften für alle Schäden, die dem Versicherten erwachsen und wegen welcher der Spediteur auf Grund eines Verkehrsvertrages in Anspruch genommen wird und gesetzlich in Anspruch genommen werden kann.

2. Unter Verkehrsverträgen im Sinne dieses Versicherungsscheines sind zu verstehen: Speditions- und Frachtverträge sowie Lagerverträge innerhalb Österreichs einschließlich der bei solchen Verträgen üblichen Nebenaufträge – diese aber auch als selbständige Verträge -, wie z. B. Nachnahmeerhebung, Verwiegung, andere Mengenfeststellung, Verpackung, Musterziehung, Verladung, Ausladung, Verzollung, Vermittlung von Transport-, Feuer- und Einbruchdiebstahlsversicherungen, ausschließlich Versicherungsaufträge jeder anderen Art (vgl. § 9).

§ 3.
Umfang der Versicherung im allgemeinen

1. Die Gesellschaften vergüten den Schaden nach Maßgabe der gesetzlichen Bestimmungen über die Haftung des Versicherungsnehmers aus einem Verkehrsvertrage. Sie verzichten auf die Einwendungen, die der Spediteur aus den in den AÖSp und sonstigen Abmachungen oder Handels- und Verkehrsbräuchen enthaltenen Bestimmungen über Ausschluß und Minderung der gesetzlichen Haftung erheben könnte.

2. Die Versicherung deckt auch Ansprüche, die der Versicherte nicht auf einen Verkehrsvertrag, sondern auf Eigentum, unerlaubte Handlung oder ungerechtfertigte Bereicherung stützt, sofern diese Ansprüche mit einem mit dem Spediteur abgeschlossenen Verkehrsvertrag unmittelbar zusammenhängen.

3. Die Versicherung deckt auch Ansprüche, die durch Versäumung der Regreßwahrung entstanden sind, sofern dadurch nachgewiesenermaßen dem Versicherten ein Schaden erwachsen ist.

4. Es ist auch der Schaden mitversichert, der durch den Vorsatz des Spediteurs, seiner gesetzlichen Vertreter, Angestellten oder Erfüllungsgehilfen herbeigeführt wird.

5. Die Versicherer ersetzen Warenschäden und Vermögensschäden, soweit diese unmittelbar mit einem versicherten Verkehrsauftrag im Zusammenhang stehen.

§ 4.
Besondere Bestimmungen

Die Versicherung deckt auch die Ansprüche des Versicherten gegen den Spediteur:

1. wegen Verschuldens bei der Auswahl eines Zwischenspediteurs oder Lagerhalters;

2. wegen derjenigen Schäden (auch aus Vorsatz, siehe aber § 5 Abs. 6), wegen welcher der Zwischenspediteur, ob im Inland oder europäischen Ausland inklusive Türkei, gesetzlich in Anspruch genommen werden kann. Eine Erweiterung der Haftung auf den außereuropäischen Zwischenspediteur bedarf der vorherigen Zustimmung der Versicherer.

§ 5.
Beschränkung der Haftpflicht

Ausgeschlossen von der Versicherung sind:

1. alle Gefahren, die durch eine andere Versicherung, insbesondere Transport-, Lager- (z. B. Feuer-, Einbruchdiebstahl-, Leitungswasser- und Sturmschadenversicherung u. a.) oder Speditionsversicherung gedeckt sind, es sei denn, daß eine solche ordnungsgemäß abgeschlossene Versicherung durch fehlerhafte Maßnahmen des Spediteurs unwirksam wird;

2. Warenschäden, die im Ausland von ausländischen Zwischenspediteuren oder anderen in Ausführung des Verkehrsvertrages tätige Unternehmen verursacht wurden;

3. Warenschäden in der See- und Binnenschiffahrtsspedition;

4. alle Schäden, die dem Grunde nach von einem Unternehmer im Güterfernverkehr zu vertreten sind;

5. diejenigen Ansprüche, die aus im Speditionsgewerbe nicht allgemein üblichen Abreden zwischen Versicherten und Spediteur herrühren (z. B. Vertragsstrafen, Lieferfristgarantien usw.), und alle diejenigen Ansprüche, die auf Vereinbarungen des Spediteurs mit dem Versicherten beruhen, die nicht zu den unter § 2 Abs. 2 fallenden Geschäften gehören oder über die gesetzliche Haftpflicht des Spediteurs hinausgehen;

6. alle diejenigen Schäden, die durch Unterschlagung oder Veruntreuung entstehen;

7. bei Lagerverträgen auch Schäden am Gut, entstanden durch unterlassene oder fehlerhafte Bearbeitung des Gutes während der Lagerung, wenn diese Schäden nach dem 15. Tag der Lagerung (Sonn- und Feiertage nicht mitgerechnet) entstanden sind;

8. Personenschäden;

9. Schäden, die unmittelbar dadurch entstehen, daß Vorschüsse, Erstattungsbeiträge o. ä. nicht zweckentsprechend verwendet, weitergeleitet oder zurückgezahlt werden. Ein dadurch verursachter weitergehender Schaden bleibt davon unberührt.

10. Schäden jeglicher Art, die mittel- oder unmittelbar durch Krieg, Aufruhr und Plünderung, Streik, bürgerliche Unruhen entstehen;

11. Schäden durch Kernenergie und Radioaktivität.

§ 6.
Versicherungsauftrag, -summe, -wert und Anmeldung

a) Versichert ist im Sinne vorstehender Bestimmungen jeder Verkehrsvertrag einschließlich Einlagerung.

b) Bei Verkehrsverträgen gilt im allgemeinen folgendes als vereinbart:

1. Der Auftraggeber ist berechtigt, die Versicherung zu untersagen. Die Untersagung ist durch den Spediteur oder den Auftraggeber den Gesellschaften zu Handen der beauftragten Bearbeitungsstelle schriftlich mitzuteilen. Sie kann nur durch schriftliche Mitteilung zurückgenommen werden, die allenfalls unverzüglich der genannten Bearbeitungsstelle einzusenden ist.

2. a) Der Versicherungswert ist der Verkaufspreis, in Ermangelung dessen der gemeine Handelswert bzw. gemeine Wert, den das Gut zur Zeit der Erteilung des Verkehrsauftrages an dem Ort der Übernahme unter Einschluß der Transport-, Speditions- und Zollkosten hat. Will der Auftraggeber oder ein sonst nach § 1 Versicherter einen höheren Betrag als € 1.453,46 für den Verkehrsauftrag versichern, so hat er dem Spediteur sofort bei Erteilung des Verkehrsauftrages, spätestens jedoch vor der Abfertigung, unter genauer Bezeichnung des einzelnen Verkehrsauftrages die Versicherungssumme als solche schriftlich aufzugeben.

b) Der Spediteur ist aber auch mangels Aufgabe sofort bei Annahme des Verkehrsauftrages, spätestens vor der Abfertigung, zur Schätzung nach einwandfreien Unterlagen berechtigt.

c) Mangels Aufgabe nach lit. a) oder Schätzung nach lit. b) ist jeder Verkehrsvertrag nach § 2 für den unter § 1 Versicherten bis zu einem Höchstbetrag von € 1.453,46 versichert (vgl. jedoch § 8 Abs. 3).

d) Versehen des Spediteurs bei der Versicherungsanmeldung oder bei der Weitergabe der höheren Versicherungssumme als € 1.453,46 nach lit. a) oder bei der Prämienzahlung oder bei gänzlicher Unterlassung sollen dem Versicherten nicht zum Nachteil gereichen. Für Versehen des Spediteurs bei der Weitergabe der höheren Versicherungssumme als € 1.453,46 gilt dies nur dann, wenn der Auftraggeber oder der sonst nach § 1 Versicherte der Vorschrift der lit. a) genügt hat. Schätzungsfehler fallen nicht unter die Versehensklausel.

3. Versicherungssummen über € 1.090.092,51 für den einzelnen Verkehrsvertrag sind ausgeschlossen. Bei Sendungen mit einem höheren Wert als € 1.090.092,51 können, wenn tatsächlich zu € 1.090.092,51 versichert ist, die Versicherer den Einwand der Unterversicherung nicht erheben.

4. Der Spediteur hat alle versicherten Verkehrsverträge am Ende jedes Kalendermonats, spätestens jedoch am 10. des darauffolgenden Monats, den Gesellschaften zu Handen der beauftragten Bearbeitungsstelle anzumelden und gleichzeitig die dafür zu entrichtende Prämie zu bezahlen. Versicherungen für Verkehrsverträge im Betrage von über € 1.453,46 muß der Spediteur einzeln mit der Versicherungssumme sowie den Zeichen, den Nummern, dem Inhalt und der Anzahl der Stücke auf den dazu bestimmten Spezifikationsformularen einmal monatlich am Ende eines jeden Kalendermonats, spätestens jedoch am 10. des darauffolgenden Monats, den Gesellschaften zu Handen der beauftragten Bearbeitungsstelle melden.

§ 7.
Prüfungsrecht der Gesellschaften

Die Gesellschaften sind berechtigt, die Anmeldung des Spediteurs durch Einsichtnahme in die Geschäftsbücher und sonstigen Unterlagen, soweit sie die Versicherung betreffen, nachzuprüfen. Das Recht der Nachprüfung besteht auch dem Versicherten gegenüber.

§ 8.
Ersatzpflicht im Schadensfalle

1. Hat der Versicherte zur Zeit der Erteilung des Verkehrsauftrages das Gut verkauft, erhält er im Höchstfalle den Verkaufspreis unter Berücksichtigung etwa entstandener bzw. ersparter Auslagen (Frachten, Zölle u. dgl.), es wäre denn, die beschädigte oder in Verlust geratene Ware konnte vom anspruchsberechtigten Verkäufer nachgeliefert werden. In letzterem Fall bezahlen die Versicherer nur die Gestehungskosten der zu Schaden gekommenen Ware.

2. In anderen Fällen erhält der Versicherte als Höchstbetrag den gemeinen Handelswert bzw. gemeinen Wert, den das Gut zur Zeit der Erteilung des Verkehrsauftrages an dem Orte hatte, an dem es abzuliefern war, unter Berücksichtigung etwa entstandener bzw. ersparter Barauslagen.

3. Unter allen Umständen bildet die Versicherungssumme im Sinne des § 6 Abschnitt B Abs. 2 lit a) die Höchstgrenze der Ersatzpflicht. Im Falle der Unterversicherung haften die Gesellschaften nur verhältnismäßig. Für reine Vermögensschäden erhöht sich die Versicherungssumme um 100%.

4. Die Gesellschaften haften dem Versicherten auch in den Fällen der §§ 12 Abs. 2, 15 und 16, und zwar bei fristloser Kündigung des Versicherungsvertrages aus allen bis zum Wirksamwerden der Kündigung versicherten Verkehrsverträgen.

§ 9.
Höchstgrenze

1. Die Gesellschaften haften im Umfang ihrer Beteiligung (vgl. § 19) für alle aus diesem Versicherungsvertrag auf ein Schadensereignis angemeldeten Ansprüche bis zu einem Betrag von € 1.090.092,51, auch wenn mehrere Versicherte desselben versicherungsnehmenden Spediteurs durch dieses Schadensereignis betroffen werden.

2. Bei Vor-, Zwischen- und Nachlagerungen beträgt die Höchsthaftungsgrenze der Gesellschaften für Feuerschäden, die auf ein Verschulden des Spediteurs zurückzuführen sind, € 1.090.092,51.

3. Die Haftung für Schäden aus fehlerhafter Vermittlung oder gänzlicher Unterlassung der Vermittlung von Transport-, Feuer- und Einbruchdiebstahlversicherungen durch den Spediteur beträgt für ein Schadensereignis € 181.682,08.

§ 10.
Geltendmachung des Schadens, Obliegenheiten des Versicherten und des Spediteurs, Ausschlußfrist

1. Der Versicherte hat jeden Schaden unverzüglich, spätestens jedoch innerhalb eines Monats, nachdem er hievon Kenntnis erlangt hat, den Gesellschaften zu Handen der beauftragten Bearbeitungsstelle oder über den Spediteur schriftlich anzumelden. Die Frist wird rechtzeitige Absendung der Anmeldung gewahrt. Im Falle der schuldhaften Versäumung der Frist sind die Gesellschaften von der Leistung frei.

2. Der Versicherte ist verpflichtet, unter Beachtung etwaiger Anweisungen der Gesellschaften tunlichst für Abwendung und Minderung des Schadens zu sorgen, den Gesellschaften jede verlangte Auskunft zu erteilen und die verlangten Unterlagen zu liefern, überhaupt alles zu tun, was zur Klarstellung des Schadens dienen kann und von den Gesellschaften deshalb verlangt wird und billigerweise verlangt werden kann. Werden diese Obliegenheiten vom Versicherten grobfahrlässig oder vorsätzlich verletzt, so sind die Gesellschaften von der Leistung frei.

3. Der Spediteur ist gleichfalls verpflichtet, unter Beachtung etwaiger Anweisungen der Gesellschaften für Abwendung und Minderung des Schadens zu sorgen, den Gesellschaften jede Auskunft zu erteilen und die verlangten Unterlagen zu liefern, überhaupt alles zu tun, was zur Klarstellung des Schadens dienen kann und von den Gesellschaften verlangt wird und billigerweise verlangt werden kann. Werden diese Obliegenheiten vom Spediteur, seinem gesetzlichen Vertreter, Prokuristen oder selbständigen Leiter seiner Zweigniederlassung grobfahrlässig oder vorsätzlich verletzt, so ist der Spediteur den Gesellschaften für den dadurch entstandenen Schaden im vollen Umfang ersatzpflichtig.

4. Die Auszahlung der Schadenssumme erfolgt an den Versicherten oder seinen Beauftragten.

5. Bei Fehlverladungen aus einem versicherten Verkehrsvertrag bzw. aus einer versicherten Einlagerung erstatten die Gesellschaften dem Spediteur die Beförderungsmehrkosten einschließlich etwaiger Telegramm-, Telefon- und Portogebühren, die von diesem zur Verhütung eines weiteren Schadens aufgewendet worden sind und aufgewendet werden mußten, wenn er auf Grund gesetzlicher Vorschriften entweder vom Auftraggeber oder einem sonst nach § 1 Versicherten für den Schaden in Anspruch genommen werden können (vgl. aber § 14). Der Spediteur ist verpflichtet, die Fehlverladung, nachdem er hievon Kenntnis erhalten hat, unverzüglich zu Handen der beauftragten Bearbeitungsstelle zu melden und alle sachlichen Auskünfte zu erteilen. Im Falle grobfahrlässiger oder vorsätzlicher Verletzung dieser Obliegenheiten sind die Gesellschaften von ihrer Leistungspflicht gegenüber dem Spediteur frei. Die eigenen Ansprüche des Auftraggebers werden hievon nicht berührt.

6. Die Ansprüche des Versicherten bzw. bei Abs. 5 des Spediteurs erlöschen, wenn nicht innerhalb Jahresfrist, seit der Schadensanmeldung gerechnet, die Klage gegen die Gesellschaften erhoben worden ist.

§ 11.
Abtretung und Übergang von Rechten

1. Die Abtretung der Rechte des Versicherten aus diesem Vertrage gegen die Gesellschaften nach einem Schadensfall an andere Personen als an den Spediteur ist unzulässig.

2. Ansprüche anderer Versicherer auf Grund eines etwaigen gesetzlichen Überganges sind aus diesem Versicherungsvertrag ausgeschlossen.

3. Die Abtretung der Rechte des Spediteurs an andere Personen als an die Gesellschaften ist unzulässig.

§ 12.
Rückgriffsrecht

1. Die Gesellschaften verzichten auf einen Rückgriff gegen den Spediteur und seine Arbeitnehmer sowie gegen den Zwischenspediteur, der den SVS gezeichnet hat, und dessen Arbeitnehmer.

2. Ein Rückgriff in voller Höhe ist jedoch gegen jeden gestattet, der den Schaden vorsätzlich herbeigeführt hat.

§ 13.
Prämie

1. Prämienpflichtig ist jeder Verkehrsvertrag, u. zw. grundsätzlich jeder einzelne Verkehrsvertrag mit jedem einzelnen Auftraggeber. Schließt indessen ein Verkehrsvertrag Dispositionen an mehrere Empfänger ein, so gilt jede Disposition als prämienpflichtiger Verkehrsvertrag, es sei denn, daß es sich nur um Auslieferungen an Selbstabholer handelt. Im letzteren Fall liegt nur ein versicherungspflichtiger Verkehrsvertrag vor.

2. Die Prämiensätze für jeden Verkehrsvertrag einschließlich der Versicherungssteuer sind in der Prämientabelle festgelegt.

3. Für eine vorübergehende Einlagerung bis zur Dauer von 15 Tagen (Sonn- und Feiertage nicht gerechnet), die im unmittelbaren Zusammenhang mit einem Speditions- und Frachtvertrag steht, wird nur die für die Speditions- und Frachtverträge jeweils festgesetzte Prämie erhoben.

Für eine vorübergehende Einlagerung bis zur gleichen Dauer, die im unmittelbaren Zusammenhang mit einem Lagervertrag steht, wird von Beginn der Einlagerung an die jeweilige Prämie des Lagervertrages erhoben.

Für Lagerverträge ist die Prämie je angefangenen Lagermonat zu berechnen. Werden in einem Lagervertrag zusätzliche Leistungen, wie Kommissionierung, Verpackung, Preisauszeichnung u. ä., übernommen, ist einmal die doppelte Prämie, und zwar zum Zeitpunkt der Einlagerung, zu berechnen.

§ 14.
Schadensbeteiligung des Spediteurs

1. Der Spediteur hat den Gesellschaften zu Handen der beauftragten Bearbeitungsstelle 10% desjenigen Betrages unverzüglich zurückzuerstatten, den die Gesellschaften je Schadensfall bezahlt haben, mindestens € 10,90, höchstens jedoch € 181,68. Der Erstspediteur ist berechtigt, von dem, der einen von den Versicherern ersetzten Schaden verschuldet hat, die Selbstbeteiligung zu verlangen.

2. Hat ein gesetzlicher Vertreter, Prokurist oder selbständiger Leiter einer Zweigniederlassung des Spediteurs den Schaden durch ein vorsätzlich begangenes Vergehen oder Verbrechen verursacht und hat der Spediteur die Überwachungspflicht eines sorgfältigen Kaufmannes verletzt, so erhöht sich die Beteiligung des Spediteurs am Schaden von 10% auf 20%. Die Höchstgrenze der Beteiligung beträgt in einem solchen Fall € 726,73. Unberührt hievon bleiben die Bestimmungen des § 12 Abs. 2.

§ 15.
Ersatzpflicht des Spediteurs

(1) Der Spediteur ist außer in den Fällen des § 10 Abs. 3 und des § 12 Abs. 2 den Gesellschaften in voller Höhe ersatzpflichtig:

1. wenn er vorsätzlich die in § 6 Abschnitt B. festgesetzte Anmeldungspflicht verletzt hat (den Vorsatz haben die Gesellschaften nachzuweisen);

2. wenn er mit einer fälligen Prämienzahlung länger als zwei Wochen nach empfangener Mahnung im Verzug bleibt. Die Mahnung muß durch eingeschriebenen Brief erfolgen und die Rechtsfolgen angeben, die mit dem Ablauf der Frist verbunden sind;

3. wenn ein Schaden durch erhebliche Mängel im Betrieb des Spediteurs entstanden ist, deren Beseitigung die Gesellschaften wegen eines Vorschadens billigerweise verlangen konnten und innerhalb einer angemessenen Frist unter Hinweis auf die Rechtsfolgen verlangt hatten, der Spediteur diese Mängel aber nicht abgestellt oder abzustellen sich geweigert hatte.

§ 16.
Kündigung

Den Gesellschaften steht nach Zustimmung des Fachverbandes der Spediteure das Recht zur Kündigung dieses Vertrages zu. Die Zustimmung des Fachverbandes der Spediteure zur Kündigung gilt als erteilt, wenn sie nicht innerhalb vier Wochen, nachdem das schriftliche Ersuchen der Gesellschaften bei ihm eingegangen ist, schriftlich verweigert worden ist.

1. Fristlose Kündigung
Eine fristlose Kündigung steht den Gesellschaften zu

a) in den Fällen des § 12 Abs. 2 und des § 15;

b) wenn der Spediteur mit einem von ihm gemäß § 14 zu zahlenden Betrag oder mit einer von ihm ziffermäßig anerkannten oder vom ordentlichen Gericht rechtskräftig festgestellten Urteilssumme länger als zwei Wochen nach empfangener Mahnung im Verzuge bleibt. Die Mahnung muß mittels eingeschriebenen Briefes erfolgen und die Rechtsfolgen angeben, die mit dem Ablauf der Frist verbunden sind;

c) unter sonstigen im Gesetz geregelten Voraussetzungen, insbesondere wegen eines wichtigen Grundes. Soweit ein Kündigungsgrund in diesen Bedingungen geregelt ist, geht die vertragliche Regelung dem Gesetz vor.

d) Die Wirksamkeit der fristlosen Kündigung tritt ein mit Ablauf des fünften Tages nach dem Tag, an dem das Kündigungsschreiben der Post zur Beförderung übergeben wurde.

2. Besonderes Kündigungsrecht

Übersteigen die in einem Kalenderjahr erbrachten Leistungen die für denselben Zeitraum vom Spediteur bezahlten Bruttoprämien abzüglich Versicherungssteuer, so sind die Versicherer berechtigt, für das Folgejahr vom Spediteur individuelle Sanierungsmaßnahmen zu verlangen. Kommt innerhalb einer angemessenen Frist keine Einigung zustande, sind die Versicherer berechtigt, den Vertrag unter Einhaltung einer Frist von einem Monat zu kündigen.

3. Besteht keine Übereinstimmung in den Anschauungen zwischen dem Fachverband der Spediteure und den Gesellschaften, so hat ein Schiedsgericht zu entscheiden. Zu diesem Schiedsgericht ernennen beide Parteien je einen Schiedsrichter, die einen Obmann wählen. Können sich die Schiedsrichter über die Person des Obmannes innerhalb einer Frist von zwei Wochen nicht einigen, so erfolgt seine Ernennung auf Antrag einer oder beider Parteien durch den Präsidenten der Bundeskammer der gewerblichen Wirtschaft oder im Falle seiner Verhinderung durch seinen Stellvertreter.

4. Die Kündigung ist dem Spediteur mittels eingeschriebenen Briefes zu übersenden. Sie ist gleichzeitig, ebenfalls mittels eingeschriebenen Briefes, dem Fachverband der Spediteure bekanntzugeben.

§ 17.
Dauer der Versicherung

1. Dieser Vertrag ist für die Zeit vom 1. Jänner 1989 bis 31. Dezember 1989 abgeschlossen. Er verlängert sich jeweils um ein Jahr, wenn er nicht unter Einhaltung einer Kündigungsfrist von drei Monaten zum Ablauf gekündigt wird. Die Kündigung ist in allen Fällen den Gesellschaften zu Handen der beauftragten Bearbeitungsstelle zuzustellen.

2. Sollten Änderungen zu diesem Vertrag zwischen den an diesem Versicherungsschein beteiligten Versicherungsgesellschaften und dem Fachverband der Spediteure vereinbart werden, so treten diese an Stelle der bisherigen Bestimmungen.

§ 18.
Gerichtsbarkeit

1. Für Klagen der Gesellschaften gegen den versicherungsnehmenden Spediteur auf Prämienzahlung oder Zahlung des Beteiligungsbetrages nach § 14 SVS gilt der Gerichtsstand Wien vereinbart.

2. Die führende Gesellschaft ist von den mitbeteiligten Gesellschaften ermächtigt, alle Rechtsstreitigkeiten auch bezüglich ihrer Anteile als Klägerin oder Beklagte zu führen. Ein gegen die führende Gesellschaft ergangenes Urteil wird von den beteiligten Gesellschaften als auch gegen sie verbindlich anerkannt.

3. Die von den Gesellschaften beauftragte Bearbeitungsstelle ist berechtigt, die Rechte der Versicherer aus diesem Vertrag im eigenen Namen geltend zu machen.

§ 19.
Führungsklausel und Beteiligungsliste

An der vorstehenden Polizze sind die in der Beteiligungsliste genannten Versicherungsgesellschaften mit den dabei angegebenen Quoten unter Ausschluß einer solidarischen Haftung beteiligt. Die Geschäftsführung liegt in den Händen der Wiener Allianz Versicherungs-Aktiengesellschaft, Wien.

Anlage 2 zu §§ 39 – 42 der AÖSp

Rollfuhrversicherungsschein RVS betrifft Warenschäden aus Rollfuhraufträgen im Orts- und Nahverkehr

§ 1.
Umfang der Versicherung und Versicherungsauftrag

1. Aufgrund der nachstehenden Versicherungsbedingungen haften die im SVS genannten Gesellschaften für Schäden an der Ware selbst, wenn diese bei der Rollung von Gütern im Orts- und Nahverkehr in Österreich entstanden sind und der Spediteur oder seine Beauftragten hiefür in Anspruch genommen werden und gesetzlich in Anspruch genommen werden können. Schäden an der Ware, die während einer mit der Rollung im unmittelbaren Zusammenhang stehenden Lagerung bis zur Dauer von 15 Tagen (Sonn- und Feiertage nicht gerechnet) entstanden sind, sind mitversichert.

2. Versichert ist jeder einzelne Rollfuhrauftrag, es sei denn, daß der Auftraggeber die Versicherung ausdrücklich schriftlich untersagt hat.

3. Der Rollfuhrauftrag umfaßt das Rollen eingehender, abgehender oder zu Lager gehender Güter neben dem damit in Verbindung stehenden Umschlag. Versichert ist auch ein im unmittelbaren Zusammenhang mit einem Verkehrsvertrag stehender Rollfuhrauftrag.

§ 2.
Beschränkung der Haftpflicht

Ausgeschlossen von der Versicherung sind:

1. alle Schäden, die durch Transport- und/oder Lagerversicherungsverträge gedeckt sind, es sei denn, daß eine ordnungsgemäß geschlossene

AVB
Leben
Kranken
Unfall
Sachversicherung
Einbruchdiebstahl
Feuer
Glas
Haftpfl., USKV, ÖAK
Haushalt
Rechtsschutz
Transport
+ AÖSp (SVS/RVS)

12/II/14b. AÖSp
SVS, RVS, Beteiligungsliste

Versicherung durch fehlerhafte Maßnahmen des Spediteurs unwirksam wird;
2. die in § 5 SVS unter Abs. 1 lit. 5, 8, 9, 10 und 11 angeführten Fälle;
3. die durch SVS versicherten Fälle.

§ 3.
Versicherungssumme und Anmeldung

1. Jeder Rollfuhrauftrag im Sinne des § 1 gilt bis zu dem eingedeckten Wert versichert. Die Bestimmungen des § 8 SVS gelten analog.
2. Der Spediteur hat alle Versicherungen aufgrund dieses Versicherungsscheines am Ende jedes Kalendermonats, spätestens jedoch am 10. des darauffolgenden Monats, den Gesellschaften, zu Handen der beauftragten Bearbeitungsstelle auf dem hiezu bestimmten Formular anzumelden und gleichzeitig die Prämien zu bezahlen.

§ 4.
Prämie

Die Prämiensätze für jeden Verkehrsvertrag einschließlich der Versicherungssteuer sind in der Prämientabelle festgelegt.

§ 5.
Verweisung auf SVS

Soweit im vorstehenden nichts anderes bestimmt ist, gelten im übrigen die Bestimmungen des Speditionsversicherungsscheines.

Anhang

Beteiligungsliste*⁾
*⁾ *Derzeit fungiert als Bearbeitungsstelle des SVS/RVS die Versicherungsbüro Dr. Ignaz Fiala Ges.m.b.H.*

Wiener Allianz, Versicherungs AG (Führung) 14%
Anglo Elementar, Versicherungs AG 11,6%
Erste Allgemeine Unfall- u. Schadensvers. Ges. 11,6%
Donau, Allgemeine Versicherungs AG 9,3%
RAS-Österreich, Adriat. Vers. AG 9,3%
Vers. Anstalt der österr. Bundesländer 9,3%
„Winterthur" Versicherungs AG 8,8%
Wiener Städtische Wechselseitige Vers. 7%
Basler Versicherungs Gesellschaft 3,7%
Helvetia, Schweizerische Feuervers. Ges. 3,7%

12/II/14c. AÖSp
Vereinbarung Ö – BRD

Nordstern, Allgem. Versicherungs AG 3%
Schweiz, Allgem. Versicherungs AG 2,9%
Mannheimer Versicherungs-Ges. 2%
Internat. Unfall- und Schadenvers. AG 1,8%
Colonia, Versicherungs AG 1%
Grazer Wechselseitige Versicherung 1%

100%

Vorausbeteiligung HANNOVER Intern. AG 1%

Bekanntmachung**⁾
**⁾ *Kundgemacht im Amtsblatt zur Wiener Zeitung 1994/84, 13. 4. 1994.*

Vereinbarung betreffend einer Erweiterung des Deckungsschutzes des deutschen Speditionsversicherungsscheines/Rollfuhrversicherungsscheines (SVS/RVS) bzw. des österreichischen Speditionsversicherungsscheines/Rollfuhrversicherungsscheines (SVS/RVS) zwischen

1. Wirtschaftskammer Österreich, Fachverband der Spediteure, 1040 Wien, Wiedner Hauptstraße 63;

2. Versicherungsbüro Dr. Ignaz Fiala Ges.m.b.H., 1010 Wien, Wipplingerstraße 29;

3. WIENER ALLIANZ Versicherungs-AG, 1131 Wien, Hietzinger Kai 101 – 105,

und

4. Bundesverband Spedition und Lagerei e. V. (BSL), Bonn;

5. VICTORIA Versicherungs AG, Düsseldorf;

6. OSKAR SCHUNCK KG, München.

1. Gegenstand des Vertrages

Gegenstand des Vertrages sind ausschließlich Verkehrsverträge über die Besorgung von Versendungen aus Deutschland nach Österreich oder umgekehrt mit der Frankatur „unfrei", „ab Werk (EXW)", oder „frei Haus" („DDP" oder „DDU").

2. Prämienzahlung

2.1. Werden grenzüberschreitende Verkehrsverträge geschlossen, so ist nur einmal SVS-RVS-Prämie zu zahlen. Die Prämienzahlungspflicht obliegt demjenigen Vertragspartner (Absender, Verkäufer, Käufer oder Empfänger), der das Risiko, die Gefahr trägt (Wareninteressent).

2.2. Die Prämienberechnung richtet sich nach dem jeweils angesprochenen (deutschen oder österreichischen) SVS/RVS, aus deutscher Sicht also Prämie gemäß Ziffer 14 SVS/RVS sowie

12/II/14c. AÖSp
Vereinbarung Ö – BRD

gemäß Ziffer 5, Anhang zum SVS/RVS unter Ausschluß der Möglichkeit, das Versicherungsverbot nach Ziffer 4 des Anhanges aussprechen zu können, und aus österreichischer Sicht SVS/RVS-Prämie plus ein Zuschlag von 50%.

3. Versicherungsleistung

3.1. Dem Vesicherten (Wareninteressent) wird sein Schaden so ersetzt, als ob ein ausschließlich inländischer Speditionsvertrag zur Durchführung gekommen wäre (Ziffer 5.4.1 SVS/RVS und § 5 Ziffer 2 SVS sind nicht anwendbar).

3.2. Eventuelle Unterschiede in der Versicherungsleistung zwischen dem österreichischen und dem deutschen SVS/RVS gehen nicht zu Lasten des Versicherten. Sie sind von den Versicherern des SVS, über den reguliert wird, auszugleichen.

4. Schadenregulierung

4.1. Die Schadenregulierung erfolgt über den SVS/RVS desjenigen Spediteurs, zu dessen Versicherungsvertrag die Prämie bezahlt wird, also bei EXW-Versendungen der SVS/RVS des Empfangsspediteurs, bei DDP- oder DDU-Versendungen des SVS/RVS des absendenden Spediteurs.

4.2. Der mit diesem Spediteur den Verkehrsvertrag abwickelnde jeweilige (österreichische oder deutsche) Spediteur wird wie ein inländischer Zwischenspediteur behandelt. Ein Rückgriff ist nur im Falle des § 12 Abs. 2 SVS oder der Ziffer 13.2 SVS/RVS möglich.

4.3. Die Schadenbeteiligung richtet sich nach dem SVS, über den zu regulieren ist. Der Zwischenspediteur, der einen von den Versicherern ersetzten Schaden verursacht hat, ist verpflichtet, die Schadenbeteiligung des Erstspediteurs zu erstatten.

5. Beginn

Die Vereinbarung ist für alle bilateralen Verkehrsverträge, die nach dem 31. März 1994 abgeschlossen werden, wirksam.

KODEX

DES ÖSTERREICHISCHEN RECHTS
SAMMLUNG DER ÖSTERREICHISCHEN BUNDESGESETZE

EINFÜHRUNGSGESETZE
ABGB UND B-VG

LexisNexis

ABGB	Allgemeines bürgerliches Gesetzbuch
EheG	Gesetz zur Vereinheitlichung des Rechts der Eheschließung und der Ehescheidung mit 1. u 4. DV
KSchG	Konsumentenschutzgesetz
B-VG	Bundes-Verfassungsgesetz
StGG	Staatsgrundgesetz über die allgem Rechte der Staatsbürger
EMRK	Europäische Menschenrechtskonvention

KODEX

DES ÖSTERREICHISCHEN RECHTS
HERAUSGEBER: UNIV.-PROF. DR. WERNER DORALT

INTERNATIONALES
PRIVATRECHT

LexisNexis

1. **IPRG** — EGV, StbG, Genfer FlüchtK
2. **Pers.Stand** — CIEC, Bilaterale V
3. **Ehe-KindR** — AusStrG, EuFamVO, Anerk. Ehe, MSÜ, ESÜ, HKÜ, HAÜ, Bilaterale V
4. **Unterhalt** — UVG, AuslUG, EuUVO, HUD, NYLÜ, HUVÜ, Bilaterale V
5. **Erbrecht** — HTÜ, Bilaterale V
6. **SachenR** — KultGütRG
7. **SchuldR** — EVÜ, Rom I, IVVG, ECG, FinSG, KSchG, TNG, ZahlVerzRL, UN-KaufR
8. **DeliktsR** — AtomHG, GTG, Rom II, HStVÜ
9. **TransportR** — LFG, EuLFVO, MÜ, WA, CMR, COTIF
10. **IZPR** — EGJN, JN, ZPO, LGVÜ, EuGVVO, Bilaterale V
11. **R-Hilfe** — RHE Ziv 2004, RAÜ, Bilaterale V
12. **Schiedsrecht** — NY SchiedÜ, HandelsschiedsÜ

KODEX

DES ÖSTERREICHISCHEN RECHTS
SAMMLUNG DER ÖSTERREICHISCHEN BUNDESGESETZE

VERFASSUNGS-
RECHT

LexisNexis

1	B-VG
1a	ÜG, B-VGNov
2a	StGG
2b	EMRK
2c	ReligionsR, ZDG, VerG, VersammlungsG, ORF-G, BGG, PrR-G, PrTV-G, FERG, KOG, PresseFG, Minderheitenäll
3a	BVG
3b	VfBest in BG
4	Unabhfeld, V-ÜG, B-ÜG, StV Wien
5	BVG Neutralität, KMG, Int Sanktionen, KSE-BVG, TrAufG, Staatl Symbole
6	StbG
7	ParteiG, VerbotsG 1947, KhzbFG, PublFG
8	Wahlen, Direkte Demokratie
9	GOG-NR
10	BezR, UnvG
11	BGBlG, Rechtsbereinigung
12	BMG, BVG ÄmterLReg, BGemAufsG
13	F-VG, FAG 2001, KonsMech, StabPakt 2001
14	RHG
15	UBASG
16	VwGG
17	VfGG
18	VolksanwG
19	AHG, OrgHG
20	AuskPfl

KODEX

DES ÖSTERREICHISCHEN RECHTS
SAMMLUNG DER ÖSTERREICHISCHEN BUNDESGESETZE

BÜRGERLICHES
RECHT

LexisNexis

1	ABGB mit 1. Euro-JuBeG
2	IPRG
3	TEG
4	EheG
5	PStG
6	NÄG
7	RelKEG
8	UVG, AuslUG
9	JWG
10	NorwegeG
11	GSGG
12	WWSGG
13	EisbEG
14	WEG
15	MRG, BewG
16	BauRG
17	LPG
18	KIGG
19	GBG, GUG
20	UHG, UrteilsG
21	AnerbG
22	KSchG, FernG
23	WucherG
24	UrhG, ZuKG
25	RHPflG
26	EKHG, LFG
27	AtomHG
28	AHG, ProdHG
29	OrgHG
30	DHG
31	ASVG Haftung
32	PHG, GTG
33	UN-KaufR
34	AngG
35	NotaktsG
36	ECG
37	SigG
38	RAPG

13. VAG
Gliederung

Versicherungsaufsichtsgesetz

BGBl 1978/569 idF

1 BGBl 1982/370	41 BGBl I 2004/70
2 BGBl 1982/567	42 BGBl I 2004/131
3 BGBl 1986/558	43 BGBl I 2004/161
4 BGBl 1989/561 (VfGH)	44 BGBl I 2005/8
5 BGBl 1990/181	45 BGBl I 2005/33
6 BGBl 1990/281	46 BGBl I 2005/59
7 BGBl 1990/475	47 BGBl I 2005/93
8 BGBl 1990/648 (VfGH)	48 BGBl I 2005/120
9 BGBl 1991/10	49 BGBl I 2006/48
10 BGBl 1991/411	50 BGBl I 2006/95[1]
11 BGBl 1991/625	51 BGBl I 2006/104
12 BGBl 1992/13	52 BGBl II 2006/499
13 BGBl 1992/769	53 BGBl I 2007/37 (KrÄG 2007)
14 BGBl 1993/458	54 BGBl I 2007/56
15 BGBl 1993/532	55 BGBl I 2007/107
16 BGBl 1993/917	56 BGBl I 2008/63
17 BGBl 1994/505	57 BGBl I 2008/70 (URÄG 2008)[2]
18 BGBl 1994/652	58 BGBl I 2008/138
19 BGBl 1995/23	59 BGBl I 2009/22
20 BGBl 1995/50	60 BGBl I 2009/66 (ZaDiG)
21 BGBl 1996/304	61 BGBl II 2009/312
22 BGBl 1996/447	62 BGBl I 2009/109
23 BGBl 1996/680 (DFB)	63 BGBl I 2009/152
24 BGBl 1996/753	64 BGBl I 2010/28
25 BGBl 1996/757	65 BGBl I 2010/29 (IRÄG 2010)
26 BGBl I 1998/126	66 BGBl I 2010/37
27 BGBl I 1998/153	67 BGBl I 2010/58 (IRÄ-BG)
28 BGBl I 1999/49	68 BGBl I 2010/107
29 BGBl I 1999/106	69 BGBl I 2011/77
30 BGBl I 1999/124	70 BGBl I 2011/145[3]
31 BGBl I 2000/117	71 BGBl I 2012/35 (2. StabG 2012)
32 BGBl I 2001/97	72 BGBl I 2012/54
33 BGBl I 2002/11	73 BGBl II 2012/342
34 BGBl I 2002/24	74 BGBl I 2013/12 (VersRÄG 2013)
35 BGBl I 2002/46	75 BGBl I 2013/70
36 BGBl I 2003/33	76 BGBl I 2013/184
37 BGBl I 2003/35	77 BGBl I 2014/13
38 BGBl I 2003/36	78 BGBl I 2014/42
39 BGBl I 2004/13	79 BGBl II 2014/226
40 BGBl I 2004/67	80 BGBl I 2015/34

Mit Inkrafttreten des VAG 2016, BGBl. I Nr. 34/2015, treten das VAG, BGBl. 569/1978, und alle auf Grundlage dieses Bundesgesetzes erlassenen Verordnungen mit Ablauf des 31. Dezember 2015 außer Kraft (vgl. § 345 Abs. 1 VAG 2016).

[1] *Umsetzung der Richtlinie 2004/113/EG.*
[2] *Umsetzung der Richtlinien 2006/49/EG und 2006/46/EG.*
[3] *Umsetzung der Richtlinien 2010/76/EU und 2010/78/EU.*

VAG +VOen FMABG

GLIEDERUNG

Erstes Hauptstück
ALLGEMEINE BESTIMMUNGEN
Anwendungsbereich §§ 1 – 2
Rechtsform § 3
Konzession §§ 4 – 4a
Ausländische Versicherungsunternehmen §§ 5 – 6
Vorschriften für die Schweiz § 6a
Vorschriften für den EWR § 7
Erlöschen der Konzession § 7a
Widerruf der Konzession § 7b
Auflösung § 7c
Geschäftsplan § 8
Ausländische Versicherungsunternehmen § 8a
Vorschriften für die Schweiz § 8b
Inhalt des Versicherungsvertrages § 9
Mitteilungspflichten § 9a
Änderungen des Geschäftsbetriebes § 10
Vorschriften für den EWR § 10a

13. VAG
Gliederung

Organe § 11
Besondere Vorschriften für Organe von Versicherungsunternehmen § 11a
Aktionäre § 11b
Verfahren zur Beurteilung des Erwerbs § 11c
Kriterien für die Beurteilung des Erwerbs § 11d
Rechtsschutzversicherung § 12
Kraftfahrzeug-Haftpflichtversicherung § 12a
Bestandübertragung §§ 13 – 13d
Dienstleistungsverkehr §§ 14 – 17
Ausgliederungsverträge § 17a
Interne Revision; interne Kontrolle; Risikomanagement § 17b
Rückversicherung § 17c
Angestellte Vermittler § 17d
Inanspruchnahme von Vermittlungsdiensten § 17e

Zweites Hauptstück
VERSICHERUNGEN, FÜR DIE EINE DECKUNGSRÜCKSTELLUNG ZU BILDEN IST

Lebensversicherung §§ 18 - 18b
Krankenversicherung §§ 18c - 18d
Unfallversicherung § 18e
Betriebliche Kollektivversicherung §§ 18f - 18k
Deckungserfordernis §§ 19 - 19a
Deckungsstock §§ 20 - 21
Treuhänder §§ 22 - 23a
Verantwortlicher Aktuar §§ 24 - 24b
Ansprüche nach Einstellung des Geschäftsbetriebes § 25

Drittes Hauptstück
VERSICHERUNGSVEREINE AUF GEGENSEITIGKEIT

1. Abschnitt: Allgemeine Bestimmungen

Begriff § 26
Eintragung in das Firmenbuch § 27
Name § 28
Satzung § 29
Veröffentlichungen § 30
Errichtung § 31
Mitgliedschaft §§ 32 – 33
Gründungsfonds §§ 34 – 35
Anmeldung des Vereins § 36
Inhalt der Eintragung § 37
Veröffentlichung der Eintragung § 38
Entstehen § 39
Beiträge und Nachschüsse § 40
Sicherheitsrücklage § 41
Zusatzkapital § 41a
Verwendung des Jahresüberschusses § 42
Organe § 43
Vorstand §§ 44 – 46
Aufsichtsrat § 47
Handeln zum Schaden des Vereins § 48
Oberstes Organ §§ 49 – 50
Sonderprüfung § 51

Geltendmachung von Ersatzansprüchen § 52
Satzungsänderung § 53
Anfechtbarkeit § 54
Nichtigkeit §§ 55
Auflösung §§ 56 – 57
Bestandübertragung § 58
Verschmelzung § 59
Vermögensübertragung auf eine Aktiengesellschaft § 60
Umwandlung in eine Aktiengesellschaft § 61
Einbringung in eine Aktiengesellschaft § 61a
Wirkungen der Einbringung § 61b
Rechte des obersten Organs § 61c
Zweigniederlassungen ausländischer Versicherungsvereine § 61d
Wirkung einer Umstrukturierung § 61e
Formwechselnde Umwandlung in eine Privatstiftung § 61f
Verschmelzung von Privatstiftungen § 61g

2. Abschnitt: Kleine Versicherungsvereine

Begriff § 62
Anwendbarkeit der allgemeinen Bestimmungen § 63
Betragsmäßige Beschränkung § 64
Überschreitung des Geschäftsbereichs § 65
Organe § 66
Vorstand §§ 67 – 68
Oberstes Organ § 69
Aufsichtsrat § 70
Abwicklung § 71
Verschmelzung § 72
Vermögensübertragung auf eine Aktiengesellschaft § 73

Viertes Hauptstück
KAPITALAUSSTATTUNG, KAPITALANLAGE

Risikorücklage § 73a
Eigenmittelausstattung § 73b
Zusatzkapital §§ 73c – 73d
Zuordnung der Eigenmittel § 73e
Garantiefonds § 73f
Ausländische Versicherungsunternehmen § 73g
Vorschriften für den EWR und die Schweiz § 73h
Derivative Finanzinstrumente § 74
Schutzbestimmungen § 75
Erwerb und Veräußerung von Anteilen § 76
Bedeckung der versicherungstechnischen Rückstellungen § 77
Geeignete Vermögenswerte § 78
Fondsgebundene, indexgebundene und kapitalanlageorientierte Lebensversicherung § 79
Belegenheit; Kongruenz § 79a
Verzeichnisse und Aufstellungen, Meldungen § 79b
Rückversicherung 79c

Fünftes Hauptstück
RECHNUNGSLEGUNG UND KONZERNRECHNUNGSLEGUNG

13. VAG
Gliederung

Anwendbarkeit des UGB und des Aktiengesetzes 1965 §§ 80 – 80a
Konzernabschluß nach den internationalen Rechnungslegungsstandards § 80b
Allgemeine Vorschriften über den Jahresabschluß, den Konzernabschluß, den Lagebericht und den Konzernlagebericht § 81
Allgemeine Grundsätze für die Gliederung des Jahresabschlusses und des Konzernabschlusses § 81b
Gliederung der Bilanz und der Konzernbilanz § 81c
Entwicklung von Vermögensgegenständen § 81d
Gliederung der Gewinn- und Verlustrechnung § 81e
Erfassung von Aufwendungen und Erträgen § 81f
Allgemeine Bewertungsvorschriften § 81g
Bewertung von Vermögensgegenständen § 81h
Allgemeine Vorschriften über die versicherungstechnischen Rückstellungen § 81i
Prämienüberträge § 81j
Deckungsrückstellung § 81k
Rückstellung für noch nicht abgewickelte Versicherungsfälle § 81l
Schwankungsrückstellung § 81m
Anhang und Konzernanhang § 81n – 81o
Lagebericht und Konzernlagebericht § 81p
Vorschriften über die Abschlußprüfung § 82
Anzeigepflicht des Abschlußprüfers § 82a
Beauftragung von Wirtschaftsprüfern durch den Aufsichtsrat oder den Verwaltungsrat § 82b
Befristetes Tätigkeitsverbot § 82c
Bericht an die Versicherungsaufsichtsbehörde § 83
Offenlegung § 84
Besondere Rechnungslegungsvorschriften §§ 85 – 85a
Besondere Vorschriften über den Konzernabschluß § 85b
Rechnungslegung kleiner Versicherungsvereine auf Gegenseitigkeit § 86

Sechstes Hauptstück
ZUSÄTZLICHE BEAUFSICHTIGUNG VON VERSICHERUNGSUNTERNEHMEN

Versicherungsunternehmen, die einer zusätzlichen Beaufsichtigung unterliegen § 86a
Unternehmen, die in die zusätzliche Beaufsichtigung einzubeziehen sind § 86b
Zugang zu bestimmten Informationen § 86c
Beaufsichtigung gruppeninterner Geschäfte § 86d
Bereinigte Eigenmittelausstattung § 86e
Unternehmen, die in die Ermittlung der bereinigten Eigenmittelausstattung einzubeziehen sind § 86f
Befreiende Ermittlung § 86g
Wahl der Methode § 86h
Bereinigte Eigenmittel § 86i
Bereinigtes Eigenmittelerfordernis § 86j
Sondervorschriften für die Einbeziehung ausländischer Unternehmen § 86k

Abzug des Beteiligungsbuchwertes § 86l
Übertragung der zusätzlichen Beaufsichtigung § 86m
Leitung von Versicherungs-Holdinggesellschaften § 86n

Siebentes Hauptstück
EXEKUTIONS- UND INSOLVENZRECHTLICHE BESTIMMUNGEN

Exekution auf Werte des Deckungsstocks § 87
Versicherungsforderungen § 88
Konkurseröffnung § 89
Kurator § 90
Erlöschen von Versicherungsverhältnissen § 91
Deckungsstock im Konkurs § 92
Anmeldung § 93
Rangordnung § 94
Ausschluß des Ausgleichsverfahrens und des Zwangsausgleichs § 95
Versicherungsvereine auf Gegenseitigkeit § 96
Ausländische Versicherungsunternehmen § 97
Verbot und Herabsetzung von Leistungen § 98

Achtes Hauptstück
VERHINDERUNG DER GELDWÄSCHEREI UND DER TERRORISMUSFINANZIERUNG

Anwendungsbereich und Begriffsbestimmungen § 98a
Sorgfaltspflichten zur Bekämpfung von Geldwäscherei und Terrorismusfinanzierung § 98b
Vereinfachte Sorgfaltspflichten § 98c
Verstärkte Sorgfaltspflichten § 98d
Ausführung durch Dritte § 98e
Meldepflichten § 98f
Aufbewahrung von Aufzeichnungen und statistischen Daten § 98g
Interne Verfahren und Schulungen § 98h

Neuntes Hauptstück
BEAUFSICHTIGUNG

Allgemeines § 99
Auskunfts-, Vorlage-, Melde- und Anzeigepflicht § 100
Prüfung vor Ort §§ 101 – 102a
Auskunftspersonen § 103
Anordnungen der Versicherungsaufsichtsbehörde §§ 104 – 104b
Einberufung der Hauptversammlung (Mitgliederversammlung oder Mitgliedervertretung) oder des Aufsichtsrats § 105
Gefahr für die Belange der Versicherten § 106
Vorschriften für den EWR § 107
Vorschriften für den Betrieb in Drittstaaten § 107a
Verletzung von Anzeige- und Informationspflichten § 107b

Zehntes Hauptstück
STRAFBESTIMMUNGEN

Verletzung von Anzeigepflichten § 107b
Deckungsrückstellung; Deckungsstock § 108

13. VAG
Gliederung

Verletzung von Geheimnissen und von Schutzbestimmungen; Geldwäscherei § 108a
Verstoß gegen Anordnungen § 109
Unerlaubter Geschäftsbetrieb § 110
Verjährung § 111
Sonstige Pflichtverletzungen § 112
Konkurs § 113
Versicherungsvereine auf Gegenseitigkeit § 114

Elftes Hauptstück
BEHÖRDE UND VERFAHREN

Versicherungsaufsicht § 115
Zwangsstrafe § 115a
Veröffentlichungen § 116
Kosten der Versicherungsaufsicht § 117
Zusammenarbeit mit Aufsichtsbehörden von Drittstaaten § 118
Zusammenarbeit mit Aufsichtsbehörden im EWR §§ 118a – 118f
Zusammenarbeit mit der Schweizerischen Aufsichtsbehörde § 118g
Übermittlung von Angaben § 118h
Meldungen an die Kommission § 118i

Zwölftes Hauptstück
ÜBERGANGS- UND SCHLUSSBESTIMMUNGEN

Inkrafttreten §§ 119 – 119i
Übergangsbestimmungen §§ 120 – 129k
Außerkrafttreten von Vorschriften § 130
Sprachliche Gleichbehandlung § 130a
Verweisungen § 130b
Vorbereitung der Umsetzung der Richtlinie 2009/138/EG (Solvabilität II) §§ 130c – d
Vollzugsklausel § 131

Anlage A
Zu § 4 Abs 2: Einteilung der Versicherungszweige

Anlage B
Zu § 4 Abs 3: Zusammenfassung von Versicherungszweigen

Anlage C
Zu § 15 Abs 1 Z 1: *(aufgehoben)*

Anlage D
Zu § 73b Abs 1: Eigenmittelerfordernis

Anlage E
Zu § 79a Abs 2: Kongruenzregeln

STICHWORTVERZEICHNIS

Abschlussprüfer
– Anzeigepflicht 82a
– Ausschluss- oder Befangenheitsgrund 82 (3)
– Wahl 129i (4)
Abschlussprüfung 82
Aktiengesellschaft 3 (1), 80 (1) Z 1a
Aktiengesetz 80
Aktionäre 11b
– Beteiligungsverringerung 11b (3) (4)
– Erwerb von Anteilsrechten 11b (1) (2) (4)
– – Kriterien für die Beurteilung des Erwerbs 11d
– – Verfahren zur Beurteilung des Erwerbs 11c
– Ruhen der Stimmrechte 11b (5) (6) (7)
Aktuar, verantwortlicher 18 (1a), 24 – 24a
– Bericht 24a (3) (4), 24b
– Pflichten 24a
Angabenübermittlung 118h
Angestellte Vermittler 17d
Anhang 81n, 81o
Anmeldung von Versicherungsforderungen 93
Anordnung, Verstoß 109
Anordnungen 104 – 104b
Anteilsrechte 11b
– Erwerb 76
– Ruhen 86n (3)
– Veräußerung 76
Anwendungsbereich 1, 2
Anzeigepflicht 100
– Anteilsrechte 11b
Anzeigepflichtverletzung 107b
Arzneimittel, Haftpflicht 1a (2)
Auflösung 7c
Aufsichtsbehörden von Drittstaaten 118
Aufsichtsrat 86 (3)
Aufsichtsrat, Einberufung 105
Aufwendungen, Erfassung 81f
Ausgleichsverfahren 95
Ausgliederungsverträge 17a
Auskunftsperson 103
Auskunftspflicht 100
– Treuhänder 23 (7)
Außerkrafttreten 130

Beaufsichtigung 99 – 107a *siehe auch FMA und Versicherungsaufsicht*
– Allgemeines 99
– Anordnungen der Versicherungsaufsichtsbehörde 104, 104a
– Anzeigepflicht 100
– Auskunftspersonen 103
– Auskunftspflicht 100
– Drittstaaten 107a
– Einberufung der Hauptversammlung 105
– Einberufung des Aufsichtsrats 105
– EWR 107
– Maßnahmen bei Gefahr für die Versicherten 106
– Meldepflicht 100
– Prüfung vor Ort 101, 102, 102a
– Vorlagepflicht 100

– zusätzliche 73b (4d), 86aff
– – Abzug des Beteiligungsbuchwertes 86l
– – bereinigte Eigenmittelausstattung 86e
– – bereinigtes Eigenmittelerfordernis 86j
– – Einbeziehung ausländischer Unternehmen 86k
– – einzubeziehende Unternehmen 86b
– – Ermittlung der bereinigten Eigenmittelausstattung 86e, 86f, 86g, 86h, 86i
– – für bestimmte Versicherungsunternehmen 86a
– – gruppeninterner Geschäfte 86d
– – Übertragung 86m
– – Zugang zu zweckdienlichen Informationen 86c
Bedeckung 77 – 78
Bedeckungserfordernis 77 (2)
Belegenheit versicherungstechnischer Rückstellungen 79a
Berechnungsvorschriften 86e (3)
Bericht des Aktuars 24a (3) (4), 24b
Berichterstattungspflicht, Treuhänder 23 (5a)
Bestandsübertragung 13 – 13c
Beteiligung 11b
Beteiligungsbuchwert 86l
Beteiligungsversicherungsunternehmen
– Solvabilität 86i (8)
Betrieb im Inland 1 (1)
Betriebliche Kollektivversicherung 18f – 18k, 20 (2) Z 1a
– Beratungsausschuss 18j
– Informationspflichten 18k
– Kündigung 18h
– Pflichten 18g
– Übertragung von Anwartschaften und Leistungsverpflichtungen 18i
– Unverfallbarkeitsbetrag 18i
Betriebsverluste, VVG 34 (1)
Bewertungsvorschriften 81g
Bilanz, Gliederung 81c
– Bewertungsvorschriften, allgemeine 81g
– Bewertung von Vermögensgegenständen 81h
– Entwicklung von Vermögensgegenständen 81d
Bucheinsicht, Treuhänder 23 (7)
Bundesminister für Finanzen 73f (5), 131 Z 1a Z 4a
Bundesminister für Inneres 131 Z 4, 131 Z 4a
Bundesminister für Justiz 131 Z 1a
Bundesminister für Wirtschaft und Arbeit 17d (2)
Bundesrechenzentrum GmbH 115
Bundesverwaltungsgericht 98f (3)

Darlehen, Bedeckung 78
Daten, statistische
– Aufbewahrung von Aufzeichnungen 98g
Deckungserfordernis 19 – 19a
– Einstellung des Geschäftsbetriebes 25
Deckungsrückstellung 81k
– Notwendigkeit 18 – 25
Deckungsrückstellung und -stock
– Strafbestimmungen 108

13. VAG
Stichwortverzeichnis

Deckungsrückstellungspflicht 18 – 25
Deckungsstock 20 – 21
– Auflösung 107b (1) Z 3a
– Einrichtung 107b (1) Z 3a
– Einstellung des Geschäftsbetriebes 25
– Erfüllung 23 (5)
– Erlöschen des Versicherungsverhältnisses 25
– Exekution 87
– im Konkurs 92
– Krankenversicherung 20 (2) Z 6
– Lebensversicherung 20 (2) Z 3
Deckungsstockverzeichnis 21 (3), 79b (1)
Dienstleistungsverkehr 14 – 16
– Untersagung 14 (7)
Direktor, geschäftsführender 4 (6) Z 1, 4 (6) Z 1a, 4 (8) Z 1, 10a (2), 11 (1), 11 (3), 24 (1), 24a (2), 81 (1), 82a (4), 83 (2) Z 1, 104 (3), 106 (2) Z 1, 118 (2) Z 2, 118a (1) Z 2
Dotationskapital 73b (2) Z 1 lit c
Dritte 18 (1a)
Drittstaaten, Zusammenarbeit mit Aufsichtsbehörden 118
Drittstaatbetrieb, Versicherungsaufsichtsbehörde 107a

Eigenmittel 107b (1) Z 5a
– Bestandübertragung 13a (2) (4)
– Abzug von 73b (4a)
– Dienstleistungsverkehr 14 (3) Z 1
– Konzession 4 (6) Z 3, 4 (8) Z 3, 5 (3), 5a (1) Z 1
– Zuordnung 73e
Eigenmittelausstattung 73b, Anlage D
– bereinigte 73b (4d), 86e, 86f, 86g, 86h, 86i, 86k
– zusätzliche 73b (4d)
Eigenmittelerfordernis 86j
Einsichtnahme, Lebensversicherung 18 (6)
Einstellung des Geschäftsbetriebes 25
Einteilung der Versicherungszweige 4 (2), Anlage A
Ergänzungskapital 73b (2) Z 4, 73b (4a) Z 2, 73c
Ergebnis, versicherungstechnisches 81o (6)
Erlöschen der Versicherungsverhältnisse 25
Ermittlung der bereinigten Eigenmittelausstattung 86e, 86f, 86g, 86h, 86i
Erträge, Erfassung 81f
EWR 1a, 107
– Dienstleistungsverkehr 14 (6)
– Eigenmittel 73h
– Konzession 5a, 7, 7b (2)
– Mitversicherung 1a (2)
– Versicherungsaufsichtsbehörde 107
– Zweigniederlassung 10a
Exekution, Deckungsstock 87

Faktor Geschlecht 9 (2), 129m
Finanzholdinggesellschaft, gemischte 86a (2) Z 6
Finanzmarktaufsichtsbehörde *siehe FMA*
Finanzierungsplan 104a (2)
Finanzinstrumente, derivative 74
Finanzminister 86m (2) (3), 104b, 118 (4), 131
Firmenbuch

– Einbringung des VVG in AG 61a (2), 61b (1)
– Eintragung 13c (1)
– Insolvenz 61d Z 5
– Konzession 4 (9), 6 (1)
– Löschung 7a (1a)
– Satzungsänderung 53 (3)
– Umtauschrecht 73d (3)
– Umwandlung 61 (10) (13)
– Vereinsanmeldung 36
– Vereinseintragung 37
– – Veröffentlichung 38
– Vermögensübertragung auf AG 73 (2)
– Verschmelzung 59 (3), 72 (4) (7)
– VVG 36, 37
– Zweigniederlassungen ausländischer VVG 61d
– FKG 73b (4c), 73b (4d), 82 (6)
FMA
– Abschlussprüfung 82
– Aktionäre 11b
– Aktuar 24 (3) – (5), 24a (3) (4)
– Änderungen des Geschäftsbetriebes 10
– angestellte Vermittler 17d (2)
– Anordnungsverstoß 109
– Antrag auf Fristerstreckung 24a (3)
– Antrag auf Treuhänderbestellung 11b (7)
– Anwendungsbereich 1(4)
– Auflösung 56 (1) (5), 61b (5) Z 2, 61b (6), 61e (1) (3) Z 2, 63 (1), 61f (3a) lit.b, 61f (3c) lit.b
– Ausgliederungsverträge 17a
– Beaufsichtigung 99 – 107a
– – Allgemeines 99
– – Anordnungen 104, 104a
– – Anzeigepflicht 100
– – Auskunftspersonen 103
– – Auskunftspflicht 100
– – Drittstaaten 107a
– – Einberufung des Aufsichtsrats 105
– – Einberufung der Hauptversammlung 105
– – EWR 107
– – Maßnahmen bei Gefahr für die Versicherten 106
– – Meldepflicht 100
– – Prüfung vor Ort 101, 102a (2) (3)
– – Vorlagepflicht 100
– Bedeckung der versicherungstechn Rückstellungen 78 (2) (3) (4)
– Berechnung 86l
– Bericht 83
– Bestandübertragung 13a, 13b, 58 (2)
– Behörde 115
– Deckungserfordernis 19 (3)
– Deckungsstock 20 (2a), 20 (3), 23 (5)
– Deckungsstockverzeichnis 79b
– Dienstleistungsverkehr 14 (3) (5), 16
– Drittstaaten 118 (1)
– Eigenmittel 73b (5)
– Eigenmittelausstattung, Überwachung 73g (3)
– Eigenmittelzuordnung 73e (1) (3) (4)
– Einbringung des VVG in AG 61a (4), 61b (3)
– Einspruch 10 (6)
– Erwerbsuntersagung 11b (2)

13. VAG
Stichwortverzeichnis

- Erwerb von Anteilsrechten 76
-- Kriterien für die Beurteilung des Erwerbs 11d
-- Verfahren zur Beurteilung des Erwerbs 11c
- EWR-Aufsichtsbehörden 118a – 118e
- Finanzinstrumente, derivative 74
- Gefahrabwendung 106
- Geldwäscherei und Terrorismusfinanzierung 98d (1), 98f (7)
- Genehmigung 73b (4b)
- Geschäftsjahr 81 (5)
- internationale Zusammenarbeit (EBA, EIOPA, ESMA) 98f (10)
- interne Kontrolle 17b (3)
- Kapitalanlagen, Bewertungen 81h (5) (5a)
- Konkurseröffnung 89
- Konzernanhang 81c (9)
- Konzession 4, 4a, 5a (4), 6a, 7 (6), 7a (3), 7b (4)
-- Erlöschen 7a
-- Kundmachungsrecht 4 (11), 7a (6)
- Kosten der Aufsicht 117
- Kraftfahrzeug-Haftpflichtversicherung 12a (4)
- Krankenversicherung 18d (2)
- KVV 62 (3), 64, 65, 69 (2), 71 (2), 72 (5) (7)
- Lebensversicherung 18 (2) (4) (5)
-- Bedeckung der versicherungstechnischen Rückstellungen 79 (3)
- Meldung an Bundesminister für Finanzen 4 (10)
- Meldung an Kommission 118i
- Meldungen über Höhe der versicherungstechn Rückstellungen 79b (2) (4) (5)
- Mitteilungspflichten 98b (8), 98c (5), 98e (2), 98f (5), 98f (10), 118f
- Organwechsel 11 (1) (2)
- Rechnungslegungsvorschriften, besondere 85, 85a
- Revision 17b (3)
- Rückversicherung 17c (1a), 79c
- Satzung 8a (1)
- Satzungsänderung 10, 53 (3)
- Schadenregulierungsbeauftragter 12a (4)
- Schweizer Aufsichtsbehörde 118f
- Strafbestimmungen 107b, 108, 108a, 109, 110, 112
- Treuhänder 22, 23
- Übermittlung von Angaben 118h
- Überwachungspflicht 4 (6) Z6 lit b, 4 (6) Z 7, 4 (7a), 5a (4), 7b (1a)
- Umwandlungsbeschluss 61 (4)
- Veräußerung von Anteilsrechten 76
- Veröffentlichungen 116
- Verschmelzung 59 (3)
- VVG 34 (3), 35 (2), 56 (1) (5), 58 (2), 61 (4) (10), 61a (4), 61b (3), 63 (1)
- Verzeichnisse 79b (1) (5)
- Vorlagefristen 79b (6)
- Zusammenarbeit mit Aufsichtsbehörden im EWR 118a, 118b, 118c, 118d, 118e
- Zusammenarbeit mit Aufsichtsbehörden von Drittstaaten 118

- Zusammenarbeit mit der Schweizerischen Aufsichtsbehörde 118f
- zusätzliche Beaufsichtigung von Versicherungsunternehmen 86a (3), 86b (2) (3), 86c (2) – (5), 86d (2) (3), 86g (3), 86k (3), 86m, 86n
- Zustimmung 73b (4c)
- Zweigniederlassung im EWR 10a
Funktionsgebühr 22 (3)

Garantiefonds 73f, 99 (2)
- Versagung der Konzession 4 (6) Z 3, 4 (11)
Garantiegeschäft 18 (1a)
Gefahrabwendung 106
Geheimnisverletzung 108a
Geldwäschebeauftragter 98b (8) Z 1
Geldwäscherei 17b (5), 108a
- Anwendungsbereich 98a
- Begriffsbestimmungen 98a
- Daten, statistische
-- Aufbewahrung von Aufzeichnungen 98g
- Interne Verfahren und Schulungen 98h
- Meldepflichten 98f
- Sorgfaltspflichten
-- Bekämpfung, zur 98b
--- Ausführung durch Dritte 98e
-- Vereinfachte 98c
-- Verstärkte 98d
Gerichtsstand 6 (3)
Gesamtrechtsnachfolge 13a (1) (1a), 13c (4)
Geschäftsbetrieb
- Änderung 10
- Einstellung 25
- unerlaubter 110
Geschäftsplan 8 – 8b
- ausländische Versicherungsunternehmen 8a
- Schweizer Versicherungsunternehmen 8b
- Versagung der Konzession 4 (6) Z 2, 4 (11)
Geschlecht, Faktor 9 (2), 129m
Gesellschaft, Europäische 3 (1), 4 (6) Z 1, 4 (6) Z 1a, 73b (2) Z 1 lit a, 73b (8), 73d (1), 73d (6) Z 2, 80 (1) Z 1a
- Konzession 4 (11), 7a (1a)
- Verlegung des Sitzes 10 (6)
Gewinn- und Verlustrechnung, Gliederung 81e
- Erfassung von Aufwendungen und Erträgen 81f
Gewinnplan 24a (1), 24b (2) Z 2 lit.b
Großrisiken 1a (2), 7 (5), 14 (6), Anlage C
Grundbuch (Deckungsstock) 21 (4) (5)
Grundkapital
- Beteiligung am Grundkapital bei Umwandlung in AG 61 (4)
- Eigenmittelausstattung 73b (2) Z 1 lit a
Grundlagen, versicherungsmathematische 18 (1)
Grundstücke
- Bedeckung 78 (1) Z 5
Gründungsfonds 57 (4)
- Eigenmittel 73b (2) Z 1 lit b
Gruppenversicherung, Krankenversicherung 18c Z 3
Guthaben, Bedeckung 78 (1) Z 6

Haftung 86n (4)

VAG
+VOen
FMABG

13. VAG
Stichwortverzeichnis

Hauptversammlung, Einberufung 105
Informationspflicht 9a
– Aktuar 24a (2)
– Lebensversicherung 18b
Informationspflichtverletzung 107b
Inkrafttreten 119 – 119j
Innenminister 131
Insolvenzrechtliche Bestimmungen 87 – 98
– Insolvenzrechtliches Sanierungsverfahren, Ausschluss des 95
International anerkannte Rechnungslegungsgrundsätze 80b
Interne Kontrolle 17b
Interne Konzernrevision 17b (3a)
Interne Revision 17b
Interne Verfahren und Schulungen 98h
– Beauftragter, besonderer 98h (1) Z 6
Internetauftritt 4 (11)

Jahresabschluss 81
– Gliederung 81b
– Offenlegung 84
Jahresbericht 23 (5a), 23a (1)
Jahresüberschuss, VVG 42
Justizminister 131

Kapitalanlagen, Bewertung 81h
Kapitalausstattung und -anlage 73a – 79b
Kapitalgarantie 18 (1a)
Kapitalisierungsgeschäfte, Konzession 4 (4)
Kassenbestände, Bedeckung 78 (1) Z 6
Kaution 5a (1) Z 3, 5a (4)
Kernenergie, Haftpflicht 1a (2)
Kleine Versicherungsvereine 62 – 73 *siehe KVV*
Kollektivversicherung, betriebliche 18f – 18k, 20 (2) Z 1a
– Beratungsausschuss 18j
– Informationspflichten 18k
– Kündigung 18h
– Pflichten 18g
– Übertragung von Anwartschaften und Leistungsverpflichtungen 18i
– Unverfallbarkeitsbetrag 18i
Kongruenz 79a, Anlage E
Konkurs
– Ausgleichsverfahren 95 (1)
– Deckungsstock 92
– eröffnung 89
– – Erlöschen von Versicherungsverhältnissen 91
– – Kurator 90
– Insolvenzrechtliches Sanierungsverfahren, Ausschluss des 95
– Rangordnung 94
– Strafbestimmung 113
– Vorverfahren 95 (1)
– VVG 96
Konsolidierungskreis 73b (4c)
Kontrolle, interne 17b, 73b (4c)
Kontrollmechanismen, interne 86d (2)
Konzernabschluss, 80a, 81, 81c (6), 81e (7a), 86h (4a)
– allgemeine Vorschriften 81

– besondere Vorschriften 85b
– Gliederung 81b
– nach den internationalen Rechnungslegungsstandards 80b
Konzernanhang 80b (1), 81n – 81o
Konzernbilanz, Gliederung 81c
– Entwicklung von Vermögensgegenständen 81d
Konzernlagebericht 80b, 81, 81p
Konzernrechnungslegung 80 – 86
– Anwendbarkeit AktG und HGB 80
– Beauftragung von Wirtschaftsprüfern durch den Aufsichtsrat oder den Verwaltungsrat 82b
Konzession 4 – 4a
– ausländisches Versicherungsunternehmen 4 (1)
– – Versagung 4 (11), 5
– Erlöschen 4 (11), 7a
– erweiterte Deckung 4 (5)
– EWR 5a
– Firmenbuch 4 (9)
– Schweizer Versicherungsunternehmen 6a
– Überwachungspflicht 4 (6)
– Versagung 4 (6), 4 (11)
– weitere 4 (8)
– Widerruf 7b
Körperschaft des öffentlichen Rechts 1 (3)
Kraftfahrzeug-Haftpflichtversicherung
– Dienstleistungsverkehr 16 (1a)
– Konzession 12a
– „Grüne Karte" 12a (2)
– Schadenregulierungsbeauftragter 12a (1) (3) (4)
– Schadenregulierungsvertreter 16 (1a) Z 2, 16 (5)
– Zweigniederlassung im EWR 10a (1a)
Krankenversicherung 18c – 18d
– Aktuar 24 (1)
– Deckungserfordernis 19, 19a
– Deckungsstock 20 (2) Z 4
– Eigenmittel 73b (3)
– Garantiefonds 73f (2) Z 2 und Z 4
– Gruppenversicherung 18c Z 3
– Konzession 4 (1)
– Prämien 18c Z 1, 18d (3)
– Rückstellungen 18d (1)
Kündigung, Bestandübertragung 13c (2) (3)
Kurator 90
KVV (Kleine Versicherungsvereine) 62 – 73
– Abwicklung 71
– Anwendbarkeit allgemeiner Bestimmungen 63
– Auflösung 65
– Aufsichtsrat 70
– ausländische Versicherung 63 (6)
– betragsmäßige Beschränkung 64
– Eigenmittel 63 (4)
– Firmenbuch 72 (4) (6), 73 (2)
– FMA 62 (3), 64, 65, 68 (2) (4), 71 (3)
– Kernenergieschäden 62 (1)
– Organ, oberstes 69
– Organe 66
– Rechnungslegung 80 (1) Z 2, 86
– Rechtsvertretung 68 (5)

13. VAG
Stichwortverzeichnis

– Risikorücklage 73a (3)
– Satzung 63 (5), 64, 67 (1), 68 (1), 70 (1), 71 (1)
– Sterbekasse 62 (2), 63 (5)
– Überschreitung des Geschäftsbereichs 65
– Untersagung 65
– Vermögensübertragung auf AG 73
– Verschmelzung 72
– Vorstand 67 – 68
– – Sorgfaltspflichten 68 (5)

Lagebericht 81, 81p, 84 (1)
– Offenlegung 84
Lebensversicherung 18 – 18b
– Aktuar 24 (1)
– Deckungserfordernis 19 (1), 19a
– Deckungsstock 20 (2) Z 3
– Eigenmittel 73b (3)
– Erlöschen 25 (1)
– Fondsgebundene, indexgebundene und kapitalanlageorientierte 79
– Garantiefonds 73f (2) Z 1, Z 4
– Informationspflicht 18b
– Konzession 4 (1)
– Mitteilungspflicht 18 (2)
– Prämien 18 (3)
– Rückstellungen 18 (1) (3) (5) (6)
– – Bedeckung 79
– Schutzbestimmungen 75 (2) (3)
– Treuhänder 23 (2)
Leistungsherabsetzung, Konkurs 98
Leistungsuntersagung 104b
Leistungsverbot, Konkurs 98
Liegenschaften
– Deckungsstock 21 (4) (5)

Management, integriertes 73b (4c)
Maßnahmen 11b (5)
Meldepflicht 98b (8), 98c (5), 98e (2), 98f (5), 98f (10), 100, 118f
Meldung an Kommission 118i
Meldungen 79b
Methode 73b (4c)
Mitteilungspflicht, Dienstleistungsverkehr 14 (5), 16 (1) (2) (4)
Mitteilungspflichten 9a
Mitversicherung 1a (2)
Modelle, interne oder partielle interne 129l

Nachrichten, Zusendung unerbetener 75 (4)
Nichtversicherungstechnische Rechnung 81e (7a)

Offenlegung 84
Organe 11, 23a (5), 24b (5)
– besondere Vorschriften 11a
Partizipationskapital 73b (2) Z 4, 73c – 73d
– Einziehung 73d (6)
– – Abschlussprüfer 73d (6) Z 7
– – – Ausschluss- oder Befangenheitsgrund 82 (3)
– – Treuhänder 73d (6) Z 5
– Umtauschrecht 73d (1) – (5)
– – Prospektpflicht 73d (5)
Personenversicherung 1 (3)

Pflichtverletzung, sonstige 112
Planbilanz 8 (3) Z 3, 104a (2b) Z 3
Planerfolgsrechnung 8 (3) Z 3, 104a (2b) Z 3
Ausschluss- oder Befangenheitsgrund 82 (3)

Prämie
– Krankenversicherung 18d (3)
– Lebensversicherung 18 (3)
– Rückforderung 13c (2)
prämienbegünstigte Zukunftsvorsorge 18 (1), (1a), 81k (2)
Prämienüberträge 81j
Prospektpflicht 73d (5)
Prüfung vor Ort 101 – 102a
Prüfungsankündigung 102
Prüfungsausschuss 82b (4)

Quartal 23 (5a)
– Kalenderquartal 23 (5a)

Rangordnung 94
Rechnungslegung 2 (2) Z 2, 80 – 86
– Anwendbarkeit AktG und HGB 80
– Beauftragung von Wirtschaftsprüfern durch den Aufsichtsrat oder den Verwaltungsrat 82b
– KVV 86
Rechnungslegungsvorschriften, besondere 85 – 85a
Rechnungsprüfer 86 (3)
Rechnungswesen, ordnungsgemäßes 86d (2)
Rechtsform 3
Rechtsschutzversicherung 12
Rekurs 86n (4)
Reserven, stille 73b (5) (6)
Revision, interne 17b
Risiko, Belegenheit 13 (2), 14 (2)
Risikomanagement 17b, 86d (2)
Risikorücklage 73a
– KVV 73a (3)
Rücklage, Eigenmittel 73b (2)
Rückstellung
– Aktuar 24a (1) (4)
– Bedeckung versicherungstechnischer 77
– – geeignete Vermögenswerte 78
– Deckungserfordernis 19
– für noch nicht abgewickelte Versicherungsfälle 81l
– Krankenversicherung 18c Z 2
– Lebensversicherung 18 (3) (5) (6)
– Schwankungs- 77 (1), 79b (1), 81m
– versicherungstechnische 77, 81i
Rückversicherung 1 (2) (3), 2, 3 (3), 4 (1), 17c, 8 (2) Z 2, 10 (3), 79c
– Deckungsstock 20 (1)
Rückversicherungsvermittler 17e
Rückversicherungsunternehmen 79c
– übergeordnetes ausländisches 86a (1) Z 2
Rückzahlung, vorzeitige bei VVG 35 (4)
Rückzahlungen VVG 42

Sanierung, Bestandübertragung 13c (3)
Sanierung, Rettung 73b (4b)

VAG
+VOen
FMABG

13. VAG

Stichwortverzeichnis

Sanierungsplan 4 (6) Z 1, 11a (3) Z 1, 104a (2a) (2b)
Sanierungsverfahren, Ausschluss des insolvenzrechtlichen 95
Satzung, Geschäftsplan 8 (4)
Säumnisgebühr 115b
Schadenregulierung, Übertragung 12
Schadenregulierungsbeauftragter 12a (1) (3) (4)
Schadenregulierungsvertreter 16 (1a) Z 2, 16 (5)
Schadenversicherung, Garantiefonds 73f (2) Z 3, Z 4
Schlussbestimmungen 119 – 131
Schriftlich 75 (2) Z 1
Schulungen, Interne 98h
Schutzbestimmungen 75
Schwankungsrückstellung 77 (1), 79b (1), 81m
Schweiz 1a (3), 6a, 8b, 118g
– Eigenmittel 73h
SE-Gesetz 80 (1) Z 1a
Solvabilität 86i (8)
Solvabilitätsplan 13a (2), 104a (1) (1a)
Sorgfaltspflichten
– – Bekämpfung, von Geldwäscherei und Terrorismusfinanzierung 98b, 98f (7)
– – – Ausführung durch Dritte 98e
– – Vereinfachte 98c
– – Verstärkte 98d
Sprachliche Gleichbehandlung 130a
Sterbekasse 62 (2)
Stimmrecht, Ruhen 11b (5) – (7), 86n (3), 86n (4)
Strafbestimmungen 107b – 114
– Anzeigepflichtverletzung 107b
– Deckungsrückstellung, Deckungsstock 108
– Geheimnisverletzung 108a
– Geldwäscherei 108a
– Konkurs 113
– Schutzbestimmungen, Verletzung 108a
– sonstige Pflichtverletzungen 112
– unerlaubter Geschäftsbetrieb 110
– Verstoß gegen Anordnungen 109
– VVG 114
Strukturveränderung, Bestandübertragung 13c (3)

Tätigkeitsverbot, befristetes 82c
Telekommunikationsgesetz siehe TKG 2003
Terrorismusfinanzierung
– Anwendungsbereich 98a
– Begriffsbestimmungen 98a
– Daten, statistische
– – Aufbewahrung von Aufzeichnungen 98g
– Interne Verfahren und Schulungen 17b (5), 98h
– Meldepflichten 98f
– Sorgfaltspflichten
– – Bekämpfung, zur 98b
– – – Ausführung durch Dritte 98e
– – Vereinfachte 98c
– – Verstärkte 98d
TKG 2003 75 (4)
– Konzession 4a (2)
Treuhänder 22 – 23a, 84 (5a), 86n (4)

– Funktionsgebühr 22 (3)
– Stimmrechtsruhen 11b (7)
Übergangsbestimmungen 120 – 129k
UGB 80 (1) Z 1a
Umstrukturierung, Wirkungen einer 61e, 61f (3b)
Unfallversicherung 18e
– Aktuar 24 (1)
– Deckungserfordernis 19, 19a
– Garantiefonds 73f (2) Z 3, Z 4
– Konzession 4 (1)

verantwortlicher Aktuar *siehe Aktuar*
Verbindung, enge 4 (6) Z 6, 4 (7)
Verfahren, Interne 98h
Verjährung 111
Verjährungsfrist 111
Vermittler, angestellte 17d
Vermittlungsdienste 17e
Vermögensgegenstände
– Bewertung 81h
– Entwicklung 81d
Vermögensumschichtung 107b (1) Z 5a
Vermögenswerte, geeignete 78, 79b (1a), 79b (2)
Veröffentlichung 116
– im Internet 116 (3)
Versicherungen, für die eine Deckungsrückstellung zu bilden ist 18 – 25
Versicherung, Erlöschen 25 (1) (4)
Versicherungsaufsicht 99 – 107a, 115ff *siehe FMA*
– Anordnungsverstoß 109
– Behörde und Verfahren 115ff
– – Kosten 117
– – Säumnisgebühr 115b
– – Veröffentlichungen 116
– – Zusammenarbeit mit Aufsichtsbehörden im EWR 118a, 118b, 118c, 118d, 118e
– – Zusammenarbeit mit Aufsichtsbehörden von Drittstaaten 118
– – Zusammenarbeit mit der Schweizerischen Aufsichtsbehörde 118f
– – Zwangsstrafe 115a
Versicherungsbestand 13 – 13c
Versicherungsforderungen 88
– Anmeldung 93
Versicherungsgruppe
– Kapitalbeziehungen 86h (3)
Versicherungs-Holdinggesellschaft
– Führung 86n (1)
– gemischte 86a (2) Z 7
– Leitung von 86n
– übergeordnete 86a (1) Z 2, 86n (2)
Versicherungsmathematische Grundlagen 18 (1), 18d (1)
Versicherungsunternehmen
– Abzug 73b (4c)
– Auflösung 7c
– ausländisches 1 (2), 3 (2), 4 – 4a, 5a, 6, 7, 7a (2), 8a
– – Eigenmittel 73g
– – Konkurs 97

13. VAG
Stichwortverzeichnis

– – Konzession 4 (1), 4 (11), 5, 7a (2)
– – Rechtsform 3 (2), 80 (1) Z 1a
– – Satzung 8a (1)
– Beteiligungserwerb 11b (2)
– – Kriterien für die Beurteilung des Erwerbs 11d
– – Verfahren zur Beurteilung des Erwerbs 11c
– – inländisches 1 (1), 86e (3)
– – Konzession 4, 4 (11), 7a, 7b (1a)
– – Rechtsform 3 (1)
– – Rückversicherung 2 (2) 2 (2a), 79c
– Mitteilungspflicht 13c (2)
– Organe, besondere Vorschriften 11a
– Prüfungsausschuss 82b (4)
– Sitz im EWR 1a (1)
– – Mitversicherung 1a (2)
– Sorgfaltspflichten
– – Bekämpfung, von Geldwäscherei und Terrorismusfinanzierung 98b
– – – Ausführung durch Dritte 98e
– – Vereinfachte 98c
– – Verstärkte 98d
– Übertragung des Bestandes 13d
– Vermögenswerte 79b (1a)
Versicherungsunternehmen, die einer zusätzlichen Beaufsichtigung unterliegen 86a (3), 86b (2) (3), 86c (2) – (5), 6d (2) (3), 86g (3), 86k (3), 86m, 86n
Versicherungsverein auf Gegenseitigkeit *siehe VVG*
Versicherungsverhältnis, Erlöschen 91
Versicherungsvermittler 17e
– Auskunftspflicht gegenüber FMA 100 (3)
Versicherungsvertrag
– Inhalt 9
– inländischer 1 (2)
– Schutzbestimmungen 75
Versicherungszweige
– Einteilung 4 (2), Anlage A
– Zusammenfassung 4 (3), Anlage B
Vertragsversicherung 1 (1) (2)
– EWR 7 (2) (3)
– Konzession 4 (1), 4 (11)
– Rechtsform 3 (3)
Vertretung
– inländische Zweigniederlassung 6 (4)
Verwaltung, ordnungsgemäße 86d (2)
Verwaltungsrat 4 (6) Z 1, 4 (6) Z 1a, 4 (8) Z 1, 10a (2), 11 (1), 11 (3), 24 (1), 24a (2), 83 (2) Z 1, 104 (3), 105, 106 (2) Z 1, 118 (2) Z 2, 118a (1) Z 2
Verwaltungsratsmitglied 24 (1)
Verwaltungsübertretungen 111
Verweisungen 130b
Vollziehung 131
Vorauszahlungen, Deckungsstock 21 (2)
Vorbereitung der Umsetzung der Richtlinie 2009/138/EG (Solvabilität II) 130c, 130d
Vorlagepflicht 100
Vorstand 11
– Versagung der Konzession 4 (6) Z 1, Z 4

VVG (Versicherungsverein auf Gegenseitigkeit) 2 (2) Z 3, 3 (1), 26 – 73
– Abwicklung 57, 60
– Anfechtbarkeit 54
– Auflösung 56, 57, 61b (5) Z 2, 61b (6), 61e (1) (3) Z 2, 61f (3a) lit.b, 61f (3c) lit.b
– Aufsichtsrat 47
– ausländische Versicherung, Zweigniederlassung 61d
– Begriff 26
– Beiträge 40
– Bestandübertragung 58
– Beteiligung am Grundkapital 61 (6)
– Einbringung in AG 61a – 61c
– Eintragung in das Firmenbuch 27
– Freiwillige Eintragung kleiner Versicherungsvereine auf Gegenseitigkeit 63 (1a)
– Entstehen 39
– Errichtung 31
– Ersatzansprüche 52
– Firmenbuch 36 (1), 37, 38, 53 (3) (4) (5), 59 (3), 61 (10), 61a (2), 61b (1), 61d
– Formwechselnde Umwandlung in eine Privatstiftung 61f
– Gesamtrechtsnachfolge 61a (1), 61b (1)
– Geschäftsbetrieb 35
– Gründungsfonds 34, 35, 42 (1), 57 (4)
– Handeln zum Schaden des Vereins 48
– Insolvenz 61d Z 5
– Jahresabschluss 55 (2)
– Jahresüberschuss 42
– Kaufmannseigenschaft 27
– kleine Versicherungsvereine 62 – 73 *siehe KVV*
– Konkurs 56 (1) Z 4 – Z 5, 96
– Konzession 61b (2)
– Mitgliederversammlung bzw -vertretung 49 (2)
– Mitgliedschaft 32, 33
– Nachschüsse 40
– Name 28
– Nichtigkeit 55
– Organ, oberstes 49 – 50, 51 (1), 52 (1), 53 (1), 54, 55 (1), 56, 59 (2), 61, 61a (4), 61c
– Organe 43
– Privatstiftung, formwechselnde Umwandlung in eine 61f
– Privatstiftungen, Verschmelzung von 61g
– Rechnungslegung 80 (1) Z 2
– Rückzahlungen 42
– Sacheinlage 61a
– Satzung 29, 61d Z 5
– Satzungsänderung 53, 61b (3)
– Sicherheitsrücklage 41, 42 (1)
– Sonderprüfung 51
– Strafbestimmung 114
– Umwandlung in AG 61
– Vereinsanmeldung 36
– Vermögensübertragung auf AG 60
– Vermögensverteilung 57 (5)
– Veröffentlichungen 30, 38
– Verschmelzung 59
– von Privatstiftungen 61g

13. VAG
Stichwortverzeichnis

- Versicherungsaufsichtsbehörde *siehe FMA*
- Vorstand 44, 45, 46
- Widerspruch zu Umwandlung 61 (2) (12)
- Zusatzkapital 41a

Wertpapiere, Bedeckung 78 (1)
Wirtschaftsprüfer, Eigenmittelausstattung 73b (2) Z 4
- Beauftragung durch den Aufsichtsrat oder den Verwaltungsrat 82b

Zusammenarbeit mit der Schweizerischen Aufsichtsbehörde 118g
Zusammenfassung von Versicherungszweigen 4 (3), Anlage B
Zusatzkapital 73c, 73d
- Ergänzungskapital 73c (2) (4) (5)
- Partizipationskapital 73c (1)
– – Einziehung 73d (6)
– – Umtauschrecht 73d (1) (2) (3)
Zusätzliche Beaufsichtigung von Versicherungsunternehmen 86aff *siehe Beaufsichtigung*
Zustimmungsverweigerung, Treuhänder 23 (2) (6), 23a (3)
Zwangsstrafe 115a
Zweigniederlassung 5 (1) Z 3, 6 (2)
- ausländische 73b (2) Z 1 lit c
– – Eigenmittel 73g
– – Revision 17b (2)
- Bestandsübertragung 13 (2) (3), 13a (2) (3)
- EWR 7, 10a
- inländische 6
– – Vertretung 6 (4)
- Mitteilungspflicht 10 (4), 11 (2)
- Schweiz 1a (3), 6a

Bundesgesetz vom 18. Oktober 1978 über den Betrieb und die Beaufsichtigung der Vertragsversicherung (Versicherungsaufsichtsgesetz – VAG)

Erstes Hauptstück
ALLGEMEINE BESTIMMUNGEN

Anwendungsbereich

§ 1. (1) Unternehmen, die ihren Sitz im Inland und den Betrieb der Vertragsversicherung zum Gegenstand haben (inländische Versicherungsunternehmen), unterliegen den Bestimmungen dieses Bundesgesetzes. „Soweit sich aus den einzelnen Bestimmungen nicht ausdrücklich anderes ergibt, gelten sie für das gesamte von diesen Unternehmen betriebene Geschäft." *(BGBl I 2002/46)*

(2) Unternehmen, die ihren Sitz im Ausland und den Betrieb der Vertragsversicherung zum Gegenstand haben (ausländische Versicherungsunternehmen), unterliegen den Bestimmungen dieses Bundesgesetzes, soweit Versicherungsverträge im Inland abgeschlossen werden oder für sie im Inland geworben wird (Betrieb im Inland). Ein Versicherungsvertrag gilt als im Inland abgeschlossen, wenn die Willenserklärung, die für das Zustandekommen des Versicherungsvertrages den Ausschlag gibt, im Inland abgegeben wird. Ein Versicherungsvertrag mit Personen, die im Inland ihren gewöhnlichen Aufenthalt haben, gilt jedenfalls als im Inland abgeschlossen, wenn der Vertrag in welcher Form auch immer erfolgter Beteiligung eines beruflichen Vermittlers oder Beraters abgeschlossen worden ist. „Dies gilt nicht für Rückversicherungsverträge oder wenn das Risiko nicht gemäß § 14 Abs. 2 im Inland belegen ist." *(BGBl I 2002/46; BGBl I 2009/109)*

(3) Der Betrieb von Versicherungszweigen der Personenversicherung durch Körperschaften des öffentlichen Rechts unterliegt, wenn Versicherungsnehmer nur ihre Mitglieder sind, nicht den Bestimmungen dieses Bundesgesetzes. „Dies gilt nicht, wenn solche Versicherungen überwiegend in Rückversicherung abgegeben werden." *(BGBl 1986/558)*

(4) Ob ein Unternehmen den Bestimmungen dieses Bundesgesetzes unterliegt, entscheidet die „Finanzmarktaufsichtsbehörde (FMA)". *(BGBl I 2001/97)*

§ 1a. (1) Versicherungsunternehmen, die ihren Sitz in einem Staat haben, der Vertragspartei des Abkommens über den Europäischen Wirtschaftsraum ist (Vertragsstaat), und im Inland eine Zweigniederlassung errichten oder im Dienstleistungsverkehr Risken decken, die im Inland belegen sind, unterliegen § 6 Abs. 3, § 7, „ „§ 9 Abs. 1 und 2"****, § 9a"*** , § 13b Abs. 2 bis 4, § 13c, „§ 13d erster Satz,"** § 14, „§ 15,"** § 17d, „§ 17e,"*** „den §§ 18b und 18c"***, „den §§ 18f bis 18i,"* § 61d Abs. 1 Z 1 bis 6, § 73h Abs. 1, § 75, § 80 Abs. 3, § 86m Abs. 2 und 3, „§§ 98a bis 98h,"*** § 102a Abs. 2 und 3, § 107, § 118a Abs. 2a, 3 und 4 und § 118c Abs. 4 dieses Bundesgesetzes. Sofern diese Vorschriften nur auf den Betrieb im Inland oder auf im Inland belegene Risken anwendbar sind, bleibt dies unberührt. *(BGBl I 2002/46; *BGBl I 2005/8; **BGBl I 2007/56; ***BGBl I 2007/107; ****BGBl I 2013/12)*

(2) Versicherungsunternehmen, die ihren Sitz in einem Vertragsstaat haben und sich nur im Weg der Mitversicherung an im Inland abgeschlossenen Versicherungsverträgen über in der „Anlage C zu diesem Bundesgesetz" angeführte Risken mit Ausnahme der Haftpflicht für Schäden durch Kernenergie oder durch Arzneimittel beteiligen, unterliegen § 6 Abs. 3, § 13b Abs. 2 bis 4 und § 13c dieses Bundesgesetzes. *(BGBl I 2002/46; BGBl I 2009/109)*

(3) Soweit dieses Bundesgesetz besondere Vorschriften für Zweigniederlassungen von Versicherungsunternehmen mit Sitz in der Schweizerischen Eidgenossenschaft und für Zweigniederlassungen inländischer Versicherungsunternehmen in der Schweizerischen Eidgenossenschaft enthält, gelten sie für den Betrieb aller Versicherungszweige mit Ausnahme der Lebensversicherung (Z 19 bis 23 der Anlage A zu diesem Bundesgesetz) nach Maßgabe des Abkommens 91/370/EWG zwischen der Europäischen Wirtschaftsgemeinschaft und der Schweizerischen Eidgenossenschaft betreffend die Direktversicherung mit Ausnahme der Lebensversicherung (ABl. Nr. L 205 vom 27. Juli 1991, S. 2). *(BGBl 1995/23)*

(BGBl 1994/652)

§ 2. (1) Pensionskassen im Sinn des Pensionskassengesetzes, BGBl. Nr. 281/1990, unterliegen nicht diesem Bundesgesetz. *(BGBl I 2007/56, ab 10. 12. 2007)*

(2) Auf inländische Versicherungsunternehmen, die ausschließlich den Betrieb der Rückversicherung zum Gegenstand haben, sind nur

1. § 3 Abs. 1 und 3, § 4 Abs. 1 erster und zweiter Satz, Abs. 2 zweiter, dritter und vierter Satz, Abs. 6 Z 1 und 3 bis 7, Abs. 7 und 7a, Abs. 8 Z 1 und 3, Abs. 9, 10 und 11, § 4a Abs. 3, § 7 Abs. 1, § 7a Abs. 1, 1a, 3 und 4, § 7b Abs. 1, 1a und 3, § 7c Abs. 1, § 8 Abs. 1 bis 3 und 5, § 10 Abs. 2 erster Satz und 3, § 11 Abs. 1 und 3, „§ 11b"* , § 13d, § 17b, § 17c Abs. 1, 1a, 1b, 3 und 4, § 17e, die §§ 73b bis 73d, § 73f Abs. 1, Abs. 2 Z 3a, Abs. 4 und 5, § 74, „"**, § 76, § 77, § 79b Abs. 1a bis 6, § 79c, die §§ 86a bis 86m, § 99 Abs. 1, die §§ 100 bis 102, § 102a Abs. 1 und 2, die §§ 103 und 104, § 104a Abs. 1 bis 4a,

§ 105, § 107 Abs. 2 bis 4, § 107b Abs. 1 Z 1, 2, 2b, 6 und 7, „§ 108a Abs. 1 Z 1"**, die §§ 109 bis 111, § 112 Z 4, die §§ 114 bis 118c, § 118e, § 118i Abs. 1 Z 1 bis 3 und Abs. 1a, „§ 130c,"*** Z 24 der Anlage A und Abschnitt A der Anlage D, *(BGBl I 2004/70; BGBl I 2007/56; *BGBl I 2007/107; **BGBl I 2010/28; ***BGBl I 2014/42)*

2. für die Rechnungslegung die Bestimmungen des Fünften Hauptstückes mit Ausnahme des „§ 84 Abs. 5a" und *(BGBl I 2007/56)*

3. soferne sie in der Rechtsform eines Versicherungsvereins auf Gegenseitigkeit betrieben werden, die §§ 26 bis 34, § 35 Abs. 1, 3 und 4, die §§ 36 bis 52, § 53 Abs. 1, 2, 3 erster Satz, 4 und 5, die §§ 54 und 55, § 56 Abs. 1, 2, 4 und 5, die §§ 57 bis 61, § 62 Abs. 2 bis 4, § 63 Abs. 1, die §§ 65 bis 67, 68 Abs. 1 bis 3, 5 und 6, die §§ 69 bis 73, 96 und 114

anzuwenden.

(2a) Auf ausländische Versicherungsunternehmen, die im Inland ausschließlich die Rückversicherung betreiben, sind nur § 3 Abs. 2 und 3, § 4 Abs. 1 erster und zweiter Satz, Abs. 2, Abs. 6 Z 3 und 6, Abs. 7, 7a und 10, § 4a Abs. 1, § 5, § 6 Abs. 1 und 4, § 6a, § 7a, § 7b Abs. 1, 1a und 3, § 8 Abs. 1 bis 3, § 8a, § 10 Abs. 2 erster Satz und 3, § 11 Abs. 2 und 3, § 17b, § 17e, die §§ 73b bis 73d, § 73f Abs. 1, Abs. 2 Z 3a, Abs. 4 und Abs. 5, § 73g Abs. 1, 2, 4 und 6, § 74, „ ", § 77, § 79b Abs. 1a bis 6, § 79c, § 99 Abs. 1, die §§ 100 bis 102, die §§ 103 und 104, § 104a Abs. 1 bis 4a, § 107b Abs. 1 Z 1, 2 und 7, „§ 108a Abs. 1 Z 1" , die §§ 109 bis 111, § 112 Z 4, die §§ 115 bis 118a, § 118i Abs. 1 Z 1 bis 3 und Abs. 1a, Z 24 der Anlage A und Abschnitt A der Anlage D anzuwenden. *(BGBl I 2007/56; BGBl I 2010/28)*

„(2b)" Die Konzession zum ausschließlichen Betrieb der Rückversicherung (Abs. 2 Z 1 in Verbindung mit § 4 Abs. 1 erster Satz) erstreckt sich auf die Rückversicherung in allen Versicherungszweigen. *(BGBl 1996/447; BGBl I 2007/56)*

(3) Die Satzung eines inländischen Versicherungsunternehmens, das ausschließlich den Betrieb der Rückversicherung zum Gegenstand hat, und jede Änderung derselben sind der „FMA" zur Kenntnis zu bringen. *(BGBl I 2001/97)*

(BGBl 1992/769)

Rechtsform

§ 3. (1) „Inländische Versicherungsunternehmen dürfen nur in Form einer Aktiengesellschaft, einer Europäischen Gesellschaft (SE) oder eines Versicherungsvereines auf Gegenseitigkeit betrieben werden."**„Ihre Hauptverwaltung muß sich im Inland befinden."* *(*BGBl 1996/447; **BGBl I 2004/67)*

(2) Bei ausländischen Versicherungsunternehmen kommen die Rechte und Pflichten, die nach diesem Bundesgesetz den gesetzlichen Vertretern eines inländischen Unternehmens auferlegt sind, „der Geschäftsleitung der Zweigniederlassung im Inland" zu. *(BGBl 1986/558)*

(3) „Versicherungsunternehmen dürfen außer der Vertragsversicherung nur solche Geschäfte betreiben, die mit dieser in unmittelbarem Zusammenhang stehen."*„Dies können insbesondere die Vermittlung von Bausparverträgen, von Leasingverträgen, von Investmentfondsanteilen und die Erbringung von Dienstleistungen im Bereich der automatischen Datenverarbeitung sowie der Vertrieb von Kreditkarten sein."**„Bei Versicherungsunternehmen, die ausschließlich das Rückversicherungsgeschäft betreiben, kann das Halten und Verwalten von Beteiligungen an einem untergeordneten Unternehmen der Finanzbranche im Sinn des Art. 2 Abs. 8 der Richtlinie 2002/87/EG (ABl. Nr. L 35 vom 11. Februar 2003, Seite 1) in unmittelbarem Zusammenhang mit der Vertragsversicherung stehen."*** *(*BGBl 1992/769; **BGBl I 1998/126; ***BGBl I 2007/56)*

Konzession

§ 4. (1) Der Betrieb der Vertragsversicherung bedarf, soweit nicht ausdrücklich anderes bestimmt ist, der Konzession der „FMA"*. Die Konzession eines inländischen Versicherungsunternehmens gilt für das Gebiet aller Vertragsstaaten, die Konzession eines ausländischen Versicherungsunternehmens für das Bundesgebiet. „Die Konzession zum Betrieb von Versicherungszweigen der Lebensversicherung und die Konzession anderer Versicherungszweige außer der Unfallversicherung, der Krankenversicherung und der Rückversicherung schließen einander aus."** *(BGBl 1994/652; *BGBl I 2001/97; **BGBl I 2007/56, – vgl die Übergangsbestimmung in § 129i Abs 9)*

(2) Die Konzession ist für jeden Versicherungszweig gesondert zu erteilen. Sie bezieht sich jeweils auf den ganzen Versicherungszweig, es sei denn, daß das Versicherungsunternehmen die Konzession nur für einen Teil der Risken beantragt hat, die zu diesem Versicherungszweig gehören. Die Deckung zusätzlicher Risken innerhalb des Versicherungszweiges bedarf in diesem Fall einer weiteren Konzession. Die Einteilung der Versicherungszweige ergibt sich aus der Anlage A zu diesem Bundesgesetz. *(BGBl 1996/447)*

(2a) *(aufgehoben, BGBl I 2007/56, – vgl die Übergangsbestimmung in § 129i Abs 10)*

(3) Die Konzession kann für mehrere Versicherungszweige gemeinsam unter der Bezeichnung erteilt werden, die sich aus der Anlage B zu diesem Bundesgesetz ergibt.

(4) Die Konzession zum Betrieb von Kapitalisierungsgeschäften (Anlage A Z 23 zu diesem Bundesgesetz) darf nur zusätzlich zu einer Konzession zum Betrieb eines der in Anlage A Z 19 bis 21 angeführten Versicherungszweige erteilt werden. Sie erlischt, wenn eine Konzession zum Betrieb dieser Versicherungszweige nicht mehr besteht. *(BGBl 1996/447)*

(5) Ein Versicherungsunternehmen, das eine oder mehrere Konzessionen innerhalb der in Z 1 bis 18 der Anlage A zu diesem Bundesgesetz angeführten Versicherungszweige besitzt, darf Risken, die nicht von einer Konzession umfaßt sind, bei Vorliegen sämtlicher nachstehender Voraussetzungen decken:

1. Es handelt sich um ein Risiko, das mit einem von einer Konzession erfaßten Risiko (Hauptrisiko) in Zusammenhang steht, denselben Gegenstand wie dieses betrifft und durch denselben Vertrag gedeckt ist.

2. Es handelt sich um ein Risiko, das gegenüber dem Hauptrisiko von untergeordneter Bedeutung ist.

3. Es handelt sich nicht um ein Risiko, das unter die Z 14 und 15 der Anlage A fällt.

4. Es handelt sich nicht um ein Risiko, das unter die Z 17 der Anlage A fällt, es sei denn, daß

a) das Hauptrisiko unter die Z 18 der Anlage A fällt oder

b) es sich auf Streitigkeiten oder Ansprüche bezieht, die aus dem Einsatz von Schiffen auf See entstehen oder mit deren Einsatz verbunden sind. *(BGBl 1996/447)*

(6) Die Konzession ist zu versagen, wenn

1. die Mitglieder des Vorstands oder des Verwaltungsrats oder die geschäftsführenden Direktoren nicht über die zur Erfüllung ihrer Aufgaben erforderliche persönliche Zuverlässigkeit und fachliche Eignung verfügen. Persönliche Zuverlässigkeit ist jedenfalls nicht gegeben, wenn ein Ausschließungsgrund im Sinne des § 13 GewO 1994, BGBl. Nr. 194/1994, vorliegt oder über das Vermögen dieser Personen beziehungsweise das Vermögen eines anderen Rechtsträgers als einer natürlichen Person, auf dessen Geschäfte diesen Personen maßgeblicher Einfluss zusteht oder zugestanden ist, der Konkurs eröffnet wurde, es sei denn, im Rahmen des Konkursverfahrens ist es zum Abschluss eines „insolvenzrechtlichen Sanierungsplanes" gekommen, der erfüllt wurde. Dies gilt auch, wenn ein damit vergleichbarer Tatbestand im Ausland verwirklicht wurde. Mindestens zwei Mitglieder des Vorstands oder des Verwaltungsrats müssen ausreichende theoretische und praktische Kenntnisse im Versicherungsgeschäft sowie Leitungserfahrung haben; dies ist in der Regel anzunehmen, wenn eine zumindest dreijährige leitende Tätigkeit bei einem Versicherungsunternehmen von vergleichbarer Größe und Geschäftsart nachgewiesen wird; gehören geschäftsführende Direktoren einer Europäischen Gesellschaft (SE) nicht dem Verwaltungsrat an, so muss diese Voraussetzung von mindestens einem Mitglied des Verwaltungsrats und mindestens einem geschäftsführenden Direktor erfüllt werden; bei den weiteren Personen genügen theoretische und praktischen Kenntnisse auf anderen Gebieten, die für den Betrieb des Versicherungsgeschäftes von wesentlicher Bedeutung sind, und eine leitende Tätigkeit bei entsprechenden Unternehmen, *(BGBl I 2004/67; BGBl I 2010/58)*

1a. „ " nicht mindestens ein Mitglied des Vorstands oder des Verwaltungsrats die deutsche Sprache beherrscht; gehören geschäftsführende Direktoren einer Europäischen Gesellschaft (SE) nicht dem Verwaltungsrat an, so muss mindestens einer von ihnen die deutsche Sprache beherrschen, *(BGBl I 2004/67; BGBl I 2010/107)*

2. nach dem Geschäftsplan die Belange der Versicherten nicht ausreichend gewahrt, insbesondere die Verpflichtungen aus den Versicherungsverträgen nicht als dauernd erfüllbar anzusehen sind,

3. die Eigenmittel nicht den Mindestbetrag des Garantiefonds gemäß § 73f Abs. 2 und 3 erreichen, *(BGBl I 2002/46)*

4. der Vorstand nicht aus mindestens zwei Personen besteht „oder" die Satzung nicht jede Einzelvertretungsbefugnis für den gesamten Geschäftsbereich ausschließt, *(BGBl I 2004/67)*

5. Personen, die unmittelbar oder mittelbar eine Beteiligung von mindestens 10 vH des Grundkapitals oder der Stimmrechte halten oder auf sonstige Weise maßgeblichen Einfluß auf die Geschäftsführung nehmen können, nicht den im Interesse einer soliden und umsichtigen Führung des Versicherungsunternehmens zu stellenden Ansprüchen genügen; auf die Feststellung der Stimmrechte ist § 92 Börsegesetz 1989, BGBl. Nr. 555 (BörseG), anzuwenden; *(BGBl 1994/652)*

6. zu erwarten ist, daß durch

a) enge Verbindungen des Unternehmens mit anderen natürlichen oder juristischen Personen oder

b) Rechts- und Verwaltungsvorschriften eines nicht zu den Vertragsstaaten gehörenden Staates, denen eine mit dem Unternehmen in enger Verbindung stehende natürliche oder juristische Person unterliegt, oder Schwierigkeiten bei der Anwendung dieser Vorschriften

die „FMA" an der ordnungsgemäßen Erfüllung ihrer Überwachungspflicht gehindert wird. *(BGBl 1996/447; BGBl I 2001/97)*

7. aufgrund der mangelnden Transparenz der Gruppenstruktur die Interessen der Versicherten beeinträchtigt werden oder die FMA an der ordnungsgemäßen Erfüllung ihrer Überwachungspflicht gehindert wird. *(BGBl I 2004/70)*

(7) Eine enge Verbindung gemäß Abs. 6 Z 6 wird begründet durch

1. das unmittelbare oder mittelbare Halten einer Beteiligung von mindestens 20 vH des Kapitals oder der Stimmrechte,

2. das Verhältnis zwischen Mutterunternehmen und Tochterunternehmen im Sinn des § 244 UGB und durch ein gleichartiges Verhältnis zwischen einer juristischen oder natürlichen Person und einem Unternehmen; hiebei gilt jedes Tochterunternehmen eines Tochterunternehmens als Tochterunternehmen auch des Mutterunternehmens, das an der Spitze dieser Unternehmen steht, *(BGBl I 2005/120)*

3. ein Verhältnis zwischen natürlichen oder juristischen Personen, das darin besteht, daß jede von ihnen mit ein und derselben Person in einer Verbindung gemäß Z 2 steht.
(BGBl 1996/447)

(7a) Im Fall des Abs. 6 Z 6 und 7 kann die FMA die Konzession unter Auflagen erteilen, die ihr die ordnungsgemäße Erfüllung ihrer Überwachungspflicht ermöglichen. *(BGBl I 2004/70)*

(8) Besitzt das Versicherungsunternehmen bereits eine Konzession, so ist die Konzession zum Betrieb eines weiteren Versicherungszweiges oder zur Deckung zusätzlicher Risken innerhalb eines Versicherungszweiges zu versagen, wenn

1. die Mitglieder des Vorstands oder des Verwaltungsrats oder die geschäftsführenden Direktoren für den erweiterten Betrieb nicht fachlich geeignet (Abs. 6 Z 1) sind, *(BGBl I 2004/67)*

2. nach dem Geschäftsplan die Belange der Versicherten nicht ausreichend gewahrt, insbesondere die Verpflichtungen aus den Versicherungsverträgen nicht als dauernd erfüllbar anzusehen sind,

3. die Eigenmittel nicht den nach § 73b Abs. 1 vorgeschriebenen Betrag oder den sich aus dem Betrieb des weiteren Versicherungszweiges ergebenden Mindestbetrag des Garantiefonds (Abs. 6 Z 3) erreichen.
(BGBl 1996/447)

(9) Ein Versicherungsunternehmen oder eine Änderung seines Geschäftsgegenstandes, die einer Konzession bedarf, dürfen nur dann in das Firmenbuch eingetragen werden, wenn der Bescheid, mit dem die Konzession erteilt wurde, in Urschrift oder öffentlich beglaubigter Abschrift vorliegt. Das Firmenbuchgericht hat Verfügungen und Beschlüsse über solche Eintragungen auch der „FMA" zuzustellen. *(BGBl 1996/447; BGBl I 2001/97)*

(10) Vor Erteilung der Konzession an ein Versicherungsunternehmen hat die FMA den Bundesminister für Finanzen zu verständigen. *(BGBl I 2005/93)*

(11) Die FMA kann durch Kundmachung im Internet, Abdruck im „Amtsblatt zur Wiener Zeitung" oder in einer Zeitung mit Verbreitung im gesamten Bundesgebiet die Öffentlichkeit informieren, dass eine namentlich genannte natürliche oder juristische Person (Person) zum Betrieb der Vertragsversicherung oder bestimmter Versicherungsgeschäfte nicht berechtigt ist, sofern diese Person dazu Anlass gegeben hat und eine Information der Öffentlichkeit erforderlich und im Hinblick auf mögliche Nachteile des Betroffenen verhältnismäßig ist. Diese Veröffentlichungsmaßnahmen können auch kumulativ getroffen werden. Die Person muss in der Veröffentlichung eindeutig identifizierbar sein; zu diesem Zweck können, soweit der FMA bekannt, auch Geschäftsanschrift oder Wohnanschrift, Firmenbuchnummer, Internetadresse, Telefonnummer und Telefaxnummer angegeben werden. Der von der Veröffentlichung Betroffene kann eine Überprüfung der Rechtmäßigkeit der Veröffentlichung in einem bescheidmäßig zu erledigenden Verfahren bei der FMA beantragen. Die FMA hat diesfalls die Einleitung eines solchen Verfahrens in gleicher Weise bekannt zu machen. Wird im Rahmen einer Überprüfung die Rechtswidrigkeit der Veröffentlichung festgestellt, so hat die FMA die Veröffentlichung richtig zu stellen oder auf Antrag des Betroffenen entweder zu widerrufen oder aus dem Internetauftritt zu entfernen. *(BGBl I 2007/56; BGBl I 2009/66)*

(BGBl 1992/769)

§ 4a. (1) Solange und insoweit ein Beschluß gemäß Art. 29b Abs. 4 zweiter oder dritter Unterabsatz der Richtlinie 73/239/EWG „(ABl. Nr. L 228 vom 16. August 1973, S. 3)"*** in der Fassung des „Art. 4 der Richtlinie 2005/1/EG (ABl. Nr. L 79 vom 24. März 2005, S. 9)"*** oder „Art. 59 Abs. 4 zweiter oder dritter Unterabsatz der Richtlinie 2002/83/EG (ABl. Nr. L 345 vom 19. Dezember 2002, S 1)"** aufrecht ist, hat die „FMA"* entsprechend diesem Beschluß

1. Entscheidungen über Anträge auf Erteilung der Konzession zu beschränken oder auszusetzen,

2. den Erwerb von Beteiligungen zu beschränken oder zu untersagen.
(*BGBl I 2001/97; **BGBl I 2003/33; ***BGBl I 2005/93)

(2) Die Konzession von Versicherungsunternehmen, die Tochterunternehmen im Sinn des § 244 UGB von Unternehmen mit Sitz außerhalb der Vertragsstaaten sind, gilt abweichend von § 4 Abs. 1 zweiter Satz nur für das Gebiet der Mitgliedstaaten der Europäischen Union, solange eine Feststellung vorliegt, daß der Sitzstaat des Mutterunternehmens Niederlassungen von Versicherungsunternehmen mit Sitz in einem Vertragsstaat, der nicht Mitgliedstaat der Europäischen Union ist, mengenmäßig beschränkt oder diesen Versicherungsunternehmen Beschränkungen auferlegt, die er nicht gegen Versicherungsunter-

nehmen mit Sitz in einem Mitgliedstaat der Europäischen Union anwendet. *(BGBl I 2005/120)*

(3) Vor Erteilung der Konzession an ein Versicherungsunternehmen, das

1. ein Tochterunternehmen im Sinne des § 244 UGB eines Versicherungsunternehmens, eines Kreditinstitutes oder einer Wertpapierfirma ist, die in einem anderen Vertragsstaat zugelassen sind, *(BGBl I 2005/120)*
2. ein Tochterunternehmen im Sinne des § 244 UGB eines Unternehmens ist, das auch Mutterunternehmen eines Versicherungsunternehmens, eines Kreditinstitutes oder einer Wertpapierfirma ist, die in einem anderen Vertragsstaat zugelassen sind, *(BGBl I 2005/120)*
3. durch die gleichen natürlichen oder juristischen Personen wie ein Versicherungsunternehmen, ein Kreditinstitut oder eine Wertpapierfirma, die in einem anderen Vertragsstaat zugelassen sind, kontrolliert wird, hat die FMA eine Stellungnahme der zuständigen Behörde dieses anderen Vertragsstaates einzuholen.
(BGBl I 2002/46)

(BGBl 1995/23)

Ausländische Versicherungsunternehmen

§ 5. (1) Einem ausländischen Versicherungsunternehmen ist die Konzession, abgesehen von „§ 4 Abs. 6 Z 2, 3 und 6 und Abs. 8 Z 2 und 3" zu versagen, wenn

1. es nicht eine Rechtsform aufweist, die den in § 3 Abs. 1 angeführten entspricht oder vergleichbar ist,
2. es nicht nach dem Recht des Sitzstaates zum Betrieb der Vertragsversicherung in dem betreffenden Versicherungszweig berechtigt ist,
3. es nicht eine Zweigniederlassung unter einer eigenen Geschäftsleitung im Inland errichtet, die aus mindestens zwei natürlichen Personen besteht, die ihren Hauptwohnsitz im Inland haben; § 4 Abs. 6 Z 1 „und Abs. 8 Z 1" ist auf sie anzuwenden, *(BGBl 1996/447)*
4. der Sitzstaat österreichischen Versicherungsunternehmen nicht die gleichen Wettbewerbsmöglichkeiten wie inländischen Versicherungsunternehmen bietet und österreichischen Versicherungsunternehmen nicht effektiven Marktzugang gestattet, der demjenigen vergleichbar ist, der von österreichischer Seite Versicherungsunternehmen mit Sitz in diesem Staat gewährt wird, es sei denn, daß ein überwiegendes öffentliches Interesse an der Erteilung der Konzession besteht; „dies gilt nicht für Vertragsstaaten der Welthandelsorganisation." *(BGBl I 2000/117)*
(BGBl 1996/447)

(2) § 4 Abs. 1 dritter Satz ist auf Unternehmen, die im Sitzstaat sowohl zum Betrieb der Lebensversicherung als auch anderer Versicherungszweige berechtigt sind, anzuwenden. *(BGBl 1994/652)*

(3) Unter den Eigenmitteln gemäß § 4 Abs. 6 Z 3 sind die der Zweigniederlassung zugeordneten Eigenmittel im Sinn des § 73b zu verstehen. Vermögenswerte in Höhe des Eigenmittelerfordernisses müssen im Inland belegen sein, ein Viertel hievon ist für die Dauer des Betriebes der Zweigniederlassung als Kaution zu stellen. Art und Inhalt der Kautionsbindung sind im Konzessionsbescheid in der Weise festzusetzen, daß gewährleistet ist, daß das Versicherungsunternehmen nicht über die Vermögenswerte verfügen kann.

(4) Auf die Eintragung eines ausländischen Versicherungsunternehmens und einer Änderung der Tätigkeit seiner Zweigniederlassung ist § 4 Abs. 9 anzuwenden. *(BGBl 1996/447)*

(BGBl 1992/769)

§ 5a. (1) Einem Versicherungsunternehmen mit Sitz außerhalb des EWR, das in einem anderen Vertragsstaat des EWR bereits eine Konzession besitzt oder beantragt hat, ist, wenn dies nicht die Interessen der Versicherten gefährdet, zu genehmigen, daß

1. das Eigenmittelerfordernis auf der Grundlage seiner gesamten Geschäftstätigkeit in den Vertragsstaaten berechnet wird,
2. abweichend von § 73g Abs. 6 die dort genannten Vermögenswerte zur Gänze in anderen Vertragsstaaten belegen sein können, in denen das Unternehmen seine Tätigkeit ausübt,
3. es die Kaution nur in einem der Vertragsstaaten zu stellen hat, in denen es seine Tätigkeit ausübt.

(2) Die Genehmigung gemäß Abs. 1 darf nur mit Zustimmung der übrigen zuständigen Behörden in den anderen Vertragsstaaten erteilt werden, in denen das Unternehmen eine Konzession besitzt oder beantragt hat. Sie wird in dem Zeitpunkt wirksam, zu dem eine der zuständigen Behörden sich gegenüber den anderen zuständigen Behörden bereit erklärt hat, die Überwachung der Eigenmittelausstattung für die gesamte Geschäftstätigkeit in den Vertragsstaaten zu übernehmen.

(3) Die Genehmigung gemäß Abs. 1 ist zu widerrufen, wenn die Voraussetzungen für ihre Erteilung weggefallen sind oder eine oder mehrere der anderen zuständigen Behörden es verlangen.

(4) Das Versicherungsunternehmen hat in seinem Antrag auf Genehmigung gemäß Abs. 1 anzugeben, welche Behörde künftig die Eigenmittelausstattung für die gesamte Geschäftstätigkeit in den Vertragsstaaten überwachen soll. Ist dies die österreichische „FMA", so hat sich diese gegenüber den anderen zuständigen Behörden hiezu bereit zu erklären, sofern die Wahl des Versicherungsunternehmens sachlich begründet ist. In

diesem Fall ist die Kaution im Inland zu stellen. Eine Ablehnung der Erklärung hat gegenüber dem Versicherungsunternehmen mit Bescheid zu erfolgen. *(BGBl I 2001/97)*

(BGBl 1986/558; BGBl 1992/769)

§ 6. (1) Der Geschäftsbetrieb eines ausländischen Versicherungsunternehmens im Inland darf nicht vor Eintragung der inländischen Zweigniederlassung „und ihrer Geschäftsleitung" in das Firmenbuch aufgenommen werden. *(BGBl 1986/558)*

(2) Nach Erteilung der Konzession darf ein ausländisches Versicherungsunternehmen Versicherungsverträge über im Inland belegene Risken nur mehr durch seine inländische Zweigniederlassung abschließen. Dies gilt nicht für die unter Z 4 bis 7, 11 und 12 der Anlage A zu diesem Bundesgesetz angeführten Risken. *(BGBl 1994/652)*

(3) Der Gerichtsstand des § 99 Abs. 3 Jurisdiktionsnorm darf für Klagen aus dem inländischen Geschäftsbetrieb nicht ausgeschlossen werden.

(4) Zur Vertretung der inländischen Zweigniederlassung sind zwei Mitglieder der Geschäftsleitung gemeinsam oder eines von diesen in Gemeinschaft mit einem Prokuristen befugt. Jede Einzelvertretungsbefugnis für den gesamten Geschäftsbetrieb im Inland ist ausgeschlossen. „Die §§ 73 und 76 „Aktiengesetz 1965, BGBl. Nr. 98,"** sind anzuwenden."* *(BGBl 1986/558; *BGBl I 1998/126; **BGBl I 2005/93)*

Vorschriften für die Schweiz

§ 6a. (1) Auf Zweigniederlassungen von Versicherungsunternehmen mit Sitz in der Schweizerischen Eidgenossenschaft sind § 4 Abs. 6 Z 3 „und Abs. 8 Z 3" und § 5 Abs. 1 Z 1 und 4 nicht anzuwenden. *(BGBl 1996/447)*

(2) Vor Erteilung der Konzession an ein Versicherungsunternehmen mit Sitz in der Schweizerischen Eidgenossenschaft hat die „FMA" den Geschäftsplan mit einer gutächtlichen Äußerung der Schweizerischen Aufsichtsbehörde zur Stellungnahme zu übermitteln. Hat sich diese nicht innerhalb von drei Monaten nach Einlangen der Unterlagen geäußert, so wird angenommen, daß sie gegen die Konzessionserteilung keinen Einwand hat. *(BGBl I 2001/97)*

(3) Vor Widerruf der Konzession eines Versicherungsunternehmens mit Sitz in der Schweizerischen Eidgenossenschaft ist die Schweizerische Aufsichtsbehörde zu hören. Ergreift die „FMA" vor Einlangen einer Stellungnahme dieser Behörde eine Maßnahme gemäß § 106 Abs. 2 Z 3, so hat sie hievon die Schweizerische Aufsichtsbehörde unverzüglich zu verständigen. *(BGBl I 2001/97)*

(4) *(aufgehoben, BGBl 1996/447)*

(BGBl 1995/23)

Vorschriften für den EWR

§ 7. (1) Zweigniederlassungen von Versicherungsunternehmen mit Sitz in einem Vertragsstaat bedürfen keiner Konzession. „ "Als Zweigniederlassung gilt auch der Betrieb der Vertragsversicherung mittels einer zwar selbständigen, aber ständig damit betrauten Person, die von einer im Inland gelegenen Betriebsstätte aus tätig wird. *(BGBl 1996/447; BGBl I 2002/46)*

(2) Der Betrieb der Vertragsversicherung durch die Zweigniederlassung ist zulässig, wenn die zuständige Behörde des Sitzstaats der „FMA"

1. die Angaben, die ihr das Versicherungsunternehmen über die Zweigniederlassung gemacht hat, und

2. eine Bescheinigung darüber, daß das Versicherungsunternehmen über die erforderlichen Eigenmittel verfügt, übermittelt hat.
(BGBl I 2001/97)

(3) Der Betrieb der Vertragsversicherung darf zwei Monate nach Einlangen der Mitteilung gemäß Abs. 2 bei der „FMA" aufgenommen werden. Hat die „FMA" vor Ablauf dieser Frist der zuständigen Behörde des Sitzstaats mitgeteilt, welche Bedingungen für den Betrieb der Vertragsversicherung im Inland aus Gründen des Allgemeininteresses gelten, so darf der Betrieb nach Einlangen dieser Mitteilung bei der zuständigen Behörde des Sitzstaats aufgenommen werden. *(BGBl I 2001/97)*

(4) Auf Änderungen des Betriebes der Zweigniederlassung, die die Angaben gemäß Abs. 2 Z 1 betreffen, ist Abs. 2 Z 1 und Abs. 3 anzuwenden. Der Betrieb ist nicht mehr zulässig, sobald eine rechtskräftige Entscheidung der zuständigen Behörde des Sitzstaats vorliegt, wonach auf Grund der Änderungen in den Angaben gemäß Abs. 2 Z 1 gegen den weiteren Betrieb der Zweigniederlassung Bedenken bestehen. *(BGBl 1996/447)*

(5) Bei im Inland belegenen Risken, die nicht unter die „Anlage C zu diesem Bundesgesetz" fallen, ist dem Versicherungsnehmer vor Abschluß des Versicherungsvertrages der Vertragsstaat mitzuteilen, in dem das Versicherungsunternehmen seinen Sitz hat. Wenn dem Versicherungsnehmer Unterlagen zur Verfügung gestellt werden, muß diese Mitteilung darin enthalten sein. *(BGBl I 2009/109)*

(6) Die FMA hat den Betrieb der Vertragsversicherung durch die Zweigniederlassung zu untersagen, soweit das Versicherungsunternehmen in schwerwiegender Weise Pflichten verletzt, die ihm nach diesem Bundesgesetz, nach dem Ge-

schäftsplan oder auf Grund aufsichtsbehördlicher Anordnung obliegen. *(BGBl I 2002/46)*

(BGBl 1992/769; BGBl 1994/652)

Erlöschen der Konzession

§ 7a. (1) Die Konzession erlischt für Versicherungszweige,

1. deren Betrieb innerhalb eines Jahres nach Erteilung oder Ausdehnung der Konzession nicht aufgenommen oder ununterbrochen während sechs Monaten nicht ausgeübt wurde,
2. auf deren Betrieb das Versicherungsunternehmen verzichtet hat,
3. deren gesamter Versicherungsbestand auf andere Versicherungsunternehmen übertragen wurde.

(1a) Die Konzession einer Europäischen Gesellschaft (SE) erlischt mit der Eintragung in das Register des neuen Sitzstaates. *(BGBl I 2006/104)*

(2) Die Konzession eines ausländischen Versicherungsunternehmens erlischt auch, soweit es die Berechtigung zum Betrieb der Vertragsversicherung im Sitzstaat verliert.

(3) Die „FMA" hat das Erlöschen der Konzession mit Bescheid festzustellen. *(BGBl I 2001/97)*

(4) Vor Ablauf eines Jahres nach Erlöschen der Konzession darf eine Konzession nicht neu erteilt werden, es sei denn, daß ein überwiegendes öffentliches Interesse an der Erteilung der Konzession besteht.

(5) Das Erlöschen der Konzession bewirkt, dass Versicherungsverträge nicht mehr abgeschlossen werden dürfen und bestehende Versicherungsverträge ehestmöglich beendet werden müssen. *(BGBl I 2007/56)*

(6) Nach Erlöschen der Konzession sind von der FMA alle geeigneten Maßnahmen zu treffen, um die Interessen der Versicherten zu wahren. Insbesondere kann zu diesem Zweck die freie Verfügung über die Vermögenswerte des Unternehmens eingeschränkt oder untersagt werden. Die FMA hat Entscheidungen über die Einschränkung oder Untersagung der freien Verfügung über Vermögenswerte im „Amtsblatt zur Wiener Zeitung" und über Internet kundzumachen. *(BGBl I 2007/56)*

(BGBl 1986/558; BGBl 1992/769)

Widerruf der Konzession

§ 7b. (1) Die Konzession ist zu widerrufen, wenn

1. die Voraussetzungen für die Erteilung der Konzession nicht mehr erfüllt sind,
2. das Versicherungsunternehmen innerhalb der gesetzten Frist die im Solvabilitätsplan oder Finanzierungsplan gemäß § 104 Abs. 1 und 2 vorgesehenen Maßnahmen nicht durchgeführt hat,
3. das Versicherungsunternehmen in schwerwiegender Weise Pflichten verletzt, die ihm nach diesem Bundesgesetz, nach dem Geschäftsplan oder auf Grund von Anordnungen der „FMA" obliegen, *(BGBl I 2001/97)*
4. über das Vermögen des Versicherungsunternehmens der Konkurs eröffnet oder das Versicherungsunternehmen auf andere Weise aufgelöst wurde. *(BGBl I 2003/36)*

(1a) An Stelle eines Widerrufs der Konzession gemäß Abs. 1 Z 1 in Verbindung mit § 4 Abs. 6 Z 6 oder 7 kann die FMA gegenüber dem Versicherungsunternehmen auf der Grundlage von § 104 Abs. 1 jene Anordnungen treffen, die erforderlich sind, um die ordnungsgemäße Erfüllung ihrer Überwachungspflicht zu ermöglichen. *(BGBl I 2004/70)*

(2) Die Konzession für ein Unternehmen, das eine Genehmigung gemäß § 5 a Abs. 1 erhalten hat, ist zu widerrufen, wenn die für die Überwachung der Eigenmittelausstattung für den gesamten Bereich des EWR zuständige Behörde die Konzession wegen unzureichender Eigenmittelausstattung widerrufen hat.

(3) Der Widerruf der Konzession bewirkt, daß Versicherungsverträge nicht mehr abgeschlossen werden dürfen und bestehende Versicherungsverträge ehestmöglich beendet werden müssen.

(4) Nach Widerruf der Konzession sind von der „FMA"* alle geeigneten Maßnahmen zu treffen, um die Interessen der Versicherten zu wahren. Insbesondere kann zu diesem Zweck die freie Verfügung über die Vermögenswerte des Unternehmens eingeschränkt oder untersagt werden." „Die FMA hat Entscheidungen über die Einschränkung oder Untersagung der freien Verfügung über Vermögenswerte im „Amtsblatt zur Wiener Zeitung" und über Internet kundzumachen."** *(*BGBl I 2001/97; **BGBl I 2002/46)*

(BGBl 1992/769)

Auflösung

§ 7c. (1) Die Auflösung eines Versicherungsunternehmens gemäß § 203 Abs. 1 Z 1 und 2 Aktiengesetz 1965 oder „§ 56 Abs. 1 Z 1 bis 3" dieses Bundesgesetzes ist der FMA unverzüglich anzuzeigen. *(BGBl I 2007/56)*

(2) Die Abwickler haben die Auflösung im Amtsblatt der Europäischen Gemeinschaften bekannt zu machen, und zwar im Fall des § 203 Abs. 1 Z 2 „Aktiengesetz 1965" durch einen Auszug aus dem Auflösungsbeschluss. Diese Bekanntmachung hat insbesondere die Namen der Abwickler und die Angabe, dass auf die Auflösung österreichisches Recht anzuwenden ist, zu enthalten. *(BGBl I 2005/93)*

(3) Die Abwickler haben bekannte Gläubiger, die ihren gewöhnlichen Aufenthalt, ihren Wohnsitz oder ihren Sitz in einem anderen Vertragsstaat haben, von der Auflösung unverzüglich einzeln zu verständigen. Für diese Verständigung ist ein Formblatt zu verwenden, das in sämtlichen Amtssprachen der Vertragsstaaten mit den Worten „Aufforderung zur Anmeldung einer Forderung"[1]) überschrieben ist. Ist der Gläubiger Inhaber einer Versicherungsforderung, so hat die Verständigung in einer der Amtssprachen des Staates zu erfolgen, in dem der Gläubiger seinen gewöhnlichen Aufenthalt, seinen Wohnsitz oder seinen Sitz hat. In der Verständigung ist anzugeben, an wen die Forderungsanmeldung zu richten ist, und auf den Inhalt der Bestimmungen des § 213 Aktiengesetz 1965 hinzuweisen.

(4) Jeder Gläubiger, der seinen Wohnsitz, gewöhnlichen Aufenthalt oder Sitz in einem anderen Vertragsstaat hat, kann seine Forderung in der Amtssprache dieses Staates anmelden und erläutern. In diesem Fall muss die Anmeldung die Überschrift „Anmeldung einer Forderung"[1]) in deutscher Sprache tragen.

(5) Die Abwickler haben die Gläubiger jährlich durch Veröffentlichung in den Bekanntmachungsblättern über den Stand der Abwicklung zu unterrichten. Bekannte Gläubiger, die ihren gewöhnlichen Aufenthalt, ihren Wohnsitz oder ihren Sitz in einem anderen Vertragsstaat haben, sind einzeln zu unterrichten.

(BGBl I 2003/36, vgl die Übergangsbestimmung in § 129i Abs 1)

---

[1]) *Hervorhebung des Gesetzgebers.*

Geschäftsplan

§ 8. (1) Mit dem Antrag auf Erteilung der Konzession ist der Geschäftsplan vorzulegen.

(2) Der Geschäftsplan hat zu enthalten

1. die Art der Risken, die das Versicherungsunternehmen decken will, im Fall der übernommenen Rückversicherung auch die Art der Rückversicherungsverträge, die das Versicherungsunternehmen mit Vorversicherern abschließen will, *(BGBl 1996/447; BGBl I 2007/56)*

2. die Grundzüge der Rückversicherungspolitik,

3. die Zusammensetzung der Eigenmittel,

4. die Schätzung der Aufwendungen für den Aufbau der Verwaltung und des Vertriebes und den Nachweis, daß die dafür erforderlichen Mittel zur Verfügung stehen,

5. für den Betrieb des in Z 18 der Anlage A angeführten Versicherungszweiges Angaben über die Mittel, über die das Unternehmen verfügt, um die zugesagte Beistandsleistung zu erfüllen.

(3) Als Bestandteil des Geschäftsplans sind für die ersten drei Geschäftsjahre anzugeben

1. die voraussichtlichen Provisionsaufwendungen und sonstigen laufenden Aufwendungen für den Versicherungsbetrieb,

2. das voraussichtliche Prämienaufkommen und die voraussichtlichen Versicherungsleistungen,

3. die Planbilanz und Planerfolgsrechnung, *(BGBl I 2004/70)*

4. die finanziellen Mittel, die voraussichtlich zur Deckung der Verpflichtungen und des Eigenmittelerfordernisses zur Verfügung stehen. *(BGBl 1996/447)*

(4) Die Satzung gehört zum Geschäftsplan, wenn das Unternehmen noch keine Konzession zum Betrieb der Vertragsversicherung besitzt. *(BGBl 1996/447)*

(5) Besitzt das Versicherungsunternehmen bereits eine Konzession, so gehören die Angaben gemäß Abs. 2 Z 3 nur dann zum Geschäftsplan, wenn sich aus dem Betrieb des weiteren Versicherungszweiges zusätzliche Anforderungen an die Eigenmittelausstattung ergeben. *(BGBl 1996/447)*

(BGBl 1992/769)

Ausländische Versicherungsunternehmen

§ 8a. (1) Die Satzung ausländischer Versicherungsunternehmen gehört nicht zum Geschäftsplan. Wenn das Unternehmen noch keine Konzession zum Betrieb der Vertragsversicherung besitzt, sind jedoch mit dem Geschäftsplan die Satzung sowie die Namen der Mitglieder des zur gesetzlichen Vertretung befugten Organs und der Aufsichtsorgane des Versicherungsunternehmens der „FMA"* zur Kenntnis zu bringen. Änderungen der Satzung sind der „FMA"* zur Kenntnis zu bringen. „ "** *(BGBl 1996/447; *BGBl I 2001/97; **BGBl I 2003/33)*

(2) Mit dem Geschäftsplan ist vorzulegen:

1. eine Bescheinigung der zuständigen Behörde des Sitzstaates darüber, welche Versicherungszweige das Versicherungsunternehmen im Sitzstaat zu betreiben befugt ist und welche es tatsächlich betreibt,

2. wenn das Versicherungsunternehmen noch keine Konzession zum Betrieb der Vertragsversicherung besitzt, die Bilanz sowie die Gewinn- und Verlustrechnung für jedes der drei letzten Geschäftsjahre; besteht das Unternehmen noch nicht so lange, so sind diese Unterlagen für die bereits abgeschlossenen Geschäftsjahre vorzulegen. *(BGBl 1996/447)*

(BGBl 1992/769)

Vorschriften für die Schweiz

§ 8b. „ " Versicherungsunternehmen mit Sitz in der Schweizerischen Eidgenossenschaft haben mit dem Geschäftsplan auch eine Bescheinigung der Schweizerischen Aufsichtsbehörde vorzulegen
1. darüber, daß das Unternehmen über die erforderlichen Eigenmittel sowie über die erforderlichen Mittel gemäß § 8 Abs. 2 Z 4 und 5 verfügt,
2. über die Art der tatsächlich gedeckten Risken,
3. darüber, daß das Unternehmen eine zulässige Rechtsform angenommen hat,
4. darüber, daß das Unternehmen außer der Vertragsversicherung nur solche Geschäfte betreibt, die mit dieser in unmittelbarem Zusammenhang stehen.
(BGBl 1996/447)
(BGBl 1995/23)

Inhalt des Versicherungsvertrages

§ 9. „(1)"* Ein „Direktversicherungsvertrag"** über im Inland belegene Risken hat insbesondere Bestimmungen zu enthalten
1. über die Ereignisse, bei deren Eintritt der Versicherer zu einer Leistung verpflichtet ist, und über die Fälle, in denen aus besonderen Gründen diese Pflicht ausgeschlossen oder aufgehoben sein soll,
2. über die Art, den Umfang und die Fälligkeit der Leistungen des Versicherers,
3. über die Feststellung und Leistung des Entgelts, das der Versicherungsnehmer an den Versicherer zu entrichten hat, und über die Rechtsfolgen, die eintreten, wenn er damit in Verzug ist,
4. über die Dauer des Versicherungsvertrages, insbesondere ob und auf welche Weise er stillschweigend verlängert, ob, auf welche Weise und zu welchem Zeitpunkt er gekündigt oder sonst ganz oder teilweise aufgehoben werden kann, und über die Verpflichtungen des Versicherers in diesen Fällen,
5. über den Verlust des Anspruchs aus dem Versicherungsvertrag, wenn Fristen versäumt werden,
6. in der Lebensversicherung außerdem über die Voraussetzung und den Umfang der Gewährung von Vorauszahlungen „auf Polizzen". *(BGBl I 1998/126)*
(*BGBl I 2006/95; **BGBl I 2007/56)

(2) Der Faktor Geschlecht darf nicht zu unterschiedlichen Prämien oder Leistungen für Frauen und Männer führen. *(BGBl I 2002/46; BGBl I 2006/95; BGBl I 2013/12, vgl die Übergangsbestimmung in § 129m)*

(3) und (4) *(aufgehoben, BGBl I 2013/12)*
(BGBl 1994/652)

Mitteilungspflichten[1)]
[1)] *Überschrift offensichtlich überlagert (BGBl 1996/447).*

§ 9a. (1) Der Versicherungsnehmer ist bei Abschluß eines „Direktversicherungsvertrages" über ein im Inland belegenes Risiko vor Abgabe seiner Vertragserklärung schriftlich zu informieren über
1. Name, Anschrift des Sitzes und Rechtsform des Versicherungsunternehmens, gegebenenfalls auch der Zweigniederlassung, über die der Versicherungsvertrag abgeschlossen wird,
2. das auf den Vertrag anwendbare Recht oder, wenn das anwendbare Recht frei gewählt werden kann, das vom Versicherungsunternehmen vorgeschlagene Recht,
3. Bezeichnung und Anschrift der für das Unternehmen zuständigen Aufsichtsbehörde oder sonstigen Stelle, an die den Versicherungsvertrag betreffende Beschwerden gerichtet werden können,
4. die Laufzeit des Versicherungsvertrages,
5. die Prämienzahlungsweise und die Prämienzahlungsdauer,
6. die Umstände, unter denen der Versicherungsnehmer den Abschluß des Versicherungsvertrages widerrufen oder von diesem zurücktreten kann.
(BGBl I 2007/56)

(2) Außer in der Lebensversicherung bestehen die Informationspflichten gemäß Abs. 1 Z 2 und 3 nur gegenüber natürlichen Personen.

(3) Ist wegen der Art des Zustandekommens des Vertrages eine schriftliche Information des Versicherungsnehmers vor Abgabe seiner Vertragserklärung nicht möglich, so wird der Informationspflicht dadurch entsprochen, daß der Versicherungsnehmer die Information spätestens gleichzeitig mit dem Versicherungsschein erhält.

(4) Die Angaben gemäß Abs. 1 Z 1 müssen jedenfalls auch aus dem Versicherungsantrag sowie aus dem Versicherungsschein und allen anderen Deckung gewährenden Dokumenten ersichtlich sein.

(5) Während der Laufzeit des Versicherungsvertrages ist der Versicherungsnehmer schriftlich über Änderungen der Angaben gemäß Abs. 1 Z 1, 4 und 5 und über Änderungen der Niederlassung (Sitz oder Zweigniederlassung), von der aus der Vertrag verwaltet wird, zu informieren.

(6) Die Information muß in deutscher Sprache abgefaßt sein, es sei denn, daß der Versicherungsnehmer sich mit der Verwendung einer anderen Sprache ausdrücklich einverstanden erklärt oder das Recht eines anderen Staates gewählt hat.

(BGBl 1996/447)

13. VAG
§§ 10 – 10a

Änderungen des Geschäftsbetriebes

§ 10. (1) Änderungen der Satzung bedürfen der Genehmigung der „FMA". § 4 Abs. 6 Z 2 ist anzuwenden. *(BGBl I 2001/97)*

(2) „Änderungen in der Art der Risken, die das Versicherungsunternehmen decken will, im Fall der übernommenen Rückversicherung auch der Art der Rückversicherungsverträge, die das Versicherungsunternehmen mit Vorversicherern abgeschlossen hat, sind der FMA anzuzeigen."** Besteht die Änderung in der Deckung zusätzlicher Risken innerhalb eines Versicherungszweiges, so darf sie erst nach dieser Anzeige vorgenommen werden. Sollen zusätzliche Risken in wesentlichem Umfang gedeckt werden, so kann die „FMA"* hiefür die Angaben gemäß § 8 Abs. 2 Z 2 und 4 und Abs. 3 verlangen. *(BGBl 1996/447; *BGBl I 2001/97; **BGBl I 2007/56, – vgl die Übergangsbestimung in § 129i Abs 11)*

(3) Änderungen der Grundzüge der Rückversicherungspolitik (§ 8 Abs. 2 Z 2) sind der „FMA" anzuzeigen. Sie dürfen erst nach dieser Anzeige vorgenommen werden." *(BGBl 1996/447; BGBl I 2001/97)*

(4) Die Errichtung einer Zweigniederlassung im Ausland ist der „FMA" zur Kenntnis zu bringen. Bedarf das Versicherungsunternehmen hiezu einer Bescheinigung entsprechend § 8 Abs. 2 Z 1, so ist die „FMA" zur Ausstellung einer solchen Bescheinigung verpflichtet. Eine Ablehnung der Ausstellung der Bescheinigung hat mit Bescheid zu erfolgen. *(BGBl I 2001/97)*

(5) Beantragt ein inländisches Versicherungsunternehmen die Erteilung der Konzession für eine Zweigniederlassung in der Schweizerischen Eidgenossenschaft, so hat die „FMA"** zu dem von der Schweizerischen Aufsichtsbehörde mit einer gutächtlichen Äußerung übermittelten Geschäftsplan innerhalb von drei Monaten Stellung zu nehmen, sofern sie gegen die Konzessionserteilung einen Einwand hat. Die Ablehnung der Ausstellung einer Bescheinigung entsprechend „§ 8b"* hat mit Bescheid zu erfolgen. "* *(BGBl 1995/23; *BGBl 1996/447; **BGBl I 2001/97)*

(6) Die FMA hat gegen die Verlegung des Sitzes einer Europäischen Gesellschaft (SE) gemäß Art. 8 Abs. 14 zweiter Unterabsatz der Verordnung (EG) Nr. 2157/2001 (ABl. Nr. L 294 vom 10. November 2001, S 1) Einspruch zu erheben, wenn die Interessen der Versicherten nicht ausreichend gewahrt sind. *(BGBl I 2004/67)*

(BGBl 1994/652)

Vorschriften für den EWR

§ 10a. (1) Beabsichtigt ein inländisches Versicherungsunternehmen, eine Zweigniederlassung in einem Vertragsstaat zu errichten, so hat es der „FMA" mit der Mitteilung gemäß § 10 Abs. 4 erster Satz folgendes anzugeben:

1. den Staat, in dem die Zweigniederlassung errichtet werden soll,

2. einen Geschäftsplan für die Zweigniederlassung, der insbesondere die Organisationsstruktur und die in § 8 Abs. 2 Z 1, 4 und 5 und Abs. 3 angeführten Bestandteile enthält, *(BGBl 1996/447)*

3. die Anschrift im Staat der Zweigniederlassung, an der die Unterlagen über den Geschäftsbetrieb der Zweigniederlassung angefordert werden und an die die für den Hauptbevollmächtigten bestimmten Mitteilungen gerichtet werden können,

4. den Namen des Hauptbevollmächtigten der Zweigniederlassung, der mit einer ausreichenden Vollmacht versehen sein muß, um das Versicherungsunternehmen gegenüber Dritten zu verpflichten und es bei den Behörden und vor den Gerichten des Staates der Zweigniederlassung zu vertreten.

(BGBl I 2001/97)

(1a) Soll sich der Geschäftsbetrieb der Zweigniederlassung auf die Kraftfahrzeug-Haftpflichtversicherung (Z 10 der Anlage A zu diesem Bundesgesetz) mit Ausnahme der Versicherung der Haftpflicht des Frachtführers erstrecken, so hat das Versicherungsunternehmen die Erklärung zum Beitritt oder die Zugehörigkeit zum nationalen Versicherungsbüro gemäß Art. 1 Z 3 der Richtlinie 72/166/EWG (ABl. Nr. L 103 vom 2. Mai 1972, S 1) und zur Einrichtung gemäß Art. 1 Abs. 4 der Richtlinie 84/5/EWG (ABl. Nr. L 8 vom 11. Jänner 1984, S 17) des Staates der Zweigniederlassung nachzuweisen. *(BGBl I 2002/46)*

(2) „Bestehen im Hinblick auf die Verwaltungsstruktur und die finanziellen Verhältnisse des Versicherungsunternehmens gegen die Errichtung der Zweigniederlassung keine Bedenken und besitzen die Mitglieder des Vorstands oder des Verwaltungsrats und die geschäftsführenden Direktoren sowie der Hauptbevollmächtigte die für den Betrieb der Zweigniederlassung erforderliche fachliche Eignung, so hat die FMA innerhalb von drei Monaten nach Einlangen sämtlicher Angaben und Nachweise gemäß Abs. 1 und 1a diese Angaben an die zuständige Behörde des Staates zu übermitteln, in dem die Zweigniederlassung errichtet werden soll."**** Gleichzeitig ist zu bescheinigen, daß das Versicherungsunternehmen über die erforderlichen Eigenmittel verfügt. „Dies gilt nicht, wenn die FMA die Vorlage eines Solvabilitätsplans gemäß § 104 Abs. 1 zweiter Satz oder eines Sanierungsplans gemäß § 104a Abs. 2a verlangt hat und die Gründe hiefür noch nicht weggefallen sind."*** Die „FMA"* hat das Versicherungsunternehmen von der Übermittlung der „Angaben und Nachweise gemäß Abs. 1 und 1a"** unverzüglich zu verständigen. *(*BGBl I

2001/97; ***BGBl I 2002/46;* ****BGBl I 2003/33;* *****BGBl I 2004/67)*

(3) Liegen die Voraussetzungen für die Übermittlung gemäß Abs. 2 nicht vor, so hat die „FMA"* dies gegenüber dem Versicherungsunternehmen mit Bescheid auszusprechen. Die „FMA"* ist verpflichtet, diesen Bescheid spätestens drei Monate nach Einlangen sämtlicher Angaben und Nachweise gemäß Abs. 1 und 1a"** zu erlassen. *(*BGBl I 2001/97; **BGBl I 2002/46)*

(4) „Änderungen in den Angaben gemäß Abs. 1 sind spätestens einen Monat vor Durchführung der betreffenden Maßnahme der „FMA"** mitzuteilen."* Liegen auf Grund dieser Änderungen die Voraussetzungen für den Betrieb der Zweigniederlassung im Sinne des Abs. 2 nicht mehr vor, so hat die „FMA"** dies gegenüber dem Versicherungsunternehmen mit Bescheid auszusprechen. Die „FMA"** ist verpflichtet, diesen Bescheid spätestens drei Monate nach dem Zeitpunkt zu erlassen, in dem die Mitteilung über die Änderung in den Angaben gemäß Abs. 1 bei ihr eingelangt ist. Sobald dieser Bescheid rechtskräftig ist, ist dies der zuständigen Behörde des Staates der Zweigniederlassung unverzüglich mitzuteilen. *(*BGBl 1996/447; **BGBl I 2001/97)*

(BGBl 1994/652)

Organe

§ 11. (1) Inländische Versicherungsunternehmen haben der FMA die Bestellung neuer Mitglieder ihres Vorstands oder ihres Verwaltungsrats und „neuer geschäftsführender Direktoren" nach Tunlichkeit spätestens einen Monat vor, jedenfalls aber unverzüglich nach ihrer Vornahme sowie unverzüglich das Ausscheiden von Mitgliedern des Vorstands oder des Verwaltungsrats und von geschäftsführenden Direktoren anzuzeigen. Mit der Anmeldung der Eintragung von Mitgliedern des Vorstands oder des Verwaltungsrats und der geschäftsführenden Direktoren in das Firmenbuch ist die Anzeige der Bestellung vorzulegen. „Die Wahl neuer Mitglieder des Aufsichtsrats und das Ausscheiden von gewählten Mitgliedern des Aufsichtsrats sind der FMA unverzüglich anzuzeigen." *(BGBl I 2004/67; BGBl I 2007/56)*

(2) Ausländische Versicherungsunternehmen haben der FMA die Bestellung neuer Mitglieder der Geschäftsleitung nach Tunlichkeit spätestens einen Monat vor, jedenfalls aber unverzüglich nach ihrer Vornahme sowie unverzüglich das Ausscheiden von Mitgliedern der Geschäftsleitung anzuzeigen. Mit der Anmeldung der Eintragung von Mitgliedern der Geschäftsleitung in das Firmenbuch ist die Anzeige der Bestellung vorzulegen. Änderungen in der Zusammensetzung der in § 8a Abs. 1 zweiter Satz angeführten Organe sind der FMA unverzüglich anzuzeigen. *(BGBl I 2002/46)*

(3) Die Mitglieder des Vorstands oder des Verwaltungsrats und die geschäftsführenden Direktoren eines inländischen Versicherungsunternehmens oder die Geschäftsleiter der inländischen Zweigniederlassung eines ausländischen Versicherungsunternehmens dürfen keine Tätigkeit ausüben, die geeignet ist, die ordnungsmäßige Geschäftsführung des Versicherungsunternehmens zu beeinträchtigen. Die Mitglieder des Vorstands und die geschäftsführenden Direktoren eines inländischen Versicherungsunternehmens oder die Geschäftsleiter der inländischen Zweigniederlassung eines ausländischen Versicherungsunternehmens dürfen keinen Hauptberuf außerhalb der Versicherungswirtschaft oder des Bankwesens ausüben. *(BGBl I 2004/67)*

Besondere Vorschriften für Organe von Versicherungsunternehmen

§ 11a. (1) Mitglieder des Vorstands, des Verwaltungsrats oder geschäftsführende Direktoren dürfen frühestens nach Ablauf einer Periode von zwei Jahren nach Beendigung ihrer Funktion eine Tätigkeit als Vorsitzender des Aufsichtsrats innerhalb desselben Unternehmens aufnehmen, in dem sie zuvor in dieser geschäftsleitenden Funktion tätig waren.

(2) Nimmt ein Mitglied des Vorstands, des Verwaltungsrats oder ein geschäftsführender Direktor entgegen Abs. 1 eine Funktion als Vorsitzender des Aufsichtsrats ein, so gilt er als nicht zum Vorsitzenden gewählt.

(3)[1] Unbeschadet anderer bundesgesetzlicher Bestimmungen darf die Tätigkeit eines Vorsitzenden des Aufsichtsrats bei einem Versicherungsunternehmen nur ausüben, wer die folgenden Anforderungen dauernd erfüllt:

1. Es liegt kein Ausschließungsgrund im Sinne des § 13 Abs. 1 bis 3, 5 und 6 GewO 1994 vor und über das Vermögen des Vorsitzenden des Aufsichtsrats oder eines anderen Rechtsträgers als einer natürlichen Person, auf deren Geschäfte dem Vorsitzenden des Aufsichtsrats maßgebender Einfluss zusteht oder zugestanden ist, wurde kein Konkurs eröffnet, es sei denn, im Rahmen des Konkursverfahrens ist es zum Abschluss eines „insolvenzrechtlichen Sanierungsplanes" gekommen, der erfüllt wurde; dies gilt auch, wenn ein damit vergleichbarer Tatbestand im Ausland verwirklicht wurde; *(BGBl I 2010/58)*

2. der Vorsitzende des Aufsichtsrats verfügt über geordnete wirtschaftliche Verhältnisse und es liegen keine Tatsachen vor, aus denen sich Zweifel an seiner persönlichen Zuverlässigkeit für die Ausübung der Funktion als Vorsitzender des Aufsichtsrats ergeben;

3. der Vorsitzende des Aufsichtsrats ist fachlich geeignet und hat die für die Ausübung seiner Funktion erforderlichen Erfahrungen; die fachliche Eignung setzt für das betreffende Versicherungsunternehmen angemessene Kenntnisse im Bereich des Betriebes und der Rechnungslegung eines Versicherungsunternehmens voraus;

4. gegen den Vorsitzenden des Aufsichtsrats, der nicht österreichischer Staatsbürger ist, liegen in dem Staat, dessen Staatsbürgerschaft er besitzt, keine Ausschließungsgründe als Vorsitzenden des Aufsichtsrats im Sinne der Z 1 bis 3 vor; dies ist durch die Versicherungsaufsichtsbehörde des Heimatlandes zu bestätigen; kann jedoch eine solche Bestätigung nicht erlangt werden, so hat der betreffende Vorsitzende des Aufsichtsrats dies glaubhaft zu machen, das Fehlen der genannten Ausschließungsgründe zu bescheinigen und eine Erklärung abzugeben, ob die genannten Ausschließungsgründe vorliegen.

(4) Das Ergebnis der Wahl zum Vorsitzenden des Aufsichtsrats ist der FMA schriftlich binnen zwei Wochen unter Bescheinigung der in Abs. 3 genannten Anforderungen zur Kenntnis zu bringen. Auf Antrag der FMA hat der zur Ausübung der Gerichtsbarkeit in Handelssachen berufene Gerichtshof erster Instanz im Verfahren außer Streitsachen die Wahl des Vorsitzenden des Aufsichtsrats zu widerrufen, wenn dieser die in Abs. 3 genannten Anforderungen nicht erfüllt. Der Antrag ist binnen vier Wochen nach der Übermittlung des Ergebnisses der Wahl zu stellen. Bis zur rechtskräftigen Entscheidung des Gerichts ruht die Funktion des Vorsitzenden des Aufsichtsrats. Ist ein Vorsitzender des Aufsichtsrats Mitglied des Vorstands, des Verwaltungsrats oder geschäftsführender Direktor eines Versicherungsunternehmens mit Sitz in einem Mitgliedstaat, so kann die FMA von der Erfüllung der Voraussetzungen gemäß Abs. 3 Z 1 bis 4 ausgehen, sofern ihr nichts Gegenteiliges bekannt wird.

(5) Abs. 1 bis 4 gelten nur für Versicherungsunternehmen, deren verrechnete Prämien des gesamten auf Grund der Konzession betriebenen Geschäfts zum Zeitpunkt der Wahl 500 Millionen Euro übersteigen.

(BGBl I 2007/107)

---

[1] *Vgl zum Anwendungsbereich des Abs 3: § 119i Abs 20 letzter Satz.*

Aktionäre

„§ 11b." (1)[1] Personen (interessierte Erwerber), die allein oder gemeinsam mit anderen Personen

a) an einem inländischen Versicherungsunternehmen unmittelbar oder mittelbar eine Beteiligung erwerben wollen, die dazu führt, dass sie mindestens 10 vH des Grundkapitals oder der Stimmrechte halten oder auf sonstige Weise maßgeblichen Einfluss auf die Geschäftsführung nehmen können oder

b) eine solche Beteiligung bereits besitzen, und ihren Anteil unmittelbar oder mittelbar auf eine Weise erhöhen, dass sie die Grenze von 20 vH, 30 vH oder 50 vH des Grundkapitals oder der Stimmrechte erreichen oder überschreiten oder auf eine Weise erhöhen, dass das Versicherungsunternehmen ihr Tochterunternehmen im Sinn des § 244 UGB wird,

haben dies zuvor der FMA unter Angabe des Betrages dieser Beteiligung und der Informationen gemäß § 11d Abs. 3 schriftlich anzuzeigen. Die Anzeige kann durch alle gemeinsam, mehrere oder jeden der gemeinsam handelnden Personen einzeln vorgenommen werden. Auf die Feststellung der Stimmrechte ist § 91 Abs. 1a bis 2a in Verbindung mit §§ 92 und 92a Abs. 2 und 3 BörseG anzuwenden, wobei Stimmrechte oder Kapitalanteile, die Wertpapierfirmen oder Kreditinstitute infolge einer Übernahme der Emission von Finanzinstrumenten oder Platzierung von Finanzinstrumenten mit fester Übernahmeverpflichtung im Sinne des § 1 Z 2 lit. f Wertpapieraufsichtsgesetz 2007 – WAG 2007, BGBl. I Nr. 60/2007 (WAG 2007), halten, nicht zu berücksichtigen sind, vorausgesetzt, diese Rechte werden nicht ausgeübt oder anderweitig benutzt, um in die Geschäftsführung des Emittenten einzugreifen, und werden innerhalb eines Jahres nach dem Zeitpunkt des Erwerbs veräußert. *(BGBl I 2009/22)*

(2)[1] Die FMA hat einen gemäß Abs. 1 angezeigten Erwerb von Anteilsrechten vorbehaltlich des § 11c Abs. 2 und 3 innerhalb eines Beurteilungszeitraums von 60 Arbeitstagen ab dem Datum der schriftlichen Bestätigung des Eingangs der Anzeige gemäß § 11c Abs. 1 und der gemäß § 11d Abs. 3 beizubringenden Informationen zu untersagen, wenn nach Prüfung der Kriterien gemäß § 11d Abs. 1 dafür vernünftige Gründe gibt oder die vom interessierten Erwerber vorgelegten Informationen unvollständig sind. Wird der Erwerb innerhalb des Beurteilungszeitraums von der FMA nicht schriftlich untersagt, so gilt er als genehmigt. Wird der Erwerb untersagt, so kann die FMA eine Frist setzen, innerhalb derer der Erwerb erfolgen muss. Diese Frist kann gegebenenfalls verlängert werden. *(BGBl I 2009/22)*

(3)[1] Der Anteilsinhaber hat der FMA unter Angabe des geplanten Umfangs der Beteiligung schriftlich anzuzeigen, wenn eine unter Abs. 1 fallende Beteiligung aufgegeben oder in der Weise verringert werden soll, dass der Anteil von 20 vH, 30 vH oder 50 vH des Grundkapitals oder der Stimmrechte unterschritten wird oder das Versicherungsunternehmen nicht mehr ein Tochterunternehmen im Sinn des § 244 UGB ist. *(BGBl I 2005/120; BGBl I 2009/22)*

(4) Inländische Versicherungsunternehmen haben der „FMA" jeden Erwerb und jede Aufgabe von Anteilsrechten, die gemäß Abs. 1 und 3 angezeigt werden müssen, unverzüglich mitzuteilen, sobald sie davon Kenntnis erlangen. Ferner haben sie der „FMA" mindestens einmal jährlich die Namen und Anschriften der Aktionäre, die anzeigepflichtige Beteiligungen halten, und das Ausmaß dieser Beteiligungen mitzuteilen, wie es sich insbesondere aus den anläßlich der ordentlichen Hauptversammlung getroffenen Feststellungen oder aus den auf Grund der §§ 91 bis 94 BörseG erhaltenen Informationen ergibt. *(BGBl I 2001/97)*

(5) Besteht die Gefahr, daß Personen, die eine Beteiligung gemäß Abs. 1 haben, einen Einfluß ausüben, der sich zum Schaden einer soliden und umsichtigen Führung des Versicherungsunternehmens auswirkt, so hat die „FMA" die zur Beseitigung dieser Gefahr erforderlichen Maßnahmen, insbesondere Maßnahmen gemäß § 106, zu ergreifen. Der für den Sitz des Versicherungsunternehmens zur Ausübung der Gerichtsbarkeit in Handelssachen in erster Instanz zuständige Gerichtshof hat auf Antrag der „FMA" das Ruhen der Stimmrechte für die Aktien zu verfügen, die von den betreffenden Personen gehalten werden. Das Ruhen der Stimmrechte endet, wenn das Gericht auf Antrag der „FMA" oder der betreffenden Personen festgestellt hat, daß die Gefahr nicht mehr besteht, oder wenn die Anteilsrechte von Dritten erworben wurden und für diesen Erwerb, soweit eine Anzeigepflicht gemäß Abs. 1 besteht, die Frist zur Untersagung des Erwerbes gemäß Abs. 2 abgelaufen ist. Das Gericht entscheidet nach den vorstehenden Bestimmungen im Verfahren außer Streitsachen. *(BGBl I 2001/97)*

(6) Abs. 5 ist auch anzuwenden, wenn eine gemäß Abs. 1 vorgeschriebene Anzeige unterblieben ist. Wurden Anteilsrechte entgegen einer Untersagung gemäß Abs. 2 erworben, so ruhen die damit verbundenen Stimmrechte bis zu einer Feststellung der „FMA", daß der Grund für die Untersagung nicht mehr besteht. *(BGBl I 2001/97)*

(7) Verfügt das Gericht das Ruhen der Stimmrechte gemäß Abs. 5 zweiter Satz, so hat es gleichzeitig einen Treuhänder zu bestellen, der den im Interesse einer soliden und umsichtigen Führung des Versicherungsunternehmens zu stellenden Ansprüchen genügt (§ 4 Abs. 6 Z 5), und ihm die Ausübung der Stimmrechte zu übertragen. Im Fall des Abs. 6 zweiter Satz hat die „FMA" bei dem gemäß Abs. 5 zweiter Satz zuständigen Gericht die Bestellung eines Treuhänders unverzüglich zu beantragen, wenn ihr bekannt wird, daß die Stimmrechte ruhen. Der Treuhänder hat Anspruch auf Ersatz seiner Auslagen und auf Vergütung für seine Tätigkeit, deren Höhe vom Gericht festzusetzen ist. Das Versicherungsunternehmen und die Aktionäre, deren Stimmrechte ruhen, haften dafür zur ungeteilten Hand. Gegen Beschlüsse, womit die Höhe der Vergütung des Treuhänders und der ihm zu ersetzenden Auslagen bestimmt wird, steht den Verpflichteten der Rekurs offen. Gegen die Entscheidung des Oberlandesgerichtes findet ein weiterer Rechtszug nicht statt. *(BGBl I 1998/126; BGBl I 2001/97)*

(BGBl 1994/652; BGBl I 2007/107)

---

[1] *Vgl die Übergangsbestimmung in § 119i Abs 23 2. Satz.*

Verfahren zur Beurteilung des Erwerbs

§ 11c.[1] (1) Die FMA hat dem interessierten Erwerber umgehend, jedenfalls innerhalb von zwei Arbeitstagen nach Erhalt der vollständigen Anzeige gemäß § 11b Abs. 1 sowie dem etwaigen anschließenden Erhalt der Informationen gemäß Abs. 2 schriftlich deren Eingang zu bestätigen und gleichzeitig den Zeitpunkt des Ablaufs des Beurteilungszeitraums mitzuteilen. Weist die FMA den interessierten Erwerber auf in der Anzeige offenkundig fehlende Unterlagen oder Informationen hin, so findet § 13 Abs. 3 letzter Satz AVG keine Anwendung.

(2) Die FMA kann bis zum 50. Arbeitstag des Beurteilungszeitraums schriftlich weitere Informationen anfordern, soweit dies für die Beurteilung notwendig ist. Die Beurteilungsfrist gemäß § 11b Abs. 2 wird ab dem Zeitpunkt dieser Anforderung bis zum Eingang der Antwort des interessierten Erwerbers, höchstens jedoch für 20 Arbeitstage, gehemmt.

(3) Die FMA kann diese Frist von 20 Arbeitstagen bis auf 30 Arbeitstage ausdehnen, wenn der interessierte Erwerber

1. seinen Sitz außerhalb des EWR hat oder außerhalb des EWR beaufsichtigt wird oder

2. nicht einer Beaufsichtigung gemäß den Richtlinien 85/611/EWG (ABl. Nr. L 375 vom 31. Dezember 1985), 92/49/EWG, 2004/39/EG (ABl. Nr. L 145 vom 30. April 2004), 2005/68/EG oder 2006/48/EG (ABl. Nr. L 177 vom 30. Juni 2006) unterliegt.

(4) Die Anforderung weiterer Ergänzungen oder Klarstellungen zu diesen Informationen führt zu keiner weiteren Hemmung der Beurteilungsfrist.

(5) Der Bescheid zur Untersagung des beabsichtigten Erwerbs ist innerhalb von zwei Arbeitstagen nach Entscheidung durch die FMA zu versenden. Auf Antrag des interessierten Erwerbers hat die FMA auch im Falle der Nichtuntersagung einen Bescheid auszustellen. Sofern es sich bei dem interessierten Erwerber um ein beaufsichtigtes Finanzunternehmen gemäß Abs. 6 handelt, hat die FMA in der Begründung des Bescheids

alle Bemerkungen oder Vorbehalte seitens der für den interessierten Erwerber zuständigen Behörde zu vermerken. Der Bescheid kann mit Bedingungen und Auflagen versehen werden, um die Erfüllung der Kriterien gemäß § 11d sicherzustellen. Die FMA kann unter Beachtung der Anforderungen gemäß § 22c Z 3 lit. a bis c Finanzmarktaufsichtsbehördengesetz, BGBl. I Nr. 97/2001 (FMABG), den Bescheid samt Begründung auf Antrag des interessierten Erwerbers öffentlich bekannt machen.

(6) Die FMA arbeitet bei der Beurteilung eines beabsichtigten Erwerbs oder einer Erhöhung einer Beteiligung gemäß § 11b Abs. 1 eng mit den zuständigen Behörden der anderen Mitgliedstaaten zusammen und tauscht unverzüglich die Informationen aus, die für die Beurteilung wesentlich oder relevant sind, wenn der interessierte Erwerber

1. ein Kreditinstitut, ein Lebens-, Schaden- oder Rückversicherungsunternehmen, eine Wertpapierfirma oder eine Verwaltungsgesellschaft im Sinne des Artikels 1a Nummer 2 der Richtlinie 85/611/EWG (OGAW-Verwaltungsgesellschaft) ist,

2. ein Mutterunternehmen eines Kreditinstituts, eines Lebens-, Schaden- oder Rückversicherungsunternehmens, einer Wertpapierfirma oder einer OGAW-Verwaltungsgesellschaft ist,

3. ein Kreditinstitut, ein Lebens-, Schaden- oder Rückversicherungsunternehmen, eine Wertpapierfirma oder eine OGAW-Verwaltungsgesellschaft kontrolliert,

das oder die in einem anderen Mitgliedstaat als dem, in dem der Erwerb beabsichtigt wird, oder von einer für eine andere Branche zuständigen Behörde zugelassen ist.

(7) Im Falle eines Verfahrens gemäß Abs. 6 hat die FMA auf Anfrage einer zuständigen Behörde alle wesentlichen oder relevanten Informationen mitzuteilen und von sich aus die zuständigen Behörden über alle wesentlichen Informationen, insbesondere auch über die Beurteilung des Erwerbs und über eine allfällige Untersagung des Erwerbs zu informieren. Die FMA hat insbesondere zu den Kriterien gemäß § 11d Abs. 1 Z 1, 2 und 5 Stellungnahmen der zuständigen Behörden einzuholen.

(BGBl I 2009/22)

[1] Vgl. die Übergangsbestimmung in § 119i Abs 23 2. Satz.

Kriterien für die Beurteilung des Erwerbs

§ 11d.[1] (1) Die FMA hat bei der Beurteilung der Anzeige und der Informationen gemäß § 11b Abs. 1 im Interesse einer soliden und umsichtigen Führung des Versicherungsunternehmens, an dem der Erwerb beabsichtigt wird, und unter Berücksichtigung des voraussichtlichen Einflusses des interessierten Erwerbers auf das Versicherungsunternehmen die Eignung des interessierten Erwerbers und die finanzielle Solidität des beabsichtigten Erwerbs im Hinblick auf sämtliche folgende Kriterien zu prüfen:

1. die Zuverlässigkeit des interessierten Erwerbers;

2. die Zuverlässigkeit und die Erfahrung jeder Person, die die Geschäfte des Versicherungsunternehmens infolge des beabsichtigten Erwerbs leiten wird gemäß § 4 Abs. 6 Z 1 und 1a;

3. die finanzielle Solidität des interessierten Erwerbers, insbesondere in Bezug auf die Art der tatsächlichen und geplanten Geschäfte des Versicherungsunternehmens, an dem der Erwerb beabsichtigt wird;

4. ob das Versicherungsunternehmen in der Lage sein und bleiben wird, den Aufsichtsanforderungen aufgrund der Richtlinien 92/49/EWG, 98/78/EG, 2002/83/EG, 2002/87/EG und 2005/68/EG zu genügen und insbesondere, ob die Gruppe, zu der das Versicherungsunternehmen gehören wird, über eine Struktur verfügt, die es ermöglicht, eine wirksame Beaufsichtigung auszuüben, einen wirksamen Austausch von Informationen zwischen den zuständigen Aufsichtsbehörden durchzuführen und die Aufteilung der Zuständigkeiten zwischen den zuständigen Aufsichtsbehörden zu bestimmen (§ 4 Abs. 6 Z 6);

5. ob ein hinreichender Verdacht besteht, dass im Zusammenhang mit dem beabsichtigten Erwerb Geldwäsche oder Terrorismusfinanzierung im Sinne des Artikels 1 der Richtlinie 2005/60/EG stattfinden, stattgefunden hat oder ob diese Straftaten versucht wurden bzw. ob der beabsichtigte Erwerb das Risiko eines solchen Verhaltens erhöhen könnte.

(2) Bei der Beurteilung des beabsichtigten Erwerbs ist auf die wirtschaftlichen Bedürfnisse des Marktes nicht abzustellen.

(3) Die FMA hat unter Berücksichtigung der europäischen Gepflogenheiten in diesem Bereich durch Verordnung eine Liste der gemäß § 11b Abs. 1 vorzulegenden Informationen festzusetzen. Die Informationen müssen für die aufsichtsrechtliche Beurteilung des Vorliegens der Kriterien gemäß Abs. 1 Z 1 bis 5 geeignet und erforderlich sein. Der Umfang der beizubringenden Informationen hat der Art des interessierten Erwerbers und der Art des beabsichtigten Erwerbs angemessen und angepasst zu sein. Dabei sind Umfang und Art der Beteiligung sowie die Größe und die Geschäftsbereiche des interessierten Erwerbers und des Versicherungsunternehmens, an dem der Erwerb beabsichtigt ist, zu berücksichtigen. In der Verordnung hat die FMA auch Art und Form der Übermittlung der Informationen näher zu regeln, um eine rasche und präzise Identifikation des Antragsinhaltes zu ermöglichen.

(4) Werden der FMA zwei oder mehrere Vorhaben betreffend den Erwerb oder die Erhöhung von Beteiligungen gemäß § 11b Abs. 1 an ein und demselben Versicherungsunternehmen angezeigt, so hat die FMA alle interessierten Erwerber auf nicht diskriminierende Art und Weise zu behandeln.
(BGBl I 2009/22)

---

[1] *Vgl die Übergangsbestimmung in § 119i Abs 23 2. Satz.*

Rechtsschutzversicherung

§ 12. (1) „Ein Versicherungsunternehmen, das auf Grund einer gemäß § 4 Abs. 1 erteilten Konzession die Rechtsschutzversicherung (Z 17 der Anlage A zu diesem Bundesgesetz) betreibt, muss"

1. sicherstellen, daß die mit der Schadenregulierung in diesem Versicherungszweig befaßten Personen nicht eine gleiche oder ähnliche Tätigkeit in einem anderen von diesem Unternehmen betriebenen Versicherungszweig oder für ein anderes, mit diesem Unternehmen gemäß § 228 Abs. 3 UGB verbundenes Unternehmen ausüben, oder *(BGBl I 2005/120)*

2. die Schadenregulierung in diesem Versicherungszweig auf ein anderes Unternehmen übertragen.
(BGBl 1994/652; BGBl I 2002/46)

(2) Die Geschäftsleiter des Unternehmens, auf das die Schadenregulierung gemäß Abs. 1 Z 2 übertragen wird, müssen im Sinn des § 4 Abs. 6 Z 1 geeignet sein. Die in diesem Unternehmen mit der Schadenregulierung befaßten Personen dürfen nicht eine gleiche oder ähnliche Tätigkeit für ein mit diesem Unternehmen gemäß § 228 Abs. 3 UGB verbundenes Unternehmen ausüben. *(BGBl I 2005/120)*

(3) Abs. 1 gilt nicht für Risken, die sich auf Streitigkeiten oder Ansprüche beziehen, die aus dem Einsatz von Schiffen auf See entstehen oder mit deren Einsatz verbunden sind.
(BGBl 1992/769)

Kraftfahrzeug-Haftpflichtversicherung

§ 12a. (1) Die Konzession zum Betrieb der Kraftfahrzeug-Haftpflichtversicherung (Z 10 der Anlage A zu diesem Bundesgesetz) mit Ausnahme der Versicherung der Haftpflicht des Frachtführers darf nur erteilt werden, wenn das Versicherungsunternehmen in jedem anderen Vertragsstaat einen Schadenregulierungsbeauftragten bestellt.

(2) Der Schadenregulierungsbeauftragte hat die Aufgabe, für das Versicherungsunternehmen Schäden zu erledigen, die Personen, die ihren Wohnsitz oder Sitz in dem Staat haben, für den er bestellt ist, in einem anderen Staat, dessen nationales Versicherungsbüro (Art. 1 Z 3 der Richtlinie 72/166/EWG „ ") dem System der Grünen Karte beigetreten ist, mit einem Fahrzeug zugefügt worden sind, das seinen gewöhnlichen Standort in einem anderen Vertragsstaat als dem Wohnsitz- oder Sitzstaat des Geschädigten hat und das beim Sitz oder einer in einem anderen Vertragsstaat als dem Wohnsitz- oder Sitzstaat des Geschädigten gelegenen Zweigniederlassung eines inländischen Versicherungsunternehmens oder bei der inländischen Zweigniederlassung eines Versicherungsunternehmens mit Sitz außerhalb der Vertragsstaaten versichert ist. *(BGBl I 2005/93)*

(3) Für den Schadenregulierungsbeauftragten gelten folgende Voraussetzungen:

1. Er muss über die zur Erfüllung seiner Aufgaben erforderliche persönliche Zuverlässigkeit und fachliche Eignung verfügen und insbesondere in der Lage sein, die Schäden in der Amtssprache oder den Amtssprachen des Staates, für den er bestellt ist, zu bearbeiten.

2. Er muss in dem Staat, für den er bestellt ist, seinen Wohnsitz oder Sitz „oder eine Niederlassung" haben. *(BGBl I 2007/37)*

3. Er muss beauftragt sein, alle erforderlichen Informationen über Schadenfälle, die unter Abs. 2 fallen, zu sammeln und die zur Erledigung des Schadens notwendigen Maßnahmen zu treffen.

4. Er muss über ausreichende Befugnisse verfügen, um das Versicherungsunternehmen bei der Behandlung und Befriedigung von Ansprüchen aus Schadenfällen, die unter Abs. 2 fallen, gegenüber den Geschädigten zu vertreten und diese Ansprüche zu erfüllen.

(4) Eine Änderung der Person oder der Anschrift des Schadenregulierungsbeauftragten ist der FMA unverzüglich anzuzeigen.[1]
(BGBl I 2002/11)

---

[1] *Vgl die Übergangsbestimmung in § 129g Abs 1.*

Bestandübertragung

§ 13. (1) Der Bestand eines Unternehmens an Versicherungsverträgen, die auf Grund einer Konzession gemäß § 4 Abs. 1 abgeschlossen wurden (Versicherungsbestand), kann nach Maßgabe der folgenden Bestimmungen ohne Zustimmung der Versicherungsnehmer in seiner Gesamtheit oder teilweise auf ein anderes Versicherungsunternehmen übertragen werden.

(2) Ein inländisches Versicherungsunternehmen kann seinen Bestand auf ein anderes inländisches Versicherungsunternehmen oder ein Versicherungsunternehmen mit Sitz in einem Vertragsstaat übertragen. Der Bestand kann auch auf eine im Inland oder in einem anderen Vertragsstaat errichtete Zweigniederlassung eines Versiche-

rungsunternehmens mit Sitz außerhalb der Vertragsstaaten übertragen werden, soweit in ihm nur Risiken enthalten sind, die in dem Staat, in dem die Zweigniederlassung errichtet ist, belegen sind. „Die Belegenheit des Risikos richtet sich nach § 14 Abs. 2." *(BGBl I 2009/109)*

(3) Die inländische Zweigniederlassung eines Versicherungsunternehmens mit Sitz außerhalb der Vertragsstaaten kann ihren Bestand auf ein inländisches Versicherungsunternehmen, ein Versicherungsunternehmen mit Sitz in einem Vertragsstaat oder eine andere inländische Zweigniederlassung eines Versicherungsunternehmens mit Sitz außerhalb der Vertragsstaaten übertragen.

(BGBl 1994/652)

§ 13a. (1) Die Bestandübertragung bedarf der Genehmigung durch die „FMA". Ebenso bedürfen Rechtsgeschäfte der Genehmigung, die eine Gesamtrechtsnachfolge herbeiführen. Die Genehmigung ist zu versagen, wenn die Interessen der Versicherten nicht ausreichend gewahrt sind. *(BGBl I 2001/97)*

(1a) Wird der gesamte Versicherungsbetrieb eines inländischen Versicherungsunternehmens, das in Form einer Aktiengesellschaft betrieben wird, durch Spaltung auf eine zu diesem Zweck gegründete inländische Aktiengesellschaft übertragen, so gehen die Konzession zum Betrieb der Vertragsversicherung und die für den abgespaltenen Versicherungsbetrieb erteilten Genehmigungen von der übertragenden auf die aufnehmende Aktiengesellschaft über. Die Genehmigung nach Abs. 1 darf die FMA nur erteilen, wenn die Einhaltung der für den Betrieb der Vertragsversicherung geltenden Vorschriften durch die aufnehmende Aktiengesellschaft gewährleistet ist. *(BGBl I 2009/152)*

(2) „Ist das übernehmende Unternehmen ein inländisches Versicherungsunternehmen oder die inländische Zweigniederlassung eines Versicherungsunternehmens mit Sitz außerhalb der Vertragsstaaten, so ist die Genehmigung auch zu versagen, wenn eine nachteilige Auswirkung der Übertragung auf das Gesamtgeschäft des übernehmenden Versicherungsunternehmens (der übernehmenden Zweigniederlassung) zu befürchten ist oder das übernehmende Versicherungsunternehmen (die übernehmende Zweigniederlassung) nach der Übertragung nicht über die erforderlichen Eigenmittel verfügt oder die FMA von diesem die Vorlage eines Solvabilitätsplans gemäß § 104a Abs. 1 zweiter Satz oder eines Sanierungsplans gemäß § 104a Abs. 2a verlangt hat und die Gründe hiefür noch nicht weggefallen sind." Wird die Eigenmittelausstattung der Zweigniederlassung auf Grund einer Genehmigung gemäß § 5 a Abs. 1 von der zuständigen Behörde eines anderen Vertragsstaates überwacht, so darf die Genehmigung nur erteilt werden, wenn diese Behörde bescheinigt, daß das Versicherungsunternehmen nach der Übertragung über die für seine gesamte Tätigkeit in den Vertragsstaaten erforderlichen Eigenmittel verfügt. *(BGBl I 2007/56)*

(3) Überträgt ein inländisches Versicherungsunternehmen den Bestand einer Zweigniederlassung in einem Vertragsstaat, so ist vor der Genehmigung die zuständige Behörde dieses Staates zu hören. Hat sich diese Behörde innerhalb von drei Monaten, nachdem die Mitteilung über die Bestandübertragung bei ihr eingelangt ist, nicht geäußert, so wird angenommen, daß sie gegen die Übertragung keinen Einwand hat.

(4) Hat das übernehmende Versicherungsunternehmen seinen Sitz in einem anderen Vertragsstaat, so darf die Genehmigung nur erteilt werden, wenn die zuständige Behörde dieses Staates bescheinigt, daß das übernehmende Versicherungsunternehmen nach der Übertragung über die erforderlichen Eigenmittel verfügt.

(5) Gehören zum übertragenen Bestand Risiken, die in anderen Vertragsstaaten belegen sind, so darf die Genehmigung nur erteilt werden, wenn die zuständigen Behörden dieser Staaten der Übertragung zustimmen. Hat sich eine solche Behörde innerhalb von drei Monaten, nachdem die Mitteilung über die Bestandübertragung bei ihr eingelangt ist, nicht geäußert, so gilt die Zustimmung als erteilt.

(6) Ist mit der Bestandübertragung eine Übermittlung von Daten in das Ausland verbunden, so darf die Genehmigung gemäß Abs. 1 nur bei Vorliegen der Genehmigung der Datenschutzkommission[1] gemäß „§ 13 Datenschutzgesetz 2000, BGBl. I Nr. 165/1999 (DSG 2000)," erteilt werden. *(BGBl I 2005/93)*

(7) Ist das übernehmende Unternehmen die inländische Zweigniederlassung eines Unternehmens mit Sitz in der Schweizerischen Eidgenossenschaft, so ist der Nachweis, daß das Unternehmen gemäß Abs. 2 nach der Übertragung über die erforderlichen Eigenmittel verfügt, durch eine Bescheinigung der Schweizerischen Aufsichtsbehörde zu erbringen. *(BGBl 1995/23)*

(BGBl 1994/652)

---
[1] Ab 1. 1. 2014 anstelle „Datenschutzkommission" neu „Datenschutzbehörde" – vgl Art 2 in BGBl I 2013/83.

§ 13b. (1) Bedarf ein Versicherungsunternehmen mit Sitz außerhalb der Vertragsstaaten für die Übertragung des Bestandes einer Zweigniederlassung in einem Vertragsstaat einer Bescheinigung der „ "** „FMA"* entsprechend § 13 a Abs. 2 zweiter Satz, so ist die „FMA"* zur Ausstellung einer solchen Bescheinigung verpflichtet. „Dies gilt nicht, wenn die FMA die Vorlage eines Solvabilitätsplans gemäß § 104a Abs. 1 zweiter Satz oder eines Sanierungsplans gemäß § 104a

Abs. 2a verlangt hat und die Gründe hiefür noch nicht weggefallen sind."*** Die Ablehnung der Ausstellung der Bescheinigung hat mit Bescheid zu erfolgen. *(*BGBl I 2001/97; **BGBl I 2002/46; ***BGBl I 2003/33)*

(2) Überträgt ein Versicherungsunternehmen mit Sitz in einem anderen Vertragsstaat den Bestand einer Zweigniederlassung im Inland, so hat die „FMA", wenn sie dagegen Einwände hat, diese gegenüber der zuständigen Behörde des Sitzstaats innerhalb von drei Monaten, nachdem die Mitteilung über die Bestandübertragung bei ihr eingelangt ist, zu äußern. *(BGBl I 2001/97)*

(3) Ist für die Übertragung des Bestandes eines Versicherungsunternehmens mit Sitz in einem anderen Vertragsstaat eine Bescheinigung der „***" „FMA"* entsprechend § 13 a Abs. 4 erforderlich, so ist die „FMA"* zur Ausstellung einer solchen Bescheinigung verpflichtet. „Dies gilt nicht, wenn die FMA die Vorlage eines Solvabilitätsplans gemäß § 104a Abs. 1 zweiter Satz oder eines Sanierungsplans gemäß § 104a Abs. 2a verlangt hat und die Gründe hiefür noch nicht weggefallen sind."*** Die Ablehnung der Ausstellung der Bescheinigung hat gegenüber dem übernehmenden Versicherungsunternehmen mit Bescheid zu erfolgen. *(*BGBl I 2001/97; **BGBl I 2002/46; ***BGBl I 2003/33)*

(4) Gehören zu dem von einem Versicherungsunternehmen mit Sitz in einem Vertragsstaat übertragenen Bestand Risken, die im Inland belegen sind, so hat die „FMA" ihre entsprechend § 13 a Abs. 5 erforderliche Zustimmung zur Übertragung zu verweigern, wenn die Interessen der Versicherten nicht ausreichend gewahrt sind. Diese Erklärung hat innerhalb von drei Monaten, nachdem die Mitteilung über die Bestandübertragung bei der „FMA" eingelangt ist, gegenüber der zuständigen Behörde des Sitzstaats sowie mit Bescheid gegenüber dem Versicherungsunternehmen zu erfolgen. *(BGBl I 2001/97)*

(5) Bedarf die Zweigniederlassung eines inländischen Versicherungsunternehmens in der Schweizerischen Eidgenossenschaft für die Übernahme eines Bestandes einer Bescheinigung im Sinn des § 13a Abs. 7, so ist die „FMA" zur Ausstellung einer solchen Bescheinigung verpflichtet. Die Ablehnung der Ausstellung der Bescheinigung hat mit Bescheid zu erfolgen. *(BGBl 1995/23; BGBl I 2001/97)*

(BGBl 1994/652)

§ 13c. (1) Die Rechte und Pflichten aus den zum übertragenen Bestand gehörenden Versicherungsverträgen gehen mit der Eintragung in das Firmenbuch oder, sofern eine solche Eintragung nicht zu erfolgen hat, mit der Genehmigung der Bestandübertragung auf das übernehmende Versicherungsunternehmen über. *(BGBl I 2002/46)*

(2) Soweit es sich um Versicherungsverträge über im Inland belegene Risken handelt, hat das Versicherungsunternehmen den betroffenen Versicherungsnehmern die Bestandübertragung mitzuteilen. Diese sind berechtigt, den Versicherungsvertrag zum Ende der Versicherungsperiode, während derer sie von der Bestandübertragung Kenntnis erlangt haben, zu kündigen und den auf die Zeit nach der Beendigung des Versicherungsverhältnisses entfallenden Teil der Prämie unter Abzug der für diese Zeit aufgewendeten Kosten zurückzufordern. „Das Versicherungsunternehmen hat dieses Recht den betroffenen Versicherungsnehmern mitzuteilen." Auf eine Vereinbarung, die von dieser Bestimmung abweicht, kann sich der Versicherer nicht berufen. *(BGBl I 2002/46; BGBl I 2007/56)*

(3) Besteht die Gefahr, daß bei einer Übertragung des Versicherungsbestandes zu Zwecken der Sanierung durch Kündigungen gemäß Abs. 2 die Interessen der anderen Versicherten verletzt werden, oder dient eine Übertragung des Versicherungsbestandes ausschließlich der Strukturveränderung innerhalb eines Konzerns, ohne daß dadurch die Interessen der Versicherten berührt werden, so hat die „FMA" auf Antrag des übernehmenden Versicherungsunternehmens die Kündigung auszuschließen. *(BGBl I 2001/97)*

(4) Abs. 2 zweiter und dritter Satz gelten nicht für Rechtsgeschäfte, die eine Bestandübertragung im Wege der Gesamtrechtsnachfolge herbeiführen. Dies gilt auch bei der Übertragung des gesamten Vermögens auf ein anderes Versicherungsunternehmen, das der inländischen Zweigniederlassung eines ausländischen Versicherungsunternehmens zuzuordnen ist. *(BGBl I 2004/70)*

(BGBl 1994/652)

§ 13d. Auf die Übertragung des Bestandes eines Versicherungsunternehmens, das ausschließlich den Betrieb der Rückversicherung zum Gegenstand hat, sind nur § 13 Abs. 1, 2 erster Satz, § 13a Abs. 1 erster und zweiter Satz, Abs. 4 und 6, § 13b Abs. 3 und § 13c Abs. 4 anzuwenden. Ist das übernehmende Unternehmen ein inländisches Versicherungsunternehmen, so ist die Genehmigung zu versagen, wenn eine nachteilige Auswirkung der Übertragung auf das Gesamtgeschäft des übernehmenden Versicherungsunternehmens zu befürchten ist oder das übernehmende Versicherungsunternehmen nach der Übertragung nicht über die erforderlichen Eigenmittel verfügt oder die FMA von diesem die Vorlage eines Solvabilitätsplans gemäß § 104a Abs. 1 zweiter Satz oder eines Sanierungsplans gemäß § 104a Abs. 2a verlangt hat und die Gründe hiefür noch nicht weggefallen sind.

(BGBl I 2007/56)

Dienstleistungsverkehr

§ 14. (1) Dienstleistungsverkehr liegt vor, wenn Versicherungsunternehmen mit Sitz in einem Vertragsstaat „Direktversicherungsverträge" für in einem anderen Vertragsstaat belegene Risken nicht über eine in diesem Vertragsstaat errichtete Zweigniederlassung abschließen. Der Dienstleistungsverkehr für im Inland belegene Risken ist nach Maßgabe der folgenden Bestimmungen zulässig. *(BGBl I 2007/56)*

(2) Als Vertragsstaat, in dem das Risiko belegen ist, gilt

1. in der Nicht-Lebensversicherung

a) bei der Versicherung von Risiken mit Bezug auf unbewegliche Sachen und Überbauten sowie die dort befindlichen, durch denselben Vertrag versicherten beweglichen Sachen der Vertragsstaat, in dem diese Sachen belegen sind;

b) bei der Versicherung von Risiken mit Bezug auf zugelassene Fahrzeuge aller Art der Vertragsstaat, in dem das Fahrzeug zugelassen ist; unabhängig davon gilt jedoch im Fall von Fahrzeugen, die von einem Vertragsstaat in einen anderen eingeführt werden, während eines Zeitraums von höchstens 30 Tagen ab dem Zeitpunkt der Lieferung, Bereitstellung oder Versendung des Fahrzeuges an den Käufer das Risiko als im Bestimmungsstaat belegen;

c) bei der Versicherung von Reise- und Ferienrisiken in Versicherungsverträgen über eine Laufzeit von höchstens vier Monaten der Vertragsstaat, in dem der Versicherungsnehmer die zum Abschluss des Vertrages erforderlichen Rechtshandlungen vorgenommen hat;

2. in allen anderen Fällen der Nicht-Lebensversicherung und in der Lebensversicherung,

a) wenn der Versicherungsnehmer eine natürliche Person ist, der Vertragsstaat, in dem er seinen gewöhnlichen Aufenthalt hat;

b) wenn der Versicherungsnehmer keine natürliche Person ist, der Vertragsstaat, in dem sich das Unternehmen, die Betriebsstätte oder die sonstige Einrichtung befindet, auf die sich der Vertrag bezieht.
(BGBl 1995/23; BGBl I 2009/109)

(3) Der Dienstleistungsverkehr ist zulässig, wenn die zuständige Behörde des Sitzstaats der „FMA"

1. eine Bescheinigung darüber übermittelt hat, daß das Versicherungsunternehmen über die erforderlichen Eigenmittel verfügt.

2. die Versicherungszweige, die das Versicherungsunternehmen betreiben darf, und die Art der Risken, die es im Dienstleistungsverkehr decken will, mitgeteilt hat.
(BGBl I 2001/97)

(4) Der Dienstleistungsverkehr darf aufgenommen werden, sobald die zuständige Behörde des Sitzstaats dem Versicherungsunternehmen die Mitteilung gemäß Abs. 3 zur Kenntnis gebracht hat.

(5) Ändert sich die Art der Risken, die das Versicherungsunternehmen im Dienstleistungsverkehr decken will, so ist insoweit der Dienstleistungsverkehr nur zulässig, wenn die zuständige Behörde des Sitzstaats dies der „FMA" mitgeteilt hat. Der Dienstleistungsverkehr darf aufgenommen werden, sobald die zuständige Behörde des Sitzstaates dem Versicherungsunternehmen diese Mitteilung zur Kenntnis gebracht hat. *(BGBl I 2001/97)*

(6) Bei Risken, die nicht unter die „Anlage C zu diesem Bundesgesetz" fallen, ist dem Versicherungsnehmer vor Abschluß des Versicherungsvertrages mitzuteilen, von welchem Staat aus der Vertrag im Dienstleistungsverkehr abgeschlossen wird. Wenn dem Versicherungsnehmer Unterlagen zur Verfügung gestellt werden, muß diese Mitteilung darin enthalten sein. *(BGBl I 2009/109)*

(7) Der Dienstleistungsverkehr ist zu untersagen, soweit die Voraussetzungen gemäß § 7 Abs. 6 vorliegen.

(BGBl 1994/652)

§ 15. Dienstleistungsverkehr liegt auch vor, wenn Versicherungsunternehmen mit Sitz in einem Vertragsstaat Rückversicherungsverträge mit einem Vorversicherer mit Sitz in einem anderen Vertragsstaat abschließen. § 14 Abs. 3 bis 7 und § 16 sind in diesem Fall nicht anzuwenden.

(BGBl 1994/652; BGBl I 2007/56)

§ 16. (1) Beabsichtigt ein inländisches Versicherungsunternehmen, in einem oder mehreren anderen Vertragsstaaten den Dienstleistungsverkehr aufzunehmen, so hat es dies der „FMA" mitzuteilen und dabei die Art der Risken, die es decken will, anzugeben. *(BGBl I 2001/97)*

(1a) Soll sich der Dienstleistungsverkehr auf die Kraftfahrzeug-Haftpflichtversicherung (Z 10 der Anlage A zu diesem Bundesgesetz) mit Ausnahme der Versicherung der Haftpflicht des Frachtführers erstrecken, so hat das Versicherungsunternehmen

1. die Erklärung zum Beitritt oder die Zugehörigkeit zum nationalen Versicherungsbüro gemäß Art. 1 Z 3 der Richtlinie 72/166/EWG „ " und zur Einrichtung gemäß Art. 1 Abs. 4 der Richtlinie 84/5/EWG (ABl. Nr. L 8 vom 11. Jänner 1984, S 17) des Staates der Dienstleistung nachzuweisen, *(BGBl I 2005/93)*

2. den Namen und die Anschrift eines Vertreters für die Schadenregulierung bei den im Dienstleistungsverkehr abgeschlossenen Versicherungsverträgen (Schadenregulierungsvertreter) bekannt zu geben.

(BGBl I 2002/46)

(2) Bestehen gegen die Aufnahme des Dienstleistungsverkehrs keine Bedenken, so hat die „FMA"* innerhalb eines Monats, nachdem die Mitteilung gemäß Abs. 1 „mit den Unterlagen gemäß Abs. 1a"*** bei ihr eingelangt ist, den zuständigen Behörden der Staaten, in denen der Dienstleistungsverkehr aufgenommen werden soll, die Versicherungszweige, die das Unternehmen betreiben darf, und die Art der Risken, die es im Dienstleistungsverkehr decken will, mitzuteilen. Gleichzeitig ist zu bescheinigen, daß das Versicherungsunternehmen über die erforderlichen Eigenmittel verfügt. „Dies gilt nicht, wenn die FMA die Vorlage eines Solvabilitätsplans gemäß § 104a Abs. 1 zweiter Satz oder eines Sanierungsplans gemäß § 104a Abs. 2a verlangt hat und die Gründe hiefür noch nicht weggefallen sind."*** Die „FMA"* hat das Versicherungsunternehmen von dieser Mitteilung unverzüglich zu verständigen. (*BGBl I 2001/97; **BGBl I 2002/46; ***BGBl I 2003/33)

(3) Liegen die Voraussetzungen für die Mitteilung gemäß Abs. 2 nicht vor, so hat die „FMA" dies gegenüber dem Versicherungsunternehmen mit Bescheid auszusprechen. Die „FMA" ist verpflichtet, diesen Bescheid spätestens einen Monat nach Einlagen der Mitteilung gemäß Abs. 1 zu erlassen. (BGBl I 2001/97)

(4) „Ändern sich die Art der Risken, die das Versicherungsunternehmen im Dienstleistungsverkehr decken will, oder Name oder Anschrift des Schadenregulierungsvertreters, so hat das Versicherungsunternehmen dies der FMA mitzuteilen."*** Bestehen dagegen keine Bedenken, so hat die „FMA"* den zuständigen Behörden der davon betroffenen Staaten innerhalb eines Monats, nachdem die Mitteilung des Versicherungsunternehmens bei ihr eingelangt ist, die Änderung mitzuteilen und das Versicherungsunternehmen hievon unverzüglich zu verständigen. Liegen die Voraussetzungen für diese Mitteilung nicht vor, so hat die „FMA"* dies gegenüber dem Versicherungsunternehmen mit Bescheid auszusprechen. Die „FMA"* ist verpflichtet, diesen Bescheid spätestens einen Monat nach Einlangen der Mitteilung des Versicherungsunternehmens zu erlassen. (*BGBl I 2001/97; **BGBl I 2002/46)

(5) Für den Schadenregulierungsvertreter (Abs. 1a Z 2) gelten folgende Voraussetzungen:

1. Er muss über die zur Erfüllung seiner Aufgaben erforderliche persönliche Zuverlässigkeit und fachliche Eignung verfügen und insbesondere in der Lage sein, die Schäden in der Amtssprache oder den Amtssprachen des Staates, in dem das Versicherungsunternehmen den Dienstleistungsverkehr ausübt, zu bearbeiten.

2. Er muss in dem Staat, in dem das Versicherungsunternehmen den Dienstleistungsverkehr ausübt, seinen Wohnsitz oder Sitz „oder eine Niederlassung" haben. (BGBl I 2007/37)

3. Er muss beauftragt sein, alle erforderlichen Informationen über Schadenfälle, die das Versicherungsunternehmen im Rahmen des Dienstleistungsverkehrs zu erledigen hat, zu sammeln und die zur Erledigung des Schadens notwendigen Maßnahmen zu treffen.

4. Er muss über ausreichende Befugnisse verfügen, um das Versicherungsunternehmen bei der Behandlung und Befriedigung von Ansprüchen aus im Rahmen des Dienstleistungsverkehrs abgeschlossenen Versicherungsverträgen gegenüber den Geschädigten außergerichtlich und gerichtlich zu vertreten und diese Ansprüche zu erfüllen.
(BGBl I 2002/46)

(BGBl 1994/652)

§ 17. *(aufgehoben, BGBl 1994/652)*

Ausgliederungsverträge

§ 17a. (1) Verträge von Versicherungsunternehmen, durch die wesentliche Teile der Geschäftsgebarung innerhalb der gemäß § 4 Abs. 1 erteilten Konzession, insbesondere der Vertrieb, die Bestandsverwaltung, die Leistungsbearbeitung, das Rechnungswesen, die Vermögensveranlagung oder die Vermögensverwaltung zur Gänze oder in wesentlichem Umfang einem anderen Unternehmen übertragen werden (Ausgliederungsverträge), sind der FMA unverzüglich anzuzeigen. Sie bedürfen der Genehmigung durch die FMA, wenn das andere Unternehmen nicht im Inland oder in einem anderen Vertragsstaat zum Betrieb der Vertragsversicherung zugelassen ist. *(BGBl I 2002/46)*

(2) Die Genehmigung ist zu versagen, wenn der Ausgliederungsvertrag seiner Art oder seinem Inhalt nach oder der Umfang der Ausgliederungen insgesamt geeignet sind, die Interessen der Versicherten zu gefährden.

(3) Die Genehmigung kann unter Auflagen erteilt werden, wenn dies zweckmäßig erscheint, um die Interessen der Versicherten zu wahren.

(4) Treten die im Abs. 2 genannten Umstände nach Erteilung der Genehmigung ein oder treffen diese bei einem nicht genehmigungspflichtigen Ausgliederungsvertrag zu, so kann die „FMA" die Auflösung des Vertragsverhältnisses verlangen. *(BGBl I 2001/97)*

(5) Die „FMA" kann vom Versicherungsunternehmen alle erforderlichen Auskünfte über das Unternehmen, mit dem ein Ausgliederungsvertrag geschlossen werden soll oder geschlossen worden ist, insbesondere die Vorlage des Jahresabschlusses und anderer geeigneter Geschäftsunterlagen, verlangen. Solche Auskünfte dürfen nicht unter

13. VAG
§§ 17a – 17c

Berufung auf eine nach anderen Vorschriften bestehende Verschwiegenheitspflicht verweigert werden. *(BGBl I 2001/97)*

(6) Ausgliederungsverträge, die ausschließlich den Betrieb außerhalb der Vertragsstaaten betreffen, sind der FMA unverzüglich anzuzeigen. Ist der Ausgliederungsvertrag seiner Art oder seinem Umfang nach oder der Inhalt solcher Ausgliederungen insgesamt geeignet, die dauernde Erfüllbarkeit der Verpflichtungen aus den Versicherungsverträgen zu gefährden, die auf Grund der gemäß § 4 Abs. 1 erteilten Konzession abgeschlossen werden, so kann die FMA die Auflösung des Vertragsverhältnisses verlangen. Die FMA kann vom Versicherungsunternehmen alle Auskünfte verlangen, die zur Beurteilung dieser Umstände erforderlich sind. *(BGBl I 2002/46)*

(BGBl 1996/447)

Interne Revision; interne Kontrolle; Risikomanagement

§ 17b. (1) Die Versicherungsunternehmen haben für das gesamte auf Grund einer gemäß § 4 Abs. 1 erteilten Konzession betriebene Geschäft eine Interne Revision einzurichten, die unmittelbar der Geschäftsleitung untersteht und ausschließlich der laufenden und umfassenden Prüfung der Gesetzmäßigkeit, Ordnungsmäßigkeit und Zweckmäßigkeit des Geschäftes und Betriebes des Versicherungsunternehmens dient. Sie muss unter Bedachtnahme auf den Geschäftsumfang so ausgestaltet sein, dass sie ihre Aufgaben zweckentsprechend erfüllen kann.

(2) Die Interne Revision betreffende Verfügungen müssen von mindestens zwei Vorstandsmitgliedern oder Mitgliedern der Geschäftsleitung der Zweigniederlassung eines ausländischen Versicherungsunternehmens gemeinsam getroffen werden. Die Interne Revision hat allen Geschäftsleitern zu berichten. „Sie hat über die Prüfungsgebiete und wesentliche Prüfungsfeststellungen auf Grund durchgeführter Prüfungen quartalsweise auch dem Vorsitzenden des Aufsichtsrats oder des sonst nach Gesetz oder Satzung zuständigen Aufsichtsorgans des Versicherungsunternehmens sowie dem Prüfungsausschuss Bericht zu erstatten. Der Vorsitzende des Aufsichtsorgans hat in der nächstfolgenden Sitzung des Aufsichtsorgans diesem über die Prüfungsgebiete und die wesentlichen Prüfungsfeststellungen zu berichten." *(BGBl I 2007/107)*

(3) Die FMA kann vom Erfordernis einer Internen Revision absehen, wenn die Erfüllung ihrer Aufgabe durch andere Einrichtungen gesichert ist.

(3a) Bei Versicherungsgruppen hat die interne Revision des der zusätzlichen Beaufsichtigung unterliegenden Versicherungsunternehmens die Aufgaben der internen Konzernrevision wahrzunehmen. *(BGBl I 2005/93)*

(4) Die Versicherungsunternehmen haben eine ordnungsgemäße Verwaltung und Buchhaltung sowie angemessene interne Kontrollverfahren vorzusehen, die insbesondere dazu dienen, dass Entwicklungen, die die dauernde Erfüllbarkeit der Verpflichtungen aus den Versicherungsverträgen gefährden können, frühzeitig erkannt werden.

(5) Die Versicherungsunternehmen haben die mit dem Versicherungsbetrieb in Verbindung stehenden Risiken zu identifizieren, einzuschätzen und zu steuern. „Darunter fällt auch das Risiko von Geldwäscherei und Terrorismusfinanzierung." Soweit es die dauernde Erfüllbarkeit der Verpflichtungen aus Versicherungsverträgen erfordert, sind hiefür geeignete Prozesse und Verfahren einzurichten. Dies umfasst insbesondere die frühzeitige Erkennung von Risikopotentialen, die Einrichtung von Absicherungs- und Risikoabwehrmechanismen und eine übergreifende Betrachtung der Risiken zwischen den Organisationseinheiten. *(BGBl I 2005/93; BGBl I 2010/37)*

(BGBl I 2002/46)

Rückversicherung

§ 17c. (1) Bei der Rückversicherungsabgabe ist auf die Erfüllbarkeit der eigenen Verpflichtungen aus den Versicherungsverträgen, die Erfüllbarkeit der Verpflichtungen des Rückversicherers und die angemessene Streuung des Risikos Bedacht zu nehmen.

(1a) Vor Abschluss eines Rückversicherungsvertrages hat sich das zedierende Versicherungsunternehmen nachweislich davon zu überzeugen, dass die rechtlichen Voraussetzungen für den Abschluss des Rückversicherungsvertrages vorliegen, und nachweislich Informationen über die Vermögens-, Finanz- und Ertragslage sowie wesentliche nicht finanzielle Informationen über den Rückversicherer einzuholen, sodass ausreichend zuverlässig beurteilt werden kann, ob der Rückversicherer seine Leistungen voraussichtlich vertragsgemäß und unverzüglich erbringen wird. Die FMA kann durch Verordnung nähere Bestimmungen insbesondere darüber erlassen, welche rechtlichen und finanziellen Informationen zur Beurteilung des Rückversicherers das zedierende Versicherungsunternehmen einzuholen hat und wie der Nachweis hierüber gegenüber der FMA zu erbringen ist.[1)] *(BGBl I 2002/46)*

(1b) Die Verpflichtungen von Versicherungsunternehmen mit Sitz in einem Vertragsstaat „und von Rückversicherungsunternehmen, die eine inländische Konzession besitzen," aus der übernommenen Rückversicherung gelten im Sinn des Abs. 1 als erfüllbar. *(BGBl I 2007/56; BGBl I 2007/107)*

(2) Bei der Übernahme von Rückversicherungen durch Versicherungsunternehmen, welche die Rückversicherung neben anderen Versicherungszweigen betreiben, ist auf die Erfüllbarkeit der eigenen Verpflichtungen aus der Erstversicherung Bedacht zu nehmen. *(BGBl 1986/558; BGBl 1992/769)*

(3) Erhebliche Änderungen der Rückversicherungsbeziehungen sind der FMA unverzüglich anzuzeigen. Insbesondere sind die voraussichtlichen Auswirkungen der geänderten „Rückversicherungsbeziehungen" auf die Höhe des Eigenmittelerfordernisses darzustellen. *(BGBl I 2003/33; BGBl I 2007/56)*

(4) Verträge, durch die versicherungstechnische Risken nicht oder nur in sehr geringem Umfang übertragen werden, sind für Zwecke der Rechnungslegung nicht als Rückversicherungsverträge zu betrachten. *(BGBl I 2003/33)*

---

[1] *Vgl die Übergangsbestimmung in § 129g Abs 2.*

Angestellte Vermittler

§ 17d. (1) Versicherungsunternehmen dürfen für den Abschluss von Versicherungsverträgen im Inland nur solche Dienstnehmer verwenden, die die zu ihrer jeweiligen Verwendung erforderliche fachliche Eignung besitzen. Dies gilt auch für die Verwendung bei der Vermittlung von Versicherungsverträgen für andere Versicherungsunternehmen.

(2) Bei der Beurteilung der fachlichen Eignung der in Abs. 1 angeführten Personen sind Verordnungen, die vom Bundesminister für Wirtschaft und Arbeit auf der Grundlage des § 18 in Verbindung mit § 137b Abs. 2 und 4 GewO 1994 erlassen worden sind, zu berücksichtigen.

(BGBl I 2004/131)

Inanspruchnahme von Vermittlungsdiensten

§ 17e. Versicherungsunternehmen dürfen für den Abschluss von Versicherungsverträgen im Inland Versicherungs- und Rückversicherungsvermittlungsdienstleistungen (§ 137 Abs. 1 GewO 1994) nur von eingetragenen Versicherungsvermittlern (Rückversicherungsvermittlern) in Anspruch nehmen.

(BGBl I 2005/93; BGBl I 2007/56)

Zweites Hauptstück
VERSICHERUNGEN, FÜR DIE EINE DECKUNGSRÜCKSTELLUNG ZU BILDEN IST

Lebensversicherung

§ 18. (1) Vor Erteilung der Konzession zum Betrieb der Lebensversicherung (Z 19 bis 23 der Anlage A zu diesem Bundesgesetz) sind vom Unternehmen die für die Erstellung der Tarife und die Berechnung der versicherungstechnischen Rückstellungen verwendeten versicherungsmathematischen Grundlagen vorzulegen. „In der fondsgebundenen, in der indexgebundenen und in der kapitalanlageorientierten Lebensversicherung sowie bei der prämienbegünstigten Zukunftsvorsorge gemäß §§ 108g bis 108i des Einkommensteuergesetzes 1988, BGBl. Nr. 400 (EStG 1988), sind auch die Grundsätze der Kapitalanlage Bestandteil der versicherungsmathematischen Grundlagen."** „Die FMA kann mit Verordnung nähere Regelungen über Inhalt, Gliederung und Art der Übermittlung der versicherungsmathematischen Grundlagen treffen."* *(BGBl I 2002/46; *BGBl I 2005/93; **BGBl I 2009/22)*

(1a) Bei der prämienbegünstigten Zukunftsvorsorge gemäß §§ 108g bis 108i EStG 1988 ist mit den versicherungsmathematischen Grundlagen auch eine detaillierte Darstellung des Modells, mit dessen Hilfe das Risiko der Kapitalanlage kontrolliert und gesteuert wird, einschließlich der verwendeten Parameter, der FMA vorzulegen. „Außerdem hat das Versicherungsunternehmen das Gutachten eines unabhängigen Sachverständigen über die Qualität dieses Modells im Hinblick auf seine Eignung zur Kontrolle und Steuerung des Kapitalanlagerisikos einzuholen, wenn es das Kapitalanlagerisiko nicht durch eine von einem zum Garantiegeschäft zugelassenen Dritten gegebene Kapitalgarantie abdeckt." „Der verantwortliche Aktuar hat auf Basis dieses Gutachtens die Eignung des Modells und der verwendeten Parameter unter Berücksichtigung der Verpflichtungen aus den Versicherungsverträgen zu prüfen. Das Ergebnis dieser Prüfung und das Gutachten des unabhängigen Sachverständigen sind gemeinsam mit den versicherungsmathematischen Grundlagen der FMA vorzulegen." *(BGBl I 2003/33; BGBl I 2004/70; BGBl I 2005/93)*

(2) Die Versicherungsunternehmen haben der FMA jede Änderung und Ergänzung der in Abs. 1 und 1a angeführten Grundlagen vor ihrer Anwendung mitzuteilen. *(BGBl I 2004/70)*

(3) Die Prämien für neu abgeschlossene Versicherungsverträge müssen nach versicherungsmathematisch begründeten Annahmen ausreichen, um die dauernde Erfüllbarkeit der Verpflichtungen aus den Versicherungsverträgen zu gewährleisten, insbesondere die Bildung angemessener

13. VAG
§§ 18 – 18b

versicherungstechnischer Rückstellungen zu ermöglichen.

(4) Bei Versicherungsverträgen mit Gewinnbeteiligung muss den „Versicherungsnehmern"** ein angemessener Teil des Überschusses zugute kommen. „Die FMA kann, soweit dies zur Wahrung der Interessen der Versicherten erforderlich ist, unter Berücksichtigung der Marktverhältnisse mit Verordnung näher regeln, wie die Höhe der Gewinnbeteiligung unter Bedachtnahme auf die jeweiligen Bemessungsgrundlagen anzusetzen ist und welche Informationen den Versicherungsnehmern zu liefern sind."* Insbesondere kann die FMA einen Nachweis über die Finanzierbarkeit der Gewinnbeteiligung verlangen und nähere Bestimmungen für diesen Nachweis festlegen.[1])
(BGBl I 2002/24; *BGBl I 2006/104; **BGBl I 2007/107)

(5) Die der Rückstellung für erfolgsabhängige Prämienrückerstattung zugewiesenen Beträge dürfen nur für die Gewinnbeteiligung der Versicherungsnehmer verwendet werden. Mit Genehmigung der „FMA" dürfen jedoch noch nicht erklärte Beträge in Ausnahmefällen zur Deckung von Verlusten verwendet werden, um im Interesse der Versicherten einen Notstand abzuwenden.
(BGBl 1995/23; BGBl I 2001/97)

(6) Die Versicherungsunternehmen haben Unterlagen über die für die Berechnung der versicherungstechnischen Rückstellungen einschließlich der Rückstellung für erfolgsabhängige Prämienrückerstattung verwendeten Grundlagen und Methoden am Sitz des Unternehmens zur Einsichtnahme aufzulegen. Schriftliche Informationen hierüber sind jedermann auf Verlangen gegen Ersatz der Kosten auszufolgen. *(BGBl 1995/23)*

(7) Die FMA kann mit Verordnung einen Höchstbetrag für die gewöhnlichen Beerdigungskosten festsetzen, um die Interessen der Versicherten in den Fällen des § 159 Abs. 2 und 3 VersVG, BGBl. Nr. 2/1959, zu wahren. *(BGBl I 2005/93)*

(8) Die Gebietskrankenkassen sind verpflichtet, die Todesfallmeldungen gemäß § 360 Abs. 5 ASVG, BGBl. Nr. 189/1955, in automationsunterstützter Form im Wege des Hauptverbandes der Sozialversicherungsträger gegen Ersatz der Kosten an die Versicherungsunternehmen, die die Lebensversicherung betreiben, weiterzuleiten. *(BGBl I 2003/33)*

(BGBl 1994/652)

---
[1]) Vgl die Übergangsbestimmung in § 129h Abs 1.

§ 18a. *(aufgehoben, BGBl I 2007/107)*

§ 18b.
(1) Der Versicherungsnehmer ist bei Abschluß eines Versicherungsvertrages über ein im Inland belegenes Risiko vor Abgabe seiner Vertragserklärung zusätzlich zu den Informationspflichten gemäß § 9a schriftlich zu informieren über

1. die Leistungen des Versicherers und die dem Versicherungsnehmer hinsichtlich dieser Leistungen zustehenden Wahlmöglichkeiten,

2. die Voraussetzungen, unter denen der Versicherungsvertrag endet,

3. die Grundsätze für die Berechnung der Gewinnbeteiligung,

4. die Rückkaufswerte und die beitragsfreien Versicherungsleistungen,

5. die Prämienanteile für die Hauptleistung und für Nebenleistungen,

6. die Kapitalanlagefonds, an denen die Anteilsrechte bestehen, und die Art der darin enthaltenen Vermögenswerte in der fondsgebundenen Lebensversicherung,

7. die Art der Kapitalanlage, den Bezugswert und die grundlegenden Faktoren, welche zur Berechnung der Versicherungsleistung herangezogen werden, in der indexgebundenen Lebensversicherung, *(BGBl I 2000/117)*

8. die Art der Kapitalanlage, die vereinbarte Veranlagungsstrategie sowie die Voraussetzungen einer Änderung der Veranlagungsstrategie in der kapitalanlageorientierten Lebensversicherung, *(BGBl I 2009/22)*

9. die für die Versicherung geltenden abgabenrechtlichen Vorschriften, wobei deutlich darauf hinzuweisen ist, dass die jeweilige abgabenrechtliche Behandlung von den persönlichen Verhältnissen des Kunden abhängt und künftigen Änderungen unterworfen sein kann, *(BGBl I 2009/22)*

10. bestehende Sicherungssysteme und deren Zugangsmöglichkeiten. *(BGBl I 2009/22)*

(2) Während der Laufzeit des Versicherungsvertrages ist der Versicherungsnehmer schriftlich zu informieren

1. über Änderungen der Angaben gemäß Abs. 1 Z 1 bis 6 und 8, in der fondsgebundenen Lebensversicherung ferner über eine wesentliche Änderung der Klassifizierung des Risikos eines Kapitalanlagefonds durch das Versicherungsunternehmen, *(BGBl I 2009/22)*

2. jährlich über den Stand einer erworbenen Gewinnbeteiligung in Verbindung mit den Angaben gemäß § 81n Abs. 2 Z 20, in der fondsgebundenen Lebensversicherung über den Wert der dem Versicherungsnehmer zugeordneten Fondsanteile, in der indexgebundenen Lebensversicherung über die Wertentwicklung des Bezugswertes des Versicherungsvertrages sowie in der kapitalanlageorientierten Lebensversicherung über den Stand der zugeteilten Gewinnbeteiligung und über die Zusammensetzung der Kapitalanlagen. *(BGBl I 2002/46; BGBl I 2009/22)*

(3) Auf die Informationen gemäß Abs. 1 und 2 ist § 9a Abs. 3 und 6 anzuwenden.

(4) Alle Informationen, die Versicherungsunternehmen an Versicherungsnehmer richten oder so verbreiten, dass diese Personen wahrscheinlich von ihnen Kenntnis erlangen, müssen redlich und eindeutig sein und dürfen nicht irreführend sein. Weiters darf in allen diesen Informationen der Name einer Aufsichtsbehörde nicht in einer Weise genannt werden, die andeutet oder nahe legt, dass die Produkte oder Dienstleistungen des Versicherungsunternehmens von dieser Aufsichtsbehörde genehmigt werden. *(BGBl I 2009/22)*

(BGBl 1996/447)

Krankenversicherung

§ 18c. Soweit die Krankenversicherung (Z 2 der Anlage A zu diesem Bundesgesetz) einer Vereinbarung gemäß § 178 f Abs. 1 VersVG unterliegt, darf sie im Inland nur nach Art der Lebensversicherung betrieben werden, wobei

1. die Prämien auf versicherungsmathematischer Grundlage unter Verwendung von Wahrscheinlichkeitstafeln und anderen einschlägigen statistischen Daten zu berechnen sind,

2. eine Deckungsrückstellung (Alterungsrückstellung) auf versicherungsmathematischer Grundlage zu bilden ist,

3. dem Versicherungsnehmer außer in der Gruppenversicherung vertraglich das Recht einzuräumen ist, unter Anrechnung der aus der Vertragslaufzeit erworbenen Rechte und der Alterungsrückstellung in einen anderen Tarif derselben Versicherungsart (§ 178 b VersVG) bis zum bisherigen Deckungsumfang zu wechseln.

(BGBl 1994/652)

§ 18d. (1) Versicherungsunternehmen, die im Inland oder in einem anderen Vertragsstaat die Krankenversicherung nach Art der Lebensversicherung betreiben, haben vor Erteilung der Konzession die für die Erstellung der Tarife und die Berechnung der versicherungstechnischen Rückstellungen verwendeten versicherungsmathematischen Grundlagen vorzulegen. „Die FMA kann mit Verordnung nähere Regelungen über Inhalt, Gliederung und Art der Übermittlung der versicherungsmathematischen Grundlagen treffen." *(BGBl I 2002/46; BGBl I 2005/93)*

(2) Die Versicherungsunternehmen haben der „FMA" jede Änderung oder Ergänzung der in Abs. 1 angeführten Grundlagen vor ihrer Anwendung mitzuteilen. *(BGBl I 2001/97)*

(3) Die Prämien für neu abgeschlossene oder geänderte Versicherungsverträge müssen nach versicherungsmathematisch begründeten Annahmen ausreichen, um die dauernde Erfüllbarkeit der Verpflichtungen aus den Versicherungsverträgen zu gewährleisten, insbesondere die Bildung angemessener versicherungstechnischer Rückstellungen zu ermöglichen.

(4) „§ 18 Abs. 4 bis 6" ist auf die Krankenversicherung, die nach Art der Lebensversicherung betrieben wird, anzuwenden. *(BGBl 1995/23; BGBl 1996/447)*

(BGBl 1994/652)

Unfallversicherung

§ 18e. Soweit die Unfallversicherung nach Art der Lebensversicherung betrieben wird (Unfallversicherung mit Prämienrückgewähr), sind die §§ 18 und 18b anzuwenden.

(BGBl 1995/23)

Betriebliche Kollektivversicherung

§ 18f. (1) Eine betriebliche Kollektivversicherung ist eine Gruppenrentenversicherung, die folgende Voraussetzungen erfüllt:

1. Der Versicherungsvertrag wird von einem Arbeitgeber für seine Arbeitnehmer auf der Grundlage einer Betriebsvereinbarung, eines Kollektivvertrages oder von Vereinbarungen zwischen dem Arbeitgeber und den einzelnen Arbeitnehmern, die nach einem Vertragsmuster unter Berücksichtigung des § 18 „des Betriebspensionsgesetzes, BGBl. Nr. 282/1990 (BPG)," zu gestalten sind, abgeschlossen. *(BGBl I 2005/93)*

2. Der Versicherungsvertrag gewährt ausschließlich eine Altersversorgung und eine Hinterbliebenenversorgung; zusätzlich kann eine Invaliditätsversorgung gewährt werden. Alterspensionen sind lebenslang, Invaliditätspensionen sind auf die Dauer der Invalidität und Hinterbliebenenpensionen entsprechend dem Versicherungsvertrag zu leisten. Eine Kapitalabfindung ist nur zulässig, wenn bei Eintritt des Leistungsfalles der Barwert des Auszahlungsbetrages den Betrag gemäß „§ 1 Abs. 2 und 2a PKG" nicht übersteigt. *(BGBl I 2007/56)*

3. Die Abschlusskosten werden gleichmäßig über die gesamte Prämienzahlungsdauer verteilt.

4. Die Überschüsse, die bei Versicherungsverträgen mit Gewinnbeteiligung „dem Versicherten" zugute kommen, werden spätestens zum Ende des Geschäftsjahres, das dem Geschäftsjahr folgt, in dem die Überschüsse entstanden sind, der Deckungsrückstellung „einzelner Versicherter" gutgeschrieben. *(BGBl I 2005/93)*

(2) Die betriebliche Kollektivversicherung darf nicht als fondsgebundene, indexgebundene oder kapitalanlageorientierte Lebensversicherung betrieben werden. *(BGBl I 2009/22)*

(3) Die betriebliche Kollektivversicherung kann auch abgeschlossen werden für

1. Arbeitgeber, die für ihre Arbeitnehmer eine betriebliche Kollektivversicherung abgeschlossen haben;
2. Personen, die auf Grund des § 1 Abs. 2 BPG in Folge von Prämien des Arbeitgebers und allenfalls auch eigener Prämien einen Anspruch auf eine zukünftige Leistung entsprechend dem Versicherungsvertrag haben;
3. Mitglieder von Vertretungsorganen juristischer Personen des Privatrechts, die aus dieser Tätigkeit andere Einkünfte als solche aus nicht selbständiger Tätigkeit gemäß § 25 EStG 1988 beziehen, wenn der Arbeitgeber für seine Arbeitnehmer eine betriebliche Kollektivversicherung abgeschlossen hat;
4. Personen, die auf Grund eines bestehenden Arbeitsverhältnisses oder als Mitglieder von Vertretungsorganen juristischer Personen des Privatrechts aus dieser Tätigkeit Einkünfte aus nicht selbstständiger Arbeit gemäß § 25 EStG 1988 beziehen, sofern im Zuge der Beendigung des Arbeits- oder Dienstverhältnisses eine direkte Leistungszusage gemäß § 18i in eine betriebliche Kollektivversicherung übertragen wird.
(BGBl I 2009/22)

(4) Für die in Abs. 3 Z 1 und 3 angeführten Personen darf eine betriebliche Kollektivversicherung nur abgeschlossen werden, wenn bei der Gestaltung des Versicherungsvertrages dem § 18 Abs. 2 BPG Rechnung getragen wurde und die Rechte und Pflichten dieser Personen in ihrer Gesamtheit denen der in Abs. 1 Z 1 angeführten Personen entsprechen, wobei jedenfalls
1. sämtliche im VAG und BPG normierten Fristen für alle Versicherten gleich anzuwenden sind und
2. keine Differenzierung nach Stichtagen für die Einbeziehung in die betriebliche Kollektivversicherung oder den Ausschluss aus der betrieblichen Kollektivversicherung bestehen darf.
(BGBl I 2009/22)

(5) Sofern Personen gemäß Abs. 3 Z 1 und 3 einbezogen werden, so
1. hat der Versicherungsvertrag zusätzlich folgende Bestimmungen zu enthalten:
a) die Höhe der Bemessungsgrundlage des Beitrages für Personen gemäß Abs. 3 Z 1 und 3, wobei die Bemessungsgrundlage das Maximum aus der doppelten ASVG-Höchstbeitragsgrundlage und 150 vH der Bemessungsgrundlage des bestverdienenden Arbeitnehmers nicht übersteigen darf;
b) das Pensionsalter; dieses hat dem Pensionsalter, das im Versicherungsvertrag für die Arbeitnehmer festgesetzt ist, zu entsprechen;
c) die Voraussetzungen für die Gewährung einer Invaliditätsvorsorge, wobei eine Leistung nur dann erbracht werden darf, wenn ein rechtskräftiger Bescheid einer gesetzlichen Pensionsversicherungsanstalt oder einer berufsständischen Altersvorsorgeeinrichtung auf Zuerkennung einer Berufsunfähigkeitspension vorliegt;
2. sind folgende Bestimmungen zusätzlich anzuwenden:
a) § 6a Abs. 4 BPG hinsichtlich zusätzlicher eigener Prämien;
b) § 6b BPG hinsichtlich der Verfügungs- und Exekutionsbeschränkungen von nach § 6c BPG unverfallbaren Anwartschaften;
c) § 6c BPG hinsichtlich der Unverfallbarkeit der Beitragsleistung; das Ausscheiden aus der Funktion im Sinne des Abs. 3 Z 1 oder 3 ist einer Beendigung des Dienstverhältnisses gleichzusetzen;
d) § 6d BPG hinsichtlich des Einstellens, Aussetzens oder Einschränkens der Prämienleistung.
(BGBl I 2009/22)

(6) Für die in Abs. 3 Z 4 angeführten Personen hat der Versicherungsvertrag auf Basis einer zwischen diesen Personen und dem Arbeitgeber abzuschließenden Einzelvereinbarung insbesondere die Höhe des Deckungserfordernisses gemäß § 18i und das Leistungsrecht zu enthalten. *(BGBl I 2009/22)*

(7) Auf die betriebliche Kollektivversicherung ist § 9 Abs. 2 nicht anzuwenden. *(BGBl I 2013/12)*

(BGBl I 2005/8)

§ 18g. (1) Der Arbeitgeber und die Versicherten haben dem Versicherungsunternehmen sämtliche für die Berechnung der Prämien und der Versicherungsleistungen und deren Änderung maßgeblichen Umstände unverzüglich schriftlich mitzuteilen. Erfolgt die Mitteilung nicht oder nicht zeitgerecht, so haben sie allfällige Nachteile daraus selbst zu tragen. Einzelheiten sind im Versicherungsvertrag festzulegen.

(2) Das Versicherungsunternehmen hat für jeden Versicherten ein Konto, aufgeteilt nach Prämien des Arbeitgebers und des Arbeitnehmers, zu führen.

(3) Der Arbeitgeber hat die Versicherten über den Abschluss des Versicherungsvertrages und, soweit sie davon betroffen sind, über jede spätere Änderung dieses Vertrages zu informieren. „Das Versicherungsunternehmen und der Arbeitgeber haben dem Versicherten auf deren Verlangen unverzüglich eine Kopie der ihn betreffenden Teile des Versicherungsvertrages in Papierform auszufolgen." *(BGBl I 2012/54)*

(4) Das Versicherungsunternehmen hat die Anwartschaftsberechtigten jährlich zum Stand 31. Dezember des vorangegangenen Geschäftsjahres schriftlich in angemessener Form über die in diesem Geschäftsjahr vom Arbeitgeber und vom Arbeitnehmer entrichteten Prämien sowie über

die Entwicklung der Deckungsrückstellung während dieses Geschäftsjahres und deren Stand am Ende dieses Geschäftsjahres zu informieren. Diese Information hat auch eine Prognose über die voraussichtliche Höhe der Versorgungsleistungen zu enthalten. Weiters hat das Versicherungsunternehmen die Anwartschaftsberechtigten über die Veranlagung und Wertentwicklung des Deckungsstocks gemäß „§ 20 Abs. 2 Z 2" sowie über alle weiteren für die Erfüllbarkeit der Verpflichtungen aus dem Versicherungsvertrag relevanten Daten zu informieren. *(BGBl I 2005/93)*

(5) Das Versicherungsunternehmen hat die Leistungsberechtigten jährlich zum Stand 31. Dezember des vorangegangenen Geschäftsjahres schriftlich in angemessener Form über die Entwicklung der Deckungsrückstellung während dieses Geschäftsjahres und deren Stand am Ende dieses Geschäftsjahres zu informieren. Weiters hat das Versicherungsunternehmen die Leistungsberechtigten über die Veranlagung und Wertentwicklung des Deckungsstocks gemäß „§ 20 Abs. 2 Z 2" sowie über alle weiteren für die Erfüllbarkeit der Verpflichtungen aus dem Versicherungsvertrag relevanten Daten zu informieren. Zusätzlich sind die Leistungsberechtigten über jede Änderung der Pensionsleistungen zu informieren. *(BGBl I 2005/93)*

(6) Das Versicherungsunternehmen hat jeden Leistungsberechtigten bei Eintritt des Leistungsfalles über den erworbenen Anspruch auf Alters-, Hinterbliebenen- oder Invaliditätsleistung sowie über die Zahlungsmodalitäten der Pension schriftlich zu informieren.

(7) Die FMA kann den Mindestinhalt und die Gliederung der Information gemäß Abs. 4 bis 6 durch Verordnung festlegen, wenn dies im Interesse der Versicherten und einer besseren Vergleichbarkeit sowie Transparenz erforderlich ist.

(8) Nach Maßgabe der vorhandenen technischen Möglichkeiten kann nach ausdrücklicher Zustimmung des Versicherten anstelle der schriftlichen Information gemäß Abs. 3 bis 6 auch eine gesicherte elektronische Zugriffsmöglichkeit auf diese Information beim Versicherungsunternehmen ermöglicht werden. Informationen gemäß Abs. 3 können nach ausdrücklicher Zustimmung der Versicherten auch auf einem anderen dauerhaften Datenträger gemäß § 16 Abs. 1 WAG 2007 zur Verfügung gestellt werden. *(BGBl I 2012/54)*

(9) Das Versicherungsunternehmen hat einer kollektivvertragsfähigen Interessenvertretung der Arbeitnehmer auf Anfrage jene leistungsrelevanten Teile der versicherungsmathematischen Grundlagen zur Verfügung zu stellen, die im Einzelfall und auf Antrag eines Versicherten oder Leistungsberechtigten für die Überprüfung der Angaben gemäß Abs. 4 bis 6 erforderlich sind. *(BGBl I 2012/54)*

(BGBl I 2005/8)

§ 18h. (1) Eine Kündigung des Versicherungsvertrages durch den Arbeitgeber oder durch das Versicherungsunternehmen oder eine einvernehmliche Beendigung des Versicherungsvertrages ist nur zulässig und rechtswirksam, wenn eine Übertragung der gemäß Abs. 3 zu übertragenden Vermögensteile auf eine betriebliche Kollektivversicherung eines anderen zum Geschäftsbetrieb im Inland berechtigten Versicherungsunternehmens, eine Pensionskasse, eine Einrichtung im Sinn des § 5 Z 4 PKG oder eine Einrichtung der zusätzlichen Pensionsversicherung nach § 479 ASVG sichergestellt ist. Die Kündigung oder einvernehmliche Beendigung kann rechtswirksam nur für alle Versicherten gemeinsam erfolgen, sofern nicht in der Betriebsvereinbarung, im Kollektivvertrag oder in den Vereinbarungen laut Vertragsmuster festgelegt ist, dass bei Kündigung des Versicherungsvertrages alle Pensionsbezieher oder alle beitragsfrei gestellten Versicherten und Pensionsbezieher in der betrieblichen Kollektivversicherung verbleiben. *(BGBl I 2012/54)*

(2) Die Frist für die Kündigung des Versicherungsvertrages durch den Arbeitgeber oder das Versicherungsunternehmen beträgt ein Jahr. Die Kündigung darf nur mit Wirksamkeit zum Bilanzstichtag des Versicherungsunternehmens ausgesprochen werden. Die einvernehmliche Beendigung des Versicherungsvertrages wird frühestens zu dem Bilanzstichtag des Versicherungsunternehmens wirksam, der mindestens sechs Monate nach der Vereinbarung der einvernehmlichen Beendigung des Versicherungsvertrages liegt.

(3) Der Wert der im Fall der Kündigung zu übertragenden Vermögensteile entspricht der auf den Versicherungsvertrag entfallenden Deckungsrückstellung.

(BGBl I 2005/8)

§ 18i. (1) Die Übertragung von Anwartschaften und Leistungsverpflichtungen aus direkten Leistungszusagen oder von Ansprüchen aus dem Bezügegesetz, BGBl. Nr. 273/1972, in der Fassung des Bundesgesetzes BGBl. I Nr. 64/1997, in eine betriebliche Kollektivversicherung ist unter folgenden Voraussetzungen zulässig:

1. Die Überweisung des Deckungserfordernisses zuzüglich der Rechnungszinsen an das Versicherungsunternehmen hat ab dem Zeitpunkt der Übertragung binnen längstens zehn Jahren zu erfolgen.

2. Die Überweisung des Deckungserfordernisses zuzüglich der Rechnungszinsen hat jährlich mindestens in einem Zehntel zu erfolgen; vorzeitige Überweisungen sind zulässig.

3. Die übernommene Verpflichtung des Arbeitgebers, das Deckungserfordernis in Raten zu übertragen, bleibt durch

a) den Eintritt des Leistungsfalles,

b) den Entfall des Anspruches oder

c) die Beendigung des Arbeitsverhältnisses während des Übertragungszeitraumes unberührt.

„Im Falle einer Abfindung (§ 18f Abs. 1 Z 2 dieses Bundesgesetzes, § 6c Abs. 4 BPG oder § 5 Abs. 2 des Arbeitsvertragsrechts-Anpassungsgesetzes, BGBl. Nr. 459/1993) oder einer Übertragung (§ 6c Abs. 2 Z 1 bis 4 BPG) eines Unverfallbarkeitsbetrages hat der Arbeitgeber spätestens zum Abfindungs- oder Übertragungszeitpunkt den aushaftenden Teil des Deckungserfordernisses vorzeitig an das Versicherungsunternehmen zu überweisen." *(BGBl I 2005/93)*

(2) Kommt der Arbeitgeber seiner Verpflichtung zur Überweisung des Deckungserfordernisses gemäß Abs. 1 nicht nach, weil die Voraussetzungen

1. des § 6d Abs.1 Z 2 BPG oder

2. für die Eröffnung des Konkurses (§§ 66 und 67 „Insolvenzordnung") vorliegen, *(BGBl I 2010/29)*

so hat das Versicherungsunternehmen die betroffenen Anwartschaften und Leistungsverpflichtungen entsprechend anzupassen. Der Arbeitgeber hat das Vorliegen der Voraussetzungen des § 6d Abs.1 Z 2 BPG dem Versicherungsunternehmen gegenüber glaubhaft zu machen. Das Einstellen der Überweisung des Deckungserfordernisses durch den Arbeitgeber setzt ferner voraus, dass der Arbeitgeber seine laufenden Prämienleistungen an das Versicherungsunternehmen widerrufen hat.

(3) Kommt der Arbeitgeber auf Grund des Eintrittes einer der in Abs. 2 Z 1 oder 2 genannten Voraussetzungen seiner Verpflichtung zur Überweisung des Deckungserfordernisses nicht nach, so entsteht aus dem noch ausstehenden Teil des Deckungserfordernisses ein Anspruch aus einer direkten Leistungszusage des Arbeitgebers. Die Errechnung des Anspruches hat nach den Rechnungsgrundlagen, die das Versicherungsunternehmen für die betriebliche Kollektivversicherung verwendet, zu erfolgen. Auf diesen Anspruch gegenüber dem Arbeitgeber ist Abschnitt 3 des BPG anzuwenden. Die sonstigen Leistungsbedingungen dieser direkten Leistungszusage ergeben sich aus den dem Versicherungsvertrag zugrunde liegenden Vereinbarungen zwischen dem Arbeitgeber und den Versicherten.

(4) Aus dem Anspruch nach Abs. 3 ist der Unverfallbarkeitsbetrag, auf den der Versicherte gegenüber dem Arbeitgeber Anspruch hat, nach Maßgabe der folgenden Bestimmungen zu errechnen:

1. Der Unverfallbarkeitsbetrag entspricht dem Barwert der Anwartschaften, die sich aus dem Anspruch nach Abs. 3 ergeben;

2. Bei der Errechnung des Unverfallbarkeitsbetrages ist der in der betrieblichen Kollektivversicherung verwendete Rechnungszinsfuß zugrunde zu legen.

3. Bei der Errechnung des Unverfallbarkeitsbetrages ist das Risiko der Invalidität nicht zu berücksichtigen.

4. Der Unverfallbarkeitsbetrag ist mit der Höhe des ausstehenden Teils des Deckungserfordernisses beschränkt.

(5) Wenn der nach den Vorschriften des § 7 Abs. 3 Z 1 BPG für die direkte Leistungszusage nach Abs. 3 errechnete Unverfallbarkeitsbetrag den gemäß Abs. 4 errechneten Unverfallbarkeitsbetrag, verzinst mit dem Rechnungszinsfuß (§ 14 Abs. 7 Z 6 EStG 1988), übersteigt, so gilt dieser höhere Wert.

(6) Bei einer Übertragung nach Abs. 1 können auch geleistete Arbeitnehmerbeiträge übertragen werden, wobei

1. der Arbeitnehmer diese Übertragung nur vor der Übertragung nach Abs. 1 verlangen kann und

2. die Überweisung der Arbeitnehmerbeiträge zum Zeitpunkt der Übertragung nach Abs. 1 zur Gänze zu erfolgen hat.

(7) Bei der Übertragung von Anwartschaften und Leistungsverpflichtungen aus einer direkten Leistungszusage ohne Hinterbliebenenversorgung nach Abs. 1, die vor dem 1. Juli 1990 erteilt wurde, ist abweichend von § 18f Abs. 1 Z 2 die Gewährung einer Hinterbliebenenversorgung durch das Versicherungsunternehmen nicht erforderlich. Dies erstreckt sich jedoch nur auf jene Versicherten, denen diese Leistung bereits vor dem 1. Juli 1990 zugesagt wurde und auf jene direkten Leistungszusagen, bei denen seit 1. Juli 1990 sowie im Zuge der Übertragung keine wesentlichen Änderungen erfolgt sind. Nach erfolgter Übertragung dürfen solche Zusagen nur dann geändert werden, wenn sie danach § 18f Abs. 1 Z 2 entsprechen. Für die Überweisung des Deckungserfordernisses sind die Abs. 1 bis 5 anzuwenden.

(BGBl I 2005/8)

§ 18j. (1) Für den Betrieb der betrieblichen Kollektivversicherung ist ein Beratungsausschuss einzurichten.

(2) Der Beratungsausschuss hat das Recht,

1. Vorschläge für die Veranlagungspolitik zu erstatten,

2. vom Vorstand, vom Aufsichtsrat, vom Verwaltungsrat und den geschäftsführenden Direktoren Auskünfte über den Betrieb der betrieblichen Kollektivversicherung zu verlangen, *(BGBl I 2005/93)*

3. Vertreter in die Hauptversammlung (die Versammlung des obersten Organs) zu entsenden, die berechtigt sind, Fragen zum Betrieb der betrieblichen Kollektivversicherung zu stellen,

4. die Aufnahme von Gegenständen der betrieblichen Kollektivversicherung in die Tagesordnung des Aufsichtsrates oder Verwaltungsrates zu verlangen und einen Vertreter in den Aufsichtsrat oder Verwaltungsrat zu entsenden, der an der Beratung dieser Tagesordnungspunkte ohne Stimmrecht teilnimmt. *(BGBl I 2005/93)*

(3) Der Beratungsausschuss besteht aus vier Mitgliedern, von denen zwei vom Vorstand oder den geschäftsführenden Direktoren des Versicherungsunternehmens zu bestellen und je eines von einer kollektivvertragsfähigen freiwilligen Interessensvertretung der Arbeitnehmer und von einer gesetzlichen Interessensvertretung der Arbeitnehmer zu entsenden sind.

(4) Der Beratungsausschuss gibt sich selbst eine Geschäftsordnung und wählt aus seiner Mitte einen Vorsitzenden und einen Stellvertreter. Er entscheidet mit einfacher Mehrheit der Stimmen. Bei Stimmengleichheit gibt die Stimme des Vorsitzenden den Ausschlag.

(BGBl I 2005/8)

§ 18k. (1) Das Versicherungsunternehmen hat einem Versicherten oder Anwartschaftsberechtigten (§ 5 Z 1 PKG) auf Anfrage vor einer Entscheidung gemäß § 5 Abs. 5, § 5a Abs. 1, § 6c Abs. 5 oder § 6e Abs. 1 BPG auf einem dauerhaften Datenträger gemäß § 16 Abs. 1 WAG 2007 zu informieren. Das Versicherungsunternehmen hat über die Information und Entscheidung des Versicherten Aufzeichnungen zu führen und diese mindestens sieben Jahre aufzubewahren. Die Aufzeichnungen sind auf einem Datenträger aufzubewahren, damit diese der FMA auch in Zukunft unverzüglich zugänglich gemacht werden können.

(2) Die Information gemäß Abs. 1 hat
1. für den Versicherten die Höhe des Unverfallbarkeitsbetrages gemäß § 6c Abs. 1 BPG,
2. die relevanten Parameter der bei Erstellung des Tarifs und der Berechnung der versicherungstechnischen Rückstellungen verwendeten versicherungsmathematischen Grundlagen,
3. vor einer Entscheidung gemäß § 5 Abs. 5 oder § 5a Abs. 1 BPG eine Darstellung der Unterschiede zwischen der betrieblichen Kollektivversicherung und einer Pensionskassenzusage und
4. auf Basis der Deckungsrückstellung oder des Unverfallbarkeitsbetrages gemäß § 5 Abs. 1 BPG unter Annahme des Gleichbleibens der zuletzt geleisteten Prämienleistungen oder Beitragsleistungen des Arbeitgebers und Arbeitnehmers, Prognosen der jeweils künftigen Entwicklung der Versicherungsleistung und der Altersversorgung, wobei den Berechnungen neben dem Garantiezins auch mindestens drei unterschiedliche Annahmen über die Ertragsentwicklung zu Grunde zu legen sind,

zu enthalten.

(3) Die FMA hat den Inhalt und die Gliederung der Information gemäß Abs. 1 sowie Vorgaben zu den Berechnungen nach Abs. 2 Z 4 durch Verordnung festzulegen. Sie hat dabei auf die Interessen der Versicherten und Anwartschaftsberechtigten an einer ausreichenden, vergleichbaren und klar verständlichen Information zu berücksichtigen.

(BGBl I 2012/54)

Deckungserfordernis

§ 19. (1) Das Deckungserfordernis umfaßt die Deckungsrückstellung. In der Lebensversicherung einschließlich der fondsgebundenen Lebensversicherung umfaßt das Deckungserfordernis auch die Prämienüberträge, die Rückstellung für noch nicht abgewickelte Versicherungsfälle und die Rückstellung für erfolgsabhängige Prämienrückerstattung. *(BGBl 1994/652)*

(2) Bei der Berechnung des Deckungserfordernisses hat ein Abzug von Rückversicherungsanteilen zu unterbleiben.

(3) Wird eine Erhöhung der Deckungsrückstellung aus anderen Gründen als wegen einer Änderung des Geschäftsumfangs notwendig, so kann die „FMA" gestatten, daß diese Erhöhung auf mehrere Jahre verteilt wird, soweit hiedurch die Interessen der Versicherten nicht gefährdet werden. *(BGBl I 2001/97)*

(4) Das Deckungserfordernis ist für jede gesonderte Abteilung des Deckungsstocks gemäß § 20 Abs. 2 gesondert zu berechnen. *(BGBl I 2000/117)*

§ 19a. Das Deckungserfordernis bezieht sich auf das gesamte auf Grund einer Konzession gemäß § 4 Abs. 1 betriebene Geschäft.

(BGBl 1994/652)

Deckungsstock

§ 20. (1) In der Höhe des Deckungserfordernisses mit Ausnahme des in Rückversicherung übernommenen Geschäfts ist ein Deckungsstock zu bilden, der gesondert vom übrigen Vermögen zu verwalten ist. „ " *(BGBl 1992/769)*

(2) Je eine gesonderte Abteilung des Deckungsstocks, auf die die Bestimmungen über den Deckungsstock gesondert anzuwenden sind, ist einzurichten

1. für die Lebensversicherung, soweit sie nicht unter Z 2 bis 5 fällt,
2. für die betriebliche Kollektivversicherung (§ 18f), *(BGBl I 2005/8)*
2. *(aufgehoben, BGBl I 2005/93)*

3. für die „ " fondsgebundene Lebensversicherung mit Ausnahme der Prämienüberträge, der Rückstellung für noch nicht abgewickelte Versicherungsfälle und der zusätzlichen versicherungstechnischen Rückstellungen für garantierte Mindestleistungen, *(BGBl I 2005/93)*

4. für die indexgebundene Lebensversicherung mit Ausnahme der Prämienüberträge, der Rückstellung für noch nicht abgewickelte Versicherungsfälle und der zusätzlichen versicherungstechnischen Rückstellungen für garantierte Mindestleistungen,

4a. für die kapitalanlageorientierte Lebensversicherung, bei der der Versicherungsnehmer mindestens einen Anspruch auf die veranlagten Prämien hat, die vom Versicherungsunternehmen garantiert werden, *(BGBl I 2009/22)*

5. für die prämienbegünstigte Zukunftsvorsorge gemäß §§ 108g bis 108i EStG 1988, soweit sie nicht einer anderen Deckungsstockabteilung zuzuordnen ist,

6. für die Krankenversicherung,

7. für die übrigen Versicherungszweige, für die eine Deckungsrückstellung zu bilden ist. *(BGBl I 2004/70)*

(2a) Die Einrichtung und die Auflösung einer gesonderten Abteilung des Deckungsstocks sind der FMA unverzüglich mitzuteilen. *(BGBl I 2004/70)*

(3) Die Versicherungsunternehmen haben dafür zu sorgen, daß das Deckungserfordernis durch die dem Deckungsstock gewidmeten Vermögenswerte stets voll erfüllt ist. Sie haben, sobald dies erforderlich ist, dem Deckungsstock Vermögenswerte auch während des Geschäftsjahres zuzuführen und der „FMA" auf Verlangen nachzuweisen, daß sie dieser Verpflichtung nachgekommen sind. Außer für das Ende des Geschäftsjahres ist eine bloße Schätzung des Deckungserfordernisses zulässig. *(BGBl I 2001/97)*

§ 21. (1) Dem Deckungsstock dürfen nur die gemäß den §§ 77 und 78 geeigneten Vermögenswerte gewidmet werden. *(BGBl I 2003/33)*

(2) Die dem Deckungsstock gewidmeten Vorauszahlungen auf Polizzen sind derjenigen Abteilung des Deckungsstocks zuzuordnen, die der Bedeckung des Deckungserfordernisses für den betreffenden Versicherungsvertrag dient.

(3) Vermögenswerte sind dem Deckungsstock gewidmet, sobald und solange sie im Deckungsstockverzeichnis (§ 79b Abs. 1) eingetragen sind.

(4) Die Deckungsstockwidmung von inländischen Liegenschaften, liegenschaftsgleichen Rechten und Hypothekardarlehen auf inländischen Liegenschaften oder liegenschaftsgleichen Rechten ist in das Grundbuch einzutragen. „ " *(BGBl I 2007/56)*

(5) Inländische Liegenschaften, liegenschaftsgleiche Rechte und Hypothekardarlehen auf inländischen Liegenschaften oder liegenschaftsgleichen Rechten dürfen dem Deckungsstock gewidmet werden, sobald die Deckungsstockwidmung in das Grundbuch eingetragen worden ist. Ist die Eintragung der Deckungsstockwidmung von ausländischen Liegenschaften, liegenschaftsgleichen Rechten und Hypothekardarlehen auf ausländischen Liegenschaften oder liegenschaftsgleichen Rechten in ein öffentliches Buch vorgesehen, so ist die Deckungsstockwidmung erst nach dieser Eintragung zulässig.

(BGBl 1996/447)

Treuhänder

§ 22. (1) „Für die Überwachung des Deckungsstocks hat die „FMA"** einen Treuhänder und dessen Stellvertreter auf längstens „drei"** Jahre zu bestellen."* Eine wiederholte Bestellung ist zulässig. Besteht der Deckungsstock aus mehreren Abteilungen, so können für jede Abteilung gesondert Treuhänder und Stellvertreter bestellt werden, wenn dies im Hinblick auf den Geschäftsumfang angemessen erscheint. Im Verfahren über die Bestellung ist das Versicherungsunternehmen zu hören. *(BGBl 1990/181; *BGBl I 1994/652; **BGBl I 2001/97)*

(2) Zum Treuhänder und zu seinem Stellvertreter dürfen nur eigenberechtigte natürliche Personen mit Hauptwohnsitz im Inland „oder in einem anderen Vertragsstaat" bestellt werden,

1. bei denen die besondere Vertrauenswürdigkeit und die geordneten wirtschaftlichen Verhältnisse im Sinn der „§§ 9 und 10 des Wirtschaftstreuhandberufsgesetzes, BGBl. I Nr. 58/1999," vorliegen, *(BGBl I 2000/117)*

2. die weder einem Organ des Versicherungsunternehmens angehören noch Angestellte dieses Unternehmens sind und auch sonst nicht in einem Abhängigkeitsverhältnis zu diesem stehen,

3. die nicht Treuhänder oder Stellvertreter des Treuhänders für die Überwachung des Deckungsstocks bei mehr als einem anderen Versicherungsunternehmen sind,

4. die auf Grund ihrer Ausbildung und ihres beruflichen Werdegangs die erforderlichen Eigenschaften besitzen.

(BGBl I 2001/97)

(3)[1] Dem Treuhänder und seinem Stellvertreter ist von der „FMA"* eine Vergütung (Funktionsgebühr) zu leisten, die in einem angemessenen Verhältnis zu der mit seiner Tätigkeit verbundenen Arbeit und zu den Aufwendung hiefür steht. Die „der FMA"* dadurch entstehenden Kosten sind von den Versicherungsunternehmen zu ersetzen. „Die FMA hat mit Zustimmung des Bundesministers für Finanzen durch Verordnung die Höhe der Gebühr festzusetzen und kann, soweit dies erforderlich ist, in diesem Zusammenhang auch nähere Einzelheiten über Auszahlung und Erstattung der Gebühr regeln."** *(*BGBl I 2001/97; **BGBl I 2007/107)*

(4) Die Funktion des Treuhänders und seines Stellvertreters erlischt, wenn der Deckungsstock oder die Abteilung des Deckungsstocks, für die sie bestellt sind, infolge einer Bestandübertragung oder eines Rechtsgeschäftes, das eine Gesamtrechtsnachfolge herbeiführt, wegfallen. Die „FMA" hat das Erlöschen mit Bescheid festzustellen. *(BGBl I 2000/117; BGBl I 2001/97)*

(5) Die „FMA" kann den Treuhänder und seinen Stellvertreter abberufen, wenn sich der Umfang des Deckungsstocks oder der Abteilung des Deckungsstocks, für die sie bestellt sind, infolge einer Bestandübertragung oder eines Rechtsgeschäftes, das eine Gesamtrechtsnachfolge herbeiführt, wesentlich vergrößert. *(BGBl I 2000/117; BGBl I 2001/97)*

(6) Der Treuhänder oder sein Stellvertreter sind von der „FMA" abzuberufen, wenn die Voraussetzungen für die Bestellung gemäß Abs. 2 nicht mehr vorliegen oder sonst anzunehmen ist, daß sie ihre Aufgaben nicht mehr ordnungsgemäß erfüllen werden. Im Verfahren über die Abberufung ist das Versicherungsunternehmen zu hören. *(BGBl 1990/181; BGBl I 2001/97)*

(7) Legen der Treuhänder oder sein Stellvertreter ihre Funktion zurück, so erlischt diese frühestens nach Ablauf eines Monats, nachdem die Verständigung über die Zurücklegung bei der FMA eingelangt ist. *(BGBl I 2003/33)*

(BGBl 1986/558)

[1]) Vgl die Übergangsbestimmung in § 129f Abs 7.

§ 23. (1) Der Treuhänder hat im Rahmen der Überwachung des Deckungsstocks darauf zu achten, daß das Versicherungsunternehmen seine Verpflichtungen gemäß § 20 Abs. 3 dieses Bundesgesetzes erfüllt. *(BGBl 1990/181)*

(2) „„In der Lebensversicherung darf über die dem Deckungsstock gewidmeten Vermögenswerte mit Ausnahme der gesonderten Abteilungen des Deckungsstocks gemäß „§ 20 Abs. 2 Z 3 und 5"**** nur mit schriftlicher Zustimmung des Treuhänders verfügt werden."*** Eine Veräußerung, Abtretung oder Belastung ohne seine Zustimmung ist rechtsunwirksam."* Die Zustimmung ist zu versagen, wenn die Verfügung die volle Erfüllung des Deckungserfordernisses gefährdet oder dem Deckungsstock gewidmete Vermögenswerte nicht durch zur Deckungsstockwidmung geeignete Kapitalanlagen ersetzt werden. Sind sowohl der Treuhänder als auch sein Stellvertreter verhindert, so kann in dringenden Fällen die Zustimmung der „FMA"** an die Stelle der Zustimmung des Treuhänders treten. *(BGBl 1990/181; *BGBl 1996/447; **BGBl I 2001/97; ***BGBl I 2003/33; ****BGBl I 2005/93)*

(3) Dem Treuhänder ist jederzeit Einsicht in die Bücher, Belege und Schriften des Versicherungsunternehmens zu gewähren. Das Versicherungsunternehmen hat dem Treuhänder alle Tatsachen mitzuteilen, deren Kenntnis für ihn zur Wahrnehmung seiner Aufgaben erforderlich ist. Gegenüber dem Treuhänder kann eine Verschwiegenheitspflicht nicht geltend gemacht werden.

(4) Sind Eintragungen oder Aufbewahrungen unter Verwendung von Datenträgern vorgenommen worden, so sind vom Versicherungsunternehmen auf seine Kosten innerhalb angemessener Frist diejenigen Hilfsmittel zur Verfügung zu stellen, die notwendig sind, um die Unterlagen lesbar zu machen und, soweit erforderlich, ohne Hilfsmittel lesbare dauerhafte Wiedergaben in der benötigten Anzahl beizubringen.

(5) Der Treuhänder hat der FMA unverzüglich alle Umstände anzuzeigen, die geeignet sind, Bedenken hinsichtlich der Erfüllung des Deckungserfordernisses oder der Einhaltung der Vorschriften über die Anlage des Deckungsstockvermögens hervorzurufen. *(BGBl I 2004/161; BGBl I 2007/56)*

(5a) Der Treuhänder hat der FMA binnen sechs Wochen nach Ablauf jedes Kalenderquartals einen schriftlichen Bericht über seine Tätigkeit im abgelaufenen Quartal (Quartalsbericht) und innerhalb drei Monaten nach Ende des Geschäftsjahres einen schriftlichen Bericht über seine Tätigkeit im abgelaufenen Geschäftsjahr (Jahresbericht) zu erstatten. Der Treuhänder hat den Jahresbericht auch dem Vorstand und dem Aufsichtsrat oder der Geschäftsleitung eines ausländischen Versicherungsunternehmens zur Kenntnis zu bringen. Die FMA kann mit Verordnung nähere Regelungen über Inhalt, Gliederung und Art der Übermittlung des Quartalsberichtes und des Jahresberichtes treffen. *(BGBl I 2007/56)*

(6) Verweigert der Treuhänder seine Zustimmung gemäß Abs. 2, so kann das Versicherungsunternehmen darüber die Entscheidung der „FMA"** beantragen. „Wird nicht binnen zwei Wochen nach Einlangen des Antrages entschieden, so gilt die Zustimmung als erteilt."* *(BGBl 1986/558; *BGBl 1990/181; **BGBl I 2001/97)*

(7) Der Treuhänder hat der „FMA" jederzeit Auskunft über den von ihm überwachten Deckungsstock zu erteilen. Im übrigen ist er zur Verschwiegenheit über alle Tatsachen verpflichtet, die ihm ausschließlich auf Grund seiner Tätigkeit bekannt geworden sind. *(BGBl 1986/558; BGBl I 2001/97)*

§ 23a. (1) Der Treuhänder hat in seinen Jahresbericht (§ 23 Abs. 5a) einen Bestätigungsvermerk aufzunehmen. Dabei ist ausdrücklich anzugeben, ob der Bestätigungsvermerk uneingeschränkt oder eingeschränkt erteilt wird.

(2) In einem uneingeschränkten Bestätigungsvermerk hat der Treuhänder zu erklären, dass das Deckungserfordernis durch die Widmung von für die Bedeckung geeigneten Vermögenswerten voll erfüllt ist.

(3) Sind Einwendungen zu erheben, so hat der Treuhänder seine Erklärung nach Abs. 2 einzuschränken oder den Bestätigungsvermerk zu versagen. Die Versagung ist in einen Vermerk, der nicht als Bestätigungsvermerk zu bezeichnen ist, aufzunehmen. Die Einschränkung oder Versagung ist zu begründen. Liegen nur geringfügige, kurzfristig behebbare Mängel vor, so kann der Treuhänder einen uneingeschränkten Bestätigungsvermerk erteilen.

(4) Der Treuhänder hat den Bestätigungsvermerk oder den Vermerk über seine Versagung unter Angabe von Ort und Tag zu unterzeichnen.

(5) Die Verantwortlichkeit der Organe des Versicherungsunternehmens wird durch den Bestätigungsvermerk des Treuhänders nicht berührt.

(BGBl I 2007/56)

Verantwortlicher Aktuar

§ 24. (1) „Versicherungsunternehmen, die im Rahmen ihrer gemäß § 4 Abs. 1 erteilten Konzession die Lebensversicherung oder jeweils die Krankenversicherung oder die Unfallversicherung nach Art der Lebensversicherung betreiben, haben einen verantwortlichen Aktuar und einen Stellvertreter zu bestellen. Für die Lebensversicherung einschließlich der Unfallversicherung und die Krankenversicherung können je ein verantwortlicher Aktuar und Stellvertreter gesondert bestellt werden."* „Soll zum verantwortlichen Aktuar eines inländischen Versicherungsunternehmens oder seinem Stellvertreter ein Vorstandsmitglied oder ein Verwaltungsratsmitglied oder ein geschäftsführender Direktor bestellt werden, so obliegt die Bestellung dem Aufsichtsrat oder dem Verwaltungsrat."** *(*BGBl 1995/23; **BGBl I 2004/67)*

(2) „Zum verantwortlichen Aktuar oder seinem Stellvertreter dürfen nur eigenberechtigte natürliche Personen bestellt werden, die die erforderlichen persönlichen Eigenschaften und die fachliche Eignung besitzen." Die fachliche Eignung setzt eine ausreichende, mindestens dreijährige Berufserfahrung als Aktuar voraus. *(BGBl 1996/447)*

(3) Das Versicherungsunternehmen hat der „FMA"* die beabsichtigte Bestellung eines verantwortlichen Aktuars und seines Stellvertreters bekanntzugeben. Bestehen begründete Zweifel an der Erfüllung der Voraussetzungen für die Bestellung, so hat die „FMA"* innerhalb eines Monats der Bestellung zu widersprechen und die Bestellung eines anderen verantwortlichen Aktuars oder Stellvertreters zu verlangen. „ "**
(*BGBl I 2001/97; **BGBl I 2005/93)

(4) Ergibt sich nach der Bestellung eines verantwortlichen Aktuars oder Stellvertreters, daß die Voraussetzungen für seine Bestellung nicht mehr vorliegen, oder ist aus anderen Gründen anzunehmen, daß er seine Aufgaben nicht mehr ordnungsgemäß erfüllen kann, so hat die „FMA"* die Bestellung eines anderen verantwortlichen Aktuars oder Stellvertreters zu verlangen. „ "**
(*BGBl I 2001/97; **BGBl I 2005/93)

(5) Das Ausscheiden eines verantwortlichen Aktuars oder Stellvertreters ist der „FMA" unverzüglich mitzuteilen. *(BGBl I 2001/97)*

(BGBl 1994/652)

§ 24a. (1) „Der verantwortliche Aktuar hat darauf zu achten, dass die Erstellung der Tarife und die Berechnung der versicherungstechnischen Rückstellungen in der Lebensversicherung und in der nach Art der Lebensversicherung betriebenen Krankenversicherung und Unfallversicherung nach den dafür geltenden Vorschriften und versicherungsmathematischen Grundlagen erfolgt und dass die Gewinnbeteiligung der „Versicherungsnehmer"** in der Lebensversicherung (§ 18 Abs. 4) dem Gewinnplan entspricht."* Der verantwortliche Aktuar hat unter Bedachtnahme auf die Erträge aus den Kapitalanlagen auch zu beurteilen, ob nach diesen versicherungsmathematischen Grundlagen mit der dauernden Erfüllbarkeit der Verpflichtungen aus den Versicherungsverträgen gerechnet werden kann. *(*BGBl I 2007/56; **BGBl I 2007/107)*

(2) Der Vorstand oder der Verwaltungsrat und die geschäftsführenden Direktoren oder die Geschäftsleitung der Zweigniederlassung eines ausländischen Versicherungsunternehmens haben dem verantwortlichen Aktuar alle Informationen zur Verfügung zu stellen, die dieser zur Erfüllung seiner Aufgaben gemäß Abs. 1 benötigt. *(BGBl I 2004/67)*

(3) Der verantwortliche Aktuar hat dem Vorstand oder der Geschäftsleitung der Zweigniederlassung eines ausländischen Versicherungsunternehmens jährlich „ "*schriftlich einen Bericht über die Wahrnehmungen bei Ausübung seiner Tätigkeit gemäß Abs. 1 im vorangegangenen Geschäftsjahr zu erstatten. Das Versicherungsunternehmen hat den Bericht unverzüglich „und jedenfalls „innerhalb von fünf Monaten"** nach Ende des Geschäftsjahres"* der FMA vorzulegen; „auf Antrag kann die FMA in begründeten Fällen diese Frist erstrecken."* „Die FMA kann mit Verordnung nähere Regelungen über Inhalt, Gliederung und Art der Übermittlung des Berichtes treffen."** *(BGBl I 2002/46; *BGBl I 2004/70; **BGBl I 2007/56)*

(4) Stellt der verantwortliche Aktuar bei Ausübung seiner Tätigkeit gemäß Abs. 1 fest, daß die Erstellung der Tarife und die Berechnung der versicherungstechnischen Rückstellungen nicht nach den dafür geltenden Vorschriften und versicherungsmathematischen Grundlagen erfolgt oder daß die dauernde Erfüllbarkeit der Verpflichtungen aus den Versicherungsverträgen gefährdet ist, so hat er darüber unverzüglich dem Vorstand oder der Geschäftsleitung der Zweigniederlassung eines ausländischen Versicherungsunternehmens zu berichten. Trägt der Vorstand oder die Geschäftsleitung der Zweigniederlassung den Vorstellungen des verantwortlichen Aktuars nicht Rechnung, so hat der verantwortliche Aktuar dies unverzüglich der „FMA" anzuzeigen." *(BGBl I 2001/97)*

(BGBl 1994/652)

§ 24b. (1) Der verantwortliche Aktuar hat in seinen Bericht (§ 24a Abs. 3) einen Bestätigungsvermerk aufzunehmen. Dabei ist ausdrücklich anzugeben, ob der Bestätigungsvermerk uneingeschränkt oder eingeschränkt erteilt wird.

(2) In einem uneingeschränkten Bestätigungsvermerk hat der verantwortliche Aktuar zu erklären, dass

1. die Deckungsrückstellung und die Prämienüberträge nach den hiefür geltenden Vorschriften und versicherungsmathematischen Grundlagen berechnet und die dabei verwendeten versicherungsmathematischen Grundlagen angemessen sind und dem Prinzip der Vorsicht genügen,

2. in der Lebensversicherung

a) die Prämien für neu abgeschlossene Versicherungsverträge voraussichtlich ausreichen, um die dauernde Erfüllbarkeit der Verpflichtungen aus den Versicherungsverträgen zu gewährleisten, insbesondere die Bildung angemessener Rückstellungen zu ermöglichen,

b) die Gewinnbeteiligung der Versicherten dem Gewinnplan entspricht.

(3) Sind Einwendungen zu erheben, so hat der verantwortliche Aktuar seine Erklärung nach Abs. 2 einzuschränken oder den Bestätigungsvermerk zu versagen. Die Versagung ist in einen Vermerk, der nicht als Bestätigungsvermerk zu bezeichnen ist, aufzunehmen. Die Einschränkung oder Versagung ist zu begründen.

(4) Der verantwortliche Aktuar hat den Bestätigungsvermerk oder den Vermerk über seine Versagung unter Angabe von Ort und Tag zu unterzeichnen.

(5) Die Verantwortlichkeit der Organe des Versicherungsunternehmens wird durch den Bestätigungsvermerk des verantwortlichen Aktuars nicht berührt.

(BGBl I 2007/56)

Ansprüche nach Einstellung des Geschäftsbetriebes

§ 25. (1) Erlöschen auf Grund der Einstellung des Geschäftsbetriebs eines Versicherungsunternehmens die Versicherungsverhältnisse, so haben die Anspruchsberechtigten aus den Versicherungsverträgen in der Lebensversicherung und in der nach Art der Lebensversicherung betriebenen Unfallversicherung, soweit ihre Ansprüche in das Deckungserfordernis einzubeziehen waren, Anspruch auf den Betrag, der zum Deckungserfordernis für ihre Versicherungsverträge im gleichen Verhältnis steht wie der Gesamtbetrag der Werte des Deckungsstocks zum gesamten Deckungserfordernis, höchstens aber auf den Betrag des auf sie entfallenden Deckungserfordernisses. *(BGBl 1994/652)*

(2) Sonstige Ansprüche aus den Versicherungsverträgen sind aus einem für die betreffende Versicherung bestehenden Deckungsstock verhältnismäßig zu befriedigen.

(3) Besteht der Deckungsstock aus mehreren Abteilungen, so ist die Berechnung der Ansprüche für jede Abteilung des Deckungsstocks gesondert vorzunehmen.

(4) Für die Höhe der in das Deckungserfordernis einbezogenen Ansprüche, die Höhe des gesamten Deckungserfordernisses und den Betrag der Werte des Deckungsstocks ist der Zeitpunkt des Erlöschens der Versicherungsverhältnisse maßgebend.

(5) Reicht der Deckungsstock zur Befriedigung der im Abs. 1 angeführten Ansprüche nicht aus, so bleiben die Ansprüche, soweit sie nicht befriedigt wurden, unberührt.

Drittes Hauptstück

VERSICHERUNGSVEREINE AUF GEGENSEITIGKEIT

1. Abschnitt:

Allgemeine Bestimmungen

Begriff

§ 26. Ein Verein, der die Versicherung seiner Mitglieder nach dem Grundsatz der Gegenseitigkeit betreibt (Versicherungsverein auf Gegenseitigkeit), bedarf zur Aufnahme des Geschäftsbetriebes einer Konzession gemäß § 4 Abs. 1.

Eintragung in das Firmenbuch

§ 27. Versicherungsvereine auf Gegenseitigkeit sind in das Firmenbuch einzutragen „ ". *(BGBl I 2005/120)*

13. VAG
§§ 28 – 35

Name

§ 28. Im Namen des Vereins oder in einem Zusatz ist auszudrücken, daß Versicherung auf Gegenseitigkeit betrieben wird.

Satzung

§ 29. (1) Die Satzung ist durch notarielle Beurkundung festzustellen.

(2) Die Satzung hat zu bestimmen:
1. den Namen und den Sitz des Vereins,
2. den Gegenstand des Unternehmens,
3. die Form der Veröffentlichungen des Vereins,
4. den Beginn der Mitgliedschaft,
5. den Gründungsfonds,
6. die Aufbringung der Mittel durch die Mitglieder,
7. die Sicherheitsrücklage,
8. die Verwendung des Überschusses,
9. die Art der Zusammensetzung des Vorstands (Zahl der Vorstandsmitglieder), *(BGBl 1990/181)*
10. die zur Ausübung von Minderheitsrechten erforderliche Zahl von Mitgliedern des obersten Organs.

(3) Die Konzession oder die Genehmigung einer Änderung der Satzung ist einem Versicherungsverein auf Gegenseitigkeit auch zu versagen, wenn durch Bestimmungen der Satzung die Interessen der Mitglieder aus dem Mitgliedschaftsverhältnis gefährdet sind. *(BGBl 1996/447)*

Veröffentlichungen

§ 30. Für die Veröffentlichungen des Vereins gilt § 18 Aktiengesetz 1965 sinngemäß.
(BGBl I 1998/126)

Errichtung

§ 31. Mit der Erteilung der Konzession gemäß § 4 Abs. 1 ist der Verein errichtet.

Mitgliedschaft

§ 32. (1) Die Mitgliedschaft bei einem Versicherungsverein auf Gegenseitigkeit ist an das Bestehen eines Versicherungsvertrages bei diesem gebunden.

(2) Der Verein darf, soweit dies in der Satzung ausdrücklich vorgesehen ist, Versicherungsverträge auch ohne Begründung einer Mitgliedschaft abschließen.

§ 33. (1) Die Mitglieder haften den Gläubigern des Vereins gegenüber nicht.

(2) Ein Mitglied kann gegen eine Forderung des Vereins auf Beitrags- und Nachschußzahlungen eine Forderung an den Verein nicht aufrechnen.

(3) Beiträge und Nachschußzahlungen der Mitglieder sowie Leistungen des Vereins auf Grund des Mitgliedschaftsverhältnisses dürfen bei gleichen Voraussetzungen nur nach gleichen Grundsätzen bemessen sein.

Gründungsfonds

§ 34. (1) Bei Errichtung eines Versicherungsvereins auf Gegenseitigkeit ist ein Gründungsfonds zu bilden, der zur Bestreitung der Kosten der Errichtung und ersten Einrichtung des Vereins, der Organisationskosten und der übrigen durch die Aufnahme des Geschäftsbetriebes entstehenden Kosten bestimmt ist. Er kann, wenn die Satzung nicht anderes bestimmt, auch zur Deckung von Betriebsverlusten herangezogen werden.

(2) Die Satzung hat Bestimmungen über die Rückzahlung des Gründungsfonds, und wenn er nicht zurückgezahlt wird, über seine Verwendung zu enthalten.

(3) Die „FMA" kann von der Bildung eines Gründungsfonds insoweit befreien, als die Bestreitung der Kosten der Errichtung und ersten Einrichtung des Vereins, der Organisationskosten und der übrigen durch die Aufnahme des Geschäftsbetriebes entstehenden Kosten auf andere Weise gesichert ist. *(BGBl I 2001/97)*

§ 35. (1) Der Geschäftsbetrieb darf erst aufgenommen werden, wenn der Gründungsfonds voll und bar eingezahlt ist.

(2) Die „FMA" hat die Erteilung der Konzession für weitere Versicherungszweige von einer entsprechenden Erhöhung des Gründungsfonds abhängig zu machen, wenn dieser noch nicht zurückgezahlt wurde und die Bestreitung der durch die Aufnahme des Betriebes dieser Versicherungszweige entstehenden Kosten anders nicht gesichert erscheint. *(BGBl 1994/652; BGBl I 2001/97)*

(3) Der Gründungsfonds darf nur aus dem Jahresüberschuß zurückgezahlt werden. Die in einem Jahr vorgenommene Rückzahlung darf den Betrag nicht übersteigen, der im gleichen Jahr der Sicherheitsrücklage (§ 41) zugeführt wird.

(4) Den Personen, die den Gründungsfonds zur Verfügung gestellt haben, darf ein Anspruch auf vorzeitige Rückzahlung nicht eingeräumt werden. Die Satzung kann bestimmen, daß und in welchem Umfang diese Personen berechtigt sein sollen, an der Verwaltung des Vereins teilzunehmen, oder daß ihnen eine Verzinsung aus den Jahreseinnahmen und eine Beteiligung am sich aus dem Jahresabschluß ergebenden Überschuß zusteht.

Anmeldung des Vereins

§ 36. (1) Der Verein ist beim Gericht von sämtlichen Mitgliedern des Vorstands und des Aufsichtsrats zur Eintragung in das Firmenbuch anzumelden. Die Anmeldung darf erst erfolgen, wenn der Gründungsfonds eingezahlt worden ist. In der Anmeldung ist die Erklärung abzugeben, daß diese Voraussetzung erfüllt ist. Hiebei ist nachzuweisen, daß der Vorstand in der Verfügung über den eingezahlten Betrag nicht, namentlich nicht durch Gegenforderungen beschränkt ist. „In der Anmeldung sind ferner das Geburtsdatum und die Vertretungsbefugnis der Vorstandsmitglieder anzugeben." *(BGBl 1991/411)*

(2) Der Anmeldung des Vereins sind die Satzung, der Bescheid der „FMA", mit dem die Konzession zum Betrieb der Vertragsversicherung erteilt worden ist, die Urkunden über die Bestellung des Vorstands und des Aufsichtsrats sowie ein Verzeichnis der Aufsichtsratsmitglieder mit Angabe ihres Namens und Geburtsdatums beizufügen. *(BGBl 1991/411; BGBl I 2001/97)*

(3) Die Vorstandsmitglieder haben ihre Namensunterschrift zur Aufbewahrung beim Gericht zu zeichnen.

(4) Die eingereichten Schriftstücke sind beim Gericht in Urschrift, Ausfertigung oder öffentlich beglaubigter Abschrift aufzubewahren.

(5) Das Gericht hat zu prüfen, ob der Verein ordnungsgemäß errichtet und angemeldet ist. Ist dies nicht der Fall, so hat es die Eintragung abzulehnen.

Inhalt der Eintragung

§ 37. (1) Bei der Eintragung des Vereins in das Firmenbuch sind die Firma, der Sitz sowie die für Zustellungen maßgebliche Geschäftsanschrift des Vereins, die Versicherungszweige, auf die sich der Betrieb erstrecken soll, Name und Geburtsdatum des Vorsitzenden, seiner Stellvertreter und der übrigen Mitglieder des Aufsichtsrats, die Höhe des Gründungsfonds, der Tag, an dem die Konzession erteilt worden ist, sowie Name und Geburtsdatum der Vorstandsmitglieder anzugeben. Ferner ist einzutragen, welche Vertretungsbefugnis die Vorstandsmitglieder haben.

(2) Enthält die Satzung Bestimmungen über die Dauer des Vereins, so sind auch diese Bestimmungen einzutragen.

(BGBl 1991/411)

Veröffentlichung der Eintragung

§ 38. In die Veröffentlichung der Eintragung sind die Form der Veröffentlichungen des Vereins sowie der Name und das Geburtsdatum der Mitglieder des ersten Aufsichtsrats aufzunehmen.

(BGBl 1991/10)

Entstehen

§ 39. Der Verein entsteht mit der Eintragung in das Firmenbuch. „§ 34 Abs. 1 zweiter Satz und Abs. 2 Aktiengesetz 1965 ist anzuwenden." *(BGBl I 1998/126)*

Beiträge und Nachschüsse

§ 40. (1) Die Satzung hat Bestimmungen über die Aufbringung der Mittel durch die Mitglieder zu enthalten. Der Jahresbedarf ist aus im voraus bemessenen Beiträgen der Mitglieder zu bestreiten.

(2) Die Satzung hat zu bestimmen, ob und in welchem Umfang die Mitglieder zu Nachschüssen verpflichtet sind, wenn andere Mittel zur Deckung von Verlusten nicht ausreichen. Die Satzung kann anstelle oder neben der Nachschußpflicht auch die Herabsetzung der Versicherungsleistungen vorsehen.

(3) Sind Nachschüsse vorgesehen, so haben zu diesen auch die im Laufe des Geschäftsjahres eingetretenen oder ausgetretenen Mitglieder im Verhältnis der Dauer ihrer Mitgliedschaft in diesem Geschäftsjahr beizutragen. Wurden während des Geschäftsjahres die Beiträge oder die Versicherungssummen als Grundlage für die Bemessung der Nachschüsse geändert, so sind die Nachschüsse nach dem höheren Betrag zu bemessen.

Sicherheitsrücklage

§ 41. (1) Die Satzung hat eine Rücklage zur Deckung von Verlusten aus dem Geschäftsbetrieb (Sicherheitsrücklage) vorzusehen und zu bestimmen, welche Beträge ihr jährlich zuzuführen sind und welchen Mindestbetrag sie erreichen muß.

(2) Die „FMA" kann vom Erfordernis der Sicherheitsrücklage befreien, wenn andere Sicherheiten es gestatten. *(BGBl I 2001/97)*

Zusatzkapital

§ 41a. Versicherungsvereine auf Gegenseitigkeit dürfen mit Zustimmung des obersten Organs Partizipations- und Ergänzungskapital (§ 73 c Abs. 1 und 2) aufnehmen und darüber nach Maßgabe des § 73 c Abs. 7 Wertpapiere ausgeben.

(BGBl 1986/558; BGBl 1992/769)

Verwendung des Jahresüberschusses

§ 42. (1) Ein sich aus dem Jahresabschluß ergebender Jahresüberschuß ist an die Mitglieder zu verteilen, soweit er nicht der Sicherheitsrücklage oder anderen in der Satzung vorgesehenen Rücklagen zugeführt, zur Rückzahlung des Gründungsfonds oder zur Leistung satzungsmäßiger Vergü-

13. VAG
§§ 42 – 47

tungen verwendet oder auf das nächste Geschäftsjahr vorgetragen wird.

(2) Die Satzung hat die Grundsätze für die Verteilung des Jahresüberschusses festzusetzen und insbesondere zu bestimmen, ob der Jahresüberschuß auch an Mitglieder verteilt werden soll, die während des Geschäftsjahres ausgeschieden sind. „Eine Beteiligung am Überschuss eines Geschäftsjahres darf nicht allein aus dem Grund unterbleiben, dass die Mitgliedschaft nach dem Ende des Geschäftsjahres erloschen ist." *(BGBl I 2002/46)*

Organe

§ 43. (1) Der Verein muß einen Vorstand, einen Aufsichtsrat und als oberstes Organ eine Mitgliederversammlung (Mitgliedervertretung) haben.

(2) In Fällen, in denen bei bestehenden Versicherungsvereinen auf Gegenseitigkeit Gemeinden oder Gemeindeorgane satzungsmäßig bestimmte Funktionen auszuüben berechtigt sind, bleiben diese Funktionen und die satzungsmäßig vorgesehene Zuweisung von Zuständigkeiten gewahrt, wenn die sonst für Versicherungsvereine auf Gegenseitigkeit erforderlichen Organe bestehen.

(3) In Fällen, in denen bei bestehenden Versicherungsvereinen auf Gegenseitigkeit Länder oder Landesorgane satzungsmäßig bestimmte Funktionen auszuüben berechtigt sind, kann die Satzung weiterhin die Ausübung von Funktionen durch Landesorgane vorsehen, wenn die sonst für Versicherungsvereine auf Gegenseitigkeit erforderlichen Organe eingerichtet werden.

Vorstand

§ 44. (1) Der Vorstand hat unter eigener Verantwortung den Verein so zu leiten, wie das Wohl des Vereins unter Berücksichtigung des Interesses der Mitglieder und der Dienstnehmer sowie des öffentlichen Interesses es erfordert.

(2) Mitglied des Vorstands kann nur eine natürliche, voll handlungsfähige Person sein.

(3) Der Verein wird durch den Vorstand gerichtlich und außergerichtlich vertreten. Der Vorstand ist dem Verein gegenüber verpflichtet, die Beschränkungen einzuhalten, die die Satzung oder der Aufsichtsrat für den Umfang seiner Vertretungsbefugnis festgesetzt hat oder die sich aus einem Beschluß des obersten Organs gemäß dem § 49 Abs. 3 ergeben. Dritten gegenüber ist eine Beschränkung der Vertretungsbefugnis des Vorstands unwirksam.

(4) Im übrigen gelten für die Leitung und Vertretung des Vereins durch den Vorstand, die Zeichnung des Vorstands sowie die Änderung des Vorstands und der Vertretungsbefugnis seiner Mitglieder die §§ 70 Abs. 2, 71 Abs. 2 und 3, 72 und 73 Aktiengesetz 1965 sinngemäß.

§ 45. (1) Für die Bestellung und Abberufung des Vorstands gelten der § 75 Abs. 1, 3 und 4 und der § 76 Aktiengesetz 1965 sinngemäß.

(2) Für die Rechte und Pflichten der Vorstandsmitglieder gelten die §§ 77 bis 82 und 84 Abs. 1, 2 und 4 bis 6 Aktiengesetz 1965 sinngemäß. Die Vorstandsmitglieder sind dem Verein gegenüber insbesondere zum Schadenersatz verpflichtet, wenn entgegen diesem Bundesgesetz oder der Satzung

1. der Gründungsfonds verzinst oder zurückgezahlt wird,

2. das Vereinsvermögen verteilt wird,

3. Zahlungen geleistet werden, nachdem der Verein zahlungsunfähig geworden ist oder sich seine Überschuldung ergeben hat; dies gilt nicht für Zahlungen, die auch nach diesem Zeitpunkt mit der Sorgfalt eines ordentlichen und gewissenhaften Geschäftsleiters vereinbar sind.

4. Kredit gewährt wird.

§ 46. Die Vorschriften für die Vorstandsmitglieder gelten auch für ihre Stellvertreter.

Aufsichtsrat

§ 47. (1) Die Aufsichtsratsmitglieder sind vom obersten Organ zu wählen. Im Übrigen gelten für die Wahl, die Abberufung und die Bestellung von Aufsichtsratsmitgliedern, die Unvereinbarkeit der Zugehörigkeit zum Vorstand und dem Aufsichtsrat und die Veröffentlichung der Änderungen im Aufsichtsrat § 86 Abs. 1 bis 3 und 6, § 87 Abs. 1a bis 5 und die §§ 89 bis 91 Aktiengesetz 1965 sinngemäß. § 110 Abs. 2 und 3 des Arbeitsverfassungsgesetzes, BGBl. Nr. 22/1974, bleibt unberührt. *(BGBl I 2005/59)*

(2) Versicherungsvereine auf Gegenseitigkeit sind bei der Anwendung des § 86 Abs. 2, 3 und 6 Aktiengesetz 1965 und des § 30a Abs. 2, 3 und 5 des Gesetzes über Gesellschaften mit beschränkter Haftung Kapitalgesellschaften gleichzuhalten. *(BGBl I 2005/59)*

(3) *(aufgehoben, BGBl I 2005/59)*

(3) Für die innere Ordnung des Aufsichtsrats, die Teilnahme an seinen Sitzungen und denen seiner Ausschüsse sowie die Einberufung des Aufsichtsrats gelten die §§ 92 bis 94 Aktiengesetz 1965 sinngemäß. § 110 Abs. 4 des Arbeitsverfassungsgesetzes bleibt unberührt.

(4) Der Aufsichtsrat hat die Geschäftsführung zu überwachen. Er hat das oberste Organ einzuberufen, wenn das Wohl des Vereins es erfordert. Im übrigen gelten für die Aufgaben und Rechte des Aufsichtsrats § 95 Abs. 2, 3, 5 und 6 und die §§ 96 und 97 Aktiengesetz 1965 sinngemäß. § 110 Abs. 3 des Arbeitsverfassungsgesetzes bleibt unberührt.

(5) Für Vergütungen an Aufsichtsratsmitglieder gilt § 98 Aktiengesetz 1965 sinngemäß. § 110 Abs. 3 des Arbeitsverfassungsgesetzes bleibt unberührt.

(6) Für die Sorgfaltspflicht und die Verantwortlichkeit der Aufsichtsratsmitglieder gelten § 84 Abs. 1, 2 und 4 bis 6 Aktiengesetz 1965 sowie § 45 Abs. 2 zweiter Satz dieses Bundesgesetzes sinngemäß. § 110 Abs. 3 des Arbeitsverfassungsgesetzes bleibt unberührt.

(BGBl I 1998/126)

Handeln zum Schaden des Vereins

§ 48. Für Handeln zum Schaden des Vereins zwecks Erlangung vereinsfremder Vorteile gelten die §§ 100 und 101 Aktiengesetz 1965 sinngemäß.

Oberstes Organ

§ 49. (1) Die Mitglieder üben ihre Rechte in den Angelegenheiten des Vereins im obersten Organ aus, soweit das Gesetz nicht anderes bestimmt.

(2) Oberstes Organ ist entweder die Versammlung aller Mitglieder (Mitgliederversammlung) oder die Versammlung von Vertretern der Mitglieder, die selbst Mitglieder des Vereins sein müssen (Mitgliedervertretung). Ist eine Mitgliedervertretung vorgesehen, so ist deren Zusammensetzung und die Bestellung der Vertreter durch die Satzung zu regeln.

(3) Das oberste Organ beschließt in den im Gesetz oder in der Satzung ausdrücklich bestimmten Fällen. „Über Fragen der Geschäftsführung kann das oberste Organ nur entscheiden, wenn der Vorstand es verlangt, sofern es sich um ein gemäß § 95 Abs. 5 Aktiengesetz 1965 seiner Zustimmung vorbehaltenes Geschäft handelt, der Aufsichtsrat es verlangt." Für den Beschluß über die Entlastung der Mitglieder des Vorstands und des Aufsichtsrats gilt der § 104 Aktiengesetz 1965 sinngemäß. *(BGBl 1982/567)*

(4) Soweit die nach diesem Bundesgesetz anwendbaren Bestimmungen des Aktiengesetzes 1965 einer Minderheit von Aktionären, deren Anteile einen bestimmten Teil des Grundkapitals erreichen, Rechte einräumen, hat die Satzung die erforderliche Minderheit der Mitglieder des obersten Organs zu bestimmen.

§ 50. (1) Für die Einberufung des obersten Organs, die Teilnahme an der Versammlung des obersten Organs, die Verhandlungsniederschrift und das Auskunftsrecht der Mitglieder des obersten Organs gelten die „§§ 102 Abs. 2 und 3, 105 Abs. 1, 2 erster und zweiter Satz und 3 erster Satz", 106, 107 Abs. 1, 108 Abs. 1, 2 erster Satz, 3 und 4, 109, 111 und 112 Aktiengesetz 1965 sinngemäß. Soweit in diesen Bestimmungen von den Aktionären die Rede ist, treten an ihre Stelle die Mitglieder des obersten Organs. *(BGBl I 1998/126)*

(2) In der Versammlung des obersten Organs ist ein Verzeichnis der erschienenen Mitglieder und der Vertreter von Mitgliedern mit Angabe ihres Namens und ihres Wohnortes aufzustellen. Das Verzeichnis ist vor der ersten Abstimmung zur Einsicht aufzulegen; es ist vom Vorsitzenden zu unterzeichnen.

(3) Die Beschlüsse des obersten Organs bedürfen der Mehrheit der abgegebenen Stimmen (einfache Stimmenmehrheit), soweit nicht Gesetz oder Satzung eine größere Mehrheit vorschreiben. Für Wahlen kann die Satzung andere Bestimmungen treffen.

(4) Ist das oberste Organ eine Mitgliederversammlung, so kann das Stimmrecht durch einen Bevollmächtigten ausgeübt werden. Für die Vollmacht ist die Schriftform erforderlich; die Vollmacht bleibt in der Verwahrung des Vereins.

(5) Ein Mitglied des obersten Organs, das durch die Beschlußfassung entlastet oder von einer Verpflichtung befreit werden soll, kann weder für sich noch für ein anderes das Stimmrecht ausüben. Gleiches gilt, wenn darüber Beschluß gefaßt wird, ob der Verein gegen das Mitglied einen Anspruch geltend machen soll. Im übrigen richten sich die Bedingungen und die Form der Ausübung des Stimmrechts nach der Satzung.

Sonderprüfung

§ 51. (1) Zur Prüfung von Vorgängen bei der Gründung oder der Geschäftsführung kann das oberste Organ mit einfacher Stimmenmehrheit Prüfer bestellen. Bei der Beschlußfassung können Mitglieder, die zugleich Mitglieder des Vorstands oder des Aufsichtsrats sind, weder für sich noch für einen anderen mitstimmen, wenn die Prüfung sich auf Vorgänge erstrecken soll, die mit der Entlastung des Vorstands oder des Aufsichtsrates oder der Einleitung eines Rechtsstreits zwischen dem Verein und den Mitgliedern des Vorstands oder des Aufsichtsrats zusammenhängen.

(2) Im übrigen gelten für die Sonderprüfung die §§ 118 Abs. 2 erster und zweiter Satz, 3 und 4 und 119 bis 121 Aktiengesetz 1965 sinngemäß.

Geltendmachung von Ersatzansprüchen

§ 52. (1) Die Ansprüche des Vereins aus der Geschäftsführung gegen die Mitglieder des Vorstands oder des Aufsichtsrats müssen geltend gemacht werden, wenn es das oberste Organ beschließt.

(2) Im übrigen gelten für die Geltendmachung von Ersatzansprüchen die §§ 122 Abs. 1 zweiter Satz und Abs. 2 und 123 Abs. 1 und 3 bis 5 Aktiengesetz 1965 sinngemäß.

13. VAG
§§ 53 – 56

Satzungsänderung

§ 53. (1) Jede Satzungsänderung bedarf eines Beschlusses des obersten Organs. Die Befugnis zu Änderungen, die nur die Fassung betreffen, kann das oberste Organ dem Aufsichtsrat übertragen.

(2) Der Beschluß kann nur gefaßt werden, wenn die beabsichtigte Satzungsänderung nach ihrem wesentlichen Inhalt ausdrücklich und fristgemäß angekündigt worden ist (§ 108 Abs. 2 erster Satz Aktiengesetz 1965).

(3) Der Vorstand hat die Satzungsänderung zur Eintragung in das Firmenbuch anzumelden. Der Anmeldung ist der vollständige Wortlaut der Satzung beizufügen; er muß mit der Beurkundung eines Notars versehen sein, daß die geänderten Bestimmungen der Satzung mit dem Beschluß über die Satzungsänderung und die unveränderten Bestimmungen mit dem zuletzt zum Firmenbuch eingereichten vollständigen Wortlaut der Satzung übereinstimmen. Der Anmeldung ist der Bescheid der „FMA", mit dem die Satzungsänderung genehmigt wurde, beizufügen. *(BGBl 1991/411; BGBl I 2001/97)*

(4) Soweit nicht die Änderung Angaben nach § 37 betrifft, genügt bei der Eintragung die Bezugnahme auf die beim Gericht eingereichten Urkunden. Betrifft eine Änderung Bestimmungen, die ihrem Inhalt nach zu veröffentlichen sind, so ist auch die Änderung ihrem Inhalt nach zu veröffentlichen.

(5) Die Änderung hat keine Wirkung, bevor sie in das Firmenbuch des Sitzes des Vereins eingetragen worden ist.

Anfechtbarkeit

§ 54. (1) Ein Beschluß des obersten Organs kann wegen Verletzung des Gesetzes oder der Satzung durch Klage angefochten werden (Anfechtungsklage). Die Anfechtung kann auch darauf gestützt werden, daß ein Mitglied des obersten Organs mit der Stimmrechtsausübung vorsätzlich für sich oder einen Dritten vereinsfremde Sondervorteile zum Schaden des Vereins oder seiner Mitglieder zu erlangen suchte und der Beschluß geeignet ist, diesem Zweck zu dienen. „§ 100 Abs. 3 Aktiengesetz 1965 ist anzuwenden." *(BGBl I 1998/126)*

(2) Im übrigen gelten für die Anfechtungsgründe, die Anfechtungsbefugnis und die Anfechtungsklage die §§ 195 Abs. 3 und 4 und 196 bis 198 Aktiengesetz 1965 sinngemäß. Soweit in diesen Bestimmungen von den Aktionären die Rede ist, treten an ihre Stelle im Fall des § 198 Abs. 1 die Mitglieder des Vereins, in allen übrigen Fällen die Mitglieder des obersten Organs.

Nichtigkeit

§ 55. (1) Ein Beschluß des obersten Organs ist nichtig, wenn

1. das oberste Organ nicht nach „§ 105 Abs. 1 und 2 erster und zweiter Satz" Aktiengesetz 1965 einberufen ist, es sei denn, daß alle Mitglieder des obersten Organs erschienen oder vertreten sind, *(BGBl I 2004/67)*

2. er nicht nach § 111 Abs. 1, 2 und 4 Aktiengesetz 1965 beurkundet ist,

3. er mit dem Wesen eines Versicherungsvereins auf Gegenseitigkeit unvereinbar ist oder durch seinen Inhalt Vorschriften verletzt, die ausschließlich oder überwiegend zum Schutz der Gläubiger des Vereins oder sonst im öffentlichen Interesse gegeben sind,

4. er durch seinen Inhalt gegen die guten Sitten verstößt.

(2) Ein vom obersten Organ festgestellter Jahresabschluß ist nichtig, wenn keine Abschlußprüfung gemäß § 268 UGB stattgefunden hat. *(BGBl I 2005/120)*

(3) Ein vom Vorstand mit Billigung des Aufsichtsrates festgestellter Jahresabschluß ist nichtig, wenn

1. der Vorstand oder der Aufsichtsrat bei seiner Feststellung nicht ordnungsgemäß mitgewirkt haben,

2. die im Abs. 1 Z 3 oder 4 genannten Voraussetzungen zutreffen,

3. keine Abschlußprüfung gemäß § 268 UGB stattgefunden hat. *(BGBl I 2005/120)*

(4) Im übrigen gelten für die Nichtigkeitsgründe, die Heilung der Nichtigkeit und die Nichtigkeitsklage die §§ 199 Abs. 2, 200, 201 und 202 Abs. 2 und 3 Aktiengesetz 1965 sinngemäß. *(BGBl I 1998/126)*

Auflösung

§ 56. (1) Der Versicherungsverein auf Gegenseitigkeit wird aufgelöst

1. durch Ablauf der in der Satzung bestimmten Zeit,

2. durch Beschluß des obersten Organs,

3. nach Ablauf eines Jahres ab Wegfall aller Konzessionen, *(BGBl I 2007/56, vgl die Übergangsbestimmung in § 129i Abs 12)*

„4." durch die Eröffnung des Konkurses über das Vereinsvermögen, *(BGBl I 2007/56)*

5. soferne über das Vereinsvermögen das Insolvenzverfahren mangels kostendeckenden Vermögens nicht eröffnet wurde. *(BGBl I 2010/58)*

(2) Die Auflösung durch Beschluß des obersten Organs bedarf einer Mehrheit von mindestens drei Vierteln der abgegebenen Stimmen.

(3) Ein Auflösungsbeschluß des obersten Organs bedarf der Genehmigung durch die „FMA"*.
„Die Genehmigung ist nur dann zu versagen, wenn die Interessen der Mitglieder aus dem Mitgliedschaftsverhältnis nicht ausreichend gewahrt sind."** *(* BGBl I 2001/97; ** BGBl I 2002/46)*

(4) Ist der Verein durch Beschluß des obersten Organs aufgelöst worden, so erlöschen die Versicherungsverhältnisse zwischen dem Verein und seinen Mitgliedern in dem Zeitpunkt, den der Beschluß bestimmt, frühestens jedoch vier Wochen nach Wirksamkeit des Auflösungsbeschlusses.

(5) Für die Anmeldung und Eintragung der Auflösung gilt der § 204 Aktiengesetz 1965 sinngemäß. Ein Bescheid der „FMA", mit dem der Auflösungsbeschluß genehmigt wurde, ist der Anmeldung beizufügen. *(BGBl I 2001/97)*

§ 57. (1) Nach der Auflösung des Vereins findet die Abwicklung statt, wenn nicht über das Vermögen des Vereins der Konkurs eröffnet worden ist.

(2) Während der Abwicklung gelten die gleichen Vorschriften wie vor der Auflösung, soweit sich aus den Bestimmungen dieses Bundesgesetzes und dem Zweck der Abwicklung nicht anderes ergibt.

(3) Während der Abwicklung dürfen neue Versicherungen nicht übernommen werden, die bestehenden nicht erhöht oder verlängert werden.

(4) Der Gründungsfonds darf erst zurückgezahlt werden, wenn die Ansprüche anderer Gläubiger, einschließlich der der Mitglieder aus Versicherungsverhältnissen, befriedigt sind oder hiefür Sicherheit geleistet ist. Für die Rückzahlung dürfen Nachschüsse nicht erhoben werden.

(5) Das nach Bestreitung oder Sicherstellung aller Schulden verbleibende Vermögen ist, wenn die Satzung nicht anderes bestimmt, an die Personen zu verteilen, die zur Zeit der Auflösung Mitglieder waren. Die Verteilung hat nach den Grundsätzen für die Verteilung des Jahresüberschusses zu erfolgen.

(6) Im übrigen gelten für die Abwicklung § 206 Abs. 1 und 2 erster, dritter und vierter Satz, die §§ 207 und 208, § 209 Abs. 1 bis 3 und die §§ 210, 211, 213 und 214 Aktiengesetz 1965 sinngemäß. *(BGBl 1992/13)*

Bestandübertragung

§ 58. (1) „Übereinkommen, durch die der Versicherungsbestand eines Vereins in seiner Gesamtheit oder teilweise auf ein anderes Unternehmen übertragen wird, bedürfen, unbeschadet des § 13 a, der Zustimmung des obersten Organs." Der Beschluß über die Übertragung des gesamten Bestandes bedarf einer Mehrheit von mindestens drei Vierteln der abgegebenen Stimmen. *(BGBl 1994/652)*

(2) Die Genehmigung der Bestandübertragung durch die „FMA" ist auch zu versagen, wenn die Interessen der Mitglieder aus dem Mitgliedschaftsverhältnis nicht ausreichend gewahrt sind. *(BGBl 1990/181; BGBl I 2001/97)*

Verschmelzung

§ 59. (1) Vereine können unter Ausschluß der Abwicklung vereinigt (verschmolzen) werden. Die Verschmelzung kann erfolgen

1. durch Übertragung des Vermögens eines Vereins (übertragender Verein) als Ganzes auf einen anderen (übernehmender Verein), wobei die Mitglieder des übertragenden Vereins Mitglieder des übernehmenden Vereins werden (Verschmelzung durch Aufnahme).

2. durch Bildung eines neuen Vereins, auf den das Vermögen jedes der sich vereinigenden Vereine als Ganzes übergeht, wobei die Mitglieder der sich vereinigenden Vereine Mitglieder des neuen Vereins werden (Verschmelzung durch Neubildung).

(2) Die Verschmelzung bedarf zu ihrer Wirksamkeit der Zustimmung der obersten Organe der beteiligten Vereine. Die Beschlüsse der obersten Organe bedürfen einer Mehrheit von mindestens drei Vierteln der abgegebenen Stimmen.

(3) Der die Verschmelzung genehmigende Bescheid der „FMA" ist zum Firmenbuch einzureichen. *(BGBl I 2001/97)*

(4) Für die Verschmelzung durch Aufnahme gelten § 220 Abs. 3, § 222, § 225 Abs. 1, Abs. 2 erster und zweiter Satz, § 225a Abs. 1 und Abs. 3 Z 1, 2 und 4 sowie §§ 226 bis 230 Aktiengesetz 1965 sinngemäß. *(BGBl 1996/304)*

(5) Für die Verschmelzung durch Neubildung gelten § 220 Abs. 3, § 222, § 225 Abs. 2 erster und zweiter Satz, § 225a Abs. 1 und Abs. 3 Z 1, 2 und 4, §§ 226 bis 228, 230 sowie § 233 Abs. 1 zweiter Satz, Abs. 2, 4 und 5 Aktiengesetz 1965 sinngemäß. *(BGBl 1996/304)*

Vermögensübertragung auf eine Aktiengesellschaft

§ 60. (1) Ein Verein kann sein Vermögen als Ganzes ohne Abwicklung auf eine Aktiengesellschaft, die den Betrieb der Vertragsversicherung zum Gegenstand hat, übertragen.

(2) Für die Vermögensübertragung gelten § 220 Abs. 3, § 221 Abs. 1, §§ 222, 223, § 225 Abs. 1, Abs. 2 erster und zweiter Satz und Abs. 3, § 225a Abs. 1 und Abs. 3 Z 1, 2 und 4, §§ 226 bis 230 sowie § 236 Abs. 4 und 5 Aktiengesetz 1965 sinngemäß. *(BGBl 1996/304)*

(3) Der Beschluß des obersten Organs bedarf einer Mehrheit von mindestens drei Vierteln der abgegebenen Stimmen.

Umwandlung in eine Aktiengesellschaft

§ 61. (1) Ein Verein kann durch Beschluß des obersten Organs in eine Aktiengesellschaft umgewandelt werden. Dieser Beschluß bedarf einer Mehrheit von mindestens drei Vierteln der abgegebenen Stimmen.

(2) Jedes Mitglied ist berechtigt, bis zum Ablauf des dritten Tages vor der Beschlußfassung der Umwandlung mit eingeschriebenem Brief zu widersprechen.

(3) Spätestens gleichzeitig mit der Einberufung des obersten Organs hat der Vorstand allen Mitgliedern des Vereins den Inhalt des beabsichtigten Umwandlungsbeschlusses „(Abs. 5 und 6)" in der satzungsmäßig für Veröffentlichungen des Vereins vorgesehenen Weise mitzuteilen. Hiebei ist auf die Möglichkeit der Erhebung eines Widerspruchs (Abs. 2) und die sich daraus ergebenden Rechte hinzuweisen. *(BGBl 1986/558)*

(4) Der Umwandlungsbeschluß bedarf der Genehmigung durch die „FMA". Die Genehmigung ist zu versagen, wenn durch die Umwandlung die Interessen der Mitglieder gefährdet werden. *(BGBl I 2001/97)*

(5) Im Umwandlungsbeschluß sind das Grundkapital und bei Nennbetragsaktien der Nennbetrag, bei Stückaktien die Zahl der Aktien festzusetzen. Der Nennbetrag des Grundkapitals darf das nach Abzug der Schulden verbleibende Vereinsvermögen nicht übersteigen. Bei den anläßlich der Umwandlung ausgegebenen Aktien darf der Nennbetrag oder der auf die einzelne Stückaktie entfallende Betrag des Grundkapitals nicht höher sein als 100 Euro. *(BGBl I 1998/126)*

(6) Ist im Umwandlungsbeschluß nicht anderes vorgesehen, so sind die Vereinsmitglieder am Grundkapital zu beteiligen. Die Beteiligung darf, wenn nicht alle Mitglieder einen gleich hohen Anteil am Grundkapital erhalten, nur nach einem oder mehreren der folgenden Maßstäbe festgesetzt werden:

1. der Höhe der Versicherungssumme,
2. der Höhe der Beiträge,
3. der Höhe der Deckungsrückstellung in der Lebensversicherung,
4. den Grundsätzen für die Verteilung des Jahresüberschusses,
5. der Dauer der Mitgliedschaft.

(7) Erreicht nach dem Verteilungsmaßstab ein Mitglied nicht den niedrigsten Nennbetrag der Aktien oder den auf die einzelne Stückaktie entfallenden anteiligen Betrag des Grundkapitals, so bleibt es bei der Bestimmung der Anteile am Grundkapital außer Betracht, es sei denn, es würden mehrere solcher Mitglieder mit ihrer Zustimmung zu einer Rechtsgemeinschaft an einer Aktie im Sinn des § 63 Aktiengesetz 1965 zusammengefaßt. Im übrigen sind die Anteile so zu runden, daß sie durch den niedrigsten Nennbetrag der Aktien oder den auf die einzelne Stückaktie entfallenden anteiligen Betrag des Grundkapitals teilbar sind und das Grundkapital ausgeschöpft wird. *(BGBl I 1998/126)*

(8) Ist der Nennwert des Anteils höher als die der Verteilung entsprechende Quote, so ist der Differenzbetrag an die Aktiengesellschaft zu entrichten. Ist er niedriger oder erhält das Mitglied keine Beteiligung, so ist die Differenz oder der Anteil durch Zahlung der Aktiengesellschaft abzugelten.

(9) Die §§ 19, 20, 24 bis 27, 31, 39 bis 47, 245 Abs. 3, 246 Abs. 2 und 3, 247 Abs. 2 bis 4, 248, 249 und 251 Aktiengesetz 1965 gelten sinngemäß.

(10) Der Anmeldung der Umwandlung zur Eintragung in das Firmenbuch ist der Bescheid der „FMA", mit dem der Umwandlungsbeschluß genehmigt wurde, beizufügen. *(BGBl I 2001/97)*

(11) Von der Eintragung der Umwandlung an besteht der Verein als Aktiengesellschaft weiter. Die Mitglieder des Vereins sind von diesem Zeitpunkt an nach Maßgabe des Umwandlungsbeschlusses Aktionäre.

(12) Jedes Mitglied des Vereins, das der Umwandlung gemäß dem Abs. 2 widersprochen hat, kann der Aktiengesellschaft seine Aktien zur Verfügung stellen. „§ 253 Abs. 1 zweiter bis vierter Satz und Abs. 2 bis 4 Aktiengesetz 1965 ist anzuwenden." *(BGBl I 1998/126)*

(13) Nach Eintragung der Umwandlung in das Firmenbuch sind die Aktionäre unter Setzung einer mindestens sechsmonatigen Frist schriftlich aufzufordern, die ihnen zustehenden Aktien zu beheben. „Für nicht rechtzeitig behobene Aktien gilt § 179 Abs. 3 Aktiengesetz 1965 sinngemäß." *(BGBl 1986/558)*

Einbringung in eine Aktiengesellschaft

§ 61a. (1) Ein Versicherungsverein auf Gegenseitigkeit kann seinen gesamten Versicherungsbetrieb oder sämtliche Versicherungsteilbetriebe im Weg der Gesamtrechtsnachfolge nach den folgenden Bestimmungen in eine oder mehrere Aktiengesellschaften einbringen.

(2) Die Einbringung hat zum Ende eines Geschäftsjahres als Sacheinlage zu Buchwerten zu erfolgen. Mehrere Einbringungsvorgänge zum gleichen Stichtag gelten als einheitlich erfolgt. Mit dem Antrag auf Eintragung in das Firmenbuch des Sitzes der Aktiengesellschaft ist eine vom Abschlußprüfer des Vereins geprüfte und bestätige Einbringungsbilanz vorzulegen. Der eingebrachte Versicherungsbetrieb ist in der Satzung, im Sacheinlagevertrag oder in einer Anlage

zu diesem so zu beschreiben, daß die übergehenden Gläubiger- und Schuldnerpositionen erkennbar sind. Die der Einbringung zugrunde zu legende Bilanz muß auf einen Zeitpunkt erstellt sein, der höchstens neun Monate vor der Anmeldung zur Eintragung in das Firmenbuch liegt. Die sich anläßlich der Einbringung ergebenden Eigenmittel sind mit Ausnahme eines Zusatzkapitals oder unversteuerter Rücklagen dem Grundkapital oder der gebundenen Kapitalrücklage (§ 130 Abs. 2 „Aktiengesetz 1965") zuzuführen. *(BGBl I 2005/93)*

(3) Die Einbringung ist nur zulässig

1. in eine oder mehrere zu diesem Zweck errichtete Aktiengesellschaften als deren alleiniger Aktionär,

2. in eine oder mehrere zu diesem Zweck errichtete Aktiengesellschaften gemeinsam mit anderen Vereinen,

3. in eine oder mehrere bestehende Versicherungsaktiengesellschaften allein oder gemeinsam mit anderen Vereinen.

(4) Die Einbringung bedarf der Zustimmung des obersten Organs. Der Beschluß des obersten Organs bedarf einer Mehrheit von mindestens drei Vierteln der abgegebenen Stimmen. „Die Genehmigung der Einbringung durch die „FMA"** gemäß § 13 a Abs. 1 ist auch zu versagen, wenn die Interessen der Mitglieder aus dem Mitgliedschaftsverhältnis nicht ausreichend gewahrt sind."* *(*BGBl 1994/652; **BGBl I 2001/97)*

(5) Die Einbringung gilt als Gründung mit Sacheinlagen (§ 20 Abs. 1 „Aktiengesetz 1965"**). Für den Gläubigerschutz gilt „§ 226"* „Aktiengesetz 1965"**. *(*BGBl 1996/304; **BGBl I 2005/93)*

(BGBl 1991/411)

Wirkungen der Einbringung

§ 61b. (1) Die mit der Einbringung gemäß § 61 a verbundene Gesamtrechtsnachfolge tritt durch die Eintragung der Aktiengesellschaft oder der Kapitalerhöhung in das Firmenbuch ein. Der Übergang im Weg der Gesamtrechtsnachfolge ist in das Firmenbuch einzutragen. Der Anmeldung zur Eintragung ist der Bescheid der „FMA", mit dem die Einbringung genehmigt wurde, beizufügen. *(BGBl I 2001/97)*

(2) Der Rechtsübergang im Weg der Gesamtrechtsnachfolge umfaßt das gesamte zum eingebrachten Versicherungsbetrieb gehörende Vermögen und alle mit dem eingebrachten Versicherungsbetrieb verbundenen Rechte und Pflichten. Insbesondere gehen mit der Einbringung die Konzession zum Betrieb der Vertragsversicherung und die für den eingebrachten Versicherungsbetrieb erteilten Genehmigungen über.

(3) Der einbringende Versicherungsverein bleibt bestehen. Sein Gegenstand ist auf die Vermögensverwaltung beschränkt. Änderungen der Satzung bedürfen der Genehmigung durch die FMA. Die Tätigkeit der Mitglieder des Vorstandes gilt nicht als hauptberufliche Tätigkeit (§ 11 Abs. 3). § 11 Abs. 1, § 17b, § 27, die §§ 29 und 30, § 33 Abs. 1, die §§ 42 bis 55, „§ 56 Abs. 1 Z 1, 2, 4, und 5, Abs. 2, 3 und 5, § 57 Abs. 1, 2, 5 und 6, § 59,"*** die „§§ 80 und 81"**, § 81b Abs. 5 und 6, die §§ 81c bis 81g, „§ 81h Abs. 1 bis 2a"**** , § 81n, „§ 82 Abs. 1 bis 7, 9 und 10"*¹⁾ , die „§§ 83 bis 85b"*** , § 89, § 95, § 99, § 100 Abs. 1, § 103, § 104 Abs. 1, § 105, § 107b Abs. 1 Z 1, „§ 108a Abs. 1 Z 1"** , § 109 und die §§ 113 bis 115b sind weiter anzuwenden. *(BGBl 1996/447; BGBl I 2001/97; *BGBl I 2005/59; **BGBl I 2005/93; ***BGBl I 2007/56; ****BGBl I 2008/138)*

(4) Die Mitgliedschaft beim Versicherungsverein ist an das Bestehen eines Versicherungsverhältnisses bei einer Aktiengesellschaft gebunden, in die der Versicherungsbetrieb eingebracht wurde. Der Abschluß eines Versicherungsvertrages bei der Aktiengesellschaft begründet die Mitgliedschaft beim Versicherungsverein, im Fall der Beteiligung mehrerer Vereine die Mitgliedschaft bei allen Vereinen. Die Mitgliedschaft kann auch durch die Übernahme des Versicherungsbestandes eines anderen Versicherungsvereins oder einer Aktiengesellschaft, in die der Versicherungsbetrieb eines Versicherungsvereins gemäß § 61 a eingebracht wurde, durch die Aktiengesellschaft begründet werden. Die Aktiengesellschaft darf, soweit dies in der Satzung ausdrücklich vorgesehen ist, Versicherungsverträge auch ohne Begründung einer Mitgliedschaft abschließen.

(5) idF vor der VAG-Novelle 1996 aufgehoben, BGBl 1996/447

(5) Sinkt der Anteil des Vereins an einer Aktiengesellschaft, in die er seinen Versicherungsbetrieb eingebracht hat, unter 26 vH der stimmberechtigten Aktien, so ist dies der FMA unverzüglich anzuzeigen. Die FMA hat

1. dem Verein aufzutragen, den gesetzmäßigen Zustand binnen angemessener Frist herzustellen;

2. im Wiederholungs- oder Fortsetzungsfall den Verein aufzulösen. Das oberste Organ des Vereins hat nach der Auflösung durch die FMA die Abwicklung gemäß § 57 vorzunehmen und einen Abwicklungsplan zu beschließen. Der Abwicklungsplan bedarf der Genehmigung durch die FMA. Die Genehmigung ist zu versagen, wenn die Interessen der Mitglieder nicht ausreichend gewahrt sind.

Haben mehrere Vereine ihren Versicherungsbetrieb in eine Aktiengesellschaft eingebracht, so ist, wenn die Summe ihrer Anteile unter 26 vH sinkt, bei all diesen Vereinen gemäß diesem Absatz vorzugehen. *(BGBl I 2011/145)*

(6) „„Abs. 5 ist nicht anzuwenden"*** , wenn die bei einer Aktiengesellschaft versicherten Mitglieder eine Abfindung in voller Höhe ihrer Rechte gemäß § 57 Abs. 5 erhalten und andere gemäß § 61a begründete Beteiligungen weiterhin in der Höhe von mindestens 26 vH bestehen. Die Festsetzung des Gesamtbetrages der Abfindung bedarf der Genehmigung durch die „FMA"**.* Die Genehmigung ist zu versagen, wenn die Interessen der Mitglieder aus dem Mitgliedschaftsverhältnis nicht ausreichend gewahrt sind. (*BGBl 1996/447; **BGBl I 2001/97; ***BGBl I 2011/145)

(BGBl 1991/411)

---

¹⁾ Vgl die Übergangsbestimmungen in § 119i Abs 7.

Rechte des obersten Organs

§ 61c. (1) Nach einer Einbringung gemäß § 61a gelten für das oberste Organ des Vereins neben den §§ 49 und 50 folgende Bestimmungen:

1. Der Vorstand des Vereins muß in allen Angelegenheiten, die in die Zuständigkeit der Hauptversammlung einer Aktiengesellschaft fallen, auch die Entscheidung des obersten Organs verlangen. Das Auskunftsrecht der Mitglieder erstreckt sich auch auf die Angelegenheiten der Aktiengesellschaft, die mit dem Gegenstand der Entscheidung in Zusammenhang stehen.

2. Zur Prüfung von Vorgängen bei der Gründung oder der Geschäftsführung der Aktiengesellschaft kann das oberste Organ mit einfacher Stimmenmehrheit Prüfer bestellen. Im übrigen gilt § 51.

3. Die Ansprüche der Aktiengesellschaft aus der Geschäftsführung gegen die Mitglieder ihres Vorstandes oder ihres Aufsichtsrats müssen geltend gemacht werden, wenn es das oberste Organ beschließt. Im übrigen gilt § 52.

(2) Auf die Beschlußfassung gemäß Abs. 1 ist § 50 Abs. 5 anzuwenden.

(BGBl 1991/411)

Zweigniederlassungen ausländischer Versicherungsvereine

§ 61d. Für Versicherungsvereine auf Gegenseitigkeit und Versicherungsunternehmen vergleichbarer Rechtsform (§ 5 Abs. 1 Z 1) mit Sitz im Ausland, die eine inländische Zweigniederlassung haben, gelten folgende Bestimmungen:

1. Der Versicherungsverein ist durch den Vorstand zur Eintragung in das Firmenbuch anzumelden.

2. Die Mitglieder des Vorstandes, die Mitglieder der Geschäftsleitung (§ 5 Abs. 1 Z 3) der Zweigniederlassung eines Versicherungsvereins mit Sitz außerhalb der Vertragsstaaten und der Hauptbevollmächtigte eines Versicherungsvereins mit Sitz in einem anderen Vertragsstaat haben ihre Namensunterschrift zur Aufbewahrung beim Gericht zu zeichnen.

3. Für die Anmeldung gilt „§ 12 Abs. 2 UGB". In die Anmeldung sind überdies die in § 29 dieses Bundesgesetzes sowie § 18 zweiter Satz Aktiengesetz 1965 vorgesehenen Festsetzungen aufzunehmen. Der Anmeldung ist die für den Sitz des Versicherungsvereins ergangene gerichtliche Veröffentlichung und die Satzung in der geltenden Fassung in öffentlich beglaubigter Abschrift und, sofern die Satzung nicht in deutscher Sprache erstellt ist, eine beglaubigte Übersetzung in deutscher Sprache beizufügen. (BGBl I 2005/120)

4. In das Firmenbuch einzutragen sind neben den Angaben nach „§ 12 Abs. 3 UGB" die Angaben nach § 37 dieses Bundesgesetzes und §§ 3 und 7 Firmenbuchgesetz, BGBl. Nr. 10/1991, mit Ausnahme der Angaben über die Aufsichtsratsmitglieder. Ferner sind der Name, das Geburtsdatum und der Beginn der Vertretungsbefugnis der Mitglieder der Geschäftsleitung und des Hauptbevollmächtigten und die für Zustellungen maßgebliche inländische Geschäftsanschrift des Hauptbevollmächtigten einzutragen. (BGBl I 2005/120)

5. Die Eröffnung oder die Abweisung eines Insolvenz- oder ähnlichen Verfahrens über das Vermögen des Versicherungsvereins sowie Änderungen der Satzung sind zur Eintragung in das Firmenbuch anzumelden. Für die Anmeldung der Satzungsänderung gilt § 53 Abs. 3 und 4, soweit nicht das ausländische Recht Abweichungen notwendig macht.

6. Für Anmeldungen zur Eintragung in das Firmenbuch, ausgenommen die Anmeldung nach Z 1, sind neben dem Vorstand auch die Geschäftsleitung der Zweigniederlassung und der Hauptbevollmächtigte befugt. Im übrigen gilt „§ 12 Abs. 4 UGB". (BGBl I 2005/120)

7. Die Abwicklung der Geschäfte der inländischen Zweigniederlassung hat unter sinngemäßer Anwendung der Bestimmungen über die Abwicklung von Versicherungsvereinen auf Gegenseitigkeit zu erfolgen.

(BGBl 1996/447)

Wirkungen einer Umstrukturierung

§ 61e. (1) Wird durch ein Rechtsgeschäft, welches einer Genehmigung nach § 13a Abs. 1 bedarf, der gesamte Versicherungsbetrieb oder wesentliche Teile davon einer der in § 61a Abs. 3 genannten Aktiengesellschaften auf ein anderes Unternehmen übertragen, so „ist § 61b Abs. 5 nicht anzuwenden", (BGBl I 2011/145)

1. wenn der Vorstand des Vereins das oberste Organ über die Auswirkungen des Rechtsgeschäf-

tes nachweislich informiert und das oberste Organ mit einer Mehrheit von mindestens drei Vierteln der abgegebenen Stimmen seine Zustimmung zu diesem Rechtsgeschäft erteilt hat und

2. wenn und solange der Verein

a) an dem anderen Unternehmen zumindest 26 vH der stimmberechtigten Aktien unmittelbar hält,

b) zumindest 26 vH der stimmberechtigten Aktien an der Aktiengesellschaft hält und diese wiederum mehr als 50 vH der stimmberechtigten Aktien an dem anderen Unternehmen hält und die maßgebliche Einflussmöglichkeit des Vereins an dem anderen Unternehmen durch Satzungsbestimmungen oder durch sonstige Rechtsgrundlage gewährleistet ist oder

c) an dem anderen Unternehmen oder an der Aktiengesellschaft stimmberechtigte Aktien unmittelbar hält und durch Satzungsbestimmungen oder durch sonstige Rechtsgrundlage ein im Sinne der lit. a vergleichbarer maßgeblicher Einfluss des Vereins auf das andere Unternehmen oder ein im Sinne der lit. b vergleichbarer maßgeblicher Einfluss des Vereins auf die Aktiengesellschaft und das andere Unternehmen gewährleistet ist.

Die Einflussmöglichkeiten nach lit. b und lit. c sowie jede Änderung der Einflussmöglichkeiten sind der FMA nachzuweisen. *(BGBl I 2011/145)*

(2) Im Umfang der Umstrukturierung nach Abs. 1 ist § 61b Abs. 4 mit der Maßgabe anzuwenden, dass die Mitgliedschaft beim Verein an das Bestehen oder den Abschluss eines Versicherungsvertrages bei dem anderen Unternehmen nach Abs. 1 gebunden ist; die Rechte des obersten Organs nach § 61c gelten sinngemäß auch in Bezug auf das in Abs. 1 genannte andere Unternehmen.

(3) Jede Verletzung der Bestimmungen des Abs. 1 Z 2 ist unverzüglich der FMA anzuzeigen. Die FMA hat

1. dem Verein aufzutragen, den gesetzmäßigen Zustand binnen angemessener Frist herzustellen;

2. im Wiederholungs- oder Fortsetzungsfall den Verein aufzulösen. Das oberste Organ des Vereins hat nach der Auflösung durch die FMA die Abwicklung gemäß § 57 vorzunehmen und einen Abwicklungsplan zu beschließen. Der Abwicklungsplan bedarf der Genehmigung durch die FMA. Die Genehmigung ist zu versagen, wenn die Interessen der Mitglieder nicht ausreichend gewahrt sind.
(BGBl I 2011/145)

(4) Wurden mehrere Versicherungsvereine zum gleichen Stichtag gemäß § 61a in eine Aktiengesellschaft eingebracht und sind diese Versicherungsvereine

1. im Falle des Abs. 1 Z 2 lit. a an dem anderen Unternehmen,

2. im Falle des Abs. 1 Z 2 lit. b an der Aktiengesellschaft

mitbeteiligt, so sind ihre Anteile zusammenzuzählen. Im Falle des Abs. 1 Z 2 lit. c ist der gemeinsam ausübbare Einfluss mehrerer Vereine bestimmend. *(BGBl I 2011/145)*

(BGBl I 2009/152)

Formwechselnde Umwandlung in eine Privatstiftung

„§ 61f." (1) Versicherungsvereine auf Gegenseitigkeit, die ihren gesamten Versicherungsbetrieb oder sämtliche Versicherungsteilbetriebe gemäß § 61a in eine oder mehrere Aktiengesellschaften eingebracht haben, können durch Beschluss des obersten Organs nach den folgenden Bestimmungen in eine Privatstiftung gemäß Privatstiftungsgesetz, BGBl. Nr. 694/1993 (PSG), umgewandelt werden (formwechselnde Umwandlung). Der Beschluss bedarf einer Mehrheit von mindestens drei Vierteln der abgegebenen Stimmen. Mindestens während eines Monats vor dem Tag der Versammlung des obersten Organs, die über die Zustimmung zur Umwandlung beschließen soll, sind am Sitz des Vereins die Stiftungserklärung und die Schlussbilanz des Versicherungsvereins („Abs. 5") zur Einsicht durch die Mitglieder aufzulegen. Darüber sind alle Mitglieder des Vereins vor Auflage der Unterlagen in der satzungsmäßig für Veröffentlichungen des Vereins vorgesehenen Weise zu informieren. *(BGBl I 2007/56)*

(2) Der Umwandlungsbeschluss bedarf der Genehmigung durch die FMA. Die Genehmigung ist zu versagen, wenn die Stiftungserklärung nicht den Anforderungen dieses Bundesgesetzes entspricht oder durch die Umwandlung in Verbindung mit dem Inhalt der Stiftungserklärung die Interessen der Mitglieder als zukünftige Begünstigte der Privatstiftung gefährdet werden.

(3) Für die infolge Umwandlung des Vereins entstehende Privatstiftung gilt:

1. Als Stifter gilt der Verein; er kann sich das Recht auf Änderung der Stiftungserklärung, auf Errichtung einer Stiftungszusatzurkunde, auf Widerruf der Privatstiftung und sonstige Gestaltungsrechte nicht vorbehalten.

2. Die Privatstiftung ist auf unbestimmte Zeit zu errichten. § 35 Abs. 2 Z 3 PSG ist nicht anzuwenden.

3. Sinkt der Anteil der Privatstiftung an der Aktiengesellschaft, in die der umgewandelte Verein seinen Versicherungsbetrieb eingebracht hat, unter 26 vH der stimmberechtigten Aktien, so ist Z 3a anzuwenden. Ist die Privatstiftung an einer Aktiengesellschaft beteiligt, an der mehrere Vereine ihren Versicherungsbetrieb eingebracht haben, so ist Z 3a nur anzuwenden, wenn ihr Anteil an der Aktiengesellschaft gemeinsam mit dem Anteil der betreffenden Vereine oder, soweit diese in eine Privatstiftung umgewandelt worden

13. VAG
§ 61f

sind, der betreffenden Privatstiftungen unter 26 vH sinkt. *(BGBl I 2011/145)*

3a. Sinkt der Anteil gemäß Z 3 unter 26 vH der stimmberechtigten Aktien, so ist dies der FMA unverzüglich anzuzeigen. Die FMA hat

a) der Privatstiftung aufzutragen, den gesetzmäßigen Zustand binnen angemessener Frist herzustellen;

b) im Wiederholungs- oder Fortsetzungsfall die Privatstiftung aufzulösen. Der Stiftungsvorstand hat nach der Auflösung durch die FMA die Abwicklung nach Maßgabe von § 57 vorzunehmen, wobei an die Stelle des Vereins die Privatstiftung und an die Stelle der Mitglieder die Begünstigten treten, und einen Abwicklungsplan zu beschließen. Der Abwicklungsplan bedarf der Genehmigung durch die FMA. Die Genehmigung ist zu versagen, wenn die Interessen der Begünstigten nicht ausreichend gewahrt sind. *(BGBl I 2011/145)*

3b. Wenn eine Umstrukturierung nach Maßgabe von § 61e vorgenommen wird, sind

a) Z 3a, § 61e Abs. 1 Z 1 und § 61e Abs. 2 letzter Halbsatz nicht anzuwenden;

b) § 61e Abs. 1 Z 2 und Abs. 2 mit der Maßgabe anzuwenden, dass jeweils an die Stelle des Vereins die Privatstiftung, an die Stelle der Interessen der Mitglieder die Interessen der Begünstigten und an die Stelle Mitgliedschaft beim Verein die Begünstigung in der Privatstiftung tritt;

c) § 61e Abs. 3 und § 61e Abs. 4 anzuwenden. *(BGBl I 2011/145)*

3c. Z 3a ist nicht anzuwenden, wenn mehr als die Hälfte des Gesamtvermögens der Privatstiftung, gemessen an der jeweils letztgeprüften Stiftungsbilanz, in Unternehmen gemäß § 86f veranlagt ist. Ist die Privatstiftung an einem Tochterunternehmen im Sinn des § 244 UGB beteiligt, so können in die Berechnung des Gesamtvermögens zusätzlich sämtliche Vermögenswerte des Tochterunternehmens anteilig zum Beteiligungsausmaß der Privatstiftung an dem Tochterunternehmen einbezogen werden; der Anteil der Privatstiftung an dem Tochterunternehmen ist diesfalls auszuscheiden. Die Aktiengesellschaft, in die der umgewandelte Verein den Versicherungsbetrieb gemäß § 61a eingebracht hat, hat den Unternehmen gemäß § 86f zu mehr als 50 vH der stimmberechtigten Aktien anzugehören. In die Veranlagung in Unternehmen gemäß § 86f sind ausschließlich Anteile am Grundkapital und Anteile am Zusatzkapital gemäß § 73c einzubeziehen, wenn diese Anteile bei den Unternehmen gemäß § 86f für die Erfüllung des Eigenmittelerfordernisses auf Gruppenebene anrechenbar sind. Der Abschlussprüfer hat im Zuge der Prüfung des Jahresabschlusses die Einhaltung dieser Bestimmung zu prüfen und darüber zu berichten. Der Stiftungsvorstand hat im Interesse der Begünstigten die dauernde Erfüllung dieser Bestimmung zu gewährleisten und die Verletzung dieser Bestimmung unverzüglich der FMA anzuzeigen. Die FMA hat

a) der Privatstiftung aufzutragen, den gesetzmäßigen Zustand binnen angemessener Frist herzustellen;

b) im Wiederholungs- oder Fortsetzungsfall die Privatstiftung aufzulösen. Der Stiftungsvorstand hat nach der Auflösung durch die FMA die Abwicklung nach Maßgabe von § 57 vorzunehmen, wobei an die Stelle des Vereins die Privatstiftung und an die Stelle der Mitglieder die Begünstigten treten, und einen Abwicklungsplan zu beschließen. Der Abwicklungsplan bedarf der Genehmigung durch die FMA. Die Genehmigung ist zu versagen, wenn die Interessen der Begünstigten nicht ausreichend gewahrt sind. *(BGBl I 2011/145)*

3d. Wurden die Versicherungsbetriebe mehrerer Versicherungsvereine gemäß § 61a eingebracht und sind diese Versicherungsvereine gemeinsam mit der Privatstiftung in Unternehmen gemäß § 86f nach Maßgabe von Z 3c veranlagt, ist Z 3a nicht anzuwenden. *(BGBl I 2011/145)*

3e. Nachträgliche Änderungen der Stiftungserklärung, die durch die Anwendung der Z 3b oder Z 3c notwendig werden, sind von den Stiftungsorganen zu beschließen. Der Änderungsbeschluss bedarf der Genehmigung durch die FMA. Die Genehmigung ist zu versagen, wenn die geänderte Stiftungserklärung nicht den Anforderungen dieses Bundesgesetzes entspricht oder durch die Änderung der Stiftungserklärung die Interessen der Begünstigten gefährdet werden. Die Änderung der Stiftungserklärung ist vom Stiftungsvorstand zur Eintragung in das Firmenbuch anzumelden. Der Anmeldung sind die notariell beurkundete Änderungsbeschluss und der Bescheid der FMA, mit dem der Änderungsbeschluss genehmigt wurde, beizufügen. Das Gericht (§ 40 PSG) hat den Beschluss über die Eintragung der Änderung der Stiftungserklärung der FMA zuzustellen. *(BGBl I 2011/145)*

4. Die Begünstigung in der Privatstiftung ist an das Bestehen eines Versicherungsverhältnisses bei der Aktiengesellschaft gebunden, in die der umgewandelte Verein den Versicherungsbetrieb oder Versicherungsteilbetrieb eingebracht hat. Der Abschluss eines Versicherungsvertrages mit dieser Aktiengesellschaft begründet die Begünstigtenstellung bei der Privatstiftung, im Fall der Beteiligung mehrerer Privatstiftungen die Begünstigtenstellung bei allen Privatstiftungen. Die Aktiengesellschaft darf, soweit dies in der Satzung ausdrücklich vorgesehen ist, Versicherungsverträge auch ohne Begründung einer Begünstigtenstellung in der Privatstiftung abschließen. Die näheren Voraussetzungen hiefür können zwischen Privatstiftung und Aktiengesellschaft vertraglich geregelt werden. Auch ohne eine solche vertrag-

liche Regelung ist die Aktiengesellschaft verpflichtet, der Privatstiftung auf deren schriftliches Verlangen Namen und Anschrift der Personen bekannt zu geben, die durch Abschluss eines Versicherungsvertrages die Begünstigtenstellung erworben haben. Das Ende des Versicherungsverhältnisses bewirkt das Ende der Begünstigtenstellung.

5. Das sich aus der Schlussbilanz („Abs. 5"*) ergebende Vermögen des Vereins bleibt der Privatstiftung auf Dauer gewidmet und ist zu erhalten; ein sich aus dem Jahresabschluss ergebender Jahresüberschuss ist an die Begünstigten auszuschütten, soweit er nicht Gewinnrücklagen oder anderen in der Stiftungserklärung vorgesehenen Rücklagen zugeführt, für im PSG vorgesehene Vergütungen verwendet oder auf neue Rechnung vorgetragen wird. Den Rücklagen können jedenfalls jene Beträge zugeführt werden, die zur Aufrechterhaltung der Beteiligung der Privatstiftung an der Aktiengesellschaft, in die der umgewandelte Verein seinen Versicherungsbetrieb eingebracht hat, erforderlich sind. § 42 Abs. 2 ist anzuwenden, wobei an die Stelle der Satzung die Stiftungserklärung tritt. „Wird die Sicherstellung der Begünstigten nach Abs. 3 Z 3c gewährleistet, können den Rücklagen auch Beträge in Höhe der Anteile am Grundkapital und Beträge in Höhe der Anteile am Zusatzkapital gemäß § 73c an Unternehmen gemäß § 86f zugeführt werden."**
(*BGBl I 2007/56; **BGBl I 2011/145)

6. Letztbegünstigte sind die Personen, die zur Zeit der Auflösung Begünstigte gemäß Z 4 waren. Das nach der Abwicklung verbleibende Vermögen ist, soweit die Stiftungserklärung nicht anderes vorsieht, nach den Grundsätzen für die Verteilung des Jahresüberschusses an diese Begünstigten zu verteilen.

7. Die Privatstiftung kann in ihrem Namen (§ 2 PSG) auch die Bezeichnung „Versicherungsverein auf Gegenseitigkeit" oder eine Bezeichnung führen, in der das Wort „Versicherungsverein" enthalten ist.

„(4)" Für die Organe einer aus der Umwandlung eines Vereins entstehenden Privatstiftung gilt:

1. Die Privatstiftung hat einen Aufsichtsrat.
2. Die § 15 Abs. 2 und 3 und § 23 Abs. 2 letzter Satz PSG sind auf die Privatstiftung nicht anzuwenden.
3. Die bisherigen Mitglieder des Vorstands des Vereins werden Mitglieder des ersten Vorstands der Privatstiftung, jene des Aufsichtsrats Mitglieder des ersten Aufsichtsrats.
4. Nachfolgende oder zusätzliche Mitglieder des Vorstands der Privatstiftung werden vom Aufsichtsrat bestellt. Dem Aufsichtsrat obliegt auch die vorzeitige Abberufung eines Vorstandsmitglieds aus wichtigem Grund, wenn diese in der Stiftungserklärung vorgesehen ist.

5. Die Bestellung nachfolgender oder zusätzlicher Mitglieder des Aufsichtsrats ist von den verbleibenden Aufsichtsratsmitgliedern mit Mehrheitsbeschluss vorzunehmen. Jede beabsichtigte Bestellung ist im vorhinein auf Kosten der Privatstiftung im Amtsblatt zur Wiener Zeitung bekannt zu machen. Die Begünstigten sind berechtigt, binnen drei Wochen ab Bekanntmachung, schriftlich einen Bestellungsvorschlag zu Handen des Vorstands der Privatstiftung zu erstatten. In der Stiftungserklärung ist zu regeln, von wie vielen Begünstigten der Bestellungsvorschlag unterstützt sein muss, um behandelt zu werden. Erfüllen mehrere Bestellungsvorschläge diese Voraussetzung, so muss nur jener behandelt werden, der von den meisten Begünstigten unterstützt wird. Der Bestellungsvorschlag ist nicht bindend. Gehört dem Aufsichtsrat noch kein von den Begünstigten vorgeschlagenes Mitglied an, so erfordert ein Abgehen von dem Bestellungsvorschlag eine Mehrheit von zwei Dritteln der verbleibenden Aufsichtsratsmitglieder.

6. Die Tätigkeit der Mitglieder des Stiftungsvorstands gilt nicht als hauptberufliche Tätigkeit (§ 11 Abs. 3).
(BGBl I 2007/56)

„(5)" Der Vorstand des Versicherungsvereins hat eine Schlussbilanz aufzustellen, die den Bestimmungen des 5. Hauptstücks unter Berücksichtigung des § 61b Abs. 3 entspricht. § 220 Abs. 3 Aktiengesetz 1965 gilt sinngemäß. Der Vorstand hat die Schlussbilanz gemeinsam mit der Stiftungserklärung der FMA im Zuge der Einholung von deren Genehmigung vorzulegen. (BGBl I 2007/56)

„(6)" Die Umwandlung des Vereins ist vom Vorstand zur Eintragung in das Firmenbuch anzumelden. Der Anmeldung beizufügen sind jedenfalls

1. der notariell beurkundete Umwandlungsbeschluss,
2. der Nachweis der Veröffentlichung der Auflegung von Stiftungserklärung und Schlussbilanz,
3. der Bescheid der FMA, mit dem der Umwandlungsbeschluss genehmigt wurde,
4. die Schlussbilanz des Vereins („Abs. 5") und
5. der Prüfungsbericht gemäß § 11 Abs. 3 PSG. (BGBl I 2007/56)

„(7)" Mit der Eintragung der Umwandlung in das Firmenbuch besteht der Verein als Privatstiftung weiter. Das Gericht (§ 40 PSG) hat den Beschluss über die Eintragung der Privatstiftung der FMA zuzustellen. (BGBl I 2007/56)

„(8)"* Auf die Privatstiftung weiter anzuwenden sind § 11 Abs. 1, § 17b, § 30, „§§ 80 bis 81,"* § 81b Abs. 5 und 6, die §§ 81c bis 81g, „§ 81h Abs. 1 bis 2a"**, § 81n, § 82 Abs. 1 bis

7, 9 und 10, „die §§ 83 bis 85b,"* § 89, § 95, § 99, § 100 Abs. 1, § 103, § 104 Abs. 1, § 105, § 107b Abs. 1 Z 1, § 108a Abs. 1 Z 1, § 109, § 113, § 114 Abs. 1 Z 1, 3 und 4 und Abs. 2 und 3 und die §§ 115 bis 115b. *(BGBl I 2007/56; **BGBl I 2008/138)*

(BGBl I 2005/93; BGBl I 2009/152)

Verschmelzung von Privatstiftungen

„**§ 61g.**" (1) Privatstiftungen gemäß § 61e können unter Ausschluss der Abwicklung durch Aufnahme miteinander verschmolzen werden.

(2) Der Verschmelzungsvertrag ist schriftlich abzuschließen.

(3) Die Verschmelzung bedarf der Zustimmung des Aufsichtsrats jeder Privatstiftung. Das Zustandekommen des Beschlusses setzt die Anwesenheit von mindestens zwei Dritteln der Aufsichtsratsmitglieder und das Erreichen einer Mehrheit von drei Vierteln der abgegebenen Stimmen voraus.

(4) Der Vorstand jeder Privatstiftung hat die Verschmelzung zur Eintragung beim Gericht, in dessen Sprengel die Privatstiftung ihren Sitz hat, anzumelden. Der Verschmelzungsvertrag sowie die Beschlüsse der Aufsichtsräte an der Verschmelzung beteiligten Privatstiftungen sind der Anmeldung der übernehmenden Privatstiftung in Urschrift oder in beglaubigter Abschrift anzuschließen.

(5) Das Gericht, in dessen Sprengel die übernehmende Privatstiftung ihren Sitz hat, hat die Verschmelzung bei allen beteiligten Privatstiftungen gleichzeitig einzutragen. Mit der Eintragung der Verschmelzung bei der übernehmenden Privatstiftung geht das Vermögen der übertragenden Privatstiftung einschließlich der Schulden auf die übernehmende Privatstiftung über. Die Begünstigten der übertragenden Privatstiftung werden zu Begünstigten der übernehmenden Privatstiftung. Zugleich mit der Eintragung erlischt die übertragende Privatstiftung. § 226 Aktiengesetz 1965 ist sinngemäß anzuwenden.

(BGBl I 2005/93; BGBl I 2009/152)

2. Abschnitt:
Kleine Versicherungsvereine

Begriff

§ 62. (1) Ein kleiner Versicherungsverein ist ein Versicherungsverein auf Gegenseitigkeit, dessen Wirkungskreis örtlich, sachlich und dem Personenkreis nach eingeschränkt ist. Der Betrieb gilt als örtlich eingeschränkt, wenn er sich satzungsmäßig grundsätzlich auf das Bundesland, in dem der Verein seinen Sitz hat, sowie auf bestimmte unmittelbar daran angrenzende Gebiete erstreckt. Der Betrieb gilt als sachlich einge-schränkt, wenn nur die in Z 8 und 9 der Anlage A zu diesem Bundesgesetz angeführten Risken mit Ausnahme der Schäden durch Kernenergie gedeckt werden. Der Betrieb gilt als dem Personenkreis nach eingeschränkt, wenn dem Verein nicht mehr als 20 000 Mitglieder angehören. *(BGBl 1992/769)*

(2) Als kleiner Versicherungsverein gilt auch der Betrieb einer Sterbekasse im Zusammenhang mit Arbeitsverträgen oder der beruflichen Tätigkeit der Mitglieder sowie ein Verein, der ausschließlich die Rückversicherung kleiner Versicherungsvereine zum Gegenstand hat. *(BGBl 1992/769)*

(3) Ob ein Versicherungsverein auf Gegenseitigkeit ein kleiner Versicherungsverein ist, entscheidet die „FMA". *(BGBl I 2001/97)*

(4) Ein kleiner Versicherungsverein entsteht mit seiner Errichtung.

Anwendbarkeit der allgemeinen Bestimmungen

§ 63. (1) Für kleine Versicherungsvereine gelten die Bestimmungen des ersten Abschnitts mit Ausnahme des § 27, des § 29 Abs. 1 und 2 Z 10, des § 30, des § 32 Abs. 2, der §§ 36 bis 39, des § 41 a, des § 43 Abs. 1, des § 44 Abs. 3 und 4, des § 45, des „§ 47 Abs. 1 bis 3, 4 dritter Satz, 5 und 6"*, des § 49 Abs. 3 letzter Satz, des § 50 Abs. 1 und 2, der §§ 51 und 52, des § 53 Abs. 3 bis 5, der §§ 54 und 55, des § 56 Abs. 5, des § 57 Abs. 6, des § 59 Abs. 3 bis 5, des § 60 Abs. 2 und der „§§ 61 bis 61 f"**. „Satzungsänderungen werden mit der Genehmigung durch die FMA rechtswirksam."*** „Die Auflösung durch Beschluss des obersten Organs (§ 56 Abs. 1 Z 2) wird frühestens mit der Genehmigung des Beschlusses durch die FMA rechtswirksam."**** *(BGBl 1991/411; *BGBl I 2005/59; **BGBl I 2005/93; ***BGBl I 2007/56, vgl die Übergangsbestimmung in § 129i Abs 13)*

(1a) Kleine Versicherungsvereine auf Gegenseitigkeit können sich freiwillig in das Firmenbuch eintragen lassen. In diesem Fall kommen die §§ 36 bis 38 sowie § 53 Abs. 3 bis 5 sinngemäß zur Anwendung. *(BGBl I 2005/120)*

(2) § 4 Abs. 6 Z 4 und 5, § 11 Abs. 3, § 17b, § 17c Abs. 2, § 24a Abs. 3 und § 24b sind auf kleine Versicherungsvereine nicht anzuwenden. *(BGBl 1994/652; BGBl I 2007/56)*

(3) § 4 Abs. 1 zweiter Satz, Abs. 6 Z 3 und Abs. 8 Z 3, § 7c, § 10a, § 16, die §§ 73b bis 73h, § 118b, § 118c Abs. 1 und 2, § 118e und § 118f sind nur auf solche kleine Versicherungsvereine anzuwenden, deren verrechnete Prämien in drei aufeinander folgenden Geschäftsjahren jeweils 5 Millionen Euro überstiegen haben. Kleinen Versicherungsvereinen, die diese Voraussetzung nicht erfüllen, jedoch über Eigenmittel in dem gemäß

§ 73b Abs. 1 erforderlichen Ausmaß verfügen, hat die FMA auf Antrag zu genehmigen, dass § 4 Abs. 1 zweiter Satz, § 10a und § 16 auf sie anwendbar sind. § 118b, § 118c Abs. 1 und 2, § 118e und § 118f sind in diesem Fall anzuwenden. *(BGBl I 2003/33; BGBl I 2007/56)*

(4) Die Konzession kleiner Versicherungsvereine, die nicht unter Abs. 3 fallen, gilt nur innerhalb des Bundesgebietes. Ihr Eigenmittelerfordernis ist nach § 4 Abs. 6 Z 2 und Abs. 8 Z 2 zu beurteilen. Es ist für kleine Versicherungsvereine, die in Z 8 der Anlage A zu diesem Bundesgesetz angeführte Risken decken, auf Grundlage der abgegrenzten Prämien und der Gesamtversicherungssumme zu ermitteln. Für andere kleine Versicherungsvereine ist das Eigenmittelerfordernis auf Grundlage der abgegrenzten Prämien, der Gesamtversicherungssumme oder einer anderen geeigneten Bemessungsgrundlage zu ermitteln. Die Berechnung des Eigenmittelerfordernisses ist in der Satzung festzulegen. Bei der Festsetzung der Höhe des Eigenmittelerfordernisses ist auf die besonderen Verhältnisse der einzelnen kleinen Versicherungsvereine Bedacht zu nehmen. Die Eigenmittel dieser Versicherungsvereine bestehen aus dem Gründungsfonds, soweit er zur Deckung von Verlusten herangezogen werden kann, den Gewinnrücklagen und den unversteuerten Rücklagen, wobei § 73b Abs. 1 letzter Satz zu beachten ist.

(5) „Für die Kapitalanlage kleiner Versicherungsvereine sind in der Satzung gegenüber den allgemeinen Vorschriften Einschränkungen vorzusehen, soweit dies den besonderen Verhältnissen der kleinen Versicherungsvereine entspricht." In die Satzung von Sterbekassen (§ 62 Abs. 2) können im Hinblick auf diese Einschränkungen auch Vorschriften über die Verzeichnisse, Aufstellungen und Meldungen gemäß § 79b aufgenommen werden, die von nach dieser Bestimmung erlassenen Verordnungen abweichen. Auf andere kleine Versicherungsvereine ist § 79b nicht anzuwenden. *(BGBl I 2005/93)*

(6) „Auf ausländische Versicherungsunternehmen mit Sitz in einem Vertragsstaat, die nach dem Recht ihres Sitzstaates nicht über eine Eigenmittelausstattung verfügen müssen, die „der Richtlinie 73/239/EWG in der Fassung der Richtlinie 2002/13/EG (ABl. Nr. L 77 vom 20. März 2002, S. 17) oder der Richtlinie 2002/83/EG"*** entspricht, sind § 1a Abs. 1, § 7 und § 14 nicht anzuwenden."*„Dies gilt nicht, wenn sie über eine aufsichtsbehördliche Genehmigung entsprechend Abs. 3 zweiter Satz verfügen."** *(*BGBl I 1996/447; **BGBl I 2003/33; ***BGBl I 2005/93)*

Betragsmäßige Beschränkung

§ 64. Die Satzung eines kleinen Versicherungsvereins oder ein Beschluß des satzungsmäßig hiefür zuständigen Organs hat einen Höchstbetrag festzusetzen, bis zu dem der Verein übernommene Gefahren tragen darf. Dieser Beschluß bedarf der Genehmigung der „FMA". Auf ihn ist § 4 Abs. 6 Z 2 anzuwenden. *(BGBl I 2001/97)*

(BGBl 1994/652)

Überschreitung des Geschäftsbereichs

§ 65. Überschreitet der Geschäftsbetrieb eines kleinen Versicherungsvereins die im § 62 Abs. 1 und 2 festgesetzten Grenzen, so hat die „FMA" unter Setzung einer angemessenen Frist anzuordnen, daß nach Wahl des Vereins entweder der Geschäftsbetrieb wieder auf diese Grenzen eingeschränkt wird oder die für einen Verein, der kein kleiner Versicherungsverein ist, geltenden Vorschriften eingehalten werden. Wird dieser Anordnung nicht entsprochen, so hat die „FMA" den Geschäftsbetrieb zu untersagen. Die Untersagung wirkt wie ein Auflösungsbeschluß." *(BGBl I 2001/97)*

(BGBl 1994/652)

Organe

§ 66. Kleine Versicherungsvereine müssen einen Vorstand und als oberstes Organ eine Mitgliederversammlung oder Mitgliedervertretung haben.

Vorstand

§ 67. (1) Der Verein wird durch den Vorstand gerichtlich und außergerichtlich vertreten. Der Vorstand ist dem Verein gegenüber verpflichtet, die Beschränkungen einzuhalten, die in der Satzung oder durch Beschluß des obersten Organs für seine Vertretungsbefugnis festgesetzt sind. Dritten gegenüber ist eine Beschränkung der Vertretungsbefugnis unwirksam.

(2) Im übrigen gelten für die Leitung und Vertretung des Vereins durch den Vorstand und die Zeichnung des Vorstands die §§ 70 Abs. 2, 71 Abs. 2 und 72 Aktiengesetz 1965 sinngemäß.

§ 68. (1) „Die Vorstandsmitglieder sind, wenn die Satzung dies ausdrücklich bestimmt, vom Aufsichtsrat auf höchstens fünf Jahre, sonst vom obersten Organ längstens bis zur Beendigung der Versammlung des obersten Organs zu bestellen, die über die Entlastung für das vierte Geschäftsjahr beschließt, das dem zum Zeitpunkt der Bestellung folgenden Geschäftsjahr folgt." Eine wiederholte Bestellung ist zulässig. Das für die Bestellung zuständige Organ kann die Bestellung widerrufen, wenn ein wichtiger Grund vorliegt. Ein solcher Grund ist insbesondere grobe Pflichtverletzung oder Unfähigkeit zur ordnungsgemäßen Geschäftsführung. *(BGBl 1986/558; BGBl I 2002/46)*

(2) Soweit die erforderlichen Mitglieder des Vorstands fehlen, sind sie in dringenden Fällen bis zur Behebung des Mangels auf Antrag eines Beteiligten von der „FMA" zu bestellen. *(BGBl I 2001/97)*

(3) Den Vorstandsmitgliedern kann ein angemessenes Entgelt für ihren Zeit- und Arbeitsaufwand gewährt werden. Die Höhe des Entgelts ist vom obersten Organ oder, wenn ein Aufsichtsrat bestellt ist, von diesem unter Berücksichtigung der Vermögenslage des Vereins und der Arbeitsbelastung des Vorstands mit einem festen Betrag zu bestimmen.

(4) Der Verein darf Vorstandsmitgliedern und Angestellten des Vereins, ihren Ehegatten und minderjährigen Kindern sowie Dritten, die für Rechnung einer dieser Personen handeln, nur mit Zustimmung der „FMA" Kredit gewähren. Die Zustimmung darf nur verweigert werden, wenn sonst die Interessen der Versicherten gefährdet werden. *(BGBl I 2001/97)*

(5) Für die Sorgfaltspflicht der Vorstandsmitglieder gilt der § 84 Abs. 1 Aktiengesetz 1965 sinngemäß. Vorstandsmitglieder, die ihre Pflichten schuldhaft verletzen, sind dem Verein gegenüber zum Ersatz des daraus entstehenden Schadens als Gesamtschuldner verpflichtet. Ansprüche des Vereins aus dieser Verpflichtung müssen geltend gemacht werden, wenn es das oberste Organ beschließt oder ein Zehntel der Mitglieder des obersten Organs verlangt.

(6) Im Rechtsstreit gegen Vorstandsmitglieder wird der Verein vom Aufsichtsrat oder, wenn ein solcher nicht bestellt ist, von Bevollmächtigten vertreten, die vom obersten Organ gewählt werden.

Oberstes Organ

§ 69. (1) Das oberste Organ beschließt alljährlich in den ersten fünf Monaten des Geschäftsjahres über die Entlastung der Mitglieder des Vorstands und wenn ein solcher bestellt ist, des Aufsichtsrats. „ " *(BGBl 1986/558)*

(2) Das oberste Organ ist in den Fällen einzuberufen, die Gesetz oder Satzung ausdrücklich bestimmt. Das oberste Organ ist ferner einzuberufen, wenn es mindestens ein Zehntel seiner Mitglieder schriftlich unter Angabe des Zwecks und der Gründe verlangt. In gleicher Weise haben die Mitglieder des obersten Organs das Recht, zu verlangen, daß Gegenstände zur Beschlußfassung durch das oberste Organ angekündigt werden. Entspricht der Vorstand dem Verlangen nicht, so hat die „FMA" die Mitglieder des obersten Organs, die das Verlangen gestellt haben, zur Einberufung des obersten Organs oder zur Ankündigung des Gegenstands zu ermächtigen. *(BGBl I 2001/97)*

(3) Im übrigen gelten für die Einberufung des obersten Organs und die Teilnahme an seinen Versammlungen die „§§ 102 Abs. 2 und 3, 105 Abs. 1 erster und dritter Satz und 2 erster und zweiter Satz", 107 Abs. 1 und 108 Abs. 1, 2 erster Satz, 3 und 4 erster Satz Aktiengesetz 1965 sinngemäß. Soweit in diesen Bestimmungen von den Aktionären die Rede ist, treten an ihre Stelle die Mitglieder des obersten Organs. *(BGBl I 2004/67)*

(4) Den Vorsitz in der Versammlung des obersten Organs führt der Vorsitzende des Vorstands oder sein Stellvertreter; mangels dieser hat das an Jahren älteste Mitglied des obersten Organs die Versammlung zur Wahl eines Vorsitzenden zu leiten.

(5) Über die Versammlung des obersten Organs ist eine Niederschrift aufzunehmen und vom Vorsitzenden zu unterfertigen.

(6) Der Vorstand hat jedem Mitglied des obersten Organs auf sein Verlangen Auskunft über Angelegenheiten des Vereins zu geben.

Aufsichtsrat

§ 70. (1) Die Satzung kann die Bestellung eines Aufsichtsrats vorsehen.

(2) „Die Aufsichtsratsmitglieder werden vom obersten Organ längstens bis zur Beendigung der Versammlung des obersten Organs gewählt, die über die Entlastung für das vierte Geschäftsjahr beschließt, das dem zum Zeitpunkt der Wahl laufenden Geschäftsjahr folgt." Eine Wiederwahl ist zulässig. Die Bestellung zum Aufsichtsratsmitglied kann vor Ablauf der Funktionsperiode vom obersten Organ widerrufen werden. *(BGBl I 2002/46)*

(3) Die Aufsichtsratsmitglieder können nicht zugleich Vorstandsmitglieder oder dauernd Vertreter von Vorstandsmitgliedern sein. Sie dürfen auch nicht als Angestellte die Geschäfte des Vereins führen.

(4) Für die Einberufung des Aufsichtsrates gilt der § 94 Aktiengesetz 1965 sinngemäß.

(5) Für die Aufgaben und Rechte des Aufsichtsrats gelten die §§ 95 Abs. 2 erster Satz, Abs. 3 und 5, 96 Abs. 1 und 97 Abs. 1 Aktiengesetz 1965 sinngemäß. *(BGBl 1982/567)*

(6) Für die Sorgfaltspflicht der Aufsichtsratsmitglieder gilt der § 84 Abs. 1 Aktiengesetz 1965 sinngemäß. Mitglieder des Aufsichtsrats, die ihre Pflichten schuldhaft verletzen, sind dem Verein gegenüber zum Ersatz des daraus entstehenden Schadens verantwortlich. Ansprüche des Vereins aus dieser Verpflichtung müssen geltend gemacht werden, wenn es das oberste Organ beschließt oder mindestens ein Zehntel der Mitglieder des obersten Organs verlangt.

Abwicklung

§ 71. (1) Die Abwicklung besorgen die Vorstandsmitglieder als Abwickler, wenn nicht die Satzung oder ein Beschluß des obersten Organs andere Personen bestellt.

(2) Auf Antrag von mindestens einem Zehntel der Mitglieder des obersten Organs oder auf Antrag des Aufsichtsrates hat die „FMA" aus wichtigem Grund die Abwickler zu bestellen und abzuberufen. Abwickler, die nicht von der „FMA" bestellt sind, kann das oberste Organ jederzeit abberufen. *(BGBl I 2001/97)*

(2a) Die Abwickler haben unter Hinweis auf die Auflösung des Vereins die Gläubiger des Vereins aufzufordern, ihre Ansprüche anzumelden. Die Aufforderung ist im „Amtsblatt zur Wiener Zeitung" zu veröffentlichen. *(BGBl I 2007/56, vgl die Übergangsbestimmung in § 129i Abs 14)*

(3) „Die Abwickler haben für den Beginn der Abwicklung Rechnung zu legen und weiterhin für den Schluß jedes Jahres einen Jahresabschluß und einen Lagebericht zu erstellen." Das bisherige Geschäftsjahr des Vereins kann beibehalten werden. Das oberste Organ beschließt über die Rechnungslegung für den Beginn der Abwicklung, den Jahresabschluß und über die Entlastung der Abwickler und des Aufsichtsrats. *(BGBl 1992/13)*

(4) Im übrigen gelten für die Abwicklung die §§ „***" 209 Abs. 1 und 2*, 210 Abs. 1 bis 4 und 213 Aktiengesetz 1965 sinngemäß. *(*BGBl 1982/567; ** BGBl I 2007/56, vgl die Übergangsbestimmung in § 129i Abs 14)*

(5) Ist die Abwicklung beendet und die Schlußrechnung gelegt, so haben die Abwickler den Schluß der Abwicklung der „FMA" anzuzeigen. *(BGBl I 2001/97)*

Verschmelzung

§ 72. (1) Die Aufnahme eines Vereins, der kein kleiner Versicherungsverein ist, durch einen kleinen Versicherungsverein oder die Neubildung eines Vereins durch Zusammenschluß von Vereinen, die nicht kleine Versicherungsvereine sind, mit kleinen Versicherungsvereinen ist nicht zulässig.

(2) Für die Verschmelzung durch Aufnahme gelten § 222, § 225a Abs. 3 Z 1, 2 und 4 sowie §§ 226 bis 228 Aktiengesetz 1965 sinngemäß. *(BGBl 1996/304)*

(3) Für die Verschmelzung durch Neubildung gelten § 222, § 225a Abs. 3 Z 1, 2 und 4, §§ 226 bis 228 sowie § 233 Abs. 1 zweiter Satz und Abs. 2 Aktiengesetz 1965 sinngemäß. *(BGBl 1996/304)*

(4) Die Aufnahme eines kleinen Vereins durch einen Verein, der kein kleiner Versicherungsverein ist, ist vom Vorstand des übernehmenden Vereins zur Eintragung in das Firmenbuch anzumelden. Das Firmenbuchgericht hat die Verschmelzung einzutragen. Der § 225 Abs. 1 zweiter Satz Z 1 bis 3 Aktiengesetz 1965 gilt sinngemäß. Für die Schadenersatzpflicht der Mitglieder des Vorstands und des Aufsichtsrats des übernehmenden Vereins gilt der § 229 Aktiengesetz 1965 sinngemäß. *(BGBl 1996/304)*

(5) Bei der Aufnahme eines kleinen Versicherungsvereins durch einen anderen kleinen Versicherungsverein richtet sich die Schadenersatzpflicht der Mitglieder des Vorstands und des Aufsichtsrats des übernehmenden Vereins nach den §§ 68 Abs. 5 und 70 Abs. 6. Die Verjährung der Ersatzansprüche nach den §§ 68 Abs. 5 und 70 Abs. 6 beginnt mit der Genehmigung der Verschmelzung durch die „FMA". *(BGBl I 2001/97)*

(6) Entsteht durch die Verschmelzung kleiner Versicherungsvereine ein Verein, der kein kleiner Versicherungsverein ist, so gelten auch § 229 und § 233 Abs. 4 zweiter und dritter Satz und Abs. 5 Aktiengesetz 1965 sinngemäß. Das Firmenbuchgericht, in dessen Sprengel der neue Verein seinen Sitz hat, hat die Verschmelzung einzutragen. *(BGBl 1996/304)*

(7) *(idF vor der Novelle BGBl 1996/304 aufgehoben, BGBl 1996/304)*

(7) In den Fällen, in denen nach den vorstehenden Bestimmungen die Verschmelzung nicht in das Firmenbuch einzutragen ist, tritt an die Stelle der Eintragung der Verschmelzung in das Firmenbuch oder deren Bekanntmachung die Genehmigung durch die „FMA". *(BGBl 1996/304; BGBl I 2001/97)*

Vermögensübertragung auf eine Aktiengesellschaft

§ 73. (1) Für die Vermögensübertragung gelten § 221 Abs. 1, §§ 222, 223, § 225a Abs. 3 Z 1, 2 und 4, §§ 226 bis 229 sowie § 236 Abs. 4 und 5 Aktiengesetz 1965 sinngemäß. *(BGBl 1996/304)*

(2) Die Übertragung des Vermögens eines kleinen Versicherungsvereins auf eine Aktiengesellschaft ist vom Vorstand der Aktiengesellschaft zur Eintragung in das Firmenbuch anzumelden. Der „§ 225 Abs. 1 zweiter Satz Z 1 bis 3" Aktiengesetz 1965 gilt sinngemäß. „Das Firmenbuchgericht, in dessen Sprengel die übernehmende Gesellschaft ihren Sitz hat, hat die Vermögensübertragung einzutragen; wird zur Durchführung der Verschmelzung das Grundkapital erhöht, so ist gleichzeitig mit der Verschmelzung der Beschluß über die Erhöhung des Grundkapitals der übernehmenden Gesellschaft sowie die Durchführung der Erhöhung des Grundkapitals einzutragen." *(BGBl 1996/304)*

§§ 73a – 73b

Viertes Hauptstück
KAPITALAUSSTATTUNG, KAPITALANLAGE

Risikorücklage

§ 73a. (1) Die Versicherungsunternehmen haben eine Risikorücklage zu bilden; sie ist in der Bilanz gesondert auszuweisen.

(2) Der Risikorücklage sind jährlich 0,6 vH der um die Rückversicherungsabgabe verminderten abgegrenzten Prämien des inländischen Geschäfts zuzuführen. Die Rücklage darf jedoch 4 vH dieser Prämien nicht übersteigen. Sie darf nur zur Deckung von sonst in der Bilanz auszuweisenden Verlusten und erst nach Auflösung aller sonstigen satzungsmäßigen und freien Rücklagen verwendet werden. Nach ihrer Auflösung ist die Rücklage neu zu bilden. *(BGBl 1992/13)*

(3) Bei kleinen Versicherungsvereinen sind der Risikorücklage 10 vH des Jahreserfolges so lange zuzuführen, bis sie 25 vH des satzungsmäßig vorgeschriebenen Betrages der Sicherheitsrücklage erreicht. Die Risikorücklage ist vor der Sicherheitsrücklage zur Deckung von Verlusten zu verwenden. *(BGBl 1994/652)*

(BGBl 1986/558)

Eigenmittelausstattung

§ 73b. (1) „Die Versicherungsunternehmen haben zur Sicherung der dauernden Erfüllbarkeit ihrer Verpflichtungen aus Versicherungsverträgen für ihr gesamtes Geschäft die Eigenmittel in dem sich aus der Anlage D zu diesem Bundesgesetz ergebenden Ausmaß, mindestens jedoch im Ausmaß der in § 73f Abs. 2 und 3 genannten Beträge zu halten." Die Eigenmittel müssen im Zeitpunkt ihrer Berechnung frei von jeder vorhersehbaren Steuerschuld sein oder angepaßt werden, sofern Ertragssteuern den Betrag verringern, bis zu dem die genannten Eigenmittelbestandteile für die Risiko- oder Verlustabdeckung verwendet werden können. *(BGBl 1994/652; BGBl I 2002/46)*

(1a) Ist davon auszugehen, dass eine Änderung der Rückversicherungsbeziehungen zu einer maßgeblichen Erhöhung des Eigenmittelerfordernisses führt, so kann die FMA eine von der Anlage D abweichende Anordnung für den Abzug der Rückversicherungsabgabe treffen, wobei der aktuellen Berechnung bereits die geänderten Rückversicherungsverträge zugrunde gelegt werden. *(BGBl I 2003/33)*

(2) Eigenmittel sind

1. a) bei Aktiengesellschaften „und Europäischen Gesellschaften (SE)"** das eingezahlte Grundkapital „ "*, *(*BGBl I 2003/33; **BGBl I 2004/67)*

b) bei Versicherungsvereinen auf Gegenseitigkeit der Gründungsfonds, soweit er zur Deckung von Verlusten herangezogen werden kann,

c) bei Zweigniederlassungen ausländischer Versicherungsunternehmen das diesen auf Dauer zur Verfügung gestellte Kapital (Dotationskapital),

2. die Kapitalrücklagen, die Gewinnrücklagen, die unversteuerten Rücklagen und der versteuerte Teil der Risikorücklage, *(BGBl I 2002/46)*

3. der nicht zur Ausschüttung bestimmte Bilanzgewinn,

4. Partizipations- und Ergänzungskapital gemäß § 73 c Abs. 1 und 2 unter Beachtung des § 73 c Abs. 3 bis 6, sobald ein Wirtschaftsprüfer die Gesetzmäßigkeit festgestellt hat.

(3) Die Rückstellungen für erfolgsabhängige Prämienrückerstattung in der Krankenversicherung und die Rückstellung für Gewinnbeteiligung in der Lebensversicherung sind den Eigenmitteln hinzuzurechnen, soweit sie zur Deckung von Verlusten verwendet werden dürfen.

(4) Von den Eigenmitteln sind der Bilanzverlust, die Buchwerte eigener Aktien und eigener Partizipationsscheine sowie der Buchwert der immateriellen Vermögensgegenstände abzuziehen.

(4a) Von den Eigenmitteln sind weiters abzuziehen:

1. Beteiligungen im Sinn des § 86a Abs. 2 Z 3 an Versicherungsunternehmen, „Versicherungs-Holdinggesellschaften, gemischte Finanz-Holdinggesellschaften"**, Kreditinstituten, „Finanzinstituten, Wertpapierfirmen, Zahlungsinstituten und E-Geld-Instituten"*, *(*BGBl I 2010/107; **BGBl I 2013/184)*

2. Anteile an Partizipationskapital, Ergänzungskapital und sonstigem nachrangigem Kapital von in Z 1 angeführten Unternehmen, an denen das Versicherungsunternehmen im Sinn des § 86a Abs. 2 Z 3 beteiligt ist. *(BGBl I 2004/70)*

(4b) Werden vorübergehend Anteile eines in Abs. 4a Z 1 angeführten Unternehmens gehalten, um dieses Unternehmen zwecks Sanierung und Rettung finanziell zu stützen, so kann mit Genehmigung der FMA der Abzug gemäß Abs. 4a unterbleiben. *(BGBl I 2004/70)*

(4c) Das Versicherungsunternehmen kann an Stelle des Abzugs gemäß Abs. 4a eine der im § 6 Abs. 2 Z 1 bis 3 „des Finanzkonglomerategesetzes, BGBl. I Nr. 70/2004 (FKG)," angeführten Methoden entsprechend anwenden. Für die Anwendung der im § 6 Abs. 2 Z 1 „des Finanzkonglomerategesetzes, BGBl. I Nr. 70/2004 (FKG)," angeführten Methode ist die Zustimmung der FMA erforderlich, welche nur dann erteilt werden darf, wenn Umfang und Niveau des integrierten Managements und der internen Kontrollen in Bezug auf die in den Konsolidierungskreis einbezogenen Unternehmen zufrieden stellend sind. Die gewählte Methode ist auf Dauer einheitlich anzuwenden. *(BGBl I 2004/70; BGBl I 2005/93)*

(4d) Ein Versicherungsunternehmen, das einer zusätzlichen Beaufsichtigung nach den §§ 86a ff dieses Bundesgesetzes oder § 5 FKG unterliegt, muss Anteile gemäß Abs. 4a nicht in Abzug bringen, wenn diese Anteile in die Ermittlung der bereinigten Eigenmittelausstattung gemäß § 86e dieses Bundesgesetzes oder in die zusätzliche Eigenmittelanforderung gemäß den §§ 6, 7 und 8 FKG einbezogen sind. *(BGBl I 2004/70)*

(5)[1]) Die „FMA"** hat auf Antrag und unter Nachweis die Hinzurechnung stiller Reserven, die sich aus der Unterbewertung von Aktiven ergeben, zu den Eigenmitteln zu genehmigen, sofern die stillen Reserven nicht Ausnahmecharakter haben. „Diese Genehmigung ist zeitlich zu beschränken."**** Bei der Festlegung des Ausmaßes, in dem stille Reserven den Eigenmitteln hinzugerechnet werden dürfen, sind alle auf Aktiva und Passiva angewendeten Bewertungsverfahren und die Verwertbarkeit der betreffenden Vermögensgegenstände zu berücksichtigen. Die Grundsätze des „§ 201 Abs. 2 Z 2 und 4 UGB"* sind zu beachten. „Die Anrechnung stiller Reserven ist mit 50 vH des Eigenmittelerfordernisses begrenzt. Erfüllt ein Versicherungsunternehmen nicht das Eigenmittelerfordernis, so bezieht sich diese Grenze auf die Eigenmittel."*** *(*BGBl 1996/447; **BGBl I 2001/97; ***BGBl I 2003/33; ****BGBl I 2005/93; BGBl I 2005/120)*

(6) Unbeschadet des Abs. 5 ist eine Hinzurechnung stiller Reserven zu den Eigenmitteln jedenfalls insoweit ausgeschlossen „ , " als diese den Betrag der gemäß § 81h Abs. 2 letzter Satz unterbliebenen Abschreibungen nicht übersteigen. *(BGBl I 2002/24; BGBl I 2007/56)*

(7) Übersteigen die im Versicherungsunternehmen vorhandenen stillen Lasten die gemäß Abs. 5 und 6 anrechenbaren stillen Reserven, so kann die FMA den Abzug des Differenzbetrages von den Eigenmitteln verlangen. *(BGBl I 2003/33)*

(8) Die FMA hat bei Aktiengesellschaften „und Europäischen Gesellschaften (SE)" auf Antrag und unter Nachweis die Hinzurechnung der Hälfte des nicht eingezahlten Teils des Grundkapitals zu den Eigenmitteln zu genehmigen. Bei der Festlegung des Ausmaßes, in dem das nicht eingezahlte Grundkapital den Eigenmitteln hinzugerechnet wird, ist die Einbringlichkeit des nicht eingezahlten Teils des Grundkapitals zu berücksichtigen. Die Anrechnung ist mit 50 vH des Eigenmittelerfordernisses begrenzt. Erfüllt ein Versicherungsunternehmen nicht das Eigenmittelerfordernis, so bezieht sich diese Grenze auf die Eigenmittel. *(BGBl I 2003/33; BGBl I 2004/67)*

(BGBl 1992/769)

---

[1]) Vgl die Übergangsbestimmung in § 129k Z 2.

Zusatzkapital

§ 73c. (1) Partizipationskapital ist eingezahltes Kapital,

1. das auf Unternehmensdauer unter Verzicht auf die ordentliche und außerordentliche Kündigung zur Verfügung gestellt wird,

2. das vom Versicherungsunternehmen nur unter entsprechender Anwendung der aktienrechtlichen Kapitalherabsetzungsvorschriften zurückgezahlt werden kann,

3. dessen Erträge gewinnabhängig sind, wobei als Gewinn der handelsrechtliche Gewinn nach Berücksichtigung der Nettoveränderung offener Rücklagen anzusehen ist,

4. das wie Aktienkapital bis zur vollen Höhe am Verlust teilnimmt und

5. das mit dem Recht auf Beteiligung am Liquidationserlös verbunden ist und erst nach Befriedigung oder Sicherstellung aller anderen Gläubiger zurückgezahlt werden darf.

(2) Ergänzungskapital ist eingezahltes Kapital,

1. das dem Versicherungsunternehmen vereinbarungsgemäß auf mindestens fünf Jahre unter Verzicht auf die ordentliche und außerordentliche Kündigung zur Verfügung gestellt wird,

2. für das Zinsen nur ausbezahlt werden dürfen, soweit sie im Jahresüberschuß (handelsrechtlicher Gewinn vor Nettoveränderung von Rücklagen) gedeckt sind,

3. das vor Liquidation nur unter anteiligem Abzug der während seiner Laufzeit eingetretenen Nettoverluste zurückgezahlt werden darf und

4. das im Liquidationsfall erst nach Befriedigung oder Sicherstellung jener Forderungen zurückzuzahlen ist, die weder Eigen- noch Partizipationskapital darstellen.

(3) Partizipations- und Ergänzungskapital sind insgesamt bis zu einem Betrag in Höhe von 50 vH des Eigenmittelerfordernisses zu berücksichtigen. Ergänzungskapital mit fester Laufzeit ist bis zu einem Betrag von 25 vH des Eigenmittelerfordernisses anrechenbar. Erfüllt ein Versicherungsunternehmen nicht das Eigenmittelerfordernis, so bezieht sich diese Grenzen auf die Eigenmittel. *(BGBl I 2003/33)*

(4) Ergänzungskapital darf nur zu den Eigenmitteln gerechnet werden, wenn keine Möglichkeit vorgesehen ist, nach der es aus anderen Gründen als wegen der Auflösung des Versicherungsunternehmens vor dem vorgesehenen Rückzahlungszeitpunkt zurückzuzahlen ist.

(5) Bei Ergänzungskapital mit fester Laufzeit muß das Versicherungsunternehmen entweder innerhalb der zumindest letzten fünf Jahre vor Ende der Laufzeit den als Eigenmittelbestandteil herangezogenen Betrag anteilig verringern oder spätestens ein Jahr vor Ende der Laufzeit der „FMA" einen Plan vorlegen, aus dem hervorgeht, wie das Eigenmittelerfordernis am Ende der Laufzeit des Ergänzungskapitals erfüllt bleibt oder wieder erfüllt sein wird. Die „FMA" kann die vorzeitige Rückzahlung dieses Kapitals auf Antrag des Versicherungsunternehmens genehmigen, sofern die Eigenmittel nicht unter das erforderliche Ausmaß sinken. *(BGBl I 2001/97)*

(6) Für Ergänzungskapital ohne feste Laufzeit muß eine Kündigungsfrist von mindestens fünf Jahren vorgesehen sein oder die vorzeitige Rückzahlung ausdrücklich von der Genehmigung durch die „FMA" abhängig gemacht werden. Auf Ergänzungskapital ohne feste Laufzeit ist, soweit es gekündigt wurde, Abs. 5 anzuwenden. Ist bei Ergänzungskapital ohne feste Laufzeit die vorzeitige Rückzahlung von der Genehmigung der „FMA" abhängig, so hat das Versicherungsunternehmen die „FMA" längstens sechs Monate vor dem vorgesehenen Zeitpunkt der Rückzahlung zu verständigen und das Eigenmittelerfordernis und die vorhandenen Eigenmittel vor und nach der Rückzahlung anzugeben. Die Genehmigung zur Rückzahlung darf nur erteilt werden, wenn die Eigenmittel nicht unter das erforderliche Ausmaß sinken. *(BGBl I 2001/97)*

(7) Über eingezahltes Partizipations- und Ergänzungskapital dürfen Wertpapiere ausgegeben werden. Wird durch eine Maßnahme das bestehende Verhältnis zwischen den Vermögensrechten der Inhaber der Partizipationsscheine und den mit dem Grundkapital verbundenen Vermögensrechten geändert, so ist dies angemessen auszugleichen. Dies gilt auch bei Ausgabe von Aktien und von in § 174 „Aktiengesetz" 1965 genannten Schuldverschreibungen und Genußrechten; zu diesem Zweck kann auch das Bezugsrecht der Aktionäre gemäß § 174 Abs. 4 „Aktiengesetz" 1965 ausgeschlossen werden. *(BGBl I 1998/126)*

(8) Inhaber von Partizipationsscheinen haben das Recht, an der Hauptversammlung oder der Versammlung des obersten Organs teilzunehmen und Auskünfte im Sinn des § 112 „Aktiengesetz" 1965 zu begehren. *(BGBl I 1998/126)*

(9) Auf fremde Währung lautendes Partizipations- oder Ergänzungskapital ist in Euro umzurechnen. Für an der Wiener Börse amtlich notierte Währungen sind die Mittelkurse am letzten Börsetag, für andere Währungen die Ankaufskurse im österreichischen Freiverkehr zugrunde zu legen. *(BGBl I 1998/126)*

(BGBl 1992/769)

§ 73d. (1) Berechtigten aus Partizipationskapital (§ 73 c Abs. 1) einer Aktiengesellschaft „oder einer Europäischen Gesellschaft (SE)"* kann das Recht eingeräumt werden, ihre Partizipationsscheine gegen Aktien umzutauschen. „Die §§ 146, 149 Abs. 2, 153 und 160 Aktiengesetz 1965 sowie die §§ 2 Abs. 3 bis 5 und 3 Abs. 1 des Kapitalberichtigungsgesetzes, BGBl. Nr. 171/1967, sind anzuwenden."** Im Beschluß ist festzusetzen

1. das Umtauschverhältnis, wobei die Umwandlung in Nennwertaktien die Nominalbeträge, bei Umwandlung in Stückaktien die Verhältnisse zwischen Gesamtkapital und einzelnem Anteil nicht unterschiedlich gewichtet werden dürfen; *(BGBl I 1998/126)*

2. allfällige Zuzahlungen;

3. das sich aus Z 1 ergebende Höchstausmaß der bedingten Kapitalerhöhung;

4. der Zeitraum, innerhalb dessen das Umtauschrecht ausgeübt werden kann, wobei das Umtauschrecht auch unbefristet eingeräumt werden kann;

5. die Art der Aktien, wobei beim Umtausch gegen Vorzugsaktien § 115 Abs. 2 Aktiengesetz 1965 zu beachten ist;

6. nähere Angaben über die Ausübung und die Modalitäten des Umtauschrechts.
*(*BGBl I 2004/67; **BGBl I 2005/93)*

(2) Wird gemäß Abs. 1 Z 4 der Zeitraum für die Ausübung des Umtauschrechtes begrenzt, so kann der Vorstand mit Zustimmung des Aufsichtsrates nach Ablauf dieses Zeitraums beschließen, daß die gemäß Abs. 1 beschlossene Umtauschmöglichkeit verlängert wird.

(3) Beschlüsse gemäß Abs. 1 und 2 sind gemäß den §§ 162 und 163 Aktiengesetz 1965 zur Eintragung in das Firmenbuch anzumelden und zu veröffentlichen. Die §§ 164 und 168 Aktiengesetz 1965 sind anzuwenden.

(4) Auf gemäß Abs. 1 und 2 umgewandeltes Partizipationskapital findet § 73 c Abs. 1 Z 1 und 2 keine Anwendung. Das gemäß den vorstehenden Bestimmungen eingeräumte Umtauschrecht gilt als angemessener Ausgleich für Berechtigte aus Partizipationskapital gemäß § 73 c Abs. 7 zweiter Satz.

(5) Hinsichtlich der Prospektpflicht für die Umtauschaktien sind § 3 Abs. 1 Z 7 und 8 und Abs. 2 des Kapitalmarktgesetzes, BGBl. Nr. 625/1991, sowie § 75 Abs. 2 Z 2 BörseG anzuwenden. *(BGBl I 2005/93)*

(6) Partizipationskapital kann durch das Versicherungsunternehmen nach Maßgabe der folgenden Voraussetzungen eingezogen werden:

1. Die Einziehung hat das gesamte Partizipationskapital gemäß § 73c zu umfassen. Der Beschluß über die Einziehung ist von den für die Hereinnahme von Partizipationskapital zuständigen Organen mit den Mehrheiten, die für die

Hereinnahme von Partizipationskapital erforderlich sind, zu fassen.

2. Handelt es sich beim Versicherungsunternehmen um eine Aktiengesellschaft „oder Europäische Gesellschaft (SE)" mit börsenotierten Aktien und Partizipationsscheinen, so hat der Einziehung ein Angebot auf Umtausch in Aktien (Abs. 1 bis 5) innerhalb von sechs Monaten vor der Bekanntmachung der Einziehung voranzugehen. Die Bekanntmachung über das Umtauschangebot hat einen Hinweis auf die beabsichtigte Einziehung zu enthalten. Bei diesem Umtauschangebot darf eine allfällige Zuzahlung nicht höher festgesetzt werden als die Differenz zwischen dem durchschnittlichen Börsekurs der betreffenden Aktie zum durchschnittlichen Börsekurs der Partizipationsscheine an den der Beschlußfassung über das Umtauschangebot vorausgehenden zwanzig Börsetagen. *(BGBl I 2004/67)*

3. Das Versicherungsunternehmen hat bei der Einziehung das Partizipationskapital bar abzufinden. Der aus Partizipationskapital berechtigten Person ist eine angemessene Barabfindung zu gewähren. § 2 Abs. 3 UmwG ist hinsichtlich der zu erstellenden Berichte, der Prüfung und der Rechtsbehelfe der Abfindungsberechtigten sinngemäß anzuwenden, wobei anstelle des Umwandlungsplanes der Einziehungsplan tritt. *(BGBl I 2003/33)*

4. Mit der Bekanntmachung des Beschlusses gemäß Z 1 zweiter Satz ist das Partizipationskapital eingezogen. Damit steht dem Berechtigten aus Partizipationskapital ausschließlich das Recht auf Barabfindung gemäß Z 3 zu. In der Bekanntmachung sind die Berechtigten aus Partizipationskapital auf ihre mit der Abfindung verbundenen Rechte hinzuweisen. Über Partizipationskapital ausgestellte Urkunden sind vom Versicherungsunternehmen einzubehalten.

5. Kann der Abfindungsbetrag für das Partizipationskapital nicht einem Konto gutgebracht werden oder disponiert der Berechtigte aus Partizipationskapital nicht über den Abfindungsbetrag, ist dieser einem Treuhänder zu überantworten, der im Beschluß über die Einziehung zu bestellen ist. Dem Treuhänder obliegt die weitere Abwicklung. Er kann sich dabei der Unterstützung des Versicherungsunternehmens bedienen.

6. Das Partizipationskapital ist zu Lasten des aus der Jahresbilanz sich ergebenden Bilanzgewinns oder einer freien Rücklage einzuziehen.

7. *(aufgehoben, BGBl I 2005/33)*
(BGBl I 1999/124)

(BGBl 1992/769)

Zuordnung der Eigenmittel

§ 73e. (1) Die Eigenmittel sind den betriebenen Bilanzabteilungen zuzuordnen. Die Aufwendungen und Erträge sind, soweit sie nicht ihrer Art nach zu einer einzigen Bilanzabteilung gehören, nach Zuordnungsverfahren den einzelnen Bilanzabteilungen zuzurechnen. Die Zuordnungsverfahren müssen sachgerecht und nachvollziehbar sein und eine verursachungsgemäße Aufteilung der Aufwendungen und Erträge sicherstellen. Es muß gewährleistet sein, daß nicht die Interessen der Versicherten oder anspruchsberechtigten Dritten in einer Bilanzabteilung beeinträchtigt oder gefährdet werden. Insbesondere müssen die Gewinne aus der Lebensversicherung den Lebensversicherten so zugute kommen, als ob das Unternehmen ausschließlich die Lebensversicherung betreiben würde. Die Zuordnungsverfahren bedürfen der Genehmigung durch die „FMA". *(BGBl I 2001/97)*

(2) Das Jahresergebnis, das sich in einer bestimmten Bilanzabteilung nach Aufteilung der Aufwendungen und der Erträge nach dem Verursachungsprinzip und dem Zuordnungsverfahren gemäß Abs. 1 ergibt, wirkt sich auf die Eigenmittel in dieser Bilanzabteilung aus und darf unbeschadet der Abs. 3 und 4 nicht auf eine andere Bilanzabteilung übertragen werden.

(3) Solange die gemäß § 73 b Abs. 1 erforderliche Eigenmittelausstattung in jeder Bilanzabteilung gewährleistet ist, darf eine die Eigenmittel verändernde Vermögensumschichtung zwischen den Bilanzabteilungen erfolgen; die „FMA" ist von einer solchen Umschichtung schriftlich in Kenntnis zu setzen. *(BGBl I 2001/97)*

(4) § 104 a Abs. 1 und 2 ist anzuwenden, wenn die Eigenmittel in einer oder mehreren Bilanzabteilungen nicht das erforderliche Ausmaß erreichen. Die „FMA" kann in diesem Fall eine die Eigenmittel verändernde Vermögensumschichtung aus anderen Bilanzabteilungen, die eine ausreichende Eigenmittelausstattung aufweisen, gestatten, sofern dadurch keine Beeinträchtigung der Interessen der Versicherten oder anspruchsberechtigter Dritter zu erwarten ist. *(BGBl I 2001/97)*

(5) Für die zur Überwachung der Bestimmungen der Abs. 1 bis 4 erforderlichen Angaben gilt § 85 a.

(BGBl 1992/769)

Garantiefonds

§ 73f. (1) Ein Drittel des Eigenmittelerfordernisses gemäß Anlage D zu diesem Bundesgesetz bildet den Garantiefonds.

(2)[1] Der Garantiefonds muss mindestens betragen

1. bei Versicherungsunternehmen, die ausschließlich die Lebensversicherung betreiben, „4,9" Millionen Euro; *(BGBl II 2006/499; BGBl II 2009/312; BGBl II 2012/342)*

13. VAG
§§ 73f – 73g

2. bei Versicherungsunternehmen, die ausschließlich die Krankenversicherung betreiben, „4,3" Millionen Euro; *(BGBl II 2006/499; BGBl II 2009/312; BGBl II 2012/342)*

3. bei Versicherungsunternehmen, die ausschließlich die Schaden- und Unfallversicherung betreiben, „4,9" Millionen Euro; *(BGBl II 2006/499; BGBl II 2009/312; BGBl II 2012/342)*

3a. bei Versicherungsunternehmen, die ausschließlich die Rückversicherung betreiben, „3,6" Millionen Euro; *(BGBl I 2007/56; BGBl I 2009/312; BGBl II 2014/226)*

4. bei Versicherungsunternehmen, die das Versicherungsgeschäft in mehr als einer Bilanzabteilung betreiben:

a) für die Lebensversicherung „4,3" Millionen Euro; *(BGBl II 2006/499; BGBl II 2009/312; BGBl II 2012/342)*

b) für die Krankenversicherung „3,1" Millionen Euro; *(BGBl II 2006/499; BGBl II 2009/312; BGBl II 2012/342)*

c) für die Schaden- und Unfallversicherung „4,3" Millionen Euro; *(BGBl II 2006/499; BGBl II 2009/312; BGBl II 2012/342)* *(BGBl I 2002/46)*

(3) Bei Versicherungsunternehmen, die die Schaden- und Unfallversicherung mit Ausnahme der Versicherungszweige Haftpflicht für Landfahrzeuge mit eigenem Antrieb, Luftfahrzeug-Haftpflicht, See-, Binnensee- und Flussschifffahrts-Haftpflicht, Allgemeine Haftpflicht, Kredit und Kaution (Z 10 bis 15 der Anlage A) betreiben, beträgt der Garantiefonds gemäß Abs. 2 Z 3 und gemäß Abs. 2 Z 4 lit. c jeweils mindestens „2,5"* Millionen Euro, sofern folgende Voraussetzungen erfüllt sind: *(BGBl II 2009/312;* *BGBl II 2012/342)*

1. Die verrechneten Prämien des indirekten Geschäfts der Gesamtrechnung übersteigen nicht 10 vH der gesamt verrechneten Prämien der Gesamtrechnung.

2. Die verrechneten Prämien des indirekten Geschäfts der Gesamtrechnung übersteigen nicht 50 Millionen Euro.

3. Die versicherungstechnischen Rückstellungen des indirekten Geschäfts der Gesamtrechnung übersteigen nicht 10 vH der gesamten versicherungstechnischen Rückstellungen der Gesamtrechnung.

(BGBl I 2002/46; BGBl I 2007/56)

(4) Die Eigenmittel müssen mindestens in der Höhe des Garantiefonds aus Eigenmittelbestandteilen gemäß § 73b Abs. 2 unter Berücksichtigung des § 73b Abs. 3 bis 7 bestehen. *(BGBl 1996/447; BGBl I 2007/56)*

(5) Die Beträge gemäß Abs. 2 und 3 erhöhen sich im gleichen Ausmaß und nach den gleichen Grundsätzen, wie sie in Art. 17a Abs. 1 der Richtlinie 73/239/EWG in der Fassung der Richtlinie 2002/13/EG für die in Art. 17 Abs. 2 dieser Richtlinie angeführten Beträge und in Art. 30 Abs. 1 der Richtlinie 2002/83/EG für den in Art. 29 Abs. 2 dieser Richtlinie angeführten Betrag „und in Art. 41 Abs. 1 der Richtlinie 2005/68/EG für den in Art. 40 Abs. 2 dieser Richtlinie angeführten Betrag" vorgesehen sind. Der Bundesminister für Finanzen hat im Laufe des Jahres, das dem Jahr folgt, in dem der für die Erhöhung maßgebende Zeitraum endet, die sich durch diese Erhöhung ergebenden Beträge im Bundesgesetzblatt kundzumachen. Diese Beträge sind ab 1. Jänner des darauf folgenden Jahres anzuwenden. *(BGBl I 2005/93; BGBl I 2007/107)*

(BGBl 1992/769)

[1] *Vgl die Übergangsbestimmung in § 129g Abs 4*

Ausländische Versicherungsunternehmen

§ 73g. (1) Die Bestimmungen über die Eigenmittelausstattung gelten mit den Abweichungen der Abs. 2 bis 7 auch für Zweigniederlassungen ausländischer Versicherungsunternehmen.

(2) Für Zweigniederlassungen ausländischer Versicherungsunternehmen beschränkt sich das Eigenmittelerfordernis unbeschadet des Abs. 3 auf das inländische Geschäft.

(3) Das Eigenmittelerfordernis ist auf der Grundlage des gesamten Geschäftsbetriebes in den Vertragsstaaten zu berechnen, wenn das Versicherungsunternehmen eine Genehmigung im Sinn des § 5 a Abs. 1 erhalten hat und sich die österreichische „FMA" gemäß § 5 a Abs. 4 zweiter Satz bereit erklärt hat, die Überwachung der Eigenmittelausstattung für die gesamte Geschäftstätigkeit in den Vertragsstaaten zu übernehmen. *(BGBl I 2001/97)*

(4) Als Eigenmittel der Zweigniederlassung sind die der Zweigniederlassung zugeordneten Eigenmittel im Sinn des § 73 b anzusehen.

(5) *(aufgehoben, BGBl I 2002/46, vgl die Übergangsbestimmung in § 129g Abs 4)*

(6) Die Vermögenswerte, die weder dem Deckungsstock gewidmet noch zur Bedeckung „der versicherungstechnischen Rückstellungen", für die kein Deckungsstock zu bilden ist, erforderlich sind, müssen in Höhe des Eigenmittelerfordernisses in einem Vertragsstaat, in Höhe des Garantiefonds im Inland belegen sein. *(BGBl 1996/447)*

(7) Hat das Versicherungsunternehmen eine Genehmigung gemäß § 5 a Abs. 1 erhalten und hat sich die zuständige Behörde eines anderen Vertragsstaates bereit erklärt, die Überwachung der Eigenmittelausstattung für die gesamte Geschäftstätigkeit in den Vertragsstaaten zu übernehmen, so unterliegt die Zweigniederlassung im

13. VAG
§§ 73g – 76

Inland keinem gesonderten Eigenmittelerfordernis.

(BGBl 1992/769)

Vorschriften für den EWR und die Schweiz

§ 73h. (1) Zweigniederlassungen von Versicherungsunternehmen mit Sitz in einem Vertragsstaat oder in der Schweizerischen Eidgenossenschaft unterliegen keinem gesonderten Eigenmittelerfordernis.

(2) Ist ein Versicherungsunternehmen, das eine Konzession im Inland besitzt, in anderen Vertragsstaaten durch eine Zweigniederlassung oder im Dienstleistungsverkehr oder in der Schweizerischen Eidgenossenschaft durch eine Zweigniederlassung tätig, so ist für die Genehmigung eines Antrages gemäß § 73b Abs. 5 die Zustimmung der zuständigen Behörden dieser Vertragsstaaten oder der Schweizerischen Aufsichtsbehörde erforderlich.

(BGBl 1995/23)

§ 74. *(aufgehoben samt Überschrift, BGBl I 2007/56)*

Derivative Finanzinstrumente

„**§ 74.**** Die Versicherungsunternehmen haben den besonderen Risken, die mit der Verwendung derivativer Finanzinstrumente wie Optionen, Terminkontrakten und Swaps verbunden sind, durch geeignete innerbetriebliche Maßnahmen Rechnung zu tragen. Die „FMA"* kann durch Verordnung nähere Regelungen über diese Maßnahmen treffen, soweit dies erforderlich ist, um eine Gefährdung der dauernden Erfüllbarkeit der Verpflichtungen aus den Versicherungsverträgen zu vermeiden. *(*BGBl I 2001/97; **BGBl I 2007/56)*

(BGBl 1996/447)

Schutzbestimmungen

§ 75. (1) *(aufgehoben, BGBl I 2010/28)*

(2) Für den Betrieb der fondsgebundenen Lebensversicherung im Inland gelten, soweit die Versicherungsnehmer das Veranlagungsrisiko tragen, folgende Bestimmungen:

1. Die Versicherungsunternehmen haben vor Abschluß des Versicherungsvertrages von den Versicherungsnehmern Angaben über ihre Erfahrungen oder Kenntnisse auf dem Gebiet der Veranlagung in Wertpapieren und über ihre finanzielle Verhältnisse zu verlangen, soweit dies zur Wahrung der Interessen der Versicherungsnehmer im Hinblick auf das von ihnen getragene Veranlagungsrisiko erforderlich ist. „Die Versicherungsunternehmen haben diese Angaben des Kunden schriftlich festzuhalten." *(BGBl I 2004/70)*

2. Die Versicherungsunternehmen haben vor Abschluß des Versicherungsvertrages den Versicherungsnehmern alle zweckdienlichen Informationen zu geben, die zur Wahrung der Interessen der Versicherungsnehmer im Hinblick auf das von ihnen getragene Veranlagungsrisiko erforderlich sind. „Insbesondere haben diese Informationen einen Hinweis zu enthalten, aus welchem hervorgeht, dass die Wertentwicklung der Vergangenheit keine verlässlichen Rückschlüsse auf die zukünftige Entwicklung eines Fonds zulässt." *(BGBl I 2002/46)*

3. Die Versicherungsunternehmen dürfen den Versicherungsnehmern die im Versicherungsvertrag vorgesehene Auswahl einer Veranlagung nicht empfehlen, wenn und soweit diese Empfehlung nicht mit den Interessen der Versicherungsnehmer übereinstimmt.

4. Die Versicherungsunternehmen dürfen den Versicherungsnehmern die im Versicherungsvertrag vorgesehene Auswahl einer Veranlagung nicht zu dem Zweck empfehlen, im eigenen Interesse oder im Interesse eines mit ihnen verbundenen Unternehmens die Ausgabepreise der Anteile an den Kapitalanlagefonds in eine bestimmte Richtung zu lenken.

5. Das Verbot gemäß Z 4 gilt auch für alle Angestellten und sonst für die Versicherungsunternehmen tätigen Personen.

6. Sind in anderen Rechtsvorschriften Prospekte oder Rechenschaftsberichte über zur Veranlagung bestimmte Kapitalanlagefonds vorgeschrieben, so haben die Versicherungsunternehmen die Versicherungsnehmer darauf hinzuweisen und ihnen diese Unterlagen auf ihr Verlangen kostenlos zur Verfügung zu stellen.

7. *(aufgehoben, BGBl I 2009/22)*

8. *(aufgehoben, BGBl I 2002/46)*

(3) Abs. 2 Z 1 bis 3 ist sinngemäß auch auf die indexgebundene Lebensversicherung anzuwenden." *(BGBl I 2002/46; BGBl I 2009/22)*

(4) Die Zulässigkeit der Zusendung unerbetener Nachrichten zur Werbung für den Abschluss eines Versicherungsvertrages richten sich nach § 107 des Telekommunikationsgesetzes 2003 (TKG 2003), BGBl. I Nr. 70/2003. *(BGBl I 2004/67)*

(BGBl 1996/753)

Erwerb und Veräußerung von Anteilen

§ 76. (1) Der Erwerb und die Veräußerung von Anteilen an Kapitalgesellschaften durch ein Versicherungsunternehmen sind der „FMA"* anzuzeigen, sofern

1. die unmittelbaren oder mittelbaren Anteile 50 vH des Grund- oder Stammkapitals dieser Gesellschaft übersteigen,

13. VAG
§§ 76 – 78

2. der Kaufpreis 10 vH der Eigenmittel des Versicherungsunternehmens übersteigt,

3. durch den Erwerb verbundene Unternehmen im Sinne von § 228 Abs. 3 UGB geschaffen werden oder

4. durch die Veräußerung Unternehmen nicht mehr als verbundene Unternehmen im Sinn von § 228 Abs. 3 UGB anzusehen sind.

Dies gilt auch für den Erwerb und die Veräußerung zusätzlicher Anteile sowie die betragliche Erhöhung angezeigter Anteile, wenn die vorstehenden Grenzen bereits überschritten sind oder dadurch überschritten oder unterschritten werden. Bei der Berechnung des Anteils am Grund- oder Stammkapital der fremden Gesellschaft sind die Anteile von verbundenen Unternehmen zusammenzurechnen. *(*BGBl I 2001/97; BGBl I 2005/120)*

(2) Eventualverpflichtungen oder Gewinn- und Verlustabführungsverträge, die im Zusammenhang mit bestehenden oder erworbenen Anteilen eingegangen oder aufgelöst werden, sowie der Erwerb und die Veräußerung einer Beteiligung an Personengesellschaften des Handelsrechts als persönlich haftender Gesellschafter sind stets anzuzeigen.

(3) Der Erwerb und die Veräußerung von Anteilen und Beteiligungen sind, sofern es sich dabei nicht um Beteiligungen an Kapitalgesellschaften oder um die Beteiligung an Personengesellschaften des Handelsrechts als persönlich haftender Gesellschafter handelt, der „FMA" dann anzuzeigen, wenn der Kaufpreis 1 vH der Eigenmittel des Versicherungsunternehmens übersteigt. Dies gilt auch für den Erwerb und die Veräußerung zusätzlicher Anteile sowie die betragliche Erhöhung angezeigter Anteile, wenn die vorstehende Grenze bereits überschritten ist oder dadurch überschritten oder unterschritten wird. *(BGBl I 2001/97)*

(4) Die „FMA" kann vom Versicherungsunternehmen alle erforderlichen Auskünfte über das Unternehmen, an dem Anteile oder Beteiligungen gemäß Abs. 1, 2 oder 3 gehalten werden, insbesondere die Vorlage des Jahresabschlusses und anderer geeigneter Geschäftsunterlagen verlangen. Solche Auskünfte dürfen nicht unter Berufung auf eine nach anderen Vorschriften bestehende Verschwiegenheitspflicht verweigert werden. *(BGBl I 2001/97)*

(BGBl I 2000/117)

Bedeckung der versicherungstechnischen Rückstellungen

§ 77. (1) Die versicherungstechnischen Rückstellungen für das gesamte auf Grund einer Konzession gemäß § 4 Abs. 1 betriebene Geschäft sind nach den folgenden Bestimmungen zu bedecken. „Dies gilt für die Schwankungsrückstellung und die Schwankungsrückstellung ähnlichen Rückstellungen (§ 81m) nur insoweit, als sie für die Kreditversicherung (Z 14 der Anlage A zu diesem Bundesgesetz) gebildet werden." *(BGBl I 2005/93)*

(2) Versicherungstechnische Rückstellungen, für die nicht gemäß § 20 Abs. 1 ein Deckungsstock zu bilden ist, sind nach Abzug der Anteile der Rückversicherer zu bedecken (Bedeckungserfordernis). *(BGBl I 2004/70)*

(3) Die versicherungstechnischen Rückstellungen aus der übernommenen Rückversicherung müssen nicht bedeckt werden, soweit die versicherungstechnischen Rückstellungen eines Vorversicherers mit Sitz im Inland oder in einem anderen Vertragsstaat ohne Abzug des Rückversicherungsanteils bedeckt werden.

„(4)" Bei Anwendung des in § 81h Abs. 2 letzter Satz vorgesehenen Bewertungswahlrechts ist die dort genannte Voraussetzung für jede Abteilung des Deckungsstocks gemäß § 20 Abs. 2 bzw. die Summe der versicherungstechnischen Rückstellungen, für die kein Deckungsstock zu bilden ist, gesondert zu erfüllen. *(BGBl I 2002/24; BGBl I 2002/46)*

(4) bis (9) *(aufgehoben, BGBl I 2002/46)*

(BGBl 1996/447)

Geeignete Vermögenswerte

§ 78. (1) Zur Bedeckung der versicherungstechnischen Rückstellungen sind Vermögenswerte, die zu folgenden Kategorien gehören, innerhalb der in Art. 22 Abs. 1 und 4 der Richtlinie 92/49/EWG „(ABl. Nr. L 228 vom 11. August 1992, S. 1)"** und in „Art. 24 Abs. 1 und 4 der Richtlinie 2002/83/EG"* angeführten Grenzen geeignet:

1. Schuldverschreibungen und andere Geld- und Kapitalmarktpapiere,

2. Aktien und andere Anteile mit schwankendem Ertrag,

3. Anteile an Organismen für gemeinsame Anlagen in Wertpapieren und anderen gemeinschaftlichen Kapitalanlagen,

4. Darlehen und Kredite,

5. Grundstücke und grundstücksgleiche Rechte,

6. Guthaben bei Kreditinstituten und Kassenbestände.

(*BGBl I 2003/33; **BGBl I 2005/93)

(2) Die FMA hat bei Vorliegen besonders berücksichtigungswürdiger Gründe einzelnen Versicherungsunternehmen zu genehmigen, Vermögenswerte, die nicht zu den in Abs. 1 angeführten Vermögenswerten gehören, zur Bedeckung der versicherungstechnischen Rückstellungen heranzuziehen oder die in Art. 22 Abs. 1 und 4 der Richtlinie 92/49/EWG und in „Art. 24 Abs. 1 und

4 der Richtlinie 2002/83/EG" angeführten Grenzen zu überschreiten. Diese Genehmigung ist zeitlich zu beschränken. *(BGBl I 2003/33)*

(3) Die FMA hat mit Verordnung die näheren Einzelheiten für die Bedeckung der versicherungstechnischen Rückstellungen zu regeln, soweit dies erforderlich ist, um den in Art. 20 bis 22 der Richtlinie 92/49/EWG und „Art. 22 bis 24 der Richtlinie 2002/83/EG" aufgestellten Grundsätzen und Maßstäben Rechnung zu tragen oder sonst die dauernde Erfüllbarkeit der Verpflichtungen aus den Versicherungsverträgen zu gewährleisten. *(BGBl I 2003/33)*

(4) Die FMA hat bei Vorliegen besonders berücksichtigungswürdiger Gründe einzelnen Versicherungsunternehmen zu genehmigen, andere als die nach der gemäß Abs. 3 erlassenen Verordnung geeigneten Vermögenswerte zur Bedeckung der versicherungstechnischen Rückstellungen heranzuziehen oder die in dieser Verordnung festgesetzten Grenzen zu überschreiten. Diese Genehmigung kann, den jeweiligen Gründen für ihre Erteilung entsprechend, zeitlich beschränkt werden.

(BGBl I 2002/46)

Fondsgebundene, indexgebundene und kapitalanlageorientierte Lebensversicherung

§ 79. (1) In der fondsgebundenen Lebensversicherung „(§ 20 Abs. 2 Z 3)" hat die Bedeckung mit Anteilen an Kapitalanlagefonds zu erfolgen. § 78 und § 79a sind nicht anzuwenden. *(BGBl I 2005/93)*

(2) In der indexgebundenen Lebensversicherung „(§ 20 Abs. 2 Z 4)" hat die Bedeckung mit Vermögenswerten zu erfolgen, die den Bezugswert für die Versicherungsleistung darstellen. § 78 und § 79a Abs. 2 sind nicht anzuwenden. *(BGBl I 2005/93)*

(2a) In der kapitalanlageorientierten Lebensversicherung hat die Bedeckung mit der der vereinbarten Veranlagungsstrategie entsprechenden Vermögenswerten zu erfolgen. *(BGBl I 2009/22)*

(3) Die FMA hat mit Verordnung die näheren Einzelheiten für die Bedeckung der versicherungstechnischen Rückstellungen in der fondsgebundenen, der indexgebundenen und der kapitalanlageorientierten Lebensversicherung zu regeln, soweit dies erforderlich ist, um den in Art. 25 der Richtlinie 2002/83/EG aufgestellten Grundsätzen und Maßstäben Rechnung zu tragen oder sonst die dauernde Erfüllbarkeit der Verpflichtungen aus den Versicherungsverträgen zu gewährleisten. *(BGBl I 2009/22)*

(BGBl I 2002/46)

Belegenheit; Kongruenz

§ 79a. (1) Die Vermögenswerte zur Bedeckung der versicherungstechnischen Rückstellungen müssen im Inland oder in einem anderen Vertragsstaat belegen sein. Die „FMA" kann Ausnahmen von der Belegenheit in diesem Gebiet zulassen, wenn hiefür berücksichtigungswürdige Gründe vorliegen. *(BGBl I 2001/97)*

(2) Zur Bedeckung der versicherungstechnischen Rückstellungen dürfen nach Maßgabe der Anlage E zu diesem Bundesgesetz nur Vermögenswerte herangezogen werden, die auf die gleiche Währung lauten, in der die Versicherungsverträge zu erfüllen sind. „Dies gilt abweichend von § 77 Abs. 1 für das gesamte vom Versicherungsunternehmen betriebene Geschäft." Liegenschaften und liegenschaftsgleiche Rechte sowie Wertpapiere, die nicht auf eine Währung lauten, gelten als Wert in der Währung des Staates, in dem die Liegenschaften oder liegenschaftsgleichen Rechte belegen sind oder der Aussteller der Wertpapiere seinen Sitz hat. *(BGBl I 2002/46)*

Verzeichnisse und Aufstellungen, Meldungen

§ 79b. (1) „Die Versicherungsunternehmen haben Verzeichnisse der dem Deckungsstock gewidmeten und der zur Bedeckung der versicherungstechnischen Rückstellungen, für die kein Deckungsstock zu bilden ist, geeigneten Vermögenswerte fortlaufend zu führen. Nur die in das Verzeichnis der Bedeckungswerte eingetragenen Vermögenswerte sind auf die Bedeckung der versicherungstechnischen Rückstellungen, für die kein Deckungsstock zu bilden ist, anzurechnen. Die Versicherungsunternehmen sind verpflichtet, der „FMA"*** Aufstellungen aller zum Ende des Geschäftsjahres dem Deckungsstock gewidmeten und der zur Bedeckung der versicherungstechnischen Rückstellungen, für die kein Deckungsstock zu bilden ist, geeigneten Vermögenswerte, in Form von Auszügen aus den Verzeichnissen innerhalb von sechs Wochen nach Ende des Geschäftsjahres vorzulegen. Die „FMA"** hat mit Verordnung zu regeln, welche Mindestangaben die Verzeichnisse „****" zu enthalten haben. Die „FMA"*** kann mit Verordnung festsetzen, dass ihr die Aufstellungen in kürzeren Abständen als jährlich vorzulegen sind."*„Die vorstehenden Bestimmungen gelten für die Schwankungsrückstellung und die Schwankungsrückstellung ähnlichen Rückstellungen (§ 81m) nur insoweit, als sie für die Kreditversicherung (Z 14 der Anlage A zu diesem Bundesgesetz) gebildet werden."***** *(*BGBl I 2000/117; **BGBl I 2001/97; ***BGBl I 2002/46; ****BGBl I 2005/93)*

(1a) Die Versicherungsunternehmen sind verpflichtet, zum Ende des Geschäftsjahres Aufstellungen aller übrigen Vermögenswerte gemäß § 81c Abs. 2 Posten B. I., II., III., E und F. II.,

13. VAG
§§ 79b – 80b

III. und IV., die nicht in die Verzeichnisse gemäß Abs. 1 eingetragen sind, innerhalb von sechs Wochen nach Ende des Geschäftsjahres vorzulegen. Die FMA hat mit Verordnung zu regeln, welche Mindestangaben die Aufstellungen zu enthalten haben. *(BGBl I 2004/70; BGBl I 2007/56)*

(2) Die „FMA"* kann mit Verordnung festsetzen, daß ihr in bestimmten Abständen Meldungen über die Höhe der versicherungstechnischen Rückstellungen, über die dem Deckungsstock gewidmeten Vermögenswerte und über die für die Bedeckung der versicherungstechnischen Rückstellungen, für die kein Deckungsstock zu bilden ist, geeigneten Vermögenswerte „sowie für die übrigen Vermögenswerte gemäß Abs. 1a"** vorzulegen sind. *(*BGBl I 2001/97; **BGBl I 2004/70)*

(3) Die Vermögenswerte sind auch zu unterjährigen Stichtagen nach den für die Bilanzierung maßgeblichen Vorschriften zu bewerten.

(4) *(aufgehoben, BGBl I 2003/33)*

(5) Die Vorlage der Daten gemäß Abs. 1, 1a und 2 hat auf elektronischem Weg zu erfolgen. Dabei sind die amtlich festgelegten Datenmerkmale einschließlich des Datensatzaufbaues zu beachten. *(BGBl I 2001/97; BGBl I 2007/56)*

(6) In besonderen Fällen kann die „FMA" auf Antrag die Vorlagefristen für Aufstellungen und Meldungen erstrecken. *(BGBl I 2000/117; BGBl I 2001/97)*

(BGBl 1996/447)

Rückversicherung

§ 79c. Die FMA hat mit Verordnung die näheren Einzelheiten für die Bedeckung der versicherungstechnischen Rückstellungen von Versicherungsunternehmen, die ausschließlich die Rückversicherung betreiben, zu regeln, soweit dies erforderlich ist, um den in Art. 34 der Richtlinie 2005/68/EG (ABl. Nr. L 323 vom 9. Dezember 2005, Seite 1) aufgestellten Grundsätzen und Maßstäben Rechnung zu tragen.

(BGBl I 2007/56)

Fünftes Hauptstück
RECHNUNGSLEGUNG UND KONZERNRECHNUNGSLEGUNG

Anwendbarkeit des UGB, des Aktiengesetzes 1965 und des SE-Gesetzes

§ 80. (1) Für die Rechnungslegung und die Konzernrechnungslegung von

1. Versicherungsunternehmen in der Rechtsform einer Aktiengesellschaft gelten die Bestimmungen des UGB für große Aktiengesellschaften, soweit dieses Bundesgesetz nichts anderes bestimmt;

1a. Versicherungsunternehmen in der Rechtsform einer Europäischen Gesellschaft (SE) gelten die Bestimmungen des UGB in der jeweils geltenden Fassung für große Aktiengesellschaften und des SE-Gesetzes, soweit dieses Bundesgesetz nichts anderes bestimmt; *(BGBl I 2004/67; BGBl I 2005/120)*

2. Versicherungsvereinen auf Gegenseitigkeit, die nicht kleine Vereine im Sinne des § 62 sind, und kleinen Vereinen im Sinne des § 62, die die Voraussetzungen des § 63 Abs. 3 erfüllen, gelten die Bestimmungen des UGB für große Aktiengesellschaften, soweit dieses Bundesgesetz nicht anderes bestimmt; die §§ 125 bis 127 Aktiengesetz 1965 sind unter Bedachtnahme auf § 81 Abs. 2 und 3 sinngemäß anzuwenden. *(BGBl 1995/23; BGBl I 2005/120)*

(2) Für die Rechnungslegung von Zweigniederlassungen von Versicherungsunternehmen mit Sitz außerhalb der Vertragsstaaten gelten sinngemäß die Bestimmungen des UGB für große Aktiengesellschaften, soweit dieses Bundesgesetz nichts anderes bestimmt. *(BGBl 1994/652; BGBl I 2005/120)*

(3) Die Bestimmungen des 5. Hauptstückes sind mit Ausnahme des „§ 84„Abs. 1 zweiter und dritter Satz, Abs. 2 und 4"***"* auf Zweigniederlassungen von Versicherungsunternehmen mit Sitz in einem Vertragsstaat nicht anzuwenden. „** *(*BGBl 1996/447; **BGBl I 1998/126; ***BGBl I 2000/117)*

(BGBl 1994/652)

§ 80a. (1) § 246 UGB ist auf den Konzernabschluss von Versicherungsunternehmen und Mutterunternehmen von Versicherungsunternehmen nicht anzuwenden. *(BGBl I 2005/93; BGBl I 2005/120)*

(2) Mutterunternehmen von Versicherungsunternehmen trifft unbeschadet der Rechtsform die Verpflichtung zur Aufstellung eines konsolidierten Abschlusses, wenn der einzige oder überwiegende Unternehmenszweck darin besteht, Beteiligungen zu erwerben oder zu verwalten, sofern es sich bei den konsolidierungspflichtigen Unternehmen ausschließlich oder überwiegend um Versicherungsunternehmen handelt.

(3) *(aufgehoben, BGBl I 2005/93)*

(BGBl I 2004/161)

Konzernabschluß nach den internationalen Rechnungslegungsstandards

§ 80b. (1) Ein Versicherungsunternehmen oder Mutterunternehmen von Versicherungsunternehmen, das einen Konzernabschluss und Konzernlagebericht gemäß § 245a Abs. 1 oder 2 UGB nach den internationalen Rechnungslegungsstandards aufstellt, hat die Anforderungen des § 245a Abs. 1 und 3 UGB zu erfüllen. Der Konzernabschluss hat jedenfalls die in § 81n Abs. 1, Abs. 2 Z 1 bis 4, 7 bis 13 und 15 bis 19 und Abs. 6 Z 3 sowie § 81o Abs. 4a, 6 und 7 vorgesehenen Angaben zu enthalten. § 266 Z 4 UGB ist nicht anzuwenden. *(BGBl I 2005/93; BGBl I 2007/56)*

(2) Unbeschadet des § 245a Abs. 3 UGB ist bei der Offenlegung auch ausdrücklich darauf hinzuweisen, dass es sich nicht um einen nach den Vorschriften dieses Bundesgesetzes aufgestellten Konzernabschluss und Konzernlagebericht handelt. *(BGBl I 2005/120)*

(BGBl I 2004/161, vgl die Übergangsbestimmung in § 129h Abs 5)

Allgemeine Vorschriften über den Jahresabschluß, den Konzernabschluß, den Lagebericht und den Konzernlagebericht

§ 81. (1) Der Vorstand oder die geschäftsführenden Direktoren eines inländischen Versicherungsunternehmens oder die Geschäftsleitung der Zweigniederlassung eines ausländischen Versicherungsunternehmens haben für die Gesetzmäßigkeit des Jahresabschlusses zu sorgen. *(BGBl I 2004/67)*

(2) Unbeschadet des § 222 Abs. 1 UGB und der „§§ 125 Abs. 1 und 4"* sowie 127 Abs. 1 Aktiengesetz 1965 sind der Jahresabschluß und der Lagebericht so rechtzeitig aufzustellen und der Jahresabschluß so rechtzeitig festzustellen, daß die Vorlagefristen des § 83 eingehalten werden. *(*BGBl 1996/447; BGBl I 2005/120)*

(3) Für den Konzernabschluß und den Konzernlagebericht gilt Abs. 2 sinngemäß.

(4) Für Zweigniederlassungen ausländischer Versicherungsunternehmen hat die Geschäftsleitung in den ersten fünf Monaten des Geschäftsjahres für das vorangegangene Geschäftsjahr einen Jahresabschluß und einen Lagebericht aufzustellen.

(5) „Das Geschäftsjahr von Versicherungsunternehmen hat dem Kalenderjahr zu entsprechen. Die „FMA"*** kann für Versicherungsunternehmen, die ausschließlich indirektes Geschäft betreiben, ein abweichendes Geschäftsjahr zulassen. Der Konzernabschluß ist auf den Stichtag 31. Dezember aufzustellen;"*„dies gilt auch für den befreienden Konzernabschluß und Konzernlagebericht."*** *(*BGBl 1996/447; **BGBl I 1999/49; ***BGBl I 2001/97)*

(6) § 252 Abs. 1 UGB ist nicht anzuwenden. *(BGBl 1994/652; BGBl I 2005/120)*

§ 81a. *(aufgehoben samt Überschrift, BGBl I 2007/56)*

Allgemeine Grundsätze für die Gliederung des Jahresabschlusses und des Konzernabschlusses

§ 81b. (1) Die Lebensversicherung, die Krankenversicherung und die Schaden- und Unfallversicherung bilden je eine Bilanzabteilung. Das allgemeine Versicherungsgeschäft umfaßt die Krankenversicherung und die Schaden- und Unfallversicherung.

(2) Die Bilanzposten der Gesamtbilanz sind zusätzlich entsprechend ihrer Zuordnung zu den einzelnen Bilanzabteilungen aufzugliedern. „ " *(BGBl 1994/652)*

(3) Für jede Bilanzabteilung ist eine gesonderte versicherungstechnische Rechnung zu erstellen. Die nichtversicherungstechnische Rechnung gemäß § 81 e Abs. 5 ist bis einschließlich Posten 7. gesondert für jede Bilanzabteilung aufzustellen; ab dem Posten 8. sind jeweils nur die Gesamtbeträge aller Bilanzabteilungen anzuführen.

(4) Indirektes Lebensversicherungsgeschäft ist der Bilanzabteilung Lebensversicherung, indirektes Krankenversicherungsgeschäft der Bilanzabteilung Krankenversicherung und sonstiges indirektes Geschäft der Bilanzabteilung Schaden- und Unfallversicherung zuzuordnen. Versicherungsunternehmen, die ausschließlich indirektes Geschäft oder neben dem indirekten Geschäft ihr direktes Geschäft beschränkt auf die Schaden- und Unfallversicherung betreiben, können das gesamte Geschäft der Bilanzabteilung Schaden- und Unfallversicherung zuordnen. *(BGBl 1996/447)*

(5) § 223 Abs. 6 und 8 UGB sind nicht anzuwenden. *(BGBl I 2005/120)*

(6) Aufwendungen und Erträge sind, soweit sie nicht ihrer Art nach in eigenen Posten der Gewinn- und Verlustrechnung zu erfassen sind, nach ihrer Verursachung auf die zutreffenden Posten der Gewinn- und Verlustrechnung aufzuteilen.

(7) Abs. 1 erster Satz und Abs. 2 sind auf den Konzernabschluß nicht anzuwenden. Die Bilanzposten der einzelnen Abteilungen können in der Konzernbilanz zusammengefaßt werden. *(BGBl 1994/652)*

(8) Abs. 3 ist auf den Konzernabschluß nicht anzuwenden. Für das allgemeine Versicherungsgeschäft und die Lebensversicherung ist in der Konzern-Gewinn- und Verlustrechnung je eine gesonderte versicherungstechnische Rechnung zu erstellen. Die nichtversicherungstechnische Rechnung gemäß § 81 e Abs. 5 ist bis einschließlich Posten 7. gesondert für das allgemeine Versicherungsgeschäft und die Lebensversicherung aufzustellen; ab dem Posten 8. sind jeweils nur die Gesamtbeträge anzuführen. *(BGBl 1994/652)*

(9) „§ 233 letzter Satz UGB"* gilt nicht für die Aufwendungen für Versicherungsfälle. *(*BGBl 1996/447; BGBl I 2005/120)*

13. VAG
§§ 81b – 81c

(10) § 223 Abs. 2 UGB gilt hinsichtlich der Bilanz und der Konzernbilanz nur für die Gesamtbeträge und nicht für die Beträge der einzelnen Bilanzabteilungen. *(BGBl 1994/652; BGBl I 2005/120)*

(11) Die §§ 225 Abs. 3 erster Satz und Abs. 6 erster Satz, 227 zweiter Satz, 237 Z 1 und 266 Z 1 UGB sind nicht anzuwenden. *(BGBl 1996/447; BGBl I 2005/120)*

Gliederung der Bilanz und der Konzernbilanz

§ 81c.[1)] (1) In der Bilanz und der Konzernbilanz sind die in den Abs. 2 und 3 angeführten Posten gesondert und in der vorgeschriebenen Reihenfolge auszuweisen. *(BGBl 1994/652)*

(2) Aktiva:
A. Immaterielle Vermögensgegenstände
 I. „Aufwendungen für die Errichtung und Erweiterung des Unternehmens"*
 II. Entgeltlich erworbener Firmenwert
 III. Aufwendungen für den Erwerb eines Versicherungsbestandes
 IV. Sonstige immaterielle Vermögensgegenstände
B. Kapitalanlagen
 I. Grundstücke und Bauten
 II. Kapitalanlagen in verbundenen Unternehmen und Beteiligungen
  1. Anteile an verbundenen Unternehmen
  2. „Schuldverschreibungen und andere Wertpapiere von verbundenen Unternehmen und Darlehen an verbundene Unternehmen"***
  3. Beteiligungen
  4. „Schuldverschreibungen und andere Wertpapiere von und Darlehen an Unternehmen, mit denen ein Beteiligungsverhältnis besteht."***
 III. Sonstige Kapitalanlagen
  1. Aktien und andere nicht festverzinsliche Wertpapiere
  2. Schuldverschreibungen und andere festverzinsliche Wertpapiere
  3. „Anteile an gemeinschaftlichen Kapitalanlagen"***
  4. Hypothekenforderungen
  5. „Vorauszahlungen auf Polizzen"*
  6. „Sonstige Ausleihungen"*
  7. Guthaben bei Kreditinstituten
  8. Andere Kapitalanlagen
 IV. Depotforderungen aus dem übernommenen Rückversicherungsgeschäft
C. „Kapitalanlagen der fondsgebundenen und der indexgebundenen Lebensversicherung"**
D. Forderungen
 I. Forderungen aus dem direkten Versicherungsgeschäft
  1. an Versicherungsnehmer
  2. an Versicherungsvermittler
  3. an Versicherungsunternehmen
 II. Abrechnungsforderungen aus dem Rückversicherungsgeschäft
 III. Eingeforderte ausstehende Einlagen
 IV. Sonstige Forderungen
E. Anteilige Zinsen und Mieten
F. Sonstige Vermögensgegenstände
 I. „Sachanlagen (ausgenommen Grundstücke und Bauten) und Vorräte"*
 II. Laufende Guthaben bei Kreditinstituten, Schecks und Kassenbestand
 III. Eigene Aktien und eigene Partizipationsscheine
 IV. Andere Vermögensgegenstände
G. Verrechnungsposten mit der Zentrale
H. Rechnungsabgrenzungsposten
 I. Verrechnungsposten zwischen den Abteilungen
(*BGBl 1996/447; **BGBl I 2000/117; ***BGBl I 2002/46)

(3) Passiva:
A. Eigenkapital
 I. Grundkapital
  1. Nennbetrag
  2. Nicht eingeforderte ausstehende Einlagen
 II. Dotationskapital
 III. Partizipationskapital
 IV. Kapitalrücklagen
  1. gebundene
  2. nicht gebundene
 V. Gewinnrücklagen
  1. Sicherheitsrücklage
  2. Gesetzliche Rücklage gemäß § 130 „Aktiengesetz"* 1965
  3. Sonstige satzungsmäßige Rücklagen
  4. Freie Rücklagen
 VI. „Risikorücklage gemäß § 73a VAG, versteuerter Teil"**
 VII. „Bilanzgewinn/Bilanzverlust, davon Gewinnvortrag/Verlustvortrag"*
B. Unversteuerte Rücklagen
 I. Risikorücklage gemäß „§ 73a VAG"*
 II. Bewertungsreserve auf Grund von Sonderabschreibungen
 III. Sonstige unversteuerte Rücklagen
C. Nachrangige Verbindlichkeiten
D. Versicherungstechnische Rückstellungen im Eigenbehalt
 I. Prämienüberträge
  1. Gesamtrechnung
  2. Anteil der Rückversicherer
 II. Deckungsrückstellung
  1. Gesamtrechnung
  2. Anteil der Rückversicherer
 III. Rückstellung für noch nicht abgewickelte Versicherungsfälle
  1. Gesamtrechnung
  2. Anteil der Rückversicherer
 IV. Rückstellung für erfolgsunabhängige Prämienrückerstattung
  1. Gesamtrechnung
  2. Anteil der Rückversicherer

13. VAG

§ 81c

V. Rückstellung für erfolgsabhängige Prämienrückerstattung bzw. Gewinnbeteiligung der Versicherungsnehmer
  1. Gesamtrechnung
  2. Anteil der Rückversicherer
VI. Schwankungsrückstellung
VII. Sonstige versicherungstechnische Rückstellungen
  1. Gesamtrechnung
  2. Anteil der Rückversicherer
E. „Versicherungstechnische Rückstellungen der fondsgebundenen und der indexgebundenen Lebensversicherung"**
  I. Gesamtrechnung
  II. Anteil der Rückversicherer
F. Nichtversicherungstechnische Rückstellungen
  I. Rückstellungen für Abfertigungen
  II. Rückstellungen für Pensionen
  III. Steuerrückstellungen
  IV. Sonstige Rückstellungen
G. Depotverbindlichkeiten aus dem abgegebenen Rückversicherungsgeschäft
H. Sonstige Verbindlichkeiten
I. Verbindlichkeiten aus dem direkten Versicherungsgeschäft
  1. an Versicherungsnehmer
  2. an Versicherungsvermittler
  3. an Versicherungsunternehmen
II. Abrechnungsverbindlichkeiten aus dem Rückversicherungsgeschäft
III. Anleiheverbindlichkeiten (mit Ausnahme des Ergänzungskapitals)
IV. Verbindlichkeiten gegen Kreditinstitute
V. Andere Verbindlichkeiten
I. Verrechnungsposten mit der Zentrale
J. Rechnungsabgrenzungsposten
(*BGBl 1996/447; **BGBl I 2000/117)

(4) § 224 UGB ist nicht anzuwenden. *(BGBl I 2005/120)*

(5) Die Konzernbilanz umfaßt
1. zusätzlich zu den in Abs. 2 genannten Posten den Posten
  A. V. Unterschiedsbetrag gemäß § 254 Abs. 3 UGB,
(BGBl I 2005/120)
2. zusätzlich zu den im Abs. 3 genannten Posten die Posten
  „A. VIII."* Ausgleichsposten für die Anteile der anderen Gesellschafter und
  D. Unterschiedsbetrag gemäß § 254 Abs. 3 UGB in der jeweils geltenden Fassung.
(*BGBl I 2004/70; BGBl I 2005/120)

Wird der Posten „Unterschiedsbetrag gemäß § 254 Abs. 3 UGB" passivseitig in die Konzernbilanz aufgenommen, so sind die Posten D. bis J. des § 81c Abs. 3 als E. bis K. zu bezeichnen. Die genannten Posten und wesentliche Änderungen gegenüber dem Vorjahr sind im Konzernanhang zu erläutern. Werden Unterschiedsbeträge der Aktivseite mit solchen der Passivseite verrechnet, so sind diese verrechneten Beträge im Konzernanhang anzugeben.
(BGBl 1996/447; BGBl I 2005/120)

(6) Sind im Konzernabschluss Unternehmen konsolidiert, die nicht gemäß § 86f in die Ermittlung der bereinigten Eigenmittelausstattung einzubeziehen sind, so sind die Vermögensgegenstände und Schulden dieser Unternehmen gesondert auszuweisen. *(BGBl I 2005/93)*

(7) Bei Anwendung des Abs. 6 sind die Aktiva gemäß Abs. 2 um folgende Hauptposten zu ergänzen:
  J. Aktiva, die von Kreditinstituten stammen,
  K. Aktiva, die von anderen Unternehmen mit branchenspezifischen Bilanzierungsvorschriften stammen,
  L. Aktiva, die von sonstigen anderen Unternehmen stammen.
Im Anhang ist die Zusammensetzung der Aktiva entsprechend den Branchenvorschriften darzustellen.
(BGBl I 2005/93)

(8) Bei Anwendung des Abs. 6 sind die Passiva gemäß Abs. 3 um folgende Hauptposten zu ergänzen:
  K. Rückstellungen, Verbindlichkeiten und Rechnungsabgrenzungsposten, die von Kreditinstituten stammen,
  L. Rückstellungen, Verbindlichkeiten und Rechnungsabgrenzungsposten, die von anderen Unternehmen mit branchenspezifischen Bilanzierungsvorschriften stammen,
  M. Rückstellungen, Verbindlichkeiten und Rechnungsabgrenzungsposten, die von sonstigen anderen Unternehmen stammen.
Im Anhang ist die Zusammensetzung der Rückstellungen, Verbindlichkeiten und Rechnungsabgrenzungsposten entsprechend den Branchenvorschriften darzustellen. Bei Anwendung von Abs. 5 Z 2 sind die Posten K. bis M. als L. bis N. zu bezeichnen.
(BGBl I 2005/93)

(9) Bei der Darstellung der Zusammensetzung der in Abs. 7 und 8 genannten Posten ist eine Aufgliederung vorzunehmen, die zumindest den mit Grossbuchstaben und römischen Ziffern bezeichneten Posten des Bilanzschemas nach § 224 UGB entspricht. Für die Unternehmen, für die branchenspezifische Bilanzierungsvorschriften bestehen, ist diese Bestimmung sinngemäß anzuwenden. Sind diese gegebenenfalls zu erläutern. Die FMA kann durch Verordnung nähere Vorschriften für die Anhangangaben gemäß Abs. 7 und 8 vorschreiben. *(BGBl I 2005/93; BGBl I 2005/120)*

---

[1]) *Siehe die Übergangsbestimmungen in § 129d Abs 3 und 4.*

13. VAG §§ 81d – 81e

Entwicklung von Vermögensgegenständen

§ 81d. (1) Die Entwicklung der Posten A., B. I. und B. II. des § 81 c Abs. 2 der Gesamtbilanz ist in der Bilanz oder im Anhang darzustellen. Dabei sind, ausgehend von den Bilanzwerten am Ende des vorangegangenen Geschäftsjahres, die Zugänge, die Umbuchungen, die Abgänge, die Zuschreibungen und die Abschreibungen im Geschäftsjahr sowie die Bilanzwerte am Ende des Geschäftsjahres gesondert aufzuführen.

(2) § 226 Abs. 1 UGB ist nicht anzuwenden. *(BGBl I 2005/120)*

(3) Abs. 1 ist sinngemäß auf den Konzernabschluß anzuwenden. *(BGBl 1994/652)*

Gliederung der Gewinn- und Verlustrechnung

§ 81e. (1) Die Gewinn- und Verlustrechnung ist in Staffelform aufzustellen. In ihr sind die in den Abs. 2 bis 5 angeführten Posten in der angegebenen Reihenfolge gesondert auszuweisen.

(2) I. Versicherungstechnische Rechnung – Allgemeines Versicherungsgeschäft, Schaden- und Unfallversicherung

1. Abgegrenzte Prämien
   a) Verrechnete Prämien
      aa) Gesamtrechnung
      ab) Abgegebene Rückversicherungsprämien
   b) Veränderung durch Prämienabgrenzung
      ba) Gesamtrechnung
      bb) Anteil der Rückversicherer
2. Kapitalerträge des technischen Geschäfts
3. Sonstige versicherungstechnische Erträge
4. Aufwendungen für Versicherungsfälle
   a) Zahlungen für Versicherungsfälle
      aa) Gesamtrechnung
      ab) Anteil der Rückversicherer
   b) Veränderung der Rückstellung für noch nicht abgewickelte Versicherungsfälle
      ba) Gesamtrechnung
      bb) Anteil der Rückversicherer
5. Erhöhung von versicherungstechnischen Rückstellungen
   a) Deckungsrückstellung
      aa) Gesamtrechnung
      ab) Anteil der Rückversicherer
   b) Sonstige versicherungstechnische Rückstellungen
      ba) Gesamtrechnung
      bb) Anteil der Rückversicherer
6. Verminderung von versicherungstechnischen Rückstellungen
   a) Deckungsrückstellung
      aa) Gesamtrechnung
      ab) Anteil der Rückversicherer
   b) Sonstige versicherungstechnische Rückstellungen
      ba) Gesamtrechnung
      bb) Anteil der Rückversicherer
7. Aufwendungen für die erfolgsunabhängige Prämienrückerstattung
   a) Gesamtrechnung
   b) Anteil der Rückversicherer
8. Aufwendungen für die erfolgsabhängige Prämienrückerstattung
   a) Gesamtrechnung
   b) Anteil der Rückversicherer
9. Aufwendungen für den Versicherungsbetrieb
   a) Aufwendungen für den Versicherungsabschluß
   b) Sonstige Aufwendungen für den Versicherungsbetrieb
   c) Rückversicherungsprovisionen und Gewinnanteile aus Rückversicherungsabgaben
10. Sonstige versicherungstechnische Aufwendungen
11. Veränderung der Schwankungsrückstellung
12. Versicherungstechnisches Ergebnis

(3) II. Versicherungstechnische Rechnung – Allgemeines Versicherungsgeschäft, Krankenversicherung

1. Abgegrenzte Prämien
   a) Verrechnete Prämien
      aa) Gesamtrechnung
      ab) Abgegebene Rückversicherungsprämien
   b) Veränderung durch Prämienabgrenzung
      ba) Gesamtrechnung
      bb) Anteil der Rückversicherer
2. Kapitalerträge des technischen Geschäfts
3. Sonstige versicherungstechnische Erträge
4. Aufwendungen für Versicherungsfälle
   a) Zahlungen für Versicherungsfälle
      aa) Gesamtrechnung
      ab) Anteil der Rückversicherer
   b) Veränderung der Rückstellung für noch nicht abgewickelte Versicherungsfälle
      ba) Gesamtrechnung
      bb) Anteil der Rückversicherer
5. Erhöhung von versicherungstechnischen Rückstellungen
   a) Deckungsrückstellung
      aa) Gesamtrechnung
      ab) Anteil der Rückversicherer
   b) Sonstige versicherungstechnische Rückstellungen
      ba) Gesamtrechnung

bb) Anteil der Rückversicherer
6. Verminderung von versicherungstechnischen Rückstellungen
a) Deckungsrückstellung
aa) Gesamtrechnung
ab) Anteil der Rückversicherer
b) Sonstige versicherungstechnische Rückstellungen
ba) Gesamtrechnung
bb) Anteil der Rückversicherer
7. Aufwendungen für die erfolgsunabhängige Prämienrückerstattung
a) Gesamtrechnung
b) Anteil der Rückversicherer
8. Aufwendungen für die erfolgsabhängige Prämienrückerstattung
a) Gesamtrechnung
b) Anteil der Rückversicherer
9. Aufwendungen für den Versicherungsbetrieb
a) Aufwendungen für den Versicherungsabschluß
b) Sonstige Aufwendungen für den Versicherungsbetrieb
c) Rückversicherungsprovisionen und Gewinnanteile aus Rückversicherungsabgaben
10. Sonstige versicherungstechnische Aufwendungen
11. Veränderung der Schwankungsrückstellung
12. Versicherungstechnisches Ergebnis

(4) III. Versicherungstechnische Rechnung – Lebensversicherung
1. Abgegrenzte Prämien
a) Verrechnete Prämien
aa) Gesamtrechnung
ab) Abgegebene Rückversicherungsprämien
b) Veränderung durch Prämienabgrenzung
ba) Gesamtrechnung
bb) Anteil der Rückversicherer
2. Kapitalerträge des technischen Geschäfts
3. Nicht realisierte Gewinne aus Kapitalanlagen gemäß Posten C. der Aktiva
4. Sonstige versicherungstechnische Erträge
5. Aufwendungen für Versicherungsfälle
a) Zahlungen für Versicherungsfälle
aa) Gesamtrechnung
ab) Anteil der Rückversicherer
b) Veränderung der Rückstellung für noch nicht abgewickelte Versicherungsfälle
ba) Gesamtrechnung
bb) Anteil der Rückversicherer
6. Erhöhung von versicherungstechnischen Rückstellungen

a) Deckungsrückstellung
aa) Gesamtrechnung
ab) Anteil der Rückversicherer
b) Sonstige versicherungstechnische Rückstellungen
ba) Gesamtrechnung
bb) Anteil der Rückversicherer
7. Verminderung von versicherungstechnischen Rückstellungen
a) Deckungsrückstellung
aa) Gesamtrechnung
ab) Anteil der Rückversicherer
b) Sonstige versicherungstechnische Rückstellungen
ba) Gesamtrechnung
bb) Anteil der Rückversicherer
8. Aufwendungen für die erfolgsabhängige Prämienrückerstattung bzw. Gewinnbeteiligung der Versicherungsnehmer
a) Gesamtrechnung
b) Anteil der Rückversicherer
9. Aufwendungen für den Versicherungsbetrieb
a) Aufwendungen für den Versicherungsabschluß
b) Sonstige Aufwendungen für den Versicherungsbetrieb
c) Rückversicherungsprovisionen und Gewinnanteile aus Rückversicherungsabgaben
10. Nicht realisierte Verluste aus Kapitalanlagen gemäß Posten C. der Aktiva
11. Sonstige versicherungstechnische Aufwendungen
12. Versicherungstechnisches Ergebnis

(5) IV. Nichtversicherungstechnische Rechnung
1. Versicherungstechnisches Ergebnis
2. „Erträge aus Kapitalanlagen und Zinsenerträge"
a) Erträge aus Beteiligungen, davon verbundene Unternehmen
b) Erträge aus Grundstücken und Bauten, davon verbundene Unternehmen *(BGBl I 2000/117)*
c) Erträge aus sonstigen Kapitalanlagen, davon verbundene Unternehmen
d) Erträge aus Zuschreibungen
e) Gewinne aus dem Abgang von Kapitalanlagen
f) „Sonstige Erträge aus Kapitalanlagen und Zinsenerträge" *(BGBl 1996/447)*
(BGBl 1996/447)
3. Aufwendungen für Kapitalanlagen und Zinsaufwendungen
a) Aufwendungen für die Vermögensverwaltung

b) Abschreibungen von Kapitalanlagen
c) Zinsenaufwendungen
d) Verluste aus dem Abgang von Kapitalanlagen
e) Sonstige Aufwendungen für Kapitalanlagen
4. In die versicherungstechnische Rechnung übertragene Kapitalerträge
5. Sonstige nichtversicherungstechnische Erträge
6. Sonstige nichtversicherungstechnische Aufwendungen
7. Ergebnis der gewöhnlichen Geschäftstätigkeit
8. Außerordentliche Erträge
9. Außerordentliche Aufwendungen
10. Außerordentliches Ergebnis
11. Steuern vom Einkommen und vom Ertrag
12. Jahresüberschuß/Jahresfehlbetrag
13. Auflösung von Rücklagen
a) Auflösung der Risikorücklage gemäß „§ 73a VAG" *(BGBl 1996/447)*
b) Auflösung der Bewertungsreserve auf Grund von Sonderabschreibungen
c) Auflösung sonstiger unversteuerter Rücklagen
d) Auflösung von Kapitalrücklagen
e) Auflösung der Sicherheitsrücklage
f) Auflösung der gesetzlichen Rücklage gemäß § 130 „Aktiengesetz 1965" *(BGBl 1996/447)*
g) Auflösung der sonstigen satzungsmäßigen Rücklagen
h) Auflösung der freien Rücklagen
14. Zuweisung an Rücklagen
a) Zuweisung an die Risikorücklage gemäß „§ 73a VAG" *(BGBl 1996/447)*
b) Zuweisung an die Bewertungsreserve auf Grund von Sonderabschreibungen
c) Zuweisung an sonstige unversteuerte Rücklagen
d) Zuweisung an die Sicherheitsrücklage
e) Zuweisung an die gesetzliche Rücklage gemäß § 130 „Aktiengesetz 1965" *(BGBl 1996/447)*
f) Zuweisung an sonstige satzungsmäßige Rücklagen
g) Zuweisung an freie Rücklagen
15. Jahresgewinn/Jahresverlust
16. Gewinnvortrag/Verlustvortrag
17. Bilanzgewinn/Bilanzverlust

(6) § 231 UGB ist nicht anzuwenden. *(BGBl I 2005/120)*

(7) Wird § 259 Abs. 2 UGB angewendet, so sind die Posten 13. bis 17. des Abs. 5 als 14. bis 18. zu bezeichnen. *(BGBl 1996/447; BGBl I 2005/120)*

(7a) Sind im Konzernabschluss Unternehmen konsolidiert, die nicht gemäß § 86f in die Ermittlung der bereinigten Eigenmittelausstattung einzubeziehen sind, so ist in der Nichtversicherungstechnischen Rechnung der Posten 7. (Ergebnis der gewöhnlichen Geschäftstätigkeit) zu untergliedern in

a) Ergebnis der gewöhnlichen Geschäftstätigkeit von Versicherungsunternehmen

b) Ergebnis der gewöhnlichen Geschäftstätigkeit von Kreditinstituten

c) Ergebnis der gewöhnlichen Geschäftstätigkeit von anderen Unternehmen mit branchenspezifischen Bilanzierungsvorschriften

d) Ergebnis der gewöhnlichen Geschäftstätigkeit von sonstigen anderen Unternehmen

Im Anhang ist die Zusammensetzung der unter lit. b angeführten Ergebnisse entsprechend den Branchenvorschriften gesondert darzustellen, wobei eine Aufgliederung vorzunehmen ist, die zumindest den mit arabischen Ziffern bezeichneten Posten der Gewinn- und Verlustrechnungsschemas nach § 231 UGB entspricht. Für die Unternehmen, für die branchenspezifische Bilanzierungsvorschriften bestehen, ist diese Bestimmung sinngemäß anzuwenden. Die Posten sind gegebenenfalls zu erläutern. Die FMA kann durch Verordnung nähere Vorschriften für diese Anhangsangaben vorschreiben. *(BGBl I 2005/93; BGBl I 2005/120)*

(8) Abs. 1 bis 5 sind sinngemäß auf die Konzern-Gewinn- und Verlustrechnung anzuwenden. *(BGBl 1994/652)*

Erfassung von Aufwendungen und Erträgen

§ 81f. (1) Die Aufrechnung von Aufwendungen mit Erträgen ist vorzunehmen für

1. die an die Versicherungsnehmer weiterverrechnete Feuerschutzsteuer mit dem Feuerschutzsteueraufwand,

2. die erhaltenen Vergütungen aus der Mitversicherung mit dem Provisionsaufwand „für die Mitversicherung", *(BGBl 1996/447)*

3. Aufwandsersätze mit jenen Aufwendungen, zu deren Deckung sie bestimmt sind,

4. die Erträge mit den laufenden Aufwendungen der Grundstücke und Bauten, ausgenommen die Abschreibungen,

5. Die Erträge mit den Aufwendungen von Beteiligungen, ausgenommen die Abschreibungen,

6. Erlöse aus Anlagenverkäufen mit den Buchwerten der veräußerten Anlagen,

7. valutarische Kursgewinne mit Kursverlusten aus ein und derselben Währung,

8. Zahlungen für Versicherungsfälle mit Regreßeinnahmen und anderen Erstattungsleistungen für Versicherungsfälle.

(2) Für Einrichtungen, die nicht unmittelbar mit dem Betrieb der Vertragsversicherung im Zusammenhang stehen, ist der Unterschiedsbetrag zwischen den Aufwendungen und Erträgen in die in Betracht kommenden Posten der Gewinn- und Verlustverrechnung einzustellen.

(3) Der Erfolg aus Verträgen des indirekten Geschäfts kann längstens bis zu einem Jahr periodenverschoben ausgewiesen werden. Einlangende Abrechnungen sind laufend zu buchen. In einem Geschäftsjahr sind grundsätzlich die Abrechnungen eines Abrechnungsjahres erfolgswirksam zu erfassen. Für bis zum Bilanzstichtag entstandene und bis zum Bilanzerstellungstag bekanntgewordene Verluste sind entsprechende Rückstellungen zu bilden. Ein Abweichen vom gewählten Ausmaß der zeitversetzten Buchung der Ergebnisse aus den einzelnen Übernahmeverträgen ist nur bei Vorliegen besonderer Umstände zulässig.

(4) Übernommene Rückversicherung von in den Konzernabschluß einbezogenen Unternehmen ist für Zwecke der Erstellung des konsolidierten Abschlusses zeitgleich zu erfassen; Abs. 3 findet insoweit auf den konsolidierten Abschluß keine Anwendung. *(BGBl 1994/652)*

Allgemeine Bewertungsvorschriften

§ 81g. (1) Der Grundsatz der Vorsicht des „§ 201 Abs. 2 Z 4 UGB"* ist unter Berücksichtigung der Besonderheiten des Versicherungsgeschäfts anzuwenden. *(*BGBl 1996/447; BGBl I 2005/120)*

(2) § 235 UGB ist nicht auf die Kapitalanlagen gemäß Posten B. des § 81 c Abs. 2 anzuwenden. *(BGBl I 2005/120)*

(3) Nicht verbriefte Forderungen und Verbindlichkeiten, die auf ausländische Währung lauten, sind mit dem Mittelkurs am Bilanzstichtag anzusetzen, sofern keine Absicherung des Währungsrisikos erfolgt. *(BGBl 1996/447)*

Bewertung von Vermögensgegenständen

§ 81h. (1) Kapitalanlagen laut Posten B. des § 81c Abs. 2 sind mit Ausnahme der in Abs. 2 genannten wie Gegenstände des Anlagevermögens zu bewerten (§§ 203 und 204 UGB unter Berücksichtigung von § 208 UGB). Auf diese Kapitalanlagen ist § 204 Abs. 2 letzter Satz UGB nur anzuwenden, wenn sie unter die Posten B. II., B. III. oder B. IV. des § 81c Abs. 2 fallen. *(BGBl 1996/447; BGBl I 2005/120)*

(2)[1)] Aktien, Wertpapiere über Partizipations- und Ergänzungskapital und andere nicht festverzinsliche Wertpapiere, Wertrechte und Investmentfondsanteile gemäß Posten B. des § 81c Abs. 2 sowie Anteile an verbundenen Unternehmen, sofern diese nicht dazu bestimmt sind dauernd dem Geschäftsbetrieb zu dienen gemäß Posten B. II des § 81c Abs. 2, sind wie Gegenstände des Umlaufvermögens zu bewerten (§§ 206 und 207 UGB unter Berücksichtigung von § 208 UGB). Die genannten Kapitalanlagen können abweichend davon nach den Bestimmungen des UGB bewertet werden; Abschreibungen auf den niedrigeren Wert im Falle einer voraussichtlich nicht dauernden Wertminderung können jedoch insoweit unterbleiben, als der Gesamtbetrag dieser nicht vorgenommenen Abschreibungen 50 vH der gesamten, sonst vorhandenen stillen Nettoreserven des Unternehmens in der betreffenden Bilanzabteilung nicht übersteigt. *(BGBl I 2008/138)*

(2a) Bei Anteilen an „OGAW gemäß § 2 Investmentfondsgesetz 2011 – InvFG 2011, BGBl. I Nr. 77/2011 und Spezialfonds gemäß § 163 InvFG 2011" oder vergleichbaren ausländischen Fonds, in denen ausschließlich oder überwiegend Schuldverschreibungen oder andere festverzinsliche Wertpapiere gemäß Posten B. III. des § 81c Abs. 2 enthalten sind, das Versicherungsunternehmen einen direkten oder indirekten beherrschenden Einfluss nachweisen kann und die von einer Kapitalanlagegesellschaft mit Sitz in einem Vertragsstaat verwaltet werden, können die darin enthaltenen Wertpapiere gleich bewertet werden, wie Wertpapiere, die sich im direkten Eigentum des Unternehmens befinden. Im Anhang ist über die Inanspruchnahme dieses Wahlrechts zu berichten. *(BGBl I 2008/138; BGBl I 2011/77)*

(3) Die Kapitalanlagen der fondsgebundenen und der indexgebundenen Lebensversicherung gemäß Posten C. des § 81c Abs. 2 sind zu den Börsen- oder Marktpreisen ohne Rücksicht auf ihre Anschaffungs- oder Herstellungskosten zu bewerten. *(BGBl I 2000/117)*

(4) Die einzelnen Kapitalanlagen gemäß Posten B. des § 81 c Abs. 2 sind für die Angaben im Anhang und im Konzernanhang mit den Zeitwerten anzuführen.

1. Für Grundstücke und Bauten gilt als Zeitwert derjenige Wert, der zum Zeitpunkt der Bewertung auf Grund eines privatrechtlichen Vertrages zwischen einem verkaufswilligen Verkäufer und einem ihm nicht durch persönliche Beziehungen verbundenen Käufer unter der Voraussetzung zu erzielen ist, daß das Grundstück offen am Markt angeboten wurde, daß die Marktverhältnisse einer ordnungsgemäßen Veräußerung nicht im Wege stehen und daß eine der Bedeutung des Objektes angemessene Verhandlungszeit zur Verfügung steht. Der Zeitwert ist im Schätzungswege festzustellen. Die Schätzung hat mindestens alle fünf Jahre für jedes einzelne Grundstück oder Gebäude zu erfolgen. Hat sich der Wert des Gebäudes oder Grundstückes seit der letzten Schätzung vermindert, so ist eine entsprechende Wertberichtigung

13. VAG
§§ 81h – 81k

vorzunehmen, die bis zur nächsten Zeitwertfeststellung (Schätzung) beizubehalten ist. Im Falle der Veräußerung des Grundstückes oder Gebäudes bis zum Bilanzerstellungstag und bei bestehender Veräußerungsabsicht ist der Zeitwert um die geschätzten Realisierungsaufwendungen zu vermindern.

2. Für Kapitalanlagen, die einen Markt- oder Börsenpreis haben, gilt als Zeitwert der Wert am Bilanzstichtag oder zum letzten diesem Zeitpunkt vorausgehenden Tag, für den ein Markt- oder Börsenpreis feststellbar war. Im Fall der Veräußerung der Kapitalanlage bis zum Bilanzerstellungstag und bei bestehender Veräußerungsabsicht ist der Zeitwert um die geschätzten Realisierungsaufwendungen zu vermindern. Bei der Bewertung ist auf den voraussichtlich realisierbaren Wert und den Grundsatz der Vorsicht Bedacht zu nehmen. *(BGBl 1994/652)*

(5) Die „FMA" kann mit Verordnung die näheren Bestimmungen über die Ermittlung des Zeitwertes der Kapitalanlagen festlegen. *(BGBl 1994/652; BGBl I 2001/97)*

(5a) Die FMA kann zur Sicherung der Liquidität des Versicherungsunternehmens und zur Wahrung der Belange der Versicherten durch Verordnung nähere Bestimmungen über die Bewertung von Kapitalanlagen gemäß § 81h treffen und insbesondere nähere Kriterien für die Zuordnung zum Anlage- und Umlaufvermögen sowie für die Beurteilung der Dauerhaftigkeit von Wertminderungen festsetzen. *(BGBl I 2002/24)*

(6) Auf Sachanlagen und Vorräte gemäß Posten F.I. des § 81c Abs. 2 ist § 209 Abs. 1 UGB anzuwenden. *(BGBl I 2000/117; BGBl I 2005/120)*

---
[1] *Vgl die Übergangsbestimmung im § 129k Z 1.*

Allgemeine Vorschriften über die versicherungstechnischen Rückstellungen

§ 81i. (1) Versicherungstechnische Rückstellungen sind insoweit zu bilden, wie dies nach vernünftiger kaufmännischer Beurteilung notwendig ist, um die dauernde Erfüllbarkeit der Verpflichtungen aus den Versicherungsverträgen zu gewährleisten. Im Rahmen der Bewertung ist auf den Grundsatz der Vorsicht Bedacht zu nehmen.

(2) Versicherungstechnische Rückstellungen sind insbesondere die Prämienüberträge, die Deckungsrückstellung, die Rückstellung für noch nicht abgewickelte Versicherungsfälle, die Rückstellungen für erfolgsabhängige und erfolgsunabhängige Prämienrückerstattung, die Schwankungsrückstellung, „die der Schwankungsrückstellung ähnlichen versicherungstechnischen Rückstellungen, die Stornorückstellung," die Rückstellung für drohende Verluste aus dem Versicherungsbestand und die Rückstellung für Verluste aus den zeitversetzt gebuchten Rückversicherungsübernahmen. *(BGBl 1996/447)*

(3) Bestehen versicherungsmathematische Grundlagen für die Berechnung versicherungstechnischer Rückstellungen, so ist diesen Grundlagen entsprechend vorzugehen. *(BGBl 1994/652)*

(4) Auf versicherungstechnische Rückstellungen ist „§ 198 Abs. 8 Z 3 UGB"* nicht anwendbar. *(*BGBl 1996/447; BGBl I 2005/120)*

Prämienüberträge

§ 81j. (1) Prämienüberträge sind die Teile der verrechneten Prämien, die sich auf einen nach dem Ende des Geschäftsjahres liegenden Zeitraum beziehen. Sie sind grundsätzlich für jeden Versicherungsvertrag nach einer zeitanteiligen Einzelberechnung zu ermitteln.

(2) Die Prämienüberträge können auch durch Näherungsverfahren ermittelt werden, wenn deren Ergebnisse denen einer zeitanteiligen Einzelberechnung für jeden Versicherungsvertrag nahekommen.

(3) In Versicherungszweigen, in denen die Annahme zeitlicher Proportionalität zwischen Risikoverlauf und Prämie nicht zutrifft, sind Berechnungsverfahren anzuwenden, die der im Zeitablauf unterschiedlichen Entwicklung des Risikos Rechnung tragen.

Deckungsrückstellung

§ 81k. (1) Die Deckungsrückstellung ist in der Lebensversicherung, in der Krankenversicherung und in allen anderen Versicherungszweigen, soweit diese nach Art der Lebensversicherung betrieben werden, für jeden Versicherungsvertrag einzeln zu berechnen. Die Anwendung von anerkannten statistischen oder mathematischen Methoden ist zulässig, wenn davon auszugehen ist, daß diese zu annähernd den gleichen Ergebnissen führen wie die Einzelberechnungen.

(2) Die Deckungsrückstellung umfaßt in der Lebensversicherung und in der Unfallversicherung, die nach Art der Lebensversicherung betrieben wird, den versicherungsmathematisch errechneten Wert der Verpflichtungen des Versicherungsunternehmens einschließlich der bereits zugeteilten und der zugesagten Gewinnanteile und einer Verwaltungskostenrückstellung abzüglich der Summe der Barwerte der künftig eingehenden Prämien. „Bei der prämienbegünstigten Zukunftsvorsorge gemäß §§ 108g bis 108i EStG 1988 umfasst die Deckungsrückstellung auch Rückstellungen für Kapitalanlagerisiken, soweit diese über die Kapitallagerisiken der Lebensversicherung, deren versicherungstechnische Rückstellungen im Deckungsstock gemäß § 20 Abs. 2 Z 1 bedeckt sind, hinausgehen. Die FMA kann mit Verordnung die Voraussetzungen, unter denen solche

zusätzliche Rückstellungen zu bilden sind, sowie die erforderliche Höhe dieser Rückstellungen festsetzen; dabei können insbesondere die Mindestbindefrist, die Höhe des Rechnungszinssatzes, die Ertragserwartung der Vermögenswerte, die Volatilität der Vermögenswerte und die Art der Gewinnzuteilung herangezogen werden." *(BGBl I 2003/33)*

(3) Versicherungstechnisch entstehende negative Deckungskapitalien sind auf Null zu setzen.

(4) Die Berechnung der Deckungsrückstellung ist nach anerkannten versicherungsmathematischen Methoden vorzunehmen.

Rückstellung für noch nicht abgewickelte Versicherungsfälle

§ 81l. (1) Rückstellungen für noch nicht abgewickelte Versicherungsfälle sind für die dem Grund oder der Höhe nach noch nicht feststehenden Leistungsverpflichtungen aus bis zum Bilanzstichtag eingetretenen Versicherungsfällen sowie für sämtliche hiefür nach dem Bilanzstichtag voraussichtlich anfallenden Regulierungsaufwendungen für Versicherungsfälle zu bilden. *(BGBl 1992/769)*

(2) Die Rückstellung für noch nicht abgewickelte Versicherungsfälle ist für jeden Versicherungsfall einzeln zu ermitteln. Die Ermittlung kann auf andere Weise vorgenommen werden, wenn die Eigenart des Versicherungszweiges einer Einzelermittlung entgegensteht. Eine Pauschalbewertung ist zulässig, wenn auf Grund der Anzahl gleichartiger Risken davon auszugehen ist, daß diese zu annähernd den gleichen Ergebnissen führt wie die Einzelermittlung. „Im Fall der Mitversicherung hat die Rückstellung anteilsmäßig mindestens dem vom führenden Versicherer ermittelten Betrag zu entsprechen." *(BGBl 1996/447)*

(3) Für Versicherungsfälle, die bis zum Bilanzstichtag entstanden und im Zeitpunkt der Bilanzerstellung nicht bekannt sind, ist die Rückstellung auf Grund von Erfahrungswerten zu bilden (Spätschadenrückstellung).

(4) Die Rückstellung für noch nicht abgewickelte Versicherungsfälle hat auch die am Bilanzstichtag feststehenden, jedoch noch nicht abgewickelten Leistungsverpflichtungen zu enthalten.

(5) Von der Rückstellung für noch nicht abgewickelte Versicherungsfälle ist der Gesamtbetrag der einbringlichen Forderungen abzusetzen, die entstanden sind, weil auf Grund von geleisteten Entschädigungen Rückgriff genommen werden kann (Regresse) oder Ansprüche an ein versichertes Objekt bestehen, für das Ersatz geleistet worden ist. Die Einbringlichkeit und Verwertbarkeit der Forderungen ist zu beachten und der Grundsatz der Vorsicht einzuhalten.

(6) Ist in einem Versicherungszweig, der nicht unter § 18 Abs. 1 fällt, eine Versicherungsleistung in Form einer Rente zu erbringen, So ist die Rückstellung hiefür nach anerkannten versicherungsmathematischen Grundsätzen zu bilden.

Schwankungsrückstellung.

§ 81m. (1) Zum Ausgleich der Schwankungen des jährlichen Schadenbedarfs im Eigenbehalt ist nach Maßgabe des Abs. 2 für die Versicherungszweige der Schaden- und Unfallversicherung eine Schwankungsrückstellung zu bilden.

(2) Die Verpflichtung zur Bildung einer Schwankungsrückstellung besteht, wenn in einem längerfristigen Beobachtungszeitraum erhebliche Schwankungen der Schadensätze im Eigenbehalt zu beobachten waren und die Summe aus Schadenaufwand im Eigenbehalt und Betriebsaufwendungen mindestens einmal im Beobachtungszeitraum die abgegrenzten Eigenbehaltsprämien überstiegen hat. Für Versicherungszweige, für die die abgegrenzten Prämien keinen größeren Umfang erreichen, kann die Bildung einer Schwankungsrückstellung unterbleiben.

(3) Die „FMA" kann für besondere Risken die Bildung von der Schwankungsrückstellung ähnlichen versicherungstechnischen Rückstellungen verlangen, wenn auf Grund der Besonderheit der Risken die Berechnung des Durchschnittsschadens auf Basis eines Beobachtungszeitraumes keine geeignete Methode zur Ermittlung der Rückstellung darstellt. *(BGBl 1996/447; BGBl I 2001/97)*

(4) Die Schwankungsrückstellung und Rückstellungen gemäß Abs. 3 können für die gleiche Art von Risken nicht nebeneinander gebildet werden. *(BGBl 1996/447)*

(5) Die „FMA" kann bei der Festlegung der Berechnungsvorschriften für die Schwankungsrückstellung und die Rückstellungen gemäß Abs. 3 von den allgemeinen Ausweisvorschriften abweichende Anordnungen treffen. Bei Vorliegen besonderer Umstände kann die „FMA" im Einzelfall eine Abweichung von den allgemeinen Berechnungsvorschriften anordnen. *(BGBl 1996/447; BGBl I 2001/97)*

Anhang und Konzernanhang

§ 81n. (1) „Der Anhang und der Konzernanhang hat unbeschadet der Bestimmungen des UGB und des Art. X RLG zu enthalten:"*

1. Angaben über die im Geschäftsjahr eingeforderten Einlagen auf das Grundkapital und die auf Grund dieser Einforderungen dem Grundkapital zugeführten und die rückständig gebliebenen Beträge;

2. Angaben über die aus dem Reingewinn des Vorjahres auf Rechnung der ausstehenden Einlagen dem Grundkapital zugeführten Beträge;

13. VAG
§ 81n

3. Angaben über die Anteile der Aktionäre am Reingewinn, wenn das Grundkapital noch nicht voll eingezahlt ist;

4. Angaben über die Veränderung des Zusatzkapitals im Geschäftsjahr sowie über die Ausgabe von Wertpapieren hierüber im Geschäftsjahr;

5. Angaben über die Bestätigung der Gesetzmäßigkeit der Begebung von Zusatzkapital durch einen Wirtschaftsprüfer, sofern eine solche Begebung im Geschäftsjahr erfolgt ist;

6. für eigene Partizipationsscheine des Unternehmens die für eigene Aktien gemäß § 240 Z 3 UGB erforderlichen Angaben;

7. Angaben über die Höhe des Anteils an einem herrschenden Unternehmen unter Angabe des Unternehmens, allfälliger Nachschußverpflichtungen und der Veränderung der Höhe des Anteils während des Geschäftsjahres;

8. Angaben über die erfolgsabhängige Prämienrückerstattung an Versicherungsnehmer und die Verteilung des verbleibenden Jahresüberschusses an Mitglieder eines Versicherungsvereins auf Gegenseitigkeit sowie über die Entwicklung der zu diesem Zwecke gebildeten Rückstellungen;

9. Angaben über den Eintritt einer Nachschußpflicht der Mitglieder eines Versicherungsvereins auf Gegenseitigkeit oder die Herabsetzung der Versicherungsleistungen an Mitglieder eines Versicherungsvereins auf Gegenseitigkeit gemäß § 40 Abs. 2.
(BGBl 1994/652; BGBl I 2005/120)*

(2) Im Anhang sind auch anzugeben

1. der Bilanzwert selbst genutzter Liegenschaften;

2. die Kapitalanlagefonds, die als Kapitalanlage in der fondsgebundenen Lebensversicherung dienen;

3. der Betrag der im Posten „B. III. 6." des § 81c Abs. 2 enthaltenen Polizzendarlehen; *(BGBl I 2007/56)*

4. eine Aufgliederung der nicht durch einen Versicherungsvertrag gesicherten sonstigen Ausleihungen, sofern diese einen größeren Umfang erreichen;

5. der auf verbundene Unternehmen und der auf Unternehmen, mit denen ein Beteiligungsverhältnis besteht, entfallende Anteil an den Posten D. I., D. II., D. III. und D. IV. des § 81c Abs. 2 und H. I., H. II., H. III., H. IV. und H. V. des § 81c Abs. 3;

6. der auf verbundene Unternehmen und der auf Unternehmen, mit denen ein Beteiligungsverhältnis besteht, entfallende Anteil an Wertpapieren, Forderungen oder Guthaben bei Kreditinstituten, die unter den Kapitalanlagen ausgenommen im Posten B. II. des § 81c Abs. 2 ausgewiesen sind;

7. Beträge, die unter den Posten A. IV., „B. III. 8.", D. IV. und F. IV. des § 81c Abs. 2 sowie B. III., D. VII., F. IV. und H. V. des § 81c Abs. 3 enthalten und von größerer Bedeutung sind; Angaben sind jedenfalls erforderlich, wenn diese Beträge 5 vH der Bilanzsumme übersteigen; *(BGBl I 2007/56)*

8. Beträge, die unter den „sonstigen versicherungstechnischen Erträgen", den „sonstigen versicherungstechnischen Aufwendungen", den „sonstigen Erträgen aus Kapitalanlagen und Zinsenerträgen", den „sonstigen Aufwendungen für Kapitalanlagen", den „sonstigen nichtversicherungstechnischen Erträgen" und den „sonstigen nichtversicherungstechnischen Aufwendungen" enthalten und von größerer Bedeutung sind; Angaben sind jedenfalls erforderlich, wenn diese Beträge 5 vH der abgegrenzten Prämien übersteigen;

9. der im Posten H. III. des § 81c Abs. 3 enthaltene Betrag von wandelbaren Anleiheverbindlichkeiten;

10. der im Posten H. V. des § 81c Abs. 3 enthaltene Betrag, der auf Verbindlichkeiten aus Steuern entfällt, und der Betrag, der auf Verbindlichkeiten im Rahmen der sozialen Sicherheit entfällt;

11. der Anteil des zeitversetzt gebuchten indirekten Geschäftes an den abgegrenzten Prämien, gegliedert nach dem Ausmaß der Zeitverschiebung; Änderungen sind unter Darlegung ihres Einflusses auf die Vermögens-, Finanz- und Ertragslage näher zu erläutern;

12. die Beträge der in den Posten „Aufwendungen für Versicherungsfälle", „Aufwendungen für den Versicherungsbetrieb", „sonstige versicherungstechnische Aufwendungen", „Aufwendungen für Kapitalanlagen" und „sonstige nichtversicherungstechnische Aufwendungen" enthaltenen

a) Gehälter und Löhne;

b) Aufwendungen für Abfertigungen und Leistungen an betriebliche Mitarbeitervorsorgekassen; *(BGBl I 2004/161)*

c) Aufwendungen für Altersversorgung;

d) Aufwendungen für gesetzlich vorgeschriebene Sozialabgaben sowie vom Entgelt abhängige Abgaben und Pflichtbeiträge;

e) sonstigen Sozialaufwendungen;
Diese Angaben ersetzen die Angaben gemäß „§ 237 Z 4 und 13 UGB"; *(BGBl I 2007/56)*

13. die auf das direkte Versicherungsgeschäft im Geschäftsjahr entfallenden Provisionen;

14. *(aufgehoben, BGBl I 2000/117)*

15. Forderungen, die gemäß § 81l Abs. 5 von der Rückstellung für noch nicht abgewickelte Versicherungsfälle abzuziehen sind und einen größeren Umfang erreichen;

16. eine Zusammenfassung der wichtigsten Grundlagen für die Berechnung der Deckungsrückstellung;

17. der Betrag der bei der Ermittlung der Prämienüberträge in Abzug gebrachten Kostenabschläge;

18. die Grundsätze, nach denen die vom nichttechnischen Teil in den technischen Teil der Gewinn- und Verlustrechnung übertragenen Kapitalerträge ermittelt werden;

19. erhebliche Differenzen in einer Bilanzabteilung zwischen den Zahlungen für Versicherungsfälle und der Rückstellung für noch nicht abgewickelte Versicherungsfälle für Vorjahre am Ende des Geschäftsjahres einerseits und der Rückstellung für noch nicht abgewickelte Versicherungsfälle am Beginn des Geschäftsjahres andererseits; die Differenzen sind nach Art und Höhe zu erläutern;

20. die Gewinnanteilssätze in der Lebensversicherung. *(BGBl 1996/447)*

(3) Auf den Konzernanhang ist Abs. 2 mit Ausnahme der Z 5, 6, 11, 16 und 20 anzuwenden. *(BGBl 1996/447)*

(4) Die Angaben gemäß § 237 Z 3 UGB erstrecken sich nicht auf Eventualverpflichtungen, die aus Versicherungsverträgen herrühren. „§ 208 Abs. 3 UGB ist auf Zuschreibungen zu Wertpapieren nicht anzuwenden."* *(*BGBl 1996/447; BGBl I 2005/120)*

(5) Für die im Posten B. des § 81c Abs. 2 genannten Kapitalanlagen sind im Anhang und im Konzernanhang die Zeitwerte anzugeben. Weiters sind für die genannten Kapitalanlagen die zu deren Ermittlung angewandten Bewertungsmethoden anzugeben, für die Grundstücke und Bauten auch die Zuordnung nach dem Jahr ihrer Bewertung, für alle übrigen Kapitalanlagen auch die Gründe für die Anwendung der Bewertungsmethoden. *(BGBl 1996/447)*

(6) Im Konzernanhang sind anzugeben

1. die Anwendung des § 85 b Abs. 1;

2. die Anwendung des § 85 b Abs. 2; wenn der Einfluß auf die Vermögens, Finanz- und Ertragslage aller in die Konsolidierung einbezogenen Unternehmen wesentlich ist, sind Erläuterungen anzufügen;

3. der Betrag der Steuerabgrenzung *(BGBl 1996/447)*
(BGBl 1994/652)

(7) Betragsangaben gemäß Abs. 1, 2, 5 und 6 können in vollen „1000 " erfolgen. *(BGBl 1994/652; BGBl I 2002/46)*

§ 81o. (1) Der Anhang hat darüber hinaus zu enthalten

1. für die Schaden- und Unfallversicherung die verrechneten Prämien, die abgegrenzten Prämien, die Aufwendungen für Versicherungsfälle und die Aufwendungen für den Versicherungsbetrieb, jeweils für die Gesamtrechnung, sowie den Rückversicherungssaldo, gegliedert nach Geschäftsbereichen;

2. für die Krankenversicherung und die Lebensversicherung die verrechneten Prämien der Gesamtrechnung, gegliedert nach Geschäftsbereichen, sowie den Rückversicherungssaldo.

(2) Bei der Aufgliederung nach Geschäftsbereichen in der Schaden- und Unfallversicherung sind die Beträge gemäß Abs. 1 Z 1 für die Feuer- und Feuerbetriebsunterbrechungsversicherung, Haushaltversicherung, sonstigen Sachversicherungen, Kraftfahrzeug-Haftpflichtversicherung, sonstigen Kraftfahrzeugversicherungen, Unfallversicherung, Haftpflichtversicherung, Rechtsschutzversicherung, See-, Luftfahrt- und Transportversicherung, Kredit- und Kautionsversicherung, Verkehrs-Service-Versicherung und sonstigen Versicherungen, jeweils für das direkte Geschäft, für die übernommene See-, Luftfahrt- und Transportversicherung und für die sonstigen indirekten Versicherungen anzugeben.

(3) Bei der Aufgliederung nach Geschäftsbereichen in der Krankenversicherung sind im Anhang die verrechneten Prämien für die Einzelversicherungen und Gruppenversicherungen des direkten Geschäfts und für das indirekte Geschäft anzugeben. „ " *(BGBl 1994/652; BGBl 1996/447)*

(4) Bei der Aufgliederung nach Geschäftsbereichen in der Lebensversicherung sind im Anhang die verrechneten Prämien für Einzelversicherungen, für Gruppenversicherungen, für Verträge mit Einmalprämien, für Verträge mit laufenden Prämien, für Verträge mit Gewinnbeteiligung, für Verträge ohne Gewinnbeteiligung, für Verträge der fondsgebundenen Lebensversicherung, für Verträge der indexgebundenen Lebensversicherung und für Verträge der kapitalanlageorientierten Lebensversicherung sowie für das indirekte Geschäft anzugeben. *(BGBl I 2009/22)*

(4a) Im Konzernanhang sind

1. für die Schaden- und Unfallversicherung die verrechneten Prämien der Gesamtrechnung gemäß Abs. 2 und

2. für die Lebens- und Krankenversicherung jeweils die verrechneten Prämien der Gesamtrechnung nach direktem und indirektem Geschäft aufzugliedern.
(BGBl 1994/652; BGBl 1996/447)

(5) Wird übernommenes Rückversicherungsgeschäft nicht in derjenigen Bilanzabteilung ausgewiesen, der es als direktes Geschäft zuzuordnen wäre, so sind für übernommenes Schaden- und Unfallversicherungsgeschäft die Beträge gemäß Abs. 1 Z 1 und für übernommenes Lebens- und Krankenversicherungsgeschäft die Beträge gemäß

13. VAG
§§ 81o – 82

Abs. 1 Z 2 im Anhang anzuführen und anzugeben, in welcher Bilanzabteilung der Ausweis erfolgt. *(BGBl 1994/652)*

(6) „Für jede Bilanzabteilung sind im Anhang und im Konzernanhang die verrechneten Prämien des gesamten Geschäfts sowie das versicherungstechnische Ergebnis gegliedert in direktes und indirektes Geschäft für die einzelnen Staaten, „in denen das Versicherungsunternehmen über eine Zweigniederlassung oder im Dienstleistungsverkehr Versicherungsverträge abschließt"**, gesondert anzugeben, sofern der Anteil des betreffenden Staates 3 vH der verrechneten Prämien des gesamten Geschäfts der jeweiligen Bilanzabteilung übersteigt."*„Die Angaben können unterbleiben, soweit sie nach vernünftiger kaufmännischer Beurteilung geeignet sind, dem Unternehmen oder einem Unternehmen, von dem das Unternehmen mindestens den fünften Teil der Anteile besitzt, einen erheblichen Nachteil zuzufügen; die Anwendung dieser Ausnahme ist im Anhang oder Konzernanhang anzugeben."** *(BGBl 1994/652; *BGBl I 2004/70; **BGBl I 2005/93)*

(7) Die durchschnittliche Zahl der Arbeitnehmer während des Geschäftsjahres und der im Geschäftsjahr verursachte Personalaufwand sind im Anhang und im Konzernanhang getrennt nach Geschäftsaufbringung (Verkauf) und Betrieb darzustellen; die durchschnittliche Zahl der Arbeitnehmer von gemäß § 262 UGB nur anteilsmäßig einbezogenen Unternehmen ist im Konzernanhang gesondert anzugeben. *(BGBl 1994/652; BGBl I 2005/120)*

(8) Betragsangaben gemäß Abs. 1 bis 7 können in vollen „1000 "erfolgen. *(BGBl 1994/652; BGBl I 2002/46)*

(9) Die §§ 237 Z 5 und 9, 239 Abs. 1 Z 1 und 266 Z 3 und 4 UGB sind nicht anzuwenden. *(BGBl 1996/447; BGBl I 2005/120)*

Lagebericht und Konzernlagebericht

§ 81p. (1) Im Lagebericht ist auch über

1. die Teile der Geschäftsgebarung, die gemäß § 17 a einem anderen Unternehmen übertragen sind,

2. den Geschäftsverlauf in den einzelnen Versicherungszweigen des direkten Geschäfts und über den Einfluß des Ergebnisses des indirekten Geschäfts auf das Ergebnis des Geschäftsjahres zu berichten.

(2) § 267 Abs. 4 UGB ist nicht anzuwenden. *(BGBl I 2004/161; BGBl I 2005/120)*

Vorschriften über die Abschlußprüfung

§ 82. (1) Die Wahl des Abschlussprüfers hat vor Beginn des zu prüfenden Geschäftsjahres zu erfolgen. Der Vorstand oder die geschäftsführenden Direktoren haben der FMA die zum Abschlussprüfer gewählte Person unverzüglich bekannt zu geben. *(BGBl I 2005/59)*

(2) Die Ausschlussgründe gemäß § 271a UGB sind auf die Abschlussprüfer von Versicherungsunternehmen ohne Berücksichtigung von Größenmerkmalen anwendbar. *(BGBl I 2005/59; BGBl I 2005/120)*

(3) Hat die FMA begründete Zweifel, dass die zum Abschlussprüfer gewählte Person die Voraussetzungen für die Wahl zum Abschlussprüfer erfüllt, so kann sie innerhalb eines Monats nach Bekanntgabe der Wahl einen Antrag im Sinn des § 270 Abs. 3 UGB stellen. Wird ein Ausschluss- oder Befangenheitsgrund erst nach der Wahl bekannt oder tritt er erst nach der Wahl ein, ist der Antrag binnen eines Monats nach dem Tag zu stellen, an dem die FMA Kenntnis davon erlangt hat oder ohne grobe Fahrlässigkeit hätte erlangen können. *(BGBl I 2005/59; BGBl I 2009/152)*

(4) War die zum Abschlussprüfer gewählte Person bereits für das dem Jahr seiner Wahl vorangegangene Geschäftsjahr vom Versicherungsunternehmen als Abschlussprüfer beauftragt worden und liegt bei Einlangen der Bekanntgabe der Wahl als Abschlussprüfers der FMA der Bericht des Abschlussprüfers gemäß § 83 Abs. 1 Z 3 oder § 83 Abs. 3 Z 3 für dieses Geschäftsjahr noch nicht vor, so kann der Antrag gemäß Abs. 3 bis spätestens einen Monat nach Einlangen dieses Berichtes gestellt werden. *(BGBl I 2005/59)*

(5) Der Abschlußprüfer hat gesondert über seine Beurteilung der wirtschaftlichen Verhältnisse des Versicherungsunternehmens sowie über im Zuge der Prüfung wahrgenommene Tatsachen, welche die dauernde Erfüllbarkeit der Verpflichtungen aus den Versicherungsverträgen beeinträchtigen, zu berichten. Der Bericht hat insbesondere Angaben über die Einhaltung der Vorschriften dieses Bundesgesetzes sowie von Anordnungen der „FMA" zu enthalten. *(BGBl I 2001/97)*

(6) Die Prüfung hat sich auch auf die in den §§ 17b, 17c „und 98a bis 98h" sowie in den §§ 9 und 10 FKG angeführten Angelegenheiten, auf die Beachtung der Bestimmungen über die Eigenmittelausstattung gemäß § 73b und über die bereinigte Eigenmittelausstattung gemäß § 86e und §§ 6 bis 8 FKG sowie auf die Auswirkung gruppeninterner Geschäfte gemäß § 86d und § 10 FKG auf die Eigenmittelausstattung zu erstrecken; über das Ergebnis dieser Prüfung ist zu berichten. Wird von § 73b Abs. 4d Gebrauch gemacht, so ist darüber ebenfalls zu berichten. *(BGBl I 2004/70; BGBl I 2007/107)*

„(7)" Der Abschlussprüfer hat im Falle der Anwendung des § 81h Abs. 2 letzter Satz das Vorliegen der gesetzlichen Voraussetzungen für die Bewertung und insbesondere die Höhe der im Unternehmen vorhandenen stillen Nettoreserven zu prüfen; über das Ergebnis der Prüfung ist zu berichten. *(BGBl I 2005/33; BGBl I 2005/59)*

13. VAG
§§ 82 – 82b

(8) Die Ersatzpflicht des Abschlussprüfers beschränkt sich bei Versicherungsunternehmen mit einer Bilanzsumme

1. bis zu 200 Millionen
Euro auf .... 2 Millionen Euro,
2. bis zu 400 Millionen
Euro auf .... 3 Millionen Euro,
3. bis zu einer Milliarde
Euro auf .... 4 Millionen Euro,
4. bis zu zwei Milliarden
Euro auf .... 6 Millionen Euro,
5. bis zu 5 Milliarden
Euro auf .... 9 Millionen Euro,
6. bis zu 15 Milliarden
Euro auf .... 12 Millionen Euro,
7. von mehr als 15 Milliarden
Euro auf .... 18 Millionen Euro

je geprüftem Versicherungsunternehmen. Bei Vorsatz ist die Ersatzpflicht unbegrenzt. Im Übrigen ist für die Ersatzpflicht von Abschlussprüfern § 275 Abs. 2 UGB anzuwenden. *(BGBl I 2005/59; BGBl I 2005/120)*

(9) Auf die Prüfung des Konzernabschlusses und des Konzernlageberichtes sind die Abs. 1 bis 7 anzuwenden. *(BGBl I 2005/59)*

„(10)" Bei Anwendung des § 80b Abs. 1 hat der Bericht gemäß Abs. 5 insbesondere auch nähere Angaben über die Einhaltung der Vorschriften des § 80b Abs. 1 zu enthalten. *(BGBl I 1999/49; BGBl I 2005/59)*

„(11)" Die Anwendung des § 86b Abs. 2 und des § 86g ist im Bericht gemäß Abs. 5 anzugeben. *(BGBl I 2000/117; BGBl I 2005/59)*

Anzeigepflicht des Abschlußprüfers

§ 82a. (1) Der Abschlußprüfer hat der „FMA" unverzüglich schriftlich alle Umstände mitzuteilen und zu erläutern, von denen er bei der Wahrnehmung seiner Aufgaben Kenntnis erlangt hat und die
1. eine Verletzung der für den Betrieb der Vertragsversicherung geltenden Vorschriften darstellen können,
2. die dauernde Erfüllbarkeit der Verpflichtungen aus den Versicherungsverträgen gefährden können,
3. die Fortsetzung der Geschäftstätigkeit des Versicherungsunternehmens beeinträchtigen können oder
4. die Einschränkung oder Verweigerung des Bestätigungsvermerks nach sich ziehen können. *(BGBl I 2001/97)*

(2) Die Meldepflicht gemäß Abs. 1 bezieht sich auch auf diejenigen Umstände, von denen der Abschlußprüfer bei einem Unternehmen Kenntnis erlangt, das in einer sich aus einem Kontrollverhältnis ergebenden engen Verbindung zu demjenigen Versicherungsunternehmen steht, für das er als Abschlußprüfer tätig ist.

(3) Im guten Glauben vorgenommene Mitteilungen gemäß Abs. 1 und 2 gelten nicht als Verletzung einer gesetzlichen oder vertraglichen Verschwiegenheitspflicht und ziehen für den Abschlußprüfer keine Haftung nach sich.

(4) Mitteilungen gemäß Abs. 1 und 2 sind dem Vorstand und dem Aufsichtsrat oder dem Verwaltungsrat und den geschäftsführenden Direktoren oder der Geschäftsleitung der Zweigniederlassung eines ausländischen Versicherungsunternehmens zur Kenntnis zu bringen. *(BGBl I 2004/67)*
(BGBl 1996/447)

Beauftragung von Wirtschaftsprüfern durch den Aufsichtsrat oder den Verwaltungsrat

§ 82b. (1) Der Aufsichtsrat oder der Verwaltungsrat kann Wirtschaftsprüfer oder Wirtschaftsprüfungsgesellschaften, bei denen „keine Befangenheit oder Ausgeschlossenheit gemäß §§ 271, 271a oder 271b UGB" vorliegt, mit der Durchführung der Prüfung der Gesetzmäßigkeit und Ordnungsmäßigkeit des gesamten Unternehmens beauftragen. Sie sind mit einem entsprechenden Prüfungsauftrag zu versehen. *(BGBl I 2005/120; BGBl I 2009/22)*

(2) Der im Auftrag des Aufsichtsrats oder des Verwaltungsrats tätige Prüfer hat über das Ergebnis der Prüfung dem Vorsitzenden des Aufsichtsrats oder des Verwaltungsrats zu berichten. Der Prüfer hat den Vorsitzenden des Aufsichtsrats oder des Verwaltungsrats unverzüglich zu verständigen, wenn er schwer wiegende Mängel in Bezug auf die Gesetzmäßigkeit und Ordnungsmäßigkeit des Unternehmens festgestellt hat.

(3) Die Versicherungsunternehmen sind verpflichtet, den vom Aufsichtsrat oder vom Verwaltungsrat bestellten Prüfern Prüfungshandlungen gemäß § 102 Abs. 2 bis 4 zu ermöglichen.

(4) In Versicherungsunternehmen jedweder Rechtsform, deren verrechnete Prämien des gesamten auf Grund der Konzession betriebenen Geschäfts 750 Millionen Euro übersteigen oder die übertragbare Wertpapiere ausgegeben haben, die zum Handel an einem geregelten Markt gemäß § 1 Abs. 2 BörseG zugelassen sind, ist vom Aufsichtsrat oder dem sonst nach Gesetz oder Satzung zuständigen Aufsichtsorgans des Versicherungsunternehmens ein Prüfungsausschuss zu bestellen, der sich aus mindestens drei Mitgliedern des Aufsichtsorgans zusammensetzt. Diesem muss eine Person angehören, die über besondere Kenntnisse und praktische Erfahrung im Betrieb

und in der Rechnungslegung eines Versicherungsunternehmens und in der Berichterstattung in für das betreffende Versicherungsunternehmen angemessener Weise verfügt (Finanzexperte). Vorsitzender des Prüfungsausschusses oder Finanzexperte darf nicht sein, wer in den letzten drei Jahren Mitglied des Vorstands, des Verwaltungsrats, geschäftsführender Direktor, „leitender Angestellter (§ 80 AktG) oder Abschlussprüfer des Versicherungsunternehmens war oder den Bestätigungsvermerk unterfertigt hat oder aus anderen Gründen nicht unabhängig und unbefangen ist". „Der Prüfungsausschuss hat zumindest zwei Sitzungen im Geschäftsjahr abzuhalten. Der Abschlussprüfer ist den Sitzungen des Prüfungsausschusses, die sich mit der Vorbereitung der Feststellung des Jahresabschlusses (Konzernabschlusses) und dessen Prüfung beschäftigen, zuzuziehen und hat über die Abschlussprüfung zu berichten." Zu den Aufgaben des Prüfungsausschusses gehören: *(BGBl I 2009/22)*

1. die Überwachung „des Rechnungslegungsprozesses"; *(BGBl I 2009/22)*

2. die Überwachung der Wirksamkeit des internen Kontrollsystems „, gegebenenfalls des internen Revisionssystems, und des Risikomanagementsystems der Gesellschaft"; *(BGBl I 2009/22)*

3. die Überwachung der Abschlussprüfung und Konzernabschlussprüfung;

4. die Prüfung und Überwachung der Unabhängigkeit des Abschlussprüfers „(Konzernabschlussprüfers)", insbesondere im Hinblick auf die für das geprüfte Unternehmen erbrachten zusätzlichen Leistungen; *(BGBl I 2009/22)*

5. die Prüfung und Vorbereitung der Feststellung des Jahresabschlusses, des Vorschlags für die Gewinnverteilung, des Lageberichts und gegebenenfalls des Corporate Governance-Berichts sowie die Erstattung des Berichts über die Prüfungsergebnisse an das Aufsichtsorgan;

6. gegebenenfalls die Prüfung des Konzernabschlusses und -lageberichts sowie die Erstattung des Berichts über die Prüfungsergebnisse an das Aufsichtsorgan des Mutterunternehmens;

7. die Vorbereitung des Vorschlags des Aufsichtsorgans für die Auswahl des Abschlussprüfers „(Konzernabschlussprüfers)". *(BGBl I 2009/22)*

(BGBl I 2007/107)

(BGBl I 2005/59)

Befristetes Tätigkeitsverbot

§ 82c. (1) Der Abschlussprüfer, der Konzernabschlussprüfer, der Abschlussprüfer eines bedeutenden verbundenen Unternehmens und der den jeweiligen Bestätigungsvermerk unterzeichnende Wirtschaftsprüfer dürfen innerhalb von zwei Jahren nach Zeichnung des Bestätigungsvermerks weder eine Organfunktion noch eine leitende Stellung (§ 80 Aktiengesetz) einnehmen.

(2) Wenn eine der in Abs. 1 genannten Personen eine Organfunktion einnimmt, gilt sie als nicht bestellt. Ihr gebührt für dennoch erbrachte Leistungen kein Entgelt; das gilt auch für die Einnahme einer leitenden Stellung.

(BGBl I 2008/70, vgl die Übergangsbestimmungen in § 119j Abs 3)

Bericht an die FMA

§ 83. (1) Inländische Versicherungsunternehmen haben der FMA unverzüglich, längstens innerhalb von fünf Monaten nach Ende des Geschäftsjahres vorzulegen

1. den Jahresabschluss,

2. den Lagebericht,

3. den Bericht des Abschlussprüfers,

4. den Nachweis der Feststellung des Jahresabschlusses,

5. hinsichtlich des Konzernabschlusses die in Z 1, 2 und 3 angeführten Berichtsteile.

(2) Inländische Versicherungsunternehmen haben der FMA unverzüglich, längstens innerhalb von sechs Monaten nach Ende des Geschäftsjahres vorzulegen

1. eine beglaubigte vollständige Abschrift des Protokolls über die Versammlung, die die Entlastung der Mitglieder des Vorstands und des Aufsichtsrats und des Verwaltungsrats und der geschäftsführenden Direktoren zum Gegenstand hatte, *(BGBl I 2004/67)*

2. den Nachweis der Veröffentlichung des Jahresabschlusses,

3. hinsichtlich des Konzernabschlusses den in Z 2 angeführten Berichtsteil.

(3) Zweigniederlassungen ausländischer Versicherungsunternehmen haben der FMA unverzüglich, längstens innerhalb von fünf Monaten nach Ende des Geschäftsjahres vorzulegen

1. den Jahresabschluss der Zweigniederlassung,

2. den Lagebericht der Zweigniederlassung,

3. den Bericht des Abschlussprüfers über die Prüfung der Zweigniederlassung,

4. den Jahresabschluss und den Lagebericht des Gesamtunternehmens.

(4) Zweigniederlassungen ausländischer Versicherungsunternehmen haben der FMA unverzüglich, längstens innerhalb von sechs Monaten nach Ende des Geschäftsjahres vorzulegen

1. eine beglaubigte vollständige Abschrift des Protokolls über die Versammlung, die die Feststellung des Jahresabschlusses zum Gegenstand hatte,

2. den Nachweis der Veröffentlichung des Jahresabschlusses der Zweigniederlassung und des Gesamtunternehmens gemäß § 84 Abs. 4.

(5) Die FMA kann, wenn dies für die Überwachung der Geschäftsgebarung erforderlich ist, verlangen, dass die in Abs. 3 Z 4 und Abs. 4 Z 1 angeführten Unterlagen auch in beglaubigter deutscher Übersetzung vorgelegt werden.

(6) Auf Antrag kann die FMA in begründeten Fällen die Fristen gemäß Abs. 1 bis 4 erstrecken.

(BGBl I 2003/33)

Offenlegung

§ 84. (1) „Der Jahresabschluss einschließlich des gesamten Anhangs sowie der Lagebericht haben spätestens sechs Monate nach Ende des Geschäftsjahres bis zum Ende des dritten dem Geschäftsjahr folgenden Kalenderjahres am Sitz des inländischen Versicherungsunternehmens sowie in allen Betriebstätten zur Einsichtnahme aufzuliegen."** Der Jahresabschluss „und der Lagebericht"* einer ausländischen Zweigniederlassung und der Jahresabschluss „und der Lagebericht"* des Gesamtunternehmens haben am Sitz der Zweigniederlassung des ausländischen Versicherungsunternehmens zur Einsichtnahme aufzuliegen. Sofern diese Unterlagen gemäß § 280a UGB beim Firmenbuch in deutscher Sprache einzureichen sind, haben die Unterlagen in deutscher Sprache aufzuliegen. (*BGBl I 2004/70; **BGBl I 2004/161; BGBl I 2005/120)*

(2) Die Unterlagen gemäß Abs. 1 sind jedermann auf Verlangen gegen Ersatz der Kosten auszuhändigen.

(3) Versicherungsunternehmen haben vom Anhang die Angaben gemäß den §§ 198 Abs. 9, 222 Abs. 2, 223 Abs. 2, 233, 236 mit Ausnahme der Z 2 und 4, 237 Z 3, 7, 8, 10 und 12, 238 Z 1, 239 Abs. 2 und 240 Z 9 UGB und die Angaben gemäß den §§ 81d, 81n Abs. 2 Z 9, 10 und 12, 81n Abs. 5 erster Satz und 81o im „Amtsblatt zur Wiener Zeitung" zu veröffentlichen. *(BGBl I 2005/120)*

(4) Auf Zweigniederlassungen ausländischer Versicherungsunternehmen ist unabhängig von der Rechtsform § 280a UGB anzuwenden. *(BGBl I 2005/120)*

(5) In die Veröffentlichung des Jahresabschlusses ist ein Hinweis darüber aufzunehmen, dass der Jahresabschluss und der Lagebericht gemäß Abs. 1 am Sitz des inländischen Versicherungsunternehmens und in allen seinen Betriebstätten oder am Sitz der Zweigniederlassung eines ausländischen Versicherungsunternehmens zur Einsichtnahme aufliegen. In die Veröffentlichung einer Zweigniederlassung eines ausländischen Versicherungsunternehmens ist zusätzlich ein Hinweis darüber aufzunehmen, dass der Jahresabschluss des Gesamtunternehmens gemäß § 280a UGB beim Firmenbuchgericht eingereicht wurde. Bei der Veröffentlichung sind das Firmenbuchgericht und die Firmenbuchnummer anzugeben. *(BGBl I 2005/120)*

(5a) Der Bestätigungsvermerk des Treuhänders für die Überwachung des Deckungsstocks (§ 23a) und des verantwortlichen Aktuars (§ 24b) oder der Vermerk über die Versagung dieses Bestätigungsvermerks sind mit dem Jahresabschluss beim Firmenbuch einzureichen und im „Amtsblatt zur Wiener Zeitung" zu veröffentlichen. *(BGBl I 2007/56)*

(6) Für den Konzernabschluss und den Konzernlagebericht gelten die Abs. 1 bis 3 und 5 sinngemäß.

(7) Auf den Konzernabschluss und Konzernlagebericht gemäß § 80b Abs. 1 ist Abs. 3 nicht anzuwenden. „Zu veröffentlichen sind die Angaben gemäß § 245a Abs. 3 UGB und § 80b Abs. 2 sowie diejenigen Angaben, die den in Abs. 3 angeführten entsprechen." *(BGBl I 2007/56)*

(BGBl I 2000/117)

Besondere Rechnungslegungsvorschriften

§ 85. (1) Die „FMA" kann durch Verordnung über die Rechnungslegung und die Konzernrechnungslegung von Versicherungsunternehmen diejenigen besonderen Anordnungen treffen, die im Hinblick auf den Eigenart des Betriebes der Vertragsversicherung, die angemessene Aufklärung der Versicherungsnehmer und der Öffentlichkeit über die Geschäftsgebarung, die Erfordernisse der Überwachung der Geschäftsgebarung durch die „FMA" und die Vollziehung der Bestimmungen dieses Hauptstückes für Zwecke der Versicherungsaufsicht notwendig sind. *(BGBl I 2001/97)*

(2) Die Anordnungen der „FMA" können unter Berücksichtigung dieser Erfordernisse insbesondere enthalten

1. Vorschriften über verbindliche Formblätter für den Jahresabschluß und die Angaben gemäß den §§ 81 d Abs. 1 und 81 o;

2. Vorschriften über die Ermittlung und Berechnung der versicherungstechnischen Rückstellungen;

3. Vorschriften über die Erstellung einer gesonderten Erfolgsrechnung für einzelne Versicherungszweige des direkten und indirekten Geschäfts;

4. nähere Vorschriften über die einzelnen Posten des Jahresabschlusses sowie über die Angaben im Anhang und im Lagebericht;

5. Vorschriften über die Durchführung der Abschlußprüfung und den Bericht des Abschlußprüfers;

6. die näheren Vorschriften über die Erfüllung der Vorlagepflichten gemäß § 83 Abs. 1 Z 4, Abs. 2 Z 2 und Abs. 4 Z 2; *(BGBl I 2003/33)*

7. Vorschriften über das Erfordernis eigenhändiger Unterschriften für den Jahresabschluss, den Lagebericht und den Bericht des Abschlussprüfers. *(BGBl I 2002/46; BGBl I 2007/56)*
(BGBl I 2001/97)

(3) Für die Konzernrechnungslegung gilt Abs. 2 sinngemäß.

§ 85a. (1) Die „FMA" kann alle für die laufende Überwachung der Geschäftsgebarung der Versicherungsunternehmen (§ 99), für die zusätzliche Beaufsichtigung von Versicherungsunternehmen (sechstes Hauptstück) und für die Führung von Versicherungsstatistiken (§ 116 Abs. 2) erforderlichen Angaben verlangen. Diese Angaben können insbesondere die Aufgliederung von Posten des Jahresabschlusses, von Geschäftsergebnissen nach Zweigniederlassungen und Dienstleistungsverkehr sowie nach Geschäftsgebieten und Geschäftsbereichen, Angaben über die in die zusätzliche Beaufsichtigung einzubeziehenden Unternehmen, Angaben über wesentliche gruppeninterne Geschäfte, Daten zur Ermittlung der bereinigten Eigenmittelausstattung, statistische Daten über das Unternehmen und die Zuordnung des übernommenen Rückversicherungsgeschäfts zu bestimmten Bilanzabteilungen umfassen. Die „FMA" kann, soweit nicht § 83 anzuwenden ist, für die ihr vorzulegenden Angaben besondere Bewertungsvorschriften und Vorlagefristen festsetzen. *(BGBl I 2001/97)*

(2) Die FMA hat mit Verordnung nähere Vorschriften über den Inhalt und die Gliederung der Angaben gemäß Abs. 1 zu erlassen. Sie kann mit Verordnung auch festsetzen, dass ihr bestimmte Angaben in kürzeren Abständen als jährlich vorzulegen sind. *(BGBl I 2007/56)*

(3) Die Übermittlung der Angaben gemäß Abs. 1 hat auf elektronischem Wege zu erfolgen. Dabei sind die behördlich festgelegten Datenmerkmale einschließlich des Datensatzaufbaues zu beachten. *(BGBl I 2007/56)*

(BGBl I 2000/117)

Besondere Vorschriften über den Konzernabschluß

§ 85b. (1) Die in § 260 UGB vorgesehene einheitliche Bewertung gilt jeweils gesondert für Unternehmen mit branchenspezifischen Bewertungsvorschriften. Der Grundsatz der einheitlichen Bewertung gilt nicht für die versicherungstechnischen Rückstellungen; ebenso gilt er nicht für die Vermögensgegenstände, deren Wertänderungen auch Rechte der Versicherungsnehmer beeinflussen oder begründen. *(BGBl I 2005/93; BGBl I 2005/120)*

(2) Die Ausscheidung von Zwischenerfolgen kann unterbleiben, wenn das Geschäft zu gewöhnlichen Marktbedingungen abgeschlossen wurde und dadurch Rechtsansprüche der Versicherungsnehmer begründet wurden. *(BGBl 1996/447)*

(3) und (4) *idF vor der VAG-Novelle 1996 aufgehoben, BGBl 1996/447*

(3) § 251 Abs. 3 UGB ist nicht anzuwenden. *(BGBl I 2005/120)*

(BGBl 1994/652)

Rechnungslegung kleiner Versicherungsvereine auf Gegenseitigkeit

§ 86. (1) Für die Rechnungslegung kleiner Versicherungsvereine auf Gegenseitigkeit (§ 62) gelten die §§ 81 Abs. 1, 81b Abs. 5 und 6, 81f Abs. 1 Z 1 bis 3, 6 und 7 und Abs. 2, „§ 81h Abs. 1 bis 2a" , 81i, 81j, 81l und 85a Abs. 1 und 2. Für Sterbekassen gilt auch § 81k. *(BGBl I 2007/56; BGBl I 2008/138)*

(2) Der Vorstand eines kleinen Versicherungsvereins auf Gegenseitigkeit hat in den ersten drei Monaten des Geschäftsjahres für das vorangegangene Geschäftsjahr den Jahresabschluß und einen Lagebericht aufzustellen. Das oberste Organ hat in den ersten fünf Monaten des Geschäftsjahres über die Feststellung des Jahresabschlusses zu beschließen.

(3) In der Satzung kann die Prüfung des Jahresabschlusses durch einen oder mehrere Rechnungsprüfer vorgesehen werden. Die Satzung hat in diesem Fall auch die näheren Bestimmungen über den Umfang der Prüfung, die Bestellung der Rechnungsprüfer und den Prüfungsbericht an das oberste Organ zu enthalten. Mitglieder des Vorstands oder des Aufsichtsrats dürfen nicht zu Rechnungsprüfern bestellt werden. *(BGBl I 2004/70)*

(4) Die „FMA" hat durch Verordnung über die Rechnungslegung kleiner Versicherungsvereine diejenigen besonderen Vorschriften zu treffen, die im Hinblick auf die Eigenart des Betriebes der Vertragsversicherung, die angemessene Aufklärung der Versicherungsnehmer und der Öffentlichkeit über die Geschäftsgebarung und die Erfordernisse der Überwachung durch die „FMA" notwendig sind. Hiebei sind die besonderen Verhältnisse der kleinen Versicherungsvereine zu beachten und Erleichterungen vorzusehen. Die Anordnungen der „FMA" können unter Berücksichtigung dieser Erfordernisse neben den in § 85 Abs. 2 Z 1, 2 und 7 genannten insbesondere auch enthalten

1. Vorschriften über den Bericht an die „FMA" und Vorlagefristen, *(BGBl I 2001/97)*

2. Vorschriften über die Gliederung der Bilanz und der Gewinn- und Verlustrechnung,

3. Vorschriften über die in den Anhang und den Lagebericht aufzunehmenden Angaben,

4. Vorschriften über die Offenlegung des Jahresabschlusses.

(BGBl 1992/13; BGBl I 2001/97)

(5) Abs. 1 bis 4 ist auf kleine Versicherungsvereine gemäß § 62, die die Voraussetzungen des § 63 Abs. 3 erfüllen, nicht anzuwenden. *(BGBl 1995/23)*

Sechstes Hauptstück
ZUSÄTZLICHE BEAUFSICHTIGUNG VON VERSICHERUNGSUNTERNEHMEN

Versicherungsunternehmen, die einer zusätzlichen Beaufsichtigung unterliegen

§ 86a. (1) Einer zusätzlichen Beaufsichtigung unterliegen
1. inländische Versicherungsunternehmen, die Beteiligungsunternehmen eines Versicherungsunternehmens sind, nach Maßgabe der §§ 86c bis 86l,
2. inländische Versicherungsunternehmen, die untergeordnete Unternehmen einer Versicherungs-Holdinggesellschaft, einer gemischten Finanz-Holdinggesellschaft oder eines übergeordneten Versicherungsunternehmens mit Sitz in einem Drittstaat sind, nach Maßgabe der §§ 86c Abs. 2 bis 5 und 86d bis 86l, sofern die übergeordnete Versicherungs-Holdinggesellschaft, die übergeordnete gemischte Finanz-Holdinggesellschaft oder das übergeordnete Versicherungsunternehmen mit Sitz in einem Drittstaat selbst kein Versicherungsunternehmen mit Sitz in einem Vertragsstaat als übergeordnetes Unternehmen hat, *(BGBl I 2013/184)*
3. Versicherungsunternehmen, die untergeordnete Unternehmen einer gemischten Versicherungs-Holdinggesellschaft sind, nach Maßgabe der §§ 86c Abs. 2 bis 5 und 86d. *(BGBl I 2007/56)*

(2) Für Zwecke der zusätzlichen Beaufsichtigung ist
1. ein übergeordnetes Unternehmen ein Mutterunternehmen im Sinn des § 244 UGB sowie jedes Unternehmen, das auf ein anderes Unternehmen tatsächlich einen beherrschenden Einfluss ausübt; *(BGBl I 2005/120)*
2. ein untergeordnetes Unternehmen ein Tochterunternehmen im Sinn des § 244 UGB sowie jedes Unternehmen, auf das tatsächlich ein beherrschender Einfluss ausgeübt wird; jedes untergeordnete Unternehmen eines untergeordneten Unternehmens ist auch untergeordnetes Unternehmen des Unternehmens, das sich an der Spitze dieser Unternehmen befindet; *(BGBl I 2005/120)*
3. eine Beteiligung im weiteren Sinn das direkte oder indirekte Halten von mindestens 20 vH der Stimmrechte oder des Kapitals eines anderen Unternehmens oder eine Beteiligung im Sinn des § 228 Abs. 1 und 2 UGB an einem anderen Unternehmen; *(BGBl I 2005/120)*
4. ein Beteiligungsunternehmen ein Unternehmen, das eine Beteiligung im weiteren Sinn an einem anderen Unternehmen hält oder ein Unternehmen, das mit einem anderen durch eine Beziehung im Sinne des Art. 12 Abs. 1 der Richtlinie 83/349/EWG „(ABl. Nr. L 193 vom 18. Juli 1983, S. 1)" verbunden ist; jedes übergeordnete Unternehmen ist auch ein Beteiligungsunternehmen; *(BGBl I 2004/70; BGBl I 2005/93)*
5. ein beteiligtes Unternehmen ein Unternehmen, an dem eine Beteiligung im weiteren Sinn von einem anderen Unternehmen gehalten wird oder ein Unternehmen, das mit einem anderen durch eine Beziehung im Sinne des Art. 12 Abs. 1 der Richtlinie 83/349/EWG verbunden ist; jedes untergeordnete Unternehmen ist auch ein beteiligtes Unternehmen; *(BGBl I 2004/70)*
6. eine Versicherungs-Holdinggesellschaft ein übergeordnetes Unternehmen, das keine gemischte Finanz-Holdinggesellschaft „ " ist und dessen Haupttätigkeit im Erwerb und Halten von Beteiligungen im weiteren Sinn an untergeordneten Unternehmen besteht, die ausschließlich oder überwiegend Versicherungsunternehmen sind und von denen mindestens eines seinen Sitz in einem Vertragsstaat hat; *(BGBl I 2004/70; BGBl I 2007/56; BGBl I 2013/184)*
7. eine gemischte Versicherungs-Holdinggesellschaft ein übergeordnetes Unternehmen, das weder ein Versicherungsunternehmen noch eine Versicherungs-Holdinggesellschaft noch eine „gemischte Finanz-Holdinggesellschaft" ist und unter seinen untergeordneten Unternehmen zumindest ein Versicherungsunternehmen mit Sitz in einem Vertragsstaat hat. *(BGBl I 2004/70; BGBl I 2007/56; BGBl I 2013/184)*
8. gemischte Finanz-Holdinggesellschaft eine gemischte Finanz-Holdinggesellschaft gemäß § 2 Z 15 FKG. *(BGBl I 2013/184)*

(3) Versicherungsunternehmen haben die „FMA" über das Eintreten und den Wegfall von Umständen, die gemäß Abs. 1 zu einer zusätzlichen Beaufsichtigung führen, unverzüglich schriftlich zu informieren. *(BGBl I 2001/97)*

(4) Insoweit eine gemischte Finanz-Holdinggesellschaft, insbesondere im Hinblick auf eine risikobasierte Beaufsichtigung, gleichwertigen Bestimmungen dieses Bundesgesetzes und des FKG unterliegt, kann die FMA als zuständige Behörde nach Konsultation der anderen betroffenen Aufsichtsbehörden beschließen, dass auf der Ebene dieser gemischten Finanzholdinggesellschaft nur die entsprechende Bestimmung des FKG anzuwenden ist. *(BGBl I 2013/184)*

(5) Insoweit eine gemischte Finanz-Holdinggesellschaft, insbesondere im Hinblick auf eine risikobasierte Beaufsichtigung, gleichwertigen Bestimmungen dieses Bundesgesetzes und des BWG unterliegt, kann die FMA als zuständige Behörde im Einvernehmen mit der konsolidierenden Auf-

sichtsbehörde für die Banken- und Wertpapierdienstleistungsbranche beschließen, dass nur die Bestimmung des BWG oder dieses Bundesgesetzes auf der Ebene dieser gemischten Finanz-Holdinggesellschaft anzuwenden ist, je nachdem welche Finanzbranche gemäß § 2 Z 7 FKG mit dem höheren durchschnittlichen Anteil vertreten ist. *(BGBl I 2013/184)*

(6) Die FMA hat der EBA und der EIOPA allfällige Entscheidungen gemäß Abs. 4 und 5 mitzuteilen. *(BGBl I 2013/184)*

(BGBl I 2000/117)

Unternehmen, die in die zusätzliche Beaufsichtigung einzubeziehen sind

§ 86b. (1) In die zusätzliche Beaufsichtigung sind nach Maßgabe der übrigen Bestimmungen dieses Hauptstücks folgende Unternehmen einzubeziehen:

1. alle beteiligten Unternehmen des Versicherungsunternehmens, das der zusätzlichen Beaufsichtigung unterliegt,

2. alle Beteiligungsunternehmen des Versicherungsunternehmens, das der zusätzlichen Beaufsichtigung unterliegt,

3. alle beteiligten Unternehmen von Beteiligungsunternehmen des Versicherungsunternehmens, das der zusätzlichen Beaufsichtigung unterliegt.

(2) Die „FMA" kann auf Antrag genehmigen, dass auf die Einbeziehung eines Unternehmens in die zusätzliche Beaufsichtigung verzichtet wird, wenn

1. das Unternehmen für die Ziele der zusätzlichen Beaufsichtigung von untergeordneter Bedeutung ist; entsprechen mehrere Unternehmen dieser Voraussetzung, so sind sie in die zusätzliche Beaufsichtigung einzubeziehen, wenn sie zusammen von nicht untergeordneter Bedeutung sind;

2. die Einbeziehung des Unternehmens im Hinblick auf die Ziele der zusätzlichen Beaufsichtigung ungeeignet oder irreführend wäre;

3. das Unternehmen seinen Sitz außerhalb der Vertragsstaaten hat und der Übermittlung der für diese Beaufsichtigung notwendigen Informationen rechtliche Hindernisse im Wege stehen. *(BGBl I 2001/97)*

(3) Die „FMA" kann durch Verordnung Staaten feststellen, hinsichtlich derer rechtliche Hindernisse gemäß Abs. 2 Z 3 für die Übermittlung der für die zusätzliche Beaufsichtigung notwendigen Informationen bestehen. Auf die Einbeziehung von Unternehmen mit Sitz in diesen Staaten in die zusätzliche Beaufsichtigung kann ohne Genehmigung der „FMA" verzichtet werden. *(BGBl I 2001/97)*

(BGBl I 2000/117)

Zugang zu bestimmten Informationen

§ 86c. (1) Versicherungsunternehmen, die einer zusätzlichen Beaufsichtigung unterliegen, haben dafür zu sorgen, dass sie Zugang zu den für die Durchführung der zusätzlichen Beaufsichtigung zweckdienlichen Informationen, die die in die zusätzliche Beaufsichtigung einzubeziehenden Unternehmen betreffen, haben. Insbesondere haben sie angemessene interne Verfahren für die Vorlage diesbezüglicher Informationen und Auskünfte einzurichten.

(2) Versicherungsunternehmen haben der „FMA" jederzeit Auskunft über alle Angelegenheiten zu erteilen und Zugang zu allen Informationen zu gewähren, die für die zusätzliche Beaufsichtigung zweckdienlich sind. Werden die verlangten Informationen von dem Versicherungsunternehmen nicht übermittelt, so kann sich die „FMA" an Unternehmen gemäß § 86b Abs. 1 wenden, auch wenn es sich nicht um Versicherungsunternehmen handelt. Maßnahmen der „FMA" gegenüber dem betreffenden Versicherungsunternehmen bleiben hievon unberührt. *(BGBl I 2001/97)*

(3) Die „FMA" kann bei Versicherungsunternehmen, die einer zusätzlichen Beaufsichtigung unterliegen, sowie bei inländischen Versicherungsunternehmen, die in die zusätzliche Beaufsichtigung einzubeziehen sind, Informationen gemäß Abs. 2 jederzeit vor Ort gemäß den §§ 101 und 102 prüfen. § 103 ist anzuwenden. Im Rahmen der zusätzlichen Beaufsichtigung kann die „FMA" Prüfungen vor Ort bei allen anderen untergeordneten Unternehmen, übergeordneten Unternehmen und untergeordneten Unternehmen eines übergeordneten Unternehmens des der zusätzlichen Beaufsichtigung unterliegenden Versicherungsunternehmens, sofern diese Unternehmen im Inland ihren Sitz haben, vornehmen. Die §§ 101, 102 und 103 sind sinngemäß anzuwenden. Maßnahmen der „FMA" gegenüber dem betreffenden Versicherungsunternehmen bleiben hievon unberührt. *(BGBl I 2001/97)*

(4) Beabsichtigt die „FMA"* wichtige Informationen gemäß Abs. 2, die beteiligte Versicherungsunternehmen, untergeordnete Unternehmen, übergeordnete Unternehmen oder untergeordnete Unternehmen eines übergeordneten Unternehmens des der zusätzlichen Beaufsichtigung unterliegenden Versicherungsunternehmens mit Sitz in einem anderen Vertragsstaat betreffen, zu prüfen, so hat die „FMA"* die zuständige Behörde dieses Vertragsstaates um Durchführung der Prüfung zu ersuchen. Falls diese Behörde die Prüfung nicht selbst durchführt oder ihr ermächtigte Prüfungsorgane durchführen lässt, so kann die „FMA"*, wenn die Behörde des betroffenen Sitzstaates sie hiezu ermächtigt, die Prüfung selbst durchführen oder die Prüfung von gemäß § 101 Abs. 3 bestellten Prüfungsorganen

durchführen lassen. „Die FMA darf bei der Prüfung auch dann zugegen sein, wenn sie diese nicht selbst durchführt."** *(*BGBl I 2001/97; **BGBl I 2004/70)*

(5) Beabsichtigt die für die zusätzliche Beaufsichtigung zuständige Behörde eines anderen Vertragsstaates wichtige Informationen gemäß Abs. 2 betreffend beteiligte Versicherungsunternehmen, untergeordnete Unternehmen, übergeordnete Unternehmen oder untergeordnete Unternehmen eines übergeordneten Unternehmens des einer zusätzlichen Beaufsichtigung unterliegenden Versicherungsunternehmens, die ihren Sitz im Inland haben, zu prüfen, so hat die „FMA"* diese Prüfung durchzuführen oder die Prüfung durch von ihr gemäß § 101 Abs. 3 bestellte Prüfungsorgane durchführen zu lassen oder die Aufsichtsbehörde des betroffenen Vertragsstaates oder von dieser beauftragte Personen zur Durchführung der Prüfung zu ermächtigen. Die „FMA"* kann sich an dieser Prüfung beteiligen. § 102 ist anzuwenden. „Nimmt die Aufsichtsbehörde des betroffenen Vertragsstaates die Prüfung nicht selbst vor, so ist ihr zu gestatten, bei der Prüfung zugegen zu sein."** *(*BGBl I 2001/97; **BGBl I 2004/70)*

(BGBl I 2000/117)

Beaufsichtigung gruppeninterner Geschäfte

§ 86d. (1) Der zusätzlichen Beaufsichtigung unterliegen Geschäfte, die ein Versicherungsunternehmen mit einem Unternehmen gemäß § 86b Abs. 1 oder mit einer natürlichen Person, die eine Beteiligung im weiteren Sinn an dem der zusätzlichen Beaufsichtigung unterliegenden Versicherungsunternehmen oder einem Unternehmen gemäß § 86b Abs. 1 hat, abschließt (gruppeninterne Geschäfte).

(2) Die der zusätzlichen Beaufsichtigung unterliegenden Versicherungsunternehmen haben ein angemessenes Risikomanagement und angemessene interne Kontrollmechanismen, sowie eine ordnungsgemäße Verwaltung und ein ordnungsgemäßes Rechnungswesen zu unterhalten, damit die Geschäfte gemäß Abs. 1 angemessen ermittelt, quantifiziert, überwacht und kontrolliert werden können. Sie haben der FMA Informationen über wesentliche gruppeninterne Geschäfte, insbesondere über Darlehen, Garantien, außerbilanzielle Geschäfte, Rückversicherungsgeschäfte, Kostenteilungsvereinbarungen, Kapitalveranlagungsgeschäfte und die Eigenmittel betreffende Geschäfte regelmäßig, mindestens aber am Ende jedes Kalendervierteljahrs vorzulegen. *(BGBl I 2004/70)*

(3) Die „FMA"* kann durch Verordnung die gemäß Abs. 2 meldepflichtigen gruppeninternen Geschäfte näher bestimmen. *(BGBl I 2001/97)*

(BGBl I 2000/117)

Bereinigte Eigenmittelausstattung

§ 86e. (1) Versicherungsunternehmen, die gemäß § 86a Abs. 1 Z 1 einer zusätzlichen Beaufsichtigung unterliegen, haben unbeschadet der übrigen die Eigenmittel betreffenden Bestimmungen dieses Bundesgesetzes für ihr gesamtes Geschäft jederzeit Eigenmittel im Sinne des § 86i (bereinigte Eigenmittel) in dem sich aus § 86j ergebenden Ausmaß (bereinigtes Eigenmittelerfordernis) zu halten.

(2) Versicherungsunternehmen, die gemäß § 86a Abs. 1 Z 2 einer zusätzlichen Beaufsichtigung unterliegen, haben Abs. 1 anzuwenden; zu diesem Zweck hat das der zusätzlichen Beaufsichtigung unterliegende Versicherungsunternehmen auf der Stufe des übergeordneten Unternehmens die bereinigte Eigenmittelausstattung zu ermitteln. Die Berechnung kann auf der Stufe des obersten Unternehmens dieser übergeordneten Unternehmen durchgeführt werden.

(3) Die FMA kann entscheiden, dass die von einem Beteiligungsunternehmen eines inländischen Versicherungsunternehmens, das unter § 86a Abs. 1 Z 2, nicht jedoch unter § 86a Abs. 1 Z 1 fällt, durchgeführte und an die zuständige Behörde in einem Vertragsstaat übermittelte Berechnung dem Erfordernis des Abs. 2 entspricht, sofern die Berechnungsvorschriften dieses Vertragsstaates mit jenen der Richtlinie 98/78/EG „(ABl. Nr. L 330 vom 5. Dezember 1998, S. 1)" übereinstimmen und das inländische Unternehmen die Berechnung in deutscher Sprache vorlegen kann. *(BGBl I 2004/70; BGBl I 2005/93)*

(BGBl I 2000/117)

Unternehmen, die in die Ermittlung der bereinigten Eigenmittelausstattung einzubeziehen sind

§ 86f. (1) Bei Anwendung des § 86e Abs. 1 hat das Versicherungsunternehmen alle beteiligten Unternehmen unter Berücksichtigung des § 86b Abs. 2 in die Ermittlung der bereinigten Eigenmittelausstattung einzubeziehen, sofern es sich hiebei um Versicherungsunternehmen oder um „Versicherungs-Holdinggesellschaften oder gemischte Finanz-Holdinggesellschaften, die eine Beteiligung im weiteren Sinn an Versicherungsunternehmen halten (zwischengeschaltete Versicherungs-Holdinggesellschaften oder zwischengeschaltete gemischte Finanz-Holdinggesellschaften)", handelt. *(BGBl I 2013/184)*

(2) Bei Anwendung des § 86e Abs. 2 hat das Versicherungsunternehmen unter Berücksichtigung des § 86b Abs. 2 alle beteiligten Unternehmen des übergeordneten Unternehmens, auf dessen Stufe die bereinigte Eigenmittelausstattung zu ermitteln ist, sofern es sich um Versicherungsunternehmen oder zwischengeschaltete „Versiche-

rungs-Holdinggesellschaften oder zwischengeschaltete gemischte Finanz-Holdinggesellschaften handelt, sowie das übergeordnete Unternehmen selbst einzubeziehen, sofern es sich um eine Versicherungs-Holdinggesellschaft, eine gemischte Finanzholdinggesellschaft oder ein Versicherungsunternehmen" mit Sitz in einem Drittstaat handelt. *(BGBl I 2013/184)*

(BGBl I 2000/117; BGBl I 2007/56)

Befreiende Ermittlung

§ 86g. (1) Versicherungsunternehmen, die in die Ermittlung der bereinigten Eigenmittelausstattung eines inländischen Unternehmens einbezogen sind, sind vorbehaltlich des Abs. 3 von der gesonderten Ermittlung der bereinigten Eigenmittelausstattung befreit.

(2) Versicherungsunternehmen, die in die Ermittlung der bereinigten Eigenmittelausstattung eines Unternehmens mit Sitz in einem anderen Vertragsstaat einbezogen sind, sind vorbehaltlich des Abs. 3 von der gesonderten Ermittlung der bereinigten Eigenmittelausstattung befreit, wenn mit dem betreffenden Vertragsstaat eine Vereinbarung gemäß § 86m besteht.

(3) Eine Befreiung ist nur bei angemessener Aufteilung der Eigenmittel zwischen den einzelnen Unternehmen möglich. Die angemessene Aufteilung ist der „FMA" nachzuweisen. Die Befreiung gilt nur, solange die angemessene Aufteilung der Eigenmittel gewährleistet ist. *(BGBl I 2001/97)*

(BGBl I 2000/117)

Wahl der Methode

§ 86h. (1) Die Ermittlung der bereinigten Eigenmittelausstattung kann

1. auf Grundlage des gemäß § 80a erstellten konsolidierten Abschlusses des Versicherungsunternehmens oder

2. auf Grundlage der Einzelabschlüsse der einzelnen Unternehmen

erfolgen.

(2) Wird die bereinigte Eigenmittelausstattung auf Grundlage des konsolidierten Abschlusses ermittelt, so sind jene Unternehmen, die in die Ermittlung der bereinigten Eigenmittelausstattung einzubeziehen sind und in den konsolidierten Abschluss nicht einbezogen werden, zusätzlich unter Verwendung der unter Abs. 1 Z 2 genannten Methode zu berücksichtigen.

(3) Bei der Ermittlung auf Grundlage des konsolidierten Abschlusses sind die Unternehmen, die in den Konzernabschluss einbezogen werden, in dem Umfang zu berücksichtigen, der bei der Erstellung des konsolidierten Abschlusses zugrunde gelegt wird. Bei Ermittlung auf Grundlage des Einzelabschlusses sind die Unternehmen gemäß dem Anteil am gezeichneten Kapital, der direkt oder indirekt vom Beteiligungsunternehmen gehalten wird, zu berücksichtigen. „Bestehen zwischen bestimmten Unternehmen einer Versicherungsgruppe keine Kapitalbeziehungen, so hat die FMA den zu berücksichtigenden Anteil festzulegen." *(BGBl I 2004/70)*

(4) Untergeordnete Unternehmen eines Versicherungsunternehmens, die eine Eigenmittelunterdeckung aufweisen, sind jedenfalls in voller Höhe einzubeziehen. Dies gilt nicht, wenn die Haftung nachweislich auf einen Kapitalanteil, der von dem übergeordneten Versicherungsunternehmen gehalten wird, beschränkt ist.

(4a) Wird die bereinigte Eigenmittelausstattung auf Grundlage der unter Abs. 1 Z 1 genannten Methode ermittelt und sind im Konzernabschluss beaufsichtigte Unternehmen konsolidiert, die keine Versicherungsunternehmen sind, jedoch gemäß ihren Branchenvorschriften ein Eigenmittelerfordernis zu erfüllen haben, so können die Eigenmittelelemente, die von diesen Unternehmen stammen, nur dann berücksichtigt werden, wenn diese Unternehmen auch mit ihren nach den Branchenvorschriften ermittelten Eigenmittelerfordernissen berücksichtigt werden, wobei für die Ermittlung des bereinigten Erfordernisses und der bereinigten Eigenmittel die §§ 7 und 8 Abs. 1 FKG zu beachten sind. Die FMA kann durch Verordnung nähere Angaben zum Konzernabschluss gemäß § 80a für Zwecke der Ermittlung der bereinigten Solvabilität vorschreiben. *(BGBl I 2005/93)*

(5) Die Ermittlung der bereinigten Eigenmittelausstattung kann abweichend von Abs. 1 auch auf der Grundlage eines gemäß § 80b erstellten konsolidierten Abschlusses erfolgen. Hiebei ist der Betrag, mit dem sich die Summe der in den Einzelabschlüssen ausgewiesenen Schwankungsrückstellungen und der Schwankungsrückstellung ähnlichen Rückstellungen auf die Eigenmittel ausgewirkt hat, für die Ermittlung der bereinigten Eigenmittelausstattung von den Eigenmitteln abzuziehen. Die FMA kann durch Verordnung nähere Angaben zum Konzernabschluss gemäß § 80b für Zwecke der Ermittlung der bereinigten Eigenmittelausstattung vorschreiben. Vom Abzug gemäß zweiter Satz kann abgesehen werden, wenn im Anhang (explanatory notes) eines nach § 80b erstellten Konzernabschlusses die Höhe der bereinigten Eigenmittel mit und ohne Abzug obiger Rückstellungen angegeben werden. *(BGBl I 2004/161; BGBl I 2008/63)*

(BGBl I 2000/117)

Bereinigte Eigenmittel

§ 86i. (1) Bei Anwendung der unter § 86h Abs. 1 Z 2 genannten Methode entsprechen die bereinigten Eigenmittel der Summe der auf Grundlage der Einzelabschlüsse gemäß § 73b ermittelten Eigenmittel. Bei Anwendung der unter § 86h Abs. 1 Z 1 genannten Methode sind die bereinigten Eigenmittel auf Grundlage des konsolidierten Abschlusses gemäß § 73b zu ermitteln.

(2) Sind bei Anwendung der unter § 86h Abs. 1 Z 2 genannten Methode Unternehmen einzubeziehen, die selbst nicht den Bestimmungen über die Eigenmittelausstattung gemäß § 73b unterliegen, so sind die bereinigten Eigenmittel gemäß § 73b zu ermitteln. § 86k ist anzuwenden.

(3) Sofern dies nicht bereits durch die Methoden zur Ermittlung der bereinigten Eigenmittelausstattung selbst geschieht, sind folgende Elemente auszuscheiden:

1. a) gezeichnete, nicht eingezahlte Teile des Grundkapitals des der zusätzlichen Beaufsichtigung unterliegenden Versicherungsunternehmens, die eine potentielle Verpflichtung für ein in die Ermittlung der bereinigten Eigenmittelausstattung einzubeziehendes Unternehmen darstellen;

b) gezeichnete, nicht eingezahlte Teile des Grundkapitals eines in die Ermittlung der bereinigten Eigenmittelausstattung einzubeziehenden Unternehmens, die eine potentielle Verpflichtung für das der zusätzlichen Beaufsichtigung unterliegende Versicherungsunternehmen oder für ein anderes in die Ermittlung der bereinigten Eigenmittelausstattung einzubeziehendes Unternehmen darstellen;

2. a) Eigenmittel, die aus der Gegenfinanzierung zwischen dem Versicherungsunternehmen, das der zusätzlichen Beaufsichtigung unterliegt, und einem in die Ermittlung der bereinigten Eigenmittelausstattung einzubeziehenden Unternehmen stammen;

b) Eigenmittel, die aus der Gegenfinanzierung zwischen verschiedenen in die Ermittlung der bereinigten Eigenmittelausstattung einzubeziehenden Unternehmen stammen.

(4) Sofern dies nicht bereits durch die Methode zur Ermittlung der bereinigten Eigenmittelausstattung selbst geschieht, dürfen Eigenmittel nicht mehrfach berücksichtigt werden. Insbesondere bleiben folgende Werte unberücksichtigt:

1. der Buchwert von Vermögensgegenständen des der zusätzlichen Beaufsichtigung unterliegenden Versicherungsunternehmens, denen damit finanzierte Eigenmittelelemente in einem in die Ermittlung der bereinigten Eigenmittelausstattung einzubeziehenden Unternehmen gegenüber stehen;

2. der Buchwert von Vermögensgegenständen eines in die Ermittlung der bereinigten Eigenmittelausstattung einzubeziehenden Unternehmens, denen damit finanzierte Eigenmittelelemente in dem Versicherungsunternehmen, das der zusätzlichen Beaufsichtigung unterliegt, oder in einem anderen in die Ermittlung der bereinigten Eigenmittelausstattung einzubeziehenden Unternehmen gegenüberstehen.

(5) Bei der unter § 86h Abs. 1 Z 1 „und Abs. 5"* genannten Methode können die im konsolidierten Abschluss ausgewiesenen Anteile anderer Gesellschafter jeweils bis zur Höhe des auf diese Gesellschafter entfallenden Eigenmittelerfordernisses berücksichtigt werden. „Anteile, auf die im Rahmen der Ermittlung der bereinigten Eigenmittelausstattung kein Erfordernis entfällt, sind nicht zu berücksichtigen."** *(*BGBl I 2004/70; **BGBl I 2005/93)*

(6) Eigenmittel eines in die Ermittlung der bereinigten Eigenmittelausstattung einzubeziehenden Unternehmens, die dem Versicherungsunternehmen, das der zusätzlichen Beaufsichtigung unterliegt, nicht zur Verfügung stehen, sind nicht zu berücksichtigen, sofern sie keine zulässigen Eigenmittelelemente des betroffenen Unternehmens selbst darstellen. Darunter fallen insbesondere

1. die Rückstellungen für erfolgsabhängige Prämienrückerstattung in der Krankenversicherung und die Rückstellung für Gewinnbeteiligung in der Lebensversicherung gemäß § 73b Abs. 3;

2. gezeichnete, nicht eingezahlte Teile des Grundkapitals, sofern diese nicht bereits von Abs. 3 erfasst sind.

Übersteigt die Summe aus den in diesem Absatz genannten Elementen das Eigenmittelerfordernis dieses Unternehmens, so ist der das Eigenmittelerfordernis übersteigende Betrag nicht zu berücksichtigen.

(7) Bei der unter § 86h Abs. 1 Z 2 genannten Methode stellen die Beteiligungsbuchwerte der in die Ermittlung der bereinigten Eigenmittelausstattung einzubeziehenden Unternehmen im Versicherungsunternehmen einen Abzugsposten dar.

(8) Stellt ein Unternehmen, das in die Berechnung der bereinigten Eigenmittelausstattung einzubeziehen ist, einen konsolidierten Abschluss auf, so kann dieser Abschluss unter sinngemäßer Anwendung der Abs. 1 bis 7 herangezogen werden. *(BGBl I 2003/33)*

(9) Bei der Berechnung der bereinigten Solvabilität des Beteiligungsversicherungsunternehmens eines Kreditinstituts, einer Wertpapierfirma, „eines Zahlungsinstituts, „eines E-Geld-Instituts"*** oder eines Finanzinstituts finden die Vorschriften des § 73b Abs. 4a bis 4d Anwendung. *(BGBl I 2004/70; *BGBl I 2009/66; **BGBl I 2010/107)*

(BGBl I 2000/117)

Bereinigtes Eigenmittelerfordernis

§ 86j. (1) Das bereinigte Eigenmittelerfordernis ist die Summe der gemäß Anlage D ermittelten

13. VAG
§§ 86j – 86m

Eigenmittelerfordernisse der einzelnen Unternehmen.

(2) Sind in die Ermittlung der bereinigten Eigenmittelausstattung Unternehmen einzubeziehen, die selbst nicht den Bestimmungen über die Eigenmittelausstattung gemäß § 73b unterliegen, so ist für diese Unternehmen ein Erfordernis gemäß den Vorschriften der Anlage D zu ermitteln. Für einzubeziehende Versicherungs-Holdinggesellschaften „oder gemischte Finanz-Holdinggesellschaften" ist kein Eigenmittelerfordernis anzusetzen. § 86k ist anzuwenden. *(BGBl I 2013/184)*

(3) Bei Anwendung der unter § 86h Abs. 1 Z 1 genannten Methode kann das Erfordernis auf Basis des konsolidierten Abschlusses nach den Bestimmungen der Anlage D ermittelt werden.

(BGBl I 2000/117)

Sondervorschriften für die Einbeziehung ausländischer Unternehmen

§ 86k. (1) Ist in die Ermittlung der bereinigten Eigenmittelausstattung ein Unternehmen mit Sitz in einem anderen Vertragsstaat einzubeziehen, so dürfen für dieses Unternehmen die nach den für Versicherungsunternehmen geltenden Vorschriften dieses Vertragsstaates ermittelten Eigenmittel und das nach diesen Vorschriften ermittelte Eigenmittelerfordernis herangezogen werden. „Für das Lebensversicherungsgeschäft von Rückversicherungsunternehmen darf im Fall von Schwierigkeiten bei der Anwendung des ersten Satzes das Erfordernis auf Basis der für die Schadenversicherung geltenden Vorschriften ermittelt werden." *(BGBl I 2005/93)*

(2) Ist in die Ermittlung der bereinigten Eigenmittelausstattung ein Unternehmen mit Sitz außerhalb der Vertragsstaaten einzubeziehen, so dürfen, falls in diesem Staat Versicherungsunternehmen einer Zulassungspflicht und einem Eigenmittelerfordernis unterliegen und die Vorschriften dieses Staates zur Ermittlung der Eigenmittelausstattung jenen der Richtlinien „73/239/EWG in der Fassung 2002/13/EG und 2002/83/EG" gleichwertig sind, für dieses Unternehmen die Eigenmittel, die nach den für Versicherungsunternehmen geltenden Vorschriften dieses Staates ermittelt wurden, und das Eigenmittelerfordernis, das nach diesen Vorschriften ermittelt wurde, herangezogen werden. Auf Rückversicherungsunternehmen ist Abs. 1 letzter Satz anzuwenden. *(BGBl I 2003/33)*

(3) Die „FMA"* kann durch Verordnung festlegen, ob die in einem anderen Staat geltenden Vorschriften zur Ermittlung der Eigenmittelausstattung jenen der Richtlinien „73/239/EWG in der Fassung 2002/13/EG und 2002/83/EG"** gleichwertig sind und welche Voraussetzungen die außerhalb der Vertragsstaaten geltenden Bestimmungen erfüllen müssen, damit die Regelungen als gleichwertig angesehen werden. *(*BGBl I 2001/97; **BGBl I 2003/33)*

(BGBl I 2000/117)

Abzug des Beteiligungsbuchwertes

§ 86l. Stehen einem Versicherungsunternehmen die zur Ermittlung der bereinigten Eigenmittelausstattung notwendigen Informationen, die ein in die Ermittlung der bereinigten Eigenmittel einzubeziehendes Unternehmen betreffen, nicht zur Verfügung, so stellt der Beteiligungsbuchwert des betreffenden Unternehmens im Beteiligungsunternehmen einen Abzugsposten bei der Ermittlung der bereinigten Eigenmittelausstattung des Versicherungsunternehmens dar. Dies gilt auch für die in § 86b Abs. 2 Z 3 genannten Unternehmen. „Sobald die Informationen zur Verfügung stehen, ist der FMA eine Berechnung gemäß § 86e vorzulegen." *(BGBl I 2004/70)*

(BGBl I 2000/117)

Übertragung der zusätzlichen Beaufsichtigung

§ 86m. (1) Ist ein der zusätzlichen Beaufsichtigung unterliegendes inländisches Versicherungsunternehmen in die zusätzliche Beaufsichtigung eines Unternehmens mit Sitz in einem anderen Vertragsstaat einbezogen, so kann „der Bundesminister für Finanzen"*, sofern „er"** gemäß Art. 66 Abs. 2 B-VG dazu ermächtigt ist, durch Vereinbarung mit dem betroffenen Vertragsstaat die zusätzliche Beaufsichtigung oder Teile der zusätzlichen Beaufsichtigung auf die zuständige Behörde dieses Vertragsstaats übertragen. Die „FMA"* hat das inländische Versicherungsunternehmen über das Zustandekommen und den Wegfall einer derartigen Vereinbarung schriftlich zu informieren. Das Versicherungsunternehmen hat während des Bestehens der Vereinbarung die Pflichten gemäß § 86c Abs. 2 erster Satz gegenüber der zuständigen Behörde des anderen Vertragsstaates zu erfüllen. *(*BGBl I 2001/97; **BGBl I 2002/46)*

(2) Ist bei der zusätzlichen Beaufsichtigung eines inländischen Versicherungsunternehmens ein Unternehmen mit Sitz in einem anderen Vertragsstaat einzubeziehen, das in diesem Vertragsstaat selbst der zusätzlichen Beaufsichtigung unterliegt, so kann „der Bundesminister für Finanzen"*, sofern „er"** gemäß Art. 66 Abs. 2 B-VG dazu ermächtigt ist, durch Vereinbarung mit dem betroffenen Vertragsstaat die zusätzliche Beaufsichtigung oder Teile der zusätzlichen Beaufsichtigung dieses ausländischen Unternehmens übernehmen. Die „FMA"* hat das inländische Versicherungsunternehmen über das Zustandekommen und den Wegfall einer derartigen Vereinbarung schriftlich zu informieren. *(*BGBl I 2001/97; **BGBl I 2002/46)*

(3) Hat ein in § 86a Abs. 1 Z 2 oder 3 genanntes übergeordnetes Unternehmen eines inländischen Versicherungsunternehmens untergeordnete Versicherungsunternehmen mit Sitz in anderen Vertragsstaaten, so kann „der Bundesminister für Finanzen"*, sofern „er"** gemäß Art. 66 Abs. 2 B-VG dazu ermächtigt ist, durch Vereinbarung mit den betroffenen Vertragsstaaten regeln, wer für die zusätzliche Beaufsichtigung zuständig ist. Die „FMA"* hat das inländische Versicherungsunternehmen über das Zustandekommen und den Wegfall einer derartigen Vereinbarung schriftlich zu informieren. Ist eine ausländische Behörde für die zusätzliche Beaufsichtigung zuständig, so hat das Versicherungsunternehmen während des Bestehens der Vereinbarung die Pflichten gemäß § 86c Abs. 2 erster Satz gegenüber dieser Behörde zu erfüllen. *(*BGBl I 2001/97; **BGBl I 2002/46)*

(BGBl I 2000/117)

Leitung von Versicherungs-Holdinggesellschaften

§ 86n. (1) Personen, die die Geschäfte einer Versicherungs-Holdinggesellschaft tatsächlich führen, müssen gut beleumundet sein und über ausreichende Erfahrung für diese Aufgabe verfügen; zu diesem Zweck müssen die fachliche und die persönliche Eignung gemäß § 4 Abs. 6 Z 1 gegeben sein.

(2) Das zusätzlich beaufsichtigte Versicherungsunternehmen hat nach Maßgabe der gesellschaftsrechtlichen Möglichkeiten dafür Sorge zu tragen, dass Abs. 1 eingehalten wird. Es hat der FMA zusätzlich den Namen, Rechtsform, Sitz und Sitzstaat der übergeordneten Versicherungs-Holdinggesellschaft alle für die Bewertung der Erfüllung der Voraussetzungen des Abs. 1 erforderlichen Unterlagen zu übermitteln sowie jede Änderung unverzüglich anzuzeigen. Ist das zusätzlich beaufsichtigte Unternehmen der Auffassung, dass die Voraussetzungen des Abs. 1 nicht erfüllt sind und wurden alle gesellschaftsrechtlichen Möglichkeiten zur Verhinderung der Bestellung dieser Geschäftsleitern oder zu ihrer Abberufung fruchtlos ausgeschöpft, so ist dies der FMA unverzüglich zu melden.

(3) Ist die FMA der Auffassung, dass die Voraussetzungen des Abs. 1 nicht erfüllt sind, so hat sie aufgrund einer Meldung nach Abs. 2 oder von Amts wegen bei dem Gerichtshof, der für den Sitz des zusätzlich beaufsichtigten Versicherungsunternehmens zur Ausübung der Gerichtsbarkeit in Handelssachen erster Instanz zuständig ist, das Ruhen der Stimmrechte für die Anteilsrechte, welche die Versicherungs-Holdinggesellschaft an dem zusätzlich beaufsichtigten Versicherungsunternehmen hält, zu beantragen. Der Gerichtshof hat das Ruhen der Stimmrechte zu verfügen. Das Ruhen der Stimmrechte endet, wenn das Gericht auf Antrag der FMA oder der Versicherungs-Holdiggesellschaft festgestellt hat, dass die Voraussetzungen des Abs. 1 erfüllt wurden. Dies ist der FMA mitzuteilen. Das Gericht entscheidet nach den vorstehenden Bestimmungen im Verfahren außer Streitsachen.

(4) Verfügt ein Gericht das Ruhen der Stimmrechte gemäß Abs. 3, so hat es gleichzeitig einen Treuhänder zu bestellen, der die Voraussetzungen des Abs. 1 erfüllt, und diesem die Ausübung der Stimmrechte zu übertragen. Der Treuhänder hat Anspruch auf Ersatz seiner Auslagen und auf Vergütung für seine Tätigkeit, deren Höhe vom Gericht festzusetzen ist. Die Versicherungs-Holdinggesellschaft und das zusätzlich beaufsichtigte Versicherungsunternehmen haften dafür zur ungeteilten Hand. Gegen Beschlüsse, womit die Höhe der Vergütung des Treuhänders und der ihm zu ersetzenden Auslagen bestimmt wird, steht den Verpflichteten der Rekurs offen. Gegen die Entscheidung des Oberlandesgerichtes findet ein weiterer Rechtszug nicht statt.

(BGBl I 2004/70)

Siebentes Hauptstück
EXEKUTIONS- UND INSOLVENZRECHTLICHE BESTIMMUNGEN

Exekution auf Werte des Deckungsstocks

§ 87. (1) Auf Werte des Deckungsstocks darf nur zugunsten einer Versicherungsforderung Exekution geführt werden, die in das Deckungserfordernis einzubeziehen war. *(BGBl I 2003/36)*

(2) In der Lebensversicherung und der nach Art der Lebensversicherung betriebenen Unfallversicherung ist der Zugriff auf den Betrag beschränkt, der zum Deckungserfordernis für den einzelnen Versicherungsvertrag im gleichen Verhältnis steht wie der Gesamtbetrag der Werte des Deckungsstocks zum gesamten Deckungserfordernis, höchstens aber auf den Betrag des auf den einzelnen Versicherungsvertrag entfallenden Deckungserfordernisses. *(BGBl 1994/652)*

(3) Besteht der Deckungsstock aus mehreren Abteilungen, so ist die Berechnung des der Exekution unterliegenden Betrages für jede Abteilung gesondert vorzunehmen.

(4) Mietrechtliche Bestimmungen werden durch die Abs. 1 bis 3 nicht berührt.

Versicherungsforderungen

§ 88. Versicherungsforderungen im Sinne dieses Hauptstücks sind alle Forderungen, die Versicherungsnehmern, Versicherten, Begünstigten oder geschädigten Dritten, die ein direktes Klage-

13. VAG
§§ 88 – 94

recht gegen den Versicherer haben, auf Grund eines Versicherungsvertrages (einschließlich eines Tontinengeschäftes oder Kapitalisierungsgeschäftes) gegen das Versicherungsunternehmen zustehen. Dazu gehören auch Forderungen auf Rückzahlung der Prämie, wenn ein Vertrag vor Konkurseröffnung nicht zustande gekommen ist.

(BGBl I 2003/36)

Konkurseröffnung

§ 89. (1) Der Vorstand oder die Abwickler haben den Eintritt der Zahlungsunfähigkeit oder der Überschuldung des Versicherungsunternehmens unverzüglich der „FMA"** anzuzeigen. „§ 69 „Insolvenzordnung"*** ist nicht anzuwenden."*
(*BGBl 1996/447; **BGBl I 2001/97; ***BGBl I 2010/29)

(2) Der Antrag auf Eröffnung des Konkurses kann nur von der „FMA" gestellt werden. Diese ist bei Vorliegen der Voraussetzungen vorbehaltlich des § 98 zur Antragstellung verpflichtet. Der Konkurs ist auf Antrag der „FMA" sofort zu eröffnen. *(BGBl 1996/447; BGBl I 2001/97)*

Kurator

§ 90. (1) Das Konkursgericht hat bei Konkurseröffnung einen Kurator zur Geltendmachung der Versicherungsforderungen, die in das Deckungserfordernis einzubeziehen waren, zu bestellen. Der Kurator hat diese Versicherungsforderungen zu ermitteln und anzumelden. Er ist verpflichtet, die Anspruchsberechtigten auf ihr Verlangen vor Anmeldung der Forderung zu hören und sie von der Anmeldung zu benachrichtigen. Das Recht der Anspruchsberechtigten, die Forderungen selbst anzumelden, bleibt unberührt. *(BGBl I 2003/36)*

(2) Der Masseverwalter hat dem Kurator und auf Verlangen den Inhabern von Versicherungsforderungen gemäß Abs. 1 Einsicht in die Bücher und Aufzeichnungen des Versicherungsunternehmens und in die Aufstellung der Deckungsstockwerte (§ 92 Abs. 1) zu gewähren. *(BGBl I 2003/36)*

(3) Der Kurator hat gegen die Konkursmasse Anspruch auf Ersatz seiner Barauslagen und auf eine angemessene Vergütung seiner Mühewaltung. „§ 125 „Insolvenzordnung"*** ist anzuwenden."* *(*BGBl I 1998/126; **BGBl I 2010/29)*

Erlöschen von Versicherungsverhältnissen

§ 91. Bei Versicherungen, die unter § 18 Abs. 1 fallen, erlöschen durch die Konkurseröffnung die Versicherungsverhältnisse.

Deckungsstock im Konkurs

§ 92. (1) Sofern für Versicherungen ein Deckungsstock besteht, hat das Versicherungsunternehmen dem Konkursgericht unverzüglich eine Aufstellung der zum Zeitpunkt der Konkurseröffnung dem Deckungsstock gewidmeten Vermögenswerte vorzulegen. *(BGBl 1996/447)*

(2) Der Deckungsstock bildet im Konkurs eine Sondermasse (§ 48 Abs. 1 „Insolvenzordnung"). Rückflüsse und Erträge aus den dem Deckungsstock gewidmeten Vermögenswerten und Prämien (abzüglich der Rückversicherungsabgabe) für die in das Deckungserfordernis einbezogenen Versicherungsverträge, die nach der Eröffnung des Konkursverfahrens eingehen, fallen in diese Sondermasse. *(BGBl I 2003/36; BGBl I 2010/29)*

(3) Die gemäß Abs. 1 vorgelegte Aufstellung darf nach Eröffnung des Konkursverfahrens nicht mehr geändert werden. Technische Richtigstellungen bei den eingetragenen Vermögenswerten darf der Masseverwalter mit Zustimmung des Konkursgerichts vornehmen. *(BGBl I 2003/36)*

(4) Ist der Erlös aus der Verwertung der Vermögenswerte geringer als ihre Bewertung in der gemäß Abs. 1 vorgelegten Aufstellung, so hat der Masseverwalter dies dem Konkursgericht mitzuteilen und die Abweichung zu begründen. *(BGBl I 2003/36)*

(5) Für Versicherungsforderungen, die in das Deckungserfordernis einzubeziehen waren, gilt § 25 Abs. 1 bis 3 sinngemäß. Für die Höhe dieser Versicherungsforderungen und des gesamten Deckungserfordernisses ist der Zeitpunkt der Konkurseröffnung maßgebend. *(BGBl I 2003/36)*

(6) Soweit Versicherungsforderungen gemäß Abs. 3 aus dem Deckungsstock nicht zur Gänze befriedigt werden, sind sie wie sonstige Versicherungsforderungen zu behandeln. *(BGBl I 2003/36)*

Anmeldung

§ 93. Die aus den Büchern des Versicherungsunternehmens feststellbaren Versicherungsforderungen gelten als angemeldet. Das Recht der Anspruchsberechtigten und die Pflicht des Kurators (§ 90), auch diese Forderungen anzumelden, bleiben unberührt.

(BGBl I 2003/36)

Rangordnung

§ 94. (1) Versicherungsforderungen gehen den übrigen Konkursforderungen vor. § 92 Abs. 2 bleibt unberührt.

(2) Ansprüche auf die Versicherungsleistung gehen allen anderen Versicherungsforderungen vor. Innerhalb des gleichen Ranges sind die Forderungen nach dem Verhältnis ihrer Beträge zu befriedigen.

(3) Abweichend von § 103 Abs. 1 „Insolvenzordnung" braucht die Forderungsanmeldung keine Angabe der Rangordnung zu enthalten. *(BGBl I 2010/29)*

(BGBl I 2003/36)

Ausschluss des insolvenzrechtlichen Sanierungsverfahrens

§ 95. (1) Über das Vermögen eines Versicherungsunternehmens kann ein insolvenzrechtliches Sanierungsverfahren nicht eröffnet werden.

(2) Im Konkurs eines Versicherungsunternehmens findet ein insolvenzrechtlicher Sanierungsplanantrag nicht statt.

(BGBl I 2010/58)

Versicherungsvereine auf Gegenseitigkeit

§ 96. (1) Für die Beurteilung der Überschuldung eines Versicherungsvereins auf Gegenseitigkeit sind ausgeschriebene Nachschüsse, die sechs Monate nach ihrer Fälligkeit noch nicht eingezahlt sind, nicht mehr als Aktiva des Vereins zu werten.

(2) Für die Berechnung und die Eintreibung der Nachschüsse im Konkurs sind die §§ 2 und 4 bis 12 der Verordnung vom 21. März 1918, RGBl. Nr. 105, über den Konkurs, die Geltendmachung der Haftung und das Ausgleichsverfahren bei Erwerbs- und Wirtschaftsgenossenschaften sinngemäß anzuwenden. Die Nachschüsse dürfen ein in der Satzung festgesetztes Höchstmaß nicht übersteigen.

(3) Bei der Beurteilung, ob das Vermögen des Vereins zur Deckung der Kosten des Konkursverfahrens voraussichtlich ausreichen wird, sind die nach Abs. 2 zulässigen Nachschüsse zu berücksichtigen.

(4) Die Ansprüche auf Tilgung des Gründungsfonds gehen allen übrigen Konkursforderungen nach.

Ausländische Versicherungsunternehmen

§ 97. *(aufgehoben, BGBl I 2003/36)*

Verbot und Herabsetzung von Leistungen

§ 98. (1) Ergibt sich bei der Prüfung der Geschäftsführung und der Vermögenslage eines Versicherungsunternehmens, dass die Voraussetzung für die Eröffnung des Konkurses gemäß § 66 oder § 67 „Insolvenzordnung" erfüllt ist, die Vermeidung eines Konkurses aber im Interesse der Versicherten gelegen ist, so hat die FMA für das auf Grund der gemäß § 4 Abs. 1 erteilten Konzession betriebene Geschäft, sofern dies mit dem Interesse der Versicherten aus den im Rahmen dieses Geschäfts abgeschlossenen Versicherungsverträgen vereinbar ist,

1. Zahlungen, insbesondere Versicherungsleistungen, in der Lebensversicherung auch Rückkäufe und Vorauszahlungen auf Polizzen, in dem zur Überwindung der Zahlungsschwierigkeiten erforderlichen Ausmaß zu untersagen oder

2. Verpflichtungen des Versicherers aus der Lebensversicherung entsprechend dem vorhandenen Vermögen herabzusetzen.
(BGBl I 2010/29)

(2) Die nach Abs. 1 Z 1 getroffenen Maßnahmen sind aufzuheben, sobald die Vermögenslage des Versicherungsunternehmens dies gestattet.

(3) Die Pflicht der Versicherungsnehmer, die Prämien (Beiträge) in der bisherigen Höhe weiter zu zahlen, wird durch Maßnahmen nach Abs. 1 nicht berührt.

(4) Eine nach dem Recht eines anderen Vertragsstaates ergriffene Sanierungsmaßnahme im Sinne des Art. 2 lit. c der Richtlinie 2001/17/EG (ABl. Nr. L 110 vom 20. April 2001, S 28) ist in Österreich wirksam. Auf im Sinne des Art. 2 lit. i dieser Richtlinie bestellte Verwalter und deren Vertreter ist § 241 „Insolvenzordnung" sinngemäß anzuwenden. Auf Antrag des Verwalters oder jeder Behörde oder jedes Gerichtes des Staates, in dem die Sanierungsmaßnahme eingeleitet wurde, ist die Einleitung der Sanierungsmaßnahme in das Grundbuch und das Firmenbuch einzutragen. *(BGBl I 2010/29)*

(5) Vor Einleitung einer Maßnahme gemäß Abs. 1 gegen die Zweigniederlassung eines Versicherungsunternehmens mit Sitz außerhalb eines Vertragsstaates hat die FMA die zuständigen Behörden anderer Vertragsstaaten, in denen das Versicherungsunternehmen ebenfalls eine Zweigniederlassung errichtet hat, zu hören. Ist dies vor Einleitung der Maßnahme nicht möglich, so sind diese Behörden unmittelbar danach zu unterrichten.

(6) Die §§ 222 bis 231 „Insolvenzordnung" sind auf Maßnahmen gemäß Abs. 1 sinngemäß anzuwenden. *(BGBl I 2010/29)*

(BGBl I 2003/36)

Achtes Hauptstück

VERHINDERUNG DER GELDWÄSCHEREI UND DER TERRORISMUSFINANZIERUNG

Anwendungsbereich und Begriffsbestimmungen

§ 98a. (1) Die Bestimmungen dieses Hauptstückes gelten für Versicherungsunternehmen im Rahmen des Betriebes der Lebensversicherung.

(2) Für die Zwecke dieses Hauptstückes gelten folgende Begriffsbestimmungen:

1. „politisch exponierte Personen: diejenigen natürlichen Personen, die wichtige öffentliche

13. VAG
§§ 98a – 98b

Ämter ausüben und deren unmittelbare Familienmitglieder oder ihnen bekanntermaßen nahe stehende Personen; unbeschadet der im Rahmen der verstärkten Sorgfaltspflichten gegenüber Kunden auf risikobezogener Grundlage getroffenen Maßnahmen sind Versicherungsunternehmen jedoch nicht verpflichtet, eine Person, die seit mindestens einem Jahr keine wichtigen öffentlichen Ämter mehr ausübt, als politisch exponiert zu betrachten;" *(BGBl I 2010/37)*

a) „Wichtige öffentliche Ämter" sind hiebei die folgenden Funktionen:

aa) Staatschefs, Regierungschefs, Minister, stellvertretende Minister und Staatssekretäre;

bb) Parlamentsmitglieder;

cc) Mitglieder von obersten Gerichten, Verfassungsgerichten oder sonstigen hochrangigen Institutionen der Justiz, gegen deren Entscheidungen, von außergewöhnlichen Umständen abgesehen, kein Rechtsmittel eingelegt werden kann;

dd) Mitglieder der Rechnungshöfe oder der Vorstände von Zentralbanken;

ee) Botschafter, Geschäftsträger oder hochrangige Offiziere der Streitkräfte;

ff) Mitglieder der Verwaltungs-, Leitungs- oder Aufsichtsorgane staatlicher Unternehmen.

Sublit. aa bis ee gelten auch für Positionen auf Gemeinschaftsebene und für Positionen bei internationalen Organisationen.

b) Als „unmittelbare Familienmitglieder" gelten:

aa) Ehepartner;

bb) der Partner, der nach einzelstaatlichem Recht dem Ehepartner gleichgestellt ist;

cc) die Kinder und deren Ehepartner oder Partner, die nach einzelstaatlichem Recht dem Ehepartner gleichgestellt sind;

dd) die Eltern.

c) Als „bekanntermaßen nahe stehende Personen" gelten folgende Personen:

aa) jede natürliche Person, die bekanntermaßen mit einem Inhaber eines wichtigen öffentlichen Amtes gemeinsame wirtschaftliche Eigentümerin von Rechtspersonen, wie beispielsweise Stiftungen, oder von Trusts ist oder ein sonstiges enges geschäftliches Naheverhältnis zum Inhaber eines wichtigen öffentlichen Amtes unterhält;

bb) jede natürliche Person, die alleinige wirtschaftliche Eigentümerin von Rechtspersonen, wie beispielsweise Stiftungen, oder von Trusts ist, die bekanntermaßen tatsächlich zum Nutzen des Inhabers eines wichtigen öffentlichen Amtes errichtet wurden.

2. Geschäftsbeziehung: ist eine geschäftliche Beziehung, die zwischen dem Versicherungsunternehmen und dem oder den Kunden durch den Abschluss eines Versicherungsvertrages, die Übernahme eines Versicherungsvertrages oder die Abtretung eines Anspruches aus einem Versicherungsvertrag begründet wird.

3. wirtschaftlicher Eigentümer: sind die natürlichen Personen, in deren Eigentum oder unter deren Kontrolle der Kunde letztlich steht. Der Begriff des wirtschaftlichen Eigentümers umfasst insbesondere:

a) bei Gesellschaften:

aa) die natürlichen Personen, in deren Eigentum oder unter deren Kontrolle eine Rechtsperson über das direkte oder indirekte Halten oder Kontrollieren eines ausreichenden Anteils von Aktien oder Stimmrechten jener Rechtsperson, einschließlich über Beteiligungen in Form von Inhaberaktien, letztlich steht, bei der es sich nicht um eine auf einem geregelten Markt notierte Gesellschaft handelt, die dem Gemeinschaftsrecht entsprechenden Offenlegungsanforderungen oder gleichwertigen internationalen Standards unterliegt; ein Anteil von 25 % plus einer Aktie gilt als ausreichend, damit dieses Kriterium erfüllt wird;

bb) die natürlichen Personen, die auf andere Weise die Kontrolle über die Geschäftsleitung einer Rechtsperson ausüben;

b) bei Rechtspersonen, wie beispielsweise Stiftungen, und bei Trusts, die Gelder verwalten oder verteilen:

aa) sofern die künftigen Begünstigten bereits bestimmt wurden, jene natürlichen Personen, die die Begünstigten von 25 % oder mehr der Zuwendungen eines Trusts oder einer Rechtsperson sind;

bb) sofern die Einzelpersonen, die Begünstigte des Trusts oder der Rechtsperson sind, noch nicht bestimmt wurden, die Gruppe von Personen, in deren Interesse hauptsächlich der Trust oder die Rechtsperson wirksam ist oder errichtet wurde;

cc) die natürlichen Personen, die eine Kontrolle über 25 % oder mehr des Vermögens eines Trusts oder einer Rechtsperson ausüben.

4. Kunde: sind der Versicherungsnehmer und der Begünstigte aus dem Versicherungsvertrag. Dem Begünstigten ist derjenige gleichzuhalten, der die Ansprüche aus einem Versicherungsvertrag abgetreten erhält.

(BGBl I 2007/107)

Sorgfaltspflichten zur Bekämpfung von Geldwäscherei und Terrorismusfinanzierung

§ 98b. (1) Die Versicherungsunternehmen haben die Identität eines Kunden festzustellen und zu überprüfen:

1. vor Begründung einer Geschäftsbeziehung;

2. vor Durchführung von allen nicht in den Rahmen einer Geschäftsbeziehung fallenden Transaktionen, deren Betrag sich auf mindestens 15 000 Euro oder Euro-Gegenwert beläuft, und zwar unabhängig davon, ob die Transaktion in

einem einzigen Vorgang oder in mehreren Vorgängen, zwischen denen eine Verbindung offenkundig gegeben ist, getätigt wird; ist der Betrag vor Beginn der Transaktion nicht bekannt, so ist die Identität dann festzustellen, sobald der Betrag bekannt ist und festgestellt wird, dass er mindestens 15 000 Euro oder Euro-Gegenwert beträgt;

3. wenn der Verdacht oder der berechtigte Grund zu der Annahme besteht, dass der Kunde einer terroristischen Vereinigung (§ 278b des Strafgesetzbuches, BGBl. Nr. 60/1974 [StGB]) angehört oder dass der Kunde objektiv an Transaktionen mitwirkt, die der Geldwäscherei (§ 165 StGB – unter Einbeziehung von Vermögensbestandteilen, die aus einer strafbaren Handlung des Täters selbst herrühren) oder der Terrorismusfinanzierung (§ 278d StGB) dienen;

4. bei Zweifel an der Echtheit oder der Angemessenheit zuvor erhaltener Kundenidentifikationsdaten.

Die Identität eines Kunden ist durch persönliche Vorlage seines amtlichen Lichtbildausweises festzustellen. Als amtlicher Lichtbildausweis in diesem Sinn gelten von einer staatlichen Behörde ausgestellte Dokumente, die mit einem nicht austauschbaren erkennbaren Kopfbild der betreffenden Person versehen sind, und den Namen, das Geburtsdatum und die Unterschrift der Person sowie die ausstellende Behörde enthalten. Bei Reisedokumenten von Fremden muss das vollständige Geburtsdatum dann nicht im Reisedokument enthalten sein, wenn dies dem Recht des ausstellenden Staates entspricht. Bei juristischen Personen und bei nicht eigenberechtigten natürlichen Personen ist die Identität der vertretungsbefugten natürlichen Person durch Vorlage ihres amtlichen Lichtbildausweises festzustellen und die Vertretungsbefugnis anhand geeigneter Bescheinigungen zu überprüfen. Die Feststellung der Identität der juristischen Person hat anhand von beweiskräftigen Urkunden zu erfolgen, die gemäß dem am Sitz der juristischen Personen landesüblichen Rechtsstandard verfügbar sind. Von den vorstehenden Bestimmungen darf nur in den Fällen gemäß §§ 98c und 98e abgewichen werden. Von den Kriterien des amtlichen Lichtbildausweises können einzelne Kriterien entfallen, wenn auf Grund des technischen Fortschritts andere gleichwertige Kriterien eingeführt werden, wie beispielsweise biometrische Daten, die den entfallenen Kriterien in ihrer Legitimationswirkung zumindest gleichwertig sind. Das Kriterium der Ausstellung durch eine staatliche Behörde muss jedoch immer gegeben sein.

(2) Das Versicherungsunternehmen hat denjenigen, der eine Geschäftsbeziehung zu dem Versicherungsunternehmen begründen will aufzufordern, bekannt zu geben, ob er als Treuhänder auftritt; dieser hat der Aufforderung zu entsprechen und diesbezügliche Änderungen während aufrechter Geschäftsbeziehung von sich aus unverzüglich bekannt zu geben. Gibt dieser bekannt, dass er als Treuhänder auftreten will, so hat er dem Versicherungsunternehmen auch die Identität des Treugebers nachzuweisen und das Versicherungsunternehmen hat die Identität des Treugebers festzustellen und zu überprüfen. Die Identität des Treuhänders ist gemäß Abs. 1 und zwar ausschließlich bei physischer Anwesenheit des Treuhänders festzustellen. Eine Identifizierung des Treuhänders durch Dritte ist ebenfalls ausgeschlossen. Die Feststellung und Überprüfung der Identität des Treugebers hat bei natürlichen Personen durch Vorlage des Originals oder einer Kopie des amtlichen Lichtbildausweises (Abs. 1) des Treugebers zu erfolgen, bei juristischen Personen durch beweiskräftige Urkunden gemäß Abs. 1. Der Treuhänder hat weiters eine schriftliche Erklärung gegenüber dem Versicherungsunternehmen abzugeben, dass er sich persönlich oder durch verlässliche Gewährspersonen von der Identität des Treugebers überzeugt hat. Verlässliche Gewährspersonen in diesem Sinn sind Gerichte und sonstige staatliche Behörden, Notare, Rechtsanwälte und Dritte im Sinne des § 98e.
(BGBl I 2013/184)

(3) Die Versicherungsunternehmen haben weiters:

1. den Kunden aufzufordern die Identität des wirtschaftlichen Eigentümers des Kunden bekannt zu geben und dieser hat dieser Aufforderung zu entsprechen sowie risikobasierte und angemessene Maßnahmen zur Überprüfung von dessen Identität zu ergreifen, sodass sie davon überzeugt sind zu wissen, wer der wirtschaftliche Eigentümer ist; im Falle von juristischen Personen oder von Trusts schließt dies risikobasierte und angemessene Maßnahmen ein, um die Eigentums- und die Kontrollstruktur des Kunden zu verstehen,

2. risikobasierte und angemessene Maßnahmen zu ergreifen, um Informationen über Zweck und Art der angestrebten Geschäftsbeziehung einzuholen,

3. risikobasierte und angemessene Maßnahmen zu ergreifen, um eine kontinuierliche Überwachung der Geschäftsbeziehung einschließlich einer Überprüfung der im Verlauf der Geschäftsbeziehung abgewickelten Transaktionen, durchzuführen, um sicherzustellen, dass diese mit den Kenntnissen des Versicherungsunternehmens über den Kunden, seine Geschäftstätigkeit und sein Risikoprofil, einschließlich erforderlichenfalls der Herkunft der Geld- oder Finanzmittel, kohärent sind, und Gewähr zu leisten, dass die jeweiligen Dokumente, Daten oder Informationen stets aktualisiert werden.

(4) Die Versicherungsunternehmen haben ihr Geschäft anhand geeigneter Kriterien (insbesondere Produkte, Kunden, Komplexität der Transaktionen, Geschäft der Kunden, Geographie) einer

Risikoanalyse betreffend ihres Risikos, für Zwecke der Geldwäscherei und Terrorismusfinanzierung missbraucht zu werden, zu unterziehen. Die Versicherungsunternehmen müssen gegenüber der FMA nachweisen können, dass der Umfang der auf Grund der Analyse gesetzten Maßnahmen im Hinblick auf die Risiken der Geldwäscherei und der Terrorismusfinanzierung als angemessen anzusehen ist.

(5) Abweichend von Abs. 1 Z 1 können Versicherungsunternehmen die Identität des Begünstigten aus dem Versicherungsvertrag auch erst vor der Auszahlung, oder wenn der Begünstigte seine Rechte aus dem Versicherungsvertrag in Anspruch nimmt, überprüfen.

(6) Für den Fall, dass die Versicherungsunternehmen nicht in der Lage sind, Abs. 1 bis 3 zur Kundenidentifizierung und Erlangung der sonstigen erforderlichen Informationen über die Geschäftsbeziehung einzuhalten, dürfen sie keine Geschäftsbeziehung begründen und keine Transaktion durchführen; überdies ist eine Meldung über den Kunden an die Behörde „(Geldwäschemeldestelle (§ 4 Abs. 2 des Bundeskriminalamt-Gesetzes, BGBl. I Nr. 22/2002))" gemäß § 98f Abs. 1 in Erwägung zu ziehen. *(BGBl I 2010/37)*

(7) Die Versicherungsunternehmen haben die Sorgfaltspflichten gemäß diesem Hauptstück zur Feststellung und Überprüfung der Kundenidentität nicht nur auf alle neuen Kunden, sondern zu geeigneter Zeit auch auf die bestehende Kundschaft auf risikoorientierter Grundlage anzuwenden.

(8) Die Versicherungsunternehmen haben

1. zu veranlassen, dass in ihren Zweigstellen und den Tochterunternehmen in Drittländern Maßnahmen angewendet werden, die zumindest denen entsprechen, die in diesem Bundesgesetz im Hinblick auf die Sorgfaltspflichten gegenüber Kunden, die Meldepflichten, die Strategien und Verfahren, die Regelungen über den Geldwäschebeauftragten, die interne Revision und die Aufbewahrung von Aufzeichnungen festgelegt sind; *(BGBl I 2010/37)*

2. die FMA hiervon zu informieren, wenn die Anwendung der Maßnahmen gemäß Z 1 nach den Rechtsvorschriften der betreffenden Drittländer nicht zulässig ist und außerdem andere Maßnahmen zu ergreifen, um dem Risiko der Geldwäsche oder der Terrorismusfinanzierung wirkungsvoll zu begegnen.

„Die FMA hat die zuständigen Behörden der anderen Vertragsstaaten, die Europäische Kommission sowie in dem Umfang, in dem es für die Zwecke der Richtlinie 2005/60/EG relevant ist und in Übereinstimmung mit den einschlägigen Bestimmungen der Verordnung (EU) Nr. 1093/2010 (ABl. L 331 vom 15.12.2010, S. 12), der Verordnung (EU) Nr. 1094/2010 (ABl. L 331 vom 15.12.2010, S. 48) und der Verordnung (EU) Nr. 1095/2010 (ABl. L 331 vom 15.12.2010, S. 84) die Europäische Bankaufsichtsbehörde – EBA (Verordnung (EU) Nr. 1093/2010), die Europäische Aufsichtsbehörde für das Versicherungswesen und die betriebliche Altersversorgung – EIOPA (Verordnung (EU) Nr. 1094/2010) und die Europäische Wertpapier- und Marktaufsichtsbehörde – ESMA (Verordnung (EU) Nr. 1095/2010) über Fälle zu unterrichten, in denen die Anwendung der nach Z 1 erforderlichen Maßnahmen nach den Rechtsvorschriften eines Drittlands nicht zulässig ist und eine Lösung im Rahmen eines abgestimmten Vorgehens angestrebt werden könnte." *(BGBl I 2011/145)*

(9) Im Zusammenhang mit Nichtkooperationsstaaten ist § 78 Abs. 9 des Bankwesengesetzes, BGBl. Nr. 532/1993 (BWG) sinngemäß anzuwenden.

(BGBl I 2007/107)

Vereinfachte Sorgfaltspflichten

§ 98c. (1) „Die Versicherungsunternehmen können geringere Maßnahmen als die in § 98b Abs. 1 Z 1, 2 und 4, Abs. 2 und 3 festgelegten Pflichten in den folgenden Fällen vorbehaltlich einer Beurteilung als geringes Risiko der Geldwäscherei und der Terrorismusfinanzierung anwenden:" *(BGBl I 2010/37)*

1. Wenn es sich bei dem Kunden um

a) ein Versicherungsunternehmen, soweit es den Bestimmungen dieses Hauptstückes unterliegt, ein Kreditinstitut gemäß § 1 Abs. 1 BWG oder ein Kredit- und Finanzinstitut gemäß Art. 3 der Richtlinie 2005/60/EG (ABl. Nr. L 309 vom 25. November 2005, S. 15),

b) ein in einem Drittland ansässiges Versicherungsunternehmen, Kreditinstitut oder anderes Finanzinstitut, im Sinne des Art. 3 der Richtlinie 2005/60/EG, das dort gleichwertigen Pflichten, wie in der Richtlinie 2005/60/EG vorgesehen, unterworfen ist und einer Aufsicht in Bezug auf deren Einhaltung unterliegt,

c) eine börsennotierte Gesellschaft, deren Wertpapiere zum Handel auf einem geregelten Markt in einem oder mehreren Vertragsstaaten zugelassen sind, oder eine börsennotierte Gesellschaft aus einem Drittland, die gemäß einer auf Basis der Verordnungsermächtigung gemäß § 85 Abs. 10 BörseG durch die FMA zu erlassenden Verordnung Offenlegungsanforderungen unterliegt, die dem Europäischen Gemeinschaftsrecht entsprechen oder mit diesem vergleichbar sind,

d) eine inländische Behörde oder

e) eine Behörde oder öffentliche Einrichtung,

aa) wenn diese auf der Grundlage des Vertrags über die Europäische Union, der Verträge zur Gründung der Europäischen Gemeinschaften oder des Sekundärrechts der Europäischen Gemeinschaften mit öffentlichen Aufgaben betraut wurde, bb) deren Identität öffentlich nachprüfbar und transparent ist und zweifelsfrei feststeht,

cc) deren Tätigkeiten und Rechnungslegungspraktiken transparent sind und

dd) wenn diese entweder gegenüber einem Organ der Europäischen Gemeinschaften oder den Behörden eines Vertragsstaats rechenschaftspflichtig ist oder anderweitige Kontroll- und Gegenkontrollmechanismen zur Überprüfung ihrer Tätigkeit bestehen,

handelt.

2. Gegenüber Kunden in Bezug auf nachstehende Versicherungsverträge und die damit zusammenhängenden Transaktionen:

a) Lebensversicherungsverträge, wenn die Höhe der im Laufe des Jahres zu zahlenden Prämien 1 000 Euro nicht übersteigt oder wenn bei Zahlung einer einmaligen Prämie diese nicht mehr als 2 500 Euro beträgt,

b) Rentenversicherungsverträge, sofern diese weder eine Rückkaufklausel enthalten noch als Sicherheit für ein Darlehen dienen können.

(2) Bei der Bewertung, inwieweit die in Abs. 1 Z 1 genannten Kunden und die in Abs. 1 Z 2 genannten Produkte ein geringes Risiko der Geldwäscherei oder Terrorismusfinanzierung darstellen, ist von den Versicherungsunternehmen der Tätigkeiten dieser Kunden und der Art der Produkte und Transaktionen, bei denen mit erhöhter Wahrscheinlichkeit auf die Verwendung zum Zwecke der Geldwäscherei oder der Terrorismusfinanzierung geschlossen werden kann, besondere Aufmerksamkeit zu widmen. Die Versicherungsunternehmen dürfen bei den in Abs. 1 Z 1 genannten Kunden und den in Abs. 1 Z 2 genannten Produkten und Transaktionen nicht von einem geringen Risiko der Geldwäscherei oder der Terrorismusfinanzierung ausgehen, wenn der ihnen vorliegenden Informationen darauf schließen lassen, dass das Risiko der Geldwäscherei oder der Terrorismusfinanzierung möglicherweise nicht gering ist. Diesfalls sind die in diesem Paragraphen geregelten Erleichterungen nicht anzuwenden. *(BGBl I 2010/37)*

(3) Die Versicherungsunternehmen haben ausreichende Informationen aufzubewahren, um nachweisen zu können, dass die Vorraussetzungen für die Anwendung der vereinfachten Sorgfaltspflichten vorliegen.

(4) Die Bundesregierung hat im Einvernehmen mit dem Hauptausschuss des Nationalrates durch Verordnung zu verfügen, dass die Befreiungen nach Abs. 1 nicht mehr anzuwenden sind, wenn die Europäische Kommission eine Entscheidung nach Art. 40 Abs. 4 der Richtlinie 2005/60/EG trifft.

(5) Die FMA unterrichtet die zuständigen Behörden in den anderen Vertragsstaaten, die Europäische Kommission sowie in dem Umfang, in dem es für die Zwecke der Richtlinie 2005/60/EG relevant ist und in Übereinstimmung mit den einschlägigen Bestimmungen der Verordnung (EU) Nr. 1093/2010, der Verordnung (EU) Nr. 1094/2010 und der Verordnung (EU) Nr. 1095/2010 die EBA, die EIOPA und die ESMA über Fälle, in denen ein Drittland ihres Erachtens die in Abs. 1 festgelegten Bedingungen erfüllt. *(BGBl I 2011/145)*

(BGBl I 2007/107)

Verstärkte Sorgfaltspflichten

§ 98d. (1) Die Versicherungsunternehmen haben in den Fällen, in denen ihrem Wesen nach ein erhöhtes Risiko der Geldwäscherei oder Terrorismusfinanzierung besteht, auf risikoorientierter Grundlage zusätzlich zu den Pflichten der § 98b Abs. 1 bis 3 und 7 weitere angemessene Sorgfaltspflichten anzuwenden „und die Geschäftsbeziehung einer verstärkten kontinuierlichen Überwachung zu unterziehen". Sie haben jedenfalls zusätzlich: *(BGBl I 2010/37)*

1. in den Fällen, in denen der Kunde oder die für ihn im Sinne des § 98b Abs. 1 vertretungsbefugte natürliche Person zur Feststellung der Identität nicht physisch anwesend ist und daher die persönliche Vorlage eines amtlichen Lichtbildausweises nicht möglich ist, spezifische und angemessene Maßnahmen zu ergreifen, um das erhöhte Risiko auszugleichen; sie haben – außer bei Verdacht oder bei berechtigtem Grund zur Annahme gemäß § 98b Abs. 1 Z 3, da in diesen Fällen jedenfalls der Geschäftskontakt zu unterbleiben hat – dafür zu sorgen, dass zumindest entweder

a) die rechtsgeschäftliche Erklärung des Kunden entweder an Hand einer qualifizierten elektronischen Signatur gemäß § 2 Z 3a Signaturgesetz, BGBl. I Nr. 190/1999 (SigG) vorliegt; oder, wenn dies nicht der Fall ist, dass die rechtsgeschäftliche Erklärung des Versicherungsunternehmens schriftlich mit eingeschriebener Postzustellung an diejenige Kundenadresse abgegeben wird, die als Wohnsitz oder Sitz des Kunden angegeben worden ist,

b) ihnen Name, Geburtsdatum und Adresse des Kunden, bei juristischen Personen die Firma und der Sitz bekannt sind; bei juristischen Personen muss der Sitz zugleich der Sitz der zentralen Verwaltung sein, worüber der Kunde eine schriftliche Erklärung abzugeben hat. Weiters muss eine Kopie des amtlichen Lichtbildausweises des Kunden oder seines gesetzlichen Vertreters oder bei juristischen Personen des vertretungsbefugten Organs dem Versicherungsunternehmen vor der Begründung der Geschäftsbeziehung vorliegen, sofern nicht das Rechtsgeschäft elektronisch an Hand einer qualifizierten elektronischen Signatur abgeschlossen wird und

c) wenn der Sitz oder Wohnsitz außerhalb des EWR liegt, eine schriftliche Bestätigung eines Kreditinstitutes gemäß § 98e Abs. 1 Z 3, mit dem der Kunde eine dauernde Geschäftsverbindung hat, vorliegt, dass der Kunde im Sinne des § 98b Abs. 1, 2, Abs. 3 Z 1 oder 2 bzw. Art. 8 Abs. 1 lit. a bis c der Richtlinie 2005/60/EG identifiziert wurde und dass die dauernde Geschäftsverbindung aufrecht ist. Hat das bestätigende Kreditinstitut seinen Sitz in einem Drittland, so muss dieses Drittland den Anforderungen der Art. 16 bis 18 der vorgenannten Richtlinie gleichwertige Anforderungen stellen. An Stelle einer Identifizierung und Bestätigung durch ein Kreditinstitut ist auch eine Identifizierung und schriftliche Bestätigung durch die österreichische Vertretungsbehörde im betreffenden Drittland oder einer anerkannten Beglaubigungsstelle zulässig

oder

d) die erste Zahlung im Rahmen der Geschäftsbeziehung über ein Konto abgewickelt wird, das im Namen des Kunden bei einem Kreditinstitut gemäß § 98e Abs. 1 Z 3 und Abs. 2 eröffnet wurde; diesfalls müssen ihnen jedoch jedenfalls Name, Geburtsdatum und Adresse des Kunden, bei juristischen Personen die Firma und der Sitz bekannt sein und Kopien von Dokumenten des Kunden vorliegen, aufgrund derer die Angaben des Kunden bzw. seiner vertretungsbefugten natürlichen Person glaubhaft nachvollzogen werden können. Anstelle dieser Kopien ist es ausreichend, wenn eine schriftliche Bestätigung des Kreditinstitutes vorliegt, über das die erste Zahlung abgewickelt werden soll, dass der Kunde im Sinne des § 98b Abs. 1, 2, Abs. 3 Z 1 oder 2 bzw. Art. 8 Abs. 1 lit. a bis c der Richtlinie 2005/60/EG identifiziert wurde.

Z 1 gilt vorbehaltlich einer Beurteilung als geringes Risiko der Geldwäscherei und Terrorismusfinanzierung nicht in Bezug auf die in § 98c Abs. 1 Z 2 genannten Versicherungsverträge und die damit zusammenhängenden Transaktionen.

2. „hinsichtlich Transaktionen oder Geschäftsbeziehungen mit Bezug zu politisch exponierten Personen von anderen Vertragsstaaten oder von Drittländern, wobei diesen Personen solche gleichzuhalten sind, die erst im Laufe der Geschäftsbeziehung politisch exponierte Personen werden," *(BGBl I 2010/37)*

a) über angemessene, risikobasierte Verfahren zu verfügen, anhand derer bestimmt werden kann, ob es sich bei dem Kunden um eine politisch exponierte Person handelt oder nicht;

b) die Zustimmung der Führungsebene einzuholen, bevor sie Geschäftsbeziehungen mit diesen Kunden aufnehmen;

c) angemessene Maßnahmen zu ergreifen, mit denen die Herkunft des Vermögens und die Herkunft der Gelder bestimmt werden kann, die im Rahmen der Geschäftsbeziehung oder der Transaktion eingesetzt werden und

d) die Geschäftsbeziehung einer verstärkten kontinuierlichen Überwachung zu unterziehen.

Die FMA kann darüber hinaus mit Zustimmung des Bundesministers für Finanzen durch Verordnung für weitere Fälle, bei denen ihrem Wesen nach ein erhöhtes Risiko der Geldwäscherei oder Terrorismusfinanzierung besteht, insbesondere im Zusammenhang mit Staaten, in denen laut glaubwürdiger Quelle ein erhöhtes Risiko der Geldwäscherei und der Terrorismusfinanzierung besteht, den Versicherungsunternehmen die Verpflichtung auferlegen, zusätzlich zu den Pflichten der § 98b Abs. 1 bis 3 und 7 weitere angemessene Sorgfaltspflichten anzuwenden und die Geschäftsbeziehung einer verstärkten kontinuierlichen Überwachung zu unterziehen.

(2) Die Versicherungsunternehmen haben jede Transaktion besonders sorgfältig zu prüfen, sofern es ihres Erachtens besonders wahrscheinlich ist, dass die Geschäftsbeziehung oder die Transaktion mit Geldwäscherei (§ 165 StGB – unter Einbeziehung von Vermögensbestandteilen, die aus einer strafbaren Handlung des Täters selbst herrühren) oder Terrorismusfinanzierung (§ 278d StGB) zusammenhängen könnten und erforderlichenfalls Maßnahmen zu ergreifen, um der Nutzung für Zwecke der Geldwäscherei oder der Terrorismusfinanzierung vorzubeugen.

(BGBl I 2007/107)

Ausführung durch Dritte

§ 98e. (1) „Die Versicherungsunternehmen dürfen zur Erfüllung der Pflichten nach § 98b Abs. 1, 2 und 3 Z 1 und 2 auf Dritte zurückgreifen, soweit ihnen nicht Hinweise vorliegen, die eine gleichwertige Erfüllung der genannten Pflichten bezweifeln lassen." Die endgültige Verantwortung für die Erfüllung dieser Pflichten verbleibt jedoch bei den Versicherungsunternehmen, die auf Dritte zurückgreifen. Als Dritte im Sinne dieses Paragraphen gelten: *(BGBl I 2010/37)*

1. Versicherungsunternehmen, soweit sie den Bestimmungen dieses Hauptstückes unterliegen, Versicherungsunternehmen gemäß Art. 3 Z 2 lit. b der Richtlinie 2005/60/EG;

2. Versicherungsvermittler gemäß § 365m Abs. 3 Z 4 GewO 1994, Versicherungsvermittler gemäß Art. 3 Z 2 lit. e der Richtlinie 2005/60/EG;

3. Kreditinstitute gemäß § 1 Abs. 1 BWG, Kredit- und Finanzinstitute gemäß Art. 3 Z 1 und Z 2 lit. a, c, d und f der Richtlinie 2005/60/EG; sofern sie jeweils nicht ausschließlich über eine Berechtigung für die Durchführung des Wechselstubengeschäfts (§ 1 Abs. 1 Z 22 BWG) oder des Finanztransfergeschäfts (§ 1 Abs. 1 Z 23 BWG) verfügen;

4. die in Art. 2 Abs. 1 Z 3 lit. a und b der Richtlinie 2005/60/EG genannten Personen mit Sitz im Inland oder EWR.

(2) Juristische oder natürliche Personen mit Sitz in einem Drittland, die den in Abs. 1 Genannten gleichwertig sind, gelten als Dritte im Sinne des Abs. 1 unter der Voraussetzung, dass sie

1. einer gesetzlich anerkannten obligatorischen Registrierung hinsichtlich ihres Berufs unterliegen und

2. Sorgfaltspflichten gegenüber Kunden und Pflichten zur Aufbewahrung von Unterlagen anwenden müssen, die in diesem Hauptstück oder in der Richtlinie 2005/60/EG festgelegt sind oder diesen entsprechen, und einer Aufsicht gemäß Kapitel V Abschnitt 2 dieser Richtlinie unterliegen, was die Einhaltung der Anforderungen dieser Richtlinie betrifft, oder sie in einem Drittland ansässig ist, das Anforderungen vorschreibt, die denen in dieser Richtlinie entsprechen.

„Die FMA unterrichtet die zuständigen Behörden der anderen Vertragsstaaten, die Europäische Kommission sowie in dem Umfang, in dem es für die Zwecke der Richtlinie 2005/60/EG relevant ist und in Übereinstimmung mit den einschlägigen Bestimmungen der Verordnung (EU) Nr. 1093/2010, der Verordnung (EU) Nr. 1094/2010 und der Verordnung (EU) Nr. 1095/2010 die EBA, die EIOPA und die ESMA über Fälle, in denen ein Drittland ihres Erachtens die vorgenannten Bedingungen erfüllt."
(BGBl I 2011/145)

(3) Wenn die Europäische Kommission eine Entscheidung nach Art. 40 Abs. 4 der Richtlinie 2005/60/EG trifft, untersagt die Bundesregierung im Einvernehmen mit dem Hauptausschuss des Nationalrates durch Verordnung den Versicherungsunternehmen, zur Erfüllung der Pflichten nach § 98b Abs. 1, 2 und 3 Z 1 und 2 auf Dritte aus dem betreffenden Drittland zurückzugreifen.

(4) Die Versicherungsunternehmen haben zu veranlassen, dass die Dritten ihnen die zur Erfüllung der Pflichten nach § 98b Abs. 1, 2 und 3 Z 1 und 2 bzw. nach Art. 8 Abs. 1 lit. a bis c der Richtlinie 2005/60/EG erforderlichen Informationen unverzüglich zur Verfügung stellen. Weiters haben die Versicherungsunternehmen zu veranlassen, dass die maßgeblichen Kopien der Daten hinsichtlich der Feststellung und Überprüfung der Identität des Kunden sowie andere maßgebliche Unterlagen über die Identität des Kunden oder des wirtschaftlichen Eigentümers von dem Dritten ihnen auf ihr Ersuchen unverzüglich weitergeleitet werden.

(5) Dieser Paragraph gilt nicht für „Outsourcing"- oder Vertretungsverhältnisse, bei denen auf der Grundlage eines Vertrages der „Outsourcing"-Dienstleister oder Vertreter als Teil des zur Erfüllung der Pflichten nach § 98b Abs. 1, 2 und

3 Z 1 und 2 verpflichteten Versicherungsunternehmen anzusehen ist.
(BGBl I 2007/107)

Meldepflichten

§ 98f. (1) Ergibt sich der Verdacht oder der berechtigte Grund zur Annahme,

1. dass die beabsichtigte Begründung einer Geschäftsbeziehung oder eine bestehende Geschäftsbeziehung im Zusammenhang mit Vermögensbestandteilen, die aus einer in § 165 StGB aufgezählten strafbaren Handlung herrühren (unter Einbeziehung von Vermögensbestandteilen, die aus einer strafbaren Handlung des Täters selbst herrühren), steht,

2. dass eine versuchte, bevorstehende, laufende oder bereits erfolgte Transaktion im Zusammenhang mit Vermögensbestandteilen, die aus einer in § 165 StGB aufgezählten strafbaren Handlung herrühren (unter Einbeziehung von Vermögensbestandteilen, die aus einer strafbaren Handlung des Täters selbst herrühren), steht,

3. dass ein Vermögensbestandteil aus einer in § 165 StGB aufgezählten strafbaren Handlung herrührt (unter Einbeziehung von Vermögensbestandteilen, die aus einer strafbaren Handlung des Täters selbst herrühren),

4. dass der Versicherungsnehmer der Verpflichtung zur Offenlegung von Treuhandbeziehungen gemäß § 98b Abs. 2 zuwider gehandelt hat oder

5. dass die versuchte, bevorstehende, laufende oder bereits erfolgte Transaktion oder der Vermögensbestandteil im Zusammenhang mit einer kriminellen Vereinigung gemäß § 278 StGB, einer terroristischen Vereinigung gemäß § 278b StGB, einer terroristischen Straftat gemäß § 278c StGB oder der Terrorismusfinanzierung gemäß § 278d StGB steht,

so hat das Versicherungsunternehmen die Behörde (Geldwäschemeldestelle (§ 4 Abs. 2 des Bundeskriminalamt-Gesetzes, BGBl. I Nr. 22/2002)) hievon unverzüglich in Kenntnis zu setzen, hat bis zur Klärung des Sachverhalts von der Begründung der Geschäftsbeziehung Abstand zu nehmen und darf keine Transaktion durchführen, es sei denn, dass die Gefahr besteht, dass dies die Ermittlung des Sachverhalts erschwert oder verhindert. Die Versicherungsunternehmen haben hierbei jeder Tätigkeit besondere Aufmerksamkeit zu widmen, deren Art ihres Erachtens nach besonders nahe legt, dass sie mit Geldwäscherei oder Terrorismusfinanzierung zusammenhängen könnte. Insbesondere fallen komplexe oder unübliche Vertragsgestaltungen, komplexe oder unüblich große Transaktionen und alle unüblichen Muster von Transaktionen ohne offensichtlichen wirtschaftlichen oder erkennbaren rechtmäßigen Zweck darunter. Die Versicherungsunternehmen haben soweit als möglich den Hintergrund und

13. VAG
§ 98f

den Zweck dieser Tätigkeiten, Vertragsgestaltungen und Transaktionen zu prüfen und zwar insbesondere, wenn diese im Zusammenhang mit Staaten stehen, in denen laut glaubwürdiger Quelle ein erhöhtes Risiko der Geldwäscherei und der Terrorismusfinanzierung besteht (§ 98d Abs. 1). Darüber sind in geeigneter Weise schriftliche Aufzeichnungen zu erstellen und mindestens fünf Jahre nach der Prüfung aufzubewahren. Die Versicherungsunternehmen sind berechtigt, von der Behörde (Geldwäschemeldestelle (§ 4 Abs. 2 des Bundeskriminalamt-Gesetzes, BGBl. I Nr. 22/2002)) zu verlangen, dass diese entscheidet, ob gegen die unverzügliche Abwicklung einer Transaktion Bedenken bestehen; äußert sich die Behörde (Geldwäschemeldestelle (§ 4 Abs. 2 des Bundeskriminalamt-Gesetzes, BGBl. I Nr. 22/2002)) bis zum Ende des folgenden Bankarbeitstages nicht, so darf die Transaktion unverzüglich abgewickelt werden. *(BGBl I 2010/37)*

(2) Die Versicherungsunternehmen haben der Behörde (Geldwäschemeldestelle (§ 4 Abs. 2 des Bundeskriminalamt-Gesetzes, BGBl. I Nr. 22/2002)), unabhängig von einer Meldung gemäß Abs. 1, auf Verlangen unverzüglich alle Auskünfte zu erteilen, die dieser zur Verhinderung oder zur Verfolgung von Geldwäscherei oder von Terrorismusfinanzierung erforderlich scheinen. *(BGBl I 2010/37)*

(3) Die Behörde „(Geldwäschemeldestelle (§ 4 Abs. 2 des Bundeskriminalamt-Gesetzes, BGBl. I Nr. 22/2002))"* ist ermächtigt anzuordnen, dass eine laufende oder bevorstehende Transaktion, bei der der Verdacht oder der berechtigte Grund zu der Annahme besteht, dass sie der Geldwäscherei (§ 165 StGB - unter Einbeziehung von Vermögensbestandteilen, die aus einer strafbaren Handlung des Täter selbst herrühren) oder der Terrorismusfinanzierung (§ 278d StGB) dient, unterbleibt oder vorläufig aufgeschoben wird. Die Behörde „(Geldwäschemeldestelle (§ 4 Abs. 2 des Bundeskriminalamt-Gesetzes, BGBl. I Nr. 22/2002))"* hat den Kunden und die Staatsanwaltschaft ohne unnötigen Aufschub von der Anordnung zu verständigen. „Die Verständigung des Kunden hat den Hinweis zu enthalten, dass er oder ein sonst Betroffener berechtigt sei, Beschwerde wegen Verletzung seiner Rechte an das Bundesverwaltungsgericht zu erheben."** *(*BGBl I 2010/37; **BGBl I 2013/70)*

(4) Die Behörde „(Geldwäschemeldestelle (§ 4 Abs. 2 des Bundeskriminalamt-Gesetzes, BGBl. I Nr. 22/2002))" hat die Anordnung nach Abs. 3 aufzuheben, sobald die Voraussetzungen für die Erlassung weggefallen sind oder die Staatsanwaltschaft erklärt, dass die Voraussetzungen für eine Beschlagnahme gemäß §§ 109 Z 2 und 115 Abs. 1 Z 3 der Strafprozessordnung 1975, BGBl. Nr. 631/1975 (StPO) nicht bestehen. Die Anordnung tritt im Übrigen außer Kraft,

1. wenn seit ihrer Erlassung sechs Monate vergangen sind oder

2. sobald das Gericht über einen Antrag auf Beschlagnahme gemäß §§ 109 Z 2 und 115 Abs. 1 Z 3 StPO rechtskräftig entschieden hat. *(BGBl I 2010/37)*

(5) Die Versicherungsunternehmen haben alle Vorgänge, die der Wahrnehmung der Abs. 1 bis 3 dienen, gegenüber Kunden und Dritten geheim zu halten. Sobald eine Anordnung nach Abs. 3 ergangen ist, sind sie jedoch ermächtigt, den Kunden „– jedoch nur auf dessen Nachfrage –"* zur Behörde „(Geldwäschemeldestelle (§ 4 Abs. 2 des Bundeskriminalamt-Gesetzes, BGBl. I Nr. 22/2002))"* zu verweisen; mit Zustimmung der Behörde „(Geldwäschemeldestelle (§ 4 Abs. 2 des Bundeskriminalamt-Gesetzes, BGBl. I Nr. 22/2002))"* sind sie außerdem ermächtigt, den Kunden selbst von der Anordnung zu informieren. Das Verbot gemäß diesem Absatz

1. bezieht sich nicht auf die Weitergabe von Informationen an die FMA, die Oesterreichische Nationalbank oder auf die Weitergabe von Informationen zu Zwecken der Strafverfolgung,

2. steht einer Informationsweitergabe zwischen den derselben Gruppe im Sinne von Art. 2 Z 12 der Richtlinie 2002/87/EG angehörenden Tochterunternehmen aus Vertragsstaaten oder aus Drittländern nicht entgegen, sofern diese gleichwertigen Pflichten, wie in der Richtlinie 2005/60/EG vorgesehen, unterworfen sind und einer Aufsicht in Bezug auf deren Einhaltung unterliegen und

3. steht in Fällen, die sich auf denselben Kunden und dieselbe Transaktion beziehen, an der zwei oder mehrere Versicherungsunternehmen gemäß § 98e Abs. 1 Z 1 oder Kreditinstitute gemäß § 98e Abs. 1 Z 3 beteiligt sind, einer Informationsweitergabe zwischen diesen nicht entgegen, sofern sie in einem Vertragsstaat oder in einem Drittland gelegen sind, in dem der Richtlinie 2005/60/EG gleichwertige Anforderungen gelten, und sofern sie aus derselben Berufskategorie stammen und für sie gleichwertige Verpflichtungen in Bezug auf das Berufsgeheimnis und den Schutz personenbezogener Daten gelten. Die ausgetauschten Informationen dürfen ausschließlich für Zwecke der Verhinderung der Geldwäscherei und der Terrorismusfinanzierung verwendet werden.

„Die FMA hat die zuständigen Behörden der anderen Vertragsstaaten, die Europäische Kommission sowie in dem Umfang, in dem es für die Zwecke der Richtlinie 2005/60/EG relevant ist und in Übereinstimmung mit den einschlägigen Bestimmungen der Verordnung (EU) Nr. 1093/2010, der Verordnung (EU) Nr. 1094/2010 und der Verordnung (EU) Nr. 1095/2010 die EBA, die EIOPA und die ESMA über Fälle zu unterrichten, in denen ein Drittland ihres Erachtens die in den Z 2 oder 3

§§ 98f – 98h

festgelegten Bedingungen erfüllt. Wenn die Europäische Kommission eine Entscheidung nach Art. 40 Abs. 4 der Richtlinie 2005/60/EG trifft, hat die Bundesregierung im Einvernehmen mit dem Hauptausschuss des Nationalrates durch Verordnung eine Informationsweitergabe zwischen Versicherungsunternehmen und Personen aus dem betreffenden Drittland zu untersagen."**
(*BGBl I 2010/37; **BGBl I 2011/145)

(6) Ergibt sich der FMA bei Ausübung der Versicherungsaufsicht der Verdacht, dass eine Geschäftsbeziehung oder eine Transaktion der Geldwäscherei oder der Terrorismusfinanzierung dient, so hat sie die Behörde „(Geldwäschemeldestelle (§ 4 Abs. 2 des Bundeskriminalamt-Gesetzes, BGBl. I Nr. 22/2002))" hievon unverzüglich in Kenntnis zu setzen. *(BGBl I 2010/37)*

(7) *(aufgehoben, BGBl I 2014/13)*

(8) Schadenersatzansprüche können aus dem Umstand, dass ein Versicherungsunternehmen oder ein dort Beschäftigter in fahrlässiger Unkenntnis, dass der Verdacht auf Geldwäscherei oder der Terrorismusfinanzierung oder der Verdacht auf ein Zuwiderhandeln im Sinne des § 98b Abs. 2 falsch war, eine Transaktion verspätet oder nicht durchgeführt hat, nicht erhoben werden.

(9) Zur Wahrnehmung der Aufgaben nach dieser Bestimmung ist die Behörde (Geldwäschemeldestelle (§ 4 Abs. 2 des Bundeskriminalamt-Gesetzes, BGBl. I Nr. 22/2002)) unbeschadet des Abs. 2 ermächtigt, von natürlichen und juristischen Personen sowie von sonstigen Einrichtungen mit Rechtspersönlichkeit die hiefür erforderlichen Daten zu ermitteln und zu verarbeiten. Weiters ist sie ermächtigt, personenbezogene Daten über den Kunden, die sie bei der Vollziehung von Bundes- oder Landesgesetzen ermittelt haben, zu verwenden und mit Stellen anderer Staaten auszutauschen, denen die Bekämpfung von Geldwäscherei und Terrorismusfinanzierung obliegt. *(BGBl I 2010/37)*

(10) Die FMA arbeitet für die Zwecke der Richtlinie 2005/60/EG in Übereinstimmung mit der Verordnung (EU) Nr. 1093/2010, der Verordnung (EU) Nr. 1094/2010 und der Verordnung (EU) Nr. 1095/2010 mit der EBA, der EIOPA und der ESMA zusammen und stellt diesen alle Informationen zur Verfügung, die zur Durchführung ihrer Aufgaben aufgrund der Richtlinie 2005/60/EG sowie der in diesem Absatz genannten Verordnungen erforderlich sind. *(BGBl I 2011/145)*

(BGBl I 2007/107)

Aufbewahrung von Aufzeichnungen und statistischen Daten

§ 98g. Die Versicherungsunternehmen haben die nachstehenden Dokumente und Informationen im Hinblick auf die Verwendung in Ermittlungsverfahren wegen möglicher Geldwäscherei oder Terrorismusfinanzierung oder im Hinblick auf die Durchführung entsprechender Analysen durch die Behörde „(Geldwäschemeldestelle (§ 4 Abs. 2 des Bundeskriminalamt-Gesetzes, BGBl. I Nr. 22/2002))" oder die FMA aufzubewahren:

1. Unterlagen, die einer Identifizierung nach § 98b Abs. 1 bis 3 und 7 dienen, sowie Belege und Aufzeichnungen bei dem Versicherungsvertrag bis mindestens fünf Jahre nach Ende des Versicherungsvertrages;

2. von sämtlichen Transaktionen Belege und Aufzeichnungen bis mindestens fünf Jahre nach deren Durchführung;

„wobei jeweils die genannten Fristen durch Verordnung der FMA auf fünfzehn Jahre verlängert werden können, sofern dies zur Bekämpfung der Geldwäscherei oder der Terrorismusfinanzierung notwendig erscheint." *(BGBl I 2010/37)*

(BGBl I 2007/107)

Interne Verfahren und Schulungen

§ 98h. (1) Die Versicherungsunternehmen haben

1. angemessene und geeignete Strategien und Verfahren für die Sorgfaltspflichten gegenüber Kunden, die Verdachtsmeldungen, die Aufbewahrung von Aufzeichnungen, die interne Kontrolle, „die interne Revision," die Risikobewertung, das Risikomanagement, die Gewährleistung der Einhaltung der einschlägigen Vorschriften und die Kommunikation einzuführen, um Geschäftsbeziehungen und Transaktionen, die mit Geldwäscherei oder Terrorismusfinanzierung zusammenhängen, vorzubeugen und zu verhindern „sowie geeignete Strategien zur Verhinderung des Missbrauchs von neuen Technologien für Zwecke der Geldwäscherei und der Terrorismusfinanzierung zu entwickeln"; *(BGBl I 2010/37)*

2. die einschlägigen Strategien und Verfahren ihren Zweigstellen und Tochterunternehmen in Drittländern mitzuteilen;

3. durch geeignete Maßnahmen das mit der Begründung von Geschäftsbeziehungen und der Abwicklung von Transaktionen befasste Personal mit den Bestimmungen, die der Verhinderung oder der Bekämpfung der Geldwäscherei oder der Terrorismusfinanzierung dienen, vertraut zu machen. Diese Maßnahmen haben unter anderem die Teilnahme der zuständigen Angestellten an besonderen Fortbildungsprogrammen einzuschließen, damit diese lernen, möglicherweise mit Geldwäscherei oder Terrorismusfinanzierung zusammenhängende Vertragsabschlüsse oder Transaktionen zu erkennen und sich in solchen Fällen richtig zu verhalten „und im Übrigen bei der Auswahl des Personals auf Zuverlässigkeit in Bezug auf dessen Verbundenheit mit den rechtlichen Werten zu achten; ebenso vor der

13. VAG
§§ 98h – 100

Wahl ihrer Aufsichtsräte auf deren Verbundenheit mit den rechtlichen Werten zu achten"; *(BGBl I 2010/37)*

4. Systeme einzurichten, die es ihnen ermöglichen, auf Anfragen der Behörde „(Geldwäschemeldestelle (§ 4 Abs. 2 des Bundeskriminalamt-Gesetzes, BGBl. I Nr. 22/2002))" oder der FMA, die diesen zur Verhinderung oder Verfolgung von Geldwäscherei oder Terrorismusfinanzierung erforderlich erscheinen, vollständig und rasch darüber Auskunft zu geben, ob sie mit bestimmten natürlichen oder juristischen Personen eine Geschäftsbeziehung unterhalten oder während der letzten fünf Jahre unterhalten haben, sowie über die Art dieser Geschäftsbeziehung; *(BGBl I 2010/37)*

5. der FMA jederzeit die Überprüfung der Wirksamkeit ihrer Systeme zur Bekämpfung der Geldwäsche oder der Terrorismusfinanzierung zu ermöglichen;

6. innerhalb ihres Unternehmens einen besonderen Beauftragten zur Sicherstellung der Einhaltung der §§ 98a bis 98h zur Bekämpfung von Geldwäscherei und Terrorismusfinanzierung vorzusehen. „Die Position des besonderen Beauftragten ist so einzurichten, dass dieser lediglich dem Vorstand gegenüber verantwortlich ist und dem Vorstand direkt – ohne Zwischenebenen – zu berichten hat. Weiters ist ihm freier Zugang zu sämtlichen Informationen, Daten, Aufzeichnungen und Systemen, die in irgendeinem möglichen Zusammenhang mit Geldwäscherei und Terrorismusfinanzierung stehen könnten, sowie ausreichende Befugnisse einzuräumen. „Die Versicherungsunternehmen haben durch entsprechende organisatorische Vorkehrungen sicherzustellen, dass die Aufgaben des besonderen Beauftragten jederzeit vor Ort erfüllt werden können."***
(* BGBl I 2010/37; ** BGBl I 2010/107)

(2) Die Behörde „(Geldwäschemeldestelle (§ 4 Abs. 2 des Bundeskriminalamt-Gesetzes, BGBl. I Nr. 22/2002))" hat den Versicherungsunternehmen Zugang zu aktuellen Informationen über die Methoden der Geldwäscherei und der Terrorismusfinanzierung und über Anhaltspunkte zu verschaffen, an denen sich verdächtige Geschäftsbeziehungen und Transaktionen erkennen lassen. Ebenso sorgt sie dafür, dass eine zeitgerechte Rückmeldung in Bezug auf die Wirksamkeit von Verdachtsmeldungen bei Geldwäscherei oder Terrorismusfinanzierung und die daraufhin getroffenen Maßnahmen erfolgt, soweit dies praktikabel ist. *(BGBl I 2010/37)*

(BGBl I 2007/107)

Neuntes Hauptstück
BEAUFSICHTIGUNG

Allgemeines

§ 99. (1) Die „FMA" hat im Umfang der gemäß § 4 Abs. 1 erteilten Konzession die gesamte Geschäftsgebarung der Versicherungsunternehmen, insbesondere die Einhaltung der für den Betrieb der Vertragsversicherung geltenden Vorschriften, zu überwachen. *(BGBl I 2001/97)*

(2) Die Geschäftsgebarung ist auch nach dem Wegfall der Konzession so lange zu überwachen, bis alle Versicherungsverträge vollständig abgewickelt sind. Dies gilt nicht für die Abwicklung der Versicherungsverträge im Rahmen eines Konkursverfahrens. Zur Gewährleistung der Erfüllbarkeit der Verpflichtungen aus den Versicherungsverträgen nach Wegfall der Konzession kann die „FMA" die Stellung einer Kaution im hiezu erforderlichen Ausmaß, höchstens jedoch im Ausmaß der versicherungstechnischen Rückstellungen zuzüglich der Hälfte des Garantiefonds (§ 73f Abs. 2 und 3) verlangen. Art und Inhalt der Kautionsbindung sind in der Weise festzusetzen, dass gewährleistet ist, dass das Versicherungsunternehmen nicht über die Vermögenswerte verfügen kann. *(BGBl I 2000/117; BGBl I 2001/97)*

(BGBl 1994/652)

Auskunfts-, Vorlage-, Melde- und Anzeigepflicht

§ 100. (1) Die „FMA"** kann von den Versicherungsunternehmen jederzeit Auskunft über Angelegenheiten der Geschäftsgebarung und die Vorlage entsprechender Unterlagen verlangen. „Dies schließt nicht die Verpflichtung der Versicherungsunternehmen zur systematischen Vorlage der allgemeinen Versicherungsbedingungen, der Tarife sowie der Formblätter und sonstigen Druckstücke ein, die sie im Verkehr mit den Versicherungsnehmern zu verwenden beabsichtigen."* *(* BGBl 1996/447; ** BGBl I 2001/97)*

„(2)** „Das Versicherungsunternehmen hat der „FMA"*** unverzüglich schriftlich alle Tatsachen anzuzeigen, die zu einer unmittelbaren oder mittelbaren Gefährdung der dauernden Erfüllbarkeit der Verpflichtungen aus den Versicherungsverträgen führen können."* „Dies gilt insbesondere für die Bereiche der Eigenmittelausstattung sowie der Bildung und der Bedeckung der versicherungstechnischen Rückstellungen."****
(* BGBl 1986/558; ** BGBl I 1992/769; *** BGBl I 2001/97; **** BGBl I 2002/46)

(3) Die FMA kann, um die Rechtmäßigkeit des Versicherungsvertriebes sicherzustellen, auch von Versicherungsvermittlern jederzeit Auskunft und die Vorlage von Unterlagen verlangen und sie

vor Ort prüfen; § 101 gilt sinngemäß. *(BGBl I 2004/131)*

Prüfung vor Ort

§ 101. (1) Die „FMA" kann die Geschäftsgebarung der Versicherungsunternehmen jederzeit vor Ort prüfen. *(BGBl I 2001/97)*

(2) Abs. 1 ist sinngemäß auf Unternehmen anzuwenden, denen Teile des Geschäftsbetriebes übertragen worden sind, und zwar unabhängig davon, ob gemäß § 17 a die Übertragung der Genehmigung bedarf.

(3) Soweit es zur Überwachung der Geschäftsgebarung erforderlich ist, kann die „FMA" Prüfungsorgane bestellen, die nicht der „FMA" angehören. Ihnen ist von der „FMA" eine Vergütung zu leisten, die in einem angemessenen Verhältnis zu der mit der Prüfung verbundenen Arbeit und zu den Aufwendungen hiefür steht. „ " *(BGBl I 2001/97)*

(BGBl 1986/558)

§ 102. (1) Die Prüfung ist eine Woche vor Beginn anzukündigen, sofern dadurch der Zweck der Prüfung nicht vereitelt wird. Die Prüfungsorgane „ " sind mit einem schriftlichen Prüfungsauftrag zu versehen und haben sich vor Beginn der Prüfung unaufgefordert auszuweisen sowie den Prüfungsauftrag vorzuweisen. Der Prüfungsauftrag hat den Gegenstand der Prüfung zu umschreiben. *(BGBl 1986/558)*

(2) Die Versicherungsunternehmen haben den Prüfungsorganen die für die Prüfung erforderlichen Unterlagen zur Verfügung zu stellen und ihnen Einsicht in die Bücher, Belege und Schriften zu gewähren sowie Auskünfte zu erteilen. Sie haben den Prüfungsorganen überdies innerhalb der üblichen Geschäfts- und Arbeitszeit jederzeit Zutritt zu den Geschäfts- und Arbeitsräumen zu gewähren.

(3) Die Prüfungsorgane können die für die Prüfung erforderlichen Auskünfte und Geschäftsunterlagen unmittelbar von jeder im Unternehmen beschäftigten Person in deren Wirkungsbereich verlangen.

(4) Zur Durchführung der Prüfung sind den Prüfungsorganen geeignete Räumlichkeiten und Hilfsmittel zur Verfügung zu stellen. Sind Eintragungen oder Aufbewahrungen unter Verwendung von Datenträgern vorgenommen worden, so sind vom Versicherungsunternehmen auf seine Kosten innerhalb angemessener Frist diejenigen Hilfsmittel zur Verfügung zu stellen, die notwendig sind, um die Unterlagen lesbar zu machen, und, soweit erforderlich, ohne Hilfsmittel lesbare dauerhafte Wiedergaben in der benötigten Anzahl beizubringen.

(5) Die in der Prüfung getroffenen Feststellungen sind schriftlich festzuhalten. Dem Unternehmen ist Gelegenheit zur Stellungnahme zu geben.

§ 102a. (1) Die Prüfung vor Ort von Zweigniederlassungen inländischer Versicherungsunternehmen in anderen Vertragsstaaten ist nur vorzunehmen, wenn der Zweck der Prüfung es verlangt. Sie ist auf die Unterlagen über die Eigenmittelausstattung, die Bildung der versicherungstechnischen Rückstellungen und die Kapitalanlagen zu deren Bedeckung zu beschränken. Die zuständigen Behörden des Staates der Zweigniederlassung sind vor Beginn der Prüfung schriftlich zu verständigen.

(2) Inländische Zweigniederlassungen von Versicherungsunternehmen mit Sitz in anderen Vertragsstaaten können von den zuständigen Behörden der Sitzstaaten oder von ihnen beauftragten Personen in dem in Abs. 1 angeführten Umfang vor Ort geprüft werden, sobald die „FMA" davon schriftlich verständigt worden ist. Die „FMA" kann sich an dieser Prüfung selbst oder durch von ihr bestellte Prüfungsorgane (§ 101 Abs. 3) beteiligen. § 102 ist anzuwenden. *(BGBl I 2001/97)*

(3) Inländische Zweigniederlassungen von Versicherungsunternehmen mit Sitz in anderen Vertragsstaaten können von der „FMA" unter Anwendung des § 102 vor Ort daraufhin geprüft werden, ob ihr Geschäftsbetrieb mit den für den Betrieb von Vertragsversicherung geltenden Vorschriften und den anerkannten Grundsätzen eines ordnungsgemäßen Geschäftsbetriebes von Versicherungsunternehmen in Einklang steht. Die zuständige Behörde des Sitzstaats ist vor Beginn der Prüfung zu verständigen. *(BGBl I 2001/97)*

(BGBl 1994/652)

Auskunftspersonen

§ 103. (1) Die „FMA" kann im Rahmen der ihr nach § 99 auferlegten Überwachungspflicht von jedermann Auskunft über Angelegenheiten der Geschäftsgebarung von Versicherungsunternehmen verlangen. Eine nach anderen gesetzlichen Bestimmungen bestehende Verschwiegenheitspflicht wird dadurch nicht berührt. *(BGBl I 2001/97)*

(2) Die Verpflichtung zur Auskunftserteilung schließt die Verbindlichkeit in sich, Urkunden und andere schriftliche Unterlagen vorzulegen oder die Einsichtnahme in diese zu gestatten.

Anordnungen der FMA

§ 104. (1.) Die „FMA" hat zur Wahrung der Interessen der Versicherten alle Anordnungen zu treffen, die erforderlich und geeignet sind, um den Geschäftsbetrieb mit den für den Betrieb der

13. VAG
§§ 104 – 104a

Vertragsversicherung geltenden Vorschriften und den anerkannten Grundsätzen eines ordnungsgemäßen Geschäftsbetriebes von Versicherungsunternehmen in Einklang zu halten. *(BGBl 1994/652; BGBl I 2001/97)*

(2) Anerkannte Grundsätze eines ordnungsgemäßen Geschäftsbetriebes im Sinn des Abs. 1 können insbesondere dadurch verletzt werden, daß

1. Versicherten neben den Leistungen auf Grund des Versicherungsvertrages unmittelbar oder mittelbar Zuwendungen gewährt werden,

2. Versicherte durch das Leistungsversprechen des Versicherers oder das vereinbarte Versicherungsentgelt ohne sachlichen Grund begünstigt werden.
(BGBl 1994/652)

(3) Anordnungen nach Abs. 1 können, wenn ihr Zweck es verlangt, außer an das Versicherungsunternehmen selbst auch an die Mitglieder des Vorstands, des Verwaltungsrats, die geschäftsführenden Direktoren, die Mitglieder der Geschäftsleitung oder an die das Versicherungsunternehmen kontrollierenden Personen gerichtet werden, Anordnungen nach Abs. 1 auch an Unternehmen, denen Teile des Geschäftsbetriebes übertragen wurden, und zwar unabhängig davon, ob gemäß § 17a die Übertragung der Genehmigung bedarf.
(BGBl I 2004/67)

§ 104a. (1) Verfügt ein Versicherungsunternehmen nicht über Eigenmittel in dem gemäß § 73b erforderlichen Ausmaß oder verfügt ein Versicherungsunternehmen nicht über bereinigte Eigenmittel in dem gemäß § 86j erforderlichen Ausmaß, so hat es der „FMA"* einen Plan zur Wiederherstellung gesunder Finanzverhältnisse (Solvabilitätsplan) vorzulegen. Hat die „FMA"* berechtigten Grund zur Annahme, daß ein Versicherungsunternehmen in absehbarer Zeit nicht mehr über Eigenmittel in dem gemäß § 73b erforderlichen Ausmaß oder über bereinigte Eigenmittel in dem gemäß § 86j erforderlichen Ausmaß verfügen wird, so hat die „FMA"* vom Versicherungsunternehmen die Vorlage eines Solvabilitätsplans zu verlangen. „Im Solvabilitätsplan ist darzulegen, auf welche Weise gewährleistet wird, dass die Eigenmittel das erforderliche Ausmaß erreichen oder nicht unter dieses sinken."** Der Solvabilitätsplan bedarf der Genehmigung durch die „FMA"*. Die Genehmigung ist zu erteilen, wenn die Durchführung des Plans die Wiederherstellung gesunder Finanzverhältnisse erwarten lässt. *(BGBl I 2000/117; *BGBl I 2001/97; **BGBl I 2002/46)*

(1a) *(aufgehoben, BGBl I 2003/33)*

(2) Erreichen die Eigenmittel eines Versicherungsunternehmens nicht den Umfang des Garantiefonds, so hat es der „FMA" einen Plan für die kurzfristige Beschaffung der erforderlichen Eigenmittel (Finanzierungsplan) vorzulegen. Dieser bedarf der Genehmigung durch die „FMA". Die Genehmigung ist zu erteilen, wenn die Durchführung des Plans die kurzfristige Beschaffung der erforderlichen Eigenmittel erwarten läßt. *(BGBl I 2001/97)*

(2a) Hat die FMA auf Grund einer Verschlechterung der finanziellen Lage des Versicherungsunternehmens berechtigten Grund zur Annahme, dass die ausreichende Eigenmittelausstattung oder bereinigte Eigenmittelausstattung des Versicherungsunternehmens voraussichtlich nicht mehr dauerhaft gewährleistet ist, so kann die FMA die Vorlage eines Sanierungsplanes verlangen. Ergibt sich aus dem Sanierungsplan, dass eine unzureichende Eigenmittelausstattung oder bereinigte Eigenmittelausstattung droht, so kann die FMA die Bereitstellung zusätzlicher Eigenmittel verlangen. Ein Sanierungsplan kann auch zusätzlich zu einem Solvabilitätsplan oder Finanzierungsplan verlangt werden. *(BGBl I 2003/33)*

(2b) Im Sanierungsplan gemäß Abs. 2a sind für die nächsten drei Geschäftsjahre insbesondere auch anzugeben

1. die voraussichtlichen Provisionsaufwendungen und sonstigen laufenden Aufwendungen für den Versicherungsbetrieb,

2. das voraussichtliche Prämienaufkommen und die voraussichtlichen Versicherungsleistungen getrennt nach direktem und indirektem Geschäft sowie Rückversicherungsabgaben,

3. die Planbilanz und Planerfolgsrechnung, *(BGBl I 2004/70)*

4. die finanziellen Mittel, die voraussichtlich zur Deckung der Verpflichtungen und des Eigenmittelerfordernisses zur Verfügung stehen,

5. die Grundzüge der Rückversicherungspolitik.
(BGBl I 2003/33)

(3) Die „FMA" hat zur Sicherung der jederzeitigen Erfüllbarkeit der Verpflichtung aus den Versicherungsverträgen die freie Verfügung über die Vermögenswerte des Versicherungsunternehmens einzuschränken oder zu untersagen, wenn

1. keine ausreichenden versicherungstechnischen Rückstellungen gebildet oder die Vorschriften über die Kapitalanlage zu deren Bedeckung nicht eingehalten werden,

2. die Voraussetzungen nach Abs. 1 erster Satz vorliegen und infolge außergewöhnlicher Umstände zu erwarten ist, daß sich die finanzielle Lage des Versicherungsunternehmens weiter verschlechtern wird,

3. die Voraussetzungen nach Abs. 2 erster Satz vorliegen.
(BGBl 1994/652; BGBl I 2001/97)

(4) Soweit die freie Verfügung über Vermögenswerte gemäß Abs. 3 untersagt oder eingeschränkt wurde, kann das Versicherungsunternehmen über die Vermögenswerte rechtswirksam nur

mit Zustimmung der „FMA" verfügen. Die Zustimmung ist zu erteilen, wenn die Verfügung die Erfüllbarkeit der Verpflichtungen aus den Versicherungsverträgen nicht gefährdet. Die Untersagung oder Einschränkung der freien Verfügung über inländische Liegenschaften, liegenschaftsgleiche Rechte und Hypothekardarlehen auf inländischen Liegenschaften oder liegenschaftsgleichen Rechten ist in das Grundbuch einzutragen. *(BGBl 1996/447; BGBl I 2001/97)*

(4a) Die FMA hat Entscheidungen über die Einschränkung oder Untersagung der freien Verfügung über Vermögenswerte im „Amtsblatt zur Wiener Zeitung" und über Internet kundzumachen. *(BGBl I 2002/46)*

(5) Ist eine Kapitalanlage geeignet, die Zahlungsfähigkeit des Versicherungsunternehmens zu gefährden, so hat die „FMA" auch dann die zur Vermeidung oder Beseitigung dieser Gefahr erforderlichen Anordnungen zu treffen, wenn die Kapitalanlage nicht der Bedeckung der versicherungstechnischen Rückstellungen dient. *(BGBl 1994/652; BGBl I 2001/97)*

(BGBl 1992/769)

§ 104b. Soweit es zur Durchführung von völkerrechtlich verpflichtenden Entscheidungen der Vereinten Nationen erforderlich ist, hat „der Bundesminister für Finanzen" durch Verordnung den Abschluß neuer und die Verlängerung bestehender Versicherungsverträge oder die Erbringung von Leistungen auf Grund bestehender Versicherungsverträge zu untersagen. *(BGBl I 2001/97)*

(BGBl 1994/652)

Einberufung der Hauptversammlung
(Mitgliederversammlung oder
Mitgliedervertretung) oder des Aufsichtsrats

§ 105. „Soweit es der Durchsetzung der Einhaltung der für den Betrieb der Vertragsversicherung geltenden Vorschriften und der Anordnungen der FMA dient, hat die FMA die Einberufung der Hauptversammlung (Mitgliederversammlung oder Mitgliedervertretung) oder des Aufsichtsrats oder des Verwaltungsrats von inländischen Versicherungsunternehmen und die Ankündigung bestimmter Gegenstände der Beratung und Beschlussfassung in der Tagesordnung zu verlangen."** Wird diesem Verlangen nicht unverzüglich entsprochen, so kann die „FMA"*, sonst die Belange der Versicherten gefährdet würden, die Einberufung oder Ankündigung auf Kosten des Versicherungsunternehmens selbst vornehmen. *(*BGBl I 2001/97; **BGBl I 2004/67)*

Gefahr für die Belange der Versicherten

§ 106. (1) Zur Abwendung einer Gefahr für die Belange der Versicherten, insbesondere für die Erfüllbarkeit der Verpflichtungen aus den Versicherungsverträgen, kann die „FMA" befristete Maßnahmen durch Bescheid ergreifen, die spätestens 18 Monate nach Wirksamkeitsbeginn außer Kraft treten. *(BGBl I 2001/97)*

(2) Hiezu kann die „FMA" insbesondere

1. den Mitgliedern des Vorstands oder des Verwaltungsrats, den geschäftsführenden Direktoren oder den Geschäftsleitern der Zweigniederlassung eines ausländischen Versicherungsunternehmens die Geschäftsführung ganz oder teilweise untersagen, *(BGBl I 2004/67)*

2. einen Regierungskommissär bestellen,

3. die Fortführung des Geschäftsbetriebes ganz oder teilweise untersagen.
(BGBl I 2001/97)

(2a) *(aufgehoben, BGBl I 2002/46)*

(3) Zur Abwendung einer Gefahr im Sinn des Abs. 1 kann die „FMA" mit Verordnung den von einem Versicherungsunternehmen in bestehenden Versicherungsverträgen vereinbarten Umfang des Versicherungsschutzes bei Vorliegen sämtlicher nachstehender Voraussetzungen einschränken:

1. Der vereinbarte Umfang des Versicherungsschutzes ergibt sich aus allgemeinen Versicherungsbedingungen oder allgemein verwendeten Tarifen.

2. Der vereinbarte Umfang des Versicherungsschutzes weicht wesentlich von den marktüblichen Bedingungen ab.

3. Die Prämien reichen zur Deckung des vereinbarten Versicherungsschutzes auf Dauer nicht aus.

4. Die allgemeinen Versicherungsbedingungen und allgemein verwendeten Tarife für neu abzuschließende Versicherungsverträge sehen bei gleichen Prämien die gleichen Einschränkungen vor.
(BGBl 1996/447; BGBl I 2001/97)

(3a) Wenn eine Gefahr im Sinne des Abs. 1 nicht anders abgewendet werden kann, so kann die FMA eine Übertragung des Bestandes an Versicherungsverträgen (§ 13) zu angemessenen Bedingungen auf ein anderes Versicherungsunternehmen anordnen. Die FMA hat diese Entscheidung, wenn es dem Zustandekommen der Bestandübertragung dient, im „Amtsblatt zur Wiener Zeitung" und über Internet mit der Einladung kundzumachen, die Bereitschaft, den Bestand zu übernehmen, dem Versicherungsunternehmen oder der FMA mitzuteilen. *(BGBl I 2002/46)*

(4) „Zum Regierungskommissär (Abs. 2 Z 2) dürfen nur Personen bestellt werden, bei denen nicht ein Versagungsgrund nach § 4 Abs. 6 Z 1 vorliegt." Ihm stehen alle aufsichtsbehördlichen

Rechte gemäß §§ 100 und 103 zu. Er kann dem Versicherungsunternehmen zur Abwendung einer Gefahr im Sinn des Abs. 1 die Vornahme bestimmter Geschäfte untersagen. § 22 Abs. 3 ist auf den Regierungskommissär sinngemäß anzuwenden. *(BGBl 1992/769)*

(5) Die dem Bund durch Maßnahmen nach Abs. 1 bis 4 entstehenden Kosten sind von den betroffenen Versicherungsunternehmen zu ersetzen.

(BGBl 1986/558)

Vorschriften für den EWR

§ 107. (1) Die „FMA"** kann von Versicherungsunternehmen mit Sitz in einem anderen Vertragsstaat, die im Inland die Vertragsversicherung über eine Zweigniederlassung oder im Dienstleistungsverkehr betreiben, die Vorlage aller Unterlagen verlangen, die zur Beurteilung erforderlich sind, ob dieser Geschäftsbetrieb mit den für den Betrieb der Vertragsversicherung geltenden Vorschriften und den anerkannten Grundsätzen eines ordnungsgemäßen Geschäftsbetriebes von Versicherungsunternehmen in Einklang steht. „Dies schließt nicht die Verpflichtung der Versicherungsunternehmen zur systematischen Vorlage der allgemeinen Versicherungsbedingungen, der Tarife sowie der Formblätter und sonstigen Druckstücke ein, die sie im Verkehr mit den Versicherungsnehmern zu verwenden beabsichtigen."* *(*BGBl 1996/447; **BGBl I 2001/97)*

(2) Verletzt ein Versicherungsunternehmen mit Sitz in einem Vertragsstaat, das im Inland die Vertragsversicherung über eine Zweigniederlassung oder im Dienstleistungsverkehr betreibt, die für den Betrieb der Vertragsversicherung geltenden Vorschriften oder die anerkannten Grundsätze eines ordnungsgemäßen Geschäftsbetriebes von Versicherungsunternehmen und gefährdet es dadurch die Interessen der Versicherten, so hat die „FMA" das Versicherungsunternehmen aufzufordern, diese Mängel zu beheben. Diese Aufforderung ergeht nicht in Form eines Bescheides. *(BGBl I 2001/97)*

(3) Kommt das Versicherungsunternehmen der Aufforderung gemäß Abs. 2 nicht nach, so hat die „FMA" die zuständige Behörde des Sitzstaats zu ersuchen, die geeigneten Maßnahmen zur Behebung der Mängel zu ergreifen. *(BGBl I 2001/97)*

(4) Ergreift die zuständige Behörde des Sitzstaats keine Maßnahmen oder erweisen sich ihre Maßnahmen als unzureichend oder unwirksam, so hat die „FMA" unter Anwendung des § 104 die erforderlichen und geeigneten Anordnungen zu treffen. *(BGBl I 2001/97)*

(5) Ist eine Maßnahme zur Abwendung einer Gefahr für die Belange der Versicherten erforderlich, so hat die „FMA" ohne Verfahren gemäß Abs. 2 bis 4 unter Anwendung des § 104 die erforderlichen und geeigneten Anordnungen zu treffen. *(BGBl I 2001/97)*

(BGBl 1994/652)

Vorschriften für den Betrieb in Drittstaaten

§ 107a. (1) Für den Geschäftsbetrieb inländischer Versicherungsunternehmen außerhalb der Vertragsstaaten kann die „FMA"* anordnen, daß die versicherungstechnischen Rückstellungen nach jenen Vorschriften „ "** zu bedecken sind, die für das auf Grund der Konzession gemäß § 4 Abs. 1 betriebene Geschäft gelten, soweit dies erforderlich ist, um die dauernde Erfüllbarkeit der Verpflichtungen aus den Versicherungsverträgen zu gewährleisten, die auf Grund der gemäß § 4 Abs. 1 erteilten Konzession abgeschlossen werden. Eine solche Anordnung darf das Versicherungsunternehmen nicht an der Befolgung der Rechtsvorschriften jenes Staates hindern, in dem das Geschäft betrieben wird. *(*BGBl I 2001/97; **BGBl I 2002/46)*

(2) Zur Abwendung einer Gefahr für die dauernde Erfüllbarkeit der Verpflichtungen aus den Versicherungsverträgen, die auf Grund der gemäß § 4 Abs. 1 erteilten Konzession abgeschlossen werden, kann die „FMA" die Fortführung eines Geschäftsbetriebes außerhalb der Vertragsstaaten untersagen. *(BGBl I 2001/97)*

(3) Zur Feststellung der für eine Entscheidung gemäß Abs. 1 oder 2 maßgebenden Umstände kann die „FMA" von den Versicherungsunternehmen alle erforderlichen Auskünfte und die Vorlage entsprechender Unterlagen, auch im Rahmen einer Prüfung vor Ort gemäß § 102, verlangen. *(BGBl I 2001/97)*

(4) Die „FMA" kann einem inländischen Versicherungsunternehmen den Abschluß von Versicherungsverträgen mit Personen, die ihren gewöhnlichen Aufenthalt, Wohnsitz oder Sitz außerhalb der Vertragsstaaten haben, auf begründetes Ersuchen der zuständigen Behörde des Staates, in dem diese Personen ihren gewöhnlichen Aufenthalt, Wohnsitz oder Sitz haben, untersagen, insoweit das Versicherungsunternehmen nach den Rechtsvorschriften dieses Staates zum Abschluß der Versicherungsverträge nicht berechtigt ist. *(BGBl I 1998/126; BGBl I 2001/97)*

(BGBl 1996/447)

Zehntes Hauptstück
STRAFBESTIMMUNGEN

Verletzung von Anzeige- und Informationspflichten

§ 107b. (1) Wer die Pflicht

1. zur „Anzeige" der Zusammensetzung von Unternehmensorganen gemäß § 11 Abs. 1 und 2, *(BGBl I 2002/46)*

2. zur Anzeige des Erwerbes oder der Aufgabe von Anteilsrechten gemäß „§ 11b" Abs. 1, 3 und 4, *(BGBl I 2007/107)*

2a. zur Anzeige eines Ausgliederungsvertrages gemäß § 17a Abs. 1 und 6, *(BGBl I 2002/46)*

2b. zur Anzeige der Auflösung gemäß § 7c, *(BGBl I 2003/36)*

2c. zur Anzeige erheblicher Änderungen der Rückversicherungsbeziehungen gemäß § 17c Abs. 3, *(BGBl I 2007/56)*

2d. die schriftliche Anzeige des Ergebnisses der Wahl zum Vorsitzenden des Aufsichtsrats gemäß § 11a Abs. 4 unterlässt; *(BGBl I 2007/107)*

3. zur Mitteilung der Änderung oder Ergänzung versicherungsmathematischer Grundlagen gemäß § 18 Abs. 2 und § 18d Abs. 2,

3a. zur Mitteilung der Einrichtung oder Auflösung einer gesonderten Abteilung des Deckungsstocks gemäß § 20 Abs. 2a, *(BGBl I 2004/70)*

4. als Treuhänder zur Anzeige gemäß § 23 Abs. 5, *(BGBl I 2007/56)*

5. als verantwortlicher Aktuar zur Anzeige gemäß § 24a Abs. 4 zweiter Satz,

5a. zur Mitteilung einer die Eigenmittel verändernden Vermögensumschichtung gemäß § 73e Abs. 3, *(BGBl I 2004/70)*

6. zur Anzeige gemäß § 76 Abs. 1 bis 3, *(BGBl I 2000/117)*

7. als Abschlußprüfer zur Mitteilung gemäß § 82a Abs. 1 und 2 „und" *(BGBl I 2011/145)*

8. zur Anzeige gemäß § 61b Abs. 5 erster Satz, § 61e Abs. 3 erster Satz, § 61d Z 3a erster Satz, § 61f Abs. 3 Z 3c sechster Satz *(BGBl I 2011/145)*

verletzt, begeht, sofern die Tat nicht den Tatbestand einer in die Zuständigkeit der Gerichte fallenden strafbaren Handlung bildet, eine Verwaltungsübertretung und ist „von der FMA"* mit einer Geldstrafe bis „60 000 Euro"** zu bestrafen. *(*BGBl I 2001/97; **BGBl I 2012/35)*

(2) Wer ohne vorherige Anzeige an die Versicherungsaufsichtsbehörde

1. zusätzliche Risken innerhalb eines Versicherungszweiges deckt (§ 10 Abs. 2 zweiter Satz) oder

2. die Grundzüge der Rückversicherungspolitik ändert (§ 10 Abs. 3),

begeht, sofern die Tat nicht den Tatbestand einer in die Zuständigkeit der Gerichte fallenden strafbaren Handlung bildet, eine Verwaltungsübertretung und ist „von der FMA"* mit einer Geldstrafe bis „60 000 Euro"** zu bestrafen. *(*BGBl I 2001/97; **BGBl I 2012/35)*

(3) Wer

1. dem Auskunftsbegehren eines Versicherten nach § 18g Abs. 3 auch nach Mahnung nicht nachkommt,

2. gegenüber den Versicherten der Informationspflicht gemäß § 18g Abs. 4, 5 und 6 nicht nachkommt,

begeht, sofern die Tat nicht den Tatbestand einer in die Zuständigkeit der Gerichte fallenden strafbaren Handlung bildet, eine Verwaltungsübertretung und ist von der FMA mit einer Geldstrafe bis „6 000 Euro" zu bestrafen. *(BGBl I 2005/8; BGBl I 2012/35)*

(BGBl 1996/447)

Deckungsrückstellung; Deckungsstock

§ 108. Wer

1. den Vorschriften und versicherungsmathematischen Grundlagen für die Berechnung der Deckungsrückstellung zuwiderhandelt,

2. eine nach § 20 Abs. 3 dieses Bundesgesetzes gebotene Auffüllung des Deckungsstocks unterläßt oder als Treuhänder entgegen dem § 23 Abs. 2 einer Verfügung über dem Deckungsstock gewidmete Vermögenswerte zustimmt,

3. den Vorschriften über die Widmung, die Anlage, die Bewertung und das Verzeichnis des Deckungsstockvermögens zuwiderhandelt,

begeht, sofern die Tat nicht den Tatbestand einer in die Zuständigkeit der Gerichte fallenden strafbaren Handlung bildet, eine Verwaltungsübertretung und ist „von der FMA"* mit einer Geldstrafe bis „60 000 Euro"** zu bestrafen. *(*BGBl I 2001/97; **BGBl I 2012/35)*

(BGBl 1996/447)

Verletzung von Geheimnissen und von Schutzbestimmungen; Geldwäsche

§ 108a. (1) Wer

1. als Mitglied eines Organs, als Treuhänder, als verantwortlicher Aktuar, als Dienstnehmer eines Versicherungsunternehmens, als selbständiger Versicherungsvertreter, als Prüfer gemäß § 101 Abs. 3 oder als Regierungskommissär gemäß § 106 Abs. 2 Z 2 dieses Bundesgesetzes ihm ausschließlich auf Grund seiner beruflichen Tätigkeit bekannt gewordene Verhältnisse oder Umstände, deren Geheimhaltung im berechtigten Interesse der davon betroffenen Personen gelegen ist, weitergibt oder verwertet, es sei denn, daß die Weitergabe oder Verwertung nach Inhalt und Form durch ein öffentliches oder ein berechtigtes privates Interesse gerechtfertigt oder der Betroffene mit der Weitergabe oder Verwertung ausdrücklich einverstanden ist,

2. *(aufgehoben, BGBl I 2010/37)*

3. *(aufgehoben, BGBl I 2010/28)*

4. die Pflichten gemäß § 75 Abs. 2 Z 1 bis 4 und Abs. 4 verletzt, *(BGBl I 2002/46)*

begeht, sofern die Tat nicht den Tatbestand einer in die Zuständigkeit der Gerichte fallenden strafbaren Handlung bildet, eine Verwaltungsübertretung und ist „von der FMA"* mit einer Geldstrafe bis „60 000 Euro"** zu bestrafen. *(*BGBl I 2001/97; **BGBl I 2012/35)*

(2) Wer als Angestellter eines Versicherungsunternehmens oder sonst für ein Versicherungsunternehmen tätige Person die Vorschrift des § 75 Abs. 2 Z 5 verletzt, begeht, sofern die Tat nicht den Tatbestand einer in die Zuständigkeit der Gerichte fallenden strafbaren Handlung bildet, eine Verwaltungsübertretung und ist „von der FMA"* mit einer Geldstrafe bis „20 000 Euro"** zu bestrafen. *(BGBl I 1998/126; *BGBl I 2001/97; **BGBl I 2012/35)*

(3) Wer, wenn auch nur fahrlässig, die Pflichten der §§ 98a bis 98h verletzt, begeht, sofern die Tat nicht den Tatbestand einer in die Zuständigkeit der Gerichte fallenden strafbaren Handlung bildet, eine Verwaltungsübertretung und ist von der FMA mit einer Freiheitsstrafe bis sechs Wochen oder mit einer Geldstrafe bis „150 000 Euro" zu bestrafen. *(BGBl I 2010/37; BGBl I 2012/35)*

(BGBl 1996/447)

Verstoß gegen Anordnungen

§ 109. Wer

1. einer auf § 104 oder § 107a Abs. 1, 2 oder 4 gestützten Anordnung der Versicherungsaufsichtsbehörde oder einer Untersagung des Regierungskommissärs (§ 106 Abs. 4 dritter Satz) zuwiderhandelt,

2. entgegen einer Verordnung gemäß § 104b oder einer unmittelbar anzuwendenden EU-Rechtsvorschrift neue Versicherungsverträge abschließt, bestehende Versicherungsverträge verlängert oder Leistungen auf Grund bestehender Versicherungsverträge erbringt,

begeht, sofern die Tat nicht den Tatbestand einer in die Zuständigkeit der Gerichte fallenden strafbaren Handlung bildet, eine Verwaltungsübertretung und ist „von der FMA"* mit einer Geldstrafe bis „60 000 Euro"** zu bestrafen. *(*BGBl I 2001/97; **BGBl I 2012/35)*

(BGBl I 1999/124)

Unerlaubter Geschäftsbetrieb

§ 110. (1) Wer

1. Versicherungsgeschäfte betreibt, ohne die dafür erforderliche Konzession oder sonstige Berechtigung nach diesem Bundesgesetz zu besitzen, oder

2. einen Versicherungsvertrag für ein Unternehmen abschließt oder an ein Unternehmen vermittelt, das zum Betrieb dieser Versicherungsgeschäfte nicht die erforderliche Konzession oder sonstige Berechtigung nach diesem Bundesgesetz besitzt, oder sich sonst als beruflicher Vermittler oder Berater am Zustandekommen eines Versicherungsvertrages mit einem solchen Unternehmen in welcher Form auch immer beteiligt oder

3. der Versicherungsaufsichtsbehörde gegenüber wissentlich falsche Angaben macht, um für ein Unternehmen die Konzession zum Betrieb der Vertragsversicherung zu erlangen,

begeht, sofern die Tat nicht den Tatbestand einer in die Zuständigkeit der Gerichte fallenden strafbaren Handlung bildet, eine Verwaltungsübertretung und ist „von der FMA"* mit einer Geldstrafe bis „100 000 Euro"** zu bestrafen. *(*BGBl I 2001/97; **BGBl I 2012/35)*

(2) Ein Betrieb von Versicherungsgeschäften, der gemäß § 7 Abs. 6, § 14 Abs. 7 oder § 106 Abs. 2 Z 3 untersagt worden ist, ist einem Betrieb ohne die dafür erforderliche Berechtigung gemäß Abs. 1 Z 1 und 2 gleichzuhalten.

(3) Die Einbeziehung von Versicherten in einen Gruppenversicherungsvertrag durch den Versicherungsnehmer ist der Vermittlung von Versicherungsverträgen gemäß Abs. 1 Z 2 an das Versicherungsunternehmen gleichzuhalten, mit dem der Gruppenversicherungsvertrag abgeschlossen wurde.

(4) Wer über den von der FMA gemäß § 64 zweiter Satz genehmigten Höchstbetrag hinaus Gefahren übernimmt, begeht, sofern die Tat nicht den Tatbestand einer in die Zuständigkeit der Gerichte fallenden strafbaren Handlung bildet, eine Verwaltungsübertretung und ist von der FMA mit einer Geldstrafe bis „20 000 Euro" zu bestrafen. *(BGBl I 2007/56; BGBl I 2012/35)*

(BGBl 1996/447)

Verjährung

§ 111. Bei Verwaltungsübertretungen nach diesem Bundesgesetz gilt anstelle der Verjährungsfrist des „§ 31 Abs. 1 VStG" eine Verjährungsfrist von 18 Monaten. *(BGBl I 2013/70)*

(BGBl I 2004/70)

Sonstige Pflichtverletzungen

§ 112. Wer

1. gegenüber der Versicherungsaufsichtsbehörde falsche Angaben über das Deckungserfordernis oder das dem Deckungsstock gewidmeten Vermögenswerte macht,

2. als Treuhänder entgegen dem „§ 23a Abs. 2" fälschlich bestätigt, dass das Deckungserfordernis durch die Widmung von für die Bedeckung geeigneten Vermögenswerten voll erfüllt ist, *(BGBl I 2002/46; BGBl I 2007/56)*

13. VAG
§§ 112 – 116

3. als verantwortlicher Aktuar entgegen dem § 24b Abs. 2 fälschlich bestätigt, dass die dort angeführten Umstände zutreffen, oder *(BGBl I 2007/56)*

4. die Pflicht zur Anzeige von die dauernde Erfüllbarkeit der Verpflichtungen aus den Versicherungsverträgen gefährdenden Tatsachen gemäß § 100 Abs. 2 verletzt,

begeht, sofern die Tat nicht den Tatbestand einer in die Zuständigkeit der Gerichte fallenden strafbaren Handlung bildet, eine Verwaltungsübertretung und ist „von der FMA"* mit einer Geldstrafe bis „100 000 Euro"** zu bestrafen. *(*BGBl I 2001/97; **BGBl I 2012/35)*
(BGBl 1996/447)

Konkurs

§ 113. Wer die im § 89 Abs. 1 erster Satz vorgeschriebene Anzeige unterläßt, ist vom Gericht, sofern die Tat nicht nach einer anderen gerichtlichen Strafbestimmung mit strengerer Strafe bedroht ist, mit Freiheitsstrafe bis zu einem Jahr oder mit Geldstrafe bis zu 360 Tagessätzen zu bestrafen.
(BGBl 1996/447)

Versicherungsvereine auf Gegenseitigkeit

§ 114. (1) Wer als Mitglied des Vorstands oder des Aufsichtsrats, als Beauftragter oder als Abwickler eines Versicherungsvereins auf Gegenseitigkeit

1. in Berichten, Darstellungen und Übersichten betreffend den Verein oder mit ihm verbundene Unternehmen, die an die Öffentlichkeit oder an die Mitglieder des obersten Organs gerichtet sind, wie insbesondere Jahresabschluss (Konzernabschluss) und Lagebericht (Konzernlagebericht),

2. in Vorträgen oder Auskünften in der Versammlung des obersten Organs,

3. in Auskünften, die nach § 272 UGB einem Abschlussprüfer oder die sonstigen Prüfern des Vereins zu geben sind, *(BGBl I 2005/120)*

4. in Berichten, Darstellungen und Übersichten an den Aufsichtsrat oder seinen Vorsitzenden

die Verhältnisse des Vereins oder mit ihm verbundener Unternehmen oder erhebliche Umstände, auch wenn sie nur einzelne Geschäftsfälle betreffen, unrichtig wiedergibt, verschleiert oder verschweigt oder sonst in wesentlichen Punkten falsche Angaben macht, ist vom Gericht mit Freiheitsstrafe bis zu einem Jahr oder mit Geldstrafe bis zu 360 Tagessätzen zu bestrafen.

(2) Ebenso ist zu bestrafen, wer als Mitglied des Vorstands oder als Abwickler einen gemäß § 81 Abs. 1 Aktiengesetz 1965 angesichts einer drohenden Gefährdung der Liquidität des Vereins gebotenen Sonderbericht nicht erstattet.

(3) Das Strafverfahren obliegt den Gerichtshöfen erster Instanz.

(4) § 255 Aktiengesetz 1965 ist auf die Geschäftsleitung eines ausländischen Versicherungsunternehmens anzuwenden.
(BGBl I 2002/46)

Elftes Hauptstück
BEHÖRDE UND VERFAHREN

Versicherungsaufsicht

§ 115. „Die Bundesrechenzentrum GmbH"* hat bei der Besorgung der Geschäfte, die der „FMA"** nach diesem Bundesgesetz obliegen, mitzuwirken, soweit eine solche Mitwirkung im Interesse der Einfachheit, Zweckmäßigkeit und Kostenersparnis gelegen ist. *(*BGBl I 1996/757; **BGBl I 2001/97)*

Zwangsstrafe

§ 115a. Für die Vollstreckung eines Bescheides nach diesem Bundesgesetz tritt an die Stelle eines in § 5 Abs. 3 VVG angeführten niedrigeren Betrages der Betrag von „20 000 ". *(BGBl I 2001/97)*
(BGBl 1996/447)

Säumnisgebühr

§ 115b. *(aufgehoben, BGBl I 2006/48)*

Veröffentlichungen

§ 116. (1) „Die „FMA"** hat für jedes Jahr Veröffentlichungen herauszugeben, die mindestens zu enthalten haben"*

1. Hinweise auf geltende Gesetze und Verordnungen, soweit sie sich auf die Vertragsversicherung beziehen,

2. allgemeine Mitteilungen der „FMA" sowie anderer Behörden, soweit sie sich auf die Vertragsversicherung beziehen, *(BGBl I 2001/97)*

3. Mitteilungen über

a) Konzessionserteilungen,

b) die Errichtung von Zweigniederlassungen und die Aufnahme des Dienstleistungsverkehrs durch Unternehmen mit Sitz in Vertragsstaaten,

c) Verschmelzungen, Vermögensübertragungen, Übertragungen des gesamten Versicherungsbetriebes,

d) Umwandlungen,

e) Bestandübertragungen,

f) Auflösungen,

g) die Beendigung des Geschäftsbetriebes,

h) Maßnahmen gemäß § 106 Abs. 2,

i) das Erlöschen oder den Widerruf der Konzession,

k) die Untersagung des Betriebes der Zweigniederlassung oder des Dienstleistungsverkehrs von Unternehmen mit Sitz in Vertragsstaaten,

l) Satzungsänderungen.
(BGBl 1994/652)
(*BGBl I 2000/117; **BGBl I 2001/97)

(2) In die Veröffentlichungen sind auch Versicherungsstatistiken aufzunehmen, die die wesentlichen Daten über den Versicherungsbestand und die Vermögensverhältnisse der Versicherungsunternehmen zu enthalten haben. Die Versicherungsstatistik ist jeweils für ein Jahr zu erstellen.

(3) Die Veröffentlichungen sind im Internet bereitzustellen. Auf Verlangen ist jedermann eine ohne technische Hilfsmittel lesbare Wiedergabe zur Verfügung zu stellen. *(BGBl I 2000/117)*

Kosten der Versicherungsaufsicht

§ 117. (1) Der auf die Versicherungsaufsicht entfallende Personal- und Sachaufwand der FMA mit Ausnahme der Kosten gemäß § 22 Abs. 3 zweiter Satz (Kosten der Versicherungsaufsicht) ist der FMA von den Versicherungsunternehmen, denen eine Konzession gemäß § 4 Abs. 1 erteilt wurde, durch eine Gebühr zu erstatten.

(2) Die Bemessungsgrundlage für die Gebühr bilden die verrechneten Prämien des gesamten auf Grund der Konzession betriebenen Geschäfts.

(3) Der Gebührensatz ergibt sich aus dem Verhältnis der Kosten der Versicherungsaufsicht zur Gesamtsumme der Bemessungsgrundlage nach Abs. 2. Er ist von der FMA jährlich auf Grund der Ergebnisse des vorangegangenen Geschäftsjahres festzusetzen. Eine Aufrundung bis tausendstel Promille und die Festsetzung einer beträglichen Mindestgebühr sind zulässig. Der Gebührensatz darf 0,8 vT der Bemessungsgrundlage gemäß Abs. 2 nicht übersteigen.

(4) Die FMA hat die Gebühr jedem einzelnen Versicherungsunternehmen vorzuschreiben. „ "
(BGBl I 2003/33)

(5) *(aufgehoben, BGBl I 2007/56)*

(BGBl I 2001/97)

Zusammenarbeit mit Aufsichtsbehörden von Drittstaaten

§ 118. (1) Die „FMA" ist berechtigt, Behörden, denen die Beaufsichtigung der Versicherungsunternehmen, der Kreditinstitute und sonstigen Finanzinstitute sowie der Finanzmärkte in Staaten obliegt, die nicht Vertragsstaaten sind, auf Grund von Gegenseitigkeitserklärungen oder tatsächlich gewährter Gegenseitigkeit über

1. inländische Versicherungsunternehmen, die in dem betreffenden Staat eine Zweigniederlassung haben oder mit einem Unternehmen in enger Verbindung (§ 4 Abs. 7) stehen, das von der betreffenden Behörde beaufsichtigt wird,

2. inländische Zweigniederlassungen von Versicherungsunternehmen, die in dem betreffenden Staat ihren Sitz haben,

diejenigen Auskünfte zu erteilen und diejenigen Unterlagen zu übermitteln, die diese Behörden zur Erfüllung ihrer Aufgaben benötigen. *(BGBl I 2000/117; BGBl I 2001/97)*

(2) Die Auskünfte und Unterlagen gemäß Abs. 1 können folgende Gegenstände betreffen:

1. Konzessionen, Bestandübertragungen und Rechtsgeschäfte, die eine Gesamtrechtsnachfolge herbeiführen,

2. die Aktionäre, die Mitglieder des Vorstands, des Aufsichtsrats, des Verwaltungsrats und die geschäftsführenden Direktoren des Versicherungsunternehmens, *(BGBl I 2004/67)*

3. die der „FMA" vorgelegten Geschäftsgrundlagen, *(BGBl I 2001/97)*

4. das Eigenmittelerfordernis und die Eigenmittel des Versicherungsunternehmens,

5. die Berechnung der versicherungstechnischen Rückstellungen und die Kapitalanlagen zu deren Bedeckung,

6. die im Bericht an die „FMA" gemäß § 83 enthaltenen und die gemäß § 85a Abs. 1 verlangten Angaben, *(BGBl I 2001/97)*

7. Wahrnehmungen auf Grund der Überwachung des Geschäftsbetriebes gemäß §§ 99 bis 103 und Maßnahmen gemäß §§ 104, 104a, 105 und 106,

7a. Informationen, die zweckdienlich sind, um die zusätzliche Beaufsichtigung gemäß der Richtlinie 98/78/EG zu ermöglichen oder zu erleichtern, *(BGBl I 2014/42)*

8. Strafverfahren gemäß §§ 107b bis 114.
(BGBl I 2000/117)

(3) Die Erteilung von Auskünften und die Übermittlung von Unterlagen ist nur zulässig, wenn gewährleistet ist, dass sie von der ausländischen Behörde nur für Aufsichtszwecke verwendet und an Dritte nur unter Voraussetzungen weitergegeben werden, die denen des österreichischen Rechts gleichwertig sind. *(BGBl I 2000/117)*

(4) „Der Bundesminister für Finanzen kann, sofern er gemäß Art. 66 Abs. 2 B-VG dazu ermächtigt ist, durch Vereinbarungen mit anderen Staaten, die nicht Vertragsstaaten sind, Regelungen über die Zusammenarbeit mit den Behörden dieser Staaten im Rahmen der Abs. 1 bis 3 treffen."*„Dabei ist zu vereinbaren, dass Informationen aus einem anderen Mitgliedstaat nur mit ausdrücklicher Zustimmung der zuständi-

13. VAG
§§ 118 – 118c

gen Behörden, die diese Information mitgeteilt haben, und gegebenenfalls nur für Zwecke weitergegeben werden dürfen, denen diese Behörden zugestimmt haben."** *(* BGBl I 2002/46; ** BGBl I 2003/33)*

Zusammenarbeit mit Aufsichtsbehörden im EWR

§ 118a. (1) „Die FMA ist berechtigt, über die ihrer Überwachung unterliegenden Versicherungsunternehmen (§ 99) den für die Beaufsichtigung der Versicherungsunternehmen, der Kreditinstitute und sonstigen Finanzinstitute sowie der Finanzmärkte zuständigen Behörden der anderen Vertragsstaaten „** diejenigen Auskünfte zu erteilen und diejenigen Unterlagen zu übermitteln, die diese zur Erfüllung ihrer Aufgaben benötigen und die folgenden Gegenstände betreffen:"* *(* BGBl I 2002/46; ** BGBl I 2014/42)*

1. Konzessionen, Zweigniederlassungen und Ausübung des Dienstleistungsverkehrs,
2. die Aktionäre, die Mitglieder des Vorstands, des Aufsichtsrats, des Verwaltungsrats und die geschäftsführenden Direktoren des Versicherungsunternehmens, *(BGBl I 2004/67)*
3. die der „FMA" vorgelegten Geschäftsgrundlagen, *(BGBl I 2001/97)*
4. das Eigenmittelerfordernis und die Eigenmittel des Versicherungsunternehmens,
5. die Berechnung der versicherungstechnischen Rückstellungen und die Kapitalanlagen zu deren Bedeckung,
6. die im Bericht an die „FMA" gemäß § 83 enthaltenen und die gemäß § 85a Abs. 1 verlangten Angaben, *(BGBl I 2001/97)*
7. Wahrnehmungen auf Grund der Überwachung des Geschäftsbetriebes gemäß §§ 99 bis 103 und Maßnahmen gemäß §§ 104, 105 und 106,
7a. Informationen, die zweckdienlich sind, um die zusätzliche Beaufsichtigung gemäß der Richtlinie 98/78/EG „ " zu ermöglichen oder zu erleichtern, *(BGBl I 2005/93)*
8. Strafverfahren gemäß §§ 107b bis 114. *(BGBl I 2000/117)*

(2) Die „FMA"* ist insbesondere berechtigt, den zuständigen Behörden der Vertragsstaaten, in denen ein inländisches Versicherungsunternehmen die Vertragsversicherung über eine Zweigniederlassung oder im Dienstleistungsverkehr betreibt, die diesen Betrieb betreffenden Angaben gemäß § 85a Abs. 1 zweiter Satz mitzuteilen. Nach Maßgabe des Art. 44 der Richtlinie 92/49/ EWG „ "***und des „Art. 49 der Richtlinie 2002/83/EG"*** ist sie hiezu verpflichtet. *(BGBl 1996/447; * BGBl I 2001/97; ** BGBl I 2003/33; *** BGBl I 2005/93)*

(2a) Die FMA ist berechtigt, den in Abs. 1 angeführten Behörden über Wahrnehmungen auf Grund des § 107 Abs. 1 und Maßnahmen gemäß § 107 Abs. 2 bis 5 diejenigen Auskünfte zu erteilen und Unterlagen zu übermitteln, die diese Behörden zur Erfüllung ihrer Aufgaben benötigen. *(BGBl I 2002/46)*

(3) Hat die „FMA" Grund zur Annahme, daß durch den Betrieb einer Zweigniederlassung oder durch den Dienstleistungsverkehr im Inland die finanzielle Leistungsfähigkeit eines Versicherungsunternehmens mit Sitz in einem anderen Vertragsstaat gefährdet ist, so hat sie dies der zuständigen Behörde des Sitzstaats unverzüglich mitzuteilen. *(BGBl I 2001/97)*

(4) Hat die „FMA"* Grund zur Annahme, dass eine „Information für die Aufsichtsbehörde"*** eines anderen Vertragsstaates wesentlich ist, um die zusätzliche Beaufsichtigung gemäß der Richtlinie 98/78/EG „ "*** durchzuführen, so hat sie diese Information der zuständigen Behörde unverzüglich mitzuteilen. *(BGBl I 2000/117; * BGBl I 2001/97; ** BGBl I 2005/93; *** BGBl I 2007/56)*

(5) „Der Bundesminister für Finanzen kann, sofern er gemäß Art. 66 Abs. 2 B-VG dazu ermächtigt ist, durch Vereinbarungen mit anderen Vertragsstaaten nähere Regelungen über die Zusammenarbeit mit den Behörden dieser Staaten im Rahmen der Abs. 1 bis 4 treffen."*.Dabei ist zu vereinbaren, dass Informationen aus einem anderen Mitgliedstaat nur mit ausdrücklicher Zustimmung der zuständigen Behörden, die diese Information mitgeteilt haben, und gegebenenfalls nur für Zwecke weitergegeben werden dürfen, denen diese Behörden zugestimmt haben."** *(* BGBl I 2002/46; ** BGBl I 2003/33)*

(6) Die FMA ist berechtigt, Zentralbanken und anderen Einrichtungen mit vergleichbaren geldpolitischen Aufgaben, sowie gegebenenfalls anderen staatlichen Behörden, die mit der Überwachung der Zahlungssysteme betraut sind, die zur Erfüllung ihrer Aufgaben erforderlichen Informationen zu übermitteln. *(BGBl I 2004/70)*

§ 118b. Die „FMA" hat das Erlöschen oder den Widerruf der Konzession eines inländischen Versicherungsunternehmens den zuständigen Behörden anderer Vertragsstaaten, in denen das Versicherungsunternehmen die Vertragsversicherung über eine Zweigniederlassung oder im Dienstleistungsverkehr betreibt, mitzuteilen. Vor Ergreifung einer Maßnahme gemäß § 7 b Abs. 4 sind diese Behörden zu hören. *(BGBl I 2001/97)*

§ 118c. (1) Bevor die „FMA" gemäß § 104 a Abs. 3 Z 1 einem Versicherungsunternehmen die freie Verfügung über Vermögenswerte einschränkt oder untersagt, hat sie die zuständigen Behörden der Vertragsstaaten, in denen das Versicherungsunternehmen die Vertragsversicherung über eine Zweigniederlassung oder im Dienstleis-

VAG
+VOen
FMABG

13. VAG
§§ 118c – 118f

tungsverkehr betrieb, zu verständigen. *(BGBl I 2001/97)*

(2) Hat die „FMA" gemäß § 104a Abs. 3 Z 2 oder 3 einem Versicherungsunternehmen die freie Verfügung über Vermögenswerte eingeschränkt oder untersagt, so hat sie die zuständigen Behörden der Vertragsstaaten, in denen das Versicherungsunternehmen die Vertragsversicherung über eine Zweigniederlassung oder im Dienstleistungsverkehr betreibt, zu verständigen. *(BGBl 1996/447; BGBl I 2001/97)*

(3) Erläßt die „FMA" eine Anordnung gemäß § 104a Abs. 3, so kann sie die zuständigen Behörden von Vertragsstaaten, in deren Gebiet Vermögenswerte des Versicherungsunternehmens belegen sind, ersuchen, hinsichtlich dieser Vermögenswerte die gleiche Anordnung zu treffen. Hiebei sind die Vermögenswerte zu bezeichnen, die Gegenstand dieser Anordnung sein sollen. Hat die Anordnung nach den Rechtsvorschriften des Staates, in dem die Vermögenswerte belegen sind, zur Folge, daß über die Vermögenswerte nur mit dem Einverständnis der „FMA" verfügt werden kann, so ist dieses Einverständnis zu erklären, wenn die Verfügung die Erfüllbarkeit der Verpflichtungen aus den Versicherungsverträgen nicht gefährdet. *(BGBl 1996/447; BGBl I 2001/97)*

(4) Hat die zuständige Behörde eines anderen Vertragsstaates gegenüber einem Versicherungsunternehmen, das in diesem Vertragsstaat seinen Sitz hat, eine Anordnung entsprechend § 104a Abs. 3 getroffen, so hat die „FMA" auf Ersuchen dieser Behörde hinsichtlich der im Inland belegenen und im Ersuchen bezeichneten Vermögenswerte die gleiche Anordnung auf Grund des § 104a Abs. 3 zu treffen. Soweit danach die freie Verfügung über Vermögenswerte untersagt oder eingeschränkt wurde, kann das Versicherungsunternehmen über die Vermögenswerte rechtswirksam nur mit Zustimmung der „FMA" verfügen. Die Zustimmung darf nur im Einverständnis mit der zuständigen Behörde des Vertragsstaates erteilt werden, in dem das Versicherungsunternehmen seinen Sitz hat. § 104a Abs. 4 dritter Satz ist anzuwenden. *(BGBl 1996/447; BGBl I 2001/97)*

§ 118d. (1) Hat sich die „ „** „FMA"* gemäß § 5a Abs. 4 zweiter Satz bereit erklärt, die Eigenmittelausstattung eines Versicherungsunternehmens mit Sitz außerhalb der Vertragsstaaten für die gesamte Geschäftstätigkeit in den Vertragsstaaten zu überwachen, so hat sie die zuständigen Behörden der anderen betroffenen Vertragsstaaten von einer Maßnahme nach § 104a Abs. 3 Z 2 oder 3 zu verständigen. § 118c Abs. 3 ist anzuwenden. *(*BGBl I 2001/97; **BGBl I 2002/46)*

(2) Hat ein Versicherungsunternehmen eine Genehmigung gemäß § 5a Abs. 1 erhalten und hat die Behörde eines anderen Vertragsstaates, die die Überwachung der Eigenmittelausstattung für die gesamte Geschäftstätigkeit in den Vertragsstaaten übernommen hat, eine Maßnahme entsprechend § 104a Abs. 3 Z 2 oder 3 getroffen, so hat die „FMA" auf Ersuchen dieser Behörde hinsichtlich der im Inland belegenen und im Ersuchen bezeichneten Vermögenswerte die gleiche Anordnung auf Grund des § 104a Abs. 3 zu treffen. Soweit danach die freie Verfügung über Vermögenswerte untersagt oder eingeschränkt wurde, kann das Versicherungsunternehmen über die Vermögenswerte rechtswirksam nur mit Zustimmung der „FMA" verfügen. Die Zustimmung darf nur im Einverständnis mit der Behörde erteilt werden, die die Überwachung der Eigenmittelausstattung übernommen hat. § 104a Abs. 4 dritter Satz ist anzuwenden." *(BGBl I 2001/97)*

(BGBl 1996/447)

§ 118e. (1) Ersucht die zuständige Behörde eines anderen Vertragsstaates, in dem ein inländisches Versicherungsunternehmen die Vertragsversicherung über eine Zweigniederlassung oder im Dienstleistungsverkehr betreibt, um die Ergreifung geeigneter Maßnahmen entsprechend § 107 Abs. 3, so hat die „FMA" die zuständige Behörde davon zu verständigen, welche Maßnahmen sie auf Grund dieses Ersuchens getroffen hat. *(BGBl I 2001/97)*

(2) Ist die Zustellung eines Schriftstückes der nach Abs. 1 zuständigen Behörde entsprechend § 107 Abs. 2, 4 oder 5 an das inländische Versicherungsunternehmen nicht oder nur unter unverhältnismäßigen Schwierigkeiten möglich, so hat die Zustellung auf Verlangen der zuständigen Behörde über die „ „** „FMA"* zu erfolgen. *(BGBl 1994/652; *BGBl I 2001/97; **BGBl I 2002/46)*

(3) Vor Ergehen einer Anordnung gemäß § 107 Abs. 4 oder 5 und vor Untersagung des Betriebes einer Zweigniederlassung gemäß § 7 Abs. 6 oder des Dienstleistungsverkehrs gemäß § 14 Abs. 7 in Verbindung mit § 7 Abs. 6 ist die zuständige Behörde des Sitzstaats zu verständigen. *(BGBl I 2002/46)*

§ 118f. (1) Die FMA hat den zuständigen Behörden der anderen Vertragsstaaten unverzüglich mitzuteilen

1. die Auflösung eines Versicherungsunternehmens gemäß § 203 Abs. 1 Z 1 und 2 Aktiengesetz 1965 oder „§ 56 Abs. 1 Z 1 bis 3"dieses Bundesgesetzes, *(BGBl I 2007/56)*

2. die Ergreifung von Maßnahmen gemäß § 98.

(2) Die Mitteilungen gemäß Abs. 1 Z 2 haben auch Angaben zu den allgemeinen Wirkungen der Maßnahme gemäß § 98 zu enthalten.

(3) Den zuständigen Behörden anderer Vertragsstaaten ist auf deren Verlangen Auskunft über

den Verlauf der Abwicklung im Fall einer Auflösung gemäß Abs. 1 Z 1 zu geben.
(BGBl I 2003/36)

Zusammenarbeit mit der Schweizerischen Aufsichtsbehörde

§ 118g. (1) Die „FMA"* ist berechtigt, der Schweizerischen Aufsichtsbehörde „"** diejenigen Auskünfte zu erteilen und diejenigen Unterlagen zu übermitteln, die diese zur Ausübung der Versicherungsaufsicht benötigt und die die Konzessionen der Versicherungsunternehmen oder die in § 118a Abs. 1 Z 2 bis 8 angeführten Gegenstände betreffen. *(*BGBl I 2001/97; **BGBl I 2014/42)*

(2) Die „FMA" hat das Erlöschen oder den Widerruf der Konzession eines inländischen Versicherungsunternehmens, das eine Zweigniederlassung in der Schweizerischen Eidgenossenschaft besitzt, der Schweizerischen Aufsichtsbehörde mitzuteilen. Vor Ergreifung einer Maßnahme gemäß § 7b Abs. 4 ist diese Behörde zu hören. *(BGBl I 2001/97)*

(3) Bevor die „FMA" gemäß § 104a Abs. 3 Z 1 einem Versicherungsunternehmen mit Sitz in der Schweizerischen Eidgenossenschaft die freie Verfügung über Vermögenswerte einschränkt oder untersagt, hat sie die Schweizerische Aufsichtsbehörde zu verständigen. Hat die „FMA" gemäß § 104a Abs. 3 Z 3 einem Versicherungsunternehmen, das eine Zweigniederlassung in der Schweizerischen Eidgenossenschaft besitzt, die freie Verfügung über Vermögenswerte eingeschränkt oder untersagt, so hat sie die Schweizerische Aufsichtsbehörde zu verständigen. Sie kann diese Behörde ersuchen, gegenüber der Zweigniederlassung die gleiche Maßnahme zu treffen. Hat die Schweizerische Aufsichtsbehörde gegenüber einem Versicherungsunternehmen mit Sitz in der Schweizerischen Eidgenossenschaft eine Anordnung entsprechend § 104a Abs. 3 Z 3 getroffen, so hat die „FMA" auf Ersuchen dieser Behörde die gleiche Anordnung auf Grund des § 104a Abs. 3 Z 3 gegenüber einer inländischen Zweigniederlassung dieses Versicherungsunternehmens zu treffen. *(BGBl I 2001/97)*

(BGBl 1996/447)

Umrechnung von ECU in Schilling

§ 118g. *(alt) (aufgehoben, BGBl I 1998/126)*

Übermittlung von Angaben

§ 118h. Die „FMA"* ist verpflichtet, Angaben, die ihr von den Behörden anderer Vertragsstaaten über den Betrieb von Zweigniederlassungen oder den Dienstleistungsverkehr inländischer Versicherungsunternehmen übermittelt werden, an den Fachverband der „Versicherungsunternehmen"** weiterzuleiten, soweit sie dieser zur Erfüllung von Aufgaben benötigt, die ihm gemäß § 22 Abs. 4 Kraftfahrzeug-Haftpflichtversicherungsgesetz 1994, BGBl. Nr. 651 (KHVG 1994), und „§ 2 des Bundesgesetzes über die Entschädigung von Verkehrsopfern (Verkehrsopfer-Entschädigungsgesetz – VOEG), BGBl. I Nr. 37/2007"**, obliegen. *(*BGBl I 2001/97; **BGBl I 2010/107)*

(BGBl 1994/652)

Meldungen an die Kommission

§ 118i. (1) Die „FMA" hat der Europäischen Kommission zu melden

1. die Erteilung der Konzession an ein Versicherungsunternehmen, das Tochterunternehmen im Sinn des § 244 UGB eines Unternehmens mit Sitz außerhalb der Vertragsstaaten ist; hiebei ist der Aufbau des Konzerns darzustellen; *(BGBl I 2005/120)*

2. den Erwerb einer Beteiligung an einem inländischen Versicherungsunternehmen, durch den dieses ein Tochterunternehmen im Sinn des § 244 UGB eines Unternehmens mit Sitz außerhalb der Vertragsstaaten wird, *(BGBl I 2005/120)*

3. allgemeine Schwierigkeiten, auf die inländische Versicherungsunternehmen stoßen, wenn sie in einem Staat, der nicht „Vertragsstaat" ist, eine Tochtergesellschaft gründen oder eine Zweigniederlassung errichten wollen, oder bei der Tätigkeit solcher Tochtergesellschaften oder Zweigniederlassungen auftreten, *(BGBl 1996/447)*

4. auf Verlangen der Kommission den Antrag eines Unternehmens auf Konzessionserteilung, das Tochterunternehmen im Sinn des § 244 UGB eines Unternehmens mit Sitz in einem Staat, der nicht „Vertragsstaat" ist, *(*BGBl 1996/447; BGBl I 2005/120)*

5. auf Verlangen der Kommission die gemäß „§ 11b"*** Abs. 1 oder 3 angezeigte Absicht des Erwerbes einer Beteiligung an einem Versicherungsunternehmen, durch den dieses ein Tochterunternehmen im Sinn des § 244 UGB eines Unternehmens mit Sitz in einem Staat wird, der nicht „Vertragsstaat"* ist, *(*BGBl 1996/447; BGBl I 2005/120; **BGBl I 2007/107)*

6. Entscheidungen gemäß § 10a Abs. 3 und § 16 Abs. 3 und die dafür maßgebenden Umstände,

7. Entscheidungen gemäß § 107 Abs. 4 und die dafür maßgebenden Umstände „und" *(BGBl I 2006/95)*

8. *(aufgehoben, BGBl I 2013/12)*
(BGBl I 2001/97)

(1a) Die Meldungen gemäß Abs. 1 Z 1 und 2 sind auch den zuständigen Behörden der anderen Mitgliedstaaten mitzuteilen. In der Meldung gemäß Abs. 1 Z 1 ist auch der Aufbau der Gruppe anzugeben. *(BGBl I 2005/59)*

(2) Die Meldepflicht gemäß „Abs. 1 Z 4 und 5"*** besteht nur, wenn über den betreffenden Staat, der nicht „Vertragsstaat"* ist, eine Feststellung gemäß Art. 29b Abs. 3 oder 4 der Richtlinie 73/239/EWG „in der Fassung des Art. 4 der Richtlinie 90/618/EWG und des Art. 4 der Richtlinie 2005/1/EG"*** oder „Art. 59 Abs. 3 oder 4 der Richtlinie 2002/83/EG"** vorliegt. Sie besteht nicht mehr, sobald mit diesem Staat ein Abkommen über den effektiven Marktzugang oder die Inländerbehandlung von Versicherungsunternehmen mit Sitz in den „Vertragsstaaten"* geschlossen wurde oder ein Beschluß im Sinn des § 4a Abs. 1 nicht mehr aufrecht ist. *(*BGBl 1996/447; **BGBl I 2003/33; ***BGBl I 2005/93)*

(BGBl 1995/23)

Zwölftes Hauptstück
ÜBERGANGS- UND SCHLUSSBESTIMMUNGEN

Inkrafttreten

§ 119. (1) Dieses Bundesgesetz tritt mit 1. Jänner 1979 in Kraft.

(2) Verordnungen auf Grund der Bestimmungen dieses Bundesgesetzes können bereits von dem seiner Kundmachung folgenden Tag an erlassen werden. Diese Verordnungen dürfen frühestens mit dem im Abs. 1 bezeichneten Zeitpunkt in Kraft gesetzt werden.

(3) Die §§ 77 Abs. 1 bis 7 und 78 des Versicherungsaufsichtsgesetzes, BGBl. Nr. 569/1978, in der Fassung des Bundesgesetzes BGBl. Nr. 411/1991 treten mit 1. Jänner 1992 in Kraft. Verordnungen auf Grund dieser Bestimmungen dürfen bereits von dem der Kundmachung des Bundesgesetzes BGBl. Nr. 411/1991 folgenden Tag an erlassen werden. Sie dürfen frühestens mit 1. Jänner 1992 in Kraft treten. *(BGBl 1991/411)*

„(3a)" § 73 c Abs. 3 zweiter Satz und § 73 c Abs. 4 treten am 31. Dezember 1991 außer Kraft. *(BGBl 1991/625; BGBl 1992/769)*

(4) Die §§ 2 Abs. 1, 18 Abs. 2, 24 Abs. 1, 63 Abs. 2 und 3, 71 Abs. 3, 73 a Abs. 2, 73 b Abs. 3 und Abs. 4 Z 2 lit. a und Z 3 lit. a, 76, 77 Abs. 7 b, 78 Abs. 1, 2 und 12 und 112 des Versicherungsaufsichtsgesetzes, BGBl. Nr. 569/1978, in der Fassung des Bundesgesetzes BGBl. Nr. 13/1992 treten mit 1. Jänner 1992 in Kraft. Verordnungen auf Grund dieser Bestimmungen dürfen bereits von dem der Kundmachung des Bundesgesetzes BGBl. Nr. 13/1992 folgenden Tag an erlassen werden. Sie dürfen frühestens mit 1. Jänner 1992 in Kraft treten. *(BGBl 1992/13)*

(5) Das Fünfte Hauptstück des Versicherungsaufsichtsgesetzes, BGBl. Nr. 569/1978, in der Fassung des Bundesgesetzes BGBl. Nr. 13/1992 ist erstmals auf Geschäftsjahre anzuwenden, die nach dem 31. Dezember 1991 beginnen. Verordnungen auf Grund dieser Bestimmungen dürfen bereits von dem der Kundmachung des Bundesgesetzes BGBl. Nr. 13/1992 folgenden Tag an erlassen werden. Sie dürfen frühestens mit Geschäftsjahre anzuwenden sein, die nach dem 31. Dezember 1991 beginnen. *(BGBl 1992/13)*

(6) § 63 Abs. 3 und § 86 Abs. 1 des Versicherungsaufsichtsgesetzes, BGBl. Nr. 569/1978, in der Fassung des Bundesgesetzes BGBl. Nr. 13/1992 gelten bis 31. Dezember 1994 auch für Pensionskassen gemäß § 62 Abs. 2 des Versicherungsaufsichtsgesetzes, BGBl. Nr. 569/1978, in der Fassung des Bundesgesetzes BGBl. Nr. 181/1990. *(BGBl 1992/13)*

(7) Die §§ 1 a, 2, 3 Abs. 3, 4, 4 a, 5, 5 a, 6 Abs. 2 und 5, die §§ 7, 7 a, 7 b, 8, 8 a, 8 b, 10, 11 Abs. 2, 12, 13 Abs. 2, 14 bis 17, 17 c Abs. 2, 18, 19 a, 20 Abs. 1, 23 Abs. 2, 24 Abs. 1, 29 Abs. 3, 41 a, 62 Abs. 1 und 2, 63 Abs. 2 bis 4, 73 b bis 73 h, 75, 76, 77 Abs. 4, 5 und 7, 78 Abs. 2, 6 und 7, 81 b Abs. 9, 81 l Abs. 1, 82 Abs. 6, 85 a Abs. 1, 94 Abs. 1, 97, 104 a, 106 Abs. 4, 108, 110, 116 Abs. 1, 118 a bis 118 f und die Anlagen A bis E in der Fassung des Bundesgesetzes BGBl. Nr. 769/1992 treten gleichzeitig mit dem Abkommen über den Europäischen Wirtschaftsraum[1)2)] in Kraft. Die §§ 7, 8 a, 12, 14 bis 17, 79, 88, 93, 100 Abs. 2 und 107 in der bis zu diesem Zeitpunkt geltenden Fassung treten gleichzeitig außer Kraft. Verordnungen auf Grund der im ersten Satz angeführten Bestimmungen dürfen bereits von dem der Kundmachung des Bundesgesetzes BGBl. Nr. 769/1992 folgenden Tag an erlassen werden. Sie dürfen frühestens mit dem im ersten Satz angeführten Zeitpunkt in Kraft treten. *(BGBl 1992/769)*

(8) Für die Lebensversicherung treten die §§ 4 a Abs. 2, 7 Abs. 2, 14 bis 17, 18 Abs. 4 und 5, 19 a Abs. 2 und 3, 118 a Abs. 2 Z 2 und 3 und 118e Nr. 769/1992 unbeschadet des Abs. 7, frühestens mit 21. Mai 1993 in Kraft. *(BGBl 1992/769)*

(9) Die §§ 18 a und 79 in der Fassung des Bundesgesetzes BGBl. Nr. 532/1993 treten mit dem 1. Jänner 1994 in kraft. Abweichend davon ist § 79, soweit er auf § 33 Abs. 8 BWG verweist, auf jene Verbraucherkredite nicht anzuwenden, die vor dem 1. Jänner 1996 begeben worden sind. *(BGBl 1993/532)*

[1)] *Die Kundmachung des Abkommens und seines Inkrafttretens wird zu einem späteren Zeitpunkt erfolgen.*

13. VAG
§§ 119 – 119c

[2)] *Das EWR-Abkommen trat mit 1. Jänner 1994 in Kraft (BGBl 1993/909; vgl auch Z 5 der Kundmachung BGBl 1993/917).*

§ 119a. (1) § 1 a, § 2 Abs. 2, § 4 Abs. 1 und 6, § 5 Abs. 2, § 6 Abs. 2, § 7, die §§ 9, 9 a, 10, 10 a und 11 a, § 12 Abs. 1, die §§ 13, 13 a, 13 b, 13 c, 14, 16, 17 a und 18, § 18 a Abs. 1 die §§ 18 b, 18 c und 18 d, § 19 Abs. 1, § 19 a, § 20 Abs. 2, § 21, § 24, § 24 Abs. 1, 2 und 4, § 25 Abs. 1, § 35 Abs. 2, § 58 Abs. 1, § 61 a Abs. 4, § 63 Abs. 2 bis 4, die §§ 64 und 65, § 73 b Abs. 1, die §§ 75, 77, 78, 79, 79 a und 79 b, § 87 Abs. 2, die §§ 99, 102 a und 104, § 104 a Abs. 3 und 4, § 104 b, § 106 Abs. 3, die §§ 107, 108, 108 a und 110, § 116 Abs. 1, § 117, die §§ 118 a bis 118 e, § 118 g und die Anlage E in der Fassung des Bundesgesetzes BGBl. Nr. 652/1994 treten mit 1. September 1994 in Kraft. Gleichzeitig treten § 6 Abs. 5, § 8 Abs. 3, 5 und 6, die §§ 8 b, 15 und 17, § 74 Abs. 1 und die Anlage C außer Kraft.

(2) § 24 a Abs. 3, § 73 a Abs. 3, § 80 Abs. 2 und 3, § 81 a, § 81 h Abs. 3, § 81 i Abs. 3, § 81 n Abs. 2, § 85 Abs. 2 und § 112 in der Fassung des Bundesgesetzes BGBl. Nr. 652/1994 sind erstmals auf Geschäftsjahre anzuwenden, die nach dem 31. Dezember 1993 beginnen.

(3) § 80 Abs. 1, § 80 a, § 81 Abs. 5 und 6, § 81 b Abs. 2 und 7 bis 11, § 81 c Abs. 1 und 5, § 81 d Abs. 3, § 81 e Abs. 7 und 8, § 81 f Abs. 4, § 81 g Abs. 3, § 81 n Abs. 1, 3 und 5 bis 7, § 81 o Abs. 3 bis 9, § 81 p und § 85 b in der Fassung des Bundesgesetzes BGBl. Nr. 652/1994 sind erstmals auf Geschäftsjahre anzuwenden, die nach dem 31. Dezember 1994 beginnen.

(4) Verordnungen auf Grund der in Abs. 1 erster Satz, Abs. 2 und 3 angeführten Bestimmungen dürfen bereits von dem der Kundmachung des Bundesgesetzes BGBl. Nr. 652/1994 folgenden Tag an erlassen werden. Sie dürfen im Fall der Abs. 1 erster Satz angeführten Bestimmungen frühestens mit 1. September 1994 in Kraft treten, im Fall der in Abs. 2 angeführten Bestimmungen frühestens auf Geschäftsjahre, die nach dem 31. Dezember 1993 beginnen, und im Fall des Abs. 3 frühestens auf Geschäftsjahre, die nach dem 31. Dezember 1994 beginnen, anzuwenden sein.

(BGBl 1994/652)

§ 119b. (1) § 1a Abs. 3, § 4a, § 6a, § 8b, § 10 Abs. 5, § 13a Abs. 7, § 13b Abs. 5, § 73a und § 118h in der Fassung des Bundesgesetzes BGBl. Nr. 23/1995 treten gleichzeitig mit dem Inkrafttreten des Vertrages über den Beitritt Österreichs zur Europäischen Union[1)] in Kraft. Gleichzeitig tritt § 14 Abs. 2 außer Kraft.

(2) § 81a Abs. 2 in der Fassung des Bundesgesetzes BGBl. Nr. 23/1995 ist erstmals auf Geschäftsjahre anzuwenden, die nach dem 31. Dezember 1993 beginnen.

(3) § 80 Abs. 1 und § 86 Abs. 5 in der Fassung des Bundesgesetzes BGBl. Nr. 23/1995 sind erstmals auf Geschäftsjahre anzuwenden, die nach dem 31. Dezember „2003" beginnen. *(BGBl I 2000/117; BGBl I 2003/33)*

(4) Verordnungen auf Grund der in Abs. 1 erster Satz, Abs. 2 und 3 angeführten Bestimmungen dürfen bereits von dem der Kundmachung des Bundesgesetzes BGBl. Nr. 23/1995 folgenden Tag an erlassen werden. Sie dürfen im Fall der in Abs. 1 erster Satz angeführten Bestimmungen frühestens mit dem dort angeführten Zeitpunkt in Kraft treten, im Fall der in Abs. 2 angeführten Bestimmungen frühestens auf Geschäftsjahre, die nach dem 31. Dezember 1993 beginnen, und im Fall des Abs. 3 frühestens auf Geschäftsjahre, die nach dem „31. Dezember 1999" beginnen, anzuwenden sein. *(BGBl 1996/447)*

(BGBl 1995/23)

[1)] *Die Kundmachung des Vertrages und seines Inkrafttretens wird zu einem späteren Zeitpunkt erfolgen.*

§ 119c. (1) § 1 Abs. 2, § 2 Abs. 2 und 2a, § 3 Abs. 1, § 4 Abs. 2, 2a und 4 bis 9, § 5 Abs. 1 und 4, § 6a Abs. 1, § 7 Abs. 1 und 4, § 8 Abs. 2 bis 5, § 8a, § 8b, § 9a, § 10 Abs. 2, 3 und 5, § 10a Abs. 1 und 4, § 17a, § 18 Abs. 4 bis 6, § 18a Abs. 1, § 18b, § 18d Abs. 4, § 20 Abs. 2, § 21, § 23 Abs. 2, § 24 Abs. 2, § 29 Abs. 3, § 61b Abs. 3, 5 und 6, § 61d, § 63 Abs. 3 bis 6, § 73f Abs. 3 und 4, § 73g Abs. 6, § 74a, § 77 Abs. 5, 8 und 9, § 78 Abs. 1 und 4, § 79 Abs. 1 und 2, § 79b, § 81 Abs. 2 und 5, § 81b Abs. 11, § 82a, § 85a, § 85b Abs. 2 und 3, § 89, § 92 Abs. 1, § 99 Abs. 2, § 100 Abs. 1, § 104a Abs. 4 und 5, § 106 Abs. 3, § 107 Abs. 1, die §§ 107a und 107b, § 108, § 108a, die §§ 109 und 110, die §§ 112 und 113, die §§ 115a und 115b, § 117 Abs. 5, § 118a Abs. 1 und 2, § 118c Abs. 2 bis 4, § 118d, die §§ 118f bis 118i und die Anlagen D und E in der Fassung des Bundesgesetzes BGBl. Nr. 447/1996 treten mit 1. August 1996 in Kraft. § 6a Abs. 4, § 78 Abs. 5 und § 111 treten mit Ablauf des 31. Juli 1996 außer Kraft. *(BGBl 1996/447)*

(2) § 80a Abs. 3 und 4, § 81c Abs. 2, 3 und 5, § 81e Abs. 5 und 7, § 81f Abs. 1, § 81g Abs. 3, § 81h Abs. 1 und 2, § 81l Abs. 2, § 81m Abs. 5, § 81n Abs. 5 und 6 und § 81o Abs. 3, 4, 4a, 6 und 9 in der Fassung des Bundesgesetzes BGBl. Nr. 447/1996 sind erstmals auf Geschäftsjahre anzuwenden, die nach dem 31. Dezember 1995 beginnen. *(BGBl 1996/447)*

(3) § 73b Abs. 5, § 80 Abs. 3, § 81a Abs. 3, § 81b Abs. 4 und 9, § 81g Abs. 1, § 81i Abs. 2 und 4, § 81m Abs. 3 und 4, § 81n Abs. 2 bis 4, § 83 Abs. 2 und § 84 in der Fassung des Bundes-

13. VAG
§§ 119c – 119g

gesetzes BGBl. Nr. 447/1996 sind erstmals auf Geschäftsjahre anzuwenden, die nach dem 31. Dezember 1996 beginnen. Art. XVII Abs. 2 zweiter Satz EU-GesRÄG ist auf Versicherungsunternehmen nicht anzuwenden. *(BGBl 1996/447)*

(4) Verordnungen auf Grund der in Abs. 1 erster Satz und Abs. 2 und 3 angeführten Bestimmungen dürfen bereits von dem der Kundmachung des Bundesgesetzes BGBl. Nr. 447/1996 folgenden Tag an erlassen werden. Sie dürfen im Fall der in Abs. 1 erster Satz angeführten Bestimmungen frühestens mit 1. August 1996 in Kraft treten, im Fall der in Abs. 2 angeführten Bestimmungen frühestens auf Geschäftsjahre, die nach dem 31. Dezember 1995 beginnen, und im Fall der in Abs. 3 angeführten Bestimmungen frühestens auf Geschäftsjahre, die nach dem 31. Dezember 1996 beginnen, anzuwenden sein. *(BGBl 1996/447)*

(5) § 18a Abs. 6, § 75 und § 108a in der Fassung des Bundesgesetzes BGBl. Nr. 753/1996 treten mit 1. Jänner 1997 in Kraft. Verordnungen auf Grund dieser Bestimmungen dürfen von der Kundmachung des Bundesgesetzes BGBl. Nr. 753/1996 folgenden Tag an erlassen werden, jedoch frühestens mit 1. Jänner 1997 in Kraft treten. *(BGBl 1996/753)*

§ 119d. (1) § 18a Abs. 1 Z 1, § 61 Abs. 5 und 7, § 63 Abs. 3, § 73c Abs. 9, Anlage D und Anlage E Z 7 in der Fassung des Bundesgesetzes BGBl. I Nr. 126/1998 treten mit 1. Jänner 1999 in Kraft. Gleichzeitig treten § 9 Abs. 3, § 118g und Anlage E Z 8 außer Kraft.

(2) § 80 Abs. 3 in der Fassung des Bundesgesetzes BGBl. I Nr. 126/1998 ist erstmals auf Geschäftsjahre, die nach dem 1. Jänner 1998 begonnen haben, nicht mehr anzuwenden.

(3) § 81n Abs. 7 und § 81o Abs. 8 in der Fassung des Bundesgesetzes BGBl. I Nr. 126/1998 sind erstmals auf Geschäftsjahre anzuwenden, die nach dem 31. Dezember 1998 enden.

(4) Verordnungen auf Grund der in Abs. 1 erster Satz und Abs. 3 angeführten Bestimmungen dürfen bereits von dem der Kundmachung des Bundesgesetzes BGBl. I Nr. 126/1998 folgenden Tag an erlassen werden. Sie dürfen im Fall der in Abs. 1 erster Satz angeführten Bestimmungen frühestens mit 1. Jänner 1999 in Kraft treten und im Fall der in Abs. 3 angeführten Bestimmungen frühestens auf Geschäftsjahre, die nach dem 31. Dezember 1998 enden, anzuwenden sein.

(BGBl I 1998/126)

§ 119e. § 20 Abs. 2 in der Fassung des Bundesgesetzes BGBl. I Nr. 106/1999 tritt mit 1. Jänner 2000 in Kraft.

(BGBl I 1999/106)

§ 119f. (1) § 5 Abs. 1, § 13c Abs. 1, § 17d, § 18a Abs. 1, § 18b Abs. 1, § 19 Abs. 4, § 20 Abs. 2, § 22 Abs. 2, 3a und 3b, § 23 Abs. 2, § 76, § 77 Abs. 6, 7a, 8 und 8a, § 78 Abs. 1, 3 und 4, § 79 Abs. 1, § 79b Abs. 6, § 99 Abs. 2, § 104a Abs. 1, § 106 Abs. 2a, § 107b Abs. 1, § 116 Abs. 1 und 4, § 117, § 118 und § 118a Abs. 1 und 4 in der Fassung des Bundesgesetzes BGBl. I Nr. 117/2000 treten mit 1. Jänner 2001 in Kraft.

(2) § 79b Abs. 1, § 85a Abs. 2 und 3, § 86 Abs. 1 und § 115b in der Fassung des Bundesgesetzes BGBl. I Nr. 117/2000 treten mit 1. Jänner 2002 in Kraft.

(3) § 2 Abs. 2, § 80 Abs. 3, § 81c Abs. 2 und 3, § 81e Abs. 5, § 81h Abs. 3 und 6, § 81n Abs. 2, § 81o Abs. 4, § 82 Abs. 2a, 6, 9 und 12, § 83 Abs. 1 und 2, § 84, § 85a Abs. 1 und die §§ 86a bis 86m in der Fassung des Bundesgesetzes BGBl. I Nr. 117/2000 sind erstmals auf Geschäftsjahre anzuwenden, die nach dem 31. Dezember 2000 beginnen.

(4) Verordnungen auf Grund der in Abs. 1 bis 3 angeführten Bestimmungen dürfen bereits von dem der Kundmachung des Bundesgesetzes BGBl. I Nr. 117/2000 folgenden Tag an erlassen werden. Sie dürfen im Fall der in Abs. 1 angeführten Bestimmungen frühestens mit 1. Jänner 2001, im Fall der in Abs. 2 angeführten Bestimmungen frühestens mit 1. Jänner 2002 in Kraft treten und im Fall der in Abs. 3 angeführten Bestimmungen frühestens auf Geschäftsjahre, die nach dem 31. Dezember 2000 beginnen, anzuwenden sein.

(BGBl I 2000/117)

§ 119g. (1) § 82 Abs. 1 und 8a in der Fassung des Bundesgesetzes BGBl. I Nr. 97/2001 tritt mit 1. Jänner 2002 in Kraft. *(BGBl I 2001/97)*

(2) Die §§ 1, 2, 4, 4a, 5a, 6a, 7, 7a, 7b, 8a, 10, 10a, 11, 11a, 13a, 13b, 13c, 14, 16, 17a, 17b, 17d, 18, 18d, 19, 20, 22, 23, 24, 24a, 34, 35, 36, 41, 53, 56, 58, 59, 61, 61a, 61b, 62, 64, 65, 68, 69, 71, 72, 73b, 73c, 73e, 73f, 73g, 74, 74a, 76, 77, 78, 79, 79a, 79b, 80b, 81, 81h, 81m, 82 Abs. 2 bis 5, 8 und 9, 82a, 83, 85, 85a, 86, 86a, 86b, 86c, 86d, 86g, 86k, 86m, 89, 98, 99, 100, 101, 102a, 103, 104, 104a, 104b, 105, 106, 107, 107a, 107b, 108, 108a, 109, 110, 112, 115, 115a, 115b, 116, 117, 118, 118a, 118b, 118c, 118d, 118e, 118f, 118h und 118i in der Fassung des Bundesgesetzes BGBl. I Nr. 97/2001 treten mit 1. April 2002 in Kraft. *(BGBl I 2001/97)*

(3) § 12a in der Fassung von Art. II des Bundesgesetzes BGBl. I Nr. 11/2002 tritt mit 19. Jänner 2003 in Kraft. Verordnungen auf Grund dieser Bestimmung dürfen bereits vom Tag der Kundmachung des Bundesgesetzes BGBl. I Nr. 11/2002 an erlassen werden, jedoch frühestens mit 19. Jänner 2003 in Kraft treten. Vor dem 1. April 2002 steht dieses Recht der Versicherungsaufsichtsbehörde zu. *(BGBl I 2002/11)*

13. VAG
§ 119h

§ 119h. (1) § 1 Abs. 1 und 2, § 1a Abs. 1 und 2, § 2 Abs. 2, § 4 Abs. 6, § 4a Abs. 3, § 7 Abs. 1 und 6, § 7b Abs. 4, § 9, § 10a Abs. 1a, 2 und 3, § 11 Abs. 1, 2 und 3, § 12, § 13b Abs. 1 und 3, § 13c Abs. 1 und 2, § 16 Abs. 1a, 2, 4 und 5, § 17a Abs. 1 und 6, § 17b, § 17c Abs. 1a, § 17d Abs. 1, § 18 Abs. 1, § 18a Abs. 1, § 18b Abs. 2, § 18d Abs. 1, § 23 Abs. 5, § 42 Abs. 2, § 53 Abs. 2, § 56 Abs. 3, § 61a Abs. 2 und 5, § 61b Abs. 3, § 68 Abs. 1, § 70 Abs. 2, § 72 Abs. 4, § 73b Abs. 1 und 2, § 73f Abs. 2 und 3, § 73g, § 74, § 75 Abs. 2, 3 und 4, § 79a Abs. 2, § 82 Abs. 8a, § 86m Abs. 1, 2 und 3, § 100 Abs. 2, § 104a Abs. 1, 1a und 4a, § 106, § 107a Abs. 1, § 107b Abs. 1, § 108a, § 112, § 114, § 115b, § 118 Abs. 4, § 118a Abs. 1, 2a und 5, § 118d Abs. 1, § 118e Abs. 2 und 3, § 131 Z 1, Anlage A Z 21 und Anlage D Abschnitt B Z 4 in der Fassung von Art. I des Bundesgesetzes BGBl. I Nr. 46/2002 treten mit 2. April 2002 in Kraft. *(BGBl I 2002/46)*

(2) Die §§ 77 bis 79 in der Fassung von Art. I des Bundesgesetzes BGBl. I Nr. 46/2002 treten mit 1. Jänner 2003 in Kraft. *(BGBl I 2002/46)*

(3) § 81n Abs. 7, § 81o Abs. 8 und § 86h Abs. 5 in der Fassung von Art. I des Bundesgesetzes BGBl. I Nr. 46/2002 sind auf Geschäftsjahre anzuwenden, die nach dem 30. Dezember 2001 enden. *(BGBl I 2002/46)*

(4) § 24a Abs. 3, § 79b Abs. 1, § 81a Abs. 1 und 2, § 81c Abs. 2, § 82 Abs. 6, § 85 Abs. 2 und § 85a Abs. 2 in der Fassung von Art. I des Bundesgesetzes BGBl. I Nr. 46/2002 sind auf Geschäftsjahre anzuwenden, die nach dem 30. Dezember 2002 enden. *(BGBl I 2002/46)*

(5) Verordnungen auf Grund der in Abs. 1 bis 4 angeführten Bestimmungen dürfen bereits von dem der Kundmachung des Bundesgesetzes BGBl. I Nr. 46/2002 folgenden Tag an erlassen werden. Sie dürfen im Fall der in Abs. 1 angeführten Bestimmungen frühestens mit 2. April 2002, im Fall der in Abs. 2 angeführten Bestimmungen frühestens mit 1. Jänner 2003 in Kraft treten, im Fall der in Abs. 3 angeführten Bestimmungen frühestens auf Geschäftsjahre, die nach dem 30. Dezember 2001 enden, und im Fall der in Abs. 4 angeführten Bestimmungen frühestens auf Geschäftsjahre, die nach dem 30. Dezember 2002 enden, anzuwenden sein. Vor dem 1. April 2002 steht dieses Recht, soweit der Bundesminister für Finanzen mit der Vollziehung betraut ist, der Versicherungsaufsichtsbehörde zu. *(BGBl I 2002/46)*

(6) § 18a in der Fassung des Bundesgesetzes BGBl. I Nr. 35/2003 tritt mit 15. Juni 2003 in Kraft. *(BGBl I 2003/35)*

(7) § 2 Abs. 2 Z 1, § 4 Abs. 6 Z 1, § 4a Abs. 1, § 8a Abs. 1, § 18 Abs. 1, 1a, 7 und 8, § 20 Abs. 2 Z 3a, § 21 Abs. 1, § 22 Abs. 7, § 23 Abs. 2, § 73d Abs. 6 Z 3, § 78 Abs. 1, 2 und 3, § 79 Abs. 3, § 86k, § 118 Abs. 4, § 118a Abs. 2 und 5 und § 118i Abs. 2 in der Fassung von Art. 2 des Bundesgesetzes BGBl. I Nr. 33/2003 treten mit 1. Juli 2003 in Kraft. *(BGBl I 2003/33)*

(8) § 10a Abs. 2, § 13b Abs. 1 und 3, § 16 Abs. 2, § 17c Abs. 3, § 63 Abs. 3 und 6, § 73b Abs. 1a, Abs. 2 Z 1 lit. a, Abs. 5, 7 und 8, § 73c Abs. 3, § 86i Abs. 8, § 104a Abs. 2a und 2b, § 117 Abs. 4 und Anlage D Abschnitt A Z 1 in der Fassung von Art. 2 des Bundesgesetzes BGBl. I Nr. 33/2003 treten mit 1. Jänner 2004 in Kraft. Gleichzeitig treten § 79b Abs. 4 und § 104a Abs. 1a außer Kraft. *(BGBl I 2003/33)*

(9) § 17c Abs. 4 in der Fassung von Art. 2 des Bundesgesetzes BGBl. I Nr. 33/2003 ist auf Geschäftsjahre anzuwenden, die nach dem 30. Dezember 2004 enden. *(BGBl I 2003/33)*

(10) § 81k Abs. 2, § 82 Abs. 2a und 10, § 83, § 85 Abs. 2 Z 6 und § 115b in der Fassung von Art. 2 des Bundesgesetzes BGBl. I Nr. 33/2003 sind auf Geschäftsjahre anzuwenden, die nach dem 30. Dezember 2003 enden. *(BGBl I 2003/33)*

(11) Verordnungen auf Grund der in Abs. 7 bis 10 angeführten Bestimmungen dürfen bereits von dem der Kundmachung des Bundesgesetzes BGBl. I Nr. 33/2003 folgenden Tag an erlassen werden, jedoch im Fall der in Abs. 7 angeführten Bestimmungen nicht vor dem 1. Juli 2003 und im Fall der in Abs. 8 angeführten Bestimmungen nicht vor dem 1. Jänner 2004 in Kraft treten. Im Fall des Abs. 9 dürfen sie auf Geschäftsjahre, die nach dem 30. Dezember 2004 enden, und im Fall des Abs. 10 auf Geschäftsjahre, die nach dem 30. Dezember 2003 enden, angewendet werden. *(BGBl I 2003/33)*

(12) § 4 Abs. 6 Z 7, § 4 Abs. 7a, § 7b Abs. 1a, § 8 Abs. 3 Z 3, § 11a Abs. 2, § 13c Abs. 4, § 18 Abs. 1, 1a und 2, § 20 Abs. 2a, § 23 Abs. 5, § 24a Abs. 3, § 75 Abs. 2 Z 1, § 77 Abs. 2, § 81o Abs. 6, § 83, § 86 Abs. 3, § 86a Abs. 1 Z 2 und 3, § 86e Abs. 3, § 86i Abs. 5, § 86l, § 104, § 104a Abs. 2b Z 3, § 107b Abs. 1, § 111 und § 115b in der Fassung von Art. 3 des Bundesgesetzes BGBl. I Nr. 70/2004 treten mit Ablauf des Tages der Kundmachung des Bundesgesetzes BGBl. I Nr. 70/2004 in Kraft. *(BGBl I 2004/70)*

(13) § 2 Abs. 2, § 11a Abs. 2a, § 20 Abs. 2, § 73b Abs. 4a bis 4d, § 79b Abs. 1a, 2 und 5, § 81c Abs. 5 Z 2, § 82 Abs. 6, § 84 Abs. 1, § 85a Abs. 2 und 3, § 86a Abs. 2 Z 4 bis 7, § 86c Abs. 4 und 5, § 86d Abs. 2, § 86h Abs. 3, § 86i Abs. 8, § 86n und § 118a Abs. 6 in der Fassung von Art. 3 des Bundesgesetzes BGBl. I Nr. 70/2004 treten mit 1. Jänner 2005 in Kraft. Sie sind auf Geschäftsjahre anzuwenden, die nach dem 31. Dezember 2004 beginnen. *(BGBl I 2004/70)*

(14) Verordnungen auf Grund der in Abs. 13 angeführten Bestimmungen können bereits von dem der Kundmachung des Bundesgesetzes BGBl. I Nr. 70/2004 folgenden Tag an erlassen

13. VAG
§§ 119h – 119i

werden, dürfen jedoch nur auf Geschäftsjahre angewendet werden, die nach dem 31. Dezember 2004 beginnen. *(BGBl I 2004/70)*

(15) § 75 Abs. 4 in der Fassung des Bundesgesetzes BGBl. I Nr. 67/2004 tritt mit 1. Oktober 2004 in Kraft. *(BGBl I 2004/67)*

(16) § 3 Abs. 1, § 4 Abs. 6 und 8, § 7a Abs. 1a, § 10 Abs. 6, § 10a Abs. 2, § 11 Abs. 1 und 3, § 24 Abs. 1, § 24a Abs. 2, § 50 Abs. 1, § 55 Abs. 1, § 69 Abs. 3, § 73b Abs. 2 und 8, § 73d Abs. 1 und 6, § 80, § 81 Abs. 1, § 82 Abs. 1, 3, 4 und 7 bis 9, § 82a Abs. 4, § 83 Abs. 2, § 104 Abs. 3, § 105, § 106 Abs. 2, § 118 Abs. 2 und § 118a Abs. 1 in der Fassung des Bundesgesetzes BGBl. I Nr. 67/2004 treten mit 8. Oktober 2004 in Kraft. *(BGBl I 2004/67)*

(17) § 23 Abs. 5, § 80a, § 80b, § 81a Abs. 3, § 81n Abs. 2, § 81p Abs. 2, § 84 Abs. 1 und 7, § 86h Abs 5, § 86i Abs. 8 sowie § 86n in der Fassung des Bundesgesetzes BGBl. I Nr. 161/2004 treten mit 1. Jänner 2005 in Kraft. Sie sind auf Geschäftsjahre anzuwenden, die nach dem 31. Dezember 2004 beginnen. *(BGBl I 2004/161)*

(18) § 82 Abs. 7, 8, 8a und 9 in der Fassung des Bundesgesetzes BGBl. I Nr. 161/2004 tritt mit 8. Oktober 2004 in Kraft. *(BGBl I 2004/161)*

(19) Verordnungen auf Grund der in Abs. 17 angeführten Bestimmungen dürfen bereits vom Tag der Kundmachung des Bundesgesetzes, BGBl. I Nr. 161/2004 an erlassen werden. Sie dürfen frühestens mit 1. Jänner 2005 in Kraft treten. *(BGBl I 2004/161)*

§ 119i. (1) § 7b Abs. 1, § 7c, § 87 Abs. 1, § 88, § 90 Abs. 1 und 2, § 92 Abs. 2 bis 4, § 93, § 94, § 95, § 98, § 107b Abs. 1, § 118f und § 131 in der Fassung des Bundesgesetzes BGBl. I Nr. 36/2003 treten mit 19. April 2003 in Kraft. Gleichzeitig tritt § 97 außer Kraft. *(BGBl I 2003/36)*

(2) Verordnungen auf Grund der in Abs. 1 angeführten Bestimmungen dürfen bereits von dem der Kundmachung des Bundesgesetzes BGBl. Nr. 36/2003 folgenden Tag an erlassen werden. Sie dürfen frühestens mit 19. April 2003 in Kraft treten. *(BGBl I 2003/36)*

(3) § 1a Abs. 1, die §§ 18f bis 18j, § 20 Abs. 2 und § 107b in der Fassung des Bundesgesetzes BGBl. I Nr. 8/2005 treten mit 23. September 2005 in Kraft. *(BGBl I 2005/8)*

(4) Verordnungen auf Grund der in „Abs. 3" angeführten Vorschriften dürfen bereits von dem der Kundmachung des Bundesgesetzes BGBl. Nr. 8/2005 folgenden Tag an erlassen werden, jedoch frühestens mit 23. September 2005 in Kraft treten. *(BGBl I 2005/8; BGBl I 2005/93)*

(5) § 61b Abs. 3, § 73d Abs. 6 und § 82 in der Fassung des Bundesgesetzes BGBl. I Nr. 33/2005 treten mit 1. Juli 2005 in Kraft. *(BGBl I 2005/33)*

(6) § 47, § 63 Abs. 1 und § 82b in der Fassung des Bundesgesetzes BGBl. I Nr. 59/2005 treten mit 1. Jänner 2006 in Kraft. *(BGBl I 2005/59)*

(7) § 61b Abs. 3 und § 82 in der Fassung des Bundesgesetzes BGBl. I Nr. 59/2005 sind auf die Bestellung zur Prüfung und auf die Prüfung von Geschäftsjahren anzuwenden, die nach dem 31. Dezember 2005 beginnen. *(BGBl I 2005/59)*

(8) § 4 Abs. 10, § 18 Abs. 1 letzter Satz und 1a, § 18d Abs. 1, § 24 Abs. 3 und 4, §§ 61e und 61f, § 63 Abs. 1, § 73f Abs. 5, § 77 Abs. 1, § 79b Abs. 1, § 86k Abs. 1 und Anlage D Abschnitt A Z 1 letzter Unterabsatz in der Fassung des Bundesgesetzes BGBl. I Nr. 93/2005 treten mit 1. September 2005 in Kraft. *(BGBl I 2005/93)*

(9) § 17b Abs. 3a und 5 in der Fassung des Bundesgesetzes BGBl. I Nr. 93/2005 tritt mit 1. Jänner 2006 in Kraft. *(BGBl I 2005/93)*

(10) § 18f Abs. 1, § 18g Abs. 4 und 5, § 18h Abs. 1, § 18i Abs. 1, 2 und 5, § 18j Abs. 2 und § 20 Abs. 2 in der Fassung des Bundesgesetzes BGBl. I Nr. 93/2005 treten mit 23. September 2005 in Kraft. *(BGBl I 2005/93)*

(11) § 80a, § 81c Abs. 6 bis 9, § 81e Abs. 7a, § 85b Abs. 1 und § 86h Abs. 4a und 5 „in der Fassung des Bundesgesetzes BGBl. I Nr. 93/2005" sind auf Konzernabschlüsse für Geschäftsjahre anzuwenden, die nach dem 31. Dezember 2004 beginnen. *(BGBl I 2005/93; BGBl I 2007/56)*

(12) Verordnungen auf Grund der in Abs. 8 und 11 angeführten Bestimmungen dürfen bereits „von" dem der Kundmachung des Bundesgesetzes BGBl. I Nr. 93/2005 folgenden Tag an erlassen werden, jedoch im Fall des Abs. 8 frühestens mit 1. September 2005 in Kraft treten und im Fall des Abs. 11 frühestens auf Geschäftsjahre anzuwenden sein, die nach dem 31. Dezember 2004 beginnen. *(BGBl I 2005/93; BGBl I 2007/56)*

(13) § 12a Abs. 3 und § 16 Abs. 5 in der Fassung des Bundesgesetzes BGBl. I Nr. 37/2007 treten mit 1. Juli 2007 in Kraft. *(BGBl I 2007/37)*

(14) § 7a Abs. 5 und 6, § 7c Abs. 1, § 13c Abs. 2, § 24a Abs. 1, § 56 Abs.v1, § 61b Abs. 3, § 63 Abs. 1 und 3, § 71 Abs. 2a und 4, § 73f Abs. 3 und 4, § 79b Abs. 1a und 5, § 85a Abs. 2 und 3, § 86 Abs. 1 erster Satz, § 107b Abs. 1 Z 2c, § 110 Abs. 4, § 118a Abs. 4 und § 118f Abs. 1 in der Fassung des Bundesgesetzes BGBl. I Nr. 56/2007 treten mit 1. August 2007 in Kraft. § 74 in der vor diesem Zeitpunkt geltenden Fassung tritt gleichzeitig außer Kraft. *(BGBl I 2007/56)*

(15) § 1a Abs. 1 in Verbindung mit § 9 in der Fassung des Bundesgesetzes BGBl. I Nr. 56/2007 tritt mit 1. Dezember 2007 in Kraft. *(BGBl I 2007/56)*

(16) § 1a Abs. 1 in Verbindung mit § 13d, § 15 und § 17e, § 2 Abs. 1, Abs. 2 Z 1, Abs. 2a und 2b, § 3 Abs. 3, § 4 Abs. 1, § 8 Abs. 2, § 9 Abs. 1, § 9a Abs. 1, § 10 Abs. 2, § 13d, § 14 Abs. 1, § 15, § 17c Abs. 1b, § 73f Abs. 2, § 79c, § 86a Abs. 1 und 2 und § 86f, Anlage A und Anlage D Abschnitt A) Z 1 lit. a zweiter Unterabsatz lit. b zweiter Unterabsatz und Z 1a und Abschnitt B) Z 1 lit. a und b und Z 1a in der Fassung des Bundesgesetzes BGBl. I Nr. 56/2007 treten mit 10. Dezember 2007 in Kraft. § 4 Abs. 2a in der vor diesem Zeitpunkt geltenden Fassung tritt gleichzeitig außer Kraft. *(BGBl I 2007/56)*

(17) § 2 Abs. 2 Z 2, § 23 Abs. 5 und 5a, § 23a, § 24a Abs. 3, § 24b, § 61e Abs. 8, § 63 Abs. 2, § 80b Abs. 1, § 81n Abs. 2, § 84 Abs. 5a, § 85 Abs. 2, § 86 Abs. 1 zweiter Satz, § 86h Abs. 5, § 107b Abs. 1 Z 4 und § 112 in der Fassung des Bundesgesetzes BGBl. I Nr. 56/2007 sind auf Geschäftsjahre anzuwenden, die nach dem 31. Dezember 2006 beginnen. Die bisherigen §§ 81a und 117 Abs. 5 sind auf diese Geschäftsjahre nicht mehr anzuwenden. *(BGBl I 2007/56)*

(18) Verordnungen auf Grund der in Abs. 14 erster Satz, Abs. 16 erster Satz und Abs. 17 erster Satz angeführten Bestimmungen dürfen bereits von dem der Kundmachung des Bundesgesetzes BGBl. I Nr. 56/2007 folgenden Tag an erlassen werden, jedoch im Fall des Abs. 14 erster Satz frühestens mit 1. August 2007 und im Fall des Abs. 16 erster Satz frühestens mit 10. Dezember 2007 in Kraft treten und im Fall des Abs. 17 erster Satz frühestens auf Geschäftsjahre anzuwenden sein, die nach dem 31. Dezember 2006 beginnen. *(BGBl I 2007/56)*

(19) § 1 Abs. 2, § 17c Abs. 1b in der Fassung des Bundesgesetzes BGBl. I Nr. 107/2007 treten mit 10. Dezember 2007 in Kraft. *(BGBl I 2007/107)*

(20) § 1a Abs. 1, § 2 Abs. 2 Z 1, § 11a, § 17b Abs. 2, § 18 Abs. 4, § 22 Abs. 3, § 24a Abs. 1, § 73f Abs. 5, § 82 Abs. 6, § 82b Abs. 4, §§ 98a bis 98h samt Überschriften, § 107b Abs. 1 Z 2 und 2d, § 108a Abs. 1 Z 2, § 118i Abs. 1 Z 5, § 131 Z 1, 4 und 4a, Anlage D Abschnitt B) Z 4 lit. d und die Gliederungsbezeichnungen vor den §§ 99, 107b, 115, und 119 in der Fassung des Bundesgesetzes BGBl. I Nr. 107/2007 treten mit 1. Jänner 2008 in Kraft. Gleichzeitig tritt § 18a außer Kraft. § 11a Abs. 3 in der Fassung des Bundesgesetzes BGBl. I Nr. 107/2007 ist auf Vorsitzende des Aufsichtsrats, die zum Zeitpunkt des Inkrafttretens dieses Bundesgesetzes BGBl. I Nr. 107/2007 bereits bestellt sind, bis zum Ablauf ihrer Funktionsperiode, längstens jedoch bis zum Ablauf des 31. Dezember 2010, nicht anzuwenden. *(BGBl I 2007/107)*

(21) § 86h Abs. 5 in der Fassung des Bundesgesetzes BGBl. I Nr. 63/2008 tritt mit 1. Juli 2008 in Kraft. *(BGBl I 2008/63)*

(22) § 61b Abs. 3, § 61e Abs. 8, § 81h Abs. 2 und Abs. 2a, § 86 Abs. 1 und § 129k in der Fassung des Bundesgesetzes BGBl. I Nr. 138/2008 treten mit 30. September 2008 in Kraft. *(BGBl I 2008/138)*

(23) § 11b Abs. 1 bis 3, die Überschrift vor § 11c und § 11c, die Überschrift vor § 11d und § 11d, § 18 Abs. 1, § 18b Abs. 1, 2 und 4, § 18f Abs. 2 bis 6, § 20 Abs. 2, § 75 Abs. 2 und 3, die Überschrift vor § 79, § 79 Abs. 2a und 3, § 81o Abs. 4, § 82b, § 107b Abs. 1 bis 2 und § 108 in der Fassung des Bundesgesetzes BGBl. I Nr. 22/2009 treten am 1. April 2009 in Kraft. § 11b Abs. 1 bis 3, § 11c und § 11d in der Fassung des Bundesgesetzes BGBl. I Nr. 22/2009 sind erstmals auf Anzeigen gemäß § 11b Abs. 1 und 3 anzuwenden, die am 1. April 2009 bei der FMA einlangen. Verordnungen aufgrund des § 11d Abs. 3 dieses Bundesgesetzes in der Fassung des Bundesgesetzes BGBl. I Nr. 22/2009 dürfen bereits von dem seiner Kundmachung folgenden Tag an erlassen werden; sie dürfen jedoch nicht vor dem 1. April 2009 in Kraft treten. *(BGBl I 2009/22)*

(24) § 73f Abs. 4a Z 1 und § 86i Abs. 9 in der Fassung des Bundesgesetzes BGBl. I Nr. 66/2009 treten mit 1. November 2009 in Kraft. § 4 Abs. 11 tritt mit der Kundmachung folgenden Tag in Kraft. *(BGBl I 2009/66)*

(25) § 13a Abs. 1a, § 61b Abs. 6, §§ 61e bis 61g, § 82 Abs. 3, § 129k und § 131 Z 1 in der Fassung des Bundesgesetzes BGBl. I Nr. 152/2009 treten mit 1. Jänner 2010 in Kraft. *(BGBl I 2009/152)*

(26) § 17b Abs. 5, § 98a Abs. 2 Z 1, § 98b Abs. 2 und Abs. 6, § 98b Abs. 8 Z 1, § 98c Abs. 1 und 2, § 98d Abs. 1, § 98e Abs. 1, § 98f Abs. 1 bis 7 und 9, § 98g, § 98h und § 108a Abs. 3 in der Fassung des Bundesgesetzes BGBl. I Nr. 37/2010 treten mit 1. Juli 2010 in Kraft. § 108a Abs. 1 Z 2 in der Fassung des Bundesgesetzes BGBl. I Nr. 37/2009 tritt mit Ablauf des 30. Juni 2010 außer Kraft. *(BGBl I 2010/37)*

(27) § 4 Abs. 6 Z 1a, § 98h Abs. 1 Z 6 und § 118h in der Fassung des Bundesgesetzes BGBl. I Nr. 107/2010 treten mit 1. Jänner 2011 in Kraft. *(BGBl I 2010/107)*

(28) § 73f Abs. 4a Z 1 und § 86i Abs. 9 in der Fassung des Bundesgesetzes BGBl. I Nr. 107/2010 treten mit 30. April 2011 in Kraft. *(BGBl I 2010/107)*

(29) § 81h Abs. 2a in der Fassung des Bundesgesetzes BGBl. I Nr. 77/2011 tritt mit 1. September 2011 in Kraft. *(BGBl I 2011/77)*

(30) § 98b Abs. 8 Schlussteil, § 98c Abs. 5, § 98e Abs. 2 Schlussteil, § 98f Abs. 5 Schlussteil und § 98f Abs. 10 in der Fassung des Bundesgesetzes BGBl. I Nr. 145/2011 treten mit 31. Dezember 2011 in Kraft. *(BGBl I 2011/145)*

13. VAG
§§ 119i – 129

(31) § 107b Abs. 1 bis 3, § 108, § 108a Abs. 1 bis 3, § 109, § 110 Abs. 1 und 4 sowie § 112 in der Fassung des 2. Stabilitätsgesetzes 2012, BGBl. I Nr. 35/2012, treten mit 1. Mai 2012 in Kraft. *(BGBl I 2012/35)*

(32) § 18g Abs. 3 letzter Satz, § 18g Abs. 8 und 9, § 18h Abs. 1, § 18k und § 129h Abs. 6 in der Fassung des Bundesgesetzes BGBl. I Nr. 54/2012 treten mit 1. Jänner 2013 in Kraft. *(BGBl I 2012/54)*

(33) § 1a Abs. 1, § 9 Abs. 2, der Entfall des § 9 Abs. 3 und 4, § 18f Abs. 7, der Entfall des § 118i Abs. 1 Z 8 und § 129m in der Fassung des Bundesgesetzes BGBl. I Nr. 12/2013 treten mit 21. Dezember 2012 in Kraft. *(BGBl I 2013/12)*

(34) § 98f Abs. 3 und § 111 in der Fassung des Bundesgesetzes BGBl. I Nr. 70/2013 treten mit 1. Jänner 2014 in Kraft. *(BGBl I 2013/70)*

(35) § 73b Abs. 4a Z 1, § 86a Abs. 1 Z 2, Abs. 2 Z 6, 7 und 8, Abs. 4 bis 6, § 86f, § 86j Abs. 2 und § 98b Abs. 2 in der Fassung des Bundesgesetzes BGBl. I Nr. 184/2013 treten mit 1. Jänner 2014 in Kraft. *(BGBl I 2013/184)*

(36) § 98f Abs. 7 tritt mit Ablauf des 28. Februar 2014 außer Kraft. *(BGBl I 2014/13)*

(37) § 118 Abs. 2 Z 7a, § 118a Abs. 1, § 118g Abs. 1, § 130c und § 130d in der Fassung des Bundesgesetzes BGBl. I Nr. 42/2014 treten mit 1. Juli 2014 in Kraft. *(BGBl I 2014/42)*

§ 119j. „(1)" § 17d, § 17e und § 100 Abs. 3 in der Fassung BGBl. I Nr. 131/2004 treten mit 15. Jänner 2005 in Kraft. *(BGBl I 2005/120)*

(2) § 27, § 61d und 63 in der Fassung des Handelsrechts-Änderungsgesetzes, BGBl. I Nr. 120/2005 treten mit 1. Jänner 2007 in Kraft. *(BGBl I 2005/120)*

(3) § 82c in der Fassung des Bundesgesetzes BGBl. I Nr. 70/2008 tritt am 1. Juni 2008 in Kraft und ist auf nach dem 31. Mai 2008 geschlossene Verträge anzuwenden. Auf davor geschlossene Verträge sind die bisher geltenden Bestimmungen weiter anzuwenden. *(BGBl I 2008/70)*

(4) § 1 Abs. 2, § 1a Abs. 2, § 7 Abs. 5, § 13 Abs. 2, § 14 Abs. 2 und 6, die Anlage C und die Anlage E Z 2 in der Fassung des Bundesgesetzes BGBl. I Nr. 109/2009 treten mit 17. Dezember 2009 in Kraft. *(BGBl I 2009/109)*

(5) § 2 Abs. 2 Z 1, § 2 Abs. 2a, der Entfall des § 75 Abs. 1, der Entfall des § 108a Abs. 1 Z 3 und § 131 Z 1 in der Fassung des Bundesgesetzes BGBl. I Nr. 28/2010 treten am 11. Juni 2010 in Kraft. *(BGBl I 2010/28)*

(6) § 4 Abs. 6 Z 1, § 11a Abs. 3 Z 1, § 56 Abs. 1 Z 5 und § 95 in der Fassung des Bundesgesetzes BGBl. I Nr. 58/2010 treten mit 1. August 2010 in Kraft. *(BGBl I 2010/58)*

(BGBl I 2004/131)

Übergangsbestimmungen

§ 120. *(aufgehoben, BGBl 1990/181)*

§ 121. Eine zum Zeitpunkt des Inkrafttretens dieses Bundesgesetzes bestehende Erlaubnis zum Geschäftsbetrieb im Sinn des § 5 Abs. 1 des Versicherungsaufsichtsgesetzes, DRGBl. 1931 I S. 315, gilt ab diesem Zeitpunkt als Konzession gemäß § 4 Abs. 1 dieses Bundesgesetzes.

§§ 122 und 123. *(aufgehoben, BGBl 1992/769)*

§ 124. Die Bestellung von versicherungsmathematischen Sachverständigen, die diese Funktion zum Zeitpunkt des Inkrafttretens dieses Bundesgesetzes ausüben, gilt als im Sinn des § 24 Abs. 2 genehmigt.
(BGBl 1990/181)

§§ 125 und 126. *(aufgehoben, BGBl 1990/181)*

§ 127. *(aufgehoben, BGBl 1992/769)*

§ 128. Für zum Zeitpunkt des Inkrafttretens dieses Bundesgesetzes anhängige Exekutionsverfahren und eröffnete Konkurse gelten die bisherigen Vorschriften.

§ 129. (1) Auf ein Geschäftsjahr, das vor dem 31. Dezember 1991 begonnen hat oder beginnt, sind im Rahmen des § 61 b Abs. 3 letzter Satz in der Fassung des Bundesgesetzes BGBl. Nr. 411/1991 § 47 Abs. 6, § 55, § 81 Abs. 2 und die §§ 82 bis 85 in der bis dahin geltenden Fassung anzuwenden. *(BGBl 1991/411)*

(2) Eine Einbringung gemäß § 61 a in der Fassung des Bundesgesetzes BGBl. Nr. 411/1991 kann erstmals zum Ende eines Geschäftsjahres erfolgen, das mit 31. Dezember 1990 endet. Die der Einbringung zugrunde zu legende Bilanz kann frühestens auf den 31. Dezember 1990 erstellt sein. *(BGBl 1991/411)*

(3) Soweit am 1. Jänner 1992 das Geschäftsjahr von Versicherungsunternehmen, die ausschließlich die Rückversicherung betreiben, nicht mit dem Kalenderjahr übereinstimmt, so gilt dies gemäß § 81 Abs. 5 zweiter Satz des Versicherungsaufsichtsgesetzes, BGBl. Nr. 569/1978, in der Fassung des Bundesgesetzes BGBl. Nr. 13/1992 als genehmigt. *(BGBl 1992/13)*

(4) Bestehende Versicherungsunternehmen, die am 2. Mai 1992 sowohl zum Betrieb der Lebensversicherung als auch anderer Versicherungszweige berechtigt waren, dürfen weiterhin alle diese Versicherungszweige nebeneinander betreiben. Hat ein am 2. Mai 1992 bestehendes Versi-

cherungsunternehmen diese Berechtigung erst nach diesem Zeitpunkt erhalten, so erlöschen die nach dem 2. Mai 1992 erteilten Genehmigungen, aus denen sich diese Berechtigung ergibt, mit Inkrafttreten des Bundesgesetzes BGBl. Nr. 769/1992. *(BGBl 1992/769)*

(5) Die Konzession bestehender Versicherungsunternehmen gilt mit Inkrafttreten des Bundesgesetzes BGBl. Nr. 769/1992 als für diejenigen Versicherungszweige erteilt, auf die sich der Betrieb nach dem bisherigen Geschäftsplan erstreckt. „Ist nach dem Geschäftsplan der Betrieb auf bestimmte Risken innerhalb eines Versicherungszweiges beschränkt, so gilt die Konzession als nur für diesen Teil der Risken innerhalb des Versicherungszweiges erteilt." § 4 Abs. 4 und 5 in der Fassung des Bundesgesetzes BGBl. Nr. 769/1992 ist auf bestehende Versicherungsunternehmen anzuwenden. *(BGBl 1992/769; BGBl 1996/447)*

(6) Auf zum Zeitpunkt des Inkrafttretens des Bundesgesetzes BGBl. Nr. 769/1992 bestehende Versicherungsunternehmen sind die Fristen gemäß § 7 a in der Fassung dieses Bundesgesetzes von diesem Zeitpunkt an zu berechnen. *(BGBl 1992/769)*

(7) Die Satzungen bestehender Versicherungsunternehmen sind innerhalb eines Jahres ab Inkrafttreten des Bundesgesetzes BGBl. Nr. 769/1992 an dessen Bestimmungen anzupassen. *(BGBl 1992/769)*

(8) Versicherungsunternehmen mit Sitz in einem Vertragsstaat, die zum Zeitpunkt des Inkrafttretens des Bundesgesetzes BGBl. Nr. 769/1992 eine Konzession zum Betrieb der Vertragsversicherung im Inland besitzen, haben der Versicherungsaufsichtsbehörde innerhalb von drei Monaten ab diesem Zeitpunkt vorzulegen:

1. eine Bescheinigung der zuständigen Behörde des Sitzstaates darüber, daß das Unternehmen über die erforderlichen Eigenmittel verfügt,

2. einen Nachweis über die Eigenmittel des Unternehmens.
(BGBl 1992/769)

(9) Für die Anwendung des § 63 Abs. 3 erster Satz in der Fassung des Bundesgesetzes BGBl. Nr. 769/1992 ist als erstes Geschäftsjahr jenes Geschäftsjahr maßgebend, in welches das Inkrafttreten dieses Bundesgesetzes fällt. *(BGBl 1992/769)*

(10) Die Zuordnung der Eigenmittel gemäß § 73 e Abs. 1 erster Satz in der Fassung des Bundesgesetzes BGBl. Nr. 769/1992 hat in der Bilanz zum ersten Bilanzstichtag nach dessen Inkrafttreten zu erfolgen. § 73 e Abs. 1 bis 4 in der Fassung des Bundesgesetzes BGBl. Nr. 769/1992 gilt erstmals für das erste Geschäftsjahr, das nach dessen Inkrafttreten beginnt. Ein Antrag auf Genehmigung von Zuordnungsverfahren gemäß § 73 e Abs. 1 letzter Satz ist vom Versicherungsunternehmen bis spätestens sechs Monate nach Inkrafttreten des Bundesgesetzes BGBl. Nr. 769/1992 zu stellen. *(BGBl 1992/769)*

(11) Die Verordnung gemäß § 118 f in der Fassung des Bundesgesetzes BGBl. Nr. 769/1992 ist erstmals in der Zeit zwischen der Kundmachung und dem Inkrafttreten dieses Bundesgesetzes zu erlassen. *(BGBl 1992/769)*

(12) Mit Inkrafttreten des Bundesgesetzes BGBl. Nr. 769/1992 tritt Art. II Abs. 16 des Bundesgesetzes, mit dem das Versicherungsaufsichtsgesetz geändert wird, BGBl. Nr. 558/1986, außer Kraft. *(BGBl 1992/769)*

(13) Die Rückstellung für Regulierungsaufwendungen ist, beginnend mit dem Geschäftsjahr der erstmaligen Anwendung des § 81 l Abs. 1, für jeweils alle Versicherungsfälle zu bilden, die zwischen dem Beginn des Geschäftsjahres der erstmaligen Anwendung des § 81 l Abs. 1 und dem Ende des jeweiligen Bilanzjahres eingetreten sind. Ab dem Geschäftsjahr, das 1995 endet, ist die Rückstellung für Regulierungsaufwendungen für alle zu diesem Zeitpunkt noch offenen Versicherungsfälle zu bilden. *(BGBl 1992/769)*

(14) Die Angabe des Zeitwertes im Anhang und im Konzernanhang gemäß § 81 n Abs. 5 in der Fassung des Bundesgesetzes BGBl. Nr. 652/1994 hat von den in § 81 h Abs. 4 unter Z 1 genannten Kapitalanlagen erstmalig für die Geschäftsjahre zu erfolgen, die nach dem 31. Dezember 1998 beginnen, „von den übrigen im Posten B. des § 81c Abs. 2 genannten Kapitalanlagen" erstmalig für die Geschäftsjahre, die nach dem 31. Dezember 1996 beginnen. Verordnungen auf Grund des § 81 h Abs. 5 in der Fassung des Bundesgesetzes BGBl. Nr. 652/1994 dürfen bereits von dem der Kundmachung dieses Bundesgesetzes folgenden Tag an erlassen werden, jedoch frühestens auf die angeführten Geschäftsjahre anzuwenden sein. *(BGBl 1994/652; BGBl 1996/447)*

§ 129a. (1) Inländische Versicherungsunternehmen, die vor dem 1. September 1994 ausschließlich die Rückversicherung betrieben haben, bedürfen keiner Konzession.

(2) § 4 Abs. 1 zweiter Satz in der Fassung des Bundesgesetzes BGBl. Nr. 652/1994 ist auf zum Zeitpunkt des Inkrafttretens dieser Bestimmung bestehende Konzessionen anzuwenden.

(3) Bestehende Konzessionen für Zweigniederlassungen von Versicherungsunternehmen mit Sitz in einem Vertragsstaat erlöschen mit Ablauf des 31. August 1994. Der Betrieb dieser Zweigniederlassungen ist ab diesem Zeitpunkt zulässig. „Die Vorschriften dieses Bundesgesetzes über Zweigniederlassungen von Versicherungsunternehmen mit Sitz in einem Vertragsstaat gelten ab diesem Zeitpunkt auch für diese Zweigniederlassungen." *(BGBl I 2003/33)*

13. VAG
§§ 129a – 129c

(4) Bestehende Zulassungen zum Dienstleistungsverkehr erlöschen mit Ablauf des 31. August 1994. Ein auf Grund einer solchen Zulassung aufgenommener Dienstleistungsverkehr ist ab diesem Zeitpunkt zulässig.

(5) Soweit vor dem 1. September 1994 abgeschlossene Versicherungsverträge Bestimmungen enthalten, wonach der Versicherer den Inhalt des Versicherungsvertrages mit Genehmigung der Versicherungsaufsichtsbehörde ändern kann, kann sich der Versicherer darauf ab 1. September 1994 nicht mehr berufen. Dies gilt nicht für Versicherungsverträge, auf die die §§ 172 oder 178 f VersVG „ " anzuwenden sind. Bei diesen Verträgen entfällt die Bindung an eine Genehmigung der Versicherungsaufsichtsbehörde. *(BGBl I 2007/56)*

(6) Die §§ 18 Abs. 1 und 18 d Abs. 1 in der Fassung des Bundesgesetzes BGBl. Nr. 652/1994 sind auf Unterlagen, die gemäß § 18 Abs. 1 in der vor dem 1. September 1994 geltenden Fassung zum Geschäftsplan gehört haben, nicht anzuwenden.

(7) Der versicherungsmathematische Sachverständige gemäß § 24 in der vor dem 1. September 1994 geltenden Fassung gilt als verantwortlicher Aktuar gemäß § 24 in der Fassung des Bundesgesetzes BGBl. Nr. 652/1994, sofern er die Voraussetzungen gemäß Abs. 2 dieser Bestimmung erfüllt. Sind mehrere versicherungsmathematische Sachverständige bestellt, so gilt derjenige als verantwortlicher Aktuar, der die Voraussetzungen gemäß § 24 Abs. 2 in der Fassung des Bundesgesetzes BGBl. Nr. 652/1994 erfüllt. Erfüllen mehrere versicherungsmathematische Sachverständige diese Voraussetzungen, so hat das Versicherungsunternehmen der Versicherungsaufsichtsbehörde unverzüglich diejenigen zu benennen, die als verantwortlicher Aktuar und als sein Stellvertreter tätig sein sollen. Das Recht, einen verantwortlichen Aktuar oder Stellvertreter neu zu bestellen, wird durch die vorstehenden Bestimmungen nicht berührt.

(8) Vor dem 1. September 1994 erteilte Genehmigungen gemäß § 77 Abs. 6 und § 78 Abs. 9 in der bis dahin geltenden Fassung bleiben aufrecht, sofern die Vermögenswerte nicht unter § 78 Abs. 1 in der Fassung des Bundesgesetzes BGBl. Nr. 652/1994 fallen. Vor dem 1. September 1994 erteilte Genehmigungen gemäß § 77 Abs. 3 zweiter Satz und § 78 Abs. 5 zweiter Satz, die über die Anrechnungsgrenzen gemäß § 79 Abs. 1 in der Fassung des Bundesgesetzes BGBl. Nr. 652/1994 hinausgehen, bleiben nicht aufrecht.

(9) Die Wertpapiere gemäß § 4 Abs. 3 Kapitalversicherungs-Förderungsgesetz, BGBl. Nr. 163/1982, in der Fassung der Bundesgesetze BGBl. Nr. 255/1984 und 312/1987 sind auf die Grenzen gemäß § 79 Abs. 1 Z 1 und 2 in der Fassung des Bundesgesetzes BGBl. Nr. 652/1994 nicht anzurechnen.

(BGBl 1994/652)

§ 129b. (1) Versicherungsunternehmen mit Sitz in der Schweizerischen Eidgenossenschaft, die im Zeitpunkt des Inkrafttretens des § 6a in der Fassung des Bundesgesetzes BGBl. Nr. 23/1995 eine Konzession zum Betrieb der Vertragsversicherung im Inland besitzen, haben der Versicherungsaufsichtsbehörde innerhalb von drei Monaten ab diesem Zeitpunkt eine Bescheinigung der Schweizerischen Aufsichtsbehörde darüber vorzulegen, daß das Unternehmen über die erforderlichen Eigenmittel verfügt.

(2) Verantwortliche Aktuare und deren Stellvertreter, die für die Lebensversicherung oder mangels solcher für die nach Art der Lebensversicherung betriebene Krankenversicherung bestellt sind, gelten ab Inkrafttreten des § 24 Abs. 1 in der Fassung des Bundesgesetzes BGBl. Nr. 23/1995 auch für die nach Art der Lebensversicherung betriebene Unfallversicherung bestellt. Versicherungsunternehmen, die erst auf Grund dieser Bestimmung einen verantwortlichen Aktuar und seinen Stellvertreter bestellen müssen, haben dieser Verpflichtung innerhalb eines Monats ab diesem Zeitpunkt nachzukommen.

(BGBl 1995/23)

§ 129c. (1) § 2 Abs. 2a in der Fassung des Bundesgesetzes BGBl. Nr. 447/1996 ist auf zum Zeitpunkt des Inkrafttretens dieser Bestimmung bestehende Konzessionen anzuwenden.

(2) § 7b Abs. 1 Z 1 ist in Verbindung mit § 4 Abs. 6 Z 1 und 6 in der Fassung des Bundesgesetzes BGBl. Nr. 447/1996 auch auf Konzessionen anzuwenden, die im Zeitpunkt des Inkrafttretens dieser Bestimmungen erteilt gewesen sind.

(3) § 9a Abs. 5 in Verbindung mit Abs. 1 Z 4 und 5 und § 18b Abs. 2 Z 1 in Verbindung mit Abs. 1 Z 2 in der Fassung des Bundesgesetzes BGBl. Nr. 447/1996 sind auf Versicherungsverträge anzuwenden, die ab dem Inkrafttreten dieser Bestimmungen abgeschlossen werden.

(4) § 10 Abs. 3 in der Fassung des Bundesgesetzes BGBl. Nr. 447/1996 ist auf Geschäftspläne anzuwenden, die der Versicherungsaufsichtsbehörde ab dem 1. Jänner 1994 vorgelegt worden sind. Soweit diese Bestimmung nicht anzuwenden ist, sind Änderungen der Grundzüge der Rückversicherungspolitik der Versicherungsaufsichtsbehörde dann anzuzeigen, wenn sie dazu führen, daß die Belange der Versicherten nicht ausreichend gewahrt sind, insbesondere die Verpflichtungen aus den Versicherungsverträgen nicht mehr als dauernd erfüllbar anzusehen sind. § 107b Abs. 2 Z 2 ist auf diese Anzeigepflicht anzuwenden.

(5) § 17a Abs. 4 in der Fassung des Bundesgesetzes BGBl. Nr. 447/1996 ist auf zum Zeitpunkt des Inkrafttretens dieser Bestimmung bestehende Ausgliederungsverträge anzuwenden.

(6) § 18 Abs. 4 in der Fassung des Bundesgesetzes BGBl. Nr. 447/1996 ist auf zum Zeitpunkt des Inkrafttretens dieser Bestimmung bestehende Versicherungsverträge anzuwenden.

(7) Die Anpassung der Satzung kleiner Versicherungsvereine an § 63 Abs. 4 und 5 in der Fassung des Bundesgesetzes BGBl. Nr. 447/1996 hat längstens bis zum 31. Dezember 1997 zu erfolgen.

(BGBl 1996/447)

§ 129d. (1) Wird bei einer Umwandlung eines Versicherungsvereins auf Gegenseitigkeit in eine Aktiengesellschaft in der Zeit vom 1. Jänner 1999 bis zum 31. Dezember 2001 der Nennbetrag des Grundkapitals in Schilling festgesetzt, so ist § 61 Abs. 5 dritter Satz in der bisher geltenden Fassung weiter anzuwenden.

(2) Soweit für Geschäftsjahre, die vor dem 1. Jänner 2002 enden, Betragsangaben in Schilling erfolgen, sind §§ 81n Abs. 7 und § 81o Abs. 8 in der bisher geltenden Fassung weiter anzuwenden.

(3) Wird Art. I § 6 zweiter Satz 1. Euro-Justiz-Begleitgesetz, BGBl. I Nr. 125/1998 (1. Euro-JuBeG), angewendet, so ist der dort genannte gesonderte Posten im Gliederungsschema der Bilanz gemäß § 81c Abs. 3 VAG als Posten „B. Beträge aus der Umwandlung von Fremdwährungen gemäß Art. I § 6 1. Euro-JuBeG" zu bezeichnen. In diesem Fall sind die Posten B. bis J. des § 81c Abs. 3 VAG als Posten C. bis K. zu bezeichnen. § 81c Abs. 5 VAG ist unter Bedachtnahme auf die geänderte Postenbezeichnung anzuwenden. Die in der Bilanz ausgewiesenen Beträge aus der Umwandlung von Fremdwährungen gemäß Art. I § 6 1. Euro-JuBeG zählen zu den Eigenmitteln gemäß § 73b Abs. 2 VAG; sie sind bei der Ermittlung der Grenzen gemäß den §§ 73b Abs. 5 letzter Satz und 73c Abs. 3 VAG nicht zu berücksichtigen.

(4) Aufwendungen gemäß Art. I § 7 1. Euro-JuBeG sind in die Bilanz gemäß § 81c Abs. 2 VAG unter dem Posten „A.I. Aufwendungen für die Währungsumstellung auf Euro" auszuweisen. In diesem Fall sind die Posten A.I. bis A.IV. des § 81c Abs. 2 VAG als A.II. bis A.V. zu bezeichnen. § 81c Abs. 5 VAG ist unter Bedachtnahme auf die geänderte Postenbezeichnung anzuwenden. Art. I § 7 Abs. 2 1. Euro-JuBeG gilt auch für Versicherungsvereine auf Gegenseitigkeit, die kleine Versicherungsvereine gemäß § 62 VAG sind, sowie für Zweigniederlassungen ausländischer Versicherungsunternehmen.

(BGBl I 1998/126)

§ 129e. (1) Zum Zeitpunkt des Inkrafttretens des Bundesgesetzes BGBl. I Nr. 117/2000 bestehende Eventualverpflichtungen und Gewinn- und Verlustabführungsverträge gemäß § 76 Abs. 2 in der Fassung dieses Bundesgesetzes sind der Versicherungsaufsichtsbehörde längstens bis 31. Jänner 2001 anzuzeigen.

(2) § 77 Abs. 7a in der Fassung des Bundesgesetzes BGBl. I Nr. 117/2000 ist nur auf Vermögenswerte anzuwenden, die das Versicherungsunternehmen nach dem Inkrafttreten dieser Bestimmung erwirbt.

(3) Werte gemäß § 78 Abs. 1 Z 15 in der bis zum Inkrafttreten des § 78 Abs. 1 in der Fassung des Bundesgesetzes BGBl. I Nr. 117/2000 geltenden Fassung, die sich zum Zeitpunkt des Inkrafttretens dieser Bestimmung im Vermögen des Versicherungsunternehmens befinden, gelten weiterhin als zur Bedeckung der versicherungstechnischen Rückstellungen geeignet und sind in die Grenze gemäß § 79 Abs. 1 Z 7 einzubeziehen. Sofern sie in diesem Zeitpunkt dem Deckungsstock gewidmet sind, gelten sie auch weiterhin als dem Deckungsstock gewidmet.

(BGBl I 2000/117)

§ 129f. (1) Die Strafbarkeit von Verwaltungsübertretungen gemäß §§ 107b, 108, 108a, 109, 110 und 112 in der bis 31. März 2002 geltenden Fassung wird durch das In-Kraft-Treten des Bundesgesetzes BGBl. I Nr. 97/2001 nicht berührt.

(2) Am 31. März 2002 anhängige Verwaltungsstrafverfahren wegen der in Z 1 genannten Verwaltungsübertretungen sind von den am 31. März 2002 zuständigen Behörden fortzuführen.

(3) Ab 1. April 2002 anhängig werdende Verwaltungsstrafverfahren wegen der in Z 1 genannten Verwaltungsübertretungen sind von der FMA durchzuführen.

(4) Am 31. März 2002 anhängige Verfahren zur Vollstreckung von Bescheiden der Versicherungsaufsichtsbehörde sind von den am 31. März 2002 zuständigen Behörden fortzuführen.

(5) Die am 31. März 2002 bei der Versicherungsaufsichtsbehörde anhängigen Verwaltungsverfahren sind ab 1. April 2002 von der FMA fortzuführen.

(6) Die Wirksamkeit der von der Versicherungsaufsichtsbehörde bis 31. März 2002 erlassenen Bescheide und Verordnungen wird durch den mit BGBl. I Nr. 97/2001 bewirkten Übergang der Zuständigkeit zur Ausübung der Versicherungsaufsicht auf die FMA nicht berührt.

(7) Der Ersatz der bis zum 31. März 2002 entstandenen, jedoch noch nicht ersetzten Kosten gemäß § 22 Abs. 3, § 101 Abs. 3 und § 106 Abs. 5 in der vor dem 1. April 2002 geltenden Fassung

ist den Versicherungsunternehmen von der FMA vorzuschreiben und an den Bund abzuführen.

(8) Die Abrechnung der Gebühr gemäß § 117 für das Jahr 2001 und für den Zeitraum 1. Jänner 2002 bis 31. März 2002 ist von der FMA auf der Grundlage des § 117 in der vor dem 1. April 2002 geltenden Fassung durchzuführen. Ein sich hiebei ergebender Unterschiedsbetrag zwischen den zu erstattenden Kosten und der vorgeschriebenen Gebühr ist von der FMA im Namen und auf Rechnung des Bundes zur Zahlung vorzuschreiben, sofern sich nicht ein Guthaben zugunsten des Kostenpflichtigen ergibt; Guthaben sind auszuzahlen.

(9) Der Ausschließungsgrund gemäß § 82 Abs. 1 Z 1 ist auf jene Abschlussprüfer, Prüfungsleiter und Personen, die den Bestätigungsvermerk unterfertigt haben, erstmals in jenem Geschäftsjahr anzuwenden, das nach dem „31. Dezember 2005" beginnt. *(BGBl I 2004/13)*

(10) Soweit in den in § 119g Abs. 1 genannten Bestimmungen auf die FMA Bezug genommen wird, tritt bis zum 31. März 2002 an die Stelle der FMA der Bundesminister für Finanzen.

(BGBl I 2001/97)

§ 129g. (1) Versicherungsunternehmen, die die Konzession zum Betrieb der Kraftfahrzeug-Haftpflichtversicherung (Z 10 der Anlage A zu diesem Bundesgesetz) mit Ausnahme der Versicherung der Haftpflicht des Frachtführers besitzen oder vor dem 19. Jänner 2003 erhalten, haben vor dem 19. Jänner 2003 für jeden Vertragsstaat einen Schadenregulierungsbeauftragten (§ 12a in der Fassung von Art. II des Bundesgesetzes BGBl. Nr. 11/2002) zu bestellen und der FMA Namen und Anschrift des Schadenregulierungsbeauftragten mitzuteilen. *(BGBl I 2002/11)*

(2) § 17c Abs. 1a in der Fassung von Art. I des Bundesgesetzes BGBl. I Nr. 46/2002 ist auf alle Rückversicherungsverträge anzuwenden, die nach dem 30. Juni 2002 abgeschlossen werden. Ab dem 1. Jänner 2003 ist diese Bestimmung auch auf Rückversicherungsverträge anzuwenden, die vor dem 1. Juli 2002 abgeschlossen worden sind. *(BGBl I 2002/46)*

(3) Die Satzung ist innerhalb von sechs Monaten ab In-Kraft-Treten der §§ 42 Abs. 2, 68 Abs. 1 und 70 Abs. 2 in der Fassung von Art. I des Bundesgesetzes BGBl. I Nr. 46/2002 an diese Bestimmungen anzupassen. *(BGBl I 2002/46)*

(4) Versicherungsunternehmen, die zum Zeitpunkt des In-Kraft-Tretens des § 73f Abs. 2 und 3 und des § 73g in der Fassung von Art. I des Bundesgesetzes BGBl. I Nr. 46/2002 eine Konzession zum Betrieb der Vertragsversicherung im Inland besitzen, haben das sich aus diesen Bestimmungen ergebende Eigenmittelerfordernis spätestens am 31. Dezember 2006 zu erfüllen. *(BGBl I 2002/46)*

(5) Versicherungsunternehmen, die zum Zeitpunkt des In-Kraft-Tretens der Anlage A Z 21 in der Fassung von Art. I des Bundesgesetzes BGBl. I Nr. 46/2002 die indexgebundene Lebensversicherung betreiben, gilt ab diesem Zeitpunkt die Konzession zum Betrieb der fondsgebundenen und der indexgebundenen Lebensversicherung als erteilt. Dies ist von der FMA innerhalb von drei Monaten ab diesem Zeitpunkt mit Bescheid festzustellen. *(BGBl I 2002/46)*

§ 129h. (1) § 18 Abs. 4, § 73b Abs. 6, § 77 Abs. 5a, § 81h Abs. 2 letzter Satz und Abs. 5a sowie § 82 Abs. 6a in der Fassung des Bundesgesetzes BGBl. I Nr. 24/2002 sind erstmals auf Geschäftsjahre anzuwenden, die nach dem 30. Dezember 2001 enden. *(BGBl I 2002/24)*

(2) Verordnungen auf Grund der in den §§ 18 Abs. 4 und 81h Abs. 5a angeführten Bestimmungen dürfen bereits von dem der Kundmachung des Bundesgesetzes BGBl. I Nr. 24/2002 folgenden Tag an erlassen werden. Sie dürfen frühestens auf Geschäftsjahre, die nach dem 30. Dezember 2001 enden, anzuwenden sein. Vor dem 1. April 2002 steht dieses Recht der Versicherungsaufsichtsbehörde zu. *(BGBl I 2002/24)*

(3) § 18 Abs. 1a in der Fassung von Artikel 2 des Bundesgesetzes BGBl. I Nr. 33/2003 ist auf zum Zeitpunkt des In-Kraft-Tretens bestehende Produkte, mit denen die prämienbegünstigte Zukunftsvorsorge gemäß §§ 108g bis 108i EStG 1988 „ " angeboten wird, mit der Maßgabe anzuwenden, dass die Vorlage der im letzten Satz geforderten Unterlagen an die FMA bis zum 30. September 2003 zu erfolgen hat. *(BGBl I 2003/33; BGBl I 2007/56)*

(4) Versicherungsunternehmen, die zum Zeitpunkt des In-Kraft-Tretens der Anlage D Abschnitt A Z 1 in der Fassung von Artikel 2 des Bundesgesetzes BGBl. I Nr. 33/2003 eine Konzession zum Betrieb der Vertragsversicherung im Inland besitzen, haben das sich aus diesen Bestimmungen ergebende Eigenmittelerfordernis spätestens am 31. Dezember 2006 zu erfüllen. *(BGBl I 2003/33)*

(5) § 80b in der Fassung des Bundesgesetzes BGBl. I Nr. 161/2004 muss von Versicherungsunternehmen, von denen lediglich Schuldtitel zum Handel an einem geregelten Markt im Sinne des Art. 1 Abs. 13 der Richtlinie 93/22/EG (ABl. Nr. L 141 vom 11. Juni 1993, S 27) zugelassen sind oder deren Wertpapiere zum öffentlichen Handel in einem Nichtmitgliedstaat zugelassen sind und die zu diesem Zweck seit einem Geschäftsjahr, das vor dem 11. September 2002 begonnen hat, international anerkannte Standards anwenden, erst für Geschäftsjahre angewendet werden, die nach dem 31. Dezember 2006 beginnen. In die-

sem Fall ist § 80b in der Fassung des Bundesgesetzes BGBl. I Nr. 97/2001 weiterhin anwendbar. *(BGBl I 2004/161)*

(6) § 18k ist auch auf eine Entscheidung gemäß § 49 Abs. 2 Z 1 lit. c PKG anzuwenden. Abweichend von § 18f Abs. 1 Z 1 wird der Versicherungsvertrag zwischen dem bisherigen Leistungsberechtigten gemäß § 5 Z 2 PKG und dem Versicherungsunternehmen abgeschlossen. Die §§ 18f bis 18j sind auf den bisherigen Leistungsberechtigten gemäß § 5 Z 2 PKG sinngemäß anzuwenden. *(BGBl I 2012/54)*

§ 129i. (1) § 7c in der Fassung des Bundesgesetzes BGBl. I Nr. 36/2003 ist auf eine Auflösung, die vor dem In-Kraft-Treten dieses Bundesgesetzes eingetreten ist, nicht anzuwenden. *(BGBl I 2003/36)*

(2) § 90 Abs. 1 und 2, § 92 Abs. 2 bis 6, § 93 und § 94 in der Fassung des Bundesgesetzes BGBl. I Nr. 36/2003 ist auf Konkursverfahren, die vor dem In-Kraft-Treten dieses Bundesgesetzes eröffnet worden sind, nicht anzuwenden. *(BGBl I 2003/36)*

(3) § 98 in der Fassung des Bundesgesetzes BGBl. I Nr. 36/2003 ist auf Maßnahmen, die vor dem In-Kraft-Treten dieses Bundesgesetzes getroffen worden sind, nicht anzuwenden. *(BGBl I 2003/36)*

(4) Für die Prüfung des Jahresabschlusses für das erste Geschäftsjahr, das nach dem 31. Dezember 2005 beginnt, ist der Abschlussprüfer vor Ablauf dieses Geschäftsjahres zu wählen. *(BGBl I 2005/59)*

(5) § 4 Abs. 10 in der Fassung des Bundesgesetzes BGBl. I Nr. 93/2005 ist auf zum Zeitpunkt des In-Kraft-Tretens dieses Bundesgesetzes laufende Konzessionsverfahren anzuwenden. *(BGBl I 2005/93)*

(6) § 24 Abs. 3 dritter Satz und Abs. 4 zweiter Satz in der vor In-Kraft-Treten des Bundesgesetzes BGBl. I Nr. 93/2005 geltenden Fassung sind ab diesem Zeitpunkt auch dann nicht mehr anzuwenden, wenn die FMA bereits die Bestellung eines anderen verantwortlichen Aktuars oder Stellvertreters verlangt hat. *(BGBl I 2005/93)*

(7) § 63 Abs. 1 in der Fassung des Bundesgesetzes BGBl. I Nr. 93/2005 ist auf zum Zeitpunkt des In-Kraft-Tretens dieses Bundesgesetzes beschlossene, jedoch noch nicht genehmigte Satzungsänderungen anzuwenden. *(BGBl I 2005/93)*

(8) § 73f Abs. 5 und Anlage D Abschnitt A Z 1 letzter Unterabsatz in der Fassung des Bundesgesetzes BGBl. I Nr. 93/2005 sind erstmals auf Erhöhungen anzuwenden, für die der maßgebende Zeitraum im Laufe des Jahres 2005 endet. *(BGBl I 2005/93)*

(9) Inländische Versicherungsunternehmen, die ausschließlich den Betrieb der Rückversicherung zum Gegenstand haben und zum Zeitpunkt des In-Kraft-Tretens des § 4 Abs. 1 in der Fassung des Bundesgesetzes BGBl. I Nr. 56/2007 bereits eine Konzession besitzen, dürfen die Rückversicherung weiterhin betreiben, unterliegen aber ab diesem Zeitpunkt § 3 Abs. 3, § 77 und § 79c in der Fassung des Bundesgesetzes BGBl. I Nr. 56/2007. *(BGBl I 2007/56)*

(10) Für inländische Versicherungsunternehmen, die zum Zeitpunkt des Außer-Kraft-Tretens des § 4 Abs. 2a in der vor dem 10. Dezember 2007 geltenden Fassung die Rückversicherung neben der Direktversicherung betreiben, gilt ab diesem Zeitpunkt die Konzession zum Betrieb der Rückversicherung als erteilt. Dies ist von der FMA innerhalb von drei Monaten ab diesem Zeitpunkt mit Bescheid festzustellen. *(BGBl I 2007/56)*

(11) § 10 Abs. 2 in der Fassung des Bundesgesetzes BGBl. I Nr. 56/2007 gilt auch für zum Zeitpunkt des In-Kraft-Tretens dieser Bestimmung bereits abgeschlossene Versicherungsverträge. *(BGBl I 2007/56)*

(12) Ist die Frist gemäß § 56 Abs. 1 Z 3 in der Fassung des Bundesgesetzes BGBl. I Nr. 56/2007 zum Zeitpunkt des In-Kraft-Tretens dieser Bestimmung bereits abgelaufen, so tritt die Auflösung mit diesem Zeitpunkt ein. *(BGBl I 2007/56)*

(13) § 63 Abs. 1 in der Fassung des Bundesgesetzes BGBl. I Nr. 56/2007 ist auf eine zum Zeitpunkt des In-Kraft-Tretens dieser Bestimmung beschlossene, jedoch noch nicht genehmigte Auflösung anzuwenden. *(BGBl I 2007/56)*

(14) § 71 Abs. 2a und 4 in der Fassung des Bundesgesetzes BGBl. I Nr. 56/2007 ist auf Auflösungen anzuwenden, die frühestens gleichzeitig mit dem In-Kraft-Treten dieser Bestimmungen wirksam werden. *(BGBl I 2007/56)*

§ 129j. (1) § 18b in der Fassung des Bundesgesetzes BGBl. I Nr. 95/2006 tritt mit 1. Jänner 2007 in Kraft. Die Bestimmung ist auf Versicherungsverträge anzuwenden, die nach dem 31. Dezember 2006 geschlossen werden.

(2) Die §§ 9 und 118i in der Fassung des Bundesgesetzes BGBl. I Nr. 95/2006 treten mit 1. Dezember 2007 in Kraft. Sie sind auf Versicherungsverträge anzuwenden, die nach dem 30. November 2007 geschlossen werden. Ein Versicherungsunternehmen, das unterschiedliche Prämien oder Leistungen für Frauen und Männer vorsieht, hat dies der FMA bis 31. März 2008 zu melden. Die FMA hat die ihr gemeldeten Fälle unterschiedlicher Prämien und Leistungen bis 30. Juni 2008 der Europäischen Kommission zu melden.

(BGBl I 2006/95)

§ 129k. Für Geschäftsjahre die nach dem 31. Dezember 2007 beginnen und vor dem 1. Jänner „2011" enden, gelten die folgenden Vorschriften: *(BGBl I 2009/152)*

1. Abweichend von § 81h Abs. 2 letzter Satz können Abschreibungen auf den niedrigeren Wert im Falle einer voraussichtlich nicht dauernden Wertminderung insoweit unterbleiben, als der Gesamtbetrag dieser nicht vorgenommenen Abschreibungen die gesamten, sonst vorhandenen stillen Nettoreserven des Unternehmens in der betreffenden Bilanzabteilung nicht übersteigt;

2. abweichend zu § 73b Abs. 5 fünfter Satz ist die Hinzurechnung stiller Reserven mit 100 vH des Eigenmittelerfordernisses begrenzt.

(BGBl I 2008/138)

§ 129l. (1) Vor der Genehmigung von internen oder partiellen internen Modellen „gemäß der Richtlinie 2009/138/EG betreffend die Aufnahme und Ausübung der Versicherungs- und Rückversicherungstätigkeit (Solvabilität II), ABl. Nr. L 335 vom 17.12.2009 S. 1, zuletzt geändert durch die Richtlinie 2013/58/EU zur Änderung der Richtlinie 2009/138/EG (Solvabilität II) hinsichtlich des Zeitpunkts ihrer Umsetzung und des Zeitpunktes ihrer Anwendung sowie des Zeitpunkts der Aufhebung bestimmter Richtlinien (Solvabilität I), ABl. Nr. L 341 vom 18.12.2013 S. 1" hat die FMA eine gutachtliche Äußerung der Oesterreichischen Nationalbank insoweit einzuholen, als diese Modelle das Marktrisikomodul oder Teile des Marktrisikomoduls umfassen. Die Oesterreichische Nationalbank hat dabei zu beurteilen, ob das Marktrisikomodul oder gegebenenfalls Teile des Marktrisikomoduls den anzuwendenden Vorgaben entsprechen. *(BGBl I 2014/42)*

(2) Die Oesterreichische Nationalbank hat gutachtliche Äußerungen gemäß Abs. 1 in eigener Verantwortung und im eigenen Namen durchzuführen. Die FMA hat sich weitest möglich auf die Gutachten der Oesterreichischen Nationalbank zu stützen und kann sich auf deren Richtigkeit und Vollständigkeit verlassen, es sei denn, sie hat begründete Zweifel an deren Richtigkeit oder Vollständigkeit. Die Oesterreichische Nationalbank hat Stellungnahmen des betroffenen Versicherungsunternehmens unverzüglich der FMA zu übermitteln.

(3) Die Oesterreichische Nationalbank hat

1. eine Aufstellung der ihr im jeweiligen Geschäftsjahr aus gutachtlichen Äußerungen gemäß Abs. 1 erwachsenden direkten Kosten zu erstellen und vom Rechnungsprüfer gemäß § 37 Nationalbankgesetz, BGBl. Nr. 50/1984 (NBG), prüfen zu lassen,

2. die geprüfte Aufstellung der FMA bis zum 30. April des jeweils folgenden Geschäftsjahres zu übermitteln,

3. die geschätzten direkten Kosten aus gutachtlichen Äußerungen gemäß Abs. 1 für das jeweils folgende Geschäftsjahr der FMA bis zum 30. September jeden Jahres mitzuteilen und

4. den Bundesminister für Finanzen und die FMA einmal jährlich über die Anzahl der mit gutachtlichen Äußerungen gemäß Abs. 1 im Jahresdurchschnitt beschäftigten Bediensteten zu informieren; diese Information kann auch im Wege einer Veröffentlichung erfolgen.

(BGBl I 2011/145)

§ 129m. § 9 Abs. 2 in der Fassung des Bundesgesetzes BGBl. I Nr. 12/2013 ist auf Versicherungsverträge anzuwenden, bei denen der Abschluss eines neuen Vertrags nach dem 20. Dezember 2012 erfolgt.

(BGBl I 2013/12)

Außerkrafttreten von Vorschriften

§ 130. (1) Mit dem Inkrafttreten dieses Bundesgesetzes treten außer Kraft:

1. das Bundesgesetz vom 25. März 1936, BGBl. Nr. 91, betreffend die Erleichterung der Personallasten der Versicherungsanstalten;

2. die Verordnung vom 28. Feber 1939, DRGBl. I S. 365, zur Einführung von Vorschriften über die Beaufsichtigung der privaten Versicherungsunternehmen im Lande Österreich und die durch sie in Geltung gesetzten und ausdrücklich in Geltung belassenen Vorschriften und auf Grundlage der angeführten Verordnung ergangenen Anordnungen, soweit sie sich auf Versicherungsunternehmen beziehen;

3. alle behördlichen Anordnungen auf dem Gebiet der Versicherungsaufsicht, die nach dem 28. Feber 1939 und vor dem 10. April 1945 ergangen sind;

4. die Verordnung des Staatsamts für Finanzen vom 16. September 1945, StGBl. Nr. 181, über die Beaufsichtigung von Transportversicherungsunternehmen;

5. das Bundesgesetz vom 13. Juni 1946, BGBl. Nr. 108, betreffend die Regelung von Fragen der österreichischen Vertragsversicherung (Versicherungsüberleitungsgesetz), in der Fassung des Bundesgesetzes vom 14. März 1951, BGBl. Nr. 77, betreffend die Regelung von Fragen der österreichischen Vertragsversicherung (Versicherungsüberleitungsgesetznovelle 1951);

6. die §§ 17 bis 20, 22 bis 30, 32 bis 34 und 37 des Bundesgesetzes vom 8. September 1955, BGBl. Nr. 185, über den Wiederaufbau der Vertragsversicherung (Versicherungswiederaufbaugesetz), in der Fassung des Bundesgesetzes vom

14. Feber 1962, BGBl. Nr. 61, betreffend den Abschluß des Wiederaufbaues der Vertragsversicherung.

(2) Soweit in anderen bundesgesetzlichen Vorschriften auf Bestimmungen verwiesen wird, die durch dieses Bundesgesetz aufgehoben werden, treten an ihre Stelle die entsprechenden Bestimmungen dieses Bundesgesetzes.

Sprachliche Gleichbehandlung

§ 130a. Soweit in diesem Bundesgesetz personenbezogene Bezeichnungen nur in männlicher Form angeführt sind, beziehen sie sich auf Frauen und Männer in gleicher Weise. Bei der Anwendung auf bestimmte Personen ist die jeweils geschlechtsspezifische Form zu verwenden.

(BGBl I 2005/93)

Verweisungen

§ 130b. Soweit in diesem Bundesgesetz auf andere Bundesgesetze verwiesen wird, sind diese, wenn nicht anderes angeordnet ist, in ihrer jeweils geltenden Fassung anzuwenden.

(BGBl I 2005/93)

Vorbereitung der Umsetzung der Richtlinie 2009/138/EG (Solvabilität II)

§ 130c. (1) Inländische Versicherungs- und Rückversicherungsunternehmen, die zum Stichtag 31. Dezember 2013 nicht unter die Ausnahme gemäß Art. 4 der Richtlinie 2009/138/EG gefallen sind, haben sich vorzubereiten, damit sie spätestens mit dem 1. Jänner 2016 die Anforderungen gemäß dieser Richtlinie einhalten können. Die Versicherungs- und Rückversicherungsunternehmen haben,

1. ein Governance-System vorzubereiten, das

a) den Anforderungen der Art. 41, 42, 44, 46 bis Art. 49 Abs. 1 und 2 der Richtlinie 2009/138/EG entspricht; dies beinhaltet insbesondere

aa) die Einrichtung der Risikomanagement-Funktion, der Compliance-Funktion, der internen Revision und der versicherungsmathematischen Funktion,

bb) die Einrichtung einer Aufbau- und Ablauforganisation zur Unterstützung der strategischen Ziele und der Geschäftstätigkeit und

cc) die Erstellung der für das Governance-System erforderlichen Leitlinien und Notfallpläne;

b) den Grundsatz der unternehmerischen Vorsicht gemäß Art. 132 der Richtlinie 2009/138/EG umsetzt und

c) eine Kapitalmanagementstrategie und einen mittelfristigen Kapitalmanagementplan beinhaltet;

2. eine vorausschauende Beurteilung der eigenen Risiken gemäß Art. 45 der Richtlinie 2009/138/EG bestehend aus

a) der Bewertung, Erfassung und Beurteilung des Gesamtsolvabilitätsbedarfs,

b) einer Analyse, ob die Solvenz- und Mindestkapitalanforderung gemäß der Richtlinie 2009/138/EG kontinuierlich erfüllt werden würden und

c) einer Beurteilung, ob das Risikoprofil des Unternehmens von den der Berechnung der Solvenzkapitalanforderung zugrundeliegenden Annahmen abweicht,

jährlich durchzuführen und einen Bericht über die vorausschauende Beurteilung der eigenen Risiken zu erstellen, der zumindest die qualitativen und quantitativen Ergebnisse und die Schlussfolgerungen, die das Unternehmen aus diesen Ergebnissen gezogen hat, die verwendeten Methoden und wichtigsten Annahmen und, sofern gemäß den eingeführten Schwellenwerten angebracht, einen Vergleich zwischen dem Gesamtsolvabilitätsbedarf, der Solvenz- und Mindestkapitalanforderung und den Eigenmitteln zu enthalten hat. Dieser Bericht ist durch den Vorstand bzw. den Verwaltungsrat und die geschäftsführenden Direktoren zu genehmigen. Die lit. a ist erstmalig bis zum 31. Dezember 2014 und die lit. b und c sind erstmalig bis zum 31. Dezember 2015 durchzuführen.

3. folgende Informationen in elektronischer Form an die FMA zu übermitteln:

a) jährliche quantitative Informationen gemäß Art. 35 der Richtlinie 2009/138/EG,

b) quartalsweise quantitative Informationen gemäß Art. 35 der Richtlinie 2009/138/EG und

c) qualitative Informationen betreffend Governance-System, Kapitalmanagement und Bewertung für Solvenzzwecke gemäß Art. 35 der Richtlinie 2009/138/EG.

Zur Sicherstellung der kontinuierlichen Relevanz der übermittelten Informationen haben die ersicherungs- und Rückversicherungsunternehmen schriftliche Leitlinien gemäß Art. 35 der Richtlinie 2009/138/EG festzulegen. Die Versicherungs- und Rückversicherungsunternehmen haben die Informationen gemäß lit. a und c betreffend das Geschäftsjahr, das am 31. Dezember 2014 endet, spätestens 22 Wochen nach Ende dieses Geschäftsjahres zu übermitteln. Die Versicherungs- und Rückversicherungsunternehmen haben die Informationen gemäß lit. b betreffend das Quartal, das am 30. September 2015 endet, spätestens 8 Wochen nach dem Ende dieses Quartals zu übermitteln.

(2) Auf Ebene der Gruppe hat das zuständige Unternehmen:

13. VAG
§§ 130c – 130d

1. ein Governance-System gemäß Abs. 1 Z 1 in Verbindung mit Art. 246 der Richtlinie 2009/138/EG auf Gruppenebene vorzubereiten;
2. eine vorausschauende Beurteilung der eigenen Risiken auf Ebene der Gruppe gemäß Abs. 1 Z 2 in Verbindung mit Art. 246 der Richtlinie 2009/138/EG durchzuführen;
3. die Informationen gemäß Abs. 1 Z 3 in Verbindung mit Art. 254 der Richtlinie 2009/138/EG in elektronischer Form an die FMA zu übermitteln. Zur Sicherstellung der kontinuierlichen Relevanz der übermittelten Informationen hat das zuständige Unternehmen schriftliche Leitlinien gemäß Art. 35 der Richtlinie 2009/138/EG festzulegen. Das zuständige Unternehmen hat die Informationen gemäß Abs. 1 lit. a und c betreffend das Geschäftsjahr, das am 31. Dezember 2014 endet, spätestens 28 Wochen nach Ende dieses Geschäftsjahres zu übermitteln. Das zuständige Unternehmen hat die Informationen gemäß Abs. 1 lit. b betreffend das Quartal, das am 30. September 2015 endet, spätestens 14 Wochen nach dem Ende dieses Quartals zu übermitteln.

Im Falle der Beaufsichtigung im Sinne des Art. 213 Abs. 2 lit. a der Richtlinie 2009/138/EG ist unter Beachtung der Art. 212 bis 215 der Richtlinie 2009/138/EG das oberste inländische beteiligte Versicherungs- oder Rückversicherungsunternehmen zuständiges Unternehmen im Sinne dieses Absatzes. Im Falle der Beaufsichtigung im Sinne des Art. 213 Abs. 2 lit. b der Richtlinie 2009/138/EG ist im Fall der Z 1 jenes Versicherungs- oder Rückversicherungsunternehmen zuständiges Unternehmen, das die oberste inländische Versicherungsholdinggesellschaft oder gemischte Finanzholdinggesellschaft dazu bestimmt hat und im Fall der Z 2 und 3 ist die oberste Versicherungsholdinggesellschaft oder gemischte Finanzholdinggesellschaft unter Beachtung der Art. 212 bis 215 der Richtlinie 2009/138/EG zuständiges Unternehmen.

(3) Bei der Vorbereitung von Genehmigungsverfahren für interne Modelle gemäß Art. 112 und Art. 113 sowie gemäß Art. 230 Abs. 2 und Art. 231 der Richtlinie 2009/138/EG hat die FMA die von EIOPA veröffentlichten Leitlinien anzuwenden. Die FMA kann von diesen Leitlinien abweichen, sofern dafür berechtigte Gründe, insbesondere Widerspruch zu bundesgesetzlichen Vorschriften, vorliegen. In diesem Fall hat die FMA die EIOPA über ihre Gründe für die Nichtanwendung oder Abweichung von den betreffenden Leitlinien zu informieren.

(4) Die FMA hat bei der Überwachung der Vorbereitung und Tätigkeiten gemäß Abs. 1 und 2 die von der EIOPA veröffentlichten Leitlinien und andere von der EIOPA beschlossenen Maßnahmen anzuwenden. Die FMA hat hierbei die Wesensart, den Umfang und die Komplexität der Risiken, die mit der Geschäftstätigkeit der Versicherungs- und Rückversicherungsunternehmen einhergehen, angemessen zu berücksichtigen. Die FMA kann von diesen Leitlinien und Maßnahmen abweichen, sofern dafür berechtigte Gründe, insbesondere Widerspruch zu bundesgesetzlichen Vorschriften, vorliegen. In diesem Fall hat die FMA die EIOPA über ihre Gründe für die Nichtanwendung oder Abweichung von den betreffenden Leitlinien und Maßnahmen zu informieren.

(5) Die FMA hat bis zum 30. September 2014 durch Verordnung unter Berücksichtigung des finalen erichts EIOPA-BoS-13/415 vom 27. September 2013 die gemäß Abs. 1 Z 2 und 3 und Abs. 2 Z 2 und 3 zu übermittelnden Informationen festzulegen.

(6) Rechte und Pflichten, die dem Verwaltungs-, Management- oder Aufsichtsorgan zukommen, kommen bei inländischen Versicherungs- und Rückversicherungsunternehmen dem Vorstand bzw. dem Verwaltungsrat und den geschäftsführenden Direktoren, in Bezug auf die Leitlinien 3, 7, 8 und 11 der Leitlinien zum Governance-System, EIOPA-CP-13/08 DE vom 31. Oktober 2013, auch dem Aufsichtsrat zu.

(7) Versicherungs- und Rückversicherungsunternehmen sowie zuständige Unternehmen gemäß Abs. 2 haben quartalweise quantitative Informationen gemäß Abs. 1 Z 3 lit. b bzw. Abs. 2 Z 3 nur dann zu übermitteln, wenn die Schwellenwerte gemäß den Leitlinien 4 bzw. 10 der Leitlinien für die Informationsübermittlung an die zuständigen nationalen Behörden, EIOPA-CP-13/010 DE vom 31. Oktober 2013 erreicht werden. Die FMA hat die betroffenen Unternehmen gemäß den Leitlinien 8 und 11 EIOPA-CP-13/010 DE zu verständigen.

(BGBl I 2014/42)

§ 130d. (1) Die FMA kann als die gemäß Art. 247 der Richtlinie 2009/138/EG für die Gruppenaufsicht zuständige Behörde unter ihrem Vorsitz Aufsichtskollegien gemäß Art. 248 Abs. 2 und Abs. 3 der Richtlinie 2009/138/EG einrichten und die zur Vorbereitung der Umsetzung der Richtlinie 2009/138/EG erforderlichen Aufgaben wahrnehmen. Die FMA kann dabei zur Errichtung und Regelung der Funktionsweise von Aufsichtskollegien Koordinierungsvereinbarungen gemäß Art. 248 Abs. 4 der Richtlinie 2009/138/EG sowie Regelungen zum Informationsaustausch innerhalb der Aufsichtskollegien schließen. Die Koordinierungsvereinbarungen können die in Art. 248 Abs. 5 der Richtlinie 2009/138/EG genannten Inhalte und Notfallpläne für Krisensituationen enthalten. Die FMA hat, soweit sie von ihren Befugnissen nach diesem Absatz Gebrauch macht, die EIOPA nach Maßgabe von Art. 21 Abs. 1 und 2 der Verordnung (EU) Nr. 1094/2010 einzubeziehen und sie bei der Erfüllung ihrer Aufgabe zu unterstützen.

(2) Die FMA kann als Mitglied eines Aufsichtskollegiums oder als mitwirkende Aufsichtsbehörde gemäß Art. 248 Abs. 3 zweiter Unterabsatz der Richtlinie 2009/138/EG oder als zusammenarbeitende Aufsichtsbehörde gemäß Art. 248 Abs. 5 letzter Unterabsatz lit. b der Richtlinie 2009/138/EG zur erforderlichen Vorbereitung der Umsetzung der Richtlinie 2009/138/EG in Aufsichtskollegien teilnehmen und Koordinierungsvereinbarungen nach Maßgabe des Abs. 1 schließen.

(3) Die FMA kann in den Aufsichtskollegien gemäß Art. 249 Abs. 1 der Richtlinie 2009/138/EG mit den anderen Aufsichtsbehörden zusammenarbeiten und alle Informationen verarbeiten und übermitteln, die notwendig sind, um den jeweils anderen die Erfüllung ihrer Aufsichtspflichten im Rahmen der Richtlinie 2009/138/EG zu ermöglichen und soweit dies zur Vorbereitung der Umsetzung der Art. 248 bis 253 der Richtlinie 2009/138/EG erforderlich ist.

(4) Die Übermittlung von Informationen an Behörden von Drittstaaten ist nur zulässig, sofern diese Behörden einer dem Berufsgeheimnis gemäß Art. 64 der Richtlinie 2009/138/EG entsprechenden Geheimhaltungspflicht unterliegen oder sich zu einer solchen verpflichtet haben. Zudem ist die Übermittlung nur auf Grund einer Gegenseitigkeitserklärung oder tatsächlich geleisteter Gegenseitigkeit zulässig. Wenn Informationen betroffen sind, die der FMA von der Aufsichtsbehörde eines anderen Vertragsstaates übermittelt wurden, dürfen diese nur mit der ausdrücklichen Zustimmung dieser Aufsichtsbehörde und nur für Zwecke weitergegeben werden, denen diese Aufsichtsbehörde zugestimmt hat.

(BGBl I 2014/42)

Vollzugsklausel

§ 131. Mit der Vollziehung dieses Bundesgesetzes ist betraut

1. hinsichtlich des § 4 Abs. 9, des § 5 Abs. 4, des § 7c Abs. 2 bis 5, des § 6 Abs. 3 und 4, des § 11 Abs. 1 zweiter Satz und 2 zweiter Satz, des § 11b Abs. 5 zweiter bis vierter Satz und Abs. 7 erster und dritter bis sechster Satz, des § 13, des § 13c Abs. 1, 2 und 4, des § 21 Abs. 4, des § 23 Abs. 2 zweiter Satz, der §§ 25 und 27, des § 29 Abs. 1, des § 30, des § 32 Abs. 1, des § 33 Abs. 1 und 2, der §§ 36 bis 39, der §§ 43 bis 55, des § 56 Abs. 1, 2, 4 und 5, des § 57 Abs. 1 und 6, der §§ 58 bis 60, des § 61 Abs. 1 bis 3 und 5 bis 13, des § 61a Abs. 1 bis 3, 4 erster und zweiter Satz und 5, „des § 61b Abs. 1 und 2, 3 erster Satz, 4 erster bis dritter Satz, 6 erster Satz", der §§ 61c und 61d, „des § 61e Abs. 1 Z 1 und Abs. 4, des § 61f Abs. 1, Abs. 3 Z 1 bis 3, 3b, 3d und 3e, 4,

6 und 7, Abs. 4 Z 1 bis 5, Abs. 6 und 7", des § 61g, des § 63 Abs. 1 zweiter Satz, der §§ 66 und 67, des § 68 Abs. 1, 5 und 6, des § 70, des § 71 Abs. 1, der §§ 72 und 73, des § 73c Abs. 7 zweiter und dritter Satz und Abs. 8, des § 84 Abs. 4, des § 86n Abs. 3 zweiter bis fünfter Satz und Abs. 4, der §§ 87 bis 96, des § 98f Abs. 8, des § 104a Abs. 4 erster und dritter Satz, der §§ 113 und 114, des § 118c Abs. 4 zweiter und vierter Satz, des § 118d Abs. 2 zweiter und vierter Satz und des § 128 der Bundesminister für Justiz; *(BGBl I 1998/126; BGBl I 2002/46; BGBl I 2003/36; BGBl I 2004/70; BGBl I 2005/93; BGBl I 2007/107; BGBl I 2009/152; BGBl I 2010/28; BGBl I 2011/145)*

1a. hinsichtlich des § 61b Abs. 5, des § 61e Abs. 1 Z 2 und des § 61f Abs. 3 Z 3c der Bundesminister für Finanzen im Einvernehmen mit dem Bundesminister für Justiz; *(BGBl I 2011/145)*

2. hinsichtlich des § 28 und des § 29 Abs. 2 im Zusammenhalt mit § 8 Abs. 4 und § 10 Abs. 1 der Bundesminister für Finanzen, sonst der Bundesminister für Justiz;

3. hinsichtlich des § 2 Abs. 2, des § 57 Abs. 2, des § 61b Abs. 3 letzter Satz, des § 63 Abs. 1 und des § 80, soweit sie sich auf Vorschriften beziehen, mit deren Vollziehung das Bundesministerium für Finanzen betraut ist, der Bundesminister für Finanzen, sonst der Bundesminister für Justiz;

4. hinsichtlich des § 98f Abs. 1 bis 3 und 7 letzter Satz der Bundesminister für Inneres; *(BGBl I 2007/107)*

4a. hinsichtlich des § 98h Abs. 1 und 2 der Bundesminister für Finanzen im Einvernehmen mit dem Bundesminister für Inneres; *(BGBl I 2007/107)*

5. hinsichtlich der übrigen Bestimmungen der Bundesminister für Finanzen.

(BGBl 1996/447)

Anlage A

Zu § 4 Abs. 2:

Einteilung der Versicherungszweige

1. Unfall
a) einmalige Leistungen
b) wiederkehrende Leistungen
c) kombinierte Leistungen
d) Personenbeförderung

2. Krankheit
a) Taggeld
b) Krankheitskosten
c) kombinierte Leistungen

13. VAG
Anlage A

3. **Landfahrzeug-Kasko** (ohne Schienenfahrzeuge)
Sämtliche Schäden an:
a) Kraftfahrzeugen
b) Landfahrzeugen ohne eigenen Antrieb

4. **Schienenfahrzeug-Kasko**
Sämtliche Schäden an Schienenfahrzeugen

5. **Luftfahrzeug-Kasko**
Sämtliche Schäden an Luftfahrzeugen

6. **See-, Binnensee- und Flußschiffahrts-Kasko**
Sämtliche Schäden an:
a) Flußschiffen
b) Binnenseeschiffen
c) Seeschiffen

7. **Transportgüter**
Sämtliche Schäden an transportierten Gütern, unabhängig von dem jeweils verwendeten Transportmittel

8. **Feuer- und Elementarschäden**
Sämtliche Sachschäden (soweit sie nicht unter Z 3 bis 7 fallen), die verursacht werden durch
a) Feuer
b) Explosion
c) Sturm
d) andere Elementarschäden außer Sturm
e) Kernenergie
f) Bodensenkungen und Erdrutsch

9. **Sonstige Sachschäden**
Sämtliche Sachschäden (soweit sie nicht unter die Z 3 bis 7 fallen), die durch Hagel oder Frost sowie durch Ursachen aller Art (wie beispielsweise Diebstahl) hervorgerufen werden, soweit diese Ursachen nicht unter Z 8 erfaßt sind

10. **Haftpflicht für Landfahrzeuge mit eigenem Antrieb**
Haftpflicht aller Art (einschließlich derjenigen des Frachtführers), die sich aus der Verwendung von Landfahrzeugen mit eigenem Antrieb ergibt

11. **Luftfahrzeug-Haftpflicht**
Haftpflicht aller Art (einschließlich derjenigen des Frachtführers), die sich aus der Verwendung von Luftfahrzeugen ergibt

12. **See-, Binnensee- und Flußschiffahrts-Haftpflicht**
Haftpflicht aller Art (einschließlich derjenigen des Frachtführers), die sich aus der Verwendung von Flußschiffen, Binnenseeschiffen und Seeschiffen ergibt

13. **Allgemeine Haftpflicht**
Alle sonstigen Haftpflichtfälle, die nicht unter Z 10 bis 12 fallen

14. **Kredit**
a) allgemeine Zahlungsunfähigkeit
b) Ausfuhrkredit
c) Abzahlungsgeschäfte
d) Hypothekardarlehen
e) landwirtschaftliche Darlehen

15. **Kaution**
a) direkte Kaution
b) indirekte Kaution

16. **Verschiedene finanzielle Verluste**
a) Berufsrisiken
b) ungenügende Einkommen (allgemein)
c) Schlechtwetter
d) Gewinnausfall
e) laufende Unkosten allgemeiner Art
f) unvorhergesehene Geschäftsunkosten
g) Wertverluste
h) Miet- oder Einkommensausfall
i) indirekte kommerzielle Verluste außer den bereits erwähnten
k) nichtkommerzielle Geldverluste
l) sonstige finanzielle Verluste

17. **Rechtsschutz**

18. **Beistandsleistungen** zugunsten von Personen, die sich auf Reisen oder während der Abwesenheit von ihrem Wohnsitz oder ständigen Aufenthaltsort in Schwierigkeiten befinden

19. **Leben**
(soweit nicht unter den Z 20 bis 23 erfaßt)

20. **Heirats- und Geburtenversicherung**

21. **Fondsgebundene und indexgebundene Lebensversicherung** *(BGBl I 2005/59)*

22. **Tontinengeschäfte**

23. **Kapitalisierungsgeschäfte**

24. **Rückversicherung**
a) Nichtlebensrückversicherung
b) Lebensrückversicherung
(BGBl I 2007/56)

13. VAG
Anlagen B, C, D

Anlage B

Zu § 4 Abs. 3:

Zusammenfassung von Versicherungszweigen

Für die nachstehend angeführten Risken kann die Konzession gemeinsam unter der dafür vorgesehenen Bezeichnung erteilt werden:

1. **Unfälle und Krankheit:**
Z 1 und 2

2. **Kraftfahrversicherung:**
Z 1 lit. d, 3, 7 und 10

3. **See- und Transportversicherung:**
Z 1 lit. d, 4, 6, 7 und 12

4. **Luftfahrtversicherung:**
Z 1 lit. d, 5, 7 und 11

5. **Feuer- und andere Sachschäden:**
Z 8 und 9

6. **Haftpflicht:**
Z 10 bis 13

7. **Kredit und Kaution:**
Z 14 und 15

8. **Schaden- und Unfallversicherung:**
Z 1, 3 bis 13 und 16

Anlage C

Zu § 1a Abs. 2, § 7 Abs. 5 und § 14 Abs. 6:

Großrisiken

1. Transport- und Transporthaftpflichtrisiken nach Z 4 bis 7, 11 und 12 der Anlage A zu diesem Bundesgesetz

2. Kredit- und Kautionsrisiken nach Z 14 und 15 der Anlage A zu diesem Bundesgesetz

3. Großrisiken nach Z 3, 8, 9, 10, 13 und 16 der Anlage A zu diesem Bundesgesetz, wenn beim Versicherungsnehmer mindestens zwei der folgenden drei Grenzen überschritten werden:
a) 6,2 Millionen Euro Bilanzsumme
b) 12,8 Millionen Euro Nettoumsatz
c) durchschnittlich 250 Arbeitnehmer während eines Geschäftsjahres.

Gehört der Versicherungsnehmer zu einem Konzern, für den nach § 244 UGB oder einer den Anforderungen der Richtlinie 83/349/EWG entsprechenden Vorschrift eines anderen Mitgliedstaates des Europäischen Wirtschaftsraums ein Konzernabschluss aufzustellen ist, so sind für die Überschreitung der genannten Grenzen die Zahlen des Konzernabschlusses maßgebend.

(BGBl I 2009/109)

Anlage D

Zu § 73 b Abs. 1:

Eigenmittelerfordernis

A. Nicht-Lebensversicherung

Alle Versicherungszweige außer der Lebensversicherung (Z 19 bis 23 der Anlage A)

1. Die Eigenmittel müssen dem höheren der beiden folgenden Indizes, mindestens jedoch dem „Eigenmittelerfordernis des dem letzten Geschäftsjahr vorangegangenen Geschäftsjahres" multipliziert mit dem Quotienten aus dem Betrag der versicherungstechnischen Rückstellungen für noch nicht abgewickelte Versicherungsfälle abzüglich des Anteils der Rückversicherer am Ende des letzten Geschäftsjahres und dem Betrag der versicherungstechnischen Rückstellungen für noch nicht abgewickelte Versicherungsfälle abzüglich des Anteils der Rückversicherer zu Beginn des letzten Geschäftsjahres entsprechen; in jedem Fall ist dieser Quotient mit höchstens 100 vH zu begrenzen.

a) **Prämienindex:**
Der höhere Betrag der verrechneten und abgegrenzten Prämien der direkten und indirekten Gesamtrechnung des letzten Geschäftsjahres wird herangezogen. Hierbei wird für die Luftfahrzeug-Haftpflichtversicherung, die See-, Binnensee- und Flussschifffahrts-Haftpflichtversicherung und die Allgemeine Haftpflichtversicherung (Z 11 bis 13 der Anlage A) das 1,5fache der maßgeblichen Prämien zugrunde gelegt. Der so ermittelte Betrag wird in zwei Stufen unterteilt: in eine erste Stufe bis „61,3"**** Millionen Euro und eine zweite Stufe für den „61,3"**** Millionen Euro übersteigenden Betrag. Auf die erste Stufe wird ein Satz von 18 vH, auf die zweite Stufe ein Satz von 16 vH angewendet; die beiden Ergebnisse werden zusammengezählt.

Der Prämienindex ergibt sich durch Multiplikation dieser Summe mit dem „ "*Quotienten, der für die letzten drei Geschäftsjahre dem Verhältnis der Aufwendungen für Versicherungsfälle abzüglich des Anteils der Rückversicherer „und genehmigter Forderungen an Zweckgesellschaften"** zu den Aufwendungen für Versicherungsfälle ohne Abzug des Anteils der Rückversicherer „und genehmigter Forderungen an Zweckgesellschaften"** entspricht; in jedem Fall ist dieser Quotient mit mindestens 50 vH anzusetzen.
(*BGBl I 2005/93; **BGBl I 2007/56; ***BGBl II 2012/342)

13. VAG
Anlage D

b) **Schadenindex:**
„Zu ermitteln sind die durchschnittlichen Aufwendungen für Versicherungsfälle der direkten und indirekten Gesamtrechnung der letzten drei Geschäftsjahre, für Versicherungsunternehmen, deren verrechnete Prämien der direkten Gesamtrechnung im letzten Geschäftsjahr mindestens zu 75 v. H. auf die Versicherungszweige Kredit-, Sturmschaden- und Hagelversicherung zusammengenommen entfallen, der letzten sieben Geschäftsjahre. Hierbei wird für die Luftfahrzeug-Haftpflichtversicherung, die See-, Binnensee- und Flussschifffahrts-Haftpflichtversicherung und die Allgemeine Haftpflichtversicherung (Z 11 bis 13 der Anlage A) das 1,5fache der maßgeblichen Aufwendungen zugrunde gelegt. Der so ermittelte Betrag wird in zwei Stufen unterteilt: in eine erste Stufe bis „42,9"*** Millionen Euro und in eine zweite Stufe für den „42,9"*** Millionen Euro übersteigenden Betrag. Auf die erste Stufe wird ein Satz von 26 v. H., auf die zweite Stufe ein Satz von 23 v. H. angewendet; die beiden Ergebnisse werden zusammengezählt."*
Der Schadenindex ergibt sich durch Multiplikation dieser Summe mit dem „ "* Quotienten, der für die letzten drei Geschäftsjahre dem Verhältnis der Aufwendungen für Versicherungsfälle abzüglich des Anteils der Rückversicherer „und genehmigter Forderungen an Zweckgesellschaften"** zu den Aufwendungen für Versicherungsfälle ohne Abzug des Anteils der Rückversicherer „und genehmigter Forderungen an Zweckgesellschaften"** entspricht; in jedem Fall ist dieser Quotient mit mindestens 50 vH anzusetzen.
„Die in den vorstehenden Bestimmungen angeführten Beträge erhöhen sich im gleichen Ausmaß, wie es in Art. 17a Abs. 1 der Richtlinie 73/239/EWG in der Fassung der Richtlinie 2002/13/EG in der Art. 16a Abs. 3 und 4 dieser Richtlinie angeführten Beträge vorgesehen ist. Der Bundesminister für Finanzen hat im Laufe des Jahres, das dem Jahr folgt, in dem der für die Erhöhung maßgebende Zeitraum endet, diese Erhöhung ergebenden Beträge im Bundesgesetzblatt kundzumachen. Diese Beträge sind ab 1. Jänner des darauf folgenden Jahres anzuwenden."*

(*BGBl I 2005/93, vgl § 119h Abs 8 sowie die Übergangsbestimmung in § 129h Abs 4; **BGBl I 2007/56; ***BGBl II 2012/342)

(BGBl I 2003/33; BGBl I 2005/93)

1a. Die FMA hat den Abzug der von einer in einem Vertragsstaat zugelassenen Zweckgesellschaft im Sinn des Art. 2 Abs. 1 lit. p der Richtlinie 2005/68/EG (ABl. Nr. L 323 vom 9. Dezember 2005, Seite 1) einforderbaren Beträge als Rückversicherung auf Antrag zu genehmigen, wenn und soweit das Versicherungsunternehmen darlegt, dass die vertragsgemäße Erfüllung der Forderungen durch die Zweckgesellschaft gewährleistet ist.

(BGBl I 2007/56)

2. In der Krankenversicherung (Z 2 der Anlage A), die nach Art der Lebensversicherung betrieben wird, vermindert sich das Eigenmittelerfordernis auf ein Drittel, wenn

a) auf der Grundlage von Wahrscheinlichkeitstafeln nach versicherungsmathematischen Grundsätzen berechnete Prämien erhoben werden,

b) eine Alterungsrückstellung gebildet wird,

c) ein angemessener Sicherheitszuschlag erhoben wird,

d) der Versicherer spätestens nach Ablauf des dritten Versicherungsjahres den Vertrag nicht mehr kündigen kann und

e) vertraglich die Möglichkeit vorgesehen ist, auch für bestehende Verträge die Prämien zu erhöhen oder die Leistungen herabzusetzen.

B. Lebensversicherung

(Z 19 bis 23 der Anlage A)

1. In der Lebensversicherung außer den Zusatzversicherungen und der fondsgebundenen Lebensversicherung müssen die Eigenmittel der Summe der beiden folgenden Ergebnisse entsprechen:

a) Der Betrag, der 4 vH der Deckungsrückstellung und der Prämienüberträge ohne Abzug des Anteils der Rückversicherer „und genehmigter Forderungen an Zweckgesellschaften" entspricht, wird multipliziert mit dem Quotienten, der sich für das abgelaufene Geschäftsjahr aus der Deckungsrückstellung und den Prämienüberträgen abzüglich des jeweiligen Anteils der Rückversicherer „und genehmigter Forderungen an Zweckgesellschaften" im Verhältnis zur Deckungsrückstellung und den Prämienüberträgen ohne Abzug des Anteils der Rückversicherer „und genehmigter Forderungen an Zweckgesellschaften" ergibt. Dieser Quotient ist in jedem Fall mit mindestens 85 vH anzusetzen. (BGBl 1996/447; BGBl I 2007/56)

b) Bei den Verträgen, bei denen das Risikokapital nicht negativ ist, wird der Betrag, der 0,3 vH des übernommenen Risikokapitals entspricht, mit dem Quotienten multipliziert, der sich für das abgelaufene Geschäftsjahr aus dem Risikokapital abzüglich des Anteils der Rückversicherer „und genehmigter Forderungen an Zweckgesellschaften" im Verhältnis zum Risikokapital ohne Abzug des Anteils der Rückversicherer „und genehmigter Forderungen an Zweckgesellschaften" ergibt. Dieser Quotient ist in jedem Fall mit mindestens 50 vH anzusetzen. (BGBl I 2007/56)

1a. Die FMA hat den Abzug der von einer in einem Vertragsstaat zugelassenen Zweckgesellschaft im Sinn des Art. 2 Abs. 1 lit. p der Richtlinie 2005/68/EG (ABl. Nr. L 323 vom 9. Dezember 2005, Seite 1) einforderbaren Beträge als Rückversicherung auf Antrag zu genehmigen, wenn und soweit das Versicherungsunternehmen darlegt, daß die vertragsgemäße Erfüllung der Forderungen durch die Zweckgesellschaft gewährleistet ist.

(BGBl I 2007/56)

2. Bei kurzfristigen Versicherungen auf den Todesfall mit einer Höchstlaufzeit von drei Jahren sind für die Ermittlung des Ergebnisses gemäß Z 1 lit. b 0,1 vH des Risikokapitals, bei solchen Versicherungen mit einer Laufzeit von mehr als drei bis fünf Jahren 0,15 vH des Risikokapitals anzusetzen.

3. Bei Zusatzversicherungen errechnet sich das Eigenmittelerfordernis nach Abschnitt A Z 1 lit. a.

4. In der fondsgebundenen und in der indexgebundenen Lebensversicherung errechnet sich das Eigenmittelerfordernis nach folgenden Grundsätzen:

a) Soweit das Versicherungsunternehmen ein Anlagerisiko übernimmt, wird ein Eigenmittelerfordernis entsprechend Z 1 lit. a ermittelt.

b) Soweit das Versicherungsunternehmen kein Anlagerisiko übernimmt und die im Vertrag vorgesehene Zuweisung zur Deckung der Verwaltungskosten für einen Zeitraum von mehr als fünf Jahren festgesetzt wird, wird ein Eigenmittelerfordernis entsprechend Z 1 lit. a, jedoch unter Zugrundelegung eines Satzes von 1 vH der versicherungstechnischen Rückstellungen der fondsgebundenen und der indexgebundenen Lebensversicherung ermittelt.

c) Soweit das Versicherungsunternehmen ein Sterblichkeitsrisiko übernimmt, wird ein Eigenmittelerfordernis entsprechend Z 1 lit. b ermittelt.

d) Soweit das Versicherungsunternehmen kein Anlagerisiko übernimmt, jedoch lit. b nicht anzuwenden ist, wird ein Eigenmittelerfordernis in Höhe von 25 vH der „sonstigen"* Aufwendungen für den Versicherungsbetrieb „ "** im letzten Geschäftsjahr ermittelt. *(*BGBl I 2007/56; **BGBl I 2007/107)*

(BGBl I 2002/46)

5. Bei Tontinengeschäften müssen die Eigenmittel 1 vH des Vermögens der Gemeinschaften entsprechen.

6. Bei Kapitalisierungsgeschäften errechnet sich das Eigenmittelerfordernis nach Z 1 lit. a.

(BGBl 1992/769)

Anlage E

Zu § 79 a Abs. 2:

Kongruenzregeln

1. Ist die Deckung eines Vertrages in einer bestimmten Währung ausgedrückt, so ist von der Erfüllung des Versicherungsvertrages in dieser Währung auszugehen.

2. Ist die Deckung eines Vertrages nicht in einer Währung ausgedrückt, so gilt der Vertrag als in der Währung des Landes zu erfüllen, in dem das Risiko belegen ist. „Die Belegenheit ist nach § 14 Abs. 2 zu beurteilen." Anstelle dieser Währung kann die Währung, in der die Prämie ausgedrückt ist, herangezogen werden, wenn besondere Umstände dies rechtfertigen, insbesondere wenn es bereits bei Abschluß des Versicherungsvertrages wahrscheinlich ist, daß ein Schaden in dieser Währung abgewickelt werden wird. *(BGBl I 2009/109)*

3. Die Währung, die ein Versicherungsunternehmen nach seinen Erfahrungen als die wahrscheinlichste für die Erfüllung betrachtet, oder mangels solcher Erfahrungen die Währung des Landes, in dem es niedergelassen ist, kann, sofern nicht besondere Umstände dagegen sprechen, bei folgenden Risken herangezogen werden:

a) bei den in Z 4 bis 7 „und" 11 bis 13 (nur Produkthaftpflicht) der Anlage A angeführten Versicherungszweigen, *(BGBl 1996/447)*

b) bei anderen Versicherungszweigen, wenn entsprechend der Art der Risken die Erfüllung in einer anderen Währung als derjenigen erfolgen muß, die sich aus der Anwendung der in Z 1 und 2 angeführten Grundsätze ergeben würde.

4. Wird einem Versicherungsunternehmen ein Schaden gemeldet und ist dieser in einer anderen als der sich aus der Anwendung der vorstehenden Regeln ergebenden Währung abzuwickeln, so gilt der Vertrag als in dieser anderen Währung zu erfüllen. Die Erfüllbarkeit in einer bestimmten Währung ist insbesondere dann anzunehmen, wenn die Leistung des Versicherers auf Grund einer gerichtlichen Entscheidung oder einer Vereinbarung mit dem Versicherungsnehmer in dieser Währung zu erbringen ist.

5. Wird ein Schaden in einer dem Versicherungsunternehmen vorher bekannten Währung festgestellt, so kann der Vertrag als in dieser

13. VAG
Anlage E

Währung zu erfüllen angesehen werden, auch wenn sie nicht die sich aus der Anwendung der Z 1 bis 4 ergebende Währung ist.

6. Die Anlage kann jeweils im Rahmen des Deckungsstocks und der Bedeckung der sonstigen versicherungstechnischen Rückstellungen bis zu 20 vH der versicherungstechnischen Rückstellungen in einer bestimmten Währung in Vermögenswerten erfolgen, die auf eine andere Währung lauten.

7. In folgenden Fällen müssen die Vermögenswerte nicht auf die gleiche Währung lauten wie die Verpflichtungen:

a) wenn die Verpflichtung auf eine andere Währung lautet als die Währung eines Vertragsstaates und diese Währung sich nicht zur Anlage eignet, insbesondere weil sie Transferbeschränkungen unterliegt,

b) „wenn die Verpflichtungen in einer bestimmten Währung nicht mehr als 7 vH des Deckungserfordernisses jeder Abteilung des Deckungsstocks gemäß § 20 Abs. 2 beziehungsweise der Summe der versicherungstechnischen Rückstellungen nach Maßgabe des § 77 Abs. 2 und 3 ausmachen."* „ "** *(*BGBl 1996/447; **BGBl I 1998/126)*

8. *(aufgehoben, BGBl I 1998/126)*

(BGBl 1994/652)

Verordnung über die Untersagung außervertraglicher Leistungen von Versicherungsunternehmen

BGBl 1981/414

Mit Inkrafttreten des VAG 2016, BGBl. I Nr. 34/2015, treten das VAG, BGBl. 569/1978, und alle auf Grundlage dieses Bundesgesetzes erlassenen Verordnungen mit Ablauf des 31. Dezember 2015 außer Kraft (vgl. § 345 Abs. 1 VAG 2016).

Verordnung des Bundesministers für Finanzen vom 27. August 1981 über die Untersagung außervertraglicher Leistungen von Versicherungsunternehmen

Auf Grund des § 104 Abs. 4 des Versicherungsaufsichtsgesetzes, BGBl. Nr. 569/1978, wird verordnet:

Artikel I

Es ist den Versicherungsunternehmen untersagt, versicherungsmäßige Leistungen zu erbringen, wenn

1. für den Versicherungszweig, dem die Leistung zuzuordnen ist, ein Versicherungsvertrag nicht besteht oder

2. kein Schaden eingetreten ist.

Artikel II

Diese Verordnung tritt mit dem Ablauf des Tages ihrer Kundmachung in Kraft.

13/2. VAG-VO
Treuhänder

Treuhänder-Verordnung 1987[*]

BGBl 1986/682 idF

1 BGBl 1990/614

Mit Inkrafttreten des VAG 2016, BGBl. I Nr. 34/2015, treten das VAG, BGBl. 569/1978, und alle auf Grundlage dieses Bundesgesetzes erlassenen Verordnungen mit Ablauf des 31. Dezember 2015 außer Kraft (vgl. § 345 Abs. 1 VAG 2016).

Verordnung des Bundesministers für Finanzen vom 28. November 1986 über die Funktionsgebühr für Treuhänder für die Überwachung des Deckungsstocks (Treuhänder-Verordnung 1987)

Auf Grund des § 22 Abs. 3 des Bundesgesetzes über den Betrieb und die Beaufsichtigung der Vertragsversicherung (VAG), BGBl. Nr. 569/1978, in der Fassung des Bundesgesetzes BGBl. Nr. 558/1986 wird verordnet:

§ 1. (1) Dem Treuhänder für die Überwachung des Deckungsstocks und seinem Stellvertreter steht für jedes Kalenderjahr eine Funktionsgebühr in der im § 3 Abs. 1 festgesetzten Höhe zu.

(2) Sind der Treuhänder oder Stellvertreter nicht während des ganzen Jahres bestellt, so steht ihnen die der Bestellungszeit entsprechende anteilige Funktionsgebühr zu.

§ 2. (1) Bemessungsgrundlage für die Funktionsgebühr sind die zum Ende der vorangegangenen Kalenderjahres dem Deckungsstock gewidmeten Vermögenswerte mit den nach „§ 77 Abs. 7 VAG" maßgebenden Anrechnungswerten. *(BGBl 1990/614)*

(2) Die Versicherungsunternehmen haben der Versicherungsaufsichtsbehörde innerhalb von sechs Wochen nach Ende des Kalenderjahres die Summe der Deckungsstockwerte zum Ende dieses Jahres, gegliedert nach Abteilungen des Deckungsstocks (§ 20 Abs. 2 VAG) „ " zu melden. *(BGBl 1990/614)*

(3) Wird für mehrere Abteilungen des Deckungsstocks „ " nur ein Treuhänder oder Stellvertreter bestellt, so sind für die Ermittlung der Bemessungsgrundlage die betreffenden Deckungsstockwerte zusammenzurechnen. *(BGBl 1990/614)*

§ 3. (1) Die Funktionsgebühr beträgt jährlich

1. für den Treuhänder bei einer Bemessungsgrundlage bis 500 Millionen Schilling ..21 000 S
über 500 Millionen Schilling bis 1 Millarde Schilling .... 42 000 S
über 1 Milliarde Schilling bis 5 Milliarden Schilling .... 57 000 S
über 5 Milliarden Schilling bis 10 Milliarden Schilling .... 84 000 S
über 10 Milliarden Schilling .... 105 000 S

2. für den Stellvertreter bei einer Bemessungsgrundlage bis 500 Millionen Schilling ....7 000 S
über 500 Millionen Schilling bis 1 Millarde Schilling .... 14 000 S
über 1 Milliarde Schilling bis 5 Milliarden Schilling .... 19 000 S
über 5 Milliarden Schilling bis 10 Milliarden Schilling .... 28 000 S
über 10 Milliarden Schilling .... 35 000 S

(BGBl 1990/614)

(2) Die Funktionsgebühr ist in gleich hohen Teilbeträgen zum 1. Jänner und zum 1. Juli jedes Jahres zu entrichten. Anteilige Beträge (§ 1 Abs. 2) sind zu der Bestellung oder dem Ausscheiden folgenden 1. Jänner oder 1. Juli zu entrichten. *(BGBl 1990/614)*

(3) Ist eine Berichtigung der Funktionsgebühr erforderlich, so werden Nachzahlungen oder Rückerstattungen beim nächsten Teilbetrag angerechnet.

§ 4. Die Versicherungsunternehmen haben zum 1. Jänner und 1. Juli jedes Jahres dem Bund die zu diesem Zeitpunkt entrichteten Funktionsgebühren zu ersetzen.

(BGBl 1990/614)

§ 5. Diese Verordnung tritt mit 1. Jänner 1987 in Kraft.

---

[*] *Die bestehenden Schilling-Beträge sind unter Verwendung des mit der EG-VO Nr. 2866/98 festgesetzten Umrechnungskurses für den Schilling von 13,7603 in Euro umzurechnen und entsprechend den Vorschriften der EG-VO Nr. 1103/97 auf zwei Kommastellen zu runden.*

13/3. VAG-VO

RLVkV

Verordnung über die Rechnungslegung kleiner Versicherungsvereine auf Gegenseitigkeit

BGBl 1990/749 idF

1 BGBl 1995/96   2 BGBl II 2002/32

Mit Inkrafttreten des VAG 2016, BGBl. I Nr. 34/2015, treten das VAG, BGBl. 569/1978, und alle auf Grundlage dieses Bundesgesetzes erlassenen Verordnungen mit Ablauf des 31. Dezember 2015 außer Kraft (vgl. § 345 Abs. 1 VAG 2016).

STICHWORTVERZEICHNIS

Aufsichtsrat 2 (1)

Betriebsrechnung, Pensions- und Sterbekassen Anlage Formblatt 6
Bilanz
– Sachschadenversicherung Anlage Formblatt 1
– Rückversicherung kleiner Versicherungsvereine Anlage Formblatt 3

Darlehen 5 (2) Z 3

Erfolgsrechnung, Tierversicherung Anlage Formblatt 8

Finanzerfolg 6 (1)
Finanzmarktaufsichtsbehörde (FMA) 5, 6, 7 (2)

Gebäudesachschadenversicherung 1 (1) Z 1
Gewinn- und Verlustrechnung
– Sachschadenversicherung Anlage Formblatt 2
– Rückversicherung kleiner Versicherungsvereine Anlage Formblatt 4
Guthaben 5 Z 4, 6 (2) Z 1

Inkrafttreten 9

Jahresabschluß 1
– Änderung 3
– Feststellung 2
– Prüfung 4 (3)
– Versicherungsaufsichtsbehörde 5 Z 1
Jahresüberschuß Verteilung 3

Kapitalanlagen 6 (1)

Lagebericht 2 (2) Z 4, 4
– Versicherungsaufsichtsbehörde 5 Z 2
Liegenschaften 5 (2) Z 4

Mitgliederanzahl 6 (1)

Organ, oberstes 2 (1), 2 (2), 3, 4 (2), 5 Z 3

Pensionskasse 1 (1) Z 3, 4 (4)

– Betriebsrechnung Anlage Formblatt 6
– Versicherungsaufsichtsbehörde 5 Z 5
Prämien
– Lagebericht 4 (1)
– Versicherungsaufsichtsbehörde 6 (1)

Rückstellungen 6 (1)
Rückversicherung kleiner Versicherungsvereine
– Bilanz Anlage Formblatt 3
– Gewinn- und Verlustrechnung Anlage Formblatt 4
Rückversicherungsvereine 1 (1) Z 2, 4 (4)

Sachschädenversicherung
– Bilanz Anlage Formblatt 1
– Gewinn- und Verlustrechnung Anlage Formblatt 2
Sterbekasse 1 (1) Z 3, 4 (4)
– Betriebsrechnung Anlage Formblatt 6
– Versicherungsaufsichtsbehörde 5 Z 1, 5 Z 5
– Vermögensrechnung Anlage Formblatt 5

Tierversicherung
– Vermögensübersicht Anlage Formblatt 7
– Erfolgsrechnung Anlage Formblatt 8
Tierversicherungsvereine 1 (1) Z 4
– kleine 7 Z 1

Vermögensrechnung, Sterbekassen Anlage Formblatt 5
Vermögensübersicht, Tierversicherung Anlage Formblatt 7
Vermögenswerte 6 (1), 6 (3)
Versicherungsaufsichtsbehörde 5
Versicherungsaufsichtsgesetz 4 (3)
Versicherungsleistungen 4 (1), 6 (1)
Versicherungsvereine, kleine 7 Z 2
Versicherungsverträge, Anzahl 6 (1)
Vorstand 2 (1), 3, 5 Z 1

Wertpapiere 5 Z 4, 6 (2) Z 2

13/3. VAG-VO
RLVkV

Verordnung des Bundesministers für Finanzen über die Rechnungslegung kleiner Versicherungsvereine auf Gegenseitigkeit (RLVkV)

Auf Grund des § 85 Abs. 3 des Versicherungsaufsichtsgesetzes, BGBl. Nr. 569/ 1978, zuletzt geändert mit Bundesgesetz BGBl. Nr. 475/1990, wird verordnet:

Jahresabschluß

§ 1. (1) Der Jahresabschluß besteht

1. bei Vereinen, die Sachschadenversicherungen für Gebäude und das zugehörige Inventar zum Gegenstand haben, aus der Bilanz und der Gewinn- und Verlustrechnung,

2. bei Vereinen, die die Rückversicherung kleiner Versicherungsvereine zum Gegenstand haben, aus der Bilanz und der Gewinn- und Verlustrechnung,

3. bei Pensions- und Sterbekassen aus der Vermögensrechnung und der Betriebsrechnung,

4. bei Vereinen, die nur den Betrieb der Tierversicherung zum Gegenstand haben, aus der Vermögensübersicht und der Erfolgsrechnung.

(2) Der Jahresabschluß ist unter Beachtung der in der Anlage enthaltenen Formblätter zu erstellen. Sind für den Jahresabschluß amtliche Nachweisungen aufgelegt, so sind diese zu verwenden.

Feststellung des Jahresabschlusses

§ 2. (1) Die Verhandlung des obersten Organs über den Jahresabschluß ist mit der Verhandlung über die Verteilung des Jahresüberschusses und über die Entlastung der Mitglieder des Vorstands und, wenn ein solcher bestellt ist, des Aufsichtsrates zu verbinden.

(2) Über die Versammlung des obersten Organs, die die Verhandlung des Jahresabschlusses zum Gegenstand hat, ist eine Niederschrift aufzunehmen, die zu enthalten hat

1. Datum und Ort der Versammlung,
2. die Feststellung der Beschlußfähigkeit,
3. die Tagesordnungspunkte,
4. den Lagebericht und den Bericht der Prüfer, wenn diese mündlich erstattet wurden,
5. den wesentlichen Inhalt der Beratung über die Tagesordnungspunkte und die hierüber gefaßten Beschlüsse,
6. außerhalb der Tagesordnung von den Mitgliedern des obersten Organs vorgebrachte Wünsche, Anregungen und Beschwerden.

Verteilung des Jahresüberschusses

§ 3. Der Vorstand hat dem obersten Organ einen Vorschlag über die Verteilung des Jahresüberschusses vorzulegen (§ 42 VAG). Das oberste Organ beschließt in den ersten fünf Monaten des Geschäftsjahres über die Verteilung eines sich aus dem vorangegangenen Geschäftsjahr ergebenden Jahresüberschusses. Weicht der Beschluß des obersten Organs vom Vorschlag des Vorstands ab, so hat dieser eine dadurch erforderliche Änderung des Jahresabschlusses vorzunehmen.

Lagebericht

§ 4. (1) Im Lagebericht sind die Entwicklung der Prämien, der Versicherungsleistungen und der übrigen Aufwendungen, die Rückversicherungsverhältnisse sowie die finanziellen Verhältnisse des Vereins darzustellen.

(2) Ist in der Satzung nichts anderes vorgesehen, so kann der Lagebericht mündlich in der Versammlung des obersten Organs, die die Verhandlung des Jahresabschlusses zum Gegenstand hat, erstattet werden.

(3) Sieht die Satzung die Prüfung des Jahresabschlusses durch ein besonderes Organ vor (§ 86 Abs. 3 VAG), so ist der Bericht der Prüfer über die Tätigkeit und die getroffenen Feststellungen an den Lagebericht anzuschließen. *(BGBl 1995/96)*

(4) Im Lagebericht von Pensions- und Sterbekassen ist auch die Entwicklung des Bestandes an Mitgliedern, bei Pensionskassen auch des Bestandes an Pensionsempfängern, gegliedert nach Pensionisten, Witwen und Waisen, darzustellen. Im Lagebericht von Rückversicherungsvereinen ist die Entwicklung des Bestandes an Mitgliedsvereinen anzugeben.

Bericht an die Versicherungsaufsichtsbehörde

§ 5. Der „Finanzmarktaufsichtsbehörde (FMA)" sind vorzulegen: *(BGBl II 2002/32)*

1. der Jahresabschluß, versehen mit der eigenhändigen Unterschrift sämtlicher Mitglieder des Vorstands und, bei Sterbekassen, mit dem eigenhändig unterschriebenen Bestätigungsvermerk des Treuhänders; *(BGBl 1995/96)*

2. der Lagebericht und der Bericht der Prüfer, sofern diese nicht mündlich erstattet wurden;

3. das Protokoll über die Versammlung des obersten Organs, in der der Jahresabschluß verhandelt wurde, versehen mit der eigenhändigen Unterschrift des Vorsitzenden;

4. Bestätigungen der Kreditinstitute über die zum Ende des Geschäftsjahres bestehenden Guthaben und Wertpapierdepots des Vereins;

5. von Pensions- und Sterbekassen auch eine versicherungstechnische Bilanz und ein hiezu erstattetes versicherungsmathematisches Gutachten, sofern diese nach der Satzung zu erstellen sind.

§ 6. (1) Der „FMA" sind Aufgliederungen und Nachweisungen über die Kapitalanlagen, die sonstigen Vermögenswerte, die versicherungstechnischen Rückstellungen, die Prämien, die Versicherungsleistungen und den Finanzerfolg sowie statistische Angaben über die Anzahl der Mitglieder, die Anzahl der Versicherungsverträge, die Gesamtversicherungssumme, die Löhne und Gehälter, die Provisionen, die Anzahl der erledigten und nichterledigten Versicherungsfälle sowie die Ermittlung des Erfordernisses der Sicherheitsrücklage vorzulegen. *(BGBl II 2002/32)*

(2) Die Aufgliederungen zu den Kapitalanlagen haben zu enthalten:

1. eine Aufstellung der Guthaben bei Kreditinstituten unter Angabe der Kreditinstitute der Höhe der Guthaben am Ende des Geschäftsjahres und der für das Geschäftsjahr gutgeschriebenen Zinsen;

2. eine Aufstellung der Wertpapiere des Versicherungsvereins unter Angabe des Zinssatzes, des Nennwertes, der Anschaffungskosten und des Buchwertes am Ende des Geschäftsjahres;

3. eine Aufstellung der vom Verein gewährten Darlehen unter Angabe des Schuldners, des Zinssatzes, eines allfälligen Disagios und des Buchwertes am Beginn und am Ende des Geschäftsjahres;

4. eine Aufstellung über den Bestand an Liegenschaften des Vereins, aus der die jeweiligen Abschreibungen und Bestandsveränderungen während des Geschäftsjahres ersichtlich sind.

(3) Die Aufgliederungen über die sonstigen Vermögenswerte haben eine Aufstellung über die Betriebs- und Geschäftsausstattung des Vereins zu enthalten, aus der die jeweiligen Abschreibungen und Bestandsveränderungen während des Geschäftsjahres ersichtlich sind.

(4) Soweit amtliche Vordrucke aufgelegt sind, sind diese zu verwenden.

§ 7. (1) Die Vorlage der in den §§ 5 und 6 angeführten Berichtsteile hat unverzüglich zu erfolgen, spätestens jedoch

1. für kleine Tierversicherungsvereine, deren Geschäftsjahr am 31. Oktober endet, am 15. Mai des dem Geschäftsjahr folgenden Jahres,

2. für kleine Versicherungsvereine, deren Geschäftsjahr am 31. Dezember endet, am 15. Juli des dem Geschäftsjahr folgenden Jahres.

(2) Auf Antrag kann die FMA in begründeten Fällen die Fristen gemäß Abs. 1 erstrecken.

(BGBl II 2002/32)

Anwendbarkeit anderer Bestimmungen

§ 8. Auf kleine Versicherungsvereine sind die §§ 1, 5, 6, 7 Abs. 1, 3 und 4, 9 Abs. 1 und 2, 10, 11, 13 Z 1 und 14, auf Sterbekassen § 17 RLVVU, BGBl. Nr. 757/1992, in der jeweils geltenden Fassung anzuwenden, soweit in dieser Verordnung nicht abweichende Bestimmungen enthalten sind.

(BGBl 1995/96)

Inkrafttreten

§ 9. (1) Mit dem Inkrafttreten dieser Verordnung tritt die Verordnung über die Rechnungslegung kleiner Versicherungsvereine auf Gegenseitigkeit, BGBl. Nr. 656/1978, außer Kraft.

(2) Diese Verordnung ist erstmals auf Geschäftsjahre anzuwenden, die nach dem 30. Dezember 1990 enden.

(3) § 7 und die Anlage zur Verordnung in der Fassung der Verordnung BGBl. Nr. 96/1995 sind erstmals auf Geschäftsjahre anzuwenden, die nach dem 30. Oktober 1995 enden. *(BGBl 1995/96)*

(4) §§ 5, 6 Abs. 1 und 7 in der Fassung der Verordnung BGBl. II Nr. 32/2002 treten mit 1. April 2002 in Kraft. § 7 ist erstmals auf Geschäftsjahre anzuwenden, die nach dem 30. Oktober 2001 enden. *(BGBl II 2002/32)*

Anlage

Formblatt 1

(Bilanz von Vereinen, die Sachschadenversicherungen für Gebäude und das zugehörige Inventar zum Gegenstand haben)

BILANZ

Aktivseite

1. Kassenbestand und Schecks

2. Kapitalanlagen
2.1. Guthaben bei Kreditinstituten
2.2. Wertpapiere
2.3. Darlehensforderungen
2.4. Grundstücke und Bauten (nicht eigengenutzt)
2.5. Grundstücke und Bauten (eigengenutzt)
2.6. Sonstige Kapitalanlagen
Summe Kapitalanlagen

3. Forderungen
3.1. an Mitglieder

13/3. VAG-VO
RLVkV

3.1.1. Prämienforderungen
3.1.2. Nachschußforderungen
3.2. an Versicherungsunternehmen
3.2.1. aus Rückversicherung
3.2.2. aus Mitversicherung
3.3. Sonstige Forderungen
Summe Forderungen

4. Andere Vermögenswerte
4.1. Betriebs- und Geschäftsausstattung
4.2. Sonstige Aktiva
Summe andere Vermögenswerte

5. Rechnungsabgrenzungsposten

Gesamtsumme der Aktivseite

Passivseite

1. Rücklagen
1.1. Sicherheitsrücklage
1.2. Risikorücklage
1.3. Sonstige Rücklagen
Summe Rücklagen

2. Versicherungstechnische Rückstellungen
2.1. Prämienüberträge Anteil der Rückversicherer Eigenbehalt
2.2. Rückstellung für schwebende (offene) Versicherungsleistungen
Anteil der Rückversicherer Eigenbehalt
2.3. Rückstellung für Prämienrückerstattung
Anteil der Rückversicherer Eigenbehalt
Summe versicherungstechnische Rückstellungen im Eigenbehalt

3. Andere Rückstellungen
3.1. Vorsorge für Abfertigungen
3.2. Vorsorge für Pensionen
3.3. Sonstige Rückstellungen
Summe andere Rückstellungen

4. Verbindlichkeiten
4.1. gegenüber Mitgliedern aus Prämienvorauszahlungen
4.2. gegenüber Versicherungsunternehmen
4.2.1. aus Rückversicherung
4.2.2. aus Mitversicherung
4.3. Sonstige Verbindlichkeiten
Summe Verbindlichkeiten

5. Rechnungsabgrenzungsposten

Gesamtsumme der Passivseite

Formblatt 2

(Gewinn- und Verlustrechnung von Vereinen, die Sachschadenversicherungen für Gebäude und das zugehörige Inventar zum Gegenstand haben)

GEWINN- UND VERLUSTRECHNUNG

1. Prämien
1.1. Abgegrenzte Prämien (einschließlich Nebenleistungen)
1.2. Anteil indirekte wie direkte Beteiligung
1.3. Anteil der Rückversicherer
Abgegrenzte Eigenbehaltsprämien

2. Versicherungsleistungen
2.1. Abgegrenzte Versicherungsleistungen (einschließlich Erhebung und Abwehr, Schadenbearbeitung sowie Schadenverhütung)
2.2. Anteil indirekte wie direkte Beteiligung – Anteil der Rückversicherer Abgegrenzte Versicherungsleistungen im Eigenbehalt

3. Feuerschutzsteuer – Anteil des Vereins

4. Aufwendungen für den Versicherungsbetrieb

5. Sonstige Erträge und Aufwendungen aus Rückversicherungsabgaben
5.1. Sonstige Erträge aus Rückversicherungsabgaben
5.2. Sonstige Aufwendungen für Rückversicherungsabgaben
Saldo

6. Technische sonstige Erträge und Aufwendungen
6.1. Technische sonstige Erträge
6.2. Technische sonstige Aufwendungen
Saldo

7. Technischer Erfolg (Eigenbehalt)

8. Finanzerfolg
8.1. Erträge aus der Finanzgebarung
8.2. Aufwendungen für die Finanzgebarung
Saldo

9. Nichttechnische sonstige Erträge und Aufwendungen
9.1. Nichttechnische sonstige Erträge
9.2. Nichttechnische sonstige Aufwendungen
Saldo

10. Jahreserfolg vor Steuern und Rücklagenveränderungen

11. Steuern vom Einkommen und vom Ertrag

12. Jahreserfolg nach Steuern

13. Zuführung zur Risikorücklage

14. Zuführung zur Sicherheitsrücklage

15. Zuführung zu sonstigen Rücklagen

16. Zuführung zur Rückstellung für Prämienrückerstattung

17. Auflösung der Risikorücklage

18. Auflösung der Sicherheitsrücklage

19. Auflösung der sonstigen Rücklagen

Formblatt 3
(Bilanz von Vereinen, die die Rückversicherung kleiner Versicherungsvereine zum Gegenstand haben)

BILANZ

Aktivseite

1. Kassenbestand und Schecks

2. Kapitalanlagen
2.1. Guthaben bei Kreditinstituten
2.2. Wertpapiere
2.3. Darlehensforderungen
2.4. Grundstücke und Bauten (nicht eigengenutzt)
2.5. Grundstücke und Bauten (eigengenutzt)
2.6. Sonstige Kapitalanlagen
Summe Kapitalanlagen

3. Anteilige und ausstehende Zinsen, Mieten und Pachterträge

4. Forderungen
4.1. an Mitgliedsvereine
4.2. an Versicherungsunternehmen
4.2.1. aus Rückversicherung
4.2.2. aus Mitversicherung
4.3. Sonstige Forderungen
Summe Forderungen

5. Andere Vermögenswerte
5.1. Betriebs- und Geschäftsausstattung
5.2. Sonstige Aktiva
Summe andere Vermögenswerte

6. Rechnungsabgrenzungsposten

Gesamtsumme der Aktivseite

Passivseite

1. Rücklagen
1.1. Sicherheitsrücklage
1.2. Risikorücklage
1.3. Sonstige Rücklagen
Summe Rücklagen

2. Gewinn/Verlust
2.1. Gewinnvortrag/Verlustvortrag
2.2. Gewinn des Geschäftsjahres/Verlust des Geschäftsjahres

3. Versicherungstechnische Rückstellungen
3.1. Prämienüberträge
Anteil der Rückversicherer Eigenbehalt
3.2. Rückstellung für schwebende (offene) Versicherungsleistungen
Anteil der Rückversicherer Eigenbehalt
3.3. Rückstellung für Prämienrückerstattung
Anteil der Rückversicherer Eigenbehalt
Summe versicherungstechnische Rückstellungen im Eigenbehalt

4. Andere Rückstellungen
4.1. Vorsorge für Abfertigungen
4.2. Vorsorge für Pensionen
4.3. Sonstige Rückstellungen
Summe andere Rückstellungen

5. Verbindlichkeiten
5.1. gegenüber Mitgliedsvereinen
5.2. gegenüber Versicherungsunternehmen
5.2.1. aus Rückversicherung
5.2.2. aus Mitversicherung
5.3. Sonstige Verbindlichkeiten
Summe Verbindlichkeiten

6. Rechnungsabgrenzungsposten

Gesamtsumme der Passivseite

Formblatt 4
(Gewinn- und Verlustrechnung von Vereinen, die die Rückversicherung kleiner Versicherungsvereine zum Gegenstand haben)

GEWINN- UND VERLUSTRECHNUNG

1. Prämien
1.1. Abgegrenzte Prämien (einschließlich Nebenleistungen)
1.2. Anteil der Rückversicherer
Abgegrenzte Eigenbehaltsprämien

2. Versicherungsleistungen
2.1. Abgegrenzte Versicherungsleistungen (einschließlich Erhebung und Abwehr, Schadenbearbeitung sowie Schadenverhütung)
2.2. Anteil der Rückversicherer
Abgegrenzte Versicherungsleistungen im Eigenbehalt

3. Aufwendungen für den Versicherungsbetrieb
3.1. Provisionen und Gewinnbeteiligungen an Mitgliedsvereine
3.2. Andere Aufwendungen für den Versicherungsbetrieb

4. Sonstige Erträge und Aufwendungen aus Rückversicherungsabgaben
4.1. Sonstige Erträge aus Rückversicherungsabgaben
4.2. Sonstige Aufwendungen für Rückversicherungsabgaben
Saldo

5. Technische sonstige Erträge und Aufwendungen
5.1. Technische sonstige Erträge
5.2. Technische sonstige Aufwendungen
Saldo

6. Technischer Erfolg (Eigenbehalt)

7. Finanzerfolg
7.1. Erträge aus der Finanzgebarung
7.2. Aufwendungen für die Finanzgebarung
Saldo

8. Nichttechnische sonstige Erträge und Aufwendungen
8.1. Nichttechnische sonstige Erträge
8.2. Nichttechnische sonstige Aufwendungen
Saldo

9. Jahreserfolg vor Steuern und Rücklagenveränderungen

10. Steuern vom Einkommen und vom Ertrag

11. Jahreserfolg nach Steuern

12. Zuführung zur Risikorücklage

13. Zuführung zur Sicherheitsrücklage

14. Zuführung zu sonstigen Rücklagen

15. Zuführung zur Rückstellung für Prämienrückerstattung

16. Auflösung der Risikorücklage

17. Auflösung der Sicherheitsrücklage

18. Auflösung der sonstigen Rücklagen

19. Gewinn des Geschäftsjahres/Verlust des Geschäftsjahres

Formblatt 5
(Vermögensrechnung von Sterbekassen)

VERMÖGENSRECHNUNG

Aktivseite

1. Kassenbestand

2. Guthaben bei Kreditinstituten

3. Wertpapiere

4. Darlehensforderungen

5. Bebaute und unbebaute Grundstücke

6. Anteilige und ausstehende Zinsen und Mieten

7. Andere Vermögenswerte

8. Rechnungsabgrenzungsposten

Gesamtsumme der Aktivseite

Passivseite

1. Kassenvermögen

13/3. VAG-VO
RLVkV

2. Sicherheitsrücklage

3. Risikorücklage

4. Freie Rücklagen

5. Verbindlichkeiten

6. Sonstige Passiva

7. Rechnungsabgrenzungsposten

Gesamtsumme der Passivseite

Formblatt 6
(Betriebsrechnung von Pensions- und Sterbekassen)

BETRIEBSRECHNUNG

Aufwendungen

1. Auszahlung an Sterbegeldern

2. Beitragsrückvergütung an ausgeschiedene Mitglieder

3. Abschreibungen
a) von Grundstücken
b) sonstige

4. Verluste aus Kapitalanlagen

5. Zinsen

6. Steuern

7. Sonstige Aufwendungen

8. Zuweisungen an Rücklagen
a) an die Risikorücklage
b) an die Sicherheitsrücklage
c) an freie Rücklagen

9. Gebarungsüberschuß

Erträge

1. Prämien

2. Erträge aus Kapitalanlagen

3. Gewinne aus dem Abgang von Kapitalanlagen

4. Sonstige Erträge

5. Gebarungsabgang

Formblatt 7
(Vermögensübersicht von Vereinen, die nur die Tierversicherung zum Gegenstand haben)

VERMÖGENSÜBERSICHT

Aktivseite
1. Kassenbestand

2. Kapitalanlagen
2.1. Guthaben bei Kreditinstituten
2.2. Wertpapiere
2.3. Grundstücke und Bauten

3. Forderungen
3.1. Prämienforderungen an Mitglieder
3.2. Nachschußforderungen an Mitglieder
3.3. Forderungen an Rückversicherer
3.4. Sonstige Forderungen

4. Andere Vermögenswerte
4.1. Betriebs- und Geschäftsausstattung
4.2. Sonstige Vermögenswerte

Gesamtsumme der Aktivseite

Passivseite
1. Sicherheitsrücklage
  1.1. Sicherheitsrücklage am Beginn des Geschäftsjahres
  1.2. zuzüglich Gewinnzuführung zur Sicherheitsrücklage
  1.3. abzüglich Verlustabdeckung aus der Sicherheitsrücklage
  1.4. Sicherheitsrücklage am Ende des Geschäftsjahres

2. Risikorücklage
  2.1. Risikorücklage am Beginn des Geschäftsjahres
  2.2. zuzüglich Gewinnzuführung zur Risikorücklage
  2.3. abzüglich Verlustabdeckung aus der Risikorücklage
  2.4. Risikorücklage am Ende des Geschäftsjahres

3. Verbindlichkeiten
  3.1. Prämienvorauszahlungen von Mitgliedern
  3.2. Rückständige Rückversicherungsprämien

13/3. VAG-VO
RLVkV

3.3. Rückständige Versicherungsleistungen
3.4. Sonstige Schulden

Gesamtsumme der Passivseite

Formblatt 8
(Erfolgsrechnung von Vereinen, die nur die Tierversicherung zum Gegenstand haben)

ERFOLGSRECHNUNG

1. Prämien (einschließlich Nebenleistungen der Mitglieder)

2. abzüglich Prämienrückerstattungen

3. Zwischensumme

4. Nachschüsse

5. Erlöse aus der Tierverwertung

6. Sonstige versicherungstechnische Einnahmen

7. Versicherungstechnische Einnahmen (Summe 3 bis 6)

8. Schadenzahlungen (für Tierverlust)

9. Tierarztvergütungen

10. Schadenerhebungskosten

11. Schadenaufwandssumme (Summe 8 bis 10)

12. abzüglich Schadenvergütung der Rückversicherer

13. Summe des eigenen Schadenaufwandes

14. Zwischensumme (7 abzüglich 13)

15. Verwaltungskosten

16. Steuern

17. Rückversicherungsprämien

18. Sonstige Ausgaben

19. Summe der Ausgaben (Summe 15 bis 18)

20. Technisches Ergebnis (14 abzüglich 19)

21. Zinsenerträge

22. Sonstige nichttechnische Erträge

23. Summe der nichttechnischen Erträge (Summe 21 und 22)

24. Gesamtergebnis (Überschuß/Abgang) (Summe 20 und 23)

25. Zuführung zur Risikorücklage

26. Zuführung zur Sicherheitsrücklage

27. Auflösung der Risikorücklage

28. Auflösung der Sicherheitsrücklage

(BGBl 1995/96)

13/4. VAG-VO

Schwankungsrückstellung

Schwankungsrückstellungs-Verordnung

BGBl 1991/545 idF

1 BGBl 1993/158   **2** BGBl II 1997/66

Mit Inkrafttreten des VAG 2016, BGBl. I Nr. 34/2015, treten das VAG, BGBl. 569/1978, und alle auf Grundlage dieses Bundesgesetzes erlassenen Verordnungen mit Ablauf des 31. Dezember 2015 außer Kraft (vgl. § 345 Abs. 1 VAG 2016).

STICHWORTVERZEICHNIS

Auflösung 13

Begriffsbestimmung 1
Beobachtungszeitraum 2
Betriebsaufwand 4 (1)

Eigenbehaltsprämie 7 (2), 8 Z 1
– Neuaufnahme 14 (1)
– Rückversicherungsvereinbarung 15
– Sollbetrag 9 (2)
Entnahme, schadenabhängige 12
Erfolgsrechnung 4 (2)

Gesamtrechnung 4 (1)
Geschäft, direktes 1 (7), 4 (5), 8, 18 (2)
Geschäft, indirektes 1 (6), 4 (5), 8, 18 (2)
Grenzschadensatz 5, 7 (2)
– Sollbetrag 9 (2)

Hagelversicherung 9 (1) (2)

Kostenrechnung 4 (4)
Kostensatz 4, 8 Z 3
– Neuaufnahme 14 (2)
Kreditversicherung 9 (1)
Kürzungsverfahren 18

Mitversicherung 1 (7)

Prämien 4 (1)
– Eigenbehaltsprämie 7 (2)

Rückversicherungsvereinbarung 15

Schadenersatz 3, 7, 8 Z 3, 11, 12
Schwankungsrückstellung 1 (2)
– Voraussetzungen 8
Sollbetrag 9, 10, 17 (2)
Standardabweichung 6, 8 Z 2
– Sollbetrag 9 (1)

Überschadenbetrag 7, 12
Unterschadenbetrag 7, 11

Varianz 6
Versicherungsaufsichtsbehörde 14 (1)
Versicherungszweige 1
– Kostensatz 4
– Neuaufnahme 14
– Übergang 1 (3) (5)
– Zusammenfassung 1 (6)

Zuführung
– schadenabhängig 11
– schadenunabhängig 10
Zuführungsbeträge 18

13/4. VAG-VO
Schwankungsrückstellung

Verordnung des Bundesministers für Finanzen über die Bildung einer Schwankungsrückstellung in der Schaden- und Unfallversicherung (Schwankungsrückstellungs-Verordnung)

Auf Grund des § 83 des Versicherungsaufsichtsgesetzes, BGBl. Nr. 569/1978, zuletzt geändert mit Bundesgesetz BGBl. Nr. 411/1991, wird verordnet:

1. Abschnitt
Begriffsbestimmungen

Versicherungszweige

§ 1. (1) Als Versicherungszweig im Sinn dieser Verordnung gelten:

1. Unfallversicherung
2. Haftpflichtversicherung
   a) Allgemeine Haftpflichtversicherung
   b) Atomhaftpflichtversicherung
3. Kraftfahrzeug-Haftpflichtversicherung
4. Kraftfahrzeug-Fahrzeugversicherung
5. Kraftfahrzeug-Insassenunfallversicherung
6. Luftfahrtversicherung
   a) Flug-Haftpflichtversicherung
   b) Flug-Kaskoversicherung
   c) Flug-Insassenunfallversicherung
7. Rechtsschutzversicherung
8. Feuerversicherung
   a) Feuer-Industrieversicherung
   b) Feuer-Betriebsunterbrechungsversicherung
   c) Sonstige Feuerversicherungen
9. Einbruchdiebstahlversicherung
10. Leitungswasserschadenversicherung
11. Glasbruchversicherung
12. Sturmschadenversicherung
13. Haushaltversicherung
14. Hagelversicherung
15. Tierversicherung
16. Maschinenversicherung
    a) Maschinen-Betriebsunterbrechungsversicherung
    b) Sonstige Maschinenversicherungen
17. Computerversicherung
18. Transportversicherung
    a) Reisegepäckversicherung
    b) Sonstige Transportversicherungen
19. Kreditversicherung
20. Bauwesenversicherung
21. Sonstige Versicherungen

(2) Eine Schwankungsrückstellung ist für die in Abs. 1 mit Zahlen bezeichneten Versicherungszweige gemäß den Vorschriften des zweiten Abschnittes zu bilden.

(3) Anstatt der Versicherungszweige gemäß Abs. 1 Z 2, 6, 8, 16 und 18 können jeweils die mit Buchstaben bezeichneten Versicherungszweige gewählt werden.

(4) Der Übergang von einem mit einer Zahl bezeichneten Versicherungszweig zu den entsprechenden, mit Buchstaben bezeichneten Versicherungszweigen ist nur in demjenigen Bilanzjahr zulässig, in dem die Voraussetzungen gemäß § 8 erstmals für mindestens einen der mit einem Buchstaben bezeichneten Versicherungszweige erfüllt sind. Sind die Voraussetzungen für mehr als einen der mit Buchstaben bezeichneten Versicherungszweige gleichzeitig erstmals erfüllt, so ist eine vorhandene Schwankungsrückstellung im Verhältnis der Sollbeträge aufzuteilen.

(5) Ist innerhalb des Abs. 1 Z 2, 6, 8, 16 oder 18 für keinen der mit einem Buchstaben bezeichneten Versicherungszweige die Voraussetzung des § 8 Z 1 mehr erfüllt, so kann zu dem entsprechenden, mit einer Zahl bezeichneten Versicherungszweig übergegangen werden.

(6) Für das indirekte Geschäft ist es zulässig, die Versicherungszweige laut Abs. 1 Z 3 bis 5, Z 8 bis 13 sowie Z 16 und 17 zusammenzufassen.

(7) Bei der Anwendung dieser Verordnung sind Versicherungsverhältnisse, die im Verhältnis der Versicherer untereinander gleich der Mitversicherung gestaltet sind, ohne gegenüber dem Versicherungsnehmer als solche ausgewiesen zu werden (indirekte wie direkte Beteiligung), wie direktes Geschäft zu behandeln. *(BGBl II 1997/66)*

Beobachtungszeitraum

§ 2. (1) Beobachtungszeitraum sind jeweils die 15, in der Hagel- und in der Kreditversicherung die 30 dem Bilanzjahr unmittelbar vorausgehenden Geschäftsjahre.

(2) Betreibt ein Versicherungsunternehmen einen Versicherungszweig noch nicht während des gesamten Beobachtungszeitraums gemäß Abs. 1, mindestens aber zehn Geschäftsjahre vor dem Bilanzjahr, so gelten jeweils sämtliche Geschäftsjahre als Beobachtungszeitraum.

Schadensatz, durchschnittlicher Schadensatz, Abweichung

§ 3. (1) Der Schadensatz eines Geschäftsjahres ist das Verhältnis der abgegrenzten Versicherungsleistungen im Eigenbehalt einschließlich der Aufwendungen für die erfolgsunabhängige Prämienrückerstattung im Eigenbehalt zu den abgegrenzten Prämien im Eigenbehalt in Prozent. *(BGBl 1993/158)*

13/4. VAG-VO
Schwankungsrückstellung

(2) Der durchschnittliche Schadensatz ist das arithmetische Mittel der Schadensätze des Beobachtungszeitraums.

(3) Unter Abweichung ist die Differenz zwischen dem durchschnittlichen Schadensatz des Beobachtungszeitraums und dem Schadensatz des jeweiligen Geschäftsjahres zu verstehen.

Kostensatz, durchschnittlicher Kostensatz

§ 4. (1) Der Kostensatz eines Geschäftsjahres ist das Verhältnis des Betriebsaufwandes einschließlich der Aufwendungen für die Regulierung und Verhütung der Versicherungsfälle zu den abgegrenzten Prämien in Prozent. Aufwendungen und Erträge aus Rückversicherungsabgaben, die in den für die Ermittlung des Kostensatzes maßgeblichen Aufwendungen und Erträgen enthalten sind, sind nicht zu berücksichtigen (Gesamtrechnung). *(BGBl 1993/158)*

(2) In Versicherungszweigen, für die die Erstellung einer gesonderten Erfolgsrechnung angeordnet ist, ist der Kostensatz auf Grundlage dieser Erfolgsrechnung zu ermitteln.

(3) Für die übrigen Versicherungszweige ist gemeinsam ein einheitlicher Kostensatz zu ermitteln.

(4) Für die Versicherungszweige gemäß Abs. 3 können jeweils für den einzelnen Versicherungszweig ermittelte Kostensätze herangezogen werden, wenn diese auf Grund einer unternehmensinternen Kostenrechung ermittelt werden; die Zuordnung der Aufwendungen ist hiebei verursachungsgemäß vorzunehmen und eine Änderung des angewendeten Aufteilungsverfahrens nur bei Vorliegen besonderer Umstände zulässig.

(5) Die Ermittlung der Kostensätze gemäß Abs. 3 und 4 kann getrennt für das direkte und das indirekte Geschäft vorgenommen werden.

(6) Der durchschnittliche Kostensatz ist das arithmetische Mittel aus den Kostensätzen der letzten drei Geschäftsjahre des Beobachtungszeitraums.

Grenzschadensatz

§ 5. Der Grenzschadensatz ist die Differenz zwischen 100 vH und dem durchschnittlichen Kostensatz.

Varianz, Standardabweichung

§ 6. Die Varianz der Schadensätze des Beobachtungszeitraums ist die durch die um eins verminderte Zahl der Geschäftsjahre des Beobachtungszeitraums dividierte Summe der quadrierten Abweichungen (§ 3 Abs. 3) des Beobachtungszeitraums. Die Standardabweichung ist die Quadratwurzel aus der Varianz.

Unterschadenbetrag, Überschadenbetrag

§ 7. (1) Liegt der Schadensatz des Bilanzjahres unter dem durchschnittlichen Schadensatz, so ist ein Unterschadenbetrag als Produkt aus den abgegrenzten Eigenbehaltsprämien des Bilanzjahres und der Differenz aus dem durchschnittlichen Schadensatz und dem Schadensatz des Bilanzjahres zu ermitteln.

(2) Liegt der Schadensatz des Bilanzjahres über dem durchschnittlichen Schadensatz, so ist ein Überschadenbetrag als Produkt aus den abgegrenzten Eigenbehaltsprämien des Bilanzjahres und der Differenz aus dem Schadensatz des Bilanzjahres und dem durchschnittlichen Schadensatz zu ermitteln. Unterschreitet der durchschnittliche Schadensatz den Grenzschadensatz, so vermindert sich der Überschadenbetrag um 60 vH der mit den abgegrenzten Eigenbehaltsprämien des Bilanzjahres multiplizierten Differenz aus Grenzschadensatz und durchschnittlichem Schadensatz, höchstens jedoch um den Überschadenbetrag.

2. Abschnitt
Bildung, Höhe und Auflösung

Voraussetzungen

§ 8. Für jeden Versicherungszweig gemäß § 1 ist, getrennt für das direkte und das indirekte Geschäft, eine Schwankungsrückstellung gemäß dieser Verordnung zu bilden, wenn

1. die abgegrenzten Eigenbehaltsprämien im Durchschnitt der letzten drei Geschäftsjahre einschließlich des Bilanzjahres zwei Millionen Schilling übersteigen,

2. die Standardabweichung der Schadensätze des Beobachtungszeitraums vom durchschnittlichen Schadensatz mindestens 5 Prozentpunkte beträgt und

3. die Summe aus Schadensatz und Kostensatz mindestens einmal im Beobachtungszeitraum 100 vH überstiegen hat.

Sollbetrag

§ 9. (1) Der Sollbetrag der Schwankungsrückstellung beträgt in der Hagel- und Kreditversicherung das Sechsfache, in allen anderen Versicherungszweigen das Viereinhalbfache der Standardabweichung der Schadensätze des Beobachtungszeitraums vom durchschnittlichen Schadensatz multipliziert mit den abgegrenzten Eigenbehaltsprämien des Bilanzjahres.

(2) Unterschreitet der durchschnittliche Schadensatz den Grenzschadensatz, so ist in allen Versicherungszweigen außer in der Hagelversicherung die dreifache Differenz zwischen Grenzschadensatz und durchschnittlichem Schadensatz multipliziert mit den abgegrenzten Eigen-

behaltsprämien des Bilanzjahres von dem nach Abs. 1 ermittelten Betrag abzuziehen.

(3) Die Schwankungsrückstellung darf den Sollbetrag nicht überschreiten. Würde sich durch Zuführungen gemäß § 10 oder § 11 eine Überschreitung des Sollbetrags ergeben, so ist die Zuführung entsprechend zu kürzen. Liegt der Sollbetrag am Ende des Bilanzjahres unter der Schwankungsrückstellung zum Ende des vorangegangenen Geschäftsjahres, so muß im Bilanzjahr jedenfalls der Differenzbetrag aufgelöst werden. Für die Auflösung gilt § 13 Abs. 1.

Schadenunabhängige Zuführung

§ 10. Der Schwankungsrückstellung sind in jedem Bilanzjahr unabhängig vom Schadenverlauf zunächst 3,5 vH ihres jeweiligen Sollbetrages zuzuführen.

Schadenabhängige Zuführung

§ 11. Liegt der Schadensatz des Bilanzjahres unter dem durchschnittlichen Schadensatz, so ist die Schwankungsrückstellung um den Unterschadenbetrag (§ 7 Abs. 1) zu erhöhen.

Schadenabhängige Entnahme

§ 12. Liegt der Schadensatz des Bilanzjahres über dem durchschnittlichen Schadensatz, so ist die Schwankungsrückstellung um den Überschadenbetrag (§ 7 Abs. 2) zu vermindern.

Auflösung

§ 13. (1) Sind nicht alle Voraussetzungen für die Bildung einer Schwankungsrückstellung gemäß § 8 erfüllt, so ist die Schwankungsrückstellung aufzulösen. Die Auflösung kann verteilt werden; eine solche Verteilung ist gleichmäßig auf das Bilanzjahr und die folgenden vier Geschäftsjahre vorzunehmen.

(2) Die Schwankungsrückstellung ist nicht aufzulösen, wenn die Voraussetzungen gemäß § 8 im Bilanzjahr nicht erfüllt sind, jedoch feststeht, daß diese im folgenden Geschäftsjahr wieder erfüllt sein werden. In diesem Fall ist die Schwankungsrückstellung vom Ende des dem Bilanzjahr vorangehenden Geschäftsjahres in unveränderter Höhe in die Bilanz zum Ende des Bilanzjahres zu übernehmen.

3. Abschnitt

Neuaufnahme von Versicherungszweigen

§ 14. (1) Wird der Betrieb eines Versicherungszweiges gemäß § 1 neu aufgenommen, so ist der zweite Abschnitt dieser Verordnung erstmals anzuwenden, sobald ein mindestens dreijähriger eigener Beobachtungszeitraum zur Verfügung steht. Der eigene Beobachtungszeitraum beginnt frühestens mit jenem Geschäftsjahr, in dem die abgegrenzten Eigenbehaltsprämien des betreffenden Versicherungszweiges erstmals zwei Millionen Schilling übersteigen. Der eigene Beobachtungszeitraum ist durch jene Schadensätze auf einen zehnjährigen Beobachtungszeitraum zu ergänzen, die sich aus den Daten aller zum Betrieb des betreffenden Versicherungszweiges in Österreich zugelassenen Versicherungsunternehmen ergeben; diese Daten werden dem Unternehmen von der Versicherungsaufsichtsbehörde zur Verfügung gestellt. Für die Schadensätze zur Ergänzung des eigenen Beobachtungszeitraums gilt § 15 nicht.

(2) Kann in den Fällen des Abs. 1 ein Kostensatz des Unternehmens für frühere Geschäftsjahre des Beobachtungszeitraums nicht ermittelt werden, so gilt der durchschnittliche Kostensatz des eigenen Beobachtungszeitraums als Kostensatz der früheren Geschäftsjahre.

4. Abschnitt

Vorgangsweise bei besonderen Rückversicherungsvereinbarungen

§ 15. Erfolgt die Rückversicherung derart, daß die dem Rückversicherer zustehenden Anteile an den Prämien nicht auf Basis von 100 vH der Prämien der Gesamtrechnung ermittelt werden, so sind für Zwecke der Ermittlung der Schwankungsrückstellung von den Eigenbehaltsprämien aliquot die nicht dem Rückversicherer abgegebenen Anteile in Abzug zu bringen. Der Berechnung der Bildung, der Zuführungen, der Höhe, der Entnahmen und der Auflösung der Schwankungsrückstellung gemäß dem zweiten Abschnitt sind dann die derart berichtigten Eigenbehaltsprämien zugrunde zu legen.

5. Abschnitt

Inkrafttreten, Übergangsbestimmungen

Inkrafttreten

§ 16. (1) Diese Verordnung ist erstmals auf Geschäftsjahre anzuwenden, die nach dem 31. Dezember 1990 beginnen.

(2) § 1 Abs. 7 ist erstmals auf Geschäftsjahre anzuwenden, die nach dem 30. Dezember 1996 enden. *(BGBl II 1997/66)*

Übergangsbestimmungen

§ 17. (1) Wird in einem Versicherungszweig zum Ende des der erstmaligen Anwendung dieser Verordnung vorausgehenden Geschäftsjahres eine Schwankungsrückstellung ausgewiesen und wären

13/4. VAG-VO
Schwankungsrückstellung

nach der bisherigen Berechnungsmethode die Voraussetzungen zur Bildung einer Schwankungsrückstellung auch im Geschäftsjahr der erstmaligen Anwendung dieser Verordnung erfüllt, liegen jedoch die Voraussetzungen gemäß § 8 nicht vor, so ist § 13 Abs. 1 anzuwenden.

(2) Liegt der auf Grund dieser Verordnung ermittelte Sollbetrag unter der für einen bestimmten Versicherungszweig zum Ende des der erstmaligen Anwendung dieser Verordnung vorangehenden Geschäftsjahres gebildeten Schwankungsrückstellung, so gilt für die Auflösung des Differenzbetrages § 13 Abs. 1.

§ 18. (1) Im Geschäftsjahr der erstmaligen Bildung einer Schwankungsrückstellung und in den folgenden sechs Geschäftsjahren ist es zulässig, die sich nach dem zweiten Abschnitt ergebenden Zuführungsbeträge gemäß Abs. 2 zu vermindern.

(2) Wird Abs. 1 angewendet, so sind die sich für einzelne Versicherungszweige ergebenden Zuführungsbeträge in dem Verhältnis zu kürzen, das dem Verhältnis der Summe aller Zuführungsbeträge abzüglich der Summe aller sich rechnerisch ergebenden Entnahmebeträge, soweit diese die zum Ende des vorangegangenen Geschäftsjahres vorhandene Schwankungsrückstellung des Versicherungszweiges übersteigen, zur Summe aller Zuführungsbeträge entspricht. Beim Kürzungsverfahren ist getrennt nach direktem und indirektem Geschäft vorzugehen.

13/5. VAG-VO
RLVVU

Verordnung über die Rechnungslegung von Unternehmen der Vertragsversicherung

BGBl 1992/757 idF

1 BGBl 1995/97
2 BGBl II 2002/91
3 BGBl II 2004/231
4 BGBl II 2006/466
5 BGBl II 2009/41

Mit Inkrafttreten des VAG 2016, BGBl. I Nr. 34/2015, treten das VAG, BGBl. 569/1978, und alle auf Grundlage dieses Bundesgesetzes erlassenen Verordnungen mit Ablauf des 31. Dezember 2015 außer Kraft (vgl. § 345 Abs. 1 VAG 2016).

STICHWORTVERZEICHNIS

Abschlußprüfer 19 (2), 20 (4)
Aktuar 18
Aufwendung 12-13
– Aufwendungsaufteilung 12
– Versicherungsfälle 13

Bestandsübertragungen 6 (1)
Bestätigungsvermerk 18, 19
Beteiligung
– direkte 1
– indirekte 1

Deckungsrückstellung 8
Depotforderungen 2
Depotverbindlichkeiten 2

Einzelbewertung 9 (2)

Finanzmarktaufsichtsbehörde (FMA) 19
Funktionsbereiche 12

Geschäft
– direktes 8 (1) (2), 14 (2)
– indirektes 7 (2), 14 (2)

Handelsgesetzbuch 20 (3)
Hypothekenforderungen 3

Inkrafttreten 22

Jahresabschluß 19, 20 (1) (2)

Kapitalerträge des technischen Geschäfts 16
Kostenersätze 14 (2)
Kraftfahrzeug-Haftpflichtversicherung 7 (4)
Krankenversicherung 8 (1), 13 Z 2, 16 (1)
Kursänderungen 5

Lagebericht 21
Lebensversicherung 8 (3), 9 (1), 13 Z 3, 16 (1)

Mitversicherung 1, 14 (3)

Portefeuilleveränderungen 6
Prämien
– abgegrenzte 14
– Stundung 15
Prämienrückgewähr 7 (4), 8 (2), 10, 11, 13 Z 1
Prämienüberträge 7, 14 (4), 15

Regreßeingänge 13 Z 1-2
Rückstellungen 5, 6, 8 (3), 13, 14 (4), 16 (2)
– für erfolgsunabhängige Prämienrückerstattung 11
– für erfolgsabhängige Prämienrückerstattung bzw Gewinnbeteiligung der VersNehmer 10
– für noch nicht abgewickelte Versicherungsfälle 9
Rückversicherungsprämie 7 (2)

Schadenversicherung 7 (4), 8 (2), 13 Z 1, 16 (2)
Schadenzahlungen 13 Z 1-2
Sicherheitszuschlag 9 (2) (4)
Spätschäden 9 (4)
Steuern 12 (1), 14 (2)

technisches Geschäft 16

Unfallversicherung 7 (4), 8 (2), 13 Z 1, 16 (2)
– Prämienrückgewähr 7 (4), 8 (2), 13 Z 1
Unternehmen, verbundene 20
Unterschriftserfordernis 19

Verrechnungsposten 4
Versicherungsaufsichtsbehörde 20
– Bericht 20
Versicherungsaufsichtsgesetz 20
Versicherungsverhältnisse, bestimmte 1
Vorstand 19

Zentrale 4
Zweigniederlassung 4
– ausländische 4 (2)

13/5. VAG-VO
RLVVU

Verordnung des Bundesministers für Finanzen über die Rechnungslegung von Unternehmen der Vertragsversicherung (RLVVU)

Auf Grund des § 85 Abs. 1 und 2 des Versicherungsaufsichtsgesetzes, BGBl. Nr. 569/1978, zuletzt geändert durch das Bundesgesetz BGBl. Nr. 13/1992, wird verordnet:

Ausweis bestimmter Versicherungsverhältnisse

§ 1. „(1)" Versicherungsverhältnisse, die im Verhältnis der Versicherer untereinander gleich der Mitversicherung gestaltet sind, ohne gegenüber dem Versicherungsnehmer als solche ausgewiesen zu werden (indirekte wie direkte Beteiligung), sind „für Zwecke der Rechnungslegung" wie Rückversicherungsverhältnisse zu behandeln. *(BGBl II 2009/41)*

(2) Abweichend von Abs. 1 sind indirekte wie direkte Beteiligungen für Zwecke der Rechnungslegung wie Mitversicherungsverhältnisse zu behandeln, wenn schriftlich vereinbart ist, dass

1. für den Fall der Insolvenz des führenden Versicherungsunternehmens alle mitbeteiligten Versicherungsunternehmen den Versicherten einen Direktanspruch eingeräumt und sich zur entsprechenden Information der Versicherten bei Insolvenz des führenden Versicherungsunternehmens verpflichtet haben und

2. alle mitbeteiligten Versicherungsunternehmen sich verpflichtet haben, der Masse des führenden Versicherungsunternehmens die von diesem erbrachte Versicherungsleistung entsprechend den vereinbarten Beteiligungsquoten zu ersetzen.

Der einzuräumende Direktanspruch hat den jeweiligen Mitversicherungsanteil abzüglich des gegenüber der Masse zu leistenden Betrages zu umfassen. *(BGBl II 2009/41)*

(BGBl 1995/97)

Depotforderungen und Depotverbindlichkeiten

§ 2. Depotforderungen dürfen nicht mit Depotverbindlichkeiten oder anderen Verbindlichkeiten aufgerechnet werden. Dies gilt für Depotverbindlichkeiten entsprechend.

Hypothekenforderungen

§ 3. Hypothekenforderungen sind Forderungen, für die dem bilanzierenden Versicherungsunternehmen Pfandrechte an Grundstücken zustehen, sofern ungeachtet allfälliger weiterer Sicherheiten allein der Wert der belasteten Objekte ausreicht, um durch deren Verwertung die Befriedigung der Forderungen zu gewährleisten.

Verrechnungsposten mit der Zentrale

§ 4. (1) Als Verrechnungsposten mit der Zentrale ist der Saldo aus laufenden Verrechnungen der Zweigniederlassung mit der Zentrale auszuweisen.

(2) Zweigniederlassungen ausländischer Versicherungsunternehmen haben in der Bilanz und in der Gewinn- und Verlustrechnung den Gewinn oder Verlust des Geschäftsjahres auszuweisen; eine Übertragung des Jahresergebnisses auf das Verrechnungskonto ist im Folgejahr vorzunehmen.

(3) Ein Verrechnungssaldo zugunsten der Zweigniederlassung darf von nur vorübergehender Dauer sein, andernfalls ist das Dotationskapital entsprechend zu vermindern. Jeder zwei Monate übersteigende Zeitraum ist jedenfalls als nicht vorübergehend anzusehen.

Kursänderungen

§ 5. Lauten die zu Beginn des Geschäftsjahres aus dem Vorjahr grundsätzlich unverändert zu übernehmenden versicherungstechnischen Rückstellungen auf fremde Währung, so sind sie auf den Kurswert am Ende des Geschäftsjahres umzurechnen. Sich hieraus ergebende Kursgewinne sind in den sonstigen nichtversicherungstechnischen Erträgen, Kursverluste in den sonstigen nichtversicherungstechnischen Aufwendungen auszuweisen.

Portefeuilleveränderungen

§ 6. (1) Werden auf Grund von Bestandsübertragungen oder Veränderungen der Rückversicherungsverhältnisse die den versicherungstechnischen Rückstellungen entsprechenden Beträge vom Vorversicherer oder an den Rückversicherer in Rechnung gestellt (Portefeuilleveränderungen), sind diese Beträge zu den Wertansätzen der versicherungstechnischen Rückstellungen, die am Beginn des Geschäftsjahres bestanden haben, hinzuzurechnen oder von diesen abzuziehen.

(2) Versicherungstechnische Rückstellungen sind, auch wenn sie vom Vorversicherer oder an den Rückversicherer ohne Änderung der Rückversicherungsverhältnisse in Rechnung gestellt werden, wie Portefeuilleveränderungen zu behandeln.

Prämienüberträge

§ 7. (1) Die 1/24-Methode stellt ein gemäß § 81j Abs. 2 VAG zulässiges Näherungsverfahren dar.

(2) Die Prämienüberträge des indirekten Geschäftes sind nach den Meldungen der Vorversicherer und auf Grundlage der im Geschäftsjahr gebuchten Rückversicherungsprämien zu bilden. Liegen keine oder nur unvollständige Meldungen

vor, so sind die Prämienüberträge durch ein geeignetes Näherungsverfahren zu ermitteln. Ergibt sich bei Anwendung des im Rückversicherungsvertrag vorgesehenen Portefeuille- Stornosatzes ein niedrigerer Prämienübertrag als auf Grund der sonstigen für die Berechnung des Prämienübertrages vorliegenden Grundlagen, so ist der niedrigere Prämienübertrag nur dann anzusetzen, wenn die Auflösung des Rückversicherungsvertrages im Zeitpunkt der Bilanzerstellung bereits feststeht.

(3) Als Anteil der Rückversicherer an den Prämienüberträgen ist derjenige Teil der abgegebenen Prämien auszuweisen, der sich auf einen nach dem Ende des Geschäftsjahres liegenden Zeitraum bezieht. Ergibt sich bei Anwendung des im Rückversicherungsvertrag vorgesehenen Portefeuille- Stornosatzes ein höherer Anteil der Rückversicherer am Prämienübertrag, so darf dieser nur angesetzt werden, wenn die Auflösung des Rückversicherungsvertrages im Zeitpunkt der Bilanzerstellung bereits feststeht.

(4) In den Versicherungszweigen der Bilanzabteilung Schaden- und Unfallversicherung mit Ausnahme der Unfallversicherung mit Prämienrückgewähr sind Kostenabschläge von den Prämienüberträgen zulässig. In der Kraftfahrzeug-Haftpflichtversicherung darf dieser Kostenabschlag höchstens 10 vH, in den übrigen Versicherungszweigen höchstens 15 vH betragen. Darüber hinaus ist eine Aktivierung von Aufwendungen für den Versicherungsabschluß nicht zulässig.

Deckungsrückstellung

§ 8. (1) In der Krankenversicherung ist in der Deckungsrückstellung im direkten Geschäft die versicherungsmathematisch berechnete Alterungsrückstellung auszuweisen.

(2) In der Schaden- und Unfallversicherung umfaßt die Deckungsrückstellung im direkten Geschäft ausschließlich die Deckungsrückstellung der Unfallversicherung mit Prämienrückgewähr.

(3) Sind in der fondsgebundenen und indexgebundenen Lebensversicherung versicherungstechnische Rückstellungen zu bilden, welche die Sterblichkeit, die Aufwendungen für den Versicherungsbetrieb oder andere Risken betreffen, sind diese in der Deckungsrückstellung auszuweisen. *(BGBl II 2006/466)*

Rückstellung für noch nicht abgewickelte Versicherungsfälle

§ 9. (1) Die Rückstellung für noch nicht abgewickelte Versicherungsfälle hat auch die nach Erfahrungswerten gebildeten Rückstellungen für die dem Geschäftsjahr bedingungsgemäß zuzuordnenden Versicherungsfälle zu umfassen, wenn damit zu rechnen ist, daß diese zu einem späteren Zeitpunkt zu einer Leistungsverpflichtung führen werden. In der Lebensversicherung hat die Rückstellung für noch nicht abgewickelte Versicherungsfälle auch die für bis zum Bilanzstichtag angemeldete, aber noch nicht abgerechnete Rückkäufe erforderlichen Beträge zu umfassen.

(2) Wenn im Fall der Einzelbewertung auf Grund von Erfahrungswerten Anlaß zur Annahme besteht, daß die im Zeitpunkt der Erstellung des Jahresabschlusses vorliegenden Informationen nicht ausreichen, um alle größeren Schäden erfassen zu können, so ist die Rückstellung für noch nicht abgewickelte Versicherungsfälle um einen pauschalen Sicherheitszuschlag für nicht erkannte größere Schäden zu ergänzen.

(3) Die Rückstellung für noch nicht abgewickelte Versicherungsfälle für das indirekte Versicherungsgeschäft ist grundsätzlich nach den Meldungen der Vorversicherer zu bilden. Liegen keine ausreichenden Meldungen vor, ist die Rückstellung unter Beachtung von Erfahrungswerten zu schätzen.

(4) Die von den Vorversicherern gemeldeten Rückstellungsbeträge sind um Sicherheitszuschläge zu ergänzen, wenn auf Grund von Erfahrungswerten Anlaß zur Annahme besteht, daß die gemeldeten Beträge nicht ausreichen, um alle bis zum Bilanzstichtag entstandenen Schäden einschließlich der Spätschäden zu decken.

(5) Abs. 3 und 4 sind auf die übernommene Mitversicherung entsprechend anzuwenden. *(BGBl II 2004/231)*

Rückstellung für erfolgsabhängige Prämienrückerstattung bzw. Gewinnbeteiligung der Versicherungsnehmer

§ 10. In der Rückstellung für erfolgsabhängige Prämienrückerstattung bzw. Gewinnbeteiligung der Versicherungsnehmer sind „die nach der Satzung oder nach den Versicherungsbedingungen unter Berücksichtigung der Gewinnbeteiligungs-Verordnung, BGBl. II Nr. 398/2006, in der jeweils geltenden Fassung, für die Versicherungsnehmer oder andere Begünstigte" zu Lasten des Geschäftsjahresergebnisses für diesen Zweck rückzustellenden Beträge auszuweisen, soweit sie nicht in die Deckungsrückstellung einzubeziehen sind. *(BGBl II 2006/466)*

Rückstellung für erfolgsunabhängige Prämienrückerstattung

§ 11. (1) In der Rückstellung für erfolgsunabhängige Prämienrückerstattung sind die Rückstellungen für die vertraglich eingeräumten Prämienrückerstattungen auszuweisen, soweit diese eine Teilrückerstattung von Prämien auf Grund des Verlaufes einzelner Verträge darstellen.

(2) In dieser Rückstellung sind nicht nur die Rückgewährbeträge, die im Geschäftsjahr nach dem Abschlußstichtag auszuzahlen oder gegen Prämien zu verrechnen sind, sondern auch Anwartschaften auf Rückgewährbeträge, die auf Grund des Schadenverlaufes vor dem Bilanzstichtag in späteren Jahren bei Fortdauer des guten Schadenverlaufs zu vergüten sein werden, zu berücksichtigen.

Aufteilung von Aufwendungen auf die Funktionsbereiche

§ 12. (1) Die Aufwendungen für Arbeitsleistungen der Arbeitnehmer im Innen- und Außendienst, für Dienstleistungen der Vermittler, für andere Dienstleistungen mit Ausnahme der abgegebenen Rückversicherung, für Betriebsmittel und für Steuern und Abgaben, ausgenommen die Steuern vom Einkommen, vom Ertrag und vom Vermögen sowie die Versicherungs- und die Feuerschutzsteuer, sind entsprechend ihrer Verursachung auf die Funktionsbereiche Regulierung der Versicherungsfälle, Versicherungsabschluß, sonstiger Versicherungsbetrieb, Vermögensverwaltung und Leistungen an Dritte (mit Ausnahme von Versicherungsleistungen) aufzuteilen. Die Versicherungs- und die Feuerschutzsteuer sind in den sonstigen versicherungstechnischen Aufwendungen, die Steuern vom Vermögen in den sonstigen nichtversicherungstechnischen Aufwendungen auszuweisen.

(2) Bei der Ermittlung der Aufwendungen für Dienstleistungen sind auch ausgegliederte Tätigkeiten in den Funktionsbereichen zu berücksichtigen.

Aufwendungen für Versicherungsfälle

§ 13. Die Aufwendungen für Versicherungsfälle umfassen

1. In der Schaden- und Unfallversicherung die Schadenzahlungen einschließlich Erhebung und Abwehr abzüglich Regreßeingänge und andere Erstattungsleistungen, die Veränderung der Schadenrückstellung und der Deckungsrückstellung für Renten der Unfallversicherung mit Prämienrückgewähr im Geschäftsjahr sowie die Aufwendungen für die Regulierung und Verhütung der Versicherungsfälle,

2. in der Krankenversicherung die Schadenzahlungen einschließlich Erhebung und Abwehr abzüglich Regreßeingänge und andere Erstattungsleistungen, die Veränderung der Schadenrückstellung im Geschäftsjahr sowie die Aufwendungen für die Regulierung und Verhütung der Versicherungsfälle,

3. in der Lebensversicherung die Zahlungen aus Lebensversicherungsverträgen, die Veränderung der Rückstellung für schwebende Leistungen im Geschäftsjahr, die Aufwendungen für die Regulierung und Verhütung der Versicherungsfälle sowie die Gewinnanteile.

Die Grundsätze für Kursänderungen und Portefeuilleveränderungen (§§ 5 und 6) sind zu beachten.

Abgegrenzte Prämien

§ 14. (1) Die abgegrenzten Prämien entsprechen den verrechneten Prämien unter Berücksichtigung der Veränderung durch Prämienabgrenzung.

(2) Die verrechneten Prämien im direkten Geschäft umfassen die vorgeschriebenen Prämien ohne Einbeziehung der Versicherungs- und Feuerschutzsteuer zuzüglich der Nebenleistungen der Versicherungsnehmer, vermindert um die im Geschäftsjahr stornierten Prämien. Kostensersätze, die von den Aufwendungen für den Versicherungsbetrieb abzusetzen sind, zählen nicht zu den Nebenleistungen der Versicherungsnehmer. Im indirekten Geschäft entsprechen die verrechneten Prämien den von den Vorversicherern zur Verrechnung mitgeteilten Prämien.

(3) Im Mitversicherungsgeschäft entsprechen die verrechneten Prämien jedes Mitversicherers dem auf ihn entfallenden Prämienanteil.

(4) Die Veränderung durch Prämienabgrenzung setzt sich aus der Veränderung der Prämienüberträge, des Aktivums für noch nicht verrechnete Prämien und der Stornorückstellung zusammen. Die Grundsätze für Kursänderungen und Portefeuilleveränderungen (§§ 5 und 6) sind zu beachten.

Versicherungsvertraglich gestundete Prämien

§ 15. Sind Prämien versicherungsvertraglich gestundet, so sind die erst nach dem Geschäftsjahr fälligen Prämien nicht als Forderungen auszuweisen und bei der Ermittlung des Prämienübertrages nicht zu berücksichtigen.

Kapitalerträge des technischen Geschäftes

§ 16. (1) In der Lebensversicherung und in der Krankenversicherung haben die Kapitalerträge des technischen Geschäftes der Differenz aus den Erträgen aus Kapitalanlagen und Zinserträgen (Posten 2. des § 81e Abs. 5 VAG) und den Aufwendungen für Kapitalanlagen und Zinsenaufwendungen (Posten 3. des § 81e Abs. 5 VAG) zu entsprechen.

(2) In der Schaden- und Unfallversicherung sind in den Kapitalerträgen des technischen Geschäftes die Zinserträge aus Depotforderungen und die rechnungsmäßige Verzinsung der Deckungsrückstellung auszuweisen.

(3) Eine von den Abs. 1 und 2 abweichende Ermittlung der Kapitalerträge des technischen

Geschäftes ist zulässig. Diese ist jedoch im Anhang zu begründen und näher zu erläutern.

§ 17. *(aufgehoben, BGBl II 2004/231)*

Bestätigungsvermerk des verantwortlichen Aktuars

§ 18. (1) Der uneingeschränkte Bestätigungsvermerk des verantwortlichen Aktuars hat zu lauten:
"Ich bestätige, daß die Deckungsrückstellung und die Prämienüberträge nach den hiefür geltenden Vorschriften und versicherungsmathematischen Grundlagen berechnet sind.

(2) Dem Bestätigungsvermerk des verantwortlichen Aktuars sind Erläuterungen anzuschließen, aus denen die Höhe der Deckungsrückstellung und der Prämienüberträge des eigenen Geschäfts, des in Rückversicherung übernommenen Geschäfts sowie des dem Rückversicherer abgegebenen Anteils zu ersehen ist.

(BGBl 1995/97)

Unterschriftserfordernisse

§ 19. (1) „Der gemäß § 83 Abs. 1 Z 1 und Abs. 2 Z 1 VAG der „Finanzmarktaufsichtsbehörde (FMA)"** vorzulegende Jahresabschluß muß mit den eigenhändigen Unterschriften aller Mitglieder des Vorstandes und „unter dem Bestätigungsvermerk mit der eigenhändigen Unterschrift des Abschlussprüfers"*** versehen sein."* Der gemäß § 83 Abs. 1 Z 2 und Abs. 2 Z 2 VAG vorzulegende Lagebericht muß mit der eigenhändigen Unterschrift aller Mitglieder des Vorstandes versehen sein, soweit nicht der Jahresabschluß und der Lagebericht zusammengefaßt sind. Bei Zweigniederlassungen ausländischer Versicherungsunternehmen treten an die Stelle der Unterschriften der Mitglieder des Vorstandes die Unterschriften der Mitglieder der Geschäftsleitung.
(*BGBl 1995/97; **BGBl II 2002/91; ***BGBl II 2006/466)

(2) In dem gemäß § 83 Abs. 1 Z 3 und Abs. 2 Z 3 VAG der „FMA" vorzulegenden Bericht des Abschlußprüfers muß der Bestätigungsvermerk mit der eigenhändigen Unterschrift des Abschlußprüfers versehen sein. Enthält der Bericht des Abschlußprüfers auch den Jahresabschluß, so entfällt für den Abschlußprüfer das Unterschriftserfordernis gemäß Abs. 1. *(BGBl II 2002/91)*

Nähere Bestimmungen über den Bericht an die Versicherungsaufsichtsbehörde gemäß § 83 VAG

§ 20. (1) Der Nachweis der Feststellung des Jahresabschlusses gemäß § 83 Abs. 1 Z 4 VAG ist durch die Vorlage einer beglaubigten vollständigen Abschrift des Protokolls über die Versammlung, in der die Feststellung des Jahresabschlusses erfolgt ist, oder durch die Vorlage einer vom Vorsitzenden des Aufsichtsrates eigenhändig unterfertigten Erklärung hierüber zu erbringen.

(2) Der Nachweis der Veröffentlichung des Jahresabschlusses gemäß § 83 Abs. 1 Z 6 und Abs. 2 Z 6 VAG ist durch Vorlage eines Belegstücks der Veröffentlichung zu erbringen.

(3) Für jede Beteiligung und jeden Anteil an verbundenen Unternehmen sind unbeschadet des § 238 HGB gesondert anzugeben

a) der Bilanzwert,

b) die Veränderung des Anteils oder der Beteiligung im Geschäftsjahr,

c) die Forderungen und die Verbindlichkeiten an die einzelnen verbundenen Unternehmen und Unternehmen, mit denen ein Beteiligungsverhältnis besteht,

d) Erträge und Aufwendungen für Verlustübernahmen sowie

e) Nachzahlungsverpflichtungen.

(4) Der Abschlußprüfer hat im Rahmen der Prüfung gemäß § 17c VAG auch über die Rückversicherungsbeziehungen zu verbundenen Unternehmen zu berichten. Die Darstellung hat insbesondere die abgegrenzten Prämien, die Aufwendungen für Versicherungsfälle, die Rückversicherungsprovisionen und Gewinnanteile sowie sonstigen Aufwendungen und Erträge zu enthalten, aus denen die Auswirkungen der aktiven und passiven Rückversicherungsbeziehungen mit verbundenen Versicherungsunternehmen auf das Geschäftsergebnis erkennbar sind. Bestehen zu verbundenen Unternehmen keine Rückversicherungsbeziehungen, so ist dies im Bericht ausdrücklich festzuhalten.

(5) Der Liegenschaftsbesitz ist aufzugliedern, wobei die einzelnen dem Versicherungsunternehmen gehörenden Grundstücke und Bauten oder die Anteile hieran mit dem jeweiligen Bilanzwert anzugeben sind.

(6) Die auf Grund ausländischer Rechtsvorschriften oder im Auftrag ausländischer Behörden im Ausland hinterlegten Vermögenswerte oder Kautionen sind gesondert anzugeben.

(7) Die Angaben gemäß Abs. 3 bis 6 können im Anhang, im Lagebericht, im Bericht des Abschlußprüfers oder in einem eigenen Berichtsteil gemäß § 83 VAG enthalten sein.

Lagebericht

§ 21. Die Angaben im Lagebericht gemäß „§ 81p Abs. 1 Z 1 VAG" haben Name und Sitz der Unternehmen, an die Teile der Geschäftsgebarung gemäß § 17a VAG übertragen worden sind, unter Anführung des Teils der Geschäftsgebarung, der dem jeweiligen Unternehmen übertragen ist, zu enthalten. *(BGBl II 2004/231)*

Schlußbestimmungen

§ 22. (1) Die Verordnung BGBl. Nr. 757/1992, ist erstmals auf Geschäftsjahre anzuwenden, die nach dem 30. Dezember 1992 enden.

(2) Die Verordnung über die Rechnungslegung von Unternehmen der Vertragsversicherung, BGBl. Nr. 655/1978, zuletzt geändert mit Verordnung BGBl. Nr. 684/1986, tritt mit dem Inkrafttreten dieser Verordnung außer Kraft.

(3) § 1 in der Fassung der Verordnung BGBl. Nr. 97/1995 ist erstmals auf Geschäftsjahre anzuwenden, die nach dem Inkrafttreten dieser Bestimmung beginnen. Die §§ 17, 18 und 19 in der Fassung der Verordnung BGBl. Nr. 97/1995 sind erstmals auf Geschäftsjahre anzuwenden, die nach dem 30. Dezember 1994 enden. *(BGBl 1995/97)*

(4) § 19 in der Fassung der Verordnung BGBl. II Nr. 91/2002 tritt mit 1. April 2002 in Kraft. *(BGBl II 2002/91)*

(5) § 19 Abs. 1 in der Fassung der Verordnung BGBl. II Nr. 466/2006 ist erstmals auf Geschäftsjahre anzuwenden, die nach dem 30. Dezember 2006 enden. *(BGBl II 2006/466)*

(6) § 1 in der Fassung der Verordnung BGBl. II Nr. 41/2009 ist erstmals auf Geschäftsjahre anzuwenden, die nach dem 31. Dezember 2008 enden. *(BGBl II 2009/41)*

13/6. VAG-VO

Zinssatz, Rückstellungen, Lebensvers.

Verordnung, mit der ein Höchstzinssatz für die Berechnung der versicherungstechnischen Rückstellungen in der Lebensversicherung festgesetzt wird

BGBl 1995/70 idF

1 BGBl II 1998/431
2 BGBl II 2000/56
3 BGBl II 2001/329
4 BGBl II 2003/312
5 BGBl II 2005/227
6 BGBl II 2010/357
7 BGBl II 2012/354
8 BGBl II 2013/396
9 BGBl II 2014/179

Mit Inkrafttreten des VAG 2016, BGBl. I Nr. 34/2015, treten das VAG, BGBl. 569/1978, und alle auf Grundlage dieses Bundesgesetzes erlassenen Verordnungen mit Ablauf des 31. Dezember 2015 außer Kraft (vgl. § 345 Abs. 1 VAG 2016).

STICHWORTVERZEICHNIS

Grundsatz der Vorsicht 1

In-Kraft-Treten 6

Lebensversicherung 1, 2, 4
– fondsgebundene 5 (1) Z 1

Neuzugänge bei Gruppenversicherungen 2 (5)

Rückstellung 3
– versicherungstechnische 2, 4

Übergangsbestimmungen 6

Verträge
– Einmalprämie 5 (1) Z 2
– neue 2 (3)
– ohne Gewinnbeteiligung 5 (1) Z 3

Währung
– ausländische 2 (2)
– inländische 2 (1)

Zinssatz 1, 2, 5 (2)
– Zukunftsvorsorge, prämienbegünstigte 2 (1)

„Verordnung der Finanzmarktaufsichtsbehörde (FMA), mit der ein Höchstzinssatz für die Berechnung der versicherungstechnischen Rückstellungen in der Lebensversicherung festgesetzt wird (Höchstzinssatzverordnung)"

(BGBl II 2010/357)

Auf Grund des § 85 Abs. 1 und 2 Z 2 des Versicherungsaufsichtsgesetzes, BGBl. Nr. 569/1978, zuletzt geändert durch das Bundesgesetz BGBl. Nr. 652/1994, wird verordnet:

§ 1. Der Zinssatz für die Berechnung der versicherungstechnischen Rückstellungen in der Lebensversicherung muß nach dem Grundsatz der Vorsicht festgelegt werden. Dies bedeutet insbesondere, daß es nicht in jedem Fall zulässig ist, den höchsten nach dieser Verordnung zulässigen Zinssatz anzusetzen.

§ 2. (1) Der Zinssatz für die Berechnung der versicherungstechnischen Rückstellungen darf für Lebensversicherungsverträge höchstens „1,50 vH" betragen. Für die prämienbegünstigte Zukunftsvorsorge gemäß §§ 108g bis 108i EStG 1988 darf dieser Zinssatz „1,50 vH" nicht übersteigen. *(BGBl II 2003/312; BGBl II 2014/179)*

(2) Der Zinssatz für die Berechnung der versicherungstechnischen Rückstellungen darf für Lebensversicherungsverträge, die auf ausländische Währung lauten, höchstens 60 v H des durchschnittlichen Zinssatzes der letzten zehn Jahre der Anleihen des Staates der betreffenden Währung betragen. " *(BGBl II 1998/431)*

(3) Für die Berechnung der versicherungstechnischen Rückstellungen gilt als neuer Vertrag, für den die Zinssätze nach Abs. 1 gelten, wenn die bei Vertragsabschluss vereinbarte Versicherungsdauer nachträglich verlängert wird, die neue Versicherungssumme mehr als das Doppelte der Versicherungssumme bei Vertragsabschluss beträgt oder wenn die neue Prämie mehr als das Doppelte der Prämie bei Vertragsabschluss beträgt. *(BGBl II 2005/227)*

(4) Im Fall der nachträglichen Aufnahme einer Rentenoption in bestehende Verträge gelten die Zinssätze gem. Abs. 1. *(BGBl II 2005/227)*

(5) Für Neuzugänge bei bestehenden Gruppenversicherungsverträgen gelten die Zinssätze gem. Abs. 1. *(BGBl II 2005/227)*

§ 3. (1) Versicherungsunternehmen haben eine Zinszusatzrückstellung für die gegenüber den Versicherten bestehenden Zinsverpflichtungen zu bilden, soweit die derzeitigen oder zu erwartenden Erträge aus der Finanzgebarung nicht zur Deckung dieser Verpflichtungen ausreichen. Die Zinszusatzrückstellung ist gemäß Abs. 2 zu berechnen und zu bilden, wenn die Berechnung einen Wert größer als 0 ergibt.

(2) Die Zinszusatzrückstellung ist mindestens in folgender Höhe zu bilden:

$$ZZR_t = \min(0{,}1 \cdot (t - 2012);1) \cdot DR_{t-1} \cdot \frac{1}{2} \cdot \overline{RZ}_{t-1} \cdot \frac{\max(\overline{RZ}_{t-1} - RZS_{t-1};0)}{\overline{RZ}^*_{2012} - RZS_{2012}}$$

13/6. VAG-VO
Zinssatz, Rückstellungen, Lebensvers.

Der Wert der Zinszusatzrückstellung (ZZR) im Jahre t ergibt sich als Produkt aus der Deckungsrückstellung zum Zeitpunkt t-1 (§ 81c Abs. 3 lit. D.II. VAG) und dem durchschnittlichen Garantiezinssatz des Lebensversicherungsportfolios des Versicherungsunternehmens, wobei t das Geschäftsjahr, DRt die Deckungsrückstellung im Jahre t, ZZRt die Zinszusatzrückstellung im Jahre t, $\overline{RZ}_t$ den durchschnittlichen Rechnungszins eines Versicherungsunternehmens im Jahre t, $\overline{RZ}^*_{2012}$ den durchschnittlichen Rechnungszins aller österreichischen Versicherungsunternehmen im Jahr 2012 und RZSt den Referenzzinssatz im Jahre t bezeichnet. Als Referenzzinssatz ist der Jahreswert der Sekundärmarktrendite der österreichischen Bundesanleihen oder eines an seine Stelle tretenden Indexes heranzuziehen. Die Differenz zwischen dem durchschnittlichen Rechnungszins aller österreichischen Versicherungsunternehmen im Jahr 2012 und dem Referenzzinssatz im Jahr 2012 beträgt 1,45 vH.

(3) Die Zinszusatzrückstellung ist eine Pauschalrückstellung, die als Deckungsrückstellung auszuweisen und nicht den Deckungskapitalien der einzelnen Versicherungsverträge zuzurechnen ist.

(4) Ist die Bemessungsgrundlage für die Gewinnbeteiligung im Sinne des § 18 Abs. 4 VAG im Zusammenhang mit § 3 Abs. 1 Gewinnbeteiligungs-Verordnung, BGBl. II. Nr. 398/2006 in der Fassung der Verordnung BGBl. II. Nr. 397/2013 negativ, kann die Zinszusatzrückstellung maximal im Unterschiedsbe-trag aufgelöst werden. Der Auflösungsbetrag ist der Zinszusatzrückstellung gleichmäßig binnen längstens fünf Jahren nach der Auflösung wieder zuzuführen, solange der Wert gemäß Abs. 2 nicht erreicht ist.

(5) Für Versicherungsverträge gemäß §§ 108g bis 108i des Einkommensteuergesetzes 1988 (EStG 1988), BGBl. Nr. 400/1988 in der Fassung des Gesetzes BGBl. I Nr. 156/2013 (prämienbegünstigte Zukunftsvorsorge), für die eine Zusatzrückstellung gemäß der Zusatzrückstellungs-Verordnung, BGBl. II Nr. 450/2003 in der Fassung der Verordnung BGBl. II Nr. 358/2010 gebildet wird, ist insoweit keine Zinszusatzrückstellung zu bilden.
(BGBl II 2013/396)

§ 4. Die Berechnung der versicherungstechnischen Rückstellungen in der Lebensversicherung unterliegt dem Grundsatz der Stetigkeit und muß die Beteiligung der Versicherungsnehmer und der Versicherten am Überschuß in angemessener Weise über die gesamte Laufzeit des Versicherungsvertrages berücksichtigen.

§ 5. (1) § 2 gilt nicht für
1. Verträge der fondsgebundenen „und der indexgebundenen" Lebensversicherung, ausgenommen Rückstellungen, die die Sterblichkeit, die Aufwendungen für den Versicherungsbetrieb oder andere Risken betreffen, *(BGBl II 2001/329)*
2. Verträge gegen Einmalprämie mit einer Laufzeit von höchstens acht Jahren und
3. Verträge ohne Gewinnbeteiligung.

(2) Der verwendete Zinssatz muß in den Fällen des Abs. 1 um einen angemessenen Wert niedriger sein als die durchschnittliche Nettorendite der Kapitalanlagen in der Lebensversicherung.

§ 6. (1) Diese Verordnung tritt am 31. Dezember 1994 in Kraft.

(2) § 2 in der Fassung der Z 1 und 2 der Verordnung BGBl. II Nr. 431/1998 tritt mit 1. Jänner 1999 in Kraft. *(BGBl II 1998/431)*

(3) § 2 Abs. 1 in der Fassung der Verordnung BGBl. II Nr. 56/2000 tritt mit 1. Juli 2000 in Kraft und ist auf Versicherungsverträge anzuwenden, die nach dem 30. Juni 2000 abgeschlossen werden. *(BGBl II 2000/56)*

(4) § 2 Abs. 1 Satz 1 in der Fassung der Verordnung BGBl. II. Nr. 312/2003 tritt mit 1. Jänner 2004 in Kraft und ist auf Versicherungsverträge anzuwenden, die nach dem 31. Dezember 2003 abgeschlossen werden. § 2 Abs. 1 Satz 2 in der Fassung der Verordnung BGBl. II. Nr. 312/2003 tritt mit 1. Juli 2003 in Kraft und ist ab diesem Zeitpunkt für die Bildung der versicherungstechnischen Rückstellung, bezogen auf sämtliche Versicherungsverträge der prämienbegünstigten Zukunftsvorsorge, maßgeblich. *(BGBl II 2003/312)*

(5) Der Wert in § 2 Abs. 1 erster Satz und § 2 Abs. 3 bis 5 in der Fassung der Verordnung BGBl. II Nr. 227/2005 sind auf betriebliche Kollektivversicherungsverträge anzuwenden, die nach dem 22. September 2005 abgeschlossen werden. Für alle übrigen Lebensversicherungen gelten der Wert in § 2 Abs. 1 erster Satz und § 2 Abs. 3 bis 5 in der Fassung der Verordnung BGBl. II Nr. 227/2005 für Verträge, die nach dem 31. Dezember 2005 abgeschlossen werden oder deren Versicherungsbeginn nach dem 31. März 2006 liegt. § 2 Abs. 3 bis 5 sind auch auf Versicherungsverträge anzuwenden, die vor dem 1. Jänner 2006 abgeschlossen wurden. *(BGBl II 2005/227)*

(6) § 2 Abs. 1 in der Fassung der Verordnung BGBl. II Nr. 357/2010 tritt mit 1. April 2011 in Kraft und ist auf Versicherungsverträge anzuwenden, die nach dem 31. März 2011 abgeschlossen werden oder deren Versicherungsbeginn nach dem 30. Juni 2011 liegt. *(BGBl II 2010/357)*

(7) § 2 Abs. 1 in der Fassung der Verordnung BGBl. II Nr. 354/2012 ist auf Versicherungsverträge anzuwenden, die nach dem 20. Dezember 2012 abgeschlossen werden oder deren Versicherungsbeginn nach dem 31. März 2013 liegt. *(BGBl II 2012/354)*

(8) § 3 Abs. 1 bis 5 in der Fassung der Verordnung BGBl. II Nr. 396/2013 ist erstmals auf Geschäftsjahre anzuwenden, die nach dem 30. Dezember 2013 enden. *(BGBl II 2013/396)*

(9) § 2 Abs. 1 in der Fassung der Verordnung BGBl. II Nr. 179/2014 tritt mit 1. Jänner 2015 in Kraft und ist auf Versicherungsverträge anzuwenden, die nach dem 31. Dezember 2014 abgeschlossen werden oder deren Versicherungsbeginn nach dem 31. März 2015 liegt. *(BGBl II 2014/179)*

13/7. VAG-VO
MVVU

Verordnung über die der Finanzmarktaufsichtsbehörde vorzulegenden Meldungen

BGBl II 2002/89 idF

1 BGBl II 2003/595
2 BGBl II 2005/381
3 BGBl II 2007/321
4 BGBl II 2009/441
5 BGBl II 2010/444

Mit Inkrafttreten des VAG 2016, BGBl. I Nr. 34/2015, treten das VAG, BGBl. 569/1978, und alle auf Grundlage dieses Bundesgesetzes erlassenen Verordnungen mit Ablauf des 31. Dezember 2015 außer Kraft (vgl. § 345 Abs. 1 VAG 2016).

STICHWORTVERZEICHNIS

Ausnahme vom Geltungsbereich 5

Finanzmarktaufsichtsbehörde
– vorzulegende Angaben 1, 2
– – jährlich 1
– – stichtagsbezogen 2
Fristen 3

In-Kraft-Treten 6 (1)

Meldungen 1, 2
– Fristen 3
– Übermittlung, elektronische 4

Übergangsbestimmung 6 (2) – (8)

Verordnung des Bundesministers für Finanzen über die der Finanzmarktaufsichtsbehörde vorzulegenden Meldungen (MVVU)

Auf Grund der §§ 79b und 85a des Versicherungsaufsichtsgesetzes, BGBl. Nr. 569/1978, zuletzt geändert durch das Bundesgesetz BGBl. I Nr. 24/2002, wird verordnet:

§ 1. Der Finanzmarktaufsichtsbehörde (FMA) sind jährlich Meldungen vorzulegen über

1. die Posten des Jahresabschlusses und konsolidierten Abschlusses mit Aufgliederungen zu einzelnen Positionen,

2. die Anteile von verbundenen Unternehmen und von Unternehmen, mit denen ein Beteiligungsverhältnis besteht, an einzelnen Posten des Jahresabschlusses,

3. die Aufgliederungen zur Entwicklung der Vermögensgegenstände gemäß § 81d VAG,

4. die Aufwendungen und Erträge der Finanzgebarung,

5. die Ermittlung der Abwicklungsergebnisse bzw. die Abwicklungsergebnisse in einzelnen Versicherungszweigen, insbesondere auch nach Jahrgängen aufgegliedert,

6. die übernommene und die abgegebene Mit- und Rückversicherung,

7. einzelne Bestands- und Erfolgsposten, aufgegliedert nach Versicherungszweigen, in der Lebensversicherung nach Versicherungsarten und in der Krankenversicherung nach Tarifen und Tarifgruppen,

8. das technische Ergebnis in der Lebensversicherung einschließlich Risikogewinne und -verluste,

9. die versicherungstechnischen Rückstellungen, die Vermögenswerte zur Bedeckung der versicherungstechnischen Rückstellungen, das Sozialkapital und das sonstige Vermögen,

10. das Eigenmittelerfordernis und die Eigenmittelausstattung,

11. statistische Daten, insbesondere über die Versicherungsverträge und Polizzen, die Versicherungsfälle, die Versicherungssummen und die Beschäftigten sowie

12. Angaben, die für die zusätzliche Beaufsichtigung der einer Versicherungsgruppe angehörenden Versicherungsunternehmen erforderlich sind.

13. Angaben über die Liquidität; Prognosewerte über die Liquidität zum nächstfolgenden 31. Dezember. *(BGBl II 2009/441)*

§ 2. Unbeschadet des § 1 sind der FMA vorzulegen:

1. zu den Stichtagen 31. März, 30. Juni, 30. September und 31. Dezember Meldungen über die Höhe der versicherungstechnischen Rückstellungen, die einzelnen Vermögenswerte sowie Informationen zur Ermittlung der Bedeckung der versicherungstechnischen Rückstellungen; zu den Stichtagen 31. März, 30. Juni und 30. September sind zusätzlich die Prognosewerte der Höhe der versicherungstechnischen Rückstellungen betreffend den Stichtag 31. Dezember zu melden. *(BGBl II 2007/321)*

2. und 3. *(aufgehoben, BGBl II 2007/321)*

„2." zu den Stichtagen 31. März, 30. Juni, 30. September und 31. Dezember Meldungen über die versicherungstechnische und nichtversicherungstechnische Rechnung, einzelne Bilanzposten, Meldungen für die zusätzliche Beaufsichtigung gemäß § 86d VAG sowie den §§ 10 bis 11 des Finanzkonglomerategesetzes – FKG, BGBl. I Nr. 70/2004, sowie Meldungen zu den Bewertungsgrundsätzen; zu den Stichtagen 31. März, 30. Juni und 30. September sind zusätzlich die Prognosewerte betreffend den Stichtag 31. Dezember zu melden; *(BGBl II 2005/381; BGBl II 2007/321)*

„3." zum Stichtag 31. Dezember Meldungen über die Eigenmittelausstattung und Meldungen für die zusätzliche Beaufsichtigung gemäß den §§ 86a bis 86n VAG sowie den §§ 5 bis 9 FKG. *(BGBl II 2005/381; BGBl II 2007/321)*

4. zu den Stichtagen 31. März, 30. Juni und 30. September Prognosewerte über die Liquidität betreffend den Stichtag 31. Dezember; zum Stichtag 31. Dezember sind die Prognosewerte zum nächstfolgenden 31. Dezember zu melden. Zum 31. Dezember sind auch die Ist-Werte über die Liquidität zu melden. *(BGBl II 2009/441)*

5. zu den Stichtagen 31. März, 30. Juni, 30. September und 31. Dezember Meldungen über Posten der versicherungstechnischen und nichtversicherungstechnischen Rechnung, einzelne Bilanzposten und die Kapitalanlagen nach Kategorien für alle gemäß § 86b Abs. 1 VAG in die zusätzliche Beaufsichtigung einzubeziehenden Versicherungsunternehmen und Rückversicherungsunternehmen. *(BGBl II 2010/444, vgl die Übergangsbestimmung in § 6 Abs 9)*

§ 3. (1) Die Meldungen gemäß § 1 sind bis spätestens „fünf" Monate nach Ende des Geschäftsjahres vorzulegen. *(BGBl II 2003/595)*

(2) Die Meldungen gemäß § 2 sind bis spätestens sechs Wochen nach dem jeweiligen Stichtag vorzulegen.

(3) Die Vorlage der Meldungen gilt als fristgerecht, wenn diese innerhalb der in Abs. 1 und 2 genannten Fristen der FMA zur Verfügung stehen.

(4) Auf Antrag kann die FMA in begründeten Fällen die Fristen gemäß Abs. 1 und 2 erstrecken.

§ 4. (1) Die Übermittlung der Meldungen gemäß den §§ 1 und 2 hat unter Beachtung der von der FMA aufgelegten Datenliste auf elektronischem Wege zu erfolgen. Dabei sind die amtlich festgelegten Datenmerkmale einschließlich des Datensatzaufbaues zu beachten.

(2) Die Meldungen sind im Wege des Fachverbandes der Versicherungsunternehmen Österreichs vorzulegen; dies berührt jedoch nicht die Verantwortlichkeit des Versicherungsunternehmens für die Richtigkeit der Daten und die fristgerechte Vorlage der Meldungen. Für den Fachverband der Versicherungsunternehmen Österreichs ist daraus keine Berechtigung der Weitergabe, Verarbeitung oder sonstigen Nutzung der Daten abzuleiten.

§ 5. Diese Verordnung gilt nicht für kleine Versicherungsvereine auf Gegenseitigkeit gemäß § 62 Abs. 1 und 2 VAG.

§ 6. (1) Diese Verordnung tritt mit 1. April 2002 in Kraft. § 1 ist erstmals auf die Meldungen zum 31. Dezember 2001 anzuwenden. Die §§ 2 bis 5 sind erstmals auf die Meldungen zum 31. Dezember 2002 anzuwenden.

(2) Die Verordnung über die der Versicherungsaufsichtsbehörde vorzulegenden Angaben, BGBl. Nr. 758/1992, ist letztmalig auf Meldungen anzuwenden, deren Stichtag vor dem 31. Dezember 2002 liegt. Ab dem 1. April 2002 ist die Verordnung über die der Versicherungsaufsichtsbehörde vorzulegenden Angaben, BGBl. Nr. 758/1992, mit der Maßgabe anzuwenden, dass an die Stelle der „Versicherungsaufsichtsbehörde" die „Finanzmarktaufsichtsbehörde" tritt.

(3) § 2 Z 3 in der Fassung der Verordnung BGBl. II Nr. 595/2003 ist erstmals auf Meldungen mit einem Stichtag nach dem 31. Dezember 2003 anzuwenden. *(BGBl II 2003/595)*

(4) § 3 Abs. 1 in der Fassung der Verordnung BGBl. II Nr. 595/2003 ist erstmals auf Geschäftsjahre anzuwenden, die nach dem 30. Dezember 2003 enden. *(BGBl II 2003/595)*

(5) § 2 Z 1, Z 4 und Z 5 in der Fassung der Verordnung BGBl. II Nr. 381/2005 sind erstmals auf Meldungen mit einem Stichtag nach dem 30. September 2005 anzuwenden. *(BGBl II 2005/381)*

(6) § 2 in der Fassung der Verordnung BGBl. II Nr. 321/2007 ist erstmals auf Meldungen mit einem Stichtag nach dem 31. Dezember 2007 anzuwenden. *(BGBl II 2007/321)*

(7) § 1 Z 13 in der Fassung der Verordnung BGBl. II Nr. 441/2009 ist erstmals auf Meldungen mit einem Stichtag nach dem 30. September 2009 anzuwenden. *(BGBl II 2009/441)*

(8) § 2 Z 4 in der Fassung der Verordnung BGBl. II Nr. 441/2009 ist erstmals auf Meldungen mit einem Stichtag nach dem 31. Dezember 2009 anzuwenden. *(BGBl II 2009/441)*

(9) § 2 Z 5 in der Fassung der Verordnung BGBl. II Nr. 444/2010 ist erstmals auf Meldungen mit einem Stichtag nach dem 31. Dezember 2010 anzuwenden. *(BGBl II 2010/444)*

13/8. VAG-VO
KAVO

Kapitalanlageverordnung

BGBl II 2002/383 idF

1 BGBl II 2003/468	5 BGBl II 2009/149
2 BGBl II 2004/364	6 BGBl II 2011/272
3 BGBl II 2006/289	7 BGBl II 2012/273
4 BGBl II 2007/272	8 BGBl II 2013/409

Mit Inkrafttreten des VAG 2016, BGBl. I Nr. 34/2015, treten das VAG, BGBl. 569/1978, und alle auf Grundlage dieses Bundesgesetzes erlassenen Verordnungen mit Ablauf des 31. Dezember 2015 außer Kraft (vgl. § 345 Abs. 1 VAG 2016).

STICHWORTVERZEICHNIS

Anrechnungsgrenzen 3
Bedeckung der versicherungstechnischen Rückstellungen 1
– geeignete Vermögenswerte 2
Inkrafttreten 5, 6, 7, 8, 9, 10
Rückversicherungsunternehmen 3a, 3b
Übergangsbestimmungen 4
Vermögenswerte
– Anrechnungsgrenzen 3
– zur Bedeckung geeignete 2
– – Aktien 2(1) Z 2
– – Anteile an Organismen für gemeinsame Anlagen in Wertpapieren ua 2(1) Z 3
– – Darlehen 2(1) Z 4
– – Fonds 2(1) Z 7
– – Grundstücke und grundstücksgleiche Rechte 2(1) Z 5
– – Guthaben bei Kreditinstituten 2(1) Z 6
– – Kassenbestände 2(1) Z 6
– – Kredite 2(1) Z 4
– – Rechte aus Options- und Termingeschäften 2(1) Z 8
– – Schuldverschreibungen 2(1) Z 1
– – sonstige Vermögenswerte 2(1) Z 7
versicherungstechnische Rückstellungen
– Bedeckung 1
Zinsen 2(2), 2(3)

„Verordnung der Finanzmarktaufsichtsbehörde (FMA) über Kapitalanlagen zur Bedeckung der versicherungstechnischen Rückstellungen durch Unternehmen der Vertragsversicherung (Kapitalanlageverordnung – KAVO)"

(BGBl II 2007/272)

Auf Grund der §§ 78 Abs. 3 und 79 Abs. 3 des Versicherungsaufsichtsgesetzes (VAG), BGBl. Nr. 569/1978, zuletzt geändert durch das Bundesgesetz BGBl. I Nr. 46/2002, wird verordnet:

Bedeckung der versicherungstechnischen Rückstellungen

§ 1. (1) Bei der Bedeckung der versicherungstechnischen Rückstellungen ist auf Sicherheit, Rentabilität und den Bedarf an flüssigen Mitteln sowie auf eine angemessene Mischung und Streuung Bedacht zu nehmen. „Bei der Auswahl der für die Bedeckung heranzuziehenden Vermögenswerte ist auf die mit den Vermögenswerten verbundenen Risiken, insbesondere auf eine ausreichende Bonität des Emittenten oder des Vertragspartners, zu achten. Für die der Bedeckung dienenden Vermögenswerte und den Vertragspartnern bei derivativen Finanzgeschäften ist eine angemessene, dem jeweiligen Vermögenswert entsprechende Risikoüberwachung sicherzustellen und zu dokumentieren."* „Bei zur Bedeckung dienenden Investmentfonds ist die Einhaltung des gesetzlich zulässigen Gesamtrisikos aus dem jeweiligen Anteil an derivativen Finanzinstrumenten durch einen unternehmensinternen Kontrollprozess sicherzustellen."** „Wertpapierleih- und Wertpapierpensionsgeschäfte sind bei der Planung des Bedarfes an flüssigen Mitteln sowie der Wahrung einer angemessenen Mischung und Streuung der Vermögenswerte durch geeignete interne Prozesse einzubeziehen. Weiters ist eine angemessene Risikoüberwachung für Wertpapiere, die Gegenstand eines Wertpapierleih- oder Wertpapierpensionsgeschäftes sind, unter Berücksichtigung der in diesem Zusammenhang erhaltenen Sicherheiten, einzurichten und zu dokumentieren."*** (*BGBl II 2006/289; **BGBl II 2009/149; ***BGBl II 2012/273)

(2) Vermögenswerte dürfen zur Bedeckung der versicherungstechnischen Rückstellungen nur nach Abzug jener Schulden und jener anderen Passivposten der Bilanz herangezogen werden, die

1. geeignet sind, das Vermögen, welches der Bedeckung der versicherungstechnischen Rückstellungen dient, zu vermindern, und

2. mit dem betreffenden Vermögenswert in einem wirtschaftlichen Zusammenhang stehen.

„Verbindlichkeiten im Sinne des § 199 „Unternehmensgesetzbuch (UGB), dRGBl. S. 219/1897 in der Fassung BGBl. I Nr. 70/2008"**, die in der

Bilanz nicht auf der Passivseite auszuweisen sind, müssen mit dem höchstmöglichen Wert, der sich aus dem zugrunde liegenden vertraglichen Haftungsverhältnis ergibt, abgezogen werden."* *(*BGBl II 2006/289; **BGBl II 2009/149)*

(3) Zur Bedeckung der versicherungstechnischen Rückstellungen dürfen nicht herangezogen werden

1. Vermögenswerte, die zur Wertpapierdeckung gemäß § 14 Abs. 5 und Abs. 7 Z 7 Einkommensteuergesetz 1988 (EStG 1988), BGBl. Nr. 400/1988, „in der Fassung BGBl. I Nr. 27/2009", verwendet werden, *(BGBl II 2009/149)*

2. Wertpapiere aus eigener Emission, *(BGBl II 2006/289)*

3. Anteile an Unternehmen, auf die Teile des Geschäftsbetriebes durch Ausgliederung gemäß § 17a VAG übertragen worden sind, sofern der Umfang des Geschäftsbetriebes dieser Unternehmen nicht wesentlich über den Gegenstand der Ausgliederung hinausgeht,

4. Anteile an Unternehmen, für dessen Verpflichtungen das Versicherungsunternehmen als persönlich haftender Gesellschafter haftet oder dessen Gewinne und Verluste im Rahmen von Gewinn- und Verlustabführungsverträgen vom Versicherungsunternehmen übernommen werden. *(BGBl II 2006/289)*

(4) Die zur Verwaltung der Deckungsstockabteilungen gemäß § 20 Abs. 2 VAG eingerichteten Bankkonten und Wertpapierdepots müssen jeweils gesondert nach Deckungsstockabteilungen geführt werden.

(5) „Einmal ausnützbare Darlehen"**, Guthaben und Forderungen dürfen zur Bedeckung der versicherungstechnischen Rückstellungen nur herangezogen werden, wenn der Schuldner, bei treuhändiger Verwaltung der Treuhänder, und der Bürge auf jedes Aufrechnungs- und Zurückbehaltungsrecht schriftlich verzichtet haben, soweit dem nicht § 6 Abs. 1 Z 7 oder 8 Konsumentenschutzgesetz (KSchG), BGBl. Nr. 140/1979, „in der Fassung BGBl. I Nr. 21/2008"*, entgegensteht. Wertpapiere dürfen zur Bedeckung der versicherungstechnischen Rückstellungen nur herangezogen werden, wenn der Verwahrer auf jedes Aufrechnungs- und Zurückbehaltungsrecht schriftlich verzichtet hat. *(*BGBl II 2009/149; **BGBl II 2013/409)*

(6) Auf Inhaber lautende Wertpapiere sind, soweit sie zur Bedeckung der versicherungstechnischen Rückstellungen dienen, bei einem Kredit- oder Finanzinstitut, welches zum Betrieb des Depotgeschäftes berechtigt ist (Verwahrer), zu hinterlegen, wobei sicherzustellen ist, dass die jeweils hinterlegten Wertpapiere beim Verwahrer ein Sondervermögen darstellen, das im Falle eines Konkursverfahrens des Verwahrers kein Teil der Konkursmasse ist. „Die Haftung des Verwahrers oder des Zwischenverwahrers für das Verschulden von Drittverwahrern darf vertraglich weder beschränkt noch ausgeschlossen werden." Auf Namen lautende Wertpapiere sind ausreichend sicher zu verwahren. *(BGBl II 2009/149)*

(7) Vermögenswerte gemäß § 2 Abs. 1 dürfen nur dann zur Bedeckung der versicherungstechnischen Rückstellungen herangezogen werden, wenn sichergestellt ist, dass Tilgungen und Rücklösungen auf ein gemäß § 2 Abs. 1 Z 6 lit. a geeignetes und in ein Verzeichnis gemäß § 79b Abs. 1 VAG eingetragenes Bankkonto eingehen. Soweit es sich um Deckungsstockwerte handelt, muss das betreffende Bankkonto zu derselben Abteilung des Deckungsstocks gehören.

(8) Derivative Finanzinstrumente gemäß § „74" VAG dürfen nur in Verbindung mit Vermögenswerten, die die versicherungstechnischen Rückstellungen bedecken und auch in einem solchen Fall nur insoweit verwendet werden, als sie zu einer Verminderung des Anlagerisikos beitragen oder eine ordnungsgemäße Verwaltung des Wertpapierbestandes erleichtern. *(BGBl II 2007/272)*

(9) Für Wertpapiere, die Gegenstand von Wertpapierleih- und Wertpapierpensionsgeschäften sind, sind Sicherheiten in Form geeigneter Vermögenswerte gemäß § 2 Abs. 1 Z 1 lit. a und b, Z 2 lit. a oder Z 6 lit. a zu stellen. Der Marktwert der Sicherheitsleistung darf den Marktwert der verliehenen Wertpapiere zuzüglich eines marktüblichen Aufschlages nicht unterschreiten. Im Fall einer Unterschreitung hat das Versicherungsunternehmen unverzüglich die Leistung weiterer geeigneter Sicherheiten zu fordern. Die Sicherheiten sind auf Depots oder Konten zu hinterlegen, auf die der Wertpapierleihnehmer im Konkursfall nicht zugreifen kann. Die Sicherheiten für Wertpapierleih- und Wertpapierpensionsgeschäfte, deren Wert von der Bonität des Vertragspartners des Versicherungsunternehmens abhängen, sind unzulässig. Es ist vertraglich sicherzustellen, dass bei „Wertpapierleihgeschäften" das Versicherungsunternehmen innerhalb von 90 Tagen eine Rückführung der verliehenen Vermögenswerte verlangen kann. *(BGBl II 2012/273; BGBl II 2013/409)*

Zur Bedeckung geeignete Vermögenswerte

§ 2. (1) Zur Bedeckung der versicherungstechnischen Rückstellungen sind geeignet:

1. Schuldverschreibungen und andere Geld- und Kapitalmarktpapiere

a) Schuldverschreibungen des Bundes, eines Bundeslandes oder eines anderen Staates, der Vertragspartei des Abkommens über den Europäischen Wirtschaftsraum ist (Vertragsstaat), eines Gliedstaates eines anderen Vertragsstaates oder eines sonstigen Vollmitgliedstaates der Organisation für wirtschaftliche Zusammenarbeit und

13/8. VAG-VO
KAVO

Entwicklung (OECD) und Wertpapiere, für deren Rückzahlung und Verzinsung der Bund, ein Bundesland, ein anderer Vertragsstaat, ein Gliedstaat eines anderen Vertragsstaates oder ein sonstiger Vollmitgliedstaat der OECD haftet,

b) Schuldverschreibungen, die an einer Wertpapierbörse im Inland, in einem anderen Vertragsstaat oder sonstigen Vollmitgliedstaat der OECD amtlich notiert sind oder an einem anderen anerkannten, geregelten, für das Publikum offenen und ordnungsgemäß funktionierenden Wertpapiermarkt in einem dieser Staaten gehandelt werden,

c) Schuldverschreibungen und andere verzinsliche Geld- und Kapitalmarktpapiere von Unternehmen mit Sitz im Inland, in einem anderen Vertragsstaat oder sonstigen Vollmitgliedstaat der OECD, jeweils solange sie kurzfristig veräußert werden können,

d) Schuldverschreibungen von Unternehmen, die an einer Wertpapierbörse oder an einem Wertpapiermarkt gemäß lit. b notieren oder gehandelt werden, bei denen die Rückzahlung des Nominalbetrages nicht zur Gänze garantiert ist oder der Rückzahlungsbetrag bedingungsgemäß auf Grund einer optionalen Komponente nicht im Vorhinein bestimmbar ist (strukturierte Schuldverschreibungen ohne Kapitalgarantie), „sofern sie nicht unter Z 7 lit. b fallen,"* „sowie nachrangige Anleihen, sofern die nicht unter Z 2 lit. b sublit. aa fallen,"** *(*BGBl II 2009/149; **BGBl II 2013/409)*

e) sonstige strukturierte Schuldverschreibungen ohne Kapitalgarantie gemäß lit. d „und nachrangige Anleihen mit Ausnahme solcher gemäß Z 2 lit. d sublit. aa"*** von Unternehmen mit Sitz im Inland, in einem anderen Vertragsstaat oder sonstigen Vollmitgliedstaat der OECD, solange sie kurzfristig veräußert werden können, „sofern sie nicht unter Z 7 lit. b fallen,"* *(*BGBl II 2009/149; **BGBl II 2013/409)*

2. Aktien, andere Anteilsrechte und Forderungen „ " *(BGBl II 2013/409)*

a) Aktien und Partizipationskapital von Unternehmen, sofern eine Notierung an einer Wertpapierbörse gemäß Z 1 lit. b oder ein Handel an einem Wertpapiermarkt gemäß Z 1 lit. b vorliegt, *(BGBl II 2013/409)*

b) sofern sie an einer Wertpapierbörse oder an einem Wertpapiermarkt gemäß Z 1 lit. b notieren oder gehandelt werden:

aa) verbriefte Forderungen, die nach den im Inland oder in anderen Vertragstaaten geltenden Vorschriften als Bestandteile entweder der Eigenmittel von Kreditinstituten oder Versicherungsunternehmen, oder des Eigenkapitals von Unternehmen anerkannt sind, *(BGBl II 2013/409)*

bb) verbriefte Forderungen und Vermögenswerte, deren Inhaber entsprechend den Wertpapierbedingungen oder anderen vertraglichen Bedingungen das wirtschaftliche Erstausfallsrisiko des Emittenten oder des Vertragspartners zu tragen haben,
(BGBl II 2006/289)

c) sonstige Aktien und „sonstiges Partizipationskapital"** von Unternehmen mit Sitz im Inland, in einem anderen Vertragsstaat oder sonstigen Vollmitgliedstaat der OECD und Geschäftsanteile von Gesellschaften mit beschränkter Haftung gemäß § 221 Abs. 3 „UGB"* mit Sitz im Inland, in einem Vertragsstaat oder sonstigen Vollmitgliedstaat der OECD, jeweils solange „diesbezüglich eine kurzfristige Veräußerung möglich ist"**, *(*BGBl II 2009/149; **BGBl II 2013/409)*

d) sofern sie kurzfristig veräußert werden können:

aa) verbriefte Forderungen, die nach den im Inland oder in anderen Vertragstaaten geltenden Vorschriften als Bestandteile entweder der Eigenmittel von Kreditinstituten oder Versicherungsunternehmen, oder des Eigenkapitals von Unternehmen anerkannt sind, *(BGBl II 2013/409)*

bb) sonstige verbriefte Forderungen und Vermögenswerte, deren Inhaber entsprechend den Wertpapierbedingungen oder anderen vertraglichen Bedingungen das wirtschaftliche Erstausfallsrisiko des Emittenten oder des Vertragspartners zu tragen haben,
(BGBl II 2006/289)

3. Anteile an Organismen für gemeinsame Anlagen in Wertpapiere und andere gemeinschaftliche Anlagen

a) Anteile an Kapitalanlagefonds oder an Investmentgesellschaften offenen Typs, die entsprechend den Bestimmungen der Richtlinie 2009/65/EG aufgelegt sind, OGAW gemäß § 2 Investmentfondsgesetz 2011 (InvFG 2011), und Pensionsinvestmentfonds gemäß § 168 InvFG 2011;

b) Anteile an Spezialfonds gemäß § 163 InvFG 2011 und solche, die von einer Kapitalanlagegesellschaft mit Sitz in einem anderen Vertragsstaat verwaltet werden und die die Merkmale gemäß § 163 InvFG 2011 aufweisen; hievon ausgenommen sind jene, deren Anteil an derivativen Finanzinstrumenten das zu errechnende Gesamtrisiko gemäß § 73 Abs. 5 InvFG 2011 im Umfang von 100 vH des Gesamtnettowertes des Fondsvermögens überschreitet;

c) Anteile an Immobilienfonds gemäß Immobilien-Investmentfondsgesetz und Anteile an Immobilienfonds, die von einer Kapitalanlagegesellschaft mit Sitz in einem anderen Vertragsstaat verwaltet werden und einer öffentlichen Aufsicht unterliegen, sowie Anteile an Immobilienfonds gemäß § 166 Abs. 1 Z 4 InvFG 2011.
(BGBl II 2013/409)

4. Einmal ausnutzbare Darlehen

a) an eine inländische Gebietskörperschaft oder eine Gebietskörperschaft eines anderen Vertragsstaates und solche Darlehen und sonstige Forderungen, für deren Rückzahlung und Verzinsung eine inländische Gebietskörperschaft oder eine Gebietskörperschaft eines anderen Vertragsstaates haftet; Darlehen und sonstige Forderungen an Gemeinden oder mit Haftung von Gemeinden mit Ausnahme der Bundeshauptstadt Wien jedoch nur, sofern die Erträge aus gesetzlich geregelten Abgaben verpfändet werden,

b) in Form von in einem öffentlichen Buch eingetragenen Hypothekardarlehen und auf Liegenschaften oder in einem öffentlichen Buch eingetragenen liegenschaftsgleichen Rechten, die im Inland oder in einem anderen Vertragsstaat belegen sind, bis zu einer Belastung von 60 vH des Verkehrswertes der Liegenschaft oder des liegenschaftsgleichen Rechtes, sofern dieser Verkehrswert durch ein Schätzgutachten eines allgemein beeideten gerichtlichen Sachverständigen oder auf eine sonstige geeignete Weise nachgewiesen ist und die Liegenschaft während der Laufzeit des Darlehens und Kredites ausreichend feuerversichert ist,

c) an ein Kreditinstitut mit Sitz im Inland oder in einem anderen Vertragsstaat sowie Darlehen und sonstige Forderungen aus Darlehen, für deren Rückzahlung und Verzinsung ein solches Kreditinstitut haftet,

d) an inländische Gemeinden oder an solche eines anderen Vertragsstaates, sofern sie nicht unter lit. a bis c fallen, oder

e) an sonstige Schuldner mit Sitz im Inland oder in einem anderen Vertragsstaat, die sonstige ausreichende Sicherheiten aufweisen, sowie nicht nachrangige Darlehen an ein Unternehmen mit Sitz im Inland oder in einem anderen Vertragsstaat, das die Merkmale einer großen Kapitalgesellschaft gemäß § 221 Abs. 3 UGB erfüllt, und im Zeitpunkt der Darlehensvergabe sowie im Rahmen einer mindestens jährlichen Bonitätsprüfung ein langfristiges Rating der Bonitätsstufe 1 bis 3 entsprechend den Zuordnungen einer aufgrund § 103q Z 5 des Bankwesengesetzes – BWG, BGBl. 532/1993, in der Fassung des Bundesgesetzes BGBl. I Nr. 184/2013 erlassenen Verordnung, oder eine stabile Ertrags- und Vermögenslage durch interne Kennzahlen nachweisen kann. Treffen diese Voraussetzungen zu, kann bei der Vergabe dieser Darlehen auf Sicherheiten verzichtet werden, wenn

aa) die Zahlung der vertraglich vereinbarten Verzinsung und Rückzahlung gewährleistet erscheint und keine sonstigen Umstände wie beispielsweise aktuelle negative Unternehmensnachrichten oder allgemeine Marktentwicklungen eine abweichende negative Beurteilung nahelegen;

bb) die Darlehensvergabe einem regelmäßigen speziellen, nachvollziehbar dokumentierten Risikoprüfungsprozess unterworfen wird; und

cc) es sich nicht um Darlehen an verbundene Unternehmen im Sinne des § 228 Abs. 3 UGB handelt.
(BGBl II 2013/409)

5. Grundstücke und grundstücksgleiche Rechte

a)[1] Liegenschaften und in einem öffentlichen Buch eingetragene liegenschaftsgleiche Rechte, die einen Ertrag abwerfen oder erwarten lassen, sofern die Angemessenheit des Kaufpreises durch ein Schätzgutachten eines allgemein beeideten gerichtlichen Sachverständigen „ " nachgewiesen ist und die Liegenschaft im Falle der Bebauung ausreichend feuerversichert ist, *(BGBl II 2009/149)*

b)[1] Anteils- und verbriefte Genussrechte an Kapitalgesellschaften mit Sitz im Inland oder in einem anderen Vertragsstaat, an denen ausschließlich oder mehrheitlich eines oder mehrere Versicherungsunternehmen mit Sitz im Inland oder einem anderen Vertragsstaat beteiligt sind und „deren Hauptzweck der Erwerb von Liegenschaften"* und in einem öffentlichen Buch eingetragenen liegenschaftsgleichen Rechten, die einen Ertrag abwerfen oder erwarten lassen, die Errichtung von Gebäuden auf diesen Liegenschaften und die Verwaltung dieser Liegenschaften ist, sofern der Wert der Liegenschaften oder liegenschaftsgleichen Rechte „im Zeitpunkt des Ankaufes der Anteils- und verbrieften Genussrechte"** durch ein Schätzgutachten eines allgemein beeideten gerichtlichen Sachverständigen „ "*** nachgewiesen ist, *(*BGBl II 2006/289; **BGBl II 2009/149)*

c)[1] in einem öffentlichen Buch eingetragene Kommanditeinlagen bei Kommanditgesellschaften mit Sitz im Inland oder in einem anderen Vertragsstaat, deren Kommanditisten „ausschließlich oder mehrheitlich Versicherungsunternehmen"* mit Sitz im Inland oder in einem anderen Vertragsstaat oder Kapitalgesellschaften sind, an denen ausschließlich oder mehrheitlich eines oder mehrere Versicherungsunternehmen mit Sitz im Inland oder einem anderen Vertragsstaat beteiligt sind, und „deren Hauptzweck der Erwerb von Liegenschaften"* und in einem öffentlichen Buch eingetragenen liegenschaftsgleichen Rechten, die einen Ertrag abwerfen oder erwarten lassen, die Errichtung von Gebäuden auf diesen Liegenschaften und die Verwaltung dieser Liegenschaften ist, sofern der Wert der Liegenschaften oder liegenschaftsgleichen Rechte „im Zeitpunkt des Ankaufes der Anteilsrechte"** durch ein Schätzgutachten eines allgemein beeideten gerichtlichen Sachverständigen „ "** nachgewiesen ist, *(*BGBl II 2006/289; **BGBl II 2009/149)*

d) „einmal ausnützbare"Darlehen „ " an Kapitalgesellschaften gemäß lit. b oder Kommanditgesellschaften gemäß lit. c, *(BGBl II 2012/273)*

6. Guthaben bei Kreditinstituten und Kassenbestände

a) Guthaben bei zum Bankgeschäft im Inland oder in einem anderen Vertragsstaat berechtigten Kreditinstituten,

b) Kassenbestände,

7. a) Anteile an Fonds,

aa) die nach dem Gesetz, der Satzung oder der tatsächlichen Übung nach den Grundsätzen der Risikostreuung veranlagt sind und die auch in Anlagen, die kreditfinanziert werden, nur beschränkt marktgängig sind, hohen Kursschwankungen unterliegen, begrenzte Risikostreuung aufweisen oder deren Bewertung erschwert ist, wobei eine Nachzahlungspflicht für den Anleger nicht vorgesehen sein darf sowie in Leerverkäufe und in Vermögenswerte, deren Wertentwicklung an solche gebunden ist, investieren dürfen,

bb) im Sinne des § 166 Abs. 1 Z 1, 2, 3, und 6 InvFG 2011, *(BGBl II 2013/409)*

b) Vermögenswerte gemäß § 2 Abs. 1 Z 1 lit. d und e sowie Z 4 lit. f, soweit diese Merkmale gemäß sublit. aa) aufweisen,

wobei diesen Veranlagungen eingehende risikoadäquate Analysen zu qualitativen, quantitativen und rechtlichen Aspekten der Veranlagung vorauszugehen haben, *(BGBl II 2009/149)*

8. Rechte aus derivativen Finanzinstrumenten, die zum alleinigen Zweck getätigt werden, um einzelne oder mehrere Vermögenswerte gemeinsam gegen Wertänderungen abzusichern, wobei die Absicherungsinstrumente dort zuzuordnen sind, wo sich die abzusichernden Vermögenswerte befinden. Die Effektivität der Sicherungsbeziehung ist zu dokumentieren und auf regelmäßiger Basis zu überprüfen, *(BGBl II 2006/289)*

9. sonstige Vermögenswerte von Unternehmen, Emittenten oder Ausstellern, die nicht unter Z 1 bis 8 fallen und den Voraussetzungen des § 78 Abs. 1 VAG entsprechen, sofern diese Vermögenswerte ihrem jeweiligen Risikogehalt entsprechend einem unternehmensinternen Risikomanagement unterworfen werden. *(BGBl II 2006/289)*

(2) Anteilige Zinsen von Vermögenswerten gemäß Abs. 1 Z 1, 4, 5 lit. d, 6 lit. a „und Z 9" können zur Bedeckung der versicherungstechnischen Rückstellungen herangezogen werden, sofern die Gutschrift der Zinsen auf ein gemäß Abs. 1 Z 6 lit. a geeignetes und in ein Verzeichnis gemäß § 79b Abs. 1 VAG eingetragenes Bankkonto erfolgt. Soweit es sich um anteilige Zinsen von Vermögenswerten handelt, die dem Deckungsstock gewidmet sind, muss die Gutschrift auf ein geeignetes Bankkonto derselben Deckungsstockabteilung erfolgen. *(BGBl II 2006/289)*

(3) Im Voraus verrechnete Zinsen von Vermögenswerten gemäß Abs. 1 Z 4, 5 lit. d „und Z 9" sind von diesen Vermögenswerten abzuziehen. *(BGBl II 2006/289)*

(4) Werden Wertpapiere gemäß Abs. 1 Z 1 lit. b und d sowie gemäß Abs. 1 Z 2 lit. a und b innerhalb eines Jahres nach Beginn ihrer Ausgabe erworben, so gelten sie als notiert bzw. gehandelt, wenn die Zulassung oder der Handel an einem anerkannten Wertpapiermarkt in den Ausgabebedingungen vorgesehen war und innerhalb eines Jahres die Zulassung erfolgt oder der Handel aufgenommen wird. *(BGBl II 2004/364)*

(5) Für die Bedeckung des Deckungserfordernisses der fondsgebundenen Lebensversicherung gemäß § 20 Abs. 2 Z 3 VAG sind geeignet:

1. Anteile an Kapitalanlagefonds oder an Investmentgesellschaften offenen Typs, die entsprechend den Bestimmungen der Richtlinie „2009/65/EG oder OGAW gemäß § 2 oder Spezialfonds gemäß § 163 oder Sondervermögen gemäß § 166 Abs. 1 oder Pensionsinvestmentfonds gemäß § 168 InvFG 2011", *(BGBl II 2011/272)*

2. Anteile an Immobilien-Investmentfonds gemäß dem Immobilien-Investmentfondsgesetz (ImmoInvFG), BGBl. I Nr. 80/2003 in der Fassung „BGBl. I Nr. 77/2011". *(BGBl II 2011/272)*

3. Guthaben gemäß Abs. 1 Z 6 lit. a für Zwecke der vorübergehenden Veranlagung bis zu insgesamt 10 vH des Deckungserfordernisses,

4. Vorauszahlungen auf Polizzen nach Maßgabe des § 21 Abs. 2 VAG.

Sofern im Leistungsfall ein Wahlrecht über den Bezug von Anteilen an Kapitalanlagefonds bzw. Geldleistungen vorgesehen ist, müssen im jeweiligen Vertragsstaat, in dem Versicherungsverträge angeboten werden, die dem Versicherungsnehmer zur Auswahl stehenden Kapitalanlagefonds zum öffentlichen Vertrieb registriert sein. § 3 ist nicht anzuwenden. *(BGBl II 2009/149)*

(6) „Für die Bedeckung des Deckungserfordernisses „der prämienbegünstigten Zukunftsvorsorge"** gemäß § 20 Abs. 2 Z 5 VAG sind die Bestimmungen der Abs. 1 und 7 und des § 3 nicht anzuwenden."* § 1 Abs. 1 ist unter Bedachtnahme auf die Besonderheiten der prämienbegünstigten Zukunftsvorsorge gemäß §§ 108g bis 108i „EStG 1988"** anzuwenden. „ "* *(BGBl II 2003/468; *BGBl II 2006/289; **BGBl II 2009/149)*

(7) Für die Bedeckung des Deckungserfordernisses der indexgebundenen Lebensversicherung gemäß § 20 Abs. 2 Z 4 VAG sind Vermögenswerte gemäß § 2 Abs. 1 geeignet. Es ist sicherzustellen, dass die den Versicherungsverträgen zugrundeliegenden Vermögenswerte zum Zeitpunkt des Erwerbes ein in den Tabellen der §§ 2 bis 5 „eines aufgrund § 103q Z 5 BWG erlassenen Verordnung", in der jeweils geltenden Fassung, entsprechendes Rating der Bonitätsstufe von Eins oder Zwei aufweisen. Liegt kein Rating vor, kann auf das Rating des Emittenten für langfristige Verbindlichkeiten oder ersatzweise auf jenes für kurzfristige Verbindlichkeiten, zurückgegriffen

werden. Werden die Vermögenswerte im Konkursfall des Emittenten nachrangig rückgezahlt, ist dies durch einen Bonitätsabschlag zu berücksichtigen. Für den Fall, dass kein Rating vorliegt, ist eine unternehmensinterne Schätzung vorzunehmen. Bei externen Kapitalgarantien ist zusätzlich ein Rating des Garantiegebers der Bonitätsstufe von Eins oder Zwei erforderlich. Bei zwei unterschiedlichen, anerkannten Ratings ist das Rating mit der niedrigeren Bonitätsbewertung maßgeblich. Bei Vorhandensein von drei oder mehr unterschiedlichen, anerkannten Ratings, ist von den beiden besten die schlechtere Bonitätsbewertung heranzuziehen. Die Bestimmungen des § 3 sind nicht anzuwenden. *(BGBl II 2012/273; BGBl II 2013/409)*

(8) Bei der indexgebundenen und der kapitalanlageorientierten Lebensversicherung ist die Zuordnung von Vermögenswerten zu Versicherungsprodukten und zu Gruppen von Versicherungsverträgen ausreichend zu dokumentieren und nachvollziehbar zu gestalten. *(BGBl II 2009/149)*

---

1) Vgl die Übergangsbestimmung in § 10 Abs 2.

Anrechnungsgrenzen

§ 3. (1) Die nachstehenden Vermögenswerte dürfen auf die versicherungstechnischen Rückstellungen nur bis zu den folgenden Sätzen angerechnet werden:

1. a) bis zu 5 vH: Wertpapiere gemäß § 2 Abs. 1 Z 1 lit. b bis e und Z 2 lit. a bis d desselben Unternehmens - ausgenommen gesetzlich geregelte, fundierte Schuldverschreibungen von Kreditinstituten, Pfand- und Kommunalbriefe -, „einmal ausnützbare" Darlehen „ " gemäß § 2 Abs. 1 Z 4 lit. b, c, e und f sowie Guthaben gemäß § 2 Abs. 1 Z 6 lit. a und Vermögenswerte gemäß § 2 Abs. 1 Z 9, die denselben Schuldner oder Emittenten betreffen, *(BGBl II 2009/149; BGBl II 2012/273)*

b) bis zu weiteren 5 vH: Werte gemäß lit. a, ausgenommen solche gemäß § 2 Abs. 1 Z 2 lit. a bis d, solange nicht mehr als 40 vH der versicherungstechnischen Rückstellungen in Werten gemäß lit. a bestehen, in denen bereits jeweils mehr als 5 vH der versicherungstechnischen Rückstellungen angelegt wurden,

c) bis zu 25 vH: gesetzlich geregelte, fundierte Schuldverschreibungen von Kreditinstituten, Pfand- und Kommunalbriefe desselben Unternehmens gemeinsam mit Werten gemäß lit. a und b, *(BGBl II 2009/149)*

2. bis zu 2 vH: Wertpapiere gemäß § 2 Abs. 1 Z 1 lit. c mit Ausnahme von gesetzlich geregelten, fundierten Schuldverschreibungen von Kreditinstituten, Pfand- und Kommunalbriefen desselben Unternehmens, *(BGBl II 2009/149)*

3. bis zu 40 vH insgesamt:

- Wertpapiere gemäß § 2 Abs. 1 Z 1 lit. d und e,
- Wertpapiere gemäß § 2 Abs. 1 Z 2 lit. a bis d,
- Darlehen gemäß § 2 Abs. 1 Z 4 lit. f, wobei der Anteil von Veranlagungen gemäß § 2 Abs. 1 Z 1 lit. d und e sowie gemäß § 2 Abs. 1 Z 4 lit. f zusammen insgesamt 10 vH nicht überschreiten darf und
- Anteile an Kapitalanlagefonds gemäß § 2 Abs. 1 Z 3 lit. a und b mit Ausnahme der in diesen Kapitalanlagefonds enthaltenen
  - Schuldverschreibungen gemäß § 2 Abs. 1 Z 1 lit. a bis c und Z 2 lit. b und d, einschließlich der in Anteilen an Kapitalanlagefonds enthaltenen Schuldverschreibungen dieser Art,
  - Anteilen an Kapitalanlagefonds gemäß „ „gemäß § 166 Abs. 1 Z 1, 2, 3, und 6 InvFG 2011"* und Immobilien-Investmentfonds gemäß § 166 Abs. 1 Z 4 InvFG 2011"* und *(BGBl II 2011/272; **BGBl II 2013/409)*
- liquiden Mittel;

in den Fondsvermögen enthaltene Anteile an gemischten Kapitalanlagefonds sind im Falle der Nicht-Durchrechnung zur Gänze einzubeziehen, wobei Anteile an gemischten Kapitalanlagefonds in „Sondervermögen gemäß § 166 Abs. 1 InvFG 2011"* durchgerechnet werden müssen, *(BGBl II 2011/272)*

(BGBl II 2004/364; *BGBl II 2011/272; **BGBl II 2013/409)

4. bis zu jeweils 1 vH: Wertpapiere gemäß § 2 Abs. 1 Z 1 lit. e und Z 2 lit. c und d sowie Darlehen gemäß § 2 Abs. 1 Z 4 lit. f desselben Unternehmens,

5. „a)" bis zu 10 vH insgesamt: Wertpapiere gemäß § 2 Abs. 1 Z 1 lit. c, Z 2 lit. c und d, wobei der Anteil von Veranlagungen gemäß § 2 Abs. 1 Z 2 lit. c und d den Anteil von insgesamt 5 vH nicht überschreiten darf, *(BGBl II 2003/468)*

b) bis zu weiteren 10 vH: gesetzlich geregelte, fundierte Schuldverschreibungen von Kreditinstituten, Pfand- und Kommunalbriefe gemäß § 2 Abs. 1 Z 1 lit. c, *(BGBl II 2009/149)*

6. bis zu 80 vH insgesamt: Kapitalanlagefonds gemäß § 2 Abs. 1 Z 3 lit. a und b, *(BGBl II 2004/364)*

7. bis zu jeweils 2 vH: „einmal ausnützbare"* Darlehen „ "* gemäß § 2 Abs. 1 Z 4 lit. d und e an denselben Schuldner, „höchstens jedoch 7 vH"** insgesamt, *(*BGBl II 2012/273; **BGBl II 2013/409)*

8. bis zu jeweils 10 vH:
a) einzelne Liegenschaften und einzelne liegenschaftsgleiche Rechte gemäß § 2 Abs. 1 Z 5 lit.

a oder mehrere Liegenschaften zusammen in unmittelbarer Nachbarschaft, wenn sie tatsächlich als ein einziger Vermögenswert zu betrachten sind,

b) Anteils- und verbriefte Genussrechte an Unternehmen gemäß § 2 Abs. 1 Z 5 lit. b an einer einzelnen Kapitalgesellschaft gemeinsam mit „einmal ausnützbaren" Darlehen*) „ " gemäß § 2 Abs. 1 Z 5 lit. d an diese Gesellschaft, *(BGBl II 2012/273)*

c) Kommanditeinlagen gemäß § 2 Abs. 1 Z 5 lit. c bei einer einzelnen Kommanditgesellschaft gemeinsam mit „einmal ausnützbaren" Darlehen*) „ " gemäß § 2 Abs. 1 Z 5 lit. d an diese Gesellschaft, *(BGBl II 2012/273)*

d) Anteile an einzelnen Immobilienfonds und Immobilien-Spezialfonds gemäß § 2 Abs. 1 Z 3 lit. c, höchstens jedoch – einschließlich von Anteilen an „Sondervermögen gemäß § 166 Abs. 1 Z 4 InvFG 2011" – 30 vH insgesamt, *(BGBl II 2011/272)*
(BGBl II 2004/364)

9. bis zu jeweils 1 vH: einzelne Vermögenswerte gemäß § 2 Abs. 1 Z 7 desselben Unternehmens, „Emittenten, Ausstellers oder Fonds, höchstens jedoch 7 vH insgesamt"**, *(BGBl II 2006/289; *BGBl II 2011/272; **BGBl II 2013/409)*

10. bis zu 50 vH insgesamt: Guthaben gemäß § 2 Abs. 1 Z 6 lit. a, *(BGBl II 2006/289)*

11. bis zu 3 vH insgesamt: Kassenbestände gemäß § 2 Abs. 1 Z 6 lit. b, *(BGBl II 2006/289)*

12. bis zu 1 vH: einzelne Vermögenswerte gemäß § 2 Abs. 1 Z 9 desselben Unternehmens, Emittenten oder Ausstellers, höchstens jedoch 5 vH insgesamt, *(BGBl II 2006/289)*

13. a) bis zu 1 vH insgesamt: einzelne Wertpapiere gemäß § 2 Abs. 1 Z 1 und Z 2 lit. b und d sowie einzelne Darlehen gemäß § 2 Abs. 1 Z 4 lit. a und c bis f, die keine dem Investmentgrade entsprechende Bonität aufweisen,

b) Anteile an Kapitalanlagefonds oder an Investmentgesellschaften offenen Typs gemäß § 2 Abs. 1 Z 3 lit. a und b, hinsichtlich ihres Anteiles an Schuldverschreibungen, die im Durchschnitt keine dem Investmentgrade entsprechende Bonität aufweisen; in den Fondsvermögen enthaltene Anteile an gemischten Kapitalanlagefonds sind im Falle der Nicht-Durchrechnung zur Gänze dem Non-Investmentgrade zuzurechnen, wobei Anteile an gemischten Kapitalanlagefonds in Sondervermögen gemäß § 166 Abs. 1 InvFG 2011 durchgerechnet werden müssen – höchstens jedoch 10 vH insgesamt.
(BGBl II 2013/409)

14. bis zu 10 vH insgesamt: Vermögenswerte derselben Unternehmensgruppe gemäß „§ 74 Abs. 7 InvFG 2011"*, mit Ausnahme von Vermögenswerten „gemäß § 2 Abs. 1 Z 3, Z 4 lit. g, Z 5 lit. a bis c, Z 6 lit. b, Z 7 lit. a"** sowie gesetzlich geregelte fundierte Schuldverschreibungen von Kreditinstituten, Pfand- und Kommunalbriefen. *(BGBl II 2009/149; *BGBl II 2011/272; **BGBl II 2012/273)*

15. bis zu 15 vH insgesamt: Vermögenswerte jeder Abteilung des Deckungsstocks gemäß § 20 Abs. 2 Z 1, 2, 4a, 6 und 7 VAG, die Gegenstand eines Wertpapierleihgeschäftes sind. *(BGBl II 2012/273)*

(2) Die Grenzen gemäß Abs. 1 „Z 1 bis 14"** sind jeweils auf das Deckungserfordernis jeder Abteilung des Deckungsstocks gemäß „§ 20 Abs. 2 Z 1, 2, 6 und 7 VAG"*** beziehungsweise auf die Summe der versicherungstechnischen Rückstellungen nach Maßgabe des § 77 Abs. 2 und 3 VAG anzuwenden. „Für die Abteilung des Deckungsstocks der kapitalanlageorientierten Lebensversicherung gemäß § 20 Abs. 2 Z 4a VAG gilt Abs. 1 für das Deckungserfordernis jeder Gruppe von Versicherungsverträgen, die eine gemeinsame Veranlagung aufweisen." *(*BGBl II 2009/149; **BGBl II 2012/273; ***BGBl II 2013/409)*

(3) Die Grenze gemäß Abs. 1 Z 15 ist jeweils auf das Deckungserfordernis jeder Abteilung des Deckungsstocks gemäß § 20 Abs. 2 Z 1, 2, 4a, 6 und 7 VAG beziehungsweise auf die Summe der versicherungstechnischen Rückstellungen nach Maßgabe des § 77 Abs. 2 und 3 VAG anzuwenden. *(BGBl II 2012/273)*

Rückversicherungsunternehmen

§ 3a. (1) § 3b gilt nur für Versicherungsunternehmen, die ausschließlich die Rückversicherung betreiben.

(2) § 3 ist für Versicherungsunternehmen, die ausschließlich die Rückversicherung betreiben, nicht anzuwenden.

(BGBl II 2007/272)

§ 3b. (1) Für das Management der Vermögenswerte ist ein angemessener Risikomanagementprozess einzurichten, der sicherstellt, dass alle übernommenen Liefer- und Zahlungsverpflichtungen auch aus Wertpapier- und Derivategeschäften zu jedem Zeitpunkt in vollem Umfang erfüllt werden können. Hierbei ist auf die Art des betriebenen Geschäftes hinsichtlich der Natur, Höhe und Dauer der erwarteten Prämien- und Schadenszahlungen unter Einschluss der zusätzlichen Risiken aus Forderungen gemäß Abs. 2 Bedacht zu nehmen. Die Angemessenheit ist unter Berücksichtigung der Besonderheiten des jeweiligen Rückversicherungsunternehmens, insbesondere der Kapitalausstattung, Finanzlage und Konzernstruktur zu bewerten.

(2) Forderungen an eine in einem Vertragsstaat zugelassene Zweckgesellschaft im Sinne des Artikels 2 Abs. 1 lit. p der Richtlinie 2005/68/EG dürfen zur Bedeckung der versicherungstechni-

schen Rückstellungen nur dann verwendet werden, wenn dadurch nicht das bestehende Risiko des Rückversicherungsgeschäftes verstärkt wird und das damit übernommene Risiko von untergeordneter Bedeutung ist, sofern sie nicht bei der Ermittlung des Eigenmittelerfordernisses gemäß Anlage D zum VAG abgezogen werden.

(3) Depotforderungen aus dem übernommenen Rückversicherungsgeschäft gemäß § 81c Abs. 2 lit. B Z IV VAG an ein Versicherungsunternehmen mit Sitz in einem Vertragsstaat dürfen zur Bedeckung der versicherungstechnischen Rückstellungen verwendet werden. Diese sind vor Anrechnung um Depotverbindlichkeiten gegenüber demselben Versicherungsunternehmen zu vermindern.

(BGBl II 2007/272)

§ 3c. (1) Soweit in dieser Verordnung auf das Versicherungsaufsichtsgesetz (VAG) verwiesen wird, ist dieses, wenn in der Verordnung nichts anderes bestimmt ist, in der Fassung des Bundesgesetzes „BGBl. I Nr. 77/2011" anzuwenden. *(BGBl II 2011/272)*

(2) Soweit in dieser Verordnung auf das Einkommensteuergesetz 1988 (EStG 1988) verwiesen wird, ist dieses, wenn in der Verordnung nichts anderes bestimmt ist, in der Fassung des Bundesgesetzes „BGBl. I Nr. 41/2011" anzuwenden. *(BGBl II 2011/272)*

(3) Soweit in dieser Verordnung auf das Unternehmensgesetzbuch (UGB) verwiesen wird, ist dieses, wenn in der Verordnung nichts anderes bestimmt ist, in der Fassung des Bundesgesetzes „BGBl. I Nr. 111/2010" anzuwenden. *(BGBl II 2011/272)*

(4) Soweit in dieser Verordnung auf das „Investmentfondsgesetz 2011 (InvFG 2011) verwiesen wird, ist dieses, wenn in der Verordnung nichts anderes bestimmt ist, in der Fassung des Bundesgesetzes BGBl. I Nr. 77/2011" anzuwenden. *(BGBl II 2011/272)*

(BGBl II 2009/149)

Übergangsbestimmungen

§ 4. „(1)" § 1 Abs. 7 ist für Vermögenswerte nicht anzuwenden, die sich vor dem Zeitpunkt des In-Kraft-Tretens dieser Verordnung im Vermögen des Versicherungsunternehmens, das zur Bedeckung der versicherungstechnischen Rückstellungen herangezogen wird, befinden. *(BGBl II 2006/289)*

(2) Anteile an Kapitalanlagefonds oder an Investmentgesellschaften offenen Typs, die nicht den Kriterien des § 2 Abs. 5 Z 1 in der Fassung der Verordnung BGBl. II Nr. 289/2006 entsprechen und vor dem In-Kraft-Treten dieser Bestimmung vom Versicherungsunternehmen erworben wurden, dürfen bis zur Beendigung des entsprechenden Lebensversicherungsvertrages dem De-

ckungsstock gewidmet bleiben. *(BGBl II 2006/289)*

In-Kraft-Treten

§ 5. Die Verordnung tritt mit 1. Jänner 2003 in Kraft.

§ 6. § 3 Abs. 1 Z 5 lit. a und b in der Fassung der Verordnung BGBl. II Nr. 468/2003 treten mit 31. Dezember 2003 in Kraft.

(BGBl II 2003/468)

§ 7. § 2 Abs. 1 Z 3 und Z 7, § 2 Abs. 4, § 2 Abs. 5 Z 1 sowie § 3 Abs. 1 Z 3, Z 6, Z 8 und Z 11 in der Fassung der Verordnung BGBl. II Nr. 364/2004 treten mit 1. Oktober 2004 in Kraft.

(BGBl II 2004/364)

§ 8. § 2 Abs. 5 Z 1 in der Fassung der Verordnung BGBl. II Nr. 289/2006 tritt mit 1. September 2006 in Kraft. § 1 Abs. 1 und Abs. 2, § 1 Abs. 3 Z 2, Z 3 und Z 4, § 2 Abs. 1 Z 2 lit. b und lit. d, § 2 Abs. 1 Z 3 lit. a, § 2 Abs. 1 Z 5 lit. b und c, § 2 Abs. 1 Z 7, Z 8 und Z 9, § 2 Abs. 2 und Abs. 3, Abs. 5, Abs. 6 und Abs. 7, § 3 Abs. 1 Z 1 lit. a und lit. c sowie § 3 Abs. 1 Z 9 bis 13 in der Fassung der Verordnung BGBl. II Nr. 289/2006 treten mit 1. Jänner 2007 in Kraft. § 1 Abs. 9 tritt mit Ablauf des 31. Dezember 2006 außer Kraft.

(BGBl II 2006/289)

§ 9. Die §§ 3a und 3b in der Fassung der Verordnung BGBl. II Nr. 272/2007 treten mit 10. Dezember 2007 in Kraft.

(BGBl II 2007/272)

§ 10. (1) § 3 Abs. 1 Z 14 in der Fassung der Verordnung BGBl. II Nr. 149/2009 tritt mit 31. Dezember 2009 in Kraft.

(2) § 2 Abs. 1 Z 5 lit. a, b und c in der Fassung der Verordnung BGBl. II Nr. 149/2009 sind für Vermögenswerte nicht anzuwenden, die sich vor dem 31.12.2009 im Vermögen des Versicherungsunternehmens, das zur Bedeckung der versicherungstechnischen Rückstellungen herangezogen wird, befinden.

(3) § 2 Abs. 1 Z 3 lit. a 1. Halbsatz, § 2 Abs. 1 Z 3 lit. a sublit. aa und lit. b sublit. bb, § 2 Abs. 1 Z 5 lit. c, § 2 Abs. 1 Z 7 lit. a sublit. bb, § 2 Abs. 5 Z 1 und 2, § 3 Abs. 1 Z 3, Z 8 lit. d und Z 9, § 3 Abs. 1 Z 13 lit. b, Z 14 und § 3c Abs. 1 bis 4 in der Fassung der Verordnung BGBl. II Nr. 272/2011 treten mit 1. September 2011 in Kraft. *(BGBl II 2011/272)*

(BGBl II 2009/149)

§ 11. § 1 Abs. 1 letzter Satz und Abs. 9, § 2 Abs. 1 Z 4 lit. a bis e und Z 5 lit. d und Abs. 7, § 3 Abs. 1 Z 1 lit. a, Z 7, Z 8 lit. b und c, Z 13 lit. a und b, Z 15 und Abs. 2 bis 4 in der Fassung der Verordnung BGBl. II Nr. 273/2012 treten mit 31. Oktober 2012 in Kraft.

(BGBl II 2012/273)

§ 12. In Bezug auf Vertragsbeziehungen für Versicherungsverträge gemäß §§ 108g bis 108i des Einkommensteuergesetzes 1988 (EStG 1988), BGBl. Nr. 400/1988, in der Fassung des Bundesgesetz BGBl. I Nr. 156/2013 (prämienbegünstigte Zukunftsvorsorge) ist auf Wertpapierleih- und Wertpapierpensionsgeschäfte, die vor dem Inkrafttreten dieser Verordnung in der Fassung BGBl. II Nr. 273/2012 mit 31. Oktober 2012 bereits bestanden haben oder darauf bezogene Vertragsbeziehungen, die erst nach dem 31. Oktober 2012 vollständig erfüllt werden, § 1 Abs. 1 letzter Satz und Abs. 9 dieser Verordnung in der Fassung der Verordnung BGBl. II Nr. 273/2012 ab 30. Juni 2017 anzuwenden. Für diese Geschäfte gilt jedoch, dass eine angemessene Risikoüberwachung für Wertpapiere, die Gegenstand des Wertpapierleih- oder Wertpapierpensionsgeschäftes sind, einzurichten und zu dokumentieren ist.

(BGBl II 2013/409)

§ 13. § 1 Abs. 5 und 9, § 2 Abs. 1 Z 1 lit. d und e, § 2 Abs. 1 Z 2 Einleitungssatz und lit. a, lit. b sublit. aa, lit. c und lit. d sublit. aa, § 2 Abs. 1 Z 4 lit. a bis e, § 2 Abs. 7, § 3 Abs. 1 Z 3 vorletzter Unterpunkt, Z 7, Z 9, Z 13, § 3 Abs. 2 und § 12 in der Fassung der Verordnung BGBl. II Nr. 409/2013 treten mit 1. Jänner 2014 in Kraft. § 2 Abs. 1 Z 3 und Z 7 lit. a sublit. bb treten mit 30. Juni 2014 in Kraft.

(BGBl II 2013/409)

Verzeichnisverordnung – VerzVVU

BGBl II 2002/505 idF

1 BGBl II 2003/566	**5** BGBl II 2007/342
2 BGBl II 2004/432	**6** BGBl II 2009/150
3 BGBl II 2005/383	**7** BGBl II 2009/354
4 BGBl II 2006/435	**8** BGBl II 2011/272

Mit Inkrafttreten des VAG 2016, BGBl. I Nr. 34/2015, treten das VAG, BGBl. 569/1978, und alle auf Grundlage dieses Bundesgesetzes erlassenen Verordnungen mit Ablauf des 31. Dezember 2015 außer Kraft (vgl. § 345 Abs. 1 VAG 2016).

STICHWORTVERZEICHNIS

Aktien Anlage C
Ausnahme vom Geltungsbereich 4
Außer-Kraft-Treten 6 (2)

Bedeckungswertverzeichnis 1, 2
– Mindestangaben Anlagen A bis O
Bedeckungswerte 1(2)

Darlehen Anlagen E und F
Datenbestand, Sicherung 3
Deckungsstockverzeichnis 1, 2
– Mindestangaben Anlagen A bis O
Deckungsstockwerte 1(2)
Depotforderungen Anlage O

Fonds Anlage M
Forderungen an Zweckgesellschaften Anlage N

Genussrechte, verbriefte Anlage C
Guthaben bei Kreditinstituten Anlage I

In-Kraft-Treten 6 (1), 7

Kassenbestände Anlage J
Kleine Versicherungsvereine auf Gegenseitigkeit 4
Kommanditeinlagen Anlage C
Kredite Anlagen E und F

Liegenschaften Anlage H

Mindestangaben 2
– Aktien Anlage C
– Anteile an Fonds Anlage M
– Darlehen Anlagen E und F
– Depotforderungen Anlage O
– Genussrechte, verbriefte Anlage C
– Guthaben bei Kreditinstituten Anlage I
– Kassenbestände Anlage J
– Kommanditeinlagen Anlage C
– Kredite Anlagen E und F
– Liegenschaften Anlage H
– Partizipationskapital Anlage C
– Rechte aus derivativen Finanzinstrumenten Anlage L
– Schuldverschreibungen Anlagen A und B
– sonstige Vermögenswerte Anlage K
– Vorauszahlungen auf Polizzen Anlage G
– Zweckgesellschaften, Forderungen an Anlage N

Partizipationskapital Anlage C

Rückversicherungsgeschäft, Depotforderungen Anlage O

Schuldverschreibungen Anlagen A und B
Sicherung des Datenbestandes 3

Übergangsbestimmung 5

Vorauszahlungen auf Polizzen Anlage G

Zweckgesellschaften, Forderungen an Anlage N

13/9. VAG-VO
VerzVVU

"Verordnung der Finanzmarktaufsichtsbehörde (FMA) über die Führung von Verzeichnissen für die zur Bedeckung der versicherungstechnischen Rückstellungen herangezogenen Vermögenswerte durch Unternehmen der Vertragsversicherung (Verzeichnisverordnung – VerzVVU)"

(BGBl II 2007/342)

Auf Grund des § 79b Abs. 1 des Versicherungsaufsichtsgesetzes (VAG), BGBl. Nr. 569/ 1978, zuletzt geändert durch das Bundesgesetz BGBl. I Nr. 46/2002, wird verordnet:

§ 1. (1) Die in das Verzeichnis zur Bedeckung der versicherungstechnischen Rückstellungen, für die ein Deckungsstock zu bilden ist (Deckungsstockverzeichnis), eingetragenen Vermögenswerte sind nach Abteilungen gemäß § 20 Abs. 2 VAG, die in das Verzeichnis zur Bedeckung der versicherungstechnischen Rückstellungen, für die kein Deckungsstock zu bilden ist (Bedeckungswertverzeichnis), eingetragenen Vermögenswerte sind nach den Bilanzabteilungen gemäß § 81b Abs. 1 VAG zu kennzeichnen.

(2) „Die in das Deckungsstock- und Bedeckungswertverzeichnis eingetragenen Vermögenswerte (Deckungsstock- und Bedeckungswerte) sind nach Anlagegruppen gemäß § 2 Abs. 1 Z 1 bis 9, Abs. 5 Z 1 bis 7 Z 1 sowie § 3b Abs. 2 und 3 der Kapitalanlageverordnung (KAVO), BGBl. II Nr. 383/2002, in der Fassung der Verordnung BGBl. II Nr. „149/2009"***, zu kennzeichnen."** Dies gilt auch für die als gleichartig genehmigten Vermögenswerte gemäß § 78 Abs. 2 und 4 VAG. „Kann ein Vermögenswert nicht zugeordnet werden, so ist er der Anlagegruppe gemäß § 2 Abs. 1 Z 9 KAVO zuzuordnen."* (*BGBl II 2006/435; **BGBl II 2007/342; ***BGBl II 2009/150)

(3) Für jede einzelne Kennzeichnungsart gemäß Abs. 1 und 2 und für Fremdwährungen muss eine Summenbildung möglich sein.

§ 2. Die Deckungsstock- und Bedeckungswertverzeichnisse haben die in den Anlagen A bis O vorgeschriebenen Mindestangaben zu enthalten.

(BGBl II 2007/342)

§ 3. Die Sicherung des Datenbestandes hat im Unternehmen so zu erfolgen, dass jederzeit eine vollständige Wiedergabe aller Daten, soweit und solange sie gesetzlichen Aufbewahrungsfristen unterliegen, in schriftlicher Form oder im Wege elektronischer Datenübermittlung möglich ist. Bei Änderungen des Datenverarbeitungssystems ist vorzusorgen, dass die ursprünglich gespeicherten Daten unter Maßgabe der gesetzlichen Aufbewahrungsfristen auch nach Änderung dieses Systems nachvollziehbar sind.

§ 4. Diese Verordnung gilt nicht für kleine Versicherungsvereine auf Gegenseitigkeit gemäß § 62 Abs. 1 und 2 VAG.

Übergangsbestimmung

§ 5. Die Bezeichnung des Emittenten für Vermögenswerte in der Anlage A hat spätestens ab dem 31. Dezember 2003 zu erfolgen.

In-Kraft-Treten

§ 6. (1) Diese Verordnung tritt mit 1. Jänner 2003 in Kraft.

(2) Mit dem In-Kraft-Treten dieser Verordnung tritt die Verordnung des Bundesministers für Finanzen über die Führung von Verzeichnissen für die zur Bedeckung der versicherungstechnischen Rückstellungen herangezogenen Vermögenswerte durch Unternehmen der Vertragsversicherung (VerzVVU), BGBl. II Nr. 99/2002, außer Kraft.

§ 7. (1) § 1 Abs. 2, § 2, Z 9 und 26 der Anlage A, Z 30 der Anlage B, Z 28, 31, 32, 33, 34 und 35 der Anlage C, Z 30 der Anlage D, Z 22 der Anlage E, Z 26 der Anlage F sowie die Anlagen K bis M in der Fassung der Verordnung BGBl. II Nr. 435/2006 treten mit 1. Jänner 2007 in Kraft.

(2) Die Z 27 bis 29 der Anlage A, Z 31 bis 33 der Anlage B, Z 29 und 30 der Anlage C, Z 23 der Anlage E, sowie Z 27 und 28 der Anlage F in der Fassung der Verordnung BGBl. II Nr. 435/2006 treten mit 1. Juli 2007 in Kraft.

(3) § 1 Abs. 2 erster Satz und § 2 sowie die Anlagen N und O in der Fassung der Verordnung BGBl II Nr. 342/2007 treten mit 10. Dezember 2007 in Kraft. *(BGBl II 2007/342)*

(4) Anlage A Z 31, Anlage B Z 35, Anlage C Z 37, Anlage E Z 25, Anlage F Z 30, Anlage I Z 20 und Anlage L Z 24 in der Fassung der Verordnung BGBl. II Nr. 150/2009 treten mit 31. Dezember 2009 in Kraft. *(BGBl II 2009/150)*

(5) Anlage A Z 19 und 20, Anlage B Z 22 und 23, Anlage C Z 21 und 22, Anlage D Z 18 und 19, Anlage I Z 21 und Anlage M Z 17 und 18 in der Fassung der Verordnung BGBl. II Nr. 354/2009 treten mit 31. Dezember 2009 in Kraft. *(BGBl II 2009/354)*

(6) Z 23 und Z 27 der **Anlage D** in der Fassung der Verordnung BGBl. II Nr. 272/2011 treten mit 1. September 2011 in Kraft. *(BGBl II 2011/272)*

(BGBl II 2006/435)

ANLAGE A

Schuldverschreibungen gemäß § 2 Abs. 1 Z 1 lit. a KAVO und § 78 Abs. 2 und 4 VAG:

1. Bezeichnung des Vermögenswertes
2. Bezeichnung des Emittenten
3. International Securities Identification Number (ISIN – ab 23. April 2003); ersatzweise Wertpapier-Kenn-Nummer (WKN) oder interne Kenn-Nummer
4. Sitz des Emittenten nach Alpha-2 Länder-Code gemäß ISO-Norm (Länderschlüssel – zweistelliger ISO-Code)
5. Bezeichnung der depotführenden Stelle (Erstverwahrer) samt Länderschlüssel – zweistelliger ISOCode
6. Währung (Währungsschlüssel – dreistelliger ISO-Code)
7. Abteilung gemäß § 20 Abs. 2 VAG
8. Anlagegruppe gemäß § 2 Abs. 1 Z 1 lit. a KAVO
9. Gegenstand von Geschäften im Zusammenhang mit derivativen Finanzinstrumenten (ja/nein) – ausgenommen bei Vermögenswerten im Zusammenhang mit Versicherungsprodukten gemäß „§§ 108g bis 108i Einkommensteuergesetz (EStG 1988), BGBl. Nr. 400/1988, in der Fassung des Bundesgesetzes BGBl. I Nr. „101/2009"**"* *(BGBl II 2003/566; * BGBl II 2007/342; ** BGBl II 2009/354)*
10. Nominale am Beginn des Geschäftsjahres in der jeweiligen Währung (Währungsschlüssel – dreistelliger ISO-Code)
11. Nominale des Zu- und/oder Abganges und der Umbuchung in der jeweiligen Währung (Währungsschlüssel – dreistelliger ISO-Code)
12. Nominale am Ende des Geschäftsjahres in der jeweiligen Währung (Währungsschlüssel – dreistelliger ISO-Code)
13. Datum der Eintragung des Zu- und/oder Abganges und der Umbuchung
14. Anschaffungswert der am Ende des Geschäftsjahres vorhandenen Nominale in Euro – ausgenommen Vermögenswerte der Abteilung gemäß § 20 Abs. 2 Z 4 VAG *(BGBl II 2005/383)*
15. Bilanzwert am Beginn des Geschäftsjahres in Euro
16. Buchwert des Zu- und/oder Abganges und der Umbuchung in Euro
17. Bilanzwert am Ende des Geschäftsjahres in Euro
18. Kurs und Fremdwährungskurs oder Kurs unter Einbeziehung des Fremdwährungskurses, jeweils zum Zeitpunkt der Anschaffung
19. Börsenkurs bzw. sonstiger Kurs „und vom Börsenkurs bzw. sonstigen Kurs abweichender Modellkurs" und Fremdwährungskurs oder Börsenkurs bzw. sonstiger Kurs „und vom Börsenkurs bzw. sonstigen Kurs abweichender Modellkurs" unter Einbeziehung des Fremdwährungskurses, jeweils am Ende des Geschäftsjahres *(BGBl II 2009/354)*
20. Börsenwert oder sonstiger Kurswert „und vom Börsenwert oder sonstigen Kurswert abweichender Modellwert" am Ende des Geschäftsjahres in Euro (Zeitwert gemäß § 81h Abs. 4 VAG) *(BGBl II 2009/354)*
21. Jeweils für die Bilanzierung am Ende des Geschäftsjahres maßgebender Kurs und Fremdwährungskurs oder Kurs unter Einbeziehung des Fremdwährungskurses
22. Zu- und/oder Abschreibungen in Euro
23. Anteilige Zinsen gemäß § 2 Abs. 2 KAVO in Euro
24. Geschäftszahl der gemäß § 78 Abs. 2 und 4 VAG erteilten Genehmigung
25. Vermögenswert zur Bedeckung des Deckungserfordernisses für Versicherungsprodukte gemäß §§ 108g bis 108i EStG 1988, sofern der Abteilung gemäß § 20 Abs. 2 Z 4 VAG gewidmet (ja/nein) *(BGBl II 2005/383)*
26. Bezeichnung der Ratingagentur (Standard & Poor's, Moodys, FITCH, sonstige Ratingagentur und Eigenrating) und des Ratingergebnisses (auf Basis der Ratingagentur oder der internen Ratings) – ausgenommen Vermögenswerte der Abteilung gemäß § 20 Abs. 2 Z 5 VAG *(BGBl II 2006/435)*
27. Risikoklasse für strukturierten Vermögenswert gemäß "Leitlinien des Verbandes der Versicherungsunternehmen Österreichs zur Kategorisierung und Bewertung von strukturierten Anlageprodukten" vom 4. Dezember 2001 (Kennzeichnung "1" bis "5") und Kündigungsrecht des Emittenten (ja/nein) – ausgenommen Vermögenswerte der Abteilung gemäß § 20 Abs. 2 Z 5 VAG *(BGBl II 2006/435)*
28. Asset Backed Securitiy/ABS (ja/nein) – ausgenommen Vermögenswerte der Abteilung gemäß § 20 Abs. 2 Z 5 VAG *(BGBl II 2006/435)*
29. Private Equity (ja/nein) – ausgenommen Vermögenswerte der Abteilung gemäß § 20 Abs. 2 Z 5 VAG *(BGBl II 2006/435)*
30. Bezeichnung der Gruppe von Versicherungsverträgen mit einer gemeinsamen Veranlagung, sofern Vermögenswerte der Abteilung gemäß § 20 Abs. 2 Z 4a VAG gewidmet *(BGBl II 2009/150)*
31. Bezeichnung der Unternehmensgruppe gemäß § 3 Abs. 1 Z 14 KAVO – ausgenommen Vermögenswerte der Abteilungen gemäß § 20 Abs. 2 Z 3, 4 und 5 VAG *(BGBl II 2009/150)*
32. OeNB-Identnummer des Emittenten; bei ausländischen Emittenten interne Identnummer,

sofern keine OeNB-Identnummer vorhanden ist *(BGBl II 2009/150)*

33. Kreditart ("GKE-Kreditart") gemäß § 2 Abs. 1 Z 1 lit. e und h der Großkreditmeldungs-Verordnung, BGBl. II Nr. 475/2006, in Verbindung mit der "Richtlinie zur Großkreditevidenzmeldung" der Oesterreichischen Nationalbank, Ausgabe Juli 2008 (Einmalkredite und Darlehen/titrierte Forderungen) *(BGBl II 2009/150)*

ANLAGE B

Schuldverschreibungen und andere verzinsliche Geld- und Kapitalmarktpapiere gemäß § 2 Abs. 1 Z 1 lit. b bis e KAVO und § 78 Abs. 2 und 4 VAG:

1. Bezeichnung des Vermögenswertes
2. ISIN (ab 23. April 2003); ersatzweise WKN oder interne Kenn-Nummer
3. Bezeichnung des Emittenten
4. OeNB-Identnummer des Emittenten; bei ausländischen Emittenten „interne Identnummer, sofern keine OeNB-Identnummer vorhanden ist" *(BGBl II 2009/150)*
5. Sitz des Emittenten (Länderschlüssel – zweistelliger ISO-Code)
6. Bezeichnung des Erstverwahrers samt Länderschlüssel – zweistelliger ISO-Code
7. gesetzlich geregelter fundierter Vermögenswert eines Kreditinstitutes/nicht gesetzlich geregelter fundierter Vermögenswert; Pfand- und Kommunalbriefe sind jedenfalls als gesetzlich geregelte fundierte Vermögenswerte eines Kreditinstitutes zu kennzeichnen *(BGBl II 2009/150)*
8. Notierter oder gehandelter/nicht notierter oder nicht gehandelter Vermögenswert
9. Währung (Währungsschlüssel – dreistelliger ISO-Code)
10. Abteilung gemäß § 20 Abs. 2 VAG
11. Anlagegruppe gemäß § 2 Abs. 1 Z 1 lit. b bis e KAVO
12. Gegenstand von Geschäften im Zusammenhang mit derivativen Finanzinstrumenten (ja/nein) – ausgenommen bei Vermögenswerten im Zusammenhang mit Versicherungsprodukten gemäß §§ 108g bis 108i EStG 1988 *(BGBl II 2003/566)*
13. Nominale „oder Stücke" am Beginn des Geschäftsjahres in der jeweiligen Währung (Währungsschlüssel – dreistelliger ISO-Code) *(BGBl II 2003/566)*
14. Nominale „oder Stücke" des Zu- und/oder Abganges und der Umbuchung in der jeweiligen Währung (Währungsschlüssel – dreistelliger ISO-Code) *(BGBl II 2003/566)*
15. Nominale „oder Stücke" am Ende des Geschäftsjahres in der jeweiligen Währung (Währungsschlüssel – dreistelliger ISO-Code) *(BGBl II 2003/566)*
16. Datum der Eintragung des Zu- und/oder Abganges und der Umbuchung
17. Anschaffungswert der am Ende des Geschäftsjahres vorhandenen Nominale oder Stücke in Euro – ausgenommen Vermögenswerte der Abteilung gemäß § 20 Abs. 2 Z 4 VAG *(BGBl II 2005/383)*
18. Bilanzwert am Beginn des Geschäftsjahres in Euro
19. Buchwert des Zu- und/oder Abganges und der Umbuchung in Euro
20. Bilanzwert am Ende des Geschäftsjahres in Euro
21. Kurs und Fremdwährungskurs oder Kurs unter Einbeziehung des Fremdwährungskurses, jeweils zum Zeitpunkt der Anschaffung
22. Börsenkurs bzw. sonstiger Kurs „und vom Börsenkurs bzw. sonstigen Kurs abweichender Modellkurs" und Fremdwährungskurs oder Börsenkurs bzw. sonstiger Kurs „und vom Börsenkurs bzw. sonstiger Kurs abweichender Modellkurs" unter Einbeziehung des Fremdwährungskurses, jeweils am Ende des Geschäftsjahres *(BGBl II 2009/354)*
23. Börsenwert oder sonstiger Kurswert „und vom Börsenwert oder sonstigen Kurswert abweichender Modellwert" am Ende des Geschäftsjahres in Euro (Zeitwert gemäß § 81h Abs. 4 VAG) *(BGBl II 2009/354)*
24. Jeweils für die Bilanzierung am Ende des Geschäftsjahres maßgebender Kurs und Fremdwährungskurs oder Kurs unter Einbeziehung des Fremdwährungskurses
25. Zu- und/oder Abschreibungen in Euro
26. Anteilige Zinsen gemäß § 2 Abs. 2 KAVO in Euro
27. Zuordnung des Vermögenswertes gemäß § 2 Abs. 1 Z 1 lit. d und e KAVO zum Anlagevermögen im Falle einer Bewertung gemäß § 81h Abs. 2 zweiter Satz VAG (ja/nein)
28. Geschäftszahl der gemäß § 78 Abs. 2 und 4 VAG erteilten Genehmigung
29. Vermögenswert zur Bedeckung des Deckungserfordernisses für Versicherungsprodukte gemäß §§ 108g bis 108i EStG 1988, sofern der Abteilung gemäß § 20 Abs. 2 Z 4 VAG gewidmet (ja/nein) *(BGBl II 2005/383)*
30. Bezeichnung der Ratingagentur (Standard & Poor's, Moodys, FITCH, sonstige Ratingagentur und Eigenrating) und des Ratingergebnisses (auf Basis der Ratingagentur und der internen Ratings) – ausgenommen Vermögenswerte der Abteilung gemäß § 20 Abs. 2 Z 5 VAG *(BGBl II 2006/435)*
31. Risikoklasse für strukturierten Vermögenswert gemäß "Leitlinien des Verbandes der Versi-

cherungsunternehmen Österreichs zur Kategorisierung und Bewertung von strukturierten Anlageprodukten" vom 4. Dezember 2001 (Kennzeichnung "1" bis "5") und Kündigungsrecht des Emittenten (ja/nein) – ausgenommen Vermögenswerte der Abteilung gemäß § 20 Abs. 2 Z 5 VAG *(BGBl II 2006/435)*

32. Asset Backed Security/ABS (ja/nein) – ausgenommen Vermögenswerte der Abteilung gemäß § 20 Abs. 2 Z 5 VAG *(BGBl II 2006/435)*

33. Private Equity (ja/nein) – ausgenommen Vermögenswerte der Abteilung gemäß § 20 Abs. 2 Z 5 VAG *(BGBl II 2006/435)*

34. Bezeichnung der Gruppe von Versicherungsverträgen mit einer gemeinsamen Veranlagung, sofern Vermögenswerte der Abteilung gemäß § 20 Abs. 2 Z 4a VAG gewidmet *(BGBl II 2009/150)*

35. Bezeichnung der Unternehmensgruppe gemäß § 3 Abs. 1 Z 14 KAVO mit Ausnahme der gesetzlich geregelten fundierten Vermögenswerte eines Kreditinstitutes sowie der Pfand- und Kommunalbriefe – ausgenommen Vermögenswerte der Abteilungen gemäß § 20 Abs. 2 Z 3, 4 und 5 VAG *(BGBl II 2009/150)*

36. Kreditart ("GKE-Kreditart") gemäß § 2 Abs. 1 Z 1 lit. e und h der Großkreditmeldungs-Verordnung, BGBl. II Nr. 475/2006, in Verbindung mit der "Richtlinie zur Großkreditevidenzmeldung" der Oesterreichischen Nationalbank, Ausgabe Juli 2008 (Einmalkredite und Darlehen/titrierte Forderungen) *(BGBl II 2009/150)*

ANLAGE C

Aktien, andere Anteilsrechte und Forderungen mit Eigenmittelcharakter gemäß § 2 Abs. 1 Z 2 lit. a bis d KAVO und § 78 Abs. 2 und 4 VAG sowie Anteils- und verbriefte Genussrechte und Kommanditeinlagen gemäß § 2 Abs. 1 Z 5 lit. b und c KAVO und § 78 Abs. 2 und 4 VAG:

1. Bezeichnung des Vermögenswertes

2. ISIN (ab 23. April 2002); ersatzweise WKN oder interne Kenn-Nummer

3. Bezeichnung des Emittenten oder der Gesellschaft mit beschränkter Haftung oder der Kommanditgesellschaft

4. OeNB-Identnummer des Emittenten; bei ausländischen Emittenten „interne Identnummer, sofern keine OeNB-Identnummer vorhanden ist" *(BGBl II 2009/150)*

5. Sitz des Emittenten oder der Gesellschaft mit beschränkter Haftung oder der Kommanditgesellschaft (Länderschlüssel – zweistelliger ISO-Code)

6. Bezeichnung des Erstverwahrers samt Länderschlüssel – zweistelliger ISO-Code

7. Notierter oder gehandelter/nicht notierter oder nicht gehandelter Vermögenswert

8. Währung (Währungsschlüssel – dreistelliger ISO-Code)

9. Abteilung gemäß § 20 Abs. 2 VAG

10. Anlagegruppe gemäß § 2 Abs. 1 Z 2 lit. a bis d und Z 5 lit. b und c KAVO

11. Gegenstand von Geschäften im Zusammenhang mit derivativen Finanzinstrumenten (ja/nein) – ausgenommen bei Vermögenswerten im Zusammenhang mit Versicherungsprodukten gemäß §§ 108g bis 108i EStG 1988 *(BGBl II 2003/566)*

12. Stücke (Aktien- und Wertpapiere über Partizipationskapital) oder Nominale (Wertpapiere über Ergänzungskapital) oder Höhe der in einem öffentlichen Buch eingetragenen Gesellschafteranteile am Beginn des Geschäftsjahres in der jeweiligen Währung (Währungsschlüssel – dreistelliger ISO-Code)

13. Stücke (Aktien- und Wertpapiere über Partizipationskapital) oder Nominale (Wertpapiere über Ergänzungskapital) oder Höhe der in einem öffentlichen Buch eingetragenen Gesellschafteranteile des Zu- und/oder Abganges und der Umbuchung in der jeweiligen Währung (Währungsschlüssel – dreistelliger ISO-Code)

14. Stücke (Aktien- und Wertpapiere über Partizipationskapital) oder Nominale (Wertpapiere über Ergänzungskapital) oder Höhe der in einem öffentlichen Buch eingetragenen Gesellschafteranteile am Ende des Geschäftsjahres in der jeweiligen Währung (Währungsschlüssel – dreistelliger ISO-Code)

15. Datum der Eintragung des Zu- und/oder Abganges und der Umbuchung

16. Anschaffungswert der am Ende des Geschäftsjahres vorhandenen Stücke (Aktien und Wertpapiere über Partizipationskapital) oder Nominale (Wertpapiere über Ergänzungskapital) oder Höhe der in einem öffentlichen Buch eingetragenen Gesellschafteranteile in Euro – ausgenommen Vermögenswerte der Abteilung gemäß § 20 Abs. 2 Z 4 VAG *(BGBl II 2005/383)*

17. Bilanzwert am Beginn des Geschäftsjahres in Euro

18. Buchwert des Zu- und/oder Abganges und der Umbuchung in Euro

19. Bilanzwert am Ende des Geschäftsjahres in Euro

20. Kurs und Fremdwährungskurs oder Kurs unter Einbeziehung des Fremdwährungskurses, jeweils zum Zeitpunkt der Anschaffung

21. Börsenkurs bzw. sonstiger Kurs „und vom Börsenkurs bzw. sonstigen Kurs abweichender Modellkurs" und Fremdwährungskurs oder Börsenkurs bzw. sonstiger Kurs „und vom Börsen-

13/9. VAG-VO
VerzVVU

kurs bzw. sonstigen Kurs abweichender Modellkurs" unter Einbeziehung des Fremdwährungskurses, jeweils am Ende des Geschäftsjahres *(BGBl II 2009/354)*

22. Börsenwert oder sonstiger Kurswert „und vom Börsenwert oder sonstigen Kurswert abweichender Modellwert" am Ende des Geschäftsjahres in Euro (Zeitwert gemäß § 81h Abs. 4 VAG) *(BGBl II 2009/354)*

23. Jeweils für die Bilanzierung am Ende des Geschäftsjahres maßgebender Kurs und Fremdwährungskurs oder Kurs unter Einbeziehung des Fremdwährungskurses

24. Zu- und/oder Abschreibungen in Euro

25. Zuordnung des Vermögenswertes zum Anlagevermögen im Falle einer Bewertung gemäß § 81h Abs. 2 zweiter Satz VAG (ja/nein)

26. Geschäftszahl der gemäß § 78 Abs. 2 und 4 VAG erteilten Genehmigung

27. Vermögenswert zur Bedeckung des Deckungserfordernisses für Versicherungsprodukte gemäß §§ 108g bis 108i EStG 1988, sofern der Abteilung gemäß § 20 Abs. 2 Z 4 VAG gewidmet (ja/nein) *(BGBl II 2005/383)*

28. Bezeichnung der Ratingagentur (Standard & Poor's, Moodys, FITCH, sonstige Ratingagentur und Eigenrating) und des Ratingergebnisses (auf Basis der Ratingagentur oder des internen Ratings) für Vermögenswerte gemäß § 2 Abs. 1 Z 2 lit. b und d KAVO – ausgenommen Vermögenswerte der Abteilung gemäß § 20 Abs. 2 Z 5 VAG *(BGBl II 2006/435)*

29. Risikoklasse für strukturierten Vermögenswert bei Wertpapieren gemäß § 2 Abs. 1 Z 2 lit. b und d KAVO gemäß "Leitlinien des Verbandes der Versicherungsunternehmen Österreichs zur Kategorisierung und Bewertung von strukturierten Anlageprodukten" vom 4. Dezember 2001 (Kennzeichnung "1" bis "5") und Kündigungsrecht des Emittenten (ja/nein) – ausgenommen Vermögenswerte der Abteilung gemäß § 20 Abs. 2 Z 5 VAG *(BGBl II 2006/435)*

30. Private Equity (ja/nein) – ausgenommen Vermögenswerte der Abteilung gemäß § 20 Abs. 2 Z 5 VAG *(BGBl II 2006/435)*

31. Wert der Verbindlichkeiten gemäß § 1 Abs. 2 KAVO in Verbindung mit § 199 UGB, die in der Bilanz nicht auf der Passivseite auszuweisen sind, am Beginn des Geschäftsjahres in Euro *(BGBl II 2006/435)*

32. Datum der Eintragung des Zu- und/oder Abganges und der Umbuchung der Verbindlichkeiten gemäß § 1 Abs. 2 KAVO in Verbindung mit § 199 UGB, die in der Bilanz nicht auf der Passivseite auszuweisen sind *(BGBl II 2006/435)*

33. Wert des Zu- und/oder Abganges und der Umbuchung der Verbindlichkeiten gemäß § 1 Abs. 2 KAVO in Verbindung mit § 199 UGB, die in der Bilanz nicht auf der Passivseite auszuweisen sind, in Euro *(BGBl II 2006/435)*

34. Wert der Verbindlichkeiten gemäß § 1 Abs. 2 KAVO in Verbindung mit § 199 UGB, die in der Bilanz nicht auf der Passivseite auszuweisen sind, am Ende des Geschäftsjahres in Euro *(BGBl II 2006/435)*

35. Für die Wertermittlung der Verbindlichkeiten gemäß § 1 Abs 2 KAVO in Verbindung mit § 199 UGB, die in der Bilanz nicht auf der Passivseite auszuweisen sind, am Ende des Geschäftsjahres maßgebender Fremdwährungskurs *(BGBl II 2006/435)*

36. Bezeichnung der Gruppe von Versicherungsverträgen mit einer gemeinsamen Veranlagung, sofern Vermögenswerte der Abteilung gemäß § 20 Abs. 2 Z 4a VAG gewidmet *(BGBl II 2009/150)*

37. Bezeichnung der Unternehmensgruppe gemäß § 3 Abs. 1 Z 14 KAVO – ausgenommen Vermögenswerte der Abteilung gemäß § 20 Abs. 2 Z 3, 4 und 5 VAG *(BGBl II 2009/150)*

ANLAGE D

Anteile an Organismen für gemeinsame Anlage in Wertpapieren und anderen gemeinschaftlichen Anlagen gemäß § 2 Abs. 1 Z 3 lit. a bis c und Abs. 5 Z 1 der Kapitalanlageverordnung 2002 und gemäß § 78 Abs. 2 und 4 VAG:

1. Bezeichnung des Vermögenswertes

2. ISIN (ab 23. April 2003); ersatzweise WKN oder interne Kenn-Nummer

3. Bezeichnung der Kapitalanlagegesellschaft

4. Sitz der Kapitalanlagegesellschaft (Länderschlüssel – zweistelliger ISO-Code)

5. Bezeichnung des Erstverwahrers samt Länderschlüssel – zweistelliger ISO-Code

6. Währung (Währungsschlüssel – dreistelliger ISO-Code)

7. Abteilung gemäß § 20 Abs. 2 VAG

8. Anlagegruppe gemäß § 2 Abs. 1 Z 3 lit. a bis c und Abs. 5 Z 1 der Kapitalanlageverordnung 2002 gegliedert nach Fondstyp

a) Aktienfonds gemäß § 2 Abs. 1 Z 3 lit. a und b der Kapitalanlageverordnung 2002

b) Rentenfonds gemäß § 2 Abs. 1 Z 3 lit. a und b der Kapitalanlageverordnung 2002

c) gemischter Fonds gemäß § 2 Abs. 1 Z 3 lit. a und b der Kapitalanlageverordnung 2002

d) Immobilien-Investmentfonds und Immobilien- Investmentspezialfonds gemäß § 2 Abs. 1 Z lit. c der Kapitalanlageverordnung 2002 *(BGBl II 2004/432)*

9. Anteile am Beginn des Geschäftsjahres

10. Stückzahl der Anteile des Zu- und/oder Abganges und der Umbuchung
11. Anteile am Ende des Geschäftsjahres
12. Datum der Eintragung des Zu- und/oder Abganges und der Umbuchung
13. Anschaffungswert der am Ende des Geschäftsjahres vorhandenen Anteile in Euro – ausgenommen Vermögenswerte der Abteilungen gemäß § 20 Abs. 2 Z 3 und 4 VAG *(BGBl II 2005/383)*
14. Bilanzwert am Beginn des Geschäftsjahres in Euro
15. Buchwert des Zu- und/oder Abganges und der Umbuchung in Euro
16. Bilanzwert am Ende des Geschäftsjahres in Euro
17. Kurs und Fremdwährungskurs oder Kurs unter Einbeziehung des Fremdwährungskurses, jeweils zum Zeitpunkt der Anschaffung
18. Börsenkurs bzw. errechneter Wert „und vom Börsenkurs bzw. errechneten Wert abweichender Modellkurs" je Anteil und Fremdwährungskurs oder Börsenkurs bzw. errechneter Wert „und vom Börsenkurs bzw. errechneter Wert abweichender Modellkurs" je Anteil unter Einbeziehung des Fremdwährungskurses, jeweils am Ende des Geschäftsjahres *(BGBl II 2009/354)*
19. Börsenwert oder errechneter Wert „und vom Börsenwert oder errechneter Wert abweichender Modellwert" am Ende des Geschäftsjahres in Euro (Zeitwert gemäß § 81h Abs. 4 VAG) *(BGBl II 2009/354)*
20. Jeweils für die Bilanzierung am Ende des Geschäftsjahres maßgebender Kurs bzw. errechneter Wert je Anteil und Fremdwährungskurs oder Kurs bzw. errechneter Wert je Anteil unter Einbeziehung des Fremdwährungskurses
21. Zu- und/oder Abschreibungen in Euro
22. Höhe des Buch- bzw. Bilanzwertes der in gemischten Kapitalanlagefonds enthaltenen
   – Schuldverschreibungen gemäß § 2 Abs. 1 Z 1 lit. a bis c sowie Z 2 lit. b und d der Kapitalanlageverordnung 2002
   – Anteile an Kapitalanlagefonds, die solche Schuldverschreibungen enthalten und
   – liquiden Mittel
in Euro ("Rentenanteil") – ausgenommen Vermögenswerte der Abteilungen gemäß „§ 20 Abs. 2 Z 3, 4 und 5" VAG *(BGBl II 2005/383; BGBl II 2009/150)*
23. Höhe des Buch- bzw. Bilanzwertes der in gemischten Kapitalanlagefonds enthaltenen Anteile an Kapitalanlagefonds gemäß „§ 166 Abs. 1 Z 3 Investmentfondsgesetz 2011 – InvFG 2011, BGBl. I Nr. 77"** ("Subfondsanteil alternativer Investments") in Euro – ausgenommen Vermögenswerte der Abteilungen gemäß „§ 20 Abs. 2 Z 3, 4 und 5"* VAG *(BGBl II 2005/383; *BGBl II 2009/150; **BGBl II 2011/272)*
24. Zuordnung des Vermögenswertes zum Anlagevermögen im Falle einer Bewertung gemäß § 81h Abs. 2 zweiter Satz VAG (ja/nein)
25. Geschäftszahl der gemäß § 78 Abs. 2 und 4 VAG erteilten Genehmigung
26. Vermögenswert zur Bedeckung des Deckungserfordernisses für Versicherungsprodukte gemäß §§ 108g bis 108i EStG 1988, sofern den Abteilungen gemäß § 20 Abs. 2 Z 3 und 4 VAG gewidmet (ja/nein) *(BGBl II 2005/383)*
27. Höhe des Buch- bzw. Bilanzwertes der in gemischten Kapitalanlagefonds enthaltenen Anteile an Kapitalanlagefonds gemäß „§ 166 Abs. 1 Z 4 InvFG 2011"** „(Subfondsanteil Immobilien-Investment(spezial)fonds)"* in Euro – ausgenommen Vermögenswerte der Abteilungen gemäß „§ 20 Abs. 2 Z 3, 4 und 5"* VAG *(BGBl II 2005/383; *BGBl II 2009/150; **BGBl II 2011/272)*
28. Höhe des Buch- bzw. Bilanzwertes der gemischten Kapitalanlagefonds abzüglich Werte von Z 22, 23 und 27 ("Aktienrisikoanteil") in Euro – ausgenommen Vermögenswerte der Abteilungen „§ 20 Abs. 2 Z 3, 4 und 5" VAG *(BGBl II 2005/383; BGBl II 2009/150)*
29. Höhe des mit Derivaten verbundenen Gesamtrisikos in Prozent des Fondsvermögens gemäß § 2 Abs. 1 Z 3 lit. a der Kapitalanlageverordnung 2002 zum jeweiligen Bilanzstichtag – ausgenommen Vermögenswerte der Abteilungen gemäß „§ 20 Abs. 2 Z 3, 4 und 5" VAG *(BGBl II 2005/383; BGBl II 2009/150)*
30. Bezeichnung der Ratingagentur (Standard & Poor's, Moodys, FITCH, sonstige Ratingagentur und internes Rating) und des Ratingergebnisses (auf Basis der Ratingagentur oder des internen Ratings) für Rentenfonds und für den Wert von Z 22 ("Rentenanteil") bei gemischten Kapitalanlagefonds – ausgenommen Vermögenswerte der Abteilungen gemäß § 20 Abs. 2 Z 3 und 5 VAG *(BGBl II 2006/435)*
31. Bezeichnung der Gruppe von Versicherungsverträgen mit einer gemeinsamen Veranlagung, sofern Vermögenswerte der Abteilung gemäß § 20 Abs. 2 Z 4a VAG gewidmet *(BGBl II 2009/150)*
32. Höhe des Buch- bzw. Bilanzwertes der in Rentenfonds und in gemischten Kapitalanlagefonds enthaltenen Asset Backed Securities/ABS – ausgenommen Vermögenswerte der Abteilungen gemäß § 20 Abs. 2 Z 3 und 5 VAG *(BGBl II 2009/150)*
33. Bewertung gemäß § 81h Abs. 2a VAG bei Rentenfonds und gemischten Kapitalanlagefonds (ja/nein) – ausgenommen Vermögenswerte der Abteilungen gemäß § 20 Abs. 2 Z 3 und 4 VAG *(BGBl II 2009/150)*

13/9. VAG-VO
VerzVVU

34. OeNB-Identnummer der Kapitalanlagegesellschaft; bei ausländischen Kapitalanlagegesellschaften interne Identnummer, sofern keine OeNB-Identnummer vorhanden ist *(BGBl II 2009/150)*

ANLAGE E

Darlehen, Kredite und sonstige Forderungen aus Darlehen und Krediten gemäß § 2 Abs. 1 Z 4 lit. a und d KAVO und § 78 Abs. 2 und 4 VAG:

1. Bezeichnung des Darlehens- oder Kreditschuldners
2. Wohn- oder Firmensitz und Land (Länderschlüssel – zweistelliger ISO-Code) des Darlehens- oder Kreditschuldners
3. Bezeichnung des Landes der Belegenheit (Länderschlüssel – zweistelliger ISOCode)
4. Währung (Währungsschlüssel – dreistelliger ISO-Code)
5. Abteilung gemäß § 20 Abs. 2 VAG
6. Anlagegruppe gemäß § 2 Abs. 1 Z 4 lit. a und d KAVO
7. Besicherung (Art, Bezeichnung, Land – Länderschlüssel – zweistelliger ISOCode)
8. Bilanzwert am Beginn des Geschäftsjahres in Euro
9. Datum der Eintragung des Zu- und/oder Abganges und der Umbuchung
10. Buchwert des Zu- und/oder Abganges und der Umbuchung in Euro
11. Bilanzwert am Ende des Geschäftsjahres in Euro
12. Fremdwährungskurs zum Zeitpunkt der Zuzählung
13. Fremdwährungskurs am Ende des Geschäftsjahres
14. Für die Bilanzierung am Ende des Geschäftsjahres maßgebender Fremdwährungskurs
15. Zu- und/oder Abschreibungen in Euro
16. Anteilige Zinsen gemäß § 2 Abs. 2 KAVO in Euro
17. Im Voraus verrechnete Zinsen gemäß § 2 Abs. 3 der Kapitalanlageverordnung 2002 in Euro *(BGBl II 2004/432)*
18. Geschäftszahl der gemäß § 78 Abs. 2 und 4 VAG erteilten Genehmigung
19. Anschaffungswert der am Ende des Geschäftsjahres vorhandenen Forderung in Euro – ausgenommen Vermögenswerte der Abteilung gemäß § 20 Abs. 2 Z 4 VAG *(BGBl II 2005/383)*
20. Vermögenswert zur Bedeckung des Deckungserfordernisses für Versicherungsprodukte gemäß §§ 108g bis 108i EStG 1988, sofern der Abteilung gemäß § 20 Abs. 2 Z 4 VAG gewidmet (ja/nein) *(BGBl II 2005/383)*
21. Zeitwert gemäß § 81h Abs. 4 VAG am Ende des Geschäftsjahres *(BGBl II 2004/432)*
22. Bezeichnung der Ratingagentur (Standard & Poor's, Moodys, FITCH, sonstige Ratingagentur und Eigenrating) und des Ratingergebnisses (auf Basis der Ratingagentur oder des internen Ratings) – ausgenommen Vermögenswerte der Abteilung gemäß § 20 Abs. 2 Z 5 VAG *(BGBl II 2006/435)*
23. Risikoklasse für strukturierten Vermögenswert bei Darlehen und Krediten gemäß § 2 Abs. 1 Z 4 lit. a KAVO gemäß "Leitlinien des Verbandes der Versicherungsunternehmen Österreichs zur Kategorisierung und Bewertung von strukturierten Anlageprodukten" vom 4. Dezember 2001 (Kennzeichnung "1" bis "5") und Kündigungsrecht des Darlehens-/Kreditnehmers (ja/nein) – ausgenommen Vermögenswerte der Abteilung gemäß § 20 Abs. 2 Z 5 VAG *(BGBl II 2006/435)*
24. Bezeichnung der Gruppe von Versicherungsverträgen mit einer gemeinsamen Veranlagung, sofern Vermögenswerte der Abteilung gemäß § 20 Abs. 2 Z 4a VAG gewidmet *(BGBl II 2009/150)*
25. Bezeichnung der Unternehmensgruppe gemäß § 3 Abs. 1 Z 14 KAVO – ausgenommen Vermögenswerte der Abteilungen gemäß § 20 Abs. 2 Z 3, 4 und 5 VAG *(BGBl II 2009/150)*
26. OeNB-Identnummer des Darlehens- oder Kreditschuldners; bei ausländischen Darlehens- oder Kreditschuldnern interne Identnummer, sofern keine OeNB-Identnummer vorhanden ist *(BGBl II 2009/150)*
27. Kreditart ("GKE-Kreditart") gemäß § 2 Abs. 1 Z 1 lit. e und h der Großkreditmeldungs-Verordnung, BGBl. II Nr. 475/2006, in Verbindung mit der "Richtlinie zur Großkreditevidenzmeldung" der Oesterreichischen Nationalbank, Ausgabe Juli 2008 (Einmalkredite und Darlehen/titrierte Forderungen) *(BGBl II 2009/150)*

ANLAGE F

Darlehen, Kredite und sonstige Forderungen aus Darlehen und Krediten gemäß § 2 Abs. 1 Z 4 lit. b, c, e und f und Z 5 lit. d KAVO und § 78 Abs. 2 und 4 VAG:

1. Bezeichnung des Darlehens- oder Kreditschuldners
2. Wohn- oder Firmensitz und Land (Länderschlüssel – zweistelliger ISO-Code) des Darlehens- oder Kreditschuldners
3. OeNB-Identnummer des Darlehens- oder Kreditschuldners, wenn in einer Abteilung gemäß § 20 Abs. 2 VAG bzw. bei den Bedeckungswerten in einer Bilanzabteilung jeweils mehr als 350 000

EUR an Kapitalanlagen mit Ausnahme solcher gemäß § 2 Abs. 1 Z 1 lit. a, Z 4 lit. a und d KAVO beim selben Unternehmen oder Schuldner veranlagt sind „; interne Identnummer, sofern unter 350 000 EUR" *(BGBl II 2003/566; BGBl II 2009/150)*

4. Bezeichnung des Landes der Belegenheit (Länderschlüssel – zweistelliger ISOCode)

5. Währung (Währungsschlüssel – dreistelliger ISO-Code)

6. Abteilung gemäß § 20 Abs. 2 VAG

7. Anlagegruppe gemäß § 2 Abs. 1 Z 4 lit. b, c, e und f und Z 5 lit. d KAVO

8. Besicherung (Art, Bezeichnung, Land – Länderschlüssel – zweistelliger ISOCode)

9. Darlehen im Zusammenhang mit Wertpapier-Leihgeschäften

10. Darlehen an Immobilien-Objektgesellschaften gemäß § 78 Abs. 1 Z 15b VAG

11. Bilanzwert am Beginn des Geschäftsjahres in Euro

12. Datum der Eintragung des Zu- und/oder Abganges und der Umbuchung

13. Buchwert des Zu- und/oder Abganges und der Umbuchung in Euro

14. Bilanzwert am Ende des Geschäftsjahres in Euro

15. Fremdwährungskurs zum Zeitpunkt der Zuzählung

16. Fremdwährungskurs am Ende des Geschäftsjahres

17. Für die Bilanzierung am Ende des Geschäftsjahres maßgebender Fremdwährungskurs

18. Zu- und/oder Abschreibungen in Euro

19. Anteilige Zinsen gemäß § 2 Abs. 2 KAVO in Euro

20. Im Voraus verrechnete Zinsen gemäß § 2 Abs. 3 der Kapitalanlageverordnung 2002 in Euro *(BGBl II 2004/432)*

21. Zuordnung des Vermögenswertes gemäß § 2 Abs. 1 Z 4 lit. f KAVO zum Anlagevermögen im Falle einer Bewertung gemäß § 81h Abs. 2 zweiter Satz VAG (ja/nein)

22. Geschäftszahl der gemäß § 78 Abs. 2 und 4 VAG erteilten Genehmigung

23. Anschaffungswert der am Ende des Geschäftsjahres vorhandenen Forderung in Euro – ausgenommen Vermögenswerte der Abteilung gemäß § 20 Abs. 2 Z 4 VAG *(BGBl II 2005/383)*

24. Vermögenswert zur Bedeckung des Deckungserfordernisses für Versicherungsprodukte gemäß §§ 108g bis 108i EStG 1988, sofern der Abteilung gemäß § 20 Abs. 2 Z 4 VAG gewidmet (ja/nein) *(BGBl II 2005/383)*

25. Zeitwert gemäß § 81h Abs. 4 VAG am Ende des Geschäftsjahres *(BGBl II 2004/432)*

26. Bezeichnung der Ratingagentur (Standard & Poor's, Moodys, FITCH, sonstige Ratingagentur und Eigenrating) und des Ratingergebnisses (auf Basis der Ratingagentur oder des internen Ratings) für Vermögenswerte gemäß § 2 Abs. 1 Z 4 lit. c, d und f KAVO – ausgenommen Vermögenswerte der Abteilung gemäß § 20 Abs. 2 Z 5 VAG *(BGBl II 2006/435)*

27. Risikoklasse für strukturierten Vermögenswert bei Darlehen und Krediten gemäß § 2 Abs. 1 Z 4 lit. c und f KAVO gemäß "Leitlinien des Verbandes der Versicherungsunternehmen Österreichs zur Kategorisierung und Bewertung von strukturierten Anlageprodukten" vom 4. Dezember 2001 (Kennzeichnung "1" bis "5") und Kündigungsrecht des Darlehens-/Kreditnehmers (ja/nein) – ausgenommen Vermögenswerte der Abteilung gemäß § 20 Abs. 2 Z 5 VAG *(BGBl II 2006/435)*

28. Private Equity (ja/nein) – ausgenommen Vermögenswerte der Abteilung gemäß § 20 Abs. 2 Z 5 VAG *(BGBl II 2006/435)*

29. Bezeichnung der Gruppe von Versicherungsverträgen mit einer gemeinsamen Veranlagung, sofern Vermögenswerte der Abteilung gemäß § 20 Abs. 2 Z 4a VAG gewidmet *(BGBl II 2009/150)*

30. Bezeichnung der Unternehmensgruppe gemäß § 3 Abs. 1 Z 14 KAVO – ausgenommen Vermögenswerte der Abteilungen gemäß § 20 Abs. 2 Z 3, 4 und 5 VAG *(BGBl II 2009/150)*

31. Kreditart ("GKE-Kreditart") gemäß § 2 Abs. 1 Z 1 lit. e und h der Großkreditmeldungs-Verordnung, BGBl. II Nr. 475/2006, in Verbindung mit der "Richtlinie zur Großkreditevidenzmeldung" der Oesterreichischen Nationalbank, Ausgabe Juli 2008 (Einmalkredite und Darlehen/titrierte Forderungen) *(BGBl II 2009/150)*

ANLAGE G

Vorauszahlungen auf Polizzen gemäß § 2 Abs. 1 Z 4 lit. g und Abs. 5 Z 4 KAVO und § 78 Abs. 2 und 4 VAG:

1. Bezeichnung des Versicherungsnehmers

2. Polizzen-Nummer des Lebensversicherungsvertrages

3. Bezeichnung des Landes der Belegenheit (Länderschlüssel – zweistelliger ISOCode)

4. Währung (Währungsschlüssel – dreistelliger ISO-Code)

5. Abteilung gemäß § 20 Abs. 2 VAG

6. Anlagegruppe gemäß § 2 Abs. 1 Z 4 lit. g und Abs. 5 Z 3 KAVO

7. Bilanzwert am Beginn des Geschäftsjahres in Euro

8. Datum der Eintragung des Zu- und/oder Abganges und der Umbuchung
9. Buchwert des Zu- und/oder Abganges und der Umbuchung in Euro
10. Bilanzwert am Ende des Geschäftsjahres in Euro
11. Fremdwährungskurs zum Zeitpunkt der Zuzählung
12. Fremdwährungskurs am Ende des Geschäftsjahres
13. Für die Bilanzierung am Ende des Geschäftsjahres maßgebender Fremdwährungskurs
14. Zu- und/oder Abschreibungen in Euro
15. Im Voraus verrechnete Zinsen gemäß § 2 Abs. 3 der Kapitalanlageverordnung 2002 in Euro *(BGBl II 2004/432)*
16. Bezeichnung der Gruppe von Versicherungsverträgen mit einer gemeinsamen Veranlagung, sofern Vermögenswerte der Abteilung gemäß § 20 Abs. 2 Z 4a VAG gewidmet *(BGBl II 2009/150)*

13. Fremdwährungskurs am Ende des Geschäftsjahres
14. Für die Bilanzierung am Ende des Geschäftsjahres maßgebender Fremdwährungskurs
15. Zeitwert am Ende des Geschäftsjahres in Euro gemäß § 81h Abs. 4 VAG
16. Bilanzwert der Schulden gemäß § 1 Abs. 2 KAVO am Beginn des Geschäftsjahres in Euro
17. Datum der Eintragung des Zu- und/oder Abganges und der Umbuchung der Schulden gemäß § 1 Abs. 2 KAVO
18. Buchwert des Zu- und/oder Abganges und der Umbuchung der Schulden gemäß § 1 Abs. 2 KAVO in Euro
19. Bilanzwert der Schulden gemäß § 1 Abs. 2 KAVO am Ende des Geschäftsjahres in Euro
20. Für die Bilanzierung der Schulden gemäß § 1 Abs. 2 KAVO am Ende des Geschäftsjahres maßgebender Fremdwährungskurs
21. Zu- und/oder Abschreibungen in Euro
22. Geschäftszahl der gemäß § 78 Abs. 2 und 4 VAG erteilten Genehmigung
23. Vermögenswert zur Bedeckung des Deckungserfordernisses für Versicherungsprodukte gemäß §§ 108g bis 108i EStG 1988, sofern der Abteilung gemäß § 20 Abs. 2 Z 4 VAG gewidmet (ja/nein) *(BGBl II 2005/383)*
24. Bezeichnung der Gruppe von Versicherungsverträgen mit einer gemeinsamen Veranlagung, sofern Vermögenswerte der Abteilung gemäß § 20 Abs. 2 Z 4a VAG gewidmet *(BGBl II 2009/150)*

ANLAGE H

Liegenschaften und liegenschaftsgleiche Rechte gemäß § 2 Abs. 1 Z 5 lit. a KAVO und § 78 Abs. 2 und 4 VAG:

1. Bezeichnung des Vermögenswertes (Gerichtsbezirk, Katastralgemeinde, Einlagezahl und Anschrift)
2. Belegenheit des Vermögenswertes (Länderschlüssel – zweistelliger ISO-Code)
3. Liegenschaftskomplex gemäß § 3 Abs. 1 Z 5 lit. a KAVO – Angabe der zusammenhängenden anderen Liegenschaften
4. Währung (Währungsschlüssel – dreistelliger ISO-Code)
5. Abteilung gemäß § 20 Abs. 2 VAG
6. Anlagegruppe gemäß § 2 Abs. 1 Z 5 lit. a KAVO
7. Anschaffungs- oder Herstellungswert der am Ende des Geschäftsjahres vorhandenen Liegenschaften und liegenschaftsgleichen Rechte in Euro
8. Bilanzwert am Beginn des Geschäftsjahres in Euro
9. Datum der Eintragung des Zu- und/oder Abganges und der Umbuchung
10. Buchwert des Zu- und/oder Abganges und der Umbuchung in Euro
11. Bilanzwert am Ende des Geschäftsjahres in Euro
12. Fremdwährungskurs zum Zeitpunkt der Zuzählung

ANLAGE I

Guthaben gemäß § 2 Abs. 1 Z 6 lit. a und Abs. 5 Z 3 KAVO und § 78 Abs. 2 und 4 VAG:

1. Bankkonto-/Einlagebuch-Nummer
2. Bezeichnung des kontoführenden Kreditinstituts
3. OeNB-Identnummer des kontoführenden Kreditinstituts; bei ausländischen Kreditinstituten interne Identnummer „", sofern keine OeNB-Identnummer vorhanden ist" *(BGBl II 2009/150)*
4. Bezeichnung des Landes des kontoführenden Kreditinstituts (Länderschlüssel – zweistelliger ISOCode)
5. Verwahrungsort des Einlagebuches (Länderschlüssel – zweistelliger ISO-Code)
6. Währung (Währungsschlüssel – dreistelliger ISO-Code)
7. Abteilung gemäß § 20 Abs. 2 VAG
8. Anlagegruppe gemäß § 2 Abs. 1 Z 6 lit. a und Abs. 5 Z 2 KAVO
9. Bilanzwert am Beginn des Geschäftsjahres in Euro

10. Buchwert des Zu- und/oder Abganges und der Umbuchung in Euro
11. Datum der Eintragung des Zu- und/oder Abganges und der Umbuchung
12. Bilanzwert am Ende des Geschäftsjahres in Euro
13. Fremdwährungskurs am Ende des Geschäftsjahres
14. Für die Bilanzierung am Ende des Geschäftsjahres maßgebender Fremdwährungskurs
15. Zu- und/oder Abschreibungen in Euro
16. Anteilige Zinsen gemäß § 2 Abs. 2 KAVO
17. Geschäftszahl der gemäß § 78 Abs. 4 VAG erteilten Genehmigung
18. Vermögenswert zur Bedeckung des Deckungserfordernisses für Versicherungsprodukte gemäß §§ 108g bis 108i EStG 1988, sofern den Abteilungen gemäß § 20 Abs. 2 Z 3 und 4 VAG gewidmet (ja/nein) *(BGBl II 2005/383)*
19. Bezeichnung der Gruppe von Versicherungsverträgen mit einer gemeinsamen Veranlagung, sofern Vermögenswerte der Abteilung gemäß § 20 Abs. 2 Z 4a VAG gewidmet *(BGBl II 2009/150)*
20. Bezeichnung der Unternehmensgruppe gemäß § 3 Abs. 1 Z 14 KAVO – ausgenommen Vermögenswerte der Abteilungen gemäß § 20 Abs. 2 Z 3, 4 und 5 VAG *(BGBl II 2009/150)*
21. Gegenstand von Geschäften im Zusammenhang mit derivativen Finanzinstrumenten (ja/nein) – ausgenommen bei Vermögenswerten im Zusammenhang mit Versicherungsprodukten gemäß §§ 108g bis 108i EStG 1988 *(BGBl II 2009/354)*

ANLAGE J

Kassenbestände gemäß § 2 Abs. 1 Z 6 lit. b KAVO:

1. Bezeichnung des Verwahrungsortes (Länderschlüssel – zweistelliger ISO-Code)
2. Währung (Währungsschlüssel – dreistelliger ISO-Code)
3. Abteilung gemäß § 20 Abs. 2 VAG
4. Anlagegruppe gemäß § 2 Abs. 1 Z 6 lit. b KAVO
5. Bilanzwert am Beginn des Geschäftsjahres in Euro
6. Datum der Eintragung des Zu- und/oder Abganges und der Umbuchung
7. Betrag des Zu- und/oder Abganges und der Umbuchung in Euro
8. Bilanzwert am Ende des Geschäftsjahres in Euro
9. Fremdwährungskurs am Ende des Geschäftsjahres

10. Für die Bilanzierung am Ende des Geschäftsjahres maßgebender Fremdwährungskurs
11. Zu- und/oder Abschreibungen in Euro
12. Vermögenswert zur Bedeckung des Deckungserfordernisses für Versicherungsprodukte gemäß §§ 108g bis 108i EStG 1988, sofern der Abteilung gemäß § 20 Abs. 2 Z 4 VAG gewidmet (ja/nein) *(BGBl II 2005/383)*
13. Bezeichnung der Gruppe von Versicherungsverträgen mit einer gemeinsamen Veranlagung, sofern Vermögenswerte der Abteilung gemäß § 20 Abs. 2 Z 4a VAG gewidmet *(BGBl II 2009/150)*

ANLAGE K

Vermögenswerte gemäß § 2 Abs. 1 Z 9 KAVO:

Bei Vermögenswerten dieser Anlagegruppe sind die zutreffenden Mindestangaben der Anlagen A bis J sowie L und M aufzuzeichnen.

(BGBl II 2006/435)

ANLAGE L

Rechte aus derivativen Finanzinstrumenten gemäß § 2 Abs. 1 Z 8 KAVO und § 78 Abs. 2 und 4 VAG:

1. Bezeichnung des Vermögenswertes
2. ISIN (ab 23. April 2003); ersatzweise WKN oder interne Kenn-Nummer
3. Bezeichnung des Emittenten/Vertragspartners
4. Sitz des Emittenten/Vertragspartners (Länderschlüssel – zweistelliger ISO-Code)
5. Vertragswährung (Währungsschlüssel – dreistelliger ISO-Code)
6. Abteilung gemäß § 20 Abs. 2 VAG
7. Anlagegruppe gemäß § 2 Abs. 1 Z 8 KAVO
8. Bezeichnung des abzusichernden Vermögenswertes (Basiswertes) im Falle von Microhedges
9. Datum der Eintragung des Zu- und/oder Abganges und der Umbuchung
10. Anschaffungswert der am Ende des Geschäftsjahres vorhandenen Rechte in Euro
11. Bilanzwert am Beginn des Geschäftsjahres in Euro
12. Buchwert des Zu- und/oder Abganges und der Umbuchung in Euro
13. Bilanzwert am Ende des Geschäftsjahres in Euro
14. Kurs und Fremdwährungskurs oder Kurs unter Einbeziehung des Fremdwährungskurses, jeweils zum Zeitpunkt der Anschaffung

15. Börsenkurs bzw. sonstiger Kurs und Fremdwährungskurs oder Börsenkurs bzw. sonstiger Kurs unter Einbeziehung des Fremdwährungskurses, jeweils am Ende des Geschäftsjahres

16. Börsenwert oder sonstiger Kurswert am Ende des Geschäftsjahres in Euro (Zeitwert gemäß § 81h Abs. 4 VAG)

17. Jeweils für die Bilanzierung am Ende des Geschäftsjahres maßgebender Kurs und Fremdwährungskurs oder Kurs unter Einbeziehung des Fremdwährungskurses

18. Zu- und/oder Abschreibungen in Euro

19. Geschäftszahl der gemäß § 78 Abs. 2 und 4 VAG erteilten Genehmigung

20. ISIN; ersatzweise WKN oder interne Kenn-Nummer für den abzusichernden Vermögenswert von Z 8 *(BGBl II 2003/566)*

21. Vermögenswert zur Bedeckung des Deckungserfordernisses für Versicherungsprodukte gemäß §§ 108g bis 108i EStG 1988, sofern der Abteilung gemäß § 20 Abs. 2 Z 4 VAG gewidmet (ja/nein) *(BGBl II 2005/383)*

22. Macrohedge (ja/nein) *(BGBl II 2006/435)*

23. Bezeichnung der Gruppe von Versicherungsverträgen mit einer gemeinsamen Veranlagung, sofern Vermögenswerte der Abteilung gemäß § 20 Abs. 2 Z 4a VAG gewidmet *(BGBl II 2009/150)*

24. Bezeichnung der Unternehmensgruppe gemäß § 3 Abs. 1 Z 14 KAVO – ausgenommen Vermögenswerte der Abteilungen gemäß § 20 Abs. 2 Z 3, 4 und 5 VAG *(BGBl II 2009/150)*

25. OeNB-Identnummer des Emittenten / Vertragspartners; bei ausländischen Emittenten / Vertragspartnern interne Identnummer, sofern keine OeNB-Identnummer vorhanden ist *(BGBl II 2009/150)*

ANLAGE M

Anteile an Kapitalanlagefonds, Schuldverschreibungen, Darlehen, Kredite und sonstige Forderungen aus Darlehen und Krediten gemäß § 2 Abs. 1 Z 7 KAVO und § 78 Abs. 2 und 4 VAG:
Bei Vermögenswerten gemäß § 2 Abs. 1 Z 7 lit. a sind folgende Mindestangaben aufzuzeichnen:

1. Bezeichnung des Vermögenswertes

2. ISIN (ab 23. April 2003); ersatzweise WKN oder interne Kenn-Nummer

3. Bezeichnung des Emittenten / Ausstellers

4. Sitz des Emittenten / Ausstellers (Länderschlüssel - zweistelliger ISO-Code)

5. Bezeichnung des Erstverwahrers samt Länderschlüssel - zweistelliger ISO-Code

6. Währung (Währungsschlüssel - dreistelliger ISO-Code)

7. Abteilung gemäß § 20 Abs. 2 VAG

8. Anteile „oder Nominale" am Beginn des Geschäftsjahres *(BGBl II 2009/150)*

9. Anteile oder Nominale des Zu- und/oder Abganges und der Umbuchung in der jeweiligen Währung (Währungsschlüssel - dreistelliger ISO-Code) *(BGBl II 2009/150)*

10. Anteile „oder Nominale" am Ende des Geschäftsjahres *(BGBl II 2009/150)*

11. Datum der Eintragung des Zu- und/oder Abganges und der Umbuchung

12. Anschaffungswert der am Ende des Geschäftsjahres vorhandenen Anteile „oder Nominale" in Euro - ausgenommen Vermögenswerte der Abteilungen gemäß § 20 Abs. 2 Z 3 und 4 VAG *(BGBl II 2009/150)*

13. Bilanzwert am Beginn des Geschäftsjahres in Euro

14. Wert des Zu- und/oder Abganges und der Umbuchung in Euro

15. Bilanzwert am Ende des Geschäftsjahres in Euro

16. Kurs und Fremdwährungskurs oder Kurs unter Einbeziehung des Fremdwährungskurses, jeweils zum Zeitpunkt der Anschaffung

17. Börsenkurs bzw. errechneter Wert „und vom Börsenkurs bzw. errechneten Wert abweichender Modellkurs"** je Anteil „oder Nominale"* und Fremdwährungskurs oder Börsenkurs bzw. errechneter Wert „und vom Börsenkurs bzw. errechneten Wert abweichender Modellkurs"** je Anteil „oder Nominale"* unter Einbeziehung des Fremdwährungskurses, jeweils am Ende des Geschäftsjahres (**BGBl II 2009/150;* ***BGBl II 2009/354)*

18. Börsenwert oder errechneter Wert „und vom Börsenwert oder errechneten Wert abweichender Modellwert" am Ende des Geschäftsjahres in Euro (Zeitwert gemäß § 81h Abs. 4 VAG) *(BGBl II 2009/354)*

19. Jeweils für die Bilanzierung am Ende des Geschäftsjahres maßgebender Kurs bzw. errechneter Wert je Anteil und Fremdwährungskurs oder Kurs bzw. errechneter Wert je Anteil unter Einbeziehung des Fremdwährungskurses

20. Zu- und/oder Abschreibungen in Euro

21. Zuordnung des Vermögenswertes zum Anlagevermögen im Falle einer Bewertung gemäß § 81h Abs. 2 zweiter Satz VAG (ja/nein)

22. Geschäftszahl der gemäß § 78 Abs. 2 und 4 VAG erteilten Genehmigung

23. Vermögenswert zur Bedeckung des Deckungserfordernisses für Versicherungsprodukte gemäß §§ 108g bis 108i EStG 1988, sofern den Abteilungen gemäß § 20 Abs. 2 Z 3 und Z 4 VAG gewidmet (ja/nein)

24. Bezeichnung der Gruppe von Versicherungsverträgen mit einer gemeinsamen Veranlagung, sofern Vermögenswerte der Abteilung gemäß § 20 Abs. 2 Z 4a VAG gewidmet *(BGBl II 2009/150)*

25. OeNB-Identnummer des Emittenten / Ausstellers; bei ausländischen Emittenten / Ausstellern interne Identnummer, sofern keine OeNB-Identnummer vorhanden ist *(BGBl II 2009/150)*

„Bei Vermögenswerten gemäß § 2 Abs. 1 Z 7 lit. b sind die zutreffenden Mindestangaben der Anlage B mit Ausnahme Z 26 und der Anlage F mit Ausnahme Z 19 und des Schwellenwertes von 350 000 EUR in Z 3 aufzuzeichnen" *(BGBl II 2009/150)*

(BGBl II 2006/435)

ANLAGE N

Forderungen an Zweckgesellschaften gemäß § 3b Abs. 2 KAVO:

1. Bezeichnung der Zweckgesellschaft
2. Firmensitz und Land (Länderschlüssel – zweistelliger ISO-Code) der Zweckgesellschaft
3. Beginn und Ende des Vertrages mit der Zweckgesellschaft
4. Anlagegruppe gemäß § 3b Abs. 2 KAVO
5. Bilanzwert am Beginn des Geschäftsjahres in Euro
6. Datum der Eintragung des Zu- und/oder Abganges
7. Buchwert des Zu- und/oder Abganges in Euro
8. Bilanzwert am Ende des Geschäftsjahres in Euro
9. Zu- und/oder Abschreibungen in Euro
10. OeNB-Identnummer der Zweckgesellschaft; bei ausländischen Zweckgesellschaften interne Identnummer, sofern keine OeNB-Identnummer vorhanden ist *(BGBl II 2009/150)*

(BGBl II 2007/342)

ANLAGE O

Depotforderungen aus dem übernommenen Rückversicherungsgeschäft gemäß § 3b Abs. 3 KAVO:

1. Anlagegruppe gemäß § 3b Abs. 3 KAVO
2. Bilanzwert der Summe der Depotforderungen an Versicherungsunternehmen mit Sitz in einem Vertragsstaat am Beginn des Geschäftsjahres in Euro
3. Datum der Eintragung des Zu- und/oder Abganges der Depotforderungen an Versicherungsunternehmen mit Sitz in einem Vertragsstaat
4. Buchwert des Zu- und/oder Abganges der Depotforderungen an Versicherungsunternehmen mit Sitz in einem Vertragsstaat in Euro
5. Bilanzwert der Summe der Depotforderungen an Versicherungsunternehmen mit Sitz in einem Vertragsstaat am Ende des Geschäftsjahres in Euro
6. Bilanzwert der Summe der Depotverbindlichkeiten gemäß § 3b Abs. 3 KAVO gegenüber denselben Versicherungsunternehmen mit Sitz in einem Vertragsstaat, gegenüber denen auch Depotforderungen bestehen, am Beginn des Geschäftsjahres in Euro
7. Datum der Eintragung des Zu- und/oder Abganges der Depotverbindlichkeiten gemäß § 3b Abs. 3 KAVO gegenüber denselben Versicherungsunternehmen mit Sitz in einem Vertragsstaat, gegenüber denen auch Depotforderungen bestehen
8. Buchwert des Zu- und/oder Abganges der Depotverbindlichkeiten gemäß § 3b Abs. 3 KAVO gegenüber denselben Versicherungsunternehmen mit Sitz in einem Vertragsstaat, gegenüber denen auch Depotforderungen bestehen, in Euro
9. Bilanzwert der Summe der Depotverbindlichkeiten gemäß § 3b Abs. 3 KAVO gegenüber denselben Versicherungsunternehmen mit Sitz in einem Vertragsstaat, gegenüber denen auch Depotforderungen bestehen, am Ende des Geschäftsjahres, in Euro
10. Zu- und/oder Abschreibungen in Euro

(BGBl II 2007/342)

13/10. VAG-VO
ZusatzrückstellungsVO

Zusatzrückstellungs-Verordnung
BGBl II 2003/450 idF

1 BGBl II 2010/358   **2** BGBl II 2014/180

Mit Inkrafttreten des VAG 2016, BGBl. I Nr. 34/2015, treten das VAG, BGBl. 569/1978, und alle auf Grundlage dieses Bundesgesetzes erlassenen Verordnungen mit Ablauf des 31. Dezember 2015 außer Kraft (vgl. § 345 Abs. 1 VAG 2016).

STICHWORTVERZEICHNIS

Anwendungsbereich 1
Begriffsbestimmung 2
Berechnung
– Garantiebetrag 4
– maximaler Verlust 3
– zusätzliche Rückstellungen 5
Garantiebetrag
– Berechnung 4

maximaler Verlust
– Berechnung 3
Mindestbindefrist
– Begriff 2(2)
zusätzliche Rückstellungen
– Bedeckung 6
– Berechnung 5

450. Verordnung der Finanzmarktaufsichtsbehörde (FMA) über die Rückstellung für Kapitalanlagerisiken bei der prämienbegünstigten Zukunftsvorsorge, die über die Kapitalanlagerisiken der Lebensversicherung hinausgehen (Zusatzrückstellungs-Verordnung)

Auf Grund des § 81k Abs. 2 Versicherungsaufsichtsgesetz – VAG, BGBl. Nr. 569/1978, zuletzt geändert durch das Bundesgesetz BGBl. I Nr. 36/2003, wird verordnet:

Anwendungsbereich

§ 1. Für die prämienbegünstigte Zukunftsvorsorge gemäß § 108g bis 108i des Einkommensteuergesetzes 1988, BGBl. Nr. 400, „zuletzt geändert durch BGBl. I Nr. 89/2010," ist eine zusätzliche Rückstellung zu bilden, soweit die der prämienbegünstigten Zukunftsvorsorge zugeordneten Vermögenswerte einen nicht abgesicherten Aktienanteil beinhalten. *(BGBl II 2010/358)*

Begriffsbestimmung

§ 2. (1) Die abgelaufene Vertragsdauer von Vertrag k bis zum aktuellen Bilanzstichtag, zu dem die in dieser Verordnung geregelten Berechnungen durchzuführen sind, wird mit t_k bezeichnet.

(2) Die Mindestbindefrist des Vertrages k wird mit n_k bezeichnet. Nach Ablauf der Mindestbindefrist und Weiterbestehen des Vertrages ist $n_k = t_k + 1$ zu setzen.

(3) Der Marktwert des gesamten Portfolios der prämienbegünstigten Zukunftsvorsorge zum Bilanzstichtag, zu dem die zusätzliche Rückstellung zu bilden ist, wird mit W bezeichnet. Der Marktwert des nicht abgesicherten Aktienanteils des gesamten Portfolios der prämienbegünstigten Zukunftsvorsorge zum Bilanzstichtag, zu dem die zusätzliche Rückstellung zu bilden ist, wird mit $\widetilde{w}$ bezeichnet.

(4) Zur Bestimmung des Abzinsungsfaktors ist ein Zinssatz von $i =$ „2,75%" heranzuziehen. *(BGBl II 2014/180)*

(5) Die j-te Prämieneinzahlung bei Vertrag k wird mit $P_{j,k}$ bezeichnet.

(6) Mit wird im Folgenden die Jahres-Volatilität (in Prozent) eines anerkannten Aktien-Index jener Börse bezeichnet, an welcher der größte Anteil des Portfolios im Jahresdurchschnitt des Geschäftsjahres angelegt ist, zu dessen Ende die zusätzliche Rückstellung zu bilden ist. Für die Ermittlung des Jahresdurchschnitts sind die Zeitwerte der Vermögenswerte an den Monatsenden des Geschäftsjahres heranzuziehen.

Berechnung des maximalen Verlustes

§ 3. Der maximale Verlust L zum Bilanzstichtag ist das Minimum, also der kleinere Wert von $\widetilde{w}$ und $3 \cdot \sigma \cdot \widetilde{w}$:

$$L = \min\{3 \cdot \sigma \cdot \widetilde{w}; \widetilde{w}\}$$

Berechnung des Garantiebetrages

§ 4. (1) Der Garantiebetrag G zum Bilanzstichtag, zu dem die zusätzliche Rückstellung zu bilden ist, wird jeweils aus der abgezinsten Summe der bisherigen Prämieneinzahlungen ermittelt, wobei J_k die Anzahl der bisherigen Prämieneinzahlungen von Vertrag k und K die Gesamtanzahl der Verträge der prämienbegünstigten Zukunftsvorsorge angeben:

$$G = \sum_{k=1}^{K} \left(\frac{1}{(1+i)^{n_k - t_k}} \cdot \left(\sum_{j=1}^{J_k} P_{j,k} \right) \right)$$

(2) Zusätzliche Garantiebeträge bzw. während der Laufzeit zugeteilte Gewinnanteile sind dem Garantiebetrag gemäß Abs. 1 hinzuzurechnen, wobei der Zeitpunkt des Entstehens des Anspruchs auf die jeweilige Leistung zu berücksichtigen ist.

Berechnung der zusätzlichen Rückstellung

§ 5. Die zusätzliche Rückstellung V^{zus} ist folgendermaßen zu berechnen:

$$V^{zus} = max \{L + G - W; 0\}$$

§ 6. Diese zusätzliche Rückstellung ist im Deckungsstock gemäß § 20 Abs. 2 Z 1 VAG zu bedecken.

Inkrafttreten

§ 7. „(1)" § 2 Abs. 4 in der Fassung der Verordnung BGBl. II Nr. 358/2010 tritt mit 1. April 2011 in Kraft. *(BGBl II 2014/180)*

(2) § 2 Abs. 4 in der Fassung der Verordnung BGBl. II Nr. 180/2014 tritt mit 1. Jänner 2015 in Kraft. *(BGBl II 2014/180)*

(BGBl II 2010/358)

Beerdigungskostenverordnung

BGBl II 2003/600 idF

1 BGBl II 2011/122

Mit Inkrafttreten des VAG 2016, BGBl. I Nr. 34/2015, treten das VAG, BGBl. 569/1978, und alle auf Grundlage dieses Bundesgesetzes erlassenen Verordnungen mit Ablauf des 31. Dezember 2015 außer Kraft (vgl. § 345 Abs. 1 VAG 2016).

Verordnung der Finanzmarktaufsichtsbehörde über die Festsetzung eines Höchstbetrages für gewöhnliche Beerdigungskosten (Beerdigungskostenverordnung)

Auf Grund des § 18 Abs. 7 des Versicherungsaufsichtsgesetzes (VAG), BGBl. Nr. 569/1978, zuletzt geändert durch das Bundesgesetz BGBl. I Nr. 36/2003, wird verordnet:

§ 1. Der Höchstbetrag für gewöhnliche Beerdigungskosten im Sinne des § 159 des Versicherungsvertragsgesetzes 1958 (VersVG), BGBl. Nr. 2/1959, zuletzt geändert durch das Bundesgesetz BGBl. I Nr. „58/2010", beträgt „8 000" Euro. Beerdigungskosten im Sinne dieser Bestimmung setzen sich zusammen aus den Kosten eines Begräbnisses und den Kosten eines Grabmals. *(BGBl II 2011/122)*

§ 2. Diese Verordnung tritt mit 1. Jänner 2004 in Kraft.

Verordnung über Inhalt und Gliederung der versicherungsmathematischen Grundlagen

BGBl II 2005/110 idF

1 BGBl II 2006/396   2 BGBl II 2009/91

Mit Inkrafttreten des VAG 2016, BGBl. I Nr. 34/2015, treten das VAG, BGBl. 569/1978, und alle auf Grundlage dieses Bundesgesetzes erlassenen Verordnungen mit Ablauf des 31. Dezember 2015 außer Kraft (vgl. § 345 Abs. 1 VAG 2016).

STICHWORTVERZEICHNIS

Änderung der versicherungsmathematischen Grundlagen 2 (7)
Änderungsversion 3 (1) Z 1a
Anwartschaften 3 (1) Z 17
Anwendungsbereich 1
Ausscheideordnungen 3 (1) Z 16
Auszahlungsbetrag 3 (1) Z 18a

Barwerte 3 (1) Z 17
Begriffsbestimmungen 3
Bezeichnungen 3 (1) Z 15
Biometrische Grundlagen für männliche Versicherte 3 (1) Z 9
Biometrische Grundlagen für weibliche Versicherte 3 (1) Z 10

Definitionen 3 (1) Z 15

E-Mails 1 (2)

Formeln, mathematische 3 (1) Z 14
FMA 1 (2), 1 (3)

Garantien, externe 3 (1) Z 20
Geschäftszweig 3 (1) Z 1
Gewinnkomponenten 3 (1) Z 8b
Gewinnbeteiligung 3 (1) Z 7
Gewinnverband 3 (1) Z 8
Gewinnverwendung 3 (1) Z 8a
Gliederung 2

Höchstgarantiezeit 3 (1) Z 6b

Inhalt 2
Inhaltsverzeichnis 2 (2)
In-Kraft-Treten 4

Kommutationszahlen 3 (1) Z 16
Kosten, rechnungsmäßige 3 (1) Z 13

Mathematische Formeln 3 (1) Z 14
Mindestgarantiezeit 3 (1) Z 6a

Neueinreichung 3 (1) Z 1a
Nummerierung 2 (3)

Optionen, eingebettete 3 (1) Z 19

Prämienzahlungsweise 3 (1) Z 6

Rechnungsgrundlagen
– Begründung der 3 (1) Z 11
– Begründung unterschiedlicher für Prämien bzw. Reserven 3 (1) Z 12
Rechnungsmäßige Kosten 3 (1) Z 13
Rentenzahlungsphase 3 (1) Z 12a
Risikoprämie 3 (1) Z 18

Sparprämie 3 (1) Z 18

Tarif
– Bereiche, mögliche 3 (1) Z 4
– Beschreibung, verbale 3 (1) Z 5
– Gestaltung, Grundsätze der 1 (1), 1 (2), 2 (4), 2 (5)
– neuer 2 (8)
Titelblatt 2 (1)

Veranlagung, Grundlagen der 1 (1), 1 (2)
Verkaufsländer 3 (1) Z 1b
Versicherungsart 3 (1) Z 2
Versicherungsmathematische Grundlagen 2
Vertragszustände, mögliche 3 (1) Z 3
Vorlagepflichten 1 (2), 1 (3)

Wahrscheinlichkeiten 3 (1) Z 16

Zusatztarif 3 (1) Z 5

13/12. VAG-VO VVMGL

Verordnung der Finanzmarktaufsichtsbehörde (FMA) über Inhalt und Gliederung der versicherungsmathematischen Grundlagen (VVMGL)

Auf Grund des § 18 Abs. 1 des Versicherungsaufsichtsgesetzes – VAG, BGBl. Nr. 569/ 1978, zuletzt geändert durch das Bundesgesetz BGBl. I Nr. 8/2005, wird verordnet:

Anwendungsbereich

§ 1. (1) Die für die Erstellung der Tarife und Berechnung der versicherungstechnischen Rückstellung verwendeten versicherungsmathematischen Grundlagen für die Lebensversicherung gemäß Z 19 bis 23 der Anlage A zum VAG gliedern sich in die Grundsätze der Tarifgestaltung gemäß § 2 Abs. 5, in die dafür notwendigen statistischen Datensätze sowie in die Grundlagen der Veranlagung inklusive einer Darstellung des verwendeten Veranlagungsmodells bei fondsgebundenen, indexgebundenen und kapitalanlageorientierten Versicherungsprodukten und bei der prämienbegünstigten Zukunftsvorsorge gemäß §§ 108g bis 108i des Einkommensteuergesetzes 1988 (EStG 1988), BGBl. Nr. 400, in der Fassung des Bundesgesetzes BGBl. I Nr. 140/2008. *(BGBl II 2009/91)*

(2) „Die versicherungsmathematischen Grundlagen sind in elektronischer Form der FMA für jeden Tarif gesondert vorzulegen."* Dabei sind die Grundsätze der Tarifgestaltung gemäß § 2 Abs. 5 und die Grundlagen der Veranlagung inklusive einer Darstellung des verwendeten Veranlagungsmodells bei „fondsgebundenen, indexgebundenen und kapitalanlageorientierten"** Versicherungsprodukten und bei der prämienbegünstigten Zukunftsvorsorge gemäß §§ 108g bis 108i EStG 1988 in einer zu Adobe Acrobat kompatiblen Form und die dafür notwendigen statistischen Datensätze als .csv-Datei entweder per E-Mail an lebensversicherung@fma.gv.at oder auf einem elektronischen Speichermedium der FMA vorzulegen. „E-Mails und übermittelte Dateien sind auf eine maximale Größe von jeweils 5 Megabyte zu beschränken."* *(* BGBl II 2006/396; ** BGBl II 2009/91)*

(3) Zusätzlich zu den in Abs. 2 angeführten Vorlagepflichten ist der FMA unverzüglich schriftlich anzuzeigen, in welcher Form und wann die versicherungsmathematischen Grundlagen der FMA übermittelt worden sind. Sind die versicherungsmathematischen Grundlagen per E-Mail übermittelt worden, so sind speziell das Versendedatum, die E-Mail-Adresse des Absenders und eine detaillierte Aufstellung der im E-Mail mitgeschickten Attachments (Anzahl, alle Dateinamen, jeweils die Dateigröße) anzugeben. Die schriftliche Anzeige ist vom Versicherungsunternehmen firmenmäßig zu zeichnen.

Inhalt und Gliederung der versicherungsmathematischen Grundlagen

§ 2. (1) Die versicherungsmathematischen Grundlagen haben ein Titelblatt zu beinhalten, das mit „Versicherungsmathematische Grundlagen" überschrieben ist. Weiters haben aus dem Titelblatt folgende Daten hervorzugehen: Vollständige Bezeichnung, Adresse, Telefonnummer und Homepage (falls vorhanden) des Versicherungsunternehmens, vollständiger Name, E-Mail-Adresse (falls vorhanden) und Telefonnummer des verantwortlichen Aktuars, vollständiger Name, E-Mail-Adresse (falls vorhanden) und Telefonnummer des stellvertretenden verantwortlichen Aktuars, technische Bezeichnung des Tarifs, Versicherungsart, Produktname des Tarifs, frühest möglicher Versicherungsbeginn, letztmöglicher Versicherungsbeginn, Verkaufsbeginn der vorgelegten Version des Tarifs, Neueinreichung oder Änderungsversion, Verkaufsländer. Der letztmögliche Versicherungsbeginn muss nur angegeben werden, wenn dieser absehbar ist (beispielsweise bei der Tranche einer indexgebundenen Lebensversicherung). *(BGBl II 2006/396)*

(2) Unmittelbar nach dem Titelblatt hat ein Inhaltsverzeichnis zu folgen, in dem die Gliederung gemäß Abs. 5 inklusive der jeweiligen Seitennummern, unter der der entsprechende Punkt zu finden ist, angeführt ist, wobei nur Überschriften der obersten Kategorie anzuführen sind.

(3) Die Seiten in den versicherungsmathematischen Grundlagen sind mit „Seite x von y" zu nummerieren, wobei „x" die aktuelle Seite und „y" die Gesamtanzahl der Seiten in den versicherungsmathematischen Grundlagen (inklusive Beilagen) bezeichnet. „ " *(BGBl II 2006/396)*

(4) In den versicherungsmathematischen Grundlagen sind die Grundsätze der Tarifgestaltung gemäß der in Abs. 5 angeführten Posten gesondert und in der vorgeschriebenen Reihenfolge auszuweisen.

(5) Grundsätze der Tarifgestaltung:
1. Allgemeiner Teil
1.1. Geschäftszweig, technische Bezeichnung des Tarifs, Versicherungsart und Produktname
1.2. Allgemeine Versicherungsbedingungen (freiwillig)
1.3. Mögliche Vertragszustände
1.4. Mögliche Tarifbereiche
1.5. Verbale Tarifbeschreibung
1.6. Prämienzahlungsweise
1.7. „Rentenzahlungsweise"
1.8. „Sofortschutz (freiwillig)"
1.9. „Sonstiges"
(BGBl II 2006/396)
2. Alters- und Zeitbegrenzungen
2.1. Mindestabschlussalter
2.2. Höchstabschlussalter
2.3. Mindestendalter
2.4. Höchstendalter

2.5. „Minimale Laufzeit bzw. minimale Leistungsdauer"
2.6. „Maximale Laufzeit bzw. maximale Leistungsdauer"
2.7. Mindestdauer der Prämienzahlung
2.8. maximale Dauer der Prämienzahlung
2.9. Mindestgarantiezeit
2.10. Höchstgarantiezeit
2.11. Mindestaufschubdauer
2.12. maximale Aufschubdauer
2.13. Wartezeit
2.14. Sonstige Alters- und Zeitbegrenzungen
(BGBl II 2006/396)
3. Summenbegrenzungen
3.1. „Jährliche Mindestprämie bzw. Mindesteinmalprämie"
3.2. „Jährliche Maximalprämie bzw. maximale Einmalprämie"
3.3. Mindestleistung
3.4. Höchstleistung
3.5. Sonstige Summenbegrenzungen
(BGBl II 2006/396)
4. Gewinnsystem
4.1. Gewinnbeteiligung
4.2. Gewinnverband
4.3. „Gewinnverwendung"
4.4. „Gewinnkomponenten"
4.5. „Sonstiges"
(BGBl II 2006/396)
5. *(entfällt, BGBl II 2006/396)*
6. Rechnungsgrundlagen

	Prämie	Reserve
6.1. Biometrische Grundlagen für männliche Versicherte		
6.2. Biometrische Grundlagen für weibliche Versicherte		
6.3. Rechnungszins		
6.4. Sonstige Rechnungsgrundlagen		

6.5. Begründung der Rechnungsgrundlagen
6.6. Begründung unterschiedlicher Rechnungsgrundlagen für Prämien bzw. Reserven
6.7. Prämienalter
6.8. „Rentenzahlungsphase"
6.9. „Sonstiges"
(BGBl II 2006/396)
7. Rechnungsmäßige Kosten
7.1. Abschlusskosten und Zillmersatz
7.2. Inkassokosten
7.3. Verwaltungskosten
7.4. Sicherheitszuschläge
7.5. Stückkostenzuschläge
7.6. Unterjährigkeitszuschläge
7.7. Mahngebühren (freiwillig)
7.8. Umschreibegebühr und Gebühr für Polizzennachträge (freiwillig)
7.9. Stornogebühr (freiwillig)
7.10. Sonstige Zuschläge und Kosten

8. Rabatte
8.1. Summenrabatte
8.2. Prämienrabatte
8.3. Sonstige Rabatte
9. Mathematische Formeln
9.1. Eigene Werte
9.2. Bezeichnungen und Definitionen
9.3. Wahrscheinlichkeiten, Ausscheideordnungen und Kommutationszahlen
9.4. Barwerte und Anwartschaften
9.4a. „Nettoprämie"
9.5. Zillmerprämie
9.6. Bruttoprämie
9.7. Vorgeschriebene Prämie
9.8. Spar- und Risikoprämie
9.9. Reserven
9.9.1. Prämienpflichtig
9.9.2. Prämienfrei
9.9.3. „Einmalerlag und Einmalzuzahlungen"
9.9.4. Zusätzliche Rückstellungen
9.9.5. Verwaltungskostenreserve
9.9.6. Bilanzreserve
9.9.7. Prämienüberträge
9.9.8 Sonstige Reserven
9.10. „Rückkaufswert bzw. Unverfallbarkeitsbetrag"
9.10.1. Prämienpflichtig
9.10.2. Prämienfrei
9.10.3. Einmalerlag
9.11. Reduktionswert
9.12. Ablöse
9.12a. „Auszahlungsbetrag"
9.13. Sonstiges
(BGBl II 2006/396)
10. Eingebettete Optionen
11. „Zusatzversicherungen (inkl. Tarifbezeichnung)"
11.1. „Obligatorische Zusatzversicherungen"
11.2. „Fakultative Zusatzversicherungen"
(BGBl II 2006/396)
12. Externe Garantien
13. Sonstiges

(6) Gibt es zu einzelnen Punkten aus Abs. 5 keine Bemerkungen, so sind die Punkte in den versicherungsmathematischen Grundlagen anzuführen und mit dem Vermerk „entfällt"[1)] zu versehen. Werden Punkte, deren Angabe freiwillig ist, nicht angegeben, so sind diese mit dem Vermerk „keine Angabe"[1)] zu versehen. „Entfällt ein Punkt samt allen Unterpunkten, so genügt es diesen anzuführen und mit dem Vermerk „entfällt"[1)] zu versehen." *(BGBl II 2006/396)*

(7) Bei jeder Änderung der versicherungsmathematischen Grundlagen eines Tarifs sind diese für diesen Tarif vollständig neu vorzulegen. Außerdem sind darin die Änderungen gegenüber den zuletzt eingereichten versicherungsmathematischen Grundlagen zu kennzeichnen. Dazu ist in Punkt „1.9." anzugeben, dass es sich bei den vorgelegten versicherungsmathematischen Grundlagen um eine Änderung handelt und anzu-

geben, wann die ursprünglichen versicherungsmathematischen Grundlagen eingereicht worden sind. Außerdem ist in Punkt „1.9." auch anzuführen, in welchen Punkten gemäß § 2 Abs. 5 es Änderungen gegenüber der letzten Vorlage der versicherungsmathematischen Grundlagen für diesen Tarif gegeben hat und wie diese gekennzeichnet sind. „Bei Änderungen in den Punkten 1.2., 1.6., 1.7., 1.8., 2., 3., 7.4., 7.5., 7.6., 7.7., 7.8., 7.9., 7.10., 8. und 11.2. (samt möglichen Unterpunkten) ist eine Vorlage der versicherungsmathematischen Grundlagen nicht erforderlich." *(BGBl II 2006/396)*

(8) Wird ein neuer Tarif angeboten, der eine Kombination von bisher angebotenen Tarifen darstellt, so sind für diesen die gesamten versicherungsmathematischen Grundlagen neu vorzulegen, sofern durch die Kombination die versicherungsmathematischen Grundlagen geändert werden.

(9) Wird eine neue Tranche eines bereits bestehenden Tarifs einer indexgebundenen „oder einer kapitalanlageorientierten" Lebensversicherung aufgelegt, so ist eine komplette Neuvorlage der versicherungsmathematischen Grundlagen nicht notwendig, sondern es genügt die Vorlage des Titelblattes gemäß § 2 Abs. 1 und der entsprechenden Änderungen mit der Nummerierung gemäß § 2 Abs. 1. Jedenfalls ist die verbale Tarifbeschreibung gemäß Punkt 1.5. in § 2 Abs. 5 vorzulegen. *(BGBl II 2006/396; BGBl II 2009/91)*

(10) Wird bei einem Tarif der fondsgebundenen Lebensversicherung ein neuer Fonds hinzugenommen, so ist eine Vorlage der versicherungsmathematischen Grundlagen nicht notwendig, sofern es keine sonstigen Änderungen in den versicherungsmathematischen Grundlagen gibt. *(BGBl II 2006/396)*

---

[1]) *Hervorhebung des Verordnungsgebers.*

Begriffsbestimmungen

§ 3. „(1)" „Für § 2 Abs. 1 und 5 sind folgende Begriffsbestimmungen maßgebend:" *(BGBl II 2006/396)*

1. Geschäftszweig: Hier ist beispielsweise anzugeben, ob es sich um ein klassisches, fondsgebundenes, indexgebundenes oder kapitalanlageorientiertes Versicherungsprodukt bzw. um ein Mischprodukt aus diesen handelt. Sollte Mischprodukt angegeben werden, so ist genau anzuführen, aus welchen Komponenten dieses wie gemischt ist. Außerdem ist zu erwähnen, ob es sich um einen Haupttarif oder einen Zusatztarif handelt. Weiters ist hier auch anzugeben, ob das Versicherungsprodukt andere Besonderheiten aufweist, die das Versicherungsprodukt von einem klassischen Versicherungsprodukt im herkömmlichen Sinn, insbesondere bezüglich der Risikostruktur, unterscheiden. Weiters ist anzuführen, in welchem Deckungsstock gemäß § 20 Abs. 2 VAG der Tarif geführt wird. Die Angabe des Produktnamens ist nicht verpflichtend, eine Änderung muss der FMA nicht vorgelegt werden. *(BGBl II 2009/91)*

1a. Neueinreichung oder Änderungsversion: Hier ist anzuführen, ob es sich bei den vorgelegten versicherungsmathematischen Grundlagen um einen neuen Tarif (Neueinreichung) oder um die Änderung eines bereits bestehenden Tarifs (Änderungsversion) handelt. Eine Neueinreichung liegt nur dann vor, wenn es gegenüber einem bisher bereits angebotenen Tarif Unterschiede in Punkt 9. gemäß § 2 Abs. 5 bzw. den Unterpunkten von Punkt 9. gibt. Außerdem ist bei einer Änderung die Bezeichnung des Vorgängertarifs anzuführen. *(BGBl II 2006/396)*

1b. Verkaufsländer: Hier ist anzugeben, in welchen Ländern der Tarif aktiv zum Verkauf angeboten wird. *(BGBl II 2006/396)*

2. Versicherungsart: Folgende Versicherungsarten sind möglich: Kapitalversicherung, Ablebensversicherung, Kreditrestschuldversicherung, Rentenversicherung, Erlebensversicherung, prämienbegünstigte Zukunftsvorsorge gemäß §§ 108g bis 108i EStG 1988, fondsgebundene Lebensversicherung, indexgebundene Lebensversicherung, „kapitalanlageorientierte Lebensversicherung," Berufsunfähigkeitsversicherung, Erwerbsunfähigkeitsversicherung, Dread-Disease Versicherung, Pensionszusatzversicherung gemäß § 108b EStG 1988, betriebliche Kollektivversicherung, sonstige Versicherungsart. Handelt es sich um eine sonstige Versicherungsart, so ist diese kurz zu charakterisieren. *(BGBl II 2009/91)*

3. Mögliche Vertragszustände: Hier ist anzugeben, in welchen Zuständen der Vertrag sein kann, beispielsweise prämienpflichtig, prämienfrei (infolge Todes), prämienfrei (mangels Zahlung), usw.

4. Mögliche Tarifbereiche: Hier ist anzugeben, ob es sich um einen Einzel- oder Gruppentarif handelt. Ist das Produkt sowohl für den Einzel- als auch Gruppenvertrieb vorgesehen, so sind alle Punkte zu erläutern, in denen sich der Gruppen- vom Einzeltarif unterscheidet.

5. Verbale Tarifbeschreibung: Hier ist der Tarif verbal detailliert zu beschreiben. Insbesondere muss hervorgehen, welche Versicherungsleistungen im Erlebensfall bzw. im Todesfall fällig werden, welche Leistungen für Witwen- und Waisenversorgung vorgesehen sind, wann der Versicherungsfall eintritt und welche weiteren Versicherungsleistungen fest vereinbart sind (beispielsweise Invaliditätsleistungen). Weiters ist anzuführen, falls der Versicherungsnehmer die Wahl hat, zwischen verschiedenen Veranlagungsarten zu wählen (beispielsweise die Wahl zwischen einem Fonds mit konservativem und einem Fonds mit dynamischem Anlageverhalten

bei einem fondsgebundenen Tarif). Außerdem ist hier bei fonds- bzw. indexgebundenen und ähnlichen Produkten anzugeben, welches Anlageverhalten der veranlagte Fonds (beispielsweise konservativ, dynamisch, usw.) aufweist bzw. welcher Index nachgebildet wird. „Außerdem sind für die fondsgebundene, indexgebundene und kapitalanlageorientierte Lebensversicherung die gewählte Veranlagungsstrategie sowie das Veranlagungsmodell bei Produkten mit Kapitalgarantie, sofern es dafür keine externe Garantie gibt, kurz zu beschreiben (unter Angabe aller verwendeten Parameter und Formeln).“** Weiters sind etwaige Garantien gegenüber dem Versicherungsnehmer (beispielsweise Höchststandsgarantie) kurz zu erläutern. Bei der betrieblichen Kollektivversicherung ist außerdem eine etwaige Nachschussverpflichtung detailliert darzustellen. Weiters ist anzuführen, ob etwaige Anwartschaften auf Hinterbliebenenversorgung kollektiv oder individuell bewertet werden. „Handelt es sich um einen Zusatztarif, so sind alle Tarife (einschließlich Tarifbezeichnung) anzuführen, für die dieser Zusatztarif obligatorisch ist. Wird ein Tarif der BKV leistungsorientiert angeboten, dh. es liegt eine Nachschussverpflichtung für den Arbeitgeber vor, so ist dies detailliert zu erläutern."* *(* BGBl II 2006/396; ** BGBl II 2009/91)*

6. „Prämienzahlungsweise: Hier ist anzugeben, welche Prämienzahlungsweisen möglich sind, beispielsweise monatlich, quartalsweise, halbjährlich, jährlich, Einmalzahlungen oder Einmalerlag." Weiters ist anzuführen, ob Leistungen und Beiträge vor- oder nachschüssig kalkuliert sind. *(BGBl II 2006/396)*

6a. Mindestgarantiezeit: Hier ist bei Tarifen, die eine Garantiezeit beinhalten, die minimale Garantiezeit als absoluter Wert anzugeben. *(BGBl II 2006/396)*

6b. Höchstgarantiezeit: Hier ist bei Tarifen, die eine Garantiezeit beinhalten, die maximale Garantiezeit als absoluter Wert anzugeben. Weiters ist der maximale Prozentsatz anzugeben, der für einen einzelnen Vertrag die Dauer der Garantiezeit bezogen auf die Laufzeit des Vertrages angibt. Ist beispielsweise bei einem Tarif die Höchstgarantiezeit immer die Hälfte der vereinbarten Laufzeit, so ist „50%" anzugeben. *(BGBl II 2006/396)*

7. Gewinnbeteiligung: Hier ist anzuführen, ob der Tarif gewinnberechtigt ist und es ist auf den entsprechenden Gewinnplan (unter Angabe des Gültigkeitsbeginns und der Versionsnummer des Gewinnplans) zu verweisen. *(BGBl II 2006/396)*

8. Gewinnverband: Hier ist anzugeben, welchem Gewinnverband und welchem Abrechnungsverband (bzw. sonstiger Untergliederung) der Tarif zugeordnet wird. *(BGBl II 2006/396)*

8a. Gewinnverwendung: Hier ist die Gewinnverwendung, beispielsweise Bonussystem, verzinsliche Ansammlung, fondsgebundenes Gewinnsystem, anzuführen. *(BGBl II 2006/396)*

8b. Gewinnkomponenten: Hier sind die Gewinnkomponenten, beispielsweise Zinsgewinn, Risikogewinn, Kostengewinn, Zusatzgewinn, aufzuzählen. *(BGBl II 2006/396)*

9. Biometrische Grundlagen für männliche Versicherte: Hier ist auf alle verwendeten Sterbe- und Rententafeln (inklusive verwendeter Altersverschiebungen) sowie andere verwendete biometrische Grundlagen zu verweisen (inklusive Quellenangabe (beispielsweise: AVÖ)), die für die Berechnung der Prämie bzw. der Reserve von männlichen Versicherten verwendet werden. Sollten Modifikationen der offiziellen biometrischen Grundlagen vorgenommen worden sein, so ist die Vorgehensweise inklusive einer Begründung detailliert zu beschreiben. Außerdem sind alle dabei verwendeten mathematischen Formeln anzugeben.

10. Biometrische Grundlagen für weibliche Versicherte: Hier ist auf alle verwendeten Sterbe- und Rententafeln (inklusive verwendeter Altersverschiebungen) sowie andere verwendete biometrische Grundlagen zu verweisen (inklusive Quellenangabe (beispielsweise: AVÖ)), die für die Berechnung der Prämie bzw. der Reserve von weiblichen Versicherten verwendet werden. Sollten Modifikationen der offiziellen biometrischen Grundlagen vorgenommen worden sein, so ist die Vorgehensweise inklusive einer Begründung detailliert zu beschreiben. Außerdem sind alle dabei verwendeten mathematischen Formeln anzugeben.

11. Begründung der Rechnungsgrundlagen: Hier sind die Gründe für die Wahl der Rechnungsgrundlagen in den Punkten 6.1. bis 6.4. jeweils anzuführen.

12. Begründung unterschiedlicher Rechnungsgrundlagen für Prämien bzw. Reserven: Sollte es Unterschiede bei den verwendeten Rechnungsgrundlagen von Prämie bzw. Reserve geben, so sind diese ausführlich zu begründen. Weiters ist genau darzulegen, wie die Unterschiede finanziert (im Falle einer nicht ausreichenden Prämie) bzw. wie die Gewinne verwendet (im Falle einer zu hohen Prämie) werden.

12a. Rentenzahlungsphase: Falls eine Verrentung vorgesehen oder möglich ist, ist hier anzugeben, ob die in Punkt 6.1. bis 6.4. angeführten Rechnungsgrundlagen für die Rentenzahlungsphase garantiert sind. Sind für die Rentenzahlungsphase andere als die in Punkt 6.1. bis 6.4. angeführten Rechnungsgrundlagen garantiert, so sind diese anzugeben. *(BGBl II 2006/396)*

13. Rechnungsmäßige Kosten: Alle Kosten sind in den Punkten 7.1 bis 7.10 inklusive einer Angabe der Bemessungsgrundlage als Zahlenwerte (Prozent- oder Promille-Angabe bei proportionalen Kosten) anzuführen. Weiters ist bei allen

13/12. VAG-VO
VVMGL

Kosten anzugeben, wie oft diese verrechnet werden. Dabei sind die Kosten für Einzelversicherungen und jene für Gruppenversicherungen gesondert anzugeben.

14. Mathematische Formeln: Gemäß § 2 Abs. 5 sind in den Punkten 9.1 bis 9.13 die jeweiligen mathematischen Formeln, Parameter, Variablen und Bezeichnungen gemäß den folgenden Erläuterungen anzugeben. Diese sind alle auf die Versicherungssumme 1 zu normieren; jedenfalls ist anzugeben, wie die einzelnen Werte für eine beliebige Versicherungssumme, die mit „VS" zu bezeichnen ist, zu berechnen sind. Falls für verschiedene Gültigkeitsbereiche verschiedene Formeln verwendet werden, so sind auch diese anzuführen.

Zu jeder Formel ist außerdem der Zahlenwert gemäß den folgenden Vorgaben anzugeben. Sollten Parameter verwendet werden, die im Folgenden nicht festgelegt sind oder sind die im Folgenden angeführten Parameter auf den den Tarif nicht anwendbar, so ist jeweils der kleinstmögliche positive Wert für die Berechnung heranzuziehen. Diese Werte sind gesondert unter Punkt 9.1 gemäß § 2 Abs. 5 anzuführen und zu begründen.

Folgende Werte sind für das Musterbeispiel zu verwenden:

- Eintrittsalter = min (35 Jahre; Höchstabschlussalter gemäß Punkt 2.2)
- Geschlecht = männlich (falls dieser Tarif nur für Frauen vorgesehen ist: Geschlecht = weiblich)
- Vertragslaufzeit = min (10 Jahre bei ausschließlichen Einmalerlags-Tarifen und Risikoversicherungen bzw. 30 Jahre bei allen übrigen Tarifen; maximale Vertragslaufzeit gemäß Punkt 2.6)
- Versicherungssumme = min (Euro 100.000,–; maximale Versicherungssumme)
- Monatliche Rentenzahlung = min (Euro 1.000,–; maximale monatliche Rente)
- Prämienzahlungsdauer = min (30 Jahre; maximale Prämienzahlungsdauer gemäß Punkt 2.8)
- Bestandsdauer = min (10 Jahre; halbe maximale Vertragslaufzeit gemäß Punkt 2.6 (aufgerundet))
- Aufschubdauer = min (30 Jahre; maximale Aufschubdauer gemäß Punkt 2.12)
- Prämienzahlungsweise: jährlich vorschüssig
- Rentenzahlweise: jährlich vorschüssig

(BGBl II 2006/396)

„Für die Darstellung der Formeln ist eine übliche mathematische Darstellungsweise zu wählen, es ist daher insbesondere nicht zulässig, die Formeln in Form eines Programmcodes darzustellen."
(BGBl II 2006/396)

15. Bezeichnungen und Definitionen: Hier sind alle Variablen inklusive Beschreibung anzugeben, die im Weiteren verwendet werden (beispielsweise x … Eintrittsalter, α … Abschlusskosten, t_x …Lebende vom Alter x gemäß Sterbetafel usw.).

16. Wahrscheinlichkeiten, Ausscheideordnungen und Kommutationszahlen: Hier sind alle Wahrscheinlichkeiten (beispielsweise $p_x = 1 - q_x$ … einjährige Überlebenswahrscheinlichkeit eines x-Jährigen), Ausscheideordnungen (beispielsweise

$$l^{aa}_{x-1} (1 - q^{aa}_{x-1} - i_{x-1})$$

…… Ausscheideordnung eines x-Jährigen Aktiven innerhalb eines Jahres noch immer aktiv zu sein) und Kommutationszahlen (beispielsweise $D_x = t_x \cdot v^x$), die im Weiteren verwendet werden, inklusive deren Definition und einer Kurzbeschreibung anzugeben. Für die Definitionen sind ausschließlich zuvor definierte Bezeichnungen zu verwenden.

17. Barwerte und Anwartschaften: Hier sind alle im Weiteren verwendeten Barwertformeln (= Einmalnettoprämie) und Anwartschaftsformeln inklusive einer Definition und verbalen Beschreibung anzugeben, beispielsweise

$$\ddot{a}_x = \frac{N_x}{D_x}$$

… lebenslängliche Leibrente. Dabei sind ausschließlich zuvor definierte Bezeichnungen zu verwenden.

18. Spar- und Risikoprämie: Bei Tarifen, bei denen keine geschlossene mathematische Formel der Bruttoprämie angegeben werden kann (bspw. bei der fonds- und indexgebundenen Lebensversicherung) ist die Aufteilung der Prämie in eine Spar- und Risikoprämie in geeigneter Weise (bspw. in Prozentwerten) anzugeben.

18a. Auszahlungsbetrag: Dies ist jener Betrag, der dem Versicherungsnehmer bei Versicherungsende oder im Versicherungsfall (beispielsweise bei Ableben, im Invaliditätsfall, etc.) ausbezahlt wird. Im Erlebensfall setzt sich der „Auszahlungsbetrag" beispielsweise aus der Summe der Versicherungssumme, der laufenden Gewinnanteile und dem Schlussgewinnanteil zusammen. Der Auszahlungsbetrag ist sowohl für das Versicherungsende als auch für alle möglichen Versicherungsfälle anzugeben. *(BGBl II 2006/396; BGBl II 2009/91)*

19. Eingebettete Optionen: Eine eingebettete Option ist ein vertraglich oder gesetzlich festgelegtes Recht des Versicherungsnehmers, zu einem oder mehreren zukünftigen Zeitpunkten, sofern gegebenenfalls gewisse für die Ausübung der

Option notwendige Bedingungen erfüllt sind, in den Versicherungsvertrag derart einzugreifen, dass sich künftige, d. h. nach der Ausübung der eingebetteten Option liegende, Zahlungsströme hinsichtlich ihrer Zeitpunkte, Höhe oder Eintrittswahrscheinlichkeit verändern.

Hier ist jedenfalls anzugeben, ob im Tarif eine der folgenden eingebetteten Optionen enthalten ist: Rentenwahlrecht mit garantierter Rententafel, Nachversicherungsgarantie bei Heirat, Todesfall oder Geburt eines Kindes, Pflegerentenoption, Teilauszahlungsoption, Kapitalwahlrecht bei aufgeschobener Rentenversicherung, Aufschuboption, Verlängerungsoption, Abrufoption, Fondswechsel, Indexklausel oder Erhöhung der Versicherungssumme. Außerdem sind all jene eingebetteten Optionen anzuführen, die einen wirtschaftlichen Wert darstellen. Weiters ist auszuführen, ob und wie diese Optionen bei der Prämien- und Rückstellungsberechnung berücksichtigt werden. Jede der enthaltenen und angeführten Optionen ist kurz zu beschreiben.

20. Externe Garantien: Hier ist anzugeben, ob für den Tarif Garantien von externen Garantiegebern (beispielsweise einer Bank) vorliegen. Falls ja, ist die vollständige Bezeichnung des Unternehmens anzugeben und in welchen Fällen die Garantie schlagend wird. Weiters ist anzuführen, welche Risiken vom Versicherungsunternehmen und welche vom Versicherungsnehmer getragen werden. *(BGBl II 2006/396)*

(2) Einzelne Punkte der versicherungsmathematischen Grundlagen verschiedener Tarife können zusammengefasst werden, wenn sich diese Tarife in mehreren Punkten gemäß § 2 Abs. 5 nicht unterscheiden. Die Zusammenfassung besteht dann aus einem allgemeinen Teil, der alle gemeinsamen Punkte dieser Tarife enthält, sowie einem speziellen Teil für jeden Tarif. Sowohl im speziellen wie auch im allgemeinen Teil ist die Gliederung gemäß § 2 Abs. 5 einzuhalten. Die Teile sind am Titelblatt entsprechend mit „Allgemeiner Teil" bzw. „Spezieller Teil" zu kennzeichnen. Im allgemeinen Teil sind alle Punkte, die nicht für die alle Tarife gleich sind, mit dem Vermerk „vom Tarif abhängig" zu versehen. Im speziellen Teil ist in jedem Punkt, der im allgemeinen Teil abgehandelt ist, der Vermerk „siehe allgemeiner Teil" anzuführen. Dabei ist auch eine Bezeichnung des allgemeinen Teils erforderlich, der diesen von den anderen allgemeinen Teilen unterscheidet, beispielsweise „siehe allgemeiner Teil – Risikoversicherungen". Zusätzlich ist dabei jeweils das Einreichdatum des allgemeinen Teils anzugeben. Bei einer Änderung in einem der zusammengefassten Tarife sind der allgemeine Teil und der entsprechende spezielle Teil der versicherungsmathematischen Grundlagen der FMA neu vorzulegen. *(BGBl II 2006/396)*

In-Kraft-Treten

§ 4. „(1)" Diese Verordnung tritt mit 1. Juli 2005 in Kraft. *(BGBl II 2006/396)*

(2) § 1 Abs. 2, § 2 Abs. 1, Abs. 3, Abs. 5, Abs. 6, Abs. 7, Abs. 9, Abs. 10, § 3 Abs. 1 erster Satz, Z 1a, Z 1b, Z 5, Z 6, Z 6a, Z 6b, Z 7, Z 8, Z 8a, Z 8b, Z 12a, Z 14, Z 18a und § 3 Abs. 2 in der Fassung der Verordnung BGBl. II Nr. 396/2006, treten mit 1. Jänner 2007 in Kraft. *(BGBl II 2006/396)*

(3) § 1 Abs. 1 und 2, § 2 Abs. 9 und § 3 Abs. 1 Z 1, 2, 5 und 18a in der Fassung der Verordnung BGBl. II Nr. 91/2009 treten mit 1. April 2009 in Kraft. *(BGBl II 2009/91)*

13/13. VAG-VO
AktuarsberichtsVO

Aktuarsberichtsverordnung
BGBl II 2005/228 idF

1 BGBl II 2009/89   2 BGBl II 2013/398

Mit Inkrafttreten des VAG 2016, BGBl. I Nr. 34/2015, treten das VAG, BGBl. 569/1978, und alle auf Grundlage dieses Bundesgesetzes erlassenen Verordnungen mit Ablauf des 31. Dezember 2015 außer Kraft (vgl. § 345 Abs. 1 VAG 2016).

STICHWORTVERZEICHNIS

Aktuarsbericht 2
– Bestätigungsvermerk 2 (8)
– Gliederung 2 (3)
– Inhalt 2 (1)
– Inhaltsverzeichnis 2 (6)
– Nummerierung 2 (5)
– Vermerk 2 (4)
– Vorlagepflichten 2 (7), 2 (8)
Altbestand 1 Z 2

Begriffsbestimmungen 1
Berichtsjahr 1 Z 1

FMA 2 (8), 3 II 2, 3 II 14 a, 3 III 1

Inhalte der Positionen 3
– Allgemeines 3 I
– Altersstruktur 3 II 4
– Analyse des technischen Ergebnisses 3 II 9
– Auflistung der Tarife 3 IV 2
– Berichtsjahr, Änderungen und Neuerungen 3 II 1
– Bestätigungsvermerk 3 III 1
– Deckungsrückstellung
– – Berechnungsmethode der 3 II 5
– – Entwicklung der 3 II 3
– Embedded Value 3 II 14 b

– Fälligkeiten 3 II 13 a
– Gewinnerklärung 3 II 11
– Gewinnverbände 3 II 10
– Kapitalmarktrisiken 3 II 14 f
– Liquiditäts-Risiken 3 II 14 e
– Optionen, Eingebettete 3 II 13 b
– Pauschalrückstellungen 3 II 6
– Risikoanalyse 3 II 14 c
– Risikobeschränkung 3 II 14 g
– Rückkaufswerte, Überprüfung der 3 II 2
– Rückstellung, Zusätzliche 3 II 8
– Rückversicherung 3 II 12
– Sanierung insuffizienter Rechnungsgrundlagen 3 II 14 d
– Schlussfolgerungen 3 II 14 h
– Stresstest
– – Analyse des letzten 3 II 14 a
– – Stellungnahme zum 3 II 14 a
– Überprüfung gemäß § 18 Abs. 1a VAG 3 IV 1
– Zuführungen, Außerordentliche 3 II 7
In-Kraft-Treten 4

Neubestand 1 Z 3

Option, eingebettete 1 Z 5

Tarifklassen, Einteilung 1 Z 4

Verordnung der Finanzmarktaufsichtsbehörde (FMA) über den Bericht des verantwortlichen Aktuars (Aktuarsberichtsverordnung)

Auf Grund des § 85 Abs. 2 Z 7 des Versicherungsaufsichtsgesetzes – VAG, BGBl. Nr. 569/1978, zuletzt geändert durch das Bundesgesetz BGBl. I Nr. 33/2005, wird verordnet:

Begriffsbestimmungen

§ 1. Im Geltungsbereich dieser Verordnung sind folgende Begriffsbestimmungen maßgebend:

1. Berichtsjahr: Jenes Geschäftsjahr, über das der Aktuarsbericht erstellt wird.

2. Altbestand: Tarife, die im Berichtsjahr nicht mehr zum Verkauf angeboten worden sind, von denen es aber noch Verträge im Bestand gibt.

3. Neubestand: Tarife, die im Berichtsjahr zum Verkauf angeboten worden sind.

4. Einteilung der Tarifklassen:

a) Kapitalversicherungen mit Sparanteil mit Gewinnbeteiligung;

b) Ablebensversicherungen einschließlich Kreditrestschuldversicherungen;

c) Liquide Rentenversicherungen mit Gewinnbeteiligung;

d) Renten- und Erlebensversicherungen mit Gewinnbeteiligung in der Aufschubphase;

e) Prämienbegünstigte Verträge gemäß §§ 108a bis 108i des Einkommensteuergesetzes 1988 (EStG 1988), BGBl. Nr. 400, zuletzt geändert durch das Bundesgesetz BGBl. I Nr. 8/2005 (PBV);

f) Fondsgebundene Lebensversicherungen (ohne PBV);

g) Indexgebundene Lebensversicherungen (ohne PBV);

h) Kapitalanlageorientierte Lebensversicherung; *(BGBl II 2009/89)*

„i)" Berufsunfähigkeitsversicherungen (inklusive Zusatzversicherungen); *(BGBl II 2009/89)*

„j)" Dread-Disease Versicherungen (inklusive Zusatzversicherungen); *(BGBl II 2009/89)*

„k)" Betriebliche Kollektivversicherungen; *(BGBl II 2009/89)*

13/13. VAG-VO
AktuarsberichtsVO

„l)" Sonstige. *(BGBl II 2009/89)*

5. Eingebettete Option: Ein vertraglich oder gesetzlich festgelegtes Recht des Versicherungsnehmers, zu einem oder mehreren zukünftigen Zeitpunkten, sofern gewisse für die Ausübung der Option notwendige Bedingungen erfüllt sind, in den Versicherungsvertrag derart einzugreifen, dass sich künftige, d. h. nach der Ausübung der eingebetteten Option liegende, Zahlungsströme hinsichtlich ihrer Zeitpunkte, Höhe oder Eintrittswahrscheinlichkeit verändern. Dazu zählen jedenfalls Rückkaufsoptionen, Prämienfreistellungen, Rentenwahlrechte mit garantierten Rechnungsgrundlagen (insbesondere Rentenafel und Rechnungszins), Nachversicherungsgarantien bei Heirat, Todesfall oder Geburt eines Kindes, Pflegerentenoptionen, Teilauszahlungsoptionen, Kapitalwahlrechte bei aufgeschobener Rentenversicherung, Aufschuboptionen, Verlängerungsoptionen, Abrufoptionen, Indexklauseln oder Erhöhungen der Versicherungssumme.

Aktuarsbericht

§ 2. (1) Der Aktuarsbericht hat ein Titelblatt zu beinhalten, aus dem folgende Daten hervorgehen: Vollständige Bezeichnung, Adresse, Telefonnummer und Homepage (falls vorhanden) des Versicherungsunternehmens, vollständiger Name, Telefonnummer und E-Mail-Adresse (falls vorhanden) des verantwortlichen Aktuars und seines Stellvertreters, Sparte („Lebensversicherung", „Krankenversicherung nach Art der Lebensversicherung" oder „Unfallversicherung nach Art der Lebensversicherung (UPR)"), Erstellungsdatum des Aktuarsberichts sowie das Berichtsjahr.

(2) Der Aktuarsbericht hat in der Lebensversicherung die in Abs. 3 angeführten Positionen gesondert und in der vorgeschriebenen Reihenfolge auszuweisen.

(3) Der Aktuarsbericht ist in folgende Positionen zu gliedern:
I. Allgemeines
II. Die Analyse
1. Änderungen und Neuerungen im Berichtsjahr
2. Überprüfung der Rückkaufswerte
3. Entwicklung der Deckungsrückstellung
4. Altersstruktur
5. Berechnungsmethode der Deckungsrückstellung
6. Pauschalrückstellungen
7. Außerordentliche Zuführungen
8. Zusätzliche Rückstellung
9. Analyse des technischen Ergebnisses
10. Gewinnverbände
11. Gewinnerklärung
12. Rückversicherung
13. Liquiditäts-Vorschau
a) Fälligkeiten
b) Eingebettete Optionen

14. Technische Analyse
a) Stellungnahme zum und Analyse des letzten Stresstests
b) Embedded Value (nicht obligatorisch)
c) Risikoanalyse
d) Sanierung insuffizienter Rechnungsgrundlagen
e) Liquiditäts-Risiken (nicht obligatorisch)
f) Kapitalmarktrisiken (nicht obligatorisch)
g) Risikobeschränkungen (nicht obligatorisch)
h) Schlussfolgerungen
15. Anmerkungen
16. Sonstiges
III. Bestätigungsvermerk
1. Bestätigungsvermerk und Begründung für die Erteilung oder Nichterteilung
2. Unterschrift des verantwortlichen Aktuars
IV. Anhang
1. Überprüfung gemäß § 18 Abs. 1a VAG
2. Auflistung der Tarife
3. Sonstiges

(4) Gibt es zu einzelnen Positionen aus Abs. 3 keine Bemerkungen, so sind die Positionen im Aktuarsbericht anzuführen und mit dem Vermerk „entfällt" zu versehen. Werden Positionen, deren Angabe nicht obligatorisch ist, nicht angegeben, so sind diese mit dem Vermerk „keine Angabe" zu versehen.

(5) Die Seiten im Aktuarsbericht sind mit „Seite x von y" zu nummerieren, wobei „x" die aktuelle Seite und „y" die Gesamtanzahl der Seiten im Aktuarsbericht bezeichnet. Dabei hat die Seiten-Nummerierung mit der Zahl 1 auf der dem Titelblatt folgenden Seite zu beginnen.

(6) Unmittelbar nach dem Titelblatt hat ein Inhaltsverzeichnis zu folgen, in dem alle im Aktuarsbericht enthaltenen Positionen gemäß Abs. 3 inklusive der Seitennummern angeführt sind.

(7) Der Aktuarsbericht ist in elektronischer Form in einer zu Adobe Acrobat kompatiblen Form der FMA vorzulegen, entweder per E-Mail für die Lebensversicherung und die Unfallversicherung nach Art der Lebensversicherung an lebensversicherung@fma.gv.at, für die Krankenversicherung nach Art der Lebensversicherung an krankenversicherung@ fma.gv.at oder auf einem elektronischen Speichermedium.

(8) Zusätzlich zu den in Abs. 7 angeführten Vorlagepflichten ist der FMA unverzüglich schriftlich anzuzeigen, in welcher Form und wann der Aktuarsbericht der FMA übermittelt worden ist. Ist der Aktuarsbericht per E-Mail übermittelt worden, so sind speziell das Versendedatum, die E-Mail-Adresse des Absenders und eine detaillierte Auflistung der im E-Mail mitgeschickten Attachments (Anzahl, alle Dateinamen, jeweils die Dateigröße) anzugeben. Außerdem ist der Bestätigungsvermerk gemäß Abs. 3 Position III. vom Aktuar zu zeichnen und der FMA unverzüglich schriftlich vorzulegen.

13/13. VAG-VO
AktuarsberichtsVO

Inhalte der Positionen

§ 3. Die Inhalte der Positionen gemäß § 2 Abs. 3 sind wie folgt festgelegt:

I. Allgemeines: Hier sind allgemeine Erläuterungen und Kommentare anzuführen. Falls die Deckungsrückstellung für die Tarifklasse „Sonstige" gemäß § 1 Z 4 lit. k) mehr als 1 vH der gesamten Deckungsrückstellung ausmacht, so ist dies hier anzumerken und es sind die in der Tarifklasse „Sonstige" geführten Tarife aufzulisten.

II.1. Änderungen und Neuerungen im Berichtsjahr: Hier sind Änderungen und Neuerungen im Berichtsjahr, beispielsweise neue Tarife, eingestellte Tarife, neuer verantwortlicher Aktuar oder Stellvertreter, usw., anzugeben.

II.2. Überprüfung der Rückkaufswerte: Die Übereinstimmung der an die Versicherungsnehmer mit der Polizze versendeten Rückkaufswerte mit der FMA vorgelegten versicherungsmathematischen Grundlagen ist zu überprüfen. Die Prüfung hat zumindest anhand von Stichproben von allen im Berichtsjahr erstmals angebotenen Tarifen zu erfolgen, wobei die Stichprobenanzahl, die Vorgangsweise zur Auswahl der Stichproben und das Ergebnis der Überprüfung anzugeben sind. Als Berechnungsgrundlage der Überprüfung ist zumindest der Rückkaufswert im zehnten Vertragslaufjahr heranzuziehen. Sollte die Vertragslaufzeit kürzer als elf Jahre sein, so ist der Rückkaufswert zur Hälfte der Vertragslaufzeit (auf ganze Jahre aufgerundet) heranzuziehen.

II.3. Entwicklung der Deckungsrückstellung: Es ist die Entwicklung der Deckungsrückstellung gemäß § 81k VAG des Berichtsjahres und der vier vorangegangenen Geschäftsjahre für jede Tarifklasse gemäß § 1 Z 4 anzugeben. Außerdem ist eine Einschätzung über die künftige Entwicklung der in den verwendeten Rechnungsgrundlagen enthaltenen Sicherheitsspannen abzugeben und zu begründen.

II.4. Altersstruktur: Es ist die Altersstruktur zum Bilanzstichtag des Berichtsjahres für den Rentenbestand, d. h. Rentenversicherungsverträge und Versicherungsverträge mit einer Rentenoption mit garantierten Rechnungsgrundlagen (insbesondere Rententafel und Rechnungszins; getrennt in liquide und nicht-liquide Renten), für Tarife, die altersunabhängig kalkuliert sind und für den gesamten Rentenbestand graphisch darzustellen (in 5-Jahres-Schritten; Männer und Frauen getrennt). Für Tarife, die geschlechtsunabhängig kalkuliert sind, ist der Anteil der männlichen und weiblichen Versicherten graphisch darzustellen. „Weiters ist eine detaillierte Analyse der möglichen Risiken der unter diesem Punkt angeführten Tarife durchzuführen und zu erläutern." *(BGBl II 2009/89)*

II.5. Berechnungsmethode der Deckungsrückstellung: Es ist anzugeben, ob die Berechnung der Deckungsrückstellung nach einer prospektiven oder einer retrospektiven Methode erfolgte (bei Anwendung der retrospektiven Methode ist nachzuweisen, dass sie zu einer ausreichenden Deckungsrückstellung führt), ob sie künftige Aufwendungen für Verwaltungskosten einschließlich Provisionen, soweit sie nicht durch künftige Prämien gedeckt sind, berücksichtigt, ob sie für jeden einzelnen Vertrag oder für eine Gruppe von Verträgen in Summe oder mittels eines statistischen Näherungsverfahrens erfolgte (statistische Näherungsverfahren sind ausführlich zu schildern und zu begründen), und ob sie die vertraglich oder gesetzlich garantierten Rückkaufswerte, die Ansprüche bei Prämienfreistellung, die bereits erworbenen Ansprüche der Versicherungsnehmer auf Gewinnbeteiligung und die dem Versicherungsnehmer eingeräumten eingebetteten Optionen ausreichend berücksichtigt. „Weiters ist zu bestätigen, dass die Bildung der Zinszusatzrückstellung gemäß § 3 Abs. 2 der Höchstzinssatzverordnung, BGBl. Nr. 70/1995 in der Fassung der Verordnung BGBl. II Nr. 396/2013, erfolgte." *(BGBl II 2013/398)*

II.6. Pauschalrückstellungen: Sofern für allgemeine Risiken, bei denen eine Aufteilung auf die einzelnen Verträge nicht vorgenommen werden kann, im Rahmen der Deckungsrückstellung Pauschalrückstellungen, insbesondere für nichtkalkulierte eingebettete Optionen gemäß § 1 Z 5, gebildet werden, sind diese Pauschalrückstellungen gesondert auszuweisen und zu begründen.

II.7. Außerordentliche Zuführungen: Außerordentliche Zuführungen gemäß § 19 Abs. 3 VAG sind anzugeben und zu erläutern.

II.8. Zusätzliche Rückstellung: Ist bei der prämienbegünstigten Zukunftsvorsorge gemäß §§ 108g bis 108i EStG 1988 eine zusätzliche Rückstellung gemäß der Zusatzrückstellungs-Verordnung, BGBl. II Nr. 450/2003 in der jeweils geltenden Fassung, zu bilden, so ist deren Höhe anzugeben. Weiters sind die für deren Berechnung verwendeten Modelle und Parameter ausführlich zu beschreiben und zu erläutern. Dabei ist auch anzuführen, wie die Börse ermittelt wurde, deren Volatilität zur Berechnung des maximalen Verlusts gemäß § 3 Zusatzrückstellungs-Verordnung herangezogen wurde. Dabei ist auch die Datenquelle anzugeben, von welcher die verwendete Volatilität oder die zur Berechnung der Volatilität verwendeten Daten bezogen wurden. Wurde die Volatilität vom Unternehmen berechnet, so sind die Formeln und Datensätze anzuführen, die zur Berechnung der Volatilität verwendet worden sind.

Weiters ist die Entwicklung der Höhe der zusätzlichen Rückstellung seit Einführung des Tarifs anzugeben und in geeigneter Form graphisch darzustellen. Jedenfalls ist anzugeben, wie viel Prozent des Aktienbestandes bei der prämienbegünstigten Zukunftsvorsorge im Berichtsjahr im

Durchschnitt abgesichert waren. Für die Durchschnittsbildung ist das arithmetische Mittel der Absicherungsgrade zu jedem Monatsletzten im Berichtsjahr heranzuziehen. Weiters ist der niedrigste Absicherungsgrad anzuführen, ab welchem die Bildung einer Zusatzrückstellung gemäß Zusatzrückstellungs-Verordnung notwendig ist. Die Berechnung dieses Grenzwertes ist darzustellen.

Außerdem ist auch der kleinste Wertverlust der Aktien im Portfolio der prämienbegünstigten Zukunftsvorsorge anzugeben, ab welchem die Bildung einer Zusatzrückstellung gemäß Zusatzrückstellungs-Verordnung notwendig ist. Die Berechnung dieses Grenzwertes ist darzustellen. Bei externen Kapitalgarantien oder Absicherungsmaßnahmen ist die Laufzeit explizit anzugeben, sowie auch die Möglichkeiten, diese zu erneuern.

II.9. Analyse des technischen Ergebnisses: Die einzelnen Ergebnisquellen, wie beispielsweise Sterblichkeitsergebnis, Zinsergebnis, Zusatzergebnis (Gegenüberstellung der rechnungsmäßigen und tatsächlichen Kosten), usw. sind anzuführen, ausreichend zu beschreiben und mit den Zahlen des Berichtsjahres zu unterlegen. Außerdem ist das versicherungstechnische Ergebnis des Berichtsjahres der Sparte Lebensversicherung anzugeben. Weiters ist die Entwicklung der versicherungstechnischen Ergebnisses des Berichtsjahres und der vier vorangegangenen Geschäftsjahre ausführlich zu analysieren; insbesondere sind Gründe für ein niedrigeres Ergebnis im Berichtsjahr im Vergleich zu dem dem Berichtsjahr vorangegangenen Geschäftsjahr anzugeben.

II.10. Gewinnverbände: Es sind alle Gewinnverbände inklusive eventueller Untergliederungen in Abrechnungsverbände anzugeben, sofern sich die Abrechnungsverbände in der Höhe der Gesamtverzinsung vom Gewinnverband unterscheiden. Außerdem sind für diese Gewinn- und Abrechnungsverbände die Gewinnbeteiligungs-Sätze für das Berichtsjahr anzugeben. Hier ist insbesondere auch darauf einzugehen, wann es Unterscheidungen der Höhe der Gewinnbeteiligung bei der Verwendung derselben Sterbetafel und desselben Rechnungszinssatzes und einer Unterscheidung lediglich zwischen Einmalerlägen und laufender Prämienzahlung gibt. Zusätzlich ist bei einer unterschiedlichen Höhe von verschiedenen Gewinnsätzen anzugeben, weshalb diese unterschiedlich hohen Gewinnanteile sachlich gerechtfertigt sind. Insbesondere ist die Höhe der Gesamtverzinsung im Berichtsjahr für alle Tranchen (Alt- und Neubestand) für Einmalerläge auszuführen. Weiters ist bei jedem Gewinnverband anzuführen, wie viel Prozent der gesamten Deckungsrückstellung des Unternehmens zu diesem Gewinnverband gehören. Außerdem ist anzugeben, ob bei Tarifen mit Vorweggewinnbeteiligung diese Gewinnbeteiligung aus Sicht des Aktuars künftig finanzierbar ist.

II.11. Gewinnerklärung: Es ist anzugeben, wie viel Prozent der Bemessungsgrundlage im Berichtsjahr erklärt worden sind, d. h. der Rückstellung für erfolgsabhängige Prämienrückerstattung bzw. Gewinnbeteiligung der Versicherungsnehmer zugewiesen worden ist, und wie die Aufteilung auf die einzelnen Gewinnverbände vorgenommen worden ist. Dabei ist auch der Berechnung der Bemessungsgrundlage anzuführen. Weiters ist die Entwicklung der Gesamtverzinsung des Berichtsjahres und der vier vorangegangenen Geschäftsjahre anzugeben und speziell im Hinblick auf die Entwicklung zu analysieren.

II.12. Rückversicherung: Das Rückversicherungsergebnis ist kurz zu kommentieren. Insbesondere ist darzulegen, ob das Rückversicherungsergebnis für die Lebensversicherung im Berichtsjahr positiv oder negativ war. Weiters ist darzulegen, ob den Versicherungserfordernissen in angemessenem Ausmaß Rechnung getragen wurde.

II.13.a. Fälligkeiten: Es ist anzugeben, für welchen Prozentsatz der Deckungsrückstellung und für welchen absoluten Wert der Versicherungssumme im auf das Berichtsjahr folgenden Geschäftsjahr Versicherungsverträge auslaufen. Außerdem ist eine Prognose der Sterbewahrscheinlichkeiten des Bestandes, d. h. Ablebensfälle bezogen auf den Gesamtbestand (inklusive einem 95%-igem Konfidenzintervall oder der Standardabweichung), zu erstellen. Diese Angaben sind jeweils für den Gesamtbestand und für die Tarifklassen gemäß § 1 Z 4 anzugeben. Weiters ist anzuführen, inwieweit die im Aktuarsbericht zu dem dem Berichtsjahr vorangegangenen Geschäftsjahr getätigten Annahmen eingetreten sind.

II.13.b. Eingebettete Optionen: Es ist anzugeben, welche eingebetteten Optionen gemäß § 1 Z 5 bei den im auf das Berichtsjahr folgenden Geschäftsjahr fälligen Verträgen ausgeübt werden können. Außerdem ist bei jeder Optionsart anzuführen, wie hoch die Ausübungswahrscheinlichkeit der jeweiligen Option ist. Diese Wahrscheinlichkeit ist aus den bisherigen Erfahrungen im Bestand zu deduzieren. Weiters ist anzuführen, inwieweit die im Aktuarsbericht dem Berichtsjahr vorangegangenen Geschäftsjahr getätigten Annahmen eingetreten sind und ob es besondere Gründe für die aufgetretenen Abweichungen gegeben hat.

II.14.a. Stellungnahme zum und Analyse des letzten Stresstests: Die Ergebnisse des letzten im Berichtsjahr durchgeführten FMA-Stresstests oder eines unternehmenseigenen Stresstests sind aus aktuarieller Sicht detailliert zu erläutern. Falls weder der FMA-Stresstest noch ein unternehmenseigener Stresstest durchgeführt worden sind, so ist „Wurde nicht durchgeführt." zu vermerken.

II.14.b. Embedded Value (nicht obligatorisch): Wird im Unternehmen ein Embedded Value oder ein vergleichbarer Wert für die Sparte Leben gerechnet, so soll dieser angegeben und erläutert werden. Außerdem soll dabei der Present Value of Future Profits angegeben und erläutert werden. Insbesondere sollen der Embedded Value und der Present Value of Future Profits den Werten aus den dem Berichtsjahr vorangegangenen vier Jahren gegenübergestellt werden.

II.14.c. Risikoanalyse: Es sind unter der Annahme von mindestens drei ungünstigen passivseitigen Szenarien in einem Ein-Jahres-Horizont die Auswirkungen auf die Entwicklung der Gewinnbeteiligung, des versicherungstechnischen Ergebnisses und die Eigenmittel zu untersuchen. Weiters ist die Auswahl der Szenarien detailliert zu begründen.

II.14.d. Sanierung insuffizienter Rechnungsgrundlagen: Die Sanierung insuffizient gewordener Rechnungsgrundlagen ist detailliert darzulegen. Weiters ist der gesamte Aufholungsplan inklusive der Aufholung seit Beginn tabellarisch anzuführen, wobei aus der Tabelle zumindest folgende Daten für jedes Jahr XXXX seit Beginn bis zum geplanten Ende der Aufholung hervorzugehen haben: Geplanter Aufholungsbedarf des Jahres XXXX, tatsächlicher Aufholungsbedarf des Jahres XXXX und verbleibender Aufholungsbedarf am Ende des Jahres XXXX.

II.14.e. Liquiditäts-Risiken (nicht obligatorisch): Der Prozess, mit dem das Liquiditäts-Risiko gemessen und gesteuert wird, soll detailliert beschrieben werden; insbesondere sind Konsequenzen bei Liquiditätsengpässen zu erörtern.

II.14.f. Kapitalmarktrisiken (nicht obligatorisch): Es sollen die Kapitalmarktrisiken, die aufgrund der Asset Allokation auftreten können, für jeden Deckungsstock gesondert detailliert analysiert werden.

II.14.g. Risikobeschränkung (nicht obligatorisch): Es sollen die getroffenen Maßnahmen zur Risikobeschränkung und die getroffenen Vorkehrungen zur Beherrschung von solvenzgefährdenden Entwicklungen angegeben werden.

II.14.h. Schlussfolgerungen: Es sind Schlussfolgerungen für die Tätigkeit des verantwortlichen Aktuars aus den Positionen 9. bis 14g. für die auf das Berichtsjahr folgenden drei Jahre anzuführen. Diese sind detailliert zu beschreiben und zu begründen.

III.1. Bestätigungsvermerk gemäß § 24b VAG: Der angeführte Bestätigungsvermerk ist zu erteilen, teilweise oder zur Gänze nicht zu erteilen. Die Erteilung, die teilweise oder ganze Nichterteilung des Bestätigungsvermerks ist ausführlich zu begründen. Bei Nichterteilung sind entsprechende Gegenmaßnahmen anzuführen. *(BGBl II 2009/89)*

Der verantwortliche Aktuar hat mit den Worten: „Ich bestätige, dass die Deckungsrückstellung und die Prämienüberträge nach den hierfür geltenden Vorschriften und versicherungsmathematischen Grundlagen berechnet sind, dass die dabei verwendeten versicherungsmathematischen Grundlagen angemessen sind und dem Prinzip der Vorsicht genügen, dass die Prämien für neu abgeschlossene Versicherungsverträge ausreichen, um aus heutiger Sicht die dauernde Erfüllbarkeit der Verpflichtungen aus den Versicherungsverträgen zu gewährleisten, insbesondere die Bildung angemessener Rückstellungen zu ermöglichen und dass die Gewinnbeteiligung im Geschäftsjahr XXXX für alle Versicherungsnehmer angemessen und im Sinne des jeweils gültigen Gewinnplans verteilt worden ist." den Bestätigungsvermerk zu erteilen, sofern dies aus Sicht des verantwortlichen Aktuars zutrifft, wobei für XXXX das Berichtsjahr einzusetzen ist. Eine ausführliche Begründung dieser Bestätigung ist anzuschließen. Kommt der verantwortliche Aktuar zu dem Schluss, dass einzelne Positionen des Bestätigungsvermerks nicht zutreffend sind, so ist dies festzuhalten, ausführlich zu begründen und der Bestätigungsvermerk ist entsprechend abzuändern. Dies ist zusätzlich durch den Satz: „Der Bestätigungsvermerk wurde nur eingeschränkt erteilt." zu bemerken. Insbesondere ist dabei anzuführen, seit wann dies dem verantwortlichen Aktuar bekannt ist, und welche Maßnahmen bereits getroffen worden sind und noch getroffen werden. Außerdem ist dabei auf die Korrespondenz mit dem Vorstand des Versicherungsunternehmens und mit der FMA hinzuweisen.

IV.1. Überprüfung gemäß § 18 Abs. 1a VAG: Wird im Versicherungsunternehmen die prämienbegünstigte Zukunftsvorsorge ohne externe Kapitalgarantie angeboten, so ist das Ergebnis der Überprüfung der Eignung des Modells und der verwendeten Parameter gemäß § 18 Abs. 1a VAG darzustellen.

IV.2. Auflistung der Tarife: Es ist zumindest eine Auflistung aller Tarife, die sich im Berichtsjahr im Verkauf befunden haben und aller Tarife, die nach dem 31.12.2003 erstmals verkauft worden sind, unterteilt in die Tarifklassen gemäß § 1 Z 4 anzuführen. Dabei sind bei jedem Tarif folgende Angaben zu machen: Einreich- oder Genehmigungsdatum, Neubestand oder Altbestand, Beginndatum des Verkaufs, Auslaufdatum des Verkaufs (bei Altbestand), Gewinnverband und Abrechnungsverband, biometrische Grundlagen (insbesondere Sterbetafel, Rententafel, „Invalidisierungswahrscheinlichkeiten"), sonstige verwendete statistische Daten, Rechnungszins, Höhe der Kostensätze für die Berechnung der Deckungsrückstellung (zahlenmäßige Angabe aller Kostensätze), Höhe des Zillmersatzes und Prozentsatz der Deckungsrückstellung in Bezug auf den Gesamtbestand in der Lebensversicherung. *(BGBl II 2009/89)*

In-Kraft-Treten

§ 4. „(1)" Diese Verordnung tritt mit 1. Jänner 2006 in Kraft und ist erstmals auf den Aktuarsbericht über das Geschäftsjahr 2006 anzuwenden. *(BGBl II 2009/89)*

(2) § 1 Z 4 und § 3 in der Fassung der Verordnung BGBl. II Nr. 89/2009 treten mit 1. April 2009 in Kraft und sind erstmals auf den Aktuarsbericht über das Geschäftsjahr 2009 anzuwenden. *(BGBl II 2009/89)*

(3) § 3 Position II.5. in der Fassung der Verordnung BGBl. II Nr. 398/2013 ist erstmals auf den Aktuarsbericht über das Geschäftsjahr 2013 anzuwenden. *(BGBl II 2013/398)*

Gewinnplan-Verordnung

BGBl II 2006/397 idF

1 BGBl II 2009/90

Mit Inkrafttreten des VAG 2016, BGBl. I Nr. 34/2015, treten das VAG, BGBl. 569/1978, und alle auf Grundlage dieses Bundesgesetzes erlassenen Verordnungen mit Ablauf des 31. Dezember 2015 außer Kraft (vgl. § 345 Abs. 1 VAG 2016).

STICHWORTVERZEICHNIS

Abhängigkeit
– vom Versicherungsbeginn 3 (3) Z 5
– von der Prämienzahlungsweise 3 (3) Z 4
Abrechnungsverbände 3 (2) Z 5
Änderung des Gewinnplans 2 (8)
Änderungen 3 (2) Z 1, 3 (3) Z 1
– Begründung 3 (2) Z 2, 3 (3) Z 2
Anwendungsbereich 1

Begriffsbestimmungen 3
Bemessungsgrundlage 3 (2) Z 4
Bezeichnungen 3 (3) Z 11

Deckungsrückstellung 3 (3) Z 13

Form, elektronische 1 (2), 1 (3)
Formeln 2 (10), 3 (3) Z 11

Gewinn- und Abrechnungsverbände 3 (2) Z 5
Gewinnkarenz 3 (3) Z 7
Gewinnkomponenten 3 (3) Z 14
Gewinnsystem, Art des 3 (3) Z 8
Gewinnverwendung 3 (3) Z 9

Gliederung 2
– des allgemeinen Teils 2 (5)
– – keine Bemerkungen 2 (7)
– – des speziellen Teils 2 (6)
– keine Bemerkungen 2 (7)
Gültigkeitsbeginn 3 (1) Z 2

Inhalt 2
In-Kraft-Treten 4

Rechnungsgrundlagen 3 (3) Z 10

Tarif 3 (3) Z 3
– neuer 2 (9)

Übergangsbestimmungen 4

Verbale Beschreibung 3 (2) Z 3
Versicherungsart 3 (1) Z 1
Versionsnummer 3 (1) Z 3
Vorlagepflicht 1 (2), 1 (3)

Zuteilung im Jahr t 3 (3) Z 12
Zuteilungszyklus 3 (3) Z 6

Verordnung der Finanzmarktaufsichtsbehörde (FMA) über Inhalt und Gliederung des Gewinnplans (Gewinnplan-Verordnung – GPVVU)

Auf Grund des § 18 Abs. 1 sowie des § 85 Abs. 1 des Versicherungsaufsichtsgesetzes – VAG, BGBl. Nr. 569/1978, zuletzt geändert durch das Bundesgesetz BGBl. I Nr. 104/2006, wird verordnet:

Anwendungsbereich

§ 1. (1) Für jeden Tarif der Lebensversicherung, der gewinnberechtigt ist, ist ein Gewinnplan zu erstellen. Jeder Gewinnplan besteht aus einem allgemeinen und einem speziellen Teil. Der allgemeine Teil enthält für das Unternehmen allgemein gültige Aussagen und ist für alle Tarife gemeinsam zu erstellen. Die tarifspezifischen Merkmale sind im speziellen Teil des Gewinnplans darzustellen. Haben verschiedene Tarife identische spezielle Teile des Gewinnplans, so sind die speziellen Teile des Gewinnplans der jeweiligen Tarife in einem gemeinsamen speziellen Teil zusammenzufassen. Bilden mehrere Tarife einen Gewinnverband oder einen Abrechnungsverband (bzw. eine sonstige Untergliederung), so können die speziellen Teile der Gewinnpläne der jeweiligen Tarife in einem gemeinsamen speziellen Teil zusammengefasst werden, sofern es keine wesentlichen Unterschiede in den jeweiligen speziellen Teilen gibt. Dabei sind die Unterschiede entsprechend zu kennzeichnen.

(2) Die Gewinnpläne sind der FMA in elektronischer Form in einer zu Adobe Acrobat kompatiblen Form entweder per E-Mail an lebensversicherung@fma.gv.at oder auf einem elektronischen Speichermedium vorzulegen. E-Mails und übermittelte Dateien sind auf eine maximale Größe von jeweils 5 Megabyte zu beschränken.

(3) Zusätzlich zu den in Abs. 2 angeführten Vorlagepflichten ist der FMA unverzüglich schriftlich anzuzeigen, in welcher Form und wann ein Gewinnplan der FMA übermittelt worden ist. Ist ein Gewinnplan per E-Mail übermittelt worden, so sind speziell das Versendedatum, die E-Mail-Adresse des Absenders und eine detaillierte Aufstellung der dem E-Mail beigefügten Attachments (Anzahl, alle Dateinamen, jeweils die Dateigröße) anzugeben. Die schriftliche Anzeige ist vom Versicherungsunternehmen firmenmäßig zu zeichnen.

Inhalt und Gliederung der Gewinnpläne

§ 2. (1) Jeder Gewinnplan hat ein Titelblatt zu beinhalten, das mit „Gewinnplan – Allgemeiner

Teil" bzw. „Gewinnplan – Spezieller Teil" überschrieben ist. Weiters haben aus dem Titelblatt folgende Daten hervorzugehen: Vollständige Bezeichnung, Adresse, Telefonnummer und Homepage (falls vorhanden) des Versicherungsunternehmens, vollständiger Name, E-Mail-Adresse (falls vorhanden) und Telefonnummer des verantwortlichen Aktuars, vollständiger Name, E-Mail-Adresse (falls vorhanden) und Telefonnummer des stellvertretenden verantwortlichen Aktuars, Versicherungsart jener Tarife, für welche der Gewinnplan gültig ist, Gültigkeitsbeginn der vorgelegten Version des Gewinnplans, Versionsnummer des Gewinnplans.

(2) Unmittelbar nach dem Titelblatt hat ein Inhaltsverzeichnis zu folgen, in dem die Gliederung gemäß Abs. 5 bzw. Abs. 6 inklusive der jeweiligen Seitennummer, unter der der entsprechende Punkt zu finden ist, angeführt ist, wobei nur Überschriften der obersten Kategorie anzuführen sind.

(3) Die Seiten im jeweiligen Teil des Gewinnplans sind mit „Seite x von y" zu nummerieren, wobei „x" die aktuelle Seite und „y" die Gesamtanzahl der Seiten des jeweiligen Gewinnplans bezeichnet.

(4) Im allgemeinen Teil des Gewinnplans sind die in Abs. 5 angeführten Posten und in jedem speziellen Teil des Gewinnplans sind die in Abs. 6 angeführten Posten gesondert und in der vorgeschriebenen Reihenfolge auszuweisen.

(5) Gliederung des allgemeinen Teils des Gewinnplans:

1. Änderungen
2. Begründung der Änderungen
3. Verbale Beschreibung
4. Bemessungsgrundlage
5. Mindestprozentsatz der Bemessungsgrundlage für die Zuführung zur Gewinnrückstellung
6. Gewinn- und Abrechnungsverbände
7. Sonstiges

(6) Gliederung des speziellen Teils des Gewinnplans:

1. **Grundlagen**
   1.1. Einleitung
   1.2. Änderungen
   1.3. Begründung der Änderungen
   1.4. Tarife
   1.5. Abhängigkeit von der Prämienzahlungsweise
   1.6. Abhängigkeit von Versicherungsbeginn und Versicherungsdauer
   1.7. Sonstiges
2. **Zeitablauf der Gewinnbeteiligung**
   2.1. Zuteilungszyklus
   2.2. Gewinnkarenz
   2.3. Sonstiges
3. **Gewinnsystem**
   3.1. Art des Gewinnsystems
   3.2. Gewinnverwendung
      3.2.1. Verbale Beschreibung
      3.2.2. Bemessungsgrundlage
      3.2.3. Formeln
      3.2.4. Vorgangsweise der Ermittlung
   3.3. Gewinnbeteiligung bei Indexerhöhungen oder sonstigen Zuzahlungen
   3.4. Sonstiges
4. **Berechnungen**
   4.1. Rechnungsgrundlagen
   4.2. Bezeichnungen und Formeln
   4.3. Zuteilung im Jahr t
   4.4. Deckungsrückstellung des Gewinnanteils
   4.5. Sonstige Berechnungen
5. **Gewinnkomponenten**
6. **Leistungen**
   6.1. Erleben
      6.1.1. Verbale Beschreibung
      6.1.2. Formel
      6.1.3. Ermittlung des unterjährigen Gewinnanteils
   6.2. Ableben
      6.2.1. Verbale Beschreibung
      6.2.2. Formel
      6.2.3. Ermittlung des unterjährigen Gewinnanteils
   6.3. Rückkauf
      6.3.1. Verbale Beschreibung
      6.3.2. Formel
      6.3.3. Ermittlung des unterjährigen Gewinnanteils
   6.4. Beitragsfreistellung
      6.4.1. Verbale Beschreibung
      6.4.2. Formel
   6.5. Sonstige Leistungen
      6.5.1. Verbale Beschreibung
      6.5.2. Formel
7. **Sonstiges**

(7) Gibt es zu einzelnen Punkten aus Abs. 5 und Abs. 6 keine Bemerkungen, so sind die Punkte im Gewinnplan anzuführen und mit dem Vermerk „entfällt" zu versehen. Entfällt ein Punkt samt allen Unterpunkten, so genügt es diesen anzuführen und mit dem Vermerk „entfällt" zu versehen.

(8) Bei jeder Änderung des speziellen oder allgemeinen Teils des Gewinnplans ist der jeweilige spezielle oder allgemeine Teil für die entsprechenden Tarife vollständig neu vorzulegen. Außerdem sind darin die Änderungen gegenüber dem zuletzt eingereichten Gewinnplan zu kennzeichnen. Dazu ist in Punkt 1.1. anzugeben, dass es sich bei dem vorgelegten Gewinnplan um eine Änderung handelt und wann die Vorgängerversion dieses Gewinnplans eingereicht worden ist. Außerdem ist in Punkt 1.1. auch anzuführen, in welchen Punkten gemäß Abs. 5 und Abs. 6 es Änderungen gegenüber der letzten Vorlage des entsprechenden Gewinnplans gegeben hat und wie diese gekennzeichnet sind. Zusätzlich ist eine vollständig konsolidierte Version (ohne Änderungsmarkierungen) des entsprechenden Gewinnplans vorzulegen. Weiters sind die Änderungen in Punkt 2. des allgemeinen Teils bzw. in Punkt 1.3. des speziellen Teils ausführlich zu begründen.

(9) Wird ein neuer Tarif angeboten, der unter einen bestehenden Gewinnplan fällt, so ist der entsprechende spezielle Teil des Gewinnplans entsprechend Abs. 8 vollständig neu vorzulegen. Gibt es im speziellen Teil des Gewinnplans nur Änderungen in Punkt 1.4., so genügt die Vorlage des Titelblatts gemäß § 2 Abs. 1 und eines Zusatzblattes mit Punkt 1.4.. Die neu aufgenommenen Tarife sind entsprechend zu kennzeichnen. Die Versionsnummer ist gegenüber der letzten Vorlage entsprechend § 3 Abs. 1 Z 3 zu ändern.

(10) Für die Darstellung der Formeln ist eine übliche mathematische Darstellungsweise zu wählen, es ist daher insbesondere nicht zulässig, die Formeln in Form eines Programmcodes darzustellen.

Begriffsbestimmungen

§ 3. (1) Für § 2 Abs. 1 sind folgende Begriffsbestimmungen maßgebend:

1. Versicherungsart: Folgende Versicherungsarten sind möglich: Kapitalversicherung, Ablebensversicherung, Kreditrestschuldversicherung, Rentenversicherung, Erlebensversicherung, prämienbegünstigte Zukunftsvorsorge gemäß §§ 108g bis 108i EStG 1988, fondsgebundene Lebensversicherung, indexgebundene Lebensversicherung, „kapitalanlageorientierte Lebensversicherung," Berufsunfähigkeitsversicherung, Erwerbsunfähigkeitsversicherung, Dread-Disease Versicherung, Pensionszusatzversicherung gemäß § 108b EStG 1988, betriebliche Kollektivversicherung, sonstige Versicherungsart. Handelt es sich um eine sonstige Versicherungsart, so ist diese kurz zu charakterisieren. *(BGBl II 2009/90)*

2. Gültigkeitsbeginn der vorgelegten Version: Hier ist anzuführen, ab wann der vorgelegte Gewinnplan gültig ist. Insbesondere ist bei einer Änderungsversion jenes Datum anzugeben, ab dem die Änderungen gültig sind.

3. Versionsnummer: Hier ist die Nummer der aktuellen Version des vorgelegten Gewinnplans anzuführen. Die Versionsnummer ist fortlaufend zu wählen, sodass eine später in Kraft tretende Version eines Gewinnplans eine höhere Versionsnummer aufzuweisen hat als eine zuvor bereits in Kraft getretene. Es ist nicht zulässig, mehrmals dieselbe Versionsnummer zu vergeben.

(2) Für § 2 Abs. 5 sind folgende Begriffsbestimmungen maßgebend:

1. Änderungen: Hier sind sämtliche Änderungen gegenüber der zuletzt eingereichten Version des allgemeinen Teils sowie dessen Versionsnummer anzuführen.

2. Begründung der Änderungen: Hier sind sämtliche in Punkt 1. angeführten Änderungen ausführlich zu begründen.

3. Verbale Beschreibung: Das Gewinnsystem ist ausführlich verbal zu beschreiben.

4. Bemessungsgrundlage: Hier ist die Bemessungsgrundlage anzuführen, die für die Berechnung der Mindestzuführung zur Gewinnrückstellung verwendet wird.

5. Gewinn- und Abrechnungsverbände: Hier sind alle Gewinn- und Abrechnungsverbände (bzw. sonstige Untergliederungen) des Versicherungsunternehmens anzuführen.

(3) Für § 2 Abs. 6 sind folgende Begriffsbestimmungen maßgebend:

1. Änderungen: Hier sind sämtliche Änderungen gegenüber der zuletzt eingereichten Version des entsprechenden speziellen Teils sowie dessen Versionsnummer anzuführen.

2. Begründung der Änderungen: Hier sind sämtliche in Punkt 1.2. angeführten Änderungen ausführlich zu begründen.

3. Tarife: Hier sind alle Tarife, für die der entsprechende Gewinnplan gilt, anzuführen. Dabei sind folgende Informationen für jeden Tarif tabellarisch anzugeben:

– Tarifbezeichnung

– Versicherungsart

– Biometrische Grundlagen

– Garantierter Rechnungszins

– Bonuszinssatz

– Verkaufsbeginn

4. Abhängigkeit von der Prämienzahlungsweise: Hier ist anzuführen, ob und wie sich die Prämienzahlungsweise auf die Gewinnbeteiligung auswirkt.

5. Abhängigkeit vom Versicherungsbeginn: Hier ist anzuführen, ob und wie die Gewinnbeteiligung vom Versicherungsbeginn im Kalenderjahr abhängt. Weiters ist detailliert zu erläutern, wie sich unterschiedliche Laufzeiten auf die einzelnen Komponenten der Gewinnbeteiligung auswirken.

6. Zuteilungszyklus: Hier ist der Zuteilungszyklus detailliert zu erläutern, speziell ist die Länge jeder Phase anzugeben. Insbesondere ist die Bezeichnung der einzelnen Phasen anzuführen. Weiters ist bei jeder Phase anzugeben, ob diese zu einem Bilanz- oder Versicherungsstichtag endet. Zu jeder Phase ist auch die rechtliche und wirtschaftliche Konsequenz anzuführen.

7. Gewinnkarenz: Hier ist anzuführen, wann es eine erstmalige Erklärung oder Zuweisung der Gewinnbeteiligung gibt. Falls es für unterschiedliche Gewinnanteile unterschiedliche Karenzen gibt, so sind diese anzuführen und zu begründen. Insbesondere ist eine Unterscheidung, die von der Prämienzahlungsweise abhängt, anzuführen.

8. Art des Gewinnsystems: Hier ist anzuführen, um welche Art des Gewinnsystems es sich handelt, beispielsweise um ein mechanisches oder um ein natürliches Gewinnsystem. Weiters ist dieses zu beschreiben.

9. Gewinnverwendung: Hier ist anzuführen, wie die Gewinne verwendet werden, dh. ob es sich um eine verzinsliche Ansammlung, ein Bonussystem, ein fondsgebundenes System, eine Verminderung der Prämien, eine Bonusrente, eine Direktgutschrift oder um ein sonstiges System handelt. Das jeweilige System ist verbal zu erläutern und es sind die Bemessungsgrundlage sowie die verwendeten mathematischen Formeln anzugeben. Bei der Bonusrente sind insbesondere die Formel für den Bonusteil und für die Rentenhöhe anzugeben und es ist anzuführen, wie sich die einzelnen Rentenkomponenten (Stamm- und Bonusrente) bei einer Erhöhung durch Valorisierung entwickeln. Dies ist durch mathematische Formeln darzustellen und verbal zu erläutern. Weiters ist die Entwicklung der Rente bei Änderung der Verzinsung anzugeben, dh. es ist anzuführen, wie sich die Bonusrente ändert, wenn der Bonuszinssatz geändert wird, insbesondere bei einer Absenkung des Gewinnsatzes unter den Bonuszinssatz. Falls Versicherungsnehmer zwischen verschiedenen Gewinnverwendungen wählen können, ist dies anzuführen.

10. Rechnungsgrundlagen: Hier sind die für die Berechnung der Gewinnanteile notwendigen Rechnungsgrundlagen, wie beispielsweise Rechnungszins, Bonuszinssatz oder biometrische Grundlagen anzuführen.

11. Bezeichnungen und Formeln: Hier sind alle Variablen, Wahrscheinlichkeiten, Ausscheideordnungen, Kommutationszahlen, Barwerte, Anwartschaften und sonstige Formeln inklusive Beschreibung und Definition anzugeben, die im Weiteren verwendet werden.

12. Zuteilung im Jahr t: Hier ist die Formel für die Höhe jenes Gewinnanteils, der im Versicherungsjahr t (zum Bilanz- oder Versicherungsstichtag) dem entsprechenden Vertrag gutgeschrieben wird und ab diesem Zeitpunkt garantiert ist, anzuführen.

13. Deckungsrückstellung: Hier ist die Formel der Deckungsrückstellung des Gewinnanteils eines Vertrages zum Bilanzstichtag des Versicherungsjahres t anzuführen.

14. Gewinnkomponenten: Hier sind alle Gewinnkomponenten (beispielsweise Zinsgewinnanteil, Kostengewinnanteil, Risikogewinnanteil, Zusatzgewinnanteil, Schlussgewinnanteil, usw.) als eigener Unterabschnitt (beispielsweise 5.1. Zinsgewinnanteil, 5.2. Kostengewinnanteil, usw.) anzuführen. Für jede dieser Gewinnkomponenten sind eine verbale Beschreibung, die Bemessungsgrundlage, die Formeln und die Vorgangsweise der Ermittlung in Form einer weiteren Untergliederung (beispielsweise 5.1.1. Verbale Beschreibung, usw.) anzuführen. Beim Schlussgewinnanteil ist außerdem anzuführen, ob der Schlussgewinnanteil höher oder niedriger ist als das Zweifache des letzten laufenden Gewinnanteils. Lässt sich dies nicht eindeutig bestimmen, so ist dies kurz zu erläutern.

In-Kraft-Treten und Übergangsbestimmungen

§ 4. (1) Diese Verordnung tritt mit 1. Jänner 2007 in Kraft.

(2) Innerhalb von fünf Monaten ab In-Kraft-Treten dieser Verordnung sind die Gewinnpläne für alle Tarife, die per 1. Jänner 2007 zum Verkauf angeboten werden, der FMA vorzulegen.

(3) Weiters sind innerhalb von neun Monaten ab In-Kraft-Treten dieser Verordnung die Gewinnpläne für alle Tarife, die per 1. Jänner 2007 nicht mehr zum Verkauf angeboten werden, von denen das Versicherungsunternehmen aber noch Verträge verwaltet, der FMA vorzulegen. Dabei sind die wesentlichen Gewinnpläne vorzulegen, sodass die Deckungsrückstellung der Tarife, für die der FMA Gewinnpläne gemäß dieser Verordnung vorgelegt worden sind, mindestens 95 vH der gesamten Deckungsrückstellung des Versicherungsunternehmens ausmachen. Alle Tarife, für die kein Gewinnplan vorgelegt wird, sind tabellarisch inklusive Angabe des Gewinn- und Abrechnungsverbandes sowie des prozentuellen Anteils der Deckungsrückstellung an der gesamten Deckungsrückstellung des Versicherungsunternehmens innerhalb von neun Monaten ab In-Kraft-Treten dieser Verordnung zu erfassen und der FMA vorzulegen.

(4) § 3 Abs. 1 Z 1 in der Fassung der Verordnung BGBl. II Nr. 90/2009 tritt mit 1. April 2009 in Kraft. *(BGBl II 2009/90)*

Gewinnbeteiligungs-Verordnung

BGBl II 2006/398 idF

1 BGBl II 2009/88   **2** BGBl II 2013/397

Mit Inkrafttreten des VAG 2016, BGBl. I Nr. 34/2015, treten das VAG, BGBl. 569/1978, und alle auf Grundlage dieses Bundesgesetzes erlassenen Verordnungen mit Ablauf des 31. Dezember 2015 außer Kraft (vgl. § 345 Abs. 1 VAG 2016).

STICHWORTVERZEICHNIS

Abrechnungsverbände 5
Aufwendungen für die erfolgsabhängige Prämien-
    rückerstattung 2 (1)
– Anrechnung auf den Mindestbetrag 2 (2)

Bemessungsgrundlage 3
– Berechnung 3 (2)

Geltungsbereich 1
Gewinnaufteilung 5

Gewinnberechtigte Lebensversicherungsverträge 1
Gewinnbeteiligung 4
Gewinn- und Abrechnungsverbände 5

Informationspflicht 7
Inkrafttreten 8

Schlussgewinnanteile 6

Verordnung der Finanzmarktaufsichtsbehörde (FMA) über die Gewinnbeteiligung in der Lebensversicherung (Gewinnbeteiligungs-Verordnung – GBVVU)

Auf Grund des § 18 Abs. 4 sowie des § 85 Abs. 1 des Versicherungsaufsichtsgesetzes – VAG, BGBl. Nr. 569/1978, zuletzt geändert durch das Bundesgesetz BGBl. I Nr. 104/2006, wird verordnet:

§ 1. Diese Verordnung gilt für gewinnberechtigte Lebensversicherungsverträge, für die eine gesonderte Abteilung des Deckungsstocks gemäß § 20 Abs. 2 Z 1 (klassische Lebensversicherung), Z 2 (betriebliche Kollektivversicherung) oder Z 4a (kapitalanlageorientierte Lebensversicherung) VAG, BGBl. Nr. 569/1978, in der Fassung BGBl. I Nr. 88/2009, eingerichtet ist.

(BGBl II 2009/88)

§ 2. (1) Die Aufwendungen für die erfolgsabhängige Prämienrückerstattung bzw. Gewinnbeteiligung der Versicherungsnehmer (§ 81e Abs. 4 Z III.8. VAG) zuzüglich allfälliger Direktgutschriften haben in jedem Geschäftsjahr mindestens 85 vH der Bemessungsgrundlage zu betragen.

(2) Auf den Mindestbetrag gemäß Abs. 1 können Aufwendungen für die erfolgsabhängige Prämienrückerstattung bzw. Gewinnbeteiligung der Versicherungsnehmer (§ 81e Abs. 4 Z III.8. VAG) zuzüglich allfälliger Direktgutschriften aus früheren Geschäftsjahren angerechnet werden, soweit diese in dem betreffenden Geschäftsjahr die erforderliche Mindestdotierung gemäß Abs. 1 überschritten haben. Dabei ist der anrechnungsfähige Betrag für jedes Geschäftsjahr zwischen jenem, aus dem der anrechnungsfähige Betrag stammt, und jenem, für das die Anrechnung erfolgen soll, um 10 vH des ursprünglichen Betrages zu kürzen.

§ 3. (1) Die Bemessungsgrundlage ist zu jedem Bilanzstichtag folgendermaßen zu ermitteln:

+ Abgegrenzte Prämien (§ 81e Abs. 4 Z III.1. VAG)
+ Erträge aus Kapitalanlagen und Zinsenerträge (§ 81e Abs. 5 Z IV.2. VAG)
– Aufwendungen für Kapitalanlagen und Zinsaufwendungen (§ 81e Abs. 5 Z IV.3. VAG)
+ Sonstige versicherungstechnische Erträge (§ 81e Abs. 4 Z III.4. VAG)
– Aufwendungen für Versicherungsfälle (§ 81e Abs. 4 Z III.5. VAG)
– Erhöhung von versicherungstechnischen Rückstellungen (§ 81e Abs. 4 Z III.6. VAG)
+ Verminderung von versicherungstechnischen Rückstellungen (§ 81e Abs. 4 Z III.7. VAG)
– Aufwendungen für den Versicherungsbetrieb (§ 81e Abs. 4 Z III.9. VAG)
– Sonstige versicherungstechnische Aufwendungen (§ 81e Abs. 4 Z III.11. VAG)
+ Sonstige nichtversicherungstechnische Erträge (§ 81e Abs. 5 Z IV.5. VAG)
– Sonstige nichtversicherungstechnische Aufwendungen (§ 81e Abs. 5 Z IV.6. VAG)
– Steuern vom Einkommen und vom Ertrag (§ 81e Abs. 5 Z IV.11. VAG)
+ Auflösung der Risikorücklage gemäß § 73a VAG (§ 81e Abs. 5 Z IV.13.a. VAG)
– Zuweisung an die Risikorücklage gemäß § 73a VAG (§ 81e Abs. 5 Z IV.14.a. VAG)
= Bemessungsgrundlage im Sinne des § 18 Abs. 4 VAG

(2) In der Berechnung des Abs. 1 sind zu berücksichtigen:

1. die Posten Erträge aus Kapitalanlagen und Zinsenerträge (§ 81e Abs. 5 Z IV.2. VAG) und Aufwendungen für Kapitalanlagen und Zinsenaufwendungen (§ 81e Abs. 5 Z IV.3. VAG) soweit sie den Lebensversicherungsverträgen der klassischen Lebensversicherung, der betrieblichen Kollektivversicherung oder der kapitalanlageorientierten Lebensversicherung „mit Ausnahme der auf die Zinszusatzrückstellung entfallenden Beträge" zuzurechnen sind und nur im Verhältnis des mittleren Deckungserfordernisses der gewinnberechtigten klassischen Lebensversicherungsverträge, der betrieblichen Kollektivversicherungsverträge und der kapitalanlageorientierten Lebensversicherungsverträge jeweils für das direkte Geschäft zu den mittleren gesamten Kapitalanlagen (§ 81c Abs. 2 lit. B. VAG) und laufenden Guthaben bei Kreditinstituten, Schecks und Kassenbestand (§ 81c Abs. 2 lit. F.II. VAG) des Unternehmens; *(BGBl II 2009/88; BGBl II 2013/397)*

2. alle anderen Erträge und Aufwendungen nur insoweit, als sie auf gewinnberechtigte klassische Lebensversicherungsverträge, betriebliche Kollektivversicherungsverträge und kapitalanlageorientierte Lebensversicherungsverträge des direkten Geschäfts entfallen; Erträge und Aufwendungen, die nicht direkt zuordenbar sind, sind möglichst verursachungsgerecht, allenfalls mit Hilfe eines geeigneten Schlüssels auf diese aufzuteilen. *(BGBl II 2009/88)*

(2a) In der Berechnung des Abs. 1 als Abzugsposten nicht zu berücksichtigen sind Aufwendungen zur Bildung einer Zinszusatzrückstellung gemäß § 3 der Höchstzinssatzverordnung, BGBl. Nr. 70/1995 in der Fassung der Verordnung BGBl. II Nr. 396/2013. Als Hinzurechnungsposten nicht zu berücksichtigen sind Erträge aus der Auflösung der Zinszusatzrückstellung. *(BGBl II 2013/397)*

(2b) Soweit Steuern vom Einkommen und Ertrag (§ 81e Abs. 5 Z IV.11. VAG) auf die Dotierung oder Auflösung der Zinszusatzrückstellung entfallen, sind diese bei der Ermittlung der Bemessungsgrundlage gemäß Abs. 1 nicht zu berücksichtigen. *(BGBl II 2013/397)*

(3) Wird die Höhe der vom Versicherungsunternehmen für den Vertragsabschluss und die Verwaltung des Versicherungsvertrags dem Versicherungsnehmer in Rechnung gestellten Kosten mit dem Versicherungsnehmer vertraglich vereinbart, dann sind für diese Versicherungsverträge die Teile der Posten in Abs. 1, die auf die rechnungsmäßigen und die tatsächlichen Kosten entfallen, bei der Ermittlung der Bemessungsgrundlage nicht anzusetzen.

§ 4. Die Gewinnbeteiligung hat durch Zuteilung der in der Rückstellung für die erfolgsabhängige Prämienrückerstattung bzw. Gewinnbeteiligung der Versicherungsnehmer (§ 81c Abs. 3 lit. D. V. VAG) enthaltenen Beträge mit Ausnahme der noch nicht erklärten Beträge gemäß § 18 Abs. 5 VAG auf die einzelnen Versicherungsverträge binnen zwei Jahren nach Zuweisung dieser Beträge in die Rückstellung für die erfolgsabhängige Prämienrückerstattung bzw. Gewinnbeteiligung der Versicherungsnehmer zu erfolgen.

§ 5. „(1)" Die Gewinne sind verursachungsgerecht auf die Gewinn- und Abrechnungsverbände aufzuteilen. Sachlich begründete Differenzierungen der Höhe der Gewinnbeteiligung sind zulässig; solche Differenzierungen sind dort erforderlich, wo das Unterlassen einer Differenzierung zu einer systematischen und einseitigen Belastung von Teilbeständen mit den Risiken anderer Teilbestände führen würde. *(BGBl II 2009/88)*

(2) In der kapitalanlageorientierten Lebensversicherung sind die Gewinne aus der Kapitalveranlagung auf die Gruppen von Versicherungsverträgen, für die eine gemeinsame Veranlagungsstrategie vereinbart wurde, verursachungsgerecht zu verteilen. *(BGBl II 2009/88)*

§ 6. Für Schlussgewinnanteile ist, soweit sie das Zweifache des letzten laufenden Gewinnanteils übersteigen, während der gesamten Laufzeit eines Versicherungsvertrages eine Rückstellung innerhalb der Rückstellung für erfolgsabhängige Prämienrückerstattung bzw. Gewinnbeteiligung der Versicherungsnehmer (§ 81c Abs. 3 lit. D. V. VAG) zu bilden. Diese ist bei Rückkauf in die Ermittlung des Rückkaufswertes mit einzubeziehen.

§ 7. (1) Während der Laufzeit des Versicherungsvertrages ist der Versicherungsnehmer jährlich schriftlich über den letzten vom Versicherungsunternehmen bereits beschlossenen Prozentsatz der tatsächlichen Aufwendungen für die erfolgsabhängige Prämienrückerstattung bzw. Gewinnbeteiligung der Versicherungsnehmer (§ 81e Abs. 4 Z III.8. VAG) zuzüglich allfälliger Direktgutschriften von der Mindestbemessungsgrundlage gemäß § 3 des jeweils letzten abgelaufenen Geschäftsjahres zu informieren. Dieser Prozentsatz ist zu erläutern und es ist auf die näheren Angaben dazu im Anhang zum Jahresabschluss hinzuweisen. Wird von der Anrechnungsmöglichkeit nach § 2 Abs. 2 Gebrauch gemacht, so ist auch das zu erläutern.

(2) Unbeschadet der Bestimmungen des HGB[1] und des VAG ist die Ermittlung der Bemessungsgrundlage gemäß § 3 Abs. 1 im Anhang zum Jahresabschluss des Versicherungsunternehmens anzuführen und zu erläutern.

(3) Besteht eine vertragliche Vereinbarung im Sinne des § 3 Abs. 3, ist außerdem anzugeben, welche Teile welcher Posten des § 3 Abs. 1 bei der Ermittlung der Bemessungsgrundlage nicht angesetzt wurden.

---
[1]) *Nunmehr: UGB – vgl BGBl I 2005/120.*

§ 8. (1) Diese Verordnung, ausgenommen § 6, ist für die Bemessung von Gewinnanteilen, die in Geschäftsjahren entstanden sind, die nach dem 30. Dezember 2006 enden, anzuwenden.

(2) § 6 ist auf Versicherungsverträge anzuwenden, die nach dem 31. Dezember 2006 abgeschlossen werden.

(3) Aufwendungen für die erfolgsabhängige Prämienrückerstattung bzw. Gewinnbeteiligung der Versicherungsnehmer (§ 81e Abs. 4 Z III.8. VAG) zuzüglich allfälliger Direktgutschriften, die in Geschäftsjahren entstanden sind, die vor dem 1. Jänner 2006 enden, dürfen nur dann im Sinne des § 2 Abs. 2 angerechnet werden, wenn gleichzeitig mit der Information gemäß § 7 Abs. 2 die anrechnungsfähigen Beträge offen gelegt und erläutert werden sowie nachgewiesen wird, dass bei einer Berechnung über zehn Jahre die Summe der Aufwendungen und Direktgutschriften gemäß § 2 Abs. 1 mindestens 85 vH der Summe der Bemessungsgrundlagen gemäß § 3 beträgt.

(4) § 1, § 3 Abs. 2 Z 1 und 2 sowie § 5 Abs. 1 und 2 in der Fassung der Verordnung BGBl. II Nr. 88/2009 treten mit 1. April 2009 in Kraft. *(BGBl II 2009/88)*

(5) § 3 Abs. 2 Z 1, Abs. 2a und 2b in der Fassung der Verordnung BGBl. II Nr. 397/2013 sind erstmals auf Geschäftsjahre anzuwenden, die nach dem 30. Dezember 2013 enden. *(BGBl II 2013/397)*

(6) Soweit Aufwendungen zur Bildung der Rückstellung nach § 3 der Höchstzinssatzverordnung, BGBl. Nr. 70/1995, in der Fassung der Verordnung BGBl. II Nr. 354/2012 als Abzugsposten berücksichtigt wurden, sind dementsprechend Erträge aus der Auflösung einer solchen Rückstellung als Hinzurechnungsposten zur Bemessungsgrundlage im Sinne des § 18 Abs. 4 VAG zu berücksichtigen. Die Auflösung hat binnen zehn Jahren zu erfolgen, wobei jährlich zumindest 10 vH der gebildeten Rückstellung aufzulösen sind. *(BGBl II 2013/397)*

Gewinnbeteiligungs-Verordnung-Krankenversicherung

BGBl II 2007/120

Mit Inkrafttreten des VAG 2016, BGBl. I Nr. 34/2015, treten das VAG, BGBl. 569/1978, und alle auf Grundlage dieses Bundesgesetzes erlassenen Verordnungen mit Ablauf des 31. Dezember 2015 außer Kraft (vgl. § 345 Abs. 1 VAG 2016).

STICHWORTVERZEICHNIS

Abrechnungsverbände 5
Aufwendungen für die erfolgsabhängige Prämienrückerstattung 2 (1)
– Anrechnung auf den Mindestbetrag 2 (2)

Bemessungsgrundlage 3

Geltungsbereich 1
Gewinnbeteiligung 4
Gewinn- und Abrechnungsverbände 5

Informationspflicht 6
Inkrafttreten 7

Verordnung der Finanzmarktaufsichtsbehörde (FMA) über die Gewinnbeteiligung in der Krankenversicherung (Gewinnbeteiligungs-Verordnung – Krankenversicherung – GBVKVU)

Auf Grund des § 18d Abs. 4 in Verbindung mit § 18 Abs. 4 des Versicherungsaufsichtsgesetzes – VAG, BGBl. Nr. 569/1978, zuletzt geändert durch das Bundesgesetz BGBl. I Nr. 104/2006 und die Kundmachung BGBl. II Nr. 499/2006, wird verordnet:

§ 1. Diese Verordnung gilt für Verträge der Krankenversicherung, die nach ihren Versicherungsbedingungen eine Gewinnbeteiligung vorsehen (gewinnberechtigte Krankenversicherungsverträge). Darunter fallen auch Verträge, die eine vom wirtschaftlichen Ergebnis des Versicherungsunternehmens abhängige Prämienrückerstattung vorsehen.

§ 2. (1) Die Aufwendungen für die erfolgsabhängige Prämienrückerstattung (§ 81e Abs. 3 Z II.8. VAG) zuzüglich allfälliger Direktgutschriften und allfälliger weiterer Beträge, die der Finanzierung einer außerordentlichen Erhöhung der Deckungsrückstellung oder der Vermeidung von Prämienerhöhungen dienen, haben in jedem Geschäftsjahr mindestens 85 vH der Bemessungsgrundlage zu betragen (Mindestbetrag). Auch aus der Zuführung solcher Beträge sind Ansprüche einzelner Versicherungsnehmer auf die Alterungsrückstellung oder Anteile hievon nicht abzuleiten.

(2) Auf den Mindestbetrag gemäß Abs. 1 können Aufwendungen im Sinne des Abs. 1 aus früheren Geschäftsjahren angerechnet werden, soweit diese in dem betreffenden Geschäftsjahr den erforderlichen Mindestbetrag gemäß Abs. 1 überschritten haben. Dabei ist der anrechnungsfähige Betrag für jedes Geschäftsjahr zwischen jenem, aus dem der anrechnungsfähige Betrag stammt, und jenem, für das die Anrechnung erfolgen soll, um 10 vH des ursprünglichen Betrages zu kürzen.

§ 3. (1) Die Bemessungsgrundlage ist zu jedem Bilanzstichtag folgendermaßen zu ermitteln:

+ Abgegrenzte Prämien (§ 81e Abs. 3 Z II.1. VAG)
+ Erträge aus Kapitalanlagen und Zinsenerträge (§ 81e Abs. 5 Z IV.2. VAG)
− Aufwendungen für Kapitalanlagen und Zinsenaufwendungen (§ 81e Abs. 5 Z IV.3. VAG)
+ Sonstige versicherungstechnische Erträge (§ 81e Abs. 3 Z II.3. VAG)
− Aufwendungen für Versicherungsfälle (§ 81e Abs. 3 Z II.4. VAG)
− Erhöhung von versicherungstechnischen Rückstellungen (§ 81e Abs. 3 Z II.5. VAG)
+ Verminderung von versicherungstechnischen Rückstellungen (§ 81e Abs. 3 Z II.6. VAG)
− Aufwendungen für die erfolgsunabhängige Prämienrückerstattung (§ 81e Abs. 3 Z II.7. VAG)
− Aufwendungen für den Versicherungsbetrieb (§ 81e Abs. 3 Z II.9. VAG)
− Sonstige versicherungstechnische Aufwendungen (§ 81e Abs. 3 Z II.10. VAG)
+ Sonstige nichtversicherungstechnische Erträge (§ 81e Abs. 5 Z IV.5. VAG)
− Sonstige nichtversicherungstechnische Aufwendungen (§ 81e Abs. 5 Z IV.6. VAG)
− Steuern vom Einkommen und vom Ertrag (§ 81e Abs. 5 Z IV.11. VAG)
+ Auflösung der Risikorücklage gemäß § 73a VAG (§ 81e Abs. 5 Z IV.13.a. VAG)
− Zuweisung an die Risikorücklage gemäß § 73a VAG (§ 81e Abs. 5 Z IV.14.a. VAG)
= Bemessungsgrundlage im Sinne des § 18d Abs. 4 in Verbindung mit § 18 Abs. 4 VAG

GBVKVU

(2) In der Berechnung des Abs. 1 sind zu berücksichtigen:

1. die Posten Erträge aus Kapitalanlagen und Zinsenerträge (§ 81e Abs. 5 Z IV.2. VAG) und Aufwendungen für Kapitalanlagen und Zinsenaufwendungen (§ 81e Abs. 5 Z IV.3. VAG) soweit sie den gewinnberechtigten Krankenversicherungsverträgen zuzurechnen sind und nur im Verhältnis des mittleren Deckungserfordernisses der gewinnberechtigten Krankenversicherungsverträge jeweils für das direkte Geschäft zu den mittleren gesamten Kapitalanlagen (§ 81c Abs. 2 lit. B. VAG) und laufenden Guthaben bei Kreditinstituten, Schecks und Kassenbestand (§ 81c Abs. 2 lit. F.II. VAG) des Unternehmens;

2. alle anderen Erträge und Aufwendungen nur insoweit, als sie auf gewinnberechtigte Krankenversicherungsverträge des direkten Geschäfts entfallen; Erträge und Aufwendungen, die nicht direkt zuordenbar sind, sind möglichst verursachungsgerecht, allenfalls mit Hilfe eines geeigneten Schlüssels, auf diese aufzuteilen.

(3) Das Versicherungsunternehmen ist berechtigt, bei der Berechnung der Bemessungsgrundlage gemäß Abs. 1 von den abgegrenzten Prämien (§ 81e Abs. 3 Z II.1. VAG) höchstens 5 vH vorweg abzuziehen.

§ 4. Die Gewinnbeteiligung hat durch Verwendung der in der Rückstellung für die erfolgsabhängige Prämienrückerstattung bzw. Gewinnbeteiligung der Versicherungsnehmer (§ 81c Abs. 3 lit. D. V. VAG) enthaltenen Beträge mit Ausnahme der noch nicht erklärten Beträge gemäß § 18d Abs. 4 in Verbindung mit § 18 Abs. 5 VAG zugunsten der Versicherten binnen zwei Jahren nach Zuweisung dieser Beträge in die Rückstellung für die erfolgsabhängige Prämienrückerstattung bzw. Gewinnbeteiligung der Versicherungsnehmer, etwa durch Barauszahlung oder Verrechnung mit Prämien oder der Erhöhung der Deckungsrückstellung (Alterungsrückstellung), zu erfolgen.

§ 5. Die Gewinne sind verursachungsgerecht auf die Gewinn- und Abrechnungsverbände aufzuteilen. Sachlich begründete Differenzierungen der Höhe der Gewinnbeteiligung sind zulässig; solche Differenzierungen sind dort erforderlich, wo das Unterlassen einer Differenzierung zu einer systematischen und einseitigen Belastung von Teilbeständen mit den Risiken anderer Teilbestände führen würde.

§ 6. (1) Während der Laufzeit des Versicherungsvertrages ist der Versicherungsnehmer jährlich schriftlich über den letzten vom Versicherungsunternehmen bereits beschlossenen Prozentsatz zu informieren, der dem Verhältnis der tatsächlichen Aufwendungen gemäß § 2 Abs. 1 zur Bemessungsgrundlage gemäß § 3 des jeweils letzten abgelaufenen Geschäftsjahres entspricht. Dieser Prozentsatz ist zu erläutern. Wird von der Anrechnungsmöglichkeit nach § 2 Abs. 2 oder der Abzugsmöglichkeit nach § 3 Abs. 3 Gebrauch gemacht, so ist auch das zu erläutern.

(2) Die Information der einzelnen Versicherungsnehmer gemäß Abs. 1 kann für Versicherungsverträge, die im betreffenden Geschäftsjahr nicht gewinnberechtigt sind, insoweit unterbleiben, als die Angaben im Anhang zum Jahresabschluss angeführt, erläutert und veröffentlicht werden.

§ 7. Diese Verordnung ist für die Bemessung von Gewinnanteilen von Krankenversicherungsverträgen anzuwenden, die auf Basis von nach dem 30. Juni 2007 der FMA vorgelegten versicherungsmathematischen Grundlagen abgeschlossen werden, außer die Vorlage der versicherungsmathematischen Grundlagen erfolgt lediglich, um die schon vor dem 01. Juli 2007 verwendeten versicherungsmathematischen Grundlagen an die veränderten Kosten des Gesundheitswesens oder geänderte Wahrscheinlichkeiten der Inanspruchnahme von Leistungen anzupassen. Sie ist für die Bemessung von Gewinnanteilen anzuwenden, die in Geschäftsjahren entstanden sind, die nach dem 30. Dezember 2007 enden.

13/17. VAG-VO
EKV

Eigentümerkontrollverordnung

BGBl II 2009/83 idF

1 BGBl II 2009/351
2 BGBl II 2012/126

3 BGBl II 2013/318

Mit Inkrafttreten des VAG 2016, BGBl. I Nr. 34/2015, treten das VAG, BGBl. 569/1978, und alle auf Grundlage dieses Bundesgesetzes erlassenen Verordnungen mit Ablauf des 31. Dezember 2015 außer Kraft (vgl. § 345 Abs. 1 VAG 2016).

STICHWORTVERZEICHNIS

Aktualität 3
Angaben zur Person
– Natürlich Personen 5
– Nicht natürliche Personen und Personenverbände 6
Anwendungsbereich 1
Anzeige 2 Z 1
Anzeigeformular
– gemäß § 4 Abs. 1 EKV siehe Anhang I
– gemäß § 4 Abs. 2 EKV siehe Anhang II
Anzeigepflichtiger 2 Z 2
– Bonität 12
– Finanzlage 12
Aufgabe einer qualifizierten Beteiligung/Unterschreitung von gesetzlichen Beteiligungsgrenzen siehe Anhang II

Begriffsbestimmungen 2
Beteiligung, qualifizierte 2 Z 5
– Aufgabe
– – Anzeigeformular siehe Anhang II
– Erwerb/Erhöhung
– – Anzeigeformular siehe Anhang I
Beteiligungsgrenzen, Unterschreitung von gesetzlichen
– Anzeigeformular siehe Anhang II
Beteiligungsverhältnisse 10
Beziehungen, sonstige relevante 11
Bonität des Anzeigepflichtigen 12

Einflussmöglichkeiten, sonstige 10
Einreichung 4
Erwerb/Erhöhung einer qualifizierten Beteiligung siehe Anhang I
Erwerb, Finanzierung 13
Erwerbsinteressen 11

Familiäre Bindungen 11
Finanzlage des Anzeigepflichtigen 12
FMA
– Anzeigeneinreichung 4,
– Informationen, einer Anzeige beizufügende 7 (3) Z 1 lit.d, 7 (5)

Geschäftsbeziehungen, relevante 11

Geschäftsplan 14

Informationen 2 Z 4
– Vorzulegende 7 - 14
– – Allgemeine Informationen 8
– – Allgemeines 7
– – Beteiligungsverhältnisse 10
– – Beziehungen, sonstige relevante 11
– – Bonität des Anzeigepflichtigen 12
– – Einflussmöglichkeiten, sonstige 10
– – Erwerbsfinanzierung 13
– – Erwerbsinteressen 11
– – Familiäre Bindungen 11
– – Finanzlage des Anzeigepflichtigen 12
– – Geschäftsbeziehungen, relevante 11
– – Geschäftsplan 14
– – Informationen zur Zuverlässigkeit 9
– – Konzernzugehörigkeit 10
– – Pläne, Darstellung strategischer 14
– – Vereinbarungen, Offenlegung sämtlicher 13
– – Ziele, Darstellung strategischer 14
Inkrafttreten 16

Konzernzugehörigkeit 10

Natürliche Personen, Angaben 5
Nicht natürliche Personen und Personenverbände, Angaben 6

Offenlegung sämtlicher Vereinbarungen 13

Pläne, Darstellung strategischer 14

Qualifizierte Beteiligung 2 Z 5
– Aufgabe
– – Anzeigeformular siehe Anhang II
– Erwerb/Erhöhung
– – Anzeigeformular siehe Anhang I

Richtigkeit 3

Vereinbarungen, Offenlegung 13
Verweise 15
Vollständigkeit 3

Ziele, Darstellung strategischer 14
Zielunternehmen 2 Z 3
Zuverlässigkeit, Informationen zur 9

EKV

„Verordnung der Finanzmarktaufsichtsbehörde (FMA) über die Informationen, die ein Anzeigepflichtiger, der einen Erwerb, eine Erhöhung, eine Aufgabe oder eine Herabsetzung einer qualifizierten Beteiligung an einem Kreditinstitut, an einem Versicherungsunternehmen, an einer Wertpapierfirma, an einem Wertpapierdienstleistungsunternehmen, an einem Zahlungsinstitut oder an einem E-Geld-Institut beabsichtigt, der FMA vorzulegen hat (Eigentümerkontrollverordnung – EKV)"

(BGBl II 2012/126)

Auf Grund des § 20b Abs. 3 des Bankwesengesetzes – BWG, BGBl. Nr. 532/1993, zuletzt geändert durch das Bundesgesetz BGBl. I Nr. 22/2009, des § 11d Abs. 3 des Versicherungsaufsichtsgesetzes – VAG, BGBl. Nr. 569/1978, zuletzt geändert durch das Bundesgesetz BGBl. I Nr. 22/2009 und des § 11b Abs. 3 des Wertpapieraufsichtsgesetzes 2007 – WAG 2007, BGBl. I Nr. 60/2007, zuletzt geändert durch das Bundesgesetz BGBl. I Nr. 22/2009, wird verordnet:

1. Abschnitt

Allgemeine Vorschriften

Anwendungsbereich

§ 1. Diese Verordnung ist auf Anzeigen gemäß § 20 Abs. 1 und 2 BWG, § 11b Abs. 1 und 3 VAG, „§ 11 Abs. 2 und 3 WAG 2007 „ , § 11 Abs. 2 ZaDiG in Verbindung mit § 20 Abs. 1 und 2 BWG und § 8 Abs. 1 E-Geldgesetz 2010 in Verbindung mit § 20 Abs. 1 und 2 BWG"***"* anwendbar. *(*BGBl II 2009/351; **BGBl II 2012/126)*

Begriffsbestimmungen

§ 2. Für diese Verordnung gelten folgende Begriffsbestimmungen:

1. „Anzeige": Absichtsanzeige gemäß § 20 Abs. 1 und 2 BWG, § 11b Abs. 1 und 3 VAG, „§ 11 Abs. 2 und 3 WAG 2007 „ , § 11 Abs. 2 ZaDiG in Verbindung mit § 20 Abs. 1 und 2 BWG und § 8 Abs. 1 E-Geldgesetz 2010 in Verbindung mit § 20 Abs. 1 und 2 BWG"***"*. *(*BGBl II 2009/351; **BGBl II 2012/126)*

2. „Anzeigepflichtiger": Wer gemäß § 20 Abs. 1 oder 2 BWG, § 11b Abs. 1 oder 3 VAG, „§ 11 Abs. 2 oder 3 WAG 2007 „ , § 11 Abs. 2 ZaDiG in Verbindung mit § 20 Abs. 1 oder 2 BWG oder § 8 Abs. 1 E-Geldgesetz 2010 in Verbindung mit § 20 Abs. 1 oder 2 BWG"***"* zur Anzeige an die Finanzmarktaufsichtsbehörde (FMA) verpflichtet ist. *(*BGBl II 2009/351; **BGBl II 2012/126)*

3. „Zielunternehmen": Ein Kreditinstitut gemäß § 1 Abs. 1 BWG, ein Versicherungsunternehmen gemäß § 1 Abs. 1 VAG, eine Wertpapierfirma gemäß § 3 Abs. 1 WAG 2007 „ , ein Wertpapierdienstleistungsunternehmen gemäß § 4 WAG 2007 „ , ein Zahlungsinstitut gemäß § 3 Z 4 lit. a ZaDiG oder ein E-Geld-Institut gemäß § 3 Abs. 2 E-Geldgesetz 2010"***"*, an dem eine qualifizierte Beteiligung erworben, eine bestehende qualifizierte Beteiligung verändert oder eine qualifizierte Beteiligung aufgeben werden soll. *(*BGBl II 2009/351; **BGBl II 2012/126)*

4. „Informationen": Alle Angaben, Unterlagen und Erklärungen, die nach dieser Verordnung vom Anzeigepflichtigen vorzulegen sind.

5. „Qualifizierte Beteiligung": Eine Beteiligung, die eine Anzeige nach Z 1 erforderlich macht.

Vollständigkeit, Richtigkeit und Aktualität der Anzeige

§ 3. Der Anzeigepflichtige trägt die Verantwortung für die Vollständigkeit, Richtigkeit und Aktualität der in der Anzeige oder auf Verlangen der FMA vorgelegten Informationen.

Einreichung

§ 4. (1) Anzeigen über den Erwerb oder eine Erhöhung einer qualifizierten Beteiligung gemäß § 20 Abs. 1 BWG, § 11b Abs. 1 VAG „ , § 11 Abs. 2 WAG 2007 „ , § 11 Abs. 2 ZaDiG in Verbindung mit § 20 Abs. 1 BWG oder § 8 Abs. 1 E-Geldgesetz 2010 in Verbindung mit § 20 Abs. 1 BWG"***"* sind mit dem Formular gemäß **Anhang I** samt den gemäß Abschnitt 2 dieser Verordnung vorzulegenden Informationen bei der FMA einzureichen. *(*BGBl II 2009/351; **BGBl II 2012/126)*

(2) Anzeigen über die Aufgabe einer qualifizierten Beteiligung oder der Unterschreitung der gesetzlichen Grenzen gemäß § 20 Abs. 2 BWG, § 11b Abs. 3 VAG „ , § 11 Abs. 3 WAG 2007 „ , § 11 Abs. 2 ZaDiG in Verbindung mit § 20 Abs. 2 BWG oder § 8 Abs. 1 E-Geldgesetz 2010 in Verbindung mit § 20 Abs. 2 BWG"***"* sind mit dem Formular gemäß Anhang II samt den gemäß **Abschnitt 2** dieser Verordnung vorzulegenden Informationen bei der FMA einzureichen. *(*BGBl II 2009/351; **BGBl II 2012/126)*

(3) Der Anzeigepflichtige hat zusammen mit nach dieser Verordnung vorzulegenden Informationen, die nicht in deutscher Sprache verfasst sind, beglaubigte Übersetzungen einzureichen. Die FMA kann im Einzelfall auf beglaubigte Übersetzungen verzichten, wenn solche für die

aufsichtliche Beurteilung nicht erforderlich sind oder sein können.

Angaben zur Person: Natürliche Personen

§ 5. Die nach dieser Verordnung vom Anzeigepflichtigen anzuführenden natürlichen Personen sind mit
1. vollständigem Namen,
2. Geburtsdatum,
3. Geburtsort und
4. Anschrift des Hauptwohnsitzes

anzugeben.

Angaben zur Person: Nicht natürliche Personen und Personenverbände

§ 6. Die nach dieser Verordnung vom Anzeigepflichtigen anzuführenden nicht natürlichen Personen, Personenverbände und Zweckvermögen sind mit
1. Firma oder Bezeichnung,
2. Rechtsform,
3. Sitz und Sitzland,
4. Verwaltungssitz und
5. der Firmenbuchnummer oder den Ordnungsmerkmalen einer vergleichbaren Registereintragung, sofern eine solche Eintragung besteht,

anzugeben.

2. Abschnitt
Vorzulegende Informationen

Allgemeines

§ 7. (1) Einer Anzeige über den Erwerb oder einer Erhöhung einer qualifizierten Beteiligung gemäß § 20 Abs. 1 BWG, § 11b Abs. 1 VAG „, § 11 Abs. 2 WAG 2007 „, § 11 Abs. 2 ZaDiG in Verbindung mit § 20 Abs. 1 BWG und § 8 Abs. 1 E-Geldgesetz 2010 in Verbindung mit § 20 Abs. 1 BWG"*"* sind unter Angabe des Umfangs der geplanten Beteiligung die in §§ 8 bis 14 angeführten Informationen beizufügen.
(*BGBl II 2009/351; **BGBl II 2012/126)

(2) Wenn es sich beim Zielunternehmen im Rahmen einer Anzeige nach Abs. 1 um ein Wertpapierdienstleistungsunternehmen gemäß § 4 WAG 2007 handelt und es sich nicht um eine Anzeige eines Anzeigepflichtigen gemäß Abs. 3 handelt, sind der Anzeige unter Angabe des Umfangs der geplanten Beteiligung die Informationen gemäß
1. § 8,
2. § 9,
3. § 11,
4. § 12 Abs. 2 und Abs. 3 Z 1 und 2,
5. § 13 und
6. § 14 Abs. 5, unabhängig von der Höhe des beabsichtigten Beteiligungserwerbes,

beizufügen.

(3) Ist der Anzeigepflichtige im Rahmen einer Anzeige nach Abs. 1
1. ein Kreditinstitut, eine Pensionskasse, ein Versicherungsunternehmen, eine Wertpapierfirma „ein Wertpapierdienstleistungsunternehmen „ , ein Zahlungsinstitut oder ein E-Geld-Institut"*"*"* mit Sitz im Inland, sind der Anzeige unter Angabe des Umfangs der geplanten Beteiligung die Informationen gemäß
 a) § 8 Abs. 1 Z 6 und 7,
 b) § 8 Abs. 2,
 c) § 9 Abs. 1 Z 1 und § 9 Abs. 1 Z 1 in Verbindung mit § 9 Abs. 3,
 d) § 9 Abs. 3, mit Ausnahme der von der FMA durchgeführten Prüfungen,
 e) § 11 Abs. 1 und 2,
 f) § 13 und
 g) § 14

beizufügen. Ein Kreditinstitut, das einem Zentralinstitut angeschlossen ist und das eine Beteiligung an diesem Zentralinstitut anzeigt, muss nur den Umfang der geplanten Beteiligung angeben.
(*BGBl II 2009/351; **BGBl II 2012/126)

2. ein in einem Staat des Europäischen Wirtschaftsraums zugelassenes „Kreditinstitut gemäß"* „Art. 4 Abs. 1 Nr. 1 der Verordnung (EU) Nr. 575/2013 über Aufsichtsanforderungen an Kreditinstitute und Wertpapierfirmen und zur Änderung der Verordnung (EU) Nr. 646/2012, ABl. Nr. L 176 vom 27.6.2013 S. 1"**, eine Wertpapierfirma gemäß Art. 4 Abs. 1 Z 1 der Richtlinie 2004/39/EG oder ein Versicherungsunternehmen mit Sitz in einem Staat des europäischen Wirtschaftsraums, sind der Anzeige unter Angabe des Umfangs der geplanten Beteiligung die Informationen gemäß Z 1, § 8 Abs. 1 Z 1 und 2, § 9 Abs. 1 Z 4 und § 10 Z 1 und 3 beizufügen.
(BGBl II 2013/318)
(*BGBl II 2009/351; **BGBl II 2013/318)

3. ein Konzernunternehmen eines Konzerns, dem mehrere Anzeigepflichtige angehören, müssen hinsichtlich desselben Erwerbsvorgangs nur jene Informationen eingereicht werden, die nicht bereits von anderen Anzeigepflichtigen vorgelegt werden. Macht der Anzeigepflichtige von dieser Erleichterung Gebrauch, muss er sich die von den anderen Anzeigepflichtigen eingereichten Informationen entsprechend § 3 zurechnen lassen.

4. eine Solidaritätseinrichtung oder ein Zentralinstitut im Rahmen eines dezentralen Sektorverbunds, ist in der Anzeige, wenn die Beteiligung zu Zwecken der Sicherung der Einhaltung des Mindesteigenmittelerfordernisses gemäß „Teil 3 Titel 1 Kapitel 1 der Verordnung (EU) Nr.

575/2013" erfolgt, nur der Umfang der geplanten Beteiligung anzugeben. *(BGBl II 2013/318)*

(4) Einer Anzeige über die Aufgabe einer qualifizierten Beteiligung oder Unterschreitung der gesetzlichen Grenzen für Beteiligungen gemäß § 20 Abs. 2 BWG, § 11b Abs. 3 VAG „ , § 11 Abs. 3 WAG 2007 „ , § 11 Abs. 2 ZaDiG in Verbindung mit § 20 Abs. 2 BWG und § 8 Abs. 1 E-Geldgesetz 2010 in Verbindung mit § 20 Abs. 2 BWG"**"* sind die in § 8 Abs. 1 Z 1 und 2 genannten Informationen beizufügen und es sind der Umfang der geplanten Beteiligungsaufgabe sowie die geplanten Erwerber dieser Beteiligung, sofern diese bekannt sind, anzugeben. Die in Abs. 3 Z 1 und 4 genannten Unternehmen haben die in § 8 Abs. 1 Z 1 und 2 genannten Informationen nicht vorzulegen. *(*BGBl II 2009/351; **BGBl II 2012/126)*

(5) Die FMA kann in den Fällen des Abs. 2 bis 4 jederzeit im Einzelfall die Vorlage weiterer in dieser Verordnung genannter Informationen, die für die aufsichtliche Beurteilung erforderlich sind, verlangen.

Allgemeine Informationen

§ 8. (1) Einer Anzeige sind folgende allgemeinen Unterlagen und Erklärungen beizufügen:

1. Ein Nachweis über die Identität oder die rechtliche Existenz des Anzeigepflichtigen. Als solcher gelten für natürliche Personen insbesondere Kopien amtlicher Lichtbildausweise und für juristische Personen aktuelle Auszüge aus dem Firmenbuch oder einem vergleichbaren Register.

2. Amtlich beglaubigte Kopien der aktuellen Satzung, des aktuellen Gesellschaftsvertrages oder gleichwertiger Vereinbarungen, sofern der Anzeigepflichtige keine natürliche Person ist.

3. Sofern der Anzeigepflichtige keine natürliche Person ist, eine Liste der Leitungsorgane und persönlich haftenden Gesellschafter unter Darlegung der Art und des Umfangs ihrer Befugnisse und der Geschäftsverteilung. Sofern der Anzeigepflichtige ein Zweckvermögen ist, ist eine Darstellung hinzuzufügen, aus der sich ergibt, ob und in welcher prozentuellen Höhe diese Personen an der Verteilung dessen Gewinns teilnehmen.

4. Eine aktuelle, aussagekräftige Darstellung der geschäftlichen Aktivitäten des Anzeigepflichtigen.

5. Sofern der Anzeigepflichtige keine natürliche Person ist, eine Liste mit den wirtschaftlich Begünstigten des Anzeigepflichtigen, unter Angabe der Gründe für die wirtschaftliche Begünstigung sowie deren Umfang.

6. Eine Erklärung darüber, ob im Zusammenhang mit dem beabsichtigten Erwerb eine andere Behörde oder Gericht eine Untersuchung durchgeführt oder durchgeführt hat. Diese Darstellung hat insbesondere auch die Anschrift und Bezeichnung einer solchen Behörde oder eines solchen Gerichtes und eine Darstellung des jeweiligen Verfahrensstands oder des Ergebnisses solcher Verfahren zu beinhalten. Dies ist soweit als möglich durch amtliche Dokumente zu belegen.

7. Eine Erklärung, ob beabsichtigt ist, Geschäftsleiter des Zielunternehmens auszutauschen und durch welche Personen sie ersetzt werden sollen.

(2) Der Anzeige sind ein Lebenslauf des Anzeigepflichtigen, sofern dieser eine natürliche Person ist, und Lebensläufe von jeder natürlichen Person nach Abs. 1 Z 3 und 7 beizufügen. Lebensläufe haben die einschlägige Ausbildung und Berufserfahrung, sowie die aktuellen Tätigkeiten und Zusatzfunktionen der jeweiligen Person zu enthalten.

Informationen zur Zuverlässigkeit

§ 9. (1) Der Anzeigepflichtige hat bei der Anzeige anzugeben:

1. Ob gegen ihn ein gerichtliches Strafverfahren geführt wird oder ob zu einem früheren Zeitpunkt ein Strafverfahren wegen eines Verbrechens oder Vergehens geführt worden ist. Dies ist durch geeignete Nachweise zu belegen.

2. Ob gegen ihn im Zusammenhang mit einer unternehmerischen Tätigkeit ein Verwaltungsstrafverfahren oder ein vergleichbares Verfahren nach einer anderen Rechtsordnung geführt wird oder mit einer Strafe oder Ermahnung in den letzten zehn Jahren abgeschlossen worden ist.

3. Ob er als Schuldner in ein Konkursverfahren, Ausgleichsverfahren oder ein vergleichbares Verfahren verwickelt ist oder war.

4. Ob eine Aufsichtsbehörde, deren Aufsicht er untersteht oder unterstand, gegen ihn in den letzten zehn Jahren eine Untersuchung eingeleitet oder eine Maßnahme ergriffen hat und ob und wie ein solches Verfahren abgeschlossen wurde.

5. Ob ihm eine Eintragung, Genehmigung, Bewilligung, Mitgliedschaft oder Berechtigung zur Ausübung eines Gewerbes oder einer sonstigen beruflichen Tätigkeit in den letzten zehn Jahren durch eine Behörde oder ein Gericht nicht erteilt, entzogen, untersagt oder aufgehoben worden ist oder ein entsprechendes Verfahren geführt wird.

(2) Nach Abs. 1 Z 1 nicht anzugeben sind Strafverfahren, die aus rechtlichen Gründen oder mangels hinreichenden Tatverdachts eingestellt oder mit einem Freispruch beendet worden sind. Nicht anzugeben sind weiters Strafverfahren, die durch Rücktritt von der Verfolgung beendet wurden, wenn nach dem Rücktritt von der Verfolgung fünf Jahre vergangen sind, sowie Verurteilungen, die getilgt wurden.

(3) Der Anzeigepflichtige hat ferner zu erklären, ob seine Zuverlässigkeit oder die Zuverläs-

sigkeit einer Person nach § 8 Abs. 1 Z 3 oder 7 als Erwerber einer qualifizierten Beteiligung an einem Kreditinstitut, Versicherungsunternehmen, an einer Wertpapierfirma „", an einem Wertpapierdienstleistungsunternehmen„, an einem Zahlungsinstitut oder an einem E-Geld-Institut"*"*" durch eine für deren Aufsicht zuständige Aufsichtsbehörde geprüft worden ist. Er hat weiterhin zu erklären, ob eine vergleichbare Prüfung durch eine andere Behörde erfolgt ist. Amtliche Dokumente sind der Anzeige beizufügen. Liegen dem Anzeigepflichtigen solche Dokumente nicht vor, hat er dies zu begründen. (*BGBl II 2009/351; **BGBl II 2012/126)

(4) Die nach Abs. 1 erforderlichen Angaben sind vom Anzeigepflichtigen auch hinsichtlich von ihm geleiteter Unternehmen und jeder Person nach § 8 Abs. 1 Z 3 und 7 zu machen.

Beteiligungsverhältnisse und Konzernzugehörigkeit sowie sonstige Einflussmöglichkeiten

§ 10. Einer Anzeige sind folgende Angaben zu den direkten und indirekten Beteiligungsverhältnissen, zur Konzernzugehörigkeit und sonstigen Einflussmöglichkeiten des Anzeigepflichtigen beizufügen:

1. Sofern der Anzeigepflichtige einem Konzern angehört,

a) eine aussagekräftige Darstellung der Konzernstruktur mit einem Organigramm unter Angabe jedes Konzernunternehmens, sowie der jeweils gehaltenen Kapitalanteile und Stimmrechtsanteile in Prozent,

b) eine aussagekräftige Darstellung der Geschäftstätigkeit des Konzerns und

c) eine Aufstellung der Konzernunternehmen, die durch Behörden in Mitgliedstaaten oder Drittstaaten, die für die Beaufsichtigung von Kreditinstituten, Versicherungsunternehmen, „Zahlungsinstituten,"* „, E-Geld-Instituten,"** sonstigen Finanzinstituten oder der Finanzmärkte zuständig sind, beaufsichtigt werden sowie die Bezeichnung und Anschrift der jeweils zuständigen Aufsichtsbehörden. (*BGBl II 2009/351; **BGBl II 2012/126)

2. Sofern der Anzeigepflichtige eine natürliche Person ist, eine Liste der Unternehmen, deren Geschäfte er führt oder über die er Kontrolle hat. Dabei ist jeweils auch anzugeben, ob der Anzeigepflichtige die Geschäfte des angegebenen Unternehmens führt oder über dieses Kontrolle hat.

3. Sofern der Anzeigepflichtige keine natürliche Person ist, eine Liste der nicht konzernangehörigen natürlichen und juristischen Personen, Personenhandelsgesellschaften und Gesellschaften anderer Gesellschaftsformen sowie Zweckvermögen, die an dem Anzeigepflichtigen mindestens 10 vH der Kapital- oder Stimmrechtsanteile halten

oder die, unabhängig davon, ob Kapital- oder Stimmrechtsanteile gehalten werden, einen maßgeblichen Einfluss auf den Anzeigepflichtigen ausüben können oder die, sofern der Anzeigepflichtige ein Zweckvermögen ist, an der Verteilung dessen Gewinns in Höhe von mindestens 10 vH teilnehmen. Bestehende Stimmrechtsvereinbarungen sind zu erläutern.

Relevante Geschäftsbeziehungen, familiäre Bindungen und sonstige relevante Beziehungen sowie Erwerbsinteressen

§ 11. (1) Der Anzeige ist eine Darstellung der finanziellen und der sonstigen Interessen des Anzeigepflichtigen an der qualifizierten Beteiligung beizufügen.

(2) Die Darstellung gemäß Abs. 1 muss die Geschäftsbeziehungen beschreiben, die der Anzeigepflichtige oder ein von ihm geleitetes oder kontrolliertes Unternehmen, das jeweils anzugeben ist, zu

1. dem Zielunternehmen,

2. den vom Zielunternehmen kontrollierten Unternehmen,

3. den Inhabern von Kapitalanteilen am Zielunternehmen unter Angabe der Höhe der Kapitalanteile,

4. den Inhabern von Stimmrechtsanteilen am Zielunternehmen unter Angabe der Höhe der Stimmrechtsanteile,

5. den Geschäftsleitern des Zielunternehmens und Personen, die die Geschäfte des Zielunternehmens tatsächlich führen und

6. den Mitgliedern des Aufsichtsorgans des Zielunternehmens

unterhält.

(3) Enge Bindungen im Sinne des § 48a Abs. 1 Z 9 lit. a bis c BörseG von Personen nach § 8 Abs. 1 Z 3 zu den in Abs. 2 Z 3 bis 5 genannten Personen sind in der Darstellung gemäß Abs. 1 zu benennen.

(4) Es sind in der Darstellung gemäß Abs. 1 anzugeben:

1. Jene Personen nach § 8 Abs. 1 Z 3, die aufgrund von Gesetz, Satzung, Gesellschaftsvertrag oder einer gleichwertigen Vereinbarung zugleich befugt sind, die Geschäfte eines Inhabers nach Abs. 2 Z 3 und 4 oder des Zielunternehmens zu führen oder deren Geschäfte tatsächlich führen.

2. Jene Personen, die zugleich Inhaber von Kapital- oder Stimmrechtsanteilen am Anzeigepflichtigen und Inhaber von Kapital- oder Stimmrechtsanteilen am Zielunternehmen sind, wobei die Höhe der Kapital- oder Stimmrechtsanteile jeweils anzugeben ist.

(5) Auf Interessen oder Tätigkeiten des Anzeigepflichtigen, die den Interessen des Zielunterneh-

mens an einer soliden und umsichtigen Geschäftsführung entgegen stehen könnten, ist in der Darstellung gemäß Abs. 1 gesondert einzugehen und zu erklären, wie verhindert werden soll, dass sich diese Interessen negativ auf das Zielunternehmen auswirken.

Finanzlage und Bonität des Anzeigepflichtigen

§ 12. (1) Der Anzeigepflichtige hat seine wirtschaftlichen Verhältnisse darzustellen.

(2) Bei bilanzierenden Anzeigepflichtigen muss die Darstellung nach Abs. 1 folgende Angaben zum Anzeigepflichtigen enthalten:

1. Jahresabschlüsse und, sofern diese aufzustellen sind oder freiwillig aufgestellt wurden, Lageberichte der letzten drei Geschäftsjahre.

2. Berichte über die Jahresabschlussprüfung unabhängiger Abschlussprüfer der letzten drei Geschäftsjahre, sofern diese aufzustellen sind oder freiwillig aufgestellt wurden.

Ist ein bilanzierender Anzeigepflichtiger in einen Konzern eingebunden, sind mit der Anzeige die Informationen nach Z 1 und 2 auch für die Konzernebene vorzulegen.

(3) Bei nicht bilanzierenden Anzeigepflichtigen muss die Darstellung nach Abs. 1 folgende Angaben und Unterlagen enthalten:

1. Eine vollständige Aufzählung und Beschreibung der Einkommensquellen.

2. Eine aktuelle Vermögensaufstellung unter Angabe sämtlicher Verbindlichkeiten.

3. Sofern eine Pflicht zur Abgabe einer Einkommensteuererklärung besteht oder der Anzeigepflichtige diese freiwillig abgegeben hat, die Einkommensteuererklärungen und Einkommensteuerbescheide der letzten drei Kalenderjahre. Liegen diese nicht vor, Dokumente mit vergleichbarem Aussagegehalt.

(4) Wurde die Bonität des Anzeigepflichtigen von einer oder mehreren Ratingagenturen beurteilt, hat der Anzeigepflichtige das jüngste Rating jeder Ratingagentur anzugeben und jeweils durch aussagekräftige Unterlagen der beurteilenden Ratingagentur zu belegen. Gleiches gilt in Bezug auf die Bonität des Konzerns, dem der Anzeigepflichtige angehört sowie in Bezug auf die nicht konzernangehörigen Unternehmen, über die der Anzeigepflichtige, sofern dieser eine natürliche Person ist, Kontrolle hat oder deren Geschäfte er führt. Liegen dem Anzeigepflichtigen die Unterlagen nach Satz 1 nicht vor, hat er dies zu begründen.

Finanzierung des Erwerbs, Offenlegung sämtlicher Vereinbarungen

§ 13. Der Anzeige sind eine aussagekräftige Darstellung und geeignete Nachweise über das Vorhandensein und die wirtschaftliche Herkunft der Eigen- und Fremdmittel, die für den Erwerb eingesetzt werden sollen, sowie sämtliche im Zusammenhang mit dem beabsichtigten Erwerb getroffenen Vereinbarungen und Verträge beizufügen.

Geschäftsplan, Darstellung strategischer Ziele und Pläne

§ 14. (1) Wenn der Anzeigepflichtige durch den geplanten Erwerb oder die geplante Erhöhung der qualifizierten Beteiligung Kontrolle über das Zielunternehmen erlangt, ist der Anzeige ein Geschäftsplan beizufügen, der die mit dem Erwerb oder der Erhöhung der qualifizierten Beteiligung an dem Zielunternehmen verfolgten strategischen Ziele und Pläne des Anzeigepflichtigen beschreibt. Der Geschäftsplan hat insbesondere aussagekräftige Angaben zur geplanten strategischen Entwicklung (Abs. 2), zur geplanten Entwicklung der Vermögens-, Finanz- und Ertragslage (Abs. 3) sowie zu den Auswirkungen auf die Unternehmens- und Organisationsstruktur des Zielunternehmens (Abs. 4) zu enthalten.

(2) Die Angaben zur geplanten strategischen Entwicklung haben allgemeine Ausführungen zu den wesentlichen Zielen des Beteiligungserwerbs und den zur Zielerreichung geplanten Maßnahmen zu enthalten. Diese umfassen insbesondere:

1. Die geschäftsstrategischen Ziele und Überlegungen für den Beteiligungserwerb.

2. Die mittelfristigen Vermögens-, Finanz- und Ertragsziele.

3. Die angestrebten Synergieeffekte im Zielunternehmen.

4. Die mögliche Neuausrichtung der Geschäftsaktivitäten.

5. Eine geplante Änderung in der Finanzstruktur des Zielunternehmens.

6. Allgemeine Vorgaben und Festlegungen für die Einbeziehung und Integration des Zielunternehmens in die Konzern- und Gruppenstruktur des Erwerbers. Dies hat eine Beschreibung der wesentlichen angestrebten Synergieeffekte mit anderen Unternehmen des Konzerns und der Gruppe sowie eine Beschreibung der Grundsätze und Verfahren zur Führung und Steuerung der Unternehmensbeziehungen innerhalb des Konzerns und der Gruppe zu enthalten.

7. Ausführungen zur Bereitschaft und der wirtschaftlichen Fähigkeit, dem Zielunternehmen zukünftig weiteres Kapital, sofern dies notwendig wird, zur Verfügung zu stellen.

(3) Die Angaben zur geplanten Entwicklung der Vermögens-, Finanz- und Ertragslage umfassen die Planbilanzen, die Plangewinn- und verlustrechnungen sowie die Finanzpläne für jeweils die nächsten drei Geschäftsjahre nach dem Erwerb

oder der geplanten Erhöhung der qualifizierten Beteiligung sowohl für das Zielunternehmen als auch für den Konzern. Diese haben insbesondere

1. die prognostizierten Kapitalkennziffern,
2. die Angaben zur Höhe der voraussichtlichen Risikopositionen und
3. einen Ausblick auf geplante gruppeninterne Geschäfte

zu enthalten.

(4) Die Angaben zu den Auswirkungen auf die Unternehmens- und Organisationsstruktur des Zielunternehmens haben insbesondere Folgendes anzuführen und zu beschreiben:

1. Die Zusammensetzung und Aufgabenbereiche der Unternehmensorgane und der von ihnen eingesetzten Ausschüsse.
2. Die Rechnungslegungsmethoden und Leitungs-, Steuerungs- und Kontrollprozesse sowie wesentliche Änderungen dieser Methoden und Verfahren. Diese Ausführungen haben auch Angaben zu wesentlichen Änderungen hinsichtlich der Internen Revision und der Compliance-Funktion und dem Wechsel bei leitenden Mitarbeitern zu enthalten.
3. Die Eingesetzte IT-Systeme, IT-Sicherheit sowie wesentliche Änderungen dieser Systeme.
4. Die Grundsätze für die Delegation und Auslagerung von Unternehmensaktivitäten und -prozessen auf andere Unternehmen oder Personen.

(5) Wenn durch den geplanten Erwerb oder durch die geplante Erhöhung der qualifizierten Beteiligung an dem Zielunternehmen Kapital- oder Stimmrechtsanteile von 20 vH bis 50 vH vom Anzeigepflichtigen gehalten werden oder von diesem auf das Zielunternehmen ein maßgeblicher Einfluss ausgeübt werden kann und der Anzeigepflichtige nach dem geplanten Erwerb oder der geplanten Erhöhung der qualifizierten Beteiligung keine Kontrolle über das Zielunternehmen hat, sind der Anzeige Dokumente beizufügen, die folgende Informationen beinhalten:

1. Aussagekräftige Angaben zur geplanten strategischen Entwicklung gemäß Abs. 2 und
2. aussagekräftige Angaben gemäß Abs. 4; wobei diese detaillierte Aussagen über die Art der beabsichtigten zukünftigen Einflussnahme auf die finanzielle Ausstattung sowie die Kapitalallokation des Zielunternehmens beinhalten müssen.

(6) Wenn durch den geplanten Erwerb oder durch die geplante Erhöhung der qualifizierten Beteiligung an dem Zielunternehmen Kapital- oder Stimmrechtsanteile unter 20 vH vom Anzeigepflichtigen gehalten werden, von diesem auf das Zielunternehmen aber kein maßgeblicher Einfluss ausgeübt werden kann und der Anzeige-

pflichtige nach dem geplanten Erwerb oder der geplanten Erhöhung der qualifizierten Beteiligung keine Kontrolle über das Zielunternehmen hat, dann hat die Anzeige folgende Informationen zu beinhalten:

1. Eine aussagekräftige Darstellung der allgemeinen strategischen Ziele, die mit dem Erwerb verfolgt werden. Anzugeben ist hierbei insbesondere, wie lange die Anteile voraussichtlich gehalten werden und ob in einem absehbaren Zeitraum nach dem Erwerb die Anteilshöhe verändert werden soll.
2. Eine Darstellung zur beabsichtigten zukünftigen Einflussnahme auf das Zielunternehmen unter Angabe der Gründe hierfür.
3. Ausführungen zur Bereitschaft und der wirtschaftlichen Fähigkeit, dem Zielunternehmen zukünftig weiteres Kapital, sofern dies notwendig wird, zur Verfügung zu stellen.

Verweise

§ 15. Soweit in dieser Verordnung auf das Bankwesengesetz (BWG), Versicherungsaufsichtsgesetz (VAG), das Börsegesetz 1989 (BörseG) oder Wertpapieraufsichtsgesetz 2007 (WAG 2007) verwiesen wird, sind diese, wenn nichts Anderes bestimmt ist, in der Fassung des Bundesgesetzes BGBl. I Nr. 22/2009 anzuwenden. „Soweit in dieser Verordnung auf das Zahlungsdienstegesetz (ZaDiG) verwiesen wird, ist dieses in der Fassung des Bundesgesetzes BGBl. I Nr. 66/2009 anzuwenden."* „Soweit in dieser Verordnung auf das E-Geldgesetz 2010 verwiesen wird, ist dieses in der Fassung des Bundesgesetzes BGBl. I Nr. 107/2010 anzuwenden."** (*BGBl II 2009/351; **BGBl II 2012/126)

Inkrafttreten

§ 16. „(1)" Diese Verordnung tritt mit 1. April 2009 in Kraft. (BGBl II 2009/351)

(2) § 1, § 2 Z 1 bis 3, § 4 Abs. 1 und Abs. 2, § 7 Abs. 1 und Abs. 3 Z 1 und 2, § 7 Abs. 4, § 9 Abs. 3, § 10 Z 1 lit. c, § 15, § 16 Abs. 1 und Abs. 2 und Anhang I und Anhang II jeweils in der Fassung der Verordnung BGBl. II Nr. 351/2009 treten mit 1. November 2009 in Kraft. (BGBl II 2009/351)

(3) § 1, § 2 Z 1 bis 3, § 4 Abs. 1 und 2, § 7 Abs. 1, Abs. 3 Z 1 und Abs. 4, § 9 Abs. 3, § 10 Z 1 lit. c, § 15 und **Anhang I** und **Anhang II** jeweils in der Fassung der Verordnung Nr. 126/2012 treten mit 15. April 2012 in Kraft. (BGBl II 2012/126)

(4) § 7 Abs. 3 Z 2 und 4, Anhang I Nr. 2 lit. c und Anhang II Nr. 2 lit. c in der Fassung der Verordnung BGBl. II Nr. 318/2013 treten mit 1. Jänner 2014 in Kraft. (BGBl II 2013/318)

13/17. VAG-VO
EKV

Anhang I

Anzeigeformular gemäß § 4 Abs. 1 EKV
Erwerb/Erhöhung einer qualifizierten Beteiligung

An die

Finanzmarktaufsichtsbehörde – FMA

Eingangsstempel

Hiermit wird Folgendes angezeigt:

- ☐ Absicht des Erwerbs einer qualifizierten Beteiligung
- ☐ Absicht der Erhöhung einer qualifizierten Beteiligung

an folgendem/folgender

- ☐ Kreditinstitut:
- ☐ Versicherungsunternehmen:
- ☐ Wertpapierfirma bzw. Wertpapierdienstleistungsunternehmen:
- ☐ Zahlungsinstitut:
- ☐ E-Geld-Institut:

Firma oder Bezeichnung	
Rechtsform	
Sitz	
Straße, Hausnummer	
Postleitzahl	
Ort	

Der Anzeigepflichtige hat nach dem Erwerb oder der Erhöhung Kontrolle über das Zielunternehmen:

☐ Nein   ☐ Ja

13/17. VAG-VO
EKV

1. Angaben zur Identität des Anzeigepflichtigen

a) Angaben, wenn der Anzeigepflichtige eine natürliche Person ist:

Familienname	
Geburtsname	
Vornamen	
Geburtsdatum	
Geburtsort, Geburtsland	
Staatsangehörigkeit	
Anschrift des Hauptwohnsitzes	
Straße, Hausnummer	
Postleitzahl	
Ort	
Land	

b) Angaben, wenn der Anzeigepflichtige keine natürliche Person ist:

Firma	
Rechtsform	
Sitz mit Postleitzahl	
Sitzland	
Anschrift der Hauptniederlassung	
Straße, Hausnummer	
Postleitzahl	
Ort	
Land	
Firmenbuchnummer oder Ordnungsmerkmale einer vergleichbaren Registereintragung	

13/17. VAG-VO
EKV

c) Zustellungsbevollmächtigter (sofern bestellt):

Familienname oder Firma und Rechtsform	
Vornamen	
Geburtsdatum	
Anschrift	
Straße, Hausnummer	
Postleitzahl	
Ort	

d) Vertretungsbefugter Rechtsvertreter, sofern der Anzeigepflichtige vertreten ist:

Familienname oder Firma und Rechtsform	
Vornamen	
Geburtsdatum	
Anschrift	
Straße, Hausnummer	
Postleitzahl	
Ort	

2. **Weitere Angaben zum Anzeigepflichtigen und zur geplanten Beteiligung**

a) Das Zielunternehmen ist ein Wertpapierdienstleistungsunternehmen im Sinne des § 7 Abs. 2 EKV:

☐ Nein

☐ Ja

b) Der Anzeigepflichtige ist ein Unternehmen im Sinne des § 7 Abs. 3 Z 1 EKV:

☐ Nein

☐ Ja, es handelt sich bei dem Anzeigepflichtigen um ein/eine

    ☐ Kreditinstitut

    ☐ Versicherungsunternehmen

    ☐ Wertpapierfirma oder Wertpapierdienstleistungsunternehmen

    ☐ Pensionskasse

    ☐ Zahlungsinstitut

    ☐ E-Geld-Institut

13/17. VAG-VO
EKV

c) Der Anzeigepflichtige ist ein Unternehmen im Sinne des § 7 Abs. 3 Z 2 EKV:

☐ Nein

☐ Ja, es handelt sich bei dem Anzeigepflichtigen um ein/eine

    ☐ Kreditinstitut gemäß Art. 4 Abs. 1 der RL 2006/48/EG [1])   ☐ Wertpapierfirma gemäß Art. 4 Abs. 1 Z 1 der RL 2004/39/EG

    ☐ Versicherungsunternehmen

Die zuständige(n) Aufsichtsbehörde(n) sind:

d) Der Anzeigepflichtige macht Gebrauch von § 7 Abs. 3 Z 3 EKV:

☐ Nein

☐ Ja; die nicht vorgelegten Informationen werden von folgenden weiteren Anzeigepflichtigen vorgelegt:

1.
2.
3.

e) Auf die Geschäftsleitung des Zielunternehmens könnte, obwohl weniger als 20% oder keine Kapital- oder Stimmrechtsanteile gehalten werden sollen, ein maßgeblicher Einfluss ausgeübt werden:

☐ Nein   ☐ Ja

f) Umfang der geplanten Beteiligung am Zielunternehmen:

Geplanter Kapitalanteil		Geplanter Stimmrechtsanteil in Prozent	Kapital des Zielunternehmens in Euro
in %	in Euro		

VAG
+VOen
FMABG

---

[1]) In Nr. 2 lit. c wird die Wortfolge „Art. 4 Z 1 der Richtlinie 2006/48/EG" durch die Wortfolge „Art. 4 Abs. 1 Nr. 1 der Verordnung (EU) Nr. 575/2013" ersetzt (BGBl II 2013/318).

13/17. VAG-VO EKV

3. Beizufügende Informationen

Welche Informationen die Anlagen im Detail zu enthalten haben, ergibt sich verbindlich aus der Eigentümerkontrollverordnung (EKV) der FMA. Die vorgelegten Anlagen sind mit der entsprechenden Nummer gemäß nachfolgender Tabelle zu versehen.

Kurzbezeichnung der Anlage	Anlage Nr.:	Anlage
Nachweis über die Identität oder rechtliche Existenz des Anzeigepflichtigen gemäß § 8 Abs. 1 Z 1 EKV	1.	☐ liegt bei ☐ liegt nicht bei
Amtlich beglaubigte Kopien der aktuellen Satzung, des aktuellen Gesellschaftsvertrages oder einer gleichwertigen Vereinbarung gemäß § 8 Abs. 1 Z 2 EKV	2.	☐ liegt bei ☐ liegt nicht bei
Liste der persönlich haftenden Gesellschafter und der weiteren Personen gemäß § 8 Abs. 1 Z 3 EKV	3.	☐ liegt bei ☐ liegt nicht bei
Darstellung der geschäftlichen Aktivitäten des Anzeigepflichtigen gemäß § 8 Abs. 1 Z 4 EKV	4.	☐ liegt bei ☐ liegt nicht bei
Liste mit den wirtschaftlich Begünstigten des Anzeigepflichtigen gemäß § 8 Abs. 1 Z 5 EKV	5.	☐ liegt bei ☐ liegt nicht bei
Erklärung über Untersuchungen anderer Behörden oder Gerichte außerhalb der Finanzbranche im Zusammenhang mit dem beabsichtigten Erwerb gemäß § 8 Abs. 1 Z 6 EKV	6.	☐ liegt bei ☐ liegt nicht bei
Erklärung zum beabsichtigten Austausch von Geschäftsleitern des Zielunternehmens gemäß § 8 Abs. 1 Z 7 EKV	7.	☐ liegt bei ☐ liegt nicht bei
Lebensläufe nach § 8 Abs. 2 EKV	8.	☐ liegt bei ☐ liegt nicht bei

13/17. VAG-VO
EKV

Angaben nach § 9 EKV:		
Angaben zu Strafverfahren gemäß § 9 Abs. 1 Z 1 iVm § 9 Abs. 2 EKV	9.	☐ liegt bei ☐ liegt nicht bei
Angaben zu Verwaltungsstrafverfahren gemäß § 9 Abs. 1 Z 2 EKV	10.	☐ liegt bei ☐ liegt nicht bei
Angaben zu Konkursverfahren, Ausgleichsverfahren oder vergleichbaren Verfahren gemäß § 9 Abs. 1 Z 3 EKV	11.	☐ liegt bei ☐ liegt nicht bei
Angaben zu Verfahren einer Aufsichtsbehörde gemäß § 9 Abs. 1 Z 4 EKV	12.	☐ liegt bei ☐ liegt nicht bei
Angaben gemäß § 9 Abs. 1 Z 5 EKV	13.	☐ liegt bei ☐ liegt nicht bei
Angaben und Unterlagen zur Zuverlässigkeit gemäß § 9 Abs. 3 EKV	14.	☐ liegt bei ☐ liegt nicht bei
Angaben gemäß § 9 Abs. 4 EKV	15.	☐ liegt bei ☐ liegt nicht bei
Darstellung der Konzernstruktur gemäß § 10 Z 1 lit. a EKV	16.	☐ liegt bei ☐ liegt nicht bei
Darstellung der Geschäftstätigkeit des Konzerns gemäß § 10 Z 1 lit. b EKV	17.	☐ liegt bei ☐ liegt nicht bei
Aufstellung der beaufsichtigten Konzernunternehmen gemäß § 10 Z 1 lit. c EKV	18.	☐ liegt bei ☐ liegt nicht bei
Angaben zur Führung von Geschäften gemäß § 10 Z 2 EKV	19.	☐ liegt bei ☐ liegt nicht bei
Liste gemäß § 10 Z 3 EKV	20.	☐ liegt bei ☐ liegt nicht bei
Darstellung der finanziellen und sonstigen Interessen des Anzeigepflichtigen an der qualifizierten Beteiligung gemäß § 11 EKV	21.	☐ liegt bei ☐ liegt nicht bei
Darstellung der wirtschaftlichen Verhältnisse des Anzeigepflichtigen gemäß § 12 EKV:		
Jahresabschlüsse der letzten drei Geschäftsjahre gemäß § 12 Abs. 2 Z 1 EKV	22.	☐ liegt bei ☐ liegt nicht bei

13/17. VAG-VO
EKV

	Berichte über die Jahresabschlussprüfungen der letzten drei Geschäftsjahre gemäß § 12 Abs. 2 Z 2 EKV	23.	☐ liegt bei ☐ liegt nicht bei
	Aufzählung und Beschreibung der Einkommensquellen des Anzeigepflichtigen gemäß § 12 Abs. 3 Z 1 EKV	24.	☐ liegt bei ☐ liegt nicht bei
	Vermögensaufstellung gemäß § 12 Abs. 3 Z 2 EKV	25.	☐ liegt bei ☐ liegt nicht bei
	Einkommenssteuererklärungen und Einkommenssteuerbescheide oder Dokumente mit vergleichbarem Aussagegehalt der letzten drei Kalenderjahre gemäß § 12 Abs. 3 Z 3 EKV	26.	☐ liegt bei ☐ liegt nicht bei
	Ratings gemäß § 12 Abs. 4 EKV	27.	☐ liegt bei ☐ liegt nicht bei
Darstellung der für den Erwerb erforderlichen Eigen- und Fremdmittel gemäß § 13 EKV		28.	☐ liegt bei ☐ liegt nicht bei
Vereinbarungen und Verträge im Zusammenhang mit dem Erwerb gemäß § 13 EKV		29.	☐ liegt bei ☐ liegt nicht bei
Geschäftsplan bzw. Darstellung strategischer Ziele und Pläne nach § 14 EKV		30.	☐ liegt bei ☐ liegt nicht bei

Kontaktperson für Rückfragen:

Familienname	
Vornamen	
Telefonnummer (mit Vorwahl)	
E-Mail-Adresse	

Der Anzeigepflichtige trägt die Verantwortung für die Vollständigkeit, Richtigkeit und Aktualität der in der Anzeige oder auf Verlangen der FMA vorgelegten Informationen.

Datum und Unterschrift(en) des Anzeigepflichtigen

___

(BGBl II 2012/126)

13/17. VAG-VO
EKV

Anhang II

Anzeigeformular gemäß § 4 Abs. 2 EKV
Aufgabe einer qualifizierten Beteiligung/Unterschreitung von gesetzlichen Beteiligungsgrenzen

An die

Finanzmarktaufsichtsbehörde – FMA

Eingangsstempel

Hiermit wird Folgendes angezeigt:

☐ Absicht der Aufgabe einer qualifizierten Beteiligung

☐ Absicht der Unterschreitung von gesetzlichen Grenzen einer qualifizierten Beteiligung

an folgendem/folgender

☐ Kreditinstitut:

☐ Versicherungsunternehmen:

☐ Wertpapierfirma bzw. Wertpapierdienstleistungsunternehmen:

☐ Zahlungsinstitut:

☐ E-Geld-Institut:

VAG
+VOen
FMABG

Firma oder Bezeichnung	
Rechtsform	
Sitz	
Straße, Hausnummer	
Postleitzahl	
Ort	

Kodex Versicherungsrecht 1. 5. 2015

13/17. VAG-VO
EKV

1. Angaben zur Identität des Anzeigepflichtigen

a) Angaben, wenn der Anzeigepflichtige eine natürliche Person ist:

Familienname	
Geburtsname	
Vornamen	
Geburtsdatum	
Geburtsort, Geburtsland	
Staatsangehörigkeit	
Anschrift des Hauptwohnsitzes	
Straße, Hausnummer	
Postleitzahl	
Ort	
Land	

b) Angaben, wenn der Anzeigepflichtige keine natürliche Person ist:

Firma	
Rechtsform	
Sitz mit Postleitzahl	
Sitzland	
Anschrift der Hauptniederlassung	
Straße, Hausnummer	
Postleitzahl	
Ort	
Land	
Firmenbuchnummer oder Ordnungsmerkmale einer vergleichbaren Registereintragung	

13/17. VAG-VO

EKV

c) Zustellungsbevollmächtigter (sofern bestellt):

Familienname oder Firma und Rechtsform	
Vornamen	
Geburtsdatum	
Anschrift	
Straße, Hausnummer	
Postleitzahl	
Ort	

d) Vertretungsbefugter Rechtsvertreter, sofern der Anzeigepflichtige vertreten ist:

Familienname oder Firma und Rechtsform	
Vornamen	
Geburtsdatum	
Anschrift	
Straße, Hausnummer	
Postleitzahl	
Ort	

2. Weitere Angaben zum Anzeigepflichtigen und zur geplanten Aufgabe/Unterschreitung

a) Der Anzeigepflichtige ist ein Unternehmen im Sinne des § 7 Abs. 3 Z 1 EKV:

    ☐ Nein

    ☐ Ja, es handelt sich bei dem Anzeigepflichtigen um ein/eine

        ☐ Kreditinstitut

        ☐ Versicherungsunternehmen

        ☐ Wertpapierfirma oder Wertpapierdienstleistungsunternehmen

        ☐ Pensionskasse

        ☐ Zahlungsinstitut

        ☐ E-Geld-Institut

b) Der Anzeigepflichtige ist ein Unternehmen im Sinn des § 7 Abs. 3 Z 2 EKV:

    ☐ Nein

    ☐ Ja, es handelt sich bei dem Anzeigepflichtigen um ein/eine

        ☐ Kreditinstitut gemäß Art. 4 Abs. 1 der RL 2006/48/EG [1])   ☐ Wertpapierfirma gemäß Art. 4 Abs. 1 Z 1 der RL 2004/39/EG

        ☐ Versicherungsunternehmen

VAG +VOen FMABG

---

[1]) In Nr. 2 lit. c (gemeint wohl lit b) wird die Wortfolge „Art. 4 Z 1 der Richtlinie 2006/48/EG" durch die Wortfolge „Art. 4 Abs. 1 Nr. 1 der Verordnung (EU) Nr. 575/2013" ersetzt (BGBl II 2013/318).

13/17. VAG-VO
EKV

Die zuständige(n) Aufsichtsbehörde(n) sind:

c) Umfang der geplanten Aufgabe/Unterschreitung der Beteiligung am Zielunternehmen:

Kapitalanteil vor und nach der Aufgabe oder Unterschreitung		Geplanter Stimmrechtsanteil in Prozent	Kapital des Zielunternehmens in Euro
in %	in Euro		
vor	vor	vor	
nach	nach	nach	

d) Natürliche und nicht natürliche Personen, an die geplant ist, die unter c) angeführte Beteiligung zu übertragen. Handelt es sich dabei um mehrere Personen, sind diese in einer gesonderten Anlage nach unten angeführtem Muster anzuführen.

Geplanter Erwerber Nummer	Zu übertragender Kapitalanteil		Zu übertragender Stimmrechtsanteil in Prozent
	in %	in Euro	
1			
2			

13/17. VAG-VO
EKV

Angaben, wenn geplanter Erwerber eine natürliche Person ist:

Geplanter Erwerber Nummer	
Familienname	
Geburtsname	
Vornamen	
Geburtsdatum	
Geburtsort, Geburtsland	
Staatsangehörigkeit	
Anschrift des Hauptwohnsitzes	
Straße, Hausnummer	
Postleitzahl	
Ort	
Land	

Angaben, wenn geplanter Erwerber keine natürliche Person ist:

Geplanter Erwerber Nummer	
Firma	
Rechtsform	
Sitz mit Postleitzahl	
Sitzland	
Anschrift der Hauptniederlassung	
Straße, Hausnummer	
Postleitzahl	
Ort	
Land	
Firmenbuchnummer oder Ordnungsmerkmale einer vergleichbaren Registereintragung	

13/17. VAG-VO
EKV

3. Beizufügende Informationen

Welche Informationen die Anlagen im Detail zu enthalten haben, ergibt sich verbindlich aus der Eigentümerkontrollverordnung (EKV) der FMA. Die vorgelegten Anlagen sind mit der entsprechenden Nummer gemäß nachfolgender Tabelle zu versehen.

Kurzbezeichnung der Anlage	Anlage Nr.:	Anlage
Nachweis über die Identität oder rechtliche Existenz des Anzeigepflichtigen gemäß § 8 Abs. 1 Z 1 EKV	1.	☐ liegt bei ☐ liegt nicht bei
Amtlich beglaubigte Kopien der aktuellen Satzung oder des aktuellen Gesellschaftsvertrages gemäß § 8 Abs. 1 Z 2 EKV	2.	☐ liegt bei ☐ liegt nicht bei
Angabe/n zu weiteren Erwerbern gemäß Punkt 2 lit. d dieses Formulars	3.	☐ liegt bei ☐ liegt nicht bei

Kontaktperson für Rückfragen:

Familienname	
Vornamen	
Telefonnummer (mit Vorwahl)	
E-Mail-Adresse	

Der Anzeigepflichtige trägt die Verantwortung für die Vollständigkeit, Richtigkeit und Aktualität der in der Anzeige oder auf Verlangen der FMA vorgelegten Informationen.

Datum und Unterschrift(en) des Anzeigepflichtigen

_____

(BGBl II 2012/126)

13/18. VAG-VO
InfoV-VU

Informationspflichtenverordnung Versicherungsunternehmen

BGBl II 2013/15

Mit Inkrafttreten des VAG 2016, BGBl. I Nr. 34/2015, treten das VAG, BGBl. 569/1978, und alle auf Grundlage dieses Bundesgesetzes erlassenen Verordnungen mit Ablauf des 31. Dezember 2015 außer Kraft (vgl. § 345 Abs. 1 VAG 2016).

STICHWORTVERZEICHNIS

Betriebliche Kollektivversicherung
– Information vor Wechsel bei aufrechtem Arbeitsverhältnis in eine
– – Mindestrente, garantierte 2 (3)
– – Prognose der künftigen Entwicklung 2 (1) Z 3, 2 (4)
– – Rechnungszinssatz 2 (2)
– – relevante Paramter 2 (1) Z 1, 2 (2)
– – Rententafel 2 (2) (3)
– – systematische Unterschiede zu Pensionskassenzusagen, Darstellung 2 (1) Z 2
– Information vor Wechsel im Leistungsfall in eine
– – Mindestrente, garantierte 1 (3)
– – Prognose der künftigen Entwicklung 1 (1) Z 3, 1 (4)
– – Rechnungszinssatz 1 (2)
– – relevante Paramter 1 (1) Z 1, 1 (2)
– – Rententafel 1 (2) (3)
– – systematische Unterschiede zu Pensionskassenzusagen, Darstellung 1 (1) Z 2

Gliederung 5

Informationspflicht
– vor Wechsel bei aufrechtem Arbeitsverhältnis in eine betriebliche Kollektivversicherung 2
– vor Wechsel bei aufrechtem Arbeitsverhältnis in eine Pensionskasse 4
– vor Wechsel im Leistungsfall in eine betriebliche Kollektivversicherung 1

– vor Wechsel im Leistungsfall in eine Pensionskasse 3

Kollektivversicherung, betriebliche 1, 2

Pensionskasse 3, 4
– Information vor Wechsel bei aufrechtem Arbeitsverhältnis in eine 4
– – Mindestrente, garantierte 4 (3)
– – Prognose der künftigen Entwicklung 4 (1) Z 4, 4 (4)
– – Rechnungszinssatz 4 (2)
– – relevante Parameter 4 (1) Z 2, 4 (2)
– – Rententafel 4 (2) (3)
– – systematische Unterschiede zu betrieblichen Kollektivversicherungen, Darstellung 4 (1) Z 3
– – Unverfallbarkeitsbetrag, Höhe des 4 (1) Z 1
– Information vor Wechsel im Leistungsfall in eine 3
– – Mindestrente, garantierte 3 (3)
– – Prognose der künftigen Entwicklung 3 (1) Z 4, 3 (4)
– – Rechnungszinssatz 3 (2)
– – relevante Parameter 3 (1) Z 2, 3 (2)
– – Rententafel 3 (2) (3)
– – systematische Unterschiede zu betrieblichen Kollektivversicherungen, Darstellung 3 (Ü1) Z 3
– – Unverfallbarkeitsbetrag, Höhe des 3 (1) Z 1

Verordnung der Finanzmarktaufsichtsbehörde (FMA) über Inhalt und Gliederung der Information eines Versicherungsunternehmens an Versicherte oder Anwartschaftsberechtigte (Informationspflichtenverordnung Versicherungsunternehmen – InfoV-VU)

Auf Grund des § 18k Abs. 3 des Versicherungsaufsichtsgesetzes – VAG, BGBl. Nr. 569/1978, zuletzt geändert durch das Bundesgesetz BGBl. I Nr. 54/2012, wird verordnet:

Information vor Wechsel im Leistungsfall in eine betriebliche Kollektivversicherung

§ 1. (1) Die vom Versicherungsunternehmen einem Anwartschaftsberechtigten auf Anfrage vor einem möglichen Wechsel im Leistungsfall in eine betriebliche Kollektivverssicherung zu erteilende Information hat Folgendes zu enthalten:

1. relevante Parameter der bei Erstellung des Tarifs und der Berechnung der versicherungsmathematischen Rückstellungen verwendeten versicherungsmathematischen Grundlagen der aufnehmenden betrieblichen Kollektivversicherung;

2. Darstellung der systematischen Unterschiede zwischen betrieblichen Kollektivversicherungen und Pensionskassenzusagen;

3. Prognose der künftigen Entwicklung der Altersversorgung in der aufnehmenden betrieblichen Kollektivversicherung.

(2) Als relevante Parameter gemäß Abs. 1 Z 1 sind der verwendete Rechnungszinssatz und die verwendete Rententafel mitsamt allfälliger Änderungen anzugeben.

(3) Im Rahmen der Information nach Abs. 1 Z 2 hat das Versicherungsunternehmen darauf

hinzuweisen, dass es sich bei betrieblichen Kollektivversicherungen und Pensionskassenzusagen um Pensionsvorsorgeprodukte handelt, bei denen zwar eine weitgehend idente Behandlung in arbeits- und sozialrechtlicher Hinsicht besteht, die sich aber im Hinblick auf Veranlagung, Garantieleistungen und Änderung der verwendeten Rententafeln unterscheiden. Ebenso ist anzuführen, dass bei betrieblichen Kollektivversicherungen grundsätzlich eine garantierte Mindestrente und die Verwendung der bei Einbeziehung in die betriebliche Kollektivversicherung gültigen Rententafeln vorgesehen ist, während bei Pensionskassenzusagen auf Grund des gemeinschaftlichen Tragens von Ertragschancen und Risiken unabhängig von den Garantiemöglichkeiten im Rahmen der Sicherheits-VRG gemäß § 12a PKG oder einer Mindestertragsgarantie grundsätzlich keine Garantieleistungen vorgesehen sind und die Möglichkeit der Änderung der verwendeten Rententafeln besteht.

(4) Durch die Prognose nach Abs. 1 Z 3 ist auf Basis des im Rahmen der Pensionskassenzusage erworbenen Unverfallbarkeitsbetrages ein möglichst realistisches Bild der künftigen Entwicklung der Altersversorgung zu geben. Dabei sind die relevanten Parameter der aufnehmenden betrieblichen Kollektivversicherung zu berücksichtigen. Der Berechnung sind

1. der Garantiezins der aufnehmenden betrieblichen Kollektivversicherung für die Entwicklung der Deckungsrückstellung sowie

2. eine Ertragsentwicklung

a) mit einem Zinsszenario in Höhe des Garantiezinses der aufnehmenden betrieblichen Kollektivversicherung,

b) mit einem Zinsszenario in Höhe der Gesamtverzinsung der aufnehmenden betrieblichen Kollektivversicherung im vorangegangenen Geschäftsjahr,

c) mit einem Zinsszenario in Höhe von 1% über der Gesamtverzinsung der aufnehmenden betrieblichen Kollektivversicherung im vorangegangenen Geschäftsjahr und

d) sofern höher als nach lit. a, mit einem Zinsszenario in Höhe von 1% unter der Gesamtverzinsung der aufnehmenden betrieblichen Kollektivversicherung im vorangegangenen Geschäftsjahr

zu Grunde zu legen.

Information vor Wechsel bei aufrechtem Arbeitsverhältnis in eine betriebliche Kollektivversicherung

§ 2. (1) Die vom Versicherungsunternehmen einem Anwartschaftsberechtigten auf Anfrage vor einem möglichen Wechsel bei aufrechtem Arbeitsverhältnis in eine betriebliche Kollektiv-versicherung zu erteilende Information hat Folgendes zu enthalten:

1. relevante Parameter der bei Erstellung des Tarifs und der Berechnung der versicherungsmathematischen Rückstellungen verwendeten versicherungsmathematischen Grundlagen der aufnehmenden betrieblichen Kollektivversicherung;

2. Darstellung der systematischen Unterschiede zwischen betrieblichen Kollektivversicherungen und Pensionskassenzusagen;

3. Prognose der künftigen Entwicklung der Versicherungsleistung und der Altersversorgung in der aufnehmenden betrieblichen Kollektivversicherung.

(2) Als relevante Parameter gemäß Abs. 1 Z 1 sind der verwendete Rechnungszinssatz und die verwendete Rententafel mitsamt allfälligen Änderungen anzugeben.

(3) Im Rahmen der Information nach Abs. 1 Z 2 hat das Versicherungsunternehmen darauf hinzuweisen, dass es sich bei betrieblichen Kollektivversicherungen und Pensionskassenzusagen um Pensionsvorsorgeprodukte handelt, bei denen zwar eine weit gehend idente Behandlung in arbeits- und sozialrechtlicher Hinsicht besteht, die sich aber im Hinblick auf Veranlagung, Garantieleistungen und Änderung der verwendeten Rententafeln unterscheiden. Ebenso ist anzuführen, dass bei betrieblichen Kollektivversicherungen grundsätzlich eine garantierte Mindestrente und die Verwendung der bei Einbeziehung in die betriebliche Kollektivversicherung gültigen Rententafeln vorgesehen ist, während bei Pensionskassenzusagen auf Grund des gemeinschaftlichen Tragens von Ertragschancen und Risiken unabhängig von den Garantiemöglichkeiten im Rahmen der Sicherheits-VRG gemäß § 12a PKG oder einer Mindestertragsgarantie grundsätzlich keine Garantieleistungen vorgesehen sind und die Möglichkeit der Änderung der verwendeten Rententafeln besteht.

(4) Durch die Prognose nach Abs. 1 Z 3 ist auf Basis des im Rahmen der Pensionskassenzusage erworbenen Unverfallbarkeitsbetrages unter Annahme des Gleichbleibens der zuletzt geleisteten Beiträge des Arbeitgebers und des Anwartschaftsberechtigten ein möglichst realistisches Bild der künftigen Entwicklung der Versicherungsleistung und der Altersversorgung zu geben. Dabei sind die relevanten Parameter der aufnehmenden betrieblichen Kollektivversicherung sowie die Beitragszahlungen des vorangegangenen Geschäftsjahres zu berücksichtigen. Der Berechnung sind

1. der Garantiezins der aufnehmenden betrieblichen Kollektivversicherung für die Entwicklung der Deckungsrückstellung sowie

2. eine Ertragsentwicklung

a) mit einem Zinsszenario in Höhe des Garantiezinses der aufnehmenden betrieblichen Kollektivversicherung,

b) mit einem Zinsszenario in Höhe der Gesamtverzinsung der aufnehmenden betrieblichen Kollektivversicherung im vorangegangenen Geschäftsjahr,

c) mit einem Zinsszenario in Höhe von 1% über der Gesamtverzinsung der aufnehmenden betrieblichen Kollektivversicherung im vorangegangenen Geschäftsjahr und

d) sofern höher als nach lit. a, mit einem Zinsszenario in Höhe von 1% unter der Gesamtverzinsung der aufnehmenden betrieblichen Kollektivversicherung im vorangegangenen Geschäftsjahr

zu Grunde zu legen.

Information vor Wechsel im Leistungsfall in eine Pensionskasse

§ 3. (1) Die vom Versicherungsunternehmen einem Versicherten auf Anfrage vor einem möglichen Wechsel im Leistungsfall in eine Pensionskasse zu erteilende Information hat Folgendes zu enthalten:

1. Höhe des Unverfallbarkeitsbetrages;

2. relevante Parameter der bei Erstellung des Tarifs und der Berechnung der versicherungsmathematischen Rückstellungen verwendeten versicherungsmathematischen Grundlagen der abgebenden betrieblichen Kollektivversicherung;

3. Darstellung der systematischen Unterschiede zwischen betrieblichen Kollektivversicherungen und Pensionskassenzusagen;

4. Prognose der künftigen Entwicklung der Altersversorgung in der abgebenden betrieblichen Kollektivversicherung.

(2) Als relevante Parameter gemäß Abs. 1 Z 2 sind der verwendete Rechnungszinssatz und die verwendete Rententafel mitsamt allfälligen Änderungen anzugeben.

(3) Im Rahmen der Information nach Abs. 1 Z 3 hat das Versicherungsunternehmen darauf hinzuweisen, dass es sich bei betrieblichen Kollektivversicherungen und Pensionskassenzusagen um Pensionsvorsorgeprodukte handelt, bei denen zwar eine weit gehend idente Behandlung in arbeits- und sozialrechtlicher Hinsicht besteht, die sich aber im Hinblick auf Veranlagung, Garantieleistungen und Änderung der verwendeten Rentafeln unterscheiden. Ebenso ist anzuführen, dass bei betrieblichen Kollektivversicherungen grundsätzlich eine garantierte Mindestrente und die Verwendung der bei Einbeziehung in die betriebliche Kollektivversicherung gültigen Rentafeln vorgesehen ist, während bei Pensionskassenzusagen auf Grund des gemeinschaftlichen Tragens von Ertragschancen und Risiken unabhängig von den Garantiemöglichkeiten im Rahmen der Sicherheits-VRG gemäß § 12a PKG oder einer Mindestertragsgarantie grundsätzlich keine Garantieleistungen vorgesehen sind und die Möglichkeit der Änderung der verwendeten Rententafeln besteht.

(4) Durch die Prognose nach Abs. 1 Z 4 ist auf Basis der Deckungsrückstellung ein möglichst realistisches Bild der künftigen Entwicklung der Altersversorgung zu geben. Dabei sind die relevanten Parameter der abgebenden betrieblichen Kollektivversicherung zu berücksichtigen. Der Berechnung sind

1. der Garantiezins der abgebenden betrieblichen Kollektivversicherung für die Entwicklung der Deckungsrückstellung sowie

2. eine Ertragsentwicklung

a) mit einem Zinsszenario in Höhe des Garantiezinses der abgebenden betrieblichen Kollektivversicherung,

b) mit einem Zinsszenario in Höhe der Gesamtverzinsung der abgebenden betrieblichen Kollektivversicherung im vorangegangenen Geschäftsjahr,

c) mit einem Zinsszenario in Höhe von 1% über der Gesamtverzinsung der abgebenden betrieblichen Kollektivversicherung im vorangegangenen Geschäftsjahr und

d) sofern höher als nach lit. a, mit einem Zinsszenario in Höhe von 1% unter der Gesamtverzinsung der abgebenden betrieblichen Kollektivversicherung im vorangegangenen Geschäftsjahr

zu Grunde zu legen.

Information vor Wechsel bei aufrechtem Arbeitsverhältnis in eine Pensionskasse

§ 4. (1) Die vom Versicherungsunternehmen einem Versicherten auf Anfrage vor einem möglichen Wechsel bei aufrechtem Arbeitsverhältnis in eine Pensionskasse zu erteilende Information hat Folgendes zu enthalten:

1. Höhe des Unverfallbarkeitsbetrages;

2. relevante Parameter der bei Erstellung des Tarifs und der Berechnung der versicherungsmathematischen Rückstellungen verwendeten versicherungsmathematischen Grundlagen der abgebenden betrieblichen Kollektivversicherung;

3. Darstellung der systematischen Unterschiede zwischen betrieblichen Kollektivversicherungen und Pensionskassenzusagen;

4. Prognose der künftigen Entwicklung der Versicherungsleistung und Altersversorgung in der abgebenden betrieblichen Kollektivversicherung.

(2) Als relevante Parameter gemäß Abs. 1 Z 2 sind der verwendete Rechnungszinssatz und die

verwendete Rententafel mitsamt allfälligen Änderungen anzugeben.

(3) Im Rahmen der Information nach Abs. 1 Z 3 hat das Versicherungsunternehmen darauf hinzuweisen, dass es sich bei betrieblichen Kollektivversicherungen und Pensionskassenzusagen um Pensionsvorsorgeprodukte handelt, bei denen zwar eine weit gehend idente Behandlung in arbeits- und sozialrechtlicher Hinsicht besteht, die sich aber im Hinblick auf Veranlagung, Garantieleistungen und Änderung der verwendeten Rententafeln unterscheiden. Ebenso ist anzuführen, dass bei betrieblichen Kollektivversicherungen grundsätzlich eine garantierte Mindestrente und die Verwendung der bei Einbeziehung in die betriebliche Kollektivversicherung gültigen Rententafeln vorgesehen ist, während bei Pensionskassenzusagen auf Grund des gemeinschaftlichen Tragens von Ertragschancen und Risiken unabhängig von den Garantiemöglichkeiten im Rahmen der Sicherheits-VRG gemäß § 12a PKG oder einer Mindestertragsgarantie grundsätzlich keine Garantieleistungen vorgesehen sind und die Möglichkeit der Änderung der verwendeten Rententafeln besteht.

(4) Durch die Prognose nach Abs. 1 Z 4 ist auf Basis der Deckungsrückstellung unter Annahme des Gleichbleibens der zuletzt geleisteten Prämienzahlungen des Arbeitgebers und des Anwartschaftsberechtigten ein möglichst realistisches Bild der künftigen Entwicklung der Versicherungsleistung und der Altersversorgung zu geben. Dabei sind die relevanten Parameter der abgebenden betrieblichen Kollektivversicherung sowie die Prämienzahlungen des vorangegangenen Geschäftsjahres zu berücksichtigen. Der Berechnung sind

1. der Garantiezins der abgebenden betrieblichen Kollektivversicherung für die Entwicklung der Deckungsrückstellung sowie

2. eine Ertragsentwicklung

a) mit einem Zinsszenario in Höhe des Garantiezinses der abgebenden betrieblichen Kollektivversicherung,

b) mit einem Zinsszenario in Höhe der Gesamtverzinsung der abgebenden betrieblichen Kollektivversicherung im vorangegangenen Geschäftsjahr,

c) mit einem Zinsszenario in Höhe von 1% über der Gesamtverzinsung der abgebenden betrieblichen Kollektivversicherung im vorangegangenen Geschäftsjahr und

d) sofern höher als nach lit. a, mit einem Zinsszenario in Höhe von 1% unter der Gesamtverzinsung der abgebenden betrieblichen Kollektivversicherung im vorangegangenen Geschäftsjahr

zu Grunde zu legen.

Gliederung

§ 5. Die Informationen gemäß den §§ 1 bis 4 sind in der in § 1 Abs. 1, § 2 Abs. 1, § 3 Abs. 1 und § 4 Abs. 1 vorgesehenen Reihenfolge zu gliedern.

Finanzmarktaufsichtsbehördengesetz

BGBl I 2001/97 idF

1 BGBl I 2002/45
2 BGBl I 2002/100
3 BGBl I 2003/33
4 BGBl I 2003/35
5 BGBl I 2003/80
6 BGBl I 2004/70
7 BGBl I 2005/32
8 BGBl I 2005/33
9 BGBl I 2005/78
10 BGBl I 2005/120 (HGB durch UGB ersetzt)
11 BGBl I 2006/48 (FAM-ÄG 2005)
12 BGBl I 2006/141
13 BGBl I 2007/56
14 BGBl I 2007/60 (WAG 2007)
15 BGBl I 2007/108
16 BGBl I 2008/2 (1. BVRBG)
17 BGBl I 2008/136
18 BGBl I 2009/22
19 BGBl I 2009/66
20 BGBl I 2010/37
21 BGBl I 2010/68
22 BGBl I 2010/107
23 BGBl I 2011/50
24 BGBl I 2011/77
25 BGBl I 2011/145
26 BGBl I 2012/97
27 BGBl I 2013/21
28 BGBl I 2013/70
29 BGBl I 2013/135
30 BGBl I 2013/160
31 BGBl I 2013/184
32 BGBl I 2014/51 (HypoSanG)
33 BGBl I 2014/59 (SSM)
34 BGBl I 2014/98
35 BGBl I 2015/34

Bundesgesetz über die Errichtung und Organisation der Finanzmarktaufsichtsbehörde (Finanzmarktaufsichtsbehördengesetz – FMABG)

Finanzmarktaufsichtsbehörde

§ 1. (1) **(Verfassungsbestimmung)** Zur Durchführung der Bankenaufsicht, der Versicherungsaufsicht, der Wertpapieraufsicht und der Pensionskassenaufsicht wird unter der Bezeichnung „Finanzmarktaufsichtsbehörde" (FMA) eine Anstalt des öffentlichen Rechts mit eigener Rechtspersönlichkeit eingerichtet. Diese ist in Ausübung ihres Amtes an keine Weisungen gebunden. *(BGBl I 2002/45)*

(2) Der Sitz der FMA ist Wien. Ihr Wirkungsbereich erstreckt sich auf das gesamte Bundesgebiet. Sie ist berechtigt, das Bundeswappen zu führen.

(3) Die Bestimmungen der Gewerbeordnung 1994 – GewO 1994, BGBl. Nr. 194/1994, sind auf die FMA nicht anzuwenden.

§ 2. (1) Zur Bankenaufsicht zählt die Wahrnehmung der behördlichen Aufgaben und Befugnisse, die im Bankwesengesetz – BWG, BGBl. Nr. 532/1993 Art. I, im Sparkassengesetz – SpG, BGBl. Nr. 64/1979, im Bausparkassengesetz – BSpG, BGBl. Nr. 532/1993 Art. III, in der Einführungsverordnung zum Hypothekenbank- und zum Pfandbriefgesetz, dRGBl. 1938 I S 1574, im Hypothekenbankgesetz, dRGBL 1899 S 375, im Pfandbriefgesetz, dRGBl. 1927 I S 492, „ * im Bankschuldverschreibungsgesetz, RGBl. Nr. 213/1905, „ "6* im Depotgesetz, BGBl. Nr. 424/1969, „ "6* „im E-Geldgesetz 2010, BGBl. I Nr. 107/2010"**** „ "6* „, im Finanzkonglomerategesetz, BGBl. I Nr. 70/2004, „im Ratingagenturenvollzugsgesetz – RAVG, BGBl. I Nr. 68/2010,"***** „im Bundesgesetz über die Sanierung und Abwicklung von Banken – BaSAG, BGBl. I Nr. 98/2014"8* „Gesetz zur Schaffung einer Abbaueinheit – GSA, BGBl. Nr. 51/2014, Bundesgesetz über Sanierungsmaßnahmen für die HYPO ALPE ADRIA BANK INTERNATIONAL AG – HaaSanG, BGBl. I Nr. 51/2014"7* und im Zahlungsdienstegesetz – ZaDiG, BGBl. I Nr. 66/2009"*** geregelt und der FMA zugewiesen sind. *(BGBl I 2002/100; *BGBl I 2005/32; **BGBl I 2007/108; ***BGBl I 2009/66; ****BGBl I 2010/107; *****BGBl I 2011/145; 6*BGBl I 2013/135; 7*BGBl I 2014/51; 8*BGBl I 2014/98)*

(2) Zur Versicherungsaufsicht zählt die Wahrnehmung der behördlichen Aufgaben und Befugnisse, die im Versicherungsaufsichtsgesetz – VAG, BGBl. Nr. 569/1978, im Kraftfahrzeug-Haftpflichtversicherungsgesetz 1994, BGBl. Nr. 651/1994, im Bundesgesetz über die Entschädigung von Verkehrsopfern (Verkehrsopfer-Entschädigungsgesetz – VOEG), BGBl. I Nr. 37/2007"**, im Bundesgesetz über die zivilrechtliche Haftung für Schäden durch Radioaktivität (Atomhaftungsgesetz 1999, Atom HG 1999), BGBl. I Nr. 170/1998, „ ,im Finanzkonglomerategesetz, BGBl. I Nr. 70/2004, und im Ratingagenturenvollzugsgesetz – RAVG, BGBl. I Nr. 68/2010,"***,* geregelt und der FMA zugewiesen sind. *(*BGBl I 2004/70; **BGBl I 2010/107; ***BGBl I 2011/145)*

13/19. FMABG
§§ 2 – 3

Fassung ab 1. 1. 2016 (BGBl I 2015/34):
(2) Zur Versicherungsaufsicht zählt die Wahrnehmung der behördlichen Aufgaben und Befugnisse, die im „Versicherungsaufsichtsgesetz 2016 (VAG 2016), BGBl. I Nr. 34/2015,"**** im Kraftfahrzeug-Haftpflichtversicherungsgesetz 1994, BGBl. Nr. 651/1994, „im Bundesgesetz über die Entschädigung von Verkehrsopfern (Verkehrsopfer-Entschädigungsgesetz – VOEG), BGBl. I Nr. 37/2007"**, im Bundesgesetz über die zivilrechtliche Haftung für Schäden durch Radioaktivität (Atomhaftungsgesetz 1999, Atom HG 1999), BGBl. I Nr. 170/1998, „ „im Finanzkonglomerategesetz, BGBl. I Nr. 70/2004, und im Ratingagenturenvollzugsgesetz – RAVG, BGBl. I Nr. 68/2010,"***,"* geregelt und der FMA zugewiesen sind. *(*BGBl I 2004/70; **BGBl I 2010/107; ***BGBl I 2011/145; ****BGBl I 2015/34)*

(3) Zur Wertpapieraufsicht zählt die Wahrnehmung der behördlichen Aufgaben und Befugnisse, die im Wertpapieraufsichtsgesetz 2007 – WAG 2007, BGBl. I Nr. 60/2007, im Börsegesetz 1989 – BörseG, BGBl. Nr. 555/1989, im Betrieblichen Mitarbeiter- und Selbständigenvorsorgegesetz – BMSVG, BGBl. I Nr. 100/2002, im Immobilien-Investmentfondsgesetz – ImmoInvFG, BGBl. I Nr. 80/2003, im Finanzkonglomerategesetz, BGBl. I Nr. 70/2004, im Ratingagenturenvollzugsgesetz – RAVG, BGBl. I Nr. 68/2010, im Investmentfondsgesetz 2011 – InvFG 2011, BGBl. I Nr. 77/2011 Art. II, im Zentrale Gegenparteien-Vollzugsgesetz – ZGVG, BGBl. I Nr. 97/2012, im Rechnungslegungs-Kontrollgesetz – RL-KG, BGBl. I Nr. 21/2013, im Alternative Investmentfonds Manager-Gesetz – AIFMG, BGBl. I Nr. 135/2013, und im Kapitalmarktgesetz, BGBl. Nr. 625/1991, geregelt und der FMA zugewiesen sind. *(BGBl I 2013/135)*

(4) Zur Pensionskassenaufsicht zählt die Wahrnehmung der behördlichen Aufgaben und Befugnisse, die im Pensionskassengesetz – PKG, BGBl. Nr. 281/1990, und im Betriebspensionsgesetz – BPG, BGBl. Nr. 282/1990, geregelt und der FMA zugewiesen sind.

(5) Wenn die FMA erkennt, dass im Bezug auf einen Rechtsträger gemäß § 1 Finanzmarktstabilitätsgesetz (FinStaG), BGBl. I Nr. 136/2008, die Voraussetzungen des § 1 FinStaG vorliegen könnten, hat sie dies dem Bundesminister für Finanzen umgehend mitzuteilen. *(BGBl I 2008/136)*

Haftung für die Tätigkeit der FMA

§ 3. (1) Für die von Organen und Bediensteten der FMA in Vollziehung der in § 2 genannten Bundesgesetze zugefügten Schäden haftet der Bund nach den Bestimmungen des Amtshaftungsgesetzes – AHG, BGBl. Nr. 20/1949. „Schäden im Sinne dieser Bestimmung sind solche, die Rechtsträgern unmittelbar zugefügt wurden, die der Aufsicht nach diesem Bundesgesetz unterliegen." Die FMA sowie deren Bedienstete und Organe haften dem Geschädigten nicht. *(BGBl I 2008/136)*

(2) Die FMA hat bei ihrer Tätigkeit nach pflichtgemäßem Ermessen alle nach den Umständen des Einzelfalls erforderlichen, zweckmäßigen und angemessenen Aufsichtsmaßnahmen zu ergreifen. Sie hat dabei auf die Wahrung der Finanzmarktstabilität zu achten. Sie kann bei der Wahrnehmung ihrer Aufgaben die Prüfungsberichte der Abschlussprüfer und Organe der ihrer Aufsicht unterliegenden Unternehmen sowie die Prüfungsberichte der Oesterreichischen Nationalbank im Rahmen ihrer gesetzlichen Prüfungsbefugnisse nach dem BWG zu Grunde legen, es sei denn, dass sie begründete Zweifel an der Richtigkeit oder Vollständigkeit dieser Prüfungsberichte oder an der Fachkunde oder Sorgfalt der Prüfer hat oder solche Zweifel bei entsprechender Sorgfalt hätte haben müssen. Gleiches gilt für die Prüfungsberichte der von der FMA selbst beauftragten Prüfer hinsichtlich der Prüfungshandlungen gemäß den in § 2 genannten Bundesgesetzen.

(3) Hat der Bund einem Geschädigten den Schaden gemäß Abs. 1 ersetzt, so kann er von den Organen oder Bediensteten der FMA Rückersatz nach den Bestimmungen des AHG begehren.

(4) Die FMA hat den Bund im Amtshaftungs- und Rückersatzverfahren nach den Abs. 1 und 2 in jeder zweckdienlichen Weise zu unterstützen. Sie hat insbesondere alle Informationen und Unterlagen, die das Amtshaftungs- oder Rückersatzverfahren betreffen, zur Verfügung zu stellen sowie dafür zu sorgen, dass der Bund das Wissen und die Kenntnisse der Organe und Bediensteten der FMA über die verfahrensgegenständlichen Aufsichtsmaßnahmen in Anspruch nehmen kann.

(5) Die von den der Aufsicht unterliegenden Unternehmen bestellten Abschlussprüfer sind nicht Organe im Sinne des § 1 Abs. 1 AHG, es sei denn, dass sie im gesonderten Auftrag der FMA für diese Prüfungen nach den in § 2 genannten Bundesgesetzen durchführen. Gleiches gilt für die Prüfungsorgane gesetzlich zuständiger Prüfungseinrichtungen.

(6) Ein auf bundesgesetzlicher Regelung beruhender Ersatzanspruch aus Handlungen der FMA, ihrer Bediensteten oder ihrer Organe, die im Rahmen der Verordnung (EU) Nr. 1024/2013 zur Übertragung besonderer Aufgaben im Zusammenhang mit der Aufsicht über Kreditinstitute auf die Europäische Zentralbank, ABl. Nr. L 287 vom 29.10.2013 S. 63, tätig werden, ist in folgenden Fällen ausgeschlossen:

1. Handlungen in Vollziehung einer Weisung oder Erfüllung eines Auftrages der Europäischen Zentralbank;

2. Handlungen in Vorbereitung oder Durchführung von Entscheidungen der Europäischen Zentralbank;

3. Zusammenarbeit, Informationsaustausch oder sonstige Unterstützung der Europäischen Zentralbank.
(BGBl I 2014/59)
(BGBl I 2005/33)

Organe

§ 4. Organe der FMA sind:
1. der Vorstand,
2. der Aufsichtsrat.

Vorstand

§ 5. (1) Der Vorstand der FMA besteht aus zwei Mitgliedern.

(2) Die Mitglieder des Vorstandes werden auf Vorschlag der Bundesregierung vom Bundespräsidenten bestellt; die Wiederbestellung ist zulässig. Die Funktionsperiode beträgt fünf Jahre.
(BGBl I 2007/108)

(3) Vor der Bestellung von Mitgliedern des Vorstandes hat der Bundesminister für Finanzen eine Ausschreibung zu veranlassen; das Stellenbesetzungsgesetz 1998, BGBl. I Nr. 26/1998, ist anzuwenden. Auf Grund der Ergebnisse des Ausschreibungsverfahrens haben für den Vorschlag der Bundesregierung gemäß Abs. 2 aus dem Kreis der Bewerber namhaft zu machen:
1. Bei der Bestellung des ersten Vorstandes der FMA der Bundesminister für Finanzen und die Oesterreichische Nationalbank je eine Person,
2. bei jeder weiteren Bestellung von Mitgliedern des Vorstandes jene Institution, die das Mitglied des Vorstandes namhaft gemacht hat, dessen Funktionsbeendigung (§ 7 Abs. 1) die Bestellung eines neuen Vorstandsmitglieds erfordert, eine Person.
Die Einbringung des Antrags zur Beschlussfassung der Bundesregierung über die von ihr zur Bestellung vorzuschlagenden Personen obliegt dem Bundesminister für Finanzen; dieser ist hinsichtlich des von der Oesterreichischen Nationalbank namhaft gemachten Vorstandsmitglieds an den Vorschlag der Oesterreichischen Nationalbank gebunden. (BGBl I 2007/60)

(4) Zu Mitgliedern des Vorstandes dürfen nur Personen bestellt werden, die zumindest in einem der in § 2 genannten Aufsichtsbereiche fachkundig sind und die nicht vom Wahlrecht in den Nationalrat ausgeschlossen sind. Sie dürfen ihre Funktion nur hauptberuflich ausüben.

§ 6. (1) Der Vorstand hat den gesamten Dienstbetrieb zu leiten und die Geschäfte der FMA zu führen. Der Vorstand vertritt die FMA gerichtlich und außergerichtlich.

(2) Der Vorstand hat eine Geschäftsordnung zu erlassen, diese bedarf der Genehmigung des Aufsichtsrates. In der Geschäftsordnung ist dafür Vorsorge zu treffen, dass die FMA ihre Aufgaben in gesetzmäßiger, zweckmäßiger, wirtschaftlicher und sparsamer Weise besorgt und die bei der FMA beschäftigten Bediensteten sachgerecht verwendet werden. In der Geschäftsordnung ist insbesondere auch zu regeln, inwieweit der Vorstand unbeschadet seiner Verantwortlichkeit für die Tätigkeit der FMA sich bei den zu treffenden Entscheidungen oder Verfügungen oder sonstigen Amtshandlungen durch Bedienstete der FMA vertreten lassen kann. Im organisatorischen Aufbau und in der Geschäftsordnung sind die fachlichen Besonderheiten und unterschiedlichen Zielsetzungen verschiedener Aufsichtsbereiche angemessen zu berücksichtigen. Auf sektorale Besonderheiten ist möglichst Bedacht zu nehmen.

(3) Die Geschäftsordnung gemäß Abs. 2 ist in der jeweils geltenden Fassung gemeinsam mit einem Unterschriftenverzeichnis der auf Grund der Geschäftsordnung ermächtigten Bediensteten in den Räumlichkeiten der FMA zur öffentlichen Einsicht aufzulegen. Die Geschäftsordnung ist auch in die Homepage der FMA einzustellen.

(4) Der Vorstand hat eine Compliance-Ordnung zu erstellen, die der Genehmigung des Aufsichtsrates bedarf. In der Compliance-Ordnung sind Richtlinien für die Vorgangsweise beim Abschluss von privaten Rechtsgeschäften zwischen den Mitgliedern des Vorstandes und des Aufsichtsrates sowie FMA-Bediensteten einerseits mit den beaufsichtigten Instituten andererseits zu erstellen.

(5) Der Vorstand hat dem Aufsichtsrat vierteljährlich einen Bericht über die allgemeine Entwicklung des Finanzmarktes und über die Aufsichtsführung im Berichtszeitraum zu geben. Weiters ist dem Aufsichtsrat über die geplante Aufsichtspolitik und die für die folgende Berichtsperiode zu setzenden Tätigkeitsschwerpunkte zu berichten.

§ 7. (1) Die Funktion eines Mitgliedes des Vorstandes der FMA endet
1. mit Ablauf der Funktionsperiode,
2. mit der Zustimmung des Aufsichtsrates zur Zurücklegung der Funktion aus wichtigen Gründen,
3. mit der Abberufung gemäß Abs. 3.

(2) Die beabsichtigte Zurücklegung der Funktion ist vom betreffenden Mitglied des Vorstandes dem Aufsichtsrat, dem Bundesminister für Finanzen und der Oesterreichischen Nationalbank frühestmöglich unter Nennung der Gründe schriftlich bekannt zu geben. Erteilt der Aufsichtsrat seine Zustimmung, so hat er diese unverzüglich unter

Angabe des Zeitpunkts der Wirksamkeit der Zurücklegung der Funktion des betreffenden Vorstandsmitgliedes dem Bundesminister für Finanzen und der Oesterreichischen Nationalbank schriftlich mitzuteilen. Der Bundesminister für Finanzen hat die Bestellung eines neuen Mitgliedes des Vorstandes gemäß § 5 zu veranlassen. Für den Fall, dass der Funktionsantritt des neu bestellten Mitgliedes des Vorstandes nach dem Zeitpunkt des Ausscheidens des ehemaligen Mitgliedes erfolgt, ist für die Dauer der Vakanz ein geeignetes Ersatzmitglied vom Bundesminister für Finanzen auf Vorschlag des Aufsichtsrates unverzüglich zu bestellen; § 5 findet hierbei keine Anwendung. Die vorstehenden Bestimmungen über die Bestellung eines neuen Mitgliedes des Vorstandes sowie für die Bestellung eines Ersatzmitgliedes gelten in gleicher Weise für den Fall der Abberufung gemäß Abs. 3.

(3) Der Bundesminister für Finanzen hat ein Mitglied des Vorstandes abzuberufen, wenn ein wichtiger Grund vorliegt, wie insbesondere

1. Wegfall einer Bestellungsvoraussetzung oder

2. nachträgliches Hervorkommen, dass eine Bestellungsvoraussetzung nicht gegeben war, oder

3. grobe Pflichtverletzung oder

4. dauernde Dienstunfähigkeit oder wenn das betreffende Mitglied infolge Krankheit, Unfall oder eines Gebrechens länger als ein halbes Jahr vom Dienst abwesend ist oder

5. wenn trotz gemäß § 11 Abs. 2 durchgeführter Aufsichtsmaßnahmen Pflichtverletzungen nicht oder nicht nachhaltig beseitigt wurden.

Der Bundesminister für Finanzen hat die Oesterreichische Nationalbank vor der Abberufung eines von ihr namhaft gemachten Mitglieds anzuhören; bei Gefahr in Verzug ist jedoch unter gleichzeitiger Verständigung der Oesterreichischen Nationalbank das betreffende Mitglied des Vorstandes sofort abzuberufen.

Aufsichtsrat

§ 8. (1) Der Aufsichtsrat der FMA besteht aus dem Vorsitzenden, dem Stellvertreter des Vorsitzenden, vier weiteren Mitgliedern sowie zwei kooptierten Mitgliedern. Der Vorsitzende, der Stellvertreter und die weiteren Mitglieder des Aufsichtsrates, ausgenommen die kooptierten Mitglieder, sind vom Bundesminister für Finanzen zu bestellen. Für die Funktion des Stellvertreters des Vorsitzenden sowie zweier weiterer Mitglieder des Aufsichtsrates sind von der Oesterreichischen Nationalbank Personen namhaft zu machen. Der Aufsichtsrat hat zusätzlich zwei von der Wirtschaftskammer Österreich namhaft gemachte Mitglieder zu kooptieren, denen jedoch kein Stimmrecht zukommt. Zu Mitgliedern des Aufsichtsrates dürfen nur geeignete und zuverlässige Personen bestellt oder kooptiert werden, die nicht vom Wahlrecht in den Nationalrat ausgeschlossen sind.

(2) Die Dauer der Funktionsperiode der Mitglieder des Aufsichtsrates beträgt fünf Jahre; die Wiederbestellung ist zulässig.

(3) Die Funktion eines Mitgliedes des Aufsichtsrates endet:

1. mit Ablauf der Funktionsperiode,

2. durch Zurücklegung der Funktion,

3. durch Abberufung gemäß Abs. 4.

Im Fall der Z 2 und 3 ist unverzüglich ein neues Mitglied für die Dauer der restlichen Funktionsperiode des ausgeschiedenen Mitgliedes zu bestellen oder zu kooptieren; scheidet ein von der Oesterreichischen Nationalbank oder der Wirtschaftskammer Österreich namhaft gemachtes Mitglied vorzeitig aus seiner Funktion aus, so haben diese unverzüglich ein neues Mitglied namhaft zu machen.

(4) Der Bundesminister für Finanzen hat Mitglieder des Aufsichtsrates abzuberufen, wenn

1. eine Voraussetzung für die Bestellung wegfällt,

2. nachträglich hervorkommt, dass eine Bestellungsvoraussetzung nicht gegeben war,

3. dauernde Unfähigkeit zur Ausübung der Funktion eintritt oder

4. grobe Pflichtverletzung vorliegt.

Der Bundesminister für Finanzen hat vor der Abberufung eines von der Oesterreichischen Nationalbank oder der Wirtschaftskammer Österreich namhaft gemachten Mitgliedes die betreffende Institution anzuhören; bei Gefahr in Verzug ist jedoch unter gleichzeitiger Verständigung der Oesterreichischen Nationalbank oder der Wirtschaftskammer Österreich das betreffende Mitglied des Aufsichtsrates sofort abzuberufen.

§ 9. (1) Der Vorsitzende des Aufsichtsrates (Stellvertreter) hat unter Angabe der Tagesordnung mindestens einmal in jedem Kalendervierteljahr sowie bei wichtigem Anlass unverzüglich eine Sitzung des Aufsichtsrates einzuberufen. Die Sitzung muss binnen zwei Wochen nach der Einberufung stattfinden. Kooptierte Mitglieder haben jedoch das Recht auf Teilnahme an den Sitzungen nur insoweit, als Angelegenheiten gemäß § 10 Abs. 2 Z 1 bis 4, 8 oder 9 zur Beratung oder Beschlussfassung gelangen.

(2) Jedes stimmberechtigte Mitglied des Aufsichtsrates, der Vorstand sowie der Bundesminister für Finanzen können aus wichtigem Anlass die unverzügliche Einberufung des Aufsichtsrates verlangen.

(3) Der Aufsichtsrat ist beschlussfähig, wenn mindestens vier stimmberechtigte Mitglieder, darunter der Vorsitzende oder dessen Stellvertre-

ter, anwesend sind. Der Aufsichtsrat fasst seine Beschlüsse mit einfacher Stimmenmehrheit. Bei Gleichheit der abgegebenen Stimmen entscheidet die Stimme des Vorsitzführenden. Eine Stimmenthaltung ist nicht zulässig.

(4) Über die Sitzungen des Aufsichtsrates ist ein Protokoll zu führen. Dieses ist vom Vorsitzführenden zu unterzeichnen; nähere Anordnungen sind in der Geschäftsordnung des Aufsichtsrates zu treffen.

(5) Umlaufbeschlüsse sind nur in begründeten Ausnahmefällen, und wenn kein Mitglied des Aufsichtsrates widerspricht, zulässig. Die kooptierten Mitglieder des Aufsichtsrates können der Beschlussfassung im Umlaufweg nur dann widersprechen, wenn Beschlüsse in Angelegenheiten gemäß § 10 Abs. 2 Z 1 bis 4, 8 oder 9 gefasst werden sollen und nicht die Beschlussfassung im Umlaufwege zur Abwehr eines schwerwiegenden Schadens erforderlich ist. Umlaufbeschlüsse können nur mit der Stimmenmehrheit aller stimmberechtigten Mitglieder des Aufsichtsrates gefasst werden. Eine Stimmenthaltung ist nicht zulässig. Umlaufbeschlüsse sind vom Vorsitzenden (Stellvertreter) schriftlich festzuhalten, über das Ergebnis der Beschlussfassung ist in der nächstfolgenden Sitzung des Aufsichtsrates Bericht zu erstatten.

§ 10. (1) Der Aufsichtsrat hat die Leitung und Geschäftsführung der FMA zu überwachen. § 95 Abs. 2 und 3 Aktiengesetz 1965 – AktG, BGBl. Nr. 98/1965, ist anzuwenden.

(2) Maßnahmen der Leitung und Geschäftsführung der FMA können dem Aufsichtsrat nicht übertragen werden. Der Genehmigung des Aufsichtsrates bedürfen jedoch:
1. der vom Vorstand zu erstellende Finanzplan einschließlich des Investitions- und Stellenplans;
2. Investitionen, soweit sie nicht durch den Investitionsplan genehmigt sind, und Kreditaufnahmen, die jeweils 75 000 überschreiten;
3. der Erwerb, die Veräußerung und die Belastung von Liegenschaften;
4. der vom Vorstand zu erstellende Jahresabschluss;
5. die Geschäftsordnung gemäß § 6 Abs. 2 sowie deren Änderung;
6. die Compliance-Ordnung gemäß § 6 Abs. 4 sowie deren Änderung;
7. die Ernennung von FMA-Bediensteten in unmittelbar dem Vorstand nachgeordnete Leitungsfunktionen (zweite Führungsebene) sowie deren Abberufung und Kündigung;
8. der gemäß „§ 16 Abs. 3" zu erstellende Jahresbericht; *(BGBl I 2007/60)*
9. der Abschluss von Kollektivverträgen und Betriebsvereinbarungen.

(3) Vor der Beschlussfassung über Kollektivverträge und Betriebsvereinbarungen (Abs. 2 Z 9) ist die für die Arbeitnehmervertretung der FMA-Bediensteten zuständige Einrichtung zu hören.

(4) Den stimmberechtigten Mitgliedern des Aufsichtsrates gebührt eine angemessene Vergütung, die aus Mitteln der FMA zu erstatten ist. Die Höhe der Vergütung wird vom Bundesminister für Finanzen nach Anhörung der Oesterreichischen Nationalbank festgesetzt.

§ 11. (1) Der Aufsichtsrat hat, wenn er Kenntnis vom Eintritt eines Abberufungsgrundes bei einem Mitglied des Vorstandes gemäß § 7 Abs. 3 erlangt, dies dem Bundesminister für Finanzen unverzüglich mitzuteilen, sofern nicht nach Abs. 2 vorzugehen ist.

(2) Verletzt ein Mitglied des Vorstandes Bestimmungen dieses Bundesgesetzes, der der FMA zur Vollziehung übertragenen Bundesgesetze gemäß § 2 oder der Geschäftsordnung, ohne dass bereits eine grobe Pflichtverletzung gemäß § 7 Abs. 3 Z 3 vorliegt, so hat der Aufsichtsrat das betreffende Mitglied schriftlich aufzufordern, unverzüglich den rechtmäßigen Zustand wieder herzustellen und künftig Pflichtverletzungen zu unterlassen. Im Wiederholungs- oder Fortsetzungsfall hat der Aufsichtsrat den Bundesminister für Finanzen im Hinblick auf § 7 Abs. 3 zu verständigen, es sei denn, dass dies nach Art und Schwere des Vergehens unangemessen wäre.

§ 12. Der Aufsichtsrat hat sich eine Geschäftsordnung zu geben, die der Genehmigung des Bundesministers für Finanzen bedarf. Der Aufsichtsrat hat die Dienstverträge mit den Vorstandsmitgliedern abzuschließen und den Abschlussprüfer zu bestellen. Der Aufsichtsrat ist weiters für die Entlastung der Mitglieder des Vorstandes im Zusammenhang mit der Genehmigung des Jahresabschlusses (§ 10 Abs. 2 Z 4) zuständig.

Finanzmarktstabilitätsgremium

§ 13. (1) Zur Stärkung der Finanzmarktstabilität, Minderung von Systemgefährdung und Reduzierung des systemischen und prozyklisch wirkenden Risikos wird beim Bundesministerium für Finanzen ein Finanzmarktstabilitätsgremium eingerichtet. Die Mitglieder und deren Stellvertreter sind durch die Bundesregierung auf Vorschlag des Bundesministers für Finanzen zu bestellen. Der Bundesminister für Finanzen hat dabei die Nominierungsrechte gemäß Abs. 4 zu beachten.

(2) „Für die Zwecke der §§ 13 bis 13b dieses Bundesgesetzes und des § 44c des Nationalbankgesetzes 1984, BGBl. Nr. 50/1984, gilt als:" *(BGBl I 2014/59)*

§ 13

1. systemisches Risiko: Risiko gemäß § 2 Z 41 BWG;
2. prozyklisch wirkendes Risiko: Risiko im Sinne von Art. 136 der Richtlinie 2013/36/EU;
3. Bestandsgefährdung: Risiko gemäß § 22 Abs. 1 BWG;
4. Systemgefährdung: Risiko gemäß § 22 Abs. 2 BWG.

(3) Zu den Aufgaben des Finanzmarktstabilitätsgremiums gehören insbesondere
1. die Erörterung der für die Finanzmarktstabilität maßgeblichen Sachverhalte,
2. die Förderung der Zusammenarbeit und des Meinungsaustausches der im Ausschuss vertretenen Institutionen in Normal- und Krisenzeiten,
3. gutachterliche Äußerungen, Empfehlungen und Aufforderungen im Zusammenhang mit der Bestandsgefährdung von Instituten und einer daraus resultierenden Systemgefährdung (§ 22 Abs. 1 und 2 BWG),
4. die Abgabe von Risikohinweisen und Empfehlungen gemäß § 13a Abs. 1 und 2 sowie deren Veröffentlichung gemäß § 13a Abs. 4,
5. die Beratung über den Umgang mit Warnungen und Empfehlungen des Europäischen Ausschusses für Systemrisiken,
6. eine jährliche Berichterstattung an den Nationalrat.

(4) Das Finanzmarktstabilitätsgremium besteht aus
1. zwei im Sinne des Abs. 3 fachlich geeigneten Vertretern des Bundesministeriums für Finanzen aus den Bereichen Wirtschaftspolitik und Finanzmarktaufsichtslegistik, von denen eine Person als Vorsitzender und eine Person als stellvertretender Vorsitzender des Ausschusses nominiert wird; die Vertreter müssen gemeinsam die für diese Aufgabe nötigen Erfahrungen mit makroökonomischen, makroprudenziellen und finanzmarktaufsichtslegistischen Fragestellungen aufweisen;
2. einem im Sinne des Abs. 3 fachlich geeigneten Vertreter der FMA;
3. einem im Sinne des Abs. 3 fachlich geeigneten Vertreter der Oesterreichischen Nationalbank;
4. dem Vorsitzenden des Fiskalrates und
5. einem weiteren Mitglied des Fiskalrates, das vom Bundesminister für Finanzen aus dem Kreis der von der Bundesregierung entsandten Mitglieder des Fiskalrates zu nominieren ist.

Für jeden Vertreter haben die genannten Institutionen einen im Sinne des Abs. 3 fachlich geeigneten Stellvertreter zu benennen. Die Stellvertreter der Mitglieder des Fiskalrates sind vom Bundesminister für Finanzen aus dem Kreis der von der Bundesregierung entsandten Mitglieder des Fiskalrates und der für diese gemäß § 1 Abs. 6 des Bundesgesetzes über die Errichtung des Fiskalrates entsandten Ersatzmitglieder zu nominieren. Die Vertreter und ihre Stellvertreter sind bei der Ausübung ihres Mandats an keine Weisungen der sie entsendenden Institutionen gebunden.

(5) Der Vorsitzende des Finanzmarktstabilitätsgremiums hat das Finanzmarktstabilitätsgremium mindestens viermal im Kalenderjahr einzuberufen. Die Mitglieder des Finanzmarktstabilitätsgremiums können bei Vorliegen wichtiger Gründe die kurzfristige Einberufung des Ausschusses verlangen. Zu den Sitzungen kann der Vorsitzende auch externe Sachverständige nach Maßgabe des Verhandlungsgegenstandes oder der Tagesordnung als Berater hinzuziehen.

(6) Beschlüsse des Finanzmarktstabilitätsgremiums erfolgen mit einfacher Stimmenmehrheit. Bei Stimmengleichheit entscheidet der Vorsitzführende. Beschlüsse über vorzulegende Berichte gemäß Abs. 10 sind einstimmig zu fassen.

(7) Das Finanzmarktstabilitätsgremium hat sich nach seiner Konstituierung einstimmig eine Geschäftsordnung zu geben. Mitglieder des Finanzmarktstabilitätsgremiums werden für die Dauer von drei Jahren bestellt, die Wiederbestellung ist zulässig.

(8) Die Mitglieder des Finanzmarktstabilitätsgremiums und die beigezogenen Sachverständigen
1. sind über alle ihnen ausschließlich aus ihrer Tätigkeit im Finanzmarktstabilitätsgremium bekannt gewordenen Tatsachen, deren Geheimhaltung im Interesse der Aufrechterhaltung der öffentlichen Ruhe, Ordnung und Sicherheit, der auswärtigen Beziehungen, im wirtschaftlichen Interesse einer Körperschaft des öffentlichen Rechts, zur Vorbereitung einer Entscheidung oder im überwiegenden Interesse der Parteien eines Verwaltungsverfahrens geboten ist, gegenüber jedermann zur Verschwiegenheit verpflichtet;
2. unterliegen der Verpflichtung zur Wahrung des Bankgeheimnisses als Amtsgeheimnis gemäß § 38 Abs. 1 BWG. Die Entbindung von der Verschwiegenheitspflicht obliegt dem Bundesminister für Finanzen; § 46 Abs. 2, 3 und 4 des Beamten-Dienstrechtsgesetzes 1979, BGBl. Nr. 333/1979 sind anzuwenden.

(9) Der Vertreter der FMA unterrichtet das Finanzmarktstabilitätsgremium regelmäßig über Beschlüsse und sonstige Entscheidungen mit Relevanz für die Finanzmarktstabilität, die Identifizierung systemischer und prozyklisch wirkender Risiken und Hinweise auf Bestands- oder Systemgefährdung und stellt auf Verlangen die erforderlich erscheinenden sachlichen Aufklärungen, Daten und Unterlagen zur Verfügung.

(10) Das Finanzmarktstabilitätsgremium hat dem Finanzausschuss des Nationalrats und dem Bundesminister für Finanzen binnen vier Monaten nach Ende jedes Kalenderjahres einen Bericht in aggregierter Form über die Lage und Entwicklung

der Finanzmarktstabilität sowie über seine Tätigkeiten im abgelaufenen Kalenderjahr zu erstatten.

(11) Die Kosten des Finanzmarktstabilitätsgremiums werden von der Oesterreichischen Nationalbank getragen, die auch das erforderliche Personal und den Sachaufwand zur Verfügung zu stellen hat. Für die Mitgliedschaft im Finanzmarktstabilitätsgremium erfolgt kein Aufwandersatz.

(BGBl I 2013/184)

Risikohinweise und Empfehlungen

§ 13a. (1) Stellt das Finanzmarktstabilitätsgremium Risiken im Finanzsektor fest, die eine nachteilige Rückwirkung auf die Finanzmarktstabilität haben können, hat es diese in Risikohinweisen zu adressieren. Gefahrenmomente für die Finanzmarktstabilität sind unter anderem der Aufbau und die Änderung von Systemrisiken, die Bestandsgefährdung von Instituten, eine mögliche Systemgefährdung oder prozyklisch wirkende Risiken. Risikohinweise sind konkret zu begründen.

(2) Das Finanzmarktstabilitätsgremium kann die FMA in Empfehlungen auf Risiken gemäß Abs. 1 hinweisen und Maßnahmen aufzeigen, deren Durchführung für geeignet und erforderlich erachtet werden, um Gefahren für die Finanzmarktstabilität abzuwenden und das Entstehen von Risiken gemäß Abs. 1 einzudämmen.

(3) Die FMA hat dem Finanzmarktstabilitätsgremium baldigst möglich, längstens innerhalb von drei Monaten mitzuteilen, auf welche Weise sie beabsichtigt, eine Empfehlung gemäß Abs. 2 umzusetzen. Die FMA hat das Finanzmarktstabilitätsgremium regelmäßig über den Stand der Umsetzung zu unterrichten. Sofern die FMA nicht beabsichtigt, die Empfehlung umzusetzen, hat sie dies eingehend zu begründen.

(4) Das Finanzmarktstabilitätsgremium kann beschließen, Empfehlungen an die FMA und Risikohinweise zu veröffentlichen. Über die beabsichtigte Veröffentlichung einer Empfehlung hat es die FMA vorab zu informieren und der FMA Gelegenheit zur Stellungnahme zu geben. Von einer Veröffentlichung ist abzusehen, wenn diese die Stabilität der Finanzmärkte ernsthaft gefährden würde.

(BGBl I 2013/184)

Meldungen

§ 13b. (1) Die FMA hat der Oesterreichischen Nationalbank die zur Wahrnehmung der Aufgaben gemäß § 44c Nationalbankgesetz 1984 – NBG, BGBl. I 1984/50 relevanten Daten aller Unternehmen der Finanzbranche (§ 2 Z 7 Finanzkonglomerategesetz – FKG, BGBl. I Nr. 70/2004) auf Verlangen zur Verfügung zu stellen. Die Oesterreichische Nationalbank hat diese Daten in die Datenbank gemäß § 79 Abs. 4a BWG einzustellen und kann diese auch verarbeiten. Soweit dies zweckmäßig ist, können diese Daten seitens der FMA auch direkt in die Datenbank aufgenommen werden.

(2) Sind die von der Oesterreichischen Nationalbank angeforderten Daten bei der FMA nicht verfügbar, so kann die FMA für die Zwecke des Abs. 1 im Einvernehmen mit der Oesterreichischen Nationalbank mit Zustimmung des Bundesministers für Finanzen eine Verordnung erlassen, in dem folgende Aspekte näher geregelt werden:
1. Der Kreis der für die jeweiligen Daten Meldepflichtigen;
2. Meldestichtage, Gliederungen, Inhalte der Meldungen und Meldeintervalle unter Berücksichtigung relevanter Empfehlungen und Leitlinien der Europäischen Bankaufsichtsbehörde (EBA) oder des Europäischen Ausschusses für Systemrisiken (ESRB).

(3) Die Meldungen gemäß Abs. 2 sind in standardisierter Form mittels elektronischer Übermittlung zu erstatten. Die Übermittlung hat bestimmten, von der FMA nach Anhörung der Oesterreichischen Nationalbank bekannt zu gebenden Mindestanforderungen, zu entsprechen.

(BGBl I 2013/184)

Personal

§ 14. (1) Der Vorstand der FMA ist berechtigt, Arbeitnehmer in der erforderlichen Anzahl mit Dienstvertrag einzustellen. Auf das Dienstverhältnis der Arbeitnehmer sind, soweit sich aus § 15 nicht anderes ergibt, das Angestelltengesetz, BGBl. Nr. 292/1921, und die für Arbeitnehmer in der privaten Wirtschaft geltenden sonstigen Rechtsvorschriften anzuwenden. Der Vorstand ist weiters berechtigt, Dienstverhältnisse nach den arbeitsrechtlichen Bestimmungen, insbesondere durch Kündigung, zu beenden. Die Kündigung und Funktionsenthebung von Funktionsträgern der zweiten Führungsebene bedarf der Genehmigung des Aufsichtsrates. Bei Entlassung von Funktionsträgern der zweiten Führungsebene ist gleichzeitig der Vorsitzende des Aufsichtsrates zu verständigen.

(2) Die Arbeitnehmer der FMA sind über alle ihnen ausschließlich aus ihrer dienstlichen Tätigkeit bekannt gewordenen Tatsachen, deren Geheimhaltung im Interesse der Aufrechterhaltung der öffentlichen Ruhe, Ordnung und Sicherheit, der umfassenden Landesverteidigung, der auswärtigen Beziehungen, im wirtschaftlichen Interesse einer Körperschaft des öffentlichen Rechts, zur Vorbereitung einer Entscheidung oder im überwiegenden Interesse der Parteien geboten ist, gegenüber jedermann, dem sie über solche Tatsachen nicht eine behördliche Mitteilung zu machen haben, zur Verschwiegenheit verpflichtet. Die

Organe der FMA und ihre Arbeitnehmer unterliegen ferner der Verpflichtung zur Wahrung des Bankgeheimnisses als Amtsgeheimnis gemäß § 38 Abs. 1 BWG. Die Entbindung von Arbeitnehmern der FMA von der Verschwiegenheitspflicht obliegt dem Vorstand der FMA; § 46 Abs. 2, 3 und 4 des Beamten-Dienstrechtsgesetzes 1979, BGBl. Nr. 333/1979, sind anzuwenden.

(3) Die FMA hat für einen angemessenen Rechtsschutz für ihre mit Aufsichtstätigkeiten betrauten Bediensteten in dem Fall von deren schadenersatzrechtlicher Inanspruchnahme aus der Aufsichtstätigkeit vorzusorgen.

(4) Für die Arbeitnehmer der Gesellschaft ist das Bundes-Gleichbehandlungsgesetz, BGBl. Nr. 100/1993, anzuwenden. *(BGBl I 2013/184)*

Überleitung von Bediensteten des Bundesministeriums für Finanzen

§ 15. (1) Für die Bediensteten des Bundes, die am 1. März 2002 der Gruppe V/D sowie den Abteilungen V/4, V/5, V/6, V/10, V/12 und V/13 und den jeweils zugehörigen Kanzleistellen des Bundesministeriums für Finanzen zur Dienstverrichtung zugewiesen sind, gilt ab 1. April 2002 folgende Regelung:

1. Beamte sind der FMA mit Wirksamkeit vom 1. April 2002 zur dauernden Dienstverrichtung zugewiesen;

2. Vertragsbedienstete sind vom Bundesminister für Finanzen innerhalb eines Monats ab dem 1. März 2002 mittels Dienstgebererklärung der FMA zur dauernden Dienstverrichtung ab dem 1. April 2002 zuzuweisen und werden hiedurch Arbeitnehmer der FMA.

(2) Für Beamte gemäß Abs. 1 Z 1 wird bei der FMA ein Personalamt als deren Dienststelle eingerichtet. Diese Dienststelle ist dem Bundesministerium für Finanzen unmittelbar nachgeordnet und wird vom Mitglied des Vorstandes der FMA geleitet, das vom Bundesminister für Finanzen gemäß § 5 Abs. 3 namhaft gemacht wurde. Dieses Vorstandsmitglied ist in dieser Funktion an die Weisungen des Bundesministers für Finanzen gebunden.

(3) Die in Abs. 1 Z 1 bezeichneten Beamten haben, wenn sie bis zum 31. März 2007 ihren Austritt aus dem Bundesdienst erklären, Anspruch auf Aufnahme in ein Dienstverhältnis zur FMA, und zwar mit Wirksamkeit von dem dem Austritt folgenden Monatsersten an und nach den zu diesem Zeitpunkt für neu eintretende Arbeitnehmer geltenden Bestimmungen. Die beim Bund verbrachte Dienstzeit ist dabei jedoch für alle dienstzeitabhängigen Ansprüche anzurechnen.

(4) Für die im Abs. 1 Z 1 genannten Beamten hat die FMA dem Bund den gesamten Aktivitätsaufwand samt Nebenkosten zu ersetzen sowie einen Beitrag zur Deckung des Pensionsaufwandes zu leisten. Dieser Beitrag beträgt 31,8 vH des Aufwandes an Aktivbezügen. Als Aktivbezüge gelten alle Geldleistungen, von denen ein Pensionsbeitrag zu entrichten ist. Die von den Beamten einbehaltenen Pensionsbeiträge sind anzurechnen. Im Falle einer künftigen Änderung der Höhe des Pensionsbeitrages der Bundesbeamten gemäß § 22 des Gehaltsgesetzes 1956, BGBl. Nr. 54, ändert sich der Prozentsatz des Deckungsbeitrages im gleichen Ausmaß. Nach dem 31. März 2002 an die FMA geleistete besondere Pensionsbeiträge und Überweisungsbeiträge sind umgehend in voller Höhe an den Bund zu überweisen. Überweisungsbeiträge gemäß § 311 ASVG sind durch die FMA zu tragen. Die sonstigen Zahlungen an den Bund sind jeweils am 10. des betreffenden Monats fällig.

(5) Für Arbeitnehmer gemäß Abs. 1 Z 2 gelten die für vertragliche Dienstverhältnisse zum Bund anzuwendenden Rechtsvorschriften, insbesondere das Vertragsbedienstetengesetz 1948, BGBl. Nr. 86, weiter; der Abschluss sondervertraglicher Regelungen nach § 36 des Vertragsbedienstetengesetzes 1948 ist nicht mehr zulässig. Arbeitnehmer gemäß Abs. 1 Z 2 haben, wenn sie innerhalb eines Jahres nach dem Wirksamwerden des für neu eintretende Arbeitnehmer geltenden Kollektivvertrages oder einer auf diesen gestützten Betriebs- oder Einzelvereinbarung ihre Bereitschaft zum Ausscheiden aus dem Arbeitsverhältnis nach den auf sie weiter anzuwendenden Rechtsvorschriften erklären, Anspruch auf gleichzeitige Aufnahme in ein Arbeitsverhältnis zur FMA nach den für neu Eintretende geltenden Rechtsgrundlagen. Ein Anspruch auf Abfertigung besteht im Zusammenhang mit diesem Ausscheiden nicht. Die im vorangegangenen Arbeitsverhältnis verbrachte Dienstzeit ist in diesem Fall für alle zeitabhängigen Ansprüche anzurechnen.

(6) Für die Befriedigung der bezugsrechtlichen Ansprüche von Arbeitnehmern gemäß Abs. 1 Z 2 und Abs. 3 hat der Bund wie ein Ausfallsbürge (§ 1356 ABGB) zu haften. Die Höhe der Haftung ist mit jenem Betrag begrenzt, der sich am Tag vor der Wirksamkeit des Ausscheidens aus dem Bundesdienst aus der für die genannten Bediensteten maßgeblich gewesenen besoldungsrechtlichen Stellung unter Berücksichtigung ihrer Verwendung zu diesem Zeitpunkt zuzüglich der nach diesem Zeitpunkt zurückgelegten Dienstzeit und der vorgesehenen regelmäßigen Vorrückungen ergibt.

(7) Forderungen des Bundes gegenüber Bediensteten, die gemäß Abs. 1 Z 2 oder Abs. 3 Arbeitnehmer der FMA werden, gehen mit dem Zeitpunkt der Begründung dieses Dienstverhältnisses auf die FMA über und sind von dieser dem Bund zu refundieren.

(8) Anwartschaften auf Abfertigungen und Jubiläumszuwendungen von Bediensteten, die ge-

mäß Abs. 1 Z 2 oder Abs. 3 Arbeitnehmer der FMA werden, werden von der FMA übernommen.

(9) Die FMA ist verpflichtet, dem Bundesministerium für Finanzen alle Unterlagen zur Verfügung zu stellen, die für die Erstellung des Bundesvoranschlages und des Bundesrechnungsabschlusses bezüglich des Beitrages nach Abs. 4 erforderlich sind.

(10) Die FMA ist als Dienstgeber für ihre Arbeitnehmer kollektivvertragsfähig.

Aufsicht über die FMA

§ 16. (1) Der Bundesminister für Finanzen hat die Aufsicht über die FMA dahin auszuüben, dass die FMA die ihr gesetzlich obliegenden Aufgaben erfüllt, bei Besorgung ihrer Aufgaben die Gesetze und Verordnungen nicht verletzt und ihren Aufgabenbereich nicht überschreitet.

(2) Der Bundesminister für Finanzen ist berechtigt, zu dem in Abs. 1 genannten Zweck, Auskünfte der FMA über alle Angelegenheiten der Finanzmarktaufsicht einzuholen. Die FMA hat dem Bundesminister für Finanzen die geforderten Auskünfte ohne unnötigen Verzug, längstens aber binnen zwei Wochen zu erteilen. Im Fall der Erlassung von Verordnungen der FMA hat sie das Vorhaben dem Bundesminister für Finanzen zur Kenntnis zu bringen und Verordnungen vor deren Erlassung samt dem Ergebnis der Anhörung der Oesterreichischen Nationalbank dem Bundesminister für Finanzen zu übermitteln.

(2a) Die FMA hat dem Bundesminister für Finanzen auf Anfrage unverzüglich diejenigen Daten und Informationen zu übermitteln, die für die Erstellung von Regelungsvorhaben und für die Erfüllung der §§ 17 und 18 des Bundeshaushaltsgesetzes 2013, BGBl. I Nr. 139/2009, erforderlich sind. *(BGBl I 2013/184)*

(3) Die FMA hat dem Finanzausschuss des Nationalrates und dem Bundesminister für Finanzen binnen vier Monaten nach Ende jedes Kalenderjahres einen Bericht über das abgelaufene Kalenderjahr zu erstatten. In diesen Bericht sind insbesondere ein Überblick über die aufsichtliche Tätigkeit und über die Lage der Finanzwirtschaft aufzunehmen. Der Finanzausschuss ist berechtigt, den Vorstand der FMA zu Sitzungen des Ausschusses zu laden und Auskünfte einzuholen, soweit nicht gesetzliche Verschwiegenheitspflichten entgegenstehen.

(4) Der Bundesminister für Finanzen ist berechtigt, der FMA die Durchführung von Prüfungen gemäß den in § 2 genannten Bundesgesetzen aufzutragen, worüber vom Vorstand dem Aufsichtsrat unverzüglich Bericht zu erstatten ist. Der Vorstand hat über die durchgeführten Prüfungshandlungen und über die Prüfungsergebnisse dem Bundesminister für Finanzen und dem Aufsichtsrat unverzüglich zu berichten. *(BGBl I 2002/45)*

Finanzplan

§ 17. (1) Der Vorstand der FMA hat für jedes Geschäftsjahr einen Finanzplan einschließlich des Investitions- und Stellenplanes aufzustellen, der dem Aufsichtsrat zur Genehmigung vorzulegen ist und bei der Haushaltsführung und Personalbewirtschaftung eine bindende Grundlage darstellt.

(2) Im Finanzplan sind sämtliche im folgenden Geschäftsjahr zu erwartenden Einnahmen und voraussichtlich zu leistenden Ausgaben der FMA voneinander getrennt in voller Höhe (brutto) aufzunehmen. Die Voranschlagsbeträge sind zu errechnen, wenn dies nicht möglich ist, zu schätzen.

(3) Durch den Stellenplan des jährlichen Finanzplanes ist die zulässige Anzahl der Bediensteten der FMA festzulegen. Hierbei dürfen Planstellen nur in der Art und Anzahl vorgesehen werden, die zur Bewältigung der Aufgaben der FMA erforderlich sind.

(4) Der Finanzplan für das nächste Geschäftsjahr einschließlich des Investitions- und Stellenplanes ist samt Erläuterung dem Aufsichtsrat bis längstens 31. Oktober des laufenden Geschäftsjahres zur Genehmigung vorzulegen. Der Aufsichtsrat hat über den Finanzplan ehestmöglich, jedoch spätestens bis 15. Dezember des laufenden Geschäftsjahres über die Genehmigung des Finanzplanes zu beschließen.

(5) Der Vorstand hat dem Aufsichtsrat vierteljährlich über die Einhaltung des Finanzplanes einschließlich des Investitions- und Stellenplanes zu berichten. Ergeben sich voraussichtlich Überschreitungen der Planwerte im Ausmaß von mehr als 5 vH pro Rechnungskreis, so dürfen die entsprechenden Maßnahmen nur nach Genehmigung des Aufsichtsrates getroffen werden.

(6) Durch eine im Finanzplan, Investitions- oder Stellenplan angeführte bindende Grundlage werden Ansprüche oder Verbindlichkeiten weder begründet noch aufgehoben.

(7) Der Vorstand hat den Mitgliedern des Aufsichtsrates und den kostenpflichtigen Institutionen im Wege von deren gesetzlicher Interessensvertretung aussagekräftige Informationen über die wesentlichen Positionen des Finanzplans und des Investitions- und Stellenplans ehestmöglich, in der Regel zwei Wochen vor der betreffenden Sitzung des Aufsichtsrates, zu übermitteln. Der Vorstand hat hierbei erforderlichenfalls jene Informationen zu bezeichnen, über die die Amtsverschwiegenheit zu wahren ist. Die kostenpflichtigen Institutionen sind berechtigt, zu den übermittelten Informationen im Wege ihrer gesetzlichen Interessensvertretung sowie durch innerhalb die-

§§ 17 – 19

ser Interessensvertretung bestehende Fachorganisationen Stellung zu nehmen. Der Vorstand ist verpflichtet, solche Stellungnahmen dem Aufsichtsrat unverzüglich zur Kenntnis zu bringen.

Jahresabschluss

§ 18. (1) Die FMA hat für das vergangene Geschäftsjahr den Jahresabschluss in Form der Jahresbilanz und der Gewinn- und Verlustrechnung unter Beachtung der Fristen gemäß Abs. 3 aufzustellen. Im Übrigen sind die Bestimmungen des dritten Buches des „Unternehmensgesetzbuches – UGB"*, DRGBl. 1897 S 219, auf den Jahresabschluss anzuwenden, sofern in diesem Bundesgesetz nichts anderes bestimmt ist. „Die von der Oesterreichischen Nationalbank mitgeteilten direkten Kosten der Bankenaufsicht gemäß § 79 Abs. 4b BWG, soweit sie acht Millionen Euro nicht übersteigen, sowie gemäß § 3 Abs. 5 BaSAG in Verbindung mit § 79 Abs. 4b BWG, soweit sie eine Million Euro nicht übersteigen, und der Versicherungsaufsicht gemäß § 129I VAG, soweit sie 500 000 Euro nicht übersteigen, sind in der Gewinn- und Verlustrechnung der FMA unter den sonstigen betrieblichen Aufwendungen gesondert auszuweisen."** *(BGBl I 2005/120; *BGBl I 2013/184; **BGBl I 2014/98)*

Fassung ab 1. 1. 2016 (BGBl I 2015/34):
(1) Die FMA hat für das vergangene Geschäftsjahr den Jahresabschluss in Form der Jahresbilanz und der Gewinn- und Verlustrechnung unter Beachtung der Fristen gemäß Abs. 3 aufzustellen. Im Übrigen sind die Bestimmungen des dritten Buches des „Unternehmensgesetzbuches – UGB"*, DRGBl. 1897 S 219, auf den Jahresabschluss anzuwenden, sofern in diesem Bundesgesetz nichts anderes bestimmt ist. „Die von der Oesterreichischen Nationalbank mitgeteilten direkten Kosten der Bankenaufsicht gemäß § 79 Abs. 4b BWG, soweit sie acht Millionen Euro nicht übersteigen, sowie gemäß § 3 Abs. 5 BaSAG in Verbindung mit § 79 Abs. 4b BWG, soweit sie eine Million Euro nicht übersteigen, und der Versicherungsaufsicht „gemäß § 182 Abs. 5 VAG 2016"***, soweit sie 500 000 Euro nicht übersteigen, sind in der Gewinn- und Verlustrechnung der FMA unter den sonstigen betrieblichen Aufwendungen gesondert auszuweisen."** *(BGBl I 2005/120; *BGBl I 2013/184; **BGBl I 2014/98; ***BGBl I 2015/34)*

(2) Der Jahresabschluss und die Kostenabrechnung gemäß § 19 Abs. 1 sind von einem Wirtschaftsprüfer oder einer Wirtschaftsprüfungsgesellschaft zu prüfen. „§ 273 UGB" ist anzuwenden. *(BGBl I 2005/120; BGBl I 2013/184)*

(3) Der geprüfte Jahresabschluss samt Kostenabrechnung ist vom Vorstand dem Aufsichtsrat innerhalb von fünf Monaten nach Ablauf des vorangegangenen Geschäftsjahres zur Genehmigung vorzulegen. Die Beschlussfassung des Aufsichtsrates über die Genehmigung des Jahresabschlusses samt Kostenabrechnung hat so rechtzeitig zu erfolgen, dass der Vorstand den Jahresabschluss samt Kostenabrechnung dem Bundesminister für Finanzen innerhalb von sechs Monaten nach Ablauf des vorangegangenen Geschäftsjahres übermitteln und gemäß Abs. 6 veröffentlichen kann.

(4) Der Aufsichtsrat hat die Mitglieder des Vorstandes zu entlasten, wenn der Jahresabschluss und die Kostenabrechnung genehmigt wurde, die Geschäftsführung im abgelaufenen Geschäftsjahr jeweils ordnungsgemäß erfolgt ist und der Entlastung keine im abgelaufenen Geschäftsjahr gesetzte Pflichtverletzung entgegensteht, die einen Abberufungsgrund gemäß § 7 Abs. 3 Z 3 oder 5 darstellt.

(5) Das Geschäftsjahr der FMA ist das Kalenderjahr.

(6) Der Vorstand hat den geprüften und vom Aufsichtsrat genehmigten Jahresabschluss in der Internet-Homepage der FMA zu veröffentlichen und die Hinweisbekanntmachung mit Angabe der Internet-Adresse der FMA in der Wiener Zeitung oder einem anderen im gesamten Bundesgebiet erhältlichen Bekanntmachungsblatt zu veranlassen. Der Jahresabschluss ist jeweils bis zur Veröffentlichung des nächstfolgenden Jahresabschlusses zur Einsicht im Internet bereit zu halten.

Kosten der Aufsicht

§ 19. (1) Die FMA hat für jeden der in § 2 Abs. 1 bis 4 genannten Aufsichtsbereiche einen eigenen Rechnungskreis zu bilden. Sie hat bei der internen Organisation für die weitestmögliche direkte Zuordnung der Aufsichtskosten (Personal- und Sachaufwand, Abschreibungen und sonstige Aufwendungen) zu diesen Rechnungskreisen Vorsorge zu treffen. Jene Kosten, die einem bestimmten Rechnungskreis nicht direkt zugeordnet werden können, sind gemäß Abs. 2 auf die einzelnen Rechnungskreise aufzuteilen. Diese Rechnungskreise sind:

1. Rechnungskreis 1 für die Kosten der Bankenaufsicht;

2. Rechnungskreis 2 für die Kosten der Versicherungsaufsicht;

3. Rechnungskreis 3 für die Kosten der Wertpapieraufsicht;

4. Rechnungskreis 4 für die Kosten der Pensionskassenaufsicht.

Mit dem Jahresabschluss gemäß § 18 ist auch eine rechnungskreisbezogene Kostenabrechnung zu erstellen. „Die von der Oesterreichischen Nationalbank mitgeteilten Kosten der Bankenaufsicht gemäß § 79 Abs. 4b BWG, soweit sie acht Millionen Euro nicht übersteigen, und gemäß § 3 Abs. 5

BaSAG in Verbindung mit § 79 Abs. 4b BWG, soweit sie eine Million Euro nicht übersteigen, sind dem Rechnungskreis 1 zuzuordnen."** „Die von der Oesterreichischen Nationalbank gemäß § 129l VAG mitgeteilten direkten Kosten der Versicherungsaufsicht sind dem Rechnungskreis 2 zuzuordnen, soweit sie 500 000 Euro nicht übersteigen."* *(*BGBl I 2011/145; **BGBl I 2014/98)*

Fassung ab 1. 1. 2016 (BGBl I 2015/34):
(1) Die FMA hat für jeden der in § 2 Abs. 1 bis 4 genannten Aufsichtsbereiche einen eigenen Rechnungskreis zu bilden. Sie hat bei der internen Organisation für die weitestmögliche direkte Zuordnung der Aufsichtskosten (Personal- und Sachaufwand, Abschreibungen und sonstige Aufwendungen) zu diesen Rechnungskreisen Vorsorge zu treffen. Jene Kosten, die einem bestimmten Rechnungskreis nicht direkt zugeordnet werden können, sind gemäß Abs. 2 auf die einzelnen Rechnungskreise aufzuteilen. Diese Rechnungskreise sind:

1. Rechnungskreis 1 für die Kosten der Bankenaufsicht;

2. Rechnungskreis 2 für die Kosten der Versicherungsaufsicht;

3. Rechnungskreis 3 für die Kosten der Wertpapieraufsicht;

4. Rechnungskreis 4 für die Kosten der Pensionskassenaufsicht.

Mit dem Jahresabschluss gemäß § 18 ist auch eine rechnungskreisbezogene Kostenabrechnung zu erstellen. „Die von der Oesterreichischen Nationalbank mitgeteilten Kosten der Bankenaufsicht gemäß § 79 Abs. 4b BWG, soweit sie eine Million Euro nicht übersteigen, und gemäß § 3 Abs. 5 BaSAG in Verbindung mit § 79 Abs. 4b BWG, soweit sie eine Million Euro nicht übersteigen, sind dem Rechnungskreis 1 zuzuordnen."** „Die von der Oesterreichischen Nationalbank „gemäß § 182 Abs. 7 VAG 2016"*** mitgeteilten direkten Kosten der Versicherungsaufsicht sind dem Rechnungskreis 2 zuzuordnen, soweit sie 500 000 Euro nicht übersteigen."* *(*BGBl I 2011/145; **BGBl I 2014/98; ***BGBl I 2015/34)*

(2) Die FMA hat auf Grund der für die Rechnungskreise 1 bis 4 ermittelten direkt zurechenbaren Kosten die Verhältniszahlen der Kosten je Rechnungskreis zueinander zu ermitteln. Unter Anwendung dieser Verhältniszahlen sind die nicht gemäß Abs. 1 direkt einem Rechnungskreis zuordenbaren Kosten auf die einzelnen Rechnungskreise aufzuteilen. Zu den nicht direkt zuordenbaren Kosten zählt auch die gemäß § 20 erlaubte Rücklagendotierung.

(3) Die Summe der gemäß Abs. 1 direkt und Abs. 2 verhältnismäßig einem Rechnungskreis zugeordneten Kosten bilden die Gesamtkosten des Rechnungskreises. Die Summe der Gesamtkosten der Rechnungskreise 1 bis 4 bilden die Gesamtkosten der FMA.

(4) Der Bund leistet pro Geschäftsjahr der FMA einen Beitrag von 3,5 Millionen Euro. Dieser Beitrag sowie Erträge, die nicht auf Grund des Ersatzes von Aufsichtskosten oder diesbezüglichen Vorauszahlungen oder gemäß Abs. 10 der FMA zufließen, sind von den Gesamtkosten der FMA abzuziehen. Der verbleibende Differenzbetrag ist in Anwendung der Verhältniszahlen gemäß Abs. 2 auf die Rechnungskreise 1 bis 4 aufzuteilen. „Die sich hieraus je Rechnungskreis ergebenden Beträge stellen nach Abzug der auf Grund von Abs. 10 erhaltenen Bewilligungsgebühren jene Kosten dar, die von den der Aufsicht der FMA unterliegenden natürlichen und juristischen Personen gemäß den Bestimmungen des BWG, des VAG, des ImmoInvFG, des WAG 2007, des ZaDiG, des E-Geldgesetzes 2010, des InvFG 2011, des ZGVG, des AIFM-G und des PKG nach Vorschreibung durch die FMA zu ersetzen sind." *(BGBl I 2011/50; BGBl I 2013/135)*

Fassung ab 1. 1. 2016 (BGBl I 2015/34):
(4) Der Bund leistet pro Geschäftsjahr der FMA einen Beitrag von 3,5 Millionen Euro. Dieser Beitrag sowie Erträge, die nicht auf Grund des Ersatzes von Aufsichtskosten oder diesbezüglichen Vorauszahlungen oder gemäß Abs. 10 der FMA zufließen, sind von den Gesamtkosten der FMA abzuziehen. Der verbleibende Differenzbetrag ist in Anwendung der Verhältniszahlen gemäß Abs. 2 auf die Rechnungskreise 1 bis 4 aufzuteilen. „Die sich hieraus je Rechnungskreis ergebenden Beträge stellen nach Abzug der auf Grund von Abs. 10 erhaltenen Bewilligungsgebühren jene Kosten dar, die von den der Aufsicht der FMA unterliegenden natürlichen und juristischen Personen gemäß den Bestimmungen des BWG, des „VAG 2016"**, des ImmoInvFG, des WAG 2007, des ZaDiG, des E-Geldgesetzes 2010, des InvFG 2011, des ZGVG, des AIFM-G und des PKG nach Vorschreibung durch die FMA zu ersetzen sind."* *(*BGBl I 2011/50; *BGBl I 2013/135; **BGBl I 2015/34)*

(5) Die FMA hat auf der Grundlage eines jeden Jahresabschlusses unverzüglich die auf die einzelnen Kostenpflichtigen gemäß Abs. 4 letzter Satz entfallenden Kosten für das vorangegangene Geschäftsjahr zu errechnen. Der errechnete Betrag ist mit den erhaltenen Vorauszahlungen für das vorangegangene Geschäftsjahr gegenzurechnen. Der Differenzbetrag hieraus ist zur Zahlung vorzuschreiben, sofern sich nicht ein Guthaben zugunsten des Kostenpflichtigen ergibt; Guthaben sind auszuzahlen. „Für das nächstfolgende FMA-Geschäftsjahr sind den Kostenpflichtigen Vorauszahlungen in Höhe von 105 vH des gemäß dem ersten Satz jeweils errechneten Betrages vorzuschreiben; sofern die von der Oesterreichischen Nationalbank gemäß § 79 Abs. 4b BWG mitge-

§ 19

teilten und im Jahresabschluss der FMA gesondert ausgewiesenen direkten Kosten der Bankenaufsicht den Betrag von acht Millionen Euro oder die von der Oesterreichischen Nationalbank gemäß § 3 Abs. 5 BaSAG in Verbindung mit § 79 Abs. 4b BWG mitgeteilten und im Jahresabschluss der FMA gesondert ausgewiesenen direkten Kosten der Bankenaufsicht den Betrag von eine Million Euro erreicht haben oder die gemäß § 129l VAG mitgeteilten und im Jahresabschluss der FMA gesondert ausgewiesenen direkten Kosten der Versicherungsaufsicht den Betrag von 500 000 Euro erreicht haben, ist abweichend vom ersten Satzteil dieser Teilbetrag in der Vorauszahlung mit 100 vH vorzuschreiben." Auf Grund dieser Vorschreibungen haben die Kostenpflichtigen den vorgeschriebenen Betrag in vier gleichen Teilen jeweils bis spätestens 15. Jänner, April, Juli und Oktober des betreffenden Jahres zu leisten. *(BGBl I 2011/145; BGBl I 2014/98)*

Fassung ab 1. 1. 2016 (BGBl I 2015/34):
(5) Die FMA hat auf der Grundlage eines jeden Jahresabschlusses unverzüglich die auf die einzelnen Kostenpflichtigen gemäß Abs. 4 letzter Satz entfallenden Kosten für das vorangegangene Geschäftsjahr zu errechnen. Der errechnete Betrag ist mit den erhaltenen Vorauszahlungen für das vorangegangene Geschäftsjahr gegenzurechnen. Der Differenzbetrag hieraus ist zur Zahlung vorzuschreiben, sofern sich nicht ein Guthaben zugunsten des Kostenpflichtigen ergibt; Guthaben sind auszuzahlen. „Für das nächstfolgende FMA-Geschäftsjahr sind den Kostenpflichtigen Vorauszahlungen in Höhe von 105 vH des gemäß dem ersten Satz jeweils errechneten Betrages vorzuschreiben; sofern die von der Oesterreichischen Nationalbank gemäß § 79 Abs. 4b BWG mitgeteilten und im Jahresabschluss der FMA gesondert ausgewiesenen direkten Kosten der Bankenaufsicht den Betrag von acht Millionen Euro oder die von der Oesterreichischen Nationalbank gemäß § 3 Abs. 5 BaSAG in Verbindung mit § 79 Abs. 4b BWG mitgeteilten und im Jahresabschluss der FMA gesondert ausgewiesenen direkten Kosten der Bankenaufsicht den Betrag von eine Million Euro erreicht haben oder die „gemäß § 182 Abs. 7 VAG 2016"** mitgeteilten und im Jahresabschluss der FMA gesondert ausgewiesenen direkten Kosten der Versicherungsaufsicht den Betrag von 500 000 Euro erreicht haben, ist abweichend vom ersten Satzteil dieser Teilbetrag in der Vorauszahlung mit 100 vH vorzuschreiben."* Auf Grund dieser Vorschreibungen haben die Kostenpflichtigen den vorgeschriebenen Betrag in vier gleichen Teilen jeweils bis spätestens 15. Jänner, April, Juli und Oktober des betreffenden Jahres zu leisten. (BGBl I 2011/145; *BGBl I 2014/98; **BGBl I 2015/34)

(5a) Die FMA hat der Oesterreichischen Nationalbank für die direkten Kosten der Vor-Ort-Prüfung und der Einzelbankanalyse Erstattungsbeträge zu leisten. „Die Erstattungsbeträge sind auf Grund der für das jeweils vorangegangene Geschäftsjahr gemäß § 79 Abs. 4b BWG „ "** mitgeteilten direkten Kosten der Bankenaufsicht zu bemessen und betragen höchstens „acht Millionen Euro"**.* Die Erstattung erfolgt bis spätestens Ende März des nächstfolgenden Geschäftsjahres. *(BGBl I 2007/108; *BGBl I 2009/66; **BGBl I 2011/50)*

(5b) Die FMA hat der Oesterreichischen Nationalbank für die direkten Kosten der gutachtlichen Äußerungen gemäß § 129l Abs. 1 VAG Erstattungsbeträge zu leisten. Die Erstattungsbeträge sind auf Grund der für das jeweils vorangegangene Geschäftsjahr gemäß § 129l Abs. 3 VAG mitgeteilten direkten Kosten zu bemessen und betragen höchstens 500 000 Euro. Die Erstattung erfolgt bis spätestens Ende März des nächstfolgenden Geschäftsjahres. *(BGBl I 2011/145)*

Fassung ab 1. 1. 2016 (BGBl I 2015/34):
(5b) Die FMA hat der Oesterreichischen Nationalbank für die direkten Kosten der gutachtlichen Äußerungen gemäß „§ 182 Abs. 5 VAG 2016" Erstattungsbeträge zu leisten. Die Erstattungsbeträge sind auf Grund der für das jeweils vorangegangene Geschäftsjahr gemäß „§ 182 Abs. 7 VAG 2016" mitgeteilten direkten Kosten zu bemessen und betragen höchstens 500 000 Euro. Die Erstattung erfolgt bis spätestens Ende März des nächstfolgenden Geschäftsjahres. (BGBl I 2011/145; BGBl I 2015/34)

(5c) Die FMA hat der Oesterreichischen Nationalbank für die direkten Kosten ihrer Tätigkeit für den Bereich der Sanierung und Abwicklung von Unternehmen gemäß § 3 Abs. 5 BaSAG in Verbindung mit § 79 BWG Erstattungsbeiträge zu leisten. Die Erstattungsbeträge sind auf Grund der für das jeweils vorausgegangene Geschäftsjahr gemäß § 3 Abs. 5 BaSAG in Verbindung mit § 79 Abs. 4a BWG mitgeteilten direkten Kosten der Aufsicht nach dem BaSAG zu bemessen und betragen höchstens eine Million Euro. Die Erstattung erfolgt bis spätestens Ende März des nächstfolgenden Geschäftsjahres. *(BGBl I 2014/98)*

(6) Die FMA hat in den Kostenbescheiden gemäß Abs. 5 abzusprechen über:

1. die Höhe der auf den einzelnen Kostenpflichtigen im jeweiligen Rechnungskreis entfallenden Kosten aus der Jahresabrechnung für das vorangegangene Geschäftsjahr;

2. die für das vorangegangene Geschäftsjahr von ihm geleisteten Vorauszahlungen;

3. die Höhe des negativen oder positiven Differenzbetrages, der zur Zahlung vorgeschrieben oder zur Auszahlung freigegeben wird;

4. die Vorauszahlungen für das nächstfolgende Geschäftsjahr im Ausmaß von 105 vH des Betrages gemäß Z 1.

(7) Die FMA hat nähere Regelungen über die Durchführung der Vorauszahlungen und der Kostenerstattung, insbesondere die Termine für die Vorschreibung und Fristen für die Zahlung, sofern nicht Abs. 5 oder § 26 anderes anordnen, durch Verordnung festzusetzen.

(8) Für den Finanzplan gemäß § 17 ist eine rechnungskreisbezogene Kostenschätzung zu erstellen, hierbei ist gemäß Abs. 1 bis 4 vorzugehen.

(9) Zusätzlich zum Beitrag gemäß Abs. 4 kann der Bund nach Maßgabe der im jährlichen Bundesfinanzgesetz für diesen Zweck vorgesehenen Mittel einen weiteren Kostenbeitrag leisten, wenn dies trotz wirtschaftlicher, sparsamer und zweckmäßiger Gebarung der FMA zur Abdeckung notwendiger Aufsichtskosten erforderlich ist. Auch dieser Beitrag ist von den Gesamtkosten der FMA vor Aufteilung der FMA-Kosten auf die Rechnungskreise (Abs. 4) abzuziehen.

(10) Für die Bewilligung von Tatbeständen gemäß den Tarifposten 44, 45 und 50 bis 59 der Bundesverwaltungsabgabenverordnung 1983, BGBl. Nr. 24/1983, in der Fassung des BGBl. II Nr. 146/2000 sind an Stelle der Bundesverwaltungsabgaben Bewilligungsgebühren entsprechend der von der FMA zu erlassenden Gebührenverordnung an die FMA zu entrichten. Dies gilt ebenso für die Amtshandlungen gemäß den Tarifposten 1 bis 5, soweit diese Amtshandlungen in den Zuständigkeitsbereich der FMA fallen. Die Gebühren dürfen die durch die Bewilligung oder sonstige Amtshandlung durchschnittlich entstehenden Kosten, unter Berücksichtigung eines Fixkostenanteiles, nicht überschreiten. „Die Bewilligungsgebühren sind rechnungskreisbezogen zuzuordnen und im jeweiligen Rechnungskreis unter Berücksichtigung der Subrechnungskreise gemäß § 90 Abs. 1 WAG 2007, § 45a Abs. 1 BMSVG, § 144 Abs. 1 InvFG 2011, § 2 Abs. 13 ImmoInvFG, § 5 Abs. 1 ZGVG und § 56 Abs. 5 AIFMG kostenmindernd anzusetzen; die näheren Regelungen über die Durchführung sind in der Verordnung gemäß Abs. 7 festzusetzen." *(BGBl I 2013/135)*

§ 20. (1) Die FMA ist berechtigt, nach Maßgabe der Abs. 2 und 3 eine Rücklage für unvorhergesehene Belastungen zu bilden. Diese Rücklage darf nur zur Bedeckung von außergewöhnlichen Aufsichtsaufwendungen verwendet werden.

(2) Die Dotierung der Rücklage darf je Geschäftsjahr der FMA im Ausmaß von höchstens 1 vH der Gesamtkosten der FMA auf Basis des zuletzt festgestellten Jahresabschlusses so lange und insoweit erfolgen, als die Rücklage insgesamt ein Ausmaß von 5 vH der jeweils im letzten Jahresabschluss festgestellten Gesamtkosten nicht erreicht hat.

(3) Die Rücklage ist im Jahresabschluss offen als Rücklage auszuweisen.

(4) Im Finanzplan ist die Rücklage und deren Dotierung entsprechend vorzusehen.

Amtshilfe

§ 21. (1) Alle Organe des Bundes, der Länder und der Gemeinden sind im Rahmen ihres gesetzlichen Wirkungsbereiches zur Hilfeleistung an die FMA verpflichtet. Dies gilt auch für den Hauptverband der Sozialversicherungsträger, soweit die von diesem erteilten Auskünfte für die von der FMA zu führenden Verwaltungsverfahren und Verwaltungsstrafverfahren erforderlich sind.

(2) Die Gerichte, der Bundesminister für Finanzen im Rahmen seiner Aufgaben nach den in § 2 genannten Bundesgesetzen, die Oesterreichische Nationalbank im Rahmen ihrer bundesgesetzlichen Aufgaben sowie ihrer Aufgaben im Rahmen des Europäischen Systems der Zentralbanken (ESZB), die Übernahmekommission „" die E-Control GmbH, die Bundeswettbewerbsbehörde" sowie das zuständige Börseunternehmen nach dem BörseG arbeiten mit der FMA in wechselseitiger Hilfeleistung zusammen. *(BGBl I 2009/22)*

(3) Eine Amtshilfeleistung der FMA an Organe der Finanzverwaltung, insbesondere gemäß § 158 Bundesabgabenordnung – BAO, BGBl. Nr. 194/1961, findet nicht statt.

(4) Die Organe des öffentlichen Sicherheitsdienstes haben der FMA über deren Ersuchen zur Sicherung der Aufsichtsbefugnisse gemäß § 2 im Rahmen ihres gesetzlichen Wirkungsbereiches Hilfe zu leisten, wenn ansonsten die Vereitelung der angeordneten Maßnahmen droht.

(5) Die Finanzprokuratur kann die FMA über deren Ersuchen entgeltlich vertreten.

(6) Die Oesterreichische Nationalbank kann sich zur Vornahme der ihr gemeinschaftsrechtlich übertragenen, in den Aufgabenbereich des Europäischen Systems der Zentralbanken (ESZB) fallenden Überprüfungen im Einvernehmen mit der FMA auch der Prüforgane der FMA bedienen, wenn hierdurch das Verfahren wesentlich vereinfacht oder beschleunigt wird oder wenn dies im Interesse der Zweckmäßigkeit, Einfachheit, Raschheit oder Kostenersparnis gelegen ist.

Zusammenarbeit mit der Europäischen Aufsichtsbehörde

§ 21a. (1) Die FMA ist zur umfassenden wechselseitigen Zusammenarbeit mit

1. der Europäischen Bankaufsichtsbehörde – EBA (Verordnung (EU) Nr. 1093/2010 vom 24. November 2010 zur Errichtung einer Europäischen Aufsichtsbehörde (Europäischen Bankenaufsichtsbehörde), zur Änderung des Beschlusses Nr. 716/2009/EG und zur Aufhebung des Beschlusses 2009/78/EG der Kommission – ABl. Nr. L 331 vom 15.12.2010, S. 12),

2. der Europäischen Wertpapier- und Marktaufsichtsbehörde – ESMA (Verordnung (EU) Nr. 1095/2010 vom 24. November 2010 zur Errichtung einer Europäischen Aufsichtsbehörde (Europäische Wertpapier- und Marktaufsichtsbehörde), zur Änderung des Beschlusses Nr. 716/2009/EG und zur Aufhebung des Beschlusses 2009/77/EG der Kommission – ABl. Nr. L 331 vom 15.12.2010, S. 84) und

3. der Europäischen Versicherungsaufsichtsbehörde – EIOPA (Verordnung (EU) Nr. 1094/2010 vom 24. November 2010 zur Errichtung einer Europäischen Aufsichtsbehörde (Europäische Aufsichtsbehörde für das Versicherungswesen und die betriebliche Altersversorgung), zur Änderung des Beschlusses Nr. 716/2009/EG und zur Aufhebung des Beschlusses 2009/79/EG der Kommission – ABl. Nr. L 331 vom 15.12.2010, S. 48) und

4. den anderen Teilnehmern des Europäischen Finanzaufsichtssystems – ESFS (Art. 1 Abs. 3 der Verordnung (EU) Nr. 1092/2010 vom 24. November 2010 über die Finanzaufsicht der Europäischen Union auf Makroebene und zur Errichtung eines Europäischen Ausschusses für Systemrisiken)

berechtigt und verpflichtet.

(2) Für die Zwecke des Abs. 1 hat die FMA den Teilnehmern des ESFS auf Anfrage alle Informationen zur Verfügung zu stellen, die zur Wahrnehmung der Aufgaben im Rahmen des ESFS erforderlich sind. Die FMA kann für die Zwecke der Zusammenarbeit nach diesem Absatz oder gemäß der Verordnung (EU) Nr. 1092/2010 von ihren Befugnissen auch ausschließlich für die Zwecke einer solchen Zusammenarbeit Gebrauch machen; dies auch dann, wenn die Verhaltensweise, die Gegenstand der Ermittlung ist, nicht gegen eine in Österreich geltende Vorschrift verstößt.

(BGBl I 2011/77)

Einschränkung der Rechtskraft von Bescheiden der FMA

§ 21b. (1) Sobald eine Europäische Aufsichtsbehörde einen Beschluss gemäß Art. 17 Abs. 6, 18 Abs. 4 oder 19 Abs. 4. der Verordnungen (EU) Nr. 1093/2010, (EU) Nr. 1094/2010 oder (EU) Nr. 1095/2010 erlässt, der direkt an ein Finanzinstitut im Sinne der Art. 17, 18 oder 19 der Verordnungen (EU) Nr. 1093/2010, (EU) Nr. 1094/2010 oder (EU) Nr. 1095/2010 gerichtet ist, treten in diesem Zeitpunkt in der gleichen Sache erlassene Bescheide der FMA insoweit außer Kraft.

(2) Insofern die FMA eine Empfehlung, eine Aufforderung oder einen Beschluss der Europäischen Aufsichtsbehörde oder der Europäischen Kommission gemäß Art. 17, 18 oder 19 der Verordnungen (EU) Nr. 1093/2010, (EU) Nr. 1094/2010 oder (EU) Nr. 1095/2010 befolgt, kann sie den Bescheid abweichend von § 68 Abs. 3 AVG unter den in Art. 17, 18 oder 19 vorgesehenen Voraussetzungen auch zum Nachteil der Partei oder von Beteiligten abändern.

(BGBl I 2011/77)

Verfahrensbestimmungen

§ 22. (1) Die FMA ist zur Vollstreckung der von ihr erlassenen Bescheide, mit Ausnahme der Verwaltungsstrafbescheide, zuständig. Weiters ist die FMA zur Vollstreckung sämtlicher Entscheidungen, ausgenommen Verwaltungsstrafen, der Teilnehmer des ESFS im Rahmen jeweils des Art. 28 der Verordnungen (EU) Nr. 1093/2010, (EU) Nr. 1094/2010 oder (EU) Nr. 1095/2010 befugt. Das Verwaltungsvollstreckungsgesetz 1991 – VVG, BGBl. Nr. 53, ist, soweit sich aus Abs. 2 nichts anderes ergibt, anzuwenden. *(BGBl I 2011/77)*

(2) Beschwerden gegen Bescheide der FMA und Vorlageanträge haben, ausgenommen in Verwaltungsstrafsachen, keine aufschiebende Wirkung. Auf Antrag ist der Beschwerde die aufschiebende Wirkung durch das Bundesverwaltungsgericht nach Anhörung der FMA mit Beschluss zuzuerkennen, insoweit dem nicht zwingende öffentliche Interessen entgegenstehen und nach Abwägung aller berührten Interessen mit dem Vollzug für den Beschwerdeführer ein unverhältnismäßiger Nachteil verbunden wäre. Wird die aufschiebende Wirkung zuerkannt, ist der Vollzug des angefochtenen Bescheides aufzuschieben und sind die hiezu erforderlichen Verfügungen zu treffen. Wenn sich die Voraussetzungen, die für den Beschluss über die aufschiebende Wirkung maßgebend waren, wesentlich geändert haben, ist auf Antrag einer Partei neu zu entscheiden. *(BGBl I 2013/70)*

(2a) Über Beschwerden gegen Bescheide der FMA entscheidet das Bundesverwaltungsgericht durch Senat, ausgenommen in Verwaltungsstrafsachen bei Bescheiden bei denen weder eine primäre Freiheitsstrafe noch eine 600 Euro übersteigende Geldstrafe verhängt wurde. Über eine Beschwerde ist, innerhalb der Frist zu erkennen, innerhalb der in erster Instanz zu entscheiden ist, spätestens jedoch nach sechs Monaten; die Frist beginnt mit Einlangen der Beschwerde beim Bundesverwaltungsgericht zu laufen. *(BGBl I 2013/70)*

(3) Verordnungen der FMA sind im Bundesgesetzblatt kundzumachen.

(4) Die FMA hat Unterlagen und Aufzeichnungen von allgemeiner oder grundsätzlicher Bedeutung dauernd aufzubewahren. Der dauernden Aufbewahrungspflicht unterliegen jedenfalls die von ihr erlassenen Bescheide. Sonstige Unterlagen

und Aufzeichnungen sind mindestens sieben Jahre aufzubewahren; diese Frist beginnt mit Ablauf des Kalenderjahres, in dem

1. bei Dauerrechtsverhältnissen das Rechtsverhältnis geendet hat;
2. in den übrigen Fällen die FMA letztmalig in der betreffenden Angelegenheit tätig gewesen ist.

(5) Abweichend von § 9 Abs. 2 VStG wird die Bestellung von verantwortlichen Beauftragten für die Einhaltung der Bestimmungen der in § 2 genannten Gesetze, die mit Verwaltungsstrafe bedroht sind, erst rechtswirksam, nachdem bei der FMA eine schriftliche Mitteilung über die Bestellung samt einem Nachweis der Zustimmung des Bestellten eingelangt ist. Dies gilt nicht für die Bestellung von verantwortlichen Beauftragten auf Verlangen der Behörde gemäß § 9 Abs. 2 VStG. *(BGBl I 2013/184)*

Säumnisgebühr

§ 22a. Kommt ein der Aufsicht der FMA gemäß § 1 unterliegendes Unternehmen oder eine sonstige Person oder Einrichtung

1. den Pflichten oder Anordnungen gemäß
   a) § 44 BWG,
   b) „§ 73 Abs. 2 und 4 WAG 2007", *(BGBl I 2007/60)*
   c) „§ 74 Abs. 2 und 4 WAG 2007", *(BGBl I 2007/60)*
   d) § 21 Abs. 8 PKG,
   e) § 30a Abs. 1 PKG,
   f) § 36 Abs. 2 und 3 PKG,
   g) § 24a Abs. 3 zweiter Satz VAG,
   Fassung ab 1. 1. 2016 (BGBl I 2015/34):
   g) § 116 Abs. 3 zweiter Satz VAG 2016, *(BGBl I 2015/34)*
   h) § 79b Abs. 1 dritter Satz und Abs. 1a erster Satz VAG, *(BGBl I 2007/56)*
   Fassung ab 1. 1. 2016 (BGBl I 2015/34):
   h) § 248 Abs. 1 bis 5 VAG 2016, *(BGBl I 2015/34)*
   i) § 83 Abs. 1 bis 4 VAG,
   Fassung ab 1. 1. 2016 (BGBl I 2015/34):
   i) § 249 Abs. 1 zweiter Satz VAG 2016, *(BGBl I 2015/34)*

2. den Vorlagepflichten auf Grund einer Anordnung gemäß
   a) § 70 Abs. 1 Z 1 und 2 BWG,
   b) „§ 91 Abs. 3 Z 1 bis 4 und 8 WAG 2007", *(BGBl I 2007/60)*
   c) § 33 Abs. 3 Z 1 und 2 PKG,
   d) *(aufgehoben, BGBl I 2007/56)*

   „d)" § 79b Abs. 1. fünfter Satz und Abs. 2, *(BGBl I 2007/56)*
   Fassung ab 1. 1. 2016 (BGBl I 2015/34):
   d) § 79 Abs. 3 Z 3 VAG 2016, *(BGBl I 2015/34)*
   „e)" § 85a Abs. 1 und 2, *(BGBl I 2007/56)*
   Fassung ab 1. 1. 2016 (BGBl I 2015/34):
   e) § 248 Abs. 8 VAG 2016 oder *(BGBl I 2015/34)*
   „f)"* § 86 Abs. 4 Z 1 VAG oder *(*BGBl I 2007/56)*
   Fassung ab 1. 1. 2016 (BGBl I 2015/34):
   f) *(aufgehoben, BGBl I 2015/34)*

3. einer mit einer Fristsetzung verbundenen Anordnung gemäß
   a) § 33b PKG,
   b) § 104 VAG,
   c) § 104a VAG
   Fassung ab 1. 1. 2016 (BGBl I 2015/34):
3. einer mit einer Fristsetzung verbundenen Anordnung gemäß
   a) § 33b PKG,
   b) § 275 VAG 2016,
   c) § 277 VAG 2016,
   d) § 278 bis § 280 VAG 2016,
   e) § 282 Abs. 2 VAG 2016,
   f) § 283 VAG 2016
   (BGBl I 2015/34)

nicht rechtzeitig nach, so kann die FMA dem Unternehmen oder der sonstigen Person oder Einrichtung gleichzeitig mit der Aufforderung zur Nachholung für den Fall, dass sie erfolglos bleibt, oder nach vorangegangener erfolgloser Aufforderung die Zahlung einer Säumnisgebühr bis 7 000 Euro an den Bund vorschreiben. Hiebei ist auf das Ausmaß der Verspätung sowie auf die Behinderung der Überwachung der Geschäftsgebarung und die Mehrkosten Bedacht zu nehmen, die durch die verspätete Vorlage verursacht werden. Der Vorgang der Vorschreibung der Säumnisgebühr kann bis zum Wegfall der Säumnis mehrmals wiederholt werden.

(BGBl I 2006/48)

Unerlaubter Geschäftsbetrieb und Verstöße im Zusammenhang mit der Bekämpfung von Geldwäscherei und Terrorismusfinanzierung

§ 22b. (1) Zur Verfolgung der in § 98 Abs. 1, 1a und 5 BWG, § 99 Abs. 1 Z 9 und Abs. 2 BWG, § 66 Abs. 1 ZaDiG, § 67 Abs. 11 ZaDiG, § 29 Abs. 1, 3, 4 Z 3 und Abs. 11 E-Geldgesetz 2010, § 60 Abs. 1 Z 1 AIFMG, § 94 Abs. 1 WAG 2007 und § 95 Abs. 10 WAG 2007, § 48 Abs. 1 Z 1

13/19. FMABG
§§ 22b – 22c

und Abs. 6 BörseG, § 47 PKG, § 108a Abs. 3 VAG und § 110 VAG genannten Übertretungen ist die FMA berechtigt, von natürlichen und juristischen Personen sowie von sonstigen Einrichtungen mit Rechtspersönlichkeit die erforderlichen Auskünfte einzuholen und die erforderlichen Daten zu verarbeiten; dieses Recht umfasst auch die Befugnis, in Bücher, Schriftstücke und EDV-Datenträger vor Ort Einsicht zu nehmen und sich Auszüge davon herstellen zu lassen. *(BGBl I 2013/184)*

Fassung ab 1. 1. 2016 (BGBl I 2015/34):
(1) Zur Verfolgung der in § 98 Abs. 1, 1a und 5 BWG, § 99 Abs. 1 Z 9 und Abs. 2 BWG, § 66 Abs. 1 ZaDiG, § 67 Abs. 11 ZaDiG, § 29 Abs. 1, 3, 4 Z 3 und Abs. 11 E-Geldgesetz 2010, § 60 Abs. 1 Z 1 AIFMG, § 94 Abs. 1 WAG 2007 und § 95 Abs. 10 WAG 2007, § 48 Abs. 1 Z 1 und Abs. 6 BörseG, § 47 PKG, „§ 322 und § 329 VAG 2016" genannten Übertretungen ist die FMA berechtigt, von natürlichen und juristischen Personen sowie von sonstigen Einrichtungen mit Rechtspersönlichkeit die erforderlichen Auskünfte einzuholen und die erforderlichen Daten zu verarbeiten; dieses Recht umfasst auch die Befugnis, in Bücher, Schriftstücke und EDV-Datenträger vor Ort Einsicht zu nehmen und sich Auszüge davon herstellen zu lassen. *(BGBl I 2013/184; BGBl I 2015/34)*

(2) Nach anderen als in Abs. 1 genannten Bundesgesetzen bestehende Vorschriften über das Berufsgeheimnis bleiben von den Bestimmungen dieses Bundesgesetzes unberührt. *(BGBl I 2010/107)*

(BGBl I 2006/48)

§ 22c. (1) Die FMA kann Maßnahmen oder Sanktionen, die wegen Verstößen „gemäß § 98 Abs. 1a BWG, § 66 Abs. 1 ZaDiG" , § 67 Abs. 11 ZaDiG, § 29 Abs. 1, 3, 4 Z 3 und Abs. 11 E-Geldgesetz 2010, § 60 Abs. 1 Z 1 AIFMG, § 94 Abs. 1 WAG 2007 und § 95 Abs. 0 WAG 2007, § 48 Abs. 1 Z 1 und Abs. 6 BörseG, § 47 PKG, § 108a Abs. 3 VAG und § 110 VAG gesetzt wurden, nur nach Maßgabe der Z 1 bis 3 beauskunften oder öffentlich bekannt geben.

1. Im Falle einer Amtshandlung in einem laufenden Verfahren hat die FMA die Nennung der Namen der betroffenen Beteiligten zu unterlassen, es sei denn, diese sind bereits öffentlich bekannt oder es besteht ein überwiegendes Interesse der Öffentlichkeit an der Kenntnis dieser Namen.

2. Im Falle der Verhängung einer Sanktion kann die FMA die Namen der Personen oder Unternehmen, gegen die die Sanktion verhängt wurde, die Namen der Unternehmen, für die Personen verantwortlich sind, gegen die eine Sanktion verhängt wurde, sowie die verhängte Sanktion beauskunften oder veröffentlichen. Als Sanktionen im Sinne dieser Bestimmung gelten alle von der FMA nach Abschluss eines Verfahrens mit Bescheid gesetzten Rechtsakte.

3. Die FMA hat von der Erteilung einer Auskunft über Amtshandlungen oder einer diesbezüglichen Veröffentlichung abzusehen, wenn

a) die Erteilung der Auskunft oder die Veröffentlichung die Stabilität der Finanzmärkte ernsthaft gefährden würde, oder

b) die Erteilung der Auskunft oder die Veröffentlichung zu einem unverhältnismäßigen Schaden bei einem von der Auskunft oder der Veröffentlichung betroffenen Beteiligten führen würde, oder

c) durch die Erteilung der Auskunft die Durchführung eines Verfahrens oder Maßnahmen, die im öffentlichen Interesse liegen, vereitelt, erschwert, verzögert oder gefährdet werden könnten.

(BGBl I 2013/184; BGBl I 2014/59)

Fassung ab 1. 1. 2016 (BGBl I 2015/34):
(1) Die FMA kann Maßnahmen oder Sanktionen, die wegen Verstößen „gemäß § 98 Abs. 1a BWG, § 66 Abs. 1 ZaDiG"*, § 67 Abs. 11 ZaDiG, § 29 Abs. 1, 3, 4 Z 3 und Abs. 11 E-Geldgesetz 2010, § 60 Abs. 1 Z 1 AIFMG, § 94 Abs. 1 WAG 2007 und § 95 Abs. 0 WAG 2007, § 48 Abs. 1 Z 1 und Abs. 6 BörseG, § 47 PKG, „§ 322 und § 329 VAG 2016"** gesetzt wurden, nur nach Maßgabe der Z 1 bis 3 beauskunften oder öffentlich bekannt geben.

1. Im Falle einer Amtshandlung in einem laufenden Verfahren hat die FMA die Nennung der Namen der betroffenen Beteiligten zu unterlassen, es sei denn, diese sind bereits öffentlich bekannt oder es besteht ein überwiegendes Interesse der Öffentlichkeit an der Kenntnis dieser Namen.

2. Im Falle der Verhängung einer Sanktion kann die FMA die Namen der Personen oder Unternehmen, gegen die die Sanktion verhängt wurde, die Namen der Unternehmen, für die Personen verantwortlich sind, gegen die eine Sanktion verhängt wurde, sowie die verhängte Sanktion beauskunften oder veröffentlichen. Als Sanktionen im Sinne dieser Bestimmung gelten alle von der FMA nach Abschluss eines Verfahrens mit Bescheid gesetzten Rechtsakte.

3. Die FMA hat von der Erteilung einer Auskunft über Amtshandlungen oder einer diesbezüglichen Veröffentlichung abzusehen, wenn

a) die Erteilung der Auskunft oder die Veröffentlichung die Stabilität der Finanzmärkte ernsthaft gefährden würde, oder

b) die Erteilung der Auskunft oder die Veröffentlichung zu einem unverhältnismäßigen Schaden bei einem von der Auskunft oder der Veröffentlichung betroffenen Beteiligten führen würde, oder

c) durch die Erteilung der Auskunft die Durchführung eines Verfahrens oder Maßnahmen, die im öffentlichen Interesse liegen, vereitelt, erschwert, verzögert oder gefährdet werden könnten. *(BGBl I 2013/184; *BGBl I 2014/59; **BGBl I 2015/34)*

(2) Der von der Veröffentlichung oder Beauskunftung Betroffene kann eine Überprüfung der Rechtmäßigkeit der Veröffentlichung oder Beauskunftung gemäß Abs. 1 in einem bescheidmäßig zu erledigenden Verfahren bei der FMA beantragen. Die FMA hat diesfalls die Einleitung eines solchen Verfahrens in gleicher Weise bekannt zu machen. Wird im Rahmen der Überprüfung die Rechtswidrigkeit der Veröffentlichung oder Beauskunftung festgestellt, so hat die FMA die Veröffentlichung oder Beauskunftung richtig zu stellen oder auf Antrag des Betroffenen entweder zu widerrufen oder aus dem Internetauftritt zu entfernen. Wird einer Beschwerde gegen einen Bescheid, der gemäß Abs. 1 bekannt gemacht worden ist, in einem Verfahren vor den Gerichtshöfen öffentlichen Rechts aufschiebende Wirkung zuerkannt, so hat die FMA dies in gleicher Weise bekannt zu machen. Die Veröffentlichung oder Beauskunftung ist richtig zu stellen oder auf Antrag des Betroffenen entweder zu widerrufen oder aus dem Internetauftritt zu entfernen, wenn der Bescheid aufgehoben wird. *(BGBl I 2013/21)*

(BGBl I 2006/48)

§ 22d. (1) Besteht der Verdacht einer Übertretung gemäß „§ 98 Abs. 1 und 1a BWG"*****, „§ 66 Abs. 1 ZaDiG,"** „§ 29 Abs. 1 E-Geldgesetz 2010"***** „§ 60 Abs. 1 Z 1 AIFMG,"**** „§ 94 Abs. 1 WAG 2007"* , § 48 Abs. 1 Z 1 BörseG, § 47 PKG „, "*** oder § 110 VAG, so hat die FMA unabhängig von der Einleitung eines Strafverfahrens die den verdächtigen Geschäftsbetrieb ausübenden Unternehmen mit Verfahrensanordnung zur Herstellung des der Rechtsordnung entsprechenden Zustandes innerhalb einer angemessenen, von der FMA zu bestimmenden Frist aufzufordern. Kommt ein aufgefordertes Unternehmen dieser Aufforderung innerhalb der gesetzlichen Frist nicht nach, so hat die FMA mit Bescheid die zur Herstellung des der Rechtsordnung entsprechenden Zustandes jeweils notwendigen Maßnahmen, wie die Schließung von Teilen des Betriebes oder die Schließung des gesamten Betriebes zu verfügen. *(*BGBl I 2007/60; **BGBl I 2009/66; ***BGBl I 2011/145; ****BGBl I 2013/135; *****BGBl I 2013/184)*

Fassung ab 1. 1. 2016 (BGBl I 2015/34):
(1) Besteht der Verdacht einer Übertretung gemäß „§ 98 Abs. 1 und 1a BWG"*****, „§ 66 Abs. 1 ZaDiG,"** „§ 29 Abs. 1 E-Geldgesetz 2010"***** „§ 60 Abs. 1 Z 1 AIFMG,"**** „§ 94 Abs. 1 WAG 2007"* , § 48 Abs. 1 Z 1 BörseG, § 47 PKG „, "*** oder „§ 329 VAG 2016"6*, so hat die FMA unabhängig von der Einleitung eines Strafverfahrens die den verdächtigen Geschäftsbetrieb ausübenden Unternehmen mit Verfahrensanordnung zur Herstellung des der Rechtsordnung entsprechenden Zustandes innerhalb einer angemessenen, von der FMA zu bestimmenden Frist aufzufordern. Kommt ein aufgefordertes Unternehmen dieser Aufforderung innerhalb der gesetzlichen Frist nicht nach, so hat die FMA mit Bescheid die zur Herstellung des der Rechtsordnung entsprechenden Zustandes jeweils notwendigen Maßnahmen, wie die Schließung von Teilen des Betriebes oder die Schließung des gesamten Betriebes zu verfügen. *(*BGBl I 2007/60; **BGBl I 2009/66; ***BGBl I 2011/145; ****BGBl I 2013/135; *****BGBl I 2013/184; 6*BGBl I 2015/34)*

(2) Liegen die Voraussetzungen für die Erlassung eines Bescheides gemäß Abs. 1 zweiter Satz nicht mehr vor und ist zu erwarten, dass in Hinkunft jene konzessionsrechtlichen Vorschriften, deren Nichteinhaltung für die Maßnahmen nach Abs. 1 zweiter Satz bestimmend waren, von dem Unternehmen eingehalten werden, das die Tätigkeit ausüben will, so hat die FMA auf Antrag dieses Unternehmens die mit Bescheid gemäß Abs. 1 zweiter Satz getroffenen Maßnahmen ehestens zu widerrufen.

(BGBl I 2006/48)

§ 22e. Die FMA handelt in Vollziehung der §§ 22b bis 22d im öffentlichen Interesse.

(BGBl I 2006/48)

§ 23. *(aufgehoben samt Überschrift, BGBl I 2013/70)*

Gebühren- und Abgabenbefreiung

§ 24. Die FMA ist von den Stempel- und Rechtsgebühren, den Bundesverwaltungsabgaben und den Gerichts- und Justizverwaltungsgebühren befreit. Für Zwecke der Umsatzsteuer und der Kapitalertragsteuer gilt die FMA als Kreditinstitut.

Übergangs- und Schlussbestimmungen

§ 25.
1. (zu § 1)
Die FMA gilt mit der Wirksamkeit der Bestellung des ersten Vorstandes und Aufsichtsrates als errichtet. Die behördliche Zuständigkeit der FMA beginnt mit 1. April 2002. Der Bundesminister für Finanzen hat der FMA alle Akten über die Vollziehung der in § 2 genannten Bundesgesetze, soweit die Zuständigkeit vom Bundesminister für Finanzen auf die FMA übergegangen ist, zu übergeben; soweit und solange eine Übergabe noch nicht erfolgt ist, hat der Bundesminister für

13/19. FMABG
§§ 25 – 26

Finanzen ab dem 1. April 2002 den Zugang der FMA zu diesen Akten sicherzustellen. Vom Bundesminister für Finanzen im Bereich der Vollziehung der im § 2 genannten Bundesgesetze abgeschlossene und zum 31. März 2002 aufrechte Mietund Werkverträge gehen vom Bundesminister für Finanzen auf die FMA über.

2. (zu § 5)
Der Bundesminister für Finanzen hat ehestmöglich die für die Bestellung des ersten Vorstandes der FMA erforderlichen Veranlassungen zu treffen.

3. (zu § 6)
Der erste Vorstand hat ehestmöglich, spätestens bis zum 28. Februar 2002, eine Geschäftsordnung zu erlassen und dem Aufsichtsrat zur Genehmigung vorzulegen. Bei Säumigkeit des Vorstandes hat der Aufsichtsrat ehestmöglich die Geschäftsordnung zu erlassen.

4. (zu § 8)
Der Bundesminister für Finanzen hat bis spätestens vier Wochen nach der Kundmachung dieses Bundesgesetzes die Mitglieder des ersten Aufsichtsrates zu bestellen; die Oesterreichische Nationalbank hat bis spätestens zwei Wochen nach der Kundmachung dieses Bundesgesetzes die Namhaftmachungen gemäß § 8 Abs. 1 vorzunehmen.

5. (zu §§ 10, 14 und 15)
Dem zum 31. März 2002 im Bundesministerium für Finanzen eingerichteten Dienststellenausschuss obliegt bis zur Wahl eines Betriebsrates, längstens jedoch bis zum 31. Dezember 2002, die Funktion des Betriebsrates. Die der FMA zur dauernden Dienstverrichtung zugewiesenen Beamten (§ 15 Abs. 1 Z 1) gehören darüber hinaus weiterhin dem Wirkungsbereich des Zentralausschusses beim Bundesministerium für Finanzen an.

6. (zu § 12)
Der erste Aufsichtsrat hat sich unverzüglich eine Geschäftsordnung zu geben sowie für den Abschluss der Dienstverträge mit den ersten Vorstandsmitgliedern zu sorgen.

7. (zu § 17)
Der Finanzplan für das FMA-Geschäftsjahr 2002 ist unverzüglich, spätestens jedoch bis zum 28. Februar 2002, zu erstellen.

§ 26. (zu § 19)

(1) Die Kostenpflichtigen haben für die FMA-Geschäftsjahre 2002 und 2003 Vorauszahlungen zu leisten. Hierbei sind jene natürlichen und juristischen Personen zahlungspflichtig, die jeweils am 30. November 2001 und am 31. Oktober 2002 über die Berechtigung zum Betrieb des Bankgeschäftes, Versicherungsgeschäftes, Finanzdienstleistungsgeschäftes oder Pensionskassengeschäftes verfügen.

(2) Auf die einzelnen Rechnungskreise entfallen jeweils folgende Vorauszahlungsbeträge:

1. für das FMA-Geschäftsjahr 2002:
a) Rechnungskreis 1: .... 7,050 Millionen Euro,
b) Rechnungskreis 2: .... 2,0325 Millionen Euro,
c) Rechnungskreis 3: .... 2,4150 Millionen Euro,
d) Rechnungskreis 4: .... 0,2400 Millionen Euro;

2. für das FMA-Geschäftsjahr 2003:
a) Rechnungskreis 1: .... 11,750 Millionen Euro,
b) Rechnungskreis 2: .... 2,845 Millionen Euro,
c) Rechnungskreis 3: .... 3,340 Millionen Euro,
d) Rechnungskreis 4: .... 0,340 Millionen Euro.

(3) Die Aufteilung des auf die einzelnen Rechnungskreise entfallenden Vorauszahlungsbetrages auf die Kostenpflichtigen hat zu erfolgen:

1. für den Rechnungskreis 1 gemäß § 69a BWG;

2. für den Rechnungskreis 2 gemäß § 117 VAG;

Fassung ab 1. 1. 2016 (BGBl I 2015/34):
2. für den Rechnungskreis 2 „gemäß § 271 VAG 2016"; (BGBl I 2015/34)

3. für den Rechnungskreis 3 gemäß § 7 WAG und der BWA-Kostenverordnung, wobei § 7 WAG mit der Maßgabe anzuwenden ist, dass auf die meldepflichtigen Institute 80 vH, auf die Emittenten mit Ausnahme des Bundes 10 vH und auf die Wertpapierdienstleistungsunternehmen 10 vH entfallen;

4. für den Rechnungskreis 4 gemäß § 35 PKG, wobei für die Kostenermittlung gemäß § 35 Abs. 1 Z 2 bis 4 PKG für die Vorauszahlungen für das Geschäftsjahr 2002 der Bilanzstichtag 31. Dezember 2000, für das Geschäftsjahr 2003 der Bilanzstichtag 31. Dezember 2001 maßgeblich ist. Die so ermittelten Einzelbeträge sind gemäß Abs. 4 den Kostenpflichtigen zur Zahlung vorzuschreiben.

(4) Die Vorschreibung ist bis spätestens 31. Jänner 2002 für das Geschäftsjahr 2002 für die Zahlungspflichtigen der Rechnungskreise 1, 2 und 4 vom Bundesminister für Finanzen, für die Zahlungspflichtigen des Rechnungskreises 3 von der BWA vorzunehmen; die Vorschreibungen

für das Geschäftsjahr 2003 haben bis spätestens 15. Dezember 2002 durch die FMA zu erfolgen.

(5) Die Zahlung der Vorauszahlungsbeträge für das Geschäftsjahr 2002 hat in drei gleichen Teilbeträgen jeweils zum 15. April, 15. Juli und 15. Oktober 2002 auf das vom BMF für die FMA eingerichtete Konto bei der Oesterreichischen Nationalbank zu erfolgen, das im Vorschreibungsbescheid zu benennen ist.

(6) Der Bund hat von dem gemäß § 19 Abs. 4 von ihm für das Geschäftsjahr 2002 zu leistenden Betrag eine Vorauszahlung von 750 000 bis zum 10. Oktober 2001 auf das in Abs. 5 genannte Konto zu leisten, woraus auch die im Jahr 2001 anfallenden Ausgaben der FMA zu decken sind. Zahlungen vom restlichen vom Bund für das Geschäftsjahr 2002 zu leistenden Betrag haben ab dem 1. Jänner 2002 zu erfolgen.

(7) Die FMA ist berechtigt, das zum 31. März 2002 für Zwecke der Bankenaufsicht, der Versicherungsaufsicht und der Pensionskassenaufsicht genutzte bewegliche Vermögen des Bundes (Sachausstattung der Aufsicht) weiterhin bis zum 31. Dezember 2002 unentgeltlich zu nutzen.

(8) Bis zur Erlassung einer Gebührenverordnung der FMA gemäß § 19 Abs. 10 sind für die Bewilligung von Tatbeständen gemäß den Tarifposten 44, 45 und 50 bis 59 der Bundesverwaltungsabgabenverordnung 1983, BGBl. Nr. 24/1983, in der Fassung des BGBl. II Nr. 146/2000 an Stelle der Bundesverwaltungsabgaben Bewilligungsgebühren in Höhe der in den Tarifposten 50 bis 59 der Bundesverwaltungsabgabenverordnung 1983 genannten Beträge an die FMA zu entrichten.

(9) Bei der Berechnung der Vorauszahlungsbeträge für das Geschäftsjahr 2004 sind die Kosten der FMA im Rumpfgeschäftsjahr 2002 (1. April bis 31. Dezember 2002) um ein Drittel zu erhöhen.

(10) Die FMA ist verpflichtet, den sich auf der Grundlage eines jeden Jahresabschlusses aus der Abschreibung des von der Bundes-Wertpapieraufsicht übernommenen abnutzbaren Anlagevermögens errechnenden Betrag bis zum 31. Juli des darauf folgenden Jahres auf das vom Bundesministerium für Finanzen bekannt zu gebende Konto dem Bund zu überweisen. *(BGBl I 2003/35)*

(11) Die FMA kann ab Kundmachung des Bundesgesetzes BGBl. I Nr. 141/2006 für die in diesem Bundesgesetz enthaltenen bewilligungspflichtigen Tatbestände in der Gebührenverordnung angemessene Gebühren festsetzen. *(BGBl I 2006/141)*

§ 26a. Für die Vollstreckung eines Bescheides nach diesem Bundesgesetz tritt an die Stelle des im § 5 Abs. 3 VVG vorgesehenen Betrages von 726 Euro der Betrag von 30 000 Euro.

(BGBl I 2006/48)

§ 26b. 1. (zu § 5 Abs. 2 in der Fassung des Bundesgesetzes BGBl. I Nr. 108/2007)
§ 5 Abs. 2 ist erstmals auf Bestellungen anwendbar, die nach dem 31. Dezember 2007 erfolgen.

2. (zu § 15 in der Fassung des Bundesgesetzes BGBl. I Nr. 108/2007)
Beamten gemäß § 15, die zum Zeitpunkt des Inkrafttretens des Bundesgesetzes BGBl. I Nr. 108/2007 bei der FMA im Bereich Bankenaufsicht mit Aufgaben der Vor-Ort-Prüfung oder der Analyse betraut sind, kann eine Dienstfreistellung für die Ausübung einer Tätigkeit bei der Oesterreichischen Nationalbank gewährt werden. Auf diese Dienstfreistellung ist § 78c Beamten-Dienstrechtsgesetz 1979 – BDG 1979, BGBl. Nr. 333/1979, mit folgenden Maßgaben anzuwenden:

a) es kann ausschließlich eine volle Dienstfreistellung gewährt werden;

b) der Antrag auf Dienstfreistellung muss innerhalb von drei Monaten nach Inkrafttreten des Bundesgesetzes BGBl. I Nr. 108/2007 gestellt werden;

c) die OeNB hat für die betreffenden Beamten die in § 78c Abs. 4 Beamten-Dienstrechtsgesetz 1979 genannten Leistungen an die FMA zu entrichten. § 15 Abs. 4 ist auf diese Beamten weiterhin anzuwenden.

3. (zu § 19 in der Fassung des Bundesgesetzes BGBl. I Nr. 108/2007)
Der Erstattungsbetrag ist der Oesterreichischen Nationalbank erstmals für das Geschäftsjahr 2008 auf Grund der im Jahr 2009 gemäß § 79 Abs. 4b BWG mitgeteilten direkten Kosten im Geschäftsjahr 2010 zu erstatten.

(BGBl I 2007/108)

§ 26c. Bis 31. Dezember 2013 zählt zur Bankenaufsicht auch die Wahrnehmung der behördlichen Aufgaben und Befugnisse, die im Alternative Investmentfonds Manager-Gesetz – AIFMG, BGBl. I Nr. 135/2013, geregelt und der FMA zugewiesen sind.

(BGBl I 2013/135)

§ 26d. Abweichend von § 22 Abs. 5 behalten Bestellungen von verantwortlichen Beauftragten gemäß § 9 Abs. 2 VStG, die bis zum 31. Dezember 2013 erfolgt sind, ihre Rechtswirksamkeit. Unbeschadet der Rechtswirksamkeit der Bestellung haben Kreditinstitute in diesen Fällen jedoch die Namen sowie die Nachweise der Zustimmung der Bestellten der FMA bis zum 31. März 2014 schriftlich mitzuteilen.

(BGBl I 2013/184)

Verweise

§ 27. Soweit in diesem Bundesgesetz auf andere Bundesgesetze verwiesen wird, sind diese, wenn nichts anderes angeordnet ist, in ihrer jeweils geltenden Fassung anzuwenden.

In-Kraft-Treten und Vollziehung

§ 28. (1) Die Bestimmungen der § 2, § 12, § 13, § 15 Abs. 1 Z 1 und Abs. 2 bis 9, § 18, § 19, § 20, § 21, § 22 und § 23 dieses Bundesgesetzes samt Überschriften treten mit 1. April 2002 in Kraft.

(2) *(aufgehoben, BGBl I 2008/2)*

(3) Der Entfall von § 3, § 5 Abs. 3 und § 16 in der Fassung des Bundesgesetzes BGBl. I Nr. 45/2002 treten mit 1. April 2002 in Kraft. *(BGBl I 2002/45)*

(4) § 2 Abs. 1 in der Fassung des Bundesgesetzes BGBl. I Nr. 45/2002 tritt mit 2. April 2002 in Kraft. *(BGBl I 2002/45)*

(5) § 2 Abs. 1 in der Fassung des Bundesgesetzes BGBl. I Nr. 100/2002 tritt mit 1. Juli 2002 in Kraft. *(BGBl I 2002/100)*

(6) § 2 Abs. 1 in der Fassung des Bundesgesetzes BGBl. I Nr. 80/2003 tritt mit 1. September 2003 in Kraft. *(BGBl I 2003/80)*

(7) § 2 in der Fassung des Bundesgesetzes BGBl. I Nr. 70/2004 tritt mit 1. Jänner 2005 in Kraft und ist auf Geschäftsjahre anzuwenden, die nach dem 31. Dezember 2004 beginnen. *(BGBl I 2004/70)*

(8) § 2 Abs. 1 in der Fassung des Bundesgesetzes BGBl. I Nr. 32/2005 tritt mit 1. Juni 2005 in Kraft. *(BGBl I 2005/32)*

(9) § 3 samt Überschrift in der Fassung des Bundesgesetzes BGBl. I Nr. 33/2005 tritt mit 1. Juli 2005 in Kraft. *(BGBl I 2005/33)*

(10) § 2 Abs. 3 in der Fassung des Bundesgesetzes BGBl. I Nr. 78/2005 tritt mit 10. August 2005 in Kraft. *(BGBl I 2005/78)*

(11) § 22a in der Fassung des Bundesgesetzes BGBl. I Nr. 56/2007 tritt mit 1. August 2007 in Kraft. *(BGBl I 2007/56)*

(12) § 2 Abs. 3, § 19 Abs. 4 und 10, § 22a, § 22b Abs. 1, § 22c und § 22d Abs. 1 in der Fassung des Bundesgesetzes BGBl. I Nr. 60/2007 treten mit 1. November 2007 in Kraft. *(BGBl I 2007/60)*

(14) § 2 Abs. 1, § 5 Abs. 2, § 18 Abs. 1, § 19 Abs. 1, 5 und 5a und § 26b in der Fassung des Bundesgesetzes BGBl. I Nr. 108/2007 treten mit 1. Jänner 2008 in Kraft. *(BGBl I 2007/108)*

(15) § 21 Abs. 2 in der Fassung des Bundesgesetzes BGBl. I Nr. 22/2009 tritt mit 1. April 2009 in Kraft. *(BGBl I 2009/22)*

(16) § 2 Abs. 1, § 19 Abs. 5 und 5a, § 22b Abs. 1, § 22c und § 22d Abs. 1 in der Fassung des Bundesgesetzes BGBl. I Nr. 66/2009 treten mit 1. November 2009 in Kraft. *(BGBl I 2009/66)*

(17) Die Überschrift vor § 22b, § 22b und § 22c in der Fassung des Bundesgesetzes BGBl. I Nr. 37/2010 treten mit 1. Juli 2010 in Kraft. *(BGBl I 2010/37)*

(18) § 2 Abs. 1 und 2, § 22b Abs. 1, § 22c und § 22d Abs. 1 in der Fassung des Bundesgesetzes BGBl. I Nr. 107/2010 treten mit 30. April 2011 in Kraft. *(BGBl I 2010/107)*

(19) § 18 Abs. 1 sowie § 19 Abs. 1, 4 und 5 in der Fassung des Bundesgesetzes BGBl. I Nr. 50/2011 treten mit 1. August 2011 in Kraft. § 19 Abs. 5a in der Fassung des Bundesgesetzes BGBl. I Nr. 50/2011 tritt mit 1. Jänner 2012 in Kraft. *(BGBl I 2011/50)*

(20) Die §§ 2 Abs. 1, 21a, 21b und 22 Abs. 1 in der Fassung des Bundesgesetzes BGBl. I Nr. 77/2011 treten mit dem Kundmachung folgenden Tag in Kraft. *(BGBl I 2011/77)*

(21) § 2 Abs. 3 und § 22c in der Fassung des Bundesgesetzes BGBl. I Nr. 21/2013 treten mit 1. Juli 2013 in Kraft. *(BGBl I 2013/21)*

(22) § 22 Abs. 2 und 2a in der Fassung des Bundesgesetzes BGBl. I Nr. 70/2013 tritt mit 1. Jänner 2014 in Kraft. § 23 samt Überschrift tritt mit Ablauf des 31. Dezember 2013 außer Kraft. *(BGBl I 2013/70)*

(23) § 2 Abs. 1 in der Fassung des Bundesgesetzes BGBl. I Nr. 160/2013 treten mit 1. Jänner 2014 in Kraft. *(BGBl I 2013/160)*

(24) § 26c in der Fassung des Bundesgesetzes BGBl. I Nr. 135/2013 tritt mit 22. Juli 2013 in Kraft. § 22b Abs. 1, § 22c und § 22d Abs. 1 in der Fassung des Bundesgesetzes BGBl. I Nr. 135/2013 treten mit dem Kundmachung folgenden Tag in Kraft. § 2 Abs. 1 und 3 und § 19 Abs. 4 und 10 treten mit 1. Jänner 2014 in Kraft und sind auf Geschäftsjahre der FMA anzuwenden, die nach dem 31. Dezember 2013 beginnen. Die Wortfolgen in § 2 Abs. 1 entfallen mit Ablauf des 31. Dezember 2013. *(BGBl I 2013/135)*

(25) §§ 13 bis 13b samt Überschriften, § 4 Abs. 4, § 16 Abs. 2a, § 18 Abs. 1 und 2, § 22 Abs. 5, § 22b Abs. 1, § 22c Abs. 1, § 22d Abs. 1 und § 26d in der Fassung des Bundesgesetzes BGBl. I Nr. 184/2013 treten mit 1. Jänner 2014 in Kraft. *(BGBl I 2013/184)*

(26) § 2 Abs. 1 in der Fassung des Bundesgesetzes BGBl. I Nr. 51/2014 tritt mit dem auf die Kundmachung folgenden Tag in Kraft. *(BGBl I 2014/51)*

(27) § 2 Abs. 1, § 18 Abs. 1 und § 19 Abs. 1, 5 und 5c in der Fassung des Bundesgesetzes BGBl. I Nr. 98/2014 treten mit 1. Jänner 2015 in Kraft. *(BGBl I 2014/98)*

(28) § 2 Abs. 2, § 18 Abs. 1, § 19 Abs. 1, 4, 5 und 5b, § 22a Z 1 lit. g bis i, Z 2 lit. d und e, der Entfall des § 22a Z 2 lit. f, § 22a Z 3, § 22b Abs. 1, § 22c Abs. 1, § 22d Abs. 1 und § 26 Abs. 3 Z 2 in der Fassung des Bundesgesetzes BGBl. I Nr. 34/2015 treten mit 1. Jänner 2016 in Kraft. *(BGBl I 2015/34)*

§ 29. Mit der Vollziehung ist

1. hinsichtlich des § 5 Abs. 2 die Bundesregierung,

2. hinsichtlich der übrigen Bestimmungen dieses Bundesgesetzes der Bundesminister für Finanzen betraut.

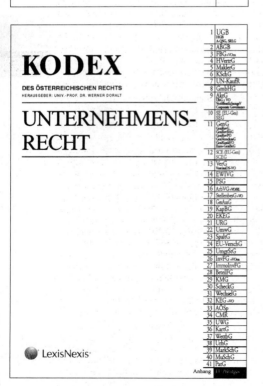

14. BAG
§ 8

Berufsausbildungsgesetz

BGBl 1969/142

zuletzt geändert durch BGBl II 2014/59 (V über IDAT)
(Auszug)

Ausbildungsvorschriften

§ 8. (1) Der „Bundesminister für Wirtschaft, Familie und Jugend" hat für die einzelnen Lehrberufe nach Maßgabe der Abs. 2 bis 4, 12, 15 und 16 durch Verordnung Ausbildungsvorschriften festzulegen. *(BGBl I 2010/40)*

(2) Die Ausbildungsvorschriften haben Berufsbilder zu enthalten; diese sind entsprechend den dem Lehrberuf eigentümlichen Arbeiten und den zur Ausübung dieser Tätigkeiten erforderlichen Hilfsverrichtungen, jedoch ohne Rücksicht auf sonstige Nebentätigkeiten des Lehrberufes unter Berücksichtigung der Anforderungen, die die Berufsausbildung stellt, festzulegen und haben hierbei nach Lehrjahren gegliedert die wesentlichen Fertigkeiten und Kenntnisse, die während der Ausbildung zu vermitteln sind, anzuführen.

(3) Die Ausbildungsvorschriften können für bestimmte Lehrberufe auch zusätzlich schwerpunktmäßig auszubildende Kenntnisse und Fertigkeiten beinhalten, die entsprechend der Ausbildungsberechtigung im Bescheid gemäß § 3a durch den Lehrbetrieb auszubilden sind. Die Lehrzeitdauer in der Ausbildung in unterschiedlichen Schwerpunkten eines Lehrberufes ist gleich. Die schwerpunktmäßige Ausbildung ist in die Bescheide gemäß § 3a und in die Lehrverträge aufzunehmen. Die Aufnahme der Bezeichnung des Schwerpunktes in die Lehrabschlussprüfungszeugnisse ist nur zulässig, wenn dies in der Ausbildungsordnung vorgesehen ist.

(4) Der „Bundesminister für Wirtschaft, Familie und Jugend" kann in den Ausbildungsvorschriften für einen Lehrberuf auch eine modulare Ausbildung festlegen. Ein modularer Lehrberuf besteht aus einem Grundmodul und zumindest einem Hauptmodul sowie zumindest einem Spezialmodul. Das Grundmodul hat die Fertigkeiten und Kenntnisse zu enthalten, die die grundlegenden Tätigkeiten eines oder mehrerer Lehrberufe entsprechen. Das Hauptmodul hat jene Fertigkeiten und Kenntnisse zu enthalten, die den dem Lehrberuf eigentümlichen Tätigkeiten und Arbeiten entsprechen. Die Mindestdauer eines Grundmoduls beträgt zwei Jahre, die Mindestdauer eines Hauptmoduls beträgt ein Jahr. Wenn dies auf Grund der besonderen Anforderungen des Lehrberufes für eine sachgemäße Ausbildung zweckmäßig ist, kann das Grundmodul mit einer Dauer von zumindest einem Jahr festgelegt werden; auch in diesem Fall ist in der Ausbildungsordnung die Gesamtdauer eines modularen Lehrberufes als Summe der Dauer von Grundmodul und Hauptmodul zumindest mit drei Jahren festzulegen. Die Ausbildungsinhalte des Grundmoduls und des Hauptmoduls haben zusammen die Beruflichkeit im Sinne des § 5 Abs. 1 bis 3 sicher zu stellen. Das Spezialmodul enthält weitere Fertigkeiten und Kenntnisse eines Lehrberufes im Sinne des § 5 Abs. 1 bis 3, die dem Qualifikationsbedarf eines Berufszweiges im Rahmen der Erstausbildung im Hinblick auf seine speziellen Produktionsweisen und Dienstleistungen entsprechen und die der Ausschöpfung der in § 6 Abs. 1 eingeräumten Möglichkeit zur Festlegung einer gesamten Lehrzeitdauer von höchstens vier Jahren dienen. Die Dauer eines Spezialmoduls beträgt ein halbes Jahr oder ein Jahr. In der Ausbildungsordnung ist auch festzulegen, inwiefern ein Grundmodul eines Lehrberufes mit einem Hauptmodul oder Spezialmodul eines anderen Lehrberufes kombiniert werden kann. *(BGBl I 2010/40)*

(5) Zur Sicherung einer sachgemäßen Ausbildung sind folgende Verhältniszahlen betreffend das Verhältnis der Anzahl der Lehrlinge zur Anzahl der im Betrieb beschäftigten, fachlich einschlägig ausgebildeten Personen einzuhalten:

1. eine fachlich einschlägig ausgebildete Person .... zwei Lehrlinge,

2. für jede weitere fachlich einschlägig ausgebildete Person .... je ein weiterer Lehrling.

(6) Auf die Verhältniszahlen von zweijährigen und dreijährigen Lehrberufen sind Lehrlinge in den letzten vier Monaten ihrer Lehrzeit nicht anzurechnen. Bei Lehrberufen mit einer Lehrzeitdauer von zweieinhalb und dreieinhalb Jahren sind Lehrlinge in den letzten sieben Monaten ihrer Lehrzeit nicht auf die Verhältniszahlen anzurechnen. Bei vierjährigen Lehrberufen sind Lehrlinge im letzten Jahr ihrer Lehrzeit nicht auf die Verhältniszahlen anzurechnen.

(7) Lehrlinge, denen mindestens zwei Lehrjahre ersetzt wurden, sowie fachlich einschlägig ausgebildete Personen, die nur vorübergehend oder aushilfsweise im Betrieb beschäftigt werden, sind nicht auf die Verhältniszahlen anzurechnen.

(8) Werden in einem Betrieb in mehr als einem Lehrberuf Lehrlinge ausgebildet, dann sind Personen, die für mehr als einen dieser Lehrberufe fachlich einschlägig ausgebildet sind, nur auf die Verhältniszahl eines dieser Lehrberufe anzurechnen.

§ 8

(9) Ein Ausbilder ist bei der Ermittlung der Verhältniszahl gemäß Abs. 5 als eine fachlich einschlägig ausgebildete Person zu zählen. Wenn er jedoch mit Ausbildungsaufgaben in mehr als einem Lehrberuf betraut ist, ist er als fachlich einschlägig ausgebildete Person bei den Verhältniszahlen aller Lehrberufe zu zählen, in denen er Lehrlinge ausbildet.

(10) Zur Sicherung einer sachgemäßen Ausbildung sind folgende Verhältniszahlen betreffend das Verhältnis der Anzahl der Lehrlinge zur Anzahl der im Betrieb beschäftigten Ausbilder einzuhalten:
1. auf je fünf Lehrlinge zumindest ein Ausbilder, der nicht ausschließlich mit Ausbildungsaufgaben betraut ist,
2. auf je 15 Lehrlinge zumindest ein Ausbilder, der ausschließlich mit Ausbildungsaufgaben betraut ist.

Die Verhältniszahl gemäß Abs. 5 darf jedoch nicht überschritten werden.

(11) Ein Ausbilder, der mit Ausbildungsaufgaben in mehr als einem Lehrberuf betraut ist, darf – unter Beachtung der Verhältniszahlen gemäß Abs. 5 oder der entsprechenden durch Verordnung gemäß Abs. 12 festgelegten Verhältniszahlen – insgesamt höchstens so viele Lehrlinge ausbilden, wie es den Verhältniszahlen gemäß Abs. 10 oder den entsprechenden durch Verordnung gemäß Abs. 12 festgelegten höchsten Verhältniszahlen der in Betracht kommenden Lehrberufe entspricht.

(12) Der „Bundesminister für Wirtschaft, Familie und Jugend" hat in den Ausbildungsvorschriften von den Absätzen 5 bis 11 abweichende Regelungen über die Verhältniszahlen festzulegen, wenn dies auf Grund der besonderen Anforderungen des Lehrberufes für eine sachgemäße Ausbildung zweckmäßig ist. *(BGBl I 2010/40)*

(13) Die Lehrlingsstelle hat auf Antrag des Lehrberechtigten die Lehrlingshöchstzahl gemäß Abs. 5 oder die entsprechende gemäß Abs. 12 in einer Ausbildungsordnung festgesetzte Lehrlingshöchstzahl bis zu 30 Prozent, mindestens jedoch um einen Lehrling durch Bescheid zu erhöhen, wenn nach den gegebenen Verhältnissen des betreffenden Einzelfalles eine sachgemäße Ausbildung bei der erhöhten Lehrlingszahl zu erwarten ist, dies „in einer Stellungnahme" des Landes-Berufsausbildungsbeirates festgestellt wird und ansonsten die Ausbildung von Lehrstellenbewerbern in dem betreffenden Lehrberuf nicht gewährleistet ist. Die Lehrlingsstelle hat unverzüglich „eine Stellungnahme" des Landes-Berufsausbildungsbeirates einzuholen; dieser hat „die Stellungnahme" innerhalb von drei Wochen zu erstatten. Die Lehrlingsstelle hat innerhalb von vier Wochen nach Einlangen des Antrages zu entscheiden. Der Antrag ist jedenfalls abzuweisen, wenn unter Nichtbeachtung der Verhältniszahl gemäß Abs. 5 oder der gemäß Abs. 12 festgesetzten Lehrlingshöchstzahl ein Lehrling bereits aufgenommen wurde. Bei Wegfall einer der im ersten Satz angeführten Voraussetzungen ist die Erhöhung der Lehrlingshöchstzahl zu widerrufen. „ " *(BGBl I 2010/40; BGBl I 2013/129)*

(14) Wenn der Lehrlingsstelle Umstände bekannt werden, die die sachgemäße Ausbildung bei einem Lehrberechtigten in Frage stellen, hat sie eine entsprechende Überprüfung einzuleiten, ob durch eine Herabsetzung der gemäß Abs. 5 oder der entsprechenden gemäß Abs. 12 in einer Ausbildungsordnung festgesetzten Lehrlingshöchstzahl eine sachgemäße Ausbildung aufrechterhalten werden kann. Die Lehrlingsstelle hat hiezu „eine Stellungnahme" des Landes-Berufsausbildungsbeirates einzuholen; dieser hat „die Stellungnahme" innerhalb von vier Wochen zu erstatten. Wird auf Grund „der Stellungnahme" des Landes-Berufsausbildungsbeirates festgestellt, dass durch eine solche Maßnahme eine sachgemäße Ausbildung bei dem Lehrberechtigten aufrechterhalten werden kann, so hat die Lehrlingsstelle durch Bescheid die gemäß Abs. 5 oder die gemäß Abs. 12 in einer Ausbildungsordnung festgesetzte Lehrlingshöchstzahl entsprechend zu verringern. Durch diese Verringerung der Lehrlingshöchstzahl werden bestehende Lehrverhältnisse nicht berührt. Sind die Voraussetzungen für die Verringerung weggefallen, so hat die Lehrlingsstelle diese Maßnahme zu widerrufen. „ " *(BGBl I 2010/40; BGBl I 2013/129)*

(15) In den Ausbildungsvorschriften ist ferner vorzusehen, dass den Lehrlingen, insbesondere auch solchen, die bei einem Lehrberechtigten, dessen Betrieb nur saisonmäßig geführt wird, ausgebildet werden, die Möglichkeit gegeben wird, vor einer von der Lehrlingsstelle in sinngemäßer Anwendung des § 22 gebildeten Kommission Teilprüfungen zur Feststellung des jeweiligen Ausbildungsstandes abzulegen, wenn eine solche Maßnahme im Hinblick auf die besonderen Anforderungen des Lehrberufes zweckmäßig ist und die Lehrlingsstellen in der Lage sind, die erforderliche Anzahl von Prüfungskommissionen einzurichten.

(16) Wenn im Rahmen der gemäß Abs. 15 vorgesehenen Teilprüfungen die Fertigkeiten und Kenntnisse, die Gegenstand der Lehrabschlussprüfung sind, geprüft werden, ist in den Ausbildungsvorschriften festzulegen, dass durch die erfolgreiche Ablegung der Teilprüfungen und die Erreichung des Lehrzieles der letzten Klasse der Berufsschule die Ablegung der Lehrabschlussprüfung ersetzt wird.

(BGBl I 2006/5)

...

Integrative Berufsausbildung

§ 8b. (1) Zur Verbesserung der Eingliederung von benachteiligten Personen mit persönlichen Vermittlungshindernissen in das Berufsleben kann am Beginn oder im Laufe des Lehrverhältnisses im Lehrvertrag eine gegenüber der für den Lehrberuf festgesetzten Dauer der Lehrzeit (§ 7 Abs. 1 lit. b) längere Lehrzeit vereinbart werden. Die sich aufgrund der Lehrberufsliste ergebende Lehrzeit kann um höchstens ein Jahr, in Ausnahmefällen um bis zu zwei Jahre, verlängert werden, sofern dies für die Erreichung der Lehrabschlussprüfung notwendig ist.

(2) Zur Verbesserung der Eingliederung von benachteiligten Personen mit persönlichen Vermittlungshindernissen in das Berufsleben kann in einem Ausbildungsvertrag die Festlegung einer Teilqualifikation durch Einschränkung auf bestimmte Teile des Berufsbildes eines Lehrberufes, allenfalls unter Ergänzung von Fertigkeiten und Kenntnissen aus Berufsbildern weiterer Lehrberufe, vereinbart werden. In der Vereinbarung sind jedenfalls die zu vermittelnden Fertigkeiten und Kenntnisse und die Dauer der Ausbildung festzulegen. Die Dauer dieser Ausbildung kann zwischen einem und drei Jahren betragen. Ein Ausbildungsvertrag über eine Teilqualifizierung hat Fertigkeiten und Kenntnisse zu umfassen, die im Wirtschaftsleben verwertbar sind.

(3) Die Ausbildung in einer integrativen Berufsausbildung gemäß Abs. 1 oder Abs. 2 soll vorrangig in Lehrbetrieben durchgeführt werden.

(4) Für die Ausbildung in einer integrativen Berufsausbildung kommen Personen in Betracht, die das Arbeitsmarktservice nicht in ein Lehrverhältnis als Lehrling gemäß § 1 vermitteln konnte und auf die eine der folgenden Voraussetzungen zutrifft:

1. Personen, die am Ende der Pflichtschule sonderpädagogischen Förderbedarf hatten und zumindest teilweise nach dem Lehrplan einer Sonderschule unterrichtet wurden, oder
2. Personen ohne Hauptschulabschluss bzw mit negativem Hauptschulabschluss, oder
3. Behinderte im Sinne des Behinderteneinstellungsgesetzes bzw des jeweiligen Landesbehindertengesetzes, oder
4. Personen, von denen im Rahmen einer Berufsorientierungsmaßnahme oder aufgrund einer nicht erfolgreichen Vermittlung in ein Lehrverhältnis als Lehrling gemäß § 1 angenommen werden muss, dass für sie aus ausschließlich in der Person gelegenen Gründen in absehbarer Zeit keine Lehrstelle im Sinne des § 1 gefunden werden kann.

(5) Die Lehrlingsstelle darf einen Lehrvertrag gemäß Abs. 1 oder einen Ausbildungsvertrag gemäß Abs. 2 nur eintragen, wenn auf die betreffende Person eine der Voraussetzungen gemäß Abs. 4 Z 1 bis 4 zutrifft und wenn das Arbeitsmarktservice diese Person nicht in ein Lehrverhältnis als Lehrling gemäß § 1 vermitteln konnte. „Bei einem Wechsel in eine andere Ausbildungsform gemäß Abs. 11 ist kein Vermittlungsversuch durch das Arbeitsmarktservice erforderlich." *(BGBl I 2010/40)*

(6) Das Ausbildungsverhältnis im Rahmen einer integrativen Berufsausbildung ist durch die Berufsausbildungsassistenz zu begleiten und zu unterstützen. Die Berufsausbildungsassistenz hat im Zuge ihrer Unterstützungstätigkeit sozialpädagogische, psychologische und didaktische Probleme von Personen, die ihnen im Rahmen der integrativen Berufsausbildung anvertraut sind, mit Vertretern von Lehrbetrieben, besonderen selbständigen Ausbildungseinrichtungen und Berufsschulen zu erörtern, um zur Lösung dieser Probleme beizutragen. „Die Berufsausbildungsassistenz hat zu Beginn der integrativen Berufsausbildung gemeinsam mit den dafür in Frage kommenden Personen bzw. den Erziehungsberechtigten und den Lehrberechtigten bzw. Ausbildungsverantwortlichen oder den Ausbildungseinrichtungen unter Einbeziehung der Schulbehörde erster Instanz und des Schulerhalters die Ziele der integrativen Berufsausbildung festzulegen und bei der Abschlussprüfung gemäß Abs. 10 mitzuwirken." Sie hat zusammen mit einem Experten des betreffenden Berufsbereiches die Abschlussprüfung zum Abschluss der Ausbildung gemäß Abs. 2 durchzuführen. Die Berufsausbildungsassistenz hat bei einem Ausbildungswechsel das Einvernehmen mit dem genannten, an der integrativen Berufsausbildung Beteiligten herzustellen und diesbezüglich besondere Beratungen durchzuführen. *(BGBl I 2010/40)*

(7) Die Lehrlingsstelle darf einen Lehrvertrag gemäß Abs. 1 oder einen Ausbildungsvertrag gemäß Abs. 2 nur eintragen, wenn eine verbindliche Erklärung des Arbeitsmarktservice, des Bundessozialamtes oder einer Gebietskörperschaft bzw einer Einrichtung einer Gebietskörperschaft über die Durchführung der Berufsausbildungsassistenz vorliegt. Diese können eine bewährte Einrichtung auf dem Gebiet der sozialpädagogischen Betreuung und Begleitung mit der Durchführung der Berufsausbildungsassistenz betrauen.

(8) Die Festlegung der Ausbildungsinhalte, des Ausbildungszieles und der Zeitdauer im Rahmen der integrativen Ausbildung hat durch die Vertragsparteien gemeinsam mit der Berufsausbildungsassistenz unter Einbeziehung der Schulbehörde erster Instanz und des Schulerhalters zu erfolgen. Dabei sind auch pädagogische Begleitmaßnahmen bzw. die Form der Einbindung in den Berufsschulunterricht unter Berücksichtigung der persönlichen Fähigkeiten und Bedürfnisse der integrative Berufsausbildung anstrebenden Person festzulegen. Bei Personen gemäß Abs. 4 Z 3 kann bei Vorliegen gesundheitlicher Gründe

14. BAG
§ 8b

sowohl in Lehrverträgen gemäß Abs. 1 als auch in Ausbildungsverträgen gemäß Abs. 2 eine Reduktion der regulären täglichen oder wöchentlichen fiktiven Normalarbeitszeit vereinbart werden, wobei Lehrverhältnisse gemäß Abs.1 jedenfalls im Ausmaß der Reduktion der fiktiven Normalarbeitszeit verlängert werden müssen. Die Gesamtdauer der verlängerten Lehrzeit darf die gemäß Abs. 1 zulässige Dauer nicht übersteigen. Bei Ausbildungsverhältnissen gemäß Abs. 2 ist eine Reduktion um bis zur Hälfte der fiktiven Normalarbeitszeit zulässig, wobei sich die Mindestdauer der Ausbildungszeit gemäß Abs. 2 (ein Jahr) im Ausmaß der Reduktion der fiktiven Normalarbeitszeit verlängert. Die Gesamtdauer der Ausbildungszeit darf drei Jahre nicht übersteigen. Die Lehrlingsstelle hat vor Eintragung des Lehrvertrages bzw. Ausbildungsvertrages eine Stellungnahme des Landes-Berufsausbildungsbeirates einzuholen. Dieser hat bei der Stellungnahme ärztliche Gutachten oder sonstige ärztliche Unterlagen zu berücksichtigen. *(BGBl I 2010/40)*

(9) Vor Beginn einer integrativen Berufsausbildung kann vom Arbeitsmarktservice der Besuch einer beruflichen Orientierungsmaßnahme empfohlen werden. Die berufliche Orientierungsmaßnahme gründet weder auf einem Ausbildungsvertrag noch auf einem Lehrvertrag.

(10) Die Feststellung der in einer Ausbildung gemäß Abs. 2 erworbenen Qualifikationen erfolgt durch eine Abschlussprüfung am Ende der Ausbildungszeit, frühestens vor zwölf Wochen vor dem regulären Ende der Ausbildung. Die Abschlussprüfung findet im Lehrbetrieb oder in einer sonst geeigneten Einrichtung statt und ist durch einen von der Lehrlingsstelle im Einvernehmen mit dem Landes-Berufsausbildungsbeirat zu nominierenden Experten des betreffenden Berufsbereiches und ein Mitglied der Berufsausbildungsassistenz durchzuführen. Dabei ist anhand der vereinbarten Ausbildungsinhalte und Ausbildungsziele festzustellen, welcher Ausbildungsstand erreicht und welche Fertigkeiten und Kenntnisse erworben wurden. Die Lehrlingsstelle hat im Einvernehmen mit dem Landes-Berufsausbildungsbeirat den Ablauf der Abschlussprüfungen und die Gestaltung der jeweiligen Abschlusszeugnisse entsprechend den Erfordernissen des jeweiligen Berufsbereiches festzulegen. Im Abschlusszeugnis sind die festgestellten Fertigkeiten und Kenntnisse zu dokumentieren. Die für die Lehrabschlussprüfung geltenden Bestimmungen betreffend Prüfungstaxe und Prüferentschädigung sind anzuwenden. *(BGBl I 2010/40)*

(11) Bei einer Ausbildung in einem Lehrberuf gemäß § 1, bei einer Ausbildung in einem Lehrberuf gemäß Abs. 1 oder bei einer Ausbildung gemäß Abs. 2 ist ein Wechsel in eine jeweils andere dieser Ausbildungen im Zusammenhang mit einer Vereinbarung zwischen dem Lehrberechtigten und dem Lehrling und im Einvernehmen mit der Berufsausbildungsassistenz sowie unter Einbeziehung der Schulbehörde erster Instanz möglich. Der Wechsel der Ausbildung hat durch den Abschluss eines neuen Lehrvertrages bzw eines neuen Ausbildungsvertrages zu erfolgen. Der Wechsel von einer Ausbildung in einem Lehrberuf gemäß § 1 zu einer Ausbildung in einem Lehrberuf gemäß Abs. 1 und umgekehrt kann auch durch Änderung des Lehrvertrages erfolgen. Bei einem Wechsel der Ausbildung sind im Einvernehmen mit der Berufsausbildungsassistenz die in der Folge noch erforderlichen Ausbildungsinhalte und die noch erforderliche Ausbildungsdauer festzulegen. Die Probezeit beginnt bei einem Wechsel der Ausbildung im selben Ausbildungsbetrieb bzw derselben Ausbildungseinrichtung nicht von neuem zu laufen. „Bei einem Wechsel von einer Ausbildung in einem Lehrberuf gemäß § 1 in eine Ausbildung in einem Lehrberuf gemäß Abs. 1 oder in eine Ausbildung gemäß Abs. 2 wird das Zutreffen der Voraussetzung gemäß Abs. 4 Z 4 durch die Berufsausbildungsassistenz mit der Maßgabe, dass die von der betreffenden Person begonnene Lehre in der regulären Form voraussichtlich nicht erfolgreich abgeschlossen werden kann, bestätigt." *(BGBl I 2010/40)*

(12) Wurde im Rahmen einer Ausbildung gemäß Abs. 2 sowohl das Ausbildungsziel des Abs. 10 im Sinne einer erfolgreichen Ablegung der Abschlussprüfung als auch das berufsfachliche Bildungsziel der ersten Schulstufe der Berufsschule erreicht, so ist bei einer anschließenden Ausbildung in einem Lehrberuf gemäß § 1 oder in einem Lehrberuf gemäß Abs. 1 zumindest das erste Lehrjahr auf die Dauer der Lehrzeit des betreffenden Lehrberufes anzurechnen, sofern nicht eine Vereinbarung zwischen dem Lehrberechtigten und dem Lehrling über eine weitergehende Anrechnung vorliegt.

„(13)" „Personen, die eine integrative Berufsausbildung gemäß § 8b oder § 8c absolvieren, gelten als Lehrlinge im Sinne des Allgemeinen Sozialversicherungsgesetzes, im Sinne des Familienlastenausgleichsgesetzes, BGBl. Nr. 376/1967, im Sinne des Arbeitslosenversicherungsgesetzes 1977, im Sinne des InsolvenzEntgeltsicherungsgesetzes (IESG), BGBl. Nr. 324/1977 und im Sinne des Einkommensteuergesetzes. Dies gilt weiters für Personen, die sich in diesen Ausbildungen vorgelagerten Berufsorientierungsmaßnahme befinden, bis zum Ausmaß von sechs Monaten einer solchen Berufsorientierungsmaßnahme. Personen, die im Rahmen einer integrativen Berufsausbildung gemäß Abs. 1 ausgebildet werden, sind hinsichtlich der Berufsschulpflicht Lehrlingen gleichgestellt. Für Personen, die im Rahmen einer integrativen Berufsausbildung gemäß Abs. 2 ausgebildet werden, besteht nach Maßgabe der Festlegungen gemäß Abs. 8 die Pflicht bzw. das Recht zum Besuch der Berufsschule. Personen, die in einer Ausbildungseinrich-

tung gemäß § 8c ausgebildet werden, haben Anspruch auf eine Ausbildungsbeihilfe, die die Beitragsgrundlage für die Bemessung der Sozialversicherungsbeiträge bildet." *(BGBl I 2010/40)*
„(14)" Im Übrigen gelten die Bestimmungen dieses Bundesgesetzes sinngemäß. *(BGBl I 2010/40)*
(15) bis (21) *(aufgehoben, BGBl I 2010/40)*
(BGBl I 2003/79)

Überbetriebliche Integrative Berufsausbildung

§ 8c. (1) Das Ausbilden von Personen in einer integrativen Berufsausbildung gemäß § 8b Abs. 1 oder Abs. 2 in Ausbildungseinrichtungen, die weder von einem Lehrberechtigten geführt werden noch Schulen oder im § 29 angeführte Anstalten sind, bedarf einer Bewilligung des Bundesministers für Wirtschaft, Familie und Jugend, soweit nicht die Voraussetzungen des § 30b vorliegen.

(2) Die Bewilligung ist zu erteilen, wenn
1. die Organisation und Ausstattung der Ausbildungseinrichtung unter Berücksichtigung einer allfälligen ergänzenden Ausbildung im Falle einer Ausbildung gemäß § 8b Abs. 1 die Vermittlung aller für die praktische Erlernung des betreffenden Lehrberufes nötigen Fertigkeiten und Kenntnisse und im Falle einer Ausbildung gemäß § 8b Abs. 2 die Vermittlung der betreffenden Teilqualifikationen ermöglichen,
2. für die erforderliche Anzahl von Personen, die die persönlichen Voraussetzungen für das Ausbilden von Lehrlingen besitzen, vorgesorgt ist,
3. die Gestaltung der Ausbildung im Falle des § 8b Abs. 1 im Wesentlichen dem Berufsbild des betreffenden Lehrberufes und das Ausbildungsziel den in der Prüfungsordnung dieses Lehrberufes gestellten Anforderungen entspricht und mit der Ablegung der Lehrabschlussprüfung abgeschlossen wird sowie im Falle des § 8b Abs. 2 der Vermittlung der betreffenden Teilqualifikationen entspricht und
4. glaubhaft gemacht wird, dass die Führung der Ausbildungseinrichtung für die erforderliche Ausbildungsdauer mit einem hohen Grad der Wahrscheinlichkeit sichergestellt ist.

(3) Die Bewilligung kann mit Auflagen erteilt werden, insbesondere über
1. das Mindestausmaß der praktischen Ausbildung,
2. das Mindest- oder Höchstausmaß ergänzender Ausbildungen,
3. das Höchstausmaß betrieblicher Praktika,
4. die Vermittlung von Fertigkeiten und Kenntnissen zur Bewertung und die Verpflichtung zur Setzung gezielter Bemühungen zur Übernahme der auszubildenden Personen in ein betriebliches Lehrverhältnis gemäß den §§ 1 und 2 sowie § 8b Abs. 1 und Abs. 2.

(4) Die erstmalige Bewilligung ist hinsichtlich einer Ausbildung gemäß § 8b Abs. 1 unter Bedachtnahme auf die Lehrzeit der beantragten Lehrberufe und unter Zugrundelegung der Verlängerung der Lehrzeitdauer auf die Dauer des längsten der beantragten Lehrberufe samt Lehrzeitverlängerung zu erteilen. Hinsichtlich einer Ausbildung gemäß § 8b Abs. 2 ist die erstmalige Bewilligung unter Bedachtnahme auf die Lehrzeit der beantragten Lehrberufe, von welchen Teilqualifikationen vermittelt werden, auf die Dauer des längsten der beantragten Lehrberufe zu erteilen. Sodann ist die Bewilligung unbefristet zu erteilen.

(5) Um die Bewilligung hat der Inhaber der Ausbildungseinrichtung anzusuchen und die für die Prüfung des Vorliegens der im Abs. 2 geforderten Voraussetzungen notwendigen Angaben zu machen und die erforderlichen Unterlagen vorzulegen.

(6) Wenn die im Abs. 2 Z 1 bis 4 genannten Voraussetzungen nicht mehr gegeben sind, ist dem Inhaber der Bewilligung unter Androhung des Entzuges oder der Nichtverlängerung der Bewilligung eine angemessene, höchstens sechs Monate dauernde Frist zur Behebung der Mängel zu setzen. Werden die Mängel innerhalb der gesetzten Frist nicht behoben, so hat der Bundesminister für Wirtschaft, Familie und Jugend die Bewilligung zu entziehen oder nicht zu verlängern.

(7) Bewilligungen für Ausbildungseinrichtungen gemäß § 30 können als Bewilligungen für Ausbildungseinrichtungen gemäß § 8c beansprucht werden.

(8) Soweit § 8c keine besondere Regelung enthält, sind die Bestimmungen des § 8b anzuwenden.

(9) Auf die Inhaber einer Bewilligung gemäß Abs. 1, auf die dort in Ausbildung Stehenden und die Ausbildungsverhältnisse überhaupt, finden die Bestimmungen dieses Bundesgesetzes mit Ausnahme der §§ 15a, 17, 17a und 18 mit der Maßgabe Anwendung, dass im Falle der Ausbildung gemäß § 8b Abs. 1 kein Lehrvertrag abzuschließen ist und die Ausbildungsverhältnisse in Ausbildungen gemäß § 8b Abs. 1 und 2 bei der Lehrlingsstelle in Form einer Liste, die sämtliche im § 12 Abs. 3 geforderten Angaben enthalten muss, anzumelden sind.

(BGBl I 2010/40)

...

Prüfungsordnungen

§ 24. (1) Die Prüfungsordnungen für die Lehrabschlussprüfungen in den einzelnen Lehrberufen sind vom „Bundesminister für Wirtschaft, Familie und Jugend" durch Verordnung zu erlassen. Sie

14. BAG
§ 24

haben aufgrund der Bestimmungen dieses Bundesgesetzes den Prüfungsvorgang einschließlich der Prüfungsniederschrift näher zu regeln, Bestimmungen über die Gegenstände der praktischen und der theoretischen Prüfung sowie über den schriftlichen und mündlichen Teil der Lehrabschlussprüfung und über die Höhe der Prüfungstaxe und der Entschädigung der Mitglieder der Prüfungskommissionen zu enthalten. *(BGBl 1978/232; BGBl I 2010/40)*

(2) Im Fall des Nichtbestehens der Lehrabschlussprüfung sind bei der Wiederholung der Prüfung nur die mit „nicht genügend" bewerteten Prüfungsgegenstände zu prüfen. *(BGBl 1993/23; BGBl I 2010/40)*

(3) Die Prüfungsordnung hat ferner nach Maßgabe der Bestimmungen des § 27 Abs. 2 festzusetzen, welche Gegenstände im Rahmen einer Zusatzprüfung zu prüfen sind.

(4) Sofern durch die Änderung einer Prüfungsordnung die Ablegung der Lehrabschlussprüfung wesentlich erschwert wird, ist unter Berücksichtigung des im § 21 Abs. 1 vorgesehenen Zweckes der Lehrabschlussprüfung auch zu bestimmen, ob und in welchem Ausmaß die geänderten Bestimmungen auf die im Zeitpunkt deren Inkrafttretens bereits in Ausbildung stehenden Personen anzuwenden sind.

(5) In der Prüfungsordnung kann der „Bundesminister für Wirtschaft, Familie und Jugend" auch bestimmen, unter welchen Voraussetzungen Personen, die eine Lehrabschlussprüfung in einem Lehrberuf abgelegt haben, jedenfalls unmittelbar zur Führung der Bezeichnung des Nachfolgelehrberufs berechtigt sind. *(BGBl I 2003/79; BGBl I 2010/40)*

(6) Der „Bundesminister für Wirtschaft, Familie und Jugend" hat in der Prüfungsordnung eines vierjährigen Lehrberufs und eines modularen Lehrberufs mit vierjähriger Ausbildungszeit die Teilprüfung über den Fachbereich der Berufsreifeprüfung vorzusehen. Die Ausgestaltung dieser Teilprüfung über den Fachbereich hat dem § 3 Abs. 1 Z 4 des Berufsreifeprüfungsgesetzes sowie dem Lehrplan einer diesem Lehrberuf entsprechenden öffentlichen oder mit Öffentlichkeitsrecht ausgestatteten höheren Schule zu entsprechen. *(BGBl I 2006/5; BGBl I 2010/40)*

...

14/1. BAG-VO

Ausbildung, Versicherungskaufmann/Versicherungskauffrau

Verordnung, mit der Ausbildungsvorschriften für den Lehrberuf Versicherungskaufmann/ Versicherungskauffrau erlassen werden

BGBl II 2004/15

Stichwortverzeichnis

Administrative Arbeiten 2 Z 7
Anrechnung 5 (3)
Antragsannahme 2 Z 4
Antragsbearbeitung 2 Z 4
Ausbildung 3 (1), 3 (2)
Außer-Kraft-Treten 5 (1)

Berufsausbildung 2
Berufsbild 3
Berufsprofil 2
Betriebliche Buchführung 2 Z 8
Betriebliche Erfordernisse 3 (2)
Betriebliche Kostenrechnung 2 Z 8
Betriebliche Vorgaben 3 (2)
Betriebliches Informationssystem 2 Z 7
Betriebliches Kommunikationssystem 2 Z 7
Buchführung, betriebliche 2 Z 8

Datei 2 Z 9
Dauer 1
Durchführung 3 (1)

Erfordernisse, betriebliche 3 (2)

Informationssystem, betriebliches 2 Z 7
Inkasso 2 Z 2
In-Kraft-Treten 4

Kartei 2 Z 9
Klage 2 Z 2
Kommunikationssystem, betriebliches 2 Z 7

Kontrolle 3 (1)
Kostenrechnung, betriebliche 2 Z 8

Lernen, selbstgesteuertes 3 (2)

Mahnung 2 Z 2
Methodenkompetenz 3 (2)

Offerteausarbeitung 2 Z 5
Offerteberechnung 2 Z 5
Optimierung 3 (1)

Persönlichkeitsbildung 3 (2)
Planung 3 (1)
Polizzenerstellung 2 Z 4

Reklamation 2 Z 6

Schadenaufnahme 2 Z 3
Schadenprüfung 2 Z 3
Schadensabwicklung 2 Z 3
Schlüsselqualifikationen 3 (2)
Selbstgesteuertes Lernen 3 (2)
Selbstkompetenz 3 (2)
Sozialkompetenz 3 (2)
Statistik 2 Z 9

Übergangsbestimmungen 5

Versicherungsangelegenheiten 2 Z 1
Vorgaben, betriebliche 3 (2)

14/1. BAG-VO
Ausbildung, Versicherungskaufmann/Versicherungskauffrau

15. Verordnung des Bundesministers für Wirtschaft und Arbeit, mit der Ausbildungsvorschriften für den Lehrberuf Versicherungskaufmann/Versicherungskauffrau erlassen werden

Auf Grund des § 8 des Berufsausbildungsgesetzes, BGBl. Nr. 142/1969, zuletzt geändert durch das Bundesgesetz BGBl. I Nr. 79/2003, wird verordnet:

Lehrberuf Versicherungskaufmann/Versicherungskauffrau

§ 1. Der Lehrberuf Versicherungskaufmann/Versicherungskauffrau ist mit einer Lehrzeit von drei Jahren eingerichtet.

Berufsprofil

§ 2. Durch die Berufsausbildung im Lehrbetrieb und in der Berufsschule soll der ausgebildete Lehrling befähigt werden, die nachfolgenden Tätigkeiten fachgerecht, selbstständig und eigenverantwortlich auszuführen:

1. Kunden in Versicherungsangelegenheiten beraten und betreuen,
2. Arbeiten im Zusammenhang mit Mahnung, Klage und Inkasso durchführen,
3. an der Schadenaufnahme und Schadenprüfung mitwirken, Arbeiten in der Schadensabwicklung durchführen,
4. bei der Antragsannahme, -bearbeitung und Polizzenerstellung mitwirken,
5. Offerte ausarbeiten und berechnen,
6. Reklamationen bearbeiten,
7. Administrative Arbeiten mit Hilfe der betrieblichen Informations- und Kommunikationssysteme durchführen,
8. an der betrieblichen Buchführung und Kostenrechnung mitwirken,
9. Statistiken, Dateien und Karteien anlegen, warten und auswerten.

Berufsbild

§ 3. (1) Für die Ausbildung wird folgendes Berufsbild festgelegt. Die angeführten Fertigkeiten und Kenntnisse sind spätestens in dem jeweils angeführten Lehrjahr beginnend derart zu vermitteln, dass der Lehrling zur Ausübung qualifizierter Tätigkeiten im Sinne des Berufsprofils befähigt wird, die insbesondere selbstständiges Planen, Durchführen, Kontrollieren und Optimieren einschließt.

Pos.	1. Lehrjahr	2. Lehrjahr	3. Lehrjahr
1	Der Lehrbetrieb		
1.1	Wirtschaftliche Stellung des Lehrbetriebes		
1.1.1	Grundkenntnisse über die Organisation, die Kommunikation, die Aufgaben und das Leistungsangebot, die sich aus der Stellung des Betriebes im jeweiligen Wirtschaftsbereich ergeben	Kenntnis der Organisation, der Kommunikation, der Aufgaben und des Leistungsangebotes, die sich aus der Stellung des Betriebes im jeweiligen Wirtschaftsbereich ergeben	

14/1. BAG-VO
Ausbildung, Versicherungskaufmann/Versicherungskauffrau

Pos.	1. Lehrjahr	2. Lehrjahr	3. Lehrjahr
1.1.2	Grundkenntnisse über die Branchenstellung und ihre Beziehungen zur übrigen Wirtschaft	–	–
1.1.3	–	Kenntnis der Marktposition, der betriebsspezifischen Kontakte zu den jeweiligen Auftraggebern, Auftragnehmern, Kunden, Parteien, Patienten oder Klienten und deren Verhalten	
1.1.4	–	Kenntnis der für den Betrieb maßgeblichen Standorteinflüsse und des Kundenverhaltens	
1.1.5	–	Kenntnis der Rechtsform und Grundkenntnisse über die spezifischen Rechtsvorschriften, sowie über die sich daraus ergebenden Aufgaben des Lehrbetriebs	
1.2	**Einrichtungen, Arbeitssicherheit, Unfallverhütung und Umweltschutz**		
1.2.1	Kenntnis und funktionsgerechte Anwendung der betrieblichen Einrichtungen und der technischen Betriebsmittel und Hilfsmittel		
1.2.2	Kenntnis der Unfallgefahren, über Erste-Hilfe-Maßnahmen, sowie der einschlägigen Sicherheitsvorschriften und der sonstigen in Betracht kommenden Vorschriften zum Schutze des Lebens und der Gesundheit		
1.2.3	Grundkenntnisse der behördlichen Aufsichtsorgane, Sozialversicherungen und Interessenvertretungen, sowie der aushangpflichtigen arbeitsrechtlichen Vorschriften		
1.2.4	Kenntnis der ergonomischen Gestaltung des Arbeitsplatzes		
1.2.5	Kenntnis der Vermeidung, umweltgerechten Trennung und Entsorgung von im Betrieb anfallenden Abfall- und Reststoffen		
1.2.6	Kenntnis und Anwendung der betrieblichen Vorschriften über Hygiene und Brandverhütung		
1.3	**Ausbildung im dualen System**		
1.3.1	Kenntnis der sich aus dem Lehrvertrag ergebenden Verpflichtungen (§§ 9 und 10 des Berufsausbildungsgesetzes)		
1.3.2	Kenntnis über Inhalt und Ziel der Ausbildung sowie über wesentliche einschlägige Weiterbildungsmöglichkeiten		
2	**Verwaltung, Organisation, Kommunikation und EDV**		
2.1	**Verwaltung**		
2.1.1	Kenntnis des organisatorischen Aufbaus, der Aufgaben, Zuständigkeiten und Zusammenhänge der einzelnen Betriebsbereiche und der Beziehungen zu außerbetrieblichen einschlägigen Unternehmen		
2.1.2	Kenntnis der betrieblichen Arbeitsabläufe		
2.1.3	Anlegen, Führen und Archivieren von Dateien, Statistiken, Karteien und Akten		
2.1.4	–	Auswerten von betriebsspezifischen Statistiken und Berichten und entscheidungsorientierte Bewertung der Ergebnisse	
2.2	**Organisation und Qualität**		
2.2.1	Fach- und funktionsgerechte Verwendung und Pflege der betrieblichen, bürotechnischen Organisations-, Arbeits- und Kommunikationsmittel		
2.2.2	–	–	Kenntnis der Risken, die sich aus dem Arbeitsumfeld ergeben, deren Versicherungsmöglichkeiten sowie Verhalten im Schadensfall
2.2.3	–	Kenntnis der betriebsüblichen Behandlung und des Verhaltens bei Reklamationen oder Beschwerden	Mitwirken beim Behandeln von Reklamationen oder Beschwerden
2.2.4	–	Grundkenntnisse über das Leistungsangebot von Bahn, Post, anderen Verkehrsträgern und Kommunikationseinrichtungen	
2.2.5	Administration und Organisation von Terminen und/oder Dienstreisen sowie Vor- und Nachbereiten von Verhandlungen und Besprechungen		

14/1. BAG-VO

Ausbildung, Versicherungskaufmann/Versicherungskauffrau

Pos.	1. Lehrjahr	2. Lehrjahr	3. Lehrjahr
2.2.6	Grundkenntnisse des Qualitätswesens	Kenntnis des betriebsüblichen Qualitätsmanagements	
2.2.7	Kenntnis über Arbeitsorganisation und Arbeitsgestaltung		–
2.3	**Kommunikation**		
2.3.1	Schreiben nach konkreter Vorgabe und allgemeinen Angaben, Schreiben von Standardbriefen		
2.3.2	Arbeiten mit Formularen und Vordrucken		
2.3.3	Sprach- und fachgerechte Ausdrucksweise (deutsch- und fremdsprachig)		
2.3.4	Führen von zielgerichteten Gesprächen (deutsch- und fremdsprachig)		
2.3.5	Kunden-, Patienten- und mitarbeiterorientierte Kommunikation		
2.3.6	Kenntnis des fachgerechten Verhaltens gegenüber Auftraggebern, Auftragnehmern, Kunden, Parteien, Klienten oder Lieferanten		
2.3.7	Einschlägige Schriftverkehrsarbeiten, Arbeiten bei Postein- und –ausgang, Ablage, Evidenz und Registratur		
2.3.8	–	Kenntnis der facheinschlägigen fremdsprachigen Fachausdrücke	
2.3.9	–	Grundkenntnisse über die branchen- und betriebsüblichen Mittel und Möglichkeiten von Marketing, Werbung und Öffentlichkeitsarbeit	Kenntnis der branchen- und betriebsüblichen Mittel und Möglichkeiten von Marketing, Werbung und Öffentlichkeitsarbeit
2.3.10	–	Mitwirken bei der Betreuung und Beratung von Kunden, Klienten, Patienten oder Parteien	
2.4	**EDV**		
2.4.1	Grundkenntnisse über die Struktur der betrieblichen EDV (Anwendung und Aufgabe der EDV in der Betriebsorganisation wie Textverarbeitung, Kalkulation, Bestellwesen, Buchhaltung und Lagerhaltung)	Kenntnis der Struktur der betrieblichen EDV (Anwendung und Aufgabe der EDV in der Betriebsorganisation wie Textverarbeitung, Kalkulation, Bestellwesen, Buchhaltung und Lagerhaltung)	–
2.4.2	–	Kenntnis und Anwendung der betrieblichen Einrichtungen der EDV (Hardware, Software und Betriebssysteme)	
2.4.3	–	Durchführen arbeitsplatzspezifischer EDV-Anwendungen (wie Textverarbeitung, Kalkulation, Internet, e-mail, Buchhaltung, Terminüberwachung und Ablage)	
2.4.4	Grundkenntnisse über den Stand und die Entwicklung neuer arbeitsplatzspezifischer Anwendungen der EDV		
2.4.5	Grundkenntnisse über den Datenschutz		
2.4.6	Erstellen und Warten von Textbausteinen und Adressdateien		
3	**Beschaffung und Angebot (Arbeitsmittel, Material, Waren, Dienstleistungen)**		
3.1	**Beschaffung**		
3.1.1	Grundkenntnisse über die branchen- und betriebsspezifischen Beschaffungsmöglichkeiten und über die Ermittlung des Bedarfs	Kenntnis der branchen- und betriebsspezifischen Beschaffungsmöglichkeiten und der organisatorischen Durchführung der Beschaffung	–
3.1.2	–	–	Mitwirken bei der Ermittlung des Bedarfs
3.1.3	–	Vorbereitung von und Mitwirken bei Bestellungen	Durchführen von Bestellungen
3.1.4	–	Einholen, Bearbeiten und Prüfen von Angeboten, Prüfen von Auftragsbestätigungen	
3.1.5	–	Überwachen der Liefertermine	Maßnahmen bei Lieferverzug
3.2	**Anbot**		
3.2.1	Kenntnis der betrieblichen Leistungen (Waren, Produkte, Dienstleistungen)		
3.2.2	Kenntnis der branchenspezifischen Warenkennzeichnung, Normen und Produktdeklaration und/oder Rahmenbedingungen für die betriebliche Leistung		

14/1. BAG-VO

Ausbildung, Versicherungskaufmann/Versicherungskauffrau

Pos.	1. Lehrjahr	2. Lehrjahr	3. Lehrjahr
3.2.3	–	Mitwirken bei der Erstellung von Anboten und/oder Informationen über die betrieblichen Leistungen	
4		**Betriebliches Rechnungswesen**	
4.1		**Kostenrechnung und Kalkulation**	
4.1.1	–	Grundkenntnisse über die betrieblichen Kosten, deren Beeinflussbarkeit und deren Auswirkung auf die Rentabilität und/oder Effizienz	
4.1.2	–	Grundkenntnisse über die Kostenrechnung, Kalkulation und/oder Budgeterstellung	–
4.1.3	–	Mitwirken bei Kalkulationsarbeiten und/oder Budgeterstellung	
4.2		**Steuern, Abgaben und Lohnverrechnung**	
4.2.1	–	Grundkenntnisse über die betriebsspezifischen Steuern und Abgaben	
4.2.2	–	Grundkenntnisse über die Information der Lohn- und Gehaltsverrechnung	
4.3		**Rechnungswesen**	
4.3.1	Grundkenntnisse über Aufgaben und Funktion des betrieblichen Rechnungswesens	Kenntnis der Aufgaben und Funktion des betrieblichen Rechnungswesens	
4.3.2	–	Grundkenntnisse über rechnergestützte Abläufe im betrieblichen Rechnungswesen	Kenntnis der rechnergestützten Abläufe im betrieblichen Rechnungswesen
4.3.3	–	Grundkenntnisse über Bedeutung und Aufgabe der Inventur und Bestandsaufnahme	
4.3.4	–	Mitarbeit bei der Inventur oder Bestandsaufnahme	
4.3.5	Durchführen von betrieblichen Rechnungsarten, Erfassen, Prüfen und Kontrollieren von Daten		
4.3.6	Vorbereiten von Unterlagen für die Verrechnung		–
4.4		**Zahlungsverkehr**	
4.4.1	Grundkenntnisse über den Zahlungsverkehr mit Lieferanten, Kunden, Behörden, Post, Geld- und Kreditinstituten	Kenntnis des betriebsspezifischen Zahlungsverkehrs mit Lieferanten, Kunden, Behörden, Post, Geld- und Kreditinstituten	
4.4.2	Grundkenntnisse über Kassaführung und Kassabuch	Kenntnis der Kassaführung	
4.4.3	–	–	Mitwirken beim Zahlungsverkehr
4.4.4	–	–	Kenntnis des betriebsüblichen Verfahrens bei Zahlungsverzug, Mahnwesen
4.5		**Buchführung**	
4.5.1	Grundkenntnisse über die betriebliche Buchführung und die betrieblichen Buchungsunterlagen	–	–
4.5.2	Grundkenntnisse über Buchungen und Kontierungen; Durchführen einfacher, einschlägiger Arbeiten	Betriebliche Buchungsarbeiten und Erstellen von Auswertungen und Statistiken	
4.5.3		Kenntnis des Einheitskontenrahmens	
5		**Erweiterte Grundkenntnisse**	
5.1	–	–	Kenntnis der betriebsspezifischen Kostenrechnung und Kalkulation
5.2	–	Grundkenntnisse über das Controlling	

BAG + VOen

14/1. BAG-VO

Ausbildung, Versicherungskaufmann/Versicherungskauffrau

Pos.	1. Lehrjahr	2. Lehrjahr	3. Lehrjahr
5.3		–	Kenntnis und Mitwirken im Mahnwesen, Inkasso und Klageverfahren allgemein und spezifisch im Versicherungswesen
6		**Versicherungswesen**	
6.1	Kenntnis der rechtlichen Grundlagen der Versicherungswirtschaft (wie Gesellschaftsrecht, Handelsrecht, Konsumentenschutz)		–
6.2	Kenntnis des Versicherungsvertragsrechts (VersVG), des Versicherungsaufsichtsrechts (VAG) sowie der anderen versicherungsrechtlichen Grundlagen		
6.3	Kenntnis des Aufbaus von Tarifen und der Tarifgestaltung		
6.4	Überblick über die einzelnen Versicherungssparten		
6.5	Antragsannahme, Bearbeitung und Polizzenerstellung		
6.6	–	–	Grundkenntnisse über Rückversicherung und Mitversicherung
6.7	Kenntnis über das Zusammenwirken von Innen- und Außenorganisation in den verschiedenen Versicherungsbereichen sowie mit anderen Unternehmen der Versicherungswirtschaft		
6.8	Kenntnis und Anwendung einschlägiger fremdsprachiger Fachausdrücke		
6.9	Kenntnis der versicherungsrelevanten Steuern und Abgaben		
6.10	–	Kenntnis der verschiedenen Vertriebsformen und Vertriebsorganisationen	
6.11	–	Kenntnis und Mitwirken beim Verkauf (Akquisition) von Versicherungsverträgen	
6.12		Beratung in Versicherungsangelegenheiten	
6.13		Ausarbeiten und Berechnen von Offerten	
6.14	–	–	Bestandspflege und Änderungsdienst
6.15	–	–	Auflösen von Versicherungsverträgen
6.16		Kenntnis über das Leistungsrecht	
6.17		Schadenaufnahme und Schadenprüfung	
6.18	–	–	Schadenabwicklung, Fachgerechtes Verhalten bei unberechtigten Ansprüchen

(2) Bei der Ausbildung in den fachlichen Kenntnissen und Fertigkeiten ist – unter besonderer Beachtung der betrieblichen Erfordernisse und Vorgaben – auf die Persönlichkeitsbildung des Lehrlings zu achten, um ihm die für eine Fachkraft erforderlichen Schlüsselqualifikationen bezüglich Sozialkompetenz (wie Offenheit, Teamfähigkeit, Konfliktfähigkeit), Selbstkompetenz (wie Selbsteinschätzung, Selbstvertrauen, Eigenständigkeit, Belastbarkeit), Methodenkompetenz (wie Präsentationsfähigkeit, Rhetorik in deutscher Sprache, Verständigungsfähigkeit in den Grundzügen der englischen Sprache) und Kompetenz für das selbstgesteuerte Lernen (wie Bereitschaft, Kenntnis über Methoden, Fähigkeit zur Auswahl geeigneter Medien und Materialien) zu vermitteln.

In-Kraft-Treten

§ 4. Diese Verordnung tritt mit 1. Jänner 2004 in Kraft.

Übergangsbestimmungen

§ 5. (1) Die Ausbildungsvorschriften für den Lehrberuf Versicherungskaufmann, BGBl. II Nr. 344/1990, treten mit Ablauf des 31. Dezember 2003 außer Kraft.

(2) Lehrlinge, die am 31. Dezember 2003 im Lehrberuf Versicherungskaufmann ausgebildet werden, können entsprechend den in Abs. 1 angeführten Ausbildungsvorschriften weiter ausgebildet werden.

(3) Die Lehrzeiten, die im Lehrberuf Versicherungskaufmann entsprechend den in Abs. 1 angeführten Ausbildungsvorschriften zurückgelegt wurden, sind auf die Lehrzeit im Lehrberuf Versicherungskaufmann/Versicherungskauffrau voll anzurechnen.

14/2. BAG-VO
LAB kaufm.-admin. Lehrberufe

Verordnung über die Lehrabschlussprüfungen in den kaufmännisch-administrativen Lehrberufen

BGBl II 2004/245 idF

1 BGBl II 2004/457
2 BGBl II 2005/282
3 BGBl II 2006/269
4 BGBl II 2007/187

5 BGBl II 2011/144
6 BGBl II 2012/179
7 BGBl II 2013/139

STICHWORTVERZEICHNIS

Archivassistent/Archivassistentin 1 Z 21, 6 Z 21
Außer-Kraft-Treten 12 (2), 12 (3)

Bankkaufmann/Bankkauffrau 1 Z 1, 6 Z 1
Betriebsdienstleistung 1 Z 22
Betriebslogistikkaufmann/-frau 1 Z 10, 6 Z 10
Bibliotheksassistent/Bibliotheksassistentin 1 Z 21, 6 Z 21
Buchhaltung 1 Z 2, 6 Z 2
Buch- und Medienwirtschaft
– Buch- und Musikalienhandel 1 Z 18, 6 Z 18
– Buch- und Pressegroßhandel 1 Z 19, 6 Z 19
– Verlag 1 Z 20, 6 Z 20
Büro, Kommunikation und Organisation 2 (2) Z 1, 3
– Bewertung 3 (1)
– mündlicher Prüfungsteil 3 (1), 3 (7)
– – Dauer 3 (8)
– – Verlängerung 3 (8)
– schriftlicher Prüfungsteil 3 (1), 3 (2), 3 (3), 3 (5), 3 (6)
– – Dauer 3 (4)
Bürokaufmann/Bürokauffrau 1 Z 3, 6 Z 3

Einkäufer/Einkäuferin 1 Z 4, 6 Z 4

Fachgespräch 2 (2) Z 3, 5
– Dauer 5 (4)
– Verlängerung 5 (4)
Finanzdienstleistungskaufmann/Finanzdienstleistungskauffrau 1 Z 24, 6 Z 24
Finanz- und Rechnungswesenassistenz 1 Z 26, 6 Z 26

Geschäftsfall 2 (2) Z 2
Geschäftsfall und Fachgespräch, Bestimmungen für einzelne Lehrberufe 6
Geschäftsfall und Fachgespräch, gemeinsame Bestimmungen 4
– Bewertung 4 (1)
– – mündlicher Prüfungsteil 4 (1), 4 (3)
– – Dauer 4 (4)
– – Verlängerung 4 (4)
– schriftlicher Prüfungsteil 4 (1)
– – Dauer 4 (2)
Gliederung 1
Großhandelskaufmann/Großhandelskauffrau 1 Z 5, 6 Z 5

Hotel- und Gastgewerbeassistent/Hotel- und Gastgewerbeassistentin 1 Z 6, 6 Z 6

Immobilienkaufmann/Immobilienkauffrau 1 Z 7, 6 Z 7
Industriekaufmann/Industriekauffrau 1 Z 8, 6 Z 8
Informationsassistent/Informationsassistentin 1 Z 21, 6 Z 21
In-Kraft-Treten 12 (1), 12 (1a)

Kaufmännisches Rechnen, Rechnungswesen und Buchführung 2 (3) Z 1, 8
– Dauer 8 (3), 8 (4)

Mobilitätsservice 1 Z 12, 6 Z 12

Personaldienstleistung 1 Z 13, 6 Z 13
Prüfung
– praktische 2 (2), 3, 4, 5, 6
– – Dauer 3 (4), 3 (8)
– theoretische 2 (3), 7, 8, 9
– – Allgemeine Bestimmungen 7
– – Entfall 2 (4), 7 (5)
Prüfungskommission 3, 4, 5
Prüfungsordnung 1, 12 (2), 12 (4)
– Geltungsbereich 1

Rechtskanzleiassistent/Rechtskanzleiassistentin 1 Z 9, 6 Z 9
Reisebüroassistent/Reisebüroassistentin 1 Z 14, 6 Z 14

Speditionskaufmann/Speditionskauffrau 1 Z 15, 6 Z 15
Speditionslogistik 1 Z 11, 6 Z 11
Sportadministration 1 Z 23, 6 Z 23
Steuerassistenz 1 Z 24, 6 Z 25, 10 (4), 12 (1c)

Versicherungskaufmann/Versicherungskauffrau 1 Z 16, 6 Z 16
Verwaltungsassistent/Verwaltungsassistentin 1 Z 17, 6 Z 17

Wiederholungsprufung 11, 12 (4)
Wirtschaftskunde, Betriebsorganisation und Verwaltung 2 (3) Z 2, 9
– Dauer 9 (2), 9 (3)

Zusatzprüfung 10
– Umfang 10 (2)

14/2. BAG-VO
LAB kaufm.-admin. Lehrberufe

Verordnung des Bundesministers für Wirtschaft und Arbeit über die Lehrabschlussprüfungen in den kaufmännisch-administrativen Lehrberufen

Auf Grund der §§ 8 und 24 des Berufsausbildungsgesetzes, BGBl. Nr. 142/1969, zuletzt geändert durch das Bundesgesetz, BGBl. I Nr. 79/2003, wird verordnet:

Lehrabschlussprüfung

Gliederung

§ 1. Diese Prüfungsordnung gilt für die Berufe:
1. Bankkaufmann/Bankkauffrau,
2. Buchhaltung,
3. Bürokaufmann/Bürokauffrau,
4. Einkäufer/Einkäuferin,
5. Großhandelskaufmann/Großhandelskauffrau,
6. Hotel- und Gastgewerbeassistent/Hotel- und Gastgewerbeassistentin,
7. Immobilienkaufmann/Immobilienkauffrau,
8. Industriekaufmann/Industriekauffrau,
9. Rechtskanzleiassistent/Rechtskanzleiassistentin,
10. Betriebslogistikkaufmann/-frau *(BGBl II 2013/139)*
11. Speditionslogistik,
12. Mobilitätsservice,
13. Personaldienstleistung,
14. Reisebüroassistent/Reisebüroassistentin,
15. Speditionskaufmann/Speditionskauffrau,
16. Versicherungskaufmann/Versicherungskauffrau,
17. Verwaltungsassistent/Verwaltungsassistentin,
18. Buch- und Medienwirtschaft – Buch- und Musikalienhandel,
19. Buch- und Medienwirtschaft – Buch- und Pressegroßhandel,
20. Buch- und Medienwirtschaft Verlag;
21. Archiv-, Bibliotheks- und Informationsassistent/Archiv-, Bibliotheks- und Informationsassistentin; *(BGBl II 2004/457)*
22. Betriebsdienstleistung, *(BGBl II 2005/282)*
23. Sportadministration, *(BGBl II 2006/269)*
24. Finanzdienstleistungskaufmann/Finanzdienstleistungskauffrau „", *(BGBl II 2006/269; BGBl II 2011/144)*
25. Steuerassistenz „", *(BGBl II 2011/144; BGBl II 2012/179)*
26. Finanz- und Rechnungswesenassistenz. *(BGBl II 2012/179)*

§ 2. (1) Die Lehrabschlussprüfung gliedert sich in eine praktische und in eine theoretische Prüfung.

(2) Die praktische Prüfung umfasst die Gegenstände:
1. Büro, Kommunikation und Organisation (schriftlich und mündlich)
2. Geschäftsfall (schriftlich und mündlich)
3. Fachgespräch (mündlich).

(3) Die theoretische Prüfung umfasst die Gegenstände:
1. Kaufmännisches Rechnen, Rechnungswesen und Buchführung
2. Wirtschaftskunde, Betriebsorganisation und Verwaltung

(4) Die theoretische Prüfung entfällt, wenn der Prüfungskandidat das Erreichen des Lehrziels der letzten Klasse der fachlichen Berufsschule oder den erfolgreichen Abschluss einer die Lehrzeit ersetzenden berufsbildenden mittleren oder höheren Schule nachgewiesen hat.

Praktische Prüfung

Büro, Kommunikation und Organisation

§ 3. (1) Die Prüfung besteht aus einem schriftlichen und einem mündlichen Teil. Sie ist mit einer Note zu bewerten.

(2) Der schriftliche Prüfungsteil hat den Einkauf oder Verkauf von Material und/oder Waren und/oder Dienstleistungen einschließlich des dazugehörigen Schrift- und Zahlungsverkehrs und den dazugehörigen Verbuchungen zu umfassen und sich auch auf die Erledigung von Mängelfeststellungen und Reklamationen zu erstrecken.

(3) Die Prüfungskommission hat unter Bedachtnahme auf den Zweck der Lehrabschlussprüfung und die Anforderungen der Berufspraxis jedem Prüfling eine schriftliche Aufgabe zu stellen, die in der Regel in 60 Minuten ausgeführt werden kann.

(4) Die Prüfung ist nach 75 Minuten zu beenden.

(5) Die Prüfung kann auch in rechnergestützter Form durchgeführt werden, wobei jedoch alle wesentlichen Arbeitsschritte für die Prüfungskommission nachvollziehbar sein müssen. Bei der Bewertung der Leistungen des Prüflings ist auch auf die für das jeweils gewählte Medium zutreffende äußere Form, auf die richtige Wortwahl und auf die zielgerichtete Ausdrucksfähigkeit entsprechend dem Empfänger zu achten.

(6) Für die schriftliche Arbeit gilt im Übrigen § 7.

14/2. BAG-VO
LAB kaufm.-admin. Lehrberufe

(7) Der mündliche Prüfungsteil hat sich ausgehend vom schriftlichen Prüfungsteil auf verschiedene damit zusammenhängende praktische Fragestellungen zu erstrecken. Dabei ist auf das Leistungsgebiet des Lehrbetriebs und die Besonderheiten des Wirtschaftsbereiches, dem der Lehrbetrieb angehört Bedacht zu nehmen.

(8) Die Prüfung soll für jeden Prüfling zumindest zehn Minuten dauern. Sie ist nach 20 Minuten zu beenden. Eine Verlängerung um höchstens zehn Minuten hat im Einzelfall zu erfolgen, wenn der Prüfungskommission ansonsten eine zweifelsfreie Bewertung der Leistung des Prüflings nicht möglich ist.

Geschäftsfall und Fachgespräch – gemeinsame Bestimmungen

§ 4. (1) Die Prüfung im Geschäftsfall hat schriftlich und mündlich zu erfolgen. Sie ist mit einer Note zu bewerten.

(2) Die Prüfungskommission hat für den schriftlichen Teil unter Bedachtnahme auf den Zweck der Lehrabschlussprufung und die Anforderungen der Berufspraxis jedem Prüfling eine Aufgabe zu stellen, die in der Regel in 75 Minuten ausgeführt werden kann. Sie ist nach 90 Minuten zu beenden. Die schriftliche Arbeit kann auch in rechnergestützter Form durchgeführt werden, wobei jedoch alle wesentlichen Arbeitsschritte für die Prüfungskommission nachvollziehbar sein müssen.

(3) Der mündliche Teil ist vor der gesamten Prüfungskommission abzulegen und hat sich jedenfalls ausgehend von der schriftlichen Arbeit auf die praktische Auswertung von verschiedenen mit dieser Arbeit zusammenhängenden Fragen zu erstrecken. Die Themenstellung hat dem Zweck der Lehrabschlussprüfung und den Anforderungen der Berufspraxis zu entsprechen. Die Prüfung ist in Form eines möglichst lebendigen Gesprächs (Gesprächsvorgabe durch Schilderung von Situationen bzw. Problemen) zu führen.

(4) Der mündliche Teil soll für jeden Prüfling zumindest zehn Minuten dauern. Er ist nach 15 Minuten zu beenden. Eine Verlängerung um höchstens zehn Minuten hat im Einzelfall zu erfolgen, wenn der Prüfungskommission ansonsten eine zweifelsfreie Bewertung der Leistung des Prüflings nicht möglich ist.

§ 5. (1) Das Fachgespräch ist vor der gesamten Prüfungskommission abzulegen.

(2) Das Fachgespräch hat sich aus der praktischen Tätigkeit heraus zu entwickeln. Die Themenstellung hat dem Zweck der Lehrabschlussprüfung und den Anforderungen der Berufspraxis zu entsprechen. Die Prüfung ist in Form eines möglichst lebendigen Gesprächs mit Gesprächsvorgaben durch Schilderung von Situationen oder Problemen zu führen.

(3) Im Fachgespräch ist unter Verwendung von Fachausdrücken das praktische Wissen des Prüflings festzustellen. Der Prüfling soll zeigen, dass er fachbezogene Probleme und deren Lösungen darstellen, die für einen Auftrag relevanten fachlichen Hintergründe aufzeigen und die Vorgehensweise bei der Ausführung dieses Auftrags begründen kann.

(4) Die Prüfung soll für jeden Prüfling zumindest 15 Minuten dauern. Sie ist nach 20 Minuten zu beenden. Eine Verlängerung um höchstens zehn Minuten hat im Einzelfall zu erfolgen, wenn der Prüfungskommission ansonsten eine zweifelsfreie Bewertung der Leistung des Prüflings nicht möglich ist.

Geschäftsfall und Fachgespräch Bestimmungen für einzelne Lehrberufe

§ 6. Für die im § 1 genannten Lehrberufe gelten für den Geschäftsfall und das Fachgespräch zusätzlich folgende Bestimmungen:

1. Bankkaufmann/ Bankkaufmannfrau

(nicht abgedruckt)

2. Buchhaltung

(nicht abgedruckt)

3. Bürokaufmann/ Bürokauffrau

(nicht abgedruckt)

4. Einkäufer

(nicht abgedruckt)

5. Großhandelskaufmann/ Großhandelskaufmannfrau

(nicht abgedruckt)

6. Hotel- und Gastgewerbeassistent/ Hotel- und Gastgewerbeassistentin

(nicht abgedruckt)

7. Immobilienkaufmann/ Immobilienkaufmannfrau

(nicht abgedruckt)

8. Industriekaufmann/ Industriekaufmannfrau

(nicht abgedruckt)

14/2. BAG-VO
LAB kaufm.-admin. Lehrberufe

9. Rechtskanzleiassistent/ Rechtskanzleiassistentin

(nicht abgedruckt)

10. Betriebslogistikkaufmann/-frau

(nicht abgedruckt)

11. Speditionslogistik

(nicht abgedruckt)

12. Mobilitätsservice

(nicht abgedruckt)

13. Personaldienstleistung

(nicht abgedruckt)

14. Reisebüroassistent/ Reisebüroassistentin

(nicht abgedruckt)

15. Speditionskaufmann/ Speditionskaufmannfrau

(nicht abgedruckt)

16. Versicherungskaufmann/ Versicherungskaufmannfrau

(1) Für den Geschäftsfall gilt § 4. Der schriftliche Prüfungsteil hat sich auf die Bereiche Antragsprüfung und Antragsbearbeitung, Bestandsverwaltung und Änderungsdienst sowie Leistungsprüfung und Leistungsbearbeitung einschließlich des dazugehörigen Schrift- und Zahlungsverkehrs zu erstrecken.

(2) Der mündliche Prüfungsteil hat Fragen aus den nachstehenden Bereichen zu umfassen:
 1. Rechtliche Grundlagen und Versicherungsbedingungen,
 2. Versicherungssparten,
 3. Tarifgestaltung.

(3) Für das Fachgespräch gilt § 5. Hiebei sind insbesondere die Bereiche Rechnungswesen, Inkasso, Mahnung und Klage, Kundenberatung, Werbung und Kundenbetreuung sowie Organisation eines Versicherungsbetriebes zu prüfen.

17. Verwaltungsassistent/ Verwaltungsassistentin

(nicht abgedruckt)

18. Buch- und Medienwirtschaft – Buch- und Musikalienhandel

(nicht abgedruckt)

19. Buch- und Medienwirtschaft – Buch- und Pressegroßhandel

(nicht abgedruckt)

20. Buch- und Medienwirtschaft – Verlag

(nicht abgedruckt)

21. Archiv-, Bibliotheks- und Informationsassistent/Archiv-, Bibliotheks-und Informationsassistentin

(nicht abgedruckt)

22. Betriebsdienstleistung

(nicht abgedruckt)

23. Sportadministration

(nicht abgedruckt)

24. Finanzdienstleistungskaufmann/ Finanzdienstleistungskauffrau

(1) Für den Geschäftsfall gilt § 4. Der schriftliche Teil des Geschäftsfalls hat sich auf folgende Bereiche zu erstrecken:
 1. Offertstellung zur Kapitalbildung mittels mindestens zweier Finanzdienstleistungsinstrumente,
 2. Offertstellung zur Finanzierung einschließlich des dazugehörigen Schriftverkehrs.

(2) Für das Fachgespräch gilt § 5.

(BGBl II 2006/269, siehe § 12 Abs 1b)

25. Steuerassistenz

(1) Für den Geschäftsfall gilt § 4. Der schriftliche Teil des Geschäftsfalls hat sich auf vier der folgenden sechs Bereiche zu erstrecken:
 a) Einkommensteuer (zB Einkunftsarten, Gesamtbetrag der Einkünfte, Sonderausgaben, außergewöhnliche Belastungen, Veranlagung, Lohnsteuer) und KESt,
 b) Körperschaftsteuer (zB Bemessungsgrundlage, Steuertarif, Veranlagung),
 c) Umsatzsteuer (zB steuerbare und nicht steuerbare Umsätze, Steuerbefreiungen, Steuersätze, Vorsteuer, Entstehen der Steuerschuld, UVA, innergemeinschaftliche Lieferung, Reverse Charge),

d) Jahresabschluss (zB Anlagenverrechnung, Waren- und Materialverrechnung, Rechnungsabgrenzung, Rückstellungen),

e) Gewinnermittlung bei doppelter Buchhaltung und bei Einnahmen-Ausgaben-Rechnung, steuerliche Mehr-Weniger-Rechnung,

f) Lohn- und Gehaltsverrechnung (zB Abrechnung von laufenden Bezügen, Sonderzahlungen, Überstunden, Eintritte, Austritte, Lohnnebenkosten, Verbuchung).

(2) Für das Fachgespräch gilt § 5.

(BGBl II 2011/144, siehe § 12 Abs 1c)

26. Finanz- und Rechnungswesenassistenz

(1) Für den Geschäftsfall gilt § 4. Der schriftliche Teil des Geschäftsfalls hat sich auf vier der folgenden fünf Bereiche zu erstrecken:

1. Verbuchen laufender Geschäftsfälle,
2. Jahresabschluss (zB Anlagenverrechnung, Waren- und Materialverrechnung, Rechnungsabgrenzung, Rückstellungen),
3. Lohn- und Gehaltsverrechnung (zB Abrechnung von laufenden Bezügen, Sonderzahlungen, Überstunden, Eintritte, Austritte, Lohnnebenkosten, Verbuchung),
4. Erstellen einer Umsatzsteuervoranmeldung,
5. Kostenrechnung.

(2) Für das Fachgespräch gilt § 5.

(BGBl II 2012/179, siehe § 12 Abs 1d und 1e)

Theoretische Prüfung

Allgemeine Bestimmungen

§ 7. (1) Die theoretische Prüfung hat schriftlich zu erfolgen. Sie kann unter Einschluss der schriftlichen Arbeit des Gegenstandes „Büro, Kommunikation und Organisation" für eine größer Anzahl von Prüflingen gemeinsam durchgeführt werden, wenn dies ohne Beeinträchtigung des Prüfungsablaufs möglich ist. Die theoretische Prüfung kann auch in rechnergestützter Form erfolgen, wobei jedoch alle wesentlichen Schritte für die Prüfungskommission nachvollziehbar sein müssen.

(2) Die theoretische Prüfung ist grundsätzlich vor der praktischen Prüfung abzuhalten.

(3) Die Aufgaben haben nach Umfang und Niveau dem Zweck der Lehrabschlussprüfung und den Anforderungen der Berufspraxis zu entsprechen. Sie sind den Prüflingen anlässlich der Aufgabenstellung getrennt zu erläutern.

(4) Die schriftlichen Arbeiten des Prüflings sind entsprechend zu kennzeichnen.

(5) Die theoretische Prüfung entfällt, wenn der Prüfungskandidat das Erreichen des Lehrziels der letzten Klasse der fachlichen Berufsschule oder den erfolgreichen Abschluss der die Lehrzeit ersetzenden berufsbildenden mittleren und höheren Schule nachgewiesen hat.

Kaufmännisches Rechnen, Rechnungswesen und Buchführung

§ 8. (1) Die Prüfung hat je eine Aufgabe aus den nachstehenden Bereichen zu umfassen:

1. Prozentrechnung
2. Kostenrechnung oder Kalkulation
3. Buchhaltung, zumindest aber fünf Buchungen von Geschäftsfällen.
4. Berechnung eines Betriebsergebnisses.

(2) Das Verwenden von Rechenbehelfen, Formeln und Tabellen ist zulässig.

(3) Die Aufgaben sind so zu stellen, dass sie in der Regel in 90 Minuten durchgeführt werden können.

(4) Die Prüfung ist nach 120 Minuten zu beenden.

Wirtschaftskunde, Betriebsorganisation und Verwaltung

§ 9. (1) Die Prüfung hat je eine Aufgabe aus den nachstehenden Bereichen zu umfassen:

1. Wirtschaftskunde
2. Rechts- und Organisationsformen von Unternehmen
3. Formen und Inhalte von Kaufverträgen.

(2) Die Aufgaben sind so zu stellen, dass sie in der Regel in 60 Minuten durchgeführt werden können.

(3) Die Prüfung ist nach 75 Minuten zu beenden.

Zusatzprüfung

§ 10. (1) Nach erfolgreich abgelegter Lehrabschlussprüfung in einem der in § 1 genannten Lehrberufe oder dem Ersatz der Lehrabschlussprüfung eines dieser Lehrberufe kann ein anderer in § 1 genannter Lehrabschluss durch die Ablegung einer Zusatzprüfung erworben werden.

(2) Der Umfang der Zusatzprüfung gemäß Abs. 1 besteht aus den in den §§ 4 bis 6 für den jeweiligen Lehrberuf genannten Prüfungsteilen. *(BGBl II 2007/187)*

(3) Nach erfolgreich abgelegter Lehrabschlussprüfung im Lehrberuf Ländliche Hauswirtschaft gemäß Art. 1 § 3 Abs. 2 des land- und forstwirtschaftlichen Berufsausbildungsgesetzes, BGBl. Nr. 298/1990, in der geltenden Fassung, kann eine Zusatzprüfung im Lehrberuf Betriebsdienstleistung abgelegt werden. Die Zusatzprüfung erstreckt sich auf das Fachgespräch. Die §§ 5 und

14/2. BAG-VO
LAB kaufm.-admin. Lehrberufe

6 Z 22 Abs. 2 sind sinngemäß anzuwenden. *(BGBl II 2007/187)*

(4) Nach erfolgreicher Ablegung der Treuhand-Assistent-Prüfung bzw. Praktikantenprüfung gemäß Kollektivvertrag der Kammer der Wirtschaftstreuhänder kann eine Lehrabschlussprüfung im Lehrberuf Steuerassistenz abgelegt werden. Diese erstreckt sich auf die Gegenstände Geschäftsfall und Fachgespräch. Für die Durchführung der eingeschränkten Zusatzprüfung gelten die Bestimmungen der Lehrabschlussprüfung gem. §§ 4, 5 und 6 Z 25. *(BGBl II 2011/144)*

Wiederholungsprüfung

§ 11. (1) Die Lehrabschlussprüfung kann wiederholt werden.

(2) Wenn bis zu zwei Gegenstände mit „Nicht genügend" bewertet wurden, ist die Wiederholungsprüfung auf die mit „Nicht genügend" bewerteten Gegenstände zu beschränken.

(3) Wenn mehr als zwei Gegenstände mit „Nicht genügend" bewertet wurden, ist die gesamte Prüfung zu wiederholen.

In-Kraft-Treten

§ 12. (1) Diese Verordnung tritt hinsichtlich der Prüfungsbestimmungen für die Lehrberufe Speditionslogistik, Mobilitätsservice, Buch- und Medienwirtschaft -Buch- und Musikalienhandel, Buch- und Medienwirtschaft - Buch- und Pressegroßhandel, Buch- und Medienwirtschaft - Verlag mit dem der Kundmachung folgenden Tag in Kraft. Hinsichtlich der Prüfungsbestimmungen für die übrigen Lehrberufe tritt diese Verordnung mit 1. Jänner 2005 in Kraft.

(1a) Diese Verordnung tritt hinsichtlich der Prüfungsbestimmungen für den Lehrberuf Betriebsdienstleistung mit 1. Juli 2006 in Kraft. *(BGBl II 2005/282)*

(1b) Diese Verordnung tritt hinsichtlich der Prüfungsbestimmungen für die Lehrberufe Sportadministration und Finanzdienstleistungskaufmann/Finanzdienstleistungskauffrau mit 1. Juli 2007 in Kraft. *(BGBl II 2006/269)*

(1c) Die Prüfungsbestimmungen für den Lehrberuf Steuerassistenz (§ 6 Z 25) treten mit 1. Jänner 2012 in Kraft. *(BGBl II 2011/144)*

(1d) § 1 Z 26 und § 6 Z 26 (Prüfungsbestimmungen für den Lehrberuf Finanz- und Rechnungswesenassistenz) treten mit 1. Juni 2012 in Kraft. *(BGBl II 2012/179)*

(1e) § 1 Z 2 und § 6 Z 2 (Prüfungsbestimmungen für den Lehrberuf Buchhaltung) treten mit Ablauf des 31. Mai 2016 außer Kraft. *(BGBl II 2012/179)*

(2) Die Prüfungsordnungen sowie die Prüfungsvorschriften für die Lehrabschlussprüfungen für die Lehrberufe Bankkaufmann gemäß Verordnung BGBl. II Nr. 151/1998, Buchhändler gemäß der Verordnung BGBl. Nr. 319/1991, Buchhaltung gemäß der Verordnung BGBl. II Nr. 304/2000, Bürokaufmann gemäß der Verordnung BGBl. Nr. 320/1991, Einkauf gemäß der Verordnung BGBl. II Nr. 264/2002, Großhandelskaufmann gemäß der Verordnung BGBl. Nr. 324/1991, Hotel- und Gastgewerbeassistent gemäß der Verordnung BGBl. Nr. 1089/1994, Immobilienkaufmann gemäß der Verordnung BGBl. II Nr. 159/1998, Industriekaufmann gemäß der Verordnung BGBl. Nr. 326/1991 in der Fassung der Verordnung BGBl. II Nr. 268/2002, Kanzleiassistent Notariat gemäß der Verordnung II Nr. 291/1998, Kanzleiassistent Rechtsanwaltskanzlei gemäß der Verordnung BGBl. II Nr. 291/1998, Lagerlogistik gemäß der Verordnung BGBl. II Nr. 105/2001, Musikalienhändler gemäß der Verordnung BGBl. Nr. 327/1991, Personaldienstleistung gemäß der Verordnung BGBl. II Nr. 270/2002, Reisebüroassistent gemäß der Verordnung BGBl. Nr. 328/ 1991, Speditionskaufmann gemäß der Verordnung BGBl. II Nr. 161/1998, Versicherungskaufmann gemäß der Verordnung BGBl. Nr. 345/1990 sowie Verwaltungsassistent gemäß der Verordnung BGBl. II Nr. 330/1997 treten mit Ablauf des 31. Dezember 2004 außer Kraft.

(3) Die Verordnung über die Lehrabschlussprüfungen in den kaufmännisch-administrativen Lehrberufen, BGBl. II Nr. 24/2004, tritt mit Ablauf des Tages der Kundmachung außer Kraft.

(4) Für Personen, die auf Grund einer in Abs. 2 genannten Prüfungsordnung zu einer Wiederholungsprüfung antreten, sind diese Prüfungsordnungen unbeschadet des Abs. 2 noch bis 31. Dezember 2005 anzuwenden. Wahlweise können diese Personen aber auch nach der in dieser Verordnung geregelten Prüfungsordnung antreten, wobei in Zweifelsfallen die Lehrlingsstelle entscheidet, welche Gegenstände nach der neuen Prüfungsordnung abzulegen sind.

(5) § 1 Z 10 und § 6 Z 10 in der Fassung des Bundesgesetzes BGBl. II Nr. 139/2013 treten mit 1. Juni 2013 in Kraft. *(BGBl II 2013/139)*

Gewerbeordnung 1994

15. GewO
§§ 2, 5, 6, 13

BGBl 1994/194 (WV)

zuletzt geändert durch BGBl I 2015/48
(Auszug)

I. HAUPTSTÜCK

Allgemeine Bestimmungen

1. Geltungsbereich

§ 2. (1) Dieses Bundesgesetz ist – unbeschadet weiterer ausdrücklich angeordneter Ausnahmen durch besondere bundesgesetzliche Vorschriften – auf die in den nachfolgenden Bestimmungen angeführten Tätigkeiten nicht anzuwenden:

10. die zur Berufsausübung zählenden und in deren Rahmen vorgenommenen Tätigkeiten der Rechtsanwälte, Notare, Verteidiger in Strafsachen, Ziviltechniker, Patentanwälte, Versicherungstechniker, Wirtschaftstreuhänder, Bilanzbuchhalter, Personalverrechner, Buchhalter und Börsensensale, den Betrieb von autorisierten Untersuchungs-, Erprobungs- und Materialprüfungsanstalten und den Betrieb von akkreditierten (zugelassenen) Prüf-, Überwachungs- und Zertifizierungsstellen und von öffentlichen Wäg- und Messanstalten sowie die Tätigkeiten sonstiger Personen oder Anstalten, die von der Behörde hiefür besonders bestellt und in Pflicht genommen wurden, die Revision und die damit im Zusammenhang ausgeübte Beratung von Erwerbs- und Wirtschaftsgenossenschaften und ihnen gleichgestellten Vereinen, alle Auswanderungsgeschäfte; *(BGBl I 2006/161)*
...

14. den Betrieb von Bankgeschäften einschließlich der nach dem Wertpapieraufsichtsgesetz 2007 erbrachten Dienstleistungen mit Ausnahme der Tätigkeiten eines vertraglich gebundenen Vermittlers gemäß § 1 Z 20 oder eines „Wertpapiervermittlers" gemäß § 2 Abs. 1 Z 15 des Wertpapieraufsichtsgesetzes 2007 (WAG 2007), BGBl. I Nr. 60/2007, den Betrieb von Versicherungsunternehmen sowie den Betrieb von Pensionskassen ,„ Zahlungsinstituten oder E-Geld-Instituten". Soweit das BWG nicht besondere Regelungen vorsieht, gelten für die Ausübung der Versicherungsvermittlung durch Kreditinstitute die Bestimmungen dieses Bundesgesetzes, ausgenommen die Bestimmungen über Betriebsanlagen; *(BGBl I 2002/111; BGBl I 2004/131; BGBl I 2007/60; BGBl I 2010/107; BGBl I 2011/99)*
...

2. Einteilung der Gewerbe

§ 5. (1) Soweit dieses Bundesgesetz hinsichtlich einzelner Gewerbe nicht anderes bestimmt, dürfen Gewerbe bei Erfüllung der allgemeinen und der bei einzelnen Gewerben vorgeschriebenen besonderen Voraussetzungen auf Grund der Anmeldung des betreffenden Gewerbes (§ 339) ausgeübt werden.

(2) Tätigkeiten im Sinne des § 1 Abs. 1, die nicht als reglementierte Gewerbe (§ 94) oder Teilgewerbe (§ 31) ausdrücklich angeführt sind, sind freie Gewerbe. Unbeschadet allfälliger Ausübungsvorschriften ist für diese kein Befähigungsnachweis zu erbringen.
(BGBl I 2002/111)

Verbundene Gewerbe

§ 6. Verbundene Gewerbe sind Gewerbe, die sich aus zwei oder mehreren Gewerben zusammensetzen und die im § 94 ausdrücklich als solche bezeichnet sind.
(BGBl I 2002/111)
...

3. Allgemeine Voraussetzungen für die Ausübung von Gewerben

§ 13. ...

(4) Rechtsträger sind von der Begründung eines Gewerberechts, das Tätigkeiten der Versicherungsvermittlung beinhaltet, außer in den Fällen des Abs. 3 auch ausgeschlossen, wenn über ihr Vermögen das Insolvenzverfahren eröffnet wurde und der Zeitraum der Einsichtsgewährung in die Insolvenzdatei noch nicht abgelaufen ist. Dies gilt auch bei Verwirklichung eines vergleichbaren Tatbestandes im Ausland. Der Ausschlussgrund liegt nicht vor, wenn im Rahmen des Insolvenz-

15. GewO
§§ 13 16 18

verfahrens der Sanierungsplan vom Gericht bestätigt wurde und dieser erfüllt worden ist oder wenn im Rahmen des Insolvenzverfahrens das Gericht den Zahlungsplan des Schuldners bestätigt hat und der Zahlungsplan erfüllt worden ist oder nach Durchführung eines Abschöpfungsverfahrens die Restschuldbefreiung erteilt wurde und unwiderrufen geblieben ist. *(BGBl I 2002/111; BGBl I 2004/131; BGBl I 2010/58)*

...

4. Besondere Voraussetzungen für die Ausübung von Gewerben

Befähigungsnachweis

Allgemeine Bestimmungen

§ 16. (1) Voraussetzung für die Ausübung von reglementierten Gewerben und von Teilgewerben ist ferner der Nachweis der Befähigung. Kann der Einschreiter diesen Nachweis nicht erbringen, so hat er einen Geschäftsführer (§ 39) zu bestellen. Dies gilt nicht für das Gewerbe der Rauchfangkehrer (§ 94 Z 55). § 9 Abs. 2 gilt in diesen Fällen mit der Maßgabe, dass die Bestellung des neues Geschäftsführers binnen einem Monat zu erfolgen hat. *(BGBl I 2002/111)*

(2) Unter Befähigungsnachweis ist der Nachweis zu verstehen, daß der Einschreiter die fachlichen einschließlich der kaufmännischen Kenntnisse, Fähigkeiten und Erfahrungen besitzt, um die dem betreffenden Gewerbe eigentümlichen Tätigkeiten selbständig ausführen zu können.

(3) Die Befähigung zum Ausbilden von Lehrlingen wird durch die erfolgreiche Ablegung der Ausbilderprüfung oder einer dieser gleichzuhaltenden Prüfung oder durch die erfolgreiche Absolvierung des Ausbilderkurses oder einer diesem gleichzuhaltenden Ausbildung (§§ 29a, 29g und 29h des Berufsausbildungsgesetzes) nachgewiesen. *(BGBl I 2004/131)*

(4) Ausländische Prüfungszeugnisse über die Befähigung für einen einem reglementierten Gewerbe entsprechenden Beruf sind den österreichischen Prüfungszeugnissen für ein reglementiertes Gewerbe gleichgehalten, wenn dies in Staatsverträgen oder durch Verordnung des Bundesministers für Wirtschaft und Arbeit[1]), mit der die Gleichwertigkeit festgestellt wurde, festgelegt worden ist. Hierüber ist über Antrag eine Bestätigung durch die Behörde auszustellen. *(BGBl I 2002/111)*

---

[1]) *Nunmehr BMWFW (BM für Wissenschaft, Forschung und Wirtschaft) – vgl § 1 Abs 1 Z 13 BundesministerienG idF BGBl I 2014/11.*
...

Befähigungsnachweis für reglementierte Gewerbe

§ 18. (1) Der Bundesminister für Wirtschaft und Arbeit[1]) hat für jedes reglementierte Gewerbe, hinsichtlich der im § 94 Z 14, 32, 33, 41 und 46 genannten Gewerbe und hinsichtlich des im § 94 Z 42 genannten Gewerbes, soweit es sich um die Tätigkeiten des Piercens und Tätowierens handelt, im Einvernehmen mit dem Bundesminister für soziale Sicherheit und Generationen[2]), durch Verordnung festzulegen, durch welche Belege – für sich allein oder in entsprechender Verbindung untereinander – die Zugangsvoraussetzungen zum betreffenden Gewerbe, gegebenenfalls für dessen eingeschränkte Ausübung, im Hinblick auf die hiefür erforderliche fachliche Befähigung jedenfalls als erfüllt anzusehen sind. Dabei hat der Bundesminister für Wirtschaft und Arbeit[1]) zu berücksichtigen, dass bei reglementierten Gewerben, bei denen der Qualifikation auf Grund der Richtlinie 92/51/EWG über eine zweite allgemeine Regelung zur Anerkennung beruflicher Befähigungsnachweise in Ergänzung der Richtlinie 89/48/EWG oder der Richtlinie 89/48/EWG über eine allgemeine Regelung zur Anerkennung der Hochschuldiplome Diplomniveau zukommt, dieses Diplomniveau gewahrt bleibt.

(2) Als Belege im Sinne des Abs. 1 kommen in Betracht

1. Zeugnis über die erfolgreich abgelegte Meisterprüfung bei den im § 94 als Handwerke bezeichneten reglementierten Gewerben oder über eine sonstige Befähigungsprüfung;

2. Zeugnis über die erfolgreich abgelegte Unternehmerprüfung;

3. Zeugnis über den Abschluss einer Studienrichtung an einer Universität;

4. Zeugnis über den erfolgreichen Besuch eines Fachhochschul-Studienganges;

5. Zeugnis über den erfolgreichen Besuch einer Schule;

6. Zeugnis über den erfolgreichen Besuch eines Lehrganges;

7. Zeugnis über die erfolgreich abgelegte Lehrabschlussprüfung;

8. Zeugnis über eine fachliche Tätigkeit;

9. Zeugnis über eine Tätigkeit in leitender Stellung;

10. Zeugnis über eine Tätigkeit als Betriebsleiter;

11. Nachweise über eine Tätigkeit als Selbstständiger.

(3) Unter fachlicher Tätigkeit (Abs. 2 Z 8) ist eine Tätigkeit zu verstehen, die geeignet ist, die Erfahrungen und Kenntnisse zu vermitteln, die zur selbstständigen Ausübung des betreffenden Gewerbes erforderlich sind. Unter Tätigkeit in leitender Stellung (Abs. 2 Z 9) ist eine Tätigkeit zu verstehen, die überwiegend mit fachspezifischen Aufgaben und mit der Verantwortung für mindestens eine Abteilung des Unternehmens verbunden ist. Unter Tätigkeit als Betriebsleiter (Abs. 2 Z 10) ist eine Tätigkeit zu verstehen, die in einer der folgenden Funktionen ausgeübt wurde

1. als Leiter des Unternehmens oder einer Zweigniederlassung oder
2. als Stellvertreter des Unternehmers oder des Leiters des Unternehmens, wenn mit dieser Stellung eine Verantwortung verbunden ist, die der des vertretenen Unternehmers oder Leiters entspricht oder
3. in leitender Stellung je nach der Eigenart des betreffenden Gewerbes mit kaufmännischen oder mit kaufmännischen und technischen Aufgaben und mit der Verantwortung für mindestens eine Abteilung des Unternehmens.

(4) Wenn es Gründe der Abwehr von besonderen Gefahren für das Leben oder die Gesundheit von Menschen erfordern, hat der Bundesminister für Wirtschaft und Arbeit[1)] durch Verordnung festzulegen, dass Zeugnisse im Sinne des Abs. 2 für ein Gewerbe nicht mehr zu berücksichtigen sind, wenn der Inhaber des Zeugnisses seit der Prüfung, dem Abschluss der Ausbildung oder seit der fachlichen Tätigkeit, die durch das betreffende Zeugnis bescheinigt wird, zehn Jahre nicht mehr die den Gegenstand des betreffenden Gewerbes bildenden Tätigkeiten ausgeübt hat.

(5) Bei Schulen, bei denen eine Abschlussprüfung vorgesehen ist, ist der erfolgreiche Besuch (Abschluss) durch das Abschlussprüfungszeugnis (Reifeprüfungszeugnis), bei Schulen, bei denen keine Abschlussprüfung vorgesehen ist, durch das Abschlusszeugnis (Jahreszeugnis) nachzuweisen. „Als Abschluss eines Studiums gilt der Abschluss eines Diplom-, Bachelor-, Master- oder Doktoratsstudiums. Als Abschluss eines Fachhochschul-Studienganges gilt der Abschluss eines Fachhochschul-Bachelorstudienganges, eines Fachhochschul-Masterstudienganges oder eines Fachhochschul-Diplomstudienganges." *(BGBl I 2008/42)*

(6) *(aufgehoben, BGBl I 2012/85)*

(7) Der Befähigungsnachweis für das Gewerbe der Gärtner (§ 94 Z 24) kann auch durch das Zeugnis über die erfolgreich abgelegte Gärtnermeisterprüfung gemäß den Vorschriften über die land- und forstwirtschaftliche Berufsausbildung erbracht werden.

(BGBl I 2002/111)

[1)] *Nunmehr BMWFW (BM für Wissenschaft, Forschung und Wirtschaft) – vgl § 1 Abs 1 Z 13 BundesministerienG idF BGBl I 2014/11.*
[2)] *Nunmehr BMG (BM für Gesundheit) – vgl § 1 Abs 1 Z 7 BundesministerienG idF BGBl I 2014/11.*

...

Unternehmerprüfung

§ 23. (1) Bei der Unternehmerprüfung hat der Prüfling die für die selbständige Gewerbeausübung erforderlichen betriebswirtschaftlichen und rechtlichen Kenntnisse nachzuweisen. Der Prüfungswerber hat die Wahl, ob er die Unternehmerprüfung als Prüfungsteil der jeweiligen Befähigungsprüfung oder als Einzelprüfung vor oder nach dieser Prüfung ablegen will.

(2) Die Unternehmerprüfung entfällt, sofern der Prüfungswerber durch Zeugnisse nachweist

1. den erfolgreichen Abschluss einer Ausbildung, soweit dabei unternehmerische Kenntnisse in vergleichbarem Umfang vermittelt werden oder *(BGBl I 2002/111)*

2. die erfolgreiche Ablegung einer Lehrabschlussprüfung in einem kaufmännischen Lehrberuf oder einer sonstigen Prüfung mit vergleichbarem Prüfungsstoff oder *(BGBl I 2002/111)*

3. eine ununterbrochene dreijährige Tätigkeit als Selbständiger oder in kaufmännisch leitender Stellung in einem Unternehmen.

(3) Der Bundesminister für Wirtschaft und Arbeit[1)] hat durch Verordnung die Ausbildungen und Prüfungen zu bestimmen, die unternehmerische Lehrinhalte in vergleichbarem Umfang oder einen vergleichbaren Prüfungsstoff aufweisen. Ob und inwieweit durch ein Zeugnis einer ausländischen Universität, eines ausländischen Fachhochschul-Studienganges, einer ausländischen Schule oder eines ausländischen Lehrganges die für die Ausübung eines reglementierten Gewerbes erforderlichen unternehmerischen fachlichen Fähigkeiten und Fertigkeiten erworben wurden, hat der Bundesminister für Wirtschaft und Arbeit[1)] im Einzelfall zu bestimmen. *(BGBl I 2002/111)*

(4) Die Unternehmerprüfung besteht aus einer schriftlichen und einer mündlichen Prüfung. Der Bundesminister für wirtschaftliche Angelegenheiten[1)] hat durch Verordnung die erforderlichen Vorschriften über den Prüfungsstoff zu erlassen; hiebei ist auch festzulegen, welche Teile des Prüfungsstoffes Gegenstand der mündlichen Prüfung sind.

(5) Zur Unternehmerprüfung darf antreten, wer eigenberechtigt ist. *(BGBl I 2008/42)*

15. GewO
§§ 23 32 87 94

(BGBl I 1997/63)

---
1) *Nunmehr BMWFW (BM für Wissenschaft, Forschung und Wirtschaft) – vgl § 1 Abs 1 Z 13 BundesministerienG idF BGBl I 2014/11.*

...

6. Umfang der Gewerbeberechtigung

Sonstige Rechte von Gewerbetreibenden

§ 32. ...

(6) Gewerbetreibenden sind, wenn die Versicherung eine Ergänzung der im Rahmen der Haupttätigkeit gelieferten Waren oder erbrachten Dienstleistungen darstellt, gemäß den Bestimmungen der §§ 137 bis 138 und den sonstigen Bestimmungen betreffend Versicherungsvermittlung auch Tätigkeiten der Versicherungsvermittlung erlaubt. Die Ausübung dieses Rechts steht nur nach Erbringung des Nachweises und Registrierung gemäß den genannten Bestimmungen zu. *(BGBl I 2004/131)*

...

(BGBl I 2002/111)

...

Integrierte Betriebe

§ 37. *(aufgehoben, BGBl I 2010/111)*

...

9. Endigung und Ruhen der Gewerbeberechtigungen

§ 87. (1) Die Gewerbeberechtigung ist von der Behörde (§ 361) zu entziehen, wenn

1. auf den Gewerbeinhaber die Ausschlußgründe gemäß § 13 Abs. 1 oder 2 zutreffen und nach der Eigenart der strafbaren Handlung und nach der Persönlichkeit des Verurteilten die Begehung der gleichen oder einer ähnlichen Straftat bei Ausübung des Gewerbes zu befürchten ist oder

2. einer der im § 13 Abs. 4 oder Abs. 5 zweiter Satz angeführten Umstände, die den Gewerbeausschluss bewirken, vorliegt oder *(BGBl I 2004/131; BGBl I 2012/85)*

3. der Gewerbeinhaber infolge schwerwiegender Verstöße gegen die im Zusammenhang mit dem betreffenden Gewerbe zu beachtenden Rechtsvorschriften und Schutzinteressen, insbesondere auch zur Wahrung des Ansehens des Berufsstandes, die für die Ausübung dieses Gewerbes erforderliche Zuverlässigkeit nicht mehr besitzt oder

4. der Gewerbeinhaber wegen Beihilfe zur Begehung einer Verwaltungsübertretung gemäß § 366 Abs. 1 Z 1 bestraft worden ist und diesbezüglich ein weiteres vorschriftswidriges Verhalten zu befürchten ist oder *(BGBl I 2004/131)*

4a. im Sinne des § 117 Abs. 7 eine Vermögensschadenhaftpflichtversicherung wegfällt oder ein Nachweis im Sinne des § 376 Z 16a nicht rechtzeitig erfolgt „oder" *(BGBl I 2008/42; BGBl I 2011/99)*

4b. im Sinne des § 136a Abs. 5 oder des § 136b Abs. 3 das letzte Vertretungsverhältnis oder im Sinne des § 136a Abs. 10 das Vertretungsverhältnis weggefallen ist oder *(BGBl I 2011/99)*

4c. im Sinne des § 136a Abs. 12 eine Vermögensschadenhaftpflichtversicherung wegfällt oder ein Nachweis im Sinne des § 376 Z 2 nicht rechtzeitig erfolgt oder *(BGBl I 2011/99)*

„4d." im Sinne des § 99 Abs. 7 eine Haftpflichtversicherung für „Personen-, Sach- oder Vermögensschäden" wegfällt oder ein Nachweis im Sinne des § 376 Z 13 nicht rechtzeitig erfolgt oder *(BGBl I 2012/85; BGBl I 2013/85; BGBl I 2013/125)*

5. im Sinne des § 137c Abs. 5 eine Berufshaftpflichtversicherung oder eine sonstige Haftungsabsicherung wegfällt. *(BGBl I 2004/131)*

Schutzinteressen gemäß Z 3 sind insbesondere die Hintanhaltung der illegalen Beschäftigung, der Kinderpornographie, des Suchtgiftkonsums, des Suchtgiftverkehrs, der illegalen Prostitution sowie die Diskriminierung von Personen „aus dem Grund" ihrer Rasse, ihrer Hautfarbe, ihrer nationalen oder ethnischen Herkunft, ihres religiösen Bekenntnisses oder einer Behinderung „(Art. III Abs. 1 Z 3 des Einführungsgesetzes zu den Verwaltungsverfahrensgesetzen 2008 - EGVG, BGBl. I Nr. 87/2008)". *(BGBl I 1997/63; BGBl I 2012/85; BGBl I 2015/48)*

(2) Die Behörde kann im Falle des Vorliegens einer Berechtigung zu Tätigkeiten der Versicherungsvermittlung von der im Abs. 1 Z 2 vorgeschriebenen Entziehung der Gewerbeberechtigung wegen der Eröffnung des Insolvenzverfahrens absehen, wenn die Gewerbeausübung vorwiegend im Interesse der Gläubiger gelegen ist. *(BGBl I 2002/111; BGBl I 2004/131; BGBl I 2010/29)*

...

II. Hauptstück

Bestimmungen für einzelne Gewerbe

1. Reglementierte Gewerbe

§ 94. Folgende Gewerbe sind reglementierte Gewerbe:

75. Gewerbliche Vermögensberatung *(BGBl I 2004/131)*

76. Versicherungsvermittlung (Versicherungsagent, Versicherungsmakler und Beratung in Versicherungsangelegenheiten) *(BGBl I 2004/131)*

77. Wertpapiervermittler *(BGBl I 2004/131; BGBl I 2011/99)*

(BGBl I 2002/111)

...

Gewerbliche Vermögensberatung

§ 136a. (1) Der Gewerbliche Vermögensberater (§ 94 Z 75) ist berechtigt zur

1. Beratung bei Aufbau, Sicherung und Erhaltung von Vermögen und Finanzierung mit Ausnahme der Anlageberatung in Bezug auf Finanzinstrumente (§ 3 Abs. 2 Z 1 WAG 2007),

2. Vermittlung von

a) Veranlagungen und Investitionen, ausgenommen Finanzinstrumente (§ 3 Abs. 2 Z 3 WAG 2007),

b) Personalkrediten und Hypothekarkrediten und Finanzierungen (Vorstellen, Anbieten und andere Vorarbeiten zu Kreditverträgen sowie deren Abschließen für den Kreditgeber) und *(BGBl I 2010/28)*

c) Lebens- und Unfallversicherungen.

(1a) Ein Kreditvermittler im Sinn von Abs. 1 Z 2 lit. b hat

a) sowohl in seiner Werbung als auch in den für die Verbraucher im Sinn des § 1 Abs. 1 Z 2 und Abs. 3 KSchG bestimmten Unterlagen auf den Umfang seiner Befugnisse hinzuweisen und insbesondere deutlich zu machen, ob er ausschließlich mit einem oder mehreren Kreditgebern oder als unabhängiger Kreditmakler arbeitet;

b) das gegebenenfalls vom Verbraucher im Sinn des § 1 Abs. 1 Z 2 und Abs. 3 KSchG an den Kreditvermittler für dessen Dienste zu zahlende Entgelt dem Verbraucher bekannt zu geben und vor Abschluss des Kreditvertrages auf Papier oder einem anderen dauerhaften Datenträger zu vereinbaren;

c) das gegebenenfalls vom Verbraucher im Sinn des § 1 Abs. 1 Z 2 und Abs. 3 KSchG an den Kreditvermittler für dessen Dienste zu zahlende Entgelt dem Kreditgeber zur Berechnung des effektiven Jahreszinses mitzuteilen und

d) die in den §§ 5, 6 und 19 Verbraucherkreditgesetz vorgesehenen Pflichten gegenüber Verbrauchern im Sinn des § 1 Abs. 1 Z 2 und Abs. 3 KSchG einzuhalten.

(BGBl I 2010/28)

(2) Bezüglich der Vermittlung von Lebens- und Unfallversicherungen unterliegt der Gewerbliche Vermögensberater den Bestimmungen der §§ 137 bis 138 und den sonstigen Bestimmungen betreffend Versicherungsvermittlung.

(3) Gewerbliche Vermögensberater sind zu den Tätigkeiten des § 2 Abs. 1 Z 15 WAG 2007 als Wertpapiervermittler (§ 94 Z 77) berechtigt. Tätigkeiten als gebundener Vermittler gemäß § 1 Z 20 WAG 2007 dürfen in diesem Fall nicht ausgeübt werden. *(BGBl I 2011/99)*

(4) Bei der Anmeldung des Gewerbes der Gewerblichen Vermögensberatung (§ 94 Z 75) ist, sofern die Tätigkeit des Wertpapiervermittlers ausgeübt wird, zusätzlich zu den Belegen gemäß § 339 Abs. 3 der Nachweis des Bestehens eines Vertretungsverhältnisses anzuschließen. Mit der Ausübung der Tätigkeit der Wertpapiervermittlung darf der Anmelder erst ab dem Zeitpunkt der Eintragung in das „GISA" beginnen. *(BGBl I 2008/42; BGBl I 2011/99; BGBl I 2015/18)*

(5) Der Gewerbetreibende hat der Gewerbebehörde unverzüglich die Endigung des letzten Vertretungsverhältnisses mitzuteilen. Nach Bekanntwerden des Wegfalls des letzten Vertretungsverhältnisses hat die Behörde unverzüglich ein Entziehungsverfahren betreffend die Tätigkeit als Wertpapiervermittler einzuleiten und, wenn ein Vertretungsverhältnis nicht unverzüglich nachgewiesen wird, die Berechtigung als Wertpapiervermittler längstens binnen zweier Monate zu entziehen. § 361 Abs. 2 erster Satz ist in diesem Fall nicht anzuwenden. „Beschwerden" gegen Entziehungsbescheide kommt keine aufschiebende Wirkung zu. Die Einleitung des Entziehungsverfahrens ist im „GISA" zu vermerken. *(BGBl I 2011/99; BGBl I 2013/85; BGBl I 2015/18)*

(6) Gewerbliche Vermögensberater haben sich für die Tätigkeit als Wertpapiervermittler ab der Eintragung dieser Tätigkeit in das „GISA" regelmäßig, spätestens jeweils innerhalb von drei Jahren, einer Schulung zu unterziehen. Der Nachweis über die Teilnahme an der Schulung ist am Standort des Gewerbes zumindest fünf Jahre zur jederzeitigen Einsichtnahme durch die Behörde bereitzuhalten. Auch ein bloß einmaliger Verstoß gegen die Verpflichtung, sich einer Schulung zu unterziehen, kann bewirken, dass der Gewerbetreibende die erforderliche Zuverlässigkeit gemäß § 87 Abs. 1 Z 3 GewO 1994 nicht mehr besitzt. Als Schulungen in genanntem Sinne gelten mindestens vierzig Stunden an einschlägigen Lehrgängen bei einer unabhängigen Ausbildungsinstitution. Die zuständige Fachorganisation der Wirtschaftskammer Österreich hat einen Lehrplan für den Schulungsinhalt zu erarbeiten, welcher einer Bestätigung des Bundesministers für Wirtschaft, Familie und Jugend[1] bedarf. Der Finanzmarktaufsicht (FMA) ist vom Bundesminister für Wirtschaft, Familie und Jugend[1] vor Erteilung der Bestätigung Gelegenheit zur Stellungnahme innerhalb angemessener Frist zu geben. *(BGBl I 2011/99; BGBl I 2015/18)*

(7) Als Wertpapiervermittler tätige Gewerbliche Vermögensberater dürfen für nicht mehr als drei Unternehmen die in § 2 Abs. 1 Z 15 WAG 2007 genannten Tätigkeiten erbringen. Der als Wertpapiervermittler tätige Gewerbliche Vermögensberater hat dem Vertragspartner (Wertpapierkunden) bei jeder Geschäftsaufnahme den jeweiligen Geschäftsherrn eindeutig offen zu legen und auf die Eintragung im Register bei der FMA hinzuweisen. Erfolgt durch den Wertpapiervermittler keine eindeutige Offenlegung des vertragsgegenständlichen Geschäftsherrn, so haften alle gemäß § 4 Abs. 8 WAG 2007 eingetragenen Geschäftsherren solidarisch. *(BGBl I 2011/99)*

(8) Gewerbliche Vermögensberater sind zu den Tätigkeiten des § 1 Z 20 WAG 2007 als gebundener Vermittler berechtigt. Tätigkeiten als Wertpapiervermittler gemäß § 2 Abs. 1 Z 15 WAG 2007 dürfen in diesem Fall nicht ausgeübt werden. *(BGBl I 2011/99)*

(9) Bei der Anmeldung des Gewerbes der Gewerblichen Vermögensberatung (§ 94 Z 75) ist, sofern die Tätigkeit des gebundenen Vermittlers ausgeübt wird, zusätzlich zu den Belegen gemäß § 339 Abs. 3 der Nachweis des Bestehens des Vertretungsverhältnisses anzuschließen. Mit der Ausübung der Tätigkeit des gebundenen Vermittlers darf der Anmelder erst ab dem Zeitpunkt der Eintragung in das „GISA" beginnen. *(BGBl I 2011/99; BGBl I 2015/18)*

(10) Der Gewerbetreibende hat der Gewerbebehörde unverzüglich die Endigung des letzten Vertretungsverhältnisses mitzuteilen. Nach Bekanntwerden des Wegfalls des Vertretungsverhältnisses hat die Behörde unverzüglich ein Entziehungsverfahren betreffend die Tätigkeit als gebundener Vermittler einzuleiten und, wenn ein Vertretungsverhältnis nicht unverzüglich nachgewiesen wird, die Berechtigung als gebundener Vermittler längstens binnen zweier Monate zu entziehen. § 361 Abs. 2 erster Satz ist in diesem Fall nicht anzuwenden. „Beschwerden" gegen Entziehungsbescheide kommt keine aufschiebende Wirkung zu. Die Einleitung des Entziehungsverfahrens ist im „GISA" zu vermerken. *(BGBl I 2011/99; BGBl I 2013/85; BGBl I 2015/18)*

(11) Gewerbliche Vermögensberater müssen bei der Annahme und Übermittlung von Aufträgen im Zusammenhang mit Veranlagungen gemäß § 1 Abs. 1 Z 3 Kapitalmarktgesetz, KMG, BGBl. Nr. 625/1991, dem § 44 WAG, BGBl. I Nr. 60/2007 in der jeweils geltenden Fassung, entsprechen. *(BGBl I 2011/99)*

(12) Die zur Ausübung des Gewerbes der Vermögensberater berechtigten Gewerbetreibenden haben für ihre Berufstätigkeit eine Vermögensschadenhaftpflichtversicherung mit einer Versicherungssumme von mindestens 1.111.675 Euro für jeden einzelnen Schadensfall und von 1.667.513 Euro für alle Schadensfälle eines Jahres abzuschließen. Dies gilt nicht für Tätigkeiten, für die eine Haftungsabsicherung im Sinne von Abs. 4 oder Abs. 9 oder § 137c besteht. Die genannten Mindestversicherungssummen erhöhen oder vermindern sich ab 15.1.2013 und danach regelmäßig alle fünf Jahre prozentuell entsprechend den von Eurostat veröffentlichten Änderungen des Europäischen Verbraucherpreisindexes, wobei sie auf den nächst höheren vollen Eurobetrag aufzurunden sind. Die Bestimmungen des § 117 Abs. 8 bis 10 sind sinngemäß anzuwenden.

(BGBl I 2002/111; BGBl I 2004/131; BGBl I 2007/60)

---

[1]) Nunmehr BMWFW (BM für Wissenschaft, Forschung und Wirtschaft) – vgl § 1 Abs 1 Z 13 BundesministerienG idF BGBl I 2014/11.

Versicherungsvermittlung

§ 137. (1) Bei der Tätigkeit der Versicherungsvermittlung handelt es sich um das Anbieten, Vorschlagen oder Durchführen anderer Vorbereitungsarbeiten zum Abschließen von Versicherungsverträgen oder das Abschließen von Versicherungsverträgen oder das Mitwirken bei deren Verwaltung und Erfüllung, insbesondere im Schadensfall. Es kann sich dabei insbesondere um Versicherungsagenten- oder um Versicherungsmaklertätigkeiten im Sinne des Versicherungsvertragsgesetzes (VersVG), BGBl. Nr. 2/1959, in der geltenden Fassung, und des Maklergesetzes, BGBl. Nr. 262/1996, in der geltenden Fassung, handeln.

(2) Nach diesem Bundesgesetz kann die Tätigkeit der Versicherungsvermittlung – entsprechend der tatsächlichen Beziehung zu Versicherungsunternehmen – in der Form „Versicherungsagent" oder in der Form „Versicherungsmakler und Berater in Versicherungsangelegenheiten" erfolgen und zwar im Umfang einer Gewerbeberechtigung nach § 94 Z 75 oder Z 76 als Nebengewerbe. Bei einem Nebengewerbe kann es sich entweder um ein sonstiges Recht im Rahmen einer Berechtigung nach diesem Bundesgesetz im Sinne des § 32 Abs. 6 oder um eine Nebentätigkeit zur Ergänzung im Rahmen einer Hauptberufstätigkeit auf Grund eines anderen Gesetzes gelieferten Waren oder erbrachten Dienstleistungen handeln.

(2a) Nebengewerbliche Tätigkeiten im Sinne des Abs. 2 sind nur soweit zulässig, als

1. ein zwingender und wirtschaftlich sinnvoller enger Zweckzusammenhang mit dem Hauptinhalt des jeweiligen Geschäftsfalles besteht,

2. ein zwingender und wirtschaftlich sinnvoller enger Zweckzusammenhang zwischen den vermittelten Versicherungsverträgen und dem Haupttätigkeitsinhalt des Gewerbetreibenden besteht und

3. im Rahmen des jeweiligen Geschäftsfalles der Umsatzerlös aus der Versicherungsvermittlung einen Anteil von 20vH des Umsatzerlöses aus dem damit verbundenen Hauptgeschäftsfall nicht überschreitet.
Ein Nebengewerbe der Versicherungsvermittlung kann bis spätestens 31. Dezember 2008 neu begründet werden. *(BGBl I 2008/42)*

(3) Die Bestimmungen über Versicherungsvermittlung gelten in gleicher Weise für die Rückversicherungsvermittlung.

(4) Sonstige Ausübende selbstständiger, nicht gewerblicher Berufe dürfen ohne eine entsprechende Gewerbeberechtigung zu begründen, Tätigkeiten der Versicherungsvermittlung nicht vornehmen.

(5) Die Bestimmungen der Abs. 1 bis 4 und der §§ 137a bis 138 und die sonstigen Bestimmungen über Versicherungsvermittlung finden keine Anwendung auf Personen, die Vermittlungsdienste für Versicherungsverträge anbieten, wenn sämtliche nachstehenden Bedingungen erfüllt sind:
a) für den betreffenden Versicherungsvertrag sind nur Kenntnisse des angebotenen Versicherungsschutzes erforderlich,
b) bei dem Versicherungsvertrag handelt es sich nicht um einen Lebensversicherungsvertrag,
c) der Versicherungsvertrag deckt keine Haftpflichtrisiken ab,
d) die betreffende Person betreibt die Versicherungsvermittlung nicht hauptberuflich,
e) die Versicherung stellt eine Zusatzleistung zur Lieferung einer Ware bzw. der Erbringung einer Dienstleistung durch einen beliebigen Anbieter dar, wenn mit der Versicherung Folgendes abgedeckt wird:
aa) das Risiko eines Defekts, eines Verlusts oder einer Beschädigung von Gütern, die von dem betreffenden Anbieter geliefert werden oder
bb) Beschädigung oder Verlust von Gepäck und andere Risiken im Zusammenhang mit einer bei dem betreffenden Anbieter gebuchten Reise, selbst wenn die Versicherung Lebensversicherungs- oder Haftpflichtrisiken abdeckt, vorausgesetzt, dass die Deckung zusätzlich zur Hauptversicherungsdeckung für Risiken im Zusammenhang mit dieser Reise gewährt wird und
f) die Jahresprämie übersteigt nicht 500 Euro, und der Versicherungsvertrag hat eine Gesamtlaufzeit, eventuelle Verlängerungen inbegriffen, von höchstens fünf Jahren.

(6) Die Bestimmungen der Abs. 1 bis 4 und der §§ 137a bis 138 und die sonstigen Bestimmungen über Versicherungsvermittlung finden weiters keine Anwendung, wenn
1. beiläufig Auskünfte erteilt werden, die im Zusammenhang mit einer anderen beruflichen Tätigkeit stehen, die nicht zum Ziel hat, den Kunden beim Abschluss oder der Handhabung eines Versicherungsvertrages zu unterstützen,
2. die berufsmäßige Verwaltung der Schadensfälle eines Versicherungsunternehmens oder die Schadensregulierung und Sachverständigenarbeit im Zusammenhang mit Schadensfällen erfolgen.

(BGBl I 2002/111; BGBl I 2004/131)

Sonstige Begriffsbestimmungen

§ 137a. (1) Versicherungsvermittler ist jede natürliche oder juristische Person oder „eingetragene" Personengesellschaft, die die Tätigkeit der Versicherungsvermittlung gegen Vergütung aufnimmt oder ausübt. Tätigkeiten gelten nicht als Versicherungsvermittlung, wenn sie von einem Versicherungsunternehmen oder einem Angestellten eines Versicherungsunternehmens, der unter der Verantwortung des Versicherungsunternehmens tätig wird, ausgeübt werden. *(BGBl I 2006/161)*

(2) Unter „dauerhafter Datenträger" wird jedes Medium verstanden, das es dem Verbraucher ermöglicht, persönlich an ihn gerichtete Informationen so zu speichern, dass diese während eines für den Informationszweck angemessenen Zeitraums abgerufen werden können, und das die unveränderte Wiedergabe der gespeicherten Daten ermöglicht. Dazu gehören insbesondere Disketten, CD-Roms, DVDs und die Festplatten von Computern, auf denen elektronische Post gespeichert wird, jedoch nicht eine Internet-Website, es sei denn, diese entspricht den im ersten Satz genannten Kriterien.

(BGBl I 2004/131)

Berufliche Anforderungen
Guter Leumund und Befähigung

§ 137b. (1) Der Einzelunternehmer oder im Falle von Gesellschaften (§ 9 Abs. 1) wenigstens ein Drittel aller dem Leitungsorgan eines Unternehmens angehörenden Personen, die für die Versicherungsvermittlung verantwortlich sind, sowie alle direkt bei der Versicherungsvermittlung mitwirkenden Beschäftigten haben die dazu erforderliche fachliche Eignung zu besitzen. Diese kann entweder durch den Befähigungsnachweis für die Gewerbe Versicherungsvermittlung oder Gewerbliche Vermögensberatung oder gemäß § 19 durch einschlägige Ausbildungsgänge oder durch adäquate Verwendungszeiten erfüllt werden.

(2) Bezüglich der direkt bei der Versicherungsvermittlung mitwirkenden Beschäftigten genügt der Nachweis über interne Einschulungen im Hinblick auf die vertriebenen Produkte oder vergleichbare Ausbildungen.

15. GewO
§§ 137b – 137c

(3) Wird die Tätigkeit der Versicherungsvermittlung ausschließlich in der Form Versicherungsagent ausgeübt und werden weder Prämien noch für den Kunden bestimmte Beträge in Empfang genommen und erfolgt die Tätigkeit aufgrund eines Nebengewerbes, so kann die fachliche Eignung, sofern eine Verordnung nach § 18 dies vorsieht, durch eine Bestätigung des Versicherungsunternehmens (der Versicherungsunternehmen) über eine Ausbildung, die den Anforderungen im Zusammenhang mit den vertriebenen Produkten entspricht, erfolgen.

(4) Bezüglich der fachlichen Eignung bei nebengewerblicher Tätigkeit, bei eingeschränkter Tätigkeit und in den in Abs. 2 und 3 genannten Fällen können in einer Verordnung gemäß § 18 nähere Vorschriften getroffen werden. Der Inhalt der nachzuweisenden Befähigung hat dabei aus allgemeinem versicherungsspezifischem Grundwissen entsprechend der beabsichtigten Ausübungsform und spartenspezifischem Wissen im Hinblick auf die zulässigen Versicherungszweige entsprechend dem jeweiligen Nebengewerbe oder der Gewerbeeinschränkung zu bestehen. *(BGBl I 2008/42)*

(5) Die dem Leitungsorgan eines Unternehmens angehörenden Personen sowie alle direkt bei der Versicherungsvermittlung mitwirkenden Beschäftigten dürfen nicht nach § 13 Abs. 1 bis 4 von der Ausübung eines Gewerbes ausgeschlossen sein.

(6) Die Behörde überprüft regelmäßig das Vorliegen der Anforderungen nach Abs. 1 bis 5, im Falle des Absatzes 3 unter Mitwirkung des Versicherungsunternehmens (der Versicherungsunternehmen), das eine Bestätigung abgegeben hat (die eine Bestätigung abgegeben haben). Die zur Versicherungsvermittlung Berechtigten sind verpflichtet, die nötigen Aufzeichnungen zu führen und evident zu halten und die Überprüfung bei Bedarf zu ermöglichen.

(7) In einem anderen „Vertragsstaat des EWR" eingetragene Versicherungsvermittler dürfen die Tätigkeit der Versicherungsvermittlung im Rahmen des freien Dienstleistungsverkehrs auch in Österreich ausüben. Dies erfordert eine Verständigung der zuständigen Behörden durch die zuständigen Behörden des Herkunftsmitgliedstaates. Wird eine Niederlassung in Österreich begründet, so sind als Voraussetzung für die Eintragung im „GISA (Versicherungsvermittlerregister)" die Registereintragung im Herkunftsstaat unter Vorlage der dieser zu Grunde liegenden Nachweise und eine Haftpflichtabsicherung gemäß § 137c nachzuweisen. Ein Verfahren gemäß dem VI. Hauptstück entfällt. *(BGBl I 2015/18)*

(BGBl I 2004/131)

Haftpflichtabsicherung, Verfahrensbestimmungen

§ 137c. (1) Zur Erlangung einer Berechtigung zur Tätigkeit der Versicherungsvermittlung ist eine für das gesamte Gebiet der Gemeinschaft geltende Berufshaftpflichtversicherung oder eine andere, die Haftpflicht bei Verletzung beruflicher Sorgfaltspflichten abdeckende wirtschaftlich und rechtlich dazu mindestens gleichwertige umfassende Deckungsgarantie in Höhe von mindestens 1 000 000 Euro für jeden einzelnen Schadensfall und von 1 500 000 Euro für alle Schadensfälle eines Jahres nachzuweisen. Die genannten Mindestversicherungssummen erhöhen oder vermindern sich ab 15.1.2008 und danach regelmäßig alle fünf Jahre prozentuell entsprechend den von Eurostat veröffentlichten Änderungen des Europäischen Verbraucherpreisindexes, wobei sie auf den nächst höheren vollen Eurobetrag aufzurunden sind. Die Berufshaftpflichtversicherung muss bei einem Unternehmen erfolgen, das zum Geschäftsbetrieb in Österreich befugt ist. Auf den Versicherungsvertrag muss österreichisches Recht anwendbar und der Gerichtsstand Österreich sein.

(2) Anstelle der Berufshaftpflichtversicherung oder Deckungsgarantie nach Abs. 1 gilt für Tätigkeiten der Versicherungsvermittlung, wenn die Versicherungsvermittlung nur für ein oder – wenn die Versicherungsprodukte nicht zueinander in Konkurrenz stehen – mehrere Versicherungsunternehmen ausgeübt wird, auch eine wirtschaftlich und rechtlich dazu mindestens gleichwertige von einem Versicherungsunternehmen oder Rückversicherungsunternehmen, in dessen Namen der Versicherungsvermittler handelt oder zu handeln befugt ist, abgegebene uneingeschränkte Haftungserklärung. Mehrere Unternehmen, die eine Haftungserklärung abgegeben haben, haften dort, wo es keine örtliche Zurechenbarkeit gibt, solidarisch.

(3) Bei der Anmeldung des Gewerbes der Gewerblichen Vermögensberatung (§ 94 Z 75), soferne die Tätigkeit der Versicherungsvermittlung nicht durch den Gewerbeumfang ausgeschlossen ist, und des Gewerbes der Versicherungsvermittlung (§ 94 Z 76) sowie bei der Begründung des Nebengewerbes zur Versicherungsvermittlung ist zusätzlich zu den Erfordernissen gemäß § 339 Abs. 3 der Nachweis der Berufshaftpflichtversicherung oder einer sonstigen Haftungsabsicherung gemäß Abs. 1 oder 2 und soweit Kundengelder entgegengenommen werden sollen, der Nachweis getrennter Kundenkonten „im Sinne des § 138 Abs. 2" zu erbringen. Sind Versicherungsagententätigkeiten beabsichtigt, so ist auch jedes einzelne Agenturverhältnis einschließlich Versicherungszweig(en) anzuzeigen. Mit der Gewerbeausübung darf der Anmelder erst ab dem Zeitpunkt der Eintragung in das „GISA (Versicherungsvermittlerregister)" beginnen. *(BGBl I 2008/42; BGBl I 2015/18)*

(4) Bei Leistungsfreiheit des Versicherers gegenüber dem Versicherungsnehmer aus der Berufshaftpflichtversicherung gelten betreffend die Meldung des Versicherers an die für den Versicherungs- oder Rückversicherungsvermittler örtlich zuständige Behörde und betreffend die Haftung des Versicherers in Ansehung eines Dritten die Bestimmungen des § 92 GewO 1994 und die Bestimmungen der §§ 158b bis 158i des VersVG, BGBl. Nr. 2/1959, in der geltenden Fassung. Der § 92 GewO 1994 und die §§ 158b bis 158i des VersVG sind auch für Fälle einer sonstigen Haftungsabsicherung gemäß Abs. 1 oder 2 anzuwenden. § 158c Abs. 2 VersVG gilt mit der Maßgabe, dass der Umstand, der das Nichtbestehen oder die Beendigung des Versicherungsverhältnisses zur Folge hat, gegenüber dem Dritten erst nach Ablauf von zwei Monaten wirksam wird, nachdem der Versicherer diesen Umstand der „ " Behörde angezeigt hat. *(BGBl I 2015/18)*

(5) Bei Wegfall einer Berufshaftpflichtversicherung oder einer sonstigen Haftungsabsicherung im Sinne von Abs. 1 oder 2 hat die Behörde unverzüglich eine vorläufige Streichung im GISA (Versicherungsvermittlerregister) anzumerken und ein Gewerbeentziehungsverfahren einzuleiten und, wenn eine neuerliche Berufshaftpflichtversicherung oder Haftungsabsicherung unverzüglich nachgewiesen wird, die Gewerbeberechtigung längstens binnen zwei Monaten zu entziehen. § 361 Abs. 2 ist in diesem Fall nicht anzuwenden. Beschwerden gegen Entziehungsbescheide kommt keine aufschiebende Wirkung zu. Die Einleitung des Gewerbeentziehungsverfahrens ist im GISA (Versicherungsvermittlerregister) zu vermerken. Wenn eine Tätigkeit in einem anderen Vertragsstaat des EWR im GISA (Versicherungsvermittlerregister) vermerkt ist (§§ 365a Abs. 1 Z 13 und 365b Abs. 1 Z 10), unterrichtet die Behörde die zuständigen Behörden des anderen Vertragsstaates des EWR von der Streichung. *(BGBl I 2015/18)*

(BGBl I 2004/131)

Mitteilung der Dienstleistung und Niederlassung in anderen Mitgliedstaaten

§ 137d. (1) Jeder in Österreich eingetragene Versicherungsvermittler, der die tatsächliche Absicht hat, erstmalig in einem oder mehreren anderen Mitgliedstaaten im Rahmen der Dienstleistungsfreiheit oder der Niederlassungsfreiheit tätig zu werden, hat dies – im Falle einer Niederlassung, unter Angabe der Niederlassungsadresse sowie des Repräsentanten der Niederlassung - der Behörde seines Standortes mitzuteilen. „Die Behörde hat die Eintragung der Daten im GISA (Versicherungsvermittlerregister) vorzunehmen." *(BGBl I 2008/42; BGBl I 2015/18)*

(2) Innerhalb eines Monats nach der Mitteilung gemäß Abs. 1 hat die Behörde den zuständigen Behörden der Aufnahmemitgliedstaaten, die eine entsprechende Information bei der Europäischen Kommission verlangt haben, die Absicht des Versicherungsvermittlers bekannt zu geben. Dieser darf nach Ablauf von einem Monat nach der Mitteilung seine Tätigkeit aufnehmen. Er darf seine Tätigkeit sofort aufnehmen, wenn der Aufnahmemitgliedstaat diese Information nicht verlangt.

(3) Bei Endigung der Gewerbeberechtigung hat die Behörde dies den zuständigen Behörden der Aufnahmemitgliedstaaten, die eine Information gemäß Abs. 2 verlangt haben, mitzuteilen.

(4) Der Bundesminister für Wirtschaft und Arbeit[1] teilt der Europäischen Kommission mit, dass die zuständigen Behörden zu informieren sind, wenn ein Versicherungsvermittler aus dem EU/EWR-Ausland in Österreich tätig werden will. Der Bundesminister für Wirtschaft und Arbeit[1] informiert weiters die Europäische Kommission über die Bedingungen, unter denen die Versicherungsvermittlung in Österreich auszuüben ist, und trifft, soweit erforderlich, sonstige Maßnahmen zur Bekanntmachung dieser Bedingungen.

(5) Der Bundesminister für Wirtschaft und Arbeit[1] benennt der Europäischen Kommission alle Behörden, zu deren Wirkungsbereich die Anmeldung, Ausübung und Beendigung des Gewerbes der Versicherungsvermittlung sowie die Überwachung der Einhaltung der gewerberechtlichen Bestimmungen und der Sanktionierung von allfälligen Verletzungen gehören.

(BGBl I 2004/131)

---
[1] *Nunmehr BMWFW (BM für Wissenschaft, Forschung und Wirtschaft) – vgl § 1 Abs 1 Z 13 BundesministerienG idF BGBl I 2014/11.*

Informationsaustausch zwischen den Mitgliedstaaten

§ 137e. (1) Die Behörden haben mit den zuständigen Behörden der anderen EU/EWR-Mitgliedstaaten zusammenzuarbeiten, um die ordnungsgemäße Anwendung der Richtlinie 2002/92/EG über Versicherungsvermittlung, ABl. Nr. L 9 vom 15.1.2003 S. 3 zu gewährleisten.

(2) Die Behörden tauschen mit den zuständigen Behörden der anderen EU/EWR-Mitgliedstaaten Informationen über die Versicherungs- und Rückversicherungsvermittler aus, gegen die eine Sanktion gemäß §§ 366 oder 367 verhängt wurde, sofern diese Informationen geeignet sind, zur Streichung dieser Vermittler aus dem Register zu führen. Außerdem tauschen die Behörden auf Antrag einer zuständigen Behörde eines anderen

15. GewO
§§ 137e – 137f

EU/EWR-Mitgliedstaates alle einschlägigen Informationen untereinander aus.
(BGBl I 2004/131)

Ausübungsgrundsätze
Informationspflichten

§ 137f. (1) Versicherungsvermittler haben im Geschäftsverkehr als solche aufzutreten. Die bei der Versicherungsvermittlung verwendeten eigenen Papiere und Schriftstücke haben „deutlich sichtbar im Kopf oder in der Fußzeile" Namen und Anschrift, die „GISA-Zahl" sowie die Bezeichnung „Versicherungsvermittler"[1)] zu enthalten. *(BGBl I 2008/42; BGBl I 2015/18)*

(2) Für Versicherungsvermittler ausschließlich in der Form „Versicherungsagent"[1)], gilt Abs. 1 mit dem Unterschied, dass sie als solche aufzutreten und Papiere und Schriftstücke „deutlich sichtbar im Kopf oder in der Fußzeile" den Hinweis „Versicherungsagent"[1)] und alle Agenturverhältnisse zu enthalten haben. *(BGBl I 2008/42)*

(3) Für Versicherungsvermittler ausschließlich in der Form „Versicherungsmakler und Berater in Versicherungsangelegenheiten"[1)], gilt Abs. 1 mit dem Unterschied, dass sie als solche aufzutreten und Papiere und Schriftstücke „deutlich sichtbar im Kopf oder in der Fußzeile" den Hinweis „Versicherungsmakler und Berater in Versicherungsangelegenheiten"[1)] zu enthalten haben. *(BGBl I 2008/42)*

(4) Gewerbetreibende, die das Recht zur Versicherungsvermittlung auf Grund einer Berechtigung zur Gewerblichen Vermögensberatung (§ 94 Z 75) besitzen, haben im Geschäftsverkehr und auf Papieren und Schriftstücken „deutlich sichtbar im Kopf oder in der Fußzeile" hinzuweisen, dass sie zur Versicherungsvermittlung bezüglich Lebens- und Unfallversicherungen berechtigt sind. Erfolgt die Tätigkeit ausschließlich in der in Abs. 2 oder in Abs. 3 genannten Form, hat der Hinweis sinngemäß Abs. 2 oder Abs. 3 zu berücksichtigen. *(BGBl I 2008/42)*

(5) Gewerbetreibende, die die Tätigkeit der Versicherungsvermittlung als Nebengewerbe „bzw. als ein eingeschränktes Gewerbe" angemeldet haben, haben im Geschäftsverkehr und auf Papieren und Schriftstücken „deutlich sichtbar im Kopf oder in der Fußzeile" auf das Nebengewerbe „bzw. auf das eingeschränkte Gewerbe" hinzuweisen. Erfolgt die Tätigkeit ausschließlich in der in Abs. 2 oder in Abs. 3 genannten Form, hat der Hinweis sinngemäß Abs. 2 oder Abs. 3 zu berücksichtigen. *(BGBl I 2008/42)*

(6) Besteht eine Berechtigung zum Empfang von Prämien für das Versicherungsunternehmen oder von für den Kunden bestimmten Beträgen, so ist auch dies im Sinne von Abs. 1 bis 5 deutlich zu machen.

(7) Der Versicherungsvermittler ist verpflichtet, dafür zu sorgen, dass dem Versicherungskunden bei Abschluss jedes ersten Versicherungsvertrags und nötigenfalls bei Änderung oder Erneuerung des Vertrags folgende Informationen vor Abgabe der Vertragserklärung des Kunden gegeben werden:

1. seinen Namen und seine Anschrift;

2. in welches Register er eingetragen wurde und auf welche Weise sich die Eintragung überprüfen lässt;

3. ob er eine direkte oder indirekte Beteiligung von über 10 vH an den Stimmrechten oder am Kapital eines bestimmten Versicherungsunternehmens hält;

4. ob ein bestimmtes Versicherungsunternehmen oder dessen Mutterunternehmen an seinem Unternehmen eine direkte oder indirekte Beteiligung von über 10 vH der Stimmrechte oder am Kapital hält;

5. Angaben über Beschwerdemöglichkeiten betreffend die Versicherungsvermittlung.

(8) Bei einem Beratungsgespräch hat der Versicherungsvermittler entweder in der Form „Versicherungsagent"[1)] oder in der Form „Versicherungsmakler und Berater in Versicherungsangelegenheiten"[1)] tätig zu werden. Im Hinblick auf jeden einzelnen angebotenen Vertrag hat der Versicherungsvermittler vor Abgabe der Vertragserklärung des Kunden diesem mitzuteilen:

1. ob er seinen Rat gemäß Absatz 9 auf eine ausgewogene Marktuntersuchung stützt, oder

2. ob er vertraglich gebunden ist und entweder

a) verpflichtet ist, Versicherungsvermittlungsgeschäfte bezüglich des vertragsgegenständlichen Versicherungsprodukts ausschließlich mit einem Versicherungsunternehmen zu tätigen.

In diesem Fall teilt er dem Kunden auf Nachfrage auch die Namen allfälliger sonstiger Versicherungsunternehmen mit, an die er vertraglich gebunden ist, wobei der Kunde über dieses Recht zu informieren ist oder

b) zwar nicht verpflichtet ist, Versicherungsvermittlungsgeschäfte bezüglich des vertragsgegenständlichen Versicherungsprodukts ausschliesslich mit einem Versicherungsunternehmen zu tätigen, aber seinen Rat wegen seiner vertraglichen Bindungen nicht auf eine ausgewogene Marktuntersuchung (Z 1) stützt.

In diesem Fall teilt er dem Kunden auch die Namen der Versicherungsunternehmen mit, mit denen er Versicherungsgeschäfte tätigen darf und auch tätigt.

(9) Teilt der Versicherungsvermittler dem Kunden mit, dass er auf der Grundlage einer objektiven Untersuchung berät, so ist er verpflichtet, seinen Rat auf eine Untersuchung im Sinne von § 28 Z 3 des Maklergesetzes, BGBl. Nr. 262/1996, in der geltenden Fassung von auf

dem Markt angebotenen Versicherungsverträgen zu stützen. Im Fall von Abs. 8 Z 2 lit. b gilt dies eingeschränkt auf die Versicherungsverträge, die von den Versicherungsunternehmen, für die der Versicherungsvermittler Versicherungsgeschäfte tätigen darf und auch tätigt, angeboten werden.

(BGBl I 2004/131)

[1] *Hervorhebung des Gesetzgebers.*

Beratung und Dokumentation

§ 137g. (1) Der Versicherungsvermittler hat den Kunden, abgestimmt auf die Komplexität des angebotenen Versicherungsvertrags, entsprechend den Angaben, Wünschen und Bedürfnissen des Kunden zu beraten. Bei Abschluss eines Versicherungsvertrags hat der Versicherungsvermittler vor Abgabe der Vertragserklärung des Kunden, insbesondere anhand der vom Kunden gemachten Angaben, zumindest dessen Wünsche und Bedürfnisse sowie die Gründe für jeden diesem zu einem bestimmten Versicherungsprodukt erteilten Rat genau anzugeben.

(2) Die Verpflichtungen gemäß Abs. 1 und gemäß § 137f Abs. 7 und 8 bestehen nicht bei der Vermittlung von Versicherungen für Großrisiken im Sinne von Artikel 5 Buchstabe d) der Richtlinie 73/239/EWG zur Koordinierung der Rechts- und Verwaltungsvorschriften betreffend die Aufnahme und Ausübung der Tätigkeit der Direktversicherung (mit Ausnahme der Lebensversicherung), ABl. Nr. L 228 vom 16. August 1973 S. 3 in der Fassung der Richtlinie 02/87/EG zur Änderung der Richtlinie 73/239/EWG über die Solvabilitätsspanne für Schadenversicherungsunternehmen, ABl. Nr. L 77 vom 20. März 2002 S. 17 und bei der Rückversicherungsvermittlung.

Fassung ab 1. 1. 2016 (BGBl I 2015/34):
(2) Die Verpflichtungen gemäß Abs. 1 und gemäß § 137f Abs. 7 und 8 bestehen nicht bei der Vermittlung von Versicherungen für Großrisiken im Sinne von „Art. 13 Nr. 27 der Richtlinie 2009/138/EG betreffend die Aufnahme und Ausübung der Versicherungs- und Rückversicherungstätigkeit (Solvabilität II) (Neufassung), ABl. Nr. L 335 vom 17.12.2009 S. 1, zuletzt geändert durch die Richtlinie 2014/51/EU, ABl. Nr. L 153 vom 22.05.2014 S. 1" und bei der Rückversicherungsvermittlung. (BGBl I 2015/34)

(BGBl I 2004/131)

Einzelheiten der Auskunftserteilung

§ 137h. (1) Die den Kunden nach § 137f Abs. 7 und 8 und § 137g zustehenden Auskünfte und Dokumentationen sind wie folgt zu geben:
1. auf Papier oder auf einem anderen, dem Kunden zur Verfügung stehenden und zugänglichen dauerhaften Datenträger;

2. in klarer, genauer und für den Kunden verständlicher Form;
3. in deutscher oder in jeder anderen von den Parteien vereinbarten Sprache.

(2) Abweichend von Abs. 1 Z 1 reicht eine mündliche Auskunftserteilung aus, wenn der Kunde dies von sich aus nachweislich wünscht oder wenn eine Sofortdeckung erforderlich ist. In diesen Fällen werden die Auskünfte in der nach Abs. 1 vorgeschriebenen Form unmittelbar nach Abschluss des Versicherungsvertrags erteilt.

(3) Handelt es sich um einen Telefonverkauf, so haben die vor dem Abschluss dem Kunden erteilten Auskünfte den Gemeinschaftsvorschriften über den Fernabsatz von Finanzdienstleistungen an Verbraucher zu entsprechen. Zusätzlich sind die in Abs. 1 genannten Auskünfte in der dort vorgeschriebenen Form unmittelbar nach Abschluss des Versicherungsvertrags zu erteilen.

(4) Der Bundesminister für Wirtschaft und Arbeit[1] kann nach Anhörung des für Angelegenheiten des Konsumentenschutzes zuständigen Bundesministers und des Bundesministers für Justiz durch Verordnung einen genauen Wortlaut für die Auskunftserteilung nach § 137f Abs. 7 und 8 und § 137g festlegen und Inhalt und Art und Weise der dem Kunden zu erteilenden Auskünfte regeln.

(BGBl I 2004/131)

[1] *Nunmehr BMWFW (BM für Wissenschaft, Forschung und Wirtschaft) – vgl § 1 Abs 1 Z 13 BundesministerienG idF BGBl I 2014/11.*

Sonstige Bestimmungen

§ 138. (1) Ein Honorar lediglich für eine Beratung darf nur verlangt werden, wenn dies vorweg im Einzelnen vereinbart worden ist. Kommt es in derselben Sache zum Abschluss eines Versicherungsvertrages, so entfällt der Honoraranspruch in der Höhe der Provision. Zur Berechnung im Streitfall ist im Zweifel eine ortsübliche Provision heranzuziehen.

(2) Vom Versicherungskunden für den Versicherer oder vom Versicherer für den Versicherungskunden bestimmte Geldbeträge sind stets über streng getrennte, bei einem Kreditinstitut geführte Kundenkonten (offene Treuhandkonten, Anderkonten) weiterzuleiten. Vom Versicherungsvermittler entgegengenommene Barbeträge sind unverzüglich auf diese Kundenkonten einzuzahlen.

(3) Versicherungsvermittler sind auch zur Vermittlung von Bausparverträgen und von Leasingverträgen über bewegliche Sachen berechtigt.

(4) *(entfällt, BGBl I 2011/99)*

(5) Für die Endigung eines Nebengewerbes der Versicherungsvermittlung (§ 137 Abs. 2) gelten unbeschadet des § 137c iVm § 87 die §§ 85 und

86 sinngemäß. Darüberhinaus endet das Recht mit Enden der Haupttätigkeit. Dies ist der Behörde anzuzeigen.

(6) Jede Änderung der im „GISA (Versicherungsvermittlerregister)" geführten Daten ist der Behörde unverzüglich anzuzeigen. *(BGBl I 2015/18)*

(BGBl I 2002/111; BGBl I 2004/131)
...

IV. HAUPTSTÜCK
Behörden und Verfahren

2. Besondere Verfahrensbestimmungen

o) Gewerbeinformationssystem Austria – GISA

Daten über natürliche Personen

§ 365a. (1) Die Behörde hat natürliche Personen in das GISA einzutragen, die in der Funktion als Gewerbeinhaber, Fortbetriebsberechtigte, Geschäftsführer oder Filialgeschäftsführer tätig sind. Hinsichtlich der genannten Personen sind folgende Daten in das GISA einzutragen:
1. die Funktion, in der die natürliche Person tätig wird,
2. Familien- oder Nachname und Vorname,
3. akademische Grade, akademische Berufsbezeichnungen sowie Standesbezeichnungen,
4. Geburtsdatum,
5. die genaue Bezeichnung des Gewerbes,
6. der Standort der Gewerbeberechtigung und die Standorte weiterer Betriebsstätten,
7. das Datum des Entstehens und der Endigung der Gewerbeberechtigung und des Beginns und der Einstellung der Ausübung des Gewerbes in einer weiteren Betriebsstätte,
8. die Angabe, durch wen die Bestellung des Geschäftsführers oder des Filialgeschäftsführers vorgenommen wurde,
9. Beginn und Ende der Funktion als Geschäftsführer oder Filialgeschäftsführer,
10. die Art des Fortbetriebes,
11. die GISA-Zahl und die Global Location Number (GLN),
12. die Firma und die Firmenbuchnummer,
13. bei Gewerbetreibenden, die die Gewerbe Gewerbliche Vermögensberatung (§ 94 Z 75), sofern die Tätigkeit der Versicherungsvermittlung nicht durch den Gewerbeumfang ausgeschlossen ist, oder Versicherungsvermittlung, sei es auch nur als Nebengewerbe (§ 94 Z 76), angemeldet haben, auch jene anderen Vertragsstaaten des EWR, in denen der Versicherungsvermittler tätig ist einschließlich die Adresse einer ausländischen Niederlassung, Familien- oder Nachname und Vorname des Repräsentanten dieser Niederlassung, sowie die Bezeichnung, Rechtsform und Firmenbuchnummer die Haftung absichernder Unternehmen im Sinne des § 137c Abs. 1 oder 2 sowie einen Hinweis, ob die Absicherung nach § 137c Abs. 1 oder 2 erfolgt, einzutragen ist weiters eine Haftungsabsicherung gemäß § 136a Abs. 12 sowie gegebenenfalls entweder die Tätigkeit als Wertpapiervermittler oder als gebundener Vermittler, der Vermerk der Einleitung eines Entziehungsverfahrens sowie beim Gewerbe des Immobilientreuhänders eine Haftungsabsicherung gemäß § 117 Abs. 7,

14. einen Hinweis, ob das Gewerbe der Versicherungsvermittlung in der Form „Versicherungsagent" oder in der Form „Versicherungsmakler und Berater in Versicherungsangelegenheiten"[1] ausgeübt wird; wird das Gewerbe in beiden Formen ausgeübt, entfällt ein solcher Hinweis; bei Gewerblichen Vermögensberatern, sofern die Tätigkeit der Versicherungsvermittlung nicht durch den Gewerbeumfang ausgeschlossen ist, dass Versicherungsvermittlung bezüglich Lebens- und Unfallversicherungen zulässig ist sowie bei Gewerbetreibenden, die die Versicherungsvermittlung als Nebengewerbe angemeldet haben, den Vermerk „Nebengewerbe";[1] wird die Versicherungsvermittlung ausschließlich in einer der genannten Formen ausgeübt, auch in welcher Form,

15. alle Agenturverhältnisse eines Vermittlers einschließlich Versicherungszweig(e), wobei die Meldung gegenüber dem GISA über Abschluss und Beendigung auch durch das Versicherungsunternehmen, und zwar auch in automationsunterstützter Form, erfolgen kann,

16. bei Gewerbetreibenden, die die Gewerbe Gewerbliche Vermögensberatung (§ 94 Z 75) sofern die Tätigkeit der Versicherungsvermittlung nicht durch den Gewerbeumfang ausgeschlossen ist, oder Versicherungsvermittlung, sei es auch nur als Nebengewerbe (§ 94 Z 76), angemeldet haben, wenn eine Berechtigung zum Empfang von Prämien für ein Versicherungsunternehmen oder von für den Kunden bestimmten Beträgen besteht, das Bestehen dieser Empfangsberechtigung sowie der Name des Versicherungsunternehmens,

17. bei Gewerbetreibenden, die das Baumeistergewerbe (§ 94 Z 5) oder ein dem Baumeistergewerbe entstammendes Teilgewerbe ausüben, der Bestand einer Haftpflichtversicherung im Sinne des § 99 Abs. 7, und

18. bei Versicherungsvermittlern im Sinne des § 137a, Immobilientreuhändern im Sinne des § 117, Gewerbetreibenden, die das Baumeistergewerbe (§ 94 Z 5) oder ein dem Baumeistergewerbe entstammendes Teilgewerbe ausüben und Gewerblichen Vermögensberatern im Sinne des

15. GewO
§ 365a

§ 136a das Ruhen und die Wiederaufnahme der Gewerbeausübung.

(2) Weiters sind in das GISA einzutragen:

1. der Familien- oder Nachname vor der ersten Eheschließung oder vor der ersten Begründung einer eingetragenen Partnerschaft,
2. das Geschlecht,
3. das Geburtsland und der Geburtsort,
4. die Wohnanschrift,
5. die Staatsangehörigkeit,
6. die Sozialversicherungsnummer und nach Maßgabe des § 39 Abs. 4 die Dienstgeberkontonummer,
7. Nachsichtsvermerke und Vermerke über die Feststellung der individuellen Befähigung gemäß § 19,
8. Anerkennungen gemäß § 373c und Gleichhaltungen gemäß §§ 373d und 373e,
9. die Gründe für die Endigung der Gewerbeberechtigung und für den Widerruf der Bestellung zum Geschäftsführer oder Filialgeschäftsführer,
10. folgende Daten über natürliche Personen, bei denen ein Verfahren auf Feststellung der individuellen Befähigung, auf Erteilung einer Nachsicht von den Voraussetzungen für die Ausübung von Gewerben, auf Erteilung einer Anerkennung gemäß § 373c oder einer Gleichhaltung gemäß §§ 373d oder 373e geführt wurde und die nicht nach Abs. 1 einzutragen sind:

a) die in Abs. 1 Z 2 bis 5 genannten Daten,

b) Ausgang des Verfahrens, zuständige Behörde sowie das Datum und die Geschäftszahl der Erledigung.

In Fällen, in denen das Verfahren mit Abweisung, Zurückweisung, Untersagung der Ausübung des Gewerbes oder Zurückziehen des Antrages geendet hat, hat die Behörde die Daten aus dem GISA nach Ablauf eines Jahres nach der Eintragung zu löschen.

11. aus dem Tätigkeitsbereich Wirtschaft bPK-WT unverschlüsselt und aus dem Tätigkeitsbereich Personenidentität und Bürgerrechte (zur Person) bPK-ZP verschlüsselt (§ 9 E-Government-Gesetz – E-GovG, BGBl. I Nr. 10/2004, in der jeweils geltenden Fassung),

12. die Kennzahl Unternehmerregister (KUR).

(3) Daten über strafgerichtliche Verurteilungen dürfen in das GISA nicht eingetragen werden. Daten über strafgerichtliche Verurteilungen dürfen ausschließlich zum amtlichen Gebrauch während eines vor der Behörde durchzuführenden Verfahrens, höchstens jedoch drei Tage lang, im GISA gespeichert werden.

(4) Betrifft eine Eingabe bei der Behörde die Tätigkeit einer natürlichen Person als Gewerbeinhaber, Fortbetriebsberechtigter, Geschäftsführer, Filialgeschäftsführer oder befähigter Arbeitnehmer gemäß § 37 Abs. 1, so hat die Partei der Behörde die Sozialversicherungsnummer der betreffenden natürlichen Person bekanntzugeben.

(5) Die Behörde ist zur Abfrage folgender Daten mittels automationsunterstützter Datenübermittlung befugt, soweit das Erfassen der Daten zur Vollziehung der gewerberechtlichen Vorschriften erforderlich ist:

1. aus dem Zentralen Personenstandsregister Familien- oder Nachname, Vorname, Geburtsdatum, Geburtsort, Geschlecht, Staatsangehörigkeit und den Zeitpunkt des Todes der natürlichen Person;

2. aus dem Zentralen Melderegister Familien- oder Nachname, Vorname, Geburtsdatum, Geburtsort, Geschlecht, Staatsangehörigkeit und die Wohnanschrift; die Berechtigung zur Abfrage des Zentralen Melderegisters umfasst auch Verknüpfungsabfragen im Sinne des § 16a Abs. 3 Meldegesetz 1991;

3. aus dem Strafregister Daten über nicht getilgte strafgerichtliche Verurteilungen, auch wenn die verhängte Freiheitsstrafe drei Monate oder die Geldstrafe 180 Tagessätze nicht übersteigt;

4. aus dem Datenbestand des Hauptverbandes der österreichischen Sozialversicherungsträger

a) Sozialversicherungsnummern der im Abs. 4 genannten natürlichen Personen und Dienstgeberkontonummern von nach diesem Bundesgesetz zu bestellenden Geschäftsführern, die Arbeitnehmer sind, und

b) Versicherungsdaten über Dienstverhältnisse; und

5. aus dem Finanzstrafregister Daten über Finanzvergehen gemäß § 13 Abs. 2.

„Der Bundesminister für Inneres ist verpflichtet, dem Bundesminister für Wissenschaft, Forschung und Wirtschaft zum Zweck des Aufbaus und der Führung von GISA in geeigneter elektronischer Form aus dem Zentralen Melderegister einmal die in Z 2 genannten Daten über natürliche Personen, die gemäß Abs. 1 und Abs. 2 Z 10 und gemäß § 365b Abs. 2 Z 3 in das GISA einzutragen sind und für die ein bPK berechnet worden ist, zu übermitteln. Danach ist der Änderungsdienst gemäß § 16c Meldegesetz zu verwenden, wobei die Kosten im Einvernehmen zwischen dem Bundesminister für Inneres und dem Bundesminister für Wissenschaft, Forschung und Wirtschaft vereinbart werden. Steht zum Zeitpunkt der Inbetriebnahme von GISA der Änderungsdienst noch nicht zur Verfügung, hat der Bundesminister für Inneres dem Bundesminister für Wissenschaft, Forschung und Wirtschaft vor Inanspruchnahme des Änderungsdienstes die in Z 2 genannten Daten über natürliche Personen, die gemäß Abs. 1 und Abs. 2 Z 10 und gemäß § 365b Abs. 2 Z 3 in das GISA einzutragen sind und für die ein bPK berechnet worden ist, aktualisiert in geeigneter

15. GewO
§§ 365a – 365b

elektronischer Form aus dem Zentralen Melderegister nochmals zu übermitteln. Weiters ist der Bundesminister für Inneres verpflichtet, dem Bundesminister für Wissenschaft, Forschung und Wirtschaft ab Inbetriebnahme von GISA die Daten betreffend den Tag und Ort des Todes von natürlichen Personen, die gemäß Abs. 1 und Abs. 2 Z 10 und gemäß § 365b Abs. 2 Z 3 in das GISA einzutragen sind, aus dem Zentralen Personenstandsregister zu übermitteln."

(BGBl I 2015/18; BGBl I 2015/48)

(BGBl I 2015/18)

---
[1]) Hervorhebung des Gesetzgebers.

Daten betreffend andere Rechtsträger als natürliche Personen

§ 365b. (1) Die Behörde hat andere Rechtsträger als natürliche Personen in das GISA einzutragen, die ein Gewerbe in der Funktion als Gewerbeinhaber oder Fortbetriebsberechtigte ausüben. Hinsichtlich der genannten Rechtsträger sind folgende Daten in das GISA einzutragen:

1. die Funktion, in der der Rechtsträger das Gewerbe ausübt,

2. die genaue Bezeichnung des Gewerbes,

3. der Standort der Gewerbeberechtigung und die Standorte weiterer Betriebsstätten,

4. die für Zustellungen maßgebliche Geschäftsanschrift,

5. das Datum des Entstehens und der Endigung der Gewerbeberechtigung und des Beginns und der Einstellung der Ausübung des Gewerbes in einer weiteren Betriebsstätte,

6. die Art des Fortbetriebes,

7. die Rechtsform,

8. die GISA-Zahl und die Global Location Number (GLN),

9. die Firma und die Firmenbuchnummer oder die ZVR-Zahl,

10. bei Gewerbetreibenden, die die Gewerbe Gewerbliche Vermögensberatung (§ 94 Z 75), sofern die Tätigkeit der Versicherungsvermittlung nicht durch den Gewerbeumfang ausgeschlossen ist, oder Versicherungsvermittlung, sei es auch nur als Nebengewerbe (§ 94 Z 76), angemeldet haben, auch den Namen der vertretungsbefugten Mitglieder des Leitungsorgans (Hinweis auf das Firmenbuch) sowie jene anderen Vertragsstaaten des EWR, in denen der Versicherungsvermittler tätig ist einschließlich die Adresse einer ausländischen Niederlassung, Familien- oder Nachname und Vorname des Repräsentanten dieser Niederlassung sowie die Bezeichnung, Rechtsform und Firmenbuchnummer die Haftung absichernder Unternehmen im Sinne des § 137c Abs. 1 oder 2 sowie einen Hinweis, ob die Absicherung nach § 137c Abs. 1 oder 2 erfolgt, einzutragen ist weiters eine Haftungsabsicherung gemäß § 136a Abs. 12 sowie gegebenenfalls die Tätigkeit als gebundener Vermittler, der Vermerk der Einleitung eines Entziehungsverfahrens sowie beim Gewerbe des Immobilientreuhänders eine Haftungsabsicherung gemäß § 117 Abs. 7,

11. einen Hinweis, ob das Gewerbe der Versicherungsvermittlung in der Form „Versicherungsagent"[1]) oder in der Form „Versicherungsmakler und Berater in Versicherungsangelegenheiten"[1]) ausgeübt wird; wird das Gewerbe in beiden Formen ausgeübt, entfällt ein solcher Hinweis; bei Gewerblichen Vermögensberatern, sofern die Tätigkeit der Versicherungsvermittlung nicht durch den Gewerbeumfang ausgeschlossen ist, dass Versicherungsvermittlung bezüglich Lebens- und Unfallversicherungen zulässig ist sowie bei Gewerbetreibenden, die die Versicherungsvermittlung als Nebengewerbe angemeldet haben, den Vermerk „Nebengewerbe";[1]) wird die Versicherungsvermittlung ausschließlich in einer der genannten Formen ausgeübt, auch in welcher Form,

12. alle Agenturverhältnisse eines Vermittlers einschließlich Versicherungszweig(e), wobei die Meldung gegenüber dem GISA über Abschluss und Beendigung auch durch das Versicherungsunternehmen und zwar auch in automationsunterstützter Form erfolgen kann,

13. bei Gewerbetreibenden, die die Gewerbe Gewerbliche Vermögensberatung (§ 94 Z 75) sofern die Tätigkeit der Versicherungsvermittlung nicht durch den Gewerbeumfang ausgeschlossen ist, oder Versicherungsvermittlung, sei es auch nur als Nebengewerbe (§ 94 Z 76), angemeldet haben, wenn eine Berechtigung zum Empfang von Prämien für ein Versicherungsunternehmen oder von für den Kunden bestimmten Beträgen besteht, das Bestehen dieser Empfangsberechtigung sowie der Name des Versicherungsunternehmens,

14. bei Gewerbetreibenden, die das Baumeistergewerbe (§ 94 Z 5) oder ein dem Baumeistergewerbe entstammendes Teilgewerbe ausüben, der Bestand einer Haftpflichtversicherung im Sinne des § 99 Abs. 7, und

15. bei Versicherungsvermittlern im Sinne des § 137a, Immobilientreuhändern im Sinne des § 117, Gewerbetreibenden, die das Baumeistergewerbe (§ 94 Z 5) oder ein dem Baumeistergewerbe entstammendes Teilgewerbe ausüben und Gewerblichen Vermögensberatern im Sinne des § 136a das Ruhen und die Wiederaufnahme der Gewerbeausübung.

(2) Weiters sind in das GISA einzutragen:

1. Nachsichtsvermerke,

2. die Gründe für die Endigung einer Gewerbeberechtigung,

3. folgende Daten über natürliche Personen, denen ein maßgebender Einfluss auf den Betrieb

der Geschäfte eines im GISA einzutragenden anderen Rechtsträgers als einer natürlichen Person zusteht:
  a) die in § 365a Abs. 1 Z 2 bis 4 genannten Daten,
  b) die in § 365a Abs. 2 Z 1 bis 6 und Z 11 genannten Daten,
  c) das Sterbedatum,
4. die in Abs. 1 Z 4, 7 und 9 genannten Daten über andere Rechtsträger als natürliche Personen, denen ein maßgebender Einfluss auf den Betrieb der Geschäfte eines im GISA einzutragenden anderen Rechtsträgers als einer natürlichen Person zusteht,
5. folgende Daten über andere Rechtsträger als natürliche Personen, bei denen ein Verfahren auf Erteilung einer Nachsicht von den Voraussetzungen für die Ausübung von Gewerben geführt wurde und die nicht nach Abs. 1 einzutragen sind:
  a) die in Abs. 1 Z 2, 4, 7 und 9 genannten Daten,
  b) Ausgang des Verfahrens, zuständige Behörde sowie das Datum und die Geschäftszahl der Erledigung.
In Fällen, in denen das Verfahren mit Abweisung, Zurückweisung oder Zurückziehen des Antrages geendet hat, hat die Behörde die Daten aus dem GISA nach Ablauf eines Jahres nach der Eintragung zu löschen.
6. die Kennzahl Unternehmerregister (KUR).
(BGBl I 2015/18)

[1]) *Hervorhebung des Gesetzgebers.*

§ 365c. *(entfällt samt Überschrift, BGBl I 2015/18)*

...

Erteilung von Auskünften

§ 365e. ...

(5) Die Daten des „Versicherungsvermittlerregisters"[2]) gemäß § 365a Abs. 1 und des § 365b Abs. 1 sind durch das Bundesministerium für Wirtschaft und Arbeit[1]) im Internet zur Abfrage unentgeltlich bereitzustellen. Zusätzlich wird über die Daten nach Maßgabe der vorhandenen technischen Möglichkeiten auch auf telefonische oder schriftliche oder automationsunterstützte oder jede andere Art der Anfrage hin unentgeltlich Auskunft erteilt. *(BGBl I 2004/131)*

...

(BGBl I 1997/10)

[1]) *Nunmehr BMWFW (BM für Wissenschaft, Forschung und Wirtschaft) – vgl § 1 Abs 1 Z 13 BundesministerienG idF BGBl I 2014/11.*

[2]) *Richtig wohl „GISA (Versicherungsvermittlerregister)".*

...

r) Maßnahmen zur Verhinderung der Geldwäsche und der Terrorismusfinanzierung

Allgemeines

§ 365m. (1) Die §§ 365m bis 365z setzen die Richtlinie 2005/60/EG zur Verhinderung der Nutzung des Finanzsystems zum Zwecke der Geldwäsche und der Terrorismusfinanzierung sowie die Richtlinie 2006/70/EG mit Durchführungsbestimmungen für die Richtlinie 2005/60/EG für den Bereich dieses Bundesgesetzes um. „Die §§ 365m bis 365z setzen weiters im Sinne der Erwägungsgründe der Richtlinie 2005/60/EG auch die Empfehlungen der Arbeitsgruppe „Financial Action Task Force" (FATF) auf dem Gebiet der Bekämpfung der Geldwäsche und der Terrorismusfinanzierung um, insbesondere soweit diese inhaltlich über die Richtlinie 2005/60/EG hinausgehende Anforderungen aufstellen." *(BGBl I 2010/39)*

(2) Der Bundesminister für Wirtschaft und Arbeit[1]) ist ermächtigt, durch Verordnung diejenigen Regelungen zu erlassen, die notwendig sind, um allfällige weitere Durchführungsmaßnahmen der Europäischen Kommission insbesondere im Sinne von Art. 40 der Richtlinie 2005/60/EG umzusetzen.

(3) Die Bestimmungen der §§ 365m bis 365z gelten für folgende Gewerbetreibende und zwar sowohl für natürliche als auch für juristische Personen und eingetragene Personengesellschaften:

4. Versicherungsvermittler im Sinne von § 137a Abs. 1, wenn diese im Zusammenhang mit Lebensversicherungen und anderen Dienstleistungen mit Anlagezweck tätig werden, außer wenn die Versicherungsvermittlung nur im Zusammenhang mit einer Haupttätigkeit angeboten wird und
  a) im Rahmen des jeweiligen Geschäftsfalles der Umsatzerlös aus der Versicherungsvermittlung einen Anteil von 10vH des Umsatzlöses aus dem damit verbundenen Hauptgeschäftsfall nicht überschreitet,
  b) die Gesamtprämie des jeweiligen Geschäftsfalles oder mehrerer Geschäftsfälle mit einem Kunden, die miteinander verknüpft zu sein scheinen, 1000 Euro nicht übersteigt,
  c) der Umsatz aus der Versicherungsvermittlung 5vH des Gesamtumsatzes nicht übersteigt,
  d) ein zwingender und wirtschaftlich sinnvoller enger Zweckzusammenhang zwischen den vermittelten Versicherungsverträgen und dem Haupttätigkeitsinhalt des Gewerbetreibenden und damit

15. GewO
§§ 365m, 365z1, 366, 373a

dem Hauptinhalt des jeweiligen Geschäftsfalles besteht und

e) die Haupttätigkeit keine Tätigkeit nach Abs. 3 Z 2, 3 oder 4 ist.

...

(4) Die Geldwäschemeldestelle (§ 4 Abs. 2 des Bundeskriminalamt-Gesetzes, BGBl. I Nr. 22/2002) nimmt Verdachtsmeldungen gemäß den §§ 365u bis 365y entgegen. Für alle anderen nicht direkt der Geldwäschemeldestelle (§ 4 Abs. 2 des Bundeskriminalamt-Gesetzes, BGBl. I Nr. 22/2002) zugewiesenen behördlichen Aufgaben, insbesondere die laufende Überwachung und Sicherstellung der Einhaltung der §§ 365m bis 365z durch die Gewerbetreibenden einschließlich der Sanktionierung von Verstößen gegen diese Bestimmungen, ist die Behörde (§ 333) zuständig. Die Behörde (§ 333) hat die Einhaltung der Bestimmungen auf risikoorientierter Grundlage wirksam zu überwachen und die erforderlichen Maßnahmen zu treffen, um deren Einhaltung sicherzustellen. Dabei kommen ihr alle zur Wahrnehmung ihrer Aufgaben angemessenen Befugnisse und Mittel zu, einschließlich der Möglichkeit, alle Auskünfte im Bezug auf die Überwachung der einschlägigen Vorschriften zu verlangen und Kontrollen und Prüfungen vor Ort durchzuführen (§ 338). *(BGBl I 2010/39)*

(5) Dem Bargeld gleichgestellt ist elektronisches Geld (E-Geld).

...

(BGBl I 2008/42)

---
[1] *Nunmehr BMWFW (BM für Wissenschaft, Forschung und Wirtschaft) – vgl § 1 Abs 1 Z 13 BundesministerienG idF BGBl I 2014/11.*

s) Beschwerden in Versicherungsvermittlungsangelegenheiten

„**§ 365z1.**" (1) Das Bundesministerium für Wirtschaft und Arbeit[1] hat Beschwerden von Kunden und anderen Betroffenen, insbesondere Verbraucherschutzeinrichtungen, über Versicherungsvermittler unentgeltlich entgegenzunehmen. Solche Beschwerden sind in jedem Fall zu behandeln und zu beantworten. Nach Möglichkeit ist auf eine Vermittlung hinzuwirken. Beschwerden über Kreditinstitute und Versicherungsunternehmen als Versicherungsvermittler sind auch der FMA zur Kenntnis zu bringen.

(2) Das Bundesministerium für Wirtschaft und Arbeit[1] hat bei der Beilegung grenzüberschreitender Streitigkeiten mit vergleichbaren Stellen anderer Mitgliedstaaten zusammenzuarbeiten und die grenzüberschreitende Zusammenarbeit anderer Beschwerde- und Schlichtungsstellen zu fördern.

(BGBl I 2004/131; BGBl I 2008/42)

---
[1] *Nunmehr BMWFW (BM für Wissenschaft, Forschung und Wirtschaft) – vgl § 1 Abs 1 Z 13 BundesministerienG idF BGBl I 2014/11.*

...

V. HAUPTSTÜCK
Strafbestimmungen

§ 366. (1) Eine Verwaltungsübertretung, die mit Geldstrafe bis zu 3 600 zu bestrafen ist, begeht, wer ...

8. die Tätigkeit der Versicherungsvermittlung (§ 137 Abs. 1) ausübt, ohne in einem Mitgliedstaat im Sinne der Richtlinie 2002/92/EG eingetragen zu sein, soweit nicht Z 1 zutrifft ",;; dem ist gleich zu halten, wenn eine Tätigkeit der Versicherungsvermittlung ausgeübt wird, obwohl eine Ruhendmeldung im „GISA (Versicherungsvermittlerregister)" vermerkt worden ist ",;"" *(BGBl I 2004/131; BGBl I 2008/42; BGBl I 2012/85; BGBl I 2015/18)*

...

(BGBl I 2001/136)

...

VI. Hauptstück
EWR-Anpassungsbestimmungen

Vorübergehende grenzüberschreitende Dienstleistung im Rahmen der Dienstleistungsfreiheit

§ 373a. ...

(4) Hat die grenzüberschreitende Tätigkeit ein im § 94 angeführtes Gewerbe oder Tätigkeiten, die diesen Gewerben zuzuordnen sind, zum Gegenstand, so hat der Dienstleister dem Bundesminister für Wirtschaft und Arbeit[1] die erstmalige Aufnahme der Tätigkeit vorher schriftlich anzuzeigen und diesen dabei über Einzelheiten zu einem Versicherungsschutz oder einer anderen Art des individuellen oder kollektiven Schutzes in Bezug auf die Berufshaftpflicht zu informieren. Diese Anzeige ist einmal jährlich zu erneuern, wenn der Dienstleister beabsichtigt, während des betreffenden Jahres vorübergehend oder gelegentlich Dienstleistungen zu erbringen. Der Erstanzeige und einer weiteren jährlichen Anzeige bei wesentlichen Änderungen sind folgende Dokumente anzuschließen:

1. ein Nachweis über die Staatsangehörigkeit des Dienstleisters;

2. eine Bescheinigung der zuständigen Behörden oder Stellen darüber, dass der Dienstleister

in einem Mitglied- oder Vertragsstaat rechtmäßig zur Ausübung der betreffenden Tätigkeiten niedergelassen ist, einschließlich der Adresse der Niederlassung, „ " und dass ihm die Ausübung dieser Tätigkeiten zum Zeitpunkt der Vorlage der Bescheinigung nicht, auch nicht vorübergehend, untersagt ist; *(BGBl I 2012/85)*

3. ein Berufsqualifikationsnachweis des Dienstleisters;

4. in den in Abs. 1 Z 2 genannten Fällen ein Nachweis darüber, dass der Dienstleister die betreffende Tätigkeit während der vorhergehenden zehn Jahre mindestens zwei Jahre lang ausgeübt hat;

5. sofern die Dienstleistung das Sicherheitsgewerbe (Berufsdetektive, Bewachungsgewerbe) gemäß § 94 Z 62, das Waffengewerbe gemäß § 94 Z 80 oder die Errichtung von Alarmanlagen für Betriebe, Gebäude oder Grundstücke gemäß § 106 Abs. 1 Z 3 zum Gegenstand hat, der Nachweis, dass beim Dienstleister und seinen Arbeitnehmern keine Vorstrafen vorliegen.

Ist der Dienstleister eine Gesellschaft im Sinne des Abs. 3, so sind der Anzeige die in Z 2 und 4 angeführten Dokumente sowie ein Berufsqualifikationsnachweis des verantwortlichen gesetzlichen Vertreters anzuschließen.

(5) Bei Anzeigen über die erstmalige Aufnahme einer Tätigkeit gemäß Abs. 4 ist vom Bundesminister für Wirtschaft und Arbeit[1]) wie folgt zu verfahren:

1. Die Anzeigen über die erstmalige Aufnahme einer Tätigkeit gemäß Abs. 4 sind zu überprüfen; dem Antragsteller ist binnen eines Monats der Empfang der Unterlagen zu bestätigen; gegebenenfalls ist ihm mitzuteilen, welche Unterlagen gemäß Abs. 4 fehlen bzw. dass gegen die Ausübung der Tätigkeit kein Einwand besteht.

2. Bei den Gewerben gemäß § 94 Z 2, 4, 5, 6, 10, 14, 16, 17, 18, 23, 25, 28, 30, 32, 33, 34, 41, 42, 43, 46, 48, 53, „55," 58, 62, 65, 66, 69, 80, 81 oder 82 oder gemäß Abs. 6 durch Verordnung festgelegten weiteren Gewerben oder gewerblichen Tätigkeiten, welche diesen Gewerben zuzuordnen sind, hat der Bundesminister für Wirtschaft und Arbeit[1]) vor der ersten Ausübung einer gewerblichen Tätigkeit neben dem Vorliegen der im Abs. 1 festgelegten Voraussetzungen zu überprüfen, ob aufgrund der mangelnden Berufsqualifikation des Dienstleisters eine schwerwiegende Beeinträchtigung der öffentlichen Gesundheit oder Sicherheit bzw. der Gesundheit oder Sicherheit des Dienstleistungsempfängers zu befürchten ist:

a) Wenn eine Beeinträchtigung aufgrund mangelnder Berufsqualifikation nicht zu befürchten ist, ist dies dem Anzeiger binnen einer Frist von höchstens einem Monat nach Eingang der vollständigen Unterlagen mitzuteilen. In diesem Fall ist die Tätigkeit ab Einlangen der Mitteilung des Bundesministers für Wirtschaft und Arbeit[1]) beim Antragsteller zulässig.

b) Besteht ein wesentlicher Unterschied zwischen der beruflichen Qualifikation des Dienstleisters und der in Österreich geforderten Ausbildung derart, dass dies der öffentlichen Gesundheit oder Sicherheit abträglich ist, ist die Anzeige binnen einer Frist von höchstens einem Monat nach Eingang der vollständigen Unterlagen nur unter der Bedingung mit Bescheid zur Kenntnis zu nehmen, dass der Anzeiger eine Eignungsprüfung nach Abs. 7 oder einen entsprechenden Anpassungslehrgang erfolgreich ablegt. Der Inhalt der Eignungsprüfung oder des Anpassungslehrganges ist vom Bundesminister für Wirtschaft und Arbeit[1]) im Bescheid festzulegen. Die Erbringung der Dienstleistung muss innerhalb des Monats erfolgen können, der auf die Entscheidung des Bundesministers für Wirtschaft und Arbeit[1]) folgt.

c) Wenn im Verfahren Schwierigkeiten auftreten, die zu einer Verzögerung führen könnten, so unterrichtet der Bundesminister für Wirtschaft und Arbeit[1]) den Antragsteller innerhalb eines Monats nach Eingang der Anzeige und der Begleitdokumente über die Gründe für diese Verzögerung und über den Zeitplan für eine Entscheidung. Die Entscheidung muss vor Ablauf des zweiten Monats ab Eingang der vollständigen Unterlagen beim Bundesminister für Wirtschaft und Arbeit[1]) ergehen. *(BGBl I 2010/66)*

„d." Wenn bis zum Ablauf des zweiten Monats ab Eingang der vollständigen Unterlagen beim Bundesminister für Wirtschaft und Arbeit[1]) keine Reaktion des Bundesministers für Wirtschaft und Arbeit[1]) erfolgt, darf die Tätigkeit erbracht werden. *(BGBl I 2012/85)*

Der Bundesminister für Wirtschaft und Arbeit[1]) hat Dienstleister im Sinne des Abs. 4 bzw. Abs. 6 Z 1 unter Angabe von Name (Firma), Vorname, Adresse der Niederlassung, einer etwaigen Kontaktadresse, etwaigen sonstigen Kontaktdaten im Inland und der ausgeübten Tätigkeit im Internet sichtbar zu machen.

(6) Der Bundesminister für Wirtschaft und Arbeit[1]) kann durch Verordnung

1. zusätzlich zu den Gewerben gemäß § 94 auch freie Gewerbe bezeichnen, bei denen wegen Vorliegen einer Gefährdung der öffentlichen Ordnung, Sicherheit, Gesundheit oder des Schutzes der Umwelt eine Anzeige gemäß Abs. 4 vorzunehmen ist.

2. weitere Gewerbe gemäß § 94 (bzw. § 31) bezeichnen, für die eine Überprüfung gemäß Abs. 5 vorzunehmen ist. Unter Bedachtnahme auf die Richtlinie 2005/36/EG hat der Bundesminister für Wirtschaft und Arbeit[1]) dabei Gewerbe zu bezeichnen, die die öffentliche Gesundheit oder Sicherheit berühren und bei denen bei man-

gelnder Berufsqualifikation eines Dienstleisters eine schwerwiegende Beeinträchtigung der Gesundheit oder Sicherheit von Personen zu erwarten ist.

(7) Die im Abs. 5 genannte Eignungsprüfung ist vor einer von der Meisterprüfungstelle zu bildenden Kommission abzulegen. Dem Anzeiger ist zu ermöglichen, die Eignungsprüfung innerhalb eines Monats nach Rechtskraft des Bescheides abzulegen. Auf die Durchführung der Eignungsprüfung sind die Bestimmungen der §§ 350 bis 352 sinngemäß anzuwenden. Sofern die Eignungsprüfung oder ein Anpassungslehrgang gemäß Abs. 5 vom Prüfungswerber nicht erfolgreich absolviert worden sind, darf er die den Gegenstand seiner Anzeige bildende Dienstleistung nicht erbringen. Zuwiderhandlungen gegen dieses Verbot sind gemäß § 366 Abs. 1 Z 1 zu bestrafen.

(8) In Fällen von Gewerben gemäß Abs. 5 Z 2 und Abs. 6 Z 2 hat die Dienstleistung unter der Berufsbezeichnung des Aufnahmemitgliedstaates, in allen anderen Fällen unter der Berufsbezeichnung des Niederlassungsmitgliedstaates, sofern eine solche nicht existiert, unter Angabe des Ausbildungsnachweises in einer Amtssprache des Niederlassungsmitgliedstaates zu erfolgen. Bei nicht dem Abs. 5 Z 2 oder Abs. 6 unterliegenden Gewerben hat der Dienstleister zusätzlich zur Erfüllung sonstiger Informationsanforderungen dem Dienstleistungsempfänger schriftlich vor Vertragsabschluß folgende Informationen zu liefern:

1. falls der Dienstleister in ein Handelsregister oder ein ähnliches öffentliches Register eingetragen ist, das Register, in das er eingetragen ist, und die Nummer der Eintragung oder gleichwertige, der Identifikation dienende Angaben aus diesem Register;

2. falls die Tätigkeit im Niederlassungsmitgliedstaat zulassungspflichtig ist, den Namen und die Anschrift der zuständigen Aufsichtsbehörde;

3. die Berufskammern oder vergleichbare Organisationen, denen der Dienstleister angehört;

4. die Berufsbezeichnung oder, falls eine solche Berufsbezeichnung nicht existiert, den Ausbildungsnachweis des Dienstleisters und den Mitgliedstaat, in dem die Berufsbezeichnung verliehen bzw. der Ausbildungsnachweis ausgestellt wurde;

5. falls der Dienstleister eine mehrwertsteuerpflichtige Tätigkeit ausübt, die Umsatzsteueridentifikationsnummer nach Artikel 22 Absatz 1 der Richtlinie 77/388/EWG zur Harmonisierung der Rechtsvorschriften der Mitgliedstaaten über die Umsatzsteuern – Gemeinsames Mehrwertsteuersystem: einheitliche steuerpflichtige Bemessungsgrundlage;

6. Einzelheiten zu einem Versicherungsschutz oder einer anderen Art des individuellen oder kollektiven Schutzes in Bezug auf die Berufshaftpflicht.

(BGBl I 2008/42)

---

[1] *Nunmehr BMWFW (BM für Wissenschaft, Forschung und Wirtschaft) – vgl § 1 Abs 1 Z 13 BundesministerienG idF BGBl I 2014/11.*

...

VII. HAUPTSTÜCK
Übergangsbestimmungen und Vollziehung

1. Übergangsbestimmungen

§ 376. 1. Wer am Tag vor Inkrafttreten des Bundesgesetzes BGBl. I Nr. 99/2011 die Tätigkeit eines Finanzdienstleistungsassistenten gemäß § 2 Abs. 1 Z 14 Gewerbeordnung 1994 iVm § 2 Abs. 1 Z 15 WAG oder eines gebundenen Vermittlers gemäß § 2 Abs. 1 Z 14 Gewerbeordnung 1994 iVm § 2 Abs. 1 Z 15 WAG, jeweils in der Fassung des Bundesgesetzes BGBl. I Nr. 60/2007, mindestens ein Jahr ausgeübt hat, darf diese Tätigkeit aufgrund der bisherigen Rechtslage bis zwei Jahre nach dem Inkrafttreten dieses Bundesgesetzes weiterhin ausüben. *(BGBl I 2011/99)*

2. „(1)" Wer am Tag vor Inkrafttreten des Bundesgesetzes BGBl. I Nr. 99/2011 die Tätigkeit eines Gewerblichen Vermögensberaters ausübt, muss den Abschluss einer Vermögensschadenhaftpflichtversicherung gemäß § 136a Abs. 12 GewO 1994 in der Fassung des Bundesgesetzes BGBl. I Nr. 99/2011 ehestmöglich, spätestens jedoch bis 1. April 2013, der Behörde nachweisen. *(BGBl I 2013/85)*

(2) Für Gewerbliche Vermögensberater, die am Tag des Inkrafttretens des Bundesgesetzes BGBl. I Nr. 85/2013 das Ruhen der Gewerbeausübung gemäß § 93 Abs. 1 angezeigt haben, ist § 93 Abs. 5 erster Satz nicht anzuwenden. Die Landeskammer der Gewerblichen Wirtschaft hat am Tag des Inkrafttretens des Bundesgesetzes BGBl. I Nr. 85/2013 bestehende Anzeigen des Ruhens der Gewerbeausübung des Gewerblichen Vermögensberaters der Behörde unverzüglich mitzuteilen; die Behörde hat § 93 Abs. 5 zweiter Satz, erster Halbsatz, in der Fassung des Bundesgesetzes BGBl. I Nr. 85/2013, mit der Maßgabe anzuwenden, dass die „Eintragung des Ruhens der Gewerbeausübung im GISA" ab dem Einlangen der Mitteilung der Landeskammer der Gewerblichen Wirtschaft vorzunehmen ist. *(BGBl I 2013/85; BGBl I 2015/18)*

(BGBl I 2011/99)

...

18. (Versicherungsvermittler)

(1) Gewerbeberechtigungen für das Gewerbe Vermögensberatung (Beratung bei Aufbau und Erhalt von Vermögen und der Finanzierung unter Einschluss insbesondere der Vermittlung von Veranlagungen, Investitionen, Personalkrediten, Hypothekarkrediten und Finanzierungen) werden zu Berechtigungen für das Gewerbe Gewerbliche Vermögensberatung, Gewerbeberechtigungen für das Gewerbe der Versicherungsagenten werden zu Berechtigungen für das Gewerbe Versicherungsvermittlung in der Form Versicherungsagent, Gewerbeberechtigungen für das Gewerbe Versicherungsmakler; Berater in Versicherungsangelegenheiten (verbundene Gewerbe) werden zu Berechtigungen für das Gewerbe Versicherungsvermittlung in der Form Versicherungsmakler und Berater in Versicherungsangelegenheiten. Auch diese müssen bis spätestens 15. Jänner 2005 den neuen Vorschriften entsprechen.

(2) Die gemäß der Verordnung BGBl. II Nr. 95/2003 erbrachten Nachweise über die Erfüllung der Zugangsvoraussetzungen für das Gewerbe der Vermögensberatung (Beratung bei Aufbau und Erhalt von Vermögen und der Finanzierung unter Einschluss insbesondere der Vermittlung von Veranlagungen, Investitionen, Personalkrediten, Hypothekarkrediten und Finanzierungen) gelten bis zur Erlassung einer neuen Verordnung als Erbringung des Nachweises der Erfüllung der Zugangsvoraussetzungen für das Gewerbe Gewerbliche Vermögensberatung.

(3) Die gemäß der Verordnung BGBl. II Nr. 96/2003 erbrachten Nachweise über die Erfüllung der Zugangsvoraussetzungen für das Gewerbe der Versicherungsagenten gelten bis zur Erlassung einer neuen Verordnung als Erbringung des Nachweises der Erfüllung der Zugangsvoraussetzungen für das Gewerbe Versicherungsvermittlung in der Form Versicherungsagent.

(4) Die gemäß der Verordnung BGBl. II Nr. 97/2003 erbrachten Nachweise über die Erfüllung der Zugangsvoraussetzungen für das Gewerbe der Versicherungsmakler; Berater in Versicherungsangelegenheiten (verbundene Gewerbe) gelten bis zur Erlassung einer neuen Verordnung als Erbringung des Nachweises der Erfüllung der Zugangsvoraussetzungen für das Gewerbe Versicherungsvermittlung in der Form Versicherungsmakler und Berater in Versicherungsangelegenheiten.

(5) Personen, die schon vor dem 15. Jänner 2005 die Berechtigung zum Gewerbe Vermögensberatung, sofern die Tätigkeit der Versicherungsvermittlung nicht durch den Gewerbeumfang ausgeschlossen ist, zum Gewerbe Versicherungsagent oder zum Gewerbe Versicherungsmakler; Berater in Versicherungsangelegenheiten (verbundenes Gewerbe) besessen haben, sind verpflichtet, der Behörde vor Ablauf von sechs Monaten nach Inkrafttreten dieser Bestimmung zur Aufnahme in das Versicherungsvermittlerregister den Bestand einer Berufshaftpflichtversicherung oder einer sonstigen Haftungsabsicherung gemäß § 137c Abs. 1 oder 2 mit Gültigkeit spätestens ab 15. Jänner 2005 nachzuweisen. Erfolgt ein solcher Nachweis nicht rechtzeitig, so unterbleibt die Aufnahme und die Behörde hat unverzüglich ein Gewerbeentziehungsverfahren einzuleiten. Die Einleitung des Gewerbeentziehungsverfahrens ist in diesem Fall im GISA (Versicherungsvermittlerregister) zu vermerken. Bei Bedarf unterrichtet die Behörde die zuständigen Behörden des Vertragsstaates des EWR von der Streichung. Bei zum Gewerbe Vermögensberatung Berechtigten, bei denen die Tätigkeit der Versicherungsvermittlung durch den Gewerbeumfang ausgeschlossen ist, erfolgt keine Aufnahme in das Versicherungsvermittlerregister. *(BGBl I 2015/18)*

(6) Das Recht zur Ausübung von Tätigkeiten der Versicherungsvermittlung als sonstiges Recht auf Grundlage von § 32 GewO 1994 vor In-Kraft-Treten der Novelle BGBl. I Nr. 131/2004 endet mit 15. Jänner 2005. Personen, die bisher die Tätigkeit der Versicherungsvermittlung nachweislich über einen Zeitraum von mindestens drei Jahren auf Grundlage einer sonstigen Berechtigung gemäß § 32 ausgeübt haben, müssen für die Weiterführung als Nebengewerbe zur Aufnahme in das „GISA (Versicherungsvermittlerregister)" der Behörde vor Ablauf von sechs Monaten nach In-Kraft-Treten dieser Bestimmung den Bestand einer Berufshaftpflichtversicherung oder einer sonstigen Haftungsabsicherung gemäß § 137c Abs. 1 oder 2 mit Gültigkeit spätestens ab 15. Jänner 2005 nachweisen. Es ist dabei anzugeben, in welcher Form die Versicherungsvermittlung ausgeübt werden soll und ob eine Berechtigung zum Empfang von Prämien oder von für den Kunden bestimmten Beträgen besteht. Nach Ablauf der genannten Frist darf die Tätigkeit nur mehr nach Begründung einer entsprechenden Berechtigung im Verfahren nach §§ 339 und 340 ausgeübt werden. *(BGBl I 2015/18)*

(7) Anlässlich der Überleitung bestehender Rechte zur Versicherungsvermittlung sind zur Aufnahme in das [Gewerberegister als Versicherungsvermittlerregister][1] der Behörde gegenüber auch alle sonstigen Angaben zu machen, die nach diesem Gesetz vorgesehen sind und bei der Behörde noch nicht vorhanden sind, wie etwa betreffend bestehende Agenturverhältnisse oder die Berechtigung zum Empfang von Prämien oder für den Kunden bestimmten Beträgen.

(8) Alle Wortlaute von freien Gewerben, die in irgendeiner Weise, sei es auch in der Kurzbezeichnung, auf Tätigkeiten hinweisen, die in weiterer Folge zu einer Versicherungsvermittlung führen sollen, sei es insbesondere zur bloßen Benennung oder Namhaftmachung von Versicherungskunden, Versicherungsvermittlern oder

15. GewO
§ 376

Versicherungsunternehmen („Tippgeber"[2]) oder in jeder anderen Weise, werden mit 15. Jänner 2005 zum freien Gewerbe "Namhaftmachung von Personen, die an der Vermittlung von Versicherungsverträgen interessiert sind, an einen Versicherungsvermittler oder ein Versicherungsunternehmen unter Ausschluss jeder einem zur Versicherungsvermittlung berechtigten Gewerbetreibenden vorbehaltenen Tätigkeit"[2]. Diesem Gewerbe ist insbesondere eine auf einen bestimmten Versicherungsbedarf gerichtete über die allgemeinen Daten des Kunden hinausgehende Informationsaufnahme beim Kunden und insbesondere die Einholung der Unterschrift des Kunden auf einem Versicherungsantrag untersagt.

...

(BGBl I 2004/131)

---

[1] *Anstelle der in Klammern gesetzten Wortfolge richtig wohl „GISA (Versicherungsvermittlerregister)" – vgl aber Einarbeitungsanweisung gem BGBl I 2015/18 Z 28.*
[2] *Hervorhebung des Gesetzgebers.*
[3] *Redaktionsversehen, richtig wohl: konzessionierte*

15/1. GewO-VO
Versicherungsvermittler-VO

Versicherungsvermittler - Verordnung

BGBl II 2010/156

STICHWORTVERZEICHNIS

Allgemeines 1 -3
Außendienstzertifikat 4 (2) lit.a
Außerkrafttreten 9 (1)
Bildungsakademie der Österreichischen Versicherungswirtschaft BÖV 3
– Prüfung 3
– – Außendienstzertifikat 4 (2) lit.a
Bundesminister für Wirtschaft und Arbeit 9 (1)
Eingeschränktes Gewerbe 5, 7
Fachliche
– Tätigkeit 2
– – Nachweis einer ununterbrochenen
– – – Berater in Versicherungsangelegenheiten 6 (2) lit.a – lit.d
– – – Versicherungsagent 4 (2) lit.c – lit.f
– – – Versicherungsmakler 6 (2) lit.a – lit.d
– Qualifikation 3
– – Berater in Versicherungsangelegenheiten 6
– – Mitarbeiter von Versicherungsvermittlern 3
– – Vermögensberatung 8
– – Versicherungsagent 4
– – Versicherungsmakler 6
Gewerbe, eingeschränktes 5, 7
Inkrafttreten 3, 9 (1)
Lebensversicherung 8
Nachweise, erforderliche 1
– Berater in Versicherungsangelegenheiten 6 (1)
– Mitarbeiter von Versicherungsvermittlern 3
– Versicherungsagent 4 (2)
– Versicherungsmakler 6 (2)
Prüfung 3, 4 (1), 6 (1), 8, 9 (2)
Qualifikation, fachliche
– Berater in Versicherungsangelegenheiten 6
– Mitarbeiter von Versicherungsvermittlern 3
– Vermögensberatung 8
– Versicherungsagent 4

– Versicherungsmakler 6
Schulungen, interne 3
Sprachliche Gleichbehandlung 10
Tätigkeit, fachliche 2
– Nachweis einer ununterbrochenen
– – Berater in Versicherungsangelegenheiten 6 (2) lit.a – lit.d
– – Vermögensberatung 8
– – Versicherungsagent 4 (2) lit.c – lit.f
– – Versicherungsmakler 6 (2) lit.a – lit.d
Übergangsbestimmungen 9
Unfallversicherung 8
Universitätslehrgang
– für Finanzdienstleistungen 4 (2) lit.b
– für Versicherungswirtschaft 4 (2) lit.b
Vermögensberatung
– Versicherungsvermittlung bei Gewerblicher
– – Fachliche Qualifikationserfordernisse 8
– – Prüfung 8, 9 (2)
– – Verordnung 9 (2)
Versicherungsagent 4, 5
– Eingeschränktes Gewerbe 5
– Fachliche Qualifikationserfordernisse 4 (1)
– – Nachweise 4 (2)
– Prüfung 4 (1), 9 (2)
– Verordnung 9 (1)
Versicherungsangelegenheiten, Beratung in 6, 7
– Eingeschränktes Gewerbe 7
– Fachliche Qualifikationserfordernisse 6 (1)
– – Nachweise 6 (2)
– Prüfung 6 (1), 9 (2)
– Verordnung 9 (1)
Versicherungsmakler 6, 7
– Eingeschränktes Gewerbe 7
– Fachliche Qualifikationserfordernisse 6 (1)
– – Nachweise 6 (2)
– Prüfung 6 (1), 9 (2)
– Verordnung 9 (1)
Versicherungsvermittler, Mitarbeiter 3

Kodex Versicherungsrecht 1. 5. 2015

15/1. GewO-VO

Versicherungsvermittler-VO

Verordnung des Bundesministers für Wirtschaft, Familie und Jugend über die Zugangsvoraussetzungen für die reglementierten Gewerbe Versicherungsagent, Versicherungsmakler und Beratung in Versicherungsangelegenheiten sowie die Berechtigung zur Versicherungsvermittlung bei der Gewerblichen Vermögensberatung (Versicherungsvermittler - Verordnung)

Auf Grund der §§ 18 Abs. 1 und 137b Abs. 4 der Gewerbeordnung 1994, BGBl. Nr. 194, zuletzt geändert durch das Bundesgesetz BGBl. I Nr. 8/2010, wird verordnet:

1. Abschnitt

Allgemeines

Erforderliche Nachweise

§ 1. Die Befähigungen für die Gewerbe Versicherungsagent, Versicherungsmakler und Beratung in Versicherungsangelegenheiten (Versicherungsvermittlung - § 94 Z 76 GewO 1994) sowie für die Versicherungsvermittlung bezüglich Lebens- und Unfallversicherungen im Rahmen des Gewerbes der Gewerblichen Vermögensberatung (§ 94 Z 75 GewO 1994) können durch die in den folgenden Bestimmungen jeweils genannten Nachweise erbracht werden. Inwieweit durch bestimmte Ausbildungen Teile der Befähigungsprüfung entfallen, hat die jeweilige Prüfungsordnung festzulegen.

Fachliche Tätigkeit

§ 2. Als fachliche Tätigkeit im Sinne dieser Verordnung gelten Tätigkeiten im Sinne von § 18 Abs. 3 GewO 1994.

Mitarbeiter von Versicherungsvermittlern

§ 3. Die fachliche Qualifikation der direkt bei der Versicherungsvermittlung beschäftigten Mitarbeiter im Sinne von § 137b Abs. 2 GewO 1994 wird durch geeignete Ausbildungen wie etwa die Prüfung zur Erlangung des Außendienstzertifikats bei der Bildungsakademie der Österreichischen Versicherungswirtschaft (BÖV - Prüfung) oder den Nachweis auch umfangsmäßig und inhaltlich vergleichbarer interner Schulungen - die auch auf die vertriebenen Produkte eingeschränkt sein können - erfüllt. Als solche gelten auch vor Inkrafttreten dieser Verordnung von Mitarbeitern der Kreditinstitute absolvierte vergleichbare interne Schulungen.

2. Abschnitt

Versicherungsagent

Fachliche Qualifikationserfordernisse

§ 4. (1) Die fachliche Qualifikation zum Antritt des Gewerbes Versicherungsagent wird durch die abgelegte Befähigungsprüfung erfüllt. Die fachliche Qualifikation zum Antritt des Gewerbes Versicherungsagent wird auch durch die erfolgreiche Ablegung der Prüfung für das Gewerbe Versicherungsmakler und Beratung in Versicherungsangelegenheiten erfüllt. Bei der Gestaltung der Prüfungsinhalte für die Befähigungsprüfung für Versicherungsagenten ist auf die Besonderheiten der geplanten Ausübung Bedacht zu nehmen.

(2) Die fachliche Qualifikation zum Antritt des Gewerbes Versicherungsagent wird weiters durch folgende Nachweise erbracht:

a) das Zeugnis über die erfolgreiche Ablegung der Prüfung zur Erlangung des Außendienstzertifikats bei der Bildungsakademie der Österreichischen Versicherungswirtschaft (BÖV - Prüfung); oder

b) das Zeugnis über den erfolgreichen Abschluss des Universitätslehrganges für Versicherungswirtschaft oder das Zeugnis über den erfolgreichen Abschluss des Universitätslehrganges für Finanzdienstleistungen; oder

c) Nachweis einer ununterbrochenen dreijährigen fachlichen Tätigkeit in diesem Gewerbe oder im Gewerbe Versicherungsmakler und Beratung in Versicherungsangelegenheiten entweder als Selbstständiger oder als Betriebsleiter; oder

d) Nachweis einer ununterbrochenen zweijährigen fachlichen Tätigkeit in diesem Gewerbe oder im Gewerbe Versicherungsmakler und Beratung in Versicherungsangelegenheiten als Selbstständiger oder als Betriebsleiter, wenn die begünstigte Person für die betreffende Tätigkeit eine vorherige Ausbildung nachweisen kann, die durch ein staatlich anerkanntes Zeugnis bescheinigt oder von einer zuständigen Berufsorganisation als gleichwertig anerkannt ist; oder

e) Nachweis einer ununterbrochenen zweijährigen fachlichen Tätigkeit in diesem Gewerbe oder im Gewerbe Versicherungsmakler und Beratung in Versicherungsangelegenheiten als Selbstständiger oder als Betriebsleiter, wenn die begünstigte Person nachweist, dass sie die betreffende Tätigkeit mindestens drei Jahre als abhängig Beschäftigter ausgeübt hat; oder

f) Nachweis einer ununterbrochenen dreijährigen fachlichen Tätigkeit in diesem Gewerbe, im Gewerbe Versicherungsmakler und Beratung in Versicherungsangelegenheiten oder bei einem Versicherungsunternehmen als abhängig Beschäftigter, wenn die begünstigte Person für die betreffende Tätigkeit eine vorherige Ausbildung nach-

15/1. GewO-VO
Versicherungsvermittler-VO

weisen kann, die durch ein staatlich anerkanntes Zeugnis bescheinigt oder von einer Berufsorganisation als vollwertig anerkannt ist.

In den Fällen der lit. c und d darf die Beendigung dieser Tätigkeit nicht mehr als zehn Jahre zurückliegen, gerechnet ab dem Zeitpunkt der Einreichung des vollständigen Antrags der betroffenen Person bei der zuständigen Behörde.

Eingeschränktes Gewerbe

§ 5. Wenn das Gewerbe Versicherungsagent in einem auf bestimmte Zweige gemäß Anlage A zum VAG eingeschränkten Umfang ausgeübt werden soll, wird die fachliche Qualifikation durch die auf die geplante Einschränkung abgestimmte eingeschränkte Befähigungsprüfung für Versicherungsagenten oder für Versicherungsmakler und Beratung in Versicherungsangelegenheiten und zwar aus allgemeinem versicherungsspezifischem Grundwissen und spartenspezifischem Wissen, soweit für die konkreten Versicherungszweige nötig bzw. eine entsprechend eingeschränkte Tätigkeit gem. § 4 Abs. 2 lit. c bis f oder § 6 Abs. 2 nachgewiesen.

3. Abschnitt
Versicherungsmakler und Beratung in Versicherungsangelegenheiten

Fachliche Qualifikationserfordernisse

§ 6. (1) Die fachliche Qualifikation zum Antritt des Gewerbes Versicherungsmakler und Beratung in Versicherungsangelegenheiten wird durch die abgelegte Befähigungsprüfung erfüllt.

(2) Die fachliche Qualifikation zum Antritt des Gewerbes Versicherungsmakler und Beratung in Versicherungsangelegenheiten wird weiters durch folgende Nachweise erbracht:

a) Nachweis einer ununterbrochenen dreijährigen fachlichen Tätigkeit in diesem Gewerbe entweder als Selbstständiger oder als Betriebsleiter; oder

b) Nachweis einer ununterbrochenen zweijährigen fachlichen Tätigkeit in diesem Gewerbe als Selbstständiger oder als Betriebsleiter, wenn die begünstigte Person für die betreffende Tätigkeit eine vorherige Ausbildung nachweisen kann, die durch ein staatlich anerkanntes Zeugnis bescheinigt oder von einer zuständigen Berufsorganisation als vollwertig anerkannt ist; oder

c) Nachweis einer ununterbrochenen zweijährigen fachlichen Tätigkeit in diesem Gewerbe als Selbstständiger oder als Betriebsleiter, wenn die begünstigte Person nachweist, dass sie die betreffende Tätigkeit mindestens drei Jahre als abhängig Beschäftigter ausgeübt hat; oder

d) Nachweis einer ununterbrochenen dreijährigen fachlichen Tätigkeit in diesem Gewerbe als abhängig Beschäftigter, wenn die begünstigte Person für die betreffende Tätigkeit eine vorherige Ausbildung nachweisen kann, die durch ein staatlich anerkanntes Zeugnis bescheinigt oder von einer zuständigen Berufsorganisation als vollwertig anerkannt ist.

In den Fällen der lit. a und c darf die Beendigung dieser Tätigkeit nicht mehr als zehn Jahre zurückliegen, gerechnet ab dem Zeitpunkt der Einreichung des vollständigen Antrags der betroffenen Person bei der zuständigen Behörde.

Eingeschränktes Gewerbe

§ 7. Wenn das Gewerbe Versicherungsmakler und Beratung in Versicherungsangelegenheiten in einem auf bestimmte Zweige gemäß Anlage A zum VAG eingeschränkten Umfang ausgeübt werden soll, wird die fachliche Qualifikation durch die auf die geplante Einschränkung abgestimmte eingeschränkte Befähigungsprüfung für Versicherungsmakler und Beratung in Versicherungsangelegenheiten und zwar aus allgemeinem versicherungsspezifischem Grundwissen und spartenspezifischem Wissen, soweit für die konkreten Versicherungszweige nötig bzw. eine entsprechend eingeschränkte Tätigkeit gem. § 6 Abs. 2 erfüllt.

4. Abschnitt
Versicherungsvermittlung bei Gewerblicher Vermögensberatung

Fachliche Qualifikationserfordernisse

§ 8. Die fachliche Qualifikation zur Versicherungsvermittlung bezüglich Lebens- und Unfallversicherungen als Versicherungsagent oder als Versicherungsmakler und Berater in Versicherungsangelegenheiten im Rahmen des Gewerbes der Gewerblichen Vermögensberatung wird durch die Absolvierung des jeweils entsprechenden Teiles der Befähigungsprüfung für den Gewerblichen Vermögensberater bzw. eine entsprechend eingeschränkte Tätigkeit – je nach der Form - gem. § 4 Abs. 2 lit. c bis f bzw. § 6 Abs. 2 erfüllt.

5. Abschnitt
Sonstige Bestimmungen

Inkrafttreten; Außerkrafttreten; Übergangsbestimmungen

§ 9. (1) Gleichzeitig mit dem Inkrafttreten dieser Verordnung treten die Verordnung des Bundesministers für Wirtschaft und Arbeit über die Zugangsvoraussetzungen für das reglementier-

15/1. GewO-VO
Versicherungsvermittler-VO

te Gewerbe Versicherungsagent (Versicherungsagent-Verordnung), BGBl. II Nr. 96/2003, und die Verordnung des Bundesministers für Wirtschaft und Arbeit über die Zugangsvoraussetzungen für das verbundene Gewerbe Versicherungsmakler; Berater in Versicherungsangelegenheiten (Versicherungsmakler und -berater-Verordnung), BGBl. II Nr. 97/2003, außer Kraft.

(2) Zeugnisse über die erfolgreich abgelegte Prüfung gemäß § 1 Abs. 1 Z 1 der Verordnung über die Zugangsvoraussetzungen für das reglementierte Gewerbe Versicherungsagent (Versicherungsagent -Verordnung), BGBl. II Nr. 96/2003, gelten als Zeugnisse über die erfolgreich abgelegte Prüfung gemäß § 4 für das Gewerbe Versicherungsagent. Zeugnisse über die erfolgreich abgelegte Prüfung gemäß § 1 Abs. 1 Z 1 und Z 2 der Verordnung über die Zugangsvoraussetzungen für das verbundene Gewerbe Versicherungsmakler; Berater in Versicherungsangelegenheiten (Versicherungsmakler und -berater-Verordnung), BGBl. II Nr. 97/2003, gelten als Zeugnisse über die erfolgreich abgelegte Prüfung gemäß § 6 für das Gewerbe Versicherungsmakler und Beratung in Versicherungsangelegenheiten. Zeugnisse über die erfolgreich abgelegte Prüfung gemäß § 1 Abs. 1 Z 1 der Verordnung über die Zugangsvoraussetzungen für das reglementierte Gewerbe der Gewerblichen Vermögensberatung (Vermögensberatungs-Verordnung), BGBl. II Nr. 95/2003, gelten als Zeugnisse hinsichtlich der gemäß § 8 für die Vermittlung von Lebens- und Unfallversicherungen im Rahmen des Gewerbes der Gewerblichen Vermögensberatung abgelegten Befähigungsprüfung für den gewerblichen Vermögensberater.

Sprachliche Gleichbehandlung

§ 10. Soweit in dieser Verordnung personenbezogene Bezeichnungen nur in männlicher Form angeführt sind, beziehen sie sich auf Frauen und Männer in gleicher Weise. Bei der Anwendung auf bestimmte Personen ist die jeweilige geschlechtsspezifische Form, insbesondere also auch die Bezeichnung „Versicherungsagentin", „Versicherungsmaklerin", „Beraterin in Versicherungsangelegenheiten" oder „Gewerbliche Vermögensberaterin" zu verwenden.

15/2. GewO-VO

Allgemeine Prüfungsordnung

Allgemeine Prüfungsordnung

BGBl II 2004/110

STICHWORTVERZEICHNIS

Anmeldung 3
Anmeldungsdaten und Nachweise 3 (1), 3 (2)
– Befreiung von 3 (3)
Anwendungsbereich 1
Anzahl von Kandidaten 2
Arbeitszeit 9 (3)
Aufsichtspersonen 9 (2), 9 (3)
Außer-Kraft-Treten 12 (1), 12 (2)

Befähigungsprüfung 1

Dritter, unparteiischer 8

Einladung zur Prüfung 4

Fachverband 8

Gewerbe, sonstige reglementierte 1

Härte, erhebliche wirtschaftliche 5 (5)

In-Kraft-Treten 12 (1), 12 (2)

Kandidatenanzahl 2
Kommissionsmitglied 9 (2), 9 (3)

Materialkosten 6
Mehrfachauswahlverfahrensprüfungen (Multiple-Choice-Verfahren), Zertifizierung für 8
Meisterprüfung 1
Meisterprüfungsstelle 2, 6, 7, 10
– Leiter 8, 9 (2)
Meisterprüfungszeugnis 10
Modulprüfungszeugnis 10
Multiple-Choice siehe Mehrfachauswahlverfahrensprüfungen

Programmsoftware 8

Protokollierung des Prüfungsvorganges 9 (1)
Prüfer 9
Prüferentschädigung 7
– Beurteilung der Angemessenheit 7
Prüfertätigkeiten 9
Prüfung
– Ablauf, korrekter 9 (2)
– Anmeldung 3
– Arbeitszeit 9 (3)
– Einladung 4
– Gebühr 5, 7
– – Ausbilderprüfung 5 (3)
– – Befähigungsprüfung 5 (2)
– – Befreiung oder Rückzahlung 5 (6)
– – Meisterprüfung 5 (1)
– – Unternehmerprüfung 5 (3)
– – Verringerung 5 (4), 5 (5)
– Kandidat 3 (1), 3 (3), 4, 6, 10
– Kommission 2, 7, 10
– – Anwesenheit 9 (3)
– Termin 2
– Vorgang, Protokollierung 9 (1)

Schlussbestimmungen 12

Unparteiischer Dritter 8

Verwaltungsaufwand, besonderer 7
Vorsitzender 9 (1)

Wiederholungsprüfungen 11

Zeugnisse 10
Zusatzprüfungen 11
– Anmeldung 11 (1)

15/2. GewO-VO
Allgemeine Prüfungsordnung

Verordnung des Bundesministers für Wirtschaft und Arbeit über die Durchführung der Prüfungen (Allgemeine Prüfungsordnung)

Auf Grund des § 352a Abs. 1 der Gewerbeordnung 1994 (GewO 1994), zuletzt geändert durch das Bundesgesetz BGBl. I Nr. 48/2003 und die Kundmachung BGBl. I Nr.109/2003, wird verordnet:

Anwendungsbereich

§ 1. Die Allgemeine Prüfungsordnung gilt für die Meisterprüfungen und die Befähigungsprüfungen für sonstige reglementierte Gewerbe.

Prüfungstermin

§ 2. Die Meisterprüfungsstellen, bei denen Vorsitzende für die Prüfungskommission eines Gewerbes bestellt sind, haben unter Bedachtnahme auf die zu erwartende Anzahl von Kandidaten regelmäßig wiederkehrende Prüfungstermine festzusetzen. Es ist mindestens einmal jährlich ein Prüfungstermin anzuberaumen.

Anmeldung zur Prüfung

§ 3. (1) In der Anmeldung hat der Prüfungskandidat zu erklären, zu welchem Prüfungsteil oder zu welcher Prüfung er antreten will. Der Anmeldung sind Belege anzuschließen, die dem Nachweis folgender Daten dienen:

1. Familienname und Vorname,
2. Geburtsdatum,
3. akademische Grade und Titel und
4. Sozialversicherungsnummer.

(2) Der Anmeldung sind weiters anzuschließen:

1. Nachweise über die Ablegung oder den Entfall der Ausbilderprüfung,
2. Nachweise über die Ablegung oder den Entfall der Unternehmerprüfung,
3. Nachweise über die Ablegung einer einschlägigen Lehrabschlussprüfung,
4. Nachweise über den Ersatz von Prüfungsteilen und
5. Zahlungsbelege über die entrichteten Prüfungsgebühren.

(3) Der Prüfungskandidat ist von der Beibringung der in Abs. 1 und 2 angeführten Belege entbunden, wenn er die Nachweise bereits einmal erbracht hat oder sich die Meisterprüfungsstelle selbst auf automationsunterstütztem Wege Kenntnis über die betreffenden Daten verschaffen kann.

Einladung zur Prüfung

§ 4. (1) Der Prüfungskandidat ist zeitgerecht zur Prüfung einzuladen. Die Einladung erfolgt formlos und hat jene Angaben, die für den Kandidaten zur Ablegung der Prüfung notwendig sind, zu enthalten.

Prüfungsgebühr

§ 5. (1) Die Prüfungsgebühr beträgt bei Durchführung der Meisterprüfung (Module 1, 2 und 3) 14 Prozent des Gehaltes eines Beamten des Allgemeinen Verwaltungsdienstes der Verwendungsgruppe A 1, Gehaltsstufe 6, gemäß § 28 Abs. 1 des Gehaltsgesetzes 1956, BGBl. Nr. 54, in der jeweils geltenden Fassung.

(2) Die Prüfungsgebühr bei Durchführung einer Befähigungsprüfung für ein nicht als Handwerk eingestuftes reglementiertes Gewerbe in vollem Umfang wird durch die in **Anlage 1** festgelegten Prozentsätze des Gehaltes eines Beamten des Allgemeinen Verwaltungsdienstes der Verwendungsgruppe A 1, Gehaltsstufe 6, gemäß § 28 Abs. 1 des Gehaltsgesetzes 1956, BGBl. Nr. 54, in der jeweils geltenden Fassung, bestimmt.

(3) Die Gebühren der Ausbilderprüfung und der Unternehmerprüfung bestimmen sich nach den jeweiligen einschlägigen Verordnungen in der jeweils geltenden Fassung.

(4) Die Prüfungsgebühren sind auf einen vollen Eurobetrag aufzurunden. Sehen die Prüfungsordnungen eine Prüfung für die eingeschränkte Ausübung oder den Entfall von Modulen (Prüfungsteilen) oder Prüfungsgegenständen vor, so verringert sich die Prüfungsgebühr im Verhältnis zum verminderten Prüfungsaufwand.

(5) Wenn der Prüfungswerber die Prüfungsgebühr selbst zu tragen hat und nachweist, dass die Entrichtung der Prüfungsgebühr wegen seiner Einkommensverhältnisse oder Sorgepflichten eine erhebliche wirtschaftliche Härte darstellt, ist die Prüfungsgebühr entsprechend den Einkommensverhältnissen und Sorgepflichten des Prüfungswerbers bis auf zwei Fünftel zu ermäßigen.

(6) Die Prüfungsgebühr ist dem Prüfungskandidaten von der Meisterprüfungsstelle nicht in Rechnung zu stellen oder zurückzuzahlen, wenn der Prüfungswerber

1. zur Prüfung nicht zugelassen wird oder
2. spätestens zehn Tage vor Prüfungsbeginn die Bekanntgabe seines Rücktrittes zur Post gegeben hat oder
3. aus nachweislich nicht vom ihm zu vertretenden Gründen von der Prüfung gänzlich oder teilweise fernbleibt.

15/2. GewO-VO
Allgemeine Prüfungsordnung

Materialkosten

§ 6. Der Prüfungskandidat hat die Kosten für die Durchführung der fachlichen Arbeiten benötigten Materialien und Einrichtungen zu tragen. Werden diese Materialien und Einrichtungen von der Meisterprüfungsstelle zur Verfügung gestellt, so sind sie dem Prüfungskandidaten gegen Bezahlung bei der Prüfung bereitzustellen. Stellt die Meisterprüfungsstelle die zur Durchführung der fachlichen Arbeiten benötigten Materialien nicht bei, so hat der Prüfungskandidat auf Grund der in der Einladung zur Prüfung enthaltenen diesbezüglichen Aufforderung die Materialien zu beschaffen und zur Prüfung mitzubringen.

Prüferentschädigung

§ 7. Die Meisterprüfungsstelle hat 90 Prozent der Prüfungsgebühr an die Mitglieder der Prüfungskommission als Entschädigung zu entrichten. Die Entschädigung muss den vom Prüfer erbrachten Leistungen angemessen sein. Bei der Beurteilung der Angemessenheit kann insbesondere der Umstand berücksichtigt werden, ob die Prüfertätigkeit die Ausarbeitung der schriftlichen Prüfungsaufgaben und die Korrektur der schriftlichen Prüfungsarbeiten umfasst hat. Die verbleibenden zehn Prozent der Prüfungsgebühr sind zur Abdeckung des durch die Abhaltung der Prüfung entstandenen besonderen Verwaltungsaufwandes zu verwenden.

Zertifizierung für Prüfungen im Mehrfachauswahlverfahren

§ 8. Wird eine fachliche schriftliche Prüfung zur Gänze oder teilweise im Mehrfachauswahlverfahren (Multiple-Choice-Verfahren) abgehalten, so ist das verwendete System (Programmsoftware) vor der ersten Prüfung einem Verfahren zur Zertifizierung zu unterziehen. Die Zertifizierung kann von einem Leiter der Meisterprüfungsstellen oder dem jeweils zuständigen Fachverband, der den Einsatz eines derartigen Systems beabsichtigt, eingeleitet werden. Die Zertifizierung hat durch einen unparteiischen Dritten nach erfolgter Begutachtung durch die Leiter der Meisterprüfungsstellen zu erfolgen und enthält die Überprüfung der Tauglichkeit der Programmsoftware im Hinblick auf ihren Einsatz bei Prüfungen.

Prüfer und Prüfertätigkeiten

§ 9. (1) Der Vorsitzende hat neben seiner Tätigkeit als Prüfer auch für den ordnungsgemäßen Ablauf der Prüfung sowie die Protokollierung des Prüfungsvorganges (§ 352 Abs. 5 GewO 1994) zu sorgen.

(2) Neben den Kommissionsmitgliedern kann der Leiter der Meisterprüfungsstelle Aufsichtspersonen für die Beaufsichtigung und die Durchführung und Kontrolle des korrekten Ablaufs des Prüfungsverfahrens bei der praktischen und der schriftlichen Prüfung bestellen, wobei die Aufsichtspersonen funktional wie Prüfer tätig werden.

(3) Während der Arbeitszeit hat entweder ein Kommissionsmitglied oder eine andere geeignete Aufsichtsperson anwesend zu sein. Die Anwesenheit der gesamten Prüfungskommission während der gesamten Arbeitszeit ist nur insoweit erforderlich, als es für die Beurteilung der Leistung des Prüfungskandidaten erforderlich ist.

Zeugnisse

§ 10. Die Meisterprüfungsstelle hat bei erfolgreicher Ablegung eines Moduls das entsprechende Modulprüfungszeugnis (**Anlage 2 und 3**) sowie bei Vorlage aller erforderlichen Modulzeugnisse durch den Prüfungskandidaten das entsprechende Meisterprüfungszeugnis oder das Prüfungszeugnis für andere reglementierte Gewerbe (**Anlage 4 und 5**) auszustellen. Die Mitunterfertigung des jeweiligen Modulprüfungszeugnisses durch die Mitglieder der Prüfungskommission ist zulässig.

Zusatz- und Wiederholungsprüfungen

§ 11. (1) Bei der Anmeldung zu einer Zusatzprüfung können gegebenenfalls auch Belege der folgenden Art verlangt werden:

1. das Zeugnis über die erfolgreich abgelegte Prüfung für das verbundene Gewerbe,

2. nicht in Z 1 genannte Zeugnisse über den Nachweis der Befähigung für das verbundene Gewerbe.

(2) Auf Zusatzprüfungen und Wiederholungsprüfungen finden die §§ 1 bis 9 sinngemäß Anwendung.

Schlussbestimmungen

§ 12. (1) Die Verordnung des Bundesministers für wirtschaftliche Angelegenheiten vom 9. Juli 1993 über die Durchführung von Meisterprüfungen (Allgemeine Meisterprüfungsordnung), BGBl. Nr. 454/1993, tritt gleichzeitig mit dem In-Kraft-Treten dieser Verordnung außer Kraft.

(2) Die vor dem In-Kraft-Treten des Bundesgesetzes BGBl. I Nr. 111/2002 erlassenen Verordnungen betreffend den Befähigungsnachweis für gebundene Gewerbe treten hinsichtlich der Bestimmungen über die Anberaumung und Verlautbarung der Prüfungstermine, das Ansuchen um Zulassung zur Prüfung, die Einladung zur Prüfung, die Prüfungsgebühren, die Prüferentschädigung, die Rückerstattung der Prüfungsgebühren und die Prüfungszeugnisse gemäß § 375 Abs. 1 Z 74 GewO 1994 gleichzeitig mit dem In-Kraft-Treten dieser Verordnung außer Kraft.

15/2. GewO-VO
Allgemeine Prüfungsordnung

Anlage 1

Befähigungsprüfung	Prüfungsgebühr in Prozenten des im § 5 Abs. 2 genannten Beamtengehaltes
1. Arbeitsvermittler	14 Prozent
2. Baumeister	61 Prozent
3. Bauträger	20 Prozent
4. Berater in Versicherungsangelegenheiten	4 Prozent
5. Berufsdetektive	14 Prozent
6. Bewachungsgewerbe	8 Prozent
7. Brunnenmeister	40 Prozent
8. Bestattung	14 Prozent
9. Buchhaltung	15 Prozent
10. Drogisten	14 Prozent
11. Drucker und Druckformenherstellung	14 Prozent
12. Elektrotechnik	25 Prozent
13. Fotografen	14 Prozent
14. Fremdenführer	14 Prozent
15. Fußpflege	14 Prozent
16. Gas- und Sanitärtechnik	25 Prozent
17. Gastgewerbe	12 Prozent
18. Getreidemüller	14 Prozent
19. Großhandel mit Arzneimitteln	14 Prozent
20. Großhandel mit Giften	6 Prozent
21. Handel mit Medizinprodukten	10 Prozent
22. Immobilienmakler	12 Prozent
23. Immobilienverwalter	12 Prozent
24. Inkassoinstitute	14 Prozent
25. Kontaktlinsenoptik	15 Prozent
26. Kosmetik (Schönheitspflege)	14 Prozent
27. Massage	14 Prozent
28. Milchtechnologie	14 Prozent
29. Reisebüros	16 Prozent
30. Spediteure einschließlich der Transportagenten	10 Prozent
31. Sprengungsunternehmen	10 Prozent
32. Steinmetzmeister einschließlich Kunststeinerzeuger und Terrazzomacher	41 Prozent
33. Technische Büros – Ingenieurbüros (Beratende Ingenieure)	10 Prozent
34. Überlassung von Arbeitskräften	14 Prozent
35. Unternehmensberatung einschließlich der Unternehmensorganisation	16 Prozent
36. Vermögensberatung (Beratung bei Aufbau und Erhalt von Vermögen und der Finanzierung unter Einschluss insbesondere der Vermittlung von Veranlagungen, Investitionen, Personalkrediten, Hypotharkrediten und Finanzierungen	18 Prozent
37. Versicherungsagent	8 Prozent
38. Versicherungsmakler	4 Prozent
39. Vulkaniseur	14 Prozent
40. Waffengewerbe (Büchsenmacher) einschließlich des Waffenhandels	14 Prozent
41. Zimmermeister	42 Prozent

15/2. GewO-VO
Allgemeine Prüfungsordnung

Anlage 2

Geschäftszahl:

Meisterprüfungsstelle
....

ZEUGNIS

....

(Vor- und Familienname)

geboren am..

hat das MODUL 1,2 oder 3 *) der

MEISTERPRÜFUNG

für das Handwerk

....

abgelegt und die Prüfung
mit Auszeichnung *) bestanden.

......................................, am ....

Siegel der
Prüfungsstelle

Für die Prüfungsstelle

_____

*) Nichtzutreffendes streichen

15/2. GewO-VO
Allgemeine Prüfungsordnung

Anlage 3

Geschäftszahl:

M e i s t e r p r ü f u n g s s t e l l e

....

ZEUGNIS

....

(Vor- und Familienname)

geboren am ....

hat das MODUL 1,2 oder 3 *) der

B E F Ä H I G U N G S P R Ü F U N G
für das Gewerbe

....

abgelegt und die Prüfung mit Auszeichnung *) bestanden.

...., am ....

Siegel der
Prüfungsstelle

Für die Prüfungsstelle

_____

*) Nichtzutreffendes streichen

15/2. GewO-VO

Allgemeine Prüfungsordnung

Anlage 4

Geschäftszahl:

Meisterprüfungsstelle

....

MEISTERPRÜFUNGSZEUGNIS

....
(Vor- und Familienname)

geboren am ....

hat die

**MEISTERPRÜFUNG
für das Handwerk**

....

erfolgreich abgelegt und ist gemäß § 20 Abs. 2 der Gewerbeordnung 1994 berechtigt, den Titel

MEISTER

mit Beziehung auf das oben genannte Handwerk zu führen.

.... am ....

Siegel der
Prüfungsstelle

Für die Prüfungsstelle

15/2. GewO-VO
Allgemeine Prüfungsordnung

Anlage 5

Geschäftszahl:

Meisterprüfungsstelle

....

BEFÄHIGUNGSPRÜFUNGSZEUGNIS

....
(Vor- und Familienname)

geboren am...

hat die

BEFÄHIGUNGSPRÜFUNG
für das Gewerbe

....

erfolgreich abgelegt.

...., am ....

Siegel der
Prüfungsstelle

Für die Prüfungsstelle

15/3a. GewO-VO
VersMakler, VersBerater Prüfungsstoff

Versicherungsmakler und Berater in Versicherungsangelegenheiten – Prüfungsstoffverordnung[1]

Kundmachung mit 1. 2. 2004, www.wko.at

[1] Nach Auskunft des Fachverbandes der Versicherungsmakler und Berater in Versicherungsangelegenheiten der WKO ist eine Neuerlassung dieser VO in Planung.

STICHWORTVERZEICHNIS

Allgemeine Prüfungsordnung, Anwendung 1, 2
Ausbilderprüfung 8
Auszeichnung 10 (3)
Außer-Kraft-Treten 13 (2), 13 (3)

Bestimmungen
– Gesetzliche 6
– Vertragliche 6
Bewertung 10

Fachkunde 3 (1) lit a, 4
– Entfall 5

Gesetzliche Bestimmungen 6

In-Kraft-Treten 13 (1)

Kraftfahrzeugversicherungen 6 Z 2

Leistungsbeurteilungsverordnung 10 (1)
Leiter der Meisterprüfungsstelle 13 (3)

Meisterprüfungsstelle, Leiter 13 (3)
Mitversicherung 4 Z 2
Modul 2, 3, 8, 9, 10 (2), 10 (3)

Negativ 11

Personenversicherungen 6 Z 1
Positiv 10 (2)

Prüfer, zusätzliche 12
Prüfung 2, 3 (1)
– Dauer 3
– Durchführung 1
– Mündlich 3
Prüfungsgespräch 3
Prüfungskommission 12
Prüfungsordnung 13 (3)

Rechtskunde 3 (1) lit c, 7
Rückversicherung 4 Z 2

Sachversicherungen 6 Z 3
Schlussbestimmungen 13
Schulnotensystem 10 (1)
Spartenkunde 3 (1) lit b, 6

Tarife 4 Z 1
Tarifgestaltung 4 Z 1

Unternehmerprüfung 9

Vermögensversicherungen 6 Z 3
Versicherungsaufsichtsrecht 4 Z 3
Vertragliche Bestimmungen 6

Wiederholung 11

Zusätzliche Prüfer 12
Zweifelsfall 13 (3)

Verordnung des Fachverbandes der Versicherungsmakler und Berater in Versicherungsangelegenheiten über die Befähigungsprüfungen für das Gewerbe der Versicherungsmakler und für das Gewerbe Berater in Versicherungsangelegenheiten – Versicherungsmakler und Berater in Versicherungsangelegenheiten – PrüfungsstoffVO

Aufgrund der §§ 22 Abs. 1 und 352a Abs. 2 der Gewerbeordnung 1994, BGBl. Nr. 194/1994, in der Fassung des Bundesgesetzes BGBl. I Nr. 48/2003 in Verbindung mit dem § 1 Abs. 1 Z 1 und 2 der Verordnung des Bundesministers für Wirtschaft und Arbeit über die Zugangsvoraussetzungen für das verbundene Gewerbe Versicherungsmakler; Berater in Versicherungsangelegenheiten vom 28. Jänner 2003, BGBl. II Nr. 97/2003 wird verordnet:

Anwendung der Allgemeinen Prüfungsordnung

§ 1. Auf die Durchführung der Prüfung für das Gewerbe Versicherungsmakler; Berater in Versicherungsangelegenheiten (§ 94 Z 97 GewO 1994) ist die Allgemeine Prüfungsordnung in der jeweils geltenden Fassung anzuwenden.

§ 2. Die Prüfung für das Gewerbe Versicherungsmakler und das Gewerbe Berater in Versicherungsangelegenheiten besteht aus 3 Modulen.

Modul 1: Mündliche Prüfung

§ 3. (1) Die Prüfung erstreckt sich auf die Gegenstände:
a) Fachkunde
b) Spartenkunde

15/3a. GewO-VO
VersMakler, VersBerater Prüfungsstoff

c) Rechtskunde

Das Prüfungsgespräch soll in jedem Gegenstand mindestens 10 Minuten und nicht länger als 30 Minuten dauern.

a) Gegenstand Fachkunde

§ 4. Im Gegenstand Fachkunde können Fragen aus folgenden Gebieten gestellt werden:

1. Kenntnis des Aufbaus von Tarifen und der Tarifgestaltung
2. Grundkenntnisse über Rückversicherung und Mitversicherung
3. Versicherungsaufsichtsrecht

§ 5. Bei erfolgreich abgelegter Lehrabschlussprüfung im Lehrberuf „Versicherungskaufmann" entfällt der Gegenstand Fachkunde.

b) Gegenstand Spartenkunde

§ 6. Im Gegenstand Spartenkunde können Fragen über gesetzliche und vertragliche Bestimmungen (AVB und Tarife) für den privaten und betrieblichen Bereich aus folgenden Gebieten gestellt werden:

1. Sparte: Personenversicherungen
 1.1. Lebensversicherung
 1.2. Krankenversicherung
 1.3. Unfallversicherung
 1.4. Mitarbeitervorsorge
 1.5. Zukunftsvorsorge unter Berücksichtigung staatlicher Förderungen
2. Sparte: Kraftfahrzeugversicherungen
 2.1. Kraftfahrzeug-Haftpflichtversicherung
 2.2. Kraftfahrzeug-Fahrzeugversicherung
 2.3. Kraftfahrzeug-Insassenunfallversicherung
 2.4. Kraftfahrzeug-Rechtsschutzversicherung
3. Sparte: Sach- und Vermögensversicherungen
 3.1. Allgemeine Bedingungen für die Sachversicherung
 3.2. Feuerversicherung
 3.3. Einbruchdiebstahlversicherung
 3.4. Leitungswasserschadenversicherung
 3.5. Glasbruchversicherung
 3.6. Sturmschadenversicherung
 3.7. Haushaltsversicherung
 3.8. Haftpflichtversicherung
 3.9. Rechtsschutzversicherung
 3.10. Betriebsunterbrechungsversicherung
 3.11. Maschinenversicherung
 3.12. Computerversicherung
 3.13. Elektrogeräteversicherung
 3.14. Transportversicherung
 3.15. Bauwesenversicherung
 3.16. Kreditversicherung
 3.17. Hagelversicherung
 3.18. Tierversicherung

c) Gegenstand Rechtskunde

§ 7. Im Gegenstand Rechtskunde können speziell versicherungsrechtliche Fragen aus folgenden Gebieten gestellt werden:

1. Bürgerliches Recht
2. Konsumentenschutzrecht
3. Handelsrecht
4. Wettbewerbsrecht
5. Sozialversicherungsrecht
6. Gewerberecht
7. Steuerrecht
8. Maklergesetz
9. Gewerbeordnung (die für Versicherungsmakler relevanten Bestimmungen)
10. Allgemeine Geschäftsbedingungen der Versicherungsmakler
11. Schadenersatzrecht
12. Versicherungsvertragsrecht (die für Versicherungsmakler relevanten Bestimmungen)

Modul 2: Ausbilderprüfung

§ 8. Das Modul 2 besteht in der Ausbilderprüfung gemäß § 29 Berufsausbildungsgesetz.

Modul 3: Unternehmerprüfung

§ 9. Das Modul 3 besteht in der Unternehmerprüfung gemäß der Unternehmerprüfungsordnung, BGBl. Nr. 453/1993 in der geltenden Fassung.

Bewertung

§ 10. (1) Für die Bewertung der Gegenstände gilt in sinngemäßer Anwendung der Leistungsbeurteilungsverordnung, BGBl Nr. 371/1974 idF BGBl II Nr. 35/1997, das Schulnotensystem von „Sehr gut" bis „Nicht genügend".

(2) Ein Modul ist positiv bestanden, wenn alle Gegenstände positiv bewertet wurden.

(3) Ein Modul ist mit Auszeichnung bestanden, wenn wenigstens die Hälfte der abgelegten Gegenstände mit der Note sehr gut bewertet und die übrigen Gegenstände mit der Note gut bewertet wurden.

Wiederholung

§ 11. Nur jene Gegenstände, die negativ bewertet wurden, sind zu wiederholen.

Zusätzliche Prüfer gemäß 352a Abs. 2 Z 1 und 2

§ 12. Zu der Prüfungskommission gemäß 352a Abs. 2 Z 1 und 2 ist ein weiterer Fachmann, der ein in der Praxis stehender Versicherungsmakler oder Berater in Versicherungsangelegenheiten ist, als weiterer Prüfer zuzuziehen.

Schlussbestimmungen

§ 13. (1) Die Verordnung tritt mit 1. Februar 2004 in Kraft.

(2) Mit Ablauf des 31. Jänner 2004 treten die Verordnungen des Bundesministers für Wirtschaft und Arbeit vom 14. Juni 1989, BGBl. Nr. 316 über den Befähigungsnachweis für das gebundene Gewerbe des Versicherungsmakler und vom 28. Juni 1983, BGBl. Nr. 374 über den Befähigungsnachweis für Berater in Versicherungsangelegenheiten außer Kraft.

(3) Personen, die zu einer Prüfung gemäß der in Abs. 2 genannten Verordnungen antraten, diese aber nicht zur Gänze abgelegt oder bestanden haben, dürfen zu den nicht abgelegten oder nicht bestandenen Gegenständen noch bis spätestens sechs Monate nach dem Außer-Kraft-Treten der Prüfungsordnung gemäß Abs. 2 nach deren Bestimmungen antreten. Wahlweise dürfen diese Personen die Gegenstände aber auch nach der geltenden Prüfungsordnung ablegen. In Zweifelsfällen entscheidet der Leiter der Meisterprüfungsstelle, welche Gegenstände nach der geltenden Prüfungsordnung abzulegen sind.

15/3b. GewO-VO
VersAgenten-PrüfungsO 2011

Versicherungsagenten-Prüfungsordnung 2011

Kundmachung vom 1. 6. 2011, www.wko.at

Verordnung des Fachverbandes der Versicherungsagenten über die Befähigungsprüfung für das Gewerbe Versicherungsvermittlung in der Form Versicherungsagent (Versicherungsagenten-Prüfungsordnung 2011)

Aufgrund der §§ 22 Abs. 1 und 352a Abs. 2 der Gewerbeordnung 1994, BGBl. Nr. 194/1994, zuletzt geändert durch BGBl. I Nr. 39/2010 (GewO) in Verbindung mit § 1 der Verordnung des Bundesministers für Wirtschaft, Familie und Jugend über die Zugangsvoraussetzungen für die reglementierten Gewerbe Versicherungsagent, Versicherungsmakler und Beratung in Versicherungsangelegenheiten sowie die Berechtigung zur Versicherungsvermittlung bei der Gewerblichen Vermögensberatung (Versicherungsvermittler-Verordnung), BGBl. Nr. 156/2010, wird verordnet:

Anwendung der Allgemeinen Prüfungsordnung

§ 1. Auf die Durchführung der Prüfung für das reglementierte Gewerbe „Versicherungsvermittlung in der Form Versicherungsagent"[1] gemäß § 94 Z 76 GewO ist die Allgemeine Prüfungsordnung in der jeweils geltenden Fassung anzuwenden.

---
[1] *Hervorhebung des Verordnungsgebers.*

§ 2. Die Prüfung für das reglementierte Gewerbe „Versicherungsvermittlung in der Form Versicherungsagent"[1] besteht aus zwei Modulen.

---
[1] *Hervorhebung des Verordnungsgebers.*

Modul 1 – Schriftliche Prüfung

§ 3. (1) Die schriftliche Prüfung besteht aus fünf Gegenständen, die ihrerseits in die folgenden Fachbereiche untergliedert sind:
Gegenstand 1 – Allgemeine Rechtskunde
1. Grundzüge des Bürgerlichen Rechts (Vertragsrecht)
2. Schadenersatzrecht
3. Konsumentenschutzrecht
4. Wettbewerbsrecht
5. Arbeits- und Sozialversicherungsrecht
6. UGB und Steuerrecht
7. Strafrecht (Geldwäsche)

Gegenstand 2 - Versicherungsrecht
1. Versicherungsvertragsgesetz
2. Versicherungsaufsichtsgesetz
3. Versicherungssteuergesetz
4. Versicherungsvertragsbedingungen

Gegenstand 3 – Fach- und Spartenkunde über Sozial- und Personenversicherung
1. Allgemeine Fachkunde (inkl. Qualitätsmanagement)
2. Sozial- und Personenversicherung (Versicherungszweige 1, 2, 18-23 gemäß Anlage A zu § 4 Abs. 2 Versicherungsaufsichtsgesetz, BGBl. I Nr. 569/1978, zuletzt geändert durch BGBl. I Nr. 37/2010 (VAG))

Gegenstand 4 – Fach- und Spartenkunde über Kfz-, Sach- und Vermögensversicherung
1. Allgemeine Fachkunde (inkl. Qualitätsmanagement)
2. Kaskoversicherungen (Versicherungszweige 3-6)
3. Sachversicherungen (Versicherungszweige 7-9)
4. Haftpflichtversicherungen (Versicherungszweige 10-13)
5. Vermögensversicherungen (Versicherungszweige 14-17)

Gegenstand 5 – Rechtsgrundlagen und Ausübungskriterien
1. Berufsrechtliche Fragen der Gewerbeordnung
2. Handelsvertretergesetz, Maklergesetz (bezogen auf § 137 f Abs. 9 GewO)
3. Agenturvertrag und Agenturvollmacht
4. Risikoanalyse und Deckungskonzept

(2) Die Erledigung der gestellten Aufgaben muss vom Kandidaten in 3 Stunden erwartet werden können, die schriftliche Prüfung ist nach 4 Stunden zu beenden.

(3) Die schriftliche Prüfung ist als Auswahlverfahren abzuhalten. Anzustreben ist ein zertifiziertes EDV-Prüfungssystem.

Modul 2 – Mündliche Prüfung

§ 4. (1) Die mündliche Prüfung besteht aus fünf Gegenständen, die ihrerseits in die folgenden Fachbereiche untergliedert sind:
Gegenstand 1 – Allgemeine Rechtskunde

15/3b. GewO-VO
VersAgenten-PrüfungsO 2011

1. Grundzüge des Bürgerlichen Rechts (Vertragsrecht)
2. Schadenersatzrecht
3. Konsumentenschutzrecht
4. Wettbewerbsrecht
5. Arbeits- und Sozialversicherungsrecht
6. UGB und Steuerrecht
7. Strafrecht (Geldwäsche)

Gegenstand 2 - Versicherungsrecht
1. Versicherungsvertragsgesetz
2. Versicherungsaufsichtsgesetz
3. Versicherungssteuergesetz
4. Versicherungsvertragsbedingungen

Gegenstand 3 – Fach- und Spartenkunde über Sozial- und Personenversicherung
1. Allgemeine Fachkunde (inkl. Qualitätsmanagement)
2. Sozial- und Personenversicherung (Versicherungszweige 1, 2, 18-23 gemäß Anlage A zu § 4 Abs. 2 VAG)

Gegenstand 4 – Fach- und Spartenkunde über Kfz-, Sach- und Vermögensversicherung
1. Allgemeine Fachkunde (inkl. Qualitätsmanagement)
2. Kaskoversicherungen (Versicherungszweige 3-6)
3. Sachversicherungen (Versicherungszweige 7-9)
4. Haftpflichtversicherungen (Versicherungszweige 10-13)
5. Vermögensversicherungen (Versicherungszweige 14-17)

Gegenstand 5 – Rechtsgrundlagen und Ausübungskriterien
1. Berufsrechtliche Fragen der Gewerbeordnung
2. Handelsvertretergesetz, Maklergesetz (bezogen auf § 137 f Abs. 9 GewO)
3. Agenturvertrag und Agentenvollmacht
4. Risikoanalyse und Deckungskonzept

(2) Die Prüfung hat je Gegenstand mindestens 10 Minuten und maximal 20 Minuten zu dauern.

Anrechnung

§ 5. (1) Die Prüfungen für Gegenstand 2 – Versicherungsrecht, Gegenstand 3 – Fach- und Spartenkunde über Sozial- und Personenversicherung, Gegenstand 4 – Fach- und Spartenkunde über Kfz-, Sach- und Vermögensversicherung jeweils in Modul 1 und Modul 2 entfallen für den Prüfungswerber bei Vorlage der Lehrabschlussprüfung zum Versicherungskaufmann. Die Prüfungen für Gegenstand 3 Z 2 (Versicherungszweige 1,19-23) entfallen für Prüfungswerber, die die Befähigung für Gewerbliche Vermögensberater nachgewiesen haben.

(2) Die Prüfungen für §§ 3 und 4 jeweils Gegenstand 1 entfallen, wenn der Prüfungswerber Zeugnisse im Sinne von § 23 Abs. 2 GewO bzw § 8 Unternehmerprüfungsordnung gemäß BGBl. I Nr. 453/1993, zuletzt geändert durch BGBl. I 114/2004, nachweist.

(3) Die Prüfungsdauer gemäß § 3 Abs. 2 und § 4 Abs. 2 wird aliquot angepasst.

Eingeschränktes Gewerbe (§ 137b Abs. 4 GewO)

§ 6. (1) Für den Zugang zur „Versicherungsvermittlung in der Form Versicherungsagent"[1] als eingeschränktes Gewerbe gemäß § 137b Abs. 4 GewO sind individuelle Teilprüfungen abzulegen.

(2) Die schriftliche Prüfung (Modul 1) ist im Sinne der §§ 3 und 4 bei den Gegenständen 1, 2 und 5 in vollem Umfang sowie bei den Gegenständen 3 und 4 zum gewünschtem Versicherungszweig zuzüglich der entsprechenden allgemeinen Fachkunde zu absolvieren. Die Erledigung der gestellten Aufgaben muss vom Kandidaten in 3 Stunden erwartet werden können, die schriftliche Prüfung ist nach 4 Stunden zu beenden.

(3) Die mündliche Prüfung (Modul 2) ist im Sinne der §§ 3 und 4 bei den Gegenständen 1, 2 und 5 in vollem Umfang sowie bei den Gegenständen 3 und 4 zum gewünschten Versicherungszweig zuzüglich der entsprechenden allgemeinen Fachkunde zu absolvieren. Die Prüfung hat je Gegenstand mindestens 10 Minuten und maximal 20 Minuten zu dauern.

(4) Die Prüfungen für §§ 3 und 4 jeweils Gegenstand 1 entfallen, wenn der Prüfungswerber Zeugnisse im Sinne von § 23 Abs. 2 GewO bzw § 8 Unternehmerprüfungsordnung nachweist.

---
[1] *Hervorhebung des Verordnungsgebers.*

Bewertung

§ 7. (1) Für die Bewertung der Gegenstände gilt in sinngemäßer Anwendung der Leistungsbeurteilungsverordnung, BGBl. Nr. 371/1974, zuletzt geändert durch BGBl. II Nr. 35/1997, das Schulnotensystem von „Sehr gut"[1] bis „Nicht genügend"[1].

(2) Ein Modul ist positiv bestanden, wenn alle Gegenstände positiv bewertet wurden.

(3) Ein Modul ist mit Auszeichnung bestanden, wenn wenigstens die Hälfte der abgelegten Gegenstände mit der Note „Sehr gut"[1] bewertet und die übrigen Gegenstände mit der Note „Gut"[1] bewertet wurden.

---
[1] *Hervorhebung des Verordnungsgebers.*

15/3b. GewO-VO
VersAgenten-PrüfungsO 2011

Geltende Fassung

§ 8. Soweit in dieser Verordnung auf Bestimmungen von Bundesgesetzen verwiesen wird, sind diese, sofern nicht anders ausdrücklich angeordnet wird, in ihrer jeweils geltenden Fassung anzuwenden.

Sprachliche Gleichbehandlung

§ 9. Soweit in dieser Verordnung personenbezogene Bezeichnungen nur in männlicher Form angeführt sind, beziehen sie sich auf Frauen und Männer in gleicher Weise. Bei Anwendung auf bestimmte Personen ist die jeweils geschlechtsspezifische Form zu verwenden.

Schlussbestimmungen

§ 10. (1) Die Verordnung tritt mit 1. Juni 2011 in Kraft.

(2) Mit Ablauf des 31. Mai 2011 tritt die Verordnung des Fachverbandes Versicherungsagenten über die Befähigungsprüfung für das Gewerbe Versicherungsvermittlung in der Form Versicherungsagent (Versicherungsagenten-Prüfungsordnung), kundgemacht am 1. Jänner 2011 auf der Homepage des Fachverbandes der Versicherungsagenten, außer Kraft.

(3) Personen, die zu einer Prüfung gemäß der in Abs. 2 genannten Verordnung antraten, diese aber nicht zur Gänze abgelegt oder bestanden haben, dürfen zu den nicht abgelegten oder nicht bestandenen Gegenständen noch bis spätestens 6 Monate nach Außer-Kraft-Treten der Versicherungsagenten-Prüfungsordnung gemäß Abs. 2 nach deren Bestimmungen antreten. Wahlweise dürfen diese Personen die Gegenstände aber auch nach der geltenden Prüfungsordnung ablegen. In Zweifelsfällen entscheidet der Leiter der Meisterprüfungsstelle, welche Gegenstände nach der geltenden Prüfungsordnung abzulegen sind.

Fachverband der Versicherungsagenten

16. MaklerG
Stichwortverzeichnis

Maklergesetz

BGBl 1996/262 idF

1 BGBl I 2001/98 (2. Euro-JuBeG)
2 BGBl I 2004/131
3 BGBl I 2010/28 (DaKRÄG)
4 BGBl I 2010/29 (IRÄG 2010)
5 BGBl I 2010/58 (IRÄ-BG)
6 BGBl I 2012/34 (VersRÄG 2012)

STICHWORTVERZEICHNIS

Abrechnung 31
Abschluß des vermittelten Geschäfts 2
– keine Pflicht dazu 4
abweichender Gebrauch 5, 6
Alleinvermittlungsauftrag 14
– Provision bei fehlendem Vermittlungserfolg 15
Aufhebung von Rechtsvorschriften Art III
Aufklärungspflicht, besondere, des Immobilienmaklers 17
Auflösung, vorzeitige 12
Aufrechnungsrecht, kein, des Versicherungsmaklers 27
Aufwandersatz des Maklers 9
– Fälligkeit 10
Ausgleichsanspruch des verkürzten Maklers 6
Auslagen des Maklers, kein Ersatz 9

Beendigung des Vertragsverhältnisses 12 ff
befristeter Alleinvermittlungsauftrag 14
– Kreditvermittlungsvertrag 35
– Maklervertrag 12
Befugnisse des Maklers 2
Begriff des Maklers 1
Belohnung von Drittem 5
Bemühen um Vermittlung 4
– bei Alleinvermittlungsauftrag 14
– des Versicherungsmaklers 27
Beratung des Kunden durch den Versicherungsmakler 28

Doppeltätigkeit 5
– des Handelsmaklers 20
– des Versicherungsmaklers 27

Entgelte, unzulässige, Bedeutung für Provision 8
Erfüllungsanspruch gegen Handelsmakler wegen Nichtbezeichnung des Vertragspartners 22
Erklärungen
– Abgabe von 2
– Entgegennahme von 2
– keine Entgegennahme von, durch Versicherungsmakler 27
Ersatz von Aufwendungen des Maklers 9
– Fälligkeit 10

Fälligkeit 10, 31
Freie Makler iS des BörseG 19
Fristablauf, Beendigung des Maklervertrags 12

Haftung 3, 5

Handelsbräuche für Freie Makler iS des BörseG 19
Handelsmakler 19 ff
– Begriff 19
– Provision 23
– Schlußnote 21 ff
– – Ausnahme für Krämermakler 25
– Tagebuch 24
– – Ausnahme für Krämermakler 25
– Vorbehalt der Bezeichnung des Vertragspartners 22

Immobilienmakler 16 ff
– besondere Aufklärungspflicht 17
– Begriff 16
– zwingende Bestimmungen 18
Informationspflicht des Personalkreditvermittlers 39
Informationspflicht des Versicherungsmaklers 27 (2)
Inkrafttreten 41, Art III
Interessenwahrung 3
– bei Doppeltätigkeit des Handelsmaklers 20
– des Versicherungsmaklers 27 ff

Konsumentenschutzgesetz, Änderungen Art II
Krämermakler 25
Kreditvermittlungsvertrag 33 ff
– Befristung 35
– Einziehung von Forderungen 36
– Inhalt 34
– Schriftlichkeit 34
– Wirksamkeit 34
Kündigung des Maklervertrags 13
Kundenkonten 31a

mehrere Makler 6
Mitteilung
– der Doppeltätigkeit 5
– des Tätigwerdens nur für eine Partei
– – durch den Handelsmakler 20
– – durch den Immobilienmakler 17

Nachlässe, Verminderung der Berechnungsgrundlage für die Provision 8
Nachrichtenpflicht 3
Naheverhältnis, familiäres oder wirtschaftliches 6
Namhaftmachung des Dritten, kein Provisionsanspruch 6

Personalkreditvermittler 33 ff

MaklerG
+ VOen

16. MaklerG

Stichwortverzeichnis

- Befristung des Vertrags 35
- Informationspflicht 39
- Inkassotätigkeit 36
- keine Provision 39
- unzulässige Kreditverträge 38
- unzulässige Vergütungen 37
- Wirksamkeit des Vertrags 34

Pflichten aus dem Maklervertrag 3 ff
Provision 6
- Abrechnung bei Versicherungsmakler 30
- angemessene 8
- bei fehlendem Vermittlungserfolg 15
- Entfall 7
- – bei Personalkreditvermittler 39
- – bei Versicherungsmakler 30
- Entstehen 7
- – bei Versicherungsmakler 30
- Fälligkeit 10
- – bei Versicherungsmakler 30
- Handelsmakler 23
- Höhe 8
- ortsübliche 8
- Verminderung der Berechnungsgrundlage 8
- – bei Versicherungsmakler 30
- Versicherungsmakler 30

Rahmenprovisionsvereinbarung des Versicherungsmaklers 26
Rechte aus dem Maklervertrag 3 ff

Schadenersatz 3, 5
- Mäßigung 3, 5

Schlußnote des Handelsmaklers 21 ff
- keine, des Krämermaklers 25
- keine, des Versicherungsmaklers 26

Schriftlichkeit
- bei Kreditvermittlungsvertrag 34

Selbstgeschäft des Maklers 6
Solvenz des Versicherers 28 Z 2

Tagebuch des Handelsmaklers 24
- keines, des Krämermaklers 25
- keines, des Versicherungsmaklers 26

Tätigkeit des Maklers 2

Übergangsbestimmungen Art III
Unterstützung des Maklers durch den Auftraggeber 3

Verdienstlichkeit 6
- bei mehreren Maklern 6
- bei Versicherungsmaklern 30

Vergütungen, unzulässige, des Personalkreditvermittlers 37
Vergütungsbetrag 15
Verjährung 11
Vermittlung 4
Vermittlungspflicht des Versicherungsmaklers 27

Versicherungsmakler 26 ff
- Aufrechnungsrecht, kein 27
- Begriff 26
- Bemühen um Vermittlung 27
- Beratung des Kunden 28
- Doppeltätigkeit 27
- Entgegennahme, keine
- – von Erklärungen 27
- – von Zahlungen 27
- Interessenwahrung
- – des Versicherungskunden 27, 28
- – des Versicherers 29
- Provision 30
- – Abrechnung 31
- – Fälligkeit 31
- Vermittlungspflicht 27
- Zurückbehaltungsrecht, kein 27

Versicherungsvertragsgesetz 26
Vertragsabschluß des vermittelten Geschäfts 2
- keine Pflicht dazu 4

Verweisungen Art III
Vollziehungsklausel Art III
Vorbehalt der Bezeichnung des Vertragspartners durch den Handelsmakler 22
Vorschuß auf Provision 7

Weitergabe von Geschäftsgelegenheiten 3

Zahlungen, keine Entgegennahme von 2
- durch Versicherungsmakler 27

Zeitablauf, Beendigung des Maklervertrags 12
Zurückbehaltungsrecht, kein, des Versicherungsmaklers 27
zweckgleichwertiges Geschäft 6
zwingende Bestimmungen
- bei Immobilienmakler 18
- bei Personalkreditvermittler 40
- bei Versicherungsmaklervertrag 32

16. MaklerG
§§ 1 – 6

Bundesgesetz über die Rechtsverhältnisse der Makler und über Änderungen des Konsumentenschutzgesetzes (Maklergesetz – MaklerG)

Artikel I
Maklergesetz

1. Teil: ALLGEMEINER TEIL

Begriff und Tätigkeit des Maklers

Begriff

§ 1. Makler ist, wer auf Grund einer privatrechtlichen Vereinbarung (Maklervertrag) für einen Auftraggeber Geschäfte mit einem Dritten vermittelt, ohne ständig damit betraut zu sein.

Befugnisse des Maklers

§ 2. (1) Ohne ausdrückliche Vereinbarung ist der Makler nicht befugt, für den Auftraggeber das vermittelte Geschäft zu schließen oder Zahlungen vom Dritten entgegenzunehmen.

(2) Der Auftraggeber kann, solange ihm der Dritte weder bekannt ist noch bekannt sein muß, Erklärungen zur Wahrung seiner Rechte an den Makler richten, wenn der Makler befugt ist, Erklärungen, die zum Abschluß des Vertrags mit dem Dritten führen können, mit Rechtswirkung für den Dritten entgegenzunehmen.

Rechte und Pflichten aus dem Maklervertrag

Interessenwahrung und Unterstützung

§ 3. (1) Der Makler hat die Interessen des Auftraggebers redlich und sorgfältig zu wahren. Dies gilt auch, wenn er zugleich für den Dritten tätig ist.

(2) Der Auftraggeber hat den Makler bei der Ausübung seiner Vermittlungstätigkeit redlich zu unterstützen und eine Weitergabe von mitgeteilten Geschäftsgelegenheiten zu unterlassen.

(3) Makler und Auftraggeber sind verpflichtet, einander die erforderlichen Nachrichten zu geben.

(4) Bei Verletzung der Pflichten nach den Abs. 1 bis 3 kann Schadenersatz verlangt werden. Soweit dem Makler ein Provisionsanspruch zusteht, kann der Auftraggeber wegen Verletzung wesentlicher Pflichten auch eine Mäßigung nach Maßgabe der durch den Pflichtverstoß bedingten geringeren Verdienstlichkeit des Maklers verlangen.

Vermittlung; Abschluß

§ 4. (1) Mangels anderer Vereinbarung ist der Makler nicht verpflichtet, sich um die Vermittlung zu bemühen.

(2) Der Auftraggeber ist nicht verpflichtet, das angebahnte Geschäft zu schließen.

Doppeltätigkeit

§ 5. (1) Der Makler darf ohne ausdrückliche Einwilligung des Auftraggebers nicht zugleich für den Dritten tätig werden oder von diesem eine Belohnung annehmen, wenn nicht für den betreffenden Geschäftszweig ein abweichender Gebrauch besteht.

(2) Bei Zuwiderhandeln kann der Auftraggeber vom Makler die Herausgabe der unrechtmäßig empfangenen Belohnung und den Ersatz des diesen Betrag übersteigenden Schadens verlangen. § 3 Abs. 4 zweiter Satz bleibt unberührt.

(3) Sobald der Makler als Doppelmakler tätig wird, hat er dies beiden Auftraggebern mitzuteilen. Diese Mitteilungspflicht entfällt, wenn er den Umständen nach annehmen darf, daß seine Doppeltätigkeit den Auftraggebern bekannt ist.

Provision

§ 6. (1) Der Auftraggeber ist zur Zahlung einer Provision für den Fall verpflichtet, daß das zu vermittelnde Geschäft durch die vertragsgemäße verdienstliche Tätigkeit des Maklers mit einem Dritten zustande kommt.

(2) Die bloße Namhaftmachung des Dritten begründet keinen Provisionsanspruch, sofern nicht für den betreffenden Geschäftszweig ein abweichender Gebrauch besteht.

(3) Der Makler hat auch dann Anspruch auf Provision, wenn auf Grund seiner Tätigkeit zwar nicht das vertragsgemäß zu vermittelnde Geschäft, wohl aber ein diesem nach seinem Zweck wirtschaftlich gleichwertiges Geschäft zustande kommt.

(4) Dem Makler steht keine Provision zu, wenn er selbst Vertragspartner des Geschäfts wird. Dies gilt auch, wenn das mit dem Dritten geschlossene Geschäft wirtschaftlich einem Abschluß durch den Makler selbst gleichkommt. Bei einem sonstigen familiären oder wirtschaftlichen Naheverhältnis zwischen dem Makler und dem vermittelten Dritten, das die Wahrung der Interessen des Auftraggebers beeinträchtigen könnte, hat der Makler nur dann Anspruch auf Provision, wenn er den Auftraggeber unverzüglich auf dieses Naheverhältnis hinweist.

(5) Liegen die Provisionsvoraussetzungen für ein vermitteltes Geschäft bei zwei oder mehreren Maklern vor, so schuldet der Auftraggeber gleichwohl die Provision nur einmal. Provisions-

16. MaklerG
§§ 6 – 15

berechtigt ist der Makler, dessen Verdienstlichkeit an der Vermittlung eindeutig überwogen hat. Läßt sich ein solches Überwiegen nicht feststellen, so ist die Provision nach Maßgabe der Verdienstlichkeit aufzuteilen, im Zweifel zu gleichen Teilen. Hat der Auftraggeber einem von mehreren beteiligten Maklern ohne grobe Fahrlässigkeit zuviel an Provision bezahlt, so ist er von seiner Schuld im Betrag der Überzahlung gegenüber sämtlichen verdienstlichen Maklern befreit. Dadurch verkürzte Makler können von den anderen Maklern den Ausgleich verlangen.

Entstehen des Provisionsanspruchs

§ 7. (1) Der Anspruch auf Provision entsteht mit der Rechtswirksamkeit des vermittelten Geschäfts. Der Makler hat keinen Anspruch auf einen Vorschuß.

(2) Der Anspruch auf Provision entfällt, wenn und soweit feststeht, daß der Vertrag zwischen dem Dritten und dem Auftraggeber aus nicht vom Auftraggeber zu vertretenden Gründen nicht ausgeführt wird. Bei Leistungsverzug des Dritten hat der Auftraggeber nachzuweisen, daß er alle zumutbaren Schritte unternommen hat, um den Dritten zur Leistung zu veranlassen.

Höhe des Provisionsanspruchs

§ 8. (1) Ist über die Provisionshöhe nichts Besonderes vereinbart, so gebührt dem Makler die für die erbrachten Vermittlungsleistungen ortsübliche Provision. Läßt sich eine solche nicht oder nur mit unverhältnismäßigen Schwierigkeiten feststellen, steht eine angemessene Provision zu.

(2) Nachlässe, die der Auftraggeber dem Dritten gewährt, vermindern nur dann die Berechnungsgrundlage der Provision, wenn sie schon beim Abschluß des Geschäfts vereinbart worden sind.

(3) Der Berechnung der Provision dürfen keine unzulässigen Entgelte zugrunde gelegt werden.

Ersatz von Aufwendungen

§ 9. Für die durch den Geschäftsbetrieb entstandenen allgemeinen Kosten und Auslagen kann der Makler keinen Ersatz verlangen. Aufwendungen des Maklers auf Grund von zusätzlichen Aufträgen sind nur dann zu ersetzen, wenn die Ersatzpflicht ausdrücklich vereinbart worden ist. Dies gilt auch dann, wenn das angestrebte Rechtsgeschäft nicht zustande kommt.

Fälligkeit

§ 10. Der Provisionsanspruch und der Anspruch auf den Ersatz zusätzlicher Aufwendungen werden mit ihrer Entstehung fällig.

Verjährung

§ 11. Ansprüche aus dem Maklervertragsverhältnis verjähren in drei Jahren ab Fälligkeit. Die Verjährung ist gehemmt, solange der Makler vom Zustandekommen des vermittelten Geschäfts keine Kenntnis erlangen konnte.

Beendigung des Vertragsverhältnisses

Fristablauf; vorzeitige Auflösung

§ 12. (1) Ein auf bestimmte Zeit geschlossener Maklervertrag endet mit dem Ablauf der Zeit, für die er eingegangen wurde.

(2) Bei Vorliegen wichtiger Gründe kann der Maklervertrag von jedem Vertragspartner ohne Einhaltung einer Frist vorzeitig aufgelöst werden.

Kündigung

§ 13. Ist keine bestimmte Vertragsdauer vereinbart, so kann der Maklervertrag von jedem Vertragspartner jederzeit ohne Einhaltung einer Frist gekündigt werden.

Besondere Vereinbarungen

Alleinvermittlungsauftrag

§ 14. (1) Verpflichtet sich der Auftraggeber, für das zu vermittelnde Geschäft keinen anderen Makler in Anspruch zu nehmen, so liegt ein Alleinvermittlungsauftrag vor. Bei diesem muß sich der Makler nach Kräften um die Vermittlung bemühen.

(2) Der Alleinvermittlungsauftrag kann nur befristet auf angemessene Dauer abgeschlossen werden. Gleiches gilt für jede Verlängerung.

Provisionsvereinbarungen für Fälle fehlenden Vermittlungserfolgs

§ 15. (1) Eine Vereinbarung, wonach der Auftraggeber, etwa als Entschädigung oder Ersatz für Aufwendungen und Mühewaltung, auch ohne einen dem Makler zurechenbaren Vermittlungserfolg einen Betrag zu leisten hat, ist nur bis zur Höhe der vereinbarten oder ortsüblichen Provision und nur für den Fall zulässig, daß

1. das im Maklervertrag bezeichnete Geschäft wider Treu und Glauben nur deshalb nicht zustande kommt, weil der Auftraggeber entgegen dem bisherigen Verhandlungsverlauf einen für das Zustandekommen des Geschäfts erforderlichen Rechtsakt ohne beachtenswerten Grund unterläßt;

2. mit dem vom Makler vermittelten Dritten ein anderes als ein zweckgleichwertiges Geschäft zustande kommt, sofern die Vermittlung des Geschäfts in den Tätigkeitsbereich des Maklers fällt;

16. MaklerG
§§ 15 – 22

3. das im Maklervertrag bezeichnete Geschäft nicht mit dem Auftraggeber, sondern mit einer anderen Person zustande kommt, weil der Auftraggeber dieser die ihm vom Makler bekanntgegebene Möglichkeit zum Abschluß mitgeteilt hat oder das Geschäft nicht mit dem vermittelten Dritten, sondern mit einer anderen Person zustande kommt, weil der vermittelte Dritte dieser die Geschäftsgelegenheit bekanntgegeben hat, oder

4. das Geschäft nicht mit dem vermittelten Dritten zustande kommt, weil ein gesetzliches oder ein vertragliches Vorkaufs-, Wiederkaufs- oder Eintrittsrecht ausgeübt wird.

(2) Eine solche Leistung kann bei einem Alleinvermittlungsauftrag weiters für den Fall vereinbart werden, daß

1. der Alleinvermittlungsauftrag vom Auftraggeber vertragswidrig ohne wichtigen Grund vorzeitig aufgelöst wird;

2. das Geschäft während der Dauer des Alleinvermittlungsauftrags vertragswidrig durch die Vermittlung eines anderen vom Auftraggeber beauftragten Maklers zustande gekommen ist, oder

3. das Geschäft während der Dauer des Alleinvermittlungsauftrags auf andere Art als durch die Vermittlung eines anderen vom Auftraggeber beauftragten Maklers zustande gekommen ist.

(3) Leistungen nach Abs. 1 und Abs. 2 gelten als Vergütungsbetrag im Sinn des § 1336 ABGB.

2. Teil: IMMOBILIENMAKLER

Begriff

§ 16. (1) Immobilienmakler ist, wer als Makler gewerbsmäßig Geschäfte über unbewegliche Sachen vermittelt.

(2) Die für Immobilienmakler geltenden Bestimmungen dieses Bundesgesetzes sind auch auf den anzuwenden, der von einem Auftraggeber ständig betraut ist oder der eine entgeltliche Vermittlungstätigkeit bloß gelegentlich ausübt.

Besondere Aufklärungspflicht

§ 17. Wird der Immobilienmakler auftragsgemäß nur für eine Partei des zu vermittelnden Geschäfts tätig, so hat er dies dem Dritten mitzuteilen.

Zwingende Bestimmungen

§ 18. Von § 4 Abs. 2, § 6, § 7 und § 13 kann nicht zum Nachteil des Auftraggebers abgegangen werden.

3. Teil: HANDELSMAKLER

Allgemeine Bestimmungen

Begriff

§ 19. (1) Handelsmakler ist, wer als Makler gewerbsmäßig Geschäfte über Gegenstände des Handelsverkehrs vermittelt.

(2) Die für Freie Makler im Sinn des § 57 BörseG, BGBl. Nr. 555/1989 geltenden Vorschriften und Handelsbräuche bleiben unberührt.

Doppeltätigkeit

§ 20. (1) Der Handelsmakler kann grundsätzlich für beide Parteien des zu vermittelnden Geschäfts tätig werden und hat in diesem Fall die Interessen beider Auftraggeber redlich und sorgfältig zu wahren.

(2) Wird der Handelsmakler auftragsgemäß nur für eine Partei des zu vermittelnden Geschäfts tätig, so hat er dies dem Dritten mitzuteilen.

Schlußnote

§ 21. (1) Der Handelsmakler hat, sofern nicht die Parteien des Geschäfts ihm dies erlassen oder der Ortsgebrauch mit Rücksicht auf die Gattung der Ware davon entbindet, unverzüglich nach dem Abschluß des Geschäfts jeder Partei eine von ihm unterzeichnete Schlußnote zuzustellen, die die Parteien, den Gegenstand und die Bedingungen des Geschäfts, insbesondere bei Verkäufen von Waren oder Wertpapieren deren Gattung und Menge sowie den Preis und die Zeit der Lieferung enthält.

(2) Bei Geschäften, die nicht sofort erfüllt werden sollen, ist die Schlußnote den Parteien zu ihrer Unterschrift zuzustellen und jeder Partei die von der anderen unterschriebene Schlußnote zu übersenden.

(3) Verweigert eine Partei die Annahme oder Unterschrift der Schlußnote, so hat der Handelsmakler davon der anderen Partei unverzüglich Anzeige zu machen.

Vorbehalt der Bezeichnung des Vertragspartners

§ 22. (1) Nimmt der Auftraggeber eine Schlußnote an, in der sich der Handelsmakler die Bezeichnung der anderen Partei vorbehalten hat, so ist er an das Geschäft mit der Partei, welche ihm nachträglich bezeichnet wird, gebunden, es sei denn, daß gegen diese begründete Einwendungen zu erheben sind.

(2) Die Bezeichnung der anderen Partei ist innerhalb der ortsüblichen Frist, in Ermangelung

16. MaklerG
§§ 22 – 28

einer solchen innerhalb einer den Umständen nach angemessenen Frist vorzunehmen.

(3) Unterbleibt die Bezeichnung oder sind gegen die bezeichnete Partei begründete Einwendungen zu erheben, so ist der Auftraggeber befugt, den Handelsmakler auf die Erfüllung des Geschäfts in Anspruch zu nehmen. Der Anspruch ist ausgeschlossen, wenn sich der Auftraggeber über Aufforderung des Handelsmaklers nicht unverzüglich darüber erklärt, ob er die Erfüllung verlange.

Provision

§ 23. Ist der Handelsmakler für beide Parteien tätig und fehlen eine besondere Vereinbarung und ein abweichender Ortsgebrauch, so gebührt ihm nach Maßgabe der §§ 6 bis 8 eine Provision, die von beiden Auftraggebern je zur Hälfte zu entrichten ist.

Tagebuch

§ 24. (1) Der Handelsmakler ist verpflichtet, ein Tagebuch zu führen und in dieses alle geschlossenen Geschäfte täglich einzutragen. Die Eintragungen sind nach der Zeitfolge zu bewirken: sie haben die im § 21 Abs. 1 bezeichneten Angaben zu enthalten. Das Eingetragene ist vom Handelsmakler täglich zu unterzeichnen.

(2) § 190 und die §§ 212 bis 216 HGB[1]) über die Aufbewahrung und Vorlage von Unterlagen sind auch auf das Tagebuch des Handelsmaklers anzuwenden.

(3) Der Handelsmakler ist verpflichtet, den Parteien jederzeit auf Verlangen Auszüge aus dem Tagebuch zu geben, die von ihm unterzeichnet sind und alles enthalten, was von ihm in Ansehung des vermittelten Geschäfts eingetragen ist. Dies gilt auch für den Fall der automationsunterstützten Führung des Tagebuchs, bei welcher der Handelsmakler für die inhaltsgleiche, vollständige und geordnete Wiedergabe zu sorgen hat.

[1]) *Nunmehr: UGB – vgl BGBl I 2005/120.*

Krämermakler

§ 25. Auf Handelsmakler, die die Vermittlung von Warengeschäften im Kleinverkehr besorgen, sind die Bestimmungen über Schlußnoten und Tagebücher nicht anzuwenden.

Besondere Bestimmungen für Versicherungsmakler

Begriff

§ 26. (1) Versicherungsmakler ist, wer als Handelsmakler Versicherungsverträge vermittelt.

Eine bloße Rahmenprovisionsvereinbarung mit einem Versicherer ändert nichts an der Eigenschaft als Versicherungsmakler, ebensowenig eine ständige Betreuung durch den Versicherungskunden.

(2) Die für Versicherungsmakler geltenden Bestimmungen dieses Bundesgesetzes sind auch auf den anzuwenden, der eine entgeltliche Vermittlungstätigkeit bloß gelegentlich ausübt. Weiters sind sie anzuwenden, solange ein Versicherungsvermittler den Versicherungskunden nicht darüber informiert hat, dass er nicht als Versicherungsmakler tätig ist. *(BGBl I 2004/131)*

(3) Soweit die §§ 43 ff. des Versicherungsvertragsgesetzes 1958, BGBl. Nr. 2/1959, anzuwenden sind, ist dieses Bundesgesetz auf die dort geregelten Fragen nicht anzuwenden.

(4) Die Bestimmungen über Schlußnoten und Tagebücher sind auf den Versicherungsmakler nicht anzuwenden.

Doppeltätigkeit mit überwiegender Interessenwahrung; Vermittlungspflicht

§ 27. (1) Der Versicherungsmakler hat trotz Tätigkeit für beide Parteien des Versicherungsvertrags überwiegend die Interessen des Versicherungskunden zu wahren.

(2) Der Versicherungsmakler hat gegenüber dem Versicherungskunden die Pflicht, die Informationen gemäß § 137f Abs. 7 bis 8 und § 137g der GewO 1994 unter Beachtung des § 137h der GewO 1994 zu erteilen und sich nach Kräften um die Geschäftsvermittlung zu bemühen. *(BGBl I 2004/131)*

(3) Der Versicherungsmakler ist mangels abweichender Vereinbarung mit dem Versicherer nicht befugt, Erklärungen und Zahlungen des Versicherungskunden für den Versicherer rechtswirksam entgegenzunehmen. § 2 Abs. 2 bleibt unberührt. Er hat kein Aufrechnungs- oder Zurückbehaltungsrecht an Zahlungen, die er den Versicherungskunden oder für den Versicherer entgegennimmt.

Wahrung der Interessen des Versicherungskunden

§ 28. Die Interessenwahrung gemäß § 3 Abs. 1 und Abs. 3 und gemäß § 27 Abs. 1 umfaßt die Aufklärung und Beratung des Versicherungskunden über den zu vermittelnden Versicherungsschutz sowie insbesondere auch folgende Pflichten des Versicherungsmaklers:

1. Erstellung einer angemessenen Risikoanalyse und eines angemessenen Deckungskonzeptes sowie Erfüllung der Dokumentationspflicht gemäß § 137g GewO 1994; *(BGBl I 2004/131)*

2. Beurteilung der Solvenz des Versicherers im Rahmen der zugänglichen fachlichen Informa-

16. MaklerG
§§ 28 – 33

tionen, soweit dies bei der Auswahl des Versicherers zur sorgfältigen Wahrung der Interessen des Versicherungskunden im Einzelfall notwendig ist; *(BGBl I 2012/34)*

3. Vermittlung des nach den Umständen des Einzelfalls bestmöglichen Versicherungsschutzes, wobei sich die Interessenwahrung aus sachlich gerechtfertigten Gründen auf bestimmte örtliche Märkte oder bestimmte Versicherungsprodukte beschränken kann, sofern der Versicherungsmakler dies dem Versicherungskunden ausdrücklich bekanntgibt;

4. Bekanntgabe der für den Versicherungskunden durchgeführten Rechtshandlungen sowie Aushändigung einer Durchschrift der Vertragserklärung des Versicherungskunden, sofern sie schriftlich erfolgte; Aushändigung des Versicherungsscheins (Polizze) sowie der dem Vertrag zugrundeliegenden Versicherungsbedingungen einschließlich der Bestimmungen über die Festsetzung der Prämie;

5. Prüfung des Versicherungsscheins (Polizze);

6. Unterstützung des Versicherungskunden bei der Abwicklung des Versicherungsverhältnisses vor und nach Eintritt des Versicherungsfalls, namentlich auch bei Wahrnehmung aller für den Versicherungskunden wesentlichen Fristen;

7. laufende Überprüfung der bestehenden Versicherungsverträge sowie gegebenenfalls Unterbreitung geeigneter Vorschläge für eine Verbesserung des Versicherungsschutzes.

Wahrung der Interessen des Versicherers

§ 29. Im Verhältnis zum Versicherer hat der Versicherungsmakler vorwiegend jene Interessen zu wahren, die auch der Versicherungskunde selbst vor und nach Abschluß des Versicherungsvertrags dem Versicherer gegenüber zu beachten hat. Im besonderen ist der Versicherungsmakler verpflichtet, den Versicherer bei der Vertragsanbahnung über ihm bekannte oder erkennbare besondere Risken zu informieren.

Provision

§ 30. (1) Wenn nicht ausdrücklich und schriftlich etwas Abweichendes vereinbart wird, steht dem Versicherungsmakler aus dem Maklervertrag mit dem Versicherungskunden keine Provision, sonstige Vergütung oder Aufwandsentschädigung zu. Bei erfolgreicher Vermittlung gebührt ihm Provision aus dem Versicherer geschlossenen Maklervertrag nach Maßgabe des § 6, § 7 Abs. 2 und § 8 Abs. 1 und Abs. 3.

(2) Der Anspruch auf Provision entsteht mit der Rechtswirksamkeit des vermittelten Geschäfts, wenn und soweit der Versicherungskunde die geschuldete Prämie bezahlt hat oder zahlen hätte müssen, hätte der Versicherer seine Verpflichtungen erfüllt. Wenn der Versicherer gerechtfertigte Gründe für eine Beendigung des Versicherungsvertrags oder eine betragsmäßige Herabsetzung der Versicherungsprämie hat, entfällt bzw. vermindert sich der Provisionsanspruch.

(3) Eine überwiegende Verdienstlichkeit im Sinn des § 6 Abs. 5 liegt bei dem Versicherungsmakler vor, der den vom Versicherungskunden unterfertigten Antrag an den Versicherer weitergeleitet hat.

(4) Ist im Maklervertrag mit dem Versicherer bestimmt, daß dem Versicherungsmakler nach Beendigung des Vertragsverhältnisses für bereits erfolgreich vermittelte Versicherungsverträge weitere Abschlußprovisionen nicht mehr zustehen, so ist diese Vereinbarung insoweit unwirksam, als der Versicherer den Maklervertrag einseitig aufgelöst hat, ohne daß dafür wichtige, vom Versicherungsmakler verschuldete Gründe vorliegen.

Abrechnung und Fälligkeit

§ 31. Die Abrechnung der Provisionsansprüche durch den Versicherer hat längstens einen Monat nach der Entstehung des Provisionsanspruchs zu erfolgen. Die Fälligkeit tritt an dem Tag ein, an dem die Abrechnung erfolgt oder spätestens zu erfolgen hat.

§ 31a. Vom Versicherungskunden für den Versicherer oder vom Versicherer für den Versicherungskunden bestimmte Geldbeträge sind stets über streng getrennte, bei einem Kreditinstitut geführte Kundenkonten (offene Treuhandkonten, Anderkonten) weiterzuleiten. Für diese Konten gelten zugunsten der berechtigten Versicherungskunden das Widerspruchsrecht gemäß § 37 EO sowie das Aussonderungsrecht nach „§ 44 IO". Vom Makler entgegengenommene Barbeträge sind unverzüglich auf diese Kundenkonten einzuzahlen. *(BGBl I 2010/58)*

(BGBl I 2004/131)

Zwingende Bestimmungen

§ 32. Von § 4 Abs. 2, § 13, § 27 und § 28 erster Satz und Z 1 bis Z 3 kann nicht zum Nachteil des Versicherungskunden abgegangen werden.

4. Teil: PERSONALKREDITVERMITTLER

Begriff

§ 33. Personalkreditvermittler ist, wer als Makler gewerbsmäßig für Kreditwerber Kreditgeschäfte (Geldkreditverträge und Gelddarlehen) im Sinn des § 1 Abs. 1 Z 3 des Bankwesengesetzes, BGBl. Nr. 532/1993 (BWG), vermittelt, die nicht durch Hypotheken sichergestellt sind.

16. MaklerG
§§ 34 – 39

Wirksamkeit des Kreditvermittlungsvertrags

§ 34. (1) Der Kreditvermittlungsvertrag ist nur rechtswirksam, wenn er schriftlich in ein und derselben Sprache verfaßt ist und ausdrücklich auf die Vermittlung eines Kredits oder eines Darlehens lautet. Eine durch den Kreditvermittler für den Kreditwerber hergestellte Übersetzung des Kreditvermittlungsvertrags oder sonstiger damit im Zusammenhang stehender Schriftstücke in eine andere Sprache muß den gesamten Text erfassen.

(2) Der Kreditvermittlungsvertrag hat bei sonstiger Unwirksamkeit folgende Angaben zu enthalten:

1. Die genaue Bezifferung der gewünschten Kredithöhe; dies ist jener Betrag, der ohne Abzüge tatsächlich an den Kreditnehmer ausbezahlt wird (Nettokredit); diese Bezifferung darf durch den ausdrücklichen Zusatz ergänzt werden, daß der Kreditwerber für den Fall der Vermittlung des Kredits in einer geringeren als der genau bezifferten Höhe einverstanden ist; in diesem Fall ist jedoch die Kredithöhe, die zumindest vermittelt werden muß, genau zu beziffern;

2. als Höchstbeträge die in „§ 9 Abs. 2 Z 4, 7 und 8 VKrG" angeführten Angaben sowie die ziffernmäßig ausgedrückte Höchstprovision; die höchstmögliche Gesamtbelastung, aufgegliedert in die höchstmögliche Kreditbelastung und die höchstmögliche Provision; *(BGBl I 2010/28)*

3. den spätesten Zeitpunkt für das Vorliegen der Kreditzusage, die Mindest- und Höchstlaufzeit des Kredits und sämtliche Bedingungen für die Kreditgewährung, die der Kreditwerber zu akzeptieren bereit ist, wie eine Zinsgleitklausel, die an objektive Maßstäbe zu binden ist „(§ 6 Abs. 1 Z 5 KSchG)", die Gehaltsverpfändung, die Bestellung eines Bürgen, die Ausstellung eines Blankowechsels und die Vereinbarung der Folgen des Zahlungsverzugs unter Angabe des höchstmöglichen Verzugszinssatzes. *(BGBl I 2010/28)*

Befristung

§ 35. Der Kreditvermittlungsvertrag kann nur befristet auf die Dauer von höchstens vier Wochen abgeschlossen werden. Diese Frist beginnt zu dem Zeitpunkt zu laufen, zu dem die vom Kreditwerber für die Einräumung des Kredits nachzuweisenden Voraussetzungen beim Personalkreditvermittler vorliegen.

Inkassotätigkeit des Personalkreditvermittlers

§ 36. Eine Vereinbarung, wonach der Vermittler gegenüber dem Kreditgeber die Einziehung fälliger Forderungen aus von ihm vermittelten Krediten übernimmt, ist unwirksam, es sei denn, daß es sich um eine für den Kreditnehmer kostenlose Einziehung fälliger Forderungen handelt.

Unzulässige Vergütungen

§ 37. Vergütungen wie Einschreib-, Vormerk- und Bearbeitungsgebühren sowie eine Vergütung für eine durch den Kreditvermittler für den Kreditwerber hergestellte Übersetzung des Kreditvermittlungsvertrags oder sonstiger damit in Zusammenhang stehender Schriftstücke können nicht rechtswirksam vereinbart werden. Dasselbe gilt für Ablichtungen oder Gleichschriften des Kreditvermittlungsvertrags.

Vermittlung unzulässiger Kreditverträge

§ 38. Die Vermittlung eines Kreditvertrags oder eines Darlehens ist unzulässig, ein Provisionsanspruch entsteht nicht, wenn

1. vom Darlehenswerber die Unterfertigung eines Blankowechsels verlangt wird, in dem nicht das Kreditinstitut, das das Darlehen gewährt, als Wechselnehmer (Remittent) angeführt ist;

2. bei einem nicht von einem Kreditinstitut zu gewährenden Darlehen vom Darlehenswerber die Unterfertigung eines Blankowechsels verlangt wird und die Begebung dieses Blankowechsels nicht Zug um Zug mit der Zuzählung des gesamten Darlehensbetrags, sondern zu einem früheren Zeitpunkt erfolgen soll;

3. vom Kreditwerber die Unterfertigung eines Blankowechsels verlangt wird und die Begebung dieses Blankowechsels nicht zugleich mit der Einigung über die Einräumung des Kredits erfolgen soll;

4. entgegen § 11 KSchG die Übergabe eines Orderwechsels vereinbart ist.

Informationspflicht

§ 39. (1) Der Personalkreditvermittler ist verpflichtet, spätestens bei der Zuzählung des vermittelten Kredits dem Kreditwerber Namen und Anschrift des Kreditgebers mitzuteilen.

(2) Verletzt der Kreditvermittler diese Pflicht, so hat der Kreditnehmer

1. dem Kreditvermittler keine Provision oder sonstigen Vergütungen und

2. dem Kreditgeber die vereinbarten Zinsen und sonstigen Vergütungen nur soweit zu zahlen, als sie das Zweifache des im Zeitpunkt der Schließung des Kreditvertrages festgesetzten Basiszinssatzes nicht übersteigen. *(BGBl I 2001/98)*

(3) Ist der Kreditvermittler nur auf Veranlassung des Kreditwerbers tätig geworden, so gilt der Abs. 2 Z 2 nicht. Hat infolgedessen der Kreditnehmer mehr zu zahlen, als er bei dessen Geltung zu zahlen hätte, so hat der Kreditvermittler den Kreditwerber von der Pflicht zur Zahlung dieser Mehrbeträge an den Kreditgeber zu befreien beziehungsweise dem Kreditnehmer bereits gezahlte Beträge zu vergüten.

(4) Im Übrigen treffen den Personalkreditvermittler die Informationspflichten gemäß § 136a Abs. 1a Gewerbeordnung 1994. *(BGBl I 2010/28)*

„(5)" Die Rechtsbeziehungen zwischen dem Kreditgeber und dem Kreditvermittler bleiben davon unberührt. *(BGBl I 2010/28)*

Zwingende Bestimmungen

§ 40. Von § 4 Abs. 2, § 6, § 7 und § 13 kann nicht zum Nachteil des Auftraggebers abgegangen werden.

§ 41. „(1)" § 26 Abs. 2, § 27 Abs. 2, § 28 Z 1 und § 31a in der Fassung BGBl. I Nr. 131/2004 treten mit 15. 1. 2005 in Kraft. *(BGBl I 2012/34)*

(2) § 28 Z 2 in der Fassung des Bundesgesetzes BGBl. I Nr. 34/2012 tritt mit 1. Juli 2012 in Kraft. *(BGBl I 2012/34)*

(BGBl I 2004/131)

Artikel II
Änderungen des Konsumentenschutzgesetzes

(nicht abgedruckt)

Artikel III
Inkrafttreten, Übergangsbestimmungen, Aufhebung von Rechtsvorschriften, Verweisungen und Vollziehungsklausel

(1) Dieses Bundesgesetz tritt mit 1. Juli 1996 in Kraft.

(2) Die Bestimmungen des Artikels I und des Artikels II, ausgenommen dessen § 30a, sind auf vor seinem Inkrafttreten geschlossene Maklerverträge nicht anzuwenden.

(3) Die in Abs. 5 angeführten Rechtsvorschriften bleiben auf am 1. Juli 1996 bestehende Vertragsverhältnisse betreffend Versicherungsmakler bis 30. Juni 1997 weiterhin anwendbar.

(4) Die Bestimmung des § 30a in Artikel II ist auf Vertragserklärungen anzuwenden, die ein Verbraucher nach Inkrafttreten dieses Bundesgesetzes abgegeben hat.

(5) Mit Inkrafttreten dieses Bundesgesetzes treten folgende Rechtsvorschriften außer Kraft:

1. § 29 des Handelsvertretergesetzes, BGBl. Nr. 348/1921, in der bei Ablauf des 30. Juni 1996 geltenden Fassung, das ist die Fassung der Vierten Verordnung zur Einführung handelsrechtlicher Vorschriften im Lande Österreich, dRGBl. I S 1999/1938, des Bundesgesetzes vom 13. Juli 1960, BGBl. Nr. 153, und des Bundesgesetzes vom 15. Juni 1978, BGBl. Nr. 305 und die in dieser Bestimmung angeführten für andere Geschäftsvermittler geltenden Bestimmungen, soweit sie für andere Geschäftsvermittler in Kraft sind.

2. Die §§ 93 bis 104 des Handelsgesetzbuches, dRGBl. 1897 S 219, sowie Art. 6 Nr. 13 der Vierten Verordnung zur Einführung handelsrechtlicher Vorschriften im Lande Österreich, dRGBl. I S 1999/1938.

(6) Soweit in diesem Bundesgesetz auf Bestimmungen anderer Bundesgesetze verwiesen wird, sind diese in ihrer jeweils geltenden Fassung anzuwenden.

(7) Soweit in anderen Bundesgesetzen und Verordnungen auf Bestimmungen verwiesen ist, die durch dieses Bundesgesetz geändert oder aufgehoben werden, erhält die Verweisung ihren Inhalt aus den entsprechenden Bestimmungen dieses Bundesgesetzes.

(8) Der Begriff „Handelsmäkler" wird in allen bundesgesetzlichen Regelungen durch den Begriff „Handelsmakler" ersetzt. Dasselbe gilt für Wortformen und Wortverbindungen.

(9) Mit der Vollziehung dieses Bundesgesetzes ist der Bundesminister für Justiz betraut.

16/1. AGB VersMakler

Stichwortverzeichnis

Allgemeine Geschäftsbedingungen für Versicherungsmakler und Berater in Versicherungsangelegenheiten (AGB VersMakler)

(Firmenstempel)
(im Folgenden: „der Versicherungsmakler")
herausgegeben von Fachverband Versicherungsmakler und Berater in Versicherungsangelegenheiten; Fassung: September 2008

Diese AGB sind ein unverbindliches Muster, das vom Versicherungsmakler zur Erstellung seiner individuellen AGB verwendet und auf die Notwendigkeiten/Anforderungen im jeweiligen Unternehmen angepasst werden kann. Das vorliegende Muster kann eine individuelle Rechtsberatung nicht ersetzen, weshalb der Fachverband auch keinerlei Haftung übernehmen kann.

STICHWORTVERZEICHNIS

Aufklärungs- und Mitwirkungspflicht des Kunden 3

Besichtigungsauftrag 3 (6)

Datenschutz 7

E-mails 4 (2)

Geltungsbereich 1

Haftung 6

Mitwirkungspflicht des Kunden 3

Pflichten
– Versicherungsmaklers 2

– Versicherungsnehmer 3

Risikobesichtigung 3 (2)
Rücktrittsrechte des Versicherungskunden 8

Schadensmeldung 3 (6)
Schlußbestimmungen 9
Schriftverkehr, elektronischer 4

Ungedeckter Zeitraum 3 (4)
Urheberrechte 5

Verschwiegenheit 7
Versicherungsschutz, Beginn 3 (4)

Zustellungen an den Versicherungskunden 4

Präambel

(1) Der Versicherungsmakler vermittelt unhabhängig von seinen oder dritten Interessen, insbesondere unabhängig vom Versicherungsunternehmen (Versicherer), Versicherungsverträge zwischen dem Versicherungsunternehmen einerseits und dem Versicherungskunden andererseits. Der vom Versicherungskunden mit seiner Interessenwahrung in privaten und/oder betrieblichen Versicherungsangelegenheiten beauftragte Versicherungsmakler ist für beide Parteien des Versicherungsvertrages tätig, hat aber überwiegend die Interessen des Versicherungskunden zu wahren.

(2) Der Versicherungsmakler erbringt seine Leistungen entsprechend den gesetzlichen Bestimmungen, insbesondere des Maklergesetzes, diesen Allgemeinen Geschäftsbedingungen (im Folgenden "AGB") und einem mit dem Versicherungskunden abgeschlossenen Versicherungsmaklervertrag mit der Sorgfalt eines ordentlichen Unternehmers.

§ 1
Geltungsbereich

(1) Die AGB gelten ab Vertragsabschluss zwischen dem Versicherungsmakler und dem Versicherungskunden und ergänzen den mit dem Versicherungskunden allenfalls abgeschlossenen Versicherungsmaklervertrag.

(2) Der Versicherungskunde erklärt seine Zustimmung, dass diese AGB dem gesamten Vertragsverhältnis zwischen ihm und dem Versicherungsmakler sowie auch sämtlichen künftig abzuschließenden Versicherungsmaklerverträgen zu Grunde gelegt werden.

(3) Die Tätigkeit des Versicherungsmaklers wird, soweit im Einzelfall nicht ausdrücklich etwas anderes vereinbart, örtlich auf Österreich beschränkt.

§ 2
Die Pflichten des Versicherungsmaklers

(1) Der Versicherungsmakler verpflichtet sich, für den Versicherungskunden eine angemessene Risikoanalyse zu erstellen und darauf aufbauend ein angemessenes Deckungskonzept zu erarbeiten. Der Kunde nimmt zur Kenntnis, dass diese Risikoanalyse und das Deckungskonzept ausschließlich auf den Angaben des Kunden sowie den dem Versicherungsmakler allenfalls übergebenen Urkunden basieren und daher unrichtige und/oder unvollständige Informationen durch den Versiche-

rungskunden das Ausarbeiten eines angemessenen Deckungskonzepts verhindern.

(2) Der Versicherungsmakler hat den Versicherungskunden fachgerecht und den jeweiligen Kundenbedürfnissen entsprechend zu beraten, aufzuklären und den nach den Umständen des Einzelfalls bestmöglichen Versicherungsschutz zu vermitteln. Der Versicherungskunde nimmt zur Kenntnis, dass die Interessenwahrung des Versicherungskunden grundsätzlich auf Versicherungsunternehmen mit Niederlassung in Österreich beschränkt ist und daher ausländische Versicherungsunternehmen aufgrund des entsprechend erhöhten Aufwandes nur im Falle eines ausdrücklichen Auftrags des Versicherungskunden gegen ein gesondertes Entgelt einbezogen werden.

(3) Die Vermittlung des bestmöglichen Versicherungsschutzes durch den Versicherungsmakler erfolgt bei entsprechender Bearbeitungszeit unter Berücksichtigung des Preis-Leistungs-Verhältnisses. Bei der Auswahl einer Versicherung können daher neben der Höhe der Versicherungsprämie insbesondere auch die Fachkompetenz des Versicherungsunternehmens, seine Gestion bei der Schadensabwicklung, seine Kulanzbereitschaft, die Vertragslaufzeit, die Möglichkeit von Schadenfallkündigungen und die Höhe des Selbstbehalts als Beurteilungskriterien herangezogen werden.

§ 3
Aufklärungs- und Mitwirkungspflicht des Kunden

(1) Der Versicherungsmakler benötigt für das sorgfältige und gewissenhafte Erbringen der in § 2 beschriebenen Leistungen alle sachbezogenen Informationen und Unterlagen, über die der Kunde verfügt, um eine fundierte Beurteilung der individuellen Rahmenbedingungen vornehmen und dem Kunden den nach den Umständen des Einzelfalls bestmöglichen Versicherungsschutz vermitteln zu können. Aus diesem Grunde ist der Versicherungskunde verpflichtet, dem Versicherungsmakler alle für die Ausführung der Dienstleistungen erforderlichen Unterlagen und Informationen rechtzeitig und vollständig vorzulegen und den Versicherungsmakler von allen Umständen, die für die in § 2 beschriebenen Leistungen des Versicherungsmaklers von Relevanz sein können, in Kenntnis zu setzen.

(2) Der Versicherungskunde ist verpflichtet, sofern erforderlich, an einer Risikobesichtigung durch den Versicherungsmakler oder das Versicherungsunternehmen nach vorheriger Verständigung und Terminabsprache teilzunehmen und auf besondere Gefahren von sich aus hinzuweisen.

(3) Die nach gründlichem Nachfragen vom Kunden erhaltenen Informationen und Unterlagen kann der Versicherungsmakler zur Grundlage der weiteren Erbringung seiner Dienstleistungen gegenüber dem Kunden machen, sofern sie nicht offenkundig unrichtigen Inhalts sind.

(4) Der Versicherungskunde nimmt zur Kenntnis, dass ein von ihm oder für ihn vom Versicherungsmakler unterfertigter Versicherungsantrag noch keinen Versicherungsschutz bewirkt, sondern dieser vielmehr noch der Annahme durch das Versicherungsunternehmen bedarf, sodass zwischen der Unterfertigung des Versicherungsantrages und dessen Annahme durch den Versicherer ein ungedeckter Zeitraum bestehen kann.

(5) Der Versicherungskunde, sofern er nicht als Verbraucher iSd KSchG anzusehen ist, verpflichtet sich, alle durch die Vermittlung des Versicherungsmaklers übermittelten Versicherungsdokumente auf sachliche Unstimmigkeiten und allfällige Abweichungen vom ursprünglichen Versicherungsantrag zu überprüfen und dies gegebenenfalls dem Versicherungsmakler zur Berichtigung mitzuteilen.

(6) Der Versicherungskunde nimmt zur Kenntnis, dass eine Schadensmeldung oder ein Besichtigungsauftrag noch keine Deckungs- oder Leistungszusage des Versicherers bewirkt.

(7) Der Versicherungskunde nimmt zur Kenntnis, dass er als Versicherungsnehmer Obliegenheiten aufgrund des Gesetzes und der jeweils anwendbaren Versicherungsbedingungen im Versicherungsfall einzuhalten hat, deren Nichteinhaltung zur Leistungsfreiheit des Versicherers führen kann.

§ 4
Zustellungen, elektronischer Schriftverkehr

(1) Als Zustelladresse des Versicherungskunden gilt die dem Versicherungsmakler zuletzt bekannt gegebene Adresse.

(2) Der Versicherungskunde nimmt zur Kenntnis, dass aufgrund vereinzelt auftretender, technisch unvermeidbarer Fehler die Übermittlung von E-Mails unter Umständen dazu führen kann, dass Daten verloren gehen, verfälscht oder bekannt werden. Für diese Folgen übernimmt der Versicherungsmakler eine Haftung nur dann, wenn er dies verschuldet hat. Der Zugang von E-Mails bewirkt noch keine vorläufige Deckung und hat auch auf die Annahme eines Vertragsanbotes keine Wirkung.

§ 5
Urheberrechte

Der Kunde anerkennt, dass jedes vom Versicherungsmakler erstellte Konzept, insbesondere die Risikoanalyse und das Deckungskonzept, ein urheberrechtlich geschütztes Werk ist. Sämtliche Verbreitungen, Änderungen oder Ergänzungen sowie die Weitergabe an Dritte bedürfen der schriftlichen Zustimmung des Versicherungsmaklers.

§ 6
Haftung

Hinweis: die nachfolgenden Haftungsbestimmungen gelten nur im b2b-Bereich, nicht im Verhältnis zu Konsumenten:

Der Versicherungsmakler haftet für allfällige Sach- und Vermögensschäden des Versicherungskunden nur im Fall des Vorsatzes oder der groben Fahrlässigkeit. Im Fall des Vorsatzes wird auch für entgangenen Gewinn gehaftet. Die Haftung des Versicherungsmaklers ist jedenfalls mit der Höhe der Deckungssumme der bestehenden Berufshaftpflichtversicherung des Versicherungsmaklers beschränkt. Schadenersatzansprüche gegen den Versicherungsmakler müssen innerhalb von sechs Monaten ab Kenntnis des Schadens geltend gemacht werden.

§ 7
Verschwiegenheit, Datenschutz

(1) Der Versicherungsmakler ist verpflichtet, vertrauliche Informationen, die ihm aufgrund der Geschäftsbeziehung zum Kunden bekannt werden, vertraulich zu behandeln und Dritten gegenüber geheim zu halten. Der Versicherungsmakler ist verpflichtet, diese Pflicht auch seinen Mitarbeitern zu überbinden. Jede Weitergabe von Daten unterliegt den Bestimmungen des Datenschutzgesetzes.

(2) Der Versicherungskunde ist entsprechend den einschlägigen Bestimmungen des Datenschutzgesetzes mit einer automationsunterstützten Verwendung seiner Daten für die Kundendatei des Versicherungsmaklers und insbesondere zur Durchführung von Marketing-Aktionen einverstanden. Diese Zustimmung kann vom Kunden jederzeit – auch ohne Angabe von Gründen – widerrufen werden.

§ 8
Rücktrittsrechte des Versicherungskunden

(1) Gemäß § 3 Konsumentenschutzgesetz (KSchG) ist der Kunde berechtigt, bei Abgabe seiner Vertragserklärung außerhalb der Geschäftsräume des Auftragnehmers oder eines Standes auf einer Messe von seinem Vertragsantrag oder vom Vertrag zurückzutreten. Dieser Rücktritt kann bis zum Zustandekommen des Vertrages oder danach binnen einer Woche erklärt werden. Die Frist beginnt mit der Ausfolgung dieser Vertragsurkunde, frühestens jedoch mit dem Zustandekommen dieses Vertrages zu laufen. Das Rücktrittsrecht erlischt bei Versicherungsverträgen spätestens einen Monat nach Zustandekommen des Vertrags.

(2) Die Erklärung über den Rücktritt vom Vertrag ist schriftlich an den Auftragnehmer zu übermitteln. Der Rücktritt erfolgt rechtzeitig, wenn die Rücktrittserklärung innerhalb der in Abs. 1 genannten Frist abgesendet wird.

§ 9
Schlussbestimmungen

(1) Sollten einzelne Bestimmungen dieser Allgemeinen Geschäftsbedingungen ungültig oder undurchsetzbar sein oder werden, wird dadurch der Restvertrag nicht berührt. Im b2b-Bereich (Unternehmergeschäfte) wird in einem solchen Fall die ungültige oder undurchsetzbare Bestimmung durch eine solche ersetzt, die dem wirtschaftlichen Zweck der undurchsetzbaren oder ungültigen Bestimmung möglichst nahe kommt.

(2) Die Verträge zwischen dem Versicherungsmakler und dem Versicherungskunden unterliegen österreichischem Recht. Für allfällige Streitigkeiten aus oder im Zusammenhang mit diesem Vertrag ist – mit Ausnahme von Konsumenten iSd KSchG – jenes Gericht zuständig, in dessen Sprengel sich die Betriebsstätte des Versicherungsmaklers befindet. Der Versicherungsmakler ist jedoch berechtigt, eine allfällige Klage vor jedem anderen sachlich zuständigen Gericht einzubringen. Unbeschadet dessen ist für Konsumenten iSd KSchG jenes Gerichts zuständig, in dessen Sprengel der Wohnsitz, der gewöhnliche Aufenthalt oder der Ort der Beschäftigung des Konsumenten liegt.

17. Hagelvers-FöG

Stichwortverzeichnis, §§ 1 – 4

Hagelversicherungs-Förderungsgesetz

BGBl 1955/64 idF

1 BGBl 1961/186
2 BGBl 1963/289
3 BGBl 1994/653
4 BGBl I 1997/130

STICHWORTVERZEICHNIS

Ackerkulturen 1
Bundesministerium für Finanzen 2
Eigenbehaltsprämie 4 (1)
Förderung 1 - 2
– Abwicklung 2
– Höhe 1
Fristen 2
Frostversicherungsprämien 1
Gebietskörperschaften 2
Hagelversicherung, Österreichische 4
Hagelversicherungsprämien 1

Inkrafttreten 5
Katastrophenfonds 1
Kulturen, landwirtschaftliche 1
Prämienverbilligung 2
Rücklage 4
Überprüfung 3
Vollziehung 6
Weinkulturen 1
Zuführung 4

Bundesgesetz vom 30. März 1955, betreffend die Gewährung eines Bundeszuschusses zur Förderung der Hagelversicherung (Hagelversicherungs-Förderungsgesetz).

Der Nationalrat hat beschlossen:

§ 1. Der Bund gewährt zu den Hagelversicherungsprämien für landwirtschafliche Kulturen und zu den Frostversicherungsprämien für Weinkulturen und versicherbare Ackerkulturen eine Förderung im Ausmaß von 25 vH der Versicherungsprämien unter der Voraussetzung, daß die Länder für das jeweilige Bundesland jeweils eine Förderung in gleicher Höhe wie der Bund leisten. Die Förderungsmaßnahme des Bundes erfolgt nach Maßgabe der Bestimmungen dieses Bundesgesetzes aus Mitteln des Katastrophenfonds. Die Zuweisung der Mittel aus dem Katastrophenfonds ist an den Nachweis der Leistung der Landesmittel geknüpft.

(BGBl I 1997/130)

§ 2. Die Abwicklung dieser Förderung erfolgt über Versicherungsunternehmen, die Hagelversicherungen bundesweit betreiben und bei denen Risken aus Hagelschäden für alle landwirtschaftlichen Kulturen versicherbar sind und die Frostversicherungen für Weinkulturen und versicherbare Ackerkulturen bundesweit anbieten. Die Geltendmachung der Zuschüsse gemäß § 1 durch das Versicherungsunternehmen hat hinsichtlich der Hagelversicherung jeweils bis zum 30. September jeden Jahres, hinsichtlich der Frostversicherung jeweils bis 31. März jeden Jahres beim jeweiligen Bundesland und beim Bundesministerium für Finanzen zu erfolgen. Die Länder haben die Förderung den Versicherungsunternehmen hinsichtlich der Hagelversicherung bis längstens 31. Oktober jeden Jahres, hinsichtlich der Frostversicherung bis längstens 30. April jeden Jahres zur Verfügung zu stellen. Die Zuweisung der Mittel des Bundesministeriums für Finanzen erfolgt unverzüglich nach Mitteilung des Versicherungunternehmens über die Leistung der Landesmittel. Die Förderungmittel dürfen ausschließlich zur Verbilligung der Versicherungsprämien der Versicherungnehmer verwendet werden. Der Betrag, um den die einzelne Prämie verbilligt wird, ist in der Prämienabrechnung zahlenmäßig auszuweisen. Gebietskörperschaften und deren Betriebe erhalten keine Verbilligung der Prämie.

(BGBl I 1997/130)

§ 3. Die Überprüfung der bedingungsgemäßen Verwendung der gesamten Beihilfe bleibt dem Bund vorbehalten.

§ 4. (1) Die „Österreichische Hagelversicherung, Versicherungsverein auf Gegenseitigkeit" kann in ihren Bilanzen aus einem allfälligen Gewinn zur Deckung von Verlusten jeweils Beträge einer Rücklage steuerfrei zuführen, bis diese die Höhe der zweifachen Eigenbehaltsprämie des mit dem Bilanzstichtag abgeschlossenen Geschäftsjahres erreicht oder nach Entnahme zur Deckung von Wertminderungen oder sonstigen Verlusten wieder erreicht hat. Eine Zuführung zu einer

Rücklage zum Ausgleich des schwankenden Jahresbedarfes findet daneben nicht statt.

(2) Die in der Bilanz der „Österreichischen Hagelversicherung, Versicherungsverein auf Gegenseitigkeit" ausgewiesene Verlustrücklage ist auf die Rücklage gemäß Abs. 1 anzurechnen. Die vor Inkrafttreten dieses Bundesgesetzes erfolgten Zuführungen zu dieser Verlustrücklage sind im Jahre ihrer Zuführung bei Ermittlung des steuerpflichtigen Einkommens abzugsfähig.

(BGBl 1963/289; BGBl 1994/653)

§ 5. Die §§ 1 und 2 in der Fassung des Bundesgesetzes BGBl. I Nr. 130/1997 sind erstmals auf die Versicherungsperiode anzuwenden, die im Jahr 1998 endet.

(BGBl I 1997/130)

§ 6. Mit der Vollziehung dieses Bundesgesetzes ist der Bundesminister für Finanzen betraut.

(BGBl I 1997/130)

18. Tiervers-FöG

Stichwortverzeichnis, §§ 1 – 6

Tierversicherungsförderungsgesetz

BGBl 1969/442

STICHWORTVERZEICHNIS

Anspruch 3
Aufbringung 1
Beihilfenhöhe 1
Gesamtleistung des Bundes 3
Inkrafttreten 5

Rindvieh- und Pferdeversicherungsvereine 1, 2
Rückversicherungsquote 2
Rückversicherungsverein 2, 4
Vollziehung 6

Bundesgesetz vom 26. November 1969, betreffend die Förderung der kleinen Rindvieh- und Pferdeversicherungsvereine auf Gegenseitigkeit (Tierversicherungsförderungsgesetz)

Der Nationalrat hat beschlossen:

§ 1. Zwecks Verbilligung der Tierversicherung wird den kleinen Rindvieh- und Pferdeversicherungsvereinen auf Gegenseitigkeit eine Beihilfe zu der von ihnen zu leistenden Rückversicherungsprämie gewährt. Diese beträgt maximal 25% des jährlichen Versicherungsentgeltes der einzelnen Versicherungsvereine und wird zu gleichen Teilen vom Bund und dem für den betreffenden Versicherungsverein zuständigen Bundesland aufgebracht. Sie darf nur gewährt werden, wenn aus Landesmitteln hiefür ein gleichhoher Betrag gewährt wird. Die Beihilfe dient zur Verbilligung der Prämie für die Tierversicherung.

§ 2. Es steht den kleinen Rindvieh- und Pferdeversicherungsvereinen auf Gegenseitigkeit frei, diese Beihilfe durch Beitritt zum Rückversicherungsverein der kleinen Versicherungsvereine auf Gegenseitigkeit in Anspruch zu nehmen. In diesem Fall übernimmt der Rückversicherungsverein von jedem rückversicherten Verein eine Rückversicherungsquote von 45%. Dabei müssen für alle Rindvieh- und Pferdeversicherungsvereine gleichartige Normen bei der Durchführung der Versicherung bestehen.

§ 3. Der vom Bund zu leistende Gesamtbetrag darf 250.000 S jährlich nicht übersteigen. Die Beihilfe steht nur jenen kleinen Rindvieh- und Pferdeversicherungsvereinen zu, die am 1. Jänner 1969 bestanden haben.

§ 4. Zwecks Vereinfachung der Abwicklung wird die Beihilfe nach § 1 nicht mit den betreffenden Rindvieh- und Pferdeversicherungsvereinen auf Gegenseitigkeit, sondern mit dem Rückversicherungsverein abgerechnet.

§ 5. Die Bestimmungen dieses Bundesgesetzes treten mit 1. Jänner 1970 in Kraft.

§ 6. Mit der Vollziehung dieses Bundesgesetzes ist der Bundesminister für Finanzen betraut.

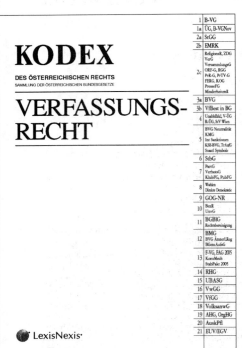

Forstgesetz 1975

BGBl 1975/440

zuletzt geändert durch BGBl I 2013/189
(Auszug)

Bundeszuschuß zur Waldbrandversicherung

§ 147. (1) Den Versicherungsanstalten, die Waldbrandversicherungen in Österreich anbieten, wird aus Bundesmitteln ein Zuschuss gewährt. Dieser ist ausschließlich zur Verbilligung der Waldbrandversicherungsprämien der Waldeigentümer als Versicherungsnehmer zu verwenden. *(BGBl I 2003/78)*

(2) Der Zuschuß ist gleichmäßig für alle Versicherungsnehmer mit einem Hundertsatz der Waldbrandversicherungsprämien festzusetzen.

(3) Der Bundesminister für Land- und Forstwirtschaft, Umwelt und Wasserwirtschaft hat im Einvernehmen mit dem Bundesminister für Finanzen durch Verordnung

a) die Höhe des Hundertsatzes des Zuschusses und

b) die Einzelheiten der Durchführung des Verfahrens

festzulegen. *(BGBl I 2002/59)*

(4) Die Höhe des Zuschusses zu einzelnen Prämien ist in der Prämienabrechnung zahlenmäßig auszuweisen.

(5) Gebietskörperschaften und deren Betriebe erhalten keine Prämienzuschüsse.

(6) Die Überprüfung der widmungsgemäßen Verwendung der Zuschüsse obliegt dem Bundesminister für Land- und Forstwirtschaft, Umwelt und Wasserwirtschaft. Die Versicherungsanstalten sind verpflichtet, die erforderlichen Auskünfte zu erteilen und in die bezüglichen Unterlagen Einsicht nehmen zu lassen. *(BGBl I 2002/59)*

...

Verordnung über den Bundeszuschuß zur Waldbrandversicherung

BGBl 1976/590 idF

1 BGBl II 2003/495

STICHWORTVERZEICHNIS

Bedingungen für Zuerkennung 3 lit a
Bundesministerium für Land- und Forstwirtschaft, Umwelt und Wasserwirtschaft 2, 3 lit a, 4
Bundeszuschuß
– Antragsberechtigte 2
– Höhe 1

– Weiterleitung 3 lit c
Inkrafttreten 4
Jahresprämienrechnung 3 lit a – lit b
Rückzahlungspflicht 3 lit d
Verpflichtungen bei Zuerkennung 3 lit a

Verordnung des Bundesministers für Land- und Forstwirtschaft vom 23. September 1976 über den Bundeszuschuß zur Waldbrandversicherung

Auf Grund des § 147 Abs. 3 des Forstgesetzes 1975, BGBl. Nr. 440, wird im Einvernehmen mit dem Bundesminister für Finanzen verordnet:

§ 1. Die Höhe des aus Förderungsmitteln des Bundes zu gewährenden Bundeszuschusses beträgt fünfundzwanzig vom Hundert der Waldbrandversicherungsprämie. Allfällige sonstige Zuschüsse haben hiebei unberücksichtigt zu bleiben.

§ 2. (1) Anträge auf Gewährung eines Bundeszuschusses sind beim Bundesministerium für Land- und Forstwirtschaft, Umwelt und Wasserwirtschaft zu stellen. Antragsberechtigt sind Versicherungsunternehmen, die Waldbrandversicherungen in Österreich anbieten. *(BGBl II 2003/495)*

(2) Die Versicherungsunternehmung hat dem „Bundesministerium für Land- und Forstwirtschaft, Umwelt und Wasserwirtschaft" bis spätestens 1. Mai das jeweils für das folgende Kalenderjahr voraussichtlich zu erwartende Ausmaß an Waldbrandversicherungsprämien bekanntzugeben. *(BGBl II 2003/495)*

§ 3. Im Falle der Zuerkennung eines Zuschusses zur Waldbrandversicherung gelten für die betreffende Versicherungsunternehmung die sich aus § 147 des Forstgesetzes 1975 unmittelbar ergebenden Verpflichtungen sowie folgende Bedingungen:

a) der Zuschuß wird nach Anerkennung der dem „Bundesministerium für Land- und Forstwirtschaft, Umwelt und Wasserwirtschaft" vorgelegten Jahresprämienrechnung geleistet, doch können Abschlagszahlungen auf Grund des Ergebnisses der Vorjahrsabrechnung im voraus geleistet werden; *(BGBl II 2003/495)*

b) bei der Erstellung der Jahresprämienrechnung hat die Versicherungsunternehmung die im vorausgegangenen Kalenderjahr bezahlten Prämienbeträge anzugeben, wobei von Gebietskörperschaften und deren Betrieben geleistete Waldbrandversicherungsprämien nicht zu berücksichtigen sind;

c) die Versicherungsunternehmung hat den Bundeszuschuß dem Versicherungsnehmer ohne jeglichen Abzug zukommen zu lassen und diesem anläßlich der Prämienvorschreibung anzuzeigen, in welchem Ausmaß sich die Prämie durch Leistung des Bundeszuschusses ermäßigt;

d) die Versicherungsunternehmung hat einen erhaltenen Bundeszuschuß umgehend zurückzuzahlen, wenn der Zuschuß widmungswidrig verwendet oder eine sonstige sich aus dieser Bestimmung ergebende wesentliche Verpflichtung aus ihrem Verschulden verletzt wurde, wobei der zurückzuzahlende Betrag für die Zeit von der Auszahlung bis zur Rückzahlung mit drei vom Hundert über dem jeweils für Eskontierungen der Oesterreichischen Nationalbank geltenden Zinsfuß pro Jahr zu verzinsen ist.

§ 4. Das „Bundesministerium für Land- und Forstwirtschaft, Umwelt und Wasserwirtschaft" leistet den Bundeszuschuß ab dem Jahre 1976. *(BGBl II 2003/495)*

Kapitalversicherungs-Förderungsgesetz

BGBl 1982/163 idF

1 BGBl 1984/255
2 BGBl 1987/312
3 BGBl 1987/607
4 BGBl I 2015/34

STICHWORTVERZEICHNIS

Auslosung 3

Einkommensteuererstattung 1 (1), 4 (1)
Einkommensteuergesetz 1 (1)
Erstattung 1 (1)
– Anspruch 2 (4)
– Antrag 4 (1)
– Durchführung 4
– Höhe 1 (1) (2)
– Verrechnung 4 (5)
– Voraussetzungen 2, 2 (6), 4

Finanzlandesdirektion 4 (2) (3)

Geschäftsplan, Genehmigung 2 (5)
Gewinnanteile, Festsetzung 2 (5)
Glücksspielgesetz 3

Hinweispflicht 1 (5)

Inkrafttreten 5

Kündigung 2 (6)

Lebensversicherung
– Prämien 1 (1)
Lohnsteuererstattung 1 (1), 4 (1)

Rückzahlungsverpflichtung 4 (3) (4)
Rundungsbestimmung 4 (6)

Schlußbestimmungen 5

Versicherungsaufsichtsgesetz 1 (4)
Versicherungsschein 1 (5)
Versicherungssteuer 1(3)
– Befreiung 1 (3)
Versicherungsunternehmen, Verband der 2 (5)
Versicherungsvertrag 4
– Kündigung 2 (6)
– vorzeitiges Erlöschen 1 (3)
Vertragsversicherung 1 (4)
Vollziehung 5 (2)

Bundesgesetz vom 31. März 1982 über die Förderung von Kapitalversicherungen (Kapitalversicherungs-Förderungsgesetz)

Der Nationalrat hat beschlossen:

Allgemeines

§ 1. (1) Leistet ein unbeschränkt Steuerpflichtiger (§ 1 Abs. 1 EStG 1972) an ein Versicherungsunternehmen Versicherungsprämien für eine Lebensversicherung, so wird ihm über Antrag Einkommensteuer (Lohnsteuer) erstattet, sofern diese Versicherungsprämien an Versicherungsunternehmen entrichtet werden, denen die Erlaubnis zum Geschäftsbetrieb im Inland erteilt ist. Die Erstattung erfolgt mit einem Pauschbetrag in Höhe von 25 vH des Gesamtbetrages, der auf Grund der im jeweiligen Versicherungsjahr tatsächlich geleisteten Versicherungsprämien und der Steuererstattung gutgeschrieben wird. „ " *(BGBl 1987/312)*

(2) Die Einkommensteuer (Lohnsteuer) darf dem Steuerpflichtigen nur bis zu einer Bemessungsgrundlage im Sinn des Abs. 1 zweiter Satz von 5 000 S jährlich erstattet werden. Versicherungsprämien für Verträge, für die gemäß Abs. 1 Steuererstattung in Anspruch genommen wird, können nicht als Sonderausgaben gemäß § 18 Abs. 1 Z 2 EStG 1972 geltend gemacht werden.

(3) Das auf Grund dieses Bundesgesetzes gezahlte Versicherungsentgelt ist von der Versicherungssteuer befreit, wenn der Versicherungsvertrag nicht vor Ablauf erlischt. Das vorzeitige Erlöschen des Versicherungsvertrages hat die Nachversteuerung der gezahlten Versicherungsprämien zur Folge. Der Versicherer hat die darauf entfallende Versicherungssteuer innerhalb von 2 Wochen nach Kenntnisnahme von der Auflösung des Vertrages zu entrichten.

(4) Soweit sich aus den folgenden Bestimmungen nicht anderes ergibt, gelten für den Betrieb der Vertragsversicherung hinsichtlich der unter dieses Bundesgesetz fallenden Versicherungsverträge die Bestimmungen des Versicherungsaufsichtsgesetzes, BGBl. Nr. 569/1978.

Fassung ab 1. 1. 2016 (BGBl I 2015/34):
(4) Soweit sich aus den folgenden Bestimmungen nicht anderes ergibt, gelten für den Betrieb der Vertragsversicherung hinsichtlich der unter dieses Bundesgesetz fallenden Versicherungsverträge „die Bestimmungen des Versicherungsaufsichtsgesetzes 2016, BGBl. I Nr. 34/2015." (BGBl I 2015/34)

(5) In Formularen, mit denen der Abschluß eines unter dieses Bundesgesetz fallenden Versicherungsvertrages beantragt wird, und im Versicherungsschein ist ausdrücklich darauf hinzuweisen,

daß es sich um einen Versicherungsvertrag im Sinn dieses Bundesgesetzes handelt.

Voraussetzungen für die Erstattung

§ 2. (1) Die Erstattung nach § 1 Abs. 1 erfolgt für Kapitalversicherungen auf den Ab- und Erlebensfall mit zwölfjähriger Versicherungsdauer und laufender Prämienzahlung. „ " *(BGBl 1987/312)*

(2) Die Versicherungssumme im Ablebensfall darf nicht höher als die Versicherungssumme im Erlebensfall sein. Zusatzversicherungen dürfen nicht eingeschlossen werden.

(3) „Der Versicherungsvertrag muß nach Inkrafttreten dieses Bundesgesetzes, jedoch vor dem 1. Juni 1987 abgeschlossen sein." Als Versicherungsbeginn darf frühestens der erste Tag des Monats der Antragstellung festgesetzt werden. Vorversicherungen dürfen nicht eingerechnet werden. *(BGBl 1987/312)*

(4) Die Erstattung gemäß § 1 Abs. 1 und 2 steht dem Steuerpflichtigen für nicht mehr als zwei Versicherungsverträge mit einer Gesamtjahresprämie von höchstens 5 000 S zu.

(5) Der Geschäftsplan, nach dem die Versicherungsverträge abgeschlossen werden, muß für alle Versicherungsunternehmen gleichlautend sein. Die Genehmigung des Geschäftsplanes ist vom Verband der Versicherungsunternehmungen Österreichs namens der in Betracht kommenden Versicherungsunternehmen zu beantragen. „Die Gewinnanteile sind unter Bedachtnahme auf die Sekundärmarktrendite für Bundesanleihen festzusetzen." *(BGBl 1987/607)*

(6) Der Versicherer ist berechtigt, den Versicherungsvertrag ohne Einhaltung einer Frist zu kündigen, wenn sich nach Abschluß des Vertrages herausstellt, daß die Voraussetzungen für die Erstattung nicht vorliegen oder weggefallen sind.

Auslosung

§ 3. Versicherungsverträge im Sinn dieses Bundesgesetzes, bei denen ein Betrag bis zur Höhe des Sechsfachen der jährlichen Bemessungsgrundlage gemäß § 1 Abs. 2 auf Grund einer Auslosung zusätzlich gezahlt wird, gelten nicht als Ausspielung im Sinn des Glücksspielgesetzes, BGBl. Nr. 169/1962.

§ 4. *(aufgehoben, BGBl 1987/607)*

Durchführung der Erstattung

§ 4. (1) Der Steuerpflichtige hat die Erstattung im Wege des Versicherungsunternehmens bei der Abgabenbehörde zu beantragen und dabei zu erklären, daß die im § 2 Abs. 1 bis 4 dieses Bundesgesetzes angeführten Voraussetzungen vorliegen.

Diese Abgabenerklärung ist mit dem Antrag auf Abschluß eines Versicherungsvertrages, auf Grund dessen Einkommensteuer (Lohnsteuer) erstattet werden soll, abzugeben. Mit dem Ende des Versicherungsvertrages verliert diese Abgabenerklärung ihre Wirksamkeit.

(2) Die Erstattung erfolgt durch das Versicherungsunternehmen, bei welchem der Versicherungsvertrag abgeschlossen wurde. Dieses fordert den zu erstattenden Steuerbetrag bei der zuständigen Finanzlandesdirektion an. Die Anforderung hat für alle Vorschreibungen von Versicherungsprämien innerhalb eines Kalendermonats gesammelt zu erfolgen. Die Finanzlandesdirektion überweist dem Versicherungsunternehmen den Betrag zugunsten der Versicherungsverträge der Steuerpflichtigen. Wird die Versicherungsprämie von einem Steuerpflichtigen bis zum Ablauf der Frist, innerhalb welcher nach den Bestimmungen des Geschäftsplans die unterlassene Prämienzahlung nachgeholt werden kann, nicht gezahlt, so hat das Versicherungsunternehmen innerhalb von zwei Wochen zu Lasten des Steuerpflichtigen den erstatteten Steuerbetrag an die Finanzlandesdirektion zurückzuzahlen.

(3) Das Versicherungsunternehmen ist verpflichtet, zu Lasten des Steuerpflichtigen die insgesamt nach § 1 Abs. 1 und 2 erstatteten Steuerbeträge an die für das Versicherungsunternehmen zuständige Finanzlandesdirektion für einen Versicherungsvertrag zurückzuzahlen, wenn innerhalb von zwölf Jahren seit Vertragsabschluß Ansprüche aus dem Versicherungsvertrag ganz oder zum Teil abgetreten oder rückgekauft werden, eine Vorauszahlung oder Verpfändung der Ansprüche erfolgt oder diese zur Sicherstellung dienen.

(4) Einkommensteuer-(Lohnsteuer-)Erstattungen und Rückzahlungen, die sich auf Grund dieses Bundesgesetzes ergeben, gelten als Abgaben im Sinn der Bundesabgabenordnung.

(5) Erstattungsbeträge im Sinn dieses Bundesgesetzes sind insgesamt mit 25 vH zu Lasten des Aufkommens an veranlagter Einkommensteuer und mit 75 vH zu Lasten des Aufkommens an Lohnsteuer zu verrechnen.

(6) Erstattungsbeträge, die keinen vollen Schillingbetrag ergeben, sind bis einschließlich 50 Groschen auf einen solchen Betrag abzurunden und über 50 Groschen aufzurunden.

Schlußbestimmungen

§ 5. (1) Dieses Bundesgesetz tritt mit 1. März 1982 in Kraft.

(2) Mit der Vollziehung dieses Bundesgesetzes ist der Bundesminister für Finanzen betraut.

(3) § 1 Abs. 4 in der Fassung des Bundesgesetzes BGBl. I Nr. 34/2015 tritt mit 1. Jänner 2016 in Kraft. *(BGBl I 2015/34)*

Einkommensteuergesetz

BGBl 1988/400

zuletzt geändert durch BGBl I 2015/34
(Auszug)

Bundesgesetz vom 7. Juli 1988 über die Besteuerung des Einkommens natürlicher Personen (Einkommensteuergesetz 1988 – EStG 1988)

...

Prämienbegünstigte Zukunftsvorsorge

§ 108g. (1) Leistet ein unbeschränkt Steuerpflichtiger (§ 1 Abs. 2) Beiträge zu einer Zukunftsvorsorgeeinrichtung, wird ihm unter den nachstehenden Voraussetzungen auf Antrag Einkommensteuer (Lohnsteuer) erstattet:

1. Der Steuerpflichtige bezieht keine gesetzliche Alterspension.
2. Der Steuerpflichtige gibt eine Erklärung ab, in der er sich unwiderruflich verpflichtet, für einen Zeitraum von mindestens zehn Jahren ab Einzahlung des ersten Beitrages auf eine Rückzahlung des aus den geleisteten Beiträgen resultierenden Anspruches zu verzichten.
3. Hat der Steuerpflichtige im Zeitpunkt der Antragstellung das 50. Lebensjahr vollendet, kann er sich auch wahlweise unwiderruflich verpflichten, zu verzichten

a) auf eine Rückzahlung des aus den geleisteten Beiträgen resultierenden Anspruchs bis zum Bezug einer gesetzlichen Alterspension und

b) auf eine Verfügung im Sinne des § 108i Abs. 1 Z 1 im Falle des Bezuges einer gesetzlichen Alterspension vor Ablauf von zehn Jahren (Z 2).

Die Erstattung erfolgt mit einem Pauschalbetrag, der sich nach einem Prozentsatz der im jeweiligen Kalenderjahr geleisteten Prämie bemisst. Der Prozentsatz beträgt „2,75%" züzüglich des nach § 108 Abs. 1 ermittelten Prozentsatzes. Von der Erstattung ausgenommen sind Einmalprämien im Sinne des § 108i Abs. 1 Z 2 und 3. *(BGBl I 2012/22)*
(BGBl I 2003/71)

(2) Die Einkommensteuer (Lohnsteuer) darf dem Steuerpflichtigen jährlich insgesamt nur für Leistungen im Ausmaß von 1,53% des Sechsunddreißigfachen der Höchstbeitragsgrundlage zur Sozialversicherung (§ 45 Abs. 1 ASVG) für einen Kalendermonat erstattet werden.

(3) Der Steuerpflichtige hat die Erstattung auf dem amtlichen Vordruck im Wege der Zukunftsvorsorgeeinrichtung zu beantragen und dabei zu erklären, dass die in Abs. 1 und 2 angeführten Voraussetzungen vorliegen. Diese Abgabenerklärung ist mit dem Antrag auf Abschluss auf Widmung des Beitrages, wofür Einkommensteuer (Lohnsteuer) erstattet werden soll, abzugeben. In der Abgabenerklärung ist die Versicherungsnummer gemäß § 31 ASVG des Antragstellers anzuführen. Wurde eine Versicherungsnummer nicht vergeben, ist das Geburtsdatum anstelle der Versicherungsnummer anzuführen.

(4) Die pauschale Erstattung erfolgt durch jenen Rechtsträger, bei dem der Antrag im Sinne des Abs. 3 abzugeben ist. „Dieser Rechtsträger fordert den zu erstattenden Steuerbetrag beim Finanzamt Wien 1/23 an. Die Anforderung hat bis spätestens Ende Februar im Wege des Datenträgeraustausches oder der automationsunterstützten Datenübermittlung zu erfolgen und die im Antrag und der Erklärung nach Abs. 3 angegebenen Daten zu enthalten. Das Finanzamt überweist den jeweiligen Rechtsträgern die pauschalen Erstattungsbeträge". Der Bundesminister für Finanzen wird ermächtigt, den Inhalt der Meldung und das Verfahren des Datenträgeraustausches und der automationsunterstützten Datenübermittlung mit Verordnung festzulegen. In der Verordnung kann vorgesehen werden, dass sich der Rechtsträger einer bestimmten geeigneten öffentlich-rechtlichen oder privatrechtlichen Übermittlungsstelle zu bedienen hat. *(BGBl I 2004/180)*

(5) Zu Unrecht erstattete Einkommensteuer (Lohnsteuer) ist vom Steuerpflichtigen rückzufordern. Als zu Unrecht erstattet gelten auch Erstattungsbeträge, wenn der Steuerpflichtige nach Ablauf eines Zeitraumes von mindestens zehn Jahren eine Verfügung im Sinne des § 108i Abs. 1 Z 1 trifft. Ist aus diesem Grund zu Unrecht erstattete Steuer rückzufordern, so reduziert sich der zurückzufordernde Betrag auf die Hälfte. Gleichzeitig damit ist eine Nachversteuerung, der auf den Steuerpflichtigen im Rahmen der Zukunftsvorsorgeeinrichtung entfallenden Kapitalerträge unter Zugrundelegung eines Steuersatzes von 25% vorzunehmen. „Diese Nachversteuerung tritt bei der Veräußerung von Anteilen an Pensionsinvestmentfonds oder deren Rücklösung im Sinne des § 108i Abs. 1 Z 1 an die Stelle einer Besteuerung gemäß § 27 Abs. 3."** Die zurückzufordernden und nachzuversteuernden Beträge sind durch den Rechtsträger einzubehalten. Der Rechtsträger hat die einbehaltenen Beträge spätestens am 15. Tag des auf die Rückforderung (Nachversteuerung) zweitfolgenden Kalendermo-

20/2. EStG
§§ 108g – 108h

nates an das „Finanzamt Wien 1/23"* abzuführen.
(BGBl I 2003/10; *BGBl I 2004/180; **BGBl I 2011/76)

(6) Einkommensteuer-(Lohnsteuer-)Erstattungen und Rückforderungsansprüche gelten als Abgaben im Sinne der Bundesabgabenordnung.

(7) § 108 Abs. 9 ist anzuwenden.
(BGBl I 2002/155)

Einrichtungen der Zukunftsvorsorge

§ 108h. (1) Die Einrichtung für Zukunftsvorsorge muss folgende Voraussetzungen erfüllen:

1. Die Veranlagung der Zukunftsvorsorgebeiträge und der an die Zukunftsvorsorgeeinrichtung überwiesenen Prämien erfolgt im Wege von

a) Pensionsinvestmentfonds im Sinne des § 168 des Investmentfondsgesetzes 2011 und/oder *(BGBl I 2011/77)*

b) Betrieblichen Vorsorgekassen (§ 18 Abs. 1 BMSVG) und/oder

c) Versicherungsunternehmen mit Sitz in einem EWR-Vertragsstaat, die die Rentenversicherung betreiben.
(BGBl I 2009/151)

2. Die Veranlagung der Zukunftsvorsorgebeiträge und der an die Zukunftsvorsorgeeinrichtung überwiesenen Prämien hat zu erfolgen

a) für Vertragsabschlüsse vor dem 1. Jänner 2010 zu mindestens 30% in Aktien.

b) für Vertragsabschlüsse zwischen dem 31. Dezember 2009 und dem 1. August 2013 sowie für Vertragsabschlüsse vor dem 1. Jänner 2010, wenn eine Erklärung gemäß § 108h Abs. 1 Z 2 lit. b in der Fassung BGBl. I Nr. 151/2009 abgegeben worden ist, nach dem Lebenszyklusmodell zu mindestens

– 30% in Aktien bei Steuerpflichtigen, die am 31. Dezember des Vorjahres das fünfundvierzigste Lebensjahr noch nicht vollendet haben;

– 25% in Aktien bei Steuerpflichtigen, die am 31. Dezember des Vorjahres das fünfundvierzigste Lebensjahr vollendet und das fünfundfünfzigste Lebensjahr noch nicht vollendet haben;

– 15% in Aktien bei Steuerpflichtigen, die am 31. Dezember des Vorjahres das fünfundfünfzigste Lebensjahr vollendet haben.

c) für Vertragsabschlüsse nach dem 31. Juli 2013

– mindestens zu 15% und höchstens zu 60% in Aktien bei Steuerpflichtigen, die am 31. Dezember des Vorjahres das fünfzigste Lebensjahr noch nicht vollendet haben;

– mindestens zu 5% und höchstens zu 50% in Aktien bei Steuerpflichtigen, die am 31. Dezember des Vorjahres das fünfzigste Lebensjahr vollendet haben.

d) nach lit. c, wenn der Steuerpflichtige bis zum Ablauf der vertraglich vereinbarten Laufzeit gegenüber der Zukunftsvorsorgeeinrichtung eine entsprechende unwiderrufliche Erklärung abgibt. Die Abgabe einer derartigen Erklärung führt weder zur Kündigung des bestehenden Vertrages noch zum Abschluss eines neuen Vertrages; die Mindestlaufzeit gemäß § 108g Abs. 1 Z 2 wird dadurch nicht berührt. Abs. 3 Z 4 und 5 sind sinngemäß anzuwenden. Die Zukunftsvorsorgeeinrichtung hat die Veranlagung entsprechend der Erklärung ab dem Ende der Mindestlaufzeit gemäß § 108g Abs. 1 Z 2, im Falle einer späteren Erklärung ab der Abgabe der Erklärung, anzupassen. Die Zukunftsvorsorgeeinrichtung hat dem Steuerpflichtigen eine Urkunde über den geänderten Inhalt des Zukunftsvorsorgevertrages auszustellen.

Für die Berechnung der Aktienquote einer Zukunftsvorsorgeeinrichtung ist der Tageswert der gesamten Veranlagungen dem Tageswert der darin enthaltenen Aktien gegenüberzustellen. Die Aktienquote ist auf Basis eines Jahresdurchschnittes zu ermitteln. Im Falle einer Unterdeckung am Ende des Geschäftsjahres hat innerhalb einer zweimonatigen Übergangsfrist eine Aufstockung zu erfolgen. Diese Aufstockung ist für die Durchschnittsbetrachtung des folgenden Geschäftsjahres außer Acht zu lassen. *(BGBl I 2013/156)*

3. Die Veranlagung hat in Aktien zu erfolgen, die an einem geregelten Markt einer „in einem Mitgliedstaat der Europäischen Union oder"in einem Staat des Europäischen Wirtschaftsraumes gelegenen Börse erstzugelassen sind. Der Anteil der Börsekapitalisierung der in diesem Staat erstzugelassenen Aktien darf in einem mehrjährigen Zeitraum 40% des Bruttoinlandsproduktes dieses Staates nicht übersteigen.

„Das gilt für Veranlagungen gemäß Z 2 lit. a und b zu 100%; für Veranlagungen gemäß Z 2 lit. c und d zu mindestens 60% der tatsächlich gehaltenen Aktien."
(BGBl I 2009/151; BGBl I 2013/156)

„4." Die Zukunftsvorsorgeeinrichtung schüttet keine Gewinne aus. *(BGBl I 2009/151)*

„5." Die Einrichtung oder ein zur Abgabe einer Garantie berechtigtes Kreditinstitut aus dem EWR-Raum garantiert, dass im Falle einer Verrentung der für die Verrentung zur Verfügung stehenden Auszahlungsbetrag nicht geringer ist als die Summe der vom Steuerpflichtigen eingezahlten Beiträge zuzüglich der für diesen Steuerpflichtigen gutgeschriebenen Prämien im Sinne des § 108g. Die Garantie erlischt, wenn der Steuerpflichtige eine Verfügung im Sinne des § 108i Abs. 1 Z 1 trifft. *(BGBl I 2009/151)*

(2) Mitarbeitervorsorgekassen (§ 18 Abs. 1 „BMSVG") sind abweichend von § 28 „BMSVG" für Zwecke gemäß Abs. 1 berechtigt, zusätzliche Veranlagungsgemeinschaften zu bilden. Die §§ 18 Abs. 2, 19, 20 Abs. 1 und 4, 21 bis 23, 27 Abs. 1 bis 4, 28 und 29 sowie 31 bis 45 und § 30 „BMSVG" mit Ausnahme von Abs. 3 Z 5 sind für die Verwaltung von Zukunftsvorsorgebeiträgen sinngemäß anzuwenden. § 20 Abs. 2 und 3 „BMSVG" sind für die Verwaltung von Zukunftsvorsorgebeiträgen nur insoweit anzuwenden, als die Mitarbeitervorsorgekasse selbst die in § 108h Abs. 1 Z 3 genannte Garantie oder eine zusätzliche Zinsgarantie gewährt. § 25 „BMSVG" ist mit der Maßgabe anzuwenden, dass in Z 2 an Stelle der vom Arbeitgeber geleisteten Beiträge die Zukunftsvorsorgebeiträge treten. § 1 Abs. 1 Z 21 BWG ist mit der Maßgabe anzuwenden, dass Mitarbeitervorsorgekassen zusätzlich berechtigt sind, Zukunftsvorsorgebeiträge hereinzunehmen und zu veranlagen (Zukunftsvorsorgegeschäft). § 93 Abs. 3d Z 2 BWG ist mit der Maßgabe anzuwenden, dass sich der Höchstbetrag beim Zukunftsvorsorgegeschäft jeweils auf den Begünstigten der Zukunftsvorsorge bezieht. *(BGBl I 2007/102)*

(3) Bei Vertragsabschlüssen nach dem 31. Juli 2013 haben Versicherungsunternehmen gemäß Abs. 1 Z 1 lit. c den Steuerpflichtigen vor Abgabe seiner Vertragserklärung schriftlich zu informieren über

1 die Höhe der in den Beiträgen enthaltenen Kosten; dabei sind die Abschlusskosten als einheitlicher Gesamtbetrag und die übrigen Kosten als Gesamtbetrag unter Angabe der jeweiligen Laufzeit auszuweisen,

2 mögliche sonstige Kosten, insbesondere Kosten, die einmalig oder aus besonderem Anlass entstehen können und Kosten, die für eine prämienfreie Vertragsführung verrechnet werden,

3 den Betrag, der veranlagt wird und veranlagt bleibt, unter Angabe der jeweiligen Laufzeit,

4 die gesetzlichen Vorgaben zur Veranlagung gemäß Abs. 1 Z 2 lit. c sowie zur Veranlagung in Aktien gemäß Abs. 1 Z 3,

5 die Veranlagungsstrategie, die Art der Zusammensetzung der Kapitalanlagen und deren Auswirkungen auf den konkreten Vertrag, insbesondere die damit verbundenen Chancen und Risiken sowie die allfällige Möglichkeit zum Einsatz von Absicherungsinstrumenten und die damit verbundenen Vor- und Nachteile und

6 die Rechnungsgrundlagen (Sterbetafel, Rechnungszins) zur Berechnung einer allfälligen Rente und die damit verbundenen Chancen und Risiken; insbesondere ist der Steuerpflichtige darüber zu informieren, ob die Höhe der Rentenzahlungen garantiert ist.

Diese Informationen gelten als solche im Sinne des § 18b des Versicherungsaufsichtsgesetzes, BGBl. Nr. 569/1978, in der jeweils geltenden Fassung. Weitere gesetzliche Informationspflichten bleiben unberührt. *(BGBl I 2013/156)*

Fassung ab 1. 1. 2016 (BGBl I 2015/34):
(3) Bei Vertragsabschlüssen nach dem 31. Juli 2013 haben Versicherungsunternehmen gemäß Abs. 1 Z 1 lit. c den Steuerpflichtigen vor Abgabe seiner Vertragserklärung schriftlich zu informieren über

1 die Höhe der in den Beiträgen enthaltenen Kosten; dabei sind die Abschlusskosten als einheitlicher Gesamtbetrag und die übrigen Kosten als Gesamtbetrag unter Angabe der jeweiligen Laufzeit auszuweisen,

2 mögliche sonstige Kosten, insbesondere Kosten, die einmalig oder aus besonderem Anlass entstehen können und Kosten, die für eine prämienfreie Vertragsführung verrechnet werden,

3 den Betrag, der veranlagt wird und veranlagt bleibt, unter Angabe der jeweiligen Laufzeit,

4 die gesetzlichen Vorgaben zur Veranlagung gemäß Abs. 1 Z 2 lit. c sowie zur Veranlagung in Aktien gemäß Abs. 1 Z 3,

5 die Veranlagungsstrategie, die Art der Zusammensetzung der Kapitalanlagen und deren Auswirkungen auf den konkreten Vertrag, insbesondere die damit verbundenen Chancen und Risiken sowie die allfällige Möglichkeit zum Einsatz von Absicherungsinstrumenten und die damit verbundenen Vor- und Nachteile und

6 die Rechnungsgrundlagen (Sterbetafel, Rechnungszins) zur Berechnung einer allfälligen Rente und die damit verbundenen Chancen und Risiken; insbesondere ist der Steuerpflichtige darüber zu informieren, ob die Höhe der Rentenzahlungen garantiert ist.

Diese Informationen gelten als solche im Sinne des „§ 253 des VAG 2016, in der jeweils geltenden Fassung." Weitere gesetzliche Informationspflichten bleiben unberührt. *(BGBl I 2013/156; BGBl I 2015/34)*

(4) Für Betriebliche Vorsorgekassen gemäß Abs. 1 Z 1 lit. b gelten Abs. 3 Z 1 bis 5 sinngemäß. *(BGBl I 2013/156)*

(BGBl I 2002/155)

§ 108i

Verfügung des Steuerpflichtigen über Ansprüche

§ 108i. (1) Nach einem Zeitraum von mindestens zehn Jahren ab Einzahlung des ersten Beitrages (§ 108g Abs. 1) kann der Steuerpflichtige

1. die Auszahlung der aus seinen Beiträgen resultierenden Ansprüche verlangen. In diesem Fall treten die Rechtsfolgen des § 108g Abs. 5 ein,

2. die Übertragung seiner Ansprüche auf eine andere Zukunftsvorsorgeeinrichtung verlangen,

3. die Überweisung seiner Ansprüche

a) an ein Versicherungsunternehmen seiner Wahl als Einmalprämie für eine vom Steuerpflichtigen nachweislich abgeschlossene Pensionszusatzversicherung (§ 108b), wobei abweichend von § 108b Abs. 1 Z 2 vorgesehen werden kann, dass die Zusatzpension frühestens mit Vollendung des 40. Lebensjahres auszuzahlen ist, oder

b) an ein Kreditinstitut seiner Wahl zum ausschließlichen Zwecke des Erwerbes von Anteilen an einem Pensionsinvestmentfonds durch Abschluss eines unwiderruflichen Auszahlungsplanes gemäß „§ 174 Abs. 2 Z 2 des Investmentfondsgesetzes 2011" oder *(BGBl I 2011/77)*

c) an eine Pensionskasse, bei der der Anwartschaftsberechtigte bereits Berechtigter im Sinne des § 5 des Pensionskassengesetzes (PKG) ist, als Beitrag gemäß § 15 Abs. 3 Z 10 PKG verlangen.

d) an eine Betriebliche Kollektivversicherung gemäß § 18f des Versicherungsaufsichtsgesetzes, bei der der Anwartschaftsberechtigte bereits Berechtigter ist. *(BGBl I 2014/105)*

(2) Bei Veranlagungen in Pensionsinvestmentsfondsanteile, die die Voraussetzungen des § 108h Abs. 1 erfüllen, sind abweichend von „§ 174 Abs. 2 des Investmentfondsgesetzes 2011"*** Verfügungen gemäß Abs. 1 zulässig. Abweichend von „§ 174 Abs. 2 des Investmentfondsgesetzes 2011"*** sind Übertragungen von Veranlagungen in Pensionsinvestmentfondsanteile, die die Voraussetzungen des § 108h Abs. 1 nicht erfüllen, in Zukunftsvorsorgeeinrichtungen (§ 108h Abs. 1) bis zum 31. Dezember „2005"* zulässig. „Der Übertragungsbetrag gilt nicht als Beitrag zu einer Zukunftsvorsorgeeinrichtung im Sinne des § 108g Abs. 1."** *(BGBl I 2003/10; *BGBl I 2004/180; **BGBl I 2005/103; ***BGBl I 2011/77)*

...

21. VersStG
Stichwortverzeichnis

Versicherungssteuergesetz 1953

BGBl 1953/133 idF

1 BGBl 1954/180
2 BGBl 1954/181
3 BGBl 1966/159
4 BGBl 1968/44
5 BGBl 1983/587
6 BGBl 1988/408
7 BGBl 1990/281
8 BGBl 1992/449
9 BGBl 1993/13
10 BGBl 1993/254
11 BGBl 1993/818
12 BGBl 1993/917
13 BGBl 1995/21
14 BGBl 1996/201
15 BGBl 1996/797
16 BGBl I 1997/130
17 BGBl I 1999/106
18 BGBl I 2000/26
19 BGBl I 2001/59
20 BGBl I 2002/100
21 BGBl I 2002/158
22 BGBl I 2003/33
23 BGBl I 2005/8
24 BGBl I 2009/52 (BudgetbegleitG 2009)
25 BGBl I 2010/9
26 BGBl I 2010/111 (BudgetbegleitG 2011)
27 BGBl I 2011/76 (AbgÄG 2011)
28 BGBl I 2012/112 (AbgÄG 2012)
29 BGBl I 2014/13 (AbgÄG 2014)
30 BGBl I 2014/105 (2. AbgÄG 2014)
31 BGBl I 2015/34 (VAG 2016)

STICHWORTVERZEICHNIS

Abfertigungsansprüche 4 (1) Z 8
Altersversicherung 4 (1) Z 2 lit b – c
Anlagen 1 (2) Z 1
Außerkrafttreten 12

Bauwerke 1 (2) Z 1
Bemessungsgrundlage 5
Besteuerung
– Ausnahmen 4
– Wegfall der Ausnahme 4 (4)
Bevollmächtigter 7 (1a – 3), 8
Brandschadenunterstützungsvereine 4 (1) Z 6
Bundesministerium für Finanzen 5 (3)
Bürgschaft 2 (2)

Durchfuhrgut, gewerbliches 1 (2) Z 1

Einkommensteuergesetz
– Steuersatz 6 (1) Z 2
Erstattung der Steuer 9
EWR 1 (2) (3), 7 (1a) – (3)
EWR-Nichtmitgliedstaat 6 (4)

Fahrzeuge 1 (2) Z 2, 12
– Ausnahme von Besteuerung 4 (3) Z 1 – 9, 4 (5)
– Bemessungsgrundlage 5 (1) Z 3
– Haftung 7 (4)
– Steuersatz 6 (3), 6 (3) Z 3 – 4, 6 (3) Z 7 – 8
– Zulassungsverfahren 1 (2) Z 2
Ferienrisken 1 (2) Z 3
Feuerschutzsteuer 3 (1)
Feuerversicherung 4 (1) Z 6
Fiskalvertreter 7 (1a – 3), 8
Fremdwährung 5 (6)

Gebietskörperschaft 4 (1) Z 2 lit c
– Kraftfahrzeuge 4 (3) Z 1
Gegenstand der Steuer 1
Gewinnanteil 3 (2)

Haftpflichtversicherung 4 (1) Z 10
Haftung für Steuern 7
Hagelversicherung 5 (1) Z 2, 5 (3)
– Steuersatz 6 (2)

Inkrafttreten 12
Invaliditätsversicherung 4 (1) Z 2 lit b – c
– Steuersatz 6 (1) Z 1

Kammer 4 (1) Z 2 lit b, 4 (1) Z 8
Körperbehinderung 4 (3) Z 5, 4 (3) Z 9
Körperschaft, öffentlich-rechtliche 4 (1) Z 3
Krankenversicherung, Steuersatz 6 (1) 3
Krankenversicherungen 4 (1) Z 2 lit b – c
Kriegsrisikoversicherung 4 (1) Z 10

Lebensversicherung, Steuersatz 6 (1) Z 1, 6 (1a)

Pauschverfahren 5 (4)
Pensionskassenbeiträge 3 (1)
Pensionskassengesetz
– Steuersatz 6 (1) Z 2 und Z 5
Pharmazeutische Gehaltskasse 4 (1) Z 2 lit b

Reiserisken 1 (2) Z 3
Risken 1 (2) Z 1 – 4
– ausländische Partner 4 (1) Z 9
Rückversicherung 4 (1) Z 7
Ruhegenüsse 4 (1) Z 3

Sachen, unbewegliche 1 (2) Z 1
Sicherheitsleistung 2 (2)
Sonderleistungen 3 (1)
Sondervorauszahlungen 8 (1a)
Speditionsversicherung 4 (1) Z 10
Steueraufsicht 10
Steueraufzeichnungen 8 (6)
Steuerberechnung 5, 8 (1)
Steuererhebung 8

Kodex Versicherungsrecht 1. 5. 2015

21. VersStG
Stichwortverzeichnis, §§ 1 – 3

Steuererklärung 8 (3)
Steuererstattung 9
– Rentenversicherung 9 (3)
Steuersatz 6
Steuerschuldner 7
Steuerzahlungspflicht 1
– Ausnahmen 4
– Voraussetzungen 1
Streikrisikoversicherung 4 (1) Z 10

Transportgüterversicherung 4 (1) Z 10

Übergangsbestimmungen 12
Umsatzsteuer 5 (6)
Unfallversicherung 4 (1) Z 2 lit b – c

Valorenversicherung 4 (1) Z 10
Versicherungsaufsichtsgesetz 7 (1a)
– Steuersatz 6 (1) Z 2 und Z 5
Versicherungsentgelt 3
– Feuerschutzsteuer 3 (1)
– Pensionskassenbeiträge 3 (1)
– Rückzahlung 9
– Sonderleistungen 3 (1)
– Steuer 7 (4)
Versicherungsnehmerpflichten 6 (3) Z 6 – 7
Versicherungsschein 6 (3) Z 5, 11
Versicherungsverträge 2
Vertretung, diplomatische 4 (2)
Viehversicherung 4 (1) Z 4 – 5
Vollziehung 12

Bundesgesetz vom 8. Juli 1953, betreffend die Erhebung einer Versicherungssteuer (Versicherungssteuergesetz 1953).

Der Nationalrat hat beschlossen:

Gegenstand der Steuer

§ 1. (1) Der Steuer unterliegt die Zahlung des Versicherungsentgeltes auf Grund eines durch Vertrag oder auf sonstige Weise entstandenen Versicherungsverhältnisses.

(2) „Die Zahlung des Versicherungsentgeltes unterliegt der Steuer nur"

1. bei der Versicherung von Risken betreffend unbewegliche Sachen, insbesondere Bauwerke und Anlagen, und den darin befindlichen Sachen mit Ausnahme von gewerblichem Durchfuhrgut, wenn sich diese Gegenstände im Inland befinden,

2. bei der Versicherung von Risken betreffend Fahrzeuge aller Art, wenn das Fahrzeug im Inland einem Zulassungsverfahren zuzuführen oder in ein behördliches Register einzutragen ist,

3. bei der Versicherung von Reise- oder Ferienrisken auf Grund eines Versicherungsverhältnisses mit einer Laufzeit von nicht mehr als vier Monaten, wenn der Versicherungsvertrag im Inland zustande gekommen ist,

4. bei der Versicherung von anderen als den in Z 1 bis 3 genannten Risken, wenn der Versicherungsnehmer

a) eine natürliche Person ist, sofern diese bei der jeweiligen Zahlung des Versicherungsentgeltes ihren Wohnsitz oder gewöhnlichen Aufenthalt im Inland hat, oder

b) keine natürliche Person ist, jedoch das Unternehmen, die Betriebsstätte oder die entsprechende Einrichtung, auf die sich das Versicherungsverhältnis bezieht, bei der jeweiligen Zahlung des Versicherungsentgeltes im Inland gelegen ist.

(BGBl I 2009/52)

(3) (aufgehoben, BGBl I 2009/52)

(BGBl 1993/13)

§ 2. Versicherungsverträge

(1) Als Versicherungsvertrag im Sinne dieses Gesetzes gilt auch eine Vereinbarung zwischen mehreren Personen oder Personenvereinigungen, solche Verluste oder Schäden gemeinsam zu tragen, den den Gegenstand einer Versicherung bilden können.

(2) Als Versicherungsvertrag gilt nicht ein Vertrag, durch den der Versicherer sich verpflichtet, für den Versicherungsnehmer Bürgschaft oder sonstige Sicherheit zu leisten.

§ 3. Versicherungsentgelt

(1) Versicherungsentgelt im Sinne dieses Gesetzes ist jede Leistung, die für die Begründung und zur Durchführung des Versicherungsverhältnisses an den Versicherer zu bewirken ist (Beispiele: Prämien, Beiträge, Vorbeiträge, Vorschüsse, Nachschüsse, Umlagen, außerdem Eintrittsgelder, Kosten für die Ausfertigung des Versicherungsscheines und sonstige Nebenkosten). „Als Versicherungsentgelt gelten weiters Pensionskassenbeiträge an Pensionskassen im Sinne des Pensionskassengesetzes sowie Beiträge zu ausländischen Einrichtungen im Sinne des § 5 Z 4 des Pensionskassengesetzes „ ***."*** Zum Versicherungsentgelt gehört nicht die Feuerschutzsteuer, die der Versicherer dem Versicherungsnehmer gesondert in Rechnung stellt, ferner nicht dasjenige, was zur Abgeltung einer Sonderleistung des Versicherers oder aus einem sonstigen in der Person des einzelnen Versicherungsnehmers liegenden Grund gezahlt wird (Beispiele: Kosten für die Ausstellung einer Ersatzurkunde, Mahnkosten). *(*BGBl I 2005/8; **BGBl I 2010/111, vgl die Übergangsbestimmungen in § 12 Abs 3 Z 19)*

(2) Wird auf die Prämie ein Gewinnanteil verrechnet und nur der Unterschied zwischen Prämie

und Gewinnanteil an den Versicherer gezahlt, so ist dieser Unterschiedsbetrag Versicherungsentgelt. Als Gewinnanteil gilt auch die Rückvergütung eines Teiles der Prämie für schadenfreien Verlauf (Bonus).

§ 4. Ausnahmen von der Besteuerung

(1) Von der Besteuerung ausgenommen ist die Zahlung des Versicherungsentgeltes

1. *(aufgehoben, BGBl 1996/797)*
2. a) für Versicherungen, die nach den sozialversicherungsrechtlichen Vorschriften zu behandeln sind,

b) für Alters-, Invaliditäts-, Hinterbliebenen-, Unfall- und Krankenversicherungen, die bei Versorgungseinrichtungen der Kammern selbständig Erwerbstätiger sowie bei der Pharmazeutischen Gehaltskasse für Österreich eingegangen werden,

c) für Alters-, Invaliditäts-, Hinterbliebenen-, Unfall- und Krankenversicherungen, die bei von Gebietskörperschaften für ihre Bediensteten geschaffenen Versorgungseinrichtungen eingegangen werden, soweit auf Grund öffentlich-rechtlicher Vorschriften eine Verpflichtung zum Eingehen einer solchen Versicherung besteht; *(BGBl 1954/180)*

3. für eine Versicherung, die bei Vereinigungen öffentlich-rechtlicher Körperschaften eingegangen wird, um Aufwendungen dieser Körperschaften für Ruhe- und Versorgungsgenüsse auszugleichen;

4. für eine Versicherung von Vieh aus kleinen Viehhaltungen, wenn die Versicherungssumme „3 650 Euro" nicht übersteigt; *(BGBl 1990/281; BGBl I 2000/26)*

5. für eine Versicherung von Vieh bei einem kleinen Viehversicherungsverein;

6. für Feuerversicherungen durch bäuerliche Brandschadenunterstützungsvereine, die vorwiegend die Gewährung von Sachleistungen zum Gegenstand haben;

7. für eine Rückversicherung; *(BGBl 1954/180; BGBl 1954/181)*

8. für Versicherungen, die die Kammern der gewerblichen Wirtschaft und sonstige Kammern der selbständig Erwerbstätigen für die gesetzlich oder kollektivvertraglich geregelten Abfertigungsansprüche der Dienstnehmer ihrer Mitglieder eingehen, soweit die Kammern hinsichtlich dieser Abfertigungsansprüche gegenüber ihren Mitgliedern selbst Versicherer sind; *(BGBl 1988/408)*

9. für eine Versicherung, die das Risiko der ordnungsgemäßen Erfüllung von Rechtsgeschäften durch ausländische Vertragspartner betreffend Verträge über die Lieferung oder die Herstellung von Gütern oder die Erbringung von Leistungen durch Exportunternehmen an ausländische Vertragspartner deckt; *(BGBl 1993/13)*

10. für eine Versicherung beförderter Güter gegen Verlust oder Beschädigung als Transportgüterversicherung einschließlich Valoren-, Kriegsrisiko- und Streikrisikoversicherung, wenn sich die Versicherung auf Güter bezieht, die ausschließlich im Ausland oder im grenzüberschreitenden Verkehr einschließlich der Durchfuhr befördert werden; dies gilt nicht bei der Beförderung von Gütern zwischen inländischen Orten, bei der die Güter nur zur Durchfuhr in das Ausland gelangen. Die Besteuerung der Zahlung des Versicherungsentgeltes für eine Haftpflichtversicherung sowie eine Speditionsversicherung bleibt unberührt. *(BGBl 1996/201)*

11. für eine Versicherung, die die Voraussetzungen des § 108b des Einkommensteuergesetzes 1988 – EStG 1988, BGBl. Nr. 400/1988, in der jeweils geltenden Fassung, in Verbindung mit § 17 des Betrieblichen Mitarbeiter- und Selbständigenvorsorgegesetzes - BMSVG, BGBl. I Nr. 100/2002 in der jeweils geltenden Fassung, oder gleichartiger österreichischer Rechtsvorschriften erfüllt, für eine Pensionskassenvorsorge im Sinne des § 17 Abs. 1 Z 4 lit. b BMSVG oder gleichartiger österreichischer Rechtsvorschriften, weiters für Versicherungen im Rahmen der Zukunftsvorsorge gemäß § 108g bis § 108i EStG 1988 einschließlich der Verfügungen nach § 108i Abs. 1 Z 2 und Z 3 lit. a, c und d EStG 1988. *(BGBl I 2002/100; BGBl I 2014/105)*

(2) Von der Besteuerung ausgenommen ist ferner die Zahlung des Versicherungsentgeltes unmittelbar an einen ausländischen Versicherer durch eine in Österreich beglaubigte diplomatische oder konsularische Vertretung oder durch die Mitglieder oder das sonstige Personal dieser Vertretung, sofern diese Personen Angehörige des Entsendestaates sind und entweder der inländischen Gerichtsbarkeit nicht unterliegen oder als Berufsbeamte außerhalb ihres Amtes in Österreich keine Erwerbstätigkeit ausüben. Die Steuer wird jedoch erhoben, wenn das Versicherungsentgelt an einen inländischen Bevollmächtigten des ausländischen Versicherers gezahlt wird.

(3) Von der Steuer gemäß § 6 Abs. 3 sind ausgenommen:

1. Kraftfahrzeuge, die für eine Gebietskörperschaft zugelassen und zur Verwendung im Bereich des öffentlichen Sicherheitsdienstes „ " oder der Justizwache bestimmt sind, sowie Heeresfahrzeuge; *(BGBl 1996/201; BGBl I 2014/13)*

2. Kraftfahrzeuge, die ausschließlich oder vorwiegend für die Feuerwehr, für den Rettungsdienst oder als Krankenwagen bestimmt sind;

3. Kraftfahrzeuge, die mit Probefahrtkennzeichen oder mit Überstellungskennzeichen benützt werden,

21. VersStG
§§ 4 – 5

4. Omnibusse sowie Kraftfahrzeuge, die ausschließlich oder vorwiegend im Mietwagen- oder Taxigewerbe verwendet werden; *(BGBl 1996/201)*

5. Invalidenkraftfahrzeuge;

6. Kraftfahrzeuge, die ausschließlich elektrisch angetrieben werden;

7. Krafträder, deren Hubraum 100 Kubikzentimeter nicht übersteigt;

8. Kraftfahrzeuge, für die „die Zulassungsbescheinigung" und die Kennzeichentafeln bei der zuständigen Behörde für einen Zeitraum von mindestens 45 Tagen hinterlegt werden; der Tag, an dem die Hinterlegung erfolgt, und der Tag der Wiederausfolgung werden nicht in die Frist einbezogen; *(BGBl I 2000/26; BGBl I 2012/112)*

9. Kraftfahrzeuge, die für Körperbehinderte zugelassen sind und von diesen infolge körperlicher Schädigung zur persönlichen Fortbewegung verwendet werden müssen, unter folgenden Voraussetzungen:

a) Überreichung einer Abgabenerklärung an das Finanzamt im Wege des Versicherers. Bei Erfüllung aller Voraussetzungen entsteht der Anspruch auf Steuerfreiheit mit der Überreichung der Abgabenerklärung; wird der Nachweis der Körperbehinderung erst nachträglich beigebracht, ist die Berechnung der motorbezogenen Versicherungssteuer auf den Zeitpunkt der Überreichung der Abgabenerklärung zu berichtigen;

b) Nachweis der Körperbehinderung durch
– einen Ausweis gemäß § 29b der Straßenverkehrsordnung 1960 oder
– einen Eintrag der Unzumutbarkeit der Benützung öffentlicher Verkehrsmittel im Behindertenpass gemäß § 42 Abs. 1 des Bundesbehindertengesetzes 1990.

(BGBl I 2014/13)

c) vorwiegende Verwendung des Kraftfahrzeuges zur persönlichen Fortbewegung des Körperbehinderten und für Fahrten, die Zwecken des Körperbehinderten und seiner Haushaltsführung dienen;

d) die Steuerbefreiung steht – von zeitlichen Überschneidungen bis zu einer Dauer von einem Monat abgesehen – nur für ein Kraftfahrzeug zu. Unter einem Wechselkennzeichen zum Verkehr zugelassene Kraftfahrzeuge werden von der Steuerbefreiung miterfaßt;
(BGBl 1993/254)

10. kraftfahrrechtlich als selbstfahrende Arbeitsmaschine genehmigte Kraftfahrzeuge. *(BGBl 1996/201)*
(BGBl 1992/449)

(4) Bei Wegfall der Voraussetzungen für die Ausnahme von der Besteuerung gemäß Abs. 3 tritt Steuerpflicht ein; hievon hat der Versicherungsnehmer den Versicherer unverzüglich in Kenntnis zu setzen. *(BGBl 1993/254)*

§ 5. Steuerberechnung

(1) Steuer wird für jede einzelne Versicherung berechnet. Die Bemessungsgrundlage ist

1. regelmäßig das Versicherungsentgelt;

2. bei der Hagelversicherung und bei der im Betrieb der Landwirtschaft oder Gärtnerei genommenen Versicherung von Glasdeckungen über Bodenerzeugnisse gegen Hagelschaden für jedes Versicherungsjahr die Versicherungssumme;

3. bei Versicherungsverträgen, die gemäß § 59 des Kraftfahrgesetzes 1967, BGBl. Nr. 267, in der jeweils geltenden Fassung abgeschlossen werden, neben dem Versicherungsentgelt

a) der Hubraum bei Krafträdern,

b) die „Leistung des Verbrennungsmotors" (in Kilowatt) bei allen übrigen Kraftfahrzeugen.
(BGBl 1996/201; BGBl I 2012/112)
(BGBl 1992/449)

(2) Bei Versicherungen, für die die Steuer vom Versicherungsentgelt und nach dem gleichen Steuersatz zu berechnen ist, darf der Versicherer die Steuer vom Gesamtbetrag der an ihn gezahlten Versicherungsentgelte berechnen, wenn er die Steuer in das Versicherungsentgelt eingerechnet hat. Hat der Versicherer die Steuer in das Versicherungsentgelt nicht eingerechnet, aber in den Geschäftsbüchern das Versicherungsentgelt und die Steuer in einer Summe gebucht, so darf er die Steuer von dem Gesamtbetrag dieser Summen berechnen.

(3) Für die Hagelversicherung und für die im Betrieb der Landwirtschaft oder Gärtnerei genommene Versicherung von Glasdeckungen über Bodenerzeugnissen gegen Hagelschaden darf das Finanzamt dem Versicherer gestatten, die Steuer von der Gesamtversicherungssumme aller von ihm übernommenen Versicherungen zu berechnen.

(4) In Fällen, in denen die Feststellung der Unterlagen für die Steuerfestsetzung unverhältnismäßig schwierig sein würde, kann die Berechnung und Entrichtung der Steuer im Pauschverfahren zugelassen werden.

(5) Für die Steuerberechnung gemäß Abs. 1 Z 3 sind die „in der Zulassungsbescheinigung" eingetragenen Werte maßgebend. Bei unterschiedlichen Angaben über die „Leistung des Verbrennungsmotors" ist die kleinere Zahl maßgebend. Ist die „Leistung des Verbrennungsmotors" nicht in Kilowatt angegeben, hat die Umrechnung gemäß § 64 des Maß- und Eichgesetzes 1950, BGBl. Nr. 152, in der Fassung des Bundesgesetzes BGBl. Nr. 174/1973, zu erfolgen. Bruchteile von Kilowatt sind auf volle Kilowatt aufzurunden. Fehlt eine entsprechende Eintragung, ist bei Krafträdern ein Hubraum von 350 Kubikzentimeter, bei allen übrigen Kraftfahrzeugen eine „Leistung des Verbrennungsmotors" von 50 Kilo-

watt anzusetzen. *(BGBl 1992/449; BGBl 1996/201; BGBl I 2012/112)*

(6) Werte in fremder Währung sind zur Berechnung der Steuer nach den für die Umsatzsteuer geltenden Vorschriften umzurechnen. *(BGBl 1992/449)*

(7) *(aufgehoben, BGBl I 2001/59)*

§ 6. Steuersatz[1)]

(1) Die Steuer beträgt:

1. bei der Lebens- und Invaliditätsversicherung (Kapital- und Rentenversicherungen aller Art) und bei ähnlichen Versicherungen:

a) 11 v.H. des Versicherungsentgeltes für Kapitalversicherungen einschließlich fondsgebundener Lebensversicherungen auf den Er- oder den Er- und Ablebensfall, mit einer Höchstlaufzeit

– von weniger als zehn Jahren ab Vertragsabschluss, wenn der Versicherungsnehmer und die versicherten Personen im Zeitpunkt des Abschlusses des Versicherungsvertrages jeweils das 50. Lebensjahr vollendet haben, beziehungsweise

– von weniger als fünfzehn Jahren ab Vertragsabschluss in allen anderen Fällen,

wenn keine laufende, im Wesentlichen gleichbleibende Prämienzahlung vereinbart ist. Ist der Versicherungsnehmer keine natürliche Person, gilt das Erfordernis der Vollendung des 50. Lebensjahres nur für die versicherten Personen. *(BGBl I 2014/13)*

b) 4 vH des Versicherungsentgeltes in allen übrigen Fällen, *(BGBl 1996/201)*

2. bei der Alters-, Hinterbliebenen- und Invaliditätsversorgung im Sinne des Pensionskassengesetzes und bei ausländischen Einrichtungen im Sinne des § 5 Z 4 des Pensionskassengesetzes, bei der betrieblichen Kollektivversicherung im Sinne des § 18f des Versicherungsaufsichtsgesetzes sowie bei der Pensionszusatzversicherung im Sinne des § 108b des Einkommensteuergesetzes 1988 2,5 vH der Beiträge, *(BGBl I 1999/106; BGBl I 2005/8)*

Fassung ab 1. 1. 2016 (BGBl I 2015/34):
2. bei der Alters-, Hinterbliebenen- und Invaliditätsversorgung im Sinne des Pensionskassengesetzes und bei ausländischen Einrichtungen im Sinne des § 5 Z 4 des Pensionskassengesetzes, bei der betrieblichen Kollektivversicherung im Sinne des § 93 des Versicherungsaufsichtsgesetzes 2016 (VAG 2016), BGBl. I Nr. 34/2015," sowie bei der Pensionszusatzversicherung im Sinne des § 108b des Einkommensteuergesetzes 1988 2,5 vH der Beiträge, *(BGBl I 1999/106; BGBl I 2005/8; BGBl I 2015/34)*

3. bei der Krankenversicherung 1 v. H. des Versicherungsentgeltes,

4. bei den anderen Versicherungen mit Ausnahme der im Abs. 2 bezeichneten Versicherungen „11 vH"* des Versicherungsentgeltes „;"** *(*BGBl 1993/818; **BGBl I 2010/111, vgl. die Übergangsbestimmung in § 12 Abs 3 Z 19)*

5. bei der Überweisung des Deckungserfordernisses gemäß § 48 des Pensionskassengesetzes oder § 18i des Versicherungsaufsichtsgesetzes oder bei Leistung von Übertragungsbeträgen an ausländische Einrichtungen im Sinne des § 5 Z 4 des Pensionskassengesetzes

– 2,5 vH des Deckungserfordernisses oder Übertragungsbetrages, wenn die Leistungszusage (§ 1 BPG) allen oder bestimmten Gruppen von bei diesen Unternehmen Beschäftigten gewährt wurde. Die Mitglieder von Vertretungsorganen juristischer Personen stellen allein jedenfalls keine bestimmte Gruppe von Beschäftigten dar.

– 4 vH des Deckungserfordernisses oder Übertragungsbetrages, wenn die Leistungszusage (§ 1 BPG) nicht allen oder bestimmten Gruppen von Beschäftigten eines Unternehmens gewährt wurde.

(BGBl I 2010/111, vgl. die Übergangsbestimmung in § 12 Abs 3 Z 19)

Fassung ab 1. 1. 2016 (BGBl I 2015/34):
5. bei der Überweisung des Deckungserfordernisses gemäß § 48 des Pensionskassengesetzes oder „§ 96 VAG 2016" oder bei Leistung von Übertragungsbeträgen an ausländische Einrichtungen im Sinne des § 5 Z 4 des Pensionskassengesetzes

– 2,5 vH des Deckungserfordernisses oder Übertragungsbetrages, wenn die Leistungszusage (§ 1 BPG) allen oder bestimmten Gruppen von bei diesen Unternehmen Beschäftigten gewährt wurde. Die Mitglieder von Vertretungsorganen juristischer Personen stellen allein jedenfalls keine bestimmte Gruppe von Beschäftigten dar.

– 4 vH des Deckungserfordernisses oder Übertragungsbetrages, wenn die Leistungszusage (§ 1 BPG) nicht allen oder bestimmten Gruppen von Beschäftigten eines Unternehmens gewährt wurde.

(BGBl I 2010/111, vgl. die Übergangsbestimmung in § 12 Abs 3 Z 19; BGBl I 2015/34)

(1a) Bei Lebensversicherungen unterliegt das gezahlte Versicherungsentgelt nachträglich einer weiteren Steuer von 7 v.H., wenn

1. das Versicherungsverhältnis in welcher Weise immer in eine in Abs. 1 Z 1 lit. a bezeichnete Versicherung verändert wird;

21. VersStG
§ 6

2. bei einem Versicherungsverhältnis, bei dem keine laufende, im Wesentlichen gleichbleibende Prämienzahlung vereinbart ist,

a) im Fall einer Kapitalversicherung einschließlich fondsgebundener Lebensversicherung oder einer Rentenversicherung vor Ablauf
  - von zehn Jahren ab Vertragsabschluss, wenn der Versicherungsnehmer und die versicherten Personen im Zeitpunkt des Abschlusses des Versicherungsvertrages jeweils das 50. Lebensjahr vollendet haben, beziehungsweise
  - von fünfzehn Jahren ab Vertragsabschluss in allen anderen Fällen

ein Rückkauf erfolgt und die Versicherung dem Steuersatz des Abs. 1 Z 1 lit. b unterlegen hat. Ist der Versicherungsnehmer keine natürliche Person, gilt das Erfordernis der Vollendung des 50. Lebensjahres nur für die versicherten Personen.

b) im Falle einer Rentenversicherung, bei der der Beginn der Rentenzahlungen vor Ablauf
  - von zehn Jahren ab Vertragsabschluss, wenn der Versicherungsnehmer oder eine der versicherten Personen im Zeitpunkt des Abschlusses des Vertrages jeweils das 50. Lebensjahr vollendet haben, beziehungsweise
  - von fünfzehn Jahren ab Vertragsabschluss in allen anderen Fällen

vereinbart ist, diese mit einer Kapitalzahlung abgefunden wird. Ist der Versicherungsnehmer keine natürliche Person, gilt das Erfordernis der Vollendung des 50. Lebensjahres nur für die versicherten Personen.

Im Übrigen gilt jede Erhöhung einer Versicherungssumme im Rahmen eines bestehenden Versicherungsvertrages, dem Steuersatz des Abs. 1 Z 1 lit. b unterliegt, auf insgesamt mehr als das Zweifache der ursprünglichen Versicherungssumme gegen eine nicht laufende, im Wesentlichen gleichbleibende Prämienzahlung für die Frage der Versicherungssteuerpflicht gemäß Abs. 1 Z 1 lit. a als selbständiger Abschluss eines neuen Versicherungsvertrages. Wird das Zweifache der Versicherungssumme erst nach mehrmaligen Aufstockungen überschritten, so unterliegt das gezahlte Versicherungsentgelt für die vorangegangenen Aufstockungen nachträglich einer weiteren Versicherungssteuer von 7 v.H. *(BGBl I 2014/13)*

(2) Bei der Hagelversicherung und bei der im Betrieb der Landwirtschaft oder Gärtnerei genommenen Versicherung von Glasdeckungen über Bodenerzeugnissen gegen Hagelschaden beträgt die Steuer für jedes Versicherungsjahr „0,2 ‰ der Versicherungssumme". *(BGBl I 2000/26)*

(3) 1. Bei der Kraftfahrzeug-Haftpflichtversicherung für im Inland zum Verkehr zugelassene Kraftfahrzeuge erhöht sich die nach § 5 Abs. 1 Z 1 ergebende Steuer für jeden Monat des Bestehens eines Versicherungsvertrages über die Kraftfahrzeug-Haftpflichtversicherung gemäß § 59 des Kraftfahrgesetzes 1967, BGBl. Nr. 267, in der jeweils geltenden Fassung (motorbezogene Versicherungssteuer), wenn das Versicherungsentgelt jährlich zu entrichten ist, bei

a) Krafträdern um „0,025 Euro" je Kubikzentimeter Hubraum; *(BGBl I 2014/13)*

b) anderen Kraftfahrzeugen mit einem höchsten zulässigen Gesamtgewicht bis 3,5 Tonnen, ausgenommen bei Zugmaschinen und Motorkarren, je Kilowatt der um 24 Kilowatt verringerten Leistung des Verbrennungsmotors
  - für die ersten 66 Kilowatt um 0,62 Euro,
  - für die weiteren 20 Kilowatt um 0,66 Euro
  - und für die darüber hinausgehenden Kilowatt um 0,75 Euro,

mindestens um 6,20 Euro, bei anderen Kraftfahrzeugen als Personenkraftwagen und Kombinationskraftwagen höchstens aber um 72 Euro. Für mit einem Fremdzündungsmotor ausgestattete Personenkraftwagen und Kombinationskraftwagen, die vor dem 1. Jänner 1987 erstmals im Inland zum Verkehr zugelassen wurden, erhöht sich die motorbezogene Versicherungssteuer um 20%, sofern nicht nachgewiesen wird, dass das Kraftfahrzeug die gemäß § 1d Abs. 1 Z 3 Kategorie A oder B der KDV 1967, BGBl. Nr. 399/1967, in der Fassung der 34. Novelle, BGBl. Nr. 579/1991, vorgeschriebenen Schadstoffgrenzwerte einhält. *(BGBl I 2014/13)*
(BGBl I 2000/26)

2. Die motorbezogene Versicherungssteuer gemäß Z 1 erhöht sich, wenn das Versicherungsentgelt
  - halbjährlich zu entrichten ist, um 6%;
  - vierteljährlich zu entrichten ist, um 8%;
  - monatlich zu entrichten ist, um 10%.

(BGBl I 2000/26)

3. Für Zeiträume, die kürzer sind als ein Monat, ist die motorbezogene Versicherungssteuer für einen vollen Monat abweichenden Zeitraum anteilig zu entrichten. Hiebei ist der Monat mit 30 Tagen anzusetzen.

4. Wird für zwei oder drei Kraftfahrzeuge nur „eine Zulassungsbescheinigung" ausgefertigt (Wechselkennzeichen), so ist die Steuer gemäß Z 1 bis 3 nur für das Kraftfahrzeug zu entrichten, das der höchsten Steuer unterliegt; dabei bleiben Kraftfahrzeuge, die gemäß § 4 Abs. 3 steuerfrei sind oder gemäß Z 1 der motorbezogenen Versicherungssteuer nicht unterliegen, unberücksichtigt. *(BGBl 1996/201; BGBl I 2012/112)*

5. Im Versicherungsschein sind die Bemessungsgrundlage und die Steuer gesondert auszuweisen.

6. Der Versicherungsnehmer hat dem Versicherer alle für den Bestand und Umfang der Abgabepflicht bedeutsamen Umstände vollständig und wahrheitsgemäß darzulegen.

7. Der Versicherer hat unrichtige Berechnungen der motorbezogenen Versicherungssteuer zu berichtigen. Berichtigungen können nur für das laufende und die zwei vorangegangenen Kalenderjahre erfolgen. Nachforderungen auf Grund von Berichtigungen sind vom Versicherungsnehmer auf Aufforderung zu entrichten. Die §§ 38 und 39 Versicherungsvertragsgesetz, BGBl. Nr. 2/1959, in der jeweils geltenden Fassung, gelten entsprechend. Lehnt der Versicherer eine vom Versicherungsnehmer verlangte Berichtigung ab, hat er dem Versicherungsnehmer auf Aufforderung eine Bescheinigung über die von ihm entrichtete motorbezogene Versicherungssteuer auszustellen. Der Versicherungsnehmer kann vom „Finanzamt für Gebühren, Verkehrsteuern und Glücksspiel"** „*" die Rückzahlung einer zu Unrecht entrichteten motorbezogenen Versicherungssteuer beantragen. Anträge können bis zum Ablauf des zweiten Jahres gestellt werden, in welchem das Verlangen auf Richtigstellung schriftlich gestellt wurde. (*BGBl I 2010/9; **BGBl I 2010/111, vgl die Übergangsbestimmung in § 12 Abs 3 Z 21)

8. Für die motorbezogene Versicherungssteuer gelten, sofern sich nichts anderes ergibt, die Bestimmungen über die vom Versicherungsentgelt zu berechnende Steuer. *(BGBl 1993/254)*
(BGBl 1992/449)

(4) *(aufgehoben, BGBl I 2003/33)*

(5) *(aufgehoben, BGBl I 2003/33)*

---
[1]) *Vgl die VO über die Anwendung von in Schilling festgesetzten Beträgen bei Abgaben, die in Euro selbst berechnet werden (BGBl II 2000/279) – abgedruckt unter 21/1*

§ 7. Steuerschuldner

(1) Steuerschuldner ist der Versicherungsnehmer. Für die Steuer haftet der Versicherer. Er hat die Steuer für Rechnung des Versicherungsnehmers zu entrichten. Ist die Steuerentrichtung einem zur Entgegennahme des Versicherungsentgeltes Bevollmächtigten übertragen, so haftet auch der Bevollmächtigte für die Steuer. Hat der Versicherer im Inland keinen Wohnsitz (Sitz), kann der Versicherungsnehmer unmittelbar in Anspruch genommen werden, wenn die Steuer vom Versicherer nicht dem Gesetz entsprechend entrichtet wurde. *(BGBl 1993/13)*

(1a) „Versicherer mit Sitz in einem Mitgliedstaat der Europäischen Union oder einem Vertragsstaat des Abkommens über den Europäischen Wirtschaftsraum außerhalb Österreichs, die im Dienstleistungsverkehr (§ 14 Abs. 1 Versicherungsaufsichtsgesetz, BGBl. Nr. 569/1978, in der jeweils geltenden Fassung) Versicherungsverträge abschließen, für die die Zahlung des Versicherungsentgeltes der Steuer gemäß § 1 Abs. 2 unterliegt, können einen Bevollmächtigten (Fiskalvertreter), der auch Zustellungsbevollmächtigter sein muss, beauftragen und haben diesen dem Finanzamt für Gebühren, Verkehrsteuern und Glücksspiel bekanntzugeben." Der Fiskalvertreter hat die abgabenrechtlichen Pflichten zu erfüllen, die dem von ihm Vertretenen obliegen. Er ist befugt, die dem Versicherer zustehenden Rechte wahrzunehmen. Als Fiskalvertreter können nur Wirtschaftstreuhänder, Rechtsanwälte und Notare mit Wohnsitz oder Sitz im Inland sowie inländische Versicherungsunternehmen (§ 1 Versicherungsaufsichtsgesetz, BGBl. Nr. 569/1978, in der jeweils geltenden Fassung) bestellt werden. Der Versicherer ist verpflichtet, dem Fiskalvertreter den Abschluß von Versicherungsverträgen gemäß dem ersten Satz unter Angabe aller für die Erhebung der Versicherungssteuer bedeutsamen Umstände unverzüglich bekanntzugeben. *(BGBl 1996/201; BGBl I 2014/13)*

> *Fassung ab 1. 1. 2016 (BGBl I 2015/34):*
> (1a) „Versicherer mit Sitz in einem Mitgliedstaat der Europäischen Union oder einem Vertragsstaat des Abkommens über den Europäischen Wirtschaftsraum außerhalb Österreichs, die im Dienstleistungsverkehr „(§ 5 Z 13 VAG 2016, in der jeweils geltenden Fassung)"** Versicherungsverträge abschließen, für die die Zahlung des Versicherungsentgeltes der Steuer gemäß § 1 Abs. 2 unterliegt, können einen Bevollmächtigten (Fiskalvertreter), der auch Zustellungsbevollmächtigter sein muss, beauftragen und haben diesen dem Finanzamt für Gebühren, Verkehrsteuern und Glücksspiel bekanntzugeben."* Der Fiskalvertreter hat die abgabenrechtlichen Pflichten zu erfüllen, die dem von ihm Vertretenen obliegen. Er ist befugt, die dem Versicherer zustehenden Rechte wahrzunehmen. Als Fiskalvertreter können nur Wirtschaftstreuhänder, Rechtsanwälte und Notare mit Wohnsitz oder Sitz im Inland sowie „Versicherungsunternehmen gemäß § 1 Abs. 1 Z 1 VAG 2016, in der jeweils geltenden Fassung,"*** bestellt werden. Der Versicherer ist verpflichtet, dem Fiskalvertreter den Abschluß von Versicherungsverträgen gemäß dem ersten Satz unter Angabe aller für die Erhebung der Versicherungssteuer bedeutsamen Umstände unverzüglich bekanntzugeben. *(BGBl 1996/201; *BGBl I 2014/13; **BGBl I 2015/34)*

(2) Hat der Versicherer „in einem Mitgliedstaat der Europäischen Union oder einem Vertragsstaat des Abkommens über den Europäischen Wirtschaftsraum" keinen Wohnsitz (Sitz), ist aber ein Bevollmächtigter zur Entgegennahme des Versicherungsentgeltes bestellt, so haftet auch dieser für die Steuer. In diesem Fall hat der Bevollmächtigte die Steuer für Rechnung des Versicherungsnehmers zu entrichten. *(BGBl I 2014/13)*

(3) Hat der Versicherer „in einem Mitgliedstaat der Europäischen Union oder einem Vertragsstaat des Abkommens über den Europäischen Wirtschaftsraum" weder seinen Wohnsitz (Sitz) noch einen Bevollmächtigten zur Entgegennahme des Versicherungsentgeltes, so hat der Versicherungsnehmer die Steuer zu entrichten. *(BGBl I 2014/13)*

(4) Im Verhältnis zwischen dem Versicherer und dem Versicherungsnehmer gilt die Steuer als Teil des Versicherungsentgeltes, insbesondere soweit es sich um dessen Einziehung und Geltendmachung im Rechtsweg handelt. Zahlungen des Versicherungsnehmers auf das Versicherungsentgelt gelten als verhältnismäßig auf die Steuer und die dem Versicherer sonst zustehenden Forderungen (§ 3 Abs. 1) geleistet. Der Versicherungsnehmer hat die motorbezogene Versicherungssteuer entsprechend der für das Versicherungsentgelt vereinbarten Zahlungsweise an den Versicherer zu zahlen. Für vom Versicherungsnehmer nicht vollständig gezahlte motorbezogene Versicherungssteuer besteht keine Haftung des Versicherers (§ 7 Abs. 1) oder des Bevollmächtigten (§ 7 Abs. 1 und 2), wenn dieser die ihm zumutbaren Schritte zur Geltendmachung seines Anspruches unternommen hat. *(BGBl 1992/449)*

Steuererhebung

§ 8. (1) „Der Versicherer (§ 7 Abs. 1) oder der Bevollmächtigte (§ 7 Abs. 1 und 2) hat spätestens am 15. Tag (Fälligkeitstag) des auf einen Kalendermonat (Anmeldungszeitraum) zweitfolgenden Kalendermonates die Steuer für den Anmeldungszeitraum nach den Prämieneinnahmen selbst zu berechnen."** Stehen die Prämieneinnahmen der Höhe nach noch nicht fest, so ist die Steuer nach dem wahrscheinlichen Prämienverlauf zu berechnen. Weicht die zeitgerecht entrichtete Abgabe von der auf die tatsächlichen Einnahmen entfallenden Abgabe um nicht mehr als „ein Prozent"* ab, so bleibt diese Differenz für die Verpflichtung zur Entrichtung eines Säumniszuschlages außer Betracht. Die Steuer ist spätestens am Fälligkeitstag zu entrichten. *(*BGBl 1996/201; **BGBl I 1997/130)*

(1a) Der Versicherer (§ 7 Abs. 1) oder der Bevollmächtigte (§ 7 Abs. 1 und 2) hat spätestens am 15. Dezember (Fälligkeitstag) eines jeden Kalenderjahres eine Sondervorauszahlung in Höhe von einem Zwölftel der Summe der selbstberechneten und der Abgabenbehörde bekanntgegebenen zuzüglich der mit Haftungsbescheid geltend gemachten Steuerbeträge der letzten zwölf, dem Anmeldungszeitraum November unmittelbar vorangegangenen Anmeldungszeiträume selbst zu berechnen und zu entrichten. Die Sondervorauszahlung ist auf die Steuerschuld für den Anmeldungszeitraum November des laufenden Kalenderjahres (Fälligkeitstag 15. Jänner des folgenden Kalenderjahres) anzurechnen. Die Verpflichtung zur Entrichtung der Sondervorauszahlung entfällt, wenn die Steuer für den Anmeldungszeitraum November spätestens am darauf folgenden 15. Dezember selbst berechnet und bis zu diesem Tag in der selbstberechneten Höhe entrichtet wird. *(BGBl I 1997/130)*

(2) Der Versicherer (§ 7 Abs. 1) oder der Bevollmächtigte (§ 7 Abs. 1 und 2) hat bis zum 30. April eine Jahressteuererklärung für das abgelaufene Kalenderjahr beim Finanzamt einzureichen.

(3) Ist der Versicherungsnehmer zur Entrichtung der Steuer verpflichtet (§ 7 Abs. 3), so hat er spätestens am „fünfzehnten" Tag (Fälligkeitstag) des auf einen Kalendermonat folgenden Kalendermonates, in dem das Versicherungsentgelt entrichtet worden ist, eine Steuererklärung beim Finanzamt einzureichen, in welcher er die Steuer selbst zu berechnen hat; die Steuer ist spätestens am Fälligkeitstag zu entrichten. *(BGBl I 2014/13)*

(4) Eine nach § 201 BAO festgesetzte oder gemäß § 202 BAO geltend gemachte Steuer hat den in Abs. 1 oder 3 genannten Fälligkeitstag.

(5) Ist die Steuer nach der Versicherungssumme zu berechnen (§ 5 Abs. 1 Z 2), so hat der Versicherer die volle Steuer nach Empfang der Prämie oder eines Prämienteilbetrages zu entrichten.

(6) Der Versicherer (§ 7 Abs. 1) oder der Bevollmächtigte (§ 7 Abs. 1 und 2) ist verpflichtet, zur Feststellung der Steuer und der Grundlage ihrer Berechnung im Inland Aufzeichnungen darüber zu führen. Diese müssen alle Angaben enthalten, die für die Berechnung der Steuer von Bedeutung sind. Ausländische Versicherer, die im Inland gelegene Risken versichern (§ 1 Abs. 2 und 3), haben auf Anforderung dem „Finanzamt für Gebühren, Verkehrsteuern und Glücksspiel"** „"* ein vollständiges Verzeichnis dieser Versicherungsverhältnisse mit allen Angaben, die für die Berechnung der Steuer von Bedeutung sind, zu übermitteln. Diese Verpflichtung besteht auch dann, wenn der Versicherer die Voraussetzungen für die Steuerpflicht oder für die Steuerentrichtung nicht für gegeben hält. *(BGBl 1993/13; *BGBl I 2010/9; **BGBl I 2010/111, vgl die Übergangsbestimmung in § 12 Abs 3 Z 21)*

(BGBl 1992/449)

§ 9. Erstattung der Steuer

(1) Wird das Versicherungsentgelt ganz oder zum Teil zurückgezahlt, weil die Versicherung vorzeitig aufhört oder das Versicherungsentgelt oder die Versicherungssumme herabgesetzt worden ist, so wird die Steuer auf Antrag insoweit erstattet, als sie bei Berücksichtigung dieser Umstände nicht zu erheben gewesen wäre. „Versicherer (§ 7 Abs. 1) und Bevollmächtigte (§ 7 Abs. 1 und 2), die zur Entrichtung der Steuer verpflichtet

sind, können den Erstattungsbetrag selbst berechnen und vom Gesamtsteuerbetrag absetzen."
(BGBl I 1999/106)

(2) Die Steuer wird nicht erstattet:
1. bei Erstattung der Prämienreserve im Falle des § 176 des Gesetzes über den Versicherungsvertrag;
2. in sonstigen Fällen der Erstattung von Prämienreserve;
3. wenn die Prämienrückgewähr ausdrücklich versichert war.

(3) Ist bei der Zahlung eines Versicherungsentgeltes für eine Rentenversicherung der Versicherungsnehmer über 60 Jahre alt oder erwerbsunfähig oder nicht nur vorübergehend verhindert, seinen Lebensunterhalt durch eigenen Erwerb zu bestreiten, so wird die Steuer für dieses Versicherungsentgelt auf Antrag erstattet, wenn die versicherte Jahresrente den Betrag von „350 Euro" nicht übersteigt. Die Erstattung ist ausgeschlossen, wenn der Versicherungsnehmer bei demselben Versicherer mehrere Rentenversicherungen abgeschlossen hat und der Gesamtbetrag der versicherten Jahresrenten „350 Euro" übersteigt.
(BGBl I 2000/26)

§ 10. Steueraufsicht

(1) Die Versicherer und solche Personen, die gewerbsmäßig Versicherungen vermitteln oder ermächtigt sind, für den Versicherer Zahlungen entgegenzunehmen, unterliegen der Steueraufsicht.

(2) Der Steueraufsicht unterliegen auch diejenigen Personen und Personenvereinigungen, die Versicherungsverträge im Sinne des § 2 Abs. 1 geschlossen haben.

§ 11. *(aufgehoben samt Überschrift, BGBl I 2010/111)*

§ 12. Vollziehung und Aufhebung bisher geltender Rechtsvorschriften

(1) Mit der Vollziehung dieses Bundesgesetzes ist der Bundesminister für Finanzen betraut.
(BGBl 1993/13)

(2) Mit dem Inkrafttreten dieses Bundesgesetzes tritt das Versicherungsteuergesetz vom 9. Juli 1937, Deutsches RGBl. I S. 793, in der Fassung der Verordnung zur Änderung des Versicherungsteuergesetzes vom 31. August 1944, Deutsches RGBl. I S. 208, der Verkehrsteuernovelle 1948, BGBl. Nr. 57/1948, und der Versicherungsteuernovelle 1952, BGBl. Nr. 109/1952, außer Kraft.

(3) 1. Der § 8 in der Fassung des Bundesgesetzes BGBl. Nr. 449/1992 ist ab dem 1. Jänner 1993 anzuwenden.

2. Die §§ 4 Abs. 3; 5 Abs. 1; 5 und 6; 6 Abs. 3 bis 5; 7 Abs. 4, jeweils in der Fassung des Bundesgesetzes BGBl. Nr. 449/1992, unter Berücksichtigung der durch das Bundesgesetz BGBl. Nr. 254/1993 getroffenen Änderung (§ 6 Abs. 3 Z 1 lit. b), sowie § 6 Abs. 3 Z 8 in der Fassung des Bundesgesetzes BGBl. Nr. 254/1993, sind hinsichtlich der motorbezogenen Versicherungssteuer auf alle Zahlungen von Versicherungsentgelten anzuwenden, die nach dem 30. April 1993 fällig werden.

3. § 4 Abs. 1 Z 9 in der Fassung des Bundesgesetzes BGBl. Nr. 13/1993 ist auf alle Zahlungen des Versicherungsentgeltes anzuwenden, die nach dem 31. Dezember 1992 fällig werden.

4. § 4 Abs. 3 Z 9 in der Fassung des Bundesgesetzes BGBl. Nr. 254/1993 ist auf alle Zahlungen von Versicherungsentgelten anzuwenden, die Versicherungszeiträume betreffen, die nach dem 30. April 1993 liegen. Eine gemäß § 2 Abs. 2 Kraftfahrzeugsteuergesetz 1952 zuerkannte Steuerbefreiung gilt hinsichtlich des in der darüber ausgestellten Bescheinigung angeführten Kraftfahrzeuges mit Wirksamkeit ab 1. Mai 1993 auch als Befreiung gemäß § 4 Abs. 3 Z 9, wenn die Bescheinigung dem Versicherer überreicht wird.

5. Die §§ 4 Abs. 4 und 5 Abs. 7, jeweils in der Fassung des Bundesgesetzes BGBl. Nr. 254/1993 treten mit 1. Mai 1993 in Kraft.

6. § 6 Abs. 1 Z 1 und 4 in der Fassung des Bundesgesetzes BGBl. Nr. 818/1993 ist auf alle Zahlungen von Versicherungsentgelten anzuwenden, die nach dem 31. Dezember 1993 fällig werden. *(BGBl 1993/818)*

7. § 6 Abs. 4 in der Fassung vor dem Bundesgesetz BGBl. Nr. 13/1993 ist unter Berücksichtigung der durch das Bundesgesetz BGBl. Nr. 818/1993 getroffenen Änderung auf alle Zahlungen von Versicherungsentgelten anzuwenden, die nach dem 31. Dezember 1993 fällig werden. *(BGBl 1993/818)*

8. § 4 Abs. 3 Z 8 in der Fassung des Bundesgesetzes BGBl. Nr. 21/1995 ist auf die motorbezogene Versicherungssteuer für Kraftfahrzeuge anzuwenden, deren Zulassungsschein und Kennzeichentafeln am 1. Jänner 1995 hinterlegt sind oder nach dem 1. Jänner 1995 hinterlegt werden. *(BGBl 1995/21)*

9. Die §§ 4 Abs. 1 Z 10 und 6 Abs. 1 Z 1, jeweils in der Fassung des Bundesgesetzes BGBl. Nr. 201/1996, sind auf alle Zahlungen von Versicherungsentgelten anzuwenden, die nach dem 31. Mai 1996 fällig werden. Die §§ 4 Abs. 3 Z 1, Z 4, Z 10; 5 Abs. 1 Z 3; 5 Abs. 5; 6 Abs. 3 Z 1, Abs. 3 Z 2 lit. b, Abs. 3 Z 4, jeweils in der Fassung des Bundesgesetzes BGBl. Nr. 201/1996, sind auf alle Zahlungen von Versicherungsentgelten anzuwenden, die nach dem 31. Dezember 1996 fällig werden. Die §§ 7 Abs. 1a und 8

21. VersStG
§ 12

Abs. 1, jeweils in der Fassung des Bundesgesetzes BGBl. Nr. 201/1996, treten am 1. Jänner 1997 in Kraft. *(BGBl 1996/201)*

10. Auf die Zahlung von Versicherungsentgelten für

a) andere haftpflichtversicherte Kraftfahrzeuge mit einem höchsten zulässigen Gesamtgewicht bis 3,5 Tonnen als Krafträder, Personenkraftwagen und Kombinationskraftwagen,

b) Personenkraftwagen und Kombinationskraftwagen, für die ein Wechselkennzeichen zugewiesen ist, und wenigstens eines davon ein anderes Kraftfahrzeug als ein Personenkraftwagen oder Kombinationskraftwagen ist,

c) haftpflichtversicherte Kraftfahrzeuge mit einem höchsten zulässigen Gesamtgewicht bis 3,5 Tonnen im Sinne des § 59 Abs. 2 des Kraftfahrgesetzes 1967, BGBl. Nr. 267, in der jeweils geltenden Fassung angeführten Fahrzeugbesitzer,

die vor dem 1. Jänner 1997 fällig geworden sind, sind die Bestimmungen über die motorbezogene Versicherungssteuer in der am 1. Jänner 1997 geltenden Fassung auch dann und soweit anzuwenden, als die Zahlung des Versicherungsentgeltes Versicherungszeiträume betrifft, die nach dem 31. Dezember 1996 liegen. Der Versicherungsnehmer hat die auf diese Versicherungszeiträume entfallende motorbezogene Versicherungssteuer bei Aufforderung an den Versicherer zu bezahlen. Die §§ 38 und 39 Versicherungsvertragsgesetz, BGBl. Nr. 2/1959, in der jeweils geltenden Fassung gelten entsprechend. Die Aufforderung hat so rechtzeitig zu ergehen, daß die Versicherungssteuer vom Versicherungsnehmer bis 25. März 1997 entrichtet werden kann. Der Versicherer haftet für die auf diese Versicherungszeiträume entfallende motorbezogene Versicherungssteuer; die Haftung entfällt, wenn der Versicherer gemäß § 38 Versicherungsvertragsgesetz, BGBl. Nr. 2/1959, in der jeweils geltenden Fassung vom Versicherungsvertrag zurückgetreten ist oder dem Versicherungsnehmer eine Zahlungsfrist im Sinne des § 39 Abs. 1 Versicherungsvertragsgesetz bestimmt hat. *(BGBl 1996/201)*

11. § 4 Abs. 1 Z 1 in der Fassung vor dem Bundesgesetz BGBl. Nr. 797/1996 ist auf die Zahlung von Versicherungsentgelten für Versicherungsverträge anzuwenden, die vor dem 1. Jänner 1997 abgeschlossen wurden. § 6 Abs. 1 Z 1 lit. a in der Fassung des Bundesgesetzes BGBl. Nr. 797/1996 ist auf die Zahlung von Versicherungsentgelten anzuwenden, die nach dem 31. Mai 1996 fällig wurden. § 6 Abs. 1a erster Satz ist auf Versicherungsverträge anzuwenden, die nach dem 31. Oktober 1996 abgeschlossen worden sind; § 6 Abs. 1a zweiter und dritter Satz ist auf die Zahlung von Versicherungsentgelten anzuwenden, die nach dem 31. Oktober 1996 erfolgen. *(BGBl 1996/797)*

12. § 8 Abs. 1 erster Satz in der Fassung vor dem Bundesgesetz BGBl. I Nr. 130/1997 ist letztmalig auf Versicherungsentgelte anzuwenden, die vor dem 1. Jänner 1998 vereinnahmt werden. § 8 Abs. 1a ist erstmalig auf Anmeldungszeiträume anzuwenden, die nach dem 31. Oktober 1999 beginnen. *(BGBl I 1997/130)*

13. § 6 Abs. 1 Z 2 in der Fassung des Bundesgesetzes BGBl. I Nr. 106/1999 ist hinsichtlich der Pensionszusatzversicherung im Sinne des § 108b des Einkommensteuergesetzes 1988 auf Versicherungsentgelte anzuwenden, die für Zeiträume nach dem 31. Dezember 1999 geleistet werden. *(BGBl I 1999/106)*

14. § 4 Abs. 3 Z 8 in der Fassung des Bundesgesetzes BGBl. I Nr. 26/2000 ist auf die motorbezogene Versicherungssteuer für Kraftfahrzeuge anzuwenden, deren Zulassungsschein und Kennzeichentafeln nach dem 31. Mai 2000 hinterlegt werden. *(BGBl I 2000/26)*

15. § 6 Abs. 3 Z 1 und 2 in der Fassung des Bundesgesetzes BGBl. I Nr. 26/2000 ist auf die Zahlung von Versicherungsentgelten anzuwenden, die

a) nach dem 31. Mai 2000 fällig werden und Versicherungszeiträume betreffen, die nach dem 31. Mai 2000 liegen;

b) vor dem 1. Juni 2000 fällig geworden sind, dann und unter Anrechnung der motorbezogenen Versicherungssteuer in der Fassung vor diesem Bundesgesetz insoweit, als die Zahlung des Versicherungsentgeltes Versicherungszeiträume betrifft, die nach dem 31. Mai 2000 liegen.

Der Versicherungsnehmer hat die motorbezogene Versicherungssteuer, die auf

c) Versicherungsentgelte gemäß lit a entfällt, die vor dem 1. Juli 2000 fällig werden und auf die § 6 Abs. 3 Z 1 und 2 in der Fassung des Bundesgesetzes BGBl. I Nr. 26/2000 nicht angewendet wurde, im Ausmaß des Unterschiedsbetrages zwischen der Steuer in der Fassung des Bundesgesetzes BGBl. I Nr. 26/2000 und der Steuer in der Fassung vor diesem Bundesgesetz,

d) Versicherungsentgelte gemäß lit b entfällt, bei Aufforderung an den Versicherer zu entrichten. Die §§ 38 und 39 des Versicherungsvertragsgesetzes 1958, BGBl. Nr. 2/1959, in der jeweils geltenden Fassung gelten entsprechend. Abweichend von § 8 Abs. 1 hat der Versicherer die motorbezogene Versicherungssteuer gemäß lit. c spätestens am 15. September 2000 (Fälligkeitstag) und die motorbezogene Versicherungssteuer gemäß lit. d spätestens am 15. November 2000 (Fälligkeitstag) zu entrichten. Der Versicherer haftet für die auf diese Versicherungszeiträume entfallende motorbezogene Versicherungssteuer; die Haftung entfällt, wenn der Versicherer gemäß § 38 des Versicherungsvertragsgesetzes 1958, BGBl. Nr. 2/1959, in der jeweils geltenden Fassung vom Versicherungsvertrag zurückgetreten

ist oder dem Versicherungsnehmer eine Zahlungsfrist im Sinne des § 39 Abs. 1 des Versicherungsvertragsgesetzes 1958 bestimmt hat. Bescheide über die Bewilligung auf Pauschalbesteuerung (§ 5 Abs. 4) der motorbezogenen Versicherungssteuer gelten mit der Maßgabe weiter, dass auf die Zahlung des Versicherungsentgeltes für Kraftfahrzeuge, die in das Pauschalverfahren einbezogen sind, lit a und b entsprechend anzuwenden ist.
(BGBl I 2000/26)

16. § 5 Abs. 7 und § 6 Abs. 3 Z 2a, jeweils in der Fassung vor dem Bundesgesetz BGBl. I Nr. 59/2001, sind auf alle Zahlungen von Versicherungsentgelten anzuwenden, die vor dem 1. Jänner 2002 fällig werden. *(BGBl I 2001/59)*

„17." § 3 Abs. 1 und § 6 Abs. 1 Z 2, jeweils in der Fassung des Bundesgesetzes BGBl. I Nr. 8/2005 sind auf alle Zahlungen von Versicherungsentgelten anzuwenden, die nach dem 22. September 2005 fällig werden. *(BGBl I 2005/8; BGBl I 2010/9)*

18. § 8 Abs. 6 in der Fassung des Bundesgesetzes BGBl. I Nr. 9/2010 tritt mit 1. Juli 2010 in Kraft. *(BGBl I 2010/9)*

19. § 3 Abs. 1 zweiter Satz und § 6 Abs. 1 Z 4 und 5, jeweils in der Fassung des Budgetbegleitgesetzes 2011, BGBl. I Nr. 111/2010, sind auf Beträge anzuwenden, die nach dem 31. Dezember 2010 für die Überweisung des Deckungserfordernisses gemäß § 48 des Pensionskassengesetzes oder § 18i des Versicherungsaufsichtsgesetzes oder für die Übertragung von Leistungszusagen an ausländische Einrichtungen im Sinne des § 5 Z 4 des Pensionskassengesetzes entrichtet werden, wenn die Übertragung der Leistungszusage nach dem 31. Dezember 2010 erfolgte. Bei der Übertragung einer Leistungszusage vor dem 1. Jänner 2011 sind § 3 Abs. 1 zweiter Satz und § 6 Abs. 1 Z 4, jeweils in der Fassung vor dem Budgetbegleitgesetz 2011, BGBl. I Nr. 111/2010, weiter anzuwenden. *(BGBl I 2010/111; BGBl I 2011/76)*

Fassung ab 1. 1. 2016 (BGBl I 2015/34):
19. § 3 Abs. 1 zweiter Satz und § 6 Abs. 1 Z 4 und 5, jeweils in der Fassung des Budgetbegleitgesetzes 2011, BGBl. I Nr. 111/2010, sind auf Beträge anzuwenden, die nach dem 31. Dezember 2010 für die Überweisung des Deckungserfordernisses gemäß § 48 des Pensionskassengesetzes oder „§ 96 des VAG 2016" oder für die Übertragung von Leistungszusagen an ausländische Einrichtungen im Sinne des § 5 Z 4 des Pensionskassengesetzes entrichtet werden, wenn die Übertragung der Leistungszusage nach dem 31. Dezember 2010 erfolgte. Bei der Übertragung einer Leistungszusage vor dem 1. Jänner 2011 sind § 3 Abs. 1 zweiter Satz und § 6 Abs. 1 Z 4, jeweils in der Fassung vor dem Budgetbegleitgesetz 2011, BGBl. I Nr. 111/2010, weiter anzuwenden. *(BGBl I 2010/111; BGBl I 2011/76; BGBl I 2015/34)*

20. § 6 Abs. 1 Z 1 lit. a und Abs. 1a Z 2 lit. a und b, jeweils in der Fassung des Budgetbegleitgesetzes 2011, BGBl. I Nr. 111/2010, sind erstmals auf nach dem 31. Dezember 2010 abgeschlossene Versicherungsverträge anzuwenden. Auf vor dem 1. Jänner 2011 abgeschlossene Versicherungsverträge sind § 6 Abs. 1 Z 1 lit. a und Abs. 1a Z 2 lit. a und b, jeweils in der Fassung vor dem Budgetbegleitgesetz 2011, BGBl. I Nr. 111/2010, weiter anzuwenden. *(BGBl I 2010/111)*

21. § 6 Abs. 3 Z 7 vorletzter Satz und § 8 Abs. 6 dritter Satz, jeweils in der Fassung des Budgetbegleitgesetzes 2011, BGBl. I Nr. 111/2010, treten mit 1. Jänner 2011 in Kraft. *(BGBl I 2010/111)*

22. §§ 4 Abs. 3 Z 8, 5 Abs. 1 Z 3 lit. b und Abs. 5 sowie 6 Abs. 3 Z 1 lit. b und Z 4, jeweils in der Fassung des Bundesgesetzes BGBl. I Nr. 112/2012 treten mit 1. Jänner 2013 in Kraft. *(BGBl I 2012/112)*

23. § 6 Abs. 1 Z 1 lit. a in der Fassung des Bundesgesetzes BGBl. I Nr. 13/2014 ist erstmalig auf nach dem 28. Februar 2014 abgeschlossene Versicherungsverträge anzuwenden. § 6 Abs. 1a in der Fassung des Bundesgesetzes BGBl. I Nr. 13/2014 ist erstmalig auf Nachversteuerungstatbestände anzuwenden, die nach dem 28. Februar 2014 verwirklicht werden. *(BGBl I 2014/13)*

24. § 6 Abs. 3 Z 1 lit. a und b in der Fassung des Bundesgesetzes BGBl. I Nr. 13/2014 ist auf die Zahlung von Versicherungsentgelten anzuwenden, die

a) nach dem 28. Februar 2014 fällig werden und Versicherungszeiträume betreffen, die nach dem 28. Februar 2014 liegen;

b) vor dem 1. März 2014 fällig geworden sind, dann und unter Anrechnung der motorbezogenen Versicherungssteuer in der Fassung vor diesem Bundesgesetz insoweit, als die Zahlung des Versicherungsentgeltes Versicherungszeiträume betrifft, die nach dem 28. Februar 2014 liegen.

c) Der Versicherungsnehmer hat die motorbezogene Versicherungssteuer, die auf

– Versicherungsentgelte gemäß lit. a entfällt, die vor dem 1. Juli 2014 fällig werden und auf die § 6 Abs. 3 Z 1 lit. a und b in der Fassung des Bundesgesetzes BGBl. I Nr. 13/2014 nicht angewendet wurde, im Ausmaß des Unterschiedsbetrages zwischen der Steuer in der Fassung des Bundesgesetzes BGBl. I Nr. 13/2014 und der Steuer in der Fassung vor diesem Bundesgesetz,

– Versicherungsentgelte gemäß lit. b entfällt,

bei Aufforderung an den Versicherer zu entrichten.

Die §§ 38 und 39 des Versicherungsvertragsgesetzes 1958, BGBl. Nr. 2/1959, in der jeweils geltenden Fassung gelten entsprechend. Abweichend von § 8 Abs. 1 hat der Versicherer die motorbezogene Versicherungssteuer gemäß lit. c erster und zweiter Teilstrich spätestens am 15. August 2014 (Fälligkeitstag) zu entrichten. Der Versicherer haftet für die auf diese Versicherungszeiträume entfallende motorbezogene Versicherungssteuer; die Haftung entfällt, wenn der Versicherer gemäß § 38 des Versicherungsvertragsgesetzes 1958, BGBl. Nr. 2/1959, in der jeweils geltenden Fassung vom Versicherungsvertrag zurückgetreten ist oder dem Versicherungsnehmer eine Zahlungsfrist im Sinne des § 39 Abs. 1 des Versicherungsvertragsgesetzes 1958 bestimmt hat. Bescheide über die Bewilligung auf Pauschalbesteuerung (§ 5 Abs. 4) der motorbezogenen Versicherungssteuer gelten mit der Maßgabe weiter, dass auf die Zahlung des Versicherungsentgeltes für Kraftfahrzeuge, die in das Pauschalverfahren einbezogen sind, lit. a und b entsprechend anzuwenden sind. *(BGBl I 2014/13)*

25. § 6 Abs. 1 Z 2 und 5, § 7 Abs. 1a und § 12 Abs. 3 Z 19 in der Fassung des Bundesgesetzes BGBl. I Nr. 34/2015 treten mit 1. Jänner 2016 in Kraft. *(BGBl I 2015/34)*

(BGBl 1993/254)

(4) Die §§ 1, 6 Abs. 4 und 5, 7 Abs. 1 bis 3, 8 Abs. 6 und 12 Abs. 1 in der Fassung des Bundesgesetzes BGBl. Nr. 13/1993 treten unter Berücksichtigung der im § 6 Abs. 4 durch das Bundesgesetz BGBl. Nr. 818/1993 getroffenen Änderung gleichzeitig mit dem Inkrafttreten des Abkommens über den Europäischen Wirtschaftsraum[2] in Kraft. *(BGBl 1993/818)*

---

[2] *Die Kundmachung des Abkommens und seines Inkrafttretens wird zu einem späteren Zeitpunkt erfolgen.*[3]
[3] *Das EWR-Abkommen trat mit 1. Jänner 1994 in Kraft (BGBl 1993/909; vgl auch Z 18 und 67 der Kundmachung BGBl 1993/917).*

21/1. VersStG
Selbstberechnung von Abgaben in Euro

Verordnung über die Anwendung von in Schilling festgesetzten Beträgen bei Abgaben, die in Euro selbst berechnet werden

BGBl II 2000/279

Verordnung des Bundesministers für Finanzen über die Anwendung von in Schilling festgesetzten Beträgen bei Abgaben, die in Euro selbst berechnet werden

Zu § 6 Abs. 3 Z 1 und Z 2 des Versicherungssteuergesetzes 1953, BGBl. Nr. 133/1953, § 5 Abs. 1 Z 1 und Z 2 lit. a und lit. b sublit. cc des Kraftfahrzeugsteuergesetzes 1992, BGBl. Nr. 449/1992, § 3 Abs. 2b und § 3a des Straßenbenützungsabgabegesetzes, BGBl. Nr. 629/1994, § 4 Abs. 2 des Elektrizitätsabgabegesetzes, BGBl. Nr. 201/1996, § 5 Abs. 2 des Erdgasabgabegesetzes, BGBl. Nr. 201/1996, § 3 Abs. 1 bis 3, § 6 Abs. 1, § 7 Abs. 1 und § 8 Abs. 1 des Mineralölsteuergesetzes 1995, BGBl. Nr. 630/1994, § 3 Abs. 1 des Biersteuergesetzes 1995, BGBl. Nr. 701/1994, § 3 Abs. 1 und § 41 des Schaumweinsteuergesetzes 1995, BGBl. Nr. 702/1994, § 2 des Alkohol – Steuer und Monopolgesetzes 1995, BGBl. Nr. 703/1994, § 4 Abs. 1 des Tabaksteuergesetzes 1995, BGBl. Nr. 704/1994, und § 13 Abs. 1 und Abs. 3 des Bundesgesetzes über den Schutz vor Straftaten gegen die Sicherheit von Zivilluftfahrzeugen, BGBl. Nr. 824/1992, alle in der jeweils geltenden Fassung, wird verordnet:

§ 1. Im Falle einer Selbstberechnung von bundesrechtlich geregelten öffentlichen Abgaben in Euro ist – ausgenommen in den in § 2 angeführten Fällen – der jeweils angeführte Schillingbetrag in Euro umzurechnen und auf den nächstliegenden Cent auf- oder abzurunden. Bei einem Ergebnis genau in der Mitte wird der Betrag aufgerundet.

§ 2. Im Falle der Selbstberechnung nachstehender Abgaben in Euro sind anstelle der in Schilling festgesetzten Steuersätze die folgenden Eurobeträge anzuwenden:

GESETZESBESTIMMUNG	SCHILLINGBETRAG	EUROBETRAG
Versicherungssteuergesetz:		
§ 6 Abs.2	0,20	0,2‰ der Versicherungssumme in Euro
§ 6 Abs. 3 Z 1 lit. a	0,22	0,015988
§ 6 Abs. 3 Z 1 lit. b	5,50	0,399701
	55,00	3,997010
	600,00	43,603701
§ 6 Abs. 3 Z 2 lit. a	0,216	0,015697
	0,212	0,015407
	0,20	0,014535
§ 6 Abs. 3 Z 2 lit. b	5,40	0,392433
	54,00	3,924330
	590,00	42,876972
	5,30	0,385166
	53,00	3,851660
	580,00	42,150244
	5,00	0,363364
	50,00	3,633640
	550,00	39,970059
Kraftfahrzeugsteuergesetz: *(nicht abgedruckt)*		
Straßenbenützungsabgabegesetz: *(nicht abgedruckt)*		
Elektrizitätsabgabegesetz: *(nicht abgedruckt)*		
Erdgasabgabegesetz: *(nicht abgedruckt)*		

VersStG
+VO

21/1. VersStG

Selbstberechnung von Abgaben in Euro

GESETZESBESTIMMUNG	SCHILLINGBETRAG	EUROBETRAG
Mineralölsteuergesetz: *(nicht abgedruckt)*		
Biersteuergesetz: *(nicht abgedruckt)*		
Alkohol – Steuer und Monopolgesetz: *(nicht abgedruckt)*		
Sicherheitsbeitrag: *(nicht abgedruckt)*		

§ 3. Bei der Anrechnung der zeitabhängigen Maut nach dem BStFG 1996 auf die in Euro selbst berechnete Straßenbenützungsabgabe sind die entsprechenden Mautbeträge ebenfalls in Euro umzurechnen und auf drei Dezimalstellen auf- und abzurunden. Bei einem Ergebnis genau in der Mitte wird der Betrag aufgerundet.

§ 4. Der in Euro selbst berechnete Abgabenbetrag oder die Summe der selbst berechneten Abgabenbeträge ist auf den nächstliegenden Cent auf- oder abzurunden. Bei einem Ergebnis genau in der Mitte wird der Betrag aufgerundet.

§ 5. Diese Verordnung ist auf Tatbestände anzuwenden, bei denen der Abgabenanspruch nach dem 31. Dezember 1998 entsteht.

22. FeuerschStG
Stichwortverzeichnis, § 1

Feuerschutzsteuergesetz 1952

BGBl 1952/198 (WV) idF

1 BGBl 1993/13
2 BGBl 1993/254
3 BGBl 1993/917
4 BGBl 1996/797
5 BGBl I 1997/130
6 BGBl I 1999/106
7 BGBl I 1999/191
8 BGBl I 2001/59
9 BGBl I 2010/9
10 BGBl I 2010/111 (BudgetbegleitG 2011)

STICHWORTVERZEICHNIS

Aufzeichnungen 6 (4)

Besteuerung
– Ausnahme 1 (3)
Bevollmächtigter 5 (2), 6 (1) (2) (4), 7
Brandschadenversicherungsvereine, bäuerliche 1 (3)

Erstattungsbetrag 7
EWR 5 (3)

Fälligkeit 6 (1)
Feuerversicherung, Definition 1
Finanzamt 6 (4)
Fremdwährung 3 (3)

Gegenstand der Steuer 1
Gewinnanteil 2 (2)

Haftung für Steuerschuld 5 (2)

Inkrafttreten 9

Prämie 2, 6 (1)

Rückgewähr 7
Rückversicherung 3 (2), 5 (3)

Säumniszuschlag 6 (1)
Sonderleistung 2 (1)
Steuerberechnung 3
Steuererhebung 6
Steuererklärung 6 (2)
Steuererstattung 7
Steuersatz 4
Steuerschuldner 5

Umsatzsteuer 3 (3)

Versicherer 5 (1), 6 (1) (2) (4), 7
Versicherungsentgelt 2
– Steuerberechnung 3 (1)
Versicherungssteuergesetz 1 (4)
Vollzug 8

Kundmachung der Bundesregierung vom 2. September 1952 über die Wiederverlautbarung des Feuerschutzsteuergesetzes.

Artikel I.

Auf Grund des § 1 des Wiederverlautbarungsgesetzes, BGBl. Nr. 114/1947, wird in der Anlage das Feuerschutzsteuergesetz vom 1. Februar 1939, Deutsches RGBl. I S. 113, neu verlautbart.

Art II–V

(nicht abgedruckt)

Anlage

Feuerschutzsteuergesetz 1952
Gegenstand der Steuer

§ 1. (1) Der Steuer unterliegt die Entgegennahme von Versicherungsentgelten aus Feuerversicherungen, wenn die versicherten Gegenstände bei der Entgegennahme des Versicherungsentgeltes im Inland sind. Als Feuerversicherungen gelten auch Versicherungen, wenn das Versicherungsentgelt teilweise auf Gefahren entfällt, die Gegenstand einer Feuerversicherung sein können, unabhängig davon, ob das Versicherungsentgelt dem Versicherungsnehmer in einem Gesamtbetrag oder in Teilbeträgen in Rechnung gestellt wird. *(BGBl 1993/13)*

(2) Eine Feuerversicherung wird auch begründet, wenn zwischen mehreren Personen oder Personenvereinigungen vereinbart wird, solche Schäden gemeinsam zu tragen, die den Gegenstand einer Feuerversicherung bilden können.

(3) Der Steuer unterliegt nicht die Entgegennahme von Versicherungsentgelten aus Feuerversicherungen bei bäuerlichen Brandschadenversicherungsvereinen, die vorwiegend die Gewährung von Sachleistungen (Hand- und Spanndienste) zum Gegenstand haben.*(BGBl. Nr. 57/1948, Art. 11 lit. a.)*

(4) Für die Steuerpflicht gelten die Vorschriften des § 1 Abs. 2 Versicherungssteuergesetz 1953 in der jeweils geltenden Fassung. *(BGBl 1993/13)*

22. FeuerschStG
§§ 2 – 6

Versicherungsentgelt

§ 2. (1) Versicherungsentgelt im Sinne dieses Gesetzes ist jede Leistung, die für die Begründung und zur Durchführung des Versicherungsverhältnisses an den Versicherer zu bewirken ist, mit Ausnahme der vom Versicherungsnehmer gesondert angeforderten Feuerschutzsteuer selbst (Beispiele: Prämien, Beiträge, Vorbeiträge, Vorschüsse, Nachschüsse, Umlagen, außerdem Eintrittsgelder, Kosten für die Ausfertigung des Versicherungsscheines und sonstige Nebenkosten). Zum Versicherungsentgelt gehört nicht, was zur Abgeltung einer Sonderleistung des Versicherers oder aus einem sonstigen in der Person des einzelnen Versicherungsnehmers liegenden Grund gezahlt wird (Beispiele: Kosten für die Ausstellung einer Ersatzurkunde, Mahnkosten). Wird das Versicherungsentgelt für eine Versicherung, die außer einer Feuerversicherung noch andere Risken umfaßt, nur in einem Gesamtbetrag angegeben, ist Versicherungsentgelt der auf die Feuerversicherung entfallende Teil des Gesamtbetrages. *(BGBl 1993/13)*

(2) Wird auf die Prämie ein Gewinnanteil verrechnet und nur der Unterschied zwischen Prämie und Gewinnanteil an den Versicherer gezahlt, so ist dieser Unterschiedsbetrag Versicherungsentgelt. Als Gewinnanteil gilt auch die Rückvergütung eines Teiles der Prämie für schadenfreien Verlauf (Bonus).

(BGBl. Nr. 57/1948, Art. II lit. b.)

Steuerberechnung

§ 3. (1) Die Steuer wird vom Gesamtbetrag der in jedem Kalendermonat vereinnahmten Versicherungsentgelte berechnet. *(BGBl I 1997/130)*

(2) Der Gesamtbetrag darf um die für Rückversicherungen gezahlten Versicherungsentgelte nicht gekürzt werden.

(3) Werte in fremder Währung sind zur Berechnung der Steuer nach den für die Umsatzsteuer geltenden Vorschriften umzurechnen. *(BGBl 1993/13)*

Steuersatz

§ 4. Die Steuer beträgt 8 vH des Gesamtbetrages des Versicherungsentgeltes.

(BGBl. Nr. 57/1948, Art. II lit. d.)

Steuerschuldner

§ 5. (1) Steuerschuldner ist der Versicherer.

(2) Hat der Versicherer keinen Wohnsitz (Sitz) in einem Vertragsstaat des Abkommens über den Europäischen Wirtschaftsraum, ist aber ein Bevollmächtigter zur Entgegennahme des Versicherungsentgeltes bestellt, so haftet dieser für die Steuer. *(BGBl 1993/13)*

(3) Der Steuerschuldner ist berechtigt, die Steuer bis zur Höhe von 4 vH des Versicherungsentgeltes neben dem Versicherungsentgelt vom Versicherungsnehmer gesondert anzufordern. Nimmt er Rückversicherung, ist er berechtigt, das an den Rückversicherer zu entrichtende Entgelt um jenen entsprechenden Hundertsatz der Steuer zu kürzen, den er vom Versicherungsnehmer nicht gesondert angefordert hat. Dies gilt auch für den Rückversicherer, der seinerseits Rückversicherung nimmt. *(BGBl. Nr. 57/1948, Art. II lit. e.)*

(4) *(aufgehoben, BGBl I 2001/59)*

Steuererhebung

§ 6. (1) „Der Versicherer (§ 5 Abs. 1) oder der Bevollmächtigte (§ 5 Abs. 2) hat spätestens am 15. Tag (Fälligkeitstag) des ein Kalendervierteljahr (Anmeldungszeitraum) zweitfolgenden Kalendermonates die Steuer für den Anmeldungszeitraum nach den Prämieneinnahmen selbst zu berechnen."* Stehen die Prämieneinnahmen der Höhe nach noch nicht fest, so ist die Steuer nach dem wahrscheinlichen Prämienverlauf zu berechnen. Weicht die zeitgerecht entrichtete Abgabe von der auf die tatsächlichen Einnahmen entfallenden Abgabe um nicht mehr als „ein Prozent"* ab, so bleibt diese Differenz für die Verpflichtung zur Entrichtung eines Säumniszuschlages außer Betracht. Die Steuer ist spätestens am Fälligkeitstag zu entrichten. (*BGBl 1996/797;* **BGBl I 1997/130)*

(2) Der Versicherer (§ 5 Abs. 1) oder der Bevollmächtigte (§ 5 Abs. 2) hat bis zum 30. April eine Jahressteuererklärung für das abgelaufene Kalenderjahr beim Finanzamt einzureichen.

(3) Eine nach § 201 BAO festgesetzte oder gemäß § 202 BAO geltend gemachte Steuer hat den in Abs. 1 genannten Fälligkeitstag.

(4) Der Versicherer (§ 5 Abs. 1) oder der Bevollmächtigte (§ 5 Abs. 2) ist verpflichtet, zur Feststellung der Steuer und der Grundlage ihrer Berechnung im Inland Aufzeichnungen zu führen. Diese müssen alle Angaben enthalten, die für die Berechnung der Steuer von Bedeutung sind. Ausländische Versicherer, die im Inland gelegene Risken versichern (§ 1 Abs. 1 und 4), haben auf Anforderung dem „Finanzamt für Gebühren, Verkehrsteuern und Glücksspiel"** „ "* ein vollständiges Verzeichnis dieser Versicherungsverhältnisse mit allen Angaben, die für die Berechnung der Steuer von Bedeutung sind, zu übermitteln. Diese Verpflichtung besteht auch dann, wenn der Versicherer die Voraussetzungen für die Steuerpflicht oder für die Steuerentrichtung nicht für gegeben hält. (*BGBl I 2010/9;* **BGBl I 2010/111)*

(BGBl 1993/13)

Erstattung der Steuer

§ 7. Wird das Versicherungsentgelt ganz oder zum Teil zurückgewährt, weil die Versicherung vorzeitig aufhört oder das Versicherungsentgelt herabgesetzt worden ist, so wird die Steuer auf Antrag insoweit erstattet, als sie bei Berücksichtigung dieser Umstände nicht zu erheben gewesen wäre. „Versicherer (§ 5 Abs. 1) und Bevollmächtigte (§ 5 Abs. 2) können den Erstattungsbetrag selbst berechnen und vom Gesamtsteuerbetrag absetzen." *(BGBl I 1999/106)*

Vollzug

§ 8. Mit der Vollziehung dieses Gesetzes ist das Bundesministerium für Finanzen betraut.

(BGBl. Nr. 57/1948, Art. II lit. f.)

Inkrafttreten

§ 9. (1) Das Gesetz ist in seiner ursprünglichen Fassung am 1. April 1942 in Kraft getreten. Die durch die Verkehrsteuernovelle 1948, BGBl. Nr. 57/1948, bewirkten Änderungen sind am 1. April 1948 wirksam geworden. *(Verordnung vom 8. Jänner 1942, Deutsches RGBl. I S. 26, § 1 Abs. 1, BGBl. Nr. 57/1948, Art. VI Abs. 1.)*

(2) § 6 in der Fassung des Bundesgesetzes BGBl. Nr. 13/1993 ist ab dem 1. Jänner 1993 anzuwenden. *(BGBl 1993/13)*

(3) Die §§ 1 Abs. 4 und 5 Abs. 2 in der Fassung des Bundesgesetzes BGBl. Nr. 13/1993 treten gleichzeitig mit dem Inkrafttreten des Abkommens über den Europäischen Wirtschaftsraum[1] in Kraft. *(BGBl 1993/13)*

(4) § 5 Abs. 4 in der Fassung des Bundesgesetzes BGBl. Nr. 254/1993 tritt mit 1. Mai 1993 in Kraft. *(BGBl 1993/254)*

(5) § 6 Abs. 1 in der Fassung des Bundesgesetzes BGBl. Nr. 797/1996 tritt am 1. Jänner 1997 in Kraft. *(BGBl 1996/797)*

(6) § 3 Abs. 1 und § 6 Abs. 1 erster Satz in der Fassung vor dem Bundesgesetz BGBl. I Nr. 130/1997 ist letztmalig auf Versicherungsentgelte anzuwenden, die vor dem 1. Jänner 1998 vereinnahmt werden. *(BGBl I 1997/130)*

(7) § 5 Abs. 4 in der Fassung vor dem Bundesgesetz BGBl. I Nr. 59/2001 ist bis 31. Dezember 2001 anzuwenden. *(BGBl I 2001/59)*

(8) § 6 Abs. 4 in der Fassung des Bundesgesetzes BGBl. I Nr. 9/2010 tritt mit 1. Juli 2010 in Kraft. *(BGBl I 2010/9)*

(9) § 6 Abs. 4 dritter Satz in der Fassung des Budgetbegleitgesetzes 2011, BGBl. I Nr. 111/2010, tritt mit 1. Jänner 2011 in Kraft. *(BGBl I 2010/111)*

---

[1] *Die Kundmachung des Abkommens und seines Inkrafttretens wird zu einem späteren Zeitpunkt erfolgen.*[2]
[2] *Das EWR-Abkommen trat mit 1. Jänner 1994 in Kraft (BGBl. 1993/909; vgl auch Z 18 der Kundmachung BGBl 1993/917).*

22/1. FeuerschStVO

Verordnung zur Durchführung des Feuerschutzsteuergesetzes

BGBl 1948/78 idF

1 BGBl 1973/191 (VfGH)   2 BGBl 1973/494

Stichwortverzeichnis

Absetzung 9
Anhang
Anmeldungspflicht 2
Atomreaktorenversicherung 6 Z 1
Außerkrafttreten 10

Brandschadenversicherung, bäuerliche 3

Elektroanlagenversicherung 6 Z 2
Entrichtung der Steuer 8

Feuerschutzsteuergesetz 2 (1)
Finanzamt 1, 2 (1), 8 (1)
Fremdwährung 7

Haushaltsversicherung 6 Z 3

Inkrafttreten 10

Kraftfahrzeug-Kaskoversicherung 6 Z 4
Kühlgutversicherung 6 Z 5

Rückgewähr 9
Rundungsbestimmung 5

Steuerberechnung 4
– mehrere Versicherungen 6
Steuerentrichtung 8
Steuererstattung 9

Transportlagerversicherung 6 Z 6

Verkehrssteuernovelle 1, 2 (1)
Versicherungssteuergesetz 1
– Durchführungsverordnung 2 (2), 8 (3)

Zuständigkeit 1

78. Verordnung des Bundesministeriums für Finanzen vom 2. April 1948 zur Durchführung des Feuerschutzsteuergesetzes.

Auf Grund des Artikels II, lit. f, des Bundesgesetzes vom 18. Februar 1948, B. G. Bl. Nr. 57, betreffend die Änderung einiger Verkehrsteuergesetze (Verkehrsteuernovelle 1948), wird verordnet:

§ 1. Zuständigkeit

Die Steuer wird von den Finanzämtern verwaltet, die für die Besteuerung nach dem Versicherungsteuergesetz in der Fassung der Verkehrsteuernovelle 1948 zuständig sind.

§ 2. Anmeldungspflicht

(1) Der inländische Feuerversicherer hat die Eröffnung seines Geschäftsbetriebes binnen zwei Wochen dem Finanzamt anzuzeigen. Das gleiche gilt für eine Person oder Personenvereinigung, die an einem Versicherungsvertrag im Sinne des § 1, Abs. (2), des Feuerschutzsteuergesetzes in der Fassung der Verkehrsteuernovelle 1948 beteiligt ist.

(2) § 9, Abs. (2) bis (4), der Durchführungsverordnung zum Versicherungsteuergesetz, B. G. Bl. Nr. 77/1948, gelten entsprechend.

§ 3. Bäuerliche Brandschadenversicherungen

Als bäuerliche Brandschadenversicherungsvereine im Sinne des § 1, Abs. (3), des Gesetzes sind Brandhilfevereine (Brandunterstützungsvereine) anzusehen, die auf Grund des Vereinsgesetzes vom 15. November 1867, R. G. Bl. Nr. 134, gebildet sind.

§ 4. Steuerberechnung bei Einrechnung der Versicherungsteuer und der Feuerschutzsteuer in das Versicherungsentgelt

(1) Hat der Versicherer die Versicherungsteuer in das Versicherungsentgelt eingerechnet [§ 5, Abs. (2), des Versicherungsteuergesetzes], so sind vom Gesamtbetrag des Versicherungsentgeltes 800/105, das sind 7.619 v.H., als Steuer zu erheben.

(2) Werden sowohl die Versicherungsteuer als auch der überwälzbare Betrag der Feuerschutzsteuer [§ 5, Abs. (3), des Gesetzes] in das Versicherungsentgelt eingerechnet, so sind vom Gesamtbetrag des Versicherungsentgeltes 800/109 das sind 7.339 v. H., als Steuer zu erheben.

(3) Wird in das Versicherungsentgelt lediglich der überwälzbare Betrag der Feuerschutzsteuer, nicht aber die Versicherungsteuer eingerechnet, so sind vom Gesamtbetrag des Versicherungsentgeltes 800/104, das sind 7.692 v.H., als Steuer zu erheben.

§ 5. Abrundung

Steuerbeträge bis zu 5 Groschen sind zu vernachlässigen, Beträge von mehr als 5 Groschen sind auf 10 Groschen aufzurunden.

§ 6. Steuerberechnung bei Zusammenfassung mehrerer Versicherungen

Wird das Versicherungsentgelt für eine Versicherung, die außer der Feuerversicherung noch andere Versicherungen umfaßt, nur in einem Gesamtbetrag angegeben, so ist die Steuer nur von dem auf die Feuerversicherung entfallenden Teil des Gesamtbetrages zu berechnen. Hiebei ist die Steuer bei der
1. Atomreaktorenversicherung von .... 46.3 v.H.,
2. Versicherung von Elektro-Anlagen und -Geräten von .... 5 v.H.,
3. Haushaltsversicherung von .... 25 v.H.,
4. Kraftfahrzeug-Kaskoversicherung von .... 0.25 v.H.,
5. Kühlgutversicherung von .... 5 v.H.,
6. Transport-Lagerversicherung, wenn die einzelne Lagerung länger als zwei Monate währt, von .... 40 v.H.
des Gesamtbetrages zu berechnen.
(BGBl 1973/494)

§ 7. Umrechnung ausländischer Werte

Ausländische Werte sind nach den für die Umsatzsteuer vorgeschriebenen Umrechnungssätzen in Schilling umzurechnen.

§ 8. Entrichtung der Steuer

(1) Die Steuer wird vom Ist-Betrag der Versicherungsentgelte berechnet. Das Finanzamt kann auf Antrag zulassen, daß der Versicherer die Steuer im Abrechnungsverfahren nach dem Soll-Betrag der Versicherungsentgelte entrichtet.

(2) Die Vorschriften der §§ 11 bis 21 und 23 bis 27 der Durchführungsverordnung zum Versicherungsteuergesetz, B. G. Bl. Nr. 77/1948, sind entsprechend anzuwenden.

(3) Wird die Versicherungsteuer gemäß § 12 der Durchführungsverordnung zum Versicherungsteuergesetz entrichtet, kann die für die Versicherungsteuer bestimmte Aufstellung gleichzeitig für die Feuerschutzsteuer Verwendung finden. Wird die Versicherungsteuer, nicht aber die Feuerschutzsteuer erhoben, so sind die Versicherungsentgelte, deren Entgegennahme der Feuerschutzsteuer nicht unterliegt, in einer besonderen Spalte abzusetzen. Wird die Feuerschutzsteuer, nicht aber die Versicherungsteuer erhoben, so sind auch diese Fälle in der Aufstellung in einer besonderen Spalte einzutragen.

(4) Für die Aufstellungen und Nachweisungen sind die Muster 1 bis 3 maßgebend.

§ 9. Erstattung der Steuer bei vorzeitigem Aufhören der Versicherung

Der Versicherer hat die Steuerbeträge, deren Erstattung er gemäß § 7 des Gesetzes beansprucht, in der Nachweisung [§ 8, Abs. (4)] vom Steuerbetrag abzusetzen. Die Absetzung ist bei der früheren Eintragung in der Aufstellung oder in den Geschäftsbüchern zu vermerken. Bei der Absetzung ist auf die frühere Eintragung hinzuweisen.

§ 10. Inkrafttreten

Diese Verordnung tritt mit 1. April 1948 in Kraft. Gleichzeitig treten alle ihren Bestimmungen widersprechenden Verwaltungsanordnungen außer Kraft.

Muster 1
[§ 8, Abs. (4), FeuerschStDV. 1948]

Aufstellung

de... ....

in..

über die für den — die — Monat(e) ....19.....

zu entrichtende Feuerschutzsteuer

Versicherungszweig..

Anleitung

1. Für jeden Versicherungszweig und für jeden Aufstellungszeitraum ist eine gesonderte Aufstellung vorzulegen.
2. In die Aufstellung ist jedes Entgelt, das während eines Aufstellungszeitraumes gezahlt wird, einzutragen.
3. Die Aufstellung ist in den Spalten 5 und 6 aufzurechnen und von dem Versicherer oder seinem Bevollmächtigten mit folgender Erklärung zu versehen:

   „Ich erkläre, daß die Eintragungen richtig und vollständig sind.

   ...., ...19....

   (Unterschrift) ...."
4. Die Aufstellung ist spätestens bis zum Schluß des folgenden Monats dem Finanzamt mit zwei Stücken einer Nachweisung vorzulegen.
5. Die Aufstellungen sind zehn Jahre geordnet aufzubewahren.

22/1. FeuerschStVO

Lfd. Nr.	Nummer der Versicherungsscheine	Betrag des vereinnahmten Entgeltes, Prämien, Beiträge, Vorbeiträge, Vorschüsse, Nachschüsse, Umlagen u. dgl.		Anzuwendender Steuersatz und Paragraph des Gesetzes oder der DV.	Steuerbetrag		Abzusetzender Steuerbetrag (rot)		Vermerke (z. B. bei Absetzungen, Verweisung auf die frühere Eintragung oder die Erstattungseintragung)
		S	g		S	g	S	g	
1	2	3		4	5		6		7

FeuerschStG + VO

22/1. FeuerschStVO

Eingegangen ..../......... 19....
Steuerliste ..../................
Kontoblatt Nr. ..../................ .

Muster 2
[§ 8, Abs. (4), FeuerschStDV. 1948]

In zwei Stücken einreichen!

Entrichtung der Steuer nach dem Ist-Betrag der Versicherungsentgelte

Nachweisung

über die von de ....
in .... für .... 19....
zu entrichtende Feuerschutzsteuer

Lfd. Nr.	Bezeichnung der Aufstellung oder der Geschäftsbücher	Zahl der Eintragungen	Steuerbetrag (Spalte 5 der Aufstellung)		Abgesetzter Steuerbetrag (§ 9 FeuerschStDV. 1948)		Zu entrichtende Steuer (Spalte 4 weniger Spalte 5)		Vermerke (z. B. wenn Versicherungsentgelt nicht gezahlt worden ist)
			S	g	S	g	S	g	
1	2	3	4		5		6		7
					Zusammen:				

.........., ... 19....

Geprüft:

....
(Name des Bearbeiters)

.... S .... g
sind gebucht auf Kontoblatt-
Nr.... ....
am ...., ... 19....
Finanzkasse
....
(Namenszeichen)

Ich erkläre, die Angaben nach bestem Wissen und Gewissen gemacht zu haben.

.........., ... 19....

....
(Unterschrift der zur Geschäftsführung oder Vertretung befugten Personen)

(Seite 2 von Muster 2)

Steuerfestsetzung

Der für den Aufstellungszeitraum abzuführende Steuerbetrag wird festgesetzt mit . . . . .S . . . .g

Zuschlag nach § 168, Abs. (2), AO. . . . . .S . . . .g

                Zusammen . . . . S . . . .g

Hierauf ist der bei der Einreichung der Nachweisung entrichtete Steuerbetrag anzurechnen mit . . . . S . . . .g

Es sind somit $\frac{\text{noch zu entrichten}}{\text{zuviel entrichtet}}$ ¹) . . . . .S . . . .g

und daher zurückzuzahlen . . . . .S . . . .g

Der Restbetrag von . . . . S . . . . g ist bis zum . . . . 19. . . . an das unterzeichnete Finanzamt (Finanzkasse) zu entrichten.

Diese Steuerfestsetzung kann innerhalb eines Monats nach Bekanntgabe bei dem unterzeichneten Finanzamt angefochten werden.

       . . . ., ... 19. . . .

       Finanzamt . . . .

          . . . .
              (Unterschrift)

¹) Nichtzutreffendes ist zu streichen.

22/1. FeuerschStVO

Eingegangen............. ..../........ 19....
Steuerliste...................../................
Kontoblatt Nr. ..../................

Muster 3
[§ 8, Abs. (4), FeuerschStDV. 1948]

In zwei Stücken einreichen!

Entrichtung der Steuer nach dem Soll-Betrag der Versicherungsentgelte

Nachweisung

über die von de ....
in...für das........ ....Kalendervierteljahr 19....
zu entrichtende Feuerschutzsteuer

Lfd. Nr.	Bezeichnung der Geschäftsbücher	Zahl der Eintragungen	Steuerbetrag		Abgesetzter Steuerbetrag [§ 18 VersStDV.1948, §8,Abs.(3), und §9FeuerschStDV. 1948]		Zu entrichtende Steuer (Spalte 4 weniger Spalte 5)		Vermerke
			S	g	S	g	S	g	
1	2	3	4		5		6		7
					Zusammen:				

Hierauf wurden an Abschlagszahlungen entrichtet:

1. am........... für Monat .... 19....... S....g
2. „ .... „ „ .... 19....... S....g
3. „ .... „ „ .... 19....... S....g
4. „ .... „ „ .... 19....... S....g
5. „ .... „ „ .... 19....... S....g
6. „ .... „ „ .... 19....... S....g

Zusammen............. S....g

Es sind somit — als Abschlußahlung noch zu entrichten / zuviel entrichtet — ¹)................. S....g

...........................S....g
sind gebucht auf Kontoblatt-
Nr..............................
am ...., ... 19....

Finanzkasse

(Namenszeichen)

Ich erkläre, die Angaben nach bestem Wissen und Gewissen gemacht zu haben.
..........., ... 19....

(Unterschrift der zur Geschäftsführung oder Vertretung befugten Personen)

Geprüft:
....
(Name des Bearbeiters)

¹) Nichtzutreffendes ist zu streichen.

22/1. FeuerschStVO

Steuerfestsetzung
(Seite 2 von Muster 3)

Der für den Abrechnungszeitraum abzuführende Steuerbetrag wird festgesetzt mit . . . . S . . . . g
Zuschlag nach § 168, Abs. (2), AO. . . . . S . . . g
             Zusammen. . . . . S . . . . g

Hierauf sind anzurechnen:
 a) die Abschlagszahlungen:
1. vom . . . . für Monat . . . . 19 . . . . mit . . . . S . . . . g
2. „ . . . . „ „ . . . . 19 . . . . „ . . . . S . . . . g
3. „ . . . . „ „ . . . . 19 . . . . „ . . . . S . . . . g
4. „ . . . . „ „ . . . . 19 . . . . „ . . . . S . . . . g
5. „ . . . . „ „ . . . . 19 . . . . „ . . . . S . . . . g
6. „ . . . . „ „ . . . . 19 . . . . „ . . . . S . . . . g
 b) die Abschlußzahlung . . . . S . . . g
             Zusammen. . . . . S . . . g

Es sind somit $\frac{\text{noch zu entrichten}}{\text{zuviel entrichtet}}$ [1]) . . . . S . . . . g
und daher zurückzuzahlen . . . . S . . . . g
Der Restbetrag von . . . . S . . . g ist bis zum . . . . 19 . . . .
an das unterzeichnete Finanzamt (Finanzkasse) zu entrichten.
Diese Steuerfestsetzung kann innerhalb eines Monats nach Bekanntgabe bei dem unterzeichneten Finanzamt angefochten werden.

. . . . , ... 19 . . . .

    Finanzamt . . . .

            . . . .
                 (Unterschrift)

FeuerschStG + VO

[1]) Nichtzutreffendes ist zu streichen.

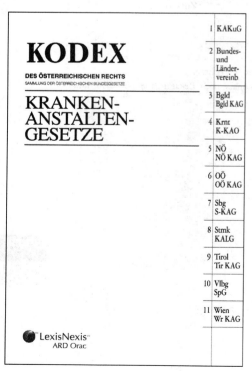

23. PKG
Gliederung

Pensionskassengesetz *) **) ***)

*) *Die in BGBl 1991/695 (Art IV Z 6) und BGBl 1993/12 (Art IV) vom Gesetzgeber als Änderungen des Pensionskassengesetzes (Abschnitt I in BGBl 1990/281) bezeichneten Änderungen betrafen in Wahrheit den Abschnitt VIII in BGBl 1990/281 (Änderung des Vermögensteuergesetzes 1954) und wurden daher nicht in die Übersicht der Novellen zum PKG aufgenommen.*

**) *Durch das Bundesgesetz über die Gründung einer Bundespensionskasse AG (= Art XX der Dienstrechts-Novelle 1999, BGBl I 1999/127 geändert durch BGBl I 2002/9) wurde der BM für Finanzen ermächtigt, innerhalb von 2 Jahren ab Inkrafttreten dieses Bundesgesetzes (dh ab 1. August 1999) zur Übernahme von Pensionsverpflichtungen und -anwartschaften eine Aktiengesellschaft als einziger Gründer zu errichten, die das Pensionskassengeschäft betreibt und die nach Maßgabe der erteilten Konzession als eine Pensionskasse gemäß dem Pensionskassengesetz gilt.*

***) *Die Anlagen zum PKG idF der VO BGBl II 2002/14 sind inhaltlich überlagert durch die Anlagen zur Formblatt- und Jahresmeldeverordnung, BGBl II 2005/419; eine ausdrückliche Aufhebung der Anhänge erfolgte jedoch nicht.*

BGBl 1990/281 idF

1 BGBl 1991/10
2 BGBl 1992/20
3 BGBl 1992/209
4 BGBl 1993/532
5 BGBl 1996/755
6 BGBl I 1997/64
7 BGBl I 1998/126
8 BGBl I 1999/127
9 BGBl I 2000/73
10 BGBl I 2000/142
11 BGBl I 2001/97
12 BGBl I 2002/9
13 BGBl I 2003/71
14 BGBl I 2003/80
15 BGBl I 2003/135
16 BGBl I 2004/13
17 BGBl I 2004/70
18 BGBl I 2004/161
19 BGBl I 2005/8
20 BGBl I 2005/37
21 BGBl I 2005/59
22 BGBl I 2005/120 (HGB durch UGB ersetzt)
23 BGBl I 2006/48
24 BGBl I 2006/104
25 BGBl I 2006/134
26 BGBl I 2006/141
27 BGBl I 2007/107
28 BGBl I 2009/73
29 BGBl I 2010/29 (IRÄG 2010)
30 BGBl I 2010/58 (IRÄ-BG)
31 BGBl I 2011/77
32 BGBl I 2012/22 (1. StabG 2012)
33 BGBl I 2012/35 (2. StabG 2012)
34 BGBl I 2012/54
35 BGBl I 2013/70
36 BGBl I 2013/184
37 BGBl I 2014/70
38 BGBl I 2015/34

GLIEDERUNG

Abschnitt I

Pensionskassengesetz

Allgemeine Bestimmungen §§ 1– 2
Betriebliche Pensionskassen § 3
Überbetriebliche Pensionskassen § 4
Begriffsbestimmungen § 5
Rechtsform § 6
Eigentümerbestimmungen § 6a
Eigenmittel § 7
Konzession §§ 8 – 11
Österreichische Pensionskassen in Mitgliedstaaten § 11a
Einrichtungen aus Mitgliedstaaten in Österreich § 11b
Veranlagungs- und Risikogemeinschaft § 12
Veranlagungs- und Risikogemeinschaft mit Garantie § 12a
Haftungsverhältnisse § 13
Verfügungsbeschränkungen § 14
Pensionskassenvertrag §§ 15 – 15a
Pensionskassenbeiträge § 16
Verwaltungskosten § 16a
Kündigung und Ausscheiden § 17
Pensionskonten § 18
Informationspflichten §§ 19 – 19b
Geschäftsplan § 20
Aktuar § 20a
Prüfaktuar §§ 21 – 22
Bewertungsregeln § 23
Schwankungsrückstellung – allgemeine Bestimmungen § 24
Aufbau der Schwankungsrückstellung § 24a
Veranlagungsvorschriften § 25

23. PKG

Gliederung, Stichwortverzeichnis

Erklärung über die Grundsätze der Veranlagungspolitik § 25a
Depotbank § 26
Aufsichtsrat § 27
Beratungsausschuß § 28
Hauptversammlung § 29
Jahresabschluß und Rechenschaftsbericht §§ 30 – 30a
Abschlußprüfer §§ 31 – 31a
Interne Revision § 32
Aufsicht §§ 33 – 33a
Solvabilitäts- und Sanierungsplan § 33b
Aufsicht im Rahmen der Dienstleistungs- und Niederlassungsfreiheit §§ 33c – 33d
Zustellungen § 33e
Zusammenarbeit mit Aufsichtsbehörden in den Mitgliedstaaten § 33f
Zusammenarbeit mit der EIOPA § 33g
Staatskommissär § 34
Kosten § 35
Anzeigepflichten § 36
Form der Kommunikation mit der FMA – elektronische Übermittlung § 36a
Insolvenz § 37
Kurator § 38
Befriedigung der Ansprüche § 39
Auflösung, Verschmelzung und Umwandlung einer Pensionskasse § 40
Übertragung des einer Veranlagungs- und Risikogemeinschaft zugeordneten Vermögens § 41
Eintragungen in das Firmenbuch § 42

Schutz von Bezeichnungen § 43
Erwerbsverbote § 44
Verfahrens- und Strafbestimmungen §§ 45 – 47a
Übertragung §§ 48 – 48a

Vorwegbesteuerung §§ 48b
Übergangsbestimmungen § 49
Sprachliche Gleichbehandlung § 49a
Verweise und Verordnungen § 49b
Vollzugsklausel §§ 50
Inkrafttreten; Außerkrafttreten § 51

Abschnitte II – XI

nicht abgedruckt

Abschnitte XII

Handelsrechtliche Übergangsbestimmung

Abschnitte XIII

Sondervorschriften für den Betrieb von Pensionskassen durch Körperschaften öffentlichen Rechts

Abschnitte XIV

Inkrafttreten und Vollzugsklausel
Anlagen zu § 30 PKG

STICHWORTVERZEICHNIS

Abfindung 1 (2) Z 1 – 2
Abfindungsgrenzbetrag 1 (2) Z 1, 1 (2a)
Abschlußprüfer 30 (6 – 7), 31, 31a, 33 (3), 49 Z 13
– Verfahrens- und Strafbestimmungen 46a (3)
Abwickler 10 (3)
Aktien 3 (2)
– Bewertung 23 (1) Z 3
– Namensaktien 6
Aktiengesellschaft 6
Aktuar 20a – 22
– Aufsicht 33 (3)
– Verfahrens- und Strafbestimmungen 46a (2)
Allgemeine Bestimmungen 1
Altersversorgung 1 (2), 5 Z 2 lit a, 18
Amtsblatt, Finanzverwaltung 1 (2a)
Amtsblatt, Wiener Zeitung 41 (2)
Anhang I – II
Anspruch aus direkter Leistungszusage 48 (3)
– handelsrechtlich Abschnitt XII
Anspruchsbefriedigung 39
Anteilsberechnung 20 (2) Z 8
Antragsrecht, Beratungsausschuß 28 (2) Z 4
Anwartschaft 15 (3) Z 11
– Anpassung 48 (2)
Anwartschaftsberechtigter, Definition 5 Z 1

Anwartschaftsübertragung 48, 48a
Anwartschafts- und Leistungsberechtigte, Mindestzahl 9 Z 4, 10 (1) Z 2, 12 (2 – 4), 12 (7) Z 1
Anzeigeerstattung, Abschlußprüfer 31 (3)
Anzeigepflichten 6a (6), 36
Arbeitgeber
– Abschluß des Pensionskassenvertrages 15 (1)
– Verfahrens- und Strafbestimmungen 46a (5)
Arbeitgeberbeitrag 15 (3) Z 1, 15 (3) Z 12
Arbeitgeberversicherung 5 Z 1 lit b, 15 a
Arbeitnehmerbeitrag 15 (3) Z 2, 15 (3) Z 12
Arbeitsverfassungsgesetz 27 (4)
Auflösung 40
Auflösungsbeschluß 10 (2)
Aufrechnungsverbot 14 (3)
Aufsicht 33
– im Rahmen der Dienstleistungs- und Niederlassungsfreiheit 33c
Aufsichtsrat 27
– Information 6 (1)
– Mitglieder 27 (2)
– Wahl 27 (5)
Auskünfte 30a (4)
Ausscheiden 15 (3) Z 11, 17
Ausschließungsgrund 9 Z 9, 20a (2), 21 (2)

23. PKG
Stichwortverzeichnis

– Revision 32
Ausschlußbestimmung 9 Z 15
Auszahlungsbetrag 1 (2) Z 1
Außer-Kraft-Treten 51 (22) (23) (24) (32)

Beamte 1 (5) (8)
Begriffsbestimmungen 5
Beiträge 16
Beitragsübertragung 48 (7)
Beitragszahlungen 15 (3), 15 (3a) Z 4 – 5
Beratungsausschuß 28
Beteiligung 6a
– Untersagung 6a (3) (6)
Betriebliche Pensionskassen 3
Betriebspensionsgesetz 1 (5) Z 4, 5 Z 1 lit bb, 15 (3) Z 18, 15 (3a), 15a (2) Z 2, 15b, 17 (5), 48 (2) (3)
– Aufsichtsratswahl 27 (5) Z 3
– Prüfaktuar 21 (9) Z 1 lit c
– Vereinbarung 15 (1) Z 1
Betriebsrat, wahlberechtigter 27 (5) Z 2 – 5
Betriebsvereinbarung 17 (1)
– Pensionskassenvertragsabschluß 15 (1) Z 1
Bewertungsregeln 23
Bezeichnungsschutz 43
Bilanz 30
– handelsrechtlich Abschnitt XII
– Pensionskasse Anlage 1 (Formblatt A)
Börsegesetz 6a (8)
Bucheinsicht 33a (2)
Bund 3 (4) Z 1
Bundesanleihe 2 (2)
Bundesbezügegesetz 1 (5), 5 Z 1 lit d

Deckungserfordernis 48 (1) Z 1 – 3, 48 (2) (3)
– handelsrechtlich Abschnitt XII
Deckungslücken 5 Z 3 lit a – b, 20 (3d)
Depotbank 26

Eigenmittel 7
– Definition 7 (2)
– Gutschreibung 2 (2)
Eigenpensionen 5 Z 2 lit a
Eigentümerbestimmungen 6a
Eignung, fachliche 6a (5), 9 Z 11
Einrichtung der betrieblichen Altersversorgung 5 Z 4
Elektronische Kommunikation mit der FMA 36a
EIOPA (Europäische Aufsichtsbehörde für das Versicherungswesen und die betriebliche Altersversorgung) 33g
Ergänzungskapital 7 (2) Z 6, 7 (5)
– Bewertung 23 (1) Z 3
Ersatzpflicht
– Abschlussprüfer 31a
– Prüfaktuar 22 (2) (3)
Ertragsrechnung, Veranlagungs- und Risikogemeinschaft Anlage 2 (Formblatt B, C)
Erwerbsverbote 44

Finanzierungsplan 24a (8)
Finanzmarktaufsichtsbehörde *siehe FMA*
Finanzminister 50 Z 2, 3 u 4

Firma 10 (2), 42
Firmenbucheintragung 42
FMA 1 (2a), 6a
– Abschlussprüfer 31 (2) (3)
– Aktuar 20a (3) (4)
– Anzeigepflicht 36 (1) (2)
– Aufsicht 33
— im Rahmen der Dienstleistungs- und Niederlassungsfreiheit 33c
– Bewilligung zur Auflösung, Verschmelzung u Umwandlung 40
– Firmenbucheintragung 42
– Geschäftsplan 20 (2a) (4) (5)
– Jahresabschluss 30 (4), 30a (1) (4)
– Kommunikation, Form der 36a
– Konkurseröffnungsantrag 37 (3)
– Konzession 8 (1), 10, 11 (2)
– Pensionskassenvertrag 15 (4)
– Prüfaktuar 21
– Quartalsausweise 36 (2), 36 (4)
– Solvabilitäts- und Sanierungsplan 33b
– Staatskommissär 34
– Veranlagungsvorschriften 25 (9) – (11)
– Veranlagungs- und Risikogemeinschaft 12 (4) Z 3, 12 (5)
– Vermögensübertragung 41 (1) (4)
– Verletzung nationaler Vorschriften 33d
– Zusammenarbeit mit Aufsichtsbehörden in den Mitgliedstaaten 33f
– Zusammenarbeit mit EIOPA 33g
Fremdwährung, Bewertung 23 (1) Z 2

Gebäudebelastung 14 (1)
Gebietskörperschaft 1 (5), 15 b
Geldforderungen, feste 23 (1) Z 1
Genußrechte
– Bewertung 23 (1) Z 3
Gesamtrechtsnachfolge 41 (3)
Geschäftsbetrieb, Aufnahme 8 (3)
Geschäftsplan 20, 21 (6) Z 1
– Erstellung 20a
– Geschlecht 20 (3a) (3b)
Gewerbeordnung 9 Z 9, 20a (2) Z 1
Gewinn- und Verlustrechnung 30 (3 – 5), Anlage 1 (Formblatt B)
Grundbuch 14 (4)
Grundkapital 7, 9 Z 5
– Beteiligung 3 (2)
Grundstücksbelastung 14 (1)

Haftung 6a (7)
– Prüfaktuar 22 (2) (3)
Haftungsverhältnisse 13
Hauptversammlung 29
Herkunftsmitgliedstaat 5 Z 5
Hinterbliebenenversorgung 1 (2), 5 Z 2 lit b

Immobilienfonds 25 (8)
Informationspflicht 15 (3) Z 6, 15 (3a) Z 1 – 2, 19, 19a, 19b
– Beratungsausschuß 28 (2) Z 3
– Hauptversammlung 29 (2)
– Pensionskonten 18

PKG
+VOen

23. PKG

Stichwortverzeichnis

Inhaberschuldverschreibungen, Bewertung 23 (1) Z 3
Inkrafttreten 51, Abschnitt XIV
Insolvenz 37
Invaliditätsversorgung 1 (2), 5 Z 2 lit a, 15 a (2) Z 1 lit c
Investment Grade Corporate Bonds 23 (3a) lit.c

Jahresabschluß 30, 30a

Kapitalanlagefondsanteile
– Bewertung 23 (1) Z 4
– Veranlagung 25 (8)
Kollektivvertrag 1 (6), 17 (1)
Konzession 8 – 11
– Erlöschen 11
– Erteilung 9
– Zurücknahme 10
Konzessionsverlust 33 (6)
Körperschaft öffentlichen Rechts 3 (4) Z 2, Abschnitt XIII
Kosten der Pensionskassenaufsicht 35
Kostenberechnung 15 (3) Z 13 – 14
Kostenersatz, Maßnahmen 33 (8)
Kündigung 15 (3) Z 15 -16, 17
Kurator, Konkurs 38
Kurssicherungsgeschäfte 14 (2)

Leistungsangebot 20 (2) Z 1
Leistungsberechtigter, Definition 5 Z 2
Leistungszusage – Übertragung 48, 48a

Masseverwalter 38 (2)
Maßnahmen 6a (5 – 8)
– Aufsicht 33 (4) (6)
– Kostenersatz 33 (8)
Mindestertrag 2 (2), 2 (4), 7 (6), 7 (7), 20 (2) Z 7
Mindestertragsrücklage 7 (3) (8)
Mitgliedstaat 5 Z 4a, 25 (1) Z 5 lit.b

Nachschußpflicht 7 (6), 7 (7)
– Definition 5 Z 3
Nationalbank
– Auskünfte 30a (4)
– Jahresabschlußvorlage 30a

Offenlegung 30a (3)
Optionsrechte
– Bewertung 23 (1) Z 3
Österreichische Pensionskassen in Mitgliedstaaten 11a
Österreichischer Gewerkschaftsbund – Gewerkschaft Öffentlicher Dienst 1 (6)

Partizipationskapital
– Bewertung 23 (1) Z 3
Pensionskasse
– Anteilsübertragung 17
– Berechnung 20 (2) Z 6
– Beteiligung Abschnitt XIII
– betriebliche 3, 5 Z 1 lit c
– Bilanz Anlage 1 (Formblatt A)
– Definition 1
– Eigenmittel 7

– Einrichtungen aus Mitgliedstaaten in Österreich 11b
– Festlegung 15 (2)
– Gewinn- und Verlustrechnung Anlage 1 (Formblatt B)
– Mitgliedstaaten, Einrichtungen aus 11b
– Österreichische in Mitgliedstaaten 11a
– Offenlegung 30a (3)
– Pensionskassenbeiträge 1 (2), 16
– Pensionskassengeschäfte 1 (3), 2, 3 (1)
– Pensionskassenverantwortlicher, Verfahrens- und Strafbestimmungen 46a (1)
– Pensionskassenvertragsschluß 15 (1)
– überbetriebliche 4, 5 Z 1 lit c, 7 (2)
– unzulässige 47
– Verletzung nationaler Vorschriften 33d
– Vermögensübertragung 41
– Verwaltungskosten 16 a
Pensionskassengeschäfte 2
Pensionskassenvertrag 15, 17 (5)
– einvernehmliche Beendigung 17 (1), 17 (2)
– Informationspflicht 19, 19a, 19b
– Verbesserung 15 (4)
– Verbleib 15 (3a)
Pensionskassenvorsorgegesetz 1 (5) Z 4, 15 b
Pensionskonten 18
Prüfaktuar 20 (4), 21, 33 (3), 46a (2)
Prüfbericht 21 (8)
Prüfungsankündigung 33a (1)
Prüfungsorgane 33a

Quartalsausweise 36 (2), 36 (4)

Rechenschaftsbericht 30, 30a
– Übermittlung 30a (2)
Rechnungsgrundlagen 20 (2) Z 3
Rechnungslegung 30 (2)
Rechtsanwaltskammer 33 (5)
Rechtsform 6
Rechtsnachfolge 41 (3)
Regierungskommissär 33 (4) Z 2 (4a) (5)
– Vergütung 33 (7)
Revision, interne 32
Rückstellung 7, 17 (4), 18 (1)
– Geschäftsplan 20 (2) Z 4
– handelsrechtlich Abschnitt XII
– Schwankungsrückstellungen 24 – 24a

Sachwerte
– Bewertung 23 (1) Z 5
Sanierungsplan 9 Z 9
– Antrag 37 (2)
Sanierungsverfahren 37 (1)
Schuldverschreibungen 23 (3a) lit.a lit.b
Schwankungsrückstellungen 24 – 24a
– Aufbau 24a
Solvabilitäts- und Sanierungsplan 33b
Sondervorschriften, öffentlich-rechtliche Körperschaften Abschnitt XIII
Sprachliche Gleichbehandlung 49a
Staatskommissär 34
Stimmrecht, Ruhen 6a (6) (7)
Strafbestimmungen 45 – 47a

23. PKG

Stichwortverzeichnis, § 1

Tätigkeitsbereich 1 (3)
Tätigkeitsmitgliedstaat 5 Z 6
Treuhänder 6a (7)

Übergangsbestimmungen 49
– handelsrechtliche Abschnitt XII
Übertragung 48
UGB, Rechnungslegung 30 (2)
Umwandlung 40
Unverfallbarkeitsbetrag 15 (3) Z 17, 15 a (2) Z 2 lit c, 17 (5), 48 (4) (5)

Veranlagung, Voraussetzungen 25 (1)
Veranlagungen 15 (3) Z 8 – 9, 25
Veranlagungskategorien 25 (2)
Veranlagungspolitik, Erklärung über die Grundsätze 25a
Veranlagungsvorschriften 25
Veranlagungs- und Risikogemeinschaft 2 (2), 7 (3), 12, 25a (1a), 26 (1a)
– Ertragsrechnung Anlage 2 (Formblatt B, C)
– mit Garantie 12a
– Sicherheits-VRG 12 (7), 12a (1), 12a (1) Z 6, 12a (2) – (6), 16a (4a), 19 (5a), 19b (2) Z 2 Z 3 Z 4, 20 (2a) Z 2, 26 (1a)
– Subveranlagungsgemeinschaften 12 (6) (7), 15 (7a), 19 (5a), 19b (2) Z 2 Z 3 Z 5, 25a (1a), 26 (1a)
– Vermögensaufstellung Anlage 2 (Formblatt A)
Verfahrens- und Strafbestimmungen 45 – 47a
Verfügungsbeschränkungen 14
Verhältnisdarlegung 20 (2) Z 2

Verjährungsfrist 47a
Vermögensaufstellung, Veranlagungs- und Risikogemeinschaft Anlage 2 (Formblatt A)
Vermögensberechnung 20 (2) Z 5
Vermögensübertragung 41
Vermögenswertenachweis 36 (2)
Verschmelzung 40
Vertragsbedienstetengesetz 1 (6), 5 Z 1 lit a
Vertragsschluß 15 (1)
Vertragsversicherungsunternehmen 1 (4), 43
Vertretungsorgane, Versicherung 5 Z 1 lit c, 15 a
Verwahrung 26
Verwaltungskosten 16 a
Verwaltungskostenbeitrag 15 (3) Z 13
Verwaltungsübertretungen 47a
Verweise und Verordnungen 49b
Verzugszinsen 15 (3) Z 4
Vollzug 50, Abschnitt XIV
Vorschlagsrechte, Beratungsausschuß 28 (2)
Voruntersuchung, gerichtliche 9 Z 10, 20a (2) Z 2
Vorwegbesteuerung 48b

Wahl, Aufsichtsrat 27 (5)
Werbeverbot 43 (2)
Wiederverehelichung 1 (2) Z 2
Wirtschaftstreuhänderkammer 33 (5)
Witwenpension 5 Z 2 lit b

Zusammenarbeit mit Aufsichtsbehörden in den Mitgliedstaaten 33f
Zusammenarbeit mit EIOPA 33g
Zustellungen 33e

Bundesgesetz vom 17. Mai 1990 über die Errichtung, Verwaltung und Beaufsichtigung von Pensionskassen (Pensionskassengesetz – PKG), über die Abänderung des Kreditwesengesetzes, des Versicherungsaufsichtsgesetzes, der Gewerbeordnung 1973, des Einkommensteuergesetzes 1988, des Körperschaftsteuergesetzes 1988, des Gewerbesteuergesetzes 1953, des Vermögensteuergesetzes 1954, des Umsatzsteuergesetzes 1972, des Versicherungssteuergesetzes 1953 und des Gebührengesetzes 1957, über die Schaffung einer handelsrechtlichen Übergangsbestimmung und einer Sondervorschrift für den Betrieb von Pensionskassen durch Körperschaften öffentlichen Rechts

Der Nationalrat hat beschlossen:

ABSCHNITT I
Pensionskassengesetz

Allgemeine Bestimmungen

§ 1. (1) Eine Pensionskasse ist ein Unternehmen, das nach diesem Bundesgesetz berechtigt ist, Pensionskassengeschäfte zu betreiben.

(2) Pensionskassengeschäfte bestehen in der rechtsverbindlichen Zusage von Pensionen an Anwartschaftsberechtigte und in der Erbringung von Pensionen an Leistungsberechtigte und Hinterbliebene sowie in der damit verbundenen Hereinnahme und Veranlagung von Pensionskassenbeiträgen (§ 16). Jede Pensionskasse hat Zusagen auf Alters- und Hinterbliebenenversorgung zu gewähren; zusätzlich können Zusagen auf Invaliditätsversorgung gewährt werden. Alterspensionen sind lebenslang, Invaliditätspensionen auf die Dauer der Invalidität und Hinterbliebenenpensionen entsprechend dem Pensionskassenvertrag zu leisten. „Die von einer Pensionskasse auszuzahlenden Pensionen dürfen nur dann abgefunden werden, wenn

1. bei Eintritt des Leistungsfalles der Barwert des „Auszahlungsbetrages"** „9 300 "* nicht übersteigt oder *(*BGBl I 2001/97; **BGBl I 2005/8)*

23. PKG
§§ 1 – 2

2. sich eine Person, die einen Anspruch im Sinne dieses Bundesgesetzes auf eine „Hinterbliebenenpension" hat, wiederverehelicht hat. Die Betragsgrenze der Z 1 gilt in diesem Falle nicht. *(BGBl I 2005/8)*

(2a) Der in Abs. 2 genannte Abfindungsgrenzbetrag von 9 300 vermindert oder erhöht sich jeweils dann in Schritten zu 300 , wenn seine Veränderung auf Grund Valorisierung mit dem entsprechend dem von der Bundesanstalt „Statistik Österreich" für den Monat Juli eines Kalenderjahres verlautbarten Verbraucherpreisindex 1996 oder des an seine Stelle tretenden Indexes gegenüber dem für den Monat Jänner 2002 verlautbarten Verbraucherpreisindex 1996 den Betrag von 300 übersteigt oder unterschreitet. Der neue Abfindungsgrenzbetrag gilt ab 1. Jänner des auf die Anpassung folgenden Kalenderjahres. „Die Finanzmarktaufsichtsbehörde (FMA) hat den neuen Abfindungsgrenzbetrag sowie den Zeitpunkt, ab dem dieser wirksam wird, im Internet kundzumachen." *(BGBl I 2001/97; BGBl I 2014/70)*

(3) Pensionskassen dürfen keine Geschäfte betreiben, die nicht mit der Verwaltung von Pensionskassen zusammenhängen.

(4) Die Bestimmungen dieses Bundesgesetzes finden für Unternehmen der Vertragsversicherung mit Ausnahme des § 43 insoweit keine Anwendung, als sie den Pensionskassengeschäften ähnliche Geschäfte betreiben, die zu den ihnen eigentümlichen Geschäften gehören.

(5) Für Pensionszusagen an Personen, die dem Bundesbezügegesetz (BBG) oder gleichartigen landesgesetzlichen Vorschriften unterliegen, ist das PKG mit folgenden Abweichungen anzuwenden:

1. An die Stelle des Arbeitnehmers treten die in § 1 BBG oder einer gleichartigen landesgesetzlichen Vorschrift genannten Personen;

2. an die Stelle des Arbeitgebers tritt der Bund oder eine andere Gebietskörperschaft;

3. an die Stelle der Beendigung des Arbeitsverhältnisses tritt das Ende des Anspruches auf einen Bezug nach dem BBG, oder einer gleichartigen landesgesetzlichen Vorschrift;

4. an die Stelle des § 5 Betriebspensionsgesetz (BPG) tritt § 7 Pensionskassenvorsorgegesetz (PKVG) oder eine gleichartige landesgesetzliche Vorschrift.
(BGBl I 1997/64)

(6) Für Pensionskassenzusagen gemäß „§ 78a des Vertragsbedienstetengesetzes 1948 (VBG), BGBl. Nr. 86, und § 22a des Gehaltsgesetzes 1956 (GehG), BGBl. Nr. 54" , tritt in § 27 Abs. 5 und § 29 Abs. 3 an die Stelle des Betriebsrates der Österreichische Gewerkschaftsbund – Gewerkschaft Öffentlicher Dienst sowie in § 27 Abs. 5 Z 3 an die Stelle der Betriebsvereinbarung gemäß § 3 Abs. 1 BPG der Kollektivvertrag. *(BGBl I 1999/127; BGBl I 2009/73)*

(7) Für Anwartschaftsberechtigte gemäß § 5 Z 1 lit. a sublit. cc tritt an die Stelle des Arbeitgebers der Bund. *(BGBl I 1999/127)*

(8) Für Pensionszusagen an öffentlichrechtliche Bedienstete ist das PKG mit folgenden Abweichungen anzuwenden:

1. An die Stelle des Arbeitnehmers tritt der Anwartschaftsberechtigte gemäß § 5 Z 1 lit. a sublit. dd;

2. an die Stelle des Arbeitgebers tritt die Gebietskörperschaft, mit der das öffentlichrechtliche Dienstverhältnis besteht;

3. an die Stelle der Beendigung des Arbeitsverhältnisses tritt die Auflösung des Dienstverhältnisses;

4. in § 15 Abs. 3a tritt an die Stelle des Begriffes „Arbeitsverhältnis" der Begriff „Dienstverhältnis";

5. in § 21 Abs. 8 und § 30a Abs. 2 geht das Informationsrecht des Betriebsrats auf die Personalvertretung über.

(BGBl I 2000/73)

§ 2. (1) Die Pensionskasse hat die Pensionskassengeschäfte im Interesse der Anwartschafts- und Leistungsberechtigten zu führen und hiebei insbesondere auf die Sicherheit, Rentabilität und auf den Bedarf an flüssigen Mitteln sowie auf eine angemessene Mischung und Streuung der Vermögenswerte Bedacht zu nehmen. Die Pensionskasse hat für jede Veranlagungs- und Risikogemeinschaft einen Mindestertrag gemäß Abs. 2 bis 4 zu garantieren (Pensionskassenzusage mit Mindestertragsgarantie). Im Pensionskassenvertrag kann die Garantie des Mindestertrages durch die Pensionskasse ausgeschlossen werden (Pensionskassenzusage ohne Mindestertragsgarantie). Der Ausschluss des Mindestertrages muss im Kollektivvertrag, in der Betriebsvereinbarung oder in der Vereinbarung gemäß Vertragsmuster nach dem Betriebspensionsgesetz sowie in der Erklärung gemäß § 3 Abs. 2 PKVG oder einer gleichartigen landesgesetzlichen Vorschrift vereinbart werden. Bei leistungsorientierten Pensionskassenzusagen mit unbeschränkter Nachschusspflicht des Arbeitgebers kann die Vereinbarung des Ausschlusses des Mindestertrages im Kollektivvertrag, in der Betriebsvereinbarung oder in der Vereinbarung gemäß Vertragsmuster nach dem Betriebspensionsgesetz unterbleiben; kommt ein Arbeitgeber seiner Nachschussverpflichtung nicht nach, hat die Pensionskasse den Mindestertrag ab diesem Zeitpunkt wieder zu garantieren. Pensionskassenzusagen mit Mindestertragsgarantie und Pensionskassenzusagen ohne Mindestertragsgarantie dürfen nur dann in einer Veranlagungs- und Risikogemeinschaft gemeinsam verwaltet werden, wenn eine Verwaltung in getrennten Veranlagungs- und Risikogemeinschaften nach den Bestimmungen des § 12 Abs. 2 bis 5 nicht möglich ist oder der FMA nachgewiesen wird, dass dadurch die Belange der Anwartschafts- und Leistungsberechtigten nicht beeinträchtigt werden und die Verpflichtungen aus den Pensionskassenverträgen weiterhin als dauernd erfüllbar anzusehen sind.[1] *(BGBl I 2005/8)*

(2) Wenn die jährlichen Veranlagungserträge abzüglich der Zinsenerträge gemäß § 48 „(in der Ertragsrechnung einer Veranlagungs- und Risikogemeinschaft ausgewiesener Veranlagungsüberschuss abzüglich der Zinsenerträge gemäß § 48)" bezogen auf das für die „Berechnung des Mindestertrages maßgebliche Vermögen einer Veranlagungs- und Risikogemeinschaft (Gesamtsumme des in der Vermögensaufstellung einer Veranlagungs- und Risikogemeinschaft ausgewiesenen veranlagten Vermögens abzüglich der Verbindlichkeiten aus dem Ankauf von Vermögenswerten)" im Durchschnitt der letzten 60 Monate nicht mindestens die Hälfte der durchschnittlichen monatlichen Sekundärmarktrendite der Bundesanleihen oder eines an seine Stelle tretenden Indexes der „vorangegangenen" 60 Monate abzüglich 0,75 Prozentpunkte erreichen, so ist ein Fehlbetrag zu ermitteln. Bei der erstmaligen Feststellung des Fehlbetrages ist die Pension, die sich aus der Verrentung des Fehlbetrages ergibt, dem Leistungsberechtigten im Folgejahr aus den Eigenmitteln der Pensionskasse gutzuschreiben. *(BGBl I 2003/71; BGBl I 2006/134)*

(3) Nach der erstmaligen Feststellung eines Fehlbetrages ist in Folgejahren zusätzlich zur Berechnung gemäß Abs. 2 ein Vergleichswert zu ermitteln und jeweils dem Fehlbetrag gegenüber zu stellen, wobei die Berechnung gemäß Abs. 2 zu erfolgen hat. Der Durchrechnungszeitraum für die Ermittlung des Vergleichswertes verlängert sich dabei von 60 Monaten um jeweils zwölf Monate pro Folgejahr. Die Pension, die sich aus der Verrentung des höheren der beiden Werte ergibt, ist dem Leistungsberechtigten im Folgejahr aus den Eigenmitteln der Pensionskasse gutzuschreiben. Diese zusätzliche Berechnung ist jährlich solange weiter zu führen, bis aus ihr erstmals kein positiver Vergleichswert mehr entsteht. Ist in weiteren Folgejahren erneut ein Fehlbetrag gemäß Abs. 2 zu ermitteln, so ist der Abs. 3 sinngemäß anzuwenden. *(BGBl I 2003/71)*

(4) Bei Ermittlung des Mindestertrages ist das für den Anwartschafts- und Leistungsberechtigten am jeweiligen Bilanzstichtag zugeordnete Vermögen heranzuziehen. Die FMA kann die für die Vollziehung der Abs. 2 und 3 notwendigen Berechnungsmodalitäten, insbesondere auch hinsichtlich des Soll- und Istwertes, der Ermittlung der Differenz gemäß Abs. 2, der Vergleichsrechnung gemäß Abs. 3 sowie der Gutschrift auf die Konten der Leistungsberechtigten durch Verordnung festsetzen, wobei sie dabei die anerkannten Regeln der Versicherungsmathematik, das volkswirtschaftliche Interesse an der Funktionsfähigkeit der Pensionskassen und die Interessen der Anwartschafts- und Leistungsberechtigten zu beachten hat. *(BGBl I 2003/71)*

---

[1] Vgl die Übergangsbestimmung in § 49 Z 14.

Betriebliche Pensionskassen

§ 3. (1) Betriebliche Pensionskassen sind berechtigt, Pensionskassengeschäfte für Anwartschafts- und Leistungsberechtigte eines Arbeitgebers durchzuführen.

(2) Am Grundkapital betrieblicher Pensionskassen dürfen nur der beitragleistende Arbeitgeber und Arbeitnehmer, die bei diesen beschäftigt und Anwartschaftsberechtigte sind, beteiligt sein. Die Satzung der betrieblichen Pensionskasse hat Übertragungsbestimmungen für die Aktien vorzusehen.

(3) Mehrere Arbeitgeber, die zu einem Konzern nach § 15 des Aktiengesetzes (AktG) oder nach § 115 des Gesetzes über Gesellschaften mit beschränkter Haftung (GmbHG) gehören, sind einem Arbeitgeber im Sinne des Abs. 1 gleichzuhalten. *(BGBl I 2012/54)*

(4) Einem Konzern im Sinne des Abs. 3 sind auch gleichzuhalten:

1. Der Bund samt

a) jenen Gesellschaften, an denen eine nach dem 1. Jänner 1990 begründete unmittelbare oder mittelbare mehrheitliche Kapitalbeteiligung des Bundes besteht; im Falle einer mittelbaren mehrheitlichen Kapitalbeteiligung des Bundes an einer Gesellschaft gilt dies allerdings nur dann, wenn die mittelbare mehrheitliche Beteiligung des Bundes an der betroffenen Gesellschaft 100 vH beträgt; sowie *(BGBl I 2002/9)*

b) jenen Stiftungen, Anstalten und Fonds, die gemäß Art. 126b Abs. 1 B-VG der Kontrolle des Rechnungshofes unterliegen „sowie" *(BGBl I 2009/73)*

c) jenen Bundesländern, die von der Verordnungsermächtigung gemäß § 22a Abs. 4a Z 2 GehG und § 78a Abs. 6 Z 2 VBG Gebrauch gemacht haben, hinsichtlich der von diesen Verordnungen erfassten Personengruppen; *(BGBl I 2009/73)*

2. die durch ein Bundesgesetz oder auf Grund eines Bundesgesetzes jeweils zur Vertretung der Interessen ihrer Mitglieder errichteten Körperschaften öffentlichen Rechtes.

(BGBl I 1999/127)

Überbetriebliche Pensionskassen

§ 4. Überbetriebliche Pensionskassen sind berechtigt, Pensionskassengeschäfte für Anwartschafts- und Leistungsberechtigte mehrerer Arbeitgeber durchzuführen.

Begriffsbestimmungen

§ 5. Im Sinne dieses Bundesgesetzes sind:

1. Anwartschaftsberechtigte: diejenigen natürlichen Personen, die

   a) auf Grund

      aa) eines bestehenden oder früheren Arbeitsverhältnisses oder

      bb) § 1 Abs. 2 BPG oder

      cc) § 78a Abs. 1 Z 2 des Vertragsbedienstetengesetzes 1948 oder *(BGBl I 1999/127)*

      dd) eines öffentlich-rechtlichen Dienstverhältnisses, für das die Anwendbarkeit der für Pensionskassen relevanten Bestimmungen des BPG gesetzlich normiert ist, *(BGBl I 2000/73)*

in Folge von Beiträgen des Arbeitgebers und allenfalls auch eigener Beiträge einen Anspruch auf eine zukünftige Leistung entsprechend dem Pensionskassenvertrag haben oder

   b) als Arbeitgeber den Arbeitnehmern seines Betriebes eine Beteiligung am Pensionskassensystem ermöglicht haben und für sich selbst Pensionskassenbeiträge leisten oder geleistet haben oder

   c) als Mitglieder von Vertretungsorganen juristischer Personen des Privatrechts aus dieser Tätigkeit andere Einkünfte als solche aus nicht selbstständiger Tätigkeit gemäß § 25 EStG 1988 beziehen, wenn der Arbeitgeber Träger einer betrieblichen Pensionskasse ist oder zugunsten seiner Arbeitnehmer einer überbetrieblichen Pensionskasse beigetreten ist;

   d) auf Grund des BBG oder gleichartiger landesgesetzlicher Vorschriften einen Anspruch auf eine zukünftige Leistung entsprechend dem PKVG oder gleichartigen landesgesetzlichen Vorschriften haben. *(BGBl I 1997/64)*

   e) auf Grund eines bestehenden Arbeitsverhältnisses oder als Mitglieder von Vertretungsorganen juristischer Personen des Privatrechts aus dieser Tätigkeit Einkünfte aus nicht selbstständiger Arbeit gemäß § 25 EStG 1988 beziehen, sofern im Zuge der Beendigung des Arbeits- oder Dienstverhältnisses eine direkte Leistungszusage gemäß § 48 auf eine Pensionskasse übertragen wird; *(BGBl I 2000/142)*

2. Leistungsberechtigte: diejenigen natürlichen Personen, denen die Pensionskasse entsprechend dem Pensionskassenvertrag bereits folgende Pensionen zu erbringen hat:

   a) Eigenpensionen (insbesondere Alters- und Invaliditätspension) oder

   b) Hinterbliebenenpensionen (Witwer-, Witwen- und Waisenpension) nach dem Ableben eines Anwartschaftsberechtigten oder Berechtigten aus einer Eigenpension;

3. Nachschusspflicht: die Verpflichtung des Arbeitgebers

   a) unvorhergesehene Deckungslücken, die auf Grund unzutreffender Annahmen in den Rechnungsgrundlagen (§ 20 Abs. 2 Z 3) entstanden sind, binnen längstens zehn Jahren zu schließen; die Überweisung der Beiträge hat jährlich mit mindestens je einem Zehntel der ursprünglichen Deckungslücke zu erfolgen,

   b) andere Deckungslücken unverzüglich durch Leistung von Einmalbeiträgen zu schließen;

Eine unbeschränkte Nachschusspflicht liegt vor, wenn jede Deckungslücke gemäß lit. a und b geschlossen wird; *(BGBl I 2005/8)*

4. Einrichtung: die Einrichtung der betrieblichen Altersversorgung, die ungeachtet der jeweiligen Rechtsform nach dem Kapitaldeckungsverfahren arbeitet und rechtlich unabhängig vom Arbeitgeber zu dem Zweck eingerichtet ist, unter Einhaltung der einschlägigen arbeits- und sozialrechtlichen Vorschriften Pensionskassengeschäfte zu erbringen und damit im unmittelbaren Zusammenhang stehende Tätigkeiten auszuüben und die nach den Bestimmungen der Richtlinie 2003/41/EG von der zuständigen Aufsichtsbehörde des Herkunftsmitgliedstaats zugelassen ist und deren Voraussetzungen für den Betrieb von der zuständigen Aufsichtsbehörde des Herkunftsmitgliedstaats genehmigt sind; *(BGBl I 2005/8)*

4a. Mitgliedstaat: jeder Staat, der dem Europäischen Wirtschaftsraum angehört; *(BGBl I 2012/54)*

5. Herkunftsmitgliedstaat: der Mitgliedstaat, in dem die Einrichtung ihren Sitz und ihre Hauptverwaltung hat oder, falls sie keinen Sitz hat, ihre Hauptverwaltung hat; *(BGBl I 2005/8)*

6. Tätigkeitsmitgliedstaat: der Mitgliedstaat, dessen sozial- und arbeitsrechtlichen Vorschriften für die Beziehung zwischen dem Arbeitgeber und den Arbeitnehmern für die betriebliche Altersversorgung maßgebend sind. *(BGBl I 2005/8)*

(BGBl 1996/755)

Rechtsform

§ 6. (1) Eine Pensionskasse darf nur in der Rechtsform einer Aktiengesellschaft mit Sitz im Inland betrieben werden. Die Aktien müssen auf Namen lauten. Wenn der Vorstand der Pensionskasse von der Übertragung von Aktien Kenntnis erlangt, hat er den Aufsichtsrat in der nächsten Sitzung darüber zu informieren. *(BGBl 1996/755)*

(2) Auf Pensionskassen sind die für Aktiengesellschaften allgemein geltenden gesetzlichen

Bestimmungen anzuwenden, soweit sich aus diesem Bundesgesetz nicht anderes ergibt.

Eigentümerbestimmungen

§ 6a. (1) Wer beabsichtigt, wenigstens 10 vH des Grundkapitals einer Pensionskasse direkt oder indirekt zu halten, hat dies zuvor „der FMA" unter Angabe des Betrages dieser Beteiligung schriftlich anzuzeigen. *(BGBl I 2001/97)*

(2) Wer beabsichtigt, seine Beteiligung im Ausmaß von wenigstens 10 vH an einer Pensionskasse derart zu erhöhen, daß die Grenzen von 20 vH, 33 vH oder 50 vH des Kapitals erreicht oder überschritten werden, oder die Pensionskasse zu seinem Tochterunternehmen zu machen, hat dies zuvor „der FMA" schriftlich anzuzeigen. *(BGBl I 2001/97)*

(3) „Die FMA" hat innerhalb von drei Monaten nach einer Anzeige gemäß Abs. 1 oder 2 die beabsichtigte Beteiligung zu untersagen, wenn die in § 9 Z 2 und 3 genannten Voraussetzungen nicht vorliegen. Wird die Beteiligung nicht untersagt, so kann „die FMA" eine Frist vorschreiben, innerhalb der die in Abs. 1 und 2 genannten Absichten verwirklicht werden dürfen. *(BGBl I 2001/97)*

(4) Die Meldepflichten gemäß Abs. 1 und 2 gelten in gleicher Weise für die beabsichtigte Aufgabe einer Beteiligung im Sinne von Abs. 1 und für die beabsichtigte Unterschreitung der in Abs. 2 genannten Grenzen für Beteiligungen an einer Pensionskasse.

(5) Besteht die Gefahr, daß der durch Eigentümer, die zu mehr als 10 vH direkt oder indirekt an der Pensionskasse beteiligt sind, ausgeübte Einfluß den im Interesse einer soliden und umsichtigen Führung der Pensionskasse zu stellenden Ansprüchen nicht genügt, so hat „die FMA" die zur Abwehr dieser Gefahr oder zur Beendigung eines solchen Zustandes erforderlichen Maßnahmen zu ergreifen. Solche Maßnahmen sind insbesondere:

1. Maßnahmen gemäß § 33 Abs. 4 oder
2. Sanktionen gegen die Mitglieder des Vorstandes gemäß § 33 Abs. 6 Z 2 oder
3. die Stellung des Antrages bei dem für den Sitz der Pensionskasse zuständigen, zur Ausübung der Gerichtsbarkeit in Handelssachen erster Instanz zuständigen Gerichtshof auf Anordnung des Ruhens der Stimmrechte für jene Aktien, die von den betreffenden Aktionären gehalten werden,

a) für die Dauer dieser Gefahr, wobei deren Ende vom Gerichtshof festzustellen ist, oder

b) bis zum Erwerb dieser Aktien durch Dritte nach erfolgter Nichtuntersagung gemäß Abs. 3;

der Gerichtshof entscheidet im Verfahren außer Streitsachen. *(BGBl I 2001/97)*

(6) „Die FMA" hat geeignete Maßnahmen, insbesondere gemäß Abs. 5 Z 1 und 2, gegen die in den Abs. 1 und 2 genannten Aktionäre zu ergreifen, wenn sie ihren Anzeigeverpflichtungen nicht nachkommen oder wenn sie eine Beteiligung entgegen einer Untersagung gemäß Abs. 3 oder außerhalb einer gemäß dieser Bestimmung gesetzten Frist erwerben. Die Stimmrechte für jene Aktien, die von den betreffenden Aktionären gehalten werden, ruhen *(BGBl I 2001/97)*

1. bis zur Feststellung „der FMA", daß der Erwerb der Beteiligung gemäß Abs. 3 nicht untersagt wird oder *(BGBl I 2001/97)*

2. bis zur Feststellung „der FMA", daß der Grund für die erfolgte Untersagung nicht mehr besteht. *(BGBl I 2001/97)*

(7) Verfügt ein Gerichtshof das Ruhen der Stimmrechte gemäß Abs. 5, so hat er gleichzeitig einen Treuhänder zu bestellen, der den Anforderungen des § 9 Z 2 zu entsprechen hat, und ihm die Ausübung der Stimmrechte zu übertragen. „Im Fall des Abs. 6 hat die FMA unverzüglich beim gemäß Abs. 5 zuständigen Gerichtshof die Bestellung eines Treuhänders zu beantragen, sobald ihr bekannt wird, daß die Stimmrechte ruhen." Der Treuhänder hat Anspruch auf Ersatz seiner Auslagen und auf Vergütung für seine Tätigkeit, deren Höhe vom Gericht festzusetzen ist. Die Pensionskasse und die betreffenden Aktionäre haften dafür zur ungeteilten Hand. Gegen Beschlüsse, mit denen die Höhe der Vergütung des Treuhänders und der ihm zu ersetzenden Auslagen bestimmt wird, und den Verpflichteten der Rekurs offen. Gegen die Entscheidung des Oberlandesgerichtes findet ein weiterer Rechtszug nicht statt. *(BGBl I 2001/97)*

(8) Bei der Feststellung der Stimmrechte gemäß Abs. 1, 2 und 4 ist § 92 Börsegesetz anzuwenden.

(BGBl 1996/755)

Eigenmittel

§ 7. (1) Jede Pensionskasse muss im Interesse der Erhaltung ihrer Funktionsfähigkeit jederzeit ihrem Risiko entsprechende Eigenmittel halten. „Diese haben jederzeit zumindest 1 vH des in der Bilanz der Pensionskasse zum letzten Bilanzstichtag ausgewiesenen Gesamtwertes der Deckungsrückstellung aller Veranlagungs- und Risikogemeinschaften abzüglich der durch Versicherungen gemäß § 20 Abs. 1 gedeckten Teile der Verpflichtung zu betragen. *(BGBl I 2006/134)*

(2) Eigenmittel im Sinne des Abs. 1 sind

1. das eingezahlte Grundkapital,
2. die Kapitalrücklagen,
3. die Gewinnrücklagen,
4. der nicht zur Ausschüttung bestimmte Bilanzgewinn,

5. die unversteuerten Rücklagen und

6. das Ergänzungskapital gemäß Abs. 5.

Ein Bilanzverlust ist von den Eigenmitteln in Abzug zu bringen.

(2a) Jede Pensionskasse hat zusätzlich zu den in Abs. 1 angeführten Eigenmitteln für die Erfüllung der Verpflichtung gemäß § 12a Abs. 1 Z 2 bis 4 Eigenmittel in Höhe von mindestens 3 vH des in der Bilanz der Pensionskasse zum letzten Bilanzstichtag ausgewiesenen Gesamtwertes der den Leistungsberechtigten der Sicherheits-VRG zugeordneten Deckungsrückstellung zu halten. *(BGBl I 2012/54)*

(3) „Zur Absicherung der Verpflichtungen aus dem Mindestertrag gemäß § 2 Abs. 2 und 3 hat jede Pensionskasse zusätzlich zu den in Abs. 1 angeführten Eigenmitteln eine Rücklage (Mindestertragsrücklage) zu bilden, die 3 vH des Gesamtwertes der in der Bilanz der Pensionskasse zum letzten Bilanzstichtag ausgewiesenen Deckungsrückstellung mit Mindestertragsgarantie aller Veranlagungs- und Risikogemeinschaften zu betragen hat." Jene Betragsteile einer Rückstellung, die aus der Mindestertragsrücklage dotiert wurden und nicht für Verpflichtungen aus dem Mindestertrag verwendet werden, sind wieder der Mindestertragsrücklage zuzuführen. Insoweit die Mindestertragsrücklage das gesetzliche Erfordernis nicht überschreitet, darf sie nur für Verpflichtungen aus dem Mindestertrag gemäß § 2 Abs. 2 und 3 herangezogen werden. *(BGBl I 2010/58)*

(4) Das eingezahlte Grundkapital einer überbetrieblichen Pensionskasse hat mindestens 5 Millionen Euro zu betragen.

(5) Ergänzungskapital sind jene eingezahlten Eigenmittel,

1. die vereinbarungsgemäß der Pensionskasse auf mindestens acht Jahre zur Verfügung gestellt werden und die seitens des Gläubigers nicht vor Ablauf dieser Frist gekündigt werden können; seitens der Pensionskasse ist eine vorzeitige Kündigung nur nach Maßgabe der Z 5 zulässig;

2. für die Zinsen ausbezahlt werden dürfen, soweit sie im Jahresüberschuss (vor Rücklagenbewegung) gedeckt sind,

3. die vor Liquidation nur unter anteiligem Abzug der während ihrer Laufzeit angefallenen Nettoverluste zurückgezahlt werden dürfen,

4. die nachrangig gemäß § 45 Abs. 4 BWG sind,

5. deren Restlaufzeit noch mindestens drei Jahre beträgt; die Pensionskasse kann mit Wirksamkeit vor Ablauf der Restlaufzeit von drei Jahren ohne Kündigungsfrist kündigen, wenn dies vertraglich zulässig ist und die Pensionskasse zuvor Kapital in gleicher Höhe und zumindest gleicher Eigenmittelqualität beschafft „ "; *(BGBl I 2005/37)*

6. das bis zu 100 vH der Eigenmittel gemäß Abs. 2 Z 1 bis 5 anrechenbar ist.

(6) „Abs. 1 ist auf jenen Teil der in der Bilanz der Pensionskasse zum letzten Bilanzstichtag ausgewiesenen Deckungsrückstellung ohne Mindestertragsgarantie aller Veranlagungs- und Risikogemeinschaften nicht anzuwenden, die für Pensionskassenzusagen mit unbeschränkter Nachschusspflicht des Arbeitgebers gebildet wurde." Kommt ein Arbeitgeber seiner Nachschussverpflichtung nicht nach, so trifft die Pensionskasse ab diesem Zeitpunkt wieder die Verpflichtung der Einhaltung der Bestimmungen des Abs. 1. *(BGBl I 2006/134)*

(7) „Abs. 1, 3 und 9 sind auf jene Teile der in der Bilanz der Pensionskasse zum letzten Bilanzstichtag ausgewiesenen Deckungsrückstellung mit Mindestertragsgarantie aller Veranlagungs- und Risikogemeinschaften nicht anzuwenden, die für Pensionskassenzusagen mit unbeschränkter Nachschusspflicht des Arbeitgebers gebildet wurden, sofern die Nachschusspflicht der Verpflichtung gemäß § 2 Abs. 2 und 3 umfasst und die betroffene Pensionskasse der FMA das Vorliegen dieser Nachschusspflicht unter Anschluss aussagekräftiger Unterlagen anzeigt." Kommt ein Arbeitgeber seiner Nachschussverpflichtung nicht nach, so trifft die Pensionskasse ab diesem Zeitpunkt wieder die Verpflichtung der Einhaltung der Bestimmungen der Abs. 1, 3 und 9. *(BGBl I 2006/134)*

(8) Übersteigen die Eigenmittel gemäß Abs. 2 das Erfordernis gemäß Abs. 1, so kann der das Erfordernis übersteigende Teil der Eigenmittel „auf die gemäß Abs. 3 erforderliche Mindestertragsrücklage" angerechnet werden. *(BGBl I 2010/58)*

(9) *(aufgehoben, BGBl I 2010/58)*

(BGBl I 2005/8)

Konzession

§ 8. (1) Der Betrieb einer Pensionskasse bedarf der Konzession „der FMA". Die Konzession ist bei sonstiger Nichtigkeit schriftlich zu erteilen; sie kann mit entsprechenden Bedingungen und Auflagen versehen werden. *(BGBl I 2001/97)*

(2) Der Antrag auf Erteilung einer Konzession hat alle zur Feststellung des maßgeblichen Sachverhaltes erforderlichen Angaben zu enthalten, insbesondere über:

1. den Sitz;

2. die Satzung;

3. die Aktionäre;

4. das dem Vorstand im Inland zur freien Verfügung stehende Eigenkapital;

5. die vorgesehenen Mitglieder des Vorstandes und deren Qualifikation zum Betrieb der Pensionskasse;

6. die Anzahl der Anwartschafts- und Leistungsberechtigten, für die die Pensionskasse tätig werden will;
7. (aufgehoben, BGBl 1996/755)
8. bei betrieblichen Pensionskassen die Betriebsvereinbarung betreffend die Gründung einer betrieblichen Pensionskasse und allfällige Vereinbarungen gemäß Vertragsmuster. *(BGBl 1996/755)*

(3) Der Geschäftsbetrieb darf erst nach Bewilligung des Geschäftsplanes (§ 20 Abs. 4) aufgenommen werden. *(BGBl 1996/755)*

§ 9. Die Konzession ist zu erteilen, wenn
1. weder die Satzung noch der Geschäftsplan Bestimmungen enthalten, welche die Erfüllung der Verpflichtungen der Pensionskasse oder die ordnungsgemäße Verwaltung der Pensionskasse nicht gewährleisten;
2. die Aktionäre, die wenigstens 10 vH des Grundkapitals der Pensionskasse halten, den im Interesse einer soliden und umsichtigen Führung der Pensionskasse zu stellenden Ansprüchen genügen;
3. die Struktur eines Konzerns, dem Aktionäre, die wenigstens 10 vH des Grundkapitals der Pensionskasse halten, angehören, eine wirksame Aufsicht über die Pensionskasse nicht behindert;
4. die Pensionskasse für einen Kreis von mindestens 1 000 Anwartschafts- und Leistungsberechtigten bestimmt ist;
5. das Grundkapital
a) für betriebliche Pensionskassen gemäß § 7 AktG und
b) für überbetriebliche Pensionskassen gemäß § 7 Abs. 4 PKG dem Vorstand uneingeschränkt und ohne Belastung im Inland zur freien Verfügung steht;
(BGBl I 2005/8)
6. der Sitz der Pensionskasse und ihre Hauptverwaltung im Inland liegen;
7. die Pensionskasse in der Rechtsform einer Aktiengesellschaft betrieben wird;
8. (aufgehoben, BGBl I 1998/126)
9. bei keinem Mitglied des Vorstandes ein Ausschließungsgrund im Sinne des § 13 Abs. 1 bis 3, 5 und 6 GewO 1994 vorliegt und über das Vermögen keines der Mitglieder des Vorstandes beziehungsweise keines anderen Rechtsträgers als einer natürlichen Person, auf deren Geschäfte einem Mitglied des Vorstandes maßgebender Einfluss zusteht oder zugestanden ist, der Konkurs eröffnet wurde, es sei denn, im Rahmen des Konkursverfahrens ist es zum Abschluss eines „Sanierungsplanes" gekommen, der erfüllt wurde; *(BGBl I 2003/71; BGBl I 2010/58)*
10. gegen kein Mitglied des Vorstandes eine gerichtliche Voruntersuchung wegen einer vorsätzlichen, mit mehr als einjähriger Feiheitsstrafe bedrohten Handlung eingeleitet worden ist, bis zur Rechtskraft der Entscheidung, die das Strafverfahren beendet;
11. die Mitglieder des Vorstandes auf Grund ihrer Vorbildung fachlich geeignet sind und die für den Betrieb der Pensionskasse erforderlichen Eigenschaften und Erfahrungen haben; die fachliche Eignung eines Mitgliedes des Vorstandes setzt voraus, daß dieser in ausreichendem Maße theoretische und praktische Kenntnisse in den beantragten Geschäften gemäß § 1 Abs. 2 sowie Leitungserfahrung hat; die fachliche Eignung für die Leitung einer
a) überbetrieblichen Pensionskasse ist anzunehmen, wenn eine zumindest dreijährige leitende Tätigkeit im Pensionskassen-, Bank- oder Versicherungswesen nachgewiesen wird;
b) betrieblichen Pensionskasse ist auch dann anzunehmen, wenn eine leitende Tätigkeit im Personal- oder Finanzbereich oder in ähnlichen Bereichen des Arbeitgebers nachgewiesen wird;
12. (aufgehoben, BGBl I 2012/54)
13. mindestens ein Mitglied des Vorstandes die deutsche Sprache beherrscht;
14. die Pensionskasse mindestens zwei Vorstandsmitglieder hat und in der Satzung die Erteilung einer Einzelvertretungsvollmacht, einer Einzelprokura und einer Handlungsvollmacht für den gesamten Geschäftsbetrieb ausgeschlossen ist;
15. kein Mitglied des Vorstandes einer überbetrieblichen Pensionskasse einen anderen Hauptberuf außerhalb des Pensionskassen-, Bank- oder Versicherungswesens sowie der Pensionsvorsorgeberatung ausübt.
(BGBl 1996/755)

§ 10. (1) „Die FMA" hat die Konzession zurückzunehmen, *(BGBl I 2001/97)*
1. wenn der Geschäftsbetrieb, auf den sie sich bezieht, nicht innerhalb von zwei Jahren nach Konzessionserteilung aufgenommen wurde;
2. wenn die Pensionskasse nicht binnen zwei Jahren nach Konzessionserteilung für mindestens 1 000 Anwartschafts- und Leistungsberechtigte tätig ist;
3. wenn sie durch unrichtige Angaben oder durch täuschende Handlungen herbeigeführt oder sonstwie erschlichen worden ist;
4. wenn die Pensionskasse ihre Verpflichtungen gegenüber den Anwartschafts- und Leistungsberechtigten nicht erfüllt;
5. wenn die Voraussetzungen des § 33 Abs. 6 Z 3 vorliegen. *(BGBl 1996/755)*

(2) Ein Bescheid, mit dem die Konzession zurückgenommen wird, wirkt gesellschaftsrechtlich wie ein Auflösungsbeschluß der Pensionskasse,

wenn nicht binnen drei Monaten nach Rechtskraft des Bescheides die Pensionskassengeschäfte als Unternehmensgegenstand aufgegeben werden und die Firma nicht entsprechend dem § 42 geändert wird. „Die FMA" hat eine Ausfertigung dieses Bescheides dem Registergericht zuzustellen; der Bescheid ist in das Firmenbuch einzutragen. *(BGBl I 2001/97)*

(3) Das Gericht hat auf Antrag der FMA Abwickler zu bestellen, wenn die sonst zur Abwicklung berufenen Personen keine Gewähr für eine ordnungsgemäße Abwicklung bieten. Ist die FMA der Ansicht, dass die zur Abwicklung berufenen Personen keine Gewähr für eine ordnungsgemäße Abwicklung bieten, so hat sie bei dem für den Sitz der Pensionskasse zuständigen, zur Ausübung der Gerichtsbarkeit in Handelssachen erster Instanz zuständigen Gerichtshof die Bestellung geeigneter Abwickler zu beantragen; der Gerichtshof entscheidet im Verfahren außer Streitsachen. *(BGBl I 2001/97)*

§ 11. (1) Die Konzession erlischt

1. mit ihrer Zurücklegung;

2. mit der Beendigung der Abwicklung der Pensionskasse;

3. mit der Eröffnung des Konkursverfahrens über das Vermögen einer Pensionskasse;

4. mit der Eintragung der Verschmelzung der Pensionskasse mit einer anderen Pensionskasse oder der Eintragung der Umwandlung einer Pensionskasse auf eine andere Pensionskasse in das Firmenbuch;

5. bei Eintritt einer auflösenden Bedingung (§ 8 Abs. 1); *(BGBl 1996/755)*

6. mit der Eintragung der Europäischen Gesellschaft (SE) in das Register des neuen Sitzstaates. *(BGBl I 2006/104)*

(2) Das Erlöschen der Konzession ist „von der FMA" durch Bescheid festzustellen. § 10 Abs. 2 und 3 gelten sinngemäß. *(BGBl I 2001/97)*

(3) Die Zurücklegung der Konzession gemäß Abs. 1 Z 1 ist nur wirksam, wenn sie schriftlich erfolgt und zuvor sämtliche Pensionskassengeschäfte abgewickelt worden sind. *(BGBl 1996/755)*

Österreichische Pensionskassen in Mitgliedstaaten

§ 11a. (1) Eine Pensionskasse darf ihre Tätigkeiten in den Mitgliedstaaten im Wege des freien Dienstleistungsverkehrs oder über eine Zweigstelle ausüben.

(2) Beabsichtigt eine Pensionskasse mit einem Arbeitgeber im Hoheitsgebiet eines anderen Mitgliedstaates einen Pensionskassenvertrag abzuschließen, hat sie der FMA vor Vertragsabschluss Folgendes anzuzeigen:

1. Den Mitgliedstaat, in dessen Hoheitsgebiet die Tätigkeit ausgeübt werden soll;

2. den Namen des Arbeitgebers;

3. die Hauptmerkmale des für diesen Arbeitgeber zu betreibenden Altersversorgungssystems.

(3) Beabsichtigt eine Pensionskasse eine Zweigstelle im Hoheitsgebiet eines anderen Mitgliedstaates zu errichten, hat sie dies der FMA unter Anschluss folgender Angaben anzuzeigen:

1. Den Mitgliedstaat, in dessen Hoheitsgebiet die Zweigstelle errichtet werden soll;

2. die Anschrift, unter der die Unterlagen der Pensionskasse im Tätigkeitsmitgliedstaat angefordert werden können und an die die für die verantwortlichen Leiter bestimmten Mitteilungen gerichtet werden können;

3. die Namen der verantwortlichen Leiter der Zweigstelle, die mit einer ausreichenden Vollmacht versehen sein müssen, um die Pensionskasse gegenüber Dritten zu verpflichten und sie bei den Behörden und vor den Gerichten des Tätigkeitsmitgliedstaates zu vertreten.

(4) Sofern die FMA in Anbetracht des Vorhabens keinen Grund hat, die Angemessenheit der Verwaltungsstruktur und der Finanzlage der Pensionskasse sowie die erforderliche Zuverlässigkeit und fachliche Eignung der Führungskräfte im Verhältnis zu dem in dem Tätigkeitsmitgliedstaat geplanten Vorhaben anzuzweifeln, hat sie die Angaben gemäß Abs. 2 und 3 längstens binnen drei Monaten nach Einlangen aller Angaben der zuständigen Behörde des Tätigkeitsmitgliedstaates zu übermitteln; die Pensionskasse ist von der Übermittlung unverzüglich zu verständigen. Liegen die Voraussetzungen für die Übermittlung nicht vor, so hat die FMA gegenüber der Pensionskasse darüber binnen der obigen Frist bescheidmäßig abzusprechen.

(5) Die Pensionskasse hat der FMA jede Änderung der Bedingungen der Angaben nach Abs. 2 und 3 mindestens einen Monat vor der Durchführung dieser Änderung schriftlich anzuzeigen. Die FMA hat diese Angaben binnen drei Monaten der zuständigen Behörde des Tätigkeitsmitgliedstaates zu übermitteln.

(6) Die FMA hat der Pensionskasse jene einschlägigen arbeits- und sozialrechtlichen Bestimmungen im Bereich der betrieblichen Altersversorgung, die von der Pensionskasse einzuhalten sind sowie jene Vorschriften mitzuteilen, die gemäß Art. 18 Abs. 7 und Art. 20 Abs. 7 der Richtlinie 2003/41/EG anzuwenden sind, sobald sie diese Informationen von der zuständigen Behörde des Tätigkeitsmitgliedstaates erhalten hat.

(7) Die Pensionskasse darf die Tätigkeit im betroffenen Mitgliedstaat im Wege des freien Dienstleistungsverkehrs oder über eine Zweigstelle nach Erhalt der Mitteilung gemäß Abs. 6 ausüben. Im Falle der Nichtäußerung der zuständige

Behörde des Tätigkeitsmitgliedstaates darf die Pensionskasse die Tätigkeit längstens nach zwei Monaten nach Übermittlung der Angaben durch die FMA gemäß Abs. 3 oder 4 unter Beachtung der einschlägigen arbeits- und sozialrechtlichen Bestimmungen im Bereich der betrieblichen Altersversorgung und aller gemäß Art. 18 Abs. 7 und Art. 20 Abs. 7 der Richtlinie 2003/41/EG anzuwendenden Vorschriften aufnehmen.

(8) Die FMA hat ein Register zu führen, in dem alle Pensionskassen, die ihre Tätigkeiten in den Mitgliedstaaten im Wege des freien Dienstleistungsverkehrs oder über eine Zweigstelle ausüben, jeweils unter Angabe jener Mitgliedstaaten, in denen sie tätig sind, eingetragen sind.

(BGBl I 2005/8)

Einrichtungen aus Mitgliedstaaten in Österreich

§ 11b. (1) Pensionskassengeschäfte dürfen nach Maßgabe der Abs. 2 bis 9 von einer Einrichtung gemäß § 5 Z 4 in Österreich im Wege des freien Dienstleistungsverkehrs oder über eine Zweigstelle erbracht werden.

(2) Beabsichtigt eine Einrichtung die Pensionskassenzusage eines Arbeitgebers in Österreich zu verwalten, so erfordert dies eine Mitteilung der zuständigen Behörde des Herkunftsmitgliedstaates über die Angaben gemäß § 11a Abs. 2 Z 2 und 3 an die FMA.

(3) Bei Errichtung einer Zweigstelle in Österreich kann die FMA die zuständige Behörde des Herkunftsmitgliedstaates um Übermittlung aller Angaben über die Einrichtung gemäß § 11a Abs. 3 Z 2 und 3 ersuchen.

(4) Nach Übermittlung der Angaben gemäß Abs. 2 hat die FMA binnen zwei Monaten der zuständigen Behörde des Herkunftsmitgliedstaates mitzuteilen, dass von der Einrichtung die einschlägigen arbeits- und sozialrechtlichen Vorschriften, insbesondere

1. § 1, § 2 Z 1, § 3, § 4, § 5, § 6, § 16, § 16a, § 17, § 18 und § 19 BPG und

2. § 1 Abs. 2 und 2a, § 15, § 15a, § 16, § 17, § 18, § 28, § 43 und § 48 einzuhalten sind sowie

3. § 11b, § 19, § 25a Abs. 4, § 30a Abs. 2 und § 25 Abs. 4, 6 und 7 anzuwenden sind.

(5) Nach der Mitteilung gemäß Abs. 4, spätestens aber nach Ablauf einer zweimonatigen Frist nach der Mitteilung gemäß Abs. 2, darf die Einrichtung gemäß Abs. 1 die Tätigkeit in Österreich in Bezug auf das angezeigte Pensionskassengeschäft erbringen. Für Streitigkeiten zwischen Anwartschafts- und Leistungsberechtigten sowie zwischen beitragleistenden Arbeitgebern und der Einrichtung gemäß § 5 Z 4 aus solchen grenzüberschreitenden Pensionskassengeschäften ist jenes Gericht örtlich zuständig, in dessen Sprengel sich der Sitz des Gerichtes 1. Instanz befindet, das für Streitigkeiten aus dem der Pensionskassenzusage zugrunde liegenden Arbeitsverhältnis zuständig wäre. Die Vereinbarung eines davon abweichenden inländischen Gerichtsstandes ist vorbehaltlich anders lautender Regelungen zulässig. Der Pensionskassenvertrag und alle wesentlichen Unterlagen sind von der Einrichtung gemäß § 5 Z 4, sofern nicht im Kollektivvertrag, in der Betriebsvereinbarung oder in der Vereinbarung gemäß Vertragsmuster nach dem Betriebspensionsgesetz sowie in der Erklärung gemäß § 3 Abs. 2 PKVG oder einer gleichartigen landesgesetzlichen Vorschrift etwas anderes ausdrücklich vereinbart wurde, in deutscher Sprache zur Verfügung zu stellen.

(6) Die Einrichtung gemäß Abs. 1 hat der FMA jede Änderung der Angaben nach § 11a Abs. 2 mindestens einen Monat vor der Durchführung dieser Änderung schriftlich anzuzeigen. Die FMA kann sich hierzu gemäß Abs. 4 äußern.

(7) Einrichtungen gemäß Abs. 1, die Tätigkeiten in Österreich im Wege des freien Dienstleistungsverkehrs oder über eine Zweigstelle erbringen, haben die in Abs. 4 genannten Vorschriften und die auf Grund der vorgenannten Vorschriften erlassenen Verordnungen und Bescheide einzuhalten.

(8) Die FMA hat die zuständigen Behörden des Herkunftsmitgliedstaates über wesentliche Änderungen der Bestimmungen gemäß Abs. 4 zu informieren, sofern sich diese auf die Tätigkeit einer Einrichtung in Österreich auswirken.

(9) Die FMA kann die zuständigen Behörden des Herkunftsmitgliedstaates ersuchen, die Bildung eines separaten Abrechnungsverbandes für jene aus der Tätigkeit in Österreich stammenden Verbindlichkeiten und entsprechenden Vermögenswerte zu verlangen, die von einer Einrichtung gemäß Abs. 1 verwaltet werden.

(BGBl I 2005/8)

Veranlagungs- und Risikogemeinschaft

§ 12. (1) Die Anwartschafts- und Leistungsberechtigten einer Pensionskasse bilden hinsichtlich der versicherungstechnischen Risiken und der Veranlagungsrisiken grundsätzlich eine Gemeinschaft „(Veranlagungs- und Risikogemeinschaft – VRG)". *(BGBl I 2012/54)*

(2) Abweichend von Abs. 1 ist jedoch die Führung mehrerer Veranlagungs- und Risikogemeinschaften in einer Pensionskasse zulässig, sofern diese jeweils für mindestens 1 000 Anwartschafts- und Leistungsberechtigte geführt werden. *(BGBl 1996/755)*

(3) Die in Abs. 2 festgelegte Mindestanzahl von Anwartschafts- und Leistungsberechtigten je Veranlagungs- und Risikogemeinschaft darf längstens auf die Dauer von fünf Jahren nach Er-

richtung der Veranlagungs- und Risikogemeinschaft oder nach dem letztmaligen Unterschreiten der Mindestanzahl unterschritten werden. Die Anzahl der die in Abs. 2 genannte Grenze unterschreitenden Veranlagungs- und Risikogemeinschaften einer Pensionskasse darf jedoch nie über drei steigen. *(BGBl 1996/755)*

(4) Die Weiterführung einer Veranlagungs- und Risikogemeinschaft, die die in Abs. 2 festgelegte Mindestanzahl an Anwartschafts- und Leistungsberechtigten unterschritten hat, ist entgegen Abs. 3 auch zulässig, wenn

1. die Veranlagungs- und Risikogemeinschaft nur mehr ausschließlich für Anwartschafts- und Leistungsberechtigte eines Arbeitgebers geführt wird,

2. keine neuen Anwartschaftsberechtigten oder Leistungsberechtigten im Sinne von § 5 Z 2 lit. a hinzukommen und

3. der FMA nachgewiesen wird, dass in dieser Veranlagungs- und Risikogemeinschaft die Belange der Leistungsberechtigten ausreichend gewahrt werden und die Verpflichtungen aus den Pensionskassenverträgen als dauernd erfüllbar anzusehen sind. *(BGBl I 2005/37)*

Abs. 3 letzter Satz ist auf die Fälle des Abs. 4 nicht anzuwenden. Die Beschränkung der Z 2 gilt solange nicht für betriebliche Pensionskassen mit unbeschränkter Nachschußpflicht des Arbeitgebers, als die in Abs. 2 festgelegte Mindestanzahl nicht um mehr als 30 vH unterschritten wird. *(BGBl 1996/755)*

(5) Sowohl die Trennung als auch die Zusammenlegung von Veranlagungs- und Risikogemeinschaften darf nur mit Wirksamkeit zum Bilanzstichtag und nur dann erfolgen, wenn

1. bei Trennung einer Veranlagungs- und Risikogemeinschaft mindestens eine der betroffenen Veranlagungs- und Risikogemeinschaften weiterhin für mindestens 1 000 Anwartschafts- und Leistungsberechtigte geführt wird und

2. der FMA nachgewiesen wird, dass dadurch die Belange der Anwartschafts- und Leistungsberechtigten nicht beeinträchtigt werden und die Verpflichtungen aus den Pensionskassenverträgen weiterhin als dauernd erfüllbar anzusehen sind. *(BGBl I 2005/37)*

„Die Trennung oder Zusammenlegung von Veranlagungs- und Risikogemeinschaften ist der FMA unter Anschluss geeigneter Nachweise gemäß Z 2 unverzüglich anzuzeigen." *(BGBl 1996/755; BGBl I 2005/37)*

(6) In höchstens drei VRG können für unterschiedliche Veranlagungsstrategien höchstens fünf Subveranlagungsgemeinschaften (Sub-VG) eingerichtet werden. Die Grenzen des § 23 Abs. 1 Z 3a und des § 25 sind auf jede Sub-VG gesondert anzuwenden. *(BGBl I 2012/54)*

(7) Sofern die Pensionskasse mehrere VRG oder Sub-VG mit Ausnahme der Sicherheits-VRG mit unterschiedlichen Veranlagungsstrategien anbietet und dies im Pensionskassenvertrag (§ 15 Abs. 3 Z 7a) entsprechend der Kollektivvertrag, der Betriebsvereinbarung oder der Vereinbarung gemäß Vertragsmuster vereinbart wurde, gilt für Zusagen ohne unbeschränkte Nachschusspflicht des Arbeitgebers Folgendes:

1. Bei Einbeziehung in die Pensionskassenzusage wird der Anwartschaftsberechtigte oder der Leistungsberechtigte in der im Pensionskassenvertrag festgelegten VRG oder Sub-VG verwaltet.

2. Bis zum Zeitpunkt des Abrufes der Pensionskassenleistung kann der Anwartschaftsberechtigte höchstens dreimal und jeweils nach nachweislicher Information gemäß § 19b gegenüber der Pensionskasse schriftlich den Wechsel in eine andere VRG oder Sub-VG erklären. Diese Erklärung muss bis 31. Oktober eines Kalenderjahres bei der Pensionskasse eingehen, damit der Wechsel zum 1. Jänner des folgenden Kalenderjahres wirksam wird; abweichend davon kann die Erklärung spätestens mit Abruf der Pensionskassenleistung abgegeben werden, der Wechsel wird dann mit der ersten Pensionsleistung wirksam. Die Erklärung kann auch mit Abruf einer Hinterbliebenenpension nach dem Ableben eines Anwartschaftsberechtigten abgegeben werden, der Wechsel wird dann mit der ersten Pensionsleistung wirksam.

3. Abweichend von Z 2 wird für einen Anwartschaftsberechtigten der Wechsel in eine andere VRG oder Sub-VG zu festgesetzten Stichtagen wirksam, sofern dies im Pensionskassenvertrag entsprechend dem Kollektivvertrag, der Betriebsvereinbarung oder der Vereinbarung gemäß Vertragsmuster vereinbart wurde. Der Anwartschaftsberechtigte kann diesen Wechsel durch eine Erklärung gemäß Z 2 abändern. Die Anzahl der Wechselmöglichkeiten und die Fristen der Z 2 sind anzuwenden.

Der Übertragungsbetrag errechnet sich aus der für den Anwartschaftsberechtigten oder Hinterbliebenen zum Übertragungsstichtag gebildeten Deckungsrückstellung und Schwankungsrückstellung. Für Leistungsberechtigte ist ein Wechsel unzulässig. *(BGBl I 2012/54, vgl die Übergangsbestimmungen in § 49 Abs 2 Z 1)*

(8) In einer VRG und in einer VRG mit Sub-VG gemäß Abs. 6 können Pensionskassenzusagen sowohl mit als auch ohne Wechselmöglichkeiten gemäß Abs. 7 verwaltet werden. *(BGBl I 2013/184)*

Veranlagungs- und Risikogemeinschaft mit Garantie

§ 12a. (1) Die Pensionskasse hat, sofern nicht Abs. 6 angewendet wird, abweichend von § 12

Abs. 2 und 4 eine auf Veranlagungssicherheit und Pensionsstabilität ausgerichtete VRG zu führen (Sicherheits-VRG), die folgende Bedingungen erfüllen muss:

1. Es dürfen weder Pensionskassenzusagen
a) mit Mindestertragsgarantie noch
b) mit „ " Nachschusspflicht des Arbeitgebers *(BGBl I 2013/184)*
verwaltet werden.

2. Die Pensionskasse hat zu garantieren, dass die dem Leistungsberechtigten gebührende monatliche Pension zu keinem Zeitpunkt geringer ist, als jene erste Monatspension, die sich zum Zeitpunkt des erstmaligen Abrufes der Pensionskassenleistung aus der Verrentung der für den Leistungsberechtigten gebildeten Deckungsrückstellung ergibt.

3. Der Wert der garantierten ersten Monatspension gemäß Z 2 ist nach jeweils fünf Jahren zum nächstfolgenden Bilanzstichtag mit jenem Zinssatz aufzuzinsen, der sich für das vorangegangene Geschäftsjahr aus der Hälfte der durchschnittlichen monatlichen Sekundärmarktrendite der Bundesanleihen oder eines an seine Stelle tretenden Indexes der vorangegangenen 60 Monate abzüglich 0,75 Prozentpunkte errechnet. Dieser Zinssatz darf nicht negativ sein.

4. Wenn zum Bilanzstichtag das verbleibende Ergebnis einer VRG zu einer Entnahme der Deckungsrückstellung führt und die neu berechnete Pension die gemäß Z 2 und 3 garantierte Monatspension unterschreitet, ist im Folgejahr dem Leistungsberechtigten monatlich die Differenz auf die gemäß Z 2 und 3 garantierte Monatspension aus den Eigenmitteln der Pensionskasse gutzuschreiben.

5. Der Geschäftsplan hat neben den Angaben gemäß § 20 Abs. 2 folgende Abweichungen und Ergänzungen zu enthalten:
a) Die Grundsätze und Formeln für die Berechnung der garantierten ersten Monatspension für die Alterspension und die Hinterbliebenenversorgung;
b) die Vorgangsweise bei der Anpassung von Rechnungsgrundlagen;
c) die Schwankungsrückstellung ist für Anwartschafts- und Leistungsberechtigte global zu führen.

6. Abweichend von § 23 Abs. 1 Z 3a dürfen höchstens 40 vH gemäß § 23 Abs. 1 Z 3a lit. c und insgesamt höchstens 80 vH des der Sicherheits-VRG zugeordneten Vermögens gewidmet werden. Die Pensionskasse hat der FMA unter Anschluss geeigneter Nachweise bis 30. November jedes Geschäftsjahres das Vorhandensein ausreichender Liquiditätsreserven für die Erfüllbarkeit der Pensionsleistungen für die folgenden Geschäftsjahre darzulegen.

7. Die Bildung einer negativen Schwankungsrückstellung gemäß § 24a Abs. 8 ist nicht zulässig.

8. Die Grenze des § 25 Abs. 3 Z 2 ist anzuwenden.

(2) Der Anwartschaftsberechtigte kann zum Zeitpunkt des Abrufes der Pensionskassenleistung, jedenfalls aber ab dem Jahr, in dem er das 55. Lebensjahr vollendet, bis spätestens zum Zeitpunkt des Abrufes der Pensionskassenleistung nach nachweislicher Information gemäß § 19b gegenüber der Pensionskasse schriftlich den Wechsel in die Sicherheits-VRG erklären. Die Erklärung muss bis 31. Oktober eines Kalenderjahres bei der Pensionskasse eingehen, damit der Wechsel zum 1. Jänner des folgenden Kalenderjahres wirksam wird; abweichend davon kann die Erklärung spätestens mit Abruf der Pensionskassenleistung abgegeben werden, der Wechsel wird dann mit der ersten Pensionsleistung wirksam. Die Erklärung kann auch mit Abruf einer Hinterbliebenenpension nach dem Ableben eines Anwartschaftsberechtigten abgegeben werden, der Wechsel wird dann mit der ersten Pensionsleistung wirksam.

(3) Bis zum Abruf der Pensionskassenleistung kann der Anwartschaftsberechtigte einer Sicherheits-VRG nach nachweislicher Information gemäß § 19b gegenüber der Pensionskasse schriftlich den Wechsel in jene VRG erklären, in der die Pensionskassenzusage vor dem Wechsel in die Sicherheits-VRG verwaltet wurde. Für Leistungsberechtigte ist ein Wechsel unzulässig.

(4) Die für den Anwartschaftsberechtigten zum Übertragungsstichtag gebildete Deckungsrückstellung und Schwankungsrückstellung ist wie folgt in die Sicherheits-VRG zu übertragen:

1. Fällt der Übertragungsstichtag auf einen Bilanzstichtag, so ist der Schwankungsrückstellung der Sicherheits-VRG jener anteilige Betrag zuzuführen, der dem prozentuellen Ausmaß der in der Sicherheits-VRG gebildeten Schwankungsrückstellung bezogen auf das zugeordnete durchschnittliche Vermögen (§ 20 Abs. 2 Z 5) zu diesem Bilanzstichtag entspricht.

2. Fällt der Übertragungsstichtag nicht auf einen Bilanzstichtag, so ist der Schwankungsrückstellung der Sicherheits-VRG jener anteilige Betrag zuzuführen, der dem prozentuellen Ausmaß der in der Sicherheits-VRG gebildeten Schwankungsrückstellung bezogen auf das zugeordnete durchschnittliche Vermögen (§ 20 Abs. 2 Z 5) zum letzten Bilanzstichtag entspricht.

3. Übersteigt die dem Anwartschaftsberechtigten zugeordnete Schwankungsrückstellung den Dotierungsbetrag gemäß Z 1 oder 2, so ist der Überschussbetrag der Deckungsrückstellung des Anwartschaftsberechtigten zuzuführen.

4. Unterschreitet die dem Anwartschaftsberechtigten zugeordnete Schwankungsrückstellung den

23. PKG
§§ 12a – 15

Dotierungsbetrag gemäß Z 1 oder 2, so ist der Fehlbetrag der Deckungsrückstellung des Anwartschaftsberechtigten zu entnehmen.

(5) Abweichend von § 17 Abs. 1 verbleiben bei Kündigung des Pensionskassenvertrages die Leistungsberechtigten der Sicherheits-VRG bei der Pensionskasse. § 15 Abs. 3a ist mit der Maßgabe anzuwenden, dass durch Abs. 1 Z 5 bedingte Änderungen des Pensionskassenvertrages zulässig sind.

(6) Sofern eine Pensionskasse keine Sicherheits-VRG eingerichtet hat, hat sie mit einer überbetrieblichen Pensionskasse einen Kooperationsvertrag abzuschließen, damit für jene Anwartschaftsberechtigten der Pensionskasse, die von der Wahlmöglichkeit gemäß Abs. 2 Gebrauch machen, der Übertragungsbetrag gemäß Abs. 4 in eine Sicherheits-VRG der überbetrieblichen Pensionskasse übertragen werden kann. Die überbetriebliche Pensionskasse hat den Anwartschaftsberechtigten gemäß § 19b zu informieren. In der Betriebsvereinbarung oder im Kollektivvertrag über die Errichtung einer betrieblichen Pensionskasse kann vereinbart werden, dass weder eine Sicherheits-VRG eingerichtet noch ein Kooperationsvertrag mit einer überbetrieblichen Pensionskasse abgeschlossen wird.

(7) Soferne der Anwartschaftsberechtigte aus einer Pensionskassenzusage mit Mindestertragsgarantie einen Wechsel in die Sicherheits-VRG gemäß Abs. 2 erklärt, bedarf es im Pensionskassenvertrag sowie im Kollektivvertrag, in der Betriebsvereinbarung oder in der Vereinbarung gemäß Vertragsmuster nach dem Betriebspensionsgesetz sowie in der Erklärung gemäß § 3 Abs. 2 PKVG oder einer gleichartigen landesgesetzlichen Vorschrift keiner Vereinbarung über den Ausschluss der Mindestertragsgarantie gemäß § 2 Abs. 1. Eine allfällige Leistung aus der Mindestertragsgarantie ist bei einem Wechsel mit Abruf der Pensionskassenleistung bei der Ermittlung der garantieren ersten Monatspension gemäß Abs. 1 Z 2 nicht zu berücksichtigen. Bei einem Wechsel gemäß Abs. 3 hat die Pensionskasse wieder den Mindestertrag zu garantieren, wobei der Berechnungszeitraum gemäß § 2 Abs. 2 bis 4 neu beginnt. *(BGBl I 2013/184)*

(BGBl I 2012/54, vgl die Übergangsbestimmungen in § 49 Abs 2 Z 1 und 2)

Haftungsverhältnisse

§ 13. (1) Zur Sicherstellung oder zur Hereinbringung von Verbindlichkeiten, die von der Pensionskasse für das einer von ihrer verwalteten Veranlagungs- und Risikogemeinschaft zugeordnete Vermögen wirksam begründet wurden, kann nur auf dieses Exekution geführt werden.

(2) Zur Sicherstellung oder Hereinbringung von Verbindlichkeiten, die von der Pensionskasse nicht für das einer von ihr verwalteten Veranlagungs- und Risikogemeinschaft zugeordnete Vermögen begründet wurden, kann auf dieses nicht Exekution geführt werden.

Verfügungsbeschränkungen

§ 14. (1) Die in einer Veranlagungsgemeinschaft zusammengefaßten Vermögenswerte können rechtswirksam weder verpfändet oder sonst belastet noch zur Sicherung übereignet oder abgetreten werden. Ausgenommen sind vorübergehende Belastungen von Grundstücken und Gebäuden zu deren Verbesserung oder Sanierung.

(2) Kurssicherungsgeschäfte sind nur zulässig, wenn sie als Nebengeschäfte im Zusammenhang mit Veranlagungen gemäß § 25 zu deren Absicherung dienen.

(3) Forderungen gegen die Pensionskasse und Forderungen, die zu einer Veranlagungs- und Risikogemeinschaft gehören, können rechtswirksam nicht gegeneinander aufgerechnet werden.

(4) Bei Eintragungen des Eigentums in das Grundbuch ist auf Ansuchen der Pensionskasse ersichtlich zu machen, welcher Veranlagungs- und Risikogemeinschaft der Vermögenswert gewidmet ist.

Pensionskassenvertrag

§ 15. (1) Der Pensionskassenvertrag ist zwischen der Pensionskasse und dem beitretenden Arbeitgeber abzuschließen. „Darin sind

1. für Pensionskassenzusagen, die dem Betriebspensionsgesetz unterliegen, entsprechend dem Kollektivvertrag, der Betriebsvereinbarung oder der Vereinbarung gemäß Vertragsmuster nach dem Betriebspensionsgesetz oder

2. für Zusagen aus einem anderen Mitgliedstaat entsprechend den in diesem Mitgliedstaat geltenden einschlägigen arbeits- und sozialrechtlichen Vorschriften

die Ansprüche der Anwartschafts- und Leistungsberechtigten auf Leistungen der Pensionskasse zu regeln." *(BGBl I 2005/8)*

(2) Die Festlegung der Pensionskassenbeiträge und der Leistungen hat zumindest am Bilanzstichtag nach einem hinreichend vorsichtigen versicherungsmathematischen Verfahren entsprechend den anerkannten Regeln der Versicherungsmathematik zu erfolgen und dabei alle Verpflichtungen hinsichtlich der Beiträge und der Leistungen gemäß der Pensionskassenzusage zu berücksichtigen, sodass eine gleichmäßige Finanzierung des Deckungserfordernisses gewährleistet ist. *(BGBl I 2005/8)*

(3) Der Pensionskassenvertrag hat – entsprechend der Art der Leistungszusage – insbesondere zu enthalten:

1. Die Höhe der Beitragszahlungen, die der Arbeitgeber zu leisten hat;
2. die Höhe vereinbarter Beitragszahlungen der Arbeitnehmer;
3. Zahlungsweise und Fälligkeit der laufenden Beitragszahlungen;
4. die Höhe der Verzugszinsen gemäß § 16 Abs. 3;
5. die Art der Beitrags- oder Leistungsanpassung bei Auftreten von zusätzlichen Deckungserfordernissen;
6. Bestimmungen über die Verpflichtung des Arbeitgebers, der Anwartschafts- und der Leistungsberechtigten, der Pensionskasse sämtliche für die Beiträge, die Anwartschaften und die Pensionsleistungen und deren Änderung maßgebliche Umstände mitzuteilen;
7. der allfällige Ausschluss der Leistung des Mindestertrages durch die Pensionskasse; *(BGBl I 2005/8)*
7a. die allfällige Vereinbarung von Wahlrechten gemäß § 12 Abs. 7 Z 2 und 3 sowie die Festlegung jener VRG oder Sub-VG, in die neu hinzukommende Anwartschaftsberechtigte oder Leistungsberechtigte gemäß § 12 Abs. 7 Z 1 einbezogen werden; *(BGBl I 2012/54, vgl die Übergangsbestimmung in § 49 Abs 2 Z 3)*
8. die zum Zeitpunkt des Abschlusses des Pensionskassenvertrages geltenden Grundsätze der Veranlagungspolitik; dies kann auch durch Beifügung der Erklärung über die Grundsätze der Veranlagungspolitik (§ 25a) als Anhang zum Pensionskassenvertrag erfolgen; *(BGBl I 2005/8)*
9. die Art der mit der Pensionskassenzusage verbundenen Risiken aus der Veranlagung sowie der versicherungstechnischen Risiken sowie die Aufteilung dieser Risiken auf Pensionskasse, Arbeitgeber, Anwartschaftsberechtigte und Leistungsberechtigte; *(BGBl I 2005/8)*
10. die Voraussetzungen weiterer Beitragsleistungen des Arbeitnehmers nach Beendigung seines Arbeitsverhältnisses;
11. die Berechnung der unverfallbar gewordenen Anwartschaften bei Ausscheiden eines Anwartschaftsberechtigten während des Jahres;
12. die Voraussetzungen, bei deren Vorliegen ein Arbeitnehmer auch den Arbeitgeberbeitrag leisten kann (§ 6 Betriebspensionsgesetz);
13. die Voraussetzungen für den beitragsfreien Verbleib eines Arbeitnehmers nach Beendigung seines Arbeitsverhältnisses, insbesondere die Art der Kostenberechnung und die Höhe der Kostenanlastung (Verwaltungskostenbeitrag) gegenüber dem Arbeitnehmer;
14. die Art der Kostenberechnung und Höhe der Kostenanlastung (Verwaltungskosten) gegenüber

a) dem Arbeitgeber,

b) den Anwartschafts- und Leistungsberechtigten in der Veranlagungs- und Risikogemeinschaft sowie

c) gegenüber dem beitragleistenden Arbeitnehmer für den Fall, dass der Arbeitgeber die Beitragszahlung vorübergehend aus zwingenden wirtschaftlichen Gründen aussetzt oder einschränkt oder die Leistungszusage widerruft; *(BGBl I 2005/8)*

15. die näheren Voraussetzungen für die Kündigung;
15a. die nähere Vorgangsweise im Falle des Ausscheidens des Arbeitgebers aus dem Konzern bei einem Pensionskassenvertrag mit einer betrieblichen Pensionskasse; *(BGBl I 2012/54, vgl die Übergangsbestimmung in § 49 Abs 2 Z 3)*
16. die Art der Übertragung der dem Arbeitgeber und den Anwartschafts- und Leistungsberechtigten zugeordneten Vermögensanteile für den Fall der Kündigung;
17. die Höhe der gemäß § 17 Abs. 4 zu übertragenden Vermögensanteile und des Unverfallbarkeitsbetrages gemäß § 17 Abs. 5;
18. die Erklärung des Arbeitgebers gegenüber der Pensionskasse, daß § 3 des Betriebspensionsgesetzes eingehalten wurde.

(3a) „Verbleibt ein Arbeitnehmer gemäß § 5 Abs. 2 Z 1 oder 5 BPG oder gemäß § 6 Abs. 3 Z 1 oder 3 BPG oder ein Anwartschaftsberechtigter gemäß § 17 Abs. 1 oder ein Leistungsberechtigter gemäß § 12a Abs. 5 oder § 17 Abs. 1 bei der Pensionskasse, so ist darauf der Pensionskassenvertrag weiterhin anzuwenden." Wenn der Anhang zum Pensionskassenvertrag eine entsprechende Mustervereinbarung enthält, dann kann zwischen der Pensionskasse und dem Arbeitnehmer eine Vereinbarung über folgende Punkte abgeschlossen werden:

1. Informationspflichten des Arbeitnehmers gegenüber der Pensionskasse;
2. Informationspflichten der Pensionskasse gegenüber dem Arbeitnehmer;
3. eine allfällige Erklärung des Arbeitnehmers gemäß §§ 5 Abs. 2 Z 5 oder 6 Abs. 3 Z 3 BPG;
4. Zahlungsweise und Fälligkeit allfälliger Beitragszahlungen;
5. Zahlungsweise und Fälligkeit der Leistungen.

Änderungen des Pensionskassenvertrages und der Betriebsvereinbarung in der Mustervereinbarung sind unzulässig und rechtsunwirksam. Eine zwischen der Pensionskasse und dem Arbeitnehmer abgeschlossene Vereinbarung erlischt, sobald der Arbeitgeber seine Zahlungen wieder aufnimmt und der Arbeitnehmer dann noch in einem Arbeitsverhältnis zum Arbeitgeber steht. *(BGBl 1996/755; BGBl I 2012/54)*

(4) Entspricht ein Pensionskassenvertrag nicht den Vorschriften dieses Bundesgesetzes oder den Vorschriften des § 3 des Betriebspensionsgesetzes, so hat „die FMA" die Pensionskasse mit der Verbesserung des Vertrages zu beauftragen; kommt die Pensionskasse diesem Auftrag binnen längstens sechs Monaten nicht nach, so ist der Pensionskassenvertrag nichtig. *(BGBl I 2001/97)*

§ 15a. (1) Personen gemäß § 5 Z 1 lit. b oder c dürfen nur einbezogen werden, wenn bei der Gestaltung der Pensionskassenzusage dem § 18 Abs. 2 BPG Rechnung getragen wurde und das Beitrags- und Leistungsrecht in seiner Gesamtheit dem der Personen gemäß § 5 Z 1 lit. a entspricht, wobei jedenfalls

1. sämtliche im PKG und BPG normierten Fristen für alle Anwartschaftsberechtigten gleich anzuwenden sind und

2. keine Differenzierung nach Stichtagen für die Einbeziehung in die Pensionskasse oder den Ausschluß aus der Pensionskasse bestehen darf.

(2) Sofern Personen gemäß § 5 Z 1 lit. b oder c einbezogen werden, so

1. hat der Pensionskassenvertrag zusätzlich folgende Bestimmungen zu enthalten:

a) Die Höhe der Bemessungsgrundlage des Beitrages für Personen gemäß § 5 Z 1 lit. b oder c, wobei die Bemessungsgrundlage das Maximum aus der doppelten jährlichen ASVG-Höchstbeitragsgrundlage und 150 vH der Bemessungsgrundlage des bestverdienenden Arbeitnehmers nicht übersteigen darf;

b) das Pensionsalter; dieses hat dem Pensionsalter, das im Pensionskassenvertrag für Anwartschaftsberechtigte gemäß § 5 Z 1 lit. a festgesetzt ist, zu entsprechen;

c) die Voraussetzungen für die Gewährung einer Invaliditätsvorsorge, wobei eine Leistung nur dann erbracht werden darf, wenn ein rechtskräftiger Bescheid einer gesetzlichen Pensionsversicherungsanstalt oder einer berufsständischen Altersvorsorgeeinrichtung auf Zuerkennung einer Berufsunfähigkeitspension vorliegt;

2. sind folgende Bestimmungen zusätzlich anzuwenden:

a) § 3 Abs. 4 BPG hinsichtlich einer zusätzlichen eigenen Beitragsleistung;

b) § 4 BPG hinsichtlich der Verfügungs- und Exekutionsbeschränkungen von gemäß Z 3 in Verbindung mit § 5 BPG unverfallbaren Anwartschaften;

c) § 5 BPG hinsichtlich der Unverfallbarkeit der Beitragsleistung; das Ausscheiden aus der Funktion im Sinne des § 5 Z 1 lit. b oder c ist einer Beendigung des Dienstverhältnisses gleichzusetzen;

d) § 6 BPG hinsichtlich des Einstellens, Aussetzens oder Einschränkens der Beitragsleistung.

(3) Soferne Personen gemäß § 5 Z 1 lit. e einbezogen werden, hat der Pensionskassenvertrag auf Basis einer zwischen diesen Personen und dem Arbeitgeber abzuschließenden Einzelvereinbarung insbesondere die Höhe des Deckungserfordernisses gemäß § 48, das Leistungsrecht sowie die Anwendbarkeit des § 5 BPG hinsichtlich der Unverfallbarkeit der Beitragsleistung zu enthalten. *(BGBl I 2000/142)*

(BGBl 1996/755)

§ 15b. (1) Für Pensionskassenverträge zwischen dem Bund oder einer Gebietskörperschaft und einer Pensionskasse im Sinne des § 3 Abs. 1 PKVG oder einer gleichartigen landesgesetzlichen Vorschrift tritt an die Stelle der in § 15 Abs. 1 genannten Vereinbarungen nach dem BPG die Erklärung gemäß § 3 Abs. 2 PKVG oder einer gleichartigen landesgesetzlichen Vorschrift.

(2) Pensionskassenverträge gemäß Abs. 1 dürfen dem PKVG oder einer gleichartigen landesgesetzlichen Vorschrift nicht widersprechen. § 3 BPG ist auf solche Pensionskassenverträge nicht anzuwenden.

(3) Die Z 12, 14 und 18 des § 15 Abs. 3 sind auf Pensionskassenverträge gemäß Abs. 1 nicht anzuwenden.

(BGBl I 1997/64)

Pensionskassenbeiträge

§ 16. (1) Pensionskassenbeiträge sind die Beiträge der Arbeitgeber und der Arbeitnehmer an die Pensionskasse; sie enthalten auch den Verwaltungskostenbeitrag.

(2) Der Arbeitgeber hat seine Beiträge und die vereinbarten Arbeitnehmerbeiträge, die vom Lohn oder Gehalt abzuziehen sind, zu den jeweiligen Lohn- oder Gehaltsauszahlungsfälligkeiten der Pensionskasse rechtzeitig zu überweisen. Abweichende Vereinbarungen im Pensionskassenvertrag sind zulässig.

(3) Im Pensionskassenvertrag sind Verzugszinsen in marktgerechter Höhe vorzusehen.

(4) In eine Pensionskasse können auch Beträge aus einer Pensionskasse, einer Einrichtung (§ 5 Z 4), einer betrieblichen Kollektivversicherung (§ 18f Versicherungsaufsichtsgesetz – VAG), einer Einrichtung der zusätzlichen Pensionsversicherung nach § 479 des Allgemeinen Sozialversicherungsgesetzes (ASVG), BGBl. Nr. 189/1955, einer nach dem Kapitaldeckungsverfahren gestalteten Altersversorgungseinrichtung nach § 173 Abs. 2 des Wirtschaftstreuhandberufsgesetzes, BGBl. I Nr. 58/1999, nach § 50 Abs. 3 der Rechtsanwaltsordnung, RGBl. Nr. 96/1868, nach § 41 Abs. 4 des Gehaltskassengesetzes 2002,

BGBl. I Nr. 154/2001, oder einer ausländischen Altersversorgungseinrichtung übertragen werden, wenn der Arbeitnehmer zum Zeitpunkt der Übertragung Anwartschafts- oder Leistungsberechtigter ist. *(BGBl I 2012/54)*

Fassung ab 1. 1. 2016 (BGBl I 2015/34):
(4) In eine Pensionskasse können auch Beträge aus einer anderen Pensionskasse, einer Einrichtung (§ 5 Z 4), einer betrieblichen Kollektivversicherung „(§ 93 des Versicherungsaufsichtsgesetzes 2016 – VAG 2016, BGBl. I Nr. 34/2015)" , einer Einrichtung der zusätzlichen Pensionsversicherung nach § 479 des Allgemeinen Sozialversicherungsgesetzes (ASVG), BGBl. Nr. 189/1955, einer nach dem Kapitaldeckungsverfahren gestalteten Altersversorgungseinrichtung nach § 173 Abs. 2 des Wirtschaftstreuhandberufsgesetzes, BGBl. I Nr. 58/1999, nach § 50 Abs. 3 der Rechtsanwaltsordnung, RGBl. Nr. 96/1868, nach § 41 Abs. 4 des Gehaltskassengesetzes 2002, BGBl. I Nr. 154/2001, oder einer ausländischen Altersversorgungseinrichtung übertragen werden, wenn der Arbeitnehmer zum Zeitpunkt der Übertragung Anwartschafts- oder Leistungsberechtigter ist. *(BGBl I 2012/54; BGBl I 2015/34)*

Verwaltungskosten

§ 16a. (1) Die Pensionskasse ist berechtigt, von den Pensionskassenbeiträgen und vom Deckungserfordernis gemäß § 48 eine Vergütung einzubehalten, die angemessen und marktüblich sein muss.

(2) Die Pensionskasse ist berechtigt, bei Berechnung oder Übertragung eines Unverfallbarkeitsbetrages (§ 5 Abs. 1 und 1a BPG) jeweils einen einmaligen Kostenbeitrag in Höhe von höchstens 1,0 vH des Unverfallbarkeitsbetrages einzubehalten, wobei der Kostenbeitrag den Betrag von 300 Euro je Unverfallbarkeitsbetrag nicht übersteigen darf.

(3) Die Pensionskasse ist berechtigt, für die Verwaltung beitragsfreier Anwartschaften jährlich einen Kostenbeitrag in Höhe von höchstens 0,5 vH der jeweiligen Deckungsrückstellung zu verrechnen, wobei der Kostenbeitrag den Betrag von 100 Euro je beitragsfreier Anwartschaft nicht übersteigen darf.

(4) Für die Veranlagung des Vermögens der Veranlagungs- und Risikogemeinschaft ist die Pensionskasse berechtigt, vom Veranlagungsergebnis eine Vergütung einzubehalten, die angemessen und marktüblich sein muss.

(4a) Für die Veranlagung des Vermögens der Sicherheits-VRG ist die Pensionskasse berechtigt, vom Veranlagungsergebnis eine Vergütung einzubehalten, die pro Geschäftsjahr 0,55 vH des der Sicherheits-VRG zugeordneten Vermögens (§ 20 Abs. 2 Z 5) nicht übersteigen darf. Der Prozentsatz muss für alle Leistungsberechtigten der Sicherheits-VRG gleich sein. *(BGBl I 2012/54)*

(4b) Wenn für Leistungsberechtigte mit einer Zusage ohne unbeschränkte Nachschusspflicht des Arbeitgebers oder einer Zusage ohne Mindestertragsgarantie die Veranlagungserträge eines Geschäftsjahres für die Vergütung gemäß Abs. 4 nicht ausreichen, gilt Folgendes:

1. Die Pensionskasse darf die Vergütung nur in Höhe von 50 vH bezogen auf die diesen Leistungsberechtigten zugeordnete Deckungsrückstellung dem diesen Leistungsberechtigten zugeordneten Vermögen entnehmen.

2. Für den verbleibenden Teil der Vergütung ist in der VRG eine Verbindlichkeit gegenüber der Pensionskasse auszuweisen.

3. Diesen Leistungsberechtigten ist im nächsten Geschäftsjahr ein Zuschuss zur Pension in Höhe des verbleibenden Teiles der Vergütung in vierzehn Teilbeträgen auszuzahlen; für diesen Zuschuss ist in der VRG ein sonstiges Aktivum auszuweisen.

4. Der ausschüttbare Gewinn eines Geschäftsjahres darf um den in der Bilanz der Pensionskasse ausgewiesenen Forderungsbetrag für den verbleibenden Teil der Vergütung nicht vermehrt werden.

5. Die Entnahme des in der VRG verbliebenen Teils der Vergütung ist in Folgejahren nur dann zulässig, wenn nach Zuweisung des Rechnungszinses auf die Deckungsrückstellung der Leistungsberechtigten die verbleibenden Veranlagungserträge für eine Entnahme ausreichen.

6. Kann das sonstige Aktivum bis zehn Jahre nach dessen Bildung nicht durch Entnahme des in der VRG verbliebenen Teils der Vergütung aufgelöst werden, so ist dieses zu Lasten der in der VRG ausgewiesenen korrespondierenden Verbindlichkeit gegenüber der Pensionskasse aufzulösen.

7. Wird in der VRG ein sonstiges Aktivum gemäß Z 3 ausgewiesen, ist einem Anwartschaftsberechtigten bei Abruf der Pensionskassenleistung der entsprechende Anteil am verbleibenden Teil der Vergütung aus Mitteln der Pensionskasse seiner Deckungsrückstellung gutzuschreiben. *(BGBl I 2012/54)*

(5) Die Absolutbeträge gemäß Abs. 2 und 3 werden entsprechend dem von der Statistik Österreich verlautbarten Verbraucherpreisindex 1996 – Sondergliederung „Dienstleistungen" mit dem Wert valorisiert, der sich aus der Veränderung des Wertes für den Monat Juli eines Kalenderjahres gegenüber dem für Jänner 2006 verlautbarten Wert ergibt. Der neue Betrag ist von der FMA kundzumachen und gilt ab 1. Jänner des Folgejahres.

(6) Sämtliche Verwaltungskosten gemäß Abs. 1 bis 4 sind im Pensionskassenvertrag zu vereinba-

23. PKG
§§ 16a – 18

ren (§ 15 Abs. 3 Z 14). Das Vermögen der Veranlagungs- und Risikogemeinschaft darf mit Kosten, die nicht in den „Abs. 2 bis 4a" angeführt sind, nicht belastet werden. *(BGBl I 2012/54)*

(BGBl I 2005/8)

Kündigung und Ausscheiden

§ 17. (1) Eine Kündigung des Pensionskassenvertrages durch den Arbeitgeber oder durch die Pensionskasse oder eine einvernehmliche Beendigung des Pensionskassenvertrages ist nur zulässig und rechtswirksam, wenn eine Übertragung der gemäß Abs. 4 zu übertragenden Vermögensteile auf eine andere Pensionskasse, eine Einrichtung (§ 5 Z 4), eine betriebliche Kollektivversicherung (§ 18f VAG) eines zum Betrieb der Lebensversicherung im Inland berechtigten Versicherungsunternehmens oder eine Einrichtung der zusätzlichen Pensionsversicherung nach § 479 ASVG sichergestellt ist. Die Kündigung oder einvernehmliche Beendigung des Pensionskassenvertrages kann rechtswirksam nur für alle von diesem Pensionskassenvertrag erfassten Anwartschafts- und Leistungsberechtigten gemeinsam erfolgen, sofern nicht in Kollektivvertrag, Betriebsvereinbarung oder Vereinbarung laut Vertragsmuster festgelegt ist, dass bei Kündigung des Pensionskassenvertrages alle Leistungsberechtigten oder alle beitragsfrei gestellten Anwartschaftsberechtigten und Leistungsberechtigten bei der Pensionskasse verbleiben. *(BGBl I 2005/8; BGBl I 2012/54)*

Fassung ab 1. 1. 2016 (BGBl I 2015/34):
(1) Eine Kündigung des Pensionskassenvertrages durch den Arbeitgeber oder durch die Pensionskasse oder eine einvernehmliche Beendigung des Pensionskassenvertrages ist nur zulässig und rechtswirksam, wenn eine Übertragung der gemäß Abs. 4 zu übertragenden Vermögensteile auf eine andere Pensionskasse, eine Einrichtung (§ 5 Z 4), eine betriebliche Kollektivversicherung „(§ 93 VAG 2016)" eines zum Betrieb der Lebensversicherung im Inland berechtigten Versicherungsunternehmens oder eine Einrichtung der zusätzlichen Pensionsversicherung nach § 479 ASVG sichergestellt ist. Die Kündigung oder einvernehmliche Beendigung des Pensionskassenvertrages kann rechtswirksam nur für alle von diesem Pensionskassenvertrag erfassten Anwartschafts- und Leistungsberechtigten gemeinsam erfolgen, sofern nicht in Kollektivvertrag, Betriebsvereinbarung oder Vereinbarung laut Vertragsmuster festgelegt ist, dass bei Kündigung des Pensionskassenvertrages alle Leistungsberechtigten oder alle beitragsfrei gestellten Anwartschaftsberechtigten und Leistungsberechtigten bei der Pensionskasse verbleiben. (BGBl I 2005/8; BGBl I 2012/54; BGBl I 2015/34)

(2) Die Kündigungsfrist für den Pensionskassenvertrag durch den Arbeitgeber oder die Pensionskasse beträgt ein Jahr; die Kündigung darf nur mit Wirksamkeit zum Bilanzstichtag der Pensionskasse ausgesprochen werden. Die einvernehmliche Beendigung des Pensionskassenvertrages wird frühestens zu dem Bilanzstichtag der Pensionskasse wirksam, der zumindest sechs Monate nach der Vereinbarung der einvernehmlichen Beendigung des Pensionskassenvertrages liegt. *(BGBl I 2005/8)*

(3) Nach Ausscheiden eines Arbeitgebers aus einem Konzern gemäß § 3 Abs. 3 sind, soweit Übertragungsbedarf besteht „und eine Übertragung sichergestellt ist", die gemäß Abs. 4 zu übertragenden Vermögensteile mit Wirksamkeit zum nächstfolgenden Bilanzstichtag der betroffenen Pensionskasse, eine Einrichtung (§ 5 Z 4) oder eine betriebliche Kollektivversicherung (§ 18f VAG) eines zum Betrieb der Lebensversicherung im Inland berechtigten Versicherungsunternehmen zu übertragen. *(BGBl I 2005/8; BGBl I 2012/54)*

Fassung ab 1. 1. 2016 (BGBl I 2015/34):
(3) Nach Ausscheiden eines Arbeitgebers aus einem Konzern gemäß § 3 Abs. 3 sind, soweit Übertragungsbedarf besteht „und eine Übertragung sichergestellt ist"*, die gemäß Abs. 4 zu übertragenden Vermögensteile mit Wirksamkeit zum nächstfolgenden Bilanzstichtag der betroffenen betrieblichen Pensionskasse auf eine andere Pensionskasse, eine Einrichtung (§ 5 Z 4) oder eine betriebliche Kollektivversicherung „(§ 93 VAG 2016)"** eines zum Betrieb der Lebensversicherung im Inland berechtigten Versicherungsunternehmen zu übertragen. (BGBl I 2005/8; *BGBl I 2012/54; **BGBl I 2015/34)

(4) Der Wert der im Falle der Kündigung zu übertragenden Vermögensteile ist im Pensionskassenvertrag festzulegen und darf 100 vH der geschäftsplanmäßig zu bildenden Deckungsrückstellung zuzüglich 100 vH der Schwankungsrückstellung der betroffenen Anwartschafts- und Leistungsberechtigten nicht unterschreiten. *(BGBl I 2012/54)*

(5) Die Übertragung des Unverfallbarkeitsbetrages (§ 5 Abs. 1 und 1a BPG) eines Anwartschaftsberechtigten nach Beendigung seines Arbeitsverhältnisses oder nach Widerruf durch den Arbeitgeber hat zuzüglich angemessener Verzinsung binnen sechs Monaten nach Verlangen des Anwartschaftsberechtigten zu erfolgen. Die Höhe des Unverfallbarkeitsbetrages ist im Pensionskassenvertrag festzulegen.

(BGBl 1996/755)

Pensionskonten

§ 18. Die Pensionskasse hat für jeden Anwartschafts- und Leistungsberechtigten ein Konto, aufgeteilt nach Arbeitgeber- und Arbeitnehmerbeiträgen, zu führen. Dieses Konto muss alle wesentlichen Daten für jeden Anwartschafts- und Leistungsberechtigten enthalten und dient der Berechnung der Deckungsrückstellung und der Pensions- und Unverfallbarkeitsbeträge. *(BGBl I 2005/8)*

Informationspflichten

§ 19. (1) Der Arbeitgeber, die Anwartschafts- und die Leistungsberechtigten haben der Pensionskasse sämtliche für die Beiträge, Anwartschaften und Pensionsleistungen und deren Änderung maßgeblichen Umstände in dem im Pensionskassenvertrag festgelegten Ausmaß unverzüglich schriftlich mitzuteilen. Erfolgt diese Mitteilung nicht oder nicht zeitgerecht, so haben sie allfällige Nachteile daraus selbst zu tragen. Einzelheiten sind im Pensionskassenvertrag festzulegen.

(2) Der Arbeitgeber hat die Anwartschafts- und Leistungsberechtigten bei Einbeziehung in die Pensionskassenvorsorge über den Abschluss eines Pensionskassenvertrages, insbesondere über die Bestimmungen des Pensionskassenvertrages gemäß § 15 Abs. 3 Z 1, 2, 3, 6, 7, 8 bis 14 und 17 zu informieren. Sofern sie davon betroffen sind, haben der Arbeitgeber die Anwartschaftsberechtigten und die Pensionskasse die Leistungsberechtigten über jede spätere Änderung des Pensionskassenvertrages zu informieren. „Die Pensionskassen und der Arbeitgeber haben den Anwartschafts- und Leistungsberechtigten auf deren Verlangen unverzüglich eine Kopie der die jeweilige Zusage betreffenden Teile des Pensionskassenvertrages in Papierform auszufolgen." *(BGBl I 2012/54)*

(3) Die Pensionskasse hat die Anwartschaftsberechtigten jährlich zum Stand 31. Dezember des vorangegangenen Geschäftsjahres schriftlich in angemessener Form über die Beitrags- und Kapitalentwicklung, die einbehaltenen Verwaltungskosten sowie über die erworbenen Ansprüche ihrer Pensionskassenzusage zu informieren. Diese Information hat auch eine Prognose über die voraussichtliche Höhe der Versorgungsleistungen zu enthalten. Weiters hat die Pensionskasse die Anwartschaftsberechtigten über die Veranlagung und Performance der Veranlagungs- und Risikogemeinschaft sowie über alle weiteren für die Erfüllbarkeit der Pensionszusage relevanten Daten zu informieren, sofern es sich bei der zugrunde liegenden Pensionskassenzusage nicht um eine leistungsorientierte Zusage mit unbeschränkter Nachschusspflicht des Arbeitgebers handelt.

(4) Die Pensionskasse hat die Leistungsberechtigten jährlich zum Stand 31. Dezember des vorangegangenen Geschäftsjahres schriftlich in angemessener Form über die Kapitalentwicklung und die einbehaltenen Verwaltungskosten zu informieren. Weiters hat die Pensionskasse die Leistungsberechtigten über die Veranlagung und Performance der Veranlagungs- und Risikogemeinschaft sowie über alle weiteren für die Erfüllbarkeit der Pensionszusage relevanten Daten zu informieren, sofern es sich bei der zugrunde liegenden Pensionskassenzusage nicht um eine leistungsorientierte Zusage mit unbeschränkter Nachschusspflicht des Arbeitgebers handelt. Zusätzlich sind die Leistungsberechtigten bei jeder Änderung der Pensionsleistungen zu informieren. *(BGBl I 2005/37)*

(5) Die Pensionskasse hat jeden Leistungsberechtigten bei Eintritt des Leistungsfalles über den erworbenen Anspruch auf Alters-, Hinterbliebenen- oder Invaliditätsleistung sowie über die Zahlungsmodalitäten der Pension schriftlich zu informieren.

(5a) Die Pensionskasse hat den Anwartschafts- und Leistungsberechtigten auf deren Verlangen für jene VRG, Sub-VG oder Sicherheits-VRG, in der die Pensionskassenzusage verwaltet wird, binnen angemessener Frist in Papierform für höchstens die letzten drei Geschäftsjahre

1. eine Kennzahl für die Gesamtkostenquote in der Form, dass alle Kosten, die durch die Pensionskasse oder Dritte dem der VRG zugeordneten Vermögen angelastet werden, als Prozentsatz bezogen auf das der VRG zugeordnete Vermögen zu berechnen sind, und

2. einen repräsentativen Performancevergleich anzugeben. *(BGBl I 2012/54)*

(5b) Die Pensionskasse hat die Leistungsberechtigten bei einer Veränderung der Pensionsleistung auf deren Verlangen binnen angemessener Frist in Papierform in einer schematischen Darstellung über die einzelnen Ursachen und Ergebnisquellen zu informieren. *(BGBl I 2012/54)*

(5c) Die Pensionskasse hat einer kollektivvertragsfähigen Interessenvertretung der Arbeitnehmer auf Anfrage jene leistungsrelevanten Teile des Geschäftsplanes zur Verfügung zu stellen, die im Einzelfall und auf Antrag eines Anwartschafts- oder Leistungsberechtigten für die Überprüfung der Angaben gemäß Abs. 3 bis 5 und 5b erforderlich sind. *(BGBl I 2012/54)*

(6) Die FMA kann den Mindestinhalt und die Gliederung der Information gemäß Abs. 3 bis 5 durch Verordnung festlegen, soweit dies im Interesse der Anwartschafts- und Leistungsberechtigten, einer besseren Vergleichbarkeit und Transparenz sowie unter Bedachtnahme auf das volkswirtschaftliche Interesse an einem funktionierenden Pensionskassenwesen erforderlich ist.

(7) Nach Maßgabe der vorhandenen technischen Möglichkeiten kann nach ausdrücklicher Zustimmung des Anwartschafts- oder Leistungsberechtigten anstelle der schriftlichen Information gemäß Abs. 2 bis 5b auch eine gesicherte elektronische Zugriffsmöglichkeit auf diese Information

23. PKG
§§ 19 – 20

bei der Pensionskasse ermöglicht werden. Informationen gemäß Abs. 2, 5a und 5b können nach Zustimmung des Anwartschafts- oder Leistungsberechtigten auch auf einem anderen dauerhaften Datenträger gemäß § 16 Abs. 1 des Wertpapieraufsichtsgesetzes 2007 (WAG 2007), BGBl. I Nr. 60/2007, zur Verfügung gestellt werden. *(BGBl I 2012/54)*

(BGBl I 2005/8)

§ 19a. Die Gebietskrankenkassen sind verpflichtet, die Todesmeldungen gemäß § 360 Abs. 5 ASVG in automationsunterstützter Form im Wege des Hauptverbandes der Sozialversicherungsträger gegen Ersatz der Kosten an die Pensionskassen weiterzuleiten.

(BGBl I 2000/73)

§ 19b. (1) Die Pensionskasse hat einem Anwartschaftsberechtigten, Hinterbliebenen oder Versicherten (§ 18f VAG) auf Anfrage vor einer Entscheidung gemäß § 12 Abs. 7 oder § 12a Abs. 2 dieses Bundesgesetzes oder § 5 Abs. 5, § 5a Abs. 1, § 6c Abs. 5 oder § 6e Abs. 1 BPG auf einem dauerhaften Datenträger gemäß § 16 Abs. 1 WAG 2007 zu informieren. Die Pensionskasse hat über die Information und Entscheidung des Anwartschaftsberechtigten Aufzeichnungen zu führen und diese mindestens sieben Jahre aufzubewahren. Die Aufzeichnungen sind auf einem Datenträger aufzubewahren, damit diese der FMA auch in Zukunft unverzüglich zugänglich gemacht werden können.

Fassung ab 1. 1. 2016 (BGBl I 2015/34):
(1) Die Pensionskasse hat einem Anwartschaftsberechtigten, Hinterbliebenen oder Versicherten „(§ 93 VAG 2016)" auf Anfrage vor einer Entscheidung gemäß § 12 Abs. 7 oder § 12a Abs. 2 dieses Bundesgesetzes oder § 5 Abs. 5, § 5a Abs. 1, § 6c Abs. 5 oder § 6e Abs. 1 BPG auf einem dauerhaften Datenträger gemäß § 16 Abs. 1 WAG 2007 zu informieren. Die Pensionskasse hat über die Information und Entscheidung des Anwartschaftsberechtigten Aufzeichnungen zu führen und diese mindestens sieben Jahre aufzubewahren. Die Aufzeichnungen sind auf einem Datenträger aufzubewahren, damit diese der FMA auch in Zukunft unverzüglich zugänglich gemacht werden können. *(BGBl I 2015/34)*

(2) Die Information gemäß Abs. 1 hat abhängig von der Art der beabsichtigten Entscheidung

1. für den Anwartschaftsberechtigten die Höhe des Unverfallbarkeitsbetrages gemäß § 5 Abs. 1 BPG;

2. die im Geschäftsplan festgelegten relevanten Parameter jener VRG, Sub-VG oder Sicherheits-VRG, der der Anwartschaftsberechtigte zugeordnet ist;

3. die im Geschäftsplan festgelegten relevanten Parameter jener VRG, Sub-VG oder Sicherheits-VRG, in die der Anwartschaftsberechtigte oder Versicherte einbezogen werden soll oder wechseln will;

4. hinsichtlich eines Übertrittes in eine Sicherheits-VRG (§ 12a Abs. 2)

a) die voraussichtliche Höhe der garantierten ersten Monatspension,

b) die Modalitäten der Valorisierung der garantierten ersten Monatspension,

c) die Veranlagungsstrategie sowie Ertragschancen und –risken,

d) die Auswirkungen eines Wechsels aus einer Pensionskassenzusage mit Mindestertragsgarantie in die Sicherheits-VRG,

e) die Höhe der Vergütung für die Veranlagung des Vermögens der Sicherheits-VRG gemäß § 16 Abs. 4a sowie

f) einen besonders hervorgehobenen Hinweis auf den Verbleib der Leistungsberechtigten in der Sicherheits-VRG bei Kündigung des Pensionskassenvertrages;

(BGBl I 2013/184)

5. hinsichtlich der Wahlmöglichkeit einer VRG oder Sub-VG (§ 12 Abs. 7) die Veranlagungsstrategie sowie die Ertragschancen und -risken;

6. vor einer Entscheidung gemäß § 6c Abs. 5 oder § 6e Abs. 1 BPG eine Darstellung der Unterschiede zwischen der betrieblichen Kollektivversicherung und einer Pensionskassenzusage;

7. auf Basis der bisher erworbenen Anwartschaft oder des Unverfallbarkeitsbetrages gemäß § 6c Abs. 1 BPG unter Annahme des Gleichbleibens der zuletzt geleisteten Beiträge oder Prämienleistungen des Arbeitgebers und Arbeitnehmers Prognosen der jeweils künftigen Entwicklung der Anwartschaft und der Pensionsleistung, wobei den Berechnungen neben dem geschäftsplanmäßigen Rechnungszins auch mindestens drei unterschiedliche Annahmen über die Ertragsentwicklung zu Grunde zu legen sind,

zu enthalten.

(3) Die FMA hat den Inhalt und die Gliederung der Information gemäß Abs. 1 und 2 sowie Vorgaben zu den Berechnungen nach Abs. 2 Z 7 durch Verordnung festzulegen. Sie hat dabei das Interesse an einem funktionierenden Pensionskassenwesen sowie die Interessen der Anwartschaftsberechtigten an einer ausreichenden, vergleichbaren und klar verständlichen Information zu berücksichtigen.

(BGBl I 2012/54)

Geschäftsplan

§ 20. (1) Die Pensionskasse hat einen Geschäftsplan zu erstellen. Versicherungstechnische Risiken, die die Pensionskasse auf Grund des Geschäftsplanes nicht selbst tragen kann, sind über Versicherungsunternehmen abzudecken.

(2) Der Geschäftsplan hat sämtliche zum Betrieb des Pensionskassengeschäftes erforderlichen Angaben und Parameter zu enthalten, insbesondere:
1. Die Arten der angebotenen Leistungen;
2. die Darlegung der Verhältnisse, die für die Wahrung der Belange der Anwartschafts- und Leistungsberechtigten und für die Beurteilung der dauernden Erfüllbarkeit der Verpflichtungen der Pensionskasse erheblich sind;
3. die Rechnungsgrundlagen (Wahrscheinlichkeitstafeln, Rechnungszins, „ "[1] vorgesehener rechnungsmäßiger Überschuß); *(BGBl I 2005/8)*
4. die Art und Führung der Schwankungsrückstellung;
5. die Berechnung des durchschnittlichen Vermögens der Veranlagungs- und Risikogemeinschaft sowie die Aufteilung des zugeordneten Vermögens und des zugeordneten durchschnittlichen Vermögens auf die Gruppen von Anwartschafts- und/oder Leistungsberechtigten;
6. die Grundsätze und Formeln für die Berechnung der Pensionskassenbeiträge und der Leistungen; diese sind durch Zahlenbeispiele zu erläutern;
7. die Formeln für die Berechnung des Mindestertrages gemäß § 2 Abs. 2 und 3 und gegebenenfalls einen Verweis auf die Verordnung der FMA gemäß § 2 Abs. 4; *(BGBl I 2005/8)*
8. die Formeln für die Berechnung der zugeordneten Vermögensteile gemäß § 17 Abs. 4;
9. die grundsätzliche Zulässigkeit einer Bewertung gemäß § 23 Abs. 1 Z 3a und jener Modus, der für die Berechnung eines Auszahlungsbetrages erforderlich ist. *(BGBl I 2003/71)*
(BGBl 1996/755)

(2a) Der Rechnungszins und der rechnungsmäßige Überschuss sind mit der gebotenen Vorsicht zu wählen. Dabei sind
1. die Renditen von Anlagen, die unter Berücksichtigung der künftigen Anlageerträge mit von der Pensionskasse für das Vermögen der Veranlagungs- und Risikogemeinschaften gehaltenen Anlagen vergleichbar sind, oder
2. die Marktrenditen öffentlicher oder anderer hochwertiger Schuldverschreibungen

oder ein Mischsatz aus beiden jeweils abzüglich angemessener Sicherheitsabschläge anzusetzen. Die FMA hat mit Verordnung einen oder mehrere höchstzulässige Prozentsätze für Rechnungszins und rechnungsmäßigen Überschuss jeweils für neu abzuschließende Pensionskassenverträge und für neu hinzukommende Anwartschaftsberechtigte in bestehenden Pensionskassenverträgen festzulegen. Für die Sicherheits-VRG ist ein höchstzulässiger Prozentsatz für Rechnungszins und rechnungsmäßigen Überschuss festzusetzen, der jedenfalls nicht höher sein darf, als der nach dem vorangegangenen Satz festgesetzte höchstzulässige Prozentsatz für Rechnungszins und rechnungsmäßigen Überschuss für eine Veranlagungs- und Risikogemeinschaft ohne Garantie. Die FMA hat die Angemessenheit der Zinssätze mindestens alle drei Jahre zu überprüfen. *(BGBl I 2003/71; BGBl I 2012/54)*

(3) Den zur Berechnung der versicherungstechnischen Rückstellungen verwendeten Wahrscheinlichkeitstafeln ist das Vorsichtsprinzip zugrunde zu legen, wobei die wichtigsten Merkmale der Anwartschaftsberechtigten und der Pensionskassenzusagen und insbesondere die zu erwartenden Änderungen der relevanten Risiken zu beachten sind. *(BGBl I 2005/8)*

(3a) Soweit gesetzlich nichts anderes bestimmt ist, darf der Faktor Geschlecht nur dann zu unterschiedlichen Beiträgen oder Leistungen für Frauen und Männer führen, wenn das Geschlecht ein bestimmender Faktor in einer Risikobewertung ist, die auf relevanten und genauen versicherungsmathematischen und statistischen Daten beruht. Die Risikobewertung sowie die erhobenen versicherungsmathematischen und statistischen Daten sind im Geschäftsplan anzugeben. Die Pensionskasse hat diese Risikobewertung regelmäßig zu aktualisieren. *(BGBl I 2007/107)*

(3b) Die Pensionskasse hat die versicherungsmathematischen und statistischen Daten, aus denen unterschiedliche Beiträge oder Leistungen für Frauen und Männer abgeleitet werden, und jede Aktualisierung dieser Daten zu veröffentlichen. Handelt es sich dabei um Daten, die bereits von anderen Stellen veröffentlicht worden sind, so genügt ein Hinweis auf diese Veröffentlichung. Werden die Daten im Internet bereit gestellt, so ist jedermann auf Verlangen eine ohne technische Hilfsmittel lesbare Wiedergabe zur Verfügung zu stellen. *(BGBl I 2007/107)*

„(3c)" Die Methode zur Berechnung der versicherungstechnischen Rückstellungen und die Bemessungsgrundlage dürfen sich nicht von Geschäftsjahr zu Geschäftsjahr ändern. Abweichungen können allerdings bei einer Änderung der den Annahmen zugrunde liegenden rechtlichen, demographischen oder wirtschaftlichen Rahmenbedingungen zulässig sein. *(BGBl I 2005/8; BGBl I 2007/107)*

„(3d)" Eine Deckungslücke, die sich durch Umstellung der Rechnungsgrundlagen ergibt, ist binnen längstens zehn Jahren und jährlich mindestens zu einem Zehntel zu schließen. Sofern die Deckungslücke in einem Geschäftsjahr zu mehr als einem Zehntel geschlossen wurde, kann in einem späteren Geschäftsjahr höchstens in diesem Ausmaß die Schließung der Deckungslücke unterbleiben. Im Falle der Kündigung oder einvernehmlichen Beendigung eines Pensionskassenvertrages ist bei Berechnung der zu übertragenden Vermögensteile gemäß § 17 Abs. 4 die noch nicht geschlossene Deckungslücke in Abzug zu bringen. *(BGBl I 2005/8; BGBl I 2007/107)*

(4) Der Geschäftsplan sowie jede Änderung des Geschäftsplanes bedürfen der Bewilligung der FMA; diese kann mit entsprechenden Auflagen und Fristen versehen werden. Der Geschäftsplan sowie jede Änderung des Geschäftsplanes sind vom Prüfaktuar zu prüfen; dem Antrag auf Bewilligung ist der Bericht des Prüfaktuars über das Prüfungsergebnis anzuschließen. Die Bewilligung ist zu erteilen, wenn der Geschäftsplan den anerkannten Regeln der Versicherungsmathematik entspricht, wenn die Belange der Anwartschafts- und Leistungsberechtigten ausreichend gewahrt werden und insbesondere die Verpflichtungen aus den Pensionskassenverträgen als dauernd erfüllbar anzusehen sind. Die Pensionskasse hat der FMA das Vorliegen dieser Umstände nachzuweisen. *(BGBl I 2005/37)*

(5) „Die FMA" kann unter Beachtung der anerkannten Regeln der Versicherungsmathematik Kriterien für die Führung der geschäftsplanmäßigen Rückstellung für die nach Pensionsbeginn anfallenden Verwaltungskosten durch Verordnung festsetzen. „Bei Erlassung dieser Verordnung hat sie"

1. auf das Erfordernis einer ausreichenden Dotierung dieser Rückstellung, durch die eine kostenfreie Auszahlung der Leistungen gewährleistet sein wird,

2. auf das volkswirtschaftliche Interesse an der Funktionsfähigkeit der Pensionskassen und

3. auf das Interesse der Anwartschafts- und Leistungsberechtigten

Bedacht zu nehmen. *(BGBl I 2000/73; BGBl I 2001/97)*

---

[1]) Vgl die Übergangsbestimmung in § 49 Z 16.

Aktuar

§ 20a. (1) Die Pensionskasse hat mindestens einen versicherungsmathematischen Sachverständigen (Aktuar) zu bestellen, der die Erstellung des Geschäftsplanes vorzunehmen oder zu leiten und dessen Einhaltung zu überwachen hat. Soll zum versicherungsmathematischen Sachverständigen ein Mitglied des Vorstandes der Pensionskasse bestellt werden, so obliegt die Bestellung dem Aufsichtsrat. „Bei überbetrieblichen Pensionskassen ist auch ein stellvertretender Aktuar zu bestellen; Abs. 2 bis 5 sind sinngemäß anzuwenden." *(BGBl I 2012/54)*

(2) Als Aktuar einer Pensionskasse darf eine Person, bei der Ausschließungsgründe vorliegen, nicht tätig sein. Als Ausschließungsgründe sind jene Umstände anzusehen, die eine ordnungsgemäße versicherungsmathematische Durchführung der Pensionskassengeschäfte nicht wahrscheinlich erscheinen lassen. Ausschließungsgründe liegen insbesondere vor, wenn

1. der Aktuar einen Tatbestand im Sinne des § 13 Abs. 1 bis 6 GewO 1994 erfüllt;

2. gegen den Aktuar eine gerichtliche Voruntersuchung wegen einer vorsätzlichen, mit mehr als einjähriger Freiheitsstrafe bedrohten Handlung eingeleitet worden ist, bis zur Rechtskraft der Entscheidung, die das Strafverfahren beendet;

3. der Aktuar die zur Erfüllung seiner Aufgaben erforderlichen theoretischen und praktischen versicherungsmathematischen Kenntnisse nicht besitzt oder keine ausreichende Berufserfahrung nachweisen kann.

(3) Hat nicht mindestens ein Aktuar seinen ordentlichen Wohnsitz im Inland, so hat die Pensionskasse „der FMA" einen inländischen Zustellungsbevollmächtigten namhaft zu machen. Zumindest ein Aktuar muß die deutsche Sprache beherrschen. *(BGBl I 2001/97)*

(4) Die Pensionskasse hat jede Bestellung eines Aktuars der FMA unverzüglich schriftlich anzuzeigen. Mit der Anzeige ist unter Anschluss aller Unterlagen zu bescheinigen, dass keine Ausschließungsgründe vorliegen. Die Pensionskasse und der Aktuar haben der FMA auf deren Verlangen alle erforderlichen Auskünfte zu erteilen und weiteren Unterlagen zu übermitteln. Besteht Grund zur Annahme, dass Ausschließungsgründe vorliegen oder werden der FMA die erforderlichen Auskünfte nicht erteilt oder Unterlagen nicht übermittelt, so ist gemäß § 33 Abs. 6 vorzugehen. Kommt der Aktuar seinen Verpflichtungen nicht nach oder kommen nachträglich Ausschließungsgründe hervor, so hat die FMA der Pensionskasse unter Androhung einer Zwangstrafe aufzutragen, binnen zweier Monate einen neuen Aktuar zu bestellen. Kommt die Pensionskasse diesem Auftrag nicht nach, so ist § 33 Abs. 6 Z 3 anzuwenden. *(BGBl I 2005/37)*

(5) Der Aktuar hat seine Tätigkeit unter Beachtung der für seine Tätigkeit maßgeblichen gesetzlichen Vorschriften und aller Fachgrundsätze nach den anerkannten Regeln der Versicherungsmathematik auszuüben.

(BGBl 1996/755)

Prüfaktuar

§ 21. (1) Die Pensionskasse hat zur versicherungsmathematischen Überprüfung einen unabhängigen versicherungsmathematischen Sachverständigen (Prüfaktuar) zu bestellen. Die Bestellung obliegt dem Aufsichtsrat.

(2) Als Prüfaktuar einer Pensionskasse darf eine Person, bei der Ausschließungsgründe vorliegen, nicht bestellt werden. Als Ausschließungs-

gründe sind jene Umstände anzusehen, die eine ordnungsgemäße versicherungsmathematische Überprüfung nicht wahrscheinlich erscheinen lassen. Ausschließungsgründe liegen insbesondere vor, wenn

1. der Prüfaktuar die zur Erfüllung der Aufgaben eines versicherungsmathematischen Sachverständigen erforderlichen Kenntnisse nicht besitzt;

2. der Prüfaktuar von der zu prüfenden Pensionskasse ein regelmäßig zu leistendes Jahreshonorar bezieht, das 30 vH seiner Gesamtjahreseinnahmen aus gleichartigen beruflichen Tätigkeiten überschreitet;

3. die personelle Unabhängigkeit des Prüfaktuars von der zu prüfenden Pensionskasse insbesondere deshalb nicht gewährleistet ist, weil er für die zu prüfende Pensionskasse eine andere Tätigkeit als die Prüfung ausübt oder bei der Erstellung von Geschäftsplänen oder in sonstigen Belangen mitwirkt, die er selbst prüfen soll.

(3) Die Pensionskasse hat jede Bestellung eines Prüfaktuars der FMA unverzüglich schriftlich anzuzeigen. Mit der Anzeige ist unter Anschluss aller Unterlagen zu bescheinigen, dass keine Ausschließungsgründe vorliegen. Die Pensionskasse und der Prüfaktuar haben der FMA auf deren Verlangen alle erforderlichen Auskünfte zu erteilen und weiteren Unterlagen zu übermitteln. Besteht Grund zur Annahme, dass Ausschließungsgründe vorliegen oder werden der FMA die erforderlichen Auskünfte und Unterlagen nicht erteilt oder übermittelt, so ist gemäß § 33 Abs. 6 vorzugehen. *(BGBl I 2005/37)*

(4) Hat der Prüfaktuar seinen ordentlichen Wohnsitz im Ausland, so hat er im Wege der Pensionskasse „der FMA" einen inländischen Zustellungsbevollmächtigten namhaft zu machen. *(BGBl I 2001/97)*

(5) Der Prüfaktuar hat seine Tätigkeit in eigener Verantwortung sorgfältig unter Beachtung der gesetzlichen Vorschriften und aller Fachgrundsätze nach den anerkannten Regeln der Versicherungsmathematik auszuüben. Kommt der Prüfaktuar seinen Verpflichtungen nicht nach oder kommen nachträglich Ausschließungsgründe hervor, so hat die FMA der Pensionskasse unter Androhung einer Zwangsstrafe aufzutragen, binnen zweier Monate einen neuen Prüfaktuar zu bestellen. Kommt die Pensionskasse diesem Auftrag nicht nach, so ist § 33 Abs. 6 Z 3 anzuwenden. *(BGBl I 2005/37)*

(6) Der Prüfaktuar hat insbesondere zu überprüfen:

1. ob der Geschäftsplan eingehalten wird,

2. ob Änderungen der bestehenden Beitrags- und Leistungsordnung erforderlich sind,

3. ob und in welchem Ausmaß und in welcher Frist der Arbeitgeber aufgetretene Deckungslücken zu schließen hat und

4. ob den Versicherungserfordernissen (§ 20 Abs. 1) in angemessenem Ausmaß Rechnung getragen wurde.

(7) Der Vorstand hat dem Prüfaktuar die zur Erfüllung seiner gesetzlichen Aufgaben notwendigen Bücher, Schriftstücke und Datenträger vorzulegen. Der Prüfaktuar kann vom Vorstand alle Aufklärungen und Nachweise verlangen, welche die sorgfältige Erfüllung seiner Prüfungspflicht erfordert.

(8) „Die Prüfungsergebnisse sind einmal jährlich in einem Prüfbericht festzuhalten und dem Vorstand und dem Aufsichtsrat der Pensionskasse sowie dem Abschlussprüfer spätestens fünf Monate nach Abschluss des Geschäftsjahres zu übermitteln; die Pensionskasse hat den Prüfungsbericht spätestens sechs Monate nach Abschluss des Geschäftsjahres der FMA zu übermitteln."*Die FMA hat Mindestgliederung und -inhalt des Prüfberichtes durch Verordnung festzusetzen; bei Erlassung dieser Verordnung hat sie auf das volkswirtschaftliche Interesse an der Funktionsfähigkeit der Pensionskassen und auf das Interesse der Anwartschafts- und Leistungsberechtigten Bedacht zu nehmen. Der Vorstand der Pensionskasse hat den Prüfbericht oder einen vom Prüfaktuar erstellten, mit den notwendigen Informationen und Schlussfolgerungen versehenen Kurzbericht auf Verlangen unverzüglich den beitragleistenden Arbeitgebern oder den zuständigen Betriebsräten zu übermitteln. *(*BGBl I 2001/97; BGBl I 2005/37)*

(9) Werden vom Prüfaktuar bei Wahrnehmung seiner Aufgaben Tatsachen festgestellt, die

1. den Bestand der Pensionskasse oder die Erfüllbarkeit ihrer Verpflichtungen für gefährdet oder

2. Bestimmungen

a) dieses Bundesgesetzes oder

b) einer auf Grund dieses Bundesgesetzes erlassenen Verordnung oder eines auf Grund dieses Bundesgesetzes erlassenen Bescheides oder

c) des § 5 BPG

für verletzt erkennen lassen, so hat er diese Tatsachen mit den erforderlichen Erläuterungen dem Vorstand und dem Aufsichtsrat der Pensionskasse und der FMA unverzüglich schriftlich zu berichten. Handelt sich jedoch um kurzfristig behebbare, geringfügige Mängel, so ist erst dann zu berichten, wenn die Pensionskasse nicht binnen einer Frist von längstens drei Monaten die festgestellten Mängel behoben hat. Ein Bericht an den Aufsichtsrat und die FMA ist auch dann zu erstatten, wenn die Vorstandsmitglieder eine vom Prüfaktuar geforderte Auskunft innerhalb einer angemessenen Frist nicht ordnungsgemäß erteilen. *(BGBl I 2005/37)*

(10) *(aufgehoben, BGBl I 2005/37)*

(BGBl 1996/755)

23. PKG

§§ 22 – 23

§ 22. (1) Der Prüfaktuar ist zur gewissenhaften und unparteiischen Prüfung und Verschwiegenheit verpflichtet. Er darf nicht unbefugt Geschäfts- und Betriebsgeheimnisse verwerten, die er bei seiner Tätigkeit erfahren hat. Wer vorsätzlich oder fahrlässig seine Pflichten verletzt, ist der Pensionskasse zum Ersatz des daraus entstehenden Schadens verpflichtet.

(2) Die Ersatzpflicht eines Prüfaktuars, der fahrlässig gehandelt hat, beschränkt sich auf „350 000 " für eine Prüfung. *(BGBl I 2001/97)*

(3) Die Ersatzpflicht nach diesen Vorschriften kann durch Vertrag weder ausgeschlossen noch beschränkt werden.

(4) Die Ansprüche aus diesen Vorschriften verjähren in fünf Jahren.

Bewertungsregeln

§ 23. (1) Die den Veranlagungs- und Risikogemeinschaften zugeordneten Vermögenswerte sind mit folgenden Werten anzusetzen:

1. Auf einen festen Geldbetrag lautende Forderungen dürfen, soweit in Z 3 nichts anderes bestimmt ist, höchstens zum Nennwert angesetzt werden;

2. Aktiva in fremder Währung sind mit dem Devisen-Mittelkurs anzusetzen; *(BGBl I 1998/126)*

3. Wertpapiere sind

a) mit dem jeweiligen Börsenkurs oder dem jeweiligen Preis am anerkannten Wertpapiermarkt anzusetzen oder

b) mit dem Marktwert zu bewerten; existiert für einen Vermögenswert kein liquider Markt, so kann als Marktwert jener rechnerische Wert herangezogen werden, der sich aus der Zugrundelegung von Marktbedingungen ergibt; *(BGBl I 2005/8)*

3a. Abweichend von Z 3 sind direkt oder über Spezialfonds gemäß § 163 des Investmentfondsgesetzes 2011 (InvFG 2011), BGBl. I Nr. 77/2011, oder vergleichbare ausländische Spezialfonds, bei denen die Pensionskasse einziger Anteilinhaber ist, veranlagte

a) Schuldverschreibungen des Bundes, eines Bundeslandes, eines anderen Mitgliedstaates, eines Gliedstaates eines anderen Mitgliedstaates, eines sonstigen Vollmitgliedstaates der Organisation für wirtschaftliche Zusammenarbeit und Entwicklung (OECD) oder einer internationalen Organisation öffentlich rechtlichen Charakters, der ein oder mehrere Mitgliedstaaten angehören, und Wertpapiere, für deren Rückzahlung und Verzinsung der Bund, ein Bundesland, ein anderer Mitgliedstaat, ein Gliedstaat eines anderen Mitgliedstaates, ein sonstiger Vollmitgliedstaat der OECD oder eine internationale Organisation öffentlich rechtlichen Charakters, der ein oder mehrere Mitgliedstaaten angehören, haftet, und die Veranlagung gemäß „Teil 3 Titel II Kapitel 2 der Verordnung (EU) Nr. 575/2013" mit einem Risikogewicht von höchstens 20 vH zu versehen wäre, *(BGBl I 2013/184)*

b) Schuldverschreibungen von Kreditinstituten, die gemäß „Teil 3 Titel II Kapitel 2 der Verordnung (EU) Nr. 575/2013" mit einem Risikogewicht von höchstens 20 vH zu versehen wären, und Wertpapiere, für deren Rückzahlung und Verzinsung ein Kreditinstitut, das gemäß „Teil 3 Titel II Kapitel 2 der Verordnung (EU) Nr. 575/2013" mit einem Risikogewicht von höchstens 20 vH zu versehen wäre, haftet, *(BGBl I 2013/184)*

c) corporate bonds, deren Bonität unter Beachtung der Anforderungen des § 25 Abs. 11 im Hinblick auf die Bezugnahme auf externe Ratings mit investment grade vergleichbar ist, *(BGBl I 2014/70)*

„mit einer festen Laufzeit, wenn sie auf Grund einer gesonderten Widmung dazu bestimmt sind bis zur Endfälligkeit gehalten zu werden, mit ihren fortgeführten Anschaffungskosten oder ihrem fortgeführten Tageswert zum Zeitpunkt der Widmung unter Verwendung der Effektivzinsmethode zu bewerten, wenn dies im Geschäftsplan für zulässig erklärt wurde. Für die direkt oder indirekt über Spezialfonds gewidmeten Wertpapiere ist anhand eines vorsichtigen Liquiditätsplans die Fähigkeit als Daueranlage darzulegen; es dürfen aber höchstens 25 vH gemäß lit. c und insgesamt höchstens 60 vH der einer Veranlagungs- und Risikogemeinschaft zugeordneten Vermögens gewidmet werden. Der FMA ist auf Verlangen nachzuweisen, dass die Fondsbestimmungen von Spezialfonds Regelungen über die gesonderte Widmung von bestimmten Schuldverschreibungen und über den laufenden Ausweis eines weiteren Rechenwertes unter Berücksichtigung der besonderen Bewertung enthalten. Über ein von der Pensionskasse als Daueranlage gewidmetes Wertpapier darf vor Endfälligkeit nur bei Vorliegen besonderer Umstände und mit Bewilligung der FMA verfügt werden. Im Nachweis gemäß § 25 Abs. 9 sind unter Beachtung der Anforderungen des § 25 Abs. 11 im Hinblick auf die Bezugnahme auf externe Ratings Kriterien festzulegen, nach denen bei einem Wertpapier die Widmung als Daueranlage aufzuheben und dieses gemäß Z 3 zu bewerten ist; eine nach diesen Kriterien durchgeführte Entwidmung bedarf keiner Zustimmung der FMA, ist dieser aber unverzüglich anzuzeigen. Eine Veräußerung von über Spezialfonds gesondert gewidmeten Schuldverschreibungen ist nur bei Vorliegen besonderer Umstände und mit Bewilligung der FMA zulässig. Die FMA hat in der Verordnung gemäß § 36 Abs. 2 den Ausweis der durch die HTM-Bewertung entstehenden stillen Lasten und stillen Reserven vorzuschreiben;" *(BGBl I 2005/8; BGBl I 2012/54; BGBl I 2014/70)*

4. Anteilscheine von Investmentfonds gemäß § 3 Abs. 2 Z 30 InvFG 2011 sind mit dem Rückgabepreis im Sinne des § 55 Abs. 2 InvFG 2011 oder vergleichbarer Regelungen in den OECD-Mitgliedstaaten anzusetzen; *(BGBl I 2011/77)*

4a. Anteilscheine von Immobilienfonds gemäß § 1 Abs. 1 und Immobilienspezialfonds gemäß § 1 Abs. 3 Immobilien-Investmentfondsgesetz, BGBl. I Nr. 80/2003 (ImmoInvFG) sowie von Immobilienfonds, die von einer Kapitalanlagegesellschaft mit Sitz im EWR verwaltet werden, sind mit dem Rückgabepreis im Sinne des § 11 Abs. 1 ImmoInvFG anzusetzen; *(BGBl I 2003/80)*

4b. Anteile an einem Alternative Investmentfonds (AIF) sind mit dem Nettoinventarwert gemäß § 17 Alternative Investmentfonds Manager-Gesetz – AIFMG, BGBl. I Nr. 135/2013, anzusetzen; *(BGBl I 2014/70)*

5. andere Sachwerte, insbesondere Liegenschaften, sind mit dem Verkehrswert anzusetzen; die Feststellung der Verkehrswerte ist mindestens alle drei Jahre durch geeignete Prüfer vorzunehmen; insbesondere Auf- und Abwertungen sind zu begründen;

6. der Wert von Veranlagungen in derivative Produkte gemäß „§ 73 InvFG 2011" ist mit der gebotenen Vorsicht unter Berücksichtigung des Basiswertes anzusetzen und hat in die Bewertung der der Veranlagungs- und Risikogemeinschaft zugeordneten Vermögenswerte einzufließen. *(BGBl I 2005/8; BGBl I 2011/77)*

(2) Bei Ermittlung des Gesamtwertes der den Veranlagungs- und Risikogemeinschaften zugeordneten Vermögenswerte zum Abschlußstichtag sind erkennbare Risiken und drohende Verluste, die in dem Geschäftsjahr oder in einem früheren Geschäftsjahr entstanden sind, zu berücksichtigen, selbst wenn diese Umstände erst zwischen dem Abschlußstichtag und dem Tag der Aufstellung des Jahresabschlusses bekanntgeworden sind. Notwendige Wertberichtigungen sind bei der Bewertung der einzelnen Vermögensgegenstände selbst zu berücksichtigen.

(BGBl 1996/755)

Schwankungsrückstellung – allgemeine Bestimmungen

§ 24. (1) Zum Ausgleich von Gewinnen und Verlusten aus der Veranlagung des Vermögens und aus dem versicherungstechnischen Ergebnis ist in jeder Veranlagungs- und Risikogemeinschaft eine Schwankungsrückstellung zu bilden. Die Dotierung oder Auflösung der Schwankungsrückstellung hat auf dem Wert der Schwankungsrückstellung zum Bilanzstichtag des letzten Geschäftsjahres aufzusetzen und hat in der durch § 24a vorgeschriebenen Reihenfolge zu erfolgen.

(2) Die Schwankungsrückstellung kann grundsätzlich entweder getrennt für einzelne Anwartschafts- und Leistungsberechtigte (individuell) oder gemeinsam für Gruppen von Anwartschafts- und/oder Leistungsberechtigten (global) geführt werden. Folgende Kombinationsmöglichkeiten sind zulässig:

1. Für eine gesamte Veranlagungs- und Risikogemeinschaft

a) individuell für alle Anwartschafts- und Leistungsberechtigten,

b) individuell für alle Anwartschaftsberechtigten und global für alle Leistungsberechtigten,

c) global für alle Anwartschaftsberechtigten und global für alle Leistungsberechtigten oder

d) global für alle Anwartschafts- und Leistungsberechtigten; dies ist jedoch nur zulässig, wenn es sich um eine Veranlagungs- und Risikogemeinschaft mit unbeschränkter Nachschusspflicht des Arbeitgebers für alle Anwartschafts- und Leistungsberechtigten handelt.

2. Abweichend von Z 1 lit. a, b und c kann die Schwankungsrückstellung innerhalb einer VRG für eine Gruppe von Anwartschaftsberechtigten oder eine Gruppe von Leistungsberechtigten global geführt werden, wobei für die Bildung der Gruppe folgende Kriterien einzeln oder in Kombination herangezogen werden können:

a) Sub-VG,

b) Wahrscheinlichkeitstafeln,

c) Rechnungszins,

d) rechnungsmäßiger Überschuss,

e) Arbeitgeber oder Gruppe von Arbeitgebern.

3. Abweichend von Z 1 lit. d kann die Schwankungsrückstellung innerhalb einer VRG bei unbeschränkter Nachschusspflicht eines Arbeitgebers global für alle Anwartschafts- und Leistungsberechtigten dieses Arbeitgebers oder global für alle Anwartschaftsberechtigten dieses Arbeitgebers und global für alle Leistungsberechtigten dieses Arbeitgebers geführt werden, wobei an die Stelle des Arbeitgebers jeweils auch eine Gruppe von Arbeitgebern treten kann.

Sofern Pensionskassenzusagen mit Mindestertragsgarantie und Pensionskassenzusagen ohne Mindestertragsgarantie in einer Veranlagungs- und Risikogemeinschaft gemeinsam verwaltet werden, ist bei Führung der Schwankungsrückstellung gemäß Z 1 lit. a bis c unbeschadet der Z 2 die Schwankungsrückstellung jedenfalls getrennt nach Pensionskassenzusagen mit Mindestertragsgarantie und Pensionskassenzusagen ohne Mindestertragsgarantie zu führen. *(BGBl I 2012/54)*

(3) Das für die Führung der Schwankungsrückstellung maßgebliche Vermögen entspricht der „Gesamtsumme des in der Vermögensaufstellung einer Veranlagungs- und Risikogemeinschaft ausgewiesenen veranlagten Vermögens abzüglich

der Verbindlichkeiten aus dem Ankauf von Vermögenswerten," bewertet gemäß § 23 zum jeweiligen Stichtag. *(BGBl I 2006/134)*

(4) Der Sollwert der Schwankungsrückstellung ist vom Vorstand festzulegen und im Geschäftsplan anzugeben, wobei er nicht weniger als 10 vH und nicht mehr als 20 vH des Vermögens gemäß Abs. 3 zum jeweiligen Bilanzstichtag betragen darf. *(BGBl I 2005/8)*

(5) Sofern in einer Veranlagungs- und Risikogemeinschaft der Unverfallbarkeitsbetrag sowohl gemäß § 5 Abs. 1a Z 1 BPG als auch gemäß § 5 Abs. 1a Z 2 BPG berechnet wird, ist das durch die Beendigung des Arbeitsverhältnisses vor Eintritt des Leistungsfalles entstehende versicherungstechnische Ergebnis (§ 24a Abs. 4) für die zwei Gruppen der Anwartschaftsberechtigten getrennt zu berechnen und entsprechend zuzuordnen.

(6) Ist bei Beendigung eines Arbeitsverhältnisses die Unverfallbarkeit der Arbeitgeberbeiträge noch nicht eingetreten (§ 5 Abs. 1 BPG), so können diese Arbeitgeberbeiträge bei Zusagen mit unbeschränkter Nachschußpflicht des Arbeitgebers mit künftigen Arbeitgeberbeiträgen gegenverrechnet werden, ansonsten sind sie dem versicherungstechnischen Ergebnis hinzuzurechnen.

(BGBl 1996/755)

Aufbau der Schwankungsrückstellung

§ 24a. (1) Sofern in den Beiträgen des Arbeitgebers Beträge enthalten sind, die für die Schwankungsrückstellung bestimmt sind, so sind sie in die Schwankungsrückstellung einzustellen. Wird die Schwankungsrückstellung für Anwartschafts- und Leistungsberechtigte getrennt und für Leistungsberechtigte global geführt, ist bei Wechsel eines Anwartschaftsberechtigten in die Gruppe der Leistungsberechtigten dessen anteilige Schwankungsrückstellung rückwirkend zum 1. Jänner des Jahres, in dem der Wechsel wirksam wird, auf die Schwankungsrückstellung der Leistungsberechtigten umzubuchen.

(2) Übersteigt der „in der Ertragsrechnung einer Veranlagungs- und Risikogemeinschaft ausgewiesene Veranlagungsüberschuss" abzüglich der Rechnungszinsen gemäß § 48, bezogen auf das zugeordnete durchschnittliche Vermögen (§ 20 Abs. 2 Z 5), den rechnungsmäßigen Überschuß, so ist der Unterschiedsbetrag der Schwankungsrückstellung zuzuführen. Unterschreitet der „in der Ertragsrechnung einer Veranlagungs- und Risikogemeinschaft ausgewiesene Veranlagungsüberschuss" abzüglich der Rechnungszinsen gemäß § 48, bezogen auf das zugeordnete durchschnittliche Vermögen (§ 20 Abs. 2 Z 5), den rechnungsmäßigen Überschuß, so ist der Unterschiedsbetrag der Schwankungsrückstellung zu entnehmen. *(BGBl I 2006/134)*

(3) Die FMA hat für eine zusätzliche Zuweisung zur Schwankungsrückstellung durch den Vorstand der Pensionskasse durch Verordnung Rahmenbedingungen für den betroffenen Personenkreis sowie Kriterien für das Ausmaß der Zuweisung festzusetzen. Dabei hat sie auf

1. eine möglichst gleichmäßige Pensionsanpassung für Leistungsberechtigte,

2. eine möglichst gleichmäßige Ertragszuteilung für Anwartschaftsberechtigte,

3. die Höhe von Rechnungszins und rechnungsmäßigem Überschuss,

4. die Besonderheiten der Sicherheits-VRG,

5. das Ausmaß der Schwankungsrückstellung und

6. die Kapitalmarktsituation

Bedacht zu nehmen. *(BGBl I 2001/97; BGBl I 2012/54, vgl die Übergangsbestimmung in § 49 Abs 2 Z 4)*

(4) Versicherungstechnische Gewinne sind der Schwankungsrückstellung zuzuführen, versicherungstechnische Verluste sind aus der Schwankungsrückstellung zu decken.

(5) Übersteigt die gebildete Schwankungsrückstellung „25 vH" des zugeordneten Vermögens (§ 20 Abs. 2 Z 5), so ist sie im Ausmaß des Unterschiedsbetrages sofort aufzulösen. Auf Beschluß des Vorstandes kann die Auflösung für Anwartschafts- und/oder Leistungsberechtigte eines oder mehrerer Arbeitgeber ganz oder teilweise unterbleiben, solange die gebildete Schwankungsrückstellung zum Bilanzstichtag „25 vH" des zugeordneten Vermögens (§ 20 Abs. 2 Z 5) zuzüglich der Forderungen gemäß § 48 nicht übersteigt. *(BGBl I 2005/8)*

(6) Übersteigt die gebildete Schwankungsrückstellung den durch Beschluß des Vorstandes festgelegten Sollwert, so sind 10 vH der Schwankungsrückstellung sofort aufzulösen. Auf Beschluß des Vorstandes kann die Auflösung für Anwartschafts- und/ oder Leistungsberechtigte eines oder mehrerer Arbeitgeber ganz oder teilweise unterbleiben, solange die gebildete Schwankungsrückstellung zum Bilanzstichtag „25 vH" des zugeordneten Vermögens (§ 20 Abs. 2 Z 5) zuzüglich der Forderungen gemäß § 48 nicht übersteigt. *(BGBl I 2005/8)*

(7)[1] Entsteht nach Anwendung der Abs. 1 bis 4 eine negative Schwankungsrückstellung, so ist die negative Schwankungsrückstellung sofort aufzulösen. *(BGBl I 2005/8)*

(8) Die FMA kann auf Antrag der Pensionskasse in einer Veranlagungs- und Risikogemeinschaft abweichend von Abs. 7 die Bildung einer negativen Schwankungsrückstellung bis höchstens 5 vH des zugeordneten Vermögens bewilligen. Dem Antrag der Pensionskasse ist ein Finanzierungsplan anzuschließen, aus dem hervorgeht, wie und in welchem Zeitraum die negative Schwankungs-

rückstellung wieder aufgelöst werden kann. Bei Erstellung des Finanzierungsplanes ist insbesondere auf die Rechnungsgrundlagen gemäß § 20 Abs. 2 Z 3, eine Nachschussverpflichtung des Arbeitgebers gemäß § 5 Z 3, die Risikostruktur, die Struktur der Aktiva und Passiva und die Struktur der Anwartschafts- und Leistungsberechtigten Bedacht zu nehmen. *(BGBl I 2005/8)*

(9) Die Bildung einer negativen Schwankungsrückstellung gemäß Abs. 8 ist

1. für Anwartschaftsberechtigte ohne Nachschussverpflichtung des Arbeitgebers gemäß § 5 Z 3 und

2. in Veranlagungs- und Risikogemeinschaften, in denen Pensionskassenzusagen aus einer Tätigkeit gemäß § 11a Abs. 1 verwaltet werden

nicht zulässig. *(BGBl I 2005/8)*

(BGBl 1996/755)

[1)] Vgl die Übergangsbestimmung in § 49 Z 17.

Veranlagungsvorschriften

§ 25. (1) Der Vorstand der Pensionskasse hat dafür Sorge zu tragen, dass die Veranlagung des einer Veranlagungs- und Risikogemeinschaft zugeordneten Vermögens durch Personen erfolgt, die dafür fachlich geeignet sind und die insbesondere in den Bereichen Portfoliomanagement, Risikomanagement sowie Asset-Liability-Management eine entsprechende Berufserfahrung nachweisen können und dass angemessene technische Ressourcen für das Risikomanagement zur Verfügung stehen. Die Veranlagung des einer Veranlagungs- und Risikogemeinschaft zugeordneten Vermögens hat nach dem allgemeinen Vorsichtsprinzip und unter Berücksichtigung der sonstigen Bestimmungen dieses Bundesgesetzes zu erfolgen und es ist dabei insbesondere Folgendes zu beachten:

1. Die Vermögenswerte sind zum größtmöglichen Nutzen der Anwartschafts- und Leistungsberechtigten zu veranlagen;

2. im Falle eines möglichen Interessenkonfliktes haben die Veranlagungsentscheidungen einzig und allein im Interesse der Anwartschafts- und Leistungsberechtigten zu erfolgen;

3. die Vermögenswerte sind so zu veranlagen, dass die Sicherheit, Qualität, Liquidität und Rentabilität des einer Veranlagungs- und Risikogemeinschaft zugeordneten Vermögens insgesamt gewährleistet ist;

4. die Vermögenswerte sind nach Art und Dauer in einer den erwarteten künftigen Altersversorgungsleistungen entsprechenden Weise zu veranlagen;

5. Wertpapiere und/oder Geldmarktinstrumente müssen vorrangig

a) an einem geregelten Markt gemäß Art. 4 Abs. 1 Nummer 92 der Verordnung (EU) Nr. 575/2013 notiert oder gehandelt werden oder *(BGBl I 2013/184)*

b) an einem anderen anerkannten, geregelten, für das Publikum offenen und ordnungsgemäß funktionierenden Wertpapiermarkt eines „Mitgliedstaates" gehandelt werden oder *(BGBl I 2012/54)*

c) an einer Wertpapierbörse eines Drittlandes (§ 2 Z 8 BWG) amtlich notiert oder an einem anderen anerkannten, geregelten, für das Publikum offenen und ordnungsgemäß funktionierenden Wertpapiermarkt eines Drittlandes gehandelt werden;

Veranlagungen in Vermögenswerte, die nicht zum Handel an geregelten Märkten zugelassen sind, müssen in der Erklärung über die Grundsätze der Veranlagungspolitik vorgesehen sein und auf jeden Fall auf einem vorsichtigen Niveau gehalten werden;

6. derivative Produkte gemäß „§ 73 InvFG 2011", die nicht zur Absicherung von Kursrisiken erworben werden, dürfen nur dann erworben werden, wenn sie zur Verringerung von Veranlagungsrisiken oder zur Erleichterung einer effizienten Verwaltung des einer Veranlagungs- und Risikogemeinschaft zugeordneten Vermögens beitragen; die Risikokonzentration in Bezug auf eine einzige Gegenpartei oder auf andere Veranlagungen in derivative Produkte ist zu vermeiden; *(BGBl I 2011/77)*

7. die Vermögenswerte sind in angemessener Weise zu streuen und eine Risikokonzentration ist zu vermeiden;

8. der Erwerb von Vermögenswerten ein und desselben Ausstellers oder von Ausstellern, die derselben Unternehmensgruppe angehören, darf nicht zu einer übermäßigen Risikokonzentration führen.

(2) Die zugunsten einer Veranlagungs- und Risikogemeinschaft erworbenen Vermögenswerte sind folgenden Veranlagungskategorien zuzuordnen:

1. Guthaben bei Kreditinstituten „ " *(BGBl I 2012/54)*

2. Darlehen und Kredite;

3. Forderungswertpapiere;

4. Aktien, aktienähnliche begebbare Wertpapiere, corporate bonds und sonstige Beteiligungswertpapiere;

5. Immobilien;

6. sonstige Vermögenswerte.

(2a) Vermögensgegenstände gemäß Abs. 2 Z 1 dürfen nur bis zu einer Höhe von 25 vH des der Veranlagungs- und Risikogemeinschaft zugeordneten Vermögens bei der gleichen Kreditinstitutsgruppe (§ 30 BWG) gehalten werden. Diese

23. PKG
§ 25

Grenze darf während des ersten Jahres ab Bildung einer Veranlagungs- und Risikogemeinschaft vorübergehend überschritten werden. *(BGBl I 2006/134)*

(3) 1. Veranlagungen in Vermögenswerte gemäß Abs. 2 Z 4 und 6 sind gemeinsam mit höchstens 70 vH des der Veranlagungs- und Risikogemeinschaft zugeordneten Vermögens begrenzt.

2. Abweichend von Z 1 sind Veranlagungen gemäß Abs. 2 Z 4 und 6 mit Ausnahme von corporate bonds, deren Bonität unter Beachtung der Anforderungen des § 25 Abs. 11 im Hinblick auf die Bezugnahme auf externe Ratings mit investment grade vergleichbar ist, in einer Veranlagungs- und Risikogemeinschaft, in der Pensionskassenzusagen mit Mindestertragsgarantie und ohne Übernahme der Verpflichtung gemäß § 2 Abs. 2 und 3 durch den Arbeitgeber verwaltet werden, mit höchstens 50 vH des der Veranlagungs- und Risikogemeinschaft zugeordneten Vermögens begrenzt. *(BGBl I 2014/70)*
(BGBl I 2005/59)

(4) Veranlagungen in Vermögenswerten, die auf eine andere Währung als die der Verbindlichkeiten lauten, sind mit höchstens 30 vH des Veranlagungs- und Risikogemeinschaft zugeordneten Vermögens begrenzt. Wird das Währungsrisiko durch Kurssicherungsgeschäfte beseitigt, so können diese Veranlagungen den auf Euro lautenden Veranlagungen zugeordnet werden.

(5) Die Rückveranlagung bei Arbeitgebern, die Beiträge zur Veranlagungs- und Risikogemeinschaft leisten, ist mit Ausnahme von Veranlagungen in Schuldverschreibungen des Bundes, eines Bundeslandes, eines anderen „Mitgliedsstaates" oder eines Gliedstaates eines anderen „Mitgliedsstaates" mit höchstens 5 vH des der Veranlagungs- und Risikogemeinschaft zugeordneten Vermögens begrenzt. *(BGBl I 2012/54)*

(6) Veranlagungen in Schuldverschreibungen, Aktien und aktienähnlichen Wertpapieren, die nicht zum Handel an einem geregelten Markt zugelassen sind, sind mit höchstens 30 vH des Veranlagungs- und Risikogemeinschaft zugeordneten Vermögens begrenzt.

(7) „Veranlagungen in Vermögenswerten desselben Ausstellers, mit Ausnahme von Veranlagungen in Schuldverschreibungen und Darlehen, die vom Bund, einem Bundesland, einem anderen Mitgliedstaat, einem Gliedstaat eines anderen Mitgliedstaates oder einer internationalen Organisation öffentlich rechtlichen Charakters, der ein oder mehrere Mitgliedstaaten angehören, begeben oder garantiert werden" , sind mit höchstens 5 vH des der Veranlagungs- und Risikogemeinschaft zugeordneten Vermögens begrenzt; Veranlagungen in Vermögenswerten von Ausstellern, die einer einzigen Unternehmensgruppe im Sinne des § 74 Abs. 7 InvFG 2011 angehören, sind mit höchstens 10 vH des der Veranlagungs- und Risikogemeinschaft zugeordneten Vermögens begrenzt. *(BGBl I 2011/77; BGBl I 2012/54)*

(8) „Veranlagungen in Anteilscheine von Investmentfonds, Immobilienfonds und AIF sind entsprechend der tatsächlichen Gestionierung auf die Veranlagungskategorien gemäß Abs. 2 Z 1 bis 6 aufzuteilen."** „Abweichend von § 14 Abs. 1 sind § 80 Abs. 1 InvFG 2011 und § 4 Abs. 3 ImmoInvFG anwendbar."* Für Vermögenswerte eines OGAW (§ 2 InvFG 2011), kann eine Durchrechnung in Bezug auf Abs. 7 unterbleiben, wenn

1. in Anteilscheine dieses Investmentfonds im Ausmaß von höchstens 5 vH des der Veranlagungs- und Risikogemeinschaft zugeordneten Vermögens veranlagt wird oder

2. Anteilscheine dieses Investmentfonds von einem anderen Investmentfonds im Ausmaß von höchstens 5 vH des Fondsvermögens dieses anderen Investmentfonds gehalten werden.
(BGBl I 2006/134; BGBl I 2011/77; *BGBl I 2012/54; **BGBl I 2014/70)

(9) „Die Pensionskasse hat für die Erfassung, Beurteilung, Steuerung und Überwachung der Risiken aus der Veranlagung ein Risikomanagement einzurichten, das der Art, dem Umfang und der Komplexität der Veranlagung angemessen ist." Die FMA hat durch Verordnung Mindeststandards für die Risikomanagement festzulegen; bei der Erlassung dieser Verordnung hat sie auf das volkswirtschaftliche Interesse an einem funktionierenden Pensionskassenwesen sowie auf die Interessen der Anwartschafts- und Leistungsberechtigten Bedacht zu nehmen. Mindeststandards sind insbesondere hinsichtlich

1. Risikosteuerung,

2. Risikostreuung,

3. Risikoreduzierung,

4. Asset-Liability-Management,

5. Art und Inhalt des Nachweises der Pensionskasse, dass ihr Risikomanagement diesen Mindeststandards entspricht und

6. der Frist, binnen der dieser Nachweis zu erbringen ist,

festzulegen. Die FMA kann anordnen, dass dieser Nachweis in regelmäßigen Abständen erbracht werden muss. *(BGBl I 2012/54)*

(10) Die FMA kann im Einzelfall mit Bescheid für die Veranlagung des einer Veranlagungs- und Risikogemeinschaft zugeordneten Vermögens

1. im Hinblick auf Risikostreuung und Risikoreduzierung für

a) Veranlagungen gemäß Abs. 1 Z 6 und Abs. 2 Z 6 jeweils eine Obergrenze bis 20 vH,

b) Veranlagungen gemäß Abs. 2 Z 4 eine Obergrenze bis 40 vH,

c) Veranlagungen gemäß Abs. 2 Z 5 eine Obergrenze bis 30 vH des der Veranlagungs- und Risikogemeinschaft zugeordneten Vermögens und

2. im Hinblick auf Risikostreuung und Risikoreduzierung für Veranlagungen gemäß Abs. 6 detaillierte Bedingungen für den Erwerb festsetzen, soweit dies aufgrund der Besonderheit der in der betreffenden Veranlagungs- und Risikogemeinschaft verwalteten Pensionskassenzusagen und für die Wahrung der Interessen der Anwartschafts- und Leistungsberechtigten erforderlich ist. *(BGBl I 2012/54)*

(11) Unter Berücksichtigung der Art, des Umfangs und der Komplexität der Tätigkeit der Pensionskassen überwacht die FMA die Angemessenheit der Verfahren der Pensionskassen für die Bonitätsbewertung, bewertet die Verwendung von Bezugnahmen auf Ratings, die von Ratingagenturen im Sinne von Art. 3 Abs. 1 lit. b der Verordnung (EG) Nr. 1060/2009 über Ratingagenturen, ABl. Nr. L 302 vom 17.11.2009 S. 1, abgegeben worden sind, in der Anlagepolitik der Veranlagungs- und Risikogemeinschaft und regt, falls angezeigt, die Milderung der Auswirkungen solcher Bezugnahmen an, um dem ausschließlichen und automatischen Rückgriff auf derartige Ratings entgegenzuwirken. *(BGBl I 2012/54; BGBl I 2014/70)*

(BGBl I 2005/8)

Erklärung über die Grundsätze der Veranlagungspolitik

§ 25a. (1) Die Pensionskasse hat für jede Veranlagungs- und Risikogemeinschaft eine schriftliche Erklärung über die Grundsätze der Veranlagungspolitik aufzustellen. Diese Erklärung hat jedenfalls

1. die Verfahren zur Bewertung des Veranlagungsrisikos,

2. das Risikomanagement,

3. die Strategien hinsichtlich der Auswahl der Vermögenswerte sowie in Bezug auf die Mischung und Streuung der Vermögenswerte je nach Art und Dauer der eingegangenen Verbindlichkeiten,

4. die Zulässigkeit und die Strategien von Veranlagungen in derivative Produkte,

5. die Zulässigkeit und die Strategien von Veranlagungen in Vermögenswerte, die nicht zum Handel an geregelten Märkten zugelassen sind und/oder an Risikokapitalmärkten gehandelt werden sowie

6. die allfällige Auswahl der Vermögenswerte nach ethischen, ökologischen und/ oder sozialen Kriterien *(BGBl I 2005/37)*

zu umfassen.

(1a) Soferne die Pensionskasse mehrere VRG oder Sub-VG mit unterschiedlichen Veranlagungsstrategien (§ 12 Abs. 6 und 7) anbietet, so hat sie die unterschiedlichen Veranlagungsstrategien nach qualitativen und quantitativen Kriterien zu definieren und die Unterschiede in einer überblicksartigen Aufstellung leicht verständlich darzustellen. *(BGBl I 2012/54)*

(2) Die Erklärung über die Grundsätze der Veranlagungspolitik ist unverzüglich nach einer wesentlichen Änderung der Veranlagungspolitik zu aktualisieren, mindestens aber alle drei Jahre zu überprüfen.

(3) Die Erklärung über die Grundsätze der Veranlagungspolitik sowie „jede wesentliche Änderung" ist der FMA unverzüglich zur Kenntnis zu bringen. *(BGBl I 2012/54)*

(4) Die Erklärung über die Grundsätze der Veranlagungspolitik ist für die jeweilige Veranlagungs- und Risikogemeinschaft auf Verlangen den beitragleistenden Arbeitgebern, den Anwartschafts- und Leistungsberechtigten und den zuständigen Betriebsräten unverzüglich zu übermitteln.

(BGBl I 2005/8)

Depotbank

§ 26. (1) Mit der Verwahrung der zu einer Veranlagungs- und Risikogemeinschaft gehörigen Wertpapiere und Anteilscheine von Kapitalanlagefonds hat die Pensionskasse eine oder mehrere Depotbanken zu beauftragen. Als Depotbank kann nur ein Kreditinstitut, das gemäß der Richtlinie 2004/39/EG oder „2013/36/EU" zur Ausübung dieser Tätigkeit ordnungsgemäß zugelassen oder als Verwahrstelle im Sinne der Richtlinie 2009/65/EG anerkannt ist, beauftragt werden. Die Pensionskasse hat der FMA zusammen mit der Anzeige der Beauftragung eine Erklärung des Kreditinstituts oder der Verwahrstelle vorzulegen, in der die Rechte und Pflichten des Abs. 2 zur Kenntnis genommen werden und auf jedes Aufrechnungs- und Zurückbehaltungsrecht verzichtet wird. *(BGBl I 2012/54, vgl die Übergangsbestimmung in § 49 Abs 2 Z 5; BGBl I 2014/70)*

(1a) Für jede VRG, jede Sub-VG und die Sicherheits-VRG ist jeweils ein eigenes Wertpapierdepot zu führen. Im Depotnamen sind jedenfalls die Pensionskasse und eine Bezeichnung der VRG, Sub-VG oder Sicherheits-VRG anzuführen. *(BGBl I 2012/54)*

(2) Die Depotbank ist berechtigt und verpflichtet, im eigenen Namen gemäß § 37 der Exekutionsordnung dort Klage Widerspruch zu erheben, wenn auf einen zu einer Veranlagungs- und Risikogemeinschaft gehörigen Vermögenswert Exekution geführt wird, sofern es sich nicht um eine gemäß § 13 begründete Forderung gegen eine Veranlagungs- und Risikogemeinschaft handelt.

Die die betreffende Veranlagungs- und Risikogemeinschaft verwaltende Pensionskasse ist von der Depotbank über alle notwendigen Schritte unverzüglich zu informieren.

(3) Untersagt die zuständige Behörde des Herkunftsmitgliedstaates einer Einrichtung die freie Verfügung über die Vermögenswerte, so hat die FMA auf Antrag dieser Behörde der mit der Verwahrung der Vermögenswerte dieser Einrichtung beauftragten inländischen Depotbank gemäß Abs. 1 die freie Verfügung über diese Vermögenswerte zu untersagen. *(BGBl I 2005/8)*

(BGBl 1996/755)

Aufsichtsrat

§ 27. (1) Der Aufsichtsrat in überbetrieblichen Pensionskassen besteht aus mindestens sechs und höchstens zwölf von der Hauptversammlung gewählten Vertretern des Grundkapitals und aus einer gegenüber diesen um zwei verminderten Zahl von Vertretern der Anwartschafts- und Leistungsberechtigten. Die Anzahl der Mitglieder des Aufsichtsrates ist in der Satzung festzulegen. Die Satzung kann eine höhere Beteiligung der Vertreter der Anwartschafts- und Leistungsberechtigten vorsehen.

(1a) Übersteigt zu jenem Bilanzstichtag, der vor der Wahl der Vertreter der Anwartschafts- und Leistungsberechtigten in der Hauptversammlung liegt, die Anzahl der Leistungsberechtigten mit Zusagen ohne unbeschränkte Nachschusspflicht des Arbeitgebers den Quotienten aus der Gesamtanzahl der Anwartschafts- und Leistungsberechtigten mit Zusagen ohne unbeschränkte Nachschusspflicht des Arbeitgebers dividiert durch die in der Satzung festgelegte Zahl von Vertretern der Anwartschafts- und Leistungsberechtigten, so ist zumindest ein Mandat der Vertreter der Anwartschafts- und Leistungsberechtigten im Aufsichtsrat der überbetrieblichen Pensionskasse den Leistungsberechtigten vorbehalten. *(BGBl I 2012/54)*

(2) Im Aufsichtsrat von betrieblichen Pensionskassen stellen die Vertreter der Anwartschafts- und Leistungsberechtigten einen Vertreter weniger als der Vertreter des Grundkapitals. Bei Stimmengleichheit gibt – sofern die Betriebsvereinbarung und allfällige Vereinbarungen gemäß Vertragsmuster nach dem Betriebspensionsgesetz nichts anderes bestimmen – die Stimme des Vorsitzenden des Aufsichtsrates, dessen Wahl sowohl der Mehrheit aller Aufsichtsratsmitglieder als auch der Mehrheit der Vertreter des Grundkapitals bedarf, den Ausschlag. Die Betriebsvereinbarung und allfällige Vereinbarungen gemäß Vertragsmuster nach dem Betriebspensionsgesetz können eine höhere Beteiligung der Vertreter der Anwartschafts- und Leistungsberechtigten vorsehen. Die Anzahl der Mitglieder des Aufsichtsrates ist in der Satzung festzulegen. *(BGBl I 2005/8)*

(3) *(aufgehoben, BGBl 1996/755)*

(4) § 110 Arbeitsverfassungsgesetz (ArbVG) gilt mit der Maßgabe, daß der Betriebsrat (Betriebsausschuß, Zentralbetriebsrat) der Pensionskasse berechtigt ist, zusätzlich zu den in Abs. 1 und 2 festgelegten Aufsichtsratssitzen einen Vertreter in den Aufsichtsrat zu entsenden. *(BGBl 1996/755)*

(5) Wahlberechtigt für die Vertreter der Anwartschafts- und Leistungsberechtigten im Aufsichtsrat sind die Anwartschaftsberechtigten gemäß § 5 Z 1 und die Leistungsberechtigten gemäß § 5 Z 2 lit. a nach folgenden Grundsätzen:

1. Die Wahl hat im Rahmen der Hauptversammlung der Pensionskasse stattzufinden; der Stichtag für die Wahlberechtigung ist der Tag der Hauptversammlung. Sofern der Stichtag für die Wahlberechtigung vom Tag der Hauptversammlung abweicht, ist er in der Satzung festzulegen. Der Stichtag darf nicht länger als sechs Monate, längstens jedoch bis zum letzten Bilanzstichtag zurückreichen. In der Satzung kann die Briefwahl an Stelle der Wahl in der Hauptversammlung vorgesehen werden, wenn dies wegen der Zahl der Wahlberechtigten notwendig erscheint;

2. die Vertreter der Anwartschafts- und Leistungsberechtigten im Aufsichtsrat werden auf Grund von Wahlvorschlägen, die jeder Wahlberechtigte bzw. Beauftragte spätestens eine Woche vor Beginn der Wahl schriftlich beim Vorstand einbringen kann, nach den Grundsätzen des Verhältniswahlrechtes (d'Hondtsches System) gewählt; in der Satzung kann die Frist für die Einbringung von Wahlvorschlägen mit spätestens zwei Wochen vor Beginn der Wahl festgesetzt werden;

2a. unter den Voraussetzungen des Abs. 1a kann mindestens ein gesonderter Wahlvorschlag für die Vertreter der Leistungsberechtigten im Aufsichtsrat gemäß den Vorgaben der Z 2 eingebracht werden; *(BGBl I 2012/54)*

2b. bei Vorliegen von Wahlvorschlägen gemäß Z 2a haben die Wahlberechtigten in einem ersten Wahlgang über die Wahlvorschläge gemäß Z 2 und einem zweiten Wahlgang über die „Wahlvorschläge gemäß Z 2a" abzustimmen; *(BGBl I 2012/54; BGBl I 2013/184)*

3. wird oder wurde der Wahlberechtigte vom Betriebsrat, der für die Betriebsvereinbarung gemäß § 3 Abs. 1 BPG zuständig ist, vertreten, so gilt dieser Betriebsrat als Beauftragter für die Ausübung des Wahlrechts;

3a. die Beauftragung gemäß Z 3 gilt nicht für beitragsfrei gestellte Anwartschaftsberechtigte und Leistungsberechtigte, die gemäß § 12a Abs. 5 oder § 17 Abs. 1 im Falle der Kündigung des

Pensionskassenvertrages bei der Pensionskasse verbleiben; *(BGBl I 2012/54)*

4. der Wahlberechtigte oder Betriebsrat kann die Beauftragung ohne Angabe von Gründen widerrufen;

5. die Vollmachterteilung an andere Beauftragte als den Betriebsrat ist zulässig;

6. der Widerruf gemäß Z 4 und die Vollmachtserteilung gemäß Z 5 sind der Pensionskasse längstens bis zum Beginn der Wahl schriftlich mitzuteilen;

7. jeder Wahlberechtigte, der durch keinen Beauftragten im Wahlrecht vertreten wird, hat eine Stimme; jeder Beauftragte hat soviele Stimmen, wie er Wahlberechtigte vertritt;

8. Wahlberechtigte, die durch keinen Beauftragten vertreten werden und auch vom Wahlrecht bei der Hauptversammlung oder der Briefwahl nicht Gebrauch machen, verlieren dieses und werden auch für allfällige satzungsgemäße Anwesenheits- und Stimmzahlenerfordernisse sowie für die Ermittlung des Wahlergebnisses nach dem Verhältniswahlsystem nicht berücksichtigt;

9. die Wahl erfolgt durch offene Abstimmung, sofern die Satzung nichts anderes vorsieht;

10. kommt es bei der Hauptversammlung nicht zu einer satzungsgemäßen Wahl, so geht das Entsendungsrecht bis zur nächsten Wahl bei überbetrieblichen Pensionskassen auf die nach dem Sitz der Pensionskasse zuständige Arbeiterkammer über, bei betrieblichen Pensionskassen auf den Betriebsrat (Betriebsausschuß, Zentralbetriebsrat, Konzernvertretung). *(BGBl 1996/755)*

(6) Neben den in § 95 Abs. 5 AktG geregelten Geschäften bedürfen folgende weitere Geschäfte der Zustimmung des Aufsichtsrates:

1. Die Errichtung einer Zweigstelle in einem anderen Mitgliedstaat;

2. die Bildung von Veranlagungs- und Risikogemeinschaften in der Pensionskasse;

3. Veranlagungen in Immobilien;

4. der Sanierungsplan gemäß § 33b Abs. 2.

Die Satzung kann darüber hinaus weitere Geschäfte der Zustimmung des Aufsichtsrates vorbehalten. *(BGBl I 2005/8)*

Beratungsausschuß

§ 28. (1) Die Pensionskasse kann für jede Veranlagungs- und Risikogemeinschaft einen Beratungsausschuß errichten.

(2) Der Beratungsausschuß hat folgende Aufgaben und Rechte:

1. Die Erstattung von Vorschlägen über die Veranlagungspolitik der betreffenden Veranlagungs- und Risikogemeinschaft;

2. die Einsicht in den Jahresabschluß und in den Rechenschaftsbericht der betreffenden Veranlagungs- und Risikogemeinschaft;

3. Informationsrechte gegenüber dem Vorstand und dem Aufsichtsrat hinsichtlich der die Veranlagungs- und Risikogemeinschaft betreffenden Geschäfte.

4. das Recht auf Berichterstattung und Antragstellung in der Hauptversammlung der Pensionskasse;

5. die Erstattung von Vorschlägen an den Aufsichtsrat zur Behandlung bestimmter Tagesordnungspunkte und das Recht auf Entsendung eines Vertreters mit beratender Stimme in die Aufsichtsratssitzung, in der dieser Tagesordnungspunkt behandelt wird.

(3) „Der Beratungsausschuß besteht aus einer vom Aufsichtsrat festzulegenden Anzahl von Personen," die zu gleichen Teilen vom Vorstand der Pensionskasse und von Vertretern der Anwartschafts- und Leistungsberechtigten im Aufsichtsrat zu bestellen sind. *(BGBl 1996/755)*

(4) Der Beratungsausschuß gibt sich seine Geschäftsordnung selbst. Empfehlungen und Anträge werden mit einfacher Mehrheit der abgegebenen Stimmen beschlossen.

Hauptversammlung

§ 29. (1) Zur Hauptversammlung der Pensionskasse sind auch die beitragleistenden Arbeitgeber sowie die Anwartschaftsberechtigten gemäß § 5 Z 1 und die „Leistungsberechtigten gemäß § 5 Z 2" einzuladen. Die Satzung kann vorsehen, daß eine Anmeldung für die Teilnahme an der Hauptversammlung erforderlich ist. In diesem Fall erlischt das Recht auf Teilnahme des berechtigten Anwartschafts- und Leistungsberechtigten, wenn er nicht bis zu dem in der Satzung festgelegten Stichtag vor der Hauptversammlung gegenüber der Pensionskasse schriftlich die beabsichtigte Teilnahme an der Hauptversammlung bekanntgibt. Der Zeitraum zwischen dem Stichtag und der Hauptversammlung darf drei Monate nicht überschreiten. *(BGBl 1996/755; BGBl I 2012/54)*

(2) Jedem Teilnehmer gemäß Abs. 1 stehen die Informationsrechte des § 118 Abs. 1 AktG, insbesondere in Bezug auf ihre eigene Veranlagungs- und Risikogemeinschaft, zu. § 118 Abs. 2 bis 4 AktG ist anzuwenden. *(BGBl I 2012/54)*

(3) Die Einladungen zur Hauptversammlung sind mindestens zwei Wochen vor dem Stichtag gemäß Abs. 1, spätestens zwei Wochen vor der Hauptversammlung, im „Amtsblatt zur Wiener Zeitung" bekanntzumachen. Ist eine Wahl der Vertreter der Anwartschafts- und Leistungsberechtigten in den Aufsichtsrat vorgesehen, ist dies in der Einladung zur Hauptversammlung bekanntzugeben. Darüber hinaus ist der jeweils zuständige

Betriebsrat (§ 27 Abs. 5 Z 3) mindestens zwei Wochen vor dem Stichtag gemäß Abs. 1, spätestens aber zwei Wochen vor der Hauptversammlung schriftlich einzuladen. *(BGBl 1996/755)*

Jahresabschluß und Rechenschaftsbericht

§ 30. (1) Das Geschäftsjahr der Pensionskassen und der Veranlagungs- und Risikogemeinschaften ist das Kalenderjahr.

(2) Für die Rechnungslegung der Pensionskassen gelten die Vorschriften des „UGB", soweit dieses Bundesgesetz nichts anderes bestimmt. *(BGBl I 2005/120)*

(3) Neben der Bilanz und der Gewinn- und Verlustrechnung der Pensionskasse, in der die Vermögensgegenstände, Schulden, Erträge und Aufwendungen sämtlicher Veranlagungs- und Risikogemeinschaften einer Pensionskasse in zusammengefaßter Form enthalten sind, ist für jede Veranlagungs- und Risikogemeinschaft ein Rechenschaftsbericht aufzustellen. Der Rechenschaftsbericht ist vom Abschlußprüfer der Pensionskasse zu prüfen.

(4) Die Bilanz sowie die Gewinn- und Verlustrechnung der Pensionskasse sind entsprechend der Gliederung der in der **Anlage 1** enthaltenen Formblätter aufzustellen. Der Rechenschaftsbericht der Veranlagungs- und Risikogemeinschaft ist entsprechend der Gliederung der in der **Anlage 2** enthaltenen Formblätter aufzustellen. Der Jahresabschluß und der Rechenschaftsbericht sind so rechtzeitig aufzustellen, daß die Vorlagefrist des § 30a Abs. 1 eingehalten wird. „Die FMA" kann durch Verordnung die Formblätter ändern, sofern geänderte Rechnungslegungsvorschriften oder die Interessen der Anwartschafts- und Leistungsberechtigten dies erfordern. *(BGBl I 2001/97)*

(5) Die mit römischen Zahlen versehenen Posten der Bilanz, Gewinn- und Verlustrechnung sowie des Rechenschaftsberichtes sind auch anzuführen, wenn sie keinen Betrag ausweisen. Die Aufnahme weiterer, mit römischen Zahlen versehenen Posten ist nicht zulässig. Im Formblatt B der Anlage 2 brauchen die entsprechenden Beträge des vorangegangenen Geschäftsjahres nicht angegeben werden.

(6) „Der Abschlussprüfer hat diejenigen Teile des Prüfungsberichtes über den Jahresabschluss, die sich in der Bilanz der Pensionskasse auf die Aktiva und Passiva der Vermögensaufstellung der Veranlagungs- und Risikogemeinschaften sowie in der Gewinn- und Verlustrechnung der Pensionskasse auf das Ergebnis der Veranlagungs- und Risikogemeinschaften beziehen, gesondert und aufgeteilt bei den jeweiligen Veranlagungs- und Risikogemeinschaften zu erläutern." Eine gesonderte Erläuterung der die Veranlagungs- und Risikogemeinschaften betreffenden Posten hat im Prüfungsbericht über die Bilanz und die Gewinn- und Verlustrechnung zu unterbleiben. *(BGBl I 2006/134)*

(7) Sind nach dem abschließenden Ergebnis der Prüfung des Rechenschaftsberichtes der Veranlagungs- und Risikogemeinschaft keine Einwendungen zu erheben, so hat der Abschlußprüfer dies durch folgenden Vermerk zu bestätigen: „Die Buchführung und der Abschluß entsprechen nach meiner/unserer pflichtgemäßen Prüfung den gesetzlichen Vorschriften. Der Rechenschaftsbericht vermittelt unter Beachtung der Grundsätze ordnungsgemäßer Buchführung ein möglichst getreues Bild der Lage der Veranlagungs- und Risikogemeinschaft."

(BGBl 1996/755)

§ 30a. (1) Der geprüfte Jahresabschluss der Pensionskasse, die geprüften Rechenschaftsberichte der Veranlagungs- und Risikogemeinschaften und der Prüfungsbericht über den Jahresabschluss und die Rechenschaftsberichte der Veranlagungs- und Risikogemeinschaften sind von der Pensionskasse längstens innerhalb von sechs Monaten nach Abschluss des Geschäftsjahres der FMA und der Oesterreichischen Nationalbank vorzulegen. Weiters haben die Pensionskassen der FMA längstens innerhalb von sechs Monaten nach Abschluss des Geschäftsjahres die Daten des Jahresabschlusses sowie der Rechenschaftsberichte der Veranlagungs- und Risikogemeinschaften auf elektronischen Datenträgern in standardisierter Form zu übermitteln. Die FMA kann für die elektronische Meldung mit Verordnung eine von der in den Anlagen 1 und 2 zu § 30 Abs. 4 vorgesehenen Gliederung abweichende Gliederung vorschreiben, wenn dies aus aufsichtsrechtlichen Gründen geboten ist; sie hat dabei auf das volkswirtschaftliche Interesse an der Funktionsfähigkeit der Pensionskassen Bedacht zu nehmen. *(BGBl I 2005/37)*

(2) Die Rechenschaftsberichte der Veranlagungs- und Risikogemeinschaften sowie der Prüfungsbericht über die Rechenschaftsberichte der Veranlagungs- und Risikogemeinschaften sind den Mitgliedern des Aufsichtsrates der Pensionskasse unverzüglich zu übermitteln. Der Jahresabschluss sowie der Rechenschaftsbericht für die jeweilige Veranlagungs- und Risikogemeinschaft ist auf Verlangen den beitragleistenden Arbeitgebern, den Anwartschafts- und Leistungsberechtigten oder den zuständigen Betriebsräten unverzüglich zu übermitteln. Darüber hinaus bestehen keine Verpflichtungen zur Offenlegung oder Veröffentlichung der Rechenschaftsberichte. *(BGBl I 2005/8)*

(3) Für die Offenlegung für Pensionskassen gilt folgendes:

1. Die offenzulegende Bilanz braucht nur die mit Buchstaben und römischen Zahlen bezeichneten Posten zu enthalten und

2. der offenzulegende Anhang braucht nur die Angaben gemäß § 222 Abs. 2, § 223 Abs. 1, 2 und 5, § 226 Abs. 1, § 236 Z 1 und 3 und § 239 Abs. 1 Z 1 und Abs. 2 „UGB" zu enthalten. *(BGBl I 2005/120)*

(4) Die Oesterreichische Nationalbank ist berechtigt, soweit dies zur Erfüllung ihrer Aufgaben erforderlich ist, von den Pensionskassen Auskünfte einzuholen und ihnen Termine, Form und Gliederung der von ihnen zu liefernden Ausweise vorzuschreiben und diese Daten anonymisiert statistisch zu verarbeiten. Falls die eingeholten Auskünfte oder Unterlagen keine ausreichenden Aufschlüsse zulassen, oder falls begründete Zweifel an der Richtigkeit oder Vollständigkeit der Auskünfte oder Unterlagen bestehen, ist die Oesterreichische Nationalbank berechtigt, entsprechende Erläuterungen oder Nachweise zu verlangen. Sie hat „der FMA" den jederzeitigen automationsunterstützten Zugriff auf die von ihr erhobenen und verarbeiteten Daten über Pensionskassen zu ermöglichen. *(BGBl I 2001/97)*

(BGBl 1996/755)

Abschlußprüfer

§ 31. (1) Zu Abschlussprüfern von Pensionskassen dürfen Personen, bei denen Ausschlussgründe gemäß § 271 und § 271a „UGB" vorliegen, nicht bestellt werden. Die Ausschlussgründe gemäß § 271a HGB sind ohne Berücksichtigung von Größenmerkmalen anwendbar. *(BGBl I 2005/59; BGBl I 2005/120)*

(2) Die Bestellung des Abschlussprüfers hat vor Beginn des zu prüfenden Geschäftsjahres zu erfolgen und ist der FMA unverzüglich schriftlich anzuzeigen. Diese kann binnen eines Monats Widerspruch im Sinne des § 270 Abs. 3 „UGB" gegen die Bestellung des Abschlussprüfers erheben, wenn Ausschlussgründe vorliegen. Über den Widerspruch hat das Gericht unter Berücksichtigung der Ausschlussgründe zu entscheiden. *(BGBl I 2005/59; BGBl I 2005/120)*

(3) Werden vom Abschlussprüfer bei seiner Prüfungstätigkeit Tatsachen festgestellt, die den Bestand der geprüften Pensionskasse oder die Erfüllbarkeit von deren Verpflichtungen für gefährdet oder die für die Pensionskassenaufsicht maßgeblichen gesetzlichen oder sonstigen Vorschriften oder Bescheide des Bundesministers für Finanzen oder der FMA für verletzt erkennen lassen, so hat er diese Tatsachen unbeschadet § 273 Abs. 2 „UGB" mit Erläuterungen auch der FMA unverzüglich schriftlich zu berichten. Handelt es sich jedoch um kurzfristig behebbare, geringfügige Mängel, so ist erst dann zu berichten, wenn die Pensionskasse nicht binnen längstens drei Monaten die festgestellten Mängel behoben hat. Zu berichten ist auch dann, wenn die Vorstandsmitglieder eine vom Abschlussprüfer geforderte Auskunft innerhalb einer angemessenen Frist nicht ordnungsgemäß erteilen. *(BGBl I 2005/37; BGBl I 2005/120)*

(4) Der Abschlußprüfer hat die Gesetzmäßigkeit des Jahresabschlusses und der Rechenschaftsberichte der Veranlagungs- und Risikogemeinschaften zu prüfen. Die Prüfung hat auch zu umfassen:

1. Die Richtigkeit der Bewertung des der Veranlagungs- und Risikogemeinschaft zugeordneten Vermögens;

2. die Beachtung der §§ 7, 12 und 18; *(BGBl I 2005/37)*

3. die Beachtung des § 25; *(BGBl I 2005/37)*

3a. die Einschätzung, ob bei Veranlagungen in Vermögenswerten von Ausstellern, die zu einem Konzern nach § 15 AktG oder nach § 115 GmbHG gehören und ein solches Konzernunternehmen Eigentümer im Sinne des § 6a Abs. 1 ist, die zur Verrechnung gelangten Vergütungen angemessen und marktüblich sind; *(BGBl I 2012/54)*

4. die Beachtung der sonstigen Vorschriften dieses Bundesgesetzes. *(BGBl I 2005/37)*

(BGBl 1996/755)

§ 31a. Die Ersatzpflicht des Abschlussprüfers beschränkt sich bei Pensionskassen mit einer Bilanzsumme

1. bis zu 200 Millionen Euro auf .... 2 Millionen Euro,
2. bis zu 400 Millionen Euro auf .... 3 Millionen Euro,
3. bis zu einer Milliarde Euro auf .... 4 Millionen Euro,
4. bis zu zwei Milliarden Euro auf .... 6 Millionen Euro,
5. bis zu 5 Milliarden Euro auf .... 9 Millionen Euro,
6. bis zu 15 Milliarden Euro auf .... 12 Millionen Euro,
7. von mehr als 15 Milliarden Euro auf .... 18 Millionen Euro

je geprüfter Pensionskasse. Bei Vorsatz ist die Ersatzpflicht unbegrenzt. Im Übrigen ist für die Ersatzpflicht von Abschlussprüfern § 275 Abs. 2 „UGB" anzuwenden. *(BGBl I 2005/120)*

(BGBl I 2005/59)

Interne Revision

§ 32. (1) Jede Pensionskasse hat eine interne Revision zu bestellen, die unmittelbar dem Vorstand untersteht und ausschließlich der laufenden und umfassenden Prüfung der Gesetzmäßigkeit,

Ordnungsmäßigkeit und Zweckmäßigkeit des Geschäftes und Betriebes der Pensionskasse dient. Sie muß unter Bedachtnahme auf den Geschäftsumfang so eingerichtet sein, daß sie ihre Aufgaben zweckentsprechend erfüllen kann. Mit Aufgaben der internen Revision dürfen Personen, bei denen Ausschließungsgründe vorliegen, nicht betraut werden.

(2) Als Ausschließungsgründe sind Umstände anzusehen, die die ordnungsgemäße Wahrnehmung der Aufgaben der internen Revision nicht wahrscheinlich erscheinen lassen. Ausschließungsgründe liegen insbesondere vor, wenn

1. den betroffenen Personen die erforderliche Sachkenntnis fehlt oder

2. sie gleichzeitig zum Abschlußprüfer bei derselben Pensionskasse bestellt sind.

(3) Die interne Revision betreffende Verfügungen müssen von mindestens zwei Mitgliedern des Vorstandes gemeinsam getroffen werden. Die interne Revision hat allen Mitgliedern des Vorstandes zu berichten. „Sie hat über wesentliche Prüfungsfeststellungen auf Grund durchgeführter Prüfungen quartalsweise auch dem Vorsitzenden des Aufsichtsrates Bericht zu erstatten." *(BGBl I 2005/8)*

(BGBl 1996/755)

Aufsicht

§ 33 . (1) Die Pensionskassen unterliegen der Aufsicht „der FMA". *(BGBl I 2001/97)*

(2) „Die FMA" hat die Einhaltung der Bestimmungen dieses Bundesgesetzes zu überwachen. Dabei hat „sie" auf das volkswirtschaftliche Interesse an der Funktionsfähigkeit der Pensionskassen und die Interessen der Anwartschafts- und Leistungsberechtigten Bedacht zu nehmen. *(BGBl I 2001/97)*

(3) In ihrem Zuständigkeitsbereich als Pensionskassenaufsichtsbehörde (Abs. 1 und 2) kann die FMA unbeschadet der ihr auf Grund anderer Bestimmungen dieses Bundesgesetzes zustehenden Befugnisse

1. von den Pensionskassen die Vorlage von Zwischenabschlüssen, von Ausweisen in bestimmter Form und Gliederung und von Prüfungsberichten verlangen, ferner von den Pensionskassen und ihren Organen Auskünfte über alle Geschäftsangelegenheiten fordern und in die Bücher, Schriftstücke und Datenträger der Pensionskassen Einsicht nehmen;

2. von den Abschlussprüfern und von den Prüfaktuaren Auskünfte einholen; weiters kann sie von dem gemäß Abs. 4 Z 2 bestellten Regierungskommissär alle erforderlichen Auskünfte einholen und diesem erteilen;

2a. durch Abschlussprüfer, Prüfaktuare sowie sonstige Sachverständige alle erforderlichen Prüfungen vornehmen lassen; die Ausschließungsgründe gemäß § 21 Abs. 2 und § 31 Abs. 1 sind anzuwenden; die Erteilung von Auskünften durch die FMA an die von ihr beauftragten Prüfer ist zulässig, soweit dies zur Erfüllung des Prüfungsauftrags zweckdienlich ist;

3. eigene Prüfer beauftragen;

3a. zur Prüfung von Zweigstellen in Mitgliedstaaten auch die zuständigen Behörden des Tätigkeitsmitgliedstaates um die Vornahme der Prüfung ersuchen, wenn dies gegenüber einer Prüfung gemäß Z 3 das Verfahren vereinfacht oder beschleunigt oder wenn dies im Interesse der Zweckmäßigkeit, Einfachheit, Raschheit oder Kostenersparnis gelegen ist.
(BGBl I 2005/37)

(4) Bei Gefahr für die Erfüllung der Verpflichtungen der Pensionskasse kann „die FMA" zur Abwendung dieser Gefahr befristete Maßnahmen durch Bescheid anordnen, die spätestens 18 Monate nach Wirksamkeitsbeginn außer Kraft treten. „Sie" kann durch Bescheid insbesondere *(BGBl I 2001/97)*

1. den Mitgliedern des Vorstands der Pensionskasse unter gleichzeitiger Verständigung des zur Bestellung des Vorstands zuständigen Organs die Geschäftsführung ganz oder teilweise untersagen; das zuständige Organ hat binnen eines Monats die entsprechende Anzahl von Vorstandsmitgliedern neu zu bestellen; die Bestellung bedarf zu ihrer Rechtswirksamkeit der Zustimmung „FMA", die zu versagen ist, wenn die neu bestellten Vorstände nicht geeignet scheinen, eine Abwendung der obigen Gefahr herbeiführen zu können; *(BGBl I 2001/97)*

2. eine fachkundige Aufsichtsperson (Regierungskommissär) bestellen, die dem Berufsstand der Rechtsanwälte oder der Wirtschaftstreuhänder angehört, und der alle Rechte des Abs. 3 Z 1 und 2 zustehen; die Aufsichtsperson hat

a) der Pensionskasse alle Geschäfte zu untersagen, die geeignet sind, die obige Gefahr zu vergrößern und

b) im Falle, daß der Pensionskasse die Fortführung der Geschäfte ganz oder teilweise untersagt wurde, einzelne Geschäfte zu erlauben, die die obige Gefahr nicht vergrößern;

3. Kapitalherabsetzungen oder Gewinnausschüttungen ganz oder teilweise untersagen;

4. die Fortführung des Geschäftsbetriebes ganz oder teilweise untersagen.
(BGBl 1996/755)

(4a) Die FMA kann auf Antrag der gemäß Abs. 4 Z 2 oder Abs. 5 bestellten Aufsichtsperson (Regierungskommissär) einen Stellvertreter bestellen, wenn und so lange dies aus wichtigen Gründen, insbesondere wegen vorübergehender Verhinderung der Aufsichtsperson, erforderlich ist. Für die Bestellung des Stellvertreters sowie dessen Rechte und Pflichten finden die für die Aufsichtsperson geltenden Bestimmungen Anwendung. Die Aufsichtsperson (Regierungskommissär) kann sich mit Genehmigung der FMA zur Erfüllung ihrer Aufgaben fachlich geeigneter Personen bedienen, soweit dies nach Umfang und Schwierigkeit der Aufgaben erforderlich ist. Die Genehmigung der FMA hat diese Personen namentlich zu benennen und ist auch der Pensionskasse zuzustellen. Diese Personen handeln auf Weisung und im Namen der Aufsichtsperson (Regierungskommissär) oder ihres Stellvertreters. *(BGBl I 2001/97)*

(5) Die FMA hat vom Österreichischen Rechtsanwaltskammertag und von der Kammer der Wirtschaftstreuhänder Meldungen über geeignete Regierungskommissäre einzuholen. Ist ein Regierungskommissär nach Abs. 4 Z 2 oder ein Stellvertreter nach Abs. 4a zu bestellen und ist keine Bestellung auf Grund dieser Meldung möglich, so hat die FMA die nach dem Sitz der Pensionskasse zuständige Rechtsanwaltskammer oder die Kammer der Wirtschaftstreuhänder zu benachrichtigen, damit diese einen fachlich geeigneten Rechtsanwalt oder Wirtschaftsprüfer als Regierungskommissär namhaft machen. Bei Gefahr im Verzug kann die FMA 1. einen Rechtsanwalt oder 2. einen Wirtschaftsprüfer vorläufig als Regierungskommissär bestellen. Diese Bestellung tritt mit der Bestellung eines Rechtsanwaltes oder Wirtschaftsprüfers nach dem ersten Satz außer Kraft. *(BGBl 1996/755; BGBl I 2001/97)*

(6) Liegt eine Konzessionsvoraussetzung gemäß § 9 nach Erteilung der Konzession nicht mehr vor oder verletzt eine Pensionskasse Bestimmungen dieses Bundesgesetzes, einer auf Grund dieses Bundesgesetzes erlassenen Verordnung, des Pensionskassenvertrages oder eines Bescheides „der FMA" (Pensionskassenaufsicht), so hat „die FMA"

1. der Pensionskasse unter Androhung einer Zwangsstrafe aufzutragen, den rechtmäßigen Zustand binnen jener Frist herzustellen, die im Hinblick auf die Erfüllung ihrer Aufgaben und im Interesse der Leistungsberechtigten angemessen ist;

2. im Wiederholungs- oder Fortsetzungsfall den Mitgliedern des Vorstandes der Pensionskasse die Geschäftsführung ganz oder teilweise zu untersagen;

3. die Konzession zurückzunehmen, wenn andere Maßnahmen nach diesem Bundesgesetz die Funktionsfähigkeit der Pensionskasse nicht sicherstellen können.
(BGBl 1996/755; BGBl I 2001/97)

(7) Dem Regierungskommissär ist von der FMA eine Vergütung (Funktionsgebühr) zu leisten, die in einem angemessenen Verhältnis zu der mit der Aufsicht verbundenen Arbeit und den Aufwendungen hiefür steht. Der Regierungskommissär ist zur Rechnungslegung über das jeweils vorangegangene Quartal sowie nach Beendigung seiner Tätigkeit berechtigt. Die FMA hat die Vergütung unverzüglich nach Rechnungsprüfung zu leisten. *(BGBl I 2001/97)*

(8) Die FMA kann von ihr getroffene Maßnahmen nach Abs. 4, 5 und 6 sowie Sanktionen wegen einer Verletzung dieses Bundesgesetzes oder aufgrund dieses Bundesgesetzes ergangener Verordnungen durch Kundmachung im Internet, Abdruck im „Amtsblatt zur Wiener Zeitung" oder in einer Zeitung mit Verbreitung im gesamten Bundesgebiet bekannt machen. Veröffentlichungen von Maßnahmen nach Abs. 6 Z 1 dürfen jedoch nur vorgenommen werden, wenn dies nach Art und Schwere des Verstoßes zur Information der Öffentlichkeit erforderlich und im Hinblick auf mögliche Nachteile des Betroffenen verhältnismäßig ist. Diese Veröffentlichungsmaßnahmen können auch kumulativ getroffen werden. *(BGBl I 2001/97; BGBl I 2013/184)*

(8a) Die FMA kann durch Kundmachung im Internet, Abdruck im „Amtsblatt zur Wiener Zeitung" oder in einer Zeitung mit Verbreitung im gesamten Bundesgebiet die Öffentlichkeit informieren, dass eine namentlich genannte natürliche oder juristische Person (Person) zum Betrieb des Pensionskassengeschäftes (§ 1 Abs. 2) nicht berechtigt ist, sofern diese Person dazu Anlass gegeben hat und eine Information der Öffentlichkeit erforderlich und im Hinblick auf mögliche Nachteile des Betroffenen verhältnismäßig ist. Diese Veröffentlichungsmaßnahmen können auch kumulativ getroffen werden. Diese Person muss in der Veröffentlichung eindeutig identifizierbar sein; zu diesem Zweck können, soweit der FMA bekannt, auch Geschäftsanschrift oder Wohnanschrift und Firmenbuchnummer, Internetadresse, Telefonnummer und Telefaxnummer angegeben werden. *(BGBl I 2013/184)*

(8b) Der von der Veröffentlichung Betroffene kann eine Überprüfung der Rechtmäßigkeit der Veröffentlichung gemäß Abs. 8 oder 8a in einem bescheidmäßig zu erledigenden Verfahren bei der FMA beantragen. Die FMA hat diesfalls die Einleitung eines solchen Verfahrens in gleicher Weise bekannt zu machen. Wird im Rahmen der Überprüfung die Rechtswidrigkeit der Veröffentlichung festgestellt, so hat die FMA die Veröffentlichung richtig zu stellen oder auf Antrag des Betroffenen entweder zu widerrufen oder aus dem Internetauftritt zu entfernen. Wird einer Beschwerde gegen einen Bescheid, der gemäß Abs. 7 bekannt gemacht worden ist, in einem Verfahren vor den Gerichtshöfen öffentlichen Rechts aufschiebende Wirkung zuerkannt, so hat die FMA dies in gleicher Weise bekannt zu machen. Die Veröffentlichung ist richtig zu stellen oder auf Antrag des Betroffenen entweder zu widerrufen oder aus dem Internetauftritt zu entfernen, wenn der Bescheid aufgehoben wird. *(BGBl I 2013/184)*

(9) Die Pensionskassen haben unverzüglich alle auf Grund der in § 33 Abs. 2 genannten Bestimmungen ergangenen Bescheide der FMA dem Vorsitzenden des Aufsichtsorgans zur Kenntnis zu bringen. *(BGBl I 2001/97)*

§ 33a. (1) Prüfungen gemäß § 33 Abs. 3 Z 3 sind der betroffenen Pensionskasse eine Woche vor Beginn der Prüfung, oder, wenn sonst der Zweck der Prüfung vereitelt werden könnte, mit Beginn der Prüfungshandlungen mitzuteilen. Die Prüfungsorgane sind mit einem schriftlichen Prüfungsauftrag zu versehen und haben sich vor Beginn der Prüfung unaufgefordert auszuweisen sowie den Prüfungsauftrag vorzuweisen.

(2) Die Pensionskassen haben den Prüfungsorganen die für die Prüfung erforderlichen Unterlagen zur Verfügung zu stellen und ihnen Einsicht in die Bücher, Schriftstücke und Datenträger zu gewähren sowie Auskünfte zu erteilen. Sie haben den Prüfungsorganen innerhalb der üblichen Geschäfts- und Arbeitszeit jederzeit Zutritt zu den Geschäfts- und Arbeitsräumen zu gewähren.

(3) Die Prüfungsorgane können die für die Prüfung erforderlichen Auskünfte und Geschäftsunterlagen von

1. den Vorstandsmitgliedern,

2. Mitarbeitern, die von den Vorstandsmitgliedern namhaft gemacht wurden und

3. von jeder im Unternehmen beschäftigten Person, sofern die zu prüfenden Umstände in den dieser übertragenen Aufgabenbereich fallen,

verlangen.

(4) Zur Durchführung der Prüfung sind den Prüfungsorganen von der Pensionskasse geeignete Räumlichkeiten und Hilfsmittel zur Verfügung zu stellen. Sind Eintragungen oder Aufbewahrungen unter Verwendung von Datenträgern vorgenommen worden, so sind von der Pensionskasse auf deren Kosten innerhalb einer angemessenen Frist diejenigen Hilfsmittel zur Verfügung zu stellen, die notwendig sind, um die Unterlagen lesbar zu machen, und, soweit erforderlich, ohne Hilfsmittel lesbare dauerhafte Wiedergaben in der benötigten Anzahl beizubringen.

(5) Die Prüfungsorgane haben bei Prüfungen gemäß § 33 Abs. 3 Z 3 darauf Bedacht zu nehmen, daß jede nicht unbedingt notwendige Störung oder Behinderung des Betriebes vermieden wird.

(6) Die in der Prüfung getroffenen Feststellungen sind schriftlich festzuhalten. Der Pensionskasse ist Gelegenheit zur Stellungnahme zu geben.

(BGBl 1996/755)

Solvabilitäts- und Sanierungsplan

§ 33b. (1) Verfügt eine Pensionskasse nicht über Eigenmittel in dem gemäß § 7 erforderlichen Ausmaß, so hat sie der FMA einen Plan zur Wiederherstellung gesunder Finanzverhältnisse („Solvabilitätsplan") vorzulegen. Hat die FMA berechtigten Grund zur Annahme, dass eine Pensionskasse in absehbarer Zeit nicht mehr über Eigenmittel in dem gemäß § 7 erforderlichen Ausmaß verfügen wird, so hat sie von der Pensionskasse die Vorlage eines Solvabilitätsplans zu verlangen. Im Solvabilitätsplan ist darzulegen, auf welche Weise gewährleistet wird, dass die Eigenmittel das erforderliche Ausmaß erreichen oder nicht unter dieses sinken. Der Solvabilitätsplan bedarf der Bewilligung durch die FMA. Die Bewilligung ist zu erteilen, wenn die Durchführung des Plans die Wiederherstellung gesunder Finanzverhältnisse erwarten lässt.

(2) Hat die FMA auf Grund einer Verschlechterung der finanziellen Lage der Pensionskasse berechtigten Grund zur Annahme, dass die ausreichende Eigenmittelausstattung der Pensionskasse voraussichtlich nicht mehr dauerhaft gewährleistet ist, so kann die FMA die Vorlage eines Sanierungsplanes verlangen. Ergibt sich aus dem Sanierungsplan, dass eine unzureichende Eigenmittelausstattung droht, so kann die FMA die Bereitstellung zusätzlicher Eigenmittel verlangen. Ein Sanierungsplan kann auch zusätzlich zu einem Solvabilitätsplan verlangt werden.

(3) Im Sanierungsplan gemäß Abs. 2 sind für die nächsten drei Geschäftsjahre insbesondere auch anzugeben:

1. die voraussichtlichen Erträge und Aufwendungen der Pensionskasse,

2. die voraussichtliche Entwicklung der geschäftsplanmäßigen Verwaltungskostenrückstellung,

3. die voraussichtliche Entwicklung der Mindestertragsrücklage,

4. die voraussichtlichen Verpflichtungen aus dem Mindestertrag gemäß § 2 Abs. 2 und 3,

5. die finanziellen Mittel, die voraussichtlich zur Deckung der Verpflichtungen und des Eigenmittelerfordernisses zur Verfügung stehen.

(4) Die FMA hat zur Sicherung der jederzeitigen Erfüllbarkeit der Verpflichtungen aus dem Mindestertrag die freie Verfügung über die Vermögenswerte der Pensionskasse einzuschränken oder zu untersagen, wenn

1. keine ausreichende Vorsorge für Verpflichtungen aus dem Mindestertrag gebildet wurde oder

2. die Voraussetzungen nach Abs. 1 erster Satz vorliegen und infolge der außergewöhnlichen Umstände zu erwarten ist, dass sich die finanzielle Lage der Pensionskasse weiter verschlechtern wird.

(5) Soweit die freie Verfügung über Vermögenswerte gemäß Abs. 4 eingeschränkt oder untersagt wurde, kann die Pensionskasse über die

Vermögenswerte rechtswirksam nur mit Zustimmung der FMA verfügen. Die Zustimmung ist zu erteilen, wenn die Verfügung die Erfüllbarkeit der Verpflichtungen aus dem Mindestertrag nicht gefährdet.

(6) Die FMA hat zur Sicherung der jederzeitigen Erfüllbarkeit der Pensionskassenleistungen die freie Verfügung der Pensionskasse über die Vermögenswerte einer Veranlagungs- und Risikogemeinschaft einzuschränken oder zu untersagen, wenn

1. keine ausreichende Deckungsrückstellung für die Gesamtheit der in dieser Veranlagungs- und Risikogemeinschaft verwalteten Pensionskassenzusagen gebildet wurde oder

2. keine ausreichenden Vermögenswerte zur Bedeckung der Deckungsrückstellung dieser Veranlagungs- und Risikogemeinschaft geschaffen wurden.

(7) Soweit die freie Verfügung über Vermögenswerte einer Veranlagungs- und Risikogemeinschaft gemäß Abs. 6 eingeschränkt oder untersagt wurde, kann die Pensionskasse über die Vermögenswerte dieser Veranlagungs- und Risikogemeinschaft rechtswirksam nur mit Zustimmung der FMA verfügen. Die Zustimmung ist zu erteilen, wenn die Verfügung die Erfüllbarkeit der Verpflichtungen aus der Gesamtheit der in dieser Veranlagungs- und Risikogemeinschaft verwalteten Pensionskassenzusagen nicht gefährdet.

(8) Die FMA hat Entscheidungen über die Einschränkung oder Untersagung der freien Verfügung über Vermögenswerte im „Amtsblatt zur Wiener Zeitung" und über Internet kundzumachen.

(BGBl I 2005/8)

Aufsicht im Rahmen der Dienstleistungs- und Niederlassungsfreiheit

§ 33c. (1) Verletzt eine Einrichtung, die ihre Tätigkeiten in Österreich im Wege des freien Dienstleistungsverkehrs oder über eine Zweigstelle erbringt, die in § 11b Abs. 4 genannten Bestimmungen oder auf Grund der vorgenannten Vorschriften erlassene Verordnungen und Bescheide, so hat die FMA die zuständigen Behörden des Herkunftsmitgliedstaates davon in Kenntnis zu setzen und zu ersuchen, in Abstimmung mit der FMA die geeigneten Maßnahmen zur Unterbindung der festgestellten Verletzungen zu ergreifen.

(2) Verletzt die Einrichtung trotz der von den zuständigen Behörden des Herkunftsmitgliedstaates gesetzten oder zu setzenden Maßnahmen oder weil diese keine geeigneten Maßnahmen ergriffen haben, weiter die im Abs. 1 genannten Bestimmungen, so hat die FMA unter gleichzeitiger Verständigung der zuständigen Behörden des Herkunftsmitgliedstaates

1. der Einrichtung die Wiederherstellung des rechtmäßigen Zustandes binnen jener Frist anzuordnen, die im Hinblick auf die Erfüllung ihrer Aufgaben im Interesse der Leistungsberechtigten angemessen ist;

2. den verantwortlichen Leitern der Zweigstelle der Einrichtung die Geschäftsführung ganz oder teilweise zu untersagen und/oder

3. bei weiteren Verstößen die Geschäftstätigkeiten in Österreich zu untersagen.

(3) Bei dringender Gefahr für die Erfüllung der Verpflichtungen der Einrichtung gemäß Abs. 1 gegenüber den Anwartschafts- und Leistungsberechtigten, insbesondere für die Sicherheit der ihr anvertrauten Vermögenswerte, kann die FMA zur Abwendung dieser Gefahr befristete Maßnahmen nach Abs. 2 Z 1 und 2 durch Bescheid unter gleichzeitiger Information der zuständigen Behörden des Herkunftsmitgliedstaates anordnen, die spätestens 18 Monate nach Wirksamkeitsbeginn außer Kraft treten.

(4) Wird der Einrichtung die Zulassung entzogen, so hat ihr die FMA unverzüglich die Aufnahme neuer Geschäftstätigkeiten zu untersagen. § 10 Abs. 2 und 3 sind anzuwenden.

(5) Die zuständigen Behörden des Herkunftsmitgliedstaates können nach vorheriger Unterrichtung der FMA selbst oder durch ihre Beauftragten die für die aufsichtsrechtliche Überwachung der Zweigstelle erforderlichen Prüfungen im Sinne des Art. 13 lit. d und Art. 14 der Richtlinie 2003/41/EG bei der Zweigstelle vornehmen. Auf Ersuchen der zuständigen Behörden des Herkunftsmitgliedstaates kann die FMA solche Prüfungen auch selbst nach einem der in § 33 Abs. 3 Z 1 bis 3 genannten Verfahren vornehmen.

(BGBl I 2005/8)

§ 33d. Verletzt eine Pensionskasse, die ihre Tätigkeiten in einem Mitgliedstaat durch eine Zweigstelle oder im Wege des freien Dienstleistungsverkehrs erbringt, trotz Aufforderung durch die zuständigen Behörden des Tätigkeitsmitgliedstaates, den rechtmäßigen Zustand herzustellen, weiter die nationalen Vorschriften des Tätigkeitsmitgliedstaates, so hat die FMA nach Verständigung durch die zuständigen Behörden des Tätigkeitsmitgliedstaates geeignete Maßnahmen nach § 33 Abs. 6 zu setzen, um den gesetzeskonformen Zustand im Tätigkeitsmitgliedstaat herzustellen. Die zuständigen Behörden des Tätigkeitsmitgliedstaates sind von den getroffenen Maßnahmen unverzüglich schriftlich in Kenntnis zu setzen.

(BGBl I 2005/8)

Zustellungen

§ 33e. Bei der Zustellung von Schriftstücken der zuständigen Behörden eines Tätigkeitsmitgliedstaates, die Aufforderungen im Sinne des § 33d enthalten, kann der Empfänger die Annahme gemäß § 12 Abs. 2 ZustellG nur dann verweigern, wenn diese Schriftstücke nicht in der Amtssprache eines Mitgliedstaates abgefasst sind.

(BGBl I 2005/8)

Zusammenarbeit mit Aufsichtsbehörden in den Mitgliedstaaten

§ 33f. (1) Die FMA ist berechtigt, über die ihrer Überwachung unterliegenden Pensionskassen den für die Beaufsichtigung der Pensionskassen oder Einrichtungen zuständigen Behörden der anderen Mitgliedstaaten auf deren Verlangen diejenigen Auskünfte zu erteilen und diejenigen Unterlagen zu übermitteln, die diese zur Erfüllung ihrer Aufgaben benötigen und die folgende Gegenstände betreffen:

1. Konzessionen, Zweigstellen und Ausübung des freien Dienstleistungsverkehrs;

2. Aktionäre, Mitglieder des Vorstandes und des Aufsichtsrates der Pensionskasse;

3. den von der FMA bewilligten Geschäftsplan in Bezug auf jene Veranlagungs- und Risikogemeinschaften, in denen Pensionskassenzusagen aus dem jeweiligen Mitgliedstaat verwaltet werden;

4. Eigenmittelerfordernis und Eigenmittel der Pensionskasse;

5. den Jahresabschluss der Pensionskasse sowie die Rechenschaftsberichte jener Veranlagungs- und Risikogemeinschaften, in denen Pensionskassenzusagen aus dem jeweiligen Mitgliedstaat verwaltet werden;

6. Wahrnehmungen und Maßnahmen auf Grund der Überwachung des Geschäftsbetriebes gemäß §§ 33 und 33a;

7. Strafverfahren gemäß § 46a Abs. 1.

(2) Die FMA kann jederzeit Auskünfte über die Tätigkeit von Pensionskassen in Mitgliedstaaten und die Lage von Einrichtungen, die in Österreich tätig sind, einholen, wenn dies im volkswirtschaftlichen Interesse an der Funktionsfähigkeit der Pensionskassen oder im Interesse der Anwartschafts- und Leistungsberechtigten erforderlich ist.

(3) Wird einer Pensionskasse die Konzession entzogen, so hat die FMA dies den zuständigen Behörden der Mitgliedstaaten, in denen sie ihre Tätigkeiten ausübt, unverzüglich schriftlich zur Kenntnis zu bringen.

(4) Der Bundesminister für Finanzen kann, sofern er gemäß Art. 66 Abs. 2 B-VG dazu ermächtigt ist, auf Vorschlag der FMA im Rahmen des Abs. 1 sowie der §§ 11a, 11b, 33c und 33d Abkommen mit zuständigen Aufsichtsbehörden in anderen Mitgliedstaaten über die Vorgangsweise bei der Zusammenarbeit mit der FMA zur Überwachung und Beaufsichtigung der Einrichtungen und Pensionskassen schließen.

(BGBl I 2005/8)

Zusammenarbeit mit der EIOPA

§ 33g. (1) Die FMA kann mit der Europäischen Aufsichtsbehörde für das Versicherungswesen und die betriebliche Altersversorgung (EIOPA) zusammenarbeiten, wenn dies zur Wahrnehmung von in der Richtlinie 2003/41/EG oder in der Verordnung (EU) Nr. 1094/2010 vom 24. November 2010 zur Errichtung einer Europäischen Aufsichtsbehörde (Europäische Aufsichtsbehörde für das Versicherungswesen und die betriebliche Altersversorgung), zur Änderung des Beschlusses Nr. 716/2009/EG und zur Aufhebung des Beschlusses 2009/79/EG der Kommission – ABl. Nr. L 331 vom 15.12.2010, S. 4 festgelegten Aufgaben oder im Wege der Amts- und Rechtshilfe erforderlich ist.

(2) Die FMA hat der EIOPA folgendes mitzuteilen:

1. Jede Eintragung einer grenzüberschreitenden Tätigkeit in das Register gemäß § 11a Abs. 8 sowie bei erstmaliger Eintragung die Konzession gemäß § 8 Abs. 1 der betreffenden Pensionskasse;

2. jede Zurücknahme der Konzession gemäß § 10 Abs. 1;

3. jede Untersagung der Fortführung des Geschäftsbetriebes gemäß § 33 Abs. 4 Z 4.

(3) Die FMA hat die EIOPA über die nationalen Aufsichtsvorschriften, die für Pensionskassen relevant sind, aber nicht unter die in § 11b Abs. 4 Z 1 und 2 genannten arbeits- und sozialrechtlichen Vorschriften fallen, zu unterrichten und diese Information regelmäßig, mindestens aber alle zwei Jahre, zu aktualisieren.

(BGBl I 2011/77)

Staatskommissär

§ 34. Der Bundesminister für Finanzen hat bei jeder Pensionskasse einen Staatskommissär und dessen Stellvertreter für eine Funktionsperiode von längstens fünf Jahren zu bestellen; die Wiederbestellung ist zulässig. Die Staatskommissäre und deren Stellvertreter handeln als Organe der FMA und sind in dieser Funktion ausschließlich deren Weisungen unterworfen. § 76 Abs. 2 bis 9 BWG sind anzuwenden.

(BGBl I 2004/70)

Kosten

§ 35. (1) Die Zuordnung der Kosten der Pensionskassenaufsicht zu den konzessionierten Pensionskassen (§ 8) hat innerhalb des Rechnungskreises 4 gemäß § 19 Abs. 1 Z 4 Finanzmarktaufsichtsbehördengesetz (FMABG) nach folgenden Kriterien zu erfolgen:

1. 25 vH der Gesamtkosten des Rechnungskreises 4 gemäß § 19 Abs. 1 Z 4 FMABG sind von den konzessionierten Pensionskassen zu gleichen Teilen zu tragen;

2. 25 vH der Gesamtkosten des Rechnungskreises 4 gemäß § 19 Abs. 1 Z 4 FMABG sind von den konzessionierten Pensionskassen im Verhältnis der Anzahl der von einer Pensionskasse geführten Veranlagungs- und Risikogemeinschaften zur Gesamtanzahl der Veranlagungs- und Risikogemeinschaften aller Pensionskassen zu tragen;

3. 25 vH der Gesamtkosten des Rechnungskreises 4 gemäß § 19 Abs. 1 Z 4 FMABG sind von den konzessionierten Pensionskassen im Verhältnis der Anzahl der Anwartschafts- und Leistungsberechtigten einer Pensionskasse zur Gesamtanzahl der Anwartschafts- und Leistungsberechtigten aller Pensionskassen zu tragen;

4. 25 vH der Gesamtkosten des Rechnungskreises 4 gemäß § 19 Abs. 1 Z 4 FMABG sind von den konzessionierten Pensionskassen im Verhältnis der von einer Pensionskasse ausgewiesenen Deckungsrückstellung zur Gesamtsumme der ausgewiesenen Deckungsrückstellungen aller Pensionskassen zu tragen.

(2) Die Gesamtkosten des Rechnungskreises 4 dürfen „1,5 vT" jenes Betrages nicht übersteigen, der sich aus der Summe der laufenden Beiträge für Anwartschaftsberechtigte und der Auszahlung von Alterspensionen, Hinterbliebenenpensionen und Invaliditätspensionen für das jeweilige Geschäftsjahr ergibt. *(BGBl I 2003/71)*

(BGBl I 2001/97)

Anzeigepflichten

§ 36. (1) Die Pensionskasse hat „der FMA" unverzüglich schriftlich anzuzeigen:

1. Die Verlegung des Sitzes der Pensionskasse;

2. jede Satzungsänderung;

3. jede Änderung der Voraussetzungen gemäß § 9 Z 9 bis 12 und 15 bei Mitgliedern des Vorstandes;

4. jede Änderung in der Person der Mitglieder des Vorstandes sowie die Einhaltung von § 9 Z 9 bis 13 und 15;

5. jeden Erwerb und jede Aufgabe von Anteilen an der Pensionskasse sowie jede Über- und Unterschreitung der Beteiligungsgrenzen gemäß § 6a Abs. 1, 2 und 4, sobald sie davon Kenntnis erlangen;

6. jede Änderung des Zustellungsbevollmächtigten gemäß den §§ 20a Abs. 3 und 21 Abs. 4;

7. jede Unterschreitung der Grenzen gemäß den §§ 7, 9 Z 4 und 12;

8. jede Bildung einer gesonderten VRG nach § 12 Abs. 2, Sub-VG nach § 12 Abs. 7 oder Sicherheits-VRG nach § 12a und jede Schließung einer VRG, Sub-VG oder Sicherheits-VRG; *(BGBl I 2005/8; BGBl I 2012/54)*

9. jede Kündigung oder einvernehmliche Beendigung eines Pensionskassenvertrages gemäß § 17 Abs. 1 sowie jeden Wechsel der Pensionskasse gemäß § 17 Abs. 3; *(BGBl I 2005/8)*

10. jede Beauftragung oder jeden Entzug der Beauftragung einer Depotbank;

10a. den oder die Verantwortlichen für die interne Revision sowie Änderungen in deren Person; *(BGBl I 2012/54)*

11. Umstände, die eine Gefährdung der Erfüllung der auf Grund der Pensionskassenverträge zu erbringenden Leistungen bewirken können, insbesondere nachhaltige Wertminderungen der den Veranlagungs- und Risikogemeinschaften zugeordneten Vermögenswerte.

(BGBl I 2001/97)

(2) Die Pensionskassen haben binnen vier Wochen nach den Stichtagen 31. März, 30. Juni, 30. September und 31. Dezember der FMA Quartalsausweise getrennt nach VRG, Sub-VG und Sicherheits-VRG, mit denen

1. die Einhaltung von § 23 Abs. 1 Z 3a, § 25 und § 25a sowie das tatsächliche Vorhandensein von mindestens 90 vH der zu einer Veranlagungs- und Risikogemeinschaft gehörigen Vermögenswerte jeweils zu diesen Stichtagen nachgewiesen wird und

2. die Anzahl der Anwartschaftsberechtigten und Leistungsberechtigten jeweils zu diesen Stichtagen angegeben wird,

entsprechend der in der Verordnung gemäß Abs. 4 vorgesehenen Gliederung elektronisch in standardisierter Form zu übermitteln. *(BGBl I 2005/8; BGBl I 2012/54)*

(3) Abweichend von Abs. 2 muss bei Veranlagungen gemäß § 25 Abs. 2 Z 5 in Bezug auf im Inland gelegene Grundstücke und Gebäude der Nachweis nur jeweils zum Stichtag 30. Juni und 31. Dezember erbracht werden. *(BGBl I 2005/37)*

(4) Die FMA hat die Gliederung der Quartalsausweise durch Verordnung festzusetzen; bei der Erlassung dieser Verordnung hat sie auf das volkswirtschaftliche Interesse an einem funktionierenden Pensionskassenwesen Bedacht zu nehmen. *(BGBl I 2005/8)*

(BGBl 1996/755)

Form der Kommunikation mit der FMA – elektronische Übermittlung

§ 36a. Die FMA kann durch Verordnung vorschreiben, dass die Anzeigen und Übermittlungen gemäß § 6a Abs. 1 und 2, § 7 Abs. 7, § 12 Abs. 5, § 20a Abs. 4, § 21 Abs. 3, § 21 Abs. 8, § 25

23. PKG
§§ 36a – 41

Abs. 9, § 25a Abs. 3, § 30a Abs. 1, § 31 Abs. 2, § 33b Abs. 1 und 2 und § 36 Abs. 1 und 2 ausschließlich in elektronischer Form zu erfolgen haben sowie bestimmten Gliederungen, technischen Mindestanforderungen und Übermittlungsmodalitäten zu entsprechen haben. Die FMA hat sich dabei an den Grundsätzen der Wirtschaftlichkeit und Zweckmäßigkeit zu orientieren und dafür zu sorgen, dass die jederzeitige elektronische Verfügbarkeit der Daten für die FMA gewährleistet bleibt und Aufsichtsinteressen nicht beeinträchtigt werden. Die FMA hat geeignete Vorkehrungen dafür zu treffen, dass sich die Meldepflichtigen oder gegebenenfalls ihre Einbringungsverantwortlichen während eines angemessenen Zeitraums im System über die Richtigkeit und Vollständigkeit der von ihnen oder ihren Einbringungsverantwortlichen erstatteten Meldedaten vergewissern können.

(BGBl I 2012/54)

Insolvenz

§ 37. (1) Über das Vermögen einer Pensionskasse kann ein Sanierungsverfahren nicht eröffnet werden. *(BGBl I 2010/58)*

(2) Im Konkurs einer Pensionskasse findet ein Sanierungsplanantrag nicht statt. *(BGBl I 2010/58)*

(3) Der Antrag auf Eröffnung des Konkurses kann nur „von der FMA"* durch die Finanzprokuratur gestellt werden. § 70 der „Insolvenzordnung"** ist anzuwenden. *(*BGBl I 2001/97; **BGBl I 2010/29)*

(4) Die einer Veranlagungs- und Risikogemeinschaft zugeordneten Vermögenswerte bilden im Konkurs eine Sondermasse (§ 48 Abs. 1 der „Insolvenzordnung"). *(BGBl I 2010/29)*

(5) Durch die Konkurseröffnung enden die Vertragsverhältnisse aus den Pensionskassenverträgen.

Kurator

§ 38. (1) Das Konkursgericht hat bei Konkurseröffnung einen Kurator zur Geltendmachung der Ansprüche aus Pensionskassenverträgen zu bestellen. Ansprüche aus Pensionskassenverträgen gegen die Pensionskasse können nur vom Kurator geltend gemacht werden. Der Kurator ist verpflichtet, die Anwartschafts- und Leistungsberechtigten auf Verlangen zur Anmeldung des Anspruches zu hören. Die aus den Büchern der Pensionskasse feststellbaren Ansprüche gelten als angemeldet.

(2) Der Masseverwalter hat dem Kurator und auf Verlangen den Anwartschafts- und Leistungsberechtigten Einsicht in die Bücher und Aufzeichnungen des Unternehmens zu gewähren.

(3) Der Kurator hat gegen die Konkursmasse Anspruch auf Ersatz seiner Barauslagen und auf eine angemessene Vergütung seiner Mühewaltung. § 125 der „Insolvenzordnung" gilt sinngemäß. *(BGBl I 2010/29)*

Befriedigung der Ansprüche

§ 39. (1) Das Konkursgericht hat eine abschließende Aufstellung der Pensionskonten für den Zeitpunkt der Konkurseröffnung zu veranlassen.

(2) Die Anwartschafts- und Leistungsberechtigten haben auf die ihrer Veranlagungs- und Risikogemeinschaft zugeordneten Vermögenswerte entsprechend dem gemäß Abs. 1 ermittelten Stand ihres Pensionskontos Anspruch.

(3) Soweit die den Anwartschafts- und Leistungsberechtigten aus dem Pensionskassenvertrag zustehenden Ansprüche gemäß Abs. 2 nicht zur Gänze befriedigt werden, gehen sie den übrigen Konkursforderungen vor.

Auflösung, Verschmelzung und Umwandlung einer Pensionskasse

§ 40. Der Beschluß auf Auflösung, Verschmelzung oder Umwandlung einer Pensionskasse bedarf zu seiner Wirksamkeit der Bewilligung „der FMA". Die Bewilligung ist zu erteilen, wenn eine Übertragung der den Veranlagungs- und Risikogemeinschaften zugeordneten Vermögenswerte nach § 41 unter Berücksichtigung des volkswirtschaftlichen Interesses an der Funktionsfähigkeit der Pensionskassen sowie deren Sicherheit im Interesse der Anwartschafts- und Leistungsberechtigten durchführbar ist. *(BGBl I 2001/97)*

Übertragung des einer Veranlagungs- und Risikogemeinschaft zugeordneten Vermögens

§ 41. (1) „Die FMA" hat das einer Veranlagungs- und Risikogemeinschaft zugeordnete Vermögen mittels Bescheid auf eine andere Pensionskasse nach Einholung von deren Zustimmung zu übertragen, wenn

1. die Konzession der die Veranlagungs- und Risikogemeinschaft verwaltenden Pensionskasse zurückgenommen wird oder erlischt; *(BGBl 1996/755)*

2. der Antrag auf Eröffnung des Konkurses der die Veranlagungs- und Risikogemeinschaft verwaltenden Pensionskasse gemäß § 37 Abs. 3 gestellt wird oder

3. ein Antrag auf Auflösung der Pensionskasse gemäß § 40 bewilligt wird. *(BGBl I 2001/97)*

(2) Die Auflösung der Pensionskasse und die Übertragung des der Veranlagungs- und Risikogemeinschaft zugeordneten Vermögens sind im Amtsblatt zur Wiener Zeitung zu verlautbaren.

23. PKG
§§ 41 – 46a

(3) Die Übertragung des einer Veranlagungs- und Risikogemeinschaft zugeordneten Vermögens auf eine andere Pensionskasse bewirkt deren Eintritt in alle von der früheren Pensionskasse für die Veranlagungs- und Risikogemeinschaft abgeschlossenen Verträge im Wege der Gesamtrechtsnachfolge.

(4) „Die FMA" kann bis zur Durchführung der Übertragung des einer Veranlagungs- und Risikogemeinschaft zugeordneten Vermögens dessen provisorische Verwaltung durch eine andere Pensionskasse nach Einholung von deren Zustimmung anordnen, wenn dies im Interesse der Anwartschafts- und Leistungsberechtigten liegt. *(BGBl I 2001/97)*

Eintragungen in das Firmenbuch

§ 42. Eine Pensionskasse und jede nach den §§ 40 und 41 bewilligungspflichtige Veränderung dürfen in das Firmenbuch nur dann eingetragen werden, wenn die entsprechenden rechtskräftigen Bescheide in Urschrift oder in beglaubigter Abschrift (Kopie) vorliegen. Verfügungen und Beschlüsse über solche Firmenbucheintragungen sind „der FMA" zuzustellen. *(BGBl I 2001/97)*

Schutz von Bezeichnungen

§ 43. (1) Die Bezeichnung „Pensionskasse"oder Wortverbindungen, die diese Bezeichnung enthalten, dürfen im Firmenwortlaut, im Geschäftsverkehr und in der Werbung nur von Pensionskassen verwendet werden. „Die Bezeichnung „Einrichtung" oder „Einrichtung der betrieblichen Altersversorgung" oder Wortverbindungen, die diese Bezeichnung enthalten, dürfen im Firmenwortlaut, im Geschäftsverkehr und in der Werbung nur von Einrichtungen oder Pensionskassen verwendet werden." *(BGBl I 2005/8)*

(2) Die Werbung, die in irreführender Weise den Anschein erweckt, daß eine Pensionskasse „oder Einrichtung" betrieben wird, ist verboten. *(BGBl I 2005/8)*

Erwerbsverbote

§ 44. Mitglieder des Vorstandes oder des Aufsichtsrates einer Pensionskasse dürfen Vermögenswerte oder aus dem einer Veranlagungs- und Risikogemeinschaft zugeordneten Vermögen, das von dieser Pensionskasse verwaltet wird, erwerben, noch an ein solches Vermögen verkaufen.

Verfahrens- und Strafbestimmungen

§ 45. Für die Vollstreckung eines Bescheides nach diesem Bundesgesetz tritt an die Stelle des im § 5 Abs. 3 VVG 1950 vorgesehenen Betrages von 10 000 S der Betrag von „30 000 Euro". *(BGBl I 2006/48)*

§ 46. (1) Wer den Bestimmungen der §§ 43 und 44 zuwider handelt, begeht, sofern die Tat nicht den Tatbestand einer in die Zuständigkeit der Gerichte fallenden strafbaren Handlung bildet, eine Verwaltungsübertretung und ist von der FMA bei vorsätzlicher Begehung mit einer Geldstrafe bis zu „60 000 Euro", bei fahrlässiger Begehung mit einer Geldstrafe bis zu „30 000 Euro"zu bestrafen. *(BGBl I 2001/97; BGBl I 2012/35)*

(2) Dem Zuwiderhandelnden ist aufzutragen, seine gesetzwidrige Handlung unverzüglich einzustellen.

(3) *(aufgehoben, BGBl I 2005/8)*

§ 46a. (1) Wer als Verantwortlicher (§ 9 VStG) einer Pensionskasse

1. die Anzeige der beabsichtigten Tätigkeit im Hoheitsgebiet eines anderen Mitgliedstaates nach § 11a Abs. 2 und 3 unterlässt;

2. die Anzeige nach § 11a Abs. 5 über Änderung der Bedingungen der Angaben nach § 11a Abs. 2 und 3 unterlässt;

3. dem Auskunftsbegehren eines Anwartschafts- oder Leistungsberechtigten gemäß § 19 Abs. 2 auch nach Mahnung nicht nachkommt;

4. gegenüber den Anwartschafts- und Leistungsberechtigten der Informationspflicht gemäß § 19 Abs. 3, 4 und 5 nicht nachkommt;

5. die Anzeige der Bestellung des Prüfaktuars nach § 21 Abs. 3 unterlässt; *(BGBl I 2005/37)*

5a. die Anzeige der Entwidmung eines Wertpapiers gemäß § 23 Abs. 1 Z 3a unterlässt; *(BGBl I 2005/37; BGBl I 2006/48; BGBl I 2014/70)*

6. den Nachweis gemäß § 25 Abs. 9, dass das Risikomanagement den Mindeststandards entspricht, der FMA nicht fristgerecht vorlegt;

7. der Vorlagepflicht gemäß § 25a Abs. 3 nicht unverzüglich nachkommt;

8. dem Auskunftsbegehren eines beitragleistenden Arbeitgebers, eines Anwartschafts- oder Leistungsberechtigten oder eines zuständigen Betriebsrates gemäß § 25a Abs. 4 auch nach Mahnung nicht nachkommt;

9. *(aufgehoben, BGBl I 2006/48)*

10. dem Auskunftsbegehren eines beitragleistenden Arbeitgebers, eines Anwartschafts- oder Leistungsberechtigten oder eines zuständigen Betriebsrates gemäß § 30a Abs. 2 auch nach Mahnung nicht nachkommt;

11. die Anzeige der Bestellung des Abschlussprüfers nach § 31 Abs. 2 unterlässt;

12. die unverzügliche Anzeige von in § 36 Abs. 1 Z 11 genannten Sachverhalten an die FMA unterlässt;

13. *(aufgehoben, BGBl I 2006/48)*

14. die in § 23 Abs. 1 Z 3a festgelegten Grenzen verletzt;

23. PKG
§§ 46a – 48

14a. die Anforderungen an das Risikomanagement gemäß § 25 Abs. 9 nicht erfüllt; *(BGBl I 2012/54)*

15. den Veranlagungsvorschriften des § 25 zuwiderhandelt oder

16. Pensionskassengeschäfte durchführt, die nicht dem bewilligten Geschäftsplan entsprechen,

begeht, sofern die Tat nicht den Tatbestand einer in die Zuständigkeit der Gerichte fallenden strafbaren Handlung bildet, eine Verwaltungsübertretung und ist von der FMA hinsichtlich der Z 1 bis 13 mit Geldstrafe bis zu „6 000 Euro"*, hinsichtlich der „Z 14 bis 15"** mit Geldstrafe bis zu „30 000 Euro"* und hinsichtlich der Z 16 mit Geldstrafe bis zu „60 000 Euro"* zu bestrafen. *(BGBl I 2005/8; *BGBl I 2012/35; **BGBl I 2012/54)*

(2) Wer als Prüfaktuar die unverzügliche schriftliche Anzeige von in § 21 Abs. 9 genannten Sachverhalten an die FMA unterlässt, begeht, sofern die Tat nicht den Tatbestand einer in die Zuständigkeit der Gerichte fallenden strafbaren Handlung bildet, eine Verwaltungsübertretung und ist von der FMA mit Geldstrafe bis zu „60 000 Euro" zu bestrafen. *(BGBl I 2005/37; BGBl I 2012/35)*

(3) Wer als Abschlussprüfer die unverzügliche schriftliche Anzeige von in § 31 Abs. 3 genannten Sachverhalten an die FMA unterlässt, begeht, sofern die Tat nicht den Tatbestand einer in die Zuständigkeit der Gerichte fallenden strafbaren Handlung bildet, eine Verwaltungsübertretung und ist von der FMA mit Geldstrafe bis zu „60 000 Euro" zu bestrafen. *(BGBl I 2012/35)*

(4) Wer als Verantwortlicher (§ 9 VStG) einer Depotbank erforderliche Maßnahmen nach § 26 Abs. 2 unterlässt, begeht, sofern die Tat nicht den Tatbestand einer in die Zuständigkeit der Gerichte fallenden strafbaren Handlung bildet, eine Verwaltungsübertretung und ist von der FMA mit Geldstrafe bis zu „60 000 Euro" zu bestrafen. *(BGBl I 2012/35)*

(5) Wer als Arbeitgeber oder als Verantwortlicher (§ 9 VStG) des Arbeitgebers dem Auskunftsbegehren eines Anwartschafts- oder Leistungsberechtigten „gemäß § 19 Abs. 2"* auch nach dessen Mahnung nicht nachkommt, begeht, sofern die Tat nicht den Tatbestand einer in die Zuständigkeit der Gerichte fallenden strafbaren Handlung bildet, eine Verwaltungsübertretung und ist von der FMA mit Geldstrafe bis zu „3 000 Euro"[1]*** zu bestrafen. *(*BGBl I 2005/8; **BGBl I 2006/48)*

(BGBl I 2001/97)

---

[1] Gem Art 26 Z 3 in BGBl I 2012/35 sollte in § 46a Abs 5 der Betrag „30.000 Euro" durch „60.000 Euro" ersetzt werden – analog zur Betragsänderung in § 46a Abs 1 betreffend die Tatbestände der Z 1 bis 13 sollten es auch im gegenständlichen Absatz wohl nunmehr „6.000 Euro" sein.

§ 47. Wer eine Pensionskasse ohne die hiefür erforderliche Berechtigung errichtet oder betreibt, begeht, sofern die Tat nicht den Tatbestand einer in die Zuständigkeit der Gerichte fallenden strafbaren Handlung bildet, eine Verwaltungsübertretung und ist von der FMA mit Geldstrafe bis zu „100 000 Euro" zu bestrafen. *(BGBl I 2012/35)*

(BGBl I 2005/8)

§ 47a. Bei Verwaltungsübertretungen gemäß den §§ 46, 46a und 47 gilt anstelle der Verjährungsfrist des „§ 31 Abs. 1 VStG" eine Verjährungsfrist von 18 Monaten. *(BGBl I 2013/70)*

(BGBl I 2005/8)

Übertragung

§ 48. (1) „Die Übertragung von Anwartschaften und Leistungsverpflichtungen aus direkten Leistungszusagen oder von Ansprüchen aus dem Bezügegesetz, BGBl. Nr. 273/1972, in der Fassung des Bundesgesetzes BGBl. I Nr. 64/1997 oder auf Grund gleichartiger landesgesetzlicher Regelungen, auf eine Pensionskasse im Sinne dieses Bundesgesetzes ist unter folgenden Voraussetzungen zulässig." *(BGBl I 1997/64)*

1. Die Überweisung des Deckungserfordernisses zuzüglich der Rechnungszinsen an die Pensionskasse hat ab dem Zeitpunkt der Übertragung binnen längstens zehn Jahren zu erfolgen;

2. die Überweisung des Deckungserfordernisses zuzüglich der Rechnungszinsen hat jährlich mindestens mit je einem Zehntel zu erfolgen; vorzeitige Überweisungen sind zulässig;

3. die übernommene Verpflichtung des Arbeitgebers, das Deckungserfordernis in Raten zu übertragen, bleibt durch

a) den Eintritt des Leistungsfalles,

b) den Entfall des Anspruches oder

c) die Beendigung des Arbeitsverhältnisses während des Übertragungszeitraumes

unberührt. „Im Falle einer Abfindung (§ 1 Abs. 2 PKG, § 5 Abs. 4 BPG oder § 5 Abs. 2 AVRAG) oder einer Übertragung (§ 5 Abs. 2 Z 1 bis 4 BPG) eines Unverfallbarkeitsbetrages hat der Arbeitgeber spätestens zum Abfindungs- oder Übertragungszeitpunkt den aushaftenden Teil des Deckungserfordernisses vorzeitig an die Pensionskasse zu überweisen." *(BGBl 1996/755)*

(2) Kommt der Arbeitgeber seiner Verpflichtung zur Überweisung des Deckungserfordernisses gemäß Abs. 1 nicht nach, weil die Voraussetzungen

1. des § 6 Abs. 1 Z 2 BPG oder

23. PKG
§§ 48 – 48a

2. für die Eröffnung des Konkurses (§§ 66 und 67 „IO") vorliegen, *(BGBl I 2010/29)*

so hat die Pensionskasse die betroffenen Anwartschaften und Leistungsverpflichtungen entsprechend anzupassen. Die Anpassung hat nach den im Geschäftsplan anzugebenden Formeln zu erfolgen. Der Arbeitgeber hat das Vorliegen der Voraussetzungen des § 6 Abs. 1 Z 2 BPG der Pensionskasse gegenüber glaubhaft zu machen. Das Einstellen der Überweisung des Deckungserfordernisses durch den Arbeitgeber setzt ferner voraus, daß der Arbeitgeber seine laufenden Beitragsleistungen an die Pensionskasse widerrufen hat.

(3) Kommt der Arbeitgeber auf Grund des Eintrittes einer der in Abs. 2 Z 1 oder 2 genannten Voraussetzungen seiner Verpflichtungen zur Überweisung des Deckungserfordernisses nicht nach, so entsteht aus dem noch ausstehenden Teil des Deckungserfordernisses ein Anspruch aus einer direkten Leistungszusage des Arbeitgebers. Die Errechnung des Anspruches hat nach den Rechnungsgrundlagen, die in der Pensionskasse für diesen Pensionskassenvertrag verwendet werden, zu erfolgen. Auf diesen Anspruch gegenüber dem Arbeitgeber ist Abschnitt 3 des BPG anzuwenden. Die sonstigen Leistungsbedingungen dieser direkten Leistungszusage ergeben sich aus den dem Pensionskassenvertrag zugrunde liegenden Vereinbarungen zwischen dem Arbeitgeber und den Anwartschafts- und Leistungsberechtigten.

(4) Aus dem Anspruch nach Abs. 3 ist der Unverfallbarkeitsbetrag, auf den der Anwartschaftsberechtigte gegenüber dem Arbeitgeber Anspruch hat, nach Maßgabe der folgenden Bestimmungen zu errechnen:

1. Der Unverfallbarkeitsbetrag entspricht dem Barwert der Anwartschaften, die sich aus dem Anspruch nach Abs. 3 ergeben;

2. bei der Errechnung des Unverfallbarkeitsbetrages ist der in der Pensionskasse verwendete Rechnungszinsfuß zugrunde zu legen; er darf jedoch 6 vH nicht unterschreiten;

3. bei der Errechnung des Unverfallbarkeitsbetrages ist das Risiko der Invalidität nicht zu berücksichtigen;

4. der Unverfallbarkeitsbetrag ist mit der Höhe des ausstehenden Teils des Deckungserfordernisses beschränkt.

(5) Wenn der nach den Vorschriften des § 7 Abs. 3 Z 1 BPG für die direkte Leistungszusage nach Abs. 3 errechnete Unverfallbarkeitsbetrag den gemäß Abs. 4 errechneten Unverfallbarkeitsbetrag, verzinst mit dem Rechnungszinsfuß (§ 14 Abs. 7 Z 6 EStG 1988), übersteigt, so gilt dieser höhere Wert.

(6) Bei einer Übertragung nach Abs. 1 können auch geleistete Arbeitnehmerbeiträge übertragen werden, wobei

1. der Arbeitnehmer diese Übertragung nur vor der Übertragung nach Abs. 1 verlangen kann und

2. die Überweisung der Arbeitnehmerbeiträge zum Zeitpunkt der Übertragung nach Abs. 1 zur Gänze zu erfolgen hat.
(BGBl 1996/755)

(7) Bei der Übertragung von Anwartschaften und Leistungsverpflichtungen aus einer direkten Leistungszusage ohne Hinterbliebenenversorgung nach Abs. 1, die vor dem 1. Juli 1990 erteilt wurde, ist abweichend von § 1 die Zusage der Pensionskasse auf Hinterbliebenenversorgung nicht erforderlich. Dies erstreckt sich jedoch nur auf jene Anwartschafts- und Leistungsberechtigten, denen diese Leistung bereits vor dem 1. Juli 1990 zugesagt wurde und auf jene direkten Leistungszusagen, bei denen seit 1. Juli 1990 sowie im Zuge der Übertragung keine wesentlichen Änderungen erfolgt sind. Nach erfolgter Übertragung dürfen solche Zusagen nur dann geändert werden, wenn sie danach § 1 Abs. 2 entsprechen. Für die Überweisung des Deckungserfordernisses sind Abs. 1 bis 5 anzuwenden. *(BGBl 1996/755)*

(8) Die Übertragung der Ansprüche aus einer Lebens- oder Gruppenrentenversicherung ist nach Abs. 1 zulässig, wobei zum Zeitpunkt der Übertragung die Überweisung zur Gänze zu erfolgen hat. *(BGBl 1996/755)*

(BGBl 1992/20)

§ 48a. Anwartschafts- und Leistungsberechtigte, deren direkte Leistungszusage ohne Vereinbarung einer Nachschusspflicht des Arbeitgebers (§ 5 Z 3) gemäß § 48 auf eine Pensionskasse übertragen wurde, können die zum 31. Dezember 2003 ausgewiesene Deckungsrückstellung aus Arbeitgeberbeiträgen unter folgenden Bedingungen als Deckungsrückstellung aus Arbeitnehmerbeiträgen in eine andere Veranlagungs- und Risikogemeinschaft dieser Pensionskasse überleiten:

1. Die Übertragung gemäß § 48 muss vor dem 1. Jänner 2003 erfolgt sein.

2. Die Überleitung muss vom Anwartschafts- oder Leistungsberechtigten bis spätestens 30. November 2003 bei der Pensionskasse schriftlich beantragt werden und die Überleitung ist von der Pensionskasse bis spätestens 30. Juni 2004 mit Wirksamkeit vom 1. Jänner 2004 durchzuführen.

3. Die Rahmenbedingungen für die Überleitung sind in einem Kollektivvertrag oder – sofern in dieser Angelegenheit kein Kollektivvertrag wirksam ist – in einer Betriebsvereinbarung oder einer Vereinbarung gemäß Vertragsmuster nach dem Betriebspensionsgesetz zu regeln sowie in einer Änderung des Pensionskassenvertrages

festzulegen. Leistungsberechtigte, die von keinem Betriebsrat vertreten sind und für die ein solcher Kollektivvertrag nicht gilt, können einen entsprechenden Zusatz zum für sie geltenden Pensionskassenvertrag mit der Pensionskasse einzelvertraglich vereinbaren, wobei von der Pensionskasse für solche Vereinbarungen ein nach einheitlichen Grundsätzen gestaltetes Vertragsmuster zu verwenden ist. Ein solches Vertragsmuster ist der FMA zu übermitteln.

4. Die Pensionskasse hat für diese Überleitung eine eigene Veranlagungs- und Risikogemeinschaft einzurichten, wobei die verwendeten Zinssätze (Rechnungszins und rechnungsmäßiger Überschuss) den Anforderungen des § 20 Abs. 2a entsprechen müssen, die für neu abzuschließende Pensionskassenverträge anzuwenden sind und jedenfalls niedriger sein müssen, als jene Zinssätze, die in jener Veranlagungs- und Risikogemeinschaft verwendet werden, in der die Ansprüche verwaltet wurden. Wird in dieser Veranlagungs- und Risikogemeinschaft im ersten Jahr nach Errichtung die Anzahl von 1 000 Anwartschafts- und Leistungsberechtigten nicht erreicht, so hat der Prüfaktuar zu bestätigen, dass in dieser Veranlagungs- und Risikogemeinschaft die Belange der Leistungsberechtigten ausreichend gewahrt werden und die Verpflichtungen aus den Pensionskassenverträgen als dauernd erfüllbar anzusehen sind. Wird die Bestätigung vom Prüfaktuar versagt, ist diese Veranlagungs- und Risikogemeinschaft zum nächstfolgenden Bilanzstichtag mit einer anderen Veranlagungs- und Risikogemeinschaft zusammenzulegen.

5. Durch die Überleitung werden die bisherigen Arbeitgeberbeiträge in Arbeitnehmerbeiträge (§ 25 Abs. 1 Z 2 lit. a EStG 1988) umgewandelt. Übergeleitete Arbeitgeberbeiträge unterliegen einer pauschalen Einkommensteuer von 25 vH. Die Pensionskasse hat die Steuer im Zuge der Überleitung einzubehalten und spätestens am 15. Tag nach Ablauf des Kalendermonats, in dem die Überleitung durchgeführt wurde, an das Finanzamt der Betriebsstätte abzuführen. Diese Umwandlung von Arbeitgeberbeiträgen in Arbeitnehmerbeiträge gilt als Zufluss eines Ruhe- und Versorgungsbezuges.

(BGBl I 2003/71)

Vorwegbesteuerung

§ 48b. (1) Die zum 31. Dezember 2011 für einen zu diesem Stichtag Leistungsberechtigten ausgewiesene Deckungsrückstellung aus Arbeitgeberbeiträgen

1. von Pensionskassenzusagen ohne unbeschränkte Nachschusspflicht des Arbeitgebers (§ 5 Z 3) und

2. mit einem nach dem 31. Dezember 2001 maßgeblichen Rechnungszins von mindestens 3,5%

unterliegt einer pauschalen Einkommensteuer von 25%. Die pauschale Einkommensteuer gilt als für den Leistungsberechtigten erhoben. Vor Anwendung der pauschalen Einkommensteuer ist die Deckungsrückstellung um die im Kalenderjahr 2012 ausgezahlten Bruttopensionen zu vermindern. Der Steuersatz ermäßigt sich auf 20%, wenn die Monatsbruttopensionen des Leistungsberechtigten aus dieser Pensionskassenzusage im Kalenderjahr 2011 durchschnittlich 300 Euro nicht überstiegen haben. Der erste bis dritte Satz sind auf die zum 31. Dezember 2011 für einen vor dem 1. Jänner 1953 geborenen Anwartschaftsberechtigten ausgewiesene Deckungsrückstellung sinngemäß anzuwenden.

(2) Die Pensionskasse hat die Steuer am 30. November 2012 an das Betriebsfinanzamt abzuführen. Durch die Abfuhr der pauschalen Einkommensteuer wird die zum 31. Dezember 2011 ausgewiesene Deckungsrückstellung aus Arbeitgeberbeiträgen nach Abzug der pauschalen Einkommensteuer in eine Deckungsrückstellung aus Arbeitnehmerbeiträgen (§ 25 Abs. 1 Z 2 lit. a EStG 1988) umgewandelt. Diese Umwandlung von Arbeitgeberbeiträgen in Arbeitnehmerbeiträge ist am 1. Jänner 2013 vorzunehmen.

(3) Abs. 1 und 2 sind anzuwenden, wenn der Anwartschafts- oder Leistungsberechtigte, der die Voraussetzungen des Abs. 1 erfüllt, bei der Pensionskasse bis zum 31. Oktober 2012 einen schriftlichen Antrag auf Einhebung der pauschalen Einkommensteuer gemäß Abs. 1 gestellt hat. Die Pensionskassen haben die betroffenen Anwartschafts- und Leistungsberechtigten von dieser Möglichkeit schriftlich zu informieren.

(4) Der durch die Vorwegbesteuerung im Jahr 2012 erzielte Ertrag wird bei der Einkommensteuer (ohne Kapitalertragsteuer gemäß § 93 EStG 1988 in Verbindung mit § 27 Abs. 2 Z 2 Abs. 3 und 4 EStG 1988) vor der Teilung auf die Gebietskörperschaften abgezogen. Dieser Abzug ist ein Abzug im Sinne des § 8 Abs. 2 des Finanzausgleichsgesetzes 2008, BGBl. I Nr. 103/2007, und kürzt das Nettoaufkommen. Die Einnahmen aus der Vorwegbesteuerung fließen in den „Fonds für Maßnahmen gemäß FinStaG" (§ 7a Abs. 3 des Stabilitätsabgabegesetzes, BGBl. I Nr. 111/2010) und sind im Rahmen dieses Fonds zweckgebunden für Maßnahmen, die im Bundesgesetz über Maßnahmen zur Sicherung der Stabilität des Finanzmarktes, BGBl. I Nr. 136/2008, vorgesehen sind, zu verwenden.

(BGBl I 2012/22)

Übergangsbestimmungen

§ 49. „(1)" Nach Inkrafttreten dieses Bundesgesetzes gelten folgende Übergangsbestimmungen:

1. (Zu § 20) Enthält der bewilligte Geschäftsplan Bestimmungen, die diesem Bundesgesetz nicht entsprechen, so sind ab dem Zeitpunkt des Inkrafttretens dieses Bundesgesetzes die Bestimmungen dieses Bundesgesetzes anzuwenden und verlieren entgegenstehende Bestimmungen des Geschäftsplans ihre Geltung. Mit der nächsten Änderung des Geschäftsplans ist dieser an die geänderten Bestimmungen anzupassen.

2. (Zu § 24a) Wird in der Vermögensaufstellung einer Veranlagungs- und Risikogemeinschaft einer Pensionskasse (Formblatt A) zum 31. Dezember 1996 ein Fehlbetrag gemäß § 24 Abs. 5 PKG (Formblatt A, Aktiva, Pos. XV.) ausgewiesen, so ist dieser binnen längstens drei Jahren aufzulösen.

3. (Zu § 25) Zum Zeitpunkt des Inkrafttretens dieses Bundesgesetzes bestehende Veranlagungen, die die Grenzen des § 25 überschreiten, dürfen nicht mehr erhöht werden; sie sind innerhalb eines Jahres nach Inkrafttreten dieses Bundesgesetzes an die Grenzen des § 25 anzupassen.

4. (zu § 25 Abs. 4 Z 2)
In § 25 Abs. 4 Z 2 ist das Wort „Euro" bis 1. Jänner 1999 durch das Wort „Schilling" zu ersetzen.
(BGBl I 1998/126)

5. (zu § 25 Abs. 2 Z 2, Abs. 4 Z 2 und Abs. 7)
Veranlagungen in nationale Währungseinheiten jener Mitgliedstaaten, die an der 3. Stufe der WWU teilnehmen, sind den auf Euro lautenden Veranlagungen gleichzusetzen.
(BGBl I 1998/126)

6. Die Strafbarkeit von Verwaltungsübertretungen gemäß §§ 46 und 46a in der bis 31. März 2002 geltenden Fassung wird durch das In-Kraft-Treten dieses Bundesgesetzes BGBl. I Nr. 97/2001 nicht berührt; derartige Übertretungen bleiben nach §§ 46 und 46a in der Fassung vor BGBl. I Nr. 97/2001 strafbar. *(BGBl I 2001/97)*

7. Am 31. März 2002 anhängige Verwaltungsstrafverfahren wegen der in Z 6 genannten Verwaltungsübertretungen sind von der am 31. März 2002 zuständigen Behörde weiterzuführen. *(BGBl I 2001/97)*

8. Ab dem 1. April 2002 anhängig werdende Verwaltungsstrafverfahren wegen der in Z 6 genannten Verwaltungsübertretungen sind von der FMA zu führen. *(BGBl I 2001/97)*

9. Am 31. März 2002 anhängige Verfahren zur Vollstreckung von Bescheiden auf Grund des § 33 sind ab 1. April 2002 von der FMA fortzuführen. *(BGBl I 2001/97)*

10. Die Wirksamkeit der vom Bundesminister für Finanzen bis 31. März 2002 in Vollziehung des § 33 erlassenen Bescheide wird durch den mit BGBl. I Nr. 97/2001 bewirkten Übergang der Zuständigkeit zur Ausübung der Pensionskassenaufsicht auf die FMA nicht berührt. *(BGBl I 2001/97)*

11. Die bis zum 31. März 2002 entstandenen und bis zu diesem Zeitpunkt noch nicht eingehobenen Kosten für die im § 33 Abs. 8 in der Fassung BGBl. I Nr. 142/2000 genannten Maßnahmen sind von der FMA den betroffenen Rechtsträgern zum Kostenersatz vorzuschreiben und an den Bund abzuführen. *(BGBl I 2001/97)*

12. Soweit in den in § 51 Abs. 1k genannten Bestimmungen auf die FMA Bezug genommen wird, tritt bis zum 31. März 2002 an die Stelle der FMA der Bundesminister für Finanzen. *(BGBl I 2001/97)*

13. (zu § 31 Abs. 2):
Für die Prüfung des Jahresabschlusses für das erste Geschäftsjahr, das nach dem 31. Dezember 2005 beginnt, ist der Abschlussprüfer vor Ablauf dieses Geschäftsjahres zu wählen.
(BGBl I 2005/59)

14. Zu § 2 Abs. 1:
Der Ausschluss des Mindestertrages für Fünfjahreszeiträume (§ 2 Abs. 2), die vor dem 1. Jänner 2005 enden, ist nicht zulässig.
(BGBl I 2005/8)

15. Zu § 7:
Der Bezugswert für die Mindestertragsrücklage zum Bilanzstichtag 31. Dezember 2005 ist der Gesamtwert der Deckungsrückstellung aller Veranlagungs- und Risikogemeinschaften zum Bilanzstichtag 31. Dezember 2004 abzüglich jener Teile der Deckungsrückstellung, für die mit Wirksamkeit vom 1. Jänner 2005 auf die Garantie des Mindestertrages durch die Pensionskasse verzichtet wurde.
Wird im Pensionskassenvertrag die Garantie des Mindestertrages durch die Pensionskasse mit Wirksamkeit ab dem 1. Jänner 2005 ausgeschlossen (§ 2 Abs. 2) und diese Vertragsanpassung bis spätestens 30. November 2005 vereinbart, ist eine in der Bilanz der Pensionskasse zum 31. Dezember 2004 gebildete und nicht für Verpflichtungen aus dem Mindestertrag verwendete Mindestertragsrücklage in jenem Ausmaß aufzulösen, in dem die Mindestertragsrücklage in Bezug auf diesen Pensionskassenvertrag gebildet wurde. Die aufgelöste Mindestertragsrücklage ist den Anwartschafts- und Leistungsberechtigten und den Arbeitgebern insoweit gutzuschreiben, als diese zu ihrer Bildung beigetragen haben. Erfolgt der Verzicht bis zur Feststellung der Bilanz für das Geschäftsjahr 2004 und wird die Dotierung der Mindestertragsrücklage für das Geschäftsjahr 2004 nicht für die Erfüllung von Mindestertragsverpflichtungen für die vom Verzicht betroffenen

23. PKG
§ 49

Anwartschafts- und Leistungsberechtigten für den nicht vom Verzicht erfassten Zeitraum bis 31. Dezember 2004 benötigt, so kann die Dotierung der Mindestertragsrücklage in diesen Fällen für das Geschäftsjahr 2004 unterbleiben. § 7 Abs. 6 in Verbindung mit § 20 Abs. 2 Z 7 in der Fassung des Bundesgesetzes BGBl. I Nr. 97/2003 kann letztmalig in der Bilanz zum Stichtag 31. Dezember 2005 angewendet werden. Wird zum 31. Dezember 2005 in der Bilanz der Pensionskasse ein „Unterschiedsbetrag nach § 7 Abs. 6 PKG" ausgewiesen, so ist dieser bis längstens 31. Dezember 2009 aufzulösen.
(BGBl I 2005/8)

16. Zum Entfall einer Wortfolge in § 20 Abs. 2 Z 3:
Für Pensionskassenverträge, die vor dem 23. September 2005 abgeschlossen wurden und die nicht § 16a entsprechen, sind, sofern sie nicht an § 16a angepasst werden, hinsichtlich der Verwaltungskosten die Bestimmungen des Geschäftsplanes in der vor dem 23. September 2005 zuletzt von der FMA bewilligten Fassung weiter anzuwenden.
(BGBl I 2005/8)

17. Zu § 24a Abs. 7:
Wird zum 31. Dezember 2004 im Rechenschaftsbericht einer Veranlagungs- und Risikogemeinschaft eine negative Schwankungsrückstellung ausgewiesen, so ist diese binnen längstens zehn Jahren und jährlich mindestens mit je einem Zehntel aufzulösen; vorzeitige Auflösungen sind zulässig.
Wird in einer Veranlagungs- und Risikogemeinschaft Pensionskassengeschäft aus grenzüberschreitender Mitgliedschaft verwaltet, so ist die in Bezug auf diese Veranlagungs- und Risikogemeinschaft gebildete negative Schwankungsrückstellung sofort aufzulösen.
Die FMA kann durch Verordnung festlegen, dass die Auflösung der negativen Schwankungsrückstellung in einem Geschäftsjahr unterbleiben kann, wenn
a) die Ertragslage auf den Kapitalmärkten erheblich vom Durchschnitt der Vorjahre abweicht und
b) zumindest ein Teil der Leistungsberechtigten in diesem Geschäftsjahr durch geringe oder negative Erträge vor Auflösung der negativen Schwankungsrückstellung von Leistungskürzungen betroffen ist.
(BGBl I 2005/8)

18. Zu § 25 Abs. 9 und 10:
Bis zur Erlassung von Verordnungen gemäß § 25 Abs. 9 und 10 durch die FMA, längstens aber bis 30. September 2006 haben die Pensionskassen bei der Veranlagung des einer Veranlagungs- und Risikogemeinschaft zugeordneten Vermögens folgende zusätzliche Veranlagungsvorschriften einzuhalten:

a) Veranlagungen gemäß § 25 Abs. 1 Z 6 sind mit insgesamt höchstens 10 vH des der Veranlagungs- und Risikogemeinschaft zugeordneten Vermögens begrenzt;

b) Veranlagungen gemäß § 25 Abs. 2 Z 5 sind mit insgesamt höchstens 20 vH des der Veranlagungs- und Risikogemeinschaft zugeordneten Vermögens begrenzt;

c) Veranlagungen gemäß § 25 Abs. 2 Z 6 sind mit insgesamt höchstens 10 vH des der Veranlagungs- und Risikogemeinschaft zugeordneten Vermögens begrenzt;

d) Veranlagungen in Wertpapiere über Optionsrechte sind mit insgesamt höchstens 3 vH des der Veranlagungs- und Risikogemeinschaft zugeordneten Vermögens begrenzt;

e) für Veranlagungs- und Risikogemeinschaften, in denen Pensionskassenzusagen mit Mindestertragsgarantie verwaltet werden, sind Veranlagungen gemäß § 25 Abs. 3 Z 2 mit insgesamt höchstens 50 vH des der Veranlagungs- und Risikogemeinschaft zugeordneten Vermögens begrenzt. *(BGBl I 2005/59)*
(BGBl I 2005/8)

19. Zu § 36 Abs. 2 und 4:
Die Quartalsausweise haben erstmals zum 31. Dezember 2005 der durch Verordnung der FMA festgesetzten Gliederung zu entsprechen.
(BGBl I 2005/8)
(BGBl I 2012/54)

(2) Nach Inkrafttreten des Bundesgesetzes BGBl. I Nr. 54/2012 gelten folgende Übergangsbestimmungen:

1. Zu § 12 Abs. 7 und § 12a Abs. 2:
Alle Leistungsberechtigten zum Stichtag 31. Dezember 2012 mit einer Pensionskassenzusage ohne unbeschränkter Nachschusspflicht des Arbeitgebers können abweichend von § 12 Abs. 7 und § 12a Abs. 2 nach nachweislicher Information gemäß § 19b gegenüber der Pensionskasse bis 31. Oktober 2013 schriftlich den Wechsel

a) in eine Veranlagungs- und Risikogemeinschaft oder Sub-VG mit einem gemäß § 20 Abs. 2a zulässigen Rechnungszins,

b) in eine Sicherheits-VRG oder

c) in eine betriebliche Kollektivversicherung

erklären. Der Wechsel wird zum 1. Jänner 2014 wirksam. Der Übertragungsbetrag errechnet sich aus der für den Leistungsberechtigten zum Übertragungsstichtag gebildeten Deckungsrückstellung und Schwankungsrückstellung. Bei einer Übertragung gemäß lit. b ist § 12a Abs. 4 anzuwenden; § 12a Abs. 1 Z 2 ist mit der Maßgabe anzuwenden, dass die Garantie auf die für Jänner 2014 gewährte Monatspension zu beziehen ist. Bei einer Übertragung gemäß lit. c ist eine Information gemäß § 18k VAG nachzuweisen. „Soferne der Leistungsberechtigte aus einer Pensionskassenzusage mit Mindestertragsgarantie einen Wechsel in die Sicherheits-VRG gemäß lit. b erklärt, bedarf es im Pensionskassenvertrag sowie im Kollektivvertrag, in der Betriebsvereinbarung oder in der Vereinbarung gemäß Vertragsmuster nach dem Betriebspensionsgesetz sowie in der Erklärung gemäß § 3 Abs. 2 PKVG oder einer gleichartigen landesgesetzlichen Vorschrift keiner Vereinbarung über den Ausschluss der Mindestertragsgarantie gemäß § 2 Abs. 1." *(BGBl I 2013/184)*

2. Zu § 12a Abs. 4:
Bei Errichtung der Sicherheits-VRG beträgt das prozentuelle Ausmaß der zu bildenden Schwankungsrückstellung 5 vH des den Anwartschafts- und Leistungsberechtigten zugeordneten Vermögens (§ 20 Abs. 2 Z 5), das zu diesem Zeitpunkt in die Sicherheits-VRG übertragen wird.

3. Zu § 15 Abs. 3 Z 7a und 15a:
Zum Zeitpunkt des Inkrafttretens des Bundesgesetzes BGBl. I Nr. 54/2012 abgeschlossene Pensionskassenverträge sind bis 31. Dezember 2015 um die vorgeschriebenen Inhalte zu ergänzen.

4. Zu § 24a:
Leistungsberechtigte mit einer Pensionskassenzusage ohne unbeschränkter Nachschusspflicht des Arbeitgebers, deren Schwankungsrückstellung individuell geführt wird, können bis 31. Oktober 2014 schriftlich und unwiderruflich erklären, dass ab dem Geschäftsjahr, in dem die Erklärung abgegeben wird, eine Dotierung oder Auflösung der Schwankungsrückstellung gemäß § 24a Abs. 2, 3 und 4 unterbleibt, wenn die laufende monatliche Pension zum Zeitpunkt der Verzichtserklärung geringer ist als die erste Monatspension, die sich zum Zeitpunkt des erstmaligen Abrufes der Pensionskassenleistung aus der Verrentung der für den Leistungsberechtigten gebildeten Deckungsrückstellung ergeben hat. Die Pensionskasse hat die Leistungsberechtigten auf deren Verlangen über die Möglichkeit der Verzichtserklärung und die damit verbundenen Auswirkungen nachweislich in Papierform zu informieren.

5. Zu § 26 Abs. 1:
Für zum 1. Jänner 2013 beauftragte Depotbanken ist die Erklärung des Kreditinstituts oder der Verwahrstelle, in der auf jedes Aufrechnungs- und Zurückbehaltungsrecht verzichtet wird, bis längstens 31. Dezember 2013 der FMA vorzulegen.

(BGBl I 2012/54)

(BGBl 1996/755)

Sprachliche Gleichbehandlung

§ 49a. Soweit in diesem Bundesgesetz personenbezogene Bezeichnungen nur in männlicher Form angeführt sind, beziehen sie sich auf Frauen und Männer in gleicher Weise. Bei der Anwendung auf bestimmte Personen ist die jeweils geschlechtsspezifische Form zu verwenden.

(BGBl I 2005/8)

Verweise und Verordnungen

§ 49b. (1) Soweit in diesem Bundesgesetz auf andere Bundesgesetze verwiesen wird, sind diese, wenn nichts anderes angeordnet ist, in ihrer jeweils geltenden Fassung anzuwenden.

(2) Verordnungen auf Grund dieses Bundesgesetzes können bereits von dem seiner Kundmachung folgenden Tag an erlassen werden.

(BGBl I 2005/8)

Vollzugsklausel

§ 50. Mit der Vollziehung dieses Bundesgesetzes sind betraut:

1. hinsichtlich der §§ 13, 27 Abs. 1, 2 und 5 bis 7, 37 Abs. 1 und 2, 38, 39 und 47 der Bundesminister für Justiz; *(BGBl 1996/755)*

2. hinsichtlich der §§ 10 Abs. 2 und 3, 11 Abs. 2, 30 Abs. 2, 4 und 6, 30a Abs. 3, 42, 46 und 46a der Bundesminister für Finanzen im Einvernehmen mit dem Bundesminister für Justiz; *(BGBl 1996/755)*

3. hinsichtlich § 11b Abs. 4 und § 27 Abs. 4 der Bundesminister für Finanzen im Einvernehmen mit dem Bundesminister für Wirtschaft und Arbeit; *(BGBl I 2005/8)*

4. hinsichtlich aller übrigen Bestimmungen der Bundesminister für Finanzen.

Inkrafttreten; Außerkrafttreten

§ 51. (1) Dieses Bundesgesetz tritt mit 1. Juli 1990 in Kraft, die §§ 2 Abs. 2, 24 Abs. 1, 3, 4, 6 und 7 sowie 48 in der Fassung des Bundesgesetzes BGBl. Nr. 20/1992 treten mit 1. Jänner 1991 in Kraft. *(BGBl 1992/209)*

(2) § 1 Abs. 2 und 2a, § 2 Abs. 2, § 5 samt Überschrift, § 6a samt Überschrift, § 7 Abs. 2, der Entfall des § 8 Abs. 2 Z 7, § 8 Abs. 2 Z 8, § 8 Abs. 3, § 9, § 10 Abs. 1 Z 5, § 10 Abs. 3, § 11 Abs. 1 Z 5, § 11 Abs. 3, § 12 Abs. 2 bis 5, § 15 Abs. 1, § 15 Abs. 3 Z 9, § 15 Abs. 3a, § 15a, § 17, § 18 Abs. 1, § 18 Abs. 2, § 20 Abs. 2 und 4, der Entfall des § 20 Abs. 5, § 20a samt Überschrift, § 21, § 23, § 24 samt Überschrift, § 24a samt Überschrift, § 25, § 26, § 27 Abs. 2 und 4 bis 6, der Entfall des § 27 Abs. 3, § 28 Abs. 3, § 29 Abs. 1 und 3, § 30, § 30a, § 31 Abs. 3 samt Überschrift, § 32 samt Überschrift, § 33 Abs. 3 bis 8, § 33a, der Entfall des § 35, § 36, § 41 Abs. 1 Z 1, § 46 Abs. 1, § 46a, § 48 Abs. 1, § 48 Abs. 6 bis 8, § 49, § 50 Z 1 und 2, § 51 Abs. 1a und 1b und die Anlagen 1 und 2 zu § 30 dieses Bundesgesetzes in der Fassung des Bundesgesetzes

23. PKG
§ 51

BGBl. Nr. 755/1996 treten mit 1. Jänner 1997 in Kraft. *(BGBl 1996/755)*

(3) Die Verordnung des Bundesministers für Justiz über die von den Pensionskassen zu verwendenden Formblätter für die Gliederung der Bilanz und der Gewinn- und Verlustrechnung, BGBl. Nr. 198/1991, und die Verordnung des Bundesministers für Finanzen betreffend die Änderung von Formblättern für Pensionskassen, BGBl. Nr. 93/1991, treten mit Ablauf des 31. Dezember 1996 außer Kraft. *(BGBl 1996/755)*

(4) § 1 Abs. 5, § 5 Z 1 lit. d, § 15b, § 25 Abs. 2 Z 10 und § 48 Abs. 1 erster Satz dieses Bundesgesetzes in der Fassung des Bundesgesetzes BGBl. I Nr. 64/1997 treten mit 1. August 1997 in Kraft. *(BGBl I 1997/64)*

(5) Der Entfall des § 9 Z 8, § 25 Abs. 2 Z 1, § 25 Abs. 2 Z 12, § 25 Abs. 4, § 25 Abs. 5 Z 2, § 25 Abs. 5a und § 49 Z 4 dieses Bundesgesetzes in der Fassung des Bundesgesetzes BGBl. I Nr. 126/1998 treten mit 1. August 1998, § 2 Abs. 2, § 23 Abs. 1 Z 2, § 25 Abs. 1 Z 1 lit. b sublit. aa und bb, § 25 Abs. 2 Z 2, § 25 Abs. 2 Z 6, § 25 Abs. 7 und § 49 Z 5 dieses Bundesgesetzes in der Fassung des Bundesgesetzes BGBl. I Nr. 126/1998 treten mit 1. Jänner 1999 in Kraft. *(BGBl I 1998/126)*

(6) § 1 Abs. 6 und 7, § 3 Abs. 4, § 5 Z 1 lit. a sublit. bb und cc und § 25 Abs. 5a in der Fassung des Bundesgesetzes BGBl. I Nr. 127/1999 treten mit 1. August 1999 in Kraft. *(BGBl I 1999/127)*

(7) § 1 Abs. 2a, § 1 Abs. 8 und § 5 Z 1 lit. a sublit. cc und dd dieses Bundesgesetzes in der Fassung des Bundesgesetzes BGBl. I Nr. 73/2000 treten mit 1. Jänner 2000 in Kraft. *(BGBl I 2000/73)*

(8) § 19a, § 20 Abs. 5, § 24a Abs. 7, § 25 Abs. 1 Z 2, § 25 Abs. 2 Z 2, 3, 5, 6, 6a, 7, 12 und 13, § 25 Abs. 5 Z 1 und § 25 Abs. 5a dieses Bundesgesetzes BGBl. I Nr. 73/2000 treten mit 1. September 2000 in Kraft. *(BGBl I 2000/73)*

(9) § 5 Z 1 lit. e und § 15a Abs. 3 dieses Bundesgesetzes in der Fassung des Bundesgesetzes BGBl. I Nr. 142/2000 treten mit 1. Jänner 2001 in Kraft. *(BGBl I 2000/142)*

(10) § 24a Abs. 3 dieses Bundesgesetzes in der Fassung des Bundesgesetzes BGBl. I Nr. 97/2001 ist erstmals auf Geschäftsjahre anzuwenden, die nach dem 31. Dezember 2000 beginnen. *(BGBl I 2001/97)*

(11) § 23 Abs. 1 Z 6 und § 25 Abs. 2 Z 12 in der Fassung des Bundesgesetzes BGBl. Nr. 97/2001 treten mit 1. September 2001 in Kraft. *(BGBl I 2001/97)*

(12) § 1 Abs. 2 Z 1 und Abs. 2a, § 7 Abs. 2, § 21 Abs. 8, § 22 Abs. 2, § 31 Abs. 1 und § 45 in der Fassung des Bundesgesetzes BGBl. I Nr. 97/2001 treten mit 1. Jänner 2002 in Kraft. *(BGBl I 2001/97)*

(13) § 6a Abs. 1, 2, 3, 5, 6 und 7, § 8 Abs. 1, § 10 Abs. 1, 2 und 3, § 11 Abs. 2, § 12 Abs. 5, § 15 Abs. 4, § 20 Abs. 4 und 5, § 20a Abs. 3 und 4, § 21 Abs. 3, 4, 5, 9 und 10, § 30 Abs. 4, § 30a Abs. 1 und 4, § 31 Abs. 2 und 3, § 33 Abs. 1, 2, 3, 4, 4a, 5, 6, 7 und 9, § 35, § 36 Abs. 1 und 2, § 37 Abs. 3, § 40, § 41 Abs. 1 und 4, § 42, § 46 Abs. 1, § 46a, § 47 Abs. 2 und § 49 Z 6 bis 11 in der Fassung des Bundesgesetzes BGBl. I Nr. 97/2001 treten mit 1. April 2002 in Kraft. *(BGBl I 2001/97)*

(14) § 3 Abs. 4 Z 1 lit. a in der Fassung des Bundesgesetzes BGBl. I Nr. 9/2002 tritt mit 1. Dezember 2001 in Kraft. *(BGBl I 2002/9)*

(15) § 6a Abs. 2, § 8 Abs. 1 und § 36 Abs. 2 in der Fassung des Bundesgesetzes BGBl. I Nr. 9/2002 treten mit 1. April 2002 in Kraft. *(BGBl I 2002/9)*

(16) § 2 Abs. 2, 3 und 4, die Überschrift vor § 7, § 7 Abs. 1, 1a und 4 bis 7, § 20 Abs. 2 Z 7, § 35 Abs. 2 und die Anlage 1 zu Art. I, § 30 in der Fassung des Bundesgesetzes BGBl. I Nr. 71/2003 sind erstmals auf Geschäftsjahre anzuwenden, die nach dem 31. Dezember 2002 beginnen. *(BGBl I 2003/71)*

(17) § 23 Abs. 1 Z 4a und § 25 Abs. 5a und 6 in der Fassung des Bundesgesetzes BGBl. I Nr. 80/2003 treten mit 1. September 2003 in Kraft. *(BGBl I 2003/80)*

(18) § 25 Abs. 5 Z 1 lit. b und Abs. 5a in der Fassung des Bundesgesetzes BGBl. I Nr. 135/2003 tritt mit 13. Februar 2004 in Kraft. *(BGBl I 2003/135)*

(19) § 34 in der Fassung des Bundesgesetzes BGBl. I Nr. 70/2004 tritt mit 1. August 2004 in Kraft. *(BGBl I 2004/70)*

(20) § 2 Abs. 1, § 5 Z 3, § 7 Abs. 1 bis 8, § 24 Abs. 2, § 24a Abs. 5 bis 9, § 49 Z 14, 15 und 17, die Pos. G. I. der Anlage 1 zu Artikel I, § 30 Formblatt A – Bilanz der Pensionskasse, Passiva und die Pos. I. der Anlage 2 zu Artikel I, § 30 Formblatt A – Vermögensaufstellung einer Veranlagungs- und Risikogemeinschaft, Passiva in der Fassung des Bundesgesetzes BGBl. I Nr. 8/2005 sind erstmals auf Geschäftsjahre anzuwenden, die nach dem 31. Dezember 2004 beginnen. *(BGBl I 2005/8)*

(21) § 1 Abs. 1 Z 1 und 2, § 5 Z 4 bis 6, § 7 Abs. 9, § 9 Z 5, § 11a samt Überschrift, § 11b samt Überschrift, § 15 Abs. 1, 2 und 3 Z 7 bis 9 und 14, § 16a samt Überschrift, § 17 Abs. 1 bis 3, § 18, § 19, § 20 Abs. 2 Z 7, Abs. 3, 3a, 3b und 4, § 23 Abs. 1 Z 3 und 6, § 24 Abs. 4, § 25, § 25a samt Überschrift, § 26 Abs. 1 und 3, § 27 Abs. 2 und 6, § 30a Abs. 1 und 2, § 32 Abs. 3, § 33b samt Überschrift, § 33c samt Überschrift, § 33d, § 33e samt Überschrift, § 33f samt Überschrift,

§ 36 Abs. 1 Z 8 und 9, Abs. 2 und 4, § 43 Abs. 1 und 2, § 46a Abs. 1 und 5, § 47, § 47a, § 49 Z 16, 18 und 19, § 49a samt Überschrift, § 49b samt Überschrift, § 50 Z 3, die Pos. E. der Anlage 1 zu Artikel I, § 30 Formblatt A – Bilanz der Pensionskasse, Aktiva, die Anlage 2 zu Artikel I, § 30 Formblatt A – Vermögensaufstellung einer Veranlagungs- und Risikogemeinschaft, Aktiva und die Pos. IIa. der Anlage 2 zu Artikel I, § 30 Formblatt A – Vermögensaufstellung einer Veranlagungs- und Risikogemeinschaft und die Pos. B. IIa. und C. VIa. der Anlage 2 zu Artikel I, § 30 Formblatt B – Ertragsrechnung einer Veranlagungs- und Risikogemeinschaft in der Fassung des Bundesgesetzes BGBl. I Nr. 8/ 2005 treten mit 23. September 2005 in Kraft. *(BGBl I 2005/8)*

(22) Die Wortfolge in § 20 Abs. 2 Z 3, § 46 Abs. 3 und die Pos. A. II. der Anlage 2 zu Artikel I, § 30 Formblatt B – Ertragsrechnung einer Veranlagungs- und Risikogemeinschaft treten mit Ablauf des 22. September 2005 außer Kraft. *(BGBl I 2005/8)*

(23) Die Quartalsmeldungsverordnung BGBl. II Nr. 75/1997 in der Fassung BGBl. II Nr. 444/1998 tritt mit Ablauf des 30. Dezember 2005 außer Kraft. *(BGBl I 2005/8)*

(24) § 12 Abs. 4 Z 3 und Abs. 5, § 20a Abs. 4, § 21 Abs. 3, Abs. 5, Abs. 8 und Abs. 9, § 31 Abs. 3 und Abs. 4 Z 2 bis 4 und § 33 Abs. 3 in der Fassung des Bundesgesetzes BGBl. I Nr. 37/2005 treten mit 1. Juli 2005 in Kraft. § 21 Abs. 10 tritt mit 1. Juli 2005 außer Kraft. *(BGBl I 2005/37)*

(25) § 7 Abs. 5 Z 5, § 19 Abs. 4, § 20 Abs. 4, § 25a Abs. 1 Z 6, § 30a Abs. 1, § 36 Abs. 3 und § 46a Abs. 1 Z 5 und 5a und Abs. 2 in der Fassung des Bundesgesetzes BGBl. I Nr. 37/2005 treten mit 24. September 2005 in Kraft. *(BGBl I 2005/37)*

(26) § 31 Abs. 1 und 2, § 31a und § 49 Z 13 in der Fassung des Bundesgesetzes BGBl. I Nr. 59/2005 treten mit 1. Jänner 2006 in Kraft. *(BGBl I 2005/59)*

(27) § 25 Abs. 3, § 49 Z 18 lit. e und die Pos. VII. 3. und VIII. 3. der Anlage 2 zu Artikel I, § 30 Formblatt A – Vermögensaufstellung einer Veranlagungs- und Risikogemeinschaft, Aktiva, in der Fassung des Bundesgesetzes BGBl. I Nr. 59/2005 treten mit 24. September 2005 in Kraft. *(BGBl I 2005/59)*

(28) § 23 Abs. 1 Z 3a lit. b in der Fassung des Bundesgesetzes BGBl. I Nr. 141/2006 tritt mit 1. Jänner 2007 in Kraft. *(BGBl I 2006/141)*

(29) § 20 Abs. 3a bis 3d in der Fassung des Bundesgesetzes BGBl. I Nr. 107/2007 tritt mit 1. Jänner 2008 in Kraft. *(BGBl I 2007/107)*

(30) § 1 Abs. 6 und § 3 Abs. 4 Z 1 in der Fassung des Bundesgesetzes BGBl. I Nr. 73/2009 treten mit 1. Jänner 2009 in Kraft. *(BGBl I 2009/73)*

(31) § 9 Z 9 und § 37 Abs. 1 und 2 in der Fassung des Bundesgesetzes BGBl. I Nr. 58/2010 treten mit 1. August 2010 in Kraft. *(BGBl I 2010/58)*

(32) § 7 Abs. 3 und 8 in der Fassung des Bundesgesetzes BGBl. I Nr. 58/2010 treten mit 23. September 2010 in Kraft. § 7 Abs. 9 tritt mit Ablauf des 22. September 2010 außer Kraft. *(BGBl I 2010/58)*

(33) § 23 Abs. 1 Z 3a, 4 und 6 und § 25 Abs. 1 Z 6 und Abs. 7 und 8 in der Fassung des Bundesgesetzes BGBl. I Nr. 77/2011 treten mit 1. September 2011 in Kraft. *(BGBl I 2011/77)*

(34) § 33g in der Fassung des Bundesgesetzes BGBl. I Nr. 77/2011 tritt mit 1. Jänner 2012 in Kraft. *(BGBl I 2011/77)*

(35) § 46 Abs. 1, § 46 Abs. 1 bis 5[1)], § 47 und die Überschrift zu § 51 in der Fassung des 2. Stabilitätsgesetzes 2012, BGBl. I Nr. 35/2012, treten mit 1. Mai 2012 in Kraft. *(BGBl I 2012/35)*

(36) § 3 Abs. 3, § 5 Z 4a, § 7 Abs. 2a, § 12 Abs. 1, 6 und 7, § 12a samt Überschrift, § 15 Abs. 3 Z 7a und 15a und Abs. 3a, § 16 Abs. 4, § 16a Abs. 4a, 4b und 6, § 17 Abs. 1, 3 und 4, § 19 Abs. 2, 5a bis 5c und 7, § 19b, § 20 Abs. 2a, § 20a Abs. 1, § 23 Abs. 1 Z 3a, § 24 Abs. 2, § 24a Abs. 3, § 25 Abs. 1 Z 5 lit. b, Abs. 2 Z 1, Abs. 5, 7 bis 10, § 25a Abs. 1a und 3, § 26 Abs. 1 und 1a, § 27 Abs. 1a und 5 Z 2a, 2b und 3a, § 29 Abs. 1 und 2, § 31 Abs. 4 Z 3a, § 36 Abs. 1 Z 8 und 10a und Abs. 2, § 36a samt Überschrift, § 46a Abs. 1 sowie § 49 Abs. 1 und 2 in der Fassung des Bundesgesetzes BGBl. I Nr. 54/2012 treten mit 1. Jänner 2013 in Kraft. § 9 Z 12, § 25 Abs. 11 sowie die Verordnung der Finanzmarktaufsichtsbehörde vom 22. September 2006 über die besonderen Veranlagungsvorschriften für Pensionskassen, BGBl. II Nr. 361, treten mit Ablauf des 31. Dezember 2012 außer Kraft. *(BGBl I 2012/54)*

(37) § 47a in der Fassung des Bundesgesetzes BGBl. I Nr. 70/2013 tritt mit 1. Jänner 2014 in Kraft. *(BGBl I 2013/70)*

(38) § 23 Abs. 1 Z 3a, § 25 Abs. 1 Z 5 lit. a, § 27 Abs. 5 Z 2b und § 33 Abs. 8 bis 8b in der Fassung des Bundesgesetzes BGBl. I Nr. 184/2013 treten mit 1. Jänner 2014 in Kraft. *(BGBl I 2013/184)*

(39) § 23 Abs. 1 Z 3a, § 25 Abs. 3 Z 2 und Abs. 11 und § 46a Abs. 1 Z 5a in der Fassung des Bundesgesetzes BGBl. I Nr. 70/2014 treten mit 21. Dezember 2014 in Kraft. *(BGBl I 2014/70)*

(40) § 16 Abs. 4, § 17 Abs. 1 und 3 und § 19b Abs. 1 in der Fassung des Bundesgesetzes BGBl. I

23. PKG
§ 51, Abschnitte II bis XIV

Nr. 34/2015 treten mit 1. Jänner 2016 in Kraft. *(BGBl I 2015/34)*

---
[1] *Richtig wohl: § 46a Abs 1 bis 5.*

ABSCHNITTE II – XI

(nicht abgedruckt, da sie Änderungen in anderen Gesetzen betreffen)

ABSCHNITT XII

Handelsrechtliche[1] Übergangsbestimmung

[1] *Nunmehr wohl „Unternehmensrechtliche" – vgl Art XXX, BGBl I 2005/120.*

(1) Werden Anwartschaften und Leistungsverpflichtungen aus direkten Leistungszusagen von einem Arbeitgeber auf eine Pensionskasse gemäß § 48 Pensionskassengesetz übertragen, so hat die Pensionskasse das nach versicherungsmathematischen Grundsätzen samt Rechnungszinsen ermittelte Deckungserfordernis vom Arbeitgeber zu fordern. Der Arbeitgeber hat das Deckungserfordernis in voller Höhe als Verbindlichkeit in die Bilanz einzustellen. Der Unterschiedsbetrag zwischen der in der Bilanz zum Zeitpunkt der Übertragung ausgewiesenen Pensionsrückstellung und dem Dekkungserfordernis kann in der Bilanz unter den aktiven Rechnungsabgrenzungsposten ausgewiesen werden und ist über längstens zehn Jahre gleichmäßig verteilt aufzulösen. Der Betrag ist im Anhang zur Bilanz zu erläutern.

(2) Ansprüche nach § 48 Abs. 3 PKG sind gemäß § 211 Abs. 2 „UGB" zu bilanzieren. Art. X Abs. 4 RLG ist anzuwenden. *(BGBl I 2005/120)*

(BGBl 1992/20)

ABSCHNITT XIII

Sondervorschrift für den Betrieb von Pensionskassen durch Körperschaften öffentlichen Rechts

Körperschaften öffentlichen Rechts sind berechtigt, Pensionskassen im Sinne des Pensionskassengesetzes zu errichten und sich an solchen zu beteiligen.

ABSCHNITT XIV

Inkrafttreten und Vollzugsklausel

(1) Dieses Bundesgesetz tritt mit 1. Juli 1990 in Kraft.

(2) Soweit in diesem Bundesgesetz auf andere Bundesgesetze verwiesen wird, sind diese in ihrer jeweils geltenden Fassung anzuwenden.

(3) Verordnungen auf Grund dieses Bundesgesetzes können bereits von dem seiner Kundmachung folgenden Tag an erlassen werden.

(4) Mit der Vollziehung dieses Bundesgesetzes sind betraut:

1. hinsichtlich Abschnitt I §§ 13, 27 Abs. 1 bis 3 und 5 bis 7, 37 Abs. 1 und 2, 38, 39 und 47 der Bundesminister für Justiz;

2. hinsichtlich Abschnitt IV der Bundesminister für wirtschaftliche Angelegenheiten;

3. hinsichtlich Abschnitt I §§ 10 Abs. 2 und 3, 11 Abs. 2 und 42 der Bundesminister für Finanzen im Einvernehmen mit dem Bundesminister für Justiz;

4. hinsichtlich Abschnitt I § 27 Abs. 4 der Bundesminister für Finanzen im Einvernehmen mit dem Bundesminister für Arbeit und Soziales;

5. hinsichtlich Abschnitt XIII der mit der Aufsicht über die jeweilige Körperschaft betraute Bundesminister;

6. hinsichtlich aller übrigen Bestimmungen der Bundesminister für Finanzen.

(Anlagen zu § 30 idF der VO BGBl II 2002/14 inhaltlich überlagert durch die Anlagen zur Formblatt- und Jahresmeldeverordnung, BGBl II 2005/419; eine ausdrückliche Aufhebung der Anhänge zum PKG erfolgte jedoch nicht)

23. PKG
Anlage 1 zu Artikel I, § 30

Anlage 1 zu Artikel I, § 30

Formblatt A – Bilanz der Pensionskasse

AKTIVA

A. „Unterschiedsbetrag nach § 7 Abs. 6 PKG " *(BGBl I 2003/71)*

B. **Anlagevermögen**[1)]
   I. Immaterielle Vermögensgegenstände
   II. Sachanlagen
   III. Finanzanlagen

C. **Umlaufvermögen**[1)]
   I. Vorräte
   II. Forderungen
   III. Wertpapiere und Anteile
   IV. Kassenbestand, Schecks, Guthaben bei Banken

D. **Rechnungsabgrenzungsposten**

E. **Aktiva der Veranlagungs- und Risikogemeinschaften**
   I. Guthaben und Kassenbestände auf Euro lautend
   II. Guthaben und Kassenbestände auf ausländische Währung lautend
   III. Darlehen und Kredite auf Euro lautend
   IV. Darlehen und Kredite auf ausländische Währung lautend
   V. Forderungswertpapiere auf Euro lautend
   VI. Forderungswertpapiere auf ausländische Währungen lautend
   VII. Aktien, aktienähnliche begebbare Wertpapiere, corporate bonds und sonstige Beteiligungswertpapiere auf Euro lautend
   VIII. Aktien, aktienähnliche begebbare Wertpapiere, corporate bonds und sonstige Beteiligungswertpapiere auf ausländische Währungen lautend
   IX. Immobilien im Inland
   X. Immobilien im Ausland
   XI. sonstige Vermögenswerte auf Euro lautend
   XII. sonstige Vermögenswerte auf ausländische Währungen lautend
   XIII. Forderungen
   XIV. Aktive Rechnungsabgrenzungsposten
   XV. Sonstige Aktiva
   (BGBl I 2005/8)

[1)] Die mit Fußnote „1)" gekennzeichneten, mit Buchstaben oder römischen Zahlen bezeichneten Hauptposten sind in die im HGB[2)] mit arabischen Zahlen bezeichneten Einzelposten zu untergliedern.
[2)] Nunmehr: UGB – vgl BGBl I 2005/120

23. PKG

Anlage 1 zu Artikel I, § 30

PASSIVA

A. **Eigenkapital**
   I. Grundkapital
   II. Kapitalrücklagen[1]
   III. Gewinnrücklagen[1]
   IV. „Mindestertragsrücklage" *(BGBl I 2003/71)*
   V. Bilanzgewinn/Bilanzverlust

B. **Unversteuerte Rücklagen**[1]

C. **„Ergänzungskapital gemäß § 7 Abs. 4 PKG"** *(BGBl I 2003/71)*

D. **Rückstellungen**
   I. Geschäftsplanmäßige Rückstellung für die nach Pensionsbeginn anfallenden Verwaltungskosten
   II. Andere Rückstellungen[1]

E. **Verbindlichkeiten**[1]

F. **Rechnungsabgrenzungsposten**

G. **Passiva der Veranlagungs- und Risikogemeinschaften**
   I. Deckungsrückstellung
      1. Deckungsrückstellung mit Mindestertragsgarantie
      – Anteil der Deckungsrückstellung mit unbeschränkter Nachschusspflicht des Arbeitgebers und Übernahme der Verpflichtung gem. § 2 Abs. 2 und 3
      2. Deckungsrückstellung ohne Mindestertragsgarantie
      – Anteil der Deckungsrückstellung mit unbeschränkter Nachschusspflicht des Arbeitgebers
   (BGBl I 2005/8)
   II. Schwankungsrückstellung
   III. Verbindlichkeiten
   IV. Passive Restabgrenzungsposten
   V. Sonstige Passiva

23. PKG
Anlage 1 zu Artikel I, § 30

Anlage 1 zu Artikel I, § 30

Formblatt B – Gewinn- und Verlustrechnung der Pensionskasse

I. Ergebnis der Veranlagungs- und Risikogemeinschaft
1. Veranlagungsergebnis ± ....
2. Beiträge + ...
3. Leistungen – ....
4. Veränderung der Deckungsrückstellung ± ....
5. Veränderung der Schwankungsrückstellung ± ....
6. Sonstige Aufwendungen und Erträge ± _____
7. Verbleibendes Ergebnis 0

II. Erträge und Aufwendungen der Pensionskasse
1. Vergütung zur Deckung der Betriebsaufwendungen + ...
2. Betriebsaufwendungen
 a) Personalaufwand
  – Löhne – ....
  – Gehälter – ....
  „ – Aufwendungen für Abfertigungen und Leistungen an betriebliche Mitarbeitervorsorgekassen" *(BGBl I 2004/161)* – ....
  – Aufwendungen für Altersversorgung – ....
  – Aufwendungen für gesetzlich vorgeschriebene Sozialabgaben sowie vom Entgelt abhängige Abgaben und Pflichtbeiträge – ....
  – sonstige Sozialaufwendungen – _____
  – ....
 b) Abschreibungen auf das Anlagevermögen – ....
 c) sonstige Betriebs- Verwaltungs- und Vertriebsaufwendungen – _____ – ....
3. Veränderung der geschäftsplanmäßigen Verwaltungskostenrückstellung ± ....
4. Finanzerträge
 a) Erträge aus Beteiligungen + ...
 b) Zinsenerträge und sonstige laufende Erträge aus der Veranlagung der Eigenmittel und der nicht zu Veranlagungs- und Risikogemeinschaften zugeordnete Fremdmittel + ...
 c) Erträge aus dem Abgang von und der Zuschreibung zu Finanzanlagen, die nicht den Veranlagungs- und Risikogemeinschaften zugeordnet sind + _____ + ...
5. Finanzaufwendungen
 a) Aufwendungen aus Beteiligungen – ....
 b) Abschreibungen auf sonstige Finanzanlagen, die nicht den Veranlagungs- und Risikogemeinschaften zugeordnet sind – ....
 c) Zinsen und ähnliche Aufwendungen – _____ – ....
6. Sonstige Erträge und Aufwendungen
 a) Erträge + ...
 b) Aufwendungen – _____ ± _____
7. Ergebnis der gewöhnlichen Geschäftstätigkeit ± _____

23. PKG
Anlage 1 zu Artikel I, § 30

8. Außerordentliches Ergebnis
  a) außerordentliche Erträge   + ...
  b) außerordentliche Aufwendungen   – _____   ± ....
9. Steuern von Einkommen und vom Ertrag   – _____
10. Jahresüberschuß/Jahresfehlbetrag   ± ....
11. Veränderung von Rücklagen
  a) Zuweisungen
    – zu unversteuerten Rücklagen   + ...
    – zu Gewinnrücklagen   + ...
    „ – zur Mindestertragsrücklage" *(BGBl I 2003/71)*
  b) Auflösungen
    – unversteuerter Rücklagen   – ....
    – von Kapitalrücklagen   – ....
    – von Gewinnrücklagen   – _____   ± _____
    „ – der Mindestertragsrücklage" *(BGBl I 2003/71)*
12. Gewinn-/Verlustvortrag   ± _____
13. Bilanzgewinn/-verlust   ± _____

23. PKG

Anlage 2 zu Artikel I, § 30

Formblatt A – Vermögensaufstellung einer Veranlagungs- und Risikogemeinschaft

AKTIVA

I. Guthaben und Kassenbestände auf Euro lautend

1. Bargeld
2. Guthaben bei Kreditinstituten
3. Anteilscheine von Investmentfonds oder Immobilienfonds

II. Guthaben und Kassenbestände auf ausländische Währung lautend

1. Bargeld
2. Guthaben bei Kreditinstituten
3. Anteilscheine von Investmentfonds oder Immobilienfonds

III. Darlehen und Kredite auf Euro lautend

1. Darlehen und Kredite mit Haftung eines Mitgliedstaates
2. Darlehen und Kredite mit Haftung eines Kreditinstitutes
3. sonstige Darlehen und Kredite

IV. Darlehen und Kredite auf ausländische Währung lautend

1. Darlehen und Kredite mit Haftung eines Mitgliedstaates
2. Darlehen und Kredite mit Haftung eines Kreditinstitutes
3. sonstige Darlehen und Kredite

V. Forderungswertpapiere auf Euro lautend

1. an Märkten gemäß § 25 Abs. 1 Z 5 lit. a bis c gehandelte Forderungswertpapiere
2. an nicht geregelten Märkten gehandelte Forderungswertpapiere
3. bis zur Endfälligkeit gehaltene Forderungswertpapiere
4. Anteilscheine von Kapitalanlagefonds

VI. Forderungswertpapiere auf ausländische Währungen lautend

1. an Märkten gemäß § 25 Abs. 1 Z 5 lit. a bis c gehandelte Forderungswertpapiere
2. an nicht geregelten Märkten gehandelte Forderungswertpapiere
3. bis zur Endfälligkeit gehaltene Forderungswertpapiere
4. Anteilscheine von Kapitalanlagefonds

VII. Aktien, aktienähnliche begebbare Wertpapiere, coporate bonds und sonstige Beteiligungswertpapiere auf Euro lautend

1. Aktien
   a) an Märkten gemäß § 25 Abs. 1 Z 5 lit. a bis c gehandelt
   b) an nicht geregelten Märkten gehandelt
2. aktienähnliche begebbare Wertpapiere

23. PKG

Anlage 2 zu Artikel I, § 30

    a) an Märkten gemäß § 25 Abs. 1 Z 5 lit. a bis c gehandelt
    b) an nicht geregelten Märkten gehandelt
3. corporate bonds
    a) an Märkten gemäß § 25 Abs. 1 Z 5 lit. a bis c gehandelt davon investment grade corporate bonds
    b) an nicht geregelten Märkten gehandelt davon investment grade corporate bonds
(BGBl I 2005/59)
4. sonstige Beteiligungswertpapiere
    a) an Märkten gemäß § 25 Abs. 1 Z 5 lit. a bis c gehandelt
    b) an nicht geregelten Märkten gehandelt
5. Anteilscheine von Kapitalanlagefonds

VIII. Aktien, aktienähnliche begebbare Wertpapiere, corporate bonds und sonstige Beteiligungswertpapiere auf ausländische Währungen lautend

1. Aktien
    a) an Märkten gemäß § 25 Abs. 1 Z 5 lit. a bis c gehandelt
    b) an nicht geregelten Märkten gehandelt
2. aktienähnliche begebbare Wertpapiere
    a) an Märkten gemäß § 25 Abs. 1 Z 5 lit. a bis c gehandelt
    b) an nicht geregelten Märkten gehandelt
3. corporate bonds
    a) an Märkten gemäß § 25 Abs. 1 Z 5 lit. a bis c gehandelt davon investment grade corporate bonds
    b) an nicht geregelten Märkten gehandelt davon investment grade corporate bonds
(BGBl I 2005/59)
4. sonstige Beteiligungswertpapiere
    a) an Märkten gemäß § 25 Abs. 1 Z 5 lit. a bis c gehandelt
    b) an nicht geregelten Märkten gehandelt
5. Anteilscheine von Kapitalanlagefonds

IX. Immobilien im Inland

1. Grundstücke und Gebäude
2. Anteilscheine von Immobilienfonds
3. Aktien oder Geschäftsanteile von Kapitalgesellschaften

X. Immobilien im Ausland

1. Grundstücke und Gebäude
2. Anteilscheine von Immobilienfonds
3. Aktien oder Geschäftsanteile von Kapitalgesellschaften

XI. sonstige Vermögenswerte auf Euro lautend

1. an Märkten gemäß § 25 Abs. 1 Z 5 lit. a bis c gehandelte Vermögenswerte
2. an nicht geregelten Märkten gehandelte Vermögenswerte
3. Anteilscheine von Kapitalanlagefonds

XII. sonstige Vermögenswerte auf ausländische Währungen lautend

1. an Märkten gemäß § 25 Abs. 1 Z 5 lit. a bis c gehandelte Vermögenswerte

23. PKG
Anlage 2 zu Artikel I, § 30

2. an nicht geregelten Märkten gehandelte Vermögenswerte
3. Anteilscheine von Kapitalanlagefonds

XIII. Forderungen

1. für ausstehende Beiträge
a) laufende Beiträge
b) Beiträge aus einer Übertragung gemäß § 48
2. für Zinsen
a) abgegrenzte Zinsen
b) Zinsforderungen aus einer Übertragung gemäß § 48
3. gegenüber einer anderen Veranlagungs- und Risikogemeinschaft
4. gegenüber der Pensionskasse AG
5. sonstige

XIV. Aktive Rechnungsabgrenzungsposten

XV. „Sonstige Aktiva" *(BGBl I 2005/8)*

PASSIVA

I. Deckungsrückstellung

1. mit Mindestertragsgarantie
a) für Anwartschaften
aa) Arbeitgeberanteil ohne Übernahme der Verpflichtung gemäß § 2 Abs. 2 und 3
bb) Arbeitgeberanteil mit unbeschränkter Nachschusspflicht und Übernahme der Verpflichtung gemäß § 2 Abs. 2 und 3
cc) Arbeitnehmeranteil ohne Übernahme der Verpflichtung gemäß § 2 Abs. 2 und 3 durch den Arbeitgeber
dd) Arbeitnehmeranteil mit unbeschränkter Nachschusspflicht des Arbeitgebers und Übernahme der Verpflichtung gemäß § 2 Abs. 2 und 3 durch den Arbeitgeber
b) für laufende Leistungen
aa) Arbeitgeberanteil ohne Übernahme der Verpflichtung gemäß § 2 Abs. 2 und 3
bb) Arbeitgeberanteil mit unbeschränkter Nachschusspflicht und Übernahme der Verpflichtung gemäß § 2 Abs. 2 und 3
cc) Arbeitnehmeranteil ohne Übernahme der Verpflichtung § 2 Abs. 2 und 3 durch den Arbeitgeber
dd) Arbeitnehmeranteil mit unbeschränkter Nachschusspflicht des Arbeitgebers und Übernahme der Verpflichtung gemäß § 2 Abs. 2 und 3 durch den Arbeitgeber
2. ohne Mindestertragsgarantie
a) für Anwartschaften
aa) Arbeitgeberanteil ohne unbeschränkte Nachschusspflicht
bb) Arbeitgeberanteil mit unbeschränkter Nachschusspflicht
cc) Arbeitnehmeranteil ohne unbeschränkte Nachschusspflicht des Arbeitgebers
dd) Arbeitnehmeranteil mit unbeschränkter Nachschusspflicht des Arbeitgebers
b) für laufende Leistungen
aa) Arbeitgeberanteil ohne unbeschränkte Nachschusspflicht
bb) Arbeitgeberanteil mit unbeschränkter Nachschusspflicht
cc) Arbeitnehmeranteil ohne unbeschränkte Nachschusspflicht des Arbeitgebers

23. PKG
Anlage 2 zu Artikel I, § 30

dd) Arbeitnehmeranteil mit unbeschränkter Nachschusspflicht des Arbeitgebers *(BGBl I 2005/8)*

II. Schwankungsrückstellung

IIa. „Schwankungsrückstellung gemäß § 49 Z 17" *(BGBl I 2005/8)*

III. Verbindlichkeiten

1. aus dem Ankauf von Vermögenswerten
2. gegenüber Leistungsberechtigten
3. gegenüber Arbeitgebern
4. gegenüber Kreditinstituten
5. gegenüber einer anderen Veranlagungs- und Risikogemeinschaft
6. gegenüber der Pensionskasse AG
7. sonstige

IV. Passive Rechnungsabgrenzungsposten

V. Sonstige Passiva

Anlage 2 zu Artikel I, § 30

Formblatt B – Ertragsrechnung einer Veranlagungs- und Risikogemeinschaft

A. Veranlagungsergebnis
I. Veranlagungserträge

Zinsenerträge aus Guthaben und Ausleihungen	+ ....
Zinsenerträge gemäß § 48	+ ....
Erträge aus Schuldverschreibungen	± ....
Erträge aus sonstigen Wertpapieren	± ....
Grundstückerträge (nach Abzug von Aufwendungen)	± ....
Sonstige laufende Veranlagungserträge	± ....
Zinsenaufwendungen	– ....
Verwaltungskosten der Veranlagung	– _____ ± _____

II. *(aufgehoben, BGBl I 2005/8)*
III. Veranlagungsüberschuß I ± _____

IV. Übertragung in die Ergebnisverwendung (Pos. C. I.) ± _____
0

B. Versicherungstechnisches Ergebnis
I. Nettobeiträge

laufende Beiträge für Anwartschaftsberechtigte	+ ....
Einmalbeträge	+ ....
Beträge gemäß § 5 Abs. 2 Z 2 BPG	+ ....
Beiträge gemäß § 17 PKG	+ ....
Beiträge gemäß § 41 PKG	+ ....
Beiträge gemäß § 48 PKG	+ _____ + _____

23. PKG
Anlage 2 zu Artikel I, § 30

II. Einstellung der in den Beiträgen enthaltenen Schwankungsrückstellung in die Schwankungsrückstellung —

„**IIa. Zuschüsse aus dem Pensionskassenvermögen zum Ausgleich von Mindererfolgen aus der Veranlagung (§ 2 Abs. 2 und 3 PKG)**" *(BGBl I 2005/8)* —

III. Auszahlungen von Leistungen
  Alterspension, Hinterbliebenenpensionen und Invaliditätspensionen — ....
  Unverfallbarkeitsleistungen und Abfindungen — ══════

IV. Versicherungsergebnis
  Versicherungsprämien — ....
  Leistungen der Versicherer + ══════ ± ──────

V. Umbuchung der Deckungsrückstellung
  Auflösung + ...
  Dotierung − ══════ ± ──────

VI. Rechnungsmäßige Zinsen (Pos. C IX.) + ──────

VII. Zuweisung an die Deckungsrückstellung − ──────

VIII. Verminderung der Deckungsrückstellung
  Alterspension, Hinterbliebenenpensionen und Invaliditätspensionen + ...
  Unverfallbarkeitsleistungen und Abfindungen + ...
  für ohne Leistungen erloschene Ansprüche + ...
  für Übertragungen gemäß § 5 Abs. 2 BPG + ...
  für Übertragungen gemäß § 17 PKG + ...
  für Übertragungen gemäß § 41 PKG + ══════ + ──────

IX. Übertragung von Arbeitgeberbeiträgen gemäß § 24 Abs. 7 PKG in die Ergebnisverwendung (Pos. C. VIII.) − ══════

X. Versicherungstechnisches Ergebnis ± ──────

XI. Übertragung in die Ergebnisverwendung (Pos. C. III.) ± ──────

0

C. Ergebnisverwendung

I. Übertragung des Veranlagungsüberschusses I (Pos. A. IV.) ± ──────

II. Veränderung der Schwankungsrückstellungen aus dem Veranlagungsergebnis
  Zuweisung gemäß § 24a Abs. 2 − ....
  Auflösung gemäß § 24a Abs. 2 + ...
  Zuweisung gemäß § 24a Abs. 3 − ══════ ± ──────

III. Übertragung des versicherungstechnischen Ergebnisses (Pos. B. XI.) ± ──────

IV. Veränderung der Schwankungsrückstellung aus dem versicherungstechnischen Ergebnis
  Zuweisung gemäß § 24a Abs. 4 − ....
  Auflösung gemäß § 24a Abs. 4 + ══════ ± ──────

V. Auflösung von Überbeständen der Schwankungsrückstellung
  Auflösung gemäß § 24a Abs. 5 + ...
  Auflösung gemäß § 24a Abs. 6 + ══════ + ──────

VI. Auflösung einer negativen Schwankungsrückstellung gemäß § 24a Abs. 7 − ──────

PKG +VOen

23. PKG

Anlage 2 zu Artikel I, § 30

VIa. Auflösung einer negativen Schwankungsrückstellung gemäß § 49 Z 17 PKG (BGBl I 2005/8)		− _____
VII. Aufwendungen für		
die Ermittlung von Überweisungsbeträgen	−	
beitragsfrei gestellte Anwartschaften	− =======	− _____
VIII. Arbeitgeberbeiträge gemäß §24 Abs. 7 PKG (Pos. B. IX.)		+ _____
IX. Rechnungsmäßige Zinsen laut Pos. B. VI.		− =======
X. Verbleibendes Ergebnis der Veranlagungslagungs- und Risikogemeinschaft		± _____
XI. Verwendung der verbleibenden Ergebnisses der Veranlagungs- und Risikogemeinschaft		
Einstellung in die Deckungsrückstellung		− _____
Entnahme aus der Deckungsrückstellung		+ _____
Gutachten des Arbeitgebers		− _____
Nachschuß des Arbeitgebers		+ =======
		0

Formblatt C – Anhang zur Vermögensaufstellung und Ertragsrechnung einer Veranlagungs- und Risikogemeinschaft

I. Eckdaten der Veranlagungs- und Risikogemeinschaft

II. Erläuterungen zur Vermögensaufstellung der Veranlagungs- und Risikogemeinschaft nach Formblatt A

III. Erläuterungen zur Ertragsrechnung der Veranlagungs- und Risikogemeinschaft nach Formblatt B

IV. Erläuterungen zur Schwankungsrückstellung
1. Art der Führung der Schwankungsrückstellung gemäß § 20 Abs. 2 Z 4
2. Höhe des Sollwertes der Schwankungsrückstellung (als Vomhundertsatz und betragsmäßig)
3. Dotierung der Schwankungsrückstellung gemäß § 20a Abs. 3
4. Auflösung der Schwankungsrückstellung gemäß § 20a Abs. 5 oder 6

V. Erläuterungen zur Bewertung
1. Allgemeines
2. Berücksichtigung erkennbarer Risken und drohender Verluste sowie Vornahme notwendiger Wertberichtigungen (§ 23 Abs. 2)

VI. Invaliditätsvorsorge

VII. Erläuterungen zur Führung der Pensionskonten

VIII. Erläuterungen zur Internen Kontrolle

IX. Anzahl der
− Anwartschaftsberechtigten
− Leistungsberechtigten

23. PKG
Anlage 2 zu Artikel I, § 30

X. Bestätigung der Übereinstimmung der Pensionskassenverträge mit dem Pensionskassengesetz sowie mit § 3 Betriebspensionsgesetz

XI. Kurzbericht des Prüfaktuars

XII. Bestätigung des Abschlussprüfers

23/1. PKG-VO
Verwaltungskostenrückstellung

Verwaltungskostenrückstellungsverordnung 2013

BGBl II 2013/381

Verordnung der Finanzmarktaufsichtsbehörde (FMA) zur Festsetzung der Kriterien für die Führung der geschäftsplanmäßigen Rückstellung für die nach Pensionsbeginn anfallenden Verwaltungskosten (Verwaltungskostenrückstellungsverordnung 2013 – VKRStV 2013)

Auf Grund des § 20 Abs. 5 Pensionskassengesetz – PKG, BGBl. Nr. 281/1990, zuletzt geändert durch das Bundesgesetz BGBl. I Nr. 184/2013, wird verordnet:

Allgemeines

§ 1. (1) Die geschäftsplanmäßige Rückstellung für die nach Pensionsbeginn anfallenden Verwaltungskosten (Verwaltungskostenrückstellung) ist unter Berücksichtigung der anerkannten Grundsätze der Versicherungsmathematik in betriebswirtschaftlich ausreichender Höhe und unter Bedachtnahme auf die Interessen der Anwartschafts- und Leistungsberechtigten gemäß den Vorschriften dieser Verordnung zu bilden.

(2) Die Verwaltungskostenrückstellung ist innerhalb einer Pensionskasse für alle Veranlagungs- und Risikogemeinschaften einheitlich zu führen.

(3) Die auf Grund der Bestimmungen dieser Verordnung erfolgte Festlegung der Führung der Verwaltungskostenrückstellung hat im Geschäftsplan der Pensionskasse (§ 20 PKG) zu erfolgen.

(4) Wird eine Pensionskassenzusage von mehreren Pensionskassen gemeinsam verwaltet, hat jede daran beteilige Pensionskasse insoweit eine Verwaltungskostenrückstellung zu bilden als sie auch die Pensionsleistung abwickelt.

Berechnung der Verwaltungskostenrückstellung

§ 2. (1) Die Verwaltungskostenrückstellung ist nach einem international anerkannten versicherungsmathematischen Verfahren zu berechnen, wobei die zukünftig zu erwartenden Steigerungen der Verwaltungskosten zu berücksichtigen sind.

(2) Alternativ zu Abs. 1 ist auch die Berechnung der Verwaltungskostenrückstellung nach dem Teilwertverfahren zulässig. Der Nettorechnungszins darf jeweils höchstens 3,0% betragen.

(3) Der Mindeststandard hinsichtlich der verwendeten biometrischen Rechnungsgrundlagen wird mit Generationentafeln in der Ausprägung für Angestellte festgelegt.

(4) Bei Eintritt einer wesentlichen Änderung der für die Wahl der Rechnungsgrundlagen (§ 20 Abs. 2 Z 3 PKG) maßgeblichen Verhältnisse sind die Pensionskassen verpflichtet, die Rechnungsgrundlagen umgehend anzupassen.

(5) Unter- oder Überdeckungen, die auf Grund unzutreffender Annahmen in den Rechnungsgrundlagen (§ 20 Abs. 2 Z 3 PKG) entstanden sind, sind längstens zehn Jahren auszugleichen; der Ausgleich hat für die am Ende des jeweiligen Geschäftsjahres noch bestehenden Verpflichtungen jährlich mit mindestens je einem Zehntel des ursprünglichen Betrages zu erfolgen.

§ 3. (1) Die versicherungsmathematische Berechnung der Verwaltungskostenrückstellung hat auf Basis eines Stückkostensatzes für jeden Anwartschafts- und Leistungsberechtigten zu erfolgen.

(2) Zur Berechnung der Stückkosten sind sämtliche Kosten, die in der Auszahlungsphase anfallen, zu berücksichtigen. In diese Berechnung nicht aufzunehmen sind jene Kosten, die im Zuge der Veranlagung des der Veranlagungs- und Risikogemeinschaft zugeordneten Vermögens anfallen. Die Berechnung ist dem Antrag auf Bewilligung des Geschäftsplanes anzuschließen. Abweichend vom Bilanzstichtag der Pensionskasse kann der Stichtag für die Bestandsermittlung (Anzahl der Anwartschafts- und Leistungsberechtigten für die Ermittlung der Stückkosten) im Zeitraum 30. September bis zum Bilanzstichtag im Geschäftsplan festgelegt werden.

(3) Falls die Ermittlung der Stückkosten mit unverhältnismäßigen Schwierigkeiten verbunden ist, kann die Pensionskasse die von der FMA festgesetzten Normkosten übernehmen.

(4) Die Normkosten, die in der Auszahlungsphase für einen Leistungsberechtigten erforderlich sind, werden mit 85 Euro pro Jahr festgesetzt.

(5) Der Normkostenbetrag gemäß Abs. 4 wird entsprechend dem von der Statistik Österreich verlautbarten Verbraucherpreisindex 1996 – Sondergliederung „Dienstleistungen" mit dem Wert valorisiert, der sich aus der Veränderung des Wertes für den Monat Juli eines Kalenderjahres gegenüber dem für Jänner 2001 verlautbarten Wert ergibt. Der neue Betrag gilt ab 1. Jänner des Folgejahres.

(6) Die Pensionskasse kann die Verwaltungskostenrückstellung auch nach einem anderen Verfahren als gemäß Abs. 1 bis 3 führen. In die-

23/1. PKG-VO
Verwaltungskostenrückstellung

sem Fall ist jedoch die Angemessenheit der Höhe der Verwaltungskostenrückstellung mindestens alle drei Jahre durch eine Kontrollrechnung gemäß Abs. 1 bis 3 zu überprüfen. Verfahren sowie Kontrollrechnung sind im Geschäftsplan festzulegen.

Ausgleich einer Unter- oder Überdeckung

§ 4. Entsteht zum ersten Bilanzstichtag nach Inkrafttreten dieser Verordnung aufgrund der Anwendung der Berechnungsmethoden dieser Verordnung auf die Verwaltungskostenrückstellung eine Unter- oder Überdeckung gegenüber der bisher gebildeten Verwaltungskostenrückstellung, so ist diese Unter- oder Überdeckung binnen längstens zehn Jahren auszugleichen; der Ausgleich hat für die am Ende des jeweiligen Geschäftsjahres noch bestehenden Verpflichtungen jährlich mit mindestens je einem Zehntel des ursprünglichen Betrages zu erfolgen.

In- und Außerkrafttreten

§ 5. Diese Verordnung tritt mit Ablauf des Tages der Kundmachung in Kraft und ist erstmals auf Geschäftsjahre anzuwenden, die nach dem 31. Dezember 2012 beginnen; zugleich tritt die Verordnung des Bundesministers für Finanzen zur Durchführung des Pensionskassengesetzes (Verwaltungskostenrückstellungsverordnung), BGBl. II Nr. 16/2001, außer Kraft.

Rechnungsparameterverordnung 2012 – RPV 2012

BGBl II 2012/454

Verordnung der Finanzmarktaufsichtsbehörde (FMA) über den höchstzulässigen Prozentsatz für den Rechnungszins und den rechnungsmäßigen Überschuss (Rechnungsparameterverordnung 2012 – RPV 2012)

Auf Grund des § 20 Abs. 2a des Pensionskassengesetzes (PKG), BGBl. Nr. 281/1990, zuletzt geändert durch das Bundesgesetz BGBl. I Nr. 54/2012, wird verordnet:

Anwendungsbereich

§ 1. Diese Verordnung ist für neu hinzukommende Anwartschaftsberechtigte in bestehenden Pensionskassenverträgen sowie auf Pensionskassenverträge, die nach dem 31. Dezember 2012 neu abgeschlossen werden, anzuwenden. Pensionskassenverträge, die im Zuge einer Kündigung gemäß § 17 PKG oder einer Übertragung gemäß § 41 PKG abgeschlossen werden, gelten nicht als neu abgeschlossen im Sinne dieser Bestimmung.

§ 2. Hinsichtlich des höchstzulässigen Prozentsatzes für den Rechnungszins der Sicherheits-VRG gemäß § 12a PKG sowie für den rechnungsmäßigen Überschuss der Sicherheits-VRG ist diese Verordnung auf alle Pensionskassenverträge unabhängig von deren Abschlussdatum anzuwenden.

Rechnungszins

§ 2. (1) Der höchstzulässige Prozentsatz für den Rechnungszins beträgt 3%.

(2) Der höchstzulässige Prozentsatz für den Rechnungszins der Sicherheits-VRG gemäß § 12a PKG beträgt 1,75%.

(3) Werden bei der Ermittlung der Deckungsrückstellung Berechnungsmethoden verwendet, bei denen der Rechnungszins und Bezugs- und Pensionssteigerungen getrennt angesetzt werden, so darf die kombinierte Anwendung der beiden Prozentsätze den jeweils höchstzulässigen Rechnungszins gemäß Abs. 1 oder 2 nicht überschreiten.

Rechnungsmäßiger Überschuss

§ 3. (1) Der höchstzulässige Prozentsatz für den rechnungsmäßigen Überschuss beträgt 5%.

(2) Der höchstzulässige Prozentsatz für den rechnungsmäßigen Überschuss der Sicherheits-VRG gemäß § 12a PKG beträgt 2,75%.

(3) Der rechnungsmäßige Überschuss muss den Rechnungszins um mindestens einen Prozentpunkt überschreiten.

Inkrafttreten

§ 4. (1) Diese Verordnung tritt mit 1. Jänner 2013 in Kraft.

(2) Mit Ablauf des 31. Dezember 2012 tritt die Verordnung der Finanzmarktaufsichtsbehörde (FMA) über den höchstzulässigen Prozentsatz für den Rechnungszins und den rechnungsmäßigen Überschuss (Rechnungsparameterverordnung – RPV), BGBl. II Nr. 24/2011, außer Kraft.

Mindestertragsverordnung

BGBl II 2003/615

STICHWORTVERZEICHNIS

Altersversorgung 5 (1)
Anwartschaftsberechtigter 2, 5 (1), 5 (3), 6 (3), 7 (4), 8 (2)
– Übertritt 8 (2)

Begriffsbestimmungen 1
Bilanzstichtag 2, 3, 4 (3), 5 (1), 6 (1), 6 (3), 7 (1), 7 (2), 7 (4)
Bundesanleihe 3, 6 (2)

Deckungsrückstellung
– Individuelle 2
– Geschäftsplanmäßig gebildete 2
Durchrechnungszeitraum 6 (2)

Fehlbetrag 2, 6 (1), 7 (1), 7 (2), 7 (3), 7 (4)
– Berechnung 5, 6 (1), 8 (2), 10
– Feststellung 7 (1), 7 (2)
– Verrentung 7 (1), 7 (6)

Gutschrift 7, 9

Hinterbliebenenversorgung 5 (1)

Ist-Wert 5 (2), 6 (2), 7 (1)
– Berechnung 4, 11
– – auf Monatsbasis 4 (1), 4 (3), 11
– – auf Quartalsbasis 4 (2), 4 (3), 11

Jahrespension 7 (6)

Leistungsansprüche 7 (3)
Leistungsberechtigter 2, 5 (1), 5 (3), 6 (3), 7 (1), 7 (2), 7 (4), 7 (6), 8 (2)
– Übertritt 8 (2)
Leistungsfall 2, 7 (3)

Mindestertrag, Berechnung 1 (2), 2
Mindestertragsverordnung, Bestimmungen 10
Monatsertrag 1 (1)
Monatsperformance 1 (4), 4 (2)
– durchschnittliche 4 (3)
Monatsvermögen, durchschnittliches 1 (3)

Pension 7 (1), 7 (2), 7 (3)
Pensionskasse 7 (3), 7 (6), 8 (2)
– Eigenmitteln 7 (1), 7 (2), 7 (6)
– Geschäftsplan 11
– Geschäftsplan, bewilligter 10
– Vermögen 9
– Vertragskündigung 7 (6)
– Zusage 5 (1), 7 (5)
Periode 2, 5 (1)
Prüfaktuar 10

Quartalsertrag 4 (2)
Quartalsperformance 4 (2)
– durchschnittliche 4 (3)
Quartalsvermögen, durchschnittliches 4 (2)
Quartalswerte 4 (2)

Risikogemeinschaft 1 (2), 7 (6)
– Teilung 8 (1)
– Zusammenlegung von mehreren 8 (2)

Schwankungsrückstellung 2
Sekundärmarktrendite
– durchschnittliche monatliche 3
– monatliche 6 (2)
Soll-Wert 5 (2), 6 (2), 7 (1)
– Berechnung 3

Veranlagungsertrag 1 (1), 8 (1), 8 (2)
Veranlagungsgemeinschaft 1 (2), 7 (6)
– Teilung 8 (1)
– Zusammenlegung von mehreren 8 (2)
Vergleichs-Ist-Wert 6 (2)
– Berechnung 6 (2)
Vergleichs-Soll-Wert 6 (2)
Vergleichswert 2, 7 (2), 7 (3), 7 (4)
– Berechnung 6, 8 (2), 10
– Verrentung 7 (6)
Vermögen 1 (2), 2
Verrentung 7 (2), 7 (4), 10
– des Fehlbetrages 7 (1), 7 (6)
– des Vergleichswertes 7 (6)

Zinserträge 1 (1)

23/3. PKG-VO
MindestertragsVO

Verordnung der Finanzmarktaufsichtsbehörde über die Berechnung des Mindestertrages gemäß § 2 Abs. 4 PKG (Mindestertragsverordnung)

Auf Grund des § 2 Abs. 4 des Pensionskassengesetzes (PKG), BGBl. Nr. 281/1990, zuletzt geändert durch das Bundesgesetz BGBl. I Nr. 80/2003, wird verordnet:

Begriffsbestimmungen

§ 1. (1) Der Monatsertrag (ME_j) des Monats j ($j = 1, \ddot{O}, 12$) entspricht dem Veranlagungsertrag des Monats j abzüglich der Zinserträge gemäß § 48 PKG des Monats j (Anlage 2 zu § 30 PKG, Formblatt B, Pos. A. I. abzüglich der Zinserträge gemäß § 48 PKG).

(2) Das Vermögen (Vj) am Ende des Monats j ($j = 1, \ddot{O}, 12$) entspricht dem für die Berechnung des Mindestertrages maßgeblichen Vermögen (Anlage 2 zu § 30, Formblatt A, Summe der Aktivposten I. bis X. und XI. Z 2 lit. a abzüglich des Passivposten III. Z 1) einer Veranlagungs- und Risikogemeinschaft.

(3) Das durchschnittliche Monatsvermögen (MVj) des Monats j ($j = 1, \ddot{O}, 12$) wird für jedes Monat aus dem arithmetischen Mittel des Vermögens ($V_{j}-1$) am Ende des Vormonats $j - 1$ und des Vermögens (V_j) am Ende des Monats j ermittelt. Bei der Ermittlung des Vermögens am Ende des Monats j können die Monatserträge des Monats j in Abzug gebracht werden.

$$MV_j = \frac{V_{j-1} + (V_j - ME_j)}{2}$$

(4) Die Monatsperformance (M_j) des Monats j ($j = 1, ..., 12$) ergibt sich aus dem Quotienten des Monatsertrags (ME_j) des Monats j und des durchschnittlichen Monatsvermögens (MV_j) des Monats j:

$$M_j = \frac{ME_j}{MV_j}$$

§ 2. Das für die Berechnung des Mindestertrages heranzuziehende Vermögen (*VERM*) eines Anwartschafts- oder Leistungsberechtigten, für das gemäß § 2 Abs. 2 PKG ein Fehlbetrag oder in der Folge gemäß § 2 Abs. 3 PKG ein Vergleichswert zu ermitteln ist, entspricht der individuellen Deckungsrückstellung zuzüglich der jeweiligen Schwankungsrückstellung am Bilanzstichtag zu Beginn der Periode. Hat sich aus Anlass des Leistungsfalles oder nach dem Leistungsfall die geschäftsplanmäßig gebildete Deckungsrückstellung verändert, so ist das für die Berechnung des Mindestertrages heranzuziehende Vermögen (*VERM*) eines Anwartschafts- oder Leistungsberechtigten entsprechend zu verändern. Dabei sind der Berechnung der Deckungsrückstellung jene Pensionsleistungen zugrunde zu legen, die sich aus dem für die Berechnung des Mindestertrages heranzuziehenden Vermögen (*VERM*) eines Anwartschafts- oder Leistungsberechtigten zum Zeitpunkt des Leistungsfalles oder zum Bilanzstichtag zu Beginn der Periode ergeben, für die gemäß § 2 Abs. 2 PKG ein Fehlbetrag oder in der Folge gemäß § 2 Abs. 3 PKG ein Vergleichswert zu ermitteln ist, sofern dieser nach dem Leistungsfall liegt.

Berechnung des SOLL-Wertes

§ 3. Der SOLL-Wert (*SOLL*) wird jeweils zum Bilanzstichtag aus der durchschnittlichen monatlichen Sekundärmarktrendite der Bundesanleihen oder eines an seine Stelle tretenden Index der letzten 60 Monate ermittelt:

$$SOLL = \left\{ \frac{\left[\prod_{i=1}^{60} \left(1 + \frac{SMR_i}{100}\right)\right]^{1/60} - 1}{2} \right\} \cdot 100 - 0{,}75$$

Hier bezeichnet SMR_i die monatliche Sekundärmarktrendite der Bundesanleihen oder eines an seine Stelle tretenden Index des Monats i.

Berechnung des IST-Wertes

§ 4. (1) Die Berechnung des IST-Wertes (*IST*) hat ab dem 1. Jänner 2005 auf Monatsbasis zu erfolgen.

(2) Die Berechnung des IST-Wertes (*IST*) bis zum 31. Dezember 2004 kann alternativ auch auf Quartalsbasis erfolgen. Bei der Berechnung auf Quartalsbasis ergibt sich die Quartalsperformance (Q_i) des Quartals i ($i = 1, \ddot{O}, 4$) analog zur Monatsperformance aus dem Quotienten des Quartalsertrages (QE_i) und des durchschnittlichen Quartalsvermögens (QVM_i) des jeweiligen Quartals i. Die Berechnungsvorschriften des Absatzes 3 sind sinngemäß auf Quartalswerte anzuwenden.

(3) Bei der Berechnung auf Monatsbasis wird der IST-Wert (*IST*) jeweils zum Bilanzstichtag aus der durchschnittlichen Monatsperformance der letzten sechzig Monate ermittelt:

$$IST = \left\{ \left[\prod_{j=1}^{60} (1 + M_j)\right]^{1/5} - 1 \right\} \cdot 100$$

Bei der Berechnung auf Quartalsbasis wird der IST-Wert (*IST*) jeweils zum Bilanzstichtag aus der durchschnittlichen Quartalsperformance der letzten zwanzig Quartale ermittelt:

$$IST = \left\{ \left[\prod_{j=1}^{60} (1 + M_j)\right]^{1/5} - 1 \right\} \cdot 100$$

23/3. PKG-VO
MindestertragsVO

Berechnung des Fehlbetrages

§ 5. (1) Die Berechnung des Fehlbetrages hat nur dann zu erfolgen, wenn die Pensionskassenzusage für einen Anwartschafts- oder Leistungsberechtigten seit mindestens 60 Monaten ununterbrochen besteht, wobei die Periode jeweils am Bilanzstichtag beginnt. Beim Übergang von Alters- auf Hinterbliebenenversorgung bleibt der Beginn der Periode jedoch unverändert.

(2) Liegt der IST-Wert (*IST*) unter dem SOLL-Wert (*SOLL*), so ist der Fehlbetrag zu errechnen.

(3) Die Berechnung des Fehlbetrages (*FB*) der letzten fünf Jahre hat für jeden Anwartschafts- und für jeden Leistungsberechtigten individuell zu erfolgen:

$$FB = VERM \cdot \left[\left(1+\frac{SOLL}{100}\right)^5 - \left(1+\frac{IST}{100}\right)^5\right]$$

Berechnung des Vergleichswertes

§ 6. (1) Nach der erstmaligen Feststellung eines Fehlbetrages (*FB*) ist in den Folgejahren an den jeweiligen Bilanzstichtagen zusätzlich zur Berechnung des Fehlbetrages ein Vergleichswert (*VW*) zu ermitteln und jeweils dem zu diesem Bilanzstichtag ermittelten Fehlbetrag gegenüberzustellen.

(2) Der Vergleichs-IST-Wert (*VIST*) und der Vergleichs-SOLL-Wert (*VSOLL*) berechnen sich analog zum IST-Wert (*IST*) und zum SOLL-Wert (*SOLL*), wobei sich der Durchrechnungszeitraum von 60 Monaten um jeweils zwölf Monate pro Folgejahr verlängert. Die Berechnung des Vergleichs-IST-Wertes ist auf Monatsbasis zu berechnen, wenn der IST-Wert auf Monatsbasis berechnet wird. Die Berechnung des Vergleichs-IST-Wertes ist auf Quartalsbasis zu berechnen, wenn der IST-Wert auf Quartalsbasis berechnet wird.

Vergleichs-IST-Wert des *k*-ten Folgejahres:

$$VIST_k = \left\{\left[\prod_{j=1}^{60+12k}(1+M_j)\right]^{1/(5+k)} - 1\right\} \cdot 100$$

Vergleichs-SOLL-Wert des *k*-ten Folgejahres:

$$VSOLL_k = \left\{\frac{\left[\prod_{i=1}^{60+12\cdot k}\left(1+\frac{SMR_i}{100}\right)\right]^{1/(60+12\cdot k)} - 1}{2}\right\} \cdot 100$$

Hier bezeichnet SMR_i die monatliche Sekundärmarktrendite der Bundesanleihen oder eines an seine Stelle tretenden Index des Monats *i*.

(3) Die Berechnung des Vergleichswertes (*VW*) hat für jeden Anwartschafts- und für jeden Leistungsberechtigten am jeweiligen Bilanzstichtag individuell zu erfolgen. Diese zusätzliche Berechnung ist jährlich solange weiterzuführen, bis aus ihr erstmals kein positiver Vergleichswert mehr entsteht:

$$VW = VERM \cdot \max\left\{0; \left(1+\frac{VSOLL_k}{100}\right)^{5+k} - \left(1+\frac{VIST_k}{100}\right)^{5+k}\right\}$$

Gutschrift

§ 7. (1) Wird zu einem Bilanzstichtag ein Fehlbetrag (*FB*) ermittelt, und lag zum vorangegangenen Bilanzstichtag der IST-Wert über dem SOLL-Wert, so ist die Pension, die sich aus der Verrentung des Fehlbetrages ergibt, dem Leistungsberechtigten im Folgejahr aus den Eigenmitteln der Pensionskasse gutzuschreiben.

(2) Nach der Feststellung eines Fehlbetrages ist in den Folgejahren der zu dem jeweiligen Bilanzstichtag ermittelte Fehlbetrag dem Vergleichswert gegenüberzustellen. Die Pension, die sich aus der Verrentung des höheren der beiden Werte ergibt, ist dem Leistungsberechtigten im Folgejahr aus den Eigenmitteln der Pensionskasse gutzuschreiben.

(3) Die von der Pensionskasse auszuzahlenden Pensionen dürfen nur dann abgefunden werden, wenn bei Eintritt des Leistungsfalles der Barwert der Leistungsansprüche zuzüglich der Gutschrift gemäß § 2 Abs. 2 und 3 PKG für jenes Jahr, in dem die Abfindung erfolgt, ermittelt auf Basis des Fehlbetrages oder Vergleichswertes des Vorjahres, nicht die Grenze gemäß § 1 Abs. 2 Z 1 und Abs. 2a PKG übersteigt.

(4) Wechselt im Folgejahr der Anwartschaftsberechtigte gemäß § 5 Z 1 PKG zum Leistungsberechtigten gemäß § 5 Z 2 PKG, hat die Gutschrift ab diesem Zeitpunkt zu erfolgen. Als Basis für die Verrentung ist dabei der Fehlbetrag oder der Vergleichswert des jeweils letzten Bilanzstichtags heranzuziehen.

(5) Die Gutschrift hat unabhängig von der Art der Pensionskassenzusage zu erfolgen.

(6) Scheidet ein Leistungsberechtigter auf Grund Kündigung des Pensionskassenvertrages gemäß § 17 Abs. 1 PKG aus einer Veranlagungs- und Risikogemeinschaft aus und wechselt die Pensionskasse, so ist die Jahrespension, die sich aus der Verrentung des Fehlbetrages oder des Vergleichswertes ergibt, dem Leistungsberechtigten im Folgejahr aus den Eigenmitteln der bisherigen Pensionskasse gutzuschreiben.

§ 8. (1) Bei Teilung einer Veranlagungs- und Risikogemeinschaft sind die in der Vergangenheit erreichten Veranlagungserträge der geteilten Veranlagungs- und Risikogemeinschaft so zu berücksichtigen, als ob die Veranlagungserträge auch bei den durch die Teilung neu entstandenen Veranlagungs- und Risikogemeinschaften erzielt worden wären.

(2) Bei Zusammenlegung von mehreren Veranlagungs- und Risikogemeinschaften sind die in der Vergangenheit erreichten Veranlagungserträge für jeden Anwartschafts- oder Leistungsberechtigten der bisherigen Veranlagungs- und Risikogemeinschaft für die Berechnung des Fehlbetrages oder des Vergleichswertes individuell weiter zu berücksichtigen. Bei Übertritt eines Anwartschafts- oder Leistungsberechtigten innerhalb einer Pensionskasse von einer Veranlagungs- und Risikogemeinschaft in eine andere hat diese Berücksichtigung nur zu erfolgen, wenn der Grund des Übertrittes nicht auf der Seite des Anwartschafts- oder Leistungsberechtigten liegt.

§ 9. Gutschriften, die gemäß § 2 Abs. 2 und 3 PKG aus dem Vermögen der Pensionskasse geleistet wurden, können nicht rückverrechnet werden.

§ 10. Der Prüfaktuar hat die Übereinstimmung der Berechnung des Fehlbetrages und des Vergleichswertes sowie deren Verrentung mit den Bestimmungen der Mindestertragsverordnung sowie mit dem bewilligten Geschäftsplan der Pensionskasse zu prüfen.

§ 11. Im Geschäftsplan der Pensionskasse ist auf die Bestimmungen der Verordnung hinzuweisen. Weiters ist in diesem Geschäftsplan darzulegen, ob die Berechnung des IST-Wertes gemäß § 4 bis zu dem in § 4 Abs. 2 angeführten Zeitpunkt auf Monatsbasis oder auf Quartalsbasis erfolgt.

23/4. PKG-VO

Quartalsmeldeverordnung 2012

Quartalsmeldeverordnung 2012

BGBl II 2011/417 idF

1 BGBl II 2012/383

STICHWORTVERZEICHNIS

Ausweis über Anwartschafts- und Leistungsberechtigte Anlage 2

Commitment Ansatz 3 (1)

Derivative Finanzinstrumente, Ansatz von 3
Dokumentationsanforderungen 5

Exposure 2 (1)

FMA 1, 6, 7 (2) (3)

In-Kraft-Treten 7 (1)

Meldetechnische Bestimmungen 6

Nettingvorkehrungen 3 (2)

Quartalsausweis, Gliederung 1

Übergangs- und Schlussbestimmungen 7

Veranlagungskategorie siehe Anlagen 1 und 2

Veranlagungsvorschriften, Bestimmungen zur Überprüfung 4

Vermögensausweis 1 Z 1, siehe Anlage 1

Vermögenswerte, Ansatz und Durchrechnung von 2, siehe Anlage 1

Verordnung der Finanzmarktaufsichtsbehörde (FMA) über die Gliederung der Quartalsausweise (Quartalsmeldeverordnung 2012 – QMV 2012)

Auf Grund des § 36 Abs. 4 des Pensionskassengesetzes – PKG, BGBl. Nr. 281/1990, zuletzt geändert durch das Bundesgesetz BGBl. I Nr. 77/2011, wird verordnet:

Gliederung des Quartalsausweises

§ 1. (1) Pensionskassen haben gemäß § 36 Abs. 2 PKG binnen vier Wochen nach Ablauf jedes Kalendervierteljahres der Finanzmarktaufsichtsbehörde (FMA) einen Quartalsausweis zu übermitteln. Der Quartalsausweis beinhaltet je Veranlagungs- und Risikogemeinschaft (VRG), je Subveranlagungsgemeinschaft (Sub-VG) und je Sicherheits-VRG

1. einen Vermögensausweis gemäß **Anlage 1**,

2. einen Nachweis über die Einhaltung von § 23 Abs. 1 Z 3a, § 25 und § 25a PKG,

3. einen Nachweis über das tatsächliche Vorhandensein von mindestens 90 vH der zu einer VRG, Sub-VG oder Sicherheits-VRG gehörigen Vermögenswerte,

4. eine Gliederung der einer VRG, Sub-VG oder Sicherheits-VRG direkt zugeordneten Vermögenswerte und

5. einen Ausweis über die Anzahl der Anwartschafts- und Leistungsberechtigten gemäß **Anlage 2**.

(2) Abweichend von Abs. 1 Z 3 muss bei Veranlagungen gemäß § 25 Abs. 2 Z 5 PKG in Bezug auf Grundstücke und Gebäude der Nachweis nur jeweils zum Stichtag 30. Juni und 31. Dezember erbracht werden.

(BGBl II 2012/383)

Ansatz und Durchrechnung von Vermögenswerten

§ 2. (1) Vermögenswerte sind unter Beachtung des § 23 PKG mit ihrem aktuellen Marktwert auszuweisen; derivative Vermögenswerte sowie derivative Bestandteile sind mit ihrem marktkonsistenten wirtschaftlichen Gehalt (Exposure) auszuweisen.

(2) Veranlagungen in Anteilscheine von Investmentfonds und Immobilienfonds sind im Sinne des § 25 Abs. 8 PKG auf die Veranlagungskategorien „gemäß **Anlage 1**" aufzuteilen (Durchrechnung). Dabei sind weitere Durchrechnungen vorzunehmen, bis jeder Vermögenswert ausschließlich einer Veranlagungskategorie „gemäß **Anlage 1**" zugeordnet werden kann. Ebenso sind Veranlagungen in Anteile an nicht börsennotierten Gesellschaften, deren überwiegende Geschäftstätigkeit die Veranlagung des investierten Kapitals ist, aufzuteilen. Strukturierte Wertpapiere, deren wirtschaftliche Bestandteile unterschiedlichen Veranlagungskategorien „gemäß **Anlage 1**" entsprechen, dürfen aufgeteilt werden. *(BGBl II 2012/383)*

(3) Ist eine Durchrechnung wirtschaftlich nicht zumutbar, so dürfen Vermögenswerte sowie Vermögensbestandteile vereinfachend der gemäß rechtlichen und vertraglichen Bestimmungen risikoreichsten Kategorie zugeordnet werden.

(4) Abgegrenzte Ertragsansprüche sind der verursachenden Veranlagungskategorie „gemäß **Anlage 1**" hinzuzurechnen. *(BGBl II 2012/383)*

23/4. PKG-VO
Quartalsmeldeverordnung 2012

Ansatz von derivativen Finanzinstrumenten

§ 3. (1) Veranlagungen in derivative Finanzinstrumente sind im Sinne des § 23 Abs. 1 Z 6 PKG unter Berücksichtigung des Basiswertes anzusetzen. Für die Berechnung des Basiswertes sind die Modalitäten des Commitment Ansatzes gemäß der 4. Derivate-Risikoberechnungs- und Meldeverordnung, BGBl. II Nr. 266/2011, heranzuziehen.

(2) Bei Nettingvorkehrungen gemäß § 7 Abs. 2 der 4. Derivate-Risikoberechnungs- und Meldeverordnung ist eine Saldierung von Vermögenswerten ausschließlich innerhalb ein und desselben Investmentfonds oder anderen Sondervermögens im Sinne des Investmentfondsgesetzes 2011 – InvFG 2011, BGBl. I Nr. 77/2011, zulässig. Absicherungsmaßnahmen gemäß §7 Abs. 3 der 4. Derivate-Risikoberechnungs- und Meldeverordnung sind den entsprechenden Veranlagungskategorien „gemäß **Anlage 1**" zuzuordnen und reduzieren nicht den Gesamtwert anderer Vermögenswerte für die Berechnung der in § 25 PKG angeführten Veranlagungsgrenzen. *(BGBl II 2012/383)*

Bestimmungen zur Überprüfung der Veranlagungsvorschriften

§ 4. Die Überprüfung der Veranlagungsvorschriften gemäß § 25 Abs. 5 und 7 PKG hat pro Veranlagungs- und Risikogemeinschaft auf Einzelwertpapierebene zu erfolgen. Ist die Erhebung aller Emittenten wirtschaftlich nicht zumutbar, kann die Pensionskasse die Einhaltung der Veranlagungsvorschriften gemäß § 25 Abs. 5 und 7 PKG mittels mathematischer Berechnungen nachweisen. Bei Spezialfonds im Sinne des § 163 InvFG 2011 sind jedenfalls alle Emittenten zu erheben.

Dokumentationsanforderungen

§ 5. Die herangezogenen Informationen und Bewertungen für die Aufteilung gemäß § 2 Abs. 2 auf die unterschiedlichen Veranlagungskategorien „gemäß **Anlage 1**" sind nachvollziehbar zu dokumentieren. Ebenso ist die vereinfachende Aufteilung gemäß § 2 Abs. 3 und die Methodik für die in § 4 angeführte mathematische Berechnung entsprechend zu dokumentieren. *(BGBl II 2012/383)*

Meldetechnische Bestimmungen

§ 6. Die Meldungen gemäß § 1 sind in standardisierter Form einschließlich sämtlicher für die Aufsicht über Pensionskassen erforderlichen Datenspezifikationen und -merkmale auf elektronischem Wege an die FMA zu erstatten. Dabei sind die Datensatzmerkmale einschließlich des Datensatzaufbaues sowie technische Übertragungsvorgaben einzuhalten.

Übergangs- und Schlussbestimmungen

§ 7. (1) Diese Verordnung tritt mit 1. Jänner 2012 in Kraft. Die Bestimmungen dieser Verordnung sind erstmalig auf die Meldung zum Stichtag 31. März 2012 anzuwenden.

(2) Die Verordnung der Finanzmarktaufsichtsbehörde (FMA) betreffend die Gliederung der Quartalsausweise gemäß § 36 Abs. 4 des Pensionskassengesetzes (Quartalsmeldeverordnung), BGBl. II Nr. 382/2005, in der Fassung der Verordnung BGBl. II Nr. 272/2011, tritt mit Ablauf des 31. Dezember 2011 außer Kraft und ist letztmalig auf die Meldung zum Stichtag 31. Dezember 2011 anzuwenden.

(3) Soweit in dieser Verordnung auf Bestimmungen anderer Verordnungen der Finanzmarktaufsichtsbehörde verwiesen wird, sind diese in ihrer jeweils geltenden Fassung anzuwenden.

(4) § 1, § 2 Abs. 2 und 4, § 3 Abs. 2 und § 5 sowie die **Anlagen 1 und 2** in der Fassung der Verordnung BGBl. II Nr. 383/2012 treten mit 1. Jänner 2013 in Kraft und sind erstmalig auf die Meldung zum Stichtag 31. März 2013 anzuwenden. *(BGBl II 2012/383)*

23/4. PKG-VO
Quartalsmeldeverordnung 2012

Anlage 1

Vermögensausweis je Veranlagungs- und Risikogemeinschaft

Positionsnummer	Veranlagungskategorie
110	„Laufende Guthaben" *(BGBl II 2012/383)*
130	„Kurzfristige Einlagen" *(BGBl II 2012/383)*
160	Ankauf und Verkauf von Vermögenswerten
170	Derivate auf Fremdwährung, zur Absicherung
180	Derivate auf Fremdwährung, nicht zur Absicherung
190	„Kassenposition aus Derivaten" auf Fremdwährung *(BGBl II 2012/383)*
100	Summe Guthaben „bei Kreditinstituten" *(BGBl II 2012/383)*
210	Darlehen und Kredite an Gebietskörperschaften
220	Darlehen und Kredite an Kreditinstitute
230	Sonstige Darlehen und Kredite
200	Summe Darlehen und Kredite
310	Schuldverschreibungen von Gebietskörperschaften, Investment Grade
315	Schuldverschreibungen von Gebietskörperschaften, sonstige
320	Schuldverschreibungen von Kreditinstituten, Investment Grade
325	Schuldverschreibungen von Kreditinstituten, sonstige
330	Schuldverschreibungen von sonstigen Unternehmen, Investment Grade
335	Schuldverschreibungen von sonstigen Unternehmen, sonstige
372	Derivate auf Zinsinstrumente von Gebietskörperschaften, zur Absicherung
374	Derivate auf Zinsinstrumente von sonstigen Emittenten, zur Absicherung
382	Derivate auf Zinsinstrumente von Gebietskörperschaften, nicht zur Absicherung
384	Derivate auf Zinsinstrumente von sonstigen Emittenten, nicht zur Absicherung
390	„Kassenposition aus Derivaten" auf Zinsinstrumente *(BGBl II 2012/383)*
300	Summe Schuldverschreibungen
410	Aktien
420	Aktienähnliche begebbare Wertpapiere
430	Sonstige Beteiligungen
470	Derivate auf Aktieninstrumente, zur Absicherung
480	Derivate auf Aktieninstrumente, nicht zur Absicherung
490	„Kassenposition aus Derivaten" auf Aktieninstrumente *(BGBl II 2012/383)*
400	Summe Aktien
510	Immobilien
560	Immobilienfinanzierung
570	Derivate auf Immobilien, zur Absicherung
580	Derivate auf Immobilien, nicht zur Absicherung
590	„Kassenposition aus Derivaten" auf Immobilien *(BGBl II 2012/383)*
500	Summe Immobilien
610	Strukturierte Wertpapiere mit Kapitalgarantie
620	Strukturierte Wertpapiere ohne Kapitalgarantie
630	Besondere Vermögenswerte

23/4. PKG-VO
Quartalsmeldeverordnung 2012

670	Derivate auf sonstige Vermögenswerte, zur Absicherung
680	Derivate auf sonstige Vermögenswerte, nicht zur Absicherung
690	„Kassenposition aus Derivaten" auf sonstige Vermögenswerte *(BGBl II 2012/383)*
600	Summe Sonstige Vermögenswerte
800	Summe Vermögen
810	hievon Volumen Direktveranlagung
820	hievon Volumen nicht durchgerechnet
830	hievon Veranlagung in fremder Währung (vor Derivate)
835	hievon Veranlagung in fremder Währung (nach Derivate)
840	hievon Veranlagung an nicht geregelten Märkten
850	„hievon Veranlagung HTM-gewidmet (HTM-Wert)" *(BGBl II 2012/383)*
851	„hievon Veranlagung HTM-gewidmet, Gebietskörperschaften (HTM-Wert)" *(BGBl II 2012/383)*
852	„hievon Veranlagung HTM-gewidmet, Gebietskörperschaften (Marktwert)" *(BGBl II 2012/383)*
853	„hievon Veranlagung HTM-gewidmet, Kreditinstitute (HTM-Wert)" *(BGBl II 2012/383)*
854	„hievon Veranlagung HTM-gewidmet, Kreditinstitute (Marktwert)" *(BGBl II 2012/383)*
855	„hievon Veranlagung HTM-gewidmet, sonstige Unternehmen (HTM-Wert)" *(BGBl II 2012/383)*
856	„hievon Veranlagung HTM-gewidmet, sonstige Unternehmen (Marktwert)" *(BGBl II 2012/383)*
857	„Stille Lasten aus der HTM-Bewertung" *(BGBl II 2012/383)*
858	„Stille Reserven aus der HTM-Bewertung" *(BGBl II 2012/383)*
859	„Stille Lasten und stille Reserven aus der HTM-Bewertung" *(BGBl II 2012/383)*
860	hievon Rückveranlagung bei Arbeitgebern
861	hievon Veranlagung bei einem Emittenten
862	hievon Veranlagung bei einer Unternehmensgruppe
863	„hievon laufende Guthaben und kurzfristige Einlagen bei einer Kreditinstitutsgruppe" *(BGBl II 2012/383)*

BGBl II 2012/383 ändert die Zählung von "Anhang" auf "Anhang 1" und fügt Anhang 2 dazu.

23/4. PKG-VO
Quartalsmeldeverordnung 2012

Anlage 2

Ausweis über die Anzahl der Anwartschafts- und Leistungsberechtigten

Positionsnummer	Veranlagungskategorie
110	Anwartschaftsberechtigte
120	Leistungsberechtigte
100	Summe Anwartschafts- und Leistungsberechtigte
210	Konsortialgeführte Anwartschaftsberechtigte
220	Konsortialgeführte Leistungsberechtigte
200	Summe konsortialgeführte Anwartschafts- und Leistungsberechtigte

(BGBl II 2012/383)

Prüfaktuar-Prüfberichtverordnung 2013

BGBl II 2013/436

Verordnung der Finanzmarktaufsichtsbehörde (FMA) über Mindestgliederung und -inhalt des Prüfaktuar-Prüfberichtes gemäß § 21 Abs. 8 PKG (Prüfaktuar-Prüfberichtverordnung 2013)

Allgemeines

§ 1. (1) Der Prüfaktuar hat für jede Veranlagungs- und Risikogemeinschaft (VRG) einen gesonderten Prüfbericht gemäß § 21 Abs. 8 PKG zu erstellen. Der Prüfbericht hat nachstehender Gliederung zu entsprechen:

1. Kapitel 1: Grundlagen der Prüfung;
2. Kapitel 2: Anwartschafts- und Leistungsberechtigte;
3. Kapitel 3: Veranlagungsergebnis;
4. Kapitel 4: Deckungsrückstellung, Schwankungsrückstellung;
5. Kapitel 5: Versicherungstechnisches Ergebnis;
6. Kapitel 6: Ergebnis der Veranlagungs- und Risikogemeinschaft;
7. Kapitel 7: Zusammenfassung und Bestätigungsvermerk.

(2) Dem Prüfbericht gemäß Abs. 1 ist per E-Mail oder auf einem elektronischen Speichermedium eine Untergliederung der Anlage 2 zur Formblatt- und Jahresmeldeverordnung 2012 FJMV 2012, BGBl. II Nr. 358/2012, Ertragsrechnung einer Veranlagungs- und Risikogemeinschaft Formblatt B der VRG, gemäß Abs. 3 in elektronischer Form anzuschließen.

(3) Die mit römischen Zahlen bezeichneten Posten der Anlage 2 zur Formblatt- und Jahresmeldeverordnung 2012 FJMV 2012, BGBl. II Nr. 358/2012, sind mit Ausnahme der Posten A.I. und A.III. entsprechend der nachstehenden Aufstellung zu untergliedern, wobei sämtliche Positionen in Arbeitgeber- und Arbeitnehmeranteile aufzuteilen sind:

1. Anwartschaftsberechtigte;
 a) Beitragsempfänger;
 b) Beitragsfreie;
2. Leistungsberechtigte;
 a) Alterspensionisten;
 b) Invaliditätspensionisten;
 c) Witwen-/Witwerpensionisten;
 d) Waisenpensionisten.

(4) Die Untergliederung der Posten zur Schwankungsrückstellung ist nur insoweit vorzunehmen, als dies nach Art der Führung der Schwankungsrückstellung (individuell oder global) möglich ist.

(5) Der Prüfbericht gemäß Abs. 1 und der Prüfbericht gemäß § 10 Abs. 1 sind in elektronischer Form in einem zu Adobe Acrobat kompatiblen Format der FMA per E-Mail oder auf einem elektronischen Speichermedium vorzulegen.

(6) Die aufgrund dieser Verordnung jährlich vorzulegenden Prüfberichte berühren nicht die Pflicht des Prüfaktuars unterjährig seine Prüfungstätigkeit auszuüben.

(7) Soweit in einer VRG nach dieser Verordnung geforderte Angaben aufgrund des Charakters einer VRG von vornherein nicht relevant sind, können diese Angaben unter Hinweis auf diesen Umstand entfallen.

Grundlagen der Prüfung

§ 2. In Kapitel 1 sind der Prüfungsauftrag und die Prüfungsdurchführung darzustellen und ein Überblick über die Struktur der VRG zu geben sowie die wesentlichen Bestimmungen des Geschäftsplanes anzugeben. Dazu gehören insbesondere:

1. Die Art der Prüfung;
2. der Prüfungszeitraum;
3. die im Zuge der Prüfung verwendeten Unterlagen im Sinne des § 21 Abs. 7 PKG sowie ein Überblick der Prüfungsmethodik;
4. der Personenkreis, für den die VRG bestimmt ist;
5. der für die VRG gültige Abschnitt des Geschäftsplanes;
6. eine versicherungsmathematische Kurzklassifikation (Angaben im Sinne des § 20 Abs. 2 Z. 1, 3 und 4 PKG);
7. die Angabe, ob es sich um eine Sicherheits-VRG nach § 12a PKG handelt;
8. die Angabe, ob in dieser VRG Zusagen mit Wechselmöglichkeiten nach § 12 Abs. 7 Z. 2 PKG verwaltet werden;
9. die Darstellung der Wechselmöglichkeiten nach § 12 Abs. 7 Z. 2 PKG.

Anwartschafts- und Leistungsberechtigte

§ 3. (1) In Kapitel 2 ist die Bestandsentwicklung der Anwartschafts- und Leistungsberechtigten vom Bilanzstichtag des Vorjahres bis zum aktuellen Bilanzstichtag detailliert darzustellen. Die Bestandsentwicklung der Anwartschafts- und

Leistungsberechtigten ist zumindest entsprechend der Gliederung gemäß **Anlage 1** darzustellen.

(2) Anwartschafts- und Leistungsberechtigte sind wie folgt zu unterscheiden:
1. Anwartschaftsberechtigte mit laufender Beitragszahlung;
2. Anwartschaftsberechtigte mit unverfallbaren Anwartschaften;
3. Alterspensionisten;
4. Invaliditätspensionisten;
5. Witwen-/Witwer;
6. Waisen.

(3) Zugänge und Austritte sowie Übertritte zwischen den Personengruppen gemäß Abs. 2 sind anzugeben, wobei für Herkunft und Ziel außer den in Abs. 2 angeführten Untergliederungen folgende Aufgliederungen zu verwenden sind:
1. Neuzugang;
2. Übergang in(von) eine(r) andere(n) Veranlagungs- und Risikogemeinschaft;
3. Wegfall des Anspruches;
4. Austritt;
5. Todesfall.

(4) Die Inanspruchnahme von Wechselmöglichkeiten gemäß § 12 Abs. 7 Z. 2 PKG in eine andere VRG oder Sub-VG ist entsprechend der Gliederung gemäß **Anlage 4** darzustellen.

Informationen an die Anwartschafts- und Leistungsberechtigten

§ 4. In Kapitel 2 ist weiters anzugeben, in welchem Umfang die Erstellung der jährlichen Informationen an die Anwartschafts- und Leistungsberechtigten im vorangegangenen Geschäftsjahr überprüft wurde. Dabei ist insbesondere auf nachfolgende Punkte einzugehen:
1. Erfüllung der gesetzlichen Anforderungen;
2. Richtigkeit der Angaben;
3. Kontrolle von zukunftsbezogenen Darstellungen und deren zugrunde liegenden Annahmen, insbesondere ob diese zum Zeitpunkt der Überprüfung als realistisch und vorsichtig zu beurteilen sind;
4. Verständlichkeit der Aussagen.

Veranlagungsergebnis

§ 5. (1) In Kapitel 3 sind die zur Beurteilung der dauernden Erfüllbarkeit der Leistungen notwendigen Angaben zur Ertragslage des der VRG zugeordneten Vermögens festzuhalten. Der Prüfaktuar kann sich dabei auf bereits vom Abschlussprüfer der Pensionskasse im Zuge seiner Prüfung des Jahresabschlusses geprüfte Daten stützen.

(2) Die Berechnung des Mindestertrages gemäß § 2 Abs. 2 und 3 PKG sowie eine allfällige Gutschrift aus dem Pensionskassenvermögen sind zu dokumentieren.

(3) Gutschriften gemäß § 12a Abs. 1 Z. 2 und 4 PKG sowie die allfällige Aufzinsung nach § 12a Abs. 1 Z. 3 PKG sind zu dokumentieren.

(4) Vergütungen gemäß § 16a Abs. 4b PKG und die entsprechenden bilanziellen Darstellungen sind zu erläutern.

(5) Hinsichtlich der Zinsenerträge gemäß § 48 PKG sind die Berechnungsbasis gemäß § 48 PKG, die Entwicklung der Übertragung sowie die betragsmäßige Höhe der Zinsen und der Zinssatz anzugeben.

Deckungsrückstellung, Schwankungsrückstellung

§ 6. (1) In Kapitel 4 ist die Entwicklung der Deckungsrückstellung und der Schwankungsrückstellung vom Bilanzstichtag des Vorjahres bis zum aktuellen Bilanzstichtag anzugeben, wobei unter Berücksichtigung der Führung der Schwankungsrückstellung die Untergliederung des § 1 Abs. 3 anzuwenden ist.

(2) Die Übereinstimmung der Berechnung der Deckungsrückstellung mit dem Geschäftsplan ist zu prüfen und das Ergebnis der Überprüfung ist anzugeben. Erfolgt die Prüfung anhand von Stichproben, sind die Stichprobenanzahl und die Vorgangsweise zur Auswahl der Stichproben anzugeben. Die Entwicklung der Deckungsrückstellung ist zumindest entsprechend der Gliederung gemäß **Anlage 2** darzustellen.

(3) Zur Schwankungsrückstellung sind folgende Punkte zu erläutern:
1. Sollwert der Schwankungsrückstellung;
2. Berechnung des durchschnittlichen Vermögens der VRG sowie die Aufteilung des zugeordneten Vermögens und des zugeordneten durchschnittlichen Vermögens auf die Gruppen von Anwartschafts- und/oder Leistungsberechtigten;
3. Berechnung des für die Führung der Schwankungsrückstellung maßgeblichen Vermögens gemäß § 24 Abs. 3 PKG;
4. Zuweisung gemäß § 24a Abs. 3 PKG sowie die Einhaltung der Kriterien der Verordnung der Finanzmarktaufsichtsbehörde (FMA) über die zusätzliche Zuweisung zur Schwankungsrückstellung (ZZV), BGBl. II Nr. 453/2012;
5. Auflösung gemäß § 24a Abs. 5 PKG;
6. Auflösung gemäß § 24a Abs. 6 PKG;
7. Auflösung gemäß § 24a Abs. 7 PKG, wobei diese entsprechend der Führung der Schwankungsrückstellung für Anwartschaftsberechtigte und Leistungsberechtigte zu untergliedern ist;

23/5. PKG-VO
Prüfaktuar-Prüfbericht

8. Auflösung der Schwankungsrückstellung für Unverfallbarkeitsleistungen, Abfindungen oder Übertragungen gemäß § 5 Abs. 2 Betriebspensionsgesetz BPG sowie § 17 und § 41 PKG, wobei diese getrennt nach den Verursacherquellen anzugeben ist;

9. Führung einer negativen Schwankungsrückstellung gemäß § 24a Abs. 8 PKG;

10. Personenkreis und Umfang der Inanspruchnahme von § 49 Abs. 2 Z. 4 PKG.

(4) Die Entwicklung der Schwankungsrückstellung ist zumindest entsprechend der Gliederung gemäß **Anlage 3** darzustellen.

Versicherungstechnisches Ergebnis

§ 7. (1) In Kapitel 5 ist anzugeben, ob eine Rückversicherung besteht. Die Grundzüge der Rückversicherung sind darzustellen. Es sind anzugeben:

1. Die Summe der Risikoprämien gemäß Geschäftsplan;

2. die Summe der Versicherungsprämien für Invaliditätspensionsanwartschaften;

3. die Summe der Versicherungsprämien für Hinterbliebenenpensionsanwartschaften.

Weiters ist darzulegen, ob den Versicherungserfordernissen gemäß § 20 Abs. 1 PKG in angemessenem Ausmaß Rechnung getragen wurde.

(2) Das versicherungstechnische Ergebnis der VRG ist in die versicherungsmathematischen Komponenten aufzugliedern und getrennt darzustellen sowie auf die Übereinstimmung mit dem Geschäftsplan zu überprüfen. Wird das versicherungstechnische Ergebnis auf Abrechnungskreise aufgeteilt, ist dies detailliert darzustellen.

(3) Weiters sind nachstehende Punkte zu erläutern:

1. Richtigkeit der getrennten Berechnung des versicherungstechnischen Ergebnisses gemäß § 24 Abs. 5 PKG;

2. Rückverrechnung von Arbeitgeberbeiträgen gemäß § 24 Abs. 6 PKG;

3. im Berichtsjahr durchgeführte Berechnungen des Unverfallbarkeitsbetrages und diesbezügliche Auswirkungen auf das versicherungstechnische Ergebnis der VRG;

4. Ob die Inanspruchnahme von Wechselmöglichkeiten gemäß § 12 Abs. 7 Z. 2 PKG zu Selektionseffekten führt und deren Auswirkungen auf das versicherungstechnische Ergebnis.

Ergebnis der Veranlagungs- und Risikogemeinschaft

§ 8. (1) In Kapitel 6 ist die Verwendung des Ergebnisses der VRG zu analysieren und die Ergebnisverteilung auf die Anwartschafts- und Leistungsberechtigten näher zu erläutern, soweit dies nicht bereits in den vorangegangenen Kapiteln dargestellt wurde.

(2) Weiters sind die nachstehenden Punkte zu erläutern:

1. Verrechnung von Guthaben mit laufenden Beiträgen;

2. Verpflichtung und Ausmaß sowie Frist von Arbeitgebernachschüssen;

3. Vorliegen von Arbeitgeberguthaben oder -reserven, deren Entwicklung und Verzinsung;

4. stichprobenmäßige Prüfung der Übereinstimmung der Kostenberechnung für die Ermittlung von Überweisungsbeträgen sowie für beitragsfrei gestellte Anwartschaften mit dem Geschäftsplan oder dem Pensionskassenvertrag.

(3) Anzugeben ist, ob Änderungen der bestehenden Beitrags- und Leistungsordnung erforderlich wären.

Zusammenfassung und Bestätigungsvermerk

§ 9. (1) In Kapitel 7 ist die VRG anhand einer Zusammenfassung der Prüfungsergebnisse zu analysieren. Außergewöhnliche Ereignisse, die beispielsweise durch eine Gesetzesänderung auftreten, sind gesondert anzuführen und detailliert zu erläutern.

(2) Die Durchführung der Prüfung der VRG im Sinne des § 21 Abs. 6 PKG ist zu bestätigen. Allenfalls erforderliche Maßnahmen sind anzugeben.

(3) Die Rechnungsgrundlagen gemäß § 20 Abs. 2 Z. 3 PKG sind im Hinblick auf ihre Angemessenheit zu beurteilen und notwendige Änderungen sind anzugeben.

(4) Tatsachen oder Maßnahmen im Sinne des § 21 Abs. 9 PKG sind anzugeben. Bei der Beurteilung der langfristigen Sicherung der Ansprüche ist ebenfalls ein allfälliges, aus den Grundsätzen der Veranlagungspolitik ableitbares Risiko zu berücksichtigen.

(5) Die Einhaltung des Geschäftsplans und etwaige Auflagen gemäß § 20 Abs. 4 PKG sind zu beschreiben.

(6) Sind nach dem abschließenden Ergebnis der versicherungsmathematischen Überprüfung keine Einwendungen zu erheben, so hat der Prufaktuar dies durch folgenden Vermerk zu bestätigen: „Die durchgeführten Prüfungen führten zu keinen Einwendungen. Nach meiner pflichtgemäßen Prüfung wurden die gesetzlichen Bestimmungen sowie der Geschäftsplan eingehalten. Die Belange der Anwartschafts- und Leistungsberechtigten sind aus heutiger Sicht ausreichend gewahrt und die dauernde Erfüllbarkeit der Verpflichtungen ist aus versicherungsmathematischer Sicht gesichert."

23/5. PKG-VO
Prüfaktuar-Prüfbericht

(7) Der Prüfbericht ist eigenhändig zu unterfertigen.

Verwaltungskostenrückstellung

§ 10. (1) Der Prüfaktuar hat die Übereinstimmung der Berechnung der geschäftsplanmäßigen Rückstellung für die nach Pensionsbeginn anfallenden Verwaltungskosten (Verwaltungskostenrückstellung) mit den Bestimmungen der Verwaltungskostenrückstellungsverordnung 2013 VKRStV 2013, BGBl. II Nr. 381/2013, sowie mit dem bewilligten Geschäftsplan der Pensionskasse zu prüfen. Die Prüfungsergebnisse sind in einem gesonderten Prüfbericht festzuhalten.

(2) Der Prüfbericht gemäß Abs. 1 hat folgende Punkte zu enthalten:

1. Die wesentlichen Bestimmungen des Geschäftsplanes hinsichtlich Führung und Berechnung der Verwaltungskostenrückstellung;

2. die Veränderungen der Verwaltungskostenrückstellung im Geschäftsjahr sind detailliert darzustellen;

3. wird die Verwaltungskostenrückstellung gemäß § 3 Abs. 6 Verwaltungskostenrückstellungsverordnung 2013, BGBl. II Nr. 381/2013, geführt, so ist Folgendes anzugeben:

a) Zeitpunkt der letzten Kontrollrechnung,

b) Zeitpunkt, zu dem die nächste Kontrollrechnung vorgesehen ist,

c) wurde im Geschäftsjahr eine Kontrollrechnung durchgeführt, sind die Methodik, das Ergebnis sowie die Schlussfolgerungen anzugeben;

4. besteht eine Unter- oder Überdeckung gemäß § 2 Abs. 5 oder § 4 Verwaltungskostenrückstellungsverordnung 2013, BGBl. II Nr. 381/2013, so sind die ursprüngliche Unter- oder Überdeckung, die bisherigen Veränderungen sowie die am Ende des betreffenden Geschäftsjahres noch bestehende Verpflichtung anzugeben;

5. sind nach dem abschließenden Ergebnis der versicherungsmathematischen Überprüfung keine Einwendungen zu erheben, so hat der Prüfaktuar dies durch folgenden Vermerk zu bestätigen:

„Die durchgeführten Prüfungen führten zu keinen Einwendungen. Nach meiner pflichtgemäßen Prüfung wurden die gesetzlichen Bestimmungen sowie der Geschäftsplan eingehalten. Die Belange der Anwartschafts- und Leistungsberechtigten sind aus heutiger Sicht ausreichend gewahrt.";

6. die eigenhändige Unterschrift des Prüfaktuars.

In- und Außerkrafttreten

§ 11. Diese Verordnung tritt mit 1. Jänner 2014 in Kraft und ist erstmals auf den Prüfbericht über das Geschäftsjahr 2013 anzuwenden; zugleich tritt die Verordnung der Finanzmarktaufsichtsbehörde (FMA) über Mindestgliederung und -inhalt des Prüfaktuar-Prüfberichtes gemäß § 21 Abs. 8 PKG (Prüfaktuar-Prüfberichtverordnung), BGBl. II Nr. 418/2005, mit Ablauf des 31. Dezember 2013 außer Kraft.

23/5. PKG-VO
Prüfaktuar-Prüfbericht

Anlage 1

Pensionskasse
VRG

Entwicklung der Anwartschafts- und Leistungsberechtigten
(Angabe der Personenanzahl)

	AWB lfd. Beitrag	AWB beitragsfrei	AWB Gesamt	AP	IP	WTW	WAI	LB Gesamt	TOT	Austritt mit Anspruch	Austritt ohne Anspruch	Übertragung	Werte Vj
Neuzugang													
AWB - lfd. Beitrag													
AWB - beitragsfrei													
Anwartschaftsberechtigte													
AP													
IP													
WTW													
WAI													
Leistungsberechtigte													
TOT													
Austritt mit Anspruch													
Austritt ohne Anspruch													
Übertragung													
Werte Bj													

Anlage 2

Pensionskasse
VRG

Entwicklung der Deckungsrückstellung
(Angaben in EURO)

	Anwartschaftsberechtigte			Leistungsberechtigte			AWB & LB
	Arbeitgeber	Arbeitnehmer	Gesamt	Arbeitgeber	Arbeitnehmer	Gesamt	Gesamt
Stand 01.01							
+ Zuführung							
Sparbeiträge - laufend							
Sparbeiträge - einmalig							
negative Risikobeiträge							
Erlebensrisikoprämie							
Rechnungsmäßige Zinsen							
Summe							
- Auflösung							
Pensionszahlungen							
Unverfallbarkeitsbeträge und Abfindungen							
erloschene Ansprüche							
Todesfälle							
wegen Übertragung gemäß § 5							
wegen Übertragung gemäß § 17							
wegen Übertragung gemäß § 41							
Summe							
Umbuchungen							
ABW --> LB							
Summe							
Stand 31.12. vor Ergebnisverwendung							
Ergebnisverwendung							
Einstellung in die Deckungsrückstellung							
Entnahme aus der Deckungsrückstellung							
Guthaben des Arbeitgebers							
Nachschuss des Arbeitgebers							
Summe							
Stand 31.12. nach Ergebnisverwendung							

23/5. PKG-VO
Prüfaktuar-Prüfbericht

Anlage 3

Pensionskasse
VRG

Entwicklung der Schwankungsrückstellung
(Angaben in EURO)

		Anwartschaftsberechtigte	Leistungsberechtigte	Gesamt
Stand 01.01				
+ Zuführung				
	Übertragung			
	§ 24a Abs. 2 PKG			
	§ 24a Abs. 3 PKG			
	§ 24a Abs. 4 PKG			
	Summe			
- Auflösung				
	§ 24a Abs. 2 PKG			
	§ 24a Abs. 4 PKG			
	§ 24a Abs. 5 PKG			
	§ 24a Abs. 6 PKG			
	§ 24a Abs. 7 PKG			
	Summe			
Umbuchungen				
	ABW --> LB			
	Summe			
Stand 31.12. nach Ergebnisverwendung				

Anlage 4

Inanspruchnahme von Wechselmöglichkeiten gemäß § 12 Abs. 7 Z 2 PKG
(Angaben der Personenanzahl und in EURO)

Pensionskasse
VRG

Zugänge		Gesamt	VRG (Sub-VG)	VRG (Sub-VG)	VRG (Sub-VG)	VRG (Sub-VG)	VRG (Sub-VG)
AWB	Personenanzahl:						
	Deckungsrückstellung:						
	Fehlbetrag:						
	Schwankungsrückstellung:						
LB	Personenanzahl:						
	Deckungsrückstellung:						
	Fehlbetrag:						
	Schwankungsrückstellung:						

Abgänge		Gesamt	VRG (Sub-VG)	VRG (Sub-VG)	VRG (Sub-VG)	VRG (Sub-VG)	VRG (Sub-VG)
AWB	Personenanzahl:						
	Deckungsrückstellung:						
	Fehlbetrag:						
	Schwankungsrückstellung:						
LB	Personenanzahl:						
	Deckungsrückstellung:						
	Fehlbetrag:						
	Schwankungsrückstellung:						

23/6. PKG-VO
FJMV 2012

Formblatt- und Jahresmeldeverordnung 2012

BGBl II 2012/385

Verordnung der Finanzmarktaufsichtsbehörde (FMA) über die Gliederung und Meldung der Formblätter für die Jahresabschlussdaten gemäß § 30 Abs. 4 und § 30a Abs. 1 des Pensionskassengesetzes (Formblatt- und Jahresmeldeverordnung 2012 – FJMV 2012)

Auf Grund der §§ 30 Abs. 4 und 30a Abs. 1 des Pensionskassengesetzes – PKG, BGBl. Nr. 281/1990, zuletzt geändert durch das Bundesgesetz BGBl. I Nr. 54/2012, wird verordnet:

Gliederung der Jahresmeldung

§ 1. (1) Die Bilanz und die Gewinn- und Verlustrechnung der Pensionskasse sind entsprechend der Gliederung der in der Anlage 1 enthaltenen Formblätter und der Rechenschaftsbericht der Veranlagungs- und Risikogemeinschaft (VRG) ist entsprechend der Gliederung der in der Anlage 2 enthaltenen Formblätter aufzustellen.

1. Die **Anlage 1** beinhaltet folgende Angaben:

a) Bilanz der Pensionskasse – Formblatt A der AG,

b) Gewinn- und Verlustrechnung der Pensionskasse – Formblatt B der AG.

2. Die **Anlage 2** beinhaltet folgende Angaben:

a) Vermögensaufstellung einer Veranlagungs- und Risikogemeinschaft – Formblatt A der VRG,

b) Ertragsrechnung einer Veranlagungs- und Risikogemeinschaft – Formblatt B der VRG,

c) Anhang zur Vermögensaufstellung und Ertragsrechnung einer Veranlagungs- und Risikogemeinschaft – Formblatt C der VRG.

(2) Die Ausweis- und Bewertungsregeln gemäß §§ 2 und 3 der Quartalsmeldeverordnung 2012 – QMV 2012, BGBl. II Nr. 417/2011, sind entsprechend anzuwenden.

Elektronische Jahresmeldung

§ 2. (1) Die elektronische Jahresmeldung der Pensionskassen an die Finanzmarktaufsichtsbehörde gemäß § 30a Abs. 1 PKG hat folgende Angaben zu beinhalten:

1. Bilanz der Pensionskasse – Formblatt A der AG,

2. Gewinn- und Verlustrechnung der Pensionskasse – Formblatt B der AG,

3. Vermögensaufstellung einer Veranlagungs- und Risikogemeinschaft – Formblatt A der VRG,

4. Ertragsrechnung einer Veranlagungs- und Risikogemeinschaft – Formblatt B der VRG,

5. ergänzende Angaben zur Pensionskasse und zu den Veranlagungs- und Risikogemeinschaften,

6. Deckungsrückstellung bei grenzüberschreitender Tätigkeit und

7. Angaben zur Anzahl der Anwartschafts- und Leistungsberechtigten.

Die elektronische Jahresmeldung hat zu Z 1 und 2 entsprechend der in **Anlage 1**, zu Z 3 und 4 entsprechend der in **Anlage 2** und zu Z 5 bis 7 entsprechend der in **Anlage 3** dargestellten Gliederung zu erfolgen.

(2) Zusätzlich zu den Daten des Jahresabschlusses sowie der Rechenschaftsberichte der Veranlagungs- und Risikogemeinschaft sind die Prüfungsberichte über den Jahresabschluss und die Rechenschaftsberichte der Veranlagungs- und Risikogemeinschaft der FMA elektronisch zu übermitteln.

Meldetechnische Bestimmungen

§ 3. Die elektronische Jahresmeldung ist gemäß § 30a PKG in standardisierter Form einschließlich sämtlicher für die Aufsicht über Pensionskassen erforderlichen Datenspezifikationen und -merkmale auf elektronischem Wege an die FMA zu erstatten. Dabei sind die Datensatzmerkmale einschließlich des Datensatzaufbaues sowie technische Übertragungsvorgaben einzuhalten.

Übergangs- und Schlussbestimmungen

§ 4. (1) Diese Verordnung tritt mit 1. Jänner 2013 in Kraft. Ihre Bestimmungen sind erstmals auf die Jahresmeldung zum 31. Dezember 2012 anzuwenden, soweit aus Absatz 2 nichts Abweichendes folgt.

(2) Die folgenden Positionsnummern sind erstmals mit der Jahresmeldung zum 31. Dezember 2013 zu melden:

1. aus der **Anlage 1**: Formblatt A der AG – Bilanz der Pensionskasse:

FB-Nr.	PNR	
150	640	Deckungsrückstellung der Sicherheits-VRG,
150	642	Anwartschaftsberechtigte,
150	644	Leistungsberechtigte,

2. aus der **Anlage 2**: Formblatt A der VRG – Vermögensaufstellung einer Veranlagungs- und Risikogemeinschaft:

FB-Nr.	PNR	
350	250	Deckungsrückstellung der Sicherheits-VRG
350	252	für Anwartschaften – Arbeitgeberanteil,
350	254	für Anwartschaften – Arbeitnehmeranteil,
350	256	für laufende Leistungen – Arbeitgeberanteil,
350	258	für laufende Leistungen – Arbeitnehmeranteil,

3. aus der **Anlage 2**: Formblatt B der VRG – Ertragsrechnung einer Veranlagungs- und Risikogemeinschaft:

FB-Nr.	PNR	
400	232	Gutschrift der Pensionskasse betreffend garantierte Antrittspension der Sicherheits-VRG,
400	233	Zuschuss aus der Vergütung der Veranlagung für LB
400	245	Auszahlungen der Gutschriften der Pensionskasse zur garantierte Antrittspension der Sicherheits-VRG
400	450	Sonstiges

4. aus der **Anlage 2**:
a) Position I. 5. a. aus Formblatt C der VRG – Anhang zur Vermögensaufstellung und Ertragsrechnung einer Veranlagungs- und Risikogemeinschaft,
b) Position II. 4. a. aus Formblatt C der VRG – Anhang zur Vermögensaufstellung und Ertragsrechnung einer Veranlagungs- und Risikogemeinschaft; für das Geschäftsjahr 2013 können Quartalsdaten herangezogen werden. Ab dem Geschäftsjahr 2014 sind Monatsultimodaten heranzuziehen.

5. aus der **Anlage 3**: Formblatt C – Ergänzende Angaben zur VRG:

FB-Nr.	PNR	
600	160	Anzahl der Sub-VGen,
600	165	Sicherheits-VRG,

6. aus der **Anlage 3**: Angaben zur Anzahl der Anwartschafts- und Leistungsberechtigten:

950	510	VRG-Abgang: Anzahl der AWB (Individueller Wechsel),
950	520	VRG-Abgang: Anzahl der LB (Individueller Wechsel),
950	530	VRG-Zugang: Anzahl der AWB (Individueller Wechsel),
950	540	VRG-Zugang: Anzahl der LB (Individueller Wechsel),
950	550	VRG-Abgang: Anzahl der AWB (Vertragsbeendigung),
950	560	VRG-Abgang: Anzahl der LB (Vertragsbeendigung),
950	570	VRG-Zugang: Anzahl der AWB (Vertragsbeendigung),
950	580	VRG-Zugang: Anzahl der LB (Vertragsbeendigung) und
950	590	Anzahl der LB für die keine Schwankungsrückstellung dotiert wird.

(3) Die Verordnung der Finanzmarktaufsichtsbehörde (FMA) betreffend die Gliederung und Meldung der Formblätter für die Jahresabschlussdaten gemäß § 30 Abs. 4 und § 30a Abs. 1 des Pensionskassengesetzes (Formblatt- und Jahresmeldeverordnung – FBJMV), BGBl. II Nr. 419/2005, tritt mit Ablauf des 31. Dezember 2012 außer Kraft und ist letztmalig auf die Meldung zum Stichtag 31. Dezember 2011 anzuwenden.

(4) Soweit in dieser Verordnung auf Bestimmungen anderer Verordnungen der Finanzmarktaufsichtsbehörde verwiesen wird, sind diese in ihrer jeweils geltenden Fassung anzuwenden.

23/6. PKG-VO
FJMV 2012

Anlage 1

Formblatt A der AG – Bilanz der Pensionskasse

FB Nr.	PNR	Gliederungs-Nr.	Formblatt A – Bilanz der Pensionskasse AG	Wert
			AKTIVA	
100	100	A.	**Anlagevermögen**	
100	110	I.	**Immaterielle Vermögensgegenstände**	
100	112	1.	Konzessionen und ähnliche Rechte	
100	114	2.	Sonstige immaterielle Vermögensgegenstände	
100	115	3.	Anzahlungen	
100	120	II.	**Sachanlagen**	
100	130	III.	**Finanzanlagen**	
100	131	1.	Anteile an verbundenen Unternehmen	
100	132	2.	Ausleihungen an verbundene Unternehmen	
100	133	3.	Beteiligungen	
100	134	4.	Sonstige Darlehen und Kredite	
100	135	5.	Schuldverschreibungen	
100	136	6.	Aktien	
100	137	7.	Immobilien	
100	138	8.	Investmentfonds	
100	139	9.	Sonstige Finanzanlagen	
100	200	B.	**Umlaufvermögen**	
100	210	I.	**Forderungen**	
100	215	1.	Forderungen aus der Vergütung der Veranlagung für LB	
100	216	2.	Sonstige Forderungen	
100	220	II.	**Wertpapiere und Anteile**	
100	221	1.	Schuldverschreibungen	
100	222	2.	Aktien	
100	223	3.	Investmentfonds	
100	224	4.	Sonstige Wertpapiere und Anteile	
100	230	III.	Kassenbestand und Guthaben bei Kreditinstituten	
100	450	C.	**Rechnungsabgrenzungsposten**	
100	500		**Summe der Positionen A - C: Aktiva der AG**	
100	600	D.	**Aktiva der Veranlagungs- und Risikogemeinschaften**	
100	610	I.	**Veranlagtes Vermögen**	
100	611	1.	Guthaben bei Kreditinstituten	
100	612	2.	Darlehen und Kredite	
100	613	3.	Schuldverschreibungen	
100	614	4.	Aktien und sonstige Beteiligungswertpapiere	
100	615	5.	Immobilien	
100	616	6.	Sonstige Vermögenswerte	
100	620	II.	**Forderungen**	
100	630	III.	**Aktive Rechnungsabgrenzungsposten**	
100	640	IV.	**Sonstige Aktiva**	
			Summe Position D: Aktiva der VRG	
100	900		**Bilanzsumme**	
			PASSIVA	

150	100	A.	Eigenkapital	
150	110	I.	Grundkapital	
150	120	II.	Kapitalrücklagen	
150	130	III.	Gewinnrücklagen	
150	140	IV.	Mindestertragsrücklage	
150	150	V.	Bilanzgewinn/Bilanzverlust	
150	200	B.	Unversteuerte Rücklagen	
150	250	C.	Ergänzungskapital	
150	300	D.	Rückstellungen	
150	310	I.	Verwaltungskostenrückstellung	
150	320	II.	Garantierückstellung	
150	330	III.	Andere Rückstellungen	
150	400	E.	Verbindlichkeiten	
150	450	F.	Rechnungsabgrenzungsposten	
150	500		Summe der Positionen A - F: Passiva der AG	
150	600	G.	Passiva der Veranlagungs- und Risikogemeinschaften	
150	610	I.	Deckungsrückstellung	
150	620	1.	Deckungsrückstellung mit Mindestertragsgarantie	
150	622	a.	Leistungsorientiert – mit Mindestertragsgarantie des Arbeitgebers	
150	624	b.	Leistungsorientiert – mit Mindestertragsgarantie der Pensionskasse	
150	626	c.	Sonstige – mit Mindestertragsgarantie des Arbeitgebers	
150	628	d.	Sonstige – mit Mindestertragsgarantie der Pensionskasse	
150	630	2.	Deckungsrückstellung ohne Mindestertragsgarantie	
150	632	a.	Leistungsorientiert – ohne Mindestertragsgarantie	
150	634	b.	Sonstige – ohne Mindestertragsgarantie	
150	640	3.	Deckungsrückstellung der Sicherheits-VRG	
150	642	a.	Anwartschaftsberechtigte	
150	644	b.	Leistungsberechtigte	
150	720	II.	Schwankungsrückstellung	
150	740	III.	Verbindlichkeiten	
150	760	IV.	Passive Rechnungsabgrenzungsposten	
150	780	V.	Sonstige Passiva	
			Summe Position G: Passiva der VRG	
150	900		Bilanzsumme	
200	100	I.	Ergebnis der Veranlagungs- und Risikogemeinschaft	
200	110	1.	Veranlagungsergebnis	
200	120	2.	Beiträge	
200	130	3.	Leistungen	
200	140	4.	Veränderung der Deckungsrückstellung	
200	150	5.	Veränderung der Schwankungsrückstellung	
200	160	6.	Sonstige Aufwendungen und Erträge	
200	170	7.	Verbleibendes Ergebnis	
200	200	II.	Erträge und Aufwendungen der Pensionskasse	

200	210	1.	Vergütung zur Deckung der Betriebsaufwendungen
200	220	2.	Betriebsaufwendungen
200	221	a.	Personalaufwand
200	222	aa.	Löhne und Gehälter
200	223	ab.	Aufwendungen für Abfertigungen und Leistungen an betriebliche Vorsorgekassen
200	224	ac.	Aufwendungen für Altersvorsorge
200	225	ad.	Aufwendungen für Sozialabgaben, vom Entgelt abhängige Abgaben, Pflichtbeiträge
200	226	ae.	Sonstige Betriebs-, Verwaltungs- und Vertriebsaufwendungen
200	230	3.	Veränderung der geschäftsplanmäßigen Verwaltungskostenrückstellung
200	240	4.	Finanzerträge
200	242	a.	aus Beteiligungen
200	244	b.	aus Finanzanlagen und Zinsenerträge
200	246	c.	aus dem Abgang von Finanzanlagen
200	248	d.	aus Zuschreibungen zu Finanzanlagen
200	249	e.	aus Immobilien
200	250	5.	Finanzaufwendungen
200	252	a.	aus Beteiligungen
200	254	b.	aus Finanzanlagen und Zinsenaufwendungen
200	256	c.	aus dem Abgang von Finanzanlagen
200	258	d.	aus Abschreibungen von Finanzanlagen
200	259	e.	aus Immobilien
200	260	6.	Sonstige Erträge und Aufwendungen
200	262	a.	Sonstige Erträge
200	264	b.	Sonstige Aufwendungen
200	270	7.	Ergebnis der gewöhnlichen Geschäftstätigkeit
200	280	8.	Außerordentliches Ergebnis
200	282	a.	Außerordentliche Erträge
200	284	b.	Außerordentliche Aufwendungen
200	290	9.	Steuern von Einkommen und Ertrag
200	300	10.	Jahresüberschuss/Jahresfehlbetrag
200	400	11.	Veränderung von Rücklagen
200	410	a.	Zuweisungen von Rücklagen
200	412	aa.	zu unversteuerten Rücklagen
200	414	ab.	zur Gewinnrücklage
200	416	ac.	zur Mindestertragsrücklage
200	420	b.	Auflösungen von Rücklagen
200	422	ba.	von unversteuerten Rücklagen
200	424	bb.	von Gewinnrücklagen
200	426	bc.	der Mindestertragsrücklage
200	428	bd.	von Kapitalrücklagen
200	500	12.	Jahresgewinn/-verlust
200	600	13.	Gewinn-/Verlustvortrag
200	700	14.	Gewinn-/Verlustübernahme
200	800	15.	Bilanzgewinn/-verlust

23/6. PKG-VO
FJMV 2012

Anlage 2

Formblatt A der VRG – Vermögensaufstellung einer Veranlagungs- und Risikogemeinschaft

FB Nr.	PNR	Gliederungs-Nr.	Formblatt A – Vermögensaufteilung einer Veranlagungs- und Risikogemeinschaft	Wert
		Summe	**AKTIVA**	
300	800	A.	**Veranlagtes Vermögen**	
300	100	I.	**Guthaben bei Kreditinstituten**	
300	110	1.	Laufende Guthaben	
300	130	2.	Kurzfristige Einlagen	
300	170	3.	Derivate auf Fremdwährung, zur Absicherung	
300	180	4.	Derivate auf Fremdwährung, nicht zur Absicherung	
300	190	5.	Kassenposition aus Derivaten auf Fremdwährung	
300	200	II.	**Darlehen und Kredite**	
300	210	1.	Darlehen und Kredite an Gebietskörperschaften	
300	220	2.	Darlehen und Kredite an Kreditinstitute	
300	230	3.	Sonstige Darlehen und Kredite	
300	300	III.	**Schuldverschreibungen**	
300	310	1.	Schuldverschreibungen von Gebietskörperschaften, Investment Grade	
300	315	2.	Schuldverschreibungen von Gebietskörperschaften, sonstige	
300	320	3.	Schuldverschreibungen von Kreditinstituten, Investment Grade	
300	325	4.	Schuldverschreibungen von Kreditinstituten, sonstige	
300	330	5.	Schuldverschreibungen von sonstigen Unternehmen, Investment Grade	
300	335	6.	Schuldverschreibungen von sonstigen Unternehmen, sonstige	
300	372	7.	Derivate auf Zinsinstrumente von Gebietskörperschaften, zur Absicherung	
300	374	8.	Derivate auf Zinsinstrumente von sonstigen Emittenten, zur Absicherung	
300	382	9.	Derivate auf Zinsinstrumente von Gebietskörperschaften, nicht zur Absicherung	
300	384	10.	Derivate auf Zinsinstrumente von sonstigen Emittenten, zur Absicherung	
300	390	11.	Kassenposition aus Derivaten auf Zinsinstrumente	
300	400	IV.	**Aktien und sonstige Beteiligungen**	
300	410	1.	Aktien	
300	420	2.	Aktienähnliche begebbare Wertpapiere	
300	430	3.	Sonstige Beteiligungen	
300	470	4.	Derivate auf Aktieninstrumente, zur Absicherung	
300	480	5.	Derivate auf Aktieninstrumente, nicht zur Absicherung	
300	490	6.	Kassenposition aus Derivaten auf Aktieninstrumente	
300	500	V.	**Immobilien**	
300	510	1.	Immobilien	

300	560	2.	Immobilienfinanzierung	
300	570	3.	Derivate auf Immobilien, zur Absicherung	
300	580	4.	Derivate auf Immobilien, nicht zur Absicherung	
300	590	5.	Kassenposition aus Derivaten auf Immobilien	
300	600	VI.	**Sonstige Vermögenswerte**	
300	610	1.	Strukturierte Wertpapiere mit Kapitalgarantie	
300	620	2.	Strukturierte Wertpapiere ohne Kapitalgarantie	
300	630	3.	Besondere Vermögenswerte	
300	670	4.	Derivate auf sonstige Vermögenswerte, zur Absicherung	
300	680	5.	Derivate auf sonstige Vermögenswerte, nicht zur Absicherung	
300	690	6.	Kassenposition aus Derivaten auf sonstige Vermögenswerte	
		B.	**Forderungen und aktive Rechnungsabgrenzung**	
300	700	I.	**Forderungen**	
300	710	1.	Forderungen für ausstehende Beiträge	
300	712	a.	aus laufenden Beiträgen und Nachschussverpflichtungen	
300	714	b.	aus Beiträgen aus einer Übertragung gemäß § 48 PKG – direkte Leistungszusage	
300	720	2.	Forderungen für Zinsen aus einer Übertragung gemäß § 48 PKG – direkte Leistungszusage	
300	730	3.	Forderungen gegenüber einer anderen Veranlagungs- und Risikogemeinschaft	
300	740	4.	Forderungen gegenüber der Pensionskasse AG	
300	750	5.	Forderungen aus dem Verkauf von Vermögenswerten	
300	760	6.	Sonstige Forderungen	
300	780	II.	**Aktive Rechnungsabgrenzungsposten**	
300	772	1.	Rechnungsgrundlagenumstellung	
300	774	2.	Sonstige Rechnungsabgrenzungen	
300	790	III.	**Sonstige Aktiva**	
300	900		**Summe Aktiva der VRG**	
		Summe	**PASSIVA**	
		A.	**Deckungs- und Schwankungsrückstellung**	
350	800	I.	**Deckungsrückstellung**	
350	100	1.	Deckungsrückstellung mit Mindestertragsgarantie	
350	110	a.	für Anwartschaften – Arbeitgeberanteil	
350	112	aa.	Leistungsorientiert – mit Mindestertragsgarantie des Arbeitgebers	
350	114	ab.	Leistungsorientiert – mit Mindestertragsgarantie der Pensionskasse	
350	116	ac.	Sonstige – mit Mindestertragsgarantie des Arbeitgebers	
350	118	ad.	Sonstige – mit Mindestertragsgarantie der Pensionskasse	
350	120	b.	für Anwartschaften – Arbeitnehmeranteil	
350	122	ba.	Leistungsorientiert – mit Mindestertragsgarantie des Arbeitgebers	

23/6. PKG-VO
FJMV 2012

350	124	bb.	Leistungsorientiert – mit Mindestertragsgarantie der Pensionskasse	
350	126	bc.	Sonstige – mit Mindestertragsgarantie des Arbeitgebers	
350	128	bd.	Sonstige – mit Mindestertragsgarantie der Pensionskasse	
350	130	c.	für laufende Leistungen – Arbeitgeberanteil	
350	132	ca.	Leistungsorientiert – mit Mindestertragsgarantie des Arbeitgebers	
350	134	cb.	Leistungsorientiert – mit Mindestertragsgarantie der Pensionskasse	
350	136	cc.	Sonstige – mit Mindestertragsgarantie des Arbeitgebers	
350	138	cd.	Sonstige – mit Mindestertragsgarantie der Pensionskasse	
350	140	d.	für laufende Leistungen – Arbeitnehmeranteil	
350	142	da.	Leistungsorientiert – mit Mindestertragsgarantie des Arbeitgebers	
350	144	db.	Leistungsorientiert – mit Mindestertragsgarantie der Pensionskasse	
350	146	dc.	Sonstige – mit Mindestertragsgarantie des Arbeitgebers	
350	148	dd.	Sonstige – mit Mindestertragsgarantie der Pensionskasse	
350	200	2.	Deckungsrückstellung ohne Mindestertragsgarantie	
350	210	a.	für Anwartschaften – Arbeitgeberanteil	
350	212	aa.	Leistungsorientiert – ohne Mindestertragsgarantie	
350	214	ab.	Sonstige – ohne Mindestertragsgarantie	
350	220	b.	für Anwartschaften – Arbeitnehmeranteil	
350	222	aa.	Leistungsorientiert – ohne Mindestertragsgarantie	
350	224	ab.	Sonstige – ohne Mindestertragsgarantie	
350	230	c.	für laufende Leistungen – Arbeitgeberanteil	
350	232	ca.	Leistungsorientiert – ohne Mindestertragsgarantie	
350	234	cb.	Sonstige – ohne Mindestertragsgarantie	
350	240	d.	für laufende Leistungen – Arbeitnehmeranteil	
350	242	da.	Leistungsorientiert – ohne Mindestertragsgarantie	
350	244	db.	Sonstige – ohne Mindestertragsgarantie	
350	250	3.	Deckungsrückstellung der Sicherheits-VRG	
350	252	a.	für Anwartschaften – Arbeitgeberanteil	
350	254	b.	für Anwartschaften – Arbeitnehmeranteil	
350	256	c.	für laufende Leistungen – Arbeitgeberanteil	
350	258	d.	für laufende Leistungen – Arbeitnehmeranteil	
350	400	II.	**Schwankungsrückstellung**	
350	410	1.	Positive Schwankungsrückstellung	**PKG** +VOen
350	430	2.	Negative Schwankungsrückstellung gemäß § 49 Z 17 PKG	
350	440	3.	Negative Schwankungsrückstellung gemäß § 24a Abs. 8 PKG	
		B.	**Verbindlichkeiten und passive Rechnungsabgrenzung**	
350	700	I.	**Verbindlichkeiten**	

23/6. PKG-VO
FJMV 2012

350	710	1.	Verbindlichkeiten aus dem Ankauf von Vermögenswerten	
350	720	2.	Verbindlichkeiten gegenüber Leistungsberechtigten	
350	730	3.	Verbindlichkeiten gegenüber Arbeitgebern	
350	740	4.	Verbindlichkeiten gegenüber Kreditinstituten	
350	750	5.	Verbindlichkeiten gegenüber einer anderen Veranlagungs- und Risikogemeinschaft	
350	760	6.	Verbindlichkeiten gegenüber der Pensionskasse AG	
350	770	7.	Sonstige Verbindlichkeiten	
350	800	II.	**Passive Rechnungsabgrenzungsposten**	
350	810	III.	**Sonstige Passiva**	
350	900		**Summe Passiva der VRG**	

Anlage 2

Formblatt B der VRG – Ertragsrechnung einer Veranlagungs- und Risikogemeinschaft

FB Nr.	PNR	Gliederungs-Nr.	Formblatt B - Ertragsrechnung einer Veranlagungs- und Risikogemeinschaft	Wert
			A.	**Veranlagungsergebnis**	
400	100	I.	**Veranlagungsüberschuss**	
400	110	1.	Zinserträge aus Guthaben	
400	120	2.	Zinsenerträge gemäß § 48 PKG – direkte Leistungszusage	
400	130	3.	Erträge aus Wertpapieren und Darlehen	
400	131	a.	aus Darlehen	
400	132	b.	aus Schuldverschreibungen	
400	133	c.	aus Aktien	
400	134	d.	aus sonstigen Wertpapieren	
400	135	e.	aus Investmentfonds, die überwiegend in Aktien investiert sind	
400	136	f.	aus Investmentfonds, die überwiegend in Aktien investiert sind	
400	137	g.	aus sonstigen Investmentfonds	
400	140	4.	Erträge aus Immobilien und Immobilienfonds	
400	150	5.	Sonstige laufende Veranlagungserträge	
400	160	6.	Zinsenaufwendungen	
400	170	II.	**Verwaltungskosten der Veranlagung**	
400	172	1.	Vermögensverwaltungskosten	
400	174	2.	Kosten für die Dotierung der Mindestertragsrücklage	
400	190	III.	**Veranlagungsüberschuss**	
400	195	IV.	**Übertrag in die Ergebnisverwendung** (Position C. I.)	
			B.	**Versicherungstechnisches Ergebnis**	
400	210	I.	**Nettobeiträge**	
400	211	1.	Laufende Beiträge für Anwartschaftsbeiträge	
400	212	2.	Einmalbeiträge	

23/6. PKG-VO
FJMV 2012

400	213	3.	Beiträge gemäß § 5 Abs. 2 Z 2 BPG (Übertragung nach Beendigung des Dienstverhältnisses)
400	214	4.	Beiträge gemäß § 17 PKG (Übertragung nach Auflösung des Pensionskassenvertrages)
400	215	5.	Beiträge gemäß § 41 PKG (Übertragung von VRGen aus Auflösung einer Pensionskasse)
400	216	6.	Beiträge gemäß § 48 PKG – direkte Leistungszusage
400	217	7.	Zuteilungen aus Arbeitgeberreserven/Arbeitgeberguthaben
400	218	8.	Übertragungen aus anderen VRGen
400	219	9.	Sonstige Beiträge
400	220	II.	**Einstellung von in den Beiträgen enthaltenen Beträgen in besondere Passivpositionen**
400	222	1.	Einstellung in die Schwankungsrückstellung
400	224	2.	Einstellung in die Arbeitgeberreserven/Arbeitgeberguthaben
400	230	III.	**Gutschrift und Zuschüsse der Pensionskasse**
400	231	1.	Gutschrift der Pensionskasse betreffend Mindestertragsgarantie
400	232	2.	Gutschrift der Pensionskasse betreffend garantierte Antrittspension der Sicherheits-VRG
400	233	3.	Zuschuss aus der Vergütung der Veranlagung für LB
400	240	IV.	**Auszahlungen von Leistungen**
400	241	1.	Alterspensionen, Hinterbliebenenpensionen und Invaliditätspensionen
400	242	2.	Unverfallbarkeitsleistungen und Abfindungen
400	243	3.	Übertragungen in andere Veranlagungs- und Risikogemeinschaften
400	244	4.	Auszahlungen der Gutschriften der Pensionskasse zur Mindestertragsgarantie
400	245	5.	Auszahlungen der Gutschriften der Pensionskasse zur garantierte Antrittspension der Sicherheits-VRG
400	246	6.	Sonstige Auszahlungen von Leistungen
400	250	V.	**Rückversicherungsergebnis**
400	251	1.	Rückversicherungsprämien
400	252	2.	Rückversicherungsleistungen
400	260	VI.	**Umbuchung der Deckungsrückstellung**
400	261	1.	Auflösung der Deckungsrückstellung
400	262	2.	Dotierung der Deckungsrückstellung
400	263	3.	Sonstige Umbuchung der Deckungsrückstellung
400	270	VII.	**Rechnungsmäßige Zinsen** (Position C. IX.)
400	280	VIII.	**Zuweisung an die Deckungsrückstellung**
400	290	IX.	**Verminderung der Deckungsrückstellung**
400	291	1.	Verminderung wegen Alterspensionen, Hinterbliebenenpensionen und Invaliditätspensionen
400	292	2.	Verminderung wegen Unverfallbarkeitsleistungen/Abfindungen
400	293	3.	Verminderung wegen erloschener Ansprüche

23/6. PKG-VO
FJMV 2012

400	294	4.	Verminderung wegen Übertragungen gemäß § 5 Abs. 2 BPG (Beendigung des Dienstverhältnisses)	
400	295	5.	Verminderung wegen Übertragungen gemäß § 17 PKG (Auflösung des Pensionskassenvertrages)	
400	296	6.	Verminderung wegen Übertragungen gemäß § 41 PKG (in VRGen anderer Pensionskassen)	
400	297	7.	Verminderung wegen Übertragungen in andere VRGen	
400	298	8.	Sonstige Verminderung der Deckungsrückstellung	
400	300	X.	**Verminderung der Schwankungsrückstellung**	
400	310	1.	Verminderung wegen Auszahlungen von Leistungen	
400	320	2.	Verminderung wegen Ermittlung von Überweisungsbeträgen	
400	330	3.	Verminderung wegen beitragsfrei gestellter Anwartschaften	
400	340	4.	Sonstige Auflösungen der Schwankungsrückstellung	
400	400	XI.	**Übertragung von Arbeitgeberbeiträgen** (Position C. VIII.)	
400	450	XII.	**Sonstiges**	
400	500	XIII.	**Versicherungstechnisches Ergebnis**	
400	550	XIV.	**Übertrag in die Ergebnisverwendung** (Position C. III.)	
		C.	**Ergebnisverwendung**	
400	610	I.	**Übertrag des Veranlagungsergebnis** (Position A. IV.)	
400	620	II.	**Veränderung der Schwankungsrückstellung aus dem Veranlagungsergebnis**	
400	621	1.	Zuweisung gemäß § 24a Abs. 2 PKG	
400	622	2.	Auflösung gemäß § 24a Abs. 2 PKG	
400	623	3.	Zuweisung gemäß § 24a Abs. 3 PKG	
400	630	III.	**Übertrag des versicherungstechnischen Ergebnisses** (Position B. XIV.)	
400	640	IV.	**Veränderung der Schwankungsrückstellung aus dem versicherungstechnischen Ergebnis**	
400	641	1.	Zuweisung gemäß § 24a Abs. 4 PKG	
400	642	2.	Auflösung gemäß § 24a Abs. 4 PKG	
400	643	3.	Auflösung aufgrund Umstellung der Rechnungsgrundlagen (RGL)	
400	650	V.	**Auflösung von Überbeständen der Schwankungsrückstellung**	
400	651	1.	Auflösung gemäß § 24a Abs. 5 PKG (Überschreitung der gesetzlichen Obergrenze)	
400	652	2.	Auflösung gemäß § 24a Abs. 6 PKG (Überschreitung des Sollwerts)	
400	660	VI.	**Auflösung einer negativen Schwankungsrückstellung**	
400	661	1.	Auflösung gemäß § 24a Abs. 7 PKG	
400	662	2.	Auflösung gemäß § 24a Abs. 8 PKG	
400	663	3.	Auflösung gemäß § 49 Z 17 PKG	
400	670	VII.	**Sonstige Aufwendungen**	

400	671	1.	Aufwendungen für die Ermittlung von Überweisungsbeträgen	
400	672	2.	Aufwendungen für beitragsfrei gestellte Anwartschaften	
400	673	3.	Sonstiges	
400	680	VIII.	**Arbeitgeberbeiträge** (Position B. XI.)	
400	690	IX.	**Rechnungsmäßige Zinsen laut Position B. VII.**	
400	700	X.	**Verbleibendes Ergebnis der Veranlagungs- und Risikogemeinschaft**	
400	800	XI.	**Verwendung des verbleibenden Ergebnisses der Veranlagungs- und Risikogemeinschaft**	
400	810	1.	Einstellung in die Deckungsrückstellung	
400	820	2.	Entnahme aus der Deckungsrückstellung	
400	830	3.	Guthaben des Arbeitgebers	
400	840	4.	Nachschuss des Arbeitgebers	
400	850	5.	Sonstige Verwendung	

Anlage 2

Formblatt C der VRG – Anhang zur Vermögensaufstellung und Ertragsrechnung einer Veranlagungs- und Risikogemeinschaft

I. Eckdaten der Veranlagungs- und Risikogemeinschaft;

1. Rechnungsparameter

2. Rechnungsgrundlagen

3. Art der Pensionszusage

4. Risikovorsorge

5. Sofern folgende Positionen vorhanden sind, sind diese darzustellen:
   a. Verwaltung von Zusagen in Sub-Veranlagungsgruppen oder Sicherheits-VRG

   b. Verwaltung von Zusagen in Lebensphasenmodellen

   c. Beratungsausschuss/sonstige Ausschüsse zur Veranlagung

   d. Konsortialgeschäft

23/6. PKG-VO
FJMV 2012

II. **Erläuterungen zur Vermögensaufstellung der Veranlagungs- und Risikogemeinschaft nach Formblatt A**
   1. Allgemeine Angaben
      a. Grundsätzliche Veranlagungsstrategie in der VRG
      b. Auflistung der Vermögenswerte im Direktbestand (inkl. Investmentfonds)

Anlagekategorie (2. a-g)	Bezeichnung	ISIN	Wert

   2. Erläuterungen zu den Vermögenswerten und zur Durchführung von Investmentfonds auf Ebene der VRG
      a. Erläuterungen zu Guthaben und Kassenbestände

      b. Erläuterung zu Darlehen und Kredite

      c. Erläuterungen zu Schuldverschreibungen

      d. Erläuterungen zu Aktien und sonstige Beteiligungen

      e. Erläuterungen zu Immobilien

      f. Erläuterungen zu sonstige Vermögenswerte

      g. Erläuterungen zum Einsatz von Derivaten

      h. Volumen nicht durchgerechnet

      i. Veranlagung in fremder Währung; Quote vor und nach Währungssicherungen

      j. Brutto- und Nettoaktienveranlagung

      k. Veranlagungen an nicht geregelten Märkten

l. Veranlagung in bis zur Endfälligkeit gewidmete Vermögenswerte (HTM)

m. Rückveranlagung bei Arbeitgebern

3. Sonstige Erläuterungen
   a. Forderungen

   b. Sonstige Aktiva

4. Zusätzlich zu Z 2
   a. zu lit. a – lit. f:

	Stichtagswert zum 31.12.	Durch-schnittswert	Minimumwert	Maximumwert
		(jeweils Monatsultimos)		
Guthaben und Kassenbestände				
Darlehen und Kredite				
Schuldverschreibungen				
Aktien und sonstige Beteiligungswertpapiere				
Immobilien				
Sonstige Vermögenswerte				

   b. zu lit. i zum Stichtag 31.12.:

	vor Währungssicherung	Absicherungsgeschäft	nach Währungssicherung
Bestand			

   c. zu lit. j zum Stichtag 31.12.:

	Bruttoaktienquote	Absicherungsgeschäft	Nettoaktienquote
Bestand			

   d. zu lit. l zum Stichtag 31.12.:

	Marktwert	HTM-Wert	Stille Lasten, Stille Reserven
Veranlagung in bis zur Endfälligkeit gewidmete Vermögenswerte			

III. **Erläuterungen zur Ertragsrechnung der Veranlagungs- und Risikogemeinschaft nach Formblatt B**
   1. Erläuterungen zum Veranlagungsergebnis

23/6. PKG-VO
FJMV 2012

    2. Erläuterungen zum versicherungstechnischen Ergebnis

    3. Erläuterungen zum Ausgleich durch die Schwankungsrückstellung

    4. Erläuterung zur Ergebnisverwendung

IV. Erläuterungen zur Schwankungsrückstellung
    1. Art der Führung der Schwankungsrückstellung gemäß § 24 Abs. 2 PKG

    2. Höhe des Sollwertes der Schwankungsrückstellung (als Vomhundertsatz und betragsmäßig)

V. Erläuterungen zur Bewertung
    1. Allgemeines

    2. Darstellung erkennbarer Risiken und drohender Verluste sowie Vornahme notwendiger Wertberichtigungen (§ 23 Abs. 2 PKG); insb. bei HTM Bewertungen

    3. Bewertung der an nicht geregelten Märkten notierten Vermögenswerte (insb. Bewertungsmodelle)

VI. Invaliditätsvorsorge

VII. Erläuterungen zur Führung der Pensionskosten

VIII. Erläuterungen zur Internen Kontrolle
    1. Angaben zur Interne Revision

    2. Angaben zur Compliance

    3. Angaben zum Risikomanagement

IX. Anzahl

23/6. PKG-VO
FJMV 2012

1. der Anwartschaftsberechtigten

[   ]

2. der Leistungsberechtigten

[   ]

X. Bestätigung der Übereinstimmung der Pensionskassenverträge mit dem Pensionskassengesetz sowie mit § 3 Betriebspensionsgesetz

[   ]

XI. Kurzbericht des Prüfaktuars

[   ]

XII. Bestätigung des Abschlussprüfers

[   ]

Anlage 3

Formblatt C – Ergänzende Angaben zur AG

PNR	Gliederungs-Nr.	Formblatt C – Ergänzende Angaben zur AG	Wert
500	110	1.	Anzahl der Pensionskassenverträge	
500	120	2.	Zahl der Personen im Vorstand	
500	125	3.	Anzahl der Mitarbeiter	
500	130	4.	Immaterielle Investitionen	
500	135	5.	Investitionen in Sachanlagen	
500	140	6.	Stille Reserven/Stille Lasten des Anlagevermögens	
500	145	7.	Stille Reserven des Umlaufvermögens	
500	210	8.	Vergütung aus laufenden Beiträgen	
500	220	9.	Vergütung für die Dotierung des Mindestertragsrücklage	
500	230	10.	Rückerstattung von Kosten der Mindestertragsrücklage	
500	240	11.	Vergütung für die Vermögensverwaltung	
500	250	12.	Vergütung im Zusammenhang mit Unverfallbarkeit/beitragsfrei gestellten Anwartschaften	
500	260	13.	Vergütung gemäß § 16a Abs. 1 PKG im Zusammenhang mit dem Deckungserfordernis nach § 48 PKG	
500	270	14.	Sonstige Vergütungen	

Anlage 3

Formblatt C – Ergänzende Angaben zur Veranlagungs- und Risikogemeinschaft

	PNR	Formblatt C - Ergänzende Angaben zur VRG	Wert
Eckdaten der Veranlagungs- und Risikogemeinschaft			

23/6. PKG-VO
FJMV 2012

600	110	Rechnungszins in Prozent	
600	115	Rechnungszins absolut	
600	120	Rechnungsmäßiger Überschuss in Prozent	
600	125	Rechnungsmäßiger Überschuss absolut	
600	130	Rechnungsgrundlagen	
600	140	Art der Pensionszusage	
600	150	Anzahl der Pensionskassenverträge	
600	152	Anzahl der Neuverträge im Sinne der Rechnungsparameterverordnung – RPV	
600	154	Anzahl der Vertragskündigungen	
600	160	Anzahl der Sub-VGen	
600	165	Sicherheits-VRG	
600	170	Verwaltung von Zusagen des Lebensphasenmodells	
Angaben zur Vermögensaufstellung der Veranlagungs- und Risikogemeinschaft nach Formblatt A			
600	810	hievon Volumen Direktveranlagung	
600	820	hievon Volumen nicht durchgerechnet	
600	830	hievon Veranlagung in fremder Währung (vor Derivate)	
600	835	hievon Veranlagung in fremder Währung (nach Derivate)	
600	840	hievon Veranlagung an nicht geregelten Märkten	
600	850	hievon Veranlagung HTM gewidmet (HTM Wert)	
600	851	hievon Veranlagung HTM-gewidmet, Gebietskörperschaften (HTM-Wert)	
600	852	hievon Veranlagung HTM-gewidmet, Gebietskörperschaften (Marktwert)	
600	853	hievon Veranlagung HTM-gewidmet, Kreditinstitute (HTM-Wert)	
600	854	hievon Veranlagung HTM-gewidmet, Kreditinstitute (Marktwert)	
600	855	hievon Veranlagung HTM-gewidmet, sonstige Unternehmen (HTM-Wert)	
600	856	hievon Veranlagung HTM-gewidmet, sonstige Unternehmen (Marktwert)	
600	857	Stille Lasten aus dem HTM-Bewertung	
600	858	Stille Reserven aus der HTM-Bewertung	
600	859	Stille Reserven / Stille Lasten aus der HTM-Bewertung	
600	860	hievon Rückveranlagung bei Arbeitgebern	
600	861	hievon Veranlagung bei einem Emittenten	
600	862	hievon Veranlagung bei einer Unternehmensgruppe	
600	863	hievon laufende Guthaben und kurzfriste Einlagen bei einer Kreditinstitutsgruppe	
Angaben zur Ertragsrechnung der VRG nach Formblatt B			
600	310	Maßgebliches Vermögen gemäß § 24 Abs. 3 PKG	
600	315	Durchschnittliches Vermögen gemäß Geschäftsplan	
600	320	Istwert - Mindestertrag gemäß § 2 Abs. 2 PKG	
600	330	Nettobeiträge für leistungsorientierte Zusage mit unbeschränkter Nachschussverpflichtung des Arbeitgebers	
600	340	Arbeitgeberreserve/ -guthaben absolut	

600	350	Versicherungstechnisches Ergebnis für Leistungsberechtigte (Arbeitgeberbeiträge) – in Prozent der Deckungsrückstellung	
600	352	Versicherungstechnisches Ergebnis für Leistungsberechtigte (Arbeitnehmerbeiträge) – in Prozent der Deckungsrückstellung	
600	354	Versicherungstechnisches Ergebnis für Anwartschaftsberechtigte (Arbeitgeberbeiträge) – in Prozent der Deckungsrückstellung	
600	356	Versicherungstechnisches Ergebnis für Anwartschaftsberechtigte (Arbeitnehmerbeiträge) – in Prozent der Deckungsrückstellung	
600	360	Erforderliche Performance im Folgejahr zur Vermeidung einer Mindestertragsgutschrift	
600	365	Voraussichtliche Höhe der Mindestertragsgutschrift im Folgejahr	
600	370	Höhe der Deckungsrückstellung für Frauen	
600	375	Höhe der Deckungsrückstellung für Männer	
600	380	Beiträge von Arbeitnehmern (Netto)	
600	385	Beiträge von Arbeitgebern (Netto)	
Angaben zur Schwankungsrückstellung			
600	410	Art der Führung der Schwankungsrückstellung gemäß § 24 Abs. 2 PKG	
600	420	Höhe des Sollwertes der Schwankungsrückstellung	
600	430	Höhe des Sollwertes der Schwankungsrückstellung absolut	

Anlage 3

Deckungsrückstellung bei grenzüberschreitender Tätigkeit

FB Nr.	PNR	Gliederungs-Nr.	Deckungsrückstellung bei grenzüberschreitender Tätigkeit	Wert
700	800		Deckungsrückstellung	
700	100	I.	Deckungsrückstellung mit Mindestertragsgarantie	
700	110	1.	für Anwartschaften – Arbeitgeberanteil	
700	112	a.	Leistungsorientiert – mit Mindestertragsgarantie des Arbeitgebers	
700	114	b.	Leistungsorientiert – mit Mindestertragsgarantie der Pensionskasse	
700	116	c.	Sonstige – mit Mindestertragsgarantie des Arbeitgebers	
700	118	d.	Sonstige – mit Mindestertragsgarantie der Pensionskasse	
700	120	2.	für Anwartschaften – Arbeitnehmeranteil	
700	122	a.	Leistungsorientiert – mit Mindestertragsgarantie des Arbeitgebers	
700	124	b.	Leistungsorientiert – mit Mindestertragsgarantie der Pensionskasse	
700	126	c.	Sonstige – mit Mindestertragsgarantie des Arbeitgebers	

23/6. PKG-VO
FJMV 2012

700	128	d.	Sonstige – mit Mindestertragsgarantie der Pensionskasse	
700	130	3.	für laufende Leistungen – Arbeitgeberanteil	
700	132	a.	Leistungsorientiert – mit Mindestertragsgarantie des Arbeitgebers	
700	134	b.	Leistungsorientiert – mit Mindestertragsgarantie der Pensionskasse	
700	136	c.	Sonstige – mit Mindestertragsgarantie des Arbeitgebers	
700	138	d.	Sonstige – mit Mindestertragsgarantie der Pensionskasse	
700	140	4.	für laufende Leistungen – Arbeitnehmeranteil	
700	142	a.	Leistungsorientiert – mit Mindestertragsgarantie des Arbeitgebers	
700	144	b.	Leistungsorientiert – mit Mindestertragsgarantie der Pensionskasse	
700	146	c.	Sonstige – mit Mindestertragsgarantie des Arbeitgebers	
700	148	d.	Sonstige – mit Mindestertragsgarantie der Pensionskasse	
700	200	II.	**Deckungsrückstellung ohne Mindestertragsgarantie**	
700	210	1.	für Anwartschaften – Arbeitgeberanteil	
700	212	a.	Leistungsorientiert – ohne Mindestertragsgarantie	
700	214	b.	Sonstige – ohne Mindestertragsgarantie	
700	220	2.	für Anwartschaften – Arbeitnehmeranteil	
700	222	a.	Leistungsorientiert – ohne Mindestertragsgarantie	
700	224	b.	Sonstige – ohne Mindestertragsgarantie	
700	230	3.	für laufende Leistungen – Arbeitgeberanteil	
700	232	a.	Leistungsorientiert – ohne Mindestertragsgarantie	
700	234	b.	Sonstige – ohne Mindestertragsgarantie	
700	240	4.	für laufende Leistungen – Arbeitnehmeranteil	
700	242	a.	Leistungsorientiert – ohne Mindestertragsgarantie	
700	244	b.	Sonstige – ohne Mindestertragsgarantie	

Anlage 3

Angaben zur Anzahl der Anwartschafts- und Leistungsberechtigten

FB Nr.	PNR	Gliederungs-Nr.	Angaben zur Anzahl der Anwartschafts- und Leistungsberechtigten	Wert
950	100	I.	Summe Anwartschafts- und Leistungsberechtigten	
950	110	1.	Anwartschaftsberechtigte	

950	111	a.	davon Anwartschaftsberechtigte (Leistungsorientierte Pensionszusagen mit unbeschränkter Nachschussverpflichtung des Arbeitgebers)	
950	112	aa.	davon Frauen	
950	113	ab.	davon Männer	
950	114	b.	davon beitragsfreie Anwartschaftsberechtigte (ohne laufende Beitragszahlungen)	
950	115	ba.	davon Frauen	
950	116	bb.	davon Männer	
950	117	c.	davon Anwartschaftsberechtigte die weder unter a) noch unter b) fallen	
950	118	ca.	davon Frauen	
950	119	cb.	davon Männer	
950	120	2.	Leistungsberechtigte	
950	121	a.	davon Leistungsberechtigte (Leistungsorientierte Pensionszusagen mit unbeschränkter Nachschussverpflichtung des Arbeitgebers)	
950	122	aa.	davon Frauen	
950	123	ab.	davon Männer	
950	124	b.	davon Leistungsberechtigte die nicht unter a) fallen	
950	125	ba.	davon Frauen	
950	126	bb.	davon Männer	
950	200	II.	**Summe konsortialgeführte Anwartschafts- und Leistungsberechtigte (Angabe vom Konsortialführer)**	
950	210	1.	Konsortialgeführte Anwartschaftsberechtigte	
950	212	a.	davon Frauen	
950	214	b.	davon Männer	
950	220	2.	Konsortialgeführte Leistungsberechtigte	
950	224	a.	davon Frauen	
950	226	b.	davon Männer	
		III.	**Sonstige Angaben zu Anwartschafts- und Leistungsberechtigte**	
950	510	1.	VRG-Abgang: Anzahl der AWB (individueller Wechsel)	
950	520	2.	VRG-Abgang: Anzahl der LB (individueller Wechsel)	
950	530	3.	VRG-Zugang: Anzahl der AWB (individueller Wechsel)	
950	540	4.	VRG-Zugang: Anzahl der LB (individueller Wechsel)	
950	550	5.	VRG-Abgang: Anzahl der AWB (Vertragsbeendigung)	
950	560	6.	VRG-Abgang: Anzahl der LB (Vertragsbeendigung)	
950	570	7.	VRG-Zugang: Anzahl der AWB (Vertragsbeendigung)	

950	580	8.	VRG-Zugang: Anzahl der LB (Vertragsbeendigung)	
950	590	9.	Anzahl der LB, für die eine Schwankungsrückstellung dotiert wird	

23/7. PKG-VO
RIMAV-PK

Risikomanagementverordnung Pensionskassen

BGBl II 2006/360

STICHWORTVERZEICHNIS

Aktuar 6 (5), 6 (6)
Allgemeines 1
Asset-Liability-Management 2
Aufsichtsrat 13 (3)
Auslagerung der Aufgaben des Risikomanagements 16

Berichtswesen 13
– Art 13 (1)
– Meldepflicht 13 (2), 13 (3)

Dokumentation 12
– Aufbewahrungsdauer 12 (2)
– Pro Veranlagungs- und Risikogemeinschaft 12 (3)
– – Berater und Fondsmanager 12 (3) Z 3
– – Depotstelle 12 (3) Z 4
– – Liquiditätssituation und Ausmaß des Liquiditätsrisikos 12 (3) Z 5
– – Schadensfälle, Gegenmaßnahmen und zukünftige Schadensvermeidung 12 (3) Z 6
– – Verantwortung des Managements 12 (3) Z 2
– – Vermögensveranlagung 12 (3) Z 1

FMA 16 (2), 16 (3), 17

Limits 9

Nachweis der Verordnungskonformität 17

Personal 15
– Aus- und Weiterbildung 15 (4)

Risiko

– Arten 2 (5)
– Bewertung 2 (4), 4, 5
Risikoanalyse 4, 5
Risikoidentifikation 4, 5
Risikoindikatoren 4 (3), 5 (3)
Risikomanager 15 (2)
Risikomanagement 2
– Abwicklung 2 (3)
– Aufgabenauslagerung 16
– Erkenntnisse 2 (4)
– Handbuch 11, 14 (2), 17
– – Ausgestaltung 11 (1), 11 (4)
– – Inhalt 11 (5)
– Methodenauswahl 2 (1)
– Prozeß 2 (2), 6 (1)
– – Änderungen 11 (6)
Risikomodelle 6
Risikopolitik 3
Risikoprofile 2 (1)
Risikosteuerung 7
Risikotragfähigkeit 3 (2), 8
Risikoüberwachung 10

Schwankungsrückstellung 8 (3)
Szenarioanalysen 6 (8)

Value-at-Risk Modell 6 (7)
Verantwortungsbereiche 14
– Verzeichnis 14 (1)
Verordnungskonformitätsnachweis 17
Vorstand 6 (5), 13 (2), 13 (3), 14 (1), 14 (2)

Verordnung der Finanzmarktaufsichtsbehörde (FMA) über Mindeststandards für das Risikomanagement bei Pensionskassen (Risikomanagementverordnung Pensionskassen – RIMAV-PK)

Auf Grund des § 25 Abs. 9 des Pensionskassengesetzes (PKG), BGBl. Nr. 281/1990, zuletzt geändert durch das Bundesgesetz BGBl. I Nr. 141/2006, wird verordnet:

Allgemeines

§ 1. Diese Verordnung legt Mindeststandards für die Ausgestaltung des Risikomanagements der Vermögensveranlagung durch Pensionskassen in den Veranlagungs- und Risikogemeinschaften fest. Die Verordnung zielt auf die Einrichtung von angemessenen Leitungs-, Steuerungs- und Kontrollprozessen pro Veranlagungs- und Risikogemeinschaft ab.

Risikomanagement und Asset-Liability-Management

§ 2. (1) Die Pensionskasse muss über ein Risikomanagement verfügen, das die Risiken der Vermögensveranlagung fortlaufend erfasst, misst und steuert. Dabei sind die Risikoprofile des gesamten Vermögens der Veranlagungsund Risikogemeinschaft zu beachten. Die Pensionskasse hat sich bei der Auswahl der Risikomanagementmethoden an dem aktuellen Stand der Technik und Wissenschaft zu orientieren.

(2) Das Risikomanagement hat Strategien, Risikomanagementtechniken und interne Kontrollverfahren zu umfassen. Das Risikomanagement ist anhand eines Risikomanagementprozesses durchzuführen, der die

23/7. PKG-VO
RIMAV-PK

1. Risikopolitik,
2. Risikoidentifikation,
3. Risikoanalyse,
4. Risikobewertung,
5. Risikosteuerung,
6. Risikoüberwachung,
7. Risikodokumentation und
8. Berichtswesen

beinhaltet. Dieser Risikomanagementprozess muss in jeder Veranlagungs- und Risikogemeinschaft entsprechend Art, Umfang und Risikogehalt der Veranlagungen und Pensionszusagen als dauerhafter Prozess in Form eines Regelkreises implementiert sein.

(3) Die Abwicklung des Risikomanagements hat mit Hilfe von IT-Systemen zu erfolgen.

(4) Anhand der Erkenntnisse aus dem Risikomanagement sind die Vermögensanlagen sorgfältig auszuwählen, deren Aufteilung auf verschiedene Veranlagungskategorien zu steuern und deren Wertentwicklung zu überwachen. Die Beurteilung der Risiken hat unter Berücksichtigung der gesamten Aktiva und Passiva zu erfolgen.

(5) Die Anforderungen der Verordnung beziehen sich auf das Management aller Risiken, die für die Vermögensveranlagung einer Pensionskasse relevant sind. Dazu zählen insbesondere

1. Marktrisiken,
2. Zinsrisiken,
3. Kreditrisiken einschließlich Länder- und Emittentenrisiken,
4. Liquiditätsrisiken,
5. operationelle und technologische Risiken sowie
6. damit verbundene Risikokonzentrationen.

Risikopolitik

§ 3. (1) Jede Pensionskasse hat anhand ihrer definierten Risikopolitik die Rahmenbedingungen für das Risikomanagement festzusetzen und zu begründen.

(2) Für die Vermögensveranlagung sind pro Veranlagungs- und Risikogemeinschaft quantifizierbare und allenfalls nicht quantifizierbare Zielgrößen unter Berücksichtigung der gesamten Aktiva und Passiva nach Maßgabe der tatsächlichen Verpflichtungen aus den Pensionszusagen und unter Berücksichtigung der Risikotragfähigkeit gemäß § 8 zu definieren.

(3) Die Risikopolitik, insbesondere die Zielgrößen, sind laufend zu überprüfen und gegebenenfalls anzupassen.

Risikoidentifikation, Risikoanalyse und Risikobewertung

§ 4. (1) Der Risikoidentifikationsprozess muss gewährleisten, dass Risiken systematisch und frühzeitig identifiziert werden.

(2) Die Erhebung der erforderlichen Informationen hat mit Hilfe eines routinemäßigen und standardisierten Prozesses zu erfolgen.

(3) Auf der Grundlage von geeigneten Risikoindikatoren ist ein Frühwarnmechanismus einzurichten.

§ 5. (1) Die Pensionskasse hat Risikoanalysen und Risikobewertungen im Hinblick auf die Vermögensveranlagung durchzuführen. Wechselwirkungen zwischen den unterschiedlichen Risiken sind zu berücksichtigen. Die Pensionskasse hat sich bei der Häufigkeit der Risikobewertungen nach der Art und der geplanten Haltedauer der Vermögenswerte, den Liquiditätsanforderungen und der aktuellen Marktsituation zu richten.

(2) Der Erwerb eines Vermögenswerts ist nur dann zulässig, wenn das damit verbundene Veranlagungsrisiko dem Risikomanagement unterworfen, bewertet und analysiert werden kann.

(3) Das Veranlagungsrisiko ist pro Veranlagungs- und Risikogemeinschaft zu untersuchen und mit Risikoindikatoren und Limits abzugleichen.

Risikomodelle

§ 6. (1) Die Pensionskasse hat für die Risikoanalysen und Risikobewertungen Risikomodelle zu verwenden, mit deren Hilfe sich Aussagen über die jeweilige Risikosituation und Risikoentwicklung ableiten lassen und die in den Risikomanagementprozess eingebunden sind.

(2) Die Risikomodelle sind zumindest einmal im Kalenderjahr auf ihre Prognosegüte oder statistische Signifikanz zu überprüfen.

(3) Bei wesentlichen Änderungen eines Risikomodells sind mindestens einmal die Berechnungen mit den bisherigen und den geänderten Modellannahmen parallel durchzuführen.

(4) Die Ergebnisse der Risikomodelle müssen bei den Anlageentscheidungen angemessen berücksichtigt werden.

(5) Neben den im Bereich Risikomanagement der Veranlagung tätigen Personen müssen mindestens ein Mitglied des Vorstandes und der Aktuar über entsprechende Kenntnisse der verwendeten Risikomodelle verfügen.

(6) Der Aktuar hat die Eignung der Modelle und der verwendeten Parameter im Hinblick auf die Leistungsverpflichtungen aus den Pensionskassenverträgen zu überprüfen.

(7) Mit Hilfe eines Value-at-Risk Modells oder eines anderen anerkannten Modells ist unter der Wahl von geeigneten Parametern das Verlustpotenzial des veranlagten Vermögens pro Veranlagungs- und Risikogemeinschaft zu berechnen.

(8) Szenarioanalysen, die nicht nur mehr oder minder wahrscheinliche, sondern auch außergewöhnliche Szenarien in Betracht ziehen, sind regelmäßig durchzuführen.

Risikosteuerung

§ 7. (1) Die Pensionskasse hat die Ergebnisse der Risikoanalyse und Risikobewertung bei der Risikosteuerung zu berücksichtigen.

(2) Die Pensionskasse hat den Risikosteuerungsprozess an sich ändernde Bedingungen anzupassen. Die Wirksamkeit und die Angemessenheit des Risikosteuerungsprozesses sind laufend unter Berücksichtigung der Risikotragfähigkeit sowie der Veranlagungsstrategie zu überprüfen.

Risikotragfähigkeit

§ 8. (1) Die Veranlagungsrisiken sind aus Sicht der Anwartschafts- und Leistungsberechtigten, der Arbeitgeber und der Pensionskasse zu betrachten.

(2) Die Entscheidung, ob Risiken der Veranlagung akzeptiert werden können oder zu vermeiden, zu vermindern oder zu übertragen sind, ist auf Grundlage einer Analyse der Risikotragfähigkeit zu treffen.

(3) Die Höhe der Schwankungsrückstellung und deren erwartete Entwicklung sind bei der Ermittlung der Risikotragfähigkeit zu berücksichtigen.

(4) Es ist sicherzustellen, dass zu jedem Zeitpunkt die Zahlungsverpflichtungen erfüllt werden können. Aus diesem Grund ist laufend zu überprüfen, inwieweit die Pensionskasse in der Lage ist, einen auftretenden Liquiditätsbedarf zu decken. Insbesondere muss die Pensionskasse allen eingegangenen, bedingten und unbedingten Liefer- und Zahlungsverpflichtungen aus Derivaten in vollem Umfang nachkommen können.

Limits

§ 9. (1) Im Rahmen der Risikosteuerung sind Limits festzulegen. Insbesondere bei derivativen Produkten ist ein maximales Verlustpotential unter Berücksichtigung etwaiger Gegenpositionen festzulegen.

(2) Die festgelegten Limits sind von einer von der Vermögensveranlagung unabhängigen Stelle oder dem Vorstand direkt fortlaufend zu überwachen.

(3) Bei Limitüberschreitungen sind angemessene Maßnahmen zu setzen.

Risikoüberwachung

§ 10. (1) Die Maßnahmen, die zur Risikosteuerung getroffen wurden, sind zu überwachen. Die Pensionskasse hat regelmäßig Soll/Ist-Vergleiche zwischen der tatsächlichen und der anhand risikopolitischer Grundsätze definierten Risikosituation durchzuführen und entsprechende Anpassungen vorzunehmen. Mit Hilfe von Frühwarnmechanismen ist zu gewährleisten, dass geänderte Risikosituationen zeitnah erkannt und die notwendigen Maßnahmen daraus abgeleitet werden können.

(2) Die für die Abwicklung des Risikomanagements verwendeten IT-Systeme und die zugehörigen IT-Prozesse müssen die Integrität, die Verfügbarkeit, die Authentizität sowie die Vertraulichkeit der Daten sicherstellen. Die Eignung der IT-Systeme ist regelmäßig zu überprüfen.

Risikomanagement-Handbuch

§ 11. (1) Die Ausgestaltung des Risikomanagementprozesses ist pro Veranlagungs- und Risikogemeinschaft schriftlich in einem Risikomanagement-Handbuch festzulegen.

(2) Die Pensionskasse hat sicherzustellen, dass das Risikomanagement der Veranlagung auf der Grundlage des Risikomanagement-Handbuches betrieben wird. Der Detaillierungsgrad des Risikomanagement-Handbuches hat Art, Umfang und Risikogehalt der Veranlagungen zu entsprechen.

(3) Das Risikomanagement-Handbuch muss den betroffenen Mitarbeitern in der jeweils aktuellen Fassung jederzeit zugänglich sein.

(4) Die Ausgestaltung des Risikomanagement-Handbuches hat besonders unter folgenden Gesichtspunkten zu erfolgen:

1. Sicherungsfunktion: Die Einhaltung aller definierten Regeln des Risikomanagements ist sicherzustellen.

2. Prüfbarkeitsfunktion: Die Beschreibung des Risikomanagementprozesses dient als Grundlage für die Prüfung der ordnungsgemäßen Durchführung.

3. Rechenschaftsfunktion: Der Vorstand kann sein pflichtgemäßes Verhalten nachweisen.

(5) Das Risikomanagement-Handbuch hat insbesondere Folgendes zu beinhalten:

1. Risikopolitische Grundsätze, dazu gehören die Ziele des Risikomanagementprozesses und die Risikotragfähigkeit;

2. Aufbauorganisation des Bereiches Risikomanagement der Veranlagung einschließlich Regelungen der Kompetenzen und der Verantwortlichkeiten;

3. Regelungen hinsichtlich der Ausgestaltung des Risikomanagementprozesses einschließlich Maßnahmen- und Entscheidungskatalog und Eskalationsverfahren;

4. Methoden für die Risikoidentifikation, Risikoanalyse, Risikobewertung, Risikosteuerung und Risikoüberwachung einschließlich der Darstellung der Risikomodelle;

5. Aufbau der Risikodokumentation und des Berichtswesens;

6. Ableitung der strategischen Zielgrößen und der Limits;

7. Regelungen, die die Einhaltung der gesetzlichen Veranlagungsbestimmungen, der Verordnung und der internen Vorgaben auf Grund dieser Verordnung gewährleisten;

8. Regelungen bezüglich Vergütungs- und Anreizsystemen im Veranlagungs- und Risikomanagement;

9. IT-Systeme;

10. Begriffsdefinitionen;

11. Erklärungen über die Grundsätze der Veranlagungspolitik gemäß § 25a PKG;

12. Geltungsbereich, Inkraftsetzung.

(6) Änderungen im Risikomanagementprozess sind im Risikomanagement-Handbuch zu dokumentieren.

Dokumentation

§ 12. (1) Für Veranlagungsentscheidungen relevante Geschäfts- und Kontrollunterlagen des Risikomanagements sind für sachkundige Dritte nachvollziehbar abzufassen und aufzubewahren.

(2) Die Pensionskasse hat die für die Veranlagungsentscheidungen relevanten Geschäfts und Kontrollunterlagen des Risikomanagements sieben Jahre lang geordnet aufzubewahren; darüber hinaus noch solange, als die für ein anhängiges gerichtliches oder behördliches Verfahren, in dem die Pensionskasse Parteistellung hat, von Bedeutung ist. Die Frist läuft vom Schluss des Kalenderjahrs an, in dem die Unterlage erstellt worden ist.

(3) Folgende Punkte sind zumindest pro Veranlagungs- und Risikogemeinschaft zu dokumentieren:

1. Vermögensveranlagung;

a) Veranlagungskategorien und Diversifikation;

b) eingegangene Risiken gemäß § 2 Abs. 5;

c) Umfang der vergebenen Limits einschließlich deren Ausnutzung, insbesondere Limitüberschreitungen und getroffene Maßnahmen;

d) Entwicklung und Einschätzung des Risikos und Ertrages;

e) Risikotragfähigkeit;

f) Ist/Soll Vergleich der Zielgrößen;

g) Veranlagung in Derivate;

h) Veranlagung in Wertpapiere, die nicht an geregelten Märkten gehandelt werden;

2. Verantwortung des Managements für das Risikomanagement und die Vermögensveranlagung;

a) Ergebnisse und Implikationen der Risikoanalysen für die Veranlagungsentscheidungen;

b) Änderungen der wesentlichen Annahmen und Parameter, die den Verfahren zur Messung des Risikos zu Grunde liegen;

c) Tätigkeitsnachweis des Risikomanagers;

d) Entwicklung der Risikovorsorge unter Berücksichtigung der Risikotragfähigkeit;

e) Einhaltung und Überprüfung des Risikomanagement- Handbuches;

3. Berater und Fondmanager;

a) Managerwahl;

b) Qualitätssicherung;

c) Performance-Messung;

d) erbrachte Dienstleistungen;

4. Depotstelle;

a) Bericht-Häufigkeit;

b) Bewertung der Vermögenswerte;

c) erbrachte Dienstleistungen;

5. Liquiditätssituation und Ausmaß des Liquiditätsrisikos;

6. Schadensfälle im Zusammenhang mit operationellen und technologischen Risiken der Veranlagung, Ursachen und Ausmaß der Schäden, getroffene Gegenmaßnahmen und Maßnahmen zur zukünftigen Schadensvermeidung.

Berichtswesen

§ 13. (1) Die Risikoberichterstattung ist in nachvollziehbarer, aussagekräftiger Art und Weise zu verfassen; sie hat neben einer Beschreibung auch eine Beurteilung der Risikosituation und die durchgeführten und geplanten Maßnahmen zu enthalten.

(2) Wesentliche Veränderungen der Risikosituation sind unverzüglich an den Vorstand und die zuständigen Entscheidungsträger zu berichten.

(3) Der Vorstand hat den Aufsichtsrat mindestens vierteljährlich über die Risikosituation in einem Risikobericht schriftlich zu informieren.

(4) Soweit sich im Hinblick auf bereits in vorangegangenen Risikoberichten dargestellte Sachverhalte keine relevanten Änderungen ergeben haben, kann im Rahmen der aktuellen Berichterstattung auf diese Informationen verwiesen werden.

Verantwortungsbereiche

§ 14. (1) Der Risikomanagementprozess und die damit verbundenen Aufgaben, Verantwortlichkeiten sowie Kommunikationswege sind klar zu definieren und aufeinander abzustimmen. Der

Vorstand hat die Verantwortungsbereiche, Vollmachten und Zeichnungsbefugnisse der Mitarbeiter zu regeln und ein entsprechendes Verzeichnis darüber zu führen.

(2) Der Vorstand hat das Risikomanagement-Handbuch sowie jede Änderung zu genehmigen.

(3) Funktionen, die dem Risikomanagement der Veranlagung dienen, sind von durchführenden Funktionen der Vermögensveranlagung organisatorisch zu trennen.

Personal

§ 15. (1) Die quantitative und qualitative Personalausstattung in Hinblick auf das Risikomanagement hat sich insbesondere an den Veranlagungsstrategien sowie an der Risikosituation zu orientieren.

(2) Die Pensionskasse hat einen verantwortlichen Risikomanager und Stellvertreter zu bestellen, deren Aufgaben die Koordinierung des Risikomanagements und die Risikoberichterstattung sind.

(3) Die Personen, die mit dem Risikomanagement betraut sind, müssen abhängig von ihren Aufgaben, Kompetenzen und Verantwortlichkeiten über die erforderlichen Kenntnisse und Qualifikationen im Risikomanagement verfügen.

(4) Durch geeignete Aus- und Weiterbildungsmaßnahmen ist zu gewährleisten, dass das Qualifikationsniveau der Mitarbeiter dem aktuellen Stand der Technik und Wissenschaft entspricht. Diese Maßnahmen sind zu dokumentieren.

(5) Die Pensionskasse hat dafür Sorge zu tragen, dass die Abwesenheit oder das Ausscheiden von Mitarbeitern nicht zu nachhaltigen Störungen im Risikomanagementprozess führt.

Auslagerung der Aufgaben des Risikomanagements

§ 16. (1) Die Pensionskasse kann die Aufgaben des Risikomanagements auslagern.

(2) Die Auslagerung von Tätigkeiten des Risikomanagements darf nur auf Grundlage eines schriftlichen Ausgliederungsvertrages erfolgen, der die Einhaltung der aufsichtsrechtlichen Vorschriften, insbesondere des § 25 PKG und dieser Verordnung, gewährleistet. Sie ist der FMA unter Vorlage des Vertrages unverzüglich anzuzeigen.

(3) Die Pensionskasse muss über ein effektives, unmittelbares Einsichts- und Weisungsrecht gegenüber denjenigen verfügen, an die Aufgaben des Risikomanagements ausgelagert werden. Umfassende Prüfungs- und Einsichtsmöglichkeit in alle Geschäftsunterlagen dieses externen Risikomanagements müssen für die FMA und den Abschlussprüfer sichergestellt werden; ebenso ist zu gewährleisten, dass die FMA ihre Aufsichtsbefugnisse, insbesondere nach 33 PKG, auch gegenüber diejenigen treffen kann, an die Aufgaben des Risikomanagements ausgelagert werden.

(4) Die Pensionskasse hat einen internen Beauftragten zu bestellen, der die ordnungsgemäße Durchführung des ausgelagerten Risikomanagements sicherzustellen hat.

Nachweis der Pensionskasse, dass das Risikomanagement dieser Verordnung entspricht

§ 17. (1) Den Nachweis, dass die Anforderungen dieser Verordnung erfüllt sind, hat die Pensionskasse der FMA pro Veranlagungsund Risikogemeinschaft durch Vorlage eines den Anforderungen der Verordnung entsprechenden Risikomanagement-Handbuchs zu erbringen.

(2) Der Nachweis gilt als erbracht, wenn die FMA nicht innerhalb von drei Monaten nach der Vorlage Einwände gegen das vorgelegte Risikomanagement-Handbuch erhebt.

(3) Die Pensionskasse hat der FMA jährlich innerhalb von sechs Monaten nach Ende des Geschäftsjahres allfällige Änderungen des Risikomanagement- Handbuchs anzuzeigen und eine Erklärung zu den Änderungen des Risikomanagementprozesses, insbesondere der verwendeten Risikomodelle, vorzulegen.

23/8. PKG-VO
InfoV-PK

Informationspflichtenverordnung Pensionskassen

BGBl II 2012/424 idF

1 BGBl II 2013/347

STICHWORTVERZEICHNIS

Anwartschaftsberechtigter
- Information vor Wechsel bei aufrechtem Arbeitsverhältnis in eine betriebliche Kollektivversicherung 8 (1) (3)
- Information vor Wechsel in eine andere VRG oder Sub-VRG 5 (1) – (3)
- Information vor Wechsel in eine Sicherheits-VG 6 (1) – (4)
- jährliche Kontonachricht 2

Begriffsbestimmungen 1
Berichtsjahr 1 Z 2
Betriebliche Kollektivversicherung
- Information vor Wechsel bei aufrechtem Arbeitsverhältnis in eine 8
- Information vor Wechsel im Leistungsfall in eine 7
- Mindestertragsgarantie 7 (2)
- Prognose der künftigen Entwicklung 7 (1) Z 4, 7 (3)

Gliederung 11

Hinterbliebene
- Information bei Eintritt des Leistungsfalles 4 (1) Z 5
- Information vor Wechsel in eine andere VRG oder Sub-VG 5 (1) (2)
- Information vor Wechsel in eine Sicherheits-VRG 6 (1) (5)

Information
- bei Eintritt des Leistungsfalles 4
- vor Wechsel bei aufrechtem Arbeitsverhältnis in eine betriebliche Kollektivversicherung 8
- vor Wechsel bei aufrechtem Arbeitsverhältnis in eine Pensionskasse 10
- vor Wechsel im Leistungsfall in eine betriebliche Kollektivversicherung 7
- vor Wechsel im Leistungsfall in eine Pensionskasse 9
- vor Wechsel in eine andere VRG oder Sub-VG 5
- vor Wechsel in eine Sicherheits-VRG 6
Inkrafttreten 12

Kontonachricht, jährliche 1 Z 1
- an die Anwartschaftsberechtigten 2
- – Beiträge 2 (1) Z 7, 2 (2)
- – Inhalt 2 (1)
- – Mindestertragsgarantie 2 (1) Z 18
- – Prognose über die voraussichtliche Höhe der Versicherungsleistung 2 (1) Z 14, 2 (3)
- – Übertragungen 2 (1) Z 8, 2 (2)
- – Unbeschränkte Nachschusspflicht des Arbeitgebers 2 (4)
- – Veranlagungsrisiko 2 (5)
- – Vergangenheitsbezogene Darstellungen 2 (6)
- – Verwaltungskosten 2 (1) Z 12
- an die Leistungsberechtigten 3
- – Mindestertragsgarantie 3 (1) Z 18
- – Unbeschränkte Nachschusspflicht des Arbeitgebers 3 (2)
- – Veranlagungsrisiko 3 (3)
- – Vergangenheitsbezogene Darstellungen 3 (4)
- – Verwaltungskosten 3 (1) Z 13

Leistungsfall, Information bei Eintritt 4

Parameter, relevante 1 Z 6, 2 (1) Z 17, 3 (1) Z 17
Pensionskasse
- Information vor Wechsel im Leistungsfall in eine 9
- Mindestertragsgarantie 9 (2), 10 (2)

Sicherheits-VRG 1 Z 5
- Information vor Wechsel in eine 6
- Veranlagungsrisiko 6 (2)
Subveranlagungsgemeinschaft Sub-VG 1 Z 4
- Information vor Wechsel in eine andere 5
- Mindestertragsgarantie 5
- Unbeschränkte Nachschusspflicht des Arbeitgebers 5 (2)

Veranlagungs- und Risikogemeinschaft VRG 1 Z 3
- Information vor Wechsel in eine andere 5
- Mindestertragsgarantie 5 (2)
- Unbeschränkte Nachschusspflicht des Arbeitgebers 5 (2)

23/8. PKG-VO
InfoV-PK

Verordnung der Finanzmarktaufsichtsbehörde (FMA) über Inhalt und Gliederung der Information einer Pensionskasse an Anwartschaftsberechtigte, Leistungsberechtigte, Hinterbliebene oder Versicherte (Informationspflichtenverordnung Pensionskassen – InfoV-PK)

Auf Grund des § 19 Abs. 6 und des § 19b Abs. 3 des Pensionskassengesetzes – PKG, BGBl. Nr. 281/1990, zuletzt geändert durch das Bundesgesetz BGBl. I Nr. 54/2012, wird verordnet:

Begriffsbestimmungen

§ 1. Im Sinne dieser Verordnung gelten folgende Begriffsbestimmungen:
1. Jährliche Kontonachricht: die von einer Pensionskasse gemäß § 19 Abs. 3 PKG an Anwartschaftsberechtigte oder gemäß § 19 Abs. 4 PKG an Leistungsberechtigte jährlich zu übermittelnde Information;
2. Berichtsjahr: das Jahr, auf das sich die jährliche Kontonachricht bezieht;
3. VRG: Veranlagungs- und Risikogemeinschaft gemäß § 12 Abs. 1 PKG;
4. Sub-VG: Subveranlagungsgemeinschaft gemäß § 12 Abs. 6 PKG;
5. Sicherheits-VRG: VRG gemäß § 12a Abs. 1 PKG;
6. relevante Parameter: die verwendeten Rechnungszinssätze und rechnungsmäßigen Überschüsse, die verwendete Sterbetafel mitsamt allfälligen Änderungen, die individuelle oder kollektive Berechnungsmethode für die Hinterbliebenenvorsorge, die individuelle oder globale Führung der Schwankungsrückstellung sowie das Verhältnis der Schwankungsrückstellung zur Deckungsrückstellung.

Jährliche Kontonachricht an die Anwartschaftsberechtigten

§ 2. (1) Die jährliche Kontonachricht an die Anwartschaftsberechtigten hat insbesondere Folgendes zu enthalten:
1. Unbeschadet anderer Offenlegungspflichten Firma, Anschrift, Sitz, Telefon- und Telefaxnummer sowie Internet- und E-Mail-Adresse der Pensionskasse sowie einer etwaigen Niederlassung;
2. Name, Anschrift und Rechtsform des (ehemaligen) Arbeitgebers, mit dem der Pensionskassenvertrag abgeschlossen wurde;
3. Stichtag, auf den sich die Information bezieht;
4. Name, Geschlecht und Geburtsdatum des Anwartschaftsberechtigten;
5. Bezeichnung der relevanten VRG, Sub-VG oder Sicherheits-VRG;
6. Bezeichnung des Pensionskontos des Anwartschaftsberechtigten, sofern eine eigene Bezeichnung vorhanden ist;
7. im Berichtsjahr eingegangene Beiträge aufgegliedert nach Arbeitgeberbeiträgen, Arbeitnehmerbeiträgen gemäß § 108a Einkommensteuergesetz 1988 (EStG 1988) und sonstigen Arbeitnehmerbeiträgen;
8. im Berichtsjahr eingegangene Übertragungen aufgegliedert nach
   a) Übertragungen aus Arbeitgeberbeiträgen,
   b) Übertragungen aus Arbeitnehmerbeiträgen gemäß § 108a EStG 1988, § 108i Abs. 1 Z 3 lit. c EStG 1988 und § 17 Abs. 1 Z 4 lit. b Betriebliches Mitarbeiter- und Selbständigenvorsorgegesetz (BMSVG) sowie
   c) Übertragungen aus sonstigen Arbeitnehmerbeiträgen;
9. im Berichtsjahr gutgeschriebene Prämie für Arbeitnehmerbeiträge gemäß § 108a EStG 1988;
10. Höhe des Arbeitnehmerbeitrages, für den eine Prämie gemäß § 108a EStG 1988 beantragt wurde;
11. Kapitalstand der Pensionskassenzusage anhand der Deckungsrückstellung;
12. Betrag der im Berichtsjahr einbehaltenen Verwaltungskosten gemäß § 16a Abs. 1 bis 4a PKG, wobei die Angabe der Verwaltungskosten gemäß § 16a Abs. 4 PKG als Prozentsatz der relevanten Bemessungsgrundlage erfolgen kann;
13. erworbene Ansprüche auf Alterspension, Invaliditätspension und Leistungen für Hinterbliebene;
14. Prognose über die voraussichtliche Höhe der Versorgungsleistungen;
15. Risikopotential und Struktur des Anlageportfolios einschließlich des Hinweises, dass sich die Aufteilung des Vermögens auf verschiedene Anlageklassen, abhängig von der aktuellen Entwicklung des Veranlagungsrisikos, der Beitragsstruktur und der Zahlungsverpflichtungen, ändern kann;
16. durchschnittliche jährliche Wertentwicklung des VRG-Vermögens bezogen auf das Berichtsjahr, sofern verfügbar die letzten drei Jahre und die letzten fünf Jahre sowie ein geeignetes Risikomaß auf der Basis der Wertentwicklung in den letzten fünf Jahren, wobei im Falle einer VRG-Zusammenlegung die jeweiligen Werte der relevanten VRGen zu berücksichtigen sind;
17. für die Pensionskassenzusage relevante Parameter des Geschäftsplanes;
18. Hinweis auf das Bestehen einer Mindestertragsgarantie gemäß § 2 Abs. 2 bis 4 PKG einschließlich des Hinweises, dass es trotz vorhandener Garantie zu Kürzungen der Deckungsrückstel-

lung und somit der Pensionsleistung kommen kann.

(2) Die Beiträge und Übertragungen gemäß Abs. 1 Z 7 und 8 sind einschließlich Verwaltungskosten und gegebenenfalls Versicherungssteuer anzugeben.

(3) Durch die Prognose gemäß Abs. 1 Z 14 ist dem Anwartschaftsberechtigten auf Basis der bisher erworbenen Anwartschaft unter Annahme des Gleichbleibens der zuletzt geleisteten Beiträge des Arbeitgebers und des Anwartschaftsberechtigten ein möglichst realistisches Bild der zu erwartenden Pensionsleistung zum kalkulatorischen Pensionsalter entsprechend der Pensionskassenzusage zu geben. Dabei sind die relevanten Parameter der jeweiligen VRG, Sub-VG oder Sicherheits-VRG zu berücksichtigen. Ist der Pensionskasse im Zeitpunkt der Erstellung der Prognose eine wesentliche (zukünftige) Änderung der Beiträge des Arbeitgebers und des Anwartschaftsberechtigten bekannt, kann sie die geänderten Beiträge zur Herstellung der Prognose heranziehen, wobei die Gründe für die geänderte Annahme darzulegen sind. Der Berechnung sind

1. der jeweilige Rechnungszins für die Entwicklung der Deckungsrückstellung sowie

2. eine Ertragsentwicklung

a) mit einem Nullzinsszenario,

b) mit einem Zinsszenario in Höhe des jeweiligen Rechnungszinses,

c) sofern niedriger als nach lit. b, mit einem Zinsszenario in Höhe des zum Zeitpunkt der Information geltenden höchstzulässigen Prozentsatzes für den Rechnungszins und

d) sofern eine Angabe nach lit. c entfällt, mit einem Zinsszenario in Höhe des jeweiligen rechnungsmäßigen Überschusses

zu Grunde legen.

(4) Die Angaben gemäß Abs. 1 Z 15 bis 18 können entfallen, wenn es sich bei der Pensionskassenzusage um eine Leistungszusage mit unbeschränkter Nachschusspflicht des Arbeitgebers handelt. Abweichend zu Abs. 3 ist im Falle einer leistungsorientierten Zusage mit unbeschränkter Nachschusspflicht des Arbeitgebers eine Prognose der zu erwartenden Höhe der Pensionsleistung zu geben.

(5) Bei beitragsorientierten Zusagen ist darauf hinzuweisen, dass der Anwartschaftsberechtigte das Veranlagungsrisiko trägt. Des Weiteren ist ausdrücklich auf die Möglichkeit des Eintretens von Verlusten beim veranlagten Vermögen hinzuweisen. Bei der Veranlagung von eigenen Beträgen des Anwartschaftsberechtigten haben diese Hinweise jedenfalls zu erfolgen.

(6) Bei vergangenheitsbezogenen Darstellungen ist auch darauf hinzuweisen, dass bei der Wertentwicklung der Veranlagung nicht von gleichbleibenden Wertsteigerungen ausgegangen werden kann, da sie aufgrund der Veranlagung am Kapitalmarkt in aller Regel Schwankungen unterworfen ist. Ebenso ist darauf hinzuweisen, dass sich die Angaben über die Wertentwicklung der Veranlagung auf vergangene Werte beziehen und die Wertentwicklung in der Vergangenheit keine verlässlichen Rückschlüsse auf die zukünftige Wertentwicklung der Veranlagung zulässt.

Jährliche Kontonachricht an die Leistungsberechtigten

§ 3. (1) Die jährliche Kontonachricht an die Leistungsberechtigten hat insbesondere Folgendes zu enthalten:

1. Unbeschadet anderer Offenlegungspflichten Firma, Anschrift, Sitz, Telefon- und Telefaxnummer sowie Internet- und E-Mail-Adresse der Pensionskasse sowie einer etwaigen Niederlassung;

2. Name, Anschrift und Rechtsform des (ehemaligen) Arbeitgebers, mit dem der Pensionskassenvertrag abgeschlossen wurde;

3. Stichtag, auf den sich die Information bezieht;

4. Name, Geschlecht, Sozialversicherungsnummer und Geburtsdatum des Leistungsberechtigten;

5. Name, Geschlecht und Geburtsdatum etwaiger in die Versorgungsleistungen miteinbezogener Personen, sofern im Pensionskassenvertrag die Hinterbliebenenvorsorge auf individueller Basis vorgesehen ist, einschließlich des Hinweises, dass die Nichtnennung von Ehepartnern, Lebensgefährten oder Kindern zu einer eingeschränkten Hinterbliebenenleistung führen kann;

6. Bezeichnung der relevanten VRG, Sub-VG oder Sicherheits-VRG;

7. Bezeichnung des Pensionskontos des Leistungsberechtigten, sofern eine eigene Bezeichnung vorhanden ist;

8. Art der Pensionsleistung;

9. Bruttopensionshöhe aufgegliedert nach ihrer steuerlichen Relevanz

a) in Pensionsleistungen aus Arbeitgeberbeiträgen,

b) Pensionsleistungen aus Arbeitnehmerbeiträgen gemäß § 108a EStG 1988, § 108i Abs. 1 Z 3 lit. c EStG und § 17 Abs. 1 Z 4 lit. b BMSVG sowie

c) Pensionsleistungen aus sonstigen Arbeitnehmerbeiträgen;

10. gegebenenfalls Höhe von garantierten Pensionsleistungen gemäß § 12a Abs. 1 Z 2 PKG;

11. gegebenenfalls Höhe der Gutschrift gemäß § 2 Abs. 2 und 3 PKG;

12. Kapitalstand der Pensionskassenzusage anhand der Deckungsrückstellung;

13. Betrag der im Berichtsjahr einbehaltenen Verwaltungskosten gemäß § 16a Abs. 1, 4 und 4a PKG, wobei die Angabe der Verwaltungskosten gem. § 16a Abs. 4 PKG als Prozentsatz der relevanten Bemessungsgrundlage erfolgen kann;

14. gegebenenfalls im nächsten Geschäftsjahr auszuzahlender Zuschuss zur Pension gemäß § 16a Abs. 4b Z 3 PKG;

15. Risikopotential und Struktur des Anlageportfolios einschließlich des Hinweises, dass sich die Aufteilung des Vermögens auf verschiedene Anlageklassen, abhängig von der aktuellen Entwicklung des Veranlagungsrisikos, der Beitragsstruktur und der Zahlungsverpflichtungen, ändern kann;

16. durchschnittliche jährliche Wertentwicklung des VRG-Vermögens bezogen auf das Berichtsjahr, sofern vorfügbar die letzten drei Jahre und die letzten fünf Jahre sowie ein geeignetes Risikomaß auf der Basis der Wertentwicklung in den letzten fünf Jahren, wobei im Falle einer VRG-Zusammenlegung die jeweiligen Werte der relevanten VRGen zu berücksichtigen sind;

17. für die Pensionskassenzusage relevante Parameter des Geschäftsplanes;

18. Hinweis auf das Bestehen einer Mindestertragsgarantie gemäß § 2 Abs. 2 bis 4 PKG einschließlich des Hinweises, dass es trotz vorhandener Garantie zu Kürzungen der Deckungsrückstellung und somit der Pensionsleistung kommen kann.

(2) Die Angaben gemäß Abs. 1 Z 15 bis 18 können entfallen, wenn es sich bei der Pensionskassenzusage um eine Leistungszusage mit unbeschränkter Nachschusspflicht des Arbeitgebers handelt.

(3) Bei beitragsorientierten Zusagen ist darauf hinzuweisen, dass der Leistungsberechtigte das Veranlagungsrisiko trägt. Des Weiteren ist ausdrücklich auf die Möglichkeit des Eintretens von Verlusten beim veranlagten Vermögen hinzuweisen. Bei der Veranlagung von eigenen Beträgen des Leistungsberechtigten haben diese Hinweise jedenfalls zu erfolgen.

(4) Bei vergangenheitsbezogenen Darstellungen ist auch darauf hinzuweisen, dass bei der Wertentwicklung der Veranlagung nicht von gleichbleibenden Wertsteigerungen ausgegangen werden kann, da sie aufgrund der Veranlagung am Kapitalmarkt in aller Regel Schwankungen unterworfen ist. Ebenso ist darauf hinzuweisen, dass sich die Angaben über die Wertentwicklung der Veranlagung auf vergangene Werte beziehen und die Wertentwicklung in der Vergangenheit keine verlässlichen Rückschlüsse auf die zukünftige Wertentwicklung der Veranlagung zulässt.

Information bei Eintritt des Leistungsfalles

§ 4. Die Information an die Leistungsberechtigten bei Eintritt des Leistungsfalles hat insbesondere Folgendes zu enthalten:

1. Unbeschadet anderer Offenlegungspflichten Firma, Anschrift, Sitz, Telefon- und Telefaxnummer sowie Internet- und E-Mail-Adresse der Pensionskasse sowie einer etwaigen Niederlassung;

2. Name, Anschrift und Rechtsform des (ehemaligen) Arbeitgebers mit dem der Pensionskassenvertrag abgeschlossen wurde;

3. Stichtag, auf den sich die Information bezieht;

4. Name, Geschlecht, Sozialversicherungsnummer und Geburtsdatum des Leistungsberechtigten;

5. Name, Geschlecht und Geburtsdatum etwaiger in die Versorgungsleistungen miteinbezogener Personen, sofern im Pensionskassenvertrag die Hinterbliebenenvorsorge auf individueller Basis vorgesehen ist, einschließlich des Hinweises, dass die Nichtnennung von Ehepartnern, Lebensgefährten oder Kindern zu einer eingeschränkten Hinterbliebenenleistung führen kann;

6. Bezeichnung der relevanten VRG, Sub-VG oder Sicherheits-VRG;

7. Bezeichnung des Pensionskontos des Leistungsberechtigten, sofern eine eigene Bezeichnung vorhanden ist;

8. Art der Pensionsleistung und gegebenenfalls Hinweis auf eine Befristung der Pension;

9. Bruttopensionshöhe aufgegliedert nach ihrer steuerlichen Relevanz in

a) Pensionsleistungen aus Arbeitgeberbeiträgen,

b) Pensionsleistungen aus Arbeitnehmerbeiträgen gemäß § 108a EStG 1988, § 108i Abs. 1 Z 3 lit. c EStG und § 17 Abs. 1 Z 4 lit. b BMSVG sowie

c) Pensionsleistungen aus sonstigen Arbeitnehmerbeiträgen;

10. gegebenenfalls Höhe von garantierten Pensionsleistungen gemäß § 12a Abs. 1 Z 2 PKG;

11. gegebenenfalls Höhe der Gutschrift gemäß § 2 Abs. 2 und 3 PKG;

12. Aufrollungsmodalitäten von Pensionszahlungen;

13. gegebenenfalls im nächsten Geschäftsjahr auszuzahlender Zuschuss zur Pension gemäß § 16a Abs. 4b Z 3 PKG;

14. Grundlagen zur geltenden Steuerregelung der Pension, einschließlich der Grundlagen zur gemeinsamen Versteuerung gemäß § 47 Abs. 4 EStG 1988;

15. Zeitpunkt des Beginns der Pensionszahlung;

16. Pensionszahlungsmodalitäten, insbesondere Anzahl der Zahlungen pro Jahr, Auszahlungstermine, Auszahlungsweise sowie Zeitpunkt und Höhe von Sonderzahlungen.

Information zur Wechsel in eine andere VRG oder Sub-VG

§ 5. (1) Die von der Pensionskasse einem Anwartschaftsberechtigten oder einem Hinterbliebenen auf Anfrage vor einem möglichen Wechsel in eine andere VRG oder Sub-VG zu erteilende Information hat Folgendes zu enthalten:

1. voraussichtliche Höhe des Übertragungsbetrages, zusätzlich aufgeteilt in Deckungs- und Schwankungsrückstellung;

2. relevante Parameter des Geschäftsplans der abgebenden VRG, Sub-VG oder Sicherheits-VRG;

3. relevante Parameter des Geschäftsplans der aufnehmenden VRG oder Sub-VG;

4. Veranlagungsstrategie, Ertragschancen und Risiken der aufnehmenden VRG oder Sub-VG;

5. Prognose der künftigen Entwicklung der Anwartschaft und Pensionsleistung, jeweils in der abgebenden VRG, Sub-VG oder Sicherheits-VRG und in der aufnehmenden VRG oder Sub-VG;

6. vorherige Wechselhistorie und verbleibende Wechselmöglichkeiten mitsamt kurzer Erläuterung.

(2) Die Information gemäß Abs. 1 Z 4 hat die Veranlagungsstrategie, die durchschnittliche Ertragserwartung und die Wahrscheinlichkeit einer negativen Ertragsentwicklung zumindest im laufenden und im darauf folgenden Geschäftsjahr zu enthalten. Wenn es sich um keine leistungsorientierte Zusage mit unbeschränkter Nachschusspflicht des Arbeitgebers handelt, ist dem Anwartschaftsberechtigten oder Hinterbliebenen ausdrücklich mitzuteilen, in welchem Ausmaß, gegebenenfalls unter Hinweis und Berücksichtigung einer Mindestertragsgarantie, er das Veranlagungsrisiko trägt. Ebenso ist darauf hinzuweisen, dass bei der Wertentwicklung der Veranlagung nicht von gleichbleibenden Wertsteigerungen ausgegangen werden kann, da sie auf Grund der Veranlagung am Kapitalmarkt in aller Regel Schwankungen unterworfen ist.

(3) Durch die Prognose gemäß Abs. 1 Z 5 ist auf Basis der bisher erworbenen Anwartschaft unter Annahme des Gleichbleibens der zuletzt geleisteten Beiträge des Arbeitgebers und des Anwartschaftsberechtigten ein möglichst realistisches Bild der künftigen Entwicklung der Anwartschaft und der zu erwartenden Pensionsleistung zum kalkulatorischen Pensionsalter entsprechend der Pensionskassenzusage zu geben. Dabei sind die relevanten Parameter der abgebenden VRG, Sub-VG oder Sicherheits-VRG und der aufnehmenden VRG oder Sub-VG sowie die Beitragszahlungen des vorangegangenen Geschäftsjahres zu berücksichtigen. Der Berechnung sind

1. der jeweilige Rechnungszins für die Entwicklung der Deckungsrückstellung sowie

2. eine Ertragsentwicklung

a) mit einem Nullzinsszenario,

b) mit einem Zinsszenario in Höhe des jeweiligen Rechnungszinses,

c) sofern niedriger als nach lit. b, mit einem Zinsszenario in Höhe des zum Zeitpunkt der Information geltenden höchstzulässigen Prozentsatzes für den Rechnungszins und

d) sofern eine Angabe nach lit. c entfällt, mit einem Zinsszenario in Höhe des jeweiligen rechnungsmäßigen Überschusses

zu Grunde zu legen. In unmittelbarem Zusammenhang ist eindeutig darauf hinzuweisen, dass die Berechnung der Prognosen ohne Berücksichtigung der Veranlagungsstrategien, Ertragschancen und Risiken der abgebenden VRG, Sub-VG oder Sicherheits-VRG und der aufnehmenden VRG oder Sub-VG durchgeführt wurden. Den Prognosen ist eine vergleichende Gegenüberstellung der Veranlagungsstrategien, Ertragschancen und Risiken der abgebenden VRG, Sub-VG oder Sicherheits-VRG und der aufnehmenden VRG oder Sub-VG anzuschließen.

Information vor Wechsel in eine Sicherheits-VRG

§ 6. (1) Die von der Pensionskasse einem Anwartschaftsberechtigten oder einem Hinterbliebenen auf Anfrage vor einem möglichen Wechsel in eine Sicherheits-VRG zu erteilende Information hat Folgendes zu enthalten:

1. voraussichtliche Höhe des Übertragungsbetrages, zusätzlich aufgeteilt in Deckungs- und Schwankungsrückstellung;

2. relevante Parameter des Geschäftsplans der abgebenden VRG oder Sub-VG;

3. relevante Parameter des Geschäftsplans der aufnehmenden Sicherheits-VRG;

4. Veranlagungsstrategie, Ertragschancen und Risiken der aufnehmenden Sicherheits-VRG;

5. Prognose der künftigen Entwicklung der Anwartschaft und Pensionsleistung, jeweils in der abgebenden VRG oder Sub-VG und in der aufnehmenden Sicherheits-VRG;

6. vorherige Wechselhistorie und verbleibende Wechselmöglichkeiten mitsamt kurzer Erläuterung;

7. voraussichtliche Höhe der ersten garantierten Monatspension;

8. Modalitäten der Valorisierung der garantierten ersten Monatspension;

9. Höhe der Verwaltungskosten gemäß § 16a Abs. 4a PKG;

10. Hinweis auf Verbleib der Leistungsberechtigten in der Sicherheits-VRG bei Kündigung des Pensionskassenvertrages „;" *(BGBl II 2013/347)*

11. gegebenenfalls eine Darstellung der Auswirkungen eines Wechsels aus einer Pensionskassenzusage mit Mindestertragsgarantie. *(BGBl II 2013/347)*

(2) Die Information gemäß Abs. 1 Z 4 hat die Veranlagungsstrategie, die durchschnittliche Ertragserwartung und die Wahrscheinlichkeit einer negativen Ertragsentwicklung zumindest im laufenden und im darauf folgenden Geschäftsjahr zu enthalten. Dem Anwartschaftsberechtigten oder Hinterbliebenen ist ausdrücklich mitzuteilen, in welchem Ausmaß er das Veranlagungsrisiko trägt. Ebenso ist darauf hinzuweisen, dass bei der Wertentwicklung der Veranlagung nicht von gleichbleibenden Wertsteigerungen ausgegangen werden kann, da sie auf Grund der Veranlagung am Kapitalmarkt in aller Regel Schwankungen unterworfen ist.

(3) Durch die Prognose gemäß Abs. 1 Z 5 ist auf Basis der bisher erworbenen Anwartschaft unter Annahme des Gleichbleibens der zuletzt geleisteten Beiträge des Arbeitgebers und des Anwartschaftsberechtigten ein möglichst realistisches Bild der künftigen Entwicklung der Anwartschaft und der zu erwartenden Pensionsleistung zum kalkulatorischen Pensionsalter entsprechend der Pensionskassenzusage zu geben. Dabei sind die relevanten Parameter der abgebenden VRG oder Sub-VG und der aufnehmenden Sicherheits-VRG sowie die Beitragszahlungen des vorangegangenen Geschäftsjahres zu berücksichtigen. Der Berechnung sind

1. der jeweilige Rechnungszins für die Entwicklung der Deckungsrückstellung sowie

2. eine Ertragsentwicklung

a) mit einem Nullzinsszenario,

b) mit einem Zinsszenario in Höhe des jeweiligen Rechnungszinses,

c) sofern niedriger als nach lit. b, mit einem Zinsszenario in Höhe des zum Zeitpunkt der Information geltenden höchstzulässigen Prozentsatzes für den Rechnungszins und

d) sofern eine Angabe nach lit. c entfällt mit einem Zinsszenario in Höhe des jeweiligen rechnungsmäßigen Überschusses

zu Grunde zu legen. In unmittelbarem Zusammenhang ist eindeutig darauf hinzuweisen, dass die Berechnung ohne Berücksichtigung der Veranlagungsstrategien, Ertragschancen und Risiken der abgebenden VRG oder Sub-VG und der aufnehmenden Sicherheits-VRG durchgeführt wurden. Den Prognosen ist eine vergleichende Gegenüberstellung der Veranlagungsstrategien, Ertragschancen und Risiken der abgebenden VRG oder Sub-VG und der aufnehmenden Sicherheits-VRG anzuschließen.

(4) Bei der Information gemäß Abs. 1 Z 6 ist auch darauf hinzuweisen, dass der nächste Wechsel eines Anwartschaftsberechtigten nur in die ehemalige VRG möglich ist.

(5) Im Rahmen der Information gemäß Abs. 1 Z 7 ist auch die voraussichtliche Höhe der garantierten ersten Monatspension im Falle eines Hinterbliebenenübergangs anzugeben und darauf hinzuweisen, dass die laufende Pensionszahlung angepasst werden kann.

Information vor Wechsel im Leistungsfall in eine betriebliche Kollektivversicherung

§ 7. (1) Die von der Pensionskasse einem Anwartschaftsberechtigten oder einem Hinterbliebenen auf Anfrage vor einem möglichen Wechsel im Leistungsfall in eine betriebliche Kollektivversicherung zu erteilende Information hat Folgendes zu enthalten:

1. voraussichtliche Höhe des Unverfallbarkeitsbetrages;

2. relevante Parameter des Geschäftsplans der abgebenden VRG, Sub-VG oder Sicherheits-VRG;

3. Darstellung der systematischen Unterschiede zwischen Pensionskassenzusagen und betrieblichen Kollektivversicherungen;

4. Prognose der künftigen Entwicklung der Pensionsleistung in der abgebenden VRG, Sub-VG oder Sicherheits-VRG;

5. Hinweis auf die Unwiderruflichkeit dieses Wechsels.

(2) Im Rahmen der Information gemäß Abs. 1 Z 3 hat die Pensionskasse darauf hinzuweisen, dass es sich bei Pensionskassenzusagen und betrieblichen Kollektivversicherungen um Pensionsvorsorgeprodukte handelt, bei denen zwar eine weitgehend idente Behandlung in arbeits- und sozialrechtlicher Hinsicht besteht, die sich aber im Hinblick auf Veranlagung, Garantieleistungen und Änderung der verwendeten Rententafeln unterscheiden. Ebenso ist anzuführen, dass bei Pensionskassenzusagen auf Grund des gemeinschaftlichen Tragens von Ertragschancen und Risiken unabhängig von den Garantiemöglichkeiten im Rahmen der Sicherheits-VRG oder einer Mindestertragsgarantie grundsätzlich keine Garantieleistungen vorgesehen sind und die Möglichkeit der Änderung der verwendeten Rententafeln besteht, während bei betrieblichen Kollektivversicherungen grundsätzlich eine garantierte Mindestrente und die Verwendung der bei Einbeziehung in die betriebliche Kollektivversicherung gültigen Rententafeln vorgesehen ist.

(3) Durch die Prognose gemäß Abs. 1 Z 4 ist auf Basis der bisher erworbenen Anwartschaft

23/8. PKG-VO
InfoV-PK

ein möglichst realistisches Bild der künftigen Entwicklung der Pensionsleistung zu geben. Dabei sind die relevanten Parameter der abgebenden VRG, Sub-VG oder Sicherheits-VRG zu berücksichtigen. Der Berechnung sind

1. der Rechnungszins der abgebenden VRG, Sub-VG oder Sicherheits-VRG für die Entwicklung der Deckungsrückstellung sowie
2. eine Ertragsentwicklung
   a) mit einem Nullzinsszenario,
   b) mit einem Zinsszenario in Höhe des Rechnungszinses der abgebenden VRG, Sub-VG oder Sicherheits-VRG,
   c) sofern niedriger als nach lit. b, mit einem Zinsszenario in Höhe des zum Zeitpunkt der Information geltenden höchstzulässigen Prozentsatzes für den Rechnungszins und
   d) sofern eine Angabe nach lit. c entfällt, mit einem Zinsszenario in Höhe des rechnungsmäßigen Überschusses der abgebenden VRG, Sub-VG oder Sicherheits-VRG

zu Grunde zu legen.

Information vor Wechsel bei aufrechtem Arbeitsverhältnis in eine betriebliche Kollektivversicherung

§ 8. (1) Die von der Pensionskasse einem Anwartschaftsberechtigten auf Anfrage vor einem möglichen Wechsel bei aufrechtem Arbeitsverhältnis in eine betriebliche Kollektivversicherung zu erteilende Information hat Folgendes zu enthalten:

1. voraussichtliche Höhe des Unverfallbarkeitsbetrages;
2. relevante Parameter des Geschäftsplans der abgebenden VRG, Sub-VG oder Sicherheits-VRG;
3. Darstellung der systematischen Unterschiede zwischen Pensionskassenzusagen und betrieblichen Kollektivversicherungen;
4. Prognose der künftigen Entwicklung der Anwartschaft und Pensionsleistung in der abgebenden VRG, Sub-VG oder Sicherheits-VRG;
5. Hinweis auf noch bestehende Wechselmöglichkeiten oder Hinweis, dass keine Wechselmöglichkeiten mehr bestehen.

(2) Im Rahmen der Information gemäß Abs. 1 Z 3 hat die Pensionskasse darauf hinzuweisen, dass es sich bei Pensionskassenzusagen und betrieblichen Kollektivversicherungen um Pensionsvorsorgeprodukte handelt, bei denen zwar eine weit gehend idente Behandlung in arbeits- und sozialrechtlicher Hinsicht besteht, die sich aber im Hinblick auf Veranlagung, Garantieleistungen und Änderung der verwendeten Rententafeln unterscheiden. Ebenso ist anzuführen, dass bei Pensionskassenzusagen auf Grund des gemeinschaftlichen Tragens von Ertragschancen und Risiken unabhängig von den Garantiemöglichkeiten im Rahmen der Sicherheits-VRG oder einer Mindestertragsgarantie grundsätzlich keine Garantieleistungen vorgesehen sind und die Möglichkeit der Änderung der verwendeten Rententafeln besteht, während bei betrieblichen Kollektivversicherungen grundsätzlich eine garantierte Mindestrente und die Verwendung der bei Einbeziehung in die betriebliche Kollektivversicherung gültigen Rententafeln vorgesehen ist.

(3) Durch die Prognose gemäß Abs. 1 Z 4 ist dem Anwartschaftsberechtigten auf Basis der bisher erworbenen Anwartschaft unter Annahme des Gleichbleibens der zuletzt geleisteten Beiträge des Arbeitgebers und des Anwartschaftsberechtigten ein möglichst realistisches Bild der künftigen Entwicklung der Anwartschaft und der zu erwartenden Pensionsleistung zum kalkulatorischen Pensionsalter entsprechend der Pensionskassenzusage zu geben. Dabei sind die relevanten Parameter der abgebenden VRG, Sub-VG oder Sicherheits-VRG sowie die Beitragszahlungen des vorangegangenen Geschäftsjahres zu berücksichtigen. Der Berechnung sind

1. Rechnungszins der abgebenden VRG, Sub-VG oder Sicherheits-VRG für die Entwicklung der Deckungsrückstellung sowie
2. eine Ertragsentwicklung
   a) mit einem Nullzinsszenario,
   b) mit einem Zinsszenario in Höhe des Rechnungszinses der abgebenden VRG, Sub-VG oder Sicherheits-VRG,
   c) sofern niedriger als nach lit. b, mit einem Zinsszenario in Höhe des zum Zeitpunkt der Information geltenden höchstzulässigen Prozentsatzes für den Rechnungszins und
   d) sofern eine Angabe nach lit. c entfällt, mit einem Zinsszenario in Höhe des rechnungsmäßigen Überschusses der abgebenden VRG, Sub-VG oder Sicherheits-VRG

zu Grunde zu legen.

Information vor Wechsel im Leistungsfall in eine Pensionskasse

§ 9. (1) Die von der Pensionskasse einem Versicherten auf Anfrage vor einem möglichen Wechsel im Leistungsfall in eine Pensionskasse zu erteilende Information hat Folgendes zu enthalten:

1. relevante Parameter des Geschäftsplans der aufnehmenden VRG, Sub-VG oder Sicherheits-VRG;
2. Darstellung der systematischen Unterschiede zwischen Pensionskassenzusagen und betrieblichen Kollektivversicherungen;

3. Prognose der künftigen Entwicklung der Pensionsleistung in der aufnehmenden VRG, Sub-VG oder Sicherheits-VRG;

4. Hinweis auf die Unwiderruflichkeit dieses Wechsels.

(2) Im Rahmen der Information gemäß Abs. 1 Z 2 hat die Pensionskasse darauf hinzuweisen, dass es sich bei Pensionskassenzusagen und betrieblichen Kollektivversicherungen um Pensionsvorsorgeprodukte handelt, bei denen zwar eine weit gehend idente Behandlung in arbeits- und sozialrechtlicher Hinsicht besteht, die sich aber im Hinblick auf Veranlagung, Garantieleistungen und Änderung der verwendeten Rententafeln unterscheiden. Ebenso ist anzuführen, dass bei Pensionskassenzusagen auf Grund des gemeinschaftlichen Tragens von Ertragschancen und Risiken unabhängig von den Garantiemöglichkeiten im Rahmen der Sicherheits-VRG oder einer Mindestertragsgarantie grundsätzlich keine Garantieleistungen vorgesehen sind und die Möglichkeit der Änderung der verwendeten Rententafeln besteht, während bei betrieblichen Kollektivversicherungen grundsätzlich eine garantierte Mindestrente und die Verwendung der bei Abschluss gültigen Rententafeln vorgesehen ist.

(3) Durch die Prognose gemäß Abs. 1 Z 3 ist auf Basis des im Rahmen der betrieblichen Kollektivversicherung erworbenen Unverfallbarkeitsbetrages ein möglichst realistisches Bild der künftigen Entwicklung der Pensionsleistung zu geben. Dabei sind die relevanten Parameter der aufnehmenden VRG, Sub-VG oder Sicherheits-VRG zu berücksichtigen. Der Berechnung sind

1. der Rechnungszins der aufnehmenden VRG, Sub-VG oder Sicherheits-VRG für die Entwicklung der Schwankungsrückstellung sowie

2. eine Ertragsentwicklung

a) mit einem Nullzinsszenario,

b) mit einem Zinsszenario in Höhe des Rechnungszinses der aufnehmenden VRG, Sub-VG oder Sicherheits-VRG,

c) sofern niedriger als nach lit. b, mit einem Zinsszenario in Höhe des zum Zeitpunkt der Information geltenden höchstzulässigen Prozentsatzes für den Rechnungszins und

d) sofern eine Angabe nach lit. c entfällt, mit einem Zinsszenario in Höhe des rechnungsmäßigen Überschusses der aufnehmenden VRG, Sub-VG oder Sicherheits-VRG

zu Grunde zu legen.

Information vor Wechsel bei aufrechtem Arbeitsverhältnis in eine Pensionskasse

§ 10. (1) Die von der Pensionskasse einem Versicherten auf Anfrage vor einem möglichen Wechsel bei aufrechtem Arbeitsverhältnis in eine Pensionskasse zu erteilende Information hat Folgendes zu enthalten:

1. relevante Parameter des Geschäftsplans der aufnehmenden VRG, Sub-VG oder Sicherheits-VRG;

2. Darstellung der systematischen Unterschiede zwischen Pensionskassenzusagen und betrieblichen Kollektivversicherungen;

3. Prognose der künftigen Entwicklung der Anwartschaft und Pensionsleistung;

4. Hinweis auf noch bestehende Wechselmöglichkeiten oder Hinweis, dass keine Wechselmöglichkeiten mehr bestehen.

(2) Im Rahmen der Information gemäß Abs. 1 Z 2 hat die Pensionskasse darauf hinzuweisen, dass es sich bei Pensionskassenzusagen und betrieblichen Kollektivversicherungen um Pensionsvorsorgeprodukte handelt, bei denen zwar eine weit gehend idente Behandlung in arbeits- und sozialrechtlicher Hinsicht besteht, die sich aber im Hinblick auf Veranlagung, Garantieleistungen und Änderung der verwendeten Rententafeln unterscheiden. Ebenso ist anzuführen, dass bei Pensionskassenzusagen auf Grund des gemeinschaftlichen Tragens von Ertragschancen und Risiken unabhängig von den Garantiemöglichkeiten im Rahmen der Sicherheits-VRG oder einer Mindestertragsgarantie grundsätzlich keine Garantieleistungen vorgesehen sind und die Möglichkeit der Änderung der verwendeten Rententafeln besteht, während bei betrieblichen Kollektivversicherungen grundsätzlich eine garantierte Mindestrente und die Verwendung der bei Einbeziehung in die betriebliche Kollektivversicherung gültigen Rententafeln vorgesehen ist.

(3) Durch die Prognose gemäß Abs. 1 Z 3 ist auf Basis des im Rahmen der betrieblichen Kollektivversicherung erworbenen Unverfallbarkeitsbetrages unter Annahme des Gleichbleibens der zuletzt geleisteten Prämien des Arbeitgebers und des Versicherten ein möglichst realistisches Bild der künftigen Entwicklung der Anwartschaft und der zu erwartenden Pensionsleistung zum kalkulatorischen Pensionsalter entsprechend der Pensionskassenzusage zu geben. Dabei sind die relevanten Parameter der aufnehmenden VRG, Sub-VG oder Sicherheits-VRG sowie die Prämienzahlungen des vorangegangenen Geschäftsjahres zu berücksichtigen. Der Berechnung sind

1. der Rechnungszins der aufnehmenden VRG, Sub-VG oder Sicherheits-VRG für die Deckungsrückstellung sowie

2. eine Ertragsentwicklung

a) mit einem Nullzinsszenario,

b) mit einem Zinsszenario in Höhe des Rechnungszinses der aufnehmenden VRG, Sub-VG oder Sicherheits-VRG,

c) sofern niedriger als nach lit. b, mit einem Zinsszenario in Höhe des zum Zeitpunkt der In-

23/8. PKG-VO
InfoV-PK

formation geltenden höchstzulässigen Prozentsatzes für den Rechnungszins und

d) sofern eine Angabe nach lit. c entfällt, mit einem Zinsszenario in Höhe des rechnungsmäßigen Überschusses der aufnehmenden VRG, Sub-VG oder Sicherheits-VRG zu Grunde zu legen.

Gliederung

§ 11. Die Informationen gemäß den §§ 5 bis 10 sind in der in § 5 Abs. 1, § 6 Abs. 1, § 7 Abs. 1, § 8 Abs. 1, § 9 Abs. 1 und § 10 Abs. 1 vorgesehenen Reihenfolge zu gliedern.

Inkrafttreten

§ 12. Diese Verordnung tritt mit 1. Jänner 2013 in Kraft. § 2 und § 3 sind erstmals auf jährliche Kontonachrichten zum Stichtag 31. Dezember 2013 anzuwenden. § 4 ist erstmals auf Informationen anzuwenden, die bei Eintritt des Leistungsfalles ab dem 1. Jänner 2014 erteilt werden.

23/9. PKG-VO

ZZV

Zusätzliche Zuweisung zur Schwankungsrückstellung

BGBl II 2012/453

Verordnung der Finanzmarktaufsichtsbehörde (FMA) über die zusätzliche Zuweisung zur Schwankungsrückstellung (ZZV)

Auf Grund des § 24a Abs. 3 des Pensionskassengesetzes – PKG, BGBl. Nr. 281/1990, zuletzt geändert durch das Bundesgesetz BGBl. I Nr. 54/2012, wird verordnet:

Allgemeine Bestimmungen

§ 1. Die zusätzliche Zuweisung zur Schwankungsrückstellung gemäß § 24a Abs. 3 PKG hat unter Berücksichtigung der in der jeweiligen Veranlagungs- und Risikogemeinschaft (VRG) verwalteten Pensionskassenzusagen zu erfolgen.

§ 2. Bei einer zusätzlichen Zuweisung zur Schwankungsrückstellung darf der Rechnungszins nicht unterschritten werden.

Gleichmäßige Pensionsanpassung für Leistungsberechtigte

§ 3. Das Ausmaß der zusätzlichen Zuweisung zur Schwankungsrückstellung hat die in der Vergangenheit erfolgten Pensionsveränderungen zu berücksichtigen.

Gleichmäßige Ertragszuteilung für Anwartschaftsberechtigte

§ 4. Das Ausmaß der zusätzlichen Zuweisung zur Schwankungsrückstellung hat die in der Vergangenheit erfolgten Ergebniszuteilungen zu berücksichtigen.

Höhe von Rechnungszins und rechnungsmäßigem Überschuss

§ 5. Das Ausmaß der zusätzlichen Zuweisung zur Schwankungsrückstellung hat die positive Korrelation mit der Höhe des Rechnungszinses und des rechnungsmäßigen Überschusses zu berücksichtigen.

Besonderheiten der Sicherheits-VRG

§ 6. Bei einer Sicherheits-VRG gemäß § 12a PKG ist bei der zusätzlichen Zuweisung zur Schwankungsrückstellung und bei der Ermittlung des Ausmaßes die Volatilität des versicherungstechnischen Ergebnisses besonders zu berücksichtigen.

Ausmaß der Schwankungsrückstellung

§ 7. Das Ausmaß der zusätzlichen Zuweisung zur Schwankungsrückstellung hat die negative Korrelation mit der Höhe der vorhandenen Schwankungsrückstellung zu berücksichtigen.

Kapitalmarktsituation

§ 8. Das Ausmaß der zusätzlichen Zuweisung zur Schwankungsrückstellung hat die positive Korrelation mit der Höhe und Wahrscheinlichkeit zukünftig erwarteter Mindererträge zu berücksichtigen.

Inkrafttreten

§ 9. Diese Verordnung tritt mit 1. Jänner 2013 in Kraft.

KODEX STRAFRECHT

DES ÖSTERREICHISCHEN RECHTS
SAMMLUNG DER ÖSTERREICHISCHEN BUNDESGESETZE

1	StGB
2	JGG
3	MilStG
4	FinStrG
	MedienG
	PornoG
5	SMG
	VerbotsG
	WaffG
6	Sonstige
	StPO
7	GRBG
	ZustellG
	B-VG
	MRK
	StGG
8	PersFrG
	HausRG
	Anti-Folter-Konv
	PaktBürgR
9	OGHG
10	GSchG
11	StAG
12	SDG
13	EidfG
	AmtssprV
14	StVG
15	BewHilfe
16	StRegG
17	TilgG
18	SPG
	PolKG
19	StEG
20	VOG
21	WaffGebrG
22	ARHG
23	Int Abk
24	ZusIntGer
25	EGVG
	Anhang

LexisNexis
ARD Orac

KODEX GERICHTSORGANISATION

DES ÖSTERREICHISCHEN RECHTS
SAMMLUNG DER ÖSTERREICHISCHEN BUNDESGESETZE

1	GOG
1.2	Einrichtung
	KartellG
2	Auflassung
	NÖ/mlandBG
3	Sprengel
4	OGHG
5	Geo
6	Sonstige
	AuskPflG
7	DSV BMJ
	Apostille
8.1	EuU VerfHilfe
	EinziehungsG
9	SDG
10	Strafverfahren
11	Strafvollzug
12	GerichtsGeb
13	GEG
	VWGebG
14.2	GebAG
	AufwandsEG
15	RDG
16.1	StAG
	DV-StAG
17	RpflG
18.1	RPG
	RHöE
	RAO
	EuRAG
19.3	DSt
	RL-BA
	AusbildungsRL
	RAPG
	NO
20.2	GKoärG
	NPG
21	BARG

LexisNexis
ARD Orac

KODEX VERSICHERUNGSRECHT

DES ÖSTERREICHISCHEN RECHTS
SAMMLUNG DER ÖSTERREICHISCHEN BUNDESGESETZE

1	VersVG
2	ABGB §§ 1288 ff
	PHG
	AUSp (SVSBVS)
3	EWR-VersVG
4	KFG
	ZusiV
	EKHG
5	KHVG
	Bedingungen
6	KHV Euro-Üb
	Abk Ö – Schweiz
7	BG erweit Schutz der Verkehrsopfer Vertrag Ö – Schweiz
8	LuftFG
	BGzLV
	FlUG
9	GewO
	RSV
10	RAO
	EuRAG
	NO
	WTBG
11	Übersicht sonst Haftpflichtvers Bund
12	Übersicht Haftpflichtvers Länder
13	VAG
	VAG-Nov 1982
	VAG-Nov 1986
	+ VOen
14	BAG + VOen
15	GewO + VOen
15a	Univ. Lehrgang Vers. Kaufmann
16	Makler G
	AGB-VersMakler
17	Hagelvers-FöG
18	Tiervers-FöG
19	Kapitalvers-FöG
20	Waldbrauchvers-Fö
	ForstG + VO
21	VersStG + VO
22	FeuerschStG + VO
23	PKG + VOen
24	BPG
25	EU-VOen

LexisNexis
ARD Orac

KODEX BANKEN- UND BÖRSERECHT

DES ÖSTERREICHISCHEN RECHTS
SAMMLUNG DER ÖSTERREICHISCHEN BUNDESGESETZE

1	BWG
	MindestkuhrhornVO
	LiquiditätsVO
	GroßveranlagungsVO
	VO bankaufsichtl. Prüfungsberichte Beaverauenttragung VO
	MelleVO
	4. LiquiditätsVO
	Quintenrisiko VO 2008
	2. Quartalsberichts VO
	4. Monatsausweis VO
	VEs-VK14-VO
	VEA-Konzern-VO
2	SpG
3	BSpG
	BSpG-VO
4	PSK-G
	PSK-AG
5	HypBG
	PfandbriefG
	HypBG-EinzV O
	2. PfandbriefVO
5a	ÜberweisungsG
5b	FinalitätsG
5c	E-GeldG
6	NBG
	EU-VOen
	EZB-VOen
7	DevG
	Kundmachungen EU-VOen
8a	1. Euro-JubG-vo
8b	1. Euro-FinBeG
8c	EU-VOen - Euro
	1ZB-Beschluß
9	EuroG
	SchMG
10	Prämien-sparfördG
11	DepG
12	InvFG + VOen
13	BeteilFG + vo
14	WechselG
15	ScheckG
16	KEG + vo
17	KMG
18	BörseG + vo
18a	BörsefondsG
18b	Börsefondsüberleitungs G
19a	FMAG
19b	WAG + VOen
20	AGB-BezügeschAkte
	AGB-Scheck
	AGB-GAA

LexisNexis
ARD Orac

24. BPG

Stichwortverzeichnis

Betriebspensionsgesetz

BGBl 1990/282 idF

1 BGBl 1993/335
2 BGBl 1993/532
3 BGBl 1996/754
4 BGBl I 1997/139
5 BGBl I 2002/51
6 BGBl I 2005/8
7 BGBl I 2008/82
8 BGBl I 2009/22
9 BGBl I 2010/29 (IRÄG 2010)
10 BGBl I 2010/58 (IRÄ-BG)
11 BGBl I 2012/54
12 BGBl I 2013/67 (SRÄG 2013)
13 BGBl I 2013/138
14 BGBl I 2015/34

STICHWORTVERZEICHNIS

Abfindung 5 (4), 6c (4), 7 (6), 8 (5), 13 (3)
Abtretung 4
Allgemeines Sozialversicherungsgesetz 1 (5), 16a (3)
– Wertanpassung 10
Alterspension, vorzeitige 16a (1) Z 1 - 2, 16a (2)
Altersversorgung 1 (1)
– Unverfallbarkeit 5 (1)
Altersversorgungseinrichtung, ausländische 5 (2) Z 4
Anrechnungsverbot 16 - 16a
Anwartschaft 5 (1)
– beitragsfreie 5 (3), 6 (3) Z 1
– Erhaltung 8 (2)
– künftige 8
– Übertragung 5 (2) Z 2 - 4, 6 (3) Z 1, 7 (3) Z 1 - 3
– Umwandlung 5 (2) Z 1
Anwartschaftsumwandlung, automatische 5 (3), 6 (4)
Arbeitgeberkündigung, Voraussetzungen 3 (1) Z 3
Arbeitsverhältnis, beendetes 5 (2), 7 (3)
Arbeitsverhältnisbeendigung, Unverfallbarkeit 5 (1) (2)
Auflösungsvoraussetzungen 3 (1) Z 3
Auskunftspflicht 17
Aussetzung
– Beitragsleistung 6 (6) (7)
– Prämienzahlung 14 (4) (5)
Auszehrungsverbot 16 - 16 a

Beitragsanpassung 3 (1) Z 2
Beitragshöhe 3 (1) Z 2
Beitragsleistung
– Arbeitnehmer 3 (4)
– Einschränkung 6 (6)
– variable, zu Grunde liegende betriebliche Kennzahl 3 (1) Z 2a, 6a (1) Z 2a
Betriebsrat
– Einstellung 6 (1), 8 (6) Z 3
– mangelnde Vertretung 3 (2)
Betriebsvereinbarung 3 (1 - 2), 6 (6) Z 1
– Einstellung 6 (1)
Bezugsberechtigung, Änderung 12 (1)

Einschränkung
– Beitragsleistung 6 (6)
– Leistung 9
Einstellung, Aussetzung, Einschränkung 6, 8, 14
Entlassung 7 (1) Z 1
Exekution 11 (2)
Exekutionsbeschränkung 4, 6b

Fortsetzung mit eigenen Beiträgen 5 (2) Z 5, 6 (3) Z 3, 13 (1) Z 4, 14 (1) Z 2
Fortsetzung, Lebensversicherung 13 (1) Z 4, 14 (1) Z 2

Geltungsbereich 1
Geschlechtliche Gleichbehandlung 20 (3)
Gleichbehandlungsgebot 18
Gleitpension 16a
Gruppenrentenversicherung 5 (2) Z 2, 7 (3) Z 1, 13 (1) Z 2

Hilfskasse 1 (4), 15
Hinterbliebenenversorgung 1 (1)
– Unverfallbarkeit 5 (1)

Inkrafttreten 20 (1) (4), Artikel VI
Insolvenz 11
– Ordnung IO 11 (1)
– Verfahren 7 (6a), 11 (1)
Invaliditätspension 16a (1) Z 2
Invaliditätsversorgung 1 (1)

Karenz 3 (4), 6a (4)
Kollektivversicherung, betriebliche 2 Z 1, 5 (2) Z 2, 5 (5), 7 (3) Z 1, 13 (1) Z 2
– Voraussetzungen für den Abschluss 6a
– Wechsel im aufrechten Arbeitsverhältnis 5a
Kündigung 7 (1) Z 1

Landarbeitergesetz 1 (3) Z 1
landwirtschaftliche Arbeiter 1 (3) Z 1
Lebensversicherung 12 - 14
Lebensversicherungsprämien 2 Z 3
Leistungseinschränkung 9
Leistungserfüllung, automatische 7 (5)
Leistungsrecht 3 (1) Z 2, 6a (1) Z 2
Leistungszusage, direkte 2 Z 2
– Übertragung 3 (3), 5 (2) Z 3
Leistungszusagen 1 (1) (3)
– Arten 2

24. BPG
Stichwortverzeichnis, § 1

– unmittelbar zu erfüllende 1 (3) Z 3
Mitwirkung an Verwaltung 3 (1) Z 1
Nationalbankgesetz 1 (5)
Pensionskasse
– betriebliche 1 (2) Z 2
– Errichtung, Beitritt, Auflösung 3
– überbetriebliche 1 (2) Z 2
– Übertragung der Anwartschaft 5 (2) Z 2

Übertragung des Unverfallbarkeitsbetrages 5 (2a), 6c (2) Z 2 Z 2a
– Umwandlung in beitragsfreie Anwartschaft 6 (3) Z 1

Wechsel 5a (4), 6e

Pensionskassenbeiträge 2 Z 1
Pensionskassengesetz 3 (1)
Pensionsrückstellung 11 (1) (1a) (4)
Pensionsversicherung 16 a (1) Z 1
Pfändung 4
Prämienleistung
– Aussetzen 6d, 14
– Einschränken 6d, 14
– Einstellen 6d, 14

Schlußbestimmungen Artikel V

Übergangsbestimmungen Artikel V
Übertragung 3 (3), 5 (2) Z 2 - 4, 6 (3) Z 1, 7 (3) Z 1 - 3
Übertragung, Lebensversicherung 13 (1) Z 2 - 3
Umwandlung, automatische 14 (2)
Umwandlung in prämienfreie Versicherung 14 (1) Z 1
Umwandlung, Lebensversicherung 13 (1) Z 1
Unabdingbarkeit 19
Unterstützungskasse 1 (4), 15
Unverfallbarkeit 5, 6 (3) Z 2, 6 (5), 6c, 7 (6), 13
– direkte Leistungszusage 7
– Übertragung 5 (2a) (5), 13 (1) Z 2

Verfügungsbeschränkung 4, 6b
Verpfändung 4
Vertretungsorgane 1 (2)
Verwahrung 11 (3)
Vollziehung Artikel VI

Wartezeit 7 (2), 8 (2) (8)
Wertanpassung 10
Wertpapierdeckung 11
– keine Aussetzung 9
Widerruf 6 (1), 8 (1), 14 (1)
wirtschaftliche Lage, Verschlechterung 6 (1) Z 2, 8 (1) Z 2

Zurückzahlung 8 (4)

Bundesgesetz vom 17. Mai 1990, mit dem betriebliche Leistungszusagen gesichert (Betriebspensionsgesetz – BPG), das Arbeitsverfassungsgesetz, das Allgemeine Sozialversicherungsgesetz und das Insolvenz-Entgeltsicherungsgesetz geändert werden

Der Nationalrat hat beschlossen:

Artikel I
Betriebspensionsgesetz – BPG

ABSCHNITT 1
Geltungsbereich

§ 1. (1) Dieses Bundesgesetz regelt die Sicherung von Leistungen und Anwartschaften aus Zusagen zur die gesetzliche Pensionsversicherung ergänzenden Alters-, Invaliditäts- und Hinterbliebenenversorgung (Leistungszusagen), die dem Arbeitnehmer im Rahmen eines privatrechtlichen Arbeitsverhältnisses vom Arbeitgeber gemacht werden.

(2) Dieses Bundesgesetz gilt auch für Zusagen gemäß Abschnitt 2 oder 2a an Mitglieder von Vertretungsorganen juristischer Personen des Privatrechts, sofern

1. sie aus dieser Tätigkeit Einkünfte aus nichtselbständiger Arbeit (§ 25 EStG 1988) beziehen und

2. der Arbeitgeber Träger einer betrieblichen Pensionskasse ist oder zugunsten seiner Arbeitnehmer einer überbetrieblichen Pensionskasse beigetreten ist oder für seine Arbeitnehmer eine betriebliche Kollektivversicherung abgeschlossen hat.
(BGBl I 2009/22)

(3) Dieses Bundesgesetz gilt nicht für Leistungszusagen und Leistungen

1. im Rahmen von Arbeitsverhältnissen der land- und forstwirtschaftlichen Arbeiter, im Sinne des Landarbeitsgesetzes 1984, BGBl. Nr. 287;

2. auf Grund der Bundesforste-Dienstordnung 1986, BGBl. Nr. 298;

3. die vom Arbeitgeber unmittelbar zu erfüllen, jederzeit ohne Angabe von Gründen widerruflich sind und keinen Rechtsanspruch auf Leistungen vorsehen.
(BGBl 1996/754)

(4) Für Ansprüche im Sinne des Abs. 1 aus Unterstützungs- und sonstigen Hilfskassen gelten nur die Abschnitte 5 und 6.

(5) Für Leistungen und Anwartschaften von Arbeitnehmern, die gemäß § 5 Abs. 1 Z 3 „des Allgemeinen Sozialversicherungsgesetzes (ASVG)", BGBl. Nr. 189/1955, oder gemäß § 38 Abs. 3 des Nationalbankgesetzes 1984, BGBl. Nr. 50, oder nach anderen vergleichbaren gesetzlichen Bestimmungen von der gesetzlichen Pensionsversicherungspflicht ausgenommen und bei natürlichen Personen oder juristischen Personen

des Privatrechts beschäftigt sind, gilt dieses Bundesgesetz für jene Leistungen und Anwartschaften, welche die aufgrund von Versicherungszeiten und Bemessungsgrundlagen vergleichbaren Ansprüche nach dem ASVG übersteigen. *(BGBl I 2012/54)*

Arten der Leistungszusagen

§ 2. Leistungszusagen im Sinne des § 1 Abs. 1 sind Verpflichtungen des Arbeitgebers aus einseitigen Erklärungen, Einzelvereinbarungen oder aus Normen der kollektiven Rechtsgestaltung,

1. Beiträge an eine Pensionskasse oder an eine Einrichtung im Sinne des § 5 Z 4 Pensionskassengesetz (PKG), BGBl. Nr. 281/1990, zugunsten des Arbeitnehmers und seiner Hinterbliebenen zu zahlen; Prämien für eine betriebliche Kollektivversicherung an ein zum Betrieb der Lebensversicherung im Inland berechtigtes Versicherungsunternehmen zugunsten des Arbeitnehmers und seiner Hinterbliebenen zu zahlen; Pensionskassenzusagen oder betriebliche Kollektivversicherungen haben jedenfalls eine Altersversorgung und Hinterbliebenenversorgung zu enthalten; Alterspensionen sind lebenslang, Hinterbliebenenpensionen entsprechend der im Pensionskassenvertrag oder Versicherungsvertrag festgelegten Dauer zu leisten; *(BGBl I 2005/8; BGBl I 2012/54)*

Fassung ab 1. 1. 2016 (BGBl I 2015/34):
1. Beiträge an eine Pensionskasse oder an eine Einrichtung im Sinne des § 5 Z 4 Pensionskassengesetz (PKG), BGBl. Nr. 281/1990, zugunsten des Arbeitnehmers und seiner Hinterbliebenen zu zahlen; Prämien für eine betriebliche Kollektivversicherung an ein zum Betrieb der Lebensversicherung im Inland berechtigtes Versicherungsunternehmen „(§ 93 des Versicherungsaufsichtsgesetzes 2016 – VAG 2016, BGBl. I Nr. 34/2015)" zugunsten des Arbeitnehmers und seiner Hinterbliebenen zu zahlen; Pensionskassenzusagen oder betriebliche Kollektivversicherungen haben jedenfalls eine Altersversorgung und Hinterbliebenenversorgung zu enthalten; Alterspensionen sind lebenslang, Hinterbliebenenpensionen entsprechend der im Pensionskassenvertrag oder Versicherungsvertrag festgelegten Dauer zu leisten; *(BGBl I 2005/8; BGBl I 2015/34)*

2. Leistungen dem Arbeitnehmer und seinen Hinterbliebenen unmittelbar zu erbringen (direkte Leistungszusage);

3. Prämien für eine zugunsten des Arbeitnehmers und seiner Hinterbliebenen abgeschlossenen Lebensversicherung zu zahlen.

ABSCHNITT 2
Pensionskasse

Voraussetzungen für Errichtung, Beitritt und Auflösung

§ 3. (1) Die Errichtung einer betrieblichen Pensionskasse oder der Beitritt zu einer betrieblichen oder überbetrieblichen Pensionskasse bedarf mit Ausnahme der in Abs. 2 genannten Fälle „nach Maßgabe des § 15 Abs. 4 PKG", zur Rechtswirksamkeit des Abschlusses einer Betriebsvereinbarung oder in den Fällen des Abs. 1a eines Kollektivvertrages. Kollektivvertrag oder Betriebsvereinbarung haben jedenfalls zu regeln: *(BGBl I 2012/54)*

1. Die Mitwirkung der Anwartschafts- und Leistungsberechtigten an der Verwaltung der Pensionskasse oder Einrichtung im Sinne des § 5 Z 4 PKG; *(BGBl I 2005/8)*

2. das Leistungsrecht, dazu gehören insbesondere die Ansprüche der Anwartschafts- und Leistungsberechtigten; die Höhe der vom/von der Arbeitgeber/in zu entrichtenden Beiträge, die im Falle beitragsorientierter Vereinbarung mit der Pensionskasse betragsmäßig oder in fester Relation zu laufenden Entgelten oder Entgeltbestandteilen festzulegen sind; zusätzlich können bei beitragsorientierten Vereinbarungen variable Beiträge bis zur Höhe der vom/von der Arbeitgeber/in verpflichtend zu entrichtenden Beiträge oder, sofern sich der/die Arbeitgeber/in zur Leistung eines Beitrages für Arbeitnehmer/innen von mindestens 2 vH des laufenden Entgelts verpflichtet, variable Beiträge in fester Relation zu einer oder mehreren betrieblichen Kennzahlen im Sinne des Abs. 1 Z 2a bis zur Höhe des sich aus § 4 Abs. 4 Z 2 lit. a EStG 1988 ergebenden Betrages vorgesehen werden; die allfällige Verpflichtung des/der Arbeitgebers/in zur Beitragsanpassung bei Auftreten von zusätzlichen Deckungserfordernissen; die allfällige Vereinbarung von Wahlrechten gemäß § 12 Abs. 7 PKG; *(BGBl I 2012/54)*

2a. die der variablen Beitragsleistung zu Grunde liegende betriebliche Kennzahl: Eine betriebliche Kennzahl ist eine nachvollziehbare und allgemein zugängliche, nach objektiven Kriterien ermittelte betriebswirtschaftliche, steuerrechtliche oder unternehmensrechtliche Kennzahl, die der jeweiligen Branche des Betriebs, dem konkreten Gegenstand, der Größe und dem Umfang des Betriebs sowie dem allgemeinen Betriebsrisiko dieses Betriebs Rechnung trägt; die Vereinbarung mehrerer Kennzahlen pro Betrieb oder die Vereinbarung einer Kennzahl, die sich anteilsmäßig aus mehreren Kennzahlen zusammensetzt, ist zulässig; *(BGBl I 2012/54)*

3. die Voraussetzungen und die Rechtswirkungen der Auflösung einer betrieblichen Pensionskasse, wobei der Sicherung der Ansprüche der

Anwartschafts- und Leistungsberechtigten der Vorrang vor anderen Leistungen der Kasse zu geben ist; die Voraussetzungen für die Arbeitgeberkündigung des Pensionskassenvertrages gemäß § 17 PKG und die Rechtswirkungen dieser Kündigung hinsichtlich der Ansprüche der Anwartschafts- und Leistungsberechtigten.

(1a) Eine Pensionskassenregelung kann in einem Kollektivvertrag vorgesehen werden, wenn
1. ein Kollektivvertrag zum Stichtag 1. Jänner 1997 eine betriebliche Alters(Hinterbliebenen)versorgung vorsieht, oder
2. eine solche für einen nicht dem II. Teil des Arbeitsverfassungsgesetzes, BGBl. Nr. 22/1974, unterliegenden Betrieb (oder ein Unternehmen) getroffen werden soll.

(1b) Bei
1. Wegfall der kollektivvertraglichen Pensionskassenzusage durch Wechsel der Kollektivvertragsangehörigkeit oder
2. Erlöschen des Kollektivvertrages durch Kündigung
werden die Regelungen des Kollektivvertrages über eine Pensionskassenzusage Inhalt des Arbeitsvertrages des Anwartschaftsberechtigten.

(1c) Bei sonstigem Erlöschen des Kollektivvertrages bleibt dem Anwartschaftsberechtigten die bis zur Beendigung seiner Nachwirkung (§ 13 ArbVG) erworbene Anwartschaft aus der Pensionskassenzusage erhalten, wobei der Anwartschaftsberechtigte zum Zeitpunkt der Beendigung der Nachwirkung dieselben Rechte (§ 6 Abs. 3) wie bei Widerruf der Beitragsleistung durch den Arbeitgeber hat.

(2) Für Arbeitnehmer, die von keinem Betriebsrat vertreten sind oder für die kein Kollektivvertrag (im Sinne der Abs. 1 und 1a) gilt, bedarf der Beitritt zu einer Pensionskasse des vorherigen Abschlusses einer Vereinbarung mit dem Arbeitgeber, die nach einem Vertragsmuster unter Berücksichtigung des § 18 zu gestalten ist. Dieses Vertragsmuster hat die in Abs. 1 genannten Angelegenheiten zu regeln.

(3) Werden Ansprüche ehemaliger Arbeitnehmer aus direkten Leistungszusagen auf eine Pensionskasse übertragen, ist Abs. 2 anzuwenden.

(4) Hat sich der Arbeitnehmer verpflichtet, eigene Beiträge zu leisten, kann er seine Beitragsleistung jederzeit einstellen oder für einen Zeitraum von mindestens zwei Jahren aussetzen oder einschränken. Der Arbeitnehmer kann seine Beitragsleistung auch dann einstellen, aussetzen oder einschränken, wenn der Arbeitgeber eine entsprechende Änderung seiner Beitragsleistung zulässigerweise vornimmt (§ 6). Die Beiträge des Arbeitnehmers dürfen die Summe der jährlichen Beiträge des Arbeitgebers nicht übersteigen, ausgenommen

1. in den in § 6 genannten Fällen oder

2. in den Fällen, in denen der Arbeitnehmer zusätzlich zu einer leistungsorientierten Zusage des Arbeitgebers eigene Beiträge (beitragsorientiert) leistet und die Beiträge des Arbeitgebers sich zulässigerweise vermindern, ohne dass die Zusage verändert wird, oder

3. der Arbeitnehmer eigene Beiträge bis zu der in § 108a des Einkommensteuergesetzes, BGBl. Nr. 400/1988, genannten Höhe leistet, wobei der Erstattungsbetrag nach § 108a EStG, der dem Konto für Arbeitnehmerbeiträge gutgeschrieben werden kann, auf diesen Betrag nicht anzurechnen ist.

„Für die Dauer einer Karenz im Sinne des Mutterschutzgesetzes 1979 (MSchG), BGBl. Nr. 221, oder des Väter-Karenzgesetzes (VKG), BGBl. Nr. 651/1989, einer Bildungskarenz nach § 11 des Arbeitsvertragsrechts-Anpassungsgesetzes (AVRAG), BGBl. Nr. 459/1993, sowie einer Freistellung gegen Entfall des Entgelts nach den §§ 12, 14a oder 14b „ , 14c"*** AVRAG kann der/die Arbeitnehmer/in seine/ihre Beiträge in der bisherigen Höhe weiterzahlen oder auch die Beiträge des/der Arbeitgebers/in übernehmen. Werden infolge einer Herabsetzung der Normalarbeitszeit gemäß den „§§ 11a, 13, 14, 14a oder 14b „ , 14d"*** AVRAG"** oder einer Teilzeitbeschäftigung im Sinne des MSchG oder VKG die Beiträge des/der Arbeitgebers/in vermindert, kann der/die Arbeitnehmer/in seine/ihre Beiträge in der bisherigen Höhe weiterzahlen oder für die Dauer der Arbeitszeitreduktion auch die entfallenden Beiträge des/der Arbeitgebers/in übernehmen."* *(BGBl I 2002/51; *BGBl I 2012/54; **BGBl I 2013/67; ***BGBl I 2013/138)*

(BGBl 1996/754)

Verfügungs- und Exekutionsbeschränkungen

§ 4. Die Abtretung oder Verpfändung von Anwartschaften im Sinne der §§ 5 und 6 ist rechtsunwirksam. Für die Pfändung gilt die Exekutionsordnung, RGBl. Nr. 79/1896.

(BGBl 1996/754)

Unverfallbarkeit

§ 5. (1) Bei Beendigung des Arbeitsverhältnisses vor Eintritt des Leistungsfalles wird die aus eigenen Beiträgen des Arbeitnehmers und Beiträgen des Arbeitgebers an eine Pensionskasse bisher erworbene Anwartschaft auf Alters- und Hinterbliebenenversorgung unverfallbar. In der Vereinbarung nach § 3 kann vorgesehen werden, daß die aus Arbeitgeberbeiträgen erworbene Anwartschaft erst nach Ablauf eines Zeitraumes von höchstens „drei[1]" Jahren nach Beginn der Beitragszahlung des Arbeitgebers an die Pensionskasse unverfallbar wird. Diese Frist gilt nicht, wenn im Zeitpunkt einer allfälligen Übertragung einer Anwartschaft in die Pensionskasse bereits ein Rechtsanspruch auf diese Anwartschaft besteht oder die Beendigung des Arbeitsverhältnisses infolge der Insolvenz des Arbeitgebers oder infolge einer Betriebsstillegung erfolgt oder wenn im Zuge der Übertragung eines Unternehmens, Betriebes oder Betriebsteiles der neue Arbeitgeber eine Fortzahlung der Beiträge verweigert. *(BGBl I 2012/54)*

(1a) Aus der unverfallbaren Anwartschaft (Abs. 1) ist ein Unverfallbarkeitsbetrag zu errechnen. Dieser entspricht der auf Grund des Risikos des Alters und des Todes geschäftsplanmäßig zu bildenden Deckungsrückstellung (die dieser Berechnung zugrunde zu legende Deckungsrückstellung hat nur Veränderungen des Entgelts bis zum Zeitpunkt der Beendigung des Arbeitsverhältnisses zu berücksichtigen) und darf ab dem Inkrafttreten des Bundesgesetzes BGBl. Nr. 754/1996 nicht geringer sein

1. bei individueller Führung der Schwankungsrückstellung (§§ 24 und 24a PKG) als das Maximum aus der Deckungsrückstellung abzüglich der Verwaltungskosten für die Leistung des Unverfallbarkeitsbetrages und 95% der dem Anwartschaftsberechtigten zugeordneten Deckungsrückstellung zuzüglich 95% des Anteils an der Schwankungsrückstellung, oder

2. bei globaler Führung der Schwankungsrückstellung (§§ 24 und 24a PKG) als

a) 100% der dem/der Anwartschaftsberechtigten zugeordneten Deckungsrückstellung oder

b) das Maximum aus der Deckungsrückstellung abzüglich der Verwaltungskosten für die Leistung des Unverfallbarkeitsbetrages und 95 vH der dem/der Anwartschaftsberechtigten zugeordneten Deckungsrückstellung zuzüglich 95 vH des Anteils an der Schwankungsrückstellung.
(BGBl I 2012/54)

(1b) Eine Änderung der Berechnung des Unverfallbarkeitsbetrages bedarf jedenfalls einer Änderung des Kollektivvertrages, der Betriebsvereinbarung oder der Vereinbarung laut Vertragsmuster.

(2) Der Arbeitnehmer kann nach Beendigung des Arbeitsverhältnisses

1. die Umwandlung des Unverfallbarkeitsbetrages gemäß Abs. 1a in eine beitragsfrei gestellte Anwartschaft verlangen; bei Eintritt des Leistungsfalles hat der Leistungsberechtigte gegen die Pensionskasse einen Anspruch aus der beitragsfrei gestellten Anwartschaft; im Falle einer beitragsorientierten Zusage sind zusätzlich die anteiligen Veranlagungserträge und anteiligen versicherungstechnischen Gewinne oder Verluste bis zum Leistungsfall zu berücksichtigen;

2. die Übertragung des Unverfallbarkeitsbetrages gemäß Abs. 1a in die Pensionskasse oder eine Einrichtung im Sinne des § 5 Z 4 PKG oder in eine betriebliche Kollektivversicherung oder in eine Gruppenrentenversicherung eines/einer neuen Arbeitgebers/in oder in eine Rentenversicherung ohne Rückkaufsrecht, in eine Einrichtung der zusätzlichen Pensionsversicherung nach § 479 ASVG oder in eine nach dem Kapitaldeckungsverfahren gestaltete Altersversorgungseinrichtung nach § 173 Abs. 2 des Wirtschaftstreuhandberufsgesetzes (WTBG), BGBl. I Nr. 58/1999, nach § 50 Abs. 3 der Rechtsanwaltsordnung (RAO), RGBl. Nr. 96/1868, oder nach § 41 Abs. 4 des Gehaltskassengesetzes 2002, BGBl. I Nr. 154/2001, verlangen, wenn der/die Arbeitnehmer/in bei der Übertragung Anwartschafts- oder Leistungsberechtigter ist; *(BGBl I 2005/8; BGBl I 2012/54)*

2a. die Übertragung des Unverfallbarkeitsbetrages gemäß Abs. 1a in eine Pensionskasse oder in eine Einrichtung im Sinne des § 5 Z 4 PKG oder in eine betriebliche Kollektivversicherung, in der für den/die Arbeitnehmer/in bereits eine unverfallbare Anwartschaft oder eine prämienfreie Versicherung veranlagt wird, verlangen, wenn der/die neue Arbeitgeber/in nicht beabsichtigt, für den/die Arbeitnehmer/in eine Pensionskassenzusage oder eine betriebliche Kollektivversicherung abzuschließen; *(BGBl I 2012/54)*

3. die Übertragung des Unverfallbarkeitsbetrages gemäß Abs. 1a in eine direkte Leistungszusage eines neuen Arbeitgebers verlangen, wenn ein Arbeitgeberwechsel unter Wahrung der Pensionsansprüche aus dem bisherigen Arbeitsverhältnis innerhalb eines Konzerns stattfindet;

4. die Übertragung des Unverfallbarkeitsbetrages gemäß Abs. 1a in eine ausländische Altersversorgungseinrichtung verlangen, wenn der Arbeitnehmer seinen Arbeitsort dauernd ins Ausland verlegt;

5. die Fortsetzung nur mit eigenen Beiträgen verlangen, wenn auf Grund einer Leistungszusage mindestens fünf Jahre Beiträge geleistet wurden, oder wenn ein Arbeitgeberwechsel innerhalb eines Konzerns stattfindet.

(3) Gibt der/die Arbeitnehmer/in binnen sechs Monaten keine Erklärung über die Verwendung seines/ihres Unverfallbarkeitsbetrages gemäß Abs. 1a ab, so ist eine beitragsfrei gestellte Anwartschaft (Abs. 2 Z 1) umzuwandeln. Verlangt der/die Arbeitnehmer/in zu einem späteren Zeitpunkt die Übertragung dieser Anwartschaft in die Pensionskasse oder in eine Einrichtung im Sinne des § 5 Z 4 PKG oder in eine betriebliche

---

Zu § 5:
[1] *Vgl die Übergangsbestimmung in Artikel VI Abs 10 Z 11*

24. BPG
§§ 5 – 5a

Kollektivversicherung oder in eine Gruppenrentenversicherung eines/einer neuen Arbeitgebers/in oder in eine Rentenversicherung ohne Rückkaufsrecht, in eine Einrichtung der zusätzlichen Pensionsversicherung nach § 479 ASVG oder in eine nach dem Kapitaldeckungsverfahren gestaltete Altersversorgungseinrichtung nach § 173 Abs. 2 WTBG, nach § 50 Abs. 3 RAO, nach § 41 Abs. 4 des Gehaltskassengesetzes 2002 oder in eine ausländische Altersversorgungseinrichtung (Abs. 2 Z 4), ist die Anwartschaft neuerlich in einen Unverfallbarkeitsbetrag umzuwandeln. Dieser berechnet sich bei einer beitragsorientierten Zusage unter Berücksichtigung der anteiligen Veranlagungserträge und anteiligen versicherungstechnischen Gewinne und Verluste bis zum Zeitpunkt der Übertragung nach denselben Rechenregeln, die bei der Berechnung des Unverfallbarkeitsbetrages bei Beendigung des Arbeitsverhältnisses zugrunde zu legen waren. *(BGBl I 2012/54)*

(4) Sofern der Unverfallbarkeitsbetrag gemäß Abs. 1a im Zeitpunkt der Beendigung des Arbeitsverhältnisses den sich aus § 1 Abs. 2 und 2a PKG jeweils ergebenden Betrag nicht übersteigt, kann der Arbeitnehmer abgefunden werden; über sein Verlangen ist er abzufinden. „Unterbleibt eine Abfindung nach dem ersten Satz, kann bis zum Ablauf von zwölf Monaten nach dem Ende des Arbeitsverhältnisses zwischen der Pensionskasse und dem/der Arbeitnehmer/in vereinbart werden, dass die nach § 5 Abs. 3 erster Satz beitragsfrei gestellte Anwartschaft neuerlich in einen Unverfallbarkeitsbetrag umzuwandeln und abzufinden ist. Für die Berechnung des Unverfallbarkeitsbetrages gilt § 5 Abs. 3 letzter Satz sinngemäß." *(BGBl I 2012/54)*

(5) Der/Die Arbeitnehmer/in kann nach nachweislicher Information gemäß § 19b PKG und § 18k VAG bei Eintritt des Leistungsfalles die Übertragung des Unverfallbarkeitsbetrages gemäß Abs. 1a von der Pensionskasse in eine betriebliche Kollektivversicherung verlangen, sofern der/die Arbeitgeber/in bereits eine betriebliche Kollektivversicherung gemäß § 6a abgeschlossen hat. *(BGBl I 2005/8; BGBl I 2012/54)*

Fassung ab 1. 1. 2016 (BGBl I 2015/34):
(5) Der/Die Arbeitnehmer/in kann nach nachweislicher Information gemäß § 19b PKG und „§ 98 VAG 2016" bei Eintritt des Leistungsfalles die Übertragung des Unverfallbarkeitsbetrages gemäß Abs. 1a von der Pensionskasse in eine betriebliche Kollektivversicherung verlangen, sofern der/die Arbeitgeber/in bereits eine betriebliche Kollektivversicherung gemäß § 6a abgeschlossen hat. *(BGBl I 2005/8; BGBl I 2012/54; BGBl I 2015/34)*

(BGBl 1996/754)

Wechsel in die betriebliche Kollektivversicherung im aufrechten Arbeitsverhältnis

§ 5a. (1) Der/Die Arbeitnehmer/in kann, sofern dies im Kollektivvertrag, in der Betriebsvereinbarung oder im Vertragsmuster vorgesehen ist und der/die Arbeitgeber/in bereits eine betriebliche Kollektivversicherung gemäß § 6a abgeschlossen hat, nach nachweislicher Information gemäß § 19b PKG und § 18k VAG ab dem Jahr, in dem er/sie das 55. Lebensjahr vollendet, gegenüber der Pensionskasse und dem/der Arbeitgeber/in schriftlich erklären, dass vom/von der Arbeitgeber/in zum 1. Jänner des folgenden Kalenderjahres an Stelle der Beitragsleistung an die Pensionskasse künftig die Zahlung von Prämien in derselben Höhe in die betriebliche Kollektivversicherung zu erfolgen hat. Die Pensionskasse hat zum 1. Jänner des auf die Erklärung des/der Arbeitnehmers/in folgenden Kalenderjahres den zu diesem Zeitpunkt gebührenden fiktiven Unverfallbarkeitsbetrag in die betriebliche Kollektivversicherung zu übertragen. Der fiktive Unverfallbarkeitsbetrag berechnet sich nach denselben Rechenregeln, die der Berechnung des Unverfallbarkeitsbetrages bei Beendigung des Arbeitsverhältnisses zugrunde zu legen sind.

Fassung ab 1. 1. 2016 (BGBl I 2015/34):
(1) Der/Die Arbeitnehmer/in kann, sofern dies im Kollektivvertrag, in der Betriebsvereinbarung oder im Vertragsmuster vorgesehen ist und der/die Arbeitgeber/in bereits eine betriebliche Kollektivversicherung gemäß § 6a abgeschlossen hat, nach nachweislicher Information gemäß § 19b PKG und „§ 98 VAG 2016" ab dem Jahr, in dem er/sie das 55. Lebensjahr vollendet, gegenüber der Pensionskasse und dem/der Arbeitgeber/in schriftlich erklären, dass vom/von der Arbeitgeber/in zum 1. Jänner des folgenden Kalenderjahres an Stelle der Beitragsleistung an die Pensionskasse künftig die Zahlung von Prämien in derselben Höhe in die betriebliche Kollektivversicherung zu erfolgen hat. Die Pensionskasse hat zum 1. Jänner des auf die Erklärung des/der Arbeitnehmers/in folgenden Kalenderjahres den zu diesem Zeitpunkt gebührenden fiktiven Unverfallbarkeitsbetrag in die betriebliche Kollektivversicherung zu übertragen. Der fiktive Unverfallbarkeitsbetrag berechnet sich nach denselben Rechenregeln, die der Berechnung des Unverfallbarkeitsbetrages bei Beendigung des Arbeitsverhältnisses zugrunde zu legen sind. *(BGBl I 2015/34)*

(2) Die Erklärung des/der Arbeitnehmers/in nach Abs. 1 erster Satz muss bis 31. Oktober eines Kalenderjahres beim/bei der Arbeitgeber/in und der Pensionskasse eingehen, damit die Prämienzahlung in die betriebliche Kollektivversicherung und die Übertragung des Unverfallbarkeitsbetrages zum 1. Jänner des folgenden Kalenderjahres wirksam wird.

(3) Hat der/die Arbeitnehmer/in eigene Beiträge geleistet, hat er/sie im Fall einer Verfügung nach Abs. 1 ab dem 1. Jänner des folgenden Kalenderjahres Prämien in derselben Höhe in die betriebliche Kollektivversicherung zu leisten.

(4) Der/Die Arbeitnehmer/in kann einen Wechsel in die betriebliche Kollektivversicherung nach Abs. 1 als auch einen Wechsel in die Pensionskasse nach § 6e Abs. 1 jeweils nur einmal verlangen. Mit Eintritt des Leistungsfalls ist der Wechsel in die betriebliche Kollektivversicherung jedenfalls unwiderruflich.

(BGBl I 2012/54)

Einstellen, Aussetzen oder Einschränken der Beitragsleistung

§ 6. (1) Der Arbeitgeber kann die laufenden Beitragsleistungen nur dann einstellen (Widerruf), wenn

1. dies im Kollektivvertrag, in der Betriebsvereinbarung oder im Vertragsmuster vorgesehen ist,

2. sich die wirtschaftliche Lage des Unternehmens nachhaltig so wesentlich verschlechtert, daß die Aufrechterhaltung der zugesagten Leistung eine Gefährdung des Weiterbestandes des Unternehmens zur Folge hätte und

3. in Betrieben, in denen ein zuständiger Betriebsrat besteht, mindestens drei Monate vor dem Einstellen der Beitragsleistung eine Beratung mit diesem Betriebsrat erfolgt ist. Zu dieser Beratung kann der Betriebsrat eine fachkundige Person beiziehen, die über alle ihr bekannt gewordenen Geschäfts- und Betriebsgeheimnisse Verschwiegenheit zu bewahren hat.

(2) Widerruft der Arbeitgeber, so bleibt dem Arbeitnehmer die bisher erworbene Anwartschaft erhalten. Im Zeitpunkt des Widerrufs ist ein Unverfallbarkeitsbetrag nach denselben Rechenregeln wie nach § 5 Abs. 1a zu errechnen, wobei jedoch eine allfällige Unverfallbarkeitsfrist unbeachtlich ist.

(3) Der Arbeitnehmer kann nach Widerruf
1. die Umwandlung des Unverfallbarkeitsbetrages gemäß Abs. 2 in eine beitragsfrei gestellte Anwartschaft verlangen; bei Eintritt des Leistungsfalles hat der Leistungsberechtigte gegen die Pensionskasse einen Anspruch, der sich aus der beitragsfrei gestellten Anwartschaft, im Falle einer beitragsorientierten Zusage unter Berücksichtigung der anteiligen Veranlagungserträge und anteiligen versicherunstechnischen Gewinne oder Verluste bis zum Leistungsfall ergibt;

2. die Übertragung des Unverfallbarkeitsbetrages gemäß Abs. 2 in eine Rentenversicherung ohne Rückkaufsrecht verlangen;

3. die Fortsetzung nur mit eigenen Beiträgen verlangen.

(4) Gibt der Arbeitnehmer binnen sechs Monaten keine Erklärung über die Verwendung seines Unverfallbarkeitsbetrages gemäß Abs. 2 ab, gilt § 5 Abs. 3.

(5) Sofern der Unverfallbarkeitsbetrag gemäß Abs. 2 im Zeitpunkt des Widerrufs den sich aus § 1 Abs. 2 und 2a PKG jeweils ergebenden Betrag nicht übersteigt, kann der Arbeitnehmer abgefunden werden; über sein Verlangen ist er abzufinden.

(6) Der Arbeitgeber kann die laufenden Beitragsleistungen nur dann und so lange aussetzen oder einschränken, als

1. dies im Kollektivvertrag, in der Betriebsvereinbarung oder im Vertragsmuster vorgesehen ist,

2. zwingende wirtschaftliche Gründe vorliegen und

3. in Betrieben, in denen ein zuständiger Betriebsrat besteht, mindestens drei Monate vor dem Aussetzen oder Einschränken der Beitragsleistung eine Beratung mit diesem Betriebsrat erfolgt ist. Zu dieser Beratung kann der Betriebsrat eine fachkundige Person beiziehen, die über alle ihr bekannt gewordenen Geschäfts- und Betriebsgeheimnisse Verschwiegenheit zu bewahren hat.

(7) Werden Beiträge des Arbeitgebers ausgesetzt oder eingeschränkt, so kann der Arbeitnehmer für denselben Zeitraum

1. seine Beiträge aussetzen oder im selben Ausmaß einschränken,

2. seine Beiträge in der bisherigen Höhe weiterzahlen oder

3. auch die Beiträge des Arbeitgebers übernehmen.

(8) Durch Aussetzen oder Einschränken der Beiträge des Arbeitgebers oder Arbeitnehmers wird der Ablauf der Unverfallbarkeitsfrist (§ 5 Abs. 1 Satz 2) nicht berührt.

(BGBl 1996/754)

Abschnitt 2a

Betriebliche Kollektivversicherung

Voraussetzungen für den Abschluss einer betrieblichen Kollektivversicherung

§ 6a. (1) Der Abschluss einer betrieblichen Kollektivversicherung bedarf mit Ausnahme der in Abs. 5 genannten Fälle nach Maßgabe des § 18f VAG zur Rechtswirksamkeit des Abschlusses einer Betriebsvereinbarung oder in den Fällen des Abs. 1a eines Kollektivvertrages. Kollektivvertrag oder Betriebsvereinbarung haben jedenfalls zu regeln:

1. Die Mitwirkung der Versicherten nach § 18j VAG;

24. BPG
§ 6a

2. das Leistungsrecht, dazu gehören insbesondere die Ansprüche der Versicherten; die Höhe der vom/von der Arbeitgeber/in zu entrichtenden Prämien, die im Falle beitragsorientierter Vereinbarungen mit dem Versicherungsunternehmen betragsmäßig oder in fester Relation zu laufenden Entgelten oder Entgeltbestandteilen festzulegen sind; zusätzlich können bei beitragsorientierten Vereinbarungen variable Prämien bis zur Höhe der vom/von der Arbeitgeber/in verpflichtend zu entrichtenden Prämien oder, sofern sich der/die Arbeitgeber/in zur Leistung einer Prämie für Arbeitnehmer/innen von mindestens 2 vH des laufenden Entgelts verpflichtet, variable Prämien in fester Relation zu einer oder mehreren betrieblichen Kennzahlen im Sinne des Abs. 1 Z 2a bis zur Höhe des sich aus § 4 Abs. 4 Z 2 lit. a EStG 1988 ergebenden Betrages vorgesehen werden; die allfällige Verpflichtung des/der Arbeitgebers/in zur Prämienanpassung bei Auftreten von zusätzlichen Deckungserfordernissen; *(BGBl I 2012/54)*

2a. die der variablen Prämienleistung zu Grunde liegende betriebliche Kennzahl: Eine betriebliche Kennzahl ist eine nachvollziehbare und allgemein zugängliche, nach objektiven Kriterien ermittelte betriebswirtschaftliche, steuerrechtliche oder unternehmensrechtliche Kennzahl, die der jeweiligen Branche des Betriebs, dem konkreten Gegenstand, der Größe und dem Umfang des Betriebs sowie dem allgemeinen Betriebsrisiko dieses Betriebs Rechnung trägt; die Vereinbarung mehrerer Kennzahlen pro Betrieb oder die Vereinbarung einer Kennzahl, die sich anteilsmäßig aus mehreren Kennzahlen zusammensetzt, ist zulässig; *(BGBl I 2012/54)*

3. die Voraussetzungen für die Arbeitgeberkündigung des Versicherungsvertrages gemäß § 18f VAG und die Rechtswirkungen dieser Kündigung hinsichtlich der Ansprüche der Anwartschafts- und Leistungsberechtigten.

Fassung ab 1. 1. 2016 (BGBl I 2015/34):
(1) Der Abschluss einer betrieblichen Kollektivversicherung bedarf mit Ausnahme der in Abs. 2 genannten Fälle nach Maßgabe des „§ 93 VAG 2016" zur Rechtswirksamkeit des Abschlusses einer Betriebsvereinbarung oder in den Fällen des Abs. 1a eines Kollektivvertrages. Kollektivvertrag oder Betriebsvereinbarung haben jedenfalls zu regeln: *(BGBl I 2015/34)*

1. Die Mitwirkung der Versicherten nach „§ 97 VAG 2016"; *(BGBl I 2015/34)*

2. das Leistungsrecht, dazu gehören insbesondere die Ansprüche der Versicherten; die Höhe der vom/von der Arbeitgeber/in zu entrichtenden Prämien, die im Falle beitragsorientierter Vereinbarungen mit dem Versicherungsunternehmen betragsmäßig oder in fester Relation zu laufenden Entgelten oder Entgeltbestandteilen festzulegen sind; zusätzlich können bei beitragsorientierten Vereinbarungen variable Prämien bis zur Höhe der vom/von der Arbeitgeber/in verpflichtend zu entrichtenden Prämien oder, sofern sich der/die Arbeitgeber/in zur Leistung einer Prämie für Arbeitnehmer/innen von mindestens 2 vH des laufenden Entgelts verpflichtet, variable Prämien in fester Relation zu einer oder mehreren betrieblichen Kennzahlen im Sinne des Abs. 1 Z 2a bis zur Höhe des sich aus § 4 Abs. 4 Z 2 lit. a EStG 1988 ergebenden Betrages vorgesehen werden; die allfällige Verpflichtung des/der Arbeitgebers/in zur Prämienanpassung bei Auftreten von zusätzlichen Deckungserfordernissen; *(BGBl I 2012/54)*

2a. die der variablen Prämienleistung zu Grunde liegende betriebliche Kennzahl: Eine betriebliche Kennzahl ist eine nachvollziehbare und allgemein zugängliche, nach objektiven Kriterien ermittelte betriebswirtschaftliche, steuerrechtliche oder unternehmensrechtliche Kennzahl, die der jeweiligen Branche des Betriebs, dem konkreten Gegenstand, der Größe und dem Umfang des Betriebs sowie dem allgemeinen Betriebsrisiko dieses Betriebs Rechnung trägt; die Vereinbarung mehrerer Kennzahlen pro Betrieb oder die Vereinbarung einer Kennzahl, die sich anteilsmäßig aus mehreren Kennzahlen zusammensetzt, ist zulässig; *(BGBl I 2012/54)*

3. die Voraussetzungen für die Arbeitgeberkündigung des Versicherungsvertrages gemäß „§ 93 VAG 2016" und die Rechtswirkungen dieser Kündigung hinsichtlich der Ansprüche der Anwartschafts- und Leistungsberechtigten. *(BGBl I 2015/34)*

(1a) Eine Regelung über eine betriebliche Kollektivversicherung kann in einem Kollektivvertrag vorgesehen werden, wenn

1. ein Kollektivvertrag zum Stichtag 1. Jänner 1997 eine betriebliche Alters(Hinterbliebenen)versorgung vorsieht, oder

2. eine solche für einen nicht dem II. Teil des Arbeitsverfassungsgesetzes, BGBl. Nr. 22/1974, unterliegenden Betrieb (oder ein Unternehmen) getroffen werden soll.

(1b) Bei

1. Wegfall der kollektivvertraglichen betrieblichen Kollektivversicherung durch Wechsel der Kollektivvertragsangehörigkeit oder

2. Erlöschen des Kollektivvertrages durch Kündigung

werden die Regelungen des Kollektivvertrages über eine betriebliche Kollektivversicherung Inhalt des Arbeitsvertrages des Anwartschaftsberechtigten.

(1c) Bei sonstigem Erlöschen des Kollektivvertrages bleibt dem Versicherten die bis zur Beendigung seiner Nachwirkung (§ 13 ArbVG) erworbene Anwartschaft aus der betrieblichen Kollektivversicherung erhalten, wobei der Versicherte zum Zeitpunkt der Beendigung der Nachwirkung dieselben Rechte (§ 6d Abs. 3) wie bei Widerruf der Beitragsleistung durch den Arbeitgeber hat.

(2) Für Arbeitnehmer, die von keinem Betriebsrat vertreten sind oder für die kein Kollektivvertrag (im Sinne der Abs. 1) gilt, bedarf der Beitritt zu einer betrieblichen Kollektivversicherung des vorherigen Abschlusses einer Vereinbarung mit dem Arbeitgeber, die nach einem Vertragsmuster unter Berücksichtigung des § 18 zu gestalten ist. Dieses Vertragsmuster hat die in Abs. 1 genannten Angelegenheiten zu regeln.

(3) Werden Ansprüche ehemaliger Arbeitnehmer aus direktlichen Leistungszusagen auf ein Versicherungsunternehmen übertragen, ist Abs. 2 anzuwenden.

(4) Hat sich der Arbeitnehmer verpflichtet, eigene Prämien zu leisten, kann er seine Prämienleistung jederzeit einstellen oder für einen Zeitraum von mindestens zwei Jahren aussetzen oder einschränken. Der Arbeitnehmer kann seine Prämienleistung auch dann einstellen, aussetzen oder einschränken, wenn der Arbeitgeber eine entsprechende Änderung seiner Prämienleistung zulässigerweise vornimmt (§ 6d). Die Prämien des Arbeitnehmers dürfen die Summe der jährlichen Prämien des Arbeitgebers nicht übersteigen, ausgenommen

1. in den in § 6d genannten Fällen, oder

2. in den Fällen, in denen der Arbeitnehmer zusätzlich zu einer leistungsorientierten Zusage des Arbeitgebers eigene Prämien (beitragsorientiert) leistet und die Prämien des Arbeitgebers sich zulässigerweise vermindern, ohne dass die Zusage verändert wird, oder

3. der Arbeitnehmer eigene Prämien bis zu der in § 108a des Einkommensteuergesetzes, BGBl. Nr. 400/1988, genannten Höhe leistet, wobei der Erstattungsbetrag nach § 108a EStG, der dem Konto für Arbeitnehmer Prämien gutgeschrieben werden kann, auf diesen Betrag nicht anzurechnen ist.

„Für die Dauer einer Karenz im Sinne des MSchG oder des VKG, einer Bildungskarenz nach § 11 AVRAG, sowie einer Freistellung gegen Entfall des Entgelts nach den §§ 12, 14a oder 14b „ , 14c"*** AVRAG kann der/die Arbeitnehmer/in seine/ihre Prämien in der bisherigen Höhe weiterzahlen oder auch die Prämien des/der Arbeitgebers/in übernehmen. Werden infolge einer Herabsetzung der Normalarbeitszeit gemäß den „§§ 11a, 13, 14, 14a oder 14b „ , 14d"*** AVRAG"** oder einer Teilzeitbeschäftigung im Sinne des MSchG oder VKG die Prämien des/der Arbeitgebers/in vermindert, kann der/die Arbeitnehmer/in seine/ihre Prämien in der bisherigen Höhe weiterzahlen oder für die Dauer der Arbeitszeitreduktion auch die entfallenden Prämien des/der Arbeitgebers/in übernehmen."* *(*BGBl I 2012/54;* ***BGBl I 2013/67;* ****BGBl I 2013/138)*

(BGBl I 2005/8)

Verfügungs- und Exekutionsbeschränkungen

§ 6b. Die Abtretung oder Verpfändung von Anwartschaften im Sinne der §§ 6c und 6d ist rechtsunwirksam. Für die Pfändung gilt die Exekutionsordnung, RGBl. Nr. 79/1896.

(BGBl I 2005/8)

Unverfallbarkeit

§ 6c. (1) Bei Beendigung des Arbeitsverhältnisses vor Eintritt des Leistungsfalles wird der aus eigenen Beiträgen des Arbeitnehmers und Beiträgen des Arbeitgebers an ein Versicherungsunternehmen bisher erworbene Versicherungsanspruch aus dem Versicherungsvertrag (Alters- und Hinterbliebenenversorgung) unverfallbar. Der Unverfallbarkeitsbetrag entspricht der auf den einzelnen Versicherten entfallenden Deckungsrückstellung. Die Deckungsrückstellung ist nach den versicherungsmathematischen Grundlagen des Versicherungsunternehmens zu errechnen.

(2) Der Arbeitnehmer kann nach Beendigung des Arbeitsverhältnisses

1. die Umwandlung der Versicherung in eine prämienfreie Versicherung verlangen; bei Eintritt des Leistungsfalles hat der Versicherte gegenüber der Versicherung einen Anspruch, der sich aus den auf Grund des Versicherungsvertrages bis zur Beendigung des Arbeitsverhältnisses zu leistenden Prämien unter Berücksichtigung der bis zum Eintritt des Leistungsfalles auflaufenden Zinsengutschriften und Gewinnanteile ergibt;

2. die Übertragung des Unverfallbarkeitsbetrages gemäß Abs. 1 in die Pensionskasse oder in eine Einrichtung im Sinne des § 5 Z 4 PKG oder in eine betriebliche Kollektivversicherung oder in eine Gruppenrentenversicherung eines/einer neuen Arbeitgebers/in, in eine Rentenversicherung ohne Rückkaufsrecht, in eine Einrichtung der zusätzlichen Pensionsversicherung nach § 479 ASVG oder in eine nach dem Kapitaldeckungsverfahren gestaltete Altersversorgungseinrichtung nach § 173 Abs. 1 WTBG, § 50 Abs. 3 RAO oder nach § 41 Abs. 4 des Gehaltskassengesetzes 2002 verlangen, wenn der/die Arbeitnehmer/in bei der Übertragung Anwartschafts- oder Leistungsberechtigter ist; *(BGBl I 2012/54)*

2a. die Übertragung des Unverfallbarkeitsbetrages gemäß Abs. 1 in eine betriebliche Kollektivversicherung oder in eine Pensionskasse oder in eine Einrichtung im Sinne des § 5 Z 4 PKG, in der für den/die Arbeitnehmer/in bereits eine prämienfreie Versicherung oder eine unverfallbare Anwartschaft veranlagt wird, verlangen, wenn der/die neue Arbeitgeber/in nicht beabsichtigt, für den/die Arbeitnehmer/in eine betriebliche Kollektivversicherung oder eine Pensionskassenzusage abzuschließen; *(BGBl I 2012/54)*

3. die Übertragung des Unverfallbarkeitsbetrages gemäß Abs. 1 in eine direkte Leistungszusage eines neuen Arbeitgebers verlangen, wenn ein Arbeitgeberwechsel unter Wahrung der Pensionsansprüche aus dem bisherigen Arbeitsverhältnis innerhalb eines Konzerns stattfindet;

4. die Übertragung des Unverfallbarkeitsbetrages gemäß Abs. 1 in eine ausländische Altersversorgungseinrichtung verlangen, wenn der Arbeitnehmer seinen Arbeitsort dauernd ins Ausland verlegt;

5. die Fortsetzung nur mit eigenen Beiträgen verlangen, wenn auf Grund einer Leistungszusage mindestens fünf Jahre Beiträge geleistet wurden, oder wenn ein Arbeitgeberwechsel innerhalb eines Konzerns stattfindet.

(3) Gibt der/die Arbeitnehmer/in binnen sechs Monaten keine Erklärung über die Verwendung seines/ihres Anspruches ab, so ist die Versicherung in eine prämienfreie Versicherung (Abs. 2 Z 1) umzuwandeln. Verlangt der/die Arbeitnehmer/in zu einem späteren Zeitpunkt die Übertragung seines/ihres Anspruches in die Pensionskasse oder in eine Einrichtung im Sinne des § 5 Z 4 PKG, in eine betriebliche Kollektivversicherung oder in eine Gruppenrentenversicherung eines/einer neuen Arbeitgebers/in oder in eine Rentenversicherung ohne Rückkaufsrecht, in eine Einrichtung der zusätzlichen Pensionsversicherung nach § 479 ASVG oder in eine nach dem Kapitaldeckungsverfahren gestaltete Altersversorgungseinrichtung nach § 173 Abs. 2 WTBG, nach § 50 Abs. 3 RAO oder nach § 41 Abs. 4 des Gehaltskassengesetzes 2002 oder in eine ausländische Altersversorgungseinrichtung (Abs. 2 Z 4), ist die Deckungsrückstellung zu übertragen. *(BGBl I 2012/54)*

(4) Sofern der Unverfallbarkeitsbetrag gemäß „Abs. 1" im Zeitpunkt der Beendigung des Arbeitsverhältnisses den sich aus § 1 Abs. 2 und 2a PKG jeweils ergebenden Betrag nicht übersteigt, kann der Arbeitnehmer abgefunden werden; über sein Verlangen ist er abzufinden. „Unterbleibt eine Abfindung nach dem ersten Satz, kann bis zum Ablauf von zwölf Monaten nach dem Ende des Arbeitsverhältnisses zwischen dem Versicherungsunternehmen und dem/der Arbeitnehmer/in vereinbart werden, dass die nach § 6c Abs. 3 erster Satz prämienfreie Versicherung neuerlich in einen Unverfallbarkeitsbetrag gemäß § 6c Abs. 1 umzuwandeln und abzufinden ist." *(BGBl I 2012/54)*

(5) „Der/Die Arbeitnehmer/in kann nach nachweislicher Information gemäß § 19b PKG und § 18k VAG" bei Eintritt des Leistungsfalles die Übertragung des Unverfallbarkeitsbetrages „gemäß Abs. 1" von der betrieblichen Kollektivversicherung in eine Pensionskasse, bei der er bereits Berechtigter im Sinne des § 5 PKG ist, verlangen. *(BGBl I 2012/54)*

Fassung ab 1. 1. 2016 (BGBl I 2015/34):
(5) „Der/Die Arbeitnehmer/in kann nach nachweislicher Information gemäß § 19b PKG und „§ 98 VAG 2016"*"* bei Eintritt des Leistungsfalles die Übertragung des Unverfallbarkeitsbetrages „gemäß Abs. 1"* von der betrieblichen Kollektivversicherung in eine Pensionskasse, bei der er bereits Berechtigter im Sinne des § 5 PKG ist, verlangen. *(*BGBl I 2012/54; **BGBl I 2015/34)*

(BGBl I 2005/8)

Einstellen, Aussetzen oder Einschränken der Prämienleistung

§ 6d. (1) Der Arbeitgeber kann die laufenden Prämienleistungen nur dann einstellen (Widerruf), wenn

1. dies im Kollektivvertrag, in der Betriebsvereinbarung oder im Vertragsmuster vorgesehen ist,

2. sich die wirtschaftliche Lage des Unternehmens nachhaltig so wesentlich verschlechtert, dass die Aufrechterhaltung der zugesagten Leistung eine Gefährdung des Weiterbestandes des Unternehmens zur Folge hätte und

3. in Betrieben, in denen ein zuständiger Betriebsrat besteht, mindestens drei Monate vor dem Einstellen der Beitragsleistung eine Beratung mit diesem Betriebsrat erfolgt ist. Zu dieser Beratung kann der Betriebsrat eine fachkundige Person beiziehen, die über alle ihr bekannt gewordenen Geschäfts- und Betriebsgeheimnisse Verschwiegenheit zu bewahren hat.

(2) Widerruft der Arbeitgeber, so bleibt dem Arbeitnehmer der Anspruch auf die Versicherungsleistung auf Grund allfälliger eigener Prämien und der bis zum Widerruf fälligen Prämien des Arbeitgebers erhalten.

(3) Der Arbeitnehmer kann nach Widerruf

1. die Umwandlung des Unverfallbarkeitsbetrages gemäß Abs. 2 in eine prämienfreie Versicherung verlangen; bei Eintritt des Leistungsfalles hat der Leistungsberechtigte gegenüber der Versicherung einen Anspruch, der sich aus den auf Grund des Versicherungsvertrages bis zur Beendigung des Arbeitsverhältnisses zu leistenden Prämien unter Berücksichtigung der bis zum Eintritt des Leistungsfalles auflaufenden Zinsengutschriften und Gewinnanteile ergibt;

2. die Übertragung des Unverfallbarkeitsbetrages gemäß Abs. 2 in eine Rentenversicherung ohne Rückkaufsrecht verlangen;

3. die Fortsetzung nur mit eigenen Beiträgen verlangen.

(4) Gibt der Arbeitnehmer binnen sechs Monaten keine Erklärung über die Verwendung seines Unverfallbarkeitsbetrages gemäß Abs. 2 ab, gilt § 6c Abs. 3.

(5) Sofern der Unverfallbarkeitsbetrag gemäß Abs. 2 im Zeitpunkt des Widerrufs den sich aus § 1 Abs. 2 und 2a PKG jeweils ergebenden Betrag nicht übersteigt, kann der Arbeitnehmer abgefunden werden; über sein Verlangen ist er abzufinden.

(6) Der Arbeitgeber kann die laufenden Prämienleistungen nur dann und so lange aussetzen oder einschränken, als

1. dies im Kollektivvertrag, in der Betriebsvereinbarung oder im Vertragsmuster vorgesehen ist,

2. zwingende wirtschaftliche Gründe vorliegen und

3. in Betrieben, in denen ein zuständiger Betriebsrat besteht, mindestens drei Monate vor dem Aussetzen oder Einschränken der Beitragsleistung eine Beratung mit diesem Betriebsrat erfolgt ist. Zu dieser Beratung kann der Betriebsrat eine fachkundige Person beiziehen, die über alle ihr bekannt gewordenen Geschäfts- und Betriebsgeheimnisse Verschwiegenheit zu bewahren hat.

(7) Werden Prämien des Arbeitgebers ausgesetzt oder eingeschränkt, so kann der Arbeitnehmer für denselben Zeitraum

1. seine Prämien aussetzen oder im selben Ausmaß einschränken,

2. seine Prämien in der bisherigen Höhe weiterzahlen oder

3. auch die Prämien des Arbeitgebers übernehmen.

(BGBl I 2005/8)

Wechsel in die Pensionskasse im aufrechten Arbeitsverhältnis

§ 6e. (1) Der/Die Arbeitnehmer/in kann, sofern dies im Kollektivvertrag, in der Betriebsvereinbarung oder im Vertragsmuster vorgesehen ist und der/die Arbeitgeber/in bereits einen Pensionskassenvertrag gemäß § 15 PKG abgeschlossen hat, nach nachweislicher Information gemäß § 18k VAG und § 19b PKG ab dem Jahr in dem er/sie das 55. Lebensjahr vollendet, gegenüber dem Versicherungsunternehmen und dem/der Arbeitgeber/in schriftlich erklären, dass vom/von der Arbeitgeber/in zum 1. Jänner des folgenden Kalenderjahres an Stelle der Prämienleistung in die betriebliche Kollektivversicherung die Zahlung von Beiträgen in derselben Höhe an die Pensionskasse zu erfolgen hat. Das Versicherungsunternehmen hat zum 1. Jänner des auf die Erklärung des/der Arbeitnehmers/in folgenden Kalenderjahres den Unverfallbarkeitsbetrag gemäß § 6c Abs. 1 in die Pensionskasse zu übertragen.

Fassung ab 1. 1. 2016 (BGBl I 2015/34):
(1) Der/Die Arbeitnehmer/in kann, sofern dies im Kollektivvertrag, in der Betriebsvereinbarung oder im Vertragsmuster vorgesehen ist und der/die Arbeitgeber/in bereits einen Pensionskassenvertrag gemäß § 15 PKG abgeschlossen hat, nach nachweislicher Information gemäß „§ 98 VAG 2016" und § 19b PKG ab dem Jahr in dem er/sie das 55. Lebensjahr vollendet, gegenüber dem Versicherungsunternehmen und dem/der Arbeitgeber/in schriftlich erklären, dass vom/von der Arbeitgeber/in zum 1. Jänner des folgenden Kalenderjahres an Stelle der Prämienleistung in die betriebliche Kollektivversicherung die Zahlung von Beiträgen in derselben Höhe an die Pensionskasse zu erfolgen hat. Das Versicherungsunternehmen hat zum 1. Jänner des auf die Erklärung des/der Arbeitnehmers/in folgenden Kalenderjahres den Unverfallbarkeitsbetrag gemäß § 6c Abs. 1 in die Pensionskasse zu übertragen. *(BGBl I 2015/34)*

(2) Die Erklärung des/der Arbeitnehmers/in nach Abs. 1 erster Satz muss bis 31. Oktober eines Kalenderjahres beim/bei der Arbeitgeber/in und dem Versicherungsunternehmen eingehen, damit die Beitragszahlung in die Pensionskasse und die Übertragung des Unverfallbarkeitsbetrages zum 1. Jänner des folgenden Kalenderjahres wirksam wird.

(3) Hat der/die Arbeitnehmer/in eigene Prämien geleistet, hat er/sie im Fall einer Verfügung nach Abs. 1 ab dem 1. Jänner des folgenden Kalenderjahres Beiträge in derselben Höhe in die Pensionskasse zu leisten.

(4) Der/Die Arbeitnehmer/in kann einen Wechsel in die Pensionskasse nach Abs. 1 als auch einen Wechsel in die betriebliche Kollektivversicherung nach § 5a Abs. 1 jeweils nur einmal verlangen. Mit Eintritt des Leistungsfalls ist der Wechsel in die Pensionskasse jedenfalls unwiderruflich.

(BGBl I 2012/54)

ABSCHNITT 3

Direkte Leistungszusage

Unverfallbarkeit

§ 7. (1) Mangels einer für den Arbeitnehmer günstigeren Vereinbarung wird bei Beendigung des Arbeitsverhältnisses die aus einer direkten Leistungszusage erworbene Anwartschaft für die Alters- und Hinterbliebenenversorgung unverfallbar, wenn

1. das Arbeitsverhältnis nicht durch Kündigung seitens des Arbeitnehmers, durch Entlassung aus Verschulden des Arbeitnehmers oder unbegründeten vorzeitigen Austritt endet,

24. BPG
§ 7

2. seit Erteilung der Leistungszusage fünf Jahre vergangen sind, und

3. sofern eine fünf Jahre übersteigende Wartezeit zulässig vereinbart wurde, diese abgelaufen ist.

(2) Der Rechtsanspruch auf eine Versorgungsleistung kann vom Ablauf einer Frist seit Erteilung der Leistungszusage (Wartezeit) abhängig gemacht werden. Diese Wartezeit darf bei Zusagen zur Alters-, Hinterbliebenen- und Invaliditätsversorgung den Zeitraum von zehn Jahren seit Erteilung der Leistungszusage, beruht die Invalidität jedoch auf Arbeitsunfall oder Berufskrankheit, den Zeitraum von fünf Jahren, nicht übersteigen.

(2a) Der Unverfallbarkeitsbetrag errechnet sich, sofern im folgenden nicht anderes bestimmt ist, nach dem Teilwertverfahen und den bei der Bildung der Rückstellung anzuwendenden versicherungsmathematischen Grundsätzen; für die Berechnung ist einerseits das Alter zum Zeitpunkt der Erteilung der Zusage, andererseits das Anfallsalter heranzuziehen; der Rechnungszinssatz beträgt 7 %; bei dieser Berechnung sind Veränderungen des Entgelts bis zum Zeitpunkt der Beendigung des Arbeitsverhältnisses zu berücksichtigen. Auch wenn in der Leistungszusage eine Berufsunfähigkeitspension (Invaliditätspension) vorgesehen ist, ist bei der Berechnung des Unverfallbarkeitsbetrages nur die Anwartschaft auf Alterspension bzw. vorzeitige Alterspension (unabhängig davon, ob der Anspruchsberechtigte das Anfallsalter als Aktiver, Invalider oder Alterspensionist erreicht) und die Anwartschaft auf Hinterbliebenenpension (unabhängig davon, ob der Anspruchsberechtigte als Aktiver, Invalider oder Alterspensionist verstirbt) zu berücksichtigen.

(2b) Bis 1. Juli 2000 ist für Arbeitnehmer, deren Arbeitsverhältnis frühestens fünf Jahre vor Erreichen des in der Leistungszusage festgelegten Pensionsanfallsalters endet, eine Vergleichsrechnung zwischen der Berechnungsvorschriften des § 7 Abs. 3 Z 1 BPG, in der Fassung des Artikels I des Bundesgesetzes BGBl. Nr. 282/1990, und dem Teilwertverfahren nach Abs. 2a anzustellen. Diese Arbeitnehmer haben Anspruch auf den sich aus der Vergleichsrechnung ergebenden höheren Betrag.

(3) Nach Beendigung des Arbeitsverhältnisses kann der Arbeitnehmer

1. die Übertragung des Unverfallbarkeitsbetrages (gemäß Abs. 2a und 2b) in die Pensionskasse, in eine betriebliche Kollektivversicherung oder in eine Gruppenrentenversicherung eines neuen Arbeitgebers oder in eine Rentenversicherung ohne Rückkaufsrecht verlangen; ist der Arbeitnehmer noch Anwartschaftsberechtigter in der Pensionskasse, betrieblichen Kollektivversicherung oder Gruppenrentenversicherung eines früheren Arbeitgebers, kann er die Übertragung des Unverfallbarkeitsbetrages in diese Pensionskasse, betriebliche Kollektivversicherung oder Gruppenrentenversicherung verlangen; *(BGBl I 2005/8)*

2. die Übertragung des Unverfallbarkeitsbetrages (gemäß Abs. 2a und 2b) in die direkte Leistungszusage eines neuen Arbeitgebers verlangen, wenn ein Arbeitgeberwechsel unter Wahrung der Pensionsansprüche aus dem bisherigen Arbeitsverhältnis stattfindet;

3. die Übertragung des Unverfallbarkeitsbetrages (gemäß Abs. 2a und 2b) in eine ausländische Altersversorgungseinrichtung verlangen, wenn der Arbeitnehmer seinen Arbeitsort dauernd ins Ausland verlegt;

4. die Erfüllung der Leistungszusage im Leistungsfall verlangen, wobei der Unverfallbarkeitsbetrag (gemäß Abs. 2a und 2b) in eine beitragsfrei gestellte Anwartschaft (Rechnungszinsfuß 6%) umzuwandeln ist; bei Eintritt des Leistungsfalls hat der Leistungsberechtigte einen Anspruch aus der beitragsfrei gestellten Anwartschaft, wobei eine allfällig vertraglich vereinbarte Valorisierung erst ab Eintritt des Leistungsfalles erfolgt.

(3a) Ist in der Leistungszusage eine Berufsunfähigkeitspension (Invaliditätspension) vorgesehen, kann der ehemalige Arbeitnehmer bei Eintritt der Berufsunfähigkeit (Invalidität) eine Leistung aus der beitragsfrei gestellten Anwartschaft (Abs. 3 Z 4) verlangen. Diese Leistung ergibt sich aus der versicherungsmathematischen Umwandlung der Rückstellung für die beitragsfrei gestellte Anwartschaft in eine sofort beginnende Berufsunfähigkeitspension (Invaliditätspension) unter Berücksichtigung der Hinterbliebenenansprüche.

(4) Hat der Arbeitnehmer für den Erwerb einer Anwartschaft eigene Zahlungen geleistet, so werden diese Zahlungen einschließlich der darauf entfallenden Verzinsung durch den Rechnungszinsfuß in der Höhe von 6% jedenfalls unverfallbar und sind ihm auf Verlangen nach Beendigung des Arbeitsverhältnisses zurückzuzahlen.

(5) Gibt der Arbeitnehmer binnen sechs Monaten keine Erklärung über die Verwendung seines Unverfallbarkeitsbetrages ab, ist die Leistungszusage mit Eintritt des Leistungsfalles zu erfüllen (Abs. 3 Z 4).

(6) Sofern der Unverfallbarkeitsbetrag ungeachtet allfälliger Anteile aus eigenen Zahlungen des Arbeitnehmers im Zeitpunkt der Beendigung des Arbeitsverhältnisses den sich aus § 1 Abs. 2 und 2a PKG jeweils ergebenden Betrag nicht übersteigt, kann der Arbeitnehmer abgefunden werden; über sein Verlangen ist er abzufinden.

(6a) Als Forderung „im Insolvenzverfahren" kann der Unverfallbarkeitsbetrag ohne betragliche Beschränkung ausbezahlt werden. *(BGBl I 2010/58)*

(7) Die Abtretung oder Verpfändung von Anwartschaften im Sinne der §§ 7 und 8 ist rechtsun-

wirksam. Für die Pfändung gilt die Exekutionsordnung. *(BGBl 1996/754)*

Einstellen, Aussetzen oder Einschränken des Erwerbs künftiger Anwartschaften

§ 8. (1) Sofern Normen der kollektiven Rechtsgestaltung oder Einzelvereinbarungen, die vor Inkrafttreten dieses Bundesgesetzes abgeschlossen wurden, nicht anderes bestimmen, kann der Arbeitgeber den Erwerb künftiger Anwartschaften nur dann einstellen (Widerruf), wenn
1. dies in Normen der kollektiven Rechtsgestaltung vorgesehen ist oder schriftlich vereinbart wurde,
2. sich die wirtschaftliche Lage des Unternehmens nachhaltig so wesentlich verschlechtert, daß die Aufrechterhaltung der zugesagten Leistung eine Gefährdung des Weiterbestandes des Unternehmens zur Folge hätte und
3. in Betrieben, in denen ein zuständiger Betriebsrat besteht, mindestens drei Monate vor dem Einstellen des Erwerbs künftiger Anwartschaften eine Beratung mit diesem Betriebsrat erfolgt ist. Zu dieser Beratung kann der Betriebsrat eine fachkundige Person beiziehen, die über alle ihr bekannt gewordenen Geschäfts- und Betriebsgeheimnisse Verschwiegenheit zu bewahren hat.

(2) Dem Arbeitnehmer bleibt die seit Erteilung der Leistungszusage bis zum Widerruf erworbene Anwartschaft erhalten, wenn seit Erteilung der Leistungszusage fünf Jahre vergangen sind, und sofern eine fünf Jahre übersteigende Wartezeit (§ 7 Abs. 2) zulässig vereinbart wurde, diese abgelaufen ist. *(BGBl 1996/754)*

(3) Bei Eintritt des Leistungsfalles hat der Leistungsberechtigte einen Anspruch aus der im Zeitpunkt des Widerrufs beitragsfrei gestellten Anwartschaft (gemäß § 7 Abs. 2a und 2b), wobei eine allfällig vertraglich vereinbarte Valorisierung erst ab Eintritt des Leistungsfalles erfolgt. *(BGBl 1996/754)*

(4) Hat der Arbeitnehmer für den Erwerb einer Anwartschaft eigene Zahlungen geleistet, so werden diese Zahlungen einschließlich der darauf entfallenden Verzinsung durch den Rechnungszinsfuß in der Höhe von 6% jedenfalls unverfallbar und sind ihm auf Verlangen nach Widerruf zurückzuzahlen. *(BGBl 1996/754)*

(5) Sofern der Unverfallbarkeitsbetrag ungeachtet allfälliger Anteile aus eigenen Zahlungen des Arbeitnehmers im Zeitpunkt des Widerrufs den sich aus § 1 Abs. 2 und 2a PKG jeweils ergebenden Betrag nicht übersteigt, kann der Arbeitnehmer abgefunden werden; über sein Verlangen ist er abzufinden. *(BGBl 1996/754)*

(6) Sofern Normen der kollektiven Rechtsgestaltung oder Einzelvereinbarungen, die vor Inkrafttreten dieses Bundesgesetzes abgeschlossen wurden, nicht anderes bestimmen, kann der Arbeitgeber den Erwerb künftiger Anwartschaften nur dann und so lange aussetzen oder einschränken, als
1. dies in Normen der kollektiven Rechtsgestaltung vorgesehen ist oder schriftlich vereinbart wurde,
2. zwingende wirtschaftliche Gründe vorliegen und
3. in Betrieben, in denen ein zuständiger Betriebsrat besteht, mindestens drei Monate vor dem Aussetzen oder Einschränken des Erwerbs künftiger Anwartschaften eine Beratung mit diesem Betriebsrat erfolgt ist. Zu dieser Beratung kann der Betriebsrat eine fachkundige Person beiziehen, die über alle ihr bekannt gewordenen Geschäfts- und Betriebsgeheimnisse Verschwiegenheit zu bewahren hat.

(7) Setzt der Arbeitgeber den künftigen Erwerb von Anwartschaften aus oder schränkt er ihn ein, so kann der Arbeitnehmer für denselben Zeitraum seine Beiträge aussetzen oder im selben Ausmaß einschränken.

(8) Durch das Aussetzen oder Einschränken des Erwerbs künftiger Anwartschaften wird der Ablauf der Wartezeit und der Unverfallbarkeitsfrist (Abs. 2) nicht berührt.

Aussetzen oder Einschränken von Leistungen

§ 9. Sofern Normen der kollektiven Rechtsgestaltung oder Einzelvereinbarungen, die vor Inkrafttreten dieses Bundesgesetzes abgeschlossen wurden, nicht anderes bestimmen, können Leistungen nur dann und so lange ausgesetzt oder eingeschränkt werden, als die Voraussetzungen des § 8 Abs. 6 Z 1 und 2 vorliegen und wenn der Arbeitgeber von dem ihm eingeräumten Recht Gebrauch gemacht hat, den Erwerb künftiger Anwartschaften einzustellen, auszusetzen oder einzuschränken; „soweit Leistungen durch Wertpapiere (§ 11) gedeckt sind, dürfen sie nicht ausgesetzt oder eingeschränkt werden; diese Wertpapiere dürfen weder verpfändet noch veräußert werden." *(BGBl 1996/754)*

Wertanpassung

§ 10. Wurde die Wertanpassung weder ausgeschlossen noch etwas anderes vereinbart, so sind Leistungen aus direkten Leistungszusagen vom Arbeitgeber jährlich mit dem Anpassungsfaktor gemäß § 108f des Allgemeinen Sozialversicherungsgesetzes, BGBl. Nr. 189/1955, aufzuwerten. Diese Anpassung kann unterbleiben, wenn die wirtschaftliche Lage des Unternehmens eine Wertanpassung nicht erlaubt und in Betrieben, in denen ein zuständiger Betriebsrat besteht, eine Beratung mit diesem Betriebsrat erfolgt ist.

24. BPG
§§ 11 – 13

Wertpapierdeckung und Insolvenz

§ 11. (1) Sofern für direkte Leistungszusagen Pensionsrückstellungen nach § 211 Abs. 2 des Unternehmensgesetzbuches (UGB), dRGBl. Nr. 219/1897, zu bilden sind, sind diese in dem sich nach den Vorschriften des § 14 Abs. 7 Einkommensteuergesetz 1988 (EStG 1988), BGBl. Nr. 400, unter Berücksichtigung des § 116 Abs. 4 EStG 1988 ergebenden Ausmaß mit Wertpapieren zu decken. Die Wertpapiere bilden im Insolvenzverfahren des Arbeitgebers eine Sondermasse (§ 48 Abs. 1 der Insolvenzordnung - IO -, RGBl. Nr. 337/1914) für die Ansprüche der Anwartschafts- und Leistungsberechtigten aus einer direkten Leistungszusage. *(BGBl I 2010/58, vgl die Übergangsbestimmung in Art VI Abs 1 Z 10)*

(1a) Auf die nach Abs. 1 geforderte Wertpapierdeckung können Ansprüche aus einer vom/von der Arbeitgeber/in geschlossenen und dem § 14 Abs. 7 EStG 1988 entsprechenden Rückdeckungsversicherung in dem sich aus dieser Bestimmung ergebenden Ausmaß angerechnet werden. *(BGBl I 2012/54)*

(2) Die Wertpapierdeckung darf nur zur Befriedigung der Ansprüche der Anwartschafts- und Leistungsberechtigten aus der direkten Leistungszusage vermindert werden, wobei das in Abs. 1 geforderte Ausmaß nicht unterschritten werden darf. Die Wertpapiere im Sinne des Abs. 1 sind außer zur Befriedigung der Ansprüche der Anwartschafts- und Leistungsberechtigten der Exekution entzogen.

(3) Im Falle einer Insolvenz des Arbeitgebers gebührt der Erlös aus der Veräußerung der Wertpapiere insoweit dem „Insolvenz-Entgelt-Fonds", als die Ansprüche gegen den Arbeitgeber gemäß § 11 Insolvenz-Entgeltsicherungsgesetz (IESG), BGBl. Nr. 324/1977, auf den „Insolvenz-Entgelt-Fonds" übergehen. Der übrige Verkaufserlös steht den Anwartschafts- und Leistungsberechtigten, insoweit ihre Ansprüche nicht nach § 11 IESG auf den „Insolvenz-Entgelt-Fonds" übergehen, entsprechend der Höhe ihrer Unverfallbarkeitsbeträge oder Leistungsansprüche zu. *(BGBl I 2008/82)*

(4) Die Wertpapiere im Sinne des Abs. 1 sind zum Zweck der Deckung der Pensionsrückstellungen für direkte Leistungszusagen bei einem Kreditinstitut, das gemäß der Richtlinie 2006/48/EG zur Ausübung dieser Tätigkeit ordnungsgemäß zugelassen ist, zu verwahren. Die Wertpapiere im Sinne des Abs. 1 sind jedenfalls getrennt von allfälligen weiteren Wertpapierdepots, die der/die Arbeitgeber/in bei demselben Kreditinstitut hält, zu führen. *(BGBl I 2012/54)*

(BGBl 1996/754)

ABSCHNITT 4

Lebensversicherung

Allgemeine Bestimmungen

§ 12. (1) Besteht die Leistungszusage im Abschluß eines Versicherungsvertrages, dessen Begünstigte der Arbeitnehmer und seine Hinterbliebenen sind, so ist eine Änderung der Bezugsberechtigung ohne Zustimmung des Arbeitnehmers rechtsunwirksam. Das Recht des Arbeitnehmers zur Benennung der bezugsberechtigten Hinterbliebenen bleibt unberührt.

(2) Die Abtretung oder Verpfändung von Ansprüchen auf Versicherungsleistungen ist rechtsunwirksam. Für die Pfändung gilt die Exekutionsordnung. *(BGBl 1996/754)*

Unverfallbarkeit

§ 13. (1) Bei Beendigung des Arbeitsverhältnisses vor Eintritt des Leistungsfalles bleibt dem Arbeitnehmer der Anspruch auf die Versicherungsleistung aus dem Versicherungsvertrag erhalten. Der Arbeitnehmer kann nach Beendigung des Arbeitsverhältnisses

1. die Umwandlung der Versicherung in eine prämienfreie Versicherung verlangen; bei Eintritt des Leistungsfalles hat der Leistungsberechtigte gegenüber der Versicherung einen Anspruch, der sich aus den aufgrund des Versicherungsvertrages bis zur Beendigung des Arbeitsverhältnisses zu leistenden Prämien unter Berücksichtigung der bis zum Eintritt des Leistungsfalles auflaufenden Zinsengutschriften und Gewinnanteile ergibt;

2. die Übertragung des Rückkaufswertes im Zeitpunkt der Beendigung des Arbeitsverhältnisses in die Pensionskasse, in betriebliche Kollektivversicherung oder in eine Gruppenrentenversicherung eines neuen Arbeitgebers verlangen; *(BGBl I 2005/8)*

3. die Übertragung des Rückkaufswertes im Zeitpunkt der Beendigung des Arbeitsverhältnisses in eine ausländische Altersversorgungseinrichtung verlangen, wenn der Arbeitnehmer seinen Arbeitsort dauernd ins Ausland verlegt;

4. die Fortsetzung der Versicherung mit eigenen Prämien verlangen.

(2) Gibt der Arbeitnehmer binnen sechs Monaten keine Erklärung über die Verwendung seines Anspruches ab, so ist die Versicherung in eine prämienfreie Versicherung (Abs. 1 Z 1) umzuwandeln.

(3) Sofern der Rückkaufswert im Zeitpunkt der Beendigung des Arbeitsverhältnisses den sich aus § 1 Abs. 2 und 2a PKG jeweils ergebenden Betrag nicht übersteigt, ist dem Arbeitnehmer auf sein Verlangen der Rückkaufswert auszuzahlen. *(BGBl 1996/754)*

Einstellen, Aussetzen oder Einschränken der Prämienleistung

§ 14. (1) Der Arbeitgeber kann seine Prämienleistung nur unter den im § 8 Abs. 1 Z 1 bis 3 genannten Voraussetzungen einstellen (Widerruf). Widerruft der Arbeitgeber, so bleibt dem Arbeitnehmer der Anspruch auf die Versicherungsleistung aufgrund allfälliger eigener Prämien und der bis zum Widerruf fälligen Prämien des Arbeitgebers erhalten. Der Arbeitnehmer kann nach Widerruf

1. die Umwandlung der Versicherung in eine prämienfreie Versicherung verlangen; bei Eintritt des Leistungsfalles hat der Leistungsberechtigte gegenüber der Versicherung einen Anspruch, der sich aus den aufgrund des Versicherungsvertrages bis zum Zeitpunkt des Widerrufs zu leistenden Prämien unter Berücksichtigung der bis zum Eintritt des Leistungsfalles auflaufenden Zinsengutschriften und Gewinnanteile ergibt;

2. die Fortsetzung der Versicherung mit eigenen Prämien verlangen.

(2) Gibt der Arbeitnehmer binnen sechs Monaten keine Erklärung über die Verwendung seines Anspruches ab, so ist die Versicherung in eine prämienfreie Versicherung (Abs. 1 Z 1) umzuwandeln.

(3) Sofern der Rückkaufswert im Zeitpunkt des Widerrufs den sich aus § 1 Abs. 2 und 2a PKG jeweils ergebenden Betrag nicht übersteigt, ist dem Arbeitnehmer auf sein Verlangen der Rückkaufswert auszuzahlen. *(BGBl 1996/754)*

(4) Der Arbeitgeber kann seine Prämienleistung nur unter den im § 8 Abs. 6 Z 1 bis 3 genannten Voraussetzungen aussetzen oder einschränken.

(5) Werden Prämienleistungen des Arbeitgebers ausgesetzt oder eingeschränkt, so kann der Arbeitnehmer für denselben Zeitraum

1. seine Prämien in der bisherigen Höhe weiterzahlen;

2. seine Prämienleistung aussetzen oder im selben Ausmaß einschränken oder

3. auch die Prämien des Arbeitgebers übernehmen.

(6) Hat sich der Arbeitnehmer verpflichtet, eigene Prämien zu leisten, kann er seine Prämienleistung jederzeit einstellen oder für einen Zeitraum von mindestens zwei Jahren aussetzen oder einschränken.

ABSCHNITT 5
Unterstützungs- oder sonstige Hilfskassen

§ 15. Hat der Arbeitnehmer bei Beendigung des Arbeitsverhältnisses bereits mindestens fünf Jahre zum Kreis der Begünstigten einer Unterstützungs- oder sonstigen Hilfskasse gehört, so ist er bei Eintritt des Leistungsfalles den im Unternehmen verbliebenen Arbeitnehmern gleichzustellen, wobei sich sein Anspruch aus dem Verhältnis der im Unternehmen zugebrachten Dienstzeit zum Zeitraum zwischen Eintritt in das Unternehmen und Eintritt des Leistungsfalles ergibt.

ABSCHNITT 6
Allgemeine Bestimmungen

Anrechnungs- und Auszehrungsverbot

§ 16. (1) Die in diesem Bundesgesetz geregelten Versorgungsleistungen dürfen durch Versorgungsleistungen, die auf Beiträgen der Leistungsberechtigten beruhen, nicht gemindert werden. Dies gilt nicht für Leistungen aus der gesetzlichen Pensionsversicherung, soweit sie auf Pflichtbeiträgen beruhen, sowie für Versorgungsleistungen, die zumindest zur Hälfte auf Beiträgen oder Zuschüssen des Arbeitgebers beruhen.

(2) Der Wert des vom Arbeitgeber zu erbringenden Teils der Gesamtversorgung, der sich im Zeitpunkt des Leistungsfalls ergibt, darf durch eine spätere Erhöhung von anrechenbaren Versorgungsleistungen nicht gemindert werden.

§ 16a. (1) Sofern Einzelvereinbarungen oder Normen, die den Anspruch auf Betriebspension begründen, nicht anderes vorsehen, ist hinsichtlich der betrieblichen Pensionszusagen

1. die Inanspruchnahme einer Gleitpension aus einer gesetzlichen Pensionsversicherung der Beendigung des Arbeitsverhältnisses wegen Inanspruchnahme einer vorzeitigen Alterspension bei langer Versicherungsdauer aus einer gesetzlichen Pensionsversicherung und

2. die Beendigung des Arbeitsverhältnisses wegen Inanspruchnahme einer vorzeitigen Alterspension wegen geminderter Arbeitsfähigkeit aus einer gesetzlichen Pensionsversicherung der Beendigung des Arbeitsverhältnisses wegen Inanspruchnahme einer Invaliditätspension aus einer gesetzlichen Pensionsversicherung gleichgestellt.

Wird das Arbeitsverhältnis unter Inanspruchnahme einer Gleitpension fortgesetzt, endet der Erwerb neuer Pensionsanwartschaften mit der Herabsetzung der Arbeitszeit auf ein im § 253c Abs. 2 ASVG genanntes Ausmaß.

(2) Bei betrieblichen Pensionszusagen, die auf eine Gesamtversorgung unter Anrechnung von Leistungen aus einer gesetzlichen Pensionsversicherung gerichtet sind, ist mangels einer für den Arbeitnehmer günstigeren Vereinbarung von der zugesagten Gesamtversorgung die sich zum Zeitpunkt der Inanspruchnahme der Gleitpension ergebende vorzeitige Alterspension bei langer Versicherungsdauer in Abzug zu bringen.

(3) Wird das Arbeitsverhältnis bei Inanspruchnahme einer Gleitpension mit einer im Sinne des § 253c Abs. 2 ASVG verminderten Arbeitszeit

fortgesetzt, so kann abweichend von der betrieblichen Pensionszusage vereinbart werden, daß die Betriebspension längstens bis zur Beendigung des Arbeitsverhältnisses ganz oder teilweise ruht.

(4) Die Abs. 1 bis 3 gelten auch für Leistungszusagen und Leistungen im Sinne des § 1 Abs. 3 Z 2.

(BGBl 1993/335)

Auskunftspflicht

§ 17. (1) Der Arbeitgeber hat dem Arbeitnehmer auf Verlangen jährlich Auskunft über das Ausmaß der Anwartschaft zum Bilanzstichtag zu erteilen sowie darüber, in welcher Höhe er Leistungen bei Eintritt des Leistungsfalles beanspruchen kann.

(2) Die Verpflichtung zur Auskunftserteilung im Sinne des Abs. 1 trifft bei zugesagten Pensionskassenleistungen die Pensionskasse, bei Lebensversicherungen oder betrieblichen Kollektivversicherungen das Versicherungsunternehmen.

(BGBl I 2005/8)

Gleichbehandlungsgebot

§ 18. (1) Der Arbeitgeber hat den arbeitsrechtlichen Gleichbehandlungsgrundsatz einzuhalten und ist verpflichtet, bei Einschränkung oder Widerruf von Rechten nach diesem Bundesgesetz Leistungs- und und Anwartschaftsberechtigte nach ausgewogenen, willkürliche oder sachfremde Differenzierungen zwischen Arbeitnehmern oder Arbeitnehmergruppen ausschließenden Grundsätzen zu behandeln.

(2) Bei Leistungszusagen gemäß Abschnitt 2 oder 2a muss den Arbeitnehmern oder Arbeitnehmergruppen des Betriebes eine ausgewogene, willkürliche und sachfremde Differenzierungen ausschließende Beteiligung am Pensionskassensystem oder System der betrieblichen Kollektivversicherung ermöglicht werden. *(BGBl I 2005/8)*

(3) Verstöße gegen das Gleichbehandlungsgebot gemäß Abs. 1 und 2 bewirken einen Angleichungsanspruch des in seinen Rechten Geschmälerten.

Unabdingbarkeit

§ 19. Die Rechte, die dem Arbeitnehmer aufgrund der §§ 2 bis 18 zustehen, dürfen – soweit sich aus diesem Bundesgesetz nicht anderes ergibt – durch Arbeitsvertrag oder Normen der kollektiven Rechtsgestaltung weder aufgehoben noch beschränkt werden.

§ 20. (1) Zum Zeitpunkt des Inkrafttretens dieses Bundesgesetzes anhängige Verwaltungsverfahren nach § 3 Abs. 2 oder 3 in der Fassung des Artikels I des Bundesgesetzes BGBl. Nr. 282/1990 sind nach der bisherigen Rechtslage weiterzuführen.

(2) Die in diesem Bundesgesetz enthaltenen Verweise auf andere Bundesgesetze gelten als Verweis auf die jeweils geltende Fassung, soweit in den einzelnen Verweisen nicht auf eine bestimmte Fassung verwiesen wird.

(3) Soweit in diesem Bundesgesetz personenbezogene Bezeichnungen noch nicht geschlechtsneutral formuliert sind, gilt die gewählte Form für beide Geschlechter. *(BGBl I 2012/54)*

(4) Im Zeitpunkt des Inkrafttretens des Bundesgesetzes BGBl. Nr. 754/1996 bestehende, für die Arbeitnehmer günstigere Regelungen in Betriebsvereinbarungen oder Einzelvereinbarungen für die Übertragung eines Unverfallbarkeitsbetrages gemäß § 5 Abs. 2 werden durch die Bestimmungen des Bundesgesetzes BGBl. Nr. 754/1996 nicht berührt, sofern diese Betriebsvereinbarungen (Einzelvereinbarung) im Zeitpunkt des Inkrafttretens des Bundesgesetzes BGBl. Nr. 754/1996 für den Arbeitnehmer gegolten haben (hat).

(BGBl 1996/754)

Artikel II – IV

(nicht abgedruckt, da die Änderungen andere Gesetze betreffen)

Artikel V
Übergangs- und Schlußbestimmungen

(1) Dieses Bundesgesetz ist auf Leistungszusagen nicht anzuwenden, die vor dem 1. Jänner 1989 gemacht wurden und von Pensionskassen zu erfüllen sind, die zu diesem Zeitpunkt bereits errichtet waren.

(2) Vereinbarungen nach § 3 des Betriebspensionsgesetzes (Artikel I) können den Stichtag für Übertragung von Anwartschaften und Leistungen auf Pensionskassen rückwirkend, längstens aber auf den Beginn des laufenden Wirtschaftsjahres des Arbeitgebers festlegen.

(3) Auf Leistungszusagen, die vor Inkrafttreten dieses Bundesgesetzes gemacht wurden, ist dieses Bundesgesetz nur hinsichtlich der nach seinem Inkrafttreten erworbenen Anwartschaften anzuwenden. Für die Erfüllung der Wartezeit und des Fünfjahreszeitraums gemäß Artikel I § 7 Abs. 1 Z 2 und § 8 Abs. 2 zählen auch Anwartschaftszeiten, die vor Inkrafttreten dieses Bundesgesetzes liegen. In Unterstützungs- und sonstigen Hilfskassen, die bereits vor Inkrafttreten dieses Bundesgesetzes bestanden haben, bleiben von Artikel I § 15 abweichende Regelungen hinsichtlich der im Zeitpunkt des Inkrafttretens bereits erworbenen Anwartschaften unberührt.

(4) Vor dem 1. Jänner 1990 bestehende Regelungen in direkten Leistungszusagen, die abweichend von Artikel I dieses Bundesgesetzes
1. eine längere Wartezeit,
2. den Verlust der erworbenen Anwartschaften bei einvernehmlicher Auflösung des Arbeitsverhältnisses oder bei Arbeitgeberkündigung aufgrund eines in einem Disziplinarverfahren festgestellten schuldhaften Verhaltens des Arbeitnehmers,
3. den Widerruf von Leistungen wegen eines Verhaltens des Leistungsberechtigten, das ihn des Vertrauens seines früheren Arbeitgebers unwürdig erscheinen läßt (insbesondere wegen Verstoßes gegen bestehende Konkurrenzklauseln),
vorsehen, bleiben unberührt.

(5) Der Unverfallbarkeitsbetrag im Sinne des Artikel I § 7 Abs. 3 Z 1 entspricht bei direkten Leistungszusagen den nach den Berechnungsvorschriften des § 14 Abs. 7 Z 1 bis 4 und 6 EStG 1988 vom Zeitpunkt des Inkrafttretens dieses Bundesgesetzes bis zur Beendigung des Arbeitsverhältnisses zu bildenden Rückstellungen.

(6) Artikel I § 10 ist auf Leistungen aus direkten Leistungszusagen, die vor Inkrafttreten dieses Bundesgesetzes gemacht wurden, nicht anzuwenden.

(7) Artikel IV dieses Bundesgesetzes ist auf Insolvenzen im Sinne des § 1 Abs. 1 des Insolvenz-Entgeltsicherungsgesetzes, die vor Inkrafttreten dieses Bundesgesetzes eingetreten sind, nicht anzuwenden. Die Frist nach § 6 Abs. 1 des Insolvenz-Entgeltsicherungsgesetzes für Ansprüche nach Artikel IV Z 2 lit. a endet frühestens vier Monate nach Kundmachung dieses Bundesgesetzes.

(8) Soweit in diesem Bundesgesetz auf andere Bundesgesetze verwiesen wird, sind diese in der jeweils geltenden Fassung anzuwenden.

(9) Artikel V Abs. 5 in der Fassung des Bundesgesetzes BGBl. Nr. 754/1996 tritt mit 1. Jänner 1997 in Kraft.
(BGBl 1996/754)

(10) Ehemalige Arbeitnehmer/innen, für die zum Stichtag 31. Dezember 2012 eine beitragsfrei gestellte Anwartschaften geführt wird, können bis 30. Juni 2013 schriftlich die neuerliche Umwandlung der Anwartschaft in einen Unverfallbarkeitsbetrag und dessen Abfindung verlangen wenn:
1. der in eine beitragsfrei gestellte Anwartschaft umgewandelte Unverfallbarkeitsbetrag gemäß § 5 Abs. 1a im Zeitpunkt der Beendigung des Arbeitsverhältnisses den sich aus § 1 Abs. 2 und 2a PKG in der zum Zeitpunkt der Beendigung des Arbeitsverhältnisses geltenden Fassung jeweils ergebenden Betrag nicht überschritten hat,
2. der nach Umwandlung dieser Anwartschaft neuerlich ermittelte Unverfallbarkeitsbetrag nicht den zum 31. Dezember 2012 maßgeblichen Betrag nach § 1 Abs. 2 und 2a PKG übersteigt, und
3. der/die Arbeitnehmer/in nicht die Übertragung dieser Anwartschaft gemäß § 5 Abs. 3 zweiter Satz verlangen kann.
(BGBl I 2012/54)

(11) Ehemalige Arbeitnehmer/innen, für die zum Stichtag 31. Dezember 2012 eine prämienfreie Versicherung geführt wird, können bis 30. Juni 2013 schriftlich die neuerliche Umwandlung der Anwartschaft in einen Unverfallbarkeitsbetrag und dessen Abfindung verlangen wenn:
1. der in eine prämienfreie Versicherung umgewandelte Unverfallbarkeitsbetrag gemäß § 6c Abs. 1 im Zeitpunkt der Beendigung des Arbeitsverhältnisses den sich aus § 1 Abs. 2 und 2a PKG in der zum Zeitpunkt der Beendigung des Arbeitsverhältnisses geltenden Fassung jeweils ergebenden Betrag nicht überschritten hat,
2. der nach Umwandlung dieser Anwartschaft neuerlich ermittelte Unverfallbarkeitsbetrag nicht den zum 31. Dezember 2012 maßgeblichen Betrag nach § 1 Abs. 2 und 2a PKG übersteigt, und
3. der/die Arbeitnehmer/in nicht die Übertragung dieser Versicherung gemäß § 6c Abs. 3 zweiter Satz verlangen kann.
(BGBl I 2012/54)

Artikel VI
Inkrafttreten und Vollziehung

(1) 1. Dieses Bundesgesetz tritt mit Juli 1990 in Kraft.
2. § 16a in der Fassung des Bundesgesetzes BGBl. Nr. 335/1993 tritt mit 1. Juli 1993 in Kraft.
(BGBl 1993/335)
3. § 1 Abs. 3, § 3, § 4, § 5, § 6, § 7, § 8 Abs. 2 bis 5, § 9 letzter Halbsatz, § 11, § 12 Abs. 2, § 13 Abs. 3, § 14 Abs. 3 und § 20 in der Fassung des Bundesgesetzes BGBl. Nr. 754/1996 treten mit 1. Jänner 1997 in Kraft. *(BGBl 1996/754)*
4. Für Übertragungen gemäß § 48 PKG von Anwartschaften und Leistungsverpflichtungen aus direkten Leistungszusagen in Kollektivverträgen tritt § 3 in der Fassung des Bundesgesetzes BGBl. Nr. 754/1996 rückwirkend mit 1. Juli 1996 in Kraft, wobei für bis zum 31. Dezember 1996 begonnene Übertragungen anstelle des Stichtages 1. Jänner 1997 im § 3 Abs. 1a der 1. Jänner 1996 zu treten hat. *(BGBl 1996/754)*
5. § 3 Abs. 4 vorletzter und letzter Satz in der Fassung des Bundesgesetzes BGBl. I.

24. BPG

Nr. 139/1997 treten mit 1. Jänner 1998 in Kraft. *(BGBl I 1997/139)*

6. § 3 Abs. 4 in der Fassung des Bundesgesetzes BGBl. I Nr. 51/2002 tritt mit 1. Jänner 2002 in Kraft. *(BGBl I 2002/51)*

7. Die §§ 2 Z 1, 3 Abs. 1 Z 1, 5 Abs. 2 Z 2 und Abs. 5, Abschnitt 2a, 7 Abs. 3 Z 1, 13 Abs. 1 Z 2, 17 Abs. 2 und 18 Abs. 2 in der Fassung des Bundesgesetzes BGBl. I Nr. 8/2005 treten mit 23. September 2005 in Kraft. *(BGBl I 2005/8)*

8. § 11 Abs. 3 in der Fassung des Bundesgesetzes BGBl. I Nr. 82/2008 tritt mit 1. Juli 2008 in Kraft. *(BGBl I 2008/82)*

9. § 1 Abs. 2 in der Fassung des Bundesgesetzes BGBl. I Nr. 22/2009 tritt mit 1. April 2009 in Kraft. *(BGBl I 2009/22)*

10. Die §§ 7 Abs. 6a und 11 Abs. 1 in der Fassung des Bundesgesetzes BGBl. I Nr. 58/2010 treten mit 1. August 2010 in Kraft. § 11 Abs. 1 in der Fassung des Bundesgesetzes BGBl. I Nr. 58/2010 gilt für Insolvenzverfahren, die nach dem 31. Juli 2010 eröffnet oder wieder aufgenommen werden. *(BGBl I 2010/58)*

11. § 1 Abs. 5, § 2 Z 1, § 3 Abs. 1 erster Satz und Z 2 und Z 2a und Abs. 4 vorletzter und letzter Satz, § 5 Abs. 1 zweiter Satz und Abs. 1a Z 2 und Abs. 2 Z 2 und Z 2a und Abs. 3 und Abs. 4 vorletzter und letzter Satz und Abs. 5, § 5a samt Überschrift, § 6a Abs. 1 Z 2 und Z 2a und Abs. 4 vorletzter und letzter Satz, § 6c Abs. 2 Z 2 und Z 2a und Abs. 3 bis Abs. 5, § 6e samt Überschrift, § 11 Abs. 1a und Abs. 4, § 20 Abs. 3, Artikel V Abs. 10 und 11 sowie Artikel VI Abs. 2 Z 3 in der Fassung des Bundesgesetzes BGBl. I Nr. 54/2012 treten mit 1. Jänner 2013 in Kraft. § 5 Abs. 1 zweiter Satz gilt nur für Arbeitsverhältnisse, deren vertraglich vereinbarter Beginn nach dem 31. Dezember 2012 liegt. *(BGBl I 2012/54)*

12. § 3 Abs. 4 und § 6a Abs. 4 in der Fassung des Bundesgesetzes BGBl. I Nr. 67/2013 treten mit 1. Juli 2013 in Kraft. *(BGBl I 2013/67)*

13. Die §§ 3 Abs. 4 und 6a Abs. 4 in der Fassung des Bundesgesetzes BGBl. I Nr. 138/2013 treten mit 1. Jänner 2014 in Kraft. *(BGBl I 2013/138)*

14. § 2 Z 1, § 5 Abs. 5, § 5a Abs. 1, § 6a Abs. 1, § 6c Abs. 5 und § 6e Abs. 1 in der Fassung des Bundesgesetzes BGBl. I Nr. 34/2015 treten mit 1. Jänner 2016 in Kraft. *(BGBl I 2015/34)*

(2) Mit der Vollziehung sind betraut:

1. hinsichtlich Artikel I § 4, § 11 Abs. 1 Satz 1 und sowie Abs. 2 und § 12 Abs. 2 der Bundesminister für Justiz;

2. hinsichtlich Artikel I § 11 Abs. 3 der Bundesminister für Finanzen;

3. hinsichtlich aller übrigen Bestimmungen dieses Bundesgesetzes der Bundesminister für „Arbeit, Soziales und Konsumentenschutz". *(BGBl I 2012/54)*

Verordnung (EWG) Nr. 1534/91 des Rates vom 31. Mai 1991 über die Anwendung von Artikel 81 Absatz 3 des Vertrages auf bestimmte Gruppen von Vereinbarungen, Beschlüssen und aufeinander abgestimmten Verhaltensweisen im Bereich der Versicherungswirtschaft

ABl L 143 vom 7. 6. 1991 idF

1 ABl L 1 vom 4. 1. 2003 (VO (EG) Nr. 1/2003)

STICHWORTVERZEICHNIS

Anhörung 6
Ausschuß, Beratender für Kartell- und Monopolfragen 6
Deckung, gemeinsame 1 (1) lit c
Freistellung 1 (1), 4
Gruppenvereinbarungen 1 (1)
Kommission 1 (1), 5 - 8
Nichtanwendbarerklärung 1 (1), 4
Parlament, Europäisches 8
Rat 8
Rechtsstreitigkeiten 4 (3)
Risikoprämien, gemeinsame 1 (1) lit a

Rückwirkung 3
Schadenersatzansprüche 4 (3)
Schadensfallabwicklung 1 (1) lit d
Sicherheitsvorkehrungen 1 (1) lit e
Unternehmensbeschlüsse 1 (1)
Unvereinbarkeit 7
Verordnung
– Aufhebung 2
– der Kommission 1 (1) (2)
– Dauer 2
Verordnungsentwurf 5
Versicherungsbedingungen, Muster 1 (1) lit b
Verzeichnisse erhöhter Risiken 1 (1) lit f
Zusammenarbeit 1 (1)

DER RAT DER EUROPÄISCHEN GEMEINSCHAFTEN –

gestützt auf den Vertrag zur Gründung der Europäischen Wirtschaftsgemeinschaft, insbesondere auf Artikel 87, auf Vorschlag der Kommission[1],

nach Stellungnahme des Europäischen Parlaments[2],

nach Stellungnahme des Wirtschafts- und Sozialausschusses[3],

in Erwägung nachstehender Gründe:

Die Erklärung der Nichtanwendbarkeit von Artikel 85 Absatz 1 des Vertrages kann sich nach Absatz 3 desselben Artikels auf Gruppen von Vereinbarungen, Beschlüssen und aufeinander abgestimmten Verhaltensweisen beziehen, die den in Artikel 85 Absatz 3 genannten Voraussetzungen entsprechen.

Die Durchführungsbestimmungen zu Artikel 85 Absatz 3 des Vertrages müssen durch Verordnung auf der Grundlage des Artikels 87 des Vertrages erlassen werden.

Für ein ordnungsgemäßes Funktionieren der Versicherungswirtschaft ist bis zu einem gewissen Grad die Zusammenarbeit zwischen Unternehmen dieses Wirtschaftszweigs wünschenswert; gleichzeitig kann sie zur Wahrung der Interessen der Verbraucher beitragen.

Die Anwendung der Verordnung (EWG) Nr. 4064/89 des Rates vom 21. Dezember 1989 über die Kontrolle von Unternehmenszusammenschlüssen[4] ermöglicht es der Kommission, in allen Sektoren einschließlich des Versicherungsbereichs die Fragen zu überwachen, die sich im Zusammenhang mit Konzentrationen ergeben.

Freistellungen im Rahmen des Artikels 85 Absatz 3 des Vertrages berühren als solche in keiner Weise Vorschriften des Gemeinschaftsrechts oder des Rechts der Mitgliedstaaten, die die Verbraucherinteressen in diesem Sektor wahren.

---

[1] *ABl. Nr. C 16 vom 23. 1. 1990, S. 13.*
[2] *ABl. Nr. C 260 vom 15. 10. 1990, S. 57.*
[3] *ABl. Nr. C 182 vom 23. 7. 1990, S. 27.*

[4] *ABl. Nr. L 395 vom 30. 12. 1989, S. 1.*

Vereinbarungen, Beschlüsse und aufeinander abgestimmte Verhaltensweisen, die diesen Zielen dienen, können, soweit sie unter Artikel 85 Absatz 1 des Vertrages fallen,

unter bestimmten Voraussetzungen von dem dort niedergelegten Verbot ausgenommen werden. Dies gilt insbesondere für Vereinbarungen, Beschlüsse und aufeinander abgestimmte Verhaltensweisen, welche die Erstellung gemeinsamer, auf gegenseitig abgestimmten Statistiken oder dem Schadensverlauf beruhender Risikoprämientarife, die Erstellung von Mustern für allgemeine Versicherungsbedingungen, die gemeinsame Deckung bestimmter Arten von Risiken, die Abwicklung von Schadensfällen, die Prüfung und Anerkennung von Sicherheitsvorkehrungen, die Erstellung von Verzeichnissen und den Austausch von Informationen über erhöhte Risiken zum Gegenstand haben.

Wegen der großen Zahl von Anmeldungen, die nach der Verordnung Nr. 17 des Rates vom 6. Februar 1962 – Erste Durchführungsverordnung zu den Artikeln 85 und 86 des Vertrages[5]), zuletzt geändert durch die Akte über den Beitritt Spaniens und Portugals, eingereicht worden sind, sollte die Kommission zur Erleichterung ihrer Aufgaben in die Lage versetzt werden, das Verbot von Artikel 85 Absatz 1 des Vertrages durch Verordnung auf Gruppen derartiger Vereinbarungen, Beschlüsse und aufeinander abgestimmter Verhaltensweisen für nicht anwendbar zu erklären.

Die Voraussetzungen, unter denen die Kommission diese Befugnis in enger und stetiger Verbindung mit den zuständigen Behörden der Mitgliedstaaten ausüben kann, sind näher zu bestimmen.

Bei der Ausübung dieser Befugnisse wird die Kommission nicht nur die Gefahr, daß der Wettbewerb auf einem wesentlichen Teil des relevanten Marktes verhindert wird und die Vorteile, die den Versicherungsnehmern aus den Vereinbarungen erwachsen, in Betracht ziehen, sondern gleichfalls die Gefahr, welche sich aus der Ausbreitung wettbewerbsbeschränkender Klauseln und der Verwendung von Briefkastengesellschaften für die Versicherungsnehmer ergibt.

Bei dem Gebrauch von Verzeichnissen und dem Umgang mit Informationen über erhöhte Risiken muß der Schutz der Vertraulichkeit gewahrt werden.

Nach Artikel 6 der Verordnung Nr. 17 kann die Kommission bestimmen, daß eine Erklärung nach Artikel 85 Absatz 3 des Vertrages rückwirkende Kraft hat. Es ist angebracht, daß die Kommission eine solche Bestimmung auch in einer Verordnung treffen kann.

Nach Artikel 7 der Verordnung Nr. 17 können Vereinbarungen, Beschlüsse und aufeinander abgestimmte Verhaltensweisen insbesondere dann durch Entscheidung der Kommission von dem Verbot freigestellt werden, wenn sie derart geändert werden, daß sie die Voraussetzungen für die Anwendung von Artikel 85 Absatz 3 des Vertrages erfüllen. Die Kommission sollte diese Vereinbarungen, Beschlüsse und aufeinander abgestimmte Verhaltensweisen durch Verordnung freistellen können, wenn sie in der Weise abgeändert werden, daß sie unter eine in einer freistellenden Verordnung festgelegte Gruppe fallen.

Da nicht ausgeschlossen werden kann, daß im Einzelfall die in Artikel 85 Absatz 3 des Vertrages aufgezählten Voraussetzungen nicht erfüllt sind, muß die Kommission die Möglichkeit haben, diesen Fall durch Entscheidung gemäß der Verordnung Nr. 17 mit Wirkung für die Zukunft zu regeln —

HAT FOLGENDE VERORDNUNG ERLASSEN:

Artikel 1

(1) Unbeschadet der Anwendung der Verordnung Nr. 17 kann die Kommission gemäß Artikel 85 Absatz 3 des Vertrages durch Verordnung Artikel 85 Absatz 1 des Vertrages auf Gruppen von Vereinbarungen von Unternehmen, Beschlüssen von Unternehmensvereinigungen und aufeinander abgestimmten Verhaltensweisen im Bereich der Versicherungswirtschaft für nicht anwendbar erklären, die eine Zusammenarbeit in folgenden Bereichen zum Gegenstand haben:

a) die Festsetzung gemeinsamer Risikoprämientarife, die auf gegenseitig abgestimmten Statistiken oder dem Schadensverlauf beruhen;

b) die Erstellung von Mustern für allgemeine Versicherungsbedingungen;

c) die gemeinsame Deckung bestimmter Arten von Risiken;

d) die Abwicklung von Schadensfällen;

e) die Prüfung und Anerkennung von Sicherheitsvorkehrungen;

f) die Erstellung von Verzeichnissen erhöhter Risiken und den Austausch der entsprechenden Informationen; beim Gebrauch dieser Verzeichnisse und dem Umgang mit diesen Informationen muß der Schutz der Vertraulichkeit gewahrt werden.

(2) Die in Absatz 1 genannte Verordnung der Kommission muß eine Beschreibung der Gruppen von Vereinbarungen, Beschlüssen und aufeinander abgestimmten Verhaltensweisen enthalten,

---

[5]) ABl. Nr. 13 vom 21. 2. 1962, S. 204/62.

auf die sie Anwendung findet, und insbesondere bestimmen:

a) die Beschränkungen oder die Bestimmungen, die in den Vereinbarungen, Beschlüssen und aufeinander abgestimmten Verhaltensweisen enthalten bzw. nicht enthalten sein dürfen;

b) die Bestimmungen, die in den Vereinbarungen, Beschlüssen und aufeinander abgestimmten Verhaltensweisen enthalten sein müssen, oder die sonstigen Voraussetzungen, die erfüllt sein müssen.

Artikel 2

Eine aufgrund des Artikels 1 erlassene Verordnung wird für einen bestimmten Zeitraum erlassen. Sie kann aufgehoben oder geändert werden, wenn sich die Verhältnisse in einem Punkt geändert haben, der für den Erlaß der Verordnung wesentlich war; in diesem Fall wird eine Anpassungsfrist für die unter die ursprüngliche Verordnung fallenden Vereinbarungen, Beschlüsse und aufeinander abgestimmten Verhaltensweisen bestimmt.

Artikel 3

In einer aufgrund des Artikels 1 erlassenen Verordnung kann bestimmt werden, daß sie mit rückwirkender Kraft für Vereinbarungen, Beschlüsse und aufeinander abgestimmte Verhaltensweisen gilt, für die am Tag des Inkrafttretens der genannten Verordnungen eine Erklärung mit rückwirkender Kraft nach Artikel 6 der Verordnung Nr. 17 hätte abgegeben werden können.

Artikel 4

(1) In einer aufgrund des Artikels 1 erlassenen Verordnung kann bestimmt werden, daß das Verbot von Artikel 85 Absatz 1 des Vertrages für einen in der Verordnung festgesetzten Zeitraum nicht für Vereinbarungen, Beschlüsse und aufeinander abgestimmte Verhaltensweisen gilt, die am 13. März 1962 bestanden und die Voraussetzungen des Artikels 85 Absatz 3 nicht erfüllen, wenn

– sie binnen sechs Monaten nach Inkrafttreten der genannten Verordnung derart abgeändert werden, daß sie diese Voraussetzungen gemäß den Bestimmungen der genannten Verordnung erfüllen, und

– die Abänderungen der Kommission innerhalb einer in der genannten Verordnung festgesetzten Frist mitgeteilt werden.

Die Bestimmungen des Unterabsatzes 1 gelten in gleicher Weise für Vereinbarungen, Beschlüsse und aufeinander abgestimmte Verhaltensweisen, die am Tage des Beitritts der neuen Mitgliedstaaten bestanden, infolge des Beitritts in den Anwendungsbereich von Artikel 85 Absatz 1 des Vertrages fallen und die Voraussetzungen des Artikels 85 Absatz 3 nicht erfüllen.

(2) Für Vereinbarungen, Beschlüsse und aufeinander abgestimmte Verhaltensweisen, die nach Artikel 5 der Verordnung Nr. 17 vor dem 1. Februar 1963 anzumelden waren, gilt Absatz 1 nur, wenn die Anmeldung vor diesem Zeitpunkt bewirkt worden ist.

Für Vereinbarungen, Beschlüsse und aufeinander abgestimmte Verhaltensweisen, die infolge des Beitritts der neuen Mitgliedstaaten in den Anwendungsbereich von Artikel 85 Absatz 1 des Vertrages fallen und gemäß den Artikeln 5 und 25 der Verordnung Nr. 17 innerhalb von sechs Monaten nach dem Beitritt anzumelden waren, gilt Absatz 1 nur, wenn die Anmeldung vor Ablauf dieser Frist bewirkt worden ist.

(3) In Rechtsstreitigkeiten, die bei Inkrafttreten einer aufgrund des Artikels 1 erlassenen Verordnung anhängig sind, können die aufgrund von Absatz 1 ergangenen Bestimmungen nicht geltend gemacht werden; auch zur Begründung von Schadensersatzansprüchen gegen Dritte können sie nicht geltend gemacht werden.

Artikel 5

Vor Erlaß einer Verordnung veröffentlicht die Kommission den Verordnungsentwurf, um allen interessierten Personen und Organisationen Gelegenheit zu geben, ihr innerhalb einer Frist, die sie auf mindestens einen Monat festsetzt, Bemerkungen mitzuteilen.

Artikel 6

(1) Die Kommission hört den Beratenden Ausschuß für Kartell- und Monopolfragen an,

a) bevor sie einen Verordnungsentwurf veröffentlicht,

b) bevor sie eine Verordnung erläßt.

(2) Artikel 10 Absätze 5 und 6 der Verordnung Nr. 17, die die Anhörung des Beratenden Ausschusses betreffen, finden Anwendung. Die gemeinsamen Sitzungen mit der Kommission finden jedoch frühestens einen Monat nach Absendung der Einladung statt.

Artikel 7

(aufgehoben mit 1. 5. 2004; VO (EG) Nr. 1/2003)

Artikel 8

Die Kommission legt dem Europäischen Parlament und dem Rat spätestens sechs Jahre nach dem Inkrafttreten der in Artikel 1 vorgesehenen Verordnung der Kommission einen Bericht über das Funktionieren der vorliegenden Verordnung vor; gegebenenfalls fügt sie die erforderlich er-

25/1a. EU-VO
Nr 1534/91

scheinenden Vorschläge zur Änderung der vorliegenden Verordnung bei.

Diese Verordnung ist in allen ihren Teilen verbindlich und gilt unmittelbar in jedem Mitgliedstaat.

Geschehen zu Brüssel am 31. Mai 1991.

Im Namen des Rates

Der Präsident

25/1b. VerGVO 2010
Nr 267/2010

Verordnung (EU) Nr 267/2010 der Kommission vom 24. März 2010 über die Anwendung von Artikel 101 Absatz 3 des Vertrags über die Arbeitsweise der Europäischen Union auf Gruppen von Vereinbarungen, Beschlüssen und abgestimmten Verhaltensweisen im Versicherungssektor

ABl L 83 vom 30. 03. 2010

DIE EUROPÄISCHE KOMMISSION –

gestützt auf den Vertrag über die Arbeitsweise der Europäischen Union,

gestützt auf die Verordnung (EWG) Nr. 1534/91 des Rates vom 31. Mai 1991 über die Anwendung von Artikel 85 Absatz 3 des Vertrags auf Gruppen von Vereinbarungen, Beschlüssen und aufeinander abgestimmten Verhaltensweisen im Bereich der Versicherungswirtschaft[1], insbesondere auf Artikel 1 Absatz 1 Buchstaben a, b, c und e,

nach Veröffentlichung des Entwurfs dieser Verordnung,

nach Anhörung des Beratenden Ausschusses für Kartell- und Monopolfragen,

in Erwägung nachstehender Gründe:

(1) Die Verordnung (EWG) Nr. 1534/91 ermächtigt die Kommission, Artikel 101 Absatz 3 des Vertrags über die Arbeitsweise der Europäischen Union[2] durch Verordnung auf Gruppen von Vereinbarungen, Beschlüssen und abgestimmten Verhaltensweisen im Versicherungssektor anzuwenden, die eine Zusammenarbeit in folgenden Bereichen bezwecken:

– die Erstellung gemeinsamer, auf gegenseitig abgestimmten Statistiken oder dem Schadensverlauf beruhender Risikoprämientarife;

– die Erstellung von Mustern für allgemeine Versicherungsbedingungen;

– die gemeinsame Deckung bestimmter Arten von Risiken;

– die Abwicklung von Schadensfällen;

– die Prüfung und Anerkennung von Sicherheitsvorkehrungen;

– die Erstellung von Verzeichnissen und Austausch von Informationen über erhöhte Risiken.

(2) Auf der Grundlage der Verordnung (EWG) Nr. 1534/91 erließ die Kommission die Verordnung (EG) Nr. 358/2003 vom 27. Februar 2003 über die Anwendung von Artikel 81 Absatz 3 EG-Vertrag auf bestimmte Gruppen von Vereinbarungen, Beschlüssen und aufeinander abgestimmten Verhaltensweisen im Bereich der Versicherungswirtschaft[3]. Die Verordnung (EG) Nr. 358/2003 tritt am 31. März 2010 außer Kraft.

(3) Nach der Verordnung (EG) Nr. 358/2003 sind Vereinbarungen über die Abwicklung von Schadensfällen und über die Erstellung von Verzeichnissen erhöhter Risiken und den Austausch der entsprechenden Informationen nicht freigestellt. Die Kommission war der Ansicht, dass es ihr an ausreichender Erfahrung mit konkreten Fällen mangelte, um die ihr mit der Verordnung (EWG) Nr. 1534/91 übertragenen Befugnisse auf diese Bereiche anzuwenden. Daran hat sich nichts geändert. Ferner sollten mit dieser Verordnung – im Gegensatz zu der Verordnung (EG) Nr. 358/2003 – weder die Erstellung von Mustern für allgemeine Versicherungsbedingungen noch die Prüfung und Anerkennung von Sicherheitsvorkehrungen freigestellt werden, weil die von der Kommission vorgenommene Überprüfung des Funktionierens der Verordnung (EG) Nr. 358/2003 gezeigt hat, dass die Aufnahme solcher Vereinbarungen in eine sektorspezifische Gruppenfreistellungsverordnung nicht mehr erforderlich ist. Da jene beiden Arten von Vereinbarungen nicht spezifisch für den Versicherungssektor sind und, wie die Überprüfung gezeigt hat, auch Anlass zu wettbewerbsrechtlichen Bedenken geben können, ist es angemessener, dass sie Selbstveranlagung unterliegen.

(4) Nach einer am 17. April 2008 eingeleiteten öffentlichen Anhörung nahm die Kommission am

---

Präambel:
[1] *ABl. L 143 vom 7.6.1991, S. 1.*
Zu Abs. 1:
[2] *Mit Wirkung vom 1. Dezember 2009 ist an die Stelle des Artikels 81 EG-Vertrag der Artikel 101 des Vertrags über die Arbeitsweise der Europäischen Union (AEUV) getreten. Artikel 81 EG-Vertrag und Artikel 101 AEUV sind im Wesentlichen identisch. Im Rahmen dieser Verordnung sind Bezugnahmen auf Artikel 101 AEUV als Bezugnahmen auf Artikel 81 EG-Vertrag zu verstehen, wo dies angebracht ist.*

Zu Abs. 2:
[3] *ABl. L 53 vom 28.2.2003, S. 8.*

Nr 267/2010

24. März 2009 einen Bericht an das Europäische Parlament und an den Rat über das Funktionieren der Verordnung (EG) Nr. 358/2003 (nachstehend „Bericht" genannt)[1)] an. Der Bericht und das dazugehörige Arbeitspapier (nachstehend „Arbeitspapier" genannt) enthielten Vorschläge für vorläufige Änderungen an der Verordnung (EG) Nr. 358/2003. Am 2. Juni 2009 organisierte die Kommission eine öffentliche Zusammenkunft mit betroffenen Dritten, u. a. mit Vertretern des Versicherungssektors, der Verbraucherorganisationen und der mitgliedstaatlichen Wettbewerbsbehörden, bei der die Feststellungen und Vorschläge des Berichts und des Arbeitspapiers behandelt wurden.

(5) Diese Verordnung soll den effektiven Schutz des Wettbewerbs gewährleisten und gleichzeitig nutzbringend für die Verbraucher sein und den Unternehmen ausreichende Rechtssicherheit bieten. Bei der Verfolgung dieser Ziele sollten die von der Kommission gesammelten Erfahrungen auf diesem Gebiet und die Ergebnisse der Anhörungen, die dem Erlass der Verordnung vorangingen, berücksichtigt werden.

(6) Nach der Verordnung (EWG) Nr. 1534/91 muss die betreffende Freistellungsverordnung der Kommission eine Beschreibung der Gruppen von Vereinbarungen, Beschlüssen und abgestimmten Verhaltensweisen enthalten, auf die die Verordnung anzuwenden ist, und bestimmen, welche Beschränkungen oder Bestimmungen in den Vereinbarungen, Beschlüssen und abgestimmten Verhaltensweisen enthalten bzw. nicht enthalten sein dürfen; ferner müssen darin die Bestimmungen, die in die Vereinbarungen, Beschlüsse und abgestimmten Verhaltensweisen aufzunehmen sind, und die sonstigen Voraussetzungen, die erfüllt sein müssen, genannt sein.

(7) Dennoch sollte der Ansatz der Verordnung (EG) Nr. 358/2003 weiterverfolgt und dementsprechend das Hauptaugenmerk auf die Festlegung von Gruppen von Vereinbarungen gerichtet werden, die bis zu einem bestimmten Marktanteil freizustellen sind, sowie auf die Beschränkungen oder Bestimmungen, die in solchen Vereinbarungen nicht enthalten sein dürfen.

(8) Die Gruppenfreistellung aufgrund der vorliegenden Verordnung sollte auf Vereinbarungen beschränkt sein, von denen mit hinreichender Sicherheit angenommen werden kann, dass sie die Voraussetzungen von Artikel 101 Absatz 3 des Vertrags über die Arbeitsweise der Europäischen Union (AEUV) erfüllen. Für die Anwendung von Artikel 101 Absatz 3 AEUV durch Verordnung ist es nicht erforderlich, diejenigen Vereinbarungen zu definieren, die unter Artikel 101 Absatz 1 AEUV fallen können. Gleichzeitig wird nicht vermutet, dass Vereinbarungen, die nicht unter diese Verordnung fallen, unter Artikel 101 Absatz 1 AEUV fallen oder die Voraussetzungen von Artikel 101 Absatz 3 AEUV nicht erfüllen. Bei der individuellen Beurteilung von Vereinbarungen nach Artikel 101 Absatz 1 AEUV sind verschiedene Faktoren und insbesondere die Struktur des relevanten Marktes zu berücksichtigen.

(9) Die Zusammenarbeit von Versicherungsunternehmen untereinander oder innerhalb von Unternehmensvereinigungen bei der Datenerhebung (die auch statistische Berechnungen einschließen kann) zur Ermittlung von Durchschnittskosten, die in der Vergangenheit für die Deckung eines genau beschriebenen Risikos entstanden sind, und – im Falle von Lebensversicherungen – die Zusammenarbeit bei der Aufstellung von Sterbetafeln und Tafeln über die Häufigkeit von Krankheiten, Unfällen und Invalidität (nachstehend „Tabellen" genannt) verbessern die Kenntnis von Risiken und erleichtern es dem einzelnen Versicherer, die Risiken zu bewerten. Dies wiederum kann Markteintritte erleichtern und damit nutzbringend für die Verbraucher sein. Das Gleiche gilt für gemeinsame Studien über die wahrscheinlichen Auswirkungen von außerhalb des Einflussbereichs der Unternehmen liegenden Umständen, die sich auf die Häufigkeit oder das Ausmaß von Schäden oder den Ertrag verschiedener Anlageformen auswirken. Es muss jedoch sichergestellt werden, dass diese Zusammenarbeit nur in dem zur Erreichung der genannten Ziele erforderlichen Umfang freigestellt wird. Deshalb ist insbesondere festzulegen, dass Vereinbarungen über Bruttoprämien nicht unter die Freistellung fallen. Bruttoprämien können niedriger sein als die in den genannten Erhebungen, Tabellen und Studienergebnissen ermittelten Beträge, da die Versicherungsunternehmen ihre Anlageerlöse zur Reduzierung ihrer Prämien verwenden können. Außerdem sollten die Erhebungen, Tafeln und Studien unverbindlich sein und lediglich zu Referenzzwecken eingesetzt werden. Ein Informationsaustausch, der nicht der Erreichung der in diesem Erwägungsgrund beschriebenen Ziele dient, sollte nicht unter diese Verordnung fallen.

(10) Je enger die Kategorien für Statistiken über die in der Vergangenheit entstandenen Kosten für die Deckung eines genau beschriebenen Risikos gefasst werden, umso mehr Spielraum haben die Versicherungsunternehmen, wenn sie bei der Berechnung der Bruttoprämien eine Staffelung vornehmen wollen. Die gemeinsamen Erhebungen über vergangene Risikokosten sollten daher unter der Voraussetzung freigestellt werden, dass die Statistiken so ausführlich und differen-

---
Zu Abs. 4:
[4)] *KOM(2009) 138.*

ziert erstellt werden, wie es versicherungsstatistisch angemessen ist.

(11) Nicht nur die auf dem jeweiligen räumlichen oder sachlichen Markt tätigen Versicherungsunternehmen, sondern auch potenzielle Neuanbieter müssen Zugang zu den gemeinsamen Erhebungen, Tabellen und Studienergebnissen haben. Auch für Verbraucher- und Kundenorganisationen können derartige Erhebungen, Tabellen und Studienergebnisse von Interesse sein. Versicherungsunternehmen, die noch nicht auf dem fraglichen Markt vertreten sind, wie auch Verbraucher- und Kundenorganisationen müssen verglichen mit den bereits auf dem Markt vertretenen Versicherungsunternehmen zu angemessenen und diskriminierungsfreien Konditionen und zu erschwinglichen Preisen Zugang zu diesen Erhebungen, Tabellen und Studienergebnissen erhalten. Zu solchen Konditionen gehört beispielsweise die Selbstverpflichtung eines noch nicht auf dem Markt vertretenen Versicherungsunternehmens, im Falle eines Markteintritts statistische Informationen über Schadensfälle vorzulegen, sowie unter Umständen die Mitgliedschaft in dem für die Erstellung der Erhebungen verantwortlichen Versicherungsverband. Ausnahmen von dem Gebot des Zugangs für Verbraucher- und Kundenorganisationen sollten aus Gründen der öffentlichen Sicherheit möglich sein, wenn die Daten beispielsweise die Sicherheitssysteme von Kernkraftwerken oder die Schwachstellen von Hochwasserschutzsystemen betreffen.

(12) Mit der Zahl der zugrunde gelegten Statistiken erhöht sich auch die Verlässlichkeit der gemeinsamen Erhebungen, Tabellen und Studien. Versicherungsunternehmen mit hohen Marktanteilen können unter Umständen für verlässliche Erhebungen auf eine ausreichende Zahl interner Statistiken zurückgreifen, Unternehmen mit geringen Marktanteilen jedoch nicht und Marktneulinge noch viel weniger. Grundsätzlich fördert die Einbeziehung der Angaben aller auf dem Markt vertretenen Versicherungsunternehmen einschließlich der großen Anbieter in diese gemeinsamen Erhebungen, Tabellen und Studien den Wettbewerb, da sie kleineren Versicherern hilft, und sie erleichtert zudem den Markteintritt. Wegen dieser Besonderheit des Versicherungssektors ist es nicht gerechtfertigt, eine Freistellung dieser gemeinsamen Erhebungen, Tabellen und Studien an Marktanteilsschwellen zu knüpfen.

(13) Mitversicherungs- und Mit-Rückversicherungsgemeinschaften können unter eng begrenzten Voraussetzungen erforderlich werden, wenn die beteiligten Unternehmen die Versicherung oder Rückversicherung von Risiken anbieten wollen, für die sie ohne die Versicherungsgemeinschaft nur eine unzureichende Versicherungsdeckung anbieten könnten. Diese Art von Gemeinschaften führt im Allgemeinen nicht zu einer Wettbewerbsbeschränkung im Sinne des Artikels 101 Absatz 1 AEUV und ist demnach zulässig.

(14) Mitversicherungs- und Mit-Rückversicherungsgemeinschaften können zulassen, dass Versicherer und Rückversicherer auch dann eine Versicherung oder Rückversicherung von Risiken anbieten, wenn die Bildung einer Versicherungsgemeinschaft für die Deckung des betreffenden Risikos nicht erforderlich ist. Versicherungsgemeinschaften können aber auch zu Wettbewerbsbeschränkungen wie der Vereinheitlichung von Vertragsbedingungen oder sogar von Versicherungssummen und Prämien führen. Deshalb sollten Voraussetzungen festgelegt werden, unter denen solche Versicherungsgemeinschaften freigestellt werden können.

(15) Im Falle wirklich neuartiger Risiken ist nicht vorhersehbar, welche Zeichnungskapazität zur Risikodeckung erforderlich ist und ob zwei oder mehrere Versicherungsgemeinschaften nebeneinander die entsprechende Versicherung anbieten könnten. Deshalb kann eine Gemeinschaft zur Mitversicherung oder Mit-Rückversicherung dieser neuartigen Risiken für einen begrenzten Zeitraum ohne Marktanteilsschwelle freigestellt werden. Nach drei Jahren dürfte das gesammelte Datenmaterial über Schadensfälle ausreichen, um beurteilen zu können, ob ein Bedarf an einer Versicherungsgemeinschaft besteht.

(16) Risiken, die zuvor noch nicht existierten, sollten als neuartige Risiken eingestuft werden. In Ausnahmefällen kann ein Risiko jedoch als neuartiges Risiko eingestuft werden, wenn es sich einer objektiven Analyse zufolge so wesentlich verändert hat, dass nicht vorhersehbar ist, welche Zeichnungskapazität zur Risikodeckung erforderlich ist.

(17) Mitversicherungs- und Mit-Rückversicherungsgemeinschaften zur Deckung nicht neuartiger Risiken, die eine Einschränkung des Wettbewerbs bewirken, können unter eng begrenzten Voraussetzungen Vorteile haben, die eine Freistellung nach Artikel 101 Absatz 3 AEUV rechtfertigen, obwohl sie durch zwei oder mehr konkurrierende Anbieter ersetzt werden könnten. Durch sie können beispielsweise die beteiligten Unternehmen leichter die notwendige Erfahrung in der betreffenden Versicherungssparte sammeln oder von Kosteneinsparungen oder günstigeren Bruttoprämien dank gemeinsamer Rückversicherung zu vorteilhaften Konditionen profitieren. Alle Freistellungen sollten sich aber auf Vereinbarungen beschränken, die den betreffenden Unternehmen keine Möglichkeiten bieten, den Wettbewerb bei einem wesentlichen Teil der fraglichen Produkte auszuschalten. Für die Verbraucher bringen Versicherungsgemeinschaften jedoch nur dann wirk-

lich Vorteile, wenn auf den relevanten Märkten, auf denen die Versicherungsgemeinschaften tätig sind, hinreichender Wettbewerb herrscht. Diese Voraussetzung gilt als erfüllt, wenn der Marktanteil einer Versicherungsgemeinschaft eine bestimmte Schwelle nicht überschreitet, so dass davon ausgegangen werden kann, dass sie einem wirksamen tatsächlichen oder potenziellen Wettbewerb seitens der Unternehmen ausgesetzt ist, die nicht an jener Versicherungsgemeinschaft beteiligt sind.

(18) Diese Verordnung sollte daher Mitversicherungs- und Mit-Rückversicherungsgemeinschaften, wenn sie länger als drei Jahre bestehen oder nicht zur Deckung eines neuartigen Risikos gegründet werden, nur unter der Bedingung freistellen, dass der gemeinsame Marktanteil der an der Versicherungsgemeinschaft beteiligten Unternehmen bestimmte Schwellenwerte nicht überschreitet. Der Schwellenwert für Mitversicherungsgemeinschaften sollte niedriger angesetzt werden, weil im Rahmen einer Mitversicherungsgemeinschaft einheitliche Versicherungsbedingungen und Bruttoprämien vorkommen können. Um zu bestimmen, ob eine Versicherungsgemeinschaft die Marktanteilsvoraussetzung erfüllt, sind die Gesamtmarktanteile der einzelnen Mitglieder zu aggregieren. Der jeweilige Marktanteil der beteiligten Unternehmen basiert auf der Gesamtheit der auf demselben relevanten Markt inner- und außerhalb dieser Versicherungsgemeinschaft eingenommenen Bruttoprämien. Ferner sollte die Freistellung in beiden Fällen von der Erfüllung der zusätzlichen Voraussetzungen dieser Verordnung abhängig gemacht werden, mit denen die Beschränkungen des Wettbewerbs zwischen den an der Versicherungsgemeinschaft beteiligten Unternehmen auf ein Minimum begrenzt werden sollen. In diesen Fällen ist jeweils im Einzelnen zu prüfen, ob die Voraussetzungen dieser Verordnung erfüllt sind.

(19) Um den Abschluss von Vereinbarungen – die zum Teil mit erheblichen Investitionsentscheidungen einhergehen – zu erleichtern, sollte die Geltungsdauer dieser Verordnung auf sieben Jahre festgesetzt werden.

(20) Wenn die Kommission in einem bestimmten Fall feststellt, dass eine Vereinbarung, die nach dieser Verordnung freigestellt ist, dennoch Wirkungen entfaltet, die mit Artikel 101 Absatz 3 AEUV unvereinbar sind, kann sie den Rechtsvorteil dieser Verordnung nach Artikel 29 Absatz 1 der Verordnung (EG) Nr. 1/2003 des Rates vom 16. Dezember 2002 zur Durchführung der in den Artikeln 81 und 82 des Vertrags niedergelegten Wettbewerbsregeln[1)] entziehen.

(21) Nach Artikel 29 Absatz 2 der Verordnung (EG) Nr. 1/2003 kann die Wettbewerbsbehörde eines Mitgliedstaats den Rechtsvorteil dieser Verordnung im Gebiet des betreffenden Mitgliedstaats oder in einem Teilgebiet dieses Mitgliedstaats entziehen, wenn in einem bestimmten Fall eine Vereinbarung, die nach dieser Verordnung freigestellt ist, dennoch im Gebiet des betreffenden Mitgliedstaats oder in einem Teilgebiet dieses Mitgliedstaats, wenn das Gebiet alle Merkmale eines gesonderten räumlichen Marktes aufweist, Auswirkungen hat, die mit Artikel 101 Absatz 3 AEUV unvereinbar sind.

(22) Bei der Prüfung, ob der Rechtsvorteil dieser Verordnung nach Artikel 29 der Verordnung (EG) Nr. 1/2003 zu entziehen ist, sind etwaige wettbewerbsschädigende Auswirkungen aufgrund von Verbindungen zwischen einer Mitversicherungs- oder Mit-Rückversicherungsgemeinschaft und/oder ihren beteiligten Unternehmen und anderen Versicherungsgemeinschaften und/oder deren beteiligten Unternehmen auf demselben relevanten Markt von besonderer Bedeutung –

HAT FOLGENDE VERORDNUNG ERLASSEN:

KAPITEL I
BEGRIFFSBESTIMMUNGEN

Artikel 1
Begriffsbestimmungen

Für die Zwecke dieser Verordnung gelten die folgenden Begriffsbestimmungen:

1. „Vereinbarung" ist eine Vereinbarung, ein Beschluss einer Unternehmensvereinigung oder eine abgestimmte Verhaltensweise;

2. „beteiligte Unternehmen" sind Unternehmen, die Parteien einer solchen Vereinbarung sind, und die mit ihnen verbundenen Unternehmen;

3. „verbundene Unternehmen" sind

a) Unternehmen, in denen ein an der Vereinbarung beteiligtes Unternehmen unmittelbar oder mittelbar

i) die Befugnis hat, mehr als die Hälfte der Stimmrechte auszuüben, oder

ii) mehr als die Hälfte der Mitglieder des Leitungs- oder Verwaltungsorgans oder der zur gesetzlichen Vertretung berufenen Organe bestellen kann oder

iii) das Recht hat, die Geschäfte des Unternehmens zu führen;

b) Unternehmen, die in einem an der Vereinbarung beteiligten Unternehmen unmittelbar oder mittelbar die unter Buchstabe a aufgeführten Rechte oder Befugnisse haben;

Zu Abs. 20:
[5)] ABl. L 1 vom 4.1.2003, S. 1.

c) Unternehmen, in denen ein unter Buchstabe b genanntes Unternehmen unmittelbar oder mittelbar die unter Buchstabe a aufgeführten Rechte oder Befugnisse hat;

d) Unternehmen, in denen ein an der Vereinbarung beteiligtes Unternehmen gemeinsam mit einem oder mehreren der unter den Buchstaben a, b und c genannten Unternehmen bzw. zwei oder mehr der zuletzt genannten Unternehmen gemeinsam die unter Buchstabe a aufgeführten Rechte oder Befugnisse hat bzw. haben;

e) Unternehmen, in denen die nachstehend genannten Unternehmen gemeinsam über die unter Buchstabe a aufgeführten Rechte oder Befugnisse verfügen:

i) an der Vereinbarung beteiligte Unternehmen oder mit ihnen jeweils verbundene Unternehmen im Sinne der Buchstaben a bis d oder

ii) ein oder mehrere an der Vereinbarung beteiligte Unternehmen oder ein oder mehrere der mit diesen im Sinne der Buchstaben a bis d verbundenen Unternehmen und ein oder mehrere dritte Unternehmen;

4. „Mitversicherungsgemeinschaften" sind unmittelbar oder über einen Makler oder einen bevollmächtigten Vertreter von Versicherungsunternehmen gegründete Gemeinschaften, ausgenommen Ad-hoc-Mitversicherungsvereinbarungen auf dem Zeichnungsmarkt, bei denen ein Teil des jeweiligen Risikos von einem Hauptversicherer und der verbleibende Teil von zur Deckung dieses verbleibenden Teils aufgeforderten Nebenversicherern gedeckt wird, und die

a) sich verpflichten, im Namen und für Rechnung aller Beteiligten Versicherungsverträge für eine bestimmte Risikosparte abzuschließen oder

b) den Abschluss und die Abwicklung der Versicherung einer bestimmten Risikosparte in ihrem Namen und für ihre Rechnung durch eines der Versicherungsunternehmen, einen gemeinsamen Makler oder eine zu diesem Zweck geschaffene gemeinsame Organisation vornehmen lassen;

5. „Mit-Rückversicherungsgemeinschaften" sind unmittelbar oder über einen Makler oder einen bevollmächtigten Vertreter von Versicherungsunternehmen, eventuell mit der Unterstützung von einem oder mehreren Rückversicherungsunternehmen, gegründete Gemeinschaften, ausgenommen Ad-hoc-Mit-Rückversicherungsvereinbarungen auf dem Zeichnungsmarkt, bei denen ein Teil des jeweiligen Risikos von einem Hauptversicherer und der verbleibende Teil von zur Deckung des verbleibenden Teils aufgeforderten Nebenversicherern gedeckt wird, um

a) wechselseitig alle oder Teile ihrer Verpflichtungen hinsichtlich einer bestimmten Risikosparte rückzuversichern;

b) gelegentlich für dieselbe Risikosparte Rückversicherungsschutz im Namen und für Rechnung aller Beteiligten anzubieten;

6. „neuartiges Risiko" ist

a) ein Risiko, das zuvor nicht existierte und das nur durch ein völlig neuartiges Versicherungsprodukt gedeckt werden kann, nicht aber durch Ergänzung, Verbesserung oder Ersatz eines vorhandenen Versicherungsprodukts oder

b) in Ausnahmefällen ein Risiko, das sich einer objektiven Analyse zufolge so wesentlich verändert hat, dass nicht vorhersehbar ist, welche Zeichnungskapazität zur Risikodeckung erforderlich ist;

7. „Bruttoprämien" sind Prämien, die den Versicherungsnehmern in Rechnung gestellt werden.

KAPITEL II

GEMEINSAME ERHEBUNGEN, TABELLEN UND STUDIEN

Artikel 2
Freistellung

Nach Artikel 101 Absatz 3 AEUV und nach Maßgabe der Bestimmungen dieser Verordnung ist Artikel 101 Absatz 1 AEUV nicht anwendbar auf Vereinbarungen zwischen zwei oder mehr Unternehmen des Versicherungssektors über

a) die gemeinsame Erhebung und Verbreitung von Daten, die für folgende Zwecke erforderlich sind:

i) Berechnung von Durchschnittskosten für die Deckung eines genau beschriebenen Risikos in der Vergangenheit (nachstehend „Erhebungen" genannt);

ii) Erstellung von Sterbetafeln und Tafeln über die Häufigkeit von Krankheiten, Unfällen und Invalidität im Bereich der Versicherungen, die ein Kapitalisierungselement beinhalten (nachstehend „Tabellen" genannt);

b) die gemeinsame Durchführung von Studien zu den wahrscheinlichen Auswirkungen allgemeiner Umstände, die außerhalb des Einflussbereichs der betreffenden Unternehmen liegen, auf die Häufigkeit oder das Ausmaß von künftigen Forderungen bei einem bestimmten Risiko oder einer bestimmten Risikosparte oder auf den Ertrag verschiedener Anlageformen (nachstehend „Studien" genannt) sowie die Verbreitung der Ergebnisse solcher Studien.

Artikel 3
Freistellungsvoraussetzungen

(1) Die in Artikel 2 Buchstabe a vorgesehene Freistellung gilt nur unter der Voraussetzung, dass die Erhebungen und Tabellen

a) auf der Zusammenstellung von Daten beruhen, die sich auf eine als Beobachtungszeitraum gewählte Anzahl von Risiko-Jahren beziehen und die identische oder vergleichbare Risiken in ausreichender Zahl betreffen, damit eine statistisch auswertbare Größe entsteht und unter anderem Folgendes beziffert werden kann:

i) die Anzahl der Schadensfälle in dem genannten Zeitraum;

ii) die Zahl der in dem Beobachtungszeitraum in jedem Risiko-Jahr versicherten einzelnen Risiken;

iii) die Gesamtheit der innerhalb dieses Zeitraums aufgrund der aufgetretenen Schadensfälle geleisteten oder geschuldeten Zahlungen;

iv) der Gesamtbetrag der Versicherungssummen pro Risiko-Jahr während des gewählten Beobachtungszeitraums;

b) hinsichtlich der verfügbaren Statistiken so detailliert sind, wie es versicherungsstatistisch angemessen ist;

c) unter keinen Umständen Sicherheitszuschläge, Erträge aus Rückstellungen, Verwaltungs- oder Vertriebskosten oder Steuern und sonstige Abgaben beinhalten oder Investitionserlöse oder erwartete Gewinne berücksichtigen.

(2) Die in Artikel 2 vorgesehenen Freistellungen gelten nur unter der Voraussetzung, dass die Erhebungen, Tabellen und Studienergebnisse

a) nicht die beteiligten Versicherungsunternehmen oder einen Versicherungsnehmer identifizieren;

b) bei der Erstellung und Verbreitung einen Hinweis auf ihre Unverbindlichkeit enthalten;

c) keinen Hinweis auf die Höhe von Bruttoprämien enthalten;

d) allen Versicherungsunternehmen, auch solchen die nicht auf dem räumlichen oder sachlichen Markt tätig sind, auf den sich diese Erhebungen, Tabellen oder Studienergebnisse beziehen, die ein Exemplar erbitten, zu angemessenen und diskriminierungsfreien Konditionen und erschwinglichen Preisen zur Verfügung gestellt werden;

e) Verbraucher- und Kundenorganisationen, die spezifische und präzise Zugangsanträge aus ordnungsgemäß gerechtfertigten Gründen stellen, zu angemessenen und diskriminierungsfreien Konditionen und erschwinglichen Preisen zur Verfügung gestellt werden, ausgenommen wenn die Nichtoffenlegung aus Gründen der öffentlichen Sicherheit objektiv gerechtfertigt ist.

Artikel 4
Von der Freistellung ausgenommene Vereinbarungen

Die Freistellungen nach Artikel 2 gelten nicht für beteiligte Unternehmen, die sich verpflichten oder es anderen Unternehmen auferlegen, keine anderen Erhebungen oder Tabellen als die in Artikel 2 Buchstabe a genannten zu verwenden oder nicht von den Ergebnissen der Studien nach Artikel 2 Buchstabe b abzuweichen.

KAPITEL III
GEMEINSAME DECKUNG BESTIMMTER ARTEN VON RISIKEN

Artikel 5
Freistellung

Nach Artikel 101 Absatz 3 AEUV und nach Maßgabe der Bestimmungen dieser Verordnung ist Artikel 101 Absatz 1 AEUV nicht anwendbar auf Vereinbarungen zwischen zwei oder mehr Unternehmen des Versicherungssektors über die Bildung und die Tätigkeit von Gemeinschaften von Versicherungsunternehmen oder Gemeinschaften von Versicherungsunternehmen und Rückversicherungsunternehmen mit dem Ziel der gemeinsamen Abdeckung bestimmter Risikosparten, sei es in der Form der Mitversicherung oder der Mit-Rückversicherung.

Artikel 6
Anwendung der Freistellung und der Marktanteilsschwellen

(1) Ausschließlich zur Deckung neuartiger Risiken gegründete Mitversicherungs- und Mit-Rückversicherungsgemeinschaften werden nach Artikel 5 unabhängig von ihrem Marktanteil ab dem Tag ihrer erstmaligen Gründung für eine Dauer von drei Jahren freigestellt.

(2) Mitversicherungs- und Mit-Rückversicherungsgemeinschaften, die nicht unter Absatz 1 fallen, werden für die Geltungsdauer dieser Verordnung gemäß Artikel 5 unter der Voraussetzung freigestellt, dass der von den beteiligten Unternehmen gehaltene gemeinsame Marktanteil folgende Werte nicht überschreitet:

a) bei Mitversicherungsgemeinschaften 20 % eines der relevanten Märkte;

b) bei Mit-Rückversicherungsgemeinschaften 25 % eines der relevanten Märkte.

(3) Bei der Berechnung des Anteils eines beteiligten Unternehmens an dem relevanten Markt wird Folgendes berücksichtigt:

a) der Marktanteil des beteiligten Unternehmens innerhalb der fraglichen Versicherungsgemeinschaft;

b) der Marktanteil des beteiligten Unternehmens innerhalb anderer Versicherungsgemeinschaften auf demselben relevanten Markt wie die fragliche Versicherungsgemeinschaft, an der das beteiligte Unternehmen beteiligt ist; und

c) der Marktanteil des beteiligten Unternehmens außerhalb jeglicher Versicherungsgemeinschaft auf demselben relevanten Markt wie die fragliche Versicherungsgemeinschaft.

(4) Für die Anwendung der in Absatz 2 genannten Marktanteilsschwellen gelten folgende Regeln:

a) der Marktanteil wird auf der Grundlage der Bruttobeitragseinnahmen berechnet; falls diese Zahlen nicht erhältlich sind, können Schätzungen anhand anderer verlässlicher Marktinformationen, u. a. Risikodeckung oder Versicherungswert, zur Errechnung des Marktanteils des betreffenden Unternehmens herangezogen werden;

b) der Marktanteil wird anhand der Angaben für das vorangegangene Kalenderjahr ermittelt.

(5) Wird die in Absatz 2 Buchstabe a genannte Marktanteilsschwelle von 20 % erst im Laufe der Zeit überschritten und wird dabei ein Wert von höchstens 25 % erreicht, so gilt die Freistellung nach Artikel 5 im Anschluss an das Jahr, in dem die Schwelle von 20 % zum ersten Mal überschritten wird, für weitere zwei aufeinander folgende Kalenderjahre.

(6) Wird die in Absatz 2 Buchstabe a genannte Marktanteilsschwelle von 20 % erst im Laufe der Zeit überschritten und wird dabei ein Wert von mehr als 25 % erreicht, so gilt die Freistellung nach Artikel 5 im Anschluss an das Jahr, in dem die Schwelle von 25 % zum ersten Mal überschritten wird, für ein weiteres Kalenderjahr.

(7) Die in den Absätzen 5 und 6 genannten Vorteile dürfen nicht in der Weise miteinander verbunden werden, dass ein Zeitraum von zwei Kalenderjahren überschritten wird.

(8) Wird die in Absatz 2 Buchstabe b genannte Marktanteilsschwelle von 25 % erst im Laufe der Zeit überschritten und wird dabei ein Wert von höchstens 30 % erreicht, so gilt die Freistellung nach Artikel 5 im Anschluss an das Jahr, in dem die Schwelle von 25 % zum ersten Mal überschritten wird, für weitere zwei aufeinander folgende Kalenderjahre.

(9) Wird die in Absatz 2 Buchstabe b genannte Marktanteilsschwelle von 25 % erst im Laufe der Zeit überschritten und wird dabei ein Wert von mehr als 30 % erreicht, so gilt die Freistellung nach Artikel 5 im Anschluss an das Jahr, in dem die Schwelle von 30 % zum ersten Mal überschritten wird, für ein weiteres Kalenderjahr.

(10) Die in den Absätzen 8 und 9 genannten Vorteile dürfen nicht in der Weise miteinander verbunden werden, dass ein Zeitraum von zwei Kalenderjahren überschritten wird.

Artikel 7
Freistellungsvoraussetzungen

Die in Artikel 5 vorgesehene Freistellung gilt nur unter der Voraussetzung, dass

a) jedes beteiligte Unternehmen das Recht hat, nach einer angemessenen Kündigungsfrist aus der Versicherungsgemeinschaft auszuscheiden, ohne dass dies Sanktionen zur Folge hat;

b) die Regeln der Versicherungsgemeinschaft die daran beteiligten Unternehmen nicht verpflichten, Risiken der von der Versicherungsgemeinschaft gedeckten Art ganz oder teilweise über die Versicherungsgemeinschaft zu versichern oder rückzuversichern, und ihnen nicht untersagen, diese Risiken außerhalb der Versicherungsgemeinschaft zu versichern oder rückzuversichern;

c) die Regeln der Versicherungsgemeinschaft die Tätigkeit der Versicherungsgemeinschaft oder der beteiligten Unternehmen nicht auf die Versicherung oder Rückversicherung von Risiken in bestimmten geografischen Gebieten der Union beschränken;

d) die Vereinbarung Produktion und Absatz nicht einschränkt;

e) die Vereinbarung keine Aufteilung von Märkten oder Kunden vorsieht und

f) die beteiligten Unternehmen einer Mit-Rückversicherungsgemeinschaft keine Bruttoprämien für die Direktversicherung vereinbaren.

KAPITEL IV
SCHLUSSBESTIMMUNGEN

Artikel 8
Übergangszeit

Das Verbot des Artikels 101 Absatz 1 AEUV gilt vom 1. April 2010 bis zum 30. September 2010 nicht für Vereinbarungen, die am 31. März 2010 bereits in Kraft waren und die Voraussetzungen für eine Freistellung nach der Verordnung (EG) Nr. 358/2003, nicht aber für eine Freistellung nach dieser Verordnung, erfüllen.

Artikel 9
Geltungsdauer

Diese Verordnung tritt am 1. April 2010 in Kraft.

Sie gilt bis zum 31. März 2017.

Diese Verordnung ist in allen ihren Teilen verbindlich und gilt unmittelbar in jedem Mitgliedstaat.

Brüssel, den 24. März 2010

Für die Kommission
Der Präsident

25/2. EU-VO
Nr 2155/91

Verordnung (EWG) Nr. 2155/91 des Rates vom 20. Juni 1991 über Sonderbestimmungen für die Anwendung der Artikel 37, 39 und 40 des Abkommens zwischen der Europäischen Wirtschaftsgemeinschaft und der Schweizerischen Eidgenossenschaft betreffend die Direktversicherung mit Ausnahme der Lebensversicherung

ABl L 205 vom 27. 7. 1991

STICHWORTVERZEICHNIS

Beschlußfassung 2	Rat 2
Gemischter Ausschuß 1, 2	Standpunkt der Gemeinschaft 2
Kommission, Vertretung 1, 2	Vertretung der Gemeinschaft 1

DER RAT DER EUROPÄISCHEN GEMEINSCHAFTEN –

gestützt auf den Vertrag zur Gründung der Europäischen Wirtschaftsgemeinschaft, insbesondere auf Artikel 57 Absatz 2 letzter Satz und auf Artikel 235,

auf Vorschlag der Kommission[1],

in Zusammenarbeit mit dem Europäischen Parlament[2],

nach Stellungnahme des Wirtschafts- und Sozialausschusses[3],

in Erwägung nachstehender Gründe:

Zwischen der Europäischen Wirtschaftsgemeinschaft und der Schweizerischen Eidgenossenschaft wurde am 10. Oktober 1989 in Luxemburg ein Abkommen betreffend die Direktversicherung mit Ausnahme der Lebensversicherung unterzeichnet.

Durch dieses Abkommen wird ein Gemischter Ausschuß eingesetzt, der mit der Verwaltung und ordnungsgemäßen Erfüllung des Abkommens beauftragt ist und der in den im Abkommen vorgesehenen Fällen Entscheidungen zu treffen hat. Es sind zum einen die Vertreter der Gemeinschaft in diesem Gemischten Ausschuß zu benennen und zum anderen Sonderbestimmungen für den Standpunkt der Gemeinschaft in dem Gemischten Ausschuß zu erlassen –

HAT FOLGENDE VERORDNUNG ERLASSEN:

Artikel 1

In dem in Artikel 37 des Abkommens vorgesehenen Gemischten Ausschuß wird die Gemeinschaft von der Kommission, unterstützt von Vertretern der Mitgliedstaaten, vertreten.

Artikel 2

Der Standpunkt der Gemeinschaft in dem Gemischten Ausschuß wird vom Rat auf Vorschlag der Kommission mit qualifizierter Mehrheit festgelegt.

Zur Annahme der Beschlüsse des Gemischten Ausschusses gemäß den Artikeln 37, 39 und 40 des Abkommens unterbreitet die Kommission dem Rat Vorschläge; der Rat entscheidet mit qualifizierter Mehrheit.

Artikel 3

Diese Verordnung tritt am Tag nach ihrer Veröffentlichung im *Amtsblatt der Europäischen Gemeinschaften* in Kraft.

Diese Verordnung ist in allen Teilen verbindlich und gilt unmittelbar in jedem Mitgliedstaat.

Geschehen zu Luxemburg am 20. Juni 1991.

Im Namen des Rates
Der Präsident

---

[1] ABl. Nr. C 53 vom 5. 3. 1990, S. 46.
[2] ABl. Nr. C 72 vom 18. 3. 1991, S. 175, und Beschluß vom 12. Juni 1991 (noch nicht im Amtsblatt veröffentlicht).
[3] ABl. Nr. C 56 vom 7. 3. 1990, S. 27.

Verordnung (EU) Nr. 1094/2010 des Europäischen Parlaments und des Rates vom 24. November 2010 zur Errichtung einer Europäischen Aufsichtsbehörde (Europäische Aufsichtsbehörde für das Versicherungswesen und die betriebliche Altersversorgung), zur Änderung des Beschlusses Nr. 716/2009/EG und zur Aufhebung des Beschlusses 2009/79/EG der Kommission

ABl L 331 vom 15. 12. 2010 idF

1 ABl L 153 vom 22. 5. 2014

DAS EUROPÄISCHE PARLAMENT UND DER RAT DER EUROPÄISCHEN UNION –

gestützt auf den Vertrag über die Arbeitsweise der Europäischen Union, insbesondere auf Artikel 114,

auf Vorschlag der Europäischen Kommission,

nach Stellungnahme der Europäischen Zentralbank[1],

nach Stellungnahme des Europäischen Wirtschafts- und Sozialausschusses[2],

gemäß dem ordentlichen Gesetzgebungsverfahren[3],

in Erwägung nachstehender Gründe:

(1) Die Finanzkrise 2007 und 2008 hat erhebliche Schwachstellen bei der Finanzaufsicht, sowohl in Einzelfällen als auch hinsichtlich des Finanzsystems als Ganzem, offenbart. Aufsichtsmodelle auf nationaler Ebene konnten mit der Globalisierung des Finanzsektors sowie mit der Realität der Integration und Verknüpfung der europäischen Finanzmärkte mit vielen grenzüberschreitend tätigen Finanzinstituten nicht länger Schritt halten. Die Krise brachte Mängel bei der Zusammenarbeit, bei der Koordinierung, bei der kohärenten Anwendung des Unionsrechts und einen Mangel an Vertrauen zwischen den nationalen Aufsichtsbehörden zutage.

(2) Vor und während der Finanzkrise hat das Europäische Parlament eine stärker integrierte europäische Aufsicht gefordert, damit wirklich gleiche Wettbewerbsbedingungen für alle auf Unionsebene tätigen Akteure gewährleistet werden und der zunehmenden Integration der Finanzmärkte in der Union Rechnung getragen wird (Entschließungen des Europäischen Parlaments vom 13. April 2000 zu der Mitteilung der Kommission „Umsetzung des Finanzmarktrahmens: Aktionsplan"[4], vom 21. November 2002 zu den aufsichtsrechtlichen Vorschriften in der Europäischen Union[5], vom 11. Juli 2007 zu der Finanzdienstleistungspolitik für die Jahre 2005-2010 – Weißbuch[6], vom 23. September 2008 mit Empfehlungen an die Kommission zu Hedge-Fonds und Private Equity[7], vom 9. Oktober 2008 mit Empfehlungen an die Kommission zu Lamfalussy-Folgemaßnahmen: Künftige Aufsichtsstruktur[8] sowie Standpunkte des Europäischen Parlaments vom 22. April 2009 zu dem geänderten Vorschlag für eine Richtlinie des Europäischen Parlaments und des Rates betreffend die Aufnahme und Ausübung der Versicherungs- und Rückversicherungstätigkeit – Solvabilität II[9] und vom 23. April 2009 zu dem Vorschlag für eine Verordnung des Europäischen Parlaments und des Rates über Ratingagenturen[10]).

(3) Die Kommission beauftragte im November 2008 eine hochrangige Gruppe unter dem Vorsitz von Jacques de Larosière mit der Ausarbeitung von Empfehlungen, wie die europäischen Aufsichtsregelungen gestärkt werden können, um die Bürger besser zu schützen und das Vertrauen in das Finanzsystem wiederherzustellen. In ihrem Schlussbericht vom 25. Februar 2009 (im Folgenden „De-Larosière-Bericht") empfahl die hochran-

---

Präambel:
[1] *ABl. C 13 vom 20.1.2010, S. 1.*
[2] *Stellungnahme vom 22. Januar 2010 (noch nicht im Amtsblatt veröffentlicht).*
[3] *Stellungnahme des Europäischen Parlaments vom 22. September 2010 (noch nicht im Amtsblatt veröffentlicht) und Beschluss des Rates vom 17. November 2010.*

Zu Abs. 2:
[4] *ABl. C 40 vom 7.2.2001, S. 453.*
[5] *ABl. C 25 E vom 29.1.2004, S. 394.*
[6] *ABl. C 175 E vom 10.7.2008, S. 392.*
[7] *ABl. C 8 E vom 14.1.2010, S. 26.*
[8] *ABl. C 9 E vom 15.1.2010, S. 48.*
[9] *ABl. C 184 E vom 8.7.2010, S. 214.*
[10] *ABl. C 184 E vom 8.7.2010, S. 292.*

gige Gruppe, den Aufsichtsrahmen zu stärken, um das Risiko und den Schweregrad künftiger Finanzkrisen zu vermindern. Sie empfahl Reformen der Aufsichtsstruktur für den Finanzsektor in der Union. Die Gruppe kam überdies zu dem Schluss, dass ein Europäisches System der Finanzaufsicht geschaffen werden solle, das sich aus drei Europäischen Finanzaufsichtsbehörden zusammensetzt, und zwar aus einer Behörde für den Bankensektor, einer Behörde für den Wertpapiersektor sowie einer Behörde für Versicherungen und die betriebliche Altersversorgung; des Weiteren empfahl die Gruppe die Errichtung eines Europäischen Ausschusses für Systemrisiken. Der Bericht enthielt die von den Experten für notwendig erachteten Reformen, zu denen die Arbeiten unverzüglich aufgenommen werden mussten.

(4) In ihrer Mitteilung vom 4. März 2009 „Impulse für den Aufschwung in Europa" schlug die Kommission die Vorlage von Entwürfen für Rechtsvorschriften vor, mit denen ein Europäisches System der Finanzaufsicht und ein Europäischer Ausschuss für Systemrisiken geschaffen werden sollten. In ihrer Mitteilung vom 27. Mai 2009 mit dem Titel „Europäische Finanzaufsicht" erläuterte die Kommission im Einzelnen die mögliche Struktur eines solchen neuen Aufsichtsrahmens, der die wesentlichen Richtungsvorgaben des De-Larosière-Berichts widerspiegelt.

(5) In seinen Schlussfolgerungen vom 19. Juni 2009 bestätigte der Europäische Rat, dass ein Europäisches System der Finanzaufsicht bestehend aus drei neuen Europäischen Aufsichtsbehörden errichtet werden sollte. Mit dem System sollten die Qualität und Kohärenz der nationalen Aufsicht verbessert, die Beaufsichtigung grenzübergreifend tätiger Gruppen gestärkt und ein einheitliches europäisches Regelwerk eingeführt werden, das für alle Finanzinstitute im Binnenmarkt gilt. Der Europäische Rat betonte, dass die Europäischen Aufsichtsbehörden auch über Aufsichtsbefugnisse für Ratingagenturen verfügen sollten, und forderte die Kommission auf, konkrete Vorschläge für die Art und Weise auszuarbeiten, wie das Europäische System der Finanzaufsicht in Krisensituationen eine wirksame Rolle spielen könnte; dabei unterstrich er, dass die von den Europäischen Aufsichtsbehörden erlassenen Beschlüsse die haushaltspolitischen Zuständigkeiten der Mitgliedstaaten nicht berühren sollten.

(6) Die Wirtschafts- und Finanzkrise hat zu realen und schwerwiegenden Risiken für die Stabilität des Finanzsystems und das Funktionieren des Binnenmarkts geführt. Die Wiederherstellung und Aufrechterhaltung eines stabilen und verlässlichen Finanzsystems ist eine Grundvoraussetzung für die Wahrung des Vertrauens in den Binnenmarkt und seiner Kohärenz und dadurch für die Wahrung und Verbesserung der Bedingungen im Hinblick auf die Schaffung eines vollständig integrierten und gut funktionierenden Binnenmarkts im Bereich der Finanzdienstleistungen. Darüber hinaus bieten tiefere und stärker integrierte Finanzmärkte bessere Möglichkeiten für Finanzierungen und die Risikodiversifizierung, was wiederum die Kapazität der Volkswirtschaften bei der Abfederung von Schocks verbessert.

(7) Die Union hat die Grenzen dessen erreicht, was im Rahmen der gegenwärtig bestehenden Europäischen Ausschüsse der Aufsichtsbehörden geschehen kann. Die Union darf sich nicht damit abfinden, dass es keinen Mechanismus gibt, der sicherstellt, dass die nationalen Aufsichtsbehörden bei Aufsichtsentscheidungen für grenzübergreifend tätige Finanzinstitute zur bestmöglichen Lösung gelangen, dass Zusammenarbeit und Informationsaustausch zwischen den nationalen Aufsehern unzureichend sind, dass ein gemeinsames Vorgehen der nationalen Behörden komplizierte Vereinbarungen erfordert, um den sehr unterschiedlichen Regulierungs- und Aufsichtsanforderungen Rechnung zu tragen, dass die nationalen Lösungen in den meisten Fällen die einzig vertretbare Antwort auf Probleme auf Unionsebene sind und dass ein und derselbe Rechtstext von Mitgliedstaat zu Mitgliedstaat unterschiedlich ausgelegt wird. Das Europäische System der Finanzaufsicht (im Folgenden „ESFS") sollte so konzipiert sein, dass es diese Mängel überwindet und ein System schafft, das dem Ziel eines stabilen und einheitlichen Finanzmarkts der Union für Finanzdienstleistungen entspricht und die nationalen Aufsichtsbehörden innerhalb eines starken Netzwerks der Union verbindet.

(8) Beim ESFS sollte es sich um ein integriertes Netz nationaler Aufsichtsbehörden und Aufsichtsbehörden der Union handeln, in dem die laufende Beaufsichtigung auf nationaler Ebene verbleibt. Auch sollte eine größere Harmonisierung und kohärente Anwendung von Vorschriften für die Finanzinstitute und -märkte in der Union erreicht werden. Zusätzlich zur Europäischen Aufsichtsbehörde (Europäische Behörde für das Versicherungswesen und die betriebliche Altersversorgung) (im Folgenden „Behörde") sollten eine Europäische Aufsichtsbehörde (Europäische Bankenaufsichtsbehörde) und eine Europäische Aufsichtsbehörde (Europäische Wertpapier- und Marktaufsichtsbehörde) sowie ein Gemeinsamer Ausschuss der Europäischen Aufsichtsbehörden (im Folgenden „Gemeinsamer Ausschuss") errichtet werden. Ein Europäischer Ausschuss für Systemrisiken (im Folgenden „ESRB") sollte Teil des ESFS zur Wahrnehmung der Aufgaben gemäß dieser Verordnung und der Verordnung (EU)

Nr. 1092/2010 des Europäischen Parlaments und des Rates[11] sein.

(9) Die Europäischen Aufsichtsbehörden (im Folgenden zusammen „ESA") sollten an die Stelle des Ausschusses der europäischen Bankaufsichtsbehörden, der durch den Beschluss 2009/78/EG der Kommission[12] eingesetzt wurde, des Ausschusses der Europäischen Aufsichtsbehörden für das Versicherungswesen und die betriebliche Altersversorgung, der durch den Beschluss 2009/79/EG der Kommission[13] eingesetzt wurde, und des Ausschusses der europäischen Wertpapierregulierungsbehörden, der durch den Beschluss 2009/77/EG der Kommission[14] eingesetzt wurde, treten und sämtliche Aufgaben und Zuständigkeiten dieser Ausschüsse, einschließlich gegebenenfalls der Fortführung laufender Arbeiten und Projekte, übernehmen. Der Tätigkeitsbereich jeder Europäischen Aufsichtsbehörde sollte klar festgelegt werden. Die ESA sollten dem Europäischen Parlament und dem Rat gegenüber rechenschaftspflichtig sein. Bezieht sich diese Rechenschaftspflicht auf sektorübergreifende Fragen, die über den Gemeinsamen Ausschuss koordiniert wurden, so sollten die ESA über den Gemeinsamen Ausschuss für diese Koordinierung rechenschaftspflichtig sein.

(10) Die Behörde sollte dazu beitragen, dass das Funktionieren des Binnenmarkts verbessert wird, indem insbesondere unter Berücksichtigung der verschiedenen Interessen aller Mitgliedstaaten und der Verschiedenartigkeit der Finanzinstitute ein hohes, wirksames und kohärentes Maß an Regulierung und Beaufsichtigung gewährleistet ist. Die Behörde sollte öffentliche Werte wie die Stabilität des Finanzsystems und die Transparenz der Märkte und Finanzprodukte schützen und den Schutz von Versicherungsnehmern, Altersversorgungsanwärtern und Begünstigten gewährleisten. Die Behörde sollte ferner Aufsichtsarbitrage verhindern und gleiche Wettbewerbsbedingungen gewährleisten und die internationale Koordinierung der Aufsicht zum Wohle der Volkswirtschaften insgesamt, einschließlich der Finanzinstitute sowie sonstigen Interessengruppen, Verbraucher und Arbeitnehmer ausbauen. Zu den Aufgaben der Behörde sollte auch gehören, die Angleichung der Aufsicht zu fördern und die Organe der Union auf dem Gebiet der Regulierung und Aufsicht im Sektor der Versicherung, der Rückversicherung und der betrieblichen Altersversorgung sowie in damit zusammenhängenden Fragen der Unternehmensführung, der Rechnungsprüfung und der Rechnungslegung zu beraten. Die Behörde sollte ebenfalls mit bestimmten Zuständigkeiten für bestehende und neue Finanztätigkeiten betraut werden.

(11) Die Behörde sollte auch in der Lage sein, bestimmte Finanztätigkeiten, durch die das ordnungsgemäße Funktionieren und die Integrität der Finanzmärkte oder die Stabilität des gesamten oder von Teilen des Finanzsystems in der Union gefährdet wird, in den Fällen und unter den Bedingungen, die in den in dieser Verordnung genannten Gesetzgebungsakten festgelegt sind, vorübergehend zu verbieten oder zu beschränken. Ist es notwendig, ein solches vorübergehendes Verbot im Krisenfall auszusprechen, so sollte die Behörde dies gemäß dieser Verordnung und unter den darin festgelegten Bedingungen tun. In den Fällen, in denen die vorübergehende Untersagung oder Beschränkung bestimmter Finanztätigkeiten sektorübergreifende Auswirkungen hat, sollten die sektorspezifischen Vorschriften vorsehen, dass die Behörde über den Gemeinsamen Ausschuss die Europäische Aufsichtsbehörde (Europäische Bankenaufsichtsbehörde) und die Europäische Aufsichtsbehörde (Europäische Aufsichtsbehörde für das Versicherungswesen und die betriebliche Altersversorgung) konsultieren und gegebenenfalls ihre Maßnahmen mit diesen abstimmen sollte.

(12) Die Behörde sollte die Auswirkung ihrer Tätigkeiten auf Wettbewerb und Innovation innerhalb des Binnenmarkts, auf die globale Wettbewerbsfähigkeit der Union, die finanzielle Integration und auf die neue Strategie der Union für Wachstum und Beschäftigung angemessen berücksichtigen.

(13) Um ihre Ziele zu erreichen, sollte die Behörde Rechtspersönlichkeit sowie administrative und finanzielle Autonomie besitzen.

(14) Ausgehend von den Arbeiten internationaler Gremien sollte das Systemrisiko als ein Risiko der Störung des Finanzsystems definiert werden, die das Potenzial hat, zu schwerwiegenden negativen Folgen für den Binnenmarkt und die Realwirtschaft zu führen. Alle Arten von Finanzintermediären, -märkten und -infrastrukturen können potenziell in gewissem Maße systemrelevant sein.

(15) Zu den grenzübergreifenden Risiken gehören alle Risiken, die durch wirtschaftliche Ungleichgewichte oder Finanzausfälle in der Gesamtheit oder in einem Teil der Union verursacht wurden und die das Potenzial haben, erhebliche negative Folgen für die Transaktionen zwischen

---

Zu Abs. 8:
[11] *Siehe Seite 1 dieses Amtsblatts.*
Zu Abs. 9:
[12] *ABl. L 25 vom 29.1.2009, S. 23.*
[13] *ABl. L 25 vom 29.1.2009, S. 28.*
[14] *ABl. L 25 vom 29.1.2009, S. 18.*

den Wirtschaftsbeteiligten aus zwei oder mehr Mitgliedstaaten, für das Funktionieren des Binnenmarkts oder für die öffentlichen Finanzen der Union oder jedes ihrer Mitgliedstaaten nach sich zu ziehen.

(16) Der Gerichtshof der Europäischen Union hat in seinem Urteil vom 2. Mai 2006 in der Rechtssache C-217/04 (Vereinigtes Königreich Großbritannien und Nordirland gegen Europäisches Parlament und Rat der Europäischen Union) anerkannt, „dass der Wortlaut des Artikels 95 EG-Vertrag[jetzt Artikel 114 des Vertrags über die Arbeitsweise der Europäischen Union (AEUV)] nicht den Schluss erlaubt, dass die vom Gemeinschaftsgesetzgeber auf der Grundlage dieser Vorschrift erlassenen Maßnahmen nur an die Mitgliedstaaten gerichtet sein dürften. Der Gemeinschaftsgesetzgeber kann nämlich aufgrund seiner Sachwürdigung die Schaffung einer Gemeinschaftseinrichtung für notwendig erachten, deren Aufgabe es ist, in Situationen, in denen der Erlass von nicht zwingenden Begleit- und Rahmenmaßnahmen zur Erleichterung der einheitlichen Durchführung und Anwendung von auf Artikel 95 EG gestützten Rechtsakten geeignet erscheint, zur Verwirklichung des Harmonisierungsprozesses beizutragen"[15]. Zweck und Aufgabe der Behörde, d. h. den zuständigen nationalen Aufsichtsbehörden bei der kohärenten Auslegung und Anwendung der Unionsvorschriften Hilfe zu leisten und einen Beitrag zur für die Finanzintegration erforderlichen Finanzstabilität zu leisten, sind eng mit den Zielen verknüpft, die im Besitzstand der Union für den Binnenmarkt für Finanzdienstleistungen festgeschrieben sind. Deshalb sollte die Behörde auf der Grundlage von Artikel 114 AEUV errichtet werden.

(17) Die folgenden Gesetzgebungsakte legen die Aufgaben der zuständigen Behörden der Mitgliedstaaten, einschließlich der Zusammenarbeit untereinander sowie mit der Kommission, fest: Richtlinie 2009/138/EG des Europäischen Parlaments und des Rates vom 25. November 2009 betreffend die Aufnahme und Ausübung der Versicherungs- und der Rückversicherungstätigkeit (Solvabilität II)[16], mit Ausnahme des Titels IV, Richtlinie 2002/92/EG des Europäischen Parlaments und des Rates vom 9. Dezember 2002 über Versicherungsvermittlung[17], Richtlinie 2003/41/EG des Europäischen Parlaments und des Rates vom 3. Juni 2003 über die Tätigkeiten und die Beaufsichtigung von Einrichtungen der betrieblichen Altersversorgung[18], Richtlinie 2002/87/EG des Europäischen Parlaments und des Rates vom 16. Dezember 2002 über die zusätzliche Beaufsichtigung der Kreditinstitute, Versicherungsunternehmen und Wertpapierfirmen eines Finanzkonglomerats[19], Richtlinie 64/225/EWG des Rates vom 25. Februar 1964 zur Aufhebung der Beschränkungen der Niederlassungsfreiheit und des freien Dienstleistungsverkehrs auf dem Gebiet der Rückversicherung und Retrozession[20], Richtlinie 73/239/EWG des Rates vom 24. Juli 1973 zur Koordinierung der Rechts- und Verwaltungsvorschriften betreffend die Aufnahme und Ausübung der Tätigkeit der Direktversicherung (mit Ausnahme der Lebensversicherung)[21], Richtlinie 73/240/EWG des Rates vom 24. Juli 1973 zur Aufhebung der Beschränkungen der Niederlassungsfreiheit auf dem Gebiet der Direktversicherung mit Ausnahme der Lebensversicherung[22], Richtlinie 76/580/EWG des Rates vom 29. Juni 1976 zur Änderung der Richtlinie 73/239/EWG zur Koordinierung der Rechts- und Verwaltungsvorschriften betreffend die Aufnahme und Ausübung der Tätigkeit der Direktversicherung (mit Ausnahme der Lebensversicherung)[23], Richtlinie 78/473/EWG des Rates vom 30. Mai 1978 zur Koordinierung der Rechts- und Verwaltungsvorschriften auf dem Gebiet der Mitversicherung auf Gemeinschaftsebene[24], Richtlinie 84/641/EWG des Rates vom 10. Dezember 1984 zur insbesondere auf die touristische Beistandsleistung bezüglichen Änderung der Ersten Richtlinie 73/239/EWG zur Koordinierung der Rechts- und Verwaltungsvorschriften betreffend die Aufnahme und Ausübung der Tätigkeit der Direktversicherung (mit Ausnahme der Lebensversicherung)[25], Richtlinie 87/344/EWG des Rates vom 22. Juni 1987 zur Koordinierung der Rechts- und Verwaltungsvorschriften für die Rechtsschutzversicherung[26], Richtlinie 88/357/EWG des Rates vom 22. Juni 1988 zur Koordinierung der Rechts- und Verwaltungsvorschriften für die Direktversicherung (mit Ausnahme der Lebensversicherung) und zur Erleichterung der tatsächlichen Ausübung des freien Dienstleistungsverkehrs[27], Richtlinie 92/49/EWG des Rates vom 18. Juni 1992 zur Koordinierung der Rechts- und Verwaltungsvorschriften für die Direktversicherung (mit Ausnahme der Lebensversicherung) (Dritte Richtlinie

---

Zu Abs. 16:
[15] *Sammlung der Rechtsprechung des Europäischen Gerichtshofs 2006, I-3771, Randnummer 44.*
Zu Abs. 17:
[16] *ABl. L 335 vom 17.12.2009, S. 1.*
[17] *ABl. L 9 vom 15.1.2003, S. 3.*

[18] *ABl. L 235 vom 23.9.2003, S. 10.*
[19] *ABl. L 35 vom 11.2.2003, S. 1.*
[20] *ABl. 56 vom 4.4.1964, S. 878*
[21] *ABl. L 228 vom 16.8.1973, S. 3.*
[22] *ABl. L 228 vom 16.8.1973, S. 20.*
[23] *ABl. L 189 vom 13.7.1976, S. 13.*
[24] *ABl. L 151 vom 7.6.1978, S. 25.*
[25] *ABl. L 339 vom 27.12.1984, S. 21.*
[26] *ABl. L 185 vom 4.7.1987, S. 77.*
[27] *ABl. L 172 vom 4.7.1988, S. 1.*

Schadenversicherung)[28], Richtlinie 98/78/EG des Europäischen Parlaments und des Rates vom 27. Oktober 1998 über die zusätzliche Beaufsichtigung der einer Versicherungsgruppe angehörenden Versicherungsunternehmen[29], Richtlinie 2001/17/EG des Europäischen Parlaments und des Rates vom 19. März 2001 über die Sanierung und Liquidation von Versicherungsunternehmen[30], Richtlinie 2002/83/EG des Europäischen Parlaments und des Rates vom 5. November 2002 über Lebensversicherungen[31] und Richtlinie 2005/68/EG des Europäischen Parlaments und des Rates vom 16. November 2005 über die Rückversicherung[32]. In Bezug auf Einrichtungen der betrieblichen Altersversorgung sollten die Maßnahmen der Behörde jedoch die nationalen sozial- und arbeitsrechtlichen Vorschriften unberührt lassen.

(18) Zu den vorhandenen Unionsvorschriften, die den durch diese Verordnung abgedeckten Bereich regulieren, zählen ebenfalls die einschlägigen Teile der Richtlinie 2005/60/EG des Europäischen Parlaments und des Rates vom 26. Oktober 2005 zur Verhinderung der Nutzung des Finanzsystems zum Zwecke der Geldwäsche und der Terrorismusfinanzierung[33] und der Richtlinie 2002/65/EG des Europäischen Parlaments und des Rates vom 23. September 2002 über den Fernabsatz von Finanzdienstleistungen an Verbraucher[34].

(19) Es ist wünschenswert, dass die Behörde einen Beitrag zur Beurteilung der Notwendigkeit eines mit angemessenen Finanzmitteln ausgestatteten und ausreichend harmonisierten europäischen Netzwerks von nationalen Sicherungssystemen für Versicherungen leistet.

(20) Gemäß der der Erklärung (Nr. 39) zu Artikel 290 des Vertrags über die Arbeitsweise der Europäischen Union (AEUV) zur Schlussakte der Regierungskonferenz, die den Vertrag von Lissabon angenommen hat, ist für die Ausarbeitung technischer Regulierungsstandards die Unterstützung durch Sachverständige in einer für den Bereich der Finanzdienstleistungen spezifisch Form erforderlich. Die Behörde muss diese Sachkenntnis auch zu Standards oder Teile von Standards zur Verfügung stellen können, die sich nicht auf einen von ihr ausgearbeiteten Entwurf technischer Standards stützen.

(21) Zur Festlegung harmonisierter technischer Regulierungsstandards für Finanzdienstleistungen und um sicherzustellen, dass mittels eines einheitlichen Regelwerks gleiche Wettbewerbsbedingungen und ein angemessener Schutz von Versicherungsnehmern, Altersversorgungsanwärtern und sonstigen Begünstigten in der Union gewährleistet sind, bedarf es der Einführung eines wirksamen Rechtsinstruments. Als ein Organ mit hochspezialisierter Sachkenntnis, ist es wirksam und angemessen, die Behörde in vom Unionsrecht genau festgelegten Bereichen mit der Ausarbeitung von Entwürfen technischer Regulierungsstandards zu betrauen, die an keine politischen Entscheidungen geknüpft sind.

(22) Die Kommission sollte diese Entwürfe technischer Regulierungsstandards mittels delegierter Rechtsakte gemäß Artikel 290 AEUV billigen, um ihnen verbindliche Rechtswirkung zu verleihen. Sie sollten nur in äußerst begrenzten Fällen und unter außergewöhnlichen Umständen geändert werden dürfen, da die Behörde der Akteur ist, der sich im engen Kontakt mit den Finanzmärkten befindet und deren tägliches Funktionieren am besten kennt. Entwürfe technischer Regulierungsstandards müssten in Fällen geändert werden, in denen sie nicht mit dem Unionsrecht vereinbar wären, gegen den Grundsatz der Verhältnismäßigkeit verstoßen würden oder grundlegenden Prinzipien des Binnenmarkts für Finanzdienstleistungen zuwider laufen würden, so wie sie im Besitzstand der Union für Rechtsvorschriften auf dem Gebiet der Finanzdienstleistungen verankert sind. Die Kommission sollte den Inhalt der von der Behörde ausgearbeiteten Entwürfe technischer Regulierungsstandards nicht ändern, ohne sich vorher mit der Behörde abgestimmt zu haben. Um eine reibungslose und rasche Annahme dieser Standards zu gewährleisten, sollte die Billigung von Entwürfen technischer Regulierungsstandards durch die Kommission an eine Frist gebunden sein.

(23) Angesichts der Sachkenntnis der Behörde in den Bereichen, in denen technische Regulierungsstandards entwickelt werden sollten, sollte die erklärte Absicht der Kommission zur Kenntnis genommen werden, in der Regel auf die Entwürfe technischer Regulierungsstandards zurückzugreifen, die die Behörde ihr im Hinblick auf die Annahme der entsprechenden delegierten Rechtsakte übermittelt. Legt die Behörde jedoch nicht innerhalb der in dem einschlägigen Gesetzgebungsakt angegebenen Frist einen Entwurf technischer Regulierungsstandards vor, so sollte sichergestellt werden, dass das Ergebnis der Ausübung der delegierten Befugnis tatsächlich er-

---

[28] ABl. L 228 vom 11.8.1992, S. 1.
[29] ABl. L 330 vom 5.12.1998, S. 1.
[30] ABl. L 110 vom 20.4.2001, S. 28.
[31] ABl. L 345 vom 19.12.2002, S. 1.
[32] ABl. L 323 vom 9.12.2005, S. 1.
Zu Abs. 18:
[33] ABl. L 309 vom 25.11.2005, S. 15.
[34] ABl. L 271 vom 9.10.2002, S. 16.

reicht wird und die Effizienz des Prozesses der Beschlussfassung erhalten bleibt. Daher sollte die Kommission in diesen Fällen befugt sein, in Ermangelung eines von der Behörde vorgelegten Entwurfs technische Regulierungsstandards anzunehmen.

(24) Der Kommission sollte ferner die Befugnis übertragen werden, technische Durchführungsstandards mittels Durchführungsrechtsakten gemäß Artikel 291 AEUV zu erlassen.

(25) In von den technischen Regulierungs- oder Durchführungsstandards nicht abgedeckten Bereichen sollte die Behörde befugt sein, Leitlinien und Empfehlungen zur Anwendung des Unionsrechts abzugeben. Zur Gewährleistung der Transparenz und verstärkten Einhaltung dieser Leitlinien und Empfehlungen seitens der nationalen Aufsichtsbehörden sollte es der Behörde möglich sein, die Gründe für die Nichteinhaltung der Leitlinien und Empfehlungen durch die Aufsichtsbehörden zu veröffentlichen.

(26) Für die Integrität, Transparenz, Effizienz und das ordnungsgemäße Funktionieren der Finanzmärkte, für die Stabilität des Finanzsystems und neutrale Wettbewerbsbedingungen für Finanzinstitute in der Union ist es eine unabdingbare Voraussetzung, dass das Unionsrecht korrekt und vollständig angewandt wird. Deshalb sollte ein Mechanismus eingeführt werden, mit dem die Behörde Fälle einer Nichtanwendung oder nicht ordnungsgemäßen Anwendung des Unionsrechts, die eine Verletzung desselben darstellen, angehen kann. Dieser Mechanismus sollte in Bereichen angewandt werden, in denen das Unionsrecht klare und unbedingte Verpflichtungen vorsieht.

(27) Um auf Fälle einer nicht ordnungsgemäßen oder unzureichenden Anwendung des Unionsrechts angemessen reagieren zu können, sollte ein Drei-Stufen-Mechanismus eingeführt werden. Erstens sollte die Behörde befugt sein, Nachforschungen über eine vermutete nicht ordnungsgemäße oder unzureichende Anwendung der Verpflichtungen nach dem Unionsrecht durch die nationalen Behörden in deren Aufsichtspraxis anzustellen, die durch eine Empfehlung abgeschlossen werden sollte. Kommt die zuständige nationale Behörde der Empfehlung nicht nach, so sollte die Kommission zweitens die Befugnis haben, eine förmliche Stellungnahme abzugeben, in der sie die zuständige Behörde unter Berücksichtigung der Empfehlung der Behörde auffordert, die notwendigen Maßnahmen zu treffen, um die Einhaltung des Unionsrechts zu gewährleisten.

(28) Um Ausnahmesituationen vorzubeugen, in denen die zuständige Behörde nachhaltig nicht reagiert, sollte die Behörde als drittes und letztes Mittel die Befugnis haben, Beschlüsse zu erlassen, die an einzelne Finanzinstitute gerichtet sind. Diese Befugnis sollte auf Ausnahmefälle beschränkt sein, in denen eine zuständige Behörde der an sie gerichteten förmlichen Stellungnahme nicht Folge leistet und das Unionsrecht kraft bestehender oder künftiger Unionsverordnungen unmittelbar auf Finanzinstitute anwendbar ist.

(29) Ernsthafte Bedrohungen für das ordnungsgemäße Funktionieren und die Integrität der Finanzmärkte oder der Stabilität des Finanzsystems in der Union erfordern eine rasche und konzertierte Antwort auf Unionsebene. Die Behörde sollte von den nationalen Behörden daher fordern können, in einer Krisensituation spezifische Abhilfemaßnahmen zu ergreifen. Die Befugnis zur Feststellung, dass eine Krisensituation vorliegt, sollte im Anschluss an ein Ersuchen einer der ESA, der Kommission oder des ESRB dem Rat übertragen werden.

(30) Die Behörde sollte von den nationalen Aufsichtsbehörden fordern können, in einer Krisensituation spezifische Abhilfemaßnahmen zu ergreifen. Die Behörde sollte die Maßnahmen in dieser Hinsicht unbeschadet der Befugnis der Kommission treffen, nach Artikel 258 AEUV ein Vertragsverletzungsverfahren gegen den Mitgliedstaat dieser Aufsichtsbehörde wegen Nichtergreifens solcher Maßnahmen einzuleiten, sowie unbeschadet des Rechts der Kommission, unter diesen Umständen vorläufige Maßnahmen gemäß der Verfahrensordnung des Gerichtshofs der Europäischen Union zu beantragen. Ferner sollten die Maßnahmen der Behörde jegliche Haftung, der dieser Mitgliedstaat gemäß der Rechtsprechung des Gerichtshofs der Europäischen Union unterliegen könnte, unberührt lassen, wenn dessen Aufsichtsbehörden die von der Behörde geforderten Maßnahmen nicht ergreifen.

(31) Zur Gewährleistung einer effizienten und wirksamen Aufsicht und einer ausgewogenen Berücksichtigung der Positionen der zuständigen Behörden in den verschiedenen Mitgliedstaaten sollte die Behörde in grenzübergreifenden Fällen bestehende Differenzen zwischen diesen zuständigen Behörden – auch in den Aufsichtskollegien – verbindlich schlichten können. Es sollte eine Schlichtungsphase vorgesehen werden, in der die zuständigen Behörden eine Einigung erzielen können. Die Befugnis der Behörde sollte sich auf Meinungsverschiedenheiten in Bezug auf das Vorgehen oder den Inhalt einer Maßnahme oder das Nichttätigwerden einer zuständigen Behörde eines Mitgliedstaats in den Fällen, die in den verbindlichen Rechtsakten der Union nach dieser Verordnung genannt sind, erstrecken. In solchen Fällen sollte eine der betroffenen Aufsichtsbehör-

den befugt sein, die Behörde mit der Frage zu befassen, die im Einklang mit dieser Verordnung tätig werden sollte. Die Behörde sollte die Befugnis erhalten, von den betreffenden zuständigen Behörden mit für diese verbindlicher Wirkung zu verlangen, zur Beilegung der Angelegenheit und zur Einhaltung des Unionsrechts bestimmte Maßnahmen zu treffen oder von solchen abzusehen. Kommt eine zuständige nationale Behörde dem gegen sie ergangenen Schlichtungsbeschluss nicht nach, sollte die Behörde befugt sein, unmittelbar an die Finanzinstitute gerichtete Beschlüsse in Bereichen des direkt auf sie anwendbaren Unionsrechts zu erlassen. Von der Befugnis zum Erlass solcher Beschlüsse sollte nur als letztes Mittel und dann nur zur Sicherstellung einer korrekten und kohärenten Anwendung des Unionsrechts Gebrauch gemacht werden. In den Fällen, in denen die einschlägigen Rechtsvorschriften der Union den zuständigen Behörden der Mitgliedstaaten ein eigenes Ermessen einräumen, können die Beschlüsse der Behörde die Ausübung dieses Ermessens im Einklang mit dem Unionsrecht nicht ersetzen.

(32) Die Krise hat gezeigt, dass das derzeitige System der Zusammenarbeit zwischen nationalen Behörden, deren Befugnisse auf die einzelnen Mitgliedstaaten begrenzt sind, mit Blick auf grenzübergreifend tätige Finanzinstitute unzureichend ist.

(33) Von den Mitgliedstaaten eingesetzte Expertengruppen, die die Ursachen der Krise prüfen und Vorschläge zur Verbesserung der Regulierung und Beaufsichtigung des Finanzsektors unterbreiten sollten, haben bestätigt, dass die bestehenden Regelungen keine solide Grundlage für die künftige Regulierung und Beaufsichtigung grenzüberschreitend tätiger Finanzinstitute in der Union als Ganzer sind.

(34) Wie im De-Larosière-Bericht festgestellt wird, „haben wir [im Grunde] zwei Möglichkeiten: Jeder für sich, im Alleingang auf Kosten der anderen, oder aber eine verstärkte, pragmatische und vernünftige Zusammenarbeit in Europa zugunsten aller, um eine offene Weltwirtschaft zu erhalten. [....][Diese] Lösung [wird] unbestritten wirtschaftliche Vorteile bringen."

(35) Die Aufsichtskollegien spielen bei der effizienten, wirksamen und kohärenten Beaufsichtigung grenzübergreifend tätiger Finanzinstitute eine zentrale Rolle. Die Behörde sollte dazu beitragen, eine effiziente, wirksame und einheitliche Funktionsweise der Aufsichtskollegien zu fördern und zu überwachen und in dieser Hinsicht eine führende Rolle bei der Gewährleistung einer einheitlichen und kohärenten Funktionsweise der Aufsichtskollegien für grenzübergreifend tätige Institute in der gesamten Union übernehmen. Die Behörde sollte daher an diesen Aufsichtskollegien voll beteiligt sein, um ihre Funktionsweise und ihre Informationsaustauschverfahren zu straffen sowie die Angleichung und die Kohärenz bei der Anwendung des Unionsrechts durch diese Aufsichtskollegien zu fördern. Wie der De-Larosière-Bericht betont, müssen „durch unterschiedliche Aufsichtspraktiken bedingte Wettbewerbsverzerrungen und Arbitrage [...] vermieden werden, weil sie die Stabilität des Finanzsystems unter anderem dadurch untergraben können, dass sie die Verlagerung von Finanztätigkeiten in Länder mit laxer Aufsicht fördern. Das Aufsichtssystem muss als fair und ausgewogen empfunden werden".

(36) Angleichung in den Bereichen Verhütung, Management und Bewältigung von Krisen, einschließlich der Finanzierungsmechanismen, ist notwendig, damit gewährleistet ist, dass die Behörden in der Lage sind, insolvenzbedrohte Finanzinstitute abzuwickeln und dabei gleichzeitig die Auswirkungen von Insolvenzen auf das Finanzsystem, den Rückgriff auf Steuermittel zur Rettung von Versicherungs- und Rückversicherungsunternehmen und den Einsatz öffentlicher Mittel zu minimieren, den Schaden für die Wirtschaft zu begrenzen und die Anwendung nationaler Abwicklungsmaßnahmen zu koordinieren. Im Hinblick darauf sollte die Kommission in der Lage sein, die Behörde zu ersuchen, einen Beitrag zu der Bewertung gemäß Artikel 242 der Richtlinie 2009/138/EG zu leisten, unter besonderer Berücksichtigung der Kooperation der Aufsichtsbehörden innerhalb des Kollegiums der Aufsichtsbehörden sowie dessen Funktionsweise, der Aufsichtspraktiken bei der Festsetzung der Kapitalaufschläge, des Nutzens einer verstärkten Gruppenaufsicht und eines verstärkten Kapitalmanagements innerhalb einer Gruppe von Versicherungs- oder Rückversicherungsunternehmen, einschließlich möglicher Maßnahmen zur Stärkung eines intakten grenzüberschreitenden Managements von Versicherungsgruppen, insbesondere im Hinblick auf Risiken und Vermögensverwaltung, und ferner Bericht zu erstatten über neue Entwicklungen und Fortschritte hinsichtlich eines Bündels von koordinierten nationalen Krisenbewältigungsvorkehrungen, einschließlich darüber, ob ein System kohärenter und glaubwürdiger Finanzierungsmechanismen mit geeigneten Finanzierungsinstrumenten notwendig ist oder nicht.

(37) Bei der derzeitigen Überprüfung der Richtlinie 94/19/EG des Europäischen Parlaments und des Rates vom 30. Mai 1994 über Einlagen-

sicherungssysteme[35] und der Richtlinie 97/9/EG des Europäischen Parlaments und des Rates vom 3. März 1997 über Systeme für die Entschädigung der Anleger[36] will die Kommission der Notwendigkeit, unionsweit für eine weitere Harmonisierung zu sorgen, besondere Aufmerksamkeit widmen. Im Versicherungssektor will die Kommission die Möglichkeit prüfen, Unionsregeln einzuführen, mit denen Versicherungsnehmer im Falle der drohenden Insolvenz einer Versicherungsgesellschaft geschützt werden. Die ESA sollten in diesen Bereichen eine wichtige Rolle übernehmen und es sollten ihnen geeignete Befugnissen in Bezug auf das europäische Netzwerk von nationalen Sicherungssystemen für Versicherungen übertragen werden.

(38) Die Delegation von Aufgaben und Zuständigkeiten kann ein nützliches Instrument für das Funktionieren des Netzes der Aufsichtsbehörden sein, wenn es darum geht, Doppelarbeit bei den Aufsichtsaufgaben zu verringern, die Zusammenarbeit zu fördern und dadurch die Aufsichtsprozesse zu vereinfachen und die Verwaltungslast für Finanzinstitute abzubauen. In dieser Verordnung sollte folglich eine klare Rechtsgrundlage für eine solche Delegation geschaffen werden. Zwar sollte die allgemeine Regel, dass die Delegation erlaubt sein sollte, eingehalten werden, doch sollte den Mitgliedstaaten erlaubt sein, spezifische Bedingungen für die Delegation von Zuständigkeiten – beispielsweise in Bezug auf die Informationen über Delegationsregelungen und die Notifizierung dieser Regelungen – vorzusehen. Die Delegation von Aufgaben bedeutet, dass Aufgaben von der Behörde oder von einer anderen nationalen Aufsichtsbehörde als der eigentlich zuständigen wahrgenommen werden, obwohl die Zuständigkeit für Aufsichtsbeschlüsse bei der delegierenden Behörde verbleibt. Durch die Delegation von Zuständigkeiten sollte es der Behörde oder einer nationalen Aufsichtsbehörde (der „Bevollmächtigten") ermöglicht werden, in einer bestimmten Aufsichtsangelegenheit selbst anstelle der der delegierenden Behörde zu beschließen. Die Delegationen sollten dem Prinzip folgen, dass die Aufsichtskompetenz auf eine Aufsichtsbehörde übertragen wird, die am besten geeignet ist, in der entsprechenden Angelegenheit Maßnahmen zu ergreifen. Eine Umverteilung der Zuständigkeiten wäre dann zweckmäßig, wenn es z. B. um Größen- oder Verbundvorteile, die Kohärenz bei der Gruppenaufsicht und eine optimale Nutzung des technischen Sachverstands der verschiedenen nationalen Aufsichtsbehörden geht. Entscheidungen der Bevollmächtigten sollten von der delegierenden Behörde und von anderen zuständigen Behörden als maßgeblich anerkannt werden, sofern sie im Rahmen der Delegation erfolgen. In einschlägigen Unionsvorschriften könnten überdies die Grundsätze der Umverteilung von Zuständigkeiten aufgrund von Vereinbarungen festgelegt werden.

Die Behörde sollte Delegationsvereinbarungen zwischen den nationalen Aufsichtsbehörden mit allen angemessenen Mitteln fördern und kontrollieren. Auch sollte sie im Voraus über geplante Vereinbarungen unterrichtet werden, um gegebenenfalls dazu Stellung nehmen zu können. Sie sollte die Veröffentlichung derartiger Vereinbarungen zentralisieren, um entsprechend fristgerechte, transparente und leicht zugängliche Informationen für alle interessierten Kreise zu gewährleisten. Sie sollte vorbildliche Vorgehensweisen im Bereich Delegation und Delegationsvereinbarungen ermitteln und bekannt machen.

(39) Im Hinblick auf die Schaffung einer gemeinsamen Aufsichtskultur sollte die Behörde die Angleichung der Aufsicht in der Union fördern.

(40) Vergleichende Analysen („Peer Reviews") sind ein effizientes und wirksames Instrument für die Förderung der Kohärenz innerhalb des Netzes der Finanzaufsichtsbehörden. Deshalb sollte die Behörde eine Rahmenmethode für derlei Bewertungen entwickeln und diese regelmäßig durchführen. Im Mittelpunkt sollten dabei nicht nur die Angleichung der Aufsichtspraktiken stehen, sondern auch die Fähigkeit der Aufsichtsbehörden, qualitativ hochwertige Aufsichtsergebnisse zu erzielen, und die Unabhängigkeit der zuständigen Behörden. Die Ergebnisse der vergleichenden Analysen sollten mit Zustimmung der Bewertung unterzogenen zuständigen Behörde veröffentlicht werden. Des Weiteren sollten vorbildliche Vorgehensweisen ermittelt und veröffentlicht werden.

(41) Die Behörde sollte eine abgestimmte Antwort der Union in Aufsichtsfragen fördern, um vor allem das ordnungsgemäße Funktionieren und die Integrität von Finanzmärkten und die Stabilität des Finanzsystems in der Union sicherzustellen. Über ihre Befugnisse für die Ergreifung von Maßnahmen in Krisenfällen hinaus sollte der Behörde eine allgemeine Koordinierungsrolle im ESFS zukommen. Die Maßnahmen der Behörde sollten insbesondere einen reibungslosen Fluss aller wichtigen Informationen zwischen den zuständigen Behörden sicherstellen.

(42) Zur Sicherung der Finanzstabilität müssen frühzeitig Trends, potenzielle Risiken und Schwachstellen bei der Aufsicht auf Mikroebene

---

Zu Abs. 37:

[35] ABl. L 135 vom 31.5.1994, S. 5.
[36] ABl. L 84 vom 26.3.1997, S. 22.

sowie bei grenz- und sektorübergreifenden Tätigkeiten ausgemacht werden. Die Behörde sollte diese Entwicklungen in ihrem Zuständigkeitsbereich überwachen und bewerten und erforderlichenfalls das Europäische Parlament, den Rat, die Kommission, die anderen Europäischen Aufsichtsbehörden sowie den ESRB regelmäßig oder, wenn erforderlich, auf Ad-hoc-Basis darüber unterrichten. Die Behörde sollte überdies in Zusammenarbeit mit dem ESRB unionsweite Stresstests initiieren und koordinieren, um die Widerstandsfähigkeit von Finanzinstituten gegenüber ungünstigen Marktentwicklungen bewerten zu können, und sie sollte dabei sicherstellen, dass auf nationaler Ebene eine soweit wie möglich kohärente Methode für diese Tests zugrunde gelegt wird. Um ihre Aufgaben angemessen wahrnehmen zu können, sollte die Behörde wirtschaftliche Analysen der Märkte vornehmen und untersuchen, wie sich mögliche Marktentwicklungen auswirken könnten.

(43) Angesichts der Globalisierung der Finanzdienstleistungen und der zunehmenden Bedeutung internationaler Standards sollte die Behörde den Dialog und die Zusammenarbeit mit Aufsichtsstellen außerhalb der Union fördern. Sie sollte die Befugnis erhalten, Kontakte zu Aufsichtsbehörden und Verwaltungseinrichtungen in Drittländern sowie zu internationalen Organisationen zu knüpfen und Verwaltungsvereinbarungen mit diesen zu schließen; dabei sollte sie die jeweilige Rolle und die jeweiligen Zuständigkeiten der Mitgliedstaaten und der Organe der Union beachten. Die Beteiligung an der Arbeit der Behörde sollte Ländern offen stehen, die mit der Union Abkommen geschlossen haben, denen zufolge sie das Unionsrecht übernommen haben und anwenden, und die Behörde sollte mit Drittländern zusammenarbeiten können, die Rechtsvorschriften anwenden, die als den Rechtsvorschriften der Union gleichwertig anerkannt wurden.

(44) Die Behörde sollte in ihrem Zuständigkeitsbereich unabhängig beratend für das Europäische Parlament, den Rat und die Kommission tätig sein. Unbeschadet der Zuständigkeiten der betreffenden zuständigen Behörden sollte die Behörde im Rahmen der der Richtlinie 92/49/EWG und der Richtlinien 2002/83/EG und 2005/68/EG in der durch Richtlinie 2007/44/EG geänderten Fassung[37] auch ihre Stellungnahme zur aufsichtsrechtlichen Beurteilung des Erwerbs und der Erhöhung von Beteiligungen im Finanzsektor in Fällen abgeben können, in denen nach der genannten Richtlinie eine Konsultation zwischen den zuständigen Behörden von zwei oder mehr Mitgliedstaaten erforderlich ist.

(45) Um ihre Aufgaben wirksam wahrzunehmen, sollte die Behörde alle notwendigen Informationen anfordern können. Zur Vermeidung doppelter Meldepflichten für Finanzinstitute sollten derlei Informationen in der Regel von den nationalen Aufsichtsbehörden übermittelt werden, die den Finanzmärkten und -instituten am nächsten sind, und die Behörde sollte bereits vorhandene Statistiken berücksichtigen. Allerdings sollte die Behörde nach Ausschöpfung aller Möglichkeiten befugt sein, in Fällen, in denen eine zuständige nationale Behörde diese Informationen nicht fristgerecht übermittelt oder übermitteln kann, ein gebührend gerechtfertigtes und begründetes Ersuchen um Informationen direkt an ein Finanzinstitut zu richten. Die Behörden der Mitgliedstaaten sollten verpflichtet sein, der Behörde bei der Durchsetzung derartiger direkter Anfragen zu helfen. In diesem Zusammenhang ist die Arbeit an gemeinsamen Berichtsformaten wichtig. Die Maßnahmen für die Erhebung von Informationen sollten den Rechtsrahmen des Europäischen Statistischen Systems und des Europäischen Systems der Zentralbanken im Bereich der Statistik unberührt lassen. Diese Verordnung sollte daher die Verordnung (EG) Nr. 223/2009 des Europäischen Parlaments und des Rates vom 11. März 2009 über europäische Statistiken[38] und die Verordnung (EG) Nr. 2533/98 des Rates vom 23. November 1998 über die Erfassung statistischer Daten durch die Europäische Zentralbank[39] unberührt lassen.

(46) Eine enge Zusammenarbeit zwischen der Behörde und dem ESRB ist von grundlegender Bedeutung, um die Funktionsweise des ESRB und die Folgemaßnahmen zu seinen Warnungen und Empfehlungen voll wirksam zu gestalten. Die Behörde und der ESRB sollten alle wichtigen Informationen miteinander teilen. Daten über einzelne Unternehmen sollten nur auf eine begründete Anfrage hin übermittelt werden. Nach dem Erhalt von Warnungen oder Empfehlungen, die der ESRB an die Behörde oder eine nationale Aufsichtsbehörde richtet, sollten die Behörde gegebenenfalls Folgemaßnahmen gewährleisten.

Zu Abs. 44:
[37] Richtlinie 2007/44/EG des Europäischen Parlaments und des Rates vom 5. September 2007 zur Änderung der Richtlinie 92/49/EWG des Rates sowie der Richtlinien 2002/83/EG, 2004/39/EG, 2005/68/EG und 2006/48/EG in Bezug auf Verfahrensregeln und Bewertungskriterien für die aufsichtsrechtliche Beurteilung des Erwerbs und der Erhöhung von Beteiligungen im Finanzsektor (ABl. L 247 vom 21.9.2007, S. 1).

Zu Abs. 45:
[38] ABl. L 87 vom 31.3.2009, S. 164.
[39] ABl. L 318 vom 27.11.1998, S. 8.

(47) Die Behörde sollte interessierte Parteien zu technischen Regulierungs- oder Durchführungsstandards, Leitlinien oder Empfehlungen konsultieren und ihnen ausreichend Gelegenheit geben, zu den vorgeschlagenen Maßnahmen Stellung zu nehmen. Vor der Annahme von Entwürfen technischer Regulierungs- oder Durchführungsstandards, Leitlinien und Empfehlungen sollte die Behörde eine Folgenabschätzung durchführen. Aus Gründen der Effizienz sollte zu diesem Zweck eine Interessengruppe Versicherung und Rückversicherung und eine Interessengruppe betriebliche Altersversorgung genutzt werden, in denen jeweils die einschlägigen in der Union tätigen Finanzinstitute (die die verschiedenen Modelle und Größen von Finanzinstituten und Finanzunternehmen repräsentieren), kleine und mittlere Unternehmen (KMU), Gewerkschaften, Wissenschaftler, Verbraucher, andere private Nutzer dieser Dienstleistungen sowie Vertreter der einschlägigen Berufsverbände in einem ausgewogenen Maße vertreten sein sollten. Diese Interessengruppen sollten als Schnittstelle zu anderen Nutzergruppen im Finanzdienstleistungsbereich dienen, die von der Kommission oder aufgrund von Rechtsvorschriften der Union eingesetzt wurden.

(48) Die Mitglieder der Interessengruppen, die Organisationen ohne Erwerbszweck oder die Wissenschaft vertreten, sollten eine angemessene Erstattung erhalten, damit die Personen, die weder über solide finanzielle Mittel verfügen noch Wirtschaftsvertreter sind, in umfassender Weise an den Erörterungen über die Finanzregulierung teilnehmen können.

(49) Die Behörde sollte die Interessengruppen konsultieren und diese sollten bei ihr Stellungnahmen und Ratschläge zu Fragen im Zusammenhang mit der fakultativen Anwendung auf Institute vorlegen können, die unter die Richtlinie 2002/83/EG oder die Richtlinie 2003/41/EG fallen.

(50) Zur Gewährleistung eines koordinierten Krisenmanagements und der Wahrung der Finanzstabilität in Krisensituationen kommt den Mitgliedstaaten eine Schlüsselverantwortung zu, insbesondere was die Stabilisierung und die Rettung notleidender Finanzinstitute betrifft. Beschlüsse der Behörde in Krisensituationen oder bei der Beilegung von Differenzen, die die Stabilität eines Finanzinstituts beeinträchtigen, sollten sich nicht auf die haushaltspolitischen Zuständigkeiten der Mitgliedstaaten auswirken. Es sollte ein Mechanismus eingeführt werden, der es den Mitgliedstaaten gestattet, sich auf diese Schutzklausel zu berufen und die Angelegenheit in letzter Instanz an den Rat weiterzuleiten, so dass dieser darüber befinden kann. Dieser Schutzmechanismus sollte jedoch nicht missbraucht werden, und zwar insbesondere im Zusammenhang mit einem Beschluss der Behörde, der keine signifikanten oder wesentlichen haushaltspolitischen Auswirkungen hat, wie etwa eine Einkommenskürzung infolge des vorübergehenden Verbots spezifischer Tätigkeiten oder Produkte zum Zwecke des Verbraucherschutzes. Bei der Beschlussfassung gemäß dieser Schutzklausel sollte der Rat bei der Abstimmung nach dem Grundsatz vorgehen, dass jedes Mitglied eine Stimme hat. Angesichts der besonderen Zuständigkeiten der Mitgliedstaaten auf diesem Gebiet ist es angemessen, dem Rat in dieser Angelegenheit eine Rolle zu übertragen. Aufgrund der Sensibilität der Thematik sollten strenge Vertraulichkeitsregelungen gewährleistet werden.

(51) Bei ihren Beschlussfassungsverfahren sollte die Behörde an Unionsregeln und allgemeine Grundsätze für ein ordnungsgemäßes Verfahren und Transparenz gebunden sein. Das Recht der Adressaten, an die die Beschlüsse der Behörde gerichtet sind, auf Anhörung sollte umfassend geachtet werden. Die Rechtsakte der Behörde sollten integraler Bestandteil des Unionsrechts sein.

(52) Ein Rat der Aufseher, der sich aus den Leitern der jeweils zuständigen Behörde jedes Mitgliedstaats zusammensetzt und unter der Leitung des Vorsitzenden der Behörde steht, sollte das Hauptbeschlussfassungsorgan der Behörde sein. Vertreter der Kommission, des ESRB, der Europäischen Aufsichtsbehörde (Europäischen Bankenaufsichtsbehörde) und der Europäischen Aufsichtsbehörde (Europäische Wertpapier- und Marktaufsichtsbehörde) sollten als Beobachter an den Sitzungen teilnehmen. Die Mitglieder des Rates der Aufseher sollten unabhängig und lediglich im Interesse der Union handeln.

(53) In der Regel sollte der Rat der Aufseher seinen Beschluss mit einfacher Mehrheit nach dem Grundsatz treffen, dass jedes Mitglied eine Stimme hat. Für Rechtsakte allgemeiner Art einschließlich jener im Zusammenhang mit technischen Regulierungs- und Durchführungsstandards, Leitlinien und Empfehlungen, im Hinblick auf Haushaltsfragen sowie für Anträge von Mitgliedstaaten auf Überprüfung des Beschlusses der Behörde, bestimmte Finanztätigkeiten vorübergehend zu verbieten oder zu beschränken, ist es jedoch angemessen, die in Artikel 16 Absatz 4 des Vertrags über die Europäische Union und in dem dem Vertrag über die Arbeitsweise der Europäischen Union beigefügten Protokoll (Nr. 36) über die Übergangsbestimmungen festgelegten Regeln für Abstimmungen mit qualifizierter Mehrheit anzuwenden. Fälle, in denen es um die Beilegung von Meinungsverschiedenheiten zwischen den nationalen Aufsichtsbehörden geht, sollten von einem objektiven Gremium mit

begrenzter Repräsentation untersucht werden, das sich aus Mitgliedern zusammensetzt, die weder Vertreter der zuständigen Behörden sind, zwischen denen die Meinungsverschiedenheit besteht, noch ein Interesse an der Meinungsverschiedenheit oder direkte Verbindungen zu den betreffenden zuständigen Behörden haben. Die Zusammensetzung des Gremiums sollte angemessen ausgewogen sein. Der Beschluss des Gremiums sollte von den Mitgliedern des Rates der Aufseher mit einfacher Mehrheit nach dem Grundsatz, dass jedes Mitglied über eine Stimme verfügt, gebilligt werden. Bei Beschlüssen, die von der konsolidierenden Aufsichtsbehörde gefasst werden, können die von dem Gremium vorgeschlagenen Beschlüsse jedoch durch Mitglieder, die eine Sperrminorität gemäß Artikel 16 Absatz 4 des Vertrags über die Europäische Union und gemäß Artikel 3 des Protokolls (Nr. 36) über die Übergangsbestimmungen darstellen, abgelehnt werden.

(54) Ein Verwaltungsrat, der sich aus dem Vorsitzenden der Behörde, Vertretern der nationalen Aufsichtsbehörden und der Kommission zusammensetzt, sollte gewährleisten, dass die Behörde ihren Auftrag erfüllt und die ihr zugewiesenen Aufgaben wahrnimmt. Dem Verwaltungsrat sollten unter anderem die Befugnisse übertragen werden, das Jahres- und Mehrjahresarbeitsprogramm vorzuschlagen, bestimmte Haushaltsbefugnisse auszuüben, die Personalpolitikplanung der Behörde anzunehmen, besondere Bestimmungen über das Recht auf Zugang zu Dokumenten anzunehmen und den Jahresbericht vorzuschlagen.

(55) Die Behörde sollte von einem in Vollzeit beschäftigten Vorsitzenden vertreten werden, der vom Rat der Aufseher aufgrund eines von diesem veranstalteten und durchgeführten offenen Auswahlverfahrens aufgrund seiner Verdienste, seiner Kompetenzen, seiner Kenntnis von Finanzinstituten und -märkten sowie seiner Erfahrungen im Bereich Finanzaufsicht und -regulierung ernannt wird; die Kommission unterstützt den Rat der Aufseher bei der Durchführung des Auswahlverfahrens. Für die Benennung des ersten Vorsitzenden der Behörde sollte die Kommission unter anderem eine Liste von Bewerbern aufgrund ihrer Verdienste, ihrer Kompetenzen, ihrer Kenntnis von Finanzinstituten und -märkten sowie ihrer Erfahrungen in den Bereichen Finanzaufsicht und -regulierung aufstellen. Für die nachfolgenden Benennungen sollte die Möglichkeit, von der Kommission eine Liste aufstellen zu lassen, in dem gemäß dieser Verordnung zu erstellenden Bericht überprüft werden. Vor dem Amtsantritt der ausgewählten Person und innerhalb eines Monats nach ihrer Auswahl durch den Rat der Aufseher sollte das Europäische Parlament nach Anhörung der ausgewählten Person deren Ernennung widersprechen können.

(56) Die Leitung der Behörde sollte ein Exekutivdirektor übernehmen, der an den Sitzungen des Rates der Aufseher und des Verwaltungsrats ohne Stimmrecht teilnehmen kann.

(57) Um die sektorübergreifende Kohärenz der Tätigkeiten der ESA zu gewährleisten, sollten diese eng im Rahmen des Gemeinsamen Ausschusses zusammenarbeiten und erforderlichenfalls gemeinsame Positionen festlegen. Der Gemeinsame Ausschuss sollte die Aufgaben der ESA in Bezug auf Finanzkonglomerate und andere sektorübergreifende Fragen koordinieren. Erforderlichenfalls sollten Rechtsakte, die auch in den Zuständigkeitsbereich der Europäischen Aufsichtsbehörde (Europäische Bankenaufsichtsbehörde) oder der Europäischen Aufsichtsbehörde (Europäische Wertpapier- und Marktaufsichtsbehörde) fallen, von den betreffenden Europäischen Aufsichtsbehörden parallel angenommen werden. Im Gemeinsamen Ausschuss sollten die Vorsitzenden der ESA für jeweils zwölf Monate im Wechsel den Vorsitz führen. Der Vorsitzende des Gemeinsamen Ausschusses sollte ein stellvertretender Vorsitzender des ESRB sein. Der Gemeinsame Ausschuss sollte über eigenes Personal verfügen, das von der ESA bereitgestellt wird, sodass ein informeller Informationsaustausch und die Entwicklung einer gemeinsamen Aufsichtskultur der ESA ermöglicht werden.

(58) Es muss gewährleistet sein, dass Beteiligte, die von Beschlüssen der Behörde betroffen sind, über angemessene Rechtsbehelfe verfügen. Um die Rechte von Beteiligten wirksam zu schützen und im Interesse eines reibungslosen Verfahrensablaufs in Fällen, in denen die Behörde Beschlussfassungsbefugnisse hat, sollten die Beteiligten das Recht erhalten, einen Beschwerdeausschuss anzurufen. Aus Gründen der Effizienz und der Kohärenz sollte es sich bei dem Beschwerdeausschuss um ein gemeinsames Organ der ESA handeln, das von ihren Verwaltungs- und Regulierungsstrukturen unabhängig ist. Die Beschlüsse des Beschwerdeausschusses sollten vor dem Gerichtshof der Europäischen Union anfechtbar sein.

(59) Um die volle Autonomie und Unabhängigkeit der Behörde zu gewährleisten, sollte dieser ein eigener Haushalt zur Verfügung gestellt werden, der im Wesentlichen aus Pflichtbeiträgen der nationalen Aufsichtsbehörden und aus dem Gesamthaushalt der Europäischen Union finanziert wird. Die Finanzierung der Behörde durch die Union wird gemäß Nummer 47 der Interinstitutionellen Vereinbarung vom 17. Mai 2006 zwischen dem Europäischen Parlament, dem Rat

25/3. EIOPA-VO
Nr 1094/2010

und der Kommission über die Haushaltsdisziplin und die wirtschaftliche Haushaltsführung[40] in einer Übereinkunft der Haushaltsbehörde geregelt. Das Haushaltsverfahren der Union sollte Anwendung finden. Die Rechnungsprüfung sollte durch den Rechnungshof erfolgen. Der gesamte Haushaltsplan unterliegt dem Entlastungsverfahren.

(60) Die Verordnung (EG) Nr. 1073/1999 des Europäischen Parlaments und des Rates vom 25. Mai 1999 über die Untersuchungen des Europäischen Amtes für Betrugsbekämpfung (OLAF)[41] sollte auf die Behörde Anwendung finden. Die Behörde sollte der Interinstitutionellen Vereinbarung vom 25. Mai 1999 zwischen dem Europäischen Parlament, dem Rat der Europäischen Union und der Kommission der Europäischen Gemeinschaften über die internen Untersuchungen des Europäischen Amtes für Betrugsbekämpfung (OLAF)[42] beitreten.

(61) Zur Gewährleistung offener und transparenter Beschäftigungsbedingungen und der Gleichbehandlung der Beschäftigten sollte das Personal der Behörde unter das Statut der Beamten und die Beschäftigungsbedingungen für die sonstigen Bediensteten der Gemeinschaften[43] fallen.

(62) Der Schutz von Geschäftsgeheimnissen und sonstiger vertraulicher Informationen ist von grundlegender Bedeutung. Deshalb sollten die der Behörde bereitgestellten und innerhalb des Netzwerks ausgetauschten Informationen strengen und wirksamen Vertraulichkeitsregeln unterworfen werden.

(63) Die Richtlinie 95/46/EG des Europäischen Parlaments und des Rates vom 24. Oktober 1995 zum Schutz natürlicher Personen bei der Verarbeitung personenbezogener Daten und zum freien Datenverkehr[44] und die Verordnung (EG) Nr. 45/2001 des Europäischen Parlaments und des Rates vom 18. Dezember 2000 zum Schutz natürlicher Personen bei der Verarbeitung personenbezogener Daten durch die Organe und Einrichtungen der Gemeinschaft und zum freien Datenverkehr[45] finden auf die Verarbeitung personenbezogener Daten für die Zwecke dieser Verordnung uneingeschränkt Anwendung.

(64) Um eine transparente Arbeitsweise der Behörde zu gewährleisten, sollte die Verordnung (EG) Nr. 1049/2001 des Europäischen Parlaments und des Rates vom 30. Mai 2001 über den Zugang der Öffentlichkeit zu Dokumenten des Europäischen Parlaments, des Rates und der Kommission[46] auf die Behörde Anwendung finden.

(65) Drittländer sollten sich auf der Grundlage entsprechender von der Union zu schließender Übereinkünfte an den Arbeiten der Behörde beteiligen können.

(66) Da die Ziele dieser Verordnung, nämlich die Verbesserung des Funktionierens des Binnenmarkts mittels der Gewährleistung eines hohen, wirksamen und kohärenten Maßes an Regulierung und Beaufsichtigung, des Schutzes von Versicherungsnehmern, Altersversorgungsanwärtern und sonstigen Begünstigten, des Schutzes der Integrität, Effizienz und des ordnungsgemäßen Funktionierens der Finanzmärkte, der Wahrung der Stabilität des Finanzsystems und des Ausbaus der internationalen Koordinierung der Aufsicht, auf Ebene der Mitgliedstaaten nicht ausreichend verwirklicht werden können und daher wegen des Umfangs der Maßnahmen auf Unionsebene besser zu verwirklichen sind, kann die Union im Einklang mit dem in Artikel 5 des Vertrags über die Europäische Union niedergelegten Subsidiaritätsprinzip tätig werden. Entsprechend dem in demselben Artikel genannten Grundsatz der Verhältnismäßigkeit geht diese Verordnung nicht über das zur Erreichung dieser Ziele erforderliche Maß hinaus.

(67) Die Behörde sollte alle derzeitigen Aufgaben und Befugnisse des Ausschusses der europäischen Aufsichtsbehörden für das Versicherungswesen und die betriebliche Altersversorgung übernehmen. Der Beschluss 2009/79/EG sollte deshalb mit dem Tag der Einrichtung der Behörde aufgehoben werden und der Beschluss Nr. 716/2009/EG des Europäischen Parlaments und des Rates vom 16. September 2009 zur Auflegung eines Gemeinschaftsprogramms zur Unterstützung spezifischer Tätigkeiten auf dem Gebiet der Finanzdienstleistungen, der Rechnungslegung und der Abschlussprüfung[47] sollte entsprechend geändert werden. Angesichts der bestehenden Strukturen und Maßnahmen des Ausschusses der

---

Zu Abs. 59:
[40] ABl. C 139 vom 14.6.2006, S. 1.
Zu Abs. 60:
[41] ABl. L 136 vom 31.5.1999, S. 1.
[42] ABl. L 136 vom 31.5.1999, S. 15.
Zu Abs. 61:
[43] ABl. L 56 vom 4.3.1968, S. 1.
Zu Abs. 63:
[44] ABl. L 281 vom 23.11.1995, S. 31.
[45] ABl. L 8 vom 12.1.2001, S. 1.

Zu Abs. 64:
[46] ABl. L 145 vom 31.5.2001, S. 43.
Zu Abs. 67:
[47] ABl. L 253 vom 25.9.2009, S. 8.

europäischen Aufsichtsbehörden für das Versicherungswesen und die betriebliche Altersversorgung ist es wichtig, für eine sehr enge Zusammenarbeit zwischen dem Ausschuss der europäischen Aufsichtsbehörden für das Versicherungswesen und die betriebliche Altersversorgung und der Kommission bei der Festlegung der geeigneten Übergangsregelungen zu sorgen, so dass sichergestellt wird, dass der Zeitraum, innerhalb dessen die Kommission für die administrative Einrichtung und die Aufnahme der administrativen Tätigkeiten der Behörde verantwortlich ist, möglichst begrenzt ist.

(68) Für die Anwendung dieser Verordnung sollte eine Frist festgelegt werden, um zu gewährleisten, dass die Behörde für die Aufnahme ihrer Tätigkeiten angemessen vorbereitet ist und der Übergang vom Ausschuss der europäischen Aufsichtsbehörden für das Versicherungswesen und die betriebliche Altersversorgung auf die Behörde reibungslos erfolgt. Die Behörde sollte mit angemessenen Finanzmitteln ausgestattet sein. Zumindest sollte am Anfang sollte sie zu 40 % aus Unionsmitteln und zu 60 % durch Beiträge der Mitgliedstaaten finanziert werden, die nach Maßgabe der Stimmengewichtung gemäß Artikel 3 Absatz 3 des Protokolls (Nr. 36) über die Übergangsbestimmungen entrichtet werden.

(69) Damit die Behörde am 1. Januar 2011 errichtet werden kann, sollte diese Verordnung am Tag nach ihrer Veröffentlichung im *Amtsblatt der Europäischen Union* in Kraft treten –

HABEN FOLGENDE VERORDNUNG ERLASSEN:

KAPITEL I
EINRICHTUNG UND RECHTSSTELLUNG

Artikel 1
Einrichtung und Tätigkeitsbereich

(1) Mit dieser Verordnung wird eine Europäische Aufsichtsbehörde (Europäische Aufsichtsbehörde für das Versicherungswesen und die betriebliche Altersversorgung, im Folgenden „Behörde") eingerichtet.

(2) Die Behörde handelt im Rahmen der ihr durch diese Verordnung übertragenen Befugnisse und innerhalb des Anwendungsbereichs der Richtlinie 2009/138/EG mit Ausnahme des Titels IV, der Richtlinien 2002/92/EG, 2003/41/EG, 2002/87/EG, 64/225/EWG, 73/239/EWG, 73/240/EWG, 76/580/EWG, 78/473/EWG, 84/641/EWG, 87/344/EWG, 88/357/EWG, 92/49/EWG, 98/78/EG, 2001/17/EG, 2002/83/EG, 2005/68/EG und, soweit diese Rechtsvorschriften sich auf Versicherungs- und Rückversicherungsunternehmen, auf Einrichtungen der betrieblichen Altersversorgung und Versicherungsvermittler beziehen, die einschlägigen Teile der Richtlinien 2005/60/EG und 2002/65/EG, einschließlich sämtlicher Richtlinien, Verordnungen und Beschlüsse, die auf der Grundlage dieser Rechtsakte angenommen wurden, sowie aller weiteren verbindlichen Rechtsakte der Union, die der Behörde Aufgaben übertragen.

(3) Die Behörde wird auch in den Tätigkeitsbereichen von Versicherungs- und Rückversicherungsunternehmen und Finanzkonglomeraten sowie von Einrichtungen der betrieblichen Altersversorgung und Versicherungsvermittlern im Zusammenhang mit Fragen tätig, die nicht unmittelbar von den in Absatz 2 genannten Rechtsakten abgedeckt werden, einschließlich Fragen der Unternehmensführung sowie der Rechnungsprüfung und Rechnungslegung, vorausgesetzt solche Maßnahmen der Behörde sind erforderlich, um die wirksame und kohärente Anwendung dieser Rechtsakte sicherzustellen.

(4) In Bezug auf Einrichtungen der betrieblichen Altersversorgung lassen die Maßnahmen der Behörde die nationalen sozial- und arbeitsrechtlichen Vorschriften unberührt.

(5) Die Bestimmungen dieser Verordnung berühren nicht die Befugnisse der Kommission, die ihr insbesondere aus Artikel 258 AEUV erwachsen, um die Einhaltung des Unionsrechts zu gewährleisten.

(6) Das Ziel der Behörde besteht darin, das öffentliche Interesse zu schützen, indem sie für die Wirtschaft der Union, ihre Bürger und Unternehmen zur kurz- , mittel- und langfristigen Stabilität und Effizienz des Finanzsystems beiträgt. Die Behörde trägt zu Folgendem bei:

a) Verbesserung des Funktionierens des Binnenmarkts, insbesondere mittels einer soliden, wirksamen und kohärenten Regulierung und Überwachung;

b) Gewährleistung der Integrität, Transparenz, Effizienz und des ordnungsgemäßen Funktionierens der Finanzmärkte;

c) Ausbau der internationalen Koordinierung der Aufsicht;

d) Verhinderung von Aufsichtsarbitrage und Förderung gleicher Wettbewerbsbedingungen;

e) Gewährleistung, dass die Übernahme von Risiken im Zusammenhang mit Tätigkeiten der Versicherung, Rückversicherung und betrieblichen Altersversorgung angemessen reguliert und beaufsichtigt wird, und

f) Verbesserung des Verbraucherschutzes.

Zu diesen Zwecken leistet die Behörde einen Beitrag zur Gewährleistung der kohärenten, effizienten und wirksamen Anwendung der in Absatz 2 genannten Rechtsakte, fördert die Angleichung der Aufsicht, gibt Stellungnahmen für das

25/3. EIOPA-VO
Nr 1094/2010

Europäische Parlament, den Rat und die Kommission ab und führt wirtschaftliche Analysen der Märkte, die das Erreichen des Ziels der Behörde fördern sollen.

Bei der Wahrnehmung der ihr durch diese Verordnung übertragenen Aufgaben berücksichtigt die Behörde insbesondere die potenziellen Systemrisiken, die von Finanzinstituten ausgehen, deren Zusammenbruch Auswirkungen auf das Finanzsystem oder die Realwirtschaft haben kann.

Bei der Wahrnehmung ihrer Aufgaben handelt die Behörde unabhängig und objektiv und im alleinigen Interesse der Union.

Artikel 2
Europäisches System der Finanzaufsicht

(1) Die Behörde ist Bestandteil eines Europäischen Systems der Finanzaufsicht (ESFS). Das Hauptziel des ESFS besteht darin, die angemessene Anwendung der für den Finanzsektor geltenden Vorschriften zu gewährleisten, um die Finanzstabilität zu erhalten und für Vertrauen in das Finanzsystem insgesamt und für einen ausreichenden Schutz der Kunden, die Finanzdienstleistungen in Anspruch nehmen, zu sorgen.

(2) Das ESFS besteht aus:

a) dem Europäischen Ausschuss für Systemrisiken (ESRB) zur Wahrnehmung der Aufgaben gemäß Verordnung (EU) Nr. 1092/2010 und der vorliegenden Verordnung;

b) der Behörde;

c) der durch die Verordnung (EU) Nr. 1093/2010 des Europäischen Parlaments und des Rates[1] errichteten Europäischen Aufsichtsbehörde (Europäische Bankenaufsichtsbehörde);

d) der durch die Verordnung (EU) Nr. 1095/2010 des Europäischen Parlaments und des Rates[2] errichteten Europäischen Aufsichtsbehörde (Europäische Wertpapier- und Marktaufsichtsbehörde);

e) dem Gemeinsamen Ausschuss der Europäischen Aufsichtsbehörden („Gemeinsamer Ausschuss") zur Wahrnehmung der Aufgaben gemäß den Artikeln 54 bis 57 der vorliegenden Verordnung, der Verordnung (EU) Nr. 1093/2010 und der Verordnung (EU) Nr. 1095/2010;

f) den zuständigen Behörden oder Aufsichtsbehörden in den Mitgliedstaaten, die in den in Artikel 1 Absatz 2 der vorliegenden Verordnung, in der Verordnung (EU) Nr. 1093/2010 und der Verordnung (EU) Nr. 1095/2010 genannten Rechtsakten der Union genannt sind.

(3) Die Behörde arbeitet im Rahmen des Gemeinsamen Ausschusses regelmäßig und eng mit dem ESRB sowie der Europäischen Aufsichtsbehörde (Europäische Bankenaufsichtsbehörde) und der Europäischen Aufsichtsbehörde (Europäische Wertpapier- und Marktaufsichtsbehörde) zusammen und gewährleistet eine sektorübergreifende Kohärenz der Arbeiten und das Herbeiführen gemeinsamer Positionen im Bereich der Beaufsichtigung von Finanzkonglomeraten und zu anderen sektorübergreifenden Fragen.

(4) Im Einklang mit dem Grundsatz der loyalen Zusammenarbeit gemäß Artikel 4 Absatz 3 des Vertrags über die Europäische Union arbeiten die Teilnehmer des ESFS vertrauensvoll und in uneingeschränktem gegenseitigen Respekt zusammen und stellen insbesondere die Weitergabe von angemessenen und zuverlässigen Informationen untereinander sicher.

(5) Diese Aufsichtsbehörden, die zum ESFS gehören, sind verpflichtet, die in der Union tätigen Finanzinstitute gemäß den in Artikel 1 Absatz 2 genannten Rechtsakten zu beaufsichtigen.

Artikel 3
Rechenschaftspflicht der Behörden

Die in Artikel 2 Absatz 2 Buchstaben a bis d genannten Behörden sind dem Europäischen Parlament und dem Rat gegenüber rechenschaftspflichtig.

Artikel 4
Begriffsbestimmungen

Im Sinne dieser Verordnung bezeichnet der Ausdruck

1. „Finanzinstitute" Unternehmen, Institute sowie natürliche und juristische Personen, die einem der in Artikel 1 Absatz 2 genannten Gesetzgebungsakte unterliegen. In Bezug auf die Richtlinie 2005/60/EG sind „Finanzinstitute" lediglich Versicherungsunternehmen und Versicherungsvermittler im Sinne jener Richtlinie;

2. „zuständige Behörden":

i) Aufsichtsbehörden im Sinne der Richtlinie 2009/138/EG und zuständige Behörden im Sinne der Richtlinien 2003/41/EG und 2002/92/EG;

ii) in Bezug auf die Richtlinien 2002/65/EG und 2005/60/EG die Behörden, die dafür zuständig sind, die Einhaltung der Vorschriften dieser Richtlinien durch die Finanzinstitute im Sinne von Nummer 1 sicherzustellen.

Artikel 5
Rechtsstellung

(1) Die Behörde ist eine Einrichtung der Union mit eigener Rechtspersönlichkeit.

(2) Die Behörde verfügt in jedem Mitgliedstaat über die weitestreichende Rechtsfähigkeit, die

---

Zu Artikel 2:
[1] *Siehe Seite 12 dieses Amtsblatts.*
[2] *Siehe Seite 84 dieses Amtsblatts.*

juristischen Personen nach dem jeweiligen nationalen Recht zuerkannt wird. Sie kann insbesondere bewegliches und unbewegliches Vermögen erwerben und veräußern und ist vor Gericht parteifähig.

(3) Die Behörde wird von ihrem Vorsitzenden vertreten.

Artikel 6
Zusammensetzung

Die Behörde besteht aus

1. einem Rat der Aufseher, der die in Artikel 43 vorgesehenen Aufgaben wahrnimmt,

2. einem Verwaltungsrat, der die in Artikel 47 vorgesehenen Aufgaben wahrnimmt,

3. einem Vorsitzenden, der die in Artikel 48 vorgesehenen Aufgaben wahrnimmt,

4. einem Exekutivdirektor, der die in Artikel 53 vorgesehenen Aufgaben wahrnimmt,

5. einem Beschwerdeausschuss, der die in Artikel 60 vorgesehenen Aufgaben wahrnimmt.

Artikel 7
Sitz

Die Behörde hat ihren Sitz in Frankfurt am Main.

KAPITEL II
AUFGABEN UND BEFUGNISSE DER BEHÖRDE

Artikel 8
Aufgaben und Befugnisse der Behörde

(1) Die Behörde hat folgende Aufgaben:

a) Sie leistet einen Beitrag zur Festlegung qualitativ hochwertiger gemeinsamer Regulierungs- und Aufsichtsstandards und -praktiken, indem sie insbesondere Stellungnahmen für die Organe der Union abgibt und Leitlinien, Empfehlungen sowie Entwürfe für technische Regulierungs- und Durchführungsstandards ausarbeitet, die sich auf die in Artikel 1 Absatz 2 genannten Gesetzgebungsakte stützen;

b) sie trägt zur kohärenten Anwendung der verbindlichen Rechtsakte der Union bei, indem sie eine gemeinsame Aufsichtskultur schafft, die kohärente, effiziente und wirksame Anwendung der in Artikel 1 Absatz 2 genannten Rechtsakte sicherstellt, eine Aufsichtsarbitrage verhindert, bei Meinungsverschiedenheiten zwischen den zuständigen Behörden vermittelt und diese beilegt, eine wirksame und einheitliche Beaufsichtigung der Finanzinstitute sowie ein kohärentes Funktionieren der Aufsichtskollegien sicherstellt, unter anderem in Krisensituationen;

c) sie regt die Delegation von Aufgaben und Zuständigkeiten unter zuständigen Behörden an und erleichtert diese;

d) sie arbeitet eng mit dem ESRB zusammen, indem sie dem ESRB insbesondere die für die Erfüllung seiner Aufgaben erforderlichen Informationen übermittelt und angemessene Folgemaßnahmen für die Warnungen und Empfehlungen des ESRB sicherstellt;

e) sie organisiert vergleichende Analysen („Peer Reviews") der zuständigen Behörden organisieren und führt diese durch, einschließlich der Herausgabe von Leitlinien und Empfehlungen und der Bestimmung vorbildlicher Vorgehensweisen, um die Kohärenz der Ergebnisse der Aufsicht zu stärken;

f) sie überwacht und bewertet Marktentwicklungen in ihrem Zuständigkeitsbereich;

g) sie führt wirtschaftliche Analysen der Märkte, um bei der Wahrnehmung ihrer Aufgaben auf entsprechende Informationen zurückgreifen zu können;

h) sie fördert den Schutz der Versicherungsnehmer und Begünstigten;

i) sie trägt im Einklang mit den Artikeln 21 bis 26 zur einheitlichen und kohärenten Funktionsweise der Aufsichtskollegien, zur Überwachung, Bewertung und Messung der Systemrisiken und zur Entwicklung und Koordinierung von Sanierungs- und Abwicklungsplänen bei und bietet ein hohes Schutzniveau für Versicherungsnehmer und Begünstige in der gesamten Union;

j) sie erfüllt jegliche sonstigen Aufgaben, die in dieser Verordnung oder in anderen Gesetzgebungsakten festgelegt sind;

k) sie veröffentlicht auf ihrer Website regelmäßig aktualisierte Informationen über ihren Tätigkeitsbereich, insbesondere innerhalb ihres Zuständigkeitsbereichs über registrierte Finanzinstitute, um sicherzustellen, dass die Informationen für die Öffentlichkeit leicht zugänglich sind;

l) sie übernimmt gegebenenfalls sämtliche bestehenden und laufenden Aufgaben des Ausschusses der Europäischen Aufsichtsbehörden für das Versicherungswesen und die betriebliche Altersversorgung (CEIOPS).

(2) Um die in Absatz 1 festgelegten Aufgaben ausführen zu können, wird die Behörde mit den in dieser Verordnung vorgesehenen Befugnissen ausgestattet; dazu zählen insbesondere die Befugnisse:

a) zur Entwicklung von Entwürfen technischer Regulierungsstandards in den in Artikel 10 genannten besonderen Fällen;

b) zur Entwicklung von Entwürfen technischer Durchführungsstandards in den in Artikel 15 genannten besonderen Fällen;

c) zur Herausgabe von Leitlinien und Empfehlungen gemäß Artikel 16;

d) zur Abgabe von Empfehlungen in besonderen Fällen gemäß Artikel 17 Absatz 3;

e) zum Erlass von an die zuständigen Behörden gerichteten Beschlüsse im Einzelfall in den in Artikel 18 Absatz 3 und Artikel 19 Absatz 3 genannten besonderen Fällen;

f) in Fällen, die das unmittelbar anwendbare Unionsrecht betreffen, zum Erlass von an die Finanzinstitute gerichteten Beschlüsse im Einzelfall in den in Artikel 17 Absatz 6, in Artikel 18 Absatz 4 und in Artikel 19 Absatz 4 genannten besonderen Fällen;

g) zur Abgabe von Stellungnahmen an das Europäische Parlament, den Rat oder die Kommission gemäß Artikel 34;

h) zur Einholung der erforderlichen Informationen zu Finanzinstituten gemäß Artikel 35;

i) zur Entwicklung gemeinsamer Methoden zur Bewertung der Wirkungen von Produktmerkmalen und Verteilungsprozessen auf die Finanzlage der Institute und den Verbraucherschutz;

j) zur Bereitstellung einer zentral zugänglichen Datenbank der registrierten Finanzinstitute in ihrem Zuständigkeitsbereich, sofern dies in den in Artikel 1 Absatz 2 genannten Rechtsakten vorgesehen ist.

Artikel 9
Aufgaben im Zusammenhang mit dem Verbraucherschutz und Finanztätigkeiten

(1) Die Behörde übernimmt eine Führungsrolle bei der Förderung der Transparenz, Einfachheit und Fairness auf dem Markt für Finanzprodukte und -dienstleistungen für Verbraucher im gesamten Binnenmarkt, und zwar unter anderem durch

a) die Erfassung und Analyse von Verbrauchertrends und die Berichterstattung über diese Trends;

b) die Überprüfung und Koordinierung von Initiativen der zuständigen Behörden zur Vermittlung von Wissen und Bildung über Finanzfragen;

c) die Entwicklung von Ausbildungsstandards für die Wirtschaft und

d) die Mitwirkung an der Entwicklung allgemeiner Offenlegungsvorschriften.

(2) Die Behörde überwacht neue und bestehende Finanztätigkeiten und kann Leitlinien und Empfehlungen annehmen, um die Sicherheit und Solidität der Märkte und die Angleichung im Bereich der der Regulierungspraxis zu fördern.

(3) Die Behörde kann auch Warnungen herausgeben, wenn eine Finanztätigkeit eine ernsthafte Bedrohung für die in Artikel 1 Absatz 6 festgelegten Ziele darstellt.

(4) Die Behörde errichtet – als integralen Bestandteil der Behörde – einen Ausschuss für Finanzinnovationen, der alle einschlägigen zuständigen nationalen Aufsichtsbehörden zusammenbringt, um eine koordinierte Herangehensweise an die regulatorische und aufsichtsrechtliche Behandlung neuer oder innovativer Finanztätigkeiten zu erreichen und der Behörde Rat zu erteilen, den sie dem Europäischen Parlament, dem Rat und der Kommission vorlegt.

(5) Die Behörde kann bestimmte Finanztätigkeiten, durch die das ordnungsgemäße Funktionieren und die Integrität der Finanzmärkte oder die Stabilität des Finanzsystems in der Union als Ganzes oder in Teilen gefährdet wird, in den Fällen und unter den Bedingungen, die in den in Artikel 1 Absatz 2 genannten Gesetzgebungsakten festgelegt sind, beziehungsweise erforderlichenfalls im Krisenfall nach Maßgabe des Artikels 18 und unter den darin festgelegten Bedingungen vorübergehend verbieten oder beschränken.

Die Behörde überprüft den in Unterabsatz 1 genannten Beschluss in angemessenen Abständen, mindestens aber alle drei Monate. Wird der Beschluss nach Ablauf von drei Monaten nicht verlängert, so tritt er automatisch außer Kraft.

Ein Mitgliedstaat kann die Behörde ersuchen, ihren Beschluss zu überprüfen. In diesem Fall beschließt die Behörde im Verfahren des Artikels 44 Absatz 1 Unterabsatz 2, ob sie ihren Beschluss aufrechterhält.

Die Behörde kann auch überprüfen, ob es notwendig ist, bestimmte Arten von Finanztätigkeiten zu verbieten oder zu beschränken, und, sollte dies notwendig sein, die Kommission informieren, um den Erlass eines Verbots oder einer Beschränkung zu erleichtern.

Artikel 10
Technische Regulierungsstandards

(1) Übertragen das Europäische Parlament und der Rat der Kommission die Befugnis, gemäß Artikel 290 AEUV technische Regulierungsstandards mittels delegierter Rechtsakte zu erlassen, um eine kohärente Harmonisierung in den Bereichen zu gewährleisten, die in den in Artikel 1 Absatz 2 genannten Gesetzgebungsakten aufgeführt sind, so kann die Behörde Entwürfe technischer Regulierungsstandards erstellen. Die Behörde legt ihre Entwürfe der Standards der Kommission zur Billigung vor.

Die technischen Regulierungsstandards sind technischer Art und beinhalten keine strategischen oder politischen Entscheidungen, und ihr Inhalt wird durch die Gesetzgebungsakte, auf denen sie beruhen, begrenzt.

Bevor sie die Standards der Kommission übermittelt, führt die Behörde offene öffentliche Anhörungen zu Entwürfen technischer Regulierungsstandards durch und analysiert die potenziell anfallenden Kosten und den Nutzen, es sei denn, solche Anhörungen und Analysen sind im Verhältnis zum Anwendungsbereich und zu den Auswirkungen der betreffenden Entwürfe technischer Regulierungsstandards oder im Verhältnis zur besonderen Dringlichkeit der Angelegenheit unangemessen. Die Behörde holt auch die Stellungnahme der in Artikel 37 genannten einschlägigen Interessengruppe ein.

Legt die Behörde einen Entwurf eines technischen Regulierungsstandards vor, so leitet die Kommission diesen umgehend an das Europäische Parlament und den Rat weiter.

Innerhalb von drei Monaten nach Erhalt eines Entwurfs eines technischen Regulierungsstandards befindet die Kommission darüber, ob sie diesen billigt. Die Kommission kann den Entwurf technischer Regulierungsstandards lediglich teilweise oder mit Änderungen billigen, sofern dies aus Gründen des Unionsinteresses erforderlich ist.

Beabsichtigt die Kommission, einen Entwurf eines technischen Regulierungsstandards nicht oder nur teilweise beziehungsweise mit Änderungen zu billigen, so sendet sie den Entwurf technischer Regulierungsstandards an die Behörde zurück und erläutert dabei, warum sie ihn nicht billigt, oder gegebenenfalls, warum sie Änderungen vorgenommen hat. Die Behörde kann den Entwurf technischer Regulierungsstandards anhand der Änderungsvorschläge der Kommission innerhalb eines Zeitraums von sechs Wochen ändern und ihn der Kommission in Form einer förmlichen Stellungnahme erneut vorlegen. Die Behörde übermittelt dem Europäischen Parlament und dem Rat eine Kopie ihrer förmlichen Stellungnahme.

Hat die Behörde bei Ablauf dieser Frist von sechs Wochen keinen geänderten Entwurf eines technischen Regulierungsstandards vorgelegt oder hat sie einen Entwurf eines technischen Regulierungsstandards vorgelegt, der nicht in Übereinstimmung mit den Änderungsvorschlägen der Kommission geändert worden ist, so kann die Kommission den technischen Regulierungsstandard entweder mit den von ihr als wichtig erachteten Änderungen annehmen oder ihn ablehnen.

Die Kommission darf den Inhalt eines von der Behörde ausgearbeiteten Entwurfs eines technischen Regulierungsstandards nicht ändern, ohne sich vorher mit der Behörde gemäß diesem Artikel abgestimmt zu haben.

(2) Hat die Behörde keinen Entwurf eines technischen Regulierungsstandards innerhalb der Frist, die in den in Artikel 1 Absatz 2 genannten Gesetzgebungsakten angegeben ist, vorgelegt, so kann die Kommission einen solchen Entwurf innerhalb einer neuen Frist anfordern.

(3) Nur wenn die Behörde der Kommission innerhalb der Frist gemäß Absatz 2 keinen Entwurf eines technischen Regulierungsstandards vorlegt, kann die Kommission einen technischen Regulierungsstandard ohne Entwurf der Behörde mittels eines delegierten Rechtsakts erlassen.

Die Kommission führt offene öffentliche Anhörungen zu Entwürfen technischer Regulierungsstandards durch und analysiert die potenziell anfallenden Kosten und den Nutzen, es sei denn, solche Anhörungen und Analysen sind im Verhältnis zum Anwendungsbereich und zu den Auswirkungen der betreffenden Entwürfe technischer Regulierungsstandards oder im Verhältnis zur besonderen Dringlichkeit der Angelegenheit unangemessen. Die Kommission holt auch die Stellungnahme oder Empfehlung der in Artikel 37 genannten einschlägigen Interessengruppe ein.

Die Kommission leitet den Entwurf des technischen Regulierungsstandards umgehend an das Europäische Parlament und den Rat weiter.

Die Kommission übermittelt der Behörde ihren Entwurf des technischen Regulierungsstandards. Die Behörde kann den Entwurf des technischen Regulierungsstandards innerhalb einer Frist von sechs Wochen ändern und ihn der Kommission in Form einer förmlichen Stellungnahme vorlegen. Die Behörde übermittelt dem Europäischen Parlament und dem Rat eine Kopie ihrer förmlichen Stellungnahme.

Hat die Behörde bei Ablauf der in Unterabsatz 4 genannten Frist von sechs Wochen noch keinen geänderten Entwurf des technischen Regulierungsstandards vorgelegt, so kann die Kommission den technischen Regulierungsstandard annehmen.

Hat die Behörde innerhalb der Frist von sechs Wochen einen geänderten Entwurf des technischen Regulierungsstandards vorgelegt, so kann die Kommission den Entwurf des technischen Regulierungsstandards auf der Grundlage der von der Behörde vorgeschlagenen Änderungen ändern oder den technischen Regulierungsstandard mit den von ihr als wichtig erachteten Änderungen annehmen. Die Kommission darf den Inhalt des von der Behörde ausgearbeiteten Entwurfs des technischen Regulierungsstandards nicht ändern, ohne sich vorher mit der Behörde gemäß diesem Artikel abgestimmt zu haben.

(4) Die technischen Regulierungsstandards werden mittels Verordnungen oder Beschlüssen erlassen. Sie werden im *Amtsblatt der Europäischen Union* veröffentlicht und treten an dem darin genannten Datum in Kraft.

Artikel 11
Ausübung der Befugnisübertragung

(1) Die Befugnis zum Erlass der in Artikel 10 genannten technischen Regulierungsstandards wird der Kommission für einen Zeitraum von vier Jahren ab dem 16. Dezember 2010 übertragen. Die Kommission legt spätestens sechs Monate vor Ablauf des Zeitraums von vier Jahren einen Bericht über die übertragenen Befugnisse vor.

Die Befugnisübertragung verlängert sich automatisch um Zeiträume gleicher Länge, es sei denn, das Europäische Parlament oder der Rat widerrufen sie gemäß Artikel 14.

(2) Sobald die Kommission einen technischen Regulierungsstandard erlässt, übermittelt sie ihn gleichzeitig dem Europäischen Parlament und dem Rat.

(3) Die der Kommission übertragene Befugnis zum Erlass technischer Regulierungsstandards unterliegt den in den Artikeln 12 bis 14 genannten Bedingungen.

Artikel 12
Widerruf der Befugnisübertragung

(1) Die in Artikel 10 genannte Befugnisübertragung kann vom Europäischen Parlament oder vom Rat jederzeit widerrufen werden.

(2) Das Organ, das ein internes Verfahren eingeleitet hat, um zu beschließen, ob eine Befugnisübertragung widerrufen werden soll, bemüht sich, das andere Organ und die Kommission innerhalb einer angemessenen Frist vor der endgültigen Beschlussfassung zu unterrichten, unter Nennung der übertragenen Befugnis, die widerrufen werden könnte.

(3) Der Beschluss über den Widerruf beendet die in diesem Beschluss angegebene Befugnisübertragung. Er wird sofort oder zu einem darin angegebenen späteren Zeitpunkt wirksam. Die Gültigkeit von technischen Regulierungsstandards, die bereits in Kraft sind, wird davon nicht berührt. Er wird im *Amtsblatt der Europäischen Union* veröffentlicht.

Artikel 13
Einwände gegen technische Regulierungsstandards

(1) Das Europäische Parlament oder der Rat können gegen einen technischen Regulierungsstandard innerhalb einer Frist von drei Monaten ab dem Datum der Übermittlung des von der Kommission erlassenen technischen Regulierungsstandards Einwände erheben. Auf Initiative des Europäischen Parlaments oder des Rates wird diese Frist um drei Monate verlängert.

Erlässt die Kommission einen technischen Regulierungsstandard, bei dem es sich um den von der Behörde übermittelten Entwurf eines technischen Regulierungsstandards handelt, so beträgt der Zeitraum, in dem das Europäische Parlament und der Rat Einwände erheben können, einen Monat ab dem Datum der Übermittlung. Auf Initiative des Europäischen Parlaments oder des Rates wird diese Frist um einen Monat verlängert. Auf Initiative des Europäischen Parlaments oder des Rates ist eine weitere Verlängerung dieser Frist um einen Monat möglich.

(ABl L 153 vom 22. 5. 2014)

(2) Haben bei Ablauf der in Absatz 1 genannten Frist weder das Europäische Parlament noch der Rat Einwände gegen den technischen Regulierungsstandard erhoben, so wird dieser im *Amtsblatt der Europäischen Union* veröffentlicht und tritt zu dem darin genannten Zeitpunkt in Kraft. Der technische Regulierungsstandard kann vor Ablauf dieser Frist im *Amtsblatt der Europäischen Union* veröffentlicht werden und in Kraft treten, wenn das Europäische Parlament und der Rat beide der Kommission mitgeteilt haben, dass sie nicht die Absicht haben, Einwände zu erheben.

(3) Erheben das Europäische Parlament oder der Rat innerhalb der in Absatz 1 genannten Frist Einwände gegen einen technischen Regulierungsstandard, so tritt dieser nicht in Kraft. Gemäß Artikel 296 AEUV gibt das Organ, das Einwände erhebt, die Gründe für seine Einwände gegen den technischen Regulierungsstandard an.

Artikel 14
Nichtannahme oder Änderung des Entwurfs eines technischen Regulierungsstandards

(1) Nimmt die Kommission den Entwurf eines technischen Regulierungsstandards nicht an oder ändert sie ihn gemäß Artikel 10 ab, so unterrichtet sie die Behörde, das Europäische Parlament und den Rat unter Angabe der Gründe dafür.

(2) Das Europäische Parlament oder der Rat können gegebenenfalls den zuständigen Kommissar zusammen mit dem Vorsitzenden der Behörde innerhalb eines Monats nach der in Absatz 1 genannten Unterrichtung zu einer Ad-hoc-Sitzung des zuständigen Ausschusses des Europäischen Parlaments oder des Rates zur Darlegung und Erläuterung ihrer Differenzen einladen.

Artikel 15
Technische Durchführungsstandards

(1) Die Behörde kann technische Durchführungsstandards mittels Durchführungsrechtsakten gemäß Artikel 291 AEUV für die Bereiche entwickeln, die ausdrücklich in den in Artikel 1 Absatz 2 genannten Gesetzgebungsakten festgelegt sind. Die technischen Durchführungsstandards sind technischer Art und beinhalten keine strategischen oder politischen Entscheidungen, und ihr Inhalt dient dazu, die Bedingungen für die Anwendung der genannten Gesetzgebungsakte festzulegen. Die Behörde legt ihre Entwürfe technischer Durchführungsstandards der Kommission zur Zustimmung vor.

Bevor sie die Entwürfe technischer Durchführungsstandards der Kommission übermittelt, führt die Behörde offene öffentliche Anhörungen durch und analysiert die potenziell anfallenden Kosten und den Nutzen, es sei denn, solche Anhörungen

25/3. EIOPA-VO
Nr 1094/2010

und Analysen sind im Verhältnis zum Anwendungsbereich und zu den Auswirkungen der betreffenden Entwürfe technischer Durchführungsstandards oder im Verhältnis zur besonderen Dringlichkeit der Angelegenheit unangemessen. Die Behörde holt auch die Stellungnahme der in Artikel 37 genannten einschlägigen Interessengruppe ein.

Legt die Behörde einen Entwurf eines technischen Durchführungsstandards vor, so leitet die Kommission diesen umgehend an das Europäische Parlament und den Rat weiter.

Innerhalb von drei Monaten nach Erhalt eines Entwurfs eines technischen Durchführungsstandards befindet die Kommission über seine Billigung. Die Kommission kann diese Frist um einen Monat verlängern. Die Kommission kann den Entwurf des technischen Durchführungsstandards lediglich teilweise oder mit Änderungen billigen, wenn dies aus Gründen des Unionsinteresses erforderlich ist.

Beabsichtigt die Kommission, einen Entwurf eines technischen Durchführungsstandards nicht oder nur teilweise oder mit Änderungen anzunehmen, so sendet sie diesen zurück an die Behörde und erläutert dabei, warum sie ihn zu nicht billigen beabsichtigt, oder gegebenenfalls, warum sie Änderungen vorgenommen hat. Die Behörde kann den Entwurf technischer Durchführungsstandards anhand der Änderungsvorschläge der Kommission innerhalb eines Zeitraums von sechs Wochen ändern und ihn der Kommission in Form einer förmlichen Stellungnahme erneut vorlegen. Die Behörde übermittelt dem Europäischen Parlament und dem Rat eine Kopie ihrer förmlichen Stellungnahme.

Hat die Behörde bei Ablauf der in Unterabsatz 5 genannten Frist von sechs Wochen keinen geänderten Entwurf des technischen Durchführungsstandards vorgelegt oder einen Entwurf eines technischen Durchführungsstandards vorgelegt, der nicht in Übereinstimmung mit den Änderungsvorschlägen der Kommission abgeändert worden ist, so kann die Kommission den technischen Durchführungsstandard entweder mit den von ihr als wichtig erachteten Änderungen annehmen oder aber ihn ablehnen.

Die Kommission darf den Inhalt eines von der Behörde ausgearbeiteten Entwurfs eines technischen Durchführungsstandards nicht ändern, ohne sich nicht vorher mit der Behörde gemäß diesem Artikel abgestimmt zu haben.

(2) Hat die Behörde keinen Entwurf eines technischen Durchführungsstandards innerhalb der Frist, die in den in Artikel 1 Absatz 2 genannten Gesetzgebungsakten angegeben ist, vorgelegt, so kann die Kommission einen solchen Entwurf innerhalb einer neuen Frist anfordern.

(3) Nur wenn die Behörde der Kommission innerhalb der Fristen nach Absatz 2 keinen Entwurf eines technischen Durchführungsstandards vorlegt, kann die Kommission einen technischen Durchführungsstandard ohne Entwurf der Behörde mittels eines Durchführungsrechtsakts annehmen.

Die Kommission führt offene öffentliche Anhörungen zu Entwürfen technischer Durchführungsstandards durch und analysiert die potenziell anfallenden Kosten und den Nutzen, es sei denn, solche Anhörungen und Analysen sind im Verhältnis zum Anwendungsbereich und zu den Auswirkungen der betreffenden Entwürfe technischer Durchführungsstandards oder im Verhältnis zur besonderen Dringlichkeit der Angelegenheit unangemessen. Die Kommission holt auch die Stellungnahme oder Empfehlung der in Artikel 37 genannten einschlägigen Interessengruppe ein.

Die Kommission leitet den Entwurf eines technischen Durchführungsstandards umgehend an das Europäische Parlament und den Rat weiter.

Die Kommission übersendet die Behörde den Entwurf eines technischen Durchführungsstandards. Die Behörde kann den Entwurf eines technischen Durchführungsstandards innerhalb einer Frist von sechs Wochen ändern und ihn der Kommission in Form einer förmlichen Stellungnahme erneut vorlegen. Die Behörde übermittelt dem Europäischen Parlament und dem Rat eine Kopie ihrer förmlichen Stellungnahme.

Hat die Behörde nach Ablauf der in Unterabsatz 4 genannten Frist von sechs Wochen noch keinen geänderten Entwurf des technischen Durchführungsstandard vorgelegt, so kann die Kommission den technischen Durchführungsstandard erlassen.

Hat die Behörde innerhalb der Frist von sechs Wochen einen geänderten Entwurf des technischen Durchführungsstandards vorgelegt, so kann die Kommission den Entwurf des technischen Durchführungsstandards auf der Grundlage der von der Behörde vorgeschlagenen Änderungen ändern oder den technischen Durchführungsstandard mit den von ihr als wichtig erachteten Änderungen erlassen.

Die Kommission darf den Inhalt des von der Behörde ausgearbeiteten Entwurfs des technischen Durchführungsstandards nicht ändern, ohne sich nicht vorher mit der Behörde gemäß diesem Artikel abgestimmt zu haben.

(4) Die technischen Durchführungsstandards werden mittels Verordnungen oder Beschlüssen erlassen. Sie werden im *Amtsblatt der Europäischen Union* veröffentlicht und treten an dem darin genannten Datum in Kraft.

Artikel 16
Leitlinien und Empfehlungen

(1) Um innerhalb des ESFS kohärente, effiziente und wirksame Aufsichtspraktiken zu schaffen und eine gemeinsame, einheitliche und kohärente Anwendung des Unionsrechts sicherzustellen,

gibt die Behörde Leitlinien und Empfehlungen für die zuständigen Behörden und die Finanzinstitute heraus.

(2) Die Behörde führt gegebenenfalls offene öffentliche Anhörungen zu den Leitlinien und Empfehlungen durch und analysiert die damit verbundenen potenziellen Kosten und den damit verbundenen potenziellen Nutzen. Diese Anhörungen und Analysen müssen im Verhältnis zu Umfang, Natur und Folgen der Leitlinien oder Empfehlungen angemessen sein. Die Behörde holt gegebenenfalls auch die Stellungnahme oder den Rat der in Artikel 37 genannten relevanten Interessengruppe ein.

(3) Die zuständigen Behörden und Finanzinstitute unternehmen alle erforderlichen Anstrengungen, um diesen Leitlinien und Empfehlungen nachzukommen.

Binnen zwei Monaten nach der Herausgabe einer Leitlinie oder Empfehlung bestätigt jede zuständige Behörde, ob sie dieser Leitlinie oder Empfehlung nachkommt oder nachzukommen beabsichtigt. Kommt eine zuständige Behörde der Leitlinie oder Empfehlung nicht nach oder beabsichtigt sie nicht, dieser nachzukommen, teilt sie dies der Behörde unter Angabe der Gründe mit.

Die Behörde veröffentlicht die Tatsache, dass eine zuständige Behörde dieser Leitlinie oder Empfehlung nicht nachkommt oder nicht nachzukommen beabsichtigt. Die Behörde kann zudem von Fall zu Fall die Veröffentlichung der von der zuständigen Behörde angegebenen Gründe für die Nichteinhaltung einer Leitlinie oder Empfehlung beschließen. Die zuständige Behörde wird im Voraus über eine solche Veröffentlichung informiert.

Wenn dies gemäß dieser Leitlinie oder Empfehlung erforderlich ist, erstatten die Finanzinstitute auf klare und ausführliche Weise Bericht darüber, ob sie einer Leitlinie oder Empfehlung nachkommen.

(4) In dem in Artikel 43 Absatz 5 genannten Bericht informiert die Behörde das Europäischen Parlament, den Rat und die Kommission darüber, welche Leitlinien und Empfehlungen herausgegeben worden sind und welche zuständigen Behörden diesen nicht nachgekommen sind, wobei auch erläutert wird, wie die Behörde beabsichtigt sicherzustellen, dass die betroffenen zuständigen Behörden den Empfehlungen und Leitlinien in Zukunft nachkommen werden.

Artikel 17
Verletzung von Unionsrecht

(1) Hat eine zuständige Behörde die in Artikel 1 Absatz 2 genannten Rechtsakte der Union nicht angewandt oder diese so angewandt, dass eine Verletzung des Unionsrechts, einschließlich der technischen Regulierungs- und Durchführungsstandards, die nach den Artikeln 10 bis 15 festgelegt werden, vorzuliegen scheint, insbesondere weil sie es versäumt hat sicherzustellen, dass ein Finanzinstitut den in den genannten Rechtsakten festgelegten Anforderungen genügt, so nimmt die Behörde die in den Absätzen 2, 3 und 6 des vorliegenden Artikels genannten Befugnisse wahr.

(2) Auf Ersuchen einer oder mehrerer zuständiger Behörden, des Europäischen Parlaments, des Rates, der Kommission oder der relevanten Interessengruppe oder von Amts wegen und nach Unterrichtung der betroffenen zuständigen Behörde kann die Behörde eine Untersuchung der angeblichen Verletzung oder der Nichtanwendung des Unionsrechts durchführen.

„Unbeschadet der in Artikel 35 festgelegten Befugnisse übermittelt die zuständige Behörde der Behörde unverzüglich alle Informationen, die letztere für ihre Untersuchungen für erforderlich hält, einschließlich Informationen darüber, wie die in Artikel 1 Absatz 2 genannten Rechtsakte in Übereinstimmung mit dem Unionsrecht angewendet werden."
(ABl L 153 vom 22. 5. 2014)

(3) Spätestens zwei Monate nach Beginn ihrer Untersuchungen kann die Behörde eine Empfehlung an die betroffene zuständige Behörde richten, in der die Maßnahmen erläutert werden, die zur Einhaltung des Unionsrechts ergriffen werden müssen.

Die zuständige Behörde unterrichtet die Behörde innerhalb von zehn Arbeitstagen nach Eingang der Empfehlung über die Schritte, die sie unternommen hat oder zu unternehmen beabsichtigt, um die Einhaltung des Unionsrechts zu gewährleisten.

(4) Sollte die zuständige Behörde das Unionsrecht innerhalb eines Monats nach Eingang der Empfehlung der Behörde nicht einhalten, so kann die Kommission nach Unterrichtung durch die Behörde oder von Amts wegen hin eine förmliche Stellungnahme abgeben, in der die zuständige Behörde aufgefordert wird, die erforderlichen Maßnahmen zur Einhaltung des Unionsrechts zu ergreifen. Die förmliche Stellungnahme der Kommission trägt der Empfehlung der Behörde Rechnung.

Die Kommission gibt diese förmliche Stellungnahme spätestens drei Monate nach Abgabe der Empfehlung ab. Die Kommission kann diese Frist um einen Monat verlängern.

Die Behörde und die zuständigen Behörden übermitteln der Kommission alle erforderlichen Informationen.

(5) Die zuständige Behörde unterrichtet die Kommission und die Behörde innerhalb von zehn Arbeitstagen nach Eingang der in Absatz 4 genannten förmlichen Stellungnahme über die Schritte, die sie unternommen hat oder zu unter-

nehmen beabsichtigt, um dieser förmlichen Stellungnahme nachzukommen.

(6) Unbeschadet der Befugnisse der Kommission nach Artikel 258 AEUV kann die Behörde für den Fall, dass eine zuständige Behörde der in Absatz 4 genannten förmlichen Stellungnahme nicht innerhalb der dort gesetzten Frist nachkommt und dass es erforderlich ist, der Nichteinhaltung rechtzeitig ein Ende zu bereiten, um neutrale Wettbewerbsbedingungen auf dem Markt aufrechtzuerhalten oder wiederherzustellen beziehungsweise um das ordnungsgemäße Funktionieren und die Integrität des Finanzsystems zu gewährleisten, und sofern die einschlägigen Anforderungen der in Artikel 1 Absatz 2 genannten Rechtsakte der Union auf Finanzinstitute unmittelbar anwendbar sind, einen an ein Finanzinstitut gerichteten Beschluss im Einzelfall erlassen, der dieses zum Ergreifen der Maßnahmen verpflichtet, die zur Erfüllung seiner Pflichten im Rahmen des Unionsrechts erforderlich sind, einschließlich der Einstellung jeder Tätigkeit.

Der Beschluss der Behörde muss mit der förmlichen Stellungnahme der Kommission gemäß Absatz 4 im Einklang stehen.

(7) Nach Absatz 6 erlassene Beschlüsse haben Vorrang vor allen von den zuständigen Behörden in gleicher Sache erlassenen früheren Beschlüssen.

Ergreifen die zuständigen Behörden Maßnahmen in Bezug auf Sachverhalte, die Gegenstand einer förmlichen Stellungnahme nach Absatz 4 oder eines Beschlusses nach Absatz 6 sind, müssen die zuständigen Behörden der förmlichen Stellungnahme beziehungsweise dem Beschluss nachkommen.

(8) In dem in Artikel 43 Absatz 5 genannten Bericht legt die Behörde dar, welche zuständigen Behörden und Finanzinstitute den in den Absätzen 4 und 6 des vorliegenden Artikels genannten förmlichen Stellungnahmen oder Beschlüssen nicht nachgekommen sind.

Artikel 18
Maßnahmen im Krisenfall

(1) Im Fall von ungünstigen Entwicklungen, die das ordnungsgemäße Funktionieren und die Integrität von Finanzmärkten oder die Stabilität des Finanzsystems in der Union als Ganzes oder in Teilen ernsthaft gefährden könnten, kann die Behörde sämtliche von den betreffenden zuständigen nationalen Aufsichtsbehörden ergriffenen Maßnahmen aktiv erleichtern und diese, sofern dies als notwendig erachtet wird, koordinieren.

Um diese Aufgabe des Erleichterns und Koordinierens von Maßnahmen wahrnehmen zu können, wird die Behörde über alle relevanten Entwicklungen in vollem Umfang unterrichtet und wird sie eingeladen, als Beobachterin an allen einschlägigen Zusammentreffen der betreffenden zuständigen nationalen Aufsichtsbehörden teilzunehmen.

(2) Der Rat kann in Abstimmung mit der Kommission und dem ESRB sowie gegebenenfalls den ESA auf Ersuchen der Behörde, der Kommission oder des ESRB einen an die Behörde gerichteten Beschluss erlassen, in dem das Vorliegen einer Krisensituation im Sinne dieser Verordnung festgestellt wird. Der Rat überprüft diesen Beschluss in angemessenen Abständen, mindestens jedoch einmal pro Monat. Wird der Beschluss bei Ablauf der Frist von einem Monat nicht verlängert, so tritt er automatisch außer Kraft. Der Rat kann die Krisensituation jederzeit für beendet erklären.

Sind der ESRB oder die Behörde der Auffassung, dass sich eine Krisensituation abzeichnet, richten sie eine vertrauliche Empfehlung an den Rat und geben eine Lagebeurteilung ab. Der Rat beurteilt dann, ob es notwendig ist, eine Tagung einzuberufen. Hierbei ist darauf zu achten, dass die Vertraulichkeit gewahrt bleibt.

Wenn der Rat das Vorliegen einer Krisensituation feststellt, so unterrichtet er das Europäische Parlament und die Kommission ordnungsgemäß und unverzüglich davon.

(3) Hat der Rat einen Beschluss nach Absatz 2 erlassen und liegen außergewöhnliche Umstände vor, die ein koordiniertes Vorgehen der nationalen Behörden erfordern, um auf ungünstige Entwicklungen zu reagieren, die das geordnete Funktionieren und die Integrität von Finanzmärkten oder die Stabilität des Finanzsystems in der Union als Ganzes oder in Teilen ernsthaft gefährden können, kann die Behörde die zuständigen Behörden durch Erlass von Beschlüssen im Einzelfall dazu verpflichten, gemäß den in Artikel 1 Absatz 2 genannten Rechtsvorschriften die Maßnahmen zu treffen, die erforderlich sind, um auf solche Entwicklungen zu reagieren, indem sie sicherstellt, dass Finanzinstitute und zuständige Behörden die in den genannten Rechtsvorschriften festgelegten Anforderungen erfüllen.

(4) Unbeschadet der Befugnisse der Kommission nach Artikel 258 AEUV kann die Behörde, wenn eine zuständige Behörde dem in Absatz 3 genannten Beschluss nicht innerhalb der in diesem Beschluss genannten Frist nachkommt und wenn die einschlägigen Anforderungen der in Artikel 1 Absatz 2 genannten Gesetzgebungsakte, einschließlich der gemäß diesen Gesetzgebungsakten erlassenen technischen Regulierungs- und Durchführungsstandards, unmittelbar auf Finanzinstitute anwendbar sind, einen an ein Finanzinstitut gerichteten Beschluss im Einzelfall erlassen, der dieses zum Ergreifen der Maßnahmen verpflichtet, die zur Erfüllung seiner Pflichten im Rahmen dieser Rechtsvorschriften erforderlich sind, einschließlich der Einstellung jeder Tätigkeit. Dies gilt nur in Fällen, in denen die zuständige Behörde die in Artikel 1 Absatz 2 genannten

Gesetzgebungsakte, einschließlich der gemäß diesen Gesetzgebungsakten erlassenen technischen Regulierungs- und Durchführungsstandards, nicht anwendet oder in einer Weise anwendet, die eine eindeutige Verletzung dieser Rechtsakte darstellen dürfte, und sofern dringend eingeschritten werden muss, um das ordnungsgemäße Funktionieren und die Integrität der Finanzmärkte oder die Stabilität des Finanzsystems in der Union als Ganzes oder in Teilen wiederherzustellen.

(5) Nach Absatz 4 erlassene Beschlüsse haben Vorrang vor allen von den zuständigen Behörden in gleicher Sache erlassenen früheren Beschlüssen. Jede Maßnahme der zuständigen Behörden im Zusammenhang mit Fragen, die Gegenstand eines Beschlusses nach den Absätzen 3 oder 4 sind, muss mit diesen Beschlüssen im Einklang stehen.

Artikel 19
Beilegung von Meinungsverschiedenheiten zwischen zuständigen Behörden in grenzübergreifenden Fällen

(1) Wenn eine zuständige Behörde in Fällen, die in den in Artikel 1 Absatz 2 genannten Rechtsakten festgelegt sind, mit dem Vorgehen oder dem Inhalt einer Maßnahme einer zuständigen Behörde eines anderen Mitgliedstaats oder deren Nichttätigwerden nicht einverstanden ist, kann die Behörde unbeschadet der Befugnisse nach Artikel 17 auf Ersuchen einer oder mehrerer der betroffenen zuständigen Behörden nach dem in den Absätzen 2 bis 4 vorliegenden Artikels festgelegten Verfahren dabei helfen, eine Einigung zwischen den Behörden zu erzielen.

Wenn in Fällen, die in den in Artikel 1 Absatz 2 genannten Rechtsvorschriften festgelegt sind sind, unter Zugrundelegung objektiver Kriterien eine Meinungsverschiedenheit zwischen den zuständigen Behörden verschiedener Mitgliedstaaten festgestellt wird, kann die Behörde von sich aus im Einklang mit dem Verfahren nach den Absätzen 2 bis 4 dabei helfen, eine Einigung zwischen den Behörden zu erzielen.

(2) Die Behörde setzt den zuständigen Behörden für die Schlichtung ihrer Meinungsverschiedenheit eine Frist und trägt dabei allen relevanten Fristen, die in den in Artikel 1 Absatz 2 genannten Rechtsakten festgelegt sind, sowie der Komplexität und Dringlichkeit der Angelegenheit Rechnung. In diesem Stadium handelt die Behörde als Vermittlerin.

(3) Erzielen die zuständigen Behörden innerhalb der in Absatz 2 genannten Schlichtungsphase keine Einigung, so kann die Behörde gemäß dem Verfahren des Artikels 44 Absatz 1 Unterabsätze 3 und 4 einen Beschluss mit verbindlicher Wirkung für die betreffenden zuständigen Behörden erlassen, mit dem die zuständigen Behörden dazu verpflichtet werden, zur Beilegung der Angelegenheit bestimmte Maßnahmen zu treffen oder von solchen abzusehen, um die Einhaltung des Unionsrechts zu gewährleisten.

(4) Unbeschadet der Befugnisse der Kommission nach Artikel 258 AEUV kann die Behörde, wenn eine zuständige Behörde ihrem Beschluss nicht nachkommt und somit nicht sicherstellt, dass ein Finanzinstitut die Anforderungen erfüllt, die nach den in Artikel 1 Absatz 2 genannten Rechtsakten unmittelbar auf dieses anwendbar sind, einen Beschluss im Einzelfall an das betreffende Finanzinstitut richten und es so dazu verpflichten, die zur Einhaltung seiner Pflichten im Rahmen des Unionsrechts erforderlichen Maßnahmen zu treffen, einschließlich der Einstellung jeder Tätigkeit.

(5) Nach Absatz 4 erlassene Beschlüsse haben Vorrang vor allen von den zuständigen Behörden in gleicher Sache erlassenen früheren Beschlüssen. Jede Maßnahme der zuständigen Behörden im Zusammenhang mit Sachverhalten, die Gegenstand eines Beschlusses nach den Absätzen 3 oder 4 sind, muss mit diesen Beschlüssen in Einklang stehen.

(6) In dem in Artikel 50 Absatz 2 genannten Bericht legt der Vorsitzende der Behörde die Art der Meinungsverschiedenheiten zwischen den zuständigen Behörden, die erzielten Einigungen und die zur Beilegung solcher Meinungsverschiedenheiten getroffenen Beschlüsse dar.

Artikel 20
Beilegung von sektorübergreifenden Meinungsverschiedenheiten zwischen zuständigen Behörden

Der Gemeinsame Ausschuss legt gemäß dem Verfahren nach den Artikeln 19 und 56 sektorübergreifende Meinungsverschiedenheiten bei, die zwischen zuständigen Behörden im Sinne des Artikels 4 Nummer 2 der vorliegenden Verordnung, der Verordnung (EU) Nr. 1093/2010 beziehungsweise der Verordnung (EU) Nr. 1095/2010 auftreten können.

Artikel 21
Aufsichtskollegien

(1) Die Behörde trägt zur Förderung und Überwachung eines effizienten, wirksamen und kohärenten Funktionierens der in der Richtlinie 2009/138/EG genannten Aufsichtskollegien bei und fördert die kohärente Anwendung des Unionsrechts in diesen Aufsichtskollegien. Im Hinblick auf eine Angleichung der bewährten Aufsichtspraktiken haben die Mitarbeiter der Behörde die Möglichkeit, sich an den Aktivitäten der Aufsichtskollegien zu beteiligen, einschließlich

Prüfungen vor Ort, die gemeinsam von zwei oder mehr zuständigen Behörden durchgeführt werden.

(2) Die Behörde übernimmt eine führende Rolle dabei, das einheitliche und kohärente Funktionieren der Aufsichtskollegien, die für in der Union grenzüberschreitend tätige Institute zuständig sind, sicherzustellen; dabei berücksichtigt sie das von Finanzinstituten ausgehende Systemrisiko im Sinne des Artikels 23.

Für die Zwecke des vorliegenden Absatzes und des Absatzes 1 dieses Artikels wird die Behörde als „zuständige Behörde" im Sinne der einschlägigen Rechtsvorschriften betrachtet.

Die Behörde kann:

a) in Zusammenarbeit mit den zuständigen Behörden alle relevanten Informationen erfassen und austauschen, um die Tätigkeit des Kollegiums zu erleichtern und ein zentrales System einrichten und verwalten, mit dem diese Informationen den zuständigen Behörden im Kollegium zugänglich gemacht werden;

b) die Durchführung unionsweiter Stresstests gemäß Artikel 32 veranlassen und koordinieren, um die Widerstandsfähigkeit von Finanzinstituten gegenüber insbesondere das von Finanzinstituten ausgehende Systemrisiko im Sinne des Artikels 23 bei ungünstigen Marktentwicklungen bewerten zu können; eine Beurteilung der potenziellen Erhöhung des Systemrisikos in Stress-Situationen veranlassen und koordinieren, wobei sicherzustellen ist, dass auf nationaler Ebene eine kohärente Methode für diese Tests angewendet wird, und gegebenenfalls eine Empfehlung an die zuständigen Behörden aussprechen, Problempunkte zu beheben, die bei den Stresstests festgestellt wurden

c) wirksame und effiziente Aufsichtstätigkeiten unterstützen, wozu auch die Beurteilung der Risiken gehört, denen Finanzinstitute gemäß den Erkenntnissen aus dem aufsichtlichen Überprüfungsverfahren oder in Stress-Situationen ausgesetzt sind oder ausgesetzt sein könnten;

d) im Einklang mit den in dieser Verordnung festgelegten Aufgaben und Befugnissen die Tätigkeiten der zuständigen Behörden beaufsichtigen und

e) weitere Beratungen eines Aufsichtskollegiums in den Fällen fordern, in denen sie der Auffassung ist, dass der Beschluss in eine falsche Anwendung des Unionsrechts münden oder nicht zur Erreichung des Ziels der Angleichung der Aufsichtspraktiken beitragen würde. Die Behörde kann außerdem von der für die Gruppenaufsicht zuständigen Behörde verlangen, eine Sitzung des Kollegiums anzusetzen oder einen zusätzlichen Tagesordnungspunkt in die Tagesordnung einer Sitzung aufzunehmen.

(3) Die Behörde kann Entwürfe technischer Regulierungs- und Durchführungsstandards ausarbeiten, um einheitliche Anwendungsbedingungen im Hinblick auf die Vorschriften zur operativen Funktionsweise der Aufsichtskollegien sicherzustellen; ferner kann sie gemäß Artikel 16 angenommene Leitlinien und Empfehlungen herausgeben, um die Angleichung der Funktionsweise der Aufsicht und der von den Aufsichtskollegien gewählten bewährten Aufsichtspraktiken zu fördern.

(4) Die Behörde hat eine rechtlich verbindliche Aufgabe als Vermittlerin, um Streitigkeiten zwischen den zuständigen Behörden nach dem Verfahren des Artikels 19 zu schlichten. Im Einklang mit Artikel 19 kann die Behörde Aufsichtsbeschlüsse treffen, die direkt auf das betreffende Institut anwendbar sind.

Artikel 22
Allgemeine Bestimmungen

(1) Die Behörde trägt dem Systemrisiko im Sinne der Verordnung (EU) Nr. 1092/2010 gebührend Rechnung. Sie reagiert auf alle Risiken der Beeinträchtigung von Finanzdienstleistungen, die

a) durch eine Störung des Finanzsystems insgesamt oder in Teilen verursacht werden und

b) das Potenzial haben, schwerwiegende negative Folgen für den Binnenmarkt und die Realwirtschaft führen können.

Die Behörde berücksichtigt gegebenenfalls die Überwachung und Bewertung des Systemrisikos, die vom ESRB und der Behörde entwickelt wurden, und reagiert auf Warnungen und Empfehlungen des ESRB gemäß Artikel 17 der Verordnung (EU) Nr. 1092/2010.

(2) Die Behörde entwickelt in Zusammenarbeit mit dem ESRB und im Einklang mit Artikel 23 Absatz 1 einen gemeinsamen Ansatz für die Ermittlung und Messung der Systemrelevanz einschließlich quantitativer und qualitativer Indikatoren, soweit erforderlich.

Diese Indikatoren sind ein wesentliches Element für die Festlegung von geeignetem aufsichtlichen Handeln. Die Behörde überwacht zur Förderung eines gemeinsamen Ansatzes das Ausmaß an Konvergenz bei diesen Festlegungen.

(3) Unbeschadet der in Artikel 1 Absatz 2 genannten Rechtsakte formuliert die Behörde nach Bedarf zusätzliche Leitlinien und Empfehlungen für Finanzinstituten, um dem von ihnen ausgehenden Systemrisiko Rechnung zu tragen.

Die Behörde stellt sicher, dass dem von Finanzinstituten ausgehenden Systemrisiko bei der Ausarbeitung von Entwürfen technischer Regulierungs- und Durchführungsstandards in den Bereichen, die in den in Artikel 1 Absatz 2 genannten Gesetzgebungsakten festgelegt sind, Rechnung getragen wird.

(4) Die Behörde kann auf Ersuchen einer oder mehrerer zuständiger Behörden, des Europäischen Parlaments, des Rates oder der Kommission oder von Amts wegen eine Untersuchung in Bezug auf

eine bestimmte Art von Finanzinstitut, Produkt oder Verhaltensweise durchführen, um die davon ausgehende potenzielle Bedrohung der Stabilität des Finanzsystems beurteilen zu können und den betreffenden zuständigen Behörden geeignete Empfehlungen für Maßnahmen geben zu können.

Für diese Zwecke kann die Behörde die Befugnisse nutzen, die ihr durch diese Verordnung einschließlich des Artikels 35 übertragen werden.

(5) Der Gemeinsame Ausschuss stellt eine umfassende sektorenübergreifende Koordinierung der gemäß diesem Artikel ergriffenen Maßnahmen sicher.

Artikel 23
Ermittlung und Messung des Systemrisikos

(1) Die Behörde entwickelt in Abstimmung mit dem ESRB Kriterien für die Ermittlung und Messung des Systemrisikos sowie ein geeignetes Verfahren zur Durchführung von Stresstests, mit dem sich beurteilen lässt, wie hoch das Potenzial ist, dass von Finanzinstituten ausgehende Systemrisiko in Stress-Situationen erhöht.

Die Behörde entwickelt ein geeignetes Verfahren zur Durchführung von Stresstests, um dabei zu helfen, solche Finanzinstitute zu identifizieren, von denen ein Systemrisiko ausgehen könnte. Diese Institute werden Gegenstand einer verschärften Aufsicht und, sofern erforderlich, der Sanierungs- und Abwicklungsverfahren gemäß Artikel 25.

(2) Bei der Entwicklung der Kriterien für die Ermittlung und Messung des Systemrisikos, das von Instituten der Versicherung, Rückversicherung und betrieblichen Altersversorgung ausgehen kann, trägt die Behörde den einschlägigen internationalen Konzepten, einschließlich der vom Finanzstabilitätsrat, vom Internationalen Währungsfonds, von der Internationalen Vereinigung der Versicherungsaufseher und von der Bank für internationalen Zahlungsausgleich ausgearbeiteten Konzepte, uneingeschränkt Rechnung.

Artikel 24
Dauerhafte Fähigkeit zur Reaktion auf Systemrisiken

(1) Die Behörde stellt sicher, dass sie dauerhaft über die fachliche Kapazität verfügt, die es erlaubt, effizient auf das tatsächliche Eintreten eines Systemrisikos im Sinne der Artikel 22 und 23 und insbesondere in Bezug auf Institute, von denen ein Systemrisiko ausgeht, zu reagieren.

(2) Die Behörde erfüllt alle ihr in dieser Verordnung und in den in Artikel 1 Absatz 2 genannten Rechtsvorschriften übertragenen Aufgaben und trägt dazu bei, eine kohärente und koordinierte Regelung zum Krisenmanagement und zur Krisenbewältigung in der Union sicherzustellen.

Artikel 25
Sanierungs- und Abwicklungsverfahren

(1) Die Behörde trägt dazu bei, dass wirksame und kohärente Sanierungs- und Abwicklungspläne, Verfahren im Krisenfall und Präventivmaßnahmen zur Minimierung von systemischen Auswirkungen von Insolvenzen entwickelt und aufeinander abgestimmt werden, und beteiligt sich aktiv daran.

(2) Die Behörde kann bewährte Praktiken und Vorgehensweisen aufzeigen, die darauf abzielen, die Abwicklung von insolvenzbedrohten Instituten und insbesondere von grenzüberschreitend tätigen Gruppen dergestalt zu erleichtern, dass das Insolvenzrisiko nicht weitergegeben und zugleich sichergestellt wird, dass geeignete Instrumente einschließlich ausreichender Mittel zur Verfügung stehen, die eine geordnete, kosteneffiziente und rasche Abwicklung des Instituts oder der Gruppe ermöglichen.

(3) Die Behörde kann technische Regulierungs- und Durchführungsstandards nach Maßgabe der in Artikel 1 Absatz 2 genannten Gesetzgebungsakte gemäß dem in den Artikeln 10 bis 15 festgelegten Verfahren ausarbeiten.

Artikel 26
Entwicklung eines europäischen Netzwerks von nationalen Sicherungssystemen für Versicherungen

Die Behörde kann einen Beitrag zur Beurteilung der Notwendigkeit eines mit angemessenen Finanzmitteln ausgestatteten und ausreichend harmonisierten europäischen Netzwerks von nationalen Sicherungssystemen für Versicherungen leisten.

Artikel 27
Verhütung, Management und Bewältigung von Krisen

Die Behörde kann von der Kommission ersucht werden, einen Beitrag zu der Bewertung gemäß Artikel 242 der Richtlinie 2009/138/EG zu leisten, unter besonderer Berücksichtigung der Kooperation der Aufsichtsbehörden innerhalb des Aufsichtskollegiums sowie dessen Funktionsweise, der Aufsichtspraktiken bei der Festsetzung der Kapitalaufschläge, des Nutzens einer verstärkten Gruppenaufsicht und eines verstärkten Kapitalmanagements innerhalb einer Gruppe von Versicherungs- oder Rückversicherungsunternehmen, einschließlich möglicher Maßnahmen zur Stärkung eines intakten grenzüberschreitenden Managements von Versicherungsgruppen, insbesondere im Hinblick auf Risiken und Vermögensverwaltung, und sie kann Bericht erstatten über neue Entwicklungen und Fortschritte hinsichtlich

a) eines harmonisierten Rahmens für frühzeitige Interventionen;

b) der Verfahren für das zentrale Risikomanagement der Gruppe, der Funktionsweise gruppeninterner Modelle, einschließlich Stresstests;

c) gruppeninterner Transaktionen und Risikokonzentrationen;

d) der längerfristigen Entwicklung von Diversifizierungs- und Konzentrationseffekten;

e) eines harmonisierten Rahmens für die Übertragung von Vermögenswerten und für Insolvenz- und Liquidationsverfahren, durch den die relevanten nationalen gesellschaftsrechtlichen Hindernisse für die Übertragung von Vermögenswerten beseitigt werden;

f) eines gleichwertigen Schutzes der Versicherungsnehmer und Begünstigten von Unternehmen der gleichen Gruppe, insbesondere in Krisensituationen;

g) einer harmonierten und angemessen finanzierten unionsweiten Regelung für Garantiesysteme zum Schutz der Versicherten.

Bezüglich Buchstabe f kann die Behörde auch Bericht erstatten über neue Entwicklungen und Fortschritte hinsichtlich eines Bündels von koordinierten nationalen Krisenbewältigungsvorkehrungen, einschließlich darüber, ob ein System kohärenter und glaubwürdiger Finanzierungsmechanismen mit geeigneten Finanzierungsinstrumenten notwendig ist oder nicht.

Bei der Überprüfung dieser Verordnung gemäß Artikel 81 wird insbesondere die Möglichkeit einer Stärkung der Rolle der Behörde im Rahmen der Verhütung, des Managements und der Bewältigung von Krisen geprüft.

Artikel 28
Delegation von Aufgaben und Pflichten

(1) Die zuständigen Behörden können – mit Zustimmung der Bevollmächtigten – Aufgaben und Pflichten vorbehaltlich der in diesem Artikel genannten Voraussetzungen an die Behörde oder andere zuständige Behörden delegieren. Die Mitgliedstaaten können spezielle Regelungen für die Delegation von Pflichten festlegen, die erfüllt werden müssen, bevor ihre zuständigen Behörden solche Delegationsvereinbarungen schließen, und sie können den Umfang der Delegation auf das für die wirksame Beaufsichtigung von grenzübergreifend tätigen Finanzinstituten oder grenzübergreifend tätigen Gruppen erforderliche Maß begrenzen.

(2) Die Behörde fördert und erleichtert die Delegation von Aufgaben und Pflichten zwischen zuständigen Behörden, indem sie ermittelt, welche Aufgaben und Pflichten delegiert oder gemeinsam erfüllt werden können, und indem sie empfehlenswerte Praktiken fördert.

(3) Die Delegation von Pflichten führt zu einer Neuzuweisung der Zuständigkeiten, die in den in Artikel 1 Absatz 2 genannten Rechtsakten festgelegt sind. Das Recht der bevollmächtigten Behörde ist maßgeblich für das Verfahren, die Durchsetzung und die verwaltungsrechtliche und gerichtliche Überprüfung in Bezug auf die delegierten Pflichten.

(4) Die zuständigen Behörden unterrichten die Behörde über die von ihnen beabsichtigten Delegationsvereinbarungen. Sie setzen diese Vereinbarungen frühestens einen Monat nach Unterrichtung der Behörde in Kraft.

Die Behörde kann innerhalb eines Monats nach ihrer Unterrichtung zu der beabsichtigten Vereinbarung Stellung nehmen.

Um eine angemessene Unterrichtung aller Betroffenen zu gewährleisten, werden alle von den zuständigen Behörden geschlossenen Delegationsvereinbarungen von der Behörde in geeigneter Weise veröffentlicht.

Artikel 29
Gemeinsame Aufsichtskultur

(1) Die Behörde spielt bei der Schaffung einer gemeinsamen Aufsichtskultur in der Union und einer Kohärenz der Aufsichtspraktiken sowie bei der Gewährleistung einheitlicher Verfahren und kohärenter Vorgehensweisen in der gesamten Union eine aktive Rolle. Die Behörde hat zumindest folgende Aufgaben:

a) Sie gibt Stellungnahmen an die zuständigen Behörden ab,

b) sie fördert einen effizienten bi- und multilateralen Informationsaustausch zwischen den zuständigen Behörden, wobei sie den nach den einschlägigen Rechtsvorschriften der Union geltenden Geheimhaltungs- und Datenschutzbestimmungen in vollem Umfang Rechnung trägt,

c) sie trägt zur Entwicklung qualitativ hochwertiger, einheitlicher Aufsichtsstandards einschließlich Berichterstattungsstandards sowie internationaler Rechnungslegungsstandards gemäß Artikel 1 Absatz 3 bei,

d) sie überprüft die Anwendung der von der Kommission festgelegten einschlägigen technischen Regulierungs- und Durchführungsstandards und der von der Behörde herausgegebenen Leitlinien und Empfehlungen und schlägt gegebenenfalls Änderungen vor und

e) sie richtet sektorspezifische und sektorübergreifende Schulungsprogramme ein, erleichtert den Personalaustausch und ermutigt die zuständigen Behörden, in verstärktem Maße Personal abzuordnen und ähnliche Instrumente einzusetzen.

(2) Die Behörde kann zur Förderung gemeinsamer Aufsichtskonzepte und -praktiken gegebenenfalls neue praktische Hilfsmittel und Instrumente entwickeln, die die Angleichung erhöhen.

Artikel 30
Vergleichende Analyse der zuständigen Behörden

(1) Um bei den Ergebnissen der Aufsicht eine größere Angleichung zu erreichen, unterzieht die Behörde alle oder einige Tätigkeiten der zuständigen Behörden regelmäßig einer von ihr organisierten vergleichenden Analyse („Peer Review"). Hierzu entwickelt die Behörde Methoden, die eine objektive Bewertung und einen objektiven Vergleich zwischen den überprüften Behörden ermöglichen. Bei der Durchführung der vergleichenden Analyse werden die in Bezug auf die betreffende zuständige Behörde vorhandenen Informationen und bereits vorgenommenen Bewertungen berücksichtigt.

(2) Bei der vergleichenden Analyse wird unter anderem, aber nicht ausschließlich Folgendes bewertet:

a) die Angemessenheit der Regelungen hinsichtlich der Ausstattung und der Leitung der zuständigen Behörde mit besonderem Augenmerk auf der wirksamen Anwendung der technischen Regulierungs- und Durchführungsstandards gemäß den Artikeln 10 bis 15 und der in Artikel 1 Absatz 2 genannten Rechtsakte und der Fähigkeit, auf Marktentwicklungen zu reagieren,

b) der Grad der Angleichung, der bei der Anwendung des Unionsrechts und bei den Aufsichtspraktiken, einschließlich der nach den Artikeln 10 bis 15 und 16 festgelegten technischen Regulierungs- und Durchführungsstandards, Leitlinien und Empfehlungen, erzielt wurde, sowie der Umfang, in dem mit den Aufsichtspraktiken die im Unionsrecht gesetzten Ziele erreicht werden,

c) vorbildliche Vorgehensweisen einiger zuständiger Behörden, deren Übernahme für andere zuständige Behörden von Nutzen sein könnte,

d) die Wirksamkeit und der Grad an Angleichung, die in Bezug auf die Durchsetzung der im Rahmen der Durchführung des Unionsrechts erlassenen Bestimmungen, wozu auch Verwaltungsmaßnahmen und Strafen gegen Personen, die für die Nichteinhaltung dieser Bestimmungen verantwortlich sind, gehören, erreicht wurden.

(3) Ausgehend von einer vergleichenden Analyse kann die Behörde Leitlinien und Empfehlungen gemäß Artikel 16 herausgeben. Im Einklang mit Artikel 16 Absatz 3 bemühen sich die zuständigen Behörden, den Leitlinien oder Empfehlungen der Behörde nachzukommen. Die Behörde berücksichtigt das Ergebnis der vergleichenden Analyse, wenn sie technische Regulierungs- und Durchführungsstandards gemäß den Artikeln 10 bis 15 entwickelt.

(4) Die Behörde veröffentlicht die im Zuge dieser vergleichenden Analysen ermittelten bewährten Praktiken. Darüber hinaus können alle anderen Ergebnisse der vergleichenden Analysen öffentlich bekannt gemacht werden, vorbehaltlich der Zustimmung der zuständigen Behörde, die der vergleichenden Analyse unterzogen wurde.

Artikel 31
Koordinatorfunktion

Die Behörde wird allgemein als Koordinatorin zwischen den zuständigen Behörden tätig, insbesondere in Fällen, in denen ungünstige Entwicklungen die geordnete Funktionsweise und die Integrität von Finanzmärkten oder die Stabilität des Finanzsystems in der Union gefährden könnten.

Die Behörde fördert ein abgestimmtes Vorgehen auf Unionsebene, indem sie unter anderem

a) den Informationsaustausch zwischen den zuständigen Behörden erleichtert,

b) den Umfang der Informationen, die alle betroffenen zuständigen Behörden erhalten sollten, bestimmt und – sofern möglich und zweckmäßig – die Zuverlässigkeit dieser Informationen überprüft,

c) unbeschadet des Artikels 19 auf Ersuchen der zuständigen Behörden oder von Amts wegen eine nicht bindende Vermittlertätigkeit wahrnimmt,

d) den ESRB unverzüglich auf jeden potenziellen Krisenfall aufmerksam macht,

e) sämtliche erforderlichen Maßnahmen ergreift, um die Koordinierung der Tätigkeiten der jeweils zuständigen Behörden zu erleichtern, wenn Entwicklungen eintreten, die das Funktionieren der Finanzmärkte gefährden können,

f) Informationen zentralisiert, die sie von zuständigen Behörden gemäß den Artikeln 21 und 35 als Ergebnis der Berichterstattungspflichten im Regulierungsbereich, die für Institute gelten, die in mehr als einem Mitgliedstaat tätig sind, erhält. Die Behörde stellt diese Informationen auch den anderen betroffenen zuständigen Behörden zur Verfügung.

Artikel 32
Bewertung von Marktentwicklungen

(1) Die Behörde verfolgt und bewertet die in ihren Zuständigkeitsbereich fallenden Marktentwicklungen und unterrichtet die Europäische Aufsichtsbehörde (Europäische Bankenaufsichtsbehörde) und die Europäische Aufsichtsbehörde (Europäische Wertpapier- und Marktaufsichtsbehörde), den ESRB sowie das Europäische Parlament, den Rat und die Kommission erforderlichenfalls über die einschlägigen Trends im Rahmen der Mikroaufsicht, über potenzielle Risiken und Schwachstellen. Die Behörde nimmt in ihre Bewertungen eine wirtschaftliche Analyse der Märkte, auf denen Finanzinstitute tätig sind, sowie

eine Abschätzung der Folgen potenzieller Marktentwicklungen auf diese Institute auf.

(2) In Zusammenarbeit mit dem ESRB initiiert und koordiniert die Behörde unionsweite Bewertungen der Widerstandsfähigkeit von Finanzinstituten bei ungünstigen Marktentwicklungen. Zu diesem Zweck entwickelt sie für die Anwendung durch die zuständigen Behörden

a) gemeinsame Methoden zur Bewertung der Auswirkungen ökonomischer Szenarien auf die Finanzlage eines Instituts,

b) gemeinsame Vorgehensweisen für die Bekanntgabe der Ergebnisse dieser Bewertungen der Widerstandsfähigkeit von Finanzinstituten,

c) gemeinsame Methoden für die Bewertung der Wirkungen von bestimmten Produkten oder Absatzwegen auf die Finanzlage eines Instituts und auf Informationen für die Versicherungsnehmer, Altersversorgungsanwärtern, Begünstigten und Verbraucher.

(3) Unbeschadet der in der Verordnung (EU) Nr. 1092/2010 festgelegten Aufgaben des ESRB legt die Behörde dem Europäischen Parlament, dem Rat, der Kommission und dem ESRB mindestens einmal jährlich, bei Bedarf aber auch häufiger, für ihren Zuständigkeitsbereich eine Bewertung von Trends, potenziellen Risiken und Schwachstellen vor.

In diesen Bewertungen nimmt die Behörde auch eine Einstufung der größten Risiken und Schwachstellen vor und empfiehlt bei Bedarf Präventiv- oder Abhilfemaßnahmen.

(4) Die Behörde sorgt durch enge Zusammenarbeit mit der Europäischen Aufsichtsbehörde (Europäische Bankenaufsichtsbehörde) und der Europäischen Aufsichtsbehörde (Europäische Wertpapier- und Marktaufsichtsbehörde) über den Gemeinsamen Ausschuss dafür, dass sektorübergreifende Entwicklungen, Risiken und Schwachstellen bei den Bewertungen angemessen abgedeckt sind.

Artikel 33
Internationale Beziehungen

(1) Unbeschadet der jeweiligen Zuständigkeiten der Mitgliedstaaten und der Organe der Union kann die Behörde Kontakte zu den Aufsichtsbehörden, internationalen Organisationen und den Verwaltungen von Drittländern knüpfen und Verwaltungsvereinbarungen mit ihnen schließen. Durch diese Vereinbarungen entstehen keine rechtlichen Verpflichtungen der Union und ihrer Mitgliedstaaten, und diese Vereinbarungen hindern die Mitgliedstaaten und ihre zuständigen Behörden auch nicht daran, bilaterale oder multilaterale Vereinbarungen mit diesen Drittländern zu schließen.

(2) Die Behörde hilft gemäß den in Artikel 1 Absatz 2 genannten Rechtsakten bei der Vorbereitung von Beschlüssen, in denen die Gleichwertigkeit der Aufsichtsregelungen von Drittländern festgestellt wird.

(3) In dem Bericht gemäß Artikel 43 Absatz 5 legt die Behörde die Verwaltungsvereinbarungen dar, die mit internationalen Organisationen oder Verwaltungen von Drittländern getroffen wurden, sowie die Unterstützung, welche sie bei der Vorbereitung von Beschlüssen zur Gleichwertigkeit geleistet hat.

Artikel 34
Sonstige Aufgaben

(1) Die Behörde kann auf Ersuchen des Europäischen Parlaments, des Rates oder der Kommission oder von Amts wegen zu allen in ihren Zuständigkeitsbereich fallenden Fragen Stellungnahmen an das Europäische Parlament, den Rat und die Kommission richten.

(2) Im Hinblick auf die aufsichtsrechtliche Beurteilung von Zusammenschlüssen und Übernahmen, die in den Anwendungsbereich der Richtlinie 92/49/EWG und der Richtlinien 2002/83/EG und 2005/68/EG in der durch die Richtlinie 2007/44/EG geänderten Fassung fallen und den genannten Richtlinien entsprechend eine Konsultation zwischen den zuständigen Behörden aus zwei oder mehr Mitgliedstaaten erfordern, kann die Behörde auf Antrag einer der betroffenen zuständigen Behörden zu einer aufsichtsrechtlichen Beurteilung eine Stellungnahme abgeben und diese veröffentlichen, außer in Zusammenhang mit den Kriterien in Artikel 15b Absatz 1 Buchstabe e der Richtlinie 92/49/EWG, Artikel 15b Absatz 1 Buchstabe e der Richtlinie 2002/83/EG und Artikel 19a Absatz 1 Buchstabe e der Richtlinie 2005/68/EG. Die Stellungnahme wird unverzüglich und in jedem Fall vor Ablauf des Beurteilungszeitraums gemäß der Richtlinie 2006/48/EG in der durch die Richtlinie 2007/44/EG geänderten Fassung abgegeben. Artikel 35 gilt für die Bereiche, zu denen die Behörde eine Stellungnahme abgeben kann.

Artikel 35
Einholen von Informationen

(1) Die zuständigen Behörden der Mitgliedstaaten stellen der Behörde auf Verlangen alle Informationen zur Verfügung, die sie zur Wahrnehmung der ihr durch diese Verordnung übertragenen Aufgaben benötigt, sofern sie haben rechtmäßigen Zugang zu den einschlägigen Informationen und das Informationsgesuch ist angesichts der Art der betreffenden Aufgabe erforderlich.

(2) Die Behörde kann ebenfalls verlangen, dass ihr diese Informationen in regelmäßigen Abständen und in vorgegebenen Formaten zur Verfügung

gestellt werden. Für diese Gesuche werden soweit möglich gemeinsame Berichtsformate verwendet.

(3) Auf hinreichend begründeten Antrag einer zuständigen Behörde eines Mitgliedstaats kann die Behörde sämtliche Informationen vorlegen, die erforderlich sind, damit die zuständige Behörde ihre Aufgaben wahrnehmen kann, und zwar im Einklang mit den Verpflichtungen aufgrund des Berufsgeheimnisses gemäß den sektoralen Rechtsvorschriften und Artikel 70.

(4) Bevor die Behörde Informationen gemäß diesem Artikel anfordert, berücksichtigt sie – zur Vermeidung doppelter Berichtspflichten – einschlägige bestehende Statistiken, die vom Europäischen Statistischen System und vom Europäischen System der Zentralbanken erstellt und verbreitet werden.

(5) Stehen diese Informationen nicht zur Verfügung oder werden sie von den zuständigen Behörden nicht rechtzeitig übermittelt, so kann die Behörde ein gebührend gerechtfertigtes und mit Gründen versehenes Ersuchen um Informationen an andere Aufsichtsbehörden, an das für Finanzen zuständige Ministerium – sofern dieses über aufsichtsrechtliche Informationen verfügt –, an die nationale Zentralbank oder an das statistische Amt des betreffenden Mitgliedstaats richten.

(6) Stehen diese Informationen nicht zur Verfügung oder werden sie nicht rechtzeitig gemäß Absatz 1 oder Absatz 5 übermittelt, so kann die Behörde ein gebührend gerechtfertigtes und mit Gründen versehenes Ersuchen direkt an die betreffenden Finanzinstitute richten. In dem mit Gründen versehenen Ersuchen wird erläutert, weshalb die Informationen über die einzelnen Finanzinstitute notwendig sind.

Die Behörde setzt die jeweils zuständigen Behörden gemäß dem vorliegenden Absatz und gemäß Absatz 5 von den Ersuchen in Kenntnis.

Die zuständigen Behörden unterstützen die Behörde auf Verlangen bei der Einholung der Informationen.

(7) Die Behörde darf vertrauliche Informationen, die sie im Rahmen dieses Artikels erhält, nur für die Wahrnehmung der ihr durch diese Verordnung übertragenen Aufgaben verwenden.

Artikel 36
Verhältnis zum ESRB

(1) Die Behörde arbeitet eng und regelmäßig mit dem ESRB zusammen.

(2) Sie liefert dem ESRB regelmäßig und rechtzeitig die Informationen, die dieser zur Erfüllung seiner Aufgaben benötigt. Alle Angaben, die der ESRB zur Erfüllung seiner Aufgaben benötigt und die nicht in zusammengefasster oder aggregierter Form vorliegen, werden dem ESRB gemäß Artikel 15 der Verordnung (EU) Nr. 1092/2010 auf begründeten Antrag hin unverzüglich vorgelegt. Die Behörde sorgt in Zusammenarbeit mit dem ESRB für angemessene interne Verfahren für die Übermittlung vertraulicher Informationen, insbesondere Informationen über einzelne Finanzinstitute.

(3) Die Behörde gewährleistet gemäß den Absätzen 4 und 5 angemessene Folgemaßnahmen zu den in Artikel 16 der Verordnung (EU) Nr. 1092/2010 genannten Warnungen und Empfehlungen des ESRB.

(4) Erhält die Behörde vom ESRB eine an sie gerichtete Warnung oder Empfehlung, so beruft die Behörde unverzüglich eine Sitzung des Rates der Aufseher ein und bewertet, inwieweit sich diese Warnung oder Empfehlung auf die Erfüllung ihrer Aufgaben auswirkt.

Sie beschließt nach dem einschlägigen Verfahren über die Maßnahmen, die nach Maßgabe der ihr durch diese Verordnung übertragenen Befugnisse zu treffen sind, um auf die in den Warnungen und Empfehlungen genannten Probleme zu reagieren.

Lässt die Behörde einer Empfehlung keine Maßnahmen folgen, so legt sie dem ESRB und dem Rat ihre Gründe hierfür dar.

(5) Erhält die Behörde eine Warnung oder Empfehlung, die der ESRB an eine zuständige nationale Aufsichtsbehörde gerichtet hat, so macht sie gegebenenfalls von den ihr durch diese Verordnung übertragenen Befugnissen Gebrauch, um rechtzeitige Folgemaßnahmen zu gewährleisten.

Beabsichtigt der Adressat, der Empfehlung des ESRB nicht zu folgen, so teilt er dem Rat der Aufseher die Gründe für sein Nichthandeln mit und erörtert sie mit dem Rat der Aufseher.

Unterrichtet die zuständige Behörde den Rat und den ESRB gemäß Artikel 17 der Verordnung (EU) Nr. 1092/2010, so trägt sie den Standpunkten des Rates der Aufseher angemessen Rechnung.

(6) Bei der Erfüllung der in dieser Verordnung festgelegten Aufgaben trägt die Behörde den Warnungen und Empfehlungen des ESRB in größtmöglichem Umfang Rechnung.

Artikel 37
Interessengruppe Versicherung und Rückversicherung und Interessengruppe betriebliche Altersversorgung

(1) Um die Konsultation von Interessenvertretern in Bereichen, die für die Aufgaben der Behörde relevant sind, zu erleichtern, werden eine Interessengruppe Versicherung und Rückversicherung und eine Interessengruppe betriebliche Altersversorgung (im Folgenden gemeinsam „die Interessengruppen" genannt) eingesetzt. Die Interessengruppen werden zu Maßnahmen konsultiert, die gemäß den Artikeln 10 bis 15 in Bezug auf technische Regulierungs- und Durchführungsstan-

dards und, soweit sie nicht einzelne Finanzinstitute betreffen, gemäß Artikel 16 in Bezug auf Leitlinien und Empfehlungen ergriffen werden. Müssen Maßnahmen sofort ergriffen werden und sind Konsultationen nicht möglich, so werden die Interessengruppen schnellstmöglich informiert.

Die Interessengruppen treten mindestens viermal jährlich zusammen. Sie können Angelegenheiten von gegenseitigem Interesse gemeinsam behandeln und setzen einander von den übrigen behandelten Angelegenheiten in Kenntnis.

Die Mitglieder der einen Interessengruppe können auch Mitglied der anderen Interessengruppe sein.

(2) Die Interessengruppe Versicherung und Rückversicherung setzt sich aus 30 Mitgliedern zusammen, die in ausgewogenem Verhältnis in der Union tätige Versicherungs- und Rückversicherungsgesellschaften und Versicherungsvermittler, Vertreter von deren Beschäftigten sowie Verbraucher und Nutzer von Versicherungs- und Rückversicherungsleistungen, Vertreter von KMU und Vertreter einschlägiger Berufsverbände vertreten. Mindestens fünf ihrer Mitglieder sind renommierte unabhängige Wissenschaftler. Zehn ihrer Mitglieder vertreten Versicherungsgesellschaften, Rückversicherungsgesellschaften oder Versicherungsvermittler, von denen drei Mitglieder genossenschaftliche Versicherungen oder Rückversicherungen beziehungsweise Versicherungsvereine oder Rückversicherungsvereine auf Gegenseitigkeit vertreten.

(3) Die Interessengruppe Betriebliche Altersversorgung setzt sich aus 30 Mitgliedern zusammen, die in ausgewogenem Verhältnis in der Union tätige Einrichtungen der betrieblichen Altersvorsorge, Beschäftigtenvertreter, Vertreter der Begünstigten, Vertreter von KMU sowie Vertreter einschlägiger Berufsverbände vertreten. Mindestens fünf ihrer Mitglieder sind renommierte unabhängige Wissenschaftler. Zehn ihrer Mitglieder vertreten Einrichtungen der betrieblichen Altersversorgung.

(4) Die Mitglieder der Interessengruppen werden auf Vorschlag der jeweiligen Interessenvertreter vom Rat der Aufseher ernannt. Bei seinem Beschluss sorgt der Rat der Aufseher soweit wie möglich für eine angemessene geografische und geschlechtsbezogene Verteilung und Vertretung der Interessenvertreter aus der gesamten Union.

(5) Die Behörde legt – vorbehaltlich des Berufsgeheimnisses gemäß Artikel 70 – alle erforderlichen Informationen vor und gewährleistet, dass die Interessengruppen angemessene Unterstützung für die Abwicklung der Sekretariatsgeschäfte erhalten. Diejenigen Mitglieder der Interessengruppen, die gemeinnützige Einrichtungen vertreten, erhalten eine angemessene Aufwandsentschädigung; Vertreter der Wirtschaft sind hiervon ausgenommen. Die Interessengruppen können Arbeitsgruppen zu technischen Fragen einrichten. Die Mitglieder der Interessengruppen bleiben zweieinhalb Jahre im Amt; nach Ablauf dieses Zeitraums findet ein neues Auswahlverfahren statt.

Die Amtszeit der Mitglieder der Interessengruppen kann einmal verlängert werden.

(6) Die Interessengruppen können zu jedem Thema, das mit den Aufgaben der Behörde zusammenhängt, der Behörde gegenüber Stellung nehmen oder Ratschläge erteilen; der Schwerpunkt liegt dabei auf den in den Artikeln 10 bis 16 sowie den Artikeln 29, 30 und 32 festgelegten Aufgaben.

(7) Die Interessengruppen geben sich mit Zustimmung einer Zweidrittelmehrheit ihrer jeweiligen Mitglieder eine Geschäftsordnung.

(8) Die Stellungnahmen und Ratschläge der Interessengruppen und die Ergebnisse ihrer Konsultationen werden von der Behörde veröffentlicht.

Artikel 38
Schutzmaßnahmen

(1) Die Behörde gewährleistet, dass kein nach den Artikeln 18 oder 19 erlassener Beschluss in die haushaltspolitischen Zuständigkeiten der Mitgliedstaaten eingreift.

(2) Ist ein Mitgliedstaat der Auffassung, dass sich ein nach Artikel 19 Absatz 3 erlassener Beschluss auf seine haushaltspolitischen Zuständigkeiten auswirkt, so kann er der Behörde und der Kommission innerhalb von zwei Wochen, nachdem die zuständige Behörde über den Beschluss der Behörde in Kenntnis gesetzt wurde, mitteilen, dass die zuständige Behörde den Beschluss nicht umsetzen wird.

In seiner Mitteilung erläutert der Mitgliedstaat unmissverständlich und konkret, warum und in welcher Weise der Beschluss in seine haushaltspolitischen Zuständigkeiten eingreift.

In Falle einer solchen Mitteilung wird der Beschluss der Behörde ausgesetzt.

Die Behörde setzt den Mitgliedstaat innerhalb eines Monats nach seiner Mitteilung darüber in Kenntnis, ob sie an ihrem Beschluss festhält, ihn ändert oder aufhebt. Wird der Beschluss aufrechterhalten oder geändert, so erklärt die Behörde, dass haushalts-politische Zuständigkeiten nicht berührt werden.

Hält die Behörde an ihrem Beschluss fest, so fasst der Rat auf einer seiner Tagungen, jedoch spätestens zwei Monate, nachdem die Behörde den Mitgliedstaat gemäß Unterabsatz 4 unterrichtet hat, mit der Mehrheit der abgegebenen Stimmen einen Beschluss, ob der Beschluss der Behörde aufrechterhalten wird.

Fasst der Rat nach Prüfung der Angelegenheit gemäß Unterabsatz 5 keinen Beschluss, den Beschluss der Behörde aufrechtzuerhalten, so erlischt der Beschluss der Behörde.

(3) Ist ein Mitgliedstaat der Auffassung, dass ein nach Artikel 18 Absatz 3 erlassener Beschluss in seine haushaltspolitischen Zuständigkeiten eingreift, so kann er der Behörde, der Kommission und dem Rat innerhalb von drei Arbeitstagen nach der Bekanntgabe des Beschlusses der Behörde an die zuständige Behörde mitteilen, dass die zuständige Behörde den Beschluss nicht umsetzen wird.

In seiner Mitteilung erläutert der Mitgliedstaat eindeutig und konkret, warum und in welcher Weise der Beschluss in seine haushaltspolitischen Zuständigkeiten eingreift.

Im Fall einer solchen Mitteilung wird der Beschluss der Behörde ausgesetzt.

Der Rat beruft innerhalb von zehn Arbeitstagen eine Tagung ein und fasst mit der einfachen Mehrheit seiner Mitglieder einen Beschluss, ob der Beschluss der Behörde aufgehoben wird.

Fasst der Rat nach Erörterung der Angelegenheit gemäß Unterabsatz 4 keinen Beschluss, den Beschluss der Behörde aufzuheben, so endet die Aussetzung des Beschlusses.

(4) Hat der Rat gemäß Absatz 3 den Beschluss gefasst, den Beschluss der Behörde im Zusammenhang mit Artikel 18 Absatz 3 nicht ufzuheben, und ist der betreffende Mitgliedstaat weiterhin der Auffassung, dass der Beschluss der Behörde in seine haushaltspolitischen Zuständigkeiten eingreift, so kann dieser Mitgliedstaat der Kommission und der Behörde dies mitteilen und den Rat ersuchen, die Angelegenheit erneut zu prüfen. Der betreffende Mitgliedstaat begründet seine Ablehnung des Beschlusses des Rates eindeutig.

Innerhalb von vier Wochen nach der Mitteilung gemäß Unterabsatz 1 bestätigt der Rat seinen ursprünglichen Beschluss oder fasst einen neuen Beschluss gemäß Absatz 3.

Der Rat kann die Frist von vier Wochen um weitere vier Wochen verlängern, falls die besonderen Umstände des Falls dies erfordern.

(5) Jeder Missbrauch dieses Artikels, insbesondere im Zusammenhang mit einem Beschluss der Behörde, der keine signifikanten oder wesentlichen haushaltspolitischen Auswirkungen hat, ist mit dem Binnenmarkt unvereinbar und verboten.

Artikel 39
Beschlussfassung

(1) Bevor die Behörde die in dieser Verordnung vorgesehenen Beschlüsse erlässt, teilt sie den benannten Adressaten ihre diesbezügliche Absicht mit und setzt eine Frist, innerhalb derer der Adressat zu der Angelegenheit Stellung nehmen kann und die der Dringlichkeit, der Komplexität und den möglichen Folgen der Angelegenheit in vollem Umfang Rechnung trägt. Dies gilt für Empfehlungen gemäß Artikel 17 Absatz 3 entsprechend.

(2) Die Beschlüsse der Behörde sind zu begründen.

(3) Die Adressaten von Beschlüssen der Behörde werden über die im Rahmen dieser Verordnung zur Verfügung stehenden Rechtsbehelfe belehrt.

(4) Hat die Behörde einen Beschluss nach Artikel 18 Absatz 3 oder Absatz 4 erlassen, überprüft sie diesen Beschluss in angemessenen Abständen.

(5) Die von der Behörde nach den Artikeln 17, 18 oder 19 erlassenen Beschlüsse werden unter Nennung der betroffenen zuständigen Behörde beziehungsweise des betroffenen Finanzinstituts und unter Angabe ihres wesentlichen Inhalts veröffentlicht, es sei denn, dass die Veröffentlichung im Widerspruch zu dem legitimen Interesse der Finanzinstitute am Schutz ihrer Geschäftsgeheimnisse steht oder das ordnungsgemäße Funktionieren und die Integrität der Finanzmärkte oder die Stabilität des Finanzsystems in der Union als Ganzes oder in Teilen ernsthaft gefährden könnte.

KAPITEL III
ORGANISATION

ABSCHNITT 1
Rat der Aufseher

Artikel 40
Zusammensetzung

(1) Der Rat der Aufseher besteht aus

a) dem nicht stimmberechtigten Vorsitzenden,

b) dem Leiter der für die Beaufsichtigung von Finanzinstituten zuständigen nationalen Behörde jedes Mitgliedstaats, der mindestens zweimal im Jahr persönlich erscheint,

c) einem nicht stimmberechtigten Vertreter der Kommission,

d) einem nicht stimmberechtigten Vertreter des ESRB,

e) je einem nicht stimmberechtigten Vertreter der beiden anderen Europäischen Aufsichtsbehörden.

(2) Der Rat der Aufseher organisiert regelmäßig und mindestens zweimal jährlich Sitzungen mit den Interessengruppen ein.

(3) Jede zuständige Behörde benennt aus ihren Reihen einen hochrangigen Stellvertreter, der das in Absatz 1 Buchstabe b genannte Mitglied des Rates der Aufseher bei Verhinderung vertreten kann.

(4) In Mitgliedstaaten, in denen mehr als eine Behörde für die Aufsicht gemäß dieser Verordnung verantwortlich sind, einigen sich diese Behörden auf einen gemeinsamen Vertreter. Muss

der Rat der Aufseher jedoch einen Punkt erörtern, der nicht in die Zuständigkeit der nationalen Behörde fällt, die von dem in Absatz 1 Buchstabe b genannten Mitglied vertreten wird, so kann dieses Mitglied einen nicht stimmberechtigten Vertreter der betreffenden nationalen Behörde hinzuziehen.

(5) Der Rat der Aufseher kann beschließen, Beobachter zuzulassen.

Der Exekutivdirektor kann ohne Stimmrecht an den Sitzungen des Rates der Aufseher teilnehmen.

Artikel 41
Interne Ausschüsse und Gremien

(1) Der Rat der Aufseher kann für bestimmte, ihm zugewiesene Aufgaben interne Ausschüsse und Gremien einsetzen und die Delegation bestimmter, genau festgelegter Aufgaben und Beschlüsse auf interne Ausschüsse und Gremien, den Verwaltungsrat oder den Vorsitzenden vorsehen.

(2) Der Rat der Aufseher beruft für die Zwecke des Artikels 19 ein unabhängiges Gremium ein, um eine unparteiische Beilegung der Meinungsverschiedenheit zu erleichtern; dieses Gremium besteht aus dem Vorsitzenden und zwei Mitgliedern des Rates der Aufseher, bei denen es sich nicht um Vertreter der zuständigen Behörden handelt, zwischen denen die Meinungsverschiedenheit besteht und deren Interessen durch den Konflikt nicht berührt werden und die keine direkten Verbindungen zu den betreffenden zuständigen Behörden haben.

(3) Vorbehaltlich des Artikels 19 Absatz 2 schlägt das Gremium dem Rat der Aufseher einen Beschluss zur endgültigen Annahme nach dem Verfahren gemäß Artikel 44 Absatz 1 Unterabsatz 3 vor.

(4) Der Rat der Aufseher gibt dem in Absatz 2 genannten Gremium eine Geschäftsordnung.

Artikel 42
Unabhängigkeit

Bei der Wahrnehmung der ihnen durch diese Verordnung übertragenen Aufgaben handeln der Vorsitzende und die stimmberechtigten Mitglieder des Rates der Aufseher unabhängig und objektiv im alleinigen Interesse der Union als Ganzes und dürfen von Organen oder Einrichtungen der Union, von der Regierung eines Mitgliedstaats oder von öffentlichen oder privaten Stellen keine Weisungen anfordern oder entgegennehmen.

Weder die Mitgliedstaaten noch die Organe oder Einrichtungen der Union noch andere öffentliche oder private Stellen versuchen, die Mitglieder des Rates der Aufseher bei der Wahrnehmung ihrer Aufgaben zu beeinflussen.

Artikel 43
Aufgaben

(1) Der Rat der Aufseher gibt die Leitlinien für die Arbeiten der Behörde vor und erlässt die in Kapitel II genannten Beschlüsse.

(2) Der Rat der Aufseher gibt die in Kapitel II genannten Stellungnahmen und Empfehlungen ab, erlässt die dort genannten Beschlüsse und erteilt die dort genannten Ratschläge.

(3) Der Rat der Aufseher ernennt den Vorsitzenden.

(4) Der Rat der Aufseher legt vor dem 30. September jedes Jahres auf Vorschlag des Verwaltungsrats das Arbeitsprogramm der Behörde für das darauffolgende Jahr fest und übermittelt es zur Kenntnisnahme dem Europäischen Parlament, dem Rat und der Kommission.

Das Arbeitsprogramm wird unbeschadet des jährlichen Haushaltsverfahrens angenommen und öffentlich bekannt gemacht.

(5) Der Rat der Aufseher beschließt auf der Grundlage des in Artikel 53 Absatz 7 genannten Entwurfs und auf Vorschlag des Verwaltungsrats den Jahresbericht über die Tätigkeiten der Behörde, einschließlich über die Ausführung der Aufgaben des Vorsitzenden, und übermittelt diesen Bericht bis zum 15. Juni jedes Jahres dem Europäischen Parlament, dem Rat, der Kommission, dem Rechnungshof und dem Europäischen Wirtschafts- und Sozialausschuss. Der Bericht wird veröffentlicht.

(6) Der Rat der Aufseher beschließt das mehrjährige Arbeitsprogramm der Behörde und übermittelt es zur Kenntnisnahme dem Europäischen Parlament, dem Rat und der Kommission.

Das mehrjährige Arbeitsprogramm wird unbeschadet des jährlichen Haushaltsverfahrens angenommen und öffentlich bekannt gemacht.

(7) Der Rat der Aufseher erlässt gemäß Artikel 63 den Haushaltsplan.

(8) Der Rat der Aufseher hat die Disziplinargewalt über den Vorsitzenden und den Exekutivdirektor und kann diese gemäß Artikel 48 Absatz 5 beziehungsweise Artikel 51 Absatz 5 ihres Amtes entheben.

Artikel 44
Beschlussfassung

(1) Der Rat der Aufseher trifft seine Beschlüsse mit einfacher Mehrheit. Jedes Mitglied verfügt über eine Stimme.

In Bezug auf die in den Artikeln 10 bis 16 genannten Rechtsakte und die gemäß Artikel 9 Absatz 5 Unterabsatz 3 und Kapitel VI erlassenen Maßnahmen und Beschlüsse trifft der Rat der Aufseher abweichend von Unterabsatz 1 des vorliegenden Absatzes seine Beschlüsse mit qualifizierter Mehrheit seiner Mitglieder im Sinne des Artikels 16 Absatz 4 des Vertrags über die Europäische Union und des Artikels 3 des Protokolls (Nr. 36) über die Übergangsbestimmungen. In Bezug auf Beschlüsse nach Artikel 19 Absatz 3 gilt für Beschlüsse der Gruppenaufsicht der von dem Gremium vorgeschlagene Beschluss als angenommen, wenn er mit einfacher Mehrheit gebilligt wird, es sei denn, er wird von Mitgliedern, die eine Sperrminorität gemäß Artikel 16 Absatz 4 des Vertrags über die Europäische Union und gemäß Artikel 3 des Protokolls (Nr. 36) über die Übergangsbestimmungen bilden, abgelehnt.

Bei allen anderen Beschlüssen nach Artikel 19 Absatz 3 wird der von dem Gremium vorgeschlagene Beschluss mit einfacher Mehrheit der Mitglieder des Rates der Aufseher angenommen. Jedes Mitglied verfügt über eine Stimme.

(2) Die Sitzungen des Rates der Aufseher werden vom Vorsitzenden von Amts wegen oder auf Antrag eines Drittels der Mitglieder einberufen; der Vorsitzende leitet die Sitzungen.

(3) Der Rat der Aufseher gibt sich eine Geschäftsordnung und veröffentlicht diese.

(4) Die Geschäftsordnung legt die Abstimmungsmodalitäten im Einzelnen fest und enthält, soweit dies angebracht ist, Bestimmungen zur Beschlussfähigkeit. Mit Ausnahme des Vorsitzenden und des Exekutivdirektors nehmen weder die nicht stimmberechtigten Mitglieder noch die Beobachter an Beratungen des Rates der Aufseher über einzelne Finanzinstitute teil, es sei denn, Artikel 75 Absatz 3 oder die in Artikel 1 Absatz 2 genannten Rechtsakte sehen etwas anderes vor.

ABSCHNITT 2
Verwaltungsrat

Artikel 45
Zusammensetzung

(1) Der Verwaltungsrat setzt sich aus dem Vorsitzenden und sechs weiteren Mitgliedern zusammen, die von den stimmberechtigten Mitgliedern des Rates der Aufseher und aus ihrem Kreis gewählt werden.

Mit Ausnahme des Vorsitzenden hat jedes Mitglied des Verwaltungsrats einen Stellvertreter, der es bei Verhinderung vertreten kann.

Die Amtszeit der vom Rat der Aufseher gewählten Mitglieder beträgt zweieinhalb Jahre. Die Amtszeit kann einmal verlängert werden. Die Zusammensetzung des Verwaltungsrats muss ausgewogen und verhältnismäßig sein und die Union als Ganzes widerspiegeln. Die Mandate überschneiden sich, und es gilt eine angemessene Rotationsregelung.

(2) Die Beschlüsse des Verwaltungsrats werden mit einfacher Mehrheit der anwesenden Mitglieder gefasst. Jedes Mitglied verfügt über eine Stimme.

Der Exekutivdirektor und ein Vertreter der Kommission nehmen ohne Stimmrecht an den Sitzungen des Verwaltungsrats teil.

Der Vertreter der Kommission ist in den in Artikel 63 genannten Fragen stimmberechtigt.

Der Verwaltungsrat gibt sich eine Geschäftsordnung und veröffentlicht diese.

(3) Die Sitzungen des Verwaltungsrats werden vom Vorsitzenden von Amts wegen oder auf Ersuchen von mindestens einem Drittel seiner Mitglieder einberufen; der Vorsitzende leitet die Sitzungen.

Der Verwaltungsrat tritt vor jeder Sitzung des Rates der Aufseher und so oft der Verwaltungsrat es für notwendig hält zusammen. Er tritt mindestens fünfmal jährlich zusammen.

(4) Die Mitglieder des Verwaltungsrats können vorbehaltlich der Geschäftsordnung von Beratern oder Sachverständigen unterstützt werden. Die nicht stimmberechtigten Mitglieder mit Ausnahme des Exekutivdirektors nehmen nicht an Beratungen des Verwaltungsrats über einzelne Finanzinstitute teil.

Artikel 46
Unabhängigkeit

Die Mitglieder des Verwaltungsrats handeln unabhängig und objektiv im alleinigen Interesse der Union als Ganzes und dürfen von Organen oder Einrichtungen der Union, von der Regierung eines Mitgliedstaats oder von öffentlichen oder privaten Stellen weder Weisungen anfordern noch entgegennehmen.

Weder die Mitgliedstaaten, Organe oder Einrichtungen der Union noch andere öffentliche oder private Stellen versuchen, die Mitglieder des Verwaltungsrats bei der Erledigung ihrer Aufgaben zu beeinflussen.

Artikel 47
Aufgaben

(1) Der Verwaltungsrat gewährleistet, dass die Behörde ihren Auftrag ausführt und die ihr durch diese Verordnung zugewiesenen Aufgaben wahrnimmt.

(2) Der Verwaltungsrat schlägt dem Rat der Aufseher das Jahres- und das mehrjährige Arbeitsprogramm zur Annahme vor.

(3) Der Verwaltungsrat übt seine Haushaltsbefugnisse nach Maßgabe der Artikel 63 und 64 aus.

(4) Der Verwaltungsrat nimmt die Personalplanung der Behörde an und erlässt gemäß Artikel 68 Absatz 2 die nach dem Statut der Beamten der Europäischen Gemeinschaften (im Folgenden „Statut") notwendigen Durchführungsbestimmungen.

(5) Der Verwaltungsrat erlässt gemäß Artikel 72 die besonderen Bestimmungen über das Recht auf Zugang zu den Dokumenten der Behörde.

(6) Der Verwaltungsrat schlägt dem Rat der Aufseher auf der Grundlage des Berichtsentwurfs gemäß Artikel 53 Absatz 7 einen Jahresbericht über die Tätigkeiten der Behörde, einschließlich über die Aufgaben des Vorsitzenden, zur Billigung vor.

(7) Der Verwaltungsrat gibt sich eine Geschäftsordnung und veröffentlicht diese.

(8) Der Verwaltungsrat bestellt und entlässt die Mitglieder des Beschwerdeausschusses gemäß Artikel 58 Absätze 3 und 5.

ABSCHNITT 3
Vorsitzender

Artikel 48
Ernennung und Aufgaben

(1) Die Behörde wird durch einen Vorsitzenden vertreten, der dieses Amt unabhängig und als Vollzeitbeschäftigter wahrnimmt.
Der Vorsitzende bereitet die Arbeiten des Rates der Aufseher vor und leitet die Sitzungen des Rates der Aufseher und des Verwaltungsrats.

(2) Der Vorsitzende wird vom Rat der Aufseher im Anschluss an ein offenes Auswahlverfahren aufgrund seiner Verdienste, seiner Kompetenzen, seiner Kenntnis über Finanzinstitute und -märkte sowie seiner Erfahrungen im Bereich Finanzaufsicht und -regulierung ernannt.
Vor dem Amtsantritt des Kandidaten und innerhalb eines Monats nach seiner Auswahl durch den Rat der Aufseher kann das Europäische Parlament nach Anhörung des Kandidaten dessen Ernennung widersprechen.
Der Rat der Aufseher wählt aus den Reihen seiner Mitglieder einen Stellvertreter, der bei Abwesenheit des Vorsitzenden dessen Aufgaben wahrnimmt. Dieser Stellvertreter wird nicht aus den Mitgliedern des Verwaltungsrats gewählt.

(3) Die Amtszeit des Vorsitzenden beträgt fünf Jahre und kann einmal verlängert werden.

(4) In den neun Monaten vor Ablauf der fünfjährigen Amtszeit des Vorsitzenden beurteilt der Rat der Aufseher
a) welche Ergebnisse in der ersten Amtszeit erreicht und mit welchen Mitteln sie erzielt wurden,
b) welche Aufgaben und Anforderungen in den folgenden Jahren auf die Behörde zukommen.
Unter Berücksichtigung dieser Beurteilung und vorbehaltlich der Bestätigung durch das Europäische Parlament kann der Rat der Aufseher die Amtszeit des Vorsitzenden einmal verlängern.

(5) Der Vorsitzende kann nur durch das Europäische Parlament im Anschluss an einen Beschluss des Rates der Aufseher seines Amtes enthoben werden.

Der Vorsitzende darf den Rat der Aufseher nicht daran hindern, ihn betreffende Angelegenheiten, insbesondere die Notwendigkeit seiner Abberufung, zu erörtern, und nimmt an derartigen Beratungen nicht teil.

Artikel 49
Unabhängigkeit

Unbeschadet der Rolle, die der Rat der Aufseher im Zusammenhang mit den Aufgaben des Vorsitzenden spielt, darf der Vorsitzende von den Organen oder Einrichtungen der Union, von der Regierung eines Mitgliedstaats oder von anderen öffentlichen oder privaten Stellen keine Weisungen anfordern oder entgegennehmen.

Weder die Mitgliedstaaten noch die Organe oder Einrichtungen der Union noch andere öffentliche oder private Stellen versuchen, den Vorsitzenden bei der Wahrnehmung seiner Aufgaben zu beeinflussen.

Gemäß dem in Artikel 68 genannten Statut ist der Vorsitzende nach dem Ausscheiden aus dem Dienst verpflichtet, bei der Annahme gewisser Tätigkeiten oder Vorteile ehrenhaft und zurückhaltend zu sein.

Artikel 50
Bericht

(1) Das Europäische Parlament und der Rat können den Vorsitzenden oder seinen Stellvertreter unter uneingeschränkter Achtung ihrer Unabhängigkeit auffordern, eine Erklärung abzugeben. Der Vorsitzende gibt vor dem Europäischen Parlament eine Erklärung ab und stellt sich den Fragen seiner Mitglieder, wenn hierum ersucht wird,

(2) Der Vorsitzende legt dem Europäischen Parlament einen schriftlichen Bericht über die wichtigsten Tätigkeiten der Behörde, wenn er dazu aufgefordert wird und spätestens 15 Tage vor Abgabe der in Absatz 1 genannten Erklärung.

(3) Neben den in den Artikeln 11 bis 18 sowie den Artikeln 20 und 33 genannten Informationen enthält der Bericht auch sämtliche relevanten Informationen, die vom Europäischen Parlament *ad hoc* angefordert werden.

ABSCHNITT 4
Exekutivdirektor

Artikel 51
Ernennung

(1) Die Behörde wird von einem Exekutivdirektor geleitet, der sein Amt unabhängig und als Vollzeitbeschäftigter wahrnimmt.

(2) Der Exekutivdirektor wird vom Rat der Aufseher im Anschluss an ein offenes Auswahlverfahren und nach Bestätigung durch das Europäische Parlament auf der Grundlage seiner Verdienste, Fähigkeiten, Kenntnis über Finanzinstitute und -märkte sowie seiner Erfahrung im Bereich der Finanzaufsicht und -regulierung und seiner Erfahrung als Führungskraft ernannt.

(3) Die Amtszeit des Exekutivdirektors beträgt fünf Jahre und kann einmal verlängert werden.

(4) In den neun Monaten vor Ende der Amtszeit des Exekutivdirektors beurteilt der Rat der Aufseher insbesondere,

a) welche Ergebnisse in der ersten Amtszeit erreicht und mit welchen Mitteln sie erzielt wurden,

b) welche Aufgaben und Anforderungen in den folgenden Jahren auf die Behörde zukommen.

Der Rat der Aufseher kann die Amtszeit des Exekutivdirektors unter Berücksichtigung der in Unterabsatz 1 genannten Beurteilung einmal verlängern.

(5) Der Exekutivdirektor kann seines Amtes nur durch einen Beschluss des Rates der Aufseher enthoben werden.

Artikel 52
Unabhängigkeit

Unbeschadet der Rolle, die der Verwaltungsrat und der Rat der Aufseher im Zusammenhang mit den Aufgaben des Exekutivdirektors spielen, darf der Exekutivdirektor von Organen der Einrichtungen der Union, von der Regierung eines Mitgliedstaats und von anderen öffentlichen oder privaten Stellen Weisungen weder anfordern noch entgegennehmen.

Weder die Mitgliedstaaten noch die Organe oder Einrichtungen der Union noch andere öffentliche oder private Einrichtungen versuchen, den Exekutivdirektor bei der Wahrnehmung seiner Aufgaben zu beeinflussen.

Gemäß dem in Artikel 68 genannten Statut ist der Exekutivdirektor nach dem Ausscheiden aus dem Dienst verpflichtet, bei der Annahme gewisser Tätigkeiten oder Vorteile ehrenhaft und zurückhaltend zu sein.

Artikel 53
Aufgaben

(1) Der Exekutivdirektor ist für die Leitung der Behörde verantwortlich und bereitet die Arbeiten des Verwaltungsrats vor.

(2) Der Exekutivdirektor ist für die Durchführung des Jahresarbeitsprogramms der Behörde verantwortlich, wobei der Rat der Aufseher eine Beratungs- und Lenkungsfunktion übernimmt und der Verwaltungsrat die administrative Kontrolle ausübt.

(3) Der Exekutivdirektor trifft alle erforderlichen Maßnahmen und erlässt insbesondere interne Verwaltungsanweisungen und veröffentlicht Mitteilungen, um das Funktionieren der Behörde gemäß dieser Verordnung zu gewährleisten.

(4) Der Exekutivdirektor erstellt das in Artikel 47 Absatz 2 genannte mehrjährige Arbeitsprogramm.

(5) Der Exekutivdirektor erstellt jedes Jahr bis zum 30. Juni das in Artikel 47 Absatz 2 genannte Arbeitsprogramm für das folgende Jahr.

(6) Der Exekutivdirektor erstellt einen Vorentwurf des Haushaltsplans der Behörde gemäß Artikel 63 und führt den Haushaltsplan der Behörde gemäß Artikel 64 aus.

(7) Der Exekutivdirektor erstellt alljährlich einen Berichtsentwurf, der einen Abschnitt über die Regulierungs- und Aufsichtstätigkeiten der Behörde und einen Abschnitt über finanzielle und administrative Angelegenheiten enthält.

(8) Der Exekutivdirektor übt gegenüber dem Personal der Behörde die in Artikel 68 niedergelegten Befugnisse aus und regelt Personalangelegenheiten.

KAPITEL IV
GEMEINSAME GREMIEN DER EUROPÄISCHEN AUFSICHTSBEHÖRDEN

ABSCHNITT 1
Gemeinsamer Ausschuss der Europäischen Aufsichtsbehörden

Artikel 54
Einrichtung

(1) Hiermit wird der Gemeinsame Ausschuss der Europäischen Aufsichtsbehörden errichtet.

(2) Der Gemeinsame Ausschuss dient als Forum für die regelmäßige und enge Zusammenarbeit mit der Europäischen Aufsichtsbehörde (Europäische Bankenaufsichtsbehörde) und der Europäischen Aufsichtsbehörde (Europäische Wertpapier- und Marktaufsichtsbehörde) und gewährleistet eine sektorübergreifende Abstimmung mit diesen, insbesondere in Bezug auf:

- Finanzkonglomerate;
- Rechnungslegung und Rechnungsprüfung;
- mikroprudentielle Analysen sektorübergreifender Entwicklungen, Risiken und Schwachstellen für die Finanzstabilität;
- Anlageprodukte für Kleinanleger;
- Maßnahmen zur Bekämpfung der Geldwäsche und
- Informationsaustausch mit dem ESRB sowie Ausbau der Verbindungen zwischen dem ESRB und den ESA.

(3) Der Gemeinsame Ausschuss verfügt über eigenes Personal, das von den ESA bereitgestellt wird und das die Aufgaben eines Sekretariats wahrnimmt. Die Behörde stellt angemessene Ressourcen für die Ausgaben für Verwaltungs-Infrastruktur- und Betriebsaufwendungen bereit.

(4) Ist ein Finanzinstitut sektorübergreifend tätig, so regelt der Gemeinsame Ausschuss Meinungsverschiedenheiten gemäß Artikel 56.

Artikel 55
Zusammensetzung

(1) Der Gemeinsame Ausschuss setzt sich aus den Vorsitzenden der ESA sowie gegebenenfalls dem Vorsitzenden jedes gemäß Artikel 57 eingerichteten Unterausschusses zusammen.

(2) Der Exekutivdirektor, ein Vertreter der Kommission und der ESRB werden zu den Sitzungen des Gemeinsamen Ausschusses und den Sitzungen der in Artikel 57 genannten Unterausschüsse als Beobachter geladen.

(3) Der Vorsitzende des Gemeinsamen Ausschusses wird unter jährlicher Rotation aus den Reihen der Vorsitzenden der ESA ernannt. Der Vorsitzende des Gemeinsamen Ausschusses ist ein stellvertretender Vorsitzender des ESRB.

(4) Der Gemeinsame Ausschuss gibt sich eine Geschäftsordnung und veröffentlicht diese. Darin können weitere Teilnehmer der Sitzungen des Gemeinsamen Ausschusses bestimmt werden.

Der Gemeinsame Ausschuss tritt mindestens einmal alle zwei Monate zusammen.

Artikel 56
Gemeinsame Positionen und gemeinsame Maßnahmen

Die Behörde führt im Rahmen ihrer Aufgaben nach Kapitel II und – sofern einschlägig – insbesondere im Hinblick auf die Umsetzung der Richtlinie 2002/87/EG gemeinsame Positionen mit der Europäischen Aufsichtsbehörde (Europäische Bankenaufsichtsbehörde) und der Europäischen Aufsichtsbehörde (Europäische Wertpapier- und Marktaufsichtsbehörde) herbei.

Maßnahmen gemäß den Artikeln 10 bis 15, 17, 18 oder 19 dieser Verordnung in Bezug auf die Anwendung der Richtlinie 2002/87/EG und anderer in Artikel 1 Absatz 2 genannter Rechtsakte der Union, die auch in den Zuständigkeitsbereich der Europäischen Aufsichtsbehörde (Europäische Bankenaufsichtsbehörde) oder der Europäischen Aufsichtsbehörde (Europäische Wertpapier- und Marktaufsichtsbehörde) fallen, werden von der Behörde, der Europäischen Aufsichtsbehörde (Europäische Bankenaufsichtsbehörde) und der Europäischen Aufsichtsbehörde (Europäische Wertpapier- und Marktaufsichtsbehörde), sofern angebracht, parallel angenommen.

Artikel 57
Unterausschüsse

(1) Für die Zwecke des Artikels 56 wird innerhalb des Gemeinsamen Ausschusses ein Unterausschuss für Finanzkonglomerate eingerichtet.

(2) Der Unterausschuss setzt sich aus den in Artikel 55 Absatz 1 genannten Personen und einem hochrangigen Vertreter des Personals der betreffenden zuständigen Behörde jedes Mitgliedstaats zusammen.

(3) Der Unterausschuss wählt aus seinen Mitgliedern einen Vorsitzenden, der auch Mitglied des Gemeinsamen Ausschusses ist.

(4) Der Gemeinsame Ausschuss kann weitere Unterausschüsse einrichten.

ABSCHNITT 2
Beschwerdeausschuss

Artikel 58
Zusammensetzung und Arbeitsweise

(1) Der Beschwerdeausschuss ist ein gemeinsames Gremium der ESA.

(2) Der Beschwerdeausschuss besteht aus sechs Mitgliedern und sechs stellvertretenden Mitgliedern, die einen ausgezeichneten Ruf genießen und nachweislich über einschlägige Kenntnisse und berufliche – einschließlich aufsichtliche – Erfahrungen auf ausreichend hoher Ebene in den Sektoren Banken, Versicherungen, betriebliche Altersversorgung und Wertpapiere oder andere Finanzdienstleistungen verfügen und nicht zum aktuellen Personal der zuständigen Behörden oder anderer nationaler Einrichtungen oder Einrichtungen der Union gehören, die an den Tätigkeiten der Behörde beteiligt sind. Der Beschwerdeausschuss muss über ausreichende Rechtskenntnisse verfügen, um die Behörde bei der Ausübung ihrer Befugnisse sachkundig rechtlich beraten zu können.

Der Beschwerdeausschuss ernennt seinen Vorsitzenden.

(3) Zwei Mitglieder des Beschwerdeausschusses und zwei stellvertretende Mitglieder werden vom Verwaltungsrat der Behörde aus einer Auswahlliste ernannt, die die Kommission im Anschluss an eine öffentliche Aufforderung zur Interessenbekundung, die im *Amtsblatt der Europäischen Union* veröffentlicht wird, und nach Anhörung des Rates der Aufseher vorschlägt.

Die anderen Mitglieder werden gemäß der Verordnung (EU) Nr. 1093/2010 und der Verordnung (EU) Nr. 1095/2010 ernannt.

(4) Die Amtszeit der Mitglieder des Beschwerdeausschusses beträgt fünf Jahre. Diese Amtszeit kann einmal verlängert werden.

(5) Ein vom Verwaltungsrat der Behörde ernanntes Mitglied des Beschwerdeausschusses kann während seiner Amtszeit nur dann seines Amtes enthoben werden, wenn es sich eines schweren Fehlverhaltens schuldig gemacht hat und der Verwaltungsrat nach Anhörung des Rates der Aufseher einen entsprechenden Beschluss gefasst hat.

(6) Die Beschlüsse des Beschwerdeausschusses werden mit einer Mehrheit von mindestens vier der sechs Mitglieder gefasst. Fällt der angefochtene Beschluss in den Geltungsbereich dieser Verordnung, so muss die Beschlussmehrheit mindestens eines der beiden von der Behörde ernannten Mitglieder des Beschwerdeausschusses umfassen.

(7) Der Beschwerdeausschuss wird von seinem Vorsitzenden bei Bedarf einberufen.

(8) Die ESA gewährleisten, dass der Beschwerdeausschuss durch den Gemeinsamen Ausschuss angemessene Unterstützung für die Abwicklung der Betriebs- und Sekretariatsgeschäfte erhält.

Artikel 59
Unabhängigkeit und Unparteilichkeit

(1) Die Mitglieder des Beschwerdeausschusses sind in ihren Beschlüssen unabhängig. Sie sind an keinerlei Weisungen gebunden. Sie dürfen keine anderen Aufgaben für die Behörde, den Verwaltungsrat oder den Verwaltungsrat oder den Rat der Aufseher wahrnehmen.

(2) Die Mitglieder des Beschwerdeausschusses dürfen nicht an einem Beschwerdeverfahren mitwirken, wenn dieses Verfahren ihre persönlichen Interessen berührt, wenn sie vorher als Vertreter eines Verfahrensbeteiligten tätig gewesen sind oder wenn sie an dem Beschluss mitgewirkt haben, gegen den Beschwerde eingelegt wurde.

(3) Ist ein Mitglied des Beschwerdeausschusses aus einem der in den Absätzen 1 und 2 genannten Gründen oder aus einem sonstigen Grund der Ansicht, dass ein anderes Mitglied nicht an einem Beschwerdeverfahren mitwirken sollte, so teilt es dies dem Beschwerdeausschuss mit.

(4) Jeder am Beschwerdeverfahren Beteiligte kann die Mitwirkung eines Mitglieds des Beschwerdeausschusses aus einem der in den Absätzen 1 und 2 genannten Gründe oder wegen des Verdachts der Befangenheit ablehnen.

Eine Ablehnung aufgrund der Staatsangehörigkeit eines Mitglieds ist ebenso unzulässig wie eine Ablehnung in dem Fall, dass der am Beschwerdeverfahren Beteiligte eine Verfahrenshandlung vorgenommen hat, ohne die Zusammensetzung des Beschwerdeausschusses abzulehnen, obwohl er den Ablehnungsgrund kannte.

(5) Der Beschwerdeausschuss beschließt über das Vorgehen in den in den Absätzen 1 und 2 genannten Fällen ohne Mitwirkung des betroffenen Mitglieds.

Das betroffene Mitglied wird bei diesem Beschluss durch seinen Stellvertreter im Beschwerdeausschuss vertreten. Befindet sich der Stellvertreter in einer ähnlichen Situation, so benennt der Vorsitzende eine Person aus dem Kreis der verfügbaren Stellvertreter.

(6) Die Mitglieder des Beschwerdeausschusses verpflichten sich, unabhängig und im öffentlichen Interesse zu handeln.

Zu diesem Zweck geben sie eine Verpflichtungserklärung sowie eine Interessenerklärung ab, aus der hervorgeht, dass entweder keinerlei Interessen vorhanden sind, die als ihre Unabhängigkeit beeinträchtigend angesehen werden können, oder dass keine mittelbaren oder unmittelbaren Interessen vorhanden sind, die als ihre Unabhängigkeit beeinträchtigend angesehen werden könnten.

Diese Erklärungen werden jedes Jahr schriftlich abgegeben und öffentlich bekannt gemacht.

KAPITEL V
RECHTSBEHELF

Artikel 60
Beschwerden

(1) Eine natürliche oder juristische Person, einschließlich der zuständigen Behörden, kann gegen einen gemäß den Artikeln 17, 18 und 19 getroffenen Beschluss der Behörde, gegen jeden anderen von der Behörde gemäß den in Artikel 1 Absatz 2 genannten Rechtsakten der Union getroffenen, an sie gerichteten Beschluss sowie gegen Beschlüsse, die an eine andere Person gerichtet sind, sie aber unmittelbar und individuell betreffen, Beschwerde einlegen.

(2) Die Beschwerde ist samt Begründung innerhalb von zwei Monaten nach dem Tag der Bekanntgabe des Beschlusses an die betreffenden Person oder, sofern eine Bekanntgabe nicht erfolgt ist, innerhalb von zwei Monaten ab dem Tag, an dem die Behörde ihren Beschluss veröffentlicht hat, schriftlich bei der Behörde einzulegen.

Der Beschwerdeausschuss beschließt über Beschwerden innerhalb von zwei Monaten nach deren Einreichung.

(3) Eine Beschwerde nach Absatz 1 hat keine aufschiebende Wirkung. Der Beschwerdeausschuss kann jedoch den Vollzug des angefochtenen Beschlusses aussetzen, wenn die Umstände dies nach seiner Auffassung erfordern.

(4) Ist die Beschwerde zulässig, so prüft der Beschwerdeausschuss, ob sie begründet ist. Er fordert die am Beschwerdeverfahren Beteiligten auf, innerhalb bestimmter Fristen eine Stellungnahme zu den von ihm selbst abgegebenen Mitteilungen oder zu den Schriftsätzen der anderen am Beschwerdeverfahren Beteiligten einzureichen. Die am Beschwerdeverfahren Beteiligten haben das Recht, mündliche Erklärungen abzugeben.

(5) Der Beschwerdeausschuss kann entweder den Beschluss der zuständigen Stelle der Behörde bestätigen oder die Angelegenheit an die zuständige Stelle der Behörde zurückverweisen. Diese Stelle ist an den Beschluss des Beschwerdeausschusses gebunden und trifft einen geänderten Beschluss zu der betreffenden Angelegenheit.

(6) Der Beschwerdeausschuss gibt sich eine Geschäftsordnung und veröffentlicht diese.

(7) Die Beschlüsse en des Beschwerdeausschusses werden begründet und von der Behörde veröffentlicht.

Artikel 61
Klagen vor dem Gerichtshof der Europäischen Union

(1) Im Einklang mit Artikel 263 AEUV kann vor dem Gerichtshof der Europäischen Union Klage gegen einen Beschluss des Beschwerdeausschusses oder, in Fällen, in denen kein Rechtsbehelf beim Beschwerdeausschuss möglich ist, der Behörde erhoben werden.

(2) Im Einklang mit Artikel 263 AEUV können die Mitgliedstaaten und die Organe der Union sowie jede natürliche oder juristische Person Klage vor dem Gerichtshof der Europäischen Union gegen Beschlüsse der Behörde erheben.

(3) Nimmt die Behörde trotz der Verpflichtung, tätig zu werden, keinen Beschluss an, so kann vor dem Gerichtshof der Europäischen Union eine Untätigkeitsklage nach Artikel 265 AEUV erhoben werden.

(4) Die Behörde muss die erforderlichen Maßnahmen ergreifen, um dem Urteil des Gerichtshofs der Europäischen Union nachzukommen.

KAPITEL VI
FINANZVORSCHRIFTEN

Artikel 62
Haushalt der Behörde

(1) Die Einnahmen der Behörde, einer europäischen Einrichtung gemäß Artikel 185 der Verordnung (EG, Euratom) Nr. 1605/2002 des Rates vom 25. Juni 2002 über die Haushaltsordnung für den Gesamthaushaltsplan der Europäischen Gemeinschaften[1] (im Folgenden „Haushaltsordnung"), bestehen insbesondere aus einer Kombination der folgenden Einnahmen:

a) Pflichtbeiträge der nationalen Behörden, die für die Aufsicht über Finanzinstitute zuständig sind, die gemäß einer Formel geleistet werden, die auf der Stimmengewichtung nach Artikel 3 Absatz 3 des Protokolls (Nr. 36) über die Übergangsbestimmungen beruht. Für die Zwecke dieses Artikels gilt Artikel 3 Absatz 3 des Protokolls (Nr. 36) über die Übergangsbestimmungen über den darin festgelegten Stichtag 31. Oktober 2014 hinaus;

b) Zuschuss der Union aus dem Gesamthaushaltsplan der Europäischen Union (Einzelplan Kommission);

c) Gebühren, die in den in den einschlägigen Instrumenten des Unionsrechts beschriebenen Fällen an die Behörde gezahlt werden.

(2) Die Ausgaben der Behörde umfassen zumindest die Personalaufwendungen, Entgelte, die Verwaltungs- und Infrastrukturausgaben, die Ausgaben für berufliche Fortbildung und die Betriebskosten.

(3) Einnahmen und Ausgaben müssen ausgeglichen sein.

(4) Alle Einnahmen und Ausgaben der Behörde sind Gegenstand von Vorausschätzungen für jedes Haushaltsjahr und werden im Haushaltsplan der Behörde ausgewiesen; das Haushaltsjahr fällt mit dem Kalenderjahr zusammen.

Artikel 63
Aufstellung des Haushaltsplans

(1) Der Exekutivdirektor erstellt spätestens zum 15. Februar jeden Jahres einen Entwurf des Voranschlags der Einnahmen und Ausgaben der Behörde für das nachfolgende Haushaltsjahr und übermittelt ihn dem Verwaltungsrat und dem Rat der Aufseher zusammen mit dem Stellenplan. Der Rat der Aufseher stellt auf der Grundlage des vom Verwaltungsrat angenommenen Entwurfs des Voranschlags des Exekutivdirektors jedes Jahr einen Voranschlag der Einnahmen und Ausgaben der

---

Zu Artikel 62:
[1] ABl. L 248 vom 16.9.2002, S. 1.

Behörde für das nachfolgende Haushaltsjahr auf. Dieser Voranschlag, der auch einen Entwurf des Stellenplans umfasst, wird der Kommission bis zum 31. März vom Rat der Aufseher zugeleitet. Vor Annahme des Voranschlags wird der vom Exekutivdirektor erstellte Entwurf vom Verwaltungsrat genehmigt.

(2) Die Kommission übermittelt den Voranschlag zusammen mit dem Entwurf des Haushaltsplans der Europäischen Union dem Europäischen Parlament und dem Rat (im Folgenden zusammen „Haushaltsbehörde").

(3) Die Kommission stellt auf der Grundlage des Voranschlags die mit Blick auf den Stellenplan für erforderlich erachteten Mittel und den Betrag des aus dem Gesamthaushaltsplan der Europäischen Union gemäß Artikel 313 und 314 AEUV zu zahlenden Zuschusses in den Entwurf des Haushaltsplans der Europäischen Union ein.

(4) Die Haushaltsbehörde nimmt den Stellenplan der Behörde an. Die Haushaltsbehörde bewilligt die Mittel für den Zuschuss für die Behörde.

(5) Der Haushaltsplan der Behörde wird vom Rat der Aufseher erlassen. Er wird endgültig, wenn der Gesamthaushaltsplan der Europäischen Union endgültig erlassen ist. Erforderlichenfalls wird er entsprechend angepasst.

(6) Der Verwaltungsrat unterrichtet die Haushaltsbehörde unverzüglich alle von ihm geplanten Vorhaben, die erhebliche finanzielle Auswirkungen auf die Finanzierung seines Haushaltsplans haben könnten, insbesondere im Hinblick auf Immobilienvorhaben wie die Anmietung oder den Erwerb von Gebäuden. Er setzt die Kommission von diesen Vorhaben in Kenntnis. Beabsichtigt einer der beiden Teile der Haushaltsbehörde, eine Stellungnahme abzugeben, so teilt er der Behörde innerhalb von zwei Wochen nach Erhalt der Informationen über das Projekt diese Absicht mit. Bleibt eine Antwort aus, so kann die Behörde mit dem geplanten Projekt fortfahren.

(7) In Bezug auf das am 31. Dezember 2011 endende erste Tätigkeitsjahr der Behörde unterliegt die Finanzierung der Behörde durch die Union einer Einigung der Haushaltsbehörde gemäß Nummer 47 der Interinstitutionellen Vereinbarung 2006 über die Haushaltsdisziplin und die wirtschaftliche Haushaltsführung.

Artikel 64
Ausführung und Kontrolle des Haushaltsplans

(1) Der Exekutivdirektor handelt als Anweisungsbefugter und führt den Haushaltsplan der Behörde aus.

(2) Der Rechnungsführer der Behörde übermittelt dem Rechnungsführer der Kommission und dem Rechnungshof bis zum 1. März nach Abschluss jedes Haushaltsjahres die vorläufigen Rechnungen unter Beifügung des Berichts über die Haushaltsführung und das Finanzmanagement für das abgeschlossene Haushaltsjahr. Ferner übermittelt der Rechnungsführer der Behörde den Bericht über die Haushaltsführung und das Finanzmanagement bis zum 31. März des folgenden Jahres den Mitgliedern des Rates der Aufseher, dem Europäischen Parlament und dem Rat.

Der Rechnungsführer der Kommission konsolidiert die vorläufigen Rechnungen der Organe und dezentralen Einrichtungen gemäß Artikel 128 der Haushaltsordnung.

(3) Nach Übermittlung der Anmerkungen des Rechnungshofs zu den vorläufigen Rechnungen der Behörde gemäß Artikel 129 der Haushaltsordnung erstellt der Exekutivdirektor in eigener Verantwortung den endgültigen Jahresabschluss der Behörde und übermittelt diesen dem Verwaltungsrat zur Stellungnahme.

(4) Der Verwaltungsrat gibt eine Stellungnahme zu den endgültigen Jahresabschlüssen der Behörde ab.

(5) Der Exekutivdirektor übermittelt den endgültigen Jahresabschluss zusammen mit der Stellungnahme des Verwaltungsrates bis zum 1. Juli nach Ende des Haushaltsjahres den Mitgliedern des Rates der Aufseher, dem Europäischen Parlament, dem Rat, der Kommission und dem Rechnungshof.

(6) Der endgültige Jahresabschluss wird veröffentlicht.

(7) Der Exekutivdirektor übermittelt dem Rechnungshof bis zum 30. September eine Antwort auf seine Bemerkungen. Er übermittelt dem Verwaltungsrat und der Kommission auch eine Kopie dieser Antwort.

(8) Der Exekutivdirektor unterbreitet dem Europäischen Parlament auf dessen Anfrage gemäß Artikel 146 Absatz 3 der Haushaltsordnung alle Informationen, die für die ordnungsgemäße Durchführung des Entlastungsverfahrens für das betreffende Haushaltsjahr erforderlich sind.

(9) Das Europäische Parlament erteilt der Behörde auf Empfehlung des Rates, der mit qualifizierter Mehrheit beschließt, bis zum 15. Mai des Jahres N + 2 Entlastung für die Ausführung des Haushaltsplans, einschließlich der Einnahmen aus dem Gesamthaushaltsplan der Europäischen Union und der zuständigen Behörden, für das Haushaltsjahr N.

Artikel 65
Finanzregelung

Der Verwaltungsrat erlässt nach Konsultation der Kommission die für die Behörde geltende Finanzregelung. Diese Regelung darf von den Bestimmungen der Verordnung (EG, Euratom) Nr. 2343/2002 der Kommission vom 19. November 2002 betreffend die Rahmenfinanzregelung für Einrichtungen gemäß Artikel 185 der Verordnung (EG, Euratom) Nr. 1605/2002 des Rates über die Haushaltsordnung für den Gesamthaushaltsplan der Europäischen Gemeinschaften[1]) nur dann abweichen, wenn die besonderen Erfordernisse der Arbeitsweise der Behörde dies verlangen und sofern die Kommission zuvor ihre Zustimmung erteilt hat.

Artikel 66
Betrugsbekämpfungsmaßnahmen

(1) Zur Bekämpfung von Betrug, Korruption und sonstigen rechtswidrigen Handlungen wird die Verordnung (EG) Nr. 1073/1999 ohne Einschränkung auf die Behörde angewendet.

(2) Die Behörde tritt der Interinstitutionellen Vereinbarung über die internen Untersuchungen OLAF bei und erlässt unverzüglich die entsprechenden Vorschriften, die Geltung für sämtliche Mitarbeiter der Behörde haben.

(3) Die Finanzierungsbeschlüsse und Vereinbarungen sowie die daran geknüpften Umsetzungsinstrumente sehen ausdrücklich vor, dass der Rechnungshof und bei den Empfängern der von der Behörde ausgezahlten Gelder sowie bei den für die Zuweisung der Gelder Verantwortlichen OLAF bei Bedarf Kontrollen vor Ort durchführen können.

KAPITEL VII
ALLGEMEINE BESTIMMUNGEN

Artikel 67
Vorrechte und Befreiungen

Das dem Vertrag über die Europäische Union und dem AEUV beigefügte Protokoll (Nr. 7) über die Vorrechte und Befreiungen der Europäischen Union findet auf die Behörde und ihr Personal Anwendung.

Artikel 68
Personal

(1) Für das Personal der Behörde, einschließlich ihres Exekutivdirektors und ihres Vorsitzenden, gelten das Statut und die Beschäftigungsbedingungen für die sonstigen Bediensteten sowie die von den Organen der Union gemeinsam erlassenen Regelungen für deren Anwendung.

(2) Der Verwaltungsrat legt im Einvernehmen mit der Kommission die erforderlichen Durchführungsbestimmungen gemäß Artikel 110 des Statuts fest.

(3) Die Behörde übt in Bezug auf ihr Personal die Befugnisse aus, die der Anstellungsbehörde durch das Statut und der vertragsschließenden Behörde durch die Beschäftigungsbedingungen für die sonstigen Bediensteten übertragen wurden.

(4) Der Verwaltungsrat erlässt Vorschriften für das Hinzuziehen nationaler Sachverständiger, die von den Mitgliedstaaten zur Behörde abgeordnet werden.

Artikel 69
Haftung der Behörde

(1) Im Bereich der außervertraglichen Haftung ersetzt die Behörde durch sie oder ihre Bediensteten in Ausübung ihrer Amtstätigkeit verursachte Schäden nach den allgemeinen Rechtsgrundsätzen, die den Rechtsordnungen der Mitgliedstaaten gemeinsam sind. Für Entscheidungen in Schadensersatzstreitigkeiten ist der Gerichtshof der Europäischen Union zuständig.

(2) Für die persönliche finanzielle Haftung und disziplinarische Verantwortung der Bediensteten der Behörde gegenüber der Behörde gelten die einschlägigen Regeln für das Personal der Behörde.

Artikel 70
Berufsgeheimnis

(1) Mitglieder des Rates der Aufseher und des Verwaltungsrats, der Exekutivdirektor und die Mitglieder des Personals der Behörde, einschließlich ihrer von den Mitgliedstaaten vorübergehend abgeordneten Beamten und aller weiteren Personen, die auf vertraglicher Grundlage für die Behörde Aufgaben durchführen, unterliegen auch nach Beendigung ihrer Amtstätigkeit den Anforderungen des Berufsgeheimnisses gemäß Artikel 339 AEUV und den einschlägigen Bestimmungen des Unionsrechts.

Artikel 16 des Statuts findet auf sie Anwendung.

In Einklang mit dem Statut ist das Personal nach dem Ausscheiden aus dem Dienst verpflichtet, bei der Annahme gewisser Tätigkeiten oder Vorteile ehrenhaft und zurückhaltend zu sein.

Die Mitgliedstaaten, die Organe oder Einrichtungen der Union sowie alle anderen öffentlichen oder privaten Stellen versuchen nicht, die Mitglieder des Personals der Behörde bei der Ausübung ihrer Aufgaben zu beeinflussen.

(2) Unbeschadet der Fälle, die unter das Strafrecht fallen, dürfen vertrauliche Informationen, die die unter Absatz 1 genannten Personen in ihrer beruflichen Eigenschaft erhalten, an keine Person oder Behörde weitergegeben werden, es sei denn in zusammengefasster oder aggregierter Form, so dass einzelne Finanzinstitute nicht bestimmbar sind.

Die Verpflichtung gemäß Absatz 1 und Unterabsatz 1 des vorliegenden Absatzes hindert die

---
Zu Artikel 65:
[1]) *ABl. L 357 vom 31.12.2002, S. 72.*

Behörde und die nationalen Aufsichtsbehörden nicht daran, die Informationen für die Durchsetzung der in Artikel 1 Absatz 2 genannten Rechtsakte und insbesondere für die Verfahren zum Erlass von Beschlüssen zu nutzen.

(3) Die Absätze 1 und 2 hindern die Behörde nicht daran, im Einklang mit dieser Verordnung und anderen auf Finanzinstitute anwendbaren Rechtsvorschriften der Union mit nationalen Aufsichtsbehörden Informationen auszutauschen.

Diese Informationen unterliegen den Bedingungen des Berufsgeheimnisses gemäß den Absätzen 1 und 2. Die Behörde legt in ihren internen Verfahrensvorschriften die praktischen Vorkehrungen für die Anwendung der in den Absätzen 1 und 2 genannten Geheimhaltungsregelungen fest.

(4) Die Behörde wendet den Beschluss 2001/844/EG, EGKS, Euratom der Kommission vom 29. November 2001 zur Änderung ihrer Geschäftsordnung[1]) an.

Artikel 71
Datenschutz

Diese Verordnung berührt weder die aus der Richtlinie 95/46/EG erwachsenden Verpflichtungen der Mitgliedstaaten hinsichtlich der Verarbeitung personenbezogener Daten noch die aus der Verordnung (EG) Nr. 45/2001 erwachsenden Verpflichtungen der Behörde hinsichtlich der Verarbeitung personenbezogener Daten bei der Erfüllung ihrer Aufgaben.

Artikel 72
Zugang zu Dokumenten

(1) Für die Dokumente, die sich im Besitz der Behörde befinden, gilt die Verordnung (EG) Nr. 1049/2001.

(2) Der Verwaltungsrat erlässt bis zum 31. Mai 2011 praktische Maßnahmen zur Anwendung der Verordnung (EG) Nr. 1049/2001.

(3) Gegen Beschlüsse der Behörde gemäß Artikel 8 der Verordnung (EG) Nr. 1049/2001 kann gegebenenfalls nach einer Beschwerde beim Beschwerdeausschuss, nach Maßgabe von Artikel 228 beziehungsweise 263 AEUV Beschwerde beim Bürgerbeauftragten beziehungsweise Klage beim Gerichtshof der Europäischen Union erhoben werden.

Artikel 73
Sprachenregelung

(1) Für die Behörde gilt die Verordnung Nr. 1 des Rates zur Regelung der Sprachenfrage für die Europäische Wirtschaftsgemeinschaft[1]).

(2) Der Verwaltungsrat beschließt über die interne Sprachenregelung der Behörde.

(3) Die für die Arbeit der Behörde erforderlichen Übersetzungsdienste werden vom Übersetzungszentrum für die Einrichtungen der Europäischen Union erbracht.

Artikel 74
Sitzabkommen

Die notwendigen Vorkehrungen hinsichtlich der Unterbringung der Behörde in dem Mitgliedstaat, in dem sie ihren Sitz hat, und hinsichtlich der Ausstattung, die von diesem Staat zur Verfügung zu stellen sind, sowie die speziellen Vorschriften, die in diesem Sitzstaat für den Exekutivdirektor, die Mitglieder des Verwaltungsrats, das Personal der Behörde und dessen Familienangehörige gelten, werden in einem Sitzabkommen festgelegt, das nach Billigung durch den Verwaltungsrat zwischen der Behörde und dem betreffenden Mitgliedstaat geschlossen wird.

Der betreffende Mitgliedstaat gewährleistet die bestmöglichen Bedingungen für ein reibungsloses Funktionieren der Behörde, einschließlich eines mehrsprachigen und europäisch ausgerichteten schulischen Angebots und geeigneter Verkehrsanbindungen.

Artikel 75
Beteiligung von Drittländern

(1) Die Beteiligung an der Arbeit der Behörde steht Drittländern offen, die mit der Union Abkommen geschlossen haben, denen zufolge sie das Unionsrecht in den in Artikel 1 Absatz 2 genannten Zuständigkeitsbereichen der Behörde übernommen haben und anwenden.

(2) Die Behörde kann mit Drittländern gemäß Absatz 1 zusammenarbeiten, die Rechtsvorschriften anwenden, die in den in Artikel 1 Absatz 2 genannten Zuständigkeitsbereichen der Behörde als gleichwertig anerkannt wurden, wie in den von der Union gemäß Artikel 216 AEUV geschlossenen internationalen Abkommen vorgesehen.

(3) Nach den einschlägigen Bestimmungen der in den Absätzen 1 und 2 genannten Abkommen werden insbesondere die Modalitäten für Art und Umfang der Beteiligung dieser in Absatz 1 genannten Länder an der Arbeit der Behörde und die verfahrenstechnischen Aspekte festgelegt,

---

Zu Artikel 70:
[1]) *ABl. L 317 vom 3.12.2001, S. 1.*

Zu Artikel 73:
[1]) *ABl. 17 vom 6.10.1958, S. 385/58.*

einschließlich Bestimmungen zu Finanzbeiträgen und Personal. Eine Vertretung im Rat der Aufseher mit Beobachterstatus kann vorgesehen werden, wobei jedoch sicherzustellen ist, dass diese Länder nicht an Beratungen über einzelne Finanzinstitute teilnehmen, es sei denn, es besteht ein unmittelbares Interesse.

KAPITEL VIII
ÜBERGANGS- UND SCHLUSSBESTIMMUNGEN

Artikel 76
Vorbereitende Maßnahmen

(1) Nach dem Inkrafttreten dieser Verordnung und vor der Errichtung der Behörde bereitet der CEIOPS in enger Zusammenarbeit mit der Kommission seine Ersetzung durch die Behörde vor.

(2) Wenn die Behörde eingerichtet ist, ist die Kommission für die administrative Errichtung und die Aufnahme der administrativen Tätigkeiten der Behörde verantwortlich, bis die Behörde einen Exekutivdirektor ernannt hat.

Die Kommission kann zu diesem Zweck einen Beamten benennen, der die Aufgaben des Exekutivdirektors übergangsweise wahrnimmt, bis dieser nach seiner Ernennung durch den Rat der Aufseher gemäß Artikel 51 die Amtsgeschäfte aufnimmt. Dieser Zeitraum ist auf die zur Ernennung eines Exekutivdirektors der Behörde notwendige Zeit begrenzt.

Der Interims-Exekutivdirektor kann alle Zahlungen genehmigen, für die Haushaltsmittel der Behörde zur Verfügung stehen und nachdem die Genehmigung des Verwaltungsrats vorliegt, und Verträge schließen, einschließlich Arbeitsverträge nach Annahme des Stellenplans der Behörde.

(3) Die Absätze 1 und 2 berühren nicht die Befugnisse des Rates der Aufseher und des Verwaltungsrats.

(4) Die Behörde wird als Rechtsnachfolgerin des CEIOPS betrachtet. Zum Zeitpunkt der Errichtung der Behörde gehen alle Vermögenswerte und Verbindlichkeiten sowie alle laufenden Tätigkeiten des CEIOPS automatisch auf die Behörde über. CEIOPS erstellt eine Aufstellung seiner Vermögenswerte und Verbindlichkeiten zum Zeitpunkt des Übergangs. Diese Aufstellung wird von CEIOPS und von der Kommission geprüft und genehmigt.

Artikel 77
Übergangsbestimmungen für das Personal

(1) Abweichend von Artikel 68 laufen sämtliche Arbeitsverträge und Abordnungsvereinbarungen, die von CEIOPS oder dessen Sekretariat abgeschlossen wurden und am 1. Januar 2011 gültig sind, bis zum Vertragsende. Sie können nicht verlängert werden.

(2) Personalmitgliedern mit einem unter Absatz 1 genannten Arbeitsvertrag wird der Abschluss eines Vertrags als Bediensteter auf Zeit im Sinne von Artikel 2 Buchstabe a der Beschäftigungsbedingungen für die sonstigen Bediensteten in einem im Stellenplan der Behörde beschriebenen Dienstgrad angeboten.

Nach Inkrafttreten dieser Verordnung richtet die zum Abschluss von Verträgen ermächtigte Behörde ein internes Auswahlverfahren für Personalmitglieder aus, die einen Vertrag mit dem CEIOPS oder dessen Sekretariat abgeschlossen haben, um Fähigkeiten, Effizienz und Integrität der Personen zu prüfen, die eingestellt werden sollen. Im Rahmen des internen Auswahlverfahrens werden die durch die Leistungen des Einzelnen vor der Einstellung erwiesenen Fähigkeiten und Erfahrungen umfassend berücksichtigt.

(3) Je nach Art und Niveau der wahrzunehmenden Aufgaben wird den erfolgreichen Bewerbern ein Vertrag als Bediensteter auf Zeit angeboten, dessen Laufzeit mindestens genauso lang ist wie die noch verbleibende Laufzeit des vorherigen Vertrags.

(4) Für Personalmitglieder mit früheren Verträgen, die beschließen, sich nicht für einen Vertrag als Bediensteter auf Zeit zu bewerben, oder denen kein Vertrag als Bediensteter auf Zeit gemäß Absatz 2 angeboten wird, gelten weiterhin das einschlägige nationale Recht, das auf Arbeitsverträge anwendbar ist, sowie andere einschlägige Instrumente.

Artikel 78
Nationale Vorkehrungen

Die Mitgliedstaaten treffen alle geeigneten Vorkehrungen, um die wirksame Anwendung dieser Verordnung zu gewährleisten.

Artikel 79
Änderungen

Der Beschluss Nr. 716/2009/EG wird insoweit geändert, als der CEIOPS von der Liste der Begünstigten in Abschnitt B des Anhangs des Beschlusses gestrichen wird.

Artikel 80
Aufhebung

Der Beschluss 2009/79/EG zur Einsetzung des CEIOPS wird mit Wirkung vom 1. Januar 2011 aufgehoben.

Artikel 81
Überprüfung

(1) Die Kommission veröffentlicht bis zum 2. Januar 2014 und danach alle drei Jahre einen allgemeinen Bericht über die Erfahrungen aus den Tätigkeiten der Behörde und über die in dieser Verordnung festgelegten Verfahren. In diesem Bericht wird unter anderem Folgendes bewertet:

a) die Angleichung, die von den zuständigen Behörden in Bezug auf die angewandten Aufsichtspraktiken erreicht wurde;

i) das Maß der Angleichung bei der funktionellen Unabhängigkeit der zuständigen Behörden und bei Standards, die Regeln der guten Unternehmensführung gleichwertig sind;

ii) die Unparteilichkeit, Objektivität und Autonomie der Behörde;

b) das Funktionieren der Aufsichtskollegien;

c) die Fortschritte, die im Hinblick auf die Angleichung in den Bereichen Verhütung, Management und Bewältigung von Krisen erzielt wurden, einschließlich Finanzierungsmechanismen der Union;

d) die Rolle der Behörde hinsichtlich des Systemrisikos;

e) die Anwendung der Schutzklausel gemäß Artikel 38;

f) die Anwendung der verbindlichen Vermittlerrolle gemäß Artikel 19.

(2) In dem Bericht nach Absatz 1 wird ebenfalls geprüft, ob

a) es zweckmäßig ist, Banken, Versicherungen, die betriebliche Altersversorgung, Wertpapiere und Finanzmärkte weiterhin getrennt zu beaufsichtigen;

b) es zweckmäßig ist, prudentielle Aufsicht und Aufsicht über Geschäftsverhalten zu trennen oder durch dieselbe Aufsichtsbehörde vorzunehmen;

c) es zweckmäßig ist, die Strukturen des ESFS zu vereinfachen und zu stärken, um Kohärenz zwischen Makro- und Mikroebenen und zwischen den ESA zu erhöhen;

d) die Entwicklung des ESFS im Einklang mit der globalen Entwicklung verläuft;

e) innerhalb des ESFS ausreichend Vielfalt und Kompetenz besteht;

f) Rechenschaftspflicht und Transparenz den Offenlegungserfordernissen gerecht werden;

g) die Behörde mit ausreichenden Mitteln zur Wahrnehmung ihrer Aufgaben ausgestattet ist;

h) es angemessen ist, den Sitz der Behörde beizubehalten oder die ESA an einem einzigen Sitz anzusiedeln, um eine bessere Koordinierung untereinander zu fördern.

(3) Zur Frage der direkten Beaufsichtigung von Finanzinstituten oder Infrastrukturen mit europaweiten Bezügen wird die Kommission unter Berücksichtigung der Marktentwicklungen jährlich einen Bericht dazu erstellen, ob es zweckmäßig ist, der Behörde weitere Aufsichtsaufgaben in diesem Bereich zu übertragen.

(4) Der Bericht und etwaige begleitende Vorschläge werden dem Europäischen Parlament und dem Rat übermittelt.

Artikel 82
Inkrafttreten

Diese Verordnung tritt am Tag nach ihrer Veröffentlichung im *Amtsblatt der Europäischen Union* in Kraft.

Sie gilt ab 1. Januar 2011; hiervon ausgenommen sind Artikel 76 und Artikel 77 Absätze 1 und 2, die ab dem Tag des Inkrafttretens der Verordnung gelten.

Die Behörde wird am 1. Januar 2011 errichtet.

Diese Verordnung ist in allen ihren Teilen verbindlich und gilt unmittelbar in jedem Mitgliedstaat.

Geschehen zu Straßburg am 24. November 2010.

Im Namen des Europäischen Parlaments	*Im Namen des Rates*
Der Präsident	*Der Präsident*

Versicherungsaufsichtsgesetz 2016

BGBl I 2015/34 idF

1 BGBl I 2015/44

Inhaltsverzeichnis
1. Hauptstück
Allgemeine Bestimmungen
1. Abschnitt
Anwendungsbereich

- § 1 Anwendungsbereich
- § 2 Ausnahmen in der Personenversicherung
- § 3 Ausnahmen in der Nicht-Lebensversicherung
- § 4 Ausnahmen in der Rückversicherung

2. Abschnitt
Begriffsbestimmungen

- § 5 Begriffsbestimmungen

3. Abschnitt
Konzession

- § 6 Allgemeine Bestimmungen
- § 7 Umfang der Konzession
- § 8 Konzessionsvoraussetzungen
- § 9 Vorherige Konsultation der Aufsichtsbehörden anderer Mitgliedstaaten
- § 10 Geschäftsplan
- § 11 Änderungen des Geschäftsbetriebes
- § 12 Erlöschen der Konzession

4. Abschnitt
Vorschriften für Drittländer

- § 13 Geschäftsbetrieb im Inland von Drittland-Versicherungs- und Drittland-Rückversicherungsunternehmen
- § 14 Besondere Konzessionsvoraussetzungen
- § 15 Erleichterungen bei Konzessionserteilung in mehreren Mitgliedstaaten
- § 16 Geschäftsplan der Zweigniederlassung
- § 17 Voraussetzungen für die Aufnahme des Geschäftsbetriebes
- § 18 Bestimmungen für den laufenden Geschäftsbetrieb
- § 19 Besondere Bestimmungen für die Schweizerische Eidgenossenschaft

5. Abschnitt
Vorschriften für den EWR

- § 20 Niederlassungsfreiheit: Zweigniederlassungen im Inland
- § 21 Niederlassungsfreiheit: Zweigniederlassungen in den Mitgliedstaaten
- § 22 Dienstleistungsfreiheit: Ausübung im Inland
- § 23 Dienstleistungsfreiheit: Ausübung in den Mitgliedstaaten

6. Abschnitt
Aktionärskontrolle

- § 24 Aktionäre
- § 25 Verfahren zur Beurteilung des Erwerbs
- § 26 Kriterien für die Beurteilung des Erwerbs
- § 27 Maßnahmen bei ungeeigneten Aktionären

7. Abschnitt
Bestandübertragung

- § 28 Allgemeine Bestimmungen für Bestandübertragungen
- § 29 Genehmigung durch die FMA
- § 30 Mitwirkung der FMA
- § 31 Rechtswirkungen einer Bestandübertragung
- § 32 Vorschriften für die Schweizerische Eidgenossenschaft

8. Abschnitt
Versicherungsvermittlung

- § 33 Angestellte Vermittler
- § 34 Inanspruchnahme von Vermittlungsdiensten

2. Hauptstück
Versicherungsvereine auf Gegenseitigkeit
1. Abschnitt:
Allgemeine Bestimmungen

- § 35 Begriff
- § 36 Name
- § 37 Satzung
- § 38 Veröffentlichungen
- § 39 Errichtung
- § 40 Mitgliedschaft
- § 41 Gründungsfonds
- § 42 Eintragung in das Firmenbuch
- § 43 Entstehen
- § 44 Beiträge und Nachschüsse
- § 45 Sicherheitsrücklage
- § 46 Nachrangige Verbindlichkeiten
- § 47 Verwendung des Jahresüberschusses
- § 48 Organe
- § 49 Vorstand

26/1. VAG 2016

Inhaltsverzeichnis

§ 50	Aufsichtsrat
§ 51	Oberstes Organ
§ 52	Sonderprüfung
§ 53	Geltendmachung von Ersatzansprüchen
§ 54	Satzungsänderungen
§ 55	Anfechtbarkeit
§ 56	Nichtigkeit
§ 57	Auflösung
§ 58	Abwicklung
§ 59	Bestandübertragung
§ 60	Verschmelzung
§ 61	Umwandlung in eine Aktiengesellschaft
§ 62	Einbringung in eine Aktiengesellschaft
§ 63	Wirkungen der Einbringung
§ 64	Rechte des obersten Organs
§ 65	Wirkungen einer Umstrukturierung
§ 66	Formwechselnde Umwandlung in eine Privatstiftung
§ 67	Verschmelzung von Privatstiftungen

2. Abschnitt
Kleine Versicherungsvereine

§ 68	Allgemeine Bestimmungen
§ 69	Anwendbarkeit der allgemeinen Bestimmungen
§ 70	Eigenmittelerfordernis
§ 71	Eigenmittel
§ 72	Kapitalanlage
§ 73	Überschreitung des Geschäftsbereichs
§ 74	Höchsthaftungssumme
§ 75	Organe
§ 76	Vorstand
§ 77	Aufsichtsrat
§ 78	Oberstes Organ
§ 79	Rechnungslegung
§ 80	Abwicklung
§ 81	Verschmelzung

3. Hauptstück
Kleine Versicherungsunternehmen
1. Abschnitt
Allgemeine Bestimmungen

§ 82	Anwendbarkeit der allgemeinen Bestimmungen
§ 83	Konzession
§ 84	Geschäftsplan

2. Abschnitt
Governance

§ 85	Allgemeine Bestimmungen
§ 86	Auslagerung
§ 87	Rückversicherung

3. Abschnitt
Eigenmittelausstattung und Kapitalanlage

§ 88	Eigenmittelerfordernis
§ 89	Eigenmittel
§ 90	Kapitalanlage

4. Hauptstück
Vorschriften für bestimmte Versicherungsarten
1. Abschnitt
Allgemeine Vorschriften

| § 91 | Inhalt des Versicherungsvertrages |

2. Abschnitt
Lebensversicherung

§ 92	Allgemeine Bestimmungen für die Lebensversicherung
§ 93	Betriebliche Kollektivversicherung: Allgemeine Bestimmungen
§ 94	Betriebliche Kollektivversicherung: Mitteilungspflichten
§ 95	Betriebliche Kollektivversicherung: Kündigung
§ 96	Betriebliche Kollektivversicherung: Übertragung von Anwartschaften
§ 97	Betriebliche Kollektivversicherung: Beratungsausschuss
§ 98	Betriebliche Kollektivversicherung: Informationspflichten bei Übertragungen zwischen betrieblicher Kollektivversicherung und Pensionskasse

3. Abschnitt
Nicht-Lebensversicherung

§ 99	Rechtsschutzversicherung
§ 100	Kraftfahrzeug-Haftpflichtversicherung
§ 101	Krankenversicherung nach Art der Lebensversicherung: Allgemeine Bestimmungen
§ 102	Krankenversicherung nach Art der Lebensversicherung: Besondere Bestimmungen
§ 103	Unfallversicherung nach Art der Lebensversicherung

4. Abschnitt
Finanzrückversicherung und Zweckgesellschaften

| § 104 | Finanzrückversicherung |
| § 105 | Zweckgesellschaften |

5. Hauptstück
Governance
1. Abschnitt
Allgemeine Anforderungen

| § 106 | Zuständigkeit und Verantwortlichkeit des Vorstands bzw. des Verwaltungsrats |

26/1. VAG 2016
Inhaltsverzeichnis

§ 107 Anforderungen an das Governance-System
§ 108 Governance-Funktionen
§ 109 Auslagerung

2. Abschnitt
Risikomanagement

§ 110 Risikomanagement-System
§ 111 Unternehmenseigene Risiko- und Solvabilitätsbeurteilung
§ 112 Risikomanagement-Funktion

3. Abschnitt
Versicherungsmathematische Funktion und verantwortlicher Aktuar

§ 113 Versicherungsmathematische Funktion
§ 114 Verantwortlicher Aktuar
§ 115 Bestellung zum verantwortlichen Aktuar
§ 116 Aufgaben und Befugnisse des verantwortlichen Aktuars

4. Abschnitt
Interne Kontrolle, Compliance und interne Revisions-unktion

§ 117 Internes Kontrollsystem
§ 118 Compliance-Funktion
§ 119 Interne Revisions-Funktion

5. Abschnitt
Fachliche Qualifikation und persönliche Zuverlässigkeit

§ 120 Allgemeine Bestimmungen
§ 121 Zuverlässigkeitsnachweis
§ 122 Anzeige an die FMA
§ 123 Vorschriften für den Aufsichtsrat

6. Abschnitt
Kapitalanlagen

§ 124 Grundsatz der unternehmerischen Vorsicht
§ 125 Besondere Bestimmungen für die fonds- und indexgebundene Lebensversicherung
§ 126 Qualitative Vorgaben für Kapitalanlagen
§ 127 Erwerb und Veräußerung von wesentlichen Anteilen

6. Hauptstück
Verhinderung der Geldwäscherei und der Terrorismusfinanzierung

§ 128 Anwendungsbereich und Begriffsbestimmungen
§ 129 Sorgfaltspflichten zur Bekämpfung von Geldwäscherei und Terrorismusfinanzierung
§ 130 Vereinfachte Sorgfaltspflichten
§ 131 Verstärkte Sorgfaltspflichten
§ 132 Ausführung durch Dritte
§ 133 Meldepflichten

§ 134 Aufbewahrung von Aufzeichnungen und statistischen Daten
§ 135 Interne Verfahren und Schulungen

7. Hauptstück
Rechnungslegung und Konzernrechnungslegung

1. Abschnitt
Allgemeine Vorschriften

§ 136 Anwendbarkeit des UGB, des AktG und des SE-Gesetzes
§ 137 Allgemeine Vorschriften über den Jahresabschluss, den Lagebericht sowie den Corporate Governance Bericht
§ 138 Besondere Vorschriften über den Konzernabschluss
§ 139 Besondere Rechnungslegungsvorschriften

2. Abschnitt
Gliederung und Ausweis

§ 140 Allgemeine Grundsätze für die Gliederung des Jahresabschlusses und des Konzernabschlusses
§ 141 Besondere Vorschriften für Kompositversicherungsunternehmen
§ 142 Rückversicherung mit begrenztem Risikoübertrag
§ 143 Risikorücklage
§ 144 Gliederung der Bilanz und der Konzernbilanz
§ 145 Entwicklung von Vermögensgegenständen
§ 146 Gliederung der Gewinn- und Verlustrechnung
§ 147 Erfassung von Aufwendungen und Erträgen

3. Abschnitt
Bewertung

§ 148 Allgemeine Bewertungsvorschriften
§ 149 Bewertung von Vermögensgegenständen
§ 150 Allgemeine Vorschriften über die versicherungstechnischen Rückstellungen
§ 151 Prämienüberträge
§ 152 Deckungsrückstellung
§ 153 Rückstellung für noch nicht abgewickelte Versicherungsfälle
§ 154 Schwankungsrückstellung

4. Abschnitt
Anhang und Lagebericht

§ 155 Anhang und Konzernanhang
§ 156 Lagebericht und Konzernlagebericht

8. Hauptstück
Solvabilität

1. Abschnitt

**VAG 2016
RÄ-BG RV
PRIIP-VO
IMD 1.5**

Inhaltsverzeichnis

Solvenzbilanz

- § 157 Bewertung der Vermögenswerte und Verbindlichkeiten
- § 158 Allgemeine Bestimmungen für versicherungstechnische Rückstellungen
- § 159 Berechnung versicherungstechnischer Rückstellungen
- § 160 Bester Schätzwert
- § 161 Risikomarge
- § 162 Finanzgarantien und vertragliche Optionen, die Gegenstand der Versicherungs- und Rückversicherungsverträge sind
- § 163 Einforderbare Beträge aus Rückversicherungsverträgen und von Zweckgesellschaften
- § 164 Qualität der Daten und Anwendung von Näherungswerten einschließlich Einzelfallanalysen bei den versicherungstechnischen Rückstellungen
- § 165 Vergleich mit Erfahrungsdaten
- § 166 Matching-Anpassung an die maßgebliche risikofreie Zinskurve
- § 167 Volatilitätsanpassung der maßgeblichen risikofreien Zinskurve
- § 168 Nutzung der von der EIOPA vorzulegenden technischen Informationen:

2. Abschnitt
Eigenmittel

- § 169 Allgemeine Bestimmungen
- § 170 Basiseigenmittel
- § 171 Ergänzende Eigenmittel
- § 172 Einstufung der Eigenmittel in Klassen (Tiers)
- § 173 Anrechenbarkeit der Eigenmittelbestandteile

3. Abschnitt
Solvenzkapitalanforderung

- § 174 Allgemeine Bestimmungen
- § 175 Berechnung der Solvenzkapitalanforderung
- § 176 Häufigkeit der Berechnung

4. Abschnitt
Berechnung der Solvenzkapitalanforderung mit der Standardformel

- § 177 Struktur der Standardformel
- § 178 Aufbau der Basissolvenzkapitalanforderung
- § 179 Risikomodule der Basissolvenzkapitalanforderung
- § 180 Durationsbasiertes Untermodul Aktienrisiko
- § 181 Maßnahmen der FMA bei wesentlichen Abweichungen von den der Standardformel zugrundeliegenden Annahmen

5. Abschnitt
Berechnung der Solvenzkapitalanforderung unter Verwendung eines internen Modells

- § 182 Allgemeine Bestimmungen für die Genehmigung von internen Modellen in Form von Voll- oder Partialmodellen
- § 183 Besondere Bestimmungen für die Genehmigung interner Modelle in Form von Partialmodellen
- § 184 Rückkehr zur Standardformel
- § 185 Nichteinhaltung der Anforderungen an das interne Modell
- § 186 Verwendungstest
- § 187 Statistische Qualitätsstandards
- § 188 Kalibrierungsstandards
- § 189 Zuordnung von Gewinnen und Verlusten
- § 190 Validierungsstandards
- § 191 Dokumentationsstandards
- § 192 Externe Modelle und Daten

6. Abschnitt
Mindestkapitalanforderung

- § 193 Allgemeine Bestimmungen
- § 194 Besondere Bestimmungen für Kompositversicherungsunternehmen

9. Hauptstück
Gruppenaufsicht

1. Abschnitt
Begriffsbestimmungen und Anwendungsbereich

- § 195 Begriffsbestimmungen
- § 196 Allgemeine Bestimmungen
- § 197 Anwendungsfälle der Gruppenaufsicht
- § 198 Ausschluss von Unternehmen aus der Gruppenaufsicht
- § 199 Subgruppenaufsicht auf Ebene einer nationalen Teilgruppe
- § 200 Subgruppenaufsicht auf Ebene einer mehrere Mitgliedstaaten umfassenden Teilgruppe
- § 201 Gemischte Versicherungsholdinggesellschaften

2. Abschnitt
Solvabilität der Gruppe

- § 202 Allgemeine Bestimmungen
- § 203 Häufigkeit der Berechnung
- § 204 Wahl der Methode
- § 205 Berücksichtigung des verhältnismäßigen Anteils
- § 206 Ausschluss der Mehrfachberücksichtigung anrechenbarer Eigenmittel
- § 207 Ausschluss der gruppeninternen Kapitalschöpfung

Inhaltsverzeichnis

§ 208 Einbeziehung von bestimmten Unternehmen
§ 209 Einbeziehung von verbundenen Drittland-Versicherungs- und Drittland-Rückversicherungsunternehmen
§ 210 Abzug des Beteiligungsbuchwertes bei Nichtverfügbarkeit der notwendigen Informationen
§ 211 Standardmethode: Konsolidierungsmethode (Methode 1)
§ 212 Gruppeninterne Modelle bei Methode 1
§ 213 Alternativmethode: Abzugs- und Aggregationsmethode (Methode 2)
§ 214 Gruppeninterne Modelle bei Methode 2

3. Abschnitt
Gruppen mit zentralisiertem Risikomanagement

§ 215 Bedingungen
§ 216 Entscheidung über den Antrag
§ 217 Bestimmung der Solvenzkapitalanforderung
§ 218 Nichtbedeckung der Solvenzkapitalanforderung oder der Mindestkapitalanforderung
§ 219 Ende der Ausnahmeregelung für ein Tochterunternehmen

4. Abschnitt
Risikokonzentrationen und gruppeninterne Transaktionen

§ 220 Risikokonzentrationen
§ 221 Gruppeninterne Transaktionen

5. Abschnitt
Governance auf Gruppenebene

§ 222 Allgemeine Bestimmungen
§ 223 Interne Kontrollmechanismen auf Gruppenebene
§ 224 Risiko- und Solvabilitätsbeurteilung auf Gruppenebene
§ 225 Leitung von Versicherungsholdinggesellschaften und gemischten Finanzholdinggesellschaften

6. Abschnitt
Maßnahmen zur Erleichterung der Gruppenaufsicht

§ 226 Bestimmung der für die Gruppenaufsicht zuständigen Behörde
§ 227 Rechte und Pflichten der für die Gruppenaufsicht zuständigen Behörde
§ 228 Aufsichtskollegien
§ 229 Zusammenarbeit und Informationsaustausch zwischen den Aufsichtsbehörden
§ 230 Gegenseitige Konsultation der Aufsichtsbehörden

§ 231 Auskunftsrechte der FMA als der für die Gruppenaufsicht zuständigen Behörde
§ 232 Zusammenarbeit mit den für Kreditinstitute und Wertpapierfirmen zuständigen Behörden
§ 233 Berufsgeheimnis und Vertraulichkeit
§ 234 Zugang zu Informationen
§ 235 Überprüfung der Informationen
§ 236 Zwangsmaßnahmen

7. Abschnitt
Mutterunternehmen mit Sitz in Drittländern

§ 237 Überprüfung der Gleichwertigkeit
§ 238 Vorliegen der Gleichwertigkeit
§ 239 Fehlende Gleichwertigkeit
§ 240 Ebenen der Beaufsichtigung

10. Hauptstück
Informationen

1. Abschnitt
Veröffentlichungspflichten der Versicherungs- und Rückversicherungsunternehmen

§ 241 Bericht über die Solvabilität und Finanzlage: Inhalt
§ 242 Bericht über die Solvabilität und Finanzlage: Nichtveröffentlichung von bestimmten Informationen
§ 243 Bericht über die Solvabilität und Finanzlage: Aktualisierungen
§ 244 Bericht über die Solvabilität und Finanzlage: schriftliche Leitlinien
§ 245 Bericht über die Solvabilität und Finanzlage: Gruppenebene
§ 246 Offenlegung bestimmter Informationen betreffend Rechnungslegung und Konzernrechnungslegung

2. Abschnitt
Meldepflichten der Versicherungs- und Rückversicherungsunternehmen an die FMA

§ 247 Allgemeine Bestimmungen
§ 248 Berichte an die FMA
§ 249 Verzeichnisse und Aufstellungen der dem Deckungsstock gewidmeten Vermögenswerte
§ 250 Statistische Angaben über grenzüberschreitende Tätigkeiten
§ 251 Beschränkung der regelmäßigen aufsichtlichen Berichterstattung

3. Abschnitt
Informationspflichten der Versicherungsunternehmen an Versicherungsnehmer

§ 252 Allgemeine Informationspflichten

Inhaltsverzeichnis

§ 253 Besondere Informationspflichten für die Lebensversicherung
§ 254 Besondere Informationspflichten für die fonds- und indexgebundene Lebensversicherung
§ 255 Besondere Informationspflichten für die Kranken- und Unfallversicherung nach Art der Lebensversicherung

4. Abschnitt
Offenlegungspflichten der FMA

§ 256 Transparenz und Verantwortlichkeit

5. Abschnitt
Mitteilungspflichten der FMA

§ 257 Mitteilungen an die Europäische Kommission und die EIOPA
§ 258 Mitteilungen an die EIOPA
§ 259 Mitteilungen an den Fachverband der Versicherungsunternehmen

6. Abschnitt
Abschlussprüfer

§ 260 Wahl des Abschlussprüfers
§ 261 Beauftragung von Wirtschaftsprüfern
§ 262 Befristetes Tätigkeitsverbot
§ 263 Prüfpflichten des Abschlussprüfers
§ 264 Berichtspflichten des Abschlussprüfers
§ 265 Anzeigepflicht des Abschlussprüfers
§ 266 Ersatzpflicht des Abschlussprüfers

11. Hauptstück
Aufsichtsbehörde und Verfahren

1. Abschnitt
Allgemeine Vorschriften

§ 267 Ziele der Beaufsichtigung
§ 268 Grundsätze der Beaufsichtigung
§ 269 Form der Kommunikation mit der FMA – elektronische Übermittlung
§ 270 Mitwirkung der Bundesrechnungszentrum GmbH
§ 271 Kosten der Versicherungsaufsicht

2. Abschnitt
Beaufsichtigung

§ 272 Auskunfts- , Anzeige- und Vorlagepflichten
§ 273 Aufsichtliches Überprüfungsverfahren
§ 274 Prüfung vor Ort
§ 275 Anordnungen der FMA
§ 276 Einberufung der Hauptversammlung oder des Aufsichtsrats
§ 277 Kapitalaufschlag
§ 278 Maßnahmen bei Verschlechterung der wirtschaftlichen Lage: Solvabilitätsplan
§ 279 Maßnahmen bei Nichtbedeckung der Solvenzkapitalanforderung: Sanierungsplan
§ 280 Maßnahmen bei Nichtbedeckung der Mindestkapitalanforderung: Finanzierungsplan
§ 281 Gemeinsame Bestimmungen für Solvabilitäts- Sanierungs- und Finanzierungsplan
§ 282 Maßnahmen der FMA in Bezug auf versicherungstechnische Rückstellungen
§ 283 Untersagung der freien Verfügung über Vermögenswerte
§ 284 Maßnahmen bei Gefahr für die Belange der Versicherungsnehmer und Anspruchsberechtigten
§ 285 Widerruf der Konzession
§ 286 Maßnahmen nach Widerruf, Erlöschen oder Zurücklegung der Konzession
§ 287 Bezeichnungsschutz
§ 288 Kundmachung bei unerlaubtem Geschäftsbetrieb
§ 289 Beaufsichtigung im Rahmen der Niederlassungs- und Dienstleistungsfreiheit
§ 290 Prüfung vor Ort im Rahmen der Niederlassungsfreiheit
§ 291 Beaufsichtigung des Geschäftsbetriebs in Drittländern
§ 292 Zwangsstrafen
§ 293 Internationale Sanktionen

3. Abschnitt
Internationale Zusammenarbeit

§ 294 Zusammenarbeit im EWR
§ 295 Zusammenarbeit bei Einschränkung oder Untersagung der Verfügung über Vermögenswerte
§ 296 Zusammenarbeit im Rahmen der Dienstleistungs- und Niederlassungsfreiheit
§ 297 Zusammenarbeit bei Auflösung von Versicherungsunternehmen oder Sanierungsmaßnahmen im EWR
§ 298 Zusammenarbeit mit Behörden von Drittländern
§ 299 Zusammenarbeit mit der Aufsichtsbehörde der Schweizerischen Eidgenossenschaft

12. Hauptstück
Deckungsstock, Auflösung eines Versicherungs- oder Rückversicherungsunternehmens, exekutions- und insolvenzrechtliche Bestimmungen für Versicherungsunternehmen

1. Abschnitt
Deckungsstock

26/1. VAG 2016
Inhaltsverzeichnis, § 1

§ 300 Bildung des Deckungsstocks
§ 301 Deckungserfordernis
§ 302 Widmung der Vermögenswerte
§ 303 Ansprüche nach Einstellung des Geschäftsbetriebs

2. Abschnitt
Treuhänder

§ 304 Bestellung und Befugnisse
§ 305 Aufgaben

3. Abschnitt
Auflösung eines Versicherungs- oder Rückversicherungsunternehmens

§ 306 Auflösung eines Versicherungs- oder Rückversicherungsunternehmens

4. Abschnitt
Exekutions- und Insolvenzrechtliche Bestimmungen für Versicherungsunternehmen

§ 307 Exekution auf Werte des Deckungsstocks
§ 308 Versicherungsforderungen
§ 309 Eröffnung des Konkursverfahrens
§ 310 Kurator
§ 311 Erlöschen von Versicherungsverhältnissen
§ 312 Deckungsstock im Konkursverfahren
§ 313 Anmeldung
§ 314 Rangordnung
§ 315 Versicherungsvereine auf Gegenseitigkeit
§ 316 Verbot und Herabsetzung von Leistungen

13. Hauptstück
Strafbestimmungen

§ 317 Verletzung von Anzeige- Melde- und Vorlagepflichten
§ 318 Verletzung der Verpflichtung zur Veröffentlichung des Berichts über die Solvabilität und Finanzlage
§ 319 Verletzung von Informationspflichten
§ 320 Deckungsrückstellung; Deckungsstock
§ 321 Verletzung von Geheimnissen
§ 322 Geldwäscherei und Terrorismusfinanzierung
§ 323 Versicherungsvereine auf Gegenseitigkeit
§ 324 Kleine Versicherungsvereine
§ 325 Gruppenaufsicht
§ 326 Verstoß gegen Anordnungen
§ 327 Dienst- und Niederlassungsfreiheit
§ 328 Sonstige Pflichtverletzungen
§ 329 Unerlaubter Geschäftsbetrieb
§ 330 Verletzung des Bezeichnungsschutzes
§ 331 Verjährung

§ 332 Insolvenz

14. Hauptstück
Übergangs- und Schlussbestimmungen

1. Abschnitt
Übergangsbestimmungen

§ 333 Allgemeine Übergangsbestimmungen
§ 334 Schrittweise Einführung von Solvabilität II
§ 335 Übergangsmaßnahmen zur Erleichterung der Einführung von Solvabilität II
§ 336 Übergangsmaßnahme bei risikofreien Zinssätzen
§ 337 Übergangsmaßnahme bei versicherungstechnischen Rückstellungen
§ 338 Plan betreffend die schrittweise Einführung von Übergangsmaßnahmen für risikofreie Zinsen und versicherungstechnische Rückstellungen

2. Abschnitt
Schlussbestimmungen

§ 339 Inkrafttreten
§ 340 Inkrafttreten von Änderungen auf Grund von Regierungsvorlagen des Bundesministers für Finanzen
§ 341 Inkrafttreten von sonstigen Änderungen
§ 342 Verweisungen
§ 343 Sprachliche Gleichbehandlung
§ 344 Anpassung der in Euro angegebenen Beträge
§ 345 Außerkrafttreten
§ 346 Vollzugsklausel

Anlagen
Anlage A
Anlage B

1. Hauptstück
Allgemeine Bestimmungen

1. Abschnitt
Anwendungsbereich

Anwendungsbereich

§ 1. (1) Der Beaufsichtigung nach den Bestimmungen dieses Bundesgesetzes unterliegen:

1. Versicherungsunternehmen (§ 5 Z 1) und Rückversicherungsunternehmen (§ 5 Z 2), mit Sitz im Inland;
2. kleine Versicherungsunternehmen (§ 5 Z 3) nach Maßgabe der Bestimmungen des 3. Hauptstücks;

3. kleine Versicherungsvereine auf Gegenseitigkeit (§ 5 Z 4) nach Maßgabe der Bestimmungen des 2. Abschnitts des 2. Hauptstücks;

4. Drittland-Versicherungsunternehmen (§ 5 Z 5) und Drittland-Rückversicherungsunternehmen (§ 5 Z 6) nach Maßgabe der Bestimmungen des 4. Abschnitts;

5. EWR-Versicherungsunternehmen (§ 5 Z 7) und EWR-Rückversicherungsunternehmen (§ 5 Z 8) nach Maßgabe der Bestimmungen des 5. Abschnitts;

6. Versicherungsholdinggesellschaften (§ 195 Abs. 1 Z 6) und gemischte Finanzholdinggesellschaften (§ 195 Abs. 1 Z 8), jeweils mit Sitz im Inland, nach Maßgabe der Bestimmungen des 9. Hauptstücks;

7. Versicherungsvereine, deren Gegenstand auf die Vermögensverwaltung beschränkt ist (§ 63 Abs. 3) nach Maßgabe von § 63 bis § 65;

8. Privatstiftungen (§ 66 Abs. 1), nach Maßgabe von § 66 und § 67 und

9. Zweckgesellschaften (§ 5 Z 33) mit Sitz im Inland, nach Maßgabe von § 105 und der Durchführungsverordnung (EU).

Auf die in Z 2 bis 9 genannten Unternehmen sind zusätzlich zu den dort genannten Bestimmungen der 1. und 2. Abschnitt, der 1. und 3. Abschnitt des 11. Hauptstücks, das 13. und 14. Hauptstück sowie § 288, § 292 und § 293 anzuwenden. Die übrigen Bestimmungen dieses Bundesgesetzes sind auf diese Unternehmen nur dann anzuwenden, wenn dies ausdrücklich angeordnet wird.

(2) Soweit dieses Bundesgesetz besondere Vorschriften für Zweigniederlassungen von Drittland-Versicherungsunternehmen mit Sitz in der Schweizerischen Eidgenossenschaft und für Zweigniederlassungen in der Schweizerischen Eidgenossenschaft von Versicherungsunternehmen mit Sitz im Inland enthält, gelten diese für den Betrieb aller Versicherungszweige mit Ausnahme der Lebensversicherung gemäß Z 19 bis 22 der Anlage A nach Maßgabe des Beschlusses 91/370/EWG zur Genehmigung des Abschlusses des Abkommens zwischen der Europäischen Wirtschaftsgemeinschaft und der Schweizerischen Eidgenossenschaft betreffend die Direktversicherung mit Ausnahme der Lebensversicherung, ABl. Nr. L 205 vom 27.07.1991 S. 2. Diese Bestimmungen sind nicht mehr anzuwenden, wenn das Abkommen 91/370/EWG gemäß seinem Art. 39 Abs. 8 als hinfällig gilt.

(3) EWR-Versicherungsunternehmen, die sich nur im Wege der Mitversicherung auf Unionsebene an im Inland abgeschlossenen Versicherungsverträgen beteiligen, unterliegen nur § 17 Abs. 4, § 30 Abs. 1, 2 und 4 und § 31. Auf Versicherungsunternehmen, die sich im Wege der Mitversicherung auf Unionsebene an im EWR abgeschlossenen Versicherungsverträgen beteiligen, ist § 23 nicht anzuwenden. Versicherungsunternehmen haben über statistische Daten zu verfügen, aus denen der Umfang dieser Mitversicherungsgeschäfte, an denen sie beteiligt sind, sowie die betreffenden Mitgliedstaaten hervorgehen.

(4) Ob ein Unternehmen den Bestimmungen dieses Bundesgesetzes unterliegt, entscheidet die Finanzmarktaufsichtsbehörde (FMA).

Ausnahmen in der Personenversicherung

§ 2. (1) Pensionskassen gemäß PKG, unterliegen nicht den Bestimmungen dieses Bundesgesetzes.

(2) Der Betrieb von Versicherungszweigen der Personenversicherung durch Körperschaften des öffentlichen Rechts, deren Versicherungsnehmer nur ihre Mitglieder sind, unterliegt nicht den Bestimmungen dieses Bundesgesetzes. Dies gilt nicht, wenn solche Versicherungen überwiegend in Rückversicherung abgegeben werden.

(3) Unternehmen, die nur die Bestattungskostenversicherung betreiben, unterliegen wenn der Betrag ihrer Leistungen den Durchschnittswert der Bestattungskosten bei einem Todesfall nicht übersteigt oder diese Leistungen in Sachwerten erbracht werden, nur den Bestimmungen des 3. Hauptstücks.

Ausnahmen in der Nicht-Lebensversicherung

§ 3. (1) Beistandsleistungen, die folgende Bedingungen erfüllen, gelten nicht als Betrieb der Vertragsversicherung:

1. die Beistandsleistung wird anlässlich eines Unfalls oder einer Panne mit einem Kraftfahrzeug erbracht, sofern sich der Unfall oder die Panne innerhalb des Mitgliedstaats des Gewährleistenden ereignet haben;

2. die Leistungspflicht ist auf folgende Leistungen beschränkt:

a) Pannenhilfe vor Ort, für die der Gewährleistende in der Mehrzahl der Fälle sein eigenes Personal und Material einsetzt;

b) Überführung des Fahrzeugs zum nächstgelegenen oder geeignetsten Ort der Reparatur, an dem diese vorgenommen werden kann, sowie etwaige Beförderung des Fahrers und der Fahrzeuginsassen mit normalerweise demselben Hilfeleistungsmittel zum nächstgelegenen Ort, von dem aus sie ihre Reise mit anderen Mitteln fortsetzen können, und

c) Beförderung des betroffenen Fahrzeugs und gegebenenfalls des Fahrers und der Fahrzeuginsassen bis zu deren Wohnort, Ausgangspunkt oder ursprünglichen Bestimmungsort innerhalb desselben Mitgliedstaats; und

3. die Beistandsleistung wird nicht durch ein diesem Bundesgesetz unterliegendes Unternehmen erbracht.

(2) In den in Abs. 1 Z 2 lit. a und b genannten Fällen gilt die Voraussetzung, dass sich der Unfall oder die Panne innerhalb des Mitgliedstaats des Gewährleistenden ereignet haben muss, nicht, wenn der Anspruchsberechtigte ein Mitglied des Gewährleistenden ist und die Pannenhilfe oder die Beförderung des Fahrzeugs allein auf Vorlage des Mitgliedsausweises hin ohne zusätzliche Zahlung durch eine ähnliche Einrichtung des betroffenen Landes auf der Grundlage einer Gegenseitigkeitsvereinbarung erfolgt.

Ausnahmen in der Rückversicherung

§ 4. Dieses Bundesgesetz ist nicht anzuwenden auf die von der Republik Österreich in der Eigenschaft als Rückversicherer letzter Instanz aus Gründen des erheblichen öffentlichen Interesses ausgeübte oder vollständig garantierte Rückversicherung, einschließlich der Fälle, in denen diese Funktion auf Grund einer Marktsituation erforderlich ist, in der ein angemessener kommerzieller Versicherungsschutz nicht zu erlangen ist.

2. Abschnitt

Begriffsbestimmungen

Begriffsbestimmungen

§ 5. Für die Zwecke dieses Bundesgesetzes bezeichnet der Ausdruck

1. Versicherungsunternehmen: ein Unternehmen, das den Betrieb der Vertragsversicherung zum Gegenstand hat und eine Konzession gemäß § 6 Abs. 1 bzw. Art. 14 der Richtlinie 2009/138/EG erhalten hat, die nicht auf die Rückversicherung beschränkt ist.

2. Rückversicherungsunternehmen: ein Unternehmen, das im Rahmen des Betriebs der Vertragsversicherung ausschließlich den Betrieb der Rückversicherung zum Gegenstand hat und gemäß § 6 Abs. 1 bzw. Art. 14 der Richtlinie 2009/138/EG eine Konzession zur Ausübung von Rückversicherungstätigkeiten erhalten hat.

3. Kleines Versicherungsunternehmen: ein Unternehmen mit Sitz im Inland, das den Betrieb der Vertragsversicherung zum Gegenstand hat und eine Konzession gemäß § 83 Abs. 1 erhalten hat.

4. Kleiner Versicherungsverein: einen Versicherungsverein auf Gegenseitigkeit mit Sitz im Inland, der die Voraussetzungen gemäß § 68 erfüllt, den Betrieb der Vertragsversicherung zum Gegenstand hat und eine Konzession gemäß § 68 Abs. 3 erhalten hat.

5. Drittland-Versicherungsunternehmen: ein Unternehmen, das seinen Sitz nicht in einem Mitgliedstaat hat, den Betrieb der Vertragsversicherung zum Gegenstand hat und eine Konzession als Versicherungsunternehmen benötigen würde, wenn sich sein Sitz im Inland befände.

6. Drittland-Rückversicherungsunternehmen: ein Unternehmen, das seinen Sitz nicht in einem Mitgliedstaat hat, das im Rahmen des Betriebs der Vertragsversicherung ausschließlich den Betrieb der Rückversicherung zum Gegenstand hat und eine Konzession als Rückversicherungsunternehmen benötigen würde, wenn sich sein Sitz im Inland befände.

7. EWR-Versicherungsunternehmen: ein Versicherungsunternehmen, das seinen Sitz nicht im Inland, sondern in einem anderen Mitgliedstaat hat.

8. EWR-Rückversicherungsunternehmen: ein Rückversicherungsunternehmen, das seinen Sitz nicht im Inland, sondern in einem anderen Mitgliedstaat hat.

9. Rückversicherung: eine der beiden folgenden Tätigkeiten:

a) die Übernahme von Risiken, die von einem Versicherungsunternehmen oder einem Drittland-Versicherungsunternehmen oder einem anderen Rückversicherungsunternehmen oder Drittland-Rückversicherungsunternehmen abgegeben werden oder

b) im Falle der als Lloyd's bezeichneten Vereinigung von Versicherern die Übernahme von Risiken, die von einem Mitglied von Lloyd's abgetreten werden, durch ein nicht der als Lloyd's bezeichneten Vereinigung von Versicherern angehörendes Versicherungs- oder Rückversicherungsunternehmen.

10. Kompositversicherungsunternehmen: ein Versicherungsunternehmen mit Sitz im Inland, das eine Konzession zum Betrieb der Lebensversicherung und zumindest eines anderen Versicherungszweiges, mit Ausnahme der Rückversicherung, erhalten hat.

11. Mitgliedstaat: einen Mitgliedstaat der Europäischen Union oder einen anderen Vertragsstaat des Abkommens über den Europäischen Wirtschaftsraum, BGBl. Nr. 909/1993 in der Fassung der Anpassungsprotokolls BGBl. Nr. 910/1993 (EWR).

12. Drittland: einen Staat der kein Mitgliedstaat ist.

13. Dienstleistungsverkehr: den Abschluss von Versicherungsverträgen durch ein Versicherungs- oder Rückversicherungsunternehmen für in einem anderen Mitgliedstaat belegene Risiken, sofern der Abschluss nicht durch eine in diesem Mitgliedstaat errichtete Zweigniederlassung erfolgt.

14. Herkunftsmitgliedstaat:

§ 5

a) im Falle der Nicht-Lebensversicherung den Mitgliedstaat, in welchem sich der Sitz des Versicherungsunternehmens befindet, das das Risiko deckt;

b) im Falle der Lebensversicherung den Mitgliedstaat, in welchem sich der Sitz des Versicherungsunternehmens befindet, das die Verpflichtung eingeht, oder

c) im Falle der Rückversicherung den Mitgliedstaat, in dem sich der Sitz des Rückversicherungsunternehmens befindet.

15. Aufnahmemitgliedstaat: den Mitgliedstaat, bei dem es sich nicht um den Herkunftsmitgliedstaat handelt, in dem ein Versicherungsunternehmen oder ein Rückversicherungsunternehmen eine Zweigniederlassung unterhält oder Dienstleistungen erbringt; im Falle der Lebens- und Nicht-Lebensversicherung bezeichnet der Mitgliedstaat der Dienstleistung den Mitgliedstaat der Verpflichtung oder den Mitgliedstaat, in dem das Risiko belegen ist, wenn die Verpflichtung oder das Risiko durch ein Versicherungsunternehmen oder eine Zweigniederlassung mit Sitz in einem anderen Mitgliedstaat abgedeckt wird.

16. Aufsichtsbehörde: diejenige einzelstaatliche Behörde oder diejenigen einzelstaatlichen Behörden von Mitgliedstaaten, die auf Grund von Rechts- oder Verwaltungsvorschriften für die Beaufsichtigung von Versicherungs- oder Rückversicherungsunternehmen zuständig sind.

17. Zweigniederlassung eines Versicherungs- oder Rückversicherungsunternehmens: eine Agentur oder Zweigniederlassung eines Versicherungs- oder Rückversicherungsunternehmens in einem Mitgliedstaat, in dem das Versicherungs- oder Rückversicherungsunternehmen nicht seinen Sitz hat. Jede ständige Präsenz eines Unternehmens im Gebiet eines Mitgliedstaats ist einer Zweigniederlassung gleichzustellen, und zwar auch dann, wenn diese Präsenz nicht die Form einer Zweigniederlassung angenommen hat, sondern lediglich durch ein Büro wahrgenommen wird, das von dem eigenen Personal des Unternehmens oder einer Person geführt wird, die zwar unabhängig, aber beauftragt ist, auf Dauer für dieses Unternehmen wie eine Agentur zu handeln.

18. Zweigniederlassung eines Drittland-Versicherungs- oder Drittland-Rückversicherungsunternehmens: jede ständige Präsenz eines Drittland-Versicherungs- oder Drittland-Rückversicherungsunternehmens im Hoheitsgebiet eines Mitgliedstaats, das in diesem Mitgliedstaat eine Konzession erhalten hat und Versicherungsgeschäfte ausübt.

19. Niederlassung eines Unternehmens: seinen Sitz oder eine seiner Zweigniederlassungen.

20. Mitgliedstaat, in dem das Risiko belegen ist, einen der nachfolgend genannten Mitgliedstaaten:

a) in der Nicht-Lebensversicherung:

aa) bei der Versicherung von Risiken mit Bezug auf unbewegliche Sachen und Überbauten sowie die dort befindlichen, durch denselben Vertrag versicherten beweglichen Sachen den Mitgliedstaat, in dem diese Sachen belegen sind;

bb) bei der Versicherung von Risiken mit Bezug auf zugelassene Fahrzeuge aller Art den Mitgliedstaat, in dem das Fahrzeug zugelassen ist; unabhängig davon gilt jedoch im Fall von Fahrzeugen, die von einem Mitgliedstaat in einen anderen eingeführt werden, während eines Zeitraums von höchstens 30 Tagen ab dem Zeitpunkt der Lieferung, Bereitstellung oder Versendung des Fahrzeuges an den Käufer das Risiko als im Bestimmungsstaat belegen;

cc) bei der Versicherung von Reise- und Ferienrisiken in Versicherungsverträgen über eine Laufzeit von höchstens vier Monaten den Mitgliedstaat, in dem der Versicherungsnehmer die zum Abschluss des Vertrages erforderlichen Rechtshandlungen vorgenommen hat;

b) in allen anderen nicht ausdrücklich in lit. a genannten Fällen der Nicht-Lebensversicherung und in der Lebensversicherung den Mitgliedstaat, in dem Folgendes belegen ist:

aa) wenn der Versicherungsnehmer eine natürliche Person ist, der Ort des gewöhnlichen Aufenthalts;

bb) wenn der Versicherungsnehmer eine juristische Person ist, der Ort der Niederlassung auf die sich der Vertrag bezieht.

21. Mutterunternehmen: ein Mutterunternehmen gemäß Art. 22 Abs. 1 und 2 der Richtlinie 2013/34/EU.

22. Tochterunternehmen: ein Tochterunternehmen gemäß Art. 22 Abs. 1 und 2 der Richtlinie 2013/34/EU einschließlich seiner eigenen Tochterunternehmen.

23. Enge Verbindungen: eine Situation, in der zwei oder mehrere natürliche oder juristische Personen durch Kontrolle oder Beteiligung verbunden sind, oder eine Situation, in der zwei oder mehrere natürliche oder juristische Personen mit ein und derselben Person durch ein Kontrollverhältnis dauerhaft verbunden sind.

24. Kontrolle: das Verhältnis zwischen einem Mutterunternehmen und einem Tochterunternehmen gemäß Art. 22 Abs. 1 und 2 der Richtlinie 2013/34/EU oder ein gleichgeartetes Verhältnis zwischen einer natürlichen oder juristischen Person und einem Unternehmen.

25. Gruppeninterne Transaktion: eine Transaktion, bei der sich ein Versicherungs- oder Rückversicherungsunternehmen zur Erfüllung einer Verbindlichkeit direkt oder indirekt auf andere Unternehmen innerhalb derselben Gruppe oder auf mit den Unternehmen der Gruppe durch enge Verbindungen verbundene natürliche oder juristi-

sche Personen stützt, unabhängig davon, ob dies auf vertraglicher oder nicht vertraglicher und auf entgeltlicher oder unentgeltlicher Basis geschieht.

26. Beteiligung: das direkte Halten oder das Halten im Wege der Kontrolle von mindestens 20 vH der Stimmrechte oder des Kapitals an einem Unternehmen.

27. Qualifizierte Beteiligung: das direkte oder indirekte Halten von mindestens 10 vH der Stimmrechte oder des Kapitals an einem Unternehmen oder eine andere Möglichkeit der Wahrnehmung eines maßgeblichen Einflusses auf die Geschäftsführung dieses Unternehmens.

28. Finanzunternehmen: eines der folgenden Unternehmen:

a) Kreditinstitute, Unternehmen mit bankbezogenen Hilfsdiensten oder Finanzinstitute gemäß Art. 4 Z 1, 17 und 22 der Richtlinie 2013/36/EU;

b) ein Versicherungs- oder Rückversicherungsunternehmen oder eine Versicherungs-Holdinggesellschaft gemäß § 195 Abs. 1 Z 6;

c) eine Wertpapierfirma oder ein Finanzinstitut gemäß Art. 4 Abs. 1 Z 1 der Richtlinie 2004/39/EG oder

d) eine gemischte Finanzholdinggesellschaft gemäß Art. 2 Z 15 der Richtlinie 2002/87/EG.

29. Firmeneigenes Versicherungsunternehmen: ein Versicherungsunternehmen, das entweder einem Finanzunternehmen, bei dem es sich weder um ein Versicherungs- oder Rückversicherungsunternehmen noch um eine Gruppe von Versicherungs- oder Rückversicherungsunternehmen gemäß § 195 Abs. 1 Z 3 handelt, oder einem nicht der Finanzbranche angehörenden Unternehmen gehört und das ausschließlich Risiken des Unternehmens oder der Unternehmen, dem oder denen es gehört, oder Risiken eines oder mehrerer Unternehmen der Gruppe, der es angehört, versichert.

30. Firmeneigenes Rückversicherungsunternehmen: ein Rückversicherungsunternehmen, das entweder einem Finanzunternehmen, bei dem es sich weder um ein Versicherungs- oder Rückversicherungsunternehmen noch um eine Gruppe von Versicherungs- oder Rückversicherungsunternehmen im Sinne von § 195 Abs. 1 Z 3 handelt, oder einem nicht der Finanzbranche angehörenden Unternehmen gehört und das ausschließlich Risiken des Unternehmens oder der Unternehmen, dem oder denen es gehört, oder Risiken eines oder mehrerer Unternehmen der Gruppe, der es angehört, rückversichert.

31. OGAW: ein Organismus zur gemeinsamen Veranlagung in Wertpapieren gemäß § 2 Abs. 1 InvFG 2011.

32. Finanzrückversicherung: eine Rückversicherung mit begrenzter Risikoübernahme, bei der das übernommene wirtschaftliche Gesamtrisiko, das sich aus der Übernahme sowohl eines erheblichen versicherungstechnischen Risikos als auch des Risikos hinsichtlich der Abwicklungsdauer ergibt, die Prämiensumme über die Gesamtlaufzeit des Versicherungsvertrags um einen begrenzten, aber erheblichen Betrag übersteigt, wobei zumindest eines der folgenden Merkmale zusätzlich gegeben sein muss:

a) ausdrückliche und materielle Berücksichtigung des Zeitwerts des Geldes oder

b) vertragliche Bestimmungen mit dem Ziel die wirtschaftlichen Ergebnisse zwischen den Vertragsparteien über die Gesamtlaufzeit des Vertrags auszugleichen, um einen gezielten Risikotransfer zu ermöglichen.

33. Zweckgesellschaft: ein Unternehmen, unabhängig davon, ob es sich um eine Kapitalgesellschaft handelt oder nicht, das kein bestehendes Versicherungs- oder Rückversicherungsunternehmen ist und Risiken von Versicherungs- oder Rückversicherungsunternehmen übernimmt, wobei es diese Risiken vollständig über die Emission von Schuldtiteln oder einen anderen Finanzierungsmechanismus absichert, bei denen die Rückzahlungsansprüche der Kapitalgeber über solche Schuldtitel oder einen Finanzierungsmechanismus gegenüber den Rückversicherungsverpflichtungen des Unternehmens nachrangig sind.

34. Großrisiken:

a) Transport- und Transporthaftpflichtrisiken nach Z 4 bis 7, 11 und 12 der Anlage A;

b) Kredit- und Kautionsrisiken nach Z 14 und 15 der Anlage A, wenn der Versicherungsnehmer eine Erwerbstätigkeit im industriellen oder gewerblichen Sektor oder eine freiberufliche Tätigkeit ausübt und das Risiko damit im Zusammenhang steht;

c) Risiken nach Z 3, 8, 9, 10, 13 und 16 der Anlage A, sofern der Versicherungsnehmer bei mindestens zwei der folgenden Kriterien die Obergrenze überschreitet:

aa) 6,2 Millionen Euro Bilanzsumme;

bb) 12,8 Millionen Euro Nettoumsatz;

cc) eine durchschnittliche Arbeitnehmerzahl von 250 Arbeitnehmern während eines Geschäftsjahres.

Gehört der Versicherungsnehmer zu einer Unternehmensgruppe, für die der konsolidierte Abschluss nach Maßgabe der Richtlinie 2013/34/EU erstellt wird, so werden die in lit. c genannten Kriterien auf den konsolidierten Abschluss angewandt.

35. Beistandsleistungen: Leistungen zugunsten von Personen, die sich auf Reisen oder während der Abwesenheit von ihrem Wohnsitz oder ständigen Aufenthaltsort in Schwierigkeiten befinden, und darin bestehen, dass auf Grund der vorherigen Zahlung einer Prämie die Verpflichtung eingegangen wird, dem Begünstigten eines Beistandsvertrags in den im Vertrag vorgesehenen Fällen und

unter den dort aufgeführten Bedingungen unmittelbar eine Hilfe zukommen zu lassen, wenn er sich nach Eintritt eines zufälligen Ereignisses in Schwierigkeiten befindet. Die materielle Hilfe kann in Geld- oder in Naturalleistungen bestehen. Die Naturalleistungen können auch durch Einsatz des eigenen Personals oder Materials des Erbringers der Leistung erbracht werden. Wartungsleistungen und Kundendienst sowie einfache Hinweise auf Hilfe oder einfache Vermittlung einer Hilfe ohne deren Übernahme fallen nicht unter die Beistandsleistungen.

36. Auslagerung: eine Vereinbarung jeglicher Form, die zwischen einem Versicherungs- oder Rückversicherungsunternehmen und einem Dienstleister getroffen wird, bei dem es sich um ein beaufsichtigtes oder nichtbeaufsichtigtes Unternehmen handeln kann, auf Grund derer der Dienstleister direkt oder durch weiteres Auslagern einen Prozess, eine Dienstleistung oder eine Tätigkeit erbringt, die ansonsten vom Versicherungs- oder Rückversicherungsunternehmen selbst erbracht werden würde.

37. Funktion: eine interne Kapazität innerhalb des Governance-Systems zur Übernahme praktischer Aufgaben; das Governance-System schließt die Risikomanagement-Funktion, die Compliance-Funktion, die interne Revisions-Funktion und die versicherungsmathematische Funktion mit ein.

38. Versicherungstechnisches Risiko: das Risiko eines Verlustes oder einer nachteiligen Veränderung des Wertes der Versicherungsverbindlichkeiten, das sich aus einer unangemessenen Preisfestlegung und nicht angemessenen Rückstellungsannahmen ergibt.

39. Marktrisiko: das Risiko eines Verlustes oder nachteiliger Veränderungen der Finanzlage, das sich direkt oder indirekt aus Schwankungen in der Höhe und in der Volatilität der Marktpreise für die Vermögenswerte, Verbindlichkeiten und Finanzinstrumente ergibt.

40. Kreditrisiko: das Risiko eines Verlustes oder nachteiliger Veränderungen der Finanzlage, das sich aus Fluktuationen bei der Bonität von Wertpapieremittenten, Gegenparteien und anderen Schuldnern ergibt, gegenüber denen die Versicherungs- und Rückversicherungsunternehmen Forderungen haben, und das in Form von Gegenparteiausfallrisiken, Spread-Risiken oder Marktrisikokonzentrationen auftritt.

41. Operationelles Risiko: das Verlustrisiko, das sich aus der Unangemessenheit oder dem Versagen von internen Prozessen, Mitarbeitern oder Systemen oder durch externe Ereignisse ergibt.

42. Liquiditätsrisiko: das Risiko, dass Versicherungs- und Rückversicherungsunternehmen nicht in der Lage sind, Kapitalanlagen und andere Vermögenswerte zu realisieren, um ihren finanziellen Verpflichtungen bei Fälligkeit nachzukommen.

43. Konzentrationsrisiko: sämtliche mit Risiken behaftete Engagements mit einem Ausfallpotenzial, das umfangreich genug ist, um die Solvabilität oder die Finanzlage der Versicherungs- oder Rückversicherungsunternehmen zu gefährden.

44. Risikominderungstechniken: sämtliche Techniken, die die Versicherungs- und Rückversicherungsunternehmen in die Lage versetzen, einen Teil oder die Gesamtheit ihrer Risiken auf eine andere Partei zu übertragen.

45. Diversifikationseffekte: eine Reduzierung des Gefährdungspotenzials von Versicherungs- und Rückversicherungsunternehmen und -gruppen durch die Diversifizierung ihrer Geschäftstätigkeit, die sich aus der Tatsache ergibt, dass das negative Resultat eines Risikos durch das günstigere Resultat eines anderen Risikos ausgeglichen werden kann, wenn diese Risiken nicht voll korreliert sind.

46. Wahrscheinlichkeitsverteilungsprognose: eine mathematische Funktion, die einer ausreichenden Reihe von einander ausschließenden zukünftigen Ereignissen eine Eintrittswahrscheinlichkeit zuweist.

47. Risikomaß: eine mathematische Funktion, die unter einer bestimmten Wahrscheinlichkeitsverteilungsprognose einen monetären Betrag bestimmt und monoton mit dem Risikopotenzial steigt, das der Wahrscheinlichkeitsverteilungsprognose zugrunde liegt.

48. Mitversicherung auf Unionsebene: Mitversicherungsgeschäfte, die ein oder mehrere der unter Z 3 bis 6 Anlage A angeführten Risiken zum Gegenstand haben und die folgende Bedingungen erfüllen:

a) das Risiko ist ein Großrisiko;

b) das Risiko wird im Rahmen eines einzigen Vertrags gegen Zahlung einer Gesamtprämie für eine einheitliche Versicherungsdauer von mehreren Versicherungsunternehmen, von denen eines das führende Versicherungsunternehmen ist, und zwar von jedem einzeln als Mitversicherer übernommen, ohne dass zwischen diesen ein Gesamtschuldverhältnis besteht;

c) das Risiko ist innerhalb des EWR belegen;

d) zur Sicherstellung der Risikodeckung wird das führende Versicherungsunternehmen wie ein Versicherungsunternehmen behandelt, das das gesamte Risiko abdeckt;

e) zumindest ein Mitversicherer ist über eine Niederlassung (Gesellschaftssitz oder Zweigniederlassung) in einem anderen Mitgliedstaat als dem des führenden Versicherungsunternehmens am Vertrag beteiligt;

f) das führende Versicherungsunternehmen nimmt die Funktion, die ihm in der Praxis der Mitversicherung zukommt, in vollem Umfang wahr und setzt insbesondere die Versicherungsbedingungen und Prämien fest.

49. Qualifizierte zentrale Gegenpartei: eine zentrale Gegenpartei, die entweder nach Art. 14 der Verordnung (EU) Nr. 648/2012 oder nach Art. 25 jener Verordnung anerkannt wurde.

50. Externe Ratingagentur oder „ECAI": eine Ratingagentur, die gemäß der Verordnung (EG) Nr. 1060/2009/EG zugelassen oder zertifiziert ist, oder eine Zentralbank, die Ratings abgibt und von der Anwendung der genannten Verordnung ausgenommen ist.

51. EIOPA: die Europäische Aufsichtsbehörde für das Versicherungswesen und die betriebliche Altersversorgung gemäß Verordnung (EU) Nr. 1094/2010.

52. EBA: die Europäische Bankaufsichtsbehörde gemäß Verordnung (EU) Nr. 1093/2010.

53. ESMA: die Europäische Wertpapier- und Marktaufsichtsbehörde gemäß Verordnung (EU) Nr. 1095/2010.

54. Durchführungsverordnung (EU): die Verordnung (EU) Nr. 35/2015 ABl. L 12 vom 17.01.2015, S. 1).

55. Technische Standards (EU): technische Regulierungsstandards gemäß Art. 10 bis 14 Verordnung (EU) Nr. 1094/2010 und technische Durchführungsstandards gemäß Art. 15 Verordnung (EU) Nr. 1094/2010.

56. Leitlinien (EIOPA): Leitlinien gemäß Art. 16 Verordnung (EU) Nr. 1094/2010.

57. Empfehlungen (EIOPA): Empfehlungen gemäß Art. 16 Verordnung (EU) Nr. 1094/2010.

3. Abschnitt
Konzession

Allgemeine Bestimmungen

§ 6. (1) Der Betrieb der Vertragsversicherung im Inland bedarf, soweit nicht ausdrücklich anderes bestimmt ist, der Konzession der FMA.

(2) Vor Erteilung einer Konzession an ein Unternehmen hat die FMA den Bundesminister für Finanzen zu verständigen.

(3) Versicherungs- oder Rückversicherungsunternehmen dürfen außer der Vertragsversicherung nur solche Geschäfte betreiben, die mit dieser in unmittelbarem Zusammenhang stehen. Dies können insbesondere die Vermittlung von Bausparverträgen, von Leasingverträgen, von OGAW und die Erbringung von Dienstleistungen im Bereich der automationsunterstützten Datenverarbeitung sowie der Vertrieb von Kreditkarten sein. Bei Rückversicherungsunternehmen kann das Halten und Verwalten von Beteiligungen an einem untergeordneten Unternehmen der Finanzbranche gemäß Art. 2 Z 8 der Richtlinie 2002/87/EG in unmittelbarem Zusammenhang mit der Vertragsversicherung stehen.

Umfang der Konzession

§ 7. (1) Die Konzession eines Versicherungs- oder Rückversicherungsunternehmens gilt für das Gebiet aller Mitgliedstaaten.

(2) Die Konzession von Versicherungs- oder Rückversicherungsunternehmen, die Tochterunternehmen von Unternehmen mit Sitz in einem Drittland sind, gilt abweichend von Abs. 1 nur für das Gebiet der Mitgliedstaaten der Europäischen Union, solange eine Feststellung vorliegt, dass der Sitzstaat des Mutterunternehmens Niederlassungen von Versicherungsunternehmen mit Sitz in einem Vertragsstaat des Abkommens über den Europäischen Wirtschaftsraum, der nicht Mitgliedstaat der Europäischen Union ist, mengenmäßig beschränkt oder diesen Versicherungsunternehmen Beschränkungen auferlegt, die er nicht gegen Versicherungsunternehmen mit Sitz in einem Mitgliedstaat der Europäischen Union anwendet.

(3) Die Konzession zum Betrieb von Versicherungszweigen der Lebensversicherung und die Konzession zum Betrieb anderer Versicherungszweige außer der Unfallversicherung, der Krankenversicherung und der Rückversicherung, schließen einander aus. Die Konzession zum Betrieb der Rückversicherung kann für die Nicht-Lebensrückversicherung, die Lebensrückversicherung oder für alle Arten der Rückversicherung erteilt werden.

(4) Die Konzession ist für jeden Versicherungszweig gesondert zu erteilen. Die Konzession bezieht sich bei Versicherungs- und Rückversicherungsunternehmen jeweils auf den ganzen Versicherungszweig, es sei denn, dass das Versicherungs- oder Rückversicherungsunternehmen die Konzession nur für einen Teil der Risiken beantragt hat, die zu diesem Versicherungszweig gehören. Die Deckung zusätzlicher Risiken innerhalb des Versicherungszweiges bedarf in keinem Fall einer weiteren Konzession. Die Einteilung der Versicherungszweige ergibt sich aus der Anlage A.

(5) Ein Versicherungsunternehmen, das eine oder mehrere Konzessionen innerhalb der in Z 1 bis 18 der Anlage A angeführten Versicherungszweige besitzt, darf zusätzliche Risiken, die nicht von der Konzession umfasst sind, bei Vorliegen sämtlicher nachstehender Voraussetzungen decken:

1. Es handelt sich um ein Risiko, das mit einem von einer Konzession erfassten Risiko (Hauptrisiko) in Zusammenhang steht, denselben Gegenstand wie dieses betrifft und durch denselben Vertrag gedeckt ist.

2. Es handelt sich um ein Risiko, das gegenüber dem Hauptrisiko von untergeordneter Bedeutung ist.

3. Es handelt sich nicht um ein Risiko, das unter die Z 14, 15 und 17 der Anlage A fällt. Abweichend hiervon kann ein Risiko, das unter die Z 17 der Anlage A fällt, als zusätzliches Risiko der Z 18 der Anlage A angesehen werden, wenn das Hauptrisiko

a) nur Beistandsleistungen zugunsten von Personen betrifft, die auf Reisen oder während der Abwesenheit von ihrem Wohnsitz oder gewöhnlichen Aufenthaltsort in Schwierigkeiten geraten oder

b) sich auf Streitigkeiten oder Ansprüche bezieht, die aus dem Einsatz von Schiffen auf See entstehen oder mit deren Einsatz verbunden sind.

Konzessionsvoraussetzungen

§ 8. (1) Versicherungs- oder Rückversicherungsunternehmen dürfen nur in Form einer Aktiengesellschaft, einer Europäischen Gesellschaft (SE) oder eines Versicherungsvereins auf Gegenseitigkeit betrieben werden.

(2) Die Konzession ist zu versagen, wenn

1. die Hauptverwaltung nicht im Inland gelegen ist,

2. nach dem Geschäftsplan die Belange der Versicherungsnehmer und Anspruchsberechtigten nicht ausreichend gewahrt werden, insbesondere die Verpflichtungen aus den Versicherungsverträgen nicht als dauernd erfüllbar anzusehen sind,

3. das Unternehmen nicht über die anrechenbaren Basiseigenmittel verfügt, um die absolute Untergrenze der Mindestkapitalanforderung gemäß § 193 Abs. 2 Z 1, 2 oder 3 zu bedecken,

4. das Unternehmen nicht nachweisen kann, dass es in der Lage sein wird, die anrechenbaren Eigenmittel zu halten, um die Solvenzkapitalanforderung gemäß § 174 laufend zu bedecken,

5. das Unternehmen nicht nachweisen kann, dass es in der Lage sein wird, die anrechenbaren Basiseigenmittel zu halten, um die Mindestkapitalanforderung gemäß § 193 Abs. 1 laufend zu bedecken,

6. das Unternehmen nicht nachweisen kann, dass es in der Lage sein wird, die Bestimmungen des 5. Hauptstücks über das Governance-System einzuhalten,

7. der Vorstand nicht aus mindestens zwei Personen besteht bzw. nicht zumindest zwei geschäftsführende Direktoren bestellt sind oder die Satzung nicht jede Einzelvertretungsbefugnis, Einzelprokura oder Einzelhandlungsvollmacht für den gesamten Geschäftsbetrieb ausschließt,

8. Personen, die eine qualifizierte Beteiligung an dem Unternehmen halten, nicht den im Interesse einer soliden und umsichtigen Führung des Versicherungsunternehmens zu stellenden Ansprüchen genügen,

9. zu erwarten ist, dass durch

a) enge Verbindungen des Unternehmens mit anderen natürlichen oder juristischen Personen oder

b) Schwierigkeiten bei der Anwendung von Rechts- und Verwaltungsvorschriften eines Drittlands, denen eine mit dem Unternehmen in enger Verbindung stehende natürliche oder juristische Person unterliegt

die FMA an der ordnungsgemäßen Erfüllung ihrer Überwachungspflicht gehindert wird,

10. auf Grund der mangelnden Transparenz der Gruppenstruktur die Interessen der Versicherungsnehmer und Anspruchsberechtigten beeinträchtigt werden oder die FMA an der ordnungsgemäßen Erfüllung ihrer Überwachungspflicht gehindert wird oder

11. bei Beantragung einer Konzession zum Betrieb der Kraftfahrzeug-Haftpflichtversicherung (Z 10 der Anlage A), mit Ausnahme der Haftpflicht des Frachtführers, Name und Anschrift sämtlicher gemäß § 100 Abs. 1 bestellter Schadenregulierungsbeauftragten nicht mitgeteilt werden.

(3) Auf die Feststellung der Stimmrechte ist § 91 Abs. 1a bis 2a BörseG in Verbindung mit § 92 und § 92a Abs. 2 und 3 BörseG anzuwenden, wobei Stimmrechte oder Kapitalanteile, die Wertpapierfirmen oder Kreditinstitute infolge einer Übernahme der Emission von Finanzinstrumenten oder Platzierung von Finanzinstrumenten mit fester Übernahmeverpflichtung gemäß § 1 Z 2 lit. f WAG 2007 halten, nicht zu berücksichtigen sind, vorausgesetzt, diese Rechte werden nicht ausgeübt oder anderweitig benutzt, um in die Geschäftsführung des Emittenten einzugreifen, und werden innerhalb eines Jahres nach dem Zeitpunkt des Erwerbs veräußert.

(4) Im Fall des Abs. 2 Z 8 und 9 kann die FMA die Konzession unter Auflagen erteilen, die ihr die ordnungsgemäße Erfüllung ihrer Überwachungspflicht ermöglichen.

(5) Ein Versicherungsunternehmen, welches bereits die Lebensversicherung (Zweige 19 bis 22 gemäß Anlage A) betreibt und eine Konzession zum Betrieb der Unfallversicherung und/oder der Krankenversicherung (Zweige 1 und 2 gemäß Anlage A) beantragt, oder welches bereits die Unfallversicherung und/oder die Krankenversicherung beantragt und eine Konzession zum Betrieb der Lebensversicherung (Zweige 19 bis 22 gemäß Anlage A) beantragt, muss außerdem nachweisen, dass

1. es über die anrechenbaren Eigenmittel verfügt, um die absolute Untergrenze der Mindestkapitalanforderung für Kompositversicherungsunternehmen gemäß § 193 Abs. 2 Z 4 zu bedecken,

2. es in der Lage sein wird, die fiktive Lebensversicherungs-Mindestkapitalanforderung gemäß § 194 Abs. 1 Z 1 und die fiktive Nicht-Lebensversicherungs-Mindestkapitalanforderung gemäß § 194 Abs. 1 Z 2 laufend zu bedecken.

(6) Ein Versicherungs- oder Rückversicherungsunternehmen oder eine Änderung seines Geschäftsgegenstandes, die einer Konzession bedarf, dürfen nur dann in das Firmenbuch eingetragen werden, wenn der Bescheid, mit dem die Konzession erteilt wurde, in Urschrift oder öffentlich beglaubigter Abschrift vorliegt. Das Firmenbuchgericht hat Verfügungen und Beschlüsse über solche Eintragungen auch der FMA zuzustellen.

Vorherige Konsultation der Aufsichtsbehörden anderer Mitgliedstaaten

§ 9. Vor Erteilung der Konzession an ein Unternehmen, das

1. ein Tochterunternehmen eines EWR-Versicherungs- oder EWR-Rückversicherungsunternehmens, eines Kreditinstitutes oder einer Wertpapierfirma ist, die in einem anderen Mitgliedstaat zugelassen sind,

2. ein Tochterunternehmen eines Unternehmens ist, das auch Mutterunternehmen eines EWR-Versicherungs- oder EWR-Rückversicherungsunternehmens, eines Kreditinstitutes oder einer Wertpapierfirma ist, die in einem anderen Mitgliedstaat zugelassen sind oder

3. durch die gleichen natürlichen oder juristischen Personen kontrolliert wird wie ein EWR-Versicherungs- oder EWR-Rückversicherungsunternehmen, ein Kreditinstitut oder eine Wertpapierfirma, die in einem anderen Mitgliedstaat zugelassen sind,

hat die FMA eine Stellungnahme der Aufsichtsbehörde dieses anderen Mitgliedstaats einzuholen. Diese kann insbesondere die Eignung der Aktionäre und die Anforderungen an die fachliche Qualifikation und die persönliche Zuverlässigkeit sämtlicher Personen betreffen, die das Unternehmen tatsächlich leiten oder andere Schlüsselfunktionen im Unternehmen oder in einem anderen Unternehmen derselben Gruppe innehaben.

Geschäftsplan

§ 10. (1) Mit dem Antrag auf Erteilung der Konzession ist der Geschäftsplan vorzulegen.

(2) Der Geschäftsplan hat zu enthalten:

1. die Art der Risiken, die das Versicherungsunternehmen decken will, im Fall der übernommenen Rückversicherung auch die Art der Rückversicherungsverträge, die das Rückversicherungsunternehmen mit Vorversicherern abschließen will;

2. die Grundzüge der Rückversicherung und Retrozession;

3. die Basiseigenmittelbestandteile zur Bedeckung der absoluten Untergrenze der Mindestkapitalanforderung § 193 Abs. 2;

4. die Schätzung der Aufwendungen für den Aufbau der Verwaltung und des Vertriebes und den Nachweis, dass die dafür erforderlichen Mittel zur Verfügung stehen, und

5. für den Betrieb des in Z 18 der Anlage A angeführten Versicherungszweiges Angaben über die Mittel, über die das Unternehmen verfügt, um die zugesagten Beistandsleistungen zu erfüllen.

(3) Zusätzlich zu den in Abs. 2 dargelegten Angaben muss der Geschäftsplan für die ersten drei Geschäftsjahre folgende Angaben enthalten:

1. eine Prognose der Solvenzbilanz;

2. Schätzungen der künftigen Solvenzkapitalanforderung auf der Grundlage der Prognose der Solvenzbilanz gemäß Z 1 sowie die Berechnungsmethode zur Ableitung dieser Schätzungen;

3. Schätzungen der Mindestkapitalanforderung auf der Grundlage der Prognose der Solvenzbilanz gemäß Z 1 sowie die Berechnungsmethode zur Ableitung dieser Schätzungen;

4. Schätzungen der finanziellen Ressourcen, die voraussichtlich zur Bedeckung der versicherungstechnischen Rückstellungen gemäß dem 1. Abschnitt des 8. Hauptstücks, der Mindestkapitalanforderung und der Solvenzkapitalanforderung zur Verfügung stehen;

5. in Bezug auf die Nicht-Lebensversicherung und die Rückversicherung auch

a) die voraussichtlichen Provisionsaufwendungen und die sonstigen Aufwendungen für den Versicherungsbetrieb (ohne die Aufwendungen für den Aufbau der Verwaltung),

b) das voraussichtliche Prämienaufkommen und die voraussichtlichen Versicherungsleistungen

und

6. in Bezug auf die Lebensversicherung auch einen Plan, aus dem die Schätzungen der Einnahmen und Ausgaben bei Direktgeschäften wie auch im aktiven und passiven Rückversicherungsgeschäft im Einzelnen hervorgehen.

(4) Die Satzung gehört zum Geschäftsplan, wenn das Unternehmen noch keine Konzession zum Betrieb der Vertragsversicherung besitzt.

Änderungen des Geschäftsbetriebes

§ 11. (1) Änderungen der Satzung bedürfen der Genehmigung der FMA. Die Genehmigung ist zu versagen, wenn auf Grund der Satzungsänderung die Belange der Versicherungsnehmer und Anspruchsberechtigten nicht ausreichend gewahrt werden, insbesondere wenn die Verpflichtungen aus den Versicherungsverträgen nicht als dauernd erfüllbar anzusehen sind.

(2) Änderungen in der Art der Risiken, die ein Versicherungs- oder Rückversicherungsunternehmen decken will, oder der Art der Rückversicherungsverträge, die das Versicherungsunternehmen mit Vorversicherern abschließen will, sind der FMA anzuzeigen. Besteht bei Versicherungsunternehmen die Änderung in der Deckung zusätzlicher Risiken innerhalb eines Versicherungszweiges, so darf sie erst nach dieser Anzeige vorgenommen werden. Sollen zusätzliche Risiken in wesentlichem Umfang gedeckt werden, so kann die FMA hiefür die Angaben gemäß § 10 Abs. 2 Z 2 und 4 und Abs. 3 verlangen.

(3) Die beabsichtigte Errichtung einer Zweigniederlassung in einem Drittland ist der FMA anzuzeigen; für die Anzeige gilt § 21 Abs. 1 sinngemäß. Bedarf das Versicherungsunternehmen hierzu einer Bescheinigung entsprechend § 16 Abs. 3 Z 1, so ist die FMA zur Ausstellung einer solchen Bescheinigung verpflichtet. Eine Ablehnung der Ausstellung der Bescheinigung hat mit Bescheid zu erfolgen.

(4) Beantragt ein Versicherungsunternehmen die Erteilung der Konzession für eine Zweigniederlassung in der Schweizerischen Eidgenossenschaft, so hat die FMA zu dem von der Schweizerischen Aufsichtsbehörde mit einer gutachtlichen Äußerung übermittelten Geschäftsplan innerhalb von drei Monaten Stellung zu nehmen. Eine Ablehnung der Ausstellung einer Bescheinigung entsprechend § 19 Abs. 1 hat mit Bescheid zu erfolgen.

(5) Die FMA hat gegen die Verlegung des Sitzes einer Europäischen Gesellschaft (SE) gemäß Art. 8 Abs. 14 zweiter Unterabsatz der Verordnung (EG) Nr. 2157/2001 Einspruch zu erheben, wenn die Interessen der Versicherungsnehmer und Anspruchsberechtigten nicht ausreichend gewahrt sind.

Erlöschen der Konzession

§ 12. (1) Die Konzession erlischt für Versicherungszweige,

1. deren Betrieb innerhalb eines Jahres nach Erteilung oder Ausdehnung der Konzession nicht aufgenommen wurde oder deren Betrieb seit mehr als sechs Monaten eingestellt ist,

2. auf deren Betrieb das Versicherungsunternehmen verzichtet hat,

3. deren gesamter Versicherungsbestand auf andere Versicherungsunternehmen übertragen wurde.

(2) Die Konzession einer Europäischen Gesellschaft (SE) erlischt mit der Eintragung in das Register des neuen Sitzstaats.

(3) Die Konzession eines Drittland-Versicherungs- oder Drittland-Rückversicherungsunternehmens erlischt auch, soweit es die Berechtigung zum Betrieb der Vertragsversicherung im Sitzstaat verliert.

(4) Versicherungs- und Rückversicherungsunternehmen haben das Eintreten der in Abs. 1 bezeichneten Umstände unverzüglich der FMA anzuzeigen. Die FMA hat das Erlöschen der Konzession mit Bescheid festzustellen.

(5) Vor Ablauf eines Jahres nach Erlöschen der Konzession nach Abs. 1 Z 1 und 2 darf eine Konzession nicht neu erteilt werden, es sei denn, dass ein überwiegendes öffentliches Interesse an der Erteilung der Konzession besteht.

(6) Das Erlöschen der Konzession bewirkt, dass Versicherungsverträge nicht mehr abgeschlossen werden dürfen und bestehende Versicherungsverträge ehestmöglich beendet werden müssen.

(7) Nach Erlöschen der Konzession sind der FMA alle geeigneten Maßnahmen zu treffen, um die Interessen der Versicherungsnehmer und Anspruchsberechtigten zu wahren. Insbesondere kann zu diesem Zweck die freie Verfügung über die Vermögenswerte des Unternehmens eingeschränkt oder untersagt werden. § 283 ist anzuwenden.

4. Abschnitt

Vorschriften für Drittländer

Geschäftsbetrieb im Inland von Drittland-Versicherungs- und Drittland-Rückversicherungsunternehmen

§ 13. (1) Der Betrieb der Vertragsversicherung im Inland darf durch ein Drittland-Versicherungs- oder Drittland-Rückversicherungsunternehmen nur über eine inländische Zweigniederlassung ausgeübt werden und bedarf der Konzession durch die FMA. Die Konzession von Drittland-Versicherungs- und Drittland-Rückversicherungsunternehmen gilt nur für das Inland. Ein Betrieb im Inland liegt vor, soweit Versicherungsverträge im Inland abgeschlossen werden oder für sie im Inland geworben wird. § 6 Abs. 2 und 3 sowie § 7 Abs. 2 bis 5 sind sinngemäß anzuwenden.

(2) Ein Versicherungsvertrag gilt als im Inland abgeschlossen, wenn die Willenserklärung, die für das Zustandekommen des Versicherungsvertrages den Ausschlag gibt, im Inland abgegeben wird. Ein Versicherungsvertrag mit natürlichen Personen, die im Inland ihren gewöhnlichen Aufenthalt haben oder mit juristischen Personen, die im Inland ihre Niederlassung haben, auf die sich der Vertrag bezieht, gilt jedenfalls als im Inland abgeschlossen, wenn der Vertrag mit in welcher Form auch immer erfolgter Beteiligung eines beruflichen Vermittlers oder Beraters abge-

schlossen worden ist. Dies gilt nicht für Rückversicherungsverträge oder wenn das Risiko nicht gemäß § 5 Z 20 im Inland belegen ist.

(3) Auf Drittland-Versicherungs- und Drittland-Rückversicherungsunternehmen sind im Hinblick auf die Tätigkeiten der Zweigniederlassung der 7. und 8. Abschnitt des 1. Hauptstücks, das 4. bis 8. Hauptstück, das 10. Hauptstück, das 12. Hauptstück und § 272 bis § 286, § 291 und § 316 sinngemäß anzuwenden, soweit nicht ausdrücklich anderes bestimmt ist. Der Geschäftsleitung der Zweigniederlassung kommen die Rechte und Pflichten, die nach diesem Bundesgesetz den gesetzlichen Vertretern eines inländischen Unternehmens auferlegt sind, zu.

(4) Wenn die Europäische Kommission gemäß Art. 172 Abs. 2 oder 4 der Richtlinie 2009/138/EG die Gleichwertigkeit des Solvabilitätssystems eines Drittlandes festgestellt hat, so sind die Bestimmungen dieses Abschnitts auf Drittland-Rückversicherungsunternehmen mit Sitz in diesem Drittland nicht anzuwenden. Rückversicherungsverträge mit diesen Unternehmen sind genauso zu behandeln wie solche mit Rückversicherungsunternehmen.

Besondere Konzessionsvoraussetzungen

§ 14. (1) Einem Drittland-Versicherungs- oder Drittland-Rückversicherungsunternehmen ist die Konzession, zusätzlich zu § 8 Abs. 2 Z 2, 9 und 11, Abs. 3 und Abs. 5, zu versagen, wenn

1. es nicht eine Rechtsform aufweist, die den in § 8 Abs. 1 angeführten entspricht oder vergleichbar ist,
2. es nicht nach dem Recht des Sitzstaats zum Betrieb der Vertragsversicherung in dem betreffenden Versicherungszweig berechtigt ist,
3. es nicht eine Zweigniederlassung unter einer eigenen Geschäftsleitung im Inland errichtet, die aus mindestens zwei natürlichen Personen besteht, die ihren Hauptwohnsitz im Inland haben,
4. es sich nicht verpflichtet, am Sitz der Zweigniederlassung über die Geschäftstätigkeit, die es dort ausübt, gesondert gemäß dem 7. Hauptstück Rechnung zu legen und dort alle Geschäftsunterlagen zur Verfügung zu halten sowie eine Solvenzbilanz gemäß dem 1. Abschnitt des 8. Hauptstücks aufzustellen,
5. es sich nicht verpflichtet, die Eigenmittel zu halten, um die Solvenzkapitalanforderung laufend zu bedecken und die Basiseigenmittel zu halten, um die Mindestkapitalanforderung laufend zu bedecken,
6. es nicht im Inland belegene Vermögenswerte in Höhe der absoluten Untergrenze der Mindestkapitalanforderung gemäß § 193 Abs. 2 verfügt und sich nicht verpflichtet, die Hälfte hiervon für die Dauer des Betriebes der Zweigniederlassung als Kaution zu stellen. Im Konzessionsbescheid sind die geeigneten Vermögenswerte festzulegen sowie Art und Inhalt der Kautionsbindung in der Weise festzusetzen, dass das Drittland-Versicherungs- oder Drittland-Rückversicherungsunternehmen nicht ohne Zustimmung der FMA über die Vermögenswerte verfügen kann,
7. es nicht nachweisen kann, dass es im Hinblick auf die Tätigkeiten der Zweigniederlassung in der Lage sein wird, die Bestimmungen des 5. Hauptstücks über das Governance-System einzuhalten oder
8. der Sitzstaat Versicherungs- und Rückversicherungsunternehmen mit Sitz im Inland nicht die gleichen Wettbewerbsmöglichkeiten wie Drittland-Versicherungs- und Drittland-Rückversicherungsunternehmen mit Sitz in diesem Drittland bietet und Versicherungs- und Rückversicherungsunternehmen mit Sitz im Inland nicht effektiven Marktzugang gestattet, der demjenigen vergleichbar ist, der von österreichischer Seite Drittland-Versicherungs- und Drittland-Rückversicherungsunternehmen mit Sitz in diesem Drittland gewährt wird, es sei denn, dass ein überwiegendes öffentliches Interesse an der Erteilung der Konzession besteht; dies gilt nicht für Vertragsstaaten der Welthandelsorganisation.

(2) Bei Drittland-Versicherungsunternehmen schließen die Konzession zum Betrieb von Versicherungszweigen der Lebensversicherung und die Konzession anderer Versicherungszweige einander aus.

(3) Unter den Eigenmitteln und Basiseigenmitteln gemäß Abs. 1 Z 5 sind die der Zweigniederlassung zugeordneten Eigenmittel und Basiseigenmittel zu verstehen.

(4) § 8 Abs. 4 und 6 und § 9 sind sinngemäß anzuwenden.

Erleichterungen bei Konzessionserteilung in mehreren Mitgliedstaaten

§ 15. (1) Ein Drittland-Versicherungsunternehmen, das in mindestens einem anderen Mitgliedstaat bereits eine Konzession besitzt oder beantragt hat, kann an die FMA einen Antrag stellen, dass

1. die Solvenzkapitalanforderung auf der Grundlage der gesamten Geschäftstätigkeit seiner Zweigniederlassungen im EWR berechnet wird;
2. es die Kaution nur in einem der Mitgliedstaaten zu stellen hat, in denen es seine Tätigkeit ausübt und
3. die Vermögenswerte, die den Gegenwert der Mindestkapitalanforderung bilden, zur Gänze in einem der Mitgliedstaaten belegen sein können, in dem das Unternehmen seine Tätigkeit ausübt.

(2) Der Antrag auf Gewährung der Erleichterungen nach Abs. 1 ist auch an die Aufsichtsbehörden aller Mitgliedstaaten zu stellen in denen

das Drittland-Versicherungsunternehmen eine Konzession besitzt oder beantragt hat. Im Antrag ist die Aufsichtsbehörde zu wählen, die künftig die Solvabilität für die gesamte Geschäftstätigkeit der im EWR ansässigen Zweigniederlassungen überwachen soll. Das Unternehmen hat die Wahl der Aufsichtsbehörde zu begründen.

(3) Ist die FMA die gemäß Abs. 2 zweiter Satz gewählte Aufsichtsbehörde, so darf sie den Antrag nur dann genehmigen, wenn dies sachlich begründet ist, dies nicht die Interessen der Versicherungsnehmer und Anspruchsberechtigten gefährdet und die Aufsichtsbehörden aller Mitgliedstaaten, bei denen der Antrag gestellt worden ist, zustimmen. Die Kaution ist diesfalls gemäß § 14 Abs. 1 Z 6 im Inland zu stellen. Die Erleichterungen werden zu dem Zeitpunkt wirksam, zu dem die FMA ihre Genehmigung den Aufsichtsbehörden der anderen betroffenen Mitgliedstaaten mitgeteilt hat. Ab diesem Zeitpunkt hat die FMA die Überwachung der Solvabilität für die gesamte Geschäftstätigkeit der im EWR ansässigen Zweigniederlassungen zu übernehmen. Dies beinhaltet die Anordnung der Untersagung der freien Verfügung über Vermögenswerte gemäß § 283 Abs. 1 Z 1 bis 3. § 295 ist sinngemäß anzuwenden. Die FMA hat die Genehmigung auf Veranlassung der Aufsichtsbehörde eines oder mehrerer der betroffenen Mitgliedstaaten zu entziehen und dies den Aufsichtsbehörden der anderen betroffenen Mitgliedstaaten mitzuteilen.

(4) Ist die FMA nicht die gemäß Abs. 2 zweiter Satz gewählte Aufsichtsbehörde, so darf die FMA der Gewährung von Erleichterungen nur dann zustimmen, wenn die Wahl der Aufsichtsbehörde im Antrag sachlich begründet ist und dies nicht die Interessen der Versicherungsnehmer und Anspruchsberechtigten gefährdet. Die Erleichterungen werden zu dem Zeitpunkt wirksam, zu dem die gewählte Aufsichtsbehörde der FMA ihre Genehmigung gemäß Art. 167 Abs. 3 der Richtlinie 2009/138/EG mitgeteilt hat. Die FMA hat dieser Aufsichtsbehörde die für die Überwachung des Gesamtsolvabilitätsbedarfs notwendigen Auskünfte über die inländische Zweigniederlassung zu erteilen. Wenn diese Aufsichtsbehörde eine Anordnung gemäß Art. 137, Art. 138 Abs. 5 oder Art. 139 Abs. 3 der Richtlinie 2009/138/EG getroffen hat, ist § 295 Abs. 4 sinngemäß anzuwenden. Die Erleichterungen sind bei Veranlassung der Aufsichtsbehörde eines oder mehrerer der betroffenen Mitgliedstaaten gleichzeitig von allen Aufsichtsbehörden nicht mehr anzuwenden.

Geschäftsplan der Zweigniederlassung

§ 16. (1) Die Satzung eines Drittland-Versicherungs- oder Drittland-Rückversicherungsunternehmens gehört nicht zum Geschäftsplan. Wenn das Unternehmen noch keine Konzession zum Betrieb der Vertragsversicherung im Inland besitzt, sind jedoch mit dem Geschäftsplan die Satzung vorzulegen und die Namen der Mitglieder des zur gesetzlichen Vertretung befugten Organs und der Aufsichtsorgane des Unternehmens der FMA zur Kenntnis zu bringen. Änderungen der Satzung und Änderungen der Mitglieder der vorgenannten Organe sind der FMA anzuzeigen.

(2) § 10 Abs. 2 und 3 sind sinngemäß anzuwenden. Zusätzlich hat der Geschäftsplan auch

1. eine Darstellung der Zusammensetzung der zur Bedeckung der Solvenzkapitalanforderung und der Mindestkapitalanforderung anrechenbaren Eigenmittel und Basiseigenmittel und

2. Informationen über die Struktur des Governance-Systems

zu enthalten.

(3) Mit dem Geschäftsplan sind vorzulegen:

1. eine Bescheinigung der zuständigen Behörde des Sitzstaats darüber, welche Versicherungszweige das Unternehmen im Sitzstaat zu betreiben befugt ist und welche es tatsächlich betreibt und

2. die Bilanz sowie die Gewinn- und Verlustrechnung für jedes der drei letzten Geschäftsjahre, sofern das Unternehmen noch keine Konzession zum Betrieb der Vertragsversicherung im Inland besitzt. Besteht das Unternehmen noch nicht so lange, so sind diese Unterlagen für die bereits abgeschlossenen Geschäftsjahre vorzulegen.

Voraussetzungen für die Aufnahme des Geschäftsbetriebes

§ 17. (1) Der Geschäftsbetrieb eines Drittland-Versicherungs- oder Drittland-Rückversicherungsunternehmens im Inland darf nicht vor Eintragung der inländischen Zweigniederlassung und ihrer Geschäftsleitung in das Firmenbuch aufgenommen werden. Auf die Eintragung des Unternehmens und einer Änderung der Tätigkeit seiner Zweigniederlassung ist § 8 Abs. 6 anzuwenden.

(2) Zur Vertretung der inländischen Zweigniederlassung sind zwei Mitglieder der Geschäftsleitung gemeinsam oder eines von diesen in Gemeinschaft mit einem Prokuristen befugt. Jede Einzelvertretungsbefugnis für den gesamten Geschäftsbetrieb im Inland ist ausgeschlossen. § 73 und § 76 AktG sind sinngemäß anzuwenden.

(3) Drittland-Versicherungs- und Drittland-Rückversicherungsunternehmen dürfen nach Erteilung der Konzession Versicherungsverträge über im Inland belegene Risiken nur über ihre inländische Zweigniederlassung abschließen. Dies gilt nicht für Risiken, die den in Z 4 bis 7, 11 und 12 der Anlage A angeführten Versicherungszweigen zuzuordnen sind.

(4) Der Gerichtsstand des § 99 Abs. 3 JN darf für Klagen aus dem inländischen Geschäftsbetrieb nicht ausgeschlossen werden.

Bestimmungen für den laufenden Geschäftsbetrieb

§ 18. (1) Zweigniederlassungen von Drittland-Versicherungs- und Drittland-Rückversicherungsunternehmen haben über anrechenbare Eigenmittel zur Bedeckung der Solvenzkapitalanforderung und über anrechenbare Basiseigenmittel zur Bedeckung der Mindestkapitalanforderung zu verfügen. Die Kaution gemäß § 14 Abs. 1 Z 6 wird auf die zur Bedeckung der Mindestkapitalanforderung anrechenbaren Basiseigenmittel angerechnet.

(2) Der Berechnung der Solvenzkapitalanforderung und der Mindestkapitalanforderung werden lediglich die Tätigkeiten der betreffenden Zweigniederlassung zugrunde gelegt.

(3) Die Vermögenswerte, die dem Deckungsstock gewidmet sind, müssen im Inland belegen sein. Die Vermögenswerte, die den Gegenwert der Solvenzkapitalanforderung bilden, müssen bis zur Höhe der Mindestkapitalanforderung im Inland und der darüber hinausgehende Teil in einem Mitgliedstaat belegen sein.

(4) § 11 und § 12 sind sinngemäß anzuwenden.

Besondere Bestimmungen für die Schweizerische Eidgenossenschaft

§ 19. (1) Drittland-Versicherungsunternehmen mit Sitz in der Schweizerischen Eidgenossenschaft haben mit dem Geschäftsplan auch eine Bescheinigung der Schweizerischen Aufsichtsbehörde vorzulegen
1. darüber, dass das Unternehmen über die erforderlichen Eigenmittel sowie über die erforderlichen Mittel gemäß § 10 Abs. 2 Z 4 und 5 verfügt,
2. über die Art der tatsächlich gedeckten Risiken,
3. darüber, dass das Unternehmen eine zulässige Rechtsform angenommen hat,
4. darüber, dass das Unternehmen außer der Vertragsversicherung nur solche Geschäfte betreibt, die mit dieser in unmittelbarem Zusammenhang stehen.

(2) Vor Erteilung der Konzession an ein Drittland-Versicherungsunternehmen mit Sitz in der Schweizerischen Eidgenossenschaft hat die FMA den Geschäftsplan mit einer gutachtlichen Äußerung der Schweizerischen Aufsichtsbehörde zur Stellungnahme zu übermitteln. Hat sich diese nicht innerhalb von drei Monaten nach Einlangen der Unterlagen geäußert, so wird angenommen, dass sie gegen die Konzessionserteilung keinen Einwand hat.

(3) Vor Widerruf der Konzession eines Drittland-Versicherungsunternehmens mit Sitz in der Schweizerischen Eidgenossenschaft ist die Schweizerische Aufsichtsbehörde anzuhören.

Ergreift die FMA vor Einlangen einer Stellungnahme dieser Behörde eine Maßnahme gemäß § 284 Abs. 1 Z 3, so hat sie hiervon die Schweizerische Aufsichtsbehörde unverzüglich zu verständigen.

(4) Zweigniederlassungen von Drittland-Versicherungsunternehmen mit Sitz in der Schweizerischen Eidgenossenschaft unterliegen keinem gesonderten Eigenmittelerfordernis. § 10 Abs. 2 Z 3 und Abs. 3, § 14 Abs. 1 Z 5, 6 und 8 und § 16 Abs. 2 sind nicht anzuwenden.

5. Abschnitt
Vorschriften für den EWR

Niederlassungsfreiheit: Zweigniederlassungen im Inland

§ 20. (1) Zweigniederlassungen im Inland von EWR-Versicherungsunternehmen und EWR-Rückversicherungsunternehmen bedürfen keiner Konzession nach diesem Bundesgesetz. Der Betrieb der Vertragsversicherung durch EWR-Versicherungsunternehmen über eine Zweigniederlassung ist zulässig, wenn die Aufsichtsbehörde des Herkunftsmitgliedstaats der FMA
1. die Angaben, die ihr das EWR-Versicherungsunternehmen gemäß Art. 145 Abs. 2 der Richtlinie 2009/138/EG über die Zweigniederlassung gemacht hat, und
2. eine Bescheinigung, dass das EWR-Versicherungsunternehmen die gemäß Art. 100 und 129 der Richtlinie 2009/138/EG berechnete Solvenz- und Mindestkapitalanforderung bedeckt,

übermittelt hat. Das EWR-Versicherungsunternehmen hat sofern sich der Geschäftsbetrieb der Zweigniederlassung auf die Kraftfahrzeug-Haftpflichtversicherung (Z 10 der Anlage A) mit Ausnahme der Versicherung der Haftpflicht des Frachtführers erstreckt, der FMA eine Bescheinigung vorzulegen, dass es eine Beteiligung an der Einrichtung gemäß § 30 KHVG 1994 vollzogen hat.

(2) Der Betrieb der Vertragsversicherung darf nach zwei Monaten nach Einlangen der Mitteilung gemäß Abs. 1 bei der FMA aufgenommen werden. Hat die FMA vor Ablauf dieser Frist der Aufsichtsbehörde des Herkunftsmitgliedstaats mitgeteilt, welche Bedingungen für den Betrieb der Vertragsversicherung im Inland aus Gründen des Allgemeininteresses gelten, so darf der Betrieb nach Einlangen dieser Mitteilung bei der Aufsichtsbehörde des Herkunftsmitgliedstaats aufgenommen werden.

(3) Bei Änderungen des Betriebes der Zweigniederlassung, die die Angaben gemäß Abs. 1 Z 1 betreffen, ist Abs. 2 sinngemäß anzuwenden. Der Betrieb ist nicht mehr zulässig, sobald eine rechtskräftige Entscheidung der Auf-

sichtsbehörde des Herkunftsmitgliedstaats vorliegt, wonach auf Grund der Änderungen in den Angaben gemäß Abs. 1 Z 1 gegen den weiteren Betrieb der Zweigniederlassung Bedenken bestehen.

(4) Bei im Inland belegenen Risiken, die keine Großrisiken sind, ist dem Versicherungsnehmer vor Abschluss des Versicherungsvertrages der Mitgliedstaat mitzuteilen, in dem das EWR-Versicherungsunternehmen seinen Sitz hat. Wenn dem Versicherungsnehmer Unterlagen zur Verfügung gestellt werden, muss diese Mitteilung darin enthalten sein.

(5) Auf EWR-Versicherungs- und EWR-Rückversicherungsunternehmen, die ihren Sitz in einem Mitgliedstaat haben und im Inland eine Zweigniederlassung errichten, sind im Hinblick auf die Tätigkeiten der Zweigniederlassung neben den Bestimmungen dieses Paragraphen, § 17 Abs. 4, § 30 Abs. 1 und 2, § 31, § 33, § 34, § 91, § 93 bis § 96, § 98, § 101, § 128 bis § 135, § 246 Abs. 1 zweiter und dritter Satz sowie Abs. 2 und 4, § 252 bis § 255, § 289 und § 290 Abs. 2 und 3 sinngemäß anzuwenden. Sofern diese Vorschriften nur auf den Betrieb im Inland oder auf im Inland belegene Risiken anwendbar sind, bleibt dies unberührt.

Niederlassungsfreiheit: Zweigniederlassungen in den Mitgliedstaaten

§ 21. (1) Beabsichtigt ein Versicherungsunternehmen eine Zweigniederlassung in einem anderen Mitgliedstaat zu errichten, so hat es dies der FMA anzuzeigen und Folgendes anzugeben:

1. den Mitgliedstaat, in dem die Zweigniederlassung errichtet werden soll;

2. einen Geschäftsplan für die Zweigniederlassung, der insbesondere die Organisationsstruktur und die in § 10 Abs. 2 Z 1, 4 und 5 und Abs. 3 angeführten Bestandteile enthält;

3. die Anschrift im Mitgliedstaat der Zweigniederlassung, an der die Unterlagen über den Geschäftsbetrieb der Zweigniederlassung angefordert werden und an die die für den Hauptbevollmächtigten bestimmten Mitteilungen gerichtet werden können und

4. den Namen des Hauptbevollmächtigten der Zweigniederlassung, der mit einer ausreichenden Vollmacht versehen sein muss, um das Versicherungsunternehmen gegenüber Dritten zu verpflichten und es bei den Behörden und vor den Gerichten des Staats der Zweigniederlassung zu vertreten.

(2) Soll sich der Geschäftsbetrieb der Zweigniederlassung auf die Kraftfahrzeug-Haftpflichtversicherung (Z 10 der Anlage A) mit Ausnahme der Versicherung der Haftpflicht des Frachtführers erstrecken, so hat das Versicherungsunternehmen die Erklärung zum Beitritt oder die Zugehörigkeit zum nationalen Versicherungsbüro gemäß Art. 1 Z 3 der Richtlinie 2009/103/EG und zum nationalen Garantiefonds gemäß Art. 10 Abs. 1 der Richtlinie 2009/103/EG des Mitgliedstaats der Zweigniederlassung nachzuweisen.

(3) Bestehen im Hinblick auf die Angemessenheit des Governance-Systems und die Finanzlage des Versicherungsunternehmens gegen die Errichtung der Zweigniederlassung keine Bedenken und besitzt der Hauptbevollmächtigte die für den Betrieb der Zweigniederlassung erforderliche fachliche Eignung, so hat die FMA innerhalb von drei Monaten nach Einlangen sämtlicher Angaben und Nachweise gemäß Abs. 1 und 2 diese Angaben der Aufsichtsbehörde des Mitgliedstaats zu übermitteln, in dem die Zweigniederlassung errichtet werden soll. Gleichzeitig ist zu bescheinigen, dass das Versicherungsunternehmen über die erforderlichen Eigenmittel zur Bedeckung der Solvenzkapitalanforderung und die erforderlichen Basiseigenmittel zur Bedeckung der Mindestkapitalanforderung verfügt. Die FMA darf dies nicht bescheinigen, wenn das Versicherungsunternehmen eine Nichtbedeckung der Solvenzkapitalanforderung oder Mindestkapitalanforderung der FMA angezeigt hat oder die FMA ein Verfahren gemäß § 279 und § 280 eingeleitet hat und die Gründe hiefür noch nicht weggefallen sind. Die FMA hat das Versicherungsunternehmen von der Übermittlung der Angaben und Nachweise gemäß Abs. 1 und 2 an die Aufsichtsbehörde des Aufnahmemitgliedstaats unverzüglich zu verständigen.

(4) Der Betrieb der Zweigniederlassung darf nach zwei Monaten nach der Übermittlung der Angaben und Nachweise an die Aufsichtsbehörde des Aufnahmemitgliedstaats gemäß Abs. 3 aufgenommen werden. Übermittelt die Aufsichtsbehörde des Aufnahmemitgliedstaats binnen dieser zwei Monate die Bedingungen, die gemäß Art. 146 Abs. 3 der Richtlinie 2009/138/EG aus Gründen des Allgemeininteresses in dem Aufnahmemitgliedstaats gelten, an die FMA, so hat die FMA diese unverzüglich dem betreffenden Versicherungsunternehmen weiterzuleiten. In diesem Fall darf das Versicherungsunternehmen den Betrieb der Zweigniederlassung bereits ab dem Zeitpunkt des Einlangens aufnehmen. Liegen die Voraussetzungen für die Übermittlung gemäß Abs. 3 nicht vor, so hat die FMA dies gegenüber dem Versicherungsunternehmen mit Bescheid auszusprechen. Die FMA ist verpflichtet, diesen Bescheid spätestens drei Monate nach Einlangen sämtlicher Angaben und Nachweise gemäß Abs. 1 und 2 zu erlassen.

(5) Änderungen in den Angaben gemäß Abs. 1 sind spätestens einen Monat vor Durchführung der betreffenden Maßnahme der FMA anzuzeigen. Liegen auf Grund dieser Änderungen die Voraussetzungen für den Betrieb der Zweigniederlassung im Sinne des Abs. 3 nicht mehr vor, so hat die FMA dies gegenüber dem Versicherungsunterneh-

men mit Bescheid auszusprechen. Sobald dieser Bescheid rechtskräftig ist, ist dies der Aufsichtsbehörde des Aufnahmemitgliedstaats unverzüglich mitzuteilen.

Dienstleistungsfreiheit: Ausübung im Inland

§ 22. (1) EWR-Versicherungs- und EWR-Rückversicherungsunternehmen bedürfen für den Dienstleistungsverkehr keiner Konzession nach diesem Bundesgesetz. Bei EWR-Versicherungsunternehmen ist dieser zulässig, wenn die Aufsichtsbehörde des Herkunftsmitgliedstaats der FMA
 1. die Versicherungszweige, die das Versicherungsunternehmen betreiben darf, und die Art der Risiken, die es im Dienstleistungsverkehr decken will, mitgeteilt hat und
 2. eine Bescheinigung darüber übermittelt hat, dass das EWR-Versicherungsunternehmen über die erforderlichen Eigenmittel verfügt.

Das EWR-Versicherungsunternehmen hat, sofern sich die im Dienstleistungsverkehr ausgeübten Tätigkeiten auf die Kraftfahrzeug-Haftpflichtversicherung (Z 10 der Anlage A) mit Ausnahme der Versicherung der Haftpflicht des Frachtführers erstrecken, der FMA eine Bescheinigung vorzulegen, dass es eine Beteiligung an der Einrichtung gemäß § 30 KHVG vollzogen hat und hat den Namen und die Anschrift des Schadenregulierungsvertreters (§ 31 KHVG) im Inland mitzuteilen.

(2) EWR-Versicherungsunternehmen dürfen den Dienstleistungsverkehr erst aufnehmen, sobald sie von der Aufsichtsbehörde des Herkunftsmitgliedstaats von der Mitteilung gemäß Abs. 1 in Kenntnis gesetzt worden sind.

(3) Ändert sich die Art der Risiken, die das EWR-Versicherungsunternehmen im Dienstleistungsverkehr decken will, so ist insoweit der Dienstleistungsverkehr nur zulässig, wenn die Aufsichtsbehörde des Herkunftsmitgliedstaats dies der FMA mitgeteilt hat. Der Dienstleistungsverkehr darf aufgenommen werden, sobald die Aufsichtsbehörde des Herkunftsmitgliedstaats dem EWR-Versicherungsunternehmen diese Mitteilung zur Kenntnis gebracht hat.

(4) Bei Risiken, die keine Großrisiken sind, hat das EWR-Versicherungsunternehmen dem Versicherungsnehmer vor Abschluss eines Versicherungsvertrages mitzuteilen, von welchem Mitgliedstaat aus der Vertrag im Dienstleistungsverkehr abgeschlossen wird. Wenn dem Versicherungsnehmer Unterlagen zur Verfügung gestellt werden, muss diese Mitteilung darin enthalten sein.

(5) Auf EWR-Versicherungsunternehmen und EWR-Rückversicherungsunternehmen, die ihren Sitz in einem Mitgliedstaat haben und im Dienstleistungsverkehr Risiken decken, die im Inland belegen sind, sind im Hinblick auf die im Dienstleistungsverkehr erbrachten Tätigkeiten neben den Bestimmungen dieses Paragraphen, § 17 Abs. 4, § 30 Abs. 1 und 2, § 31, § 33, § 34, § 91, § 93 bis § 96, § 98, § 101, § 128 bis § 135, § 246 Abs. 1 zweiter und dritter Satz sowie Abs. 2 und 4, § 252, bis § 255, § 289, § 290 Abs. 2 und 3 sinngemäß anzuwenden. Sofern diese Vorschriften nur auf den Betrieb im Inland oder auf im Inland belegene Risiken anwendbar sind, bleibt dies unberührt.

Dienstleistungsfreiheit: Ausübung in den Mitgliedstaaten

§ 23. (1) Beabsichtigt ein Versicherungsunternehmen, in einem oder mehreren anderen Mitgliedstaaten den Dienstleistungsverkehr aufzunehmen, so hat es dies der FMA anzuzeigen und dabei die Art der Risiken, die es decken will, anzugeben.

(2) Soll sich der Dienstleistungsverkehr auf die Kraftfahrzeug-Haftpflichtversicherung (Z 10 der Anlage A) mit Ausnahme der Versicherung der Haftpflicht des Frachtführers erstrecken, so hat das Versicherungsunternehmen
 1. die Erklärung zum Beitritt oder die Zugehörigkeit zum nationalen Versicherungsbüro gemäß Art. 1 Z 3 der Richtlinie 2009/103/EG und zum nationalen Garantiefonds gemäß Art. 10 Abs. 1 der Richtlinie 2009/103/EG des Mitgliedstaats der Dienstleistung nachzuweisen und
 2. den Namen und die Anschrift eines Vertreters für die Schadenregulierung bei den im Dienstleistungsverkehr abgeschlossenen Versicherungsverträgen (Schadenregulierungsvertreter) bekannt zu geben.

(3) Bestehen gegen die Aufnahme des Dienstleistungsverkehrs keine Bedenken, so hat die FMA innerhalb eines Monats, nachdem die Anzeige gemäß Abs. 1 mit den Unterlagen gemäß Abs. 2 bei ihr eingelangt ist, den Aufsichtsbehörden der Mitgliedstaaten, in denen der Dienstleistungsverkehr aufgenommen werden soll, die Versicherungszweige, die das Unternehmen betreiben darf, und die Art der Risiken, die es im Dienstleistungsverkehr decken will, mitzuteilen. Gleichzeitig ist zu bescheinigen, dass das Versicherungsunternehmen über die erforderlichen Eigenmittel zur Bedeckung der Solvenzkapitalanforderung und die erforderlichen Basiseigenmittel zur Bedeckung der Mindestkapitalanforderung verfügt. Die FMA darf dies nicht bescheinigen, wenn das Versicherungsunternehmen eine Nichtbedeckung der Solvenzkapitalanforderung oder Mindestkapitalanforderung der FMA angezeigt hat oder die FMA ein Verfahren gemäß § 279 und § 280 eingeleitet hat und die Gründe hiefür noch nicht weggefallen sind. Die FMA hat

das Versicherungsunternehmen von dieser Mitteilung unverzüglich zu verständigen.

(4) Versicherungsunternehmen dürfen den Dienstleistungsverkehr aufnehmen, sobald die FMA das Versicherungsunternehmen von der Übermittlung der Angaben und Nachweise an die Aufsichtsbehörde des Aufnahmemitgliedstaats gemäß Abs. 3 verständigt hat. Liegen die Voraussetzungen für die Mitteilung gemäß Abs. 3 nicht vor, so hat die FMA dies gegenüber dem Versicherungsunternehmen mit Bescheid auszusprechen. Die FMA ist verpflichtet, diesen Bescheid spätestens einen Monat nach Einlangen der Mitteilung gemäß Abs. 1 zu erlassen.

(5) Ändern sich die Art der Risiken, die das Versicherungsunternehmen im Dienstleistungsverkehr decken will, oder Name oder Anschrift des Schadenregulierungsvertreters, so hat das Versicherungsunternehmen dies der FMA anzuzeigen. Bestehen dagegen keine Bedenken, so hat die FMA den Aufsichtsbehörden der davon betroffenen Mitgliedstaaten innerhalb eines Monats, nachdem die Anzeige des Versicherungsunternehmens bei ihr eingelangt ist, die Änderung mitzuteilen und das Versicherungsunternehmen hiervon unverzüglich zu verständigen. Liegen die Voraussetzungen für diese Mitteilung nicht vor, so hat die FMA dies gegenüber dem Versicherungsunternehmen mit Bescheid auszusprechen. Die FMA ist verpflichtet, diesen Bescheid spätestens einen Monat nach Einlangen der Mitteilung des Versicherungsunternehmens zu erlassen.

(6) Für den Schadenregulierungsvertreter (Abs. 2 Z 2) gelten folgende Voraussetzungen:

1. Er muss über die zur Erfüllung seiner Aufgaben erforderliche persönliche Zuverlässigkeit und fachliche Eignung verfügen und insbesondere in der Lage sein, die Schäden in der Amtssprache oder den Amtssprachen des Staats, in dem das Versicherungsunternehmen den Dienstleistungsverkehr ausübt, zu bearbeiten.

2. Er muss in dem Staat, in dem das Versicherungsunternehmen den Dienstleistungsverkehr ausübt, seinen Wohnsitz oder Sitz oder eine Niederlassung haben.

3. Er muss beauftragt sein, alle erforderlichen Informationen über Schadensfälle, die das Versicherungsunternehmen im Rahmen des Dienstleistungsverkehrs zu erledigen hat, zu sammeln und die zur Erledigung des Schadens notwendigen Maßnahmen zu treffen.

4. Er muss über ausreichende Befugnisse verfügen, um das Versicherungsunternehmen bei der Behandlung und Befriedigung von Ansprüchen aus im Rahmen des Dienstleistungsverkehrs abgeschlossenen Versicherungsverträgen gegenüber den Geschädigten außergerichtlich und gerichtlich zu vertreten und diese Ansprüche zu erfüllen.

6. Abschnitt
Aktionärskontrolle

Aktionäre

§ 24. (1) Personen (interessierte Erwerber), die allein oder gemeinsam mit anderen Personen

1. an einem Versicherungs- oder Rückversicherungsunternehmen mit Sitz im Inland eine qualifizierte Beteiligung direkt oder indirekt erwerben wollen oder

2. eine solche qualifizierte Beteiligung bereits besitzen, und ihren Anteil direkt oder indirekt auf eine Weise erhöhen, dass sie die Grenze von 20 vH, 30 vH oder 50 vH des Grundkapitals oder der Stimmrechte erreichen oder überschreiten oder auf eine Weise erhöhen, dass das Versicherungs- oder Rückversicherungsunternehmen ihr Tochterunternehmen wird,

haben dies zuvor der FMA unter Angabe des Betrages dieser Beteiligung und der Informationen gemäß § 26 Abs. 3 schriftlich anzuzeigen. Die Anzeige kann durch alle gemeinsam, mehrere oder jeden der gemeinsam handelnden Personen einzeln vorgenommen werden. Auf die Feststellung der Stimmrechte ist § 8 Abs. 3 anzuwenden.

(2) Der Anteilsinhaber hat der FMA unter Angabe des geplanten Umfangs der qualifizierten Beteiligung schriftlich anzuzeigen, wenn eine unter Abs. 1 fallende qualifizierte Beteiligung aufgegeben oder in der Weise verringert werden soll, dass der Anteil von 20 vH, 30 vH oder 50 vH des Grundkapitals oder der Stimmrechte unterschritten wird oder das Versicherungs- oder Rückversicherungsunternehmen nicht mehr ein Tochterunternehmen ist.

(3) Versicherungs- oder Rückversicherungsunternehmen haben der FMA jeden Erwerb und jede Aufgabe von Anteilsrechten, die gemäß Abs. 1 und 2 angezeigt werden müssen, unverzüglich anzuzeigen, sobald sie davon Kenntnis erlangen. Ferner haben sie der FMA mindestens einmal jährlich die Namen und Anschriften der Aktionäre, die anzeigepflichtige qualifizierte Beteiligungen halten, und das Ausmaß dieser qualifizierten Beteiligungen anzuzeigen, wie es sich insbesondere aus den anlässlich der ordentlichen Hauptversammlung getroffenen Feststellungen oder aus den gemäß § 91 bis § 94 BörseG erhaltenen Informationen ergibt.

Verfahren zur Beurteilung des Erwerbs

§ 25. (1) Die FMA hat dem interessierten Erwerber, jedenfalls innerhalb von zwei Arbeitstagen nach Erhalt der vollständigen Anzeige gemäß § 24 Abs. 1 sowie dem etwaigen anschließenden Erhalt der Informationen gemäß Abs. 2 schriftlich deren Eingang zu bestätigen und gleichzeitig den Zeitpunkt des Ablaufs des

Beurteilungszeitraums mitzuteilen. Weist die FMA den interessierten Erwerber auf in der Anzeige offenkundig fehlende Unterlagen oder Informationen hin, so findet § 13 Abs. 3 letzter Satz AVG keine Anwendung.

(2) Die FMA kann bis zum 50. Arbeitstag des Beurteilungszeitraums schriftlich weitere Informationen anfordern, soweit dies für die Beurteilung notwendig ist. Die Beurteilungsfrist gemäß Abs. 5 wird ab dem Zeitpunkt dieser Anforderung bis zum Eingang der Antwort des interessierten Erwerbers, höchsten jedoch für 20 Arbeitstage, gehemmt.

(3) Die FMA kann diese Frist von 20 Arbeitstagen bis auf 30 Arbeitstage ausdehnen, wenn der interessierte Erwerber
1. seinen Sitz außerhalb des EWR hat oder außerhalb des EWR beaufsichtigt wird oder
2. nicht einer Beaufsichtigung gemäß den Richtlinien 2009/65/EG, 2009/138/EG, 2004/39/EG oder 2013/36/EU unterliegt.

(4) Die Anforderung weiterer Ergänzungen oder Klarstellungen zu diesen Informationen führt zu keiner weiteren Hemmung der Beurteilungsfrist.

(5) Die FMA hat einen gemäß § 24 Abs. 1 angezeigten Erwerb von Anteilsrechten vorbehaltlich des Abs. 2 und 3 innerhalb eines Beurteilungszeitraums von 60 Arbeitstagen ab dem Datum der schriftlichen Bestätigung des Eingangs der Anzeige gemäß Abs. 1 und der gemäß § 26 Abs. 3 beizubringenden Informationen zu untersagen, wenn es nach Prüfung der Kriterien gemäß § 26 Abs. 1 dafür vernünftige Gründe gibt oder die vom interessierten Erwerber vorgelegten Informationen unvollständig sind. Wird der Erwerb innerhalb des Beurteilungszeitraums von der FMA nicht schriftlich untersagt, so gilt er als genehmigt. Wird der Erwerb nicht untersagt, so kann die FMA eine Frist setzen, innerhalb derer der Erwerb erfolgen muss. Diese Frist kann gegebenenfalls verlängert werden.

(6) Der Bescheid zur Untersagung des beabsichtigten Erwerbs ist innerhalb von zwei Arbeitstagen nach Entscheidung durch die FMA zu versenden. Auf Antrag des interessierten Erwerbers hat die FMA auch im Falle der Nichtuntersagung einen Bescheid auszustellen. Sofern es sich bei dem interessierten Erwerber um ein beaufsichtigtes Unternehmen gemäß Abs. 7 handelt, hat die FMA in der Begründung des Bescheids alle Bemerkungen oder Vorbehalte seitens der für den interessierten Erwerber zuständigen Behörde zu vermerken. Der Bescheid kann mit Bedingungen und Auflagen versehen werden, um die Erfüllung der Kriterien gemäß § 26 sicherzustellen. Die FMA kann unter Beachtung der Anforderungen gemäß § 22c Z 3 lit. a bis c FMABG, den Bescheid samt Begründung auf Antrag des interessierten Erwerbers öffentlich bekannt machen.

(7) Die FMA arbeitet bei der Beurteilung eines beabsichtigten Erwerbs oder einer Erhöhung einer qualifizierten Beteiligung gemäß § 24 Abs. 1 eng mit den zuständigen Behörden der anderen Mitgliedstaaten zusammen und tauscht unverzüglich die Informationen aus, die für die Beurteilung wesentlich oder relevant sind, wenn der interessierte Erwerber
1. ein Kreditinstitut, ein Versicherungs- oder Rückversicherungsunternehmen, eine Wertpapierfirma oder eine Verwaltungsgesellschaft gemäß § 3 Abs. 2 Z 1 InvFG 2011 ist,
2. ein Mutterunternehmen eines Kreditinstituts, eines Versicherungs- oder Rückversicherungsunternehmens, einer Wertpapierfirma oder einer Verwaltungsgesellschaft gemäß § 3 Abs. 2 Z 1 InvFG 2011 ist,
3. ein Kreditinstitut, ein Versicherungs- oder Rückversicherungsunternehmen, eine Wertpapierfirma oder eine OGAW-Verwaltungsgesellschaft kontrolliert,
das oder die in einem anderen Mitgliedstaat als dem, in dem der Erwerb beabsichtigt wird, oder von einer für eine andere Branche zuständigen Behörde zugelassen ist.

(8) Im Falle eines Verfahrens gemäß Abs. 7 hat die FMA auf Anfrage einer zuständigen Behörde alle wesentlichen oder relevanten Informationen mitzuteilen und von sich aus die zuständigen Behörden über alle wesentlichen Informationen, insbesondere auch über die Beurteilung des Erwerbs und über eine allfällige Untersagung des Erwerbs zu informieren. Die FMA hat insbesondere zu den Kriterien gemäß § 26 Abs. 1 Z 1, 2 und 5 Stellungnahmen der zuständigen Behörden einzuholen.

Kriterien für die Beurteilung des Erwerbs

§ 26. (1) Die FMA hat bei der Beurteilung der Anzeige und der Informationen gemäß § 24 Abs. 1 im Interesse einer soliden und umsichtigen Führung des Versicherungs- oder Rückversicherungsunternehmens, an dem der Erwerb beabsichtigt wird, und unter Berücksichtigung des voraussichtlichen Einflusses des interessierten Erwerbers auf das Versicherungs- oder Rückversicherungsunternehmen die Eignung des interessierten Erwerbers und die finanzielle Solidität des beabsichtigten Erwerbs im Hinblick auf sämtliche folgende Kriterien zu prüfen:
1. die Zuverlässigkeit des interessierten Erwerbers;
2. die Zuverlässigkeit und die Erfahrung jeder Person, die die Geschäfte des Versicherungs- oder Rückversicherungsunternehmens infolge des beabsichtigten Erwerbs leiten wird, gemäß § 120 Abs. 1 und 2;
3. die finanzielle Solidität des interessierten Erwerbers, insbesondere in Bezug auf die Art der

tatsächlichen und geplanten Geschäfte des Versicherungs- oder Rückversicherungsunternehmens, an dem der Erwerb beabsichtigt wird;

4. ob das Versicherungs- oder Rückversicherungsunternehmen in der Lage sein und bleiben wird, den für den Betrieb der Vertragsversicherung geltenden Vorschriften und den Bestimmungen des FKG zu genügen und insbesondere, ob die Gruppe, zu der das Versicherungs- oder Rückversicherungsunternehmen gehören wird, über eine Struktur verfügt, die es ermöglicht, eine wirksame Beaufsichtigung auszuüben, einen wirksamen Austausch von Informationen zwischen den zuständigen Aufsichtsbehörden durchzuführen und die Aufteilung der Zuständigkeiten zwischen den zuständigen Aufsichtsbehörden zu bestimmen;

5. ob ein hinreichender Verdacht besteht, dass im Zusammenhang mit dem beabsichtigten Erwerb Geldwäscherei (§ 165 StGB – unter Einbeziehung von Vermögensbestandteilen, die aus einer strafbaren Handlung des Täters selbst herrühren) oder Terrorismusfinanzierung (§ 278d StGB) stattfinden, stattgefunden haben oder ob diese Straftaten versucht wurden und ob der beabsichtigte Erwerb das Risiko eines solchen Verhaltens erhöhen könnte.

(2) Bei der Beurteilung des beabsichtigten Erwerbs ist auf die wirtschaftlichen Bedürfnisse des Marktes nicht abzustellen.

(3) Die FMA hat unter Berücksichtigung der europäischen Gepflogenheiten in diesem Bereich durch Verordnung eine Liste der gemäß § 24 Abs. 1 vorzulegenden Informationen festzusetzen. Die Informationen müssen für die aufsichtsrechtliche Beurteilung des Vorliegens der Kriterien gemäß Abs. 1 geeignet und erforderlich sein. Der Umfang der beizubringenden Informationen hat der Art des interessierten Erwerbers und der Art des beabsichtigten Erwerbs angemessen und angepasst zu sein. Dabei sind Umfang und Art der qualifizierten Beteiligung sowie die Größe und die Geschäftsbereiche des interessierten Erwerbers und des Versicherungs- oder Rückversicherungsunternehmens, an dem der Erwerb beabsichtigt ist, zu berücksichtigen. In der Verordnung hat die FMA auch Art und Form der Übermittlung der Informationen näher zu regeln, um eine rasche und präzise Identifikation des Antragsinhaltes zu ermöglichen.

(4) Werden der FMA zwei oder mehrere Vorhaben betreffend den Erwerb und die Erhöhung von qualifizierten Beteiligungen gemäß § 24 Abs. 1 an ein und demselben Versicherungs- oder Rückversicherungsunternehmen angezeigt, so hat die FMA alle interessierten Erwerber auf nicht diskriminierende Art und Weise zu behandeln.

Maßnahmen bei ungeeigneten Aktionären

§ 27. (1) Besteht die Gefahr, dass Personen, die eine qualifizierte Beteiligung gemäß § 24 Abs. 1 halten, einen Einfluss ausüben, der sich zum Schaden einer soliden und umsichtigen Führung des Versicherungs- oder Rückversicherungsunternehmens auswirkt, so hat die FMA die zur Beseitigung dieser Gefahr erforderlichen Maßnahmen, insbesondere Maßnahmen gemäß § 284, zu ergreifen. Der für den Sitz des Versicherungs- oder Rückversicherungsunternehmens zur Ausübung der Gerichtsbarkeit in Handelssachen in erster Instanz zuständige Gerichtshof hat auf Antrag der FMA das Ruhen der Stimmrechte für die Aktien zu verfügen, die von den betreffenden Personen gehalten werden. Das Ruhen der Stimmrechte endet, wenn das Gericht auf Antrag der FMA oder der betreffenden Personen festgestellt hat, dass die Gefahr nicht mehr besteht, oder wenn die Anteilsrechte von Dritten erworben wurden und für diesen Erwerb, soweit eine Anzeigepflicht gemäß § 24 Abs. 1 besteht, die Frist zur Untersagung des Erwerbes gemäß § 25 Abs. 5 abgelaufen ist. Das Gericht entscheidet nach den vorstehenden Bestimmungen im Verfahren außer Streitsachen.

(2) Abs. 1 ist auch anzuwenden, wenn eine gemäß § 24 Abs. 1 vorgeschriebene Anzeige unterblieben ist. Wurden Anteilsrechte entgegen einer Untersagung gemäß § 25 Abs. 5 erworben, so ruhen die damit verbundenen Stimmrechte bis zu einer Feststellung der FMA, dass der Grund für die Untersagung nicht mehr besteht.

(3) Verfügt das Gericht das Ruhen der Stimmrechte gemäß Abs. 1 zweiter Satz, so hat es gleichzeitig einen Treuhänder zu bestellen, der den im Interesse einer soliden und umsichtigen Führung des Versicherungs- oder Rückversicherungsunternehmens zu stellenden Ansprüchen genügt und ihm die Ausübung der Stimmrechte zu übertragen. Im Fall des Abs. 2 zweiter Satz hat die FMA bei dem gemäß Abs. 1 zweiter Satz zuständigen Gericht die Bestellung eines Treuhänders unverzüglich zu beantragen, wenn ihr bekannt wird, dass die Stimmrechte ruhen. Der Treuhänder hat Anspruch auf Ersatz seiner Auslagen und auf Vergütung für seine Tätigkeit, deren Höhe vom Gericht festzusetzen ist. Das Versicherungs- oder Rückversicherungsunternehmen und die Aktionäre, deren Stimmrechte ruhen, haften dafür zur ungeteilten Hand. Gegen Beschlüsse, womit die Höhe der Vergütung des Treuhänders und der ihm zu ersetzenden Auslagen bestimmt wird, steht den Verpflichteten der Rekurs offen. Gegen die Entscheidung des Oberlandesgerichtes findet ein weiterer Rechtszug nicht statt.

7. Abschnitt
Bestandübertragung

Allgemeine Bestimmungen für Bestandübertragungen

§ 28. (1) Der Bestand an Versicherungs- und Rückversicherungsverträgen, die auf Grund einer Konzession nach diesem Bundesgesetz abgeschlossen wurden, kann nach Maßgabe der folgenden Bestimmungen ohne Zustimmung der Versicherungsnehmer in seiner Gesamtheit oder teilweise übertragen werden.

(2) Ein Versicherungs- oder Rückversicherungsunternehmen mit Sitz im Inland kann seinen Bestand auf ein anderes Versicherungs- oder Rückversicherungsunternehmen übertragen. Der Bestand kann auch auf eine im Inland oder in einem anderen Mitgliedstaat errichtete Zweigniederlassung eines Drittland-Versicherungs- oder Drittland-Rückversicherungsunternehmens übertragen werden, soweit in ihm nur Risiken enthalten sind, die in dem Mitgliedstaat, in dem die Zweigniederlassung errichtet ist, belegen sind. Die Belegenheit des Risikos richtet sich nach § 5 Z 20.

(3) Die inländische Zweigniederlassung eines Drittland-Versicherungs- oder Drittland-Rückversicherungsunternehmens kann ihren Bestand auf ein Versicherungs- oder Rückversicherungsunternehmen übertragen.

Genehmigung durch die FMA

§ 29. (1) Bestandübertragungen gemäß § 28 Abs. 2 und 3 bedürfen der Genehmigung durch die FMA. Ebenso bedürfen Rechtsgeschäfte der Genehmigung, die eine Gesamtrechtsnachfolge herbeiführen. Die Genehmigung ist zu versagen, wenn die Interessen der Versicherungsnehmer und Anspruchsberechtigten nicht ausreichend gewahrt sind.

(2) Wird der gesamte Versicherungsbetrieb eines Versicherungsunternehmens mit Sitz im Inland, das in Form einer Aktiengesellschaft betrieben wird, durch Spaltung auf eine zu diesem Zweck gegründete Aktiengesellschaft mit Sitz im Inland übertragen, so gehen die Konzession zum Betrieb der Vertragsversicherung und die für den abgespaltenen Versicherungsbetrieb erteilten Genehmigungen von der übertragenden auf die übernehmende Aktiengesellschaft über. Die Genehmigung nach Abs. 1 darf die FMA nur erteilen, wenn die Einhaltung der für den Betrieb der Vertragsversicherung geltenden Vorschriften durch die übernehmende Aktiengesellschaft gewährleistet ist.

(3) Ist das übernehmende Unternehmen ein Versicherungs- oder Rückversicherungsunternehmen mit Sitz im Inland oder die inländische Zweigniederlassung eines Drittland-Versicherungs- oder Drittland-Rückversicherungsunternehmens, so ist die Genehmigung nach Abs. 1 auch zu versagen, wenn

1. nachteilige Auswirkungen der Übertragung auf das Gesamtgeschäft des übernehmenden Unternehmens oder der übernehmenden Zweigniederlassung zu befürchten sind,

2. das übernehmende Unternehmen oder die übernehmende Zweigniederlassung unter Berücksichtigung der Bestandübertragung nicht über die erforderlichen Eigenmittel zur Bedeckung der Solvenzkapitalanforderung verfügt oder

3. das übernehmende Unternehmen oder die übernehmende Zweigniederlassung eine Nichtbedeckung der Solvenzkapitalanforderung oder Mindestkapitalanforderung der FMA angezeigt hat oder die FMA ein Verfahren gemäß § 279 und § 280 eingeleitet hat und die Gründe hiefür noch nicht weggefallen sind.

Wird die Solvabilität der Zweigniederlassung auf Grund einer Genehmigung gemäß § 15 von der Aufsichtsbehörde eines anderen Mitgliedstaats überwacht, so darf die Genehmigung nach Abs. 1 nur erteilt werden, wenn diese Aufsichtsbehörde bescheinigt, dass die Zweigniederlassung unter Berücksichtigung der Bestandübertragung über die erforderlichen Eigenmittel zur Bedeckung der Solvenzkapitalanforderung verfügt.

(4) Ist das übernehmende Unternehmen ein EWR-Versicherungs- oder EWR-Rückversicherungsunternehmen, so darf die Genehmigung nach Abs. 1 nur erteilt werden, wenn die Aufsichtsbehörde dieses Mitgliedstaats bescheinigt, dass das übernehmende Unternehmen unter Berücksichtigung der Bestandübertragung über die erforderlichen Eigenmittel zur Bedeckung der Solvenzkapitalanforderung verfügt.

(5) Überträgt ein Versicherungsunternehmen mit Sitz im Inland den Bestand einer Zweigniederlassung in einem Mitgliedstaat oder gehören zum übertragenen Bestand Risiken, die in anderen Mitgliedstaaten belegen sind, so darf die Genehmigung nach Abs. 1 nur erteilt werden, wenn die Aufsichtsbehörden dieser Mitgliedstaaten der Übertragung zustimmen. Hat sich eine solche Aufsichtsbehörde innerhalb von drei Monaten, nachdem die Mitteilung über die Bestandübertragung bei ihr eingelangt ist, nicht geäußert, so gilt die Zustimmung als erteilt.

(6) Ist mit der Bestandübertragung eine Übermittlung von Daten in das Ausland verbunden, für die eine Genehmigung der Datenschutzbehörde gemäß § 13 DSG 2000, erforderlich ist, so darf die Genehmigung nach Abs. 1 nur erteilt werden, wenn auch die Genehmigung der Datenschutzbehörde vorliegt.

§§ 30 – 32

Mitwirkung der FMA

§ 30. (1) Überträgt ein EWR-Versicherungsunternehmen den Bestand einer inländischen Zweigniederlassung oder gehören zum übertragenen Bestand Risiken, die im Inland belegen sind, hat sich die FMA dazu gegenüber der Aufsichtsbehörde des Mitgliedstaats innerhalb von drei Monaten, nachdem die Mitteilung über die Bestandsübertragung bei ihr eingelangt ist, zu äußern. Die FMA hat die Zustimmung zur Übertragung zu verweigern, wenn die Interessen der Versicherungsnehmer und Anspruchsberechtigten nicht ausreichend gewahrt sind.

(2) Überträgt ein EWR-Versicherungs- oder EWR-Rückversicherungsunternehmen einen Bestand auf ein Versicherungs- oder Rückversicherungsunternehmen mit Sitz im Inland oder eine inländische Zweigniederlassung eines Drittland-Versicherungs- oder Drittland-Rückversicherungsunternehmens, so hat die FMA gegenüber der Aufsichtsbehörde des übertragenden Versicherungsunternehmens zu bescheinigen, dass das übernehmende Unternehmen oder die übernehmende Zweigniederlassung unter Berücksichtigung der Bestandsübertragung über die erforderlichen Eigenmittel zur Bedeckung der Solvenzkapitalanforderung verfügt. Die FMA darf dies nicht bescheinigen, wenn das übernehmende Unternehmen oder die übernehmende Zweigniederlassung eine Nichtbedeckung der Solvenzkapitalanforderung oder Mindestkapitalanforderung der FMA angezeigt hat oder die FMA ein Verfahren gemäß § 279 und § 280 eingeleitet hat und die Gründe hiefür noch nicht weggefallen sind.

(3) Überträgt ein Drittland-Versicherungs- oder Drittland-Rückversicherungsunternehmen den Bestand einer Zweigniederlassung in einem anderen Mitgliedstaat auf ein Versicherungs- oder Rückversicherungsunternehmen mit Sitz im Inland, so hat die FMA gegenüber der Aufsichtsbehörde des übertragenden Unternehmens zu bescheinigen, dass das übernehmende Unternehmen unter Berücksichtigung der Bestandsübertragung über die erforderlichen Eigenmittel zur Bedeckung der Solvenzkapitalanforderung verfügt. Die FMA darf dies nicht bescheinigen, wenn das übernehmende Unternehmen eine Nichtbedeckung der Solvenzkapitalanforderung oder Mindestkapitalanforderung der FMA angezeigt hat oder die FMA ein Verfahren gemäß § 279 und § 280 eingeleitet hat und die Gründe hiefür noch nicht weggefallen sind.

(4) Liegen die Voraussetzungen für die Übermittlung der Bescheinigung gemäß Abs. 2 und 3 nicht vor, so hat die FMA dies gegenüber dem betreffenden Unternehmen mit Bescheid auszusprechen.

Rechtswirkungen einer Bestandsübertragung

§ 31. (1) Die Rechte und Pflichten aus den zum übertragenen Bestand gehörenden Versicherungsverträgen gehen mit der Eintragung in das Firmenbuch oder, sofern eine solche Eintragung nicht zu erfolgen hat, mit der Genehmigung der Bestandsübertragung auf das übernehmende Unternehmen über.

(2) Soweit es sich um Versicherungsverträge über im Inland belegene Risiken handelt, hat das übernehmende Unternehmen oder die übernehmende Zweigniederlassung unverzüglich nach der Genehmigung durch die FMA den betroffenen Versicherungsnehmern die Bestandsübertragung mitzuteilen. Diese sind berechtigt, den Versicherungsvertrag zum Ende der Versicherungsperiode, während derer sie von der Bestandsübertragung Kenntnis erlangt haben, zu kündigen und den auf die Zeit nach der Beendigung des Versicherungsverhältnisses entfallenden Teil der Prämie unter Abzug der für diese Zeit aufgewendeten Kosten zurückzufordern. Das Versicherungsunternehmen hat dieses Recht den betroffenen Versicherungsnehmern mitzuteilen. Auf eine Vereinbarung, die von dieser Bestimmung abweicht, kann sich der Versicherer nicht berufen.

(3) Besteht die Gefahr, dass bei einer Übertragung des Versicherungsbestandes zu Zwecken der Sanierung durch Kündigungen gemäß Abs. 2 die Interessen der anderen Versicherungsnehmer und Anspruchsberechtigten verletzt werden, oder dient eine Übertragung des Bestandes ausschließlich der Strukturveränderung innerhalb eines Konzerns, ohne dass dadurch die Interessen der Versicherungsnehmer und Anspruchsberechtigten beeinträchtigt werden, so hat die FMA auf Antrag die Kündigung auszuschließen.

(4) Abs. 2 zweiter und dritter Satz gilt nicht für Rechtsgeschäfte, die eine Bestandsübertragung im Wege der Gesamtrechtsnachfolge herbeiführen.

Vorschriften für die Schweizerische Eidgenossenschaft

§ 32. (1) Ist das übernehmende Unternehmen die inländische Zweigniederlassung eines Drittlandversicherungsunternehmens mit Sitz in der Schweizerischen Eidgenossenschaft, so ist der Nachweis, dass das Unternehmen unter Berücksichtigung der Bestandsübertragung über genügend anrechenbare Eigenmittel zur Bedeckung der Solvenzkapitalanforderung verfügt, durch eine Bescheinigung der Schweizerischen Aufsichtsbehörde zu erbringen.

(2) Bedarf die Zweigniederlassung in der Schweizerischen Eidgenossenschaft eines Versicherungsunternehmens mit Sitz im Inland für die Übernahme eines Bestandes einer Bescheinigung über die ausreichende Eigenmittelausstattung im

Sinne des Abs. 1, so hat die FMA gegenüber der zuständigen schweizerischen Behörde eine solche Bescheinigung auszustellen. Die Ausstellung der Bescheinigung ist zu verweigern, wenn das Versicherungsunternehmen eine Nichtbedeckung der Solvenzkapitalanforderung oder Mindestkapitalanforderung der FMA angezeigt hat oder die FMA ein Verfahren gemäß § 279 und § 280 eingeleitet hat und die Gründe hiefür noch nicht weggefallen sind.

(3) Liegen die Voraussetzungen gemäß Abs. 2 nicht vor, so hat die FMA dies gegenüber dem Versicherungsunternehmen mit Bescheid auszusprechen.

8. Abschnitt
Versicherungsvermittlung

Angestellte Vermittler

§ 33. (1) Versicherungsunternehmen dürfen für den Abschluss von Versicherungsverträgen im Inland nur solche Dienstnehmer verwenden, die die zu ihrer jeweiligen Verwendung erforderliche fachliche Eignung besitzen. Dies gilt auch für die Verwendung bei der Vermittlung von Versicherungsverträgen für andere Versicherungsunternehmen.

(2) Bei der Beurteilung der fachlichen Eignung der in Abs. 1 angeführten Personen sind Verordnungen, die vom Bundesminister für Wirtschaft und Arbeit auf der Grundlage des § 18 GewO 1994 in Verbindung mit § 137b Abs. 2 und 4 GewO 1994 erlassen worden sind, zu berücksichtigen.

Inanspruchnahme von Vermittlungsdiensten

§ 34. Versicherungsunternehmen dürfen für den Abschluss von Versicherungsverträgen im Inland Versicherungs- und Rückversicherungsvermittlungsdienstleistungen (§ 137 Abs. 1 GewO 1994) nur von eingetragenen Versicherungsvermittlern oder Rückversicherungsvermittlern in Anspruch nehmen.

2. Hauptstück
Versicherungsvereine auf Gegenseitigkeit

1. Abschnitt:
Allgemeine Bestimmungen

Begriff

§ 35. Ein Verein, der die Versicherung seiner Mitglieder nach dem Grundsatz der Gegenseitigkeit betreibt (Versicherungsverein auf Gegenseitigkeit), bedarf zur Aufnahme des Geschäftsbetriebes einer Konzession gemäß § 6 Abs. 1.

Name

§ 36. Im Namen des Vereins ist auszudrücken, dass Versicherung auf Gegenseitigkeit betrieben wird.

Satzung

§ 37. (1) Die Satzung muss in Form eines Notariatsakts festgestellt werden.

(2) Die Satzung hat zu bestimmen:
1. den Namen und den Sitz des Vereins,
2. den Gegenstand des Unternehmens,
3. die Form der Veröffentlichungen des Vereins,
4. den Beginn der Mitgliedschaft,
5. den Gründungsfonds,
6. die Aufbringung der Mittel durch die Mitglieder,
7. die Sicherheitsrücklage,
8. die Verwendung des Überschusses,
9. die Organe des Vereins und deren Zusammensetzung und
10. die zur Ausübung von Minderheitsrechten erforderliche Zahl von Mitgliedern des obersten Organs.

(3) Die Konzession oder die Genehmigung einer Änderung der Satzung ist einem Versicherungsverein auf Gegenseitigkeit zu versagen, wenn durch die Bestimmungen der Satzung die Interessen der Mitglieder aus dem Mitgliedschaftsverhältnis nicht ausreichend gewahrt werden.

Veröffentlichungen

§ 38. Für die Veröffentlichungen des Vereins gilt § 18 AktG sinngemäß.

Errichtung

§ 39. Mit der Erteilung der Konzession gemäß § 6 Abs. 1 ist der Verein errichtet.

Mitgliedschaft

§ 40. (1) Die Mitgliedschaft bei einem Versicherungsverein auf Gegenseitigkeit ist an das Bestehen eines Versicherungsvertrages bei diesem gebunden.

(2) Der Verein darf, soweit dies in der Satzung ausdrücklich vorgesehen ist, Versicherungsverträge auch ohne Begründung einer Mitgliedschaft abschließen. Die Satzung hat in diesem Fall festzulegen, in welchen Versicherungszweigen und bis zu welchem Ausmaß Versicherungsverträge

ohne Begründung einer Mitgliedschaft abgeschlossen werden dürfen, wobei darauf Bedacht zu nehmen ist, dass die Versicherungsverträge ohne Begründung einer Mitgliedschaft nicht überwiegen dürfen.

(3) Die Mitglieder haften den Gläubigern des Vereins gegenüber nicht.

(4) Ein Mitglied kann gegen eine Forderung des Vereins auf Beitrags- und Nachschusszahlungen eine Forderung an den Verein nicht aufrechnen.

(5) Beiträge und Nachschusszahlungen der Mitglieder sowie Leistungen des Vereins auf Grund des Mitgliedschaftsverhältnisses dürfen bei gleichen Voraussetzungen nur nach gleichen Grundsätzen bemessen sein.

Gründungsfonds

§ 41. (1) Zur Bestreitung der Kosten der Errichtung und ersten Einrichtung des Vereins, der Organisationskosten und der übrigen durch die Aufnahme des Geschäftsbetriebes entstehenden Kosten ist ein Gründungsfonds zu bilden. Er kann, wenn die Satzung nichts anderes bestimmt, auch zur Deckung von Verlusten herangezogen werden.

(2) Die Satzung hat Bestimmungen über die Rückzahlung des Gründungsfonds und, wenn er nicht zurückgezahlt wird, über seine Verwendung zu enthalten.

(3) Der Geschäftsbetrieb darf erst aufgenommen werden, wenn der Gründungsfonds voll und bar eingezahlt ist.

(4) Die FMA hat die Erteilung der Konzession für weitere Versicherungszweige von einer entsprechenden Erhöhung des Gründungsfonds abhängig zu machen, wenn dieser noch nicht zurückgezahlt wurde und die Bestreitung der durch die Aufnahme des Betriebes dieser Versicherungszweige entstehenden Kosten anders nicht gesichert erscheint.

(5) Der Gründungsfonds darf nur aus dem Jahresüberschuss zurückgezahlt werden. Die in einem Jahr vorgenommene Rückzahlung darf den Betrag nicht übersteigen, der im gleichen Jahr der Sicherheitsrücklage § 45 zugeführt wird. Eine Rückzahlung des Gründungsfonds ist ausgeschlossen, insoweit die Verteilung zu einer Unterschreitung der zuletzt gemeldeten Solvenzkapitalanforderung führen würde.

(6) Den Personen, die den Gründungsfonds zur Verfügung gestellt haben, darf kein Anspruch auf vorzeitige Rückzahlung eingeräumt werden. Die Satzung kann bestimmen, dass und in welchem Umfang diese Personen berechtigt sein sollen, an der Verwaltung des Vereins teilzunehmen, oder dass ihnen eine Verzinsung aus den Jahreseinnahmen und eine Beteiligung am sich aus dem Jahresabschluss ergebenden Überschuss zusteht.

Eintragung in das Firmenbuch

§ 42. (1) Versicherungsvereine auf Gegenseitigkeit sind in das Firmenbuch einzutragen.

(2) Die Anmeldung zur Eintragung in das Firmenbuch ist von sämtlichen Mitgliedern des Vorstands und des Aufsichtsrats vorzunehmen. Die Anmeldung darf erst erfolgen, wenn die Konzession zum Betrieb der Vertragsversicherung erteilt und der Gründungsfonds vollständig eingezahlt worden ist. Dabei ist nachzuweisen, dass der Vorstand in der Verfügung über den eingezahlten Betrag nicht, namentlich nicht durch Gegenforderungen, beschränkt ist. In der Anmeldung sind ferner das Geburtsdatum und die Vertretungsbefugnis der Vorstandsmitglieder anzugeben.

(3) Der Anmeldung des Vereins sind die Satzung, der Bescheid der FMA, mit dem die Konzession zum Betrieb der Vertragsversicherung erteilt worden ist, die Urkunden über die Bestellung des Vorstands und des Aufsichtsrats sowie ein Verzeichnis der Aufsichtsratsmitglieder mit Angabe ihres Namens und Geburtsdatums beizufügen.

(4) Die Vorstandsmitglieder haben ihre Namensunterschrift zur Aufbewahrung beim Gericht zu zeichnen.

(5) Die Dokumente sind in Urschrift, Ausfertigung oder öffentlich beglaubigter Abschrift einzureichen und in die Urkundensammlung (§ 12 FBG) aufzunehmen.

(6) Das Gericht hat zu prüfen, ob der Verein ordnungsgemäß errichtet und angemeldet ist. Ist dies nicht der Fall, so hat es die Eintragung abzulehnen.

(7) Bei der Eintragung des Vereins in das Firmenbuch sind die Firma, der Sitz sowie die für Zustellungen maßgebliche Geschäftsanschrift des Vereins, die Versicherungszweige, auf die sich der Betrieb erstrecken soll, der Name und Geburtsdatum des Vorsitzenden, seiner Stellvertreter und der übrigen Mitglieder des Aufsichtsrats, die Höhe des Gründungsfonds, der Tag, an dem die Konzession erteilt worden ist, sowie Name und Geburtsdatum der Vorstandsmitglieder anzugeben. Ferner ist einzutragen, welche Vertretungsbefugnis die Vorstandsmitglieder haben. Enthält die Satzung Bestimmungen über die Dauer des Vereins, so sind auch diese Bestimmungen einzutragen.

(8) In die Veröffentlichung der Eintragung sind die Form der Veröffentlichungen des Vereins sowie der Name und das Geburtsdatum der Mitglieder des ersten Aufsichtsrats aufzunehmen.

Entstehen

§ 43. Der Versicherungsverein auf Gegenseitigkeit entsteht mit der Eintragung in das Firmenbuch. § 34 Abs. 1 zweiter Satz und Abs. 2 AktG ist sinngemäß anzuwenden.

Beiträge und Nachschüsse

§ 44. (1) Die Satzung hat Bestimmungen über die Aufbringung der Mittel durch die Mitglieder zu enthalten. Der Jahresbedarf ist aus im Voraus bemessenen Beiträgen der Mitglieder zu bestreiten.

(2) Die Satzung hat zu bestimmen, ob und in welchem Umfang die Mitglieder zu Nachschüssen verpflichtet sind, wenn andere Mittel zur Deckung von Verlusten nicht ausreichen. Die Satzung kann anstelle oder neben der Nachschusspflicht auch die Herabsetzung der Versicherungsleistungen vorsehen.

(3) Sind Nachschüsse vorgesehen, so haben zu diesen auch die im Laufe des Geschäftsjahres eingetretenen oder ausgetretenen Mitglieder im Verhältnis der Dauer ihrer Mitgliedschaft in diesem Geschäftsjahr beizutragen. Wurden während des Geschäftsjahres die Beiträge oder die Versicherungssummen als Grundlage für die Bemessung der Nachschüsse geändert, so sind die Nachschüsse nach dem höheren Betrag zu bemessen.

Sicherheitsrücklage

§ 45. Die Satzung hat eine Rücklage zur Deckung von Verlusten aus dem Geschäftsbetrieb (Sicherheitsrücklage) vorzusehen und zu bestimmen, welche Beträge ihr jährlich zuzuführen sind und welchen Mindestbetrag sie erreichen muss.

Nachrangige Verbindlichkeiten

§ 46. Versicherungsvereine auf Gegenseitigkeit dürfen mit Zustimmung des obersten Organs nachrangige Verbindlichkeiten gemäß § 170 Abs. 1 Z 2 eingehen und darüber Wertpapiere ausgeben.

Verwendung des Jahresüberschusses

§ 47. (1) Ein sich aus dem Jahresabschluss ergebender Jahresüberschuss ist an die Mitglieder zu verteilen, soweit er nicht der Sicherheitsrücklage oder anderen in der Satzung vorgesehenen Rücklagen zugeführt, zur Rückzahlung des Gründungsfonds oder zur Leistung satzungsmäßiger Vergütungen verwendet oder auf das nächste Geschäftsjahr vorgetragen wird.

(2) Die Satzung hat die Grundsätze für die Verteilung des Jahresüberschusses festzusetzen und insbesondere zu bestimmen, ob der Jahresüberschuss auch an Mitglieder verteilt werden soll, die während des Geschäftsjahres ausgeschieden sind. Eine Beteiligung am Überschuss eines Geschäftsjahres darf nicht allein aus dem Grund unterbleiben, dass die Mitgliedschaft nach dem Ende des Geschäftsjahres erloschen ist.

(3) Eine Verteilung des Jahresüberschusses an die Mitglieder ist ausgeschlossen, insoweit die Verteilung zu einer Unterschreitung der zuletzt gemeldeten Solvenzkapitalanforderung führen würde.

Organe

§ 48. (1) Der Verein muss einen Vorstand, einen Aufsichtsrat und als oberstes Organ eine Mitgliederversammlung (Mitgliedervertretung) haben.

(2) In Fällen, in denen bei bestehenden Versicherungsvereinen auf Gegenseitigkeit Länder oder Landesorgane satzungsmäßig bestimmte Funktionen auszuüben berechtigt sind, kann die Satzung weiterhin die Ausübung von Funktionen durch Landesorgane vorsehen, wenn die sonst für Versicherungsvereine auf Gegenseitigkeit erforderlichen Organe eingerichtet werden.

Vorstand

§ 49. (1) Der Vorstand hat unter eigener Verantwortung den Verein so zu leiten, wie das Wohl des Vereins unter Berücksichtigung der Interessen der Mitglieder und der Dienstnehmer sowie des öffentlichen Interesses es erfordert.

(2) Mitglied des Vorstands kann nur eine natürliche, voll handlungsfähige Person sein.

(3) Der Verein wird durch den Vorstand gerichtlich und außergerichtlich vertreten. Der Vorstand ist dem Verein gegenüber verpflichtet, die Beschränkungen einzuhalten, die die Satzung oder der Aufsichtsrat für den Umfang seiner Vertretungsbefugnis festgesetzt hat oder die sich aus einem Beschluss des obersten Organs gemäß § 51 Abs. 3 ergeben. Dritten gegenüber ist eine Beschränkung der Vertretungsbefugnis des Vorstands unwirksam.

(4) Im Übrigen gelten für die Leitung und Vertretung des Vereins durch den Vorstand, die Zeichnung des Vorstands sowie die Änderung des Vorstands und der Vertretungsbefugnis seiner Mitglieder § 70 Abs. 2, § 71 Abs. 2 und 3, § 72 und § 73 AktG sinngemäß.

(5) Für die Bestellung und Abberufung des Vorstands gelten § 75 Abs. 1, 3 und 4 und § 76 AktG sinngemäß.

(6) Für die Rechte und Pflichten der Vorstandsmitglieder gelten § 77 bis § 82 und § 84 Abs. 1, 2 und 4 bis 6 AktG sinngemäß. Die Vorstandsmitglieder sind dem Verein gegenüber insbesondere zum Schadenersatz verpflichtet, wenn entgegen diesem Bundesgesetz oder der Satzung

1. der Gründungsfonds verzinst oder zurückgezahlt wird,

2. das Vereinsvermögen verteilt wird,

3. Zahlungen geleistet werden, nachdem der Verein zahlungsunfähig geworden ist oder sich seine Überschuldung ergeben hat; dies gilt nicht für Zahlungen, die auch nach diesem Zeitpunkt mit der Sorgfalt eines ordentlichen und gewissenhaften Geschäftsleiters vereinbar sind oder

4. Kredit gewährt wird.

(7) Für Handeln zum Schaden des Vereins zwecks Erlangung vereinsfremder Vorteile gelten § 100 und § 101 AktG sinngemäß.

(8) Die Vorschriften für die Vorstandsmitglieder gelten auch für ihre Stellvertreter.

Aufsichtsrat

§ 50. (1) Die Aufsichtsratsmitglieder sind vom obersten Organ zu wählen. Im Übrigen gelten für die Wahl, die Abberufung und die Bestellung von Aufsichtsratsmitgliedern, die Unvereinbarkeit der Zugehörigkeit zum Vorstand und zum Aufsichtsrat und die Veröffentlichung der Änderungen im Aufsichtsrat § 86 Abs. 1 bis 3, 5 und 6 AktG, § 87 Abs. 1 zweiter Satz, Abs. 2 bis 5 und 7 bis 10 AktG und § 89 bis § 91 AktG sinngemäß. § 110 Abs. 2 und 3 ArbVG bleiben unberührt.

(2) Versicherungsvereine auf Gegenseitigkeit sind bei der Anwendung des § 86 Abs. 2, 3 und 6 AktG und des § 30a Abs. 2, 3 und 5 GmbHG Kapitalgesellschaften gleichzuhalten.

(3) Für die innere Ordnung des Aufsichtsrats, die Teilnahme an seinen Sitzungen und denen seiner Ausschüsse sowie die Einberufung des Aufsichtsrats gelten § 92 bis § 94 AktG sinngemäß. § 110 Abs. 4 ArbVG bleibt unberührt.

(4) Der Aufsichtsrat hat die Geschäftsführung zu überwachen. Er hat das oberste Organ einzuberufen, wenn das Wohl des Vereins es erfordert. Im Übrigen gelten für die Aufgaben und Rechte des Aufsichtsrats § 95 Abs. 2, 3, 4, 5 und 6 AktG sowie § 96 und § 97 AktG sinngemäß. § 110 Abs. 3 ArbVG bleibt unberührt.

(5) Für Vergütungen an Aufsichtsratsmitglieder gilt § 98 AktG sinngemäß. § 110 Abs. 3 ArbVG bleibt unberührt.

(6) Für die Sorgfaltspflicht und die Verantwortlichkeit der Aufsichtsratsmitglieder gelten § 84 Abs. 1, 2 und 4 bis 6 AktG sowie § 49 Abs. 6 zweiter Satz sinngemäß. § 110 Abs. 3 ArbVG bleibt unberührt.

(7) Für Handeln zum Schaden des Vereins zwecks Erlangung vereinsfremder Vorteile gelten § 100 und 101 AktG sinngemäß.

Oberstes Organ

§ 51. (1) Die Mitglieder üben ihre Rechte in den Angelegenheiten des Vereins im obersten Organ aus, soweit das Gesetz nichts anderes bestimmt.

(2) Oberstes Organ ist entweder die Versammlung aller Mitglieder (Mitgliederversammlung) oder die Versammlung von Vertretern der Mitglieder, die selbst Mitglieder des Vereins sein müssen (Mitgliedervertretung). Ist eine Mitgliedervertretung vorgesehen, so ist deren Zusammensetzung und die Bestellung der Vertreter durch die Satzung zu regeln; dabei ist auch die Möglichkeit der Erstellung von Wahlvorschlägen durch eine qualifizierte Minderheit von Mitgliedern vorzusehen.

(3) Das oberste Organ beschließt in den im Gesetz oder in der Satzung ausdrücklich bestimmten Fällen. Über Fragen der Geschäftsführung kann das oberste Organ nur entscheiden, wenn der Vorstand oder, sofern es sich um ein gemäß § 95 Abs. 5 AktG seiner Zustimmung vorbehaltenes Geschäft handelt, der Aufsichtsrat es verlangt.

(4) Soweit die nach diesem Bundesgesetz anwendbaren Bestimmungen des AktG einer Minderheit von Aktionären, deren Anteile einen bestimmten Teil des Grundkapitals erreichen, Rechte einräumen, hat die Satzung die erforderliche Minderheit der Mitglieder des obersten Organs zu bestimmen.

(5) Für die Einberufung, die Teilnahme an und die Durchführung der Versammlung des obersten Organs, die Verhandlungsniederschrift und das Auskunftsrecht der Mitglieder des obersten Organs gelten § 102 Abs. 2 bis 6, § 104, § 105, § 106 Z 1 bis 4, 7 lit. b erster Halbsatz, § 107 Abs. 1, 2 und 4, § 108 Abs. 1 bis 3 und 5, § 109 Abs. 1 und 2 erster und zweiter Satz, § 116, § 118, § 119 Abs. 1 und 3, § 120, § 121 Abs. 1, § 122, § 126 Abs. 1, 3 und 4, § 127 Abs. 1, 3 und 4, § 128 Abs. 1 und 3 AktG sinngemäß. Soweit in diesen Bestimmungen von Aktionären die Rede ist, treten an ihre Stelle die Mitglieder des obersten Organs.

(6) In der Versammlung des obersten Organs ist ein Verzeichnis der erschienenen Mitglieder und der Vertreter von Mitgliedern mit Angabe ihres Namens und ihres Wohnortes aufzustellen. Das Verzeichnis ist vor der ersten Abstimmung zur Einsicht aufzulegen; es ist vom Vorsitzenden zu unterzeichnen.

(7) Die Beschlüsse des obersten Organs bedürfen der Mehrheit der abgegebenen Stimmen (einfache Stimmenmehrheit), soweit nicht Gesetz oder Satzung eine größere Mehrheit vorschreiben. Für Wahlen kann die Satzung andere Bestimmungen treffen.

(8) Ist das oberste Organ eine Mitgliederversammlung, so kann das Stimmrecht durch einen Bevollmächtigten ausgeübt werden. Für die Vollmacht ist die Schriftform erforderlich; die Vollmacht bleibt in der Verwahrung des Vereins.

(9) Ein Mitglied des obersten Organs, das durch die Beschlussfassung entlastet oder von einer Verpflichtung befreit werden soll, kann weder für sich noch für ein anderes das Stimmrecht ausüben. Gleiches gilt, wenn darüber Beschluss gefasst wird, ob der Verein gegen das Mitglied einen Anspruch geltend machen soll. Im Übrigen richten sich die Bedingungen und die Form der Ausübung des Stimmrechts nach der Satzung.

Sonderprüfung

§ 52. (1) Zur Prüfung von Vorgängen bei der Gründung oder der Geschäftsführung kann das oberste Organ mit einfacher Stimmenmehrheit Prüfer bestellen. Bei der Beschlussfassung können Mitglieder, die zugleich Mitglieder des Vorstands oder des Aufsichtsrats sind, weder für sich noch für einen anderen mitstimmen, wenn die Prüfung sich auf Vorgänge erstrecken soll, die mit der Entlastung des Vorstands oder des Aufsichtsrats oder der Einleitung eines Rechtsstreits zwischen dem Verein und den Mitgliedern des Vorstands oder des Aufsichtsrats zusammenhängen.

(2) Im Übrigen gelten für die Sonderprüfungen § 130 Abs. 2 bis 4 und § 131 bis § 133 AktG sinngemäß.

Geltendmachung von Ersatzansprüchen

§ 53. (1) Die Ansprüche des Vereins aus der Geschäftsführung gegen die Mitglieder des Vorstands oder Aufsichtsrats müssen geltend gemacht werden, wenn es das oberste Organ beschließt.

(2) Im Übrigen gelten für die Geltendmachung von Ersatzansprüchen § 134 Abs. 1 zweiter Satz und 2 und § 135 AktG sinngemäß.

Satzungsänderungen

§ 54. (1) Jede Satzungsänderung bedarf eines Beschlusses des obersten Organs. Die Befugnis zu Änderungen, die nur die Fassung betreffen, kann das oberste Organ dem Aufsichtsrat übertragen.

(2) Der Beschluss kann nur gefasst werden, wenn die beabsichtigte Satzungsänderung nach ihrem wesentlichen Inhalt ausdrücklich und fristgemäß angekündigt worden ist (§ 119 Abs. 1 zweiter Satz AktG).

(3) Der Vorstand hat die Satzungsänderung zur Eintragung in das Firmenbuch anzumelden. Der Anmeldung ist der vollständige Wortlaut der Satzung beizufügen; er muss mit der Beurkundung eines Notars versehen sein, dass die geänderten Bestimmungen der Satzung mit dem Beschluss über die Satzungsänderung und die unveränderten Bestimmungen mit dem zuletzt zum Firmenbuch eingereichten vollständigen Wortlaut der Satzung übereinstimmen. Der Anmeldung ist der Bescheid der FMA, mit dem die Satzungsänderung genehmigt wurde, beizufügen.

(4) Soweit nicht die Änderung Angaben nach § 41 Abs. 4 betrifft, genügt bei der Eintragung die Bezugnahme auf die beim Gericht eingereichten Urkunden. Betrifft eine Änderung Bestimmungen, die ihrem Inhalt nach zu veröffentlichen sind, so ist auch die Änderung ihrem Inhalt nach zu veröffentlichen.

(5) Die Änderung hat keine Wirkung, bevor sie in das Firmenbuch des Sitzes des Vereins eingetragen worden ist.

Anfechtbarkeit

§ 55. (1) Ein Beschluss des obersten Organs kann wegen Verletzung des Gesetzes oder der Satzung durch Klage angefochten werden (Anfechtungsklage). Die Anfechtung kann auch darauf gestützt werden, dass ein Mitglied des obersten Organs mit der Stimmrechtsausübung vorsätzlich für sich oder einen Dritten vereinsfremde Sondervorteile zum Schaden des Vereins oder seiner Mitglieder zu erlangen suchte und der Beschluss geeignet ist, diesem Zweck zu dienen. § 100 Abs. 3 AktG ist anzuwenden.

(2) Im Übrigen gelten für die Anfechtungsgründe, die Anfechtungsbefugnis und die Anfechtungsklage § 195 Abs. 3 und 4 erster Satz und § 196, § 197 und § 198 AktG sinngemäß. Soweit in diesen Bestimmungen von den Aktionären die Rede ist, treten an ihre Stelle im Fall des § 198 Abs. 1 AktG die Mitglieder des Vereins, in allen übrigen Fällen die Mitglieder des obersten Organs.

Nichtigkeit

§ 56. (1) Ein Beschluss des obersten Organs ist nichtig, wenn

1. das oberste Organ nicht nach § 105 Abs. 1, § 106 Z 1 oder § 107 Abs. 2 AktG einberufen wurde, es sei denn, dass alle Mitglieder des obersten Organs selbst oder durch Vertreter an der Versammlung teilgenommen haben und kein Mitglied der Beschlussfassung widersprochen hat,

2. er nicht nach § 120 Abs. 1 und 2 AktG beurkundet wurde,

3. er mit dem Wesen eines Versicherungsvereins auf Gegenseitigkeit unvereinbar ist oder durch seinen Inhalt Vorschriften verletzt, die ausschließlich oder überwiegend zum Schutz der Gläubiger des Vereins oder sonst im öffentlichen Interesse gegeben sind oder

4. er durch seinen Inhalt gegen die guten Sitten verstößt.

(2) Ein vom obersten Organ festgestellter Jahresabschluss ist nichtig, wenn keine Abschlussprüfung gemäß § 268 UGB stattgefunden hat.

(3) Ein vom Vorstand mit Billigung des Aufsichtsrats festgestellter Jahresabschluss ist nichtig, wenn
1. der Vorstand oder der Aufsichtsrat bei seiner Feststellung nicht ordnungsgemäß mitgewirkt haben,
2. die im Abs. 1 Z 3 oder 4 genannten Voraussetzungen zutreffen oder
3. keine Abschlussprüfung gemäß § 268 UGB stattgefunden hat.

(4) Im Übrigen gelten für die Nichtigkeitsgründe, die Heilung der Nichtigkeit und die Nichtigkeitsklage § 199 Abs. 2, § 200, § 201 und § 202 Abs. 2 und 3 AktG sinngemäß.

Auflösung

§ 57. (1) Der Versicherungsverein auf Gegenseitigkeit wird aufgelöst
1. durch Beschluss des obersten Organs,
2. nach Ablauf eines Jahres ab Wegfall aller Konzessionen,
3. durch die Eröffnung des Konkursverfahrens über das Vereinsvermögen oder
4. mit der Rechtskraft des Beschlusses, durch den das Konkursverfahren mangels kostendeckenden Vermögens nicht eröffnet wird.

(2) Die Auflösung durch Beschluss des obersten Organs bedarf einer Mehrheit von mindestens drei Viertel der abgegebenen Stimmen.

(3) Ein Auflösungsbeschluss des obersten Organs bedarf der Genehmigung durch die FMA. Die Genehmigung ist nur dann zu versagen, wenn die Interessen der Mitglieder aus dem Mitgliedschaftsverhältnis nicht ausreichend gewahrt sind.

(4) Ist der Verein durch Beschluss des obersten Organs aufgelöst worden, so erlöschen die Versicherungsverhältnisse zwischen dem Verein und seinen Mitgliedern in dem Zeitpunkt, den der Beschluss bestimmt, frühestens jedoch vier Wochen nach Wirksamkeit des Auflösungsbeschlusses.

(5) Für die Anmeldung und Eintragung der Auflösung gilt § 204 AktG sinngemäß. Ein Bescheid der FMA, mit dem der Auflösungsbescheid genehmigt wurde, ist der Anmeldung beizufügen.

Abwicklung

§ 58. (1) Nach der Auflösung des Vereins findet die Abwicklung statt, wenn nicht über das Vermögen des Vereins der Konkurs eröffnet worden ist.

(2) Während der Abwicklung gelten die gleichen Vorschriften wie vor der Auflösung, soweit sich aus den Bestimmungen dieses Bundesgesetzes und dem Zweck der Abwicklung nichts anderes ergibt.

(3) Während der Abwicklung dürfen neue Versicherungen nicht übernommen werden, die bestehenden nicht erhöht oder verlängert werden.

(4) Der Gründungsfonds darf erst zurückgezahlt werden, wenn die Ansprüche anderer Gläubiger, einschließlich der Mitglieder aus Versicherungsverhältnissen, befriedigt sind oder hiefür Sicherheit geleistet ist. Für die Rückzahlung dürfen Nachschüsse nicht erhoben werden.

(5) Das nach Bestreitung oder Sicherstellung aller Schulden verbleibende Vermögen ist, wenn die Satzung nicht anderes bestimmt, an die Personen zu verteilen, die zur Zeit der Auflösung Mitglieder waren. Die Verteilung hat nach den Grundsätzen für die Verteilung des Jahresüberschusses zu erfolgen.

(6) Im Übrigen gelten für die Abwicklung § 206 Abs. 1 und 2 erster, dritter und vierter Satz, § 207 bis § 211, § 213 und § 214 AktG sinngemäß.

Bestandübertragung

§ 59. (1) Übereinkommen, durch die der Versicherungsbestand eines Vereins in seiner Gesamtheit oder teilweise auf ein anderes Unternehmen übertragen wird, bedürfen, unbeschadet des § 29, der Zustimmung des obersten Organs. Der Beschluss über die Übertragung des gesamten Bestandes bedarf einer Mehrheit von mindestens drei Viertel der abgegebenen Stimmen.

(2) Die Genehmigung der Bestandübertragung durch die FMA ist auch zu versagen, wenn die Interessen der Mitglieder aus dem Mitgliedschaftsverhältnis nicht ausreichend gewahrt sind.

Verschmelzung

§ 60. (1) Vereine können unter Ausschluss der Abwicklung vereinigt (verschmolzen) werden. Die Verschmelzung kann erfolgen
1. durch Übertragung des Vermögens eines Vereins (übertragender Verein) als Ganzes auf einen anderen (übernehmender Verein), wobei die Mitglieder des übertragenden Vereins Mitglieder des übernehmenden Vereins werden (Verschmelzung durch Aufnahme) oder
2. durch Bildung eines neuen Vereins, auf den das Vermögen jedes der sich vereinigenden Vereine als Ganzes übergeht, wobei die Mitglieder der sich vereinigenden Vereine Mitglieder des neuen Vereins werden (Verschmelzung durch Neubildung).

(2) Die Verschmelzung bedarf zu ihrer Wirksamkeit der Zustimmung der obersten Organe der beteiligten Vereine. Die Beschlüsse der obersten

Organe bedürfen einer Mehrheit von mindestens drei Vierteln der abgegebenen Stimmen.

(3) Der die Verschmelzung genehmigende Bescheid der FMA ist zum Firmenbuch einzureichen.

(4) Für die Verschmelzung durch Aufnahme gelten § 220 Abs. 3, § 222, § 225 Abs. 1, Abs. 2 erster und zweiter Satz und Abs. 3, § 225a Abs. 1 und Abs. 3 Z 1, 2 und 4 sowie § 226 bis § 230 AktG sinngemäß.

(5) Für die Verschmelzung durch Neubildung gelten § 220 Abs. 3, § 222, § 225 Abs. 2 erster und zweiter Satz, § 225a Abs. 1 und Abs. 3 Z 1, 2 und 4, § 226 bis § 228, § 230 sowie § 233 Abs. 1 zweiter Satz, Abs. 2, 4 und 5 AktG sinngemäß.

Umwandlung in eine Aktiengesellschaft

§ 61. (1) Ein Verein kann durch Beschluss des obersten Organs in eine Aktiengesellschaft umgewandelt werden. Dieser Beschluss bedarf einer Mehrheit von mindestens drei Viertel der abgegebenen Stimmen.

(2) Jedes Mitglied ist berechtigt, bis zum Ablauf des dritten Tages vor der Beschlussfassung der Umwandlung mit eingeschriebenem Brief zu widersprechen.

(3) Spätestens gleichzeitig mit der Einberufung des obersten Organs hat der Vorstand allen Mitgliedern des Vereins den Inhalt des beabsichtigten Umwandlungsbeschlusses (Abs. 5 und 6) in der satzungsmäßig für Veröffentlichungen des Vereins vorgesehenen Weise mitzuteilen. Dabei ist auf die Möglichkeit der Erhebung eines Widerspruchs (Abs. 2) und die sich daraus ergebenden Rechte hinzuweisen.

(4) Der Umwandlungsbeschluss bedarf der Genehmigung durch die FMA. Die Genehmigung ist zu versagen, wenn durch die Umwandlung die Interessen der Mitglieder gefährdet werden.

(5) Im Umwandlungsbeschluss sind das Grundkapital und bei Nennbetragsaktien der Nennbetrag, bei Stückaktien die Zahl der Aktien festzusetzen. Der Nennbetrag des Grundkapitals darf das nach Abzug der Schulden verbleibende Vereinsvermögen nicht übersteigen. Bei den anlässlich der Umwandlung ausgegebenen Aktien darf der Nennbetrag oder der auf die einzelne Stückaktie entfallende Betrag des Grundkapitals nicht höher sein als 100 Euro.

(6) Ist im Umwandlungsbeschluss nicht anderes vorgesehen, so sind die Vereinsmitglieder am Grundkapital zu beteiligen. Die Beteiligung darf, wenn nicht alle Mitglieder einen gleich hohen Anteil am Grundkapital erhalten, nur nach einem oder mehreren der folgenden Maßstäbe festgesetzt werden:

1. der Höhe der Versicherungssumme,
2. der Höhe der Beiträge,
3. der Höhe der Deckungsrückstellung in der Lebensversicherung,
4. den Grundsätzen für die Verteilung des Jahresüberschusses oder
5. der Dauer der Mitgliedschaft.

(7) Erreicht nach dem Verteilungsmaßstab ein Mitglied nicht den niedrigsten Nennbetrag der Aktien oder den auf die einzelne Stückaktie entfallenden anteiligen Betrag des Grundkapitals, so bleibt es bei der Bestimmung der Anteile am Grundkapital außer Betracht, es sei denn, es würden mehrere solcher Mitglieder mit ihrer Zustimmung zu einer Rechtsgemeinschaft an einer Aktie im Sinn des § 63 AktG zusammengefasst. Im Übrigen sind die Anteile so zu runden, dass sie durch den niedrigsten Nennbetrag der Aktien oder den auf die einzelne Stückaktie entfallenden anteiligen Betrag des Grundkapitals teilbar sind und das Grundkapital ausgeschöpft wird.

(8) Ist der Nennwert des Anteiles höher als die der Verteilung entsprechende Quote, so ist der Differenzbetrag an die Aktiengesellschaft zu entrichten. Ist er niedriger oder erhält das Mitglied keine Beteiligung, so ist die Differenz oder der Anteil durch Zahlung der Aktiengesellschaft abzugelten.

(9) § 19, § 20, § 24, bis § 27, § 31, § 39 bis § 47, § 245 Abs. 3, § 246 Abs. 2 und 3, § 247 Abs. 2 bis 4, § 248, § 249 und § 251 AktG gelten sinngemäß.

(10) Der Anmeldung der Umwandlung zur Eintragung in das Firmenbuch ist der Bescheid der FMA, mit der der Umwandlungsbeschluss genehmigt wurde, beizufügen.

(11) Von der Eintragung der Umwandlung an besteht der Verein als Aktiengesellschaft weiter. Die Mitglieder des Vereins sind von diesem Zeitpunkt an nach Maßgabe des Umwandlungsbeschlusses Aktionäre.

(12) Jedem Mitglied des Vereins, das der Umwandlung gemäß Abs. 2 widersprochen hat, steht gegenüber der Gesellschaft oder einem Dritten, der die Barabfindung angeboten hat, das Recht auf angemessene Barabfindung zu. § 253 zweiter und dritter Satz AktG sind sinngemäß anzuwenden.

(13) Nach Eintragung der Umwandlung in das Firmenbuch sind die Aktionäre unter Setzung einer mindestens sechsmonatigen Frist schriftlich aufzufordern, die ihnen zustehenden Aktien zu beheben. Für nicht rechtzeitig behobene Aktien gilt § 179 Abs. 3 AktG sinngemäß.

Einbringung in eine Aktiengesellschaft

§ 62. (1) Ein Versicherungsverein auf Gegenseitigkeit kann seinen gesamten Versicherungsbetrieb im Weg der Gesamtrechtsnachfolge nach den folgenden Bestimmungen in eine oder mehrere Aktiengesellschaften einbringen.

(2) Die Einbringung hat zum Ende eines Geschäftsjahres als Sacheinlage zu Buchwerten zu erfolgen. Mehrere Einbringungsvorgänge zum gleichen Stichtag gelten als einheitlich erfolgt. Mit dem Antrag auf Eintragung in das Firmenbuch des Sitzes der Aktiengesellschaft ist eine vom Abschlussprüfer des Vereins geprüfte und bestätigte Einbringungsbilanz vorzulegen. Der eingebrachte Versicherungsbetrieb ist in der Satzung, im Sacheinlagevertrag oder in einer Anlage zu diesem so zu beschreiben, dass die übergehenden Gläubiger- und Schuldnerpositionen erkennbar sind. Die der Einbringung zugrunde zu legende Bilanz muss auf einen Zeitpunkt erstellt sein, der höchstens neun Monate vor der Anmeldung zur Eintragung in das Firmenbuch liegt. Die sich anlässlich der Einbringung ergebenden Eigenmittel sind mit Ausnahme nachrangiger Verbindlichkeiten oder unversteuerter Rücklagen dem Grundkapital oder der gebundenen Kapitalrücklage (§ 229 Abs. 5 UGB) zuzuführen.

(3) Die Einbringung ist nur zulässig

1. in eine oder mehrere zu diesem Zweck errichtete Aktiengesellschaften als deren alleiniger Aktionär,

2. in eine oder mehrere zu diesem Zweck errichtete Aktiengesellschaften gemeinsam mit anderen Vereinen oder

3. in eine oder mehrere bestehende Versicherungsaktiengesellschaften allein oder gemeinsam mit anderen Vereinen.

(4) Die Einbringung bedarf der Zustimmung des obersten Organs. Der Beschluss des obersten Organs bedarf einer Mehrheit von mindestens drei Vierteln der abgegebenen Stimmen. Die Genehmigung der Einbringung durch die FMA gemäß § 29 ist auch zu versagen, wenn die Interessen der Mitglieder aus dem Mitgliedschaftsverhältnis nicht ausreichend gewahrt sind.

(5) Die Einbringung gilt als Gründung mit Sacheinlagen (§ 20 Abs. 1 AktG). Für den Gläubigerschutz gilt § 226 AktG.

Wirkungen der Einbringung

§ 63. (1) Die mit der Einbringung gemäß § 62 verbundene Gesamtrechtsnachfolge tritt durch die Eintragung der Aktiengesellschaft oder der Kapitalerhöhung in das Firmenbuch ein. Der Übergang im Weg der Gesamtrechtsnachfolge ist in das Firmenbuch einzutragen. Der Anmeldung zur Eintragung ist der Bescheid der FMA, mit dem die Einbringung genehmigt wurde, beizufügen.

(2) Der Rechtsübergang im Weg der Gesamtrechtsnachfolge umfasst das gesamte zum eingebrachten Versicherungsbetrieb gehörende Vermögen und alle mit dem eingebrachten Versicherungsbetrieb verbundenen Rechte und Pflichten. Insbesondere gehen mit der Einbringung die Konzession zum Betrieb der Vertragsversicherung und die für den eingebrachten Versicherungsbetrieb erteilten Genehmigungen über.

(3) Der einbringende Versicherungsverein bleibt bestehen. Sein Gegenstand ist auf die Vermögensverwaltung beschränkt. Änderungen der Satzung bedürfen der Genehmigung durch die FMA. Die Tätigkeit der Mitglieder des Vorstands gilt nicht als hauptberufliche Tätigkeit gemäß § 120 Abs. 2 Z 4. Der Vorstand hat aus mindestens zwei Personen zu bestehen und die Satzung hat jede Einzelvertretungsbefugnis, Einzelprokura oder Einzelhandlungsvollmacht für den gesamten Geschäftsbetrieb auszuschließen. § 37, § 38, § 40 Abs. 3, § 42, § 47 bis § 56, § 57 Abs. 1 Z 1, 3 und 4, Abs. 2, 3 und 5, § 58 Abs. 1, 2, 5 und 6, § 60, § 85 Abs. 3 bis 6, § 122 Abs. 1 Z 1 erster Satz, § 123 Abs. 3, § 136 bis § 139, § 140 Abs. 5 und 6, § 144 bis § 148, § 149 Abs. 1 bis 3, § 155, § 246, § 248 Abs. 2, 3 und 7 bis 9, § 260, § 263, § 264, § 272 Abs. 1, 4 und 5, § 274 Abs. 1 bis 7, § 275 Abs. 1 und 3, § 276 und § 309 sind sinngemäß anzuwenden. § 287 ist nicht anzuwenden.

(4) Die Mitgliedschaft beim Versicherungsverein ist an das Bestehen eines Versicherungsverhältnisses bei einer Aktiengesellschaft gebunden, in die der Versicherungsbetrieb eingebracht wurde. Der Abschluss eines Versicherungsvertrages bei der Aktiengesellschaft begründet die Mitgliedschaft beim Versicherungsverein, im Fall der Beteiligung mehrerer Vereine die Mitgliedschaft bei allen Vereinen. Die Mitgliedschaft kann auch durch die Übernahme des Versicherungsbestandes eines anderen Versicherungsvereins oder einer Aktiengesellschaft, in die der Versicherungsbetrieb eines Versicherungsvereins gemäß § 62 eingebracht wurde, durch die Aktiengesellschaft begründet werden. Die Aktiengesellschaft darf, soweit dies in der Satzung ausdrücklich vorgesehen ist, Versicherungsverträge auch ohne Begründung einer Mitgliedschaft abschließen.

(5) Sinkt der Anteil des Vereins an einer Aktiengesellschaft, in die er seinen Versicherungsbetrieb eingebracht hat, unter 26 vH der stimmberechtigten Aktien, so ist dies der FMA unverzüglich anzuzeigen. Die FMA hat

1. dem Verein aufzutragen, den gesetzmäßigen Zustand binnen angemessener Frist herzustellen;

2. im Wiederholungs- oder Fortsetzungsfall den Verein aufzulösen. Das oberste Organ des Vereins hat nach der Auflösung durch die FMA die Abwicklung gemäß § 58 vorzunehmen und einen Abwicklungsplan zu beschließen. Der Abwicklungsplan bedarf der Genehmigung durch die FMA. Die Genehmigung ist zu versagen, wenn die Interessen der Mitglieder nicht ausreichend gewahrt sind.

Der Verein ist nicht aufzulösen, wenn das oberste Organ des Vereins innerhalb der Frist die Umwandlung in eine Privatstiftung gemäß § 66 beschließt. In diesem Fall hat die FMA eine Frist für die Durchführung der Umwandlung festzusetzen. Haben mehrere Vereine ihren Versicherungsbetrieb in eine Aktiengesellschaft eingebracht, so ist, wenn die Summe ihrer Anteile unter 26 vH sinkt, bei all diesen Vereinen gemäß diesem Absatz vorzugehen.

(6) Abs. 5 ist nicht anzuwenden, wenn die bei einer Aktiengesellschaft versicherten Mitglieder eine Abfindung in voller Höhe ihrer Rechte gemäß § 58 Abs. 5 erhalten und andere gemäß § 62 begründete Beteiligungen weiterhin in der Höhe von mindestens 26 vH bestehen. Die Festsetzung des Gesamtbetrages der Abfindung bedarf der Genehmigung durch die FMA. Die Genehmigung ist zu versagen, wenn die Interessen der Mitglieder aus dem Mitgliedschaftsverhältnis nicht ausreichend gewahrt sind.

Rechte des obersten Organs

§ 64. (1) Nach einer Einbringung gemäß § 62 gelten für das oberste Organ des Vereins neben § 51 folgende Bestimmungen:

1. Der Vorstand des Vereins muss in allen Angelegenheiten, die in die Zuständigkeit der Hauptversammlung einer Aktiengesellschaft fallen, auch die Entscheidung des obersten Organs verlangen. Das Auskunftsrecht der Mitglieder erstreckt sich auch auf die Angelegenheiten der Aktiengesellschaft, die mit Gegenstand der Entscheidung in Zusammenhang stehen.

2. Zur Prüfung von Vorgängen bei der Gründung oder der Geschäftsführung der Aktiengesellschaft kann das oberste Organ mit einfacher Stimmenmehrheit Prüfer bestellen. Im Übrigen gilt § 52.

3. Die Ansprüche der Aktiengesellschaft aus der Geschäftsführung gegen die Mitglieder ihres Vorstands oder ihres Aufsichtsrats müssen geltend gemacht werden, wenn es das oberste Organ beschließt. Im Übrigen gilt § 53.

(2) Auf die Beschlussfassung gemäß Abs. 1 ist § 51 Abs. 8 anzuwenden.

Wirkungen einer Umstrukturierung

§ 65. (1) Wird durch ein Rechtsgeschäft, welches einer Genehmigung nach § 29 bedarf, der gesamte Versicherungsbetrieb oder Versicherungsbestand oder wesentliche Teile davon einer der in § 62 Abs. 3 genannten Aktiengesellschaften auf ein anderes Unternehmen übertragen, so ist § 63 Abs. 5 nicht anzuwenden,

1. wenn der Vorstand des Vereins das oberste Organ über die Auswirkungen des Rechtsgeschäfts nachweislich informiert und das oberste Organ mit einer Mehrheit von mindestens drei Viertel der abgegebenen Stimmen seine Zustimmung zu diesem Rechtsgeschäft erteilt hat und

2. wenn und solange der Verein

a) an dem anderen Unternehmen zumindest 26 vH der stimmberechtigten Aktien direkt hält,

b) zumindest 26 vH der stimmberechtigten Aktien an der Aktiengesellschaft hält und diese wiederum mehr als 50 vH der stimmberechtigten Aktien an dem anderen Unternehmen hält und die maßgebliche Einflussmöglichkeit des Vereins an dem anderen Unternehmen durch Satzungsbestimmungen oder durch sonstige Rechtsgrundlage gewährleistet ist oder

c) an dem anderen Unternehmen oder an der Aktiengesellschaft stimmberechtigte Aktien direkt hält und durch Satzungsbestimmungen oder durch sonstige Rechtsgrundlage ein im Sinne der lit. a vergleichbarer maßgeblicher Einfluss des Vereins auf das andere Unternehmen oder ein im Sinne der lit. b vergleichbarer maßgeblicher Einfluss des Vereins auf die Aktiengesellschaft und das andere Unternehmen gewährleistet ist.

Die Einflussmöglichkeiten nach lit. b und lit. c sowie jede Änderung der Einflussmöglichkeiten sind der FMA nachzuweisen.

(2) Im Umfang der Umstrukturierung nach Abs. 1 ist § 63 Abs. 4 mit der Maßgabe anzuwenden, dass die Mitgliedschaft beim Verein an das Bestehen oder den Abschluss eines Versicherungsvertrages bei dem anderen Unternehmen nach Abs. 1 gebunden ist; die Rechte des obersten Organs nach § 64 gelten sinngemäß auch in Bezug auf das in Abs. 1 genannte andere Unternehmen.

(3) Jede Verletzung der Bestimmungen des Abs. 1 Z 2 ist unverzüglich der FMA anzuzeigen. Die FMA hat

1. dem Verein aufzutragen, den gesetzmäßigen Zustand binnen angemessener Frist herzustellen;

2. im Wiederholungs- oder Fortsetzungsfall den Verein aufzulösen. Das oberste Organ des Vereins hat nach der Auflösung durch die FMA die Abwicklung gemäß § 58 vorzunehmen und einen Abwicklungsplan zu beschließen. Der Abwicklungsplan bedarf der Genehmigung durch die FMA. Die Genehmigung ist zu versagen, wenn die Interessen der Mitglieder nicht ausreichend gewahrt sind.

(4) Wurden mehrere Versicherungsvereine zum gleichen Stichtag gemäß § 62 in eine Aktiengesellschaft eingebracht und sind diese Versicherungsvereine

1. im Falle des Abs. 1 Z 2 lit. a an dem anderen Unternehmen,

2. im Falle des Abs. 1 Z 2 lit. b an der Aktiengesellschaft

mitbeteiligt, so sind ihre Anteile zusammenzuzählen. Im Falle des Abs. 1 Z 2 lit. c ist der gemeinsam ausübbare Einfluss dieser Vereine bestimmend.

Formwechselnde Umwandlung in eine Privatstiftung

§ 66. (1) Versicherungsvereine auf Gegenseitigkeit, die ihren gesamten Versicherungsbetrieb in eine oder mehrere Aktiengesellschaften eingebracht haben, können durch Beschluss des obersten Organs nach den folgenden Bestimmungen in eine Privatstiftung gemäß PSG, umgewandelt werden (formwechselnde Umwandlung). Der Beschluss bedarf einer Mehrheit von mindestens drei Vierteln der abgegebenen Stimmen. Mindestens während eines Monats vor dem Tag der Versammlung des obersten Organs, die über die Zustimmung zur Umwandlung beschließen soll, sind am Sitz des Vereins die Stiftungserklärung und die Schlussbilanz des Versicherungsvereins (Abs. 5) zur Einsicht durch die Mitglieder aufzulegen. Darüber sind alle Mitglieder des Vereins vor Auflage der Unterlagen in der satzungsmäßig für Veröffentlichungen des Vereins vorgesehenen Weise zu informieren.

(2) Der Umwandlungsbeschluss bedarf der Genehmigung durch die FMA. Die Genehmigung ist zu versagen, wenn die Stiftungserklärung nicht den Anforderungen dieses Bundesgesetzes entspricht oder durch die Umwandlung in Verbindung mit dem Inhalt der Stiftungserklärung die Interessen der Mitglieder als zukünftige Begünstigte der Privatstiftung gefährdet werden.

(3) Für die infolge der Umwandlung des Vereins entstehende Privatstiftung gilt:

1. Als Stifter gilt der Verein; er kann sich das Recht auf Änderung der Stiftungserklärung, auf Errichtung einer Stiftungszusatzurkunde, auf Widerruf der Privatstiftung und sonstige Gestaltungsrechte nicht vorbehalten.

2. Die Privatstiftung ist auf unbestimmte Zeit zu errichten. § 35 Abs. 2 Z 3 PSG ist nicht anzuwenden.

3. Die Privatstiftung hat mehr als die Hälfte ihres Gesamtvermögens, gemessen an der jeweils letztgeprüften Stiftungsbilanz, in Unternehmen zu veranlagen, die derselben Gruppe (§ 195 Abs. 1 Z 3 lit. a) angehören, wie die Aktiengesellschaft, in die der umgewandelte Verein den Versicherungsbetrieb gemäß § 62 eingebracht hat. Als Veranlagung im Sinne dieses Absatzes gelten ausschließlich Anteile am Grundkapital sowie nachrangige Verbindlichkeiten gemäß § 170 Abs. 1 Z 2, die für die Bedeckung der Solvenzkapitalanforderung der Gruppe anrechenbar sind. Zudem haben die Unternehmen der Gruppe zusammen mehr als 50 vH der stimmberechtigten Aktien der Aktiengesellschaft, in die der umgewandelte Verein den Versicherungsbetrieb gemäß § 62 eingebracht hatte, zu halten. Ist die Privatstiftung an einem Tochterunternehmen der Gruppe beteiligt, so können in die Berechnung des Gesamtvermögens zusätzlich sämtliche Vermögenswerte des Tochterunternehmens anteilig zum Beteiligungsausmaß der Privatstiftung an dem Tochterunternehmen einbezogen werden; der Anteil der Privatstiftung an dem Tochterunternehmen ist diesfalls auszuscheiden. Der Abschlussprüfer hat im Zuge der Prüfung des Jahresabschlusses die Einhaltung dieser Bestimmung zu prüfen und darüber zu berichten. Der Stiftungsvorstand hat im Interesse der Begünstigten die dauernde Erfüllung dieser Bestimmung zu gewährleisten.

4. Jede Verletzung der Bestimmungen der Z 3 ist unverzüglich der FMA anzuzeigen. Die FMA hat

a) der Privatstiftung aufzutragen, den gesetzmäßigen Zustand binnen angemessener Frist herzustellen;

b) im Wiederholungs- oder Fortsetzungsfall die Privatstiftung aufzulösen. Der Stiftungsvorstand hat nach der Auflösung durch die FMA die Abwicklung nach Maßgabe von § 58 vorzunehmen, wobei an die Stelle des Vereins die Privatstiftung, an die Stelle der Mitglieder die Begünstigten treten, und einen Abwicklungsplan zu beschließen. Der Abwicklungsplan bedarf der Genehmigung durch die FMA. Die Genehmigung ist zu versagen, wenn die Interessen der Begünstigten nicht ausreichend gewahrt sind.

Die Bestimmungen der Z 3 gelten als nicht verletzt, solange der Anteil der Privatstiftung an der Aktiengesellschaft, in die der umgewandelte Verein seinen Versicherungsbetrieb eingebracht hat, nicht unter 26 vH der stimmberechtigten Aktien sinkt. Ist die Privatstiftung an einer Aktiengesellschaft beteiligt, in die mehrere Vereine ihren Versicherungsbetrieb eingebracht haben, so gelten die Bestimmungen der Z 3 nur dann als verletzt, wenn ihr Anteil an der Aktiengesellschaft gemeinsam mit dem Anteil der betreffenden Vereine bzw., sofern diese in eine Privatstiftung umgewandelt worden sind, der betreffenden Privatstiftungen unter 26 vH sinkt. Ebenso gelten die Bestimmungen der Z 3 als nicht verletzt, wenn eine Umstrukturierung im Sinn des § 65 vorgenommen wird. Diesfalls ist § 65 Abs. 1 Z 2 und Abs. 2 mit der Maßgabe anzuwenden, dass jeweils an die Stelle des Vereins die Privatstiftung, an die Stelle der Interessen der Mitglieder die Interessen der Begünstigten und an die Stelle Mitgliedschaft beim Verein die Begünstigung in der Privatstiftung tritt.

5. Nachträgliche Änderungen der Stiftungserklärung sind von den Stiftungsorganen zu beschließen. Der Änderungsbeschluss bedarf der Genehmigung durch die FMA. Die Genehmigung ist zu versagen, wenn die geänderte Stiftungserklärung nicht den Anforderungen dieses Bundesgesetzes

entspricht oder durch die Änderung der Stiftungserklärung die Interessen der Begünstigten gefährdet werden. Die Änderung der Stiftungserklärung ist vom Stiftungsvorstand zur Eintragung in das Firmenbuch anzumelden. Der Anmeldung sind der notariell beurkundete Änderungsbeschluss und der Bescheid der FMA, mit dem der Änderungsbeschluss genehmigt wurde, beizufügen. Das Gericht (§ 40 PSG) hat den Beschluss über die Eintragung der Änderung der Stiftungserklärung der FMA zuzustellen.

6. Die Begünstigung in der Privatstiftung ist an das Bestehen eines Versicherungsverhältnisses bei der Aktiengesellschaft gebunden, in die der umgewandelte Verein den Versicherungsbetrieb oder Versicherungsteilbetrieb eingebracht hat. Der Abschluss eines Versicherungsvertrages mit dieser Aktiengesellschaft begründet die Begünstigtenstellung bei der Privatstiftung, im Fall der Beteiligung mehrerer Privatstiftungen die Begünstigtenstellung bei allen Privatstiftungen. Die Aktiengesellschaft darf, soweit dies in der Satzung ausdrücklich vorgesehen ist, Versicherungsverträge auch ohne Begründung einer Begünstigtenstellung in der Privatstiftung abschließen. Die näheren Voraussetzungen hiefür können zwischen Privatstiftung und Aktiengesellschaft vertraglich geregelt werden. Auch ohne eine solche vertragliche Regelung ist die Aktiengesellschaft verpflichtet, der Privatstiftung auf deren schriftliches Verlangen Namen und Anschrift der Personen bekannt zu geben, die durch Abschluss eines Versicherungsvertrages die Begünstigtenstellung erworben haben. Das Ende des Versicherungsverhältnisses bewirkt das Ende der Begünstigtenstellung.

7. Das sich aus der Schlussbilanz (Abs. 5) ergebende Vermögen des Vereins bleibt der Privatstiftung auf Dauer gewidmet und ist zu erhalten; ein sich aus dem Jahresabschluss ergebender Jahresüberschuss ist an die Begünstigten auszuschütten, soweit er nicht Gewinnrücklagen oder anderen in der Stiftungserklärung vorgesehenen Rücklagen zugeführt, für im PSG vorgesehene Vergütungen verwendet oder auf neue Rechnung vorgetragen wird. Den Rücklagen können jedenfalls jene Beträge zugeführt werden, die zur Aufrechterhaltung der Beteiligung der Privatstiftung an der Aktiengesellschaft, in die der umgewandelte Verein seinen Versicherungsbetrieb eingebracht hat, erforderlich sind. § 47 Abs. 2 ist anzuwenden, wobei an die Stelle der Satzung die Stiftungserklärung tritt. Den Rücklagen können im Fall der Z 3 auch Beträge in Höhe der Anteile am Grundkapital und der nachrangigen Verbindlichkeiten gemäß § 170 Abs. 1 Z 2 an Unternehmen derselben Gruppe zugeführt werden.

8. Letztbegünstigte sind die Personen, die zur Zeit der Auflösung Begünstigte gemäß Z 6 waren. Das nach der Abwicklung verbleibende Vermögen ist, soweit die Stiftungserklärung nicht anderes vorsieht, nach den Grundsätzen für die Verteilung des Jahresüberschusses an diese Begünstigten zu verteilen.

9. Die Privatstiftung kann in ihrem Namen (§ 2 PSG) auch die Bezeichnung „Versicherungsverein auf Gegenseitigkeit" oder eine Bezeichnung führen, in der das Wort „Versicherungsverein" enthalten ist.

(4) Für die Organe einer aus der Umwandlung eines Vereins entstehenden Privatstiftung gilt:

1. Die Privatstiftung hat einen Aufsichtsrat.

2. Die § 15 Abs. 2 und 3 und § 23 Abs. 2 letzter Satz PSG sind auf die Privatstiftung nicht anzuwenden.

3. Die bisherigen Mitglieder des Vorstands des Vereins werden Mitglieder des ersten Vorstands der Privatstiftung, jene des Aufsichtsrats Mitglieder des ersten Aufsichtsrats.

4. Nachfolgende oder zusätzliche Mitglieder des Vorstands der Privatstiftung werden vom Aufsichtsrat bestellt. Dem Aufsichtsrat obliegt auch die vorzeitige Abberufung eines Vorstandsmitglieds aus wichtigem Grund, wenn diese in der Stiftungserklärung vorgesehen ist.

5. Die Bestellung nachfolgender oder zusätzlicher Mitglieder des Aufsichtsrats ist von den verbleibenden Aufsichtsratsmitgliedern mit Mehrheitsbeschluss vorzunehmen. Jede beabsichtigte Bestellung ist im Vorhinein auf Kosten der Privatstiftung im Amtsblatt zur Wiener Zeitung bekannt zu machen. Die Begünstigten sind berechtigt, binnen drei Wochen ab Bekanntmachung, schriftlich einen Bestellungsvorschlag zu Handen des Vorstands der Privatstiftung zu erstatten. In der Stiftungserklärung ist zu regeln, von wie vielen Begünstigten der Bestellungsvorschlag unterstützt sein muss, um behandelt zu werden. Erfüllen mehrere Bestellungsvorschläge diese Voraussetzung, so muss nur jener behandelt werden, der von den meisten Begünstigten unterstützt wird. Der Bestellungsvorschlag ist nicht bindend. Gehört dem Aufsichtsrat noch kein von den Begünstigten vorgeschlagenes Mitglied an, so erfordert ein Abgehen von dem Bestellungsvorschlag eine Mehrheit von zwei Dritteln der verbleibenden Aufsichtsratsmitglieder.

6. Die Tätigkeit der Mitglieder des Stiftungsvorstands gilt nicht als hauptberufliche Tätigkeit im Sinne des § 120 Abs. 2 Z 4. Der Stiftungsvorstand hat aus mindestens zwei Personen zu bestehen und die Satzung hat jede Einzelvertretungsbefugnis, Einzelprokura oder Einzelhandlungsvollmacht für den gesamten Geschäftsbetrieb auszuschließen.

(5) Der Vorstand des Versicherungsvereins hat eine Schlussbilanz aufzustellen, die den Bestimmungen des 7. Hauptstücks über die Rechnungslegung und Konzernrechnungslegung unter Berücksichtigung des § 63 Abs. 3 entspricht. § 220

Abs. 3 AktG gilt sinngemäß. Der Vorstand hat die Schlussbilanz gemeinsam mit der Stiftungserklärung der FMA im Zuge der Einholung von deren Genehmigung vorzulegen.

(6) Die Umwandlung des Vereins ist vom Vorstand zur Eintragung in das Firmenbuch anzumelden. Der Anmeldung beizufügen sind jedenfalls

1. der notariell beurkundete Umwandlungsbeschluss,

2. der Nachweis der Veröffentlichung der Auflegung von Stiftungserklärung und Schlussbilanz,

3. der Bescheid der FMA, mit dem der Umwandlungsbeschluss genehmigt wurde,

4. die Schlussbilanz des Vereins gemäß Abs. 5 und

5. der Prüfungsbericht gemäß § 11 Abs. 3 PSG.

(7) Mit der Eintragung der Umwandlung in das Firmenbuch besteht der Verein als Privatstiftung weiter. Das Gericht (§ 40 PSG) hat den Beschluss über die Eintragung der Privatstiftung der FMA zuzustellen.

(8) Auf die Privatstiftung sind § 38, § 85 Abs. 3 bis 6, § 122 Abs. 1 Z 1 erster Satz, § 123 Abs. 3, § 136 bis § 139, § 140 Abs. 5 und 6, § 144 bis § 148, § 149 Abs. 1 bis 3, § 155, § 246, § 248 Abs. 2, 3 und 7 bis 9, § 260, § 263, § 264, § 272 Abs. 1, 4 und 5, § 274 Abs. 1 bis 7, § 275 Abs. 1 und 3, § 276 und § 309 sinngemäß anzuwenden. § 287 ist nicht anzuwenden.

Verschmelzung von Privatstiftungen

§ 67. (1) Privatstiftungen gemäß § 66 können unter Ausschluss der Abwicklung durch Aufnahme miteinander verschmolzen werden.

(2) Der Verschmelzungsvertrag ist schriftlich abzuschließen.

(3) Die Verschmelzung bedarf der Zustimmung des Aufsichtsrats jeder Privatstiftung. Das Zustandekommen des Beschlusses setzt die Anwesenheit von mindestens zwei Dritteln der Aufsichtsratsmitglieder und das Erreichen einer Mehrheit von drei Vierteln der abgegebenen Stimmen voraus.

(4) Die Verschmelzung bedarf der Genehmigung durch die FMA. Die Genehmigung ist zu versagen, wenn die Verschmelzung geeignet erscheint, die Interessen der Begünstigten zu gefährden.

(5) Der Vorstand jeder Privatstiftung hat die Verschmelzung zur Eintragung ins Firmenbuch bei dem Gericht, in dessen Sprengel die Privatstiftung ihren Sitz hat, anzumelden. Der Verschmelzungsvertrag sowie die Beschlüsse der Aufsichtsräte der an der Verschmelzung beteiligten Privatstiftungen sind der Anmeldung der übernehmenden Privatstiftung in Urschrift oder in beglaubigter Abschrift anzuschließen.

(6) Das Gericht, in dessen Sprengel die übernehmende Privatstiftung ihren Sitz hat, hat die Verschmelzung bei allen beteiligten Privatstiftungen gleichzeitig einzutragen. Mit der Eintragung der Verschmelzung bei der übernehmenden Privatstiftung geht das Vermögen der übertragenden Privatstiftung einschließlich der Schulden auf die übernehmende Privatstiftung über. Die Begünstigten der übertragenden Privatstiftung werden zu Begünstigten der übernehmenden Privatstiftung. Zugleich mit der Eintragung erlischt die übertragende Privatstiftung. § 226 AktG ist sinngemäß anzuwenden.

2. Abschnitt

Kleine Versicherungsvereine

Allgemeine Bestimmungen

§ 68. (1) Der Geschäftsbereich eines kleinen Versicherungsvereins hat örtlich, sachlich und dem Personenkreis nach eingeschränkt zu sein. Der Geschäftsbereich gilt als örtlich eingeschränkt, wenn er sich satzungsmäßig auf das Bundesland, in dem der Verein seinen Sitz hat, sowie auf bestimmte unmittelbar daran angrenzende Gebiete erstreckt. Der Geschäftsbereich gilt als sachlich eingeschränkt, wenn nur die in Z 8 und 9 der Anlage A angeführten Risiken, mit Ausnahme von Schäden durch Kernenergie, gedeckt werden. Der Geschäftsbereich gilt als dem Personenkreis nach eingeschränkt, wenn dem Verein nicht mehr als 20 000 Mitglieder angehören.

(2) Ob ein Versicherungsverein auf Gegenseitigkeit ein kleiner Versicherungsverein ist, entscheidet die FMA.

(3) Die Konzession eines kleinen Versicherungsvereins gilt nur innerhalb des Bundesgebiets. Die Deckung von Risiken, die im Ausland belegen sind, ist ausgeschlossen.

(4) § 83 Abs. 2 und 7 zweiter Satz ist sinngemäß anzuwenden.

Anwendbarkeit der allgemeinen Bestimmungen

§ 69. (1) Für kleine Versicherungsvereine gelten die Bestimmungen des 1. Abschnitts sinngemäß mit Ausnahme von § 37 Abs. 1, § 38, § 39, § 40 Abs. 2, § 42, § 43, § 46, § 47 Abs. 3, § 48 Abs. 1, § 49 Abs. 3 bis 6, § 50 Abs. 1 bis 3, Abs. 4 dritter Satz, Abs. 5 und 6, § 51 Abs. 5 und 6, § 52 Abs. 2, § 53 Abs. 2, § 54 Abs. 3 bis 5, § 55, § 56 Abs. 1 Z 1 und 2, Abs. 2 und Abs. 3 Z 3, § 57 Abs. 5, § 58 Abs. 6, § 60 Abs. 3 bis 5, § 61 bis § 67.

(2) Ein kleiner Versicherungsverein entsteht mit Erteilung der Konzession. § 6, § 7 Abs. 4, § 8

Abs. 2 Z 1, 2 und 4 und Abs. 6, § 12 Abs. 1 und 4 bis 7 und § 84 sind sinngemäß anzuwenden. § 8 Abs. 2 Z 4 ist mit der Maßgabe anzuwenden, dass an die Stelle der Bedeckung der Solvenzkapitalanforderung die Bedeckung des Eigenmittelerfordernisses gemäß § 70 Abs. 2 tritt.

(3) Satzungsänderungen werden mit der Genehmigung durch die FMA rechtswirksam.

(4) Kleine Versicherungsvereine auf Gegenseitigkeit können sich freiwillig in das Firmenbuch eintragen lassen. In diesem Fall sind § 42 Abs. 2 bis 8 und § 54 Abs. 3 bis 5 sinngemäß anzuwenden.

(5) Auf kleine Versicherungsvereine sind § 28, § 29 Abs. 1 bis 3 und Abs. 6, § 31, § 33, § 34, § 86, § 87 Abs. 1 bis 4, § 91, § 246 Abs. 1 und 2, § 247 Abs. 2, § 248 Abs. 2 und Abs. 3 Z 1, Abs. 7 bis 9, § 252, § 272, § 274 Abs. 1 bis 8, § 275, § 276, § 278, § 279 Abs. 1 und 2, § 281, § 283 Abs. 1 Z 1 erster Fall, Z 2 und Z 4, Abs. 2 bis 4, § 284 und § 285 Abs. 1, 2 und 4, § 286, § 306 und § 308 bis § 311, § 313 bis § 316 sinngemäß anzuwenden. § 278 und § 279 Abs. 1 und 2 sind mit der Maßgabe anzuwenden, dass an die Stelle der Bedeckung der Solvenzkapitalanforderung die Bedeckung des Eigenmittelerfordernisses gemäß § 70 Abs. 2 tritt.

(6) Die Auflösung durch Beschluss des obersten Organs (§ 57 Abs. 1 Z 1) wird frühestens mit der Genehmigung des Beschlusses durch die FMA rechtswirksam.

Eigenmittelerfordernis

§ 70. (1) Das Eigenmittelerfordernis kleiner Versicherungsvereine ist auf der Grundlage der abgegrenzten Prämien im Eigenbehalt und der Gesamtversicherungssumme im Eigenbehalt zu ermitteln. Die näheren Bestimmungen für die Ermittlung des Eigenmittelerfordernisses sind von der FMA mit Verordnung festzulegen, wobei auf die besonderen Verhältnisse der kleinen Versicherungsvereine, insbesondere den eingeschränkten Geschäftsbereich, Bedacht zu nehmen ist.

(2) Kleine Versicherungsvereine haben das Eigenmittelerfordernis jederzeit durch Eigenmittel gemäß § 71 zu bedecken.

Eigenmittel

§ 71. (1) Die Eigenmittel kleiner Versicherungsvereine bestehen aus dem Gründungsfonds, soweit er zur Deckung von Verlusten herangezogen werden kann, den Gewinnrücklagen, der Risikorücklage, der Sicherheitsrücklage und den sonstigen Rücklagen.

(2) Die Eigenmittel müssen im Zeitpunkt ihrer Berechnung frei von jeder vorhersehbaren Steuerschuld sein oder angepasst werden, sofern Ertragsteuern den Betrag verringern, bis zu der die genannten Eigenmittelbestandteile für die Risiko- oder Verlustabdeckung verwendet werden können.

Kapitalanlage

§ 72. (1) Für die Kapitalanlage kleiner Versicherungsvereine sind Vermögenswerte, die zu folgenden Kategorien gehören, geeignet:

1. Schuldverschreibungen;
2. Aktien und andere Anteile mit schwankendem Ertrag;
3. Anteile an OGAW und anderen gemeinschaftlichen Kapitalanlagen;
4. Darlehen;
5. Grundstücke und grundstücksgleiche Rechte und
6. Guthaben bei Kreditinstituten und Kassenbestände.

(2) Die FMA hat mit Verordnung die näheren Einzelheiten für die Kapitalanlage, insbesondere die Belegenheit der Vermögenswerte sowie Obergrenzen für die Kategorien und für einzelne Vermögenswerte, zu regeln, soweit dies erforderlich ist, um die dauernde Erfüllbarkeit der Verpflichtungen aus den Versicherungsverträgen zu gewährleisten.

Überschreitung des Geschäftsbereichs

§ 73. (1) Überschreitet der Geschäftsbetrieb eines kleinen Versicherungsvereins die in § 68 Abs. 1 festgelegten Grenzen, so hat die FMA unter Setzung einer angemessenen Frist anzuordnen, dass nach Wahl des Vereins der Geschäftsbetrieb wieder auf diese Grenzen eingeschränkt wird oder der Verein eine Konzession gemäß § 6 Abs. 1 oder § 83 Abs. 1 beantragt. Überschreitet der Geschäftsbetrieb eines kleinen Versicherungsvereins die in § 68 Abs. 2 genannten Beträge, so ist § 83 Abs. 5 sinngemäß anzuwenden.

(2) Schränkt der kleine Versicherungsverein seine Geschäftstätigkeit nicht auf die in § 68 Abs. 1 festgelegten Grenzen ein oder erteilt die FMA keine Konzession gemäß § 6 Abs. 1 oder § 83 Abs. 1, so hat die FMA den Geschäftsbetrieb zu untersagen. Die Untersagung wirkt wie ein Auflösungsbeschluss.

Höchsthaftungssumme

§ 74. (1) Die Satzung eines kleinen Versicherungsvereins hat einen Betrag festzusetzen, bis zu dem der Verein übernommene Gefahren im Eigenbehalt tragen darf (Höchsthaftungssumme). Dieser Beschluss bedarf der Genehmigung der FMA.

(2) Die Genehmigung ist zu verweigern, wenn die Belange der Versicherungsnehmer und An-

spruchsberechtigten nicht ausreichend gewahrt, insbesondere die Verpflichtungen aus den Versicherungsverträgen nicht als dauernd erfüllbar anzusehen sind.

Organe

§ 75. (1) Kleine Versicherungsvereine müssen einen Vorstand und als oberstes Organ eine Mitgliederversammlung oder Mitgliedervertretung haben.

(2) Die Satzung kann die Bestellung eines Aufsichtsrats vorsehen. Kleine Versicherungsvereine mit mehr als 2 000 Mitgliedern müssen einen Aufsichtsrat haben.

Vorstand

§ 76. (1) Der Verein wird durch den Vorstand gerichtlich und außergerichtlich vertreten. Der Vorstand kann auch nur aus einer Person bestehen, wenn der Geschäftsbetrieb keine höhere Anzahl an Vorstandsmitgliedern erfordert.

(2) Die Vorstandsmitglieder müssen über die zur Erfüllung ihrer Aufgaben erforderliche fachliche Eignung und persönliche Zuverlässigkeit verfügen. Die persönliche Zuverlässigkeit ist gemäß § 120 Abs. 2 Z 2 zu beurteilen.

(3) Der Vorstand ist dem Verein gegenüber verpflichtet, die Beschränkungen einzuhalten, die die Satzung oder der Aufsichtsrat für den Umfang seiner Vertretungsbefugnis festgesetzt hat oder die sich aus einem Beschluss des obersten Organs ergeben. Dritten gegenüber ist eine Beschränkung der Vertretungsbefugnis unwirksam. Im Übrigen gelten für die Leitung und Vertretung des Vereins durch den Vorstand und die Zeichnung des Vorstands § 70 Abs. 2, § 71 Abs. 2 und § 72 AktG sinngemäß.

(4) Die Vorstandsmitglieder sind, wenn die Satzung dies ausdrücklich bestimmt, vom Aufsichtsrat auf höchstens fünf Jahre, sonst vom obersten Organ längstens bis zur Beendigung der Versammlung des obersten Organs zu bestellen, die über die Entlastung für das vierte Geschäftsjahr beschließt, das dem zum Zeitpunkt der Bestellung laufenden Geschäftsjahr folgt. Eine wiederholte Bestellung ist zulässig. Das für die Bestellung zuständige Organ kann die Bestellung widerrufen, wenn ein wichtiger Grund vorliegt. Ein solcher Grund ist insbesondere grobe Pflichtverletzung oder Unfähigkeit zur ordnungsgemäßen Geschäftsführung.

(5) Soweit die erforderlichen Mitglieder des Vorstands fehlen, sind sie in dringenden Fällen bis zur Behebung des Mangels auf Antrag eines Beteiligten von der FMA zu bestellen.

(6) Den Vorstandsmitgliedern kann ein angemessenes Entgelt für ihren Zeit- und Arbeitsaufwand gewährt werden. Die Höhe des Entgelts ist vom obersten Organ oder, wenn ein Aufsichtsrat bestellt ist, von diesem unter Berücksichtigung der Vermögenslage des Vereins und der Arbeitsbelastung des Vorstands mit einem festen Betrag zu bestimmen.

(7) Der Verein darf Vorstandsmitgliedern und Angestellten des Vereins, ihren Ehegatten und minderjährigen Kindern sowie Dritten, die für Rechnung einer dieser Personen handeln, nur mit Zustimmung der FMA Darlehen gewähren. Die Zustimmung ist zu verweigern, wenn sonst die Interessen der Versicherungsnehmer und Anspruchsberechtigten gefährdet werden.

(8) Für die Sorgfaltspflicht der Vorstandsmitglieder gilt § 84 Abs. 1 AktG sinngemäß. Vorstandsmitglieder, die ihre Pflichten schuldhaft verletzen, sind dem Verein gegenüber zum Ersatz des daraus entstehenden Schadens als Gesamtschuldner verpflichtet. Ansprüche des Vereins aus dieser Verpflichtung müssen geltend gemacht werden, wenn es das oberste Organ beschließt oder ein Zehntel der Mitglieder des obersten Organs verlangt.

(9) Im Rechtsstreit gegen Vorstandsmitglieder wird der Verein vom Aufsichtsrat oder, wenn ein solcher nicht bestellt ist, von Bevollmächtigten vertreten, die vom obersten Organ gewählt werden.

Aufsichtsrat

§ 77. (1) Die Aufsichtsratsmitglieder werden vom obersten Organ längstens bis zur Beendigung der Versammlung des obersten Organs gewählt, die über die Entlastung für das vierte Geschäftsjahr beschließt, das dem zum Zeitpunkt der Wahl laufenden Geschäftsjahr folgt. Eine Wiederwahl ist zulässig. Die Bestellung zum Aufsichtsratsmitglied kann vor Ablauf der Funktionsperiode vom obersten Organ widerrufen werden.

(2) Die Aufsichtsratsmitglieder müssen Mitglieder des Vereins sein. Sie können nicht zugleich Vorstandsmitglieder oder dauernd Vertreter von Vorstandsmitgliedern sein; sie dürfen auch nicht als Angestellte die Geschäfte des Vereins führen.

(3) Für die Einberufung des Aufsichtsrats gilt § 94 AktG sinngemäß.

(4) Für die Aufgaben und Rechte des Aufsichtsrats gelten § 95 Abs. 2 erster Satz, Abs. 3, 4 und 5, § 96 Abs. 1 und § 97 Abs. 1 AktG sinngemäß.

(5) Für die Sorgfaltspflicht der Aufsichtsratsmitglieder gilt § 84 Abs. 1 AktG sinngemäß. Mitglieder des Aufsichtsrats, die ihre Pflichten schuldhaft verletzen, sind dem Verein gegenüber zum Ersatz des daraus entstehenden Schadens verantwortlich. Ansprüche des Vereins aus dieser Verpflichtung müssen geltend gemacht werden, wenn es das oberste Organ beschließt oder mindestens ein Zehntel der Mitglieder des obersten Organs verlangt.

Oberstes Organ

§ 78. (1) Das oberste Organ beschließt alljährlich in den ersten fünf Monaten des Geschäftsjahres über die Entlastung der Mitglieder des Vorstands und, wenn ein solcher bestellt ist, des Aufsichtsrats.

(2) Das oberste Organ ist in den Fällen einzuberufen, die Gesetz oder Satzung ausdrücklich bestimmen. Das oberste Organ ist ferner einzuberufen, wenn es mindestens ein Zehntel seiner Mitglieder schriftlich unter Angabe des Zwecks und der Gründe verlangt. In gleicher Weise haben die Mitglieder des obersten Organs das Recht, zu verlangen, dass Gegenstände zur Beschlussfassung durch das oberste Organ angekündigt werden. Entspricht der Vorstand dem Verlangen nicht, so kann die FMA die Mitglieder des obersten Organs, die das Verlangen gestellt haben, zur Einberufung des obersten Organs oder zur Ankündigung des Gegenstands ermächtigen.

(3) Die Bekanntmachung der Einberufung hat, wenn das oberste Organ aus einer Mitgliederversammlung besteht, durch Veröffentlichung oder durch schriftliche Verständigung der Mitglieder zu erfolgen, wobei die näheren Bestimmungen in der Satzung festzulegen sind. Besteht das oberste Organ aus einer Mitgliedervertretung, sind die einzelnen Mitgliedervertreter jedenfalls schriftlich zu verständigen. Im Übrigen gelten für die Einberufung des obersten Organs und die Teilnahme an seinen Versammlungen § 105 Abs. 1 und 2, § 106 Z 1 und 3, § 107 Abs. 1 und 4, § 108 Abs. 1 bis 3 und Abs. 5 erster Satz, erster Halbsatz und zweiter Satz, § 116 Abs. 2, § 118, § 119 Abs. 1 und 3, § 121 Abs. 1, § 122 und § 128 Abs. 1 und 3 AktG sinngemäß. Soweit in diesen Bestimmungen von Aktionären die Rede ist, treten an ihre Stelle die Mitglieder des obersten Organs.

(4) Den Vorsitz in der Versammlung des obersten Organs führt der Vorsitzende des Vorstands oder sein Stellvertreter; mangels dieser hat das an Jahren älteste Mitglied des obersten Organs die Versammlung zur Wahl eines Vorsitzenden zu leiten.

(5) Über die Versammlung des obersten Organs ist eine Niederschrift aufzunehmen und vom Vorsitzenden zu unterfertigen.

(6) Der Vorstand hat jedem Mitglied des obersten Organs auf sein Verlangen Auskunft über Angelegenheiten des Vereins zu geben.

Rechnungslegung

§ 79. (1) Der Vorstand eines kleinen Versicherungsvereins hat in den ersten drei Monaten des Geschäftsjahres für das vorangegangene Geschäftsjahr den Jahresabschluss und einen Lagebericht aufzustellen. Das oberste Organ hat in den ersten fünf Monaten des Geschäftsjahres über die Feststellung des Jahresabschlusses zu beschließen. Für die Rechnungslegung kleiner Versicherungsvereine auf Gegenseitigkeit gelten § 137 Abs. 1, § 140 Abs. 5 und 6, § 143, § 147 Abs. 1 Z 1 bis 3, 6 und 7 und Abs. 2, § 149 Abs. 1 bis 3, § 151 und § 153 sinngemäß.

(2) In der Satzung ist die Prüfung des Jahresabschlusses durch einen oder mehrere Rechnungsprüfer vorzusehen. Die Satzung hat auch die näheren Bestimmungen über den Umfang der Prüfung, die Bestellung der Rechnungsprüfer und den Prüfungsbericht an das oberste Organ zu enthalten. Mitglieder des Vorstands oder des Aufsichtsrats dürfen nicht zu Rechnungsprüfern bestellt werden.

(3) Die FMA kann alle für die laufende Überwachung der Geschäftsgebarung der Versicherungsunternehmen und für die Führung von Versicherungsstatistiken erforderlichen Angaben verlangen. In diesem Rahmen hat die FMA mit Zustimmung des Bundesministers für Finanzen durch Verordnung über die Rechnungslegung kleiner Versicherungsvereine diejenigen besonderen Anordnungen zu treffen, die im Hinblick auf die Eigenart des Betriebes der Vertragsversicherung, die angemessene Aufklärung der Versicherungsnehmer und der Öffentlichkeit über die Geschäftsgebarung und die Erfordernisse der Überwachung der Geschäftsgebarung durch die FMA notwendig sind. Hierbei sind die besonderen Verhältnisse der kleinen Versicherungsvereine zu beachten und Erleichterungen vorzusehen. Die Anordnungen der FMA können unter Berücksichtigung dieser Erfordernisse insbesondere enthalten:

1. Vorschriften über die Ermittlung und Berechnung der versicherungstechnischen Rückstellungen;

2. Vorschriften über die besondere Bewertung von Vermögensgegenständen;

3. Vorschriften über den Bericht an die FMA und Vorlagefristen;

4. Vorschriften über die Gliederung der Bilanz und der Gewinn- und Verlustrechnung;

5. Vorschriften über die in den Anhang und den Lagebericht aufzunehmenden Angaben;

6. Vorschriften über das Erfordernis eigenhändiger Unterschriften für den Jahresabschluss und den Lagebericht;

7. Vorschriften über die Übermittlung der Angaben an die FMA auf elektronischem Weg; dabei können auch die Datenmerkmale einschließlich des Datensatzaufbaues festgelegt werden und

8. Vorschriften über die Offenlegung des Jahresabschlusses.

§§ 80 – 83

Abwicklung

§ 80. (1) Die Abwicklung besorgen die Vorstandsmitglieder als Abwickler, wenn nicht die Satzung oder ein Beschluss des obersten Organs andere Personen bestellt.

(2) Auf Antrag von mindestens einem Zehntel der Mitglieder des obersten Organs oder auf Antrag des Aufsichtsrats hat die FMA aus wichtigem Grund die Abwickler zu bestellen und abzuberufen. Abwickler, die nicht von der FMA bestellt sind, kann das oberste Organ jederzeit abberufen.

(3) Die Abwickler haben unter Hinweis auf die Auflösung des Vereins die Gläubiger des Vereins aufzufordern, ihre Ansprüche anzumelden. Die Aufforderung ist im „Amtsblatt zur Wiener Zeitung" und in einer lokalen Zeitung oder sonst in ortsüblicher Weise zu veröffentlichen.

(4) Die Abwickler haben für den Beginn der Abwicklung Rechnung zu legen und weiterhin für den Schluss jedes Jahres einen Jahresabschluss zu erstellen. Das bisherige Geschäftsjahr des Vereins kann beibehalten werden.

(5) Das oberste Organ hat über die Rechnungslegung für den Beginn der Abwicklung, den Jahresabschluss und über die Entlastung der Abwickler und des Aufsichtsrats zu beschließen.

(6) Das Vermögen darf nur verteilt werden, wenn ein Jahr seit dem Tag verstrichen ist, an dem der Aufruf der Gläubiger gemäß Abs. 3 veröffentlicht worden ist. Im Übrigen gelten für die Abwicklung § 209 Abs. 1 und 2, § 210 Abs. 1 bis 4 und § 213 Abs. 2 bis 3 AktG sinngemäß.

(7) Ist die Abwicklung beendet und die Schlussrechnung gelegt, so haben die Abwickler den Schluss der Abwicklung der FMA anzuzeigen.

Verschmelzung

§ 81. (1) Die Aufnahme eines Vereins, der kein kleiner Versicherungsverein ist, durch einen kleinen Versicherungsverein und die Neubildung eines Vereins durch Zusammenschluss von Vereinen, die nicht kleine Versicherungsvereine sind, mit kleinen Versicherungsvereinen ist nicht zulässig.

(2) Für die Verschmelzung durch Aufnahme gelten § 222, § 225a Abs. 3 Z 1, 2 und 4 sowie § 226 bis § 228 AktG sinngemäß.

(3) Für die Verschmelzung durch Neubildung gelten § 222, § 225a Abs. 3 Z 1, 2 und 4, § 226 bis § 228 sowie § 233 Abs. 1 zweiter Satz und Abs. 2 AktG sinngemäß.

(4) Die Aufnahme eines kleinen Vereins durch einen Verein, der kein kleiner Versicherungsverein ist, ist vom Vorstand des übernehmenden Vereins zur Eintragung in das Firmenbuch anzumelden. Der § 225 Abs. 1 zweiter Satz Z 1 bis 3 AktG gilt sinngemäß. Für die Schadenersatzpflicht der Mitglieder des Vorstands und des Aufsichtsrats des übernehmenden Vereins gilt § 229 AktG sinngemäß.

(5) Bei der Aufnahme eines kleinen Versicherungsvereins durch einen anderen kleinen Versicherungsverein richtet sich die Schadenersatzpflicht der Mitglieder des Vorstands und des Aufsichtsrats des übernehmenden Vereins nach § 76 Abs. 8 und § 77 Abs. 5. Die Verjährung der Ersatzansprüche nach § 76 Abs. 8 und § 77 Abs. 5 beginnt mit der Genehmigung der Verschmelzung durch die FMA.

(6) Entsteht durch die Verschmelzung kleiner Versicherungsvereine ein Verein, der kein kleiner Versicherungsverein ist, so gelten auch § 229 und § 233 Abs. 4 zweiter und dritter Satz und Abs. 5 AktG sinngemäß. Das Firmenbuchgericht, in dessen Sprengel der neue Verein seinen Sitz hat, hat die Verschmelzung einzutragen.

(7) In den Fällen, in denen nach den vorstehenden Bestimmungen die Verschmelzung nicht in das Firmenbuch einzutragen ist, tritt an die Stelle der Eintragung der Verschmelzung in das Firmenbuch oder deren Bekanntmachung die Genehmigung durch die FMA.

3. Hauptstück
Kleine Versicherungsunternehmen

1. Abschnitt
Allgemeine Bestimmungen

Anwendbarkeit der allgemeinen Bestimmungen

§ 82. Auf kleine Versicherungsunternehmen sind § 28, § 29 Abs. 1 bis 3 und 6, § 31, § 33, § 34, § 91 bis § 99, § 101 bis § 103, § 128 bis § 140, § 142 bis § 156, § 246, § 247 Abs. 2, § 248 Abs. 2 bis 3 und 7 bis 9, § 249, § 252 bis § 255, § 260 bis § 262, § 263 Abs. 1 Z 2, 3, 6 bis 8 und Abs. 2, § 264 bis § 266, § 272, § 274 Abs. 1 bis 8, § 275, § 278, § 279 Abs. 1 und 2, § 283 Abs. 1 Z 1 erster Fall, Z 2 und Z 4 und Abs. 2 bis 4, § 284, § 285 Abs. 1, 2 und 4, § 286, § 300 bis § 302 Abs. 1 erster Satz, Abs. 2 bis 6 und § 303 bis § 316 sinngemäß anzuwenden. § 278 und § 279 Abs. 1 und 2 sind mit der Maßgabe anzuwenden, dass an die Stelle der Bedeckung der Solvenzkapitalanforderung die Bedeckung des Eigenmittelerfordernisses gemäß § 90 tritt.

Konzession

§ 83. (1) Die Konzession eines kleinen Versicherungsunternehmens gilt nur für das Bundesgebiet. Kleine Versicherungsunternehmen dürfen nur in Form einer Aktiengesellschaft oder eines

Versicherungsvereins auf Gegenseitigkeit betrieben werden. Bei kleinen Versicherungsunternehmen schließen die Konzession zum Betrieb von Versicherungszweigen der Lebensversicherung und die Konzession zum Betrieb anderer Versicherungszweige einander aus. § 6, § 7 Abs. 4 und 5, § 8 Abs. 6 und § 12 Abs. 1 und 4 bis 7 sind sinngemäß anzuwenden.

(2) In dem Antrag auf Erteilung der Konzession gemäß Abs. 1 ist nachzuweisen, dass nach dem vorgelegten Geschäftsplan für die nächsten fünf Geschäftsjahre die Geschäftstätigkeit des Versicherungsunternehmens die folgenden Voraussetzungen erfüllt:

1. die jährlich verrechneten und abgegrenzten Prämien der direkten Gesamtrechnung übersteigen nicht fünf Millionen Euro;

2. die gesamten versicherungstechnischen Rückstellungen gemäß dem 1. Abschnitt des 8. Hauptstücks ohne Abzug der einforderbaren Beträge aus Rückversicherung und von Zweckgesellschaften übersteigen nicht 25 Millionen Euro;

3. falls das Unternehmen einer Gruppe angehört, die gesamten versicherungstechnischen Rückstellungen gemäß dem 1. Abschnitt des 8. Hauptstücks der Gruppe ohne Abzug der einforderbaren Beträge aus Rückversicherungsverträgen und von Zweckgesellschaften übersteigen nicht 25 Millionen Euro und

4. die verrechneten und abgegrenzten Prämien der indirekten Gesamtrechnung übersteigen nicht 0,5 Millionen Euro oder 10 vH der verrechneten und abgegrenzten Prämien der direkten Gesamtrechnung oder die versicherungstechnischen Rückstellungen gemäß dem 1. Abschnitt des 8. Hauptstücks für die übernommene Rückversicherung ohne Abzug der einforderbaren Beträge aus Rückversicherung und von Zweckgesellschaften übersteigen nicht 2,5 Millionen Euro oder 10 vH der versicherungstechnischen Rückstellungen gemäß dem 1. Abschnitt des 8. Hauptstücks für das direkte Geschäft ohne Abzug der einforderbaren Beträge aus Rückversicherung und von Zweckgesellschaften.

(3) Die Erteilung der Konzession zum Betrieb eines der in Anlage A Z 10, 11, 12, 14 und 15 angeführten Versicherungszweige an kleine Versicherungsunternehmen ist ausgeschlossen. Kleine Versicherungsunternehmen dürfen Risiken, die diesen Versicherungszweigen zuzuordnen sind, nicht als zusätzliche Risiken gemäß § 7 Abs. 5 decken.

(4) Die Konzession ist zusätzlich zu § 8 Abs. 2 Z 1, 2 und 7 bis 9 zu versagen, wenn

1. das Unternehmen nicht über die Eigenmittel verfügt um den Mindestbetrag des Eigenmittelerfordernis zu bedecken;

2. das Unternehmen nicht nachweisen kann, dass es in der Lage sein wird, die Eigenmittel zu halten, um das Eigenmittelerfordernisses gemäß § 88 Abs. 1 laufend zu bedecken oder

3. das Unternehmen nicht nachweisen kann, dass es in der Lage sein wird, ein Governance-System gemäß den Bestimmungen des 2. Abschnitts einzurichten oder die Satzung nicht jede Einzelvertretungsbefugnis, Einzelprokura oder Einzelhandlungsvollmacht für den gesamten Geschäftsbetrieb ausschließt.

(5) Wenn der Geschäftsbetrieb eines kleinen Versicherungsunternehmens in einem Geschäftsjahr die in Abs. 2 festgelegten Beträge überschritten hat, hat das Unternehmen der FMA einen neuen Geschäftsplan für die nächsten drei Geschäftsjahre zur Genehmigung vorzulegen. Das Unternehmen hat im Geschäftsplan darzulegen, dass der Geschäftsbetrieb die in Abs. 2 festgelegten Beträge spätestens im zweiten Geschäftsjahr nicht mehr überschreiten wird oder dass es in der Lage sein wird, spätestens ab dem Beginn des vierten Geschäftsjahres die für Versicherungsunternehmen gemäß § 1 Abs. 1 Z 1 geltenden Bestimmungen zu erfüllen. Hat der Geschäftsbetrieb in drei aufeinanderfolgenden Jahren die in Abs. 2 festgelegten Beträge überschritten, unterliegt das Unternehmen ab dem vierten Jahr der Beaufsichtigung gemäß § 1 Abs. 1 Z 1 als Versicherungsunternehmen. Wenn das Unternehmen nachweist, dass es die Konzessionsvoraussetzungen gemäß § 6 bis § 10 erfüllt, hat die FMA mit Bescheid festzustellen, dass die Konzession des Unternehmens ab dem vierten Jahr als eine Konzession gemäß § 6 Abs. 1 gilt. Wird der Nachweis nicht binnen angemessener Frist erbracht, so hat die FMA den Geschäftsbetrieb mit Bescheid zu untersagen.

(6) Die FMA hat auf Antrag eines Versicherungsunternehmens festzustellen, dass es als kleines Versicherungsunternehmen gilt. Dies hat zur Folge, dass die Konzession als eine Konzession gemäß § 83 Abs. 1 gilt und es der Beaufsichtigung gemäß § 1 Abs. 1 Z 2 unterliegt. Dazu muss das Versicherungsunternehmen nachweisen, dass

1. es nicht in anderen Mitgliedstaaten Tätigkeiten gemäß dem 5. Abschnitt des 1. Hauptstücks ausübt,

2. die in Abs. 2 festgelegten Voraussetzungen in den letzten drei aufeinander folgenden Jahren eingehalten wurden und in den nächsten fünf Jahren voraussichtlich eingehalten werden und

3. die in Abs. 3 festgelegten Voraussetzungen erfüllt.

(7) Kleine Versicherungsunternehmen haben die in Abs. 2 genannten Beträge zum Abschlussstichtag zu berechnen und durch den Abschlussprüfer prüfen zu lassen. Wenn dies zu einem gleichwertigen Ergebnis führt, dürfen für die Zwecke der Ermittlung der in Abs. 2 festgelegten Beträge anstelle der versicherungstechnischen Rückstellungen gemäß dem 1. Abschnitt des 8.

Hauptstücks die versicherungstechnischen Rückstellungen gemäß dem 7. Hauptstück herangezogen werden.

Geschäftsplan

§ 84. (1) Mit dem Antrag auf Erteilung der Konzession ist der Geschäftsplan vorzulegen.

(2) Der Geschäftsplan eines kleinen Versicherungsunternehmens hat zu enthalten
1. die Art der Risiken, die das Unternehmen decken will, im Fall der übernommenen Rückversicherung auch die Art der Rückversicherungsverträge, die das Versicherungsunternehmen mit Vorversicherern abschließen will,
2. die Grundzüge der Rückversicherungspolitik,
3. die Zusammensetzung der Eigenmittel,
4. die Schätzung der Aufwendungen für den Aufbau der Verwaltung und des Vertriebes und den Nachweis, dass die dafür erforderlichen Mittel zur Verfügung stehen und
5. für den Betrieb des in Z 18 der Anlage A angeführten Versicherungszweigs Angaben über die Mittel, über die das Unternehmen verfügt, um die zugesagte Beistandsleistung zu erfüllen.

(3) Zusätzlich zu den in Abs. 2 dargelegten Angaben muss der Geschäftsplan für die ersten drei Geschäftsjahre folgende Angaben enthalten:
1. eine Prognose der Bilanz und der Erfolgsrechnung;
2. Schätzungen der künftigen Eigenmittelerfordernisse auf der Grundlage der Prognosen gemäß Z 1;
3. Schätzungen der finanziellen Ressourcen, die voraussichtlich zur Deckung der Verpflichtungen und des Eigenmittelerfordernisses zur Verfügung stehen;
4. in Bezug auf die Nicht-Lebensversicherung und die Rückversicherung auch
   a) die voraussichtlichen Provisionsaufwendungen und die sonstigen Aufwendungen für den Versicherungsbetrieb (ohne die Aufwendungen für den Aufbau der Verwaltung) und
   b) das voraussichtliche Prämienaufkommen und die voraussichtlichen Versicherungsleistungen
und
5. in Bezug auf die Lebensversicherung auch einen Plan, aus dem die Schätzungen der Einnahmen und Ausgaben bei Direktgeschäften wie auch im aktiven und passiven Rückversicherungsgeschäft im Einzelnen hervorgehen.

(4) Die Satzung gehört zum Geschäftsplan, wenn das Unternehmen noch keine Konzession zum Betrieb der Vertragsversicherung besitzt.

(5) § 11 Abs. 1 und 2 ist sinngemäß anzuwenden.

2. Abschnitt
Governance

Allgemeine Bestimmungen

§ 85. (1) Der Vorstand des kleinen Versicherungsunternehmens ist für die Einhaltung der für den Betrieb der Vertragsversicherung geltenden Vorschriften und der anerkannten Grundsätze eines ordnungsgemäßen Geschäftsbetriebs verantwortlich. Für Mitglieder des Vorstands gelten § 120 Abs. 2, § 121 und § 122 sinngemäß.

(2) Die Wahl und das Ausscheiden von Mitgliedern des Aufsichtsrats von kleinen Versicherungsunternehmen ist der FMA unverzüglich anzuzeigen.

(3) Kleine Versicherungsunternehmen haben für das gesamte auf Grund einer gemäß § 83 Abs. 1 erteilten Konzession betriebene Geschäft eine interne Revision einzurichten, die unmittelbar dem Vorstand untersteht und ausschließlich der laufenden und umfassenden Prüfung der Gesetzmäßigkeit, Ordnungsmäßigkeit und Zweckmäßigkeit des Geschäftes und Betriebes des kleinen Versicherungsunternehmens dient. Sie muss unter Bedachtnahme auf den Geschäftsumfang so ausgestaltet sein, dass sie ihre Aufgaben zweckentsprechend erfüllen kann.

(4) Die interne Revision betreffende Verfügungen müssen von mindestens zwei Vorstandsmitgliedern gemeinsam getroffen werden. Die interne Revision hat allen Vorstandsmitgliedern zu berichten. Sie hat über die Prüfungsgebiete und wesentliche Prüfungsfeststellungen auf Grund durchgeführter Prüfungen quartalsweise auch dem Vorsitzenden des Aufsichtsrats Bericht zu erstatten. Der Vorsitzende des Aufsichtsrats hat in der nächstfolgenden Sitzung des Aufsichtsrats diesem über die Prüfungsgebiete und die wesentlichen Prüfungsfeststellungen zu berichten.

(5) Kleine Versicherungsunternehmen haben eine ordnungsgemäße Verwaltung und Buchhaltung sowie angemessene interne Kontrollverfahren vorzusehen, die insbesondere dazu dienen, dass Entwicklungen, die die dauernde Erfüllbarkeit der Verpflichtungen aus den Versicherungsverträgen gefährden können, frühzeitig erkannt werden.

(6) Kleine Versicherungsunternehmen haben ein Risikomanagement einzurichten, das die mit dem Versicherungsbetrieb in Verbindung stehenden Risiken identifiziert, einschätzt und steuert. Darunter fällt auch das Risiko von Geldwäscherei und Terrorismusfinanzierung. Soweit es die dauernde Erfüllbarkeit der Verpflichtungen aus Versicherungsverträgen erfordert, sind hiefür geeignete Prozesse und Verfahren einzurichten. Dies umfasst insbesondere die frühzeitige Erkennung von Risikopotentialen, die Einrichtung von Absicherungs- und Risikoabwehrmechanismen und

eine übergreifende Betrachtung der Risiken zwischen den Organisationseinheiten.

(7) Kleine Versicherungsunternehmen haben nach Maßgabe des § 114 einen verantwortlichen Aktuar und einen Stellvertreter zu bestellen. § 115 und § 116 sind sinngemäß anzuwenden.

Auslagerung

§ 86. (1) Verträge von kleinen Versicherungsunternehmen, durch die Teile der Geschäftsgebarung innerhalb der gemäß § 83 Abs. 1 erteilten Konzession, insbesondere der Vertrieb, die Bestandsverwaltung, die Leistungsbearbeitung, das Rechnungswesen, die interne Revision, das Risikomanagement, die Vermögensveranlagung oder die Vermögensverwaltung zur Gänze oder in wesentlichem Umfang einem anderen Unternehmen übertragen werden sollen (Auslagerungsverträge) sind der FMA rechtzeitig vor der Auslagerung anzuzeigen. Sie bedürfen der vorherigen Genehmigung durch die FMA.

(2) Die Genehmigung ist zu versagen, wenn der Auslagerungsvertrag seiner Art oder seinem Inhalt nach oder der Umfang der Auslagerungen insgesamt geeignet sind, die Interessen der Versicherungsnehmer und Anspruchsberechtigten zu gefährden.

(3) Die Genehmigung kann unter Auflagen erteilt werden, wenn dies zweckmäßig erscheint, um die Interessen der Versicherungsnehmer und Anspruchsberechtigten zu wahren.

(4) Das auslagernde kleine Versicherungsunternehmen hat alle wesentlichen nachträglichen Änderungen bezüglich der gemäß Abs. 1 ausgelagerten Funktionen und Tätigkeiten unverzüglich der FMA anzuzeigen. Treten die im Abs. 2 genannten Umstände nach Erteilung der Genehmigung ein oder treffen diese bei einem nicht genehmigungspflichtigen Auslagerungsvertrag zu, so kann die FMA die Auflösung des Vertragsverhältnisses verlangen.

(5) Die FMA kann vom Versicherungsunternehmen alle erforderlichen Auskünfte über das Unternehmen, mit dem ein Auslagerungsvertrag geschlossen werden soll oder geschlossen worden ist, insbesondere die Vorlage des Jahresabschlusses und anderer geeigneter Geschäftsunterlagen, verlangen. Solche Auskünfte dürfen nicht unter Berufung auf eine nach anderen Vorschriften bestehende Verschwiegenheitspflicht verweigert werden.

Rückversicherung

§ 87. (1) Kleine Versicherungsunternehmen haben bei der Rückversicherungsabgabe auf die Erfüllbarkeit der eigenen Verpflichtungen aus den Versicherungsverträgen, die Erfüllbarkeit der Verpflichtungen des Rückversicherers und die angemessene Streuung des Risikos Bedacht zu nehmen.

(2) Vor Abschluss eines Rückversicherungsvertrages hat sich das zedierende kleine Versicherungsunternehmen nachweislich davon zu überzeugen, dass die rechtlichen Voraussetzungen für den Abschluss des Rückversicherungsvertrages vorliegen, und nachweislich Informationen über die Vermögens- Finanz- und Ertragslage sowie wesentliche nicht finanzielle Informationen über den Rückversicherer einzuholen, sodass ausreichend zuverlässig beurteilt werden kann, ob der Rückversicherer seine Leistungen voraussichtlich vertragsgemäß und unverzüglich erbringen wird.

(3) Die Verpflichtungen von Versicherungsunternehmen und Rückversicherungsunternehmen aus der übernommenen Rückversicherung gelten im Sinn des Abs. 1 als erfüllbar. Rückversicherungsverträge mit Drittland-Versicherungs- und Rückversicherungsunternehmen sind genauso zu behandeln, wenn die Europäische Kommission gemäß Art. 172 Abs. 2 der Richtlinie 2009/138/EG die Gleichwertigkeit des Solvabilitätssystems eines Drittlandes festgestellt hat.

(4) Erhebliche Änderungen der Rückversicherungsbeziehungen sind der FMA unverzüglich anzuzeigen. Insbesondere sind die voraussichtlichen Auswirkungen der geänderten Rückversicherungsbeziehungen auf die Höhe des Eigenmittelerfordernisses darzustellen.

(5) Bei der Übernahme von Rückversicherungen ist auf die Erfüllbarkeit der eigenen Verpflichtungen aus der Erstversicherung Bedacht zu nehmen.

3. Abschnitt

Eigenmittelausstattung und Kapitalanlage

Eigenmittelerfordernis

§ 88. (1) Das Eigenmittelerfordernis eines kleinen Versicherungsunternehmens wird gemäß Anlage B berechnet und muss mindestens betragen:

1. 1,5 Millionen Euro für die Nicht-Lebensversicherung und
2. 1,8 Millionen Euro für die Lebensversicherung.

(2) Kleine Versicherungsunternehmen haben jederzeit Eigenmittel gemäß § 89 zur Bedeckung des Eigenmittelerfordernisses zu halten.

Eigenmittel

§ 89. (1) Eigenmittel sind:
1. bei Aktiengesellschaften das eingezahlte Grundkapital und bei Versicherungsvereinen auf Gegenseitigkeit der Gründungsfonds, soweit er

zur Deckung von Verlusten herangezogen werden kann;

2. die Kapitalrücklagen, die Gewinnrücklagen, die unversteuerten Rücklagen und der versteuerte Teil der Risikorücklage und

3. der nicht zur Ausschüttung bestimmte Bilanzgewinn.

(2) Die Rückstellungen für erfolgsabhängige Prämienrückerstattung in der Krankenversicherung und die Rückstellung für Gewinnbeteiligung in der Lebensversicherung sind den Eigenmitteln hinzuzurechnen, soweit sie zur Deckung von Verlusten verwendet werden dürfen.

(3) Von den Eigenmitteln sind abzuziehen:

1. der Bilanzverlust;

2. die Buchwerte eigener Aktien;

3. der Buchwert der immateriellen Vermögensgegenstände;

4. Beteiligungen an Versicherungs- und Rückversicherungsunternehmen, Drittland-Versicherungsund Drittland-Rückversicherungsunternehmen, an kleinen Versicherungsunternehmen, Kreditinstituten, Finanzinstituten, Wertpapierfirmen, Zahlungsinstituten und E-Geld-Instituten und

5. Anteile an Partizipationskapital, Ergänzungskapital und sonstigem nachrangigen Kapital von in Z 4 angeführten Unternehmen, an denen das kleine Versicherungsunternehmen beteiligt ist.

(4) Die Eigenmittel müssen im Zeitpunkt ihrer Berechnung frei von jeder vorhersehbaren Steuerschuld sein oder angepasst werden, sofern Ertragssteuern den Betrag verringern, bis zu dem die genannten Eigenmittelbestandteile für die Risiko- oder Verlustabdeckung verwendet werden können.

(5) Ist davon auszugehen, dass eine Änderung der Rückversicherungsbeziehungen zu einer maßgeblichen Erhöhung des Eigenmittelerfordernisses führt, so kann die FMA eine von der Anlage B abweichende Anordnung für den Abzug der Rückversicherungsabgabe treffen, wobei der aktuellen Berechnung bereits die geänderten Rückversicherungsverträge zugrunde gelegt werden.

(6) Die FMA hat auf Antrag und unter Nachweis die Hinzurechnung stiller Reserven, die sich aus der Unterbewertung von Aktiven ergeben, zu den Eigenmitteln zu genehmigen, sofern die stillen Reserven nicht Ausnahmecharakter haben. Diese Genehmigung ist zeitlich zu beschränken. Bei der Festlegung des Ausmaßes, in dem stille Reserven den Eigenmitteln hinzugerechnet werden dürfen, sind alle auf Aktiva und Passiva angewendeten Bewertungsverfahren und die Verwertbarkeit der betreffenden Vermögensgegenstände zu berücksichtigen. Die Grundsätze des § 201 Abs. 2 Z 2 und 4 UGB sind zu beachten. Die Anrechnung stiller Reserven ist mit 50 vH des Eigenmittelerfordernisses begrenzt. Erfüllt ein kleines Versicherungsunternehmen nicht das Eigenmittelerfordernis, so bezieht sich diese Grenze auf die Eigenmittel.

(7) Unbeschadet des Abs. 6 ist eine Hinzurechnung stiller Reserven zu den Eigenmitteln jedenfalls insoweit ausgeschlossen, als diese stillen Reserven den Betrag der gemäß § 149 Abs. 2 letzter Satz unterbliebenen Abschreibungen nicht übersteigen.

(8) Übersteigen die im kleinen Versicherungsunternehmen vorhandenen stillen Lasten die gemäß Abs. 6 und 7 anrechenbaren stillen Reserven, so kann die FMA den Abzug des Differenzbetrages von den Eigenmitteln verlangen.

Kapitalanlage

§ 90. (1) Für die Kapitalanlage kleiner Versicherungsunternehmen sind Vermögenswerte, die zu folgenden Kategorien gehören, geeignet:

1. Schuldverschreibungen;

2. Aktien und andere Anteile mit schwankendem Ertrag;

3. Anteile an OGAW und anderen gemeinschaftlichen Kapitalanlagen;

4. Darlehen;

5. Grundstücke und grundstücksgleiche Rechte und

6. Guthaben bei Kreditinstituten und Kassenbestände.

(2) Derivative Finanzinstrumente wie Optionen, Terminkontrakte und Swaps dürfen nur in Verbindung mit Vermögenswerten und Verpflichtungen und auch nur insoweit verwendet werden, als sie zu einer Verminderung des Anlagerisikos beitragen oder eine ordnungsgemäße Verwaltung des Wertpapierbestandes erleichtern.

(3) Die FMA hat mit Verordnung die näheren Einzelheiten für die Kapitalanlage, insbesondere die Belegenheit der Vermögenswerte sowie Obergrenzen für die Kategorien und für einzelne Vermögenswerte, zu regeln, soweit dies erforderlich ist, um die dauernde Erfüllbarkeit der Verpflichtungen aus den Versicherungsverträgen zu gewährleisten.

4. Hauptstück
Vorschriften für bestimmte Versicherungsarten

1. Abschnitt
Allgemeine Vorschriften

Inhalt des Versicherungsvertrages

§ 91. (1) Ein Direktversicherungsvertrag über im Inland belegene Risiken hat insbesondere Bestimmungen zu enthalten

1. über die Ereignisse, bei deren Eintritt der Versicherer zu einer Leistung verpflichtet ist, und über die Fälle, in denen aus besonderen Gründen diese Pflicht ausgeschlossen oder aufgehoben sein soll,

2. über die Art, den Umfang und die Fälligkeit der Leistungen des Versicherers,

3. über die Feststellung und Leistung des Entgelts, das der Versicherungsnehmer an den Versicherer zu entrichten hat, und über die Rechtsfolgen, die eintreten, wenn er damit in Verzug ist,

4. über die Dauer des Versicherungsvertrages, insbesondere ob und auf welche Weise er stillschweigend verlängert, ob, auf welche Weise und zu welchem Zeitpunkt er gekündigt oder sonst ganz oder teilweise aufgehoben werden kann, und über die Verpflichtungen des Versicherers in diesen Fällen,

5. über den Verlust des Anspruchs aus dem Versicherungsvertrag, wenn Fristen versäumt werden und

6. in der Lebensversicherung außerdem über die Voraussetzung und den Umfang der Gewährung von Vorauszahlungen auf Polizzen.

(2) Der Faktor Geschlecht darf nicht zu unterschiedlichen Prämien oder Leistungen zwischen Frauen und Männern führen.

2. Abschnitt
Lebensversicherung

Allgemeine Bestimmungen für die Lebensversicherung

§ 92. (1) Versicherungsunternehmen, die im Inland oder in einem anderen Mitgliedstaat die Lebensversicherung auf Grund einer gemäß § 6 Abs. 1 erteilten Konzession (Z 19 bis 22 der Anlage A) betreiben, haben der FMA die versicherungsmathematischen Grundlagen, die für die Erstellung der Tarife und die Berechnung der versicherungstechnischen Rückstellungen verwendet werden,

1. vor ihrer erstmaligen Anwendung und

2. bei jeder Änderung oder Ergänzung vor ihrer Anwendung

vorzulegen. In der fondsgebundenen, in der indexgebundenen und in der kapitalanlageorientierten Lebensversicherung sowie bei der prämienbegünstigten Zukunftsvorsorge gemäß § 108g bis § 108i EStG 1988 sind auch die Grundsätze der Kapitalanlage Bestandteil der versicherungsmathematischen Grundlagen. Die FMA kann mit Verordnung nähere Regelungen über Inhalt, Gliederung und Art der Übermittlung der versicherungsmathematischen Grundlagen treffen.

(2) Bei der prämienbegünstigten Zukunftsvorsorge gemäß § 108g bis § 108i EStG 1988 ist mit den versicherungsmathematischen Grundlagen auch eine detaillierte Darstellung des Modells, mit dessen Hilfe das Risiko der Kapitalanlage kontrolliert und gesteuert wird, einschließlich der verwendeten Parameter, der FMA vorzulegen. Außerdem hat das Versicherungsunternehmen das Gutachten eines unabhängigen Sachverständigen über die Qualität dieses Modells im Hinblick auf seine Eignung zur Kontrolle und Steuerung des Kapitalanlagerisikos einzuholen, wenn es das Kapitalanlagerisiko nicht durch eine von einem zum Garantiegeschäft zugelassenen Dritten gegebene Kapitalgarantie abdeckt. Der verantwortliche Aktuar hat auf Basis dieses Gutachtens die Eignung des Modells und der verwendeten Parameter unter Berücksichtigung der Verpflichtungen aus den Versicherungsverträgen zu prüfen. Das Ergebnis dieser Prüfung und das Gutachten des unabhängigen Sachverständigen sind gemeinsam mit den versicherungsmathematischen Grundlagen der FMA vorzulegen. Jede Änderung oder Ergänzung des Gutachtens des unabhängigen Sachverständigen ist vom verantwortlichen Aktuar zu prüfen. Das Ergebnis dieser Prüfung und das ergänzte oder geänderte Gutachten sind ebenfalls der FMA vorzulegen.

(3) Die Prämien für neu abgeschlossene Versicherungsverträge müssen nach versicherungsmathematisch begründeten Annahmen ausreichen, um die dauernde Erfüllbarkeit der Verpflichtungen aus den Versicherungsverträgen zu gewährleisten und insbesondere die Bildung angemessener versicherungstechnischer Rückstellungen zu ermöglichen.

(4) Bei Versicherungsverträgen mit Gewinnbeteiligung muss den Versicherungsnehmern ein angemessener Teil des Überschusses zugutekommen. Die FMA kann, soweit dies zur Wahrung der Interessen der Versicherungsnehmer und Anspruchsberechtigten erforderlich ist, unter Berücksichtigung der Marktverhältnisse mit Verordnung näher regeln, wie die Höhe der Gewinnbeteiligung unter Bedachtnahme auf die jeweiligen Bemessungsgrundlagen anzusetzen ist und welche Informationen den Versicherungsnehmern zu liefern sind. Insbesondere kann die FMA einen

Nachweis über die Finanzierbarkeit der Gewinnbeteiligung verlangen und nähere Bestimmungen für diesen Nachweis festlegen.

(5) Die der Rückstellung für erfolgsabhängige Prämienrückerstattung bzw. Gewinnbeteiligung zugewiesenen Beträge dürfen nur für die Gewinnbeteiligung der Versicherungsnehmer verwendet werden. In Ausnahmefällen dürfen noch nicht erklärte Beträge der Rückstellung für erfolgsabhängige Prämienrückerstattung bzw. Gewinnbeteiligung aufgelöst werden, um im Interesse der Versicherungsnehmer und Anspruchsberechtigten einen Notstand abzuwenden. Das Versicherungsunternehmen hat diese Verwendung der FMA unverzüglich anzuzeigen und die Gründe für das Vorliegen eines Notstandes nachzuweisen.

(6) Versicherungsunternehmen haben Unterlagen über die für die Berechnung der versicherungstechnischen Rückstellungen einschließlich der Rückstellung für erfolgsabhängige Prämienrückerstattung verwendeten Grundlagen und Methoden am Sitz des Unternehmens zur Einsichtnahme aufzulegen. Schriftliche Informationen hierüber sind jedermann auf Verlangen gegen Ersatz der Kosten auszufolgen.

(7) Die FMA kann mit Verordnung einen Höchstbetrag für die gewöhnlichen Beerdigungskosten festsetzen, um die Interessen der Versicherungsnehmer und Anspruchsberechtigten in den Fällen des § 159 Abs. 2 und 3 VersVG zu wahren.

(8) Die Gebietskrankenkassen sind verpflichtet, die Todesfallmeldungen gemäß § 360 Abs. 5 ASVG in automationsunterstützter Form im Wege des Hauptverbandes der österreichischen Sozialversicherungsträger gegen Ersatz der Kosten an Versicherungsunternehmen, die die Lebensversicherung betreiben, weiterzuleiten.

Betriebliche Kollektivversicherung: Allgemeine Bestimmungen

§ 93. (1) Eine betriebliche Kollektivversicherung ist eine Gruppenrentenversicherung, die folgende Voraussetzungen erfüllt:

1. Der Versicherungsvertrag wird von einem Arbeitgeber für seine Arbeitnehmer auf der Grundlage einer Betriebsvereinbarung, eines Kollektivvertrages oder von Vereinbarungen zwischen dem Arbeitgeber und den einzelnen Arbeitnehmern, die nach einem Vertragsmuster unter Berücksichtigung des § 18 BPG zu gestalten sind, abgeschlossen.

2. Der Versicherungsvertrag gewährt ausschließlich eine Altersversorgung und eine Hinterbliebenenversorgung; zusätzlich kann eine Invaliditätsversorgung gewährt werden. Alterspensionen sind lebenslang, Invaliditätspensionen sind auf die Dauer der Invalidität und Hinterbliebenenpensionen entsprechend dem Versicherungsvertrag zu leisten. Eine Kapitalabfindung ist nur zulässig, wenn bei Eintritt des Leistungsfalles der Barwert des Auszahlungsbetrages den Betrag gemäß § 1 Abs. 2 und 2a PKG nicht übersteigt.

3. Die Abschlusskosten werden gleichmäßig über die gesamte Prämienzahlungsdauer verteilt.

4. Die Überschüsse, die bei Versicherungsverträgen mit Gewinnbeteiligung den Versicherten zugutekommen, werden spätestens zum Ende des Geschäftsjahres, das dem Geschäftsjahr folgt, in dem die Überschüsse entstanden sind, der Deckungsrückstellung einzelner Versicherter gutgeschrieben.

(2) Die betriebliche Kollektivversicherung darf nicht als fondsgebundene, indexgebundene oder kapitalanlageorientierte Lebensversicherung betrieben werden.

(3) Die betriebliche Kollektivversicherung kann auch abgeschlossen werden für:

1. Arbeitgeber, die für ihre Arbeitnehmer eine betriebliche Kollektivversicherung abgeschlossen haben;

2. Personen, die auf Grund des § 1 Abs. 2 BPG in Folge von Prämien des Arbeitgebers und allenfalls auch eigener Prämien einen Anspruch auf eine zukünftige Leistung entsprechend dem Versicherungsvertrag haben;

3. Mitglieder von Vertretungsorganen juristischer Personen des Privatrechts, die aus dieser Tätigkeit andere Einkünfte als solche aus nicht selbständiger Tätigkeit gemäß § 25 EStG 1988 beziehen, wenn der Arbeitgeber für seine Arbeitnehmer eine betriebliche Kollektivversicherung abgeschlossen hat;

4. Personen, die auf Grund eines bestehenden Arbeitsverhältnisses oder als Mitglieder von Vertretungsorganen juristischer Personen des Privatrechts aus dieser Tätigkeit Einkünfte aus nicht selbstständiger Arbeit gemäß § 25 EStG 1988 beziehen, sofern im Zuge der Beendigung des Arbeits- oder Dienstverhältnisses eine direkte Leistungszusage gemäß § 96 in eine betriebliche Kollektivversicherung übertragen wird.

(4) Für die in Abs. 3 Z 1 und 3 angeführten Personen darf eine betriebliche Kollektivversicherung nur abgeschlossen werden, wenn bei der Gestaltung des Versicherungsvertrages dem § 18 Abs. 2 BPG Rechnung getragen wurde und die Rechte und Pflichten dieser Personen in ihrer Gesamtheit denen der in Abs. 1 Z 1 angeführten Personen entsprechen, wobei jedenfalls

1. sämtliche im VAG und BPG normierten Fristen für alle Versicherten gleich anzuwenden sind und

2. keine Differenzierung nach Stichtagen für die Einbeziehung in die betriebliche Kollektivversicherung oder den Ausschluss aus der betrieblichen Kollektivversicherung bestehen darf.

(5) Sofern Personen gemäß Abs. 3 Z 1 und 3 einbezogen werden, so

1. hat der Versicherungsvertrag zusätzlich folgende Bestimmungen zu enthalten:

a) die Höhe der Bemessungsgrundlage des Beitrages für Personen gemäß Abs. 3 Z 1 und 3, wobei die Bemessungsgrundlage das Maximum aus der doppelten jährlichen ASVG-Höchstbeitragsgrundlage und 150 vH der Bemessungsgrundlage des bestverdienenden Arbeitnehmers nicht übersteigen darf;

b) das Pensionsalter; dieses hat dem Pensionsalter, das im Versicherungsvertrag für die Arbeitnehmer festgesetzt ist, zu entsprechen;

c) die Voraussetzungen für die Gewährung einer Invaliditätsvorsorge, wobei eine Leistung nur dann erbracht werden darf, wenn ein rechtskräftiger Bescheid einer gesetzlichen Pensionsversicherungsanstalt oder einer berufsständischen Altersvorsorgeeinrichtung auf Zuerkennung einer Berufsunfähigkeitspension vorliegt;

2. sind folgende Bestimmungen zusätzlich anzuwenden:

a) § 6a Abs. 4 BPG hinsichtlich zusätzlicher eigener Prämien;

b) § 6b BPG hinsichtlich der Verfügungs- und Exekutionsbeschränkungen von nach § 6c BPG unverfallbaren Anwartschaften;

c) § 6c BPG hinsichtlich der Unverfallbarkeit der Beitragsleistung; das Ausscheiden aus der Funktion im Sinne des Abs. 3 Z 1 oder 3 ist einer Beendigung des Dienstverhältnisses gleichzusetzen;

d) § 6d BPG hinsichtlich des Einstellens, Aussetzens oder Einschränkens der Prämienleistung.

(6) Für die in Abs. 3 Z 4 angeführten Personen hat der Versicherungsvertrag auf Basis einer zwischen diesen Personen und dem Arbeitgeber abzuschließenden Einzelvereinbarung insbesondere die Höhe des Deckungserfordernisses gemäß § 96 und das Leistungsrecht zu enthalten.

(7) Auf die betriebliche Kollektivversicherung ist § 91 Abs. 2 nicht anzuwenden.

Betriebliche Kollektivversicherung: Mitteilungspflichten

§ 94. (1) Der Arbeitgeber und die Versicherten haben dem Versicherungsunternehmen sämtliche für die Berechnung der Prämien und der Versicherungsleistungen und deren Änderung maßgeblichen Umstände unverzüglich schriftlich mitzuteilen. Erfolgt die Mitteilung nicht oder nicht zeitgerecht, so haben sie allfällige Nachteile daraus selbst zu tragen. Einzelheiten sind im Versicherungsvertrag festzulegen.

(2) Das Versicherungsunternehmen hat für jeden Versicherten ein Konto, aufgeteilt nach Prämien des Arbeitgebers und des Arbeitnehmers, zu führen.

(3) Der Arbeitgeber hat die Versicherten über den Abschluss des Versicherungsvertrages und, soweit sie davon betroffen sind, über jede spätere Änderung dieses Vertrages zu informieren. Das Versicherungsunternehmen und der Arbeitgeber haben dem Versicherten auf dessen Verlangen unverzüglich eine Kopie der ihn betreffenden Teile des Versicherungsvertrages in Papierform auszufolgen.

(4) Das Versicherungsunternehmen hat die Anwartschaftsberechtigten jährlich zum Stand 31. Dezember des vorangegangenen Geschäftsjahres schriftlich in angemessener Form über die in diesem Geschäftsjahr vom Arbeitgeber und vom Arbeitnehmer entrichteten Prämien sowie über die Entwicklung der Deckungsrückstellung während dieses Geschäftsjahres und deren Stand am Ende dieses Geschäftsjahres zu informieren. Diese Information hat auch eine Prognose über die voraussichtliche Höhe der Versorgungsleistungen zu enthalten. Weiters hat das Versicherungsunternehmen die Anwartschaftsberechtigten über die Veranlagung und Wertentwicklung des Deckungsstocks gemäß § 300 Abs. 1 Z 2 sowie über alle weiteren für die Erfüllbarkeit der Verpflichtungen aus dem Versicherungsvertrag relevanten Daten zu informieren.

(5) Das Versicherungsunternehmen hat die Leistungsberechtigten jährlich zum Stand 31. Dezember des vorangegangenen Geschäftsjahres schriftlich in angemessener Form über die Entwicklung der Deckungsrückstellung während dieses Geschäftsjahres und deren Stand am Ende dieses Geschäftsjahres zu informieren. Weiters hat das Versicherungsunternehmen die Leistungsberechtigten über die Veranlagung und Wertentwicklung des Deckungsstocks gemäß § 300 Abs. 1 Z 2 sowie über alle weiteren für die Erfüllbarkeit der Verpflichtungen aus dem Versicherungsvertrag relevanten Daten zu informieren. Zusätzlich sind die Leistungsberechtigten über jede Änderung der Pensionsleistungen zu informieren.

(6) Das Versicherungsunternehmen hat jeden Leistungsberechtigten bei Eintritt des Leistungsfalles über den erworbenen Anspruch auf Alters-, Hinterbliebenen- oder Invaliditätsleistung sowie über die Zahlungsmodalitäten der Pension schriftlich zu informieren.

(7) Die FMA hat mit Zustimmung des Bundesministers für Finanzen den Mindestinhalt und die Gliederung der Information gemäß Abs. 4 bis 6 durch Verordnung festzulegen, soweit dies im Interesse der Versicherten und einer besseren Vergleichbarkeit sowie Transparenz erforderlich ist.

(8) Nach Maßgabe der vorhandenen technischen Möglichkeiten kann nach ausdrücklicher Zustimmung des Versicherten anstelle der schriftlichen Information gemäß Abs. 3 bis 6 auch eine gesicherte elektronische Zugriffsmöglichkeit

auf diese Information beim Versicherungsunternehmen ermöglicht werden. Informationen gemäß Abs. 3 können nach ausdrücklicher Zustimmung der Versicherten auch auf einem anderen dauerhaften Datenträger gemäß § 16 Abs. 1 WAG 2007 zur Verfügung gestellt werden.

(9) Das Versicherungsunternehmen hat einer kollektivvertragsfähigen Interessenvertretung der Arbeitnehmer auf Anfrage jene leistungsrelevanten Teile der versicherungsmathematischen Grundlagen zur Verfügung zu stellen, die im Einzelfall und auf Antrag eines Versicherten oder Leistungsberechtigten für die Überprüfung der Angaben gemäß Abs. 4 bis 6 erforderlich sind.

Betriebliche Kollektivversicherung:

Kündigung

§ 95. (1) Eine Kündigung des Versicherungsvertrages durch den Arbeitgeber oder durch das Versicherungsunternehmen oder eine einvernehmliche Beendigung des Versicherungsvertrages ist nur zulässig und rechtswirksam, wenn eine Übertragung der gemäß Abs. 3 zu übertragenden Vermögensteile auf eine betriebliche Kollektivversicherung eines anderen zum Geschäftsbetrieb im Inland berechtigten Versicherungsunternehmens, eine Pensionskasse, eine Einrichtung im Sinn des § 5 Z 4 PKG oder eine Einrichtung der zusätzlichen Pensionsversicherung nach § 479 ASVG sichergestellt ist. Die Kündigung oder einvernehmliche Beendigung kann rechtswirksam nur für alle Versicherten gemeinsam erfolgen, sofern nicht in der Betriebsvereinbarung, im Kollektivvertrag oder in den Vereinbarungen laut Vertragsmuster festgelegt ist, dass bei Kündigung des Versicherungsvertrages alle Pensionsbezieher oder alle beitragsfrei gestellten Versicherten und Pensionsbezieher in der betrieblichen Kollektivversicherung verbleiben.

(2) Die Frist für die Kündigung des Versicherungsvertrages durch den Arbeitgeber oder das Versicherungsunternehmen beträgt ein Jahr. Die Kündigung darf nur mit Wirksamkeit zum Bilanzstichtag des Versicherungsunternehmens ausgesprochen werden. Die einvernehmliche Beendigung des Versicherungsvertrages wird frühestens zu dem Bilanzstichtag des Versicherungsunternehmens wirksam, der mindestens sechs Monate nach der Vereinbarung der einvernehmlichen Beendigung des Versicherungsvertrages liegt.

(3) Der Wert der im Fall der Kündigung zu übertragenden Vermögensteile entspricht der auf den Versicherungsvertrag entfallenden Deckungsrückstellung.

Betriebliche Kollektivversicherung:
Übertragung von Anwartschaften

§ 96. (1) Die Übertragung von Anwartschaften und Leistungsverpflichtungen aus direkten Leistungszusagen oder von Ansprüchen aus dem Bezügegesetz in eine betriebliche Kollektivversicherung ist unter folgenden Voraussetzungen zulässig:

1. Die Überweisung des Deckungserfordernisses zuzüglich der Rechnungszinsen an das Versicherungsunternehmen hat ab dem Zeitpunkt der Übertragung innerhalb von zehn Jahren zu erfolgen.

2. Die Überweisung des Deckungserfordernisses zuzüglich der Rechnungszinsen hat jährlich mindestens mit je einem Zehntel zu erfolgen; vorzeitige Überweisungen sind zulässig.

3. Die übernommene Verpflichtung des Arbeitgebers, das Deckungserfordernis in Raten zu übertragen, bleibt durch

a) den Eintritt des Leistungsfalles,

b) den Entfall des Anspruches oder

c) die Beendigung des Arbeitsverhältnisses während des Übertragungszeitraumes

unberührt.

Im Falle einer Abfindung (§ 93 Abs. 1 Z 2, § 6c Abs. 4 BPG oder § 5 Abs. 2 AVRAG) oder Übertragung (§ 6c Abs. 2 Z 1 bis 4 BPG) eines Unverfallbarkeitsbetrages hat der Arbeitgeber spätestens zum Abfindungs- oder Übertragungszeitpunkt den aushaftenden Teil des Deckungserfordernisses vorzeitig an das Versicherungsunternehmen zu überweisen.

(2) Kommt der Arbeitgeber seiner Verpflichtung zur Überweisung des Deckungserfordernisses gemäß Abs. 1 nicht nach, weil die Voraussetzungen

1. des § 6d Abs. 1 Z 2 BPG oder

2. für die Eröffnung des Insolvenzverfahrens (§ 66 und § 67 IO) vorliegen,

so hat das Versicherungsunternehmen die betroffenen Anwartschaften und Leistungsverpflichtungen entsprechend anzupassen. Der Arbeitgeber hat das Vorliegen der Voraussetzungen des § 6d Abs. 1 Z 2 BPG dem Versicherungsunternehmen gegenüber glaubhaft zu machen. Das Einstellen der Überweisung des Deckungserfordernisses durch den Arbeitgeber setzt ferner voraus, dass der Arbeitgeber seine laufenden Prämienleistungen an das Versicherungsunternehmen widerrufen hat.

(3) Kommt der Arbeitgeber auf Grund des Eintrittes einer der in Abs. 2 Z 1 oder 2 genannten Voraussetzungen seiner Verpflichtung zur Überweisung des Deckungserfordernisses nicht nach, so entsteht aus dem noch ausstehenden Teil des Deckungserfordernisses ein Anspruch aus einer direkten Leistungszusage des Arbeitgebers. Die

Errechnung des Anspruches hat nach den Rechnungsgrundlagen, die das Versicherungsunternehmen für die betriebliche Kollektivversicherung verwendet, zu erfolgen. Auf diesen Anspruch gegenüber dem Arbeitgeber ist Abschnitt 3 BPG anzuwenden. Die sonstigen Leistungsbedingungen dieser direkten Leistungszusage ergeben sich aus den dem Versicherungsvertrag zugrunde liegenden Vereinbarungen zwischen dem Arbeitgeber und den Versicherten.

(4) Aus dem Anspruch nach Abs. 3 ist der Unverfallbarkeitsbetrag, auf den der Versicherte gegenüber dem Arbeitgeber Anspruch hat, nach Maßgabe der folgenden Bestimmungen zu errechnen:

1. der Unverfallbarkeitsbetrag entspricht dem Barwert der Anwartschaften, die sich aus dem Anspruch nach Abs. 3 ergeben;

2. bei der Errechnung des Unverfallbarkeitsbetrages ist der in der betrieblichen Kollektivversicherung verwendete Rechnungszinsfuß zugrunde zu legen;

3. bei der Errechnung des Unverfallbarkeitsbetrages ist das Risiko der Invalidität nicht zu berücksichtigen;

4. der Unverfallbarkeitsbetrag ist mit der Höhe des ausstehenden Teils des Deckungserfordernisses beschränkt.

(5) Wenn der nach den Vorschriften des § 7 Abs. 3 Z 1 BPG für die direkte Leistungszusage nach Abs. 3 errechnete Unverfallbarkeitsbetrag den gemäß Abs. 4 errechneten Unverfallbarkeitsbetrag, verzinst mit dem Rechnungszinsfuß (§ 14 Abs. 6 Z 6 EStG 1988), übersteigt, so gilt dieser höhere Wert.

(6) Bei einer Übertragung nach Abs. 1 können auch geleistete Arbeitnehmerbeiträge übertragen werden, wobei

1. der Arbeitnehmer diese Übertragung nur vor der Übertragung nach Abs. 1 verlangen kann und

2. die Überweisung der Arbeitnehmerbeiträge zum Zeitpunkt der Übertragung nach Abs. 1 zur Gänze zu erfolgen hat.

(7) Bei der Übertragung von Anwartschaften und Leistungsverpflichtungen aus einer direkten Leistungszusage ohne Hinterbliebenenversorgung nach Abs. 1, die vor dem 1. Juli 1990 erteilt wurde, ist abweichend von § 93 Abs. 1 Z 2 die Gewährung einer Hinterbliebenenversorgung durch das Versicherungsunternehmen nicht erforderlich. Dies erstreckt sich jedoch nur auf jene Versicherten, denen diese Leistung bereits vor dem 1. Juli 1990 zugesagt wurde und auf jene direkten Leistungszusagen, bei denen seit 1. Juli 1990 sowie im Zuge der Übertragung keine wesentlichen Änderungen erfolgt sind. Nach erfolgter Übertragung dürfen solche Zusagen nur dann geändert werden, wenn sie danach § 93 Abs. 1 Z 2 entsprechen. Für die Überweisung des Deckungserfordernisses sind Abs. 1 bis 5 anzuwenden.

Betriebliche Kollektivversicherung: Beratungsausschuss

§ 97. (1) Für den Betrieb der betrieblichen Kollektivversicherung ist ein Beratungsausschuss einzurichten.

(2) Der Beratungsausschuss hat das Recht,

1. Vorschläge für die Veranlagungspolitik zu erstatten,

2. vom Vorstand, vom Aufsichtsrat bzw. vom Verwaltungsrat und den geschäftsführenden Direktoren Auskünfte über den Betrieb der betrieblichen Kollektivversicherung zu verlangen,

3. Vertreter in die Hauptversammlung bzw. die Versammlung des obersten Organs zu entsenden, die berechtigt sind, Fragen zum Betrieb der betrieblichen Kollektivversicherung zu stellen und

4. die Aufnahme von Gegenständen der betrieblichen Kollektivversicherung in die Tagesordnung des Aufsichtsrats bzw. des Verwaltungsrats zu verlangen und einen Vertreter in den Aufsichtsrat bzw. den Verwaltungsrat zu entsenden, der an der Beratung dieser Tagesordnungspunkte ohne Stimmrecht teilnimmt.

(3) Der Beratungsausschuss besteht aus vier Mitgliedern, von denen zwei vom Vorstand bzw. von den geschäftsführenden Direktoren des Versicherungsunternehmens zu bestellen und je eines von einer kollektivvertragsfähigen freiwilligen Interessenvertretung der Arbeitnehmer und von einer gesetzlichen Interessenvertretung der Arbeitnehmer zu entsenden sind.

(4) Der Beratungsausschuss gibt sich selbst eine Geschäftsordnung und wählt aus seiner Mitte einen Vorsitzenden und einen Stellvertreter. Er entscheidet mit einfacher Mehrheit der Stimmen. Bei Stimmengleichheit gibt die Stimme des Vorsitzenden den Ausschlag.

Betriebliche Kollektivversicherung: Informationspflichten bei Übertragungen zwischen betrieblicher Kollektivversicherung und Pensionskasse

§ 98. (1) Das Versicherungsunternehmen hat einem Versicherten oder Anwartschaftsberechtigten (§ 5 Z 1 PKG) auf Anfrage vor einer Entscheidung gemäß § 5 Abs. 5, § 5a Abs. 1, § 6c Abs. 5 oder § 6e Abs. 1 BPG auf einem dauerhaften Datenträger gemäß § 16 Abs. 1 WAG 2007 zu informieren. Das Versicherungsunternehmen hat über die Information und Entscheidung des Versicherten Aufzeichnungen zu führen und diese mindestens sieben Jahre aufzubewahren. Die Aufzeichnungen sind auf einem Datenträger aufzubewahren, damit diese der FMA auch in Zukunft unverzüglich zugänglich gemacht werden können.

(2) Die Information gemäß Abs. 1 hat

1. für den Versicherten die Höhe des Unverfallbarkeitsbetrages gemäß § 6c Abs. 1 BPG,

2. die relevanten Parameter der bei Erstellung des Tarifs und der Berechnung der versicherungstechnischen Rückstellungen verwendeten versicherungsmathematischen Grundlagen,

3. vor einer Entscheidung gemäß § 5 Abs. 5 oder § 5a Abs. 1 BPG eine Darstellung der Unterschiede zwischen der betrieblichen Kollektivversicherung und einer Pensionskassenzusage und

4. auf Basis der Deckungsrückstellung oder des Unverfallbarkeitsbetrages gemäß § 5 Abs. 1 BPG unter Annahme des Gleichbleibens der zuletzt geleisteten Prämienleistungen oder Beitragsleistungen des Arbeitgebers und Arbeitnehmers, Prognosen der jeweils künftigen Entwicklung der Versicherungsleistung und der Altersversorgung, wobei den Berechnungen neben dem Garantiezins auch mindestens drei unterschiedliche Annahmen über die Ertragsentwicklung zugrunde zu legen sind,

zu enthalten.

(3) Die FMA hat den Inhalt und die Gliederung der Information gemäß Abs. 1 sowie Vorgaben zu den Berechnungen nach Abs. 2 Z 4 durch Verordnung festzulegen. Sie hat dabei auf die Interessen der Versicherten und Anwartschaftsberechtigten an einer ausreichenden, vergleichbaren und klar verständlichen Information zu berücksichtigen.

3. Abschnitt
Nicht-Lebensversicherung

Rechtsschutzversicherung

§ 99. (1) Ein Versicherungsunternehmen, das die Rechtsschutzversicherung (Z 17 der Anlage A) betreibt, hat sicherzustellen, dass

1. die mit der Schadenregulierung in diesem Versicherungszweig befassten Personen nicht eine gleiche oder ähnliche Tätigkeit in einem anderen von diesem Unternehmen betriebenen Versicherungszweig oder für ein anderes, mit diesem Unternehmen gemäß § 228 Abs. 3 UGB verbundenes Unternehmen ausüben, oder

2. die Schadenregulierung in diesem Versicherungszweig auf ein anderes Unternehmen übertragen wird.

(2) Die Geschäftsführung des Unternehmens, auf das die Schadenregulierung gemäß Abs. 1 Z 2 übertragen wird, muss im Sinn des § 120 Abs. 1 und Abs. 2 Z 1 und 2 geeignet sein. Die in diesem Unternehmen mit der Schadenregulierung befassten Personen dürfen nicht eine gleiche oder ähnliche Tätigkeit für ein mit diesem Unternehmen gemäß § 228 Abs. 3 UGB verbundenes Unternehmen ausüben.

(3) Abs. 1 gilt nicht für Risiken, die sich auf Streitigkeiten oder Ansprüche beziehen, die aus dem Einsatz von Schiffen auf See entstehen oder mit deren Einsatz verbunden sind.

Kraftfahrzeug-Haftpflichtversicherung

§ 100. (1) Die Konzession zum Betrieb der Kraftfahrzeug-Haftpflichtversicherung (Z 10 der Anlage A), mit Ausnahme der Versicherung der Haftpflicht des Frachtführers, darf nur erteilt werden, wenn das Versicherungsunternehmen in jedem anderen Mitgliedstaat einen Schadenregulierungsbeauftragten bestellt.

(2) Der Schadenregulierungsbeauftragte hat die Aufgabe, für das Versicherungsunternehmen Schäden zu erledigen, die Personen, die ihren Wohnsitz oder Sitz in dem Staat haben, für den er bestellt ist, in einem anderen Staat, dessen nationales Versicherungsbüro dem System der Grünen Karte beigetreten ist, mit einem Fahrzeug zugefügt worden sind, das seinen gewöhnlichen Standort in einem anderen Mitgliedstaat als dem Wohnsitz- oder Sitzstaat des Geschädigten hat und das beim Sitz oder einer in einem anderen Mitgliedstaat als dem Wohnsitz- oder Sitzstaat des Geschädigten gelegenen Zweigniederlassung eines Versicherungsunternehmens mit Sitz im Inland oder bei der inländischen Zweigniederlassung eines Drittland-Versicherungsunternehmens versichert ist.

(3) Für den Schadenregulierungsbeauftragten gelten folgende Voraussetzungen:

1. Er muss über die zur Erfüllung seiner Aufgaben erforderliche persönliche Zuverlässigkeit und fachliche Eignung verfügen und insbesondere in der Lage sein, die Schäden in der Amtssprache oder den Amtssprachen des Staats, für den er bestellt ist, zu bearbeiten.

2. Er muss in dem Staat, für den er bestellt ist, seinen Wohnsitz oder Sitz oder eine Niederlassung haben.

3. Er muss beauftragt sein, alle erforderlichen Informationen über Schadenfälle, die unter Abs. 2 fallen, zu sammeln und die zur Erledigung des Schadens notwendigen Maßnahmen zu treffen.

4. Er muss über ausreichende Befugnisse verfügen, um das Versicherungsunternehmen bei der Behandlung und Befriedigung von Ansprüchen aus Schadenfällen, die unter Abs. 2 fallen, gegenüber dem Geschädigten zu vertreten und diese Ansprüche zu erfüllen.

(4) Eine Änderung der Person oder der Anschrift des Schadenregulierungsbeauftragten ist der FMA unverzüglich anzuzeigen.

Krankenversicherung nach Art der Lebensversicherung: Allgemeine Bestimmungen

§ 101. Soweit die Krankenversicherung Z 2 der Anlage A einer Vereinbarung gemäß § 178f Abs. 1 VersVG unterliegt, darf sie im Inland nur nach Art der Lebensversicherung betrieben werden, wobei

1. die Prämien auf versicherungsmathematischer Grundlage unter Verwendung von Wahrscheinlichkeitstafeln und anderen einschlägigen statistischen Daten zu berechnen sind,

2. eine Deckungsrückstellung (Alterungsrückstellung) auf versicherungsmathematischer Grundlage zu bilden ist und

3. dem Versicherungsnehmer, außer in der Gruppenversicherung, vertraglich das Recht einzuräumen ist, unter Anrechnung der aus der Vertragslaufzeit erworbenen Rechte und der Alterungsrückstellung in einen anderen Tarif derselben Versicherungsart (§ 178b VersVG) bis zum bisherigen Deckungsumfang zu wechseln.

Krankenversicherung nach Art der Lebensversicherung: Besondere Bestimmungen

§ 102. (1) Versicherungsunternehmen, die im Inland oder in einem anderen Mitgliedstaat die Krankenversicherung nach Art der Lebensversicherung auf Grund einer gemäß Z 2 der Anlage A erteilten Konzession betreiben, haben der FMA die versicherungsmathematischen Grundlagen, die für die Erstellung der Tarife und die Berechnung der versicherungstechnischen Rückstellungen verwendet werden

1. vor ihrer erstmaligen Anwendung und

2. bei jeder Änderung oder Ergänzung vor ihrer Anwendung

vorzulegen. Die FMA kann mit Verordnung nähere Regelungen über Inhalt, Gliederung und Art der Übermittlung der versicherungsmathematischen Grundlagen treffen.

(2) Die Prämien für neu abgeschlossene oder geänderte Versicherungsverträge müssen auf versicherungsmathematisch begründeten Annahmen ausreichen, um die dauernde Erfüllbarkeit der Verpflichtungen aus den Versicherungsverträgen zu gewährleisten, insbesondere die Bildung angemessener versicherungstechnischer Rückstellungen zu ermöglichen.

(3) § 92 Abs. 4 bis 6 ist auf die Krankenversicherung, die nach Art der Lebensversicherung betrieben wird, anzuwenden.

Unfallversicherung nach Art der Lebensversicherung

§ 103. Soweit die Unfallversicherung nach Art der Lebensversicherung betrieben wird (Unfallversicherung mit Prämienrückgewähr), ist § 92 anzuwenden.

4. Abschnitt
Finanzrückversicherung und Zweckgesellschaften

Finanzrückversicherung

§ 104. Versicherungs- und Rückversicherungsunternehmen, die Finanzrückversicherungsverträge abschließen oder Finanzrückversicherungsgeschäfte tätigen, haben sicherzustellen, dass sie die aus diesen Verträgen oder Geschäften erwachsenden Risiken angemessen erkennen, messen, überwachen, managen und steuern, sowie darüber Bericht erstatten können.

Zweckgesellschaften

§ 105. (1) Zweckgesellschaften mit Sitz im Inland bedürfen der Konzession der FMA gemäß den Vorschriften der Durchführungsverordnung (EU).

(2) Sofern auf Grund der Rechtsform der Zweckgesellschaft eine Eintragung in das Firmenbuch erforderlich ist, darf diese erst dann erfolgen, wenn der Bescheid, mit dem die Konzession erteilt wurde, in Urschrift oder öffentlich beglaubigter Abschrift vorliegt. Das Firmenbuchgericht hat Verfügungen und Beschlüsse über solche Eintragungen auch der FMA zuzustellen.

5. Hauptstück
Governance

1. Abschnitt
Allgemeine Anforderungen

Zuständigkeit und Verantwortlichkeit des Vorstands bzw. des Verwaltungsrats

§ 106. Der Vorstand bzw. der Verwaltungsrat des Versicherungs- oder Rückversicherungsunternehmens ist für die Einhaltung der für den Betrieb der Vertragsversicherung geltenden Vorschriften und der anerkannten Grundsätze eines ordnungsgemäßen Geschäftsbetriebs verantwortlich.

Anforderungen an das Governance-System

§ 107. (1) Versicherungs- und Rückversicherungsunternehmen haben ein wirksames Governance-System einzurichten, das eine solide und vorsichtige Unternehmensleitung gewährleistet und das der Wesensart, dem Umfang und der Komplexität der Geschäftstätigkeit angemessen ist. Eine interne Überprüfung des Governance-Systems ist regelmäßig durchzuführen.

(2) Das Governance-System hat zumindest zu gewährleisten:

1. eine angemessene und transparente Organisationsstruktur mit einer klaren Zuweisung und einer angemessenen Trennung der Zuständigkeiten;

2. ein wirksames System zur Informationsübermittlung; und

3. die Einhaltung der Vorschriften der § 108 bis § 113, § 117 bis § 119 und § 120 bis § 123.

(3) Versicherungs- und Rückversicherungsunternehmen haben zumindest in den folgenden Bereichen schriftliche Leitlinien zu erstellen und zu implementieren:

1. Risikomanagement;

2. interne Kontrolle;

3. interne Revision;

4. Vergütung und

5. gegebenenfalls Auslagerungen.

Diese Leitlinien sind durch den Vorstand bzw. Verwaltungsrat schriftlich zu genehmigen, bei wesentlichen Änderungen in den jeweiligen Bereichen unverzüglich anzupassen und zumindest einmal jährlich zu überprüfen.

(4) Versicherungs- und Rückversicherungsunternehmen haben angemessene Vorkehrungen zu treffen und Notfallpläne zu entwickeln, um die Kontinuität und die Ordnungsmäßigkeit ihrer Tätigkeiten zu gewährleisten. Zu diesem Zweck sind geeignete und verhältnismäßige Systeme, Verfahren und Ressourcen zu verwenden.

Governance-Funktionen

§ 108. (1) Versicherungs- und Rückversicherungsunternehmen haben folgende Governance-Funktionen einzurichten:

1. Risikomanagement-Funktion,

2. Compliance-Funktion,

3. interne Revisions-Funktion und

4. versicherungsmathematische Funktion.

(2) Wesentliche Verfügungen, welche jene Personen betreffen, die die Leitung der Governance-Funktionen wahrnehmen sind von mindestens zwei Mitgliedern des Vorstands bzw. Verwaltungsrats gemeinsam zu treffen.

Auslagerung

§ 109. (1) Versicherungs- und Rückversicherungsunternehmen, die Funktionen oder Geschäftstätigkeiten an Dienstleister auslagern, bleiben für die Erfüllung aller aufsichtsrechtlichen Anforderungen verantwortlich. Die auslagernden Versicherungs- und Rückversicherungsunternehmen haben sicherzustellen, dass

1. der Dienstleister mit der FMA zusammenarbeitet,

2. sie selbst, ihre Abschlussprüfer und die FMA effektiven Zugang zu den Daten des Dienstleisters betreffend die ausgelagerten Funktionen oder Geschäftstätigkeiten haben,

3. die FMA effektiven Zugang zu den Geschäftsräumen des Dienstleisters hat und

4. der Dienstleister die Voraussetzungen des § 10 Abs. 1 erster Satz DSG 2000 erfüllt und die Vorschriften gemäß § 11 DSG 2000 einhält.

(2) Verträge, durch die kritische oder wichtige operative Funktionen oder Tätigkeiten ausgelagert werden, sind der FMA rechtzeitig vor der Auslagerung anzuzeigen. Sie bedürfen der vorherigen Genehmigung durch die FMA, wenn der Dienstleister nicht ein Versicherungs- oder Rückversicherungsunternehmen ist.

(3) Eine Auslagerung darf nicht vorgenommen werden, wenn durch die Auslagerung

1. die Qualität des Governance-Systems des auslagernden Versicherungs- oder Rückversicherungsunternehmens wesentlich beeinträchtigt wird,

2. das operationelle Risiko übermäßig gesteigert wird,

3. die Überwachung der Einhaltung der für den Betrieb der Vertragsversicherung geltenden Vorschriften durch die FMA, durch das auslagernde Versicherungs- oder Rückversicherungsunternehmen beeinträchtigt wird oder

4. die dauerhafte und mangelfreie Leistungserbringung an die Versicherungsnehmer und Anspruchsberechtigten gefährdet wird.

Die Genehmigung kann unter Auflagen erteilt werden, wenn dies zweckmäßig erscheint, um den Eintritt der in Z 1 bis 4 genannten Fälle oder sonst die Gefährdung der Interessen der Versicherungsnehmer und Anspruchsberechtigten zu vermeiden.

(4) Das auslagernde Versicherungs- oder Rückversicherungsunternehmen hat alle wesentlichen nachträglichen Änderungen bezüglich der gemäß Abs. 2 ausgelagerten Funktionen und Tätigkeiten unverzüglich der FMA anzuzeigen. Treten die in Abs. 1 und Abs. 3 genannten Umstände nach Erteilung der Genehmigung ein oder treten diese Umstände bei einem nicht genehmigungspflichtigen Auslagerungsvertrag ein, so kann die FMA die Auflösung des Vertragsverhältnisses verlangen.

(5) Die FMA kann vom auslagernden Versicherungs- oder Rückversicherungsunternehmen alle erforderlichen Auskünfte über den Dienstleister,

mit dem ein Auslagerungsvertrag geschlossen werden soll oder geschlossen worden ist, insbesondere die Vorlage des Jahresabschlusses und anderer geeigneter Geschäftsunterlagen, verlangen.

2. Abschnitt
Risikomanagement

Risikomanagement-System

§ 110. (1) Versicherungs- und Rückversicherungsunternehmen haben ein wirksames Risikomanagement-System einzurichten, das alle erforderlichen Strategien, Prozesse und Meldeverfahren umfasst, die erforderlich sind, um
1. die eingegangenen und potenziellen Risiken jeweils auf einzelner und aggregierter Basis und
2. die wechselseitigen Abhängigkeiten zwischen diesen Risiken

zu erkennen, zu messen, zu überwachen, zu managen und darüber zu berichten.

(2) Das Risikomanagement-System hat wirksam zu sein, in die Organisationsstruktur und in die Entscheidungsprozesse des Versicherungs- oder Rückversicherungsunternehmens integriert zu sein und die Personen, die das Versicherungs- oder Rückversicherungsunternehmen tatsächlich leiten oder andere Schlüsselfunktionen innehaben, gebührend miteinzubeziehen. Es hat die Risiken, die in die Berechnung der Solvenzkapitalanforderung einzubeziehen sind, sowie die Risiken, die bei dieser Berechnung nicht vollständig erfasst werden, zumindest aber die folgenden Bereiche abzudecken:
1. Risikozeichnung und Rückstellungsbildung,
2. Asset-Liability-Management,
3. Kapitalanlagen, insbesondere Derivate und ähnliche Verpflichtungen,
4. Liquiditäts- und Konzentrationsrisikomanagement,
5. Risikomanagement operationeller Risiken und
6. Rückversicherung und andere Risikominderungstechniken.

Die schriftlichen Leitlinien zum Risikomanagement gemäß § 107 Abs. 3 Z 1 haben Strategien zu erfassen, die sich auf die in Z 1 bis 6 genannten Bereiche beziehen. Wenn die Volatilitätsanpassung angewendet wird, haben die schriftlichen Leitlinien zum Risikomanagement gemäß § 107 Abs. 3 Z 1 Kriterien zur Anwendung der Volatilitätsanpassung zu umfassen.

(3) Wenn Versicherungs- oder Rückversicherungsunternehmen die Matching-Anpassung oder die Volatilitätsanpassung anwenden, haben sie einen Liquiditätsplan zu erstellen. In diesem sind alle eingehenden und ausgehenden Zahlungsströme in Bezug auf die Vermögenswerte und Verbindlichkeiten, die diesen Anpassungen unterliegen, zu projizieren.

(4) In Bezug auf das Asset-Liability-Management haben die Versicherungs- und Rückversicherungsunternehmen regelmäßig zu bewerten:
1. die Sensitivität der versicherungstechnischen Rückstellungen gemäß dem 1. Abschnitt des 8. Hauptstücks und der anrechenbaren Eigenmittel in Bezug auf die Annahmen, die der Extrapolation der maßgeblichen risikofreien Zinskurve zugrunde liegen;
2. wenn die Matching-Anpassung angewendet wird, haben die Versicherungs- und Rückversicherungsunternehmen Folgendes zusätzlich zu berücksichtigen:

a) die Sensitivität der versicherungstechnischen Rückstellungen gemäß dem 1. Abschnitt des 8. Hauptstücks und der anrechenbaren Eigenmittel in Bezug auf die Annahmen, die der Berechnung der Matching-Anpassung zugrunde liegen, einschließlich der Berechnung des grundlegenden Spreads gemäß § 166 Abs. 4 Z 2, und die potenziellen Auswirkungen von Zwangsverkäufen von Vermögenswerten auf die anrechenbaren Eigenmittel;

b) die Sensitivität der versicherungstechnischen Rückstellungen gemäß dem 1. Abschnitt des 8. Hauptstücks und der anrechenbaren Eigenmittel in Bezug auf Änderungen der Zusammensetzung des zugeordneten Vermögensportfolios und

c) die Auswirkung einer Verringerung der Matching-Anpassung auf null.

3. wenn die Volatilitätsanpassung angewendet wird, haben die Versicherungs- und Rückversicherungsunternehmen Folgendes zusätzlich zu berücksichtigen:

a) die Sensitivität der versicherungstechnischen Rückstellungen gemäß dem 1. Abschnitt des 8. Hauptstücks und der anrechenbaren Eigenmittel in Bezug auf die Annahmen, die der Berechnung der Volatilitätsanpassung zugrunde liegen, und die potenziellen Auswirkungen von Zwangsverkäufen von Vermögenswerten auf die anrechenbaren Eigenmittel und

b) die Auswirkung einer Verringerung der Volatilitätsanpassung auf null.

Falls eine Verringerung der Matching-Anpassung oder der Volatilitätsanpassung auf null zur Nichteinhaltung der Solvenzkapitalanforderung führen würde, hat das Unternehmen der FMA eine Analyse der Maßnahmen vorzulegen, die es in einer derartigen Situation anwenden könnte, um die anrechenbaren Eigenmittel in der zur Bedeckung der Solvenzkapitalanforderung erforderlichen Höhe wieder aufzubringen oder das Risikoprofil zu senken, sodass die Bedeckung der Solvenzkapitalanforderung wieder hergestellt ist.

(5) Die Versicherungs- und Rückversicherungsunternehmen haben bei der Nutzung externer Ratings für die Berechnung der versicherungstechnischen Rückstellungen gemäß dem 1. Abschnitt des 8. Hauptstücks und der Solvenzkapitalanforderung im Rahmen ihres Risikomanagements die Angemessenheit dieser externen Ratings zu überprüfen, indem sie soweit praktisch möglich zusätzliche Bewertungen vornehmen.

(6) Versicherungs- und Rückversicherungsunternehmen haben nachvollziehbar zu dokumentieren, dass im Bereich des Kapitalanlagerisikos § 124 und § 125 eingehalten werden.

(7) Unter Risiken gemäß Abs. 1 fallen auch die Risiken von Geldwäscherei und Terrorismusfinanzierung.

Unternehmenseigene Risiko- und Solvabilitätsbeurteilung

§ 111. (1) Versicherungs- und Rückversicherungsunternehmen haben im Rahmen des Risikomanagement-Systems eine unternehmenseigene Risiko- und Solvabilitätsbeurteilung durchzuführen. Diese hat integraler Bestandteil der Geschäftsstrategie zu sein, laufend in die strategischen Entscheidungen einzufließen und zumindest Folgendes zu umfassen:

1. den Gesamtsolvabilitätsbedarf unter Berücksichtigung des spezifischen Risikoprofils, der genehmigten Risikotoleranzschwellen und der Geschäftsstrategie,

2. die laufende Einhaltung der Vorschriften über die Solvenz- und Mindestkapitalanforderung gemäß den Bestimmungen des 3. bis 6. Abschnitts des 8. Hauptstücks und der Vorschriften über die versicherungstechnischen Rückstellungen gemäß dem 1. Abschnitt des 8. Hauptstücks und

3. die Signifikanz der Abweichung des Risikoprofils von den Annahmen, die der Berechnung der Solvenzkapitalanforderung zugrunde liegen, die mit der Standardformel oder unter Verwendung eines internen Modells berechnet wurde.

(2) Im Rahmen von Abs. 1 Z 1 sind Prozesse einzurichten, die der Wesensart, dem Umfang und der Komplexität der Risiken angemessen sind, und die es dem Versicherungs- oder Rückversicherungsunternehmen ermöglichen, die Risiken, mit denen es kurz- und langfristig zu rechnen hat und denen es ausgesetzt ist oder ausgesetzt sein könnte, angemessen zu erkennen und zu beurteilen. Die Methoden, nach denen es die Bewertung des Gesamtsolvabilitätsbedarfs vornimmt, sind darzulegen.

(3) Wenn die Matching-Anpassung, die Volatilitätsanpassung oder die Übergangsmaßnahmen gemäß § 336 und § 337 angewendet werden, ist die Bedeckung der Kapitalanforderungen gemäß Abs. 1 Z 2 mit und ohne Berücksichtigung dieser Anpassungen und Übergangsmaßnahmen zu bewerten.

(4) Wenn die Solvenzkapitalanforderung unter Verwendung eines internen Modells berechnet wird, hat die Beurteilung gemäß Abs. 1 Z 3 zusammen mit der Rekalibrierung zu erfolgen, die die Ergebnisse des internen Modells an das Risikomaß und die Kalibrierung der Solvenzkapitalanforderung anpasst.

(5) Versicherungs- und Rückversicherungsunternehmen haben die unternehmenseigene Risiko- und Solvabilitätsbeurteilung regelmäßig sowie unverzüglich nach dem Eintreten einer wesentlichen Änderung in ihrem Risikoprofil vorzunehmen.

(6) Die unternehmenseigene Risiko- und Solvabilitätsbeurteilung dient nicht zur Berechnung der Solvenzkapitalanforderung. Die Solvenzkapitalanforderung kann nur gemäß § 211 bis § 214, § 217 und § 277 angepasst werden.

Risikomanagement-Funktion

§ 112. (1) Versicherungs- und Rückversicherungsunternehmen haben eine Risikomanagement-Funktion einzurichten und diese so zu strukturieren, dass sie die Umsetzung des Risikomanagement-Systems erleichtert.

(2) Versicherungs- und Rückversicherungsunternehmen, die gemäß § 182 und § 183 ein internes Voll- oder Partialmodell verwenden, haben die Risikomanagement-Funktion mit folgenden zusätzlichen Aufgaben zu betrauen:

1. Konzeption und Umsetzung des internen Modells,

2. Test und Validierung des internen Modells,

3. Dokumentation des internen Modells und der nachträglichen Änderungen,

4. Leistungsanalyse des internen Modells

5. Erstellung zusammenfassender Berichte und

6. laufende Information des Vorstands bzw. des Verwaltungsrats und der geschäftsführenden Direktoren über

a) die Leistung des internen Modells,

b) Empfehlungen zur Verbesserung mangelhafter Bereiche und

c) aktuell vorgenommene Verbesserungen zur Behebung festgestellter Schwachstellen.

3. Abschnitt

Versicherungsmathematische Funktion und verantwortlicher Aktuar

Versicherungsmathematische Funktion

§ 113. (1) Versicherungs- und Rückversicherungsunternehmen haben eine wirksame Funktion auf dem Gebiet der Versicherungsmathematik einzurichten, die mit folgenden Aufgaben betraut ist:

1. Koordinierung der Berechnung der versicherungstechnischen Rückstellungen gemäß dem 1. Abschnitt des 8. Hauptstücks,

2. Gewährleistung der Angemessenheit der verwendeten Methoden und Basismodelle und der bei der Berechnung der versicherungstechnischen Rückstellungen gemäß dem 1. Abschnitt des 8. Hauptstücks getroffenen Annahmen,

3. Bewertung der Hinlänglichkeit und der Qualität der Daten, die bei der Berechnung der versicherungstechnischen Rückstellungen gemäß dem 1. Abschnitt des 8. Hauptstücks zugrunde gelegt werden,

4. Vergleich der besten Schätzwerte mit den Erfahrungswerten,

5. Information des Vorstands bzw. des Verwaltungsrats und der geschäftsführenden Direktoren über die Verlässlichkeit und Angemessenheit der Berechnung der versicherungstechnischen Rückstellungen gemäß dem 1. Abschnitt des 8. Hauptstücks,

6. Überwachung der Berechnung der versicherungstechnischen Rückstellungen gemäß dem 1. Abschnitt des 8. Hauptstücks im Anwendungsbereich des § 164,

7. Abgabe einer Stellungnahme zur generellen Zeichnungs- und Annahmepolitik und über die Angemessenheit der Rückversicherungsvereinbarungen und

8. Mitwirkung bei der wirksamen Umsetzung des Risikomanagement-Systems gemäß § 110, insbesondere im Hinblick auf die Schaffung von Risikomodellen, die der Berechnung der Solvenz- und Mindestkapitalanforderung zugrunde liegen, und bei der unternehmenseigenen Risiko- und Solvabilitätsbeurteilung gemäß § 111.

(2) Die Ausübung der Leitung der versicherungsmathematischen Funktion durch den verantwortlichen Aktuar oder seinen Stellvertreter (§ 114 Abs. 1) ist bei gleichzeitiger Erfüllung der jeweils vorgeschriebenen Voraussetzungen unter Berücksichtigung der Wesensart, des Umfangs und der Komplexität der Geschäftstätigkeiten des Versicherungsunternehmens zulässig.

Verantwortlicher Aktuar

§ 114. (1) Versicherungsunternehmen, die im Rahmen ihrer gemäß § 6 Abs. 1 erteilten Konzession die

1. Lebensversicherung,

2. Krankenversicherung nach Art der Lebensversicherung oder

3. Unfallversicherung nach Art der Lebensversicherung betreiben,

haben einen verantwortlichen Aktuar und einen Stellvertreter zu bestellen. Für die in Z 1 bis 3 genannten Versicherungen können je ein verantwortlicher Aktuar und Stellvertreter gesondert bestellt werden.

(2) Wesentliche Verfügungen über den verantwortlichen Aktuar und seinen Stellvertreter sind von mindestens zwei Mitgliedern des Vorstands bzw. des Verwaltungsrats gemeinsam zu treffen.

Bestellung zum verantwortlichen Aktuar

§ 115. (1) Zum verantwortlichen Aktuar oder seinem Stellvertreter dürfen nur eigenberechtigte natürliche Personen bestellt werden, die die erforderlichen fachlichen Qualifikationen besitzen und persönlich zuverlässig sind. Die fachliche Qualifikation setzt eine ausreichende, mindestens dreijährige Berufserfahrung als Aktuar voraus.

(2) Das Versicherungsunternehmen hat der FMA die beabsichtigte Bestellung eines verantwortlichen Aktuars und seines Stellvertreters anzuzeigen. Bestehen begründete Zweifel an der Erfüllung der Voraussetzungen für die Bestellung, so hat die FMA innerhalb von drei Monaten der Bestellung zu widersprechen und die Bestellung eines anderen verantwortlichen Aktuars oder Stellvertreters zu verlangen.

(3) Ergibt sich nach der Bestellung eines verantwortlichen Aktuars oder seines Stellvertreters, dass die Voraussetzungen für seine Bestellung nicht mehr vorliegen, oder ist aus anderen Gründen anzunehmen, dass die ordnungsgemäße Erfüllung der Aufgaben nicht mehr gewährleistet werden kann, so hat die FMA die Bestellung eines anderen verantwortlichen Aktuars oder seines Stellvertreters zu verlangen.

(4) Das Versicherungsunternehmen hat das Ausscheiden eines verantwortlichen Aktuars oder seines Stellvertreters der FMA unter Darlegung der Gründe, die für das Ausscheiden verantwortlich sind, unverzüglich anzuzeigen.

(5) Die FMA kann mit Verordnung nähere Bestimmungen über die fachliche Qualifikation und die persönliche Zuverlässigkeit des verantwortlichen Aktuars und seines Stellvertreters treffen. Es können darin insbesondere die notwendigen Unterlagen bezeichnet werden, die der FMA zum Nachweis der geforderten Voraussetzungen vorzulegen sind.

Aufgaben und Befugnisse des verantwortlichen Aktuars

§ 116. (1) Der verantwortliche Aktuar hat

1. darauf zu achten, dass die Erstellung der Tarife und die Berechnung der versicherungstechnischen Rückstellungen in der Lebensversicherung und in der nach Art der Lebensversicherung betriebenen Krankenversicherung und Unfallver-

sicherung nach den dafür geltenden Vorschriften und versicherungsmathematischen Grundlagen erfolgt,

2. darauf zu achten, dass die Gewinnbeteiligung der Versicherungsnehmer in der Lebensversicherung (§ 92 Abs. 4) dem Gewinnplan entspricht und

3. zu beurteilen, ob unter Bedachtnahme auf die Erträge aus den Kapitalanlagen nach den für die Berechnung der versicherungstechnischen Rückstellungen geltenden Vorschriften und versicherungsmathematischen Grundlagen mit der dauernden Erfüllbarkeit der Verpflichtungen aus den Versicherungsverträgen gerechnet werden kann.

(2) Der Vorstand bzw. der Verwaltungsrat und die geschäftsführenden Direktoren haben dem verantwortlichen Aktuar alle Informationen zur Verfügung zu stellen, die dieser zur Erfüllung seiner Aufgaben gemäß Abs. 1 benötigt.

(3) Der verantwortliche Aktuar hat dem Vorstand bzw. dem Verwaltungsrat und den geschäftsführenden Direktoren jährlich schriftlich einen Bericht über die Wahrnehmungen bei Ausübung seiner Tätigkeit gemäß Abs. 1 im vorangegangenen Geschäftsjahr zu erstatten. Das Versicherungsunternehmen hat den Bericht unverzüglich und jedenfalls innerhalb von fünf Monaten nach Ende des Geschäftsjahres der FMA vorzulegen; auf Antrag kann die FMA in begründeten Fällen diese Frist erstrecken. Die FMA hat mit Verordnung nähere Regelungen über Inhalt, Gliederung und Art der Übermittlung des Berichtes zu treffen.

(4) Stellt der verantwortliche Aktuar bei Ausübung seiner Tätigkeit gemäß Abs. 1 fest, dass die Erstellung der Tarife und die Berechnung der versicherungstechnischen Rückstellungen nicht nach den dafür geltenden Vorschriften und versicherungsmathematischen Grundlagen erfolgt oder dass die dauernde Erfüllbarkeit der Verpflichtungen aus den Versicherungsverträgen gefährdet ist, so hat er darüber unverzüglich dem Vorstand bzw. dem Verwaltungsrat und den geschäftsführenden Direktoren zu berichten. Tragen der Vorstand bzw. Verwaltungsrat oder die geschäftsführenden Direktorenden Vorstellungen des verantwortlichen Aktuars nicht Rechnung, so hat der verantwortliche Aktuar dies unverzüglich der FMA anzuzeigen.

(5) Der verantwortliche Aktuar hat in seinen Bericht (Abs. 3) einen Bestätigungsvermerk aufzunehmen. Dabei ist ausdrücklich anzugeben, ob der Bestätigungsvermerk uneingeschränkt oder eingeschränkt erteilt wird. Der verantwortliche Aktuar hat den Bestätigungsvermerk oder den Vermerk über seine Versagung unter Angabe von Ort und Tag zu unterzeichnen. Die Verantwortlichkeit der Organe des Versicherungsunternehmens wird durch den Bestätigungsvermerk des verantwortlichen Aktuars nicht berührt.

(6) In einem uneingeschränkten Bestätigungsvermerk hat der verantwortliche Aktuar zu erklären, dass

1. die Deckungsrückstellung gemäß § 152 und die Prämienüberträge gemäß § 151 nach den dafür geltenden Vorschriften und versicherungsmathematischen Grundlagen berechnet und die dabei verwendeten versicherungsmathematischen Grundlagen angemessen sind und dem Prinzip der Vorsicht genügen und

2. in der Lebensversicherung

a) die Prämien für neu abgeschlossene Versicherungsverträge voraussichtlich ausreichen, um die dauernde Erfüllbarkeit der Verpflichtungen aus den Versicherungsverträgen zu gewährleisten, insbesondere die Bildung angemessener Rückstellungen gemäß dem 7. Hauptstück zu ermöglichen und

b) die Gewinnbeteiligung der Versicherungsnehmer dem Gewinnplan entspricht.

(7) Sind Einwendungen zu erheben, so hat der verantwortliche Aktuar seine Erklärung nach Abs. 6 einzuschränken oder den Bestätigungsvermerk zu versagen. Die Versagung ist in einen Vermerk, der nicht als Bestätigungsvermerk zu bezeichnen ist, aufzunehmen. Die Einschränkung oder Versagung ist zu begründen.

(8) Der verantwortliche Aktuar ist den Sitzungen des Prüfungsausschusses gemäß § 261 Abs. 4, die sich mit der Vorbereitung der Feststellung des Jahresabschlusses (Konzernabschlusses) und dessen Prüfung beschäftigen, beizuziehen und hat über die wesentlichen Ergebnisse seines Berichtes (Abs. 3) und den Bestätigungsvermerk (Abs. 6) sowie über allfällige Einwendungen und Versagungen (Abs. 7) zu berichten.

4. Abschnitt

Interne Kontrolle, Compliance und interne Revisions-Funktion

Internes Kontrollsystem

§ 117. Versicherungs- und Rückversicherungsunternehmen haben ein wirksames internes Kontrollsystem einzurichten, das zumindest umfasst:

1. Verwaltungs- und Rechnungslegungsverfahren,

2. einen internen Kontrollrahmen,

3. ein angemessenes Melde- und Berichtswesen auf allen Unternehmensebenen und

4. eine Compliance-Funktion.

Compliance-Funktion

§ 118. Die Compliance-Funktion hat insbesondere folgende Aufgaben zu erfüllen:

1. Beratung des Vorstands bzw. des Verwaltungsrats und der geschäftsführenden Direktoren in Bezug auf die Einhaltung der für den Betrieb der Vertragsversicherung geltenden Vorschriften,

2. Beurteilung der möglichen Auswirkungen von Änderungen des Rechtsumfelds auf die Tätigkeit des Versicherungs- oder Rückversicherungsunternehmens und

3. Identifizierung und Beurteilung des mit der Nicht-Einhaltung der rechtlichen Vorgaben verbundenen Risikos (Compliance-Risiko).

Interne Revisions-Funktion

§ 119. (1) Versicherungs- und Rückversicherungsunternehmen haben eine wirksame interne Revisions-Funktion einzurichten. Diese hat die Gesetzmäßigkeit, Ordnungsmäßigkeit und Zweckmäßigkeit des Geschäftsbetriebes des Versicherungs- oder Rückversicherungsunternehmens sowie die Angemessenheit und Wirksamkeit des internen Kontrollsystems und der anderen Bestandteile des Governance-Systems zu prüfen.

(2) Die interne Revisions-Funktion hat objektiv und von anderen operativen Tätigkeiten unabhängig zu sein. Sie hat alle Feststellungen und Empfehlungen dem Vorstand bzw. dem Verwaltungsrat und den geschäftsführenden Direktoren mitzuteilen. Der Vorstand bzw. der Verwaltungsrat hat zu beschließen, welche Maßnahmen auf Grund der Feststellungen zu ergreifen sind und hat die Durchführung dieser beschlossenen Maßnahmen sicherzustellen.

(3) Zusätzlich zu Abs. 2 und den Bestimmungen der Durchführungsverordnung (EU) hat die interne Revisions-Funktion die Inhalte des Prüfplanes und wesentliche Feststellungen und Empfehlungen auf Grund durchgeführter Prüfungen quartalsweise dem Vorsitzenden des Aufsichtsrats bzw. des Verwaltungsrats des Versicherungs- oder Rückversicherungsunternehmens sowie dem Prüfungsausschuss mitzuteilen. Der Vorsitzende des Aufsichtsrats bzw. des Verwaltungsrats hat in der nächstfolgenden Sitzung des Aufsichtsrats bzw. des Verwaltungsrats über die Prüfungsgebiete und die wesentlichen Prüfungsfeststellungen zu berichten.

5. Abschnitt

Fachliche Qualifikation und persönliche Zuverlässigkeit

Allgemeine Bestimmungen

§ 120. (1) Versicherungs- und Rückversicherungsunternehmen haben sicherzustellen, dass alle Personen, die das Unternehmen tatsächlich leiten oder Governance- oder andere Schlüsselfunktionen innehaben, jederzeit

1. über ausreichende Berufsqualifikationen, Kenntnisse und Erfahrungen verfügen, um ein solides und vorsichtiges Management zu gewährleisten (fachliche Qualifikation) und

2. zuverlässig und integer sind (persönliche Zuverlässigkeit).

(2) Für Mitglieder des Vorstands bzw. des Verwaltungsrats und geschäftsführende Direktoren gilt zusätzlich zu Abs. 1:

1. Mindestens zwei Mitglieder des Vorstands bzw. des Verwaltungsrats haben über ausreichende Kenntnisse und Erfahrungen im Versicherungsgeschäft sowie Leitungserfahrung zu verfügen; dies ist in der Regel anzunehmen, wenn eine zumindest dreijährige leitende Tätigkeit bei einem Versicherungs- oder Rückversicherungsunternehmen von vergleichbarer Größe und Geschäftsart nachgewiesen wird. Gehören geschäftsführende Direktoren nicht dem Verwaltungsrat an, so muss diese Voraussetzung von mindestens einem Mitglied des Verwaltungsrats und mindestens einem geschäftsführenden Direktor erfüllt werden; bei den weiteren Personen genügen Kenntnisse und Erfahrungen auf anderen Gebieten, die für den Betrieb des Versicherungsgeschäftes von wesentlicher Bedeutung sind, und eine leitende Tätigkeit bei entsprechenden Unternehmen. Mindestens ein Mitglied des Vorstands bzw. des Verwaltungsrats hat die deutsche Sprache zu beherrschen; gehören geschäftsführende Direktoren nicht dem Verwaltungsrat an, so hat mindestens einer von ihnen die deutsche Sprache zu beherrschen.

2. Persönliche Zuverlässigkeit bei den Mitgliedern des Vorstands bzw. des Verwaltungsrats und bei geschäftsführenden Direktoren ist jedenfalls dann nicht gegeben, wenn ein Ausschließungsgrund im Sinne des § 13 GewO 1994 vorliegt oder über das Vermögen dieser Personen beziehungsweise das Vermögen eines anderen Rechtsträgers als einer natürlichen Person, auf dessen Geschäfte diesen Personen maßgeblicher Einfluss zusteht oder zugestanden ist, Insolvenz eröffnet wurde, es sei denn, im Rahmen des Insolvenzverfahrens ist es zum Abschluss eines insolvenzrechtlichen Sanierungsplanes gekommen, der erfüllt wurde. Dies gilt auch, wenn ein damit vergleichbarer Tatbestand im Ausland verwirklicht wurde.

3. Mitglieder des Vorstands dürfen frühestens nach Ablauf einer Periode von zwei Jahren nach Beendigung ihrer Funktion eine Tätigkeit als Vorsitzender des Aufsichtsrats innerhalb desselben Versicherungs- oder Rückversicherungsunternehmens aufnehmen, in dem sie zuvor in den geschäftsleitenden Funktion tätig waren. Nimmt ein Mitglied des Vorstands entgegen dieser Bestimmung eine Funktion als Vorsitzender des Aufsichtsrats ein, so gilt er als nicht zum Vorsitzenden gewählt.

4. Mitglieder des Vorstands bzw. des Verwaltungsrats und die geschäftsführenden Direktoren dürfen keine Tätigkeit ausüben, die geeignet ist, die ordnungsmäßige Geschäftsführung des Versicherungs- oder Rückversicherungsunternehmens zu beeinträchtigen. Sie dürfen auch keinen Hauptberuf außerhalb des Versicherungs- Bank- oder Pensionskassenwesens sowie außerhalb von Zahlungsinstituten, E-Geld-Instituten, Wertpapierfirmen oder Wertpapierdienstleistungsunternehmen ausüben.

(3) Die Leitung der

1. Risikomanagement-Funktion,

2. Compliance-Funktion,

3. internen Revisions-Funktion,

4. versicherungsmathematischen Funktion oder

5. anderen Schlüsselfunktionen

darf nur von eigenberechtigten natürlichen Personen wahrgenommen werden, die für ihr Aufgabengebiet über eine ausreichende fachliche Qualifikation in den für Versicherungs- und Rückversicherungsunternehmen relevanten Bereichen verfügt, die der Wesensart, dem Umfang und der Komplexität der Risiken, die mit der Geschäftstätigkeit einhergehen, angemessen sind. Dies ist in der Regel dann anzunehmen, wenn ein einschlägiges Studium abgeschlossen wurde und eine zumindest dreijährige einschlägige Berufserfahrung nachgewiesen wird. Die Leitung der versicherungsmathematischen Funktion darf darüber hinaus nur von Personen wahrgenommen werden, die über ausreichende Kenntnisse der Versicherungs- und der Finanzmathematik verfügen, die der Wesensart, dem Umfang und der Komplexität der Risiken, die mit der Geschäftstätigkeit einhergehen, angemessen sind und ihre einschlägigen Erfahrungen in Bezug auf anwendbare fachliche und sonstige Standards ausreichend darlegen können.

(4) Versicherungs- und Rückversicherungsunternehmen haben angemessene Vertretungsregelungen für Governance-Funktionen und andere Schlüsselfunktionen vorzusehen, wobei die Anforderungen gemäß Abs. 3 auf die Stellvertreter sinngemäß anzuwenden sind.

(5) Die FMA kann unter Berücksichtigung der Durchführungsverordnung (EU), der Leitlinien (EIOPA) und der Empfehlungen (EIOPA) mit Verordnung nähere Bestimmungen über die fachliche Qualifikation und die persönliche Zuverlässigkeit von Personen gemäß Abs. 3, treffen. Es können darin insbesondere die notwendigen Unterlagen bezeichnet werden, die der FMA zum Nachweis der geforderten Voraussetzungen vorzulegen sind.

Zuverlässigkeitsnachweis

§ 121. (1) Die FMA hat bei Staatsangehörigen anderer Mitgliedstaaten

1. die Vorlage eines Strafregisterauszugs oder

2. in Ermangelung eines Strafregisterauszugs die Vorlage einer von einer zuständigen Justiz- oder Verwaltungsbehörde des Herkunfts- oder Heimatmitgliedstaats des jeweilig betroffenen Staatsangehörigen ausgestellten gleichwertigen Urkunde, aus der sich ergibt, dass diese Anforderungen erfüllt sind,

als ausreichenden Nachweis der Voraussetzungen gemäß § 120 Abs. 1 Z 2 und Abs. 2 Z 2 anzuerkennen.

(2) Wird im Herkunfts- oder Heimatmitgliedstaat des jeweilig betroffenen Staatsangehörigen die in Abs. 1 genannte Urkunde nicht ausgestellt, so kann sie

1. durch eine eidesstattliche Erklärung oder

2. in Ermangelung einer eidesstattlichen Erklärung gemäß Z 1 durch eine feierliche Erklärung, die der jeweilig betroffene Staatsangehörige vor einer zuständigen Justiz- oder Verwaltungsbehörde oder gegebenenfalls vor einem Notar des Herkunfts- oder Heimatmitgliedstaats abgegeben hat,

ersetzt werden. Die von der zuständigen Justiz- Verwaltungsbehörde oder dem Notar ausgestellte Bescheinigung ist von der FMA anzuerkennen. Dies gilt ebenfalls für eine Erklärung, dass keine Insolvenz eingetreten ist, die vor einem hierzu befugten Berufsverband des betreffenden Mitgliedstaats abgegeben wurde.

(3) Die in den Abs. 1 und 2 genannten Urkunden, Erklärungen und Bescheinigungen dürfen bei ihrer Vorlage nicht älter als drei Monate sein.

(4) Die Abs. 1 bis 3 sind sinngemäß auf Staatsangehörige aus Drittländern anzuwenden.

Anzeige an die FMA

§ 122. (1) Versicherungs- und Rückversicherungsunternehmen haben der FMA

1. die beabsichtigte Bestellung von Mitgliedern des Vorstands bzw. des Verwaltungsrats und von geschäftsführenden Direktoren spätestens einen Monat vor der Bestellung und

2. die Bestellung von Personen, die das Unternehmen tatsächlich leiten oder für Governance- oder andere Schlüsselfunktionen verantwortlich sind, unverzüglich nach der Bestellung

anzuzeigen. Der Anzeige an die FMA sind alle Unterlagen beizulegen, die notwendig sind, damit die fachliche Qualifikation und die persönliche Eignung überprüft werden kann. Mit der Anmeldung der Eintragung von Mitgliedern des Vorstands bzw. des Verwaltungsrats und von geschäftsführenden Direktoren in das Firmenbuch ist die Anzeige der Bestellung vorzulegen.

(2) Bestehen bei der Bestellung der Personen gemäß Abs. 1 begründete Zweifel an der Erfüllung der fachlichen Qualifikation oder der persönlichen Zuverlässigkeit, so hat die FMA der Bestellung zu widersprechen und vom Versicherungs- oder Rückversicherungsunternehmen die Bestellung anderer geeigneter Personen zu verlangen. Ergeben sich erst nach der Bestellung begründete Zweifel oder fallen die Voraussetzungen für die Bestellung nachträglich weg oder ist aus anderen Gründen anzunehmen, dass die in Abs. 1 genannten Personen ihre Aufgaben nicht mehr ordnungsgemäß erfüllen können, so hat die FMA vom Versicherungs- oder Rückversicherungsunternehmen die Bestellung anderer geeigneter Personen zu verlangen.

(3) Der FMA ist im Hinblick auf die in Abs. 1 genannten Personen unverzüglich anzuzeigen:

1. Änderungen in den Voraussetzungen gemäß § 120 Abs. 1 bis 3,

2. der Ersatz wegen Nicht-Erfüllung der Voraussetzungen gemäß § 120 Abs. 1 oder

3. deren Ausscheiden.

Vorschriften für den Aufsichtsrat

§ 123. (1) Die Mitglieder des Aufsichtsrats haben die in § 120 Abs. 1 genannten Voraussetzungen zu erfüllen.

(2) Der Vorsitzende des Aufsichtsrats hat zusätzlich zu Abs. 1 über angemessene theoretische und praktische Kenntnisse, die für den Betrieb und die Rechnungslegung eines Versicherungs- oder Rückversicherungsunternehmens erforderlich sind, zu verfügen. Darüber hinaus hat er auch die Vorschriften über die persönliche Zuverlässigkeit gemäß § 120 Abs. 2 Z 2 sowie die Voraussetzungen gemäß § 120 Abs. 2 Z 4 erster Satz zu erfüllen.

(3) Die Wahl bzw. Bestellung und das Ausscheiden von Mitgliedern des Aufsichtsrats ist der FMA unverzüglich anzuzeigen.

(4) Die Wahl und das Ausscheiden des Vorsitzenden des Aufsichtsrats ist der FMA unverzüglich anzuzeigen. Der Anzeige über die Wahl sind alle Unterlagen beizulegen, die notwendig sind, damit die fachliche Qualifikation und die persönliche Eignung überprüft werden kann.

(5) Auf Antrag der FMA hat der zur Ausübung der Gerichtsbarkeit in Handelssachen berufene Gerichtshof erster Instanz im Verfahren außer Streitsachen die Wahl des Vorsitzenden des Aufsichtsrats zu widerrufen, wenn dieser die in Abs. 1 und 2 genannten Anforderungen nicht erfüllt. Der Antrag ist binnen vier Wochen nach der Anzeige der Wahl zu stellen. Bis zur rechtskräftigen Entscheidung des Gerichts ruht die Funktion des Vorsitzenden des Aufsichtsrats. Liegen die Anforderungen zum Zeitpunkt der Wahl vor und fallen diese nachträglich weg, so hat die FMA binnen vier Wochen nach Feststellung des Nicht-Vorliegens der Anforderungen einen Antrag zur Abberufung an den zur Ausübung der Gerichtsbarkeit in Handelssachen berufenen Gerichtshof erster Instanz im Verfahren außer Streitsachen zu stellen. Die Funktion des Vorsitzenden des Aufsichtsrats ruht ebenfalls bis zur rechtskräftigen Entscheidung des Gerichts.

(6) Rechte und Pflichten, die dem Verwaltungs-Management- oder Aufsichtsorgan gemäß der Durchführungsverordnung (EU) zukommen, kommen bei Versicherungs- und Rückversicherungsunternehmen dem Vorstand bzw. dem Verwaltungsrat und den geschäftsführenden Direktoren, in Bezug auf die Bestimmungen über die fachliche Qualifikation gemäß Art. 273 Abs. 3 und die Anwendung der Vergütungsregeln gemäß Art. 275 Abs. 1 lit. c der Durchführungsverordnung (EU) auch dem Aufsichtsrat zu.

(7) In Versicherungs- oder Rückversicherungsunternehmen, deren verrechnete Prämien des gesamten auf Grund der Konzession betriebenen Geschäfts 750 Millionen Euro übersteigen oder die übertragbare Wertpapiere ausgegeben haben, die zum Handel an einem geregelten Markt gemäß § 1 Abs. 2 BörseG zugelassen sind, ist vom Aufsichtsrat bzw. Verwaltungsrat ein Prüfungsausschuss zu bestellen, der sich aus mindestens drei Mitgliedern des Aufsichtsrats bzw. des Verwaltungsrats zusammensetzt. Diesem muss eine Person angehören, die über besondere Kenntnisse und praktische Erfahrung im Betrieb und in der Rechnungslegung eines Versicherungs- oder Rückversicherungsunternehmens und in der Berichterstattung in für das betreffende Versicherungs- oder Rückversicherungsunternehmen angemessener Weise verfügt (Finanzexperte). Vorsitzender des Prüfungsausschusses oder Finanzexperte darf nicht sein, wer in den letzten drei Jahren Mitglied des Vorstands oder des Verwaltungsrats, geschäftsführender Direktor, leitender Angestellter (§ 80 AktG) oder Abschlussprüfer des Versicherungs- und Rückversicherungsunternehmens war oder den Bestätigungsvermerk unterfertigt hat oder aus anderen Gründen nicht unabhängig und unbefangen ist. Der Prüfungsausschuss hat zumindest zwei Sitzungen im Geschäftsjahr abzuhalten. Der Abschlussprüfer ist den Sitzungen des Prüfungsausschusses, die sich mit der Vorbereitung der Feststellung des Jahresabschlusses (Konzernabschlusses) und dessen Prüfung beschäftigen, zuzuziehen und hat über die Abschlussprüfung zu berichten. Zu den Aufgaben des Prüfungsausschusses gehören:

1. die Überwachung des Rechnungslegungsprozesses,

2. die Überwachung der Wirksamkeit des internen Kontrollsystems, der internen Revisions-

Funktion, und des Risikomanagementsystems des Unternehmens,

3. die Überwachung der Abschlussprüfung und Konzernabschlussprüfung,

4. die Prüfung und Überwachung der Unabhängigkeit des Abschlussprüfers (Konzernabschlussprüfers), insbesondere im Hinblick auf die für das geprüfte Unternehmen erbrachten zusätzlichen Leistungen,

5. die Prüfung und Vorbereitung der Feststellung des Jahresabschlusses, des Vorschlags für die Gewinnverteilung, des Lageberichts, des Berichts über die Solvabilität und Finanzlage und gegebenenfalls des Corporate Governance-Berichts sowie die Erstattung des Berichts über die Prüfungsergebnisse an den Aufsichtsrat bzw. den Verwaltungsrat,

6. gegebenenfalls die Prüfung des Konzernabschlusses und -lageberichts und des Berichts über die Solvabilität und Finanzlage auf Gruppenebene sowie die Erstattung des Berichts über die Prüfungsergebnisse an das Aufsichtsorgan des Mutterunternehmens und

7. die Vorbereitung des Vorschlags des Aufsichtsrats bzw. des Verwaltungsrats für die Auswahl des Abschlussprüfers (Konzernabschlussprüfers).

6. Abschnitt
Kapitalanlagen

Grundsatz der unternehmerischen Vorsicht

§ 124. (1) Versicherungs- und Rückversicherungsunternehmen haben ihre gesamten Vermögenswerte gemäß den folgenden Grundsätzen anzulegen:

1. In Bezug auf das gesamte Vermögensportfolio dürfen Versicherungs- und Rückversicherungsunternehmen lediglich in Vermögenswerte und Instrumente investieren, deren Risiken sie angemessen erkennen, messen, überwachen, managen, steuern können, über deren Risiken sie angemessen berichten können und deren Risiken sie bei der Beurteilung des Gesamtsolvabilitätsbedarfs gemäß § 111 Abs. 1 Z 1 angemessen berücksichtigen können.

2. Sämtliche Vermögenswerte sind auf eine Art und Weise anzulegen, die die Sicherheit, die Qualität, die Liquidität und die Rentabilität des gesamten Portfolios gewährleistet. Außerdem hat die Belegenheit dieser Vermögenswerte ihre Verfügbarkeit sicherzustellen.

3. Vermögenswerte, die zur Bedeckung der versicherungstechnischen Rückstellungen gemäß dem 1. Abschnitt des 8. Hauptstücks gehalten werden, sind darüber hinaus auf eine Art und Weise anzulegen, die der Wesensart und der Laufzeit der Versicherungs- und Rückversicherungsverbindlichkeiten angemessen ist. Diese Vermögenswerte sind im besten Interesse aller Versicherungsnehmer und Anspruchsberechtigten und unter Berücksichtigung jeglicher offengelegten strategischen Ziele anzulegen.

4. Im Falle eines Interessenkonflikts haben Versicherungs- und Rückversicherungsunternehmen oder das mit der Verwaltung ihres Vermögensportfolios betraute Unternehmen dafür zu sorgen, dass die Anlage im besten Interesse der Versicherungsnehmer und Anspruchsberechtigten erfolgt.

5. Die Verwendung derivativer Finanzinstrumente ist zulässig, wenn sie zur Verringerung von Risiken oder zur Erleichterung einer effizienten Portfolioverwaltung beitragen; diese Voraussetzung wird jedenfalls nicht erfüllt durch Geschäfte bei denen zugrunde liegende Risikopositionen nicht vorhanden sind (Leerverkäufe).

6. Kapitalanlagen und Vermögenswerte, die nicht zum Handel an einem geregelten Finanzmarkt zugelassen sind, sind auf einem vorsichtigen Niveau zu halten.

7. Die Vermögenswerte sind in angemessener Weise so zu mischen und zu streuen, dass eine übermäßige Abhängigkeit von

a) einem bestimmten Vermögenswert,

b) ein und demselben Emittenten oder von Emittenten, die derselben Unternehmensgruppe angehören oder einer bestimmten Unternehmensgruppe oder

c) einer geografischen Region

vermieden wird und insgesamt eine übermäßige Risikokonzentration im Portfolio vermieden wird.

(2) Versicherungs- und Rückversicherungsunternehmen haben durch geeignete Maßnahmen sicherzustellen, dass die Bedeckung der versicherungstechnischen Rückstellungen gemäß Abs. 1 Z 3 ausreichend dokumentiert ist.

Besondere Bestimmungen für die fonds- und indexgebundene Lebensversicherung

§ 125. (1) Für Vermögenswerte, die für die fonds- und indexgebundene Lebensversicherung gehalten werden, gelten Abs. 2 bis 4 und § 124 Abs. 1 Z 1 bis 4 und Abs. 2.

(2) Bei der fondsgebundenen Lebensversicherung haben Versicherungsunternehmen die versicherungstechnischen Rückstellungen gemäß dem 1. Abschnitt des 8. Hauptstücks so genau wie möglich durch die betreffenden Anteile an Kapitalanlagefonds zu bedecken.

(3) Bei der indexgebundenen Lebensversicherung haben Versicherungsunternehmen die versicherungstechnischen Rückstellungen gemäß dem 1. Abschnitt des 8. Hauptstücks so genau wie möglich entweder durch die Anteile, die den Referenzwert darstellen sollen, oder, sofern keine

Anteile gebildet werden, durch Vermögenswerte mit angemessener Sicherheit und Realisierbarkeit zu bedecken, die so genau wie möglich denjenigen Werten entsprechen, auf denen der jeweilige Referenzwert beruht.

(4) Wenn die in Abs. 2 und 3 genannten Lebensversicherungen eine Garantie einschließen und hiefür zusätzliche Rückstellungen zu bilden sind, so sind § 124 Abs. 1 Z 5 bis 7 auf die zur Bedeckung dieser Rückstellungen gehaltenen Vermögenswerte anzuwenden.

Qualitative Vorgaben für Kapitalanlagen

§ 126. Die FMA kann mit Zustimmung des Bundesministers für Finanzen mit Verordnung nähere qualitative Vorgaben zu den in § 124 Abs. 1 und § 125 dargestellten Grundsätzen der unternehmerischen Vorsicht festlegen.

Erwerb und Veräußerung von wesentlichen Anteilen

§ 127. (1) Der Erwerb und die Veräußerung von Anteilen an Kapitalgesellschaften durch ein Versicherungs- oder Rückversicherungsunternehmen sind der FMA unverzüglich anzuzeigen, sofern

1. die direkten oder indirekten Anteile 50 vH des Grund- oder Stammkapitals dieser Gesellschaft übersteigen,

2. der Kaufpreis 10 vH der Eigenmittel des Versicherungs- oder Rückversicherungsunternehmens übersteigt,

3. durch den Erwerb verbundene Unternehmen im Sinne von § 228 Abs. 3 UGB geschaffen werden oder

4. durch die Veräußerung Unternehmen nicht mehr als verbundene Unternehmen im Sinn von § 228 Abs. 3 UGB anzusehen sind.

Dies gilt auch für den Erwerb und die Veräußerung zusätzlicher Anteile sowie die betragliche Erhöhung angezeigter Anteile, wenn die vorstehenden Grenzen bereits überschritten sind oder dadurch überschritten oder unterschritten werden. Bei der Berechnung des Anteils am Grund- oder Stammkapital der fremden Gesellschaft sind die Anteile von verbundenen Unternehmen zusammenzurechnen.

(2) Eventualverpflichtungen und Gewinn- und Verlustabführungsverträge, die im Zusammenhang mit bestehenden oder erworbenen Anteilen eingegangen oder aufgelöst werden, sowie der Erwerb und die Veräußerung einer Beteiligung an einer Personengesellschaft des Unternehmensrechts als persönlich haftender Gesellschafter sind stets anzuzeigen.

(3) Der Erwerb und die Veräußerung von Anteilen und Beteiligungen sind, sofern es sich dabei nicht um Beteiligungen an Kapitalgesellschaften oder um die Beteiligung an Personengesellschaften des Unternehmensrechts als persönlich haftender Gesellschafter handelt, der FMA dann anzuzeigen, wenn der Kaufpreis 1 vH der Eigenmittel des Versicherungsunternehmens übersteigt. Dies gilt auch für den Erwerb und die Veräußerung zusätzlicher Anteile sowie die betragliche Erhöhung angezeigter Anteile, wenn die vorstehende Grenze bereits überschritten ist oder dadurch überschritten oder unterschritten wird.

(4) Die FMA kann vom Versicherungs- oder Rückversicherungsunternehmen alle erforderlichen Auskünfte über das Unternehmen, an dem Anteile oder Beteiligungen gemäß Abs. 1, 2 oder 3 gehalten werden, insbesondere die Vorlage des Jahresabschlusses und anderer geeigneter Geschäftsunterlagen verlangen. Solche Auskünfte dürfen nicht unter Berufung auf eine nach anderen Vorschriften bestehende Verschwiegenheitspflicht verweigert werden.

6. Hauptstück

Verhinderung der Geldwäscherei und der Terrorismusfinanzierung

Anwendungsbereich und Begriffsbestimmungen

§ 128. (1) Die Bestimmungen dieses Hauptstücks gelten für Versicherungsunternehmen im Rahmen des Betriebes der Lebensversicherung.

(2) Für die Zwecke dieses Hauptstücks gelten folgende Begriffsbestimmungen:

1. politisch exponierte Personen: diejenigen natürlichen Personen, die wichtige öffentliche Ämter ausüben und deren unmittelbare Familienmitglieder oder ihnen bekanntermaßen nahe stehende Personen; unbeschadet der im Rahmen der verstärkten Sorgfaltspflichten gegenüber Kunden auf risikobezogener Grundlage getroffenen Maßnahmen sind Versicherungsunternehmen jedoch nicht verpflichtet, eine Person, die seit mindestens einem Jahr keine wichtigen öffentlichen Ämter mehr ausübt, als politisch exponiert zu betrachten;

a) „Wichtige öffentliche Ämter" sind hierbei die folgenden Funktionen:

aa) Staatschefs, Regierungschefs, Minister, stellvertretende Minister und Staatssekretäre;

bb) Parlamentsmitglieder;

cc) Mitglieder von obersten Gerichten, Verfassungsgerichten oder sonstigen hochrangigen Institutionen der Justiz, gegen deren Entscheidungen, von außergewöhnlichen Umständen abgesehen, kein Rechtsmittel eingelegt werden kann;

dd) Mitglieder der Rechnungshöfe oder der Vorstände von Zentralbanken;

ee) Botschafter, Geschäftsträger oder hochrangige Offiziere der Streitkräfte und

ff) Mitglieder der Verwaltungs- Leitungs- oder Aufsichtsorgane staatlicher Unternehmen.

Sublit. aa bis ee gelten auch für Positionen auf Unionsebene und für Positionen bei internationalen Organisationen.

b) Als „unmittelbare Familienmitglieder" gelten:

aa) Ehepartner;

bb) der Partner, der nach einzelstaatlichem Recht dem Ehepartner gleichgestellt ist;

cc) die Kinder und deren Ehepartner oder Partner, die nach einzelstaatlichem Recht dem Ehepartner gleichgestellt sind und

dd) die Eltern.

c) Als „bekanntermaßen nahe stehende Personen" gelten folgende Personen:

aa) jede natürliche Person, die bekanntermaßen mit einem Inhaber eines wichtigen öffentlichen Amtes gemeinsame wirtschaftliche Eigentümerin von Rechtspersonen, wie beispielsweise Stiftungen, oder von Trusts ist oder ein sonstiges enges geschäftliches Naheverhältnis zum Inhaber eines wichtigen öffentlichen Amtes unterhält und

bb) jede natürliche Person, die alleinige wirtschaftliche Eigentümerin von Rechtspersonen, wie beispielsweise Stiftungen, oder von Trusts ist, die bekanntermaßen tatsächlich zum Nutzen des Inhabers eines wichtigen öffentlichen Amtes errichtet wurden.

2. Geschäftsbeziehung: eine geschäftliche Beziehung, die zwischen dem Versicherungsunternehmen und dem oder den Kunden durch den Abschluss eines Versicherungsvertrages, die Übernahme eines Versicherungsvertrages oder die Abtretung eines Anspruches aus einem Versicherungsvertrag begründet wird.

3. wirtschaftlicher Eigentümer: die natürlichen Personen, in deren Eigentum oder unter deren Kontrolle der Kunde letztlich steht. Der Begriff des wirtschaftlichen Eigentümers umfasst insbesondere:

a) bei Gesellschaften:

aa) die natürlichen Personen, in deren Eigentum oder unter deren Kontrolle eine Rechtsperson über das direkte oder indirekte Halten oder Kontrollieren eines ausreichenden Anteils von Aktien oder Stimmrechten jener Rechtsperson, einschließlich über Beteiligungen in Form von Inhaberaktien, letztlich steht, bei der es sich nicht um eine auf einem geregelten Markt notierte Gesellschaft handelt, die dem Unionsrecht entsprechenden Offenlegungsanforderungen oder gleichwertigen internationalen Standards unterliegt; ein Anteil von 25 vH plus einer Aktie gilt als ausreichend, damit dieses Kriterium erfüllt wird und

bb) die natürlichen Personen, die auf andere Weise die Kontrolle über die Geschäftsführung einer Rechtsperson ausüben;

b) bei Rechtspersonen, wie beispielsweise Stiftungen, und bei Trusts, die Gelder verwalten oder verteilen:

aa) sofern die künftigen Begünstigten bereits bestimmt wurden, jene natürlichen Personen, die die Begünstigten von 25 vH oder mehr der Zuwendungen eines Trusts oder einer Rechtsperson sind;

bb) sofern die Einzelpersonen, die Begünstigte des Trusts oder der Rechtsperson sind, noch nicht bestimmt wurden, die Gruppe von Personen, in deren Interesse hauptsächlich der Trust oder die Rechtsperson wirksam ist oder errichtet wurde und

cc) die natürlichen Personen, die eine Kontrolle über 25 vH oder mehr des Vermögens eines Trusts oder einer Rechtsperson ausüben.

4. Kunde: der Versicherungsnehmer und der Begünstigte aus dem Versicherungsvertrag. Dem Begünstigten ist derjenige gleichzuhalten, der die Ansprüche aus einem Versicherungsvertrag abgetreten erhält.

Sorgfaltspflichten zur Bekämpfung von Geldwäscherei und Terrorismusfinanzierung

§ 129. (1) Versicherungsunternehmen haben die Identität eines Kunden festzustellen und zu überprüfen:

1. vor Begründung einer Geschäftsbeziehung;

2. vor Durchführung von allen nicht in den Rahmen einer Geschäftsbeziehung fallenden Transaktionen, deren Betrag sich auf mindestens 15 000 Euro oder Euro-Gegenwert beläuft, und zwar unabhängig davon, ob die Transaktion in einem einzigen Vorgang oder in mehreren Vorgängen, zwischen denen eine Verbindung offenkundig gegeben ist, getätigt wird; ist der Betrag vor Beginn der Transaktion nicht bekannt, so ist die Identität dann festzustellen, sobald der Betrag bekannt ist und festgestellt wird, dass er mindestens 15 000 Euro oder Euro-Gegenwert beträgt;

3. wenn der Verdacht oder der berechtigte Grund zu der Annahme besteht, dass der Kunde einer terroristischen Vereinigung (§ 278b StGB) angehört oder dass der Kunde objektiv an Transaktionen mitwirkt, die der Geldwäscherei (§ 165 StGB – unter Einbeziehung von Vermögensbestandteilen, die aus einer strafbaren Handlung des Täters selbst herrühren) oder der Terrorismusfinanzierung (§ 278d StGB) dienen;

4. bei Zweifel an der Echtheit oder der Angemessenheit zuvor erhaltener Kundenidentifikationsdaten.

Die Identität eines Kunden ist durch persönliche Vorlage seines amtlichen Lichtbildausweises festzustellen. Als amtlicher Lichtbildausweis in diesem Sinn gelten von einer staatlichen Behörde ausgestellte Dokumente, die mit einem nicht austauschbaren erkennbaren Kopfbild der betreffenden Person versehen sind, und den Namen, das Geburtsdatum und die Unterschrift der Person sowie die ausstellende Behörde enthalten. Bei Reisedokumenten von Fremden muss das vollständige Geburtsdatum dann nicht im Reisedokument enthalten sein, wenn dies dem Recht des ausstellenden Staats entspricht. Bei juristischen Personen und bei nicht eigenberechtigten natürlichen Personen ist die Identität der vertretungsbefugten natürlichen Person durch Vorlage ihres amtlichen Lichtbildausweises festzustellen und die Vertretungsbefugnis anhand geeigneter Bescheinigungen zu überprüfen. Die Feststellung der Identität der juristischen Person hat anhand von beweiskräftigen Urkunden zu erfolgen, die gemäß dem am Sitz der juristischen Personen landesüblichen Rechtsstandard verfügbar sind. Von den vorstehenden Bestimmungen darf nur in den Fällen gemäß § 130 und § 132 abgewichen werden. Von den Kriterien des amtlichen Lichtbildausweises können einzelne Kriterien entfallen, wenn auf Grund des technischen Fortschritts andere gleichwertige Kriterien eingeführt werden, wie beispielsweise biometrische Daten, die den entfallenen Kriterien in ihrer Legitimationswirkung zumindest gleichwertig sind. Das Kriterium der Ausstellung durch eine staatliche Behörde muss jedoch immer gegeben sein.

(2) Das Versicherungsunternehmen hat denjenigen, der mit ihm Geschäftsbeziehung zu den Versicherungsunternehmen begründen will, aufzufordern, bekannt zu geben, ob er als Treuhänder auftritt; dieser hat der Aufforderung zu entsprechen und diesbezügliche Änderungen während aufrechter Geschäftsbeziehung von sich aus unverzüglich bekannt zu geben. Gibt dieser bekannt, dass er als Treuhänder auftreten will, so hat er dem Versicherungsunternehmen auch die Identität des Treugebers nachzuweisen und das Versicherungsunternehmen hat die Identität des Treugebers festzustellen und zu überprüfen. Die Identität des Treuhänders ist gemäß Abs. 1 und zwar ausschließlich bei physischer Anwesenheit des Treuhänders festzustellen. Eine Identifizierung des Treuhänders durch Dritte ist ebenfalls ausgeschlossen. Die Feststellung und Überprüfung der Identität des Treugebers hat bei natürlichen Personen durch Vorlage des Originals oder einer Kopie des amtlichen Lichtbildausweises (Abs. 1) des Treugebers zu erfolgen, bei juristischen Personen durch beweiskräftige Urkunden gemäß Abs. 1. Der Treuhänder hat weiters eine schriftliche Erklärung gegenüber dem Versicherungsunternehmen abzugeben, dass er sich persönlich oder durch verlässliche Gewährspersonen von der Identität des Treugebers überzeugt hat. Verlässliche Gewährspersonen in diesem Sinn sind Gerichte und sonstige staatliche Behörden, Notare, Rechtsanwälte und Dritte im Sinne des § 132.

(3) Versicherungsunternehmen haben weiters:
1. den Kunden aufzufordern, die Identität des wirtschaftlichen Eigentümers des Kunden bekannt zu geben und dieser hat dieser Aufforderung zu entsprechen sowie haben sie risikobasierte und angemessene Maßnahmen zur Überprüfung von dessen Identität zu ergreifen, sodass sie davon überzeugt sind zu wissen, wer der wirtschaftliche Eigentümer ist; im Falle von juristischen Personen oder von Trusts schließt dies risikobasierte und angemessene Maßnahmen ein, um die Eigentums- und die Kontrollstruktur des Kunden zu verstehen;
2. risikobasierte und angemessene Maßnahmen zu ergreifen, um Informationen über Zweck und Art der angestrebten Geschäftsbeziehung einzuholen und
3. risikobasierte und angemessene Maßnahmen zu ergreifen, um eine kontinuierliche Überwachung der Geschäftsbeziehung, einschließlich einer Überprüfung der im Verlauf der Geschäftsbeziehung abgewickelten Transaktionen, durchzuführen, um sicherzustellen, dass diese mit den Kenntnissen des Versicherungsunternehmens über den Kunden, seine Geschäftstätigkeit und sein Risikoprofil, einschließlich erforderlichenfalls der Herkunft der Geld- oder Finanzmittel, kohärent sind, und Gewähr zu leisten, dass die jeweiligen Dokumente, Daten oder Informationen stets aktualisiert werden.

(4) Versicherungsunternehmen haben ihr Geschäft anhand geeigneter Kriterien (insbesondere Produkte, Kunden, Komplexität der Transaktionen, Geschäft der Kunden, Geographie) einer Risikoanalyse betreffend ihres Risikos, für Zwecke der Geldwäscherei und Terrorismusfinanzierung missbraucht zu werden, zu unterziehen. Versicherungsunternehmen müssen gegenüber der FMA nachweisen können, dass der Umfang der auf Grund der gesetzten Maßnahmen im Hinblick auf die Risiken der Geldwäscherei und der Terrorismusfinanzierung als angemessen anzusehen ist.

(5) Abweichend von Abs. 1 Z 1 können Versicherungsunternehmen die Identität des Begünstigten aus dem Versicherungsvertrag auch erst vor der Auszahlung, oder wenn der Begünstigte seine Rechte aus dem Versicherungsvertrag in Anspruch nimmt, überprüfen.

(6) Für den Fall, dass Versicherungsunternehmen nicht in der Lage sind, Abs. 1 bis 3 zur Kundenidentifizierung und Erlangung der sonstigen erforderlichen Informationen über die Geschäftsbeziehung einzuhalten, dürfen sie keine Geschäftsbeziehung begründen und keine Transaktion durchführen; überdies ist eine Meldung über den Kunden an die Behörde (Geldwäschemeldestelle (§ 4 Abs. 2 BKA-G) gemäß § 133 Abs. 1 in Erwägung zu ziehen.

§§ 129 – 130

(7) Versicherungsunternehmen haben die Sorgfaltspflichten gemäß diesem Hauptstück zur Feststellung und Überprüfung der Kundenidentität nicht nur auf alle neuen Kunden, sondern zu geeigneter Zeit auch auf die bestehende Kundschaft auf risikoorientierter Grundlage anzuwenden.

(8) Versicherungsunternehmen haben

1. zu veranlassen, dass in ihren Zweigniederlassungen und Tochterunternehmen in Drittländern Maßnahmen angewendet werden, die zumindest denen entsprechen, die in diesem Bundesgesetz im Hinblick auf die Sorgfaltspflichten gegenüber Kunden, die Meldepflichten, die Strategien und Verfahren, die Regelungen über den Geldwäschebeauftragen, die interne Revisions-Funktion und die Aufbewahrung von Aufzeichnungen festgelegt sind;

2. die FMA hiervon zu informieren, wenn die Anwendung der Maßnahmen gemäß Z 1 nach den Rechtsvorschriften des betreffenden Drittlands nicht zulässig ist und außerdem andere Maßnahmen zu ergreifen, um dem Risiko der Geldwäscherei oder der Terrorismusfinanzierung wirkungsvoll zu begegnen.

Die FMA hat die zuständigen Behörden der anderen Mitgliedstaaten, die Europäische Kommission sowie in dem Umfang, in dem es für die Zwecke der Richtlinie 2005/60/EG relevant ist und in Übereinstimmung mit den einschlägigen Bestimmungen der Verordnung (EU) Nr. 1093/2010, der Verordnung (EU) Nr. 1094/2010 und der Verordnung (EU) Nr. 1095/2010 die EBA, die EIOPA und die ESMA über Fälle zu unterrichten, in denen die Anwendung der nach Z 1 erforderlichen Maßnahmen nach den Rechtsvorschriften eines Drittlands nicht zulässig ist und eine Lösung im Rahmen eines abgestimmten Vorgehens angestrebt werden könnte.

(9) Im Zusammenhang mit Nichtkooperationsstaaten ist § 78 Abs. 9 BWG sinngemäß anzuwenden.

Vereinfachte Sorgfaltspflichten

§ 130. (1) Versicherungsunternehmen können geringere Maßnahmen als die in § 129 Abs. 1 Z 1, 2 und 4, Abs. 2 und 3 festgelegten Pflichten in den folgenden Fällen vorbehaltlich einer Beurteilung als geringes Risiko der Geldwäscherei und der Terrorismusfinanzierung anwenden:

1. Wenn es sich bei dem Kunden um

a) ein Versicherungsunternehmen, soweit es den Bestimmungen dieses Hauptstücks unterliegt, ein Kreditinstitut gemäß § 1 Abs. 1 BWG oder ein Kredit- und Finanzinstitut gemäß Art. 3 der Richtlinie 2005/60/EG,

b) ein in einem Drittland ansässiges Versicherungsunternehmen, Kreditinstitut oder anderes Finanzinstitut, im Sinne des Art. 3 der Richtlinie 2005/60/EG, das dort gleichwertigen Pflichten, wie in der Richtlinie 2005/60/EG vorgesehen, unterworfen ist und einer Beaufsichtigung in Bezug auf deren Einhaltung unterliegt,

c) eine börsennotierte Gesellschaft, deren Wertpapiere zum Handel auf einem geregelten Markt in einem oder mehreren Mitgliedstaaten zugelassen sind, oder eine börsennotierte Gesellschaft aus einem Drittland, die gemäß einer auf Basis der Verordnungsermächtigung gemäß § 85 Abs. 10 BörseG durch die FMA zu erlassenden Verordnung Offenlegungsanforderungen unterliegt, die dem Unionsrecht entsprechen oder mit diesem vergleichbar sind,

d) eine inländische Behörde oder

e) eine Behörde oder öffentliche Einrichtung,

aa) wenn diese auf der Grundlage des Vertrags über die Europäische Union, der Verträge zur Gründung der Europäischen Gemeinschaften oder des Sekundärrechts der Europäischen Gemeinschaften mit öffentlichen Aufgaben betraut wurde,

bb) deren Identität öffentlich nachprüfbar und transparent ist und zweifelsfrei feststeht,

cc) deren Tätigkeiten und Rechnungslegungspraktiken transparent sind und

dd) wenn diese entweder gegenüber einem Organ der Europäischen Union oder den Behörden eines Mitgliedstaats rechenschaftspflichtig ist oder anderweitige Kontroll- und Gegenkontrollmechanismen zur Überprüfung ihrer Tätigkeit bestehen,

handelt.

2. Gegenüber Kunden in Bezug auf nachstehende Versicherungsverträge und die damit zusammenhängenden Transaktionen:

a) Lebensversicherungsverträge, wenn die Höhe der im Laufe des Jahres zu zahlenden Prämien 1 000 Euro nicht übersteigt oder wenn bei Zahlung einer einmaligen Prämie diese nicht mehr als 2 500 Euro beträgt und

b) Rentenversicherungsverträge, sofern diese weder eine Rückkaufklausel enthalten noch als Sicherheit für ein Darlehen dienen können.

(2) Bei der Bewertung, inwieweit die in Abs. 1 Z 1 genannten Kunden und die in Abs. 1 Z 2 genannten Produkte ein geringes Risiko der Geldwäscherei oder Terrorismusfinanzierung darstellen, ist von den Versicherungsunternehmen der Tätigkeiten dieser Kunden und der Art der Produkte und Transaktionen, bei denen mit erhöhter Wahrscheinlichkeit auf die Verwendung zum Zwecke der Geldwäscherei oder der Terrorismusfinanzierung geschlossen werden kann, besondere Aufmerksamkeit zu widmen. Versicherungsunternehmen dürfen bei den in Abs. 1 Z 1 genannten Kunden und den in Abs. 1 Z 2 genannten Produkten und Transaktionen nicht von einem geringen Risiko der Geldwäscherei oder der Terrorismusfinanzierung ausgehen, wenn die ihnen vorliegenden Informationen darauf schließen lassen, dass

das Risiko der Geldwäscherei oder der Terrorismusfinanzierung möglicherweise nicht gering ist. Diesfalls sind die in diesem Paragraphen geregelten Erleichterungen nicht anzuwenden.

(3) Versicherungsunternehmen haben ausreichende Informationen aufzubewahren, um nachweisen zu können, dass die Voraussetzungen für die Anwendung der vereinfachten Sorgfaltspflichten vorliegen.

(4) Die Bundesregierung hat im Einvernehmen mit dem Hauptausschuss des Nationalrates durch Verordnung zu verfügen, dass die Befreiungen nach Abs. 1 nicht mehr anzuwenden sind, wenn die Europäische Kommission eine Entscheidung nach Art. 40 Abs. 4 der Richtlinie 2005/60/EG trifft.

(5) Die FMA unterrichtet die zuständigen Behörden in den anderen Mitgliedstaaten, die Europäische Kommission sowie in dem Umfang, in dem es für die Zwecke der Richtlinie 2005/60/EG relevant ist und in Übereinstimmung mit den einschlägigen Bestimmungen der Verordnung (EU) Nr. 1093/2010, der Verordnung (EU) Nr. 1094/2010 und der Verordnung (EU) Nr. 1095/2010 die EBA, die EIOPA und die ESMA über Fälle, in denen ein Drittland ihres Erachtens die in Abs. 1 festgelegten Bedingungen erfüllt.

Verstärkte Sorgfaltspflichten

§ 131. (1) Versicherungsunternehmen haben in den Fällen, in denen ihrem Wesen nach ein erhöhtes Risiko der Geldwäscherei oder Terrorismusfinanzierung besteht, auf risikoorientierter Grundlage zusätzlich zu den Pflichten gemäß § 129 Abs. 1 bis 3 und 7 weitere angemessene Sorgfaltspflichten anzuwenden und die Geschäftsbeziehung einer verstärkten kontinuierlichen Überwachung zu unterziehen. Sie haben jedenfalls zusätzlich:

1. in den Fällen, in denen der Kunde oder die für ihn im Sinne des § 129 Abs. 1 vertretungsbefugte natürliche Person zur Feststellung der Identität nicht physisch anwesend ist und daher die persönliche Vorlage eines amtlichen Lichtbildausweises nicht möglich ist, spezifische und angemessene Maßnahmen zu ergreifen, um das erhöhte Risiko auszugleichen; sie haben – außer bei Verdacht oder bei berechtigtem Grund zu der Annahme gemäß § 129 Abs. 1 Z 3, da in diesen Fällen jedenfalls der Geschäftskontakt zu unterbleiben hat – dafür zu sorgen, dass zumindest entweder

a) die rechtsgeschäftliche Erklärung des Kunden entweder an Hand einer qualifizierten elektronischen Signatur gemäß § 2 Z 3a SigG vorliegt; oder, wenn dies nicht der Fall ist, dass die rechtsgeschäftliche Erklärung des Versicherungsunternehmens schriftlich mit eingeschriebener Postzustellung an diejenige Kundenadresse abgegeben wird, die als Wohnsitz oder Sitz des Kunden angegeben worden ist,

b) ihnen Name, Geburtsdatum und Adresse des Kunden, bei juristischen Personen die Firma und der Sitz bekannt sind; bei juristischen Personen muss der Sitz zugleich der Sitz der zentralen Verwaltung sein, worüber der Kunde eine schriftliche Erklärung abzugeben hat. Weiters muss eine Kopie des amtlichen Lichtbildausweises des Kunden oder seines gesetzlichen Vertreters oder bei juristischen Personen des vertretungsbefugten Organs dem Versicherungsunternehmen vor der Begründung der Geschäftsbeziehung vorliegen, sofern nicht das Rechtsgeschäft elektronisch an Hand einer qualifizierten elektronischen Signatur abgeschlossen wird und

c) wenn der Sitz oder Wohnsitz außerhalb des EWR liegt, eine schriftliche Bestätigung eines Kreditinstitutes gemäß § 132 Abs. 1 Z 3, mit dem der Kunde eine dauernde Geschäftsverbindung hat, vorliegt, dass der Kunde im Sinne des § 129 Abs. 1, 2, Abs. 3 Z 1 oder 2 bzw. Art. 8 Abs. 1 lit. a bis c der Richtlinie 2005/60/EG identifiziert wurde und dass die dauernde Geschäftsverbindung aufrecht ist. Hat das bestätigende Kreditinstitut seinen Sitz in einem Drittland, so muss dieses Drittland den Anforderungen der Art. 16 bis 18 der vorgenannten Richtlinie gleichwertige Anforderungen stellen. An Stelle einer Identifizierung und Bestätigung durch ein Kreditinstitut ist auch eine Identifizierung und schriftliche Bestätigung durch die österreichische Vertretungsbehörde im betreffenden Drittland oder einer anerkannten Beglaubigungsstelle zulässig

oder

d) die erste Zahlung im Rahmen der Geschäftsbeziehung über ein Konto abgewickelt wird, das im Namen des Kunden bei einem Kreditinstitut gemäß § 132 Abs. 1 Z 3 und Abs. 2 eröffnet wurde; diesfalls müssen ihnen jedoch jedenfalls Name, Geburtsdatum und Adresse des Kunden, bei juristischen Personen die Firma und der Sitz bekannt sein und ihnen Kopien von Dokumenten des Kunden vorliegen, auf Grund derer die Angaben des Kunden bzw. seiner vertretungsbefugten natürlichen Person glaubhaft nachvollzogen werden können. Anstelle dieser Kopien ist es ausreichend, wenn eine schriftliche Bestätigung des Kreditinstitutes vorliegt, über das die erste Zahlung abgewickelt werden soll, dass der Kunde im Sinne des § 129 Abs. 1, 2 und 3 Z 1 oder 2 bzw. Art. 8 Abs. 1 lit. a bis c der Richtlinie 2005/60/EG identifiziert wurde.

Z 1 gilt vorbehaltlich einer Beurteilung als geringes Risiko der Geldwäscherei und Terrorismusfinanzierung nicht in Bezug auf die in § 130 Abs. 1 Z 2 genannten Versicherungsverträge und die damit zusammenhängenden Transaktionen.

2. hinsichtlich Transaktionen oder Geschäftsbeziehungen mit Bezug zu politisch exponierten Personen von anderen Mitgliedstaaten oder von Drittländern, wobei diesen Personen solche gleichzuhalten sind, die erst im Laufe der Geschäftsbeziehung politisch exponierte Personen werden,

a) über angemessene, risikobasierte Verfahren zu verfügen, anhand derer bestimmt werden kann, ob es sich bei dem Kunden um eine politisch exponierte Person handelt oder nicht,

b) die Zustimmung der Führungsebene einzuholen, bevor sie Geschäftsbeziehungen mit diesen Kunden aufnehmen,

c) angemessene Maßnahmen zu ergreifen, mit denen die Herkunft des Vermögens und die Herkunft der Gelder bestimmt werden kann, die im Rahmen der Geschäftsbeziehung oder der Transaktion eingesetzt werden und

d) die Geschäftsbeziehung einer verstärkten kontinuierlichen Überwachung zu unterziehen.

Die FMA kann darüber hinaus mit Zustimmung des Bundesministers für Finanzen durch Verordnung für weitere Fälle, bei denen ihrem Wesen nach ein erhöhtes Risiko der Geldwäscherei oder Terrorismusfinanzierung besteht, insbesondere im Zusammenhang mit Staaten, in denen laut glaubwürdiger Quelle ein erhöhtes Risiko der Geldwäscherei und der Terrorismusfinanzierung besteht, den Versicherungsunternehmen die Verpflichtung auferlegen, zusätzlich zu den Pflichten der § 129 Abs. 1 bis 3 und 7 weitere angemessene Sorgfaltspflichten anzuwenden und die Geschäftsbeziehung einer verstärkten kontinuierlichen Überwachung zu unterziehen.

(2) Versicherungsunternehmen haben jede Begründung einer Geschäftsbeziehung und jede Transaktion besonders sorgfältig zu prüfen, sofern es ihres Erachtens besonders wahrscheinlich ist, dass die Geschäftsbeziehung oder die Transaktion mit Geldwäscherei (§ 165 StGB – unter Einbeziehung von Vermögensbestandteilen, die aus einer strafbaren Handlung des Täters selbst herrühren) oder Terrorismusfinanzierung (§ 278d StGB) zusammenhängen könnten und erforderlichenfalls Maßnahmen zu ergreifen, um der Nutzung für Zwecke der Geldwäscherei oder der Terrorismusfinanzierung vorzubeugen.

Ausführung durch Dritte

§ 132. (1) Versicherungsunternehmen dürfen zur Erfüllung der Pflichten nach § 129 Abs. 1, 2 und 3 Z 1 und 2 auf Dritte zurückgreifen, soweit ihnen nicht Hinweise vorliegen, die eine gleichwertige Erfüllung der genannten Pflichten bezweifeln lassen. Die endgültige Verantwortung für die Erfüllung dieser Pflichten verbleibt jedoch bei den Versicherungsunternehmen, die auf Dritte zurückgreifen. Als Dritte im Sinne dieses Paragraphen gelten:

1. Versicherungsunternehmen, soweit sie den Bestimmungen dieses Hauptstücks unterliegen, Versicherungsunternehmen gemäß Art. 3 Z 2 lit. b der Richtlinie 2005/60/EG;

2. Versicherungsvermittler gemäß § 365m Abs. 3 Z 4 GewO 1994, Versicherungsvermittler gemäß Art. 3 Z 2 lit. e der Richtlinie 2005/60/EG;

3. Kreditinstitute gemäß § 1 Abs. 1 BWG, Zahlungsinstitute gemäß § 3 Z 4 ZaDiG und Kredit- und Finanzinstitute gemäß Art. 3 Z 1 und Z 2 lit. a, c, d und f der Richtlinie 2005/60/EG; sofern sie jeweils nicht ausschließlich über eine Berechtigung für die Durchführung des Wechselstubengeschäfts (§ 1 Abs. 1 Z 22 BWG) verfügen und

4. die in Art. 2 Abs. 1 Z 3 lit. a und b der Richtlinie 2005/60/EG genannten Personen mit Sitz im Inland oder EWR.

(2) Juristische oder natürliche Personen mit Sitz in einem Drittland, die den in Abs. 1 Genannten gleichwertig sind, gelten als Dritte im Sinne des Abs. 1 unter der Voraussetzung, dass sie

1. einer gesetzlich anerkannten obligatorischen Registrierung hinsichtlich ihres Berufs unterliegen und

2. Sorgfaltspflichten gegenüber Kunden und Pflichten zur Aufbewahrung von Unterlagen anwenden müssen, die in diesem Hauptstück oder in der Richtlinie 2005/60/EG festgelegt sind oder diesen entsprechen, und einer Beaufsichtigung gemäß Kapitel V Abschnitt 2 dieser Richtlinie unterliegen, was die Einhaltung der Anforderungen dieser Richtlinie betrifft, oder, wenn sie in einem Drittland ansässig sind, das Anforderungen vorschreibt, die jenen in dieser Richtlinie entsprechen.

Die FMA unterrichtet die zuständigen Behörden der anderen Mitgliedstaaten, die Europäische Kommission sowie in dem Umfang, in dem es für die Zwecke der Richtlinie 2005/60/EG relevant ist und in Übereinstimmung mit den einschlägigen Bestimmungen der Verordnung (EU) Nr. 1093/2010, der Verordnung (EU) Nr. 1094/2010 und der Verordnung (EU) Nr. 1095/2010 die EBA, die EIOPA und die ESMA über Fälle, in denen ein Drittland ihres Erachtens die vorgenannten Bedingungen erfüllt.

(3) Wenn die Europäische Kommission eine Entscheidung nach Art. 40 Abs. 4 der Richtlinie 2005/60/EG trifft, untersagt die Bundesregierung im Einvernehmen mit dem Hauptausschuss des Nationalrates durch Verordnung den Versicherungsunternehmen, zur Erfüllung der Pflichten nach § 129 Abs. 1, 2 und 3 Z 1 und 2 auf Dritte aus dem betreffenden Drittland zurückzugreifen.

(4) Versicherungsunternehmen haben zu veranlassen, dass die Dritten ihnen die zur Erfüllung

der Pflichten nach § 129 Abs. 1, 2 und 3 Z 1 und 2 bzw. nach Art. 8 Abs. 1 lit. a bis c der Richtlinie 2005/60/EG erforderlichen Informationen unverzüglich zur Verfügung stellen. Weiters haben Versicherungsunternehmen zu veranlassen, dass die maßgeblichen Kopien der Daten hinsichtlich der Feststellung und Überprüfung der Identität des Kunden sowie andere maßgebliche Unterlagen über die Identität des Kunden oder des wirtschaftlichen Eigentümers von dem Dritten ihnen auf ihr Ersuchen unverzüglich weitergeleitet werden.

(5) Dieser Paragraph gilt nicht für Auslagerungs- oder Vertretungsverhältnisse, bei denen auf der Grundlage eines Vertrages der Dienstleister oder Vertreter als Teil des zur Erfüllung der Pflichten nach § 129 Abs. 1, 2 und 3 Z 1 und 2 verpflichteten Versicherungsunternehmen anzusehen ist.

Meldepflichten

§ 133. (1) Ergibt sich der Verdacht oder der berechtigte Grund zur Annahme, dass

1. die beabsichtigte Begründung einer Geschäftsbeziehung oder eine bestehende Geschäftsbeziehung im Zusammenhang mit Vermögensbestandteilen, die aus einer in § 165 StGB aufgezählten strafbaren Handlung herrühren (unter Einbeziehung von Vermögensbestandteilen, die aus einer strafbaren Handlung des Täters selbst herrühren), steht,

2. eine versuchte, bevorstehende, laufende oder bereits erfolgte Transaktion im Zusammenhang mit Vermögensbestandteilen, die aus einer in § 165 StGB aufgezählten strafbaren Handlung herrühren (unter Einbeziehung von Vermögensbestandteilen, die aus einer strafbaren Handlung des Täters selbst herrühren), steht,

3. ein Vermögensbestandteil aus einer in § 165 StGB aufgezählten strafbaren Handlung herrührt (unter Einbeziehung von Vermögensbestandteilen, die aus einer strafbaren Handlung des Täters selbst herrühren),

4. der Versicherungsnehmer der Verpflichtung zur Offenlegung von Treuhandbeziehungen gemäß § 129 Abs. 2 zuwider gehandelt hat oder

5. die versuchte, bevorstehende, laufende oder bereits erfolgte Transaktion oder der Vermögensbestandteil im Zusammenhang mit einer kriminellen Vereinigung gemäß § 278 StGB, einer terroristischen Vereinigung gemäß § 278b StGB, einer terroristischen Straftat gemäß § 278c StGB oder der Terrorismusfinanzierung gemäß § 278d StGB steht,

so hat das Versicherungsunternehmen die Behörde (Geldwäschemeldestelle (§ 4 Abs. 2 BKA-G)) hiervon unverzüglich in Kenntnis zu setzen, hat bis zur Klärung des Sachverhalts von der Begründung der Geschäftsbeziehung Abstand zu nehmen und darf keine Transaktion durchführen, es sei denn, dass die Gefahr besteht, dass dies die Ermittlung des Sachverhalts erschwert oder verhindert. Versicherungsunternehmen haben hierbei jeder Tätigkeit besondere Aufmerksamkeit zu widmen, deren Art ihres Erachtens nach besonders nahe legt, dass sie mit Geldwäscherei oder Terrorismusfinanzierung zusammenhängen könnte. Insbesondere fallen komplexe oder unübliche Vertragsgestaltungen, komplexe oder unüblich große Transaktionen und alle unüblichen Muster von Transaktionen ohne offensichtlichen wirtschaftlichen oder erkennbaren rechtmäßigen Zweck darunter. Versicherungsunternehmen haben soweit als möglich den Hintergrund und den Zweck dieser Tätigkeiten, Vertragsgestaltungen und Transaktionen zu prüfen und zwar insbesondere, wenn diese im Zusammenhang mit Staaten stehen, in denen laut glaubwürdiger Quelle ein erhöhtes Risiko der Geldwäscherei und der Terrorismusfinanzierung besteht (§ 131 Abs. 1). Darüber sind in geeigneter Weise schriftliche Aufzeichnungen zu erstellen und mindestens fünf Jahre nach der Prüfung aufzubewahren. Versicherungsunternehmen sind berechtigt, von der Behörde (Geldwäschemeldestelle (§ 4 Abs. 2 BKA-G)) zu verlangen, dass diese entscheidet, ob gegen die unverzügliche Abwicklung einer Transaktion Bedenken bestehen; äußert sich die Behörde (Geldwäschemeldestelle (§ 4 Abs. 2 BKA-G)) bis zum Ende des folgenden Bankarbeitstages nicht, so darf die Transaktion unverzüglich abgewickelt werden.

(2) Versicherungsunternehmen haben der Behörde (Geldwäschemeldestelle (§ 4 Abs. 2 BKA-G)), unabhängig von einer Meldung gemäß Abs. 1, auf Verlangen unverzüglich alle Auskünfte zu erteilen, die dieser zur Verhinderung oder zur Verfolgung von Geldwäscherei oder von Terrorismusfinanzierung erforderlich scheinen.

(3) Die Behörde (Geldwäschemeldestelle (§ 4 Abs. 2 BKA-G)) ist ermächtigt anzuordnen, dass eine laufende oder bevorstehende Transaktion, bei der der Verdacht oder der berechtigte Grund zu der Annahme besteht, dass sie der Geldwäscherei (§ 165 StGB – unter Einbeziehung von Vermögensbestandteilen, die aus einer strafbaren Handlung des Täter selbst herrühren) oder der Terrorismusfinanzierung (§ 278d StGB) dient, unterbleibt oder vorläufig aufgeschoben wird. Die Behörde (Geldwäschemeldestelle (§ 4 Abs. 2 BKA-G)) hat den Kunden und die Staatsanwaltschaft ohne unnötigen Aufschub von der Anordnung zu verständigen. Die Verständigung des Kunden hat den Hinweis zu enthalten, dass er oder ein sonst Betroffener berechtigt ist, Beschwerde wegen Verletzung seiner Rechte an das Bundesverwaltungsgericht zu erheben; hierbei hat sie auch auf die in § 67c AVG enthaltenen Bestimmungen für solche Beschwerden hinzuweisen.

(4) Die Behörde (Geldwäschemeldestelle (§ 4 Abs. 2 BKA-G)) hat die Anordnung nach Abs. 3

aufzuheben, sobald die Voraussetzungen für die Erlassung weggefallen sind oder die Staatsanwaltschaft erklärt, dass die Voraussetzungen für eine Beschlagnahme gemäß § 109 Z 2 und § 115 Abs. 1 Z 3 StPO nicht bestehen. Die Anordnung tritt im Übrigen außer Kraft,

1. wenn seit ihrer Erlassung sechs Monate vergangen sind oder
2. sobald das Gericht über einen Antrag auf Beschlagnahme gemäß § 109 Z 2 und § 115 Abs. 1 Z 3 StPO rechtskräftig entschieden hat.

(5) Versicherungsunternehmen haben alle Vorgänge, die der Wahrnehmung der Abs. 1 bis 3 dienen, gegenüber Kunden und Dritten geheim zu halten. Sobald eine Anordnung nach Abs. 3 ergangen ist, sind sie jedoch ermächtigt, den Kunden – jedoch nur auf dessen Nachfrage – zur Behörde (Geldwäschemeldestelle (§ 4 Abs. 2 BKA-G)) zu verweisen; mit Zustimmung der Behörde (Geldwäschemeldestelle (§ 4 Abs. 2 BKA-G)) sind sie außerdem ermächtigt, den Kunden selbst von der Anordnung zu informieren. Das Verbot gemäß diesem Absatz

1. bezieht sich nicht auf die Weitergabe von Informationen an die FMA, die Oesterreichische Nationalbank oder auf die Weitergabe von Informationen zu Zwecken der Strafverfolgung;
2. steht einer Informationsweitergabe zwischen den derselben Gruppe im Sinne von Art. 2 Z 12 der Richtlinie 2002/87/EG angehörenden Tochterunternehmen aus Mitgliedstaaten oder aus Drittländern nicht entgegen, sofern diese gleichwertigen Pflichten, wie in der Richtlinie 2005/60/EG vorgesehen, unterworfen sind und einer Beaufsichtigung in Bezug auf deren Einhaltung unterliegen;
3. steht in Fällen, die sich auf denselben Kunden und dieselbe Transaktion beziehen, an der zwei oder mehrere Versicherungsunternehmen gemäß § 132 Abs. 1 Z 1) oder Kreditinstitute gemäß § 132 Abs. 1 Z 3) beteiligt sind, einer Informationsweitergabe zwischen diesen nicht entgegen, sofern sie in einem Mitgliedstaat oder in einem Drittland gelegen sind, in dem der Richtlinie 2005/60/EG gleichwertige Anforderungen gelten, und sofern sie aus derselben Berufskategorie stammen und für sie gleichwertige Verpflichtungen in Bezug auf das Berufsgeheimnis und den Schutz personenbezogener Daten gelten. Die ausgetauschten Informationen dürfen ausschließlich für die Zwecke der Verhinderung der Geldwäscherei und der Terrorismusfinanzierung verwendet werden.

Die FMA hat die zuständigen Behörden der anderen Mitgliedstaaten, die Europäische Kommission sowie in dem Umfang, als es für die Zwecke der Richtlinie 2005/60/EG relevant ist und in Übereinstimmung mit den einschlägigen Bestimmungen der Verordnung (EU) Nr. 1093/2010, der Verordnung (EU) Nr. 1094/2010 und der Verordnung (EU) Nr. 1095/2010 die EBA, die EIOPA und die ESMA über Fälle zu unterrichten, in denen ein Drittland ihres Erachtens die in den Z 2 oder 3 festgelegten Bedingungen erfüllt. Wenn die Europäische Kommission eine Entscheidung nach Art. 40 Abs. 4 der Richtlinie 2005/60/EG trifft, hat die Bundesregierung im Einvernehmen mit dem Hauptausschuss des Nationalrates durch Verordnung eine Informationsweitergabe zwischen Versicherungsunternehmen und Personen aus dem betreffenden Drittland zu untersagen.

(6) Ergibt sich der FMA bei Ausübung der Versicherungsaufsicht der Verdacht, dass eine Geschäftsbeziehung oder eine Transaktion der Geldwäscherei oder der Terrorismusfinanzierung dient, so hat sie die Behörde (Geldwäschemeldestelle (§ 4 Abs. 2 BKA-G)) hiervon unverzüglich in Kenntnis zu setzen.

(7) *(entfällt, BGBl I 2015/44)*

(8) Schadenersatzansprüche können aus dem Umstand, dass ein Versicherungsunternehmen oder ein dort Beschäftigter in fahrlässiger Unkenntnis, dass der Verdacht auf Geldwäscherei oder der Terrorismusfinanzierung oder der Verdacht auf ein Zuwiderhandeln im Sinne des § 129 Abs. 2) falsch war, eine Transaktion verspätet oder nicht durchgeführt hat, nicht erhoben werden.

(9) Zur Wahrnehmung der Aufgaben nach dieser Bestimmung ist die Behörde (Geldwäschemeldestelle (§ 4 Abs. 2 BKA-G)) unbeschadet des Abs. 2 ermächtigt, von natürlichen und juristischen Personen sowie von sonstigen Einrichtungen mit Rechtspersönlichkeit die hiefür erforderlichen Daten zu ermitteln und zu verarbeiten. Weiters ist sie ermächtigt, personenbezogene Daten über den Kunden, die sie bei der Vollziehung von Bundes- oder Landesgesetzen ermittelt haben, zu verwenden und mit Stellen anderer Staaten auszutauschen, denen die Bekämpfung von Geldwäscherei und Terrorismusfinanzierung obliegt.

(10) Die FMA arbeitet für die Zwecke der Richtlinie 2005/60/EG in Übereinstimmung mit der Verordnung (EU) Nr. 1093/2010, der Verordnung (EU) Nr. 1094/2010 und der Verordnung (EU) Nr. 1095/2010 mit der EBA, der EIOPA und der ESMA zusammen und stellt diesen alle Informationen zur Verfügung, die zur Durchführung ihrer Aufgaben auf Grund der Richtlinie 2005/60/EG sowie der in diesem Absatz genannten Verordnungen erforderlich sind.

Aufbewahrung von Aufzeichnungen und statistischen Daten

§ 134. Versicherungsunternehmen haben die nachstehenden Dokumente und Informationen im Hinblick auf die Verwendung in Ermittlungsverfahren wegen möglicher Geldwäscherei oder Terrorismusfinanzierung oder im Hinblick auf

die Durchführung entsprechender Analysen durch die Behörde (Geldwäschemeldestelle (§ 4 Abs. 2 BKA-G)) oder die FMA aufzubewahren:
1. Unterlagen, die einer Identifizierung nach § 129 Abs. 1 bis 3 und 7 dienen, sowie Belege und Aufzeichnungen über den Versicherungsvertrag bis mindestens fünf Jahre nach Ende des Versicherungsvertrages und
2. von sämtlichen Transaktionen Belege und Aufzeichnungen bis mindestens fünf Jahre nach deren Durchführung,

wobei jeweils die genannten Fristen durch Verordnung der FMA auf fünfzehn Jahre verlängert werden können, sofern dies zur Bekämpfung der Geldwäscherei oder der Terrorismusfinanzierung notwendig erscheint.

Interne Verfahren und Schulungen

§ 135. (1) Versicherungsunternehmen haben
1. angemessene und geeignete Strategien und Verfahren für die Sorgfaltspflichten gegenüber Kunden, die Verdachtsmeldungen, die Aufbewahrung von Aufzeichnungen, die interne Kontrolle, die Risikobewertung, das Risikomanagement, die Gewährleistung der Einhaltung der einschlägigen Vorschriften und die Kommunikation einzuführen, um Geschäftsbeziehungen und Transaktionen, die mit Geldwäscherei oder Terrorismusfinanzierung zusammenhängen, vorzubeugen und zu verhindern sowie geeignete Strategien zur Verhinderung des Missbrauchs von neuen Technologien für Zwecke der Geldwäscherei und der Terrorismusfinanzierung zu entwickeln;
2. die einschlägigen Strategien und Verfahren ihren Zweigniederlassungen und Tochterunternehmen in Drittländern mitzuteilen;
3. durch geeignete Maßnahmen das mit der Begründung von Geschäftsbeziehungen und der Abwicklung von Transaktionen befasste Personal mit den Bestimmungen, die der Verhinderung oder der Bekämpfung der Geldwäscherei oder der Terrorismusfinanzierung dienen, vertraut zu machen. Diese Maßnahmen haben unter anderem die Teilnahme der zuständigen Angestellten an besonderen Fortbildungsprogrammen einzuschließen, damit diese lernen, möglicherweise mit Geldwäscherei oder Terrorismusfinanzierung zusammenhängende Vertragsabschlüsse oder Transaktionen zu erkennen und sich in solchen Fällen richtig zu verhalten und im Übrigen bei der Auswahl des Personals auf Zuverlässigkeit in Bezug auf dessen Verbundenheit mit den rechtlichen Werten zu achten; ebenso vor der Wahl ihrer Aufsichtsräte auf deren Verbundenheit mit den rechtlichen Werten zu achten;
4. Systeme einzurichten, die es ihnen ermöglichen, auf Anfragen der Behörde (Geldwäschemeldestelle (§ 4 Abs. 2 BKA-G)) oder der FMA, die diesen zur Verhinderung oder Verfolgung von Geldwäscherei oder Terrorismusfinanzierung erforderlich erscheinen, vollständig und rasch darüber Auskunft zu geben, ob sie mit bestimmten natürlichen oder juristischen Personen eine Geschäftsbeziehung unterhalten oder während der letzten fünf Jahre unterhalten haben, sowie über die Art dieser Geschäftsbeziehung;

5. der FMA jederzeit die Überprüfung der Wirksamkeit ihrer Systeme zur Bekämpfung der Geldwäscherei oder der Terrorismusfinanzierung zu ermöglichen;

6. innerhalb ihres Unternehmens einen besonderen Beauftragten zur Sicherstellung der Einhaltung gemäß § 128 bis § 135 zur Bekämpfung von Geldwäscherei und Terrorismusfinanzierung vorzusehen. Die Position des besonderen Beauftragten ist so einzurichten, dass dieser lediglich dem Vorstand bzw. dem Verwaltungsrat gegenüber verantwortlich ist und dem Vorstand bzw. dem Verwaltungsrat direkt – ohne Zwischenebenen – zu berichten hat. Weiters ist ihm freier Zugang zu sämtlichen Informationen, Daten, Aufzeichnungen und Systemen, die in irgendeinem möglichen Zusammenhang mit Geldwäscherei und Terrorismusfinanzierung stehen könnten, sowie ausreichende Befugnisse einzuräumen. Versicherungsunternehmen haben durch entsprechende organisatorische Vorkehrungen sicherzustellen, dass die Aufgaben des besonderen Beauftragten jederzeit vor Ort erfüllt werden können und

7. vorzusehen, dass die Einhaltung gemäß § 128 bis § 135 durch die interne Revisions-Funktion geprüft wird.

(2) Die Behörde (Geldwäschemeldestelle (§ 4 Abs. 2 BKA-G)) hat den Versicherungsunternehmen Zugang zu aktuellen Informationen über die Methoden der Geldwäscherei und der Terrorismusfinanzierung und über Anhaltspunkte zu verschaffen, an denen sich verdächtige Geschäftsbeziehungen und Transaktionen erkennen lassen. Ebenso sorgt sie dafür, dass eine zeitgerechte Rückmeldung in Bezug auf die Wirksamkeit von Verdachtsmeldungen bei Geldwäscherei oder Terrorismusfinanzierung und die daraufhin getroffenen Maßnahmen erfolgt, soweit dies praktikabel ist.

7. Hauptstück
Rechnungslegung und Konzernrechnungslegung

1. Abschnitt
Allgemeine Vorschriften

Anwendbarkeit des UGB, des AktG und des SE-Gesetzes

§ 136. (1) Für die Rechnungslegung und die Konzernrechnungslegung gelten die folgenden Bestimmungen:
1. für Versicherungs- und Rückversicherungsunternehmen in der Rechtsform einer Aktiengesellschaft die Bestimmungen des UGB für große Aktiengesellschaften, soweit dieses Bundesgesetz nichts anderes bestimmt;
2. für Versicherungs- und Rückversicherungsunternehmen in der Rechtsform einer Europäischen Gesellschaft (SE) die Bestimmungen des UGB für große Aktiengesellschaften und des SE-Gesetzes, soweit dieses Bundesgesetz nichts anderes bestimmt und
3. für Versicherungsvereine auf Gegenseitigkeit, die nicht kleine Versicherungsvereine auf Gegenseitigkeit sind, die Bestimmungen des UGB für große Aktiengesellschaften, soweit dieses Bundesgesetz nicht anderes bestimmt. § 96, § 104 und § 108 AktG sind unter Bedachtnahme auf § 137 Abs. 2 und § 138 Abs. 3 sinngemäß anzuwenden.

(2) Für die Rechnungslegung von Zweigniederlassungen von Drittland-Versicherungs- und Drittland-Rückversicherungsunternehmen gelten sinngemäß die Bestimmungen des UGB für große Aktiengesellschaften, soweit dieses Bundesgesetz nichts anderes bestimmt.

Allgemeine Vorschriften über den Jahresabschluss, den Lagebericht sowie den Corporate Governance Bericht

§ 137. (1) Der Vorstand oder die geschäftsführenden Direktoren haben für die Gesetzmäßigkeit des Jahresabschlusses zu sorgen.

(2) Unbeschadet des § 222 Abs. 1 UGB und der § 96 Abs. 1 und § 104 Abs. 1 und 2 Z 2 AktG sind der Jahresabschluss und der Lagebericht sowie gegebenenfalls der Corporate Governance Bericht so rechtzeitig aufzustellen und der Jahresabschluss so rechtzeitig festzustellen, dass die Vorlagefristen des § 248 eingehalten werden können.

(3) Für inländische Zweigniederlassungen von Drittland-Versicherungs- und Drittland-Rückversicherungsunternehmen hat die Geschäftsleitung in den ersten fünf Monaten des Geschäftsjahres für das vorangegangene Geschäftsjahr einen Jahresabschluss und einen Lagebericht aufzustellen.

(4) Das Geschäftsjahr von Versicherungsunternehmen hat dem Kalenderjahr zu entsprechen.

Besondere Vorschriften über den Konzernabschluss

§ 138. (1) § 246 UGB ist auf den Konzernabschluss von Versicherungs- und Rückversicherungsunternehmen und Mutterunternehmen von Versicherungs- und Rückversicherungsunternehmen oder Drittland-Versicherungs- und Drittland-Rückversicherungsunternehmen nicht anzuwenden.

(2) Mutterunternehmen von Versicherungs- und Rückversicherungsunternehmen trifft unbeschadet der Rechtsform die Verpflichtung zur Aufstellung eines konsolidierten Abschlusses, wenn der einzige oder überwiegende Unternehmenszweck darin besteht, Beteiligungen zu erwerben oder zu verwalten, sofern es sich bei den konsolidierungspflichtigen Unternehmen ausschließlich oder überwiegend um Versicherungs- und Rückversicherungsunternehmen oder Drittland-Versicherungs- und Drittland-Rückversicherungsunternehmen handelt.

(3) Für den Konzernabschluss und den Konzernlagebericht gilt § 137 Abs. 1 und 2 sinngemäß.

(4) Der Konzernabschluss ist auf den Stichtag 31. Dezember aufzustellen; dies gilt auch für den befreienden Konzernabschluss und Konzernlagebericht. § 252 Abs. 1 UGB ist nicht anzuwenden.

(5) Die in § 260 UGB vorgesehene einheitliche Bewertung gilt jeweils gesondert für Unternehmen mit branchenspezifischen Bewertungsvorschriften. Der Grundsatz der einheitlichen Bewertung gilt nicht für die versicherungstechnischen Rückstellungen; ebenso gilt er nicht für die Vermögensgegenstände, deren Wertänderungen auch Rechte der Versicherungsnehmer beeinflussen oder begründen.

(6) Die Ausscheidung von Zwischenerfolgen kann unterbleiben, wenn das Geschäft zu gewöhnlichen Marktbedingungen abgeschlossen wurde und dadurch Rechtsansprüche der Versicherungsnehmer begründet wurden.

(7) § 251 Abs. 3 UGB ist nicht anzuwenden.

(8) Ein Versicherungs- oder Rückversicherungsunternehmen oder ein Mutterunternehmen von Versicherungs- und Rückversicherungsunternehmen oder Drittland-Versicherungs- und Drittland-Rückversicherungsunternehmen, das einen Konzernabschluss und Konzernlagebericht gemäß § 245a Abs. 1 oder 2 UGB nach den internationalen Rechnungslegungsstandards aufstellt, hat die Anforderungen des § 245a Abs. 1 und 3 UGB zu erfüllen. Der Konzernabschluss hat jedenfalls die in § 155 Abs. 1, Abs. 2 Z 1 bis 4, 7 bis 19 und

Abs. 7 Z 3 sowie § 155 Abs. 12, 14 und 15 vorgesehenen Angaben zu enthalten. § 266 Z 4 UGB ist nicht anzuwenden.

(9) Unbeschadet des § 245a Abs. 3 UGB ist bei der Offenlegung eines Konzernabschlusses und Konzernlageberichts gemäß Abs. 8 auch ausdrücklich darauf hinzuweisen, dass es sich nicht um einen nach den Vorschriften dieses Bundesgesetzes aufgestellten Konzernabschluss und Konzernlagebericht handelt.

Besondere Rechnungslegungsvorschriften

§ 139. (1) Die FMA hat mit Zustimmung des Bundesministers für Finanzen durch Verordnung diejenigen besonderen Anordnungen über die Rechnungslegung und die Konzernrechnungslegung von Versicherungs- und Rückversicherungsunternehmen zu treffen, die im Hinblick auf die Eigenart des Betriebes der Vertragsversicherung, die angemessene Aufklärung der Versicherungsnehmer und der Öffentlichkeit über die Geschäftsgebarung, die Erfordernisse der Überwachung der Geschäftsgebarung durch die FMA und die Vollziehung der Bestimmungen dieses Hauptstücks für Zwecke der Versicherungsaufsicht notwendig sind.

(2) Die Anordnungen der FMA können unter Berücksichtigung dieser Erfordernisse enthalten:

1. Vorschriften über verbindliche Formblätter für den Jahresabschluss und die Angaben gemäß § 145 Abs. 1 und § 155 Abs. 8 bis 17;

2. Vorschriften über die Ermittlung und Berechnung der versicherungstechnischen Rückstellungen;

3. die Festlegung eines Höchstzinssatzes für die Berechnung der versicherungstechnischen Rückstellungen in der Lebensversicherung basierend auf dem Zinssatz der Anleihen der Republik Österreich abzüglich eines Sicherheitsabschlages von 40 vH;

4. Vorschriften über die Erstellung einer gesonderten Erfolgsrechnung für einzelne Versicherungszweige des direkten und indirekten Geschäfts;

5. nähere Vorschriften über die einzelnen Posten des Jahresabschlusses sowie über die Angaben im Anhang und im Lagebericht;

6. die näheren Vorschriften über die Erfüllung der Vorlagepflichten gemäß § 248 Abs. 2 Z 5, Abs. 3 Z 2 und Abs. 5 Z 2 und

7. Vorschriften über das Erfordernis eigenhändiger Unterschriften für den Jahresabschluss und den Lagebericht.

(3) Für die Konzernrechnungslegung gilt Abs. 2 sinngemäß.

2. Abschnitt
Gliederung und Ausweis

Allgemeine Grundsätze für die Gliederung des Jahresabschlusses und des Konzernabschlusses

§ 140. (1) Die Lebensversicherung, die Krankenversicherung und die Schaden- und Unfallversicherung bilden je eine Bilanzabteilung. Das allgemeine Versicherungsgeschäft umfasst die Krankenversicherung und die Schaden- und Unfallversicherung.

(2) Die Bilanzposten der Gesamtbilanz sind zusätzlich entsprechend ihrer Zuordnung zu den einzelnen Bilanzabteilungen aufzugliedern.

(3) Für jede Bilanzabteilung ist eine gesonderte versicherungstechnische Rechnung zu erstellen. Die nicht-versicherungstechnische Rechnung gemäß § 146 Abs. 5 ist bis einschließlich Posten 7. gesondert für jede Bilanzabteilung aufzustellen; ab dem Posten 8. sind jeweils nur die Gesamtbeträge aller Bilanzabteilungen anzuführen.

(4) Indirektes Lebensversicherungsgeschäft ist der Bilanzabteilung Lebensversicherung, indirektes Krankenversicherungsgeschäft der Bilanzabteilung Krankenversicherung und sonstiges indirektes Geschäft der Bilanzabteilung Schaden- und Unfallversicherung zuzuordnen. Rückversicherungsunternehmen oder Versicherungsunternehmen, die neben dem indirekten Geschäft das direkte Geschäft beschränkt auf die Schaden- und Unfallversicherung betreiben, können das gesamte Geschäft der Bilanzabteilung Schaden- und Unfallversicherung zuordnen.

(5) § 223 Abs. 6 und 8 UGB ist nicht anzuwenden.

(6) Aufwendungen und Erträge sind, soweit sie nicht ihrer Art nach in eigenen Posten der Gewinn- und Verlustrechnung zu erfassen sind, nach ihrer Verursachung auf die zutreffenden Posten der Gewinn- und Verlustrechnung aufzuteilen.

(7) Abs. 1 erster Satz und Abs. 2 sind auf den Konzernabschluss nicht anzuwenden. Die Bilanzposten der einzelnen Abteilungen können in der Konzernbilanz zusammengefasst werden.

(8) Abs. 3 ist auf den Konzernabschluss nicht anzuwenden. Für das allgemeine Versicherungsgeschäft und die Lebensversicherung ist in der Konzern-Gewinn- und Verlustrechnung je eine gesonderte versicherungstechnische Rechnung zu erstellen. Die nicht-versicherungstechnische Rechnung gemäß § 146 Abs. 5 ist bis einschließlich Posten 7. gesondert für das allgemeine Versicherungsgeschäft und die Lebensversicherung aufzustellen; ab dem Posten 8. sind jeweils nur die Gesamtbeträge anzuführen.

(9) § 233 letzter Satz UGB gilt nicht für die Aufwendungen für Versicherungsfälle.

(10) § 223 Abs. 2 UGB gilt hinsichtlich der Bilanz und der Konzernbilanz nur für die Gesamtbeträge und nicht für die Beträge der einzelnen Bilanzabteilungen.

(11) § 225 Abs. 3 erster Satz und Abs. 6 erster Satz, § 227 zweiter Satz, § 237 Z 1 und § 266 Z 1 UGB sind nicht anzuwenden.

Besondere Vorschriften für Kompositversicherungsunternehmen

§ 141. (1) Kompositversicherungsunternehmen haben die Aufwendungen und Erträge sind, soweit sie nicht ihrer Art nach zu einer einzigen Bilanzabteilung gehören, nach Zuordnungsverfahren den einzelnen Bilanzabteilungen zuzurechnen. Die Zuordnungsverfahren müssen sachgerecht und nachvollziehbar sein und eine verursachungsgemäße Aufteilung der Aufwendungen und Erträge sicherstellen. Es muss gewährleistet sein, dass nicht die Interessen der Versicherungsnehmer und Anspruchsberechtigten in einer Bilanzabteilung beeinträchtigt oder gefährdet werden. Insbesondere müssen ihnen die Gewinne aus der Lebensversicherung so zugutekommen, als ob das Unternehmen ausschließlich die Lebensversicherung betreiben würde. Die Zuordnungsverfahren bedürfen der Genehmigung durch die FMA.

(2) Wenn Vermögenswerte von der Bilanzabteilung Lebensversicherung oder Krankenversicherung auf eine andere Bilanzabteilung übertragen werden und innerhalb eines Jahres veräußert werden, so sind allfällige Veräußerungsgewinne der ursprünglichen Bilanzabteilung zuzurechnen.

(3) Die Passiva gemäß Posten A., B. und C. gemäß § 144 Abs. 3 sind den betriebenen Bilanzabteilungen zuzuordnen. Das Jahresergebnis, das sich in einer bestimmten Bilanzabteilung nach Aufteilung der Aufwendungen und der Erträge nach dem Verursachungsprinzip und den Zuordnungsverfahren gemäß Abs. 1 ergibt, wirkt sich auf die Passiva gemäß Posten A., B. und C. in dieser Bilanzabteilung aus und darf unbeschadet des Abs. 4 nicht auf eine andere Bilanzabteilung übertragen werden.

(4) Solange gemäß § 194 die fiktive Lebensversicherungs-Mindestkapitalanforderung und die fiktive Nicht-Lebensversicherungs-Mindestkapitalanforderung erfüllt sind, dürfen Passiva gemäß Posten A., B. und C. auf eine andere Bilanzabteilung übertragen werden.

Rückversicherung mit begrenztem Risikoübertrag

§ 142. Verträge, durch die versicherungstechnische Risiken nicht oder nur in sehr geringem Umfang übertragen werden, sind für Zwecke der Rechnungslegung nicht als Rückversicherungsverträge zu betrachten.

Risikorücklage

§ 143. (1) Die Versicherungs- und Rückversicherungsunternehmen haben eine Risikorücklage zu bilden; sie ist in der Bilanz gesondert auszuweisen.

(2) Der Risikorücklage sind jährlich 0,6 vH der um die Rückversicherungsabgabe verminderten abgegrenzten Prämien des inländischen Geschäfts zuzuführen. Die Rücklage darf jedoch 4 vH dieser Prämien nicht übersteigen. Sie darf nur zur Deckung von Verlusten und erst nach Auflösung aller sonstigen satzungsmäßigen und freien Rücklagen verwendet werden. Nach ihrer Auflösung ist die Rücklage neu zu bilden.

(3) Bei kleinen Versicherungsvereinen sind der Risikorücklage 10 vH des Jahreserfolges so lange zuzuführen, bis sie 25 vH des satzungsmäßig vorgeschriebenen Betrages der Sicherheitsrücklage erreicht. Die Risikorücklage ist vor der Sicherheitsrücklage zur Deckung von Verlusten zu verwenden.

Gliederung der Bilanz und der Konzernbilanz

§ 144. (1) In der Bilanz und der Konzernbilanz sind die in den Abs. 2 und 3 angeführten Posten gesondert und in der vorgeschriebenen Reihenfolge auszuweisen.

(2) Aktiva:

A. Immaterielle Vermögensgegenstände
  I. Aufwendungen für die Errichtung und Erweiterung des Unternehmens
  II. Entgeltlich erworbener Firmenwert
  III. Aufwendungen für den Erwerb eines Versicherungsbestandes
  IV. Sonstige immaterielle Vermögensgegenstände

B. Kapitalanlagen
  I. Grundstücke und Bauten
  II. Kapitalanlagen in verbundenen Unternehmen und Beteiligungen
    1. Anteile an verbundenen Unternehmen
    2. Schuldverschreibungen und andere Wertpapiere von verbundenen Unternehmen und Darlehen an verbundene Unternehmen
    3. Beteiligungen
    4. Schuldverschreibungen und andere Wertpapiere von und Darlehen an Unternehmen, mit denen ein Beteiligungsverhältnis besteht
  III. Sonstige Kapitalanlagen

1. Aktien und andere nicht festverzinsliche Wertpapiere
2. Schuldverschreibungen und andere festverzinsliche Wertpapiere
3. Anteile an gemeinschaftlichen Kapitalanlagen
4. Hypothekenforderungen
5. Vorauszahlungen auf Polizzen
6. Sonstige Ausleihungen
7. Guthaben bei Kreditinstituten,
8. Andere Kapitalanlagen
  IV. Depotforderungen aus dem übernommenen Rückversicherungsgeschäft
C. Kapitalanlagen der fondsgebundenen und der indexgebundenen Lebensversicherung
D. Forderungen
  I. Forderungen aus dem direkten Versicherungsgeschäft
    1. an Versicherungsnehmer
    2. an Versicherungsvermittler
    3. an Versicherungsunternehmen
  II. Abrechnungsforderungen aus dem Rückversicherungsgeschäft
  III. Eingeforderte ausstehende Einlagen
  IV. Sonstige Forderungen
E. Anteilige Zinsen und Mieten
F. Sonstige Vermögensgegenstände
  I. Sachanlagen (ausgenommen Grundstücke und Bauten) und Vorräte
  II. Laufende Guthaben bei Kreditinstituten, Schecks und Kassenbestand
  III. Eigene Aktien
  IV. Andere Vermögensgegenstände
G. Verrechnungsposten mit der Zentrale
H. Rechnungsabgrenzungsposten
I. Verrechnungsposten zwischen den Abteilungen

(3) Passiva:
A. Eigenkapital
  I. Grundkapital
    1. Nennbetrag
    2. Nicht eingeforderte ausstehende Einlagen
  II. Dotationskapital
  III. Kapitalrücklagen
    1. gebundene
    2. nicht gebundene
  IV. Gewinnrücklagen
    1. Sicherheitsrücklage
    2. Gesetzliche Rücklage gemäß § 229 Abs. 6 UGB
    3. Sonstige satzungsmäßige Rücklagen
    4. Freie Rücklagen
  V. Risikorücklage gemäß § 143 VAG, versteuerter Teil
  VI. Bilanzgewinn/Bilanzverlust, davon Gewinnvortrag/Verlustvortrag
B. Unversteuerte Rücklagen
  I. Risikorücklage gemäß § 143 VAG
  II. Bewertungsreserve auf Grund von Sonderabschreibungen
  III. Sonstige unversteuerte Rücklagen
C. Nachrangige Verbindlichkeiten
D. Versicherungstechnische Rückstellungen im Eigenbehalt
  I. Prämienüberträge
    1. Gesamtrechnung
    2. Anteil der Rückversicherer
  II. Deckungsrückstellung
    1. Gesamtrechnung
    2. Anteil der Rückversicherer
  III. Rückstellung für noch nicht abgewickelte Versicherungsfälle
    1. Gesamtrechnung
    2. Anteil der Rückversicherer
  IV. Rückstellung für erfolgsunabhängige Prämienrückerstattung
    1. Gesamtrechnung
    2. Anteil der Rückversicherer
  V. Rückstellung für erfolgsabhängige Prämienrückerstattung bzw. Gewinnbeteiligung der Versicherungsnehmer
    1. Gesamtrechnung
    2. Anteil der Rückversicherer
  VI. Schwankungsrückstellung
  VII. Sonstige versicherungstechnische Rückstellungen
    1. Gesamtrechnung
    2. Anteil der Rückversicherer
E. Versicherungstechnische Rückstellungen der fondsgebundenen und der indexgebundenen Lebensversicherung
  I. Gesamtrechnung
  II. Anteil der Rückversicherer
F. Nicht-versicherungstechnische Rückstellungen

§§ 144 – 146

    I. Rückstellungen für Abfertigungen
    II. Rückstellungen für Pensionen
    III. Steuerrückstellungen
    IV. Sonstige Rückstellungen
G. Depotverbindlichkeiten aus dem abgegebenen Rückversicherungsgeschäft
H. Sonstige Verbindlichkeiten
    I. Verbindlichkeiten aus dem direkten Versicherungsgeschäft
        1. an Versicherungsnehmer
        2. an Versicherungsvermittler
        3. an Versicherungsunternehmen
    II. Abrechnungsverbindlichkeiten aus dem Rückversicherungsgeschäft
    III. Anleiheverbindlichkeiten (mit Ausnahme des Ergänzungskapitals)
    IV. Verbindlichkeiten gegen Kreditinstitute
    V. Andere Verbindlichkeiten
I. Verrechnungsposten mit der Zentrale
J. Rechnungsabgrenzungsposten

(4) § 224 UGB ist nicht anzuwenden.

(5) Die Konzernbilanz umfasst

1. zusätzlich zu den in Abs. 2 genannten Posten den Posten A. V. Unterschiedsbetrag gemäß § 254 Abs. 3 UGB,

2. zusätzlich zu den im Abs. 3 genannten Posten die Posten A. VII. Ausgleichsposten für die Anteile der anderen Gesellschafter und D. Unterschiedsbetrag gemäß § 254 Abs. 3 UGB.

Wird der Posten Unterschiedsbetrag gemäß § 254 Abs. 3 UGB passivseitig in die Konzernbilanz aufgenommen, so sind die Posten D. bis J. des Abs. 3 als E. bis K. zu bezeichnen. Die genannten Posten und wesentliche Änderungen gegenüber dem Vorjahr sind im Konzernanhang zu erläutern. Werden Unterschiedsbeträge der Aktivseite mit solchen der Passivseite verrechnet, so sind diese verrechneten Beträge im Konzernanhang anzugeben.

(6) Sind im Konzernabschluss Unternehmen konsolidiert, die nicht in die Ermittlung der Solvabilität der Gruppe einzubeziehen sind, so sind die Vermögensgegenstände und Schulden dieser Unternehmen gesondert auszuweisen.

(7) Bei Anwendung des Abs. 6 sind die Aktiva gemäß Abs. 2 um folgende Hauptposten zu ergänzen:

    J. Aktiva, die von Kreditinstituten stammen,
    K. Aktiva, die von anderen Unternehmen mit branchenspezifischen Bilanzierungsvorschriften stammen,
    L. Aktiva, die von sonstigen anderen Unternehmen stammen.

Im Anhang ist die Zusammensetzung der Aktiva entsprechend den Branchenvorschriften darzustellen.

(8) Bei Anwendung des Abs. 6 sind die Passiva gemäß Abs. 3 um folgende Hauptposten zu ergänzen:

    K. Rückstellungen, Verbindlichkeiten und Rechnungsabgrenzungsposten, die von Kreditinstituten stammen,
    L. Rückstellungen, Verbindlichkeiten und Rechnungsabgrenzungsposten, die von anderen Unternehmen mit branchenspezifischen Bilanzierungsvorschriften stammen,
    M. Rückstellungen, Verbindlichkeiten und Rechnungsabgrenzungsposten, die von sonstigen anderen Unternehmen stammen.

Im Anhang ist die Zusammensetzung der Rückstellungen, Verbindlichkeiten und Rechnungsabgrenzungsposten entsprechend den Branchenvorschriften darzustellen. Bei Anwendung von Abs. 5 Z 2 sind die Posten K. bis M. als L. bis N. zu bezeichnen.

(9) Bei der Darstellung der Zusammensetzung der in Abs. 7 und 8 genannten Posten ist eine Aufgliederung vorzunehmen, die zumindest den mit Großbuchstaben und römischen Ziffern bezeichneten Posten des Bilanzschemas nach § 224 UGB entspricht. Für die Unternehmen, für die branchenspezifische Bilanzierungsvorschriften bestehen, ist diese Bestimmung sinngemäß anzuwenden. Die Posten sind gegebenenfalls zu erläutern. Die FMA kann durch Verordnung nähere Vorschriften für die Anhangsangaben gemäß Abs. 7 und 8 vorschreiben.

Entwicklung von Vermögensgegenständen

§ 145. (1) Die Entwicklung der Posten A., B.I. und B.II. des § 144 Abs. 2 ist in der Bilanz oder im Anhang darzustellen. Dabei sind, ausgehend von den Bilanzwerten am Ende des vorangegangenen Geschäftsjahres, die Zugänge, die Umbuchungen, die Abgänge, die Zuschreibungen und die Abschreibungen im Geschäftsjahr sowie die Bilanzwerte am Ende des Geschäftsjahres gesondert aufzuführen.

(2) § 226 Abs. 1 UGB ist nicht anzuwenden.

(3) Abs. 1 ist sinngemäß auf den Konzernabschluss anzuwenden.

Gliederung der Gewinn- und Verlustrechnung

§ 146. (1) Die Gewinn- und Verlustrechnung ist in Staffelform aufzustellen. In ihr sind die in den Abs. 2 bis 5 angeführten Posten in der angegebenen Reihenfolge gesondert auszuweisen.

(2) I. Versicherungstechnische Rechnung – Allgemeines Versicherungsgeschäft, Schaden- und Unfallversicherung

1. Abgegrenzte Prämien
a) Verrechnete Prämien
aa) Gesamtrechnung
ab) Abgegebene Rückversicherungsprämien
b) Veränderung durch Prämienabgrenzung
ba) Gesamtrechnung
bb) Anteil der Rückversicherer
2. Kapitalerträge des technischen Geschäfts
3. Sonstige versicherungstechnische Erträge
4. Aufwendungen für Versicherungsfälle
a) Zahlungen für Versicherungsfälle
aa) Gesamtrechnung
ab) Anteil der Rückversicherer
b) Veränderung der Rückstellung für noch nicht abgewickelte Versicherungsfälle
ba) Gesamtrechnung
bb) Anteil der Rückversicherer
5. Erhöhung von versicherungstechnischen Rückstellungen
a) Deckungsrückstellung
aa) Gesamtrechnung
ab) Anteil der Rückversicherer
b) Sonstige versicherungstechnische Rückstellungen
ba) Gesamtrechnung
bb) Anteil der Rückversicherer
6. Verminderung von versicherungstechnischen Rückstellungen
a) Deckungsrückstellung
aa) Gesamtrechnung
ab) Anteil der Rückversicherer
b) Sonstige versicherungstechnische Rückstellungen
ba) Gesamtrechnung
bb) Anteil der Rückversicherer
7. Aufwendungen für die erfolgsunabhängige Prämienrückerstattung
a) Gesamtrechnung
b) Anteil der Rückversicherer
8. Aufwendungen für die erfolgsabhängige Prämienrückerstattung
a) Gesamtrechnung
b) Anteil der Rückversicherer
9. Aufwendungen für den Versicherungsbetrieb
a) Aufwendungen für den Versicherungsabschluss
b) Sonstige Aufwendungen für den Versicherungsbetrieb
c) Rückversicherungsprovisionen und Gewinnanteile aus Rückversicherungsabgaben
10. Sonstige versicherungstechnische Aufwendungen
11. Veränderung der Schwankungsrückstellung
12. Versicherungstechnisches Ergebnis

(3) II. Versicherungstechnische Rechnung – Allgemeines Versicherungsgeschäft, Krankenversicherung

1. Abgegrenzte Prämien
a) Verrechnete Prämien
aa) Gesamtrechnung
ab) Abgegebene Rückversicherungsprämien
b) Veränderung durch Prämienabgrenzung
ba) Gesamtrechnung
bb) Anteil der Rückversicherer
2. Kapitalerträge des technischen Geschäfts
3. Sonstige versicherungstechnische Erträge
4. Aufwendungen für Versicherungsfälle
a) Zahlungen für Versicherungsfälle
aa) Gesamtrechnung
ab) Anteil der Rückversicherer
b) Veränderung der Rückstellung für noch nicht abgewickelte Versicherungsfälle
ba) Gesamtrechnung
bb) Anteil der Rückversicherer
5. Erhöhung von versicherungstechnischen Rückstellungen
a) Deckungsrückstellung
aa) Gesamtrechnung
ab) Anteil der Rückversicherer
b) Sonstige versicherungstechnische Rückstellungen
ba) Gesamtrechnung
bb) Anteil der Rückversicherer
6. Verminderung von versicherungstechnischen Rückstellungen
a) Deckungsrückstellung
aa) Gesamtrechnung
ab) Anteil der Rückversicherer
b) Sonstige versicherungstechnische Rückstellungen
ba) Gesamtrechnung
bb) Anteil der Rückversicherer
7. Aufwendungen für die erfolgsunabhängige Prämienrückerstattung
a) Gesamtrechnung
b) Anteil der Rückversicherer
8. Aufwendungen für die erfolgsabhängige Prämienrückerstattung
a) Gesamtrechnung
b) Anteil der Rückversicherer
9. Aufwendungen für den Versicherungsbetrieb
a) Aufwendungen für den Versicherungsabschluss

§ 146

b) Sonstige Aufwendungen für den Versicherungsbetrieb
c) Rückversicherungsprovisionen und Gewinnanteile aus Rückversicherungsabgaben
10. Sonstige versicherungstechnische Aufwendungen
11. Veränderung der Schwankungsrückstellung
12. Versicherungstechnisches Ergebnis
(4) III. Versicherungstechnische Rechnung – Lebensversicherung
1. Abgegrenzte Prämien
a) Verrechnete Prämien
aa) Gesamtrechnung
ab) Abgegebene Rückversicherungsprämien
b) Veränderung durch Prämienabgrenzung
ba) Gesamtrechnung
bb) Anteil der Rückversicherer
2. Kapitalerträge des technischen Geschäfts
3. Nicht realisierte Gewinne aus Kapitalanlagen gemäß Posten C. der Aktiva
4. Sonstige versicherungstechnische Erträge
5. Aufwendungen für Versicherungsfälle
a) Zahlungen für Versicherungsfälle
aa) Gesamtrechnung
ab) Anteil der Rückversicherer
b) Veränderung der Rückstellung für noch nicht abgewickelte Versicherungsfälle
ba) Gesamtrechnung
bb) Anteil der Rückversicherer
6. Erhöhung von versicherungstechnischen Rückstellungen
a) Deckungsrückstellung
aa) Gesamtrechnung
ab) Anteil der Rückversicherer
b) Sonstige versicherungstechnische Rückstellungen
ba) Gesamtrechnung
bb) Anteil der Rückversicherer
7. Verminderung von versicherungstechnischen Rückstellungen
a) Deckungsrückstellung
aa) Gesamtrechnung
ab) Anteil der Rückversicherer
b) Sonstige versicherungstechnische Rückstellungen
ba) Gesamtrechnung
bb) Anteil der Rückversicherer
8. Aufwendungen für die erfolgsabhängige Prämienrückerstattung bzw. Gewinnbeteiligung der Versicherungsnehmer
a) Gesamtrechnung
b) Anteil der Rückversicherer

9. Aufwendungen für den Versicherungsbetrieb
a) Aufwendungen für den Versicherungsabschluss
b) Sonstige Aufwendungen für den Versicherungsbetrieb
c) Rückversicherungsprovisionen und Gewinnanteile aus Rückversicherungsabgaben
10. Nicht realisierte Verluste aus Kapitalanlagen gemäß Posten C. der Aktiva
11. Sonstige versicherungstechnische Aufwendungen
12. Versicherungstechnisches Ergebnis
(5) IV. Nicht-versicherungstechnische Rechnung
1. Versicherungstechnisches Ergebnis
2. Erträge aus Kapitalanlagen und Zinsenerträge
a) Erträge aus Beteiligungen, davon verbundene Unternehmen
b) Erträge aus Grundstücken und Bauten, davon verbundene Unternehmen
c) Erträge aus sonstigen Kapitalanlagen, davon verbundene Unternehmen
d) Erträge aus Zuschreibungen
e) Gewinne aus dem Abgang von Kapitalanlagen
f) Sonstige Erträge aus Kapitalanlagen und Zinsenerträge
3. Aufwendungen für Kapitalanlagen und Zinsenaufwendungen
a) Aufwendungen für die Vermögensverwaltung
b) Abschreibungen von Kapitalanlagen
c) Zinsenaufwendungen
d) Verluste aus dem Abgang von Kapitalanlagen
e) Sonstige Aufwendungen für Kapitalanlagen
4. In die versicherungstechnische Rechnung übertragene Kapitalerträge
5. Sonstige nicht-versicherungstechnische Erträge
6. Sonstige nicht-versicherungstechnische Aufwendungen
7. Ergebnis der gewöhnlichen Geschäftstätigkeit
8. Außerordentliche Erträge
9. Außerordentliche Aufwendungen
10. Außerordentliches Ergebnis
11. Steuern vom Einkommen und vom Ertrag
12. Jahresüberschuss/Jahresfehlbetrag
13. Auflösung von Rücklagen
a) Auflösung der Risikorücklage gemäß § 143 VAG

b) Auflösung der Bewertungsreserve auf Grund von Sonderabschreibungen

c) Auflösung sonstiger unversteuerter Rücklagen

d) Auflösung von Kapitalrücklagen

e) Auflösung der Sicherheitsrücklage

f) Auflösung der gesetzlichen Rücklage gemäß § 229 Abs. 6 UGB g) Auflösung der sonstigen satzungsmäßigen Rücklagen

h) Auflösung der freien Rücklagen

14. Zuweisung an Rücklagen

a) Zuweisung an die Risikorücklage gemäß § 143 VAG

b) Zuweisung an die Bewertungsreserve auf Grund von Sonderabschreibungen

c) Zuweisung an sonstige unversteuerte Rücklagen

d) Zuweisung an die Sicherheitsrücklage

e) Zuweisung an die gesetzliche Rücklage gemäß § 229 Abs. 6 UGB

f) Zuweisung an sonstige satzungsmäßige Rücklagen

g) Zuweisung an freie Rücklagen

15. Jahresgewinn/Jahresverlust

16. Gewinnvortrag/Verlustvortrag

17. Bilanzgewinn/Bilanzverlust

(6) § 231 UGB ist nicht anzuwenden.

(7) Wird § 259 Abs. 2 UGB angewendet, so sind die Posten 13. bis 17. des Abs. 5 als 14. bis 18. zu bezeichnen.

(8) Sind im Konzernabschluss Unternehmen konsolidiert, die nicht in die Ermittlung der Solvabilität der Gruppe einzubeziehen sind, so ist in der nicht-versicherungstechnischen Rechnung der Posten 7. (Ergebnis der gewöhnlichen Geschäftstätigkeit) in

a) Ergebnis der gewöhnlichen Geschäftstätigkeit von Versicherungs- und Rückversicherungsunternehmen,

b) Ergebnis der gewöhnlichen Geschäftstätigkeit von Kreditinstituten,

c) Ergebnis der gewöhnlichen Geschäftstätigkeit von anderen Unternehmen mit branchenspezifischen Bilanzierungsvorschriften und

d) Ergebnis der gewöhnlichen Geschäftstätigkeit von sonstigen anderen Unternehmen

zu untergliedern. Im Anhang ist die Zusammensetzung der unter lit. b bis d angeführten Ergebnisse entsprechend den Branchenvorschriften gesondert darzustellen, wobei eine Aufgliederung vorzunehmen ist, die zumindest den mit arabischen Ziffern bezeichneten Posten der Gewinn- und Verlustrechnungsschemas nach § 231 UGB entspricht. Für die Unternehmen, für die branchenspezifische Bilanzierungsvorschriften bestehen, ist diese Bestimmung sinngemäß anzuwenden.

Die Posten sind gegebenenfalls zu erläutern. Die FMA kann durch Verordnung nähere Vorschriften für diese Anhangsangaben vorschreiben.

(9) Abs. 1 bis 5 sind sinngemäß auf die Konzern-Gewinn- und Verlustrechnung anzuwenden.

Erfassung von Aufwendungen und Erträgen

§ 147. (1) Die Aufrechnung von Aufwendungen mit Erträgen ist vorzunehmen für

1. die an die Versicherungsnehmer weiterverrechnete Feuerschutzsteuer mit dem Feuerschutzsteueraufwand,

2. die erhaltenen Vergütungen aus der Mitversicherung mit dem Provisionsaufwand für die Mitversicherung,

3. Aufwandsersätze mit jenen Aufwendungen, zu deren Deckung sie bestimmt sind,

4. die Erträge mit den laufenden Aufwendungen der Grundstücke und Bauten, ausgenommen die Abschreibungen,

5. die Erträge mit den Aufwendungen von Beteiligungen, ausgenommen die Abschreibungen,

6. Erlöse aus Anlagenverkäufen mit den Buchwerten der veräußerten Anlagen,

7. valutarische Kursgewinne mit Kursverlusten aus ein und derselben Währung und

8. Zahlungen für Versicherungsfälle mit Regresseinnahmen und anderen Erstattungsleistungen für Versicherungsfälle.

(2) Für Einrichtungen, die nicht unmittelbar mit dem Betrieb der Vertragsversicherung im Zusammenhang stehen, ist der Unterschiedsbetrag zwischen den Aufwendungen und Erträgen in die in Betracht kommenden Posten der Gewinn- und Verlustrechnung einzustellen.

(3) Der Erfolg aus Verträgen des indirekten Geschäfts kann längstens bis zu einem Jahr periodenverschoben ausgewiesen werden. Einlangende Abrechnungen sind laufend zu buchen. In einem Geschäftsjahr sind grundsätzlich die Abrechnungen eines Abrechnungsjahres erfolgswirksam zu erfassen. Für bis zum Bilanzstichtag entstandene und bis zum Bilanzerstellungstag bekanntgewordene Verluste sind entsprechende Rückstellungen zu bilden. Ein Abweichen vom gewählten Ausmaß der zeitversetzten Buchung der Ergebnisse aus den einzelnen Übernahmeverträgen ist nur bei Vorliegen besonderer Umstände zulässig.

(4) Übernommene Rückversicherung von in den Konzernabschluss einbezogenen Unternehmen ist für Zwecke der Erstellung des konsolidierten Abschlusses zeitgleich zu erfassen; Abs. 3 ist insoweit auf den konsolidierten Abschluss nicht anzuwenden.

3. Abschnitt
Bewertung

Allgemeine Bewertungsvorschriften

§ 148. (1) Der Grundsatz der Vorsicht ist unter Berücksichtigung der Besonderheiten des Versicherungsgeschäftes anzuwenden.

(2) § 235 UGB ist nicht auf die Kapitalanlagen gemäß Posten B. des § 144 Abs. 2 anzuwenden.

(3) Nicht verbriefte Forderungen und Verbindlichkeiten, die auf ausländische Währung lauten, sind mit dem Mittelkurs am Bilanzstichtag anzusetzen, sofern keine Absicherung des Währungsrisikos erfolgt.

Bewertung von Vermögensgegenständen

§ 149. (1) Kapitalanlagen laut Posten B. des § 144 Abs. 2 sind, mit Ausnahme der in Abs. 2 genannten, wie Gegenstände des Anlagevermögens zu bewerten (§ 203 und § 204 UGB unter Berücksichtigung von § 208 UGB). Auf diese Kapitalanlagen ist § 204 Abs. 2 letzter Satz UGB nur anzuwenden, wenn sie unter die Posten B. II., B. III. oder B. IV. des § 144 Abs. 2 fallen.

(2) Aktien, Wertpapiere über Partizipations- und Ergänzungskapital und andere nicht festverzinsliche Wertpapiere, Wertrechte und Anteile an Investmentfonds gemäß Posten B. des § 144 Abs. 2 sowie Anteile an verbundenen Unternehmen, sofern diese nicht dazu bestimmt sind dauernd dem Geschäftsbetrieb zu dienen gemäß Posten B. II des § 144 Abs. 2, sind wie Gegenstände des Umlaufvermögens zu bewerten (§ 206 und § 207 UGB unter Berücksichtigung von § 208 UGB). Die genannten Kapitalanlagen können abweichend davon nach den Bestimmungen des UGB bewertet werden; Abschreibungen auf den niedrigeren Wert im Falle einer voraussichtlich nicht dauernden Wertminderung können jedoch nur insoweit unterbleiben, als der Gesamtbetrag dieser nicht vorgenommenen Abschreibungen 50 vH der gesamten, sonst vorhandenen stillen Nettoreserven des Unternehmens in der betreffenden Bilanzabteilung nicht übersteigt. Gewinne dürfen im Fall einer unterlassenen Abschreibung nur ausgeschüttet werden, soweit jederzeit auflösbare Rücklagen zuzüglich eines Gewinnvortrages und abzüglich eines Verlustvortrages der Höhe der Auswirkung der unterlassenen Abschreibung auf den Jahresüberschuss mindestens entsprechen.

(3) Bei Anteilen an OGAW und Spezialfonds gemäß § 163 InvFG 2011 oder vergleichbaren ausländischen Fonds, in denen ausschließlich oder überwiegend Schuldverschreibungen oder andere festverzinsliche Wertpapiere gemäß Posten B. III. des § 144 Abs. 2 enthalten sind, das Versicherungs- oder Rückversicherungsunternehmen einen direkten oder indirekten beherrschenden Einfluss nachweisen kann und die von einer Kapitalanlagegesellschaft mit Sitz in einem Mitgliedstaat verwaltet werden, können die darin enthaltenen Wertpapiere gleich bewertet werden wie Wertpapiere, die sich im direkten Eigentum des Unternehmens befinden. Im Anhang ist über die Inanspruchnahme dieses Wahlrechts zu berichten.

(4) Die Kapitalanlagen der fondsgebundenen und der indexgebundenen Lebensversicherung gemäß Posten C. des § 144 Abs. 2 sind zu den Börsen- oder Marktpreisen ohne Rücksicht auf ihre Anschaffungs- oder Herstellungskosten zu bewerten.

(5) Auf Sachanlagen und Vorräte gemäß Posten F. I. des § 144 Abs. 2 ist § 209 Abs. 1 UGB anzuwenden.

Allgemeine Vorschriften über die versicherungstechnischen Rückstellungen

§ 150. (1) Versicherungstechnische Rückstellungen sind insoweit zu bilden, wie dies nach vernünftiger unternehmerischer Beurteilung notwendig ist, um die dauernde Erfüllbarkeit der Verpflichtungen aus den Versicherungsverträgen zu gewährleisten. Im Rahmen der Bewertung ist auf den Grundsatz der Vorsicht Bedacht zu nehmen.

(2) Versicherungstechnische Rückstellungen sind insbesondere die Prämienüberträge, die Deckungsrückstellung, die Rückstellung für noch nicht abgewickelte Versicherungsfälle, die Rückstellungen für erfolgsabhängige und erfolgsunabhängige Prämienrückerstattung, die Schwankungsrückstellung, die der Schwankungsrückstellung ähnlichen versicherungstechnischen Rückstellungen, die Stornorückstellung, die Rückstellung für drohende Verluste aus dem Versicherungsbestand und die Rückstellung für Verluste aus den zeitversetzt gebuchten Rückversicherungsübernahmen.

(3) Bestehen versicherungsmathematische Grundlagen für die Berechnung versicherungstechnischer Rückstellungen, so ist diesen Grundlagen entsprechend vorzugehen.

(4) Auf versicherungstechnische Rückstellungen ist § 198 Abs. 8 Z 3 UGB nicht anwendbar.

Prämienüberträge

§ 151. (1) Prämienüberträge sind die Teile der verrechneten Prämien, die sich auf einen nach dem Ende des Geschäftsjahres liegenden Zeitraum beziehen. Sie sind grundsätzlich für jeden Versicherungsvertrag nach einer zeitanteiligen Einzelberechnung zu ermitteln.

(2) Die Prämienüberträge können auch durch Näherungsverfahren ermittelt werden, wenn deren Ergebnisse denen einer zeitanteiligen Einzelbe-

rechnung für jeden Versicherungsvertrag nahekommen.

(3) In Versicherungszweigen, in denen die Annahme zeitlicher Proportionalität zwischen Risikoverlauf und Prämie nicht zutrifft, sind Berechnungsverfahren anzuwenden, die der im Zeitablauf unterschiedlichen Entwicklung des Risikos Rechnung tragen.

Deckungsrückstellung

§ 152. (1) Die Deckungsrückstellung ist in der Lebensversicherung, in der Krankenversicherung und in allen anderen Versicherungszweigen, soweit diese nach Art der Lebensversicherung betrieben werden, für jeden Versicherungsvertrag einzeln zu berechnen. Die Anwendung von anerkannten statistischen oder mathematischen Methoden ist zulässig, wenn davon auszugehen ist, dass diese zu annähernd den gleichen Ergebnissen führen wie die Einzelberechnungen.

(2) Die Deckungsrückstellung umfasst in der Lebensversicherung und in der Unfallversicherung, die nach Art der Lebensversicherung betrieben wird, den versicherungsmathematisch errechneten Wert der Verpflichtungen des Versicherungsunternehmens einschließlich der bereits zugeteilten und der zugesagten Gewinnanteile und einer Verwaltungskostenrückstellung abzüglich der Summe der Barwerte der künftig eingehenden Prämien. Bei der prämienbegünstigten Zukunftsvorsorge gemäß § 108g bis § 108i EStG 1988 umfasst die Deckungsrückstellung auch Rückstellungen für Kapitalanlagerisiken, soweit diese über die Kapitalanlagerisiken der Lebensversicherung, deren versicherungstechnische Rückstellungen im Deckungsstock gemäß § 300 Abs. 1 Z 1 bedeckt sind, hinausgehen. Die FMA kann mit Verordnung die Voraussetzungen, unter denen solche zusätzliche Rückstellungen zu bilden sind, sowie die erforderliche Höhe dieser Rückstellungen festsetzen; dabei können insbesondere die Mindestbindefrist, die Höhe des Rechnungszinssatzes, die Ertragserwartung der Vermögenswerte, die Volatilität der Vermögenswerte und die Art der Gewinnzuteilung herangezogen werden.

(3) Versicherungstechnisch entstehende negative Deckungskapitalien sind auf null zu setzen.

(4) Die Berechnung der Deckungsrückstellung ist nach anerkannten versicherungsmathematischen Methoden vorzunehmen.

Rückstellung für noch nicht abgewickelte Versicherungsfälle

§ 153. (1) Rückstellungen für noch nicht abgewickelte Versicherungsfälle sind für die dem Grund oder der Höhe nach noch nicht feststehenden Leistungsverpflichtungen aus bis zum Bilanzstichtag eingetretenen Versicherungsfällen sowie für sämtliche hiefür nach dem Bilanzstichtag voraussichtlich anfallenden Regulierungsaufwendungen für Versicherungsfälle zu bilden.

(2) Die Rückstellung für noch nicht abgewickelte Versicherungsfälle ist für jeden Versicherungsfall einzeln zu ermitteln. Die Ermittlung kann auf andere Weise vorgenommen werden, wenn die Eigenart des Versicherungszweiges einer Einzelermittlung entgegensteht. Eine Pauschalbewertung ist zulässig, wenn auf Grund der Anzahl gleichartiger Risiken davon auszugehen ist, dass diese zu annähernd den gleichen Ergebnissen führt wie die Einzelermittlung. Im Fall der Mitversicherung hat die Rückstellung anteilsmäßig mindestens dem vom führenden Versicherer ermittelten Betrag zu entsprechen.

(3) Für Versicherungsfälle, die bis zum Bilanzstichtag entstanden und im Zeitpunkt der Bilanzerstellung nicht bekannt sind, ist die Rückstellung auf Grund von Erfahrungswerten zu bilden (Spätschadenrückstellung).

(4) Die Rückstellung für noch nicht abgewickelte Versicherungsfälle hat auch die am Bilanzstichtag feststehenden, jedoch noch nicht abgewickelten Leistungsverpflichtungen zu enthalten.

(5) Von der Rückstellung für noch nicht abgewickelte Versicherungsfälle ist der Gesamtbetrag der einbringlichen Forderungen abzusetzen, die entstanden sind, weil auf Grund von geleisteten Entschädigungen Rückgriff genommen werden kann (Regresse) oder Ansprüche auf ein versichertes Objekt bestehen, für das Ersatz geleistet worden ist. Die Einbringlichkeit und Verwertbarkeit der Forderungen ist zu beachten und der Grundsatz der Vorsicht einzuhalten.

(6) Ist in einem Versicherungszweig, der nicht unter § 92 fällt, eine Versicherungsleistung in Form einer Rente zu erbringen, so ist die Rückstellung hiefür nach anerkannten versicherungsmathematischen Grundsätzen zu bilden.

Schwankungsrückstellung

§ 154. (1) Zum Ausgleich der Schwankungen des jährlichen Schadenbedarfs im Eigenbehalt ist nach Maßgabe des Abs. 2 für die Versicherungszweige der Schaden- und Unfallversicherung eine Schwankungsrückstellung zu bilden.

(2) Die Verpflichtung zur Bildung einer Schwankungsrückstellung besteht, wenn in einem längerfristigen Beobachtungszeitraum erhebliche Schwankungen der Schadensätze im Eigenbehalt zu beobachten waren und die Summe aus Schadenaufwand im Eigenbehalt und Betriebsaufwendungen mindestens einmal im Beobachtungszeitraum die abgegrenzten Eigenbehaltsprämien überstiegen hat. Für Versicherungszweige, für die die abgegrenzten Prämien keinen größeren Umfang erreichen, kann die Bildung einer Schwankungsrückstellung unterbleiben.

§§ 154 – 155

(3) Die FMA kann für besondere Risiken die Bildung von der Schwankungsrückstellung ähnlichen versicherungstechnischen Rückstellungen verlangen, wenn auf Grund der Besonderheit der Risiken die Berechnung des Durchschnittsschadens auf Basis eines Beobachtungszeitraumes keine geeignete Methode zur Ermittlung der Rückstellung darstellt.

(4) Die Schwankungsrückstellung und Rückstellungen gemäß Abs. 3 können für die gleiche Art von Risiken nicht nebeneinander gebildet werden.

(5) Die FMA kann bei der Festlegung der Berechnungsvorschriften für die Schwankungsrückstellung und die Rückstellungen gemäß Abs. 3 von den allgemeinen Ausweisvorschriften abweichende Anordnungen treffen. Bei Vorliegen besonderer Umstände kann die FMA im Einzelfall eine Abweichung von den allgemeinen Berechnungsvorschriften anordnen.

4. Abschnitt
Anhang und Lagebericht

Anhang und Konzernanhang

§ 155. (1) Der Anhang und der Konzernanhang hat unbeschadet der Bestimmungen des UGB zu enthalten:

1. Angaben über die im Geschäftsjahr eingeforderten Einlagen auf das Grundkapital und die auf Grund dieser Einforderungen dem Grundkapital zugeführten und die rückständig gebliebenen Beträge;

2. Angaben über die aus dem Reingewinn des Vorjahres auf Rechnung der ausstehenden Einlagen dem Grundkapital zugeführten Beträge;

3. Angaben über die Anteile der Aktionäre am Reingewinn, wenn das Grundkapital noch nicht voll eingezahlt ist;

4. Angaben über die Höhe des Anteils an einem herrschenden Unternehmen unter Angabe des Unternehmens, allfälliger Nachschussverpflichtungen und der Veränderung der Höhe des Anteils während des Geschäftsjahres;

5. Angaben über die erfolgsabhängige Prämienrückerstattung an Versicherungsnehmer und die Verteilung des verbleibenden Jahresüberschusses an Mitglieder eines Versicherungsvereins auf Gegenseitigkeit sowie über die Entwicklung der zu diesem Zwecke gebildeten Rückstellungen und

6. Angaben über den Eintritt einer Nachschusspflicht der Mitglieder eines Versicherungsvereins auf Gegenseitigkeit oder die Herabsetzung der Versicherungsleistungen an Mitglieder eines Versicherungsvereins auf Gegenseitigkeit gemäß § 44 Abs. 2.

(2) Im Anhang sind auch anzugeben:

1. der Bilanzwert selbst genutzter Liegenschaften;

2. die OGAW, die als Kapitalanlage in der fondsgebundenen Lebensversicherung dienen;

3. der Betrag der im Posten B.III.6. des § 144 Abs. 2 enthaltenen Polizzendarlehen;

4. eine Aufgliederung der nicht durch einen Versicherungsvertrag gesicherten sonstigen Ausleihungen, sofern diese einen größeren Umfang erreichen;

5. der auf verbundene Unternehmen und der auf Unternehmen, mit denen ein Beteiligungsverhältnis besteht, entfallende Anteil an den Posten D. I., D. II., D. III. und D. IV. des § 144 Abs. 2 und H. I., H. II., H. III., H. IV. und H. V. des § 144 Abs. 3;

6. der auf verbundene Unternehmen und der auf Unternehmen, mit denen ein Beteiligungsverhältnis besteht, entfallende Anteil an Wertpapieren, Forderungen oder Guthaben bei Kreditinstituten, die unter den Kapitalanlagen ausgenommen im Posten B. II. des § 144 Abs. 2 ausgewiesen sind;

7. Beträge, die unter den Posten A. IV., B.III.8., D. IV. und F. IV. des § 144 Abs. 2 sowie B. III., D. VII., F. IV. und H. V. des § 144 Abs. 3 enthalten und von größerer Bedeutung sind; Angaben sind jedenfalls erforderlich, wenn diese Beträge 5 vH der Bilanzsumme übersteigen;

8. Beträge, die unter den „sonstigen versicherungstechnischen Erträgen", den „sonstigen versicherungstechnischen Aufwendungen", den „sonstigen Erträgen aus Kapitalanlagen und Zinsenerträgen", den „sonstigen Aufwendungen für Kapitalanlagen", den „sonstigen nicht-versicherungstechnischen Erträgen" und den „sonstigen nicht-versicherungstechnischen Aufwendungen" enthalten und von größerer Bedeutung sind; Angaben sind jedenfalls erforderlich, wenn diese Beträge 5 vH der abgegrenzten Prämien übersteigen;

9. der im Posten H. III. des § 144 Abs. 3 enthaltene Betrag von wandelbaren Anleiheverbindlichkeiten;

10. der im Posten H. V. des § 144 Abs. 3 enthaltene Betrag, der auf Verbindlichkeiten aus Steuern entfällt, und der Betrag, der auf Verbindlichkeiten im Rahmen der sozialen Sicherheit entfällt;

11. der Anteil des zeitversetzt gebuchten indirekten Geschäftes an den abgegrenzten Prämien, gegliedert nach dem Ausmaß der Zeitverschiebung; Änderungen sind unter Darlegung ihres Einflusses auf die Vermögens- Finanz- und Ertragslage näher zu erläutern;

12. die Beträge der in den Posten „Aufwendungen für Versicherungsfälle", „Aufwendungen für den Versicherungsbetrieb", „sonstige versiche-

rungstechnische Aufwendungen", „Aufwendungen für Kapitalanlagen" und „sonstige nicht-versicherungstechnische Aufwendungen" enthaltenen

    a) Gehälter und Löhne;

    b) Aufwendungen für Abfertigungen und Leistungen an betriebliche Vorsorgekassen;

    c) Aufwendungen für Altersversorgung;

    d) Aufwendungen für gesetzlich vorgeschriebene Sozialabgaben sowie vom Entgelt abhängige Abgaben und Pflichtbeiträge;

    e) sonstigen Sozialaufwendungen; diese Angaben ersetzen die Angaben gemäß § 237 Z 4 und 13 UGB;

13. die auf das direkte Versicherungsgeschäft im Geschäftsjahr entfallenden Provisionen;

14. Forderungen, die gemäß § 153 Abs. 5 von der Rückstellung für noch nicht abgewickelte Versicherungsfälle abzuziehen sind und einen größeren Umfang erreichen;

15. eine Zusammenfassung der wichtigsten Grundlagen für die Berechnung der Deckungsrückstellung;

16. der Betrag der bei der Ermittlung der Prämienüberträge in Abzug gebrachten Kostenabschläge;

17. die Grundsätze, nach denen die vom nichttechnischen Teil in den technischen Teil der Gewinn- und Verlustrechnung übertragenen Kapitalerträge ermittelt werden;

18. erhebliche Differenzen in einer Bilanzabteilung zwischen den Zahlungen für Versicherungsfälle und der Rückstellung für noch nicht abgewickelte Versicherungsfälle für Vorjahre am Ende des Geschäftsjahres einerseits und der Rückstellung für noch nicht abgewickelte Versicherungsfälle am Beginn des Geschäftsjahres andererseits; die Differenzen sind nach Art und Höhe zu erläutern und

19. die Gewinnanteilssätze in der Lebensversicherung.

(3) Auf den Konzernanhang ist Abs. 2 mit Ausnahme der Z 5, 6, 11, 15 und 19 anzuwenden.

(4) Die Angaben gemäß § 237 Z 3 UGB erstrecken sich nicht auf Eventualverpflichtungen, die aus Versicherungsverträgen herrühren. § 208 Abs. 3 UGB ist auf Zuschreibungen zu Wertpapieren nicht anzuwenden.

(5) Für die im Posten B. des § 144 Abs. 2 genannten Kapitalanlagen sind im Anhang und im Konzernanhang die Zeitwerte anzugeben. Weiters sind für die genannten Kapitalanlagen die zu deren Ermittlung angewandten Bewertungsmethoden anzugeben, für die Grundstücke und Bauten auch die Zuordnung nach dem Jahr ihrer Bewertung, für alle übrigen Kapitalanlagen auch die Gründe für die Anwendung der Bewertungsmethoden.

(6) Die einzelnen Kapitalanlagen gemäß Posten B. des § 144 Abs. 2 sind für die Angaben im Anhang und im Konzernanhang mit den Zeitwerten anzuführen.

1. Für Grundstücke und Bauten gilt als Zeitwert derjenige Wert, der zum Zeitpunkt der Bewertung auf Grund eines privatrechtlichen Vertrages zwischen einem verkaufswilligen Verkäufer und einem ihm nicht durch persönliche Beziehungen verbundenen Käufer unter der Voraussetzung zu erzielen ist, dass das Grundstück offen am Markt angeboten wurde, dass die Marktverhältnisse einer ordnungsgemäßen Veräußerung nicht im Wege stehen und dass eine der Bedeutung des Objektes angemessene Verhandlungszeit zur Verfügung steht. Der Zeitwert ist im Schätzungswege festzustellen. Die Schätzung hat mindestens alle fünf Jahre für jedes einzelne Grundstück oder Gebäude zu erfolgen. Hat sich der Wert des Gebäudes oder Grundstückes seit der letzten Schätzung vermindert, so ist eine entsprechende Wertberichtigung vorzunehmen, die bis zur nächsten Zeitwertfeststellung (Schätzung) beizubehalten ist. Im Falle der Veräußerung des Grundstückes oder Gebäudes bis zum Bilanzerstellungstag und bei bestehender Veräußerungsabsicht ist der Zeitwert um die geschätzten Realisierungsaufwendungen zu vermindern.

2. Für Kapitalanlagen, die einen Markt- oder Börsenpreis haben, gilt als Zeitwert der Wert am Bilanzstichtag oder zum letzten diesem Zeitpunkt vorausgehenden Tag, für den ein Markt- oder Börsenpreis feststellbar war. Im Falle der Veräußerung der Kapitalanlage bis zum Bilanzerstellungstag und bei bestehender Veräußerungsabsicht ist der Zeitwert um die geschätzten Realisierungsaufwendungen zu vermindern. Bei der Bewertung ist auf den voraussichtlich realisierbaren Wert unter Berücksichtigung der unternehmerischen Sorgfalt Bedacht zu nehmen.

(7) Im Konzernanhang sind anzugeben:

1. die Anwendung des § 138 Abs. 5;

2. die Anwendung des § 138 Abs. 6; wenn der Einfluss auf die Vermögens-, Finanz- und Ertragslage aller in die Konsolidierung einbezogenen Unternehmen wesentlich ist, sind Erläuterungen anzufügen und

3. der Betrag der Steuerabgrenzung.

(8) Der Anhang hat darüber hinaus zu enthalten:

1. für die Schaden- und Unfallversicherung die verrechneten Prämien, die abgegrenzten Prämien, die Aufwendungen für Versicherungsfälle und die Aufwendungen für den Versicherungsbetrieb, jeweils für die Gesamtrechnung, sowie den Rückversicherungssaldo, gegliedert nach Geschäftsbereichen und

2. für die Krankenversicherung und die Lebensversicherung die verrechneten Prämien der Ge-

samtrechnung, gegliedert nach Geschäftsbereichen, sowie den Rückversicherungssaldo.

(9) Bei der Aufgliederung nach Geschäftsbereichen in der Schaden- und Unfallversicherung sind die Beträge gemäß Abs. 8 Z 1 für die Feuer- und Feuerbetriebsunterbrechungsversicherung, Haushaltversicherung, sonstigen Sachversicherungen, Kraftfahrzeug-Haftpflichtversicherung, sonstigen Kraftfahrzeugversicherungen, Unfallversicherung, Haftpflichtversicherung, Rechtsschutzversicherung, See- Luftfahrt- und Transportversicherung, Kredit- und Kautionsversicherung, Verkehrs-Service Versicherung und sonstigen Versicherungen, jeweils für das direkte Geschäft, für die übernommene See- Luftfahrt- und Transportversicherung und für die sonstigen indirekten Versicherungen anzugeben.

(10) Bei der Aufgliederung nach Geschäftsbereichen in der Krankenversicherung sind im Anhang die verrechneten Prämien für die Einzelversicherungen und Gruppenversicherungen des direkten Geschäfts und für das indirekte Geschäft anzugeben.

(11) Bei der Aufgliederung nach Geschäftsbereichen in der Lebensversicherung sind im Anhang die verrechneten Prämien für Einzelversicherungen, für Gruppenversicherungen, für Verträge mit Einmalprämien, für Verträge mit laufenden Prämien, für Verträge mit Gewinnbeteiligung, für Verträge ohne Gewinnbeteiligung, für Verträge der fondsgebundenen Lebensversicherung, für Verträge der indexgebundenen Lebensversicherung und für Verträge der kapitalanlageorientierten Lebensversicherung sowie für das indirekte Geschäft anzugeben.

(12) Im Konzernanhang sind

1. für die Schaden- und Unfallversicherung die verrechneten Prämien der Gesamtrechnung gemäß Abs. 9 und

2. für die Lebens- und Krankenversicherung jeweils die verrechneten Prämien der Gesamtrechnung nach direktem und indirektem Geschäft aufzugliedern.

(13) Wird übernommenes Rückversicherungsgeschäft nicht in derjenigen Bilanzabteilung ausgewiesen, der es als direktes Geschäft zuzuordnen wäre, so sind für übernommenes Schaden- und Unfallversicherungsgeschäft die Beträge gemäß Abs. 8 Z 1 und für übernommenes Lebens- und Krankenversicherungsgeschäft die Beträge gemäß Abs. 8 Z 2 im Anhang anzuführen und anzugeben, in welcher Bilanzabteilung der Ausweis erfolgt.

(14) Für jede Bilanzabteilung sind im Anhang und im Konzernanhang die verrechneten Prämien des gesamten Geschäfts sowie das versicherungstechnische Ergebnis gegliedert in direktes und indirektes Geschäft für die einzelnen Staaten, in denen das Versicherungsunternehmen über eine Zweigniederlassung oder im Dienstleistungsverkehr Versicherungsverträge abschließt, gesondert anzugeben, sofern der Anteil des betreffenden Staats 3 vH der verrechneten Prämien des gesamten Geschäfts der jeweiligen Bilanzabteilung übersteigt. Die Angaben können unterbleiben, soweit sie nach vernünftiger kaufmännischer Beurteilung geeignet sind, dem Unternehmen oder einem Unternehmen, von dem das Unternehmen mindestens den fünften Teil der Anteile besitzt, einen erheblichen Nachteil zuzufügen; die Anwendung dieser Ausnahme ist im Anhang oder Konzernanhang anzugeben.

(15) Die durchschnittliche Zahl der Arbeitnehmer während des Geschäftsjahres und der im Geschäftsjahr verursachte Personalaufwand sind im Anhang und im Konzernanhang getrennt nach Geschäftsaufbringung (Verkauf) und Betrieb darzustellen; die durchschnittliche Zahl der Arbeitnehmer von gemäß § 262 UGB nur anteilsmäßig einbezogenen Unternehmen ist im Konzernanhang gesondert anzugeben.

(16) Betragsangaben gemäß Abs. 1, 2, und 5 bis 15 können in vollen 1 000 Euro erfolgen.

(17) § 237 Z 5 und 9, § 239 Abs. 1 Z 1 und § 266 Z 3 und 4 UGB sind nicht anzuwenden.

Lagebericht und Konzernlagebericht

§ 156. (1) Im Lagebericht ist auch über

1. die Teile der Geschäftsgebarung, die gemäß § 109 auf ein anderes Unternehmen ausgelagert sind und

2. den Geschäftsverlauf in den einzelnen Versicherungszweigen des direkten Geschäfts und über den Einfluss des Ergebnisses des indirekten Geschäfts auf das Ergebnis des Geschäftsjahres zu berichten.

(2) § 267 Abs. 4 UGB ist nicht anzuwenden.

8. Hauptstück

Solvabilität

1. Abschnitt

Solvenzbilanz

Bewertung der Vermögenswerte und Verbindlichkeiten

§ 157. (1) Versicherungs- und Rückversicherungsunternehmen haben eine Solvenzbilanz nach Maßgabe der Bestimmungen dieses Abschnitts und der Durchführungsverordnung (EU) zu erstellen. Die Vorschriften über die Solvenzbilanz haben keinen Einfluss auf die Rechnungslegungsvorschriften des UGB und dieses Bundesgesetzes. Die in diesem Abschnitt angeführten Begriffe sind ausschließlich nach den in diesem Abschnitt festgelegten Bestimmungen auszulegen.

(2) Versicherungs- und Rückversicherungsunternehmen haben ihre Vermögenswerte und Verbindlichkeiten wie folgt zu bewerten:
1. die Vermögenswerte werden mit dem Betrag bewertet, zu dem sie zwischen sachverständigen, vertragswilligen und voneinander unabhängigen Geschäftspartnern getauscht werden könnten;
2. die Verbindlichkeiten werden mit dem Betrag bewertet, zu dem sie zwischen sachverständigen, vertragswilligen und voneinander unabhängigen Geschäftspartnern übertragen oder beglichen werden könnten.

Bei der Bewertung der Verbindlichkeiten gemäß Z 2 wird keine Berichtigung zwecks Berücksichtigung der Bonität des Versicherungs- oder Rückversicherungsunternehmens vorgenommen.

Allgemeine Bestimmungen für versicherungstechnische Rückstellungen

§ 158. (1) Versicherungs- und Rückversicherungsunternehmen haben versicherungstechnische Rückstellungen für sämtliche Versicherungs- und Rückversicherungsverpflichtungen gegenüber den Versicherungsnehmern und Anspruchsberechtigten von Versicherungs- oder Rückversicherungsverträgen zu bilden. Die versicherungstechnischen Rückstellungen sind auf vorsichtige, verlässliche und objektive Art und Weise zu berechnen. Bei der Berechnung ist der Grundsatz gemäß § 157 Abs. 2 zu beachten.

(2) Der Wert der versicherungstechnischen Rückstellungen entspricht dem aktuellen Betrag, den Versicherungs- oder Rückversicherungsunternehmen zahlen müssten, wenn diese ihre Versicherungsund Rückversicherungsverpflichtungen unverzüglich auf ein anderes Versicherungs- oder Rückversicherungsunternehmen übertragen würden.

(3) Die Berechnung der versicherungstechnischen Rückstellungen erfolgt unter Berücksichtigung der von den Finanzmärkten bereitgestellten Informationen sowie allgemein verfügbarer Daten über versicherungstechnische Risiken und hat mit diesen konsistent zu sein (Marktkonsistenz).

Berechnung versicherungstechnischer Rückstellungen

§ 159. (1) Der Wert der versicherungstechnischen Rückstellungen entspricht der Summe aus
1. einem besten Schätzwert gemäß § 160 und
2. einer Risikomarge gemäß § 161.

Die Berechnung des besten Schätzwerts und der Risikomarge hat getrennt zu erfolgen.

(2) Bei der Berechnung ihrer versicherungstechnischen Rückstellungen haben Versicherungs- und Rückversicherungsunternehmen ihre Versicherungs- und Rückversicherungsverpflichtungen in homogene Risikogruppen zu segmentieren, die zumindest nach Geschäftsbereichen getrennt sind.

(3) Können künftige Zahlungsströme in Verbindung mit Versicherungs- oder Rückversicherungsverpflichtungen jedoch anhand von Finanzinstrumenten, für die ein verlässlicher Marktwert zu ermitteln ist, verlässlich nachgebildet werden, so ist abweichend von Abs. 1 zweiter Satz der Wert der mit diesen künftigen Zahlungsströmen verbundenen versicherungstechnischen Rückstellungen auf der Grundlage des Marktwerts dieser Finanzinstrumente zu bestimmen.

(4) Bei der Berechnung von versicherungstechnischen Rückstellungen sind überdies sonstige Aspekte zu berücksichtigen:
1. sämtliche bei der Bedienung der Versicherungs- und Rückversicherungsverpflichtungen anfallende Aufwendungen;
2. die Inflation, einschließlich der Inflation der Aufwendungen und der Versicherungsansprüche;
3. sämtliche Zahlungen an Versicherungsnehmer und Anspruchsberechtigte, einschließlich künftiger Überschussbeteiligungen, die die Versicherungs- und Rückversicherungsunternehmen erwarten vorzunehmen, unabhängig davon, ob sie vertraglich garantiert sind oder nicht. Nur jene künftige Überschussbeteiligungen an Versicherungsnehmer und Anspruchsberechtigte, die aus den noch nicht erklärten Beträgen der zum Berechnungsstichtag festgesetzten Rückstellungen für erfolgsabhängige Prämienrückerstattung in der Krankenversicherung und der Rückstellung für Gewinnbeteiligung bzw. erfolgsabhängigen Prämienrückerstattung in der Lebensversicherung resultieren, sind auszuscheiden.

(5) Für die Zwecke der Berechnung der versicherungstechnischen Rückstellungen ist von einem Notstand gemäß § 92 Abs. 5 auszugehen, wenn
1. die Bemessungsgrundlage gemäß § 92 Abs. 4 in drei aufeinander folgenden Jahren negativ ist,
2. die Zinszusatzrückstellung vollständig aufgelöst wurde und
3. die stillen Nettoreserven in der betreffenden Bilanzabteilung nicht mehr für die Sicherstellung der vertraglich garantierten Leistungen der betreffenden Bilanzabteilung ausreichen.

Bester Schätzwert

§ 160. (1) Der beste Schätzwert hat dem wahrscheinlichkeitsgewichteten Durchschnitt künftiger Zahlungsströme unter Berücksichtigung ihres erwarteten Barwerts (Zeitwert des Geldes) und unter Verwendung der maßgeblichen risikofreien Zinskurve zu entsprechen.

(2) Die Berechnung des besten Schätzwerts hat auf der Grundlage aktueller und glaubwürdiger

Informationen sowie realistischer Annahmen zu erfolgen und sich auf angemessene, geeignete und einschlägige versicherungsmathematische und statistische Methoden zu stützen.

(3) Bei der bei der Berechnung des besten Schätzwerts verwendeten Projektion der künftigen Zahlungsströme sind alle ein- und ausgehenden Zahlungsströme zu berücksichtigen, die zur Abrechnung der Versicherungs- und Rückversicherungsverbindlichkeiten während ihrer Laufzeit benötigt werden.

(4) Der beste Schätzwert ist ohne Abzug der aus Rückversicherungsverträgen und von Zweckgesellschaften einforderbaren Beträge zu berechnen. Diese Beträge sind gemäß § 163 gesondert zu berechnen.

Risikomarge

§ 161. (1) Bei der Berechnung der Risikomarge ist sicherzustellen, dass der Wert der versicherungstechnischen Rückstellungen dem Betrag entspricht, den die Versicherungs- und Rückversicherungsunternehmen fordern würden, um die Versicherungs- und Rückversicherungsverpflichtungen übernehmen und erfüllen zu können.

(2) Wenn die Versicherungs- und Rückversicherungsunternehmen eine gesonderte Bewertung des besten Schätzwerts und der Risikomarge vornehmen, ist die Risikomarge unter Bestimmung der Kapitalkosten für die Zurverfügungstellung eines Eigenmittelbetrags entsprechend der Solvenzkapitalanforderung, die durch die Versicherungs- und Rückversicherungsverpflichtungen bis zu ihrer Abwicklung erforderlich wird, zu berechnen.

(3) Der Kapitalkostensatz bestimmt sich gemäß der Durchführungsverordnung (EU).

Finanzgarantien und vertragliche Optionen, die Gegenstand der Versicherungs- und Rückversicherungsverträge sind

§ 162. (1) Bei der Berechnung der versicherungstechnischen Rückstellungen ist der Wert der Finanzgarantien und sonstiger vertraglicher Optionen, die Gegenstand der Versicherungs- und Rückversicherungsverträge sind, zu berücksichtigen.

(2) Alle Annahmen in Bezug auf die Wahrscheinlichkeit, dass die Versicherungsnehmer ihre Vertragsoptionen, einschließlich Storno- und Rückkaufsrechte, ausüben werden, sind realistisch zu wählen und müssen sich auf aktuelle und glaubwürdige Informationen stützen. Die Annahmen haben entweder explizit oder implizit die Auswirkungen zu berücksichtigen, die künftige Veränderungen der finanziellen und sonstigen Rahmenbedingungen auf die Ausübung dieser Optionen haben könnten.

Einforderbare Beträge aus Rückversicherungsverträgen und von Zweckgesellschaften

§ 163. Versicherungs- und Rückversicherungsunternehmen haben bei der Berechnung der aus Rückversicherungsverträgen und von Zweckgesellschaften einforderbaren Beträge § 158 bis § 162 zu berücksichtigen. Dabei ist die zeitliche Differenz zwischen dem Erhalt der Beträge und den Auszahlungen an die Anspruchsberechtigten zu berücksichtigen. Das Ergebnis dieser Berechnung ist um den erwarteten Verlust auf Grund des Ausfalls der Gegenpartei anzupassen. Diese Anpassung hat auf einer Einschätzung der Ausfallwahrscheinlichkeit der Gegenpartei und des sich daraus ergebenden durchschnittlichen Verlusts zu erfolgen.

Qualität der Daten und Anwendung von Näherungswerten einschließlich Einzelfallanalysen bei den versicherungstechnischen Rückstellungen

§ 164. (1) Versicherungs- und Rückversicherungsunternehmen haben über interne Prozesse und Verfahren zu verfügen, um die Angemessenheit, die Vollständigkeit und die Genauigkeit der bei der Berechnung der versicherungstechnischen Rückstellungen verwendeten Daten zu gewährleisten.

(2) Verfügen die Versicherungs- und Rückversicherungsunternehmen nur über ungenügende Daten von angemessener Qualität, um eine verlässliche versicherungsmathematische Methode auf eine Gruppe oder Untergruppe ihrer Versicherungs- und Rückversicherungsverpflichtungen oder auf einforderbare Beträge aus Rückversicherungsverträgen und von Zweckgesellschaften anzuwenden, so können für die Berechnung des besten Schätzwerts geeignete Näherungswerte einschließlich Einzelfallanalysen verwendet werden.

Vergleich mit Erfahrungsdaten

§ 165. (1) Versicherungs- und Rückversicherungsunternehmen haben über Prozesse und Verfahren zu verfügen, mit denen sichergestellt wird, dass die besten Schätzwerte und die Annahmen, die der Berechnung der besten Schätzwerte zugrunde liegen, regelmäßig mit Erfahrungsdaten verglichen werden.

(2) Bei systematischer Abweichung zwischen den Erfahrungsdaten und den Berechnungen des besten Schätzwerts hat das Versicherungs- und Rückversicherungsunternehmen entsprechende Anpassungen der verwendeten versicherungsmathematischen Methoden oder Annahmen vorzunehmen.

Matching-Anpassung an die maßgebliche risikofreie Zinskurve

§ 166. (1) Versicherungs- und Rückversicherungsunternehmen können mit Genehmigung der FMA eine Matching-Anpassung der maßgeblichen risikofreien Zinskurve vornehmen, um den besten Schätzwert des Portfolios der Lebensversicherungs- oder Rückversicherungsverpflichtungen zu berechnen, einschließlich Rentenversicherungen, die aus Nicht-Lebensversicherungs- oder Rückversicherungsverträgen stammen, wenn folgende Voraussetzungen erfüllt sind:

1. das Versicherungs- oder Rückversicherungsunternehmen hat ein Portfolio aus Vermögenswerten, bestehend aus Anleihen und sonstigen Vermögenswerten mit ähnlichen Zahlungsstrom-Eigenschaften festgelegt, um den besten Schätzwert des Portfolios der Versicherungs- oder Rückversicherungsverpflichtungen abzudecken, und behält diese Festlegung während des Bestehens der Verpflichtungen bei, es sei denn, eine Änderung erfolgt zu dem Zweck, die Replikation der erwarteten Zahlungsströme zwischen Vermögenswerten und Verbindlichkeiten aufrechtzuerhalten, wenn sich die Zahlungsströme wesentlich verändert haben;

2. das Portfolio der Versicherungs- oder Rückversicherungsverpflichtungen, bei denen die Matching-Anpassung vorgenommen wird, und das zugeordnete Vermögensportfolio werden getrennt von den anderen Aktivitäten des Unternehmens identifiziert, organisiert und verwaltet, und die zugeordneten Vermögenswerte können nicht verwendet werden, um Verluste aus anderen Aktivitäten des Unternehmens abzudecken;

3. die erwarteten Zahlungsströme des zugeordneten Vermögensportfolios replizieren sämtliche künftige Zahlungsströme des Portfolios der Versicherungs- oder Rückversicherungsverpflichtungen in derselben Währung und Inkongruenzen ziehen keine Risiken nach sich, die im Vergleich zu den inhärenten Risiken des Versicherungs- oder Rückversicherungsgeschäfts, bei dem eine Matching-Anpassung vorgenommen wird, wesentlich sind;

4. die dem Portfolio der Verpflichtungen zugrunde liegenden Versicherungs- und Rückversicherungsverträge führen nicht zu künftigen Prämienzahlungen;

5. die einzigen versicherungstechnischen Risiken im Zusammenhang mit dem Portfolio der Versicherungs- oder Rückversicherungsverpflichtungen sind das Langlebigkeitsrisiko, das Kostenrisiko, das Revisionsrisiko und das Sterblichkeitsrisiko;

6. gehört zu den versicherungstechnischen Risiken im Zusammenhang mit dem Portfolio der Versicherungs- oder Rückversicherungsverpflichtungen das Sterblichkeitsrisiko, erhöht sich der beste Schätzwert des Portfolios der Versicherungs- oder Rückversicherungsverpflichtungen nicht um mehr als 5 vH unter einem Sterblichkeitsrisikostress, der gemäß § 175 Abs. 3 kalibriert wird;

7. die dem Portfolio der Versicherungs- oder Rückversicherungsverpflichtungen zugrunde liegenden Verträge enthalten keine Optionen für den Versicherten oder nur eine Rückkaufoption, bei der der Rückkaufwert den Wert der gemäß § 157 bewerteten Vermögenswerte, die im Zeitpunkt der Ausübung der Rückkaufoption die Versicherungs- oder Rückversicherungsverpflichtungen abdecken, nicht übersteigt;

8. die Vermögenswerte des zugeordneten Vermögensportfolios generieren fixe Zahlungsströme, die von den Emittenten der Vermögenswerte oder Dritten nicht verändert werden können und

9. die Versicherungs- oder Rückversicherungsverpflichtungen eines Versicherungs- oder Rückversicherungsvertrags werden bei der Zusammenstellung des Portfolios der Versicherungs- oder Rückversicherungsverpflichtungen für die Zwecke dieses Absatzes nicht in verschiedene Teile geteilt.

Unbeschadet Z 8 können Versicherungs- oder Rückversicherungsunternehmen Vermögenswerte verwenden, deren Zahlungsströme abgesehen von der Inflationsabhängigkeit fix sind, wenn diese Vermögenswerte die Zahlungsströme des Portfolios der inflationsabhängigen Versicherungs- oder Rückversicherungsverpflichtungen replizieren. Haben Emittenten oder Dritte das Recht, Zahlungsströme von Vermögenswerten so zu ändern, dass der Anleger hinreichenden Ausgleich erhält, um die gleichen Zahlungsströme durch Reinvestitionen in Vermögenswerte gleicher oder besserer Kreditqualität zu erhalten, schließt das Recht, Zahlungsströme zu ändern, den Vermögenswert nicht von der Zulässigkeit für das zugeordnete Portfolio gemäß Z 8 aus.

(2) Versicherungs- oder Rückversicherungsunternehmen, die die Matching-Anpassung an einem Portfolio von Versicherungs- oder Rückversicherungsverpflichtungen vornehmen, dürfen nicht zu einem Ansatz zurückkehren, der keine Matching-Anpassung umfasst. Ist ein Versicherungs- oder Rückversicherungsunternehmen, das die Matching-Anpassung vornimmt, nicht mehr in der Lage, die in Abs. 1 genannten Voraussetzungen zu erfüllen, hat es die FMA unverzüglich davon in Kenntnis zu setzen und die erforderlichen Maßnahmen zu ergreifen, damit diese Voraussetzungen wieder erfüllt werden. Gelingt es dem Unternehmen nicht, innerhalb von zwei Monaten nach dem Zeitpunkt der Nichteinhaltung die Einhaltung dieser Voraussetzungen wiederherzustellen, darf es bei seinen Versicherungs- oder Rückversicherungsverpflichtungen keine Matching-Anpassung mehr vornehmen und die Mat-

ching-Anpassung erst nach weiteren 24 Monaten wieder aufnehmen.

(3) Die Matching-Anpassung darf nicht auf Versicherungs- oder Rückversicherungsverpflichtungen angewendet werden, bei denen die maßgebliche risikofreie Zinskurve für die Berechnung des besten Schätzwerts dieser Verpflichtungen eine Volatilitätsanpassung oder eine Übergangsmaßnahme zu den risikofreien Zinssätzen gemäß § 336 umfasst.

(4) Die Matching-Anpassung wird für jede Währung nach folgenden Grundsätzen berechnet:

1. die Matching-Anpassung entspricht der Differenz zwischen

a) dem effektiven Jahressatz, der als konstanter Abzinsungssatz berechnet wird, der angewandt auf die Zahlungsströme des Portfolios der Versicherungs- oder Rückversicherungsverpflichtungen zu einem Wert führt, der dem Wert gemäß § 157 des Portfolios der zugeordneten Vermögenswerte entspricht und

b) dem effektiven Jahressatz, der als ein konstanter Abzinsungssatz berechnet wird, der angewandt auf die Zahlungsströme des Portfolios der Versicherungs- oder Rückversicherungsverpflichtungen zu einem Wert führt, der dem besten Schätzwert des Portfolios der Versicherungs- oder Rückversicherungsverpflichtungen entspricht, wenn der Zeitwert des Geldes unter Verwendung der grundlegenden risikofreien Zinskurve berücksichtigt wird;

2. die Matching-Anpassung umfasst nicht den grundlegenden Spread, der die von dem Versicherungs- oder Rückversicherungsunternehmen zurückbehaltenen Risiken widerspiegelt;

3. ungeachtet von Z 1 wird der grundlegende Spread bei Bedarf erhöht, um sicherzustellen, dass die Matching-Anpassung für Vermögenswerte, deren Kreditqualität unter dem Investment Grade liegt, nicht höher ist als die Matching-Anpassung für Vermögenswerte, deren Kreditqualität als Investment Grade eingestuft wurde, die dieselbe Duration aufweisen und die derselben Kategorie angehören und

4. die Verwendung externer Ratings bei der Berechnung der Matching-Anpassung steht im Einklang mit der Durchführungsverordnung (EU).

(5) Für die Zwecke von Abs. 4 Z 2 gilt für den grundlegenden Spread Folgendes:

1. er entspricht der Summe folgender Werte:

a) des Kredit-Spreads im Zusammenhang mit der Ausfallwahrscheinlichkeit der Vermögenswerte und

b) des Kredit-Spreads im Zusammenhang mit dem erwarteten Verlust, der sich aus der Herabstufung der Vermögenswerte ergibt;

2. er beträgt für Forderungen an die Zentralstaaten und Zentralbanken der Mitgliedstaaten nicht weniger als 30 vH des langfristigen Durchschnittswerts des Spreads über dem risikofreien Zinssatz von an den Finanzmärkten beobachteten Vermögenswerten, die dieselbe Laufzeit und Kreditqualität aufweisen und derselben Kategorie angehören und

3. er beträgt für andere Vermögenswerte als Forderungen an die Zentralstaaten und Zentralbanken der Mitgliedstaaten nicht weniger als 35 vH des langfristigen Durchschnittswerts des Spreads über dem risikofreien Zinssatz von an den Finanzmärkten beobachteten Vermögenswerten, die dieselbe Laufzeit und Kreditqualität aufweisen und derselben Kategorie angehören.

Die Ausfallwahrscheinlichkeit gemäß Z 1 lit. a stützt sich auf langfristige Ausfallstatistiken, die für den Vermögenswert im Hinblick auf dessen Laufzeit, Kreditqualität und Kategorie relevant sind. Wenn auf der Grundlage der Ausfallstatistiken kein zuverlässiger Kredit-Spread ermittelt werden kann, entspricht der grundlegende Spread dem in Z 2 und 3 festgelegten Anteil des langfristigen Durchschnittswerts des Spreads über dem risikofreien Zinssatz.

Volatilitätsanpassung der maßgeblichen risikofreien Zinskurve

§ 167. (1) Die Versicherungs- und Rückversicherungsunternehmen können eine Volatilitätsanpassung der maßgeblichen risikofreien Zinskurve vornehmen, um den besten Schätzwert zu berechnen.

(2) Für jede maßgebliche Währung wird die Volatilitätsanpassung der maßgeblichen risikofreien Zinskurve auf den Spread zwischen dem möglichen Zinssatz für Vermögenswerte in einem Referenzportfolio für diese Währung und den Zinssätzen der maßgeblichen risikofreien Zinskurve für diese Währung gestützt. Das Referenzportfolio für eine Währung ist für die Vermögenswerte charakteristisch, die auf diese Währung lauten und von Versicherungs- und Rückversicherungsunternehmen gehalten werden, um den besten Schätzwert für Versicherungs- und Rückversicherungsverpflichtungen, die auf diese Währung lauten, zu bedecken.

(3) Der Betrag der Volatilitätsanpassung der risikofreien Zinssätze entspricht 65 vH des im Hinblick auf das Risiko berichtigten Währungs-Spreads. Der im Hinblick auf das Risiko berichtigte Währungs-Spread wird als Differenz zwischen dem in Abs. 2 genannten Spread und dem Anteil des Spreads berechnet, der auf eine realistische Bewertung der erwarteten Verluste oder das unerwartete Kreditrisiko oder sonstige Risiken der Vermögenswerte zurückzuführen ist. Die Volatilitätsanpassung betrifft nur die maßgeblichen risikofreien Zinssätze der Zinskurve, die nicht durch Extrapolation ermittelt wurden. Die

Extrapolation der maßgeblichen risikofreien Zinssätze der Zinskurve beruht auf diesen angepassten risikofreien Zinssätzen.

(4) Für jedes relevante Land wird die Volatilitätsanpassung des in Abs. 3 für die Währung dieses Landes genannten risikofreien Zinssatzes vor Anwendung des Faktors von 65 vH um die Differenz zwischen dem im Hinblick auf das Risiko berichtigten Länder-Spread und dem doppelten Wert der im Hinblick auf das Risiko berichtigten Währungs-Spread erhöht, wenn diese Differenz positiv ausfällt und der im Hinblick auf das Risiko berichtigte Länder-Spread höher als 100 Basispunkte ist. Die erhöhte Volatilitätsanpassung wird für die Berechnung des besten Schätzwerts für Versicherungs- und Rückversicherungsverpflichtungen von Produkten angewandt, die auf dem Versicherungsmarkt dieses Landes vertrieben werden. Der im Hinblick auf das Risiko berichtigte Länder-Spread wird auf dieselbe Weise berechnet wie der im Hinblick auf das Risiko berichtigte Währungs-Spread für die Währung dieses Landes, beruht jedoch auf einem Referenzportfolio, das für die Vermögenswerte charakteristisch ist, die von Versicherungs- und Rückversicherungsunternehmen gehalten werden, um den besten Schätzwert für Versicherungs- und Rückversicherungsverpflichtungen von Produkten abzudecken, die auf dem Versicherungsmarkt dieses Landes verkauft werden und auf die Landeswährung lauten.

(5) Die Volatilitätsanpassung darf nicht für Versicherungsverpflichtungen angewendet werden, bei denen für die maßgebliche risikofreie Zinskurve zur Berechnung des besten Schätzwerts für diese Verpflichtungen eine Matching-Anpassung erfolgt.

(6) Abweichend von § 175 deckt die Solvenzkapitalanforderung nicht das Verlustrisiko für Basiseigenmittel aus Änderungen der Volatilitätsanpassung.

Nutzung der von der EIOPA vorzulegenden technischen Informationen

§ 168. (1) Die Versicherungs- und Rückversicherungsunternehmen haben die folgenden von EIOPA veröffentlichten technischen Informationen bei der Berechnung der versicherungstechnischen Rückstellungen zu verwenden:

1. die maßgebliche risikofreie Zinskurve zur Berechnung des besten Schätzwerts ohne Matching-Anpassung oder Volatilitätsanpassung;
2. den grundlegenden Spread für jede maßgebliche Laufzeit, Kreditqualität und Kategorie der Vermögenswerte zur Berechnung der Matching-Anpassung und
3. die Volatilitätsanpassung der maßgeblichen risikofreien Zinskurve.

(2) Bei der Festlegung der maßgeblichen risikofreien Zinskurve wird auf Informationen zurückgegriffen, die sich aus einschlägigen Finanzinstrumenten ergeben, und für Konsistenz mit diesen Informationen gesorgt. Bei dieser Festlegung werden relevante Finanzinstrumente mit Laufzeiten berücksichtigt, bei denen die Märkte für die betreffenden Finanzinstrumente und Anleihen tief, liquide und transparent sind. Im Falle von Laufzeiten, bei denen die Märkte für die betreffenden Finanzinstrumente und Anleihen nicht mehr tief, liquide und transparent sind, wird die maßgebliche risikofreie Zinskurve extrapoliert. Der extrapolierte Teil der maßgeblichen risikofreien Zinskurve wird auf Forwardzinssätze gestützt, die gleichmäßig von einem oder mehreren Forwardzinssätzen bezogen auf die längsten Laufzeiten, für die die relevanten Finanzinstrumente und Anleihen in einem tiefen, liquiden und transparenten Markt beobachtet werden können, zu einem endgültigen Forwardzinssatz konvergieren.

(3) Bei Währungen und Ländern, für die keine Volatilitätsanpassung veröffentlicht wird, darf keine Volatilitätsanpassung auf die maßgebliche risikofreie Zinskurve angewendet werden, um den besten Schätzwert zu berechnen.

2. Abschnitt
Eigenmittel

Allgemeine Bestimmungen

§ 169. Die Eigenmittel bestehen aus der Summe der Basiseigenmittel gemäß § 170 Abs. 1 und der ergänzenden Eigenmittel gemäß § 171.

Basiseigenmittel

§ 170. (1) Die Basiseigenmittel bestehen aus

1. dem Überschuss der Vermögenswerte über die Verbindlichkeiten, die gemäß dem 1. Abschnitt bewertet wurden und
2. den nachrangigen Verbindlichkeiten.

(2) Die Hauptversammlung hat den Bilanzgewinn gemäß § 104 Abs. 4 zweiter Satz AktG bzw. § 62 Abs. 2 Z 3 zweiter Satz SE-Gesetz von der Verteilung auszuschließen, insoweit die Verteilung zu einer Unterschreitung der zuletzt gemeldeten Solvenzkapitalanforderung führen würde. Die FMA kann gemäß der Durchführungsverordnung (EU) eine Verteilung des Bilanzgewinnes in Ausnahmefällen genehmigen.

Ergänzende Eigenmittel

§ 171. (1) Die ergänzenden Eigenmittel setzen sich aus Bestandteilen zusammen, die keine Basiseigenmittel sind und zum Ausgleich von Verlusten eingefordert werden können. Die ergänzenden Eigenmittel umfassen insbesondere die folgenden Bestandteile:

§§ 171 – 173

1. den Teil des nicht eingezahlten Grundkapitals oder des nicht eingezahlten Gründungsstocks, der nicht eingefordert wurde,

2. Kreditbriefe und Garantien oder

3. alle sonstigen rechtsverbindlichen Zahlungsverpflichtungen Dritter gegenüber einem Versicherungs- oder Rückversicherungsunternehmen.

Bei Versicherungsvereinen auf Gegenseitigkeit, die gemäß § 44 Abs. 2 in ihrer Satzung die Mitglieder zu Nachschüssen verpflichtet haben, können die ergänzenden Eigenmittel auch künftige Forderungen umfassen, die ein Versicherungsverein auf Gegenseitigkeit gegenüber seinen Mitgliedern hat, wenn er innerhalb der folgenden zwölf Monate Nachschüsse einfordert.

(2) Sobald ein Bestandteil der ergänzenden Eigenmittel eingezahlt oder eingefordert wurde, ist ein entsprechender Vermögenswert anzusetzen. Durch die Einzahlung oder Einforderung wird aus dem Bestandteil der ergänzenden Eigenmittel ein Bestandteil der Basiseigenmittel.

(3) Versicherungs- und Rückversicherungsunternehmen können ergänzende Eigenmittelbestandteile mit Genehmigung der FMA berücksichtigen. Die FMA hat gemäß der Durchführungsverordnung (EU) bei einer Genehmigung entweder

1. den Höchstbetrag für jeden ergänzenden Eigenmittelbestandteil oder

2. eine Methode zur Bestimmung des Betrags eines jeden ergänzenden Eigenmittelbestandteils festzulegen.

Der den einzelnen ergänzenden Eigenmittelbestandteilen zugeschriebene Betrag hat die Verlustausgleichsfähigkeit des Bestandteils widerzuspiegeln und sich auf vorsichtige und realistische Annahmen zu gründen. Bei Eigenmittelbestandteilen mit einem festen Nominalwert hat der Betrag dieses Bestandteils seinem Nominalwert zu entsprechen, wenn dieser seine Verlustausgleichsfähigkeit angemessen widerspiegelt.

(4) Die FMA hat bei der Genehmigung Folgendes zu berücksichtigen:

1. den Status der betreffenden Gegenparteien in Bezug auf ihre Zahlungsfähigkeit und -bereitschaft;

2. die Einforderbarkeit der Mittel unter Berücksichtigung der rechtlichen Ausgestaltung des Bestandteils und etwaiger sonstiger Bedingungen, die die erfolgreiche Einzahlung oder Einforderung dieses Bestandteils verhindern und

3. etwaige Informationen über das Ergebnis bisheriger Einforderungen des Versicherungs- oder Rückversicherungsunternehmens für derartige ergänzende Eigenmittel, soweit diese Informationen auf verlässliche Weise verwendet werden können, um das erwartete Ergebnis künftiger Einforderungen zu bewerten.

Einstufung der Eigenmittel in Klassen (Tiers)

§ 172. (1) Versicherungs- und Rückversicherungsunternehmen haben die in der Eigenmittelliste gemäß der Durchführungsverordnung (EU) genannten Basiseigenmittelbestandteile anhand der in der Durchführungsverordnung (EU) genannten Kriterien in Tier 1, Tier 2 oder Tier 3 einzustufen. Ist ein Basiseigenmittelbestandteil nicht in dieser Liste enthalten, so hat das Versicherungs- oder Rückversicherungsunternehmen diesen Basiseigenmittelbestandteil gemäß den in der Durchführungsverordnung (EU) genannten Kriterien zu beurteilen und einzustufen. Diese Einstufung bedarf der Genehmigung durch die FMA gemäß der Durchführungsverordnung (EU).

(2) Versicherungs- und Rückversicherungsunternehmen haben die in der Eigenmittelliste gemäß der Durchführungsverordnung (EU) genannten ergänzenden Eigenmittelbestandteile anhand der in der Durchführungsverordnung (EU) genannten Kriterien in Tier 2 oder Tier 3 einzustufen. Ist ein ergänzender Eigenmittelbestandteil nicht in dieser Liste enthalten, so hat das Versicherungs- oder Rückversicherungsunternehmen diesen ergänzenden Eigenmittelbestandteil gemäß den in der Durchführungsverordnung (EU) genannten Kriterien zu beurteilen und einzustufen. Diese Einstufung bedarf der Genehmigung durch die FMA gemäß der Durchführungsverordnung (EU).

(3) Ein gemäß Art. 96 Z 1 der Richtlinie 2009/138/EG in Tier 1 einzustufender Überschussfonds liegt in Höhe der noch nicht erklärten Beträge der Rückstellung für erfolgsabhängige Prämienrückerstattung in der Krankenversicherung und der Rückstellung für Gewinnbeteiligung bzw. erfolgsabhängige Prämienrückerstattung in der Lebensversicherung vor, sofern sie nicht für die Sicherstellung der vertraglich garantierten Leistungen verwendet werden.

Anrechenbarkeit der Eigenmittelbestandteile

§ 173. (1) Für die Bedeckung der Solvenzkapitalanforderung sind die in Tier 1, Tier 2 und Tier 3 eingestuften Eigenmittelbestandteile nach Maßgabe der Durchführungsverordnung (EU) anrechenbar. Die Summe der anrechenbaren Eigenmittelbestandteile ergibt die gemäß § 174 anrechenbaren Eigenmittel.

(2) Für die Bedeckung der Mindestkapitalanforderung sind die in Tier 1 und Tier 2 eingestuften Basiseigenmittelbestandteile nach Maßgabe der Durchführungsverordnung (EU) anrechenbar. Die Summe der anrechenbaren Eigenmittelbestandteile ergibt die gemäß § 193 Abs. 1 anrechenbaren Eigenmittel.

3. Abschnitt
Solvenzkapitalanforderung

Allgemeine Bestimmungen

§ 174. Versicherungs- und Rückversicherungsunternehmen haben anrechenbare Eigenmittel zur Bedeckung der Solvenzkapitalanforderung zu halten.

Berechnung der Solvenzkapitalanforderung

§ 175. (1) Versicherungs- und Rückversicherungsunternehmen haben die Solvenzkapitalanforderung entweder mit der Standardformel gemäß dem 4. Abschnitt oder unter Verwendung eines internen Modells gemäß dem 5. Abschnitt zu berechnen.

(2) Die Berechnung der Solvenzkapitalanforderung hat unter der Annahme zu erfolgen, dass das Versicherungs- oder Rückversicherungsunternehmen seine Geschäftstätigkeit nach dem Grundsatz der Unternehmensfortführung betreibt.

(3) Die Solvenzkapitalanforderung ist so kalibriert, dass gewährleistet ist, dass alle quantifizierbaren Risiken, denen ein Versicherungs- oder Rückversicherungsunternehmen ausgesetzt ist, berücksichtigt sind. Sie deckt sowohl die laufende Geschäftstätigkeit als auch die in den folgenden zwölf Monaten erwarteten neuen Geschäfte ab. In Bezug auf die laufende Geschäftstätigkeit deckt sie nur unerwartete Verluste ab. Sie entspricht dem Value-at-Risk der Basiseigenmittel eines Versicherungs- oder Rückversicherungsunternehmens zu einem Konfidenzniveau von 99,5 % über den Zeitraum eines Jahres.

(4) Die Solvenzkapitalanforderung berücksichtigt zumindest die folgenden Risiken:
1. nicht-lebensversicherungstechnisches Risiko,
2. lebensversicherungstechnisches Risiko,
3. krankenversicherungstechnisches Risiko,
4. Marktrisiko,
5. Kreditrisiko und
6. operationelles Risiko.

Das operationelle Risiko umfasst auch Rechtsrisiken, schließt aber Risiken, die sich aus strategischen Entscheidungen ergeben, ebenso aus wie Reputationsrisiken.

(5) Versicherungs- und Rückversicherungsunternehmen haben die Auswirkung von Risikominderungstechniken zu berücksichtigen, sofern das Kreditrisiko und andere Risiken, die sich aus der Verwendung derartiger Techniken ergeben, in der Solvenzkapitalanforderung angemessen widergespiegelt sind.

(6) Versicherungs- und Rückversicherungsunternehmen haben die von EIOPA gemäß Art. 109a der Richtlinie 2009/138/EG veröffentlichten harmonisierten Daten bei der Berechnung der Solvenzkapitalanforderung zu verwenden.

Häufigkeit der Berechnung

§ 176. (1) Versicherungs- und Rückversicherungsunternehmen haben die Solvenzkapitalanforderung zumindest einmal jährlich vor der Meldung im Rahmen der regelmäßigen aufsichtlichen Berichterstattung an die FMA zu berechnen und haben kontinuierlich den Betrag der anrechenbaren Eigenmittel und die Solvenzkapitalanforderung zu überwachen. Weicht das Risikoprofil eines Versicherungs- oder Rückversicherungsunternehmens erheblich von den Annahmen ab, die die Basis der zuletzt gemeldeten Solvenzkapitalanforderung darstellen, so hat das betreffende Versicherungs- oder Rückversicherungsunternehmen die Solvenzkapitalanforderung unverzüglich neu zu berechnen und sie der FMA in der in den technischen Standards (EU) festgelegten Form unverzüglich zu melden.

(2) Liegen der FMA Hinweise vor, die vermuten lassen, dass sich das Risikoprofil eines Versicherungs- oder Rückversicherungsunternehmens seit der Meldung der letzten Solvenzkapitalanforderung erheblich verändert hat, so kann die FMA von dem betreffenden Versicherungs- oder Rückversicherungsunternehmens die Neuberechnung der Solvenzkapitalanforderung fordern.

4. Abschnitt
Berechnung der Solvenzkapitalanforderung mit der Standardformel

Struktur der Standardformel

§ 177. (1) Die mit der Standardformel berechnete Solvenzkapitalanforderung ist die Summe folgender Bestandteile:
1. die Basissolvenzkapitalanforderung gemäß § 178,
2. die Kapitalanforderung für das operationelle Risiko gemäß Abs. 3 und
3. die Anpassung für die Verlustausgleichsfähigkeit der versicherungstechnischen Rückstellungen und latenten Steuern gemäß Abs. 4.

(2) Versicherungs- und Rückversicherungsunternehmen haben die Basissolvenzkapitalanforderung gemäß der Durchführungsverordnung (EU) zu berechnen.

(3) Die Kapitalanforderung für das operationelle Risiko ist gemäß § 175 Abs. 3 kalibriert und trägt den operationellen Risiken in dem Maße Rechnung, indem diese noch nicht in den in § 178 genannten Risikomodulen berücksichtigt wurden. Bei Lebensversicherungsverträgen, bei denen das Anlagerisiko die Versicherungsnehmer tragen, berücksichtigt die Berechnung der Kapitalanfor-

derung für das operationelle Risiko den Betrag der jährlich in Bezug auf diese Versicherungsverpflichtungen angefallenen Kosten. In Bezug auf Versicherungs- und Rückversicherungsgeschäfte, die nicht Gegenstand des zweiten Satzes sind, hat die Berechnung der Kapitalanforderung für das operationelle Risiko dem Volumen dieser Geschäfte im Sinne der abgegrenzten Prämien und der versicherungstechnischen Rückstellungen Rechnung zu tragen, die für diese Versicherungsverpflichtungen gehalten werden. In diesem Fall übersteigt die Kapitalanforderung für die operationellen Risiken 30 vH der Basissolvenzkapitalanforderung für diese Versicherungs- und Rückversicherungsgeschäfte nicht.

(4) Die Anpassung für die Verlustausgleichsfähigkeit der versicherungstechnischen Rückstellungen und latenten Steuern berücksichtigt den potenziellen Ausgleich von unerwarteten Verlusten durch eine gleichzeitige Verringerung der versicherungstechnischen Rückstellungen oder der latenten Steuern oder einer Kombination beider. Diese Anpassung berücksichtigt den risikomindernden Effekt, den künftige Überschussbeteiligungen aus Versicherungsverträgen erzeugen, in dem Maße, wie Versicherungs- und Rückversicherungsunternehmen nachweisen können, dass eine Reduzierung dieser Überschussbeteiligungen zur Deckung unerwarteter Verluste, wenn diese entstehen, verwendet werden können. Der durch künftige Überschussbeteiligungen erzeugte risikomindernde Effekt darf nicht höher sein als die Summe aus versicherungstechnischen Rückstellungen und latenten Steuern, die mit diesen künftigen Überschussbeteiligungen in Verbindung stehen. Hiefür wird der Wert der künftigen Überschussbeteiligungen unter ungünstigen Umständen mit dem Wert der Überschussbeteiligungen gemäß den Basisannahmen für die Berechnung des besten Schätzwerts verglichen.

(5) Die FMA kann mit Zustimmung des Bundesministers für Finanzen mit Verordnung nähere Regelungen zur Berechnung des risikomindernden Effekts, den künftige Überschussbeteiligungen aus Versicherungsverträgen erzeugen, treffen, soweit dies erforderlich ist um eine einheitliche Berechnungsweise durch die Versicherungsunternehmen zu gewährleisten.

Aufbau der Basissolvenzkapitalanforderung

§ 178. (1) Die Basissolvenzkapitalanforderung umfasst die folgenden Risikomodule, die gemäß der Durchführungsverordnung (EU) aggregiert werden:

1. das nicht-lebensversicherungstechnische Risikomodul,

2. das lebensversicherungstechnische Risikomodul,

3. das krankenversicherungstechnische Risikomodul,

4. das Marktrisikomodul,

5. das Gegenparteiausfallrisikomodul und

6. das Risikomodul für immaterielle Vermögenswerte.

(2) Für die Zwecke von Abs. 1 Z 1 bis 3 werden Versicherungs- oder Rückversicherungsverpflichtungen dem versicherungstechnischen Risikomodul zugewiesen, das der technischen Wesensart der zugrunde liegenden Risiken am besten Rechnung trägt.

(3) Die Korrelationskoeffizienten für die Aggregation der in Abs. 1 genannten Risikomodule sowie die Kalibrierung der Kapitalanforderungen für jedes Risikomodul führen zu einer Gesamtsolvabilitätsanforderung, die den in § 175 genannten Prinzipien entspricht.

(4) Mit Genehmigung der FMA können Versicherungs- und Rückversicherungsunternehmen im Rahmen des Aufbaus der Standardformel bei dem nicht-lebensversicherungstechnischen Risikomodul, dem lebensversicherungstechnischen Risikomodul und dem krankenversicherungstechnischen Risikomodul eine Untergruppe von Parametern durch die in der Durchführungsverordnung (EU) genannten unternehmensspezifischen Parameter ersetzen. Diese Parameter sind auf der Grundlage der internen Daten des betreffenden Versicherungs- oder Rückversicherungsunternehmens oder auf der Grundlage von Daten zu kalibrieren, die direkt für die Geschäfte dieses Unternehmens, das standardisierte Methoden verwendet, relevant sind. Die FMA hat bei der Genehmigung insbesondere die Vollständigkeit, die Exaktheit und die Angemessenheit der verwendeten Daten zu überprüfen.

(5) Versicherungs- und Rückversicherungsunternehmen können eine vereinfachte Berechnung für ein spezifisches Untermodul oder Risikomodul verwenden, wenn die Wesensart, der Umfang und die Komplexität der Risiken dies rechtfertigen und es unangemessen wäre, von allen Versicherungs- und Rückversicherungsunternehmen die Anwendung einer Standardberechnung zu fordern. Die Kalibrierung hat gemäß § 175 Abs. 3 zu erfolgen.

Risikomodule der Basissolvenzkapitalanforderung

§ 179. (1) Das nicht-lebensversicherungstechnische Risikomodul gibt das Risiko wieder, das sich aus Nicht-Lebensversicherungsverpflichtungen ergibt, und zwar in Bezug auf die abgedeckten Risiken und die verwendeten Prozesse bei der Ausübung des Geschäfts. Dabei berücksichtigt es die Ungewissheit der Ergebnisse der Versicherungs- und Rückversicherungsunternehmen im Hinblick auf die bestehenden Versicherungs- und

Rückversicherungsverpflichtungen und auf die in den folgenden zwölf Monaten erwarteten neuen Geschäfte. Es wird als eine Kombination der Kapitalanforderungen für zumindest die nachfolgend genannten Untermodule berechnet:

1. Risiko eines Verlustes oder einer nachteiligen Veränderung des Werts der Versicherungsverbindlichkeiten, das sich aus Schwankungen in Bezug auf das Eintreten, die Häufigkeit und die Schwere der versicherten Ereignisse und in Bezug auf das Eintreten und den Betrag der Schadenabwicklung ergibt (Nicht-Lebensversicherungs-Prämien- und -Rückstellungsrisiko) und

2. Risiko eines Verlustes oder einer nachteiligen Veränderung des Werts der Versicherungsverbindlichkeiten, das sich aus einer signifikanten Ungewissheit in Bezug auf die Preisfestlegung und die Annahmen bei der Rückstellungsbildung für extreme oder außergewöhnliche Ereignisse ergibt (Nicht-Lebenskatastrophenrisiko).

(2) Das lebensversicherungstechnische Risikomodul gibt das Risiko wieder, das sich aus Lebensversicherungsverpflichtungen ergibt, und zwar in Bezug auf die abgedeckten Risiken und die verwendeten Prozesse bei der Ausübung des Geschäfts. Es wird als eine Kombination der Kapitalanforderungen für zumindest die nachfolgend genannten Untermodule berechnet:

1. Risiko eines Verlustes oder einer nachteiligen Veränderung des Werts der Versicherungsverbindlichkeiten, das sich aus Veränderungen in der Höhe, im Trend oder in der Volatilität der Sterblichkeitsraten ergibt, wenn der Anstieg der Sterblichkeitsrate zu einem Anstieg des Werts der Versicherungsverbindlichkeiten führt (Sterblichkeitsrisiko),

2. Risiko eines Verlustes oder einer nachteiligen Veränderung des Werts der Versicherungsverbindlichkeiten, das sich aus Veränderungen in der Höhe, im Trend oder bei der Volatilität der Sterblichkeitsraten ergibt, wenn der Rückgang der Sterblichkeitsrate zu einem Anstieg des Werts der Versicherungsverbindlichkeiten führt (Langlebigkeitsrisiko),

3. Risiko eines Verlustes oder einer nachteiligen Veränderung des Werts der Versicherungsverbindlichkeiten, das sich aus Veränderungen in der Höhe, im Trend oder bei der Volatilität der Invaliditäts- Krankheits- und Morbiditätsraten ergibt (Invaliditäts-/Morbiditätsrisiko),

4. Risiko eines Verlustes oder einer nachteiligen Veränderung des Werts der Versicherungsverbindlichkeiten, das sich aus Veränderungen in der Höhe, im Trend oder in der Volatilität der bei den Verwaltungskosten von Versicherungs- und Rückversicherungsverträgen angefallenen Kosten ergibt (Lebensversicherungskostenrisiko),

5. Risiko eines Verlustes oder einer nachteiligen Veränderung des Werts der Versicherungsverbindlichkeiten, das sich aus Veränderungen in der Höhe, im Trend oder in der Volatilität der Revisionsraten für Rentenversicherungen ergibt, die wiederum eine Folge von Änderungen im Rechtsumfeld oder in der gesundheitlichen Verfassung des Versicherten sind (Revisionsrisiko),

6. Risiko eines Verlustes oder einer nachteiligen Veränderung des Werts der Versicherungsverbindlichkeiten, das sich aus Veränderungen in der Höhe oder in der Volatilität der Storno- Kündigungs- Verlängerungs- und Rückkaufsraten von Versicherungspolizzen ergibt (Stornorisiko) und

7. Risiko eines Verlustes oder einer nachteiligen Veränderung des Werts der Versicherungsverbindlichkeiten, das sich aus einer signifikanten Ungewissheit in Bezug auf die Preisfestlegung und die Annahmen bei der Rückstellungsbildung für extreme oder außergewöhnliche Ereignisse ergibt (Lebensversicherungskatastrophenrisiko).

(3) Unabhängig davon, ob die Krankenversicherung auf einer der Lebensversicherung vergleichbaren technischen Basis betrieben wird oder nicht, gibt das krankenversicherungstechnische Risikomodul das Risiko wieder, das sich aus Krankenversicherungsverpflichtungen ergibt, und zwar in Bezug auf die abgedeckten Risiken und verwendeten Prozesse bei der Ausübung des Geschäfts. Es deckt zumindest die nachfolgend genannten Risiken ab:

1. Risiko eines Verlustes oder einer nachteiligen Veränderung des Werts der Versicherungsverbindlichkeiten, das sich aus Veränderungen in der Höhe, im Trend oder in der Volatilität der bei der Bedienung von Versicherungs- und Rückversicherungsverträgen angefallenen Kosten ergibt,

2. Risiko eines Verlustes oder einer nachteiligen Veränderung des Werts der Versicherungsverbindlichkeiten, das sich aus Schwankungen in Bezug auf das Eintreten, die Häufigkeit und die Schwere der versicherten Ereignisse und in Bezug auf das Eintreten und den Betrag der Leistungsregulierungen zum Zeitpunkt der Bildung der Rückstellungen ergibt und

3. Risiko eines Verlustes oder einer nachteiligen Veränderung des Werts der Versicherungsverbindlichkeiten, das sich aus einer signifikanten Ungewissheit in Bezug auf die Preisfestlegung und die Annahmen bei der Rückstellungsbildung im Hinblick auf den Ausbruch größerer Epidemien sowie die ungewöhnliche Häufung der unter diesen extremen Umständen auftretenden Risiken ergibt.

(4) Das Marktrisikomodul gibt das Risiko wieder, das sich aus der Höhe oder der Volatilität der Marktpreise von Finanzinstrumenten ergibt, die den Wert der Vermögenswerte und Verbindlichkeiten des Unternehmens beeinflussen. Es hat die strukturelle Inkongruenz zwischen Vermögenswerten und Verbindlichkeiten insbesondere im

Hinblick auf deren Laufzeit angemessen widerzuspiegeln. Es wird als eine Kombination der Kapitalanforderungen für zumindest die nachfolgend genannten Untermodule berechnet:

1. die Sensitivität der Werte von Vermögenswerten, Verbindlichkeiten und Finanzinstrumenten in Bezug auf Veränderungen in der Zinskurve oder in Bezug auf die Volatilität der Zinssätze (Zinsrisiko);

2. die Sensitivität der Werte von Vermögenswerten, Verbindlichkeiten und Finanzinstrumenten in Bezug auf Veränderungen in der Höhe oder bei der Volatilität der Marktpreise von Aktien (Aktienrisiko);

3. die Sensitivität der Werte von Vermögenswerten, Verbindlichkeiten und Finanzinstrumenten in Bezug auf Veränderungen in der Höhe oder bei der Volatilität der Marktpreise von Immobilien (Immobilienrisiko);

4. die Sensitivität der Werte von Vermögenswerten, Verbindlichkeiten und Finanzinstrumenten in Bezug auf Veränderungen in der Höhe oder in der Volatilität der Kredit-Spreads über der risikofreien Zinskurve (Spread-Risiko);

5. die Sensitivität der Werte von Vermögenswerten, Verbindlichkeiten und Finanzinstrumenten in Bezug auf Veränderungen in der Höhe oder bei der Volatilität der Wechselkurse (Wechselkursrisiko) und

6. zusätzliche Risiken für ein Versicherungs- oder Rückversicherungsunternehmen, die entweder durch eine mangelnde Diversifikation des Assetportfolios oder durch eine hohe Exponierung gegenüber dem Ausfallrisiko eines einzelnen Wertpapieremittenten oder einer Gruppe verbundener Emittenten bedingt sind (Marktrisikokonzentrationen).

(5) Das Gegenparteiausfallrisikomodul trägt möglichen Verlusten Rechnung, die sich aus einem unerwarteten Ausfall oder der Verschlechterung der Bonität von Gegenparteien und Schuldnern von Versicherungs- und Rückversicherungsunternehmen während der folgenden zwölf Monate ergeben. Das Gegenparteiausfallrisikomodul deckt risikomindernde Verträge wie Rückversicherungsvereinbarungen, Verbriefungen und Derivate sowie Forderungen gegenüber Vermittlern und alle sonstigen Kreditrisiken ab, die vom Untermodul für das Spread-Risiko nicht abgedeckt werden. Es berücksichtigt angemessen die akzessorischen oder sonstigen Sicherheiten, die von dem oder für das Versicherungs- oder Rückversicherungsunternehmen gehalten werden, und die damit verbundenen Risiken. Das Gegenparteiausfallrisikomodul berücksichtigt für jede Gegenpartei die Gesamtgegenparteirisikoexponierung des jeweiligen Versicherungs- oder Rückversicherungsunternehmens in Bezug auf diese Gegenpartei unabhängig von der Rechtsform der vertraglichen Verpflichtungen gegenüber diesem Unternehmen.

(6) Das Risikomodul für immaterielle Vermögenswerte gibt die damit im Zusammenhang stehenden Risiken wieder.

Durationsbasiertes Untermodul Aktienrisiko

§ 180. (1) Versicherungsunternehmen, die im Rahmen des Betriebes der Lebensversicherung Altersversorgungsleistungen anbieten, können das Untermodul Aktienrisiko mit Genehmigung der FMA für eine Gruppe von Versicherungsverträgen berechnen, wenn

1. die Leistungen bei Eintreten oder in Erwartung des Eintretens in den Ruhestand erbracht werden,

2. die Versicherungsnehmer die Prämien steuerlich geltend machen können,

3. die Versicherungsverträge nur Risiken betreffen, die im Inland belegen sind und

4. die durchschnittliche Duration der Verbindlichkeiten des Unternehmens im Zusammenhang mit diesen Versicherungsverträgen zwölf Jahre übersteigt.

Wenn die Berechnung gemäß dem ersten Satz erfolgt, haben die Versicherungsunternehmen für alle diesen Versicherungsverträgen zugehörigen Vermögenswerte und Verbindlichkeiten einen Sonderverband einzurichten und diese Vermögenswerte und Verbindlichkeiten ohne Möglichkeit einer Übertragung getrennt von den übrigen Verträgen zu verwalten und zu organisieren.

(2) Das Versicherungsunternehmen hat dafür zu sorgen, dass die Solvabilität und die Liquidität sowie die Strategien, Prozesse und Meldeverfahren des Asset-Liability-Managements ständig gewährleisten, dass das Versicherungsunternehmen in der Lage ist, die erfassten Aktieninvestitionen tatsächlich während der bei der Genehmigung angenommenen typischen Haltedauer der Aktieninvestitionen des Versicherungsunternehmens zu halten. Das Versicherungsunternehmen muss gegenüber der FMA nachweisen, dass diese Bedingung mit dem Konfidenzniveau überprüft wird, das den Versicherungsnehmern und Anspruchsberechtigten ein Schutzniveau gewährleistet, das jenem gemäß § 175 gleichwertig ist.

(3) Versicherungsunternehmen können bei Vorliegen von hinreichend gerechtfertigten Umständen mit Genehmigung der FMA von der Berechnung des Untermodul Aktienrisikos gemäß Abs. 1 zur Berechnung gemäß § 179 Abs. 4 Z 2 zurückkehren.

Maßnahmen der FMA bei wesentlichen Abweichungen von den der Standardformel zugrundeliegenden Annahmen

§ 181. (1) Die FMA kann einem Versicherungs- oder Rückversicherungsunternehmen anordnen, bei der Berechnung des lebensversicherungstechnischen Risikomoduls, des nicht-lebensversicherungstechnischen Risikomoduls und des krankenversicherungstechnischen Risikomoduls unternehmensspezifische Parameter gemäß § 178 Abs. 4 zu verwenden, wenn bei der Berechnung der Solvenzkapitalanforderung mit der Standardformel das Risikoprofil des betreffenden Versicherungs- oder Rückversicherungsunternehmens wesentlich von den der Berechnung mit der Standardformel zugrunde liegenden Annahmen abweichen würde.

(2) Die FMA kann einem Versicherungs- oder Rückversicherungsunternehmen anordnen ein internes Modell zur Berechnung der Solvenzkapitalanforderung oder der relevanten Risikomodule zu verwenden, wenn bei der Berechnung der Solvenzkapitalanforderung mit der Standardformel das Risikoprofil des betreffenden Versicherungs- oder Rückversicherungsunternehmens wesentlich von den der Berechnung mit der Standardformel zugrunde liegenden Annahmen abweichen würde.

5. Abschnitt

Berechnung der Solvenzkapitalanforderung unter Verwendung eines internen Modells

Allgemeine Bestimmungen für die Genehmigung von internen Modellen in Form von Voll- oder Partialmodellen

§ 182. (1) Versicherungs- oder Rückversicherungsunternehmen können die Solvenzkapitalanforderung unter Verwendung eines internen Modells in Form eines Voll- oder eines Partialmodells berechnen. Ein internes Modell bedarf einer Genehmigung gemäß Abs. 4.

(2) Ein internes Modell in Form eines Partialmodells kann für die Berechnung eines oder mehrerer der nachfolgend genannten Faktoren verwendet werden:

1. ein oder mehrere Risikomodule oder Untermodule der Basissolvenzkapitalanforderung,
2. die Kapitalanforderung für das operationelle Risiko oder
3. die Anpassung für die Verlustausgleichsfähigkeit der versicherungstechnischen Rückstellungen und latenten Steuern.

Darüber hinaus kann eine partielle Modellierung für die gesamte Geschäftstätigkeit von Versicherungsund Rückversicherungsunternehmen oder aber lediglich für einen oder mehrere Hauptgeschäftsbereiche erfolgen.

(3) Der Vorstand bzw. der Verwaltungsrat des Versicherungs- oder Rückversicherungsunternehmens hat den Antrag gemäß Abs. 4 auf Genehmigung des internen Modells sowie den Antrag auf Genehmigung eventueller späterer größerer Änderungen des Modells zu beschließen.

(4) Die FMA hat über den Antrag auf Genehmigung eines internen Modells, in dem die Erfüllung der Anforderungen gemäß § 186 bis § 191 dargelegt wird, binnen sechs Monaten nach Eingang des vollständigen Antrags zu entscheiden. Bei Anträgen auf Genehmigung eines internen Modells in Form eines Partialmodells werden diese Anforderungen dem begrenzten Anwendungsbereich des Modells Rechnung tragend sinngemäß angewendet.

(5) Vor der Genehmigung von internen oder partiellen internen Modellen gemäß Abs. 4 hat die FMA eine gutachtliche Äußerung der Oesterreichischen Nationalbank insoweit einzuholen, als diese Modelle das Marktrisikomodul oder Teile des Marktrisikomoduls umfassen. Die Oesterreichische Nationalbank hat dabei zu beurteilen, ob das Marktrisikomodul oder gegebenenfalls Teile des Marktrisikomoduls den anzuwendenden Vorgaben entsprechen.

(6) Die Oesterreichische Nationalbank hat gutachtliche Äußerungen gemäß Abs. 5 in eigener Verantwortung und im eigenen Namen abzugeben. Die FMA hat sich weitest möglich auf die Gutachten der Oesterreichischen Nationalbank zu stützen und kann sich auf deren Richtigkeit und Vollständigkeit verlassen, es sei denn, sie hat begründete Zweifel an deren Richtigkeit oder Vollständigkeit. Die Oesterreichische Nationalbank hat Stellungnahmen des betroffenen Versicherungsunternehmens unverzüglich der FMA zu übermitteln.

(7) Die Oesterreichische Nationalbank hat

1. eine Aufstellung der ihr im jeweiligen Geschäftsjahr aus gutachtlichen Äußerungen gemäß Abs. 5 entstehenden direkten Kosten zu erstellen und vom Rechnungsprüfer gemäß § 37 NBG prüfen zu lassen,

2. die geprüfte Aufstellung der FMA bis zum 30. April des jeweils folgenden Geschäftsjahres zu übermitteln,

3. die geschätzten direkten Kosten aus gutachtlichen Äußerungen gemäß Abs. 5 für das jeweils folgende Geschäftsjahr der FMA bis zum 30. September jeden Jahres mitzuteilen und

4. den Bundesminister für Finanzen und die FMA einmal jährlich über die Anzahl der mit gutachtlichen Äußerungen gemäß Abs. 5 im Jahresdurchschnitt beschäftigten Bediensteten zu informieren; diese Information kann auch im Wege einer Veröffentlichung erfolgen.

(8) Nach der Genehmigung des internes Modells kann die FMA Versicherungs- und Rückversicherungsunternehmen unter Angabe der maßgeblichen Gründe anordnen eine Schätzung der Solvenzkapitalanforderung vorzulegen, die mit der Standardformel gemäß dem 4. Abschnitt zu berechnen ist.

(9) Versicherungs- und Rückversicherungsunternehmen können ihr internes Modell im Rahmen der schriftlichen Leitlinien für Änderungen des internen Modells, die als Teil des Erstgenehmigungsprozesses von der FMA zu genehmigen sind, anpassen. Größere Änderungen des internen Modells sowie Änderungen dieser schriftlichen Leitlinien unterliegen stets der vorherigen Genehmigung durch die FMA gemäß Abs. 4. Kleinere Änderungen des internen Modells können ohne Genehmigung der FMA erfolgen, sofern diese im Einklang mit diesen schriftlichen Leitlinien erfolgen.

(10) Es liegt in der Verantwortung des Vorstands bzw. des Verwaltungsrats für die Einführung von Systemen zu sorgen, die gewährleisten, dass das interne Modell durchgehend ordnungsgemäß funktioniert.

Besondere Bestimmungen für die Genehmigung interner Modelle in Form von Partialmodellen

§ 183. (1) Interne Modelle in Form eines Partialmodells kann die FMA nur dann genehmigen, wenn

1. das Versicherungs- oder Rückversicherungsunternehmen den Grund für den begrenzten Anwendungsbereich des Modells in angemessener Weise rechtfertigt,

2. die sich daraus ergebende Solvenzkapitalanforderung dem Risikoprofil des Unternehmens besser Rechnung trägt und insbesondere die im 3. Abschnitt genannten Grundsätze erfüllt und

3. der Aufbau mit den Grundsätzen gemäß dem 3. Abschnitt konsistent ist, so dass das interne Modell in Form eines Partialmodells vollständig in die Standardformel für die Solvenzkapitalanforderung integriert werden kann.

(2) Bei der Genehmigung eines Antrags auf Verwendung eines internen Modells in Form eines Partialmodells, das nur bestimmte Untermodule oder einige Geschäftsbereiche eines Versicherungs- oder Rückversicherungsunternehmens in Bezug auf ein spezielles Risikomodul oder Teile von beiden abdeckt, kann die FMA von den betreffenden Versicherungs- und Rückversicherungsunternehmen eine realistischen Übergangsplans im Hinblick auf die Ausweitung des Anwendungsbereichs des Modells verlangen. Im Übergangsplan ist die Art und Weise darzulegen, in der ein Versicherungs- oder Rückversicherungsunternehmen die Ausdehnung des Anwendungsbereichs des Modells in Form eines Partialmodells auf weitere Untermodule oder Geschäftsbereiche plant, um zu gewährleisten, dass dieses den überwiegenden Teil der Versicherungsgeschäfte in Bezug auf das in dem ersten Satz genannte spezielle Risikomodul abdeckt.

Rückkehr zur Standardformel

§ 184. Nach der Genehmigung des internen Modells können Versicherungs- oder Rückversicherungsunternehmen ausschließlich bei hinreichend gerechtfertigten Umständen mit Genehmigung der FMA zur Berechnung der gesamten oder eines Teils der Solvenzkapitalanforderung mit der Standardformel gemäß dem 4. Abschnitt zurückkehren.

Nichteinhaltung der Anforderungen an das interne Modell

§ 185. (1) Versicherungs- oder Rückversicherungsunternehmen haben die der Genehmigung des internen Modells zugrunde liegenden Anforderungen, insbesondere die Anforderungen gemäß § 186 bis § 191 laufend zu erfüllen.

(2) Wenn ein Versicherungs- oder Rückversicherungsunternehmen die der Genehmigung des internen Modells zugrunde liegenden Anforderungen nicht mehr erfüllt, hat es der FMA unverzüglich entweder einen geeigneten Plan vorzulegen, der vorsieht wie es die Anforderungen innerhalb eines angemessenen Zeitraums wieder einhält, oder nachzuweisen, dass sich die Nichteinhaltung der Anforderungen nur unwesentlich auswirkt.

(3) Wenn ein Versicherungs- oder Rückversicherungsunternehmen den Plan gemäß Abs. 2 nicht umsetzt, kann die FMA die Rückkehr zur Berechnung der Solvenzkapitalanforderung mit der Standardformel gemäß dem 4. Abschnitt anordnen.

Verwendungstest

§ 186. (1) Versicherungs- und Rückversicherungsunternehmen haben nachzuweisen, dass das interne Modell in ihrem Governance-System weitgehend verwendet wird und dort eine wichtige Rolle spielt, insbesondere in

1. ihrem Risikomanagementsystem gemäß § 110 und § 112 und ihren Entscheidungsprozessen sowie

2. ihrer Beurteilung des ökonomischen Kapitals und Solvenzkapitals und ihrer Allokationsprozesse einschließlich der unternehmenseigenen Risiko- und Solvabilitätsbeurteilung gemäß § 111.

(2) Darüber hinaus haben Versicherungs- und Rückversicherungsunternehmen nachzuweisen, dass die Häufigkeit der Berechnung der Solvenzkapitalanforderung unter Verwendung ihres inter-

nen Modells mit der Häufigkeit konsistent ist, mit der sie ihr internes Modell für die anderen im ersten Absatz genannten Zwecke nutzen.

(3) Der Vorstand bzw. der Verwaltungsrat ist dafür verantwortlich, dass die kontinuierliche Angemessenheit des Aufbaus und der Funktionsweise des internen Modells gewährleistet ist und dass das interne Modell auch weiterhin das Risikoprofil der betreffenden Versicherungs- und Rückversicherungsunternehmen in angemessenem Maße abbildet.

Statistische Qualitätsstandards

§ 187. (1) Das interne Modell und insbesondere die Berechnung der ihm zugrunde liegenden Wahrscheinlichkeitsverteilungsprognose haben den Kriterien gemäß Abs. 2 bis 9 zu genügen.

(2) Die zur Berechnung der Wahrscheinlichkeitsverteilungsprognose verwendeten Methoden haben sich auf angemessene, anwendbare und einschlägige versicherungsmathematische und statistische Techniken zu stützen und mit den Methoden konsistent zu sein, die für die Berechnung der versicherungstechnischen Rückstellungen verwendet werden. Die zur Berechnung der Wahrscheinlichkeitsverteilungsprognose verwendeten Methoden haben auf aktuellen und zuverlässigen Informationen sowie auf realistischen Annahmen zu basieren. Versicherungs- und Rückversicherungsunternehmen müssen in der Lage sein, die ihrem internen Modell zugrunde liegenden Annahmen gegenüber der FMA zu rechtfertigen.

(3) Die für das interne Modell verwendeten Daten müssen exakt, vollständig und angemessen sein. Die für die Berechnung der Wahrscheinlichkeitsverteilungsprognose verwendeten Datenreihen sind mindestens jährlich zu aktualisieren.

(4) Ungeachtet der gewählten Berechnungsmethode muss die Risikoeinstufung durch das interne Modell gewährleisten, dass das interne Modell gemäß § 186 im Governance-System weitgehend verwendet wird und dort eine wichtige Rolle spielt. Das interne Modell hat alle wesentlichen Risiken abzudecken, denen Versicherungs- und Rückversicherungsunternehmen ausgesetzt sind; darunter fallen zumindest die in § 175 Abs. 4 genannten Risiken.

(5) In Bezug auf Diversifikationseffekte kann im internen Modell den Abhängigkeiten innerhalb der Risikokategorien sowie zwischen den Risikokategorien Rechnung getragen werden, sofern das Versicherungs- oder Rückversicherungsunternehmen der FMA nachgewiesen hat, dass das System für die Messung der Diversifikationseffekte angemessen ist.

(6) Der Effekt der Risikominderungstechniken kann im internen Modell voll berücksichtigt werden, sofern das Kreditrisiko und andere sich aus der Anwendung der Risikominderungstechniken ergebende Risiken im internen Modell angemessen wiedergespiegelt werden.

(7) Die besonderen Risiken, die sich aus Finanzgarantien und sonstigen vertraglichen Optionen ergeben, sind im internen Modell exakt zu bewerten, sofern sie von wesentlicher Bedeutung sind. Darüber hinaus sind diejenigen Risiken zu bewerten, die sich für Versicherungs- und Rückversicherungsunternehmen aus Optionen der Versicherungsnehmer und vertraglichen Optionen ergeben. Zu diesem Zweck ist der Auswirkung Rechnung zu tragen, die künftige Veränderungen der finanziellen und nichtfinanziellen Bedingungen auf die Ausübung dieser Optionen haben könnten.

(8) Künftige Maßnahmen des Managements dürfen im internen Modell berücksichtigt werden, sofern das Setzen dieser Maßnahmen unter bestimmten Umständen vernünftigerweise erwartet werden kann. Hierbei ist die Zeit zu berücksichtigen, die für die Umsetzung derartiger Maßnahmen erforderlich ist.

(9) Im internen Modell sind alle Zahlungen an Versicherungsnehmer und Anspruchsberechtigte zu berücksichtigen, die zu erwarten sind, und zwar unabhängig davon, ob diese Zahlungen vertraglich garantiert sind oder nicht.

Kalibrierungsstandards

§ 188. (1) Im internen Modell kann ein anderer Zeitraum oder ein anderes Risikomaß als in § 175 Abs. 3 genannt verwendet werden, sofern die Ergebnisse des internen Modells in einer Art und Weise zur Berechnung der Solvenzkapitalanforderung verwendet werden können, die den Versicherungsnehmern und Anspruchsberechtigten ein Schutzniveau gewährt, das jenem gemäß § 175 gleichwertig ist.

(2) Soweit praktikabel, ist die Solvenzkapitalanforderung direkt aus der Wahrscheinlichkeitsverteilungsprognose abzuleiten, die vom internen Modell generiert wurde. Hierbei ist das Risikomaß Value-at-Risk gemäß § 175 Abs. 3 zu verwenden.

(3) Kann die Solvenzkapitalanforderung nicht direkt aus der vom internen Modell generierten Wahrscheinlichkeitsverteilungsprognose abgeleitet werden, so kann die FMA Annäherungen für die Berechnung der Solvenzkapitalanforderung zulassen, sofern das Versicherungs- oder Rückversicherungsunternehmen der FMA nachweisen kann, dass den Versicherungsnehmern und Anspruchsberechtigten ein Schutzniveau gewährt wird, das jenem gemäß § 175 gleichwertig ist.

(4) Die FMA kann von einem Versicherungs- oder Rückversicherungsunternehmen verlangen, das interne Modell auf einschlägige Benchmark-Portfolios anzuwenden und dabei von Annahmen auszugehen, die sich eher auf externe als auf in-

terne Daten stützen, um die Kalibrierung des internen Modells zu überprüfen und zu ermitteln, ob seine Spezifizierung der allgemein anerkannten Marktpraxis entspricht.

Zuordnung von Gewinnen und Verlusten

§ 189. Versicherungs- und Rückversicherungsunternehmen haben mindestens einmal jährlich die Ursachen und die Quellen von Gewinnen und Verlusten jedes Hauptgeschäftsbereichs zu untersuchen. Hierbei ist aufzuzeigen, wie die im internen Modell gewählte Risikokategorisierung die Ursachen und Quellen der Gewinne und Verluste erklärt. Die Risikokategorisierung und die Zuweisung von Gewinnen und Verlusten müssen das Risikoprofil des Versicherungs- oder Rückversicherungsunternehmens widerspiegeln.

Validierungsstandards

§ 190. (1) Versicherungs- und Rückversicherungsunternehmen haben über einen regelmäßigen Modellvalidierungszyklus zu verfügen, der das Leistungsvermögen des internen Modells, die Überprüfung der kontinuierlichen Angemessenheit seiner Spezifikation und den Abgleich von Modellergebnissen und Erfahrungswerten umfasst.

(2) Der Modellvalidierungsprozess hat ein wirksames statistisches Verfahren für die Validierung des internen Modells zu umfassen, das es Versicherungs- oder Rückversicherungsunternehmen ermöglicht, gegenüber der FMA die Angemessenheit der sich daraus ergebenden Kapitalanforderungen nachzuweisen. Die angewandten statistischen Methoden haben die Angemessenheit der Wahrscheinlichkeitsverteilungsprognose nicht nur im Vergleich zu beobachteten Verlusten, sondern auch zu allen wesentlichen neuen Daten und dazugehörigen Informationen zu prüfen.

(3) Der Modellvalidierungsprozess hat eine Analyse der Stabilität des internen Modells und insbesondere eine Überprüfung der Sensitivität der Ergebnisse des internen Modells in Bezug auf Veränderungen der wichtigsten Annahmen, auf die sich das Modell stützt, zu umfassen. Er enthält auch eine Bewertung der Exaktheit, der Vollständigkeit und der Angemessenheit der für das interne Modell verwendeten Daten.

Dokumentationsstandards

§ 191. (1) Versicherungs- und Rückversicherungsunternehmen haben den Aufbau und die operationellen Einzelheiten des internen Modells zu dokumentieren. Aus dieser Dokumentation muss die Einhaltung der Anforderungen gemäß § 186 bis § 190 hervorgehen.

(2) Die Dokumentation hat eine detaillierte Erläuterung der Theorie, der Annahmen sowie der mathematischen und der empirischen Basis, auf die sich das interne Modell stützt und eine Beschreibung aller Situationen zu enthalten, in denen das interne Modell nicht wirksam funktioniert.

(3) Versicherungs- und Rückversicherungsunternehmen haben alle größeren Änderungen gemäß § 182 Abs. 9 an ihrem internen Modell zu dokumentieren.

Externe Modelle und Daten

§ 192. Die Verwendung eines von Dritten erhaltenen Modells oder von Dritten erhaltener Daten stellt keine Rechtfertigung für eine Ausnahme von den Anforderungen an das interne Modell gemäß § 186 bis § 191 dar.

6. Abschnitt

Mindestkapitalanforderung

Allgemeine Bestimmungen

§ 193. (1) Versicherungs- und Rückversicherungsunternehmen haben anrechenbare Basiseigenmittel zur Bedeckung der Mindestkapitalanforderung zu halten.

(2) Versicherungs- und Rückversicherungsunternehmen haben die Mindestkapitalanforderung gemäß der Durchführungsverordnung (EU) zu berechnen. Diese hat folgende absolute Untergrenzen:

1. 2,5 Millionen Euro für Nicht-Lebensversicherungsunternehmen einschließlich firmeneigener Versicherungsunternehmen, es sei denn, dass alle oder einige der in Z 10 bis 15 der Anlage A aufgeführten Risiken gedeckt sind; in letzterem Fall beträgt die absolute Untergrenze mindestens 3,7 Millionen Euro,

2. 3,7 Millionen Euro für Lebensversicherungsunternehmen einschließlich firmeneigener Versicherungsunternehmen,

3. 3,6 Millionen Euro für Rückversicherungsunternehmen, ausgenommen firmeneigene Rückversicherungsunternehmen, für die eine Mindestkapitalanforderung von 1,2 Millionen Euro gilt und

4. die Summe der in Z 1 und 2 genannten Beträge für Kompositversicherungsunternehmen.

(3) Versicherungs- und Rückversicherungsunternehmen haben die Mindestkapitalanforderung zumindest quartalsweise vor der Meldung im Rahmen der regelmäßigen aufsichtlichen Berichterstattung an die FMA gemäß der Durchführungsverordnung (EU) zu berechnen. Eine Berechnung hat auch unverzüglich nach Durchführung einer Neuberechnung der Solvenzkapitalanforderung gemäß § 176 Abs. 1 zweiter Satz zu erfolgen und ist der FMA zu melden. Wird die Mindestkapi-

talanforderung anhand der Solvenzkapitalanforderung durch die prozentuellen Grenzwerte gemäß Art. 129 Abs. 3 erster Unterabsatz der Richtlinie 2009/138/EG bestimmt, so haben Versicherungs- und Rückversicherungsunternehmen der FMA eine Begründung hiefür vorzulegen. Die Grenzwerte sind auf Basis der zuletzt gemeldeten Solvenzkapitalanforderung zu berechnen.

Besondere Bestimmungen für Kompositversicherungsunternehmen

§ 194. (1) Kompositversicherungsunternehmen haben unbeschadet von § 193 anrechenbare Basiseigenmittel zur Bedeckung der

1. fiktiven Lebensversicherungs-Mindestkapitalanforderung in Bezug auf ihre Lebensversicherungstätigkeit und der

2. fiktiven Nicht-Lebensversicherungs-Mindestkapitalanforderung in Bezug auf ihre Nicht-Lebensversicherungstätigkeit

zu halten, wobei die fiktiven Mindestkapitalanforderungen nicht von der anderen Tätigkeit getragen werden dürfen.

(2) Kompositversicherungsunternehmen haben die fiktive Lebensversicherungs-Mindestkapitalanforderung in Bezug auf die Lebensversicherungstätigkeit und die fiktive Nicht-Lebensversicherungs-Mindestkapitalanforderung in Bezug auf die Nicht-Lebensversicherungstätigkeit gemäß der Durchführungsverordnung (EU) zu berechnen und zugleich mit der Meldung der Mindestkapitalanforderung gemäß § 193 Abs. 3 der FMA zu melden.

(3) Kompositversicherungsunternehmen haben für Zwecke des Abs. 1 eine Übersicht zu erstellen, in der die anrechenbaren Basiseigenmittelbestandteile der Lebensversicherungstätigkeit und der Nicht-Lebensversicherungstätigkeit wie folgt zuzuordnen sind:

1. Der Überschussfonds ist der Lebensversicherungstätigkeit zuzuordnen, soweit dieser auf die Rückstellung des Jahresabschlusses für Gewinnbeteiligung in der Lebensversicherung zurückzuführen ist, und der Nicht-Lebensversicherungstätigkeit zuzuordnen, soweit dieser auf die Rückstellung des Jahresabschlusses für erfolgsabhängige Prämienrückerstattung in der Krankenversicherung zurückzuführen ist.

2. Die „Reconciliation Reserve" ist nach dem Verhältnis zuzuordnen, das gemäß der Durchführungsverordnung (EU) zur Berechnung der fiktiven Mindestkapitalanforderungen verwendet wird.

3. Die übrigen anrechenbaren Basiseigenmittelbestandteile sind der Lebensversicherungstätigkeit zuzuordnen, soweit diese auf Bilanzposten der Bilanzabteilung Lebensversicherung zurückzuführen sind und der Nicht-Lebensversicherungstätigkeit zuzuordnen, soweit diese auf Bilanzposten der Bilanzabteilungen Krankenversicherung und Schaden- und Unfallversicherung zurückzuführen sind.

Die Kompositversicherungsunternehmen haben diese Übersicht der FMA mit der Meldung gemäß Abs. 2 vorzulegen.

9. Hauptstück
Gruppenaufsicht

1. Abschnitt
Begriffsbestimmungen und Anwendungsbereich

Begriffsbestimmungen

§ 195. (1) Für die Zwecke dieses Hauptstücks bezeichnet der Ausdruck:

1. beteiligtes Unternehmen: ein Mutterunternehmen oder ein anderes Unternehmen, das eine Beteiligung hält, oder ein Unternehmen, das mit einem anderen Unternehmen durch eine in Art. 22 Abs. 7 der Richtlinie 2013/34/EU beschriebene Beziehung verbunden ist.

2. verbundenes Unternehmen: ein Tochterunternehmen oder ein anderes Unternehmen, an dem eine Beteiligung gehalten wird, oder ein Unternehmen, das mit einem anderen Unternehmen durch eine in Art. 22 Abs. 7 der Richtlinie 2013/34/EU beschriebene Beziehung verbunden ist.

3. Gruppe: eine Gruppe von Unternehmen,

a) die aus einem beteiligten Unternehmen, dessen Tochterunternehmen und den Unternehmen, an denen das beteiligte Unternehmen oder dessen Tochterunternehmen eine Beteiligung halten, sowie Unternehmen, die untereinander durch eine in Art. 22 Abs. 7 der Richtlinie 2013/34/EU beschriebene Beziehung verbunden sind, besteht oder

b) die auf der Einrichtung von vertraglichen oder sonstigen starken und nachhaltigen finanziellen Beziehungen zwischen allen diesen Unternehmen beruht und zu der Versicherungsvereine auf Gegenseitigkeit oder diesen ähnliche Vereine gehören können, sofern eines dieser Unternehmen durch zentrale Koordination einen beherrschenden Einfluss auf die Entscheidungen aller der Gruppe angehörenden Unternehmen ausübt, darunter auch die Finanzentscheidungen, und die Einrichtung und Auflösung dieser Beziehungen für die Zwecke dieses Hauptstücks der vorherigen Genehmigung durch die für die Gruppenaufsicht zuständige Behörde unterliegen; das Unternehmen, das die zentrale Koordination ausübt, ist als Mutterunternehmen und die anderen Unternehmen sind als Tochterunternehmen zu betrachten.

4. für die Gruppenaufsicht zuständige Behörde: die gemäß § 226 bestimmte, für die Gruppenaufsicht zuständige Aufsichtsbehörde.

5. Aufsichtskollegium: eine permanente, aber flexible Plattform für die Zusammenarbeit, Koordinierung und Erleichterung der Entscheidungsfindung in Bezug auf die Beaufsichtigung einer Gruppe.

6. Versicherungsholdinggesellschaft: ein Mutterunternehmen, das keine gemischte Finanzholdinggesellschaft ist und dessen Haupttätigkeit im Erwerb und Halten von Beteiligungen an Tochterunternehmen besteht, wobei diese Tochterunternehmen ausschließlich oder hauptsächlich Versicherungs- oder Rückversicherungsunternehmen oder Drittland-Versicherungs- oder -rückversicherungsunternehmen sind und unter seinen Tochterunternehmen zumindest ein Versicherungs- oder Rückversicherungsunternehmen hat.

7. gemischte Versicherungsholdinggesellschaft: ein Mutterunternehmen, das weder ein Versicherungsunternehmen noch ein Drittland-Versicherungsunternehmen noch ein Rückversicherungsunternehmen noch ein Drittland-Rückversicherungsunternehmen noch eine Versicherungsholdinggesellschaft noch eine gemischte Finanzholdinggesellschaft ist und unter seinen Tochterunternehmen zumindest ein Versicherungs- oder Rückversicherungsunternehmen hat und

8. gemischte Finanzholdinggesellschaft: eine gemischte Finanzholdinggesellschaft im Sinne von Art. 2 Z 15 der Richtlinie 2002/87/EG.

(2) Für die Zwecke dieses Hauptstücks hat die FMA

1. als Mutterunternehmen auch jedes Unternehmen zu betrachten, das nach Ansicht der FMA tatsächlich einen beherrschenden Einfluss auf ein anderes Unternehmen ausübt,

2. als Tochterunternehmen auch jedes Unternehmen zu betrachten, auf das ein Mutterunternehmen nach Ansicht der FMA tatsächlich einen beherrschenden Einfluss ausübt und

3. als Beteiligung auch das direkte oder indirekte Halten von Stimmrechten oder Kapital an einem Unternehmen zu betrachten, auf das nach Ansicht der FMA tatsächlich ein maßgeblicher Einfluss ausgeübt wird.

Allgemeine Bestimmungen

§ 196. (1) Versicherungs- und Rückversicherungsunternehmen einer Gruppe unterliegen der Beaufsichtigung durch die FMA auf Ebene der Gruppe nach Maßgabe der Vorschriften dieses Hauptstücks, wenn die FMA gemäß § 226 als die für die Gruppenaufsicht zuständige Behörde bestimmt wurde.

(2) Sofern in diesem Hauptstück nichts anderes bestimmt ist, sind die Vorschriften für die Einzelbeaufsichtigung von Versicherungs- und Rückversicherungsunternehmen weiterhin anzuwenden.

(3) Versicherungs- und Rückversicherungsunternehmen haben der FMA das Eintreten und den Wegfall von Umständen, die gemäß § 197 zu einer Gruppenaufsicht führen, unverzüglich anzuzeigen.

Anwendungsfälle der Gruppenaufsicht

§ 197. (1) Die FMA als die für die Gruppenaufsicht zuständige Behörde hat

1. Versicherungs- oder Rückversicherungsunternehmen, die bei mindestens einem Versicherungs- oder Rückversicherungsunternehmen, Drittland-Versicherungs- oder Drittland-Rückversicherungsunternehmen beteiligte Unternehmen sind, gemäß § 202 bis § 236 zu beaufsichtigen;

2. Versicherungs- oder Rückversicherungsunternehmen, deren Mutterunternehmen eine Versicherungsholdinggesellschaft oder eine gemischte Finanzholdinggesellschaft jeweils mit Sitz in einem Mitgliedstaat ist, gemäß § 202 bis § 236 zu beaufsichtigen;

3. Versicherungs- oder Rückversicherungsunternehmen, deren Mutterunternehmen eine Versicherungsholdinggesellschaft mit Sitz in einem Drittland, eine gemischte Finanzholdinggesellschaft mit Sitz in einem Drittland oder ein Drittland-Versicherungs- oder -rückversicherungsunternehmen ist, gemäß dem 7. Abschnitt zu beaufsichtigen und

4. Versicherungs- oder Rückversicherungsunternehmen, deren Mutterunternehmen eine gemischte Versicherungsholdinggesellschaft ist, gemäß § 201 zu beaufsichtigen.

(2) Wenn das in Abs. 1 Z 1 genannte beteiligte Versicherungs- oder Rückversicherungsunternehmen bzw. die in Z 2 genannte Versicherungsholdinggesellschaft oder gemischte Finanzholdinggesellschaft jeweils mit Sitz in einem Mitgliedstaat selbst verbundenes Unternehmen eines beaufsichtigten Unternehmens oder einer gemäß Art. 5 Abs. 2 der Richtlinie 2002/87/EG einer zusätzlichen Beaufsichtigung unterliegenden gemischten Finanzholdinggesellschaft ist oder selbst ein solches Unternehmen oder eine solche Gesellschaft ist, kann die FMA als die für die Gruppenaufsicht zuständige Behörde nach Konsultation der anderen betroffenen Aufsichtsbehörden von der Überwachung der Risikokonzentration gemäß § 220, der Überwachung der gruppeninternen Transaktionen gemäß § 221 oder von beidem auf der Ebene dieses beteiligten Versicherungs- oder Rückversicherungsunternehmens oder dieser Versicherungsholdinggesellschaft oder gemischten Finanzholdinggesellschaft absehen.

(3) Wenn das in Abs. 1 Z 1 genannte beteiligte Versicherungs- oder Rückversicherungsunternehmen bzw. die in Abs. 1 Z 2 genannte Versiche-

rungsholdinggesellschaft oder gemischte Finanzholdinggesellschaft selbst Tochterunternehmen eines anderen Versicherungs- oder Rückversicherungsunternehmens, einer anderen Versicherungsholdinggesellschaft oder einer gemischten Finanzholdinggesellschaft jeweils mit Sitz in einem Mitgliedstaat ist, so erfolgt keine Beaufsichtigung gemäß Abs. 1. Die Beaufsichtigung erfolgt auf Ebene jenes Versicherungs- oder Rückversicherungsunternehmens bzw. jener Versicherungsholdinggesellschaft oder gemischten Finanzholdinggesellschaft mit Sitz in einem Mitgliedstaat, welches bzw. welche oberstes Mutterunternehmen auf Ebene der Mitgliedstaaten ist.

(4) Wenn das in Abs. 3 genannte oberste Mutterunternehmen jeweils mit Sitz in einem Mitgliedstaat entweder ein Tochterunternehmen eines beaufsichtigten Unternehmens oder einer gemäß Art. 5 Abs. 2 der Richtlinie 2002/87/EG einer zusätzlichen Beaufsichtigung unterliegenden gemischten Finanzholdinggesellschaft ist oder selbst ein solches Unternehmen oder eine solche Gesellschaft ist, kann die FMA als die für die Gruppenaufsicht zuständige Behörde nach Konsultation der anderen betroffenen Aufsichtsbehörden von der Überwachung der Risikokonzentration gemäß § 220, der Überwachung der gruppeninternen Transaktionen gemäß § 221 oder von beiden Überwachungen auf der Ebene dieses beteiligten Versicherungs- oder Rückversicherungsunternehmens oder dieser Versicherungsholdinggesellschaft oder gemischten Finanzholdinggesellschaft absehen.

(5) Insoweit eine in Abs. 1 Z 2 genannte gemischte Finanzholdinggesellschaft, insbesondere im Hinblick auf eine risikobasierte Beaufsichtigung, gleichwertigen Bestimmungen dieses Bundesgesetzes und des FKG unterliegt, kann die FMA als zuständige Behörde nach Konsultation der anderen betroffenen Behörden beschließen, dass auf der Ebene dieser gemischten Finanzholdinggesellschaft nur die entsprechenden Bestimmungen des FKG anzuwenden sind.

(6) Insoweit eine in Abs. 1 Z 2 genannte gemischte Finanz-Holdinggesellschaft, insbesondere im Hinblick auf eine risikobasierte Beaufsichtigung, gleichwertigen Bestimmungen dieses Bundesgesetzes und des BWG unterliegt, kann die FMA als zuständige Behörde im Einvernehmen mit der konsolidierenden Behörde für die Banken- und Wertpapierdienstleistungsbranche beschließen, dass nur die Bestimmungen des BWG oder dieses Bundesgesetzes auf der Ebene dieser gemischten Finanzholdinggesellschaft anzuwenden sind, je nachdem welche Finanzbranche gemäß § 2 Z 7 FKG mit dem höheren durchschnittlichen Anteil vertreten ist.

(7) Die FMA als die für die Gruppenaufsicht zuständige Behörde hat die EBA und die EIOPA über allfällige Entscheidungen gemäß den Abs. 5 und 6 zu unterrichten.

Ausschluss von Unternehmen aus der Gruppenaufsicht

§ 198. (1) Die FMA als die für die Gruppenaufsicht zuständige Behörde kann im Einzelfall anordnen, dass ein Unternehmen in die Gruppenaufsicht nicht einbezogen wird, wenn

1. sich das Unternehmen in einem Drittland befindet, in dem der Übermittlung der notwendigen Informationen rechtliche Hindernisse entgegenstehen; § 210 bleibt unberührt,

2. das einzubeziehende Unternehmen im Verhältnis zu den mit der Gruppenaufsicht verfolgten Zielen nur von untergeordneter Bedeutung ist oder

3. die Einbeziehung des Unternehmens im Verhältnis zu den mit der Gruppenaufsicht verfolgten Zielen unangemessen oder irreführend wäre.

Können mehrere Unternehmen derselben Gruppe einzeln betrachtet nach Z 2 von der Gruppenaufsicht ausgeschlossen werden, so sind diese dennoch einzubeziehen, wenn sie in der Gesamtbetrachtung nicht von untergeordneter Bedeutung sind.

(2) Ist die FMA als die für die Gruppenaufsicht zuständige Behörde der Auffassung, dass ein Versicherungs- oder Rückversicherungsunternehmen gemäß Abs. 1 Z 2 und 3 nicht in die Gruppenaufsicht einbezogen werden soll, so hat sie vor ihrer Entscheidung die anderen betroffenen Aufsichtsbehörden zu konsultieren.

(3) Das oberste Unternehmen hat auf Ersuchen der Aufsichtsbehörden des Mitgliedstaats, in dem ein gemäß Abs. 1 Z 2 und 3 nicht in die Gruppenaufsicht einbezogenes Versicherungs- oder Rückversicherungsunternehmen seinen Sitz hat, diesen alle Informationen zu erteilen, die ihnen die Beaufsichtigung des betreffenden Versicherungs- oder Rückversicherungsunternehmens erleichtern. Die FMA kann für die Beaufsichtigung eines gemäß Abs. 1 Z 2 und 3 nicht in die Gruppenaufsicht einbezogenen Versicherungs- oder Rückversicherungsunternehmens mit Sitz im Inland das oberste Unternehmen mit Sitz in einem Mitgliedstaat um alle Informationen ersuchen, die der Erleichterung der Beaufsichtigung dienlich sind.

Subgruppenaufsicht auf Ebene einer nationalen Teilgruppe

§ 199. (1) Die FMA kann, wenn das in § 197 Abs. 1 Z 1 genannte beteiligte Versicherungs- oder Rückversicherungsunternehmen bzw. die in § 197 Abs. 1 Z 2 genannte Versicherungsholdinggesellschaft oder gemischte Finanzholdinggesellschaft selbst Tochterunternehmen eines anderen Versicherungs- oder Rückversicherungsunternehmens, einer anderen Versicherungsholdinggesellschaft oder einer gemischten Finanzholdinggesellschaft jeweils mit Sitz in einem Mitgliedstaat ist, nach Konsultation der für die Gruppenaufsicht zuständigen Behörde und diesem obersten Mutterunternehmen anordnen, dass das auf nationaler Ebene oberste Mutterunternehmen, das ein Versicherungs- oder Rückversicherungsunternehmen, eine Versicherungsholdinggesellschaft oder gemischte Finanzholdinggesellschaft jeweils mit Sitz im Inland ist, der Subgruppenaufsicht unterliegt.

(2) Die FMA hat ihre Entscheidung gemäß Abs. 1 der für die Gruppenaufsicht zuständigen Behörde sowie dem obersten Mutterunternehmen auf Ebene der Mitgliedstaaten zu erläutern.

(3) Vorbehaltlich Abs. 4 bis 7 sind § 202 bis § 214 und § 220 bis § 236 sinngemäß anzuwenden.

(4) Vorbehaltlich Abs. 5 bis 7 kann die FMA die Subgruppenaufsicht in Bezug auf das oberste Mutterunternehmen auf nationaler Ebene auf

1. Solvabilität der Gruppe gemäß dem 2. Abschnitt,

2. Risikokonzentration und gruppeninterne Transaktionen gemäß dem 4. Abschnitt, oder

3. Governance auf Gruppenebene gemäß § 222 bis § 225

beschränken.

(5) Beschließt die FMA, auf das oberste Mutterunternehmen auf nationaler Ebene den 2. Abschnitt anzuwenden, so hat die FMA die von der für die Gruppenaufsicht zuständigen Behörde für das in § 197 Abs. 3 genannte oberste Mutterunternehmen auf Ebene der Mitgliedstaaten gewählte Methode als verbindlich anzuerkennen und anzuwenden.

(6) Beschließt die FMA, auf das oberste Mutterunternehmen auf nationaler Ebene den 2. Abschnitt anzuwenden, und wurde dem in § 197 Abs. 3 genannten obersten Mutterunternehmen auf Ebene der Mitgliedstaaten die Genehmigung gemäß § 212 oder § 214 erteilt, die Solvenzkapitalanforderung der Gruppe sowie die Solvenzkapitalanforderung der Versicherungs- und Rückversicherungsunternehmen der Gruppe anhand eines internen Modells zu berechnen, so hat die FMA diese Entscheidung als verbindlich anzuerkennen und umzusetzen. Ist die FMA in einem solchen Fall der Auffassung, dass das auf Ebene der Mitgliedstaaten genehmigte interne Modell erheblich vom Risikoprofil des obersten Mutterunternehmens auf nationaler Ebene abweicht, kann sie, wenn dieses Unternehmen ihre Bedenken nicht angemessen ausräumt, diesem Unternehmen einen Kapitalaufschlag auf die anhand eines solchen Modells berechnete Solvenzkapitalanforderung der Subgruppe anordnen. Ist die Festsetzung eines solchen Kapitalaufschlages nicht angemessen, kann sie unter außergewöhnlichen Umständen dem betroffenen Unternehmen anordnen, die Solvenzkapitalanforderung der Subgruppe anhand der Standardformel zu berechnen. Die FMA hat solche Entscheidungen dem Unternehmen sowie der für die Gruppenaufsicht zuständigen Behörde zu erläutern.

(7) Eine Entscheidung gemäß Abs. 1 darf nicht getroffen oder aufrechterhalten werden, wenn das oberste Mutterunternehmen auf nationaler Ebene ein Tochterunternehmen des in § 197 Abs. 3 genannten obersten Mutterunternehmens auf Ebene der Mitgliedstaaten ist und diesem die Anwendung der Bestimmungen über Gruppen mit zentralisiertem Risikomanagement gemäß dem 3. Abschnitt oder den Art. 237 oder Art. 239 der Richtlinie 2009/138/EG genehmigt wurde.

(8) Wenn die FMA die für die Gruppenaufsicht zuständige Behörde ist und für diese Gruppe eine Entscheidung gemäß Art. 216 Abs. 1 oder Abs. 4 der Richtlinie 2009/138/EG getroffen wird, so hat die FMA das Kollegium der Aufsichtsbehörden zu unterrichten.

Subgruppenaufsicht auf Ebene einer mehrere Mitgliedstaaten umfassenden Teilgruppe

§ 200. (1) Liegen die Voraussetzungen gemäß § 199 Abs. 1 vor, so kann die FMA mit den Aufsichtsbehörden anderer Mitgliedstaaten, in denen sich ein verbundenes Unternehmen befindet, das ebenfalls oberstes Mutterunternehmen auf nationaler Ebene ist, vereinbaren, dass auf Ebene einer mehrere Mitgliedstaaten umfassenden Teilgruppe eine Subgruppenaufsicht durchzuführen. Die FMA hat diesem obersten Mutterunternehmen auf nationaler Ebene anzuordnen, dass dieses einer mehrere Mitgliedstaaten umfassenden Subgruppenaufsicht unterliegt.

(2) Liegen die Voraussetzungen gemäß § 199 Abs. 1 vor, so kann die FMA mit der Aufsichtsbehörde eines Mitgliedstaats, in dem sich ein beteiligtes Unternehmen befindet, das ebenfalls oberstes Mutterunternehmen auf nationaler Ebene ist, vereinbaren, dass diese Aufsichtsbehörde auf Ebene einer mehrere Mitgliedstaaten umfassenden Teilgruppe eine Subgruppenaufsicht durchführt, sofern dieser Mitgliedstaat das Wahlrecht gemäß Art. 216 der Richtlinie 2009/138/EG ausgeübt hat. In diesem Fall darf die FMA auf Ebene eines in Abs. 1 genannten obersten Mutterunternehmen mit Sitz im Inland, das verbundenes Unternehmen des obersten Mutterunternehmens mit Sitz in dem anderen Mitgliedstaat ist, keine Subgruppenaufsicht durchführen. Die oberste Mutterunternehmen auf nationaler Ebene hat während des Bestehens einer solchen Vereinbarung die Pflichten gemäß § 234 gegenüber der Aufsichtsbehörde des anderen Mitgliedstaats zu erfüllen.

(3) § 199 Abs. 2 bis 7 sind entsprechend anzuwenden. Die FMA hat gemeinsam mit den anderen betroffenen Aufsichtsbehörden ihre Vereinbarung für die Gruppenaufsicht zuständigen Behörde und dem obersten Mutterunternehmen auf Ebene der Mitgliedstaaten zu erläutern.

(4) Wenn die FMA die für die Gruppenaufsicht zuständige Behörde ist und für diese Gruppe eine Vereinbarung gemäß Art. 217 der Richtlinie 2009/138/EG getroffen wird, so hat die FMA das Kollegium der Aufsichtsbehörden zu unterrichten.

Gemischte Versicherungsholdinggesellschaften

§ 201. (1) Haben ein oder mehrere Versicherungs- oder Rückversicherungsunternehmen eine gemischte Versicherungsholdinggesellschaft als Mutterunternehmen, hat die FMA als die für die Beaufsichtigung dieser Versicherungs- oder Rückversicherungsunternehmen zuständige Aufsichtsbehörde die gruppeninternen Transaktionen zwischen diesen Versicherungs- oder Rückversicherungsunternehmen und der gemischten Versicherungsholdinggesellschaft zu beaufsichtigen.

(2) § 221 und § 229 bis § 236 sind sinngemäß anzuwenden.

2. Abschnitt

Solvabilität der Gruppe

Allgemeine Bestimmungen

§ 202. (1) In dem Fall gemäß § 197 Abs. 1 Z 1 hat das beteiligte Versicherungs- oder Rückversicherungsunternehmen sicherzustellen, dass die Höhe der auf Gruppenebene verfügbaren, anrechenbaren Eigenmittel stets zumindest der gemäß § 204 bis § 214 zu berechnenden Solvenzkapitalanforderung der Gruppe entspricht.

(2) In dem Fall gemäß § 197 Abs. 1 Z 2 haben die Versicherungs- oder Rückversicherungsunternehmen der Gruppe sicherzustellen, dass die Höhe der auf Gruppenebene verfügbaren, anrechenbaren Eigenmittel stets zumindest der auf Ebene der Versicherungsholdinggesellschaft oder der gemischten Finanzholdinggesellschaft zu berechnenden Solvenzkapitalanforderung der Gruppe entspricht. Für die Zwecke dieser Berechnung sind die § 204 bis § 214 sinngemäß anzuwenden und diese Versicherungsholdinggesellschaft oder diese gemischte Finanzholdinggesellschaft sind wie ein Versicherungs- oder Rückversicherungsunternehmen zu behandeln, für dies in Bezug auf die Solvenzkapitalanforderung die Bestimmungen des 3. bis 5. Abschnitts des 8. Hauptstücks und in Bezug auf die anrechenbaren Eigenmittel die Bestimmungen des 2. Abschnitts des 8. Hauptstücks sinngemäß anzuwenden sind.

(3) Die Maßnahmen bei Verschlechterung der finanziellen Lage gemäß § 278 und die Maßnahmen bei Nichtbedeckung der Solvenzkapitalanforderung gemäß § 279 sind sinngemäß anzuwenden.

(4) Das beteiligte Versicherungs- oder Rückversicherungsunternehmen im Fall gemäß § 197 Abs. 1 Z 1 bzw. die Versicherungsholdinggesellschaft oder die gemischte Finanzholdinggesellschaft im Fall gemäß § 197 Abs. 1 Z 2 haben der FMA unverzüglich anzuzeigen, wenn es bzw. sie feststellt, dass die Solvenzkapitalanforderung der Gruppe nicht mehr bedeckt ist, oder die Gefahr besteht, dass die Solvenzkapitalanforderung der Gruppe innerhalb der nächsten drei Monate nicht mehr bedeckt sein könnte. Die FMA hat als die für die Gruppenaufsicht zuständige Behörde die anderen Aufsichtsbehörden im Aufsichtskollegium darüber zu unterrichten.

(5) Für die Zwecke der Berechnung der Solvabilität der Gruppe ist § 157 sinngemäß anzuwenden.

Häufigkeit der Berechnung

§ 203. (1) Das beteiligte Versicherungs- oder Rückversicherungsunternehmen in dem Fall gemäß § 197 Abs. 1 Z 1 bzw. die Versicherungsholdinggesellschaft oder die gemischte Finanzholdinggesellschaft in dem Fall gemäß § 197 Abs. 1 Z 2 hat die Berechnung der Solvabilität der Gruppe zumindest einmal jährlich vor der Meldung im Rahmen der regelmäßigen aufsichtlichen Berichterstattung an die FMA vorzunehmen.

(2) Die Meldung an die FMA als die für die Gruppenaufsicht zuständige Behörde hat

1. in dem Fall gemäß § 197 Abs. 1 Z 1 durch das beteiligte Versicherungs- oder Rückversicherungsunternehmen und

2. in dem Fall gemäß § 197 Abs. 1 Z 2 durch die Versicherungsholdinggesellschaft, die gemischte Finanzholdinggesellschaft oder jenes Versicherungs- oder Rückversicherungsunternehmen, das von der FMA als die für die Gruppenaufsicht zuständige Behörde nach Konsultation der anderen betroffenen Aufsichtsbehörden und der Gruppe selbst zu diesem Zweck benannt wurde,

zu erfolgen.

(3) Das beteiligte Versicherungs- und Rückversicherungsunternehmen im Fall gemäß § 197 Abs. 1 Z 1 bzw. die Versicherungsholdinggesellschaft oder die gemischte Finanzholdinggesellschaft im Fall gemäß § 197 Abs. 1 Z 2 haben die Solvenzkapitalanforderung der Gruppe laufend zu überwachen. Sollte das Risikoprofil der Gruppe erheblich von den Annahmen abweichen, die der zuletzt gemeldeten Solvenzkapitalanforderung der Gruppe zugrunde liegen, ist die Solvenzkapitalanforderung der Gruppe unverzüglich neu zu berechnen und der FMA als der für die Gruppenaufsicht zuständigen Behörde von dem gemäß

Abs. 2 zuständigen Unternehmen unverzüglich zu melden.

(4) Liegen der FMA Hinweise vor, die vermuten lassen, dass sich das Risikoprofil der Gruppe seit der letzten Meldung der Solvenzkapitalanforderung der Gruppe erheblich verändert hat, kann die FMA als die für die Gruppenaufsicht zuständige Behörde eine Neuberechnung dieser Anforderung anordnen.

Wahl der Methode

§ 204. (1) Die Solvabilität der Gruppe ist mit der Konsolidierungsmethode (Methode 1) gemäß § 211 und § 212 zu berechnen.

(2) Die FMA als die für die Gruppenaufsicht zuständige Behörde kann nach Konsultation der anderen betroffenen Aufsichtsbehörden und der Gruppe selbst und unter Berücksichtigung der Voraussetzungen gemäß der Durchführungsverordnung (EU) die Anwendung der Abzugs- und Aggregationsmethode (Methode 2) gemäß § 213 und § 214, oder wenn die ausschließliche Anwendung von Methode 1 nicht angemessen ist, eine Kombination der Methoden 1 und 2 genehmigen.

Berücksichtigung des verhältnismäßigen Anteils

§ 205. (1) Bei der Berechnung der Solvabilität der Gruppe ist der verhältnismäßige Anteil, den das beteiligte Versicherungs- oder Rückversicherungsunternehmen an seinen verbundenen Unternehmen hält, zu berücksichtigen. Der verhältnismäßige Anteil bezeichnet

1. bei Anwendung von Methode 1 die bei Erstellung des konsolidierten Abschlusses zugrunde gelegten Prozentsätze und

2. bei Anwendung von Methode 2 die Quote am gezeichneten Kapital, die direkt oder indirekt vom beteiligten Unternehmen gehalten wird.

(2) Wenn es sich bei dem verbundenen Unternehmen um ein Tochterunternehmen handelt, dessen anrechenbare Eigenmittel nicht ausreichen, um seine Solvenzkapitalanforderung zu bedecken, so ist diese Solvabilitätslücke des Tochterunternehmens unabhängig von der verwendeten Methode bei der Berechnung der Solvabilität der Gruppe in voller Höhe zu berücksichtigen. Beschränkt sich die Haftung des einen Kapitalanteil haltenden Mutterunternehmens nachweislich ausschließlich auf diesen Kapitalanteil, kann die FMA als die für die Gruppenaufsicht zuständige Behörde zulassen, dass die Solvabilitätslücke des Tochterunternehmens nur anteilig berücksichtigt wird.

(3) Die FMA als die für die Gruppenaufsicht zuständige Behörde hat nach Konsultation der anderen betroffenen Aufsichtsbehörden und der Gruppe selbst den verhältnismäßigen Anteil festzulegen, der zu berücksichtigen ist, wenn

1. zwischen einigen Unternehmen einer Gruppe keine Kapitalbeziehungen bestehen,

2. das direkte oder indirekte Halten von Stimmrechten oder Kapital an einem Unternehmen als Beteiligung betrachtet wird, weil tatsächlich ein maßgeblicher Einfluss auf dieses Unternehmen ausgeübt wird oder

3. ein Unternehmen als Mutterunternehmen eines anderen Unternehmens betrachtet wird, weil es auf das andere Unternehmen tatsächlich einen beherrschenden Einfluss ausübt.

Ausschluss der Mehrfachberücksichtigung anrechenbarer Eigenmittel

§ 206. (1) Die Mehrfachberücksichtigung von anrechenbaren Eigenmitteln bei mehreren in die Berechnung einbezogenen Versicherungs- oder Rückversicherungsunternehmen ist unzulässig.

(2) Sofern dies nicht bereits die Methoden gemäß § 211 bis § 214 vorsehen, bleiben folgende Beträge bei der Berechnung der Solvabilität der Gruppe unberücksichtigt:

1. der Wert aller Vermögenswerte des beteiligten Versicherungs- oder Rückversicherungsunternehmens, mit denen Eigenmittel finanziert werden, die auf die Solvenzkapitalanforderung eines seiner verbundenen Versicherungs- oder Rückversicherungsunternehmens angerechnet werden dürfen,

2. der Wert aller Vermögenswerte eines mit dem beteiligten Versicherungs- oder Rückversicherungsunternehmens verbundenen Versicherungs- oder Rückversicherungsunternehmens, mit denen Eigenmittel finanziert werden, die auf die Solvenzkapitalanforderung dieses beteiligten Versicherungs- oder Rückversicherungsunternehmens angerechnet werden dürfen, und

3. der Wert aller Vermögenswerte eines mit dem beteiligten Versicherungs- oder Rückversicherungsunternehmens verbundenen Versicherungs- oder Rückversicherungsunternehmens, mit denen Eigenmittel finanziert werden, die auf die Solvenzkapitalanforderung eines anderen mit diesem beteiligten Versicherungs- oder Rückversicherungsunternehmen verbundenen Versicherungs- oder Rückversicherungsunternehmens angerechnet werden dürfen.

(3) Sofern dies nicht bereits die Methoden gemäß § 211 bis § 214 vorsehen, sind folgende Eigenmittelbestandteile jedenfalls nicht in die Berechnung einzubeziehen:

1. gezeichnetes, aber nicht eingezahltes Kapital, das eine potentielle Verbindlichkeit für das beteiligte Unternehmen darstellt,

2. gezeichnetes, aber nicht eingezahltes Kapital des beteiligten Versicherungs- oder Rückversiche-

rungsunternehmens, das eine potentielle Verbindlichkeit für ein verbundenes Versicherungs- oder Rückversicherungsunternehmen darstellt und

3. gezeichnetes, aber nicht eingezahltes Kapital eines verbundenen Versicherungs- oder Rückversicherungsunternehmens, das eine potentielle Verbindlichkeit für ein anderes mit demselben beteiligten Versicherungs- oder Rückversicherungsunternehmen verbundenes Versicherungs- oder Rückversicherungsunternehmen darstellt.

(4) Unbeschadet Abs. 2 und 3 dürfen folgende Eigenmittelbestandteile nur insoweit in die Berechnung einbezogen werden, als sie auf die Solvenzkapitalanforderung des betreffenden verbundenen Versicherungs- oder Rückversicherungsunternehmens angerechnet werden dürfen:

1. der Überschussfonds eines verbundenen Versicherungsunternehmens des beteiligten Versicherungs- oder Rückversicherungsunternehmens, für das die Solvabilität der Gruppe berechnet wird, und

2. gezeichnetes, aber nicht eingezahltes Kapital eines verbundenen Versicherungs- oder Rückversicherungsunternehmens des beteiligten Versicherungs- oder Rückversicherungsunternehmens, für das die Solvabilität der Gruppe berechnet wird.

(5) Ist die FMA als die für die Gruppenaufsicht zuständige Behörde der Auffassung, dass neben den in Abs. 2 bis 4 genannten Eigenmittelbestandteilen andere Eigenmittelbestandteile, die auf die Solvenzkapitalanforderung eines verbundenen Versicherungs- oder Rückversicherungsunternehmens angerechnet werden können, zur Bedeckung der Solvenzkapitalanforderung des beteiligten Versicherungs- oder Rückversicherungsunternehmens, für das die Solvabilität der Gruppe berechnet wird, nicht bereitgestellt werden können, so kann die FMA anordnen, dass diese Eigenmittel nur insoweit in die Berechnung einbezogen werden, als sie zur Bedeckung der Solvenzkapitalanforderung des verbundenen Versicherungs- oder Rückversicherungsunternehmens angerechnet werden dürfen.

(6) Die Summe der in Abs. 4 bis 5 genannten Eigenmittelbestandteile darf die Solvenzkapitalanforderung des verbundenen Versicherungs- oder Rückversicherungsunternehmens nicht übersteigen.

(7) Ergänzende Eigenmittel eines verbundenen Versicherungs- oder Rückversicherungsunternehmens des beteiligten Versicherungs- oder Rückversicherungsunternehmens, für das die Solvabilität der Gruppe berechnet wird, dürfen nur in die Berechnung einbezogen werden, wenn sie aufsichtsbehördlich genehmigt wurden.

Ausschluss der gruppeninternen Kapitalschöpfung

§ 207. (1) Bei der Berechnung der Solvabilität der Gruppe haben alle anrechenbaren Eigenmittel, die aus der Gegenfinanzierung zwischen dem beteiligten Versicherungs- oder Rückversicherungsunternehmen und einem der nachstehend genannten Unternehmen stammen, unberücksichtigt zu bleiben:

1. einem verbundenen Unternehmen,

2. einem beteiligten Unternehmen und

3. einem anderen verbundenen Unternehmen eines seiner beteiligten Unternehmen.

(2) Bei der Berechnung der Solvabilität der Gruppe haben alle Eigenmittel, die für die Solvenzkapitalanforderung eines verbundenen Versicherungs- oder Rückversicherungsunternehmens des beteiligten Versicherungs- oder Rückversicherungsunternehmens, für das die Solvabilität der Gruppe berechnet wird, herangezogen werden können, unberücksichtigt zu bleiben, wenn diese Eigenmittel aus einer Gegenfinanzierung mit einem anderen verbundenen Unternehmen des beteiligten Versicherungs- oder Rückversicherungsunternehmens stammen.

(3) Eine Gegenfinanzierung liegt jedenfalls dann vor, wenn ein Versicherungs- oder Rückversicherungsunternehmen oder eines seiner verbundenen Unternehmen Anteile an einem anderen Unternehmen hält oder einem anderen Unternehmen Darlehen gewährt, das seinerseits direkt oder indirekt Eigenmittel hält, die auf die Solvenzkapitalanforderung des erstgenannten Unternehmens angerechnet werden können.

Einbeziehung von bestimmten Unternehmen

§ 208. (1) Die Solvabilität der Gruppe ist unter Einbeziehung aller verbundenen Versicherungs- oder Rückversicherungsunternehmen zu berechnen. Wenn ein verbundenes Versicherungs- oder Rückversicherungsunternehmen seinen Sitz in einem anderen Mitgliedstaat hat, sind die Solvenzkapitalanforderung und die Eigenmittel, die nach dem in dem jeweiligen Mitgliedstaat anwendbaren Recht berechnet werden, zu berücksichtigen.

(2) Hält ein Versicherungs- oder Rückversicherungsunternehmen eine Beteiligung an einem verbundenen Versicherungs- oder Rückversicherungsunternehmen oder einem verbundenen Drittland-Versicherungs- oder Drittland-Rückversicherungsunternehmen über eine zwischengeschaltete Versicherungsholdinggesellschaft oder eine zwischengeschaltete gemischte Finanzholdinggesellschaft, so ist diese Versicherungsholdinggesellschaft oder diese gemischte Finanzholdinggesellschaft bei der Berechnung der Solvabilität der Gruppe zu berücksichtigen und wie ein Versicherungs- oder Rückversicherungsunterneh-

men zu behandeln. In Bezug auf die Solvenzkapitalanforderung sind hiefür der 3. bis 5. Abschnitt des 8. Hauptstücks und in Bezug auf die auf die Solvenzkapitalanforderung anrechenbaren Eigenmittel der 2. Abschnitt des 8. Hauptstücks sinngemäß anzuwenden.

(3) Hält eine zwischengeschaltete Versicherungsholdinggesellschaft oder eine zwischengeschaltete gemischte Finanzholdinggesellschaft nachrangige Verbindlichkeiten oder andere anrechenbare Eigenmittel, die gemäß § 173 einer Beschränkung unterliegen, so sind diese bis zu der Höhe als anrechenbare Eigenmittel anzuerkennen, die sich ergibt, wenn man die in § 173 festgelegten Beschränkungen auf die auf Gruppenebene ausstehenden, insgesamt anrechenbaren Eigenmittel anwendet und der Solvenzkapitalanforderung der Gruppe gegenüberstellt. Alle anrechenbaren ergänzenden Eigenmittel einer zwischengeschalteten Versicherungsholdinggesellschaft oder einer zwischengeschalteten gemischten Finanzholdinggesellschaft, die gemäß § 171 vorab aufsichtsbehördlich genehmigt werden müssten, wenn sie von einem Versicherungs- oder Rückversicherungsunternehmen gehalten werden würden, dürfen nur insoweit in die Berechnung der Solvabilität der Gruppe einbezogen werden, als sie von der FMA als die für die Gruppenaufsicht zuständige Behörde genehmigt wurden.

(4) Ein beteiligtes Versicherungs- oder Rückversicherungsunternehmen, das eine Beteiligung an einem Kreditinstitut, einer Wertpapierfirma oder einem Finanzinstitut hält, kann für die Berechnung der Solvabilität der Gruppe die in § 6 Abs. 2 Z 1 und 2 FKG festgelegten Methoden 1 oder 2 entsprechend anwenden. Methode 1 gemäß FKG darf jedoch nur angewendet werden, wenn der FMA als der für die Gruppenaufsicht zuständigen Behörde nachgewiesen wurde, dass das integrierte Management und die interne Kontrolle in Bezug auf die in den Konsolidierungskreis einbezogenen Unternehmen ein zufriedenstellendes Niveau aufweisen. Die gewählte Methode ist auf Dauer einheitlich anzuwenden. Die FMA kann als die für die Gruppenaufsicht zuständige Behörde anstatt der Anwendung der in Anhang I der Richtlinie 2002/87/EG festgelegten Methoden 1 oder 2, von Amts wegen oder auf Antrag des beteiligten Versicherungs- oder Rückversicherungsunternehmens, den Abzug jeder in dem ersten Satz genannten Beteiligung von den auf Gruppenebene anrechenbaren Eigenmitteln anordnen.

Einbeziehung von verbundenen Drittland-Versicherungs- und Drittland-Rückversicherungsunternehmen

§ 209. (1) Wird für ein Versicherungs- oder Rückversicherungsunternehmen, das beteiligtes Unternehmen eines Drittland-Versicherungs- oder Drittland-Rückversicherungsunternehmens ist, die Solvabilität der Gruppe mit Methode 2 berechnet, wird letzteres ausschließlich für die Zwecke dieser Berechnung wie ein verbundenes Versicherungs- oder Rückversicherungsunternehmen behandelt.

(2) Abweichend von Abs. 1 sind die Solvenzkapitalanforderung und die Eigenmittel, berechnet nach dem in dem jeweiligen Drittland anwendbaren Recht, zu berücksichtigen, wenn das verbundene Drittland-Versicherungs- oder Drittland-Rückversicherungsunternehmen seinen Sitz in dem Drittland hat, dessen Gleichwertigkeit gemäß Art. 227 Abs. 4 oder 5 der Richtlinie 2009/138/EG oder gemäß Abs. 3 festgestellt wurde.

(3) Die FMA als die für die Gruppenaufsicht zuständige Behörde kann auf Antrag oder von Amts wegen nach Maßgabe der in der Durchführungsverordnung (EU) festgelegten Kriterien die Gleichwertigkeit des jeweiligen Drittlandes mit Unterstützung der EIOPA gemäß Art. 33 Abs. 2 der Verordnung (EU) Nr. 1094/2010 feststellen. Bevor die FMA entscheidet, hat sie hierzu mit Unterstützung der EIOPA die anderen betroffenen Aufsichtsbehörden zu konsultieren. Die FMA als die für die Gruppenaufsicht zuständige Behörde darf keine ein Drittland betreffende Entscheidung treffen, die einer zuvor gegenüber diesem Drittland getroffenen Entscheidung widerspricht, es sei denn, dies ist erforderlich, um erheblichen Änderungen des in Titel I Kapitel VI der Richtlinie 2009/138/EG beschriebenen Aufsichtssystems und des Aufsichtssystems des Drittlands Rechnung zu tragen.

(4) Ist die FMA als betroffene Aufsichtsbehörde mit einer gemäß Art. 227 Abs. 2 zweiter Unterabsatz der Richtlinie 2009/138/EG getroffenen Entscheidung nicht einverstanden, so kann die FMA gemäß Art. 19 der Verordnung (EU) Nr. 1094/2010 innerhalb von drei Monaten nach Mitteilung der Entscheidung durch die für die Gruppenaufsicht zuständige Behörde die EIOPA mit der Angelegenheit befassen und um Unterstützung ersuchen.

(5) Nach einer Entscheidung der Kommission gemäß Art. 227 Abs. 4 der Richtlinie 2009/138/EG über die Gleichwertigkeit der Solvabilitätsvorschriften eines Drittlands, ist Abs. 3 nicht mehr anzuwenden. Stellt die Kommission fest, dass die Solvabilitätsvorschriften eines Drittlands nicht gleichwertig sind, tritt eine nach Abs. 3 getroffene Entscheidung außer Kraft und das Versicherungs- oder Rückversicherungsunternehmen des Drittlands ist ausschließlich nach Maßgabe des Abs. 1 zu behandeln.

Abzug des Beteiligungsbuchwertes bei Nichtverfügbarkeit der notwendigen Informationen

§ 210. Stehen der FMA als der für die Gruppenaufsicht zuständigen Behörde die für die Berechnung der Solvabilität der Gruppe eines Versicherungs- oder Rückversicherungsunternehmens notwendigen Informationen über ein verbundenes Unternehmen mit Sitz in einem Mitgliedstaat oder Drittland nicht zur Verfügung, so ist der Buchwert, den dieses Unternehmen in dem beteiligten Versicherungs- oder Rückversicherungsunternehmen hat, von den auf die Solvenzkapitalanforderung der Gruppe anrechenbaren Eigenmitteln abzuziehen. In diesem Fall stellen die mit dieser Beteiligung verbundenen nicht realisierten Gewinne keinen für die Solvenzkapitalanforderung der Gruppe anrechenbaren Eigenmittelbestandteil dar.

Standardmethode: Konsolidierungsmethode (Methode 1)

§ 211. (1) Die Solvabilität der Gruppe des beteiligten Versicherungs- oder Rückversicherungsunternehmens ist auf Grundlage des konsolidierten Abschlusses gemäß dem 2. Abschnitt dieses Hauptstücks (Solvenzbilanz der Gruppe) zu berechnen und ergibt sich als Differenz von

1. den auf der Grundlage der Solvenzbilanz der Gruppe errechneten, zur Bedeckung der Solvenzkapitalanforderung der Gruppe anrechenbaren Eigenmitteln, und

2. der auf der Grundlage der Solvenzbilanz der Gruppe errechneten Solvenzkapitalanforderung der Gruppe.

Die Solvenzkapitalanforderung der Gruppe ist anhand der Solvenzbilanz der Gruppe entweder mit der Standardformel unter sinngemäßer Anwendung des 3. und 4. Abschnitts des 8. Hauptstücks oder unter Verwendung eines internen Modells unter sinngemäßer Anwendung des 3. und 5. Abschnitts des 8. Hauptstücks und nach Maßgabe der Durchführungsverordnung (EU) zu berechnen. Für die Ermittlung der für die Bedeckung der Solvenzkapitalanforderung der Gruppe anrechenbaren Eigenmittel ist der 2. Abschnitt des 8. Hauptstücks sinngemäß anzuwenden.

(2) Der Mindestbetrag der Solvenzkapitalanforderung der Gruppe ist die Summe aus

1. der Mindestkapitalanforderung des beteiligten Versicherungs- oder Rückversicherungsunternehmens, und

2. dem verhältnismäßigen Anteil an den Mindestkapitalanforderungen für die verbundenen Versicherungs- und Rückversicherungsunternehmen.

Dieser Mindestbetrag ist mit gemäß § 173 Abs. 2 anrechenbaren Eigenmitteln zu bedecken. Bei der Beurteilung, ob diese anrechenbaren Eigenmittel zur Bedeckung des Mindestbetrags der Solvenzkapitalanforderung der Gruppe herangezogen werden können, sind die in § 205 bis § 210 festgelegten Grundsätze sinngemäß anzuwenden. § 280 Abs. 1 und 2 ist sinngemäß anzuwenden.

(3) Bei der Beurteilung, ob die Solvenzkapitalanforderung der Gruppe dem Risikoprofil der Gruppe angemessen Rechnung trägt, hat die FMA als die für die Gruppenaufsicht zuständige Behörde ihre Aufmerksamkeit vor allem auf jene Fälle zu richten, in denen Umstände gemäß § 277 Abs. 1 auf Gruppenebene eintreten könnten, insbesondere falls:

1. ein auf Gruppenebene bestehendes spezielles Risiko wegen seiner schweren Quantifizierbarkeit durch die Standardformel oder das verwendete interne Modell nicht hinreichend abgedeckt würde oder

2. Kapitalaufschläge auf die Solvenzkapitalanforderung der verbundenen Versicherungs- oder Rückversicherungsunternehmen ordnungsgemäß aufsichtsbehördlich festgesetzt wurden.

Gelangt die FMA als die für die Gruppenaufsicht zuständige Behörde zur Auffassung, dass dem Risikoprofil der Gruppe nicht angemessen Rechnung getragen wird, kann sie einen Kapitalaufschlag auf die Solvenzkapitalanforderung der Gruppe festsetzen. § 277 ist sinngemäß anzuwenden.

Gruppeninterne Modelle bei Methode 1

§ 212. (1) Die FMA als die für die Gruppenaufsicht zuständige Behörde hat über einen Antrag auf die Verwendung eines internen Modells zur Berechnung der Solvenzkapitalanforderung der Gruppe unter sinngemäßer Anwendung des 3. und 5. Abschnitts des 8. Hauptstücks unter Berücksichtigung der Durchführungsverordnung (EU) zu entscheiden.

(2) Einen Antrag auf die Verwendung eines internen Modells zur Berechnung der Solvenzkapitalanforderung der Gruppe und der Solvenzkapitalanforderung für Versicherungs- und Rückversicherungsunternehmen der Gruppe hat

1. in dem Fall gemäß § 197 Abs. 1 Z 1 das beteiligte Versicherungs- oder Rückversicherungsunternehmen in seinem eigenen Namen und namens der verbundenen Versicherungs- oder Rückversicherungsunternehmen und

2. in dem Fall gemäß § 197 Abs. 1 Z 2 ein Versicherungs- oder Rückversicherungsunternehmen namens der verbundenen Versicherungs- oder Rückversicherungsunternehmen einer Versicherungsholdinggesellschaft oder gemischten Finanzholdinggesellschaft

an die FMA als die für die Gruppenaufsicht zuständige Behörde zu stellen.

§ 212

(3) Die FMA als die für die Gruppenaufsicht zuständige Behörde hat den anderen Mitgliedern des Aufsichtskollegiums unverzüglich das Einlangen des Antrags gemäß Abs. 2 mitzuteilen und den vollständigen Antrag weiterzuleiten.

(4) Die FMA als die für die Gruppenaufsicht zuständige Behörde hat bei der Entscheidung über die Genehmigung eines internen Modells gemäß Abs. 2 und bei der Festlegung der Bedingungen, an die diese Genehmigung gegebenenfalls geknüpft wird, mit den anderen betroffenen Aufsichtsbehörden im Aufsichtskollegium nach Maßgabe der Durchführungsverordnung (EU) zusammenzuarbeiten. Die FMA als die für die Gruppenaufsicht zuständige Behörde hat im Rahmen ihrer Befugnisse sämtliche Anstrengungen zu unternehmen, damit die betroffenen Aufsichtsbehörden innerhalb von sechs Monaten nach Einlangen des vollständigen Antrags bei der FMA zu einer gemeinsamen Entscheidung über den Antrag gelangen. Dieser Absatz ist sinngemäß anzuwenden, wenn die FMA die betroffene Aufsichtsbehörde ist.

(5) Hat vor Ablauf der in Abs. 4 genannten Sechsmonatsfrist eine der betroffenen Aufsichtsbehörden gemäß Art. 19 der Verordnung (EU) Nr. 1094/2010 die EIOPA mit der Angelegenheit befasst, hat die FMA als die für die Gruppenaufsicht zuständige Behörde ihre Entscheidung in Erwartung einer Entscheidung der EIOPA gemäß Art. 19 Abs. 3 der Verordnung zu vertagen und hat ihre Entscheidung im Einklang mit der Entscheidung der EIOPA zu treffen. Wird die gemäß Art. 41 Abs. 2 und 3 der Verordnung (EU) Nr. 1094/2010 vom Gremium vorgeschlagene Entscheidung gemäß Art. 44 der Verordnung (EU) Nr. 1094/2010 abgelehnt, trifft die FMA als die für die Gruppenaufsicht zuständige Behörde eine endgültige Entscheidung. Die Sechsmonatsfrist gilt als Frist für die Beilegung der Meinungsverschiedenheiten im Sinne von Art. 19 Abs. 2 der Verordnung (EU) Nr. 1094/2010. Die FMA kann als betroffene Aufsichtsbehörde vor Ablauf der in Abs. 4 genannten Sechsmonatsfrist die EIOPA gemäß Art. 19 der Verordnung (EU) Nr. 1094/2010 mit der Angelegenheit befassen.

(6) Wird innerhalb von sechs Monaten nach Eingang des Antrags gemäß Abs. 2 der Gruppe keine gemeinsame Entscheidung gemäß Abs. 4 erzielt und wurde die EIOPA nicht gemäß Abs. 5 mit dieser Angelegenheit befasst, entscheidet die FMA als die für die Gruppenaufsicht zuständige Behörde selbst über den Antrag und hat hierbei allen Standpunkten und Vorbehalten, die die anderen betroffenen Aufsichtsbehörden innerhalb der Sechsmonatsfrist geäußert haben, gebührend Rechnung zu tragen.

(7) Gemeinsame Entscheidungen gemäß Abs. 4 sind von der FMA als der für die Gruppenaufsicht zuständigen Behörde mit einer umfassenden Begründung schriftlich darzulegen. In Entsprechung dieser Entscheidung hat die FMA als die für die Gruppenaufsicht zuständige Behörde einen Bescheid zu erlassen, den sie dem in Abs. 2 Z 1 bzw. 2 genannten Versicherungs- oder Rückversicherungsunternehmen zusammen mit einer Abschrift der gemeinsamen Entscheidung zuzustellen hat. Eine Abschrift dieses Bescheids hat die FMA zusammen mit einer Abschrift der gemeinsamen Entscheidung den anderen betroffenen Aufsichtsbehörden zu übermitteln. Dieser Bescheid gilt mit der Zustellung an das in Abs. 2 Z 1 bzw. 2 genannte Versicherungs- oder Rückversicherungsunternehmen als an alle Versicherungs- und Rückversicherungsunternehmen zugestellt, in deren Namen dieses Unternehmen den Antrag gestellt hat. Dieses Unternehmen hat diesen Bescheid unverzüglich allen Versicherungs- und Rückversicherungsunternehmen zur Kenntnis zu bringen, in deren Namen dieses Unternehmen den Antrag gestellt hat. Auf Versicherungs- und Rückversicherungsunternehmen mit Sitz im Inland ist dieser Bescheid unmittelbar anwendbar.

(8) Die FMA als die für die Gruppenaufsicht zuständige Behörde hat, wenn keine gemeinsame Entscheidung erfolgt, mit Bescheid zu entscheiden, diesen umfassend zu begründen und die von den anderen betroffenen Aufsichtsbehörden geäußerten Standpunkte zu berücksichtigen. Der Bescheid ist dem in Abs. 2 Z 1 bzw. 2 genannten Versicherungs- oder Rückversicherungsunternehmen zuzustellen. Der Bescheid gilt mit der Zustellung an das in Abs. 2 Z 1 bzw. 2 genannte Versicherungs- oder Rückversicherungsunternehmen als an alle Versicherungs- und Rückversicherungsunternehmen zugestellt, in deren Namen dieses Unternehmen den Antrag gestellt hat. Dieses Unternehmen hat den Bescheid unverzüglich allen Versicherungs- und Rückversicherungsunternehmen zur Kenntnis zu bringen, in deren Namen dieses Unternehmen den Antrag gestellt hat. Auf Versicherungs- und Rückversicherungsunternehmen mit Sitz im Inland ist dieser Bescheid unmittelbar anwendbar. Eine Abschrift dieses Bescheids hat die FMA den anderen betroffenen Aufsichtsbehörden und den involvierten Aufsichtsbehörden zu übermitteln.

(9) Die FMA als die betroffene Aufsichtsbehörde hat eine nach dem Recht eines anderen Mitgliedstaats in Übereinstimmung mit Art. 231 Abs. 2 bis 6 der Richtlinie 2009/138/EG ergangene Entscheidung der für die Gruppenaufsicht zuständigen Behörde als verbindlich anzuerkennen und anzuwenden. Eine solche Entscheidung ist auf betroffene Versicherungs- und Rückversicherungsunternehmen mit Sitz im Inland unmittelbar anwendbar und wirksam, sobald sie ihnen zugestellt wurde, nicht jedoch bevor der entsprechende Bescheid im Sitzstaat des Antragstellers wirksam wird.

(10) Die FMA als die betroffene Aufsichtsbehörde kann im Fall gemäß Abs. 9 einem betroffenen Versicherungs- und Rückversicherungsunternehmen mit Sitz im Inland gemäß § 277 einen Kapitalaufschlag auf die unter Verwendung eines internen Modells ermittelte Solvenzkapitalanforderung festsetzen, wenn sie der Auffassung ist, dass das Risikoprofil dieses Versicherungs- oder Rückversicherungsunternehmens erheblich von den Annahmen abweicht, die dem auf Gruppenebene genehmigten internen Modell zugrunde liegen und das Versicherungs- oder Rückversicherungsunternehmen diese Bedenken nicht angemessen ausräumt. Sollte ein solcher Kapitalaufschlag im Einzelfall unangemessen sein, kann die FMA dem betreffenden Versicherungs- oder Rückversicherungsunternehmen anordnen, seine Solvenzkapitalanforderung mit der Standardformel zu berechnen. In den in § 277 Abs. 1 Z 1 und 3 genannten Fällen kann die FMA diesem Versicherungs- oder Rückversicherungsunternehmen einen Kapitalaufschlag auf die anhand der Standardformel ermittelte Solvenzkapitalanforderung festsetzen. Die FMA hat die getroffene Entscheidung den anderen Mitgliedern des Aufsichtskollegiums zu erläutern.

Alternativmethode: Abzugs- und Aggregationsmethode (Methode 2)

§ 213. (1) Die Solvabilität der Gruppe des beteiligten Versicherungs- oder Rückversicherungsunternehmens ergibt sich als Differenz von

1. den aggregierten, anrechenbaren Eigenmitteln der Gruppe gemäß Abs. 2, und

2. dem Wert der verbundenen Versicherungs- oder Rückversicherungsunternehmen im beteiligten Versicherungs- oder Rückversicherungsunternehmen und der aggregierten Solvenzkapitalanforderung der Gruppe gemäß Abs. 3.

(2) Die aggregierten, anrechenbaren Eigenmittel der Gruppe sind die Summe aus:

1. den auf die Solvenzkapitalanforderung des beteiligten Versicherungs- oder Rückversicherungsunternehmens anrechenbaren Eigenmitteln und

2. den verhältnismäßigen Anteilen des beteiligten Versicherungs- oder Rückversicherungsunternehmens an den auf die Solvenzkapitalanforderung der verbundenen Versicherungs- oder Rückversicherungsunternehmen anrechenbaren Eigenmittel.

(3) Die aggregierte Solvenzkapitalanforderung der Gruppe ist die Summe aus:

1. der Solvenzkapitalanforderung des beteiligten Versicherungs- oder Rückversicherungsunternehmens und

2. den verhältnismäßigen Anteilen der Solvenzkapitalanforderungen der verbundenen Versicherungs- oder Rückversicherungsunternehmen.

(4) Hält ein beteiligtes Versicherungs- oder Rückversicherungsunternehmen eine Beteiligung an einem verbundenen Versicherungs- oder Rückversicherungsunternehmen ganz oder teilweise indirekt, so gründet sich dessen Wert in dem beteiligten Versicherungs- oder Rückversicherungsunternehmen auf den Wert dieser indirekten Beteiligung unter Berücksichtigung des entsprechenden durchgerechneten Anteils. In diesem Fall schließen die in Abs. 2 Z 2 und Abs. 3 Z 2 genannten Begriffe die entsprechenden Anteile der Solvenzkapitalanforderung sowie der für Solvenzkapitalanforderung anrechenbaren Eigenmittel des verbundenen Versicherungs- oder Rückversicherungsunternehmens ein.

(5) Bei der Beurteilung, ob die nach Abs. 3 berechnete aggregierte Solvenzkapitalanforderung der Gruppe dem Risikoprofil der Gruppe angemessen Rechnung trägt, hat die FMA als betroffene Aufsichtsbehörde ihre Aufmerksamkeit insbesondere auf spezielle auf Gruppenebene bestehende Risiken zu richten, die wegen ihrer schweren Quantifizierbarkeit nicht ausreichend abgedeckt werden. Weicht das Risikoprofil der Gruppe erheblich von den Annahmen ab, die der aggregierten Solvenzkapitalanforderung der Gruppe zugrunde liegen, kann die FMA als die für die Gruppenaufsicht zuständige Behörde einen Kapitalaufschlag auf die aggregierte Solvenzkapitalanforderung der Gruppe festsetzen. § 277 ist sinngemäß anzuwenden.

Gruppeninterne Modelle bei Methode 2

§ 214. (1) Ein Antrag auf die Verwendung eines internen Modells zur Berechnung der Solvenzkapitalanforderung für die Versicherungs- und Rückversicherungsunternehmen der Gruppe hat

1. in dem Fall gemäß § 197 Abs. 1 Z 1 das beteiligte Versicherungs- oder Rückversicherungsunternehmen in seinem eigenen Namen und namens der verbundenen Versicherungs- oder Rückversicherungsunternehmen und

2. in dem Fall gemäß § 197 Abs. 1 Z 2 ein Versicherungs- oder Rückversicherungsunternehmen in seinem eigenen Namen und namens der verbundenen Versicherungs- oder Rückversicherungsunternehmen einer Versicherungsholdinggesellschaft oder gemischten Finanzholdinggesellschaft

an die FMA als die für die Gruppenaufsicht zuständige Behörde zu stellen.

(2) § 212 ist sinngemäß anzuwenden.

3. Abschnitt
Gruppen mit zentralisiertem Risikomanagement

Bedingungen

§ 215. (1) Auf Versicherungs- oder Rückversicherungsunternehmen mit Sitz im Inland, die Tochterunternehmen eines Versicherungs- oder Rückversicherungsunternehmens sind, sind § 217 und § 218 anzuwenden, wenn

1. das Tochterunternehmen in die Gruppenaufsicht auf Ebene des Mutterunternehmens einbezogen ist,
2. das Risikomanagement und das interne Kontrollsystem des Mutterunternehmens auch das Tochterunternehmen einschließen und das Mutterunternehmen den betroffenen Aufsichtsbehörden gegenüber den Nachweis der umsichtigen Führung seines Tochterunternehmens erbracht hat,
3. das Mutterunternehmen die Genehmigungen gemäß § 224 Abs. 3 und gemäß § 245 Abs. 2 erhalten hat und
4. das Mutterunternehmen einen Antrag auf Inanspruchnahme der Bestimmungen für Gruppen mit zentralisiertem Risikomanagement gestellt hat und der Antrag genehmigt wurde.

(2) Für Versicherungs- und Rückversicherungsunternehmen, die Tochterunternehmen einer Versicherungsholdinggesellschaft oder einer gemischten Finanzholdinggesellschaft sind, sind § 215 bis § 219 sinngemäß anzuwenden.

Entscheidung über den Antrag

§ 216. (1) Der Antrag auf Inanspruchnahme der § 217 und § 218 ist ausschließlich an die FMA als die für die Beaufsichtigung des Tochterunternehmens zuständige Aufsichtsbehörde zu stellen. Die FMA hat die anderen Mitglieder des Aufsichtskollegiums hiervon unverzüglich zu unterrichten und ihnen den vollständigen Antrag unverzüglich weiterzuleiten.

(2) Die FMA hat mit den anderen betroffenen Aufsichtsbehörden im Kollegium der Aufsichtsbehörden nach umfassender Konsultation gemeinsam darüber zu entscheiden, ob die Genehmigung erteilt wird und welche Bedingungen gegebenenfalls festgelegt werden, an die diese Genehmigung geknüpft wird.

(3) Die FMA hat mit den anderen betroffenen Aufsichtsbehörden im Rahmen ihrer Befugnisse sämtliche Anstrengungen zu unternehmen, damit alle Aufsichtsbehörden des Aufsichtskollegiums innerhalb von drei Monaten nach Einlangen des vollständigen Antrags zu einer gemeinsamen Entscheidung über den Antrag gelangen. Dies gilt auch dann, wenn die FMA nach dem Recht eines anderen Mitgliedstaats in einem in Übereinstimmung mit Art. 237 der Richtlinie 2009/138/EG geführten Verfahren betroffene Behörde ist.

(4) Hat vor Ablauf der in Abs. 3 genannten Frist von drei Monaten eine der betroffenen Aufsichtsbehörden gemäß Art. 19 der Verordnung (EU) Nr. 1094/2010 die EIOPA mit der Angelegenheit befasst, hat die FMA als die für die Gruppenaufsicht zuständige Behörde ihre Entscheidung in Erwartung einer Entscheidung der EIOPA gemäß Art. 19 Abs. 3 der Verordnung (EU) Nr. 1094/2010 zu vertagen und hat ihre Entscheidung im Einklang mit der Entscheidung der EIOPA zu treffen. Wird die gemäß Art. 41 Abs. 2 und 3 der Verordnung (EU) Nr. 1094/2010 vom Gremium vorgeschlagene Entscheidung gemäß Art. 44 der Verordnung (EU) Nr. 1094/2010 abgelehnt, trifft die FMA als die für die Gruppenaufsicht zuständige Behörde eine endgültige Entscheidung. Die Frist von drei Monaten gilt als die Frist für die Beilegung von Meinungsverschiedenheiten im Sinne des Art. 19 Abs. 2 der Verordnung (EU) Nr. 1094/2010.

(5) Wenn die betroffenen Aufsichtsbehörden nicht innerhalb der in Abs. 3 genannten Frist von drei Monaten zu einer gemeinsamen Entscheidung gelangen, so hat die FMA als die für die Gruppenaufsicht zuständige Behörde selbst mit Bescheid über den Antrag zu entscheiden. Innerhalb dieser Frist trägt die FMA als die für die Gruppenaufsicht zuständige Behörde Folgendem gebührend Rechnung:

1. allen Standpunkten und Vorbehalten, die die betroffenen Aufsichtsbehörden innerhalb der relevanten Frist geäußert haben und
2. allen Vorbehalten, die die anderen Aufsichtsbehörden innerhalb des Aufsichtskollegiums geäußert haben.

Die FMA hat den Bescheid mit einer ausführlichen Begründung zu versehen, die auch eine Erläuterung etwaiger erheblicher Abweichungen von den Vorbehalten der anderen betroffenen Aufsichtsbehörden enthält. Die FMA hat diesen Bescheid dem Antragsteller zuzustellen und den anderen betroffenen Aufsichtsbehörden eine Abschrift des Bescheides zu übermitteln.

(6) Die in Abs. 3 genannte gemeinsame Entscheidung ist mit einer umfassenden Begründung schriftlich darzulegen. In Entsprechung der gemeinsamen Entscheidung hat die FMA als die für die Beaufsichtigung des Tochterunternehmens zuständige Aufsichtsbehörde einen Bescheid zu erlassen und diesen gemeinsam mit einer Abschrift der gemeinsamen Entscheidung dem Antragsteller zuzustellen. Die FMA hat den anderen betroffenen Aufsichtsbehörden eine Abschrift des Bescheides zu übermitteln.

(7) Die FMA hat eine nach dem Recht eines anderen Mitgliedstaats in Übereinstimmung mit der in Art. 237 Abs. 4 der Richtlinie 2009/138/EG genannten gemeinsamen Entscheidung ergangene

Entscheidung über den Antrag auf Inanspruchnahme des Aufsichtsregimes für Gruppen mit zentralisiertem Risikomanagement als verbindlich zu vollziehen. Ein Mutterunternehmen mit Sitz im Inland, das den Antrag gemäß Abs. 1 gestellt hat, hat die im ersten Satz genannte Entscheidung unverzüglich allen betroffenen Tochterunternehmen zur Kenntnis zu bringen. Diese Entscheidung ist auf Tochterunternehmen mit Sitz im Inland unmittelbar anwendbar.

Bestimmung der Solvenzkapitalanforderung

§ 217. (1) Unbeschadet von § 212 und § 214 ist die Solvenzkapitalanforderung für ein Tochterunternehmen nach den Abs. 2, 4 und 5 zu berechnen.

(2) Wird die Solvenzkapitalanforderung für das Tochterunternehmen mit einem nach § 212 oder § 214 auf Gruppenebene genehmigten internen Modell berechnet, kann die FMA als die für die Beaufsichtigung des Tochterunternehmens zuständige Aufsichtsbehörde vorschlagen, einen Kapitalaufschlag auf die mit einem solchen Modell ermittelte Solvenzkapitalanforderung für dieses Tochterunternehmen festzusetzen, wenn sie der Auffassung ist, dass das Risikoprofil dieses Tochterunternehmens erheblich von diesem internen Modell abweicht und die in § 277 genannten Voraussetzungen erfüllt sind. Sollte ein solcher Kapitalaufschlag im Einzelfall unangemessen sein, kann die FMA vorschlagen, dass dieses Tochterunternehmen seine Solvenzkapitalanforderung mit der Standardformel berechnet. Die FMA hat ihren Vorschlag sowohl gegenüber dem Tochterunternehmen als auch gegenüber den Aufsichtsbehörden im Aufsichtskollegium zu begründen und die Aufsichtsbehörden im Aufsichtskollegium darüber zu konsultieren.

(3) Wird die Solvenzkapitalanforderung für das Tochterunternehmen mit der Standardformel berechnet, und ist die FMA als die für die Beaufsichtigung des Tochterunternehmens zuständige Aufsichtsbehörde der Auffassung, dass dessen Risikoprofil erheblich von den Annahmen der Standardformel abweicht, kann die FMA unter außergewöhnlichen Umständen vorschlagen, dass das Tochterunternehmen eine Untergruppe der bei der Berechnung mit der Standardformel verwendeten Parameter durch unternehmensspezifische Parameter bei der Berechnung der lebens- nicht-lebens- und krankenversicherungstechnischen Risikomodule gemäß § 181 Abs. 1 ersetzt oder dass ein Kapitalaufschlag auf die Solvenzkapitalanforderung für dieses Tochterunternehmen festgesetzt wird, wenn die in § 277 genannten Voraussetzungen erfüllt sind. Die FMA hat ihren Vorschlag sowohl gegenüber dem Tochterunternehmen als auch gegenüber den Aufsichtsbehörden im Aufsichtskollegium zu begründen und die

Aufsichtsbehörden im Aufsichtskollegium darüber zu konsultieren.

(4) Die FMA als die für die Beaufsichtigung des Tochterunternehmens zuständige Aufsichtsbehörde hat im Rahmen ihrer Befugnisse sämtliche Anstrengungen zu unternehmen, dass die betroffenen Aufsichtsbehörden im Aufsichtskollegium zu einer gemeinsamen Entscheidung über den Vorschlag gemäß Abs. 2 oder 3 oder über andere mögliche Maßnahmen gelangen. Dies gilt sinngemäß auch dann, wenn die Aufsichtsbehörden im Aufsichtskollegium im Zusammenhang mit einem Vorschlag einer anderen zuständigen Aufsichtsbehörde konsultiert werden. Die FMA als die für die Beaufsichtigung des Tochterunternehmens zuständige Aufsichtsbehörde hat die gemeinsame Entscheidung mit einer umfassenden Begründung schriftlich darzulegen, in Entsprechung der gemeinsamen Entscheidung einen Bescheid zu erlassen und diesen mit einer Abschrift der gemeinsamen Entscheidung dem Tochterunternehmen zuzustellen. Die FMA hat eine Abschrift der Entscheidung und des Bescheides dem Aufsichtskollegium zu übermitteln.

(5) Gehen die Meinungen der FMA als der für die Beaufsichtigung des Tochterunternehmens zuständigen Aufsichtsbehörde und der für die Gruppenaufsicht zuständigen Behörde auseinander und wird keine Einigung innerhalb des Kollegiums gemäß Abs. 4 erzielt, kann die FMA innerhalb eines Monats nach dem Vorschlag der Aufsichtsbehörde gemäß Art. 19 der Verordnung (EU) Nr. 1094/2010 die EIOPA mit der Angelegenheit befassen und um Unterstützung ersuchen. Dies gilt sinngemäß, wenn die FMA die für die Gruppenaufsicht zuständige Behörde ist. Die Frist von einem Monat gilt als die Frist der Beilegung von Meinungsverschiedenheiten im Sinne von Art. 19 Abs. 2 der Verordnung (EU) Nr. 1094/2010. Die FMA als die für die Beaufsichtigung des Tochterunternehmens zuständige Aufsichtsbehörde hat ihre Entscheidung in Erwartung einer Entscheidung der EIOPA gemäß Art. 19 der Verordnung (EU) Nr. 1094/2010 zu vertagen und hat ihre Entscheidung im Einklang mit der Entscheidung der EIOPA zu treffen. Die FMA hat ihre Entscheidung umfassend zu begründen, den Bescheid dem Tochterunternehmen zuzustellen und eine Abschrift des Bescheides dem Kollegium der Aufsichtsbehörden zu übermitteln.

Nichtbedeckung der Solvenzkapitalanforderung oder der Mindestkapitalanforderung

§ 218. (1) Unbeschadet von § 279 hat die FMA als die für die Beaufsichtigung des Tochterunternehmens zuständige Aufsichtsbehörde bei Nichtbedeckung der Solvenzkapitalanforderung den Aufsichtsbehörden im Aufsichtskollegium unverzüglich den vom Tochterunternehmen vorgelegten Sanierungsplan zu übermitteln.

(2) Die FMA hat im Rahmen ihrer Befugnisse alles zu unternehmen, damit die betroffenen Aufsichtsbehörden im Aufsichtskollegium innerhalb von vier Monaten nach dem Zeitpunkt der Feststellung der Nichteinhaltung der Solvenzkapitalanforderung zu einer gemeinsamen Entscheidung über den Vorschlag der FMA hinsichtlich der Genehmigung des Sanierungsplans gelangen. Die FMA als die für die Beaufsichtigung des Tochterunternehmens zuständige Aufsichtsbehörde hat die gemeinsame Entscheidung mit einer umfassenden Begründung schriftlich darzulegen, in Entsprechung der gemeinsamen Entscheidung einen Bescheid zu erlassen und diesen mit einer Abschrift der gemeinsamen Entscheidung dem Tochterunternehmen zu zustellen. Die FMA hat eine Abschrift der Entscheidung und des Bescheides dem Aufsichtskollegium zu übermitteln. Wird keine Einigung erzielt, so hat die FMA unter gebührender Berücksichtigung der Ansichten und Vorbehalte der anderen Aufsichtsbehörden im Aufsichtskollegium über die Genehmigung des Sanierungsplans zu entscheiden und dem Aufsichtskollegium eine Abschrift des Bescheides zu übermitteln. Der erste Satz gilt sinngemäß auch dann, wenn das Aufsichtskollegium im Zusammenhang mit einem Vorschlag einer anderen zuständigen Aufsichtsbehörde konsultiert wird.

(3) Stellt die FMA als die für die Beaufsichtigung des Tochterunternehmens zuständige Aufsichtsbehörde eine Verschlechterung seiner finanziellen Lage gemäß § 278 fest, so hat sie dem Aufsichtskollegium unverzüglich die vorgeschlagenen zu ergreifenden Maßnahmen mitzuteilen. Sofern es sich nicht um Krisensituationen handelt, sind die zu ergreifenden Maßnahmen im Aufsichtskollegium zu erörtern.

(4) Die FMA hat im Rahmen ihrer Befugnisse alles zu unternehmen, dass die Aufsichtsbehörden im Aufsichtskollegium zu einer gemeinsamen Entscheidung über die vorgeschlagenen zu ergreifenden Maßnahmen innerhalb eines Monats nach der Mitteilung gelangen. Die FMA als die für die Beaufsichtigung des Tochterunternehmens zuständige Aufsichtsbehörde hat in Entsprechung der gemeinsamen Entscheidung einen Bescheid zu erlassen und diesen mit einer Abschrift der gemeinsamen Entscheidung dem Tochterunternehmen zu zustellen. Die FMA hat eine Abschrift der Entscheidung und des Bescheides dem Aufsichtskollegium zu übermitteln. Wird keine Einigung erzielt, so hat die FMA unter Berücksichtigung der Ansichten und Vorbehalte der anderen Aufsichtsbehörden im Aufsichtskollegium über die Genehmigung der vorgeschlagenen Maßnahmen zu entscheiden und dem Aufsichtskollegium eine Abschrift des Bescheides zu übermitteln. Der erste Satz gilt auch dann, wenn das Aufsichtskollegium im Zusammenhang mit einem Vorschlag einer anderen zuständigen Aufsichtsbehörde konsultiert wird.

(5) Unbeschadet von § 280 übermittelt die FMA als die für die Beaufsichtigung des Tochterunternehmens zuständige Aufsichtsbehörde bei Nichtbedeckung der Mindestkapitalanforderung dem Aufsichtskollegium unverzüglich den vom Tochterunternehmen vorgelegten kurzfristigen Finanzierungsplan. Die FMA hat das Aufsichtskollegium auch über die Maßnahmen zu unterrichten, die zur Durchhaltung der Mindestkapitalanforderung eingeleitet wurden.

(6) Die FMA kann als die für die Gruppenaufsicht zuständige Behörde die EIOPA mit der Angelegenheit befassen und um Unterstützung gemäß Art. 19 der Verordnung (EU) Nr. 1094/2010 ersuchen, wenn in Bezug auf ein Tochterunternehmen der Gruppe mit Sitz in einem anderen Mitgliedstaat Meinungsverschiedenheiten

1. hinsichtlich der Genehmigung des Sanierungsplans, einschließlich einer etwaigen Verlängerung der Frist für die Wiederherstellung innerhalb der in Abs. 2 genannten Frist von vier Monaten, oder

2. hinsichtlich der Genehmigung der vorgeschlagenen Maßnahmen innerhalb der in Abs. 4 genannten Frist von einem Monat

bestehen. Die EIOPA darf nicht mit der Angelegenheit befasst werden, wenn ein Krisenfall gemäß Abs. 2 eingetreten ist. Die Frist von vier Monaten bzw. einem Monat gilt als die Frist für die Beilegung von Meinungsverschiedenheiten im Sinne des Art. 19 Abs. 2 der Verordnung (EU) Nr. 1094/2010. Dieser Absatz ist sinngemäß anzuwenden, wenn die FMA die für die Beaufsichtigung des Tochterunternehmens zuständige Behörde ist.

(7) Die FMA als die Aufsichtsbehörde, die das Tochterunternehmen zugelassen hat, hat wenn die EIOPA mit der Angelegenheit befasst wurde, ihre Entscheidung in Erwartung einer Entscheidung der EIOPA gemäß Art. 19 Abs. 3 der Verordnung (EU) Nr. 1094/2010 zu vertagen und hat ihre endgültige Entscheidung im Einklang mit der Entscheidung der EIOPA zu treffen. Die FMA hat diesen Bescheid dem Tochterunternehmen und dem Kollegium der Aufsichtsbehörden eine Abschrift des Bescheides zu übermitteln.

Ende der Ausnahmeregelung für ein Tochterunternehmen

§ 219. (1) Die Bestimmungen der § 217 und § 218 sind nicht mehr anwendbar, wenn

1. die in § 215 Abs. 1 Z 1 genannte Bedingung nicht mehr erfüllt ist,

2. die in § 215 Abs. 1 Z 2 genannte Bedingung nicht mehr erfüllt ist und die Gruppe nicht inner-

halb einer angemessenen Frist die erneute Einhaltung sichergestellt hat oder

3. die in § 215 Abs. 1 Z 3 genannten Bedingungen nicht mehr erfüllt sind.

(2) Beschließt die FMA als die für die Gruppenaufsicht zuständige Behörde in dem in Abs. 1 Z 1 genannten Fall nach Konsultation des Aufsichtskollegiums, das Tochterunternehmen nicht mehr in die Gruppenaufsicht einzubeziehen, so hat sie dies der betroffenen Aufsichtsbehörde und dem Mutterunternehmen unverzüglich mitzuteilen.

(3) Für die laufende Einhaltung der in § 215 Abs. 1 Z 2 und 3 genannten Bedingungen ist das Mutterunternehmen verantwortlich. Wenn eine Bedingung nicht erfüllt ist, so hat es dies unverzüglich der für die Gruppenaufsicht zuständigen Behörde und der für die Beaufsichtigung des betreffenden Tochterunternehmens zuständigen Aufsichtsbehörde mitzuteilen. Das Mutterunternehmen mit Sitz im Inland hat der für die Gruppenaufsicht zuständigen Behörde einen Plan vorzulegen, in dem darzulegen ist, wie die erneute Einhaltung innerhalb einer angemessenen Frist sichergestellt wird.

(4) Unbeschadet des Abs. 3 hat sich die FMA als die für die Gruppenaufsicht zuständige Behörde mindestens einmal jährlich davon zu vergewissern, dass die in § 215 Abs. 1 Z 2 und 3 genannten Bedingungen erfüllt sind. Eine solche Überprüfung hat die FMA als die für die Gruppenaufsicht zuständige Behörde auch auf Antrag einer betroffenen Aufsichtsbehörde vorzunehmen, wenn diese erhebliche Zweifel an der kontinuierlichen Erfüllung dieser Bedingungen hat. Stellt die FMA als die für die Gruppenaufsicht zuständige Behörde bei dieser Überprüfung Schwachstellen fest, hat sie das Mutterunternehmen zur Vorlage eines Plans aufzufordern, in dem darzulegen ist, wie die erneute Einhaltung innerhalb einer angemessenen Frist sichergestellt wird.

(5) Stellt die FMA als die für die Gruppenaufsicht zuständige Behörde nach Konsultation des Aufsichtskollegiums fest, dass der in den Abs. 3 oder 4 genannte Plan unzureichend ist oder nicht innerhalb einer angemessenen Frist umgesetzt wird, so gelten die in § 215 Abs. 1 Z 2 und 3 genannten Bedingungen als nicht mehr erfüllt. Die FMA hat dies unverzüglich der betroffenen Aufsichtsbehörde mitzuteilen.

(6) Stellt die FMA als die für die Gruppenaufsicht zuständige Behörde nach Konsultation des Aufsichtskollegiums fest, dass die Durchführung des in den Abs. 3 oder 4 genannten Plans eine erneute Einhaltung der Bedingungen gemäß § 215 erwarten lässt, so hat sie diesen Plan zu genehmigen. Das Mutterunternehmen hat spätestens unverzüglich nach Ablauf der in diesem Plan festgelegten Frist der FMA als der für die Gruppenaufsicht zuständigen Behörde nachzuweisen, dass alle Bedingungen gemäß § 215 wieder erfüllt sind.

Die FMA als die für die Gruppenaufsicht zuständige Behörde hat nach Konsultation des Aufsichtskollegiums mit Bescheid festzustellen, dass die in § 215 genannten Bedingungen für die Anwendung der § 217 und § 218 erfüllt sind.

4. Abschnitt
Risikokonzentrationen und gruppeninterne Transaktionen

Risikokonzentrationen

§ 220. (1) Jede erhebliche Risikokonzentration auf Gruppenebene gemäß Abs. 2 hat

1. in dem Fall gemäß § 197 Abs. 1 Z 1 vom beteiligten Versicherungs- oder Rückversicherungsunternehmen und

2. in dem Fall gemäß § 197 Abs. 1 Z 2 von der Versicherungsholdinggesellschaft, der gemischten Finanzholdinggesellschaft oder jenem Versicherungs- oder Rückversicherungsunternehmen, das von der FMA als der für die Gruppenaufsicht zuständigen Behörde nach Konsultation der anderen betroffenen Aufsichtsbehörden und der Gruppe selbst zu diesem Zweck benannt wurde,

an die FMA als die für die Gruppenaufsicht zuständige Behörde gemeldet zu werden.

(2) Die FMA hat als die für die Gruppenaufsicht zuständige Behörde nach Konsultation der anderen betroffenen Aufsichtsbehörden und der Gruppe selbst Folgendes festzulegen:

1. welche Art von Risikokonzentrationen jedenfalls zu melden sind; hierbei ist der besonderen Struktur der Gruppe und der Struktur des Risikomanagements der Gruppe Rechnung zu tragen,

2. angemessene Schwellenwerte auf Grundlage der Solvenzkapitalanforderungen, der versicherungstechnischen Rückstellungen gemäß dem 1. Abschnitt des 8. Hauptstücks oder beidem und

3. zumindest jährliche Meldeintervalle.

(3) Bei der Beaufsichtigung der Risikokonzentrationen hat die FMA als die für die Gruppenaufsicht zuständige Behörde insbesondere das mögliche Ansteckungsrisiko innerhalb der Gruppe, das Risiko eines Interessenkonflikts und die Höhe sowie den Umfang der Risiken zu überwachen.

Gruppeninterne Transaktionen

§ 221. (1) Alle bedeutenden gruppeninternen Transaktionen von Versicherungs- und Rückversicherungsunternehmen der Gruppe gemäß Abs. 2 haben

1. in dem Fall gemäß § 197 Abs. 1 Z 1 vom beteiligten Versicherungs- oder Rückversicherungsunternehmen und

2. in dem Fall gemäß § 197 Abs. 1 Z 2 von der Versicherungsholdinggesellschaft, der gemischten

Finanzholdinggesellschaft oder jenem Versicherungs- oder Rückversicherungsunternehmen, das von der FMA, als die für die Gruppenaufsicht zuständige Behörde nach Konsultation der anderen betroffenen Aufsichtsbehörden und der Gruppe selbst zu diesem Zweck benannt wurde, an die FMA als die für die Gruppenaufsicht zuständige Behörde gemeldet zu werden. Diese Meldeverpflichtung schließt jene gruppeninternen Transaktionen ein, die mit einer natürlichen Person getätigt wurden, die zu einem Unternehmen der Gruppe in einer engen Verbindung steht.

(2) Die FMA als die für die Gruppenaufsicht zuständige Behörde hat nach Konsultation der anderen betroffenen Aufsichtsbehörden und der Gruppe selbst Folgendes festzulegen:

1. welche Art von gruppeninternen Transaktionen jedenfalls zu melden sind; hierbei ist der besonderen Struktur der Gruppe und der Struktur des Risikomanagements der Gruppe Rechnung zu tragen;

2. angemessene Schwellenwerte auf Grundlage der Solvenzkapitalanforderungen, der versicherungstechnischen Rückstellungen gemäß dem 1. Abschnitt des 8. Hauptstücks oder von beidem und

3. zumindest jährliche Meldeintervalle.

(3) Außerordentlich bedeutende gruppeninterne Transaktionen sind der FMA als der für die Gruppenaufsicht zuständigen Behörde jedenfalls unverzüglich von den in Abs. 1 bestimmten Unternehmen zu melden.

(4) Bei der Beaufsichtigung der gruppeninternen Transaktionen hat die FMA als die für die Gruppenaufsicht zuständige Behörde insbesondere das mögliche Ansteckungsrisiko innerhalb der Gruppe, das Risiko eines Interessenkonflikts und die Höhe oder den Umfang der Risiken zu überwachen.

5. Abschnitt

Governance auf Gruppenebene

Allgemeine Bestimmungen

§ 222. (1) Die in § 107 bis § 113, § 117 bis § 119 und § 120 bis § 122 festgelegten Anforderungen sind auf Gruppenebene sinngemäß anzuwenden.

(2) Unbeschadet des Abs. 1 sind Risikomanagement-Systeme, interne Kontrollsysteme und das Berichtswesen in allen Unternehmen, die gemäß § 197 Abs. 1 Z 1 und 2 in die Gruppenaufsicht einbezogen sind, konsistent umzusetzen, damit Systeme und Berichtswesen auf Ebene der Gruppe gesteuert werden können.

(3) Das beteiligte Versicherungs- oder Rückversicherungsunternehmen ist in dem Fall gemäß § 197 Abs. 1 Z 1 für die Erfüllung der Anforderungen gemäß diesem Paragraph auf Gruppenebene verantwortlich. In dem Fall gemäß § 197 Abs. 1 Z 2 ist die Versicherungsholdinggesellschaft oder die gemischte Finanzholdinggesellschaft für die Erfüllung der Anforderungen verantwortlich, sofern diese nicht ein anderes Versicherungs- oder Rückversicherungsunternehmen der Gruppe dazu bestimmt hat und dies der FMA angezeigt hat. Dies gilt nicht für die Durchführung der Risiko- und Solvabilitätsbeurteilung auf Gruppenebene gemäß § 224.

Interne Kontrollmechanismen auf Gruppenebene

§ 223. Die internen Kontrollmechanismen haben zusätzlich zu § 222 zumindest Folgendes zu umfassen:

1. angemessene Mechanismen in Bezug auf die Solvabilität der Gruppe, die es ermöglichen, alle wesentlichen Risiken zu erkennen und zu messen und diese angemessen mit anrechenbaren Eigenmitteln zu unterlegen und

2. ein ordnungsgemäßes Berichtswesen und ordnungsgemäße Rechnungslegungsverfahren zur Überwachung und Steuerung von gruppeninternen Transaktionen und der Risikokonzentration.

Risiko- und Solvabilitätsbeurteilung auf Gruppenebene

§ 224. (1) Das beteiligte Versicherungs- oder Rückversicherungsunternehmen in dem Fall gemäß § 197 Abs. 1 Z 1 bzw. die Versicherungsholdinggesellschaft oder die gemischte Finanzholdinggesellschaft in dem Fall gemäß § 197 Abs. 1 Z 2 haben die in § 111 vorgeschriebene Risiko- und Solvabilitätsbeurteilung auf Gruppenebene vorzunehmen.

(2) Wird die Solvabilität der Gruppe auf der Grundlage von Methode 1 berechnet, hat das beteiligte Versicherungs- oder Rückversicherungsunternehmen in dem Fall gemäß § 197 Abs. 1 Z 1 bzw. die Versicherungsholdinggesellschaft oder die gemischte Finanzholdinggesellschaft in dem Fall gemäß § 197 Abs. 1 Z 2 zusätzlich zur Meldung im Rahmen der regelmäßigen aufsichtlichen Berichterstattung der FMA als der für die Gruppenaufsicht zuständigen Behörde eine angemessene Darstellung der Differenz zwischen der Summe der Solvenzkapitalanforderung aller verbundenen Versicherungs- oder Rückversicherungsunternehmen der Gruppe und der Solvenzkapitalanforderung der Gruppe vorzulegen.

(3) Mit Genehmigung der FMA als der für die Gruppenaufsicht zuständigen Behörde kann das beteiligte Versicherungs- oder Rückversicherungsunternehmen in dem Fall gemäß § 197 Abs. 1 Z 1

bzw. die Versicherungsholdinggesellschaft oder die gemischte Finanzholdinggesellschaft in dem Fall gemäß § 197 Abs. 1 Z 2 die Risiko- und Solvabilitätsbeurteilung auf Gruppenebene und auf Ebene der einbezogenen Tochterunternehmen gleichzeitig vornehmen und all diese Beurteilungen in einem einzigen Dokument zusammenfassen. Dieses Dokument ist allen betroffenen Aufsichtsbehörden gleichzeitig zu übermitteln.

(4) Vor Erteilung der Genehmigung gemäß Abs. 3 hat die FMA als die für die Gruppenaufsicht zuständige Behörde die Aufsichtsbehörden im Aufsichtskollegium zu konsultieren und deren Ansichten und Vorbehalten gebührend Rechnung zu tragen.

(5) Durch die Inanspruchnahme der in Abs. 3 vorgesehenen Möglichkeit bleibt die Verpflichtung der einbezogenen Tochterunternehmen, für die Einhaltung der Anforderungen gemäß § 111 zu sorgen, unberührt.

Leitung von Versicherungsholdinggesellschaften und gemischten Finanzholdinggesellschaften

§ 225. (1) Versicherungsholdinggesellschaften und gemischte Finanzholdinggesellschaften mit Sitz im Inland haben sicherzustellen, dass Personen, die die Geschäfte einer Versicherungsholdinggesellschaft oder einer gemischten Finanzholdinggesellschaft tatsächlich leiten, über die zur Wahrnehmung ihrer Aufgaben erforderliche fachliche Qualifikation und persönliche Zuverlässigkeit verfügen. § 120 bis § 122 sind sinngemäß anzuwenden. § 120 Abs. 2 Z 4 letzter Satz ist nicht anzuwenden.

(2) Versicherungs- oder Rückversicherungsunternehmen, die Tochterunternehmen einer Versicherungsholdinggesellschaft oder einer gemischten Finanzholdinggesellschaft mit Sitz in einem Drittland sind, haben nach Maßgabe der gesellschaftsrechtlichen Möglichkeiten dafür Sorge zu tragen, dass die Personen, die die Geschäfte des Mutterunternehmens tatsächlich leiten, über die zur Wahrnehmung ihrer Aufgaben erforderliche fachliche Qualifikation und persönliche Zuverlässigkeit verfügen. Sind diese Versicherungs- oder Rückversicherungsunternehmen der Auffassung, dass die Personen, die die Geschäfte des Mutterunternehmens tatsächlich leiten, die Anforderungen an die erforderliche fachliche Qualifikation und persönliche Zuverlässigkeit nicht erfüllen und wurden alle gesellschaftsrechtlichen Möglichkeiten zur Verhinderung der Bestellung solcher Personen oder zu ihrer Abberufung erfolglos ausgeschöpft, so haben sie dies der FMA unverzüglich anzuzeigen.

(3) Hat die FMA begründete Zweifel an der fachlichen Qualifikation oder persönlichen Zuverlässigkeit der Personen, die die Geschäfte einer im Abs. 2 genannten Versicherungsholdinggesellschaft oder einer gemischten Finanzholdinggesellschaft tatsächlich leiten, und können diese Zweifel nicht durch andere Maßnahmen ausgeräumt werden oder besteht Gefahr in Verzug, so hat die FMA auf Grund einer Anzeige nach Abs. 2 oder von Amts wegen bei dem Gerichtshof, der für das Versicherungs- oder Rückversicherungsunternehmen, das Tochterunternehmen einer Versicherungsholdinggesellschaft oder einer gemischten Finanzholdinggesellschaft ist, zur Ausübung der Gerichtsbarkeit in Handelssachen erster Instanz zuständig ist, das Ruhen der Stimmrechte für die Anteilsrechte, welche die Versicherungsholdinggesellschaft oder eine gemischte Finanzholdinggesellschaft an dem betreffenden Tochterunternehmen hält, zu beantragen.

(4) Der Gerichtshof hat auf Antrag der FMA gemäß Abs. 3 das Ruhen der Stimmrechte zu verfügen. Das Ruhen der Stimmrechte endet, wenn das Gericht auf Antrag der FMA oder der Versicherungsholdinggesellschaft bzw. der gemischten Finanzholdinggesellschaft festgestellt hat, dass die Personen, die die Geschäfte einer Versicherungsholdinggesellschaft oder einer gemischten Finanzholdinggesellschaft tatsächlich leiten, über die zur Wahrnehmung ihrer Aufgaben erforderliche fachliche Qualifikation und persönliche Zuverlässigkeit verfügen. Dies ist der FMA mitzuteilen. Das Gericht entscheidet nach den vorstehenden Bestimmungen im Verfahren außer Streitsachen.

(5) Verfügt ein Gericht das Ruhen der Stimmrechte gemäß Abs. 4, so hat es gleichzeitig einen Treuhänder zu bestellen, der die Voraussetzungen des Abs. 2 erfüllt, und diesem die Ausübung der Stimmrechte zu übertragen. Der Treuhänder hat Anspruch auf Ersatz seiner Auslagen und auf Vergütung für seine Tätigkeit, deren Höhe vom Gericht festzusetzen ist. Die Versicherungsholdinggesellschaft oder eine gemischte Finanzholdinggesellschaft und Versicherungs- oder Rückversicherungsunternehmen, die deren Tochterunternehmen sind, haften dafür zur ungeteilten Hand. Gegen Beschlüsse, mit denen die Höhe der Vergütung des Treuhänders und der ihm zu ersetzenden Auslagen bestimmt wird, steht den Verpflichteten der Rekurs offen. Gegen die Entscheidung des Oberlandesgerichtes findet ein weiterer Rechtszug nicht statt.

6. Abschnitt
Maßnahmen zur Erleichterung der Gruppenaufsicht

Bestimmung der für die Gruppenaufsicht zuständigen Behörde

§ 226. (1) Die für die Koordinierung und Wahrnehmung der Gruppenaufsicht zuständige

Behörde ist gemäß Art. 247 der Richtlinie 2009/138/EG zu bestimmen.

(2) Im Verfahren gemäß Abs. 1 kann die FMA als betroffene Aufsichtsbehörde im Sinne des Art. 247 Abs. 1 der Richtlinie 2009/138/EG innerhalb der in Art. 247 Abs. 3 dritter Unterabsatz der Richtlinie 2009/138/EG genannten Frist gemäß Art. 19 der Verordnung (EU) Nr. 1094/2010 die EIOPA mit der Angelegenheit befassen. Die gemeinsame Entscheidung ist in Erwartung einer Entscheidung der EIOPA gemäß Art. 19 Abs. 3 der genannten Verordnung zu vertagen und die FMA hat darauf hinzuwirken, dass die betroffenen Aufsichtsbehörden ihre gemeinsame Entscheidung im Einklang mit der Entscheidung der EIOPA treffen.

(3) Wenn die FMA als die für die Gruppenaufsicht zuständige Behörde bestimmt wurde, hat die FMA die in Art. 247 Abs. 3 der Richtlinie 2009/138/EG genannte gemeinsame Entscheidung mit einer umfassenden Begründung schriftlich darzulegen. In Entsprechung der gemeinsamen Entscheidung hat die FMA als die für die Gruppenaufsicht zuständige Behörde einen Bescheid zu erlassen. Dieser ist gemeinsam mit der im ersten Satz genannten Entscheidung in dem Fall gemäß § 197 Abs. 1 Z 1 dem beteiligten Versicherungs- oder Rückversicherungsunternehmen und in dem Fall gemäß § 197 Abs. 1 Z 2 der Versicherungsholdinggesellschaft oder der gemischten Finanzholdinggesellschaft zuzustellen. Die FMA hat die gemeinsame Entscheidung auch dem Kollegium der Aufsichtsbehörden zu übermitteln.

Rechte und Pflichten der für die Gruppenaufsicht zuständigen Behörde

§ 227. (1) Die FMA als die für die Gruppenaufsicht zuständige Behörde hat folgende Rechte und Pflichten:

1. Durchführung des aufsichtlichen Überprüfungsverfahrens, in dessen Rahmen sie insbesondere die Einhaltung der folgenden Anforderungen zu überprüfen hat:

   a) die Solvabilität der Gruppe gemäß § 202 Abs. 1 und 2,

   b) die Risikokonzentrationen gemäß § 220,

   c) die gruppeninternen Transaktionen gemäß § 221,

   d) das Governance-Systems gemäß § 222 und § 223 und

   e) die Risiko- und Solvabilitätsbeurteilung auf Gruppenebene gemäß § 224.

In Bezug auf lit. b und c hat die FMA insbesondere das mögliche Ansteckungsrisiko innerhalb der Gruppe, das Risiko eines Interessenkonflikts und die Höhe oder den Umfang der Risiken zu überwachen.

2. Beurteilung, ob die Mitglieder des Vorstands bzw. des Verwaltungsrats und die geschäftsführenden Direktoren des der Gruppenaufsicht unterliegenden beteiligten Unternehmens die in § 120 vor § 121 bzw. § 225 Abs. 1 festgelegten Anforderungen erfüllen;

3. Koordinierung des Informationsaustauschs zwischen den betroffenen Aufsichtsbehörden im Rahmen der laufenden Beaufsichtigung sowie in Krisensituationen;

4. Planung und Koordinierung der Aufsichtstätigkeiten im Rahmen der laufenden Beaufsichtigung sowie in Krisensituationen in Zusammenarbeit mit den betroffenen Aufsichtsbehörden, die in Form regelmäßiger Sitzungen, die mindestens einmal jährlich abzuhalten sind, oder auf anderem angemessenen Wege zu erfolgen hat, wobei der Wesensart, der Komplexität und dem Umfang der Risiken Rechnung zu tragen ist, die mit der Tätigkeit aller der Gruppe angehörenden Unternehmen einhergehen, und

5. sonstige Aufgaben, Maßnahmen und Entscheidungen, die der FMA als der für die Gruppenaufsicht zuständigen Behörde durch dieses Bundesgesetz, die Durchführungsverordnung (EU) oder durch technische Standards (EU) zugewiesen werden, insbesondere die Federführung bei der Validierung etwaiger gruppeninterner Modelle gemäß § 212 und § 214 und bei der Erteilung der Genehmigung gemäß § 216 bis § 219.

(2) Um die Wahrnehmung der in Abs. 1 genannten Aufgaben zu erleichtern, hat die FMA als die für die Gruppenaufsicht zuständige Behörde ein Kollegium der Aufsichtsbehörden unter ihrem Vorsitz einzurichten.

Aufsichtskollegien

§ 228. (1) Bei der Einrichtung von Aufsichtskollegien hat die FMA als die für die Gruppenaufsicht zuständige Behörde gemäß Art. 21 der Verordnung (EU) Nr. 1094/2010 die Aufsichtsbehörden jener Mitgliedstaaten, in denen Tochterunternehmen ihren Sitz haben und die EIOPA als Mitglieder einzubeziehen. Die FMA als die für die Gruppenaufsicht zuständige Behörde ist ebenfalls Mitglied des Aufsichtskollegiums. Die FMA hat nach Maßgabe der Durchführungsverordnung (EU) die Aufsichtsbehörden von bedeutenden Zweigniederlassungen und Aufsichtsbehörden von verbundenen Unternehmen im Aufsichtskollegium mit einzubeziehen. Deren Teilnahme im Aufsichtskollegium ist auf die Gewährleistung eines effizienten Informationsaustauschs zu beschränken. Für eine wirksame Funktionsweise des Aufsichtskollegiums kann die FMA als für die Gruppenaufsicht zuständige Behörde nach Konsultation beschließen, dass bestimmte Tätigkeiten von einer verringerten Anzahl von Aufsichtsbehörden im Aufsichtskollegium ausgeführt werden.

(2) Die FMA hat als die für die Gruppenaufsicht zuständige Behörde darauf hinzuwirken, dass das Aufsichtskollegium die Verfahren für die Zusammenarbeit, den Informationsaustausch und die Konsultation zwischen den dem Aufsichtskollegium angehörenden Aufsichtsbehörden gemäß dem 9. Hauptstück zur Förderung der Konvergenz ihrer jeweiligen Beschlüsse und Tätigkeiten wirksam anwendet. Dies gilt sinngemäß, wenn eine andere Aufsichtsbehörde die für die Gruppenaufsicht zuständige Behörde ist und die FMA Mitglied eines Aufsichtskollegiums ist.

(3) Nimmt die für die Gruppenaufsicht zuständige Behörde die in Art. 248 Abs. 1 der Richtlinie 2009/138/EG genannten Aufgaben nicht wahr oder arbeiten die Mitglieder des Aufsichtskollegiums nicht in dem gemäß Art. 248 Abs. 1 der Richtlinie 2009/138/EG erforderlichen Umfang zusammen, kann die FMA als betroffene Aufsichtsbehörde gemäß Art. 19 der Verordnung (EU) Nr. 1094/2010 die EIOPA mit der Angelegenheit befassen und um Unterstützung ersuchen.

(4) Die FMA hat als die für die Gruppenaufsicht zuständige Behörde mit den anderen betroffenen Aufsichtsbehörden Koordinierungsvereinbarungen zu schließen, in denen die Modalitäten für die Errichtung und die Arbeitsweise des Aufsichtskollegiums und Regelungen zum Informationsaustausch innerhalb der Aufsichtskollegien festzulegen sind. Dies gilt sinngemäß, wenn eine andere Aufsichtsbehörde die für die Gruppenaufsicht zuständige Behörde ist und die FMA Mitglied eines Aufsichtskollegiums ist. Bei Meinungsverschiedenheiten betreffend die Koordinierungsvereinbarung kann die FMA als Mitglied des Aufsichtskollegiums gemäß Art. 19 der Verordnung (EU) Nr. 1094/2010 die EIOPA mit der Angelegenheit befassen und um Unterstützung ersuchen. Die FMA hat als die für die Gruppenaufsicht zuständige Behörde ihre endgültige Entscheidung im Einklang mit der Entscheidung der EIOPA zu treffen und den anderen betroffenen Aufsichtsbehörden mitzuteilen.

(5) In den Koordinierungsvereinbarungen gemäß Abs. 4 sind nach Maßgabe der Durchführungsverordnung (EU) Verfahren festzulegen für
1. die Entscheidungsfindung zwischen den betroffenen Aufsichtsbehörden gemäß § 212, § 214 und § 226 und
2. die Konsultation gemäß Abs. 4 und gemäß § 202 Abs. 4.

(6) Die Koordinierungsvereinbarungen können nach Maßgabe der Durchführungsverordnung (EU) zusätzlich zu Abs. 5 Folgendes festlegen:
1. die Konsultation zwischen den betroffenen Aufsichtsbehörden, insbesondere gemäß § 196 bis § 200, § 203 bis § 205, § 209, § 220 bis § 224, § 230, § 237, § 239 und § 245,

2. die Zusammenarbeit mit anderen Aufsichtsbehörden und
3. Notfallpläne für Krisensituationen.

(7) Durch Koordinierungsvereinbarungen können der FMA als der für die Gruppenaufsicht zuständigen Behörde, den anderen Aufsichtsbehörden oder der EIOPA zusätzliche Aufgaben übertragen werden, wenn dies zu einer effizienteren Beaufsichtigung der Gruppe führt und die Aufsichtstätigkeiten der Mitglieder des Aufsichtskollegiums im Hinblick auf ihre individuellen Zuständigkeiten nicht beeinträchtigt werden.

Zusammenarbeit und Informationsaustausch zwischen den Aufsichtsbehörden

§ 229. (1) Die FMA hat mit den für die Beaufsichtigung der einzelnen Versicherungs- und Rückversicherungsunternehmen einer Gruppe zuständigen Aufsichtsbehörden und für den Fall, dass die Gruppenaufsicht in einem anderen Mitgliedstaat durchgeführt wird, mit der für die Gruppenaufsicht zuständigen Behörde eng zusammenzuarbeiten. Das gilt insbesondere in Fällen, in denen sich ein Versicherungs- oder Rückversicherungsunternehmen in finanziellen Schwierigkeiten befindet.

(2) Die FMA kann in Aufsichtskollegien alle Informationen verarbeiten und übermitteln, die erforderlich sind und den für die Beaufsichtigung der einzelnen Versicherungs- und Rückversicherungsunternehmen einer Gruppe zuständigen Aufsichtsbehörden und der für die Gruppenaufsicht zuständigen Behörde die Erfüllung ihrer Aufsichtspflichten nach Maßgabe der Richtlinie 2009/138/EG zu ermöglichen und zu erleichtern. Diese Informationen sind unverzüglich sobald diese vorliegen bzw. auf Ersuchen zu übermitteln. Zu diesen Informationen zählen unter anderem Informationen über Aktivitäten der Gruppe und Maßnahmen der Aufsichtsbehörden und Informationen, die von der Gruppe bereitgestellt werden.

(3) Wenn eine Aufsichtsbehörde es versäumt hat der FMA relevante Informationen gemäß Art. 249 Abs. 1 der Richtlinie 2009/138/EG zu übermitteln oder wenn ein Ersuchen um Zusammenarbeit, insbesondere ein Austausch relevanter Informationen, abgelehnt wurde oder innerhalb von zwei Wochen keine Reaktion erfolgt ist, kann die FMA die EIOPA mit der Angelegenheit befassen.

(4) Die Übermittlung von Informationen an Behörden von Drittstaaten ist nur zulässig, sofern diese Behörden einer dem Berufsgeheimnis gemäß Art. 64 der Richtlinie 2009/138/EG entsprechenden Geheimhaltungspflicht unterliegen oder sich zu einer solchen verpflichtet haben. Wenn Informationen betroffen sind, die der FMA von der Aufsichtsbehörde eines anderen Vertragsstaates übermittelt wurden, dürfen diese nur mit der

ausdrücklichen Zustimmung dieser Aufsichtsbehörde und nur für Zwecke weitergegeben werden, denen diese Aufsichtsbehörde zugestimmt hat.

(5) Die FMA als die für die Gruppenaufsicht zuständige Behörde hat zumindest in folgenden Fällen unverzüglich eine Sitzung aller an der Gruppenaufsicht beteiligten Aufsichtsbehörden einzuberufen:

1. bei Feststellung eines schwerwiegenden Verstoßes gegen die Solvenzkapitalanforderung oder eines Verstoßes gegen die Mindestkapitalanforderung eines einzelnen Versicherungs- oder Rückversicherungsunternehmens,

2. bei Feststellung eines schwerwiegenden Verstoßes gegen die Solvenzkapitalanforderung auf Gruppenebene oder

3. wenn andere außergewöhnliche Umstände eintreten oder eingetreten sind.

Die FMA als die für die Beaufsichtigung der einzelnen Versicherungs- und Rückversicherungsunternehmen einer Gruppe zuständige Behörde hat in den vorgenannten Fällen die für die Gruppenaufsicht zuständige Behörde aufzufordern, eine Sitzung aller an der Gruppenaufsicht beteiligten Aufsichtsbehörden unverzüglich einzuberufen.

Gegenseitige Konsultation der Aufsichtsbehörden

§ 230. Unbeschadet von § 227 und § 228 hat die FMA vor jeder Entscheidung, die für die Aufsichtstätigkeit anderer betroffenen Aufsichtsbehörden im Aufsichtskollegium von Bedeutung ist diese im Rahmen des Aufsichtskollegiums zu konsultieren, sofern es sich um folgende Fälle handelt:

1. die Genehmigung von Veränderungen in der Aktionärs- Organisations- oder Leitungsstruktur von Versicherungs- und Rückversicherungsunternehmen einer Gruppe;

2. die Entscheidung über die Verlängerung der Frist für die Sanierung nach § 279 Abs. 3 bis 6 oder

3. bedeutende Sanktionen oder außergewöhnliche Aufsichtsmaßnahmen, wie ein Kapitalaufschlag gemäß § 277 oder die Auferlegung einer Beschränkung der Verwendung eines internen Modells bei der Berechnung der Solvenzkapitalanforderung gemäß dem 5. Abschnitt des 8. Hauptstücks.

Vor einer Entscheidung gemäß Z 2 und 3 ist die für die Gruppenaufsicht zuständige Behörde jedenfalls zu konsultieren.

Auskunftsrechte der FMA als der für die Gruppenaufsicht zuständigen Behörde

§ 231. (1) Wurde zu der für die Gruppenaufsicht zuständigen Behörde gemäß § 226 die FMA und nicht die Aufsichtsbehörde des Mitgliedstaats bestimmt, in dem das in § 197 Abs. 3 genannte oberste Mutterunternehmen auf Ebene der Mitgliedstaaten seinen Sitz hat, so kann die FMA diese Aufsichtsbehörde ersuchen, von diesem Mutterunternehmen alle Informationen, die für die Wahrnehmung ihrer in § 227 und § 228 festgelegten Koordinationsrechte und -pflichten zweckdienlich sind, zu verlangen und diese Informationen der FMA als der für die Gruppenaufsicht zuständigen Behörde weiterzuleiten.

(2) Benötigt die FMA als die für die Gruppenaufsicht zuständige Behörde die in § 234 genannten Informationen und wurden diese bereits einer anderen Aufsichtsbehörde im Aufsichtskollegium erteilt, so hat sie sich, soweit möglich, an diese andere Aufsichtsbehörde zu wenden.

Zusammenarbeit mit den für Kreditinstitute und Wertpapierfirmen zuständigen Behörden

§ 232. (1) Ist ein Versicherungs- oder Rückversicherungsunternehmen direkt oder indirekt mit einem Kreditinstitut im Sinne der Richtlinie 2013/36/EU oder einer Wertpapierfirma im Sinne der Richtlinie 2004/39/EG verbunden oder haben diese Unternehmen ein gemeinsames beteiligtes Unternehmen, so hat die FMA mit den für die Beaufsichtigung dieser anderen Unternehmen zuständigen Behörden eng zusammenzuarbeiten.

(2) Auf Ersuchen der im Abs. 1 genannten zuständigen Behörden hat die FMA diesen Behörden alle Informationen zu übermitteln, die sie zur Erfüllung ihrer Aufgaben benötigen.

Berufsgeheimnis und Vertraulichkeit

§ 233. Die im Rahmen der Gruppenaufsicht erlangten Informationen und insbesondere der in diesem Hauptstück vorgesehene Informationsaustausch zwischen der FMA und den Aufsichtsbehörden im EWR sowie zwischen diesen und anderen Behörden unterliegen § 294, § 298 und § 299.

Zugang zu Informationen

§ 234. (1) Die in die Gruppenaufsicht einbezogenen natürlichen und juristischen Personen einschließlich ihrer verbundenen und beteiligten Unternehmen haben sicherzustellen, dass sie Zugang zu allen Informationen haben, die für die Gruppenaufsicht zweckdienlich sind.

(2) Die in die Gruppenaufsicht einbezogenen Versicherungs- oder Rückversicherungsunternehmen haben der FMA als der für die Gruppenauf-

sicht zuständigen Behörde jederzeit Auskunft über alle Angelegenheiten zu erteilen und Zugang zu allen Informationen zu gewähren, die für die Gruppenaufsicht zweckdienlich sind. Werden die verlangten Informationen von dem in die Gruppenaufsicht einbezogenen Versicherungs- oder Rückversicherungsunternehmen nicht innerhalb einer angemessenen Frist übermittelt, so kann die FMA diese Informationen auch direkt von jenen Unternehmen der Gruppe verlangen, die nicht Versicherungs- oder Rückversicherungsunternehmen sind. Maßnahmen der FMA gegenüber den betreffenden Versicherungs- oder Rückversicherungsunternehmen bleiben hiervon unberührt.

Überprüfung der Informationen

§ 235. (1) Die FMA kann die in § 234 genannten Informationen unter Beachtung der allgemeinen Vorschriften des § 272 Abs. 4 und § 274 im Inland an folgenden Orten überprüfen:

1. bei einem Versicherungs- oder Rückversicherungsunternehmen, das der Gruppenaufsicht unterliegt;

2. bei verbundenen Unternehmen dieses Versicherungs- oder Rückversicherungsunternehmens;

3. bei Mutterunternehmen dieses Versicherungs- oder Rückversicherungsunternehmens und

4. bei verbundenen Unternehmen eines Mutterunternehmens dieses Versicherungs- oder Rückversicherungsunternehmens.

(2) Beabsichtigt die FMA als die für die Gruppenaufsicht zuständige Behörde, Informationen über ein einer Gruppe angehörendes beaufsichtigtes oder nicht der Beaufsichtigung unterliegendes Unternehmen mit Sitz in einem anderen Mitgliedstaat nachzuprüfen, so hat die FMA die Aufsichtsbehörde dieses Mitgliedstaats um Durchführung der Prüfung zu ersuchen. Falls diese Aufsichtsbehörde die Prüfung nicht selbst durchführt oder durch von ihr ermächtigte Prüfungsorgane durchführen lässt, so kann die FMA, wenn die Aufsichtsbehörde des betroffenen Mitgliedstaats sie hierzu ermächtigt, die Prüfung selbst durchführen oder die Prüfung von gemäß § 274 Abs. 2 bestellten Prüfungsorganen durchführen lassen. Die FMA kann an der Prüfung auch dann teilnehmen, wenn sie diese nicht selbst durchführt.

(3) Beabsichtigt die Aufsichtsbehörde eines Mitgliedstaats, Informationen über ein einer Gruppe angehörendes beaufsichtigtes oder nicht der Beaufsichtigung unterliegendes Unternehmen mit Sitz im Inland nachzuprüfen, so hat die FMA diese Prüfung durchzuführen oder die Prüfung durch von ihr gemäß § 274 Abs. 2 bestellten Prüfungsorgane durchführen zu lassen oder die Aufsichtsbehörde dieses Mitgliedstaats oder von dieser beauftragte Personen zur Durchführung der Prüfung zu ermächtigen. Die FMA kann an dieser Prüfung teilnehmen. § 274 Abs. 2 ist anzuwenden. Nimmt die Aufsichtsbehörde des betroffenen Mitgliedstaats die Prüfung nicht selbst vor, so hat ihr die FMA zu gestatten, an der Prüfung teilzunehmen.

(4) Von den gemäß Abs. 2 und 3 getroffenen Maßnahmen hat die FMA die für die Gruppenaufsicht zuständige Behörde zu unterrichten.

(5) Wenn auf ein gemäß Abs. 2 an eine andere Aufsichtsbehörde gerichtetes Ersuchen der FMA um Durchführung einer Überprüfung innerhalb von zwei Wochen keine Reaktion erfolgt ist oder wenn die FMA praktisch an der Ausübung ihres Rechts auf Teilnahme gemäß Abs. 2 gehindert wird, kann die FMA gemäß Art. 19 der Verordnung (EU) Nr. 1094/2010 die EIOPA mit der Angelegenheit befassen und um Unterstützung ersuchen.

Zwangsmaßnahmen

§ 236. (1) Erfüllen die Versicherungs- oder Rückversicherungsunternehmen einer Gruppe die Anforderungen gemäß § 202 bis § 224 nicht oder ist die Solvabilität der Gruppe trotz Erfüllung der Anforderungen gefährdet oder gefährden gruppeninterne Transaktionen oder Risikokonzentrationen die Finanzlage der Versicherungs- oder Rückversicherungsunternehmen, so hat die FMA die notwendigen Maßnahmen zur unverzüglichen Bereinigung der Situation zu ergreifen,

1. bei Versicherungsholdinggesellschaften oder gemischten Finanzholdinggesellschaften, wenn sie die für die Gruppenaufsicht zuständige Behörde ist und

2. bei Versicherungs- und Rückversicherungsunternehmen der Gruppe, wenn diese ihren Sitz im Inland haben.

(2) Die FMA hat gegenüber Versicherungsholdinggesellschaften oder gemischten Finanzholdinggesellschaften mit Sitz im Inland alle Anordnungen zu treffen, die erforderlich und geeignet sind, um den Geschäftsbetrieb mit den Bestimmungen dieses Hauptstücks und den entsprechenden Bestimmungen in der Durchführungsverordnung (EU) und den technischen Standards (EU) im Einklang zu halten.

(3) Hat das betreffende Versicherungs- oder Rückversicherungsunternehmen einer Gruppe oder die Versicherungsholdinggesellschaft oder die gemischte Finanzholdinggesellschaft den Sitz in einem anderen Mitgliedstaat, so hat die FMA als die für die Gruppenaufsicht zuständige Behörde der Aufsichtsbehörde des anderen Mitgliedstaats ihre Erkenntnisse mitzuteilen, damit diese die notwendigen Maßnahmen einleiten kann.

(4) Ist die FMA nicht die für die Gruppenaufsicht zuständige Behörde und teilt die für die Gruppenaufsicht zuständige Behörde der FMA ihre Erkenntnisse gemäß Art. 258 Abs. 1 der

Richtlinie 2009/138/EG in Bezug auf die Versicherungsholdinggesellschaft oder die gemischte Finanzholdinggesellschaft an der Spitze dieser Gruppe oder auf ein Versicherungs- oder Rückversicherungsunternehmen dieser Gruppe mit Sitz im Inland mit, so hat die FMA die erforderlichen Maßnahmen gemäß diesem Bundesgesetz zu ergreifen.

(5) Die FMA hat ihre Zwangsmaßnahmen gemäß diesem Paragraphen mit den anderen betroffenen Aufsichtsbehörden und der für die Gruppenaufsicht zuständigen Behörde zu koordinieren, sofern dies angebracht ist. Das gilt insbesondere in Fällen, in denen sich die Hauptverwaltung oder Hauptniederlassung einer Versicherungsholdinggesellschaft oder einer gemischten Finanzholdinggesellschaft nicht am Ort ihres Sitzes befindet.

7. Abschnitt
Mutterunternehmen mit Sitz in Drittländern

Überprüfung der Gleichwertigkeit

§ 237. (1) In dem Fall gemäß § 197 Abs. 1 Z 3 hat die FMA auf Antrag des Mutterunternehmens oder eines der Versicherungs- und Rückversicherungsunternehmen mit Sitz in einem Mitgliedstaat oder von Amts wegen, sofern sie bei der Anwendung der Kriterien gemäß § 226 für die Gruppenaufsicht zuständig wäre (als die die Gruppenaufsicht wahrnehmende Behörde), nach Maßgabe der in der Durchführungsverordnung (EU) festgelegten Kriterien mit Unterstützung der EIOPA gemäß Art. 33 Abs. 2 der Verordnung (EU) Nr. 1094/2010 zu überprüfen, ob die Versicherungs- oder Rückversicherungsunternehmen, deren Mutterunternehmen seinen Sitz in einem Drittland hat, von der Aufsichtsbehörde des betreffenden Drittlands in einer Weise beaufsichtigt werden, die der in diesem Hauptstück vorgesehenen Beaufsichtigung auf Gruppenebene gemäß § 215 Abs. 1 Z 1 und 2 gleichwertig ist. Bevor die FMA über die Gleichwertigkeit entscheidet hat sie hierzu die anderen betroffenen Aufsichtsbehörden mit Unterstützung der EIOPA zu konsultieren. Die FMA als die für die Gruppenaufsicht wahrnehmende Behörde darf keine ein Drittland betreffende Entscheidung treffen, die im Widerspruch zu einer zuvor gegenüber diesem Drittland gemäß Art. 260 Abs. 1 der Richtlinie 2009/138/EG getroffenen Entscheidung steht, es sei denn, dies ist erforderlich, um erheblichen Änderungen des in Titel I der Richtlinie 2009/138/EG beschriebenen Aufsichtssystems und des Aufsichtssystems des Drittlands Rechnung zu tragen.

(2) Ist die FMA als betroffene Aufsichtsbehörde mit einer gemäß Art. 260 Abs. 1 dritter Unterabsatz der Richtlinie 2009/138/EG getroffenen Entscheidung nicht einverstanden, kann sie gemäß Art. 19 der Verordnung (EU) Nr. 1094/2010 innerhalb von drei Monaten nach Mitteilung der Entscheidung durch die die Gruppenaufsicht wahrnehmende Behörde die EIOPA mit der Angelegenheit befassen und um Unterstützung ersuchen.

(3) Nach einer Entscheidung der Kommission gemäß Art. 260 Abs. 3 oder 5 der Richtlinie 2009/138/EG über die Gleichwertigkeit der Solvabilitätsvorschriften eines Drittlands, ist Abs. 1 nicht mehr anzuwenden. Stellt die Kommission fest, dass die Solvabilitätsvorschriften eines Drittlands nicht gleichwertig sind, tritt eine nach Abs. 1 getroffene Entscheidung außer Kraft.

Vorliegen der Gleichwertigkeit

§ 238. (1) Wurde die Gleichwertigkeit der Beaufsichtigung gemäß § 237 festgestellt, so hat sich die FMA als betroffene Aufsichtsbehörde auf die in einem Drittland durchgeführte Gruppenaufsicht zu stützen.

(2) Der 6. Abschnitt des 9. Hauptstücks und § 225 sind bei der Zusammenarbeit der FMA als Aufsichtsbehörde von Versicherungs- und Rückversicherungsunternehmen mit Sitz im Inland mit den Aufsichtsbehörden aus Drittländern sinngemäß anzuwenden.

Fehlende Gleichwertigkeit

§ 239. (1) Liegt keine gleichwertige Beaufsichtigung gemäß § 237 vor, hat die FMA als die für die Gruppenaufsicht zuständige Behörde auf die Versicherungs- und Rückversicherungsunternehmen entweder die im 2. und 4. bis 6. Abschnitt festgelegten allgemeinen Grundsätze und Methoden oder eine der in Abs. 3 festgelegten Methoden auf Ebene der Versicherungsholdinggesellschaft mit Sitz in einem Drittland, der gemischten Finanzholdinggesellschaft mit Sitz in einem Drittland-Versicherungs- oder Drittland-Rückversicherungsunternehmens anzuwenden.

(2) Ausschließlich für die Berechnung der Solvabilität der Gruppe ist das Mutterunternehmen wie ein Versicherungs- oder Rückversicherungsunternehmen zu behandeln, für das in Bezug auf die anrechenbaren Eigenmittel die im 2. Abschnitt des 8. Hauptstücks festgelegten Bedingungen gelten und der folgenden Anforderungen gilt:

1. eine nach den Grundsätzen des § 208 Abs. 2 und 3 bestimmte Solvenzkapitalanforderung, wenn es sich um eine Versicherungsholdinggesellschaft oder eine gemischte Finanzholdinggesellschaft handelt oder

2. eine nach den Grundsätzen des § 209 bestimmte Solvenzkapitalanforderung, wenn es sich um Drittland-Versicherungs- oder Drittland-Rückversicherungsunternehmen handelt.

(3) Die FMA kann als die für die Gruppenaufsicht zuständige Behörde nach Konsultation der anderen betroffenen Aufsichtsbehörden andere Methoden anwenden, wenn diese eine angemessene Beaufsichtigung der Versicherungs- und Rückversicherungsunternehmen einer Gruppe und die Erreichung der in diesem Hauptstück für die Gruppenaufsicht gesetzten Ziele gewährleisten. Insbesondere kann die FMA als die für die Gruppenaufsicht zuständige Behörde die Gründung einer Versicherungsholdinggesellschaft oder einer gemischten Finanzholdinggesellschaft mit Sitz in einem Mitgliedstaat verlangen und dieses Hauptstück auf Ebene dieses Unternehmens anwenden. Die FMA hat die gewählten Methoden den anderen betroffenen Aufsichtsbehörden sowie der Europäischen Kommission mitzuteilen.

Ebenen der Beaufsichtigung

§ 240. (1) Ist das in § 237 genannte Mutterunternehmen selbst Tochterunternehmen einer Versicherungsholdinggesellschaft oder einer gemischten Finanzholdinggesellschaft mit Sitz in einem Drittland oder eines Drittland-Versicherungs- oder Drittland-Rückversicherungsunternehmens, so hat die FMA als die für die Gruppenaufsicht zuständige Behörde die in § 237 vorgesehene Überprüfung nur auf Ebene des obersten Mutterunternehmens vorzunehmen, das eine Versicherungsholdinggesellschaft, eine gemischte Finanzholdinggesellschaft mit Sitz in einem Drittland, ein Drittland-Versicherungs- oder ein Drittland-Rückversicherungsunternehmen ist.

(2) Liegt keine gleichwertige Beaufsichtigung gemäß § 237 vor, so kann die FMA auf einer niedrigeren Ebene bei einem Mutterunternehmen von Versicherungs- oder Rückversicherungsunternehmen eine erneute Überprüfung entweder auf der Ebene einer Versicherungsholdinggesellschaft, einer gemischten Finanzholdinggesellschaft mit Sitz in einem Drittland, einem Drittland-Versicherungs- oder einem Drittland-Rückversicherungsunternehmen vornehmen. In diesem Fall hat die FMA der Gruppe ihre Entscheidung zu erläutern. § 239 ist sinngemäß anzuwenden.

10. Hauptstück

Informationen

1. Abschnitt

Veröffentlichungspflichten der Versicherungs- und Rückversicherungsunternehmen

Bericht über die Solvabilität und Finanzlage: Inhalt

§ 241. (1) Bei der Erstellung und Veröffentlichung des Berichts über die Solvabilität und Finanzlage gemäß der Durchführungsverordnung (EU) haben die Versicherungs- und Rückversicherungsunternehmen die Grundsätze nach § 248 Abs. 1 zu berücksichtigen.

(2) Versicherungs- und Rückversicherungsunternehmen können Veröffentlichungen, die sie in Erfüllung anderer Rechts- oder Regulierungsvorschriften vorgenommen haben, für den Bericht verwenden oder sich mittels eines konkreten Verweises auf diese beziehen, sofern diese Veröffentlichungen den gemäß Abs. 1 zu veröffentlichenden Informationen nach Art und Umfang gleichwertig sind.

(3) Versicherungs- und Rückversicherungsunternehmen können auf freiwilliger Basis alle mit ihrer Solvabilität und Finanzlage in Verbindung stehenden Informationen und Erläuterungen veröffentlichen, deren Veröffentlichung nicht bereits gemäß Abs. 1 erforderlich ist.

Bericht über die Solvabilität und Finanzlage: Nichtveröffentlichung von bestimmten Informationen

§ 242. (1) Mit Genehmigung der FMA braucht ein Versicherungs- oder Rückversicherungsunternehmen bestimmte Informationen, mit Ausnahme der Beschreibung des Kapitalmanagements, nicht in den Bericht über die Solvabilität und Finanzlage aufzunehmen, wenn

1. Wettbewerber des Unternehmens durch eine Veröffentlichung derartiger Informationen einen bedeutenden ungebührlichen Vorteil erlangen oder

2. gegenüber den Versicherungsnehmern oder auf Grund einer Beziehung zu Dritten eine Verpflichtung des Unternehmens zur Geheimhaltung oder Vertraulichkeit in verkehrsüblichem Ausmaß besteht.

(2) Genehmigt die FMA die Nichtveröffentlichung von Informationen gemäß Abs. 1, so haben die Unternehmen dies in ihrem Bericht über ihre Solvabilität und Finanzlage unter Angabe von Gründen anzuführen.

Bericht über die Solvabilität und Finanzlage: Aktualisierungen

§ 243. (1) Versicherungs- und Rückversicherungsunternehmen haben wesentliche Entwicklungen, welche die Bedeutung der im Bericht über die Solvabilität und Finanzlage veröffentlichten Informationen erheblich verändern, zu veröffentlichen. Dabei sind zweckmäßige Angaben zu Wesensart und Auswirkung der wesentlichen Entwicklung zu machen. Eine wesentliche Entwicklung liegt insbesondere dann vor, wenn

1. eine Nichteinhaltung der Mindestkapitalanforderung festgestellt wird und die FMA der Ansicht ist, dass das Unternehmen entweder nicht

in der Lage sein wird, einen realistischen kurzfristigen Finanzierungsplan vorzulegen oder binnen eines Monats nach Feststellung der Nichteinhaltung kein derartiger Plan vorgelegt wird oder

2. eine wesentliche Nichteinhaltung der Solvenzkapitalanforderung festgestellt wird und der FMA binnen zwei Monaten nach Feststellung der Nichteinhaltung kein realistischer Sanierungsplan vorgelegt wird.

(2) Bei Vorliegen einer wesentlichen Entwicklung gemäß Abs. 1 hat das Versicherungs- oder Rückversicherungsunternehmen unverzüglich den Betrag der Nichteinhaltung, eine Erläuterung der Ursachen für die Nichteinhaltung, ihre Folgen und etwaige Abhilfemaßnahmen zu veröffentlichen.

(3) Wurde eine Nichteinhaltung der Mindestkapitalanforderung trotz Vorliegens eines als realistisch angesehenen kurzfristigen Finanzierungsplans binnen drei Monaten nach ihrer Feststellung nicht beseitigt, hat das Versicherungs- oder Rückversicherungsunternehmen diese unter Erläuterung ihrer Ursachen, Folgen und etwaiger Abhilfemaßnahmen unverzüglich zu veröffentlichen. Wurde eine wesentliche Nichteinhaltung der Solvenzkapitalanforderung trotz Vorliegens eines als realistisch angesehenen Sanierungsplans binnen sechs Monaten nach ihrer Feststellung nicht beseitigt, hat das Versicherungs- oder Rückversicherungsunternehmen diese unter Erläuterung ihrer Ursachen, Folgen und etwaiger Abhilfemaßnahmen unverzüglich zu veröffentlichen.

Bericht über die Solvabilität und Finanzlage: schriftliche Leitlinien

§ 244. (1) Versicherungs- und Rückversicherungsunternehmen haben über angemessene Systeme und Strukturen zu verfügen, um die in diesem Abschnitt genannten Anforderungen zu erfüllen. Ebenso sind schriftliche Leitlinien zur Sicherstellung der kontinuierlichen Eignung der im Bericht über die Solvabilität und Finanzlage veröffentlichten und zu veröffentlichenden Informationen zu erstellen und zu implementieren.

(2) Der Bericht über Solvabilität und Finanzlage ist vom Vorstand bzw. Verwaltungsrat zu beschließen und darf erst danach veröffentlicht werden.

Bericht über die Solvabilität und Finanzlage: Gruppenebene

§ 245. (1) Beteiligte Versicherungs- und Rückversicherungsunternehmen, die einer Beaufsichtigung gemäß § 197 Abs. 1 Z 1 unterliegen bzw. Versicherungsholdinggesellschaften und gemischte Finanzholdinggesellschaften, die einer Beaufsichtigung gemäß § 197 Abs. 1 Z 2 unterliegen, haben bei der Erstellung und Veröffentlichung des Berichtes über ihre Solvabilität und Finanzlage auf Gruppenebene, gemäß der Durchführungsverordnung (EU) § 241 bis § 244 sinngemäß anzuwenden.

(2) Mit Genehmigung der FMA als der für die Gruppenaufsicht zuständigen Behörde können die in Abs. 1 genannten Unternehmen einen einzigen Bericht über die Solvabilität und Finanzlage der Gruppe veröffentlichen. Dieser hat zumindest Folgendes zu beinhalten:

1. alle Informationen, die gemäß Abs. 1 auf Gruppenebene zu veröffentlichen sind und

2. die Informationen für jedes Tochterunternehmen der Gruppe, die gemäß § 241 bis § 244 zu veröffentlichen sind. Die Informationen haben dabei jeweils den einzelnen Tochterunternehmen zuordenbar zu sein.

Die Tochterunternehmen der Gruppe werden hierdurch von der Verpflichtung zur Veröffentlichung eines Berichtes über die Solvabilität und Finanzlage gemäß § 241 Abs. 1 befreit.

(3) Die FMA als die für die Gruppenaufsicht zuständige Behörde hat vor Erteilung der Genehmigung gemäß Abs. 2 die Aufsichtsbehörden im Aufsichtskollegium zu konsultieren und deren Ansichten und Vorbehalten angemessen Rechnung zu tragen.

(4) Fehlen im Bericht nach Abs. 2 wesentliche Informationen zu einem Tochterunternehmen, das ein Versicherungs- oder Rückversicherungsunternehmen mit Sitz im Inland ist, kann die FMA das Tochterunternehmen zur gesonderten Veröffentlichung der erforderlichen Informationen verpflichten.

Offenlegung bestimmter Informationen betreffend Rechnungslegung und Konzernrechnungslegung

§ 246. (1) Der Jahresabschluss einschließlich des gesamten Anhangs sowie der Lagebericht haben spätestens sechs Monate nach Ende des Geschäftsjahres bis zum Ende des dritten dem Geschäftsjahr folgenden Kalenderjahres am Sitz des Versicherungs- oder Rückversicherungsunternehmens sowie in allen Betriebsstätten zur Einsichtnahme aufzuliegen. Der Jahresabschluss und Lagebericht einer inländischen Zweigniederlassung eines Drittland-Versicherungs- oder Drittland-Rückversicherungsunternehmens sowie Jahresabschluss und Lagebericht des Gesamtunternehmens haben am Sitz der inländischen Zweigniederlassung zur Einsichtnahme aufzuliegen. Sofern diese Unterlagen gemäß § 280a UGB beim Firmenbuch in deutscher Sprache einzureichen sind, haben sie auch in deutscher Sprache aufzuliegen.

(2) Die Unterlagen gemäß Abs. 1 sind jedermann auf Verlangen gegen Ersatz der Kosten auszuhändigen.

(3) Versicherungsunternehmen haben vom Anhang die Angaben gemäß § 198 Abs. 9, § 222 Abs. 2, § 223 Abs. 2, § 233, § 236 mit Ausnahme der Z 2 und 4, § 237 Z 3, 7, 8, 10 und 12, § 238 Z 1, § 239 Abs. 2 und § 240 Z 9 UGB und die Angaben gemäß § 145 und § 155 im „Amtsblatt zur Wiener Zeitung" oder in einer anderen Zeitung mit Verbreitung im gesamten Bundesgebiet zu veröffentlichen.

(4) Auf inländische Zweigniederlassungen von Drittland-Versicherungs- und Drittland-Rückversicherungsunternehmen ist unabhängig von der Rechtsform § 280a UGB anzuwenden.

(5) In die Veröffentlichung des Jahresabschlusses ist ein Hinweis darüber aufzunehmen, dass Jahresabschluss und Lagebericht gemäß Abs. 1 am Sitz des Versicherungs- oder Rückversicherungsunternehmens und in allen seinen Betriebsstätten oder am Sitz der inländischen Zweigniederlassung eines Drittland-Versicherungs- oder Rückversicherungsunternehmens zur Einsichtnahme aufliegen. In die Veröffentlichung der inländischen Zweigniederlassung eines Drittland-Versicherungs- oder Drittland-Rückversicherungsunternehmens ist zusätzlich ein Hinweis darüber aufzunehmen, dass der Jahresabschluss des Gesamtunternehmens gemäß § 280a UGB beim Firmenbuchgericht eingereicht wurde. Bei der Veröffentlichung sind das Firmenbuchgericht und die Firmenbuchnummer anzugeben.

(6) Der Bestätigungsvermerk des Treuhänders für die Überwachung des Deckungsstocks und des verantwortlichen Aktuars oder der Vermerk über die Versagung dieses Bestätigungsvermerks sind mit dem Jahresabschluss beim Firmenbuch einzureichen und im „Amtsblatt zur Wiener Zeitung" oder in einer anderen Zeitung mit Verbreitung im gesamten Bundesgebiet zu veröffentlichen.

(7) Für den Konzernabschluss und den Konzernlagebericht gelten die Abs. 1 bis 3 und 5 sinngemäß.

(8) Auf den Konzernabschluss und Konzernlagebericht gemäß § 138 Abs. 8, der nach den internationalen Rechnungslegungsstandards aufgestellt wird, ist Abs. 3 nicht anzuwenden. Zu veröffentlichen sind die Angaben gemäß § 245a Abs. 3 UGB und § 138 Abs. 9 sowie diejenigen Angaben, die den in Abs. 3 angeführten entsprechen.

2. Abschnitt

Meldepflichten der Versicherungs- und Rückversicherungsunternehmen an die FMA

Allgemeine Bestimmungen

§ 247. (1) Versicherungs- und Rückversicherungsunternehmen haben über angemessene Systeme und Strukturen zu verfügen, um die in diesem Abschnitt genannten Anforderungen zu erfüllen, sowie schriftliche Leitlinien zur Sicherstellung der kontinuierlichen Angemessenheit der gemäß § 248 Abs. 1 an die FMA zu meldenden Informationen zu erstellen und zu implementieren. Diese schriftlichen Leitlinien sind vom Vorstand bzw. Verwaltungsrat zu beschließen.

(2) Die Übermittlung von Informationen gemäß § 248 Abs. 1 und 8 sowie § 249 und § 250 hat auf elektronischem Weg zu erfolgen. Dabei sind die amtlich festgelegten Datenmerkmale einschließlich des Datensatzaufbaus zu beachten.

(3) Dieser Paragraph und § 248 Abs. 1 gelten sinngemäß auf Gruppenebene für beteiligte Versicherungs- und Rückversicherungsunternehmen, die einer Beaufsichtigung gemäß § 197 Abs. 1 Z 1 unterliegen bzw. für Versicherungsholdinggesellschaften und gemischte Finanzholdinggesellschaften, die einer Beaufsichtigung gemäß § 197 Abs. 1 Z 2 unterliegen.

Berichte an die FMA

§ 248. (1) Bei der Zusammenstellung und Meldung der für die Zwecke der Beaufsichtigung erforderlichen Informationen im Rahmen der regelmäßigen aufsichtlichen Berichterstattung gemäß der Durchführungsverordnung (EU) und den technischen Standards (EU) haben die Versicherungs- und Rückversicherungsunternehmen Folgendes zu beachten: Diese Informationen haben

1. der Wesensart, dem Umfang und der Komplexität der Geschäftstätigkeit des betreffenden Unternehmens und insbesondere den mit dieser Geschäftstätigkeit einhergehenden Risiken Rechnung zu tragen;

2. zugänglich zu sein sowie in allen wesentlichen Aspekten vollständig, vergleichbar und in zeitlicher Hinsicht konsistent zu sein und

3. relevant, verlässlich und verständlich zu sein.

(2) Versicherungs- und Rückversicherungsunternehmen haben der FMA unverzüglich, längstens binnen fünf Monaten nach Ende des Geschäftsjahres vorzulegen:

1. den Jahresabschluss,
2. den Lagebericht,
3. gegebenenfalls den Corporate Governance Bericht,
4. den Bericht des Abschlussprüfers,
5. den Nachweis der Feststellung des Jahresabschlusses sowie
6. hinsichtlich des Konzernabschlusses die in Z 1, 2, 3 und 4 angeführten Berichtsteile.

Die Frist hinsichtlich der in Z 6 angeführten Berichtsteile verlängert sich um 6 Wochen.

(3) Versicherungs- und Rückversicherungsunternehmen haben der FMA unverzüglich, längs-

tens binnen sechs Monaten nach Ende des Geschäftsjahres vorzulegen:

1. eine beglaubigte vollständige Abschrift des Protokolls über die Versammlung, die die Entlastung der Mitglieder des Vorstands und des Aufsichtsrat bzw. des Verwaltungsrats und der geschäftsführenden Direktoren zum Gegenstand hatte,

2. den Nachweis der Veröffentlichung des Jahresabschlusses sowie

3. den Nachweis der Veröffentlichung des Konzernabschlusses.

(4) Inländische Zweigniederlassungen von Drittland-Versicherungs- und Drittland-Rückversicherungsunternehmen haben der FMA abweichend von Abs. 2 unverzüglich, längstens binnen fünf Monaten nach Ende des Geschäftsjahres vorzulegen:

1. den Jahresabschluss der Zweigniederlassung,

2. den Lagebericht der Zweigniederlassung,

3. den Bericht des Abschlussprüfers über die Prüfung der Zweigniederlassung sowie

4. den Jahresabschluss und den Lagebericht des Gesamtunternehmens.

(5) Inländische Zweigniederlassungen von Drittland-Versicherungs- und Drittland-Rückversicherungsunternehmen haben der FMA abweichend von Abs. 3 unverzüglich, längstens binnen sechs Monaten nach Ende des Geschäftsjahres vorzulegen:

1. eine beglaubigte vollständige Abschrift des Protokolls über die Versammlung, die die Feststellung des Jahresabschlusses zum Gegenstand hatte sowie

2. den Nachweis der Veröffentlichung des Jahresabschlusses der Zweigniederlassung und des Gesamtunternehmens gemäß § 246 Abs. 4.

(6) Die FMA kann, wenn dies für die Überwachung der Geschäftsgebarung erforderlich ist, verlangen, dass die in Abs. 4 Z 4 und Abs. 5 Z 1 angeführten Unterlagen auch in beglaubigter deutscher Übersetzung vorgelegt werden.

(7) Auf Antrag kann die FMA in begründeten Fällen die Fristen gemäß Abs. 2 bis 5 erstrecken.

(8) Die FMA kann alle für die laufende Überwachung der Geschäftsgebarung nach § 268, für die Gruppenaufsicht und für die Führung von Versicherungsstatistiken gemäß § 256 erforderlichen Informationen verlangen. Diese Informationen können insbesondere die Aufgliederung von Posten des Jahresabschlusses, Aufstellungen der Vermögenswerte gemäß § 144 Abs. 2 bewertet nach den für die Bilanzierung maßgeblichen Vorschriften, von Geschäftsergebnissen nach Zweigniederlassungen und Dienstleistungsverkehr sowie nach Geschäftsgebieten und Geschäftsbereichen, Angaben über die in die Gruppenaufsicht einzubeziehenden Unternehmen, statistische Daten über das Unternehmen, die Zuordnung des übernommenen Rückversicherungsgeschäfts zu bestimmten Bilanzabteilungen und bei Kompositversicherungsunternehmen Angaben zu den Bilanzposten in Hinblick auf deren Zuordnung zu einer Bilanzabteilung sowie in Hinblick auf Übertragungen zwischen den Bilanzabteilungen umfassen. Die FMA hat mit Verordnung nähere Vorschriften über den Inhalt und die Gliederung der Informationen gemäß diesem Absatz zu erlassen und kann festsetzen, dass ihr bestimmte Informationen in kürzeren Abständen als jährlich zu melden sind.

(9) Soweit gemäß Abs. 8 eine Meldung der Vermögenswerte zu unterjährigen Stichtagen vorgesehen ist, haben die Versicherungs- und Rückversicherungsunternehmen die Vermögenswerte auch zu diesen Stichtagen nach den für die Bilanzierung maßgeblichen Vorschriften zu bewerten.

Verzeichnisse und Aufstellungen der dem Deckungsstock gewidmeten Vermögenswerte

§ 249. (1) Versicherungsunternehmen haben die Deckungsstockverzeichnisse fortlaufend an ihrem Sitz zu führen. Versicherungsunternehmen sind verpflichtet, der FMA Aufstellungen aller zum Ende des Geschäftsjahres dem Deckungsstock gewidmeten und geeigneten Vermögenswerte, in Form von Auszügen aus den Verzeichnissen, binnen sechs Wochen nach Ende des Geschäftsjahres vorzulegen. Die Vermögenswerte sind auch zu unterjährigen Stichtagen nach den für die Bilanzierung maßgeblichen Vorschriften zu bewerten.

(2) Die FMA hat mit Verordnung zu regeln, welche Mindestangaben die Deckungsstockverzeichnisse und die Aufstellungen zu enthalten haben und kann festsetzen, dass ihr die Aufstellungen in kürzeren Abständen als jährlich vorzulegen sind.

(3) In begründeten Fällen kann die FMA auf Antrag die Vorlagefristen für Aufstellungen erstrecken.

Statistische Angaben über grenzüberschreitende Tätigkeiten

§ 250. (1) Versicherungsunternehmen haben der FMA für im Rahmen der Niederlassungsfreiheit getätigte Geschäfte und getrennt davon für im Rahmen der Dienstleistungsfreiheit getätigte Geschäfte die Höhe der verrechneten Prämien, der Aufwendungen für Versicherungsfälle und der Kosten – ohne Abzug der Rückversicherung – nach Mitgliedstaaten aufgeschlüsselt wie folgt zu melden:

1. bei Nicht-Lebensversicherungen nach den in der Durchführungsverordnung (EU) festgelegten Geschäftsbereichen und

2. bei Lebensversicherungen nach den in der Durchführungsverordnung (EU) festgelegten Geschäftsbereichen.

(2) In Bezug auf Zweig 10 der Anlage A – ausgenommen der Haftung des Frachtführers – hat das Versicherungsunternehmen der FMA zudem die Häufigkeit und die durchschnittlichen Kosten der Erstattungsleistungen zu melden.

(3) Nach Meldung der Angaben gemäß Abs. 1 und 2 hat die FMA den Aufsichtsbehörden jedes betroffenen Mitgliedstaats diese auf Ersuchen in zusammengefasster Form mitzuteilen.

Beschränkung der regelmäßigen aufsichtlichen Berichterstattung

§ 251. (1) Wenn die in der Durchführungsverordnung (EU) und den technischen Standards (EU) festgelegten Intervalle kürzer als ein Jahr sind, kann die FMA eine Beschränkung der regelmäßigen aufsichtlichen Berichterstattung unbeschadet § 193 Abs. 3 genehmigen, wenn

1. die Übermittlung dieser Informationen im Verhältnis zu der Wesensart, dem Umfang und der Komplexität der mit dem Geschäft verbundenen Risiken mit einem zu großen Aufwand verbunden wäre und

2. die Informationen mindestens einmal pro Jahr vorgelegt werden.

Wenn ein Versicherungs- und Rückversicherungsunternehmen gemäß § 195 Abs. 1 Z 3 zu einer Gruppe gehört, kann die FMA die regelmäßige aufsichtliche Berichterstattung gemäß diesem Absatz nur dann einschränken, wenn das betreffende Versicherungs- und Rückversicherungsunternehmen der FMA hinreichend nachweist, dass eine regelmäßige aufsichtliche Berichterstattung mit kürzeren als Jahresintervallen angesichts der Wesensart, des Umfangs und der Komplexität der mit dem Geschäft der Gruppe verbundenen Risiken nicht angemessen ist.

(2) Die FMA kann Versicherungs- und Rückversicherungsunternehmen von der Einzelpostenberichterstattung befreien, wenn

1. die Übermittlung dieser Informationen im Verhältnis zu der Wesensart, dem Umfang und der Komplexität der mit dem Geschäft verbundenen Risiken mit einem zu großen Aufwand verbunden wäre,

2. die Übermittlung dieser Informationen für die wirksame Beaufsichtigung des Unternehmens nicht erforderlich ist,

3. die Befreiung nicht der Stabilität der betroffenen Finanzsysteme in der Union zuwiderläuft und

4. das Unternehmen in der Lage ist, die Informationen auf Ad hoc Basis zu übermitteln.

Wenn ein Versicherungs- und Rückversicherungsunternehmen gemäß § 195 Abs. 1 Z 3 zu einer Gruppe gehört, darf die FMA die regelmäßige aufsichtliche Berichterstattung gemäß diesem Absatz nur dann einschränken, wenn das betreffende Versicherungs- und Rückversicherungsunternehmen der FMA hinreichend nachweist, dass eine nach Posten aufgeschlüsselte Berichterstattung angesichts der Wesensart, des Umfangs und der Komplexität der mit dem Geschäft der Gruppe verbundenen Risiken unter Berücksichtigung des Ziels der Finanzstabilität nicht angemessen ist.

(3) Die FMA darf jedoch die Beschränkung der regelmäßigen aufsichtlichen Berichterstattung gemäß Abs. 1 und 2 nur Unternehmen gewähren, die jeweils in Summe nicht mehr als 20 vH des Lebensversicherungs- und des Nicht-Lebensversicherungsmarktes repräsentieren, wobei der Anteil am Nicht-Lebensversicherungsmarkt auf den verrechneten und abgegrenzten Prämien und der Anteil am Lebensversicherungsmarkt auf den versicherungstechnischen Rückstellungen gemäß dem 1. Abschnitt des 8. Hauptstücks beruht. Hierbei hat die FMA die kleinsten Unternehmen zu bevorzugen.

(4) Für die Zwecke von Abs. 1 und 2 hat die FMA im Rahmen des aufsichtlichen Überprüfungsverfahrens zu bewerten, ob die Übermittlung von Informationen im Verhältnis zu der Wesensart, dem Umfang und der Komplexität des Risikos des Versicherungs- oder Rückversicherungsunternehmens steht, und hat dabei zumindest zu berücksichtigen:

1. das Volumen der Prämien, versicherungstechnischen Rückstellungen und Vermögenswerten des Unternehmens;

2. die Volatilität der durch das Unternehmen abgedeckten Versicherungsleistungen;

3. die Marktrisiken, die durch die Investitionen des Unternehmens entstehen;

4. die Höhe der Risikokonzentrationen;

5. die Gesamtzahl der Versicherungszweige der Lebensversicherung und der Nicht-Lebensversicherung, für die eine Konzession erteilt wurde;

6. die potenziellen Auswirkungen der Verwaltung der Vermögenswerte des Unternehmens auf die Finanzstabilität;

7. die Systeme und Strukturen des Unternehmens zur Übermittlung von Informationen für die Zwecke der Beaufsichtigung und die Leitlinien gemäß § 247 Abs. 1;

8. die Angemessenheit des Governance Systems des Unternehmens;

9. die Höhe der Eigenmittel zur Bedeckung der Solvenzkapitalanforderung und der Mindestkapitalanforderung und

10. ob es sich bei dem Unternehmen um ein firmeneigenes Versicherungs- oder Rückversicherungsunternehmen handelt, das nur Risiken abdeckt, die mit dem Industrie- oder Handelskonzern verbunden sind, zu dem es gehört.

(5) Wenn gemäß § 247 Abs. 3 auf Gruppenebene Informationen zu übermitteln sind und die in der Durchführungsverordnung (EU) und den technischen Standards (EU) festgelegten Intervalle kürzer als ein Jahr sind, kann die FMA als die für die Gruppenaufsicht zuständige Behörde eine Beschränkung der regelmäßigen aufsichtlichen Berichterstattung genehmigen, wenn alle Versicherungs- oder Rückversicherungsunternehmen der Gruppe von dieser Beschränkung gemäß Abs. 1 profitieren, wobei der Wesensart, dem Umfang und der Komplexität der mit der Geschäftstätigkeit der Gruppe verbundenen Risiken Rechnung zu tragen ist.

(6) Die FMA kann als die für die Gruppenaufsicht zuständige Behörde auf Gruppenebene eine Befreiung von der Einzelpostenberichterstattung genehmigen, wenn alle Versicherungs- oder Rückversicherungsunternehmen der Gruppe von der Freistellung gemäß Abs. 2 profitieren, wobei der Wesensart, dem Umfang und der Komplexität der mit der Geschäftstätigkeit der Gruppe verbundenen Risiken und dem Ziel der finanziellen Stabilität Rechnung zu tragen ist.

3. Abschnitt

Informationspflichten der Versicherungsunternehmen an Versicherungsnehmer

Allgemeine Informationspflichten

§ 252. (1) Der Versicherungsnehmer ist bei Abschluss eines Direktversicherungsvertrages über ein im Inland belegenes Risiko vor Abgabe seiner Vertragserklärung schriftlich zu informieren über

1. Name, Anschrift des Sitzes und Rechtsform des Versicherungsunternehmens, gegebenenfalls auch der Zweigniederlassung, über die der Versicherungsvertrag abgeschlossen wird,

2. das auf den Vertrag anwendbare Recht oder, wenn das anwendbare Recht frei gewählt werden kann, das vom Versicherungsunternehmen vorgeschlagene Recht,

3. Bezeichnung und Anschrift der für das Unternehmen zuständigen Aufsichtsbehörde und gegebenenfalls einer Stelle, an die den Versicherungsvertrag betreffende Beschwerden gerichtet werden können,

4. die Laufzeit des Versicherungsvertrages,

5. die Prämienzahlungsweise und die Prämienzahlungsdauer und

6. die Umstände, unter denen der Versicherungsnehmer den Abschluss des Versicherungsvertrages widerrufen oder von diesem zurücktreten kann.

(2) Außer in der Lebensversicherung bestehen die Informationspflichten gemäß Abs. 1 Z 2 und 3 nur gegenüber natürlichen Personen.

(3) Ist wegen der Art des Zustandekommens des Vertrages eine schriftliche Information des Versicherungsnehmers vor Abgabe seiner Vertragserklärung nicht möglich, so wird der Informationspflicht dadurch entsprochen, dass der Versicherungsnehmer die Information spätestens gleichzeitig mit dem Versicherungsschein erhält.

(4) Die Angaben gemäß Abs. 1 Z 1 müssen jedenfalls auch aus dem Versicherungsantrag sowie aus dem Versicherungsschein und allen anderen Deckung gewährenden Dokumenten ersichtlich sein.

(5) Während der Laufzeit des Versicherungsvertrages ist der Versicherungsnehmer schriftlich über Änderungen der Angaben gemäß Abs. 1 Z 1, 4 und 5 und über Änderungen der Niederlassung, von der aus der Vertrag verwaltet wird, zu informieren.

(6) Die Information muss in deutscher Sprache abgefasst sein, es sei denn, dass der Versicherungsnehmer sich mit der Verwendung einer anderen Sprache ausdrücklich einverstanden erklärt oder das Recht eines anderen Staats gewählt hat.

(7) Die Zulässigkeit der Zusendung unerbetener Nachrichten zur Werbung für den Abschluss eines Versicherungsvertrages richtet sich nach § 107 TKG 2003.

(8) Alle Informationen, die Versicherungsunternehmen an Versicherungsnehmer richten oder so verbreiten, dass diese Personen wahrscheinlich von ihnen Kenntnis erlangen, müssen eindeutig sein, dürfen nicht irreführend sein und müssen redlich erteilt werden. Weiters darf in allen diesen Informationen der Name einer Aufsichtsbehörde nicht in einer Weise genannt werden, die andeutet oder nahe legt, dass die Produkte oder Dienstleistungen des Versicherungsunternehmens von dieser Aufsichtsbehörde genehmigt werden.

(9) Die FMA kann mit Zustimmung des Bundesministers für Finanzen durch Verordnung definieren, welche Geschäftspraktiken als unredlich bzw. welche Informationen als nicht eindeutig oder irreführend im Sinne des Abs. 8 gelten.

Besondere Informationspflichten für die Lebensversicherung

§ 253. (1) Der Versicherungsnehmer ist bei Abschluss eines Lebensversicherungsvertrages über ein im Inland belegenes Risiko vor Abgabe seiner Vertragserklärung zusätzlich zu den Informationspflichten gemäß § 252 schriftlich zu informieren

1. über die Leistungen des Versicherungsunternehmens, das Ausmaß, in dem diese garantiert sind, die zur Anwendung kommenden Rechnungsgrundlagen sowie die dem Versicherungsnehmer hinsichtlich dieser Leistungen zustehenden Wahlmöglichkeiten,

2. über die Einzelheiten einer von einem Dritten eingeräumten Garantie und einer etwaigen vom Versicherungsunternehmen übernommenen Ausfallshaftung,

3. über die Voraussetzungen, unter denen der Versicherungsvertrag endet,

4. über die Grundsätze für die Berechnung der Gewinnbeteiligung,

5. über die Rückkaufswerte und die prämienfreien Versicherungsleistungen und das Ausmaß, in dem diese garantiert sind,

6. über die Prämienanteile für die Hauptleistung und für Nebenleistungen,

7. In der kapitalbildenden Lebensversicherung über die voraussichtlichen prozentuellen Anteile der Versicherungssteuer, der Prämien zur Deckung versicherungstechnischer Risiken (Risikoprämien), gegliedert nach einzelnen Risiken, der in der Prämie einkalkulierten Kosten und der veranlagten Beträge (Sparprämien) an der voraussichtlichen Prämiensumme über die gesamte Laufzeit in Form einer tabellarischen Darstellung, die auch Angaben über die voraussichtlichen Kosten, die am veranlagten Vermögen bemessen werden, enthält. Weiters anzugeben ist die voraussichtliche Minderung der Gesamtverzinsung durch Kosten, Versicherungssteuer und Risikoprämien, die effektive Gesamtverzinsung der Prämienzahlungen über die gesamte Laufzeit und einen etwaigen effektiven Garantiezinssatz, jeweils unter Heranziehung der Werte der Modellrechnung nach Abs. 2,

8. in der fondsgebundenen Lebensversicherung über die Kapitalanlagefonds, an denen die Anteilsrechte bestehen, und die Art der darin enthaltenen Vermögenswerte,

9. in der indexgebundenen Lebensversicherung über die Art der Kapitalanlage, den Bezugswert und die grundlegenden Faktoren, welche zur Berechnung der Versicherungsleistung herangezogen werden,

10. in der kapitalanlageorientierten Lebensversicherung über die Art der Kapitalanlage, die vereinbarte Veranlagungsstrategie sowie die Voraussetzungen einer Änderung der Veranlagungsstrategie,

11. über die vertragsspezifischen Risiken, die der Versicherungsnehmer selbst trägt,

12. über die für die Versicherung geltenden abgabenrechtlichen Vorschriften, wobei deutlich darauf hinzuweisen ist, dass die jeweilige abgabenrechtliche Behandlung von den persönlichen Verhältnissen des Kunden abhängt und künftigen Änderungen unterworfen sein kann,

13. über bestehende Sicherungssysteme und deren Zugangsmöglichkeiten und

14. über den Bericht über die Solvabilität und Finanzlage gemäß § 241 durch einen konkreten Verweis, der dem Versicherungsnehmer auf einfache Weise den Zugang zu diesen Angaben ermöglicht.

(2) Bei einer kapitalbildenden Lebensversicherung hat das Versicherungsunternehmen dem Versicherungsnehmer eine Modellrechnung zu übermitteln, bei der die Leistungen des Versicherungsunternehmens, die Rückkaufswerte und die prämienfreien Leistungen unter Zugrundelegung der Rechnungsgrundlagen für die Prämienkalkulation anhand von mindestens drei verschiedenen Zinssätzen dargestellt und in Jahresschritten gegliedert der Prämie, der Prämiensumme sowie einem etwaig garantierten Wert gegenübergestellt werden. Die Modellrechnungen sind klar und verständlich zu erläutern. Der Versicherungsnehmer ist darauf hinzuweisen, dass es sich bei der Modellrechnung nur um ein Rechenmodell handelt, dem fiktive Annahmen zugrunde liegen, und dass der Versicherungsnehmer aus der Modellrechnung keine vertraglichen Ansprüche gegen das Versicherungsunternehmen ableiten kann.

(3) Während der Laufzeit des Versicherungsvertrages ist der Versicherungsnehmer schriftlich zu informieren

1. über Änderungen der allgemeinen und besonderen Versicherungsbedingungen,

2. über Änderungen der Angaben gemäß Abs. 1 Z 4 bis 6 und 8 bis 10, und § 252 Abs. 1 Z 6 bei einer Vertragsänderung oder einer Änderung der auf den Vertrag anwendbaren spezifischen Rechtsvorschriften,

3. in der fondsgebundenen Lebensversicherung über eine wesentliche Änderung der Klassifizierung des Risikos eines Kapitalanlagefonds durch das Versicherungsunternehmen,

4. jährlich über den Stand einer erworbenen Gewinnbeteiligung und über die Zusammensetzung der Kapitalanlagen nach Kategorien, in der fondsgebundenen Lebensversicherung über den Wert der dem Versicherungsnehmer zugeordneten Fondsanteile sowie in der indexgebundenen Lebensversicherung über die Wertentwicklung des Bezugswertes des Versicherungsvertrages,

5. bei einer kapitalbildenden Lebensversicherung jährlich über die Auswirkungen von Abweichungen der aktuellen Werte von den zu Vertragsabschluss in der Modellrechnung prognostizierten Werten in Form von neu berechneten voraussichtlichen Ablaufleistungen sowie der Angabe des aktuellen Rückkaufswerts und

6. über eine Verwendung der Rückstellung für erfolgsabhängige Prämienrückerstattung bzw. Gewinnbeteiligung zur Abdeckung von Verlusten gemäß § 92 Abs. 5.

(4) Auf die Informationen gemäß Abs. 1 bis 3 ist § 252 Abs. 3 und 6 anzuwenden.

(5) Die FMA hat mit Zustimmung des Bundesministers für Finanzen die in Abs. 1 bis 3 genannten Informationspflichten durch Verordnung näher zu konkretisieren, soweit dies im Interesse der Versicherungsnehmer und einer besseren Vergleichbarkeit sowie Transparenz erforderlich ist.

Besondere Informationspflichten für die fonds- und indexgebundene Lebensversicherung

§ 254. (1) Für den Betrieb der fondsgebundenen Lebensversicherung im Inland gelten, soweit der Versicherungsnehmer das Veranlagungsrisiko trägt, folgende Bestimmungen:

1. Vor Abschluss des Versicherungsvertrages sind von dem Versicherungsnehmer Angaben über seine Erfahrungen oder Kenntnisse auf dem Gebiet der Veranlagung in Wertpapieren und über seine finanziellen Verhältnisse zu verlangen, soweit dies zur Wahrung der Interessen des Versicherungsnehmers im Hinblick auf das von ihm getragene Veranlagungsrisiko erforderlich ist. Diese Angaben des Kunden sind schriftlich festzuhalten.

2. Vor Abschluss des Versicherungsvertrages sind dem Versicherungsnehmer alle zweckdienlichen Informationen zu geben, die zur Wahrung der Interessen des Versicherungsnehmers im Hinblick auf das von ihm getragene Veranlagungsrisiko erforderlich sind. Insbesondere haben diese Informationen einen Hinweis zu enthalten, aus welchem hervorgeht, dass die Wertentwicklung der Vergangenheit keine verlässlichen Rückschlüsse auf die zukünftige Entwicklung eines Fonds zulässt.

3. Dem Versicherungsnehmer darf die im Versicherungsvertrag vorgesehene Auswahl einer Veranlagung nicht empfohlen werden, wenn und soweit diese Empfehlung nicht mit den Interessen des Versicherungsnehmers übereinstimmt.

4. Dem Versicherungsnehmer darf die im Versicherungsvertrag vorgesehene Auswahl einer Veranlagung nicht zu dem Zweck empfohlen werden, im eigenen Interesse oder im Interesse eines mit ihnen verbundenen Unternehmens die Ausgabepreise der Anteile an den Kapitalanlagefonds in eine bestimmte Richtung zu lenken.

5. Das Verbot gemäß Z 4 gilt auch für alle Angestellten und sonst für die im Versicherungsunternehmen tätigen Personen.

6. Sind in anderen Rechtsvorschriften Prospekte oder Rechenschaftsberichte über zur Veranlagung bestimmte Kapitalanlagefonds vorgeschrieben, so ist der Versicherungsnehmer darauf hinzuweisen und es sind ihm diese Unterlagen auf sein Verlangen kostenlos zur Verfügung zu stellen.

(2) Soweit der Versicherungsnehmer das Veranlagungsrisiko trägt, ist Abs. 1 Z 1 bis 3 sinngemäß auch auf die indexgebundene Lebensversicherung anzuwenden.

Besondere Informationspflichten für die Kranken- und Unfallversicherung nach Art der Lebensversicherung

§ 255. (1) Soweit die Kranken- oder Unfallversicherung nach Art der Lebensversicherung betrieben wird, ist der Versicherungsnehmer bei Abschluss eines Vertrages über ein im Inland belegenes Risiko vor Abgabe seiner Vertragserklärung zusätzlich zu den Informationspflichten gemäß § 252 schriftlich zu informieren über

1. die Leistungen des Versicherungsunternehmens,

2. die Voraussetzungen, unter denen die Höhe der Prämie oder der Versicherungsschutz einseitig vom Versicherungsunternehmen verändert werden kann sowie die dabei einzuhaltenden Modalitäten,

3. die Grundsätze für die Berechnung der Gewinnbeteiligung,

4. die Voraussetzungen, unter denen der Versicherungsvertrag endet,

5. die rechtlichen und wirtschaftlichen Folgen einer Kündigung des Vertrages für den Versicherungsnehmer,

6. die für die Versicherung geltenden abgabenrechtlichen Vorschriften, wobei deutlich darauf hinzuweisen ist, dass die jeweilige abgabenrechtliche Behandlung von den persönlichen Verhältnissen des Kunden abhängt und künftigen Änderungen unterworfen sein kann,

7. den Bericht über die Solvabilität und Finanzlage gemäß § 241 durch einen konkreten Verweis, der dem Versicherungsnehmer auf einfache Weise den Zugang zu diesen Angaben ermöglicht.

(2) Während der Laufzeit des Versicherungsvertrages ist der Versicherungsnehmer schriftlich zu informieren

1. über Änderungen der allgemeinen und besonderen Versicherungsbedingungen,

2. über Änderungen der Angaben gemäß Abs. 1 und § 252 Abs. 1 Z 6 bei einer Vertragsänderung oder einer Änderung der auf den Vertrag anwendbaren spezifischen Rechtsvorschriften,

3. über das Ausmaß und die Gründe einer allenfalls vorgenommenen Prämienanpassung und

4. über eine Verwendung der Rückstellung für erfolgsabhängige Prämienrückerstattung zur Abdeckung von Verlusten gemäß § 92 Abs. 5.

(3) Auf die Informationen gemäß Abs. 1 und 2 ist § 252 Abs. 3 und 6 anzuwenden.

(4) Die FMA hat mit Zustimmung des Bundesministers für Finanzen die in Abs. 1 und 2 genannten Informationspflichten durch Verordnung näher zu konkretisieren, soweit dies im Interesse der Versicherungsnehmer und einer besseren Vergleichbarkeit sowie Transparenz erforderlich ist.

4. Abschnitt
Offenlegungspflichten der FMA

Transparenz und Verantwortlichkeit

§ 256. Die FMA hat folgende Informationen auf ihrer Homepage gemäß der Durchführungsverordnung (EU) offenzulegen und laufend zu aktualisieren:
1. die im Bereich der Versicherungsaufsicht geltenden Rechts- und Verwaltungsvorschriften und allgemeinen Leitlinien;
2. die allgemeinen Kriterien und Methoden des aufsichtlichen Überprüfungsverfahrens einschließlich der gemäß § 273 Abs. 3 entwickelten Instrumente;
3. die aggregierten statistischen Daten zu Schlüsselaspekten zur Anwendung des Aufsichtsrahmens gemäß der Durchführungsverordnung (EU);
4. die Art und Weise der Ausübung der in der Richtlinie 2009/138/EG vorgesehenen Wahlrechte;
5. die Ziele der Beaufsichtigung und ihre Hauptfunktionen und -tätigkeiten und
6. die Versicherungsstatistiken, die die wesentlichen Daten über den Versicherungsbestand und die Vermögensverhältnisse der Versicherungsunternehmen jeweils für ein Jahr zu enthalten haben.

5. Abschnitt
Mitteilungspflichten der FMA

Mitteilungen an die Europäische Kommission und die EIOPA

§ 257. (1) Die FMA hat der Europäischen Kommission und der EIOPA Folgendes mitzuteilen:
1. die Erteilung der Konzession an ein Versicherungsunternehmen, das Tochterunternehmen eines Unternehmens mit Sitz in einem Drittland ist; hierbei ist der Aufbau des Konzerns darzustellen;
2. den Erwerb einer Beteiligung an einem Versicherungs- oder Rückversicherungsunternehmen mit Sitz im Inland, durch den dieses ein Tochterunternehmen eines Unternehmens mit Sitz in einem Drittland wird;
3. allgemeine Schwierigkeiten, auf die Versicherungs- und Rückversicherungsunternehmen mit Sitz im Inland stoßen, wenn sie in einem Staat, der nicht Mitgliedstaat ist, eine Zweigniederlassung errichten wollen, oder die bei der Tätigkeit solcher Zweigniederlassungen auftreten und
4. über die Anzahl und die Art der Fälle, die zu einer Ablehnung gemäß § 21 Abs. 4 und § 23 Abs. 4 und Maßnahmen gemäß § 289 Abs. 5 geführt haben.

(2) Eine Mitteilung gemäß Z 1 und 2 ist auch den Aufsichtsbehörden der anderen Mitgliedstaaten mitzuteilen.

Mitteilungen an die EIOPA

§ 258. (1) Die FMA hat jährlich der EIOPA mitzuteilen:
1. den durchschnittlichen Kapitalaufschlag je Unternehmen und die Verteilung der von der FMA während des Vorjahres festgesetzten Kapitalaufschläge, gemessen in Prozent der Solvenzkapitalanforderung und wie folgt gesondert ausgewiesen:
 a) für Versicherungs- und Rückversicherungsunternehmen;
 b) für Lebensversicherungsunternehmen;
 c) für Nicht-Lebensversicherungsunternehmen;
 d) für Kompositversicherungsunternehmen;
 e) für Rückversicherungsunternehmen;
2. für jede Veröffentlichung im Sinn von Z 1 den Anteil der Kapitalaufschläge, die jeweils nach § 277 Abs. 1 Z 1 bis 4 festgesetzt wurden;
3. die Zahl der Versicherungs- und Rückversicherungsunternehmen, denen eine Beschränkung der regelmäßigen aufsichtlichen Berichterstattung gemäß § 251 Abs. 1 genehmigt wurde, und die Zahl der Versicherungs- und Rückversicherungsunternehmen, denen die Befreiung von der Einzelpostenberichterstattung gemäß § 251 Abs. 2 genehmigt wurde, zusammen mit ihrem Volumen an Kapitalanforderungen, verrechneten und abgegrenzten Prämien, versicherungstechnischen Rückstellungen gemäß dem 1. Abschnitt des 8. Hauptstücks und Vermögenswerten, jeweils gemessen als prozentualer Anteil am Gesamtvolumen der Kapitalanforderungen, verrechneten und abgegrenzten Prämien, versicherungstechnischen Rückstellungen gemäß dem 1. Abschnitt des 8. Hauptstücks und Vermögenswerten der Versicherungs- und Rückversicherungsunternehmen des Mitgliedstaates;
4. die Zahl der Gruppen, denen die Beschränkung der regelmäßigen aufsichtlichen Berichterstattung gemäß § 251 Abs. 1 genehmigt wurde, und die Zahl der Gruppen, denen die Befreiung von der Einzelpostenberichterstattung gemäß § 251 Abs. 2 genehmigt wurde, zusammen mit

§§ 258 – 260

ihren Volumen an Kapitalanforderungen, verrechneten und abgegrenzten Prämien, versicherungstechnischen Rückstellungen gemäß dem 1. Abschnitt des 8. Hauptstücks und Vermögenswerten, jeweils gemessen als prozentualer Anteil am Gesamtvolumen der Kapitalanforderungen, verrechneten und abgegrenzten Prämien, versicherungstechnischen Rückstellungen gemäß dem 1. Abschnitt des 8. Hauptstücks und Vermögenswerten aller Gruppen;

5. Informationen über die Funktionsweise der Aufsichtskollegien und über sämtliche Schwierigkeiten, die für die Überprüfungen der EIOPA gemäß Art. 247 Abs. 6 der Richtlinie 2009/138/EG relevant sind, im Hinblick auf jene Aufsichtskollegien in denen die FMA die für die Gruppenaufsicht zuständige Behörde ist, und

6. jede Erteilung einer Konzession und jeder Widerruf einer Konzession durch die FMA.

(2) Die FMA hat die EIOPA jährlich über Folgendes zu informieren:

1. die Verfügbarkeit von langfristigen Garantien bei Versicherungsprodukten und das Verhalten der Versicherungs- und Rückversicherungsunternehmen als langfristige Investoren;

2. die Zahl der Versicherungs- und Rückversicherungsunternehmen, welche die Matching-Anpassung, die Volatilitätsanpassung, die Verlängerung der Frist für die Wiederherstellung gesunder Finanzverhältnisse gemäß § 279 Abs. 3, das durationsbasierte Untermodul Aktienrisiko und die Übergangsmaßnahmen gemäß § 336 und § 337 anwenden;

3. die Auswirkungen der Matching-Anpassung, der Volatilitätsanpassung, der symmetrischen Anpassung der Kapitalanforderung für Aktienanlagen, des durationsbasierten Untermoduls Aktienrisiko und der Übergangsmaßnahmen gemäß § 336 und § 337 auf die Finanzlage der Versicherungs- und Rückversicherungsunternehmen auf nationaler Ebene und anonymisiert für jedes Unternehmen;

4. die Auswirkungen der Matching-Anpassung, der Volatilitätsanpassung, der symmetrischen Anpassung der Kapitalanforderungen für Aktienanlagen und des durationsbasierten Untermoduls Aktienrisiko auf das Investitionsverhalten der Versicherungs- und Rückversicherungsunternehmen und darauf, ob dies zu einer unangemessenen Kapitalentlastung führt;

5. die Auswirkungen einer Verlängerung der Frist für die Wiederherstellung gesunder Finanzverhältnisse gemäß § 279 Abs. 3 auf die Bemühungen der Versicherungs- und Rückversicherungsunternehmen, die anrechenbaren Eigenmittel bis auf die zur Bedeckung der Solvenzkapitalanforderung erforderliche Höhe aufzustocken oder das Risikoprofil zur erneuten Bedeckung der Solvenzkapitalanforderung zu senken und

6. die Erfüllung oder Nichterfüllung der Pläne zur schrittweisen Einführung gemäß § 338 durch Versicherungs- und Rückversicherungsunternehmen, die die Übergangsmaßnahmen gemäß § 336 und § 337 anwenden, und die Wahrscheinlichkeit einer geringeren Abhängigkeit von diesen Übergangsmaßnahmen, einschließlich Maßnahmen, die von den Unternehmen und Aufsichtsbehörden ergriffen wurden oder voraussichtlich ergriffen werden, wobei dem Regelungsumfeld der betreffenden Mitgliedstaaten Rechnung zu tragen ist.

Mitteilungen an den Fachverband der Versicherungsunternehmen

§ 259. Die FMA ist verpflichtet, Angaben, die ihr von den Aufsichtsbehörden anderer Mitgliedstaaten über den Betrieb von Zweigniederlassungen oder den Dienstleistungsverkehr von Versicherungsunternehmen mit Sitz im Inland übermittelt werden, an den Fachverband der Versicherungsunternehmen weiterzuleiten, soweit dieser zur Erfüllung von Aufgaben benötigt, die ihm gemäß § 22 Abs. 4 KHVG 1994 und § 2 VOEG obliegen.

6. Abschnitt
Abschlussprüfer

Wahl des Abschlussprüfers

§ 260. (1) Die Wahl des Abschlussprüfers hat vor Beginn des zu prüfenden Geschäftsjahres zu erfolgen. Der Vorstand oder die geschäftsführenden Direktoren haben der FMA unverzüglich anzuzeigen:

1. den gewählten Abschlussprüfer und

2. die beim gewählten Abschlussprüfer für die Abschlussprüfung verantwortlichen natürlichen Personen gemäß § 271a Abs. 3 letzter Satz UGB.

Jede Änderung dieser Personen ist der FMA unverzüglich anzuzeigen.

(2) Die Ausschlussgründe gemäß § 271a UGB sind auf die Abschlussprüfer von Versicherungs- und Rückversicherungsunternehmen ohne Berücksichtigung von Größenmerkmalen anwendbar.

(3) Hat die FMA begründete Zweifel, dass die zum Abschlussprüfer gewählte Person oder eine bestimmte gemäß Abs. 1 namhaft gemachte natürliche Person die Voraussetzungen für die Wahl zum Abschlussprüfer erfüllt, so kann sie innerhalb eines Monats nach Bekanntgabe der Wahl einen Antrag im Sinn des § 270 Abs. 3 UGB stellen. Wird ein Ausschluss- oder Befangenheitsgrund erst nach der Wahl bekannt oder tritt er erst nach der Wahl ein, ist der Antrag binnen eines Monats nach dem Tag zu stellen, an dem die FMA Kenntnis davon erlangt hat oder ohne grobe Fahrlässigkeit hätte erlangen können.

(4) War die zum Abschlussprüfer gewählte Person bereits für das dem Jahr seiner Wahl vorangegangene Geschäftsjahr vom Versicherungs- und Rückversicherungsunternehmen als Abschlussprüfer beauftragt worden und liegt bei Einlangen der Bekanntgabe der Wahl des Abschlussprüfers der FMA der Bericht des Abschlussprüfers gemäß § 248 Abs. 2 Z 4 oder Abs. 4 Z 3 für dieses Geschäftsjahr noch nicht vor, so kann der Antrag gemäß Abs. 3 bis spätestens einen Monat nach Einlangen dieses Berichtes gestellt werden.

Beauftragung von Wirtschaftsprüfern

§ 261. (1) Der Aufsichtsrat bzw. der Verwaltungsrat kann Wirtschaftsprüfer oder Wirtschaftsprüfungsgesellschaften, bei denen keine Befangenheit oder Ausgeschlossenheit gemäß § 271, § 271a oder § 271b UGB vorliegt, mit der Durchführung der Prüfung der Gesetzmäßigkeit und Ordnungsmäßigkeit des gesamten Versicherungs- oder Rückversicherungsunternehmens beauftragen. Sie sind mit einem entsprechenden Prüfungsauftrag zu versehen.

(2) Der im Auftrag des Aufsichtsrats bzw. des Verwaltungsrats tätige Prüfer hat über das Ergebnis der Prüfung dem Vorsitzenden des Aufsichtsrats bzw. des Verwaltungsrats zu berichten. Der Prüfer hat den Vorsitzenden des Aufsichtsrats bzw. des Verwaltungsrats unverzüglich zu verständigen, wenn er schwerwiegende Mängel in Bezug auf die Gesetzmäßigkeit und Ordnungsmäßigkeit des Unternehmens festgestellt hat.

(3) Versicherungs- und Rückversicherungsunternehmen sind verpflichtet, den vom Aufsichtsrat bzw. vom Verwaltungsrat bestellten Prüfern Prüfungshandlungen gemäß § 274 Abs. 4 bis 6 zu ermöglichen.

Befristetes Tätigkeitsverbot

§ 262. (1) Der Abschlussprüfer, der Konzernabschlussprüfer, der Abschlussprüfer eines bedeutenden verbundenen Unternehmens und der den jeweiligen Bestätigungsvermerk unterzeichnende Wirtschaftsprüfer dürfen innerhalb von zwei Jahren nach Zeichnung des Bestätigungsvermerks weder eine Organfunktion noch eine leitende Stellung (§ 80 AktG) einnehmen.

(2) Wenn eine der in Abs. 1 genannten Personen eine Organfunktion einnimmt, gilt sie als nicht bestellt. Ihr gebührt für dennoch erbrachte Leistungen kein Entgelt; dies gilt auch für die Einnahme einer leitenden Stellung.

Prüfpflichten des Abschlussprüfers

§ 263. (1) Neben der Prüfung des Jahresabschlusses hat der Abschlussprüfer bei Versicherungs- und Rückversicherungsunternehmen folgende Prüfungen durchzuführen:

1. die Prüfung des Berichts über die Solvabilität und Finanzlage; hierbei sind insbesondere die Solvenzbilanz, die Rahmenbedingungen zur Berechnung der Solvenzkapitalanforderung, die Berechnung der Mindestkapitalanforderung und die Bestimmung, Einstufung und Anrechnung der Eigenmittelbestandteile zu prüfen;

2. die Prüfung der Funktionsfähigkeit des internen Kontrollsystems, des Risikomanagement-Systems und der Internen Revision unter Zugrundelegung der Vorschriften, die als Voraussetzung für ein wirksames Governance-System definiert sind;

3. die Prüfung der Funktionsfähigkeit der zur Beachtung der § 128 bis § 135 (Geldwäscherei und Terrorismusfinanzierung) eingerichteten Verfahren und Kontrollen;

4. die Auswirkung gruppeninterner Transaktionen gemäß § 221 auf die Solvabilität

5. die Prüfung der Beachtung des FKG hinsichtlich folgender Bestimmungen:

a) die Auswirkung gruppeninterner Transaktionen gemäß § 10 FKG auf die Solvabilität und

b) der Funktionsfähigkeit der gemäß § 11 Abs. 4 FKG eingerichteten internen Kontrollmechanismen für die Vorlage von Informationen und Auskünften, die für die zusätzliche Beaufsichtigung von Belang sind;

6. das Vorliegen der gesetzlichen Voraussetzungen für die Bewertung und insbesondere die Höhe der im Unternehmen vorhandenen stillen Nettoreserven im Fall der Anwendung des § 149 Abs. 2 letzter Satz;

7. die Prüfung der Beachtung der gemäß Abs. 3 übermittelten Bescheide und Schreiben und

8. bei kleinen Versicherungsunternehmen die Beachtung der § 88 bis § 90 (Eigenmittelausstattung und Kapitalanlage).

(2) Auf Ebene der Gruppe hat der Konzernabschlussprüfer oder, wenn gemäß § 245 UGB kein Konzernabschluss zu erstellen ist, der Abschlussprüfer folgende Prüfungen auf Ebene der Gruppe durchzuführen:

1. die Prüfung des Berichts über die Solvabilität und Finanzlage der Gruppe; hierbei sind insbesondere die Solvenzbilanz, die Rahmenbedingungen zur Berechnung der Solvenzkapitalanforderung und die Bestimmung, Einstufung und Anrechnung der Eigenmittelbestandteile, jeweils auf Ebene der Gruppe, zu prüfen;

2. die Prüfung der Funktionsfähigkeit des internen Kontrollsystems, des Risikomanagement-Systems und der Internen Revision, jeweils auf Ebene der Gruppe, unter Zugrundelegung der Vorschriften, die als Voraussetzung für ein wirksames Governance-System definiert sind;

3. die Prüfung der Beachtung des § 220 (Risikokonzentration);

4. die Prüfung der Beachtung des FKG hinsichtlich folgender Bestimmungen:

a) § 6 bis § 8 FKG (bereinigte Eigenmittelausstattung),

b) § 9 FKG (Risikokonzentration) und

c) § 11 FKG (interne Kontrollmechanismen und Risikomanagement).

(3) Versicherungs- und Rückversicherungsunternehmen haben im Rahmen der Vorlagepflicht gemäß § 272 UGB dem Abschlussprüfer alle gegenüber dem Unternehmen erlassene Bescheide der FMA vorzulegen. Überdies sind dem Abschlussprüfer alle Schreiben der FMA und an die FMA vorzulegen, sofern diese für eine sorgfältige Prüfung erforderlich sind.

Berichtspflichten des Abschlussprüfers

§ 264. (1) Das Ergebnis der Prüfung gemäß § 263 Abs. 1 und 2 ist in einer Anlage zum Prüfungsbericht über den Jahresabschluss (aufsichtlicher Prüfungsbericht) darzustellen.

(2) Die Prüfung gemäß § 263 Abs. 1 Z 1 und Abs. 2 Z 1 hat in sinngemäßer Anwendung der Bestimmungen über die Jahres- bzw. Konzernabschlussprüfung zu erfolgen. Die Prüfung umfasst die Organisationsstruktur und die Verwaltungs-Rechnungs- und Kontrollverfahren, die im Hinblick auf die Beachtung der jeweiligen Bestimmungen eingerichtet und dokumentiert worden sind.

(3) Die Berichterstattung über das Ergebnis der Prüfungen gemäß § 263 Abs. 1 Z 1 und 7, Abs. 2 Z 1 und Abs. 2 Z 4 lit. a ist mit einer positiven Zusicherung, die Berichterstattung über das Ergebnis aller weiteren Prüfungen mit einer negativen Zusicherung zu verbinden. Der Abschlussprüfer hat auch über wesentliche Wahrnehmungen im Rahmen seiner Tätigkeit zu berichten, die darauf hindeuten, dass die dauernde Erfüllbarkeit der Verpflichtungen aus den Versicherungsverträgen beeinträchtigt werden könnte.

(4) Der Ausschluss von Unternehmen aus der Gruppenaufsicht gemäß § 198 Abs. 1, die Durchführung einer Subgruppenaufsicht auf Ebene einer nationalen Teilgruppe gemäß § 199 und die Subgruppenaufsicht auf Ebene einer mehrere Mitgliedstaaten umfassenden Teilgruppe gemäß § 200 ist im Bericht gemäß Abs. 1 und 3 anzugeben.

(5) Die FMA kann mit Zustimmung des Bundesministers für Finanzen durch Verordnung besondere Anordnungen über die Vorschriften über die Durchführung der Abschlussprüfung, den aufsichtlichen Prüfungsbericht des Abschlussprüfers und über das Erfordernis eigenhändiger Unterschriften für den Bericht des Abschlussprüfers treffen.

Anzeigepflicht des Abschlussprüfers

§ 265. (1) Der Abschlussprüfer hat der FMA unverzüglich schriftlich alle Tatsachen anzuzeigen und zu erläutern, von denen er bei der Wahrnehmung seiner Aufgaben Kenntnis erlangt hat und die

1. eine Verletzung von Rechts- oder Verwaltungsvorschriften, die die Zulassungsbedingungen regeln oder auf die Ausübung der Geschäftstätigkeit des Versicherungs- oder Rückversicherungsunternehmens Anwendung finden,

2. die Beeinträchtigung der Fortsetzung der Geschäftstätigkeit des Versicherungs- oder Rückversicherungsunternehmens,

3. die Ablehnung der Bestätigung ordnungsmäßiger Rechnungslegung oder diesbezügliche Vorbehalte,

4. die Nichtbedeckung der Solvenzkapitalanforderung nach sich ziehen können oder

5. die Nichtbedeckung der Mindestkapitalanforderung nach sich ziehen können.

(2) Die Anzeigepflicht gemäß Abs. 1 bezieht sich auch auf diejenigen Tatsachen, von denen der Abschlussprüfer bei einem Unternehmen Kenntnis erlangt, das in einer sich aus einem Kontrollverhältnis ergebenden engen Verbindung zu demjenigen Versicherungs- oder Rückversicherungsunternehmen steht, für das er als Abschlussprüfer tätig ist.

(3) Die Anzeigepflicht gegenüber der FMA umfasst jedenfalls auch die Ausübung der Berichtspflicht gemäß § 273 Abs. 2 UGB.

(4) Im guten Glauben vorgenommene Anzeigen gemäß Abs. 1 und 2 gelten nicht als Verletzung einer gesetzlichen oder vertraglichen Verschwiegenheitspflicht und ziehen für den Abschlussprüfer keine Haftung nach sich.

(5) Anzeigen gemäß Abs. 1 und 2 sind dem Vorstand und dem Aufsichtsrat bzw. dem Verwaltungsrat und den geschäftsführenden Direktoren unverzüglich zur Kenntnis zu bringen.

Ersatzpflicht des Abschlussprüfers

§ 266. Die Ersatzpflicht des Abschlussprüfers beschränkt sich bei Versicherungs- und Rückversicherungsunternehmen mit einer Bilanzsumme

1. bis zu 200 Millionen Euro auf ..... 2 Millionen Euro,

2. bis zu 400 Millionen Euro auf ..... 3 Millionen Euro,

3. bis zu einer Milliarde Euro auf ..... 4 Millionen Euro,

4. bis zu zwei Milliarden Euro auf ..... 6 Millionen Euro,

5. bis zu 5 Milliarden Euro auf ..... 9 Millionen Euro,

6. bis zu 15 Milliarden Euro auf ..... 12 Millionen Euro,

7. von mehr als 15 Milliarden Euro auf ..... 18 Millionen Euro

je geprüftem Versicherungs- oder Rückversicherungsunternehmen. Bei Vorsatz ist die Ersatzpflicht unbegrenzt. Im Übrigen ist für die Ersatzpflicht von Abschlussprüfern § 275 Abs. 2 UGB anzuwenden.

11. Hauptstück
Aufsichtsbehörde und Verfahren

1. Abschnitt
Allgemeine Vorschriften

Ziele der Beaufsichtigung

§ 267. (1) Das Hauptziel der FMA bei der Ausübung ihrer Aufsichtsbefugnisse ist der Schutz der Interessen der Versicherungsnehmer und Anspruchsberechtigten.

(2) Unbeschadet des Hauptziels gemäß Abs. 1 hat die FMA bei der Ausübung ihrer Aufgaben in gebührender Weise die möglichen Auswirkungen ihrer Entscheidungen auf die Stabilität des Finanzsystems in allen betroffenen Mitgliedstaaten und insbesondere in Krisensituationen zu berücksichtigen, wobei sie die zum jeweiligen Zeitpunkt verfügbaren Informationen zugrunde zu legen hat. In Zeiten außergewöhnlicher Bewegungen an den Finanzmärkten hat die FMA die potenziellen prozyklischen Effekte ihrer Maßnahmen zu berücksichtigen. Daraus begründet sich keine rechtliche Verpflichtung der FMA, ein bestimmtes Ergebnis zu erreichen und es können keine Schadenersatzansprüche auf Grund der Erzielung oder Nichterzielung bestimmter Ergebnisse begründet werden. Insbesondere stellen solche Ergebnisse keine Schäden im Sinne des AHG dar.

(3) Die FMA hat bei der Vollziehung der Bestimmungen dieses Bundesgesetzes, einschließlich der Erlassung und Vollziehung der auf Grund dieses Bundesgesetzes erlassenen Verordnungen, bei der Vollziehung der Durchführungsverordnung (EU) und der technischen Standards (EU) der europäischen Konvergenz der Aufsichtsinstrumente und Aufsichtsverfahren Rechnung zu tragen. Zu diesem Zweck hat sie die FMA an den Tätigkeiten der EIOPA zu beteiligen und die Leitlinien (EIOPA) und die Empfehlungen (EIOPA) und andere von der EIOPA beschlossenen Maßnahmen anzuwenden. Die FMA kann von den Leitlinien (EIOPA) und den Empfehlungen (EIOPA) abweichen, sofern dafür berechtigte Gründe vorliegen. In diesem Fall hat die FMA die EIOPA über ihre Gründe für die Nichtanwendung oder Abweichung von den betreffenden Leitlinien (EIOPA) und Empfehlungen (EIOPA) zu informieren.

(4) Die FMA hat nach Maßgabe der Verordnung (EU) Nr. 1094/2010 mit der EIOPA zusammenarbeiten und der EIOPA unverzüglich alle zur Wahrnehmung ihrer Aufgaben nach der Verordnung (EU) Nr. 1094/2010 erforderlichen Informationen zur Verfügung stellen.

Grundsätze der Beaufsichtigung

§ 268. (1) Die FMA hat im Umfang der gemäß § 6 Abs. 1 erteilten Konzession die gesamte Geschäftsgebarung der Versicherungs- und Rückversicherungsunternehmen zu überwachen.

(2) Die Aufsichtstätigkeit der FMA hat vorausschauend und risikobasiert zu sein. Die FMA hat die ordnungsgemäße Funktionsweise des Versicherungs- und Rückversicherungsgeschäfts und die Einhaltung der für den Betrieb der Vertragsversicherung geltenden Vorschriften, insbesondere dieses Bundesgesetz, der Durchführungsverordnung (EU) und der technischen Standards (EU), durch die Versicherungs- und Rückversicherungsunternehmen zu überwachen. Hierbei hat sie auf eine angemessene Kombination von standortunabhängigen Tätigkeiten und Prüfungen vor Ort zu achten.

(3) Die FMA hat bei der Ausübung ihrer Befugnisse die Wesensart, den Umfang und die Komplexität der Risiken, die mit der Geschäftstätigkeit der Versicherungs- und Rückversicherungsunternehmen einhergehen, angemessen zu berücksichtigen.

(4) Ist ein Versicherungsunternehmen im Rahmen der gemäß § 6 Abs. 1 erteilten Konzession berechtigt, die unter Zweig 18 gemäß Anlage A eingestuften Risiken zu decken, erstreckt sich die Beaufsichtigung auch auf die Verfügbarkeit technischer Mittel zur Erfüllung der Beistandspflicht.

Form der Kommunikation mit der FMA – elektronische Übermittlung

§ 269. Die FMA kann durch Verordnung vorschreiben, dass die Anzeigen, Vorlagen und Meldungen gemäß § 11 Abs. 2, § 21 Abs. 1, § 23 Abs. 1 und 5, § 24 Abs. 1 und 2, § 63 Abs. 5, § 65 Abs. 3, § 66 Abs. 3 Z 4, § 79 Abs. 3, § 85 Abs. 2, § 87 Abs. 4, § 92 Abs. 1, 2 und 5, § 100 Abs. 4, § 102 Abs. 1, § 109 Abs. 2 und 4, § 115 Abs. 2 und 4, § 122 Abs. 1 und 3, § 123 Abs. 3 und 4, § 127 Abs. 1 bis 3, § 129 Abs. 8 Z 2, § 176 Abs. 1, § 185 Abs. 2, § 193 Abs. 3, § 194 Abs. 2 und 3, § 196 Abs. 3, § 202 Abs. 4, § 203 Abs. 2

§§ 269 – 272

und 3, § 220 Abs. 1, § 221 Abs. 1 und 3, § 224 Abs. 2, § 225 Abs. 2 und 4, § 248 Abs. 2 bis 6 und 8, § 249 Abs. 1 und 2, § 250 Abs. 1 und 2, § 260 Abs. 1, § 265 Abs. 1, § 272 Abs. 2, § 278 Abs. 1, § 279 Abs. 1, § 280 Abs. 1 und 3, § 300 Abs. 3, § 305 Abs. 1 Z 3 und Abs. 6, § 306 Abs. 1 und § 309 Abs. 1 ausschließlich in elektronischer Form zu erfolgen haben sowie bestimmten Gliederungen, technischen Mindestanforderungen und Übermittlungsmodalitäten zu entsprechen haben. Die FMA hat sich dabei an den Grundsätzen der Wirtschaftlichkeit und Zweckmäßigkeit zu orientieren und dafür zu sorgen, dass die jederzeitige elektronische Verfügbarkeit der Daten für die FMA gewährleistet bleibt und Aufsichtsinteressen nicht beeinträchtigt werden. Die FMA hat geeignete Vorkehrungen dafür zu treffen, dass sich die Meldepflichtigen oder gegebenenfalls ihre Einbringungsverantwortlichen während eines angemessenen Zeitraums im System über die Richtigkeit und Vollständigkeit der von ihnen oder ihren Einbringungsverantwortlichen erstatteten Meldedaten vergewissern können.

Mitwirkung der Bundesrechnungszentrum GmbH

§ 270. Die Bundesrechenzentrum GmbH hat bei der Besorgung der Geschäfte, die der FMA nach diesem Bundesgesetz obliegen, mitzuwirken, soweit eine solche Mitwirkung im Interesse der Einfachheit, Zweckmäßigkeit und Kostenersparnis gelegen ist.

Kosten der Versicherungsaufsicht

§ 271. (1) Der auf die Versicherungsaufsicht entfallende Personal- und Sachaufwand der FMA mit Ausnahme der Kosten gemäß § 304 Abs. 3 zweiter Satz (Kosten der Versicherungsaufsicht) ist der FMA von den in § 1 Abs. 1 genannten Unternehmen zu ersetzen und durch eine Gebühr zu erstatten. EWR-Versicherungs- und Rückversicherungsunternehmen haben nur dann eine Gebühr zu leisten, wenn diese im Inland eine Zweigniederlassung errichtet haben.

(2) Die Bemessungsgrundlage für die Gebühr bilden die verrechneten Prämien des gesamten auf Grund der Konzession betriebenen Geschäfts. Bei Unternehmen, die keine Prämien verrechnen, hat die FMA eine Pauschale festzusetzen, die in einer angemessenen Relation zu den erwarteten Aufsichtskosten steht.

(3) Der Gebührensatz ergibt sich aus dem Verhältnis der Kosten der Versicherungsaufsicht zur Gesamtsumme der Bemessungsgrundlage nach Abs. 2. Von den Kosten der Versicherungsaufsicht sind zuvor die gemäß Abs. 2 verrechneten Pauschalen abzuziehen. Er ist von der FMA jährlich auf Grund der Ergebnisse des vorangegangenen Geschäftsjahres festzusetzen. Eine Aufrundung bis tausendstel Promille und die Festsetzung einer betraglichen Mindestgebühr sind zulässig. Der Gebührensatz darf 0,8 vT der Bemessungsgrundlage gemäß Abs. 2 nicht übersteigen.

(4) Die FMA hat die Gebühr jedem einzelnen Unternehmen vorzuschreiben.

2. Abschnitt

Beaufsichtigung

Auskunfts- Anzeige- und Vorlagepflichten

§ 272. (1) Die FMA kann von Versicherungs- und Rückversicherungsunternehmen jederzeit Auskünfte über alle Angelegenheiten der Geschäftsgebarung und die Vorlage entsprechender Unterlagen verlangen und festlegen, auf welche Art und Weise die Unterlagen vorzulegen sind. Dies schließt nicht die Verpflichtung der Versicherungsunternehmen zur systematischen Vorlage der allgemeinen Versicherungsbedingungen, der Tarife sowie der Formblätter und sonstigen Druckstücke ein, die sie im Verkehr mit den Versicherungsnehmern oder im Verkehr mit Zedenten oder Retrozedenten zu verwenden beabsichtigen.

(2) Versicherungs- und Rückversicherungsunternehmen haben der FMA unverzüglich schriftlich alle Tatsachen anzuzeigen, die zu einer unmittelbaren oder mittelbaren Gefährdung der dauernden Erfüllbarkeit der Verpflichtungen aus den Versicherungsverträgen führen können.

(3) Die FMA kann, um die Rechtmäßigkeit des Versicherungsvertriebes sicher zu stellen, auch von Versicherungsvermittlern jederzeit Auskunft und die Vorlage von Unterlagen, insbesondere Informationen über von Versicherungsvermittlern gehaltene Verträge oder Verträge mit Dritten, verlangen und sie vor Ort prüfen; § 274 Abs. 1 bis 3 gilt sinngemäß.

(4) Die FMA kann im Rahmen der ihr nach diesem Bundesgesetz auferlegten Überwachungspflichten von jedermann Auskunft über Angelegenheiten der Geschäftsgebarung von Versicherungs- und Rückversicherungsunternehmen verlangen. Eine nach anderen gesetzlichen Bestimmungen bestehende Verschwiegenheitspflicht wird dadurch nicht berührt. Der Abschlussprüfer des Versicherungs- oder Rückversicherungsunternehmens kann sich jedoch nicht auf seine Verschwiegenheitspflicht berufen.

(5) Die Verpflichtung zur Auskunftserteilung schließt die Verbindlichkeit in sich, Urkunden und andere schriftliche Unterlagen vorzulegen oder die Einsichtnahme in diese zu gestatten.

Aufsichtliches Überprüfungsverfahren

§ 273. (1) Die FMA hat die Angemessenheit der von den Versicherungs- und Rückversicherungsunternehmen zur Einhaltung der für den Betrieb der Vertragsversicherung geltenden Vorschriften eingeführten Strategien, Prozesse und Meldeverfahren zu überprüfen und zu beurteilen. Dabei hat die FMA insbesondere die qualitativen Anforderungen hinsichtlich des Governance-Systems, die Risiken, denen das betreffende Versicherungs- oder Rückversicherungsunternehmen ausgesetzt ist oder sein könnte und die Fähigkeit des Unternehmens, diese Risiken unter Berücksichtigung des jeweiligen Geschäftsumfelds beurteilen zu können, zu bewerten. Die FMA hat insbesondere die Einhaltung der folgenden Anforderungen zu überprüfen und zu beurteilen:

1. Governance-System einschließlich der unternehmenseigenen Risiko- und Solvabilitätsbeurteilung und der Anlagevorschriften gemäß dem 5. Hauptstück mit Ausnahme der § 106 und § 114 bis § 116;
2. versicherungstechnische Rückstellungen gemäß dem 1. Abschnitts des 8. Hauptstücks;
3. Solvenzkapitalanforderung und die Mindestkapitalanforderung;
4. Qualität und Quantität der Eigenmittel und
5. gegebenenfalls die laufende Einhaltung der Anforderungen für ein internes Modell.

Die FMA hat außerdem die Angemessenheit der Methoden und Praktiken von Versicherungs- und Rückversicherungsunternehmen zu bewerten, die dazu dienen, mögliche Ereignisse oder künftige Veränderungen der wirtschaftlichen Bedingungen festzustellen, die sich ungünstig auf die allgemeine finanzielle Leistungsfähigkeit des jeweiligen Unternehmens auswirken könnten. Weiters hat die FMA die Fähigkeit der Versicherungs- und Rückversicherungsunternehmen diesen möglichen Ereignissen oder künftigen Veränderungen der wirtschaftlichen Bedingungen standhalten zu können, zu bewerten.

(2) Die in Abs. 1 genannten Überprüfungen, Beurteilungen und Bewertungen hat die FMA regelmäßig durchzuführen. Je nach Art, Umfang und Komplexität der Geschäftstätigkeit und der Risiken hat die FMA die Häufigkeit und den Umfang für jedes Versicherungs- oder Rückversicherungsunternehmen festzulegen.

(3) Die FMA hat angemessene Aufsichtsinstrumente einzusetzen, mit denen sie eine Verschlechterung der Finanzlage von Versicherungs- und Rückversicherungsunternehmen erkennen, sowie die von einem Versicherungs- oder Rückversicherungsunternehmen getroffenen Gegenmaßnahmen überwachen kann.

(4) Die FMA kann im Rahmen des aufsichtlichen Überprüfungsverfahrens, soweit dies angemessen und erforderlich ist, quantitative Instrumente entwickeln, welche die Fähigkeit der Versicherungs- oder Rückversicherungsunternehmen bewerten möglichen Ereignissen oder künftigen Änderungen der Wirtschaftslage Rechnung zu tragen, die sich ungünstig auf ihre allgemeine Finanz- und Vermögenslage auswirken könnten. Die FMA kann anordnen, dass Versicherungs- und Rückversicherungsunternehmen entsprechende Tests durchführen.

Prüfung vor Ort

§ 274. (1) Die FMA kann die Geschäftsgebarung der Versicherungs- und Rückversicherungsunternehmen jederzeit vor Ort prüfen.

(2) Soweit es zur Überwachung der Geschäftsgebarung erforderlich ist, kann die FMA Prüfungsorgane bestellen, die nicht der FMA angehören. Ihnen ist von der FMA eine Vergütung zu leisten, die in einem angemessenen Verhältnis zu der mit der Prüfung verbundenen Arbeit und zu den Aufwendungen hiefür steht.

(3) Die Prüfung ist eine Woche vor Beginn anzukündigen, sofern dadurch der Zweck der Prüfung nicht vereitelt wird. Die Prüfungsorgane sind mit einem schriftlichen Prüfungsauftrag zu versehen und haben sich vor Beginn der Prüfung unaufgefordert auszuweisen sowie den Prüfungsauftrag vorzuweisen. Der Prüfungsauftrag hat den Gegenstand der Prüfung zu umschreiben.

(4) Versicherungs- und Rückversicherungsunternehmen haben den Prüfungsorganen die für die Prüfung erforderlichen Unterlagen zur Verfügung zu stellen und ihnen Einsicht in die Bücher, Belege und Schriften zu gewähren sowie Auskünfte zu erteilen. Sie haben den Prüfungsorganen überdies innerhalb der üblichen Geschäfts- und Arbeitszeit jederzeit Zutritt zu den Geschäfts- und Arbeitsräumen zu gewähren.

(5) Die Prüfungsorgane können die für die Prüfung erforderlichen Auskünfte und Geschäftsunterlagen unmittelbar von jeder im Versicherungs- oder Rückversicherungsunternehmen beschäftigten Person in deren Wirkungsbereich verlangen.

(6) Zur Durchführung der Prüfung sind den Prüfungsorganen geeignete Räumlichkeiten und Hilfsmittel zur Verfügung zu stellen. Sind Eintragungen oder Aufbewahrungen unter Verwendung von Datenträgern vorgenommen worden, so sind vom Versicherungs- oder Rückversicherungsunternehmen auf seine Kosten innerhalb angemessener Frist diejenigen Hilfsmittel zur Verfügung zu stellen, die notwendig sind, um die Unterlagen lesbar zu machen und, soweit erforderlich, ohne Hilfsmittel lesbare dauerhafte Wiedergaben in der benötigten Anzahl beizubringen.

(7) Die in der Prüfung getroffenen Feststellungen sind schriftlich festzuhalten. Dem betroffen

Unternehmen ist Gelegenheit zur Stellungnahme zu geben.

(8) Die Abs. 1 bis 7 sind sinngemäß auf Dienstleister anzuwenden, auf die Funktionen oder Geschäftstätigkeiten ausgelagert worden sind, und zwar unabhängig davon, ob die Übertragung der Genehmigung bedarf. Wenn der Dienstleister seinen Sitz in einem anderen Mitgliedstaat hat, hat die FMA die Aufsichtsbehörde des betreffenden Mitgliedstaats zu informieren, bevor eine Prüfung vor Ort vorgenommen wird. Im Falle eines nicht beaufsichtigten Unternehmens ist die Aufsichtsbehörde des Mitgliedstaats, in dem der Dienstleister seinen Sitz hat, die zuständige Behörde. Die FMA kann eine Prüfung vor Ort an die Aufsichtsbehörde des Mitgliedstaats delegieren, in dem der Dienstleister seinen Sitz hat. Wenn es der FMA nicht möglich ist, ihr Recht auf Durchführung dieser Prüfungen vor Ort wahrzunehmen, kann die FMA gemäß Art. 19 der Verordnung (EU) Nr. 1094/2010 die EIOPA mit der Angelegenheit befassen und um Unterstützung ersuchen.

(9) Ein Dienstleister mit Sitz im Inland, auf den von einem EWR-Versicherungs- oder EWR-Rückversicherungsunternehmen Funktionen oder Geschäftstätigkeiten ausgelagert wurden, darf von der Aufsichtsbehörde des betreffenden Mitgliedstaats oder von ihr beauftragten Personen vor Ort geprüft werden, sobald die FMA davon schriftlich verständigt worden ist. Die FMA kann sich an dieser Prüfung selbst oder durch von ihr gemäß Abs. 2 bestellte Prüfungsorgane beteiligen. Abs. 3 bis 7 sind sinngemäß anzuwenden.

Anordnungen der FMA

§ 275. (1) Die FMA hat alle Anordnungen zu treffen,

1. die erforderlich und geeignet sind um den Geschäftsbetrieb mit den für den Betrieb der Vertragsversicherung geltenden Vorschriften, insbesondere den Bestimmungen dieses Bundesgesetzes, der Durchführungsverordnung (EU) und den technischen Standards (EU), in Einklang zu halten,

2. die erforderlich und geeignet sind, um Schwächen oder Unzulänglichkeiten zu beheben, die im Rahmen des aufsichtlichen Überprüfungsverfahrens festgestellt wurden oder

3. die zur Wahrung der Interessen der Versicherungsnehmer und Anspruchsberechtigten erforderlich und geeignet sind, um den Geschäftsbetrieb mit den anerkannten Grundsätzen eines ordnungsgemäßen Geschäftsbetriebes von Versicherungs- und Rückversicherungsunternehmen in Einklang zu halten.

(2) Anerkannte Grundsätze eines ordnungsgemäßen Geschäftsbetriebes im Sinne des Abs. 1 Z 3 können insbesondere dadurch verletzt werden, dass

1. Versicherungsnehmer und Anspruchsberechtigte neben den Leistungen auf Grund des Versicherungsvertrages unmittelbar oder mittelbar Zuwendungen gewährt werden,

2. Versicherungsnehmer und Anspruchsberechtigte durch das Leistungsversprechen des Versicherers oder das vereinbarte Versicherungsentgelt ohne sachlichen Grund begünstigt werden oder

3. versicherungsmäßige Leistungen erbracht werden, obwohl dafür kein Versicherungsvertrag besteht oder kein Schaden eingetreten ist.

(3) Anordnungen nach Abs. 1 können, wenn ihr Zweck es verlangt, außer an das Versicherungs- oder Rückversicherungsunternehmen selbst, auch an

1. die Mitglieder des Vorstands bzw. des Verwaltungsrats und die geschäftsführenden Direktoren, sowie an die das Unternehmen kontrollierenden Personen oder

2. an Dienstleister, auf die Funktionen oder Geschäftstätigkeiten ausgelagert wurden, und zwar unabhängig davon, ob die Auslagerung der Genehmigung bedarf,

gerichtet werden.

Einberufung der Hauptversammlung oder des Aufsichtsrats

§ 276. Soweit es der Durchsetzung der Einhaltung der für den Betrieb der Vertragsversicherung geltenden Vorschriften und der Anordnungen der FMA dient, hat die FMA die Einberufung der Hauptversammlung (Mitgliederversammlung oder Mitgliedervertretung) oder des Aufsichtsrats oder des Verwaltungsrats eines Versicherungs- oder Rückversicherungsunternehmens und die Ankündigung bestimmter Gegenstände der Beratung und Beschlussfassung in der Tagesordnung zu verlangen. Wird diesem Verlangen nicht unverzüglich entsprochen, so kann die FMA, wenn sonst die Belange der Versicherungsnehmer und Anspruchsberechtigten gefährdet würden, die Einberufung oder Ankündigung auf Kosten des Versicherungs- oder Rückversicherungsunternehmens selbst vornehmen.

Kapitalaufschlag

§ 277. (1) Im Rahmen des aufsichtlichen Überprüfungsverfahrens kann die FMA nur in den folgenden Fällen einen Kapitalaufschlag festsetzen:

1. wenn das Risikoprofil des Versicherungs- oder Rückversicherungsunternehmens erheblich von den Annahmen abweicht, die der mit der Standardformel berechneten Solvenzkapitalanforderung zugrunde liegen, und

a) die Anordnung gemäß § 181 Abs. 2 ein internes Modell zu verwenden, unangemessen wäre oder unwirksam war oder

b) nach einer Anordnung gemäß § 181 Abs. 2 ein internes Modell noch entwickelt wird;

2. wenn das Risikoprofil des Versicherungs- oder Rückversicherungsunternehmens erheblich von den Annahmen abweicht, die der unter Verwendung eines internen Modells berechneten Solvenzkapitalanforderung zugrunde liegen, weil

a) bestimmte quantifizierbare Risiken nur unzureichend erfasst wurden und

b) die Anpassung des Modells zur Abbildung des Risikoprofils innerhalb eines angemessenen Zeitraumes fehlgeschlagen ist,

3. wenn das Governance-System eines Versicherungs- oder Rückversicherungsunternehmens erheblich von den in § 107 bis § 113, § 117 bis § 122 festgelegten Anforderungen abweicht und

a) das Unternehmen dadurch gehindert wird, die Risiken, denen es ausgesetzt ist oder ausgesetzt sein könnte, angemessen zu erkennen, zu messen, zu überwachen, zu managen und darüber Bericht zu erstatten und

b) die Anwendung anderer Maßnahmen die Mängel wahrscheinlich nicht innerhalb eines angemessenen Zeitraumes ausreichend beheben wird oder

4. wenn ein Versicherungs- oder Rückversicherungsunternehmen die Matching-Anpassung, die Volatilitätsanpassung oder die Übergangsmaßnahmen gemäß § 336 und § 337 anwendet und das Risikoprofil dieses Unternehmens erheblich von den Annahmen abweicht, die diesen Anpassungen und Übergangsmaßnahmen zugrunde liegen.

(2) In den Fällen des Abs. 1 Z 1 und 2 hat die Berechnung durch die FMA auf eine Art und Weise zu erfolgen, dass der Kalibrierung der Solvenzkapitalanforderung in § 175 Abs. 3 entsprochen wird. Die Höhe von Kapitalaufschlägen gemäß Abs. 1 Z 3 muss den wesentlichen Risiken entsprechen, die mit den Mängeln einhergehen, die zur Festsetzung eines Kapitalaufschlages durch die FMA geführt haben. In dem Fall gemäß Abs. 1 Z 4 muss der Kapitalaufschlag proportional zu den wesentlichen Risiken sein, die mit den Abweichungen einhergehen.

(3) Die FMA hat geeignete Maßnahmen zur Behebung der Mängel, die zur Festsetzung eines Kapitalaufschlags gemäß Abs. 1 Z 2 und 3 geführt haben, anzuordnen.

(4) Ein gemäß Abs. 1 festgesetzter Kapitalaufschlag ist von der FMA mindestens einmal jährlich zu überprüfen und aufzuheben, sobald das Unternehmen nachweist, dass es die ihm zugrunde liegenden Mängel behoben hat.

(5) Der gemäß Abs. 1 festgesetzte Kapitalaufschlag wird vom Versicherungs- oder Rückversicherungsunternehmen berechneten Solvenzkapitalanforderung hinzugerechnet und dieser Betrag ersetzt die inadäquate Solvenzkapitalanforderung. Unbeschadet dessen wird der nach Abs. 1 Z 3 festgesetzte Kapitalaufschlag für die Zwecke der Berechnung der Risikomarge gemäß § 161 nicht berücksichtigt.

Maßnahmen bei Verschlechterung der wirtschaftlichen Lage: Solvabilitätsplan

§ 278. (1) Stellt ein Versicherungs- oder Rückversicherungsunternehmen fest, dass auf Grund einer Verschlechterung der finanziellen Leistungsfähigkeit des Unternehmens die Bedeckung der Solvenzkapitalanforderung mit anrechenbaren Eigenmitteln nicht mehr gewährleistet sein wird, aber die Voraussetzungen des § 279 noch nicht erfüllt sind, so hat es dies der FMA unverzüglich anzuzeigen. Versicherungs- und Rückversicherungsunternehmen haben geeignete Verfahren vorzusehen, um eine Verschlechterung ihrer finanziellen Leistungsfähigkeit festzustellen.

(2) Innerhalb von zwei Monaten nach Eintreten der Voraussetzungen gemäß Abs. 1 hat das betroffene Versicherungs- oder Rückversicherungsunternehmen der FMA einen Solvabilitätsplan zur Genehmigung vorzulegen. Im Solvabilitätsplan ist darzulegen wie der Verschlechterung der finanziellen Leistungsfähigkeit abgeholfen wird und die Bedeckung der Solvenzkapitalanforderung mit anrechenbaren Eigenmitteln dauerhaft gewährleistet werden kann.

Maßnahmen bei Nichtbedeckung der Solvenzkapitalanforderung: Sanierungsplan

§ 279. (1) Stellt ein Versicherungs- oder Rückversicherungsunternehmen fest, dass die Solvenzkapitalanforderung nicht mehr bedeckt ist oder die Gefahr besteht, dass dieser Fall innerhalb der nächsten drei Monate eintreten wird, so hat es dies unverzüglich der FMA anzuzeigen.

(2) Innerhalb von zwei Monaten nach Feststellung der Nichtbedeckung der Solvenzkapitalanforderung hat das betroffene Versicherungs- oder Rückversicherungsunternehmen der FMA einen realistischen Sanierungsplan zur Wiederherstellung gesunder Finanzverhältnisse vorzulegen. Dieser Plan bedarf der Genehmigung der FMA und hat zu gewährleisten, dass innerhalb von sechs Monaten nach Feststellung der Nichtbedeckung die Solvenzkapitalanforderung wieder bedeckt ist, indem

1. die anrechenbaren Eigenmittel mindestens auf die Höhe der Solvenzkapitalanforderung aufgestockt werden oder

2. das Risikoprofil entsprechend gesenkt wird. Die FMA kann diese Frist gegebenenfalls um weitere drei Monate verlängern.

(3) Sofern außergewöhnliche widrige Umstände gemäß Abs. 4 von der EIOPA festgestellt wurden, kann die FMA auf Antrag eines betroffenen Versicherungs- oder Rückversicherungsunternehmens die in Abs. 2 genannte Frist unter Berücksichtigung aller relevanten Faktoren, einschließlich der durchschnittlichen Laufzeit der versicherungstechnischen Rückstellungen, um maximal sieben Jahre verlängern.

(4) Die FMA hat ein Ersuchen auf Feststellung des Vorliegens außergewöhnlicher widriger Umstände an die EIOPA zu stellen, wenn Versicherungs- oder Rückversicherungsunternehmen, die einen wesentlichen Anteil am Markt oder an den betroffenen Geschäftsbereichen ausmachen, aller Voraussicht nach eine der in Abs. 2 genannten Bedingungen nicht erfüllen werden. Außergewöhnliche widrige Umstände liegen vor, wenn die finanzielle Situation von Versicherungs- oder Rückversicherungsunternehmen, die einen wesentlichen Anteil am Markt oder an den betroffenen Geschäftsbereichen ausmachen, erheblich oder nachteilig durch eine oder mehrere der folgenden Umstände beeinträchtigt wird:

1. ein unvorhergesehener heftiger und steiler Einbruch an den Finanzmärkten;

2. ein von dauerhaft niedrigen Zinssätzen geprägtes Umfeld oder

3. ein katastrophales Ereignis mit schweren Folgen.

Die EIOPA beurteilt nach Anhörung der betreffenden Aufsichtsbehörde regelmäßig, ob die im vorstehenden Absatz genannten Bedingungen weiterhin vorliegen. Die EIOPA stellt nach Anhörung der betreffenden Aufsichtsbehörde fest, wann keine außergewöhnlichen widrigen Umstände mehr vorliegen.

(5) Das betroffene Versicherungs- oder Rückversicherungsunternehmen legt der FMA alle drei Monate einen Fortschrittsbericht vor, in dem die Maßnahmen zur Aufstockung der anrechenbaren Eigenmittel bis auf die zur Bedeckung der Solvenzkapitalanforderung erforderliche Höhe oder zur Senkung des Risikoprofils bis zur erneuten Bedeckung der Solvenzkapitalanforderung sowie der hierbei erzielte Fortschritt dargestellt sind.

(6) Die FMA hat die gemäß Abs. 3 gewährte Verlängerung zu widerrufen, wenn aus dem Fortschrittsbericht hervorgeht, dass zwischen dem Zeitpunkt der Feststellung der Nichtbedeckung der Solvenzkapitalanforderung und dem der Übermittlung des Fortschrittsberichts kein wesentlicher Fortschritt bei der Erreichung einer Aufstockung der anrechenbaren Eigenmittel bis auf die zur Bedeckung der Solvenzkapitalanforderung erforderlichen Höhe oder zur Senkung des Risikoprofils bis zur erneuten Bedeckung der Solvenzkapitalanforderung stattgefunden hat.

Maßnahmen bei Nichtbedeckung der Mindestkapitalanforderung: Finanzierungsplan

§ 280. (1) Stellt ein Versicherungs- oder Rückversicherungsunternehmen fest, dass die Mindestkapitalanforderung nicht mehr bedeckt ist oder die Gefahr besteht, dass dieser Fall innerhalb der folgenden drei Monate eintreten wird, so hat es dies unverzüglich der FMA anzuzeigen.

(2) Innerhalb eines Monats nach Feststellung der Nichtbedeckung der Mindestkapitalanforderung hat das betroffene Versicherungs- oder Rückversicherungsunternehmen der FMA einen kurzfristigen Finanzierungsplan vorzulegen. Dieser Plan bedarf der Genehmigung der FMA und hat zu gewährleisten, dass innerhalb von drei Monaten nach Feststellung der Nichtbedeckung die Mindestkapitalanforderung wieder bedeckt ist, indem

1. die anrechenbaren Basiseigenmittel mindestens auf Höhe der Mindestkapitalanforderung aufgestockt werden oder

2. das Risikoprofil entsprechend gesenkt wird.

(3) Stellt ein Kompositversicherungsunternehmen fest, dass die fiktive Lebensversicherungs-Mindestkapitalanforderung oder die fiktive Nicht-Lebensversicherungs-Mindestkapitalanforderung nicht mehr bedeckt ist oder die Gefahr besteht, dass dieser Fall innerhalb der folgenden drei Monate eintreten wird, so hat es dies unverzüglich der FMA anzuzeigen. Die FMA hat die in Abs. 2 und in § 283 Abs. 1 Z 3 vorgesehenen Maßnahmen auf die betroffene Tätigkeit anzuwenden oder die Übertragung anrechenbarer Basiseigenmittelbestandteile von der Lebensversicherungstätigkeit auf die Nicht-Lebensversicherungstätigkeit oder umgekehrt zu genehmigen.

Gemeinsame Bestimmungen für Solvabilitäts- Sanierungs- und Finanzierungsplan

§ 281. Der Solvabilitäts- der Sanierungs- und der Finanzierungsplan haben folgenden Mindestinhalt aufzuweisen:

1. die voraussichtlichen Provisionsaufwendungen und die sonstigen Aufwendungen für den Versicherungsbetrieb,

2. die voraussichtlichen Einnahmen und Ausgaben für das Erstversicherungsgeschäft sowie das übernommene und abgegebene Rückversicherungsgeschäft,

3. eine Prognose der Solvenzbilanz,

4. Schätzungen der finanziellen Ressourcen, die zur Bedeckung der versicherungstechnischen Rückstellungen gemäß dem 1. Abschnitt des 8. Hauptstücks, der Mindesteigenkapitalanforderung

und der Solvenzkapitalanforderung zur Verfügung stehen, und

5. umfassende Angaben zur Rückversicherungspolitik.

Maßnahmen der FMA in Bezug auf versicherungstechnische Rückstellungen

§ 282. (1) Auf Verlangen der FMA haben Versicherungs- und Rückversicherungsunternehmen Folgendes nachzuweisen:

1. die Angemessenheit der Höhe ihrer versicherungstechnischen Rückstellungen gemäß dem 7. Hauptstück und die Angemessenheit der Höhe ihrer versicherungstechnischen Rückstellungen gemäß dem 1. Abschnitt des 8. Hauptstücks,

2. die Eignung und die Relevanz der verwendeten Methoden sowie

3. die Adäquanz der verwendeten statistischen Basisdaten.

(2) Entspricht die Berechnung der versicherungstechnischen Rückstellungen nicht den Vorschriften gemäß dem 7. Hauptstücks bzw. dem 1. Abschnitt des 8. Hauptstücks, kann die FMA eine Erhöhung der versicherungstechnischen Rückstellungen auf den gesetzlich vorgeschriebenen Betrag anordnen.

Untersagung der freien Verfügung über Vermögenswerte

§ 283. (1) Die FMA kann zur Sicherung der jederzeitigen Erfüllbarkeit der Verpflichtungen aus den Versicherungsverträgen die freie Verfügung über die Vermögenswerte eines Versicherungs- oder Rückversicherungsunternehmens einschränken oder untersagen, wenn

1. keine ausreichenden versicherungstechnischen Rückstellungen gemäß dem 7. Hauptstück oder dem 1. Abschnitt des 8. Hauptstücks gebildet werden,

2. die Voraussetzungen des § 279 Abs. 1 vorliegen, Grund zur Annahme besteht, dass sich die finanzielle Lage des betroffenen Versicherungs- oder Rückversicherungsunternehmens weiter verschlechtern wird und außergewöhnliche Umstände dies erforderlich machen,

3. die Voraussetzungen des § 280 von Abs. 1 vorliegen oder

4. die Konzession weggefallen ist.

(2) Soweit einem Versicherungs- oder Rückversicherungsunternehmen die freie Verfügung über Vermögenswerte untersagt oder eingeschränkt wurde, kann es über die Vermögenswerte rechtswirksam nur mit Zustimmung der FMA verfügen. Die Zustimmung ist zu erteilen, wenn die Verfügung die Erfüllbarkeit der Verpflichtungen aus den Versicherungsverträgen nicht gefährdet.

(3) Die Untersagung oder Einschränkung der freien Verfügung über inländische Liegenschaften, liegenschaftsgleiche Rechte und Hypothekardarlehen auf inländischen Liegenschaften oder liegenschaftsgleichen Rechten ist in das Grundbuch einzutragen.

(4) Die FMA hat die Öffentlichkeit über Entscheidungen über die Einschränkung oder Untersagung der freien Verfügung über Vermögenswerte durch Kundmachung im Internet, Abdruck im „Amtsblatt zur Wiener Zeitung" oder in einer anderen Zeitung mit Verbreitung im gesamten Bundesgebiet zu informieren.

Maßnahmen bei Gefahr für die Belange der Versicherungsnehmer und Anspruchsberechtigten

§ 284. (1) Bei einer fortgesetzten Verschlechterung der Solvabilität eines Versicherungs- oder Rückversicherungsunternehmens kann die FMA befristete Maßnahmen anordnen, soweit diese zur Abwendung einer Gefahr für die Belange der Versicherungsnehmer und Anspruchsberechtigten, insbesondere für die Erfüllbarkeit der Verpflichtungen aus den Versicherungsverträgen oder zur Sicherstellung der sich aus den Rückversicherungsverträgen ergebenden Verpflichtungen notwendig sind. Diese Maßnahmen müssen verhältnismäßig sein und den Grad und die Dauer der Verschlechterung der Solvabilität des betreffenden Versicherungs- oder Rückversicherungsunternehmens widerspiegeln. Diese Maßnahmen treten spätestens 18 Monate nach Wirksamkeitsbeginn außer Kraft. Hierzu kann die FMA insbesondere

1. den Mitgliedern des Vorstands bzw. des Verwaltungsrats und den geschäftsführenden Direktoren die Geschäftsführung ganz oder teilweise untersagen,

2. einen Regierungskommissär bestellen und

3. die Fortführung des Geschäftsbetriebes ganz oder teilweise untersagen.

(2) Zur Abwendung einer Gefahr im Sinn des Abs. 1 kann die FMA mit Verordnung den von einem Versicherungsunternehmen in bestehenden Versicherungsverträgen vereinbarten Umfang des Versicherungsschutzes bei Vorliegen sämtlicher nachstehender Voraussetzungen einschränken:

1. der vereinbarte Umfang des Versicherungsschutzes ergibt sich aus allgemeinen Versicherungsbedingungen oder allgemein verwendeten Tarifen;

2. der vereinbarte Umfang des Versicherungsschutzes weicht wesentlich von den marktüblichen Bedingungen ab;

3. die Prämien reichen zur Deckung des vereinbarten Versicherungsschutzes auf Dauer nicht aus und

4. die allgemeinen Versicherungsbedingungen und allgemein verwendeten Tarife für neu abzuschließende Versicherungsverträge sehen bei gleichen Prämien die gleichen Einschränkungen vor.

(3) Wenn eine Gefahr im Sinne des Abs. 1 nicht anders abgewendet werden kann, so kann die FMA einem Versicherungs- oder Rückversicherungsunternehmen eine Übertragung des Bestandes an Versicherungsverträgen gemäß § 28 zu angemessenen Bedingungen auf ein anderes Versicherungs- oder Rückversicherungsunternehmen anordnen. Die FMA hat diese Entscheidung, wenn es dem Zustandekommen der Bestandübertragung dient, im Internet, im „Amtsblatt zur Wiener Zeitung" oder in einer anderen Zeitung mit Verbreitung im gesamten Bundesgebiet mit der Einladung kundzumachen, die Bereitschaft, den Bestand zu übernehmen, dem Versicherungsunternehmen oder der FMA mitzuteilen.

(4) Personen, die zum Regierungskommissär (Abs. 1 Z 2) bestellt werden, haben die Anforderungen gemäß § 120 Abs. 2 Z 1 und 2 zu erfüllen. Die FMA hat als Regierungskommissär eine fachkundige Person zu bestellen, die insbesondere dem Berufsstand der Rechtsanwälte oder der Wirtschaftsprüfer angehören kann. Dem Regierungskommissär stehen alle aufsichtsbehördlichen Rechte gemäß § 272 zu. Er kann dem Versicherungs- oder Rückversicherungsunternehmen zur Abwendung einer Gefahr oder zur Sicherstellung gemäß Abs. 1 die Vornahme bestimmter Geschäfte untersagen. Für seine Tätigkeit steht ihm und einem allenfalls gemäß Abs. 5 bestellten Stellvertreter eine angemessene Gebühr zu.

(5) Die FMA kann auf Antrag des gemäß Abs. 1 Z 2 bestellten Regierungskommissärs einen Stellvertreter bestellen, wenn und solange dies aus wichtigen Gründen, insbesondere wegen vorübergehender Verhinderung des Regierungskommissärs, erforderlich ist. Für die Bestellung des Stellvertreters sowie für dessen Rechte und Pflichten sind die für den Regierungskommissär geltenden Bestimmungen anzuwenden. Der Regierungskommissär kann sich mit Genehmigung der FMA zur Erfüllung seiner Aufgaben fachlich geeigneter Personen bedienen, soweit dies nach Umfang und Schwierigkeit der Aufgaben erforderlich ist. Die Genehmigung der FMA hat diese Personen namentlich zu benennen und ist auch dem Versicherungs- oder Rückversicherungsunternehmen zuzustellen. Diese Personen handeln auf Weisung und im Namen des Regierungskommissärs oder seines Stellvertreters.

(6) Die FMA hat vom Österreichischen Rechtsanwaltskammertag und von der Kammer der Wirtschaftstreuhänder Meldungen über geeignete Regierungskommissäre einzuholen. Ist ein Regierungskommissär nach Abs. 4 oder ein Stellvertreter nach Abs. 5 zu bestellen und ist keine Bestellung auf Grund dieser Meldungen möglich, so hat die FMA insbesondere die nach dem Sitz des Versicherungs- oder Rückversicherungsunternehmens zuständige Rechtsanwaltskammer oder die Kammer der Wirtschaftstreuhänder zu benachrichtigen, damit diese einen fachlich geeigneten Rechtsanwalt oder Wirtschaftsprüfer als Regierungskommissär namhaft machen. Bei Gefahr in Verzug kann die FMA insbesondere einen Rechtsanwalt oder einen Wirtschaftsstreuhänder vorläufig als Regierungskommissär bestellen. Diese Bestellung tritt mit der Bestellung eines Rechtsanwaltes oder Wirtschaftsprüfers nach dem ersten Satz außer Kraft.

(7) Die dem Bund durch Maßnahmen nach Abs. 1 bis 6 entstehenden Kosten sind von den betroffenen Versicherungs- und Rückversicherungsunternehmen zu ersetzen.

Widerruf der Konzession

§ 285. (1) Die FMA hat die Konzession zu widerrufen, wenn

1. die Voraussetzungen für die Erteilung der Konzession nicht mehr erfüllt sind;

2. das Versicherungs- oder Rückversicherungsunternehmen in schwerwiegender Weise Pflichten verletzt, die ihm nach den für den Betrieb der Vertragsversicherung geltenden Vorschriften, nach dem Geschäftsplan oder auf Grund von Anordnungen der FMA obliegen;

3. über das Vermögen des Versicherungs- oder Rückversicherungsunternehmens das Konkursverfahren eröffnet oder das Versicherungsunternehmen auf andere Weise aufgelöst wurde oder

4. das Versicherungs- oder Rückversicherungsunternehmen nicht über ausreichende anrechenbare Basiseigenmittel zur Bedeckung der Mindestkapitalanforderung verfügt und die FMA der Auffassung ist, dass der vorgelegte Finanzierungsplan offensichtlich unzureichend ist oder es dem betreffenden Unternehmen nicht gelingt innerhalb von drei Monaten nach Feststellung der Nichtbedeckung der Mindestkapitalanforderung den Finanzierungsplan zu erfüllen.

(2) Abweichend von einem Widerruf der Konzession gemäß Abs. 1 Z 1 in Verbindung mit § 8 Abs. 2 Z 8 und 9 kann die FMA gegenüber dem Versicherungs- oder Rückversicherungsunternehmen gemäß § 275 Abs. 1 jene Anordnungen treffen, die erforderlich sind, um die ordnungsgemäße Erfüllung ihrer Überwachungspflicht zu ermöglichen.

(3) Wird die Solvabilität der Zweigniederlassung eines Drittland-Versicherungs- oder Drittland-Rückversicherungsunternehmens auf Grund einer Genehmigung gemäß § 15 von der Aufsichtsbehörde eines anderen Mitgliedstaats überwacht, hat die FMA diesem die Konzession zu widerrufen, wenn die für die Überwachung zuständige

Aufsichtsbehörde die Konzession wegen Nichtbedeckung der Solvenzkapitalanforderung widerrufen hat.

(4) Der Widerruf der Konzession bewirkt, dass Versicherungsverträge nicht mehr abgeschlossen werden dürfen und bestehende Versicherungsverträge ehestmöglich beendet werden müssen.

Maßnahmen nach Widerruf, Erlöschen oder Zurücklegung der Konzession

§ 286. (1) Nach dem Wegfall der Konzession hat die FMA die Geschäftsgebarung so lange zu überwachen, bis alle Versicherungs- oder Rückversicherungsverträge vollständig abgewickelt sind. Dies gilt nicht für die Abwicklung der Versicherungsverträge im Rahmen eines Konkursverfahrens.

(2) Zur Gewährleistung der Erfüllbarkeit der Verpflichtungen aus den Versicherungsverträgen nach Wegfall der Konzession hat die FMA alle geeigneten Maßnahmen anzuordnen, die erforderlich sind um die Belange der Versicherungsnehmer und Anspruchsberechtigten zu wahren, insbesondere kann sie die Stellung einer Kaution in hierzu erforderlichen Ausmaß verlangen. Die Kaution darf höchstens jedoch in der Höhe der versicherungstechnischen Rückstellungen gemäß dem 7. Hauptstück zuzüglich der Hälfte der absoluten Untergrenze der Mindestkapitalanforderung gemäß § 193 Abs. 2 festgesetzt werden. Die FMA hat hierbei die geeigneten Vermögenswerte festzulegen sowie Art und Inhalt der Kautionsbindung in der Weise festzusetzen, dass nicht ohne Zustimmung der FMA über die Vermögenswerte verfügt werden kann.

(3) Bei Widerruf, Erlöschen oder Zurücklegung der Konzession hat die FMA die Aufsichtsbehörden aller übrigen Mitgliedstaaten zu unterrichten.

Bezeichnungsschutz

§ 287. Die Bezeichnungen „Versicherung", „Versicherer", „Assekuranz" sowie jede Übersetzung in einer anderen Sprache oder eine Bezeichnung, in der eines dieser Wörter enthalten ist, dürfen – soweit sich die Zulässigkeit nicht aus anderen gesetzlichen Bestimmungen ergibt – nur Unternehmen, die zum Betrieb der Vertragsversicherung berechtigt sind, sowie deren berufliche Interessenvertretungen führen.

Kundmachung bei unerlaubtem Geschäftsbetrieb

§ 288. Die FMA kann durch Kundmachung im Internet, Abdruck im „Amtsblatt zur Wiener Zeitung" oder in einer anderen Zeitung mit Verbreitung im gesamten Bundesgebiet die Öffentlichkeit informieren, dass eine namentlich genannte natürliche oder juristische Person (Person) zum Betrieb der Vertragsversicherung oder bestimmter Versicherungsgeschäfte nicht berechtigt ist, sofern diese Person dazu Anlass gegeben hat und eine Information der Öffentlichkeit erforderlich und im Hinblick auf mögliche Nachteile des Betroffenen verhältnismäßig ist. Diese Veröffentlichungsmaßnahmen können auch kumulativ getroffen werden. Die Person muss in der Veröffentlichung eindeutig identifizierbar sein; zu diesem Zweck können, soweit der FMA bekannt, auch Geschäftsanschrift oder Wohnanschrift, Firmenbuchnummer, Internetadresse, Telefonnummer und Telefaxnummer angegeben werden. Der von der Veröffentlichung Betroffene kann eine Überprüfung der Rechtmäßigkeit der Veröffentlichung in einem bescheidmäßig zu erledigenden Verfahren bei der FMA beantragen. Die FMA hat diesfalls die Einleitung eines solchen Verfahrens in gleicher Weise bekannt zu machen. Wird im Rahmen einer Überprüfung die Rechtswidrigkeit der Veröffentlichung festgestellt, so hat die FMA die Veröffentlichung richtig zu stellen oder auf Antrag des Betroffenen entweder zu widerrufen oder aus dem Internetauftritt zu entfernen.

Beaufsichtigung im Rahmen der Niederlassungs- und Dienstleistungsfreiheit

§ 289. (1) Die FMA kann von EWR-Versicherungs- und EWR-Rückversicherungsunternehmen, die im Inland Versicherungstätigkeiten ausüben, die Vorlage aller Unterlagen verlangen, die zur Beurteilung erforderlich sind, ob dieser Geschäftsbetrieb mit den für diese Unternehmen für den Betrieb der Vertragsversicherung geltenden Vorschriften und den anerkannten Grundsätzen eines ordnungsgemäßen Geschäftsbetriebs im Einklang steht. Dies schließt nicht die Verpflichtung der EWR-Versicherungsunternehmen zur systematischen Vorlage der allgemeinen Versicherungsbedingungen, der Tarife sowie der Formblätter und sonstigen Druckstücke ein, die sie im Verkehr mit den Versicherungsnehmern zu verwenden beabsichtigen.

(2) Verletzt ein EWR-Versicherungs- oder EWR-Rückversicherungsunternehmen, das im Inland Versicherungstätigkeiten ausübt, die für diese Unternehmen für den Betrieb der Vertragsversicherung geltenden Vorschriften oder die anerkannten Grundsätze eines ordnungsgemäßen Geschäftsbetriebs und gefährdet es dadurch die Interessen der Versicherungsnehmer und Anspruchsberechtigten, so hat die FMA dieses Unternehmen aufzufordern, diese Mängel zu beheben. Diese Aufforderung ergeht nicht in Form eines Bescheides. Gleichzeitig hat die FMA den Aufsichtsbehörden des Herkunftsmitgliedstaats ihre Erkenntnisse mitzuteilen.

(3) Kommt das EWR-Versicherungs- oder EWR-Rückversicherungsunternehmen der Auf-

forderung gemäß Abs. 2 nicht nach, so hat die FMA dies der Aufsichtsbehörde des Herkunftsmitgliedstaats mitzuteilen und diese zu ersuchen, die geeigneten Maßnahmen zur Behebung der Mängel zu ergreifen.

(4) Ergreift die Aufsichtsbehörde des Herkunftsmitgliedstaats keine Maßnahmen oder erweisen sich ihre Maßnahmen als unzureichend oder unwirksam, so hat die FMA unter Anwendung des § 275 die erforderlichen und geeigneten Anordnungen gegen das EWR-Versicherungs- oder EWR-Rückversicherungsunternehmen zu treffen. Soweit erforderlich kann die FMA den Abschluss von Versicherungs- und Rückversicherungsverträgen durch die Zweigniederlassung oder den Dienstleistungsverkehr untersagen. Vor Anordnung einer Maßnahme nach diesem Absatz ist die Aufsichtsbehörde des Herkunftsmitgliedstaats zu verständigen. Darüber hinaus kann die FMA gemäß Art. 19 der Verordnung (EU) Nr. 1094/2010 die EIOPA mit der Angelegenheit befassen und um Unterstützung ersuchen.

(5) Ist eine Maßnahme zur Abwendung einer Gefahr für die Interessen der Versicherungsnehmer und Anspruchsberechtigten dringend erforderlich, so hat die FMA ohne Verfahren gemäß Abs. 2 bis 4 unter Anwendung des § 275 die erforderlichen und geeigneten Anordnungen gegen das EWR-Versicherungsunternehmen zu treffen. Dies schließt auch die Untersagung des Abschlusses von Versicherungs- und Rückversicherungsverträgen durch die Zweigniederlassung oder den Dienstleistungsverkehr mit ein. Nach Anordnung einer Maßnahme nach diesem Absatz ist die Aufsichtsbehörde des Herkunftsmitgliedstaats zu verständigen.

Prüfung vor Ort im Rahmen der Niederlassungsfreiheit

§ 290. (1) Die Prüfung vor Ort von Zweigniederlassungen in anderen Mitgliedstaaten von Versicherungs- und Rückversicherungsunternehmen mit Sitz im Inland ist von der FMA nur dann vorzunehmen, wenn der Zweck der Prüfung es verlangt. Sie ist auf die Prüfung

1. der Solvabilität,
2. der Bildung versicherungstechnischer Rückstellungen gemäß dem 1. Abschnitt des 8. Hauptstücks,
3. der Vermögenswerte und
4. der anrechenbaren Eigenmittel

zu beschränken. Die Aufsichtsbehörde des Aufnahmemitgliedstaats ist vor Beginn der Prüfung schriftlich zu verständigen.

(2) Eine inländische Zweigniederlassung eines EWR-Versicherungs- oder EWR-Rückversicherungsunternehmens kann von der Aufsichtsbehörde des Herkunftsmitgliedstaats oder von ihr beauftragten Personen in dem in Abs. 1 angeführten Umfang vor Ort geprüft werden, sobald die FMA davon schriftlich verständigt worden ist. Die FMA kann sich an dieser Prüfung selbst oder durch von ihr gemäß § 274 Abs. 2 bestellten Prüfungsorgane beteiligen. § 274 Abs. 3 bis 7 sind anzuwenden.

(3) Inländische Zweigniederlassungen von EWR-Versicherungs- und EWR-Rückversicherungsunternehmen können von der FMA unter Anwendung des § 274 Abs. 3 bis 7 vor Ort daraufhin geprüft werden, ob dieser Geschäftsbetrieb mit den für den Betrieb der Vertragsversicherung für diese Unternehmen geltenden Vorschriften und den anerkannten Grundsätzen eines ordnungsgemäßen Geschäftsbetriebes im Inland in Einklang steht. Die Aufsichtsbehörde des Herkunftsmitgliedstaats ist vor Beginn der Prüfung zu verständigen.

(4) Hat die Aufsichtsbehörde des Aufnahmemitgliedstaats der FMA untersagt, ihr Recht auf Durchführung der Prüfung vor Ort gemäß Abs. 1 wahrzunehmen oder ist es der FMA in der Praxis nicht möglich, ihr Recht auf Teilnahme bei einer Prüfung gemäß Abs. 2 auszuüben, kann die FMA gemäß Art. 19 der Verordnung (EU) Nr. 1094/2010 die EIOPA mit der Angelegenheit befassen und um Unterstützung ersuchen.

Beaufsichtigung des Geschäftsbetriebs in Drittländern

§ 291. (1) Zur Abwendung einer Gefahr für die dauernde Erfüllbarkeit der Verpflichtungen aus den Versicherungsverträgen, die auf Grund der gemäß § 6 Abs. 1 erteilten Konzession abgeschlossen werden, kann die FMA einem Versicherungs- und Rückversicherunternehmen die Fortführung eines Geschäftsbetriebes außerhalb der Mitgliedstaaten untersagen.

(2) Zur Feststellung der für eine Entscheidung gemäß Abs. 1 maßgebenden Umstände kann die FMA von den Versicherungs- und Rückversicherungsunternehmen die erforderlichen Auskünfte und die Vorlage entsprechender Unterlagen auch im Rahmen einer Prüfung vor Ort gemäß § 274, verlangen.

(3) Die FMA kann einem Versicherungsunternehmen den Abschluss von Versicherungsverträgen mit Personen, die ihren gewöhnlichen Aufenthalt, Wohnsitz oder Sitz außerhalb der Mitgliedstaaten haben, auf begründetes Ersuchen der zuständigen Behörde des Drittlandes, in dem diese Personen ihren gewöhnlichen Aufenthalt, Wohnsitz oder Sitz haben, untersagen, insoweit das Versicherungsunternehmen nach den Rechtsvorschriften dieses Staats zum Abschluss der Versicherungsverträge nicht berechtigt ist.

Zwangsstrafen

§ 292. Für die Vollstreckung eines Bescheides nach diesem Bundesgesetz tritt an die Stelle des in § 5 Abs. 3 VVG angeführten Betrages der Betrag von 30 000 Euro.

Internationale Sanktionen

§ 293. Soweit es zur Durchführung von völkerrechtlich verpflichtenden Entscheidungen der Vereinten Nationen erforderlich ist, hat der Bundesminister für Finanzen durch Verordnung den Abschluss neuer und die Verlängerung bestehender Versicherungsverträge oder die Erbringung von Leistungen auf Grund bestehender Versicherungsverträge zu untersagen.

3. Abschnitt
Internationale Zusammenarbeit

Zusammenarbeit im EWR

§ 294. (1) Die FMA kann über die der Beaufsichtigung nach den Bestimmungen dieses Bundesgesetzes unterliegenden Unternehmen (§ 1 Abs. 1) den Aufsichtsbehörden der Mitgliedstaaten die für die Zwecke des Abs. 4 benötigten Informationen übermitteln. Mitumfasst sind auch Informationen über die Aktionäre, die Mitglieder des Vorstands, des Aufsichtsrats, des Verwaltungsrats und die geschäftsführenden Direktoren dieser Unternehmen.

(2) Der Bundesminister für Finanzen kann, sofern er gemäß Art. 66 Abs. 2 B-VG dazu ermächtigt ist, durch Vereinbarungen mit anderen Mitgliedstaaten nähere Regelungen über die Zusammenarbeit mit den Aufsichtsbehörden dieser Staaten im Rahmen des Abs. 1 treffen.

(3) Die FMA kann die in Abs. 1 genannten Informationen auch an die folgenden Stellen übermitteln:
  1. Zentralbanken des Europäischen Systems der Zentralbanken (ESZB), einschließlich der Europäischen Zentralbank (EZB), und andere Einrichtungen mit ähnlichen Aufgaben in ihrer Eigenschaft als Währungsbehörden, wenn diese Informationen für die Wahrnehmung ihrer jeweiligen Aufgaben, einschließlich der Durchführung der Geldpolitik und der damit zusammenhängenden Bereitstellung von Liquidität, der Überwachung der Zahlungsverkehrs- Clearing- und Abrechnungssysteme und der Erhaltung der Stabilität des Finanzsystems, relevant sind sowie gegebenenfalls anderen einzelstaatlichen Behörden der Mitgliedstaaten, die mit der Überwachung der Zahlungssysteme betraut sind;
  2. dem mit der Verordnung (EU) Nr. 1092/2010 eingerichteten Europäischen Ausschuss für Systemrisiken (ESRB), wenn diese Informationen für die Wahrnehmung seiner Aufgaben relevant sind und
  3. den für die Beaufsichtigung der Kreditinstitute, der sonstigen Finanzinstitute und der Finanzmärkte zuständigen Behörden der anderen Mitgliedstaaten, wenn diese Informationen für die Wahrnehmung ihrer jeweiligen Aufgaben relevant sind, sofern diese Behörden einer dem Berufsgeheimnis gemäß Art. 64 der Richtlinie 2009/138/EG entsprechenden Geheimhaltungspflicht unterliegen oder sich zu einer solchen verpflichtet haben.

Bei Eintritt einer Krisensituation, einschließlich einer in Art. 18 der Verordnung (EU) Nr. 1094/2010 genannten Krisensituation, kann die FMA Informationen an die Zentralbanken des ESZB, einschließlich der EZB, unverzüglich übermitteln, wenn diese Informationen für die Wahrnehmung ihrer Aufgaben, einschließlich der Durchführung der Geldpolitik und der damit zusammenhängenden Bereitstellung von Liquidität, der Überwachung der Zahlungsverkehrs- Clearing- und Abrechnungssysteme und der Erhaltung der Stabilität des Finanzsystems, relevant sind. Das Gleiche gilt für die Übermittlung von Informationen an den ESRB, sofern diese Informationen für die Wahrnehmung seiner Aufgaben relevant sind. Die FMA kann von den in Z 1 bis 3 genannten Stellen alle Informationen anfordern, die sie für die Zwecke des Abs. 4 benötigen.

(4) Wenn die FMA von einer Aufsichtsbehörde eines Mitgliedstaats vertrauliche Informationen erhält, darf sie diese bei der Durchführung ihrer Aufgaben nur für folgende Zwecke verwenden:
  1. zur Prüfung der Einhaltung der Konzessionsvoraussetzungen für die Versicherungs- oder Rückversicherungstätigkeit und zur leichteren Überwachung der Bedingungen der Tätigkeitsausübung, insbesondere hinsichtlich der Überwachung der versicherungstechnischen Rückstellungen gemäß dem 7. Hauptstück und gemäß dem 1. Abschnitt des 8. Hauptstücks, der Solvenzkapitalanforderung, der Mindestkapitalanforderung und des Governance-Systems;
  2. zur Verhängung von Verwaltungsstrafen;
  3. im Rahmen von verwaltungsbehördlichen und gerichtlichen Verfahren und
  4. im Rahmen eines Verwaltungsverfahrens über die Anfechtung einer Entscheidung der FMA.

Zusammenarbeit bei Einschränkung oder Untersagung der Verfügung über Vermögenswerte

§ 295. (1) Bevor die FMA gemäß § 283 Abs. 1 Z 1 einem Versicherungs- oder Rückversicherungsunternehmen die freie Verfügung über Vermögenswerte einschränkt oder untersagt, hat sie die Aufsichtsbehörden der Aufnahmemitgliedstaaten zu verständigen.

(2) Hat die FMA gemäß § 283 Abs. 1 Z 2 bis 4 einem Versicherungs- oder Rückversicherungsunternehmen die freie Verfügung über Vermögenswerte eingeschränkt oder untersagt, hat sie die Aufsichtsbehörden der Aufnahmemitgliedstaaten zu verständigen.

(3) Erlässt die FMA eine Anordnung gemäß § 283 Abs. 1, so kann sie die Aufsichtsbehörden von Mitgliedstaaten, in deren Gebiet Vermögenswerte des Versicherungs- oder Rückversicherungsunternehmens belegen sind, ersuchen, hinsichtlich dieser Vermögenswerte die gleiche Anordnung zu treffen. Hierbei sind die Vermögenswerte zu bezeichnen, die Gegenstand dieser Anordnung sein sollen. Hat die Anordnung nach den Rechtsvorschriften des Mitgliedstaats, in dem die Vermögenswerte belegen sind, zur Folge, dass über die Vermögenswerte nur mit dem Einverständnis der FMA verfügt werden kann, so ist dieses Einverständnis nur dann zu erklären, wenn eine Verfügung die Erfüllbarkeit der Verpflichtungen aus den Versicherungsverträgen nicht gefährdet.

(4) Hat die Aufsichtsbehörde eines anderen Mitgliedstaats gegenüber einem EWR-Versicherungs- oder EWR-Rückversicherungsunternehmen eine Anordnung gemäß Art. 137, Art. 138 Abs. 5, Art. 139 Abs. 3 oder Art. 144 Abs. 2 zweiter Unterabsatz der Richtlinie 2009/138/EG getroffen, so hat die FMA auf Ersuchen dieser Aufsichtsbehörde hinsichtlich der im Inland belegenen und im Ersuchen bezeichneten Vermögenswerte die freie Verfügung über diese Vermögenswerte unter sinngemäßer Anwendung von § 283 Abs. 1 einzuschränken oder zu untersagen. Soweit danach die freie Verfügung über Vermögenswerte untersagt oder eingeschränkt wurde, kann das EWR-Versicherungs- oder EWR-Rückversicherungsunternehmen über die Vermögenswerte rechtswirksam nur mit Zustimmung der FMA verfügen. Die Zustimmung darf nur im Einverständnis mit der Aufsichtsbehörde des Herkunftsmitgliedstaats erteilt werden. § 283 Abs. 3 und 4 sind anzuwenden.

Zusammenarbeit im Rahmen der Dienstleistungs- und Niederlassungsfreiheit

§ 296. (1) Hat die FMA Grund zur Annahme, dass durch den Betrieb einer Zweigniederlassung oder durch den Dienstleistungsverkehr im Inland die finanzielle Leistungsfähigkeit eines EWR-Versicherungs- oder EWR-Rückversicherungsunternehmens gefährdet wird, so hat sie dies der Aufsichtsbehörde des Herkunftsmitgliedstaats unverzüglich mitzuteilen.

(2) Ersucht die Aufsichtsbehörde eines anderen Mitgliedstaats, in dem ein Versicherungs- oder Rückversicherungsunternehmen mit Sitz im Inland die Versicherungstätigkeit über eine Zweigniederlassung oder im Dienstleistungsverkehr ausübt, um die Ergreifung geeigneter Maßnahmen entsprechend Art. 155 Abs. 2 der Richtlinie 2009/138/EG, so hat die FMA geeignete Maßnahmen gemäß § 275 anzuordnen und die zuständige Aufsichtsbehörde hiervon zu verständigen. Darüber hinaus kann die FMA gemäß Art. 19 der Verordnung (EU) Nr. 1094/2010 die EIOPA mit der Angelegenheit befassen und um Unterstützung ersuchen.

(3) Ist die Zustellung eines Schriftstückes der nach Abs. 2 zuständigen Aufsichtsbehörde entsprechend Art. 155 der Richtlinie 2009/138/EG an ein Versicherungs- oder Rückversicherungsunternehmen mit Sitz im Inland nicht oder nur unter unverhältnismäßigen Schwierigkeiten möglich, so hat die Zustellung auf Verlangen der zuständigen Aufsichtsbehörde über die FMA zu erfolgen.

Zusammenarbeit bei Auflösung von Versicherungsunternehmen oder Sanierungsmaßnahmen im EWR

§ 297. (1) Die FMA hat den Aufsichtsbehörden der anderen Mitgliedstaaten unverzüglich mitzuteilen

1. die Auflösung eines Versicherungsunternehmens gemäß § 203 Abs. 1 Z 1 und 2 AktG oder § 57 Abs. 1 Z 1 und 2 dieses Bundesgesetzes,

2. die Ergreifung von Maßnahmen gemäß § 284 oder § 316.

(2) Die Mitteilungen gemäß Abs. 1 Z 2 haben auch Angaben zu den allgemeinen Wirkungen der Maßnahme gemäß § 284 oder § 316 zu enthalten.

(3) Den Aufsichtsbehörden anderer Mitgliedstaaten ist auf deren Verlangen Auskunft über den Verlauf der Abwicklung im Fall einer Auflösung gemäß Abs. 1 Z 1 zu geben.

Zusammenarbeit mit Behörden von Drittländern

§ 298. (1) Die FMA kann über die der Beaufsichtigung nach den Bestimmungen dieses Bundesgesetzes unterliegenden Unternehmen (§ 1 Abs. 1) den Behörden, denen die Beaufsichtigung von Drittland-Versicherungs- oder Drittland-Rückversicherungsunternehmen, Kreditinstituten und sonstigen Finanzinstituten mit Sitz in einem Drittland sowie von Finanzmärkten in Drittländern obliegt, die für die Zwecke des § 294 Abs. 4 benötigten Informationen übermitteln. Mitumfasst sind auch Informationen über die Aktionäre, Mitglieder des Vorstands, des Aufsichtsrats, des Verwaltungsrats und die geschäftsführenden Direktoren dieser Unternehmen.

(2) Die Übermittlung von Informationen ist nur zulässig, sofern diese Behörden einer dem Berufsgeheimnis gemäß Art. 64 der Richtlinie

2009/138/EG entsprechenden Geheimhaltungspflicht unterliegen oder sich zu einer solchen verpflichtet haben. Wenn Informationen betroffen sind, die der FMA von der Aufsichtsbehörde eines anderen Mitgliedstaats übermittelt wurden, dürfen diese nur mit der ausdrücklichen Zustimmung dieser Aufsichtsbehörde und nur für Zwecke weitergegeben werden, denen diese Aufsichtsbehörde zugestimmt hat. Zudem ist die Übermittlung nur auf Grund von einer Gegenseitigkeitserklärung oder tatsächlich geleisteter Gegenseitigkeit zulässig.

(3) Der Bundesminister für Finanzen kann, sofern er gemäß Art. 66 Abs. 2 B-VG dazu ermächtigt ist, durch Vereinbarungen mit anderen Staaten, die nicht Mitgliedstaaten sind, nähere Regelungen über die Zusammenarbeit mit den Behörden dieser Staaten im Rahmen von Abs. 1 und 2 treffen. Dabei ist zu vereinbaren, dass Informationen aus einem anderen Mitgliedstaat nur mit ausdrücklicher Zustimmung der zuständigen Behörden, die diese Information mitgeteilt haben, und nur für Zwecke weitergegeben werden dürfen, denen diese Behörden zugestimmt haben.

Zusammenarbeit mit der Aufsichtsbehörde der Schweizerischen Eidgenossenschaft

§ 299. (1) Die FMA kann über die der Beaufsichtigung nach den Bestimmungen dieses Bundesgesetzes unterliegenden Unternehmen (§ 1 Abs. 1) der Schweizerischen Aufsichtsbehörde, die für die Zwecke des § 294 Abs. 4 benötigten Informationen übermitteln.

(2) Die FMA hat das Erlöschen oder den Widerruf der Konzession eines Versicherungs- oder Rückversicherungsunternehmens mit Sitz im Inland, das eine Zweigniederlassung in der Schweizerischen Eidgenossenschaft besitzt, der Schweizerischen Aufsichtsbehörde mitzuteilen. Vor Ergreifung einer Maßnahme gemäß § 283 Abs. 1 Z 4 ist diese Behörde zu hören.

(3) Bevor die FMA gemäß § 283 Abs. 1 Z 1 einem Drittland-Versicherungs- oder Drittland-Rückversicherungsunternehmen mit Sitz in der Schweizerischen Eidgenossenschaft die freie Verfügung über Vermögenswerte einschränkt oder untersagt, hat sie die Schweizerische Aufsichtsbehörde zu verständigen. Hat die FMA gemäß § 283 Abs. 1 einem Versicherungs- oder Rückversicherungsunternehmens mit Sitz im Inland, das eine Zweigniederlassung in der Schweizerischen Eidgenossenschaft besitzt, die freie Verfügung über Vermögenswerte eingeschränkt oder untersagt, so hat sie die Schweizerische Aufsichtsbehörde zu verständigen. Sie kann diese Behörde ersuchen, gegenüber der Zweigniederlassung die gleiche Maßnahme zu treffen. Hat die Schweizerische Aufsichtsbehörde gegenüber einem Drittland-Versicherungs- oder Drittland-Rückversicherungsunternehmen mit Sitz in der Schweizerischen Eidgenossenschaft eine Anordnung entsprechend § 283 Abs. 1 getroffen, so hat die FMA auf Ersuchen dieser Behörde die gleiche Anordnung auf Grund des § 283 Abs. 1 gegenüber einer inländischen Zweigniederlassung dieses Drittland-Versicherungs- oder Drittland-Rückversicherungsunternehmens zu treffen.

12. Hauptstück

Deckungsstock, Auflösung eines Versicherungs- oder Rückversicherungsunternehmen, exekutions- und insolvenzrechtliche Bestimmungen für Versicherungsunternehmen

1. Abschnitt

Deckungsstock

Bildung des Deckungsstocks

§ 300. (1) Versicherungsunternehmen haben einen Deckungsstock in der Höhe des Deckungserfordernisses gemäß § 301 mit Ausnahme des in Rückversicherung übernommenen Geschäfts zu bilden, wenn diese

1. die Lebensversicherung, soweit sie nicht unter Z 2 bis 6 fällt,
2. die betriebliche Kollektivversicherung,
3. die fondsgebundene Lebensversicherung,
4. die indexgebundene Lebensversicherung,
5. die kapitalanlageorientierte Lebensversicherung, bei der der Versicherungsnehmer mindestens einen Anspruch auf die veranlagten Prämien hat, die vom Versicherungsunternehmen garantiert werden,
6. die prämienbegünstigte Zukunftsvorsorge gemäß § 108g bis § 108i EStG 1988, soweit sie nicht einer anderen Deckungsstockabteilung zuzuordnen ist,
7. die Krankenversicherung, soweit diese nach Art der Lebensversicherung betrieben wird oder
8. die Unfallversicherung, soweit diese nach Art der Lebensversicherung betrieben wird,

betreiben.

(2) Der Deckungsstock ist gesondert vom übrigen Vermögen zu verwalten. Werden mehrere der in den Z 1 bis 8 genannten Versicherungsarten von einem Versicherungsunternehmen betrieben, dann ist für jede dieser Versicherungsarten eine gesonderte Abteilung des Deckungsstocks einzurichten, auf die die Bestimmungen dieses Bundesgesetzes über den Deckungsstock gesondert anzuwenden sind.

(3) Die Einrichtung und die Auflösung einer gesonderten Abteilung des Deckungsstocks sind der FMA unverzüglich anzuzeigen.

Deckungserfordernis

§ 301. (1) Das Deckungserfordernis entspricht der Summe der versicherungstechnischen Rückstellungen, die für die in § 300 Abs. 1 genannten Versicherungsarten gebildet werden. Bei der Berechnung hat ein Abzug von Rückversicherungsanteilen zu unterbleiben. Bei der fondsgebundenen und der indexgebundenen Lebensversicherung bleiben die Prämienüberträge, die Rückstellung für noch nicht abgewickelte Versicherungsfälle und die zusätzlichen versicherungstechnischen Rückstellungen für garantierte Mindestleistungen insoweit außer Ansatz, als sie in der Deckungsstockabteilung der in § 300 Abs. 1 Z 1 genannten Versicherungsart erfasst sind.

(2) Das Deckungserfordernis bezieht sich auf das gesamte auf Grund einer Konzession gemäß § 6 Abs. 1 betriebene Geschäft in Hinblick auf die in § 300 Abs. 1 genannten Versicherungsarten.

(3) Versicherungsunternehmen haben dafür zu sorgen, dass das Deckungserfordernis durch die dem Deckungsstock gemäß § 302 gewidmeten Vermögenswerte stets voll erfüllt ist. Die Bewertung der Vermögenswerte erfolgt anhand der maßgeblichen Bewertungsansätze des Jahresabschlusses. Bei Anwendung des in § 149 Abs. 2 zweiter Satz vorgesehenen Bewertungswahlrechts ist die dort genannte Voraussetzung für jede Abteilung des Deckungsstocks gesondert zu erfüllen. Außer für das Ende des Geschäftsjahres ist eine bloße Schätzung des Deckungserfordernisses zulässig.

(4) Versicherungsunternehmen haben, sobald dies erforderlich ist, dem Deckungsstock Vermögenswerte auch während des Jahres zuzuführen.

(5) Wird eine Erhöhung der Deckungsrückstellung aus anderen Gründen als wegen einer Änderung des Geschäftsumfanges notwendig, so kann die FMA genehmigen, dass die dadurch bedingte Erhöhung des Deckungserfordernisses auf mehrere Jahre verteilt wird, soweit hierdurch die Interessen der Versicherungsnehmer und Anspruchsberechtigten nicht gefährdet werden.

Widmung der Vermögenswerte

§ 302. (1) Vermögenswerte sind dem Deckungsstock gewidmet, sobald und solange sie im Deckungsstockverzeichnis (§ 249) eingetragen sind. Eingetragen werden dürfen Vermögenswerte nur dann, wenn diese § 124 Abs. 1 Z 3 entsprechen.

(2) Die dem Deckungsstock gewidmeten Vorauszahlungen auf Polizzen sind derjenigen Abteilung des Deckungsstocks zuzuordnen, die der Bedeckung des Deckungserfordernisses für den betreffenden Versicherungsvertrag dient.

(3) Die zur Verwaltung der Deckungsstockabteilungen gemäß § 300 Abs. 1 eingerichteten Bankkonten und Wertpapierdepots müssen jeweils gesondert nach Deckungsstockabteilungen geführt werden.

(4) Die Deckungsstockwidmung von inländischen Liegenschaften, liegenschaftsgleichen Rechten und Hypothekardarlehen auf inländischen Liegenschaften oder liegenschaftsgleichen Rechten ist in das Grundbuch einzutragen.

(5) Inländische Liegenschaften, liegenschaftsgleiche Rechte und Hypothekardarlehen auf inländischen Liegenschaften oder liegenschaftsgleichen Rechten dürfen dem Deckungsstock gewidmet werden, sobald die Deckungsstockwidmung in das Grundbuch eingetragen worden ist. Ist die Eintragung der Deckungsstockwidmung von ausländischen Liegenschaften, liegenschaftsgleichen Rechten und Hypothekardarlehen auf ausländischen Liegenschaften oder liegenschaftsgleichen Rechten in ein öffentliches Buch vorgesehen, so ist die Deckungsstockwidmung erst nach dieser Eintragung zulässig.

(6) Die dem Deckungsstock gewidmeten Vermögenswerte dürfen mit dem Wert angesetzt werden, der sich nach Abzug jener Schulden und jener anderen Passivposten der Bilanz ergibt, die geeignet sind, das Vermögen, welches der Bedeckung der versicherungstechnischen Rückstellungen dient, zu vermindern, und mit dem betreffenden Vermögenswert in einem wirtschaftlichen Zusammenhang stehen. Verbindlichkeiten gemäß § 199 UGB, die in der Bilanz nicht auf der Passivseite auszuweisen sind, sind mit dem höchstmöglichen Wert, der sich aus dem zugrunde liegenden vertraglichen Haftungsverhältnis ergibt, abzuziehen. Ist ein eingetragener Vermögenswert mit einem dinglichen Recht zugunsten eines Gläubigers oder eines Dritten belastet, mit der Folge, dass ein Teil dieses Vermögenswerts nicht für die Erfüllung von Verpflichtungen zur Verfügung steht, so ist dieser Sachverhalt im Deckungsstockverzeichnis zu vermerken und der nicht zur Verfügung stehende Betrag hat bei der Erfüllung des Deckungserfordernisses unberücksichtigt zu bleiben.

Ansprüche nach Einstellung des Geschäftsbetriebs

§ 303. (1) Erlöschen auf Grund der Einstellung des Geschäftsbetriebes eines Versicherungsunternehmens die Versicherungsverhältnisse, so haben die Anspruchsberechtigten aus den nach Art der Lebensversicherung betriebenen Versicherungszweigen, soweit ihre Ansprüche in das Deckungserfordernis einzubeziehen waren, Anspruch auf den Betrag, der zum Deckungserfordernis für ihre Versicherungsverträge im gleichen Verhältnis steht wie der Gesamtbetrag der Werte des Deckungsstocks zum gesamten Deckungserfordernis, höchstens aber auf den Betrag des auf sie entfallenden Deckungserfordernisses.

(2) Sonstige Ansprüche aus den Versicherungsverträgen sind aus einem für die betreffende Versicherung bestehenden Deckungsstock verhältnismäßig zu befriedigen.

(3) Für die Höhe der in das Deckungserfordernis einbezogenen Ansprüche, die Höhe des gesamten Deckungserfordernisses und den Betrag der Werte des Deckungsstocks ist der Zeitpunkt des Erlöschens der Versicherungsverhältnisse maßgebend.

(4) Reicht der Deckungsstock zur Befriedigung der im Abs. 1 angeführten Ansprüche nicht aus, so bleiben die Ansprüche, soweit sie nicht befriedigt wurden, unberührt.

2. Abschnitt
Treuhänder

Bestellung und Befugnisse

§ 304. (1) Für die Überwachung des Deckungsstocks hat die FMA einen Treuhänder und dessen Stellvertreter auf längstens drei Jahre zu bestellen. Eine wiederholte Bestellung ist zulässig. Besteht der Deckungsstock aus mehreren Abteilungen, so können für jede Abteilung gesondert Treuhänder und Stellvertreter bestellt werden, wenn dies im Hinblick auf den Geschäftsumfang angemessen erscheint. Im Verfahren über die Bestellung ist das Versicherungsunternehmen zu hören.

(2) Zum Treuhänder und zu seinem Stellvertreter dürfen nur eigenberechtigte natürliche Personen mit Hauptwohnsitz im Inland oder in einem anderen Mitgliedstaat bestellt werden,

1. bei denen die besondere Vertrauenswürdigkeit und die geordneten wirtschaftlichen Verhältnisse im Sinne von § 9 und § 10 WTBG vorliegen,
2. die weder einem Organ des Versicherungsunternehmens angehören noch Angestellte dieses Unternehmens sind und auch sonst nicht in einem Abhängigkeitsverhältnis zu diesem stehen,
3. die nicht Treuhänder oder Stellvertreter des Treuhänders für die Überwachung des Deckungsstocks bei mehr als einem anderen Versicherungsunternehmen sind,
4. die auf Grund ihrer Ausbildung und ihres beruflichen Werdegangs die erforderlichen Eigenschaften besitzen.

(3) Dem Treuhänder und seinem Stellvertreter ist von der FMA eine Vergütung (Funktionsgebühr) zu leisten, die in einem angemessenen Verhältnis zu der mit seiner Tätigkeit verbundenen Arbeit und zu seinen Aufwendungen hiefür steht. Die der FMA dadurch entstehenden Kosten sind von den Versicherungsunternehmen zu ersetzen. Die FMA hat mit Zustimmung des Bundesministers für Finanzen durch Verordnung die Höhe der Gebühr festzusetzen und kann, soweit dies erforderlich ist, in diesem Zusammenhang auch nähere Einzelheiten über Auszahlung und Erstattung der Gebühr regeln.

(4) Die Funktion des Treuhänders und seines Stellvertreters erlischt, wenn der Deckungsstock oder die Abteilung des Deckungsstocks, für die sie bestellt sind, infolge einer Bestandübertragung oder eines Rechtsgeschäftes, das eine Gesamtrechtsnachfolge herbeiführt, wegfallen. Die FMA hat das Erlöschen mit Bescheid festzustellen.

(5) Die FMA kann den Treuhänder und seinen Stellvertreter abberufen, wenn sich der Umfang des Deckungsstocks oder der Abteilung des Deckungsstocks, für die sie bestellt sind, infolge einer Bestandübertragung oder eines Rechtsgeschäftes, das eine Gesamtrechtsnachfolge herbeiführt, wesentlich vergrößert. Im Verfahren über die Abberufung ist das Versicherungsunternehmen zu hören.

(6) Der Treuhänder oder sein Stellvertreter sind von der FMA abzuberufen, wenn die Voraussetzungen für die Bestellung gemäß Abs. 2 nicht mehr vorliegen oder sonst anzunehmen ist, dass sie ihre Aufgabe nicht mehr ordnungsgemäß erfüllen werden. Im Verfahren über die Abberufung ist das Versicherungsunternehmen zu hören.

(7) Legen der Treuhänder oder sein Stellvertreter ihre Funktion zurück, so erlischt diese frühestens nach Ablauf eines Monats, nachdem die Verständigung über die Zurücklegung bei der FMA eingelangt ist.

Aufgaben

§ 305. (1) Der Treuhänder hat im Rahmen der Überwachung des Deckungsstocks

1. die Einhaltung von § 301 Abs. 3 durch das Versicherungsunternehmen mindestens quartalsweise zu prüfen,
2. die ordnungsgemäße Führung des Deckungsstockverzeichnisses zu prüfen und
3. der FMA unverzüglich alle Umstände anzuzeigen, die geeignet sind, Bedenken hinsichtlich der Erfüllung des Deckungserfordernisses hervorzurufen.

(2) Über die dem Deckungsstock gewidmeten Vermögenswerte darf mit Ausnahme der gesonderten Abteilungen des Deckungsstocks gemäß § 300 Abs. 1 Z 3 und 6 nur mit schriftlicher Zustimmung des Treuhänders verfügt werden. Eine Veräußerung, Abtretung oder Belastung ohne seine Zustimmung ist rechtsunwirksam.

(3) Die Zustimmung ist zu versagen, wenn durch die Verfügung das Deckungserfordernis nicht mehr voll bedeckt ist und keine Auffüllung der Unterdeckung mit anderen Vermögenswerten nachgewiesen wird oder sonst die volle Erfüllung des Deckungserfordernisses gefährdet wird.

(4) Bei Vorhandensein einer ausreichenden Überdeckung des Deckungserfordernisses kann die Zustimmung des Treuhänders für bestimmte Verfügungen auch in Form einer Pauschalfreigabe erfolgen. Diese Pauschalfreigabe ist maximal ein Jahr gültig und darf nur jene Verfügungen über die Deckungsstockwerte umfassen, bei denen dem Deckungsstock gleichzeitig andere zumindest gleichwertige Vermögenswerte zugeführt werden.

(5) Sind sowohl der Treuhänder als auch sein Stellvertreter verhindert, so kann in dringenden Fällen die Zustimmung der FMA an die Stelle der Zustimmung des Treuhänders treten. Versagt der Treuhänder seine Zustimmung, so kann das Versicherungsunternehmen darüber die Entscheidung der FMA beantragen. Die FMA hat binnen zwei Wochen nach Einlangen des Antrages zu entscheiden.

(6) Der Treuhänder hat der FMA binnen sechs Wochen nach Ablauf jedes Kalenderquartals einen schriftlichen Bericht über seine Tätigkeit, insbesondere über die vorgenommenen Prüfungen, im abgelaufenen Quartal (Quartalsbericht) und innerhalb von drei Monaten nach Ende des Geschäftsjahres einen schriftlichen Bericht über seine Tätigkeit im abgelaufenen Geschäftsjahr (Jahresbericht) zu erstatten. Der Treuhänder hat den Jahresbericht auch dem Vorstand und dem Aufsichtsrat bzw. dem Verwaltungsrat und den geschäftsführenden Direktoren zur Kenntnis zu bringen. Die FMA kann mit Verordnung nähere Regelungen über Inhalt, Gliederung und Art der Übermittlung des Quartalsberichtes und des Jahresberichtes treffen.

(7) Der Treuhänder hat in seinem Jahresbericht gemäß Abs. 3 einen Bestätigungsvermerk aufzunehmen. Dabei ist ausdrücklich anzugeben, ob der Bestätigungsvermerk uneingeschränkt oder eingeschränkt erteilt wird. In einem uneingeschränkten Bestätigungsvermerk hat der Treuhänder zu erklären, dass das Deckungserfordernis durch die Widmung von für die Bedeckung geeigneten Vermögenswerten voll erfüllt ist. Sind Einwendungen zu erheben, so hat der Treuhänder seine Erklärung einzuschränken oder den Bestätigungsvermerk zu versagen. Die Versagung ist in einen Vermerk, der nicht als Bestätigungsvermerk zu bezeichnen ist, aufzunehmen. Die Einschränkung oder Versagung ist zu begründen. Liegen nur geringfügige, kurzfristig behebbare Mängel vor, so kann der Treuhänder einen uneingeschränkten Bestätigungsvermerk erteilen. Der Treuhänder hat den Bestätigungsvermerk oder den Vermerk über seine Versagung unter Angabe von Ort und Datum zu unterzeichnen. Die Verantwortlichkeit der Organe des Versicherungsunternehmens wird durch den Bestätigungsvermerk des Treuhänders nicht berührt.

(8) Dem Treuhänder ist jederzeit Einsicht in die Bücher, Belege und Schriften des Versicherungsunternehmens zu gewähren. Das Versicherungsunternehmen hat dem Treuhänder alle Tatsachen mitzuteilen, deren Kenntnis zur Wahrnehmung seiner Aufgaben erforderlich ist. Gegenüber dem Treuhänder kann eine Verschwiegenheitspflicht nicht geltend gemacht werden.

(9) Sind Eintragungen oder Aufbewahrungen unter Verwendung von Datenträgern vorgenommen worden, so sind vom Versicherungsunternehmen auf dessen Kosten innerhalb angemessener Frist diejenigen Hilfsmittel zur Verfügung zu stellen, die notwendig sind, um die Unterlagen lesbar zu machen und, soweit erforderlich, ohne Hilfsmittel lesbare dauerhafte Wiedergaben in der benötigten Anzahl beizubringen.

(10) Der Treuhänder hat der FMA jederzeit Auskunft über den von ihm überwachten Deckungsstock zu erteilen. Im Übrigen ist er zur Verschwiegenheit über alle Tatsachen verpflichtet, die ihm ausschließlich auf Grund seiner Tätigkeit bekannt geworden sind.

3. Abschnitt

Auflösung eines Versicherungs- oder Rückversicherungsunternehmens

Auflösung eines Versicherungs- oder Rückversicherungsunternehmens

§ 306. (1) Die Auflösung eines Versicherungs- oder Rückversicherungsunternehmens gemäß § 203 Abs. 1 Z 1 und 2 AktG oder § 57 Abs. 1 Z 1 bis 2 dieses Bundesgesetzes ist der FMA unverzüglich anzuzeigen.

(2) Die Abwickler haben die Auflösung im Amtsblatt der Europäischen Union bekannt zu machen, und zwar im Fall des § 203 Abs. 1 Z 2 AktG durch einen Auszug aus dem Auflösungsbeschluss. Diese Bekanntmachung hat insbesondere die Namen der Abwickler und die Angabe, dass auf die Auflösung österreichisches Recht anzuwenden ist, zu enthalten.

(3) Die Abwickler haben bekannte Gläubiger, die ihren gewöhnlichen Aufenthalt, ihren Wohnsitz oder ihren Sitz in einem anderen Mitgliedstaat haben, von der Auflösung unverzüglich einzeln zu verständigen. Für diese Verständigung ist ein Formblatt zu verwenden, das in sämtlichen Amtssprachen der Mitgliedstaaten mit den Worten „Aufforderung zur Anmeldung einer Forderung" betitelt ist. Ist der Gläubiger Inhaber einer Versicherungsforderung, so hat die Verständigung in einer der Amtssprachen des Staats zu erfolgen, in dem der Gläubiger seinen gewöhnlichen Aufenthalt, seinen Wohnsitz oder seinen Sitz hat. In der Verständigung ist anzugeben, an wen die Forderungsanmeldung zu richten ist, und auf den Inhalt der Bestimmungen des § 213 AktG hinzuweisen.

(4) Jeder Gläubiger, der seinen Wohnsitz, gewöhnlichen Aufenthalt oder Sitz in einem anderen Mitgliedstaat hat, kann seine Forderung in der Amtssprache dieses Staats anmelden und erläutern. In diesem Fall muss die Anmeldung die Überschrift „Anmeldung einer Forderung" in deutscher Sprache tragen.

(5) Die Abwickler haben die Gläubiger jährlich durch Veröffentlichung in den Bekanntmachungsblättern über den Stand der Abwicklung zu unterrichten. Bekannte Gläubiger, die ihren gewöhnlichen Aufenthalt, ihren Wohnsitz oder ihren Sitz in einem anderen Mitgliedstaat haben, sind einzeln zu unterrichten.

4. Abschnitt

Exekutions- und Insolvenzrechtliche Bestimmungen für Versicherungsunternehmen

Exekution auf Werte des Deckungsstocks

§ 307. (1) Auf Werte des Deckungsstocks darf nur zugunsten einer Versicherungsforderung Exekution geführt werden, die in das Deckungserfordernis einzubeziehen war.

(2) In der Lebensversicherung und der nach Art der Lebensversicherung betriebenen Unfallversicherung ist der Zugriff auf den Betrag beschränkt, der zum Deckungserfordernis für den einzelnen Versicherungsvertrag im gleichen Verhältnis steht wie der Gesamtbetrag der Werte des Deckungsstocks zum gesamten Deckungserfordernis, höchstens aber auf den Betrag des auf den einzelnen Versicherungsvertrag entfallenden Deckungserfordernisses.

(3) Besteht der Deckungsstock aus mehreren Abteilungen, so ist die Berechnung des der Exekution unterliegenden Betrages für jede Abteilung gesondert vorzunehmen.

(4) Mietrechtliche Bestimmungen werden durch die Abs. 1 bis 3 nicht berührt.

Versicherungsforderungen

§ 308. Versicherungsforderungen im Sinne dieses Hauptstücks sind alle Forderungen, die Versicherungsnehmern, Versicherten, Begünstigten oder geschädigten Dritten, die ein direktes Klagerecht gegen den Versicherer haben, auf Grund eines Versicherungsvertrages (einschließlich eines Tontinengeschäfts) gegen das Versicherungsunternehmen zustehen. Dazu gehören auch Forderungen auf Rückzahlung der Prämie, wenn ein Vertrag vor Eröffnung des Konkursverfahrens nicht zustande gekommen ist.

Eröffnung des Konkursverfahrens

§ 309. (1) Der Vorstand bzw. der Verwaltungsrat und die geschäftsführenden Direktoren oder die Abwickler haben den Eintritt der Zahlungsunfähigkeit oder der Überschuldung des Versicherungsunternehmens unverzüglich der FMA anzuzeigen. § 69 IO ist nicht anzuwenden.

(2) Der Antrag auf Eröffnung des Konkursverfahrens kann nur von der FMA gestellt werden. Diese ist bei Vorliegen der Voraussetzungen vorbehaltlich des § 316 zur Antragstellung verpflichtet. Das Konkursverfahren ist auf Antrag der FMA unverzüglich zu eröffnen.

(3) Über das Vermögen eines Versicherungsunternehmens kann ein insolvenzrechtliches Sanierungsverfahren nicht eröffnet werden.

(4) Im Insolvenzverfahren eines Versicherungsunternehmens ist ein insolvenzrechtlicher Sanierungsplanantrag nicht zulässig.

Kurator

§ 310. (1) Das Konkursgericht hat bei Eröffnung des Konkursverfahrens einen Kurator zur Geltendmachung der Versicherungsforderungen, die in das Deckungserfordernis einzubeziehen waren, zu bestellen. Der Kurator hat diese Versicherungsforderungen zu ermitteln und anzumelden. Er ist verpflichtet, die Anspruchsberechtigten auf ihr Verlangen vor Anmeldung der Forderung zu hören und sie von der Anmeldung zu benachrichtigen. Das Recht der Anspruchsberechtigten, die Forderungen selbst anzumelden, bleibt unberührt.

(2) Der Masseverwalter hat dem Kurator und auf Verlangen den Inhabern von Versicherungsforderungen gemäß Abs. 1 Einsicht in die Bücher und Aufzeichnungen des Versicherungsunternehmens und in die Aufstellung der Deckungsstockwerte (§ 312 Abs. 1) zu gewähren.

(3) Der Kurator hat gegen die Konkursmasse Anspruch auf Ersatz seiner Barauslagen und auf eine angemessene Vergütung seiner Mühewaltung. § 125 IO ist anzuwenden.

Erlöschen von Versicherungsverhältnissen

§ 311. Bei Versicherungszweigen gemäß Z 19 bis 22 gemäß Anlage A erlöschen durch die Eröffnung des Konkursverfahrens die Versicherungsverhältnisse.

Deckungsstock im Konkursverfahren

§ 312. (1) Sofern für Versicherungen ein Deckungsstock besteht, hat das Versicherungsunternehmen dem Konkursgericht unverzüglich eine Aufstellung der zum Zeitpunkt der Eröffnung des

Konkursverfahrens dem Deckungsstock gewidmeten Vermögenswerte vorzulegen.

(2) Der Deckungsstock bildet im Konkursverfahren eine Sondermasse (§ 48 Abs. 1 IO). Rückflüsse und Erträge aus den dem Deckungsstock gewidmeten Vermögenswerten und Prämien (abzüglich der Rückversicherungsabgabe) für die in das Deckungserfordernis einbezogenen Versicherungsverträge, die nach der Eröffnung des Konkursverfahrens eingehen, fallen in diese Sondermasse.

(3) Die gemäß Abs. 1 vorgelegte Aufstellung darf nach Eröffnung des Konkursverfahrens nicht mehr geändert werden. Technische Richtigstellungen bei den eingetragenen Vermögenswerten darf der Masseverwalter mit Zustimmung des Konkursgerichts vornehmen.

(4) Ist der Erlös aus der Verwertung der Vermögenswerte geringer als ihre Bewertung in der gemäß Abs. 1 vorgelegten Aufstellung, so hat der Masseverwalter dies dem Konkursgericht und der FMA mitzuteilen und die Abweichung zu begründen.

(5) Für Versicherungsforderungen, die in das Deckungserfordernis einzubeziehen waren, gilt § 303 Abs. 1 und 2 sinngemäß. Für die Höhe dieser Versicherungsforderungen und des gesamten Deckungserfordernisses ist der Zeitpunkt der Eröffnung des Konkursverfahrens maßgebend.

(6) Soweit Versicherungsforderungen aus dem Deckungsstock nicht zur Gänze befriedigt werden, sind sie wie sonstige Versicherungsforderungen zu behandeln.

Anmeldung

§ 313. Die aus den Büchern des Versicherungsunternehmens feststellbaren Versicherungsforderungen gelten als angemeldet. Das Recht des Anspruchsberechtigten und die Pflicht des Kurators (§ 310), auch diese Forderungen anzumelden, bleiben unberührt.

Rangordnung

§ 314. (1) Versicherungsforderungen gehen den übrigen Konkursforderungen vor. § 312 Abs. 2 bleibt unberührt.

(2) Ansprüche auf die Versicherungsleistung gehen allen anderen Versicherungsforderungen vor. Innerhalb des gleichen Ranges sind die Forderungen nach dem Verhältnis ihrer Beträge zu befriedigen.

(3) Abweichend von § 103 Abs. 1 IO braucht die Forderungsanmeldung keine Angabe der Rangordnung zu enthalten.

Versicherungsvereine auf Gegenseitigkeit

§ 315. (1) Für die Beurteilung der Überschuldung eines Versicherungsvereins auf Gegenseitigkeit sind ausgeschriebene Nachschüsse, die sechs Monate nach ihrer Fälligkeit noch nicht eingezahlt sind, nicht mehr als Aktiva des Vereins zu werten.

(2) Für die Berechnung und die Eintreibung der Nachschüsse im Konkursverfahren sind § 2 und § 4 bis § 12 des GenIG sinngemäß anzuwenden. Die Nachschüsse dürfen ein in der Satzung festgesetztes Höchstmaß nicht übersteigen.

(3) Bei der Beurteilung, ob das Vermögen des Vereins zur Deckung der Kosten des Konkursverfahrens voraussichtlich ausreichen wird, sind die nach Abs. 2 zulässigen Nachschüsse zu berücksichtigen.

(4) Die Ansprüche auf Tilgung des Gründungsfonds gehen allen übrigen Konkursforderungen und den nachrangigen Forderungen im Sinne des § 57a IO nach.

Verbot und Herabsetzung von Leistungen

§ 316. (1) Ergibt sich bei der Prüfung der Geschäftsführung und der Vermögenslage eines Versicherungsunternehmens, dass die Voraussetzung für die Eröffnung des Konkursverfahrens gemäß § 66 oder § 67 IO erfüllt ist, die Vermeidung eines Konkursverfahrens aber im Interesse der Versicherungsnehmer und Anspruchsberechtigten gelegen ist, so hat die FMA für das auf Grund der gemäß § 6 erteilten Konzession betriebene Geschäft, sofern dies mit dem Interesse der Versicherungsnehmer und Anspruchsberechtigten aus den im Rahmen dieses Geschäfts abgeschlossenen Versicherungsverträgen vereinbar ist,

1. Zahlungen, insbesondere Versicherungsleistungen, in der Lebensversicherung auch Rückkäufe und Vorauszahlungen auf Polizzen, in dem zur Überwindung der Zahlungsschwierigkeiten erforderlichen Ausmaß zu untersagen oder

2. Verpflichtungen des Versicherungsunternehmens aus der Lebensversicherung entsprechend dem vorhandenen Vermögen herabzusetzen.

(2) Die nach Abs. 1 Z 1 getroffenen Maßnahmen sind aufzuheben, sobald die Vermögenslage des Versicherungsunternehmens dies gestattet.

(3) Die Pflicht der Versicherungsnehmer, die Prämien (Beiträge) in der bisherigen Höhe weiter zu zahlen, wird durch Maßnahmen nach Abs. 1 nicht berührt.

(4) Eine nach dem Recht eines anderen Mitgliedstaats ergriffene Sanierungsmaßnahme im Sinne des Art. 2 lit. c der Richtlinie 2001/17/EG ist in Österreich wirksam, sobald diese im Herkunftsmitgliedstaat wirksam ist. Auf im Sinne des Art. 2 lit. i dieser Richtlinie bestellte Verwalter und deren Vertreter ist § 241 IO sinngemäß anzuwenden. Auf Antrag des Verwalters oder je-

der Behörde oder jedes Gerichtes des Staats, in dem die Sanierungsmaßnahme eingeleitet wurde, ist die Einleitung der Sanierungsmaßnahme in das Grundbuch und das Firmenbuch einzutragen.

(5) Vor Einleitung einer Maßnahme gemäß Abs. 1 gegen die Zweigniederlassung eines Versicherungsunternehmens mit Sitz in einem Drittland hat die FMA die Aufsichtsbehörden anderer Mitgliedstaaten, in denen das Versicherungsunternehmen ebenfalls eine Zweigniederlassung errichtet hat, zu hören. Ist dies vor Einleitung der Maßnahme nicht möglich, so sind diese Aufsichtsbehörden unverzüglich danach zu unterrichten.

(6) § 222 bis § 231 IO sind auf Maßnahmen gemäß Abs. 1 sinngemäß anzuwenden.

13. Hauptstück
Strafbestimmungen

Verletzung von Anzeige- Melde- und Vorlagepflichten

§ 317. (1) Wer gegen die Verpflichtung zur

1. Anzeige des Erwerbs oder der Aufgabe von Anteilsrechten gemäß § 24 verstößt,

2. Anzeige gemäß § 63 Abs. 5 erster Satz (Wirkungen der Einbringung) verstößt,

3. Anzeige gemäß § 65 Abs. 3 erster Satz (Wirkungen einer Umstrukturierung) verstößt,

4. Anzeige gemäß § 66 Abs. 3 Z 4 erster Satz und Z 6 sechster Satz (Formwechselnde Umwandlung in eine Privatstiftung) verstößt,

5. Vorlage der verwendeten versicherungsmathematischen Grundlagen vor ihrer erstmaligen Anwendung oder bei jeder Änderung oder Ergänzung vor ihrer Anwendung gemäß § 92 Abs. 1 und § 102 Abs. 1 verstößt,

6. Anzeige eines Auslagerungsvertrages gemäß § 86 Abs. 1 und 4 oder § 109 Abs. 2 und 4 verstößt,

7. Anzeige der Bestellung des verantwortlichen Aktuars oder seines Stellvertreters gemäß § 115 Abs. 2 oder gegen die Verpflichtung zur Anzeige des Ausscheidens des verantwortlichen Aktuars oder seines Stellvertreters gemäß § 115 Abs. 4 verstößt,

8. Vorlage des jährlichen schriftlichen Berichts des verantwortlichen Aktuars gemäß § 116 Abs. 3 zweiter Satz verstößt,

9. Anzeige gemäß § 116 Abs. 4 zweiter Satz als verantwortlicher Aktuar verstößt,

10. Anzeige gemäß § 122 Abs. 1 und 3 im Hinblick auf Mitglieder des Vorstands bzw. die Verwaltungsrats und geschäftsführende Direktoren sowie sonstiger Personen, die das Unternehmen tatsächlich leiten oder für Governance- oder andere Schlüsselfunktionen verantwortlich sind, verstößt,

11. Anzeige der Wahl und des Ausscheidens von Mitgliedern in den Aufsichtsrat gemäß § 123 Abs. 3 verstößt,

12. Anzeige der Wahl und des Ausscheidens des Vorsitzenden des Aufsichtsrats gemäß § 123 Abs. 4 verstößt,

13. Anzeige des Erwerbs oder der Veräußerung einer wesentlichen Beteiligung an einer Kapitalgesellschaft gemäß § 127 Abs. 1 bis 3 verstößt,

14. Anzeige einer die Passiva verändernden Vermögensumschichtung gemäß § 141 Abs. 3 verstößt,

15. Anzeige des Abschlussprüfers gemäß § 260 Abs. 1 verstößt,

16. Anzeige gemäß § 265 Abs. 1 und 2 als Abschlussprüfer verstößt,

17. Anzeige gemäß § 272 Abs. 2 (Gefährdung der dauernden Erfüllbarkeit der Verpflichtungen aus den Versicherungsverträgen), § 279 Abs. 1 (Nichtbedeckung der Solvenzkapitalanforderung) und § 280 Abs. 1 (Nichtbedeckung der Mindestkapitalanforderung) verstößt,

18. Anzeige der Einrichtung oder Auflösung einer gesonderten Abteilung des Deckungsstocks gemäß § 300 Abs. 3 verstößt,

19. Anzeige gemäß § 305 Abs. 1 Z 3 als Treuhänder verstößt oder

20. Anzeige der Auflösung eines Versicherungs- oder Rückversicherungsunternehmens gemäß § 306 Abs. 1 verstößt,

begeht eine Verwaltungsübertretung und ist von der FMA mit einer Geldstrafe bis zu 60 000 Euro zu bestrafen.

(2) Wer die in § 248 Abs. 2 bis 6 und 8 oder § 249 vorgesehenen Vorlage- und Meldepflichten oder die Meldepflichten im Rahmen der regelmäßigen aufsichtlichen Berichterstattung auf Einzel- und Gruppenebene gemäß § 248 Abs. 1 und der Durchführungsverordnung (EU) und den technischen Standards (EU) wiederholt nicht fristgerecht, unrichtig oder unvollständig erfüllt, begeht eine Verwaltungsübertretung und ist von der FMA mit einer Geldstrafe bis zu 60 000 Euro zu bestrafen.

(3) Bei Verletzung einer Verpflichtung gemäß § 122 Abs. 1 und 3 im Hinblick auf sonstige Personen, die das Unternehmen tatsächlich leiten oder für Governance- oder andere Schlüsselfunktionen verantwortlich sind, § 123 Abs. 3 hinsichtlich der Anzeige der Wiederwahl derselben Person als Aufsichtsratsmitglied, § 123 Abs. 4 hinsichtlich der Anzeige der Wiederwahl derselben Person als Vorsitzenden, § 300 Abs. 3 hinsichtlich der Einrichtung oder der Auflösung einer gesonderten Abteilung des Deckungsstocks hat die FMA von der Einleitung und Durchführung eines Verwaltungsstrafverfahrens abzusehen, wenn die nicht ordnungsgemäß erstattete Anzeige nachge-

holt wurde, bevor die FMA Kenntnis von dieser Übertretung erlangt hat.

Verletzung der Verpflichtung zur Veröffentlichung des Berichts über die Solvabilität und Finanzlage

§ 318. Wer gegen die Veröffentlichungsverpflichtung gemäß § 241, § 243 oder § 245 verstößt, begeht eine Verwaltungsübertretung und ist von der FMA mit einer Geldstrafe bis zu 60 000 Euro zu bestrafen.

Verletzung von Informationspflichten

§ 319. Wer

1. die Informationspflichten gemäß § 94 Abs. 4 bis 6, § 98 Abs. 1 oder § 252 bis § 255 verletzt oder

2. als Verantwortlicher (§ 9 VStG) eines Versicherungsunternehmens, kleinen Versicherungsunternehmens, Drittland-Versicherungsunternehmens oder EWR-Versicherungsunternehmens dem Auskunftsbegehren eines Versicherten gemäß § 94 Abs. 4 auch nach Mahnung nicht nachkommt oder

3. als Verantwortlicher (§ 9 VStG) eines Arbeitgebers dem Auskunftsbegehren eines Versicherten gemäß § 94 Abs. 3 auch nach Mahnung nicht nachkommt,

begeht eine Verwaltungsübertretung und ist von der FMA mit einer Geldstrafe bis zu 60 000 Euro und im Falle der Z 3 mit einer Geldstrafe bis zu 6 000 Euro zu bestrafen.

Deckungsrückstellung; Deckungsstock

§ 320. Wer

1. den Vorschriften und versicherungsmathematischen Grundlagen für die Berechnung der Deckungsrückstellung zuwiderhandelt,

2. den Vorschriften über die Auffüllung des Deckungsstockes, die Widmung, die Bewertung und das Verzeichnis des Deckungsstockvermögens zuwiderhandelt,

3. entgegen § 305 Abs. 2 über die dem Deckungsstock gewidmeten Vermögenswerte ohne schriftliche Zustimmung des Treuhänders verfügt,

4. gegenüber der FMA unrichtige Angaben über das Deckungserfordernis oder die dem Deckungsstock gewidmeten Vermögenswerte macht,

5. als verantwortlicher Aktuar entgegen dem § 116 Abs. 6 (uneingeschränkter Bestätigungsvermerk) zumindest grob fahrlässig falsch bestätigt, dass die dort angeführten Umstände zutreffen,

6. als Treuhänder entgegen § 305 Abs. 2 einer Verfügung über dem Deckungsstock gewidmete Vermögenswerte zustimmt oder

7. als Treuhänder entgegen dem § 305 Abs. 7 zumindest grob fahrlässig falsch bestätigt, dass das Deckungserfordernis durch die Widmung von Vermögenswerten voll erfüllt ist,

begeht eine Verwaltungsübertretung und ist von der FMA im Falle der Z 1 bis 5 mit einer Geldstrafe bis zu 60 000 Euro und im Falle der Z 6 und 7 mit einer Geldstrafe bis zu 30 000 Euro zu bestrafen.

Verletzung von Geheimnissen

§ 321. Wer als Mitglied eines Organs, als Treuhänder, als verantwortlicher Aktuar, als Dienstnehmer eines Versicherungsunternehmens, eines Rückversicherungsunternehmens, eines kleinen Versicherungsunternehmens oder eines kleinen Versicherungsvereins auf Gegenseitigkeit, als selbständiger Versicherungsvertreter, als Prüfungsorgan gemäß § 274 Abs. 2 oder als Regierungskommissär gemäß § 284 Abs. 1 Z 2 ihm ausschließlich auf Grund seiner beruflichen Tätigkeit bekannt gewordene Verhältnisse oder Umstände, deren Geheimhaltung im berechtigten Interesse der davon betroffenen Personen gelegen ist, weitergibt oder verwertet, begeht eine Verwaltungsübertretung und ist von der FMA mit einer Geldstrafe bis zu 60 000 Euro zu bestrafen, es sei denn, dass die Weitergabe oder Verwertung nach Inhalt und Form durch ein öffentliches oder ein berechtigtes privates Interesse gerechtfertigt oder der Betroffene mit der Weitergabe oder Verwertung ausdrücklich einverstanden ist.

Geldwäscherei und Terrorismusfinanzierung

§ 322. Wer, wenn auch nur fahrlässig, die Pflichten gemäß § 129 bis § 135 verletzt, begeht eine Verwaltungsübertretung und ist von der FMA mit Freiheitsstrafe bis zu sechs Wochen oder mit einer Geldstrafe bis zu 150 000 Euro zu bestrafen.

Versicherungsvereine auf Gegenseitigkeit

§ 323. (1) Wer als Mitglied des Vorstandes oder des Aufsichtsrats, als Beauftragter oder als Abwickler eines Versicherungsvereins auf Gegenseitigkeit

1. in Berichten, Darstellungen oder Übersichten betreffend den Verein oder mit ihm verbundene Unternehmen, die an die Öffentlichkeit oder an die Mitglieder des obersten Organs gerichtet sind, wie insbesondere Jahresabschluss (Konzernabschluss) und Lagebericht (Konzernlagebericht),

2. in Vorträgen oder Auskünften in der Versammlung des obersten Organs,

3. in Auskünften, die nach § 272 UGB einem Abschlussprüfer oder den sonstigen Prüfern des Vereins zu geben sind oder

4. in Berichten, Darstellungen und Übersichten an den Aufsichtsrat oder seinen Vorsitzenden die Verhältnisse des Vereins oder mit ihm verbundener Unternehmen oder erhebliche Umstände, auch wenn sie nur einzelne Geschäftsfälle betreffen, unrichtig wiedergibt, verschleiert oder verschweigt oder sonst in wesentlichen Punkten falsche Angaben macht, ist vom Gericht mit Freiheitsstrafe bis zu einem Jahr oder mit Geldstrafe bis zu 360 Tagessätzen zu bestrafen.

(2) Wer als Mitglied des Vorstands oder als Abwickler einen gemäß § 81 Abs. 1 AktG angesichts einer drohenden Gefährdung der Liquidität des Vereins gebotenen Sonderbericht nicht erstattet, ist vom Gericht mit Freiheitsstrafe bis zu einem Jahr oder mit Geldstrafe bis zu 360 Tagessätzen zu bestrafen.

(3) Das Strafverfahren obliegt den Gerichtshöfen erster Instanz.

(4) § 255 AktG ist auf die Geschäftsleitung der Zweigniederlassung eines Drittland-Versicherungsoder eines Drittland-Rückversicherungsunternehmens anzuwenden.

Kleine Versicherungsvereine

§ 324. Wer

1. den in § 76 Abs. 7 genannten Personen ohne Zustimmung der FMA Darlehen gewährt,

2. über den von der FMA gemäß § 74 Abs. 1 zweiter Satz genehmigten Höchstbetrag hinaus Gefahren übernimmt oder

3. als Abwickler eines kleinen Versicherungsvereins gegen die Verpflichtung nach § 80 Abs. 4 (Jahresabschluss, Lagebericht) verstößt,

begeht eine Verwaltungsübertretung und ist von der FMA mit einer Geldstrafe bis zu 20 000 Euro zu bestrafen.

Gruppenaufsicht

§ 325. Wer

1. gegen die Verpflichtung gemäß § 196 Abs. 3 zur Anzeige über das Eintreten und den Wegfall von Umständen, die zu einer Gruppenaufsicht führen, verstößt,

2. gegen die Anzeigepflicht gemäß § 202 Abs. 4 (Nichtbedeckung der Solvenzkapitalanforderung der Gruppe) verstößt,

3. gegen die Verpflichtung gemäß § 220 Abs. 1 zur Meldung jeder erheblichen Risikokonzentration auf Gruppenebene an die FMA verstößt,

4. gegen die Verpflichtung gemäß § 221 Abs. 1 oder Abs. 3 zur Meldung jeder bedeutenden oder außerordentlich bedeutenden gruppeninternen Transaktion an die FMA verstößt,

5. gegen die Verpflichtung zur Anzeige gemäß § 225 Abs. 2 verstößt oder

6. einem Auskunftsersuchen der FMA gemäß § 234 Abs. 2 nicht fristgerecht nachkommt,

begeht eine Verwaltungsübertretung und ist von der FMA mit einer Geldstrafe bis zu 60 000 Euro, im Falle der Z 2 jedoch mit einer Geldstrafe bis zu 100 000 Euro, zu bestrafen.

Verstoß gegen Anordnungen

§ 326. Wer

1. einer auf § 275 oder § 291 Abs. 1 oder 3 gestützten Anordnung der FMA zuwiderhandelt,

2. als Verantwortlicher (§ 9 VStG) einer Versicherungsholdinggesellschaft oder einer gemischten Finanzholdinggesellschaft einer auf § 236 Abs. 2 gestützten Anordnung der FMA zuwiderhandelt,

3. einer Untersagung des Regierungskommissärs gemäß § 284 Abs. 4 vierter Satz zuwiderhandelt oder

4. entgegen einer Verordnung des Bundesministers für Finanzen gemäß § 293 oder einem verbindlichen EU-Rechtsakt neue Versicherungsverträge abschließt, bestehende Versicherungsverträge verlängert oder Leistungen auf Grund bestehender Versicherungsverträge erbringt,

begeht eine Verwaltungsübertretung und ist von der FMA im Falle der Z 1 bis Z 3 mit einer Geldstrafe bis zu 75 000 Euro und im Falle der Z 4 mit einer Geldstrafe bis zu 100 000 Euro zu bestrafen.

Dienst- und Niederlassungsfreiheit

§ 327. (1) Wer

1. den Betrieb der Vertragsversicherung durch eine Zweigniederlassung aufnimmt, ohne dass die Voraussetzungen gemäß § 20 Abs. 1 bis 3 erfüllt sind,

2. den Betrieb der Vertragsversicherung durch eine Zweigniederlassung aufrechterhält, obwohl eine rechtskräftige Entscheidung der Aufsichtsbehörde gemäß § 20 Abs. 3 vorliegt oder

3. den Dienstleistungsverkehr aufnimmt, ohne dass die Voraussetzungen gemäß § 22 Abs. 1 bis 3 erfüllt sind,

begeht eine Verwaltungsübertretung und ist von der FMA mit einer Geldstrafe bis zu 100 000 Euro zu bestrafen.

(2) Wer entgegen einer Anordnung der FMA gemäß § 289 Abs. 4 und 5 weitere Versicherungsverträge abschließt, begeht eine Verwaltungsübertretung und ist von der FMA mit einer Geldstrafe bis zu 100 000 Euro zu bestrafen.

Sonstige Pflichtverletzungen

§ 328. Wer

1. entgegen § 11 Abs. 2 ohne Anzeige an die FMA eine andere Art von Risiken deckt oder im Fall der übernommenen Rückversicherung eine andere Art von Rückversicherungsverträgen mit Vorversicherern abschließt,

2. entgegen § 34 für den Abschluss von Versicherungsverträgen im Inland hiezu nicht berechtigte Personen verwendet,

3. entgegen § 107 Abs. 3 die genannten schriftlichen Leitlinien nicht erstellt oder nicht implementiert,

4. entgegen § 108 Abs. 1 eine der dort genannten Governance-Funktionen nicht einrichtet,

5. unter Verletzung der Anforderungen gemäß der Durchführungsverordnung (EU) eine Vergütung beschließt,

6. ohne Genehmigung der FMA gemäß § 109 Abs. 2 oder § 86 Abs. 1 Auslagerungen durchführt,

7. entgegen § 14 Abs. 1 Z 6 oder § 286 Abs. 2 Verfügungen über Vermögenswerte der Kaution ohne Zustimmung der FMA trifft,

8. einem Auskunftsersuchen der FMA gemäß § 272 Abs. 1 nicht fristgerecht nachkommt,

9. entgegen § 283 Abs. 2 Verfügungen über Vermögenswerte ohne Zustimmung der FMA trifft, obwohl die FMA die freie Verfügung über diese Vermögenswerte gemäß § 283 Abs. 1 eingeschränkt oder untersagt hat oder

10. als Angestellter eines Versicherungsunternehmens, kleinen Versicherungsunternehmens oder Drittland-Versicherungsunternehmens oder sonst für eines der vorgenannten Unternehmen tätige Person das Verbot gemäß § 254 Abs. 1 Z 5 verletzt,

begeht eine Verwaltungsübertretung und ist von der FMA im Falle der Z 3, Z 4, Z 6, Z 7 und Z 9 mit einer Geldstrafe bis zu 100 000 Euro, im Falle der Z 1, Z 2, Z 5, und Z 8 mit einer Geldstrafe bis zu 60 000 Euro und im Falle der Z 10 mit einer Geldstrafe bis zu 30 000 Euro zu bestrafen.

Unerlaubter Geschäftsbetrieb

§ 329. (1) Wer

1. Versicherungsgeschäfte betreibt, ohne die dafür erforderliche Berechtigung nach diesem Bundesgesetz zu besitzen,

2. einen Versicherungsvertrag für ein Unternehmen abschließt oder an ein Unternehmen vermittelt, das zum Betrieb dieser Versicherungsgeschäfte nicht die erforderliche Berechtigung nach diesem Bundesgesetz besitzt, oder sich sonst als beruflicher Vermittler oder Berater am Zustandekommen eines Versicherungsvertrages mit einem solchen Unternehmen in welcher Form auch immer beteiligt oder

3. der FMA gegenüber wissentlich falsche Angaben macht, um für ein Unternehmen die Konzession zum Betrieb der Vertragsversicherung zu erlangen,

begeht eine Verwaltungsübertretung und ist von der FMA mit einer Geldstrafe bis zu 100 000 Euro zu bestrafen.

(2) Ein Betrieb von Versicherungsgeschäften, der gemäß § 284 Abs. 1 Z 3 untersagt worden ist, ist einem Betrieb ohne die dafür erforderliche Berechtigung gemäß Abs. 1 Z 1 und 2 gleichzuhalten.

(3) Die Einbeziehung von Versicherten in einen Gruppenversicherungsvertrag durch den Versicherungsnehmer ist der Vermittlung von Versicherungsverträgen gemäß Abs. 1 Z 2 an das Versicherungsunternehmen gleichzuhalten, mit dem der Gruppenversicherungsvertrag abgeschlossen wurde.

Verletzung des Bezeichnungsschutzes

§ 330. Wer, ohne hiezu berechtigt zu sein, die Bezeichnung „Versicherung", „Versicherer", „Assekuranz" sowie jede Übersetzung in einer anderen Sprache oder eine Bezeichnung, in der eines dieser Wörter enthalten ist, entgegen § 287 führt, begeht, wenn dadurch Verwechslungsgefahr besteht, eine Verwaltungsübertretung und ist von der FMA mit einer Geldstrafe bis zu 60 000 Euro zu bestrafen.

Verjährung

§ 331. Bei Verwaltungsübertretungen nach diesem Bundesgesetz gilt anstelle der Verjährungsfrist des § 31 Abs. 1 VStG eine Verjährungsfrist von 18 Monaten. In diese Verjährungsfrist und diejenige nach § 31 Abs. 3 VStG sind die Zeiten eines gerichtlichen Strafverfahrens nicht einzurechnen.

Insolvenz

§ 332. Wer die im § 309 Abs. 1 erster Satz vorgeschriebene Anzeige unterlässt, ist vom Gericht, sofern die Tat nicht nach einer anderen gerichtlichen Strafbestimmung mit strengerer Strafe bedroht ist, mit Freiheitsstrafe bis zu einem Jahr oder mit Geldstrafe bis zu 360 Tagessätzen zu bestrafen.

14. Hauptstück
Übergangs- und Schlussbestimmungen

1. Abschnitt
Übergangsbestimmungen

Allgemeine Übergangsbestimmungen

§ 333. (1) Nach dem Inkrafttreten dieses Bundesgesetzes gelten folgende Übergangsbestimmungen:

1. (zu § 5 Begriffsbestimmungen):
Ein zum Zeitpunkt des Inkrafttretens dieses Bundesgesetzes bestehendes Versicherungsunternehmen gilt als kleines Versicherungsunternehmen gemäß § 5 Z 3, wenn das Unternehmen dies drei Monate vor dem Inkrafttreten beantragt, die in § 83 Abs. 2 festgelegten Beträge an den letzten drei Bilanzstichtagen vor Inkrafttreten nicht überschritten hat, das betreffende Versicherungsunternehmen keine Tätigkeiten gemäß dem 5. Abschnitt des 1. Hauptstücks ausübt, die Anforderungen des § 83 Abs. 1 bis 4 eingehalten sind und die FMA dies mit Bescheid feststellt. § 83 Abs. 7 ist anzuwenden. Dies hat zur Folge, dass die Konzession des Unternehmens als eine Konzession gemäß § 83 Abs. 1 gilt.

2. (zu § 5 Begriffsbestimmungen):
Ein zum Zeitpunkt des Inkrafttretens dieses Bundesgesetzes bestehender kleiner Versicherungsverein auf Gegenseitigkeit gilt als kleiner Versicherungsverein § 5 Z 4, wenn das Unternehmen die in § 83 Abs. 2 festgelegten Beträge an den letzten drei Abschlussstichtagen vor Inkrafttreten nicht überschritten hat. Für diese Zwecke sind abweichend von § 83 Abs. 2 die auf Basis des Jahresabschlusses ermittelten Beträge heranzuziehen. Dies hat zur Folge, dass die Konzession des Unternehmens als eine Konzession gemäß § 68 Abs. 3 gilt.

3. (zu § 13 Konzession):
Eine zum Zeitpunkt des Inkrafttretens dieses Bundesgesetzes bestehende Konzession gemäß § 4 Abs. 1 des Versicherungsaufsichtsgesetzes, BGBl. Nr. 569/1978 in der Fassung des Bundesgesetzes BGBl. I Nr. 42/2014 eines Drittland-Versicherungs- oder Drittland-Rückversicherungsunternehmens gilt als eine Konzession gemäß § 13 Abs. 1.

4. (zu § 6 Konzession):
Alle übrigen zum Zeitpunkt des Inkrafttretens dieses Bundesgesetzes bestehenden Konzessionen gemäß § 4 Abs. 1 des Versicherungsaufsichtsgesetzes, BGBl. Nr. 569/1978 in der Fassung des Bundesgesetzes BGBl. I Nr. 42/2014 zum Betrieb der Vertrags- oder Rückversicherung gelten als Konzessionen gemäß § 6 Abs. 1.

5. (zu § 7 Umfang der Konzession):
Bestehende Versicherungsunternehmen, die am 2. Mai 1992 sowohl zum Betrieb der Lebensversicherung als auch anderer Versicherungszweige berechtigt waren, dürfen weiterhin alle diese Versicherungszweige nebeneinander betreiben.

6. (zu § 72 Kapitalanlage kleiner Versicherungsvereine):
Zum Zeitpunkt des Inkrafttretens dieses Bundesgesetzes gehaltene Kapitalanlagen eines kleinen Versicherungsvereins, die nicht § 72 entsprechen, dürfen mit Genehmigung der FMA weiter gehalten werden. Die FMA hat die Genehmigung zu versagen, einzuschränken oder zu befristen, wenn eine Gefahr für die Interessen der Versicherungsnehmer und Anspruchsberechtigten entstehen würde.

7. (zu § 91 Inhalt des Versicherungsvertrages):
Soweit vor dem 1. September 1994 abgeschlossene Versicherungsverträge Bestimmungen enthalten, wonach der Versicherer den Inhalt des Versicherungsvertrages mit Genehmigung der Versicherungsaufsichtsbehörde ändern kann, kann sich der Versicherer darauf nicht berufen. Dies gilt nicht für Versicherungsverträge, auf die die § 172 oder § 178f VersVG anzuwenden sind. Bei diesen Verträgen entfällt die Bindung an eine Genehmigung der Versicherungsaufsichtsbehörde. § 91 Abs. 2 ist auf Versicherungsverträge anzuwenden bei denen der Abschluss eines neuen Vertrages nach dem 20. Dezember 2012 erfolgt ist.

8. (zu § 109 Auslagerung):
Zum Zeitpunkt des Inkrafttretens dieses Bundesgesetzes bestehende Genehmigungen gemäß § 17a Abs. 1 und § 17b Abs. 3 des Versicherungsaufsichtsgesetzes, BGBl. Nr. 569/1978 in der Fassung des Bundesgesetzes BGBl. I Nr. 42/2014 zur Ausgliederung von Verträgen und bestehende Genehmigungen, mit denen vom Erfordernis der internen Revision abgesehen wurde, werden insoweit übergeleitet, als sie diesem Bundesgesetz entsprechen. Versicherungs- und Rückversicherungsunternehmen haben ab dem Zeitpunkt des Inkrafttretens dieses Bundesgesetzes alle bestehenden Ausgliederungsverträge an die nunmehr geltenden Vorschriften über die Auslagerung von Funktionen und Geschäftstätigkeiten, insbesondere an die Durchführungsverordnung (EU), anzupassen.

9. (zu § 141 Zuordnungsverfahren):
Zum Zeitpunkt des Inkrafttretens dieses Bundesgesetzes bestehende Genehmigungen gemäß § 73e Abs. 1 des Versicherungsaufsichtsgesetzes, BGBl. Nr. 569/1978 in der Fassung des Bundesgesetzes BGBl. I Nr. 42/2014 von Zuordnungsverfahren erlöschen mit dem Inkrafttreten dieses Bundesgesetzes.

(2) Soweit vor dem 1. September 1994 abgeschlossene Versicherungsverträge Bestimmungen enthalten, wonach der Versicherer den Inhalt des

§§ 333 – 334

Versicherungsvertrages mit Genehmigung der Versicherungsaufsichtsbehörde ändern kann, kann sich der Versicherer darauf ab 1. September 1994 nicht mehr berufen. Dies gilt nicht für Versicherungsverträge, auf die § 172 oder § 178f VersVG anzuwenden sind. Bei diesen Verträgen entfällt die Bindung an eine Genehmigung der Versicherungsaufsichtsbehörde.

(3) Eine vorzeitige Rückzahlung von Partizipationskapital gemäß § 73c Abs. 1 des Versicherungsaufsichtsgesetzes, BGBl. Nr. 569/1978, in der Fassung des Bundesgesetzes BGBl. I Nr. 42/2014, ist nur mit Genehmigung der FMA möglich. Eine Kündigung von Ergänzungskapital ohne feste Laufzeit durch das Versicherungs- oder Rückversicherungsunternehmen und eine vorzeitige Rückzahlung von Ergänzungskapital ohne und mit fester Laufzeit jeweils gemäß § 73c Abs. 2 des Versicherungsaufsichtsgesetzes, BGBl. Nr. 569/1978, in der Fassung des Bundesgesetzes BGBl. I Nr. 42/2014, ist nur mit Genehmigung der FMA möglich. Die FMA kann die Genehmigung nur erteilen, wenn auch ohne das Partizipations- oder Ergänzungskapital die Solvenzkapitalanforderung bedeckt ist und nicht die Gefahr einer Unterschreitung der Solvenzkapitalanforderung innerhalb der nächsten drei Monate nach der Genehmigung besteht. Inhaber von Partizipationsscheinen gemäß § 73c Abs. 7 des Versicherungsaufsichtsgesetzes, BGBl. Nr. 569/1978 in der Fassung des Bundesgesetzes BGBl. I Nr. 42/2014, haben das Recht, an der Hauptversammlung oder der Versammlung des obersten Organs teilzunehmen und Auskünfte im Sinn des § 118 Abs. 1 AktG zu begehren.

(4) Genehmigungen der vorzeitigen Rückzahlung von Ergänzungskapital gemäß § 73c Abs. 5 und 6 des Versicherungsaufsichtsgesetzes, BGBl. Nr. 569/1978, in der Fassung des Bundesgesetzes BGBl. I Nr. 42/2014 bleiben aufrecht.

(5) Für im Zeitpunkt des Inkrafttretens dieses Bundesgesetzes begebenes Partizipationskapital gemäß § 73c Abs. 1 des Versicherungsaufsichtsgesetzes, BGBl. Nr. 569/1978 in der Fassung des Bundesgesetzes BGBl. I Nr. 42/2014 ist in der Bilanz und der Konzernbilanz passivseitig der Posten A. III Partizipationskapital aufzunehmen und das Partizipationskapital dort auszuweisen. In diesem Fall sind in der Bilanz und der Konzernbilanz die Posten A. III bis A. VI des § 144 Abs. 3 als A. IV bis A. VII und in der Konzernbilanz der Posten A. VII Ausgleichsposten für die Anteile der anderen Gesellschafter als A. VIII zu bezeichnen. Hält das Versicherungs- oder Rückversicherungsunternehmen eigene Partizipationsscheine, sind der Posten F. III des § 144 Abs. 2 mit F. III Eigene Aktien und eigene Partizipationsscheine zu bezeichnen und die Anteile dort entsprechend auszuweisen. Der Anhang und der Konzernanhang haben diesfalls für eigene Partizipationsscheine des Unternehmens die für eigene Aktien gemäß § 240 Z 3 UGB erforderlichen Angaben zu enthalten.

(6) Zum Zeitpunkt des Inkrafttretens dieses Bundesgesetzes eingeleitete Verwaltungsverfahren sind von der FMA nach den Bestimmungen des Versicherungsaufsichtsgesetzes, BGBl. Nr. 569/1978, in der Fassung des Bundesgesetzes BGBl. I Nr. 42/2014, fortzuführen.

(7) Die Strafbarkeit von Verletzungen der Vorschriften des Versicherungsaufsichtsgesetz, BGBl. Nr. 569/1978, in der Fassung des Bundesgesetzes BGBl. I Nr. 42/2014, die vor 1. Jänner 2016 begangen worden sind, ist nach dem zur Zeit der Tat geltenden Recht zu beurteilen. War die Strafverfolgung zum Zeitpunkt des Inkrafttretens dieses Bundesgesetzes bereits eingeleitet, so ist das Verfahren nach bisherigem Recht fortzusetzen.

(8) Für zum Zeitpunkt des Inkrafttretens dieses Bundesgesetzes anhängige Exekutionsverfahren und eröffnete Konkurse sind die bisherigen Vorschriften weiter anzuwenden.

Schrittweise Einführung von Solvabilität II

§ 334. (1) Ab dem 1. April 2015 kann die FMA über die Genehmigung

1. ergänzender Eigenmittel gemäß § 171 Abs. 3,

2. der Einstufung von Eigenmittelbestandteilen gemäß § 172 Abs. 1 und 2,

3. von unternehmensspezifischen Parametern gemäß § 178 Abs. 4,

4. von internen Voll- oder Partialmodellen gemäß § 182 und § 183,

5. von Zweckgesellschaften, die gemäß § 105 im Inland errichtet werden sollen,

6. ergänzender Eigenmittel einer zwischengeschalteten Versicherungsholdinggesellschaft gemäß § 208 Abs. 3,

7. eines internen Modells für die Gruppe gemäß § 212 und § 214,

8. der Verwendung des durationsbasierten Untermoduls Aktienrisiko gemäß § 180,

9. der Verwendung der Matching-Anpassung für die maßgebliche risikofreie Zinskurve gemäß § 166,

10. der Anwendung der Übergangsmaßnahme bei risikofreien Zinssätzen gemäß § 336 und

11. der Anwendung der Übergangsmaßnahme bei versicherungstechnischen Rückstellungen gemäß § 337

entscheiden.

(2) Ab dem 1. April 2015 ist die FMA befugt,

1. die Ebene und den Umfang der Gruppenaufsicht gemäß § 196 bis § 200 festzulegen,

2. die für die Gruppenaufsicht zuständige Behörde gemäß § 226 festzulegen und
3. ein Kollegium der Aufsichtsbehörden gemäß § 228 einzusetzen.

(3) Ab dem 1. Juli 2015 ist die FMA befugt,
1. über den Abzug einer Beteiligung gemäß § 208 Abs. 4 zu entscheiden,
2. die Methode zur Berechnung der Solvabilität der Gruppe gemäß § 204 zu genehmigen,
3. gegebenenfalls gemäß § 209 und § 237 über die Gleichwertigkeit zu entscheiden,
4. über einen Antrag gemäß § 216 zu entscheiden,
5. die Festlegungen gemäß § 239 und § 240 zu treffen und
6. gegebenenfalls zu entscheiden, dass Übergangsmaßnahmen gemäß § 335 zur Anwendung kommen.

(4) Die FMA hat die von Versicherungs- und Rückversicherungsunternehmen nach Abs. 2 und 3 gestellten Anträge zu prüfen. Eine Entscheidung der FMA über Anträge auf Erteilung einer Genehmigung oder Erlaubnis wird keinesfalls vor dem 1. Jänner 2016 wirksam.

Übergangsmaßnahmen zur Erleichterung der Einführung von Solvabilität II

§ 335. (1) Versicherungs- und Rückversicherungsunternehmen, die den Abschluss neuer Versicherungs- oder Rückversicherungsverträge bis zum 1. Jänner 2016 einstellen und ihr Portfolio ausschließlich mit dem Ziel verwalten, ihre Tätigkeit einzustellen, unterliegen bis zu den in Abs. 2 genannten Zeitpunkten nicht dem 1. bis 5. Hauptstück und dem 8. bis 11. Hauptstück wenn:
1. das Unternehmen der FMA gegenüber nachweist, dass es seine Tätigkeit vor dem 1. Jänner 2019 einstellen wird oder
2. das Unternehmen Sanierungsmaßnahmen im Sinne des Titel IV Kapitel II der Richtlinie 2009/138/EG durchläuft, und ein Verwalter ernannt wurde.

(2) Für Versicherungs- oder Rückversicherungsunternehmen, die unter
1. Abs. 1 Z 1 fallen, gelten ab dem 1. Jänner 2019 oder ab einem früheren Zeitpunkt, wenn die FMA mit Bescheid feststellt, dass die Fortschritte in Bezug auf die Einstellung der Tätigkeit des Unternehmens nicht ausreichend sind, oder
2. Abs. 1 Z 2 fallen, gelten ab dem 1. Jänner 2021 oder ab einem früheren Zeitpunkt, wenn die FMA mit Bescheid feststellt, dass die Fortschritte in Bezug auf die Einstellung der Tätigkeit des Unternehmens nicht ausreichend sind,
die Bestimmungen dieses Bundesgesetzes.

(3) Abs. 1 und 2 sind nur unter den folgenden Bedingungen anzuwenden:
1. das Unternehmen gehört nicht zu einer Gruppe, oder es gehört zu einer Gruppe, deren sämtliche Unternehmen den Abschluss neuer Versicherungs- oder Rückversicherungsverträge einstellen;
2. das Unternehmen legt der FMA einen Jahresbericht über die Fortschritte vor, die im Hinblick auf die Einstellung seiner Tätigkeit zu verzeichnen sind und
3. das Unternehmen hat die FMA über die Anwendung der Übergangsmaßnahmen in Kenntnis gesetzt.

Unternehmen werden durch die Abs. 1 und 2 nicht am Betrieb gemäß diesem Bundesgesetz gehindert.

(4) Die FMA hat eine Liste der betroffenen Versicherungs- und Rückversicherungsunternehmen zu erstellen und den anderen Aufsichtsbehörden der Mitgliedstaaten zu übermitteln.

(5) Während eines Zeitraums von vier Jahren ab dem 1. Jänner 2016 verkürzt sich die Frist, in der Versicherungs- und Rückversicherungsunternehmen in jährlichen oder geringeren Abständen die Informationen im Rahmen der regelmäßigen aufsichtlichen Berichterstattung gemäß der Durchführungsverordnung (EU) und den technischen Standards (EU) zu übermitteln haben, pro Finanzjahr um zwei Wochen, und zwar von maximal 20 Wochen nach dem Ende des Geschäftsjahrs des Unternehmens, das am oder nach dem 30. Juni 2016, aber vor dem 1. Jänner 2017 endet, auf höchstens 14 Wochen nach dem Ende des Geschäftsjahres des Unternehmens, das am oder nach dem 30. Juni 2019, aber vor dem 1. Jänner 2020 endet.

(6) Während eines Zeitraums von vier Jahren ab dem 1. Jänner 2016 verkürzt sich die Frist, in der Versicherungs- und Rückversicherungsunternehmen den Bericht über die Solvabilität und Finanzlage gemäß der Durchführungsverordnung erstellen und veröffentlichen müssen, pro Finanzjahr um zwei Wochen, und zwar von maximal 20 Wochen nach dem Ende des Geschäftsjahrs des Unternehmens, das am oder nach dem 30. Juni 2016, aber vor dem 1. Jänner 2017 endet, auf höchstens 14 Wochen nach dem Ende des Geschäftsjahres des Unternehmens, das am oder nach dem 30. Juni 2019, aber vor dem 1. Jänner 2020 endet.

(7) Während eines Zeitraums von vier Jahren ab dem 1. Jänner 2016 verkürzt sich die Frist, in der Versicherungs- und Rückversicherungsunternehmen vierteljährlich die Informationen im Rahmen der regelmäßigen aufsichtlichen Berichterstattung gemäß der Durchführungsverordnung (EU) und den technischen Standards (EU) zu übermitteln haben, pro Finanzjahr um eine Woche, und zwar von maximal 8 Wochen für Quartale, die am oder nach dem 1. Jänner 2016, aber vor dem 1. Jänner 2017 enden und auf 5 Wochen

§ 335

für Quartale, die am oder nach dem 1. Jänner 2019, aber vor dem 1. Jänner 2020 enden.

(8) Abs. 5 bis 7 gelten entsprechend für beteiligte Versicherungs- oder Rückversicherungsunternehmen, Versicherungsholdinggesellschaften und gemischten Finanzholdinggesellschaften mit der Maßgabe auf Gruppenebene, dass die in Abs. 5 bis 7 genannten Fristen jeweils um sechs Wochen verlängert werden.

(9) Bis zum 31. Dezember 2026 werden Basiseigenmittelbestandteile in die Tier 1 Basiseigenmittel aufgenommen, vorausgesetzt, dass diese Bestandteile

1. je nachdem, welches der frühere Zeitpunkt ist, vor dem 1. Jänner 2016 oder vor dem Inkrafttreten des delegierten Rechtsakts nach Art. 97 der Richtlinie 2009/138/EG ausgegeben wurden,

2. am 31. Dezember 2015 gemäß dem Versicherungsaufsichtsgesetz BGBl. Nr. 569/1978 in der Fassung des Bundesgesetzes BGBl. I Nr. 42/2014 bis zu einem Betrag in Höhe von zumindest 50 vH des Eigenmittelerfordernisses zu berücksichtigen waren und

3. andernfalls nicht in Tier 1 oder Tier 2 gemäß § 172 eingestuft würden.

(10) Bis zum 31. Dezember 2026 werden Basiseigenmittelbestandteile in die Tier 2 Basiseigenmittel aufgenommen, vorausgesetzt, dass diese Bestandteile

1. je nachdem, welches der frühere Zeitpunkt ist, vor dem 1. Jänner 2016 oder vor dem Inkrafttreten des delegierten Rechtsakts nach Art. 97 der Richtlinie 2009/138/EG ausgegeben wurden und

2. am 31. Dezember 2015 gemäß dem Versicherungsaufsichtsgesetz BGBl. Nr. 569/1978 in der Fassung des Bundesgesetzes BGBl. I Nr. 42/2014 bis zu einem Betrag in Höhe von zumindest 25 vH des Eigenmittelerfordernisses zu berücksichtigen waren.

(11) Für Versicherungs- und Rückversicherungsunternehmen, die in handelbare Wertpapiere oder andere Finanzinstrumente auf der Grundlage von neu gebündelten, verbrieften und vor dem 1. Jänner 2011 ausgegebenen Krediten investieren, gelten die in der Durchführungsverordnung (EU) genannten Anforderungen nur, wenn nach dem 31. Dezember 2014 zugrundeliegende Forderungen neu hinzugefügt oder ersetzt werden.

(12) Ungeachtet von § 174, § 175 Abs. 3 und des § 178 Abs. 1 bis 4 gilt:

1. bis zum 31. Dezember 2017 werden bei der Berechnung der Untermodule für das Konzentrationsrisiko und das Spread-Risiko nach der Standardformel für Forderungen an die Zentralstaaten oder Zentralbanken der Mitgliedstaaten, die auf die Landeswährung eines Mitgliedstaats lauten und in dieser Währung refinanziert sind, dieselben Standardparameter verwendet, wie für Forderungen, die auf die eigene Landeswährung lauten und in dieser Währung refinanziert sind;

2. 2018 werden die Standardparameter, die bei der Berechnung der Untermodule für das Konzentrationsrisiko und das Spread-Risiko nach der Standardformel verwendet werden, gegenüber Forderungen an die Zentralstaaten oder Zentralbanken der Mitgliedstaaten, die auf die Landeswährung eines anderen Mitgliedstaats lauten und in dieser Währung refinanziert sind, um 80 vH gesenkt;

3. 2019 werden die Standardparameter, die bei der Berechnung der Untermodule für das Konzentrationsrisiko und das Spread-Risiko nach der Standardformel verwendet werden, gegenüber Forderungen an die Zentralstaaten oder Zentralbanken der Mitgliedstaaten, die auf die Landeswährung eines anderen Mitgliedstaats lauten und in dieser Währung refinanziert sind, um 50 vH gesenkt;

4. ab dem 1. Jänner 2020 werden die Standardparameter, die bei der Berechnung der Untermodule für das Konzentrationsrisiko und das Spread-Risiko nach der Standardformel verwendet werden, nicht mehr gegenüber Forderungen an die Zentralstaaten oder Zentralbanken der Mitgliedstaaten, die auf die Landeswährung eines anderen Mitgliedstaats lauten und in dieser Währung refinanziert sind, gesenkt.

(13) Ungeachtet von § 174, § 175 Abs. 3 und § 178 Abs. 1 bis 4 werden die Standardparameter, die für Aktien, die ein Versicherungs- oder Rückversicherungsunternehmen am oder vor dem 1. Jänner 2016 erworben hat, bei der Berechnung des Aktienrisiko-Untermoduls gemäß der Standardformel ohne die Option gemäß § 180 zu verwenden sind, als gewichtete Mittelwerte berechnet und zwar aus

1. dem Standardparameter, der bei der Berechnung des Aktienrisiko-Untermoduls gemäß § 180 zu verwenden ist, und

2. dem Standardparameter, der bei der Berechnung des Aktienrisiko-Untermoduls gemäß der Standardformel ohne die Option gemäß § 180 zu verwenden ist.

Das Gewicht des in Z 2 genannten Parameters steigt zumindest linear am Ende jedes Jahres von 0 vH während des am 1. Jänner 2016 beginnenden Jahres auf 100 vH am 1. Jänner 2023.

(14) Ungeachtet von § 279 Abs. 2 zweiter Satz und unbeschadet von § 279 Abs. 3 werden die Versicherungs- und Rückversicherungsunternehmen, die zwar am 31. Dezember 2015 über Eigenmittel in dem gemäß § 73b des Versicherungsaufsichtsgesetzes, BGBl. Nr. 569/1978 in der Fassung des Bundesgesetzes BGBl. I Nr. 42/2014 erforderlichen Ausmaß verfügen, die aber die Solvenzkapitalanforderung im ersten Jahr der Anwendung dieses Bundesgesetzes nicht erfüllen, von der FMA verpflichtet, die Maßnahmen zu

treffen, die zur Aufbringung der anrechenbaren Eigenmittel in der zur Bedeckung der Solvenzkapitalanforderung erforderlichen Höhe oder zur Senkung des Risikoprofils notwendig sind, sodass die Bedeckung der Solvenzkapitalanforderung bis zum 31. Dezember 2017 sichergestellt ist. Das betroffene Versicherungs- oder Rückversicherungsunternehmen legt der FMA alle drei Monate einen Fortschrittsbericht vor. In diesem sind die Maßnahmen, die zur Aufbringung der anrechenbaren Eigenmittel in der zur Bedeckung der Solvenzkapitalanforderung erforderlichen Höhe oder zur Senkung des Risikoprofils getroffen werden, um die Bedeckung der Solvenzkapitalanforderung sicherzustellen, sowie die hierbei erzielte Fortschritt darzustellen. Die FMA hat mit Bescheid die Verlängerung zurückzunehmen, wenn aus dem Fortschrittsbericht hervorgeht, dass zwischen dem Zeitpunkt der Feststellung der Nichtbedeckung der Solvenzkapitalanforderung und dem der Übermittlung des Fortschrittsberichts kein wesentlicher Fortschritt bei der Erreichung einer Aufstockung der anrechenbaren Eigenmittel bis auf die zur Bedeckung der Solvenzkapitalanforderung erforderlichen Höhe oder zur Senkung des Risikoprofils bis zur erneuten Bedeckung der Solvenzkapitalanforderung stattgefunden hat.

(15) Die FMA kann dem obersten Mutterversicherungsunternehmen oder Mutterrückversicherungsunternehmen während des Zeitraums bis zum 31. März 2022, die Anwendung eines auf einen Teil einer Gruppe anwendbaren internen Gruppenmodells zu genehmigen, wenn das Unternehmen und das oberste Mutterunternehmen im selben Mitgliedstaat ansässig sind und der betreffende Teil einen eigenständigen Teil bildet, dessen Risikoprofil sich deutlich vom Rest der Gruppe unterscheidet.

(16) Ungeachtet von § 202 Abs. 1 und Abs. 2 erster Satz sind auf Gruppenebene Abs. 9 bis 12 und § 336 bis § 338 sinngemäß anzuwenden. Wenn die beteiligten Versicherungs- oder Rückversicherungs- und Rückversicherungsunternehmen einer Gruppe die für die bereinigte Solvabilität gemäß § 86e des Versicherungsaufsichtsgesetzes, BGBl. Nr. 569/1978 in der Fassung des Bundesgesetzes BGBl. I Nr. 42/2014 geltenden Bestimmungen erfüllen, nicht aber die Solvenzkapitalanforderung für die Gruppe, gelten auf Gruppenebene ungeachtet der § 202 Abs. 1, Abs. 2 erster Satz und Abs. 3 die Übergangsbestimmungen nach Abs. 14 sinngemäß.

(17) Die FMA kann bis zum 31. Dezember 2017 einem Versicherungs- oder Rückversicherungsunternehmen anordnen, dass die prozentuellen Grenzwerte gemäß § 193 Abs. 3 ausschließlich auf eine mit der Standardformel berechnete Solvenzkapitalanforderung anzuwenden sind.

(18) Versicherungs- und Rückversicherungsunternehmen müssen den Anteil eines Kapitalaufschlages und die Auswirkung von unternehmensspezifischen Parametern, die das Versicherungs- oder Rückversicherungsunternehmen gemäß § 181 Abs. 1 anzuwenden hat, auf den Betrag der Solvenzkapitalanforderung bis zum 31. Dezember 2020, nicht gesondert im Bericht über die Solvabilität und Finanzlage gemäß § 241 veröffentlichen.

(19) Abweichend von § 280 Abs. 2 und 3 und § 285 Abs. 1 Z 4 haben Versicherungs- und Rückversicherungsunternehmen, die die am 31. Dezember 2015 § 73b Abs. 1 erster Satz des Versicherungsaufsichtsgesetzes BGBl. Nr. 569/1978, in der Fassung des Bundesgesetzes BGBl. I Nr. 42/2014 erfüllen, aber nicht ausreichende anrechenbare Basiseigenmittel zur Bedeckung der Mindestkapitalanforderung halten, § 193 bzw. § 194 spätestens ab dem 31. Dezember 2016 einzuhalten. Kommt das betreffende Versicherungs- oder Rückversicherungsunternehmen § 193 bzw. § 194 innerhalb dieses Zeitraums nicht nach, so hat die FMA die Konzession gemäß § 285 zu entziehen.

Übergangsmaßnahme bei risikofreien Zinssätzen

§ 336. (1) Versicherungs- und Rückversicherungsunternehmen können mit Genehmigung der FMA unter Berücksichtigung der zulässigen Versicherungs- und Rückversicherungsverpflichtungen eine vorübergehende Anpassung der maßgeblichen risikofreien Zinskurve vornehmen.

(2) Die Anpassung wird für jede Währung berechnet als Anteil der Differenz zwischen:

1. dem Zinssatz, der vom Versicherungs- oder Rückversicherungsunternehmen im Einklang mit dem Versicherungsaufsichtsgesetz BGBl. Nr. 569/1978, in der Fassung des Bundesgesetzes BGBl. I Nr. 42/2014 festgelegt wurde und

2. dem effektiven Jahressatz, der als ein konstanter Abzinsungssatz berechnet wird, der im Falle einer Anwendung auf die Zahlungsströme des Portfolios zulässiger Versicherungs- oder Rückversicherungsverpflichtungen zu einem Wert führt, der dem besten Schätzwert des Portfolios zulässiger Versicherungs- oder Rückversicherungsverpflichtungen entspricht, wenn der Zeitwert des Geldes unter Verwendung der maßgeblichen risikofreien Zinskurve berücksichtigt wird.

Der Anteil sinkt am Ende jedes Jahres linear von 100 vH während des Jahres ab dem 1. Jänner 2016 auf 0 vH am 1. Jänner 2032. Wenn Versicherungs- und Rückversicherungsunternehmen die Volatilitätsanpassung anwenden, wird die maßgebliche risikofreie Zinskurve nach Z 2 an die maßgebliche risikofreie Zinskurve gemäß § 167 angepasst.

(3) Als zulässige Versicherungs- und Rückversicherungsverpflichtungen gelten nur Versicherungsund Rückversicherungsverpflichtungen, die den folgenden Anforderungen entsprechen:

1. Die Verträge, aus denen sich die Versicherungs- und Rückversicherungsverpflichtungen ergeben, wurden vor dem 1. Jänner 2016 abgeschlossen, mit Ausnahme von Vertragsverlängerungen an oder nach diesem Zeitpunkt,

2. versicherungstechnische Rückstellungen wurden für die Versicherungs- und Rückversicherungsverpflichtungen bis zum 31. Dezember 2015 gemäß dem Versicherungsaufsichtsgesetz BGBl. Nr. 569/1978, in der Fassung des Bundesgesetzes BGBl. I Nr. 42/2014 festgelegt und

3. § 166 kommt bei Versicherungs- und Rückversicherungsverpflichtungen nicht zur Anwendung.

(4) Sofern Versicherungs- und Rückversicherungsunternehmen Abs. 1 zur Anwendung bringen

1. dürfen sie § 337 nicht zur Anwendung bringen und

2. haben sie im Rahmen ihres Berichts über ihre Solvabilität und ihre Finanzlage offenzulegen, dass sie die vorübergehende risikofreie Zinskurve anwenden und haben die Folgen der Nichtanwendung dieser Übergangsmaßnahme für ihre Finanzlage zu quantifizieren.

Übergangsmaßnahme bei versicherungstechnischen Rückstellungen

§ 337. (1) Versicherungs- und Rückversicherungsunternehmen können bei vorheriger Genehmigung durch die FMA bei versicherungstechnischen Rückstellungen vorübergehend einen Abzug geltend machen. Dieser Abzug darf nur auf der Ebene homogener Risikogruppen nach § 159 Abs. 2 zur Anwendung kommen.

(2) Der vorübergehende Abzug entspricht einem Anteil der Differenz zwischen den beiden folgenden Beträgen:

1. die versicherungstechnischen Rückstellungen gemäß dem 1. Abschnitt des 8. Hauptstücks nach Abzug der einforderbaren Beträge aus Rückversicherungsverträgen und von Zweckgesellschaften, die am 1. Jänner 2016 berechnet wurden und

2. die versicherungstechnischen Rückstellungen nach Abzug der einforderbaren Beträge aus Rückversicherungsverträgen, die gemäß dem Versicherungsaufsichtsgesetz BGBl. Nr. 569/1978, in der Fassung des Bundesgesetzes BGBl. I Nr. 42/2014 am 31. Dezember 2015 berechnet wurden.

Der maximal abzugsfähige Anteil sinkt am Ende jedes Jahres linear von 100 vH während des Jahres ab dem 1. Jänner 2016 auf 0 vH am 1. Jänner 2032. Wenn ein Versicherungs- oder Rückversicherungsunternehmen die Volatilitätsanpassung am 1. Jänner 2016 anwendet, ist der in Z 1 genannte Betrag mit der an diesem Tag geltenden Volatilitätsanpassung berechnet.

(3) Die Beträge der versicherungstechnischen Rückstellungen gemäß Abs. 2 Z 1 und Z 2 sowie gegebenenfalls der Betrag der Volatilitätsanpassung, die zur Berechnung des vorübergehenden Abzugs gemäß Abs. 2 verwendet wird, können mit vorheriger Genehmigung der FMA oder auf Verlangen der FMA alle 24 Monate oder häufiger neu berechnet werden, wenn sich das Risikoprofil des Unternehmens wesentlich verändert.

(4) Der Abzug gemäß Abs. 2 kann von der FMA begrenzt werden, wenn seine Anwendung dazu führen könnte, dass die für das Unternehmen geltenden Finanzmittelanforderungen im Vergleich zu den Anforderungen sinken, die gemäß dem Versicherungsaufsichtsgesetz BGBl. Nr. 569/1978, in der Fassung des Bundesgesetzes BGBl. I Nr. 42/2014 berechnet wurden.

(5) Sofern Versicherungs- und Rückversicherungsunternehmen Abs. 1 zur Anwendung bringen,

1. dürfen sie § 336 nicht zur Anwendung bringen,

2. haben sie, wenn sie die Solvenzkapitalanforderung nur bei Anwendung des vorübergehenden Abzugs erfüllen können, der FMA jährlich einen Bericht vorlegen, in dem die Maßnahmen zur Aufstockung der anrechenbaren Eigenmittel bis auf die zur Bedeckung der Solvenzkapitalanforderung erforderliche Höhe oder zur Senkung ihres Risikoprofils bis zur erneuten Bedeckung der Solvenzkapitalanforderung sowie der hierbei erzielte Fortschritt darzustellen sind und

3. haben sie im Rahmen ihres Berichts über ihre Solvabilität und ihre Finanzlage offenzulegen, dass sie den vorübergehenden Abzug auf die versicherungstechnischen Rückstellungen anwenden, und haben die Folgen der Nichtanwendung dieses vorübergehenden Abzugs für ihre Finanzlage zu quantifizieren.

Plan betreffend die schrittweise Einführung von Übergangsmaßnahmen für risikofreie Zinsen und versicherungstechnische Rückstellungen

§ 338. (1) Versicherungs- und Rückversicherungsunternehmen, die die Übergangsmaßnahmen gemäß § 336 oder § 337 zur Anwendung bringen, haben der FMA anzuzeigen, wenn sie feststellen, dass die Solvenzkapitalanforderung ohne diese Übergangsmaßnahmen demnächst nicht mehr bedeckt sein würde. Die FMA hat dem Versicherungs- oder Rückversicherungsunternehmen Maßnahmen anzuordnen, die zur erneuten Bedeckung der Solvenzkapitalanforderung am Ende des Übergangszeitraums notwendig sind.

(2) Innerhalb von zwei Monaten nach Feststellung der Nichtbedeckung der Solvenzkapitalanforderung im Falle der Nichtanwendung dieser Übergangsmaßnahmen hat das Versicherungs- oder Rückversicherungsunternehmen der FMA einen Plan vorzulegen, in dem die schrittweise Einführung der Maßnahmen dargelegt wird, die mit Blick auf die Aufbringung der anrechenbaren Eigenmittel in der zur Bedeckung der Solvenzkapitalanforderung erforderlichen Höhe oder zur Senkung ihres Risikoprofils bis zur erneuten Bedeckung der Solvenzkapitalanforderung am Ende des Übergangszeitraums geplant sind. Das Versicherungs- oder Rückversicherungsunternehmen kann diesen Plan während des Übergangszeitraums aktualisieren.

(3) Das Versicherungs- und Rückversicherungsunternehmen hat der FMA jährlich einen Bericht vorzulegen, in dem die Maßnahmen zur erneuten Bedeckung der Solvenzkapitalanforderung am Ende des Übergangszeitraums sowie der hierbei erzielte Fortschritt dargestellt sind. Wenn aus dem Fortschrittsbericht deutlich wird, dass eine erneute Bedeckung der Solvenzkapitalanforderung am Ende des Übergangszeitraums unrealistisch ist, hat die FMA die Genehmigung für die Anwendung der Übergangsmaßnahme zu entziehen.

2. Abschnitt

Schlussbestimmungen

Inkrafttreten

§ 339. (1) Dieses Bundesgesetz tritt mit Ausnahme der in Abs. 2 genannten Bestimmungen am 1. Jänner 2016 in Kraft.

(2) § 334 Abs. 1, 2 und 4 tritt am 1. April 2015 und § 334 Abs. 3 am 1. Juli 2015 in Kraft.

(3) Die FMA kann Verordnungen auf Grund der Ermächtigungen in diesem Bundesgesetz bereits von dem seiner Kundmachung folgenden Tag an erlassen. Diese Verordnungen dürfen frühestens mit dem Inkrafttreten der entsprechenden Ermächtigungen in Kraft gesetzt werden.

Inkrafttreten von Änderungen auf Grund von Regierungsvorlagen des Bundesministers für Finanzen

§ 340. Inkrafttretensbestimmungen für Änderungen dieses Bundesgesetzes auf Grund von Regierungsvorlagen des Bundesministers für Finanzen sind als Absätze diesem Paragraphen anzufügen.

Inkrafttreten von sonstigen Änderungen

§ 341. Inkrafttretensbestimmungen für alle nicht unter § 340 fallenden Änderungen dieses Bundesgesetzes sind als Absätze diesem Paragraphen anzufügen.

Verweisungen

§ 342. (1) Soweit in diesem Bundesgesetz auf folgende Gesetze verwiesen wird, sind diese, wenn nicht Anderes angeordnet ist, in ihrer jeweils geltenden Fassung anzuwenden:

1. Jurisdiktionsnorm (JN), RGBl. Nr. 111/1895;
2. Unternehmensgesetzbuch (UGB), dRGBl. S 219/1897;
3. GmbH-Gesetz (GmbHG), RGBl. Nr. 58/1906;
4. Insolvenzordnung (IO), RGBl. Nr. 337/1914;
5. Genossenschaftsinsolvenzgesetz (GenIG), RGBl. Nr. 105/1918;
6. Bundes-Verfassungsgesetz (WV) (B-VG), BGBl. Nr. 1/1930;
7. Amtshaftungsgesetz (AHG), BGBl. Nr. 20/1949;
8. Allgemeines Sozialversicherungsgesetz (ASVG), BGBl. Nr. 189/1955;
9. Finanzstrafgesetz (FinStrG), BGBl. Nr. 129/1958;
10. Versicherungsvertragsgesetz (VersVG), BGBl. Nr. 2/1959;
11. Aktiengesetz (AktG), BGBl. Nr. 98/1965;
12. Kapitalberichtigungsgesetz, BGBl. Nr. 171/1967;
13. Bezügegesetz, BGBl. Nr. 273/1972;
14. Arbeitsverfassungsgesetz (ArbVG), BGBl. Nr. 22/1974;
15. Strafgesetzbuch (StGB), BGBl. Nr. 60/1974;
16. Strafprozessordnung 1975 (StPO), BGBl. Nr. 631/1975;
17. Kapitalversicherungsförderungsg, BGBl. Nr. 163/1982;
18. Einkommensteuergesetz 1988 (EStG 1988), BGBl. Nr. 400/1988;
19. Börsegesetz 1989 (BörseG), BGBl. Nr. 555/1989;
20. Pensionskassengesetz (PKG), BGBl. Nr. 281/1990;
21. Betriebspensionsgesetz (BPG), BGBl. Nr. 282/1990;
22. Firmenbuchgesetz (FBG), BGBl. Nr. 10/1991;
23. Allgemeines Verwaltungsverfahrensgesetz 1991 (AVG), BGBl. Nr. 51/1991;
24. Verwaltungsstrafgesetz 1991 (VStG), BGBl. Nr. 52/1991;
25. Verwaltungsvollstreckungsgesetz 1991 (VVG), BGBl. Nr. 53/1991;

§ 342

25. Kapitalmarktgesetz (KMG), BGBl. Nr. 625/1991;
26. Arbeitsvertragsrechts-Anpassungsgesetz (AVRAG), BGBl. Nr. 459/1993;
27. Bankwesengesetz (BWG), BGBl. Nr. 532/1993;
28. Privatstiftungsgesetz (PSG), BGBl. Nr. 694/1993;
29. Gewerbeordnung 1994 (GewO 1994), BGBl. Nr. 194/1994;
30. Kraftfahrzeug-Haftpflichtversicherungsgesetz 1994 (KHVG 1994), BGBl. Nr. 651/1994;
31. 1 Euro-Justiz BegleitG (1.Euro-JubeG), BGBl. I Nr. 125/1998;
32. Wirtschaftstreuhandberufsgesetz (WTBG), BGBl. I Nr. 58/1999;
33. Datenschutzgesetz 2000 (DSG 2000), BGBl. I Nr. 165/1999;
34. Signaturgesetz (SigG), BGBl. I Nr. 190/1999;
35. Finanzmarktaufsichtsbehördengesetz (FMABG), BGBl. I Nr. 97/2001;
36. Bundeskriminalamt-Gesetz (BKA-G), BGBl. I Nr. 22/2002;
37. Telekommunikationsgesetz 2003 (TKG 2003), BGBl. I Nr. 70/2003;
38. Fern-Finanzdienstleistungs-Gesetz (FernFinG), BGBl. I Nr. 62/2004;
39. Statut der Europäischen Gesellschaft (Societas Europaea – SE) – SE-Gesetz (SEG), BGBl. I Nr. 67/2004;
40. Finanzkonglomerategesetz (FKG), BGBl. I Nr. 70/2004;
41. Verkehrsopfer-Entschädigungsgesetz (VOEG), BGBl. I Nr. 37/2007;
42. Wertpapieraufsichtsgesetz 2007 (WAG 2007), BGBl. I Nr. 60/2007;
43. Zahlungsdienstegesetz (ZaDiG), BGBl. I Nr. 66/2009;
44. Investmentfondsgesetz 2011 (InvFG 2011), BGBl. I Nr. 77/2011.

(2) Soweit in diesem Bundesgesetz auf Richtlinien der Europäischen Union verwiesen wird, sind diese, wenn nicht Anderes angeordnet ist, in der nachfolgend genannten Fassung anzuwenden:
1. Richtlinie 2001/17/EG über die Sanierung und Liquidation von Versicherungsunternehmen, ABl. Nr. L 110 vom 20.04.2001 S. 28;
2. Richtlinie 2002/87/EG über die zusätzliche Beaufsichtigung der Kreditinstitute, Versicherungsunternehmen und Wertpapierfirmen eines Finanzkonglomerats und zur Änderung der Richtlinien 73/239/EWG, 79/267/EWG, 92/49/EWG, 92/96/EWG, 93/6/EWG und 93/22/EWG und der Richtlinien 98/78/EG und 2000/12/EG, ABl. Nr. L 35 vom 11.02.2003 S. 1, zuletzt geändert durch die Richtlinie 2013/36/EU, ABl. Nr. L 176 vom 27.06.2013 S. 338;
3. Richtlinie 2004/39/EG über Märkte für Finanzinstrumente, zur Änderung der Richtlinien 85/611/EWG und 93/6/EWG und der Richtlinie 2000/12/EG und zur Aufhebung der Richtlinie 93/22/EWG, ABl. Nr. L 145 vom 30.04.2004 S. 1, zuletzt geändert durch die Richtlinie 2010/78/EU, ABl. Nr. L 331 vom 15.12.2010 S. 120;
4. Richtlinie 2005/60/EG zur Verhinderung der Nutzung des Finanzsystems zum Zwecke der Geldwäsche und der Terrorismusfinanzierung (ABl. Nr. L 309 vom 25.11.2005 S. 15), zuletzt geändert durch die Richtlinie 2010/78/EU, ABl. Nr. L 331 vom 15.12.2010 S. 120;
5. Richtlinie 2009/65/EG zur Koordinierung der Rechts- und Verwaltungsvorschriften betreffend bestimmte Organismen für gemeinsame Anlagen in Wertpapieren (OGAW), ABl. Nr. L 302 vom 17.11.2009 S. 32, zuletzt geändert durch die Richtlinie 2011/89/EU, ABl. Nr. L 326 vom 08.12.2011 S. 113;
6. Richtlinie 2009/103/EG über die Kraftfahrzeug-Haftpflichtversicherung und die Kontrolle der entsprechenden Versicherungspflicht, ABl. Nr. L 263 vom 07.10. 2009 S. 11;
7. Richtlinie 2009/138/EG betreffend die Aufnahme und Ausübung der Versicherungs- und Rückversicherungstätigkeit (Solvabilität II), ABl. Nr. L 335 vom 17.12.2009 S. 1, zuletzt geändert durch die Richtlinie 2014/51/EU ABl. Nr. 153 vom 22.05.2014 S 1;
8. Richtlinie 2013/34/EU über den Jahresabschluss, den konsolidierten Abschluss und damit verbundene Berichte von Unternehmen bestimmter Rechtsformen und zur Änderung der Richtlinie 2006/43/EG des Europäischen Parlaments und des Rates und zur Aufhebung der Richtlinien 78/660/EWG und 83/349/EWG des Rates, ABl. Nr. 182 vom 29.06.2013 S 19.
9. Richtlinie 2013/36/EU über den Zugang zur Tätigkeit von Kreditinstituten und die Beaufsichtigung von Kreditinstituten und Wertpapierfirmen, zur Änderung der Richtlinie 2002/87/EG und zur Aufhebung der Richtlinien 2006/48/EG und 2006/49/EG, ABl. Nr. L 176 vom 27.06.2013 S. 338, zuletzt geändert durch die Richtlinie 2014/17/EU, ABl. Nr. L 60 vom 28.02.2014 S. 34.

(3) Soweit in diesem Bundesgesetz auf Verordnungen der Europäischen Union Bezug genommen wird, sind diese, wenn nicht Anderes angeordnet ist, in der nachfolgend genannten Fassung maßgeblich:
1. Verordnung (EG) Nr. 2157/2001 über das Statut der Europäischen Gesellschaft (SE), ABl. Nr. L 294 vom 10.11.2001 S. 1, zuletzt geändert

durch die Verordnung (EU) Nr. 517/2013, ABl. Nr. L 158 vom 10.06.2013 S. 1;
2. Verordnung (EG) Nr. 1060/2009 über Ratingagenturen ABl. Nr. L 302 vom 17.11.2009 S. 1, zuletzt geändert durch die Richtlinie 2014/51/EU, ABl. Nr. L 153 vom 22.05.2014 S. 1;
3. Verordnung (EU) Nr. 1092/2010 über die Finanzaufsicht der Europäischen Union auf Makroebene und zur Errichtung eines Europäischen Ausschusses für Systemrisiken ABl. Nr. 331 vom 15.12.2010 S. 1;
4. Verordnung (EU) Nr. 1093/2010 zur Errichtung einer Europäischen Aufsichtsbehörde (Europäische Bankenaufsichtsbehörde), zur Änderung des Beschlusses Nr. 716/2009/EG und zur Aufhebung des Beschlusses 2009/78/EG der Kommission, ABl. Nr. L 331 vom 15.12.2010 S. 12, zuletzt geändert durch die Richtlinie 2014/17/EU, ABl. Nr. L 60 vom 28.02.2014 S. 34;
5. Verordnung (EU) Nr. 1094/2010 zur Errichtung einer Europäischen Aufsichtsbehörde (Europäische Aufsichtsbehörde für das Versicherungswesen und die betriebliche Altersversorgung), zur Änderung des Beschlusses Nr. 716/2009/EG und zur Aufhebung des Beschlusses Nr. 2009/79/EG der Kommission, ABl. Nr. L 331 vom 15.12.2010 S. 48, zuletzt geändert durch die Richtlinie 2014/51/EU, ABl. Nr. L 153 vom 22.05.2014 S. 1;
6. Verordnung (EU) Nr. 1095/2010 zur Errichtung einer Europäischen Aufsichtsbehörde (Europäische Wertpapier- und Marktaufsichtsbehörde), zur Änderung des Beschlusses Nr. 716/2009/EG und zur Aufhebung des Beschlusses Nr. 2009/77/EG der Kommission, ABl. Nr. L 331 vom 15.12.2010 S. 84, zuletzt geändert durch die Richtlinie 2014/51/EU, ABl. Nr. L 153 vom 22.05.2014 S. 1;
7. Verordnung (EU) Nr. 648/2012 über OTC-Derivate, zentrale Gegenparteien und Transaktionsregister, ABl. Nr. L 201 vom 27.07.2012 S. 1, zuletzt geändert durch die Delegierte Verordnung (EU) Nr. 1002/2013, ABl. Nr. L 279 vom 19.10.2013 S. 2.

Sprachliche Gleichbehandlung

§ 343. Soweit in diesem Bundesgesetz personenbezogene Bezeichnungen nur in männlicher Form angeführt sind, beziehen sie sich auf Frauen und Männer in gleicher Weise. Bei der Anwendung auf bestimmte Personen ist die jeweils geschlechtsspezifische Form zu verwenden.

Anpassung der in Euro angegebenen Beträge

§ 344. Die Beträge in § 5 Z 34, § 83 Abs. 2, § 88 Abs. 1 und § 193 Abs. 2 erhöhen sich im gleichen Ausmaß und nach den gleichen Grundsätzen, wie sie in Art. 300 der Richtlinie 2009/138/EG für die in dieser Richtlinie angegebenen Euro Beträge vorgesehen sind. Der Bundesminister für Finanzen hat im Laufe des Jahres, in dem sich durch diese Erhöhung ergebenden Beträge durch die Europäische Kommission im Amtsblatt der Europäischen Union veröffentlicht wurden, die sich durch diese Erhöhung ergebenden Beträge im Bundesgesetzblatt kundzumachen. Diese Beträge sind ab 1. Jänner des darauf folgenden Jahres anzuwenden.

Außerkrafttreten

§ 345. (1) Mit dem Inkrafttreten dieses Bundesgesetzes treten das Versicherungsaufsichtsgesetz, BGBl. Nr. 569/1978 in der Fassung des Bundesgesetzes BGBl. I Nr. 42/2014 und alle auf Grundlage dieses Bundesgesetzes erlassenen Verordnungen mit 31. Dezember 2015, außer Kraft.

(2) Soweit in anderen bundesgesetzlichen Vorschriften auf Bestimmungen verwiesen wird, die durch dieses Bundesgesetz aufgehoben werden, treten an ihre Stelle die entsprechenden Bestimmungen dieses Bundesgesetzes.

(3) § 258 Abs. 2 tritt mit 1. Jänner 2021 außer Kraft.

Vollzugsklausel

§ 346. Mit der Vollziehung dieses Bundesgesetzes ist betraut
1. hinsichtlich § 8 Abs. 6, § 17 Abs. 1 zweiter Satz, Abs. 2 und 4, § 27 Abs. 1 zweiter bis vierter Satz und Abs. 3 erster und dritter bis sechster Satz, § 28, § 31, § 36, § 37 Abs. 1, § 38, § 40 Abs. 1, 3 und 4, § 42, § 43, § 48 bis § 57 Abs. 1, 2, 4 und 5, § 58 Abs. 1, 2 und 4 bis 6, § 59 Abs. 1, § 60, § 61 Abs. 1 bis 3 und 5 bis 13, § 62 Abs. 1 bis 3, 4 erster und zweiter Satz und Abs. 5, § 63 Abs. 1 und 2, Abs. 3 erster Satz, Abs. 4 erster bis dritter Satz, § 64, § 65 Abs. 1 Z 1, Abs. 2 und Abs. 4, § 66 Abs. 1, Abs. 3 Z 1, 2, 5, 6, 8 und 9, Abs. 4 Z 1 bis 5, Abs. 5 bis 7, § 67, § 69 Abs. 4, § 75, § 76 Abs. 1 erster Satz, Abs. 3, 4, 8, und 9, § 77, § 78, § 80, § 81, § 105 Abs. 2, § 122 Abs. 1 letzter Satz, § 123 Abs. 5, § 133 Abs. 8, § 225 Abs. 3 bis 5, § 246 Abs. 6, § 283 Abs. 2 erster Satz und Abs. 3, § 295 Abs. 4 zweiter und dritter Satz, § 302 Abs. 4, § 303, § 305 Abs. 2 zweiter Satz, § 306 Abs. 2 bis 5, § 307 bis § 315, § 316 Abs. 4 und 6, § 323 und § 332 der Bundesminister für Justiz;
2. hinsichtlich § 63 Abs. 5 und 6, § 65 Abs. 1 Z 2 und § 66 Abs. 3 Z 3, 4 und 7 der Bundesminister für Finanzen im Einvernehmen mit dem Bundesminister für Justiz;
3. hinsichtlich § 133 Abs. 1 bis 4 und Abs. 9 der Bundesminister für Inneres; *(BGBl I 2015/44)*

§ 346, Anlage A

4. hinsichtlich § 135 der Bundesminister für Finanzen im Einvernehmen mit dem Bundesminister für Inneres und

5. hinsichtlich der übrigen Bestimmungen der Bundesminister für Finanzen.

Anlage A

Zu (§ 7 Abs. 4):

Einteilung der Versicherungszweige

1. Unfall
   a) einmalige Leistungen
   b) wiederkehrende Leistungen
   c) kombinierte Leistungen
   d) Personenbeförderung
2. Krankheit
   a) Taggeld
   b) Krankheitskosten
   c) kombinierte Leistungen
3. Landfahrzeug-Kasko (ohne Schienenfahrzeuge) Sämtliche Schäden an:
   a) Landkraftfahrzeugen
   b) Landfahrzeugen ohne eigenen Antrieb
4. Schienenfahrzeug-Kasko
   Sämtliche Schäden an Schienenfahrzeugen
5. Luftfahrzeug-Kasko
   Sämtliche Schäden an Luftfahrzeugen
6. See- Binnensee- und Flussschiffahrt-Kasko
   Sämtliche Schäden an:
   a) Flussschiffen
   b) Binnenseeschiffen
   c) Seeschiffen
7. Transportgüter
   Sämtliche Schäden an transportierten Gütern, unabhängig von dem jeweils verwendeten Transportmittel
8. Feuer und Elementarschäden
   Sämtliche Sachschäden (soweit sie nicht unter Z 3 bis 7 fallen), die verursacht werden durch
   a) Feuer
   b) Explosion
   c) Sturm
   d) andere Elementarschäden außer Sturm
   e) Kernenergie
   f) Bodensenkungen und Erdrutsch
9. Sonstige Sachschäden
   Sämtliche Sachschäden (soweit sie nicht unter die Z 3 bis 7 fallen), die durch Hagel oder Frost sowie durch Ursachen aller Art (wie beispielsweise Diebstahl) hervorgerufen werden, soweit diese Ursachen nicht unter Z 8 erfasst sind
10. Haftpflicht für Landfahrzeuge mit eigenem Antrieb
    Haftpflicht aller Art (einschließlich derjenigen des Frachtführers), die sich aus der Verwendung von Landfahrzeugen mit eigenem Antrieb ergibt

26/1. VAG 2016
Anlage A

11. Luftfahrzeug-Haftpflicht
    Haftpflicht aller Art (einschließlich derjenigen des Frachtführers), die sich aus der Verwendung von Luftfahrzeugen ergibt
12. See-, Binnensee- und Flussschiffahrt-Haftpflicht
    Haftpflicht aller Art (einschließlich derjenigen des Frachtführers), die sich aus der Verwendung von Flussschiffen, Binnenseeschiffen und Seeschiffen ergibt
13. Allgemeine Haftpflicht
    Alle sonstigen Haftpflichtfälle, die nicht unter Z 10 bis 12 fallen
14. Kredit
    a) allgemeine Zahlungsunfähigkeit
    b) Ausfuhrkredit
    c) Abzahlungsgeschäfte
    d) Hypothekardarlehen
    e) landwirtschaftliche Darlehen
15. Kaution
    a) direkte Kaution
    b) indirekte Kaution
16. Verschiedene finanzielle Verluste
    a) Berufsrisiken
    b) ungenügende Einkommen (allgemein)
    c) Schlechtwetter
    d) Gewinnausfall
    e) laufende Unkosten allgemeiner Art
    f) unvorhergesehene Geschäftsunkosten
    g) Wertverluste
    h) Miet- oder Einkommensausfall
    i indirekte kommerzielle Verluste außer den bereits erwähnten
    k) nichtkommerzielle Geldverluste
    l) sonstige finanzielle Verluste
17. Rechtsschutz
18. Beistandsleistungen
    zugunsten von Personen, die sich auf Reisen oder während der Abwesenheit von ihrem Wohnsitz oder gewöhnlicher Aufenthaltsort in Schwierigkeiten befinden
19. Leben (soweit nicht unter den Z 20 bis 22 erfasst)
20. Heirats- und Geburtenversicherung
21. Fondsgebundene und indexgebundene Lebensversicherung
22. Tontinengeschäfte
23. Rückversicherung
    a) Nicht-Lebensrückversicherung
    b) Lebensrückversicherung

Anlage B

Zu (§ 88):

Eigenmittelerfordernis

A) Nicht-Lebensversicherung

Alle Versicherungszweige außer der Lebensversicherung gemäß Z 19 bis 22 der Anlage A

Die Eigenmittel müssen dem höheren der beiden folgenden Indizes, mindestens jedoch dem Eigenmittelerfordernis des dem letzten Geschäftsjahr vorangegangenen Geschäftsjahres multipliziert mit dem Quotienten aus dem Betrag der versicherungstechnischen Rückstellungen für noch nicht abgewickelte Versicherungsfälle abzüglich des Anteils der Rückversicherer am Ende des letzten Geschäftsjahres und dem Betrag der versicherungstechnischen Rückstellungen für noch nicht abgewickelte Versicherungsfälle abzüglich des Anteils der Rückversicherer zu Beginn des letzten Geschäftsjahres entsprechen; in jedem Fall ist dieser Quotient mit höchstens 100 vH zu begrenzen.

a) Prämienindex:

Der höhere Betrag der verrechneten und abgegrenzten Prämien der direkten und indirekten Gesamtrechnung des letzten Geschäftsjahres wird herangezogen. Auf den so ermittelten Betrag wird ein Satz von 40 vH angewendet. Der Prämienindex ergibt sich durch Multiplikation dieses Betrags mit dem Quotienten, der für die letzten drei Geschäftsjahre dem Verhältnis der Aufwendungen für Versicherungsfälle abzüglich des Anteils der Rückversicherer zu den Aufwendungen für Versicherungsfälle ohne Abzug des Anteils der Rückversicherer entspricht; in jedem Fall ist dieser Quotient mit mindestens 50 vH anzusetzen.

b) Schadenindex:

Zu ermitteln sind die durchschnittlichen Aufwendungen für Versicherungsfälle der direkten und indirekten Gesamtrechnung der letzten drei Geschäftsjahre. Auf den so ermittelten Betrag wird ein Satz von 50 v. H. angewendet. Der Schadenindex ergibt sich durch Multiplikation dieses Betrags mit dem Quotienten, der für die letzten drei Geschäftsjahre dem Verhältnis der Aufwendungen für Versicherungsfälle abzüglich des Anteils der Rückversicherer zu den Aufwendungen für Versicherungsfälle ohne Abzug des Anteils der Rückversicherer entspricht; in jedem Fall ist dieser Quotient mit mindestens 50 vH anzusetzen.

B) Lebensversicherung

In der Lebensversicherung gemäß Z 19 bis 22 der Anlage A müssen die Eigenmittel der Summe der beiden folgenden Ergebnisse entsprechen:

a) Der Betrag, der 10 vH der Deckungsrückstellung und der Prämienüberträge ohne Abzug des Anteils der Rückversicherer entspricht, wird multipliziert mit dem Quotienten, der sich für das abgelaufene Geschäftsjahr aus der Deckungsrückstellung und den Prämienüberträgen abzüglich des jeweiligen Anteils der Rückversicherer im Verhältnis zur Deckungsrückstellung und den Prämienüberträgen ohne Abzug des Anteils der Rückversicherer ergibt. Dieser Quotient ist in jedem Fall mit mindestens 85 vH anzusetzen.

b) Bei den Verträgen, bei denen das Risikokapital nicht negativ ist, wird der Betrag, der 2 vH des übernommenen Risikokapitals entspricht, mit dem Quotienten multipliziert, der sich für das abgelaufene Geschäftsjahr aus dem Risikokapital abzüglich des Anteils der Rückversicherer im Verhältnis zum Risikokapital ohne Abzug des Anteils der Rückversicherer ergibt. Dieser Quotient ist in jedem Fall mit mindestens 50 vH anzusetzen.

26/1a. RÄ-BG 2015
560 d.B. (XXV GP)

Regierungsvorlage:
Rechnungslegungsänderungs-Begleitgesetz 2015

560 d.B.

Bundesgesetz, mit dem das Alternative Investmentfonds Manager-Gesetz, das Bankwesengesetz, das Börsegesetz 1989, das E-Geldgesetz 2010, das Finanzkonglomerategesetz, das Investmentfondsgesetz 2011, das Körperschaftsteuergesetz 1988, das Nationalbankgesetz 1984, das Pensionskassengesetz, das Übernahmegesetz, das Versicherungsaufsichtsgesetz, das Versicherungsaufsichtsgesetz 2016, das Wertpapieraufsichtsgesetz 2007 und das Zahlungsdienstegesetz geändert werden (Rechnungslegungsänderungs-Begleitgesetz 2015 – RÄ-BG 2015)

Der Nationalrat hat beschlossen:

Inhaltsverzeichnis

(nicht abgedruckt)

Artikel 1
Änderung des Alternative Investmentfonds Manager-Gesetzes

(nicht abgedruckt)

Artikel 2
Änderung des Bankwesengesetzes

(nicht abgedruckt)

Artikel 3
Änderung des Börsegesetzes 1989

(nicht abgedruckt)

Artikel 4
Änderung des E-Geldgesetzes 2010

(nicht abgedruckt)

Artikel 5
Änderung des Finanzkonglomerategesetzes

(nicht abgedruckt)

Artikel 6
Änderung des Investmentfondsgesetzes 2011

(nicht abgedruckt)

Artikel 7
Änderung des Körperschaftsteuergesetzes 1988

(nicht abgedruckt)

Artikel 8
Änderung des Nationalbankgesetzes 1984

(nicht abgedruckt)

Artikel 9
Änderung des Pensionskassengesetzes

Das Pensionskassengesetz – PKG, BGBl. Nr. 281/1990, zuletzt geändert durch das Bundesgesetz BGBl. I Nr. 34/2015, wird wie folgt geändert:

1. In § 23 Abs. 1 Z 3a wird die Wortfolge „Im Nachweis gemäß § 25 Abs. 9" durch die Wortfolge „In den Leitlinien für das Risikomanagement" ersetzt.

2. § 25 Abs. 9 lautet:
„(9) Die Pensionskasse hat für die Erfassung, Beurteilung, Steuerung und Überwachung der Risiken aus der Veranlagung ein Risikomanagement einzurichten, das der Art, dem Umfang und der Komplexität der Veranlagung angemessen ist. Die Pensionskasse hat schriftliche Leitlinien für das Risikomanagement zu erstellen und zu implementieren, die bei wesentlichen Änderungen unverzüglich anzupassen und zumindest einmal jährlich zu überprüfen sind. Die FMA hat durch Verordnung Mindeststandards für das Risikomanagement festzulegen; bei der Erlassung dieser Verordnung hat sie auf das volkswirtschaftliche Interesse an einem funktionierenden Pensionskassenwesen sowie auf die Interessen der Anwartschafts- und Leistungsberechtigten Bedacht zu nehmen. Mindeststandards sind insbesondere hinsichtlich
1. Risikomanagementprozess,
2. Risikopolitik,
3. Risikoanalyse und Risikobewertung,
4. Risikosteuerung,
5. Asset-Liability-Management,
6. Risikoüberwachung,

7. Risikodokumentation,
8. Berichtswesen und
9. Kriterien für die Aufhebung der Widmung von Wertpapieren als Daueranlage festzulegen."

3. *In § 30 Abs. 2 wird die Bezeichnung „HGB" durch die Bezeichnung „Unternehmensgesetzbuches – UGB, dRGBl. S. 219/1897" ersetzt.*

4. *§ 30a Abs. 3 Z 2 lautet:*

2. „der offenzulegende Anhang braucht nur die Angaben gemäß § 203 Abs. 5 letzter Satz, § 222 Abs. 2, § 223 Abs. 1, 2 und 5, § 226 Abs. 1, § 237 Abs. 1 Z 1 und 6, § 239 Abs. 1 Z 1 und Abs. 2 UGB zu enthalten."

5. *In § 31 Abs. 1 erster Satz wird die Zitierung „§ 271 und § 271a HGB" durch die Zitierung „§ 271 und § 271a UGB" und im zweiten Satz die Zitierung „§ 271a HGB" durch die Zitierung „§ 271a UGB" ersetzt.*

6. *In § 31 Abs. 2 wird die Zitierung „§ 270 Abs. 3 HGB"" durch die Zitierung „§ 270 Abs. 3 UGB" ersetzt.*

7. *In § 31 Abs. 3 wird die Zitierung „§ 273 Abs. 2 HGB"" durch die Zitierung „§ 273 Abs. 2 UGB" ersetzt.*

8. *Im Schlussteil des § 31a wird die Zitierung „§ 275 Abs. 2 HGB"" durch die Zitierung „§ 275 Abs. 2 UGB" ersetzt.*

9. *Nach § 51 Abs. 40 wird folgender Abs. 41 angefügt:*

„(41) § 23 Abs. 1 Z 3a, § 25 Abs. 9, § 30 Abs. 2, § 30a Abs. 3 Z 2, § 31 Abs. 1, 2 und 3 und § 31a in der Fassung des Bundesgesetzes BGBl. I Nr. XXX/2015 treten mit 20. Juli 2015 in Kraft."

Artikel 10
Änderung des Übernahmegesetzes

(nicht abgedruckt)

Artikel 11
Änderung des Versicherungsaufsichtsgesetzes

Das Versicherungsaufsichtsgesetz – VAG, BGBl. Nr. 569/1978, zuletzt geändert durch das Bundesgesetz BGBl. I Nr. 34/2015, wird wie folgt geändert:

1. *Nach § 119i Abs. 37 wird folgender Abs. 38 angefügt:*

„(38) § 130b in der Fassung des Bundesgesetzes BGBl. I Nr. XXX/2015 tritt mit 20. Juli 2015 in Kraft."

2. *Der bisherige Text des § 130b erhält die Absatzbezeichnung „(1)". Folgender Abs. 2 wird angefügt:*

„(2) Soweit in diesem Bundesgesetz auf Bestimmungen des Unternehmensgesetzbuches verwiesen wird, sind diese, sofern nicht anderes angeordnet wird, in der Fassung vor dem Rechnungslegungs-Änderungsgesetz 2014 – RÄG 2014, BGBl. I Nr. 22/2015, anzuwenden."

Artikel 12
Änderung des Versicherungsaufsichtsgesetzes 2016

Das Versicherungsaufsichtsgesetz 2016 – VAG 2016, BGBl. I Nr. 34/2015, zuletzt geändert durch das Bundesgesetz BGBl. I Nr. XX/2015, wird wie folgt geändert:

1. *Im Inhaltsverzeichnis wird der Eintrag „§ 137 Allgemeine Vorschriften über den Jahresabschluss, den Lagebericht sowie den Corporate Governance Bericht" durch den Eintrag „§ 137 Allgemeine Vorschriften über den Jahresabschluss, den Lagebericht sowie den Corporate Governance-Bericht", der Eintrag „§ 145 Entwicklung von Vermögensgegenständen" durch den Eintrag „§ 145 Besondere Vorschriften über die Konzernbilanz" und der Eintrag „§ 168 Nutzung der von der EIOPA vorzulegenden technischen Informationen:" durch den Eintrag „§ 168 Nutzung der von der EIOPA vorzulegenden technischen Informationen" ersetzt.*

2. *In § 1 Abs. 1 Z 3 und § 69 Abs. 4 entfällt jeweils die Wortfolge „auf Gegenseitigkeit".*

3. *§ 5 wird wie folgt geändert:*

a) *In Z 28 lit. a wird der Verweis „gemäß Art. 4 Z 1, 17 und 22 der Richtlinie 2013/36/EU" durch den Verweis „gemäß Art. 3 Z 1, 17 und 22 der Richtlinie 2013/36/EU" ersetzt.*

b) *Z 54 und 55 lauten:*

„54. Durchführungsverordnung (EU): Delegierte Verordnung (EU) Nr. 35/2015.

55. ESRB: den Europäischen Ausschuss für Systemrisiken gemäß Verordnung (EU) Nr. 1092/2010."

c) *Der Text der bisherigen Ziffern 55., 56. und 57. erhält die Bezeichnung „56.", „57." und „58."*

4. *In § 12 Abs. 1 Z 2 wird der Begriff „das Versicherungsunternehmen" durch den Begriff „das Versicherungs- oder Rückversicherungsunternehmen" und in Z 3 wird der Begriff „andere Versicherungsunternehmen" durch den Begriff „andere Versicherungs- oder Rückversicherungsunternehmen" ersetzt.*

5. In § 16 Abs. 2 erster Satz wird der Verweis „§ 10 Abs. 2 und 3" durch den Verweis „§ 10 Abs. 1 bis 3" ersetzt.

6. § 19 Abs. 4 lautet:
„(4) Inländische Zweigniederlassungen von Drittland-Versicherungsunternehmen mit Sitz in der Schweizerischen Eidgenossenschaft unterliegen keinem gesonderten Eigenmittelerfordernis. § 10 Abs. 2 Z 3 und Abs. 3, § 14 Abs. 1 Z 1, 5, 6 und 8 und § 16 Abs. 2 Z 1 sind nicht anzuwenden. Die Verpflichtung gemäß § 14 Abs. 1 Z 4 zur Aufstellung einer Solvenzbilanz gemäß dem 1. Abschnitt des 8. Hauptstücks entfällt."

7. In § 50 Abs. 3 wird der Verweis „§ 92 bis 94 AktG" durch den Verweis „§ 92 Abs. 1 bis 4 und 5, § 93 und § 94 AktG" und in § 50 Abs. 4 wird der Verweis „§ 95 Abs. 2, 3, 4, 5 und 6 AktG sowie § 96 und § 97 AktG" durch den Verweis „§ 95 Abs. 2, 3, 5, 6 und 7, § 96 und § 97 AktG" ersetzt.

8. In § 54 Abs. 4 wird der Verweis „§ 41 Abs. 4" durch den Verweis „§ 42 Abs. 7" ersetzt.

9. In § 55 Abs. 2 wird der Verweis „§ 195 Abs. 3 und 4 erster Satz und § 196, § 197 und § 198 AktG" durch den Verweis „§ 195 Abs. 1a, 3 und 4 erster Satz und § 196, § 197 und § 198 AktG" ersetzt.

10. In § 62 Abs. 2 letzter Satz entfällt die Wortfolge „oder unversteuerter Rücklagen".

11. § 71 Abs. 1 lautet:
„(1) Die Eigenmittel kleiner Versicherungsvereine bestehen aus dem Gründungsfonds, soweit er zur Deckung von Verlusten herangezogen werden kann, der Sicherheitsrücklage, der Risikorücklage und den sonstigen Rücklagen."

12. In § 74 entfällt in Abs. 1 der zweite Satz und es wird in Abs. 2 nach dem Wort „Genehmigung" die Wortfolge „dieser Satzungsänderung" eingefügt.

13. § 79 Abs. 1 lautet:
„(1) Der Vorstand eines kleinen Versicherungsvereines hat in den ersten drei Monaten des Geschäftsjahres für das vorangegangene Geschäftsjahr den Jahresabschluss und einen Lagebericht aufzustellen. Das oberste Organ hat in den ersten fünf Monaten des Geschäftsjahres über die Feststellung des Jahresabschlusses zu beschließen. Für die Rechnungslegung kleiner Versicherungsvereine gelten § 137 Abs. 1, § 140 Abs. 5 und 6, § 143 Abs. 1, § 147 Abs. 1 Z 1 bis 3, 6 und 7 und Abs. 2, § 149 Abs. 1 bis 3, § 151 und § 153 sinngemäß. Der Risikorücklage sind 10 vH des Jahreserfolges so lange zuzuführen, bis sie 25 vH des satzungsmäßig vorgeschriebenen Betrages der Sicherheitsrücklage erreicht. Die Risikorücklage ist vor der Sicherheitsrücklage zur Deckung von Verlusten zu verwenden."

14. § 89 Abs. 1 Z 2 lautet:
„2. die Kapitalrücklagen, die Gewinnrücklagen und die Risikorücklage und"

15. In § 89 Abs. 7 und § 263 Abs. 1 Z 6 wird der Verweis „§ 149 Abs. 2 letzter Satz" durch den Verweis „§ 149 Abs. 2 zweiter Satz" ersetzt.

16. In § 91 Abs. 2 wird das Wort „zwischen" durch das Wort „für" und das Wort „Männern" durch das Wort „Männer" ersetzt.

17. In § 98 Abs. 3 zweiter Satz entfällt das Wort „auf" und die Wortfolge „und Anwartschaftsberechtigten".

18. In § 109 Abs. 3 wird die Wortfolge „Eine Auslagerung darf nicht vorgenommen werden," durch die Wortfolge „Eine Auslagerung von kritischen oder wichtigen operativen Funktionen oder Tätigkeiten darf nicht vorgenommen werden," ersetzt.

19. In § 116 Abs. 8 wird der Verweis „§ 261 Abs. 4" durch den Verweis „§ 123 Abs. 7" ersetzt.

20. In § 127 Abs. 1 Z 3 und 4 wird der Verweis „§ 228 Abs. 3 UGB" durch den Verweis „§ 189a Z 8 UGB" ersetzt.

21. § 133 Abs. 3 letzter Satz lautet:
„Die Verständigung des Kunden hat den Hinweis zu enthalten, dass er oder ein sonst Betroffener berechtigt sei, Beschwerde wegen Verletzung seiner Rechte an das Bundesverwaltungsgericht zu erheben."

22. In § 133 Abs. 8 wird die Wortfolge „im Sinne des § 129 Abs. 2)" durch die wird die Wortfolge „im Sinne des § 129 Abs. 2" ersetzt.

23. § 136 samt Überschrift lautet:

„Anwendbarkeit des UGB, des AktG und des SE-Gesetzes

§ 136. (1) Für die Rechnungslegung und die Konzernrechnungslegung gelten die folgenden Bestimmungen:
1. für Versicherungs- und Rückversicherungsunternehmen sowie kleine Versicherungsunternehmen in der Rechtsform einer Aktiengesellschaft die Bestimmungen des UGB für Unternehmen von öffentlichem Interesse, soweit dieses Bundesgesetz nichts anderes bestimmt;

2. für Versicherungs- und Rückversicherungsunternehmen in der Rechtsform einer Europäischen Gesellschaft (SE) die Bestimmungen des UGB für große Aktiengesellschaften und Unternehmen von öffentlichem Interesse und die Bestimmungen des SE-Gesetzes, soweit dieses Bundesgesetz nichts anderes bestimmt;

3. für Versicherungs- und Rückversicherungsunternehmen sowie kleine Versicherungsunternehmen in der Rechtsform eines Versicherungsvereins auf Gegenseitigkeit, der kein kleiner Versicherungsverein ist, die Bestimmungen des UGB für Unternehmen von öffentlichem Interesse, soweit dieses Bundesgesetz nichts anderes bestimmt. § 96, § 104 und § 108 AktG sind unter Bedachtnahme auf § 137 Abs. 2 und § 138 Abs. 3 sinngemäß anzuwenden;

4. für Versicherungsvereine, deren Gegenstand auf die Vermögensverwaltung beschränkt ist (§ 63 Abs. 3), und Privatstiftungen (§ 66 Abs. 1) die Bestimmungen des UGB für große Gesellschaften, soweit dieses Bundesgesetz nichts anderes bestimmt.

(2) Für die Rechnungslegung von Zweigniederlassungen von Drittland-Versicherungs- und Drittland-Rückversicherungsunternehmen gelten sinngemäß die Bestimmungen des UGB für Unternehmen von öffentlichem Interesse, soweit dieses Bundesgesetz nichts anderes bestimmt."

24. In der Überschrift des § 137 und in § 137 Abs. 2 sowie in § 248 Abs. 2 Z 3 wird jeweils die Wortfolge „Corporate Governance Bericht" durch die Wortfolge „Corporate Governance-Bericht" ersetzt.

25. In § 137 Abs. 4 wird nach dem Wort „Versicherungsunternehmen" die Wortfolge „und Rückversicherungsunternehmen" eingefügt.

26. In § 138 Abs. 8 dritter Satz wird der Verweis „§ 266 Z 4 UGB" durch den Verweis „§ 266 Z 4 in Verbindung mit § 237 Abs. 1 Z 6 UGB" ersetzt.

27. § 140 Abs. 9 lautet:
„(9) Unter den Posten „außerordentliche Erträge" (§ 146 Abs. 5 Z 8) und „außerordentliche Aufwendungen" (§ 146 Abs. 5 Z 9) sind Erträge und Aufwendungen auszuweisen, die außerhalb der gewöhnlichen Geschäftstätigkeit des Unternehmens anfallen"

28. In § 140 Abs. 11 wird der Verweis „§ 237 Z 1 und § 266 Z 1 UGB" durch den Verweis „§ 237 Abs. 1 Z 5 und § 266 Z 3 UGB" ersetzt.

29. In § 141 Abs. 1 erster Satz entfällt das Wort „sind".

30. In § 141 Abs. 3 und 4 wird der Verweis „Posten A., B. und C." jeweils durch den Verweis „Posten A. und B." ersetzt.

31. § 143 Abs. 3 entfällt.

32. § 144 wird wie folgt geändert:
a) Die Posten A. I. bis A. IV. des Abs. 2 lauten:
„I. Entgeltlich erworbener Firmenwert
II. Aufwendungen für den Erwerb eines Versicherungsbestandes
III. Sonstige immaterielle Vermögensgegenstände
IV. Unterschiedsbetrag gemäß § 254 Abs. 3 UGB (gilt nur für die Konzernbilanz)"
b) Der Posten F. III. des Abs. 2 erhält die Bezeichnung „III. Andere Vermögensgegenstände"; der Posten F. IV. des Abs. 2 entfällt.
c) Der Posten I. des Abs. 2 erhält die Bezeichnung „I. Aktive latente Steuern"; danach werden folgende Posten J. bis M. angefügt:

„J. Verrechnungsposten zwischen den Abteilungen
K. Aktiva, die von Kreditinstituten stammen (bei Anwendung des § 145)
L. Aktiva, die von anderen Unternehmen mit branchenspezifischen Bilanzierungsvorschriften stammen (bei Anwendung des § 145)
„M. Aktiva, die von sonstigen anderen Unternehmen stammen (bei Anwendung des § 145)"

d) Der Posten A. I. 1. des Abs. 3 lautet:
„1. Nennbetrag
    davon eigene Anteile"

e) Der Posten A. V. des Abs. 3 erhält die Bezeichnung „V. Risikorücklage".
f) Nach dem Posten A. VI. des Abs. 3 wird folgender Posten A. VII. eingefügt: „VII. Ausgleichsposten für Anteile anderer Gesellschafter (gilt nur für die Konzernbilanz)"
g) Der Posten B. des Abs. 3 erhält die Bezeichnung „B. Nachrangige Verbindlichkeiten"; die bisherigen Posten B. I. bis B. III. des Abs. 3 entfallen.
h) Der Posten C. des Abs. 3 erhält die Bezeichnung „C. Unterschiedsbetrag gemäß § 254 Abs. 3 UGB (gilt nur für die Konzernbilanz)".
i) Der Posten F. IV. des Abs. 3 erhält die Bezeichnung „IV. Rückstellungen für passive latente Steuern"; danach wird folgender Posten F. V. eingefügt:

„V. Sonstige Rückstellungen"

j) Nach dem Posten J. des Abs. 3 werden folgende Posten K. bis M. angefügt:

"K. Rückstellungen, Verbindlichkeiten und Rechnungsabgrenzugsposten, die von Kreditinstituten stammen (bei Anwendung des § 145)

L. Rückstellungen, Verbindlichkeiten und Rechnungsabgrenzungsposten, die von anderen Unternehmen mit branchenspezifischen Rechnungslegungsvorschriften stammen (bei Anwendung des § 145)

M. Rückstellungen, Verbindlichkeiten und Rechnungsabgrenzungsposten, die von sonstigen anderen Unternehmen stammen (bei Anwendung des § 145)"

k) Die Abs. 5 bis 9 entfallen.

33. § 145 samt Überschrift lautet:

"Besondere Vorschriften über die Konzernbilanz

§ 145. Sind im Konzernabschluss Unternehmen konsolidiert, die nicht in die Ermittlung der Solvabilität der Gruppe einzubeziehen sind, so sind die Vermögensgegenstände und Schulden dieser Unternehmen gesondert auszuweisen (Posten K. bis M. des § 144 Abs. 2 und 3)."

34. § 146 Abs. 5 Z 13 und 14 lautet:

13. Auflösung von Rücklagen
   a) Auflösung von Kapitalrücklagen
   b) Auflösung der Sicherheitsrücklage
   c) Auflösung der gesetzlichen Rücklage gemäß § 229 Abs. 6 UGB
   d) Auflösung der sonstigen satzungsmäßigen Rücklagen
   e) Auflösung der freien Rücklagen
   f) Auflösung der Risikorücklage
14. Zuweisung an Rücklagen
   a) Zuweisung an die Sicherheitsrücklage
   b) Zuweisung an die gesetzliche Rücklage gemäß § 229 Abs. 6 UGB
   c) Zuweisung an sonstige satzungsmäßige Rücklagen
   d) Zuweisung an freie Rücklagen
   e) Zuweisung an die Risikorücklage

35. § 148 Abs. 2 entfällt; der bisherige Abs. 3 erhält die Bezeichnung „(2)".

36. In § 149 Abs. 2 wird die Wortfolge „Abschreibungen auf den niedrigeren Wert" durch die Wortfolge „Abschreibungen auf den niedrigeren beizulegenden Zeitwert" ersetzt.

37. § 150 Abs. 4 lautet:
„(4) Auf versicherungstechnische Rückstellungen sind § 198 Abs. 8 Z 3 und § 211 UGB nicht anwendbar."

38. In § 155 Abs. 1 Z 2 und 3 wird jeweils der Begriff „Reingewinn" durch den Begriff „Bilanzgewinn" ersetzt.

39. Der bisherige Text des § 155 Abs. 2 Z 1 erhält die Bezeichnung „1a."; davor wird folgende Z 1 eingefügt:
„1. die Entwicklung der Posten A., B. I. und B. II. des § 144 Abs. 2 der Gesamtbilanz; dabei sind, ausgehend von den Bilanzwerten am Ende des vorangegangenen Geschäftsjahres, die Zugänge, die Umbuchungen, die Abgänge, die Zuschreibungen und die Abschreibungen im Geschäftsjahr sowie die Bilanzwerte am Ende des Geschäftsjahres gesondert aufzuführen; § 226 Abs. 1 UGB ist nicht anzuwenden;"

40. § 155 Abs. 2 Z 7 lautet:
„7. Beträge, die unter den Posten A. III., B. III. 8., D. IV. und F. III. des § 144 Abs. 2 sowie D. VII., F. V. und H. des § 144 Abs. 3 enthalten und von größerer Bedeutung sind; Angaben sind jedenfalls erforderlich, wenn diese Beträge 5 vH der Bilanzsumme übersteigen;"

41. In § 155 Abs. 2 Z 12 lit. e wird der Verweis „§ 237 Z 4 und 13 UGB" durch den Verweis „§ 238 Abs. 1 Z 13 und § 239 Abs. 1 Z 2 UGB" ersetzt.

42. Nach § 155 Abs. 3 wird folgender Abs. 3a eingefügt:
„(3a) Sind die Beträge der Posten 8. und 9. des § 146 Abs. 5 für die Beurteilung der Ertragslage wesentlich, so sind sie hinsichtlich ihres Betrages und ihrer Art im Anhang und im Konzernanhang zu erläutern. Dies gilt auch für Erträge und Aufwendungen, die einem anderen Geschäftsjahr zuzurechnen sind, sofern es sich nicht um Aufwendungen für Versicherungsfälle handelt."

43. § 155 Abs. 4 bis 6 lautet:
„(4) Die Angaben gemäß § 237 Abs. 1 Z 2 UGB erstrecken sich nicht auf Eventualverbindlichkeiten, die aus Versicherungsverträgen herrühren.
(5) Die einzelnen Kapitalanlagen gemäß Posten B. des § 144 Abs. 2 sind im Anhang und im Konzernanhang mit den Zeitwerten anzuführen. Weiters sind für die genannten Kapitalanlagen die zu deren Ermittlung angewandten Bewertungsmethoden anzugeben, für die Grundstücke und

Bauten auch die Zuordnung nach dem Jahr ihrer Bewertung, für alle übrigen Kapitalanlagen auch die Gründe für die Anwendung der Bewertungsmethoden.

(6) Als Zeitwert gilt:

1. für Grundstücke und Bauten derjenige Wert, der zum Zeitpunkt der Bewertung auf Grund eines privatrechtlichen Vertrages zwischen einem verkaufswilligen Verkäufer und einem ihm nicht durch persönliche Beziehungen verbundenen Käufer unter der Voraussetzung zu erzielen ist, dass das Grundstück offen am Markt angeboten wurde, dass die Marktverhältnisse einer ordnungsgemäßen Veräußerung nicht im Wege stehen und dass eine der Bedeutung des Objektes angemessene Verhandlungszeit zur Verfügung steht. Der Zeitwert ist im Schätzungswege festzustellen. Die Schätzung hat mindestens alle fünf Jahre für jedes einzelne Grundstück oder Gebäude zu erfolgen. Hat sich der Wert des Gebäudes oder Grundstückes seit der letzten Schätzung vermindert, so ist eine entsprechende Wertberichtigung vorzunehmen, die bis zur nächsten Zeitwertfeststellung (Schätzung) beizubehalten ist. Im Falle der Veräußerung des Grundstückes oder Gebäudes bis zum Bilanzerstellungstag und bei bestehender Veräußerungsabsicht ist der Zeitwert um die geschätzten Realisierungsaufwendungen zu vermindern.

2. für Kapitalanlagen, die einen Markt- oder Börsenpreis haben, der Wert am Bilanzstichtag oder zum letzten diesem Zeitpunkt vorausgehenden Tag, für den ein Markt- oder Börsenpreis feststellbar war. Im Falle der Veräußerung der Kapitalanlage bis zum Bilanzerstellungstag und bei bestehender Veräußerungsabsicht ist der Zeitwert um die geschätzten Realisierungsaufwendungen zu vermindern. Bei der Bewertung ist auf den voraussichtlich realisierbaren Wert unter Berücksichtigung der unternehmerischen Sorgfalt Bedacht zu nehmen."

44. *Nach § 155 Abs. 7 werden folgende Abs. 7a und 7b eingefügt:*

„(7a) Posten A. IV. des § 144 Abs. 2 und Posten C. des § 144 Abs. 3 sowie wesentliche Änderungen dieser Posten gegenüber dem Vorjahr sind im Konzernanhang zu erläutern. Werden Unterschiedsbeträge der Aktivseite mit solchen der Passivseite verrechnet, so sind diese verrechneten Beträge im Konzernanhang anzugeben.

(7b) Die Zusammensetzung der Posten gemäß § 145 ist im Konzernanhang entsprechend den Branchenvorschriften darzustellen. Dabei ist eine Aufgliederung vorzunehmen, die zumindest den mit Großbuchstaben und römischen Ziffern bezeichneten Posten des Bilanzschemas nach § 224 UGB entspricht. Für die Unternehmen, für die branchenspezifische Bilanzierungsvorschriften bestehen, ist diese Bestimmung sinngemäß anzuwenden. Die Posten sind gegebenenfalls zu erläutern. Die FMA kann durch Verordnung nähere Vorschriften für diese Anhangsangaben vorschreiben."

45. *§ 155 Abs. 17 lautet:*

„(17) § 237 Abs. 1 Z 6, § 239 Abs. 1 Z 1 und § 240 UGB sind nicht anzuwenden."

46. *§ 156 Abs. 1 Z 1 lautet:*

1. die Teile der Geschäftsgebarung, die gemäß § 109 auf ein anderes Unternehmen ausgelagert sind, unter Anführung des Namens und Sitzes des Unternehmens, und

47. *§ 246 Abs. 3 lautet:*

„(3) Versicherungsunternehmen haben vom Anhang die Angaben gemäß § 198 Abs. 9, § 203 Abs. 5 letzter Satz, § 222 Abs. 2, § 223 Abs. 2, § 237 Abs. 1 Z 1, 2 und 7, § 238 Abs. 1 Z 7, 8, 14, 15, 16 und 19, § 239 Abs. 2 und § 241 Z 6 UGB und die Angaben gemäß § 140 Abs. 9, § 145 und § 155 im „Amtsblatt zur Wiener Zeitung" oder in einer anderen Zeitung mit Verbreitung im gesamten Bundesgebiet zu veröffentlichen."

48. *In § 264 Abs. 3 wird der Verweis* „gemäß § 263 Abs. 1 Z 1 und 7, Abs. 2 Z 1 und Abs. 2 Z 4 lit. a" *durch den Verweis* „gemäß § 263 Abs. 1 Z 1 und 8, Abs. 2 Z 1 und Abs. 2 Z 4 lit. a" *ersetzt.*

49. *§ 267 Abs. 3 lautet:*

„(3) Die FMA hat bei der Vollziehung der Bestimmungen dieses Bundesgesetzes, einschließlich der Erlassung und Vollziehung der auf Grund dieses Bundesgesetzes erlassenen Verordnungen, bei der Vollziehung der Durchführungsverordnung (EU) und der technischen Standards (EU) der europäischen Konvergenz der Aufsichtsinstrumente und Aufsichtsverfahren Rechnung zu tragen. Zu diesem Zweck hat sich die FMA an den Tätigkeiten der EIOPA zu beteiligen, mit dem ESRB zusammenzuarbeiten, die Leitlinien (EIOPA) und die Empfehlungen (EIOPA) und andere von der EIOPA beschlossenen Maßnahmen anzuwenden sowie den vom ESRB gemäß Artikel 16 der Verordnung (EU) Nr. 1092/2010 ausgesprochenen Warnungen und Empfehlungen nachzukommen. Die FMA kann von den Leitlinien (EIOPA) und Empfehlungen (EIOPA) abweichen, sofern dafür berechtigte Gründe, insbesondere Widerspruch zu bundesgesetzlichen Vorschriften, vorliegen."

50. *§ 271 wird wie folgt geändert:*
a) *Abs. 1 lautet:*

„(1) Der auf die Versicherungsaufsicht entfallende Personal- und Sachaufwand der FMA mit Ausnahme der Kosten gemäß § 304 Abs. 3 zweiter Satz ist der FMA von den in § 1 Abs. 1 genannten Unternehmen zu erstatten. EWR-Versicherungs- und EWR-Rückversicherungsunternehmen haben nur dann Kosten zu erstatten, wenn diese im Inland eine Zweigniederlassung errichtet haben."

b) *In Abs. 2 erster Satz und Abs. 4 wird das Wort* „Gebühr" *durch das Wort* „Kosten" *ersetzt.*

c) *In Abs. 3 erster Satz und letzter Satz wird jeweils das Wort* „Gebührensatz" *durch das Wort* „Kostensatz" *ersetzt.*

d) *In Abs. 3 vierter Satz wird die Wortfolge* „einer betraglichen Mindestgebühr" *durch die Wortfolge* „von betraglichen Mindestkosten" *ersetzt.*

51. *§ 294 Abs. 3 Z 2 lautet:*
„2. dem ESRB, wenn diese Informationen für die Wahrnehmung seiner Aufgaben relevant sind und"

52. *In § 333 Abs. 1 Z 2 wird vor dem Verweis* „§ 5 Z 4" *das Wort* „gemäß" *eingefügt.*

53. *In § 333 Abs. 1 Z 7 letzter Satz wird nach dem Wort* „anzuwenden" *ein Beistrich eingefügt.*

54. *§ 333 Abs. 5 lautet:*
„(5) Für im Zeitpunkt des Inkrafttretens dieses Bundesgesetzes begebenes Partizipationskapital gemäß § 73c Abs. 1 des Versicherungsaufsichtsgesetzes, BGBl. Nr. 569/1978, in der Fassung des Bundesgesetzes BGBl. I Nr. XX/2015 ist in der Bilanz und der Konzernbilanz passivseitig der Posten A. III. Partizipationskapital aufzunehmen und das Partizipationskapital dort auszuweisen. In diesem Fall sind in der Bilanz und der Konzernbilanz die Posten A. III. bis A. VI. des § 144 Abs. 3 als A. IV. bis A. VII. und in der Konzernbilanz der Posten A. VII. als A. VIII. zu bezeichnen. Hält das Versicherungs- oder Rückversicherungsunternehmen eigene Partizipationsscheine, haben der Lagebericht und der Konzernlagebericht für eigene Partizipationsscheine des Unternehmens die für eigene Aktien gemäß § 243 Abs. 3 Z 3 UGB erforderlichen Angaben zu enthalten."

55. *Nach § 333 Abs. 8 werden folgende Abs. 9 und 10 angefügt:*
„(9) Für die Jahresabschlüsse und Konzernabschlüsse für Geschäftsjahre, die vor dem 1. Jänner 2016 begonnen haben, sind die Bestimmungen des Versicherungsaufsichtsgesetzes, BGBl. Nr. 569/1978 in der Fassung des Bundesgesetzes BGBl. I Nr. XX/2015, anzuwenden.
(10) Die zum 31. Dezember 2015 ausgewiesenen unversteuerten Risikorücklagen sind, soweit die darin enthaltenen passiven latenten Steuern nicht den Rückstellungen zuzuführen sind, im Geschäftsjahr, das nach dem 31. Dezember 2015 beginnt, unmittelbar in die Risikorücklage (Posten A. V. des § 144 Abs. 3) einzustellen."

56. *§ 335 Abs. 9 und 10 lauten:*
„(9) Bis zum 31. Dezember 2025 werden Basiseigenmittelbestandteile in die Tier 1 Basiseigenmittel aufgenommen, vorausgesetzt, dass diese Bestandteile
1. je nachdem, welches der frühere Zeitpunkt ist, vor dem 1. Jänner 2016 oder vor dem Inkrafttreten des delegierten Rechtsakts gemäß Art. 97 der Richtlinie 2009/138/EG ausgegeben wurden,
2. am 31. Dezember 2015 gemäß dem Versicherungsaufsichtsgesetz BGBl. Nr. 569/1978 in der Fassung des Bundesgesetzes BGBl. I Nr. 42/2014 bis zu einem Betrag in Höhe von bis zu 50 vH des Eigenmittelerfordernisses berücksichtigt wurden und
3. andernfalls nicht in Tier 1 oder Tier 2 gemäß § 172 eingestuft würden.
(10) Bis zum 31. Dezember 2025 werden Basiseigenmittelbestandteile in die Tier 2 Basiseigenmittel aufgenommen, vorausgesetzt, dass diese Bestandteile
1. je nachdem, welches der frühere Zeitpunkt ist, vor dem 1. Jänner 2016 oder vor dem Inkrafttreten des delegierten Rechtsakts gemäß Art. 97 der Richtlinie 2009/138/EG ausgegeben wurden und
2. am 31. Dezember 2015 gemäß dem Versicherungsaufsichtsgesetz BGBl. Nr. 569/1978 in der Fassung des Bundesgesetzes BGBl. I Nr. 42/2014 bis zu einem Betrag in Höhe von bis zu 25 vH des Eigenmittelerfordernisses berücksichtigt wurden."

57. *§ 336 Abs. 3 lautet:*
„(3) Als zulässige Versicherungs- und Rückversicherungsverpflichtungen gelten nur Lebensversicherungs- und Lebensrückversicherungsverpflichtungen, die den folgenden Anforderungen entsprechen:
1. Die Verträge, aus denen sich die Lebensversicherungs- und Lebensrückversicherungsverpflichtungen ergeben, wurden vor dem 1. Jänner 2016 abgeschlossen, mit Ausnahme von Vertragsverlängerungen an oder nach diesem Zeitpunkt,
2. versicherungstechnische Rückstellungen wurden für die Lebensversicherungs- und Lebensrückversicherungsverpflichtungen bis zum 31. Dezember 2015 gemäß dem Versicherungsaufsichtsgesetz BGBl. Nr. 569/1978, in der Fassung des Bundesgesetzes BGBl. I Nr. 42/2014 festgelegt und
3. § 166 wird auf diese Lebensversicherungs- und Lebensrückversicherungsverpflichtungen nicht angewendet."

58. *§ 340 samt Überschrift lautet:*

„**Inkrafttreten von Änderungen auf Grund von Regierungsvorlagen des Bundesministers für Finanzen**

560 d.B. (XXV GP)

§ 340. § 1 Abs. 1 Z 3, § 5 Z 28 lit. a und Z 54 bis 58, § 12 Abs. 1 Z 2, § 16 Abs. 2, § 19 Abs. 4, § 50 Abs. 3 und 4, § 54 Abs. 4, § 55 Abs. 2, § 62 Abs. 2, § 69 Abs. 4, § 71 Abs. 1, § 74, § 79 Abs. 1, § 89 Abs. 1 Z 2 und Abs. 7, § 91 Abs. 2, § 98 Abs. 3, § 109 Abs. 3, § 116 Abs. 8, § 127 Abs. 1 Z 3 und 4, § 133 Abs. 3 und 8, § 136, § 137, § 138 Abs. 8, § 140 Abs. 9 und 11, § 141 Abs. 1, 3 und 4, § 144 Abs. 2 und 3, § 145, § 146 Abs. 5 Z 13 und 14, § 148, § 149 Abs. 2, § 150 Abs. 4, § 155 Abs. 1 Z 2 und 3, Abs. 2 Z 1, 1a, 7 und 12 lit. e, Abs. 3a, 4 bis 6, 7a, 7b und 17, § 156 Abs. 1 Z 1, § 246 Abs. 3, § 248 Abs. 2 Z 3, § 263 Abs. 1 Z 6, § 264 Abs. 3, § 267 Abs. 3, § 271, § 294 Abs. 3 Z 2, § 333 Abs. 1 Z 2 und 7, Abs. 5, 9 und 10, § 335 Abs. 9 und 10, § 336 Abs. 3 und § 342 Abs. 3 Z 7 und 8 in der Fassung des Bundesgesetzes BGBl. I Nr. XXX/2015 treten mit 1. Jänner 2016 in Kraft; zugleich treten § 143 Abs. 3 und § 144 Abs. 5 bis 9 außer Kraft."

59. In § 342 Abs. 3 Z 7 wird der Punkt nach dem Zitat „ABl. Nr. L 279 vom 19.10.2013 S. 2" durch einen Strichpunkt ersetzt und nach der Z 7 folgende Z 8 angefügt:

„8. Delegierte Verordnung (EU) Nr. 35/2015 zur Ergänzung der Richtlinie 2009/138/EG des Europäischen Parlaments und des Rates betreffend die Aufnahme und Ausübung der Versicherungs- und der Rückversicherungstätigkeit (Solvabilität II), ABl. Nr. L 12 vom 17.01.2015 S. 1."

60. In § 345 Abs. 1 lautet:

„(1) Mit dem Inkrafttreten dieses Bundesgesetzes treten das Versicherungsaufsichtsgesetz, BGBl. Nr. 569/1978 in der Fassung des Bundesgesetzes BGBl. I Nr. XX/2015, und alle auf Grundlage dieses Bundesgesetzes erlassenen Verordnungen mit Ablauf des 31. Dezember 2015 außer Kraft."

Artikel 13
Änderung des Wertpapieraufsichtsgesetzes 2007

(nicht abgedruckt)

Artikel 14
Änderung des Zahlungsdienstegesetzes

(nicht abgedruckt)

26/1a. RÄ-BG 2015

560 d.B. (XXV GP)

Materialien 560 d.B. (XXV. GP)

Erläuterungen

Allgemeiner Teil

Mit dem Gesetzentwurf sollen folgende Instrumente des verbindlichen Unionsrechts umgesetzt werden:

Richtlinie 2013/34/EU über den Jahresabschluss, den konsolidierten Abschluss und damit verbundene Berichte von Unternehmen bestimmter Rechtsformen und zur Änderung der Richtlinie 2006/43/EG und zur Aufhebung der Richtlinien 78/660/EWG und 83/349/EWG, ABl. Nr. L 182 vom 29.06.2013 S. 19, in der Fassung der Richtlinie 2014/95/EU, ABl. Nr. L 330 vom 15.11.2014 S. 1 (in der Folge kurz: Bilanz-Richtlinie).

Hauptgesichtspunkte des Entwurfs:

Die Bilanz-Richtlinie ist bis 20. Juli 2015 in österreichisches Recht umzusetzen. Diese Richtlinie übernimmt in weiten Teilen den Text der aufgehobenen Vierten Richtlinie 78/660/EWG über den Jahresabschluss von Gesellschaften bestimmter Rechtsformen, ABl. Nr. L 222 vom 14.08.1978 S. 11 (kurz: Vierte Richtlinie), und der Siebenten Richtlinie 83/349/EWG über den konsolidierten Abschluss, ABl. Nr. L 193 vom 18.07.1983 S. 1 (kurz: Siebente Richtlinie), ändert und ergänzt diese Vorschriften aber in einigen Bereichen (vgl. EBRV 367 BlgNR XXV. GP 1 f).

Die Umsetzung der Richtlinie erfolgt im Wesentlichen durch das Rechnungslegungs-Änderungsgesetz 2014 – RÄG 2014 (BGBl. I Nr. 22/2015). Soweit Sondergesetze für den Finanzmarktbereich Spezialregelungen zur Rechnungslegung enthalten, bedarf es jedoch teilweise ergänzender gesetzgeberischer Maßnahmen zur Umsetzung der Richtlinie, zur Beibehaltung der Kohärenz des Rechnungslegungsrechts und zur Anpassung von Verweisen an die mit dem RÄG 2014 geschaffene neue Rechtslage. Folgende Gesetze sind von derartigen Begleitmaßnahmen betroffen:

– das Alternative Investmentfonds Manager-Gesetz,
– das Bankwesengesetz,
– das Börsegesetz 1989,
– das E-Geldgesetz 2010,
– das Finanzkonglomerategesetz,
– das Investmentfondsgesetz 2011,
– das Körperschaftsteuergesetz 1988,
– das Nationalbankgesetz 1984,
– das Pensionskassengesetz,
– das Übernahmegesetz,
– das Versicherungsaufsichtsgesetz,
– das Versicherungsaufsichtsgesetz 2016,
– das Wertpapieraufsichtsgesetz 2007 und
– das Zahlungsdienstegesetz.

Mit der Umsetzung der Bilanz-Richtlinie wird im Rechnungslegungsrecht die Kategorie der Unternehmen von öffentlichem Interesse (§ 189a Z 1 UGB idF des RÄG 2014) geschaffen. Diese gelten gemäß § 221 Abs. 3 UGB idF des RÄG 2014 jedenfalls als große Unternehmen und haben daher die umfangreichsten Anhangangaben zu machen. Ferner besteht eine Ansatzpflicht von aktiven latenten Steuern (vgl. § 198 Abs. 9 UGB idF des RÄG 2014). Der vorliegende Entwurf sieht vor, dass der Gesetzgeber von seinem Spielraum Gebrauch macht und aufgrund deren besonderen volkswirtschaftlichen Bedeutung weitere Unternehmen aus dem Finanzmarktbereich für die Zwecke der Rechnungslegung als Unternehmen von öffentlichem Interesse benannt werden.

Neben den aufgrund der Änderungen im Unternehmensgesetzbuch (UGB) erforderlichen Verweisanpassungen sollen im Nationalbankgesetz 1984 (NBG) in einigen Bereichen weitere Ausnahmen von den im UGB vorgesehenen Rechnungslegungsvorschriften implementiert werden, welche durch die Sonderstellung der Oesterreichischen Nationalbank (OeNB) als Zentralbank der Republik Österreich begründet sind. Außerdem erfolgt eine Anpassung der Bestimmungen betreffend die Einhebung von Meldedaten mittels eines Datenmodells.

Im Pensionskassengesetz soll der Nachweis der Pensionskasse gegenüber der FMA, dass das Risikomanagement den von der FMA mit Verordnung festgelegten Mindeststandards entspricht, nach dem Vorbild des § 107 Abs. 3 des Versicherungsaufsichtsgesetzes 2016 (VAG 2016) durch die Verpflichtung zur Erstellung von schriftlichen Leitlinien für das Risikomanagement ersetzt werden.

Inkrafttreten:

Die Bilanz-Richtlinie ist bis 20. Juli 2015 in österreichisches Recht umzusetzen. Die gesetzlichen Bestimmungen zur Umsetzung der Bilanz-Richtlinie sollen deshalb mit 20. Juli 2015 in Kraft treten.

Kompetenzgrundlage:

Der vorliegende Entwurf stützt sich auf Art. 10 Abs. 1 Z 5 B–VG (Geld-, Kredit-, Börse- und Bankwesen), Art. 10 Abs. 1 Z 6 B–VG (Zivilrechtswesen einschließlich des wirtschaftlichen Assoziationswesens) und Art. 10 Abs. 1 Z 11 B–VG (Vertragsversicherungswesen).

B. Besonderer Teil

Zu Art. 1 (Änderung des Alternative Investmentfonds Manager-Gesetzes)

(nicht abgedruckt)

Zu Art. 2 (Änderung des Bankwesengesetzes)

(nicht abgedruckt)

Zu Art. 3 (Änderung des Börsegesetzes 1989)

(nicht abgedruckt)

Zu Art. 4 (Änderung des E-Geldgesetzes 2010)

(nicht abgedruckt)

Zu Art. 5 (Änderung des Finanzkonglomerategesetzes)

(nicht abgedruckt)

Zu Art. 6 (Änderung des Investmentfondsgesetzes 2011)

(nicht abgedruckt)

Zu Art. 7 (Änderung des Körperschaftsteuergesetzes 1988)

(nicht abgedruckt)

Zu Art. 8 (Änderung des Nationalbankgesetzes 1984)

(nicht abgedruckt)

Zu Art. 9 (Änderung des Pensionskassengesetzes)

Zu Z 1 (§ 23 Abs. 1 Z 3a PKG):

Auf Grund der Streichung des Nachweises in § 25 Abs. 9 sollen die Kriterien, nach denen bei einem Wertpapier die Widmung als Daueranlage aufzuheben ist, in den Leitlinien für das Risikomanagement festgelegt werden müssen.

Zu Z 2 (§ 25 Abs. 9 PKG):

Der Nachweis der Pensionskasse gegenüber der FMA, dass das Risikomanagement den von der FMA mit Verordnung festgelegten Mindeststandards entspricht, erscheint nicht mehr erforderlich und sollte nach dem Vorbild des § 107 Abs. 3 VAG 2016 durch die Verpflichtung zur Erstellung von schriftlichen Leitlinien für das Risikomanagement ersetzt werden. Die Einrichtung eines Risikomanagements umfasst alle erforderlichen Strategien, Prozesse und Meldeverfahren, die für die Erfassung, Beurteilung, Steuerung und Überwachung der Risiken aus der Veranlagung erforderlich sind.

Daher werden in den Leitlinien für das Risikomanagement auch Leitlinien für die Veranlagung des der Veranlagungs- und Risikogemeinschaft zugeordneten Vermögens aufzunehmen sein.

Zu Z 3 und 5 bis 8 (§ 30 Abs. 2, § 31 und § 31a):

Anpassung der Verweise auf das UGB.

Zu Z 4 (§ 30a Abs. 3 Z 2):

Die Verweisanpassungen sind der neuen Systematik der Regelung der Anhangangaben im UGB geschuldet. Die Verweise auf § 236 Z 1 und 3 UGB sollen durch einen Verweis auf § 237 Abs. 1 Z 1 UGB (betreffend die Bilanzierungs- und Bewertungsmethoden) bzw. § 203 Abs. 5 letzter Satz UGB (betreffend den Zeitraum, über den ein Geschäfts- bzw. Firmenwert abgeschrieben wird), jeweils idF des RÄG 2014 ersetzt werden. Die Verpflichtung zur Angabe der durchschnittlichen Anzahl der Arbeitnehmer (bisher § 239 Abs. 1 Z 1 erster Halbsatz UGB) findet sich nunmehr in § 237 Abs. 1 Z 6 UGB.

Zu Art. 10 (Änderung des Übernahmegesetzes)

(nicht abgedruckt)

Zu Art. 11 (Änderung des Versicherungsaufsichtsgesetzes)

Zu Z 2 (§ 130b Abs. 2):

Die Änderungen durch das RÄG 2014 im UGB sind grundsätzlich erst für Geschäftsjahre anwendbar, die nach dem 31. Dezember 2015 beginnen (vgl. § 906 Abs. 28 UGB). Dies soll auch für die Rechnungslegung im Versicherungsbereich gelten. Da die Änderungen im UGB jedoch bereits am 20. Juli 2015 in Kraft treten, bedarf es im alten Versicherungsaufsichtsgesetz (BGBl. Nr. 569/1978) trotz seines Außerkrafttretens mit 31. Dezember 2015 (vgl. § 245 Abs. 1 VAG 2016) noch einer Änderung dahingehend, dass Verweise ab dem 20. Juli 2015 auf das Unternehmensgesetzbuch (UGB) auf dessen Fassung vor dem RÄG 2014 verweisen.

Zu Art. 12 (Änderung des Versicherungsaufsichtsgesetzes 2016)

Zu Z 1 (Inhaltsverzeichnis zu § 137, § 145 und § 168):

Inhaltsverzeichnis zu § 137: Die Schreibweise des Begriffs Corporate Governance-Bericht soll jener im Aktiengesetz (AktG) und Unternehmensgesetzbuch (UGB) angeglichen werden.

Inhaltsverzeichnis zu § 145: Da der Anlagenspiegel künftig zwingend in den Anhang aufzunehmen ist, soll der bisherige § 145 in den § 155 verschoben werden. Im frei werdenden § 145 sollen unter einer neuen Überschrift die bislang in § 144 Abs. 6 bis 8 enthaltenen Vorschriften, soweit sie nicht Anhangangaben betreffen, zusammengefasst werden.

Inhaltsverzeichnis zu § 168: Beseitigung eines Redaktionsversehens.

Zu Z 2 und 13 (§ 1 Abs. 1 Z 3, § 69 Abs. 4 und § 79 Abs. 1):

Im Gesetz soll zukünftig ausschließlich der Rechtsbegriff „kleiner Versicherungsverein" (§ 5 Z 4) Verwendung finden.

Zu Z 3 (§ 5 Z 28 lit. a und Z 54 bis 58):

Zu § 5 Z 28 lit. a: Beseitigung eines Redaktionsversehens.

Zu § 5 Z 54: Sprachliche Anpassung an die Systematik des VAG 2016.

Zu § 5 Z 55 bis 58: Mit der neu besetzten Z 55 soll eine Begriffsbestimmung für den European Systemic Risk Board (ESRB) eingeführt werden. Die nachfolgenden Ziffern werden neu nummeriert.

Zu Z 4 (§ 12 Abs. 1 Z 2):

Beseitigung eines Redaktionsversehens.

Zu Z 5 (§ 16 Abs. 2):

Beseitigung eines Redaktionsversehens. Mit der Änderung wird sichergestellt, dass § 10 Abs. 1 auf inländische Zweigniederlassungen von Drittland-Versicherungs- und Drittland-Rückversicherungsunternehmen anzuwenden ist.

Zu Z 6 bis 9 (§ 19 Abs. 4, § 50 Abs. 3 und 4, § 54 Abs. 4, § 55 Abs. 2):

Beseitigung von Redaktionsversehen.

Zu Z 10, 14 und 30 (§ 62 Abs. 2, § 89 Abs. 1 Z 2 und § 141 Abs. 3 und 4):

Die vorgeschlagenen Änderungen sollen dem Umstand Rechnung tragen, dass unversteuerte Rücklagen nach dem vorliegenden Entwurf auch im Anwendungsbereich des VAG 2016 nicht mehr ausgewiesen werden dürfen (vgl. § 144 Abs. 3).

Zu Z 11 und 12 (§ 71 Abs. 1 und § 74):

Beseitigung von Redaktionsversehen.

Zu Z 13 (§ 79 Abs. 1):

Um die Vorschriften über die Rechnungslegung kleiner Versicherungsvereine im zweiten Hauptstück zusammenzufassen, sollen die bislang in § 143 Abs. 3 dislozierten Vorschriften über die Risikorücklage in den § 79 Abs. 1 transferiert werden.

Zu Z 15 (§ 89 Abs. 7 und § 263 Abs. 1 Z 6):

Beseitigung eines Redaktionsversehens.

Zu Z 16 (§ 91 Abs. 2):

Mit der Änderung soll ein Redaktionsversehen beseitigt werden. Die Formulierung soll jener in § 1c VersVG und im alten Versicherungsaufsichtsgesetz (BGBl. Nr. 569/1978) entsprechen.

Zu Z 17 (§ 98 Abs. 3):

Beseitigung eines Redaktionsversehens.

Zu Z 18 (§ 109 Abs. 3):

Durch die Änderung soll klargestellt werden, dass die in Abs. 3 normierten Anforderungen nur bei der Auslagerung von kritischen oder wichtigen Funktionen zur Anwendung gelangen.

Zu Z 19 (§ 116 Abs. 8):

Verweisanpassung.

Zu Z 20 (§ 127 Abs. 1 Z 3 und 4):

Der Begriff des „verbundenen Unternehmens" (bisher § 228 Abs. 3 UGB) wird seit dem RÄG 2014 in § 189a Z 8 UGB definiert.

Zu Z 21 und 22 (§ 133 Abs. 3 und 8):

Beseitigung von Redaktionsversehen.

Zu Z 23 (§ 136):

Für die Rechnungslegung von Versicherungs- und Rückversicherungsunternehmen in der Rechtsform einer Aktiengesellschaft oder einer Europäischen Gesellschaft (SE), von Versicherungsvereinen auf Gegenseitigkeit mit Ausnahme der kleinen Versicherungsvereine und von Zweigniederlassungen von Drittland-Versicherungs- und Drittland-Rückversicherungsunternehmen waren nach bisheriger Rechtslage die Bestimmungen des UGB für große Aktiengesellschaften direkt bzw. sinngemäß anwendbar. Der Entwurf sieht zukünftig die Anwendbarkeit der Vorschriften für Unternehmen von öffentlichem Interesse vor und stellt klar, dass dies auch für kleine Versicherungsunternehmen, die in der Rechtsform einer Aktiengesellschaft oder eines Versicherungsvereins auf Gegenseitigkeit betrieben werden können (vgl. § 83 Abs. 1), gilt. Für Versicherungsunternehmen im Sinne von Art. 2 Z 1 lit. c der Bilanz-Richtlinie ist die Bestimmung als Unternehmen von öffentlichem Interesse zwingend europarechtlich vorgesehen. Soweit der vorliegende Entwurf darüber hinausgeht, soll aufgrund der volkswirtschaftlichen Bedeutung des Vertragsversicherungswesens vom Spielraum des nationalen Gesetzgebers Gebrauch gemacht werden. Für Versicherungsvereine, deren Gegenstand auf die Vermögensverwaltung beschränkt ist (§ 63 Abs. 3), und Privatstiftungen gemäß § 66 Abs. 1 sollen hingegen die Bestimmungen des UGB für große Gesellschaften anwendbar sein.

26/1a. RÄ-BG 2015
560 d.B. (XXV GP)

Welche Bestimmungen des 7. Hauptstücks für vermögensverwaltende Versicherungsvereine iSd § 63 Abs. 3, Privatstiftungen iSd § 66 Abs. 1, kleine Versicherungsvereine und kleine Versicherungsunternehmen gelten, wird weiterhin in § 63 Abs. 6, § 66 Abs. 8, § 79 Abs. 1 bzw. § 82 bestimmt.

Zu Z 24 (§ 137 und § 248):

Sprachliche Anpassungen. Die Schreibweise des Begriffs Corporate Governance-Bericht soll jener im AktG und UGB angeglichen werden.

Zu Z 25 (§ 137 Abs 4):

Beseitigung eines Redaktionsversehens (vgl. EBRV 354 BlgNR XXV. GP 33).

Zu Z 26 (§ 138 Abs. 8):

Satz 1 ordnet an, dass bei der Aufstellung des Konzernabschlusses und Konzernlageberichts gemäß § 245a Abs. 1 oder 2 UGB nach internationalen Rechnungslegungsstandards die Anforderungen des § 245a Abs. 1 und 3 UGB zu erfüllen sind. Die in § 245a Abs. 1 UGB angeordnete Anwendung des § 266 Z 4 UGB betreffend Angaben zu Arbeitnehmern und Personalaufwand wurde schon bisher ausdrücklich ausgeschlossen (§ 138 Abs. 8 letzter Satz), weil § 155 Abs. 15 eine gemäß § 138 Abs. 8 Satz 2 auch in den hier einschlägigen Fällen anwendbare Spezialvorschrift vorsah. Die Beibehaltung dieser Rechtslage erforderte aufgrund der neuen Systematik des UGB eine Verweisanpassung. Da § 266 Z 4 UGB idF des RÄG 2014 lediglich die besonderen Vorschriften zu den Angaben gemäß § 237 Abs. 1 Z 6 UGB enthält, soll die Ausnahmevorschrift in § 138 Abs. 8 nunmehr auf beide Bestimmungen verweisen.

Zu Z 27 (§ 140 Abs. 9):

Die Gliederungsvorschriften zur Gewinn- und Verlustrechnung gemäß § 231 UGB sehen in Umsetzung der Anhänge V und VI der Bilanz-Richtlinie den Ausweis außerordentlicher Erträge bzw. Aufwendungen seit dem RÄG 2014 nicht mehr vor. Damit konnte aber auch die Definition außerordentlicher Erträge und Aufwendungen in § 233 UGB entfallen. Art. 34 der Richtlinie 1991/674/EG des Rates vom 19. Dezember 1991 über den Jahresabschluss und den konsolidierten Abschluss von Versicherungsunternehmen, ABl. Nr. L 374 vom 31.12.1991 S. 7 (kurz: Versicherungsbilanz-Richtlinie), bleibt jedoch von den Neuerungen in der Bilanz-Richtlinie unberührt und sieht weiterhin den Ausweis außerordentlicher Aufwendungen und Erträge vor. Im VAG 2016 soll deshalb – ebenso wie im BWG – eine § 233 Abs. 1 UGB aF entsprechende Definition außerordentlicher Erträge und Aufwendungen aufgenommen werden.

Zu Z 28 (§ 140 Abs. 11):

Diese Bestimmung erklärt bestimmte Vorschriften des UGB über die Gliederung des Jahresabschlusses und des Konzernabschlusses für nicht anwendbar. Die neue Systematik des UGB erfordert zwei Verweisanpassungen betreffend die Ausnahme zur Aufstellung eines Verbindlichkeitenspiegels nach den Vorschriften des UGB. Die einschlägigen Vorschriften des UGB zum Einzelabschluss, die im Anwendungsbereich der Rechnungslegung nach VAG 2016 nicht anwendbar sein sollen, wurden mit dem RÄG 2014 von § 237 Z 1 UGB in § 237 Abs. 1 Z 5 UGB transferiert. Für den Konzernabschluss enthält nunmehr § 266 Z 3 UGB anstelle von § 266 Z 1 UGB eine einschlägige Vorschrift. Zur Klarstellung soll diese auch ausdrücklich für unanwendbar erklärt werden, obwohl es sich lediglich um eine Spezialvorschrift für den im Anwendungsbereich des dritten Buches des UGB kraft Verweises (§ 251 Abs. 1 UGB) auch für den Konzernanhang einschlägigen § 237 Abs. 1 Z 5 UGB handelt, den § 140 Abs. 11 für die Rechnungslegung nach VAG 2016 für nicht anwendbar erklärt.

Zu Z 29 (§ 141 Abs. 1):

Beseitigung eines Redaktionsversehens.

Zu Z 31 (§ 143 Abs. 3):

Da die bislang in § 143 Abs. 3 enthaltenen Vorschriften zur Risikorücklage von kleinen Versicherungsvereinen auf Gegenseitigkeit inhaltlich unverändert in den § 79 Abs. 1 transferiert werden sollen, kann § 143 Abs. 3 entfallen.

Zu Z 32 (§ 144):

Die Gliederungsvorschriften für die Bilanz und die Konzernbilanz sollen zukünftig ein vollständiges Bilanzschema enthalten. Lediglich die Bilanzierung nach dem alten Versicherungsaufsichtsgesetz

(BGBl. Nr. 569/1978) begebenen Partizipationskapitals soll weiterhin in der Übergangsvorschrift des § 333 Abs. 5 geregelt werden. Soweit einzelne Posten des neuen Gliederungsschemas nur in der Konzernbilanz oder bei Anwendung des neuen § 145 anzuführen sind, soll dies in Klammerausdrücken klargestellt werden. Aufgrund der Anwendbarkeit des § 223 Abs. 7 UGB brauchen Posten, die keinen Betrag aufweisen, jedoch ganz allgemein nicht angeführt zu werden, es sei denn, dass im vorangegangenen Geschäftsjahr unter diesem Posten ein Betrag ausgewiesen wurde.

Das neue Gliederungsschema ermöglicht es, die schwer zu lesenden Abs. 5 bis 9 aufzuheben. Ihr Regelungsgehalt soll sprachlich vereinfacht in den Abs. 2 und 3, im neuen § 145 sowie in den Abs. 7a und 7b des § 155 aufgehen.

Inhaltlich sollen im neuen Gliederungsschema Änderungen im UGB, insbesondere durch das RÄG 2010 (BGBl. I Nr. 22/2015), nachvollzogen werden.

Zu Z 32 lit. a (Posten A. I bis A. IV. des § 144 Abs. 2):

Nachdem die Bilanzierungshilfe gemäß § 198 Abs. 3 UGB, die es erlaubt hat, nicht ohnehin als Anschaffungs- oder Herstellungskosten eines Vermögensgegenstandes aktivierungsfähige Aufwendungen für das Ingangsetzen und Erweitern des Betriebes zu aktivieren, bereits mit dem Rechnungslegungsänderungsgesetz 2010 (BGBl. I Nr. 140/2009) entfallen ist, soll nun auch für die Rechnungslegung nach dem VAG 2016 die Aktivierung von Aufwendungen für die Errichtung und Erweiterung des Unternehmens (bislang Posten A. I. des § 144 Abs. 2) nicht mehr möglich sein. Mit dieser Änderung wird von einem Mitgliedstaatenwahlrecht gemäß Art. 6 der Versicherungsbilanz-Richtlinie Gebrauch gemacht.

Beim neu besetzten Posten A. IV. handelt es sich um eine Bilanzposition, die entsprechend dem Grundsatz der Vollständigkeit des Gliederungsschemas aus dem bisherigen Abs. 5 übernommen werden soll.

Zu Z 32 lit. b und d (Posten F. des § 144 Abs. 2 und Posten A. I. 1. des Abs. 3):

Die vorgeschlagenen Änderungen sollen dem Umstand Rechnung tragen, dass eigene Anteile gemäß § 229 Abs. 1a UGB idF des RÄG 2014 vom Nennkapital offen abzusetzen sind und ein aktivseitiger Ausweis entfällt.

Zu Z 32 lit. c (Posten I. bis M. des § 144 Abs. 2):

Die Neubesetzung von Posten I. („Aktive latente Steuern") trägt dem zukünftig verpflichtenden Ausweis aktiver latenter Steuern Rechnung (vgl. § 136 VAG 2016 iVm § 198 Abs. 9 UGB idF des RÄG 2014). Der neu geschaffene Posten J. („Verrechnungsposten zwischen den Abteilungen") entspricht dem bisherigen Posten I. Bei den neuen Posten K. bis M. handelt es sich um Bilanzpositionen, die entsprechend dem Grundsatz der Vollständigkeit des Gliederungsschemas aus dem bisherigen Abs. 7 übernommen werden sollen.

Zu Z 32 lit. e und g (Posten A. V. und B. des § 144 Abs. 3):

In Ermangelung sachlicher Gründe für eine Differenzierung zwischen der Rechnungslegung nach UGB und VAG 2016 soll die Änderung durch das RÄG 2014 auch im VAG 2016 nachvollzogen werden und ein Ausweis unversteuerter Rücklagen auch nach den Vorschriften des VAG 2016 nicht mehr möglich sein. Da die zum 31. Dezember 2015 ausgewiesenen unversteuerten Risikorücklagen, soweit die darin enthaltenen passiven latenten Steuern nicht den Rückstellungen zuzuführen sind, nach der Übergangsbestimmung des § 333 Abs. 10 im Geschäftsjahr, das nach dem 31. Dezember 2015 beginnt, unmittelbar in die Risikorücklage umzubuchen sind, kann die Trennung der Risikorücklage in einen versteuerten und einen unversteuerten Teil künftig entfallen.

Zu Z 32 lit. f, h und j (Posten A. VII., C. und K. bis M. des § 144 Abs. 3):

Bei den Posten A. VII., dem neu besetzten Posten C. sowie den neuen Posten K. bis M. handelt es sich um Bilanzpositionen, die entsprechend dem Grundsatz der Vollständigkeit des Gliederungsschemas aus den bisherigen Abs. 5 und 8 übernommen werden sollen.

Zu Z 32 lit. i (Posten F. IV. und F. V. des § 144 Abs. 3):

Die Neubesetzung von Posten F. IV. („Rückstellungen für passive latente Steuern") trägt dem zukünftig verpflichtenden Ausweis passiver latenter Steuern Rechnung (vgl. § 136 VAG 2016 iVm § 198 Abs. 9 UGB idF des RÄG 2014). Der neu geschaffene Posten F. V. („Sonstige Rückstellungen") entspricht dem bisherigen Posten F. IV.

Zu Z 33 (§ 145):

Da die Darstellung der Entwicklung der Posten A. („Immaterielle Vermögensgegenstände"), B. I. („Grundstücke und Bauten") und B. II. („Verbundene Unternehmen und Beteiligungen") des § 144 Abs. 2 zukünftig ausschließlich im Anhang zu erfolgen hat, sollen die bisher in § 145 enthaltenen Vorschriften aus systematischen Gründen in den § 155 verschoben werden (vgl. § 155 Abs. 2 Z 1). Der frei werdene § 145 soll künftig die bislang in § 144 Abs. 6 bis 8 enthaltenen Vorschriften über den gesonderten Ausweis von Vermögensgegenständen und Schulden von Unternehmen, die nicht in die Ermittlung der Solvabilität der Gruppe einzubeziehen sind, enthalten, soweit sie die Gliederung der Konzernbilanz betreffen. Zu den Anhangsangaben siehe § 155 Abs. 7b.

Zu Z 34 (§ 146 Abs. 5 Z 13 und 14):

Die Änderungen sollen dem Umstand Rechnung tragen, dass unversteuerte Rücklagen auch nach den Rechnungslegungsvorschriften des VAG 2016 nicht mehr ausgewiesen werden dürfen.

Die Zuweisung an die Risikorücklage und die Auflösung der Risikorücklage soll weiterhin in einem eigenen Posten ausgewiesen werden.

Zu Z 35 (§ 148):

Mit der Änderung des § 235 UGB durch das RÄG 2014 ist die sachliche Rechtfertigung für die teilweise Nichtanwendbarkeit der dort normierten Ausschüttungsbeschränkungen entfallen.

Zu Z 36 (§ 149 Abs. 2):

Die Formulierung soll an die neue Begrifflichkeit im UGB angepasst werden (vgl. § 189a Z 4 UGB idF des RÄG 2014).

Zu Z 37 (§ 150 Abs. 4):

Die Änderung soll klarstellen, dass es sich bei den Vorschriften zu den versicherungstechnischen Rückstellungen um Sonderbestimmungen zu § 211 UGB idF des RÄG 2014 handelt.

Zu Z 38 (§ 155 Abs. 1 Z 2 und 3):

Der Begriff „Reingewinn" wurde im HGB/UGB bereits mit dem Rechnungslegungsgesetz (RLG), BGBl. Nr. 475/1990, durch den Begriff „Bilanzgewinn" ersetzt. Dem soll nun auch in dieser Bestimmung Rechnung getragen werden.

Zu Z 39 (§ 155 Abs. 2 Z 1 und 1a):

Die Darstellung der Entwicklung der Posten A. („Immaterielle Vermögensgegenstände"), B. I. („Grundstücke und Bauten") und B. II. („Verbundene Unternehmen und Beteiligungen") des § 144 Abs. 2 konnte bislang in der Bilanz oder im Anhang erfolgen. Da Art. 1 Abs. 1 der Versicherungsbilanz-Richtlinie Art. 15 Abs. 3 der Vierten Richtlinie für anwendbar erklärt und diese Bestimmung durch Art. 17 Abs. 1 lit. a der Bilanz-Richtlinie ersetzt wurde, die ein solches Wahlrecht nicht mehr kennt, soll die Darstellung nunmehr zwingend im Anhang erfolgen. Der bisherige § 145 soll daher in den § 155 verschoben werden. Dabei soll ein Redaktionsversehen beseitigt und klargestellt werden, dass weiterhin die Entwicklung der Posten der Gesamtbilanz darzustellen ist. Unverändert bleiben kann – weil Art. 8 der Versicherungsbilanz-Richtlinie von den Änderungen durch die Bilanz-Richtlinie unberührt bleibt – auch die Vorschrift, wonach die Angaben ausgehend von den Bilanzwerten am Ende des Vorjahres zu erfolgen haben.

Zu Z 40 (§ 155 Abs. 2 Z 7):

Verweisanpassungen.

Zu Z 41 (§ 155 Abs. 2 Z 12 lit. e):

Die Verweisanpassung erfolgt aufgrund der neuen Systematik des UGB. Die Anhangangaben gemäß § 238 Z 13 idF des RÄG 2014 bei Anwendung des Umsatzkostenverfahrens entsprechen jenen gemäß § 237 Z 4 UGB aF, die Anhangangaben gemäß § 239 Abs. 1 Z 2 UGB betreffend Abfertigungsaufwendungen jenen nach § 237 Z 13 UGB aF.

Zu Z 42 (§ 155 Abs. 3a):

26/1a. RÄ-BG 2015

560 d.B. (XXV GP)

Um die bisherige Rechtslage zur Erläuterungspflicht außerordentlicher Erträge und Aufwendungen im Anhang trotz der Aufhebung des § 233 UGB durch das RÄG 2014 aufrecht zu erhalten, soll die in § 233 zweiter Satz UGB aF enthaltene Bestimmung in das VAG 2016 übernommen werden. Das gleiche gilt für die Erläuterungspflicht periodenfremder Erträge und Aufwendungen gemäß § 233 dritter Satz UGB aF. Auch diese Bestimmung soll – gemeinsam mit der bislang in § 140 Abs. 9 enthaltenen Ausnahmevorschrift für Aufwendungen für Versicherungsfälle, die einem anderen Geschäftsjahr zuzurechnen sind – in die Vorschriften über den Anhang und den Konzernanhang aufgenommen werden.

Zu Z 43 (§ 155 Abs. 4 bis 6):

Die Änderung in § 155 Abs. 4 Satz 1 betrifft eine Verweisanpassung. § 237 Abs. 1 Z 2 UGB idF des RÄG 2014 entspricht dem bisherigen § 237 Z 3 UGB.

§ 155 Abs. 4 Satz 2 kann entfallen, weil § 208 Abs. 3 UGB durch das RÄG 2014 aufgehoben wurde.

§ 155 Abs. 5 und 6 sollen zur Vermeidung sprachlicher Redundanzen angepasst werden.

Zu Z 44 (§ 155 Abs. 7a und 7b):

Die bislang in § 145 Abs. 5 und Abs. 6 bis 9 enthaltenen Vorschriften betreffend Anhangsangaben sollen aus systematischen Gründen in die neuen § 155 Abs. 7a und 7b verschoben werden.

Zu Z 45 (§ 155 Abs. 17):

Mit der Neufassung des § 155 Abs. 17 sollen Verweisanpassungen erfolgen. Die im Anwendungsbereich der Rechnungslegungsbestimmungen des VAG 2016 nicht erforderlichen Anhangangaben gemäß § 237 Z 9 UGB (betreffend die Aufgliederung der Umsatzerlöse) finden sich seit dem RÄG 2014 in § 240 UGB, jene gemäß § 239 Abs. 1 Z 1 UGB (betreffend die Zahl und Aufgliederung der Arbeitnehmer) in § 237 Abs. 1 Z 6 und § 239 Abs. 1 Z 1 UGB. Die Anhangangabe über wesentliche Verluste aus dem Abgang von Vermögensgegenständen des Anlagevermögens (bisher § 237 Z 5 UGB) ist mit dem RÄG 2014 entfallen, weshalb die Notwendigkeit für eine Ausnahmebestimmung nicht mehr gegeben ist.

Der bisherige Verweis auf § 266 Z 3 und 4 UGB kann ebenfalls entfallen. Nach der neuen Systematik wären hinsichtlich der Aufgliederung der Umsatzerlöse und der Angaben zu den Arbeitnehmern kraft Verweises § 240 bzw. § 237 Abs. 1 Z 6 und § 239 Abs. 1 Z 1 UGB einschlägig. Deren Anwendung wird jedoch ausdrücklich ausgeschlossen.

Zu Z 46 (§ 156 Abs. 1 Z 1):

Die nach § 21 der Verordnung über die Rechnungslegung von Unternehmen der Vertragsversicherung (RLVVU), BGBl. 1992/757, in der geltenden Fassung erforderliche Angabe des Namens und des Sitzes jenes Unternehmens, auf das gemäß § 109 Teile der Geschäftsgebahrung ausgelagert sind, im Lagebericht, soll nunmehr gesetzlich verankert werden.

Zu Z 47 (§ 246 Abs. 3):

Auch hier sollen Verweisanpassungen erfolgen. Der Verweis auf die Anhangangaben gemäß § 236 mit Ausnahme der Z 2 und 4 UGB soll durch einen Verweis auf § 203 Abs. 5 letzter Satz (betreffend die Dauer der Abschreibung eines Geschäfts- oder Firmenwerts) und § 237 Abs. 1 Z 1 UGB (betreffend Bilanzierungs- und Bewertungsmethoden) ersetzt werden; der Verweis auf § 237 Z 3 UGB durch einen Verweis auf § 237 Abs. 1 Z 2 (betreffend Haftungsverhältnisse) und § 238 Abs. 1 Z 4 UGB (betreffend die Aufgliederung und Erläuterung der Haftungsverhältnisse); der Verweis auf § 237 Z 7 UGB durch einen Verweis auf § 238 Abs. 1 Z 15 UGB (betreffend Rückstellungen, die in der Bilanz nicht gesondert ausgewiesen werden); der Verweis auf § 237 Z 8 UGB durch einen Verweis auf § 237 Abs. 1 Z 2 (betreffend sonstige wesentliche finanzielle Verpflichtungen und gewährte dingliche Sicherheiten) und § 238 Abs. 1 Z 14 UGB (betreffend die gesonderte Angabe wesentlicher Verpflichtungen aus der Nutzung von in der Bilanz nicht ausgewiesenen Sachanlagen); der Verweis auf § 237 Z 10 UGB durch einen Verweis auf § 238 Abs. 1 Z 16 UGB (betreffend Einlagen von stillen Gesellschaftern); der Verweis auf § 237 Z 12 UGB durch einen Verweis auf § 237 Abs. 1 Z 7 UGB und § 238 Abs. 1 Z 7 und 8 UGB (betreffend Name und Sitz des Mutterunternehmens, das den Konzernabschluss für den kleinsten bzw. größten Kreis von Unternehmen aufstellt und ggfs. den Ort, wo die offengelegten Konzernabschlüsse erhältlich sind); der Verweis auf § 238 Z 1 UGB durch einen Verweis auf § 238 Abs. 1 Z 19 UGB (betreffend immaterielle Vermögensgegenstände, die von einem verbundenen Unternehmen oder von einem Gesellschafter mit einer Beteiligung erworben wurden) und der Verweis auf § 240 Z 9 UGB durch einen Verweis auf § 241 Z 6 UGB (betreffend wechselseitige Beteiligungen). Der Verweis auf § 140 Abs. 9 soll den Verweis auf den mit dem RÄG 2014 aufgehobenen § 233 UGB ersetzen.

Zu Z 48 (§ 264 Abs. 3):

Beseitigung eines Redaktionsversehens.

Zu Z 49 (§ 267 Abs. 3):

Die Änderungen stellen Anpassungen an europäische Vorgaben dar. Gleichzeitig wird Kohärenz mit § 69 Abs. 5 BWG hergestellt. Art. 16 der Verordnung (EU) Nr. 1094/2010 zur Errichtung einer Europäischen Aufsichtsbehörde (Europäische Aufsichtsbehörde für das Versicherungswesen und die betriebliche Altersversorgung), zur Änderung des Beschlusses Nr. 716/2009/EG und zur Aufhebung des Beschlusses Nr. 2009/79/EG der Kommission, ABl. Nr. L 331 vom 15.12.2010 S. 48, zuletzt geändert durch die Richtlinie 2014/51/EU, ABl. Nr. L 153 vom 22.05.2014 S. 1, legt in autonomer Geltung fest, wie vorzugehen ist, wenn die Leitlinien (EIOPA) und Empfehlungen (EIOPA) nicht eingehalten werden. Der Verweis auf Art. 16 der Verordnung (EU) Nr. 1092/2010 über die Finanzaufsicht der Europäischen Union auf Makroebene und zur Errichtung eines Europäischen Ausschusses für Systemrisiken, ABl. Nr. L 331 vom 15.12.2010 S. 1, soll aufgenommen werden, um klarzustellen, dass auch der Versicherungsaufsichtsbereich von den Warnungen und Empfehlung des ESRB berührt sein kann.

Zu Z 50 (§ 271):

Die Änderungen sind rein klarstellender Natur, um eine konsistente begriffliche Trennung zwischen „Kosten" und „Gebühren" nach den Vorgaben des § 19 Abs. 7 und 10 Finanzmarktaufsichtsbehördengesetz (FMABG) vorzunehmen.

Zu Z 51 (§ 294 Abs. 3 Z 2):

Anpassung der Formulierung an die mit § 5 Z 55 neu eingeführte Begriffsbestimmung des ESRB.

Zu Z 52 und 53 (§ 333 Abs. 1 Z 2 und Z 7 letzter Satz):

Beseitigung von Redaktionsversehen.

Zu Z 54 (§ 333 Abs. 5):

Entsprechend der neuen Rechtslage im UGB zu eigenen Aktien (§ 243 Abs. 3 Z 3 UGB) sollen Angaben über eigene Partizipationsscheine zukünftig im Lagebericht und im Konzernlagebericht gemacht werden.

Zu Z 55 (§ 333 Abs. 9 und 10):

Für die Jahresabschlüsse und Konzernabschlüsse für Geschäftsjahre, die vor dem 1. Jänner 2016 begonnen haben, sollen die Bestimmungen des alten Versicherungsaufsichtsgesetzes (BGBl. Nr. 569/1978) anwendbar bleiben.

Kohärent mit der Übergangsbestimmung zu den unversteuerten Rücklagen in § 906 Abs. 31 UGB idF des RÄG 2014 sollen die zum 31. Dezember 2015 ausgewiesenen unversteuerten Risikorücklagen, soweit die darin enthaltenen passiven latenten Steuern nicht den Rückstellungen zuzuführen sind, im Geschäftsjahr, das nach dem 31. Dezember 2015 beginnt, unmittelbar in die Risikorücklage (Posten A. V. des § 144 Abs. 3) umgebucht werden.

Zu Z 56 (§ 335 Abs. 9 und 10):

Durch diese redaktionellen Änderungen soll sichergestellt werden, dass von den Übergangsvorschriften gemäß Abs. 9 Partizipationskapital und Ergänzungskapital ohne feste Laufzeit und gemäß Abs. 10 Ergänzungskapital mit fester Laufzeit bis zum 31. Dezember 2025 erfasst werden.

Zu Z 57 (§ 336 Abs 3):

Beseitigung eines Redaktionsversehens.

Zu Z 59 (§ 342 Abs. 3 Z 7 und 8):

Mit der neuen Z 8 wird die Liste der Verordnungen der Europäischen Union, auf die im VAG 2016 Bezug genommen wird, ergänzt.

Zu Z 60 (§ 345 Abs. 1):

Aktualisierung der Zitierung.

Zu Art. 13 (Änderung des Wertpapieraufsichtsgesetzes 2007)

(nicht abgedruckt)

Zu Art. 14 (Änderung des Zahlungsdienstegesetzes)

(nicht abgedruckt)

26/2. PRIIP-VO
KID

Verordnung (EU) Nr. 1286/2014 des Europäischen Parlaments und des Rates vom 26. November 2014 über Basisinformationsblätter für verpackte Anlageprodukte für Kleinanleger und Versicherungsanlageprodukte (PRIIP)

ABl L 352 vom 9. 11. 2014, S 1

DAS EUROPÄISCHE PARLAMENT UND DER RAT DER EUROPÄISCHEN UNION –

gestützt auf den Vertrag über die Arbeitsweise der Europäischen Union, insbesondere auf Artikel 114,

auf Vorschlag der Europäischen Kommission,

nach Zuleitung des Entwurfs des Gesetzgebungsakts an die nationalen Parlamente,

nach Stellungnahme der Europäischen Zentralbank[1],

nach Stellungnahme des Europäischen Wirtschafts- und Sozialausschusses[2],

gemäß dem ordentlichen Gesetzgebungsverfahren,

in Erwägung nachstehender Gründe:

(1) Kleinanlegern wird zunehmend eine breite Palette von verpackten Anlageprodukten für Kleinanleger und Versicherungsanlageprodukten (packaged retail and insurance-based investment products, im Folgenden „PRIIP") angeboten, wenn sie erwägen, eine Anlage zu tätigen. Einige dieser Produkte bieten spezielle Anlagelösungen, die auf die Bedürfnisse von Kleinanlegern zugeschnitten sind, häufig mit einem Versicherungsschutz verbunden sind oder komplex und schwer zu verstehen sein können. Die bestehenden Offenlegungen über diese PRIIP gegenüber Kleinanlegern sind nicht aufeinander abgestimmt und sind Kleinanlegern oft keine Hilfe beim Vergleich der verschiedenen Produkte oder beim Verständnis ihrer jeweiligen Merkmale. Daher haben Kleinanleger häufig Anlagen getätigt, die mit Risiken und Kosten verbunden waren, deren Tragweite sie nicht verstanden haben, und haben zuweilen unvorhergesehene Verluste hinnehmen müssen.

(2) Eine Verbesserung der Transparenz der PRIIP, die Kleinanlegern angeboten werden, ist eine wichtige Maßnahme des Anlegerschutzes und Voraussetzung für die Wiederherstellung des Vertrauens von Kleinanlegern in den Finanzmarkt, insbesondere nach der Finanzkrise. Erste Schritte in diese Richtung wurden bereits auf Unionsebene mit der Entwicklung der Regelung zu den wesentlichen Informationen für den Anleger durch die Richtlinie 2009/65/EG des Europäischen Parlaments und des Rates[3] ergriffen.

(3) Das Bestehen unterschiedlicher Vorschriften über PRIIP, je nach dem Wirtschaftszweig, der die PRIIP anbietet, und Unterschiede der nationalen Regulierung in diesem Bereich führen zu ungleichen Wettbewerbsbedingungen für die verschiedenen Produkte und Vertriebskanäle und schaffen zusätzliche Hindernisse, die einem Binnenmarkt für Finanzdienstleistungen und -produkte entgegenstehen. Die Mitgliedstaaten haben bereits abweichende und nicht aufeinander abgestimmte Schritte eingeleitet, um die Unzulänglichkeiten beim Anlegerschutz zu beheben, und es ist wahrscheinlich, dass diese Entwicklung sich fortsetzt. Uneinheitliche Konzepte bei Offenlegungen im Bezug auf PRIIP hemmen die Entwicklung einheitlicher Wettbewerbsbedingungen für die unterschiedlichen PRIIP-Hersteller und für diejenigen, die zu diesen Produkten beraten oder sie verkaufen, und verzerren somit den Wettbewerb und führen zu unterschiedlichen Niveaus beim Anlegerschutz innerhalb der Union. Solche Unterschiede stellen ein Hemmnis für die Errichtung und das reibungslose Funktionieren des Binnenmarkts dar.

(4) Um Diskrepanzen zu vermeiden, ist es notwendig, auf Unionsebene einheitliche Transparenzregeln aufzustellen, die für alle Teilnehmer des PRIIP-Marktes gelten, und dadurch den Anlegerschutz zu verstärken. Eine Verordnung ist erforderlich, damit ein gemeinsamer Standard für Basisinformationsblätter aufgestellt wird, sodass deren Format und Inhalt vereinheitlicht werden können. Die unmittelbar anwendbaren Vorschriften einer Verordnung sollten sicherstellen, dass all diejenigen, die über PRIIP beraten oder diese verkaufen, einheitlichen Anforderungen in Bezug

---

[1] ABl. C 70 vom 9.3.2013, S. 2.
[2] ABl. C 11 vom 15.1.2013, S. 59.

Zu Abs. 2:
[3] *Richtlinie 2009/65/EG des Europäischen Parlaments und des Rates vom 13. Juli 2009 zur Koordinierung der Rechts- und Verwaltungsvorschriften betreffend bestimmte Organismen für gemeinsame Anlagen in Wertpapieren (OGAW) (ABl. L 302 vom 17.11.2009, S. 32).*

auf die Bereitstellung des Basisinformationsblatts an Kleinanleger unterliegen. Diese Verordnung berührt nicht die Aufsicht über Werbeunterlagen. Außerdem berührt sie keine Produktinterventionsmaßnahmen, die nicht mit Versicherungsanlageprodukten in Zusammenhang stehen.

(5) Während die Verbesserung von Offenlegungen im Bezug auf PRIIP zur Rückgewinnung des Vertrauens von Kleinanlegern in die Finanzmärkte von wesentlicher Bedeutung ist, sind wirksame geregelte Verkaufsprozesse für diese Produkte gleichsam wichtig. Die vorliegende Verordnung ergänzt die in der Richtlinie 2014/65/EU des Europäischen Parlaments und des Rates[4] enthaltenen Maßnahmen im Bereich des Vertriebs. Sie ergänzt außerdem die in der Richtlinie 2002/92/EG des Europäischen Parlaments und des Rates[5] enthaltenen Maßnahmen im Bereich des Vertriebs von Versicherungsprodukten.

(6) Diese Verordnung sollte für alle von der Finanzdienstleistungsbranche aufgelegten Produkte gelten, die Kleinanlegern Investitionsmöglichkeiten bieten, unabhängig von ihrer Form oder Konzeption, bei denen der dem Kleinanleger zurückzuzahlende Betrag aufgrund der Abhängigkeit von Referenzwerten oder der Entwicklung eines oder mehrerer Vermögenswerte, die nicht direkt vom Kleinanleger erworben werden, Schwankungen unterliegt. Für die Zwecke dieser Verordnung sollten diese Produkte als „PRIIP" bezeichnet werden, und zu ihnen sollten unter anderem Anlageprodukte wie Investmentfonds, Lebensversicherungspolicen mit einem Anlageelement und strukturierte Produkte und strukturierte Einlagen gehören. Von Zweckgesellschaften ausgegebene Finanzinstrumente, die der Begriffsbestimmung von PRIIP entsprechen, sollten auch in den Anwendungsbereich dieser Verordnung fallen. Bei sämtlichen dieser Produkte werden Anlagen nicht direkt durch den Erwerb oder das Halten von Vermögenswerten selbst getätigt. Stattdessen treten diese Produkte zwischen den Kleinanleger und die Märkte, indem Vermögenswerte verpackt oder ummantelt werden, sodass die Risiken, die Produktmerkmale oder die Kostenstrukturen nicht die gleichen sind wie bei direktem Halten. Durch diese Verpackung ist es Kleinanlegern möglich, Anlagestrategien zu verfolgen, die andernfalls für sie nicht zugänglich oder undurchführbar wären; aber zudem können hier zusätzliche Informationen nötig sein, insbesondere um Vergleiche zwischen verschiedenen Arten der Verpackung von Anlagen zu ermöglichen.

(7) Um sicherzustellen, dass diese Verordnung lediglich für solche PRIIP gilt, sollten daher Versicherungsprodukte, die keine Investitionsmöglichkeiten bieten, und Einlagen, die ausschließlich dem Zinsrisiko unterliegen, von ihrem Anwendungsbereich ausgenommen sein. Im Fall von Lebensversicherungsprodukten bezeichnet der Begriff „Kapital" das Kapital, das auf Wunsch des Kleinanlegers angelegt wird. Darüber hinaus sollten Einlagen oder Zertifikate, die klassische Einlagen repräsentieren, mit Ausnahme strukturierter Einlagen im Sinne des Artikels 4 Absatz 1 Nummer 43 der Richtlinie 2014/65/EU von Anwendungsbereich dieser Verordnung ausgenommen werden. Vermögenswerte, die direkt gehalten werden, wie Aktien oder Staatsanleihen, sind keine PRIIP und sollten daher vom Anwendungsbereich dieser Verordnung ausgenommen werden. Für institutionelle Anleger konzipierte Investmentfonds sind ebenfalls vom Anwendungsbereich dieser Verordnung ausgenommen, da sie nicht für den Verkauf an Kleinanleger bestimmt sind. Individuelle und betriebliche Altersvorsorgeprodukte, deren nach nationalem Recht anerkannter Zweck in erster Linie darin besteht, dem Anleger im Ruhestand ein Einkommen zu gewähren, sollten angesichts ihrer Besonderheiten und Zielsetzungen vom Anwendungsbereich dieser Verordnung ausgenommen werden, während andere individuelle Versicherungen oder Sparprodukte, die Investitionsmöglichkeiten bieten, unter den Anwendungsbereich dieser Verordnung fallen sollten.

(8) Diese Verordnung berührt nicht das Recht der Mitgliedstaaten, die Bereitstellung von wesentlichen Informationen über Produkte, die nicht in den Anwendungsbereich dieser Verordnung fallen, zu regeln. Im Einklang mit ihrem Verbraucherschutzauftrag nach Artikel 9 der Verordnung (EU) Nr. 1093/2010 des Europäischen Parlaments und des Rates[6], Verordnung (EU) Nr. 1094/2010 des Europäischen Parlaments und des Rates[7] und

---

Zu Abs. 5:

[4] *Richtlinie 2014/65/EU des Europäischen Parlaments und des Rates vom 15. Mai 2014 über Märkte für Finanzinstrumente und zur Änderung der Richtlinien 2002/92/EG und 2011/61/EU (ABl. L 173 vom 12.6.2014, S. 349).*

[5] *Richtlinie 2002/92/EG des Europäischen Parlament und des Rates vom 9. Dezember 2002 über Versicherungsvermittlung (ABl. L 9 vom 15.1.2003, S. 3).*

Zu Abs. 8:

[6] *Verordnung (EU) Nr. 1093/2010 des Europäischen Parlaments und des Rates vom 24. November 2010 zur Errichtung einer Europäischen Aufsichtsbehörde (Europäische Bankenaufsichtsbehörde), zur Änderung des Beschlusses Nr. 716/2009/EG und zur Aufhebung des Beschlusses 2009/78/EG der Kommission (ABl. L 331 vom 15.12.2010, S. 12).*

[7] *Verordnung (EU) Nr. 1094/2010 des Europäischen Parlaments und des Rates vom 24. November 2010 zur Errichtung einer Europäischen Aufsichtsbehörde (Europäische Aufsichtsbehörde für das Versicherungswesen und die betriebliche Altersversorgung), zur Änderung des Beschlusses Nr. 716/2009/EG und zur Aufhebung des Be-*

der Verordnung (EU) Nr. 1095/2010 des Europäischen Parlaments und des Rates[8], sollten die Europäische Aufsichtsbehörde (Europäische Bankenaufsichtsbehörde, im Folgenden „EBA"), die Europäische Aufsichtsbehörde (Europäische Aufsichtsbehörde für das Versicherungswesen und die betriebliche Altersversorgung, im Folgenden „EIOPA") und die Europäische Aufsichtsbehörde (Europäische Wertpapier- und Marktaufsichtsbehörde, im Folgenden „ESMA"), die mit diesen Verordnungen eingerichtet wurden (im Folgenden „Europäische Aufsichtsbehörden") die Produkte, die nicht in den Anwendungsbereich dieser Verordnung fallen, überwachen und gegebenenfalls Leitlinien herausgeben, um etwaigen festgestellten Problemen zu begegnen. Diese Leitlinien sollten bei der Überprüfung der vorliegenden Verordnung, die vier Jahre nach ihrem Inkrafttreten im Hinblick auf die mögliche Ausdehnung des Anwendungsbereichs und die Streichung bestimmter Ausschlüsse vorzunehmen ist, berücksichtigt werden.

(9) Um den Zusammenhang zwischen den von dieser Verordnung begründeten Verpflichtungen und den Verpflichtungen aus anderen Gesetzgebungsakten, nach denen den Anlegern Informationen bereitzustellen sind, unter anderem aus der Richtlinie 2003/71/EG des Europäischen Parlaments und des Rates[9] und aus der Richtlinie 2009/138/EG des Europäischen Parlaments und des Rates[10], klarzustellen, festzulegen, dass diese Gesetzgebungsakte zusätzlich zu dieser Verordnung weiterhin Anwendung finden.

(10) Zur Gewährleistung einer ordnungsgemäßen und wirksamen Überwachung der Einhaltung der Anforderungen dieser Verordnung sollten die Mitgliedstaaten die für diese Überwachung zuständigen Behörden benennen. In vielen Fällen sind die zuständigen Behörden bereits für die Überwachung anderer Verpflichtungen benannt, denen PRIIP-Anbieter, -Verkäufer oder -Berater aufgrund anderer Vorschriften des nationalen Rechts und des Unionsrechts unterworfen sind.

(11) Den zuständigen Behörden sollten auf Anforderung – auch vorab – alle nötigen Informationen zur Verfügung gestellt werden, um ihnen die Prüfung der Inhalte des Basisinformationsblatts sowie die Übereinstimmung mit dieser Verordnung zu ermöglichen und um den Schutz der Kunden und Anleger auf den Finanzmärkten sicherzustellen.

(12) PRIIP-Hersteller – beispielsweise Fondsmanager, Versicherungsunternehmen, Kreditinstitute oder Wertpapierfirmen – sollten das Basisinformationsblatt für von ihnen aufgelegte Anlageprodukte abfassen, da sie das betreffende Produkt am besten kennen. Sie sollten auch für die Richtigkeit des Basisinformationsblatts verantwortlich sein. Das Basisinformationsblatt sollte vom PRIIP-Hersteller abgefasst werden, bevor das Produkt an Kleinanleger vertrieben werden darf. Wird ein Produkt hingegen nicht an Kleinanleger verkauft, so besteht keine Verpflichtung, ein Basisinformationsblatt abzufassen; und wenn es dem PRIIP-Hersteller aus praktischen Gründen unmöglich ist, das Basisinformationsblatt abzufassen, sollte es möglich sein, dies an andere zu delegieren. Die Verpflichtungen nach dieser Verordnung, die in den Bestimmungen über das Abfassen und die Überarbeitung des Basisinformationsblatts enthalten sind, sollten nur für den PRIIP-Hersteller gelten; sie sollten gelten, solange das PRIIP an Sekundärmärkten gehandelt wird. Mit Blick auf eine weitreichende Verbreitung und Verfügbarkeit der Basisinformationsblätter sollte diese Verordnung vorschreiben, dass der PRIIP-Hersteller Basisinformationsblätter auf seiner Website veröffentlicht.

(13) Um dem Bedarf von Kleinanlegern gerecht zu werden, muss sichergestellt werden, dass die Informationen über PRIIP richtig, redlich und klar sind und diese Kleinanleger nicht in die Irre führen. Daher sollten in dieser Verordnung gemeinsame Standards für die Abfassung des Basisinformationsblatts niedergelegt werden, die sicherstellen, dass es für Kleinanleger verständlich ist. Da es vielen Kleinanlegern schwerfällt, die Fachterminologie des Finanzbereichs zu verstehen, sollte besonders auf das in dem Informationsblatt verwendete Vokabular und den Schreibstil geachtet werden. Auch sollte geregelt werden, in welcher Sprache das Basisinformationsblatt abzufassen ist. Außerdem sollten Kleinanleger in der Lage sein, das Basisinformationsblatt zu verstehen, ohne andere nicht die Vermarktung betreffende Informationen zur Hilfe ziehen zu müssen.

---

schlusses 2009/79/EG der Kommission (ABl. L 331 vom 15.12.2010, S. 48).

[8] *Verordnung (EU) Nr. 1095/2010 des Europäischen Parlaments und des Rates vom 24. November 2010 zur Errichtung einer Europäischen Aufsichtsbehörde (Europäische Wertpapier- und Marktaufsichtsbehörde), zur Änderung des Beschlusses Nr. 716/2009/EG und zur Aufhebung des Beschlusses 2009/77/EG der Kommission (ABl. L 331 vom 15.12.2010, S. 84).*

Zu Abs. 9:
[9] *Richtlinie 2003/71/EG des Europäischen Parlaments und des Rates vom 4. November 2003 betreffend den Prospekt, der beim öffentlichen Angebot von Wertpapieren oder deren Zulassung zum Handel zu veröffentlichen ist, und zur Änderung der Richtlinie 2001/34/EG (ABl. L 345 vom 31.12.2003, S. 64).*

[10] *Richtlinie 2009/138/EG des Europäischen Parlaments und des Rates vom 25. November 2009 betreffend die Aufnahme und Ausübung der Versicherungs- und der Rückversicherungstätigkeit (Solvabilität II) (ABl. L 335 vom 17.12.2009, S. 1).*

(14) Wenn die Europäischen Aufsichtsbehörden die technischen Standards für den Inhalt des Basisinformationsblatts so ausarbeiten, dass die Anlagestrategien und deren Ziele im Einklang mit dieser Verordnung präzise zum Ausdruck gebracht werden, sollten sie sicherstellen, dass der PRIIP-Hersteller eine klare und verständliche Sprache verwendet, die den Kleinanlegern zugänglich sein sollte, und dass bei der Beschreibung der Art und Weise, wie die Anlageziele erreicht werden, einschließlich der Beschreibung der verwendeten Finanzinstrumente, Fachjargon und Fachterminologie der Finanzbranche, der bzw. die den Kleinanlegern nicht unmittelbar verständlich ist, vermieden werden.

(15) Kleinanleger sollten die für sie notwendigen Informationen erhalten, um eine fundierte Anlageentscheidungen treffen und unterschiedliche PRIIP vergleichen zu können; sind diese Informationen jedoch nicht kurz und prägnant, so besteht die Gefahr, dass sie von den Kleinanlegern nicht genutzt werden. Das Basisinformationsblatt sollte daher nur wesentliche Informationen enthalten, insbesondere in Bezug auf die Art und die Merkmale des Produkts, auch hinsichtlich der Frage, ob ein Kapitalverlust möglich ist, und in Bezug auf die Kosten und das Risikoprofil des Produkts, sowie einschlägige Informationen zur Wertentwicklung und sonstige spezifische Informationen, die für das Verständnis der Merkmale einzelner Produktarten notwendig sein können.

(16) Auf nationaler Ebene werden bereits Rechner für Anlageprodukte entwickelt. Damit diese Rechner jedoch für die Verbraucher ihren vollen Nutzen entfalten können, sollten sie die Kosten und Gebühren, die von den verschiedenen PRIIP-Herstellern berechnet werden, sowie alle weiteren Kosten und Gebühren, die von Vermittlern oder anderen Stellen der Anlagekette berechnet werden und die bereits von den PRIIP-Herstellern einbezogen wurden, erfassen. Die Kommission sollte darüber Bericht erstatten, ob diese Instrumente in jedem Mitgliedstaat online verfügbar sind und ob sie zuverlässige und präzise Berechnungen der Gesamtkosten und -gebühren für alle Produkte, die in den Anwendungsbereich dieser Verordnung fallen, liefern.

(17) Das Basisinformationsblatt sollte in einem Standardformat abgefasst sein, das Kleinanlegern den Vergleich unterschiedlicher PRIIP ermöglicht, da mit Blick auf das Verhalten und die Kompetenzen von Verbrauchern Format, Darstellung und Inhalt der Informationen sorgfältig abgestimmt sein müssen, damit die Informationen so umfassend wie möglich verstanden und genutzt werden. In jedem Informationsblatt sollte für die Punkte und die Überschriften dieser Punkte dieselbe Reihenfolge eingehalten werden. Darüber hinaus sollten die Einzelheiten der Informationen, die das Basisinformationsblatt für die verschiedenen PRIIP enthalten muss, und die Darstellung dieser Informationen durch delegierte Rechtsakte weiter harmonisiert werden, wobei den vorhandenen und laufenden Untersuchungen des Verbraucherverhaltens, einschließlich der Ergebnisse von Tests, bei denen die Wirksamkeit verschiedener Arten der Darstellung von Informationen bei Verbrauchern geprüft wird, Rechnung zu tragen. Zudem lassen einige PRIIP dem Kleinanleger die Wahl zwischen mehreren zugrunde liegenden Anlagen, wie z. B. internen Fonds, die von Versicherungsunternehmen gehalten werden. Bei der Gestaltung des Formats sind solche Produkte zu berücksichtigen.

(18) Da einige der Anlageprodukte, die in den Anwendungsbereich dieser Verordnung fallen, nicht einfach sind und für Kleinanleger möglicherweise schwer zu verstehen sind, sollte das Basisinformationsblatt gegebenenfalls einen entsprechenden Warnhinweis für den Kleinanleger enthalten. Ein Produkt sollte insbesondere dann als nicht einfach und als schwer zu verstehen gelten, wenn es in zugrunde liegende Vermögensgegenstände investiert, in die Kleinanleger normalerweise nicht anlegen, wenn zur Berechnung der endgültigen Anlagerendite mehrere unterschiedliche Verfahren verwendet werden, wodurch sich die Gefahr von Missverständnissen beim Kleinanleger erhöht, oder wenn die Anlagerendite die Verhaltensmuster der Kleinanleger ausnutzt, indem sie beispielsweise eine verlockende Festverzinsung bietet, auf die eine viel höhere bedingte variable Verzinsung folgt, oder eine iterative Formel.

(19) Zunehmend verfolgen Kleinanleger neben dem Anlageziel der finanziellen Erträge auch zusätzliche Zwecke, etwa soziale oder umweltpolitische Ziele. Allerdings sind Informationen über vom PRIIP-Hersteller angestrebte Ergebnisse in den Bereichen Umwelt oder Soziales möglicherweise schwer zu vergleichen, oder sie fehlen ganz. Daher könnten in Finanzanlagen antizipierte nachhaltige ökologische und soziale Entwicklungen sowie die Anwendung der Verordnung (EU) Nr. 346/2013 des Europäischen Parlaments und des Rates[11] es ermöglichen, dass diese Aspekte in angemessener Weise in das Unionsrecht integriert und durch dieses weiter gefördert werden. Es gibt jedoch weder festgelegte Kriterien noch ein förmliches Verfahren zur objektiven Nachprüfung derartiger sozialer oder ökologischer Krite-

---

Zu Abs. 19:

[11] *Verordnung (EU) Nr. 346/2013 des Europäischen Parlaments und des Rates vom 17. April 2013 über Europäische Fonds für soziales Unternehmertum (ABl. L 115 vom 25.4.2013, S. 18).*

rien, wie sie bereits im Nahrungsmittelsektor bestehen. Daher ist es wünschenswert, dass die Kommission bei ihrer Überprüfung der vorliegenden Verordnung die Entwicklungen in Bezug auf soziale und ökologische Anlageprodukte und das Ergebnis der Überprüfung der Verordnung (EU) Nr. 346/2013 gründlich betrachtet.

(20) Das Basisinformationsblatt sollte von den Werbematerialien klar zu unterscheiden und getrennt sein.

(21) Damit sichergestellt wird, dass Angaben im Basisinformationsblatt verlässlich sind, sollten PRIIP-Hersteller verpflichtet sein, es auf dem neuesten Stand zu halten. Deshalb sollte die Kommission in technischen Regulierungsstandards detaillierte Regeln über die Bedingungen und die Häufigkeit der Überprüfung der Informationen sowie die Überarbeitung des Basisinformationsblatts festlegen.

(22) Basisinformationsblätter sind der Ausgangspunkt für Anlageentscheidungen von Kleinanlegern. Aus diesem Grund tragen PRIIP-Hersteller eine erhebliche Verantwortung gegenüber Kleinanlegern und müssen dafür Sorge tragen, dass die Basisinformationsblätter nicht irreführend und fehlerhaft sind oder mit den einschlägigen Teilen der PRIIP-Vertragsunterlagen nicht übereinstimmen. Deshalb ist es wichtig, zu gewährleisten, dass Kleinanlegern ein wirksamer Rechtsbehelf zur Verfügung steht. Außerdem sollte sichergestellt werden, dass alle Kleinanleger in der Union das gleiche Recht haben, für Schäden infolge einer Nichteinhaltung dieser Verordnung Ersatzansprüche geltend zu machen. Deshalb sollten die Vorschriften über die zivilrechtliche Haftung der PRIIP-Hersteller harmonisiert werden. Kleinanleger sollten den PRIIP-Hersteller für einen Verstoß gegen diese Verordnung haftbar machen können, wenn ihnen durch die Verwendung eines Basisinformationsblatts, das mit den der Verantwortung der PRIIP-Hersteller unterliegenden Vorvertrags- oder Vertragsunterlagen nicht übereinstimmte oder irreführend oder fehlerhaft war, ein Schaden entstanden ist.

(23) Aspekte, die die Haftpflicht eines PRIIP-Herstellers betreffen, die von dieser Verordnung nicht erfasst werden, sollten durch das anwendbare nationale Recht geregelt werden. Welches Gericht für die Entscheidung über eine Haftungsklage eines Kleinanlegers zuständig ist, sollte anhand der einschlägigen Regeln über die internationale Zuständigkeit bestimmt werden.

(24) Mit dieser Verordnung selbst wird weder ein Pass eingeführt, der den grenzüberschreitenden Verkauf oder die grenzüberschreitende Vermarktung von PRIIP an Kleinanleger erlaubt, noch werden mit ihr gegebenenfalls bestehende Pass-Regelungen für den grenzüberschreitenden Verkauf oder zur grenzüberschreitenden Vermarktung geändert. Mit dieser Verordnung wird die im Rahmen solcher bestehender Regelungen geltende Aufteilung der Zuständigkeiten zwischen den betreffenden zuständigen Behörden nicht geändert. Die von den Mitgliedstaaten für die Zwecke dieser Verordnung benannten zuständigen Behörden sollten deshalb mit den Behörden kompatibel sein, die für die Vermarktung von PRIIP – im Rahmen eines gegebenenfalls bestehenden Passes – zuständig sind. Die zuständige Behörde des Mitgliedstaats, in dem das betreffende PRIIP vermarktet wird, sollte für die Überwachung der Vermarktung dieses PRIIP zuständig sein. Die zuständige Behörde des Mitgliedstaats, in dem das Produkt vermarktet wird, sollte stets das Recht haben, die Vermarktung eines PRIIP in ihrem Hoheitsgebiet auszusetzen, wenn diese Verordnung nicht eingehalten wird.

(25) Die Befugnisse der EIOPA und der jeweils zuständigen Behörden sollten ergänzt werden durch einen expliziten Mechanismus zum Verbot oder zur Beschränkung von Vermarktung, Vertrieb und Verkauf von Versicherungsanlageprodukten, bei denen ernsthafte Bedenken hinsichtlich des Anlegerschutzes, des ordnungsgemäßen Funktionierens und der Integrität der Finanzmärkte oder der Stabilität von Teilen des Finanzsystems oder des Finanzsystems als Ganzes bestehen; gleichzeitig sollte die EIOPA mit angemessenen Koordinierungs- und Notfallbefugnissen ausgestattet werden. Diese Befugnisse sollten auch den der ESMA und der EBA im Rahmen der Verordnung (EU) Nr. 600/2014 des Europäischen Parlaments und des Rates[12] eingeräumten Befugnissen Rechnung tragen, um sicherzustellen, dass solche Interventionsmechanismen bei Anlageprodukten ungeachtet ihrer Rechtsform angewandt werden können. Die Ausübung solcher Befugnisse durch die zuständigen Behörden sowie – in Ausnahmefällen – durch die EIOPA sollte an das Erfordernis der Erfüllung spezifischer Voraussetzungen geknüpft sein. Wenn diese Voraussetzungen erfüllt sind, sollte die zuständige Behörde oder – in Ausnahmefällen – die EIOPA in der Lage sein, ein Verbot oder eine Beschränkung vorsorglich auszusprechen, bevor ein Versicherungsanlageprodukt vermarktet, vertrieben oder an Anleger verkauft wird. Diese Befugnisse sind nicht mit einer Verpflichtung verbunden, eine Produktzulassung durch die zuständige Behörde oder die

---

Zu Abs. 25:
[12] *Verordnung (EU) Nr. 600/2014 des Europäischen Parlaments und des Rates vom 15. Mai 2014 über Märkte für Finanzinstrumente und zur Änderung der Verordnung (EU) Nr. 648/2012 (ABl. L 173 vom 12.6.2014, S. 84).*

26/2. PRIIP-VO
KID

EIOPA einzuführen oder anzuwenden, und befreien den Hersteller eines Versicherungsanlageprodukts nicht von seiner Verantwortung, alle einschlägigen Anforderungen dieser Verordnung zu erfüllen. Darüber hinaus sollten diese Befugnisse ausschließlich im öffentlichen Interesse ausgeübt werden und keine zivilrechtliche Haftung seitens der zuständigen Behörden nach sich ziehen.

(26) Damit der Kleinanleger in der Lage ist, eine fundierte Anlageentscheidung zu treffen, sollte von Personen, die über PRIIP beraten oder sie verkaufen, verlangt werden, das Basisinformationsblatt rechtzeitig vor Abschluss jeder Transaktion bereitzustellen. Diese Anforderung sollte unabhängig davon gelten, ob oder wie die Transaktion erfolgt. Erfolgt jedoch die Transaktion mittels Fernkommunikation, so kann das Basisinformationsblatt unmittelbar nach Abschluss der Transaktion bereitgestellt werden, sofern es nicht vor dem Abschluss bereitgestellt werden kann und sofern der Kleinanleger dem zustimmt. Als Personen, die über PRIIP beraten oder sie verkaufen, gelten sowohl Vermittler als auch die PRIIP-Hersteller selbst, wenn die PRIIP-Hersteller über das PRIIP direkt beraten oder es direkt an Kleinanleger verkaufen. Diese Verordnung gilt unbeschadet der Richtlinie 2000/31/EG des Europäischen Parlaments und des Rates[13] und der Richtlinie 2002/65/EG des Europäischen Parlaments und des Rates[14].

(27) Um der Person, die über das PRIIP berät oder es verkauft, eine gewisse Wahlmöglichkeit hinsichtlich des Mediums einzuräumen, über das das Basisinformationsblatt Kleinanlegern zur Verfügung gestellt wird, sollten einheitliche Regeln festgelegt werden, die auch die Nutzung elektronischer Kommunikationsmittel unter Berücksichtigung der Umstände der Transaktion ermöglichen sollten. Der Kleinanleger sollte jedoch die Möglichkeit haben, es auf Papier zu erhalten. Im Interesse des Verbraucherzugangs zu Informationen sollte das Basisinformationsblatt stets kostenlos zur Verfügung gestellt werden.

(28) Um das Vertrauen von Kleinanlegern in PRIIP und in die Finanzmärkte insgesamt zu gewinnen, sollten Anforderungen an angemessene interne Verfahren aufgestellt werden, durch die gewährleistet wird, dass Kleinanleger bei Beschwerden eine sachdienliche Antwort des PRIIP-Herstellers erhalten.

(29) Da das Basisinformationsblatt für PRIIP von Rechtsträgern oder natürlichen Personen abgefasst werden sollte, die in der Banken-, Versicherungs-, Wertpapier- und Fondsbranche der Finanzmärkte tätig sind, ist es von herausragender Bedeutung, dass zwischen den verschiedenen Behörden, die PRIIP-Hersteller und Personen, die über PRIIP beraten oder sie verkaufen, beaufsichtigen, eine reibungslose Zusammenarbeit besteht, damit sie bei der Anwendung dieser Verordnung ein gemeinsames Konzept verfolgen.

(30) Im Einklang mit der Mitteilung der Kommission vom 8. Dezember 2010 „Stärkung der Sanktionsregelungen im Finanzdienstleistungssektor" und um zu gewährleisten, dass die Anforderungen dieser Verordnung erfüllt werden, ist es wichtig, dass die Mitgliedstaaten Schritte unternehmen, damit bei Verstößen gegen diese Verordnung angemessene verwaltungsrechtliche Sanktionen und Maßnahmen verhängt werden. Um sicherzustellen, dass Sanktionen eine abschreckende Wirkung haben, und um den Anlegerschutz zu stärken, indem Anleger vor PRIIP gewarnt werden, die unter Verstoß gegen diese Verordnung vermarktet werden, sollten Sanktionen und Maßnahmen in der Regel, außer unter bestimmten genau festgelegten Umständen, veröffentlicht werden.

(31) Obwohl es den Mitgliedstaaten freisteht, für dieselben Verstöße sowohl verwaltungsrechtliche als auch strafrechtliche Sanktionen vorzusehen, sollten sie nicht verpflichtet sein, Vorschriften für verwaltungsrechtliche Sanktionen für Verstöße gegen diese Verordnung festzulegen, die dem nationalen Strafrecht unterliegen. Im Einklang mit dem nationalen Recht sind die Mitgliedstaaten nicht verpflichtet, sowohl verwaltungsrechtliche als auch strafrechtliche Sanktionen für denselben Verstoß zu verhängen, sollten dies aber tun können, wenn es das nationale Recht erlaubt. Die Aufrechterhaltung strafrechtlicher anstelle von verwaltungsrechtlichen Sanktionen für Verstöße gegen diese Verordnung sollte jedoch nicht die Möglichkeit der zuständigen Behörden einschränken oder in anderer Weise beeinträchtigen, sich für die Zwecke dieser Verordnung rechtzeitig mit den zuständigen Behörden in anderen Mitgliedstaaten ins Benehmen zu setzen, um mit ihnen zusammenzuarbeiten, Zugang zu ihren Informationen zu erhalten und mit ihnen Informationen auszutauschen, und zwar auch

---

Zu Abs. 26:

[13] *Richtlinie 2000/31/EG des Europäischen Parlaments und des Rates vom 8. Juni 2000 über bestimmte rechtliche Aspekte der Dienste der Informationsgesellschaft, insbesondere des elektronischen Geschäftsverkehrs, im Binnenmarkt („Richtlinie über den elektronischen Geschäftsverkehr") (ABl. L 178 vom 17.7.2000, S. 1).*

[14] *Richtlinie 2002/65/EG des Europäischen Parlaments und des Rates vom 23. September 2002 über den Fernabsatz von Finanzdienstleistungen an Verbraucher und zur Änderung der Richtlinie 90/619/EWG des Rates und der Richtlinien 97/7/EG und 98/27/EG (ABl. L 271 vom 9.10.2002, S. 16).*

dann, wenn die zuständigen Justizbehörden bereits mit der strafrechtlichen Verfolgung der betreffenden Verstöße befasst wurden.

(32) Um die Ziele dieser Verordnung zu erreichen, sollte der Kommission die Befugnis übertragen werden, gemäß Artikel 290 des Vertrags über die Arbeitsweise der Europäischen Union Rechtsakte hinsichtlich der Festlegung der Einzelheiten der Verfahren zu erlassen, mit denen festgestellt wird, ob ein PRIIP bestimmte ökologische oder soziale Ziele anstrebt, sowie hinsichtlich der Bestimmungen über die Ausübung der Interventionsbefugnis der EIOPA und der zuständigen Behörden. Es ist von besonderer Bedeutung, dass die Kommission im Zuge ihrer Vorbereitungsarbeit angemessene Konsultationen durchführt. Bei der Vorbereitung und Ausarbeitung delegierter Rechtsakte sollte die Kommission gewährleisten, dass die einschlägigen Dokumente dem Europäischen Parlament und dem Rat gleichzeitig, rechtzeitig und auf angemessene Weise übermittelt werden.

(33) Die Kommission sollte von den Europäischen Aufsichtsbehörden im Wege des Gemeinsamen Ausschusses erarbeitete Entwürfe technischer Regulierungsstandards in Bezug auf die Darstellung und den Inhalt der Basisinformationsblätter, das Standardformat der Basisinformationsblätter, die Methodik für die Darstellung von Risiko und Rendite und zur Berechnung der Kosten, die Bedingungen und die Mindesthäufigkeit der Überprüfung der Informationen in den Basisinformationsblättern sowie die Bedingungen für die Bereitstellung des Basisinformationsblatts für Kleinanleger im Einklang mit den Artikeln 10 bis 14 der Verordnung (EU) Nr. 1093/2010, der Verordnung (EU) Nr. 1094/2010 bzw. der Verordnung (EU) Nr. 1095/2010 erlassen. Die Kommission sollte die technischen Tätigkeiten der Europäischen Aufsichtsbehörden durch die Durchführung von Verbrauchertests zur Darstellung des von den Europäischen Aufsichtsbehörden vorgeschlagenen Basisinformationsblatts ergänzen.

(34) Die Richtlinie 95/46/EG des Europäischen Parlaments und des Rates[15] regelt die Verarbeitung personenbezogener Daten, die im Zusammenhang mit dieser Verordnung in den Mitgliedstaaten unter der Aufsicht der zuständigen Behörden erfolgt. Die Verordnung (EG) Nr. 45/2001 des Europäischen Parlaments und des Rates[16] regelt die Verarbeitung personenbezogener Daten, die gemäß der vorliegenden Verordnung unter der Aufsicht des Europäischen Datenschutzbeauftragten von den Europäischen Aufsichtsbehörden vorgenommen wird. Jede Verarbeitung personenbezogener Daten im Rahmen der vorliegenden Verordnung, wie der Austausch oder die Übermittlung personenbezogener Daten durch die zuständigen Behörden, sollte im Einklang mit der Richtlinie 95/46/EG und der Austausch oder die Übermittlung von Informationen durch die Europäischen Aufsichtsbehörden sollte im Einklang mit der Verordnung (EG) Nr. 45/2001 erfolgen.

(35) Obwohl Organismen für gemeinsame Anlagen in Wertpapieren (im Folgenden „OGAW") Anlageprodukte im Sinne dieser Verordnung sind, wäre es aufgrund der unlängst erfolgten Festlegung der Anforderungen an die wesentlichen Informationen für die Anleger im Rahmen der Richtlinie 2009/65/EG angemessen, solchen OGAW einen Übergangszeitraum von fünf Jahren nach Inkrafttreten dieser Verordnung einzuräumen, in denen sie ihr nicht unterlägen. Nach Ablauf des Übergangszeitraums und falls dieser nicht verlängert wird, sollten OGAW dieser Verordnung unterliegen. Dieser Übergangszeitraum sollte auch für Verwaltungsgesellschaften und Investmentgesellschaften sowie Personen gelten, die über Anteile von Fonds, die keine OGAW-Fonds sind, beraten oder diese verkaufen, wenn ein Mitgliedstaat Vorschriften über das Format und den Inhalt des Dokuments mit wesentlichen Informationen für den Anleger gemäß den Artikeln 78 bis 81 der Richtlinie 2009/65/EG auf diese Fonds anwendet.

(36) Eine Überprüfung dieser Verordnung sollte vier Jahre nach ihrem Inkrafttreten durchgeführt werden, um Marktentwicklungen, wie der Entstehung neuer Arten von PRIIP, sowie den Entwicklungen in anderen Bereichen des Unionsrechts und den Erfahrungen der Mitgliedstaaten Rechnung zu tragen. Bei dieser Überprüfung sollten auch die Durchführbarkeit, die Kosten und die möglichen Vorteile der Einführung eines Gütezeichens für soziale und ökologische Anlagen bewertet werden. Darüber hinaus sollte bei der Überprüfung beurteilt werden, ob die eingeführten Maßnahmen das Verständnis des durchschnittlichen Kleinanlegers in Bezug auf PRIIP und die Vergleichbarkeit der PRIIP verbessert haben. Auch sollte dabei geprüft werden, ob der Über-

---

Zu Abs. 34:
[15] *Richtlinie 95/46/EG des Europäischen Parlaments und des Rates vom 24. Oktober 1995 zum Schutz natürlicher Personen bei der Verarbeitung personenbezogener Daten und zum freien Datenverkehr (ABl. L 281 vom 23.11.1995, S. 31).*

[16] *Verordnung (EG) Nr. 45/2001 des Europäischen Parlaments und des Rates vom 18. Dezember 2000 zum Schutz natürlicher Personen bei der Verarbeitung personenbezogener Daten durch die Organe und Einrichtungen der Gemeinschaft und zum freien Datenverkehr (ABl. L 8 vom 12.1.2001, S. 1).*

gangszeitraum für OGAW oder bestimmte Nicht-OGAW verlängert werden sollte oder ob andere Optionen für die Behandlung solcher Fonds infrage kommen könnten. Darüber hinaus sollte dabei beurteilt werden, ob in Anbetracht der Notwendigkeit eines für den Verbraucherschutz und den Vergleich von Finanzprodukten an der Ausnahme von Produkten vom Anwendungsbereich dieser Verordnung festgehalten werden sollte. Als Teil der Überprüfung sollte die Kommission auch eine Marktstudie durchführen, um festzustellen, ob Online-Recheninstrumente auf dem Markt verfügbar sind, die es dem Kleinanleger gestatten, die Gesamtkosten und -gebühren der PRIIP zu berechnen, und ob diese Instrumente kostenlos zur Verfügung gestellt werden. Auf der Grundlage dieser Überprüfung sollte die Kommission dem Europäischen Parlament und dem Rat einen Bericht sowie gegebenenfalls Vorschläge für Rechtsakte unterbreiten.

(37) In Anbetracht der laufenden Arbeit der EIOPA bezüglich der Anforderungen an die Offenlegung von Produktinformationen für individuelle Altersvorsorgeprodukte und unter Berücksichtigung der Besonderheiten dieser Produkte sollte die Kommission innerhalb von vier Jahren nach Inkrafttreten dieser Verordnung bewerten, ob Altersvorsorgeprodukte, die nach nationalem Recht als Produkte anerkannt sind, deren Zweck in erster Linie darin besteht, dem Anleger im Ruhestand ein Einkommen zu gewähren, und die dem Anleger einen Anspruch auf bestimmte Leistungen einräumen, weiterhin vom Anwendungsbereich dieser Verordnung ausgenommen sein sollten. Bei dieser Bewertung sollte die Kommission prüfen, ob diese Verordnung der beste gesetzgeberische Mechanismus zur Sicherstellung der Offenlegung in Bezug auf Altersvorsorgeprodukte ist oder ob andere Offenlegungsmechanismen besser geeignet wären.

(38) Um den PRIIP-Herstellern und den Personen, die über PRIIP beraten oder sie verkaufen, genügend Zeit einzuräumen, um sich auf die praktische Anwendung der Anforderungen dieser Verordnung einzustellen, sollte sie erst zwei Jahren nach dem Datum ihres Inkrafttretens gelten.

(39) Diese Verordnung steht im Einklang mit den Grundrechten und Grundsätzen, die insbesondere in der Charta der Grundrechte der Europäischen Union verankert sind.

(40) Da die Ziele dieser Verordnung, nämlich die Erhöhung des Schutzes von Kleinanlegern und die Stärkung ihres Vertrauens in PRIIP, auch bei grenzüberschreitendem Verkauf, von den unabhängig voneinander tätigen Mitgliedstaaten nicht ausreichend verwirklicht werden können

und nur ein Tätigwerden auf Unionsebene die festgestellten Schwächen beheben kann und wegen der Wirkung der Maßnahmen auf Unionsebene besser zu verwirklichen ist, kann die Union im Einklang mit dem in Artikel 5 des Vertrags über die Europäische Union verankerten Subsidiaritätsprinzip tätig werden. Entsprechend dem in demselben Artikel genannten Grundsatz der Verhältnismäßigkeit geht diese Verordnung nicht über das zur Verwirklichung dieser Ziele erforderliche Maß hinaus.

(41) Der Europäische Datenschutzbeauftragte wurde gemäß Artikel 28 Absatz 2 der Verordnung (EG) Nr. 45/2001 angehört und hat eine Stellungnahme abgegeben[17] –

HABEN FOLGENDE VERORDNUNG ERLASSEN:

KAPITEL I
GEGENSTAND, ANWENDUNGSBEREICH UND BEGRIFFSBESTIMMUNGEN

Artikel 1

Diese Verordnung legt einheitliche Vorschriften für das Format und den Inhalt des Basisinformationsblatts, das von Herstellern von verpackten Anlageprodukten für Kleinanleger und Versicherungsanlageprodukten (packaged retail and insurance-based investment products – im Folgenden „PRIIP") abzufassen ist, sowie für die Bereitstellung des Basisinformationsblatts an Kleinanleger fest, um Kleinanlegern zu ermöglichen, die grundlegenden Merkmale und Risiken von PRIIP zu verstehen und zu vergleichen.

Artikel 2

(1) Diese Verordnung gilt für PRIIP-Hersteller und Personen, die über PRIIP beraten oder sie verkaufen.

(2) Diese Verordnung gilt nicht für folgende Produkte:

a) Nichtlebensversicherungsprodukte gemäß Anhang I der Richtlinie 2009/138/EG;

b) Lebensversicherungsverträge, deren vertragliche Leistungen nur im Todesfall oder bei Arbeitsunfähigkeit infolge von Körperverletzung, Krankheit oder Gebrechen zahlbar sind;

c) Einlagen, die keine strukturierten Einlagen im Sinne des Artikels 4 Absatz 1 Nummer 43 der Richtlinie 2014/65/EU sind;

Zu Abs. 41:
[17] ABl. C 100 vom 6.4.2013, S. 12.

d) in Artikel 1 Absatz 2 Buchstaben b bis g, i und j der Richtlinie 2003/71/EG genannte Wertpapiere;

e) Altersvorsorgeprodukte, die nach nationalem Recht als Produkte anerkannt sind, deren Zweck in erster Linie darin besteht, dem Anleger im Ruhestand ein Einkommen zu gewähren, und die dem Anleger einen Anspruch auf bestimmte Leistungen einräumen;

f) amtlich anerkannte betriebliche Altersversorgungssysteme, die in den Anwendungsbereich der Richtlinie 2003/41/EG des Europäischen Parlaments und des Rates[1]) oder der Richtlinie 2009/138/EG fallen;

g) individuelle Altersvorsorgeprodukte, für die nach nationalem Recht ein finanzieller Beitrag des Arbeitgebers erforderlich ist und die bzw. deren Anbieter weder der Arbeitgeber noch der Beschäftigte selbst wählen kann.

Artikel 3

(1) Fallen PRIIP-Hersteller im Sinne dieser Verordnung auch unter die Richtlinie 2003/71/EG, so gelten sowohl diese Verordnung als auch die Richtlinie 2003/71/EG.

(2) Fallen PRIIP-Hersteller im Sinne dieser Verordnung auch unter die Richtlinie 2009/138/EG, so gelten sowohl diese Verordnung als auch die Richtlinie 2009/138/EG.

Artikel 4

Für die Zwecke dieser Verordnung bezeichnet der Ausdruck

1. „verpacktes Anlageprodukt für Kleinanleger" oder „PRIP" eine Anlage, einschließlich von Zweckgesellschaften im Sinne des Artikels 13 Nummer 26 der Richtlinie 2009/138/EG oder Verbriefungszweckgesellschaften im Sinne des Artikels 4 Absatz 1 Buchstabe an der Richtlinie 2011/61/EU des Europäischen Parlaments und des Rates[1]) ausgegebener Instrumente, bei der unabhängig von der Rechtsform der Anlage der dem Kleinanleger rückzuzahlende Betrag Schwankungen aufgrund der Abhängigkeit von Referenzwerten oder von der Entwicklung eines oder mehrerer Vermögenswerte, die nicht direkt vom Kleinanleger erworben werden, unterliegt;

2. „Versicherungsanlageprodukt" ein Versicherungsprodukt, das einen Fälligkeitswert oder einen Rückkaufwert bietet, der vollständig oder teilweise direkt oder indirekt Marktschwankungen ausgesetzt ist;

3. „verpacktes Anlageprodukt für Kleinanleger und Versicherungsanlageprodukt" oder „PRIIP" jedes Produkt, das unter eine oder beide der folgenden Begriffsbestimmungen fällt:

a) ein PRIP;

b) ein Versicherungsanlageprodukt;

4. „Hersteller von verpackten Anlageprodukten für Kleinanleger und Versicherungsanlageprodukten" oder „PRIIP-Hersteller"

a) ein Rechtsträger oder eine natürliche Person, der bzw. die PRIIP auflegt;

b) ein Rechtsträger oder eine natürliche Person, der bzw. die Änderungen an einem bestehenden PRIIP, einschließlich Änderungen seines Risiko- und Renditeprofils oder der Kosten im Zusammenhang mit einer Anlage in das PRIIP, vornimmt;

5. „PRIIP-Verkäufer" eine Person, die einem Kleinanleger einen PRIIP-Vertrag anbietet oder diesen mit ihm abschließt;

6. „Kleinanleger"

a) einen Kleinanleger im Sinne von Artikel 4 Absatz 1 Nummer 11 der Richtlinie 2014/65/EU;

b) einen Kunden im Sinne der Richtlinie 2002/92/EG, wenn dieser nicht als professioneller Kunde im Sinne des Artikels 4 Absatz 1 Nummer 10 der Richtlinie 2014/65/EU angesehen werden kann;

7. „dauerhafter Datenträger" einen dauerhaften Datenträger im Sinne des Artikels 2 Absatz 1 Buchstabe m der Richtlinie 2009/65/EG;

8. „zuständige Behörden" die nationalen Behörden, die von einem Mitgliedstaat zur Überwachung der Anforderungen dieser Verordnung an PRIIP-Hersteller und Personen, die über PRIIP beraten oder sie verkaufen, benannt werden.

KAPITEL II
BASISINFORMATIONSBLATT

ABSCHNITT I
Abfassung des Basisinformationsblatts

Artikel 5

(1) Bevor Kleinanlegern ein PRIIP angeboten wird, fasst der PRIIP-Hersteller ein Basisinformationsblatt für dieses Produkt im Einklang mit den Anforderungen dieser Verordnung ab und veröffentlicht es auf seiner Website.

Zu Artikel 2:

[1]) *Richtlinie 2003/41/EG des Europäischen Parlaments und des Rates vom 3. Juni 2003 über die Tätigkeiten und die Beaufsichtigung von Einrichtungen der betrieblichen Altersversorgung (ABl. L 235 vom 23.9.2003, S. 10).*

Zu Artikel 4:

[1]) *Richtlinie 2011/61/EU des Europäischen Parlaments und des Rates vom 8. Juni 2011 über die Verwalter alternativer Investmentfonds und zur Änderung der Richtlinien 2003/41/EG und 2009/65/EG und der Verordnungen (EG) Nr. 1060/2009 und (EU) Nr. 1095/2010 (ABl. L 174 vom 1.7.2011, S. 1).*

26/2. PRIIP-VO
KID

(2) Jeder Mitgliedstaat kann für die in diesem Mitgliedstaat vermarkteten PRIIP die Vorabmitteilung des Basisinformationsblatts durch den PRIIP-Hersteller oder die Person, die ein PRIIP verkauft, an die zuständige Behörde vorschreiben.

ABSCHNITT II
Form und Inhalt des Basisinformationsblatts

Artikel 6

(1) Die im Basisinformationsblatt enthaltenen Informationen sind vorvertragliche Informationen. Das Basisinformationsblatt muss präzise, redlich und klar sein und darf nicht irreführend sein. Es enthält die wesentlichen Informationen und stimmt mit etwaigen verbindlichen Vertragsunterlagen, mit den einschlägigen Teilen der Angebotsunterlagen und mit den Geschäftsbedingungen des PRIIP überein.

(2) Das Basisinformationsblatt ist eine eigenständige Unterlage, die von Werbematerialien deutlich zu unterscheiden ist. Es darf keine Querverweise auf Marketingmaterial enthalten. Es kann Querverweise auf andere Unterlagen, gegebenenfalls einschließlich eines Prospekts, enthalten, und zwar nur, wenn sich der Querverweis auf Informationen bezieht, die nach dieser Verordnung in das Basisinformationsblatt aufgenommen werden müssen.

(3) Abweichend von Absatz 2 dieses Artikels enthält das Basisinformationsblatt in dem Fall, in dem ein PRIIP dem Kleinanleger eine solche Palette von Anlageoptionen bietet, dass die Bereitstellung der Informationen in Bezug auf die zugrunde liegenden Anlagemöglichkeiten nach Artikel 8 Absatz 3 in einer einzigen, prägnanten und eigenständigen Unterlage nicht möglich ist, zumindest eine allgemeine Beschreibung der zugrunde liegenden Anlagemöglichkeiten sowie die Angabe, wo und wie detailliertere Dokumentationen zu vorvertraglichen Informationen in Bezug auf die Anlageprodukte, die die zugrunde liegenden Anlagemöglichkeiten absichern, zu finden ist.

(4) Das Basisinformationsblatt wird als kurze Unterlage abgefasst, die prägnant formuliert ist und ausgedruckt höchstens drei Seiten Papier im A4-Format umfasst, um für Vergleichbarkeit zu sorgen. Das Basisinformationsblatt

a) ist in einer Weise präsentiert und aufgemacht, die leicht verständlich ist, wobei Buchstaben in gut leserlicher Größe verwendet werden;

b) legt den Schwerpunkt auf die wesentlichen Informationen, die Kleinanleger benötigen;

c) ist unmissverständlich und sprachlich sowie stilistisch so formuliert, dass das Verständnis der Informationen erleichtert wird, insbesondere durch eine klare, präzise und verständliche Sprache.

(5) Wenn in dem Basisinformationsblatt Farben verwendet werden, dürfen sie die Verständlichkeit der Informationen nicht beeinträchtigen, falls das Blatt in Schwarz und Weiß ausgedruckt oder fotokopiert wird.

(6) Wird die Unternehmensmarke oder das Logo des PRIIP-Herstellers oder der Gruppe, zu der er gehört, verwendet, darf sie bzw. es den Kleinanleger weder von den in dem Informationsblatt enthaltenen Informationen ablenken noch den Text verschleiern.

Artikel 7

(1) Das Basisinformationsblatt wird in den Amtssprachen oder in einer der Amtssprachen, die in dem Teil des Mitgliedstaats verwendet wird, in dem das PRIIP vertrieben wird, oder in einer weiteren von den zuständigen Behörden dieses Mitgliedstaats akzeptierten Sprache abgefasst; falls es in einer anderen Sprache abgefasst wurde, wird es in eine dieser Sprachen übersetzt.

Die Übersetzung gibt den Inhalt des ursprünglichen Basisinformationsblatts zuverlässig und genau wieder.

(2) Wird der Vertrieb eines PRIIP in einem Mitgliedstaat durch Werbeunterlagen, die in einer oder mehreren Amtssprachen dieses Mitgliedstaats verfasst sind, gefördert, so muss das Basisinformationsblatt mindestens in der (den) entsprechenden Amtssprache(n) verfasst sein.

Artikel 8

(1) Der Titel „Basisinformationsblatt" steht oben auf der ersten Seite des Basisinformationsblatts.

Die Reihenfolge der Angaben im Basisinformationsblatt richtet sich nach den Absätzen 2 und 3.

(2) Unmittelbar unter dem Titel des Basisinformationsblatts folgt eine Erläuterung mit folgendem Wortlaut:

„Dieses Informationsblatt stellt Ihnen wesentliche Informationen über dieses Anlageprodukt zur Verfügung. Es handelt sich nicht um Werbematerial. Diese Informationen sind gesetzlich vorgeschrieben, um Ihnen dabei zu helfen, die Art, das Risiko, die Kosten sowie die möglichen Gewinne und Verluste dieses Produkts zu verstehen, und Ihnen dabei zu helfen, es mit anderen Produkten zu vergleichen."

(3) Das Basisinformationsblatt enthält folgende Angaben:

a) am Anfang des Informationsblatts den Namen des PRIIP, die Identität und Kontaktdaten des PRIIP-Herstellers, Angaben über die zuständige Behörde des PRIIP-Herstellers und das Datum des Informationsblatts;

b) gegebenenfalls einen Warnhinweis mit folgendem Wortlaut: „Sie sind im Begriff, ein Produkt zu erwerben, das nicht einfach ist und schwer zu verstehen sein kann."

c) in einem Abschnitt mit der Überschrift „Um welche Art von Produkt handelt es sich?" die Art und die wichtigsten Merkmale des PRIIP, darunter:

i) die Art des PRIIP;

ii) seine Ziele und die zu deren Erreichung eingesetzten Mittel, insbesondere, ob die Ziele durch direkte oder indirekte Abhängigkeit von zugrunde liegenden Vermögensgegenständen erreicht werden, einschließlich einer Beschreibung der zugrunde liegenden Instrumente oder Referenzwerte, so auch der Angabe, in welche Märkte das PRIIP investiert, und einschließlich gegebenenfalls bestimmter ökologischer oder sozialer Ziele, die das Produkt anstrebt, sowie die Methode zur Ermittlung der Rendite;

iii) eine Beschreibung des Kleinanlegertyps, an den das PRIIP vermarktet werden soll, insbesondere was die Fähigkeit, Anlageverluste zu verkraften, und den Anlagehorizont betrifft;

iv) Einzelheiten zu den Versicherungsleistungen, die das PRIIP gegebenenfalls bietet, einschließlich der Umstände, unter denen diese fällig würden;

v) die Laufzeit des PRIIP, falls bekannt;

d) in einem Abschnitt mit der Überschrift „Welche Risiken bestehen und was könnte ich im Gegenzug dafür bekommen?" eine kurze Beschreibung des Risiko-/Renditeprofils, die Folgendes umfasst:

i) einen Gesamtrisikoindikator, ergänzt durch eine erläuternde Beschreibung dieses Indikators und seiner Hauptbeschränkungen sowie eine erläuternde Beschreibung der Risiken, die für das PRIIP wesentlich sind und die von dem Gesamtrisikoindikator nicht angemessen erfasst werden;

ii) den möglichen höchsten Verlust an angelegtem Kapital, einschließlich Information darüber,
– ob der Kleinanleger das gesamte angelegte Kapital verlieren kann,
– ob der Kleinanleger das Risiko trägt, für zusätzliche finanzielle Zusagen oder Verpflichtungen, einschließlich Eventualverbindlichkeiten, über das in dem PRIIP angelegte Kapital hinaus aufkommen zu müssen, und
– gegebenenfalls ob das PRIIP einen Kapitalschutz enthält, der vor Marktrisiken schützt, sowie Einzelheiten über dessen Deckungsbereich und Einschränkungen, insbesondere in Bezug darauf, zu welchem Zeitpunkt dies zur Anwendung kommt;

iii) geeignete Performanceszenarien und die ihnen zugrunde liegenden Annahmen;

iv) gegebenenfalls Informationen über die Bedingungen für Renditen für Kleinanleger oder über eingebaute Leistungshöchstgrenzen;

v) eine Erklärung darüber, dass die Steuergesetzgebung des Mitgliedstaats des Kleinanlegers Auswirkungen auf die tatsächliche Auszahlung haben kann;

e) in einem Abschnitt mit der Überschrift „Was geschieht, wenn der [Name des PRIIP-Herstellers] nicht in der Lage ist, die Auszahlung vorzunehmen?" eine kurze Erläuterung dazu, ob der Verlust durch ein Entschädigungs- oder Sicherungssystem für den Anleger gedeckt ist und, falls ja, durch welches System, welches der Name des Sicherungsgebers ist sowie welche Risiken durch das System gedeckt sind und welche nicht;

f) in einem Abschnitt mit der Überschrift „Welche Kosten entstehen?" die mit einer Anlage in das PRIIP verbundenen Kosten, einschließlich der dem Kleinanleger entstehenden direkten und indirekten Kosten, einschließlich einmaliger und wiederkehrender Kosten, dargestellt in Form von Gesamtindikatoren dieser Kosten und, um Vergleichbarkeit zu gewährleisten, die aggregierten Gesamtkosten in absoluten und Prozentzahlen, um die kombinierten Auswirkungen der Gesamtkosten auf die Anlage aufzuzeigen.

Das Basisinformationsblatt enthält einen eindeutigen Hinweis darauf, dass Berater, Vertriebsstellen oder jede andere Person, die zu dem PRIIP berät oder es verkauft, detaillierte Informationen zu etwaigen Vertriebskosten vorlegen muss, die nicht bereits in den oben beschriebenen Kosten enthalten sind, sodass der Kleinanleger in der Lage ist, die kumulative Wirkung, die diese aggregierten Kosten auf die Anlagerendite haben, zu verstehen;

g) in einem Abschnitt mit der Überschrift „Wie lange sollte ich die Anlage halten, und kann ich vorzeitig Geld entnehmen?"

i) gegebenenfalls ob es eine Bedenkzeit oder eine Widerrufsfrist für das PRIIP gibt;

ii) einen Hinweis auf die empfohlene und gegebenenfalls vorgeschriebene Mindesthaltedauer;

iii) die Möglichkeit der vorzeitigen Auflösung der Anlage (Desinvestition) sowie der Bedingungen hierfür einschließlich aller anwendbaren Gebühren und Vertragsstrafen unter Berücksichtigung des Risiko- und Renditeprofils des PRIIP und der Marktentwicklung, auf die es abzielt;

iv) Angaben zu den möglichen Folgen, einschließlich Kosten, der Einlösung des PRIIP vor Ende der Laufzeit oder der empfohlenen Haltedauer, wie etwa den Verlust des Kapitalschutzes oder zusätzliche abhängige Gebühren;

h) in einem Abschnitt mit der Überschrift „Wie kann ich mich beschweren?" Informationen darüber, wie und bei wem der Kleinanleger eine Beschwerde über das Produkt oder über das Verhalten des PRIIP-Herstellers oder einer Person, die über das Produkt berät oder es verkauft, einlegen kann;

26/2. PRIIP-VO
KID

i) in einem Abschnitt mit der Überschrift „Sonstige zweckdienliche Angaben" einen kurzen Hinweis auf etwaige zusätzliche Informationsunterlagen, die dem Kleinanleger vor und/oder nach Vertragsabschluss vorlegt werden, mit Ausnahme von Werbematerialien.

(4) Der Kommission wird die Befugnis übertragen, gemäß Artikel 30 delegierte Rechtsakte zu erlassen, in denen die Einzelheiten der Verfahren festgelegt werden, mit denen festgestellt wird, ob ein PRIIP bestimmte ökologische oder soziale Ziele anstrebt.

(5) Um die einheitliche Anwendung dieses Artikels zu gewährleisten, arbeiten die Europäischen Aufsichtsbehörden im Wege des Gemeinsamen Ausschusses der Europäischen Aufsichtsbehörden (im Folgenden „Gemeinsamer Ausschuss") Entwürfe technischer Regulierungsstandards aus, in denen Folgendes festgelegt wird:

a) die Einzelheiten der Darstellung und des Inhalts der in Absatz 3 genannten Informationen;

b) die Methodik für die Darstellung von Risiko und Rendite gemäß Absatz 3 Buchstabe d Ziffern i und iii, und

c) die Methodik zur Berechnung der Kosten, einschließlich der Festlegung der Gesamtindikatoren, gemäß Absatz 3 Buchstabe f.

Bei der Ausarbeitung der Entwürfe technischer Regulierungsstandards tragen die Europäischen Aufsichtsbehörden den verschiedenen Arten von PRIIP, den Unterschieden zwischen ihnen und den Kompetenzen von Kleinanlegern sowie den Merkmalen von PRIIP Rechnung, um es dem Kleinanleger ermöglichen, zwischen verschiedenen zugrunde liegenden Anlagen oder sonstigen Optionen, die das Produkt bietet, zu wählen, wobei auch zu beachten ist, ob diese Wahl zu unterschiedlichen Zeitpunkten vorgenommen oder später geändert werden kann.

Die Europäischen Aufsichtsbehörden legen der Kommission diese Entwürfe technischer Regulierungsstandards bis zum 31. März 2015 vor.

Der Kommission wird die Befugnis übertragen, die technischen Regulierungsstandards nach Unterabsatz 1 gemäß den Artikeln 10 bis 14 der Verordnung (EU) Nr. 1093/2010, der Verordnung (EU) Nr. 1094/2010 und der Verordnung (EU) Nr. 1095/2010 zu erlassen.

Artikel 9

In Werbematerialien, die spezifische Informationen über ein PRIIP enthalten, dürfen keine Aussagen getroffen werden, die im Widerspruch zu den Informationen des Basisinformationsblatts stehen oder die Bedeutung des Basisinformationsblatts herabstufen. In den Werbematerialien ist darauf hinzuweisen, dass es ein Basisinformationsblatt gibt und wie und wo es erhältlich ist, einschließlich der Angabe der Website des PRIIP-Herstellers.

Artikel 10

(1) Der PRIIP-Hersteller überprüft regelmäßig die in dem Basisinformationsblatt enthaltenen Informationen und überarbeitet das Informationsblatt, wenn sich bei der Überprüfung herausstellt, dass Änderungen erforderlich sind. Die überarbeitete Version wird unverzüglich zur Verfügung gestellt.

(2) Um die einheitliche Anwendung dieses Artikels zu gewährleisten, arbeiten die Europäischen Aufsichtsbehörden im Wege des Gemeinsamen Ausschusses Entwürfe technischer Regulierungsstandards aus, in denen Folgendes festgelegt wird:

a) die Bedingungen der Überprüfung der in dem Basisinformationsblatt enthaltenen Informationen;

b) die Bedingungen, unter denen das Basisinformationsblatt überarbeitet werden muss;

c) die besonderen Bedingungen, unter denen die in dem Basisinformationsblatt enthaltenen Informationen überprüft werden müssen oder das Basisinformationsblatt überarbeitet werden muss, wenn ein PRIIP Kleinanlegern nicht kontinuierlich angeboten wird;

d) die Fälle, in denen Kleinanleger über ein überarbeitetes Basisinformationsblatt für ein von ihnen erworbenes PRIIP unterrichtet werden müssen, sowie die Mittel, mit denen die Kleinanleger zu unterrichten sind.

Die Europäischen Aufsichtsbehörden legen der Kommission diese Entwürfe technischer Regulierungsstandards bis zum 31. Dezember 2015 vor.

Der Kommission wird die Befugnis übertragen, die technischen Regulierungsstandards nach Unterabsatz 1 gemäß den Artikeln 10 bis 14 der Verordnung (EU) Nr. 1093/2010, der Verordnung (EU) Nr. 1094/2010 und der Verordnung (EU) Nr. 1095/2010 zu erlassen.

Artikel 11

(1) Für einen PRIIP-Hersteller entsteht aufgrund des Basisinformationsblatts und dessen Übersetzung alleine noch keine zivilrechtliche Haftung, es sei denn, das Basisinformationsblatt oder die Übersetzung ist irreführend, ungenau oder stimmt nicht mit den einschlägigen Teilen der rechtlich verbindlichen vorvertraglichen und Vertragsunterlagen oder mit den Anforderungen nach Artikel 8 überein.

(2) Weist ein Kleinanleger nach, dass ihm unter den Umständen nach Absatz 1 aufgrund seines Vertrauens auf ein Basisinformationsblatt bei der Tätigung einer Anlage in das PRIIP, für das dieses Basisinformationsblatt erstellt wurde, ein Verlust

entstanden ist, so kann er für diesen Verlust gemäß nationalem Recht Schadensersatz von dem PRIIP-Hersteller verlangen.

(3) Begriffe wie „Verlust" oder „Schadensersatz", auf die in Absatz 2 Bezug genommen wird, ohne dass diese definiert werden, werden im Einklang mit dem geltenden nationalen Recht gemäß den einschlägigen Bestimmungen des internationalen Privatrechts ausgelegt und angewandt.

(4) Dieser Artikel verbietet keine weiteren zivilrechtlichen Haftungsansprüche im Einklang mit dem nationalen Recht.

(5) Die Verpflichtungen gemäß diesem Artikel dürfen nicht durch Vertragsklauseln eingeschränkt oder aufgehoben werden.

Artikel 12

Wenn das Basisinformationsblatt einen Versicherungsvertrag betrifft, gelten die Verpflichtungen des Versicherungsunternehmens nach dieser Verordnung nur gegenüber dem Versicherungsnehmer des Versicherungsvertrags und nicht gegenüber dem Begünstigten des Versicherungsvertrags.

ABSCHNITT III
Bereitstellung des Basisinformationsblatts

Artikel 13

(1) Eine Person, die über ein PRIIP berät oder es verkauft, stellt den betreffenden Kleinanlegern das Basisinformationsblatt rechtzeitig zur Verfügung, bevor diese Kleinanleger durch einen Vertrag oder ein Angebot im Zusammenhang mit diesem PRIIP gebunden sind.

(2) Eine Person, die über ein PRIIP berät oder es verkauft, kann die Bedingungen von Absatz 1 erfüllen, indem sie das Basisinformationsblatt einer Person vorlegt, die über eine schriftliche Vollmacht verfügt, im Namen des Kleinanlegers Anlageentscheidungen bezüglich gemäß dieser Vollmacht abgeschlossener Transaktionen zu treffen.

(3) Abweichend von Absatz 1 und vorbehaltlich des Artikels 3 Absatz 1 und Absatz 3 Buchstabe a sowie des Artikels 6 der Richtlinie 2002/65/EG kann eine Person, die ein PRIIP verkauft, dem Kleinanleger das Basisinformationsblatt unverzüglich nach Abschluss der Transaktion bereitstellen, sofern alle nachstehenden Bedingungen erfüllt sind:

a) Der Kleinanleger entscheidet sich von sich aus, Verbindung zu der Person, die ein PRIIP verkauft, aufzunehmen und die Transaktion mit Hilfe eines Fernkommunikationsmittels zu tätigen,

b) die Bereitstellung des Basisinformationsblatts gemäß Absatz 1 dieses Artikels ist nicht möglich,

c) die Person, die über das PRIIP berät oder es verkauft, hat den Kleinanleger über den Umstand, dass das Basisinformationsblatt nicht bereitgestellt werden kann, in Kenntnis gesetzt und hat klar zum Ausdruck gebracht, dass der Kleinanleger die Transaktion verschieben kann, um das Basisinformationsblatt vor dem Abschluss der Transaktion zu erhalten und zu lesen,

d) der Kleinanleger stimmt dem zu, das Basisinformationsblatt unverzüglich nach dem Abschluss der Transaktion zu erhalten, anstatt die Transaktion zu verschieben, um das Dokument vor dem Abschluss zu erhalten.

(4) Werden im Namen eines Kleinanlegers aufeinander folgende Transaktionen im Zusammenhang mit demselben PRIIP gemäß den Anweisungen, die der Kleinanleger an die Person, die das PRIIP verkauft, vor der ersten Transaktion gegeben hat, durchgeführt, so gilt die Verpflichtung nach Absatz 1, ein Basisinformationsblatt zur Verfügung zu stellen, nur für die erste Transaktion sowie für die erste Transaktion nach einer Überarbeitung des Basisinformationsblatts gemäß Artikel 10.

(5) Um die einheitliche Anwendung dieses Artikels zu gewährleisten, arbeiten die Europäischen Aufsichtsbehörden Entwürfe technischer Regulierungsstandards aus, in denen die Bedingungen für die Erfüllung der Verpflichtung zur Bereitstellung des Basisinformationsblatts gemäß Absatz 1 festgelegt werden.

Die Europäischen Aufsichtsbehörden legen der Kommission diese Entwürfe technischer Regulierungsstandards bis zum 31. Dezember 2015 vor.

Der Kommission wird die Befugnis übertragen, die technischen Regulierungsstandards nach Unterabsatz 1 gemäß den Artikeln 10 bis 14 der Verordnung (EU) Nr. 1093/2010, der Verordnung (EU) Nr. 1094/2010 und der Verordnung (EU) Nr. 1095/2010 zu erlassen.

Artikel 14

(1) Die Person, die über ein PRIIP berät oder es verkauft, stellt Kleinanlegern das Basisinformationsblatt kostenlos zur Verfügung.

(2) Die Person, die über ein PRIIP berät oder es verkauft, stellt dem Kleinanleger das Basisinformationsblatt über eines der folgenden Medien zur Verfügung:

a) auf Papier – dies sollte die Standardoption sein, wenn das PRIIP persönlich angeboten wird, es sei denn, der Kleinanleger verlangt eine andere Form der Übermittlung;

b) auf einem anderen dauerhaften Datenträger als Papier, sofern die in Absatz 4 festgelegten Bedingungen erfüllt sind, oder

26/2. PRIIP-VO

KID

c) über eine Website, sofern die in Absatz 5 festgelegten Bedingungen erfüllt sind.

(3) Wird das Basisinformationsblatt auf einem anderen dauerhaften Datenträger als Papier oder über eine Website zur Verfügung gestellt, wird den Kleinanlegern auf Nachfrage kostenlos ein Papierexemplar ausgehändigt. Die Kleinanleger werden über ihr Recht informiert, die kostenlose Aushändigung eines Papierexemplars zu verlangen.

(4) Das Basisinformationsblatt kann auf einem anderen dauerhaften Datenträger als Papier zur Verfügung gestellt werden, wenn die folgenden Bedingungen erfüllt sind:

a) Die Verwendung des dauerhaften Datenträgers ist den Rahmenbedingungen, unter denen das Geschäft zwischen der Person, die über das PRIIP berät oder dieses verkauft, und dem Kleinanleger getätigt wird, angemessen und

b) der Kleinanleger konnte nachweislich wählen, ob er die Informationen auf Papier oder auf dem dauerhaften Datenträger erhalten wollte, und hat sich nachweislich für diesen anderen Datenträger entschieden.

(5) Das Basisinformationsblatt kann über eine Website, die der Definition eines dauerhaften Datenträgers nicht entspricht, zur Verfügung gestellt werden, wenn alle nachstehenden Bedingungen erfüllt sind:

a) Die Bereitstellung des Basisinformationsblatts über eine Website ist den Rahmenbedingungen, unter denen das Geschäft zwischen der Person, die über das PRIIP berät oder dieses verkauft, und dem Kleinanleger getätigt wird, angemessen;

b) der Kleinanleger konnte nachweislich wählen, ob er die Informationen auf Papier oder über eine Website erhalten wollte, und hat sich nachweislich für Letzteres entschieden;

c) dem Kleinanleger sind die Adresse der Website und die Stelle, an der das Basisinformationsblatt auf dieser Website einzusehen ist, auf elektronischem Wege oder schriftlich mitgeteilt worden;

d) das Basisinformationsblatt kann über die Website laufend abgefragt, heruntergeladen und auf einem dauerhaften Datenträger gespeichert werden, und zwar so lange, wie es für den Kleinanleger einsehbar sein muss.

Wenn das Basisinformationsblatt gemäß Artikel 10 überarbeitet wurde, werden dem Kleinanleger auf Nachfrage auch vorherige Fassungen zur Verfügung gestellt.

(6) Für die Zwecke der Absätze 4 und 5 wird die Bereitstellung von Informationen auf einem anderen dauerhaften Datenträger als Papier oder über eine Website angesichts der Rahmenbedingungen, unter denen das Geschäft zwischen der Person, die über PRIIP berät oder sie verkauft, und dem Kleinanleger getätigt wird, als angemessen betrachtet, wenn der Kleinanleger nachweislich über einen regelmäßigen Zugang zum Internet verfügt. Dies gilt als nachgewiesen, wenn der Kleinanleger für dieses Geschäft eine E-Mail-Adresse angegeben hat.

KAPITEL III

MARKTÜBERWACHUNG UND PRODUKTINTERVENTIONSBEFUGNISSE

Artikel 15

(1) Gemäß Artikel 9 Absatz 2 der Verordnung (EU) Nr. 1094/2010 überwacht die EIOPA den Markt für Versicherungsanlageprodukte, die in der Union vermarktet, vertrieben oder verkauft werden.

(2) Die zuständigen Behörden überwachen den Markt für Versicherungsanlageprodukte, die in ihrem Mitgliedstaat oder von ihrem Mitgliedstaat aus vermarktet, vertrieben oder verkauft werden.

Artikel 16

(1) Gemäß Artikel 9 Absatz 5 der Verordnung (EU) Nr. 1094/2010 kann die EIOPA, wenn die Bedingungen nach den Absätzen 2 und 3 dieses Artikels erfüllt sind, in der Union vorübergehend Folgendes verbieten oder beschränken:

a) die Vermarktung, den Vertrieb oder den Verkauf von bestimmten Versicherungsanlageprodukten oder Versicherungsanlageprodukten mit bestimmten Merkmalen oder

b) eine Art der Finanztätigkeit oder -praxis eines Versicherungsunternehmens oder Rückversicherungsunternehmen.

Ein Verbot oder eine Beschränkung kann in Fällen oder vorbehaltlich von Ausnahmen zur Anwendung kommen, die von der EIOPA festgelegt werden.

(2) Die EIOPA fasst einen Beschluss gemäß Absatz 1 nur, wenn alle der folgenden Bedingungen erfüllt sind:

a) Mit der vorgeschlagenen Maßnahme wird erheblichen Bedenken hinsichtlich des Anlegerschutzes oder einer Gefahr für das ordnungsgemäße Funktionieren und die Integrität der Finanzmärkte oder für die Stabilität des Finanzsystems in der Union als Ganzes oder von Teilen dieses Finanzsystems begegnet;

b) die Regulierungsanforderungen nach dem Unionsrecht, die auf das jeweilige Versicherungsanlageprodukt oder die entsprechende Tätigkeit anwendbar sind, werden der Gefahr nicht gerecht;

c) eine oder mehrere zuständige Behörden haben keine Maßnahmen ergriffen, um der Bedrohung zu begegnen, oder die ergriffenen Maßnahmen werden der Gefahr nicht ausreichend gerecht.

Wenn die Voraussetzungen nach Unterabsatz 1 erfüllt sind, kann die EIOPA das Verbot oder die Beschränkung nach Absatz 1 vorsorglich aussprechen, bevor ein Versicherungsanlageprodukt vermarktet oder an Anleger verkauft wird.

(3) Bei der Ergreifung von Maßnahmen im Sinne dieses Artikels sorgt die EIOPA dafür, dass die Maßnahme

a) keine negative Auswirkung auf die Effizienz der Finanzmärkte oder die Anleger hat, die in keinem Verhältnis zu den Vorteilen der Maßnahme steht, und

b) kein Risiko einer Aufsichtsarbitrage schafft.

Haben eine oder mehrere zuständige Behörden eine Maßnahme nach Artikel 17 ergriffen, so kann die EIOPA die in Absatz 1 dieses Artikels genannten Maßnahmen ergreifen, ohne die in Artikel 18 vorgesehene Stellungnahme abzugeben.

(4) Bevor die EIOPA beschließt, Maßnahmen im Sinne dieses Artikels zu ergreifen, unterrichtet sie die zuständigen Behörden über ihr vorgeschlagenes Vorgehen.

(5) Die EIOPA veröffentlicht auf ihrer Website jeden Beschluss, im Sinne dieses Artikels Maßnahmen zu ergreifen. In der Mitteilung werden die Einzelheiten des Verbots oder der Beschränkung dargelegt und ein Zeitpunkt nach der Veröffentlichung der Mitteilung angegeben, ab dem die Maßnahmen wirksam werden. Ein Verbot oder eine Beschränkung gelten erst dann, wenn die Maßnahmen wirksam geworden sind.

(6) Die EIOPA überprüft ein Verbot oder eine Beschränkung gemäß Absatz 1 in geeigneten Zeitabständen, mindestens aber alle drei Monate. Wird das Verbot oder die Beschränkung nach Ablauf dieser dreimonatigen Frist nicht verlängert, so tritt dieses Verbot oder diese Beschränkung automatisch außer Kraft.

(7) Eine gemäß diesem Artikel beschlossene Maßnahme der EIOPA erhält Vorrang vor allen etwaigen früheren Maßnahmen einer zuständigen Behörde.

(8) Die Kommission erlässt delegierte Rechtsakte gemäß Artikel 30, in denen die Kriterien und Faktoren festgelegt werden, die von der EIOPA bei der Bestimmung der Tatsache zu berücksichtigen sind, wann erhebliche Bedenken hinsichtlich des Anlegerschutzes gegeben sind oder eine Gefahr für das ordnungsgemäße Funktionieren und die Integrität der Finanzmärkte oder für die Stabilität des Finanzsystems in der Union als Ganzes oder von Teilen dieses Finanzsystems im Sinne von Absatz 2 Unterabsatz 1 Buchstabe a droht.

Diese Kriterien und Faktoren schließen unter anderem Folgendes ein:

a) den Grad der Komplexität eines Versicherungsanlageprodukts und den Bezug zu der Art von Anlegern, an die es vermarktet und verkauft wird,

b) das Volumen oder den Nominalwert der Versicherungsanlageprodukte,

c) den Innovationsgrad des Versicherungsanlageprodukts, einer entsprechenden Tätigkeit oder Praxis und

d) den Leverage-Effekt eines Produkts oder einer Praxis.

Artikel 17

(1) Eine zuständige Behörde kann in oder aus ihrem Mitgliedstaat Folgendes verbieten oder beschränken:

a) die Vermarktung, den Vertrieb oder den Verkauf von Versicherungsanlageprodukten oder Versicherungsanlageprodukten mit bestimmten Merkmalen oder

b) eine Form der Finanztätigkeit oder -praxis eines Versicherungsunternehmens oder Rückversicherungsunternehmen.

(2) Eine zuständige Behörde kann die in Absatz 1 genannte Maßnahme ergreifen, wenn sie sich ordnungsgemäß vergewissert hat, dass

a) ein Versicherungsanlageprodukt oder eine entsprechende Tätigkeit oder Praxis erhebliche Bedenken für den Anlegerschutz aufwirft oder eine Gefahr für das ordnungsgemäße Funktionieren und die Integrität der Finanzmärkte oder in mindestens einem Mitgliedstaat die Stabilität des Finanzsystems als Ganzes oder von Teilen dieses Finanzsystems darstellt;

b) bestehende regulatorische Anforderungen nach Unionsrecht, die auf das Versicherungsanlageprodukt, die entsprechende Tätigkeit oder Praxis anwendbar sind, den unter Buchstabe a genannten Risiken nicht hinreichend begegnen und das Problem durch eine stärkere Aufsicht oder Durchsetzung der vorhandenen Anforderungen nicht besser gelöst würde;

c) die Maßnahme verhältnismäßig ist, wenn man die Wesensart der ermittelten Risiken, das Kenntnisniveau der betreffenden Anleger oder Marktteilnehmer und die wahrscheinliche Wirkung der Maßnahme auf Anleger und Marktteilnehmer berücksichtigt, die das Versicherungsanlageprodukt eventuell halten und es bzw. die entsprechende Tätigkeit oder Praxis nutzen oder davon profitieren;

d) die zuständige Behörde die zuständigen Behörden anderer Mitgliedstaaten, die von der Maßnahme erheblich betroffen sein können, angemessen angehört hat und

e) sich die Maßnahme nicht diskriminierend auf Dienstleistungen oder Tätigkeiten auswirkt, die von einem anderen Mitgliedstaat aus erbracht werden.

Wenn die Voraussetzungen nach Unterabsatz 1 erfüllt sind, kann die die zuständige Behörde das Verbot oder die Beschränkung nach Absatz 1 vorsorglich aussprechen, bevor ein Versicherungsanlageprodukt vermarktet oder an Anleger verkauft wird. Ein Verbot oder eine Beschränkung kann in Fällen oder vorbehaltlich von Ausnahmen gelten, die von der zuständigen Behörde festgelegt werden.

(3) Die zuständige Behörde spricht keine Verbote oder Beschränkungen im Sinne dieses Artikels aus, es sei denn, sie hat spätestens einen Monat, bevor die Maßnahme wirksam werden soll, allen anderen beteiligten zuständigen Behörden und der EIOPA schriftlich oder auf einem anderen, von den Behörden vereinbarten Weg folgende Einzelheiten übermittelt:

a) das Versicherungsanlageprodukt oder die entsprechende Tätigkeit oder Praxis, auf das bzw. die sich die vorgeschlagene Maßnahme bezieht;

b) den genauen Charakter des vorgeschlagenen Verbots oder der vorgeschlagenen Beschränkung sowie den geplanten Zeitpunkt des Inkrafttretens und

c) die Nachweise, auf die sie ihren Beschluss gestützt hat und die als Grundlage für die Feststellung dienen, dass die Bedingungen von Absatz 2 erfüllt sind.

(4) In Ausnahmefällen, in denen die zuständige Behörde dringende Maßnahmen nach diesem Artikel für erforderlich hält, um Schaden, der aufgrund der Versicherungsanlageprodukte, der entsprechenden Tätigkeit oder Praxis nach Absatz 1 entstehen könnte, abzuwenden, kann die zuständige Behörde frühestens 24 Stunden, nachdem sie alle anderen zuständigen Behörden und die EIOPA von dem geplanten Inkrafttreten der Maßnahme benachrichtigt hat, vorläufig tätig werden, sofern alle in diesem Artikel festgelegten Kriterien erfüllt sind und außerdem eindeutig nachgewiesen ist, dass auf die konkreten Bedenken oder die konkrete Gefahr bei einer einmonatigen Notifikationsfrist nicht angemessen reagiert werden kann. Die zuständige Behörde darf nicht für mehr als drei Monate vorläufig tätig werden.

(5) Die zuständige Behörde gibt auf ihrer Website jeden Beschluss zur Verhängung eines Verbots oder einer Beschränkung nach Absatz 1 bekannt. Diese Mitteilung erläutert die Einzelheiten des Verbots oder der Beschränkung und nennt einen Zeitpunkt nach der Veröffentlichung der Mitteilung, an dem die Maßnahmen wirksam werden, sowie die Nachweise, aufgrund deren die Erfüllung aller Bedingungen nach Absatz 2 belegt ist. Das Verbot oder die Beschränkung gelten nur für Maßnahmen, die nach der Veröffentlichung der Mitteilung ergriffen wurden.

(6) Die zuständige Behörde widerruft ein Verbot oder eine Beschränkung, wenn die Bedingungen nach Absatz 2 nicht mehr gelten.

(7) Die Kommission erlässt delegierte Rechtsakte gemäß Artikel 30, in denen die Kriterien und Faktoren festgelegt werden, die von den zuständigen Behörden bei der Bestimmung der Tatsache zu berücksichtigen sind, wann erhebliche Bedenken hinsichtlich des Anlegerschutzes gegeben sind oder die ordnungsgemäße Funktionsweise und die Integrität der Finanzmärkte oder in mindestens einem Mitgliedstaat die Stabilität des Finanzsystems im Sinne von Absatz 2 Unterabsatz 1 Buchstabe a gefährdet ist.

Diese Kriterien und Faktoren schließen unter anderem Folgendes ein:

a) den Grad der Komplexität eines Versicherungsanlageprodukts und den Bezug zu der Art von Kunden, an die es vermarktet und verkauft wird,

b) den Innovationsgrad eines Versicherungsanlageprodukts, einer entsprechenden Tätigkeit oder Praxis,

c) den Leverage-Effekt eines Produkts oder einer Praxis,

d) in Bezug auf das ordnungsgemäße Funktionieren und die Integrität der Finanzmärkte das Volumen oder den Nominalwert eines Versicherungsanlageprodukts.

Artikel 18

(1) Bei Maßnahmen der zuständigen Behörden gemäß Artikel 17 spielt die EIOPA die Rolle des Vermittlers und Koordinators. Insbesondere stellt die EIOPA sicher, dass eine von einer zuständigen Behörde ergriffene Maßnahme gerechtfertigt und verhältnismäßig ist und dass die zuständigen Behörden gegebenenfalls einen kohärenten Ansatz wählen.

(2) Nach Erhalt der Mitteilung nach Artikel 17 in Bezug auf eine im Sinne dieses Artikels zu ergreifende Maßnahme gibt die EIOPA eine Stellungnahme ab, in der sie klärt, ob das Verbot oder die Beschränkung gerechtfertigt und verhältnismäßig ist. Hält die EIOPA Maßnahmen anderer zuständiger Behörden für notwendig, um die Risiken zu bewältigen, gibt sie dies in ihrer Stellungnahme an. Die Stellungnahme wird auf der Website der EIOPA veröffentlicht.

(3) Werden von einer zuständigen Behörde Maßnahmen vorgeschlagen oder ergriffen, die der von der EIOPA nach Absatz 2 abgegebenen Stellungnahme zuwiderlaufen, oder wird das Ergreifen von Maßnahmen entgegen einer solchen Stellungnahme von einer zuständigen Behörde abgelehnt, so veröffentlicht die betreffende zuständige Behörde auf ihrer Website umgehend eine Mitteilung, in der sie die Gründe für ihr Vorgehen vollständig darlegt.

KAPITEL IV
BESCHWERDEN, RECHTSBEHELFE, ZUSAMMENARBEIT UND AUFSICHT

Artikel 19

Der PRIIP-Hersteller und die Person, die über PRIIP berät oder sie verkauft, sehen geeignete Verfahren und Vorkehrungen vor, durch die gewährleistet wird, dass

a) Kleinanleger auf wirksame Weise Beschwerde gegen einen PRIIP-Hersteller einreichen können;

b) Kleinanleger, die in Bezug auf das Basisinformationsblatt eine Beschwerde eingereicht haben, zeitig und in angemessener Form eine sachdienliche Antwort erhalten und

c) Kleinanlegern wirksame Rechtsbehelfsverfahren auch im Fall von grenzüberschreitenden Streitigkeiten zur Verfügung stehen, insbesondere für den Fall, dass der PRIIP- Hersteller in einem anderen Mitgliedstaat oder in einem Drittland ansässig ist.

Artikel 20

(1) Für die Zwecke der Anwendung dieser Verordnung arbeiten die zuständigen Behörden untereinander zusammen und übermitteln einander unverzüglich die für die Wahrnehmung ihrer Aufgaben gemäß dieser Verordnung und die Ausübung ihrer Befugnisse relevanten Informationen.

(2) Die zuständigen Behörden werden im Einklang mit dem nationalen Recht mit allen für die Wahrnehmung ihrer Aufgaben gemäß dieser Verordnung erforderlichen Aufsichts- und Ermittlungsbefugnissen ausgestattet.

Artikel 21

(1) Die Mitgliedstaaten wenden die Richtlinie 95/46/EG auf die Verarbeitung personenbezogener Daten in dem jeweiligen Mitgliedstaat nach Maßgabe dieser Verordnung an.

(2) Für die Verarbeitung personenbezogener Daten durch die Europäischen Aufsichtsbehörden gilt die Verordnung (EG) Nr. 45/2001.

KAPITEL V
VERWALTUNGSRECHTLICHE SANKTIONEN UND ANDERE MASSNAHMEN

Artikel 22

(1) Unbeschadet der Aufsichtsbefugnisse der zuständigen Behörden und des Rechts der Mitgliedstaaten, strafrechtliche Sanktionen vorzusehen und zu verhängen, legen die Mitgliedstaaten Vorschriften für angemessene verwaltungsrechtliche Sanktionen und Maßnahmen fest, die bei Verstößen gegen diese Verordnung verhängt werden, und ergreifen die erforderlichen Maßnahmen, um deren Durchsetzung zu gewährleisten. Diese Sanktionen und Maßnahmen müssen wirksam, verhältnismäßig und abschreckend sein.

Die Mitgliedstaaten können beschließen, keine verwaltungsrechtlichen Sanktionen gemäß Unterabsatz 1 für Verstöße vorzusehen, die nach dem nationalen Recht strafrechtlichen Sanktionen unterliegen.

Bis zum 31. Dezember 2016 notifizieren die Mitgliedstaaten der Kommission und dem Gemeinsamen Ausschuss die in Unterabsatz 1 genannten Vorschriften. Sie teilen der Kommission und dem Gemeinsamen Ausschuss unverzüglich jegliche Änderungen dieser Vorschriften mit.

(2) Bei der Ausübung ihrer Befugnisse nach Artikel 24 arbeiten die zuständigen Behörden eng zusammen, um sicherzustellen, dass die verwaltungsrechtlichen Sanktionen und Maßnahmen zu den mit dieser Verordnung angestrebten Ergebnissen führen, und koordinieren ihre Maßnahmen, um bei grenzüberschreitenden Fällen Doppelarbeit und Überschneidungen bei der Anwendung von verwaltungsrechtlichen Sanktionen und Maßnahmen zu vermeiden.

Artikel 23

Die zuständigen Behörden üben ihre Sanktionsbefugnisse gemäß dieser Verordnung und den nationalen Rechtsvorschriften wie folgt aus:

a) unmittelbar,

b) in Zusammenarbeit mit anderen Behörden,

c) unter eigener Zuständigkeit, durch Übertragung von Aufgaben an solche Behörden,

d) durch Antragstellung bei den zuständigen Justizbehörden.

Artikel 24

(1) Dieser Artikel gilt für Verstöße gegen Artikel 5 Absatz 1, die Artikel 6 und 7, Artikel 8 Absätze 1 bis 3, Artikel 9, Artikel 10 Absatz 1, Artikel 13 Absätze 1, 3 und 4 sowie die Artikel 14 und 19.

(2) Die zuständigen Behörden sind befugt, zumindest die folgenden verwaltungsrechtlichen Sanktionen und Maßnahmen nach Maßgabe des nationalen Rechts zu verhängen:

a) Verfügung des Verbots, ein PRIIP zu vermarkten;

b) Verfügung der Aussetzung der Vermarktung eines PRIIP;

c) eine öffentliche Warnung mit Angaben zu der für den Verstoß verantwortlichen Person und der Art des Verstoßes;

d) Verfügung des Verbots, ein Basisinformationsblatt bereitzustellen, das nicht den Anforderungen der Artikel 6, 7, 8 oder 10 genügt, und der Verpflichtung, eine neue Fassung des Basisinformationsblatts zu veröffentlichen;

e) Geldbußen in mindestens folgender Höhe:

i) im Falle eines Rechtsträgers:
- bis zu 5 000 000 EUR oder in Mitgliedstaaten, deren Währung nicht der Euro ist, der entsprechende Wert in Landeswährung am 30. Dezember 2014, oder bis zu 3 % des jährlichen Gesamtumsatzes dieses Rechtsträgers gemäß dem letzten verfügbaren vom Leitungsorgan gebilligten Abschluss; oder
- bis zur zweifachen Höhe der infolge des Verstoßes erzielten Gewinne oder verhinderten Verluste, sofern diese sich beziffern lassen;

ii) im Falle einer natürlichen Person:
- bis zu 700 000 EUR oder in Mitgliedstaaten, deren Währung nicht der Euro ist, der entsprechende Wert in Landeswährung am 30. Dezember 2014, oder
- bis zur zweifachen Höhe der infolge des Verstoßes erzielten Gewinne oder verhinderten Verluste, sofern diese sich beziffern lassen.

Wenn es sich bei dem in Unterabsatz 1 Buchstabe e Ziffer i genannten Rechtsträger um ein Mutterunternehmen oder das Tochterunternehmen eines Mutterunternehmens handelt, das einen konsolidierten Abschluss nach der Richtlinie 2013/34/EU des Europäischen Parlaments und des Rates[1] aufzustellen hat, so ist der relevante Gesamtumsatz der jährliche Gesamtumsatz oder die entsprechende Einkunftsart gemäß den relevanten Unionsrecht im Bereich Rechnungslegung, der bzw. die im letzten verfügbaren konsolidierten Abschluss ausgewiesen ist, der vom Leitungsorgan des Mutterunternehmens an der Spitze gebilligt wurde.

(3) Mitgliedstaaten können zusätzliche Sanktionen oder Maßnahmen sowie höhere Geldbußen, als in dieser Verordnung festgelegt, vorsehen.

(4) Falls die zuständige Behörden eine oder mehrere verwaltungsrechtliche Sanktionen oder Maßnahmen gemäß Absatz 2 verhängt haben, sind die zuständigen Behörden befugt, den betroffenen Kleinanleger direkt über die verwaltungsrechtlichen Sanktionen oder Maßnahmen zu informieren und ihm mitzuteilen, wo Beschwerden einzureichen sind oder Schadensersatzansprüche anzumelden sind, oder von dem PRIIP-Hersteller oder der Person, die über die PRIIP berät oder sie verkauft, zu verlangen, eine entsprechende Mitteilung und Information an den betroffenen Kleinanleger zu richten.

Artikel 25

Bei der Anwendung der in Artikel 24 Absatz 2 genannten verwaltungsrechtlichen Sanktionen und Maßnahmen berücksichtigen die zuständigen Behörden alle relevanten Umstände, darunter, soweit angemessen,

a) die Schwere und Dauer des Verstoßes;

b) das Maß an Verantwortung der für den Verstoß verantwortlichen Person;

c) die Auswirkungen des Verstoßes auf die Interessen der Kleinanleger;

d) die Kooperationsbereitschaft der für den Verstoß verantwortlichen Person;

e) frühere Verstöße der für den Verstoß verantwortlichen Person;

f) von der für den Verstoß verantwortlichen Person nach dem Verstoß zur Verhinderung erneuter Verstöße gefasste Maßnahmen.

Artikel 26

Gegen Entscheidungen über die Verhängung von Sanktionen und das Ergreifen von Maßnahmen nach dieser Verordnung können Rechtsmittel eingelegt werden.

Artikel 27

(1) Hat die zuständige Behörde verwaltungsrechtliche Sanktionen oder Maßnahmen öffentlich bekannt gegeben, so meldet sie diese verwaltungsrechtlichen Sanktionen oder Maßnahmen gleichzeitig der zuständigen Europäischen Aufsichtsbehörde.

(2) Die zuständige Behörde übermittelt der zuständigen Europäischen Aufsichtsbehörde einmal pro Jahr eine Zusammenfassung von Informationen über alle gemäß Artikel 22 und Artikel 24 Absatz 2 verhängten verwaltungsrechtlichen Sanktionen oder Maßnahmen.

(3) Die Europäischen Aufsichtsbehörden veröffentlichen die in diesem Artikel genannten Informationen in ihrem jeweiligen Jahresbericht.

Artikel 28

(1) Die zuständigen Behörden schaffen wirksame Mechanismen, um die Meldung von tatsächli-

---

Zu Artikel 24:

[1] *Richtlinie 2013/34/EU des Europäischen Parlaments und des Rates vom 26. Juni 2013 über den Jahresabschluss, den konsolidierten Abschluss und damit verbundene Berichte von Unternehmen bestimmter Rechtsformen und zur Änderung der Richtlinie 2006/43/EG des Europäischen Parlaments und des Rates und zur Aufhebung der Richtlinien 78/660/EWG und 83/349/EWG des Rates (ABl. L 182 vom 29.6.2013, S. 19).*

chen oder potenziellen Verstößen gegen diese Verordnung bei ihnen zu ermöglichen.

(2) Die Mechanismen nach Absatz 1 umfassen zumindest Folgendes:

a) spezielle Verfahren für den Empfang der Meldung von tatsächlichen oder möglichen Verstößen und deren Weiterverfolgung;

b) einen angemessenen Schutz für Mitarbeiter, die Verstöße innerhalb ihres Arbeitgebers melden, zumindest vor Vergeltungsmaßnahmen, Diskriminierung und anderen Arten von unfairer Behandlung;

c) den Schutz der Identität sowohl der Person, die die Verstöße anzeigt, als auch der natürlichen Person, die mutmaßlich für einen Verstoß verantwortlich ist, in allen Verfahrensstufen, es sei denn, die Offenlegung der Identität ist nach nationalem Recht vor dem Hintergrund weiterer Ermittlungen oder anschließender Gerichtsverfahren vorgeschrieben.

(3) Die Mitgliedstaaten können vorsehen, dass die zuständigen Behörden nach nationalem Recht zusätzliche Mechanismen schaffen.

(4) Die Mitgliedstaaten können von Arbeitgebern, die Tätigkeiten ausüben, welche im Hinblick auf Finanzdienstleistungen reguliert sind, verlangen, dass sie geeignete Verfahren einrichten, damit ihre Mitarbeiter tatsächliche oder mögliche Verstöße intern über einen spezifischen, unabhängigen und autonomen Kanal melden können.

Artikel 29

(1) Unanfechtbare Entscheidungen, mit denen eine verwaltungsrechtliche Sanktion oder Maßnahme für die in Artikel 24 Absatz 1 genannten Verstöße verhängt wird, werden von den zuständigen Behörden unverzüglich nach Unterrichtung der Person, gegen die die Sanktion oder Maßnahme verhängt wurde, über diese Entscheidung auf ihrer offiziellen Website bekannt gemacht.

Die Bekanntmachung enthält zumindest Angaben:

a) zu Art und Charakter des Verstoßes,

b) zu den verantwortlichen Personen.

Diese Verpflichtung gilt nicht für Entscheidungen, mit denen Maßnahmen mit Ermittlungscharakter verfügt werden.

Ist die zuständige Behörde nach einer einzelfallbezogenen Bewertung zu der Ansicht gelangt, dass die Bekanntmachung der Identität der Rechtsträger oder der Identität oder der personenbezogenen Daten der natürlichen Personen unverhältnismäßig wäre, oder würde eine solche Bekanntmachung die Stabilität der Finanzmärkte oder laufende Ermittlungen gefährden, so verfahren die zuständigen Behörden wie folgt:

a) sie machen die Entscheidung, mit der eine Sanktion oder eine Maßnahme verhängt wird, erst dann bekannt, wenn die Gründe für ihre Nichtbekanntmachung weggefallen sind, oder

b) sie machen die Entscheidung, mit der eine Sanktion oder eine Maßnahme verhängt wird, im Einklang mit dem nationalen Recht auf anonymer Basis bekannt, wenn diese anonyme Bekanntmachung einen wirksamen Schutz der betreffenden personenbezogenen Daten gewährleistet, oder

c) sie sehen davon ab, die Entscheidung, mit der die Sanktion bzw. Maßnahme verhängt wird, bekannt zu machen, wenn die Möglichkeiten nach den Buchstaben a und b ihrer Ansicht nach nicht ausreichen, um zu gewährleisten, dass

i) die Stabilität der Finanzmärkte nicht gefährdet wird,

ii) bei Maßnahmen, die als geringfügig angesehen werden, bei einer Bekanntmachung solcher Entscheidungen die Verhältnismäßigkeit gewahrt ist.

(2) Die zuständigen Behörden teilen den Europäischen Aufsichtsbehörden alle verwaltungsrechtlichen Sanktionen mit, die zwar verhängt, im Einklang mit Absatz 1 Unterabsatz 3 Buchstabe c jedoch nicht bekannt gemacht wurden, sowie alle Rechtsmittel im Zusammenhang mit diesen Sanktionen und die Ergebnisse der Rechtsmittelverfahren.

Wird entschieden, eine Sanktion oder eine Maßnahme in anonymisierter Form bekannt zu machen, so kann die Bekanntmachung der einschlägigen Angaben um einen angemessenen Zeitraum aufgeschoben werden, wenn vorherzusehen ist, dass die Gründe für eine anonymisierte Bekanntmachung im Laufe dieses Zeitraums wegfallen werden.

(3) Sofern das nationale Recht die Veröffentlichung einer Entscheidung, eine Sanktion oder eine Maßnahme zu verhängen, vorschreibt und gegen diese Entscheidung bei den einschlägigen Justiz- oder sonstigen Behörden Rechtsmittel eingelegt werden, so machen die zuständigen Behörden diesen Sachverhalt und alle weiteren Informationen über das Ergebnis des Rechtsmittelverfahrens unverzüglich auf ihrer offiziellen Website bekannt. Ferner wird jede Entscheidung, mit der eine frühere bekannt gemachte Entscheidung über die Verhängung einer Sanktion oder einer Maßnahme für ungültig erklärt wird, ebenfalls bekannt gemacht.

(4) Die zuständigen Behörden stellen sicher, dass jede Bekanntmachung nach diesem Artikel vom Zeitpunkt ihrer Veröffentlichung an mindestens fünf Jahre lang auf ihrer offiziellen Website zugänglich bleibt. Enthält die Bekanntmachung personenbezogene Daten, so bleiben diese nur so lange auf der offiziellen Website der zuständigen Behörde einsehbar, wie dies nach den geltenden Datenschutzbestimmungen erforderlich ist.

KAPITEL VI
SCHLUSSBESTIMMUNGEN

Artikel 30

(1) Die Befugnis zum Erlass delegierter Rechtsakte wird der Kommission unter den in diesem Artikel festgelegten Bedingungen übertragen.

(2) Die Befugnis zum Erlass delegierter Rechtsakte gemäß Artikel 8 Absatz 4, Artikel 16 Absatz 8 und Artikel 17 Absatz 7 wird der Kommission für einen Zeitraum von drei Jahren ab dem 30. Dezember 2014 übertragen. Die Kommission erstellt spätestens neun Monate vor Ablauf des Zeitraums von drei Jahren einen Bericht über die Befugnisübertragung. Die Befugnisübertragung verlängert sich stillschweigend um Zeiträume gleicher Länge, es sei denn, das Europäische Parlament oder der Rat widersprechen einer solchen Verlängerung spätestens drei Monate vor Ablauf des jeweiligen Zeitraums.

(3) Die Befugnisübertragung gemäß Artikel 8 Absatz 4, Artikel 16 Absatz 8 und Artikel 17 Absatz 7 kann vom Europäischen Parlament oder vom Rat jederzeit widerrufen werden. Der Beschluss über den Widerruf beendet die Übertragung der in diesem Beschluss angegebenen Befugnis. Er wird am Tag nach seiner Veröffentlichung im *Amtsblatt der Europäischen Union* oder zu einem im Beschluss über den Widerruf angegebenen späteren Zeitpunkt wirksam. Die Gültigkeit von delegierten Rechtsakten, die bereits in Kraft sind, wird von dem Beschluss über den Widerruf nicht berührt.

(4) Sobald die Kommission einen delegierten Rechtsakt erlässt, übermittelt sie ihn gleichzeitig dem Europäischen Parlament und dem Rat.

(5) Ein delegierter Rechtsakt, der gemäß Artikel 8 Absatz 4, Artikel 16 Absatz 8 oder Artikel 17 Absatz 7 erlassen wurde, tritt nur in Kraft, wenn weder das Europäische Parlament noch der Rat innerhalb einer Frist von drei Monaten nach Übermittlung dieses Rechtsakts an das Europäische Parlament und den Rat Einwände erhoben haben oder wenn vor Ablauf dieser Frist das Europäische Parlament und der Rat beide der Kommission mitgeteilt haben, dass sie keine Einwände erheben werden. Auf Initiative des Europäischen Parlaments oder des Rates wird die Frist um drei Monate verlängert.

Artikel 31

Erlässt die Kommission gemäß Artikel 8 Absatz 5, Artikel 10 Absatz 2 oder Artikel 13 Absatz 5 technische Regulierungsstandards, die mit den von den Europäischen Aufsichtsbehörden übermittelten Entwürfen von technischen Regulierungsstandards identisch sind, so beträgt der Zeitraum, innerhalb dessen das Europäische Parlament und der Rat Einwände gegen diese technischen Regulierungsstandards erheben können, abweichend von Artikel 13 Absatz 1 Unterabsatz 2 der Verordnungen (EU) Nr. 1093/2010, (EU) Nr. 1094/2010 und (EU) Nr. 1095/2010 zur Berücksichtigung der Komplexität und des Umfangs der abgedeckten Themen zwei Monate ab Datum der Übermittlung. Auf Initiative des Europäischen Parlaments oder des Rates kann dieser Zeitraum um einen Monat verlängert werden.

Artikel 32

(1) Die in Artikel 2 Absatz 1 Buchstabe b der Richtlinie 2009/65/EG definierten Verwaltungsgesellschaften und die in Artikel 27 jener Richtlinie genannten Investmentgesellschaften sowie Personen, die über die in Artikel 1 Absatz 2 jener Richtlinie genannten OGAW-Anteile beraten oder diese verkaufen, sind bis zum 31. Dezember 2019 von den Verpflichtungen gemäß dieser Verordnung ausgenommen.

(2) Wenn ein Mitgliedstaat Vorschriften bezüglich des Formats und des Inhalts des Basisinformationsblatts gemäß den Artikeln 78 bis 81 der Richtlinie 2009/65/EG auf Fonds anwendet, die keine OGAW-Fonds sind und die Kleinanlegern angeboten werden, so gilt die Ausnahme nach Absatz 1 dieses Artikels für Verwaltungsgesellschaften, Investmentgesellschaften und Personen, die Kleinanleger über Anteile dieser Fonds beraten oder diese an Kleinanleger verkaufen.

Artikel 33

(1) Die Kommission überprüft diese Verordnung spätestens bis zum 31. Dezember 2018. Die Überprüfung wird – auf der Grundlage der von den Europäischen Aufsichtsbehörden erhaltenen Informationen – einen allgemeinen Überblick über das Funktionieren des Warnhinweises beinhalten, wobei sämtliche von den zuständigen Behörden diesbezüglich ausgearbeitete Leitlinien berücksichtigt werden. Die Überprüfung wird ferner einen Überblick über die praktische Anwendung der Bestimmungen dieser Verordnung unter Berücksichtigung der Entwicklungen auf dem Markt für Kleinanlegerprodukte und die Durchführbarkeit, die Kosten und die möglichen Vorteile der Einführung eines Gütezeichens für soziale und ökologische Anlagen beinhalten. Im Rahmen ihrer Überprüfung führt die Kommission Verbrauchertests und eine Prüfung der nichtgesetzgeberischen Möglichkeiten sowie der Ergebnisse der Überprüfung der Verordnung (EU) Nr. 346/2013 hinsichtlich deren Artikel 27 Absatz 1 Buchstaben c, e und g durch.

In Bezug auf OGAW im Sinne des Artikels 1 Absatz 2 der Richtlinie 2009/65/EG wird bei der Überprüfung geprüft, ob die Übergangsregelungen des Artikels 32 verlängert werden sollten oder ob nach Feststellung eventuell erforderlicher Anpassungen die Vorschriften über die wesentlichen Informationen für den Anleger in der Richtlinie 2009/65/EG durch das Basisinformationsblatt dieser Verordnung ersetzt oder als gleichwertig betrachtet werden könnten. Bei der Überprüfung wird auch eine mögliche Ausweitung des Anwendungsbereichs dieser Verordnung auf sonstige Finanzprodukte in Betracht gezogen, und beurteilt, ob die Ausnahme von Produkten aus dem Anwendungsbereich dieser Verordnung im Hinblick auf solide Normen für den Verbraucherschutz und den Vergleich von Finanzprodukten beibehalten werden sollte. Bei der Überprüfung wird zudem beurteilt, ob gemeinsame Vorschriften dahingehend, dass alle Mitgliedstaaten bei Verstößen gegen diese Verordnung verwaltungsrechtliche Sanktionen vorsehen müssen, eingeführt werden sollten.

(2) Die Kommission beurteilt bis zum 31. Dezember 2018 auf der Grundlage der Arbeit der EIOPA zum Thema Anforderungen an die Offenlegung von Produktinformationen, ob sie einen neuen Rechtsakt zur Gewährleistung angemessener Anforderungen an die Offenlegung von Produktinformationen vorschlägt oder ob sie Altersvorsorgeprodukte nach Artikel 2 Absatz 2 Buchstabe e in den Anwendungsbereich dieser Verordnung aufnimmt.

Bei dieser Beurteilung trägt die Kommission dafür Sorge, dass mit diesen Maßnahmen das Niveau der Offenlegungsstandards in Mitgliedstaaten, die bereits Offenlegungsvorschriften für derartige Altersvorsorgeprodukte haben, nicht verringert wird.

(3) Die Kommission unterbreitet dem Europäischen Parlament und dem Rat nach Anhörung des Gemeinsamen Ausschusses einen Bericht bezüglich der Absätze 1 und 2 sowie gegebenenfalls einen Gesetzgebungsvorschlag.

(4) Die Kommission führt bis zum 31. Dezember 2018 eine Marktstudie durch, um festzustellen, ob Online-Recheninstrumente verfügbar sind, die es dem Kleinanleger gestatten, die Gesamtkosten und -gebühren der PRIIP zu berechnen, und ob sie kostenlos zur Verfügung gestellt werden. Die Kommission erstattet darüber Bericht, ob diese Instrumente zuverlässige und präzise Berechnungen für alle Produkte, die in den Anwendungsbereich dieser Verordnung fallen, liefern.

Falls das Fazit dieser Studie lautet, dass solche Instrumente nicht vorhanden sind oder dass die vorhandenen Instrumente es den Kleinanlegern nicht gestatten, die Gesamtkosten und -gebühren der PRIIP zu berechnen, bewertet die Kommission die Durchführbarkeit der Ausarbeitung durch die Europäischen Aufsichtsbehörden – im Wege des Gemeinsamen Ausschusses – von Entwürfen technischer Regulierungsstandards aus, in denen die für solche Instrumente auf Unionsebene geltenden Spezifikationen festgelegt werden.

Artikel 34

Diese Verordnung tritt am zwanzigsten Tag nach ihrer Veröffentlichung im *Amtsblatt der Europäischen Union* in Kraft.

Sie gilt ab dem 31. Dezember 2016.

Diese Verordnung ist in allen ihren Teilen verbindlich und gilt unmittelbar in jedem Mitgliedstaat.

Geschehen zu Straßburg am 26. November 2014.

Im Namen des Europäischen Parlaments	*Im Namen des Rates*
Der Präsident	*Der Präsident*
M. SCHULZ	S. GOZI

KODEX
DES ÖSTERREICHISCHEN RECHTS
HERAUSGEBER: UNIV.-PROF. DR. WERNER DORALT

VERSICHERUNGS-RECHT

1	VersVG
2	ABGB §§ 1288 ff, PHG, KSchG
3	EuGVVO, Rom I + IPRG
4	KFG + ZustV, EKHG
5	KHVG, AKHB + AKKB
6	KHV Euro-Üb, Abk Ö.-Schweiz
7	VOEG, Vertrag Ö.-Schweiz
8	LFG, BGzlV
9	GewO, RSV+ERV+RVB
10	RAO + EIRAG, NO, WTBG + BiBuG, ÄrzteG
11	Sonstige Haftpflichtvers
12	AVB (Leben, Kredit, KFZ, Rechtsschutz, Rechtsschutz, Feuer, Bü-L, UKV/ÖKK, Haushalt, Betriebshaft, Transport + AGSp (SVS/RVS))
13	VAG + VOen, FMABG
14	BAG + VOen
15	GewO + VOen
16	MaklerG, AGB-VersMakler
17	Hagelvers-RsG
18	Tiervers-RsG
19	Waldunvers-Fö FeuerG + VO
20	Kapitalvers-FsG, ESzG
21	VersStG + VO
22	FeuerschStG + VO
23	PKG + VOen
24	BPG
25	EU-VOen
Anhang	IMD 1.5

LexisNexis

KODEX
DES ÖSTERREICHISCHEN RECHTS
HERAUSGEBER: UNIV.-PROF. DR. WERNER DORALT

FINANZMARKT-RECHT I

1	BWG, CRR-BegleitV, CRR-MappingV, KI-RMV, MindeststicherheitV, LiquiditätsV, ReservemeldungV, S. LippieV, Int. DatenaustauschV, AP-VO, JKAB-V, VERA-V, VTDM-V, STDM-V, ZKRMV, EKV, GTV, CRR, DelCRR-Kreditrisiko, DelCRR-Eigenmittel, BankenRL, EinlagensicherungsRL, Banken-Liqu-RL, BIRG + Ven, SpG, BSpG + V, PSK-G + PSK-AG, HypBG, PfandbriefG + EinfVen, FBSchVG, Pfandbriefstelle-G, KuratorenG, Kur-ErgänzungsG, A-QSG + V, RL-KEG, StabAbgG, ADG, NBG
2	FMABG + Ven, EBA-VO, ESRB-VO, SSM-VO, SSM-EP-EZB, SSM-DurchführungsB
3	FinStaG + Ven, ZaBStaG, ÖIAGG, Banken-MtlgI, Impaired-Assets-MtlgI, UmstrukturierungsM, RekapitalisierungsM
4	FinanzkonglomerateG+Ven, FKRL

LexisNexis

KODEX
DES ÖSTERREICHISCHEN RECHTS
HERAUSGEBER: UNIV.-PROF. DR. WERNER DORALT

FINANZMARKT-RECHT II

1	KMG + Ven, ProspektVO, DelProspektVO, ÄquivalenzVO, ProspektRL
2	DepG
3	FinSG + RL
4	KEG
5	InvFG + Ven, OGAW-KID-VO, OGAW-VerfVO, OGAW-RL ua
6	AIFMG+Ven, EU-AIFM-VO, AIFM-RL, Risikokop. F-VO, Sm. Unt. F-VO
7	Immo-InvFG + Ven
8	BMSVG, PensFondsRL
9	VKrG, VKr-RL, ImmoKrRL, FernFinG, FernFinRL
10	Rating-AgenturenVO, Rat.Del.VOen, RAVG + Liste

LexisNexis

KODEX
DES ÖSTERREICHISCHEN RECHTS
HERAUSGEBER: UNIV.-PROF. DR. WERNER DORALT

FINANZMARKT-RECHT III

1	ZaDiG+Ven, SEPA-VO, ÜberweisungsVO, AuftraggeberdatenVO, ZahlungsgirantieRL, E-GeldG + V, E-GeldRL, DevG + Ven, SanktionenG + Kdm, 1. EuroJubG, 1. EuroFolgeG, EuroG, SchMG, WechselG, ScheckG, KEG
2	WAG + Ven, MiFIR-V, MiFID, MiFID²
3	Geldwäsche-RLn
4	AnlegerentschädigungsRL
5	BörseG + Ven
6	Short-Selling-VO+DelVen
7	REMIT-VO
8	Strommärkte-VO
9	Treibhausgas-VO
10	EU-MarktmissbrauchsVO, MarktmissbrauchsRLn
11	NotierungsRL
12	Transparenz-RLn
13	DerivateVO + DelVen (EMIR), ZGVG + V
14	FinalitätsG + RL
15	FMABG+Ven
16	ESMA-VO
17	ESRB + V

LexisNexis

26/3. IMD 1.5
Versicherungsvermittlung

Richtlinie 2002/92/EG des Europäischen Parlaments und des Rates vom 9. Dezember 2002 über Versicherungsvermittlung[1)]

[1)] Die Änderungen sind bis zum 3. 7. 2016 in nationales Recht umzusetzen und ab dem 3. 1. 2017 anzuwenden (vgl. Art 93 MiFID II).

ABl L 9 vom 15. 1. 2003, S 3 idF

1 ABl L 173 vom 12. 6. 2014, S 349 (MiFID II)

DAS EUROPÄISCHE PARLAMENT UND DER RAT DER EUROPÄISCHEN UNION –

gestützt auf den Vertrag zur Gründung der Europäischen Gemeinschaft, insbesondere auf Artikel 47 Absatz 2 und Artikel 55,

auf Vorschlag der Kommission[1)],

nach Stellungnahme des Wirtschafts- und Sozialausschusses[2)],

gemäß dem Verfahren des Artikels 251 des Vertrags[3)],

in Erwägung nachstehender Gründe:

(1) Versicherungs- und Rückversicherungsvermittler spielen beim Vertrieb von Versicherungs- und Rückversicherungsprodukten in der Gemeinschaft eine zentrale Rolle.

(2) Mit der Richtlinie 77/92/EWG des Rates vom 13. Dezember 1976 über Maßnahmen zur Erleichterung der tatsächlichen Ausübung der Niederlassungsfreiheit und des freien Dienstleistungsverkehrs für die Tätigkeiten des Versicherungsagenten und des Versicherungsmaklers (aus ISIC-Gruppe 630), insbesondere Übergangsmaßnahmen für solche Tätigkeiten[4)], wurde ein erster Schritt unternommen, um Versicherungsagenten und -maklern die Ausübung der Niederlassungs- und Dienstleistungsfreiheit zu erleichtern.

(3) Die Richtlinie 77/92/EWG sollte ursprünglich so lange gültig bleiben, bis Bestimmungen, die die einzelstaatlichen Vorschriften über die Aufnahme und Ausübung der Tätigkeit von Versicherungsagenten und -maklern koordinieren, in Kraft treten.

(4) Die Empfehlung 92/48/EWG der Kommission vom 18. Dezember 1991 über Versicherungsvermittler[5)] wurde von den Mitgliedstaaten weitgehend befolgt und trug zur Angleichung der einzelstaatlichen Vorschriften über die beruflichen Anforderungen und die Eintragung von Versicherungsvermittlern bei.

(5) Jedoch bestehen zwischen den einzelstaatlichen Vorschriften immer noch erhebliche Unterschiede, die für die Aufnahme und Ausübung der Tätigkeit von Versicherungs- und Rückversicherungsvermittlern im Binnenmarkt Hindernisse mit sich bringen. Daher ist es angezeigt, die Richtlinie 77/92/EWG durch eine neue Richtlinie zu ersetzen.

(6) Versicherungs- und Rückversicherungsvermittler sollten in der Lage sein, die vom Vertrag gewährleisteten Rechte der Niederlassungsfreiheit und des freien Dienstleistungsverkehrs in Anspruch zu nehmen.

(7) Dass Versicherungsvermittler nicht in der Lage sind, uneingeschränkt überall in der Gemeinschaft tätig zu werden, beeinträchtigt das reibungslose Funktionieren des einheitlichen Versicherungsmarktes.

(8) Die Koordinierung der einzelstaatlichen Vorschriften über die beruflichen Anforderungen, die an Personen zu stellen sind, welche die Tätigkeit der Versicherungsvermittlung aufnehmen und ausüben, und über die Eintragung dieser

---

Präambel:
[1)] ABl. C 29 E vom 30.1.2001, S. 245.
[2)] ABl. C 221 vom 7.8.2001, S. 121.
[3)] Stellungnahme des Europäischen Parlaments vom 14. November 2001 (ABl. C 140 E vom 13.6.2002, S. 167), Gemeinsamer Standpunkt des Rates vom 18. März 2002 (ABl. C 145 E vom 18.6.2002, S. 1) und Beschluss des Europäischen Parlaments vom 13. Juni 2002 (noch nicht im Amtsblatt veröffentlicht). Beschluss des Rates vom 28. Juni 2002.
Zu Abs. 2:
[4)] ABl. L 26 vom 31.1.1977, S. 14. Richtlinie zuletzt geändert durch die Beitrittsakte von 1994.

Zu Abs. 4:
[5)] ABl. L 19 vom 28.1.1992, S. 32.

Personen kann daher sowohl zur Vollendung des Binnenmarktes für Finanzdienstleistungen als auch zur Verbesserung des Verbraucherschutzes in diesem Bereich beitragen.

(9) Versicherungsprodukte können von verschiedenen Kategorien von Personen oder Einrichtungen wie Versicherungsagenten, Versicherungsmaklern und „Allfinanzunternehmen" vertrieben werden. Aus Gründen der Gleichbehandlung all dieser Akteure und des Kundenschutzes sollte sich diese Richtlinie auf all diese Personen oder Einrichtungen beziehen.

(10) Diese Richtlinie enthält eine Definition des vertraglich gebundenen Versicherungsvermittlers, die den Besonderheiten bestimmter Märkte der Mitgliedstaaten Rechnung trägt und darauf abzielt, die auf derartige Vermittler anwendbaren Eintragungsbedingungen festzulegen. Diese Definition soll ähnlichen Definitionen von Versicherungsvermittlern in den Mitgliedstaaten nicht entgegenstehen, die zwar für Rechnung und im Namen eines Versicherungsunternehmens und unter dessen uneingeschränkter Verantwortung handeln, jedoch berechtigt sind, Prämien und Beträge, die gemäß den in dieser Richtlinie vorgesehenen finanziellen Garantien für die Kunden bestimmt sind, entgegenzunehmen.

(11) Diese Richtlinie sollte Personen betreffen, deren Tätigkeit darin besteht, für Dritte Versicherungsvermittlungsdienstleistungen für eine Gegenleistung zu erbringen, die finanzieller Art sein oder jede andere Form eines wirtschaftlichen Vorteils annehmen kann, der zwischen den Parteien vereinbart wurde und an die Leistung geknüpft ist.

(12) Diese Richtlinie sollte nicht Personen betreffen, die eine andere Berufstätigkeit, z. B. als Steuerexperte oder Buchhalter, ausüben und im Rahmen dieser anderen Berufstätigkeit gelegentlich über Versicherungsschutz beraten oder lediglich allgemeine Informationen über Versicherungsprodukte erteilen, sofern diese Tätigkeit nicht zum Ziel hat, dem Kunden bei dem Abschluss oder der Abwicklung eines Versicherungs- oder Rückversicherungsvertrags behilflich zu sein, Schadensfälle eines Versicherungs- oder Rückversicherungsunternehmens berufsmäßig zu verwalten oder Schäden zu regulieren oder Sachverständigenarbeit zu leisten.

(13) Diese Richtlinie sollte unter bestimmten, genau festgelegten Bedingungen nicht auf Personen Anwendung finden, die Versicherungsvermittlung als Nebentätigkeit betreiben.

(14) Versicherungs- und Rückversicherungsvermittler sollten bei der zuständigen Behörde des Mitgliedstaats, in dem sie ihren Wohnsitz oder ihre Hauptverwaltung haben, eingetragen werden, sofern sie strengen beruflichen Anforderungen in Bezug auf Sachkompetenz, Leumund, Berufshaftpflichtschutz und finanzielle Leistungsfähigkeit genügen.

(15) Durch die Eintragung sollten Versicherungs- und Rückversicherungsvermittler die Möglichkeit erhalten, in anderen Mitgliedstaaten nach den Grundsätzen der Niederlassungsfreiheit und des freien Dienstleistungsverkehrs tätig zu werden, sofern zwischen den zuständigen Behörden ein entsprechendes Verfahren zur Unterrichtung stattgefunden hat.

(16) Angemessene Sanktionen sind erforderlich, damit gegen Personen, die die Tätigkeit der Versicherungs- oder Rückversicherungsvermittlung ausüben, ohne eingetragen zu sein, gegen Versicherungs- und Rückversicherungsunternehmen, die die Dienste nicht eingetragener Vermittler in Anspruch nehmen, und gegen Vermittler, die den gemäß dieser Richtlinie erlassenen innerstaatlichen Rechtsvorschriften nicht nachkommen, vorgegangen werden kann.

(17) Zusammenarbeit und Informationsaustausch zwischen den zuständigen Behörden sind von entscheidender Bedeutung, um die Verbraucher zu schützen und die Solidität des Versicherungs- und Rückversicherungsgeschäfts im Binnenmarkt sicherzustellen.

(18) Für den Verbraucher kommt es entscheidend darauf an, zu wissen, ob er mit einem Vermittler zu tun hat, der ihn über Produkte eines breiten Spektrums von Versicherungsunternehmen oder über Produkte einer bestimmten Anzahl von Versicherungsunternehmen berät.

(19) In dieser Richtlinie sollten die Informationspflichten der Versicherungsvermittler gegenüber den Kunden festgelegt werden. Ein Mitgliedstaat kann zu diesem Punkt strengere Bestimmungen beibehalten oder erlassen, die den Versicherungsvermittlern, die ihre Vermittlungstätigkeit in seinem Hoheitsgebiet ausüben, ungeachtet ihres Wohnsitzes, auferlegt werden, sofern diese strengeren Bestimmungen mit dem Gemeinschaftsrecht – einschließlich der Richtlinie 2000/31/EG des Europäischen Parlaments und des Rates vom 8. Juni 2000 über bestimmte rechtliche Aspekte der Dienste der Informationsgesellschaft, insbesondere des elektronischen Geschäftsverkehrs,

Versicherungsvermittlung

im Binnenmarkt („Richtlinie über den elektronischen Geschäftsverkehr")[6] – vereinbar sind.

(20) Erklärt der Vermittler, dass er über Produkte eines breiten Spektrums von Versicherungsunternehmen berät, sosollte er eine unparteiische und ausreichend breit gefächerte Untersuchung der auf dem Markt angebotenen Produkte durchführen. Außerdem sollten alle Vermittler die Gründe für ihren Vorschlag erläutern.

(21) Dieser Informationsbedarf ist geringer, wenn der Kunde ein Unternehmen ist, das sich gegen gewerbliche und industrielle Risiken versichern oder rückversichern will.

(22) In den Mitgliedstaaten muss es angemessene und wirksame Beschwerde- und Abhilfeverfahren zur Beilegung von Streitigkeiten zwischen Versicherungsvermittlern und Verbrauchern geben; dabei sollte gegebenenfalls auf bestehende Verfahren zurückgegriffen werden.

(23) Unbeschadet des Rechts der Kunden, vor den Gerichten Klage zu erheben, sollten die Mitgliedstaaten die zur außergerichtlichen Beilegung von Streitfällen eingerichteten öffentlich-rechtlichen oder privat-rechtlichen Einrichtungen dazu anhalten, bei der Lösung grenzübergreifender Streitfälle zusammenzuarbeiten. Eine derartige Zusammenarbeit könnte insbesondere darauf abzielen, dem Verbraucher zu gestatten, die in seinem Wohnsitzstaat eingerichteten außergerichtlichen Stellen mit Beschwerden über die in anderen Mitgliedstaaten niedergelassenen Vermittler zu befassen. Durch die Einrichtung des FIN-NET-Netzes erhalten die Verbraucher mehr Unterstützung, wenn sie grenzüberschreitende Dienste in Anspruch nehmen. Die Bestimmungen hinsichtlich der Verfahren sollten der Empfehlung 98/257/EG der Kommission vom 30. März 1998 betreffend die Grundsätze für Einrichtungen, die für die außergerichtliche Beilegung von Verbraucherrechtsstreitigkeiten zuständig sind[7], Rechnung tragen.

(24) Die Richtlinie 77/92/EWG sollte daher aufgehoben werden –

HABEN FOLGENDE RICHTLINIE ERLASSEN:

Zu Abs. 19:
[6] ABl. L 178 vom 17.7.2000, S. 1.
Zu Abs. 23:
[7] ABl. L 115 vom 17.4.1998, S. 31.

KAPITEL I
ANWENDUNGSBEREICH UND BEGRIFFSBESTIMMUNGEN

Artikel 1
Anwendungsbereich

(1) Mit dieser Richtlinie werden Vorschriften für die Aufnahme und Ausübung der Versicherungs- und Rückversicherungsvermittlung durch natürliche oder juristische Personen, die in einem Mitgliedstaat niedergelassen sind oder sich dort niederlassen möchten, festgelegt.

(2) Diese Richtlinie findet nicht auf Personen Anwendung, die Vermittlungsdienste für Versicherungsverträge anbieten, wenn sämtliche nachstehenden Bedingungen erfüllt sind:

a) für die betreffenden Versicherungsvertrag sind nur Kenntnisse des angebotenen Versicherungsschutzes erforderlich;

b) bei dem Versicherungsvertrag handelt es sich nicht um einen Lebensversicherungsvertrag;

c) der Versicherungsvertrag deckt keine Haftpflichtrisiken ab;

d) die betreffende Person betreibt die Versicherungsvermittlung nicht hauptberuflich;

e) die Versicherung stellt eine Zusatzleistung zur Lieferung einer Ware bzw. der Erbringung einer Dienstleistung durch einen beliebigen Anbieter dar, wenn mit der Versicherung Folgendes abgedeckt wird:

i) das Risikoeines Defekts, eines Verlusts oder einer Beschädigung von Gütern, die von dem betreffenden Anbieter geliefert werden; oder

ii) Beschädigung oder Verlust von Gepäck und andere Risiken im Zusammenhang mit einer bei dem betreffenden Anbieter gebuchten Reise, selbst wenn die Versicherung Lebensversicherungs- oder Haftpflichtrisiken abdeckt, vorausgesetzt, dass die Deckung zusätzlich zur Hauptversicherungsdeckung für Risiken im Zusammenhang mit dieser Reise gewährt wird;

f) die Jahresprämie übersteigt nicht 500 EUR, und der Versicherungsvertrag hat eine Gesamtlaufzeit, eventuelle Verlängerungen inbegriffen, von höchstens fünf Jahren.

(3) Die Richtlinie gilt nicht für Versicherungs- und Rückversicherungsvermittlungsdienstleistungen, die im Zusammenhang mit Risiken und Verpflichtungen erbracht werden, die außerhalb der Gemeinschaft bestehen bzw. eingegangen worden sind.

Diese Richtlinie berührt nicht die Rechtsvorschriften eines Mitgliedstaats über die Versicherungsvermittlungstätigkeit, die von Versicherungs- und Rückversicherungsvermittlern ausgeübt wird, die in einem Drittland niedergelassen sind und im Wege des freien Dienstleistungsverkehrs in seinem Hoheitsgebiet tätig sind, unter

26/3. IMD 1.5
Versicherungsvermittlung

der Voraussetzung, dass die Gleichbehandlung aller Personen sichergestellt ist, die die Tätigkeit der Versicherungsvermittlung auf diesem Markt ausüben oder zu deren Ausübung befugt sind.

Diese Richtlinie regelt weder Versicherungsvermittlungstätigkeiten in Drittländern noch Tätigkeiten von Versicherungs- oder Rückversicherungsunternehmen der Gemeinschaft im Sinne der Ersten Richtlinie 73/239/EWG des Rates vom 24. Juli 1973 zur Koordinierung der Rechts- und Verwaltungsvorschriften betreffend die Aufnahme und Ausübung der Tätigkeit der Direktversicherung (mit Ausnahme der Lebensversicherung)[1] und der Ersten Richtlinie 79/267/EWG des Rates vom 5. März 1979 zur Koordinierung der Rechts- und Verwaltungsvorschriften über die Aufnahme und Ausübung der Direktversicherung (Lebensversicherung)[2], die durch Versicherungsvermittler in Drittländern ausgeübt werden.

Artikel 2
Begriffsbestimmungen

Im Sinne dieser Richtlinie bezeichnet der Ausdruck:

1. „Versicherungsunternehmen" ein Unternehmen, dem die behördliche Zulassung gemäß Artikel 6 der Richtlinie 73/239/EWG bzw. Artikel 6 der Richtlinie 79/267/EWG erteilt wurde;

2. „Rückversicherungsunternehmen" ein Unternehmen, das weder ein Versicherungsunternehmen noch ein Versicherungsunternehmen eines Drittlands ist und dessen Haupttätigkeit darin besteht, von einem Versicherungsunternehmen, einem Versicherungsunternehmen eines Drittlands oder anderen Rückversicherungsunternehmen abgegebene Risiken zu übernehmen;

3. „Versicherungsvermittlung" das Anbieten, Vorschlagen oder Durchführen anderer Vorbereitungsarbeiten zum Abschließen von Versicherungsverträgen oder das Abschließen von Versicherungsverträgen oder das Mitwirken bei deren Verwaltung und Erfüllung, insbesondere im Schadensfall.

Mit Ausnahme von Kapitel III (A) dieser Richtlinie gelten diese Tätigkeiten nicht als Versicherungsvermittlung, wenn sie von einem Versicherungsunternehmen oder einem Angestellten eines Versicherungsunternehmens, der unter der Verantwortung des Versicherungsunternehmens tätig wird, ausgeübt werden.

Die beiläufige Erteilung von Auskünften im Zusammenhang mit einer anderen beruflichen Tätigkeit, sofern diese Tätigkeit nicht zum Ziel hat, den Kunden beim Abschluss oder der Handhabung eines Versicherungsvertrags zu unterstützen, oder die berufsmäßige Verwaltung der Schadensfälle eines Versicherungsunternehmens oder die Schadensregulierung und Sachverständigenarbeit im Zusammenhang mit Schadensfällen gelten ebenfalls nicht als Versicherungsvermittlung;
(ABl L 173 vom 12. 6. 2014, S 349 (MiFID II))

4. „Rückversicherungsvermittlung" das Anbieten, Vorschlagen oder Durchführen anderer Vorbereitungsarbeiten zum Abschließen von Rückversicherungsverträgen oder das Abschließen von Rückversicherungsverträgen oder das Mitwirken bei deren Verwaltung und Erfüllung, insbesondere im Schadensfall.

Diese Tätigkeiten gelten nicht als Rückversicherungsvermittlung, wenn sie von einem Rückversicherungsunternehmen oder einem Angestellten eines Rückversicherungsunternehmens, der unter der Verantwortung des Rückversicherungsunternehmens tätig wird, ausgeübt werden.

Die beiläufige Erteilung von Auskünften im Zusammenhang mit einer anderen beruflichen Tätigkeit, sofern diese Tätigkeit nicht zum Ziel hat, den Kunden beim Abschluss oder der Handhabung eines Versicherungsvertrags zu unterstützen, oder die berufsmäßige Verwaltung der Schadensfälle eines Rückversicherungsunternehmens oder die Schadensregulierung und Sachverständigenarbeit im Zusammenhang mit Schadensfällen gelten ebenfalls nicht als Rückversicherungsvermittlung;

5. „Versicherungsvermittler" jede natürliche oder juristische Person, die die Tätigkeit der Versicherungsvermittlung gegen Vergütung aufnimmt oder ausübt;

6. „Rückversicherungsvermittler" jede natürliche oder juristische Person, die die Tätigkeit der Rückversicherungsvermittlung gegen Vergütung aufnimmt oder ausübt;

7. „vertraglich gebundener Versicherungsvermittler" jede Person, die eine Tätigkeit der Versicherungsvermittlung im Namen und für Rechnung eines Versicherungsunternehmens oder – wenn die Versicherungsprodukte nicht in Konkurrenz zueinander stehen – mehrerer Versicherungsunternehmen ausübt, die jedoch weder die Prämien noch die für den Kunden bestimmten Beträge in Empfang nimmt und hinsichtlich der Produkte der jeweiligen Versicherungsunternehmen unter deren uneingeschränkter Verantwortung handelt.

Jede Person, die Versicherungsvermittlung zusätzlich zu ihrer Hauptberufstätigkeit ausübt und weder Prämien noch für den Kunden bestimmte Beträge in Empfang nimmt, gilt ebenfalls als vertraglich gebundener Versicherungsvermittler,

---

Zu Artikel 1:
[1] *ABl. L 228 vom 16.8.1973, S. 3. Richtlinie zuletzt geändert durch die Richtlinie 2002/13/EG des Europäischen Parlaments und des Rates (ABl. L 77 vom 20.3.2002, S. 17).*
[2] *ABl. L 63 vom 13.3.1979, S. 1. Richtlinie zuletzt geändert durch die Richtlinie 2002/12/EG des Europäischen Parlaments und des Rates (ABl. L 77 vom 20.3.2002, S. 11).*

26/3. IMD 1.5
Versicherungsvermittlung

der hinsichtlich der Produkte des jeweiligen Versicherungsunternehmens unter der Verantwortung eines oder mehrerer Versicherungsunternehmen handelt, wenn die Versicherung eine Ergänzung der im Rahmen dieser Haupttätigkeit gelieferten Waren oder erbrachten Dienstleistungen darstellt;

8. „Großrisiken" Risiken im Sinne von Artikel 5 Buchstabe d) der Richtlinie 73/239/EWG;

9. „Herkunftsmitgliedstaat"

a) wenn der Vermittler eine natürliche Person ist: der Mitgliedstaat, in dem diese Person ihren Wohnsitz hat und ihre Tätigkeit ausübt;

b) wenn der Vermittler eine juristische Person ist: der Mitgliedstaat, in dem diese Person ihren satzungsmäßigen Sitz hat, oder, wenn sie gemäß dem für sie geltenden einzelstaatlichen Recht keinen satzungsmäßigen Sitz hat, der Mitgliedstaat, in dem ihr Hauptverwaltungssitz liegt;

10. „Aufnahmemitgliedstaat" der Mitgliedstaat, in dem ein Versicherungs- oder Rückversicherungsvermittler eine Zweigniederlassung hat oder Dienstleistungen erbringt;

11. „zuständige Behörden" die Behörden, die jeder Mitgliedstaat gemäß Artikel 6 benennt;

12. „dauerhafter Datenträger" jedes Medium, das es dem Verbraucher ermöglicht, persönlich an ihn gerichtete Informationen so zu speichern, dass diese während eines für den Informationszweck angemessenen Zeitraums abgerufen werden können, und das die unveränderte Wiedergabe der gespeicherten Daten ermöglicht.

Dazu gehören insbesondere Disketten, CD-Roms, DVDs und die Festplatten von Computern, auf denen elektronische Post gespeichert wird, jedoch nicht eine Internet-Website, es sei denn, diese Site entspricht den in Absatz 1 enthaltenen Kriterien.

13. Für die Zwecke des Kapitels III A bezeichnet,Versicherungsanlageprodukt ein Versicherungsprodukt, das einen Fälligkeitswert oder einen Rückkaufwert bietet, der vollständig oder teilweise, direkt oder indirekt Marktschwankungen ausgesetzt ist; nicht darunter fallen

a) Nichtlebensversicherungsprodukte gemäß der Richtlinie 2009/138/EGAnhang I (Versicherungszweige der Nichtlebensversicherung),

b) Lebensversicherungsverträge, deren Leistungen nur im Todesfall oder bei Arbeitsunfähigkeit infolge von Körperverletzung, Krankheit oder Gebrechen zahlbar sind,

c) Altersvorsorgeprodukte, die nach innerstaatlichem Recht als Produkte anerkannt sind, deren Zweck in erster Linie darin besteht, dem Anleger im Ruhestand ein Einkommen zu gewähren, und die dem Anleger einen Anspruch auf bestimmte Leistungen einräumen,

d) amtlich anerkannte betriebliche Altersversorgungssysteme, die in den Anwendungsbereich der Richtlinie 2003/41/EG oder der Richtlinie 2009/138/EG fallen,

e) individuelle Altersvorsorgeprodukte, für die nach innerstaatlichem Recht ein finanzieller Beitrag des Arbeitgebers erforderlich ist und die bzw. deren Anbieter weder der Arbeitgeber noch der Beschäftigte selbst wählen kann.

(ABl L 173 vom 12. 6. 2014, S 349 (MiFID II))

KAPITEL II
ANFORDERUNGEN IN BEZUG AUF DIE EINTRAGUNG

Artikel 3
Eintragung

(1) Versicherungs- und Rückversicherungsvermittler sind bei der zuständigen Behörde nach Artikel 7 Absatz 2 in ihrem Herkunftsmitgliedstaat einzutragen.

Unbeschadet des Unterabsatzes 1 können die Mitgliedstaaten vorsehen, dass die Versicherungs- und Rückversicherungsunternehmen oder andere Einrichtungen mit den zuständigen Behörden bei der Eintragung von Versicherungs- und Rückversicherungsvermittlern und bei der Anwendung der Anforderungen nach Artikel 4 die betreffenden Vermittler zusammenarbeiten können. Insbesondere können vertraglich gebundene Versicherungsvermittler von einem Versicherungsunternehmen oder einem Zusammenschluss von Versicherungsunternehmen unter der Aufsicht einer zuständigen Behörde eingetragen werden.

Den Mitgliedstaaten steht es frei, die Anforderung nach den Unterabsätzen 1 und 2 nicht auf alle natürlichen Personen anzuwenden, die in einem Unternehmen arbeiten und die Tätigkeit der Versicherungs- oder Rückversicherungsvermittlung ausüben.

Juristische Personen werden von den Mitgliedstaaten eingetragen; im Register sind ferner die Namen der natürlichen Personen, die im Rahmen des Leitungsorgans für die Vermittlungstätigkeiten verantwortlich sind, anzugeben.

(2) Die Mitgliedstaaten können mehr als ein Register für Versicherungs- und Rückversicherungsvermittler einrichten, sofern sie Kriterien für die Eintragung der Vermittler festlegen.

Die Mitgliedstaaten sorgen für die Einrichtung einer einzigen Auskunftsstelle, die einen leichten und schnellen Zugang zu den Informationen aus diesen verschiedenen Registern ermöglicht, die auf elektronischem Wege erstellt und ständig auf dem neuesten Stand gehalten werden. Diese Auskunftsstelle ermöglicht ebenfalls die Identifizierung der zuständigen Behörden jedes Mitgliedstaats nach Absatz 1 Unterabsatz 1. Im Register werden außerdem das Land bzw. die Länder verzeichnet, in dem bzw. in denen der Vermittler im Rahmen der Niederlassungsfreiheit oder des freien Dienstleistungsverkehrs tätig ist.

26/3. IMD 1.5
Versicherungsvermittlung

(3) Die Mitgliedstaaten sorgen dafür, dass die Eintragung von Versicherungs- und Rückversicherungsvermittlern, einschließlich von vertraglich gebundenen Versicherungsvermittlern, von der Erfüllung der beruflichen Anforderungen gemäß Artikel 4 abhängig gemacht wird.

Die Mitgliedstaaten sorgen ferner dafür, dass Versicherungs- und Rückversicherungsvermittler, einschließlich von vertraglich gebundenen Versicherungsvermittlern, die diese Anforderungen nicht mehr erfüllen, aus dem Register gestrichen werden. Die Gültigkeit der Eintragung wird von der zuständigen Behörde regelmäßig überprüft. Bei Bedarf unterrichtet der Herkunftsmitgliedstaat den Aufnahmemitgliedstaat auf geeignetem Weg von dieser Streichung.

(4) Die zuständigen Behörden können dem Versicherungsoder Rückversicherungsvermittler ein Dokument ausstellen, das es jeder Person, die ein Interesse daran hat, ermöglicht, durch Einsichtnahme in das oder die Register nach Absatz 2 zu prüfen, ob der Vermittler ordnungsgemäß eingetragen ist.

Dieses Dokument enthält mindestens die Informationen nach Artikel 12 Absatz 1 Buchstaben a) und b) und im Fall einer juristischen Person den (die) Namen der in Absatz 1 Unterabsatz 4 des vorliegenden Artikels genannten natürlichen Person(en).

Der Mitgliedstaat verlangt, dass dieses Dokument der zuständigen Behörde, die es ausgestellt hat, zurückgegeben wird, sobald der Versicherungs- oder Rückversicherungsvermittler nicht mehr eingetragen ist.

(5) Eingetragene Versicherungsvermittler und Rückversicherungsvermittler dürfen die Tätigkeit der Versicherungsvermittlung und der Rückversicherungsvermittlung in der Gemeinschaft im Rahmen der Niederlassungsfreiheit und des freien Dienstleistungsverkehrs aufnehmen und ausüben.

(6) Die Mitgliedstaaten achten darauf, dass die Versicherungsunternehmen nur die Versicherungs- und Rückversicherungsvermittlungsdienste der eingetragenen Versicherungs- und Rückversicherungsvermittler und der in Artikel 1 Absatz 2 genannten Personen in Anspruch nehmen.

Artikel 4
Berufliche Anforderungen

(1) Versicherungs- und Rückversicherungsvermittler müssen über die vom Herkunftsmitgliedstaat des Vermittlers festgelegten angemessenen Kenntnisse und Fertigkeiten verfügen.

Die Herkunftsmitgliedstaaten können die Anforderungen, die an die Kenntnisse und Fertigkeiten gestellt werden, an die Tätigkeit der Versicherungs- und Rückversicherungsvermittler und die von ihnen vertriebenen Produkte anpassen, insbesondere dann, wenn die Versicherungsvermittlung nicht die Hauptberufstätigkeit des Vermittlers ist.

In diesem Fall darf der Betreffende eine Tätigkeit der Versicherungsvermittlung nur ausüben, wenn ein Versicherungsvermittler, der die Anforderungen dieses Artikels erfüllt, oder ein Versicherungsunternehmen die uneingeschränkte Haftung für sein Handeln übernommen hat.

Die Mitgliedstaaten können für die in Artikel 3 Absatz 1 Unterabsatz 2 genannten Fälle vorsehen, dass das Versicherungsunternehmen prüft, ob die Kenntnisse und Fertigkeiten der betreffenden Vermittler den Anforderungen nach Unterabsatz 1 des vorliegenden Absatzes entsprechen, und ihnen gegebenenfalls eine Ausbildung verschafft, die den Anforderungen im Zusammenhang mit den von ihnen vertriebenen Produkten entspricht.

Den Mitgliedstaaten steht es frei, die Anforderung nach Unterabsatz 1 nicht auf alle natürlichen Personen anzuwenden, die in einem Unternehmen arbeiten und die Tätigkeit der Versicherungs- oder Rückversicherungsvermittlung ausüben. Die Mitgliedstaaten sorgen dafür, dass ein vertretbarer Anteil der dem Leitungsorgan eines solchen Unternehmens angehörigen Personen, die für die Vermittlung von Versicherungsprodukten verantwortlich sind, sowie alle anderen Personen, die direkt bei der Versicherungs- oder Rückversicherungsvermittlung mitwirkenden Personen nachweislich über die für die Erfüllung ihrer Aufgaben erforderlichen Kenntnisse und Fertigkeiten verfügen.

(2) Versicherungs- und Rückversicherungsvermittler müssen einen guten Leumund besitzen. Als Mindestanforderung dürfen sie nicht im Zusammenhang mit schwerwiegenden Straftaten in den Bereichen Eigentums- oder Finanzkriminalität ins Strafregister oder ein gleichwertiges einzelstaatliches Register eingetragen und sollten nie in Konkurs gegangen sein, es sei denn, sie sind gemäß nationalem Recht rehabilitiert worden.

Die Mitgliedstaaten können den Versicherungsunternehmen gemäß den Bestimmungen des Artikels 3 Absatz 1 Unterabsatz 2 gestatten, den guten Leumund der Versicherungsvermittler zu überprüfen.

Den Mitgliedstaaten steht es frei, die Anforderung nach Unterabsatz 1 nicht auf alle natürlichen Personen anzuwenden, die in einem Unternehmen arbeiten und die Tätigkeit der Versicherungs- und Rückversicherungsvermittlung ausüben. Die Mitgliedstaaten sorgen dafür, dass das Leitungsorgan dieses Unternehmens sowie alle Beschäftigten, die direkt an der Versicherungs- oder Rückversicherungsvermittlung mitwirken, diese Anforderung erfüllen.

(3) Versicherungs- und Rückversicherungsvermittler schließen eine für das gesamte Gebiet der Gemeinschaft geltende Berufshaftpflichtversicherung oder eine andere gleichwertige, die Haftpflicht bei Verletzung beruflicher Sorgfaltspflichten abdeckende Garantie in Höhe von mindestens 1 000 000 EUR für jeden einzelnen Schadensfall und von 1 500 000 EUR für alle Schadensfälle

eines Jahres ab, soweit eine solche Versicherung oder gleichwertige Garantie nicht bereits von einem Versicherungsunternehmen, Rückversicherungsunternehmen oder anderen Unternehmen gestellt wird, in dessen Namen der Versicherungs- oder Rückversicherungsvermittler handelt oder für das der Versicherungs- oder Rückversicherungsvermittler zu handeln befugt ist, oder dieses Unternehmen die uneingeschränkte Haftung für das Handeln des Vermittlers übernommen hat.

(4) Die Mitgliedstaaten ergreifen alle erforderlichen Maßnahmen, um die Kunden dagegen zu schützen, dass der Versicherungsvermittler nicht in der Lage ist, die Prämie an das Versicherungsunternehmen oder den Erstattungsbetrag oder eine Prämienvergütung an den Versicherten weiterzuleiten.

Dabei kann es sich um eine oder mehrere der folgenden Maßnahmen handeln:

a) Rechtsvorschriften oder vertragliche Bestimmungen, nach denen vom Kunden an den Vermittler gezahlte Gelder so behandelt werden, als seien sie direkt an das Unternehmen gezahlt worden, während Gelder, die das Unternehmen an den Vermittler zahlt, erst dann sobehandelt werden, als seien sie an den Verbraucher gezahlt worden, wenn der Verbraucher sie tatsächlich erhält;

b) Vorschriften, nach denen Versicherungsvermittler über eine finanzielle Leistungsfähigkeit zu verfügen haben, die jederzeit 4 % der Summe ihrer jährlichen Prämieneinnahmen, mindestens jedoch 15 000 EUR, entspricht;

c) Vorschriften, nach denen Kundengelder über streng getrennte Kundenkonten weitergeleitet werden müssen und diese Konten im Fall des Konkurses nicht zur Entschädigung anderer Gläubiger herangezogen werden dürfen;

d) Vorschriften, nach denen ein Garantiefonds eingerichtet werden muss.

(5) Die Ausübung der Tätigkeit der Versicherungs- und Rückversicherungsvermittlung setzt voraus, dass die beruflichen Anforderungen nach diesem Artikel dauerhaft erfüllt sind.

(6) Die Mitgliedstaaten können die in diesem Artikel genannten Anforderungen für die innerhalb ihres Hoheitsgebiets eingetragenen Versicherungs- und Rückversicherungsvermittler verschärfen und weitere Anforderungen hinzufügen.

(7) Die Beträge nach den Absätzen 3 und 4 werden regelmäßig überprüft, um den von Eurostat veröffentlichten Änderungen des Europäischen Verbraucherpreisindexes Rechnung zu tragen. Diese Beträge werden erstmals fünf Jahre nach Inkrafttreten dieser Richtlinie überprüft und anschließend alle fünf Jahre nach der vorherigen Überprüfung.

Die Beträge werden automatisch angepasst, indem der Grundbetrag in Euroum die prozentuale Änderung des genannten Indexes in der Zeit zwischen dem Inkrafttreten dieser Richtlinie und dem Zeitpunkt der ersten Überprüfung oder in der Zeit zwischen dem Zeitpunkt der letzten Überprüfung und dem der neuen Überprüfung erhöht und auf den nächsthöheren vollen Euroaufgerundet wird.

Artikel 5

Bestandsschutz

Die Mitgliedstaaten können vorsehen, dass Personen, die vor September 2000 eine Vermittlungstätigkeit ausübten, in ein Register eingetragen waren und über ein Ausbildungs- und Erfahrungsniveau verfügten, das dem in dieser Richtlinie geforderten Niveau vergleichbar ist, nach Erfüllung der Anforderungen des Artikels 4 Absätze 3 und 4 automatisch in das anzulegende Register eingetragen werden.

Artikel 6

Mitteilung der Niederlassung und des Erbringens von Dienstleistungen in anderen Mitgliedstaaten

(1) Jeder Versicherungs- oder Rückversicherungsvermittler, der erstmalig in einem oder mehreren Mitgliedstaaten im Rahmen des freien Dienstleistungsverkehrs oder der Niederlassungsfreiheit tätig werden will, teilt dies den zuständigen Behörden des Herkunftsmitgliedstaats mit.

Innerhalb eines Monats nach dieser Mitteilung teilen diese zuständigen Behörden den zuständigen Behörden der Aufnahmemitgliedstaaten, die dies wünschen, die Absicht des Versicherungs- oder Rückversicherungsvermittlers mit und unterrichten gleichzeitig den betreffenden Vermittler darüber.

Der Versicherungs- oder Rückversicherungsvermittler kann seine Tätigkeit einen Monat nach dem Zeitpunkt aufnehmen, zu dem von den zuständigen Behörden des Herkunftsmitgliedstaats von der Mitteilung nach Unterabsatz 2 unterrichtet worden ist. Der betreffende Vermittler kann seine Tätigkeit jedoch sofort aufnehmen, wenn der Aufnahmemitgliedstaat keinen Wert auf diese Information legt.

(2) Die Mitgliedstaaten teilen der Kommission mit, ob sie nach Absatz 1 informiert werden möchten. Die Kommission teilt dies ihrerseits den Mitgliedstaaten mit.

(3) Die zuständigen Behörden des Aufnahmemitgliedstaats können Maßnahmen treffen, um sicherzustellen, dass die Bedingungen, unter denen die Tätigkeit aus Gründen des Allgemeininteresses im Hoheitsgebiet ihres Mitgliedstaats auszuüben ist, in geeigneter Weise veröffentlicht werden.

Versicherungsvermittlung

Artikel 7
Zuständige Behörden

(1) Die Mitgliedstaaten benennen die zuständigen Behörden, die befugt sind, die Anwendung dieser Richtlinie sicherzustellen. Sie setzen die Kommission unter Angabe etwaiger Aufgabenteilungen davon in Kenntnis.

(2) Bei den Behörden gemäß Absatz 1 muss es sich entweder um staatliche Stellen oder um Einrichtungen handeln, die nach nationalem Recht oder von nach nationalem Recht ausdrücklich dazu befugten staatlichen Stellen anerkannt sind. Dabei darf es sich nicht um Versicherungs- oder Rückversicherungsunternehmen handeln.

(3) Die zuständigen Behörden sind mit allen zur Erfüllung ihrer Aufgabe erforderlichen Befugnissen auszustatten. Gibt es in einem Mitgliedstaat mehrere zuständige Behörden, so sorgt der betreffende Mitgliedstaat dafür, dass diese eng zusammenarbeiten, damit sie ihre jeweiligen Aufgaben wirkungsvoll erfüllen können.

Artikel 8
Sanktionen

(1) Die Mitgliedstaaten sehen angemessene Sanktionen für den Fall vor, dass eine Person, die die Tätigkeit der Versicherungs- oder Rückversicherungsvermittlung ausübt, nicht in einem Mitgliedstaat eingetragen ist und nicht unter Artikel 1 Absatz 2 fällt.

(2) Die Mitgliedstaaten sehen angemessene Sanktionen für den Fall vor, dass ein Versicherungs- oder Rückversicherungsunternehmen Versicherungs- oder Rückversicherungsvermittlungsdienstleistungen von Personen in Anspruch nimmt, die nicht in einem Mitgliedstaat eingetragen sind und nicht unter Artikel 1 Absatz 2 fallen.

(3) Die Mitgliedstaaten sehen angemessene Sanktionen für den Fall vor, dass ein Versicherungs- oder Rückversicherungsvermittler nationale Rechtsvorschriften nicht einhält, die aufgrund dieser Richtlinie erlassen wurden.

(4) Diese Richtlinie berührt nicht die Befugnis der Aufnahmemitgliedstaaten, geeignete Maßnahmen zu ergreifen, um in ihrem Hoheitsgebiet begangene Verstöße gegen die von ihnen aus Gründen des Allgemeininteresses erlassenen Rechts- und Verwaltungsvorschriften zu verhindern oder zu ahnden. Dazu gehört auch die Möglichkeit, einem Versicherungs- oder Rückversicherungsvermittler, der sich vorschriftswidrig verhält, weitere Tätigkeiten in ihrem Hoheitsgebiet zu untersagen.

(5) Jede angenommene Maßnahme, die Sanktionen oder eine Einschränkung der Tätigkeiten eines Versicherungs- oder Rückversicherungsvermittlers beinhaltet, ist ordnungsgemäß zu begründen und dem betreffenden Vermittler mitzuteilen.

Bei jeder derartigen Maßnahme ist vorzusehen, dass in dem Mitgliedstaat, von dem sie ergriffen wurde, Klage erhoben werden kann.

Artikel 9
Informationsaustausch zwischen den Mitgliedstaaten

(1) Die zuständigen Behörden der verschiedenen Mitgliedstaaten arbeiten zusammen, um die ordnungsgemäße Anwendung dieser Richtlinie zu gewährleisten.

(2) Die zuständigen Behörden tauschen Informationen über die Versicherungs- und Rückversicherungsvermittler aus, gegen die eine Sanktion gemäß Artikel 8 Absatz 3 oder eine Maßnahme gemäß Artikel 8 Absatz 4 verhängt wurde, sofern diese Informationen geeignet sind, zur Streichung dieser Vermittler aus dem Register zu führen. Außerdem können die zuständigen Behörden auf Antrag einer Behörde alle einschlägigen Informationen untereinander austauschen.

(3) Alle Personen, die im Rahmen dieser Richtlinie zur Entgegennahme oder Erteilung von Informationen verpflichtet sind, unterliegen dem Berufsgeheimnis in derselben Weise, wie dies in Artikel 16 der Richtlinie 92/49/EWG des Rates vom 18. Juni 1992 zur Koordinierung der Rechts- und Verwaltungsvorschriften für die Direktversicherung (mit Ausnahme der Lebensversicherung) sowie zur Änderung der Richtlinien 73/239/ EWG und 88/357/EWG (Dritte Richtlinie Schadensversicherung)[1] und in Artikel 15 der Richtlinie 92/96/EWG des Rates vom 10. November 1992 zur Koordinierung der Rechts- und Verwaltungsvorschriften für die Direktversicherung (Lebensversicherung) sowie zur Änderung der Richtlinien 79/267/EWG und 90/619/EWG (Dritte Richtlinie Lebensversicherung)[2] vorgesehen ist.

Artikel 10
Beschwerden

Die Mitgliedstaaten sorgen für die Einrichtung von Verfahren, die es Kunden und anderen Betroffenen, insbesondere Verbraucherschutzverbänden, ermöglichen, Beschwerden über Versicherungs- und Rückversicherungsvermittler einzulegen. Beschwerden sind in jedem Fall zu beantworten.

Zu Artikel 9:
[1] *ABl. L 228 vom 11.8.1992, S. 1. Richtlinie zuletzt geändert durch die Richtlinie 2000/64/EG des Europäischen Parlaments und des Rates (ABl. L 290 vom 17.11.2000, S. 27).*
[2] *ABl. L 360 vom 9.12.1992, S. 1. Richtlinie zuletzt geändert durch die Richtlinie 2000/64/EG des Europäischen Parlaments und des Rates.*

Artikel 11
Außergerichtliche Beilegung von Streitigkeiten

(1) Die Mitgliedstaaten fördern die Schaffung angemessener und wirksamer Beschwerde- und Abhilfeverfahren zur außergerichtlichen Beilegung von Streitigkeiten zwischen Versicherungsvermittlern und Kunden, gegebenenfalls durch Rückgriff auf bestehende Stellen.

(2) Die Mitgliedstaaten fördern die Zusammenarbeit der entsprechenden Stellen bei der Beilegung grenzübergreifender Streitigkeiten.

KAPITEL III
INFORMATIONSPFLICHTEN DER VERMITTLER

Artikel 12
Vom Versicherungsvermittler zu erteilende Auskünfte

(1) Vor Abschluss jedes ersten Versicherungsvertrags und nötigenfalls bei Änderung oder Erneuerung des Vertrags teilt der Versicherungsvermittler dem Kunden zumindest Folgendes mit:

a) seinen Namen und seine Anschrift;

b) in welches Register er eingetragen wurde und auf welche Weise sich die Eintragung überprüfen lässt;

c) ob er eine direkte oder indirekte Beteiligung von über 10 % an den Stimmrechten oder am Kapital eines bestimmten Versicherungsunternehmens besitzt;

d) ob ein bestimmtes Versicherungsunternehmen oder das Mutterunternehmen eines bestimmten Versicherungsunternehmens eine direkte oder indirekte Beteiligung von über 10 % an den Stimmrechten oder am Kapital des Versicherungsvermittlers besitzt;

e) Angaben über die in Artikel 10 genannten Verfahren, die es den Kunden und anderen Betroffenen ermöglichen, Beschwerden über Versicherungsvermittler einzureichen, sowie gegebenenfalls über die in Artikel 11 genannten außergerichtlichen Beschwerde- und Abhilfeverfahren.

Außerdem teilt der Versicherungsvermittler dem Kunden in Bezug auf den angebotenen Vertrag mit,

i) ob er seinen Rat gemäß der in Absatz 2 vorgesehenen Verpflichtung auf eine ausgewogene Untersuchung stützt, oder

ii) ob er vertraglich verpflichtet ist, Versicherungsvermittlungsgeschäfte ausschließlich mit einem oder mehreren Versicherungsunternehmen zu tätigen. In diesem Fall teilt er dem Kunden auf Antrag auch die Namen dieser Versicherungsunternehmen mit, oder

iii) ob er nicht vertraglich verpflichtet ist, Versicherungsvermittlungsgeschäfte ausschließlich mit einem oder mehreren Versicherungsunternehmen zu tätigen, und seinen Rat nicht gemäß der in Absatz 2 vorgesehenen Verpflichtung auf eine ausgewogene Untersuchung stützt. In diesem Fall teilt er dem Kunden auf Antrag auch die Namen derjenigen Versicherungsunternehmen mit, mit denen er Versicherungsgeschäfte tätigen darf und auch tätigt.

In den Fällen, in denen vorgesehen ist, dass die betreffende Information nur auf Antrag des Kunden zu erteilen ist, ist Letzterer von dem Recht, diese Information zu beantragen, in Kenntnis zu setzen.

(2) Teilt der Versicherungsvermittler dem Kunden mit, dass er auf der Grundlage einer objektiven Untersuchung berät, so ist er verpflichtet, seinen Rat auf eine Untersuchung einer hinreichenden Zahl von auf dem Markt angebotenen Versicherungsverträgen zu stützen, sodass er gemäß fachlichen Kriterien eine Empfehlung dahin gehend abgeben kann, welcher Versicherungsvertrag geeignet wäre, die Bedürfnisse des Kunden zu erfüllen.

(3) Vor Abschluss eines Versicherungsvertrags hat der Versicherungsvermittler, insbesondere anhand der vom Kunden gemachten Angaben, zumindest dessen Wünsche und Bedürfnisse sowie die Gründe für jeden diesem zu einem bestimmten Versicherungsprodukt erteilten Rat genau anzugeben. Diese Angaben sind der Komplexität des angebotenen Versicherungsvertrags anzupassen.

(4) Die in den Absätzen 1, 2 und 3 genannten Auskünfte brauchen weder bei der Vermittlung von Versicherungen für Großrisiken noch bei der Rückversicherungsvermittlung erteilt zu werden.

(5) Die Mitgliedstaaten können hinsichtlich der nach Absatz 1 zu erteilenden Auskünfte strengere Vorschriften beibehalten oder erlassen, sofern sie mit dem Gemeinschaftsrecht vereinbar sind.

Die Mitgliedstaaten teilen der Kommission die in Unterabsatz 1 genannten einzelstaatlichen Vorschriften mit.

Um mit allen geeigneten Mitteln ein hohes Maß an Transparenz zu schaffen, sorgt die Kommission dafür, dass die ihr zugeleiteten Informationen über die einzelstaatlichen Vorschriften auch den Verbrauchern und den Versicherungsvermittlern mitgeteilt werden.

Artikel 13
Einzelheiten der Auskunftserteilung

(1) Die den Kunden nach Artikel 12 zustehenden Auskünfte sind folgendermaßen zu erteilen:

a) auf Papier oder auf einem anderen, dem Kunden zur Verfügung stehenden und zugänglichen dauerhaften Datenträger;

26/3. IMD 1.5
Versicherungsvermittlung

b) in klarer, genauer und für den Kunden verständlicher Form;

c) in einer Amtssprache des Mitgliedstaats, in dem die Verpflichtung eingegangen wird, oder in jeder anderen von den Parteien vereinbarten Sprache.

(2) Abweichend von Absatz 1 Buchstabe a) dürfen die in Artikel 12 genannten Auskünfte mündlich erteilt werden, wenn der Kunde dies wünscht oder wenn eine Sofortdeckung erforderlich ist. In diesen Fällen werden die Auskünfte dem Kunden gemäß Absatz 1 unmittelbar nach Abschluss des Versicherungsvertrags erteilt.

(3) Handelt es sich um einen Telefonverkauf, so entsprechen die vor dem Abschluss dem Kunden erteilten Auskünfte den Gemeinschaftsvorschriften über den Fernabsatz von Finanzdienstleistungen an Verbraucher. Ferner werden die Auskünfte dem Kunden gemäß Absatz 1 unmittelbar nach Abschluss des Versicherungsvertrags erteilt.

KAPITEL III A
Zusätzliche anforderungen an den Kundenschutz bei Versicherungsanlageprodukten

Artikel 13a
Anwendungsbereich

Vorbehaltlich der Ausnahmen gemäß Artikel 2 Absatz 3 Unterabsatz 2 werden in diesem Kapitel zusätzliche Anforderungen an Versicherungsvermittlungstätigkeiten und von Versicherungsunternehmen durchgeführte Direktverkäufe im Zusammenhang mit Versicherungsanlageprodukten festgelegt. Diese Tätigkeiten werden als Versicherungsvertriebstätigkeiten bezeichnet.

(ABl L 173 vom 12. 6. 2014, S 349 (MiFID II))

Artikel 13b
Verhütung von Interessenkonflikten

Ein Versicherungsvermittler bzw. -unternehmen muss auf Dauer wirksame organisatorische und administrative Vorkehrungen für angemessene Maßnahmen treffen, um zu verhindern, dass Interessenkonflikte im Sinne des Artikels 13c den Kundeninteressen schaden.

(ABl L 173 vom 12. 6. 2014, S 349 (MiFID II))

Artikel 13c
Interessenkonflikte

(1) Die Mitgliedstaaten schreiben vor, dass Versicherungsvermittler und -unternehmen alle angemessenen Vorkehrungen treffen, um Interessenkonflikte zwischen ihnen selbst, einschließlich ihrer Geschäftsleitung, ihren Angestellten und vertraglich gebundenen Vermittlern oder anderen Personen, die mit ihnen direkt oder indirekt durch Kontrolle verbunden sind, und ihren Kunden oder zwischen ihren Kunden untereinander zu erkennen, die bei Versicherungsvertriebstätigkeiten entstehen.

(2) Reichen die von dem Versicherungsvermittler oder -unternehmen gemäß Artikel 13b getroffenen organisatorischen oder administrativen Vorkehrungen zur Regelung von Interessenkonflikten nicht aus, um nach vernünftigem Ermessen zu gewährleisten, dass keine Beeinträchtigung der Kundeninteressen riskiert wird, so legt der Versicherungsvermittler oder das Versicherungsunternehmen dem Kunden die allgemeine Art bzw. die Quellen von Interessenkonflikten eindeutig offen, bevor er oder es Geschäfte für ihn tätigt.

(3) Der Kommission wird die Befugnis übertragen, gemäß Artikel 13e delegierte Rechtsakte zu erlassen, um

a) die Maßnahmen festzulegen, die von Versicherungsvermittlern oder -unternehmen nach vernünftigem Ermessen erwartet werden können, um bei der Ausübung von Versicherungsvertriebstätigkeiten Interessenkonflikte zu erkennen, zu verhindern, zu regeln und offenzulegen,

b) geeignete Kriterien zur Bestimmung der Arten von Interessenkonflikten festzulegen, die den Interessen der Kunden oder potenziellen Kunden des Versicherungsvermittlers bzw. -unternehmens schaden könnten.

(ABl L 173 vom 12. 6. 2014, S 349 (MiFID II))

Artikel 13d
Allgemeine Grundsätze und Kundeninformation

(1) Die Mitgliedstaaten schreiben vor, dass Versicherungsvermittler und -unternehmen bei Versicherungsvertriebstätigkeiten gegenüber ihren Kunden ehrlich, redlich und professionell in deren bestem Interesse handeln.

(2) Alle Informationen, einschließlich Marketingmitteilungen, die der Versicherungsvermittler bzw. das Versicherungsunternehmen an Kunden oder potenzielle Kunden richtet, müssen redlich, eindeutig und nicht irreführend sein. Marketingmitteilungen müssen eindeutig als solche erkennbar sein.

(3) Die Mitgliedstaaten können Versicherungsvermittlern oder -unternehmen die Annahme oder den Erhalt von Gebühren, Provisionen oder anderen monetären Vorteilen, die ihnen ein Dritter oder eine Person, die im Namen eines Dritten handelt, zahlt oder leistet, im Zusammenhang mit dem Vertrieb von Versicherungsanlageprodukten an Kunden untersagen.

(ABl L 173 vom 12. 6. 2014, S 349 (MiFID II))

Artikel 13e
Ausübung der Befugnisübertragung

(1) Die Befugnis zum Erlass delegierter Rechtsakte wird der Kommission unter den in diesem Artikel festgelegten Bedingungen übertragen.

(2) Die Befugnis zum Erlass delegierter Rechtsakte gemäß Artikel 13c wird der Kommission ab 2. Juli 2014 auf unbestimmte Zeit übertragen.

(3) Die Befugnisübertragung gemäß Artikel 13c kann vom Europäischen Parlament oder vom Rat jederzeit widerrufen werden. Der Beschluss über den Widerruf beendet die Übertragung der in diesem Beschluss angegebenen Befugnis. Er wird am Tag nach seiner Veröffentlichung im Amtsblatt der Europäischen Union oder zu einem im Beschluss über den Widerruf angegebenen späteren Zeitpunkt wirksam. Die Gültigkeit delegierter Rechtsakte, die bereits in Kraft sind, wird von dem Beschluss über den Widerruf nicht berührt.

(4) Sobald die Kommission einen delegierten Rechtsakt erlässt, übermittelt sie ihn gleichzeitig dem Europäischen Parlament und dem Rat.

(5) Ein delegierter Rechtsakt, der gemäß Artikel 13c erlassen wurde, tritt nur in Kraft, wenn weder das Europäische Parlament noch der Rat innerhalb einer Frist von drei Monaten nach Übermittlung dieses Rechtsakts an das Europäische Parlament und den Rat Einwände erhoben haben oder wenn vor Ablauf dieser Frist das Europäische Parlament und der Rat beide der Kommission mitgeteilt haben, dass sie keine Einwände erheben werden. Auf Initiative des Europäischen Parlaments oder des Rates wird diese Frist um drei Monate verlängert.

(ABl L 173 vom 12. 6. 2014, S 349 (MiFID II))

KAPITEL IV
SCHLUSSBESTIMMUNGEN

Artikel 14
Anrufung der Gerichte

Die Mitgliedstaaten sorgen dafür, dass gegen Entscheidungen, die bezüglich eines Versicherungs- oder Rückversicherungsvermittlers oder eines Versicherungsunternehmens aufgrund von gemäß dieser Richtlinie erlassenen Rechts- und Verwaltungsvorschriften ergehen, ein Gericht angerufen werden kann.

Artikel 15
Aufhebung

Die Richtlinie 77/92/EWG wird mit Wirkung ab dem in Artikel 16 Absatz 1 genannten Zeitpunkt aufgehoben.

Artikel 16
Umsetzung

(1) Die Mitgliedstaaten setzen die erforderlichen Rechts- und Verwaltungsvorschriften in Kraft, um dieser Richtlinie spätestens ab dem 15. Januar 2005 nachzukommen. Sie setzen die Kommission unverzüglich davon in Kenntnis. Bei Erlass dieser Vorschriften nehmen die Mitgliedstaaten in den Vorschriften selbst oder durch einen Hinweis bei der amtlichen Veröffentlichung auf diese Richtlinie Bezug. Die Mitgliedstaaten regeln die Einzelheiten der Bezugnahme.

(2) Die Mitgliedstaaten teilen der Kommission den Wortlaut der Rechts- und Verwaltungsvorschriften mit, die sie auf dem unter diese Richtlinie fallenden Gebiet erlassen. Gleichzeitig übermitteln sie eine Tabelle, aus der hervorgeht, welche innerstaatlichen Vorschriften den einzelnen Artikeln dieser Richtlinie entsprechen.

Artikel 17
Inkrafttreten

Diese Richtlinie tritt am Tag ihrer Veröffentlichung im *Amtsblatt der Europäischen Gemeinschaften* in Kraft.

Artikel 18
Adressaten

Diese Richtlinie ist an alle Mitgliedstaaten gerichtet.

Geschehen zu Brüssel am 9. Dezember 2002.

Im Namen des Europäischen Parlaments
Der Präsident

Im Namen des Rates
Der Präsident

KODEX

DES ÖSTERREICHISCHEN RECHTS
SAMMLUNG DER ÖSTERREICHISCHEN BUNDESGESETZE

DOPPEL-BESTEUERUNGS-ABKOMMEN

LINDE VERLAG

1	Deutschland
2	Liechtenstein
3	Schweiz
4	Italien
5	Slowenien
6	Ungarn
7	Slowakei
8	Tschechien
9	CSSR
10	Belgien
11	Bulgarien
12	Dänemark
13	Finnland
14	Frankreich
15	Griechenland
16	Großbritannien
17	Irland
18	Kroatien
19	Luxemburg
20	Malta
21	Moldova
22	Niederlande
23	Norwegen
24	Polen
25	Portugal
26	Rumänien
27	Russland
28	Schweden
29	Spanien
30	Türkei
31	UdSSR
32	Ukraine
33	Weißrussland
34	Zypern
35	USA
36	Kanada
37	Argentinien
38	Brasilien
39	Australien
40	China
41	Japan
42	Armenien
43	Aserbaidschan
44	Georgien
45	Indien
46	Indonesien
47	Israel
48	Korea, Rep.
49	Malaysia
50	Pakistan
51	Philippinen
52	Tadschikistan
53	Thailand
54	Turkmenistan
55	Usbekistan
56	Ägypten
57	Südafrika
58	Tunesien
Anhang	EU-Recht

KODEX

DES ÖSTERREICHISCHEN RECHTS
SAMMLUNG DER ÖSTERREICHISCHEN BUNDESGESETZE

VERKEHRS-RECHT

LexisNexis

1	StVO / VO
2	Bgld / Kärnten / NÖ / OÖ / Salzburg / Steiermark / Tirol / Vorarlberg / Wien (PARKGEBÜHRENGESETZE)
3	BStG
4	KFG / KDV / PBStV / Kraftstoff-VO / FSG + VO
5	GGBG / VO
6	GüterbefG / VO
7	GelegenheitsVG / VO
8	KraftfahrlinienG
9	KHVG 1994 / Kfz StG 1992 / Nov AG 1991 / BStFG 1996 / Mautstrecken-VO / StraBAG 1994
10	TGSt / VO / TGEisb
11	EKHG
12	EisenbahnG / E-Kr VO / SchlV / SchlV
13	EBG
14	Transit
15	Ökopunkte – Vereinbarungen
16	VO 3820 / VO 3821 / Einheits-formulare / Verfahrens-richtlinie (EWG-RECHTSAKTE)

KODEX

DES ÖSTERREICHISCHEN RECHTS
SAMMLUNG DER ÖSTERREICHISCHEN BUNDESGESETZE

WEHR-RECHT

LexisNexis

1	WG
2	B-VG / NeutralVG / SichVertDok / NSR / EMRK / ZDG
3	AuslEins / KSE-BVG / AuslEG / AZHG
4	HGG
5	APSG
6	HVG
7	MilStG
8	HDG
9	MBG
10	SperrGG
11	MunLG
12	MAG / VerwMG
13	EZG
14	MilBFG
15	VFüDgrd
16	TrAufG / InfoSiG / NATO-SOFA / NATO-PFP-SOFA

KODEX

DES ÖSTERREICHISCHEN RECHTS
SAMMLUNG DER ÖSTERREICHISCHEN BUNDESGESETZE

ZOLLRECHT UND VERBRAUCHSTEUERN

LexisNexis

1	ZK
2	ZBefrVO
3	ZK-DVO
4	ZollIR-DG
5	ZollIR-DV
6	KN-VO
7	EGV
8	EUBeitr
9	FristVO
10	AußHR
11	AußHStat
12	AHVO
13	BeitrRL
14	Nachg Waren
15	AusfErst
16	GrekoG
17	StraBAG
18	KfzStG
19	SystemRL
20	BgldDokVO / VerstellBgglDokVO / FehedBeichVO
21	VStBefrV / VStBeglDokV
22	AlkStG
23	BierStG
24	SchwStG
25	TabStG
26	MinStG
27	€
28	EG-AHG
29	EG-VAHG
30	TabMG
31	ALSaG
32	UStG
33	AVOG
34	FinStrG
35	BetrBek

KODEX

DES ÖSTERREICHISCHEN RECHTS
SAMMLUNG DER ÖSTERREICHISCHEN BUNDESGESETZE

VETERINÄR-RECHT

LexisNexis

1	TierÄG -Verordnungen
2	Staatliche VetVerwalt
3	TierSG -Verordnungen
4	BangSG -BangS-VO
5	RindLeukG RindLeuk-UntersVO
6	IBR/IPV-G -Verordnungen
7	DeckSG -DeckS-VO
8	DasselBG
9	Veterinär-rechts-anpassG Art V
10	BienenSG
11	TGG -Verordnungen
12	Desinfektions-vorschriften
13	Tierkörper-verwertung
14	FleischUG -Verordnungen
15	TAKG -Verordnungen
16	Völkerrechtl Verträge Übersicht
17	Neben-vorschriften

KODEX

DES ÖSTERREICHISCHEN RECHTS
SAMMLUNG DER ÖSTERREICHISCHEN BUNDESGESETZE

ÄRZTE-RECHT

LexisNexis

1	ÄrzteG Ärzte-AusbildungsO Ärztekammer-WO ÄrzteliateV ArbMedV EWR-ÄrzteV SchiätG SchlachtungsO POÖAK SMV PhysikumPV Ärzte-Eid
2	FA ZMK DentistenG Dentistenkammer-WO
3	PsychologenG EWR-PsychologenG PsychotherapieG EWR-Psychotherapie
4	GuKG HebG KTG MTD-G MTF-SHD-G MMHmG SanG
5	AusbVorbG
6	AIDS-G AIDS-V-Infektion AIDS-V-Qualität EpidemieG ArzneigebÜbersV GesGlücheAG TbcG
7	KrebsstatistikG KrebsstatistikV
8	KAG KA-AZG
9	ASchG AMZ-VO Arbeitsinhag-V
10	StrahlenschutzG StrahlenschutzV
11	AMG MeldepflichtV FachinformV MPG RezeptpflichtG
12	ApothekenG ApothekenBO GTG
13	FMedG FMedV IVF-Fonds-G GTG
14	MuKiPaßV
15	ASVG V § 153c ASVG HeilungsKV
16	SMG SV PV
17	PStG PStV
18	StVO FSG FSG-GV KFG
19	StGB StVG
20	ABGB JWG

KODEX

DES ÖSTERREICHISCHEN RECHTS
SAMMLUNG DER ÖSTERREICHISCHEN BUNDESGESETZE

KRANKEN-ANSTALTEN-GESETZE

LexisNexis

1	KAKuG
2	Bundes- und Länder-vereinb
3	Bgld Bgld KAG
4	Krnt K-KAO
5	NÖ NÖ KAG
6	OÖ OÖ KAG
7	Sbg S-KAG
8	Stmk KALG
9	Tirol Tir KAG
10	Vlbg SpG
11	Wien Wr KAG

KODEX

DES ÖSTERREICHISCHEN RECHTS
SAMMLUNG DER ÖSTERREICHISCHEN BUNDESGESETZE

VERWALTUNGS-VERFAHRENS-GESETZE

LexisNexis

1	EGVG
2	AVG BVwAbgVO BKommGebVO AufwandersatzVO UVS-Verfhilfe-PauschVO BeglaubigungsV
3	VStG VerfallsVO ArrhO VorlSsVO OrgStrVfVO
4	VVG EintrVO
5	AgrVG
6	DVG DVV
7	ZustellG ZFormVO ZustellÜb
8	VwFormV
9	FristenÜb
10	AmtssprVOen
11	AuskPflG B-BerichtspflG

KODEX DES ÖSTERREICHISCHEN RECHTS
SAMMLUNG DER ÖSTERREICHISCHEN BUNDESGESETZE

UMWELTRECHT

LexisNexis

1	GewO 1994 DVO RohrleitungsG GWG
2	LRG-K LRV-K 1989
3	ForstG DVO
4	MinroG DVO
5	ImmSch
6	AWG 2002
7	AISAG
8	WRG
9	UVP
10	DMG DVO
11	Biozid
12	GTG DVO
13	Pflanzenschutz
14	UFG FörderungsRL UmwelkontrollG
15	UIG DVO
16	StGB – Auszug B-VG B-VG-Nov 1988 B-VG-Nov 1993 BVG atomfreies Ö
17	ABGB – Auszug

KODEX DES ÖSTERREICHISCHEN RECHTS
SAMMLUNG DER ÖSTERREICHISCHEN BUNDESGESETZE

CHEMIKALIENRECHT

LexisNexis

1	ChemG
2	VO
2/1	ChemV
2/2	AnmV
2/3	FCKW-VO
2/4	SelbstbedienungsV
2/5	Gift-MeldeV
2/6	mindgift Zub
2/7	GiftV 2000
2/8	FormaldehydV
2/9	vollhalFCKW
2/10	AsbestV
2/11	HalonenV
2/12	Antifoulings
2/13	Pentachlorphenol
2/14	LösungsmittelV
2/15	HFCKW-V
2/16	TrichlorethanV
2/17	HalogenV
2/18	GiftlisteV
2/19	GiftinfoV
2/20	PICV
2/21	PflanzenschutzV
2/22	CadmiumV
2/23	EU-V
2/24	PhosphatebestimmungsV
2/25	KreosotV
2/26	HalonbankV
2/27	GLP-V
3	EU
3/1	Stoff-RL
3/1/1	ZusatzRL
3/2	Einstufungs-RL
3/3	Verbots-RL
3/4	Altstoff-V und DVO
3/5	PIC-V
3/6	Ozon-V

KODEX DES ÖSTERREICHISCHEN RECHTS
SAMMLUNG DER ÖSTERREICHISCHEN BUNDESGESETZE

WASSERRECHT

LexisNexis

1	WRG
2	VO
2/2	Wassergüte Mur
2/3	allg Abwasser V
2/...	1. AEV Instrumenten-A
	AEV Fleischverarbeitung
	AEV Milchwirtschaft
	AEV Gerbereien
	GüteV
	AEV Oberflächen
	AEV Druck-Ivers
	AbwasserV Textil
	AbwasserV Ole-ves
	Emission-V
	AbwasserV trnsl fl
	AbwasserV Textilfaser
	AbwasserV RL
	V Kühlsysteme
	V Zuckererzeugung
	V Brauereien
	V Fischproduktion
	V Alkohol-prodaktion
	V Gerüstsi
	V Oberesseiclung
	V Temperaturdaten
	V Biofgasaskalien
	V Gasserzeugungsind
	AEV Lebensmittel
	AEV Getränkeverw
	AEV Nichteisen
	AEV Kartoffel
	AEV Yorklöyen
	AEV Wasseraufbereit
	AEV Hauchen
	AEV Futtermittel
	AEV Soda
	V Kondenzaten
	AEV Pflanzenschutzmittel
	AEV Deponiesickerwasser
	AEV verflüssigte Gase
	AEV Heizkraftwerke
	AEV-G-Hektarve
	VO – trennergeführt Stoffe
	AEV Erdölverarbeitung
	AEV Eisen-Metallindustrie
	AEV Koks-verarbeitung
	AEV Industriemineral
	AEV Edelmetalle und Quecksilber
	AEV Rauverarbeitung
	AEV Gemüsechemie
	HV
	AEV Kleb- und Anstrichstoffe
	AEV anorganische Pigmente
	AEV Petrochemie
	AEV Kosmetika
	Abfallbehandlung
	AEV Pharmazeutika
	AEV Hablieherinensid
	AEV Wachsrund
	AEV Textil-Leder-Papier
	AEV Schrottmetall
	AEV Chemiefasern
	AEV Abfalleinigung
	AEV Geblechter Zellst
	AEV Papier u Pappe
	GSV
	AEV Säle
3/1	Best im AWG für Deponien
3/2	DeponieV
4	EU-RL

KODEX DES ÖSTERREICHISCHEN RECHTS
SAMMLUNG DER ÖSTERREICHISCHEN BUNDESGESETZE

ABFALLRECHT UND ÖKO-AUDIT

LexisNexis

1/1	AWG 2002
1/2/1	AltölVO
1/2/2	LampenVO
1/2/3	Kunststoff GetränkeVO
1/2/4	BatterieVO
1/2/5/1	FestsetzungsVO
1/2/5/2	K Auszustufung
1/2/6	SchmiermittelVO
1/2/9	AbfallnachweisVO
1/2/10	BauschuttVO
1/2/11	BiogeneVO
1/2/12	KunststoffflovenVO
1/2/13	KühlgeräteVO
1/2/14/1	VO Ankerkreisen und Jokrafttreten VerpackungsVO
1/2/14/2	VerpackungsVO
1/2/15/3	ZielVO Verpackabfälle
1/2/16	DeponieVO
1/2/17	V Verbrennung gef Abfälle
1/2/18	AbfallWP 2001
1/2/19	KompostV
1/3	Basler Übereinkommen
1/4/1	GewO 1994 (Auszug)
1/4/2	V Verbrennung gef A in gewerbl BA
1/5	MinroG (Auszug)
2	Landesabfallvorschriften (Auszug)
2/1	Burgenland
2/2	Kärnten
2/3	Niederösterreich
2/4	Oberösterreich
2/5	Salzburg
2/6	Steiermark
2/7	Tirol
2/8	Vorarlberg
2/9	Wien
3	AISAG
4	IT-Richtlinien und Verordnungen
5	Öko-Audit

KODEX
DES ÖSTERREICHISCHEN RECHTS
SAMMLUNG DER ÖSTERREICHISCHEN BUNDESGESETZE

SCHUL-GESETZE

LexisNexis

1	SchUG
	SchUG-B
	Berufsreifeprüf-G
	SchVeranst VO
	LB VO
	Zeugn.form VO
	Aufn.prüf VO
	abschl.Prüf VO
	AHS, AHS-N, BMHS, KIGA/SOZ
	Externprüf VO
	Schulordnung
	Aufsichterlass
	sonst. SchUG VO
	Wahl VO
	Schüler, Eltern, SGA
	ASG
	Dipl.Supplement
	ASO, UPG
2	SchOG
	Beitrags VO
	Eröff. u. Teiler VO
	Unit.berecht VO
	sonst. SchOG VO
	BA f.Leibeserzieher
3	SchZG
	SchZG-VO
4	SchPflG
	SchPflG-VO
	BAG, JASG
5	SchBeihG
6	PflSchErh-GG
	Bild.Dok.G
7	PrivSchG
	Luf PrivSchG
8	BSchAufsG
	BSchAufsG-VO
9	Luf SchGe
	LuflBSchG
	ForstG
	Luf BerufsSchG
	Luf FachSchG
10	MindSchG Bgld
	MindSchG Ktn
11	SchVG
	SchVG-VO
12	Schule/Kirche
	RelfG, VO, StV, rd.Bekenntnisgem.G, OrientKG
13	FLAG, TabakG, ASVG
14	B-VG
	BVG 1962, 1975, StGG, StV, FAG 2001
15	Wr. SchulG

KODEX
DES ÖSTERREICHISCHEN RECHTS
SAMMLUNG DER ÖSTERREICHISCHEN BUNDESGESETZE

WOHNUNGS-GESETZE

LexisNexis

1	MRG
	MRG-Nov 1985
	2. WÄG
	3. WÄG
	RichtWG
	ABGB §§ 1090 ff
	ZPO §§ 560 ff
	JN §§ 49, 83
	EO § 349
	AO § 12a
2	WEG
	IRÄG
	1982 Art X
3	WGG
	mit Verordnungen
4	HeizKG
	mit Verordnungen
5	BTVG
6	BauRG
7	LPG
8	KlGG
9	StadtEG
10	BodenbG
11	WFG
12	WSG
13	StartWG
14	B-SWBG
15	WWG
16	BWSF-G
17	KSchG
18	MaklerG
	ImmMV
19	HbG
	mit ArbVG
20	Mietzinsbeihilfe
Anhang	ÖVI-Ehrenkodex

KODEX
DES ÖSTERREICHISCHEN RECHTS
SAMMLUNG DER ÖSTERREICHISCHEN BUNDESGESETZE

UNIVERSITÄTS-RECHT

LexisNexis

1	UOG 1993
2	KUOG
3	VOen aufgrund der Organisationsgesetze
	Implem VOen
	GIVO
	EvalVO
	UBV
	BBVO
	KOVO
4	UniAkkG
5	DUK-Gesetz
6	UniStG
	EinreihVO
	Studienstandort VOen
	UniStEVO 1997
	PersgrupVO
7	FHStG
8	HSG 1998
	HSWO 2001
9	StudFG
10	HTaxG
	StuBeiVO
	RErstVO
11	BDG 1979
12	GG
13	VBG
14	AbgelteG
15	B-GBG
	FFP

KODEX
DES ÖSTERREICHISCHEN RECHTS
SAMMLUNG DER ÖSTERREICHISCHEN BUNDESGESETZE

INNERE VERWALTUNG

LexisNexis

1	EGVG
2	AVG + VOen
3	VStG + VOen
4	VVG + VO
5	AgrVG
6	DVG + VO
7	ZustellG +VO +Üb
8	VwFormVO
9	FristenÜb
10	AmtssprVOen
	AuskPflG
	B-BerichtspflG
12	SPG + VOen + Div. Gesetze + BKAG
13	MeldeG + VO
14	PaßG + VOen
15	StbG + VOen + BG
16	FrG + VOen
17	FlüchtlingsK + Abk., Prot., Üb
18	AsylG + VOen
	UBÄSG
19	BBetrG + VOen
20	GrekoG + VO und Kdm
21	SDÜ-BeitrittsÜb + Kdm, Prot., Beschl
22	SuSprmittelG
23	PyrotechG
24	WaffG + VOen
25	KriegsmatG + VO
26	VereinsG
27	VersammlG
28	DSG + VOen
29	MedienG + VOen
30	PornoG
Anhang	

KODEX-Bestellformular

Titel	Preis im Abo EUR	Einzelpreis EUR
Verfassungsrecht 2015, inkl. App	28,40	35,50
Europarecht (EU-Verfassungsrecht) 2015	26,–	32,50
Einführungsgesetze ABGB und B-VG 2015 inkl App		12,–
Bürgerliches Recht 2015, inkl. App	26,–	32,50
Familienrecht 2013/14, inkl. App	39,20	49,–
Unternehmensrecht 2015, inkl. App	27,60	34,50
Zivilgerichtliches Verfahren 2015, inkl. App	29,20	36,50
Internationales Privatrecht 2014	23,60	29,50
Strafrecht 2015, inkl. App	26,–	32,50
Gerichtsorganisation 2015, inkl. App	57,60	72,–
Anwalts- und Gerichtstarife 2014	19,20	24,–
Justizgesetze 2014/15 inkl. App	19,60	24,50
Wohnungsgesetze 2015, inkl. App	41,60	52,–
Finanzmarktrecht I 2015 (Bankenaufsicht) inkl. App	67,20	84,–
Finanzmarktrecht II (Prospektrecht, Investmentfondsrecht)	67,20	84,–
Finanzmarktrecht III (Zahlungsverkehr, Wertpapierrecht, Börse)	65,60	82,–
Versicherungsrecht 2015 inkl. App	64,–	80,–
Wettbewerbs- und Kartellrecht 2015	33,60	42,–
WirtschaftsG I (GewR, VergR, EnR, DSG, PreisR) 2013/14	38,40	48,–
WirtschaftsG II (Wettbewerb, Gew. Rechtsschutz) 2013/14	40,–	50,–
Wirtschaftsgesetze III (UWG) 2014	24,–	30,–
Wirtschaftsgesetze IV (Telekommunikation) 2015	62,40	78,–
Vergabegesetze 2014/15	39,20	49,–
Arbeitsrecht 2015, inkl. App	28,80	36,–
EU-Arbeitsrecht 2014/15	49,60	62,–
Aushangpflichtige Gesetze, 2015	26,40	32,–
Sozialversicherung (Bd. I) 2015, inkl. App	26,00	32,50
Sozialversicherung (Bd. II) 2015, inkl. App	26,00	32,50
Sozialversicherung (Bd. III) 2015	24,–	30,–
Personalverrechnung 2015	24,–	30,–
Steuergesetze 2015, inkl. App	19,60	24,50
Steuer-Erlässe (Bd. I) 2013	24,–	30,–
Steuer-Erlässe (Bd. II) (früher Bd. I) 2015 inkl App	23,60	29,50
Steuer-Erlässe (Bd. III) (früher Bd. II) 2015, inkl. App	44,–	55,–
Steuer-Erlässe (Bd. IV) (früher Bd. III) 2015, inkl. App	44,–	55,–
EU-Steuerrecht 2013/14	17,60	22,–
EStG – Richtlinienkommentar 2013/14	48,–	60,–
LSt – Richtlinienkommentar 2015	41,60	52,–
KStG – Richtlinienkommentar 2015	36,–	45,–
UmgrStG – Richtlinienkommentar 2015	42,40	53,–
UStG – Richtlinienkommentar 2015	37,60	47,–
Doppelbesteuerungsabkommen 2015, inkl. App	44,80	56,–
Zollrecht und Verbrauchsteuern 2015	88,–	110,–
Finanzpolizei 2014	28,–	35,–
Rechnungslegung und Prüfung 2015, inkl. App	39,20	49,–
Internationale Rechnungslegung IAS-IFRS 2015, inkl. App	19,90	24,90
Verkehrsrecht 2014/15, inkl. App	68,–	85,–
Wehrrecht 2015, inkl. App	41,60	52,–
Ärzterecht 2015	71,20	89,–
Krankenanstaltengesetze 2014	52,–	65,–
Veterinärrecht 2014	71,20	89,–
Umweltrecht 2015, inkl. App	78,–	97,50
EU-Umweltrecht 2014	76,–	95,–
Wasserrecht 2014/15, inkl. App	71,20	89,–
Abfallrecht mit ÖKO-Audit 2015, inkl. App	78,–	97,50
Chemikalienrecht 2013/14	63,20	79,–
EU-Chemikalienrecht 2015	68,80	86,–
Lebensmittelrecht 2014/15	68,–	85,–
Schulgesetze 2014/15	49,60	62,–
Universitätsrecht 2015	44,–	55,–
Besonderes Verwaltungsrecht 2015, inkl. App	52,–	65,–
Innere Verwaltung 2014/15, inkl. App	76,–	95,–
Polizeirecht 2015, inkl. App	41,60	52,–
Verwaltungsverfahrensgesetze 2015, inkl. App	17,20	21,50
Baurecht Niederösterreich 2015	36,–	45,–
Baurecht Oberösterreich 2013/14	28,–	35,–
Baurecht Steiermark 2013/14	28,–	35,–
Baurecht Tirol 2014	36,–	45,–
Baurecht Wien 2014/15	36,–	45,–
Baurecht Kärnten 2014	36,–	45,–
Landesrecht Tirol (Bd. I + II) 2014/15	96,–	120,–
Landesrecht Vorarlberg 2014	92,–	115,–

Die Preise beziehen sich auf die angegebene Auflage, zzgl. Porto u. Versandspesen. Satz- und Druckfehler vorbehalten.

Für Ihre Bestellung einfach Seite kopieren, gewünschte Anzahl eintragen, Bestellabschnitt ausfüllen und an Ihren Buchhändler oder an den Verlag LexisNexis ARD Orac **faxen: (01) 534 52-141** oder Tel.: (01) 534 52-0.

Firma: _____ Kundennr.: _____

Name: _____

Straße: _____

PLZ/Ort: _____ Datum/Unterschrift: _____